마음을 전한다.

초판보다는 조금이라도 좋아졌으리라 감히 기대하며

2020년 2월
현석재에서 박동진

머리말

대학에서 민법을 강의한 지 올해로 꼭 20년이 되었다. 이제 그동안 만들었던 강의안을 기초로 계약법강의라는 교재를 세상에 내놓게 되었다. 매년 새로운 학생들을 만나 강의하는 설렘과 기쁨은 20년 전이나 지금이나 여전하지만 그 책임감은 조금씩 더해진다. 연구를 통하여 대학교수에게 부여된 책임을 다하는 것도 중요하지만 학생들을 잘 교육하는 것도 그에 못지 않은 중요한 의무라 생각한다. 그래서 학생들에게 나름의 방법으로 민법의 이해를 돕고자 감히 이 책을 제시해 본다.

필자의 역량이 부족하기도 하지만 소위 강의교재를 쓴다는 것이 연구력의 낭비라는 비판적 의견도 있어서 이 책을 선보이는 것을 망설인 것도 사실이다. 하지만 개인적으로는 집필하면서 배운 점도 많았는데, 특히 이 책을 쓰지 않았다면 무심코 지나쳤을 부분에 대해서까지 다시 한 번 생각해 볼 기회를 갖게 되었다.

이 책의 특징에 대해서는 일러두기에서 설명했다.

이 책이 나오기까지 도와준 분들이 많다. 먼저 변호사시험을 마치고 쉬고 싶었을 텐데도 기꺼이 교정작업에 참여해 주고 이해에 어려움이 있는 부분을 지적해 준 김구열 군, 김규희 양, 신건수 군, 민경준 군, 임성재 군의 노력에 감사한다. 김연 조교의 도움도 큰 힘이 되었다. 언젠가는 그 값진 수고에 보답할 때가 있으리라는 생각으로 미안한 마음을 위로해 본다. 그 이외에도 원고를 꼼꼼히 읽고 내용에 대한 날카로운 지적과 의견을 제시해 준 연구실의 여러 제자들에게는 이 책을 공동저작으로 돌리고 싶을 정도로 고맙다.

부족한 필자를 학문의 길로 이끌어 주신 지도교수이신 고 이근식 교수님을 생각하면 지금도 뭉클해진다. 독일 유학생활 동안 지도해 주신 München 대학교의 Claus-Wilhelm Canaris 교수님도 감사해야 할 분이다. 건강하시길 기원한다. 부족한 이 책의 출간을 위해 노력해 주신 법문사의 장지훈 부장님, 편집부의 김용석 과장님과 법문사 직원 여러분에게도 깊은 감사의 마음을 전한다. 마지막으로 감사하고 싶은 사람이 있다. 언제나 묵묵히 필자의 옆을 지켜주고 있는 평생 동지 홍정화로부터는 말로는 설명할 수 없는, 참 많은 것을 배운다.

이 책의 구성을 잡을 때에도, 집필을 할 때에도 내내 생각했던 것은, 꼭 알아야 할 민법의 내용을 보다 쉽고 명확하게 전달해야겠다는 것이었다. 그 취지가 이 책에 잘 반영되었기를 바란다. 보면 볼수록 문장을 고치고 싶은 마음, 구성을 좀 더 바꾸고 싶은 마음이 탈고하는 내내 가시지 않았다. 마지막까지 최선을 다했지만, 독자들에게 그 내용이 제대로 전달되지 못할까 걱정이 앞선다. 필자의 집필취지에 벗어나거나 부족한 부분은 앞으로 보완해 나갈 생각이다.

독자 여러분의 날카로운 비판과 지적을 기대해 본다. 해야 할 숙제 중 하나를 마쳤다는 생각으로 위로를 삼는다.

　초판을 발간하는 이 책의 시작은 미미하지만 그 끝은 창대해지길 기대해 본다.

2016년 3월

박 동 진

차 례

전 론

당사자의 사법상 권리의 실현과정 ···································· 3

당사자주의: 변론주의와 처분권주의 ································ 7

제1편 총 론

1. 계약법의 체계 / 11   2. 계약자유의 원칙 / 11

3. 계약자유의 원칙의 수정 / 11

제2편 계약의 당사자

제1장 총 설 ·· 15

Ⅰ. 당사자 15

  1. 권리주체 / 15   2. 권리능력 / 15

  3. 권리능력자 / 15   4. 권리능력에 관한 규정의 성격 / 15

Ⅱ. 당사자 확정 15

  1. 법률행위 해석 문제 / 15

  2. 의사표시의 해석에 따른 당사자 확정 / 16

제2장 자연인의 능력 ·· 17

제1절 자연인의 권리능력 ·· 17

Ⅰ. 권리능력의 시기(제3조의 '생존한 동안'의 시기) 17

  1. 원 칙 / 17   2. 예외(태아의 권리능력) / 17

Ⅱ. 외국인의 권리능력 20

Ⅲ. 권리능력의 종기(제3조의 "생존한 동안"의 종기) 20
   1. 원 칙 / 20   2. 예 외 / 20
   3. 뇌사의 문제 / 21

제2절 자연인의 의사능력·행위능력 ……………………………………………22
Ⅰ. 의사능력 22
   1. 의사능력의 의의 / 23
   2. 의사무능력자 법률행위의 효력 / 23
   3. 의사무능력과 제한행위능력의 경합(소위 무효와 취소의 이중효 문제) / 23

Ⅱ. 행위능력 24
   1. 행위능력의 의의 / 24   2. 제한행위능력제도 / 24

Ⅲ. 미성년자 24
   1. 의 의 / 24   2. 미성년자의 행위능력 / 25
   3. 미성년자의 법정대리인 / 27

Ⅳ. 피성년후견인 29
   1. 의 의 / 29   2. 요 건 / 29
   3. 피성년후견인의 행위능력 / 30   4. 성년후견인의 권한 / 31
   5. 성년후견의 종료(제11조) / 32

Ⅴ. 피한정후견인 32
   1. 의 의 / 32   2. 요 건 / 32
   3. 피한정후견인의 행위능력 / 33   4. 한정후견인 / 34
   5. 한정후견의 종료 / 35

Ⅵ. 피특정후견인 36
   1. 의 의 / 36   2. 요 건 / 37
   3. 피특정후견인의 행위능력 / 37   4. 대리권 없는 특정후견인의 선임 / 37
   5. 특정후견의 종료 / 38

Ⅶ. 제한능력자의 상대방 보호 38
   1. 상대방 보호의 필요성 / 38   2. 취소제도에 규정된 상대방의 보호 / 38
   3. 제한능력으로 인한 취소제도에만 인정되는 상대방 보호 / 38

제3절 주 소 ……………………………………………………………………42

제4절 부 재 자 ……………………………………………………………………43
Ⅰ. 부재자의 의의 43

Ⅱ. 부재자재산관리제도 43
　　1. 원　칙 / 43　　　　　　　　　　　 2. 예　외 / 45

제5절　실종선고 ……………………………………………………………45
　　Ⅰ. 실종선고의 의의 46
　　Ⅱ. 실종선고의 요건 46
　　　　1. 부재자의 생사불명 / 46　　　　　 2. 실종기간의 경과 / 46
　　　　3. 청구권자의 청구 / 46
　　　　4. 6개월 이상의 공시최고기간 내 부재자의 생사신고 부존재 / 46
　　　　5. 가정법원의 선고 / 46
　　Ⅲ. 실종선고의 효과 47
　　　　1. 의　의 / 47　　　　　　　　　　 2. 실종선고의 효력발생 범위 / 47
　　　　3. 실종기간 만료시까지의 부재자의 생사 / 47
　　Ⅳ. 실종선고의 취소 48
　　　　1. 실종선고취소제도의 필요성 / 48　 2. 실종선고취소의 요건 / 48
　　　　3. 실종선고취소의 효과 / 48

┃제3장┃ 법　　　　　　인 ……………………………………………… 53

제1절　법인 서설 …………………………………………………………53
　　Ⅰ. 법인의 의의 53
　　Ⅱ. 법인제도의 존재이유 53
　　Ⅲ. 법인의 본질 54
　　　　1. 논의의 실익 / 54　　　　　　　　 2. 학　설 / 54
　　　　3. 법인의제설과 법인실재설의 구체적 차이점 / 54
　　Ⅳ. 법인의 종류 55
　　　　1. 내국법인 · 외국법인 / 55　　　　　 2. 공법인 · 사법인 / 55
　　　　3. 영리법인 · 비영리법인 / 55　　　　 4. 사단법인 · 재단법인 구별 / 56
　　Ⅴ. 법인격 없는 사단(비법인/사단) 56
　　　　1. 의　의 / 56　　　　　　　　　　 2. 성립요건 / 56
　　　　3. 비법인사단과 민법상 조합과의 구별 / 57　 4. 권리능력 / 57
　　　　5. 법인규정의 유추적용 / 58　　　　　 6. 소유형태 / 58
　　　　7. 채무의 귀속형태 / 60　　　　　　 8. 여러 유형의 법인격 없는 사단 / 60
　　Ⅵ. 법인격 없는 재단(비법인/재단) 65

1. 의 의 / 65 2. 재산의 귀속형태 / 65
3. 사 찰 / 66

제2절 법인의 설립 ···67

  I. 총   설 67
    1. 법인의 권리능력의 시기와 종기 / 67 2. 법인의 설립에 관한 입법주의 / 67

  II. 비영리사단법인의 설립 68
    1. 설립요건 / 68 2. 설립중의 사단법인 / 69

  III. 비영리재단법인의 설립 70
    1. 설립의 요건 / 70 2. 재산출연의 의미 / 71

제3절 법인의 능력 ··73

  I. 법인의 권리능력($_조^{제34}$) 73
    1. 권리능력의 제한 / 73 2. 법인이 취득하는 권리와 의무 / 74

  II. 대표의 대표권 남용의 법리 75
    1. 대표기관의 직무범위 내에서의 대표권 남용 / 75
    2. 내용적으로 진정한 직무범위를 벗어났지만 외형상으로는 직무범위 내에 해당되는 대
      표행위의 경우 대표권을 남용하는 행위 / 78

  III. 법인의 불법행위능력($_조^{제35}$) 79
    1. 성립요건 / 80 2. 대표기관 개인의 책임 / 83

  IV. 대표기관의 행위에 대한 법인책임의 유형 84
    1. 대표권이 남용(사익도모)되었으나 그 대표행위는 진정한 직무범위 내의 행위인 경
      우 / 85
    2. 대표권이 남용(사익도모)되었고 그 대표행위는 외형만의 직무행위인 경우 / 86

제4절 법인의 기관 ··96

  I. 의   의 96

  II. 이   사 96
    1. 의 의 / 96 2. 직무권한 / 97
    3. 이사회 / 99 4. 임시이사($_조^{제63}$)와 특별대리인($_조^{제64}$) / 99
    5. 직무대행자($_{의2}^{제52조}$) / 100

  III. 감사와 사원총회 101
    1. 감 사 / 101 2. 사원총회 / 101

제 5 절 법인의 정관변경 ··· 102

　Ⅰ. 정관변경의 의의 102

　Ⅱ. 사단법인의 정관변경 102

　　1. 요　건 / 102　　　　　　　2. 관련문제 / 103

제 6 절 법인의 소멸(=권리능력의 상실) ················· 103

　Ⅰ. 의　　의 103

　Ⅱ. 해산사유 103

　Ⅲ. 청　　산 104

　　1. 의　의 / 104　　　　　　　2. 청산사무($^{제85조}_{이하}$) / 104

제 7 절 법인에 관한 그 밖의 규정들 ······················· 106

　Ⅰ. 법인등기 106

　Ⅱ. 법인의 감독 106

　Ⅲ. 외국법인 106

제 4 장 │ 권리의 객체(물건) ···································· 107

제 1 절 총　　설 ··· 107

제 2 절 부동산과 동산 ··· 107

　Ⅰ. 부동산 108

　Ⅱ. 동　　산 109

제 3 절 주물과 종물 ··· 109

　Ⅰ. 의　　의 109

　Ⅱ. 종물의 요건 109

　Ⅲ. 종물처분의 효과 110

제 4 절 원물과 과실 ··· 111

제3편 계약의 성립

┃제1장┃ 총   론··· 115

제1절 계약의 유형 ··· 115

    Ⅰ. 서   론 115

    Ⅱ. 전형계약 · 비전형계약 115

    Ⅲ. 쌍무계약 · 편무계약 116

    Ⅳ. 유상계약 · 무상계약 116

    Ⅴ. 낙성계약 · 요물계약 116

    Ⅵ. 계속적 계약 · 일시적 계약 116

    Ⅶ. 예약 · 본계약 117

제2절 계약의 성립 ··· 117

    Ⅰ. 계약성립의 공통요건 117

        1. 계약성립의 공통요건으로서의 '합의(合意)' / 117

        2. 불합의 / 118

    Ⅱ. 청약과 승낙에 의한 계약의 성립 121

        1. 청 약 / 121   2. 승 낙 / 124

        3. 경매와 입찰(계약의 경쟁체결) / 126

    Ⅲ. 기타방법에 의한 계약 성립 127

        1. 의사실현에 의한 계약의 성립($\frac{제532}{조}$) / 127

        2. 교차청약 / 129

    Ⅳ. 사실적 계약관계론 130

        1. 의 의 / 130   2. 인정 여부 / 130

    Ⅴ. 약관에 의한 계약의 성립 131

        1. 약관의 의의 / 131

        2. 약관의 법적 성질(약관구속력의 근거) / 131

        3. 약관의 계약으로의 편입 / 132   4. 약관의 해석 / 133

        5. 불공정약관조항의 무효 / 135

제3절 법률행위의 유형 ··· 135

Ⅰ. 단독행위ㆍ계약ㆍ합동행위 135
　　1. 단독행위 / 135　　　　　　　　　　2. 계　약 / 136
　　3. 합동행위 / 136

Ⅱ. 요식행위ㆍ불요식행위 137

Ⅲ. 생전행위ㆍ사후행위 137

Ⅳ. 의무부담행위(채권행위)ㆍ처분행위(물권행위 및 준물권행위) 137

Ⅴ. 유인행위ㆍ무인행위 138

Ⅵ. 주된 행위ㆍ종된 행위 138

제4절　법률행위의 해석 ·· 138
Ⅰ. 의　　의 138
　　1. 개　념 / 138　　　　　　　　　　2. 법률행위 해석의 필요성 / 139

Ⅱ. 법률행위 해석의 기준 및 방법 139
　　1. 법률행위 해석의 기준 / 139　　　　2. 법률행위 해석의 구체적 방법 / 143

Ⅲ. 법률행위 해석이 법률문제인지 여부 153

제5절　계약금계약 ··· 158
Ⅰ. 의의 및 기능 158
　　1. 의　의 / 158　　　　　　　　　　2. 기　능 / 159

Ⅱ. 증약금 159

Ⅲ. 해약금 159
　　1. 해약금에 의한 계약해제의 요건 / 160　　2. 해약금에 의한 계약해제의 효과 / 164

　요건사실론　해약금에 의한 약정해제 / 164

Ⅳ. 위약금 165

제6절　계약체결상의 과실책임: 제535조와 그 유추적용의 한계 ·············· 168
Ⅰ. 제535조의 계약체결상의 과실책임(원시적 불능계약) 168
　　1. 요　건 / 169　　　　　　　　　　2. 효　과 / 170

Ⅱ. 제535조 유추적용의 한계 171
　　1. 계약교섭의 부당한 중도파기에 대한 유추적용 여부 / 171
　　2. 판례는 유추적용 배제 / 171

┃제2장┃ 대   리 ··· **177**

요건사실론 대리행위의 기본구조 / 177

제1절 서   설 ··· **178**
  Ⅰ. 의   의 178
    1. 개념과 사회적 기능 / 178   2. 대리의 본질 / 178
  Ⅱ. 대리의 인정범위 178
    1. 법률행위 / 178   2. 준법률행위와 사실행위 / 179
    3. 불법행위 / 179
  Ⅲ. 구별개념 179
    1. 간접대리·사자·대표 / 179
  Ⅳ. 대리의 종류 180
    1. 임의대리·법정대리 / 180   2. 능동대리·수동대리 / 181
    3. 유권대리·무권대리 / 181

제2절 대리권(본인·대리인 사이의 관계) ······························· **182**
  Ⅰ. 대리권의 의의 183
  Ⅱ. 대리권의 발생원인 183
    1. 법정대리권의 발생원인 / 183
    2. 임의대리권의 발생원인 – 수권행위 / 183
  Ⅲ. 위   임 187
    1. 의   의 / 187
    2. 민법의 위임에 관한 규정의 '통칙성' / 189
    3. 성립요건 / 190   4. 효   력 / 191
    5. 종   료 / 195
    6. 의료계약의 특수성(특수한 위임계약) / 197
  Ⅳ. 대리권의 범위 198
    1. 법정대리권의 범위 / 198   2. 임의대리권의 범위 / 198
  Ⅴ. 대리권의 제한(제124조, 제119조 단서) 200
    1. 자기계약·쌍방대리의 금지(제124조) / 200
    2. 공동대리 / 201
  Ⅵ. 대리권의 남용 202
    1. 의   의 / 202   2. 판례 및 학설의 평가 / 202

3. 대리권남용법리의 적용범위 / 205

Ⅶ. 대리권의 소멸 208
1. 공통한 소멸원인($\frac{제127}{조}$) / 208   2. 임의대리에 특유한 소멸원인 / 208
3. 법정대리에 특유한 소멸원인 / 209

제3절 대리행위(대리인·상대방 사이의 관계) ················· 210
Ⅰ. 현명주의의 원칙($\frac{제114}{조}$): 대리의사의 표시 210
1. 의 의 / 210   2. 현명의 본질 / 210
3. 현명의 방법 / 211   4. 현명주의의 적용범위 / 213
5. 현명주의에 위반한 행위의 효력($\frac{제115}{조}$) / 213
6. 명의모용의 법률관계 / 215

Ⅱ. 대리행위의 하자($\frac{제116조}{제1항}$) 216
1. 하자판단의 기준이 되는 사람과 하자의 효과의 귀속주체 / 216
2. 본인의 지시에 의한 대리행위($\frac{제116조}{제2항}$) / 218

Ⅲ. 대리인의 능력 218
1. 임의대리에 있어서의 제한능력자의 대리행위($\frac{제117}{조}$) / 218
2. 법정대리에 있어서의 제한능력자의 대리행위 / 219
3. 본인과 제한능력자인 대리인 사이의 기초적 내부관계의 효력 / 219

제4절 대리의 효과(본인·상대방 사이의 관계) ················· 219
Ⅰ. 본인에게 직접 귀속 219

Ⅱ. 본인의 능력 220

제5절 복대리($\frac{제120조 내}{지 제123조}$) ·· 221
Ⅰ. 복대리인, 복임권, 복임행위의 의의 221

Ⅱ. 대리인의 복임권과 책임 222
1. 임의대리인의 복임권과 책임 / 222   2. 법정대리인의 복임권과 책임 / 226

Ⅲ. 복대리인의 지위 226
1. 대리인에 대한 관계 / 226   2. 상대방에 대한 관계 / 226
3. 본인에 대한 관계 / 227

Ⅳ. 복대리권의 소멸 227

제6절 무권대리(표현대리, 협의의 무권대리) ··················· 228
Ⅰ. 무권대리 228
1. 의 의 / 228   2. 효 과 / 228

3. 유권대리 · 표현대리 · 협의의 무권대리의 관계 / 229

Ⅱ. 표현대리 230
1. 표현대리 일반 / 230
2. 대리권 수여표시에 의한 표현대리(제125조의 표현대리) / 236
3. 권한을 넘은 표현대리(제126조의 표현대리) / 242
4. 대리권 소멸 후의 표현대리(제129조의 표현대리) / 261

Ⅲ. 협의의 무권대리 265
1. 의 의 / 265　　　　　　　　2. 계약의 무권대리 / 266
3. 단독행위의 무권대리 / 278

제7절　타인명의 법률행위 ·· 278

Ⅰ. 개 관 279

Ⅱ. 행위자가 당사자로 해석된 경우 280

Ⅲ. 명의자가 당사자로 해석된 경우 281
1. 명의자를 당사자로 보게 되는 예 / 281　　2. 구체적 법률관계 / 283

Ⅳ. 특수한 문제 288
1. 차명대출 / 288
2. 예금계약의 당사자(예금명의자와 출연자가 다른 경우) / 291

제4편　계약의 효력

제1장　채권의 성립(목적) ·· 295

제1절　총 설 ··· 295

Ⅰ. 채권의 목적의 요건 295
1. 확정가능성 / 295　　　　　　　2. 실현가능성 / 296
3. 적법성 및 사회적 타당성 / 296　　4. 급부의 금전적 가치 불요($^{제373}_{조}$) / 296

Ⅱ. 급부의 종류 296
1. 작위급부와 부작위급부 / 296　　　2. 주는 급부와 하는 급부 / 296
3. 특정물급부와 불특정물급부 / 297　　4. 가분급부와 불가분급부 / 297
5. 일시적 급부, 계속적 급부, 회귀적 급부 / 297

제2절　특정물채권 ··· 298

Ⅰ. 의   의 298

Ⅱ. 선관주의의무$\binom{제374}{조}$ 298
　　1. 선관주의의무의 내용 / 298　　　2. 선관주의의무의 존속기간 / 298

Ⅲ. 특정물의 현상인도의무$\binom{제462}{조}$ 299
　　1. 현상인도의무의 의미 / 299　　　2. 제462조 이행기의 의미 / 301

Ⅳ. 인도장소$\binom{제467조}{제1항}$ 301

Ⅴ. 과실의 귀속 301
　　1. 원 칙 / 301　　　　　　　　2. 매매 등 유상계약의 경우 / 302

제3절 종류채권 ··· **303**
Ⅰ. 의   의 304
　　1. 정 의 / 304　　　　　　　　2. 종류채권과 특정물채권의 구별 / 304
　　3. 수량을 '지정'한 종류매매와 수량이 '언급'된 특정물채권의 구별 / 304
　　4. 제한종류채권과 선택채권의 구별 / 306
　　5. 목적물의 품질 / 306

Ⅱ. 특정의 시점 또는 방법 306
　　1. 채무자가 채권자의 동의를 얻어 이행할 물건을 지정한 때(채무자의 지정권) / 306
　　2. 채무자가 이행에 필요한 행위를 완료한 때(채무자의 이행행위의 완료) / 307

Ⅲ. 특정의 효과 308
　　1. 특정으로 특정물채권이 되는지 / 308　　2. 특정의 소급효 / 309
　　3. 선관주의의무 부담$\binom{제374}{조}$ / 309　　　4. 채무자의 변경권 / 309
　　5. 급부위험의 이전 / 309　　　　　　6. 하자있는 종류물의 변제제공 / 310

제4절 금전채권 ··· **311**
Ⅰ. 특   징 311
　　1. 일반적인 특징 / 311　　　　　　2. 금융실명법상의 특칙 / 311

Ⅱ. 종   류 312
　　1. 금액채권(협의의 금전채권)$\binom{제376}{조}$ / 312　　2. 금종채권 / 312
　　3. 특정금전채권 / 312　　　　　　　　4. 외화채권$\binom{제377조,}{제378조}$ / 312

Ⅲ. 금전채무불이행의 특칙$\binom{제397}{조}$ 313
　　1. 책임성립상의 특칙 / 313
　　2. 책임범위 결정시(배상액 산정시)의 특칙 / 313

Ⅳ. 사정변경의 원칙 317

요건사실론 금전채무 불이행의 특칙$\binom{제397}{조}$ / 317

제 5 절　이자채권 ··· 318

Ⅰ. 의　　의 318

1. 이　자 / 318　　　　　　　　2. 이자율 / 318

Ⅱ. 이자채권의 종류 319

1. 이자의 종류 / 319　　　　　　2. 이자채권의 종류 / 319

Ⅲ. 선이자의 문제$\binom{이자제한}{법\ 제3조}$ 319

1. 정　의 / 319　　　　　　　　2. 선이자약정의 효력 / 319

3. 금전소비대차계약의 유효성 / 320

Ⅳ. 복　　리 321

Ⅴ. 이자의 제한(이자제한법의 적용) 321

1. 이자제한법의 부활 / 321　　　2. 이자제한법의 시간적 적용범위 / 321

3. 원본채권상의 제한 / 321

4. 폭리적 고율 이자약정이 무효가 되는 범위$\binom{제2조}{제3항}$ / 321

5. 제한 초과이자의 반환청구 / 322　6. 대부업법과의 관계 / 322

제 6 절　선택채권 ··· 322

Ⅰ. 의　　의 323

1. 개　념 / 323　　　　　　　　2. 발생원인 / 323

3. 종류채권과의 비교 / 323

Ⅱ. 선택채권의 특정(확정) 324

1. 선택에 의한 급부의 확정$\binom{제381조,\ 제382조,}{제383조,\ 제834조}$ / 324

2. 급부불능에 의한 특정$\binom{제385}{조}$ / 325

제 7 절　임의채권 ··· 326

제 2 장　법률행위의 부관 ··· 327

제 1 절　조　　건 ··· 327

Ⅰ. 의　　의 327

Ⅱ. 종　　류 328

1. 정지조건 · 해제조건 / 328　　　2. 적극조건 · 소극조건 / 329

3. 수의조건 · 비수의조건 / 329　　4. 가장조건 / 329

Ⅲ. 조건과 친하지 않은 법률행위 330

1. 의　의 / 330　　　　　2. 단독행위 / 330

3. 신분행위 / 331　　　　4. 어음 · 수표행위 / 331

5. 물권행위 / 331

Ⅳ. 조건의 성취와 불성취의 의제 331

1. 일반론 / 331　　　　　2. 관련 판례 / 332

Ⅴ. 조건부 법률행위의 효력 333

1. 조건이 성취된 후 / 333　　　2. 조건이 성취되기 전 / 333

Ⅵ. 조건부 권리의 침해금지($^{제148}_{조}$) 333

Ⅶ. 주장 · 증명책임 334

제2절 기　　　한 ··· 336

Ⅰ. 의　　의 336

Ⅱ. 조건과 기한의 구별 337

Ⅲ. 기한과 친하지 않은 행위 338

Ⅳ. 기한의 효력 338

Ⅴ. 기한의 이익 339

1. 의　의 / 339　　　　　2. 기한의 이익의 추정 / 339

3. 기한의 이익의 포기 / 339　　4. 기한의 이익의 상실 / 340

요건사실론 조건과 기한 / 341

제3장 쌍무계약의 효력 ································ 342

제1절 동시이행항변권(이행상의 견련성) ·················· 342

Ⅰ. 의　　의 342

Ⅱ. 성립요건 343

1. 쌍무계약에 기하여 발생한 대립되는 채무의 존재(대가적 채무의 존재) / 343

2. 상대방 채무의 변제기도래 / 348

3. 상대방이 자신의 (채무)이행제공이 없을 것 / 352

Ⅲ. 효　　과 356

1. 행사의 효과(이행의 거절) / 357　　2. 존재의 효과 / 357

Ⅳ. 동시이행항변권의 구체적 적용 359

1. 명문규정에 의해 인정되는 경우 / 360

2. 명문규정 없이 해석으로 인정되는 경우 / 360

3. 동시이행관계가 부정된 경우 / 361

Ⅴ. 동시이행항변권과 대금지급거절권(제588조) 362

제2절 위험부담 366

Ⅰ. 의   의 367

1. 위험의 개념 / 367   2. 물건의 위험부담 / 367

3. 대가위험부담 / 367

Ⅱ. 채무자 위험부담주의(제537조) 369

1. 요   건 / 369

2. 효과(일부불능의 경우가 가장 문제된다) / 369

Ⅲ. 채권자 위험부담주의(제538조) 372

1. 의   의 / 372   2. 유   형 / 372

3. 효   과 / 376

┃제4장┃ 제3자를 위한 계약 **377**

Ⅰ. 의의 및 판별기준 377

1. 의   의 / 377   2. 판별기준 / 377

3. 부진정 제3자를 위한 계약 / 378   4. 제3자를 위한 계약의 구체적인 예 / 378

Ⅱ. 성립요건 380

1. 제3자를 위한 계약에서의 3면 관계 / 380

2. 제3자 수익약정 / 381   3. 수익자의 특정 / 382

Ⅲ. 법률효과 382

1. 수익의 의사표시 / 382   2. 수익자의 지위 / 383

3. 요약자의 지위 / 386   4. 낙약자(채무자)의 지위 / 387

┃제5장┃ 다수당사자의 채권관계 **393**

제1절 서   설 393

1. 의의 및 유형 / 393

2. 채권·채무의 준공동소유와 다수당사자의 채권관계 / 393

3. 제기되는 문제점 / 394

제2절 분할채권·불가분채권 394

Ⅰ. 분할채권관계 394

1. 의 의 / 394 2. 분할채권관계의 성립 / 395
3. 분할채권관계의 효력(내용) / 396

Ⅱ. 불가분채권관계 398
1. 의의 및 특징 / 398 2. 불가분채권관계의 성립 / 399

제3절 연대채무 · 연대채권 ·· 404
Ⅰ. 연대채무 404
1. 의 의 / 404 2. 연대채무의 성립 / 405
3. 연대채무의 효력 / 407 4. 부진정연대채무 / 419

Ⅱ. 연대채권 428

제4절 보증채무 ··· 428
Ⅰ. 의   의 428
1. 개념정의 / 428 2. 법적 성질 / 428
3. 다른 제도와의 구별 / 431 4. 보증채무의 종류 / 431

Ⅱ. 보증채무의 성립 431
1. 보증계약의 체결 / 432 2. 주채무에 관한 요건 / 434
3. 보증인에 관한 요건($_조^{제431}$) / 435

Ⅲ. 보증채무의 내용 435
1. 보증채무의 급부내용(목적) / 435 2. 보증채무의 범위 및 모습 / 436

Ⅳ. 보증채무의 대외적 효력 438
1. 채권자의 보증인에 대한 권리($_{제1항}^{제428조}$) / 438
2. 보증인의 권리 / 438

Ⅴ. 주채무자 또는 보증인에 관하여 생긴 사유의 효력 440
1. 주채무자에게 생긴 사유의 효력 / 440
2. 보증인에게 관하여 생긴 사유의 효력 / 442

Ⅵ. 보증채무의 대내적 효력(구상관계) 442
1. 구상권의 기초 / 443 2. 수탁보증인의 구상권($_조^{제441}$) / 443
3. 부탁 없는 보증인의 구상권($_조^{제444}$) / 447
4. 복수의 주채무자가 있는 경우의 구상권 / 447
5. 구상권자의 법정대위권($_조^{제481}$) / 448 6. 구상의무자 / 448

Ⅶ. 연대보증 449
1. 의 의 / 449 2. 연대보증의 효력 / 449

Ⅷ. 공동보증 452

1. 의의 및 성질 / 452   2. 공동보증인의 채권자에 대한 관계 / 453

3. 공동보증인의 구상권 / 453

Ⅸ. 계속적 보증(근보증) 457

 1. 의　의 / 457   2. 신용보증(근보증) / 457

 3. 신원보증 / 461

Ⅹ. 손해담보계약 462

요건사실론 보증채무 / 463

제6장 채권의 소멸 465

제1절 서　　설 465

제2절 변　　제 465

Ⅰ. 의　　의 466

 1. 정　의 / 466   2. 변제에서의 의사적 요소 / 466

Ⅱ. 변제의 제공 467

 1. 변제제공의 의의 / 467   2. 변제제공의 방법($^{제460}_조$) / 467

 3. 변제제공의 효과 / 470

요건사실론 변 제 / 470

Ⅲ. 변제자 471

 1. 채무자 및 변제권한이 주어진 자 / 471 2. 제3자의 변제 / 471

Ⅳ. 변제수령자 474

 1. 원　칙 / 474   2. 표현수령권자 / 474

Ⅴ. 변제의 목적물 480

Ⅵ. 변제장소와 시기 481

 1. 변제장소 / 481   2. 변제의 시기 / 481

Ⅶ. 변제비용과 증거 481

 1. 변제비용 / 481   2. 변제의 증거 / 482

Ⅷ. 변제충당 482

 1. 일반론 / 482   2. 합의변제충당 / 483

 3. 지정변제충당($^{제476}_조$) / 484 4. 법정변제충당($^{제477}_조$) / 486

 5. 변제충당 사례연습 / 487

요건사실론 변제충당 / 492

제3절 변제자대위 ··· 494

　Ⅰ. 의의 및 성질 494

　Ⅱ. 변제자대위의 공통요건 495

　　1. 변제 기타 출재로 인한 채권의 실현(만족) / 495

　　2. 변제자 등은 채무자에 대하여 구상권을 가질 것 / 495

　　3. 법정대위를 위한 추가 요건($\frac{제481}{조}$) / 496

　　4. 임의대위를 위한 추가적 요건 / 496

　Ⅲ. 효　　과 498

　　1. 대위자와 채무자 사이의 효과($\frac{제482}{조}$)(대위변제의 일반적 효과) / 498

　　2. 수인의 (법정)대위자 상호간에 변제자대위의 효과 / 501

　　3. 대위자와 채권자 사이의 효과 / 508

제4절 대물변제 ··· 513

　Ⅰ. 의　　의 513

　Ⅱ. 법적 성질 514

　Ⅲ. 요　　건 515

　　1. 채권자의 승낙($\frac{제466}{조}$) / 515　　　　2. 본래 급부에 대한 채권의 존재 / 515

　　3. 다른 급부를 '현실적으로' 할 것 / 515

　　4. 다른 급부가 본래의 급부에 '갈음하여' 행해져야 함 / 516

　Ⅳ. 효　　과 517

　Ⅴ. 대물변제의 예약 517

제5절 공　　탁 ··· 518

　Ⅰ. 의의 및 필요성 518

　Ⅱ. 성　　질 519

　Ⅲ. 요　　건 520

　　1. 공탁원인의 존재 / 520　　　　　　2. 당사자 / 521

　　3. 목적물 / 521　　　　　　　　　　4. 공탁의 내용 / 521

　Ⅳ. 효　　과 523

　　1. 채무의 소멸 / 523　　　　　　　2. 채권자의 공탁물인도(출급)청구권 / 523

　　3. 공탁물의 소유권이전 / 524

　Ⅴ. 공탁물의 회수 525

　　1. 의의 및 성질 / 525　　　　　　　2. 민법상의 회수 / 525

3. 공탁법상의 회수($^{공탁법 제}_{9조 제2항}$) / 525   4. 행사 및 효과 / 525

〔요건사실론〕 공 탁 / 529

제6절 상 계 ·· 527

Ⅰ. 의의 및 기능 527

Ⅱ. 성 질 528

Ⅲ. 요건: 상계적상의 현존 529

   1. 상계적상 / 529   2. 상계적상의 현존 / 537

Ⅳ. 행사방법 539

   1. 일반론 / 539   2. 문제되는 경우 / 539

Ⅴ. 행사효과 540

   1. 채권소멸 / 540   2. 상계의 소급효 / 541

   3. 이행지가 다른 경우의 손해배상($^{제494}_{조}$) / 541

〔요건사실론〕 상 계 / 547

제7절 경 개 ·· 549

Ⅰ. 의 의 549

Ⅱ. 요 건 549

   1. 유효한 구채무의 존재 / 549   2. 신채무의 성립 / 550

   3. 채무의 동일성 상실 / 550

Ⅲ. 효 과 550

제8절 면 제 ·· 551

Ⅰ. 의 의 551

Ⅱ. 요 건 551

Ⅲ. 효 과 552

〔요건사실론〕 면 제 / 552

제9절 혼 동 ·· 552

Ⅰ. 의 의 552

Ⅱ. 효 과 553

제5편 채무불이행(계약상의 의무위반)

제1장 채무불이행 일반론 ·· 557

Ⅰ. 의   의 557

Ⅱ. 채무불이행의 유형 557

Ⅲ. 채무불이행의 공통요건 558
1. 유책성(귀책사유) / 558   2. 위법성(객관적 요건) / 559
3. 증명책임 / 560

Ⅳ. 이행보조자의 고의 · 과실($\frac{제391}{조}$) 560
1. 입법취지 / 560   2. 사용자책임($\frac{제756}{조}$)과의 관계 / 561
3. 법정대리인 및 이행보조자의 범위 / 562   4. 과실판단의 기준 / 565
5. 이행보조자의 책임 / 565

제2장 채무불이행의 유형 ·· 567

제1절 이행지체 ··· 567

Ⅰ. 이행지체의 의의 567

Ⅱ. 이행지체의 요건 567
1. 이행기(변제기)와 이행지체 / 567   2. 이행이 가능할 것 / 572
3. 이행제공이 없을 것 / 572
4. 이행하지 않는 데 대하여 채무자에게 책임 있는 사유(귀책사유) 등이 있을 것 / 573
5. 이행하지 않는 것이 위법할 것 / 574

Ⅲ. 이행지체의 효과 574
1. 이행의 강제($\frac{구체적인 강제방법은 제389조}{및 채무불이행의 효과 부분 참조}$) / 574 2. 손해배상청구권의 발생 / 574
3. 책임가중($\frac{제392}{조}$) / 575   4. 계약해제권의 발생($\frac{제544}{조}$) / 575

Ⅳ. 이행지체의 종료 576

제2절 이행불능 ··· 576

Ⅰ. 의   의 576

Ⅱ. 이행불능의 성립요건 576
1. 후발적인 불능(사회통념에 의한 판단) / 576
2. 채무자에게 책임 있는 사유로 불능이 되었을 것 / 578
3. 이행불능이 위법할 것 / 578

Ⅲ. 이행불능의 효과 578
　　1. 손해배상청구권의 발생(전보배상) / 578　　2. 계약의 해제 / 580
　　3. 대상청구권 / 580

제3절　불완전이행 ··· 586
　Ⅰ. 의　　의 586
　　1. 정　의 / 586
　　2. 인정근거(채무불이행의 유형에 포함시키는 법적 근거) / 587

　Ⅱ. 불완전이행과 담보책임과의 관계 587

　Ⅲ. 성립요건 588
　　1. 당사자 사이에 채권관계에 기한 이행행위의 존재 / 588
　　2. 급부행위의 불완전 또는 급부와 관련된 주의의무 위반 / 588
　　3. 채무자의 귀책사유 / 592
　　4. 위법할 것 / 592

　Ⅳ. 불완전이행의 효과 592
　　1. 손해배상청구권의 발생 / 592　　　　2. 완전이행청구권 / 593
　　3. 계약의 해제·해지권 / 593

제4절　이행거절 ·· 593
　Ⅰ. 의　　의 594

　Ⅱ. 법적 근거 및 독자성 인정 여부 594
　　1. 법적 근거 / 594
　　2. 이행거절을 채무불이행의 유형으로 인정할 것인지 여부 / 594

　Ⅲ. 요건과 효과 595
　　1. 요　건 / 595　　　　　　　　　　2. 법적 효과 / 597

　Ⅳ. 이행거절의 종료 597

제5절　채권자지체 ·· 598
　Ⅰ. 의　　의 598

　Ⅱ. 채권자지체의 본질 598
　　1. 채무불이행설 / 599　　　　　　　2. 법정책임설 / 599
　　3. 절충설 / 599　　　　　　　　　　4. 각 견해에 따른 차이점 / 600

　Ⅲ. 채권자지체의 요건 600
　　1. 당사자 사이에 채권관계가 존재할 것 / 600

      2. 채무의 이행에 관하여 채권자의 수령 또는 협력을 필요로 할 것 / 600

      3. 채무의 내용에 좇은 변제(이행)의 제공이 있을 것 / 601

      4. 이행기에 이행이 가능할 것 / 602

      5. 채권자의 수령거절 또는 수령불능이 존재할 것 / 603

   Ⅳ. **채권자지체의 법률효과** 603

      1. 채무자의 주의의무경감($_조^{제401}$) / 604

      2. 이자의 정지($_조^{제402}$) / 604

      3. 증가비용의 채권자부담($_조^{제403}$) / 604

      4. 쌍무계약에서의 위험(대가위험)이전($_{제1항}^{제538조}$) / 604

      5. 채무자의 공탁권과 자조매각권($_{제490조.}^{제487조,}$) / 606

      6. 손해배상청구권 및 계약해제권 인정 여부 / 606

   Ⅴ. **채권자지체의 종료** 606

┃제3장┃ 채무불이행에 대한 구제: 강제이행과 손해배상 ·················· **609**

  제1절 채무불이행에 대한 구제 ··· **609**

  제2절 강제이행: 현실적 이행의 강제 ·· **609**

   Ⅰ. **의의 및 요건** 609

      1. 의 의 / 609   2. 요 건 / 609

   Ⅱ. **강제이행의 방법** 610

      1. 직접강제($_{제1항}^{제389조}$) / 610   2. 대체집행($_{2항\ 후단}^{제389조\ 제}$) / 610

      3. 간접강제 / 611

      4. 의사표시를 목적으로 하는 채무의 강제이행($_{2항\ 전단}^{제389조\ 제}$) / 611

      5. 부작위채무의 강제이행($_{제3항}^{제389조}$) / 612

  제3절 손해배상 ··· **612**

   Ⅰ. **서 설** 612

      1. 손해배상책임의 성립 / 613   2. 손해배상범위의 결정 / 613

      3. 손해배상액의 산정 / 613   4. 손해배상액의 조정 / 613

   Ⅱ. **손해의 의의** 613

      1. 손 해 / 613   2. 위법소득이 손해가 되는지 여부 / 616

      3. 손해배상청구권의 성질 / 617

   Ⅲ. **손해배상방법** 617

      1. 원칙: 금전배상주의($_조^{제394}$) / 617   2. 예 외 / 618

   Ⅳ. **손해배상의 범위**($_조^{제393}$) 618

1. 상당인과관계설(판례와 통
설의 입장) / 618   2. 위험성관련설 / 619

3. 규범목적설 / 619   4. 판례의 입장 / 620

Ⅴ. 손해배상액의 산정 및 조정 621

    1. 손해배상액 산정의 기준시점 / 621   2. 과실상계(제396조) / 622

    3. 손익상계(또는 이득공제) / 627   4. 중간이자의 공제 / 628

Ⅵ. 손해배상액의 예정(제398조) 629

    1. 의 의 / 629   2. 다른 제도와의 관계 / 630

    3. 요 건 / 633   4. 법률효과 / 636

Ⅶ. 손해배상자 대위 641

    1. 의 의 / 641   2. 요 건 / 641

    3. 효 과 / 641

제4장 │ 매도인의 담보책임 ·· 643

제1절 의의 및 본질 ··· 643

Ⅰ. 의 의 643

    1. 정 의 / 643   2. 기 능 / 643

    3. 담보책임의 분류 / 644

Ⅱ. 담보책임의 법적 성질(또는 본질) 645

    1. 학설의 대립 / 645   2. 판 례 / 646

제2절 권리의 흠결에 대한 담보책임 ······················ 648

Ⅰ. 권리의 전부가 타인에게 속한 경우(제570조 이하) 648

    1. 의 의 / 648   2. 성립요건 / 648

    3. 책임내용(법률효과) / 652

Ⅱ. 권리의 일부가 타인에게 속하는 경우(제572조)(권리의 일부불능) 654

    1. 성립요건 / 654   2. 책임내용(효과) / 655

    3. 제척기간 / 655

Ⅲ. 수량부족, 일부멸실의 경우(제574조) 655

    1. 의 의 / 656   2. 요 건 / 657

    3. 책임의 내용(효과:
제574조) / 657   4. 제척기간 / 658

Ⅳ. 소유권제한의 물권이 있는 경우의 담보책임(제575조) 658

    1. 성립요건 / 658   2. 책임의 내용(효과) / 658

    3. 제척기간 / 659

Ⅴ. 저당권, 전세권 등의 담보물권 실행에 대한 담보책임(제576조, 제577조) 659
　　1. 의　　의 / 659　　　　　　　　　　2. 성립요건 / 659
　　3. 책임의 내용(효과) / 661　　　　　　4. 제척기간 / 662
　　5. 저당권이 설정된 지상권 또는 전세권의 매도인의 담보책임(제577조) / 662

Ⅵ. 채권양도인의 채무자 자력의 담보책임(제579조) 662
　　1. 의　　의 / 662　　　　　　　　　　2. 채무자 자력의 판단시점 / 662
　　3. 책임의 내용 / 662

제3절　물건의 하자에 대한 담보책임 ·· 663

　Ⅰ. 의　　의 663

　Ⅱ. 성립요건 663
　　1. 하자의 존재 / 663　　　　　　　　　2. 매수인의 선의·무과실 / 665

　Ⅲ. 특정물매매에서의 하자담보책임의 내용(제580조, 제575조 제1항) 666
　　1. 계약해제 및 손해배상청구 / 666　　　2. 대금감액청구권 / 666
　　3. 하자보수(하자제거)청구권 / 666

　Ⅳ. 불특정물매매시 하자담보책임의 내용(제581조, 제575조) 667
　　1. 요　　건 / 667　　　　　　　　　　2. 책임의 내용 / 667

　Ⅴ. 권리행사기간(제582조) 667

　Ⅵ. 경매에 있어서의 담보책임(제578조, 제580조 제2항) 670
　　1. 요　　건 / 670　　　　　　　　　　2. 책임의 내용 / 671

┃제5장┃ 책임재산의 보전 ·· 679

제1절　채권자대위권 ·· 679

　Ⅰ. 의　　의 679
　　1. 정　　의 / 679　　　　　　　　　　2. 기　　능 / 679
　　3. 법적 성질 / 680

　Ⅱ. 요　　건 680
　　1. 채권자에 의한 자기채권의 보전필요성 / 681
　　2. 피보전채권이 이행기에 있을 것(제404조 제2항) / 687
　　3. 채권자대위권의 객체(피대위권리: 채무자의 제3채무자에 대한 권리) / 687
　　4. 채무자의 권리 불행사 / 690

　Ⅲ. 대위권의 행사 691
　　1. 행사의 방법 / 691　　　　　　　　　2. 행사의 범위 / 692

　　　3. 행사의 효력 / 693

　Ⅳ. 법률효과 699

　　　1. 효과의 귀속 / 699　　　　　2. 채권의 압류 · 전부명령과의 경합 / 700
　　　3. 비용상환청구권 / 701　　　4. 대위소송판결의 효력 / 701
　　　5. 소멸시효의 중단 / 702

　　요건사실론　채권자대위소송 / 706

제 2 절　채권자취소권 ··· 707

　Ⅰ. 의의 및 법적 성질 708

　　　1. 정　　의 / 708　　　　　　2. 법적 성질 / 708
　　　3. 소의 성질 / 708　　　　　　4. 효과: 상대적 무효설 / 709
　　　5. 채권자대위권과의 비교 / 709

　Ⅱ. 요　　　건 710

　　요건사실론　채권자취소권 / 710

　　　1. 채권자취소권의 객관적 요건(피보전채권의 존재 + 사해행위) / 710
　　　2. 채권자취소권의 주관적 요건(채무자의 사해의사 + 수익자 또는 전득자의 악의) / 730
　　　3. 제척기간의 준수 / 732

　Ⅲ. 채권자취소권의 행사 735

　　　1. 채권자취소소송의 당사자 / 735　　2. 행사방법 / 738
　　　3. 소송법상 문제(중복제소 등) / 738　　4. 행사의 범위 및 원상회복의 방법 / 740

　Ⅳ. 취소권행사의 효과 752

　　　1. 원상회복된 재산은 모든 채권자를 위한 채무자의 책임재산이 된다 / 753
　　　2. 취소판결의 효과는 원고와 피고 사이에 상대적으로만 인정된다(취소의 상대효) / 753
　　　3. 가액반환시 취소채권자와 다른 일반채권자와의 관계 / 758

제6편　계약의 해소와 소멸시효

제 1 장　계약의 해제 ··· 763

　Ⅰ. 의　　　의 763

　　　1. 정　　의 / 763　　　　　　2. 유사제도와의 구별 / 763

　Ⅱ. 약정해제권 발생사유 765

1. 발생요건 및 효과 / 765   2. 합의해제(해제계약)와의 구별 / 765

Ⅲ. **법정해제권 발생사유** 768
  1. 이행지체에 의한 해제권발생(제544조) / 768
  2. 이행불능에 의한 해제권 발생(제546조) / 776
  3. 불완전이행에 의한 해제권 발생 / 777
  4. 채권자지체에 의한 해제권 발생 / 778
  5. 사정변경에 의한 해제권 / 778
  6. 부수의무의 불이행과 해제 / 779

Ⅳ. **해제권의 행사** 779
  1. 해제의 의사표시 / 780
  2. 자동해제의 특약(실권조항 또는 자동실효특약) / 780
  3. 해제의 불가분성 / 783

Ⅴ. **해제의 효과**(제548조, 제549조, 제551조) 785
  1. 원상회복의무의 법적 성질 / 785   2. 원상회복의무의 범위(제548조) / 787
  3. 제3자의 권리보호 / 794   4. 손해배상책임(제551조) / 798
  5. 해제와 보증채무 / 800   6. 해제와 동시이행관계(제549조에 의해 제536조의 준용) / 800

Ⅵ. **법정해제권의 소멸** 801
  1. 일반적 소멸원인 / 801   2. 해제권 특유의 소멸원인 / 802

┃**제 2 장**┃ **계약의 해지** ·· **805**

Ⅰ. **의 의** 805

Ⅱ. **법정해지권** 805
  1. 통상해지권의 발생 / 805   2. 특별해지권의 발생 / 805

Ⅲ. **해지권의 행사와 효과** 806
  1. 해지권의 행사 / 806   2. 효 과 / 806

┃**제 3 장**┃ **소멸시효** ·· **808**

Ⅰ. **시효제도** 809
  1. 의 의 / 809   2. 존재이유 / 809
  3. 소멸시효의 개념 / 809

Ⅱ. **소멸시효의 요건** 809
  1. 소멸시효의 목적이 될 수 있는 권리 / 809
  2. 소멸시효기간 동안 권리의 불행사(제166조 제1항의 권리를 행사할 수 있는 때) / 814

   3. 소멸시효기간의 경과 / 822

Ⅲ. 소멸시효의 중단 826
   1. 의 의 / 826   2. 소멸시효의 중단사유 / 827
   3. 소멸시효 중단의 효과 / 840

Ⅳ. 소멸시효의 정지 841
   1. 의 의 / 841   2. 시효정지사유 / 842
   3. 시효정지의 효력 / 842

Ⅴ. 소멸시효 완성의 효과 842
   1. 소 급 효 / 843   2. 주된 권리의 소멸과 종된 권리 / 843
   3. 소멸시효완성 주장을 원용할 수 있는 사람(시효원용권자) / 844
   4. 신의칙 또는 권리남용 법리에 따른 소멸시효완성 주장의 배제 / 844

Ⅵ. 시효이익의 포기(제184조) 847
   1. 요 건 / 847   2. 소멸시효 완성 후 일부변제 / 847
   3. 시효이익 포기의 상대효 / 847   4. 채무자의 방해가 있었던 경우 / 848

Ⅶ. 소멸시효와 유사한 제도(제척기간과 실효의 원칙) 849
   1. 제척기간 / 849   2. 실효의 원칙 / 852

   요건사실론 소멸시효 / 852

제7편 계약의 무효와 취소

제1장 무효와 취소사유의 유형 859

Ⅰ. 진의 아닌 의사표시 859
   1. 의 의 / 859   2. 요 건 / 860
   3. 효 과 / 864   4. 적용범위 / 865

Ⅱ. 통정허위표시 867
   1. 의 의 / 867   2. 요 건 / 869
   3. 효 과 / 874   4. 적용범위 / 883
   5. 제108조 제2항 유추적용론 / 883

   요건사실론 통정허위표시 / 884

Ⅲ. 착오에 기한 의사표시 886
   1. 의 의 / 886   2. 착오취소의 요건 / 896

3. 취소의 효과 / 906   4. 적용범위 / 908

5. 다른 제도와의 관계 / 908 6. 쌍방의 공통한 동기착오 / 911

요건사실론 착오에 기한 의사표시 취소 / 916

Ⅳ. **사기·강박에 의한 의사표시** 916

1. 의 의 / 917

2. 사기·강박에 의한 의사표시의 요건 / 917

3. 사기·강박에 의한 의사표시의 효과 / 922

4. 적용범위 / 925   5. 다른 제도와의 관계 / 927

Ⅴ. **강행규정(효력규정) 위반** 928

1. 의 의 / 928   2. 탈법행위 / 929

3. 강행규정의 유형 / 929

4. 선량한 풍속 기타 사회질서와의 관계 / 931

5. 효력규정인 강행규정 위반의 효과 / 932

Ⅵ. **목적의 사회적 타당성**(제103조,/제104조) 933

1. 반사회질서 법률행위의 의의 / 933

2. '선량한 풍속 기타 사회질서'의 의의 / 933

3. 반사회질서 법률행위의 유형 / 934 4. 반사회적 법률행위의 구체적 사례 / 936

5. 반사회적 법률행위의 효과 / 942 6. 불공정한 법률행위 / 945

┃**제2장**┃ **무효와 취소의 법률관계** ·· **954**

Ⅰ. **무효와 취소 일반** 954

1. 무효와 취소의 의의 / 954   2. 무효와 취소의 구별 / 954

3. 무효와 취소의 경합(무효·취소의 이중효) / 955

Ⅱ. **법률행위의 무효** 956

1. 의 의 / 956   2. 무효의 일반적 효과 / 956

3. 무효의 종류 / 957   4. 무효행위의 추인(제139/조) / 966

5. 무효행위의 전환(제138/조) / 968

Ⅲ. **법률행위의 취소** 970

1. 의 의 / 970   2. 구별개념 / 971

3. 취소권의 의의 및 성질 / 971 4. 취소권자(제140조: 제한/적 열거규정) / 971

5. 취소의 상대방 및 방법 / 972 6. 취소의 효과 / 973

7. 취소할 수 있는 법률행위의 추인(제143/조) / 974

8. 취소할 수 있는 행위의 상대방 보호 / 975

제8편 채권양도와 채무인수

제1장 채권양도 ··· 979

Ⅰ. 의   의 979

1. 정   의 / 979
3. 채권양도의 모습 / 980

2. 경개와의 구별 / 979

Ⅱ. 채권양도의 법적 성질 980

1. 처분행위 / 980
3. 채권양도행위의 독자성 문제 / 981

2. 요식성 / 981
4. 동일성 유지 / 983

Ⅲ. 지명채권의 양도 984

1. 지명채권의 양도성(제449조) / 984
3. 채권양도의 효과 / 1004

2. 지명채권양도의 대항요건 / 988

Ⅳ. 증권적 채권의 양도 1004

요건사실론 채권양도 / 1007

제2장 채무인수 ··· 1009

Ⅰ. 의   의 1009

1. 정   의 / 1009
3. 법적 성질 / 1010

2. 병존적 채무인수와의 구별 / 1009

Ⅱ. 요   건 1010

1. 채무의 이전성 / 1010

2. 채무인수계약 / 1011

Ⅲ. 채무인수의 효과 1012

1. 채무의 이전 / 1012
3. 종된 채무 및 담보(물적 담보 및 인적 담보)의 이전 여부 / 1013
4. 소멸시효의 중단 / 1015

2. 항변권의 이전(존속) / 1013

Ⅳ. 채무인수와 유사한 제도 1015

1. 병존적(중첩적) 채무인수 / 1015
2. 이행인수 / 1017
3. 계약인수 / 1024

제9편 중요한 계약의 유형

|제1장| 매 매 ··· 1027

제1절 매매계약 ·· 1027

  Ⅰ. 의 의 1027

    1. 매매의 정의$\binom{제563}{조}$ / 1027   2. 법적 성질 / 1027

  Ⅱ. 매매의 성립 1028

    1. 성립요건 / 1028   2. 매매의 예약 / 1029

    3. 계약금 − $\binom{제3편 제1장 제5절}{계약금계약 참조}$ / 1033

  Ⅲ. 매매의 효력 1033

    1. 매도인의 의무 / 1033   2. 매수인의 의무 − 대금지급의무 / 1035

    3. 매도인의 담보책임 − $\binom{제5편 제}{4장 참조}$ / 1036

  Ⅳ. 환 매 1036

    1. 정 의 / 1036   2. 환매의 법적 성질 / 1037

    3. 환매권 행사요건 / 1038   4. 환매의 실행 / 1038

    5. 환매의 효과 / 1039   6. 환매와 다른 제도 / 1040

제2절 특수한 매매 ·· 1041

  Ⅰ. 소유권유보부매매 1041

    1. 의 의 / 1041   2. 법적 성질 / 1041

    3. 소유권 유보의 성립 / 1042   4. 소유권 유보의 효력 / 1042

    5. 소유권 유보의 실행 / 1044   6. 소유권 유보의 소멸 / 1044

  Ⅱ. 할부판매 1044

    1. 의 의 / 1044   2. 할부거래법의 내용 / 1044

  Ⅲ. 방문판매 및 전화권유판매, 다단계판매 1045

    1. 의 의$\binom{방문판매}{법 제2조}$ / 1045   2. 방문판매법의 규율 / 1045

  Ⅳ. 통신판매 1047

|제2장| 각종의 계약 ··· 1048

제1절 임대차 ·· 1048

  Ⅰ. 의 의 1049

    1. 임대차의 의의 / 1049   2. 소비대차 및 사용대차와의 비교 / 1049

Ⅱ. 부동산임차인의 보호 1049
1. 보호필요성 / 1049　　　　　　　　2. 보호방법 / 1050

Ⅲ. 임대차의 성립 1052
1. 낙성계약 / 1052　　　　　　　　　2. 임대차의 목적물 / 1053

Ⅳ. 임대차의 존속기간 1054
1. 존속기간을 정한 경우 / 1054　　　2. 존속기간을 정하지 않은 경우 / 1057

Ⅴ. 임대차의 법률효과 1058
1. 임대인의 의무 / 1058　　　　　　2. 임차인의 권리 / 1064
3. 임차인의 의무 / 1069

Ⅵ. 임차권의 양도 및 임차물의 전대 1071
1. 의　의 / 1071　　　　　　　　　　2. 민법의 규정 / 1071
3. 임대인의 동의 없는 양도 · 전대 / 1072　　4. 임대인의 동의 있는 양도 · 전대 / 1073

Ⅶ. 보 증 금 1074
1. 의　의 / 1074　　　　　　　　　　2. 효　력 / 1074
3. 보증금반환청구권 / 1077

Ⅷ. 임대차의 종료 1078
1. 임대차의 종료원인 / 1078　　　　2. 임대차 종료의 효과 / 1079
3. 임대차 종료 후 임대차 부동산의 점유 · 사용에 따른 부당이득의 반환 / 1079

Ⅸ. 주택의 임대차(주택임대차보호법상의 특칙) 1080
1. 목　적 / 1081　　　　　　　　　　2. 적용범위 / 1081
3. 대항력 / 1082　　　　　　　　　　4. 보증금의 우선변제, 최우선변제 / 1085
5. 존속기간의 보호 / 1088　　　　　6. 차임 등의 증감청구권 / 1089
7. 임차권등기명령제도 / 1090　　　　8. 주택임대차 심화학습 / 1090

Ⅹ. 상가건물 임대차보호법 1097
1. 목　적 / 1097　　　　　　　　　　2. 적용범위 / 1097
3. 대항력 / 1098　　　　　　　　　　4. 존속기간의 보호 / 1100
5. 보증금의 우선변제, 최우선변제 / 1101　　6. 차임 등의 증감청구권 / 1102
7. 권리금 / 1102

요건사실론　임대차계약에 기한 청구 / 1105

제2절　도　　급 ··· 1110
Ⅰ. 의　　의($\substack{제664 \\ 조}$) 1110

Ⅱ. 도급의 성립 1110

Ⅲ. 도급의 효력 1111
1. 수급인의 의무 / 1111　　　　　2. 도급인의 의무 / 1116

Ⅳ. 도급에 있어서의 위험부담 1118
1. 의　의 / 1118　　　　　　　　2. 해결방안 / 1118

Ⅴ. 도급의 종료 1119
1. 도급인의 임의해제권($\frac{제673}{조}$) / 1119　　2. 도급인의 파산과 해제권($\frac{제674}{조}$) / 1119

Ⅵ. 특수문제 1119
1. 제작물공급계약 / 1119　　　　2. 신축건물의 소유권 귀속 / 1120

요건사실론 도급계약 / 1112

제3절 조　　합 ··· 1122

Ⅰ. 의　의 1122
1. 정　의 / 1122　　　　　　　　2. 조합과 구별개념 / 1123
3. 조합계약 / 1125

Ⅱ. 조합의 성립 1125
1. 조합계약의 체결 / 1125　　　　2. 공동사업의 경영목적 / 1125
3. 출　자 / 1126

Ⅲ. 조합의 업무집행 1127
1. 대내적 업무집행 / 1127　　　　2. 대외적 업무집행 / 1127

Ⅳ. 조합의 재산관계 1130
1. 특별재산으로서의 조합재산 / 1130　　2. 조합재산의 구성요소 / 1131
3. 조합재산의 지분처분 / 1131　　4. 조합재산의 처분·변경 / 1132
5. 조합재산으로서의 채권·채무 / 1133　　6. 손익분배(이익분배 및 손실부담) / 1135

Ⅴ. 조합원의 지위의 변동(교체) 1136
1. 조합의 당사자의 변경과 조합의 동일성 유지 여부 / 1136
2. 조합원의 탈퇴 / 1136

Ⅵ. 조합의 해산 및 청산 1137
1. 해　산 / 1137　　　　　　　　2. 청　산 / 1138

제4절 증　　여 ··· 1140

Ⅰ. 의　의 1140

Ⅱ. 증여의 효력 1141
1. 증여자의 의무 / 1141　　　　　2. 증여자의 담보책임 / 1141

3. 증여계약의 해제 / 1141

Ⅲ. 특수한 증여 1143
   1. 부담부 증여 / 1143   2. 정기증여 / 1144
   3. 사인증여 / 1144

제5절 교　　환 ··· 1145

Ⅰ. 의　　의 1145

Ⅱ. 교환계약의 효력 1145

제6절 소비대차 ··· 1146

Ⅰ. 의　　의 1147

Ⅱ. 소비대차의 대주와 차주의 의무 1147
   1. 소비대주의 의무 / 1147   2. 소비차주의 의무 / 1148

Ⅲ. 소비대차계약의 종료 1151
   1. 소비대차의 실효와 해제에 관한 특칙 / 1151
   2. 반환시기의 도래 / 1151   3. 기한의 이익상실 / 1151

Ⅳ. 준소비대차 1151
   1. 의　의 / 1151   2. 성립요건 / 1152
   3. 효　력 / 1153

제7절 사용대차 ··· 1153

Ⅰ. 의　　의 1153

Ⅱ. 사용대주의 의무와 불이행에 대한 효과 1154
   1. 목적물인도의무와 부수의무 / 1154   2. 담보책임 / 1154
   3. 비용상환의무 / 1154

Ⅲ. 사용차주의 의무와 불이행에 대한 효과 1155
   1. 용법에 따른 사용·수익의무 / 1155   2. 차용물반환의무 / 1155
   3. 공동사용차주의 연대의무 / 1155

Ⅳ. 사용대차계약의 종료 1155
   1. 존속기간의 만료 / 1155   2. 사용대차의 해지 / 1156
   3. 사용대차의 해제 / 1157

제8절 고　　용 ··· 1157

Ⅰ. 서　　설 1157

　　　　1. 의　의 / 1157　　　　　　　　2. 고용계약과 근로계약 / 1158
　　　　3. 고용계약의 성립 / 1158

　　Ⅱ. 노무자의 의무 1158
　　　　1. 노무제공의무 / 1158　　　　　　2. 노무자의 부수의무 / 1160

　　Ⅲ. 사용자의 의무 1160
　　　　1. 사용자의 의무내용 / 1160

　　Ⅳ. 고용계약의 종료 1162
　　　　1. 고용계약의 종료사유 / 1162　　　2. 고용계약의 종료 후의 법률관계 / 1164

제9절　여행계약 ·· 1165

　　Ⅰ. 의　　의 1165

　　Ⅱ. 여행계약의 효력 1165
　　　　1. 여행자의 의무 / 1165　　　　　　2. 여행주최자의 의무 / 1165

　　Ⅲ. 여행계약의 종료 1166
　　　　1. 여행 개시 전의 계약 해제 / 1166　2. 부득이한 사유로 인한 계약 해지 / 1166
　　　　3. 여행주최자의 담보책임과 여행자의 해지권 / 1166

제10절　현상광고 ·· 1167

　　Ⅰ. 서　　설 1167
　　　　1. 의　의 / 1167　　　　　　　　2. 현상광고의 성립과 철회 / 1167

　　Ⅱ. 현상광고의 효과 1168

　　Ⅲ. 우수현상광고 1168

제11절　임　　치 ·· 1170

　　Ⅰ. 서　　설 1170
　　　　1. 의　의 / 1170　　　　　　　　2. 성립과 목적물 / 1170

　　Ⅱ. 수치인의 의무 1171
　　　　1. 수치인의 의무내용 / 1171　　　　2. 수치인의 채무불이행에 대한 효과 / 1172

　　Ⅲ. 임치인의 의무 1173
　　　　1. 임치인의 의무내용 / 1173　　　　2. 임치인의 채무불이행에 대한 효과 / 1174

　　Ⅳ. 임치계약의 종료 1174
　　　　1. 종료원인 / 1174　　　　　　　　2. 계약의 해지 / 1174

　　Ⅴ. 특수한 임치 1175

　　　　1. 혼장임치 / 1175　　　　　　　　2. 소비임치 / 1176

제12절　종신정기금 ……………………………………………………… 1177

　Ⅰ. 의　　의 1177

　Ⅱ. 종신정기금의 종료 1178

　　　　1. 특정인의 사망 / 1178　　　　　　2. 종신정기금계약의 해제 / 1178

제13절　화　　해 ………………………………………………………… 1178

　Ⅰ. 서　　설 1178

　　　　1. 의　의 / 1178　　　　　　　　 2. 화해계약의 성립 / 1179

　Ⅱ. 화해계약의 효력 1179

　　　　1. 창설적 효력 / 1179　　　　　　 2. 화해계약과 착오 / 1179
　　　　3. 화해의 효력범위와 후발손해 / 1180

찾아보기

　판례색인 ……………………………………………………………………… 1183
　사항색인 ……………………………………………………………………… 1213

민법전의 순서에 따른 목차

* 이 책은 민법 중 민법총칙, 채권총칙, 채권각칙(법정채권법 제외)의 내용을 모두 담고 있다.
* 우측에 표시된 면은 이 책에서 설명된 부분을 말한다.
* 괄호 안의 표제어는 해당 부분에서 중요한 내용을 표시한 것이다.

제1편 총   칙

[민법총칙]

제1장 통   칙 : 11면－12면

제2장 인
　제1절 능   력 : 15면－42면
　　　　　　　　　(의사능력, 행위능력, 미성년자, 성년후견제도)
　제2절 주   소 : 42면－43면
　제3절 부재와 실종 : 43면－52면

제3장 법   인
　제1절 총   칙 : 53면－67면
　　　　　　　　　(법인의 권리능력, 법인의 불법행위능력)
　제2절 설   립 : 67면－95면
　제3절 기   관 : 96면－103면
　　　　　　　　　(이사, 감사, 사원총회, 정관변경)
　제4절 해   산 : 103면－106면

제4장 물   건 : 107면－111면
　　　　　　　　　(동산과 부동산, 주물과 종물, 원물과 과실)

제5장 법률행위
　제1절 총   칙 : 138면－158면, 278면－292면
　　　　　　　　　(법률행위의 해석, 타인명의 법률행위)
　제2절 의사표시 : 859면－953면
　　　　　　　　　　(반사회적 법률행위, 비진의의사표시, 사기·강박 의사표시,
　　　　　　　　　　통정허위표시)

제3절 대 리
　제1관 총 칙 : 177면-227면
　　　　　　　(대리권남용, 대리권의 하자, 복대리, 현명주의)
　제2관 표현대리 : 228면-264면
　　　　　　　(제125조의 표현대리, 제126조의 표현대리, 제129조의 표현대
　　　　　　　리)
　제3관 협의의 무권대리 : 265면-278면
제4절 무효와 취소 : 954면-976면
제5절 조건과 기한 : 327면-341면

제6장 기 간

제7장 소멸시효 : 808면-855면

제2편 물 권

제3편 채 권

[채권총론]

제1장 총 칙
제1절 채권의 목적 : 295면-326면
　　　　　　　(금전채권, 선택채권, 이자채권, 특정물채권)
제2절 채권의 효력
　제1관 채무불이행 총칙 : 557면-566면
　제2관 이행지체 : 567면-576면
　제3관 이행불능 : 576면-586면
　제4관 불완전이행, 이행거절 : 586면-597면
　제5관 채권자지체 : 598면-608면
　제6관 강제이행과 손해배상 : 609면-642면
　제7관 책임재산의 보전 : 679면-760면
　　　　　　　(채권자대위권, 채권자취소권)
제3절 다수당사자의 채권관계
　제1관 총 칙 : 393면-394면
　제2관 불가분채권과 불가분채무 : 394면-403면
　제3관 연대채무 : 404면-428면

　　제4관 보증채무 ： 428면-464면
　제4절 채권의 양도 ： 979면-1008면
　제5절 채무의 인수 ： 1009면-1024면
　제6절 채권의 소멸
　　제1관 변　제 ： 465면-518면
　　　　　　　(대물변제, 변제자대위, 변제충당)
　　제2관 공　탁 ： 518면-527면
　　제3관 상　계 ： 527면-548면
　　제4관 경　개 ： 549면-551면
　　제5관 면　제 ： 551면-552면
　　제6관 혼　동 ： 552면-553면
　제7절 지시채권 및 무기명채권

[채권법각칙]

제2장 계 약
　제1절 총　칙
　　제1관 계약의 성립 ： 117면-135면, 168면-176면
　　　　　　　(청약, 승낙, 의사실현, 교차청약, 약관, 계약금, 계약체결상
　　　　　　　의 과실책임)
　　제2관 계약의 효력 ： 342면-392면
　　　　　　　(동시이행항변권, 위험부담, 제3자를 위한 계약)
　　제3관 계약의 해지, 해제 ： 763면-807면
　제2절 증　여 ： 1140면-1145면
　제3절 매　매
　　제1관 총칙 및 매매의 효력 ： 1027면-1036면
　　제2관 담보책임 ： 643면-678면
　　제3관 환매 등 ： 1036면-1047면
　　　　　　　(소유권유보부 매매, 재매매의 예약, 특수한 매매, 환매)
　제4절 교　환 ： 1145면-1146면
　제5절 소비대차 ： 1146면-1153면
　제6절 사용대차 ： 1153면-1157면
　제7절 임대차 ： 1048면-1109면
　제8절 고　용 ： 1157면-1164면

제 9 절 도 급 ： 1110면－1121면
제10절 여행계약 ： 1165면－1166면
제11절 현상광고 ： 1167면－1169면
제12절 위 임 ： 187면－197면
제13절 임 치 ： 1170면－1177면
제14절 조 합 ： 1122면－1139면
제15절 종신정기금 ： 1177면－1178면
제16절 화 해 ： 1178면－1182면

법령약어표

1. 법령의 인용시 아래에 기재된 약어에 따라 표기한다.
2. 아래에 기재되지 않은 법령은 원래의 명칭으로 표기한다.
3. 법률의 내용은 2024.1.1.을 기준으로 한다.

가등기담보법   가등기담보 등에 관한 법률
가족관계등록법   가족관계의 등록 등에 관한 법률
금융실명법   금융실명거래 및 비밀보장에 관한 법률
대부업법   대부업 등의 등록 및 금융이용자 보호에 관한 법률
동산담보법   동산·채권 등의 담보에 관한 법률
방문판매법   방문판매 등에 관한 법률
보증인보호법   보증인 보호를 위한 특별법
부동산실명법   부동산 실권리자명의 등기에 관한 법률
상가임대차법   상가건물 임대차보호법
소송촉진법   소송촉진 등에 관한 특례법
약관규제법   약관의 규제에 관한 법률
장기이식법   장기등 이식에 관한 법률
전자상거래법   전자상거래 등에서의 소비자보호에 관한 법률
채무자회생법   채무자 회생 및 파산에 관한 법률
할부거래법   할부거래에 관한 법률

일러두기

이 책은 몇가지 점에서 기존의 다른 강의서와는 다르므로 아래에서 효과적인 사용방법을 제시해 본다.

첫째 이 책의 구성은 민법전의 편제를 따르지 않았다. 우리 민법전은 민법의 모든 법률관계에 적용되는 총칙을 두고 물권법, 채권법, 친족법과 상속법을 두고 있다. 보통의 교과서도 이와 같은 순서로 교과서를 작성하여 만들고 있다. 이와 같은 구조는 논리적 사고를 하는 데 도움이 되지만 구체적으로 법적 분쟁을 해결하기 위한 올바른 법적용을 위해서는 더 복잡한 과정을 거쳐야 한다. 오히려 실제 현실에서 일어나는 법률분쟁의 발생과 해결의 과정을 따라가며 민법을 이해하는 것이 더욱 바람직할 수 있다고 생각했다. 또한 법전의 순서에 입각하고 있지 않아 이리저리 민법전을 찾아보아야 한다는 것도 독자로 하여금 민법에 조금 더 친숙하게 되도록 만들어 줄 것으로 생각한다. 현실적으로 필자가 재직하고 있는 학교에서 민법의 강의과목을 계약법, 물권법, 불법행위법으로 분류하여 가르치고 있는 것도 이 책을 집필하게 된 동기가 되었다. 이 책은 이러한 목적으로 민법전의 순서를 해체하여 재구성하였다.

요컨대 이 책은 민법전의 편제에서 보면 민법총칙, 채권법 총론, 채권법 각론(사무관리, 부당이득, 불법행위 제외)으로 구성되어 있다. 결국 물권법과 법정채권법(사무관리, 부당이득, 불법행위) 부분을 뺀 나머지를 계약의 성립과 효력, 그 소멸의 과정을 염두에 두고 집필하였다.

이미 민법을 공부했던 독자에게는 이 책의 구성순서가 낯설 수도 있지만 처음 민법을 공부하는 사람들에게는 오히려 도움이 된다고 믿는다.

둘째 이 책은 계약법을 입체적으로 이해할 수 있도록 다양한 시도를 접목하였다.

먼저 사례를 많이 설정하였다. 사례는 필자가 만든 것이 아니라, 대부분 중요한 대법원 판결례의 사실관계를 기초로 만들었다. 추상적으로 설명된 판례의 이론이 현실적으로 어떤 맥락에서 나온 것인지를 확인하면 그 의미내용을 보다 정확히 이해할 수 있다고 판단했기 때문이다. 특히 복잡한 법리가 전개되는 부분, 현실적으로 분쟁이 많이 발생하는 부분에 대해서는 집중적으로 사례를 두었다. 큰 단락이 끝나는 곳에서는 여러 쟁점을 종합적으로 판단해야 하는 종합사례를 두었다. 민법은 분쟁해결을 위한 실천적 도구이어야 한다는 점을 고려하면 해당 법리가 적용되는 분쟁의 구체적 형태도 알아야 적용과정을 입체적으로 이해할 수 있다고 보았다. 또한 이 책의 사례를 풀어보면서 중요한 판결례의 사실관계도 확인할 수 있을 것이다. 많은 사례형, 선택형 시험문제가 판결의 사실관계를 기초로 만들어진다는 점에서 수험에도 도움이 되리라 생각한다.

그 외에도 계약법 각 부분의 법리와 판결례를 설명하는 과정에서 불가피하게 다른 법 영역에서의 용어가 나오는 경우 최소한 그 개념과 중요한 내용은 간단히 설명하고자 했다. 특히 민사소송법, 상법, 민사집행법의 내용이라도 이 책에서 설명하는 계약법의 해당 법리, 해당 판결례를 이해하기 위하여 필요한 내용을 수록했다. 주로 민사소송법, 상법, 민사집행법 등의 내용을 집중적으로 다루었는데 이는 각각 '민사소송법', '상법', '민사집행법'이라는 별도의 항목을 곳곳에 두고 설명하였다. 사항색인을 잘 이용하면 좋을 것이다.

또한 계약법의 중요한 내용은 요건사실론적 관점에서 구성해 보았다. 해당 법리가 소송과정에서 청구원인으로 작용하는지, 부인이나 항변 또는 재항변의 사유로 검토되어야 하는지를 확인하는 것도 큰 의미가 있다고 보았기 때문이다. 대부분의 분쟁은 소송을 통하여 해결되는데 해당 법리가 누구에 의하여 어떤 방법으로 주장·증명되어야 하는지는 중요한 의미가 있기 때문이다. 이 책에서는 예컨대 '요건사실론 공탁'과 같은 제목 아래 설명했다.

셋째 학설은 꼭 필요한 경우가 아니면 별도로 설명하지 않았다. 또 이를 설명해야 하는 경우에도 그와 같은 견해를 취하는 학자와 그 출처를 구체적으로 밝히지 않았다. 이 책이 강의교재임을 고려하면 보면 그 출처를 밝히는 데 지면을 할애하는 것보다는 그 견해의 논거를 좀 더 자세히 설명하는 것이 좋다고 생각했기 때문이다. 또 필자만이 전개하는 견해도 가급적 이 책에 반영하지 않으려고 했으며 필요한 경우에는 필자의 생각과 달라도 판례와 다수설에 입각하여 논리를 구성한 부분도 있다. 민법의 정확한 이해에는 필자의 생각이 오히려 장애가 될 수 있다고 생각했기 때문이다. 좀 더 심화된 논쟁을 따라가고 싶은 독자는 직접 관련 문헌을 찾아 볼 것으로 생각한다.

넷째 깊이 있는 내용이더라도 꼭 알아야 하는 것은 심화학습의 형태로 설명했다. 이제 민법을 공부하기 시작했다면 이 부분은 지나쳐도 좋을 것이다. 반면 판례의 견해가 확립되어 있지는 않지만 법리전개에 호기심을 자극할 수 있는 내용은 '생각해 볼 문제'로 제시해 보았다. 민법에서 정한 원칙(예컨대 손해배상의 범위를 정한 제393조, 금전배상주의를 정한 제394조)은 공리로 암기해야 하는 것이지만, 그 내용의 적용과정에서 밝혀진 논리와 결론은 이해해야 할 것이다. 암기해야 할 원칙과 그것이 논리적 과정을 거쳐 적용된 결과를 구별하지 않고 무턱대고 외우려다 보면 민법은 우리가 감당할 수 없을 정도로 엄청나게 방대한 양으로 변한다. 외워야 할 것과 이해해야 할 것을 구별해야 한다. 민법은 암기해야 할 이론, 판례가 너무 많아서 어렵다는 하소연을 학생들로부터 많이 듣는다. 모든 내용을 암기해야 한다는 생각을 버려야 한다. 민법의 논리를 이해하면 암기해야 할 것들이 현저히 줄어들게 된다. 원칙이 적용되는 논리적 추론과정을 배우는 과정에서 재료로 사용한 것이 판결례를 정리한 사례이다.

다섯째 가능하면 한 절을 시작할 때나 중요한 부분을 설명할 때에는 목차를 따로 두었다. 나중에 복습할 때에 그 목차만을 보더라도 그 안에 담긴 핵심적인 쟁점과 원칙, 그리고 법적 논리가 생각날 수 있을 정도로 익혀야 한다. 배우고 익힌 논리를 정확히 이해하는 것이 앞으로 법률전문가로서 접하게 될 분쟁을 현명하게 해결할 수 있는 능력을 갖추는 것이라 믿어 의심치 않는다.

여섯째 이와 같이 민법을 설명하는 강의교재는 많지 않은 점을 고려하여 이 책의 목차 다음에는 민법전의 편제에 따를 때 각각의 부분이 이 책의 어느 부분에 있는지 알 수 있도록 '민법전 편제에 따른 목차'를 따로 두었다. 이는 다른 통상의 강의서가 취하고 있는 목차이기도 하다. 서로 비교하여 볼 수 있도록 하였다.

前 論

당사자의 사법상 권리의 실현과정
당사자주의: 변론주의와 처분권주의

사법상 권리의 재판상 실현과정

채무자에게 채무의 이행을 요구했음에도 불구하고 임의로 채무를 이행하지 않는 경우 채권자는 법원에 권리의 실현을 요청할 수 있다. 이처럼 사법상의 권리와 의무는 소송을 통하여 이루어지는 경우가 많다. 그런데 민사소송의 대원칙인 변론주의 원칙상 민사분쟁은 원고의 공격과 피고의 방어로 이루어진다고 할 수 있다. 이때 원고가 자기의 청구를 이유 있게 하기 위하여 제출하는 재판자료를 공격방법이라고 하고, 반대로 피고가 원고의 청구를 배척하기 위하여 제출하는 재판자료를 방어방법이라고 한다.

다음의 간단한 사례를 통하여 확인해 본다.

사실관계 2005.2.15. A는 B를 피고로 하여 대여금 100만 원과 그 이자 10만 원의 상환을 청구하는 소송을 법원에 제기했다. 이와 같은 청구의 원인으로 A는 다음과 같은 주장을 하였다.
2004.2.3. B는 A로부터 100만 원을 차용하면서 2005.2.3. 원금 100만 원과 그 이자 10만 원을 갚기로 했다. 그런데 갚기로 한 날인 2005.2.3. B가 원금과 이자를 상환하지 않았다.

1. 일반적으로 원고가 실체법상의 권리의 발생요건에 해당하는 구체적인 사실인 '청구원인'을 가지고 공격을 하면, 피고는 부인(否認)과 항변(抗辯)으로 방어하게 된다. 그런데 민사소송법상 피고의 방어방법이 부인인지 항변인지에 따라 이에 대한 증명책임이 달라진다. 즉 항변이면 그 사실에 대한 증명책임을 피고가 부담하고, 부인이면 원고가 그 부인된 사실에 대하여 증명책임을 진다.

(1) 부인(否認)

부인은 원고가 주장하는 사실에 대하여 그러한 사실은 없다고 답변하는 것을 의미한다. 이에는 상대방의 주장사실이 존재하지 않음을 단순히 부인하는 것(단순부인(單純否認))과 부인의 이유를 함께 진술하는 것(이유부부인(理由附否認))이 있다.[1] 위 사례에서 원고의 대여금상환청구에 대해 피고가 자신은 원고로부터 돈을 차용한 사실이 없다는 주장을 할 수 있는데. 이러한 주장이 부인에 해당된다.

(2) 항변(抗辯)

부인보다 적극적 방어방법인 항변은 실체상의 효과에 관한 것(실체상의 항변)과 소송상의 효과에 관한 것(소송상의 항변: 증거항변 및 소송요건 흠결의 항변)으로 나뉜다.

1) 실체상의 항변이란 피고가 원고가 주장하는 법률효과의 발생을 방해하거나(통정허위표시 ·

---

1) 변론주의하에서는 당사자가 자백한 사실은 증거에 따라 판단할 것을 요하지 않으므로(민사소송법 제288조) 법원은 부인된 사실에 한하여 증거에 따라 인정하게 된다. 모른다는 취지의 진술은 부인한 것으로 추정한다(민사소송법 제150조 제2항).

착오 등), 발생한 효과를 멸각(滅却)시키거나(변제 · 대물변제 · 경개 · 상계 · 소멸시효완성 · 해제조건의 성취 등) 또는 효과발생을 저지시키는 사유(최고 · 검색의 항변권, 동시이행항변권, 유치권 등)를 진술하는 것을 의미한다. 예컨대 위 사례에서 피고는 원고의 채권이 소멸시효가 완성되었다고 항변할 수 있다($\substack{\text{제162조} \\ \text{제1항}}$).

한편 원고가 주장하는 법률효과의 멸각이 피고가 실체법상의 형성권(취소권 · 해제권 · 상계권 등)을 행사한 후에야 발생하는 경우에는 피고가 이러한 행사가 있었다는 주장을 하면 항변이 된다. 즉 피고의 형성권 행사 자체는 민법상의 의사표시이지만, 그 행사가 있었다는 취지의 진술은 소송법상 항변이 된다.

2) 소송상의 항변 중 하나인 소송요건흠결의 항변은 피고측에서 '소송요건' 자체가 흠결되었음을 주장하는 것이다. 예컨대 담보제공의 항변($\substack{\text{민사소송법 제117} \\ \text{조 및 제119조}}$)이나 중재(仲裁)계약의 항변 등이 이에 해당된다.

2. 원고는 피고의 항변에 대하여 항변사실을 부인하거나 재항변 공격을 통하여 배척할 수 있다. 전자는 피고가 항변으로 주장하는 요건사실 자체에 대한 부인을 의미한다. 반면 후자는 피고가 항변으로 주장하는 요건사실 자체는 인정하지만 이와 반대효과를 생기게 하는 별개의 요건사실을 주장하는 것을 의미한다.

위 사례에서 피고가 소멸시효가 완성되었음을 주장하자 원고가 시효완성기간이 도과하지 않았다는 점을 주장하는 경우가 항변사실의 부인에 해당된다. 시효완성기간이 도과하기는 했지만 소멸시효의 중단사유($\substack{\text{예컨대 제} \\ \text{168조 제3호}}$)가 있음을 주장하거나 피고의 소멸시효완성의 항변은 신의칙에 위반된다($\substack{\text{제} \\ \text{2조}}$)고 주장하는 것이 재항변이다.

3. 원고의 재항변(원고의 공격)에 대해서는 피고가 재재항변을 통해 방어할 수 있다. 예컨대 원고가 피고의 소멸시효완성의 주장(항변)이 신의칙에 위반된다고 주장(재항변)하는 경우, 피고는 소멸시효완성의 항변이 권리남용에 해당한다고 하더라도, 원고는 손해배상청구권을 행사할 수 없는 객관적인 장애사유가 소멸된 후 상당한 기간이 경과하여 소를 제기하였으므로 신의칙상 허용될 수 없다고 주장(재재항변)할 수 있다.

이하의 사실관계를 기초로 이를 확인해 보면 다음과 같다.

사실관계　전자제품 판매업체를 운영하는 甲은 2010.1.15. 乙에게 전자제품 50대를 대금 1억 5천만 원에 매도하였다. 甲은 위 전자제품을 2010.3.10.까지 인도하기로 하고, 乙은 그 대금 중 제1차 대금 5천만 원은 2010.3.10.까지 나머지 제2차 대금 1억 원은 2010.3.30.까지 각 지급하기로 했다. 乙이 대금을 지체할 경우에는 연 24%의 비율에 의한 지연손해금을 지급하기로 약정했다. 甲은 2014.1.9. 乙을 상대로 하여 물품대금 지급청구소송(물품대금 1억 5천만 원 및 지연손해금 24%를 청구)을 제기했다.

소송진행　이에 대하여 乙은 위와 같은 매매계약 및 지연손해금 약정을 체결한 사실 및 전자제품을 인도받은 사실은 인정하나 1차 대금 중 2천만 원을 2010.3.10. 이미 변제하였고, 나머지 대금에 대한 채무는 시효로 소멸하였다고 주장한다.

乙의 변제 주장에 대하여 甲은 위 2천만 원을 지급받은 사실이 없다고 하고(乙은 1천만 원 변제에 관한 영수증을 법원에 제출함), 소멸시효 주장에 대해서는 소멸시효기간 만료 전에 위 매매대금채권을 청구채권으로 하여 乙의 부동산에 대하여 가압류하였으므로 시효가 중단되었다고 주장한다.

1. 원고 甲이 주장 · 증명하여야 할 사항들(청구원인)

甲이 물품대금만 청구하는 경우에는 매매계약 체결 사실만 주장 · 증명하면 된다.[2]

甲이 물품대금과 지연손해금까지 청구하는 경우 甲은 ① 매매계약 체결사실, ② 대금지급에 관하여 기한이 있고 그 기한이 도래한 사실, ③ 매도인이 매매계약에 따른 목적물을 인도한 사실, ④ 지연손해금 약정을 한 사실을 주장 · 증명하여야 한다.

사안의 경우 甲은 매매계약서나 전자제품 수령증서와 같은 증거로 위 사실들을 증명하여야 함이 원칙이나, 乙이 매매계약 및 지연손해금 약정 사실과 인도사실을 인정하고 있으므로 자백이 성립되어 별도의 증명이 요구되지 아니한다. 참고로 만약 乙이 위 매매계약을 체결한 사실이 없고 위 전자제품을 증여받았다고 주장하는 경우라면 이는 항변이 아니라 이유부부인이 되므로(매매와 증여 사실은 양립 불가능하다), 증여사실에 대하여 乙이 증명하여야 하는 것이 아니라 여전히 甲이 매매계약 체결 사실 등을 증명하여야 한다.

2. 원고 甲의 주장에 대하여 피고 乙이 주장 · 증명하여야 할 사항들(항변사항)

가. 변제 항변

변제는 甲이 주장하는 청구원인 사실(매매 계약 체결 사실)과 양립 가능한 사실이므로 乙이 주장 · 증명하여야 할 항변사항에 해당한다. 즉 乙은 2천만 원을 변제한 사실을 주장 · 증명하여야 한다. 사안에서 1천만 원에 관하여는 영수증이라는 증거가 있으나 나머지 1천만 원에 관하여는 증거가 없으므로 乙의 변제항변은 1천만 원에 한하여 인정된다.

나. 소멸시효 항변

乙은 ① 甲이 특정시점에 권리를 행사할 수 있었던 사실, ② 그로부터 소멸시효기간이 도과한 사실을 주장 · 증명하여야 한다. 매매대금의 변제기로부터 대금채권의 행사가 가능하므로 1차 대금채권은 그 변제기인 2010.3.10.부터, 2차 대금채권은 그 변제기인 2010.3.30.부터 소멸시효가 진행된다. 甲은 전자제품 판매업체를 운영하는 상인이므로 물품대금채권은 상인이 판매한 상품의 대가에 해당하여 제163조 제6호에 의하여 3년의 소멸시효기간이 적용된다.[3] 소 제

---

2) 물품대금만 청구하는 경우 매도인 甲이 자신의 채무(전자제품 인도의무)를 이행한 사실은 매수인의 동시이행항변에 대한 재항변사유이다.

3) 문제된 채권의 소멸시효기간에 관한 근거사실은 당사자가 주장 · 증명하여야 하는 것이지만, 어떤 시효기간의 적용을 받

기 시점이 2014.1.9.이므로 특별한 사정이 없는 한 소멸시효완성의 항변은 인정된다(후에 살피는 것처럼 소멸시효 중단의 문제는 甲의 재항변사유가 된다).

3. 소멸시효 항변에 대한 소멸시효 중단의 재항변(원고 甲의 재항변)

소멸시효의 항변에 대하여 甲은 제168조의 사유를 들어 시효중단의 재항변을 할 수 있다. 사안에서 甲이 소멸시효기간 만료 전에 위 물품대금채권을 청구채권으로 하여 乙 소유의 부동산에 대하여 부동산가압류신청을 하여 그 결정을 받아 집행한 사실을 주장·증명한 경우 물품대금채권의 소멸시효는 중단되어 원고의 재항변이 이유 있고, 결국 피고의 소멸시효 완성의 항변은 이유 없게 된다.

4. 결　론

결국 원고의 청구는 일부인용될 것이다.
(1억 5천만 원−인정된 변제 항변 1천만 원 =1억 4천만 원 및 이에 대한 지연손해금 24%)

예시 주문

1. 피고는 원고에게 140,000,000원 및 그중 40,000,000원에 대하여는 2010.3.11.[4]부터, 100,000,000원에 대하여는 2010.3.31.부터 각 다 갚는 날까지 연 24%의 비율에 의한 금원을 지급하라.
2. 원고의 나머지 청구를 기각한다.

는가에 관한 당사자의 주장은 법률상의 견해에 불과하므로 변론주의의 적용대상이 되지 않고 법원은 이에 구속되지 않는다(대법원 2013.2.15. 선고 2012다68217 판결). 사안에서 乙은 甲이 전자제품 판매업체를 운영하는 사실을 주장·증명하면 족하다.
4) 이행지체 책임은 이행기의 다음날부터 발생한다(제387조 제1항).

당사자주의: 변론주의와 처분권주의

1. 변론주의

변론주의(辯論主義)란 법원이 당사자의 변론, 즉 당사자의 주장·증명·의견진술 등에 기하여 심판을 하여야 한다는 원칙을 말한다. 변론주의는 사실과 증거의 수집·제출의 책임을 당사자에게 맡기고, 당사자가 수집하여 변론에서 제출한 소송자료만이 재판의 기초가 된다는 원칙이다. 이를 '제출주의'라고도 한다.

변론주의를 명시한 민사소송법상 규정은 없으나 예외적으로 특수소송에서 이와 대립하는 직권탐지주의를 규정하고 있어 변론주의가 민사소송의 대원칙임을 간접적으로 확인할 수 있다.

변론주의의 내용
① 사실의 주장책임(사실자료의 제출책임)
② 자백의 구속력
③ 증거의 제출책임

예를 들어 원고의 청구에 대하여 피고가 상계의 항변을 하지 않았음에도 상계를 인정하거나 (대법원 1963.2.14. 선고 62다760 판결), 피고가 소멸시효완성의 항변을 하지 않았음에도 채권이 시효로 소멸되었다고 인정하여 원고의 청구를 기각하거나(대법원 1980.1.29. 선고 79다1863 판결), 점유취득시효 완성을 이유로 한 소유권이전등기청구에 대하여 피고가 시효중단의 항변을 하지 않았음에도 시효의 중단을 인정하거나(대법원 1995.2.28. 선고 94다18577 판결), 피고가 동시이행의 항변을 하지 않았음에도 동시이행의 상환이행판결을 하거나(대법원 1990.11.27. 선고 90다카25222 판결), 해제조건성취의 주장을 하지 않았음에도 해제조건이 성취되었다고 인정하거나(대법원 1967.5.16. 선고 67다391 판결), 원고의 이행청구에 대하여 피고가 이행불능의 항변을 하지 않았음에도 이행불능되었다고 인정한다면(대법원 1996.2.27. 선고 95다43044 판결) 변론주의 원칙에 위반된다. 변론주의의 위반은 상고이유가 된다(민사소송법 제423조).

변론주의는 주요사실에 대하여만 적용되고 그 경위, 내력 등 간접사실에 대하여는 적용되지 않는다. 예컨대 매매계약에서 매도인이 중도금을 직접 매수인에게 지급하였느냐 또는 그 수령권한이 있는 제3자를 통하여 지급하였느냐는 결국 변제사실에 대한 간접사실에 지나지 않는 것이어서 반드시 당사자의 구체적인 주장을 필요로 하지 않는다(대법원 1993.9.14. 선고 93다28379 판결).

2. 주요사실과 간접사실

주요사실은 법률효과를 발생시키는 법규의 직접요건에 해당하는 사실을 말하며, 간접사실은 이를 추인케 하는 사실을 말한다. 법규기준설은 '어떤 법률효과를 규정한 법규의 법률요건에 해당하는 사실' 즉 '요건사실'을 주요사실로, 그 이외의 사실을 간접사실로 본다. 판례는 구체적 사안마다 법규기준설에 따라 주요사실과 간접사실을 판단하고 있다. 주요사실과 간접사실의 구별례 중 대표적인 것으로 '소멸시효의 기산점'과 '취득시효의 기산점'이 있다. 판례는 전자는 주요사실로, 후자는 간접사실로 본다. 따라서 전자는 당사자가 주장한 시점과 달리 판단할 수 없으나($^{대법원\ 1995.8.25.}_{선고\ 94다35886\ 판결}$), 후자는 당사자의 주장에 구속되지 않고 소송자료에 의하여 점유의 시기를 판단할 수 있다($^{대법원\ 1998.5.12.}_{선고\ 97다34037\ 판결}$)고 한다.

3. 주장책임과 증명책임

법규기준설에 따라 주장의 대상이 되는 주요사실이 정해지면 주장책임(주장하지 않았을 경우에 패소하는 불이익)이 당사자간에 분배되고, 당사자간에 주장이 모두 이루어졌다고 볼 경우에 이를 증명하는 책임이 누구에게 있느냐를 살펴보아야 한다. 법규기준설에 따라 주요사실로 분류된 사실에 대한 주장책임과 증명책임의 소재는 대부분의 경우 일치하나 예외도 있다($^{제135조,\ 제}_{397조\ 참조}$). 법률요건분류설은 이러한 증명책임(증명이 부족하여 패소하는 불이익)에 대한 분배기준을 제시하는 통설 및 판례의 입장이다.

법률요건분류설의 내용은 민사소송의 각 당사자가 자신에게 유리한 법규의 요건사실에 관한 증명책임을 부담한다는 것이 핵심이다. 예를 들어 권리의 존재를 주장하는 자(민사소송에서 주로 원고)는 권리의 근거규정에 해당하는 요건사실을 증명해야 한다. 반대로 권리를 다투는 상대방은 그 반대규정(권리발생의 장애사유, 권리가 발생하였으나 소멸한 사유, 권리가 발생하였으나 그 행사를 저지하는 사유)에 해당하는 요건사실을 증명해야 한다. 일반적으로 법률의 문언에 원칙으로 규정된 조항이 권리의 근거규정이고, 예외로 규정된 조항이 권리의 장애규정인 경우가 많다.

4. 처분권주의($^{민사소송법}_{제203조}$)

처분권주의(處分權主義)라 함은 절차의 개시, 심판의 대상 그리고 절차의 종결에 대하여 당사자에게 주도권을 주어 그 처분에 맡기는 원칙을 말한다. 이 원칙은 '신청 없으면 재판도 없다'는 말로 대변된다. 당사자주의란 변론주의와 처분권주의를 포함한 개념으로 이용되며, 이는 직권주의에 대립되는 개념이라고 할 수 있다. 흔히 처분권주의를 변론주의와 혼동하지만, 처분권주의는 당사자의 소송물에 대한 처분의 자유를 뜻하는 것이고, 변론주의는 당사자의 소송자료에 대한 수집책임을 뜻하는 것이므로 양자는 내용적으로 다르다.

앞서 설명한 변론주의는 소송물이 정해지고 난 다음 소송의 본안판단에 관한 원칙이다(일부 소송요건에 관한 부분도 변론주의의 대상이 될 수 있음은 별론). 반면에 처분권주의는 소의 제기, 소송물의 구성, 소의 취하 등에 관한 별도의 민사소송상의 원칙이다.

제 1 편

계약법 총론

판덱텐 체계를 따르는 민법은 제2편에 물권, 제3편에 채권에 관하여 규정하고 있다. 채권은 흔히 채권관계라는 표현으로 더 자주 쓰인다. 채권은 당사자 사이의 관계성을 전제로 성립하는 개념이기 때문이다. 이러한 채권은 법률행위 및 법률규정(사무관리, 부당이득, 불법행위)에 의해서 발생한다. 법률행위란 하나 또는 둘 이상의 의사표시를 내용으로 하여 일정한 법률효과의 발생을 지향하는 법률요건을 말하는데, 그중 대표적인 것은 양 당사자의 의사표시의 합치로 이루어지는 계약이다.

1. 계약법의 체계

민법상 계약은 법률행위를 통하여 구현되기 때문에 법률행위($^{민법 제1}_{편 제5장}$)에 관한 일반이론은 계약에 대부분 적용된다. 계약이 유효하기 위해서는 법률행위의 유효요건($^{제103조, 제104조, 제107조 내}_{지 제110조, 제137조 내지 제}$ $^{146}_{조 등}$)을 다 갖추어야 한다. 법률행위의 대리($^{제114조 내}_{지 제136조}$)나 부관($^{제147조 내}_{지 제154조}$)에 관한 법리들도 주로 계약에 적용된다. 또한 계약에 의해 일단 채권관계가 유효하게 성립하면 그 이후의 문제, 특히 계약상 채무의 이행 또는 불이행과 관련한 문제들은 채권총칙($^{민법 제3편 제1장: 제}_{373조 내지 제526조}$) 규정의 적용을 받는다.

우리 민법은 제3편 제2장($^{제527조 내}_{지 제733조}$)에서 계약의 고유한 문제들을 총칙과 각칙으로 나누어 계약일반에 적용될 수 있는 법리를 계약총칙($^{제527조 내}_{지 제553조}$)에서 다루고, 계약각칙에서는 매매, 임대차 등 거래계에서 자주 이용되는 14개의 전형계약($^{제554조 내}_{지 제733조}$)을 다루고 있다.

2. 계약자유의 원칙

근대 민법의 3대 원리는 사적 자치의 원칙, 소유권 존중의 원칙, 과실책임의 원칙으로 이해된다. 그중 각 개인이 자율적으로 자기의 사생활 영역을 결정하고 영위해 나가도록 한다는 '사적자치(私的自治; private autonomy)의 원칙'은 계약법의 영역에서는 '계약자유의 원칙(freedom of contract)'으로 구현된다. 계약은 상대방과 의사의 합치가 있으면 그 의사에 따라 법률효과가 생기는 것이므로 제3자의 권리를 해하는 것이 아닌 이상 당사자들은 자유롭게 계약을 통해 법률관계를 형성해 나갈 수 있다. 계약의 체결에 있어 당사자들은 계약을 체결할 것인지 여부(계약체결의 자유) 및 누구(상대방선택의 자유)와 어떠한 내용(내용결정의 자유)을, 어떠한 방식(방식의 자유)으로 체결할 것인지를 자율적으로 합의해서 정할 수 있다.

계약은 자유경쟁시장에서 수요와 공급을 조절하는 가격기구와 같은 역할을 한다. 계약을 통해서 재화와 용역의 공급자와 수요자가 만나게 되고 교환의 적절한 조건을 자율적으로 정함으로써 사회적 자원의 최적의 분배를 만들어내는 것이다.

3. 계약자유의 원칙의 수정

개인은 '계약자유의 원칙'에 의해 국가의 간섭 없이 자신의 법률관계를 형성할 수 있다. 국가는 체결된 계약을 인정하고 계약내용의 실현을 담보해 주어야 할 의무를 진다. 결국 계약을 체결한 당사자는 체결된 계약내용에 따라 의무를 이행해야 하며, 필요한 경우 국가는 계약대로의 이행을 강제하는 역할을 담당하게 된다. 그런데 현대사회에서는 사회적 강자와 약자의 뚜렷한 분화로 인해 경제적 불평등이 심화되면서 계약의 당사자들 간에는 당사자 일방만이 정보의 우위를 누리거나 유리한 조건에서 계약을 체결하는 경우가 있다. 이런 상태에서 체결된 계약은 '계약의 자유'가 보장되었다고는 하나, 당사자 일방에게 지나치게 불리할 수 있다. 이러한 이유에서 '양 당사자의 이해조정' 및 '객관적 정의실현에 의한 실질적 자유 보장'을 위해 '계약자유의 원칙'의 수정이 불가피하다.

우리 민법은 계약의 공정성을 확보하기 위해 제103조(반사회질서의 법률행위) 및 제2조(신의성실) 등으로 계약자유의 원칙을 제한하기도 한다. 제103조는 '반사회질서의 법률행위'라는 제목하에 "선량한 풍속 기타 사회질서에 위반한 사항을 내용으로 하는 법률행위는 무효로 한다"라고 하여 '공서양속(公序良俗)'에 위반된 계약은 무효로 보고, 법의 조력을 받을 수 없도록 하였다. 또한 계약당사자 일방이 계약자유의 원칙을 강조하는 것이 신의성실의 원칙에 반하는 경우에는 상대방에게 불법행위 손해배상책임($^{제750조}_{이하}$) 등을 지게 된다. 민법의 특별법이라 할 수 있는 약관규제법, 주택임대차보호법 등도 '계약자유의 원칙'을 제한하여 사회적 약자를 보호하고 있다.

제 2 편

계약의 당사자

제1장 총   설
제2장 자연인의 능력
제3장 법   인
제4장 권리의 객체(물건)

제1편

제2편

제3편

제4편

제5편

제6편

제7편

제8편

제9편

계약의 당사자

제1장 총 설

Ⅰ. 당사자

1. 권리주체

법에 의하여 권리를 향유할 수 있는 힘을 부여받은 자로서 권리귀속자, 법인격(Rechtspersönlichkeit)으로 표현된다.

2. 권리능력

권리와 의무의 주체가 될 수 있는 추상적 · 잠재적인 법률상의 자격(지위)을 말한다. 소송법상으로 당사자가 될 수 있는 능력은 당사자능력이라고 부른다.

3. 권리능력자

민법상 자연인과 법인을 뜻하며, 인격자, 인(人) 등으로 표현된다. 소송법상으로는 자연인과 법인이 당사자능력자에 해당한다.

4. 권리능력에 관한 규정의 성격

권리능력에 관한 규정은 강행규정이므로 특약으로 제한하거나 포기할 수 없다.

Ⅱ. 당사자 확정

1. 법률행위 해석 문제

법률행위 해석이란 법률행위 내용을 확정하는 것을 말한다. 법률행위 해석은 궁극적으로 법원에 의하여 행하여진다. 따라서 계약사항에 대하여 이의가 발생한 경우 일방 당사자의 해석에 따른다는 조항이 있더라도 법원은 재판상 그 조항에 따르지 않고 법률행위를 해석할 수 있다

$\left(\substack{\text{대판 1974.9.24.}\\\text{74다1057}}\right)$. 법률행위 해석은 궁극적으로 의사표시에 대한 해석이다. 유언과 같이 상대방 없는 의사표시는 표의자의 진의가 존중되어야 한다. 계약과 같은 상대방 있는 법률행위의 경우, 표시의 객관적 의미가 강조되어야 하므로 상대방의 시각에서 표시의 의미내용을 확인해 나가게 된다(규범적 해석). 그러나 표시의 객관적 의미내용과 무관하게 상대방과 진의에 따른 합의가 있다면 표시가 아니라 표의자의 진의에 법률효과를 부여하게 된다(자연적 해석). 자연적 해석과 규범적 해석으로도 확인할 수 없는 경우에는 법률행위의 흠이 존재하게 되며, 이때에는 보충적 해석을 통해 법률행위의 흠을 보충하게 된다.

2. 의사표시의 해석에 따른 당사자 확정

판례는 계약당사자 확정의 문제도 계약에 관여한 당사자의 의사 해석의 문제에 해당한다고 판시하고 있다$\left(\substack{\text{대판 2011.1.27.}\\\text{2010다81957}}\right)$.

민사소송법 소송법상 소송당사자의 확정

1) 소송상 당사자의 개념
소송상 당사자의 개념은 실체법적 당사자의 의미와는 달리 소송법상의 순수한 형식적인 개념임을 주의해야 한다(형식적 당사자 개념). 민사소송에서 '당사자'는 자기 이름으로 소송을 하고 또한 자기 이름으로 재판을 받는 자이면 충분하다. 따라서 원고와 피고는 반드시 실체법상의 권리자와 의무자일 필요는 없다. 실체법상 제3자라도 당사자적격이 있으면 당사자가 되어 자기 명의로 타인의 권리 · 의무에 관하여 소송을 수행할 수 있다(제3자의 소송담당 또는 소송신탁). 예컨대 채권자대위소송에서 대위채권자($\substack{\text{제404}\\\text{조}}$), 공유자 전원을 위해 보존행위를 하는 공유자($\substack{\text{제265}\\\text{조}}$), 회사대표소송의 주주($\substack{\text{상법 제}\\\text{403조}}$) 등에게는 관리처분권이 인정되므로 소송수행권이 인정된다.

2) 소송상 당사자 확정의 문제
계속중인 소송에서 원고가 소장에 당사자로서 표시한 자가 당사자인지, 아니면 이와 별도로 법정에서 당사자로 행동하는 자가 당사자인지, 아니면 원고가 당사자로 삼으려는 자가 당사자인지의 문제를 말한다. 당사자가 확정되어야 비로소 보통재판적, 기판력의 주관적 범위, 중복제소의 금지, 당사자능력, 소송능력, 당사자적격을 결정할 수 있게 된다. 판례는 원칙적으로 소장의 당사자 표시 및 청구의 취지 · 원인을 포함한 일체의 표시사항을 고려하여 합리적으로 판단한다(실질적 표시설). 예외적으로 원고가 이미 사망했음을 모르고 사망한 자를 피고로 표시하여 제소했다면 사실상 피고는 사망자의 상속인으로 보아 상속인으로 당사자표시정정을 인정하고 있다는 점에서 부분적으로는 의사설을 따르고 있다.[1]

---

[1] 학설로는 원고가 당사자로 삼으려는 자가 당사자로 된다는 의사설, 소송상 당사자로서 취급되거나 또는 당사자로서 행동하는 자가 당사자라고 하는 행위설, 소장의 당사자 표시를 기준으로 하여 당사자를 확정하여야 한다는 표시설, 표시설에 의하되, 소장의 당사자 표시 외에 청구의 취지, 원인 그 밖의 일체의 기재사항 등 소장의 전체를 기준으로 합리적으로 해석하여야 한다는 실질적(수정적) 표시설(통설)이 있다.

제2장 자연인의 능력

제1절 자연인의 권리능력

사람은 생존하는 동안 권리와 의무의 주체가 된다($\frac{제}{3조}$).

Ⅰ. 권리능력의 시기(제3조의 '생존한 동안'의 시기)

1. 원 칙

원칙적으로 출생한 사람은 가족관계등록부의 기재와 관계없이 권리능력이 인정된다.

출산의 시점에 관하여 학설은 진통설, 일부노출설, 독립호흡설 등 다양하나, 다수설은 전부노출설을 따르고 있다. 이 설에 따르면 권리능력을 인정하는 예외규정이 없으면 태아의 권리능력이 부정된다.

2. 예외(태아의 권리능력)

(1) 태아의 의의

태아란 착상 이후 문제가 된 사건의 발생시점부터 전부노출시까지의 상태를 말하며, 태아도 보호할 가치가 있다는 필요성에 의하여 태아에게 권리능력이 인정되는 경우가 있으므로 언제부터 태아로 볼 것인지를 확정하는 판단기준이 중요하다. 착상을 기준으로 그 이후부터는 태아로 보아야 한다.

(2) 권리의 인정범위(열거주의적 보호)

민법상 태아의 권리능력은 불법행위에 기한 손해배상청구권($\frac{제762}{조}$), 상속($\frac{제1000조\ 제3}{항,\ 제1001조}$), 유증($\frac{제1064}{조}$)에 한하여 인정된다. 다만 사인증여와 인지에 관하여는 견해의 대립이 있다.

(가) 불법행위에 기한 손해배상청구권(제762조)

태아 자신이 입은 불법행위에 기한 손해배상청구뿐만 아니라, 직계존속의 생명 침해에 대한 태아 자신의 위자료 청구까지 인정된다. 직계존속의 생명 침해로 인한 직계존속의 재산상, 정신상 손해배상청구권에 대하여는 상속능력이 인정된다(제1000조 제3항). 판례는 아버지가 교통사고로 상해를 입을 당시 태아가 출생하지 아니하였다고 하더라도 그 뒤에 살아서 출생한 이상 아버지의 상해로 인하여 입게 될 정신적 고통에 대한 위자료를 청구할 수 있다고 본다(대판 1993.4. 27, 93다4663).

> ▌ **대판 1968.3.5, 67다2869 [손해배상]**
> 교통사고의 충격으로 태아가 조산되고(필자 주: 살아서 출생) 또 그로 인하여 제대로 성장하지 못하였고 결국 사망하였다면, 위 불법행위는 한편으로 산모에 대한 불법행위인 동시에 한편으로는 태아 자신에 대한 불법행위라고 볼 수 있으므로 (필자 주: 살아서 출생하였다가) 죽은 아이는 생명침해로 인한 재산상 손해배상청구권*이 있다.
>
> * 죽은 아이의 손해배상청구권은 부모가 상속하여 행사하게 될 것이다.

(나) 상속(제1000조 제3항)

태아는 상속에 있어서 이미 출생한 것으로 본다(제1000조 제3항).

(다) 유증(제1064조)**과 사인증여**(제562조)

태아는 유증을 받을 수 있는데(제1064조), 사인증여도 받을 수 있는지 문제된다.

사인증여에 관하여는 유증에 관한 규정이 준용되므로(제562조) 태아의 권리능력에 관한 규정(제1064조)도 사인증여에 준용되어야 한다고 해석하는 긍정설이 있으나, 판례와 일부 견해는 사인증여는 계약이고 유증은 단독행위이므로 그 성질의 차이가 있어 유증의 규정을 적용할 수 없다는 부정설의 태도를 보이고 있다.

판례는 제562조가 사인증여에 관하여는 유증에 관한 규정을 준용하도록 규정하고 있지만, 유증의 방식에 관한 제1065조 내지 제1072조는 그것이 단독행위임을 전제로 하는 것이고, 포괄적 유증에 엄격한 방식을 필요로 하는 요식성을 이유로 제1078조는 포괄적 사인증여에 준용되지 않는다고 판시하고 있다(대판 1996.4.12, 94다37714,37721).

또한 판례는 태아에게 수증능력이 없으며 태아인 동안에는 법정대리인이 있을 수 없다고 하여 법정대리인에 의한 수증행위도 할 수 없다고 본다(대판 1982.2.9, 81다534).

[가족법] 유증과 사인증여
- 유증이란 유언으로 재산을 수증자에게 무상으로 증여하는 단독행위를 말한다(제1065조 내지 제1072조).
- 사인증여란 생전에 체결하지만 그 효력은 증여자의 사후에 발생하게 된다는 점에서 증여자의 사망을 정지조건으로 하는 증여계약을 말한다(제562조).

(라) 인지(認知)($\frac{제858}{조}$)

부모는 태아를 인지할 수 있으나($\frac{제858}{조}$), 반대로 태아가 아버지에 대해 인지청구를 할 수 있는지에 대해서는 견해의 대립이 있다. 제858조의 해석상 태아 측에서는 아버지에 대해 인지를 청구할 수 없다는 부정적 견해가 지배적이나, 일부 견해는 제858조의 규정은 아버지의 자(子)에 대한 인지만을 규정한 것이지 태아의 인지청구권을 부정하는 취지는 아니라고 하여 법정대리인을 통한 인지청구가 가능하다고 한다.

> **생각해 볼 문제** 만약 사실심변론종결 전에 출생한 태아가 사망한 경우에도 위자료를 인정할 것인가? 정신적 고통을 느끼기 전에 그 아이가 사망한 경우에도 위자료 청구를 할 수 있는가?

(3) 태아의 권리능력 인정의 요건

일정한 경우 태아는 "이미 출생한 것으로 본다"는 규정($\frac{예컨대 \; 제762조,}{제1000조 \; 제2항}$)에 따라 권리능력이 인정된다. 그런데 출생한 것으로 간주한다는 의미에 대해서 판례는 정지조건설에 의하여 판단한다(이와는 달리 해제조건설이 주장되기도 한다. 이에 의하면 태아는 그 법률관계에 있어서는 출생한 것으로 간주되어 그 범위 내에서 권리능력을 가지며 법정대리인도 정해져 있으나, 다만 살아서 출생하지 않은 때에는 태아의 권리가 소급하여 소멸하게 된다). 즉 태아로 있는 동안에는 권리능력을 취득하지 못하고 살아서 출생하는 때에 비로소 권리능력을 취득하게 되며 그 권리능력 취득의 효과가 문제의 시점(불법행위 또는 상속개시의 당시)으로 소급한다고 해석하는 것이다.[1] 포태 중 모체와 같이 사망한 태아에게는 손해배상청구권이 부정된다($\frac{대판 \; 1976.9.}{14, \; 76다1365}$).

┌───

심화학습

출생 전 가해행위(vorgeburtliche Schädigung)

타인의 불법행위로 모가 에이즈 등에 감염된 상태에서 포태한 아이가 에이즈에 감염되어 출생한 경우에 불법행위자에게 책임을 물을 수 있는가?

> **해설** 국내에는 이에 대한 판결례가 없다. 사견으로는 다음의 두 경우를 구별해서 판단한다. 첫째, 모가 감염사실을 알고서 임신한 경우에는 감염야기자의 책임이 부정된다. 감염야기자와의 행위와 태아의 감염 사이의 인과관계가 중단되기 때문이다. 그러나 모가 감염사실을 모르고 임신한 경우에는 감염야기자에게 손해배상책임이 인정되어야 할 것이다(손해배상책임을 긍정하는 것이 독일의 다수설 및 독일 판례의 입장이다).

───

---

1) 논거로는 (i) 태아가 사산되거나 쌍생아로 출산되는 경우 해제조건설에 의하면 상대방과 제3자에게 불측의 손해를 주게 되고, (ii) 모와 태아의 이익상반행위(예를 들어 모와 태아가 공동상속인인 경우 상속재산의 분할협의)에 관해서는 태아 보호에 도움이 되지 않으며 (iii) 태아 재산관리인제도를 입법하기까지는 현행법 하에서는 정지조건설이 우수하다는 것을 든다.

생각해 볼 문제　1) 배아의 체외수정 후 착상 전에 부가 사망하였는데 그 후에 착상되어 태아가 되고 출생한 경우, 상속권 등 태아로서의 권리가 인정되는가?

2) 시술자의 잘못으로 수정란(또는 보관 중인 정자)에 손상이 가해져 장애를 갖고 출생하게 된 경우, 불법시술자에 대한 손해배상청구권이 인정될 수 있는가?

Ⅱ. 외국인의 권리능력

외국인이란 대한민국의 국적을 가지고 있지 않은 사람으로서 외국국적자 및 무국적자를 포함하는 개념이다(국적법 제2조 내지 제14조의2 참조).

내외국인 평등주의의 원칙(헌법 제6조 제2항) 및 특별법상의 제한하에서 외국인의 권리능력이 인정된다. 국적을 상실한 사람은 국적상실 시점부터 대한민국 국민만이 누릴 수 있는 권리를 누리지 못한다(국적법 제18조).

Ⅲ. 권리능력의 종기(제3조의 "생존한 동안"의 종기)

1. 원 칙

권리능력의 종기는 가족관계등록부의 기재와 관계없이 판단한다. 사망의 시기에 관한 지배적인 견해는 심장정지설이며, 일부 견해는 뇌사설의 입장을 취하고 있다.

2. 예 외

(1) 복수인의 위난 사망시(동시사망의 추정)

(가) 동일한 위난의 경우

1) 동시사망의 추정

동일한 위난으로 사망한 경우 동시에 사망한 것으로 추정한다(제30조).

2) 대습상속 적용 여부

동시에 사망한 것으로 추정되는 수인들 간에는 상속이 발생하지 않는다. 다만 동시사망이 추정되는 경우에 대습상속이 인정된다(제1001조). 대습상속이란 상속인이 될 직계비속 또는 형제자매가 상속개시 전에 사망하거나 상속결격사유로 인해 상속권을 상실한 경우, 그 사람에 갈음하여 그 직계비속이 상속하는 것을 말한다(제1001조). 상속인이 될 직계비속이 '상속개시 전'에 사망한 경우뿐만 아니라 상속인이 될 직계비속이 상속개시와 '동시에' 사망한 것으로 추정된 경우도 대습상속의 사유로 인정한다($^{대판\ 2001.3.9.}_{99다13157}$).

(나) 상이한 위난의 경우

상이한 위난으로 사망했으나 그들의 사망시기를 확정할 수 없는 경우에도 동시사망이 추정된다($^{제30조의}_{유추적용}$).

(2) 사망의 개연성만 높을 때에 사망한 것으로 추정되거나 의제되어 실종자의 주소 등을 중심으로 권리능력이 상실될 수 있다.

(가) 수해, 화재나 그 밖의 재난으로 인하여 사망이 확실시되는 경우에 이를 조사한 관공서의 사망통보(인정사망)로 가족관계등록부에 사망을 기록할 수 있게 된다($^{가족관계등록법}_{제87조\ 참조}$). 인정사망으로 사망의 효과가 발생하는 것이 아니라 사망한 것으로 등록하는 제도이므로 사실상 사망을 추정하는 효과만 있다.

(나) 실종선고의 효력발생시 실종자는 종래 주소와 거소를 중심으로 사망한 것으로 의제($^{제28}_{조}$)되어 권리능력이 지역적으로 상실될 수도 있다.

3. 뇌사의 문제

"살아있는 사람"이란 사람 중에서 뇌사자를 제외한 사람을 말하고, "뇌사자"란 장기이식법에 따른 뇌사판정기준 및 뇌사판정절차에 따라 뇌 전체의 기능이 되살아날 수 없는 상태로 정지되었다고 판정된 사람을 말한다($^{장기이식}_{법\ 제4조}$).

> **사례 1** 甲은 70세가 넘는 고령의 여성으로 S병원에서 일반 검진을 받던 중 뇌사상태에 빠져, 200여일이 넘도록 연명의료기구에 의존한 치료를 지속하고 있다. 甲의 가족인 乙 등은 甲이 평소 무의미한 연명치료는 받지 않겠다는 의사를 수차례 乙 등에게 표시해왔다고 주장하며, S병원 측에 연명치료를 중단해 줄 것을 요청하였다. S병원측은 연명의료기구의 사용을 중단할 경우, 가까운 시일 내로 甲의 사망이 분명히 예상되므로 이 요청을 받아들이지 않았다. 이에 乙 등은 S병원에 대해서 甲에 대한 인공호흡기의 제거를 법원에 청구했다. 이와 같은 청구는 인용될 수 있을까? (대판(전합) 2009.5.21, 2009다17417 참조)[2]
>
> **| 해설 1 |** 인용될 수 있다.
> 연명치료란 의학적으로 환자가 의식의 회복가능성이 없고, 생명과 관련된 중요한 생체기능의 상실을 회복할 수 없으며, 환자의 신체상태에 비추어 짧은 시간 내에 사망에 이를 수 있음이 명백한 경우(회복불가능한 사망의 단계)에 이루어지는 진료행위를 말한다.
> 법원은 원칙적으로 인간의 존엄과 가치 및 행복추구권에 기초하여 자기결정권을 행사하는 경우

---

2) 이 판결례는 연명치료의 거부, 생명유지에 대한 자기결정권의 한계 등을 본격적으로 다룬 것으로 연명치료와 관련된 중요한 여러 쟁점을 다루고 있다.

연명치료 중단을 허용한다. 환자의 사전의료지시[3]가 있었던 경우에는 진정한 의사인지 여부의 확인을 전제로 자기결정권을 존중한다. 환자의 사전의료지시가 없었던 경우에는 연명치료 중단에 관한 환자의 의사를 추정할 수 있는 경우에 한하여 연명치료 중단이 가능하다고 판시하였다. 이에 관하여 환자의 자기결정권도 소극적 치료 또는 치료 거부만 인정되고, 치료를 중단하는 것과 같이 적극적인 방법으로 행사되는 것은 허용되지 아니하고, 아주 예외적으로만 생명유지장치를 제거하고 치료를 중단하는 것이 허용된다는 반대의견도 있다. 또한 심신상실의 상태에 있는 것으로 보아 법원이 후견인을 선임하여 보호해야 한다는 별개의견은 진료행위가 피성년후견인 본인의 생명에 직결되는 경우에는 제947조의2 제2항을 유추적용하여 법원의 허가를 받도록 해야 한다고 본다.

참고 호스피스 · 완화의료 및 임종과정에 있는 환자의 연명의료결정에 관한 법률(환자연명의료결정법) (2016.2.3.제정. 단 연명료중단 관련 부분은 2018.2.4.부터 시행)에 의하면, 말기환자 또는 임종과정에 있는 환자를 직접 진료하는 담당의사는 임종과정에 있는 환자가 ① 제17조에 따라 연명의료계획서, 사전연명의료의향서 또는 환자가족의 진술을 통하여 환자의 의사로 보는 의사가 연명의료중단 등결정을 원하는 것이고 임종과정에 있는 환자의 의사에도 반하지 아니하는 경우, ② 제18조에 따라 연명의료중단등결정이 있는 것으로 보는 경우에는 연명의료중단 등 결정을 이행할 수 있다(제15조).

제2절 자연인의 의사능력 · 행위능력

Ⅰ. 의사능력
Ⅱ. 행위능력
Ⅲ. 미성년자
Ⅳ. 피성년후견인

Ⅴ. 피한정후견인
Ⅵ. 피특정후견인
Ⅶ. 제한능력자의 상대방 보호

Ⅰ. 의사능력

사례 2 50대인 甲의 지능은 64로서 '정신지체'의 범주에 속하고, 사회적 연령은 7세, 의사소통 영역은 5.14 내지 6.19세, 작업 영역은 7.54 내지 10.4세 정도에 해당하며, 언어능력에 있어 일상적인 질문에 대해 말로는 전혀 답을 하지 못하고 동작으로만 "예, 아니오"의 대답이 가능하여 내용전달이 전혀 안 되는 수준이다. 甲은 乙로부터 5,000만 원을 차용하는 내용의 대출거래약정을

---

[3] 환자가 회복불가능한 사망의 단계에 이르렀을 경우에 대비하여 미리 의료인에게 자신의 연명치료 거부 또는 중단에 관한 의사를 밝혀둔 것을 말한다.

체결하면서 이를 담보하기 위하여 甲 소유의 부동산에 대한 채권최고액을 6,500만 원으로 하는 乙 명의의 근저당권설정등기를 경료했다. 대출거래약정 및 근저당권설정등기는 유효한 것인가?

(대판 2009.1.15. 2008다58367 참조)

| **해설 2** | 유효하지 않다.
의사무능력을 이유로 하여 대출거래약정과 근저당권설정등기는 무효이다.

1. 의사능력의 의의

의사능력은 통상인이 갖는 정상적인 판단능력(행위의 의미를 인식할 수 있는 정신적 능력)을 말하며, 위법행위에 있어서 불법행위능력인 책임능력과는 구별된다. 이는 법률행위 자유의 원칙이 실현되기 위한 당연한 전제이다. 의사능력은 행위능력과 달리 구체적 법률행위와 관련하여 개별적으로 판단되며, 그 행위의 일상적 의미뿐만 아니라 법률적 의미나 효과에 대하여도 이해할 수 있을 것을 요한다$\binom{대판\ 2022.5.26.\ 2019다213344에서는\ 지적장애\ 3급\ 장애인의\ 굴삭기\ 구}{입을\ 위한\ 8800만\ 원의\ 대출계약을\ 의사무능력을\ 이유로\ 무효로\ 판단함}$. 의사능력의 존부에 대한 증명책임은 의사무능력자 측에서 부담한다고 본다.

2. 의사무능력자 법률행위의 효력

통설은 의사무능력자가 한 법률행위 효력은 절대적 무효로 본다. 의사무능력자의 재산상 법률행위를 통하여 수익한 재산이 있을 때 그 반환범위에 관하여 제141조 단서를 유추적용하여 이익이 현존하는 한도에서 상환할 책임이 있다$\binom{대판\ 2009.1.15.}{2008다58367}$.

3. 의사무능력과 제한행위능력의 경합(소위 무효와 취소의 이중효 문제)

무효인 법률행위를 취소할 수 있는지에 대하여 지배적인 견해는 무효와 취소의 이중효를 인정하여 취소할 수 있다고 본다. 제한행위능력자에게 이익이 있는 경우에는 그 경합을 인정해야 할 것이다.

제한행위능력자가 의사무능력 상태에서 한 법률행위를 취소할 수 있는지를 판단한 대법원의 판결례는 없지만, 통정허위표시여서 무효인 경우$\binom{제108조}{제1항}$에도 채권자취소권을 인정한 판결례가 있다$\binom{대판\ 1998.2.27.}{97다50985}$. 4)

민사소송법 의사무능력의 소송법상 취급

1) 의사무능력자의 소송행위는 절대무효이다. 의사능력의 유무는 개별적으로 판단하여야 한다. 동일

---

4) 판례에 따르면 "채무자의 법률행위가 통정허위표시인 경우에도 무효인 법률행위는 있는 것이므로 채권자취소권의 대상이 되고, 한편 채권자취소권의 대상으로 된 채무자의 법률행위라도 통정허위표시의 요건을 갖춘 경우에는 무효라고 할 것"이라고 한다.

인이라도 그 사람이 한 행위의 내용, 종류에 따라 의사능력의 유무에 대한 판단이 달라질 수 있다. 12, 13세 정도의 지능밖에 없는 사람의 행위 중 항소의 취하는 무능력자에게 불리한 결과를 가져오므로 (제1심판결의 확정) 무효이나 항소의 제기는 무능력자측에게 유리하므로 유효한 것으로 볼 수 있다.

2) 금치산자(현행 민법상으로는 피성년후견인에 해당된다)가 아닌 의사무능력자에 대해서도 소송무능력자와 같이 특별대리인을 포함한 법정대리인의 대리를 인정하여야 한다는 것이 판례이다($\binom{\text{대판 1993.7.27.}}{\text{93다8986}}$).

II. 행위능력

1. 행위능력의 의의

단독으로 완전·유효한 법률행위를 할 수 있는 자격 또는 지위를 말한다. 이는 소송상 당사자 또는 보조참가인으로서 단독으로 소송행위를 하고 상대방이나 법원의 소송행위를 받을 수 있는 능력을 뜻하는 소송능력과는 구별된다.[5] 자연인은 만 19세가 됨으로써 성년자가 되고, 성년후견 또는 한정후견개시 심판을 받지 않는 이상, 완전한 행위능력을 갖는다. 성년후견제도는 성년후견($\binom{\text{제9}}{\text{조}}$), 한정후견($\binom{\text{제12}}{\text{조}}$), 특정후견($\binom{\text{제14조}}{\text{의2}}$)의 형태로 구성된다.

2. 제한행위능력제도

표의자에게 의사무능력의 증명이 곤란하다는 점에서 취소가능성의 기준을 획일화할 필요가 있고, 불안정할 수 있는 상대방 기타 제3자의 지위를 보호하기 위하여는 취소가능성 기준이 객관화될 필요가 있다는 점에서 제한행위능력제도가 도입되었다. 제한행위능력제도는 제한행위능력자의 잔존능력을 존중하고, 재산행위뿐만 아니라 치료·요양 등 복리를 위한 보호에도 적용되며, 거래안전을 희생하여 제한행위능력자 본인의 보호를 중시하는 입장에서 비롯된 제도로서, 해석·적용에 있어서 거래안전과 조화를 도모할 필요가 있다. 제한행위능력에 관한 규정은 원칙적으로 민법의 모든 재산상 법률행위에 적용되며, 준법률행위 중 의사의 통지, 관념의 통지에도 적용된다. 하지만 가족법상의 법률행위와 민법상 불법행위에 관하여는 적용되지 않는다.

III. 미성년자

1. 의 의

만 19세가 되지 않은 자는 모두 미성년자이며($\binom{\text{제4}}{\text{조}}$), 출생일을 산입하여($\binom{\text{제158}}{\text{조}}$) 18세의 말일이 만료함으로써 성년이 된다. 예컨대 2003.1.1.에 출생한 사람은 2021.12.31.의 만료로써 2022.1.

---

5) 민사소송법 제51조는 소송능력에 관하여 민사소송법에 특별한 규정이 없으면 민법 그 밖의 법률에 의하도록 규정하고 있으므로, 민법상 행위능력자는 소송능력을 가지게 된다.

1.부터 성년이 된다. 다만, 종류를 특정하여 허락받은 영업을 하는 미성년자($^{제8조}_{제1항}$)와 법률혼을 한 미성년자($^{제826}_{조의2}$)는 성년자로 본다. 하지만 법률혼을 하더라도 사법관계에 한하여 성년으로 의제될 뿐이며, 공법관계(**예** 공직선거법), 청소년 보호법, 근로기준법 등의 적용에서는 여전히 미성년자인 상태가 유지된다.

2. 미성년자의 행위능력

(1) 원 칙

원칙적으로 미성년자는 법정대리인의 동의 하에 법률행위를 하여야 하고,[6] 동의 없는 법률행위는 본인 · 법정대리인이 취소할 수 있다($^{제}_{5조}$). 법정대리인의 동의는 언제나 명시적이어야 하는 것은 아니고 묵시적으로도 가능하다. 따라서 미성년자의 행위에 이러한 법정대리인의 동의가 인정되거나 그 행위가 처분 허락이 있는 재산의 처분 등에 해당하는 경우라면, 미성년자는 더 이상 행위능력이 제한됨을 이유로 그 법률행위를 취소할 수 없다($^{대판 2007.11.16, 2005}_{다71659,71666,71673}$). 한편 동의가 있었는지에 대한 증명책임은 미성년자가 아닌 상대방에게 있다($^{대판 1970.2.24,}_{69다1568}$).

(2) 예 외

아래의 행위에 대하여는 미성년자라고 하더라도 법정대리인의 동의 없이 유효한 법률행위를 할 수 있다.

(가) 단순히 권리만을 얻거나 또는 의무만을 면하는 행위($^{제5조 제}_{1항 단서}$)

부양하지 않은 친권자에 대한 부양료 청구, 채무를 면제받는 계약, 부담 없는 증여를 받는 계약 등이 이에 해당한다. 반면에 경제적으로 유리한 계약을 체결해도 반대급부가 있다면 이에 해당하지 않는다.

(나) 처분이 허락된 재산의 처분행위($^{제6}_{조}$)

법정대리인이 '재산의 범위'를 정하여 사용 · 수익 · 처분을 허락한 재산은 미성년자가 유효하게 임의로 사용 · 수익 · 처분할 수 있다. 이때 재산의 범위는 제한행위능력자제도의 목적에 반할 정도로 포괄적이여서는 안 된다. 한편 '사용목적'을 정하지 않은 포괄적 허락은 가능하며, 묵시적 처분허락도 가능하고, 신용구매 후 사후결제의 경우에도 동일한 법리가 적용된다.

---

6) 민법과 달리 소송행위와 관련해서는 원칙적으로 법정대리인의 대리에 의하여야 하고, 미성년자 등이 단독으로 소송행위를 할 수 없다(민사소송법 제55조, 제51조 참조). 성년후견 또는 한정후견제로 바뀐 현행 민법에 따를 때, 특히 피한정후견인의 소송능력이 있는지에는 아직 구체적인 논의가 없으나 법원에 의해 제한되지 않는 범위에서는 행위능력이 인정되므로 소송능력에 대한 제한이 없는 경우에는 소송능력이 인정되어야 할 것이다.

> **사례 3** 만 18세가 넘은 미성년자 甲은 아르바이트를 통하여 매월 20만 원을 스스로 벌고 있다. 이후 본인 명의의 신용카드로 15만 원 상당의 A물건을 상점에서 구입하였다. 이를 두고 아버지 乙은 甲이 미성년자라는 이유로 위 구매계약을 취소할 수 있는가?
>
> (대판 2007.11.16, 2005다71659,71666,71673 참조)
>
> **│해설 3│ 취소할 수 없다.**
> 미성년자가 스스로 얻고 있던 소득에 대하여는 법정대리인이 묵시적 처분의 허락을 하였다고 보아 위 신용구매계약은 처분 허락을 받은 재산범위 내의 처분행위에 해당한다. 미성년자의 법률행위에 있어서 법정대리인의 묵시적 동의나 처분 허락이 있다고 볼 수 있는지 여부를 판단할 때, 미성년자의 연령·지능·직업·경력, 법정대리인과의 동거 여부, 독자적인 소득의 유무와 그 금액, 경제활동의 여부, 계약의 성질·체결경위·내용, 기타 제반 사정을 종합적으로 고려하여야 할 것이고, 위와 같은 법리는 묵시적 동의 또는 처분 허락을 받은 재산의 범위 내라면 특별한 사정이 없는 한 신용카드를 이용하여 재화와 용역을 신용구매한 후 사후에 결제하려는 경우와 곧바로 현금구매하는 경우를 달리 볼 필요는 없다.

민사소송법 미성년자의 소송능력

민법과 달리 민사소송법의 해석상 처분이 허락된 범위 내의 재산에 대하여도 미성년자의 소송능력을 인정하지 않는다. 이는 소송행위가 일회적인 법률행위와 달리 연쇄적이고, 복잡하여 앞을 예상하기 어렵기 때문이다.

(다) 영업이 허락된 미성년자의 그 영업에 관한 행위(제8조 제1항)

영업의 허락은 특정한 영업에 한정되어야 하며, 포괄적 영업 허락은 불가능하다고 보아야 한다. 특정한 영업이 허락된 범위 내에서는 미성년자는 완전한 행위능력을 가지므로 법정대리인의 대리권도 부정된다.

(라) 대리행위(제117조)

대리행위의 효과는 직접 본인에게 귀속하여 대리행위를 한 미성년자에게 불이익이 없으므로 미성년자가 타인의 대리인으로 하는 대리행위는 언제나 가능하다.

(마) 유언행위(제1061조)

만 17세에 달한 미성년자는 유효한 유언을 독자적으로 할 수 있다.

(바) 무한책임사원이 되는 자의 그 사원 자격에 기한 행위(상법 제7조)

(사) 임금청구(근로기준법 제68조) 및 근로계약의 체결(근로기준법 제67조 참조)

미성년자는 독자적으로 임금을 청구할 수 있다. 근로기준법 제67조의 "친권자나 후견인은 미성년자의 근로계약을 대리할 수 없다"는 규정취지를 고려하여, 미성년자가 법정대리인의 동의없이 근로계약을 단독으로 체결할 수 있는지 여부에 관하여 학설은 긍정설과 부정설의 입장으로 나뉜다. 생각건대 위 규정의 취지는 미성년자 본인의 의사에 반하여 근로계약을 대리하여 체결할 수 없다는 의미이지 미성년자가 단독으로 계약을 체결할 수 있다는 것을 의미하지는 않으므로, 부족한 미성년자의 판단능력을 보충하기 위한 법정대리인의 동의는 여전히 필요하다고 해석된다.

(아) 제한능력을 이유로 하는 취소행위($^{제140}_{조}$)

미성년자는 미성년인 상태에서도 법정대리인의 동의 없이 단독으로 스스로 한 법률행위를 취소할 수 있다.

(자) 혼인을 한 미성년자의 행위($^{제826}_{조의2}$)

미성년자가 혼인을 한 때에는 성년자로 보기 때문에 단독으로 유효하게 법률행위를 할 수 있다.

(3) 동의와 허락의 취소

법정대리인은 미성년자에게 한 동의 및 허락을 철회할 수 있으며($^{제7조, 제8조}_{제2항, 제945조}$), 법문에는 "동의 · 허락의 취소"라고 되어 있으나 소급효가 없다는 의미에서 '철회'를 의미한다. 다만 영업 허락에 대한 취소는 거래안전이 우선적으로 고려되어야 하므로 특별규정을 두어 선의의 제3자에게 대항하지 못하도록 한다($^{제8조 제}_{2항 단서}$).

3. 미성년자의 법정대리인

(1) 법정대리인의 의의

친권자가 1차로 법정대리인이 되고($^{제911}_{조}$), 친권자가 없거나($^{친권의 상실 또는 일시정지의}_{선고가 있는 경우가 포함됨}$) 대리권과 재산관리권을 행사할 수 없는 경우($^{친권의 일부제한선고를}_{받은 경우가 포함됨}$)에는 2차로 미성년후견인(이에는 지정후견인($^{제931}_{조}$)과 선임후견인($^{제932}_{조}$)이 있다)이 법정대리인이 된다($^{제928}_{조}$).

법정대리인은 원칙적으로 자기 재산과 동일한 주의의무를 갖는 친권자와($^{제909조,}_{제920조의2}$) 일반적인 선관주의의무만 갖는 보충적인 후견인($^{제956조,}_{제681조}$)으로 나뉜다.

(2) 법정대리인의 권한: 동의권(허락권)($^{제5}_{조}$), 대리권, 취소권, 추인권

동의는 미성년자 또는 그 상대방 어느 쪽에 하더라도 무방하다. 공동친권자인 부모는 원칙적으로 공동으로 대리행위를 해야 한다($^{제909조 제2}_{항, 제911조}$). 그러나 공동친권자 중의 일방이 타방 배우자의 동의 없이 자녀를 위한 대리행위를 공동명의로 한 경우 선의의 제3자는 보호된다($^{제920}_{조의2}$). 대리권($^{제920}_{조}$)과 관련하여 미성년자의 동의를 얻어야 대리행위를 할 수 있는 경우($^{제920조}_{단서}$), 대리권은 배제되고 동의권만 있는 경우($^{근로기준법 제}_{64조, 제65조}$), 대리권과 동의권이 모두 배제되는 경우($^{제918조}_{제1항}$)가 있다. 특히 이해상반행위($^{제921}_{조}$)의 경우, 친권자가 공동대리하는 경우($^{제909조}_{제2항}$)에는 대리권이 제한된다. 또한 법정대리인은 제한행위능력자의 행위를 취소할 수 있으며($\binom{제140}{조}$), 추인할 수도 있다 ($\binom{제15조}{제2항}$).

심 화 학 습

친권자와 그 미성년 자녀 사이 또는 수인의 미성년 자녀 사이의 이해상반행위($\binom{제921}{조}$)

제921조 제1항의 이해상반행위란 행위의 객관적 성질상 친권자와 자 사이에 이해의 대립이 생길 우려가 있는 행위를 가리키는 것으로서 친권자의 의도나 그 행위의 결과로 실질적 이해의 대립이 생겼는가의 여부는 묻지 않는다($\binom{대판\ 1991.11.26,}{91다32466}$).

1. 이해상반행위로 본 경우

법정대리인인 친권자와 그 사람 사이의 이해상반의 유무는 전적으로 그 행위 자체를 객관적으로 관찰하여 판단하여야 할 것이지 그 행위의 동기나 연유를 고려하여 판단하여야 할 것은 아니다($\binom{대판\ 2002.1.11,}{2001다65960}$). 구체적인 사례로는, 친권자가 자기의 영업자금을 마련하기 위하여 미성년자인 자를 대리하여 그 소유 부동산을 담보로 제공하여 저당권을 설정한 행위($\binom{대판\ 1971.7.27,}{71다1113}$), 양모의 미성년 양자를 상대로 한 소유권이전등기청구소송($\binom{대판\ 1991.4.12,}{90다17491}$), 피상속인의 공동상속인이 된 친권자와 그 친권에 따르는 수인의 미성년 자녀 사이에 체결된 상속재산분할협의(이 경우 미성년자 각자마다 특별대리인을 선임하여 각 특별대리인이 협의하여야 함)($\binom{대판\ 1993.4.13,}{92다54524}$) 등이 있다.

2. 이해상반행위라고 보지 않은 경우

미성년자의 친권자인 모가 자기 오빠의 제3자에 대한 채무의 담보로 미성년자 소유의 부동산에 근저당권을 설정하는 행위($\binom{대판\ 1991.11.26,}{91다32466}$)가 대표적인 예이다. 이해상반행위가 되기 위해서는 객관적으로 보아 친권자에게는 이익이 되고, 미성년자에게는 손해만 끼치는 행위여야 하는데, 위의 경우 친권자인 모가 아니라 친권자의 오빠에게 이익이 되는 행위이기 때문이다.

사례 4 B의 채권자 A에 대한 차용금 채무에 대해서 甲이 연대보증하였다. 그리고 B의 채권자 A에 대한 채무의 담보로 甲은 자신과 자신의 자녀인 乙이 공유하는 토지 중 자신의 공유지분(Y)에 관하여는 공유지분권자로서, 자녀인 乙의 공유지분(X)에 관하여는 그 법정대리인의 자격으로 각각 근저당권설정계약을 체결하였다. 이와 같은 근저당권설정계약의 효력은?

(대판 2002.1.11, 2001다65960 참조)

│ 해설 4 │ 자녀인 乙의 공유지분에 대한 근저당권설정계약은 무효이다.

甲이 연대보증한 채권의 만족을 얻기 위하여 채권자가 위 토지 중 乙의 지분(X)에 관한 저당권의 실행을 선택한 때에는, 그 경매대금이 변제에 충당되는 한도에 있어서 甲의 연대보증책임이 경감된다. 한편 채권자가 甲에 대한 연대보증책임의 추구를 선택하여 변제를 받은 때에는, 甲은 채권자를 대위하여 위 토지 중 乙의 지분(X)에 대한 저당권을 실행할 수 있다. 이와 같이 甲과 乙 사이에 이해의 충돌이 발생할 수 있는 것이 甲 행위 자체의 외형상 객관적으로 당연히 예상되는 것이어서, 甲이 乙을 대리하여 위 토지 중 乙의 지분(X)에 관하여 위 근저당권설정계약을 체결한 행위는 이해상반행위로서 무효라고 보아야 한다. 다만 표현대리가 성립할 수 있다.

Ⅳ. 피성년후견인

1. 의 의

피성년후견인이란 질병, 장애, 노령 그 밖의 사유로 인한 정신적 제약으로 사무처리능력이 지속적으로 결여되어 가정법원으로부터 성년후견개시의 심판을 받은 사람을 말한다(제9조).

2. 요 건

(1) 실질적 요건

정신적 제약으로 인하여 사무처리능력의 지속적 결여 상태에 있어야 한다. 즉 정신적 제약과 사무처리능력의 지속적 결여 사이에 인과관계가 필요하다.

(2) 절차적 요건

일정한 사람의 청구와 그에 기한 법원의 심판절차가 필요하다.

본인(의사능력이 있는 경우), 배우자, 4촌 이내의 친족, 미성년후견인, 미성년후견감독인, 한정후견인, 한정후견감독인, 특정후견인, 특정후견감독인, 검사 또는 지방자치단체의 장의 청구가 필요하다.

가정법원이 성년후견개시 심판을 할 때에는 피성년후견인의 자기결정권을 존중하여 본인 의사를 고려해야 한다(제9조 제2항). 이때 가정법원의 고려는 실질적 요건이 구비되어도 개시 심판을 하지 않을 수도 있다는 의미가 아니라, 후견제도의 유형 및 후견 범위를 선택할 때 본인의 의사를 고려해야 함을 의미한다. 성년후견개시의 공시는 가족관계등록부가 아니라 후견등기부에 등기한다(후견등기에 관한 법률 제2조, 제25조).

사례 5 A는 지속적으로 사무처리능력이 결여되어 있는 상태에서 단독으로 자신의 도자기를 B에게 매도하는 계약을 체결하였다. 그 후 A의 배우자 C는 가정법원에 성년후견개시심판을 청구하여 법원으로부터 성년후견개시심판을 받았다. C는 A가 피성년후견인으로 후견인인 자신의 동의 없이 매매계약을 체결했음을 이유로 그 법률행위를 취소한다고 B에게 통지하였다. 그러한 취소는 유효한가?

(대판 1992.10.13, 92다6433 참조)

│해설 5│ 성년후견개시심판 이전의 법률행위를 취소할 수는 없다.

다만 매매계약 당시 A가 의사무능력 상태에 있었음을 증명하면 그 법률행위의 무효를 주장할 수는 있다.

대판 1992.10.13, 92다6433

표의자가 법률행위 당시 심신상실이나 심신미약상태에 있어 금치산 또는 한정치산선고[7]를 받을 만한 상태에 있었다고 하여도 그 당시 법원으로부터 금치산 또는 한정치산선고를 받은 사실이 없는 이상 그 후 금치산 또는 한정치산선고가 있어 그의 법정대리인이 된 자는 금치산 또는 한정치산자의 행위능력 규정을 들어 그 선고 이전의 법률행위를 취소할 수 없다.

3. 피성년후견인의 행위능력

(1) 원 칙($\frac{제10}{조}$)

아래의 예외 사항에 해당되지 않는다면, 피성년후견인의 법률행위는 언제나 취소할 수 있으며, 성년후견인의 동의가 있더라도 취소할 수 있다. 피성년후견인은 성년후견인의 대리행위를 통해서만 법률효과를 취득할 수 있기 때문이다.

(2) 예 외

가정법원은 취소할 수 없는 피성년후견인의 법률행위의 범위를 정할 수 있다($\frac{제10조}{제2항}$). 이는 피성년후견인의 잔존능력을 존중하여 자기결정권을 인정한 것이다. 이 범위 내에서는 피성년후견인이 완전한 행위능력자로 취급되므로 성년후견인의 취소권과 대리권은 소멸한다. 그리고 그 범위는 가정법원이 본인 · 배우자 · 4촌 이내의 친족 · 성년후견인 · 성년후견감독인 · 검사 또는 지방자치단체장의 청구에 의하여 변경할 수 있다($\frac{제10조}{제3항}$). 제938조 제2항[8]을 고려해 볼 때 성년후견인에게 대리권이 있더라도 대리권이 인정된 범위의 밖에서는 피성년후견인의 행위능력이 제한되지 않는다. 취소할 수 없는 피성년후견인의 법률행위임에 대한 증명책임은 상대방이 부담한다. 그 범위는 일상생활을 영위하는 데 필요한 행위로 그 대가가 과도하지 아니한 것이어야 한다. 또한 피성년후견인이 한 법률행위가 취소할 수 있는 것이라도, 성년후견인의 추인으로 유효가 될 수 있다($\frac{제143}{조}$).

가족법상의 행위는 성년후견인의 동의를 받아 피성년후견인이 유효한 법률행위를 할 수 있다($\frac{제802조, 제808조 제2항,}{제835조, 제873조, 제902조}$) 그 제한이 필요한 경우 별도로 명문의 규정을 두기도 한다($\frac{제802}{조 등}$). 신상에 관하여 그 상태가 허용하는 범위 내에서 단독으로 정할 수 있다($\frac{제947조의}{2 제1항}$). 의사능력이 회복되면 피성년후견인이 단독으로 유효하게 유언할 수 있다($\frac{제1063조 제1}{항, 제1062조}$).

> **사례 6** A는 법원에서 피성년후견인으로 심판되어 후견등기부에 등록이 되었다. 그런데 법원은 A가 자기 소유인 X도자기의 판매는 취소할 수 없는 법률행위로 인정하였다. 하지만 법원이 성년

---

7) 한정치산 또는 금치산제도는 행위능력에 대한 민법개정(2011.3.7.)이 있기 전에 행위무능력자를 말하는 것으로 동일한 형태는 아니지만 각각 한정후견 및 성년후견제도와 비교해 볼 수 있다.

8) **제938조 (후견인의 대리권 등)** ① 후견인은 피후견인의 법정대리인이 된다.
② 가정법원은 성년후견인이 제1항에 따라 가지는 법정대리권의 범위를 정할 수 있다.

후견인을 선임하면서 그의 대리권에 아무런 제한을 두지 않았다. 이때 A가 성년후견인 B의 동의 없이

질문 1) X도자기를 팔았다면 그 계약을 법정대리인이 취소할 수 있는가? (제10조 제2항과 제938조 제2항의 관계)

질문 2) 위 사실관계에서 성년후견인 B가 A를 대리하여 X도자기를 매도하였다면 그 대리행위는 유효한가?

│ 해설 6 │

해설 1) 취소할 수 없다.

제10조 제2항의 '취소할 수 없는 법률행위'란 동의 없이 피성년후견인이 단독으로 유효하게 법률행위를 할 수 있음을 전제로 하고 있다.

해설 2) 유효하지 않다.

제10조 제2항의 '취소할 수 없는 피성년후견인의 법률행위'에 해당되면 그 범위에서는 성년후견인의 대리권까지 부정되는지 여부가 문제된다.

제10조 제2항을 검토한 법무부 개정민법해설서(2013) 31면에 의하면, 취소할 수 없는 법률행위의 경우 피성년후견인의 대리권도 소멸하는 것으로 보므로, 성년후견인 B의 법정대리권은 X도자기 매매에 한해 소멸하였으므로 유효하지 않다.

그러나 제938조 제1항의 해설 부분인 위 해설서 90면 각주 99)에서는 대리권까지 소멸하는 것은 아니라고 한다. 이러한 해석에 의하면 피성년후견인이 단독으로 유효하게 법률행위를 할 수도 있고, 또는 법정대리인이 유효하게 법률행위를 할 수 있다고 볼 수도 있다(따라서 X도자기의 매도는 유효하게 됨).

피성년후견인의 보호의 관점에서 성년후견인의 대리권까지 소멸한 것으로 보는 것이 타당하다고 본다.

참고 제10조 제2항에 해당되지 않는 법률행위를 법정대리인의 동의를 받아 피성년후견인이 하더라도 유효한 법률행위가 되지 않고, 다만 나중에 성년후견인이 추인하여 유효가 될 수는 있다($^{제143조}_{참조}$) (피성년후견인 또는 그 법정대리인은 이를 취소할 수 있다).

4. 성년후견인의 권한

성년후견인은 당연히 피후견인의 법정대리인이 된다($^{제938조}_{제1항9)}$). 가정법원으로부터의 별도의 대리권 수여의 심판이 없어도 법정대리인이 되며 포괄적 대리권이 인정된다. 대리권($^{제949}_{조10)}$), 취소권($^{제140}_{조}$), 추인권($^{제143}_{조}$)이 인정되며, 가정법원의 직권에 의하여 선임된다($^{제929조, 제}_{936조 제1항}$). 원칙적으로 성년후견인에게 피성년후견인의 행위에 대한 동의권은 인정되지 않는다. 취소할 수 없는 피성

---

9) 제938조 (후견인의 대리권 등) ① 후견인은 피후견인의 법정대리인이 된다.
10) 제949조 (재산관리권과 대리권) ① 후견인은 피후견인의 재산을 관리하고 그 재산에 관한 법률행위에 대하여 피후견인을 대리한다.
    ② 제920조 단서의 규정은 전항의 법률행위에 준용한다.

년후견인의 법률행위($\frac{제10조}{제2항}$)에 해당되지 않는 한, 피성년후견인의 법률행위에 성년후견인이 동의한 경우에도 취소할 수 있는 것으로 해석되기 때문이다. 제10조 제2항의 범위 내의 행위는 단독으로 유효하게 할 수 있으므로 동의권뿐만 아니라 대리권도 없다. 가정법원은 성년후견인의 법정대리권의 범위를 결정하고($\frac{제938조}{제2항}$), 피후견인의 신상에 관하여 결정할 수 있는 범위를 결정한다($\frac{제938조}{제3항}$). 수인의 성년후견인을 두는 것도 가능($\frac{제930조}{제2항}$)하고 법인도 성년후견인이 될 수 있다($\frac{제930조}{제3항}$).

5. 성년후견의 종료($\frac{제11}{조}$)

성년후견개시의 원인소멸시 일정한 사람의 청구에 의해 가정법원이 후견종료심판을 하면 성년후견이 종료되고 행위능력을 회복한다. 일반적으로 취소에 소급효가 인정되는 것과는 달리, 성년후견종료심판의 효력은 소급하지 않고 장래를 향하여 그 효력이 있을 뿐이다. 종료심판 전의 피후견인의 법률행위는 종료심판 후라도 취소될 수 있다.

V. 피한정후견인

1. 의 의

피한정후견인이란 질병, 장애, 노령 그 밖의 사유로 인한 정신적 제약으로 사무처리능력이 부족한 사람으로 가정법원의 한정후견개시의 심판을 받은 사람을 말한다($\frac{제12}{조}$).

2. 요 건

(1) 실질적 요건

질병, 장애, 노령 그 밖의 사유로 인한 정신적 제약으로 사무처리능력이 부족한 사람이어야 한다. 사무처리능력의 부족은 성년후견과 비교하였을 때 정신적 제약이 성년후견의 정도보다는 경미한 상태를 말한다.

(2) 절차적 요건

본인, 배우자, 4촌 이내의 친족, 미성년후견인, 미성년후견감독인, 성년후견인, 성년후견감독인, 특정후견인, 특정후견감독인, 검사 또는 지방자치단체장의 청구와 그에 기한 법원의 선고가 있어야 한다.

성년후견심판청구의 주체와 동일하지는 않다. 예컨대 성년후견인과 성년후견감독인에 의한 한정후견심판청구가 가능하다.

한정후견개시심판의 절차 및 공시방법은 성년후견과 동일하다.

3. 피한정후견인의 행위능력

> **사례 7** 甲은 법원으로부터 피한정후견개시의 심판을 받았다. 그 심판에서 법원은 甲이 소유하고 있는 부동산의 매매에 대해서는 한정후견인이자 법정대리인인 乙의 동의를 받아서 법률행위를 하거나 乙을 통하여 법률행위를 하도록 하였다.
> 그런데 甲은 한정후견인 乙의 동의없이 단독으로 그 소유의 X도자기를 매도하는 계약을 체결하였다. 甲은 제한능력자인가?
>
> **│ 해설 7 │** 제한능력자가 아니다.
> 부동산의 매매와 관련하여서만 제한행위능력자이다.

(1) 원 칙

피한정후견인이 제한능력자인가에 관하여 학설은 입장이 나뉜다. 원칙적으로 제한능력자가 아니라고 보는 견해는, 제13조 제1항[11]이 '피한정후견인은 원칙적으로 모든 법률행위를 동의 없이 할 수 있음'을 전제한 것으로 해석한다. 이에 따르면 피한정후견인은 종국적으로 유효한 법률행위를 단독으로 할 수 있다.[12] 이와는 대조적으로 원칙적으로 제한능력자임을 전제로 하는 견해도 있다. 이 견해는 피한정후견인의 일반적 보호를 위해서는 제한능력자로 보아야 하고, 피한정후견인을 행위능력자로 보게 되면 제135조 제2항(무권대리인의 상대방에 대한 책임), 제141조 단서(취소시 제한능력자의 반환범위의 제한)의 적용이 배제되어야 하는데 이는 부당하다는 점을 그 논거로 든다.

생각건대 문제된 개개의 법률행위를 전제로 하여 제한능력자인지 여부가 검토되어야 하며 일률적으로 특정한 사람이 피한정후견인인지 판단되어서는 안 된다. 사례 7에서 X도자기의 판매와 관련해서는 甲은 제한능력자가 아니라고 할 것이다. 제한능력자라고 표시되어 있는 대부분의 규정(제135조, 제141조, 제112조 등) 역시 제한능력자인지 여부는 특정의 법률행위를 전제로 하여 판단하여야 하며, 포괄적이며 일률적으로 제한능력자라고 판단되어서는 안 될 것이다.

(2) 예 외

피한정후견인은 동의유보 또는 한정후견인의 동의권의 유보 차원에서 가정법원이 한정후견인의 동의를 받아야 하는 행위의 범위를 정할 수 있도록 하고 있다(제13조 제1항).[13] 또한 한정후견개시의 심판이 있더라도 가족법상의 행위에는 영향을 주지 않지만, 신상결정규정에 대해서는 제

---

11) 제13조 제1항(가정법원은 피한정후견인이 한정후견인의 동의를 받아야 하는 행위의 범위를 정할 수 있다)의 규정에 의하면 동의를 받아야 하는 행위의 범위를 정하게 되면 특정된 그 범위에서는 동의를 받아야 하지만 그 이외의 모든 행위는 동의없이 단독으로 할 수 있다고 해석함을 전제로 한다.

12) 이와는 달리 현재의 성년후견제도는 원칙적으로 취소할 수 있음을 전제로 하고 예외적으로 유효한 범위를 규정하고 있다.

13) 종래의 한정치산자에게는 일률적으로 행위능력이 제한되었으나 피한정후견인은 잔존능력을 활용할 수 있다.

959조의6이 제947조의2[14])를 준용하여 피성년후견인과 동일한 효과가 인정된다. 동의가 유보된 행위의 범위를 변경할 것을 구하는 청구도 가능하다($^{제13조}_{제2항}$). 일정한 경우 피한정후견인의 청구 시 동의에 갈음하는 법원의 허가도 가능($^{제13조}_{제3항}$)하며, 일용품 구입 등 일상생활 및 그 대가가 과도하지 않은 법률행위는 단독으로 유효하게 할 수 있다($^{제13조}_{제4항}$).[15)]

4. 한정후견인

가정법원에 의해 동의유보된 법률행위에 대해서는 한정후견인의 동의권이 인정된다($^{제13조}_{제1항}$). 주의할 점은 한정후견인에게 당연히 대리권이 인정되는 것은 아니라는 것이다. 이는 가정법원이 한정후견인에게 대리권수여의 심판이 가능하다고 규정하고 있는 점에서도 확인된다($^{제959}_{조의}$ $^{4\ 제}_{1항}$).[16)]

대리권이 있는 한정후견인의 경우 취소권을 갖는다($^{제140}_{조}$).[17)] 한정후견인에게 인정되는 대리권은 법정대리권이므로 취소를 위한 별도의 수권행위 없이 취소가 가능하다. 취소할 수 있는 한정후견인에게는 추인권도 인정된다($^{제143조}_{제1항}$).

사례 8 법원은 A에게 한정후견개시의 심판을 하였다. 심판 내용에 따르면 A가 부동산을 매매할 때에는 한정후견인 B의 동의를 받도록 하였으나, B에게 부동산 매매에 대한 대리권을 부여하지는 않았다. 그런데 A는 B의 동의 없이 자기 소유의 부동산을 C에게 매매하는 계약을 체결하였다.

질문 1) 그와 같은 사실을 알게 된 한정후견인 B가 그 계약을 취소할 수 있는가? 반대로 B가 그 계약을 추인할 수 있는가?

질문 2) 상대방 C는 A 또는 B중 누구에게 유효하게 확답을 촉구할 수 있는가?

---

14) 제947조의2 (피성년후견인의 신상결정 등) ① 피성년후견인은 자신의 신상에 관하여 그의 상태가 허락하는 범위에서 단독으로 결정한다.
　② 성년후견인이 피성년후견인을 치료 등의 목적으로 정신병원이나 그 밖의 다른 장소에 격리하려는 경우에는 가정법원의 허가를 받아야 한다.
　③ 피성년후견인의 신체를 침해하는 의료행위에 대하여 피성년후견인이 동의할 수 없는 경우에는 성년후견인이 그를 대신하여 동의할 수 있다.
　④ 제3항의 경우 피성년후견인이 의료행위의 직접적인 결과로 사망하거나 상당한 장애를 입을 위험이 있을 때에는 가정법원의 허가를 받아야 한다. 다만, 허가절차로 의료행위가 지체되어 피성년후견인의 생명에 위험을 초래하거나 심신상의 중대한 장애를 초래할 때에는 사후에 허가를 청구할 수 있다.
　⑤ 성년후견인이 피성년후견인을 대리하여 피성년후견인이 거주하고 있는 건물 또는 그 대지에 대하여 매도, 임대, 전세권 설정, 저당권 설정, 임대차의 해지, 전세권의 소멸, 그 밖에 이에 준하는 행위를 하는 경우에는 가정법원의 허가를 받아야 한다.
15) 그 행위를 취소할 수 없다고 하는 의미이다.
16) 제959조의4 (한정후견인의 대리권 등) ① 가정법원은 한정후견인에게 대리권을 수여하는 심판을 할 수 있다.
　② 한정후견인의 대리권 등에 관하여는 제938조 제3항 및 제4항을 준용한다.
17) 대리권 없는 한정후견인에 관하여는 입법상의 오류라고 본다. 일본민법은 별도로 후견인을 취소권자로 규정하고 있어 우리와 같은 문제가 발생하지 않는다(일본민법 제120조 제1항).

| 해설 8 |

해설 1) 취소, 추인할 수 없다.

제140조의 취소권자의 범위에 대리권 없는 한정후견인이 포함되어 있지 않아 B는 취소권뿐만 아니라, 추인권의 행사도 불가능하다($_{조}^{제143}$).

해설 2) A, B 누구에게도 유효하게 확답을 촉구할 수 없다.

제15조 제1항의 규정에 의해 아직 능력을 회복하지 못한 A에게는 유효한 최고를 할 수 없다. 그렇다면 B에게 유효한 확답을 촉구권을 행사할 수 있는가? B는 대리권이 없으므로 역시 유효하게 확답을 촉구할 수 없다($_{제2항}^{제15조}$)(결국 상대방은 확답촉구로 인한 계약유지 가능성을 침해당하게 된다).

심 화 학 습

한정후견인의 동의권과 대리권의 관계

동의유보결정이 없으면 피한정후견인은 단독으로 유효하게 법률행위를 할 수 있으나 법원은 한정후견개시를 심판하였으므로 반드시 한정후견인을 두어야 한다($_{조의2}^{제959}$).

질문 1) 한정후견개시를 심판하면서 한정후견인에게 수여된 동의권의 범위와 대리권의 범위는 동일해야 하는가? 구체적으로는 한정후견인은 동의권 없이 대리권만 가질 수 있는가?

질문 2) 반대로 한정후견인에게 대리권은 부여하지 않고 동의권만 부여하는 한정후견개시심판이 가능한가?

| 해설 |

해설 1) 가능할 것이다.

이에 대해 견해가 나뉜다. 먼저 (법정)대리권은 동의권 없이도 가능하고 그 동의권의 범위를 넘는 대리권도 가능하다고 보는 견해가 있다. 반면에 일부 견해는 동의권의 범위를 넘는 법정대리는 인정될 수 없으므로 그 범위를 넘는 대리행위는 임의대리에 의해 해결해야 한다고 본다. 사견으로는 동의유보결정 없이 후견인에게 대리권만 부여하는 것도 현행법상 가능하다는 점에서 전자의 견해가 타당하다고 본다.

해설 2) 가능할 것이다.

'동의권 없이 대리권만 인정'되는 경우보다는 '대리권 없이 동의권만 인정'되는 경우가 현실적으로 더 많을 것이며, 피한정후견인의 신상보호만이 필요한 경우에는 한정후견인에게 대리권을 수여할 실질적인 필요성이 적을 것이다.

5. 한정후견의 종료[18]

한정후견개시의 원인소멸시 일정한 사람의 청구에 의해 가정법원이 한정후견종료의 심판으로 한정후견이 종료된다($_{조}^{제14}$). 한정후견종료심판의 효력은 소급하지 않고 장래에 향하여 효력

---

18) 제14조 (한정후견종료의 심판) 한정후견개시의 원인이 소멸된 경우에는 가정법원은 본인, 배우자, 4촌 이내의 친족, 한정후견인, 한정후견감독인, 검사 또는 지방자치단체의 장의 청구에 의하여 한정후견종료의 심판을 한다.

이 있다. 종료심판 전의 피후견인의 법률행위는 종료심판 후에도 취소할 수 있다.

> **생각해 볼 문제** | 이때의 취소는 후견의 종료 이전에 취소할 수 있는 한정후견인이었던 사람도 할 수 있는가?

심화학습

현행 한정후견제도의 문제점

1. 문제점

피한정후견인이 '대리권은 없지만 동의권이 인정된 한정후견인'의 동의 없이 법률행위를 했을 때, 그 피한정후견인이 취소하려고 하지 않는 경우 유동적 유효인 상태가 지속된다는 문제점이 발생한다.

2. 취소권자와 추인권자의 범위

취소권자의 범위에($^{제140조}_{참조}$) '대리인'은 있으나 '한정후견인'이나 '성년후견인'은 포함되어 있지 않다. 추인권자는 취소권자에 한하므로($^{제143조 및}_{제140조 참조}$), 역시 '대리인이 아닌 한정후견인'은 추인을 할 수 없다.

3. 확답촉구 상대방의 부재

따라서 상대방에게는 적법하게 확답을 촉구할 상대방이 없는 상태가 유지된다. 즉 제15조에 의하면 한정후견인이 완전한 능력자가 되기 전에는 법정대리인에게 추인하여야 할 것이나, 한정후견인에게 대리권이 없기 때문이다. 결국 피한정후견인이 취소하기 전에는 확답을 촉구한 뒤 법정추인을 하는 방식으로 상대방을 보호할 수 없다.

다만 선의의 상대방은 제16조에 따라 자신의 의사표시를 철회하거나 상대방의 단독행위를 거절할 수는 있다.

4. 입법론

동의권이 있으면 추인권이나 취소권이 인정되도록 하는 방식, 상대방의 확답촉구의 상대방에 법정대리인뿐만 아니라 한정후견인이 포함되도록 하는 방식 등을 규정하는 입법적 해결이 필요하다.

VI. 피특정후견인

1. 의 의

피특정후견인이란 질병, 장애, 노령 그 밖의 사유로 인한 정신적 제약으로 일시적 후원 또는 특정사무에 후원이 필요한 사람으로 가정법원의 특정후견개시의 심판을 받은 사람이다 ($^{제14}_{조의2}$). 이는 중요한 법률행위에 한해 일회적으로 가정법원의 도움을 받을 수 있도록 하는 제도로 정신장애인의 보호를 위한 것이다.

2. 요 건

(1) 실질적 요건

질병, 장애, 노령 그 밖의 사유로 인한 정신적 제약과 일시적 후원 또는 특정사무에 후원이 필요할 것임을 요한다. 이때 정신적 제약은 일시적, 한정적인 경우를 말한다.

(2) 절차적 요건

일정한 사람의 청구와 그에 기한 법원의 선고를 필요로 한다.

본인, 배우자, 4촌 이내의 친족, 미성년후견인, 미성년후견감독인, 검사 또는 지방자치단체의 장이 청구권자가 된다(제14조의2). 성년후견청구의 주체와 동일하지는 않다.

특정후견개시 심판의 절차와 공시방법은 성년후견에서와 동일하다(제12조 제2항에 의한 제9조 제2항 준용). 다만 본인의사에 반한 특정후견은 불가능하다(제14조의2 제2항). 그러나 본인의 적극적 동의가 있어야 하는 것은 아니다. 후견등기부에의 등기는 성년후견과 동일하다. 가정법원은 특정후견의 심판시 특정후견의 기간 또는 사무의 범위를 정하여야 한다(제14조의2 3항).

3. 피특정후견인의 행위능력

피특정후견인은 단독으로 유효한 법률행위를 할 수 있음이 원칙이다. 특정후견개시 심판 후 법정대리인이 선임되어도 피특정후견인의 행위능력은 제한되지 않는다. 즉 특정후견의 사무에 해당되는 행위라도 특정후견인의 동의없이 피특정후견인이 직접 종국적으로 유효한 법률행위를 할 수 있다.

특정후견인의 행위와 피특정후견인의 행위가 경합할 수 있다. 예컨대 특정후견인의 후견사무가 피특정후견인의 X부동산의 매도를 대리하는 것일 때 피특정후견인도 단독으로 유효하게 X부동산을 매도할 수 있고, 특정후견인도 역시 X부동산의 매매계약을 유효하게 대리할 수 있다. 경합을 대비한 별도의 규정이 없으므로 민법의 규정과 일반법리에 의해 해결되어야 한다. 처분행위가 경합하는 경우 물권의 효력 중 우선적 효력에 의하여 해결되어야 하며, 채권행위가 경합하는 경우 채권의 상대효에 의하여 해결되어야 할 것이다.

4. 대리권 없는 특정후견인의 선임

피특정후견인의 후원을 위하여 필요한 처분을 가정법원이 할 수 있는데(제959조의8),[19] 그 처분 중의 하나로 후원하거나 또는 대리하기 위한 특정후견인을 선임할 수 있다(제959조의9 제1항). 특정후견인이 선임된 경우 다시 특정후견인에게 기간이나 범위를 정한 대리권을 수여하는 심판이 가능하다(제959조의11 제1항). 유의할 점은 이때 '대리권 없는 특정후견인'이 존재할 수 있다는 점이다. 그 이외에

---

19) 제959조의8 (특정후견에 따른 보호조치) 가정법원은 피특정후견인의 후원을 위하여 필요한 처분을 명할 수 있다.

특정후견인은 취소권과 동의권, 추인권이 없다. 피특정후견인의 행위능력이 제한되지 않기 때문이다.

5. 특정후견의 종료

피특정후견인에 대해 성년후견개시 또는 한정후견개시의 심판이 있으면 종전의 특정후견의 종료심판이 필요하다(제14조의3 제1항, 제2항). 그러나 특정후견종료의 심판에 대한 일반규정으로서의 명문규정은 없다. 특정후견은 본질적으로 일회적 보호제도이므로 특정후견으로 처리되어야 할 사무의 성질에 의하여 존속기간이 정해진다. 즉 기간이 도과하거나 정해진 사무가 종료되면 특정후견심판도 당연히 효력을 상실한다. 따라서 특정후견종료심판을 누구도 청구할 수 없다. 다만 특별한 경우 가정법원은 직권으로 종료심판을 할 수 있다(제14조의3, 제959조의20 제2항).

Ⅶ. 제한능력자의 상대방 보호

1. 상대방 보호의 필요성

제한능력자 측에만 취소권이 있다(제140조)는 점에서 제한능력자의 법률관계 상대방의 지위가 불안정하며, 제3자 역시 취소의 절대효 · 소급효로 인하여 불안정한 지위에 있다. 이러한 거래관계의 불안정을 방지하기 위하여 제한능력자의 상대방에 대한 보호규정이 등장하게 되었다.

2. 취소제도에 규정된 상대방의 보호

제한능력자 측의 취소권에 대한 단기소멸기간(제146조)과 법정추인(제145조) 제도를 통해 취소권이 배제되기도 한다.

3. 제한능력으로 인한 취소제도에만 인정되는 상대방 보호

확답촉구권(제15조), 철회권 · 거절권(제16조), 속임수에 의한 제한능력자의 취소권 배제(제17조)가 있다.

(1) 확답촉구권(제15조)

상대방은 제한능력자 측에 취소할 수 있는 행위의 추인 여부를 확답해 달라는 촉구를 할 수 있다. 제한능력자의 상대방은 제한능력자가 능력자가 된 후에 그에게(또는 제한능력자가 아직 능력자가 되지 못한 경우에는 그의 법정대리인에게) 1개월 이상의 기간을 정하여 그 취소할 수 있는 행위를 추인할 것인지 여부의 확답을 촉구할 수 있다. 능력자로 된 사람 또는 제한능력자의 법정대리인이 그 기간 내에 확답을 발송하지 아니하면 그 행위를 추인한 것으로 본다(제15조 제1항 및 동조 제2항).

다만 추인을 위해 특별한 절차가 필요한 경우에는 그 정하여진 기간 내에 그 절차를 밟은 확답을 발송하지 아니하면 취소한 것으로 본다(제15조 제3항).

참고 **무권대리행위에서의 상대방의 최고권(제131조)과의 차이점**

구별의 표지	제15조	제131조
유예기간	1월 이상의 기간	상당한 기간
최고의 상대방	법정대리인 또는 능력자로 된 제한능력자	본인
최고권자의 선의 · 무과실	불문하고 인정	불문하고 인정
최고 또는 확답촉구의 상대방이 유예기간 내에 확답을 발신하지 않은 경우의 효과	추인한 것으로 봄(절차를 요구하는 경우 예외적으로 추인거절(취소)로 본다)	추인거절로 봄

(2) 상대방의 철회권(제16조 제1항)

상대방은 제한능력자측에서 추인하기 전까지는 청약 또는 승낙의 의사표시를 철회할 수 있다. 철회의 의사표시는 법정대리인뿐만 아니라 아직 능력을 회복하지 못한 제한능력자에게도 할 수 있다(동조 제3항). 그러나 상대방이 계약 당시에 제한능력자임을 알았을 때에는 철회권이 부정된다(제16조 1항 단서).

상대방이 제한능력자임을 몰랐으나 알 수 있었을 때에도 철회권은 인정되어야 한다. 철회권 행사로 인하여 제한능력자인 상대방에 발생한 피해가 크지 않다는 점에서 철회권을 광범위하게 인정해도 될 것이기 때문이다. 계약이 소급적으로 소멸하며 이와 같은 점에서는 취소와 동일한 효과를 갖고 있다. 제한능력자의 부당이득반환범위 역시 현존이익의 한도에 국한한다.

(3) 단독행위의 거절권(제16조 제2항)

상계, 채무면제 등 '상대방 있는' 단독행위에 관해 인정된다. 상대방은 추인 전까지 제한능력자 또는 법정대리인에 대하여 일방적 의사표시를 통해 거절권을 행사할 수 있다. 악의의 상대방도 거절권을 행사할 수 있는지에 대해서 규정이 없지만, 상대방의 선 · 악의에 관계없이 제한능력자의 상대방이 거절권을 행사할 수 있다.

(4) 속임수에 의한 취소권 배제(제17조)

(가) 요 건

1) 속임수가 있을 것

능력자로 믿게 하였거나(동조 제1항), 미성년자나 피한정후견인이 속임수로써 법정대리인의 동의 또는 허락이 있는 것으로 믿도록 하였어야 한다($\frac{동조}{제2항}$). 민법 개정 전에는 '속임수' 대신 사술(詐術)이라는 용어를 사용했다.

2) 적극적으로 속일 것

제한능력자가 속임수를 썼어야 하며, 속임수로 적극적인 기망수단이 있어야 한다. 학설은 속임수에 해당하는지 여부와 관련하여 (i) 적극적으로 속임수를 쓴 경우에만 이를 인정할 수 있다는 적극설, (ii) 단순히 침묵한 경우 등에도 이를 인정할 수 있다는 소극설이 있다. 이에 대하여 판례는 적극설의 입장을 취하고 있다. 예컨대 성년자로 믿게 하기 위하여 미리 관계동사무소 직원과 통정하여 원고의 생년월일을 허위로 기재한 인감증명을 교부받아 이를 피고에게 제시·행사하여 피고로 하여금 원고를 성년자로 오신케 하여 근저당권설정계약을 체결한 경우는 사술(속임수)에 해당한다($\frac{대판 1971.6.}{22, 71다940}$). 그러나 단순히 상대방의 오신을 묵인하거나 상대방의 질문에 침묵하는 것만으로는 사술(속임수)가 되지 않고($\frac{대판 1971.12.}{14, 71다2045}$), 자기가 단순히 능력자라고 거짓말한 것 또한 속임수라고 볼 수 없다.

3) 상대방의 오신

상대방의 오신이 있어야 한다. 오신에 대한 과실유무는 따지지 않는다.

4) 인과관계

속임수와 제한능력자의 법률행위 사이의 인과관계가 있어야 한다. 즉 상대방이 그러한 오신에 기하여 제한능력자와 법률행위를 하였어야 한다.

5) 속임수의 증명책임

속임수의 존부에 대한 증명책임은 상대방이 부담한다($\frac{대판 1971.12.}{14, 71다2045}$). 취소권 배제를 주장하여 유리한 당사자는 상대방이기 때문이다.

(나) 효 과

제한능력자측의 취소권이 배제된다.

사례 9 A는 가정법원에 의해 한정후견개시의 심판을 받게 되었다. B는 한정후견인으로 후견등기부에 등기되었다. 법원의 심판내용에 따르면 앞으로 A는 자신이 소유하고 있는 부동산의 매도 시에는 한정후견인 B의 동의를 받아야 하도록 되어 있다. 하지만 B에게 A의 대리인으로서의 지위는 인정되지 않고 단지 부동산의 처분에 동의권만이 인정된 것이다.

돈이 필요했던 피한정후견인 A는 한정후견인 B의 동의도 없이 자기 소유의 X부동산을 C에게 시가 2억원에 매도하는 매매계약을 체결하였다.

질문 1) B는 한정후견인으로서 자신의 동의가 없었음을 이유로 A와 C 사이의 매매계약을 취소할 수 있는가?

질문 2) A와 C 간에 체결된 매매계약의 조건을 보니 피한정후견인 A에게 매우 유리한 계약으로 판단되었을 뿐만 아니라, 앞으로도 그와 같이 좋은 조건의 계약을 체결하는 것은 매우 어려울 것으로 생각되었다. 또 A가 자금을 마련하려는 취지도 A의 자식인 D의 학자금을 마련하기 위한 것으로 충분히 합리적이라고 판단되었다. 이 경우 한정후견인 B는 A와 C 사이의 매매계약을 추인할 수 있는가?

질문 3) 상대방인 C는 매매계약 후 A가 피한정후견인임을 알게 되었다. 그 매매계약의 효력에서 벗어나 계약금을 반환받고자 한 C는 한정후견인 B에게 X부동산에 관한 A와 C 간의 매매계약을 취소할 것인지 여부를 2개월의 기간을 두어 확답을 촉구하였다. C는 아직 A가 피한정후견인의 상태였으므로 한정후견인인 B에게 확답을 촉구하였다. 그런데 C는 확답의 촉구기간 내에 B로부터 아무런 답을 받지 못하였다. 이 매매계약은 추인된 것으로 볼 수 있는가?^(제15조 제2항 참조)

> **| 해설 9 |**
>
> 해설 1) 해석상 취소할 수 없다(다만 이와 같이 법정대리권이 없이 동의권만을 부여하는 심판을 하지 말아야 할 것임. 만약 한다면 취소할 수 없다고 할 것임).
>
> 취소권자만 취소할 수 있는데, 제140조에 의하면 취소권자에 한정후견인이 없고, 한정후견인의 임무와 권한에도 취소권은 없다. 그렇다면 소위 '대리권 없는 한정후견인'은 취소권자가 될 수 없으므로 그 계약은 취소할 수 없게 된다.
>
> 결국은 본인만 취소할 수 있을 뿐이므로 본인이 취소하지 않고자 하는 경우에는 그 법률행위는 유동적 유효인 상태가 유지된다.
>
> 해설 2) 추인할 수 없다.
>
> 추인권자에 한정후견인이 포함되어 있지 않다. 추인은 취소권자가 할 수 있는데, 대리인은 취소권자로서 취소권 행사가 가능하므로 '대리권 있는 한정후견인'의 경우 취소할 수 있게 된다. 반대로 '대리권 없는 한정후견인'의 경우 추인도 불가능하다.
>
> 해설 3) 추인된 것으로 볼 수 없다.
>
> C의 확답촉구가 적법한 것인지가 문제된다. C는 B에게 확답을 촉구했으나 B가 법정대리인이 아니라는 점을 고려하면 B에 대한 확답의 촉구는 적법하지 않다. 따라서 촉구기간이 지나도 추인한 것으로 볼 수 없다.

사례 10 A는 가정법원으로부터 피성년후견인으로 심판을 받게 되었고, B가 성년후견인이 되었다. 그런데 A는 B의 동의를 받아 자기 소유의 부동산을 C에게 매도하는 매매계약을 체결하였다.

질문 1) 성년후견인 B가 동의한 부동산의 매매계약을 B가 취소할 수 있는가? 또는 추인할 수 있는가?

질문 2) 성년후견인 B가 동의한 부동산의 매매계약을 피성년후견인 A가 아직 능력을 회복하지 못한 상태에서 그 계약을 단독으로 유효하게 취소할 수 있는가?

질문 3) 피성년후견인 A는 C와의 매매계약을 추인할 수 있는가?

> **| 해설 10 |**
>
> 해설 1) 취소 또는 추인할 수 있다^(제140조, 제144조 제2항 참조).
>
> 성년후견의 경우 피성년후견인의 경우 법정대리인의 동의가 있더라도 유효하게 법률행위를 할

제1편 제2편 제3편 제4편 제5편 제6편 제7편 제8편 제9편 계약의 당사자

수 없기 때문이다. 결국 성년후견인인 B가 취소할 수 있다.

다만 사전에 B가 동의했다는 점에서 A 측에게 일정한 불이익을 줄 것인지에 대해서는 별도의 검토가 필요할 것이다.

해설 2) 취소할 수 있다.

취소는 법률행위 능력을 회복하지 못한 상태에서도 취소할 수 있으므로 취소가 가능하다(제140조 참조).
다만 단독으로 한 취소를 다시 취소할 수는 없다고 할 것이다. 왜냐하면 취소권 행사로 인해 소급적으로 소멸해 법률효과가 무효인 상태로 돌아가기 때문이다.

해설 3) A가 능력을 회복한 후에 추인할 수 있다.

A가 행위능력을 회복한 경우에는 그 행위를 추인할 수 있다(제144조 제1항 참조).

제3절 주 소

사람과 장소에 관한 관계로서 주소 · 주민등록지 · 본적지 등이 있다. 이 중 주소란 사람의 생활의 근거가 되는 곳을 말하며, 이는 곧 부재자의 전제개념이기도 하다.

│ 대판 1990.8.14, 89누8064 [주소의 법률상 효과]
피상속인이 해외이주허가를 받아 출국함으로써 주민등록이 말소되었으나 사망 당시의 생활근거지가 국내에 있었던 경우, 상속세 인적공제여부 등을 결정함에 있어서 국내에 주소를 둔 자로 볼 수 있다.

주소를 획일적으로 정하는 형식주의와 생활의 실질적 관계에 의하여 주소를 정하는 실질주의가 있으나, 민법은 생활의 근거가 되는 곳을 기준으로 하는 실질주의 입장을 취한다(제18조 제1항).

정주(定住)의 사실만을 요건으로 하는 객관주의와 정주의 사실 및 의사까지도 요구하는 의사주의가 있으나, 민법은 객관주의의 입장을 따르고 있다. 또한 프랑스와 달리 의사무능력자를 위한 법정주소제도가 없다.

주소의 개수와 관련하여, 주소를 하나만 인정하는 단일주의와 복수의 주소를 인정하는 복수주의가 있으나, 우리 민법은 복수주의를 취하고 있다(제18조 제2항).

거소란 사람이 상당한 기간 계속하여 거주하는 장소로, 장소적 밀접도가 주소에 미치지 못하는 곳을 말하며, 어떤 사람의 주소를 알 수 없을 때에는 거소를 주소로 보고, 국내에 주소가 없는 사람에 대하여는 국내에 있는 거소를 주소로 본다(제19조, 제20조).

현재지란 장소적 관계가 거소보다 희박한 곳을 말한다.

가주소란 당사자가 어떤 거래에 관하여 일정한 장소를 선정하여 그 거래관계에 관하여 주소로서의 법률적 기능을 부여한 장소를 의미하며($^{제21}_{조}$), 가주소는 당사자의 의사에 의하여 결정되므로 의사능력이 필요하다. 따라서 의사무능력자는 독자적으로 가주소를 설정할 수 없다.

참고 민법상 장소와의 관계가 단절된 사람

1) 실종선고를 받은 자: 실종선고를 받은 실종자.
2) 실종자: 생사불명상태가 일정기간 계속된 부재자.
3) 부재자: 종래의 주소나 거소를 떠난 자($^{제22}_{조}$). 생사불명의 상태와는 관계없이 종래의 주소나 거소를 떠나서 당분간 돌아올 가망이 없는 자로서 종래의 주소나 거소에 있는 그의 재산관리가 방치된 상태에 있는 사람을 말한다($^{다수설,}_{판례}$).

상 법 **민사소송법** 사법관계에서 주소의 기능

민법 외의 사법관계에서 주소는 어음, 수표행위의 장소($^{어음법 제2조,}_{수표법 제8조}$), 민사소송의 재판관할의 표준($^{민사}_{소송}$ $^{법 제}_{2조}$), 민사소송법상의 부가기간의 표준($^{민사소송법}_{제172조}$)이 된다.

제4절 부 재 자

Ⅰ. 부재자의 의의

부재자란 종래의 주소나 거소를 떠나 당분간 돌아올 가망이 없는 자($^{제22}_{조}$)를 말하며, 반드시 생사불명이어야 하는 것은 아니다. 부재자에 대한 민법상의 조치로는 부재자재산관리제도, 실종선고제도가 있다.

부재자가 제한능력자로서 법정대리인이 있는 경우, 부재자가 스스로 재산관리인을 두고 있는 경우, 그리고 부재자에게 재산이 전혀 없는 경우에는 원칙적으로 부재자재산관리가 필요하지 않다.

Ⅱ. 부재자재산관리제도

1. 원 칙

부재자가 스스로 재산관리인(관재인이라고도 함)을 두고 있다면 그의 지시에 따르고, 그렇지 않으면 법률상 이해관계인의 청구에 의해 가정법원이 재산관리에 필요한 처분의 명령을 해야 한다($^{제22조}_{제1항}$). 재산관리에 필요한 처분은 주로 재산관리인 선임으로 나타난다.

(1) 법정재산관리인의 지위

부재자와 법정재산관리인 사이에는 법정위임관계가 인정된다. 즉 법정재산관리인은 부재자의 법정대리인이다.

(2) 법정재산관리인의 권한

법정재산관리인의 권한은 제118조의 보존행위·관리행위에 국한되고 이 범위를 초과한 처분행위시에는 가정법원의 허가가 필요하다(제25조). 이를 위반한 경우 무권대리행위가 된다. 법원의 허가를 받은 뒤라고 하더라도, 제3자만을 위해 근저당권을 설정하는 등의 처분행위를 했다면 이는 부재자를 위한 처분행위라고 볼 수 없다(대결 1976.12. 21, 75마551). 또한 재산관리 처분권한이 종료된 이후의 부재자 재산 처분은 권한초과 행위에 대한 허가가 없는 이상 무효이다(대판 1977.3. 22, 76다1437).

하지만 법원은 허가 없이 한 재산관리인의 처분행위를 사후적으로 추인할 수 있다. 재산관리인의 부재자 소유 부동산에 대한 매매계약에 관하여 재산관리인이 권한을 초과하여 체결한 것으로 법원의 허가를 받지 아니하여 무효라는 이유로 소유권이전등기절차의 이행 청구가 기각되어 확정되었다고 하더라도, 패소판결의 확정 후에 위 권한초과행위에 대하여 법원의 허가를 받게 되면 다시 위 매매계약에 기한 소유권이전등기청구의 소를 제기할 수 있다(대판 2002.1.11. 2001다41971). 재산관리인에 의한 부재자 소유의 부동산 매매행위에 대한 법원의 허가결정은 사후허가도 가능하여 기왕의 매매를 추인하는 방법으로도 할 수 있다(대판 2000.12. 26, 99다19278).

재산관리인이 약정상의 허가신청절차를 태만히 하는 경우, 상대방은 해당 약정에 기해 그 절차의 이행을 소구할 수 있다(대판 2000.12. 26, 99다19278).

(3) 법정재산관리인의 의무 및 권리

재산관리인은 법정위임관계에 따라 제681조의 선관주의의무를 부담한다. 그 외에도 재산관리인은 재산목록을 작성하고(제24조), 가정법원이 명한 처분을 수행해야 하며(제24조), 재산관리 및 반환에 관한 상당한 담보제공의무가 있다(제26조 제1항). 한편 재산관리인은 가정법원에 대하여 보수지급청구권(제26조 제2항) 및 관리비용상환청구권(제24조 제4항)을 갖는다.

(4) 법정재산관리의 종료

부재자였던 본인이 후에 재산관리인을 선임한 경우(제22조 제2항), 부재자 스스로가 재산을 관리할 수 있게 된 경우, 부재자가 사망한 경우, 실종선고가 있었던 경우 등에 법원은 재산관리인 선임 결정을 취소해야 하는데 그 취소의 효력은 소급효가 없다. 재산관리인이 부재자의 사망을 확인하였더라도 법원에 의하여 재산관리인 선임결정이 취소되지 않는 한, 재산관리인은 계속하여 권한을 행사할 수 있다(대판 1970.1.27. 69다719 등). 법원의 허가를 받은 재산관리인의 권한초과행위가 부재자에 대한 실종기간이 만료된 후 실종선고 전에 이루어졌더라도 선임결정이 취소되기까지는 재산관리인의 권한이 소멸하지 않기 때문에 재산관리인의 위와 같은 법률행위의 효과는 부재자의 상속인에게 미친다(대판 1991.11. 26, 91다11810).

2. 예 외

부재자가 스스로 재산관리인을 두었더라도 다음의 예외에 해당하면 법원은 법정재산관리인을 선임할 수 있다.

재산관리인의 권한이 소멸한 때는 부재자가 스스로 재산관리인을 두지 않은 경우와 동일하다. 즉 법률상 이해관계인의 청구에 의해 가정법원이 재산관리인을 선임할 수 있다(제22조 제1항).

부재자의 생사가 불명한 때, 가정법원은 재산관리인, 이해관계인 또는 검사의 청구에 의하여 재산관리인을 바꿀 수 있다(제23조). 만약 가정법원이 재산관리인을 유임시킨 경우에는, 가정법원은 관리인에게 재산목록 작성 및 재산 보존에 필요한 처분을 명할 수 있다(제24조 제2항).

제5절 실종선고

Ⅰ. 실종선고의 의의	Ⅲ. 실종선고의 효과
Ⅱ. 실종선고의 요건	1. 의 의
1. 부재자의 생사불명	2. 실종선고의 효력발생 범위
2. 실종기간의 경과	3. 실종기간 만료시까지의 부재자의 생사
3. 청구권자의 청구	Ⅳ. 실종선고의 취소
4. 6개월 이상의 공시최고기간 내 부재자의	1. 실종선고취소제도의 필요성
생사신고 부존재	2. 실종선고취소의 요건
5. 가정법원의 필요적 선고	3. 실종선고취소의 효과

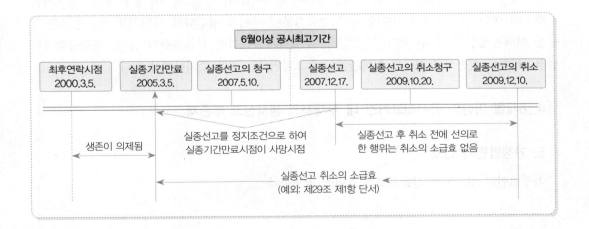

Ⅰ. 실종선고의 의의

실종선고란 부재자의 생사가 불분명하고 실종기간의 경과가 있는 경우 법률상의 이해관계인 · 검사의 청구에 의하여 6개월 이상의 공시최고와 가정법원의 실종선고로 부재자가 사망한 것으로 보고 종래의 주소와 거소를 중심으로 이루어진 법률행위를 확정하는 제도를 말한다. 이와 같은 실종선고제도는 배우자의 재혼을 가능하게 하며 상속이 개시되게 하는 등 이해관계인의 보호를 위한 제도이다.

Ⅱ. 실종선고의 요건

1. 부재자의 생사불명

법원은 호적상(현행법상 가족관계 등록부에 해당함) 이미 사망한 것으로 기재되어 있는 자는 그 호적상 사망기재의 추정력을 뒤집을 수 있는 자료가 없는 한 그 생사가 불분명한 자라고 볼 수 없어 실종선고를 할 수 없다고 판시하였다(대결 1997.11. 27, 97스4).

2. 실종기간의 경과

보통실종은 부재자의 생존확인이 가능한 최후의 시점부터 5년, 특별실종은 전쟁종지시(사실상 전쟁종료) · 선박침몰시 · 항공기추락시 · 위난종료시로부터 1년이 경과하여야 한다(제27조).

3. 청구권자의 청구

실종선고를 청구할 수 있는 이해관계인이라 함은 법률적으로뿐만 아니라 경제적 · 신분적 이해관계인이어야 한다. 따라서 제1순위 재산상속인이 있는 경우에 제4순위의 재산상속인은 위 부재자에 대한 실종선고를 청구할 이해관계인이 될 수 없다(대결 1980.9. 8, 80스27). 이 경우 후순위상속자는 부재자에 대한 실종선고의 여부에 따라 상속지분에 차이가 생긴다고 하더라도 실종선고를 청구할 이해관계인이 될 수 없다(대결 1986.10. 10, 86스20). 부재자재산관리인 선임청구와 달리, 제한능력자의 법정대리인도 실종선고 청구의 이해관계인에 포함된다는 점을 주의하여야 한다.

4. 6개월 이상의 공시최고기간 내 부재자의 생사신고 부존재

5. 가정법원의 선고

가정법원의 선고로써 실종선고의 효력이 발생한다.

Ⅲ. 실종선고의 효과

1. 의 의

실종선고 규정은 간주규정으로서 실종선고를 받은 사람을 대세적으로 사망한 것으로 본다($\frac{제28}{조}$).

실종기간 도과 후 실종선고가 되는 경우 실종자는 '실종기간 만료시'에 사망한 것으로 간주됨으로써 소급효가 인정된다.

심화학습

실종선고에 의한 사망간주시기의 소급효와 소송상 당사자능력($\frac{대판\ 1992.7.14,}{92다2455}$)

가. 실종선고의 효력이 발생하기 전에는 실종기간이 만료된 실종자라 하여도 소송상 당사자능력을 상실하는 것은 아니므로 실종선고 확정 전에는 실종기간이 만료된 실종자를 상대로 하여 제기된 소도 적법하고 실종자를 당사자로 하여 선고된 판결도 유효하며 그 판결이 확정되면 기판력도 발생한다고 할 것이고, 이처럼 판결이 유효하게 확정되어 기판력이 발생한 경우에는 그 판결이 해제조건부로 선고되었다는 등의 특별한 사정이 없는 한 그 효력이 유지되어 당사자로서는 그 판결이 재심이나 추완항소 등에 의하여 취소되지 않는 한 그 기판력에 반하는 주장을 할 수 없는 것이 원칙이라 할 것이며, 비록 실종자를 당사자로 한 판결이 확정된 후에 실종선고가 확정되어 그 사망간주의 시점이 소 제기 전으로 소급하는 경우에도 위 판결 자체가 소급하여 당사자능력이 없는 사망한 사람을 상대로 한 판결로서 무효가 된다고는 볼 수 없다.

나. 실종자에 대하여 공시송달의 방법으로 소송서류가 송달된 끝에 실종자를 피고로 하는 판결이 확정된 경우에는 실종자의 상속인으로서는 실종선고 확정 후에 실종자의 소송수계인으로서 위 확정판결에 대하여 소송행위의 추완에 의한 상소를 하는 것이 가능하다.

---

2. 실종선고의 효력발생 범위

종래의 주소·거소를 중심으로 하여 종래의 사법적(私法的) 법률관계만을 종료시킨다. 실종선고를 받은 사람은 절대적으로 권리능력이 소멸되는 것이 아니라, 종래의 주소 또는 거소를 중심으로 실종기간 만료시에 사법적 법률관계에 관하여 사망한 것으로 의제된다. 따라서 새로운 주소지에서의 법률관계나 종래의 주소에 다시 돌아와 맺은 법률관계에는 영향을 미치지 않는다. 또한 사법적 법률관계에 관해서만 사망을 의제하므로 선거권 및 피선거권과 같은 공법상의 관계에는 영향을 주지 않는다. 권리능력 소멸사유가 아님을 주의하여야 한다.

3. 실종기간 만료시까지의 부재자의 생사

실종선고를 받으면 실종기간 만료시까지 부재자의 생존을 의제한다. 학설상 다수의 견해는 실종선고를 받지 않고 있는 동안에는 생존을 추정하나 일부 반대의 견해도 있다. 실종선고를 받은 자는 실종기간이 만료한 때에 사망한 것으로 간주되는 것이므로, 실종선고로 인하여 실종기간 만료시를 기준으로 하여 상속이 개시된 이상 설사 이후 실종선고가 취소되어야 할 사유가 생겼다고 하더라도 실제로 실종선고가 취소되지 아니하는 한, 임의로 실종기간이 만료하여 사망한 때로 간주되는 시점과는 달리 사망시점을 정하여 이미 개시된 상속을 부정하고 이와 다른 상속관계를 인정할 수는 없다(대판 1994.9.27. 94다21542). 제28조는 "실종선고를 받은 자는 제27조 제1항 소정의 생사불명기간이 만료된 때에 사망한 것으로 본다"고 규정하고 있으므로 실종선고가 취소되지 않는 한 반증을 들어 실종선고의 효과를 다툴 수는 없다(대판 1995.2.17. 94다52751). 또한 피상속인의 사망 후에 실종선고가 이루어졌으나 실종기간이 사망 이전에 만료된 경우 실종선고된 자가 상속인이 될 수 없다(대판 1982.9. 14, 82다144).

Ⅳ. 실종선고의 취소

1. 실종선고취소제도의 필요성

실종선고로 사망이 의제되므로 추정과 달리 반증만으로는 사망의 효과를 다툴 수 없다.

2. 실종선고취소의 요건

실질적 요건으로 실종자가 생존하고 있는 사실의 증명(제29조 제1항) 또는 실종기간 만료시와 다른 시기에 사망한 사실의 증명(제29조 제1항)이 있어야 한다. 그 이외에 실종기간의 기산점 이후의 어떤 시기에 생존하였던 사실의 증명이 있어도 취소를 청구할 수 있다. 절차적 요건으로 일정한 청구권자(본인 포함)의 청구가 있어야 한다. 실종선고의 경우와는 달리 실종선고의 취소에 공시최고는 요구되지 않는다.

3. 실종선고취소의 효과

(1) 원칙: 소급효로 인한 원상회복

실종선고는 가정법원의 취소 선고가 있어야 취소되며, 취소원인이 있다는 것만으로 당연히 취소되지는 않는다. 청구권자에는 실종자 본인도 포함된다. 실종선고로 생긴 물권적 법률관계는 별도의 권원(예컨대 취득시효, 선의취득, 부합 등)이 없는 한 소급적으로 무효가 된다. 그 구체적인 효과는 취소 사유에 따라 차이가 있다. 실종자의 생존을 이유로 취소된 경우에는, 그의 재산관계와 신분관계가 '선고 전의 상태'로 회복된다. 상속은 개시되지 않은 것으로 되어 상속재산의 소유권이 원칙상 실종자에게 당연히 복귀되고, 당사자 일방의 사망을 이유로 종료되었던 종래의 혼인관계는 존속하는 것으로 된다. 실종기간이 만료된 때와 다른 때에 사망한 것으로 밝혀져 취소된 경우에는, 그 밝혀진 실제 사망일을 기준으로 사망의 효과가 발생하게 되어 상속인들이 달라질 수 있다. 실종기간의 기산점 이후의 어떤 시기에 생존하고 있었음을 원인으로 취소된 경우에는, 역시 실종선고 전의 법률관계로 돌아간다. 다만 그 후 다시 실종선고를 청구하여 실종선고를 할 수 있고 그렇게 되면 그 새로운 실종기간 만료시를 기준으로 사망에 따른 효과가 발생한다. 이 경우 상속회복청구권의 제척기간을 주의해야 한다. 예컨대 새로운 실종기간 만료시를 기준으로 새롭게 1순위 상속인이 된 사람은 실종선고취소 전에 이루어진 실종선고로 개시된 상속에서 재산을 상속한 자들을 상대로 반환을 청구할 수 있는데, 그 청구권의 근거를 제29조 제2항으로 하더라도 그 반환청구권의 법적 성질은 상속회복청구권에 해당하므로 10년의 소멸시효가 아니라, 침해를 안 날부터 3년, 상속권의 침해행위가 있은 날부터 10년의 제척기간이 적용된다(제999조 제2항).[20]

(2) 예외: 원상회복의 제한

실종선고 취소에 소급효를 인정하면 실종선고를 신뢰한 이해관계인 또는 제3자가 불측의 손해를 입을 염려가 있으므로 민법은 두 가지 예외를 두고 실종선고취소의 소급효를 배제하여 원상회복을 제한한다.

(가) 실종선고 후 그 취소 전에 선의로 한 행위(제29조 제1항의 단서)

이때에는 선고 전의 상태로 회복되지 않으며, 재산행위와 신분행위를 구별하여 판단한다. 이때, '선의'란 실종선고가 사실에 반함을 알지 못함을 의미한다. 그리고 과실의 유무는 문제되지 않는다. 선의의 증명책임은 행위에 효력이 있음을 주장하는 행위자가 부담한다. 제29조 제1항의 단서는 실종선고 후 취소 전에 한 행위만을 전제로 하므로, 실종선고의 취소 후 선의로 한 행위는 본 규정에 의해 보호되지 않는다. 또한 실종선고 전의 행위에 대해서는 적용이 없다는 점을 주의하여야 한다. 예컨대 실종기간도과 후 실종선고청구가 있어 실종선고가 되었다면 실종기간도과 후 실종선고 전의 행위에 대해서는 선의로 한 행위라도 실종선고취소의 소급효가 인정된다.

> **심화학습**
>
> **남북관계특례법과 실종선고**
>
> 참고로 남북 주민 사이의 가족관계와 상속 등에 관한 특례법 제10조 제3항은 "제1항의 사유로 실종선고가 취소된 경우에는 「민법」 제29조 제1항 단서에도 불구하고 그 실종선고의 취소는 이 법 공포일 전까지 한 행위와 이 법 공포일부터 실종선고 취소심판의 확정 전까지 선의로 한 행위의 효력에 영향을 미치지 아니한다"고 하여 민법규정보다 넓은 범위에서 거래행위를 보호하고 있다.

---

20) **제999조 (상속회복청구권)** ① 상속권이 참칭상속권자로 인하여 침해된 때에는 상속권자 또는 그 법정대리인은 상속회복의 소를 제기할 수 있다.
　② 제1항의 상속회복청구권은 그 침해를 안 날부터 3년, 상속권의 침해행위가 있은 날부터 10년을 경과하면 소멸된다.

1) 실종선고 후 그 취소 전에 선의로 한 행위에는 실종선고 취소가 영향을 미치지 않는 것으로 규정하고 있으므로 종전의 법률관계는 회복되지 않는다. 실종기간만료 후가 아닌 실종선고 후부터 산정된다.

2) 거래의 안전 또는 신분관계의 안정과 실종자의 이익보호라는 두 가지의 상반되는 이익의 요청을 고려할 때 선의자의 범위가 문제된다.

㉮ 단독행위의 경우

채무면제 등 단독행위는 단독행위자(상속인 등)가 선의이기만 하면 그 효과가 유효하다는 것이 통설이다. 따라서 피상속인에 대한 실종선고로 상속인이 상속한 채권에 관하여 채무자에 대해 면제의 의사를 표시한 경우, 상속인이 선의라면 채무자가 악의라 하더라도 그 면제는 유효하므로 실종선고 취소가 있더라도 채무자는 채무를 면한다.

㉯ 재산상 계약의 경우

계약의 효력이 유효한지의 판단은 실종자 보호와 거래의 안전보호라는 이익에 대한 가치평가의 문제라고 할 수 있다. 따라서 실종선고제도의 입법취지 등을 종합적으로 검토해야 할 것이다. 이에 대한 판례는 없으나, 여러 계약이 존재하는 경우 학설은 (i) 모든 거래의 당사자가 선의이어야 한다는 전원선의설(다수설), (ii) 실종자의 이익보호를 위해 양 당사자 모두의 선의가 필요하다고 보는 쌍방선의설, (iii) 거래안전보호를 위해 당사자별로 선의·악의에 따라 달리 판단해야 한다는 상대적 효력설, (iv) 상대적 효력설을 기본으로 하면서 '엄폐물의 법칙'을 통해 전득자를 보호하는(예컨대 제3자가 선의자에 해당하여 보호되면 그를 통해 법률행위를 한 자는 악의라 하더라도 보호된다) 절대적 효력설로 견해가 나뉜다.

㉰ 신분행위인 경우

가족법상 문제되는 것은 주로 잔존배우자가 재혼하여 이중혼 관계가 발생한 경우이다. 통설은 제29조 제1항 단서의 행위에는 신분행위도 포함된다고 보아, 당사자 쌍방이 선의인 경우에만 후혼이 보호된다고 본다. 따라서 후혼의 당사자 쌍방이 선의이면 전혼은 부활하지 않고 후혼만 완전히 유효한 것으로 남게 되나, 일방 또는 쌍방이 악의이면 전혼이 부활해서 후혼은 중혼이 되어 취소할 수 있다(제810조, 제816조 제1호, 제818조 참조). 이때 부활한 전혼에는 재판상 이혼사유가 있게 된다(배우자가 악의인 경우는 제840조 제1호에, 상대방이 악의인 경우는 제840조 제6호에 해당된다).

참고 남북 주민 사이의 가족관계와 상속 등에 관한 특례법 제7조 제1항은 "정전협정이 체결되기 전에 혼인하여 북한에 배우자를 둔 사람이 그 배우자에 대하여 실종선고를 받고 남한에서 다시 혼인을 한 경우에는 실종선고가 취소되더라도 전혼은 부활하지 아니한다. 다만, 혼인당사자의 일방 또는 쌍방이 실종선고 당시 북한에 있는 배우자의 생존 사실을 알고 있었던 경우에는 전혼이 부활하여 중혼이 성립한다"고 하여 쌍방선의설의 입장에서 입법화하였다. 다만 악의라 하더라도 동법 제7조 제3항(제1항 단서의 사유로 중혼이 성립한 경우로서 북한에 거주하는 전혼의 배우자도 다시 혼인을 한 경우에는 실종선고가 취소되더라도 전혼은 부활하지 아니한다)의 규정에 의해 전혼이 부활되지 않을 수 있다.

(나) 실종선고 후 직접 재산을 취득한 자의 반환의무$\binom{제29조}{제2항}$

1) 부당이득반환의무

실종선고를 직접원인으로 하여 재산을 취득한 자(상속인, 수유자, 생명보험수익자)가 취득한 것은 실종선고 취소로 인해 법률상 원인없는 것이 되므로 부당이득에 해당한다. 따라서 재산을 취득한 자의 선·악의를 불문하고 반환할 의무가 인정된다. 다만 선의·악의인지에 따라 반환범위가 달라진다. 즉 선의인 경우에는 이익이 현존하는 한도에서 반환할 의무가 있고, 악의인 경우에는 그 받은 이익에 이자를 붙여서 반환하고 손해가 있으면 이를 배상하여야 한다$\binom{제748}{조}$.

2) 재산반환 청구권의 시효문제

제29조 제2항의 이득반환청구는 부당이득반환청구권의 성질을 갖기 때문에 실종선고 취소시부터 10년의 시효에 걸린다. 다만 목적재산이 원형대로 수익자에게 있는 경우에는 실종자는 소유권에 기한 물권적 청구권으로서의 반환청구권을 갖게 되므로 그 반환청구권은 시효로 소멸하지 않는다.

(다) 제29조 제1항 단서와 제2항과의 관계

선택적 관계에 있기 때문에, 실종선고의 취소를 받은 사람은 자신의 선택에 따라 제29조 제1항 단서에 의하여 보호되지 않는 전득자에게 반환을 청구할 수도 있고, 직접수익자에 대하여만 제29조 제2항에 의한 이득반환청구권을 행사할 수도 있다.

(3) 다른 제도와의 관계

제29조 제1항 단서는 선의자 보호 내지 거래의 안전을 위한 다른 제도의 적용을 배척하지 않는다. 따라서 선의취득, 취득시효, 첨부 등의 요건을 갖춘 취득자는 실종선고의 취소에 의하여 영향을 받지 않는다. 그 밖에 실종자의 채무자가 실종자에게 한 변제가 제470조(채권의 준점유자에 대한 변제)에 의하여 유효가 될 수 있다.

물권법 선의취득, 취득시효, 첨부

제249조 (선의취득) 평온, 공연하게 동산을 양수한 자가 선의이며 과실없이 그 동산을 점유한 경우에는 양도인이 정당한 소유자가 아닌 때에도 즉시 그 동산의 소유권을 취득한다.

제245조 (점유로 인한 부동산소유권의 취득기간) ① 20년간 소유의 의사로 평온, 공연하게 부동산을 점유하는 자는 등기함으로써 그 소유권을 취득한다.
② 부동산의 소유자로 등기한 자가 10년간 소유의 의사로 평온, 공연하게 선의이며 과실없이 그 부동산을 점유한 때에는 소유권을 취득한다.

제246조 (점유로 인한 동산소유권의 취득기간) ① 10년간 소유의 의사로 평온, 공연하게 동산을 점유한 자는 그 소유권을 취득한다.
② 전항의 점유가 선의이며 과실없이 개시된 경우에는 5년을 경과함으로써 그 소유권을 취득한다.

제260조 (첨부의 효과)　① 전4조의 규정(필자 주: 부합, 혼화, 가공)에 의하여 동산의 소유권이 소멸한 때에는 그 동산을 목적으로 한 다른 권리도 소멸한다.
② 동산의 소유자가 합성물, 혼화물 또는 가공물의 단독소유자가 된 때에는 전항의 권리는 합성물, 혼화물 또는 가공물에 존속하고 그 공유자가 된 때에는 그 지분에 존속한다.

Ⅰ. 법인의 의의

법인이란 자연인이 아님에도 불구하고 법률상 권리의무의 주체가 될 수 있는 법인격이 부여
된 일정한 사람의 집합체(사단법인) 또는 재산의 집합체(재단법인)를 말한다. 법인의 성립과 소멸
과정은 다음과 같이 표로 설명할 수 있다.

[법인의 성립과 소멸의 과정]

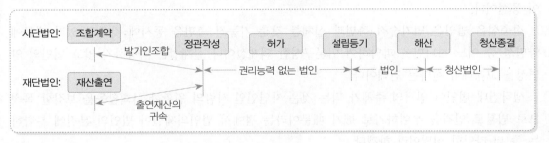

Ⅱ. 법인제도의 존재이유

법인에게 권리능력을 인정함으로써 수많은 단체의 구성원이 법적 거래에 참여해야 하는 번
거로움을 피할 수 있다(거래의 편의). 또한 법인에게 권리능력이 인정됨으로써 법인은 그 구성
원이나 관리자와는 별도로 권리를 취득하고 의무를 부담할 수 있다(책임의 분리). 요컨대 법인
의 구성원이나 출연자는 자신의 고유재산으로 법인이 제3자에게 지는 책임을 부담하지 않아도
된다. 다만 책임의 분리는 법인격 남용의 법리에 의해 제한될 수 있다.

Ⅲ. 법인의 본질

1. 논의의 실익

법인의 본질에 관한 19세기 독일에서의 논의는 입법정책을 중심으로 한 견해 차이에 따른 것이었으나, 우리나라에서의 논의는 입법정책이 아니라 법인에 관한 규정을 해석하는 기초로서의 가치관 차이라는 측면이 강하다. 따라서 논의 자체가 어떤 실익을 염두에 둔 것은 아니었으며 매우 관념적인 논쟁으로 귀결되었다. 그러나 근래 대표권의 범위일탈 및 남용, 법인 및 이사의 불법행위책임과 관련하여 법인의제설과 법인실재설은 다른 해석론을 전개할 여지를 보이므로 양 이론의 대립은 실제적 의미를 갖게 되어 주목할 필요가 있다.

2. 학 설

법인의제설은 민법이 법인을 인정하는 것은 권리주체임에 적합한 조직체에 대하여 법률을 통하여 인격을 부여함으로써 비로소 권리주체가 된다는 의제적 성격을 갖는다고 보는 입장이다.

이와는 달리 법인실재설은 단체가 법률에 의해 승인되기 이전부터 일정한 단체는 이미 사회적 실체로서 존재하고 있다고 보는 견해로서 민법의 법인규정은 이를 전제로 한 것이라는 견해이다. 이 중에는 유기체설, 조직체설, 사회적 가치설이 있으나, 법인을 독자의 사회적 작용을 하고 있는 권리능력을 갖는데 적합한 사회적 가치를 갖는 실체라고 하는 사회적 가치설(작용설)이 통설이다.

절충설은 법인은 법기술적 측면과 실체를 갖춘 기능적 측면을 동시에 갖추고 있기 때문에 양면성 중 어느 하나만을 파악하여 이론구성한 의제설이나 실재설은 타당하지 않고 법인의 양면성을 고려해야 한다는 견해이다.

생각건대 법인이 인격의 주체가 되는 것은 자연인인 사람의 원활한 사회활동을 보장할 목적으로 법률로 인격을 부여하기로 했기 때문이라는 점에서 법인의제설이 법인의 본질에 부합하는 좀 더 타당한 설명이라 하겠다.

3. 법인의제설과 법인실재설의 구체적 차이점

권리능력에 대하여 법인의제설은 법률이 인정한 범위에 한해서 권리능력을 인정하나, 법인실재설은 법률이 인정하는 범위 외에도 업무와 관련성이 있는 범위까지 권리능력을 확장하여 인정한다.

또한 법인의제설은 법인과 대표기관인 이사의 관계를 대리관계로 설명하는 반면, 법인실재설은 법인과 대표기관인 이사의 관계를 대표관계로 이해한다.

법인의 불법행위능력과 관련하여 법인의제설은 대리의 효과가 귀속될 뿐 법인의 실제는 없으므로 대표기관에만 책임을 물어야 하지만, 피해자 보호라는 정책적 판단에 따라 법인에게도 책임을 인정한 규정을 둔 것으로 본다. 법인실재설은 법인 자신의 불법행위로 이해한다.

Ⅳ. 법인의 종류

1. 내국법인 · 외국법인

내국법인이란 우리 법에 기하여 우리나라에 등기된 법인을 말하며, 내국법인이 아닌 단체로서 법인으로 취급되어야 할 법인을 외국법인이라고 한다.

이에 대해서는 견해의 대립이 있다. (ⅰ) 외국법에 의하여 설립된 법인을 외국법인이라 하고 국내법에 의하여 설립된 법인을 국내법인이라고 하는 준거법설(통설), (ⅱ) 주사무소가 국내에 있느냐의 여부에 의하여 구별하는 주소지설, (ⅲ) 설립자가 내국인인가의 여부를 기준으로 구별하는 설립자국적표준설 등이 있다.

2. 공법인 · 사법인

사법인은 사적자치에 의해 당사자가 자발적으로 설립하여 자율적으로 운영하고 또한 자진하여 해산할 수 있는 법인이며, 공법인은 국가에 의하여 설립되고 법인의 조직 등 기본적 사항이 법률에 의해 정해지며 이사 등이 국가에 의해 선임되고 국가의 예산에 의해 운영되며 해산의 자유가 제한되고 조세 면제의 특전이 부여된 법인이다.

3. 영리법인 · 비영리법인

비영리법인은 사단법인과 재단법인의 두 종류가 있지만, 영리법인은 영리를 목적으로 하는 사단법인의 한 종류뿐이다. 영리법인의 전형적인 예는 상법상의 회사이다.[1] 비영리법인은 학술 · 종교 · 자선 · 기예 · 사교 기타 영리 아닌 사업을 목적으로 하는 사단 또는 재단을 말한다. 여기서 영리란 이익을 획득하는 것 그리고 그 이익을 구성원에게 분배하는 것까지 포함한 개념이다. 이는 영리사업과 수익사업을 구분하는 것을 전제로 한다. 예를 들어 비영리법인은 수익사업으로 유료강습회 등을 개최할 수 있다. 따라서 비영리법인도 수익사업을 예외적으로 하는 것은 가능하다. 다만 법인의 목적범위 내에서 수익사업을 하는 경우가 이에 해당되는 것으로 볼 것이다. 비영리법인이 비영리사업과 함께 수익사업을 하는 경우 그 목적이 영리성을 갖는 것으로 볼 수는 없다.

---

1) 제39조는 영리법인 중에서 상행위(상법 제46조)를 영업으로 하는 법인을 '상사회사'라 하고, 상행위 이외의 영리행위를 목적으로 하는 법인을 '민사회사'라고 구별하는 것을 전제로 하고 있다.

4. 사단법인 · 재단법인 구별

구별 표준	사단법인	재단법인
설립행위의 성질	합동행위	상대방 없는 단독행위
설립자의 수	반드시 2인 이상	1인도 가능
영리법인의 가능성	○	×
정관변경의 자유성	원칙적으로 ○	원칙적으로 ×
의사결정기관	사원총회	×
임의해산의 가능성	○	×

V. 법인격 없는 사단(비법인 사단)

1. 의 의

'법인격 없는 사단'이란 실질적으로는 사단이지만 법인으로서 설립등기를 하지 않았기 때문에 법인격이 부여되지 않은 단체를 의미한다. '권리능력 없는 사단' 또는 '법인 아닌 사단'이라고도 한다. 그 단체의 명칭에 따라 법인인지 여부가 결정되는 것은 아니다. 예컨대 재건축조합, 농업협동조합은 명칭은 '조합'이지만 특별법상 법인에 해당한다.

만일 어떤 단체가 외형상 목적, 명칭, 사무소 및 대표자를 정하고 있다고 할지라도 사단의 실체를 인정할 만한 조직, 그 재정적 기초, 총회의 운영, 재산의 관리 기타 단체로서의 활동에 관한 증명이 없는 이상 이를 법인이 아닌 사단으로 볼 수 없다(대판 1997.9. 12, 97다20908).

2. 성립요건

1) 공동의 목적 및 별개의 주체
공동의 목적을 위하여 다수의 구성원이 단체를 구성해야 하며, 구성원과 별개의 주체로서 단체가 존재하여 대외적으로 단체의 이름으로 활동해야 한다.

2) 조직의 존재
단체의 기관 등 조직이 존재하여야 한다. 사원총회와 이사가 반드시 있어야 하며 그 밖에 감독기관으로서 감사가 있어야 하는 것이 보통이다.

3) 동일성에 영향이 없을 것
구성원이 변경되더라도 단체의 동일성에 영향을 주지 않을 수 있도록 단체의 명칭이 있어야 한다.

4) 중요사항의 정관 기재

대표의 방법, 총회의 운영, 재산의 관리 기타 사단의 중요한 사항이 정관으로 정해져 있어야 한다.

3. 비법인사단과 민법상 조합과의 구별

법원은 민법상의 조합과 비법인사단을 구별하는 일반적인 기준으로 '단체성의 강약'을 든다. 비록 공동사업의 경영을 약정하는 계약관계에 의하여 성립된다는 점에서 단체성에서 오는 제약은 있지만 조합은 구성원의 개인성이 강하다. 이와는 달리 비법인사단은 구성원 개인과는 별개로 단체인 조직 자체가 권리·의무의 주체가 될 수 있는 독자적 존재가 된다. 따라서 그 자체로 고유목적을 가지며 사단적 성격의 규약이 있고, 조직(의사결정기관 및 집행기관인 대표자의 선정)이 있으며, 기관의 의결 또는 업무집행방법이 다수결의 원칙에 의하며, 구성원의 변경에 관계없이 단체가 존속되고, 단체로서의 주요사항(대표의 방법, 총회나 이사회 등의 운영, 자본의 구성, 재산의 관리 등)이 확정된 경우에 비로소 비법인사단의 실체가 인정된다(대판 1999.4. 23, 99다4504).

	비법인사단	조합
설립행위의 성질	합동행위	계약
가입·탈퇴의 사항 규정방법	정관	조합규약
구성원 개인책임	×	○
소송상 당사자능력	○	×
등기능력	○	×
재산소유형태	총유	합유
구성원 1인인 경우	비법인사단의 채무	조합원 1인의 단독채무

생각해 볼 문제 정관이 아직 작성되지 않았더라도 그 이외의 주요사항이 확정되었다면 비법인사단으로 인정될 수 있는가?

4. 권리능력

(1) 비법인사단도 부동산을 단체의 명의로 등기할 수 있다(부동산등기법 제26조 제1항[2]).

---

2) 제26조 (법인 아닌 사단 등의 등기신청) ① 종중, 문중, 그 밖에 대표자나 관리인이 있는 법인 아닌 사단이나 재단에 속하는 부동산의 등기에 관하여는 그 사단이나 재단을 등기권리자 또는 등기의무자로 한다.

民總 債總 債各

> ### 심화학습
>
> 비법인사단 명의로 등기된 부동산은 구성원의 총유인가 비법인사단의 단독소유인가?
>
> | 해설 | 단체구성원의 총유이다.
>
> 비법인사단이 부동산의 소유권자로 등기되었더라도 그 부동산은 여전히 그 구성원의 총유로 보아야 한다. 부동산등기법의 규정은 등기절차에 관한 사항만을 규율하는 것일 뿐이며, 실체적 소유형태까지 규율한 것은 아니다. 소유관계를 규정한 민법규정에 따라 구성원들의 총유가 된다$\binom{\text{제275조}}{\text{제1항}}$.

(2) 비법인사단은 부동산을 취득하거나 이를 타인에게 양도하기 위한 매매계약의 당사자가 될 수 있다.

(3) 비법인사단은 민사소송에서 당사자능력이 있다. 다만 비법인사단의 실제 소송수행 형태는 비법인사단이 소송상 당사자가 되거나 또는 그 구성원 전원이 당사자가 되어 필수적 공동소송의 형태로 해야 하며, 총회의 결의를 거치더라도 구성원 개인이 할 수는 없다$\binom{\text{대판(전합)}\ 2005.9.15,}{2004\text{다}44971}$.

(4) 제34조가 유추적용되어 '정관으로 정한 목적의 범위 내'에서 비법인사단이 권리와 의무의 주체가 된다. 다만 비법인사단의 채권과 채무는 그 구성원에게 총유적으로 귀속된다. 즉 총사원이 준총유한다$\binom{\text{제278}}{\text{조}}$. 따라서 비법인사단의 채무에 대해서는 비법인사단만이 책임을 지며 구성원의 고유재산으로 책임을 질 필요가 없다.

5. 법인규정의 유추적용

비법인사단은 법인등기를 하지 않았을 뿐 사단법인의 실질을 가지고 있으므로 사단법인에 관한 규정이 유추적용된다. 예컨대 사단 또는 재단의 임시이사 선임에 관한 규정$\binom{\text{제63}}{\text{조}}$이 법인격 없는 사단 또는 재단에 유추적용될 수 있다$\binom{\text{대결(전)}\ 2009.11.}{19,\ 2008\text{마}699}$. 제63조는 법인의 조직과 활동에 관한 것으로 법인격을 전제로 하는 조항은 아니고, 이사가 없거나 결원이 되는 경우는 법인 아닌 사단이나 재단에도 생길 수 있으며, 통상의 절차에 따른 새로운 이사의 선임이 극히 곤란하고 종전 이사의 긴급처리권도 인정되지 아니하는 경우에는 사단이나 재단 또는 타인에게 손해가 생길 염려가 있을 수 있다는 점에 차이가 없기 때문이다. 법인의 불법행위책임에 관한 제35조 역시 비법인사단에 유추적용된다$\binom{\text{대판}\ 2003.7.25,}{2002\text{다}27088}$.

6. 소유형태

(1) 물건의 소유는 사원이 집합체로서 총유하며$\binom{\text{제275조}}{\text{제1항}}$, 기타의 재산권은 사원의 준총유로 된다$\binom{\text{제278}}{\text{조}}$.

(2) 관리 · 처분은 사원총회의 결의로 정하고, 사용 · 수익은 각 사원이 정관 기타의 규약에

좋아 정할 수 있다($\frac{제276}{조}$).

사례 1 비법인사단 A의 대표 甲은 친구인 乙이 丙에 대하여 부담하는 금전채무에 관하여 A가 보증하는 계약을 체결했다. 그런데 법인 재산의 처분행위를 할 때는 조합규약(정관)상 사원총회의 결의를 거치도록 되어 있는데 총회의 결의를 거치지 않았다. 또한 이러한 보증계약을 체결할 때에는 임원회의의 결의를 거치도록 되어 있는 규약도 위반하였다. 丙은 보증계약을 체결할 때에 A에 이와 같은 규약이 있는 것을 알고 있었다. 이 경우 보증계약의 유효성은?

(대판(전합) 2007.4.19, 2004다60072,60089 참조)

│ 해설 1 │ 이러한 보증계약은 무효이다.

보증계약의 체결 자체가 제276조 제1항을 위반한 것은 아니다. 보증계약의 체결행위는 상대방에게 물권이 아닌 채권만을 취득시킨다는 점에서 처분행위가 아니기 때문이다. 그러나 이는 임원회의의 결의를 거치도록 한 대표권 제한을 위반한 것으로 상대방(보증채권자)이 선의·무과실이라면 보증계약은 유효하고, 상대방이 악의거나 과실이 있는 경우에는 보증계약은 무효가 된다(보다 자세한 내용은 후술하는 법인이사의 대표권 제한 부분을 참조).

사안에서는 상대방 丙이 대표권 제한을 알고 있으므로 보증계약 체결행위는 A에 대해서는 무효가 된다.

제275조, 제276조 제1항에서 말하는 총유물의 관리 및 처분이라 함은 총유물 그 자체에 관한 이용·개량행위나 법률적·사실적 처분행위를 의미하는 것이므로, 비법인사단이 타인 간의 금전채무를 보증하는 행위는 총유물 그 자체의 관리·처분이 따르지 아니하는 단순한 채무부담행위에 불과하여 이를 총유물의 관리·처분행위라고 볼 수는 없다. 따라서 예컨대 비법인사단인 재건축조합의 조합장이 채무보증계약을 체결하면서 조합규약에서 정한 조합 임원회의 결의를 거치지 아니하였다거나 조합원총회 결의를 거치지 않았다고 하더라도 그것만으로 바로 그 보증계약이 무효라고 할 수는 없다.

다만 이와 같은 경우에 조합 임원회의의 결의 등을 거치도록 한 조합규약은 조합장의 대표권을 제한하는 규정에 해당하는 것이므로, 거래 상대방이 그와 같은 대표권 제한 및 그 위반 사실을 알았거나 과실로 인하여 이를 알지 못한 때에는 그 거래행위가 무효로 된다고 봄이 상당하며, 이 경우 그 거래 상대방이 대표권 제한 및 그 위반 사실을 알았거나 알지 못한 데에 과실이 있다는 사정은 그 거래의 무효를 주장하는 측이 이를 주장·증명하여야 한다.

이에 대하여 비법인사단의 대표자가 그 사단의 이름으로 채무를 보증하는 계약을 체결하는 경우에도 총유물의 관리·처분에 관한 법리가 적용되어야 한다는 반대의견이 있다.

사례 2 A종중의 대표 甲은 종중총회의 결의에 의하지 않고, 이사회의 결의만을 얻어 A종중 소유의 X토지의 사용권을 대종중인 乙에게 부여하여 乙종중의 재실 및 사당을 신축하여 토지를 무상으로 사용하도록 승낙했다. 그런데 이때에 사용기한을 정하지 않고 X토지의 이용권을 乙종중에 부여했다. A종중의 규약에는 종중재산의 처분은 총회의결사항이나 고정자산의 사용료 징수는 이사회의결사항으로 되어 있었다. 乙종중은 A종중의 대표 甲의 무상사용 승낙행위가 총회의 의결사항이 아니므로 유효하게 체결된 것이라고 주장한다. X토지에 대한 무상사용 계약은 유효한가?

(대판 2012.10.25, 2010다56586 참조)

| **해설 2** | 다른 특별한 사정이 없는 한 X토지에 대한 무상사용 계약은 유효하다.

원칙적으로 제276조 제1항에 의하여 관리행위든 처분행위든 사원총회 결의에 의해야 한다. 그러나 제275조 제2항에 의하여 총유에 관하여 정관에 의하는 경우에는 그에 따르도록 되어 있다. 즉 총유물의 처분행위도 정관에 따로 정함이 있는 경우에는 그에 따른다. 사안에 따르면 정관에 총유물의 처분은 총회 의결사항으로 되어 있으나 사용료징수는 이사회 의결사항으로 되어 있다. 고정자산의 사용료 징수는 이사회 의결사항이므로 X토지의 임대는 물론 무상으로 사용하게 하는 것도 처분행위가 아니라 관리행위로 볼 수 있다.

다음으로는 '기한을 정하지 않은 토지 사용권 부여'가 처분행위인지, 아니면 사용료 징수를 전제로 하는 관리행위인지를 파악해야 한다. 후자에 해당하면 이사회의 결의만으로 유효하게 할 수 있기 때문이다. 내용적으로는 '토지의 사용권 부여'라는 문언의 의미는 원칙적으로 임대차에 가깝게 해석되기는 한다. 그러나 '영구 무제한의 지상권'도 설정할 수 있다고 판시한 대판 2001. 5. 29, 99다66410을 고려해 볼 때, 사실관계에서 주어지는 여러 사정에 따라 지상권 설정이라는 의사해석이 되는 경우도 있을 수 있을 것이다(예컨대 제635조의 적용을 배제하여 기한을 정하지 않은 임대차에 대해서 일방해지가 불가능하다고 해석되는 경우). 그러한 경우에는 토지 사용권 부여가 처분행위로 해석될 여지도 있다.

대법원은 '기한을 정하지 않은 토지 사용권 부여'라는 행위가 처분행위인지 관리행위인지의 구별기준을 다음과 같이 제시하고 있다. 즉 총유물의 처분행위라 함은 '총유물을 양도하거나 그 위에 물권을 설정하는 등의 행위'를 말한다. 그에 이르지 않고 단순히 '총유물의 사용권을 타인에게 부여하거나 임대하는 행위'는 원칙적으로 총유물의 처분이 아닌 관리행위로 파악했다. 대표의 사용권 부여행위는 관리권한에 기하여 사용권의 부여가 가능한 범위 내에서는 관리행위로서 유효할 수 있다.3)

생각건대 본 판결은 채권행위와 물권행위의 구분 및 총유물에 대한 관리행위와 처분행위에 대한 구별기준을 제시하였다는 점에 의의가 있다. 또한 총유물의 처분에 대해서 총회의 결의를 요구하지 않는다는 정관의 규정이 있으면 총회결의 없이도 총유물의 처분행위가 이루어질 수 있다는 점도 유의해야 할 것이다(제275조 제2항, 제 276조 제1항 참조)

7. 채무의 귀속형태

사원의 재산인 총유재산에 의하여만 책임을 지고, 정관에 다른 규정이 없는 한 사원은 회비 기타 부담금 외에 개인재산으로는 이에 대한 책임을 지지 않는다.

8. 여러 유형의 법인격 없는 사단

(1) 종 중

(가) 의 의

법원은 종중을 공동선조의 분묘수호와 제사 및 종원 상호간의 친목 등을 목적으로 하여 구

---

3) 원심은 기한을 정하지 않았다는 사정, 건물의 신축 및 소유를 목적으로 한 무상사용 승낙이므로 이는 관리행위가 아니라 처분행위라고 보았다. 따라서 종중재산의 처분은 총회의 결의가 요구되므로(제275조 제1항) 총회결의가 없음을 이유로 무효라고 판단하였으나 대법원이 이를 파기환송했다.

성되는 자연발생적인 종족집단으로 설명한다(대판 2007.9.6, 2007다34982). 이는 종중의 구성원을 성년 남자만으로 인정하였던 종래의 판례 입장을 변경한 것이다.

이러한 종중이 다른 비법인사단과 비교하여 특별한 것은 종중 그 자체가 자연발생적인 집단으로서, 일정한 조직행위나 성문의 규약이 없는 경우가 많다는 점이다. 종중은 관습상 당연히 성립하는 것으로 조직행위를 요하지 않으며(대판 2002.6.28, 2001다5296), 대표자 선임이나 성문의 규약을 요구하지 않는다(대판 1997.11. 14, 96다25715).

(나) 종중과 종중 유사 비법인사단과의 구별

공동선조의 후손 중 특정 범위 내의 종원만으로 조직체를 구성하여 활동하고 있다면 이는 본래의 의미의 종중은 될 수 없고 '종중 유사의 권리능력 없는 사단'이 될 수는 있다. 이 때 사적 자치의 원칙 내지 결사의 자유에 따라 구성원의 자격이나 가입조건을 자유롭게 정할 수 있음이 원칙이다. 또 성문화된 규약이 없어도 공동 목적 달성을 위해 공동 재산을 형성하고 계속적으로 사회적인 활동을 해 왔으면 그 무렵부터 단체의 실체가 존재하고, 창립총회를 통해 실체를 갖추었으면 그 전의 행위나 그때까지 형성한 재산을 그 조직(종중 유사의 비법인사단)에 귀속된다(대판 2019.2.14, 2018다264628). 다만 고유한 의미의 종중임에도 불구하고 소제기에 필요한 절차를 우회하거나 특정 종중원을 배제하려는 목적으로 종중 유사 비법인사단임을 주장할 수 없다(대판 2020.4.9, 2019다216411).

> **사례 3** 甲종중은 종중총회의 결의를 통해 공동 선조의 후손 중 특정 지역 거주자나 확정 범위 내의 자들만으로 그 자격을 임의로 제한하였다. 그리고 정식의 조직체계를 갖춘 것은 아니었다. 甲은 민법상 종중으로서 인정받을 수 있는가?   (대판 1996.10.11. 95다34330 참조)
>
> **│해설 3│** 종중으로 인정될 수는 없으며, 종중 유사의 비법인사단으로 인정될 수는 있다.
> 고유 의미의 종중이란 공동 선조의 후손이 종중원이 되는 자연발생적인 종족집단으로, 그 중 일부 종중원을 임의로 그 종중원에서 배제할 수 없는 것이므로, 종중총회의 결의나 규약에서 일부 종중원의 자격을 임의로 제한하였다면 그 총회의 결의나 규약은 종중의 본질에 반하여 무효이고, 공동 선조의 후손 중 특정 지역 거주자나 확정 범위 내의 자들만으로 구성된 종중이란 있을 수 없다.
> 사안에서 甲은 판례상 종중 유사의 비법인사단으로만 인정받을 뿐이다. 또한 종중에 유사한 비법인사단은 반드시 총회를 열어 성문화된 규약을 만들고 정식의 조직체계를 갖추어야만 비로소 단체로서 성립하는 것이 아니고, 실질적으로 공동의 목적을 달성하기 위하여 공동의 재산을 형성하고 일을 주도하는 사람을 중심으로 계속적으로 사회적 활동을 하여 온 경우에는, 이미 그 무렵부터 단체로서의 실체가 존재한다고 하여야 한다.

(다) 법적 성질과 권리의무

문중 또는 종중과 같이 법인이 아닌 사단 또는 재단이 권리능력의 주체가 될 수는 없지만 민사소송법 제52조에서 당사자능력을 인정한다.[4] 또 부동산등기법 제26조에 따르면 등기능력

---

4) 총유재산에 관한 소송의 형태는 법인이 아닌 사단이 그 명의로 사원총회의 결의를 거쳐 하거나 그 구성원 전원이 당

을 인정하기도 한다. 재산이나 종중원을 중심으로 하여 사실상 사회생활의 하나의 단위를 이루는 종중은 법률상 특수한 사회적 작용을 담당하는 하나의 독자적 존재가 될 수 있다. 부동산에 관하여 종중에게 취득시효 완성으로 인한 소유권이 인정될 수 있다(대판 1970.2.10, 69다2013).

(라) 종중원의 자격과 지위

공동선조와 성과 본을 같이 하는 후손은 성별의 구별 없이 성년이 되면 당연히 그 구성원이 된다(대판 2007.9.6, 2007다34982). 즉 성년의 남자만이 종중원의 자격을 갖는다는 종래 관습법의 효력을 부정했다. 종중원의 자격에 관하여 관습법이 없으므로 성별을 구별하지 않고 종원의 자격을 인정하는 것이 조리에 합당한 것으로 보았다(대판(전합) 2005.7.21, 2002다1178). 우리나라 구관습상의 내시종중은 인정하지 않는다(대판 1977.6.7, 73다67). 또한 종중이 그 구성원인 종원에 대하여 그 자격을 박탈하는 소위 할종(割宗)이라는 징계처분은 위법무효하여 피징계자의 종중원으로서의 신분이나 지위를 박탈하는 효력이 생긴다고 할 수 없다(대판 1983.2.8, 80다1194). 종원 자격이 없는 자에 대하여 임의로 종원자격을 부여하는 것은 효력이 없으며(대판 1994.11.22, 93다40089), 미성년자에게 종원의 자격을 인정한 종중규약은 효력이 인정되지 않는다(대판 1997.11.14, 96다25715). 자녀의 성(姓)과 본(本)이 모의 성과 본으로 적법하게 변경되면 성년이 된 그 자녀는 모가 속한 종중의 종원이 된다(대판 2022.5.26, 2017다260940). 다만 인위적인 조직행위를 거쳐 성립된 종중 유사단체는 회칙이나 규약에서 구성권을 남성으로 한정하더라도 공서양속에 반하는 것은 아니다(대판 2011.2.24, 2009다17783). 이 단체는 자연발생적인 종족집단인 고유한 의미의 종중과는 달리 사적 임의단체이며 사적자치의 원칙 내지 결사의 자유에 따라 그 구성원의 자격이나 가입조건을 자유롭게 정할 수 있음이 원칙이기 때문이다.

(마) 종중규약과 종중기관

종중 대표자의 선임에 있어서 그 종중에 규약이나 일반 관례가 있으면 그에 따라 선임하고 그것이 없다면 종장 또는 문장이 그 종원 중 성년 이상의 사람을 소집하여 출석자의 과반수 결의로 선출하며, 평소에 종중에 종장이나 문장이 선임되어 있지 아니하고 선임에 관한 규약이나 일반 관례가 없으면 현존하는 연고항존자가 종장이나 문장이 되어 국내에 거주하고 소재가 분명한 종원에게 통지하여 종중총회를 소집하고 그 회의에서 종중 대표자를 선임하는 것이 일반 관습이라 할 것이다(대판 2010.12.9, 2009다26596).

(바) 종중재산

종중 소유의 재산은 종중원의 총유에 속하는 것이므로 그 관리 및 처분에 관하여 먼저 종중규약에 정하는 바가 있으면 이에 따라야 하고(제275조 제2항), 그 점에 관한 종중규약이 없으면 종중총회의 결의에 의하여야 하므로(제276조 제1항), 비록 종중 대표자에 의한 종중 재산의 처분이라고 하더라도 그러한 절차를 거치지 아니한 채 한 행위는 무효이고, 이러한 법리는 종중이 타인에게 속하는 권리를 처분하는 경우에도 적용된다(대판 1996.8.20, 96다18656). 또한 법원은 종중 소유의 토지를 종손에게

사자가 되어 필수적 공동소송으로 할 수 있을 뿐이다(대판(전합) 2005.9.15, 2004다44971).

만 명의신탁해야 한다는 관습도 존재하지 아니하고, 종중재산의 관리권이 종손에게만 있는 것도 아님을 이유로 종중재산을 종손 아닌 종원에게 명의신탁함이 관습에 어긋나는 것도 아니라고 판시하였다(대판 1993.6.25, 93다9200). 부동산실명법은 탈법적인 목적이 없는 종중재산의 명의신탁을 허용하고 있다(부동산실명법 제8조).

(사) 종중의 소멸

종중은 종원이 모두 사망하고 후사(後嗣)가 없을 때에 소멸한다. 따라서 자손 없이 사망한 사람을 위한 종중은 근본적으로 존재할 수 없다(대판 1954.5.22, 4286민상94).

(2) 동·리·자연부락, 교회

(가) 동·리·자연부락

> **사례 4** 甲리의 행정구역 내에 거주하는 주민들은 주민의 공동편익과 공동복지를 위하여 주민 전부를 구성원으로 한 공동체를 구성하고 행정구역인 甲리의 명칭을 사용하면서 일정한 재산을 공부상 그 이름으로 소유해 왔다. 지방자치법이나 지방자치에관한임시조치법 등의 시행으로 甲리가 지방자치단체인 읍, 면 또는 군의 소속기관이 된 경우, 甲리 주민의 총유 재산은 읍, 면 또는 군의 소유가 되는가?
>
> (대판 1995.9.29, 95다32051; 대판 2004.1.29, 2001다1775 참조)
>
> **해설 4** 그 재산은 읍, 면 또는 군의 소유가 아니라 비법인사단으로서 리(里) 주민의 총유가 된다.
>
> 甲리의 공동체는 이른바 비법인사단으로서 그 재산은 리 주민의 총유에 속하고, 행정구역인 리가 지방자치법이나 지방자치에관한임시조치법 등의 시행으로 지방자치단체인 읍, 면 또는 군의 소속기관이 되었다고 해도 리 주민의 총유인 재산이 읍, 면 또는 군의 소유가 되는 것이 아니다. 나아가 법원은 위와 같은 甲리의 경우, 해당 재산에 대하여 비법인사단으로서의 당사자능력을 인정하였다. 또한 대법원은 대표자조차 선임되어 있지 않던 동(洞)이 대표자의 선출을 위한 주민총회를 소집함에 있어서 자연부락의 범위가 행정구역상의 경계와 일치하는 관계로 편의상 동이 속한 행정구역의 동장들이 그들의 공동명의로 소집통지를 하였다면 그 소집통지의 효력을 쉽사리 부정할 수 없을 것이고, 따라서 그 소집통지에 의하여 동을 구성하는 가구의 대표자 과반수로부터 적법하게 위임을 받은 자들이 출석한 주민총회에서 출석자의 과반수 찬성에 의하여 선출된 자는 동의 적법한 대표자로 인정하였다.

(나) 교 회

> **사례 5** A교회에서 분쟁이 발생하여 甲교인들은 잔류한 반면, 乙교인들은 집단적으로 교회를 탈퇴하였다. 이 경우, A교회 재산의 소유권은 누구에게 귀속하는가?
>
> (대판(전합) 2006.4.20, 2004다37775 참조)
>
> **해설 5** 잔존 교인들인 甲교인들의 총유에 속한다.
>
> 대판(전합) 2006.4.20, 2004다37775은 교인들이 집단으로 교회를 탈퇴한 경우, 종전 교회 재산은

잔존 교인들의 총유인 것으로 입장을 변경하여, 종래 분열 당시 교인들의 총유라고 본 입장$\binom{대판}{합}\binom{1993.1.19.}{91다1226}$을 변경한 것이다.

종래 판결은 별다른 법리의 설시 없이, "교회의 재산에 대한 분쟁에 관하여 비법인사단인 교회의 구성원의 총유에 속한다"라는 태도를 보이면서 분열된 신도들이 여전히 총유하고 있다고 보아 권리의무에 관한 다툼에 관하여 실질적 해결책이 되지 못하였다.

판결의 논점	판단결과
1. 교회의 재산적 법률분쟁에 적용될 이론적 근거	교회의 법률관계를 둘러싼 소송적인 분쟁을 해결함에 있어서는 법인 아닌 사단에 관한 민법의 일반 이론을 적용하여 판단하여야 한다.
2. 교회분열의 허용 여부	사단법인의 분열이 인정되지 않는 것처럼 교회의 분열도 인정되지 않는다. 따라서 일부 교인들이 교회를 탈퇴하여 독립된 교회를 세운 경우에도 이는 교회의 분열이 아니다. 다만 신설된 교회가 소속교단에서의 탈퇴 내지 소속 교단의 변경을 한 것으로 볼 수도 있다.
3. 소속교단에서의 탈퇴 내지 소속교단의 변경 요건	소속 교단에서의 탈퇴 내지 소속 교단의 변경은 사단법인 정관 변경에 준하여 의결권을 가진 교인 2/3이상의 찬성에 의한 결의를 필요로 한다$\binom{제42조 제}{1항 참조}$ (다수의견).
4. 교회의 교인들이 집단적으로 탈퇴한 경우의 법률효과	일부교인들이 교회를 탈퇴하면 종전 교회의 재산은 남아 있는 교인들의 총유가 된다. 다만 교인 2/3이상의 찬성에 의한 결의를 거쳐 소속 교단에서 탈퇴 내지 교단을 변경하는 경우에는 종전 교회재산도 탈퇴한 교회 교인들의 총유로 귀속된다.

기타 판례가 권리능력 없는 사단으로 인정한 경우

1. 구 주택건설촉진법에 의한 주택조합 또는 재건축조합$\binom{대판 2003.7.8.}{2002다74817}$**5)**
2. 어촌계$\binom{대판 2003.6.27.}{2002다68034}$
3. 재단법인 설립 이전부터 존재하였던 성균관$\binom{대판 2003.6.27.}{2002다46423}$
4. 채권청산위원회$\binom{대판 1996.6.28.}{96다16582}$

기타 판례가 권리능력 없는 사단으로 인정하지 않은 경우

1. 학교$\binom{대판 1977.8.23.}{76다1478}$
2. 부도난 회사의 채권자들이 조직한 채권단$\binom{대판 1999.4.23.}{99다4504}$
3. 신태인 천주교회$\binom{대판 1966.9.20.}{63다30}$
4. 원호대상자광주목공조합$\binom{대판 1991.6.25.}{88다카6358}$**6)**

---

5) 판결 당시와는 달리 현행 '도시 및 주거환경정비법' 제18조 제1항에서는 재건축조합 및 재개발조합은 사단법인으로 하도록 명시적으로 규정하고 있다.

6) 이 판결은 조합은 권리능력 없는 사단이 아니라고 한 판결이다.

5. 개인사찰$\binom{대판\ 2005.6.24.}{2003다54971}$
6. 대한불교조계종총무원$\binom{대판\ 1967.7.4.}{67다549}$
7. 농지위원회(행정기관에 불과)

민사소송법 비법인사단 · 재단의 소송법상 취급

1) 당사자능력: 비법인사단 · 재단은 소송상 법인과 동일하게 취급되므로$\binom{민사소송}{법\ 제52조}$ 이러한 단체가 소송상 원 · 피고로서 당사자가 된다.

2) 법인 등의 대표자: 비법인사단 · 재단의 소송수행은 그 대표자 또는 관리인에 의하여 실시되므로 이들에 대하여는 법정대리와 법정대리인에 관한 규정이 준용된다$\binom{민사소송}{법\ 제64조}$.

3) 당사자적격: 비법인사단의 소유형태는 총유이며, 총유물에 관한 소송은 비법인사단 자체의 명의로 소송을 수행하거나 구성원 전원이 당사자로 소송을 해야 한다$\binom{대판(전합)\ 2005.9.}{15.\ 2004다44971}$. 후자의 경우는 고유필수적 공동소송으로 공동소송인 중 1인이라도 누락되면, 당사자적격의 흠결로 소 각하판결의 사유가 된다$\binom{다만\ 제1심\ 변론종결시까지\ 당사자의\ 추가를\ 법원}{에\ 신청할\ 수\ 있다.\ 민사소송법\ 제68조\ 제1항\ 참조}$.

4) 판결의 효력: 판결의 대상은 비법인단체 그 자체이고, 판결의 기판력과 집행력도 직접 그 사단과 재단에 대해서만 미치며, 구성원인 사원에 대해서는 그 효력이 미치지 않는다. 따라서 판결을 집행권원$\binom{구법상}{채무명의}$으로 하여 집행을 하려고 할 때에는 그 사단 또는 재단의 고유재산에 대해서만 집행할 수 있을 뿐이다. 그러나 비법인사단 · 재단의 대표자 또는 관리인이 사실상 또는 명의(등기 · 등록)상으로 그 단체를 위해 관리하고 있는 재산에 대하여도 집행할 수 있다.

VI. 법인격 없는 재단$\binom{비법인}{재단}$

1. 의 의

비법인재단이란 재단으로서의 실체가 존재함이 인정되지만 아직 법인격을 취득하지 못한 재단을 말한다. 즉 재단법인의 실질인 목적재산은 존재하되 아직 등기를 하지 않은 재단을 말한다.

2. 재산의 귀속형태

권리능력 없는 사단의 재산귀속의 형태를 총유로 규정$\binom{제275}{조}$하고 있는 반면, 권리능력 없는 재단에 관하여는 규정이 없다. 권리능력 없는 재단에는 그 구성원이 없으므로 공동소유(총유)의 규정을 준용할 수도 없다.

한편 비법인재단에도 부동산에 대한 등기능력이 인정된다$\binom{부동산등기}{법\ 제26조}$. 이 규정을 근거로 비법인재단은 부동산을 단독으로 소유할 수 있다고 하고, 그 이외의 재산은 신탁의 법리에 의하여 해결하고자 하는 견해가 있다. 판례는 비법인재단으로서의 성격이 인정된 사찰의 재산은 권리능력 없는 사찰 자체에 속한다고 판단하여$\binom{대판\ 1994.12.}{13,\ 93다43545}$ 원칙적으로 사찰(비법인재단)은 부동산뿐만 아니라 모든 재산에 대한 소유권의 주체가 될 수 있다고 본다.

생각건대 비법인재단은 법인격이 없더라도 소유권의 주체로 인정되어야 하며 그 소유의 형태는 결국 단독소유가 될 수밖에 없다. 그 근거는 비법인재단을 소유권의 주체로 인정하지 않으면 실질적으로 사회적 활동을 할 수 없게 된다는 점에서 찾을 수 있다. 그러나 부동산등기법상 비법인재단에게도 등기능력이 인정된다는 규정이 소유권의 주체로 인정되는 근거가 될 수는 없다. 등기의 편의를 위한 규정만으로는 사법상 권리의 주체가 될 수 있는 근거규정이 될 수 없기 때문이다.

3. 사   찰

통상적으로 사찰 자체에 사찰재산을 귀속시키는 등의 행위가 있어야 비법인사단이나 비법인재단$\binom{대판\ 1994.12.13,}{93다43545}$이 된다. 사찰의 창건주가 특정 종단에 가입하여 그 소속 사찰로 등록하고 사찰의 부지와 건물을 그 사찰 명의로 등기를 마치면 그 사찰은 비법인재단 또는 사단으로 독립된 권리주체가 된다. 그러나 이에 이르지 못하면 그 사찰은 창건주의 개인 소유일 뿐이며 일시적으로 사찰재산의 일부에 관하여 사찰을 명의인으로 한 등기가 이루어졌다는 사정만으로 그 사찰이 비법인재단의 단체성을 취득하는 것은 아니다$\binom{대판\ 2005.6.24,}{2003다54971}$. 비법인사단 또는 재단인 사찰의 재산을 관리하고 처분하는 권한은 그 사찰을 대표하는 주지에게 일임되어 있는 것이므로 사찰의 주지가 소속 종단의 결의나 승인 등 내부적인 절차를 거치지 않았다고 하더라도 그 처분행위는 유효하다.

판례는 교회의 경우 비법인사단임을 명백히 밝히고 있지만, 사찰의 경우 비법인사단으로 보기도 하며$\binom{대판\ 1997.12.}{9,\ 94다41249}$, 전통사찰을 비법인재단으로 보기도 한다$\binom{대판\ 1994.12.}{13,\ 93다43545}$. 양자를 구별하지 않고 '권리능력 없는 사단 또는 재단'이라고만 그 법적 지위를 밝히고 있는 판결도 있다$\binom{대판\ 2005.6.24,}{2005다10388;\ 대판}$ $\binom{1996.1.26,}{94다45562\ 등}$. 생각건대 전통사찰과 일반사찰을 구별하여 전통사찰의 경우 재산의 존재가 강조되어야 한다는 점에서 비법인재단으로 보아야 하고 일반사찰은 사찰의 창립과정, 의사결정 방법, 주지의 선출방법 등 구체적 사안에 따라 비법인재단 또는 비법인사단으로 평가되어야 한다.

사례 6 甲은 대한불교조계종(이하 '조계종') 소속 승려로서, A사찰을 창건하면서, 일시적으로 사찰재산의 일부에 관하여 A사찰을 명의인으로 한 등기가 마쳐졌을 뿐 甲이 A사찰 재산을 사찰 자체에 귀속시키는 등의 절차를 거치지 아니하였다.

질문 1) 이 경우 A사찰은 비법인재단으로 인정될 수 있는가?

질문 2) A사찰 재산이 문제가 되자, 甲은 사찰재산을 A사찰 자체에 귀속시키는 등의 절차를 거쳤다. 이후 甲은 조계종 결의나 승인 없이, A사찰 소유의 X토지를 乙에게 이전하였다. 이 경우 甲의 처분행위는 유효한가?

질문 3) A사찰을 둘러싼 분쟁이 발생하자, A사찰의 주지 임명과 관련하여 조계종 종단 구성원인 B사찰의 승려 乙이 소송을 제기하였다. 乙에게 소의 이익이 인정되는가?

(대판 2005.6.24, 2003다54971; 대판 2003.9.26, 2003다22028; 대결 1992.1.23, 91마581 참조)

│해설 6│

해설 1) 비법인재단은 아니다.

A사찰은 개인사찰로서 불교목적시설에 불과하다고 할 것인 바 위 사찰은 비법인재단으로서 단체성이 부정된다.

해설 2) 유효하다.

사찰 재산의 관리처분권은 그 사찰을 대표하는 주지에게 일임되어 있는 것이므로 사찰의 주지가 소속 종단의 결의나 승인 등 내부적인 절차를 거치지 않았다고 하더라도 그 처분행위는 유효하다.

해설 3) 소의 이익이 없다.

조계종이 그 산하의 사찰과 승려 및 신도로써 구성되는 비법인사단으로서의 법적 성격을 갖는 것이어서, 위 종단에 소속된 사찰은 그 구성분자로서 종단의 자치법규인 종헌, 종법 등의 적용을 받아 자율적인 주지 임면권 등을 상실하고 위 종단이 그 권한 등을 행사하게 되어 있지만, 사찰도 독립된 단체로서의 실체를 갖는 경우에는 독자적인 권리능력과 당사자능력을 가질 수 있는 것이므로 그러한 사찰의 주지 임명에 관하여 당해 사찰과 아무런 관계도 없는 자가 다만 위 종단의 구성원이라는 막연한 지위에서 그 효력을 다툴 법률상의 이해관계가 있다고 볼 수 없다.

제2절 **법인의 설립**

Ⅰ. 총 설

1. 법인의 권리능력의 시기와 종기

법인은 설립 당시부터 청산사무가 종료될 때까지 권리능력이 있다.

2. 법인의 설립에 관한 입법주의

일반적으로 법인은 법률의 규정에 의하지 않으면 성립하지 못한다는 점에서 자유설립주의는 배제된다(제31조). 단체의 경우 그 구성원 이외의 사람은 그 단체가 어떤 종류의 단체이며 어떤 목적의 활동을 하고 있는가를 알지 못하므로 법인설립의 자유를 무한정 인정한다면 거래상대방은 불측의 손해를 입게 되어 거래질서가 훼손될 수 있기에 이를 막기 위함이다. 민법상의 법인인 비영리법인은 주무관청의 자유재량에 따른 허가가 필요하다는 점에서 허가주의를 취하고 있다($\frac{제32}{조}$).

Ⅱ. 비영리사단법인의 설립

1. 설립요건

(1) 목적의 비영리성

(2) 설립행위

2인 이상의 설립자에 의한 법인격 있는 사단의 설립을 목적으로 하는 법률행위를 의미하며, 정관작성을 통해 구체적 실체를 형성한다($\frac{제40}{조}$).

법인의 설립행위를 설립자 간의 단체적 효과의 발생을 목적으로 하는 특수한 계약으로서 파악하는 견해와, 사단법인의 설립행위를 계약이나 단독행위가 아니라 합동행위로 보는 견해가 있다.

설립자 중 1인의 의사표시가 비진의표시로서 무효이거나 착오·사기·강박으로 인해 취소되더라도 다른 설립자의 의사표시에는 영향을 미치지 않으며, 남은 의사표시만으로 단체를 설립하는 데에 지장이 없으면 설립행위는 유효하다.

비영리사단법인의 설립행위에 대하여는 일반적으로 설립자 상호간의 이익대립이 첨예하지 않다는 특성상 제124조의 적용이 제한된다. 따라서 설립자 중의 한 사람이 다른 설립자를 대리하여 설립행위를 하는 것이 허용된다.

허위표시를 무효로 하는 제108조가 적용될 것인가에 대해서는 견해의 대립이 있다. 상대방 없는 합동행위인 단체설립행위에는 그 적용이 배제된다는 부정설은 제108조는 상대방 있는 법률행위에 한정하여 적용되기 때문이라는 논거를 든다. 반면 긍정설은 부정설의 견해를 형식론적인 견해라고 비판하며 설립행위의 당사자는 상호간 계약의 상대방이므로 제108조가 적용된다고 한다.

법인이 설립되어 활동한 이후에는 설립행위에 하자가 발견되어 설립행위가 무효임이 판명되거나 취소되더라도 그 무효·취소의 효과는 그동안 선의로 행한 법인의 법률행위를 소급적으로 소멸시키지 않는다.

사단법인의 정관은 계약이 아니라 자치법규에 해당한다. 정관의 해석도 객관적인 기준에 따라 그 규범적인 의미 내용을 확정하는 법규해석의 방법을 취해야 한다(작성자의 주관이나 해석 당시의 사원의 다수결에 의한 방법으로 자의적으로 해석될 수는 없다). 따라서 사원총회의 결의라는 방법으로 정관의 의미를 확정했더라도 그 결의에 의한 정관의 해석은 그 사단법인의 구성원인 사원들이나 법원을 구속하는 효력이 인정되지 않는다($\frac{대판\ 2000.11.}{24.\ 99다12437}$).

정관에는 목적, 명칭, 사무소의 소재지, 자산에 관한 규정, 이사의 임면에 관한 사항, 사원자격의 득실에 관한 규정, 존립시기나 해산사유를 정한 때에는 그 시기 또는 사유를 필요적으로 기재해야 한다($\overset{제40}{조}$).

(3) 주무관청의 허가

허가여부는 행정관청의 자유재량에 속하며 허가를 받지 못하더라도 행정소송의 대상이 되지 않는다. 목적이 2개 이상인 경우, 통설은 법인의 목적이 두 개 이상의 행정관청의 관할사항인 때에는 그들 행정관청은 모두 주무관청이며, 그 중의 어느 하나의 허가를 받지 못하면 법인은 설립되지 못한다는 입장이다. 예를 들어 학술과 자선을 목적으로 하는 법인의 경우에는 교육부장관과 보건복지부장관의 허가를 얻어야 한다.

(4) 설립등기($\overset{제33}{조}$)

주된 사무소의 소재지에서 설립등기를 하여야 하며, 이 설립등기를 함으로써 법인은 성립된다. 즉 설립등기는 사단법인의 성립요건이다. 그 밖의 등기는 대항요건이다.

2. 설립중의 사단법인

(1) 의 의

설립자들 사이의 조합계약[7]의 이행으로 정관이 작성되고 구성원이 확정되는 등 법인의 실체를 갖추었지만 아직 설립등기를 하지 않은 상태의 사단을 설립중의 사단법인이라고 한다.

(2) 성 격

실질적인 사단을 구성한 이후 등기에 의하여 법인격을 취득하기까지 일시적으로 '비법인사단'으로서 활동하게 되며, 이 사단은 법인격 취득 이후의 사단법인과 동일성을 갖는다. 판례는 설립중의 법인의 행위에 대하여 설립 후의 법인이 책임지는 범위는 그 법인의 '설립 자체를 위한 행위'에 한정된다고 본다($\overset{대판 1965.4.}{13, 64다1940}$). 또한 설립중의 회사로서의 실체가 갖추어지기 이전에 발기인이 취득한 권리와 의무를 설립 후의 회사에 귀속시키기 위해서는 채권의 양도·양수나 채무인수 등의 특별한 이전행위가 필요하다($\overset{대판 1990.12.}{26, 90누2536}$). 만약 허가를 얻지 못하여 등기를 할 수 없게 되면 이 사단은 계속 비법인사단으로서 활동할지 또는 스스로 해산할지를 선택하게 된다.

---

7) 사단법인을 설립하겠다는 구속력 있는 합의가 발기인들 사이에 이루어졌을 때 발기인조합이 인정된다. 발기인조합의 목적은 사단법인의 설립이며, 발기인조합은 정관초안의 작성·사무소의 임차·필요한 서류의 작성 기타 법인설립에 필요한 준비행위를 한다. 발기인조합의 법적인 성격은 민법상의 조합으로, 원칙적으로 민법상 조합규정의 적용을 받는다.

상 법 설립중의 회사의 법률관계

1) 개 념: 상법상 설립중의 회사는 주식회사의 설립과정에서 회사의 설립을 위하여 필요한 행위로 인하여 취득하는 권리 · 의무가 설립중의 회사에 귀속하였다가 회사의 성립과 동시에 별도의 이전행위 없이 그 성립된 회사의 권리 · 의무로 되는 관계를 설명하기 위한 강학상의 개념이다.

2) 성립시기: 판례에 의하면 설립중의 회사는 발기인이 정관을 작성하여 공증인의 인증을 받고 각 발기인이 1주 이상의 주식을 인수한 때에 성립한다고 본다(학설대립 있음).

3) 설립중의 회사가 취득한 권리의무의 이전: 설립중의 회사와 성립후의 회사를 실질적으로 동일하게 보아(동일성설), 설립중의 회사의 명의로 취득한 권리 · 의무는 설립중의 회사에 총유(또는 준총유)의 형식으로 귀속하였다가$\binom{\text{제275조}}{\text{제278조}}$ 성립후의 회사에 별도의 이전행위 없이 귀속한다(통설). 다만 판례는 "설립중의 회사로서의 실체가 갖추어지기 이전에 발기인이 취득한 권리의무는 구체적인 사정에 따라 발기인 개인 또는 발기인조합에 귀속되는 것으로서, 이들에게 귀속된 권리의무를 성립후의 회사에 귀속시키기 위하여는 양수나 계약자 지위인수 등의 특별한 이전행위가 있어야 한다"고 판시하고 있다.[8]

Ⅲ. 비영리재단법인의 설립

1. 설립의 요건

(1) 목적의 비영리성$\binom{\text{제32}}{\text{조}}$

(2) 설립행위$\binom{\text{제43}}{\text{조}}$

비영리재단법인의 실체형성을 위하여는 설립자가 정관을 작성하고 일정한 재산출연을 하여야 한다(재산의 출연에 대해서는 아래에서 설명). 다수설은 설립자가 2인 이상인 경우의 설립행위의 법적 성질을 상대방 없는 단독행위의 경합으로 본다.

재단법인의 설립자는 정관을 작성하여 기명날인해야 한다. 정관의 기재사항은 사원자격의 득실에 관한 규정, 존립시기나 해산사유를 제외하면 사단법인과 동일하다$\binom{\text{제43}}{\text{조}}$. 만약 재단법인의 설립자가 그 명칭, 사무소 소재지 또는 이사의 임면의 방법을 정하지 않고 사망했다면 법원이 이해관계인 또는 검사의 청구에 의해 이를 정할 수 있다$\binom{\text{제44}}{\text{조}}$.

(3) 주무관청의 허가$\binom{\text{제32}}{\text{조}}$와 설립등기$\binom{\text{제33}}{\text{조}}$가 있어야 한다

---

8) 대판 1994.1.28, 93다50215.

2. 재산출연의 의미

(1) 출연행위의 성격

(i) 출연행위는 '상대방 없는 단독행위'이며 설립자가 여러 명인 경우에는 단독행위의 경합이 이루어진다고 보는 단독행위설과 (ii) 증여계약과 유사하다는 계약설의 입장이 있으나, 판례는 단독행위설을 따르고 있다($\binom{대판\ 1999.7.}{9.\ 98다9045}$).

(2) 채권행위와 물권행위

출연행위가 물권행위인지 채권행위인지 문제가 되며, 이는 특히 출연재산이 부동산인 경우에 더 문제가 된다. 물권행위에 관한 독자성설에 의하면 출연행위는 물권행위이어야 하며, 물권행위에 관한 독자성 부인설에 의하면 출연행위는 채권행위가 된다.

(3) 재단법인의 설립을 위한 출연재산의 귀속시기

재단법인의 설립에는 재산의 출연이 필연적인데, 출연재산이 앞으로 성립될 법인에 귀속되는 시점에 대해서 민법은 생전처분의 경우 법인성립시로, 유언에 의한 재단법인설립의 경우 유언의 효력발생시로 규정한다($\binom{제48}{조}$).

(가) 출연재산이 물권일 때

재단법인 설립을 위해 부동산 또는 동산을 출연할 때에는 제48조의 규정(출연재산의 귀속시기를 법인 성립시 또는 유언의 효력발생시로 정한 것)과 물권변동을 위해 요구되는 등기 내지는 인도라는 공시방법을 요구하는 원칙($\binom{제186조,\ 제}{188조\ 제1항}$)이 충돌될 여지가 있다. 예컨대 부동산의 출연으로 재단법인을 설립하는 경우, 제48조 제1항에 따라 재단법인이 성립하면 등기없이도 그 부동산의 소유권이 이전하는지, 아니면 제186조에 따라 법인명의로 이전등기를 할 때 비로소 소유권이 이전하는지를 정해야 한다. 판례는 (i) 출연자와 법인과의 관계에 있어서는 그 출연행위에 터잡아 법인이 성립되면 그로써 출연재산은 민법의 위 조항에 의하여 법인설립시에 법인에게 귀속되어 법인의 재산이 되는 것이라고 보고, (ii) 제3자에 대한 관계에 있어서는 출연행위가 법률행위이므로 부동산 권리귀속에 관한 일반원칙에 따라 출연재산의 법인에의 귀속에는 법인 성립 외에 등기를 필요로 하는 것이라고 하여, 출연재산의 귀속시기를 대내외적으로 구별함으로써, 소유권의 상대적 귀속을 인정한다($\binom{대판(전합)\ 1979.12.}{11.\ 78다481}$). (학설 중 설립등기시 또는 설립자 사망시에 귀속한다는 법인설립시설에 따르면, 제48조는 제187조에서 언급한 "법률의 규정"에 해당되므로 이전등기를 하지 않아도 소유권이 법인에게 이전된다. 이에 반하여, 이전등기시설은 등기·인도시에 비로소 소유권은 이전되고, 다만 제48조에 의하여 소급적으로 소유권이 사단법인에 귀속된다고 본다)

이와는 달리 이미 성립되어 있는 재단법인에 재산을 출연할 때에는 제48조의 적용이 배제되어 공시방법을 갖춘 때가 출연재산의 귀속시점이 된다.

유언으로 재단법인 설립시에 유언의 효력이 발생한 때(사망시)에 출연재산이 귀속된다(제48조 제2항). 장차 성립될 재단법인은 법인성립 전에도 수증능력이 인정된다. 포괄적 유증의 경우 상속인과 동일한 지위가 인정되므로 유언자가 사망한 시점에 등기 없이도 재산이 이전된다. 반면 특정적 유증의 경우 재산은 일단 상속인에게 귀속되고 재단법인은 상속인에게 유증의 이행을 청구할 수 있다. 부동산의 경우 등기가 완료될 때 비로소 그 재산은 법인에게 귀속된다.

(나) 출연재산이 채권일 때

1) 채권이 지명채권일 경우

채권양도에는 특별한 요건이 필요치 않으므로 제48조가 정하는 시기에 그 채권이 재단법인에 귀속된다.

2) 채권이 지시채권, 무기명채권일 때

법인설립시설은 지시채권의 배서 및 교부(제508조)나 무기명채권의 교부(제503조)가 없더라도 제48조가 정하는 시기에 채권이 재단법인에 귀속된다는 반면, 채권양도요건구비시설은 제48조의 규정에도 불구하고 위의 요건이 충족된 때 채권이 재단법인에 귀속된다고 한다.

사례 7 甲은 본인 재산 중 일부인 B채권을 유언으로 乙재단법인에 출연하였다. 그러나 甲의 상속자인 丙은 B채권을 甲의 사후 丁에게 처분하였다. 乙법인은 제48조에 의해 그 채권이 자기에게 귀속되었음을 주장한다. 이 경우 B채권은 누구에게 귀속되는가?

│해설 7│ B채권은 乙법인이 아니라 丁에게 귀속된다.

이 사례에서는 제48조의 적용이 문제되지 않는다. 제48조는 '재단법인의 설립을 위한 재산의 출연'을 전제로 하는 것임에 비하여, 여기서는 기존의 乙법인에게 재산을 귀속시키는 것이기 때문이다. 따라서 이는 유증의 문제로 접근해야 한다.

통설과 판례는 특정적 유증의 경우 민법이 물권변동에 있어 형식주의를 채용하고 있다는 점(제186조, 제188조)과 특정적 유증에 관한 규정 중에 '유증의무자(제1077조, 제1080조, 제1081조)' 또는 '유증의 이행을 청구할 수 있는 때(제1079조)' 등의 문구가 있는 점 등을 근거로 특정유증물은 상속재산으로서 일단 상속인에게 귀속되며, 수증자는 상속인에 대하여 유증의 이행을 청구할 수 있는 채권적 권리만을 취득한다고 본다(대판 2003.5.27. 2000다73445 등). **9)**

乙재단법인은 甲의 유언에 의해 B채권에 대한 특정수증자에 해당되고, B채권은 일단 상속인인 丙에게 귀속되므로, 그 채권을 丁에게 처분한 경우에 그 재산은 丁에게 귀속된다(대판 1984.9.11. 83누578은 유언으로 재단법인을 설립하는 경우를 전제로 함에 반하여 이 사안은 이미 성립된 법인에게 재산을 출연하는 경우이므로 제48조의 적용이 배제된다).

---

9) 포괄적 유증과 특정유증을 구별하는 기준은 유언에 나타난 문언 및 제반 사정을 종합적으로 고려하여 탐구된 유언자의 의사이다. 보통 상속재산에 대한 비율로 유증되었다면 이는 포괄적 유증, 그렇지 않은 경우는 특정유증이라고 할 수 있다. 그러나 유언공정증서 등에 유증한 재산이 개별적으로 표시되었다는 사실만으로는 특정유증이라고 단정할 수는 없고 상속재산이 모두 얼마나 되는지를 심리하여 다른 재산이 없다고 인정되는 경우에는 이를 포괄적 유증이라고 볼 수도 있다(대판 2003.5.27. 2000다73445).

제3절 법인의 능력

Ⅰ. 법인의 권리능력(제34조)

1. 권리능력의 제한

(1) 권리의 유형 및 법률에 의한 제한

법인은 본질적으로 물권·채권·지적소유권과 같은 재산권과 성명권, 명예권을 취득할 수 있으나, 친족권이나 상속권과 같은 가족법상의 권리는 취득할 수 없다.

법인의 권리능력은 법률에 의하여 제한할 수 있다(상법 제173조, 사립학교법 제16조 및 제28조 등). 예를 들어, 청산법인 및 청산회사의 권리능력은 '청산의 목적 범위 내'로 한정된다(제81조, 상법 제245조).

(2) 목적에 의한 제한

제34조에 의하여 법인은 목적범위 내에서 권리능력이 인정된다. 목적범위 내의 행위는 정관에 명시된 목적만으로 제한되지 않고 그 목적을 수행하는 데 직접 또는 간접으로 필요한 모든 행위이다. 이는 객관적 성질에 따라 추상적으로 판단해야 한다(대판 1987.9.8, 86다카1349). 판례는 구 신용협동조합법 제70조에 규정된 신용협동조합연합회의 업무 범위에 조합원과의 거래가 포함되어 있지 않다고 하더라도 신용협동조합연합회는 위 법조에 의하여 조합에 대한 자금의 대출 등을 할 수 있게 되어 있으므로 조합을 통한 조합원과의 거래를 당연히 예상하고 있는 것이라고 볼 수 있을 뿐만 아니라 조합에 대한 대여금 채권의 확보행위는 그 목적수행에 필요한 행위에 속한다고 판시하였다(대판 1991.11.22, 91다8821).

심화학습

법인격남용이론(법인격부인론)

법인의 법인격이 남용되어 법인제도 본래의 취지에 반하게 되는 경우 신의칙에 의하여 그 배후에 있는 사람에게도 책임을 물을 수 있도록 하는 이론을 말한다.

법인격 남용의 법리가 적용되기 위한 요건으로 판례는 (ⅰ) 법인이 외형상으로는 법인의 형식을 갖추고 있으나, 실질적으로 형해화되어 있어야 한다는 객관적 요건과 (ⅱ) 법률적용을 회피하기 위한 수단으로 법인제도를 남용하거나 채무면탈 등의 위법한 목적달성을 위해 법인제도를 남용해야 한다는 주관적 의도 또는 목적을 요구한다. 법인격을 남용하였다는 것이 인정되면 문제된 법률관계에서 회사와 배후에 있는 개인 혹은 주주의 인격이 동일시되어 개인 혹은 주주에게도 책임을 지울 수 있다. 이러한 법인격 부인 이론의 적용 실익은 주로 처분문서(계약서 등) 등에 형식적 당사자로 나타나 있지 않은 배후자를 민사소송상 피고로 삼아 본안의 승소판결을 얻을 수 있다는 것에 있다. 다만 이러한 경우에도 배후에 있는 실질적 당사자임을 판결을 통해 확인받기 전까지는 불확실한 상태에 있는 경우가 많으므로 현실적으로는 형식적 당사자와 실질적 당사자를 공동 피고로 삼아 이행청구 소송을 진행하는 경우가 많게 된다. 형식적 당사자와 실질적 당사자는 소송상 엄연히 별개 당사자이므로, 결국 양 당사자를 피고로 삼아야 기판력 및 집행력 확보에 차질이 없다는 점을 고려해야 한다.

(이와는 달리 법인격남용론은 법인의 법인격을 부인함을 전제로 하고 있다고 보기도 하는데, 우리 판례는 법인격의 부인 없이 배후자에게 책임을 인정한다)

한편 법인격부인론을 역적용한 판결례도 있다. 즉 배후자의 행위(또는 채무)에 대한 책임을 법인이 부담하는 경우가 있다. 예컨대 배후자가 재산의 은닉 또는 채무면탈의 목적으로 법인을 설립 또는 출자 또는 재산이전을 한 경우 법인과 배후자와의 동일성이 인정되면 배후자의 채무에 대해서도 법인도 책임을 부담해야 한다(대판 2021.4.15, 2019다293449. 배후자의 재산이 신설 주식회사로 양도되었고 그 대가로 배후자에게 그 회사의 주식이 교부되었으나, 그 주식은 환가하기가 쉽지 않은 사안에서 배후자의 채권자들에 대한 책임재산이 일탈되었다고 판단한 사례).

대판 2008.9.11, 2007다90982

회사가 외형상으로는 법인의 형식을 갖추고 있으나 법인의 형태를 빌리고 있는 것에 지나지 아니하고 실질적으로는 완전히 그 법인격의 배후에 있는 사람의 개인기업에 불과하거나, 그것이 배후자에 대한 법률적용을 회피하기 위한 수단으로 함부로 이용되는 경우에는, 비록 외견상으로는 회사의 행위라 할지라도 회사와 그 배후자가 별개의 인격체임을 내세워 회사에게만 그로 인한 법적 효과가 귀속됨을 주장하면서 배후자의 책임을 부정하는 것은 신의성실의 원칙에 위배되는 법인격의 남용으로서 심히 정의와 형평에 반하여 허용될 수 없고, 따라서 회사는 물론 그 배후자인 타인에 대하여도 회사의 행위에 관한 책임을 물을 수 있다고 보아야 한다.

2. 법인이 취득하는 권리와 의무

법인은 소유권을 가질 수 있으며 전세권·저당권 등의 제한물권도 취득 가능하며, 법인에게는 점유권도 인정된다. 법인이 취득하는 채권과 채무의 종류에는 제한이 없다는 점에서 법인은 다른 법인의 사원자격을 취득할 수도 있다. 다만 회사는 다른 회사의 무한책임사원이 되지 못한다(상법 제173조). 그 밖에 명예·인격의 침해에 대해서도 보호받는다(법인의 인격권에 대한 기본권주체성을 인정한 헌재결 2012.8.23, 2009헌가27 참조).

참고 대표와 대리의 구별

1. 의 의

대표란 법인의 행위를 가능하게 하기 위한 수단으로서 기관의 행위를 말하지만, 대리란 본인의 제한능력을 보충하거나 또는 본인으로부터 위임받은 업무를 처리하는 방법을 말한다. 민법은 법인의 대표에 관하여 대리에 관한 규정을 준용할 것을 규정한다(제59조 제2항).

2. 유사점

(1) 3 당사자의 3면 관계를 야기하며 그 성격도 서로 유사하다.

법인–이사–거래상대방   본인–대리인–상대방

(2) 대표행위를 하는 이사는 그것이 법인을 위한 것임을 상대방에게 표시해야 하며(현명주의), 이를 표시하지 않은 때에는 이사가 개인적으로 하는 행위로 본다($^{제114조,}_{115조\ 준용}$).

(3) 대표권의 범위 내에서 한 행위만이 대표행위로서 유효하다.

(4) 대표권의 유무 및 범위를 모르는 거래상대방을 보호하기 위하여 대표권이 있다고 신뢰할 만한 정당한 이유가 있는 때에 표현대표 행위에 대하여 법인이 책임지도록 하는데 이것은 표현대리의 법리에 따른다.

(5) 대표권이 없이 대표행위를 한 사람은 상대방에 대하여 계약을 이행하거나 손해배상의 책임을 져야 하는데, 이는 무권대리의 법리에 따른다.

(6) 대표기관이 그의 업무를 대리인이나 피용인에게 위임한 경우 '복대리의 법리'가 준용되어 대리인이나 피용인의 행위는 법인의 대표기관의 행위가 된다.

Ⅱ. 대표의 대표권 남용의 법리

대표기관의 행위가 유권대표행위가 되기 위해서 (i) 법인의 권리능력 범위 내의 행위일 것, (ii) 현명(법인을 위한 행위임의 표시)이 있을 것, (iii) 대표권의 범위 내에서 이루어질 것을 필요로 한다. 그런데 이와 같은 3가지 요소를 모두 갖추고 있어도 대표기관이 사익을 도모하기 위한 행위를 하는 경우도 있는데 이를 대표권 남용이라고 한다. 남용된 대표행위라도 상대방의 보호를 위하여 법인에게 효력이 발생함이 원칙이지만, 예외적인 경우에는 무효가 된다.

1. 대표기관의 직무범위 내에서의 대표권 남용

대표기관이 법인의 권리능력 범위 내에서 진정한[10] 대표권의 직무범위 내의 행위를 하였지만 그것이 자기 또는 제3자의 사익을 도모하기 위한 것인 경우, 판례는 그 대표행위가 원칙적으로 유효하며 그 법률행위의 효력이 법인에게 귀속되는 것으로 본다.

다만 법인은 대표권 남용의 항변을 통해 대표행위의 효력을 부인할 수 있다. 대표권 남용의 항변이 인정되기 위한 요건에 대해 학설은 견해가 나뉜다. 그 중 가장 대표적인 학설인 제107조 제1항 단서 유추적용설에 따르면 상대방이 대표권 남용(사익도모사실)을 알았거나, 모른 것에 과실이 있으면 대표권이 남용된 대표행위의 효력이 법인에게 미치지 않는다. 이와 같은 사실은 법인이 주장·증명해야 한다.

만일 법인의 대표권 남용 항변이 받아들여지지 않아 법인에게 계약책임이 인정되면, 법인은 제35조 제1항의 불법행위책임은 부담하지 않는다고 보아야 한다. 법인이 그 계약에 의하여 발

---

10) 여기서 말하는 '진정한'의 의미는 외형상으로만 직무범위 내에 속하는 것이 아니라 내용적으로도 직무범위 내에 해당되는 경우를 말한다. 예컨대 대표기관이 법인을 대표하여 은행으로부터 금전차용계약을 체결할 대표권에 아무런 제약이 없어 차용계약을 체결했는데, 차용한 금전을 사익도모를 위해 사용한 경우가 이에 해당된다. 그러나 정관상 대표권제한이 기재되어 있지만 등기되어 있지 않은 경우 그 제한으로 제3자에게 대항할 수 없으므로(제60조) 그러한 제한을 넘는 대표행위는 대표권의 범위내의 행위가 된다.

생한 채무를 이행하면 상대방은 그로써 충분히 보호를 받을 수 있기 때문이다. 이에 반하여 법인의 불법행위책임은 법인에게 계약의 효력이 발생하지 않았을 때 대표기관이 상대방에게 손해를 야기한 것에 대하여 법인이 부담하는 계약외적 책임이다. 여기서 대표권의 직무범위 내의 행위라 함은 실제 직무행위를 의미하는 것이며 외형상으로만 직무행위인 경우는 다른 검토과정을 거쳐야 한다.

(1) 법인의 항변(상대방의 악의 또는 선의에 대한 과실 있음의 항변)

상대방이 유권대표든 표현대표든 법인에게 대표행위로 인한 법률행위 효과귀속을 주장하여 법인에 대하여 계약상의 채무이행을 주장하는 경우, 이를 부정하기 위하여 법인은 대표권 남용의 항변을 할 수 있다.[11]

(2) 대표권 남용의 효과

대표권 범위 내의 행위이므로 대표기관이 사익을 도모했더라도 원칙적으로는 유효한 법인의 행위가 되어 법인에게 계약상의 책임을 발생시킨다. 법인을 위한 계약이 아님에도 불구하고 법인에게 계약의 효력을 인정하는 이유는 법인의 대표자와 거래하는 상대방은 대표가 정당한 대표행위를 하는 것으로 신뢰할 것이므로 법인보다는 상대방 신뢰보호가 더욱 요구된다고 판단되기 때문이다. 다만 상대방 보호의 필요성이 없는 경우에는 그 대표행위가 무효가 된다. 상대방 보호의 필요성을 판단하는 기준에 대해서는 제107조 제1항 단서 유추적용설과 신의칙설 등이 있다.

(가) 학 설

1) 제107조 제1항 단서 유추적용설

대표이사의 진의가 사익의 도모에 있다는 것을 상대방이 알았거나 알 수 있었을 경우에만 제107조 제1항 단서를 유추하여 그 법률행위를 무효로 보고 법인에게 대표행위의 효과가 발생하지 않는다고 본다.

2) 신의칙설

상대방이 악의이더라도 행위 자체는 유효하지만, 상대방이 대표권의 남용사실을 알고서도 취득한 권리를 행사하는 것은 신의칙 또는 권리남용금지의 원칙상 허용되지 않는다는 견해이다. 즉 법인은 상대방이 대표기관의 대표권남용 사실을 알았음을 증명하여 법인에게 그 행위의 효력이 미치지 않음을 주장할 수 있다. 상대방에게 과실이 있더라도 악의가 없으면 법인은 대표권 남용이론을 주장할 수 없으므로 제107조 단서 유추적용설보다 상대방의 보호가능성이 커

---

11) 그러나 이미 그 계약에 의한 이행이 이루어진 후 법인이 대표권 남용을 이유로 상대방에게 이행한 것의 반환을 청구하는 경우에는 법인이 대표행위를 무효로 돌릴 요건을 주장·증명하여 그 반환을 청구해야 하는데, 이때에는 대표권 남용의 법리가 항변사유가 아니라 청구원인에서 주장·증명하여야 할 사실에 해당한다.

진다.

3) 대표권제한설(무권대리설)

모든 대표권에는 법인의 이익을 위해서 행사되어야 한다는 내재적 제한이 있는 것으로 보고, 대표권 남용행위는 대리권한 유월의 경우로서 표현대리($^{제126}_{조}$)가 성립하고 상대방이 악의이거나 정당한 이유 없이 그와 같은 사유가 있음을 알지 못한 경우는 무권대리행위가 된다고 보는 견해이다.

(나) 판 례

판례는 제107조 제1항 단서 유추적용설을 취하기도 하지만, 신의칙설의 입장을 보인 것도 있다.

상대방을 보호할 필요성이 없다면 법률행위의 효력(계약상 책임)을 법인에게 귀속되지 않도록 하여 법인을 보호한다.

심 화 학 습

대표권남용에 관한 판례의 입장

판례는 대리권남용의 경우와 달리, 대표권남용의 경우에는 제107조 제1항 단서 유추적용설뿐만 아니라 신의칙설을 따른 판결도 있다. 신의칙설은 명확한 기준을 제시하지는 않지만 실제로는 대표권 남용이 무효가 되기 위해서는 상대방이 남용사실을 알았거나 중대한 과실로 몰랐어야 한다고 한다. 반면 제107조 제1항 단서 유추적용설은 상대방이 대표권남용사실을 경과실로 몰랐더라도 무효가 될 수 있다고 판단한다.

---

1) 제107조 제1항 단서 유추적용설을 따르는 판례

| 대판 2013.7.11, 2013다16473

주식회사의 대표이사가 그 대표권의 범위 내에서 한 행위는 설령 대표이사가 회사의 영리목적과 관계없이 자기 또는 제3자의 이익을 도모할 목적으로 그 권한을 남용한 것이라 할지라도 일단 회사의 행위로서 유효하고, 다만 그 행위의 상대방이 대표이사의 진의를 알았거나 알 수 있었을 때에는 회사에 대하여 무효가 되는 것이다($^{대판\ 2005.7.28,\ 2005다3649;\ 대판}_{2008.5.15,\ 2007다23807\ 등\ 참조}$).

2) 신의칙설(권리남용설)을 따르는 판결

| 대판 2016.8.24, 2016다222453

주식회사의 대표이사가 그 대표권의 범위 내에서 한 행위는 설사 대표이사가 회사의 영리 목적과 관계없이 자기 또는 제3자의 이익을 도모할 목적으로 그 권한을 남용한 것이라 할지라도 일응 회사의 행위로서 유효하다. 그러나 그 행위의 상대방이 그와 같은 정을 알았던 경우에는 그로 인하여 취득한 권리를 회사에 대하여 주장하는 것이 신의칙에 반하므로 회사는 상대방의 악의를 입증하여 그 행위의 효과를 부인할 수 있다고 함이 상당하다($^{대판\ 1987.10.13,\ 86}_{다카1522\ 등\ 참조}$).

(다) 사 견

다수의 판결례와 같이 상대방이 대표권 남용 사실을 알았거나 알 수 있었을 때 대표행위의 효력이 법인에게 미치지 않도록 하는 것이 타당하다고 본다. 그러나 이러한 판례의 입장을 제107조 제1항 단서 유추적용설로 이해할 필요는 없다고 본다. 대표권 남용은 본질적으로 경제적 효과만 대표 또는 제3자에게 귀속시키려는 의사만 있고, 그 법적 효과(채무부담)는 여전히 법인에게 귀속시키려는 의사가 인정되므로 이를 비진의의사라고 볼 수 없다는 점에서 유추를 위한 기초를 결여하고 있기 때문이다. 이러한 점에서 판례의 태도는 '신의칙설'이라고 평가할 수 있다. 다만 대표권남용의 주장이 신의칙에 위반됨을 판단하는 기준을 상대방이 대표권 남용사실을 알았을 때로 제한하는 것이 타당한지는 검토가 필요하다.

> **대판 2003.7.25, 2002다27088**
> [1] ㉮ 주택조합과 같은 비법인사단의 대표자가 직무에 관하여 타인에게 손해를 가한 경우 그 사단은 민법 제35조 제1항의 유추적용에 의하여 그 손해를 배상할 책임이 있으며, 비법인사단의 대표자의 행위가 ㉯ 대표자 개인의 사리를 도모하기 위한 것이었거나 혹은 법령의 규정에 위배된 것이었다 하더라도 외관상, 객관적으로 직무에 관한 행위라고 인정할 수 있는 것이라면 민법 제35조 제1항의 직무에 관한 행위에 해당한다.
>
> [2] 비법인사단의 경우 대표자의 행위가 직무에 관한 행위에 해당하지 아니함을 ㉰ 피해자 자신이 알았거나 또는 중대한 과실로 인하여 알지 못한 경우에는 비법인사단에게 손해배상책임을 물을 수 없다고 할 것이고, 여기서 중대한 과실이라 함은 거래의 상대방이 조금만 주의를 기울였더라면 대표자의 행위가 그 직무권한 내에서 적법하게 행하여진 것이 아니라는 사정을 알 수 있었음에도 만연히 이를 직무권한 내의 행위라고 믿음으로써 일반인에게 요구되는 주의의무에 현저히 위반하는 것으로 거의 고의에 가까운 정도의 주의를 결여하고, 공평의 관점에서 상대방을 구태여 보호할 필요가 없다고 봄이 상당하다고 인정되는 상태를 말한다.

이 판결은 ㉮ 비법인사단(주택조합)에도 제35조는 유추적용된다는 점, ㉯는 제35조의 직무행위는 외형이론에 따라 판단하므로 대표권 남용의 경우에도 외형상 직무행위에 해당하면 직무행위에 해당할 수 있다는 점, ㉰ 다만 악의 또는 중과실의 상대방은 외형이론에 의해 보호되지 않는다는 점을 설시하고 있다.

2. 내용적으로 진정한 직무범위를 벗어났지만 외형상으로는 직무범위 내에 해당되는 대표행위의 경우 대표권을 남용하는 행위

이때에는 대표기관의 행위가 법인에게 효력을 발생시키지 않는다. 이미 대표기관의 직무범위를 벗어난 행위이므로 사익도모 여부와 관계없이 법인에게 효력이 발생하지 않는다. 다만 표현대표의 법리가 적용될 수 있다. 또한 대표권 남용과 법인의 불법행위($^{제35}_{조}$)가 중복되는 경우가 있다.

자세히는 아래 Ⅲ.을 검토한 후 Ⅳ.에서 종합적으로 판단해 본다.

Ⅲ. 법인의 불법행위능력(제35조)

1. 성립요건
   (1) 이사 기타 대표기관의 행위
      (가) 이사, 임시이사, 특별대리인, 청산인
      (나) 대표기관의 불법행위시 제756조 적용
         여부
   (2) 법인의 목적범위 내의 직무에 관한 행위
      (직무관련성 ⇒ 외형이론)
      (가) 대표기관의 직무행위
      (나) 직무관련성의 판단기준
      (다) 대표권 남용의 경우
   (라) 법인의 목적범위 외의 행위에 대한 제35
      조 제2항의 책임(행위자만 책임부담)
   (3) 불법행위의 일반적 요건 구비
2. 대표기관 개인의 책임
   (1) 법인의 본질과 대표기관 개인의 책임
   (2) 손해배상책임
   (3) 부진정연대책임
   (4) 대표기관의 단독책임
   (5) 연대책임
   (6) 법인의 대표기관에 대한 구상권

대표권 남용 사실에 대해서 상대방이 선의·무과실이어서 법인이 계약책임을 부담하는 경우 제35조 제1항에 의하여 법인이 별도로 불법행위책임을 부담하는지에 대해서 견해가 나뉘어 있다. 사견으로는 법인에게 계약책임이 인정되면 제35조의 불법행위책임을 인정할 실익이 없다고 본다(다만 이때에도 행위를 한 대표기관은 제750조의 불법행위책임을 부담할 수 있다). 직무행위로 성립한 계약상 채무가 유효하면 법인은 채무불이행책임을 부담하기 때문이다. 이하에서는 대표행위로 한 계약의 효력이 법인에게 발생하지 않는 경우에만 법인의 불법행위책임이 성립한다고 보는 사견에 따라 법인의 불법행위책임을 검토한다.

또한 법인이 제35조의 책임이 제750조의 특칙이므로 제35조의 불법행위책임을 부담하는 경우 일반불법행위책임(제750조)을 물을 수는 없고, 제35조의 책임이 부정되는 경우에도 제750조의 책임을 물을 수 없다.

권리능력 없는 사단에도 제35조의 책임이 유추적용된다(대판 1994.3.25, 93다32828,32825).

│ 대판 1994.3.25, 93다32828, 32835
노동조합의 간부들이 불법쟁의행위를 기획, 지시, 지도하는 등으로 주도한 경우에 이와 같은 간부들의 행위는 조합의 집행기관으로서의 행위라 할 것이므로 이러한 경우 민법 제35조 제1항의 유추적용에 의하여 노동조합은 그 불법쟁의행위로 인하여 사용자가 입은 손해를 배상할 책임이 있고, 한편 조합간부들의 행위는 일면에 있어서는 노동조합 단체로서의 행위라고 할 수 있는 외에 개인의 행위라는 측면도 아울러 지니고 있고, 일반적으로 쟁의행위가 개개 근로자의 노무정지를 조직하고 집단화하여 이루어지는 집단적 투쟁행위라는 그 본질적 특징을 고려하여 볼 때 노동조합의 책임 외에 불법쟁의행위를 기획, 지시, 지도하는 등으로 주도한 조합의 간부들 개인에 대하여도 책임을 지우는 것이 상당하다.

1. 성립요건

(1) 이사 기타 대표기관의 행위어야 한다

(가) 이사, 임시이사, 특별대리인, 청산인

1) 이 사

제35조에서 말하는 '이사 기타 대표자'는 법인의 대표기관을 의미하는 것이므로 대표권 없는 이사는 대표기관이 아니므로 제35조의 불법행위책임이 성립하지 않는다(대판 2005.12.23, 2003다30159). 명칭이나 직위에 영향을 받지 않는다. 대표자로 등기가 되어 있지 않아 이사는 아니라도 당해 법인을 실질적으로 운영하면서 법인을 사실상 대표하여 법인의 사무를 집행하는 사람도 대표기관에 포함된다(대판 2011.4.28, 2008다15438).

2) 대표기관이 아닌 사원총회와 감사 등 법인 기관의 불법행위에 대한 책임

이들은 외부에 대하여 법인의 직무를 수행하는 기관이 아니므로 제35조 제1항의 대표자에는 해당되지 않아 이들의 행위는 법인의 책임으로 연결되지 않는다. 대표기관 이외의 법인기관의 불법행위에 대해서는 법인이 사용자책임을 부담할 수는 있다(대판 2005.2.25, 2003다67007).

(나) 대표기관의 불법행위시 제756조 적용 여부

이 경우 제35조만 적용되며, 제756조의 적용은 부정된다(대판 1978.3.14, 78다132).

┃ 대판 1978.3.14, 78다132
학교법인의 대표자였던 자에 의한 차금행위가 불법행위가 된다면 이는 민법상 사용자의 배상책임이 아니고 민법 제35조에 의한 법인자체의 불법행위가 되어 배상책임이 있다.

이 판결에서는 법인의 대표자에 의한 대표행위가 불법행위가 된다면 이는 제35조에 의하여 법인 자체의 불법행위가 되는 것으로서, 비록 법인에게 배상책임이 인정된다는 점에서는 같더라도 제756조 소정의 사용자의 배상책임과는 그 성질이 다르다는 의미의 판시를 하고 있다.

◆ 심 화 학 습

법인의 사용자책임(제756조)과 법인의 불법행위책임(제35조)의 비교

(i) 사용자책임이 인정되기 위해서는 사용자·피용자관계가 존재해야 되는데 법인과 이사 사이에는 대표관계가 존재할 뿐 고용의 계약관계가 없는 경우도 가능하므로 민법은 사용자책임 이외에 별도로 법인의 불법행위책임을 인정할 의의가 있다.

(ii) 민법은 사용자의 피용자에 대한 선임·감독상의 잘못을 사용자책임을 기초로 규정하며, 따라서 사용자의 잘못이 없는 경우에는 면책가능성을 부여한다. 그러나 법인과 이사의 관계는 대외적으로 일체로서 취급되며 감독관계로 다루어지지 않는다.

(iii) 사용자책임에서는 피용자의 가해행위가 일차적으로 문제되고 그것을 매개로 하여 사용자의 책임이 발생한다. 반면에 법인의 불법행위책임에서는 기관의 행위가 직접 법인에게 귀속되어 법인 스스로 불법행위자가 된다는 점에서 차이가 있다.

(2) 법인의 목적범위 내의 직무에 관한 행위어야 한다(직무관련성 ⇒ 외형이론)

(가) 대표기관의 직무행위

그 직무행위는 법률행위 외의 사실행위라도 무방하다. 또 재판외의 행위인지 재판상의 행위인지 묻지 않는다. 대표기관이 '직무에 관하여' 타인에게 손해를 가한 행위만이 법인의 불법행위로 간주되어 법인의 손해배상책임을 발생시킨다.

(나) 직무관련성의 판단기준

직무관련성 판단에 있어서 법인과 대표기관 사이의 내부적인 직무수행과는 별도로 '외부에서 객관적으로 볼 때 직무수행이라고 여겨지는 것'을 의미하는 외형설이 현재 통설 및 판례의 입장이다. 직무행위는 진정한 직무행위와 외형적으로만 직무행위로 보이는 직무행위(외형만의 직무행위)로 나눌 수 있는데 후자도 제35조의 직무행위로 인정된다. 즉 법인은 대표기관의 외형적 직무행위에 대해서 원칙적으로 제35조의 불법행위책임을 부담한다.

대표기관의 직무행위가 진정한 직무행위인지, 외형만의 직무행위인지 구별해야 한다. 대표기관이 진정한 직무행위 중에 타인에게 불법행위로 손해를 가한 경우에는 법인은 불법행위책임을 부담한다(제35조). 반면 외형적으로만의 직무행위에 대해서도 법인이 불법행위책임을 진다. 다만 법인은 진정한 직무범위에 포함되지 않고 외형상으로만 직무행위로 보임을 상대방이 알았거나 중대한 과실로 몰랐다는 점을 증명하여 제35조의 불법행위책임을 부정하는 항변을 할 수 있다.

사례 8 A주택조합의 조합장 甲은 X주택단지 주택을 乙 등에게 분양하였다. 그러나 다시 동일한 주택을 丙 등에게 이중으로 분양하였다. 그 후 중복분양으로 인하여 손해를 입게 된 丙 등이 A주택조합에게 손해배상을 청구할 경우, 청구는 인용될 수 있는가? (丙 등은 이러한 중복분양의 사실에 대해서 몰랐지만 모른 데 대해서 경과실이 인정되었다) (대판 2003.7.25. 2002다27088 참조)

해설 8 丙의 A주택조합에 대한 손해배상청구는 인용될 수 있다.

분양행위는 甲의 직무행위에 해당되며, 중복분양행위는 비록 중복하여 분양하더라도 외형상으로는 여전히 직무행위에 해당되는 것으로 보인다. 따라서 법인이 상대방(피해자)의 악의 또는 중과실을 증명하지 못한다면, 법인은 제35조의 불법행위책임을 져야 한다.

비법인사단의 경우 대표자의 행위가 직무에 관한 행위에 해당하지 아니함을 피해자 자신이 알았거나 또는 중대한 과실로 인하여 알지 못한 경우에는 비법인사단에게 손해배상책임을 물을 수 없다고 할 것이고, 여기서 중대한 과실이란 거래의 상대방이 조금만 주의를 기울였더라면 대표자의 행위가 그 직무권한 내에서 적법하게 행하여진 것이 아니라는 사정을 알 수 있었음에도 만연히 이를 직무권한 내의 행위라고 믿음으로써 일반인에게 요구되는 주의의무에 현저히 위반하는 것으로 거의 고의에 가까운 정도의 주의를 결여하고, 공평의 관점에서 상대방을 구태여 보호할 필요가 없다고 봄이 상당하다고 인정되는 상태를 말한다. 이 사안에서 선의·무중과실의 대상은 직무범위를 넘어선 것(외형상의 직무행위인지의 여부)에 대한 것이고, 대표권 남용(사익도모 사실) 여부에 대한 것은 아니다. 즉 이 사건에서 중복분양이 직무행위에 해당하지 않는다는 사실에 피해자는 선의·무중과실이므로 법인은 제35조의 불법행위책임을 져야 한다.
즉 피해자가 직무행위 아님을 경과실로 몰랐다면 법인에 대해 불법행위책임을 물을 수 있다. 다만 피해자의 경과실은 과실상계의 사유가 될 것이다. 실제로 판례는 법인대표기관의 고의적인 불법행위에 대하여 피해자들에게 과실이 있었을 때, 법인의 책임을 인정하면서 피해자의 과실을 이유로 과실상계 법리를 적용했다.[12]

(다) 대표권 남용의 경우

대표기관의 행위가 외형상으로만 그 대표기관의 직무에 속하는 행위이면서 대표권이 남용된 경우에도 법인의 불법행위책임의 성립요건인 직무관련성이 인정될 수 있다(대판 1969.8. 26. 68다2320). 즉 대표권의 범위(제한)를 벗어난 행위이면서 동시에 대표권이 남용된 경우(사익도모) 표현대표로도 인정되지 못하여 계약책임이 부정되어도 법인은 제35조의 책임을 부담할 수 있다. 대표권을 제한하는 강행법규의 위반이 있다 하더라도, 법인의 불법행위책임이 성립된다(대판 2004.2.27. 2003다15280)(자세히는 아래 Ⅳ. 2. 참조).

사례 9 토지구획정리조합인 A조합의 대표자 甲은 구획정리사업시공사인 乙건설회사가 B에게 부담하는 채무를 담보하기 위하여 A조합이 연대보증하는 계약을 체결했다. 그런데 연대보증채무부담을 위해 요구되는 A조합의 조합원총회 등의 결의를 거치지 아니함으로써 연대보증행위가 무효로 된 경우, 필요한 결의가 없음에 대하여 선의·무과실인 乙회사의 채권자 B가 A조합을 상대로 법인의 불법행위책임을 추궁할 수 있는가? (대판 2004.2.27. 2003다15280 참조)

┃해설 9┃ A조합은 B에게 불법행위책임을 부담한다.
법인이 대표자의 불법행위로 인하여 손해배상의무를 지는 것은 그 대표자의 직무에 관한 행위로 인하여 손해가 발생한 것임을 요구하지만, 이때 직무에 관한 것이라는 의미는 행위의 외형상 법인의 대표자의 직무행위라고 인정할 수 있는 것이라면 설사 그것이 대표자 개인의 사리를 도모하기 위한 것이었거나 혹은 법령의 규정에 위배된 것이었다 하더라도 무방하다. 다만 법인이 아니라 조합이므로 그 내용에 대한 정관기재나 등기가 있을 수 없으므로 제41조와 제60조의 규정이 적용될 수 없어, 직무범위초과에 대한 일반적 조건(선의·무중과실)을 갖춘 경우 불법행위책임을 추궁할 수 있을 뿐이다.

(라) 법인의 목적범위 외의 행위에 대한 제35조 제2항의 책임(행위자만 책임부담)

법인의 권리능력은 법률에 의한 제한, 성질에 의한 제한, 목적에 의한 제한을 받는다. 법인의 목적범위를 초과하는 행위는 권리능력의 범위를 초과하는 행위이므로 처음부터 법인의 행위가 아니다(대판 1964.12. 29. 64다1321).

---

12) 통상적으로 판례가 가해자의 고의와 피해자의 과실이 경합하는 경우 신의칙 등을 이유로 과실상계의 법리적용을 부정함(대판 2005.11.10. 2003다66066. 사기행위에 대해서 피해자가 사기임을 확인할 수 있었는데도 이를 하지 않았던 과실이 있어도 과실상계를 부정한 사례)에 비추어 이와 같은 평가는 이례적이다.

정관에서 정한 목적범위를 넘은 대표행위는 법인에게 효력이 없다. 그 범위에서는 권리능력이 없기 때문이다(제34조). 따라서 표현대리가 성립할 여지도 없으며, 법인의 불법행위가 되지 않고 이사 기타 대표자 개인의 책임이 문제될 뿐이다. 경우에 따라서는 법인은 사용자 책임을 부담할 수 있다(제756조). 그러한 행위를 정하는 사항을 의결하는데 찬성하거나 집행한 사원도 대표기관과 연대하여 손해배상책임이 있다(제35조 제2항).

> **대판 1964.12.29, 64다1321**
> 군농업협동조합 자체의 불법행위 책임은 그 조합의 대표권자가 위 중앙회로부터 자금차입을 하는데 관하여 타인에게 불법행위를 가한 경우에만 한정된다 할 것인바 농업협동조합의 지소장이 그 개인적인 사업자금조달을 위하여 개인으로부터 자금을 차입하여 타인에게 손해를 가하였다 하더라도 이는 위 조합의 목적범위내에서 타인에게 불법행위를 가한 경우라고 볼 수 없어 위 조합 자체의 불법행위가 된다고 볼 수 없다.

(3) 이사 기타 대표자의 행위가 불법행위의 일반적 요건을 구비해야 한다

대표기관의 위법한 가해행위, 고의 또는 과실이 있고, 피해자가 손해를 입어야 한다. 또한 대표기관은 책임능력이 있어야 한다.

재개발조합의 대표기관이 직무상 불법행위로 조합에 과다한 채무를 부담하게 함으로써 재개발조합에 손해를 입히고 결과적으로 조합원의 경제적 이익이 침해되는 손해와 같은 간접적인 손해가 발생했다면 이는 제35조에서 말하는 손해가 아니므로 제35조에 의한 손해배상청구가 불가능하다(대판 1999.7.27, 99다19384).

2. 대표기관 개인의 책임

(1) 법인의 본질과 대표기관 개인의 책임

법인실재설에 의하면 대표기관 개인은 법인과 연대하여 책임질 필요가 없다고 볼 수도 있으나, 제35조 제1항 제2문은 피해자 보호를 위하여 정책상 대표기관 개인도 책임을 지도록 규정하였다.

(2) 손해배상책임

이사 기타 대표자는 자기의 가해행위에 대하여 법인책임이 발생하는지에 관계없이 손해배상책임을 진다. 이때 이사 등의 행위는 불법행위책임의 요건을 갖추어야 하며 그 발생근거는 제750조 이하이다. 이와는 별도로 무권대표행위에 대하여 제135조의 규정을 유추적용하여 채무의 이행 또는 손해배상책임도 부담한다.

(3) 부진정연대책임

법인의 불법행위가 성립하는 경우에는 가해행위를 한 대표기관도 불법행위책임을 부담한다$\binom{\text{제35조 제}}{\text{1항 제2문}}$. 양자의 책임은 부진정연대책임으로 해석된다.

(4) 대표기관의 단독책임

법인의 불법행위가 성립하지 않는 경우에는 그 대표기관만이 피해자에 대하여 제750조의 손해배상의무를 진다.

(5) 연대책임

법인의 목적범위 외의 행위에 의한 불법행위의 경우에 법인은 책임을 지지 않으며 그 사항의 결의에 찬성한 사원과 이사, 그리고 그것을 집행한 이사 기타의 대표자가 연대하여 배상해야 한다$\binom{\text{제35조}}{\text{제2항}}$. 즉 목적범위 이외의 사항에 관한 불법행위에 대해서 법인은 책임을 지지 않지만, 의사결정기관인 사원은 대표기관과 더불어 책임의 주체에 포함된다.

(6) 법인의 대표기관에 대한 구상권

법인이 피해자에게 배상하면, 법인은 기관 개인에 대하여 구상권을 행사할 수 있다$\binom{\text{제65조,}}{\text{제61조}}$. 이것은 기관이 법인에 대하여 지고 있는 직무수행에 있어서의 선량한 관리자의 주의의무를 게을리 한 과실에 기인한 내부적 책임이다.

Ⅳ. 대표기관의 행위에 대한 법인책임의 유형

> 1. 대표권이 남용(사익도모)되었으나 그 대표행위는 진정한 직무범위 내의 행위인 경우
> 2. 대표권이 남용(사익도모)되었고 그 대표행위는 외형만의 직무행위인 경우
>   (1) 법령상 대표권제한을 위반한 경우
>
> (2) 정관의 대표권제한 규정을 위반한 사익도모의 대표행위의 경우
> (3) 표현대리법리$\binom{\text{제126}}{\text{조}}$와 불법행위책임법리$\binom{\text{제35}}{\text{조}}$의 적용상의 우열관계

대표기관의 행위는 진정한 직무행위, 직무행위는 아니지만 외형상 직무행위로 보이는 행위, 외형상 직무행위로도 보이지 않는 행위(외형상 직무와도 전혀 무관한 행위)라는 3가지 유형으로 구별할 수 있으며 그에 따라 법률효과가 달라진다. ① 진정한 직무행위에 대해서는 법인은 계약책임을 부담한다. 이 때에는 법인의 불법행위책임은 부정된다. 대표기관의 행위가 적법하지 않았다면 이미 그와 같은 행위는 직무행위로 볼 수 없다. 본질적으로 대표권에는 적법한 직무

행위를 할 권한만이 부여되어 있기 때문이다. ② 대표행위가 외형상으로만 직무행위로 보이는 경우에는 계약책임이 부정된다. 직무행위가 아닌 행위에 대해서는 법인에게 대표행위의 효력이 인정될 수 없기 때문이다. 그러나 법인은 불법행위책임($\frac{\text{제}35}{\text{조}}$)을 질 수 있다(그 밖에 법인은 표현대표행위에 대한 책임을 부담할 수도 있다. 이에는 양자와의 적용 우열문제가 생긴다). ③ 외형으로도 직무행위로 보이지 않은 행위를 통한 대표행위에 대해서는 법인은 계약책임뿐만 아니라 불법행위책임도 부담하지 않는다.

1. 대표권이 남용(사익도모)되었으나 그 대표행위는 진정한 직무범위 내의 행위인 경우

예컨대 금전차용의 권한이 있는 대표가 법인을 채무자로 하여 은행으로부터 금전을 빌리는 계약을 체결했지만, 그 대출의 목적이 대표의 개인적 사용을 위한 것인 경우를 들 수 있다.

(1) 이러한 경우 대표권 남용 사실에 대해 상대방이 선의·무과실이어서 계약책임이 성립되면 제35조의 불법행위책임은 별도로 인정되지 않는다(이에 관하여 견해의 대립은 있으나 판결례는 아직 없다).

(2) 반면 대표권남용(사익도모) 사실에 대해 상대방이 알았거나 알 수 있었다면 법인은 계약책임을 부담하지는 않는다. 이때 제35조의 불법행위책임을 부담할 수 있다($\frac{\text{대판 2004.2.27.}}{\text{2003다15280}}$). 한편 과실상계의 법리에 의하여 법인의 책임이 감면될 수 있다($\frac{\text{제}763\text{조,}}{\text{제}396\text{조}}$).

상대방의 선의를 검토할 때 사익도모 사실에 대한 선의 여부와 불법행위책임상 직무행위로 잘못 인식한 것에 대한 선의 여부는 원칙적으로 별개의 단계에서 검토된다는 점에 유의해야 한다.

> **사례 10** A법인의 대표인 甲이 B은행으로부터 1억 원을 차용하는 계약을 체결하였다. 그와 같은 대표행위(1억 원의 차용계약)를 제한하는 정관상, 법령상의 제한이 없어 대표권의 범위 내의 대표행위라고 인정되었다. 그러나 차용한 금원은 실제로 A법인을 위하여 사용한 것이 아니라 甲이 자신의 딸의 혼수비용으로 쓰기 위해서 금원을 차용한 것이었다. B은행은 계약당시 대표인 甲이 사익을 도모한다는 사실을 몰랐고, 모른 데 과실이 없었다.
> B은행은 A법인에게 채무의 이행을 청구할 수 있는가? 이와 함께, B은행은 A법인에게 제35조의 불법행위책임도 물을 수 있는가?
>
> **해설 10** 채무의 이행을 청구할 수 있고, 별도로 제35조의 불법행위책임을 부담시킬 수 없다.
> 적법한 범위 내의 대표행위이고, 상대방이 사익도모 사실에 대하여 선의·무과실이므로 대표행위에 따른 법률효과 즉 계약책임이 인정되어 채무에 대한 이행책임을 부담한다.
> 계약책임이 인정되는 경우 별도로 불법행위책임을 인정하지는 않는다는 견해에 따르면, 별도로 A법인에게 제35조의 불법행위책임을 부담시킬 수 없다.

민總　債總　債各

> 사례 11 A법인의 대표인 甲은 A법인을 대표하여 A법인 소유의 X부동산을 B에게 매도하는 계약을 체결하였고, 그에 따라 A법인은 B에게 소유권이전등기를 하였다. 그리고 그 부동산의 매매는 진정한 의미의 직무범위 내의 행위였다(그러한 매매에 대한 대표권에 대해서 법령상, 정관상의 제한이 없었다). 하지만 X부동산의 매매계약은 A법인의 대표 甲이 매매대금을 개인적 이익을 위해 사용할 목적으로 체결된 것이었고, 실제 취득한 대금은 사익을 위해 사용되었다.
> 대표권 남용에 대하여 상대방인 B는 그 사실을 몰랐으나 모른 데 경과실이 있음이 인정되었다.
> 질문 1) A법인은 X부동산의 소유권등기를 다시 회복할 수 있는가?
> 질문 2) 상대방인 B는 A법인에게 불법행위책임을 물을 수 있는가?
>
> ┃해설 11┃
> **해설 1) 소유권등기를 회복할 수 있다.**
> 판례의 견해에 따르면 대표권 남용이 인정되어 계약의 효력이 부정되면 무권대리행위로 무효인 계약에 기하여 이루어진 B명의의 소유권이전등기는 원인무효인 등기에 해당한다. 따라서 A법인은 B명의의 소유권이전등기말소청구를 통해 소유권등기를 회복할 수 있다(그러나 신의칙설에 따르면 상대방이 선의이고 경과실만 있을 때는 유효한 대리행위로 보기 때문에 회복할 수 없게 된다).
>
> **해설 2) 불법행위책임을 물을 수 있다.**
> 사안에서 사익도모를 했더라도 대표기관의 직무범위 내의 행위인 법인소유 부동산 매매행위는 여전히 직무행위에 해당한다. 이처럼 직무행위에 해당하는 이상, 사익도모를 위한 매매행위임을 상대방이 모른 데 중대한 과실은 없으나 경과실이 있어 법인의 계약책임은 부정될지라도 제35조의 불법행위책임은 인정된다. 기본적으로 또한 대표 甲의 행위에는 고의가 있고 위법한 행위에 해당하므로 불법행위책임을 물을 수 있게 된다.
> 이와는 달리 대표권 남용으로 법인의 계약책임이 부정되면 상대방은 보호의 필요성이 없음을 이유로 불법행위책임도 주장하지 못한다고 해석하는 견해가 있으나, 계약책임을 묻지 못하는 상대방이 언제나 보호의 필요성이 없는 것은 아니므로 타당하지 않다.
> 사견으로는 오히려 위 사안에서 대표의 사익도모 사실을 상대방이 모른 것에 과실이 있더라도 법인에게 불법행위책임을 물을 수 있다고 생각한다. 부동산의 매매행위는 진정한 직무행위에 해당되기 때문이다. 다만 위 사례에서 상대방 B가 사익도모 사실을 알 수 있었으면서도 매수행위를 한 경우에는 과실상계의 법리에 의하여 배상책임을 감면하면 될 것이다.

2. 대표권이 남용(사익도모)되었고 그 대표행위는 외형만의 직무행위인 경우

법령상 또는 정관상 대표권 제한을 위반하는 등 외형적으로만 직무범위 내에 해당하는 대표행위가 사익도모의 목적으로 이루어진 경우가 이에 해당된다.

이때에도 대표행위의 계약책임성립 여부를 검토하고, 무효인 경우에 비로소 제35조의 불법행위책임이 검토되어야 한다.

(1) 법령상 대표권제한을 위반한 대표권 남용의 경우

강행규정 중 효력발생요건인 강행규정에서 정한 대표권제한을 위반하여 행한 대표행위는 강행규정을 위반했으므로 무권대리행위가 아니라 무효이다(제103조 위반). 이때에는 계약상 책임이 부정되므로 표현대표책임도 적용되지 않는다. 대리법에서 대리행위가 강행법규에 위반되었다면 표현대리의 법리가 적용될 여지도 없다는 판례(대판 1996.8.23. 94다38199)에 따르면 강행법규를 위반한 대표행위에도 표현대표의 법리가 적용될 여지가 없다(대판 1983.12. 27. 83다548).

제35조의 불법행위책임은 인정될 수 있다(대판 1987.11. 10. 87다카473). 다만 직무행위가 아님을 상대방이 알았거나 과실로 몰랐음을 법인이 주장하여 증명하면 제35조 책임이 배제된다(이와 같은 설명은 아래 (2)에서도 마찬가지로 적용된다).

(2) 정관의 대표권제한 규정을 위반한 대표권 남용의 경우

(가) 대표권 제한이 정관에 기재되고 등기된 경우에는 이와 같은 제한을 위반한 대표기관의 행위는 무권대표행위가 된다

상대방에게 대표권제한이 없음을 믿을 만한 정당한 사유 등이 없으므로 표현대표가 성립될 수 없으나, 설사 상대방이 표현대표의 법리를 주장하여 받아들여지더라도 법인은 다시 대표권 남용의 법리를 주장하여 계약책임을 부정할 수 있다(표현대표가 받아들여지지 않은 무권대표인 상태에서 대표권남용의 여부는 검토할 실익이 거의 없다. 대표권남용의 법리는 대표행위가 유효한 경우, 대표행위의 효력을 부정하기 위하여 법인이 주장하게 되는데 이미 그 대표행위는 위법한 행위로 효력이 없기 때문에 법인은 대표권남용의 법리를 주장할 필요가 없기 때문이다).

표현대표 법리가 부정되거나, 또는 표현대표책임이 인정되지만 다시 대표권남용의 법리에 의하여 법인의 계약책임이 부정되면 불법행위책임이 성립될 수는 있다. 그러나 대부분의 경우 법인의 불법행위책임도 부정된다. 외형만의 대표행위에 대해 법인에게 불법행위책임이 성립하려면 상대방은 직무행위에 해당하지 않음을 몰랐거나 중대한 과실없이 몰랐어야 한다(선의/무중과실). 그런데 대표권 제한이 등기되었으므로 상대방에게 적어도 중과실이 인정될 것이므로 법인에게는 제35조의 불법행위책임도 물을 수 없게 된다.

(나) 대표권 제한이 정관에는 기재되었으나 등기되지 않은 상태에서 그 제한을 넘어 대표행위가 남용된 경우 상대방은 원칙적으로 법인에게 계약책임을 물을 수 있다

상대방이 대표권 제한을 알고 있었는지 여부와는 관계없이[13] 법인은 그 제한 있음으로 제3자에게 대항하지 못한다(제60조). 법인은 정관으로 제한되었으나 등기되지 않은 제한을 넘은 대표행위를 제3자에게 대항할 수 없으므로 그러한 제한을 초과했어도 대표행위에 따른 법률효과가 법인에게 귀속된다. 따라서 상대방은 표현대표의 법리를 주장할 필요가 없다.

---

[13] 대표권의 제한 있음을 상대방이 알고 있더라도 등기되어 있지 않은 경우 대표권 제한으로 대항할 수 없다. 대판 1992.2.14, 91다24564 참조.

이와는 별도로 법인은 대표권남용 사실에 대한 상대방의 악의 또는 과실[14]을 증명하여 대표권남용의 법리를 주장하여 면책을 주장할 수 있다. 이 법리가 인용될 경우를 대비하여 상대방은 법인의 불법행위책임을 물을 수 있다.

(3) 표현대표 법리와 불법행위책임 법리($_{조}^{제35}$)의 적용상의 우열관계

대표행위가 직무범위를 벗어나 본인에게 효력이 발생하지 않는 경우 상대방은 다시 표현대표책임 또는 법인의 불법행위책임을 물을 수 있다. 이때 표현대표책임과 법인의 불법행위책임 중에서 어떤 책임이 먼저 적용되어야 하는지에 대해서는 논의가 있다(구체적인 사례는 아래 심화사례 참조).

법인의 경우 실제적으로는 제126조[15], 제125조[16]의 표현대표가 성립할 여지는 많지 않고 경우에 따라서는 제129조[17]의 표현대표가 인정될 수 있다. 다만 권리능력 없는 사단 또는 재단의 경우 법인등기부가 없으므로 제125조 내지 제126조의 표현대표가 성립할 수는 있다.

표현대표책임과 법인의 불법행위책임은 내용적으로 차이가 있다. 먼저 소멸시효기간에 차이가 있다($_{제766조\ 참조}^{제162조\ 이하\ 및}$). 또한 표현대표행위에 대한 책임내용은 본래급부의 이행이지만, 불법행위책임의 경우 손해배상청구만 가능하다. 따라서 과실상계도 후자에서만 가능하다. 후자에서는 법인의 책임 외에 이사 개인의 책임도 성립가능하다는 점에서도 차이가 있다.[18]

(가) 제35조 우선적용설

제35조의 '직무에 관하여'는 외형을 기준으로 판단하므로 대표권 초과행위의 경우에도 제35조의 요건이 구비되었다면 손해배상책임을 물을 수 있다고 보는 견해이다. 이 견해를 따르는 학설은 대판 1983.12.27, 83다548을 기초로 판례가 제35조 우선적용설을 취한다고 설명한다.

그러나 판례가 제35조 우선적용설을 취한다고 볼 수는 없다. 위 판결은 (i) 강행규정의 위반 또는 (ii) 정관·등기에 기재된 대표권 제한을 벗어난 경우의 두 가지 가운데 법령에서 제한한 대표권 범위를 초과한 경우를 전제로 하여 제35조의 적용을 인정했을 뿐이다. 따라서 이 판결을 근거로 판례가 표현대표법리의 적용이 가능함에도 불구하고 이를 배제하고 제35조를 먼저 적용한 것으로 보는 것은 적절치 못하다.

---

14) 이는 제107조 제1항 단서 유추적용설에 의하는 설명이다. 신의칙설에 의하면 법인은 상대방의 악의를 증명해야만 책임을 면할 수 있다.

15) 제126조의 권한을 넘은 표현대표가 준용되는 경우(정관에 기재된 대표권 제한범위를 넘어선 대표행위), 그 대표권제한이 등기되어 있었다면 상대방은 제한을 믿을 정당한 사유가 없으므로 표현대표가 성립하지 않고, 등기되지 않았다면 악의의 상대방에 대해서도 제한이 없는 것으로 보아(제60조의 판례해석론) 유효한 대표행위가 된다. 효력요건인 강행법률상 제한을 위반한 경우에는 표현대표의 법리가 적용되지 않는다고 봄이 판례임은 앞서 본 바가 있다.

16) 대표권 수여의 표시를 제3자에게 했지만 대표권이 없는 경우 대표권은 정관에 기재되고 등기되어 있으므로 상대방은 악의 또는 과실이 인정될 가능성이 높으므로 제125조가 준용될 수 없다.

17) 대표권이 소멸한 후에 아직 등기부에 대표자로 남아 있는 자가 대표행위를 한 경우에 상대방이 등기부를 믿고 법률행위를 한 경우에는 제129조의 표현대표가 성립할 여지가 있다.

18) 다만 표현대리에도 무권대리의 상대방의 책임을 규정한 제135조가 적용된다는 견해에 의하면 이러한 차이도 발생하지 않는다.

(나) 표현대표 우선적용설

법률행위와 관련된 거래법인 표현대표법리를 우선 적용하고 표현대표의 성립이 불가능한 경우에 한하여 제35조가 적용된다고 보는 견해이다. 아래 사례에서와 같은 경우에는 표현대리가 성립될 여지가 있다($\binom{대판\ 2004.2.27.,}{2003다15280}$).

표현대표가 성립하지는 않지만 무권대표행위가 될 수 있는 여지가 있는 경우(예컨대 전혀 대표권이 없는 자가 법인의 대표로서 제3자와 계약을 체결한 경우) 무권대표행위의 상대방에게는 제131조 이하에서 규정한 무권대리의 상대방의 지위가 인정된다. 이때에 상대방은 무권대표행위자에게 제135조의 책임을 주장할 수도 있고 이와 선택적으로 제35조의 책임을 물을 수 있다.

(다) 판 례

판례도 대표자의 행위가 사익을 도모한 것이었거나 혹은 법령의 규정에 위배되어도 외관상, 객관적으로 직무에 관한 행위라고 인정할 수 있으면 제35조 제1항의 직무에 관한 행위로 본다($\binom{대판\ 2003.7.25.,}{2002다27088}$).

예컨대 대표권범위 내의 계약체결행위로 법인에게 계약책임이 성립하면 계약책임만 인정되나, 계약책임이 부정되면 법인은 불법행위책임($^{제35}_{조}$)을 질 수 있다. 반면 외형만의 대표행위로 계약을 체결하여 법인의 계약책임이 부정되는 경우 위 판례는 표현대표책임의 성립을 묻지 않고 불법행위책임을 인정한 것으로 보인다. 따라서 판례가 표현대표책임과 불법행위책임의 경합을 인정한다고 볼 수 있다.

(라) 사견(양 책임의 경합설)

대표행위에 따른 법률효과가 법인에게 귀속되지 않는 경우 상대방은 법인에 대해서 표현대표행위에 대한 책임이나 제35조에 의해 불법행위책임을 선택적으로 물을 수 있다고 해야 할 것이다. 책임은 그 청구요건이 다를 뿐만 아니라 그 효과에서도 차이가 있다는 점에서 상대방은 보호되어야 하기 때문이다. 따라서 상대방은 어느 책임이든 물을 수 있어야 한다. 예컨대 대표권 남용으로 법인에게 계약책임을 묻지 못하게 된 상대방이 제35조의 불법행위책임을 물었을 때, 법원이 표현대표의 법리가 먼저 적용되어야 함을 이유로 기각되어서는 안 된다. 이런 점에서 표현대표의 법리가 우선적용되어야 한다는 위의 표현대표 우선적용설은 적절하지 못하다. 따라서 양 책임 중 어느 것이 반드시 먼저 적용되어야 하는 관계에 있다고는 볼 수 없다.

> **사례 12** A법인의 정관에는 대표이사가 법인의 대표로 5억 원 이상의 금전을 차용하는 계약을 체결할 때에는 다른 이사 2/3 이상의 동의를 받도록 규정되어 있다. 또한 등기부에 이 내용이 기재되어 있었다. 그럼에도 불구하고 대표이사 甲이 이를 위반하여 A법인의 대표로서 B은행으로부터 6억 원의 금전을 차용하는 계약을 체결하였다. 한편 B은행으로부터 차용한 6억 원을 대표이사 甲이 사익도모를 위해 사용하였는데, 상대방인 B은행은 대표이사 甲의 대표권 남용에 대하여 알지 못하였고 알지 못한 데에 과실이 없음이 인정되었다.

질문 1) 대표권제한 사실을 몰랐던 B은행은 A법인에 대해서 계약상 책임 또는 불법행위로 인한 손해배상책임을 묻고 있다. 이와 같은 청구는 인용될 수 있는가?　　(대판 2004.2.27, 2003다15280 참조)

질문 2) 이와 같은 대표권제한이 정관에는 기재되어 있으나, 등기되어 있지 않은 경우 계약상 책임 또는 불법행위책임을 물을 수 있는가?

|해설 12|

해설 1) A법인은 채무불이행책임 또는 불법행위책임을 부담하지 않으므로 B의 청구는 인용될 수 없다.

사실관계에서 대표권 남용에 대해서 상대방이 선의·무과실이 인정된다고 했으므로 대표권 남용이 있어도 법인의 행위로 된다.

(1) 법인의 계약책임은 부정된다.

甲의 대표행위는 내용적으로 진정한 원래의 대표권의 범위를 넘어선 행위이므로(A법인의 정관에 규정된 이사 2/3 이상의 동의를 받지 않음) 대표행위로서의 효력이 인정되지 않아 계약책임은 부정된다(따라서 대표행위의 효력이 인정된 후에야 법인이 주장할 수 있는 대표권남용의 법리는 이 사안에서 검토할 실익이 없다).

(2) 법인의 제126조의 표현대리책임은 부정된다.

제126조의 표현대리책임도 부정된다. 대표권제한이 정관에 기재되고, 등기부에 등기되어 있다면 제3자에게 대항할 수 있다($\frac{제60}{조}$). 제한이 등기되었다면 상대방 B의 대표권이 있다고 믿은 데 대한 정당한 이유가 부정되므로 표현대표의 요건이 구비되지 못했기 때문이다.

(3) 법인의 불법행위책임($\frac{제35}{조}$)

이와는 별도로 제35조의 불법행위책임의 성립 여부를 검토해야 한다. 이때 직무관련성은 외형적으로 판단되는 것이기 때문에 그 책임이 인정될 수는 있다. 그러나 등기부에 기재되어 있는 대표권 제한을 상대방 B가 알지 못했다면 대표권 범위에 속한다는 사실을 모른 것에 대해서 상대방의 중과실을 인정할 수 있으므로 제35조의 불법행위책임도 배제된다.

해설 2) A법인에 대한 채무불이행책임을 묻는 청구는 인용될 수 있다.

(1) 제60조에 의하여 이사의 대표권제한을 등기하지 않았다면 악의의 제3자에게도 대항할 수 없다($\frac{판}{례}$). 따라서 표현대표가 아니라 유효한 대표행위로 인정되어 법인은 계약상의 채무를 부담하게 된다.

(2) 대표권의 제한을 넘어선 행위인데 동시에 대표권이 남용된 경우에는, 남용사실에 대해서 상대방이 선의·무과실이면 법인은 계약상의 책임을 부담해야 한다(그러나 상대방에게 악의 또는 과실이 인정되면 대표행위는 무효가 되어 계약책임을 부담하지 않는다. 또한 대표권 있음을 믿을 만한 정당한 이유가 상대방에게 없으므로 표현대표책임은 성립될 수 없을 것이다. 그러나 제35조의 불법행위책임은 성립할 수 있다고 판시한다).

심화사례　A법인의 대표가 수인이며 1억 원 이상의 금전차용시 공동대표 전원의 동의를 받아 차용하도록 하는 제한이 정관에 기재되어 있으며 그 사항이 등기부에 기재되어 있었다. 그럼에도 불구하고 대표 중 1인인 甲이 B로부터 2억 원을 차용하면서, 甲이 보관하고 있던 다른 대표들의 인감 등을 임의로 부정사용하여 동의서를 위조하여 B은행과 2억 원을 차용하는 계약을 체결했다.

상대방 B는 甲이 제시한 정관, 등기부 및 동의서를 보고 2억 원을 차용해 주었다. 그리고 그 금액은 실제로 법인을 위하여 사용되었다. 그 후 만기일이 되자 B은행이 A법인에게 2억 원의 채무이행을 청구하였고 A법인은 그 지급을 거절하였다.

질문 1) 이때 B은행이 A법인에게 2억 원의 지급을 청구할 수 있는 법적 근거를 검토하시오. 甲에게 물을 수 있는 책임의 근거도 함께 검토하시오.

질문 2) 만약 甲이 사익을 도모할 목적으로 위와 같은 형태로 2억 원을 차용했을 때 B는 A법인에게 2억 원의 지급을 청구할 경우 그 법적 근거는 무엇인지와 함께 인용여부를 검토하시오(상대방은 甲의 사익도모사실에 대하여 선의이고 중과실이 없음이 확인되었다).

심화사례 해설

해설 1) 표현대표책임 또는 불법행위책임을 근거로 A법인에게 2억 원의 지급의무가 인정된다.

(1) 상대방은 법인에게 계약책임의 이행을 청구할 때, 대표권제한이 등기되어 있으므로 상대방의 선의·악의 구별 없이 제한범위를 넘어선 2억 원의 대출계약은 무권대표행위에 해당되어 법인에게 효력을 발생시키지는 않는다.

(2) 계약에 따른 책임이 아니라 표현대표의 책임이 인정될 수 있다.

상대방에게 甲이 한 대표행위에 대표권이 있다고 믿을 만한 정당한 이유가 인정된다면 표현대표가 될 수 있다(제126조의 유추적용).

앞의 사례와는 사실관계가 다른 점에 유의해야 한다. 사례 12에서는 등기된 정관상 제한을 위반한 행위를 대표가 했던 반면, 본 사례에서는 甲이 보관하고 있던 다른 대표 전원의 인감을 임의로 부정사용하여 공동대표행위를 한 것으로 보이게 했다. 즉 상대방 B는 A법인의 정관 및 등기부를 확인했더라도 위 금전대차행위가 공동대표행위로 한 것으로 믿을 만한 정당한 이유가 있다고 볼 여지가 있다(자세히는 제126조의 표현대리 부분 참조).

(3) 제35조의 불법행위책임도 인정될 수 있다.

법인대표권 제한이 등기되어 있더라도 甲이 단독으로 금전차용을 한 것이 아니라 다른 대표의 인감을 부정사용하여 공동대표행위인 것과 같은 외관을 창출했기 때문에 상대방은 외형상 대표행위에 해당됨(제한을 벗어나지 않았음)을 믿은 데 중대한 과실이 인정된다고 보기는 어려울 것이다. 따라서 이와 같은 대표행위에 의하여 상대방에게 발생한 손해에 대한 책임을 물을 수 있다.

(4) 위 (2)의 표현대표책임과 (3)의 법인의 불법행위책임이 모두 인정되는 경우 표현대표 우선적 용설에 의하면 상대방은 우선 표현대표의 성립 여부를 먼저 주장하고, 이것이 부정될 때 비로소 제35조의 책임을 물을 수 있다. 이 견해에 따를 때 상대방이 표현대표책임을 묻지 않고 법인의 불법행위책임을 묻는 경우에는 청구를 기각해야 한다.

그러나 이와 같은 결론은 타당하지 않고 상대방은 선택적으로 표현대표의 책임을 묻거나 제35조의 불법행위책임을 물을 수 있도록 해석해야 할 것이다.

(5) 이와는 별도로 甲에 대해서 책임을 물을 수 있다. 즉 제35조 제1항 제2문에 의하여 불법행위책임을 묻거나 甲에 대해서 무권대표행위자로서의 책임(제135조의 준용)을 물을 수 있을 것이다.

해설 2) A법인은 甲의 표현대표행위에 대한 책임 또는 제35조의 불법행위책임에 의하여 2억 원을 지급해야 한다.

(1) 위 대표행위는 직무범위를 넘어선 것이므로 대표권 없는 대표행위로 그 행위의 효과가 법인

에게 미치지 않는다. 대표권의 제한이 정관에 기재되고 등기까지 완성되었기 때문에 이를 위반한 행위를 대표행위라 볼 수 없기 때문이다. 다만 표현대표행위의 성립여부 및 제35조의 책임여부가 검토되어야 한다(양 책임의 관계에 대해서는 위 심화사례 참조).

(2) 대표권이 제한되어 대표권이 없음에도 불구하고 대표행위를 한 경우 권한을 넘은 대표행위에 해당된다(제126조의 표현대리 유추적용). 이 때에 상대방이 대표권이 있다고 믿은데 정당한 사유가 인정되면 표현대표가 성립하여 법인은 상대방에게 계약이 이행된 것과 동일한 책임을 부담해야 한다. 질문 1)의 해설에서 본 것처럼 사안에서 상대방은 정당한 인정될 수 있다.

(3) 표현대표에도 대표권남용의 법리가 적용될 수 있다. 대표의 사익도모사실에 대하여 상대방이 선의이고 중과실이 없으면 법인이 대표권 남용을 주장하는 것은 인정되지 않는다. 사실관계에서 B의 선의/무중과실이 확인되었으므로 대표권 남용의 법리가 인용될 수 없다.

(4) 법인에게 제35조의 불법행위책임이 인정된다.

[참고] 대리나 대표행위가 있었을 때, 상대방은 먼저 유효한 대리(대표)행위인지를 검토하고, 대리(대표)행위가 무효라면 표현대리(표현대표) 및 본인(법인)의 불법행위책임의 성립 여부를 검토하게 된다. 물론 이 경우 무권대리인(무권대표)에게 제135조의 책임을 주장할 수 있을지도 문제된다.

▌대판 1983.12.27, 83다548
학교법인을 대표하는 이사장이라 하더라도 이사회의 심의·결정을 거쳐야 하는 이와 같은 재산의 처분 등에 관하여는 법률상 그 권한이 제한되어 이사회의 심의·결정 없이는 이를 대리하여 결정할 권한이 없는 것이라 할 것이므로 이사장이 한 학교법인의 기본재산 처분행위에 관하여는 민법 제126조의 표현대리에 관한 규정이 준용되지 아니한다.

위 판결을 근거로 판례가 제35조 우선적용설을 취하는 것으로 설명되기도 한다.

사견으로는 이 판결은 법률(강행법규)에 위반된 대표권을 행사한 경우에 이는 제103조 위반으로 무효이므로 제126조의 표현대리 규정의 준용을 배제한 것이다. 정관에 의한 대표권제한의 범위를 일탈한 경우에 대해서 판시한 것으로 볼 수는 없기 때문에 양책임이 경합할 수 있는 상황에서 표현대표책임을 배제하고 제35조의 책임을 우선적용한 판결로 인정되기는 어렵다.

[심화사례] [추가 질문] 이때 대표는 제135조를 준용하여 대표는 상대방에게 무권대표로서의 책임을 부담하는가?

(추가 질문에 대한 해설) 그 대표자는 무권대표로서의 책임도 인정되어야 할 것이다. 단 제135조 제2항에서 상대방의 선의·무과실이 요구되므로 상대방에게 경과실이라도 있으면 대표에게 제135조의 책임을 물을 수는 없다. 다만 이와 별도로 법인의 대표에게 불법행위책임은 물을 수 있을 것이다.

대판 2004.3.26, 2003다34045

대표이사의 ① 대표권한 범위를 벗어난 행위라 하더라도 그것이 회사의 권리능력의 범위 내에 속한 행위이기만 하면 대표권의 제한을 알지 못하는 제3자가 그 행위를 회사의 대표행위라고 믿은 신뢰는 보호되어야 하고,[19] ② 대표이사가 대표권의 범위 내에서 한 행위는 설사 대표이사가 회사의 영리목적과 관계없이 자기 또는 제3자의 이익을 도모할 목적으로 그 권한을 남용한 것이라 할지라도 일단 회사의 행위로서 유효하고, 다만 그 행위의 상대방이 대표이사의 진의를 알았거나 알 수 있었을 때에는 회사에 대하여 무효가 되는 것이며(필자 주: 대표이사의 진의라 함은 대표권 남용(사익도모 여부)에 대한 것이며 이때에는 선의·무과실을 요구한다고 해석된다), 이는 민법상 법인의 대표자가 대표권한을 남용한 경우에도 마찬가지이다.

사실관계 및 법원의 판단: 피고 B은행은 원고인 甲공제조합의 대표자 A가 사익도모를 목적으로 대표권을 남용하여 甲 명의로 대출계약을 체결하였다고 주장했다. 이때 B는 A의 대표권 남용을 알 수는 있었다고 판단되었다(과실이 인정되었다). 또한 원고 甲의 대표자인 A가 외형상 객관적으로는 甲의 직무에 관하여 금전의 대출을 받았지만 대표권을 남용하여 甲 명의로 B은행으로부터 대출을 받았으므로 甲은 대표자인 A가 직무에 관하여 B에게 가한 손해에 대하여 배상할 책임이 있다고 판단하였다.

판결의 해석: ①은 외형상만의 대표행위를 말하는 것으로 상대방이 선의인 경우 상대방의 신뢰는 보호되어야 함을 판단하고 있다. 사견으로는 만약 그 직무행위가 진정한 의미의 직무행위에 해당되는 경우(즉 외형상으로만 직무범위 내가 아닌 경우)에는 상대방의 선의·무중과실의 판단이 필요하지 않고 당연히 제35조의 불법행위책임이 인정된다. 이 판결만으로는 대표행위가 진정한 대표행위인지, 외형상으로만의 대표행위인지를 파악하기 어려우나, 원심이 외형상으로만 대표행위로 판단하면서 대출받은 것에 대해서 상대방의 악의 또는 중과실의 검토 없이[20] 제35조의 불법행위책임을 인정한 것이 적법한 판단이었다고 이 판결은 판시하고 있다.

대판 2004.2.27, 2003다15280

법인이 그 대표자의 불법행위로 인하여 손해배상의무를 지는 것은 그 대표자의 직무에 관한 행위로 인하여 손해가 발생한 것임을 요한다 할 것이나, 그 직무에 관한 것이라는 의미는 행위의 외형상 법인의 대표자의 직무행위라고 인정할 수 있는 것이라면 설사 그것이 대표자 개인의 사리를 도모하기 위한 것이었거나 혹은 법령의 규정에 위배된 것이었다 하더라도 위의 직무에 관한 행위에 해당한다고 보아야 한다.

사실관계: 피고 A조합의 대표자 甲이 乙회사의 채무를 연대보증하였으나 A조합의 조합원총회 등의 결의를 거치지 아니함으로써 연대보증행위가 무효로 된 경우, 乙회사의 채권자 B가 A조합을 상대로 법인의 불법행위책임을 추궁할 수 있음을 인정한 판결이다. 판례는 제35조의 불법행위책임을 인정하는 데 사익도모의 여부는 문제되지 않는다고 판단했다.

대법원은 甲의 행위가 직무범위를 벗어났고 피고 A조합의 조합원총회 또는 대의원회의의 결의를 받지 않았다는 점에 대하여 B의 선의·무중과실을 인정하였다. 법인이 아니라 조합이므로 그 내용에 대한 정관의 기재나 등기가 있을 수 없으므로 제41조와 제60조의 규정이 적용될 수 없어, 직무범위 초과에 대한 일반적 원칙(선의·무중과실)을 취하게 된 것으로 해석된다.

---

19) 이때 제35조의 불법행위책임을 인정하여 신뢰를 보호한다는 것인지, 아니면 계약책임을 인정하여 보호한다는 것인지가 불명확하지만, 사견으로는 대표행위가 유효한 것으로 하여 법인에게 계약책임을 부담시키는 것으로 볼 수는 없을 것이다. 이미 대표권의 범위를 일탈한 대표의 법률행위는 법인에게 효력을 미치지 않는 것이 원칙이어야 하고, 예외적으로 상대방의 보호를 위하여 법인이 일정한 책임을 부담시키려는 것이 제35조의 취지라고 이해할 수 있기 때문이다.

20) 아마도 법인이 상대방의 악의 또는 중과실의 주장을 하지 않았기 때문에 원심도 이를 검토하지 않은 것으로 생각된다.

사례 13 甲법인의 A대표는 법인의 시설확충을 위하여 乙은행과 甲법인을 채무자로 하는 대출계약을 체결했다. 그런데 내부적으로는 A대표가 사적 용도로 금원을 사용하기 위해 甲법인 명의의 대출계약을 체결한 것이었고, 실제로 차용금을 사적 용도로 사용하였다. 乙은행은 A대표가 사적 용도로 사용할 것임을 알고 있었음에도 불구하고 지점의 대출실적을 높이기 위해 대출계약을 체결한 것이었다. 그런데 A대표가 대출금을 갚지 못하고 행방불명이 되자, 乙은행은 甲법인에게 그 책임을 물어 손해를 보전하고자 한다. 이때 乙이 주장해야 할 청구원인을 甲법인의 항변사유까지 고려하여 검토하시오. (그 대출과 관련하여 아무런 법령상의 제한이 없고 정관에도 아무런 제한이 없었다)

해설 13 계약책임과 불법행위책임이 모두 부정된다.

대표권남용을 상대방이 알았으므로 계약책임을 물을 수는 없다.

제35조의 불법행위책임을 물을 수 없다. 법인은 상대방이 대표권 남용사실을 알고 있었다면 이미 그 대표행위가 직무범위 내에 해당되지 아니함을 알았다고 주장하고 이를 쉽게 증명할 수 있기 때문이다.

추가 질문 불법행위책임이 인정된다면 불법행위로 인하여 乙은행에 어떤 손해가 발생한 것인가?

추가 질문에 대한 해설 甲법인으로부터 회수하지 못하게 된 대출금액이 乙은행에 발생한 손해라고 보아야 할 것이다.

■ **대판 2004.3.26, 2003다34045**

법인의 대표자의 행위가 직무에 관한 행위에 해당하지 아니함을 피해자 자신이 알았거나 또는 중대한 과실로 인하여 알지 못한 경우에는 법인에게 손해배상책임을 물을 수 없다고 할 것이고, 여기서 중대한 과실이라 함은 거래의 상대방이 조금만 주의를 기울였더라면 대표자의 행위가 그 직무권한 내에서 적법하게 행하여진 것이 아니라는 사정을 알 수 있었음에도 만연히 이를 직무권한 내의 행위라고 믿음으로써 일반인에게 요구되는 주의의무에 현저히 위반하는 것으로 거의 고의에 가까운 정도의 주의를 결여하고, 공평의 관점에서 상대방을 구태여 보호할 필요가 없다고 봄이 상당하다고 인정되는 상태를 말한다.

사례 14 甲법인의 대표 A가 상대방 B로부터 2억 원을 차용하는 계약을 체결했다.

질문 1) 甲법인을 위해 사용할 목적으로 A대표가 소비대차계약을 B와 체결한 경우, B는 甲법인에게 책임을 물을 수 있는가? 있다면 어떤 책임인가?

질문 2) 차용금 2억 원을 A대표가 개인용도로 사용할 목적으로 차용한 경우, B는 甲법인에게 책임을 물을 수 있는가? 있다면 어떤 책임인가?

질문 3) 甲법인을 위해 사용할 목적으로 A대표가 2억 원의 소비대차계약을 B와 체결했고, 또 그렇게 사용했다. 그런데 甲법인의 정관에 1억 원 초과의 채무부담행위는 수인의 대표가 공동으로 하도록 되어 있음에도 불구하고 2억 원의 금전대차계약을 A대표가 단독으로 체결한 것이었다. 이때 B는 甲법인에게 책임을 물을 수 있는가? 있다면 어떤 책임인가?

(i) 대표권제한의 정관 내용이 등기부에 등기되어 있었던 경우와 (ii) 대표권제한의 정관 내용이 등

기부에 등기되지 않았던 경우로 나누어 검토해 보시오.

질문 4) 甲법인을 위해 사용할 목적으로 A대표가 2억 원의 소비대차계약을 B와 체결했고, 또 그렇게 사용했다. 그런데 甲법인의 1억 원 이상의 채무부담행위는 수인의 대표가 공동으로 해야 한다는 제한이 법률에 규정되어 있었다. 그럼에도 불구하고 A대표가 그 계약을 단독으로 체결한 경우, B는 甲법인에게 책임을 물을 수 있는가? 있다면 어떤 책임인가?

질문 5) 甲은 학교법인이고 그 대여금은 사익을 도모하기 위해 대여했고, 또 사익목적으로 사용했을 뿐만 아니라, 사립학교법 제28조에 의해 금전대여시 감독청의 허가가 요구되는데 이를 위반한 경우, B는 甲법인에게 책임을 물을 수 있는가? 있다면 어떤 책임인가?

| **해설 14** |

해설 1) 甲법인은 계약책임을 부담한다.

대표권 행사에 아무런 제한이 없는 경우, 대표 A의 행위는 적법한 직무범위 내의 행위이므로 甲법인은 그 계약책임을 부담한다. 그 이외에 불법행위책임은 부정된다.

해설 2) 甲법인은 원칙적으로 계약책임을 부담한다.

대표권이 남용되었더라도 甲법인은 원칙적으로 계약책임을 부담한다. 그러나 甲법인이 상대방의 악의 또는 과실을 주장하여 증명하면 계약책임을 부담하지 않는다. 甲법인이 계약책임을 부담하지 않는다면 甲법인의 불법행위책임이 인정될 수 있다.

해설 3) i) 甲법인은 계약책임뿐만 아니라 불법행위책임도 부담하지 않는다.

먼저 계약의 유효가 검토되어야 하는데, 그와 같은 대표권의 제한이 정관에 기재되어 있어야 유효하고($\frac{제41}{조}$), 그 제한이 등기되어야 제3자에게 대항할 수 있다($\frac{제60}{조}$). 대표권 제한의 범위를 넘어선 대표행위가 있는 경우 甲법인에게 계약책임은 성립하지 않는다. A에게 대리권 있음을 B가 믿을 만한 정당한 사유가 없기 때문이다($\frac{제126조}{참조}$). 이때 법인은 제35조의 불법행위책임을 부담할 가능성이 있다(계약책임은 부담하지 않는 것으로 판단됨). 그러나 상대방이 대표권의 범위일탈을 모른 것에 대해서 중대한 과실이 있다고 할 것이기 때문에[21] 실제로는 제35조의 책임을 부담하는 경우는 거의 없다.

ii) 甲법인은 금전대차계약에 따라 2억 원의 반환채무의 이행책임이 있다.

대표권 제한이 등기되어 있지 않으면 그 제한으로 제3자에게 대항할 수 없으므로 이 사안에서 적법한 대표행위임을 상대방은 주장할 수 있다. 그 결과 법인은 제35조의 책임을 묻기 전에 계약상 책임을 부담하게 된다(판례는 대표권 제한을 상대방이 알았더라도 법인은 계약책임을 인정한다).

해설 4) 제35조의 불법행위책임을 부담한다.

기본적으로 계약책임은 물을 수가 없다. 진정한 직무범위 내의 대표행위가 아니기 때문이다.

제35조의 불법행위책임을 부담한다. 상대방이 직무범위 내라고 오해한 것에 대하여 악의 또는 중과실이 있다면 제35조의 책임이 배제될 수도 있지만, 법령에 제한이 있음을 당사자가 모르고 계약을 체결했다면 중과실은 부정된다($\frac{대판\ 2003.7.25.}{2002다27088}$).

표현대표책임은 부정된다(강행규정을 위반한 행위는 절대적 무효이므로($\frac{제103}{조}$) 표현대표책임도 부정되

---

21) 이미 대표권제한이 정관에 기재되어 있고, 또 등기부에 등재되어 있었음에도 불구하고 이를 몰랐다는 것은 중과실이 인정될 수 있기 때문이다.

는 것이다).[22]

해설 5) 외형상만의 직무행위임을 상대방이 모르고 또한 모른 것에 중과실이 없는 경우(선의·무중과실), 법인은 제35조의 불법행위책임을 부담한다(대판 2003.7.25, 2002다27088).[24]

직무행위에 해당됨에 대한 상대방의 선의·무중과실이 인정되면 법인에게 불법행위책임이 인정될 수 있다.

사익도모 사실에 대해서 악의이면서 외형상만의 직무행위임에 대해서 선의·무중과실이 인정되어 법인의 책임이 인정되는 경우는 매우 드물다. 사익도모행위가 직무행위일 수 없기 때문이다. 그러나 사익도모 사실을 모른 것에 경과실만 있는 경우, 외형만의 직무행위임에 대해서는 선의이고 중과실이 없는 경우가 있을 수 있는데 이 때에는 법인의 불법행위책임이 인정된다. 사익도모 사실에 대해 상대방이 선의·무과실이라면 외형상으로만 직무행위에 해당되면 이에 대해서 악의 또는 중과실이 있는 경우라에 제35조의 책임도 물을 수 있다.

제4절 법인의 기관

Ⅰ. 의 의

법인의 기관이란 법인의 의사를 결정하고 그 의사에 따라서 대외적·대내적으로 사무를 처리하는 법인 조직체의 구성부분을 말한다. 따라서 기관은 독립한 인격이 아니다.

Ⅱ. 이 사

1. 의 의

대외적으로 법인을 대표(제59조)하고 대내적으로 업무를 집행(제58조)하는 상설적 필요기관(제57조)이다.

이사의 수에는 제한이 없으며, 정관에서 임의로 정할 수 있고, 자연인만이 이사가 될 수 있다. 이사의 임면 방법은 반드시 정관에 정해 두어야 한다(제40조 제5호, 제43조). 법인이 이사를 선임하는 법률관계는 법인의 내부적 조직구성에 불과하지만 그 실질에 있어서는 법인·이사 간의 위임계약에 유사하므로 위임에 관한 규정(제680조이하)이 유추적용된다. 이사의 해임 및 퇴임은 정관에 정한 방법에 의해야 한다. 그러나 정관의 규정이 없는 경우에는 위임의 규정이 유추적용된다.

22) 판례는 이때 제126조의 표현대리가 적용되지 않는 것으로 본다(대판 1983.12.27, 83다548).
23) 위 판결의 사실관계를 보면 사익도모 사실에 대한 선의·무과실 여부를 검토하지 않고 불법행위책임을 인정하였다.

사례 15 甲은 A학교법인의 이사로 재임하던 중 이사회의 결의나 관할관청의 승인 없이 법인을 상대로 일방적으로 사임의 의사표시를 하였다. 이후 A법인은 乙을 이사로 선임하였으나, 그 선임과정에서의 하자로 선임결의가 무효인지에 대해서 다툼의 여지가 있다. 이에 甲은 乙을 이사로 선임하는 이사회의 결의가 무효임을 주장하고 있다. 乙이 이사로 선임되지 못하는 경우에는 남아 있는 다른 이사만으로는 정상적인 법인의 활동을 할 수 없는 상황이다. 甲의 주장은 인용될 수 있는가? (대판 2005.3.25, 2004다65336; 대판 2003.1.10, 2001다1171 참조)

해설 15 甲의 무효확인 청구는 인용될 수 있다.

1. 사임의 의사표시는 위임 해지의 의사표시($제689조$)이므로 이사회나 관할관청의 승인없이 효력이 발생한다. 학교법인의 이사는 법인에 대한 일방적인 사임의 의사표시에 의하여 법률관계를 종료시킬 수 있고, 그 의사표시는 수령권한 있는 기관에 도달됨으로써 바로 효력을 발생하는 것이며, 그 효력발생을 위하여 이사회의 결의나 관할관청의 승인이 있어야 하는 것은 아니다.

2. 그러나 위임관계가 종료되더라도 급박한 사정이 있는 경우 수임인은 그 위임사무가 적절히 처리될 수 있을 때까지 계속해서 사무처리를 해야 한다($제691조$). 민법상 법인의 이사 전원 또는 그 일부의 임기가 만료되었거나 사임하였음에도 불구하고 그 후임 이사의 선임이 없거나 또는 그 후임 이사의 선임이 있었다고 하더라도 그 선임결의가 무효이고 남아 있는 다른 이사만으로는 정상적인 법인의 활동을 할 수 없는 경우, 임기 만료되거나 사임한 구 이사로 하여금 법인의 업무를 수행케 함이 부적당하다고 인정할 만한 특별한 사정이 없는 때에는, 구 이사는 후임 이사가 선임될 때까지 종전의 직무를 수행할 수 있다.

3. 계속해야 할 위임사무에 乙을 법인의 이사로 선임한 결의의 무효를 확인하는 이익이 있는지의 여부가 검토되어야 한다. 민사소송상 이행의 소가 아닌 '확인의 소'의 경우 법률상 확인의 이익이 있는 당사자만이 소를 제기할 수 있는데, 만일 확인의 이익이 없는 경우 부적법한 소가 되어 각하된다. 임기 만료되거나 사임한 구 이사가 후임 이사가 선임될 때까지 종전의 직무를 수행할 수 있는 경우에는 구 이사는 그 직무수행의 일환으로 다른 이사를 해임하거나 후임 이사를 선임한 이사회결의의 하자를 주장하여 그 무효확인을 구할 법률상 이익(확인의 이익)이 있다.

민사소송법 확인의 이익

민사소송상 확인의 이익은 권리 또는 법률상의 지위에 현존하는 불안, 위험이 있고, 그 불안, 위험을 제거함에는 확인판결을 받는 것이 가장 유효, 적절한 수단일 경우에 인정된다($대판 1991.12.10, 91다14420$). 따라서 단순히 반사적으로 받게 될 사실적, 경제적 이익의 경우 확인의 이익이 인정되지 않으며, 문제해결에 근본적인 수단이 있다면 그것을 택하면 족하므로 확인의 이익은 별도로 인정되지 않는다.

2. 직무권한

(1) 법인과 이사와의 관계

법인과 법인의 이사는 특수한 위임관계에 있고, 이사는 선관주의의무로 직무를 수행하여야 한다($\frac{제61}{조}$). 수인의 이사가 의무를 위반한 경우에는 각자는 연대책임을 진다($\frac{제65}{조}$).

상법 상법상 이사의 회사에 대한 손해배상책임

상법 제399조는 이사가 법령에 위반한 행위를 한 경우에 회사에 대하여 손해배상책임을 지도록 규정하고 있는데, 이사가 회사에 대하여 손해배상책임을 지는 사유가 되는 법령에 위반한 행위는 이사로서 임무를 수행함에 있어서 준수하여야 할 의무를 개별적으로 규정하고 있는 상법 등의 여러 규정과 회사가 기업활동을 함에 있어서 준수하여야 할 제 규정을 위반한 경우가 이에 해당된다. 이사가 임무를 수행함에 있어서 위와 같은 법령에 위반한 행위를 한 때에는 그 행위 자체가 회사에 대하여 채무불이행에 해당되므로 이로 인하여 회사에 손해가 발생한 이상, 특별한 사정이 없는 한 손해배상책임을 면할 수 없다($\frac{대판\ 2005.10.28.}{2003다69638}$).

---

(2) 대표권(대외적 권한)

정관 또는 법률에 달리 정하지 않으면 이사는 각자 법인을 대표한다.

(가) 원 칙

무제한($\frac{제59}{조}$)이며, 각자대표 · 과반수 집행($\frac{제58조}{제2항}$)으로 대표권을 행사한다.

(나) 대표권의 제한

정관 또는 사원총회의 의결에 의한 제한(예컨대 특정재산의 처분행위에서는 총회의 동의를 요한다거나, 회장만이 대표권을 갖는다거나 하는 제한), 이익상반에 의한 제한으로 특별대리인의 선임($\frac{제64}{조}$)[24], 원칙적인 복임권의 제한($\frac{제62}{조}$)이 가능하다. 사원총회 의결에 의한 제한에 관하여, 통설은 제59조 제1항 단서 후단을 근거로 사단법인 이사의 대표권이 사원총회의 의결에 의하여 제한될 수 있다고 본다. 사견으로는 이때에도 정관에 기재되어야 대표권제한의 효력이 인정된다고 본다. 판례에 따르면 학교법인의 이사는 특정한 행위를 다른 이사에게 대리하게 할 수 있으나 학교법인의 제반사무처리를 포괄적으로 위임할 수는 없다($\frac{대판\ 1989.5.9.}{87다카2407}$).

(다) 대표권제한의 대항력

대표권제한의 효력이 발생하기 위해서는 정관에 기재되어야 하나($\frac{제41}{조}$), 대항력을 취득하기 위해서는 등기가 필요하다. 대표권 제한이 등기되지 않았다면 제3자에 대해서 대항할 수 없다($\frac{제60}{조}$). 여기서 대항할 수 없는 제3자의 범위와 관련하여 (i) 대표권제한 사실을 모르고 있는 제3자에 대해서만 대항할 수 없다고 보는 제한설, (ii) 대표권제한 사실을 알고 있는 악의의

---

24) 상법 제398조는 이사와 회사 사이의 거래에 관하여 이사회의 승인을 얻도록 규정하고 있는 바, 이사가 그 지위를 이용하여 회사와 직접 거래를 하거나 이사 자신의 이익을 위하여 회사와 제3자 사이의 거래를 함으로써 이사 자신의 이익을 도모하고 회사 및 주주에게 손해를 입히는 것을 방지하고자 하는 것이므로, 이사와 회사 사이의 거래가 상법 제398조를 위반하였음을 이유로 무효임을 주장할 수 있는 자는 원칙적으로 회사에 한정되고 거래상대방인 이사는 무효를 주장할 수 없다(대판 2012.12.27, 2011다67651).

제3자에 대해서도 대항할 수 없다고 보는 무제한설이 있다. 판례는 무제한설을 취하고 있는 것으로 보인다.

재단법인의 대표자가 그 법인의 채무를 부담하는 계약을 함에 있어서 이사회의 결의를 거쳐 노회와 설립자의 승인을 얻고 주무관청의 인가를 받도록 정관에 규정되어 있다면 그와 같은 규정은 법인 대표권의 제한에 관한 규정으로서 이러한 제한은 등기하지 아니하면 제3자에게 대항할 수 없다$\binom{대판\ 1992.2.14,}{91다24564}$.

(3) 대내적 권한

법인의 사무집행에 국한하여 이사는 대내적으로 법인의 모든 사무를 집행하는데, 정관에 달리 정한 바가 없으면 사무집행은 이사의 과반수로 결정한다$\binom{제58}{조}$. 이사의 사무는 구체적으로 재산목록의 작성 및 비치$\binom{제55조}{제1항}$, 사원명부의 작성, 관리 및 비치$\binom{제55조}{제2항}$, 사원총회의 소집 $\binom{제69조,}{제79조}$, 사원총회 의사록의 작성$\binom{제76}{조}$, 파산신청$\binom{제79}{조}$, 청산인이 되는 것$\binom{제82}{조}$, 각종의 등기사무 처리 등이 있다. 또한 이사는 타인으로 하여금 정관 또는 총회의 결의로 금지되지 않은 사항에 관한 특정행위를 대리하게 할 수 있다$\binom{제62}{조}$. 포괄적 위임에 따른 수임인의 대리행위는 무효로 법인에게 효력이 없다$\binom{대판\ 2011.4.28,}{2008다15438}$.

3. 이사회

이사가 여러 명인 경우에 정관에 다른 규정이 없으면 법인의 업무집행은 이사의 과반수로써 결정하는데, 이를 위한 이사들의 의결기관이 이사회이다. 이사회의 소집·결의 등에 관해서 정관에 특별한 규정이 없으면 사원총회의 규정이 유추적용된다.

4. 임시이사$\binom{제63}{조}$와 특별대리인$\binom{제64}{조}$

법인이 설립된 후에 이사가 없게 되거나 결원이 있는 경우에 이로 인하여 손해가 생길 우려가 있는 때에는 법원은 이해관계인이나 검사의 청구에 의하여 임시이사를 선임하여야 한다 $\binom{제63}{조}$. 임시이사는 정식의 절차에 의해 이사가 선임될 때까지 한시적으로나마 이사와 동일한 권한을 갖는다. 임시이사의 선임을 신청할 수 있는 이해관계인은 임시이사가 선임되는 것에 관하여 법률상의 이해관계가 있는 사람, 즉 당해 법인의 다른 이사, 사원, 채권자 등을 포함한다. 따라서 당해 법인의 정당한 최후의 이사였다가 퇴임한 사람, 임시이사 선임 신청 당시 당해 법인의 등기부상의 이사로서 당해 법인의 업무처리를 담당해온 사람 등은 이해관계인에 해당한다$\binom{대결\ 1976.12.}{10,\ 76마394}$.

법인과 이사의 이익이 상반되는 사항에 관하여는 이사가 대표권을 갖지 않는다. 이 경우에 임시이사의 선임절차에 따라 법원이 특별대리인을 선임한다$\binom{제64}{조}$. 특별대리인은 그에게 주어진 임무에 한하여 이사와 동일한 권한을 갖는다.

민사소송법 특별대리인의 선임

법인(또는 비법인단체)에 대표자나 관리인이 없거나 대표권을 행사할 수 없는 경우에 그 법인(또는 비법인단체)을 상대로 소송행위를 하려는 사람은 수소법원에 법인을 대표할 특별대리인의 선임을 신청할 수 있다(민사소송법 제64조, 제52조, 제62조 참조).

심화학습

임시이사와 특별대리인의 비교

임시이사와 특별대리인은 이해관계인이나 검사의 청구에 의하여 선임되며, 대표기관이라는 공통점이 있다. 그러나 임시이사는 이사와 동일한 권한이 있으므로 사원총회 소집권 등을 보유한 반면, 특별대리인은 이해상반행위에 한하여 대표권이 있고 이사와 동일한 권한이 없으므로 이사로서의 통상적 권한은 없다.

5. **직무대행자**(제52조의2)

이사의 선임에 흠이 있어 이사선임무효의 소 등을 제기하면서 직무집행을 정지하는 가처분을 하는 경우, 보전처분으로서 직무대행자를 선임하는 가처분을 할 수 있다. 이러한 직무대행자는 달리 정한 바가 없으면 법인의 통상사무에 관한 행위만을 할 수 있고, 그 이상의 행위는 법원의 허가를 얻어야 한다.

사례 16 A사단법인에 대한 이사장직무집행정지가처분 절차에서 甲이 이사장 직무대행자로 선임되었다. 이후 甲이 그 가처분의 본안소송인 이사회결의무효확인의 제1심판결에 대하여 항소권을 포기하는 행위를 할 수 있는가? (대판 2006.1.26. 2003다36225 참조)

│해설 16│ 할 수 없다(제60조의2 참조).

민사집행법 제300조 제2항의 임시의 지위를 정하는 가처분은 권리관계에 다툼이 있는 경우에 권리자가 당하는 위험을 제거하거나 방지하기 위한 잠정적이고 임시적인 조치로서 그 분쟁의 종국적인 판단을 받을 때까지 잠정적으로 법적 평화를 유지하기 위한 비상수단에 불과한 것으로, 가처분결정에 의하여 학교법인의 이사의 직무를 대행하는 자를 선임한 경우에 그 직무대행자는 단지 피대행자의 직무를 대행할 수 있는 임시의 지위에 놓여 있음에 불과하므로, 가처분결정에 다른 정함이 있는 경우 외에는 학교법인을 종전과 같이 그대로 유지하면서 관리하는 한도 내의 학교법인의 통상업무에 속하는 사무만을 행할 수 있다. 가처분결정에 의하여 선임된 학교법인 이사직무대행자가 그 가처분의 본안소송인 이사회결의무효확인의 제1심판결에 대한 항소권을 포기하는 행위는 학교법인의 통상업무에 속하지 않는다고 보아야 할 것이므로, 그 가처분결정에 다른 정함이 있거나 관할법원의 허가를 받지 아니하고서는 이를 할 수 없다.

사례 17 위 사례 16에서 甲이 개인의 입장에서 원고가 되어 A법인을 상대로 소송을 하는 경우, 특별대리인을 선임해야 하는가? (대판 2003.5.27, 2002다69211 참조)

해설 17 선임해야 한다.

사단법인의 이사장 직무대행자는 법인에 대하여 이사와 유사한 권리의무와 책임을 부담하므로, 법인과의 사이에 이익이 상반하는 사항에 관하여는 제64조가 준용되고, 법인의 이사장 직무대행자가 개인의 입장에서 원고가 되어 법인을 상대로 소송을 하는 경우에는 제64조가 규정하는 이익상반 사항에 해당한다.

Ⅲ. 감사와 사원총회

1. 감 사

민법상 감사는 이사의 사무집행을 감독하는 기관으로, 정관 또는 사원총회의 결의에 의한 임의기관이다($제66조$).

제67조는 감사의 주요한 직무를 열거하고 있다. 이외에 정관에 의해 감사의 권한에 속하는 일도 직무범위에 포함된다.

2. 사원총회

사원총회는 모든 사원으로 구성되는 사단법인의 최고의사결정기관이다. 반드시 두어야 하는 필수기관으로 정관의 규정에 의해서도 이를 폐지할 수 없다.

총회의 소집에 관하여는 제69조, 제70조, 제71조에서 규정하고 있다. 판례에 의하면 공동대표 중 1인이 총회를 소집한 경우도 그 결의가 유효하다고 한다($\substack{대판 1999.6. \\ 25, 99다10363}$). 서면에 의하지 않은 소집의 효과에 관하여, 법원은 사단법인의 신임회장을 조속히 선임하여 실추된 명예를 회복하고 업무의 공백을 메워야 할 형편에 있어 정관 소정의 기한 내에 전화로 안건을 명시하여 총회소집통보를 하였으며 또한 총회구성원들 모두가 총회결의 등에 관하여 아무런 이의를 제기하지 아니하였다면 총회 소집통지를 서면에 의하지 아니하고 전화로 하였다는 경미한 하자만으로는 총회의 결의를 무효라고 할 수 없다고 판시하였다($\substack{대판 1987.5.12, \\ 86다카2705}$).

총회의 권한에 대해서는 제68조, 제42조, 제77조 제2항에서 규정하고 있다. 사원총회는 의결기관이지 집행기관은 아니므로 내부적인 업무집행권이나 대외적인 대표권은 갖지 않는다.

이에 대해서는 제72조, 제75조에서 규정하고 있다. 통지가 가능한 사원의 일부에 대해 소집통지를 하지 않고서 개최된 총회의 결의는 무효이다($\substack{대판 1998.5. \\ 29, 97다11621}$).

제1편 제2편 제3편 제4편 제5편 제6편 제7편 제8편 제9편 계약의 당사자

| 대판 1997.9.26, 95다6205 [사원권]
사단법인의 사원의 지위는 양도 또는 상속할 수 없다고 규정한 민법 제56조의 규정은 강행규정이라고 할 수 없으므로, 비법인사단에서도 사원의 지위는 규약이나 관행에 의하여 양도 또는 상속될 수 있다.

| 대판 2003.9.26, 2001다64479 [사원 지위의 승계방법]
도시재개발법상 재개발조합에서 대지 또는 건축시설을 분양받은 조합원이 그 대지 또는 건축시설을 제3자에게 양도 등 처분하는 경우에는 도시재개발법 및 정관에서 특별한 정함이 없는 이상 조합원의 지위 역시 당연히 제3자에게 자동승계되는 것은 아니라 할 것이고 따로 종전 조합원과 제3자 사이에 조합원의 지위승계에 관한 개별특약을 하고 제3자가 조합에 대하여 조합원으로서의 지위를 승계한 사실을 신고하는 등 조합원으로서의 지위의 승계취득에 관한 의사를 표시하고 조합이 이를 승낙한 경우라야 조합으로서는 그 제3자를 조합원으로 취급할 수 있게 될 것이다.

제5절 법인의 정관변경

Ⅰ. 정관변경의 의의

법인의 동일성 유지 및 조직변경을 위하여 정관을 변경한다. 사단법인의 경우 자율성을 기반으로 원칙적으로 정관변경이 자유로우나, 재단법인은 재단 귀속재산 보호를 위하여 타율성에 근거하여 예외적으로만 정관변경을 허용하고 있다.

재단법인의 정관변경은 설립자가 정관에서 정하고 있는 방법에 따라 변경해야 한다(제45조 제1항).

Ⅱ. 사단법인의 정관변경

1. 요 건

사원총회의 전권사항으로, 총사원 2/3 이상의 동의(예외: 정수에 관하여 정관에 다른 규정이 있을 때)와 주무관청의 허가를 필요로 한다(제42조). 등기사항의 변경은 변경등기를 해야 제3자에게 대항 가능하며, 정관이라는 서면의 변경만으로는 대항할 수 없다.

2. 관련문제

정관에서 "정관을 변경할 수 없다"고 규정하더라도, 전 사원의 동의와 주무관청의 허가로 변경 가능하다. 목적의 변경은 총사원 2/3 이상의 동의와 주무관청의 허가로 변경 가능하며, 여기에서 말하는 '허가'는 표현이 허가로 되어 있기는 하지만 성질상 법률행위의 효력을 보충해 주는 것이지 일반적 금지를 해제하는 것이 아니므로 그 법적 성격을 '인가'라고 보아야 한다 $\binom{대판(전합) 1996.}{5.18, 96누4810}$.

> **행정법** 허가, 인가의 비교
> - 허가: 일정한 행위를 법으로 금지시켰다가, 개인이 법에서 정한 요건을 충족시키는 경우에 그러한 금지를 해제시키는 행정청의 행위(**예** 건축허가, 영업허가 등)를 말한다.
> - 인가: 행정청이 당사자의 법률행위를 동의로써 보충하여 그 법률효과를 완성하여 주는 보충행위(**예** 토지거래허가구역 내 토지거래허가)를 말한다.

제6절 법인의 소멸(=권리능력의 상실)

Ⅰ. 의 의

법인상속제도가 존재하지 않기 때문에 법인은 해산이라는 단계적 절차를 거쳐서 소멸하는데, 이러한 상태의 법인을 청산법인이라고 한다. 해산이란 본래 목적수행을 위한 적극적 활동의 정지 및 청산절차의 시작을 의미하며, 따라서 청산법인의 재산관계 정리절차는 잔무처리와 재산정리를 말한다.

법인격의 소멸은 청산사무가 종결된 때에 이루어진다. 청산종결등기가 되었더라도 청산사무가 남아 있으면 그 범위 내에서 법인격이 존속한다.

Ⅱ. 해산사유

사단법인과 재단법인에 공통된 민법상 법인의 해산사유로는 정관에서 정한 해산사유의 발생, 목적달성 또는 목적달성 불가능, 파산, 주무관청의 설립허가 취소(소급효 없음), 존립기간의 만료$\binom{제40조 제7}{호, 제77조}$가 있다.

사단법인의 고유한 해산사유로는 사원이 없게 된 경우, 사원총회의 결의에 의한 경우가 있다. 사원총회의 결의는 정관에 달리 정한 바가 없으면 총사원의 3/4 이상의 동의가 있으면 가능하다. 제3자를 해할 염려가 없으면 조건부·기한부 해산결의도 가능하다.

> **참고** 조합의 경우 예를 들어 2인 조합(보통 동업)일 때 1인이 동업계약 해지통고를 한 때 이는 조합의 해산청구로 볼 수 있고, 조합재산 분할청구 역시 해산사유가 된다. 또한 1인이 탈퇴를 하는 경우에도 조합관계는 종료된다. 그러나 사단법인은 사원이 1인만 있어도 해산사유가 있는 것은 아니다.

Ⅲ. 청 산

1. 의 의

청산이란 해산한 법인이 남은 사무를 마저 처리하고 재산을 정리하여 완전히 소멸할 때까지의 절차를 말하며, 잔무처리 및 재산정리법인의 청산절차에 관한 규정은 제3자의 이해관계에 중대한 영향을 미치기 때문에 강행규정이다. 그중 파산(채무초과)을 원인으로 해산되는 경우 진행되는 청산절차는 채무자회생법에 따르고, 파산이 아닌 다른 원인으로 해산되는 경우에는 민법에 의한다.

법인의 목적이 청산의 목적으로 변경되며 법인의 능력도 청산목적의 범위 내로 제한되지만, 해산 전 법인과 동일성이 유지된다는 동일성 이론이 통설적 입장이다.

청산인이 대표기관이 되며, 청산인이 되는 자격으로는 정관에서 정한 사람, 사원총회가 선임한 사람, 해산 당시의 이사, 법원이 직권으로 선임한 사람 순으로 정한다($^{제82}_{조}$). 하지만, 청산법인이 되더라도 감사·사원총회는 변경이 없다.

2. 청산사무($^{제85조}_{이하}$)

이는 청산인의 직무권한이라고도 할 수 있다. 구체적 내용으로는 해산등기와 해산신고($^{제85}_{조, 제}$ $^{86조, 파산법 제}_{110조, 제115조}$), 현존사무의 종결($^{제87조 제}_{1항 제1호}$), 채권추심($^{제87조 제}_{1항 제2호}$), 채무의 변제($^{제88조 내}_{지 제92조}$), 잔여재산의 인도가 있다. 특히 채무변제의 경우 3회 이상의 공고로 최고하여야 하며, 채권신고기간 내에는 변제할 수 없다. 또한 해산한 법인의 재산은 조합($^{제724}_{조}$)과 달리 절대로 구성원에게 분배할 수 없고 정관으로 지정한 자에게 귀속한다. 정관으로 권리귀속자를 지정하지 아니하거나 이를 지정하는 방법을 정하지 아니한 때에는 이사(해산 전)·청산인(해산 후)이 주무관청의 허가를 얻어 그 법인의 목적에 유사한 목적을 위해 그 재산을 처분할 수 있다. 이에 의해 처분되지 않은 재산은 국고에 귀속한다. 신고기간 경과 후에는 변제기 전에도 변제할 수 있다. 신고기간 내에 신고하지 않은 채권자는, 청산인이 알고 있지 않는 한 청산절차에서 제외되고, 귀속권리자에게 인도하지 않은 재산에 대하여 변제청구만을 할 수 있다.

청산종결등기가 경료된 경우에도 청산사무가 종료되었다고 할 수 없는 경우에는 그 법인은 종료되지 않은 그 사무의 범위에서는 청산법인으로 존속한다. 즉 법인의 권리능력의 소멸시기는 청산종결등기 후라도 청산사무가 있을 때에는 사실상 그 청산사무가 종결된 때라는 점을 주의하여야 한다(대판 1980.4. / 8, 79다2036). 청산절차에 관한 규정은 강행규정이므로, 이에 반하는 잔여재산의 처분행위는 특단의 사정이 없는 한 무효이다(대판 1995.2. / 10, 94다13473).

사례 18 해산한 법인 甲의 잔여재산의 귀속자에 관한 정관규정에 반하여 잔여재산 중 X부동산의 소유권을 乙에게 증여하고 소유권이전등기를 마쳤다.

질문 1) X부동산의 소유권은 누구에게 귀속되는가?

질문 2) 해산한 법인 甲의 잔여재산의 귀속자에 관한 정관규정에 따라 X부동산의 소유권을 乙에게 증여했다. 그런데 정관에는 법인재산의 처분에는 청산인회의 심의의결을 거치도록 되어 있다. 乙명의로의 소유권이전등기절차에 대해서 청산인회의 심의의결을 거치지 않았다. X부동산의 소유권은 누구에게 귀속되는가? (대판 2000.12.8, 98두5279 참조)

질문 3) 그리고 그 이외에 다른 재산은 丙에게 증여하기로 하였으나 아직 이전등기를 경료해 주지 않았다. 청산인은 청산사무가 종료된 것으로 생각하고 청산종결등기를 경료하였다. 甲청산법인은 소멸한 것인가? (대판 1980.4.8, 79다2036 참조)

│해설 18│

해설 1) 소유권은 여전히 甲법인에 속한다. 증여계약은 무효이기 때문이다.

제80조 제1항, 제81조 및 제87조 등 청산절차에 관한 규정은 모두 제3자의 이해관계에 중대한 영향을 미치는 것으로서 강행규정이므로, 해산한 법인이 잔여재산의 귀속자에 관한 정관규정에 반하여 잔여재산을 달리 처분한 경우 그 처분행위는 청산법인의 목적범위 외의 행위로서 특단의 사정이 없는 한 무효이다.

해설 2) 乙이 소유권을 갖는다.

확정된 잔여재산 이전의무의 이행으로서 그 귀속권리자에게 잔여재산을 이전하는 것은, 위 청산인회의 심의의결을 요하는 재산의 '처분'에 해당하지 않기 때문에 적법한 청산사무에 속하는 경우에는 乙이 소유권을 유지하게 된다.

해설 3) 청산법인으로 존속하고 있다.

권리관계가 남아 있어 현실적으로 정리할 필요가 있는 때에는 그 범위 내에서는 아직 완전히 소멸하지 않는다(대결 1991.4. / 30, 90마672).

이와는 달리 조합의 해산사유 및 청산규정은 법인의 그것과 달리 임의규정이므로 해산사유를 당사자간에 특약으로 정할 수 있고, 해산시 청산방법 등에 관하여도 특약으로 정할 수 있다.

제7절 법인에 관한 그 밖의 규정들

Ⅰ. 법인등기

주된 사무소 소재지에서의 설립등기만 성립요건이고, 나머지 법인등기는 모두 대항요건에 불과하다.

Ⅱ. 법인의 감독

구분	법인 해산 전	법인 해산 후
감독 주체	주무관청	법원
감독 내용	허가 · 신고 · 법인의 통상사무	선임 · 해임 · 법인의 해산 청산사무
감독 사항	비영리법인 허가, 정관변경 허가, 법인의 사무 검사 · 감독, 법인의 설립허가 취소, 해산, 청산종결 신고	임시이사 · 특별대리인 선임, 파산선고, 청산인 선임 · 해임, 법인의 해산, 청산의 검사 · 감독

Ⅲ. 외국법인

내국법인과 외국법인의 구별은 준거법을 기준으로 한다는 준거법설의 입장과, 준거법 및 주된 사무소의 소재지를 기준으로 한다는 합일설의 입장이 있다.

외국법인의 능력과 관련하여 통설은 내외국법인 평등주의의 입장이며, 외국법인의 권리능력에 대하여는 외국인의 경우와 마찬가지로 민법에 규정이 없다.

제2편

제4장 권리의 객체(물건)

제1절 총 설

권리의 주체가 자연인 및 법인이라면, 물권이라는 권리의 객체는 '물건'이다. 물건은 민법 총 칙편 제4장($\binom{\text{제98조 내}}{\text{지 제102조}}$)에 규율되어 있다. 민법상 물건은 유체물(有體物) 및 전기 기타 관리할 수 있는 자연력을 말한다($\binom{\text{제98}}{\text{조}}$). 유체물은 모두 물건이 되지만, 무체물(無體物)은 '관리할 수 있는' 자연력에 한하여 민법상 물건에 포함된다. 제98조는 자연력의 경우에만 관리가능성의 제한을 두고 있으나, 유체물이라 하더라도 '관리가능성'이 전혀 없는 것(해, 달, 바다 등)은 물건이 될 수 없다. 사람의 신체나 신체의 일부는 인격권 · 친족권 등의 대상일 뿐 물건은 아니며, 신체에 고착된 의수 · 의족 등도 신체의 일부로 보아야 한다. 반면에 신체에서 분리된 혈액, 머리카락 등은 민법상 물건에 해당한다.

독립한 물건 위에 하나의 독립한 물권(일물일권주의(一物一權主義))이 성립하므로, 물권의 객체는 원칙적으로 '독립한 물건'이어야 한다. 다만 1동의 건물의 일부($\binom{\text{제215조, 집합건물의 소}}{\text{유 및 관리에 관한 법률}}$), '공장 및 광업재단 저당법'상 공장재단 또는 광업재단과 같이 물건의 일부 또는 집단 위에 하나의 물권을 인정할 사회적 필요성이 있고 이에 대한 공시방법이 마련되어 있는 경우에는 물건의 일부 또는 집단도 독립하여 물권의 객체가 된다.

제2절 부동산과 동산

민법상 물건 중 부동산과 동산을 구분하는 것은 중요하다. 왜냐하면 양자는 공시방법(부동산은 부동산등기, 동산은 점유의 이전), 공신의 원칙의 인정여부(동산거래에서만 선의취득 등으로 공신의 원칙 인정), 용익물권의 설정가능성(부동산에만 설정 가능), 담보물권의 설정가능성(질권은 동산에만, 저당권은 부동산에만 설정 가능) 등에서 차이가 있기 때문이다. 더 나아가 부동산은 취득시효와 환매기간, 무주물선점(無主物先占), 부합(附合)과 그 효과, 강제집행의 방법, 재판관할의 특칙, 상린관계(相隣關係), 임차권의 대항력 등에서 동산과 다르게 취급된다.

I. 부동산

부동산은 토지 및 그 정착물이다$\binom{제99조}{제1항}$. '토지'는 인위적으로 구획된 일정범위의 지표(地表)와 사회관념상 정당한 이익이 있는 범위 내에서의 그 지표의 상하를 포함하는 것으로$\binom{제212조}{참조}$, 토지대장, 임야대장 등 지적공부에 1필(筆)의 토지로 등록되어 있는 것을 말한다.

토지의 개수는 지적법에 의한 지적공부상의 토지의 필수를 표준으로 하여 결정되고, 1필지의 토지의 소재지번, 지목, 지적 및 경계는 일응 그 등록으로써 특정되고 그 토지의 소유권의 범위는 지적공부상의 경계에 의하여 확정된다. 1필지의 토지를 여러 필의 토지로 분할하여 등기하려면 지적법이 정하는 바에 따라 먼저 지적공부 소관청에 의하여 지적측량을 하고 그에 따라 필지마다 지번, 지목, 경계 또는 좌표와 면적이 정하여진 후 지적공부에 등록되는 등 분할의 절차(소위 '분필절차')를 밟아야 한다.

'토지의 정착물'은 토지에 고정적으로 부착되어 쉽게 이동할 수 없는 물건을 말한다. 이러한 토지의 정착물에는 돌담, 육교, 다리, 도로의 포장 등과 같이 토지의 일부에 불과하여 물건성이 부정되는 것도 있고, 건물, 수목의 집단, 미분리의 과실, 농작물과 같이 토지와는 별개의 물건으로 인정되는 것도 있다.

건물은 일정한 면적, 공간의 이용을 위하여 지상, 지하에 건설된 구조물을 말하는 것으로서, 건물의 개수는 −토지와 달리 공부상의 등록에 의하여 결정되는 것이 아니라− 사회통념 또는 거래관념에 따라 물리적 구조, 거래 또는 이용의 목적물로서 관찰한 건물의 상태 등 객관적 사정과 건축한 자 또는 소유자의 의사 등 주관적 사정을 참작하여 결정된다$\binom{대판\ 1997.7.8,}{96다36517\ 등}$. 건축 중인 건물이 토지와는 별개의 독립한 부동산으로 인정되려면 최소한의 기둥과 지붕 그리고 주벽(主壁)이 갖추어져야 한다$\binom{대판\ 2003.5.30,}{2002다21592}$.

한편 수목은 입목에 관한 법률 제2조 제1항에 따라 등기되었거나 관습법상의 명인방법(明認方法)을 갖춘 때에 토지로부터 독립된 별개의 부동산이 된다. 미분리의 과실(果實) 또한 관습법상의 명인방법을 갖춘 때에 토지로부터 독립된 별개의 물건(동산으로 보는 견해와 부동산으로 보는 견해의 대립 있음)으로 취급된다. 이와 달리 농작물은 타인의 토지에 경작할 경우 정당한 권원(權原)의 존부를 불문하고 토지로부터 독립된 별개의 물건(동산으로 보는 견해와 부동산으로 보는 견해의 대립 있음)이 된다.

│ 대판 1969.2.18, 68도906
남의 땅에 권한 없이 경작한 자라 할지라도 그가 재배한 농작물의 소유권은 그 경작자에게 있다.

Ⅱ. 동   산

부동산 이외의 물건은 모두 동산이다($\frac{제99조}{제2항}$). 다만 자동차, 20톤 이상의 선박, 항공기, 일정한 건설기계 등은 동산이기는 하나 법률(자동차관리법 등)에 의한 공시방법(등기, 등록 등)에 의해 부동산처럼 다루어진다(소위 '의제부동산').

제3절 주물과 종물

Ⅰ. 의   의

물건의 소유자가 그 물건의 일상적인 사용을 돕기 위하여 자기 소유인 다른 물건을 이에 부속하게 한 경우, 그 물건을 주물이라고 하고 주물에 부속시킨 다른 물건을 종물이라고 한다($\frac{제100조}{제1항}$). 예를 들어, 배와 노, 자물쇠와 열쇠, 주유소 건물과 주유기의 관계에서, 각각 배·자물쇠·주유소는 주물이고, 노·열쇠·주유기는 종물이다($\frac{대판\ 2000.10.}{28,\ 2000마5527}$).

Ⅱ. 종물의 요건

종물은 (ⅰ) 주물의 상용에 제공되어 주물 그 자체의 효용과 직접 관계가 있을 것($\frac{대판\ 1997.10.10,}{97다3750;\ 사회통}$ 념상 계속해서 주물의 경제적 효용을 다하게 하는 작용을 하는 물건일 것), (ⅱ) 어떤 주물에 부속되어 있다고 인정될 만큼 장소적으로 밀접한 관계에 있을 것, (ⅲ) 독립된 물건일 것(독립성이 없는 주물의 구성부분은 주물의 일부분이고, 종물이 아니다), (ⅳ) 주물과 종물이 모두 동일한 소유자에 속할 것 등을 요건으로 한다($\frac{대판\ 2008.5.8,}{2007다36933,36940}$).

참고 **주물과 종물관계에 대한 판결례의 판단**

(1) 주물과 종물관계로 본 것
 • 건물과 건물의 전기설비, 위생설비, 냉난방설비, 소방설비, 보일러 시설 등
 • 백화점 건물과 백화점의 전화교환설비
 • 주유소와 주유기, 지하의 유류저장조
 • 토지와 (경계표시 및 타인의 무단출입방지 등을 위해) 토지 위에 설치된 출입문

(2) 주물과 종물관계로 보지 않은 것
 • 호텔의 방실과 호텔 방실에 시설된 텔레비전, 전화기 등
 • 축사와 축사 이웃부지에 설치된 소독시설

Ⅲ. 종물처분의 효과

종물은 주물의 처분에 따른다(제100조, 제2항). 예컨대 주물을 매매하면 특별한 의사표시가 없는 한 종물이 이에 포함된다. 다만 이 규정은 임의규정이므로, 당사자는 주물을 처분할 때에 특약으로 종물을 제외할 수 있고 종물만을 별도로 처분할 수도 있다(대판 2012.1.26, 2009다76546). 또한 이러한 주물·종물이론은 권리 상호 간에도 유추적용되어, 건물을 매도하면 그 건물의 소유를 목적으로 한 토지의 임차권 및 용익물권(법정지상권 등) 또한 매도한 것이 된다(대판 1993.4.13, 92다24950; 대판 1996.4.26, 95다52864). 주물에 저당권을 설정하면 그 효력은 종물에도 미친다(제358조, 본문).

대판 1993.4.13, 92다24950
건물의 소유를 목적으로 하여 토지를 임차한 사람이 그 토지 위에 소유하는 건물에 저당권을 설정한 때에는 민법 제358조 본문에 따라서 저당권의 효력이 건물뿐만 아니라 건물의 소유를 목적으로 한 토지의 임차권에도 미친다고 보아야 할 것이므로, 건물에 대한 저당권이 실행되어 경락인이 건물의 소유권을 취득한 때에는 특별한 다른 사정이 없는 한 건물의 소유를 목적으로 한 토지의 임차권도 건물의 소유권과 함께 경락인에게 이전된다.

사례 1 A렌탈회사가 甲에게 승강기 등을 임차하되 렌탈료를 60회에 걸쳐 지급하고 렌탈기간 만료 후에는 이 렌탈 목적물을 A회사에 반환하기로 계약을 체결한 후, X건물에 이 승강기 등을 설치하였다. 그 후 甲은 X건물을 B은행에 담보로 제공하고 3억 원을 차용하였으나 대출금을 갚지 못하여 경매로 X건물을 乙이 낙찰받았다. 이 경우, 승강기의 소유권도 乙에게 이전되는가?
(저당권의 효력은 법률에 특별한 규정이 있거나 설정행위에 다른 약정이 있는 경우를 제외하고는 저당부동산에 부합된 물건과 종물에도 미친다(제358조 참조))

해설 1 승강기의 소유권은 乙에게 이전되지 않는다.
종물은 물건의 소유자가 그 물건의 상용에 이바지하기 위하여 자기 소유인 다른 물건을 이에 부속하게 한 것을 말하므로(제100조, 제1항) 다른 사람의 소유에 속하는 물건은 종물이 될 수 없다.
렌탈목적물인 승강기는 X건물과는 소유자가 다르므로 종물이 아니기 때문에 X건물에 관한 소유권이나 저당권의 효력이 렌탈목적물인 승강기에 미칠 수 없고, 따라서 건물이 경매되었다고 하여 렌탈목적물 중 종물의 성격을 가지는 물건까지도 경매된 것으로는 볼 수 없다.

제4절 원물과 과실

　과실(果實)은 물건으로부터 생기는 경제적 이익을, 원물(元物)은 그 과실을 생기게 하는 물건을 각각 의미한다. 과실은 물건의 용법에 따라서 수취되는 산출물인 천연과실(과일, 우유, 양모 등)과 물건의 사용대가로 받는 금전 기타의 물건인 법정과실(이자, 임대료 등)로 나뉜다($^{제101}_{조}$). 천연과실은 원물로부터 분리되기 전에는 원물의 구성부분에 불과하지만, 분리된 때는 독립한 물건이 된다($^{제102조}_{제1항}$). 다만 이 규정은 임의규정이므로 당사자가 이와 다르게 약정할 수 있다. 천연과실의 소유권은 분리되는 때에 그것을 수취할 권리자에게 속하며($^{제102조}_{제1항}$), 일반적으로 원물의 소유자에게 과실수취권이 인정된다($^{제211}_{조}$). 다만 예외적으로 선의의 점유자($^{제201}_{조}$), 지상권자($^{제279}_{조}$), 전세권자($^{제303}_{조}$), 유치권자($^{제323}_{조}$), 질권자($^{제343}_{조}$), 저당권자($^{제359}_{조}$), 매도인($^{제587}_{조}$), 사용차주($^{제609}_{조}$), 임차인($^{제618}_{조}$), 친권자($^{제923}_{조}$), 유증의 수증자($^{제1079}_{조}$) 등에게도 과실수취권이 인정된다.

　법정과실은 수취할 권리의 존속기간 일수의 비율로 취득한다($^{제102조}_{제2항}$). 이 규정도 임의규정이다.

▌대판 1996.9.10, 96다25463
돼지를 양도담보의 목적물로 하여 소유권을 양도하되 점유개정의 방법으로 양도담보설정자가 계속하여 점유·관리하면서 무상으로 사용·수익하기로 약정한 경우, 양도담보 목적물로서 원물인 돼지가 출산한 새끼 돼지는 천연과실에 해당하고 그 천연과실의 수취권은 원물인 돼지의 사용·수익권을 가지는 양도담보설정자에게 귀속되므로, 다른 특별한 약정이 없는 한 천연과실인 새끼 돼지에 대하여는 양도담보의 효력이 미치지 않는다.

제1편　제2편　제3편　제4편　제5편　제6편　제7편　제8편　제9편　계약의 당사자

제 3 편

계약의 성립

제1장 총   론
제2장 대   리

제1장 총론

제1절 계약의 유형

I. 서 론

광의의 계약은 복수의 당사자가 서로 상대방에 대하여 내용적으로 일치하는 의사표시를 함으로써 성립하는 법률행위를 의미한다. 계약(광의의 계약)에는 채권적 계약(채권계약), 물권적 합의(물권계약), 가족법상 계약과 기타 권리에 관한 계약이 있다. 흔히 계약이라고 하면 채권계약(협의의 계약)만을 가리킨다. 민법 제3편 제2장에서 규정하는 계약($^{제527조 내}_{지 제733조}$)은 채권계약에 관한 것이며, 다른 종류의 계약에 관해서도 그 성질이 허락하는 범위 내에서 유추적용된다.

물권계약(물권적 합의)은 물권의 주체를 변동시키는 처분행위이다. 가족법상 계약 중에서 혼인계약($^{제812}_{조}$)과 같이 가족관계의 변동에 관한 것은 채권계약과 성질이 달라 제527조 이하의 규정을 유추적용할 수 없으나, 부부재산계약($^{제829}_{조}$)과 같이 채권계약과 성질이 유사한 계약에는 특칙이 없는 한 채권계약의 규정이 유추적용된다. 이하의 내용은 채권계약을 그 대상으로 한다.

II. 전형계약 · 비전형계약

전형계약은 민법전($^{제3편 제2장 제}_{2절 내지 15절}$)에 규정되어 있는 15가지 유형의 계약을 말하며, 비전형계약은 그 이외의 채권계약을 말한다. 대표적인 비전형계약으로는 리스계약, 은행계약 등이 있다.

비전형계약에는 두 가지 이상의 전형계약 요소가 섞여 있거나, 전형계약의 요소 및 그 이외의 사항이 섞여 있는 계약이 존재하는데, 이를 혼합계약이라고 한다. 혼합계약에서 각각의 전형계약에 배타적으로 포섭되는 부분은 그 전형계약에 상응하는 법적 효력이 부여될 수 있고($^{대판 2010.10.14.,}_{2009다67313}$), 경합하는 부분에는 그 혼합계약의 중심적 요소에 따라서 적용법규가 정해진다. 예컨대 제작물공급계약은 완성된 제작물이 대체물인 경우에는 매매이고, 부대체물인 경우에는 도급계약이 된다($^{대판 2010.11.25.,}_{2010다56685}$).

제1표
제2표
제3표
제4표
제5표
제6표
제7표
제8표
제9표
계약의 성립

Ⅲ. 쌍무계약 · 편무계약

쌍무계약은 계약의 당사자가 부담해야 할 채무가 상호 대가적 · 의존적 관계에 있는 계약을 말하며, 이때 상호부담이 경제적으로 동등할 필요는 없다. 민법상 전형계약 중에서는 매매 · 교환 · 임대차 · 고용 · 도급 · 여행계약 · 조합 · 화해, 소비대차 · 위임 · 임치가 이에 해당한다. 편무계약은 당사자 일방만 채무를 부담하는 경우(📵 증여 · 현상광고) 또는 쌍방이 대가적 · 의존적 관계에 있지 않은 채무를 서로 부담하는 경우(📵 사용대차($\substack{제609조 \\ 이하}$))를 말한다. 쌍무계약과 편무계약의 구별실익은 동시이행항변권($\substack{제536 \\ 조}$), 위험부담($\substack{제537조. \\ 제538조}$)에 관한 규정이 쌍무계약에만 적용된다는 점에 있다.

Ⅳ. 유상계약 · 무상계약

유상계약은 계약의 양당사자가 서로 대가적 의미를 갖는 재산의 출연(出捐)을 내용으로 하는 계약이고, 무상계약은 당사자 일방만이 출연하거나(📵 증여) 쌍방이 출연하더라도 출연사이에 대가적 의미가 없는 계약(📵 사용대차, 무상소비대차)을 말한다. 유상계약에는 매매에 관한 규정, 특히 매도인의 담보책임에 관한 규정 등이 준용된다($\substack{제567 \\ 조}$).

유상계약은 대가적 출연이 있는지 여부가 핵심기준이 되는 반면, 쌍무계약은 양 당사자가 대가적인 채무를 부담하는지가 핵심적 기준이 된다. 유상계약은 쌍무계약보다 성립범위가 넓다. 모든 쌍무계약은 유상계약이지만, 현상광고처럼 편무계약이면서 당사자 일방에 의한 '대가성 있는 출연'이 계약의 성립단계에서 있었다면 유상계약으로 보는 경우도 있다.

Ⅴ. 낙성계약 · 요물계약

당사자의 합의만으로 성립하는 계약을 낙성계약이라고 하고, 합의 이외에 급부(📵 물건의 인도)를 필요로 하는 경우 요물계약이라고 한다. 전형계약 중 요물계약으로는 현상광고가 유일하며, 전형계약 이외에서는 계약금계약, 대물변제($\substack{대판 1999.11. \\ 12. 98두17067}$)를 요물계약으로 보는 견해가 있다.

Ⅵ. 계속적 계약 · 일시적 계약

계약이 일정기간 동안 계속적으로 급부할 의무를 발생시키는 경우(📵 동산의 할부매매), 그러한 계약을 계속적 계약이라고 한다. 반면 급부의 실현이 1회의 급부로 족한 계약을 일시적 계약이라고 한다. 민법상 전형계약 중 계속적 계약으로는 소비대차·사용대차·임대차·고용·위임·임치·조합·종신정기금이 있다. 계속적 계약의 경우 당사자 사이의 신뢰가 중요한 의미를 가지며 계약해제가 아닌 해지의 법리가 적용됨이 원칙이다.

Ⅶ. 예약·본계약

예약이란 향후 일정한 계약(본 계약)을 체결할 것을 사전에 약정하는 계약이며, 이러한 예약에 기하여 체결될 계약이 본계약이다. 예약은 쌍무예약과 편무예약, 쌍방예약과 일방예약으로 나눌 수 있다.

쌍무예약과 편무예약은 계약의 당사자에게 본계약체결의 승낙의무가 있고 본계약체결의 승낙의 의사표시가 있어야 본계약이 성립하게 된다. 다만 승낙의무가 쌍방에게 있으면 쌍무예약, 일방에게만 있으면 편무예약이 된다.

이와는 달리 쌍방예약과 일방예약은 상대방의 승낙을 기다리지 않고 예약당사자 일방이 하는 예약완결의 의사표시만으로 본계약이 성립하게 된다. 이 예약완결권이 쌍방에게 있으면 쌍방예약, 일방에게 있으면 일방예약이 된다. 민법은 매매에 관한 일방예약제도에 대해서만 명문규정(제564조)을 마련하고 있고 이는 다른 유상계약에도 준용된다.

제2절 계약의 성립

Ⅰ. 계약성립의 공통요건

1. 계약성립의 공통요건으로서의 '합의(合意)'

사적자치의 원칙은 사인 사이의 법률관계가 당사자의 자발적인 의사에 의해서 생길 것을 요구하므로, 계약의 법적 구속도 당사자의 '합의'에 의해서 발생함이 원칙이다. 계약이 성립하는 유형으로는, 청약과 승낙(제527조이하), 교차청약(제533조), 의사실현(제532조)의 세 가지가 인정되는데, 어느 것이든 당사자 간에 서로 대립하는 의사표시의 합치, 즉 '합의'를 필요로 하는 점에서는 공통된다. 여기서 '합의'라 함은 일정한 사법적 법률효과의 발생을 목적으로 하는 쌍방의 대립하는 당사자 사이의 의사표시의 합치를 말한다. 계약성립을 위한 합의를 위해서는 객관적 합치와 주관적 합치가 필요하다.

(1) 객관적 합치(내용상의 합치)

객관적 합치는 수개의 의사표시가 내용적으로 일치하는 것을 의미한다. 그리고 합치가 있기 위해서는 청약에서 제시된 사항 모두를 그대로 승낙하여 받아들여야 하기 때문에, 청약에서 제시된 사항에는 승낙이 있으면 계약을 성립시킬 만한 계약의 본질적 요소가 포함되어야 한다. 판례는 객관적 합치가 있다고 하기 위해서는 "당사자의 의사표시에 나타나 있는 사항에 관하여는 모두 일치하고 있어야 하는 한편, 계약 내용의 '중요한 점' 및 계약의 객관적 요소는 아니더라도 특히 당사자가 그것에 중대한 의의를 두고 계약성립의 요건으로 할 의사를 표시한 때에는 이에 관하여 합치가 있어야 한다"고 본다($\binom{\text{대판 2003.4.11.}}{\text{2001다53059}}$). 한편 의사의 합치는 당해 계약의 내용을 이루는 모든 사항에 관하여 있어야 하는 것은 아니나 그 본질적 사항이나 중요 사항에 관하여는 구체적으로 의사의 합치가 있거나 적어도 장래 구체적으로 특정할 수 있는 기준과 방법 등에 관한 합의는 있어야 한다($\binom{\text{대판 2001.3.23.}}{\text{2000다51650}}$).

대판 2003.4.11, 2001다53059

계약이 성립하기 위하여는 당사자의 서로 대립하는 수개의 의사표시의 객관적 합치가 필요하고 객관적 합치가 있다고 하기 위하여는 당사자의 의사표시에 나타나 있는 사항에 관하여는 모두 일치하고 있어야 하는 한편, 계약 내용의 '중요한 점' 및 계약의 객관적 요소는 아니더라도 특히 당사자가 그것에 중대한 의의를 두고 계약성립의 요건으로 할 의사를 표시한 때에는 이에 관하여 합치가 있어야 계약이 적법·유효하게 성립한다.

(2) 주관적 합치(상대방에 대한 합치)

주관적 합치는 당사자의 의사표시가 서로 상대방에 대한 것이어서, 상대방이 누구냐에 관하여 일치된 의사가 있는 것을 의미한다. 예컨대 A의 B에 대한 청약에 대하여 C가 승낙을 하더라도 계약은 성립하지 않는다. 다만 특정의 당사자를 염두에 두지 않은 경우, 즉 불특정 다수인에 대한 청약의 경우에는 위와 같은 의미에서의 주관적 합치는 필요하지 않다.

2. 불합의

(1) 의 의

전술한 바와 같이 계약의 성립에는 합의가 필요하므로, 만일 두 개 이상의 의사표시가 그 내용에 있어서 전면적으로 또는 부분적으로 일치하지 않는다면, 즉 객관적 합치 또는 주관적 합치가 없으면 계약은 성립하지 않는다. 이를 '불합의'라고 한다. 불합의는 의식적인 것과 무의식적인 것으로 나뉜다.

(2) 유 형

불합의에는 의식적 불합의와 무의식적 불합의가 있다. 의식적 불합의는 당사자가 자각해서의식적으로 불일치를 초래하는 경우로, 가령 청약에 대해 조건을 붙이거나 변경을 가하여 승낙을 하는 것($\frac{제534}{조}$)이 이에 해당된다.

무의식적 불합의 또는 숨은 불합의는 사실상 어떠한 점에 대해 불일치가 존재함에도 불구하고 당사자가 이를 모르는 경우를 의미한다. 이때 당사자는 합의가 있어 계약이 성립되었다고 믿기 때문에 여기서의 불합의는 자각되지 않은 잠재적인 것이다. 가령 청약을 받은 자가 청약의 객관적 의미내용을 오해하여 그 청약과 일치하지 않는 승낙을 한 경우, 청약자가 상대방의 침묵을 승낙으로 오해하거나 내용변경 또는 조건부의 수락을 무조건 승낙으로 오해한 경우, 또는 다양한 의미로 사용되는 용어에 관하여 당사자가 그 뜻을 명백히 밝힘이 없이 의사표시를 한 경우 등이 이에 해당한다.

(3) 불합의의 효과 – 계약의 불성립

의식적 불합의든 무의식적 불합의든 합의가 없다는 점에서 계약은 성립하지 않는다($\frac{대판\ 2021.}{1.14,}$ $\frac{2018다}{223054}$). 이와 같은 계약의 불성립은 계약의 성립을 전제로 그 효력을 부정하는 계약의 무효와는 다르다.

▌**대판 2021.1.14, 2018다223054**
계약이 성립하기 위해서는 당사자 사이에 의사의 합치가 있어야 한다. 이러한 의사의 합치는 계약의 내용을 이루는 모든 사항에 관하여 있어야 하는 것은 아니지만, 그 본질적 사항이나 중요 사항에 관해서는 구체적으로 의사의 합치가 있거나 적어도 장래 구체적으로 특정할 수 있는 기준과 방법 등에 관한 합의는 있어야 한다. 한편 당사자가 의사의 합치가 이루어져야 한다고 표시한 사항에 대하여 합의가 이루어지지 않은 경우에는 특별한 사정이 없는 한 계약은 성립하지 않는다.

(4) 무의식적 불합의와 착오의 관계

무의식적 불합의는 대립하는 두 개의 의사표시 사이에 틈이 생겨 어긋나는 것으로 당사자가 이를 모르는 경우이며, 착오는 어떤 하나의 의사표시의 성립과정에서 의사와 표시 사이에 불합치가 있는 경우이다. 무의식적 불합의의 경우 계약은 불성립한다. 착오에 의한 의사표시에는 원칙적으로 표시에 효력을 부여하고 나중에 착오자가 계약을 취소할 수 있다($\frac{제109}{조}$).

의사표시에 따른 계약의 성립 여부가 검토되어 계약의 성립이 인정된 후에 비로소 취소에 따라 계약의 효력을 부정할지의 문제가 검토되어야 한다. 즉 불합의 여부는 계약의 성립문제이고 착오취소는 성립한 계약의 효력문제를 다룬다는 점에서 합의의 존재 여부가 먼저 검토된 후에야 착오취소의 가능성이 검토될 수 있다.

> **사례 1** A와 B는 2020년형 노트북 X모델의 가격에 대해 합의하여 매매계약을 체결하였다. 그런데 A와 B는 노트북을 서로 매도할 의사로 매매계약을 체결한 것이었다. A와 B의 매매계약은 성립하였는가?

| 해설 1 | 불성립하였다.

두 개의 의사표시(A의 의사표시와 B의 의사표시)가 불일치한 무의식적 불합의에 해당하므로 계약은 불성립하였다고 할 수 있다.

사례 2 A는 자신의 그림을 100만 원에 매도하려고 B에게 청약을 하면서 대금을 10만 원으로 잘못 기재했다. 아래의 경우에 계약은 어떠한 내용으로 성립되었는가? 만약 계약이 성립되었다면 착오를 이유로 계약을 취소할 수 있는가?

질문 1) B는 A가 그림의 대가로 100만 원을 받으려 하는데 잘못하여 10만 원으로 잘못 기재한 청약서를 보낸 사실을 알고 있기에 그 가격에(100만 원) 매수하겠다는 답장을 보냈다.

질문 2) B는 A의 진의를 알 수 없는 상태에서 10만 원에 매수하겠다는 답장을 보냈다.

질문 3) B는 A의 의사를 알 수 없는 상태에서 10만 원으로 쓰려고 했는데 잘못하여 100만 원으로 매수한다는 답장을 보냈다.

| 해설 2 |

해설 1) 양 당사자의 의사가 100만 원으로 일치하므로, 자연적 해석에 의해 매매대금을 100만 원으로 하는 계약은 성립하고 별도로 착오취소는 문제되지 않는다.

해설 2) 자연적 해석이 불가능하므로 규범적 해석에 의해 상대방의 시각에서 의사표시를 해석하면 A의 대금에 관한 의사는 10만 원으로 확정된다. 즉 A와 B의 계약은 10만 원으로 성립한다. 다만 A는 착오를 이유로 성립한 계약을 취소할 수 있다.

해설 3) A와 B의 의사표시는 자연적 해석이 불가능하면 규범적 해석에 의하여 상대방의 시각에서 의사표시가 해석되어야 한다. 따라서 A는 10만 원, B는 100만 원의 매도와 매수의 의사가 인정되므로 불합의가 있는데 이를 인식하지 못하였으므로 무의식적 불합의로 계약이 성립하지 않는다. 따라서 애당초 착오로 인한 취소는 문제되지 않는다.

사례 3 A는 그림을 10만 원에 매도할 의사를 갖고 B에게 편지로 청약했는데 잘못하여 100만 원으로 기재했다. B는 A의 의사를 알 수 없는 상황에서 100만 원에 사려는 의사로 답장을 보냈다. 계약의 성립 여부와 착오취소의 가능성은? (현재 그 그림의 시가는 120만 원임)

| 해설 3 | 매매대금은 100만 원에 확정된다. A는 착오취소를 주장할 수 없다.

A의 착오취소는 매매대금을 시가인 120만 원에 받지 못한 것을 회복하기 위한 후회권(Reurecht)으로 사용될 여지가 있기 때문이다. 매도의사보다 좋은 가격에 매매가 성립한 것으로 보는 것이 타당하므로 착오인정을 위한 객관적 현저성이 없다고 판단된다.

사례 4 A는 그림을 100만 원에 B에게 매도하려는 의사를 갖고 편지에 100만 원으로 표시하여 송부했다. 그런데 B는 A의 편지를 잘못 읽고 10만 원에 의사표시한 것으로 알고 10만 원에 매수하겠다는 답장을 보냈다. A는 B의 편지에서 대금을 100만 원으로 써서 보낸 것으로 잘못 읽었다. 계약의 성립 여부와 착오취소의 가능성은?

▌**해설 4** ▌ 계약은 성립하지 않는다. 착오취소는 문제되지 않는다.

A의 의사표시는 100만 원에 매도할 의사이다. 반면에 B의 내심적 효과의사는 10만 원이고 표시로 10만 원으로 기재되었으므로 10만 원이 B의 매수의사의 내용이라고 할 수 있다. 따라서 A와 B의 계약은 불합치로 불성립하고, 착오취소는 문제되지 않는다.

Ⅱ. 청약과 승낙에 의한 계약의 성립

1. 청 약

(1) 의 의

청약은 이에 대응하는 상대방의 승낙의 의사표시만으로 계약을 성립시킬 목적으로 하는 확정적 의사표시이다(대판 2007.6.1, 2005다5812). 예컨대 단순히 물건을 살 것인지 문의하는 것은 청약이 되지 않는다. 대금 등 중요한 내용이 확정되지 않았기 때문이다. 즉 청약은 승낙에 의하여 곧바로 계약의 성립에 필요한 의사합치에 이를 수 있을 정도로 내용적으로 확정되어 있거나 해석에 의하여 확정될 수 있어야 한다(대판 2003.5.13, 2000다45273). 한편 청약은 불특정 다수를 상대로 할 수도 있다.

(2) 청약의 유인과의 구별

(가) 구별기준

청약은 상대방의 승낙과 결합하여 계약을 성립시킬 것을 목적으로 하는 확정적인 의사표시인 반면, 청약의 유인은 이와 달리 합의를 구성하는 의사표시가 되지 못하므로 피유인자가 그에 대응하여 의사표시를 하더라도 계약은 성립하지 않고 다시 유인한 자가 승낙의 의사표시를 함으로써 비로소 계약이 성립한다(대판 2007.6.1, 2005다5812,5829,5836). 요컨대 청약 유인의 상대방(피유인자)이 그에 상응하는 의사표시를 해도 계약은 성립하지 않고 그 자체가 청약이 되어, 유인한 자가 다시 승낙의 의사표시를 함으로써 비로소 계약이 성립한다. 이처럼 표의자의 확정적 구속의사의 유무에 의해 청약과 청약의 유인은 구별되는데, 이는 결국 당사자의 의사표시 해석의 문제이다.

(나) 구체적 구별례

통상 아파트 또는 상가의 분양광고, 구인광고, 주택임대차광고, 상품카탈로그 배부, 기차시간표의 게시 등이 청약의 유인에 해당한다. 이와는 달리 정찰가가 붙은 상품진열(다수설), 자동판매기의 설치 등은 청약에 해당된다.

대판 2001.5.29, 99다55601,55618 [수익보장광고의 의미]
상가를 분양하면서 그 곳에 첨단 오락타운을 조성·운영하고 전문경영인에 의한 위탁경영을 통하여 분양계약자들에게 일정액 이상의 수익을 보장한다는 광고를 하고, 분양계약 체결시 이러한 광고 내용을 계약상대방에게 설명하였더라도, 체결된 분양계약서에는 이러한 내용이 기재되지 않은 점과, 그 후의 위 상가 임대운영경위 등에 비추어 볼 때, 위와 같은 광고 및 분양계약 체결시의 설명은 청약의 유인에 불과할 뿐 상가 분양계약의 내용으로 되었다고 볼 수 없고, 따라서 분양 회사는 위 상가를 첨단 오락타운으로 조성·운영하거나 일정한 수익을 보장할 의무를 부담하지 않는다.

(다) 청약의 유인의 효력

청약의 유인 그 자체는 아무런 효력이 없다. 다만 법률행위의 규범적 해석상 청약의 유인인 아파트 분양광고의 내용이나 조건 또는 설명이 명시적으로 계약내용에 포함되지 않았더라도 일정한 조건하에서는 청약의 유인의 내용을 계약 내용으로 하는 묵시적 합의가 있었던 것으로 인정될 수 있다.

대판 2007.6.1, 2005다5812,5829,5836
선분양·후시공의 방식으로 분양되는 대규모 아파트단지의 거래 사례에 있어서 분양계약서에는 동·호수·평형·입주예정일·대금지급방법과 시기 정도만이 기재되어 있고 분양계약의 목적물인 아파트 및 그 부대시설의 외형·재질·구조 및 실내장식 등에 관하여 구체적인 내용이 기재되어 있지 아니한 경우가 있는 바, 분양계약의 목적물인 아파트에 관한 외형·재질 등이 제대로 특정되지 아니한 상태에서 체결된 분양계약은 그 자체로서 완결된 것이라고 보기 어렵다 할 것이므로, 비록 분양광고의 내용, 모델하우스의 조건 또는 그 무렵 분양회사가 수분양자에게 행한 설명 등이 비록 청약의 유인에 불과하다 할지라도 그러한 광고 내용이나 조건 또는 설명 중 구체적 거래조건, 즉 아파트의 외형·재질 등에 관한 것으로서 사회통념에 비추어 수분양자가 분양자에게 계약 내용으로서 이행을 청구할 수 있다고 보이는 사항에 관한 한 수분양자들은 이를 신뢰하고 분양계약을 체결하는 것이고 분양자들도 이를 알고 있었다고 보아야 할 것이므로, 분양계약시에 달리 이의를 유보하였다는 등의 특단의 사정이 없는 한, 분양자 수분양자 사이에 이를 분양계약의 내용으로 하기로 하는 묵시적 합의가 있었다고 봄이 상당하다.

위의 판결은 아파트 분양광고를 청약으로 본 것이 아니다. 단지 목적물의 외형 및 재질에 관한 부분이 별도로 분양계약서에 나타나 있지 않았을 때, 목적물의 외형 및 재질에 관한 내용이 특정되지 않은 상태에서는 분양계약이 완결될 수 없으므로 이를 정하는 당사자의 묵시적 합의가 있어야 하는데 그 의사를 광고내용에 표시된 것으로부터 추단해 낸 것이다.

사례 5 시행사 A는 아파트를 분양하면서 온천, 바닥재(원목마루), 서울대학교의 이전, 테마공원, 유실수단지 조성, 일산과 금촌을 연결하는 도로의 확장, 콘도이용권의 제공, 전철복선화 등의 내용을 분양광고에 실었다. 이에 B 등은 A와 분양계약을 체결하였다. 그런데 수분양자 B와 시행사 A가 체결한 분양계약서에는 온천, 바닥재(원목마루), 서울대학교의 이전, 테마공원, 유실수단지 조성, 일산과 금촌을 연결하는 도로의 확장, 콘도이용권의 제공, 전철복선화 등에 대한 아무런 내용이나 조건이 기재되어 있지 않았다. 나아가 아파트의 외형·재질에 대해서도 별다른 내용이 없었다.

위에서 열거한 분양광고 내용 중, 계약의 내용을 이룬다고 볼 수 있는 것들은?

(대판 2007.6.1, 2005다5812,5829,5836 참조)

| **해설 5** | 판례에 따를 때 온천, 바닥재(원목마루), 테마공원, 유실수단지 광고, 콘도이용권의 제공 광고는 분양계약의 내용이 된다.

(3) 청약의 효력

청약의 효력은 그 의사표시가 상대방에게 도달한 때로부터 발생한다(제111조 제1항). 청약자가 그 통지를 발송한 후 사망하거나 제한능력자가 되어도 청약의 효력에는 영향이 없다(제111조 제2항).

청약의 효력이 발생하면, 임의로 철회하지 못한다(제527조 제1항). 반대해석상 청약의 효력이 발생하기 전까지는 철회할 수 있다.

청약은 그것에 대한 승낙이 있으면 바로 계약을 성립하게 하는 효력, 즉 승낙을 받을 수 있는 효력을 가진다. 이를 '승낙적격'이라고 한다. 승낙기간이 정해져 있는 경우에는 그 기간내에 승낙의 통지를 받지 못하면 청약은 효력을 잃는다(제528조 제1항). 승낙기간을 정하지 않은 때에는 승낙에 필요한 상당한 기간 내에 승낙의 통지를 받지 못하면 그 청약은 효력을 잃는다(제529조).

> **상법** 상법상의 특칙
>
> 상법 제51조에는 "대화자 간의 계약의 청약은 상대방이 즉시 승낙하지 아니한 때에는 그 효력을 잃는다"고 규정되어 있다.

청약자가 미리 정한 기간 내에 이의를 하지 아니하면 승낙한 것으로 간주한다는 내용을 청약시에 표시했더라도 그 표시는 상대방을 구속하지는 못한다. 청약의 상대방에게 청약을 받아들일 것인지 여부에 관하여 회답할 의무를 일방적으로 부과하는 법적 효과를 인정할 수는 없기 때문이다. 다만 적시한 기간은 경우에 따라 승낙기간의 의미를 가질 수 있다(대판 1999.1. 29, 98다48903). 상법 제53조에 의하면 상인이 상시거래관계에 있는 자로부터 그 영업부류에 속한 계약의 청약을 받은 경우에는 청약을 받아들일 것인지 여부에 관하여 회답할 의무가 있다.

> **| 대판 1999.1.29, 98다48903**
> 청약이 상시거래관계에 있는 자 사이에 그 영업부류에 속한 계약에 관하여 이루어진 것이어서 상법 제53조가 적용될 수 있는 경우가 아니라면, 청약의 상대방에게 청약을 받아들일 것인지 여부에 관하여 회답할 의무가 있는 것은 아니므로, 청약자가 미리 정한 기간 내에 이의를 하지 아니하면 승낙한 것으로 간주한다는 뜻을 청약시 표시하였다고 하더라도 이는 상대방을 구속하지 아니하고 그 기간은 경우에 따라 단지 승낙기간을 정하는 의미를 가질 수 있을 뿐이다.

제1편 제2편 제3편 제4편 제5편 제6편 제7편 제8편 제9편 계약의 성립

사례 6 甲은 乙에게 정수기를 매수할 것을 내용으로 하는 청약의 의사표시를 하면서, "일주일 이내에 이의를 하지 않으면, 승낙한 것으로 간주한다"고 하였다. 乙이 일주일 안에 이의를 제기하지 않은 경우, 甲과 乙의 정수기 매매계약은 성립하는가?

┃해설 6┃ 성립한 것으로 볼 수 없다.
乙은 상대방 甲에게 청약을 받아들일 것인지 여부에 관하여 회답할 의무가 없으므로, 청약자가 미리 정한 기간 내에 이의를 하지 아니하면 승낙한 것으로 간주한다는 내용을 청약시에 표시했더라도 그 표시로 상대방을 구속하지는 못한다. 甲과 乙이 상인이라도 상시거래관계가 없다고 볼 수 있는 경우라면 이를 인정하지 못한다.

2. 승 낙

(1) 의 의

승낙이란 청약에 대하여 청약의 상대방이 청약의 내용에 따라 계약을 성립시키겠다고 하는 의사표시를 의미한다. 승낙에 의해 계약이 성립한다는 점에서 승낙의 효력은 곧 계약의 성립이라고 할 수 있다. 청약은 불특정다수인에게도 할 수 있지만, 승낙은 특정의 청약자에게만 할 수 있다. 승낙자가 계약을 성립시키려면 청약에 대하여 조건이나 변경없이 청약에 동의해야 한다. 만일 승낙자가 청약에 대하여 조건을 붙이거나 변경을 가하여 승낙한 때에는 그 청약을 거절한 것으로 보며, 승낙은 새로운 청약이 된다(제534조).

대화자간 계약에서는 의사표시의 일반원칙에 따라 도달주의에 의한다(제111조 제1항). 그러나 격지자간 계약은 발신주의를 취한다(제531조). 격지자간의 계약은 장소적 의미가 아니라 발신과 도달 사이에 시간적 격차가 있는 계약을 말하는 것으로 보아야 한다. 즉 멀리 떨어진 사람 사이의 계약이 전화나 문자로 이루어지는 경우에는 대화자간의 계약으로 보아야 한다.

그 기간 내에 승낙의 통지를 받지 못한 때에는 청약은 그 효력을 잃는다(제528조 제1항, 제2항, 제3항 참조[1]). 특히, 제528조 제2항에 의해 청약자는 승낙자에게 연착의 통지의무를 부담한다. 청약자가 부담하는 연착의 통지의무는 전형적인 간접의무(이행강제는 안 되나 불이행의 경우에 불이익이 부과됨)에 해당한다.

제529조에 의해 상당한 기간 내에 통지를 받지 못하면, 계약의 청약은 효력을 잃는다.

연착된 승낙에 승낙의 효력은 없고 새로운 청약으로 볼 수 있다(제530조). 제528조 제2항의 연착통지의무를 이행한 경우에도 동일하다.

변경을 가한 승낙은 그 청약을 거절함과 동시에 새로 청약한 것으로 본다(제534조). 단, 청약의

---

1) **제528조 (승낙기간을 정한 계약의 청약)** ① 승낙의 기간을 정한 계약의 청약은 청약자가 그 기간내에 승낙의 통지를 받지 못한 때에는 그 효력을 잃는다.
② 승낙의 통지가 전항의 기간후에 도달한 경우에 보통 그 기간내에 도달할 수 있는 발송인 때에는 청약자는 지체없이 상대방에게 그 연착의 통지를 하여야 한다. 그러나 그 도달전에 지연의 통지를 발송한 때에는 그러하지 아니하다.
③ 청약자가 전항의 통지를 하지 아니한 때에는 승낙의 통지는 연착되지 아니한 것으로 본다.

동일성에 영향을 주지 않는 경우에는 변경이 있다고 볼 수 없다.

> **사례 7** 2015년 5월 12일 오전 11시에 인터넷으로 청약통지를 하면서 승낙은 통지한 날부터 10일 이내까지 해달라고 할 때에 승낙적격기간은 언제까지인가?
>
> **해설 7** 5월 22일 24:00까지
> 초일불산입의 원칙($\frac{제157}{조}$)에 의해 5월 13일 00:00부터 기산하여 10일이 만료하는 날까지($\frac{제159}{조}$)이므로 5월 22일 24:00까지라고 할 것이다.

대판 2002.4.12, 2000다17834
매매계약 당사자 중 매도인이 매수인에게 매매계약을 합의해제할 것을 청약하였다고 할지라도, 매수인이 그 청약에 대하여 조건을 붙이거나 변경을 가하여 승낙한 때에는 민법 제534조의 규정에 비추어 보면 그 청약의 거절과 동시에 새로 청약한 것으로 보게 되는 것이고, 그로 인하여 종전의 매도인의 (합의해제계약의) 청약은 실효된다.

(2) 격지자간 계약의 성립시기

승낙의 의사표시는 도달주의를 취하는데($\frac{제528조 제1항}{및 제529조}$) 격지자간 계약의 성립은 승낙이 발신되었을 때 성립하는 발신주의를 취하고 있다($\frac{제531}{조}$).

제531조의 의미를 해석하는 데 승낙기간 내의 도달을 정지조건으로 하여 승낙통지를 발송한 때에 소급하여 계약이 성립하는 것으로 보는 정지조건설(도달강조설)이 있다. 이와는 달리 승낙의 통지를 발송한 때에 먼저 계약은 성립하고 통지가 승낙적격기간 내에 도달하지 않으면 소급하여 계약성립을 부정하는 견해, 즉 승낙의 불도달을 해제조건으로 하여 발신시에 계약이 성립한다는 해제조건설(발신강조설)이 있다.

다수설인 해제조건설에 따르면 발신된 후에는 도달 전이라도 철회가 불가능하고, 매매의 경우 제374조를 근거로 선관주의의무가 인정된다. 또한, 증명책임에 대해서도 승낙자는 승낙의 발송만을 증명하면 되고 도달 여부는 청약자(수신자)가 증명하여야 한다. 이에 비하여 정지조건설은 발신된 후 도달 전이라도 철회가 가능하며, 매매의 경우 신의칙상 선관주의의무가 인정되고, 증명책임에 대해서도 승낙자가 발송 및 도달 사실까지 증명해야 한다고 본다.

생각건대 승낙의 의사표시가 청약자에게 도달하지 않아 계약의 성립여부를 알지 못한 상태에서도 이미 계약의 효력을 인정하는 것은 청약자에게 과도하게 불리하므로 정지조건설이 타당하다. 정지조건의 성취 여부는 계약의 효력발생을 주장하는 사람이 증명해야 하는데, 그 사람은 청약자도 승낙자도 될 수 있으므로 청약자 또는 승낙자인지는 증명책임의 주체를 정하는 기준이 될 수는 없다. 다만 통상적으로는 청약자가 원고인 경우가 대부분이므로 청약자가 도달을 증명해야 한다고 할 수 있다. 그러나 승낙자가 원고인 경우에는 승낙자가 도달을 증명해야 한다고 볼 것이다(해제조건설에 의할 때에는 피고(대부분의 경우 승낙자일 것임)가 조건의 성취를 증명해야 한다). 즉 조건 성취에 대한 일반적인 증명책임의 법리가 여기서도 적용되어야 한다.

사례 8 격지자간의 계약에서 승낙기간을 5월 10일로 하여 청약의 의사표시를 했다. 상대방의 승낙의사표시가 5월 1일 발송되어 청약자에게 5월 5일에 도달한 경우 계약의 성립은? 만약 승낙적격이 5월 1일이었다면?

┃**해설 8**┃ 승낙적격이 5월 10일이었다면 승낙기간에 도달하였으므로, 양 학설 모두 5월 1일 계약은 성립되었다.
반면에 승낙적격이 5월 1일이었으면 승낙의 의사표시는 승낙기간에 도달하지 않았으므로, 양 학설 모두 계약이 성립하지 않는다.

---

(3) 대화자간의 계약성립시기

명문규정은 없으나 의사표시의 일반원칙에 따라 승낙의 의사표시가 상대방에게 도달한 때에 계약은 성립한다.

3. 경매와 입찰(계약의 경쟁체결)

경매는 주체에 따라 사인에 의한 사경매와 법률에 의해 국가기관이 행하는 공경매로 분류할 수 있는데, 사경매만이 청약 및 승낙에 의한 특수한 형태의 계약에 해당된다(공경매의 경우 민사집행법에 의하여 별도로 규율된다). 사경매에서는 경매자가 경매에 붙인다는 표시인 청약의 유인으로 시작하여 경매에 응한 자가 일정한 가격을 표시함으로써 청약하게 된다. 입찰은 입찰공고를 한 뒤 경쟁자가 입찰을 하고 입찰을 붙인 사람이 개찰한 후 낙찰을 결정한다. 경매와는 달리 입찰에서는 다른 경쟁자의 표시내용을 알 수 없다. 입찰공고의 법적 성질에 관해서 통설적 견해는 청약의 유인으로 본다.

```
         경매    ┌─ 값이 내려가는 경매: 가격제시(청약) + 사겠다는 의사표시(승낙)
      (사경매만) ├─ 값이 올라가는 경매:
                │      최저가가 없을 때: 경매신청(청약유인) + 호가(청약) + 경매신청자의 승낙(승낙)
                │      최저가가 있을 때: 최저가표시(청약) + 호가(조건부승낙, 즉 청약) + 경매신청자
                │                          의 수락(승낙)
        └─ 입찰: 입찰의 표시(청약유인) + 응찰(청약) + 결정(승낙)
```

경쟁자의 계약조건을 알고 하는 경우는 경매, 모르고 자기의 조건을 제시하면 입찰이 된다.

Ⅲ. 기타방법에 의한 계약 성립

1. 의사실현에 의한 계약의 성립($\binom{제532}{조}$)[2]

(1) 의 의

승낙의 의사표시 대신에 이를 추단할 수 있는 행위만 있을 때에도 계약이 성립할 수 있다. 단 청약자의 의사표시나 관습에 의해 승낙의 통지가 필요하지 않은 경우에 한하여 의사실현에 의한 계약의 성립이 인정된다. 청약한 목적물의 제작을 시작하는 행위, 청약과 함께 보내온 상품을 사용·처분하는 행위 등이 이에 해당할 것이다.

> **사례 9** 청약자 甲이 "보낸 물건을 사용하는 경우에는 승낙으로 간주하겠다"는 문구와 함께 乙에게 물건을 송부하였는데 乙이 이를 사용하였다면, 甲과 乙의 계약은 성립한 것인가?
>
> **┃해설 9┃** 계약은 성립했다.
> 상대방이 이를 수령하여 사용하였다면, '청약자의 의사표시'에 의해 승낙의 통지 없이 乙의 의사실현으로 계약은 성립한다.

(2) 요 건

(가) 승낙의 통지가 필요하지 아니한 경우이어야 한다

청약자의 의사표시로 승낙통지가 요구되지 않는 경우 및 관습에 의해 승낙이 필요하지 않은 경우 등이 있을 것이다. 이러한 요건은 의사실현행위에서만 요구되고 묵시적 의사표시에서는 요구되지 않는다.

(나) 승낙의 의사표시로 인정되는 사실(의사실현행위)이 있어야 한다

상대방의 의사실현행위가 있었다면 그 사실을 청약자가 몰랐더라도 계약은 성립한다. 의사실현행위가 의사표시에 포함되는지가 문제된다. 학설은 긍정설과 부정설로 견해가 나뉜다. 생각건대 의사표시는 의사와 표시로 구성되어 있지만, 의사가 그 핵심적 요소이고 내적으로 형성된 의사를 외부에 표시되는 방법 가운데 특수한 형태가 의사실현행위라고 이해해야 할 것이다. 의사표시의 본질은 '자기결정에 의한 법률관계의 형성'에 있으므로, 의사실현행위도 자기결정을 실현하기 위한 의사의 존재를 통상의 의사표시와 공유하므로 의사표시에 해당된다고 보는 것이 타당하다. 의사의 통지가 없었다는 점이 의사표시에 포섭될 수 없는 이유가 될 수 없다. 만일 의사실현행위를 의사표시로 보지 않으면 의사표시에 의하지 않고서도 계약의 성립을 인정하게 되어 종래 의사표시를 전제로 구성된 법률행위개념 내지 계약의 개념정의도 새롭게 구성

---

2) 제532조 (의사실현에 의한 계약성립) 청약자의 의사표시나 관습에 의하여 승낙의 통지가 필요하지 아니한 경우에는 계약은 승낙의 의사표시로 인정되는 사실이 있는 때에 성립한다.

되어야 하는 문제가 발생한다.

▌대판 2005.12.23, 2003다30159
예금계약은 예금자가 예금의 의사를 표시하면서 금융기관에 돈을 제공하고 금융기관이 그 의사에 따라 그 돈을 받아 확인을 하면 그로써 성립하며, 금융기관의 직원이 그 받은 돈을 금융기관에 실제로 입금하였는지 여부는 예금계약의 성립에는 아무런 영향을 미치지 아니한다.

심화학습

의사실현행위에 의한 계약성립과 추단적 의사표시에 의한 계약성립의 구별기준은 무엇인가? 양자를 구별할 실익이 있는가?

해설 구별기준은 명확하지 않지만 구별실익은 있다.

제532조의 의사실현행위라면 그 사실을 청약자가 인식하지 않아도 (즉 도달하지 않아도) 계약의 효력이 발생하나, 추단적 의사표시인 경우에는 여전히 의사표시의 일종이므로 원칙상 도달해야 한다. 예컨대 의사실현행위가 있으면 그 실현행위를 상대방이 인식한 시점이 다르거나, 심지어는 상대방의 인식이 없더라도 계약이 성립한다. 즉 의사실현행위는 특수한 형태의 추단적 의사표시에 해당되지만 요건면에서 승낙의 통지가 필요하지 않은 경우에만 인정되며, 그 효력면에서 계약의 성립시점이 일반적인 추단적 의사표시와는 다르다는 특징이 있다. 다른 추단적 의사표시의 경우 그 의사표시가 상대방에게 도달했을 시점에 계약이 성립하지만, 의사실현행위에 해당되면 그 의사가 실현된 시점에 계약이 성립한다고 할 것이다.[3]

사견으로는 제532조의 적용범위를 축소하는 것이 바람직하다고 본다. 청약자가 상대방의 의사실현행위가 있었음을 인식하지 못했음에도 불구하고 계약의 효력을 그대로 인정하는 것은 청약자에게 지나치게 불리하므로 바람직하지 않기 때문이다. 그러나 청약에 승낙의 의사표시가 도달하기 전에도 승낙의사표시의 발송만으로 계약이 성립함을 표시했다면 청약자가 상대방의 의사실현 행위에 대해 인식하지 못한 경우라도 곧바로 그 계약의 성립을 인정하는 것이 과도한 불이익에 해당하지는 않는다. 승낙의 의사표시 없이 계약이 성립되는 위험을 스스로 용인했기 때문이다. 또한 관습에 의하여 이러한 영역을 인정하는 것도 매우 예외적인 경우로 제한되어야 할 것이다.

(다) 의사표시의 합치가 있어야 한다

의사실현행위를 의사표시로 보는 이상, 의사실현에 의한 계약이 성립되기 위해서는 의사의 합치가 필요하게 된다.

(3) 효 과

(가) 계약의 성립시기

의사실현행위가 객관적으로 발생한 시점에 계약은 성립한다. 요컨대 사실의 발생시 청약자

---

3) 물론 보통 의사실현행위가 격지자간에 이루어지는데 이때에는 의사표시를 발송하는 시점에 계약의 효력이 발생한다 (제531조). 격지자간에 추단적 의사표시행위가 있었다면 그 표시행위가 의사표시의 발송시점이 될 것이다. 이 점에서는 통상의 격지자간의 의사표시와 유사해 보인다. 그러나 제532조는 의사실현행위를 상대방이 인식하지 못했더라도 계약이 성립한 것으로 본다는 점에서 중요한 차이가 있다.

가 그 사실을 알았는지에 관계없이 계약은 성립한다.

(나) 외형상 의사실현행위가 있었으나 승낙의사가 없을 때의 효과

의사실현의 본질을 의사표시로 이해한다면 의사표시에 관한 효과는 의사실현행위에도 인정된다. 예컨대 수취인인 남편이 반송하려고 놓아둔 물건을 아내가 이를 풀어 사용한 경우, 수취인은 승낙의 의사표시를 할 생각이 없음을 증명하여 계약의 불성립을 주장할 수 있을 것이다.

(다) 묵시적 의사표시와 의사실현행위의 관계

일반적으로 묵시적 의사표시라도 그것이 의사표시의 본질을 갖고 있는 경우에는 그 의사표시가 상대방에게 도달해야 하지만, 제532조의 특별한 요건(청약자의 의사표시나 관습이 있는 경우)을 구비한 의사실현에 기한 묵시적 의사표시에 해당된다면, 그때에는 도달하지 않아도 계약이 성립한 것으로 보아야 할 것이다. 의사실현의 사실은 외부적으로 인식될 수 있어야 한다. 다만, 청약자가 그러한 의사실현의 사실을 알고 있어야 하는 것은 아니다.

2. 교차청약

의사표시가 내용적으로 합치하지만 상대방의 의사표시에 대한 승낙이 아니라 모두 청약의 형태를 구성한다면 양 청약이 모두 상대방에게 도달한 때에 계약이 성립한다($^{제533}_조$). 이때 제531조와는 달리 도달주의 원칙($^{제111}_조$)이 적용된다.

> **사례 10** 甲은 乙의 노트북을 200만 원에 구매할 의사를 2019.5.9. 발송하였고, 이는 2019.5.15. 乙에게 도달하였다. 반대로 乙은 2019.5.11. 甲에게 자신의 노트북을 200만 원에 살 것인지에 대한 매도의 의사를 발송하였고, 이는 2019.5.14. 甲에게 도달하였다. 甲과 乙의 계약은 성립하였는가? 성립하였다면 언제 성립한 것인가?
>
> **해설 10** 甲과 乙의 계약은 2019.5.15. 성립하였다.
> 교차청약에 해당하여 甲과 乙의 계약은 성립하였고, 계약 성립일은 늦게 도달한 의사표시를 기준으로 2019.5.15.이다.

심화학습

이와 같은 교차청약에 의한 계약성립은 격지자간의 계약이므로 다시 제531조가 적용되어 최후 청약의 발송시점인 2019.5.11.에 계약성립을 인정할 수 있는가?

해설 그렇지 않다.

교차청약에 관한 규정($^{제533}_조$)은 본질적으로 격지자간의 계약을 전제로 하고 있다. 청약의 의사표시가 발송되었으나 이를 인식하기 전에, 내용적으로는 승낙에 해당되는 청약을 하는 경우가 예상되기 때문이다. 제533조는 격지자간의 교차청약을 주된 규율대상으로 하기 때문에 청약과 그에 따른 승낙을 전제로 한 제531조의 적용은 배제된다. 따라서 제533조에 따라 도달한 시점을 기준으로 계약성립을 인정해야 한다.

Ⅳ. 사실적 계약관계론

1. 의 의

통신이나 교통수단, 수도와 가스의 공급, 사실적 취업관계의 개시 등과 같이 일상생활에 밀접하고 대량으로 반복적으로 이루어지는 계약유형에서는 당사자의 사실상의 용태나 행위만으로 당사자의 구체적 의사와 관계없이 계약관계가 성립한다는 이론이다. 즉 사회정형적 행위가 있는 경우 의사와 관계없이 계약의 성립을 인정한다.

2. 인정 여부

학설 중에는 현대생활의 집단적 거래요청에 부응하기 위하여 이를 인정할 필요가 있다는 견해가 있다. 그러나 당사자의 사적자치는 행위자가 일정한 법률효과의 발생을 거부할 소극적 의미의 계약체결의 자유도 포함하므로, 당사자의 효과의사와 무관하게 그의 일정한 행위에 계약이 체결된 것과 같은 효과를 부여하는 것은 타당하지 않다. 또한 사실적 계약관계론은 제한능력자 등의 보호에 미흡할 뿐만 아니라, 이를 인정하지 않는다 하더라도 의사실현행위에 의한 계약, 묵시적 의사표시, 추단적 행위, 행위에 모순되는 이의금지의 원칙, 부당이득 및 불법행위 법리에 의해 문제를 합리적으로 해결할 수 있다는 점에서 인정 실익은 없다.

> **심화학습**
>
> **행위에 모순되는 이의금지의 원칙(모순행위금지의 원칙 또는 금반언의 원칙)**
>
> 모순행위 금지의 원칙이란 어떤 행위를 한 자가 후에 그와 모순되는 권리행사를 함으로써 상대방의 신뢰를 해치는 경우에 그 후행행위의 효력을 인정하지 않는 원칙을 말한다. 이러한 원칙이 적용되기 위해서는 (i) 상대방에게 일정한 신뢰를 부여하는 행위를 하고, (ii) 상대방이 이를 신뢰한 것이 객관적으로 보호받을 만한 정당한 것이어야 한다.

사례 11 독일 Hamburg 시는 과거 무료로 주차를 허용하던 시유지의 일부를 유료주차장으로 지정하고 그에 대한 관리와 운영을 한 사기업체에 위임하였다. 그런데 어떤 자동차 소유자가 유료주차장이라고 명시되어 있는 그 곳에 자기 자동차를 주차하면서 "시유지는 종전처럼 무료로 공동사용할 권리가 있다고 말하는 한편, 그 곳의 감시원에게 자기 차를 감시할 필요가 없으며, 주차료도 지급하지 않겠다"는 의사를 사전에 명백히 하였다. 주차장 운영업체는 자동차 소유자에게 어떠한 근거로 주차료를 청구할 수 있는가?
(이 사안은 사실적 계약관계론의 인정 여부가 다투어진 독일의 유명한 함부르크 주차장 사례이다(BGHZ 21,319))

> **해설 11** 청구할 수 있다.
> 사안의 경우 사실적 계약관계론에 따라 계약의 체결을 전제로 자동차 소유자에게 주차요금을 주장할 수도 있을 것이다. '행위와 모순되는 이의의 금지원칙'에 의하더라도 자동차 소유자는 이용료 지급을 거부할 수 없을 것이다. 그런데 이 사안을 계약책임으로 구성하면, 계약체결을 거부하는 당사자의 의사가 무시되어 계약체결의 자유를 침해할 수도 있다. 더 나아가 주차관리업체에 오히려 계약책임을 주장할 수 있는 모순점이 발견될 수도 있다(예컨대 자동차 소유자가 주차를 하면서 계약체결을 명시적으로 거부하였음에도, 만약 돌아와 보니 자기 자동차가 파손된 경우). 따라서 본 사안에서는 사실적 계약관계론 또는 '행위와 모순되는 이의의 금지의 원칙'을 원용하여 주차계약성립을 인정할 것이 아니라, 이용자의 의사표시에 의하여 계약이 불성립되었다고 보아야 할 것이다. 따라서 주차장 무단 이용자는 자기 자동차가 견인될지 모르는 불이익을 감수하여야 함은 물론 부당이득이나 불법행위에 따른 책임을 부담하여야 할 것이다. 이 때 피고가 부담하는 이득상환 내지 손해배상의 범위는 소정의 주차료 상당액으로 보아야 할 것이다.

V. 약관에 의한 계약의 성립

1. 약관의 의의

약관이란 그 명칭이나 형태 또는 범위를 불문하고 계약의 일방 당사자(사업자)가 다수의 상대방(고객)과 계약을 체결하기 위하여 일정한 형식에 의하여 미리 마련한 계약의 내용이 되는 것을 말한다($\frac{약관규제법}{제2조\ 제1항}$). 우리는 경제적 약자의 보호(일방적 체약강제를 피하는 수단)를 위하여, 1986년 약관규제법을 제정하여 약관을 규제하고 있다.

2. 약관의 법적 성질(약관구속력의 근거)

약관의 구속력에 대해 학설은 규범설과 계약설로 나뉘지만, 약관작성자와 상대방의 합의에 의해 구속력이 생긴다고 보는 계약설이 타당하다. 작성자(사업자)에 의한 약관의 제시는 일종의 청약으로 이 약관이 법적인 구속력을 갖기 위해서는 고객의 승낙의 의사표시가 필요하다. 이와 같이 약관이 계약에 포섭되어 그 내용을 구성하는 것을 '계약 편입'이라 한다. 일반거래약관이 계약의 내용이 되어 구속력을 갖는 근거는 계약당사자가 이를 계약의 내용으로 하기로 하는 명시적 또는 묵시적 합의에 있다($\frac{대판\ 2004.11.11.}{2003다30807}$). 다만 개별적인 약관조항마다 합의가 있어야 하는 것은 아니고, 약관을 전체로서 계약의 내용으로 한다는 포괄적인 합의만으로도 충분하다.

대판 2004.11.11, 2003다30807
보통보험약관을 포함한 이른바 일반거래약관이 계약의 내용으로 되어 계약당사자에게 구속력을 갖게 되는 근거는 그 자체가 법규범 또는 법규범적 성질을 갖기 때문은 아니며 계약당사자가 이를 계약의 내용으로 하기로 하는 명시적 또는 묵시적 합의를 하였기 때문이다.

3. 약관의 계약으로의 편입

(1) 의 의

사업자는 대량의 집단거래를 통일적이고 신속하게 처리하기 위해 약관을 작성할 수 있지만, 일반인이 방대하고 상세한 약관을 모두 읽고 이해하는 것은 현실적으로 어렵다. 따라서 약관규제법은 사업자에게 중요한 내용만이라도 명시하고 설명하여야 할 의무를 부과하고 그 위반시 제재함으로써 공정한 계약을 구현하여 소비자 보호라는 헌법적 가치의 실현을 추구하고 있다. 상대방인 고객이 알 수 없는 가운데 약관에 정하여진 중요한 사항이 계약 내용으로 되어 고객이 예상하지 못한 불이익을 받게 되는 것을 피하고자 하는 데 그 취지가 있다고 할 것이다(대판 1999.9.7, 98다19240).

약관설명의무를 이행해야 하는 사업자라 함은, 계약의 일방 당사자로서 타방 당사자에게 약관을 계약의 내용으로 할 것을 제안하는 자를 말한다.

(2) 약관의 설명·명시의무의 내용

사업자는 '중요한 내용'을 고객이 이해할 수 있도록 설명하여야 한다. 여기서 '중요한 내용'은 고객이 약관의 내용에 관하여 설명을 들어 알았더라면 당해 계약을 체결하지 않았으리라고 인정되는 사실을 말한다. 또한 그 설명은 고객에게 직접 구두로 하는 것이 원칙이지만, 특별히 중요한 조항을 일목요연하게 정리하여 문서화(질문표)하고 고객의 서명날인을 받는 것도 가능하다. 여기서 '설명의 정도'는 구체적이고 상세한 것이어야 한다(대판 1992.3.10, 91다31883). 계약의 성질상 설명이 현저히 곤란한 경우에는 설명의무가 면제되는데, 이에는 예를 들어 무인시설이나 자동판매기, 은행거래, 대중교통 운송 등이 있을 것이다(약관규제법 제3조 제2항).

(3) 약관규제법상의 설명의무의 범위

(가) 중요한 내용의 판단 여부

설명의 범위는 약관에 명시되어 있는 '중요한 내용'이다. 여기서 '중요한 내용'이란 당해 고객의 이해관계에 중대한 영향을 미치기 때문에 계약체결시 반드시 알아두어야 할 사항으로서 사회통념상 당해 사항을 알았는지가 계약의 체결에 영향을 미칠 수 있는 사항으로도 설명된다(대판 2007.8.23, 2005다59475). 독일의 경우에는 보험계약법에서 보험자에 대한 매우 구체적인 정보제공의무 등을 규정하고 있다. 그러나 우리는 약관규제법상 약관설명의무에 대하여 단지 '중요한 내용'이라는 추상적인 기준만을 제시하고 있을 뿐, 구체적인 기준은 없다. 무엇이 중요한 내용에 해당하는 지는 법원의 개별사건의 소송내용을 통해서 판단할 수밖에 없다($\binom{대판\ 2008.12.}{16,\ 2007마1328}$).

(나) 판 례

일반거래상 자유롭게 양도될 가능성이 큰 금전채권의 일종인 예금채권에 대하여 은행거래약 관에서 양도금지의 특약을 정하고 있는 것은 예금주의 이해관계와 밀접하게 관련되어 있는 중 요한 내용이라고 판시하였다($\binom{대판\ 1998.11.}{10,\ 98다20059}$). 또한 자동차종합보험계약상 가족운전자 한정운전특약 은 보험자의 면책과 관련되는 중요한 내용에 해당하는 사항으로서 일반적으로 보험자의 구체 적이고 상세한 명시·설명의무의 대상이 되는 약관이라고 보고 있다($\binom{대판\ 2003.8.22.}{2003다27054}$). 다만 일반적 으로 중요한 사항이라도 고객이 당해 내용을 충분히 잘 알고 있거나, 당해 거래에서 '거래상 일반적이고 공통된 것'이어서 고객이 충분히 예상할 수 있었거나($\binom{대판\ 1990.4.27.}{89다카24070}$), 당해 계약에 당 연히 적용되는 법령에 의하여 정하여진 것을 되풀이하거나 부연하는 정도에 불과한 경우($\binom{대판\ 2004.}{11.25,\ 2004\ 다28245}$)는 설명의무의 대상이 아니다.

(다) 증명책임

약관의 중요한 내용에 해당하는 사항이라 하더라도 계약자나 그 대리인이 이미 그 내용을 충분히 잘 알고 있었다면 당해 약관의 내용을 따로 설명하지 않아도 계약 내용이 되어 당사자 에 대하여 구속력을 가진다. 상대방이 그 중요한 내용을 잘 알고 있었다는 점에 관한 증명책임 은 사업자 측에 있다($\binom{대판\ 2003.8.22.}{2003다27054}$).

(4) 설명의무 위반의 효과

사업자가 명시·설명의무를 위반하여 계약을 체결한 경우에는 해당 약관을 계약의 내용으로 주장할 수 없다($\binom{약관규제법}{제3조\ 제4항}$). 그러나 고객은 이를 계약의 내용으로 주장할 수 있다.

4. 약관의 해석

약관해석은 법률의 해석이 아닌 법률행위 해석을 의미한다. 약관규제법은 해석과 관련하여 몇 가지 원칙을 규정하고 있다.

대판 2001.3.23, 2000다71555
법률행위는 당사자의 내심적 의사 여하에 관계없이 당사자가 그 표시행위에 부여한 객관적 의미를 합리적으로 해석하여야 하고, 특히 그 계약의 내용이 당사자 일방이 작성한 약관의 내용으로서 상 대방의 법률상의 지위에 중대한 영향을 미치게 되는 경우에는 약관의 규제에 관한 법률 제6조 제1 항, 제7조 제2호의 규정 취지에 비추어 더욱 엄격하게 해석하여야 한다.

(1) 객관적 · 통일적 해석(동일성 유지)의 원칙($\binom{약관규제법 제}{5조 제1항 후단}$)

약관규제법 제5조 제1항은 약관이 고객에 따라 다르게 해석되어서는 안 된다고 정하는데, 이는 통상 '약관의 객관적 해석의 원칙'이라고 불린다. 그 규정은 의사표시 해석에서의 '주관적 해석'의 일반적 원칙에 대하여 특별히 예외를 정한 것으로서 의미가 있다($\binom{대판(전합) 2009.3.19, 2008다}{45828에서 양창수 대법관의 다수}$ $\binom{의견에 대}{한 보충의견}$). 따라서 보통거래약관의 내용은 개개 계약체결자의 의사나 구체적인 사정을 고려함이 없이 평균적 고객의 이해가능성을 기준으로 하되, 객관적이고 획일적으로 해석하여야 한다($\binom{대판}{1996.6.25,}$ $\binom{}{96다12009}$).

(2) 그 이외에 신의성실의 원칙($\binom{약관규제법 제5}{조 제1항 전단}$), 작성자 불이익의 원칙($\binom{약관규제법}{제5조 제2항}$), 면책약관축소해석의 원칙, 개별약정 우선의 원칙($\binom{약관규제}{법 제4조}$) 등이 있다.

▌**대판(전합) 1991.12.24, 90다카23899**
약관의규제에관한법률 제6조 제1항, 제2항, 제7조 제2, 3호가 규정하는 바와 같은 약관의 내용통제 원리로 작용하는 신의성실의 원칙은 보험약관이 보험사업자에 의하여 일방적으로 작성되고 보험계약자로서는 그 구체적 조항내용을 검토하거나 확인할 충분한 기회가 없이 보험계약을 체결하게 되는 계약 성립의 과정에 비추어, 약관 작성자는 계약 상대방의 정당한 이익과 합리적인 기대 즉 보험의 손해전보에 대한 합리적인 신뢰에 반하지 않고 형평에 맞게끔 약관조항을 작성하여야 한다는 행위원칙을 가리키는 것이며, 보통거래약관의 작성이 아무리 사적자치의 영역에 속하는 것이라고 하여도 위와 같은 행위원칙에 반하는 약관조항은 사적자치의 한계를 벗어나는 것으로서 법원에 의한 내용통제 즉 수정해석의 대상이 되는 것은 당연하며, 이러한 수정해석은 조항 전체가 무효사유에 해당하는 경우뿐만 아니라 조항 일부가 무효사유에 해당하고 그 무효부분을 추출 · 배제하여 잔존부분만으로 유효하게 존속시킬 수 있는 경우에도 가능하다.

▎**사례 12** A가 자동차 키를 꽂아 둔 채 자동차를 도로에 잠깐 정차시킨 사이에, 운전면허 없는 B가 무단으로 차를 운전하여 C를 사망케 하였다. A는 C의 유족에게 손해배상을 한 후 이미 체결된 종합보험계약에 따라 D 보험회사에 배상금에 대한 보험금을 청구하였다. 그런데 D는 A와 체결한 약관의 규정(무면허 운전시에는 회사가 보상하지 않는다)을 들어 보험금지급책임이 없다고 항변하였다. D의 항변은 타당한가?

(대판(전합) 1991.12.24, 90다카23899 참조)

▌**해설 12** 타당하지 않다.
약관 소정의 무면허운전면책조항을 문언 그대로 무면허운전의 모든 경우를 아무런 제한 없이 보험의 보상대상에서 제외한 것으로 해석하게 되면 절취운전이나 무단운전의 경우와 같이 자동차 보유자는 피해자에게 손해배상책임을 부담하면서도 자기의 지배관리가 미치지 못하는 무단운전자의 운전면허소지 여부에 따라 보험의 보호를 전혀 받지 못하는 불합리한 결과가 생긴다. 이러한 경우는 보험계약자의 정당한 이익과 합리적인 기대에 어긋나는 것으로서 고객에게 부당하게 불리하고 보험자가 부담하여야 할 담보책임을 상당한 이유 없이 배제하는 것이어서 현저하게 형평을 잃은 것이라고 하지 않을 수 없으며 이는 보험단체의 공동이익과 보험의 등가성 등을 고려하더라도 마찬가지다. 결국 위 무면허운전면책조항이 보험계약자나 피보험자의 지배 또는 관리가능성이 없는 무면허운전의 경우에까지 적용된다고 보는 경우에는 그 조항은 신의성실의 원칙에 반하는 공정을 잃은 조항으로서 약관규제법 제6조 제1항, 제2항, 제7조 제2호, 제3호의 각 규정에 비추어 무효라고 볼 수밖에 없다. 그러므로 위 무면허운전면책조항은 위와 같은 무효의 경우를 제외하고 무면허운전이 보험계약자나 피보험자의 지배 또는 관리가능한 상황에서 이루어진 경우에 한하여 적용되는 조항으로 수정해석을 할 필요가 있다. 무면허운전이 보험계약자나 피보험자의 지배 또는 관리가능한 상황에서 이루어진 경우라고 함은 구체적으로는 무면허운전이 보험계약자나 피보험자 등의 명시적 또는 묵시적 승인하에 이루어진 경우를 말한다.

5. 불공정약관조항의 무효

신의성실의 원칙을 위반한 조항, 고객에게 부당하게 불리한 조항, 고객이 계약의 거래형태 등 관련된 모든 사정에 비추어 예상하기 어려운 조항, 계약의 목적을 달성할 수 없을 정도로 계약에 따르는 본질적 권리를 제한하는 조항 등은 공정성을 잃은 약관 조항으로서 무효가 된다(약관규제법 제6조).

민법상 일부무효의 원칙(제137조에 따라 일부무효는 원칙적으로 전부무효)에 대한 예외로서 약관의 전부 또는 일부조항이 무효인 경우에도 나머지 유효한 부분만으로 유효하게 계약이 존속한다(약관규제법 제16조 본문). 이때 무효조항은 제106조에 따라 사실인 관습 또는 임의규정에 의해 보충된다.

다만 유효한 부분만으로는 계약의 목적 달성이 불가능하거나 그 유효한 부분이 한쪽 당사자에게 부당하게 불리한 경우에는 그 계약은 무효로 된다.

┃ 대판 1998.6.23, 98다14191
운전자연령 26세 이상 한정운전 특별약관은 이로 인하여 보험자의 담보범위가 축소되어 보험계약자에게 불리한 것은 분명하나 보험계약자에게도 위 특별약관을 보험계약에 편입시킴으로써 보험료가 할인되어 그 할인된 만큼의 보험료를 납부하지 아니함으로써 얻는 이익이 있고, 위 특별약관을 보험계약에 편입시킬 것인지 여부는 전적으로 보험계약자의 의사에 달려 있는 것이므로, 약관의규제에관한법률 제7조 제2호에 해당하여 무효라고 볼 수 없다.

제3절 법률행위의 유형

Ⅰ. 단독행위 · 계약 · 합동행위

1. 단독행위

단독행위는 행위자의 의사표시만으로 성립하는 법률행위, 즉 일방적인 의사표시만으로 권리

변동을 가져오는 법률행위를 말한다. 의사표시는 그 의사표시가 상대방에게 도달할 필요가 있는지에 따라 '상대방 있는 의사표시'와 '상대방 없는 의사표시'로 구별되는데 단독행위는 상대방 있는 의사표시임이 원칙이다. 단독행위는 법률관계의 발생·변경·소멸을 목적으로 하므로 그 법률관계의 당사자에게 그 의사표시를 알리는 것이 타당하기 때문이다. 예를 들면 동의, 채무면제, 상계, 추인, 취소, 해제, 해지, 채권의 포기 등이 이에 해당한다. 상대방 있는 단독행위는 의사표시가 상대방에게 도달되는 때에 효력을 갖는다. 예컨대 법인의 이사가 사임하는 행위는 상대방 있는 단독행위이므로 그 의사표시가 상대방에게 도달함과 동시에 그 효력이 발생하고, 그 의사표시의 효력이 발생한 후에는 마음대로 이를 철회할 수 없음이 원칙이다(대판 2006. 6.15. 2004다10909).

　예외적으로 유언이나 특정의 이해관계인이 없는 소유권의 포기는 상대방 없는 단독행위로서 특정인에 대한 의사표시의 도달을 요건으로 하지 않는다. 상대방 없는 의사표시는 표의자의 표시행위만으로 효력이 발생한다(예컨대 유언, 재단법인설립행위, 소유권의 포기, 상속의 승인과 포기 등).

2. 계 약

　좁은 의미에서의 계약은 채권의 발생을 목적으로 하는 계약을 말하지만, 넓은 의미에서는 2인 이상의 당사자간 상호 대립되는 의사표시의 일치로 인하여 성립하는 법률행위까지를 의미한다. 계약당사자의 수와 표시방법에 따라 쌍방간 계약과 다자간 계약으로 구별된다. 전자는 두 개의 대립하는 의사표시의 합치에 의하여 성립하는 계약으로, 보통 계약은 이러한 쌍방간의 계약의 형태로 나타난다. 한편 조합계약은 전형적인 다자간 계약에 해당된다.

3. 합동행위

　사단법인의 설립행위처럼 서로 대립하지 않는 두 개 이상의 의사표시의 합치로 성립하는 법률행위를 말한다. 협의의 계약은 당사자 각각이 독립되고 대립된 이익과 목적을 가지고 있는 반면, 합동행위는 동일한 의미를 갖는 법률효과를 가져온다는 점에서 차이가 있다. 합동행위도 계약에 포함된다고 설명하여 양자를 구별하지 않는 견해도 있으나 다수설은 양자를 구별한다. 다수설에 따르면 의사표시규정 중 통정허위표시(제108조)와 자기계약·쌍방대리(제124조)의 규정은 계약에만 적용되고 합동행위에는 적용되지 않는다. 그리고 합동행위를 구성하는 의사표시의 일부가 의사의 흠결이나 하자를 이유로 무효·취소되더라도 다른 의사표시에 직접 영향을 미치지 않는다.

Ⅱ. 요식행위 · 불요식행위

법률의 규정상 법률행위자로 하여금 일정한 방식을 요구하는 행위를 요식행위라고 한다(예 유언 · 법인설립행위 · 혼인 등). 요식행위임에도 불구하고 일정한 방식을 갖추지 못한 경우, 법률 또는 당사자 약정의 해석을 통하여 법률행위 불성립 또는 무효 등의 효과가 결정된다.

Ⅲ. 생전행위 · 사후행위

법률행위의 효력발생시점이 법률행위자의 사망 전 혹은 후에 발생되는지 여부에 따라 나뉜 다. 사후행위로는 유언 · 사인증여가 있다.

Ⅳ. 의무부담행위(채권행위) · 처분행위(물권행위 및 준물권행위)

채권행위란 채권을 발생시키는 법률행위(예 매매 · 임대차)로서, 채권자는 채무자에게 일정한 행위(급부)를 청구할 수 있는 권리만 가지며, 법률행위 목적의 실현을 위해서는 채무자의 채무 이행이 필요하다는 점에서 의무부담행위라고도 부른다.

이행의 문제를 남기지 않는 물권행위 · 준물권행위와 구별된다. 물권행위란 물권의 변동을 목적으로 하는 의사표시를 내용으로 하는 법률행위이다(예 소유권이전 · 저당권설정). 물권행위 자체는 채권과 달리 직접 물권을 변동시키고 이행의 문제를 남기지 않는 반면, 민법은 물권행위 와는 별도로 등기 · 인도라는 공시방법을 갖추어야 물권변동이 일어나도록 법률상 규정하고 있 다(제186조, 제188조). 채권양도 · 지식재산권 양도 · 채무면제 등은 물권행위처럼 이행의 문제를 남기지 않 지만 그 대상이 물권이 아닌 권리의 변동 및 이행이라는 점에서 준물권행위라고 부른다. 물권 행위 및 준물권행위는 처분권자의 처분권을 전제로 하는 처분행위로서 이러한 처분권한 없는 자의 처분행위는 무효이다.

구별표지	의무부담행위	처분행위
개념	당사자에게 일정한 급부의무를 발생시키는 법률행위	물권 또는 권리의 변동을 직접 일으키는 법률행위
법적 효과	채권행위	물권행위와 준물권행위
차이점	1) 이행의 문제가 남음 2) 권리자임을 요구하지 않음 3) 서로 충돌하는 행위에서 시간적으로 앞선 것이 우선하지 않음	1) 이행의 문제가 남지 않음 2) 처분자는 반드시 처분권한이 있어야 함 3) 서로 충돌하는 행위에서 시간적으로 앞선 것이 우선함
예	매매, 증여, 임대차	소유권이전, 제한물권설정, 채권양도

제1편 제2편 제3편 제4편 제5편 제6편 제7편 제8편 제9편 계약의 성립

V. 유인행위 · 무인행위

어떤 법률행위가 특정한 법률행위를 기초로 하여 이루어진 경우, 원인이 되는 법률행위의 유효 · 무효만을 이유로 뒤에 성립한 법률행위의 유효 · 무효가 결정되는 행위를 유인행위라고 한다.

예컨대 출연행위는 출연행위의 전제가 되는 법률관계(출연의 원인)가 존재하지 않거나 무효인 경우, 해당 출연행위의 효력에 영향을 주는지의 여부에 따라 유인행위와 무인행위로 나눌 수 있다. 출연행위의 원인된 법률관계가 무효인 경우에는 출연행위도 무효가 되는 유인행위가 원칙이나, 어음행위처럼 법률상 원인의 존부와 관계없이 유효한 출연행위로 인정되는 무인행위도 있을 수 있다.

물권변동을 일으키는 물권행위의 유인성 여부에 대해서는 견해 대립이 있으나 판례와 다수설은 물권행위를 유인행위로 이해한다.

VI. 주된 행위 · 종된 행위

종된 행위의 전제가 되는 행위가 주된 행위이고, 법률행위가 유효하게 성립하기 위하여 다른 법률행위의 존재를 논리적 전제로 하는 법률행위가 종된 행위에 해당된다. 예컨대 부부재산계약은 혼인 계약을 전제로 한다는 점에서 혼인의 종된 계약이다. 이때 혼인행위가 주된 행위가 된다. 종된 행위는 다른 약정이 없는 한, 주된 행위와 법률상 효력을 같이 한다.

제4절 법률행위의 해석

I. 의 의

1. 개 념

법률행위의 해석이란 법률행위의 내용을 명확하게 하는 것을 말한다. 즉 당사자의 의사표시 및 행위의 전(全)취지로부터 법률행위의 의미내용을 명확히 하여 어떤 법률효과가 부여되는지를 확정하는 규범적 작업을 말한다. 어떤 법률행위에 대하여 어떤 법률효과가 부여되는지는 (i) 우선적으로 당사자의 의사표시를 해석하고, (ii) 보충적으로 관습과 임의법규를 적용하며, (iii) 강행법규 및 사회질서에 위반하지 않는지를 검토하여 판단한다.

2. 법률행위 해석의 필요성

일반적으로 법률행위의 효과를 법적으로 강제하려면 그 내용을 확정할 수 있어야 한다. 예 컨대 체결된 계약의 내용이 확정될 수 없다면, 법원은 그 계약의 이행을 강제할 수 없고 채무 자에게 불이행에 대한 손해배상책임을 명할 수도 없게 된다. 그러므로 계약에 있어 중요한 것 은 계약내용의 확정이며, 이는 계약의 해석을 통해 이루어진다. 만일 법률행위 해석을 통해서 도 그 내용을 확정할 수 없다면 그 법률행위는 불성립되었거나 무효로 보아야 할 것이다. 일반 적으로 계약의 본질적인 부분(당사자, 목적물 등)이 확정되지 않는다면 불성립에 해당한다. 그러 나 비본질적인 부분(이행기 등)이 확정되지 않는다면 법률행위는 성립하지만 유효·무효 여부가 검토되어야 한다. 비본질적 부분에 대해서는 뒤에 살펴보게 되듯이 법률의 규정(임의규정)이 보 충적으로 적용되어 그 법률행위의 내용이 확정될 수 있는 여지가 있다. 불성립과 무효는 증명 책임의 주체에서 차이가 있다. 통상적으로 불성립을 주장하는 것은 부인이므로 원고가 성립에 대해 증명책임을 지는 반면에 무효는 항변사유이므로 피고가 증명책임을 진다.

사례 13 임대차계약을 체결하여 살던 집이 경매되었으나 그 낙찰대금에서 배당을 받지 못한 임 차인 A는 임대인의 아들 B에게 찾아가 임대차보증금을 어떻게 할 것인지 따졌다. 임대인인 노모 의 안위가 걱정된 B는 세입자들의 보증금은 자신이 책임지고 해결하겠으니 걱정하지 말고 기다리 라고 말하였다. 나중에 A는 임대인이 아니라 B에게 약속대로의 임대차보증금 반환을 청구하였다. 이 청구는 인용될 것인가? (대판 1999.11.26, 99다43486 참조)

│해설 13│ 인용되지 않을 것이다.
B의 의사표시는 계약해석을 통하여 법적 의무를 부담하려는 것으로 보이지 않는다. A는 B 자신 이 책임지고 해결하겠으니 걱정하지 말고 기다리라는 말을 B가 임대차보증금을 반환하기로 약 정한 것으로 판단하였다. 그러나 "세입자들의 보증금은 자신이 책임지고 해결하겠으니 걱정하지 말고 기다리라"는 말의 객관적 의미는, 그와 같은 말을 하게 된 동기 및 경위 등에 비추어 볼 때(노모의 안위를 걱정하여) B가 그러한 의무를 법적으로 부담할 수는 없지만 사정이 허락하는 한 그 이행을 사실상 하겠다는 취지로 해석함이 상당하다.

II. 법률행위 해석의 기준 및 방법

1. 법률행위 해석의 기준

법률행위(계약) 해석의 기준으로 종래 통설은, (i) 당사자가 기도한 목적 및 그 의사표시가 행해진 당시의 사정, (ii) 사실인 관습($^{제106}_{조}$), (iii) 임의규정, (iv) 신의성실의 원칙 등을 들고 있 다. 이 중 당사자가 기도한 목적은 특히 자연적 해석과 보충적 해석을 취할 때 중요한 의미가 있다. 상대방의 시각에서 객관적 의미를 파악하는 규범적 해석에 있어서는 특히 사실인 관습과 신의성실의 원칙이 중시된다.

(1) 당사자가 기도한 목적 및 그 의사표시가 행해진 당시의 사정 _(대판 2001.3.23, 2000다40858)

당사자가 그 법률행위에 의해 달성하고자 하는 사실상·경제상의 목적과 계약 당시의 사정이 고려되어야 한다. 법률행위는 당사자가 의도하는 법률효과(목적)를 달성하기 위한 수단이므로, 당사자가 기도한 목적을 알아내어 그 취지를 달성시킬 수 있도록 해석하여야 할 것이다.

(2) 사실인 관습

(가) 의의 및 기능

사실인 관습이란 사람들이 상당한 기간 여러 번 반복하여 행함으로써 보통 그렇게 하리라고 기대되는 정도에 이른 행위의 예를 말한다. 사실인 관습은 관습법과는 달리, 그 내용에 대해 아직 법적 확신이 없어 규범성을 얻지 못한 상태에 머물러 있게 된다. 따라서 이를 직권조사사항이라고 하기 어렵다.

사실인 관습의 기능에 대해서 판례는 의사해석기준설을 취하여 의사표시의 해석기준에 불과할 뿐, 임의법규처럼 규범성을 갖지는 않는다고 본다_(대판 1983.6.14, 80다3231). 사실인 관습은 법적 확신을 결여하여 규범성이 없다고 보는 것이다. 사실인 관습은 추단적 의사에 의해 의사표시의 내용으로 흡수될 뿐이다. 이와는 달리 보충규범설에 의하면 사실인 관습을 임의법규에 준하는 규범으로 파악하고, 당사자의 의사와 직접 관계없이 법률처럼 적용된다고 설명하며, 제106조를 '의사표시의 보충에 관한 규정'으로 해석한다.

> **대판 1983.6.14, 80다3231**
> 사실인 관습은 사적 자치가 인정되는 분야, 즉 그 분야의 제정법이 주로 임의규정일 경우에는 법률행위의 해석기준으로서 또는 의사를 보충하는 기능으로서 이를 재판의 자료로 할 수 있을 것이나 이 이외의 즉 그 분야의 제정법이 주로 강행규정일 경우에는 그 강행규정 자체에 결함이 있거나 강행규정 스스로가 관습에 따르도록 위임한 경우등 이외에는 법적 효력을 부여할 수 없다.

(나) 제106조와 제1조와의 관계

제106조와 제1조는 다음과 같은 차이가 있다. ① 제106조에서의 '법령 중의 선량한 풍속 기타 사회질서에 관계 없는 규정과 다른' 관습이 당사자의 의사가 명확하지 아니한 때에 법률행위의 해석기준이 되는 것을 말한다. 이에 대하여 민법 제1조의 관습법은 '민법에 관하여 법률의 규정이 없으면 적용되는 것'으로서 법원의 일종을 말하는 것이다. ② 관습법은 모든 민사의 법률관계에 적용되는 반면, 사실인 관습은 법률행위에만 관계한다는 점에서 적용영역이 좁다. ③ 관습법에는 '강행법규'와 '임의법규'가 있을 수 있다. 그런데 사실인 관습은 '강행법규'에 위배되지 않는 것에 한하여 법률행위해석의 기준으로서 적용될 수 있다. ④ 사실인 관습의 성격에 관하여 의사해석기준설을 취할 경우 관습법은 법이므로 법률행위에 적용됨에 반하여 사

실인 관습은 당사자의 의사가 불분명한 경우에 한하여 불분명한 의사를 확정하는 자료로 됨에 불과하다. 또한 관습법은 법이므로 법원의 직권조사사항인 데 반하여, 사실인 관습은 당사자가 주장한 때에 한하여 재판의 자료로 삼을 수 있다.

(3) 임의규정 – 법률행위의 해석기준이 되는지에 대하여

(가) 긍정설

임의법규가 법률행위의 해석표준으로 된다고 하는 견해이다. 이 견해는 임의법규를 보충규정과 해석규정으로 나누고, 보충규정[4]은 의사표시의 내용에 빠진 점이 있는 경우에 이를 보충하는 것인 데 비하여 해석규정[5]은 당사자의 의사표시가 있지만 그 의미내용이 불명료한 경우에 이를 일정한 의미로 해석하는 것이라고 한다. 제105조의 규정을 반대해석하면 의사표시가 없거나 또는 의사표시가 있어도 불명료한 경우에는 임의법규가 적용된다는 것을 근거로 든다. 판례의 입장이기도 하다(대판 2002.5.24, 2000다72572 등).

> **대판 2004.5.14, 2003다57697**
> 일반적으로 건물 분양시 부가가치세가 부과되고 부가가치세를 포함하여 총 분양대금이 산정된다는 사실은 널리 알려진 거래의 관행이므로 수분양자들은 분양계약서에 기재된 분양대금을 전액 납부하면 그것으로 모든 분양대금을 완납한 것으로 인식하고 분양대금과 별도로 부가가치세를 납부하여야 한다고 생각하지는 않는 점, 이 사건 건물의 분양으로 인한 부가가치세를 피고가 부담하기로 약정하였다면 원고로서는 분양계약서를 작성함에 있어 피고가 부담하여야 할 부가가치세를 명시하거나 최소한 총 분양대금 중 부가가치세 산정의 기초가 되는 건물가액을 토지가액과 구별하여 기재하여야 할 것임에도 아무런 구별 없이 총 분양대금만을 기재하였고, 그렇다면 이는 총 분양대금에 분양과 관련하여 피고가 부담할 모든 금액을 포함시키겠다는 의사로 해석할 수 있다.

(나) 부정설

임의법규는 해석에 의하여 확정된 법률행위에 적용되는 것이므로, 법률행위 해석의 문제로 되는 것이 아니라 법률적용의 문제로 된다고 하는 견해이다. 이 견해는 제105조는 사적자치의 원칙을 규정하고 있을 뿐이고 임의법규가 의사표시해석의 기준으로 된다는 것을 선언하고 있지 않다는 점을 강조한다. 또한 이 견해는 임의규정을 보충규정과 해석규정으로 나누는 것은 논리적으로 불가능하다는 이유에서 긍정설을 비판한다.

(4) 신의성실의 원칙 및 조리

통설은 권리행사와 의무이행의 기준을 정한 신의성실의 원칙(제2조)을 규범으로 보고, 이를 법률행위 해석의 독자적인 기준으로 본다. 즉 위의 기준에 의하여 법률행위 내용을 확정할 수 없

---

4) 조문 구조가 '다른 의사표시가 없으면 ………'으로 구성된 규정이 보통 보충규정이다.
5) 조문의 규정상 '……… 추정한다'로 구성된 조문(예컨대 제262조 제2항, 제398조 제4항, 제424조, 제579조 등)이 해석규정에 해당된다고 본다.

는 경우에는 신의성실의 원칙6) 또는 법의 근본이념인 조리(條理)7)에 따라 법률행위를 해석하여야 한다고 본다. 판례는 엄격해석의 원칙과 예문해석에서 신의성설의 원칙 및 조리를 기준으로 하고 있다고 판단된다.

(가) 엄격해석의 원칙

계약당사자가 계약내용을 처분문서인 서면으로 작성했을 때, 문언의 객관적인 의미가 명확하다면 특별한 사정이 없는 한 문언대로 의사표시의 존재와 내용을 인정해야 하고, 특히 문언의 객관적 의미와 달리 해석하여 법률관계에 중대한 영향을 초래하게 되는 경우에는 그 문언의 내용을 더욱 엄격하게 해석하여야 한다(대판 2023.4.13, 2022다279733,279740; 대판 2002.5.24, 2000다72572).

▌대판 2002.5.24, 2000다72572

계약당사자 사이에 어떠한 계약내용을 처분문서인 서면으로 작성한 경우에 문언의 객관적인 의미가 명확하다면, 특별한 사정이 없는 한 문언대로의 의사표시의 존재와 내용을 인정하여야 하지만, 그 문언의 객관적인 의미가 명확하게 드러나지 않는 경우에는 그 문언의 내용과 계약이 이루어지게 된 동기 및 경위, 당사자가 계약에 의하여 달성하려고 하는 목적과 진정한 의사, 거래의 관행 등을 종합적으로 고찰하여 사회정의와 형평의 이념에 맞도록 논리와 경험의 법칙, 그리고 사회일반의 상식과 거래의 통념에 따라 계약내용을 합리적으로 해석하여야 하고, 특히 당사자 일방이 주장하는 계약의 내용이 상대방에게 중대한 책임을 부과하게 되는 경우에는 그 문언의 내용을 더욱 엄격하게 해석하여야 한다.

(나) 예문해석

일부 판례는 약관 또는 관용서식의 내용 중 부당조항의 효력을 부인하기 위해 그 부당내용은 하나의 예문에 불과하므로 계약내용이 되지 못한다는 해석방법인 예문해석을 인정한다(대판 2003.3.14, 2003다2109).

그러나 이러한 예문해석은 약관규제법 제6조(신의칙위반의 불공정조항은 무효)에 의해 해결이 가능하므로 지양되어야 할 것이다.

---

6) 대판 1985.4.9, 83다카1775: "토지공유자의 한 사람이 공유물의 보존을 위한 소송을 하면서 소송비용은 변호사가 부담하고 그 소송에서 승소확정이 되면 그 소송비용과 보수로서 위 토지중 약 4할을 지급키로 하는 보수약정을 한 경우 위 소송제기시 타공유자의 생사가 불명인 상태였고 시효취득을 중단시키기 위하여 위와 같은 제소가 시급한 사정이었음에도 제소하는 공유자로서는 변호사비용을 마련할 길이 없었다는 부득이한 사정에서 위 약정이 이루어진 것이고 위 변호사보수등 채무는 공유자 상호간의 내부관계에 있어서는 위 부동산 전부의 보전을 위하여 필요한 것으로 공유자들은 위 소송에 의하여 이익을 얻는다고 할 것이므로 성질상 불가분채무에 속하고 그 밖에 타공유자가 제소하더라도 달리 별다른 방안이 있을 수 없던 사정등에 비추어 보면 위 보수약정은 다른 공유자의 의사에도 합치될 뿐만 아니라 승낙의 의사가 있었다고 봄이 사회통념상 신의칙에 맞는 해석이다."

7) 대판 1989.4.11, 87다카992: "채무자가 소비대차 등으로 인한 채무를 담보하기 위하여 대물변제예약을 한 후 다시 같은 채권자에 대하여 추가로 채무를 부담한 경우 그 추가채무에 관하여 별도의 담보제공이 있거나 반대의 특약이 있다는 등 특별한 사정이 없다면 조리상 당사자 사이에는 추가채무 역시 기왕의 대물변제예약의 대상이 되는 채무범위에 포함시키려는 의사가 있었다고 해석함이 상당하다."

■ 대판 1997.9.26, 97다22768

근저당권설정계약서는 처분문서이므로 특별한 사정이 없는 한 그 계약 문언대로 해석하여야 함이 원칙이나, 그 근저당권설정계약서가 금융기관 등에서 일률적으로 일반거래약관의 형태로 부동문자로 인쇄하여 두고 사용하는 계약서인 경우에 그 계약 조항에서 피담보채무의 범위를 기존의 채무나 장래에 부담하게 될 모든 채무도 포괄적으로 포함하는 것으로 기재하였다고 하더라도, 당해 근저당권설정계약의 체결 경위나 거래 관행, 각 채무액과 그 근저당권의 채권최고액과의 관계, 다른 채무액에 대한 별도의 담보 확보 여부 등 여러 사정에 비추어 인쇄된 계약 문언대로 피담보채무의 범위를 해석하면 오히려 일반 거래 관례에 어긋난다고 보여지고 당사자의 의사는 특정한 계속적 거래나 일정한 종류의 거래로 인하여 발생하는 채무만을 그 근저당권의 피담보채무로 약정한 취지라고 해석하는 것이 합리적인 때에는, 그 계약서의 포괄적 기재는 부동문자로 인쇄된 일반거래약관의 예문에 불과하므로 그에 구속되지 말고 구체적인 당사자의 의사를 밝혀 그 피담보채무의 범위를 확정하여야 한다.

2. 법률행위 해석의 구체적 방법

법률행위 해석의 대상인 의사표시는 1차적으로는 자연적 해석방법에 의하여 탐구되어야 하며, 그것에 의하여 당사자의 의사를 찾아낼 수 없으면 2차적으로 규범적 해석방법에 의한다.

의사표시 해석은 표시행위가 당사자들 사이에서 주관적으로 갖는 의미를 탐색해야 하지만, 당사자들 사이의 이해가 일치하지 아니하는 경우에는 그 의사표시가 상대방의 입장에서 합리적으로 해석되어야 한다고 설명되기도 한다(대판(전합) 2009.3.19, 2008다45828 다수의견에 대한 보충의견 참고).

(1) 자연적 해석

자연적 해석이란 표의자의 진의를 밝히는 해석방법을 말한다. 의사와 표시가 서로 다르더라도 표시의 상대방이 표의자의 진의를 알고 있다면 진의에 따른 법률효과를 인정하는 해석방법이다. 표시에 법률효과를 부여하는 이유는 표시를 신뢰한 상대방의 이익을 보호하기 위함인데 이미 상대방은 표의자의 진의를 알고 있으므로 진의와 다른 표시에 대하여 법률효과를 인정할 필요가 없기 때문이다. 의사표시에서 표시는 의사를 전달하는 수단의 하나일 뿐이므로 진의를 추적하는 것이 보다 중요한 의미를 갖는다.

예컨대 계약해석에 있어 당사자의 의사가 합치(합의)하고 있다면, 당사자들이 사용한 표시의 객관적 의미가 당사자가 의도하던 것과 다르더라도 표시의 객관적 내용이 아닌 당사자가 그 표시에 부여하기로 합의한 것에 계약의 효력을 인정한다. 즉 자연적 해석이란 표의자의 진의를 밝히는 것을 말한다.[8] 법률행위를 해석함에 있어서는 표시된 언어에 집착하여 표시의 외면적 의미만을 읽지 말고, 당사자가 부여한 진정한 의미(내면적 의미)를 신중하게 검토하여야 한다. 내면적 의미를 탐구할 때에는 '표시 이외의 법률행위에 관계되는 사정'을 고려해야 한다. 자연적 해석에서는 표의자의 표시행위보다는 진의에 따른 효과의사가 우선된다. 표의자의 의사와

---

8) 자연적 해석방법은 상대방 없는 의사표시(유언, 권리의 포기 등)의 해석시에도 적용된다.

다른 표시에도 불구하고 표의자의 진의를 올바로 파악하였을 때 표의자의 진의에 따른 법률효과가 주어지는 소위 오표시 무해의 원칙(falsa demonstratio non nocet. 잘못된 표시라도 상대방이 표의자의 진의를 알고 있는 한 지장이 없다는 원칙)도 자연적 해석의 결과로 인정되는 것이다.

사례 14 매수인 A와 매도인 B는 고래고기에 대한 매매계약을 체결하면서, 계약서에 'Haak-jöringsköd 10톤'이라고 표기하였다. 그런데 당사자들이 노르웨이 말로 고래고기라고 알고 있었던 'Haakjöringsköd'이 실제로는 상어고기를 뜻한 것으로 밝혀졌다. B는 A에게 고기를 인도해야 할 채무가 인정되는가? 인정된다면 상어고기와 고래고기 중 어떤 것을 인도해야 하는가?

(독일의 Haakjöringsköd 사례(RGZ 99, 147) 참조)

해설 14 고래고기를 인도할 의무가 있다.
매도인이 매수인에게 매매목적물을 상어고기로 그 뜻을 잘못 알고 표기하였더라도 양 당사자가 공통적으로 이해한 고래고기에 관하여 매매계약이 성립한다 할 것이다. 오표시 무해의 원칙이 적용되기 때문이다. 이때에는 착오취소가 불가능하다.

사례 15 甲은 경기도 용인에 위치한 A토지와 B토지를 소유하고 있다. 甲은 평소 이 두 필의 토지에 관심이 많았던 乙과 매매협상을 하였으나 자금부족으로 인하여 乙은 A토지만 매수하기로 甲과 구두로 합의하였다. 그러나 그 목적물의 지번(地番) 등에 착오를 일으켜 당사자가 목적물로 삼은 A토지가 아니라 인접한 B토지를 매매목적물로 계약서상에 잘못 표시하였다. 甲과 乙이 체결한 매매계약의 목적 토지는 A인가 B인가?

(대판 1993.10.26, 93다2629,2636 참조9))

해설 15 A토지에 대하여 매매계약이 성립한다.
甲과 乙 사이에 매매의 목적물이 A토지인지 B토지인지 여부가 법률행위의 해석을 통하여 확정되어야 한다. 甲과 乙이 비록 계약서에는 A토지와는 별개인 B토지로 매매목적물을 표시하였다 하더라도 위 A토지에 관하여 이를 매매의 목적물로 한다는 甲과 乙의 의사의 합치가 있는 이상 甲·乙간의 매매계약은 A토지에 관하여 성립한다. 법률행위 해석에서 자연적 해석의 결과이다.

대판 1997.4.11, 96다50520 [매매목적물의 표시가 잘못된 경우]

처분문서인 매매계약서의 진정 성립이 인정되는 경우에는 특별한 사정이 없는 한 그 내용이 되는 매매계약의 존재를 인정하여야 하고, 그 매매목적물로 표시된 토지의 지번이 계약서에 기재된 매매일자에 존재하지 않은 지번으로 밝혀졌다면, 처분문서상의 일시·장소의 기재는 보고문서의 성질

---

9) 대법원은 "일반적으로 계약의 해석에 있어서는 형식적인 문구에만 얽매여서는 아니되고 쌍방당사자의 진정한 의사가 무엇인가를 탐구하여야 하는 것이므로, 부동산의 매매계약에 있어 쌍방당사자가 모두 특정의 A토지를 계약의 목적물로 삼았으나 그 목적물의 지번 등에 관하여 착오를 일으켜 계약을 체결함에 있어서는 계약상 그 목적물을 A토지와는 별개인 B토지로 표시하였다 하여도 위 A토지에 관하여 이를 매매의 목적물로 한다는 쌍방당사자의 의사합치가 있는 이상 위 매매계약은 A토지에 관하여 성립한 것으로 보아야 할 것이고 B토지에 관하여 매매계약이 체결된 것으로 보아서는 안될 것이며, 만일 B토지에 관하여 위 매매계약을 원인으로 하여 매수인 명의로 소유권이전등기가 경료되었다면 이는 원인이 없이 경료된 것으로써 무효라고 하지 않을 수 없다"고 판시하였다(대판 1993.10.26, 93다2629,2636).

을 갖는 것에 불과하므로 당사자의 주장에 따라 그 매매일자가 진실한 것인지 여부를 심리하거나 당사자가 목적물의 지번에 관하여 착오를 일으켜 계약서상 목적물을 잘못 표시하였는지 여부 등을 심리하여야 한다.

> **대판 1999.6.25. 99다7183 [계약당사자가 다른 사람으로 표시된 경우]**
> 계약을 체결하는 행위자가 타인의 이름으로 법률행위를 한 경우 행위자 또는 명의인 가운데 누구를 계약의 당사자로 볼 것인가에 관하여 행위자와 상대방의 의사가 일치한 경우에는 그 일치한 의사에 따라 계약의 당사자를 확정하여야 한다.

(2) 규범적 해석(객관적 의미에 따른 해석)

규범적 해석은 표시행위에 나타난 객관적 의미를 표의자의 의사로 해석하는 방법을 말한다. 표의자의 상대방은 보통의 경우 표시(행위)를 통해서 표의자의 의사를 추적할 수밖에 없으므로, 의사와 표시가 불일치한 경우에는 진의가 아니라 표시행위에 나타난 의사가 표의자의 의사로 해석된다.

예컨대 계약내용에 관하여 양 당사자가 서로 다른 의미 내용을 상정하고 있는 경우 계약의 내용은 규범적 해석을 통해 표시의 객관적 의미를 기준으로 확정된다. 즉 자연적 해석을 할 수 없을 때 의사표시 수령자의 이해가능성을 고려하여, 표시행위의 객관적·규범적 의미를 탐구하여 확정하는 해석을 규범적 해석이라고 한다. 요컨대 규범적 해석은 자연적 해석에서처럼 표의자의 진의를 밝히는 것이 아니라 표시행위의 객관적 의미를 확정하는 것을 말한다.[10] 상대방은 전술한 바와 같이 표의자의 표시행위를 대상으로 표의자의 진의를 탐지하여야 하나 모든 정황을 고려하여도 표의자의 진의를 알 수 없는 경우에는 설사 표의자의 진의와 표시가 불일치하더라도 상대방은 표시된 바대로 신뢰할 수밖에 없을 것이다. 규범적 해석은 상대방의 시각에서 해석하여 상대방이 표의자의 표시를 믿은 신뢰를 보호하는 것이다. 따라서 규범적 해석에서는 기대가능한 주의의무를 다했을 때 상대방이 표의자의 표시를 과연 어떻게 이해하였는가가 표의자의 내심적 효과의사에 따른 효과이익보다 우선된다. 위와 같이 표의자가 의욕한 것이 아니라 상대방의 시각에서 본 표시상의 효과의사가 우선되어 상대방의 신뢰가 보호되는 것이다. 규범적 해석의 결과 진의와 표시가 불일치한 경우 상대방의 신뢰를 보호하고자 일응 표시된 대로 효력을 부여하되, 표의자의 이익을 고려하여 착오를 이유로 취소할 수 있도록 하고 있다(제109조). 다만 이때 상대방은 구체적인 의사표시의 수령자가 아니라 추상적 상대방을 의미하므로, 상대방이 평균인이라고 가정할 때 표의자의 표시를 어떻게 이해하였을지를 살펴야 한다.

---

10) 표의자는 의사표시를 통해 상대방에게 자기의 의사를 전달하는 것이므로 내면적 의미보다 상대방에게 어떻게 전달되었는가 하는 점이 중요하다. 즉 의사표시의 도달 이외에도 내용적으로 상대방에게 인지가능성이 있어야 의사표시로서 인정될 수 있다. 다른 한편 상대방이 실제로 이해한 의미만을 기준으로 삼는다면 또한 상대방의 주관에 너무 치우치게 되어 형평성을 잃게 된다. 그러므로 표시된 언어·행태 및 주위 사정을 기초로 평균적인 상대방이었다면 지득하였으리라고 여겨지는 객관적 의미를 탐구하는 것이다.

> **사례 16** 甲은 2014년 새해에 금주를 결정하고, 집에 있는 고급 위스키를 처분하기로 마음 먹었다. 이에 甲은 자신이 소지하고 있던 '○○○○ 30년산'을 10만 원에 乙에게 매도하였다. 그런데 甲은 원래는 '○○○○ 21년산'을 10만 원에 乙에게 매도할 의사였다(乙은 이러한 사실을 전혀 몰랐다). 甲이 乙에게 약속한 날짜에 '○○○○ 21년산'을 인도하려고 하자, 乙은 이에 대한 수령을 거절하면서 계약대로 '○○○○ 30년산'을 인도할 것을 주장하였다. 乙의 주장은 타당한가?
>
> **해설 16** 乙의 주장은 타당하다. 즉 계약의 목적물은 30년산 ○○○○이 된다.
> 甲과 乙의 매매계약은 당사자 乙이 '○○○○ 30년산'을 '○○○○ 21년산'으로 보지 않은 한, '○○○○ 30년산'을 10만 원에 매도하는 것을 계약의 내용으로 한다. 즉, 의사표시 해석에 있어서 당사자의 진정한 의사를 알 수 없다면, 의사표시의 요소가 되는 것은 표시행위로부터 추단되는 효과의사 즉, 표시상의 효과의사이고 표의자가 가지고 있던 내심적 효과의사가 아니므로, 당사자의 내심의 의사보다는 외부로 표시된 행위에 의하여 추단된 의사를 가지고 해석함이 상당하다.

▎**대판 2002.6.28, 2002다23482**
처분문서는 그 성립의 진정함이 인정되는 이상 법원은 그 기재 내용을 부인할 만한 분명하고도 수긍할 수 있는 반증이 없는 한 그 처분문서에 기재되어 있는 문언대로의 의사표시의 존재 및 내용을 인정하여야 하고, 당사자 사이에 계약의 해석을 둘러싸고 이견이 있어 처분문서에 나타난 당사자의 의사해석이 문제되는 경우에는 문언의 내용, 그와 같은 약정이 이루어진 동기와 경위, 약정에 의하여 달성하려는 목적, 당사자의 진정한 의사 등을 종합적으로 고찰하여 논리와 경험칙에 따라 합리적으로 해석하여야 한다. 의사표시 해석에 있어서 당사자의 진정한 의사를 알 수 없다면, 의사표시의 요소가 되는 것은 표시행위로부터 추단되는 효과의사 즉, 표시상의 효과의사이고 표의자가 가지고 있던 내심적 효과의사가 아니므로, 당사자의 내심의 의사보다는 외부로 표시된 행위에 의하여 추단된 의사를 가지고 해석함이 상당하다.

(3) 보충적 해석

보충적 해석이란 계약이 성립되었으나 계약 내용의 일부에 공백이 있는 경우, 가정적 의사에 기초하여 이를 보충하는 것을 말한다. 보충적 해석은 단독행위(예컨대 유언)에서도 필요하나, 일반적으로 계약에서 문제된다. 주의할 것은 계약의 보충적 해석은 전술한 자연적 해석 또는 규범적 해석을 통하여 계약이 성립한 경우에만 적용가능한 해석방법이다. 왜냐하면 보충적 해석은, 계약은 성립되었으나 일정한 사항에 관하여 당사자가 규율하지 않았을 때 비로소 문제되기 때문이다. 또한 보충적 해석은 임의법규로 법률행위의 틈을 규율할 수 있는 경우에는 문제되지 않는다. 예컨대 매매계약의 당사자가 매매목적물의 흠에 관하여 특별한 규정을 두지 않았더라도 하자담보책임에 관한 민법의 규정($^{제580조.}_{제581조}$)이 적용될 수 있는 한, 보충적 해석의 여지는 없다.

보충적 해석은 법률행위에 있어 틈이 있음을 전제로 한다. 틈이 존재하느냐 여부도 당사자가 법률행위를 하게 된 동기와 제반사정을 고려하여 법률행위의 해석을 통하여 탐지하여야 한다. 이와 같은 틈은 법률행위의 당사자가 일정한 사정의 존재를 알지 못하였거나 잘못 안 경우에 주로 발생한다.

(가) 가정적 의사를 기초로 한 보충적 해석

법률행위에 틈이 있는 경우 어떻게 보충적 해석을 통하여 보충될 수 있을까? 일반적으로 법원은 계약 당시 생각하지 못한 사정이 양 당사자에게 알려지고 또한 신의칙과 거래관행을 고려하였더라면 당사자가 어떻게 계약에서 합의하리라는 것을 탐지해야 한다. 바꾸어 말하면 해석의 기준은 당사자의 진의가 아니라 당사자의 '가정적 의사'가 된다. 가정적 의사를 확정하기 위하여는 계약에서 당사자가 추구하는 목적과 당사자가 그와 같은 틈의 존재를 알았더라면 어떠한 입장을 취했을 것인지에 대한 고찰이 필요할 것이다. 이처럼 보충적 해석은 당사자의 가정적 의사를 확정하는 것이므로 착오의 문제가 발생하지 않는다.

사견으로는 이러한 보충적 해석은 당사자의 실제의사가 아닌 '가정적 의사'를 기초로 당사자의 의사를 의제한다는 점에서 보충적 해석을 당사자 의사의 해석으로 보는 것은 사적자치의 원칙에 반한다고 할 것이다. 보충적 해석은 당사자 의사의 흠결을 보충하는 방법이지만 의사표시가 이미 존재한 상태에서 그 의미를 탐구하는 단계인 의사(법률행위)의 해석단계에서 다루어질 문제가 아니다. 이러한 점에서 '의사표시'의 보충적 해석보다는 '의사흠결'의 보충이 보다 정확한 표현이다. 요컨대 보충적 해석은 당사자의 진의가 아니라 가정적 의사를 탐구한다는 점에서 의사표시의 해석이 아니라 법의 적용으로 보아야 한다. 그러나 우리나라의 다수설 및 판례는 보충적 해석을 '법률행위(의사표시)의 해석'으로 본다. 다수설에 따르면 보충적 해석은 법률행위의 흠결에 있어 당사자의 내심적 효과의사에 따라 당사자의 가정적 의사를 확정하는 것이므로 보충적 해석에 의하여 당사자의 의사가 확정되면, 의사와 표시의 불일치가 처음부터 없는 것으로 보기 때문에 착오취소가 불가능하다.

> **사례 17** 교통사고의 가해자(A)와 피해자(B)는 손해배상에 관하여 합의를 하면서, "향후 민사상, 형사상 일체의 청구권을 포기한다"라고 약정하였다. 그런데 B에게 약정 당시에 예상하지 못한 후유증이 발생하여 영구장애 등 손해가 증대되었다. B가 A에게 후유증으로 인한 손해의 배상을 요구하자, A는 "향후 민사상, 형사상 일체의 청구권을 포기한다"라는 약정대로 이미 배상청구권은 포기되었다고 하여 거절하였다. A의 태도는 타당한가?
>
> (대판 1970.8.31, 70다1284; 대판 1977.4.12, 76다2737; 대판 1980.11.25, 80다1568; 대판 1991.4.9, 90다16078 참조)
>
> **해설 17** 타당하지 않다.
> 위와 같은 손해배상 합의는 합의 당시에 예상한 손해에 관한 것이고, 불측의 후유증과 같이 그 후에 발생한 손해의 청구권까지도 포기하겠다는 취지로 새기는 것은 당사자의 합리적 의사에 합치할 수 없다. 따라서 위의 손해배상 합의는 현재 발생한 손해 및 발생이 예상된 손해에 대한 합의만으로 보아야 할 것이다. 즉 이러한 보충적 해석을 통하여 B는 확대손해에 대한 배상을 A에게 청구할 수 있을 것이다. 판례 또한 명시적으로 보충적 해석이란 용어를 사용하지 않지만, 동일한 결론을 유도하고 있다.

제1편 제2편 제3편 제4편 제5편 제6편 제7편 제8편 제9편 계약의 성립

> **사례 18** 甲과 乙은 50년을 존속기간으로 하는 지상권설정계약을 체결하면서, 일정 지료액을 정함과 아울러 장차 화폐가치하락에 대비하고자 토지소유자(甲)에게 동 지료액의 청구 대신 호밀을 청구할 수 있는 대용권을 부여하였다. 그런데 호밀이 가치척도로서 적합하리라는 당사자의 기대와는 달리 정부의 호밀가격안정정책에 따라 그동안 물가지수는 96.2% 상승하였음에 반하여, 호밀가격은 5.1% 등귀함에 그쳤다. 이에 甲은 乙을 상대로 약 10년간의 물가상승에 따른 지료증액을 청구하였다. 甲의 청구는 타당한가?　('호밀약관사례'(Roggenkausel-Fall: BGHZ 81, 135) 참조)
>
> **│해설 18│** 타당하다.
> 당사자에게 호밀에 의한 대용이 부적합하다는 것이 알려졌다면, 그리고 그와 동시에 신의칙을 고려했을 때 당사자가 어떠한 내용을 합의하였을 것인가에 대한 당사자의 가정적 의사에 비추어 보면, 당사자가 기도하는 바는 어디까지나 물가변동에 따른 지료의 수정에 있었음을 계약에서 추단할 수 있으므로 甲의 지료증액 청구는 타당할 것이다.
> 위 사안에서 사정변경의 원칙(행위기초론)이 문제될 수도 있을 것이다. 사정변경의 원칙(객관적 행위기초론)이란 법률행위 성립의 기초가 된 사정에 대하여 당사자가 예견할 수 없었던 중대한 변경이 있어 처음의 법률행위에 따른 법률효과를 그대로 유지하는 것이 신의칙에 반한다고 판단될 때에 그 법률행위의 내용을 변경된 사정에 따라 수정하거나 그 법률행위로 성립한 계약을 해제 또는 해지할 수 있다는 원칙을 말한다.
> 두 제도는 독자적인데,[11] 무엇보다도 당사자의 의도와 밀접한 계약의 보충적 해석이 우선적으로 고려되어야 한다. 즉 만약 당사자가 그와 같은 사정을 알았더라면 계약을 체결하지 않았을 것으로 보이고 다른 특별한 계약의 보충적 해석을 위한 착안점이 발견되지 않는 경우에만 행위기초론이 적용될 여지가 있다. 요컨대 보충적 해석이 가능한 한 사정변경의 원칙은 고려되어서는 아니 될 것이다. 계약에서 당사자가 추구하는 목적과 당사자가 그와 같은 틈의 존재를 알았더라면 합리적으로 무엇을 합의하리라는 가정적 의사를 기초로 틈을 보충하는 보충적 해석은 당사자의 의도와 밀접할 뿐만 아니라, 사정변경의 원칙은 이와 같은 착안점이 발견되지 않을 때 비로소 고려되어야 하기 때문이다.

│ 대판 1992.10.23, 91다40238 [공통의 착오가 아닌 경우]
甲으로부터 '매립토지 중 해변최근지 70평'을 양도받기로 하였으나, 매립지의 분배에 관한 갑과 동업자 사이의 분쟁으로 甲에게 돌아갈 토지의 면적과 위치가 정하여지지 못하였다면, 매립지 중 해변최근지 해당 토지의 甲 소유 지분에서 70평에 해당하는 지분이전등기를 구할 수 있다고 하였다.

(나) 쌍방공통의 착오와 보충적 해석

당사자 쌍방이 계약체결 당시 계약의 근거가 된 사정에 관하여 공통으로 착오에 빠지는 경우 이를 쌍방공통의 착오라고 한다. 판례는 당사자가 그러한 착오가 없을 때에 약정하였을 것으로 보이는 내용으로 당사자의 '가정적 의사'를 보충하여 계약을 해석하는 '보충적 해석'의 방법으로 해결한다.

---

11) 계약의 보충적 해석은 당사자가 기도한 바에 어긋나는 계약의 불공정성을 제거하는 데 반하여, 사정변경원칙(행위기초론)은 그 계약의 불공정을 제거한다는 점에 차이가 있다.

그러나 보충적 해석에 의하여 당사자의 의사가 확정될 수 없으면 표시와 의사의 불일치를 이유로 불이익을 받게 되는 자는 착오취소가 가능하다(착오취소의 요건이 구비되어야 한다).

심화학습

쌍방 공통의 (동기)착오와 구별되어야 하는 것

1. 쌍방의 공통착오가 있더라도 의사의 합치가 인정되면 합치된 의사대로 계약의 효력이 인정된다. 예컨대 매매목적물을 A토지로 표시했지만 양 당사자 모두 A토지에 인접한 B토지의 매매를 의도한 경우에는 표시(A토지의 매매)와 달리 의사(B토지의 매매)에 따라 계약의 내용이 결정된다.

2. 쌍방이 모두 착오를 일으켰더라도 착오의 내용이 다른 경우(예컨대 A토지 매매계약을 체결했는데, 매수인은 매매목적물을 B토지로 알고 있었고, 매도인은 대금 중 홍콩달러와 미국달러가 동가치를 갖는 것으로 알고 미국달러로 표시하여 매도인은 대금에 대한 착오를, 매수인은 목적물에 대한 착오를 일으킨 경우)에는 쌍방의 '공통'착오에 해당하지 않는다. 이때에 양 당사자는 각자 착오를 이유로 계약을 취소할 수 있다.

대판 2006.11.23, 2005다13288

계약당사자 쌍방이 계약의 전제나 기초가 되는 사항에 관하여 같은 내용으로 착오가 있고 이로 인하여 그에 관한 구체적 약정을 하지 아니하였다면, 당사자가 그러한 착오가 없을 때에 약정하였을 것으로 보이는 내용으로 당사자의 의사를 보충하여 계약을 해석할 수 있는바, 여기서 보충되는 당사자의 의사는 당사자의 실제 의사 또는 주관적 의사가 아니라 계약의 목적, 거래관행, 적용법규, 신의칙 등에 비추어 객관적으로 추인되는 정당한 이익조정 의사를 말한다.

사실관계: 원고가 국유지 위에 건물을 신축하여 피고 대한민국에 기부채납하는 대신 위 대지 및 건물에 대한 사용·수익권을 받기로 약정하였고, 그에 따라 원고가 건물을 신축하여 피고(국가)에게 소유권을 이전하고 사용·수익허가를 받았다. 사용·수익허가의 조건은 건물의 감정평가액을 기부채납금액으로 하고 대지 및 건물의 사용료 합계가 기부채납액에 달하기까지의 기간 동안 사용료를 면제하는 것이었다. 이 과정에서 원고와 피고의 실무자는 공통의 착오에 의해 위 기부채납이 부가가치세 부과대상인 줄을 모르고 계약을 체결하여 그 후 원고가 부가가치세를 납부하게 되었다.

판단: 계약당사자 쌍방이 계약의 전제나 기초가 되는 사항에 관하여 같은 내용으로 착오를 하고 이로 인하여 그에 관한 구체적 약정을 하지 아니하였다면, 당사자가 그러한 착오가 없을 때에 약정하였을 것으로 보이는 내용으로 당사자의 의사를 보충하여 계약을 해석할 수 있는지가 문제된 사안이다. 원심법원은 두 계약당사자의 진의(眞意)가 피고 대한민국에게 부가가치세를 부담하게 하는 것이었다고 추정하여 그러한 내용으로 계약을 수정 해석하였는데, 대법원은 이러한 원심판결을 파기하였다. 즉 당사자의 진의를 추정하여 계약 내용을 수정 해석하는 것이 타당하다고 본 원심의 해석방법에는 동의하지만, 구체적으로 본 사건에서 정당한 이익조정의사를 고려해본다면 착오가 없었더라면 국가가 부가가치세를 부담함을 전제로 계약 내용을 정하였을 것이라고 단정할 수는 없다는 것이다.

대판 2005.5.27, 2004다60065

사업자 간에 건물의 매매계약을 체결하면서 양당사자 모두 부가가치세 과세대상에 대한 착오를 일으켜 매도인인 사업자가 면세 부분이 포함된 건물 전체에 관한 부가가치세액을 매수인인 사업자로부터 거래징수하여 납부하였다가 나중에 그 면세 부분의 부가가치세액을 환급받은 경우, 매매대금의 결정방법이나 그 경위 등에 비추어 볼 때 만약 위 계약 당시 그 부가가치세 중 일부가 면제되리라는 사정을 알았더라면 건물대금의 1/11 해당액 중 실제로 과세대상이 되는 금액만을 부가가치세액으로 기재하고 나머지 면세될 것으로 예상되는 액은 건물의 공급가액인 매매대금에 포함시켜 매매계약서 및 세금계산서를 작성하였을 것임을 추인할 수 있는 특별한 사정이 인정된다고 하여 매도인인 사업자가 매수인인 사업자에 대한 관계에서 법률상 원인 없이 위 부가가치세 환급액 상당의 재산상 이익을 얻었다고 평가할 수 없다.

사례 19 매도인 A는 매수인 B에게 토지를 매도하는 계약을 체결하면서 A에게 부과되는 양도소득세 등의 세액을 매수인 B가 부담하기로 합의하였다. A와 B가 확인한 바에 의하면 세액은 5억 원으로 판단되었다. 이와 같이 B가 부담할 양도소득세액을 5억 원으로 명시한 이유는 과세관청이 B가 부담하는 세금도 과세표준의 산출근거인 양도가액에 포함시켜 또다시 양도소득세 등을 부과하여 B가 부담할 세금의 액수가 거듭 늘어나고 그 액수를 확정할 수 없게 되는 문제점이 생기기 때문에 이를 예방하기 위하여 원래의 매매대금에 대한 양도소득세 등의 세금과, B가 위 세금을 부담할 경우 이를 양도가액에 포함시킴으로써 추가로 납부하여야 할 세금까지만을 B가 부담하고, 다시 그로 인하여 추가로 부과되는 세금은 B가 부담하지 않겠다는 점을 명확하게 하기 위한 것이었다.

그런데 A가 부담해야 할 세액은 5억 원이 아니라 9억 원으로 되었다. 그러자 A는 추가로 지급하게 된 4억 원의 세금도 B가 부담해야 한다고 주장하면서 B에게 4억 원의 지급을 청구하자, B는 5억 원에 대해서만 대납할 의무를 부담한다고 주장한다.

추가로 부담해야 할 4억 원의 양도소득세는 누가 부담하는 것으로 해석되어야 하는가? A는 자신의 권리보호를 위해 어떤 조치를 취할 수 있는가? (대판 1994.6.10, 93다24810 참조)

해설 19 규범적 해석을 통해서 추가세액 4억 원은 A가 부담하는 것으로 해석된다. 다만 A는 착오취소의 요건이 구비되었을 때 착오취소를 할 수 있다.

보충적 해석을 먼저 해 보아도, 양 당사자가 예상치 못한 4억 원의 추가양도소득세까지 매수인 B가 부담하기로 한 것으로 해석될 수는 없다. 그렇다면 4억 원의 추가 세금은 매도인 A가 부담하는 것으로 해석된다. 보충적 해석을 통하여 당사자의 의사를 확정할 수 없으면 그 다음의 단계로 매도인 A는 착오취소의 주장이 가능하다.

판례의 견해를 요약하면 다음과 같다: 만약 보충적 해석을 통해 추가세액 4억 원도 매수인 B가 부담하기로 확정되었다면 A의 착오취소는 불가능했을 것이다. A는 원하는 결과대로 법률효과가 인정되기 때문이다. 그러나 사실관계에 비추어 볼 때 매수인 B가 추가세액을 부담할 의사가 없었다고 해석되므로 규범적 해석을 통하여 결국 원칙대로 매도인 A가 추가세액을 부담해야 하는데, 이때에 A는 착오취소를 주장할 수 있다.

위 사안에서 판례는 법률행위의 흠결(초과세액 4억 원의 부담주체를 정하지 않은 것)이 있고 그의 보충을 위해서 보충적 해석(그 사실을 알았더라면 표시했을 당사자의 가정적 의사)이 필요하다고 보았다.

만약 A가 부담하여야 할 세금의 액수가 위 금액을 초과한다는 사실을 B가 알고 있었고 위 초과세액까지도 부담하기로 약정하였으리라는 특별한 사정이 인정될 수 있을 때에는 A로서는 B에게 위 초과세액 상당의 청구를 할 수 있다고 해석함이 당사자의 진정한 의사에 합치할 것이므로 그와 같은 사정이 인정될 때에는 A가 B에게 위 초과세액의 지급을 청구할 수는 있다.

그런데 (i) 매도인 A에게 추가로 부과된 세액이 B가 당초에 부담하기로 하였던 액수에 거의 육박하는 금 4억원의 거액이라는 점, (ii) A에게 추가로 세금이 부과되자 A가 위 계약상 B가 위 추가로 부과된 세금도 부담할 의무가 있다고 주장하여 B에게 그 납부를 촉구하였으나 B는 위 매매계약서에 기재된 금액 외에는 더 이상 세금을 부담할 의무가 없다고 다투어 A가 이 사건 소송에 이르게 된 점 등 제반사정에 비추어 보면, A가 부담하여야 할 세금의 액수가 위 금액을 초과한다는 사실을 B가 알았다 하여도 그 액수를 불문하고 이를 부담하기로 약정하였을 것이라고 단정하기는 어렵다.

따라서 판례는 A의 착오취소를 인정한 원심판결은 적법하다고 판시했다.

대판 1994.6.10, 93다24810

매도인의 대리인이, 매도인이 납부하여야 할 양도소득세 등의 세액이 매수인이 부담하기로 한 금액뿐이므로 매도인의 부담은 없을 것이라는 착오를 일으키지 않았더라면 매수인과 매매계약을 체결하지 않았거나 아니면 적어도 동일한 내용으로 계약을 체결하지는 않았을 것임이 명백하고, 나아가 매도인이 그와 같이 착오를 일으키게 된 계기를 제공한 원인이 매수인측에 있을 뿐만 아니라 매수인도 매도인이 납부하여야 할 세액에 관하여 매도인과 동일한 착오에 빠져 있었다면, 매도인의 위와 같은 착오는 매매계약의 내용의 중요부분에 관한 것에 해당한다.

위의 경우에, 매도인이 부담하여야 할 세금의 액수가 예상액을 초과한다는 사실을 알았더라면 매수인이 초과세액까지도 부담하기로 약정하였으리라는 특별한 사정이 인정될 수 있을 때에는 매도인으로서는 매수인에게 초과세액 상당의 청구를 할 수 있다고 해석함이 당사자의 진정한 의사에 합치할 것이므로 매도인에게 위와 같은 세액에 관한 착오가 있었다는 이유만으로 매매계약을 취소하는 것은 허용되지 않는다.

심화학습

예금계약의 당사자확정을 위한 법률행위 해석

대판(전합) 2009.3.19, 2008다45828에서 다수의견에 대한 양창수 대법관의 보충의견을 참조한다. "다수의견이 말하는 대로, 예금계약의 당사자가 누구인가의 문제는 그 계약의 체결과정에 이른바 명의의 차용이 행하여진 경우에도 의사표시의 해석에 의하여 정하여진다. 의사표시의 해석은 일반적으로 당사자가 그 표시행위에 부여한 객관적인 의미를 명확하게 정하는 것을 내용으로 하는 작업이라고 알려져 있다. 그러나 여기서 '객관적인 의미'라고 하는 것은 오해의 소지가 있는 표현이다. 논의를 이 사건에서 문제된 계약에서와 같이 상대방 있는 의사표시의 경우에 한정하면, 그것은 요컨대 어떠한 표현행위가 상대방의 입장에서 합리적으로 어떻게 이해될 것인지를 탐색하는 작업이다. 의사표시도 사람의 모든 표현행위 내지 의사소통행위에서와 마찬가지로, 어떤 표현이 객관적으로는, 즉 일반의 제3자에게 두루 '위(上)'로 이해되더라도, 표의자와 상대방 사이에서는 '아래(下)'로 이해된다면, 그 의사표시는 '아래'로 해석되어야 한다. 그렇게 보면 의사표시 해석은 표시행위가 당사자들 사이에서 주관적으로 갖는 의미를 탐색한다고 말할 수 있다(이른바 오표시 무해의 원칙을 채택한 대판 1993.10.26, 93다2629; 대판 1996.8.20, 96다19581도 그러한 입장에서 비로소 설명될 수 있다. 나아가 예를 들면 「약관의 규제에 관한 법률」 제5조 제1항은 약관이 고객에 따라 다르게 해석되어서는 안 된다고 정하는데, 이는 통상 '약관의 객관적 해석의 원칙'이라고 불린다. 그 규정은 본문에서 말한 의사표시 해석에서의 '주관적 해석'의 일반적 원칙에 대하여 특별히 예외를 정한 것으로서 의미가 있다). 의사표시가 상대방의 입장에서 합리적으로 해석되어야 한다는 앞서 말한 바의 원칙은, 예를 들면 당사자들 사이의 이해가 일치하지 아니하는 경우, 예를 들면 ① 표의자가 '위'를 말하기 위하여 표시한 것이 상대방의 입장에서 합리적으로 볼 때 '아래'라고 이해되어야 하고 또 ② 실제로 상대방이 '아래'라고 이해한 경우에, 그 의사표시는 '아래'로 해석되어야 한다는 귀결로 이어진다."

위 대법원 판결의 보충의견에 나타난 쟁점

1. 위 보충의견은 의사표시 해석은 상대방의 시각에서 이루어짐을 원칙으로 하고 있다. 즉 상대방이 표시의 객관적 의미가 아니라 표의자의 의도를 인식하고 있었다면 그것에 의하고, 표의자의 의도를 알지 못했다면 표시의 객관적 의미대로 의사표시가 해석되어야 함을 의미한다. 그렇다면 의사표시의 핵심은 진의라고 하기보다는 표시행위의 객관적 의미만을 강조하는 것이 아닌가?

2. 규범적 해석은 표의자의 진의와는 다른 표시의 객관적 의미만을 추구하지만, 그 객관적 의미에 따라 실제로 상대방이 이해했을 때 비로소 규범적 해석이 개입하게 된다.

사례 20 매도인은 A를 팔겠다고 표시하고, 매수인도 A를 사겠다고 표시했다.

그러나 매도인은 A를 고래고기로 이해한 반면, 매수인은 A를 고등어로 이해하였다. 그런데 A는 객관적으로 상어고기로 해석되어야 한다.

질문 1) 매도인의 청약은 고래고기와 상어고기 중 무엇에 대해서 청약한 것인지?

질문 2) 매수인이 한 승낙의 의사표시는 상어고기(객관적 의미)와 고등어(매수인이 이해한 의미) 중 무엇에 대한 것으로 해석되어야 하는가?

질문 3) 이 경우 계약은 성립했는가?

해설 20

해설 1) 상어고기에 대한 청약이다.

구체적 의사표시의 상대방인 매수인의 시각만을 고려하면 고등어에 대한 청약으로 이해되어야 한다. 그런데 객관적 시각으로 볼 때, 평균적 상대방이라면 A를 상어고기로 이해하였을 것이므로 상어고기에 대한 청약이 있는 것으로 보아야 할 것이다.

매도인의 청약의 의사표시는 규범적으로 이해되어야 하는가?

의사와 표시가 다를 때 상대방이 표의자의 진의를 알지 못했으므로 규범적 해석의 방법으로 의사표시에 효력을 인정해야 한다. 규범적 해석은 표시를 대상으로 하여 상대방의 시각에서 객관적인 의미를 파악하는 것이지, 특별히 상대방이 이해한 것만을 대상으로 하는 것이 아니다. 사안에서 A라는 표시에 대해서 상대방은 고등어로 이해했지만 이는 특수한 경우에 해당되고 보통사람이 상대방(매수인)의 입장에 있을 때 그 의미는 상어고기로 이해되기 때문에 매도인은 상어고기에 대한 매도의 청약의 의사표시가 있는 것이 된다.

해설 2) 객관적 의미인 상어고기에 대해서 승낙한 것으로 이해되어야 한다.

해설 3) 계약이 성립한다.

객관적인 의미인 상어고기에 대하여 계약이 성립한 것이고 계약당사자인 매수인과 매도인은 착오를 이유로 계약을 취소할 수 있다.

Ⅲ. 법률행위 해석이 법률문제인지 여부

법률행위 해석이 법률문제인지 사실문제인지 여부에 대해서, 통설과 판례는 법률문제로 파악한다(대판 2020.7.9, 2019다212594; 대판 2011.1.13, 2010다69940). 즉 당사자가 무엇을 표시했는지, 또한 그것으로써 의도하려는 목적이 무엇인지를 확정하는 것은 사실인정의 문제이고, 그 인정된 사실을 토대로 그 행위가 가지는 법률적 의미를 탐구하여 확정하는 것은 이른바 의사표시의 해석이다. 후자는 법률적 판단의 영역에 속하는 것이다. 당사자의 표시행위에 객관적 의미가 명확하게 드러나지 않는 경우에 법률행위 해석의 기준으로 판례는 "그 문언의 내용과 그 법률행위가 이루어진 동기 및 경위, 당사자가 그 법률행위에 의하여 달성하려고 하는 목적과 진정한 의사, 거래의 관행 등을 종합적으로 고찰하여 사회정의와 형평의 이념에 맞도록 논리와 경험의 법칙, 그리고 사회 일반의 상식과 거래의 통념에 따라 합리적으로 해석"할 것을 제시한다(대판 1996.7.30, 95다29130).

법률문제와 사실문제를 구별할 실익은 크게 세 가지이다.

첫째, 상고이유인지의 판단이다. 만일 법률행위의 해석이 법률문제라면 상고이유가 된다. 다만 사실문제로 볼 경우에도 사실인정이 경험법칙이나 논리법칙(민사소송법 제202조), 법률행위 해석의 원칙(제106조)을 위반하거나 채증법칙이나 해석원칙에 위배된 경우로 보아 상고이유가 될 수 있다.

둘째, 법률문제일 경우에는 직권조사사항이지만 사실문제인 경우 당사자가 주장·증명하여야 한다.

셋째, 자백의 구속력 문제이다. 법률행위 해석에 대한 자백이 구속력을 갖는지 여부와 관련하여 법률문제라면 자백의 구속력이 적용되지 않으나, 사실문제라면 자백은 당사자와 법원을 구속한다.

〈법률행위 해석과 관련된 판례〉

▌대판 1994.3.25, 93다32668

부실기업을 인수함에 종전의 사장에게 6년간 사장으로서의 임금과 예우를 하기로 약정하면서 다만, 그 약정서 말미에 그럴 수 있도록 '최대한 노력하겠다'는 문구를 부가한 경우, 당사자가 그 문구를 부가한 객관적 의미는 그것을 법적으로 부담할 수는 없지만 사정이 허락하는 한 그 이행을 하여주겠다는 취지로 해석함이 상당하므로, 중간에 보수의 지급을 중단한 경우 채무불이행이 되는 것은 아니다.

대판 2021.1.14, 2018다223054

어떠한 의무를 부담하는 내용의 기재가 있는 문면에 '최대한 노력하겠습니다.', '최대한 협조한다.' 또는 '노력하여야 한다.'고 기재되어 있는 경우 … (중략) … 다만 계약서의 전체적인 문구 내용, 계약의 체결 경위, 당사자가 계약을 체결함으로써 달성하려는 목적과 진정한 의사, 당사자에게 의무가 부과되었다고 볼 경우 이행가능성이 있는 것인지 여부 등을 종합적으로 고려하여 당사자가 그러한 의무를 법률상 부담할 의사였다고 볼 만한 특별한 사정이 인정되는 경우에는 위와 같은 문구에도 불구하고 법적으로 구속력이 있는 의무로 보아야 한다.

대판 1996.11.22, 96다31703

토지거래허가를 받지 아니하여 유동적 무효 상태에 있던 매매계약이 확정적으로 무효가 된 상태에서 당사자들이 이미 지급한 매매대금의 반환에 관하여 민법상 부당이득반환의 내용과는 다른 내용의 별도의 계약을 한 경우, 그것은 무효가 된 계약과는 별개의 계약으로서 유효한 것이므로 무효가 된 계약에 기하여 이미 지급한 매매대금 중 반환해야 할 금액의 범위 등은 당사자 사이의 새로운 계약내용에 따라야 한다.

대판 1997.11.11, 96다36579

합의서 중 "본 합의서의 내용이 불이행 된 때는 합의 내용은 전부 무효로 소멸함"이라는 부분은 합의서의 내용대로 이행이 되지 않는 경우 합의는 무효가 된다는 취지임이 문언상 명백하므로, 당사자 일방이 채무를 불이행한 경우 이를 이유로 타방당사자에게 계약을 해제할 권리를 유보한 것이라고 볼 수 없다.

대판(전합) 2001.3.15, 99다48948

의사표시와 관련하여, 당사자에 의하여 무엇이 표시되었는가 하는 점과 그것으로써 의도하려는 목적을 확정하는 것은 사실인정의 문제이고, 인정된 사실을 토대로 그것이 가지는 법률적 의미를 탐구 확정하는 것은 이른바 의사표시의 해석으로서, 이는 사실인정과는 구별되는 법률적 판단의 영역에 속하는 것이다. 그리고 어떤 목적을 위하여 한 당사자의 일련의 행위가 법률적으로 다듬어지지 아니한 탓으로 그것이 가지는 법률적 의미가 명확하지 아니한 경우에는 그것을 법률적인 관점에서 음미, 평가하여 그 법률적 의미가 무엇인가를 밝히는 것 역시 의사표시의 해석에 속한다.

대판 2002.1.25, 2001다63575 [묵시적 의사표시의 해석]

계약이 합의해제되기 위하여는 일반적으로 계약이 성립하는 경우와 마찬가지로 계약의 청약과 승낙이라는 서로 대립하는 의사표시가 합치될 것을 그 요건으로 하는 것이지만, 계약의 합의해제는 명시적인 경우뿐만 아니라 묵시적으로도 이루어질 수 있는 것이므로 계약 후 당사자 의 계약 실현의사의 결여 또는 포기가 쌍방 당사자의 표시행위에 나타난 의사의 내용에 의하여 객관적으로 일치하는 경우에는, 그 계약은 계약을 실현하지 아니할 당사자 쌍방의 의사가 일치됨으로써 묵시적으로 해제되었다고 해석함이 상당하다.

대판(전합) 2009.3.19, 2008다45828 [예금계약의 당사자확정]

금융실명거래 및 비밀보장에 관한 법률에 따라 실명확인 절차를 거쳐 예금계약을 체결하고 그 실명확인 사실이 예금계약서 등에 명확히 기재되어 있는 경우에는, 일반적으로 그 예금계약서에 예금주로 기재된 예금명의자나 그를 대리한 행위자 및 금융기관의 의사는 예금명의자를 예금계약의 당사자로 보려는 것이라고 해석하는 것이 경험법칙에 합당하고, 예금계약의 당사자에 관한 법률관계를 명확히 할 수 있어 합리적이다. 그리고 이와 같은 예금계약 당사자의 해석에 관한 법리는, 예금명의자 본인이 금융기관에 출석하여 예금계약을 체결한 경우나 예금명의자의 위임에 의하여 자금 출연자 등의 제3자(이하 '출연자 등'이라 한다)가 대리인으로서 예금계약을 체결한 경우 모두 마찬가지로 적용된다고 보아야 한다.

따라서 본인인 예금명의자의 의사에 따라 예금명의자의 실명확인 절차가 이루어지고 예금명의자를 예금주로 하여 예금계약서를 작성하였음에도 불구하고, 예금명의자가 아닌 출연자 등을 예금계약의 당사자라고 볼 수 있으려면, 금융기관과 출연자 등과 사이에서 실명확인 절차를 거쳐 서면으로 이루어진 예금명의자와의 예금계약을 부정하여 예금명의자의 예금반환청구권을 배제하고 출연자 등과 예금계약을 체결하여 출연자 등에게 예금반환청구권을 귀속시키겠다는 명확한 의사의 합치가 있는 극히 예외적인 경우로 제한되어야 한다. 그리고 이러한 의사의 합치는 금융실명거래 및 비밀보장에 관한 법률에 따라 실명확인 절차를 거쳐 작성된 예금계약서 등의 증명력을 번복하기에 충분할 정도의 명확한 증명력을 가진 구체적이고 객관적인 증거에 의하여 매우 엄격하게 인정하여야 한다.

甲이 배우자인 乙을 대리하여 금융기관과 乙의 실명확인 절차를 거쳐 乙 명의의 예금계약을 체결한 사안에서, 甲과 乙의 내부적 법률관계에 불과한 자금 출연경위, 거래인감 및 비밀번호의 등록·관리, 예금의 인출 상황 등의 사정만으로 금융기관과 甲 사이에 예금명의자 乙이 아닌 출연자 甲을 예금계약의 당사자로 하기로 하는 묵시적 약정이 체결되었다고 보아 甲을 예금계약의 당사자라고 판단한 원심판결을 파기한 사례이다(묵시적 의사표시만으로는 이러한 예외가 인정될 수 없다는 의미).

▌ 대판 2001.5.29, 2000다3897

계약을 체결하는 행위자가 타인의 이름으로 법률행위를 한 경우에 행위자 또는 명의인 가운데 누구를 계약의 당사자로 볼 것인가에 관하여는, 우선 행위자와 상대방의 의사가 일치한 경우에는 그 일치한 의사대로 행위자 또는 명의인을 계약의 당사자로 확정해야 하고, 행위자와 상대방의 의사가 일치하지 않는 경우에는 그 계약의 성질·내용·목적·체결 경위 등 그 계약 체결 전후의 구체적인 제반 사정을 토대로 상대방이 합리적인 사람이라면 행위자와 명의자 중 누구를 계약 당사자로 이해할 것인가에 의하여 당사자를 결정하여야 한다.

▌ 대판 2002.2.26, 2000다48265 [의사표시 해석에 있어서 의사표시의 요소]

의사표시 해석에 있어서 당사자의 진정한 의사를 알 수 없다면, 의사표시의 요소가 되는 것은 표시행위로부터 추단되는 효과의사 즉 표시상의 효과의사이고 표의자가 가지고 있던 내심적 효과의사가 아니므로, 당사자의 내심의 의사보다는 외부로 표시된 행위에 의하여 추단된 의사를 가지고 해석함이 상당하다.

▌ 대판 2020.7.9, 2019다212594

甲이 乙에게 금원을 대여하면서 이에 대한 담보로 乙의 배우자인 丙의 부동산에 甲의 자인 戊의 명의로 근저당권설정등기를 마쳤는데, 丙의 채권자인 丁이 근저당권등기와 피담보채권의 주체가 다르다고 주장하며 戊를 상대로 근저당권설정등기의 말소를 구한 사안에서, 근저당권자인 戊가 甲과 함께 유효하게 채권을 변제받을 수 있고 채무자 乙도 유효하게 변제할 수 있는 관계, 즉 甲과 戊가 불가분적 채권자의 관계에 있다고 볼 여지가 상당한데도, 이와 달리 본 원심판단에 법리오해 등의 잘못이 있다.

제1편 제2편 제3편 제4편 제5편 제6편 제7편 제8편 제9편 계약의 성립

▌대판 2014.11.27, 2014다32007

甲이 어머니인 乙로부터 부동산을 증여받아 소유권이전등기를 마쳤는데, 甲의 형제인 丙 등이 위 부동산에 관하여 근저당권설정등기를 마치자, 甲이 丙 등을 상대로 근저당권설정등기의 말소를 구한 사안에서, 甲이 丙 등에게 위 부동산 중 일부 지분을 이전하여 주기로 약정한 점 등에 비추어, 丙 등이 甲이 부동산을 임의로 처분하는 것을 방지함과 동시에 부동산과 관련하여 장차 丙 등이 甲에 대하여 갖게 될 금전채권을 담보하기 위하여 근저당권을 설정받았다고 볼 여지가 충분함에도, 이와 달리 위 근저당권설정등기가 피담보채권이 존재하지 않는 무효의 등기라고 본 원심판결에 의사표시의 해석을 그르친 위법이 있다.

▌대판 2011.1.13, 2010다69940

甲이 乙로부터 토지를 매수하여 매매대금 중 일부를 지급하였고, 그 후 乙이 丙에 대한 차용금채무를 담보하기 위하여 甲에 대한 매매잔대금채권을 丙에게 양도하였는데, 丙이 양수한 위 매매잔대금채권의 지급을 담보하기 위하여 甲이 丙에게 근저당권설정등기를 마쳐주었다고 사실인정을 한 원심에 대하여, 위와 같은 채권양도의 의사표시가 있었음을 인정할 만한 직접적인 증거가 없을 뿐만 아니라 그에 대한 丙의 주장에 일관성이 없어, 채권자인 乙과 근저당권자인 丙 사이에 어떠한 법률관계가 형성되었는지를 판단하는 것은 단순한 사실인정의 문제가 아니라 의사표시 해석의 영역에 속하는 것으로 보아야 하는데, 그 법률관계의 실체는 채권자인 乙과 근저당권자인 丙의 관계, 위 근저당권설정의 동기 및 경위 등에 비추어, 丙이 乙로부터 채권을 양도받은 것이 아니라 위 근저당권의 피담보채권을 원래의 채권자인 乙뿐만 아니라 근저당권자인 丙에게도 귀속시키기로 합의함으로써 丙과 乙이 불가분적 채권관계를 형성한 것이라고 볼 여지가 충분함에도, 乙이 丙에게 매매잔대금채권을 양도하였다는 사실인정을 한 다음 甲이 乙에 대하여 한 변제는 채권양수인인 丙에게 그 효과가 미치지 않는다는 취지로 판단한 원심판결을 파기하였다.

종합사례 1

乙은 2004. 7. 2. K은행으로부터 대출기한 2005. 1. 2.까지, 이율 연 15%, 연체이율 연 24%로 각 정하여 금 3억 원을 대출받기로 하는 내용의 금전소비대차계약(이하 '이 사건 소비대차계약'이라 한다)을 체결하였다. 같은 날 K은행은 乙 명의의 W은행 계좌로 이 사건 소비대차계약에 따른 대출금을 송금하였다. 乙이 수령한 대출금은 甲이 사용하였다. 乙은 甲으로부터 "자신의 신용상태가 좋지 않아 대출에 제한이 있어 자신 명의로 대출을 받을 수 없으니 乙 명의로 대출을 받아 줄 것"을 부탁받고 이 사건 소비대차계약서에 주채무자로 서명, 날인한 것이었다. 이 사건 소비대차계약에 甲이 乙을 위한 연대보증인이 되었다.

질문 1) 乙과 K은행이 일치하여 乙이 법률적인 책임을 진다는 의사를 가지고 있었던 경우, 주채무자는 누가 되는가? 만일 乙이 채무를 변제한 경우 乙은 甲에게 구상권을 행사할 수 있는가?

질문 2) 乙은 법률적 책임을 지지 않을 의사를 가지고 있었으나 K은행은 명의대여자 乙에게 법률적인 책임을 지울 의사를 가지고 있었던 경우, 주채무자는 누가 되는가? 만일 甲이 채무를 변제한 경우, 甲은 乙에게 구상권을 행사할 수 있는가?

종합사례 해설 1

Ⅰ. 쟁점사안

K은행과의 금전소비대차계약의 주채무자가 누구인지 및 구상권 인정 여부가 문제된다.

Ⅱ. 적용법리

1. 주채무자의 확정

질문 1)에서는 명의대여자 乙과 K은행의 의사가 乙이 주채무자가 되는 것에 대해서 일치하므로, 자연적 해석방법에 의해 명의대여자 乙이 주채무자가 된다.

한편 질문 2)에서는 규범적 해석의 입장에 의해 K은행의 관점에서 판단해 보면, 乙이 주채무자 될 것이다. 물론 명의대여자는 제107조상의 비진의 의사표시로서 무효라는 항변을 할 것이나, K은행이 명의대여자의 내심의 의사, 즉 단순히 명의만을 빌려주고 법률적인 책임은 지지 않겠다는 의사를 알았거나 알 수 있었다고 보기는 어려울 것이다(대판 1997.7.
25, 97다8403).

2. 구상권 인정 여부

판례는 형식상 연대보증인에 불과한 명의차용자 甲이 은행에 대출금을 변제한 경우에는 甲은 乙에게 구상권을 행사할 수 없다고 하였다. 반대로 규범적 해석에 의하여 금전소비대차의 주채무자로 확정된 乙이 은행에 대출금을 변제한 경우, 주채무자의 변제이기는 하지만 乙은 甲에게 구상권을 행사할 수 있다고 본다(대판 1994.6.
10, 94다2701). 甲과 乙 내부 사이에서는 궁극적으로 대출금을 사용한 甲이 대출금상환의무를 부담하는 것으로 봄이 타당하기 때문이다.

Ⅲ. 사안의 해결

K은행에 대한 주채무자는 명의대여자 乙이 된다. 한편 乙이 변제한 경우 乙은 甲에게 구상권을 행사할 수 있는 반면에 甲이 연대보증인으로서 채무를 변제했어도 乙에게 구상권을 행사할 수 없다.

민사소송법 소송법상 문서의 증거로서의 취급

1) 문서의 형식적 증거력(문서의 진정성립)

문서의 진정성립이란 민사소송에서 계약서와 같은 처분문서를 비롯한 각종 문서를 증거로서 법원에 제출하는 자가 그 문서의 작성자라고 주장하는 특정인의 의사에 의하여 그 문서가 작성되었고 그 내용이 위조 또는 변조된 것이 아님을 의미한다. 진정성립이 인정되는 문서에는 형식적 증거력이 있다. 예컨대 X토지를 1억 원에 매도하는 계약서의 진정성립이 인정되면 그 계약이 체결된 것으로 추정된다.

2) 문서의 진정성립에 대한 증명책임은 문서제출자가 부담한다

문서제출자의 상대방이 사문서의 진정성립에 관하여 다투면, 문서제출자는 그 사문서의 진정성립에 관하여 증명하여야 한다(민사소송법
제357조). 이때 그 문서에 있는 본인 또는 대리인의 서명 · 날인 · 무인이 진정한 것임을 증명한 때에는 그 문서는 진정한 것으로 추정을 받는다(민사소송법
제358조). 대법원은 그 문서에 날인된 작성명의인의 인영이 그 사람의 인장에 의한 것임이 인정되면 일단 그 사람의 의사에 의하여 날인된 것이라는 사실상의 추정을 받게 되고, 이러한 추정이 성립되면 그 문서 전체의 진정성립까지도 추정하고 있다(대판 1995.6.30, 94다41324 등. 이
른바 '2단계의 추정'이라고 한다).

3) 문서의 실질적 증거력

어떤 문서가 요증사실을 증명하기에 적합한 가치를 갖는지(실질적 증거력)는 법관의 자유심증에 맡겨져 있으나, 처분문서(증명하고자 하는 법률적 행위가 그 문서 자체에 의하여 이루어진 경우의 문서)의 경우 진정성립이 인정되면, 그 문서에 기재한 내용대로 법률행위의 존재를 인정하여야 한다는 것이 판례이다(대판 1997.4.11. 96다50520. 그러나 기재내용이 부동문자(不動文字)인 경우에는 예문해석에 의해 예외가 인정될 수 있음). 이와 같은 처분문서의 증거력은 상대방의 반증에 의해 부정될 수 있는 강력한 사실상의 추정이므로, 처분문서를 배척하기 위해서는 합리적인 이유설시를 요한다. 다만 추정의 범위는 문서에 기재된 법률적 행위의 존재와 그 내용에 국한되는 것이며, 법률행위의 해석 등에는 미치지 않는다.

제5절 계약금계약

I. 의의 및 기능
  1. 의 의
  2. 기 능
II. 증약금
III. 해약금
  1. 해약금에 의한 계약해제의 요건
    (1) 금전 기타 물건을 계약금 등의 명목으로 교부할 것

    (2) 당사자 사이에 해약금에 의한 해제의 배제 약정이 없을 것
    (3) '당사자 일방'이 '이행에 착수'하기 전일 것
    (4) 계약금을 포기하거나 계약금액의 두 배를 상환할 것
  2. 해약금에 의한 계약해제의 효과
IV. 위약금

I. 의의 및 기능

1. 의 의

계약금은 계약체결시(계약의 성립 후에도 가능하기는 함) 당사자 일방이 상대방에게 교부하는 금전 기타 물건을 말한다. 계약금의 지급을 내용으로 하는 계약금계약은 낙성계약이다. 계약금 전부의 지급이 없더라도 당사자의 합의만으로 계약금계약은 성립한다. 따라서 계약금의 미지급시 당사자 일방은 계약금계약에 따라 계약금의 지급을 청구할 수 있고, 계약금을 지급하지 않는 경우 계약금계약을 해제할 수 있다. 다만 계약금계약은 낙성계약이지만, 해약금에 의한 약정해제권을 행사하기 위해서는 계약금 전부의 지급이 추가적으로 요구될 뿐이다(제565조 참조).

이와는 달리 판례와 다수설은 계약금계약 자체를 요물계약으로 보고 계약금 전부의 지급이 없으면 계약금계약이 성립하지 않은 것으로 보기도 한다. 또한 계약금계약은 종된 계약에 해당하므로 매매계약 등의 주된 계약의 무효·취소시 계약금계약도 효력을 상실한다(제100조 제2항). 계약

금 교부 후 계약이 원래대로 이행된다면, 계약금은 교부자에게 반환되어야 한다. 그러나 매매계약에서 금전으로 계약금이 교부된 경우라면, 매매대금 일부에 충당되는 것이 보통이다. 계약금과 구별해야 할 것으로 선급금이 있다. 선급금은 금전채무 중 일부 변제로 미리 지급하는 것으로서 계약금처럼 증약금으로서의 역할을 할 수는 있으나, 선급금을 제565조의 해약금으로 할 수는 없다.

2. 기 능

계약금은 일반적으로 증약금, 해약금, 위약금으로 기능한다. 계약금은 증약금·해약금으로 당연 추정되나($^{제565}_{조}$), 계약금이 위약금으로 인정되기 위해서는 약정이 있어야만 한다. 위약금 약정이 있을 때는, 계약금은 손해배상액의 예정으로 추정된다($^{제398조}_{제4항}$). 즉 계약금을 지급하면서 손해배상액의 예정으로 규율하지 않고 위약금으로서의 약정만 해도 손해배상액의 예정으로 추정한다. 그 밖에도 매수인이 계약금을 지급한 경우 채무의 일부이행으로 보게 된다.

Ⅱ. 증약금

계약금은 계약성립의 증거로서의 의미를 갖는 증약금(증거계약금)의 성질을 언제나 가진다.
특히 서면에 의하지 않고 계약을 체결한 경우에 그 의미가 크다. 계약금을 교부한 사실이 당사자가 계약을 체결하였다는 증거가 될 수 있기 때문이다.

Ⅲ. 해약금

해약금이란 상대방의 채무불이행이 없는 경우에도 당사자 일방이 이행에 착수할 때까지 교부자는 이를 포기하고 수령자는 그 배액을 상환하여 매매계약을 해제할 수 있는 권리를 유보하고 수수되는 금전 등을 말한다. 그런데 제565조 제1항은 "매매의 당사자 일방이 계약당시에 금전 기타 물건을 계약금, 보증금 등의 명목으로 상대방에게 교부한 때에는 당사자간에 다른 약정이 없는 한 당사자의 일방이 이행에 착수할 때까지 교부자는 이를 포기하고 수령자는 그 배액을 상환하여 매매계약을 해제할 수 있다"고 하는바, 매매계약을 체결하면서 수수된 계약금은 해약금으로 추정한다.

요컨대 계약금을 교부하면 당사자 중의 누구라도 별도의 사유가 없더라도 계약을 해제할 수 있다. 다만 해약금 규정($^{제565}_{조}$)은 임의규정이므로 당사자의 의사로 계약금에 해약금의 성격을 배제할 수 있다.

1. 해약금에 의한 계약해제의 요건

(1) 금전 기타 물건을 계약금 등의 명목으로 교부할 것

계약금계약은 계약자유의 원칙상 낙성계약으로 보는 견해에 따르면 계약금 지급의 약정만으로 성립한다. 다만 그 계약금계약에 기한 약정해제권을 행사하기 위해서는 제565조의 해석상 추가적으로 계약금 전부의 지급이 필요할 뿐이다.

> **사례 21** 甲과 乙은 2013.5.6. 매매계약을 체결하면서 계약금을 지급하기로 약정하였으나, 자금 사정이 어려운 甲이 계약금은 2013.6.6.에 지급하기로 하였다. 2013.5.7. 甲은 제565조 제1항에 의해 해약금에 기한 해제를 할 수 있는가?   (대판 2008.3.13. 2007다73611 참조)
>
> **해설 21** 할 수 없다.
> 계약금 계약은 요물계약이므로 계약금이 전부 지급되지 않는 한, 계약금으로서의 효력이 없다. 따라서 계약금의 추정적 효력인 해약금에 기한 해제는 불가능하다.

대판 2008.3.13, 2007다73611

계약이 일단 성립한 후에는 당사자의 일방이 이를 마음대로 해제할 수 없는 것이 원칙이고, 다만 주된 계약과 더불어 계약금계약을 한 경우에는 민법 제565조 제1항의 규정에 따라 임의 해제를 할 수 있기는 하나, 계약금계약은 금전 기타 유가물의 교부를 요건으로 하므로 단지 계약금을 지급하기로 약정만 한 단계에서는 아직 계약금으로서의 효력, 즉 위 민법 규정에 의해 계약해제를 할 수 있는 권리는 발생하지 않는다고 할 것이다. 따라서 당사자가 계약금의 일부만을 먼저 지급하고 잔액은 나중에 지급하기로 약정하거나 계약금 전부를 나중에 지급하기로 약정한 경우, 교부자가 계약금의 잔금이나 전부를 약정대로 지급하지 않으면 상대방은 계약금 지급의무의 이행을 청구하거나 채무불이행을 이유로 계약금약정을 해제할 수 있고, 나아가 위 약정이 없었더라면 주계약을 체결하지 않았을 것이라는 사정이 인정된다면 주계약도 해제할 수도 있을 것이나, 교부자가 계약금의 잔금 또는 전부를 지급하지 아니하는 한 계약금계약은 성립하지 아니하므로 당사자가 임의로 주계약을 해제할 수는 없다 할 것이다.

(이 판결례에 따르면 본계약, 계약금계약, 계약금(지급)약정이 각각 별도로 존재하는 것으로 이해해야 하는데 이러한 해석이 실무례에서 정당한 것인지 의문이다. 오히려 계약금계약은 낙성계약으로 보고 계약금계약에 의하여 미지급 계약금의 지급을 청구할 수 있고 미이행시 계약금계약을 해제할 수 있다고 내용을 구성하는 것이 합리적이다. 본 판결에서 말하는 '계약금의 교부'는 계약금계약의 성립요건이 아니라, 제565조의 임의해제를 위한 요건일 뿐이다)

(2) 당사자 사이에 해약금에 의한 해제의 배제 약정이 없을 것

제565조 제1항의 문언에 의해 '당사자 간에 다른 약정이 없는' 경우에 한하여 약정해제권을 행사할 수 있다. 만일 당사자가 약정해제권을 배제하는 다른 약정을 했다면, 당사자는 더 이상 해약금에 의한 해제권을 행사할 수 없다(대판 2009.4.23, 2008다50615). 그런데 계약금을 교부하면서 이를 위약금으로 하는 약정을 했다면 이러한 위약금약정이 해제권을 배제하는 '다른 약정'으로 볼 수 있을지가 문제된다.

　판례는 해약금은 위약금과 병존할 수 있다고 본다(대판 1996.10. 25, 95다33726). 거래 관행상 계약금을 수수하면서 이를 위약금으로 하는 약정은 계약서에 의해 거의 부동문자로 기재되어 있다는 점을 고려해 보면 이러한 형태에 의한 위약금 약정이 있다는 것만으로는 해약금 추정을 배제하는 묵시적 합의가 있다고 보기는 어렵기 때문이다. 위약금 약정만으로 해약금 추정을 번복하기 위해서는 다른 사정이 있어야 할 것이다. 또한 위 판결에서 계약금이 위약금의 성격을 갖고 있을 때 당사자가 해약금에 의하여 유보된 약정해제권을 행사할 때에도 해약금의 액수가 과다함을 이유로 이의 감액청구를 할 수 있다고 보았다.

　생각건대 해약금의 감액청구에 위약금(손해배상의 예정액)의 감액청구의 의사가 있다고 해석될 수 있어야 한다. 또한 채무불이행이 성립하지 않으면 손해배상 예정액을 청구할 수 없다.

대판 1996.10.25, 95다33726

'"대금불입 불이행시 계약은 자동 무효가 되고 이미 불입된 금액은 일체 반환하지 않는다"고 되어 있는 매매계약에 기하여 계약금이 지급되었으나, 매수인이 중도금을 지급기일에 지급하지 아니한 채 이미 지급한 계약금 중 과다한 손해배상의 예정으로 감액되어야 할 부분을 제외한 나머지 금액을 포기하고 해약금으로서의 성질에 기하여 계약을 해제한다는 의사표시를 하면서 감액되어야 할 금액에 해당하는 금원의 반환을 구한 경우, 그 계약금은 해약금으로서의 성질과 손해배상 예정으로서의 성질을 겸하고 있고, 매수인의 주장취지에는 매수인의 채무불이행을 이유로 매도인이 몰취한 계약금은 손해배상 예정액으로서는 부당히 과다하므로 감액되어야 하고 그 감액 부분은 부당이득으로서 반환하여야 한다는 취지도 포함되어 있다고 해석함이 상당하며 계약금이 손해배상 예정액으로서 과다하다면 감액 부분은 반환되어야 한다는 이유로, 계약금이 해약금으로서의 성질과 손해배상 예정으로서의 성질을 겸하고 있더라도 해약금에 기한 해제권 주장시에는 계약불이행에 따른 손해배상이 논의될 여지가 없어 손해배상 예정액의 감액이 불가능하다고 본 원심판결을 파기'했다.

(3) '당사자 일방'이 '이행에 착수'하기 전일 것

(가) 이행착수의 의미

　'이행에 착수한다'는 것은 중도금의 지급과 같이 객관적으로 외부에서 인식할 수 있을 정도로 채무의 이행행위의 일부를 행하거나 또는 이행을 하는 데 필요한 전제행위를 하는 것을 말한다(대판 1994.11. 11, 94다17659). 따라서 단순히 이행의 준비만으로는 부족하나, 반드시 계약 내용에 들어맞는 이행 제공의 정도까지 이르러야 하는 것은 아니다. 통상적으로 '이행착수'는 이행준비와 이행제공의 중간단계로 이해되어야 한다.

대판 1994.11.11, 94다17659

여기에서 이행에 착수한다는 것은 객관적으로 외부에서 인식할 수 있는 정도로 채무의 이행행위의 일부를 행하거나 또는 이행을 하는 데 필요한 전제행위를 하는 것을 말하는 것으로서 단순히 이행의 준비만으로는 부족하나, 반드시 계약내용에 들어 맞는 이행의 제공의 정도에까지 이르러야 하는 것은 아니라 할 것이다.

판례는 일반적으로 ① 중도금의 지급 등 이행행위의 일부를 한 경우(변제공탁 포함), ② 매도인으로부터 매매목적 부동산의 소유권이전등기를 경료받기 위하여 매수인이 잔대금을 준비하고 매도인에 대하여 등기소에 동행할 것의 촉구, ③ 매수인의 중도금 지급에 갈음하는 채권양도(대판 2006.11.24. 2005다39594). ④ 매수인이 중도금이나 잔금을 지급하려 하자 상대방이 거절한 경우(대판 1994. 5.13, 93다56954), ⑤ 대금지급을 위하여 어음을 교부한 경우(대판 2002.11.26. 2002다46492) 등은 이행착수로 인정한다.

반면에 ① 이행청구소송을 제기하는 것 또는 그 소송에서 승소한 것(대판 2008.10.23. 2007다72274,72281), ② 이행기 전의 단순한 수령 최고(대판 1979.11. 27, 79다1663), ③ 토지거래허가를 받은 것(대판 2009.4.23. 2008다62427)은 이행의 착수로 인정하지 않았다.

(나) 스스로 이행에 착수한 당사자의 해약금 해제 가능 여부

'당사자 일방'이 이행에 착수할 때까지라는 것이 '상대방이 이행에 착수할 때까지'를 의미하는 것인지 아니면 '쌍방 중 어느 일방이라도 이행에 착수할 때까지'를 말하는 것인지가 문제되는데, 통설과 판례는 후자로 이해한다(대판 2000.2.11. 99다62074). 즉 약정해제권을 행사하려는 자만이 이행에 착수했더라도 약정해제권을 행사할 수 없다.

> **사례 22** 甲과 乙은 X토지에 대한 매매계약을 체결하면서 계약금을 수수하였다. 나아가 매수인 甲은 매도인 乙에게 중도금을 지급하였다. 乙이 아직 이행에 착수하기 전이라면 甲은 해약금에 의한 해제를 할 수 있는가?
>
> **해설 22** 甲은 해약금에 의한 약정해제권을 행사하여 계약을 해제할 수 없다.
> '당사자 일방'이라는 것은 매매 당사자 중 어느 일방을 말하는 것이지 해제의 상대방을 말하는 것으로 보지 않는다. 스스로 이행에 착수한 당사자는 해약금에 기한 해제를 하지 아니할 의사를 가지고 해제권을 포기한 것으로 보아야 하기 때문이다. 또한 계약은 가능한 한 존속되고 지켜져야 한다는 원칙을 고려한다면, 해약금에 기한 해제의 적용범위를 좁히는 것이 타당할 것이다. 만일 이행에 착수한 당사자의 해제권 행사를 허용하게 되면, 계약의 상대방에게 불측의 손해를 준다는 점에서도, 이를 인정하지 않는 판례의 태도가 타당하다고 본다.

(다) '이행기 전'에도 이행의 착수가 인정될 수 있는지 여부

원칙적으로 이행기의 약정이 있는 경우라 하더라도 이행기 전에 이행에 착수할 수 있다. 다만 예외적으로 당사자가 채무의 이행기 전에는 착수하지 아니하기로 특약을 하는 등 특별한 사정이 있는 경우에는 이행기 전에 이행에 착수할 수 없다. 판례는 매도인이 제565조에 의하여 계약을 해제한다는 의사표시를 하고 일정한 기한까지 해약금의 수령을 최고하며 기한을 넘기면 공탁하겠다고 통지를 한 이상 중도금 지급기일은 매도인을 위하여서도 기한의 이익이 있다고 보는 것이 옳고, 따라서 이 경우에는 매수인이 이행기 전에 이행에 착수할 수 없는 특별한 사정이 있는 경우에 해당하여 매수인은 매도인의 의사에 반하여 이행할 수 없다고 보았다. 따라서 이러한 예외적인 사안에서는 매수인이 이행기 전에, 더욱이 매도인이 정한 해약금 수령기한 이전에 일방적으로 이행에 착수하였다고 하여도 매도인의 계약해제권 행사에 영향을 미치지 않는다(대판 1993.1.
19, 92다31323).

> **사례 23** 매수인 甲과 매도인 乙은 2015.7.8. X토지에 대한 매매계약을 체결하면서 계약금을 수수하였다. 甲은 乙에게 2015.8.9. 중도금을 지급하기로 하였다. 그런데 甲은 乙에게 중도금을 2015.7.20.에 미리 지급하였다. 중도금을 미리 수령한 乙은 2015.7.25 해약금에 의한 해제를 할 수 있는가?
>
> **해설 23** 乙은 해약금에 의한 해지를 할 수 없다.
> 이행기의 약정이 있다 하더라도 채무자의 이행기 전에는 이행에 착수하지 아니하기로 하는 등의 특별한 사정이 없는 한, 이행기 전에도 이행의 착수가 인정된다. 위 사안에서는 그러한 특별한 사정이 보이지 않는다. 따라서 이행의 착수가 이루어진 후이므로 해약금에 기한 해제는 인정되지 않는다.

(4) 계약금을 포기하거나 계약금액의 두 배를 상환할 것

해약금 해제를 하려는 자가 해약금 교부자라면 해약금을 포기하고 해제를 할 수 있으며, 교부받은 자라면 계약금액의 두 배를 상환하면서 해제를 하여야 한다. 교부자가 해제의 의사표시를 한 경우에는 당연히 계약금 포기의 효력이 생기므로 계약금 포기의 의사표시는 별도로 할 필요가 없다. 반면에 수령자가 해제의 의사표시를 하는 경우에는 계약금의 배액을 현실로 제공하지 않는 한 해제의 효과가 발생하지 않는다(대판 1966.7.
5, 66다736). 다만 계약금 배액의 이행의 제공이 있으면 족하고, 상대방이 이를 수령하지 아니한다고 하여 이를 공탁할 필요는 없다(대판 1981.10.
27, 80다2784). 계약해제의 의사표시는 상대방에게 도달되어야 한다(대판 1993.1.19,
92다31323). 매도인이 계약금 일부만 지급받은 경우 지급받은 금원의 배액만을 상환하고 매매계약을 해제할 수 없다. '실제 교부받은 계약금'의 배액만을 상환하여 매매계약을 해제할 수 있다면 이는 당사자가 일정한 금액을 계약금으로 정한 의사에 반하게 될 뿐 아니라, 교부받은 금원이 소액일 경우에는 사실상 계약을 자유로이 해제할 수 있어 계약의 구속력이 약화되는 결과가 되어 부당하기 때문이다. 나아가 계약금의 일부만 지급된 경우 제565조의 해제권을 행사할 수 없다. 따라서 매도인이 계약금의 일부로서 지급받은 금원의 배액을 상환하는 것으로는 매매계약을 해제할 수 없다(대판 2015.4.23.
2014다231378). 나아가 매도인이 약속한 계약금 전액의 배액을 상환하더라도 해약금에 의한 계약해제(약정해제권의 행사)는 불가능하다. 계약금의 교부(지급)가 없는 경우 제565조의 해제권 행사의 요건을 구비하지 못하였으므로 양당사자 모두 해제권을 행사할 수 없다고 해석해야 할 것이다(그러나 대판 2015.4.23, 2014다231378에서는 방론으로 "계약금 일부만 지급된 경우 수령자가 매매계약을 해제할 수 있다고 하더라도 해약금의 기준이 되는 금원은 '실제 교부받은 계약금'이 아니라 '약정 계약금'이라고 봄이 타당하므로"라고 판시하여, 계약금의 일부만 지급된 경우에도 매도인은 약정한 계약금의 배액을 상환

제1편 제2편 제3편 제4편 제5편 제6편 제7편 제8편 제9편 계약의 성립

하면 계약해제가 가능한 것처럼 파악하고 있다).

> **사례 24** 甲과 乙은 2015.7.8. X토지에 대한 매매계약을 체결하면서 계약금을 수수하였다. 매도인 甲은 약정해제권을 행사하기 위하여, 2015.7.30. 계약금의 배액을 공탁하였고, 공탁통지가 2015.8.6. 乙에게 도달하였다. 공탁의 통지만으로 계약이 해제된 것으로 볼 수 있는가?
>
> (대판 1993.1.19, 92다31323 참조)
>
> **해설 24** 공탁통지가 도달한 2015.8.6. 계약은 해제되었다고 볼 수 있다.
> 판례는 "매도인이 민법 제565조에 의하여 계약을 해제하고자 하는 경우에는 계약금의 배액을 제공하고 하여야 할 것이나, 이 해약금의 제공이 적법하지 못하다면 해제권을 보유하고 있는 기간 안에 적법한 제공을 한 때에 계약이 해제된다고 볼 것이고, 또 매도인이 계약을 해제하기 위하여 계약금의 배액을 공탁하는 경우에는 공탁원인사실에 계약해제의 의사가 포함되어 있다고 할 것이므로, 상대방에게 공탁통지가 도달한 때에 계약해제 의사표시가 있었다고 보는 것이 옳다"고 보므로, 본 사안의 경우 공탁통지가 도달한 2015.8.6. 계약은 해제되었다고 볼 수 있다.
> 다만 주의할 것은 유효한 공탁이 있었기 때문에 해약금에 의한 계약해제를 할 수 있게 된 것은 아니라는 점이다. 계약금계약에 의한 해제를 하고자 할 때는 계약금 배액의 이행제공이 있으면 족하고, 상대방이 이를 수령하지 않더라도 이를 공탁할 필요는 없기 때문이다(대판 1981.10. 27, 80다2784). 따라서 당해 사안에서 甲이 계약금의 배액을 공탁하는 것이 아니라 乙에게 현실로 제공하면서 계약해제의 의사표시를 한 경우에도 甲과 乙 사이의 계약은 해제될 수 있다.

2. 해약금에 의한 계약해제의 효과

해약금에 의한 해제 또한 계약을 소급적으로 소멸시키지만, 이행의 착수 전에만 가능하므로 실질적으로 원상회복의무는 인정될 여지가 없다. 채무불이행을 이유로 하는 법정해제가 아니므로 손해배상청구권도 인정되지 않는다(제565조 제2항). 계약금이 교부되었더라도 채무불이행이 있으면 채무불이행을 이유로 계약을 해제할 수 있다. 이때에는 원상회복청구나 손해배상청구도 가능하다. 다만 위약금의 약정이 있을 때에도 손해배상의 예정이 인정되는 경우에는 원칙적으로 그 예정액(계약금)만을 손해배상액으로 청구할 수 있다.

> **요건사실론** 해약금에 의한 약정해제
>
> **약정해제 - 해약금**
> 1. 청구원인(원고)
>   매도인이 원고로서 매매계약에 기한 매매대금의 청구 혹은 매수인이 원고로 소유권이전등기 청구
> 2. 약정해제권에 기한 피고의 항변
>   약정해제권을 주장하여 계약을 해제하기 위하여 피고는 ① 해제권유보의 약정을 한 사실, ②

약정상의 해제권발생요건에 해당하는 사실이 일어난 사실, ③ 해제의 의사표시를 한 사실을 주장·증명해야 한다.

(매매의 경우 다른 약정이 없는 한 당사자의 일방이 이행에 착수할 때까지 매도인은 계약금의 배액을 상환하고, 매수인은 계약금을 포기하고 각 매매계약을 해제할 수 있으므로 ① 매매계약 체결시 계약금을 교부한 사실, ② 계약 해제의 목적으로 계약금 배액을 현실제공한 사실(매도인의 경우) 또는 계약금 반환청구권 포기의 의사표시를 한 사실(매수인의 경우), ③ 매매계약 해제의 의사표시를 한 사실을 주장·증명하면 된다)

3. 재항변(원고)

계약금을 해약금으로 하지 않기로 한 특약이 있는 사실 또는 당사자 일방이 해제의 의사표시가 있기 전에 이행에 착수한 사실 등을 주장할 수 있다.

4. 재재항변(피고)

이행기 전에 착수하였다는 사실은 이행 착수의 재항변에 대한 유효한 재재항변이 될 수 없다.

Ⅳ. 위약금

당사자가 계약금을 위약금으로 하기로 하는 별도의 약정이 있는 경우에 한하여, 계약금은 위약금의 기능을 담당한다(대판 1987.2.24, 86누438; 대판 1992.12.27, 92다23209). 위약금 약정은 손해배상예정으로 추정된다(제398조 제4항). '매도인이 위약했을 때에는 계약금의 배액을 매수인에게 배상해야 하고, 매수인이 위약했을 때에는 계약금을 포기하기로 한다'는 내용의 특약은 위약금 약정으로 인정된다(대판 2010.4.29, 2007다24930). 통상적으로 매매계약을 체결하는 경우, 계약금몰수와 배액상환에 대한 위약금 약정은 계약서에 거의 부동문자로 기재되어 있다(이에 대한 자세한 설명은 '손해배상의 예정' 부분 참조). 매수인이 중도금을 지급하지 않은 경우 매도인은 채무불이행을 이유로 법정해제권을 행사할 수도 있으나, 해약금 약정에 의한 약정해제권을 행사할 수도 있다. 계약금을 교부한 경우에는 특별한 사정이 없으면 해약금의 성격이 있다고 보아야 하기 때문이다(제565조).

위약금의 약정이 있었다면 이는 손해배상액의 예정으로 추정되므로(제398조 제4항) 법정해제권을 행사하든 약정해제권을 행사하든 채무불이행이 인정되면 그에 대비한 손해배상의 예정액을 청구할 수 있다. 또한 계약당사자의 일방에게만 적용되는 위약금 약정도 가능하다(대판 2007.10.25, 2007다40765).

| 대판 1987.2.24, 86누438

매매계약에 있어서 계약금은 당사자 일방이 이행에 착수할 때까지 매수인은 이를 포기하고 매도인은 그 배액을 상환하여 계약을 해제할 수 있는 해약금의 성질을 가지고 있고 다만 당사자의 일방이 위약한 경우 그 계약금을 위약금으로 하기로 하는 특약이 있는 경우에만 손해배상액의 예정으로서의 성질을 갖는 것이다.

학교부지에 대한 매매계약을 체결하고 계약금만 수수된 상태에서 매도인이 매수인 측의 귀책사유로 인하여 계약을

民總
債總
債各

해제한 경우, 계약금이 위약금으로 매도인에게 당연히 귀속되는지가 문제된 사안에서, 별도의 위약금 약정이 없는한 계약금을 위약금으로 볼 수 없다고 본다.

▌대판 1992.11.27, 92다23209

유상계약을 체결함에 있어서 계약금이 수수된 경우 계약금은 해약금의 성질을 가지고 있어서 이를 위약금으로 하기로 하는 특약이 없는 이상 계약이 당사자 일방의 귀책사유로 인하여 해제되었다 하더라도 상대방은 계약불이행으로 입은 실제 손해만을 배상받을 수 있을 뿐 계약금이 위약금으로 서 상대방에게 당연히 귀속된다고 할 수 없다.

종합사례 2

乙은 丙으로부터 丙 소유의 나대지인 X토지를 매수하여 그 지상에 3층 규모의 주상복합건물을 신축하여 분양하기로 하고, 2015.1.6. 위 대지를 대금 7억 원으로 정하여 매수하면서 당일 계약금으로 3억 원을 지급하고, 중도금 2억 원은 1개월 후 소유권이전등기에 필요한 서류를 교부받음과 동시에 지급하고, 잔금은 건물을 완공한 후 건물 3층에 대한 소유권(대지지분 포함)을 이전하는 것으로 그 지급에 갈음하기로 약정하였다. 乙과 丙은 계약금 계약에 따라 계약금을 수수하면서, "교부자인 乙이 채무불이행시 수령인인 丙은 계약금을 몰수한다"는 약정을 체결하였다.

질문 1) 매수인 乙은 2015.2.23. 중도금을 지급하지 않고서 이미 지급한 계약금 중 과다한 손해배상의 예정으로 감액되어야 할 부분을 제외한 나머지 금액을 포기하고 해약금으로서의 성질에 기하여 계약을 해제하면서 감액될 금액의 반환을 청구한다. 이와 같은 乙의 청구는 인용될 수 있는가?

질문 2) 丙이 채무를 불이행한 경우, 乙은 위약금 약정으로 계약금의 배액의 상환을 주장할 수 있는가?

질문 3) 乙이 2015.1.16. 해약금에 의한 해제권을 행사하면서 그 해약금의 감액을 청구하고 있다. 이와 같은 乙의 청구는 인용될 수 있는가?

종합사례 해설 2

질문 1에 대한 해설

Ⅰ. 쟁점사안

위 사안에서는 계약금이 위약금과 해약금을 겸하는 경우, 위약금 약정이 해약금을 배제하는 것으로 볼 수 있는지와 해약금에 기한 해제시 해약금의 감액이 가능한지가 문제된다.

Ⅱ. 위약금 약정이 해약금에 기한 해제를 배제하는지 여부

1. 학 설

학설은 위약금 약정은 당사자 사이에 계약의 구속력을 강화하기 위한 것이므로, 제565조의 적용을 배제하는 묵시적 합의가 있는 것으로 보아(즉, 위약금 약정을 제565조 제1항의 다른 약정으로 보아), 해약금 해제를 할 수 없다고 보는 병존부정설과 위약금 약정이 있다는 이유만으로 제565조의 적용을 배제하지 않는다(즉, 위약금 약정을 제565조 제1항의 다른 약정으로 보지 않는다)고 보는 병존긍정설로 견해가 나뉜다.

2. 판 례

판례는 "위약금의 약정이 있는 경우, 계약금은 제398조 제1항의 손해배상액의 예정의 성질을 가질 뿐만 아니라, 제565조의 해약금의 성질도 가진다"고 하여 병존 긍정설의 입장이다$\binom{\text{대판 1996.10.}}{25,\ 95\text{다}33726}$.

3. 검 토

거래 관행상 계약금을 수수하면서 하는 위약금 약정은 계약서에 의해 거의 부동문자로 기재되어 있기 때문에 그러한 약정이 있다는 것만으로 당사자 사이에 해약금 추정을 배제하는 묵시적 합의가 있다고 보기는 어렵다. 따라서 해약금 추정을 번복하기 위해서는 다른 부가적인 사정이 있어야 할 것이다. 사안의 경우에는 다른 부가적인 사정이 보이지 않으므로 위 계약금은 해약금의 성격도 가진다고 볼 수 있으므로, 乙은 해약금에 기한 해제를 할 수 있다.

Ⅲ. 해약금 약정에 의한 해제를 주장하면서 과다한 해약금의 감액을 주장하여 반환을 요구할 수 있는지 여부

乙은 해약금의 감액을 청구하고 있지만, 여기서 해약금은 위약금의 약정이 있으므로 위약금의 감액을 청구하는 것이다. 그런데 위약금 약정은 손해배상액의 예정으로 추정되므로$\binom{\text{제398조}}{\text{제4항}}$, 예정된 손해배상액의 감액을 청구하는 것이 된다.

1. 판례의 입장

판례는 "'대금불입 불이행시 계약은 자동 무효가 되고 이미 불입된 금액은 일체 반환하지 않는다'고 되어 있는 매매계약에 기하여 계약금이 지급되었으나, 매수인이 중도금을 지급기일에 지급하지 아니한 채 이미 지급한 계약금 중 과다한 손해배상의 예정으로 감액되어야 할 부분을 제외한 나머지 금액을 포기하고 해약금으로서의 성질에 기하여 계약을 해제한다는 의사표시를 하면서 감액되어야 할 금액에 해당하는 금원의 반환을 구한 경우, 그 계약금은 해약금으로서의 성질과 손해배상 예정으로서의 성질을 겸하고 있고, 매수인의 주장취지에는 매수인의 채무불이행을 이유로 매도인이 몰취한 계약금은 손해배상 예정액으로서는 부당히 과다하므로 감액되어야 하고 그 감액 부분은 부당이득으로서 반환하여야 한다는 취지도 포함되어 있다고 해석함이 상당하며 계약금이 손해배상 예정액으로서 과다하다면 감액 부분은 반환되어야 한다"고 하여, 계약금이 해약금과 위약금을 겸하는 경우에는 해약금에 기한 해제를 하면서 해약금이 과다하다는 이유로 감액청구할 수 있다고 본다.

2. 학설의 입장

반면에 학설은 일반적으로 계약금이 해약금으로서의 성질과 손해배상 예정으로서의 성질을 겸하고 있더라도 해약금에 기한 해제권 주장시에는 계약불이행에 따른 손해배상이 논의될 여지가 없다는 이유에서, 해약금의 감액을 인정하고 있는 판례에 비판적인 입장을 취한다.

Ⅳ. 사안의 해결

계약금이 해약금과 위약금을 겸하고 있다고 하여 해약금에 의한 해제를 배제하지는 않으며, 더 나아가 판례에 따르면 해약금에 의한 해제를 하면서 과다한 해약금의 감액까지도 청구할 수 있다.

> **질문 2에 대한 해설**

Ⅰ. 쟁점사안

일방만을 위한 위약금 약정이 가능한지, 가능하다면 타방의 위약에 대해서도 위약금 지급의무가 있는지가 문제된다.

Ⅱ. 적용법리

일방만을 위한 위약금 약정도 가능하다는 것이 통설과 판례의 입장이다(대판 2007.10.25, 2007다40765). 사안에서 乙과 丙의 위약금 약정은 乙 일방을 위한 손해배상예정이므로, 丙이 채무를 불이행한 경우에는 위약금 약정이 없으므로, 乙은 발생한 실손해를 손해배상으로 청구하여야 할 것이다.

대판 2007.10.25, 2007다40765은 "매수인의 귀책사유로 인하여 매매계약이 해제되는 경우에는 위약금 약정을 두지 않고, 매도인의 귀책사유로 인하여 매매계약이 해제된 경우에 대해서만 위약금 약정을 두었다 하더라도 그 위약금 약정이 무효로 되는지 여부는 별론으로 하고, 매도인에 대한 위약금 규정이 있다고 하여 공평의 원칙상 매수인의 귀책사유로 매매계약이 해제되는 경우에도 매도인의 귀책사유로 인한 해제의 경우와 마찬가지로 매수인에게 위약금 지급의무가 인정되는 것은 아니"라고 판시하고 있다.

Ⅲ. 사안의 해결

乙과 丙이 체결한 위약금약정은 乙의 채무불이행을 대비한 손해배상예정으로 추정될 뿐이므로, 乙은 丙의 채무불이행을 이유로 계약금의 배액이 아닌 실손해를 청구해야 한다.

> **질문 3에 대한 해설**

질문 1)의 해설에서 인용된 판결은 약정해제권을 행사하는 자가 채무를 불이행한 상태에서 해제권을 주장하는 경우에 손해배상액의 예정으로서의 성격도 있다는 점에서 그 감액을 요구하는 것으로 해석될 수 있다. 이와 같은 사실관계에서는 乙은 자신의 채무불이행이 없는 상태에서 해제권을 행사하는 것이므로 乙은 계약을 위반하지 않았다. 약정해제권을 행사하는 2015.1.16.에는 아직 중도금지급기일이 지나지 않았기 때문이다. 따라서 위약금에 관한 약정이 적용될 수 없어 위약금 지급을 청구할 수 없다. 위약금(손해배상액의 예정으로 추정됨)의 지급의무를 전제로 하는 감액의 청구도 불가능하다.

제6절 계약체결상의 과실책임: 제535조와 그 유추적용의 한계

Ⅰ. 제535조의 계약체결상의 과실책임(원시적 불능계약)

민법은 '제535조 계약체결상의 과실'이라는 표제 하에 원시적 불능계약을 체결한 것에 대한 책임을 규율하고 있다($\frac{제535}{조}$). 본문에서 언급된 '원시적 불능계약을 과실로 체결한 경우'뿐만 아니라, 계약을 체결하는 과정에서 과실이 있으면 그로 인한 책임의 모든 유형이 체약상의 과실책임에 포섭되어야 한다는 논의가 있다. 그러나 판례는 제535조의 확대적용을 부정한다.

나아가 제535조 책임의 법적 성질이 문제된다. 계약책임(채무불이행책임)인지 불법행위책임인지에 따라 악의 및 과실의 증명책임의 부담주체, 이행보조자의 과실책임의 적용 여부, 손해배상청구권의 소멸시효기간 등에서 차이가 있기 때문이다. 생각건대 이는 불법행위책임의 특칙으로 이해해야 할 것이다.

1. 요 건

(1) 원시적 객관적 전부불능을 목적으로 한 계약을 체결하였을 것

계약이 성립하지 않으면 본조의 책임을 물을 수 없다($\frac{대판\ 2017.11.14,}{2015다10929}$).

제535조에서 말하는 '목적이 불능한 계약'은 원시적 불능인 계약을 말하며 특히 원시적·객관적·전부불능인 계약만을 의미한다. 아직까지 통설과 판례는 원시적 객관적 전부불능인 계약은 무효로 본다($\frac{대판\ 2011.7.28,}{2010다1203,1210}$).

원시적·객관적 일부불능의 경우 계약은 유효하고 채무자는 담보책임($\frac{제574}{조.}$)을 부담한다. 또한 원시적·주관적 불능의 경우에도 계약은 유효하고 다만 담보책임($\frac{제569조}{이하}$)이 인정될 뿐이다. 원시적 불능이 아니라 후발적 불능인 경우 불능에 대한 귀책사유가 있는지 여부에 따라 위험부담($\frac{제537}{조}$)이나 채무불이행($\frac{제390}{조}$)의 책임을 부담한다. 이와 같은 점을 고려할 때 제535조의 계약체결상의 과실책임이 적용되는 불능은 원시적 객관적 전부불능의 경우를 전제로 한다.

(2) 책임을 부담할 계약의 일방당사자가 계약체결시, 그 불능을 알았거나 알 수 있었을 것

불능사실의 인식에 대해서 고의 또는 과실이 있었어야 한다. 이러한 귀책사유는 불능사유의 발생에 대한 것이 아니라, 급부가 불능이었던 사실의 인식에 대한 것이다. 급부불능 자체에 대한 일방당사자의 귀책사유는 불문한다.

(3) 상대방이 이러한 불능사실에 대해 선의·무과실일 것

상대방에게 악의 또는 과실이 있다면 보호의 필요성이 없기 때문이다.

(4) 상대방에게 손해가 발생하였을 것

계약의 유효를 믿음으로 인한 손해(신뢰손해)가 발생해야 한다.

제1편 제2편 제3편 제4편 제5편 제6편 제7편 제8편 제9편 계약의 성립

> **사례 25** 甲과 乙은 수량지정매매를 하였으나, 실제면적이 계약면적에 미달하게 되었다. 이에 매수인 甲은 제535조에 기하여 신뢰이익배상을 청구하였다. 乙의 청구는 타당한가?
>
> (대판 2002.4.9, 99다47396 참조)
>
> **해설 25** 타당하지 않다.
> 제535조는 원시적 객관적 전부불능계약을 전제로 하고 있기 때문이다. 수량지정매매의 경우에는 전부불능이 아닌 일부불능에 불과하므로 제535조의 적용이 배제되는 것이다.

┃대판 2002.4.9, 99다47396
부동산매매계약에 있어서 실제면적이 계약면적에 미달하는 경우에는 그 매매가 수량지정매매에 해당할 때에 한하여 민법 제574조, 제572조에 의한 대금감액청구권을 행사함은 별론으로 하고, 그 매매계약이 그 미달 부분만큼 일부 무효임을 들어 이와 별도로 일반 부당이득반환청구를 하거나 그 부분의 원시적 불능을 이유로 민법 제535조가 규정하는 계약체결상의 과실에 따른 책임의 이행을 구할 수 없다.

2. 효 과

이행이익(전매차액 등)을 초과하지 않는 범위에서 신뢰이익(조사비, 대금융자에 따른 이자, 유리한 계약체결의 거절에 따른 손해)손해를 배상해야 한다. 신뢰이익에는 계약이 제대로 이행되었더라도 지출했을 비용도 포함된다. 다만 이행이익의 범위 내로 제한되는데, 이는 상대방이 당해 계약체결시 얻을 수 있었던 이익의 최대치가 이행이익일텐데, 그 부분을 초과하여 배상받는다면 계약이 유효하여 제대로 이행되었을 때보다 더 많은 이익을 받게 되므로 이러한 이익의 배상은 과잉배상(초과이득의 취득)에 해당되기 때문이다.

> **사례 26** 甲은 乙에게 X와인을 200만 원(현재시가 230만 원)에 매도하기로 하는 매매계약을 체결하였다(계약체결 후 乙은 동일한 X와인을 丙으로부터 150만 원에 구매할 기회가 있었으나, 甲과의 계약을 고려하여 거절하였다). 이 와인의 진위여부 등을 확인하기 위하여 乙은 20만 원의 비용을 지출하였다. 그런데 매매계약이 체결되기 오래전에 X와인은 깨져 없어진 상태였다. 乙이 청구할 수 있는 신뢰이익은 얼마인가?
>
> **해설 26** 30만 원이다.
> 신뢰이익(지출비용 20만 원+기회상실 비용 50만 원)의 손해는 70만 원이지만 이행이익(30만 원: 230만 원−200만 원)의 손해 30만 원을 초과할 수 없기 때문에 신뢰이익배상은 30만 원을 한도로 한다.

II. 제535조 유추적용의 한계

1. 계약교섭의 부당한 중도파기에 대한 유추적용 여부

민법은 원시적 불능의 경우만을 제535조에서 계약체결상의 과실책임의 내용으로 규정하고 있다. 그런데 원시적 불능 이외에도, 계약의 교섭이 시작되었으나 아직 계약의 체결에 이르지 못한 사이에(아래 표의 ②영역) 발생한 손해에 대하여 제535조를 유추적용하여 손해배상을 청구할 수 있다는 견해가 있다. 대표적으로는 계약교섭을 중도에 부당하게 파기한 경우에 본 조의 책임을 물을 수 있는지 검토되어야 한다.

[계약체결의 과정과 책임법리]

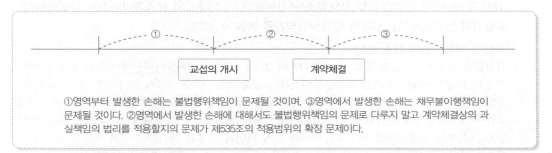

①영역부터 발생한 손해는 불법행위책임이 문제될 것이며, ③영역에서 발생한 손해는 채무불이행책임이 문제될 것이다. ②영역에서 발생한 손해에 대해서도 불법행위책임의 문제로 다루지 말고 계약체결상의 과실책임의 법리를 적용할지의 문제가 제535조의 적용범위의 확장 문제이다.

2. 판례는 유추적용 배제

계약교섭을 중도에 파기한 경우에는 계약자유의 원칙(구체적으로는 계약체결의 자유)과의 충돌 문제가 제기된다. 요컨대 계약자유의 원칙에는 계약을 체결하지 않을 자유까지 포함한다. 따라서 계약체결을 위한 교섭 도중에 교섭을 중단하는 것은 당사자의 자유이므로 원칙적으로 교섭을 파기한 사람은 상대방에게 아무런 법적 책임을 지지 않는다. 그러나 (i) 상대방에게 계약이 확실하게 체결될 것이라는 정당한 신뢰를 부여하고, (ii) 상대방이 이 신뢰에 따른 행동을 했지만, (iii) 상당한 이유 없이 계약교섭을 중단 또는 파기했다면 그에 대한 책임을 부담해야 한다(대판 1993.9.10, 92다42897). 이때 책임의 근거는 제535조가 아니라 불법행위책임임을 밝히고 있다(대판 2022. 7.14, 2021다216773). 요컨대 판례는 제535조의 적용영역을 계약교섭의 부당한 파기에까지 확대적용하지 않는다.

그 이외에 계약체결에 있어서 통지의무 등을 위반하여 계약이 체결된 경우에는 통지의무 위반은 계약체결상의 과실책임이 아니라 계약상 책임을 위반한 것이다. 그러한 고지의무 등은 그 실질상 계약과 일체를 이루는 채무로 볼 수 있으므로, 고지·설명의무 위반은 계약책임으로 해결해야 한다.

사례 27 B는 A가 발주하는 X건물 신축공사계약(대금 10억 원)을 체결하면서, 수급인으로서 계약이행을 보증(계약이행보증금은 1억 원)하기 위하여 B가 조합원으로 있는 C전문건설공제조합이 발행하는 계약이행보증서를 발급받아 이를 도급인 A에게 주었다. 그런데 B는 공사금액 5억 원 이하의 공사만 수급할 수 있는 회사이다. 그럼에도 불구하고 B가 C에게 계약이행보증서의 발급을 신청하면서 신청서에 공사도급계약의 도급액이 5억 원이라고 허위기재한 서류를 제출하자 C는 이를 믿고 계약이행보증서를 발급했다. B의 부도로 공사가 이행되지 않고 도급계약이 해제되자 A는 C공제조합에게 계약이행보증금 1억 원을 청구했다.

질문 1) 이에 C는 A와의 보증계약을 착오를 이유로 취소할 수 있는가?

질문 2) 또한 C가 보증계약을 취소한 경우 보증채권자 A는 C에게 불법행위책임을 물을 수 있는가?

(대판 1997.8.22, 97다13023 참조)

해설 27 판례에 의하면 C의 착오취소는 가능하다. 그러나 C의 보증계약취소는 불법행위에 해당되지 않으므로 A는 C에게 불법행위책임을 물을 수 없다.

해설 1) 착오취소에 대한 판단
건설업법 규정과 C조합의 설립 목적에 비추어 볼 때 C조합은 B가 수급할 공사의 실제 도급금액이 B의 도급한도액을 초과한 금 10억 원이라는 점을 알았더라면 B에게 계약보증서를 발급하지 않았을 것이므로 도급금액에 관한 C조합의 착오는 법률행위의 중요 부분의 착오에 해당하고, C조합이 계약보증서를 발급함에 앞서 B로부터 입찰결과통보서 등을 제출받거나 A에게 도급금액 등을 조회하여 도급금액이 B의 도급한도액 범위 내인지 여부를 확인하는 것을 게을리하여 B가 제출한 계약보증신청서만 믿고서 계약보증서를 발급한 것이 중대한 과실에 해당한다고는 볼 수 없다.

B가 수급할 공사의 실제 도급금액에 관한 C조합의 착오는 동기의 착오에 해당한다. 그러나 C조합이 계약보증서를 발급하면서 도급금액을 5억 원으로 명시하였다면 C조합으로서는 그 동기를 당해 의사표시의 내용으로 삼을 것을 상대방에게 표시함으로써 의사표시의 해석상 법률행위의 내용으로 되었다고 보아야 한다(대판 1995.11. 21, 95다5516).

해설 2) 불법행위의 성립 여부(C의 보증계약의 취소행위)
불법행위로 인한 손해배상책임이 성립하기 위하여는 가해자의 고의 또는 과실 이외에 행위의 위법성이 요구된다. C조합이 계약보증서를 발급하면서 조합원 B가 수급할 공사의 실제 도급금액을 확인하지 아니한 경과실이 인정된다. 그럼에도 불구하고 제109조에서 중과실이 없는 착오자의 착오를 이유로 한 의사표시의 취소를 허용하고 있는 이상, C조합이 경과실로 인하여 착오에 빠져 계약보증서를 발급한 것이나 그 착오를 이유로 보증계약을 취소한 것은 위법하지 않으므로 불법행위가 성립하지 않는다. 법률에서 인정된 착오취소 행위가 법질서에 반한다고 볼 수 없기 때문이다.

사례 28 A는 B회사의 공채시험에 최종합격하여 3달 후에 고용계약을 체결하고 발령할 예정이라고 하여 제반 서류도 모두 제출하고 발령만을 기다리고 있었다. A는 이를 기대하여 다른 회사에 입사지원도 하지 않고 있었다. 그런데 예정한 날짜에도 임용되지 않자, A는 B회사에 강력하게 항의하였다. 이에 B는 재정문제상 A를 채용하지 못한다고 통지하였다. 이 경우 A가 B회사에 대하여 불법행위를 이유로 손해배상을 주장할 수 있는가?

(대판 1993.9.10, 92다42897; 대판 2001.6.15, 99다40418;
대판 2003.4.11, 2001다53059; 대판 2004.5.28, 2002다32301 등 참조)

|해설 28| 가능하다.
상대방에게 계약이 확실하게 체결될 것이라는 정당한 기대를 부여하여 놓고도 정당한 이유 없이 교섭을 파기하는 행위 등 신의성실의 원칙에 비추어 볼 때 계약자유원칙의 한계를 넘는 위법한 행위는 불법행위를 구성한다고 할 수 있다.

대판 1993.9.10, 92다42897 [불법행위책임 인정]

학교법인이 원고를 사무직원 채용시험의 최종합격자로 결정하고 그 통지와 아울러 '1989.5.10.자로 발령하겠으니 제반 구비서류를 5. 8.까지 제출하여 달라'는 통지를 하여 원고로 하여금 위 통지에 따라 제반 구비서류를 제출하게 한 후, 원고의 발령을 지체하고 여러 번 발령을 미루었으며, 그 때문에 원고는 위 학교법인이 1990. 5. 28. 원고를 직원으로 채용할 수 없다고 통지할 때까지 임용만 기다리면서 다른 일에 종사하지 못한 경우 이러한 결과가 발생한 원인이 위 학교법인이 자신이 경영하는 대학의 재정 형편, 적정한 직원의 수, 1990년도 입학정원의 증감 여부 등 여러 사정을 참작하여 채용할 직원의 수를 헤아리고 그에 따라 적정한 수의 합격자 발표와 직원채용통지를 하여야 하는데도 이를 게을리 하였기 때문이라면 위 학교법인은 불법행위자로서 원고가 위 최종합격자 통지와 계속된 발령 약속을 신뢰하여 직원으로 채용되기를 기대하면서 다른 취직의 기회를 포기함으로써 입은 손해를 배상할 책임이 있다.

대판 2001.6.15, 99다40418 [불법행위책임 부정]

어느 일방이 교섭단계에서 계약이 확실하게 체결되리라는 정당한 기대 내지 신뢰를 부여하여 상대방이 그 신뢰에 따라 행동하였음에도 상당한 이유 없이 계약의 체결을 거부하여 손해를 입혔다면 이는 신의성실의 원칙에 비추어 볼 때 계약자유 원칙의 한계를 넘는 위법한 행위로서 불법행위를 구성한다고 할 것이다. … (중략) …
원심 판시는 이유설시에 있어서 다소 미흡하기는 하나, 피고 회사가 원고들에 대하여 하도급계약이 확실하게 성립될 것이라는 점에 대하여 정당한 기대나 확실한 신뢰를 유발·조장하였다고 보기 어렵고, 원고들이 요구하는 대로의 계약체결을 거절한 것이 위법한 행위라고 할 수도 없다는 이유로 원고들의 주장을 배척한 결론에 있어서는 정당하다.

사실관계: 건설업체인 A는 부산 광안리 광안대로 공사의 공동낙찰수급체를 형성한 다음 그중 일부 공사를 담당할 하수급체를 물색하였다. A는 B에게 하수급의사를 타진하였고, B는 1994.12.7. 견적서(공사대금 252억 원), 이행각서, 건설공제조합의 하도급보증서(보증기간 1994.12.8.부터 1995.12.7.까지)를 제출하였다. 이에 A는 1994.12.8. 입찰에 참가하여 낙찰을 받고 1994.12.16. 조달청과 공사도급계약을 체결하였다. 그 뒤 A와 B는 다시 공사대금에 관하여 협상을 하였으나, 결국 결렬되어 A는 다른 회사 C와 공사대금 395억 원에 하도급계약을 체결하였다. 이에 A는 B의 교섭 중단은 불법행위에 해당한다고 하고, 다른 회사 C와 하도급계약을 체결함에 따라 추가로 부담하게 된 공사대금 상당액(395억 원 − 252억 원)을 손해배상으로 청구하였다.

판단: 사실관계를 볼 때 이 사건에서는 불법행위의 성립요건을 구비하지 못한 것으로 판단했다. 다만 불법행위책임이 인정될 경우를 명시하고 있다. 즉 ① 어느 일방이 교섭단계에서 계약이 확실하게 체결되리라는 정당한 기대 내지

신뢰를 부여하여 상대방이 그 신뢰에 따라 행동하였음에도 ② 상당한 이유 없이 계약의 체결을 거부하여 손해를 입혔다면 이는 신의성실의 원칙에 비추어 볼 때 계약자유 원칙의 한계를 넘는 위법한 행위로서 불법행위를 구성한다는 것이다.

대판 2003.4.11, 2001다53059 [불법행위책임 인정 → 신뢰이익의 배상]

어느 일방이 교섭단계에서 계약이 확실하게 체결되리라는 정당한 기대 내지 신뢰를 부여하여 상대방이 그 신뢰에 따라 행동하였음에도 상당한 이유 없이 계약의 체결을 거부하여 손해를 입혔다면 이는 신의성실의 원칙에 비추어 볼 때 계약자유원칙의 한계를 넘는 위법한 행위로서 불법행위를 구성한다. 계약교섭의 부당한 중도파기가 불법행위를 구성하는 경우 그러한 불법행위로 인한 손해는 일방이 신의에 반하여 상당한 이유 없이 계약교섭을 파기함으로써 계약체결을 신뢰한 상대방이 입게 된 상당인과관계 있는 손해로서 계약이 유효하게 체결된다고 믿었던 것에 의하여 입었던 손해 즉 신뢰손해에 한정된다고 할 것이고, 이러한 신뢰손해란 예컨대, 그 계약의 성립을 기대하고 지출한 계약준비비용과 같이 그러한 신뢰가 없었더라면 통상 지출하지 아니하였을 비용상당의 손해라고 할 것이며, 아직 계약체결에 관한 확고한 신뢰가 부여되기 이전 상태에서 계약교섭의 당사자가 계약체결이 좌절되더라도 어쩔 수 없다고 생각하고 지출한 비용, 예컨대 경쟁입찰에 참가하기 위하여 지출한 제안서, 견적서 작성비용 등은 여기에 포함되지 아니한다. 침해행위와 피해법익의 유형에 따라서는 계약교섭의 파기로 인한 불법행위가 인격적 법익을 침해함으로써 상대방에게 정신적 고통을 초래하였다고 인정되는 경우라면 그러한 정신적 고통에 대한 손해에 대하여는 별도로 배상을 구할 수 있다.

○○협회의 ○○센터 내 조형물건립을 위한 선정작을 확정 후 계약을 체결하지 않은 사건.
참고로 작가로서의 명예감정 및 사회적 신용과 명성에 대한 정신적 고통에 대한 배상책임도 인정되었다.

종합사례 3

A회사는 조각품을 건립하기 위해 4인의 작가를 선정하여 시안제작을 의뢰하여 최종적으로 1개 시안을 선정하여 조형물의 제작 · 납품 및 설치계약을 체결하기로 하였다. 이 때에는 아직 조형물의 제작비, 제작시기, 설치장소를 구체적으로 통보하지 않았다. 그중 B가 제출한 시안이 당선작으로 통보되었으나 A회사의 내부적 사정과 외부의 경제여건 등으로 A와 B는 그 제작비, 설치기간, 설치장소 및 그에 따른 제반사항을 정한 계약을 체결하지 아니하고 있다가 당선사실의 통지 시점부터 약 2년이 경과한 때에 A는 B에게 이 사건 조형물의 설치를 취소하기로 하였다고 통보하였다. B는 계약체결이 없을 것임을 통보받고 4년이 지난 상황에서 A회사에 대해서 법적 책임을 물을 수 있는가?

종합사례 해설 3

Ⅰ. 쟁점사안

B가 A회사에 계약의 성립을 전제로 한 계약책임(채무불이행 책임)을 주장할 수 있을 것인지가 문제된다. 또한 계약의 성립이 부인된다면, B가 A회사에게 불법행위책임 및 계약체결상의 과실책임을 주장할 수 있을 것인지가 문제될 것이다.

Ⅱ. 적용법리

1. 제390조 이하의 채무불이행책임(계약책임) 인정 여부

가. A와 B의 계약이 성립되었는지에 대한 판단

판례는 계약이 성립하기 위해서는 당사자의 서로 대립하는 수개의 의사표시의 객관적 합치가 필요하고 객관적 합치가 있다고 할 수 있으려면 당사자의 의사표시에 나타나 있는 사항에 관하여는 모두 일치하고 있어야 하며, 계약 내용의 '중요한 점' 및 계약의 객관적 요소는 아니더라도 특히 당사자가 그것에 중대한 의의를 두고 계약성립의 요건으로 할 의사를 표시한 때에는 이에 관하여 합치가 있어야 한다고 본다. 계약이 성립하기 위한 법률요건인 청약은 그에 응하는 승낙만 있으면 곧 계약이 성립하는 구체적·확정적 의사표시여야 하므로, 청약은 계약의 내용을 결정할 수 있을 정도의 사항을 포함시키는 것이 필요하다.

사안의 경우, 내용상 A회사가 작가들에게 시안 제작을 의뢰할 때 시안이 당선된 작가와 사이에 이 사건 계약을 체결할 의사를 표명하였다 하더라도 그 의사표시 안에 이 사건 조형물의 제작·납품 및 설치에 필요한 제작대금, 제작시기, 설치장소를 구체적으로 명시하지 아니하였던 이상 A회사의 B에 대한 시안제작 의뢰는 이 사건 계약의 청약이라고 할 수 없고, 나아가 원고가 시안을 제작하고 피고가 이를 당선작으로 선정하였다 하더라도 원고와 피고 사이에 구체적으로 이 사건 계약의 청약과 승낙이 있었다고 보기는 어렵다고 할 것이다.

나. 검토

결국 사안의 경우 A와 B 사이에 계약이 성립했다고 볼 수 없고, B는 계약의 성립을 기초로 한 채무불이행책임을 A에게 주장할 수 없다.

2. 제750조의 불법행위책임인정 여부

가. 불법행위책임의 성립 여부

판례에 의하면, 어느 일방이 교섭단계에서 계약이 확실하게 체결되리라는 정당한 기대 내지 신뢰를 부여하여 상대방이 그 신뢰에 따라 행동하였음에도 상당한 이유 없이 계약의 체결을 거부하여 손해를 입혔다면, 이는 신의성실의 원칙에 비추어 볼 때 계약자유원칙의 한계를 넘는 위법한 행위로서 불법행위를 구성한다.

사안의 경우, A회사는 B의 시안을 당선작으로 통보하였다는 점에서 B에게 계약체결에 대한 정당한 신뢰를 주었다고 볼 수 있다. 더 나아가 A회사의 내부적 사정과 외부의 경제여건 등을 이유로 당선사실 통지시로부터 약 2년이 경과한 시점에 B에게 이 사건 조형물의 설치를 취소하기로 하였다면, 이는 A측의 일방적인 사정을 B에게 강요하는 것이며, 2년이 경과한 시점에 이러한 취소통지를 하였다는 점에서 위법한 불법행위라고 볼 수 있다.

나. 제766조의 소멸시효완성 여부

제766조 제1항은 "불법행위로 인한 손해배상의 청구권은 피해자나 그 법정대리인이 그 손해 및 가해자를 안 날로부터 3년간 이를 행사하지 아니하면 시효로 소멸한다"고 규정하고 있다. 따라서 A에게 불법행위책임이 인정된다 하더라도, B가 취소통보를 받은 지 4년 후에야 권리를 주장하였으므로 손해 및 가해자를 안 날로부터 3년이 지났다는 점에서 시효가 완성되어 권리가 소멸하게 된다. 따라서 B는 A에게 불법행위책임을 주장할 수 없다.

3. 계약체결상의 과실책임 인정 여부 –제535조 확대적용 여부–

우리 학설은 일반적으로 계약체결 및 교섭과정에서 상대방에게 신뢰를 부여한 후, 계약을 부당파기한 자는 상대방에게 계약체결상의 과실책임을 져야 한다고 본다. 다만 이 책임의 법적 성질을 어떻게 이해하느냐에 따라 사안의 해결이 달라지게 될 것이라는 점에서 이하에서는 해결방안을 학설에 따라 개별적으로 모색한다.

가. 불법행위책임으로 이해하는 견해

이 견해는 계약체결상의 과실책임의 법적 성질은 불법행위에 해당하므로, 별도로 제535조를 유추적용하여 계약체결상의 과실책임으로 해결할 필요 없이 직접 불법행위책임으로 해결하면 된다고 하는 입장이다. 사안의 경우 제766조에 의해 소멸시효가 완성되었다는 점에서 B는 구제받을 수 없게 된다.

나. 계약책임으로 보는 견해

이 견해는 계약체결상의 과실책임의 법적 성질을 계약책임으로 본다. 이 견해는 제535조에 의해서 이행이익을 한도로 하여 신뢰이익을 손해배상으로 청구할 수 있다고 본다. 그런데 이 B가 갖는 손해배상청구권은 계약책임에 의한 채권이므로, 제162조에 따라 10년의 소멸시효기간의 적용을 받게 된다. 따라서 B의 청구권은 아직 10년을 도과하지 않았다는 점에서 B는 A회사를 상대로 이행손해를 한도로 하여 신뢰손해(계약을 체결하면서 지출한 비용 및 기회상실비용 등)를 주장할 수 있을 것이다.

다. 법정책임으로 보는 견해

계약체결상의 과실책임을 독자적인 법정책임으로 보는 견해가 있지만, 이 견해 또한 종국적으로는 계약책임으로 보는 견해와 동일하다. 따라서 B는 A회사를 상대로 신뢰손해(계약을 체결하면서 지출한 비용 및 기회상실비용 등)를 이행손해를 한도로 하여 주장할 수 있을 것이다.

Ⅲ. 사안의 해결

B와 A 사이에 계약이 성립하지 않았다는 점에서 B는 A에게 채무불이행책임을 주장할 수 없다. 또한 소멸시효가 완성되었다는 점에서 A에게 불법행위책임을 주장할 수도 없다. 다만 계약체결상의 과실책임을 계약책임 및 법정책임으로 보는 견해에 의하면, 제535조를 확대적용하여 B에게 발생한 신뢰손해를 이행손해를 한도로 하여 A에게 배상하도록 주장할 수 있을 것이다.

제2장 대 리

제1절 서 설
제2절 대리권(본인·대리인 사이의 관계)
  Ⅰ. 대리권의 의의
  Ⅱ. 대리권의 발생원인
  Ⅲ. 위 임
  Ⅳ. 대리권의 범위
  Ⅴ. 대리권의 제한(제124조, 제119조 단서)
  Ⅵ. 대리권의 남용
  Ⅶ. 대리권의 소멸
제3절 대리행위(대리인·상대방 사이의 관계)
  Ⅰ. 현명주의의 원칙(제114조): 대리의사의 표시
  Ⅱ. 대리행위의 하자(제116조 제1항)
  Ⅲ. 대리인의 능력
제4절 대리의 효과(본인·상대방 사이의 관계)
  Ⅰ. 본인에게 직접 귀속
  Ⅱ. 본인의 능력
제5절 복대리(제120조 내지 제123조)
  Ⅰ. 복대리인, 복임권, 복임행위의 의의
  Ⅱ. 대리인의 복임권과 책임
  Ⅲ. 복대리인의 지위
  Ⅳ. 복대리권의 소멸
제6절 무권대리(표현대리, 협의의 무권대리)
  Ⅰ. 무권대리
  Ⅱ. 표현대리
  Ⅲ. 협의의 무권대리
제7절 타인명의 법률행위
  Ⅰ. 개 관
  Ⅱ. 행위자가 당사자로 해석된 경우
  Ⅲ. 명의자가 당사자로 해석된 경우
  Ⅳ. 특수한 문제

요건사실론 대리행위의 기본구조

대리행위의 상대방이 원고가 되어 본인을 피고 하여 계약상 채무이행을 구하는 소를 제기하는 경우

1. 원고인 대리행위의 상대방은 청구원인사실을 증명해야 한다.
   청구원인사실은 ① 대리인이 계약을 체결한 사실, ② 대리인이 본인을 위한 것임을 표시한 사실(현명행위), ③ 대리권 발생원인 사실(수권행위 또는 법정대리권 발생원인 사실)이 이에 해당된다.

2. 피고인 본인의 대리권 소멸 또는 대리권남용의 항변
   대리권이 소멸했음 또는 대리권이 소멸하지는 않았으나 남용되었음을 이유로 항변할 수 있다. 그 이외에 본인은 대리권을 부인할 수 있다. 즉 대리권을 수여하지 않았음을 이유로 대리행위의 효과가 발생하지 않았음을 주장할 수도 있다.

3. 원고의 별도의 청구원인(무권대리의 추인 또는 표현대리의 주장)
   대리권의 발생을 증명하지 못했을 때 원고는 별도의 청구원인으로 무권대리의 추인 또는 표현대리를 주장할 수 있다.
   표현대리의 주장에 대해서 피고인 본인은 상대방의 악의·과실(정당한 이유 없음)을 주장하며 항변할 수 있다.

제1절 서 설

Ⅰ. 의 의

1. 개념과 사회적 기능

대리란 타인이 본인의 이름으로, 즉 현명을 통해 법률행위(의사표시)를 하거나 상대방으로부터 의사표시를 수령하면 그 법률효과가 직접 본인에게 귀속하도록 하는 제도를 말한다. 대리는 법률효과의 표의자에의 귀속이라는 원칙에 대한 중대한 예외가 되는 것이다. 대리는 제3자를 위한 계약이론이 발전되어, 17세기 무렵에 독립한 제도로 인정되었다.

대리는 사적자치의 확장의 기능과 사적자치의 보충의 기능을 수행한다. 사적자치의 확장은 주로 임의대리에서 강하게 나타나고, 사적자치의 보충은 제한능력자의 법정대리에서 강하게 나타난다. 다수설에 의하면 대리의 본질적 기능은 '사적자치의 확장'이고 '사적자치의 보충'은 2차적 기능에 지나지 않는다. 이에 대해 소수설은 대리는 사적자치의 확장이나 보충이 아니라 '사적자치의 실현 그 자체'라고 한다. 대리인의 행위가 본인에게 귀속되는 근거가 본인의 수권행위(본인의 의사표시)의 효과에 기인한 것이기 때문이다.

2. 대리의 본질

대리의 본질은 대리에서 의사표시를 한(또는 수령한) 자와 그 법률효과가 귀속되는 자가 분리되는 것에 대한 이유를 어떻게 설명하는지에 따라 달리 이해된다. 본인의 수권행위와 대리인의 대리행위가 적법한 대리를 위한 통합요건이 된다고 설명하는 통합요건설, 행위로서의 법률행위는 대리인에 의하여 행하여지는 반면에 이러한 행위의 결과로서의 법률행위(즉 규율로서의 법률행위)는 대리인이 본인을 위하여 하는 행위임을 표시하였고 이렇게 행위하는 권한을 본인으로부터 부여받았으므로 본인의 법률행위라고 보는 행위·규율의 분리론 등이 주장된다. 그러나 통설은 대리인은 본인의 효과의사를 대리하는 것이 아니라 자기의 효과의사에 기하여 본인의 이름으로 법률행위를 행한다고 하는 대리인행위설을 취한다.

Ⅱ. 대리의 인정범위

1. 법률행위

(1) 원칙적으로 대리는 의사표시를 요소로 하는 법률행위에서 인정된다. 그러나 법률행위라도 대리가 허용되지 않는 경우도 있다. 예를 들어 일신전속적 법률행위와 당사자 사이의 약정으로 대리를 금지한 경우, 법률의 규정에 의하여 대리가 금지된 경우 등이 이에 해당한다(예컨

대 근로계약의 대리체결은 허용되지 않는다$\binom{근로기준}{법\ 제67조}$.

(2) 가족법상의 행위(예 혼인, 유언 등)는 본인의 의사결정이 중요하기 때문에 대리에 친하지 않다. 그러나 부양청구권 행사와 같이 재산행위로서의 성질도 가지고 있으면 대리가 허용된다. 또한 13세 미만자 입양의 대락이 인정되고 있다$\binom{제869조}{참조}$.[1]

2. 준법률행위와 사실행위

(1) 원칙적으로 준법률행위에는 대리가 허용되지 않지만, 의사의 통지나 관념의 통지와 같은 '표현행위로서의 준법률행위'에는 대리가 허용된다. 지명채권의 양도통지$\binom{제450}{조}$는 양도인이 직접 하지 아니하고 사자를 통하여 하거나 대리인으로 하여금 하게 하여도 무방하고, 채권의 양수인 도 양도인으로부터 채권양도통지 권한을 위임받아 대리인으로서 그 통지를 할 수 있다$\binom{대판\ 2004.}{2.13.\ 2003다\ 43490}$.

(2) 사실행위에서는 대리가 허용되지 않고 그 효과가 대리인에게 직접 발생하지만, 점유의 이전(인도)에 있어서는 견해의 대립이 있다. 다수설에 따르면 현실의 인도에서는 대리가 허용되 지 않지만, 간이인도·점유개정·목적물반환청구권의 양도에 있어서는 허용된다고 한다.

3. 불법행위

불법행위에는 대리가 허용되지 않고 그 효과가 직접 대리인에게 발생한다. 다만 대리인이 피용자인 경우에 제756조의 사용자책임이 성립할 수는 있다.

Ⅲ. 구별개념

1. 간접대리·사자·대표

위탁매매업과 같이 자기의 명의로 타인의 계산에 의하여 법률행위를 하고, 그 효과는 행위 자 자신에게 생기지만, 나중에 그가 취득한 권리를 내부적으로 타인에게 이전해야 하는 관계를 간접대리라고 한다. 간접대리에는 현명이 없고, 법률행위의 효과가 간접대리인에게 귀속된다는

---

1) **제869조 (입양의 의사표시)** ① 양자가 될 사람이 13세 이상의 미성년자인 경우에는 법정대리인의 동의를 받아 입양을 승낙한다.
  ② 양자가 될 사람이 13세 미만인 경우에는 법정대리인이 그를 갈음하여 입양을 승낙한다.
  ③ 가정법원은 다음 각 호의 어느 하나에 해당하는 경우에는 제1항에 따른 동의 또는 제2항에 따른 승낙이 없더라도 제867조 제1항에 따른 입양의 허가를 할 수 있다.
    1. 법정대리인이 정당한 이유 없이 동의 또는 승낙을 거부하는 경우. 다만, 법정대리인이 친권자인 경우에는 제 870조 제2항의 사유가 있어야 한다.
    2. 법정대리인의 소재를 알 수 없는 등의 사유로 동의 또는 승낙을 받을 수 없는 경우
  ④ 제3항 제1호의 경우 가정법원은 법정대리인을 심문하여야 한다.
  ⑤ 제1항에 따른 동의 또는 제2항에 따른 승낙은 제867조 제1항에 따른 입양의 허가가 있기 전까지 철회할 수 있다.

점에서 대리와 구별된다.

> **상 법** 위탁매매업
>
> 제101조 (의의) 자기명의로써 타인의 계산으로 물건 또는 유가증권의 매매를 영업으로 하는 자를 위탁매매인이라 한다.
> - 명의: 법률상 권리의무의 주체가 되는 것
> - 계산: 경제적 손익귀속의 주체가 되는 것

본인에 의하여 완성된 의사표시를 단순히 전달하거나, 본인이 결정한 효과의사를 상대방에게 그대로 표시함으로써 표시행위의 완성에 협력하는 자를 사자라고 한다. 사자의 경우 효과의사를 본인이 결정하며, 사실행위도 가능하다는 점에서 대리와 구별된다. 본인이 결정한 의사를 대리인이 표시한 경우에는 그 의사표시는 대리행위가 아니므로 오로지 본인에 대하여서만 지·부지, 착오 등이 문제된다$\binom{\text{대판 1967.4.}}{18, 66다661}$.

법인은 대표기관의 행위를 통해 직접 권리, 의무를 취득하는데 그 구조적인 측면에서 대표와 대리는 유사한 측면이 있다. 그러나 대표자는 법인의 구성부분이며 독립한 인격이 인정되지 않고, 사실행위나 불법행위에 대해서도 대표가 인정된다는 점에서 대리와 구별된다.

Ⅳ. 대리의 종류

1. 임의대리 · 법정대리

임의대리와 법정대리는 법률행위에 의한 대리권 수여 여부로 구별한다. 대리권 수여에 의해 대리권이 발생하는 것이 임의대리이고, 법률에 근거하여 대리권이 부여되는 것이 법정대리이다.

양자는 자기계약, 쌍방대리 금지 규정, 대리권남용이론, 현명주의, 대리행위 하자의 기준 등에 있어서는 공통되지만, 대리권의 범위, 대리인의 행위능력 요부, 복대리$\binom{\text{제120조,}}{\text{제122조}}$, 표현대리의 인정범위$\binom{\text{특히 제125조}}{\text{의 인정여부}}$와 대리권의 소멸원인$\binom{\text{제128}}{\text{조}}$ 등에서 차이가 있다. 임의대리인의 대리권의 범위는 수권행위에 의하는 것에 비하여, 법정대리는 수권행위가 아닌 법률의 규정 등에 의하여 그 범위가 정해진다. 또한 임의대리인은 행위능력이 불필요하나, 법정대리인의 경우에는 명문의 규정으로 행위능력을 요하는 경우가 있고$\binom{\text{제937조, 제910조,}}{\text{제948조, 제1098조}}$, 명문의 규정이 없더라도 행위능력이 필요하다는 견해도 있다. 표현대리와 관련해서도 제125조의 표현대리는 법정대리에는 적용이 없다. 복임권은 법정대리인에게는 원칙적으로 인정되지만, 임의대리인은 원칙적으로 복임권이 없고 본인의 승낙이나 부득이한 사유가 있는 경우에만 복임권이 있다$\binom{\text{제120조,}}{\text{제122조}}$. 부득이한 사유란 본인의 소재불명 등으로 임의대리인이 승낙을 얻을 수 없거나 사임의 의사표시를 할 수 없는 상태 등을 말한다. 대리의 목적인 법률행위의 성질상 반드시 대리인이 처리해야 하는 것이 아니라면 본인이 복대리 금지의 의사를 명시하지 아니하는 한 대리인의 복대리인 선임에 대하여 묵시적 승낙이 있는 것으로 본다($\substack{\text{대판 1996.1.26.}\\\text{94다30690}}$).

2. 능동대리 · 수동대리

대리행위의 모습에 따라 의사표시를 하는 대리를 능동대리라 하고, 의사표시를 받는 대리를 수동대리라고 한다. 민법은 원칙적으로 능동대리를 기준으로 하고, 능동대리의 규정을 수동대리에 준용한다($\substack{\text{제114조}\\\text{제2항}}$). 또한 능동대리권이 있으면 수동대리권도 당연히 갖는다고 보는 것이 다수설과 판례의 태도이다. 예컨대 부동산의 소유자로부터 매매계약을 체결할 대리권을 수여받은 대리인은 특별한 사정이 없는 한 그 매매계약에서 약정한 바에 따라 중도금이나 잔금을 수령할 권한도 있다고 본다($\substack{\text{대판 1994.2.8.}\\\text{93다39379}}$).

그러나 양자는 상대방 있는 단독행위의 경우 무권대리 규정의 적용 요건에 있어 차이가 있다. 단독행위의 능동대리의 경우 그 행위 당시에 상대방이 대리인이라 칭하는 자의 대리권이 없는 대리행위에 동의하거나 그 대리권을 다투지 아니한 때에 한하여 무권대리규정을 준용한다. 이에 대해 수동대리의 경우는 대리권 없는 자에 대하여 그 동의를 얻어 단독행위를 한 때 무권대리규정을 준용하게 된다($\substack{\text{제136}\\\text{조}}$).

또한 수동대리에는 상대방이 본인에 대한 의사표시임을 대리인에게 표시하여야 하는데, 이러한 현명이 없었을 때에는 제115조가 적용되지 않는다. 따라서 상대방이 명시적으로 현명을 하지 않은 경우 그 의사표시가 누구에게 이루어진 것인지는 의사표시의 해석의 문제로 해결해야 한다.

공동대리의 제약이 있는 경우 수동대리에 있어서도 공동으로만 상대방의 의사표시를 수령할 수 있는지가 문제되지만 다수설은 각 대리인이 단독으로 수령할 수 있다고 보아 능동대리와는 달리 보고 있다.

3. 유권대리 · 무권대리

유권대리와 무권대리는 대리권의 유무에 있어 차이가 있다. 대리인으로 행위하는 자에게 대리권이 있으면 유권대리이고, 없으면 무권대리인 것이다. 무권대리는 다시 협의의 무권대리와 표현대리로 구분하는 것이 통설적 입장이다.

제2절 대리권(본인 · 대리인 사이의 관계)

Ⅰ. 대리권의 의의
Ⅱ. 대리권의 발생원인
  1. 법정대리권의 발생원인
  2. 임의대리권의 발생원인 – 수권행위
    (1) 수권행위의 의의
    (2) 수권행위의 법적 성질
    (3) 수권행위와 기초적 내부 관계
    (4) 수권행위의 방식
    (5) 수권행위의 하자
Ⅲ. 위 임
  1. 의 의
    (1) 위임계약과 대리의 구별
    (2) 신뢰관계의 절대성
  2. 민법의 위임에 관한 규정의 '통칙성'
    (1) 민법상의 광범위한 준용
    (2) 해석상의 광범위한 법정위임관계의 인정
  3. 성립요건
    (1) 타인의 사무처리
    (2) 불요식행위
    (3) 사무처리 위탁의 합의
  4. 효 력
    (1) 수임인의 사무처리의무
    (2) 사무처리에 부수하는 의무
    (3) 위임인의 의무
  5. 종 료
    (1) 종료사유
    (2) 종료시의 특칙(사무계속처리의무)
  6. 의료계약의 특수성(특수한 위임계약)
Ⅳ. 대리권의 범위
  1. 법정대리권의 범위
  2. 임의대리권의 범위
    (1) 원칙 – 수권행위의 해석

    (2) 예외(제118조)
Ⅴ. 대리권의 제한(제124조, 제119조 단서)
  1. 자기계약 · 쌍방대리의 금지(제124조)
    (1) 의 의
    (2) 위반의 효과: 무권대리행위
    (3) 적용범위
  2. 공동대리
    (1) 개 념
    (2) 공동대리 위반의 효과: 무권대리
    (3) 적용범위
Ⅵ. 대리권의 남용
  1. 의 의
  2. 판례 및 학설의 평가
  3. 대리권남용법리의 적용범위
    (1) 법정대리에도 대리권남용법리가 적용되는지 여부
    (2) 대리권 남용시 대리행위자의 책임
    (3) 대리권 남용시 표현대리의 성립 여부
    (4) 표현대리에도 대리권남용법리가 적용되는지 여부(사익을 도모한 표현대리)
Ⅶ. 대리권의 소멸
  1. 공통한 소멸원인(제127조)
    (1) 본인의 사망
    (2) 대리인의 사망, 대리인의 성년후견 개시 또는 파산
  2. 임의대리에 특유한 소멸원인
    (1) 원인된 법률관계의 종료(제128조 전단)
    (2) 수권행위의 철회(제128조 후단)
    (3) 수권행위의 무효, 취소
    (4) 기초적 내부관계가 무효, 취소된 경우
    (5) 본인의 파산
  3. 법정대리에 특유한 소멸원인

Ⅰ. 대리권의 의의

대리권은 대리인의 행위의 효과가 본인에게 미치도록 할 수 있는 대리인의 대외적 자격을 말한다($^{대판\ 1962.5.24.}_{4294민상251}$). 즉 대리권이란 본인의 이름으로 의사표시를 하거나 의사표시를 받음으로써 직접 본인에게 법률효과를 귀속시킬 수 있는 대리인의 법률상의 지위 또는 자격을 의미한다. 따라서 대리권은 대리할 수 있는 권리가 아닌 대리할 수 있는 권한이다.

Ⅱ. 대리권의 발생원인

1. 법정대리권의 발생원인

법정대리권은 법률의 규정에 의하여 바로 인정되기도 하고($^{제827조(일상가사대리권),}_{제911조,\ 제920조(친권자)}$), 일정한 지정권자의 지정행위로 부여되기도 하며($^{제931조(지정후견인),}_{제1093조,\ 제1094조}$), 법원의 선임행위에 의하여 발생하기도 한다($^{제23조(부재자\ 재산관리인),\ 제1023조,\ 제1040조,\ 제1047조,\ 제1053조(상속재산관}_{리인),\ 제1096조(유언집행자),\ 제959조의4(한정후견인),\ 제938조\ 제2항(성년후견인)}$).

2. 임의대리권의 발생원인 – 수권행위

(1) 수권행위의 의의

본인이 대리인에게 대리권을 수여하는 행위를 수권행위라고 한다. 임의대리에서는 수권행위에 의하여 대리권이 발생한다. 수권행위를 통하여 대리인이 한 법률행위의 효력이 본인에게 발생하는 근거가 확보된다. 수권행위가 없었음에도 대리행위를 하면 그 법률효과는 본인에게 귀속되지 않고 무권대리행위가 된다. 또한 타인에게 법률효과의 귀속을 의도하는 대리행위로 이루어졌으므로 그 법률효과가 대리인에게 귀속될 수 없게 된다. 따라서 그러한 무권대리행위에는 법률효과의 귀속주체가 없게 되어 무효로 된다. 결국 대리권의 존재는 대리행위의 효력요건이다.

(2) 수권행위의 법적 성질

수권행위의 법적성질이 계약인가 단독행위인가를 두고 견해대립이 있다. 수권행위를 본인·대리인간의 위임과 유사한 무명계약 또는 융합계약으로 보는 견해도 있지만, 통설은 수권행위를 상대방 있는 단독행위로 파악한다. 수권행위를 단독행위로 파악하면 수권행위의 상대방인 대리인이 제한능력자이거나 대리인의 의사표시에 흠결이 있어도 수권행위는 유효하게 된다. 이에 따라 거래안전을 꾀할 수 있다. 실정법적으로는 민법이 수권행위에 관하여는 대리권의 부여($^{제120}_{조}$)·수여($^{제128조}_{제1문}$)라고 표현하고 있다는 점, 그리고 제117조가 대리인의 행위능력을 요구하지 않는 점 등이 단독행위설을 뒷받침하는 것으로 볼 수 있다. 수권행위에 대하여 상대방은 거절권을 행사할 수 있다고 할 것이다.

판례도 소송위임과 관련하여, 소송위임(수권행위)은 소송대리권의 발생이라는 소송법상의 효과를 목적으로 하는 단독 소송행위로서, 그 기초관계인 의뢰인과 변호인 사이의 사법상의 위임계약과는 성격을 달리한다고 한다(대판 1997.12. 12, 95다20775).

(3) 수권행위와 기초적 내부관계

(가) 수권행위의 독자성

통설에 의하면 수권행위는 기초적 내부관계와는 별개의 독립한 법률행위이다. 예컨대 기초적 내부관계로서 위임은 대리권수여와는 별개의 독립한 행위이다. 위임은 위임자와 수임자간의 내부적인 채권채무관계를 말하고 대리권은 대리인의 행위의 효과가 본인에게 미치는 대외적 자격을 말하는 것이므로 위임계약에 대리권수여가 수반되는 일은 있으나 수권행위가 배제된 위임계약만으로는 그 효력이 위임자와 수임자 이외에는 미치지 않는다(대판 1962.5.24, 4294민상251,252).

그러나 거래의 실제에 있어서는 수권행위와 기초적 법률관계를 발생케 하는 행위가 합체되어 행하여지는 것이 보통이다. 가령 부동산의 매도를 위임하면서 수임인에게 대리권을 수여하는 경우에 보통 위임계약을 체결할 때 본인의 수권행위도 있었던 것으로 해석된다. 기초적 내부관계로는 위임 외에도 고용, 도급, 조합 등이 있을 수 있다. 다만 위탁매매의 경우에는 대리권은 없다.

생각해 볼 문제 甲은 乙에게 자신의 도자기 수십 점을 좋은 가격에 매도해 주는 사무를 처리해 줄 것을 요청했으나 상대방이 승낙을 하지 않아 위임계약은 성립하지 않았다. 이 때 위 도자기 매도에 대하여 乙에게 대리권이 발생한 것으로 볼 수 있는가?

(나) 수권행위의 유인성 · 무인성

1) 문제의 소재 및 학설

수권행위의 유인성과 무인성의 문제는 기초적 내부관계를 정하는 법률행위와 수권행위의 관계에 관한 것이다. 예컨대 본인과 대리인 사이의 기초적 법률관계인 위임 · 고용 · 조합 등이 무효이거나 취소 또는 해제되어 실효되면 수권행위도 그 영향을 받아 소급적으로 효력을 상실하여 무권대리행위가 되는지의 문제인 것이다. 기초적 법률관계가 무효 · 취소 · 해제 · 해지되는 경우에도 수권행위는 유효하게 존속할 수 있다는 무인설과 수권행위의 기초계약에 대한 종속성의 정도는 내부적 수권과 외부적 수권에 따라 다르다고 보아 내부적 수권행위는 유인성을 띠고 외부적 수권행위는 무인성을 띤다고 하는 절충설이 주장되고 있으나, 다수설은 기초적 법률관계가 무효 · 취소 · 해제 · 해지되면 수권행위도 효력을 상실하게 된다는 유인설의 태도를 취하고 있다. 이 견해는 제128조 전단이 "그 원인이 된 법률행위의 종료에 의하여 대리권은 소멸한다"고 규정한 것은 민법이 유인설을 취한 것이라고 한다.

2) 구별의 실익

수권행위의 유인론과 무인론의 구별실익은 기초적 법률관계에는 무효 · 취소의 사유가 있으나 수권행위에는 그 사유가 없는 때에 나타난다. 예컨대 본인의 사기를 이유로 수임인(대리인의 지위도 갖는 사람)이 위임계약만을 취소한 후에 대리행위를 했을 경우 대리행위로 유효한지 판단할 때 두 학설은 다른 결론에 도달한다. 무인설은 여전히 유권대리로 보지만, 유인설은 무권대리가 된다고 본다. 즉 수권행위와 기초적 법률관계가 유효하게 성립한 후 본인과 대리인 중 어느 일방의 채무불이행 등의 사유로 기초적 법률관계만이 해지된 경우, 예컨대 위임계약상의 채무를 수임인이 불이행하여 위임인이 위임계약만을 해지하는 경우에도 무인설은 유권대리가 유지되는 것으로 보지만, 유인설은 대리권이 소멸한다고 이해한다. 유인설에 의하더라도 상대방 보호의 필요성이 인정될 수 있다. 이때 상대방은 무권대리인에게 책임을 묻거나($^{제135}_{조}$) 또는 위임계약의 무효, 취소 또는 해제가 제3자에게 대항할 수 없음($^{제107조 제2항, 제108조 제2항, 제109조 제}_{2항, 제110조 제3항, 제548조 제1항 단서}$)을 주장하여 대리행위의 효과를 본인에게 귀속시킬 수 있다. 그러나 기초적 법률관계의 무효, 취소 또는 해제가 본인의 영역에서 발생한 사유로 인한 경우에도 대리인이 책임을 지는 것은 적절치 않으므로, 이때에는 대리권소멸후의 표현대리($^{제129}_{조}$) 또는 대리권 수여표시의 표현대리($^{제125}_{조}$)가 유추적용되어 본인이 계약상의 책임을 부담할 수 있다.

대리인이 제한능력자인 경우 제한능력자측에서 기초적 법률관계(예컨대 위임계약)를 취소할 수 있다. 이때 이미 행하여진 대리행위의 효력은 여전히 유효한가에 대해서, 무인설은 당연히 기존의 대리행위는 유효하다고 보는 반면, 유인설에 의하면 수권행위도 소급하여 소멸하므로 무권대리가 되는 것으로 본다. 이때에도 제129조의 표현대리가 유추적용될 수 있다(유인설을 취하더라도 거래의 안전, 대리인은 행위능력자임을 요하지 않는다는 제117조의 입법취지를 고려하여 이미 행하여진 대리행위는 유효하다는 견해도 있다).

(4) 수권행위의 방식

(가) 위임장의 교부

수권행위는 민법상 불요식행위이다. 서면, 구두, 명시적 · 묵시적 의사표시 중 어떠한 방식을 취하든지 무방하다.

보통의 위임장은 위임계약 또는 수권행위의 증서가 아니며, 대리권을 수여하였다는 증거에 지나지 않는다. 위임장을 주지 않아도 대리권이 존재할 수 있고, 위임장을 갖고 있더라도 대리권이 존재하지 않을 수도 있다. 다만 이러한 경우 상대방은 표현대리의 보호를 받을 수 있다. 예컨대 X부동산의 임대차를 위해 대리권을 수여하는 위임장을 교부한 후 본인이 수권행위를 철회하였음에도 위임장을 회수하지 못하여 대리인이었던 자가 그 위임장을 보이고서 X부동산의 임대차를 대리행위한 경우, 제129조의 대리권 소멸 후의 표현대리가 성립할 수 있을 것이다.

(나) 백지위임장의 교부

백지위임장이란 위임인이 대리인이 될 사람이나 대리권의 범위를 정하지 않은 채 작성된 위임장을 말한다. 이와 같은 백지위임장에 의한 수권행위도 원칙적으로 유효하다.

백지위임장에는 대리인란이 백지(공란)로 되어 있는 경우와 대리권의 범위가 백지(공란)로 남겨져 있는 경우를 분리하여 검토해야 한다. 대리인란이 공란인 경우, 위임인으로부터 위 백지위임장을 교부받은 사람은 적절한 사람(교부받은 사람 자신도 포함된다)을 대리인으로 정할 것을 그 사무로 하여 백지위임장의 작성자(위임인)와 위임계약을 체결한 것이 된다($^{대판\ 1976.12.26,\ 79다}_{18513;\ 대판\ 1990.2.23,}$ $^{88다카}_{30108}$). 그런데 이 위임계약(위임계약 1이라고 한다)으로 대리인으로 보충될 사람이 대리권을 갖게 되는 것은 아니다. 위임계약 1에 따라 적절한 사람을 찾았고 그 사람이 수임인란에 기명날인을 했다면 위임인과 그 사람과는 새로운 위임계약(위임계약 2라고 한다)이 체결된다. 바로 이 위임계약 2에 의하여 수임인에게 대리권이 발생하게 된다. 반면에 위임장에 대리인이 공란으로 되어 있더라도 위임인이 특정한 대리인을 전제로 하고 있다면 다른 사람이 대리인란에 서명날인(백지의 보충)했더라도 그 사람에 대한 수권행위가 있었다고 볼 수 없다. 다만 이때 본인은 대리권 수여의 표시에 의한 표현대리의 책임($^{제125}_{조}$)을 부담하게 된다.

한편 대리권의 범위가 백지로 교부될 수 있다. 거래의 대상이나 상황의 변동에 기민하게 대응할 수 있도록 하기 위하여 의도적으로 대리권의 범위가 백지로 교부되기도 한다. 이때에는 당사자의 의사와는 다르게 보충되거나 그 내용을 초과하는 부당보충이 주로 문제된다. 예컨대 위임인이 구두로 대리권의 범위를 정했음에도 불구하고 수임인이 대리권의 범위를 넘는 내용을 위임장에 기재하는 부당보충의 경우에도 위임(수권행위)의 효력이 인정되는 이상 권한을 넘은 표현대리($^{제126}_{조}$)가 적용될 수 있다. 백지의 보충이 정당하게 위임받은 권한에 의하여 이루어진 것이라는 것은 수임인에게 증명책임이 있다($^{대판\ 2013.8.22,}_{2011다100923}$).

(다) 인감도장, 인감증명서의 보관

금전차용의 알선을 의뢰하며 인장을 보관시킨 경우에는 금전차용을 위한 법률행위의 대리권을 묵시적으로 수여한 것으로 볼 수 있다($^{대판\ 1965.8.}_{24,\ 65다1174}$). 그러나 단순히 부동산을 관리시키면서 그 인감도장을 보관시킨 사실이 있다고 하여 처분권한을 수여하였다고는 할 수 없다($^{대판\ 1973.6.}_{5,\ 72다2617}$). 인감증명서는 인장사용에 부수하여 그 확인방법으로 사용되며, 인장사용과 분리하여 그것만으로는 어떤 증명방법으로 사용되는 것은 아니므로, 인감증명서만의 교부만으로는 일반적으로 어떤 대리권을 부여하기 위한 행위라고 볼 수 없다($^{대판\ 1978.10.}_{10,\ 78다75}$). 유사한 취지로 甲이 부동산 소개업자인 A에게 '가옥이동용'의 인감증명만을 교부하여 부동산매매의 알선을 부탁한 데 그치고 甲의 인감은 A가 속임수를 사용하여 이를 교부받은 것이라면 甲이 A에게 매매 기타 처분의 권한을 수여한 것이라고 볼 수 없고($^{대판\ 1982.4.}_{13,\ 81다408}$), 따라서 기본대리권이 없는 이상 권한유월의 표현대리는 성립할 여지가 없다($^{제126조}_{참조}$).

(5) 수권행위의 하자

수권행위의 하자는 본인을 기준으로 결정한다. 수권행위는 상대방 있는 단독행위이므로 제 107조 이하의 규정이 적용되는데, 예컨대 수권행위가 비진의표시인 경우 대리인이 선의·무과 실이어야 대리행위는 유효하게 된다(제107조 참조). 수권행위가 무효임을 몰랐다면 제3자 보호규정에 따라 대리행위의 상대방이 선의이면 본인은 대리권 없음을 주장하지 못하여 결국 본인과 상대 방의 관계에서는 대리권이 발생한 것이 된다.

대리행위의 하자는 이와 구별해야 한다. 대리행위의 하자유무는 대리인을 기준으로 결정한 다(제116조 제1항).

민사소송법 대리권 존부에 대한 증명책임

1. **원칙**: 대리행위에서 대리권이 있다는 점에 대한 증명책임은 대리행위의 효과를 주장하는 상대방에 게 있다.
2. **예외**: 다만 대리인을 통한 부동산거래에 있어서 이미 등기가 경료된 경우 등기의 추정력에 의하여 현재 등기명의인의 등기가 적법한 것으로 추정되므로, 등기의 무효를 주장하는 전등기명의인(매도 인)인 본인이 대리인에게 등기행위에 대리권 없음을 증명해야 한다(등기의 추정력에는 대리권 존재에 대한 추정까지 포함한다).

Ⅲ. 위 임

실제 대리가 이루어지는 임의대리의 사례를 살펴보면 대리권의 수여행위와 기초적 법률관계 를 발생케 하는 행위가 합체되어 행하여지는 경우가 대부분이다. 가령 부동산의 매도를 위임하 면서 수임인에게 대리권을 수여하는 경우, 위임계약을 체결할 때에 본인의 수권행위도 있었던 것으로 해석된다. 기초적 내부관계로는 위임 외에도 도급, 고용, 조합 등이 있을 수 있는데, 도 급 등의 전형계약은 이 책의 제9편에서 설명하도록 하고, 여기에서는 대리의 법률관계를 살피 기에 앞서 위임계약을 검토하기로 한다.

1. 의 의

위임계약은 당사자 일방의 재량적(자주적) 사무처리 위탁과 상대방의 승낙을 요소로 하는 무 상·편무·낙성계약이다. 제680조에서 위임은 당사자 일방이 상대방에 대하여 사무의 처리를 위탁하고 상대방이 이를 승낙함으로써 그 효력이 생긴다고 규정한다.

로마법 이래 위임은 무상을 원칙으로 하지만 당사자간에 특약이 있는 경우에는 유상으로 할 수 있다. 무상을 원칙으로 하므로, 수임인에게 비용이나 손실을 부담시키지 않기 위하여 제686

조부터 제688조까지 규정을 두고 있다. 그러나 거래일반에 있어서 수임인은 보수를 받고 위임사무를 처리하는 것으로 보는 묵시의 보수지급특약이 가능하다고 보아 수임인의 보수청구권을 인정하기도 한다(대판 1995.12. 5, 94다50229).

(1) 위임계약과 대리의 구별

위임과 대리권수여는 법률상 별개의 독립된 행위로서 위임계약과 대리는 구별되어야 한다. 위임은 위임인과 수임인 간의 내부적인 채권채무관계를 말하고 대리권은 대리인의 행위의 효과가 본인에게 미치도록 할 수 있는 대외적 자격을 말한다. 그러나 위임사무가 법률행위이고 그 사무처리를 위해 제3자와 법률관계를 형성해야 하는 것이면 위임은 대리권의 수여를 수반한다고 추정한다. 제692조(판결당시 구 민법 제655조)의 취지는 위임종료의 사유를 상대방에 통지하거나 상대방이 이를 안 때가 아니면 위임인과 수임인 간에는 위임계약에 의한 권리의무관계가 존속한다는 취지에 불과하고 대리권과는 아무런 관계가 없는 것이다(대판 1962.5.24, 4294민상251,252).

(2) 신뢰관계의 절대성

(가) 선관주의의무 및 해지의 자유

위임계약은 특별한 대인적 신뢰관계를 기초로 하는 것이 보통이므로 위임계약이 무상인 경우에도 수임인에게 선관주의의무의 엄격한 책임을 부과한다(제681조). 신뢰관계가 깨지는 경우에는 각 당사자는 언제든지 계약을 해지할 수 있도록 하고 있다(제689조).

(나) 종료사유

위임은 당사자 일방의 사망 또는 파산시 종료되며 수임인의 성년후견개시심판으로도 종료된다(제690조). 특히 위임계약의 일방 당사자의 파산을 위임계약의 종료사유로 하는 이유는 위임계약이 당사자 사이의 신뢰관계를 바탕으로 하고 있으므로 당사자의 일방이 파산한 경우에는 그 신뢰관계를 유지하기 어렵게 된다는 것에 두고 있다. 그러나 위임계약의 일방 당사자가 수인인 경우에 그중 1인에게 파산 등 사유가 있다고 하여 위임계약이 당연히 종료되는 것이라 할 수는 없다.

한편 건축공사 감리계약은 그 법률적 성질이 기본적으로 민법상의 위임계약이라고 하더라도 감리계약의 특수성에 비추어 위임계약에 관한 민법 규정을 그대로 적용하지 않는다. 주택건설촉진법에 따라 체결된 감리계약은 당사자 사이의 신뢰관계를 기초로 하는 것이라기보다는 공동주택건설사업의 원활하고도 확실한 시공을 고려한 사업계획 승인권자의 감리자 지정에 기초하고 있는 것이어서 사업주체가 파산하였다고 하여 당연히 감리계약이 종료하는 것으로 볼 이유는 없기 때문이다(대판 2003.1.10, 2002다11236).

참고 건축공사의 감리란 공사가 설계도대로 실시되는지의 여부를 건축사가 확인하는 행위를 말한다$\binom{건축사법\ 제}{2조\ 제4호}$.

2. 민법의 위임에 관한 규정의 '통칙성'

(1) 민법상의 광범위한 준용

민법은 위임계약에 의하지 않고 타인의 사무처리라는 법률관계가 발생한 경우에도 널리 위임의 규정을 준용하고 있다$\binom{제701조(임치),\ 제707조(조합),\ 제919조(친권자의\ 재산관}{리),\ 제956조(친권),\ 제959조(후견),\ 제1104조(유언집행자)}$.

(2) 해석상의 광범위한 법정위임관계의 인정

해석상 각종 대리, 대표, 대위, 재산관리 등에서 법정위임관계를 인정하고 있다. 채권자대위권을 행사하는 경우에 있어서도 채권자와 채무자는 일종의 법정위임관계에 있으므로 채권자는 제688조를 준용하여 채무자에게 비용의 상환을 청구할 수 있다$\binom{대결\ 1996.8.}{21.\ 96그8}$.

그 밖에 비전형계약의 해석에 있어서도 그 본질이 위임계약인 것으로 볼 수 있는 것들이 있다. 이른바 지입제에 있어, 그 지입차주가 지입된 차량을 직접 운행·관리하면서 그 명의로 화물운송계약을 체결하였다고 하더라도, 대외적으로는 그 차량의 소유자인 회사의 위임을 받아 운행·관리를 대행하는 지위에 있는 지입차주가 지입회사를 대리한 행위로서 그 법률효과는 지입회사에 귀속된다$\binom{대판\ 2000.10.13.}{2000다20069}$. 아파트 입주자대표회의와 아파트 관리회사 사이의 법률관계 역시 민법상의 위임관계와 같다$\binom{대판\ 1997.11.}{28.\ 96다22365}$.

그러나 경찰관이 응급 구호를 요하는 사람을 보건의료기관에게 긴급구호요청을 하고, 보건의료기관이 이에 따라 치료행위를 했더라도 이러한 자의 치료가 국가의 사무나 의무로 볼 수 없다고 하여 국가와 보건의료기관 사이에 국가가 그 치료행위를 보건의료기관에 위탁하고 보건의료기관이 이를 승낙하는 내용의 치료위임계약이 체결된 것으로는 보지 않는다$\binom{대판\ 1994.2.}{22.\ 93다4472}$. 또한 공유제 회원과 콘도미니엄 시설 전체를 관리 운영하는 시설경영기업 사이의 시설이용계약은 위임계약에 해당된다고 할 수는 없고, 따라서 시설경영기업이 파산선고를 받는다고 하여 회원과 시설경영기업 사이의 시설이용계약이 당연히 종료된다고 할 수 없다$\binom{대판\ 2005.1.13.}{2003다63043}$.

사례 1 甲은 헤드헌팅 업무를 영업으로 하는 회사이다. 甲은 A회사로부터 이사로 근무할 전문 인력을 추천해 달라는 의뢰를 받고, A회사와 용역계약을 체결하였다. 甲은 채용정보를 게시하였는데 乙이 A회사의 이사 후보자로 지원할 의사를 밝혔다. 甲은 乙이 적합한 인물이라 판단하고 A회사 관계자와 면담을 주선하였고, 乙이 직접 싱가폴을 방문하여 면접하도록 주선하기도 하였다. 그리하여 A회사와 乙간에는 고용계약이 체결되었다. 그런데 乙은 근무개시일 이전에 신변상의 이유를 들어 근무할 수 없게 되었다는 뜻을 통지하였다. 甲은 乙과 명시적 또는 묵시적 위임계약이 체결되었음을 전제로, 乙의 계약위반을 이유로 A회사로부터 지급받지 못하게 된 용역료,

乙의 싱가폴 체재비용 및 정신적 손해의 배상을 청구한다. 그와 같은 청구는 인용될 수 있는가?

(대판 2007.10.26, 2005다21302 참조)

| **해설 1** | 甲은 乙에 대하여 손해배상책임을 물을 수 없다.

채용을 원하는 후보자 乙이 인재소개업체, 이른바 헤드헌터에게 구인기업에의 지원 의사를 밝히는 것은, 일반적으로 그 구인기업에 채용되기 위해 채용절차를 대행하고 있는 인재소개업체에게 그 절차에 응할 의사를 표시한 것에 불과할 뿐 그것만으로 후보자가 인재소개업체에게 자신의 채용알선 또는 채용협상 등에 관한 어떤 권한을 위임하였다거나 위임할 의사가 있었다고 볼 수는 없다. 따라서 다른 특별한 사정이 없는 한 甲과 乙 사이에서 위임 등의 계약관계가 성립하였다고 할 수는 없다. 따라서 인재소개업체인 甲이 A회사를 위하여 후보자를 채용함에 필요한 용역을 제공하는 과정에서 후보자에게 사실상 도움을 주었다 하더라도 이는 어디까지나 甲과 A 사이에 체결된 용역계약의 궁극적인 목적인 채용계약의 성사를 위한 것이지 乙에 대한 어떤 계약상 채무의 이행이라고 볼 수는 없다. 또한 인재소개업체와 후보자 사이의 특약이 없는 한, A와 乙 사이에 채용계약이 체결된 경우 후보자 乙이 甲회사에 대하여 구인기업인 A회사에서 근무해야 할 계약상 또는 신의칙상의 의무를 부담한다고 볼 수는 없고, 후보자가 채용계약을 일방적으로 해제하였다고 하여 인재소개업체에 대하여 손해배상책임을 진다는 상관행의 존재를 인정할 수도 없다.

3. 성립요건

(1) 타인의 사무처리

위임계약상 사무는 타인의 것이어야 한다. 즉 위임사무처리의 법률상의 효과가 위임인에 대하여 발생하여야 한다. 이때 사무는 법률상 또는 사실상의 모든 행위를 포함한다. 한편 위임에 있어 수임인은 사무처리에 재량권을 가진다.

(2) 불요식행위

위임계약은 불요식계약이다. 위임계약에 있어 위임장의 교부는 단순한 증거방법에 불과하다. 한편 위임인이 특정한 사람의 사무처리를 전제로 하지 않고서 교부한 백지위임장을 받은 사람이 이를 다시 제3자에게 교부하는 행위는 대리권을 수여할 사람을 찾는 행위로 보아야 한다.

(3) 사무처리 위탁의 합의

사무처리의 위탁이 있어야 하며, 이에 대한 합의가 있어야 한다.

4. 효 력

(1) 수임인의 사무처리의무

(가) 선관주의의무

수임인은 위임의 본지에 따라 선량한 관리자의 주의의무로서 사무를 처리하여야 한다($\frac{제681}{조}$). 수임인은 선관주의의무를 지고 있기 때문에, 계약의 목적과 성질에 비추어 가장 합리적으로 사무를 처리하여야 할 의무를 진다.

위임계약에 있어서 수임인이 위임의 본지에 좇은 업무처리를 하지 아니한 까닭에 만약 수임인이 위임의 본지에 좇은 업무처리를 하였더라면 지출하지 아니하여도 될 비용을 위임인이 지출한 경우, 수임인은 채무불이행으로 인하여 손해를 배상할 책임을 진다. 이때 위임인이 입게 된 손해액은 그 지출한 비용이다($\frac{대판\ 1996.12.}{10,\ 96다36289}$).

소송대리를 위임받은 변호사는 그 수임사무를 수행함에 있어 전문적인 법률지식과 경험에 기초하여 성실하게 의뢰인의 권리를 옹호할 의무가 있다. 따라서 위임사무의 종료단계에서 패소판결이 있었던 경우에는 의뢰인으로부터 상소에 관하여 특별한 수권이 없는 때에도 그 판결을 점검하여 의뢰인에게 불이익한 계산상의 잘못이 있다면 의뢰인에게 그 판결의 내용과 상소하는 때의 승소가능성 등에 대하여 구체적으로 설명하고 조언하여야 할 의무가 있다($\frac{대판\ 2004.5.14,}{2004다7354}$).

> **대판 1997.12.12, 95다20775**
>
> [1] 통상 소송위임장이라는 것은 민사소송법 제81조 제1항에 따른 소송대리인의 권한을 증명하는 전형적인 서면이라고 할 것인데, 여기에서의 소송위임(수권행위)은 소송대리권의 발생이라는 소송법상의 효과를 목적으로 하는 단독 소송행위로서 그 기초관계인 의뢰인과 변호사 사이의 사법상의 위임계약과는 성격을 달리하는 것이고, 의뢰인과 변호사 사이의 권리의무는 수권행위가 아닌 위임계약에 의하여 발생한다.
>
> [2] 민사소송법 제82조($\frac{현행법}{제90조}$)의 규정은 소송절차의 원활 · 확실을 도모하기 위하여 소송법상 소송대리권을 정형적 · 포괄적으로 법정한 것에 불과하고 변호사와 의뢰인 사이의 사법상의 위임계약의 내용까지 법정한 것은 아니므로, 본안소송을 수임한 변호사가 그 소송을 수행함에 있어 강제집행이나 보전처분에 관한 소송행위를 할 수 있는 소송대리권을 가진다고 하여 의뢰인에 대한 관계에서 당연히 그 권한에 상응한 위임계약상의 의무를 부담한다고 할 수는 없고, 변호사가 처리의무를 부담하는 사무의 범위는 변호사와 의뢰인 사이의 위임계약의 내용에 의하여 정하여진다.

생각해 볼 문제 이 판결에서 언급된 '위임사무의 종료단계'란 종료가 된 후를 말하는 것인가? 나아가 위 사례의 판결례($\frac{대판\ 1997.12.12,}{95다20775}$)에서는 "본안소송을 수임한 변호사가 그 소송을 수행함에 있어 강제집행이나 보전처분에 관한 소송행위를 할 수 있는 소송대리권을 가진다고 하여 의뢰인에 대한 관계에서 당연히 그 권한에 상응한 위임계약상의 의무를 부담한다고 할 수는 없고"로 되어 있음에 비추어 볼 때, 위임계약상 수임인의 의무에 통지의무가 포함된다고 할 수 있을까?

한편 일반인이 법무사에게 등기의 신청대리를 의뢰하고 법무사가 이를 승낙하는 법률관계는 민법상의 위임에 해당하는 것인데, 수임인은 위임의 본지에 따라 선량한 관리자의 주의로써 위임사무를 처리하여야 하므로, 수임인인 법무사는 우선적으로 위임인인 의뢰인의 지시에 따라야 할 것이지만 이 지시에 따르는 것이 위임의 취지에 적합하지 않거나 또는 의뢰인에게 불이익한 때에는 그러한 내용을 의뢰인에게 알려주고 그 지시의 변경을 요구 또는 권고할 수 있다. 따라서 판례는 압류등기가 되어 있는 부동산에 설정된 의뢰인의 처 명의의 기존 근저당권설정등기를 말소하고 의뢰인을 근저당권자로 하는 새로운 근저당권설정등기를 경료할 것을 의뢰받은 법무사는 근저당권이전의 부기등기의 방법 등을 권유할 직무상 의무가 있다고 본다(대판 2003.1. 10, 2000다61671).

사례 2 乙은 甲으로부터 X토지의 소유권이전등기 청구소송을 수임한 변호사이다. 乙은 소송계속중에 사건을 수임하였는데, 수임 당시에는 X토지가 소송상대방의 사망한 부친의 이름으로 등기가 남아있는 상태였다. 그러다 乙은 수임시로부터 6개월이 지난 시점에 그 소송의 상대방 9인 중의 1인이 X토지에 관하여 협의분할에 의한 재산상속을 원인으로 단독 명의로 소유권이전등기를 마친 사실을 등기부등본을 열람한 결과 알게 되었다. 이에 상대방이 그 토지를 제3자에게 처분할 염려가 있다고 판단하여 乙은 소송대리인의 권한으로 그 토지에 대한 처분금지가처분신청을 하였으나 가처분기입등기가 마쳐지기 전에 상대방이 제3자에게 근저당권설정등기를 경료하여 주었다. 甲은 乙에게 소송의 수임 당시 그 토지에 대한 소유권이전등기청구권을 보전할 필요성 및 처분금지가처분절차에 관하여 충분히 설명을 하였어야 한다고 주장하며 선관주의의무위반을 이유로 한 손해배상청구를 하고 있다. 이와 같은 청구는 인용될 수 있는가? (대판 1997.12.12, 95다20775 참조)

해설 2 인용될 수 없다. 甲은 乙에게 선관주의의무 위반을 이유로 손해배상책임을 구할 수 없다.

통상 소송위임장이라는 것은 소송대리인의 권한을 증명하는 전형적인 서면이라고 할 것인데, 여기에서의 소송위임(수권행위)은 소송대리권의 발생이라는 소송법상의 효과를 목적으로 하는 단독 소송행위로서 그 기초관계인 의뢰인과 변호사 사이의 사법상의 위임계약과는 성격을 달리하는 것이고, 의뢰인과 변호사 사이의 권리의무는 수권행위가 아닌 위임계약에 의하여 발생한다. 따라서 민사소송법 제90조 제1항(판결 당시 제82조 제1항)이 "소송대리인은 위임받은 사건에 관하여 반소, 참가, 강제집행, 가압류, 가처분에 관한 소송행위와 변제의 영수를 할 수 있다"고 규정하고, 제3항이 "변호사의 소송대리권은 제한하지 못한다"고 규정하고 있으나, 위 각 규정은 소송절차의 원활·확실을 도모하기 위하여 소송법상 소송대리권을 정형적·포괄적으로 법정한 것에 불과하고 변호사와 의뢰인 사이의 사법상의 위임계약의 내용까지 법정한 것은 아니므로, 본안소송을 수임한 변호사가 그 소송을 수행함에 있어 강제집행이나 보전처분에 관한 소송행위를 할 수 있는 소송대리권을 가진다고 하여 의뢰인에 대한 관계에서 당연히 그 권한에 상응한 위임계약상의 의무를 부담한다고 할 수는 없고, 변호사가 처리의무를 부담하는 사무의 범위는 변호사와 의뢰인 사이의 위임계약의 내용에 의하여 정하여진다고 할 것이다.

그런데 당사자 사이에 가처분신청에 관한 위임사실이 없었다는 위의 사실관계에 비추어 보면 이 사건 이전등기소송의 수임 당시 변호사인 乙이 원고들에게 이 사건 토지에 대한 소유권이전등기청구권을 보전할 필요성 및 처분금지가처분절차에 관하여 충분히 설명을 하였어야 할 구체적 사정이 존재하였다고 단정하기 어렵다. 따라서 수임인으로서 선관주의의무를 다하지 아니한 과실이 있다고 보기는 어려울 것이다.

(나) 자신복무의 원칙: 복위임의 원칙적 금지

위임은 신뢰관계를 기초로 하므로 복위임은 위임인의 승낙이 있거나, 부득이한 사유가 있는 때에 한하여 인정된다(제682조). 수임인의 지위도 위임인의 동의가 없으면 양도할 수 없다.

(2) 사무처리에 부수하는 의무

(가) 처리상황과 종료전말의 보고의무

수임인은 위임인의 청구가 있는 때에는 위임사무의 처리상황을 보고하고 위임이 종료한 때에는 지체없이 그 전말을 보고할 의무가 있다(제683조).

(나) 취득한 물건 · 권리의 전부 인도의무

수임인은 위임사무의 처리로 인하여 받은 금전 기타의 물건 및 그 수취한 과실을 위임인에게 인도하여야 하며, 수임인이 위임인을 위하여 자기의 명의로 취득한 권리는 위임인에게 이전하여야 한다(제684조). '위임사무의 처리로 인하여 받은 금전 기타 물건'에는 수임인이 위임사무의 처리와 관련하여 취득한 금전 기타 물건으로서 이를 수임인에게 그대로 보유하게 하는 것이 위임의 신임관계를 해한다고 사회통념상 생각할 수 있는 것도 포함된다(대판 2010.5.27, 2010다4561). 따라서 토지의 실소유자로부터 신탁받은 토지의 매도를 위임받은 수임인이 1, 2차 매매계약을 체결하고 주택조합에 소유권이전등기를 해 주었으나, 그 후 용도변경이 부결될 경우 매매계약을 무효로 하기로 한 약정에 따라 위 매매계약의 무효를 주장하여 주택조합과 매매대금을 증액하기로 하는 3차 매매계약을 체결하고 그 추가 매매대금을 지급받은 경우 수임인은 그러한 추가 매매대금 중 토지의 '정당한 시가'에 상응하는 금원을 제684조 제1항에 따라 위임인에게 반환하여야 한다(대판 2010.5.27, 2010다4561).

수임인이 위임사무를 처리함에 있어 받은 물건으로 위임인에게 인도할 목적물은 대체물이더라도 당사자 간에는 특정물과 같은 것으로 보아야 하는데(대판 1969.12.16, 67다1525), 인도시기는 당사자간에 특약이 있거나 위임의 본뜻에 반하는 경우 등과 같은 특별한 사정이 있지 않는 한 위임계약이 종료한 때이므로, 수임인이 반환할 금전의 범위도 위임종료시를 기준으로 정해진다(대판 2016.6.28, 2016다11295).

(다) 금전 소비 남용시의 법정무과실책임

수임인이 위임인에게 인도할 금전 또는 위임인의 이익을 위하여 사용할 금전을 자기를 위하여 소비한 때에는 소비한 날 이후의 이자를 지급하여야 하며 그 외에 손해가 있으면 배상해야 한다(제685조).

(3) 위임인의 의무

(가) 객관적 비용의 선급의무

위임사무의 처리에 객관적 · 현실적으로 비용이 필요할 때에는, 위임인은 수임인의 청구에 의하여 이를 선급하여야 한다($^{제687}_{조}$). 위임인은 수임인이 선급이 필요하다는 내용의 통지를 함과 동시에 금전지급청구를 하는 때에 한하여 이를 지급하여야 하고, 사용 후 잔액이 있을 때에는 제684조에 의하여 수임인에게 그 반환을 청구할 수 있다.

(나) 주관적 필요비의 상환의무

수임인이 위임사무의 처리에 관하여 필요하다고 판단한 필요비는 수임인에게 고의 · 과실이 없는 한, 비록 객관적으로는 절약될 수 있었던 비용이라도 상환하여야 하고, 지출한 날 이후의 이자도 상환하여야 한다($^{제688조}_{제1항}$).

(다) 대변제의무(수임인의 대변제청구권)

대리권 없는 수임인이 자기의 이름으로 사무를 처리하면서 필요한 채무를 부담한 때에는 위임인에게 이를 대신 변제할 것을 청구할 수 있는 권리가 인정된다($^{제688조}_{제2항}$).

(라) 무과실 손해배상의무

수임인이 위임사무의 처리를 위하여 과실없이 손해를 입은 때에는 위임인에 대하여 그 배상을 청구할 수 있다($^{제688조}_{제3항}$). 이 책임은 위임인의 고의 · 과실을 요구하지 않는 일종의 무과실 책임이다.

(마) 보수지급의무

1) 무상원칙과 유상계약의 추정

수임인은 특별한 약정이 없으면 위임인에게 보수를 청구하지 못한다($^{제686조}_{제1항}$). 그러나 사회통념상 보수를 지급하는 것이 일반적이라면 유상계약으로 추정될 수 있다. 예컨대 변호사에게 계쟁 사건의 처리를 위임함에 있어서 그 보수 지급 및 수액에 관하여 명시적인 약정을 하지 않아도, 무보수로 한다는 등 특별한 사정이 없는 한 응분의 보수를 지급할 묵시의 약정이 있는 것으로 보아야 한다($^{대판 1995.12.}_{5, 94다50229}$). 이 경우 그 보수액은 사건 수임의 경위, 사건의 경과와 난이도, 소송물 가액, 승소로 인하여 당사자가 얻는 구체적 이익과 소속 변호사회 보수규정 및 의뢰인과 변호사간의 관계, 기타 변론에 나타난 제반 사정을 참작하여 결정된다.

수임인이 보수를 받을 경우에는 원칙적으로 위임사무를 종료한 후가 아니면 이를 청구하지 못한다. 다만 기간으로 보수를 정한 때에는 그 기간이 경과한 후에는 이를 청구할 수 있다($^{제686}_{조 제}$ $_{2항}$).

위임은 일의 완성이 아니라 노무제공 자체가 목적이므로, 수임인에게 책임없는 사유로 도중에 위임이 종료된 경우에는 처리한 사무의 비율에 따라 보수를 청구할 수 있다($^{제686조}_{제3항}$).

2) 보수가 과다한 경우

변호사의 소송위임사무 약정 보수액이 과다하여 신의칙이나 형평의 관념에 반하는 경우(예컨대 성공보수 약정이 있었으나 상대방의 의제자백 등으로 사건이 종결된 경우 등)에만 예외적으로 적당한 범위 내의 보수액만 청구할 수 있다(대판 2014.3.27. 2012다50353). 이러한 제한은 계약자유 원칙에 대한 예외이므로 법원은 그 합리적 근거를 명확히 밝혀야 한다(대판 2023.8.31. 2022다293937).

한편 형사사건에서 변호사의 성공보수 약정액은 감액청구의 대상이 아니라 성공보수 약정 그 자체가 제103조 위반으로 무효이다(대판(전합) 2015.7.23. 2015다200111).

5. 종 료

(1) 종료사유

(가) 상호해지의 자유

위임계약은 각 당사자가 언제든지 해지할 수 있다(제689조 제1항). 민법상의 위임계약은 그것이 유상계약이든 무상계약이든 당사자 쌍방의 특별한 대인적 신뢰관계를 기초로 하기 때문이다.

특히 채무불이행을 이유로 위임계약을 해지한다는 의사표시를 했으나 위임계약의 해지요건이 갖추어지지 못한 경우라도, 특별한 사정이 없는 한 의사표시에는 임의해지로서의 효력이 인정된다(대판 2015.12.23. 2012다71411). 위임은 당사자 사이의 신뢰관계를 전제로 하므로 위 해지의 의사표시에는 당사자가 위임관계의 종료를 원한 것으로 볼 수 있기 때문이다. 한편 당사자의 약정으로 임의해지권을 사전에 포기할 수 있다(대판 2019.5.30. 2017다53265).

> **사례 3** 乙은 甲이 K주식회사로부터 승용차를 할부로 구입함에 있어서 매매계약 및 甲과 D보증보험회사 사이의 보증보험계약상의 각 연대보증인이 되기로 하여, 甲이 K로부터 받아 온 백지로 된 할부판매보증보험약정서상의 연대보증인란에 乙의 인감도장을 날인하여 주고 甲에게 인감증명서 2매(용도는 차보증용과 공증용)와 인감도장을 건네주었다. 甲은 이를 이용하여, 자신을 승용차구입 명의자로 하지 아니하고 乙을 구입자로 하여 K회사와의 할부매매계약 및 D보증보험회사와의 할부판매보증보험계약을 맺었다. 한편 D보증보험회사는 甲으로부터 乙의 인감도장이 날인된 보험약정서와 아울러 용도가 차보증용 및 공증용으로 된 본인 발급의 인감증명서 2매를 제출받았다. 乙은 D보증보험회사에 대하여 연대보증책임을 지는가? (대판 1992.10.13. 92다31781 참조)
>
> **해설 3** 표현대리책임에 의하여 연대보증의 책임을 부담한다.
> 甲은 乙을 대리하여 甲의 D보증보험주식회사의 보증보험계약상 구상금채무에 대한 연대보증계약을 체결할 기본적 대리권이 있다. 한편 D보증보험회사는 甲으로부터 乙의 인감도장이 날인된 보험약정서와 아울러 용도가 차보증용 및 공증용으로 된 乙의 발급받은 인감증명서 2매를 제출받았으므로 D보증보험회사로서는 甲이 乙을 대리하여 위 연대보증계약을 체결할 권한이 있다고 믿을 만한 정당한 이유가 있었다고 할 것이다. 따라서 乙은 甲의 위와 같은 권한을 넘은 표현대리에 관하여 그 책임이 있다.

한편 상대방이 불리한 시기에 해지한 때에는 그 해지가 부득이한 사유에 의한 것이 아닌 한 그로 인한 손해를 배상하여야 한다($\frac{제689조}{제2항}$). 다만 그 배상의 범위는 위임이 해지되었다는 사실로부터 생기는 손해가 아니라 적당한 시기에 위임계약이 해지되었더라면 입지 아니하였을 손해에 한한다. 그런데 사무처리의 완료를 조건으로 하여 보수를 지급받기로 하는 내용의 계약과 같은 유상위임계약에 있어서는 시기 여하에 불문하고 사무처리 완료 이전에 계약이 해지되면 당연히 그에 대한 보수청구권을 상실하는 것으로 계약 당시에 예정되어 있어 특별한 사정이 없는 한 해지에 있어서의 불리한 시기란 있을 수 없다 할 것이므로, 수임인의 사무처리 완료 전에 위임인이 위임계약을 해지한 것만으로 수임인에게 불리한 시기에 해지한 것이라고 볼 수는 없다($\frac{대판\ 2000.6.9.}{98다64202}$).

(나) 당사자 한쪽의 사망이나 파산 또는 수임인이 성년후견개시의 심판을 받은 경우

위임은 당사자 일방이 사망 또는 파산하거나, 수임인이 성년후견개시의 심판을 받은 경우 종료한다($\frac{제690}{조}$). 이는 신뢰관계가 기초가 된 위임관계에서 당사자 사이의 신뢰관계를 유지하기 어려운 사유가 발생하였기 때문이다. 한편 주택법상 건축공사 감리계약은 위임계약이라고 하더라도 신뢰관계를 기초로 하는 것이 아니므로 사업주체가 파산하였다고 하더라도 당연히 감리계약이 종료하지는 않는다($\frac{대판\ 2003.1.10.}{2002다11236}$).

> **참고** 위임인의 파산은 위임계약의 종료사유($\frac{제690}{조}$)이기는 하지만, 제127조의 대리권 소멸사유는 아니다. 그러나 원인된 법률관계의 종료로 대리권은 소멸한다($\frac{제128}{조}$).

(다) 위임인의 법정해제

수임인의 채무불이행시 이를 해제할 수 있음은 당연하다. 하지만 수임인이 위임계약상의 채무를 제대로 이행하지 아니하였다 하여 위임인이 언제나 최고 없이 바로 그 채무불이행을 이유로 하여 위임계약을 해제할 수 있는 것은 아니고, 아직 수임인이 위임계약상의 채무를 이행하는 것이 가능하다면 위임인은 수임인에 대하여 상당한 기간을 정하여 그 이행을 최고하고, 수임인이 그 기간 내에 이를 이행하지 아니할 때에 한하여 계약을 해제할 수 있다($\frac{대판\ 1996.11.}{26,\ 96다27148}$).

(2) 종료시의 특칙(사무계속처리의무)

위임종료의 경우에 급박한 사정이 있는 때에는 수임인, 그 상속인이나 법정대리인은 위임인 등이 위임사무를 처리할 수 있을 때까지 그 사무의 처리를 계속하여야 한다($\frac{제691}{조}$). 이 경우에는 위임의 존속과 동일한 효력이 있다. 따라서 대리권도 위임계약에 의해 수여된 그 범위 내에서는 존속하게 된다. 위임종료의 사유는 이를 상대방에게 통지하거나 상대방이 이를 안 때가 아니면 이로써 상대방에게 대항하지 못한다($\frac{제692}{조}$). 위임계약만으로는 그 효력이 위임자와 수임자 이외에 미치는 것이 아니므로, 제692조의 취지는 위임종료의 사유를 상대방에 통지하거나 상대방이 이를 안 때가 아니면 위임자와 수임자 간에는 위임계약에 의한 권리의무관계가 존속한다는 취지에 불과하고 대리권 관계와는 아무런 관계가 없다(대판 1962.5.24, 4294민상251,252).

6. 의료계약의 특수성(특수한 위임계약)

의료계약이란 환자가 의사 또는 의료기관에 진단 및 치료를 의뢰하고 의료인이 그 요청에 응하여 치료행위를 개시하는 경우 의료인과 환자 사이에 성립하는 계약을 말한다. 의료계약의 성질에 대하여 위임과 유사한 계약이라고 보는 것이 일반적이다.

의료계약상 진료채무는 원칙적으로 결과채무가 아니라 수단채무라고 보아야 할 것이므로, 주의의무를 다하였음에도 불구하고 질병이 치료되지 아니하였다고 하더라도 치료비를 청구할 수 있다. 다만 판례는 의료행위의 특수성으로 인하여 인과관계와 귀책사유에 대한 증명책임을 완화하고 있다.

> **대판 1988.12.13, 85다카1491**
> 의사가 환자에게 부담하는 진료채무는 질병의 치유와 같은 결과를 반드시 달성해야 할 결과 채무가 아니라 환자의 치유를 위하여 선량한 관리자의 주의의무를 가지고 현재의 의학수준에 비추어 필요하고 적절한 진료조치를 다해야 할 책무 이른바 수단채무라고 보아야 하므로 진료의 결과를 가지고 바로 진료채무불이행사실을 추정할 수는 없으며 이러한 이치는 진료를 위한 검사행위에 있어서도 마찬가지다.

> **대판 2000.1.21, 98다50586**
> 인간의 생명과 건강을 담당하는 의사에게는 그 업무의 성질에 비추어 위험 방지를 위하여 필요한 최선의 주의의무가 요구되고, 따라서 의사로서는 환자의 상태에 충분히 주의하고 진료 당시의 의학적 지식에 입각하여 그 치료방법의 효과와 부작용 등 모든 사정을 고려하여 최선의 주의를 기울여 치료를 실시하여야 하며, 이러한 주의의무의 기준은 진료 당시의 이른바 임상의학의 실천에 의한 의료수준에 의하여 결정되어야 하나, 그 의료수준은 규범적으로 요구되는 수준으로 파악되어야 하고, 해당 의사나 의료기관의 구체적 상황을 고려할 것은 아니다. 의료행위에 대하여 주의의무 위반으로 인한 불법행위 또는 채무불이행으로 인한 책임이 있다고 하기 위하여는 의료행위상의 주의의무 위반과 손해발생과의 사이에 인과관계의 존재가 전제되어야 하나, 의료행위가 고도의 전문적 지식을 필요로 하는 분야이고, 의료행위의 과정은 대개의 경우 환자 본인이 그 일부를 알 수 있는 외에 의사만이 알 수 있을 뿐이며, 치료의 결과를 달성하기 위한 의료기법은 의사의 재량에 달려 있기 때문에 손해발생의 직접적인 원인이 의료상의 과실로 말미암은 것인지 여부는 전문가인 의사가 아닌 보통인으로서는 도저히 밝혀낼 수 없는 특수성이 있어서 환자 측이 의사의 의료행위상 주의의무 위반과 손해발생 사이의 인과관계를 의학적으로 완벽하게 입증한다는 것은 극히 어려우므로, 환자가 치료 도중에 사망한 경우 피해자측에서 일련의 의료행위 과정에서 저질러진 일반인의 상식에 바탕을 둔 의료상의 과실 있는 행위를 입증하고 그 결과와 사이에 일련의 의료행위 외에 다른 원인이 개재될 수 없다는 점, 이를테면 환자에게 의료행위 이전에 그러한 결과의 원인이 될 만한 건강상의 결함이 없었다는 사정을 증명한 때에는 의료행위를 한 측이 그 결과가 의료상의 과실로 말미암은 것이 아니라 전혀 다른 원인으로 말미암은 것이라는 입증을 하지 아니하는 이상, 의료상 과실과 결과 사이의 인과관계를 추정하여 손해배상책임을 지을 수 있도록 입증책임을 완화하는 것이 손해의 공평·타당한 부담을 그 지도원리로 하는 손해배상제도의 이상에 맞는다고 하지 않을 수 없다.

Ⅳ. 대리권의 범위

1. 법정대리권의 범위

법정대리권의 범위는 각각의 법률의 규정에 의하여 결정된다(제25조, 제913조, 제941조 이하, 제1040조 제2항, 제1047조 제2항, 1053조 제2항, 제1101조 등).

2. 임의대리권의 범위

(1) 원칙 – 수권행위의 해석

> **사례 4** 甲은 X부동산의 소유자이다. 甲은 乙에게 X부동산을 매각하여 줄 것을 포괄적으로 위탁하고 대리권을 수여하여 주었다. 乙은 甲을 대리하여 丙과 X부동산에 대한 매매계약을 체결하였다.
>
> 질문 1) 乙은 丙으로부터 중도금이나 잔금을 수령할 수 있는가?
>
> 질문 2) 乙은 丙에게 약정된 매매대금지급기일을 연기하여 줄 권한을 갖는가?
>
> (대판 1992.4.14. 91다43107 참조)
>
> **│해설 4│**
>
> 해설 1) 乙은 중도금이나 잔금을 수령할 수 있다.
>
> 부동산의 소유자로부터 매매계약을 체결할 대리권을 수여받은 대리인은 특별한 다른 사정이 없는 한 그 매매계약에서 약정한 바에 따라 중도금이나 잔금을 수령할 수도 있다고 보아야 한다.
>
> 해설 2) 乙은 약정된 매매대금지급기일을 연기할 수 있다.
>
> 매매계약의 체결과 이행에 관하여 포괄적으로 대리권을 수여받은 대리인은 특별한 다른 사정이 없는 한 상대방에 대하여 약정된 매매대금지급기일을 연기해 줄 수 있는 권한도 가진다고 보아야 할 것이다.

> **사례 5** A는 甲의 국내 및 해외 연주활동을 주선해 주는 매니저가 되어 수 차의 연주회를 주선해 준 바가 있다. 1990.3.경에 A는 甲을 위하여 일본 ○○ 교향악단과의 협연을 주선하기로 하는 계약을 체결하였다. A가 甲을 대리하여 ○○교향악단과의 협연계약을 체결한 경우, 甲은 ○○교향악단과 협연을 하여야 할 채무를 부담하는가?
>
> (대판 1993.5.14. 93다4618 참조)
>
> **│해설 5│** 채무를 부담하지 않는다. 통상 매니저는 대리권이 없기 때문이다.
>
> 통칭 매니저의 대리권의 범위는 연주자의 연주활동의 주선이나 연주에 관하여 공연장 확보, 공연비용 또는 출연료 결정, 연주일정의 확정 등에만 미칠 뿐 공연계약에 관하여는 대리권이 없다. 또한 공연계약에 대해서는 A는 전혀 기본대리권이 없으므로 이를 전제로 하는 제126조의 표현대리 또한 성립할 여지가 없다.

(가) 임의대리권의 범위는 수권행위(대리권수여행위)에 의하여 정하여지는 것이므로 어느 행위가 대리권의 범위 내의 행위인지의 여부는 개별적인 수권행위의 내용이나 그 해석에 의하여 판단할 것이다(대판 1994.2.8, 93다39379).

(나) 일반적으로 수권행위의 내용으로서 임의대리권은 그 권한에 부수하여 필요한 한도에서 상대방의 의사표시를 수령하는 이른바 수령대리권을 포함하는 것으로 보아야 한다(대판 1994.2.8, 93다39379).

그러나 법률행위에 의하여 수여된 대리권은 그 원인된 법률관계의 종료에 의하여 소멸하는 것이므로 특별한 다른 사정이 없는 한 부동산을 매수할 권한을 수여받은 대리인에게 그 부동산을 처분할 대리권도 있다고 볼 수 없다(대판 1991.2. 12, 90다7364). 같은 취지로 예금계약의 체결을 위임받은 자가 갖는 대리권에 당연히 그 예금을 담보로 대출을 받거나 이를 처분할 수 있는 대리권이 포함되어 있는 것은 아니다(대판 2002.6.14, 2000다38992). 그리고 대여금의 영수권한만을 위임받은 대리인이 그 대여금 채무의 일부를 면제하기 위하여는 본인의 특별수권이 필요하다(대판 1981.6. 23, 80다3221). 대리권의 내용이 강제경매절차에서 본인을 대리하여 경매입찰에 임하는 행위와 그에 부수된 권한이라고 되어 있다면 그 대리권의 범위는 본인을 대리하여 경매신청을 하는 행위와 그 밖에 본인이 경매신청인의 지위에서 할 수 있는 행위에 한정된다고 봄이 상당하므로, 그 경우 대리권의 범위가 매각허가결정이 있은 후 경매에서의 매수인이 된 본인을 대리하여 채권자의 강제경매신청취하에 동의할 권한에까지 미치는 것으로 볼 수는 없다(대결 1983.12. 2, 83마201).

본인을 대리하여 금전소비대차 내지 그를 위한 담보권설정계약을 체결할 권한을 수여받은 대리인은 그 계약을 해제할 대리권까지 갖지는 않는다(대판 1993.1.15, 92다39365). 같은 취지로 통상 사채알선업자가 전주(錢主)를 위하여 금전소비대차계약과 그 담보를 위한 담보권설정계약을 체결할 대리권을 수여받은 것으로 인정되는 경우라 하더라도 특별한 사정이 없는 한 일단 금전소비대차계약과 그 담보를 위한 담보권설정계약이 체결된 후에 이를 해제할 권한까지 당연히 가지고 있다고 볼 수는 없다(대판 1997.9.30, 97다23372).

소송대리인이 상대방과 법정화해를 하기 위해서는 본인의 특별수권이 있어야 하며(대판 1973.10. 23, 73다437), 소송대리권의 범위는 특별한 사정이 없는 한 당해 심급에 한정된다(대결 2000.1. 31, 99마6205).

(2) 예외(제118조)

수권행위의 해석으로는 그 범위가 불명확한 경우에는 제118조에 의하여 해결한다. 제118조는 대리권은 있으나 그 범위가 분명하지 않은 경우의 보충적 규정에 불과하다. 제118조에 의하면 보존행위와 물건이나 권리의 성질을 바꾸지 않는 범위 내에서의 이용 · 개량행위만이 가능하다. 보존행위란 재산의 현상유지행위를, 이용행위는 재산상 수익을 취하는 행위를, 개량행위는 사용가치 또는 교환가치를 증가시키는 행위를 의미한다. 예컨대 무이자부 대차를 동일한 조건 하에서 이자부 대차로 바꾸는 행위는 그 성질이 변하지 않으므로 이용 · 개량행위로서 가능하지만, 예금으로 주식을 매입하거나 예금을 개인에게 대여하는 행위는 성질이 변하는 것으로 보아야 하므로 할 수 없다. 이와 더불어 이용 · 개량행위의 범위를 벗어나는 행위인 처분행위 또한 할 수 없다.

V. 대리권의 제한$\binom{\text{제124조, 제}}{\text{119조 단서}}$

1. 자기계약 · 쌍방대리의 금지$\binom{\text{제124}}{\text{조}}$

(1) 의 의

대리인은 본인의 허락이 없으면 본인을 위하여 자기와의 법률행위(자기계약)나 동일한 법률행위에 관하여 당사자 쌍방의 대리(쌍방대리)를 하지 못한다. 따라서 부동산 입찰절차에서 동일물건에 관하여 이해관계가 다른 2인 이상의 대리인이 된 경우에는 그 대리인이 한 입찰은 무효이다$\binom{\text{대결 2004.2.}}{\text{13, 2003마44}}$.

제124조가 자기계약 · 쌍방대리를 금지하는 이유는 이해관계의 충돌로 본인 또는 일방의 이익을 해치는 결과를 방지하려는 데 있으므로 그러한 우려가 없는 경우는 이를 금하지 않는다.

또한 변제, 상계, 이전등기신청과 같은 채무이행의 경우에는 자기계약 · 쌍방대리가 허용된다. 따라서 실무적으로 법무사가 등기권리자와 등기의무자 쌍방을 대리하여 등기를 신청하는 것도 가능하다. 다만 채무의 이행이라고 해도 자기계약 · 쌍방대리로서 다툼이 있는 채무 또는 기한 미도래의 채무를 변제하거나, 항변권 있는 채무를 변제하는 것은 허용되지 않으며, 새로운 이해관계가 형성되는 대물변제, 경개도 불허된다.

한편, 사채알선 업무관계라는 것은 돈을 차용하고자 하는 사람이나 돈을 빌려주고자 하는 사람이나 자신들이 원하는 일정한 조건이 되면 누구인지 상관없이 금전을 차용하고 대여하겠다는 것이고, 사채업자는 이들 양자를 대리하여 중계하는 자이므로, 사채알선업자는 어느 일방만의 대리인이 아니고 채권자 쪽을 대할 때는 채무자 측의 대리인 역할을 하게 되는 것이고, 반대로 채무자 쪽을 대할 때에는 채권자 측의 대리인으로서 역할을 할 수 있다$\binom{\text{대판 1979.10.}}{\text{30, 79다425}}$.

(2) 위반의 효과: 무권대리행위

자기계약 또는 쌍방대리는 원칙적으로 예외에 해당하지 않는 한 무권대리로 본인에게 효력이 없다. 그러한 대리행위는 무권대리행위에 해당됨을 이유로 본인에게 효력이 부정된다$\binom{\text{대판 2018.}}{\substack{\text{4.12, 2017} \\ \text{다271070}}}$.

 심 화 학 습

여기서 말하는 무권대리는 표현대리까지 포함되는가?

┃**해설**┃ 표현대리의 요건을 구비했다면 표현대리행위로 인정될 수 있을 것이나 상대방의 선의 · 무과실을 인정하기 어렵기 때문에 구조상 표현대리로서 책임요건을 구비하는 것이 극히 예외적이다.

(3) 적용범위

자기계약·쌍방대리의 금지는 임의대리뿐만 아니라 법정대리에도 적용된다. 다만 제124조에 대한 특칙이 있으면 특칙이 적용된다. 이해상반행위($^{제921조.}_{제64조}$), 상법에서의 자기거래 제한($^{상법 제199}_{조, 제269}$ $^{조. 제}_{398조}$)과 같은 것이 이에 해당한다.

자기계약의 금지는 계약의 대리뿐만 아니라 상대방 있는 단독행위의 대리에도 적용된다. 다만 상대방 없는 단독행위에는 적용되지 않는다고 본다.

2. 공동대리

(1) 개 념

공동대리란 법률이나 수권행위에 의하여 둘 이상의 복수의 대리인이 공동으로만 대리할 수 있도록 하는 대리이다. 대리인이 수인인 경우라도 각자대리가 원칙이며, 공동대리인은 법률 또는 수권행위에 의해 공동대리로 정해진 경우에만 가능하다($^{제119}_{조}$).

공동으로 해야 하는 대상이 의사결정인가 또는 표시행위인가에 대해서는 견해가 대립한다. 공동대리인의 전원일치 의사결정이 있으면 되고 이의 표시행위는 일부대리인이 해도 무방하다는 의사결정설과 공동대리인이 원칙적으로 표시행위를 공동으로 해야 한다는 표시행위설의 대립이 있다.[2]

(2) 공동대리 위반의 효과: 무권대리

공동대리에 위반하여 단독으로 대리행위를 한 경우 그 대리행위는 무권대리가 된다. 다만 제126조의 표현대리가 성립할 여지가 있다.

(3) 적용범위

법정대리에도 원칙적으로 공동대리의 법리가 적용된다. 그러나 공동친권자의 일방이 공동명의로 한 대리행위가 다른 친권자의 의사에 반하는 경우에도 상대방이 이를 몰랐다면 유효한 대리행위로 인정된다($^{제920}_{조의2}$).

수동대리에도 공동대리의 법리가 적용되는 것은 아니다. 즉 공동대리인들의 수동대리에 있어서 각 대리인이 상대방의 의사표시를 단독으로 수령할 권한이 있다고 할 수 있는지 문제된다. 공동대리에서는 상대방의 의사표시를 수령하는 경우에도 반드시 공동으로만 할 수 있다는 공동수령설이 주장되고 있으나, 공동대리라도 의사표시의 수령은 각 대리인이 단독으로 수령할

---

2) 예컨대 공동대리인 A, B, C가 있는 경우 모두 본인을 위하여 금전대출을 하기로 하되 그 의사표시는 A만이 하고 대리인란에 A의 이름만 기재한 경우, 의사결정설에 의하면 유효한 공동대리행위가 되나, 표시행위설에 의하면 대리인란에 A, B, C의 명의가 기재되어 있지 않으므로 유효한 공동대리가 아니라고 본다. 만약 의사결정을 공동으로 하고 B와 C는 그 대리행위를 A에게 위임하는 경우에도 전자는 유효한 공동대리가 되지만, 후자는 무권대리가 된다고 본다.

권한이 있다는 단독수령설이 다수설의 입장이다.

VI. 대리권의 남용

---

1. 의 의
2. 판례 및 학설의 평가
3. 대리권남용법리의 적용범위
   (1) 법정대리에도 대리권남용법리가 적용되는지
     여부

(2) 대리권 남용시 대리행위자의 책임
(3) 대리권 남용시 표현대리의 성립 여부
(4) 표현대리에도 대리권남용법리가 적용되는지
   여부(사익을 도모한 표현대리)

---

1. 의 의

대리행위가 주로 자신이나 제3자의 이익을 꾀할 목적으로 행하여진 경우에 이를 대리권 남용이라고 한다.

원칙적으로 대리권이 남용되었어도 본인에게 대리행위의 효과가 귀속된다. 통상의 경우 대리인에게 사익도모의 의사(배임적 의도)가 없을 것이라는 상대방의 신뢰는 보호되어야 하기 때문이다. 다만 상대방의 보호(거래안전의 보호) 필요성이 적은 경우에는 본인을 보호하기 위하여 본인은 대리권남용을 이유로 대리행위의 무효를 주장할 수 있다. 본인은 대리행위로 인한 이익을 향유하지 못했다는 점에서, 본인의 불이익을 전제로 상대방이 보호되기 때문이다. 결국 대리권남용이 무효인 대리행위가 되는지의 여부는 상대방의 보호필요성의 정도가 중요한 기준이 된다. 그 판단기준으로 제107조 제1항 단서 유추적용설과 신의칙설이 있다.

그리고 판례에 따르면 본인이 대리행위로 인한 계약책임 외에 표현대리책임을 부담하는 때에도 대리권남용의 주장을 할 수 있다.

2. 판례 및 학설의 평가

상대방 보호의 판단기준에 대해서 판례는 제107조 제1항 단서의 유추적용설을 취한다. 대리인의 진의는 사익도모였으나 현명을 통하여 본인을 위한 것으로 표시하며 대리행위를 했다는 점에서 대리인의 의사와 표시의 불일치가 있는 것으로 본다. 이에 따르면 상대방이 대리인의 진의가 사익도모였음을 알았거나 알 수 있었다면 대리행위의 효과가 본인에게 귀속되지 않는다. 그 근거는 남용된 대리행위가 무권대리행위이기 때문이 아니라 비진의 의사표시에 관한 제107조 제1항 단서를 유추적용한 결과에서 찾는다. 사익도모의 의사(의도)의 인식가능성은 표의자인 대리인과 상대방 사이에 있었던 의사표시 형성 과정과 그 내용 및 그로 인하여 나타나는 효과 등을 객관적인 사정에 따라 합리적으로 판단해야 한다(대판 2001.1.19, 2000다20694; 대판 1999.1.15, 98다39602; 대판 1987.7.7, 86다카1004 등).

대표권남용의 문제에 있어서도 판례는 주로 제107조 제1항 단서 유추적용설의 입장을 취한다(대판 2005.7.28, 2005다3649; 대판 1990.3.13, 89다카24360; 대판 1993.6.25, 93다13391 등). 예외적으로 신의칙설을 취한 경우도 있다(대판 1987.10. 13, 86다카1522).3)

학설로는 상대방이 악의(견해에 따라 중과실이 있는 경우까지 포함하기도 한다)인 경우에는 무효라고 보는 신의칙설(권리남용설)이 있다. 이 설에 따르면 남용된 대리행위도 원칙적으로는 유효하지만 상대방이 대리인의 사익도모의사(의도)를 알고(악의) 있었을 때 상대방이 본인에게 대리행위의 효력을 주장하는 것은 권리남용에 해당되어 대리행위의 효과를 부정하게 된다. 신의칙설은 판례의 입장(제107조 제1항 단서 적용설)에 비하여 본인의 보호보다는 상대방의 보호를 강조한다. 이 외에도 대리권은 내재적으로 '본인 이익을 위해서 행사되어야 한다'는 한계가 있음을 전제로, 대리인이 사익을 도모한 대리행위임을 상대방이 정당한 이유 없이 몰랐다면 그러한 대리행위는 처음부터 대리권이 없이 이루어진 것으로 무권대리가 된다는 대리권부인설(무권대리설, 대리권부인설)이 있다.

위 견해들은 상대방이 대리권 남용사실을 경과실로 몰랐던 경우에는 다른 결론에 도달한다. 판례에 따르면 대리행위는 유권대리행위이지만 의사의 흠결로 인하여 본인에게 그 효과가 귀속되지 않는다. 신의칙설에 따를 때 대리행위가 유효가 되고, 대리권부인설에 의하면 무권대리가 된다. 대리인이 사익도모의 목적으로 한 대리행위로 발생한 불이익을 본인과 상대방 중에서 누구에게 귀속시킬 것인지를 판단해 볼 때, 대리인의 사익도모의사를 몰랐던 것에 과실 있는 상대방보다는 본인의 보호가 우선되어야 한다.

생각건대 이때에는 대리권을 남용할 수 있는 사람을 대리인으로 선임했던 본인에 대한 비난의 정도보다는 상대방이 법률행위 당시 대리인의 대리권 남용여부를 확인하지 않았음에 대한 비난이 더 크다는 점에서 결론에 있어서 대리행위의 효력을 부인하는 판례의 견해가 타당하다. 다만 그 논거를 제107조 제1항 단서의 유추적용에 의할 수는 없을 것이다. 제107조는 이미 의사와 표시의 불일치를 전제로 하는데, 여기서는 대리행위자에게 사익도모의 목적을 갖고 있었지만 법적 효과는 여전히 본인에게 귀속시킬 의사가 인정되고 그 의사에 따른 표시행위가 있었으므로 의사와 표시의 불일치가 없기 때문이다. 상대방이 대리행위자의 사익도모의 의사(배임적 의도)를 알았거나 알 수 있었을 때에는 무효가 되는데 그 법적 근거를 제107조 제1항 유추적용에서 찾을 것이 아니라, 상대방이 대리행위의 효력발생을 주장하는 것은 신의칙에 위반되는 것으로 보아야 한다. 구체적으로 판례가 신의칙설(권리남용설)과 다른 점은 상대방이 악의일 때뿐만 아니라 과실이 있는 경우에도 대리행위의 효과를 본인에게 주장하지 못한다는 점에 있다.

---

3) 이 판결에서 대법원은 주식회사의 대표이사가 그 대표권의 범위 내에서 한 행위는 설사 대표이사가 회사의 영리목적과 관계 없이 자기 또는 제3자의 이익을 도모할 목적으로 그 권한을 남용한 것이라 할지라도 일응 회사의 행위로서 유효하고 다만 그 행위의 상대방이 그와 같은 정을 알았던 경우에는 그로 인하여 취득한 권리를 회사에 대하여 주장하는 것이 신의칙에 반하므로 회사는 상대방의 악의를 증명하여 그 행위의 효과를 부인할 수 있을 뿐이라고 판시했다.

대리권 남용으로 대리행위가 무효가 된 경우 관련된 법리

이미 급부한 것이 있으면 이는 부당이득으로 반환해야 하며, 상대방은 대리행위자에게 불법행위 책임을 물을 수 있다. 또한 대리인이 본인과 사용관계가 있는 경우 본인에게는 사용자책임($\substack{제756 \\ 조}$)을 물을 수 있다. 다만 상대방이 대리인의 대리행위가 사무집행에 해당하지 않는다는 사실을 알았거나 중대한 과실로 알지 못한 경우에는 책임이 감면된다.

사례 6 A은행의 당좌담당대리 甲은 예금의 형식으로 사채를 모아 乙에게 사업자금을 마련해 주려고 丙 등으로부터 예금을 받았다. 그런데 이러한 예금에는 특이한 사정이 있다. 통장양식은 A은행의 정규양식에 따른 것이었지만 입출내역을 정상적인 방법인 컴퓨터에 의한 기계식통장으로 하지 아니하고 수기하였다. 또한 정규예금금리보다 훨씬 많은 이자를 약속하고 이를 중개인 C를 통해 지급해 왔다. 이러한 형태의 예금임을 표기하기 위해 입금할 때에는 반드시 C가 알려준 암호대로 "3개월 만기의 통장식정기예금을 하러 왔다"고 말하여 신호를 하면서 거래해 왔다. 한편 甲은 A은행의 지점장 B의 대리인으로서 당좌담당대리여서 예금업무에 관하여 A은행을 대리할 권한이 없었다. 丙이 A은행에게 예금계약에 따른 원금지급을 청구할 때 그 인용 여부를 검토하시오.

(대판 1987.7.7, 86다카1004 참조)

해설 6 丙의 A은행에 대한 청구는 인용되지 않는다.

핵심 논지는 다음과 같다.

1) 표현대리의 성립

이 예금계약이 지점장 B의 대리인인 甲과 예금고객인 丙 사이에 이루어졌고 또 甲이 당좌담당 대리여서 예금업무에 관하여는 A은행을 대리할 권한이 없다고 하더라도 원고인 C로서는 甲에게 그와 같은 권한이 있는 것으로 믿는 데에 정당한 이유가 있다고 보이므로 위 예금계약은 일단 A은행에게 그 효력이 있다.

2) A은행의 대리권남용 항변

甲이 한 대리행위가 본인인 A은행의 의사나 이익에 반하여 예금의 형식을 빌어 사채를 끌어 모아 위 乙의 사업자금을 마련함으로써 자기와 乙의 이익을 도모하려 한 것이고 丙이 甲의 예금계약의사가 진의 아님을 알았거나 이를 알 수 있었다면 甲이 한 이 사건 예금계약은 A은행의 대리행위로 성립할 수 없으므로 A은행은 이에 대하여 아무런 책임이 없게 된다.

주어진 사실관계를 고려할 때, 예금자인 丙으로서는 甲의 표시의사가 진의가 아닌 것을 알았거나 중대한 과실로 이를 알 수 없었다고는 할 수 없을지라도 적어도 통상의 주의만 기울였더라면 이를 알 수 있었을 것이라고 인정하기에 어렵지 않다고 보는 것이 이 사건 예금계약의 형성과정과 내용 및 그로 인하여 나타나는 효과 등에 비추어 합리적이라고 보아야 할 것이다(선의이나 과실이 있다고 판단됨).

3) 결론

따라서 원고인 丙으로서는 A은행에 대하여 甲의 사용자임을 이유로 그의 불법행위를 원인으로 한 책임을 묻는 것은 별론으로 하고, 정당한 예금계약이 성립되었음을 전제로 하는 예금반환청구는 할 수 없다(그런데 이 사안의 경우 주어진 사실관계를 보면 丙이 甲의 대리권 있음을 믿을 만한 정당한 사유가 없음을 이유로 표현대리책임을 부정하는 것이 더 합리적으로 보인다).

3. 대리권남용법리의 적용범위

(1) 법정대리에도 대리권남용법리가 적용되는지 여부

법정대리에도 대리권남용법리가 적용된다. 법정대리인인 친권자의 대리행위가 객관적으로 미성년자 본인에게 경제적인 손실만을 초래하는 반면, 친권자나 제3자에게는 경제적인 이익을 가져오는 행위이고, 그 행위의 상대방이 이러한 사실을 알았거나 알 수 있었을 때에는 제107조 제1항 단서의 유추적용을 통하여 그 행위의 효과는 미성년인 자녀에게 미치지 않는다(대판 2018. 4.26, 2016다3201).

(2) 대리권 남용시 대리행위자의 책임

본인은 대리권을 남용한 자에 대해서 원인된 법률관계에서 발생한 채무의 불이행책임(예컨대 위임계약상 채무불이행책임) 또는 불법행위책임($\frac{제750}{조}$)을 물을 수 있다.

상대방은 대리행위자에게 불법행위책임($\frac{제750}{조}$)을 물을 수 있다. 그 이외에 제135조의 무권대리인으로서의 책임을 인정할 것인지가 검토되어야 한다. 판례에 따르면 대리권남용법리가 적용되면 제107조 제1항 단서를 유추적용하여 그 대리행위는 무권대리행위가 아니라 '무효'라고 판단하기 때문에 대리행위자는 무권대리인의 지위에서 부담하는 책임($\frac{제135}{조}$)을 지지 않는다. 그러나 대리권 남용으로 대리권이 부정된다는 대리권부인설에 따르면 무권대리행위가 되기 때문에 상대방은 대리행위자에게 제135조의 책임을 물을 수 있다.

(3) 대리권 남용시 표현대리의 성립 여부

대리권 남용으로 무권대리행위가 되고 무권대리행위는 무효라는 무권대리설과 남용된 대리행위는 대리권의 존부와 관계없이 대리인이 행한 법률행위 자체가 무효가 된다는 판례의 견해에 따라 표현대리의 성립 여부에 대한 결론이 달라진다. 예컨대 상대방이 대리인의 사익도모의 사를 알 수 있어서 본인에게 대리행위의 효력이 발생하지 않는 경우 무권대리설에 따르면 표현대리가 성립될 수 있지만, 판례의 견해에 따르면 표현대리가 성립될 수 없다. 판례의 논리에 따르면 남용된 대리행위에도 대리권이 존재하므로 제125조 및 제129조의 표현대리규정이 적용될 수 없다. 또한 사익도모의 의도가 있었지만 여전히 대리권의 범위 내에서 한 대리행위인 경우에는 제126조의 표현대리도 성립할 수 없다고 할 것이다.

(4) 표현대리에도 대리권남용법리가 적용되는지 여부(사익을 도모한 표현대리)

통상적으로 대리권남용은 대리권 범위 내에서 사익도모를 한 경우이지만, 표현대리행위에 해당되는 동시에 사익도모를 한 경우4)에도 대리권남용의 법리가 그대로 적용될 수 있는지가

---

4) 위 (3)은 대리권남용법리로 본인이 책임을 부담하지 않게 될 때 상대방이 표현대리의 법리를 주장할 수 있는지의 여부가 문제된 것인 반면, 이 경우는 먼저 표현대리책임이 성립된 경우에 그 표현대리행위가 대리권남용으로 무효가

문제된다.[5] 예컨대 대리권의 범위를 넘는 대리행위시 상대방에게 대리권 있음을 믿을 만한 정당한 사유가 인정되지만 사익도모를 알고 있었거나 과실로 모른 경우, 상대방이 본인에게 표현대리책임을 주장할 때, 본인은 대리권남용의 법리에 의하여 표현대리책임을 부정할 수 있는지가 문제된다. 판례는 제126조의 표현대리가 성립하는 경우에도 본인의 대리권 남용의 항변을 인정한다(대판 1987.7.7, 86다카1004 소위 '명성사건(상업은행 예금계약사기)'). 대리권남용의 판단 대상은 대리인의 사익도모의사(배임적 의도)인 반면, 표현대리의 성립을 위한 악의 또는 과실, 정당한 이유의 판단대상은 대리권의 존부에 대한 것이므로 양자의 판단기준은 다르다는 점에서 표현대리행위에 대리권남용의 법리가 적용될 수 있다.

사례 7 X건물의 임대에 대해서만 대리권이 있는 甲이 (대리권의 범위를 넘어) 자신의 이익을 도모하기 위하여 건물을 매도하는 대리행위를 했다. 그런데 상대방 乙은 甲에게 매매에 대한 대리권이 있다고 믿었고, 또 그렇게 믿은 것에 대해서 과실은 없었다. 하지만 乙은 甲이 자신의 이익을 도모하기 위해서 매매에 대한 대리행위를 하고 있음을 알고 있었다.
상대방 乙이 본인인 A에게 건물의 인도 및 소유권이전등기의무의 이행을 청구할 때 그 청구가 인용될 수 있는지, 본인인 A의 주장 내용까지 고려하여 검토해 보시오.

| 해설 7 | 인용되지 않는다.
매매에 대한 대리권이 없음을 이유로 본인 A는 무권대리행위임을 주장할 것이다. 이에 대해서 상대방 乙은 제126조의 표현대리의 요건이 구비되었음을 증명하여 표현대리 책임을 주장할 수 있다.
이때 본인 A는 제126조의 표현대리책임의 요건이 구비되었더라도 대리권의 남용이 있었고 이를 상대방이 알고 있었음을 이유로 표현대리책임이 배제된다는 항변을 할 수 있을지가 중요한 쟁점이 될 것이다. 판례는 표현대리에도 대리권남용의 항변을 인정한다(대판 1987.7.7, 86다카1004 소위 '명성사건(상업은행 예금계약사기)').
이 사안에서는 상대방이 매매에 대한 대리권 없음에 대해서는 선의 · 무과실(대리권이 있다고 믿을 만한 정당한 사유가 있음)이지만, 사익도모사실은 알고 있었던 경우의 법적 처리가 문제된다.
매매의 대리행위가 표현대리가 되는지의 문제와 대리권의 남용문제는 별도로 판단되어야 한다. 제126조의 표현대리에서 상대방의 선의 · 무과실(정당한 이유)은 대리권의 객관적 유월 여부에 대한 것임에 반하여, 대리권남용에서 상대방의 선의 · 무과실은 대리행위자의 사익도모 여부에 대한 것이어서 양자의 판단대상이 다르기 때문이다.

1) 본인 A의 무권대리 주장
사안에서 임대에 대한 대리권만 있고 매도대리권이 없는 경우 상대방인 乙의 이행청구에 대해서 본인 A는 甲의 대리행위가 무권대리임을 주장(乙의 청구원인사실에 대한 부인)할 수 있다.

됨을 주장할 수 있는지가 문제된 것이므로 양자는 다른 사실관계를 전제로 한다. 요컨대 (3)은 대리권남용으로 무효가 될 때 표현대리책임을 물을 수 있는지를 다루지만 여기서는 먼저 표현대리가 성립되는 경우 대리권남용의 법리를 적용할 수 있는지를 다룬다.
5) 소송에서 당사자는 (i) 상대방의 대리 효과발생 주장, (ii) 본인의 무권대리 주장, (iii) 상대방의 표현대리 주장, (iv) 본인의 대리권남용으로 인해 책임이 발생하지 않았다는 주장을 서로 할 것이다.

2) 상대방 乙의 표현대리 주장

사안에서는 대리권 있음에 대한 신뢰에 정당한 이유가 있었다고 주어져 있으므로 A에게 표현대리책임을 주장할 수 있다.

3) 본인 甲의 대리권 남용의 주장

판례에 따르면 표현대리가 성립하는 경우에도 대리권 남용의 주장은 인정된다(대판 1987.7.7, 86다카 1004, 소위 '명성사건(상업은행 예금)' 계약사기)').

따라서 표현대리가 성립하더라도 그 대리행위의 효과는 사익을 도모하기 위한 것이었고 상대방은 그 사실을 알고 있었다면 본인에게 대리의 효과 발생이 인정되지 않는다. (이와는 달리 대리권 남용에 대해서 상대방이 선의·무과실이었다면 대리행위의 효과가 발생하고 결국에는 본인에게 대리의 효과가 발생한다고 해야 할 것이다)

심화학습

상대방은 표현대리책임을 물을 수 있음에도 불구하고 대리행위자에게 무권대리인으로서의 책임(제135조)을 물을 수 있는가?

상대방이 대리인의 사익도모의사에 대해서 선의·무과실이어서 유권대리행위가 되면 상대방은 표현대리의 성립을 다툴 필요가 없다. 그러나 대리행위가 대리권남용으로 무효가 되었을 때, 본인에게 표현대리책임을 물을 수 있음에도 불구하고 대리인에게 무권대리인으로서의 책임을 물을 수 있는지에 대해서 논의가 있다.

생각건대 대리권남용으로 본인에게 대리행위의 효과가 귀속되지 않는 경우 상대방은 대리행위자에게도 무권대리인으로서 책임을 물을 수 없다. 다만 불법행위책임은 물을 수 있다고 본다. 판례에 따를 때 대리권남용으로 본인에게 법률효과가 귀속되지 않는 이유로 대리인의 법률행위는 '무효'가 될 뿐(제107조 제1항 단서 유추적용설), 남용된 대리행위에 대리권이 없으므로 무권대리가 되는 것은 아니기 때문이다. 또한 통설은 표현대리는 광의의 무권대리에 속하는 것으로서 표현대리에는 원칙적으로 무권대리에 관한 규정이 적용되나, 무권대리의 상대방의 책임규정(제135조)만은 적용되지 않는다고 본다(곽윤직, 김상용, 김준호, 백태승, 송덕수, 지원림). 이러한 통설의 논거는 이미 상대방은 표현대리가 성립함으로써 본인을 상대로 얻고자 했던 효과를 얻을 수 있음에도 불구하고 추가적으로 무권대리인에게도 책임을 물을 수 있게 한다면 이는 상대방을 과도하게 보호하는 것이므로 부당하다는 점에서 찾는다.

한편 대리행위가 표현대리로 인정되어 본인에게 계약상 책임이 인정될 상황에서 그 표현대리행위는 대리권 남용된 것이라는 본인의 주장이 인용된다면, 상대방은 대리권을 남용하여 대리행위를 한 자에게 제135조의 책임을 추궁할 수 있는지도 검토되어야 한다. 생각건대 표현대리행위를 남용한 대리행위자는 상대방에 대하여 제135조의 책임을 부담하는 것이 타당하다. 표현대리에 제135조의 적용을 배제하는 통설의 논거, 즉 '계약상 책임이 인정됨에도 불구하고 대리인에게도 제135조의 책임을 추궁할 수 있는' 과도한 상대방의 보호에 해당하지 않을 뿐만 아니라, 상대방의 보호필요성은 무권대리행위의 경우와 다르지 않기 때문이다. 대리행위의 효과를 본인측에게 주장할 수 없게 된 상대방은 권한을 남용한 대리행위자에게 제135조를 유추적용하여 그 책임을 부담시키더라도 대리행위자에게 불이익을 주는 것은 아니기 때문이다(이와는 달리 제135조 제2항의 요건상 표현대리행위를 남용하여 사익을 도모한 대리행위자에게 제135조의 책임을 물을 수 없다는 주장도 가능할 것이다. 제135조의 책임은 '대리권 없음'에 대하여 상대방의 선의·무과실을 요구하므로 대리권이 없는 대리권 없음을 전제로 하고 있다고 해야 할 것이기 때문이다. 그러나 본 규정의 입법취지는 대리행위의 효과가 본인에게 귀속되지 못하는 경우 상대방의 보호를 위하여 대리행위자에게라도 그 이행책임 등을 물을 수 있도록 하려는 데 있다. 표현대리행위가 남용된 경우에도 상대방 보호의 필요성은 여전히 존재한다고 할 것이므로 제135조를 유추적용할 수 있다고 할 것이다).

Ⅶ. 대리권의 소멸

1. 공통한 소멸원인(제127조)

(1) 본인의 사망

본인이 사망하면 원칙적으로 대리권이 당연 소멸하므로 상속인을 위해서 대리할 수 없다. 예외적으로 '특약'이 있거나(이견 있음), '긴박한 사정'이 있는 경우(제691조 유추적용)에는 상속인을 위해서 대리권이 존속할 수 있다. 또한 상행위의 위임에 의한 대리권은 본인의 사망에도 불구하고 그 상속인과 대리인 사이에 여전히 대리관계가 존속하며(상법 제50조), 소송대리권도 본인의 사망에 의하여 소멸하지 않는다(민사소송법 제95조).

(2) 대리인의 사망, 대리인의 성년후견 개시 또는 파산

(가) 대리인 사망시 원칙상 대리권이 당연히 소멸하므로 대리인의 지위가 상속되지 않는다. 다만, 예외적으로 긴급한 경우 대리권의 존속을 긍정하는 것이 다수설이다(제691조).

(나) 피성년후견인과 파산자도 대리인이 될 수 있지만, 대리인이 된 후 성년후견의 개시심판 또는 파산선고를 받으면 대리권은 소멸된다.

(다) 대리인의 한정후견개시는 여기에 포함되지 않는다.

2. 임의대리에 특유한 소멸원인

(1) 원인된 법률관계의 종료(제128조 전단)

임의대리는 그 원인된 법률관계의 종료에 의하여 소멸한다. 즉 원인된 법률관계인 위임, 고용 등이 종료하면 대리권이 소멸하는 것이다. 다만 이는 임의규정이므로 약정에 의해 배제할 수 있다.

(2) 수권행위의 철회(제128조 후단)

임의대리권은 법률관계가 종료되기 전이라도 본인이 수권행위를 철회한 경우에는 종료한다.

이때 철회의 의사표시는 대리인이나 상대방 중 누구에게든 할 수 있다(통설). 이 또한 임의규정에 해당한다.

(3) 수권행위의 무효, 취소

수권행위도 의사표시이므로 그에 무효나 취소사유가 존재하는 경우에는 그에 의하여 수권행위가 소멸할 수 있다.

(4) 기초적 내부관계가 무효, 취소된 경우

기초적 내부관계가 무효, 취소된 경우 수권행위도 소멸하는가에 대해서는 유인론, 무인론, 절충설(수권행위 이분설)의 견해가 대립하고 있다.

(5) 본인의 파산

본인의 파산으로 대리권이 소멸하는지에 관하여는 민법에 규정되어 있지 않고, 해석상 견해가 나뉜다. 다만 위임이 기초적 내부관계인 경우 본인의 파산에 의해 위임은 종료하므로 ($\binom{제690조}{1문}$), 원인된 법률관계의 종료로 대리권이 소멸한다($\binom{제128}{조}$). 이때 본인이 본인의 파산을 통지하지 않거나 상대방이 이를 몰랐다면 위임종료를 상대방에게 대항할 수 없지만($\binom{제692}{조}$), 이때에도 대리권은 소멸한다고 할 것이다. 위임종료의 대항요건($\binom{제692}{조}$)은 위임계약의 종료로 위임인과 수임인 간의 법률관계를 조정하는 것을 목적으로 하는 규정이기 때문이다.

3. 법정대리에 특유한 소멸원인

법정대리에 특유한 소멸원인으로는 친권자가 친권상실 또는 대리권·재산관리권의 상실선고를 받거나 법원의 개임이 있는 경우($\binom{제23조,}{제1023조}$) 법원의 허가를 얻어 대리권과 재산관리권을 사퇴한 경우($\binom{제924조, 제925}{조, 제927조}$), 후견인이 법원의 허가를 얻어 사임하는 경우($\binom{제939}{조}$) 등을 들 수 있다. 이외에도 법정대리권의 발생원인이 소멸하는 경우, 예컨대 미성년자가 성년이 되거나 성년후견 또는 한정후견종료의 심판이 있는 때에는($\binom{제11조,}{제14조}$) 법정대리권이 소멸한다.

제3절 대리행위(대리인 · 상대방 사이의 관계)

I. 현명주의의 원칙(제114조): 대리의사의 표시

1. 의 의
2. 현명의 본질
3. 현명의 방법
   (1) 현명의 표시방법
   (2) 현명의 시기

4. 현명주의의 적용범위
   (1) 능동대리에만 적용됨(제114조 제2항)
   (2) 현명주의의 예외
5. 현명주의에 위반한 행위의 효력(제115조)
6. 명의모용의 법률관계

1. 의 의

제114조는 대리인이 그 권한 내에서 본인을 위한 것임을 표시한 의사표시는 직접 본인에 대하여 효력이 생긴다고 규정한다. 제114조는 "본인을 위한 것임을 표시"한 의사표시라고 하고 있는데 이는 법률효과를 본인에게 귀속시키려는 의사를 의미하는 것이지, "본인의 이익을 위하여"라는 것을 의미하는 것이 아니다. 따라서 본인의 이름을 표시하여 현명한 것으로 인정되면, 대리인 또는 제3자의 이익을 위한 대리권 남용행위도 원칙적으로 대리행위로서 유효하다. 다만 일정한 경우에 대리권 남용이론에 의하여 법률효과가 본인에게 귀속되지 않을 수 있을 뿐이다.

상 법 상법의 비현명주의

상법은 상행위의 특성을 감안하여 비현명주의가 원칙임을 규정하고 있다(상법 제48조 본문).

2. 현명의 본질

대리인이 상대방에게 하는 대리의 현명은 의사표시인지 의사의 통지인지, 그 의사는 무엇을 나타내는지에 대하여 견해가 대립한다. 즉 (i) 현명은 대리적 효과의사의 표시가 아니며 그 본질은 의사의 통지(또는 관념의 통지)라는 의사통지설과 (ii) 대리행위의 효과가 본인에게 발생하는 근거는 대리인의 대리적 효과의사이며 현명은 이 대리적 효과의사를 상대방에게 표시하는 의사표시라는 대리의사설이 대립하고 있다. 의사통지설은 현명이란 '그 행위의 주체가 본인이라는 사실을 알리는 것'이며 '그 행위의 법률효과를 본인에게 귀속시키려는 대리의사의 표시'와 다르다고 한다. 이에 반하여 대리의사설은 법률효과가 직접 본인에게 귀속한다는 대리의 효과는 대리인의 의사표시에 기하여 주어진다고 본다.

3. 현명의 방법

(1) 현명의 표시방법

사례 8   乙은 A회사에 약속어음을 발행하였다. A회사는 甲에게 이 어음을 배서양도함에 있어 "A회사 이사 B"라는 명판과 인장만을 날인하였고 대표이사의 표시나 기명날인이 없었다. 甲은 지급기일에 乙에 대하여 약속어음을 제시하였으나 배서불비(법인의 어음행위는 대표기관에 의해서만 실현될 수 있다)라는 이유로 지급거절되었고 乙은 배서의 연속이 없다고 주장하고 있다. 乙의 주장은 타당한가?   (대판 1973.12.26, 73다1436 참조)

│ 해설 8 │ 乙의 주장은 타당하지 않다. 어음에 대표이사가 아닌 이사 B라고 배서되었더라도 본인을 위하여 어음행위를 한다는 것을 인식할 수 있으므로, 어음행위상 배서의 연속이 인정된다.

원심은 법인의 어음행위는 대표기관에 의하여서만 실현할 수 있는 것이므로 법인이 어음행위를 함에 있어서 이 점을 어음상 명확하게 하기 위하여 대표기관이 법인을 위하여 하는 것이라는 취지, 즉 대표자격이 있다는 것을 표시하고 그 사람이 기명날인하여야 한다고 전제하여 A회사의 어음배서는 무효라고 하였다.

그러나 이에 대해 대법원은 법인이 어음행위를 하려면 대표기관이 그 법인을 위하여 하는 것임을 표시하고 자기 성명을 기재하여야 하는 것은 대표기관 자신이 직접 어음행위를 하는 경우이고 대리인이 어음행위를 하려면 어음상에 대리관계를 표시하여야 하는바, 그 표시방법에 대하여 특별한 규정이 없으므로 어음상에 대리인 자신을 위한 어음행위가 아니고 본인을 위하여 어음행위를 한다는 취지를 인식할 수 있을 정도의 표시가 있으면 된다고 하고, 또 배서의 연속이란 그 배서가 형식적으로 연속되어 있으면 실질적으로는 연속되어 있지 아니하더라도 배서의 연속이 있는 어음이라 하여 이사 B가 진정한 대리인인지의 여부에 불구하고 피배서인인 갑은 배서의 연속이 있는 어음의 적법한 소지인으로서의 추정을 받는다고 하여 원심을 파기환송하였다.

사례 9   보험계약자인 甲과 보험모집원인 A가 피보험자인 B가 참석한 자리에서 보험계약을 체결하였다. 그 당시 B는 A로부터 보험계약의 내용을 설명받고 이에 명시적으로 동의한 이후 자신은 글을 잘 모른다고 하면서 보험계약자인 甲에게 보험청약서의 피보험자 자필서명란에 자신을 대행하여 서명하도록 요청하였고, 이에 따라 甲이 그 자리에서 B를 대행하여 보험청약서의 피보험자 자필서명란에 B의 이름을 기재하였다. 보험계약은 유효한가? (대판 2006.12.21, 2006다69141 참조)

│ 해설 9 │ 적법한 대리인에 의한 유효한 보험계약이다.

타인의 사망을 보험사고로 하는 보험계약에 있어 피보험자 타인의 동의는 각 보험계약에 대하여 개별적으로 서면에 의하여 이루어져야 하고 포괄적인 동의 또는 묵시적이거나 추정적 동의만으로는 부족하나, 피보험자인 타인의 서면동의가 그 타인이 보험청약서에 자필 서명하는 것만을 의미하지는 않으므로 피보험자인 타인이 참석한 자리에서 보험계약을 체결하면서 보험계약자나 보험모집인이 타인에게 보험계약의 내용을 설명한 후 타인으로부터 명시적으로 권한을 수여받아 보험청약서에 타인의 서명을 대행하는 경우와 같이, 타인으로부터 특정한 보험계약에 관하여 서면동의를 할 권한을 구체적 · 개별적으로 수여받았음이 분명한 사람이 권한 범위 내에서 타인을 대리 또는 대행하여 서면동의를 한 경우에도 그 타인의 서면동의는 적법한 대리인에 의하여 유효하게 이루어진 것이다.

(가) 현명의 정도

현명은 대리인이 표의자로서 상대방에 대하여 대리의사와 본인의 성명을 표시하는 것이 원칙이다. 다만 본인이 특정되어 표시되지 않아도(예컨대 본인의 이름을 명시하지 않은 경우에도) 현명이 될 수 있다. 즉 대리인을 위한 것이 아니라 타인을 위한 것이라는 것만 표시하면 족하다(타인성설)(제115조 단서 참조). 어음행위의 대리에 있어서 현명은 어음상에 대리인 자신을 위한 어음행위가 아니라 본인을 위하여 어음행위를 한다는 취지를 인식할 수 있을 정도의 표시가 있으면 대리관계의 표시로 볼 수 있다(대판 1973.12. 26, 73다1436). 또한 조합의 경우에는 법인격 없는 조합 자체가 본인이 될 수는 없기 때문에 조합대리에는 본인에 해당하는 모든 조합원을 위한 것임을 표시해야 하나, 조합원 전원의 성명을 제시할 필요는 없고 상대방이 알 수 있을 정도로 조합을 표시하는 것으로 충분하다(대판 2009.1.30, 2008다79340).

한편 매매위임장을 제시하고 매매계약을 체결하는 자는 원칙적으로 소유자를 대리하여 매매하는 것이라 보아야 하고, 매매계약서에 대리관계의 표시없이 매도인란에 대리인의 이름을 기재하는 경우에도, 그것만으로 자신이 매도인으로서 타인물건을 매매한 것이라고 볼 수는 없다(대판 1982.5.25, 81다1349; 대판 1988.12.13, 81다카1209).

반대로 수권행위가 있는 이상 대리인이 대리관계를 표시함이 없이 마치 본인인 양 행세하면서 본인의 이름만 기재하여 계약을 체결한 소위 '서명대리'의 경우에도 대리인의 권한범위 안에서 한 것인 이상 그 효력은 본인에게 미친다(대판 1987.6.23, 86다카1411). 결국 법률행위 해석을 통하여 당사자를 확정하게 된다. 행위자가 법률행위의 당사자가 되는 예외적인 경우를 제외하고는 통상적으로 명의자가 당사자가 되는데, 이때 행위자와 명의자와의 관계는 대리관계로 이해된다(자세히는 아래 제7절 타인명의 법률행위 참조).

(나) 요식행위 여부

현명은 비요식행위이므로 방식에 제한이 없으므로 반드시 위임장을 제시할 필요도 없다. 표시방법으로서는 명시적 · 묵시적 표시, 구두, 서면 기타 다른 어떤 방법이라도 무방하다. 예컨대 甲의 대리인 乙이라는 형식이 가장 전형적일 것이지만, 甲의 영업소장 乙(대판 1968.3. 5, 67다2297), 건물소유자의 대리인 乙 등으로도 가능하다.

(2) 현명의 시기

현명의 표시는 계약 체결시에 해야 한다. 다만 거래관행상으로는 대리인과 상대방의 계약교섭시에 현명이 이미 행해진다.

4. 현명주의의 적용범위

(1) 능동대리에만 적용됨(제114조 제2항)

수동대리에는 상대방이 대리인에게 본인에 대한 의사표시임을 표시해야 하기 때문에 제115조가 적용되지 않는다. 따라서 본인에 대한 의사표시임을 상대방이 표시하지 않고 대리인에게 의사표시를 한 경우에는 의사표시 해석의 문제이며, 만일 대리인이 의사표시의 상대방이 되는 경우에는 표의자는 착오를 이유로 법률행위의 취소를 주장할 수 있다.

(2) 현명주의의 예외

상법은 상행위에 관하여 현명의 원칙을 채용하지 않는다(상법 제48조). 그런데 상행위가 아닌 민사거래에 있어서도 개인을 중시하지 않는 거래 유형에는 현명주의의 예외를 인정할 것인지에 관해 논의가 있다. 대리인 개인을 중시하지 않는 거래, 예를 들어 특정의 영업주를 상대로 한 거래나 행위의 상대방의 개별성에 중점을 두지 않는 거래 등에 있어서는 현명주의의 예외를 인정하여야 한다는 긍정설과 명문의 규정이 없는 민법의 해석상 이러한 예외를 인정하는 것은 무리이며 이러한 경우에는 '대리의사의 표시'가 있다고 하여야 할 경우가 많으므로 이러한 예외를 인정할 실익이 없다는 것을 논거로 민사상의 대리관계에 현명을 하지 않는 대리를 인정해서는 안 된다는 부정설이 대립한다.

5. 현명주의에 위반한 행위의 효력(제115조)

대리인이 본인을 위한 것임을 표시하지 않고 의사표시를 한 경우에는 대리인 자신을 위한 것으로 간주한다(제115조 본문). 즉 현명주의에 위반한 행위는 대리인을 위한 행위로 의제하고 제109조의 적용을 배제하는 것이다(통설). 이와 같은 점에서 현명은 대리행위의 유효요건이기 전에 대리행위의 성립요건이라고 할 것이다. 대리인이 대리의사를 갖고서도 현명하지 아니한 법률행위는, 거래의 안전과 상대방 보호를 위하여 확정적으로 대리인 자신을 위한 법률행위로 간주되므로, 대리인의 착오를 이유로 한 취소권은 배제되며, 본인이나 상대방도 대리행위로서의 효과를 주장할 수 없다(본문 적용). 그러나 보호할 필요가 없는 악의 · 과실 있는 상대방에 대하여는 대리행위가 성립한다(제115조 단서 적용).

> **사례 10** 甲은 채권의 양수인이며, 양도인 A로부터 채권양도통지 권한을 위임받아 채무자 乙에게 내용증명우편으로 채권양도통지서를 발송하였다. 채권양도통지서에는 A를 위한 것임이 표시되어 있지 않은 채 통지대리인인 甲 명의로 되어 있으며, 묵시적 현명을 인정할 만한 아무런 사정

제1편
제2편
제3편
제4편
제5편
제6편
제7편
제8편
제9편

계약의 성립

도 찾아볼 수 없었다. 다만 채권양도통지서 자체에는 양수받은 채권의 내용이 밝혀져 있는 외에 A와 甲 사이의 '채권양도양수계약서'가 위 통지서에 별도의 문서로 첨부되어 있었다. 이러한 채권 양도통지는 유효한가? (대판 2004.2.13, 2003다43490 참조)

│해설 10│ 채권양도의 통지 상대방인 乙은 甲이 본인인 A를 위하여 한 채권양도통지임을 알 수 있었으므로, 위 채권양도통지는 유효하다.

1) 제450조에 의한 채권양도통지는 양도인이 직접하지 아니하고 사자를 통하여 하거나 대리인으로 하여금 하게 하여도 무방하고, 채권의 양수인도 양도인으로부터 채권양도통지 권한을 위임받아 대리인으로서 그 통지를 할 수 있다.

2) 그리고 채권양도통지 권한을 위임받은 양수인이 양도인을 대리하여 채권양도통지를 함에 있어서는 제114조 제1항의 규정에 따라 양도인 본인과 대리인을 표시하여야 하는 것이므로, 양수인이 서면으로 채권양도통지를 함에 있어 대리관계의 현명을 하지 아니한 채 양수인 명의로 된 채권양도통지서를 채무자에게 발송하여 도달되었다 하더라도 이는 효력이 없다고 할 것이다. 다만 대리에 있어 본인을 위한 것임을 표시하는 이른바 현명은 반드시 명시적으로만 할 필요는 없고 묵시적으로도 할 수 있는 것이고, 나아가 채권양도통지를 함에 있어 현명을 하지 아니한 경우라도 채권양도통지를 둘러싼 여러 사정에 비추어 양수인이 대리인으로서 통지한 것임을 상대방이 알았거나 알 수 있었을 때에는 제115조 단서의 규정에 의하여 유효하다고 보아야 할 것이다.

3) 사안에서는, 채권양도통지는 원래 채권의 양도인이 하여야 하는 것이므로 채권양도통지 권한을 위임받은 양수인이 한 채권양도통지는 특별한 사정이 없는 한 양도인에게 그 효과를 귀속시키려는 대리의사가 있다고 보는 것이 상당하고, 채권양도통지서 자체에 양수받은 채권의 내용이 밝혀져 있는 외에 A와 甲 사이의 '채권양도양수계약서'가 위 통지서에 별도의 문서로 첨부되어 있으며, 乙로서는 A가 채권양도통지 권한을 甲에게 위임하였는지 여부를 비교적 용이하게 확인할 수 있는 상태였다고 보이는 점 등 그 통지와 관련된 여러 사정을 종합하면, 이 사건 채권양도통지의 상대방인 乙로서는 甲이 본인인 A를 위하여 이 사건 채권양도통지를 한 것임을 알 수 있었다고 봄이 상당하므로 제115조 단서에 따라 위 채권양도통지는 유효하다고 할 것이다.

사례 11 A는 甲에 대한 하도급 공사대금의 지급을 위하여 자신의 乙에 대한 채권을 甲에게 양도하였고, 甲이 乙에게 내용증명우편으로 위와 같은 채권양도의 통지를 하였다. 그런데 A는 甲의 요구에 의하여 채권양도증서를 작성하여 준 사실이 있으나, 그 채권양도통지 권한을 甲에게 위임하였다고까지 인정할 만한 사실은 존재하지 않는다. 甲의 채권양도통지는 유효한가?

(대판 2008.2.14, 2007다77569 참조)

│해설 11│ 甲의 채권양도통지는 유효하지 않다.

채권의 양수인이 양도인으로부터 채권양도통지 권한을 위임받아 대리인으로서 그 통지를 함에 있어서 그 통지가 채권의 양도인을 위한 것임을 표시하지 아니한 경우라도 채권양도통지를 둘러싼 여러 사정에 비추어 양수인이 대리인으로서 통지한 것임을 상대방이 알았거나 알 수 있었을 때에는 제115조 단서의 규정에 의하여 유효하게 되나, 이는 채권의 양수인이 양도인으로부터 채권양도통지 권한을 위임받아 그에 대한 대리권을 가지고 있음을 전제로 하는 것이다. 따라서 이 사건과 같이 채권양도통지 권한을 甲에게 위임하였다고 인정하기 어려운 경우에는 양수인의 채권양도통지가 유효하다고 보기 어렵다.

> **사례 12** 수급인 A회사는 도급인 乙조합의 대리인으로서 건물을 甲에게 분양하면서 현명을 하지 않았다. 그런데 A회사가 甲과 체결한 분양계약서에는 乙조합의 명칭이 전혀 나타나지 않았고, 甲은 A회사의 분양담당자라는 B와 이 사건 분양계약을 체결하면서 별도로 계약금을 납부한 바 없이 중도금 대출을 받아 A회사의 계좌로 이체하였는데 대출금통장을 A회사에서 보관하였고 대출이자도 A회사에서 납부하여 왔으며 분양계약의 체결 장소도 乙조합의 사무실이 아니라 A회사 사무실 또는 신한은행 창신동지점이었고, 계약체결 당시에 乙조합 관계자가 참여한 바도 없었다. 분양계약의 효력이 乙에게 미치는가? (대판 2008.5.15, 2007다14759 참조)
>
> **|해설 12|** 분양계약의 효력이 乙조합에게 미치지 않는다.
> 분양계약을 체결함에 있어서 A회사가 명시적 또는 묵시적으로 분양권자 본인(乙조합)을 표시하였다고 보기 어렵고, 당시의 여러 사정에 비추어 보더라도 甲으로서는 A회사가 乙조합의 대리인으로서 이 사건 건물을 분양한 것임을 알았거나 알 수 있었다고 보기 어렵다. 이와 같이 수급인이 도급인의 대리인으로서 건물을 분양하면서 대리관계의 현명을 하지 아니하였고 상대방도 수급인을 분양권자로 인식한 경우에는, 분양의 효력이 도급인에게 미치지 않는다.

6. 명의모용의 법률관계

(1) 행위자가 타인의 명의로 법률행위를 한 경우 그 법률적인 취급을 어떻게 할 것인지가 문제된다. 우선은 당사자 확정의 문제가 선행한다고 할 것이다. 즉 행위자와 명의자 중에 누구를 법률행위의 당사자로 볼 것인가의 문제이다. 예컨대 신용불량자인 A가 마치 자신이 B인 것처럼 하여 C은행과 대출계약을 체결하는 경우(계약서상의 명의자는 B, 행위자는 A인 경우) 대출계약의 당사자는 누구인가 하는 점이다.

(2) 당사자의 확정은 계약에 관여한 당사자[6]의 의사해석의 결과이다. 우선 행위자와 상대방의 의사가 일치한 경우에는 그 일치한 의사대로 행위자 또는 명의인을 계약당사자로 확정하여야 하고(자연적 해석), 행위자와 상대방의 의사가 일치하지 않는 경우에는 그 계약의 성질·내용·목적·체결경위 등 그 계약 체결 전후의 여러 사정을 토대로 상대방이 합리적인 사람이라면 행위자와 명의자 중 누구를 계약당사자로 이해할 것인지에 따라 결정할 것이다(규범적 해석) (대판 1998.3.13, 97다22089; 대판 2003.12.12, 2003다44059 등 참조).

(3) 의사해석을 통해 행위자가 당사자로 확정된 경우에는 명의자에게는 대리행위로 인한 법률관계가 발생하지 않는다. 그러나 명의자가 당사자로 확정된 경우에는 행위자에게 대리의사가 인정되고 대리권이 있는 한 유효한 대리행위로 볼 수 있다. 행위자와 계약당사자(효과귀속자)가 달라져 대리의 법리가 적용된다. 그런데 행위자의 행위에 명시적 현명이 없었던 경우이므로 행위자에게 묵시적 현명이 인정되거나(제114조제1항) 현명이 없다고 하더라도 대리행위의 상대방이 대리인으로 행위한 것임을 알았거나 알 수 있었어야 한다(제115조단서). 이는 대리행위의 성립요건이다. 나아가 대리행위가 유효하기 위해서는 행위자가 대리의사를 갖고 대리권의 범위내에서 대리행

---

6) 여기서 말하는 당사자는 행위자와 상대방인 경우가 대부분이나 행위자 대신 명의자인 경우도 있다.

위를 해야 한다. 행위자에게 대리권이 없으면 무권대리가 될 것이다. 한편 권한 없이 타인의 명의를 모용하여 법률행위를 하면서 마치 자신이 본인인 것처럼 법률행위를 한 경우에 제126조의 표현대리가 성립할 수 있는지가 문제될 수 있다. 특별한 사정이 없는 한 표현대리는 성립하지 않지만, 특별한 사정이 인정되면 제126조의 표현대리 법리를 유추적용할 수 있다. 특별한 사정이란 본인을 모용한 사람에게 본인을 대리할 기본대리권이 있었고, 상대방으로서는 위 모용자가 본인 자신으로서 본인의 권한을 행사하는 것으로 믿은 데 정당한 사유가 있었던 사정을 들 수 있다(대판 2002.6.28., 2001다49814).

Ⅱ. 대리행위의 하자(제116조 제1항)

1. 하자판단의 기준이 되는 사람과 하자의 효과의 귀속주체

(1) 원 칙

의사의 흠결, 대리행위의 하자에 관해서는 '대리인'을 표준으로 하여 하자의 유무를 결정하고 악의·과실 유무도 '대리인'을 기준으로 한다(제116조 제1항). 그러나 그 대리행위의 하자에서 생기는 효과(무효·취소)는 '본인'에게 귀속된다.

> **사례 13** 매수인 甲은 대리인 A를 통하여 乙과 매매계약을 체결하였다. A는 乙과 매매계약을 체결함에 있어서 계약 내용, 잔금 지급 기일, 그 지급 여부 및 연체 지연손해금 액수에 관하여 잘 알고 있었다. 그러나 甲은 연체 지연손해금 여부 및 그 액수에 관하여 모른 채로 A에게 대리권을 수여하여 乙과의 사이에 그 매매계약을 체결하였다. 甲은 착오를 이유로 매매계약을 취소할 수 있는가?
> (대판 1996.2.13, 95다41406 참조)
>
> **│해설 13│** 甲은 착오를 이유로 매매계약을 취소할 수 없다.
> 매수인이 대리인을 통하여 분양택지 매수지분의 매매계약을 체결한 경우, 대리행위의 하자의 유무는 대리인을 표준으로 판단하여야 하므로, 대리인이 매도인과 분양자와의 매매계약에 있어서 그 계약 내용, 잔금의 지급 기일, 그 지급 여부 및 연체 지연손해금 액수에 관하여 잘 알고 있었다고 인정되는 때에는, 설사 매수인이 연체 지연손해금 여부 및 그 액수에 관하여 모른 채로 대리인에게 대리권을 수여하여 매도인과의 사이에 그 매매계약을 체결하였다고 하더라도, 매수인으로서는 그 자신의 착오를 이유로 매도인과의 매매계약을 취소할 수는 없게 되었다고 볼 수 있다.

(2) 비진의의사표시, 통정허위표시, 착오, 사기·강박에 있어서 의사표시의 하자의 기준

대리인이 기준이다. 대리에 있어서 효과의사는 대리인이 결정하기 때문이다. 따라서 본인에게 착오, 사기·강박 등의 사유가 있더라도 대리인에게 그러한 사유가 없다면 본인은 이러한 사유를 이유로 취소권을 행사할 수 없다. 예컨대 본인이 대리인을 통하여 매매계약을 체결한 경우, 매수인인 본인에게만 계약내용 · 잔금지급내역 등에 관하여 착오가 있었다 하더라도 이를 이유로 하여서는 매매계약을 취소할 수 없다($^{대판\ 1996.2.13,}_{95다41406}$).

또한 본인은 무효 또는 취소로 대항하지 못하는 선의의 '제3자'가 아니다. 대리인과 상대방이 본인을 기망할 목적으로 가장행위(통정허위표시)를 한 경우에도 마찬가지로 본인은 제3자가 아니어서 본인에 대한 관계에서도 무효이다.

(3) 대리인이 사기 · 강박행위를 한 경우 제110조 제2항의 적용 문제

(가) 대리인이 사기 · 강박행위를 한 경우, 대리인은 본인과 동일시할 수 있는 사람이라고 할 것이기 때문에 제110조 제2항의 제3자의 사기로 취급되지 않는다($^{대판\ 1999.2.23,}_{98다60828,60835}$). 즉 본인이 이를 알았거나 알 수 있었을 것을 요구하지 않고 상대방은 취소가 가능하다. 다만 대리인 甲의 사기 · 강박으로 상대방 乙이 다른 사람 丙에게 의사표시를 한 경우 乙의 취소 여부는 丙의 악의 또는 무과실 여부에 달려 있다($^{제110조}_{제2항\ 적용}$).

(나) 제3자가 대리인의 상대방에게 사기 · 강박을 하여 상대방이 의사표시를 했을 경우 '대리인' 또는 '본인'이 사기나 강박행위를 알았거나 알 수 있었을 때에는 상대방이 이를 취소할 수 있다.

(다) 제3자의 사기 · 강박에 의하여 대리인이 의사표시를 한 경우에도 상대방이 이를 알았거나 알 수 있었을 때에 취소할 수 있다($^{제110조}_{제2항}$). 이 경우 취소권자는 본인이다.

(4) 특수한 문제

(가) 이중매매에서 배임행위에의 적극 개입 여부의 판단기준

대리인에 의한 이중매매에 있어서(제2매수인이 대리인을 통하여 매수한 경우) 매도인의 배임행위의 적극 가담 여부는 대리인을 기준으로 판단하여야 하므로, 대리인이 매도인의 배임행위에 적극 가담한 사정을 본인이 몰랐다고 하더라도 이중매매가 사회질서에 위반된다는 점에 지장을 주지 아니한다($^{대판\ 1998.2.27,}_{97다45532}$).

(나) 제104조의 판단기준

제104조의 판단에 있어 경솔 · 무경험은 대리인을 표준으로, 궁박의 상태는 본인을 표준으로 한다($^{대판\ 2002.10.22,}_{2002다38927}$).

> **생각해 볼 문제** '궁박'이라 함은 '급박한 곤궁'을 의미하는 것으로서 경제적 원인에 기인할 수도 있고 정신적 또는 심리적 원인에 기인할 수도 있다고 볼 때, 정신적 또는 심리적 원인에 기한 궁박은 대리인을 기준으로 판단해야 하는 경우도 있지 않을까?
> 궁박은 언제나 본인을 표준으로 판단한다고 일반화하여 표현할 수 있을까?

2. 본인의 지시에 의한 대리행위($\frac{제116조}{제2항}$)

대리인이 선의·무과실이라도 본인의 지시에 의한 대리행위시에는 본인의 악의 또는 과실이 있으면 그 대리행위는 악의 또는 과실 있는 대리행위가 된다. 대리인의 악의 또는 과실이 있는 경우에는 본인의 지시에 의한 대리행위라도 본인의 선의·무과실을 이유로 대항할 수 없다. '본인의 지시에 좇아 행위를 한 때'의 의미는 엄격한 의미에서 특별한 지시를 뜻하는 것이 아니라 문제된 부분이 본인의 의사에 따라 결정된다는 의미로 비교적 넓게 인정하는 것이 지배적 견해이다. 이에 의하면 많은 경우 선의·무과실은 대리인 및 본인 모두에게 요구되는 요건이다. 법정대리에는 적용되지 않는다($\frac{다수}{설}$). 이와 같은 법리는 위임행위가 없는 법정대리에는 적용되지 않는 것으로 본다.

사례 14 甲이 乙에게서 빌린 법전 1개를 乙 몰래 팔려고 하자, 이러한 사정을 알고 있는 丙이 사정을 모르는 丁을 대리인으로 내세워 그 법전을 구입하였다.

다음의 경우 법전의 소유자는 누구인가?

질문 1) 甲이 乙의 대리인이라고 하면서 매도한 경우

질문 2) 甲이 자신이 소유자라고 하면서 매도한 경우

해설 14

해설 1) 乙이 소유권자이다.

甲이 乙의 대리인이라 칭하고 매도했을 때에는 이는 무권대리행위가 된다. 그 대리행위의 효과가 본인에게 미치지 않게 된다. 따라서 매매계약의 효력은 乙에게 미치지 않고 법전의 소유권은 乙에게 남아있다.

해설 2) 乙이 소유권자이다

甲이 물건의 소유자로 매도한 경우에는 무권리자의 매도행위가 되므로 丙은 소유권을 취득할 수 없다.[7] 따라서 그 소유권은 여전히 乙에게 남아 있다.

丙은 제249조의 선의·무과실의 요건을 구비하지 못하여 선의취득을 할 수도 없다. 특히 丁이 丙의 대리인으로 매수한 경우 丁이 선의라도 악의의 丙은 丁의 선의를 주장하지 못한다고 보아야 한다($\frac{제116조}{제2항}$).

Ⅲ. 대리인의 능력

1. 임의대리에 있어서의 제한능력자의 대리행위($\frac{제117}{조}$)

대리인은 행위능력자임을 요하지 않으므로, 대리인이 제한능력자임을 이유로 법률행위를 취

---

7) 타인권리의 매매에 해당되므로 제570조 이하의 매도인은 매수인에게 담보책임을 부담하게 된다. 이때에도 매수인은 악의를 전제로 한 담보책임을 물을 수 있을 것이다.

소할 수 없다(제117조는 제5조, 제 / 10조, 제13조의 특칙). 그러나 의사무능력자의 대리행위는 무효이다.

2. 법정대리에 있어서의 제한능력자의 대리행위

제한능력자가 법정대리인이 될 수 없다는 규정(제937조, 제964 / 조, 제1098조)을 별도로 두고 있지 않은 경우(가령, 부재자 재산관리인 등)에 제한능력자도 법정대리인이 될 수 있는지에 대해 논의가 있다. 특별규정이 없을 때에는 제117조가 적용된다고 하는 긍정설(능력자 / 불요설)과 법정대리제도의 취지상 법정대리인은 행위능력자이어야 한다는 부정설(행위능력자 / 요구설)이 대립하고 있다. 명문의 규정이 없는 한 법정대리에도 제117조가 적용된다고 할 것이다.

3. 본인과 제한능력자인 대리인 사이의 기초적 내부관계의 효력

제117조는 본인(또는 대리인)과 상대방 사이의 관계를 규율하는 조문이고, 본인과 대리인 사이의 관계를 규율하는 것은 아니다.

대리인은 자신의 제한능력을 이유로 기초계약(위임 등)을 취소할 수 있다. 위임이 취소로 인하여 소급적으로 소멸한 경우(제141 / 조)에 수권행위 및 이에 기초한 대리권은 어떻게 되는지에 대해서는 견해대립이 있다. ① 수권행위에 관하여 유인설을 취하면 위임의 취소로 대리권도 소멸하게 된다. 대리인이 일단 발생한 대리권을 기초로 상대방과 대리행위를 하였다면 위임관계의 소멸로 인하여 대리권 없는 대리가 될 것이다. ② 무인설을 취하면 위임의 취소에도 불구하고 대리권은 소멸하지 않는다. 따라서 취소 전의 대리행위는 유권대리행위이다. 그러나 위임계약의 취소로 원인된 법률관계가 종료되었으므로 수권행위의 유효 여부와 관계없이 대리권이 소멸하므로 위임의 취소 후 대리행위는 무권대리행위가 된다(제128조 / 참조).

제4절 대리의 효과(본인·상대방 사이의 관계)

Ⅰ. 본인에게 직접 귀속

유효한 대리행위로부터 발생한 법률효과는 본인에게 직접 귀속한다(제114 / 조). 대리행위를 통한 권리·의무뿐만 아니라 그로부터 발생하는 취소권이나 손해배상청구권 등도 본인에게 귀속하게 된다. 또한 계약이 채무불이행을 이유로 해제되었다면 이에 따른 원상회복의 의무도 계약당사자인 본인이 져야 한다(대판 1990.5.22. / 89다카1121).

그러나 대리인이 한 불법행위의 효과는 제756조에 의하여서만 본인에게 귀속될 수 있다. 불법행위에 대해서는 대리가 인정되지 않기 때문이다.

Ⅱ. 본인의 능력

본인은 법률효과 귀속에 필요한 능력만 있으면 되므로, 권리능력만 있으면 충분하다. 단 본인에게도 수권행위 시에는 의사능력이 필요하고, 제한능력자가 수권행위를 한 경우에는 수권행위에 취소사유가 있게 된다.

민사소송법   소송상 대리의 취급

1) 소송상 대리
제3자가 소송당사자의 이름으로 소송행위를 하거나 소송행위를 받는 것으로 소송대리인의 행위는 소송당사자인 본인에게 그 효과가 미친다. 소송행위는 대리에 친한 행위에 해당한다.

2) 민법상 대리와 소송상 대리의 차이점
소송상 대리는 소송절차의 원활과 안정을 위해 대리권의 존재와 범위를 명확히 하고, 획일적 처리가 필요하므로, i) 소송대리권의 서면증명($^{민사소송법 제}_{58조, 제89조}$), ii) 대리권 소멸의 통지($^{동법 제63}_{조, 제97조}$), iii) 대리권 범위의 법정($^{동법 제56}_{조, 제90조}$), iv) 민법상 표현대리의 배제($^{판}_{례}$) 등에서 민법상의 대리와 차이가 있다.

3) 법정대리인과 임의(소송)대리인
실체법상의 법정대리인(친권자, 후견인, 법원이 선임한 재산관리인), 소송상 특별대리인(소송무능력자를 대리할 법정대리인이 없는 경우, 수소법원이 선임한 대리인 등), 법인 등의 대표자 등이 법정대리인에 해당하고, 법률상의 소송대리인(상법상 지배인, 선장, 선박관리인 등), 소송위임에 의한 소송대리인(변호사 등)이 임의대리인에 해당한다.

4) 소송대리권의 범위
법정대리인의 소송대리권의 범위는 소송법상 특별한 규정이 없는 한 민법 기타 법률에 의한다($^{민사}_{소송}$$^{법 제}_{51조}$). 임의대리인의 소송대리권의 범위에 대해서 법률상 소송대리인의 소송대리권의 범위는 대체로 실체법에서 정하고 있고 이를 임의로 제한하더라도 소송법상 아무런 효력이 없으며($^{대판 1995.4.}_{18. 95다3077}$), 소송위임에 의한 소송대리인의 소송대리권의 범위는 소송법($^{예컨대 민사소송}_{법 제90조 제1항}$)에서 정하고 있는데 소송대리인이 변호사인 경우에는 이를 제한할 수 없으나($^{동법 제91}_{조 본문}$), 변호사 아닌 소송대리인의 경우에는 그 제한이 허용된다($^{동법 제91}_{조 단서}$). 특히 소송대리권은 심급대리를 원칙으로 한다($^{대결 2000.1.31.}_{99마6205}$).

5) 소송담당과의 구별
제3자의 소송담당은 다른 사람의 권리관계에 대하여 자신의 이름으로 소송수행을 하는 것으로서 당사자 본인의 이름으로 소송행위를 하는 소송대리와 다르다. 선정당사자 등이 소송담당자에 해당한다.

제5절 복대리(제120조 내지 제123조)

Ⅰ. 복대리인, 복임권, 복임행위의 의의
Ⅱ. 대리인의 복임권과 책임
  1. 임의대리인의 복임권과 책임
    (1) 복임권
    (2) 책 임
    (3) 복임권 없는 대리인이 선임한 복대리인
      의 대리행위

  2. 법정대리인의 복임권과 책임
Ⅲ. 복대리인의 지위
  1. 대리인에 대한 관계
  2. 상대방에 대한 관계
  3. 본인에 대한 관계
Ⅳ. 복대리권의 소멸

Ⅰ. 복대리인, 복임권, 복임행위의 의의

복대리인은 대리인이 대리인의 이름으로 선임한 본인의 대리인이다. 복대리인도 그 선임은 대리인이 하지만 어디까지나 본인의 대리인이고 대리인의 대리인은 아니다. 복대리인이 적법하게 선임되어도 대리인의 대리권은 소멸하지 않는다.

복대리인은 언제나 임의대리인이다. 법정대리인이 선임한 복대리인도 임의대리인이다. 복대리인이 복복대리인을 다시 선임하는 복대리인의 복임행위도 인정되지만, 이는 언제나 임의대리인의 복임행위로서 본인의 승낙 또는 부득이한 사유가 있을 때에만 예외적으로 인정된다($\frac{제120}{조}$).

대리인이 복대리인을 선임할 수 있는 권리를 복임권이라고 한다. 복임권은 본인과 대리인 사이의 내부관계로부터 발생한 법률상의 권능이라고 할 것이다. 원대리권의 범위 내에서만 복대리권이 인정되므로 원대리인이 복임권이 있더라도 원대리권의 범위를 넘은 수권행위를 했다면 복대리인은 무권대리인이 된다. 다만 이 경우에 표현대리의 성립 여부가 따로 검토되어야 한다.

복임행위는 대리행위가 아니다. 이는 복대리인에 대한 대리인의 수권행위로서 상대방 있는 단독행위로 본다. 한편 대리인은 본인으로부터 특별한 수권이 있을 때에는 본인의 이름으로 복대리인을 선임할 수 있으며, 이 경우 선임행위의 성격은 대리인선임행위의 대리이며, 그 결과 선임되는 대리인은 통상의 대리인이지 복대리인이 아니다.

Ⅱ. 대리인의 복임권과 책임

1. 임의대리인의 복임권과 책임

(1) 복임권

임의대리인은 원칙적으로 복임권이 없고, 예외적으로 본인의 '승낙'이 있거나 '부득이한 사유'가 있는 때에만 복임권이 있다($^{제120}_{조}$). '부득이한 사유'는 통상적으로 본인의 승낙을 얻을 수 없거나 사임할 수 없는 사정을 의미한다. 또한 '본인의 승낙'에는 묵시적 승낙이 포함되는데 이는 보통 폭넓게 인정되고 있다. 즉 대리의 목적인 법률행위의 성질상 반드시 대리인이 처리해야 하는 경우가 아니라면 본인이 복대리 금지의 의사를 명시하지 아니하는 이상, 복대리인의 선임에 관하여 묵시적인 승낙이 있는 것으로 볼 수도 있다. 가령 채권자를 특정하지 아니한 채 부동산을 담보로 제공하여 금원을 차용해 줄 것을 위임한 본인의 의사에는 '복대리인 선임에 관한 승낙'이 포함되어 있다고 볼 수 있다($^{대판 1993.8.27.}_{93다21156}$). 그러나 오피스텔의 분양업무는 그 성질상 대리인의 능력에 따라 본인의 분양사업의 성공 여부가 결정되는 것이므로, 복대리인 선임에 관한 묵시적 승낙을 인정하기 어렵다($^{대판 1996.1.26.}_{94다30690}$).

상 법 **민사소송법** 상법 및 민사소송법에서의 복임권

1. 상법상의 지배인은 임의대리인의 일종이지만 영업에 관한 재판상, 재판외의 모든 행위를 할 수 있는 대리권을 가지므로($^{상법}_{제11조}$) 제120조는 배제되고 당연히 복대리인을 선임할 권한을 갖는다.
2. 소송위임에 의한 소송대리권의 범위와 관련하여 복대리인의 선임은 민사소송법 제90조 제1항에서 규정하는 법정범위를 벗어난 특별수권사항($^{민사소송법}_{제90조 제2항}$)이므로, 원칙적으로 본인의 수권이 필요하다는 점에서 민법상 대리와 동일하다.

사례 15 甲은 아들인 A의 B에 대한 채무를 담보하기 위하여 자신의 X부동산을 담보로 제공할 것을 승낙하고 인감증명서뿐 아니라 인감도장까지 A에게 교부했다. A는 채권자인 B에게 X부동산에 저당권을 설정해 주지 않고서 아버지인 甲으로부터 받은 인감증명서 및 인감도장을 B에게 주면서 X부동산을 담보로 D은행으로부터 대출을 받아 그 대출금으로 자신의 채무에 충당하라고 했다. 이에 B가 甲의 복대리인으로서 D은행에 甲 소유의 X부동산에 저당권을 설정하는 행위는 유효한가? (대판 1996.2.9, 95다10549 참조)

해설 15 B의 저당권설정행위는 복대리인으로서의 행위로 유효하다.
甲으로서는 이 사건 부동산의 근저당권자가 누구이건 간에 그의 아들인 A의 행위로 말미암은 채무에 대하여는 X부동산을 담보로 제공할 의사로 A에게 이에 해당하는 일체의 대리권을 준 것으로 볼 것이고, 이 대리권의 범위 내에는 제3자에게 복대리권을 부여하는 복임권까지도 포함되어 있다고 봄이 상당하다.

사례 16 乙은 자신이 신축중인 아파트의 분양을 위하여 A에게 아파트 분양업무를 위임하는 아파트분양위임계약을 체결하였다. 위 위임계약의 내용에 따르면 A가 乙 회사의 명판, 법인인감, 분양계약서 등을 소지하면서 분양광고를 하며 분양을 원하는 고객과 사이에 乙 명의로 분양계약을 체결하고, 분양대금을 납부받아 乙의 은행계좌에 입금하며, 분양 현황을 매일 乙에게 보고하기로 하였다. 이에 대해 乙은 A에게 분양수수료를 지급하기로 하였다. 이 때 A는 원칙적으로 복대리인을 선임할 수 있는가?

(대판 1999.9.3, 97다56099 참조)

해설 16 A에게 복대리인 선임권이 없다.

임의대리인은 본인의 승낙이 있거나 부득이한 사유가 있지 아니하면 복대리인을 선임할 수 없는 것인바, 아파트 분양업무는 그 성질상 분양 위임을 받은 수임인의 능력에 따라 그 분양사업의 성공 여부가 결정되는 사무로서, 본인의 명시적인 승낙 없이는 복대리인의 선임이 허용되지 아니하는 경우로 보아야 한다.

(2) 책 임

임의대리인이 예외적으로 복대리인을 선임할 수 있는 경우에는 본인에 대하여 복대리인의 선임·감독상의 과실책임을 진다($\substack{제121조\\제1항}$). 본인이 복대리인을 지명한 경우에는 책임요건이 완화된다. 즉 그 부적임 또는 불성실함을 알고 본인에 대한 통지나 그 해임을 태만히 한 때에만 책임이 있다($\substack{제121조\\제2항}$).

(3) 복임권 없는 대리인이 선임한 복대리인의 대리행위

복임권 없는 대리인이 선임한 복대리인의 대리행위는 무권대리행위이다. 다만 일정한 경우 표현대리행위가 성립할 수 있다. 대리인이 사자 내지 임의로 선임한 복대리인을 통하여 권한 외의 법률행위를 한 경우, 상대방이 그 행위자를 대리권을 가진 대리인으로 믿었고 또한 그렇게 믿는 데에 정당한 이유가 있는 때에는, 복대리인 선임권이 없는 대리인에 의하여 선임된 복대리인에게 부여된 것처럼 보이는 권한이 기본대리권이 될 수 있을 뿐만 아니라, 그 행위자가 사자라고 하더라도 대리행위의 주체가 되는 대리인이 별도로 있고 그들에게 본인으로부터 기본대리권이 수여된 이상, 제126조를 적용함에 있어서 기본대리권의 흠결 문제는 생기지 않는다($\substack{대판 1998.3.27,\\97다48982[8]}$). 즉 판례는 복임권 없는 대리인에 의하여 선임된 복대리인의 대리행위에 관하여 표현대리규정이 적용될 수 있다고 판단했다.

---

8) 다만 이 사안에서는 복대리인의 월권대리에 의하여 체결된 연대보증계약에 대하여 약정서의 형식이나 내용이 이례적이고 인감증명서가 원대리인에 의하여 대리 발급되어 첨부된 사실 등을 고려하여 대리권 있음을 믿을 만한 정당한 사유가 없다고 하면서 제126조에 의한 표현대리의 성립이 배제되었다.

사례 17 A는 B에게 자기 소유인 X토지의 지목변경절차를 밟아 그 토지를 담보로 제공하고 은행으로부터 융자를 받아달라는 부탁을 하면서 그에게 그 지목변환, 담보제공 및 은행융자의 각 절차에 소요되는 인장, 인감증명서 등을 교부했다. 그런데 B는 A의 승낙 없이 C에게 위 A의 인장 등을 교부하면서 그 각 절차의 추진을 다시 위촉하였고, C는 D에게 같은 내용으로 다시 위촉하면서 A의 인감, 인감증명서 등 매매에 필요한 서류를 교부했다. 이에 D는 A의 대리인으로 그 부동산을 甲에게 매도했고 소유권이전등기를 마쳤다. 이에 대해서 A는 D에게 대리권 없음을 이유로 소유권이전등기의 무효를 주장하고 있다. 이와 같은 주장은 인용될 수 있는가?

(대판 1967.11.21. 66다2197 참조)

해설 17 복임권 없는 대리인이 선임한 복대리인의 대리행위라도 표현대리가 될 수 있으므로 인용될 수 없다.

대법원은 D가 A의 대리인 B로부터 전촉을 받은 C로부터 다시 전촉을 받았고(각 전촉이 A에 대한 관계에서는 권한을 넘은 행위가 된다), A의 인장, 인감증명, 주민등록증 등을 소지하고 있었으므로, 甲이 이러한 D를 A의 대리인이라고 믿고 D와 X부동산의 이전등기 및 그 원인에 관한 행위(D의 이에 관한 행위 역시 월권행위에 해당된다)를 한 데 대하여 A에게 표현대리 책임이 인정된다고 판단하였다.

즉 제120조는 본인과 대리인 간의 위임관계가 불명확한 경우에 있어서의 임의대리인의 복임권에 관한 보충규정일뿐, 복임권 없는 대리인에 의하여 선임된 복대리인의 대리행위는 대리권 없는 대리행위를 의미할 뿐이지 표현대리가 될 수 없는 성질의 행위라는 취지까지를 정한 것은 아니다.

사례 18 A는 자기 소유의 X토지를 매매하기 위해 대리인 甲을 선임했다. 甲은 X토지를 B에게 매도하는 계약을 체결했다. 그런데 잔대금 마련이 어려워진 B는 친구인 乙과 같이 甲에게 와서 소유권이전등기를 할 수 있는 서류를 해주면 다른 곳에서 자금을 융통하여 잔대금을 지급하겠다고 청하였고, 甲은 그들에게 등기권리증, 인감증명, 가족관계등록부, 각 해당란을 공란으로 한 근저당권설정계약서, 위임장, 담보물동의서 등 필요한 서류를 주었다. 그런데 乙은 C로부터 A를 채무자로 하여 금전을 차용하고 위 X토지에 대하여 C명의로 근저당권설정등기를 경료하였다. A는 C에게 소비대차상의 채무를 부담하는가?

(대판 1979.11.27. 79다1193 참조)

해설 18 A는 표현대리책임에 의하여 C에게 소비대차상 채무를 부담한다.

위와 같은 서류들을 교부하여 준 것은 A가 아니라 A의 대리인 甲인데 甲에게는 복임권이 없다고 보인다. 다만 판례는 A에게는 乙의 행위에 대하여 표현대리로서의 책임이 있고, 나아가 상대방은 乙에게 대리권 있다고 믿은 데 정당한 사유가 인정될 수 있다고 판시하였다(즉 C는 저당권을 설정해 준다고 하기에 이를 믿고 금전을 차용해 준 것이므로 표현대리로서의 책임을 인정한 것이다). 따라서 C가 乙을 A의 대리인이라고 믿은 데에 정당한 사유가 있다면 소비대차상 채무는 원고에게 귀속된다고 인정할 수 있다.

다만 이 사건에서 복임권 없는 甲이 乙에게 복대리권을 수여하여 乙이 복대리행위를 한 것으로 해석될 때, 이 판결은 복임권 없는 대리인이 선임한 복대리인의 대리행위를 표현대리로 인정한 것으로 해석할 수 있다(복대리에 있어서의 표현대리를 인정한 사례이다).

사례 19 A는 자기 소유인 X부동산의 처분권한을 B은행에 수여하였고, 그에 관하여 복임권도 수여했다. B는 C에게 X부동산의 처분을 재위임하여 C는 甲과 사이에 X부동산에 관한 매매계약을 체결하였다. 그런데 A는 B가 C에 X부동산의 처분을 재위임하기 이전에 사망하였다. 甲은 C로부터 이 사건 부동산을 매수할 당시 C의 대리권이 소멸되었다는 사실을 과실 없이 알지 못하였으므로, 대리권 소멸 후의 표현대리 법리에 따라 C와 甲 사이의 매매계약은 여전히 유효하다고 주장한다. 그 타당성은? (대판 1998.5.29, 97다55317 참조)

해설 19 甲은 제129조의 표현대리를 주장할 수 있다.

표현대리의 법리는 거래의 안전을 위하여 어떠한 외관적 사실을 야기한 데 원인을 준 사람은 그 외관적 사실을 믿음에 정당한 사유가 있다고 인정되는 사람에 대하여는 책임이 있다는 일반적인 권리외관 이론에 그 기초를 두고 있는 것인 점에 비추어 볼 때, 대리인이 대리권 소멸 후 직접 상대방과 사이에 대리행위를 하는 경우는 물론 대리인이 대리권 소멸 후 복대리인을 선임하여 복대리인으로 하여금 상대방과 사이에 대리행위를 하도록 한 경우에도 상대방이 대리권 소멸 사실을 알지 못하여 복대리인에게 적법한 대리권이 있는 것으로 믿었고 그와 같이 믿은 데 과실이 없다면 제129조에 의한 표현대리가 성립할 수 있다.

B은행은 당초 적법한 대리권을 가지고 있었으나, 본인인 A의 사망으로 대리권이 소멸함으로써 _(제127조 제1호) 복대리인으로 선임된 C는 처음부터 적법한 대리권이 없었다고 하더라도, B은행의 대리권 소멸 후 C를 복대리인으로 선임하여 C가 A의 대리인으로서 X부동산에 관한 매매계약을 체결한 것은 대리권 소멸 후의 대리행위로서 제129조에 의한 표현대리가 성립할 수 있는 경우에 해당한다.

원대리인의 대리권 소멸 후에 복대리인의 선임이 있었으므로 복대리인에게는 처음부터 유효한 복대리권이 없었다 하더라도 제129조의 표현대리가 성립할 수 있음을 판시한 것이다.

사례 20 甲은 자기를 위해 금전대출계약을 체결할 대리권을 A에게 부여하고 인감도장을 맡겼는데 복임권에 대해서는 명시적으로 언급하지 않았다. 그런데 A는 친구인 C의 금전대출을 위해 甲이 C의 연대보증인이 될 수 있도록 甲의 인감도장 및 인감증명서를 C에게 제공했다. 이에 필요한 연대보증용 인감증명서는 A가 甲을 속여 甲이 신청한 후 발급받았다. 이러한 인감증명서와 인감도장을 받은 C는 甲의 대리인으로 乙은행과 연대보증계약을 체결했다(주채무자는 C 자신임). 그 후 C가 대출금을 갚지 못하자 乙은행은 甲에게 보증채무의 이행을 청구했을 때 이와 같은 청구가 인용될 수 있는가? (대판 1998.3.27, 97다48982 참조)

해설 20 판례에 따르면 제126조의 표현대리책임에 의하여 甲은 보증채무를 이행해야 한다.

판례에 따르면 C가 대리권을 가진 대리인으로 믿었고 그렇게 믿음에 대한 정당한 이유가 있는 때에는, 복임권이 없는 A로부터 선임된 C의 권한도 기본대리권이 될 수 있음을 근거로 제126조의 표현대리책임이 인정된다(위 대법원판결에서는 계약서류가 객관적 거래관념상 이례적인 사정이 인정되는 등 특별한 사정에 의하여 대리권 있음을 믿을 만한 정당한 사유가 없다고 보아 표현대리책임을 부정하였다).

생각건대 이때에는 C의 대리행위에 대한 甲의 책임의 근거는 오히려 제125조의 대리권 수여의 표시에 의한 표현복대리가 성립할 수 있다고 보인다. A에게 복임권이 없는 이상 C에게는 기본대리권의 존재를 인정하기 어렵기 때문이다(甲이 A에게 묵시적으로 복임권을 부여했다고 인정되는 경우에는 제126조의 표현대리가 인정될 수 있지만, 사안에서는 묵시적 복임권수여가 인정되지 않는다). 이와는 달리 C가 A의 사자인 경우(서명만을 대행한 경우) C의 행위는 대리행위가 아니며, (사자 C를 통한) A의 대리행위가 제126조의 표현대리가 될 것이다.

> **참고** 1. 이러한 점에서 A에게 복임권이 없다고 해석되는 경우 C의 행위가 사자로서의 행위인지 복대리인으로 한 행위인지를 구별해야 한다. 전자의 경우에는 A의 대리행위가 제126조의 표현대리인지가 문제되는 반면, 후자의 경우에는 제125조의 표현대리가 문제되기 때문이다.
> A에게 복임권이 있다고 해석되는 경우에는 C의 대리행위에 대해서는 제126조의 표현대리가 검토되어야 한다(이때 A는 甲에 대하여 제121조 제1항의 책임을 부담한다).
> 2. 위 사건에서 대리권남용의 법리도 검토되어야 한다. 표현대리에도 대리권남용의 법리가 적용될 수 있기 때문이다. 甲이 표현대리책임을 부담하는 경우 상대방 乙이 C의 (표현)대리행위가 사익도모행위에 해당됨을 알았거나 알 수 있었을 경우에는 甲은 C의 대리행위에 대하여 책임을 부담하지 않는다(만약 C가 A의 사자인 경우. A의 대리행위를 기준으로 사익도모의 선의/무과실을 판단하게 될 것이다).

2. 법정대리인의 복임권과 책임

법정대리인은 언제든지 복임권이 있다. 즉 자유롭게 복대리인 선임이 가능하다($^{제122조}_{본문}$).

다만 복대리인의 행위로 본인에게 손해가 발생했다면 본인에 대하여 법정대리인은 원칙적으로 무과실책임을 진다($^{제122조}_{본문}$). 법정대리인이 부득이한 사유로 복대리인을 선임한 때에는 선임감독상 과실이 있어야 책임을 진다($^{제122조}_{단서}$).

Ⅲ. 복대리인의 지위

1. 대리인에 대한 관계

복대리인은 대리인에 대하여는 대리인의 대리권 존재 및 범위에 의존하고, 감독권에 복종하여야 한다. 복대리권의 범위는 대리인의 수권행위에 의하여 정하여지나, 복대리인의 대리권은 원대리인의 대리권을 기초로 하므로 원대리권의 범위를 넘지는 못한다.

2. 상대방에 대한 관계

복대리인은 상대방에 대하여는 대리인과 동일한 권리의무가 있고 현명주의가 적용된다. 즉 복대리인은 직접 본인을 대리하며 복대리인의 대리행위에 관해서도 대리의 일반원칙이 적용된다($^{제123조}_{제2항}$).

3. 본인에 대한 관계

복대리인은 그 권한의 범위 내에서 본인을 대리한다. 복대리인과 본인 사이에는 본래 아무 관계가 없어야 하나, 복대리제도의 운용상의 편의를 위해 민법이 대리인과 동일한 권리의무가 있다고 규정하고 있어($\binom{제123조}{제2항}$) 본인에 대하여는 대리인과 마찬가지로 기초적 내부관계(법정위임관계)를 가진다. 또한 복대리인은 임의대리인이므로 다시금 복대리를 함에 있어서는 임의대리인으로서의 복임권에 관한 법리가 적용된다.

Ⅳ. 복대리권의 소멸

복대리권도 대리권이므로 대리권의 일반적 소멸원인에 관한 규정($\binom{제127}{조}$)이 적용된다. 즉 본인의 사망, 복대리인의 사망, 성년후견의 개시, 파산의 경우가 발생하면 복대리권도 소멸한다.

또한 대리인과 복대리인 사이의 수권관계가 소멸해도 복대리권은 소멸한다. 복대리권은 대리인의 수권행위에 의하여 부여되기 때문에 이러한 수권행위에 하자가 있거나, 대리인과 복대리인 사이의 기초적 법률관계가 종료되거나($\binom{제128조}{전단}$), 수권행위가 철회되면($\binom{제128조}{후단}$) 복대리권은 소멸한다.

한편 대리권이 소멸하면 복대리권도 소멸한다. 복대리인은 대리인에 대하여는 대리인의 대리권 존재 및 범위에 의존하기 때문이다.

민總
債總
債各

제6절 무권대리(표현대리, 협의의 무권대리)

Ⅰ. 무권대리
1. 의 의
2. 효 과
3. 유권대리 · 표현대리 · 협의의 무권대리의 관
　계
Ⅱ. 표현대리
1. 표현대리 일반
　(1) 의 의
　(2) 표현대리의 유형
　(3) 표현대리의 인정근거
　(4) 표현대리의 상대방
　(5) 표현대리의 적용범위
　(6) 표현대리의 효과
　(7) 표현대리의 소송상 주장
　(8) 그 밖의 쟁점
2. 대리권 수여표시에 의한 표현대리(제125조
　의 표현대리)
　(1) 의 의
　(2) 성립요건
　(3) 효 과

　(4) 법정대리에 대한 제125조의 적용 여부
3. 권한을 넘은 표현대리(제126조의 표현대리)
　(1) 의 의
　(2) 성립요건
　(3) 효 과
4. 대리권 소멸 후의 표현대리(제129조의 표현
　대리)
　(1) 의 의
　(2) 성립요건
　(3) 제129조의 적용범위
　(4) 효 과
Ⅲ. 협의의 무권대리
1. 의 의
2. 계약의 무권대리
　(1) 본인과 상대방과의 관계
　(2) 무권대리인과 상대방의 관계(무권대리인
　　의 법정무과실책임($제_{135조}$) – 이행 또는 손
　　해배상의 책임)
　(3) 본인과 무권대리인의 관계
3. 단독행위의 무권대리

Ⅰ. 무권대리

1. 의 의

유효한 대리행위가 있어 그 법률효과가 본인에게 귀속되기 위해서는 대리인에게 대리권이 있어야 하며 그 법률행위가 본인을 위한 것임을 표시(현명)해야 한다. 그런데 대리권이 없이도 본인의 이름으로 대리행위가 행하여지기도 한다. 이와 같이 대리권이 없는 대리행위를 (광의의) 무권대리행위라 한다.

2. 효 과

무권대리행위는 대리권이 없기 때문에 본인에게 법률효과가 귀속되지 않는다. 한편 무권대리는 본인의 이름으로 하는 행위이므로 대리인에게도 법률효과가 귀속되지 않는다. 결국 무권대리인에게 불법행위책임을 물을 수는 있으나 불법행위책임은 계약책임과 달리 계약의 본래급

부의 이행이 아닌 금전배상을 그 내용으로 하므로 상대방이나 제3자에게 매우 불리하기 때문에 이를 극복하기 위한 조치가 필요하게 된다. 그리하여 민법은 본인에게 외관창출에 책임이 있는 경우에는 표현대리제도를 통하여 권한 없는 대리행위를 통한 법률행위의 효과를 본인에게 귀속시킬 수 있도록 하고 있다(제125조, 제126조, 제129조). 또한 무권대리인은 상대방에 대하여 무권대리인으로서 법정의 무과실책임을 부담해야 한다(제135조).

3. 유권대리 · 표현대리 · 협의의 무권대리의 관계

유권대리, 표현대리, 그리고 협의의 무권대리의 관계에 대해 견해가 대립한다.

통설은 표현대리는 광의의 무권대리에 속하는 것으로서 무권대리에 관한 제130조 이하가 적용되는 것이 원칙이나 무권대리인의 책임에 관한 제135조만은 적용되지 않는다고 본다.

판례도 표현대리의 성질을 무권대리로 보고 유권대리에 관한 주장 속에 무권대리에 속하는 표현대리의 주장이 포함되어 있다고 볼 수 없다고 본다(대판(전합) 1983.12.13, 83다카1489).

참고 표현대리는 무권대리의 특수한 형태로서 제130조 이하가 전부 적용되고 특히 제135조도 적용된다는 견해, 표현대리는 외부적 수권행위의 효과로서 유권대리의 아종이므로 유권대리인 표현대리에 무권대리 규정인 제130조 이하가 적용될 수는 없다는 견해 등도 주장된다.

사례 21 원고 A는 피고 B의 대리인이라 칭하는 C로부터 건물을 매수하고 C에게 그 대금을 완납하였다. 그 후 매매계약을 적법하게 해제한 A는 피고 B가 위 매매대금을 자신에게 반환할 의무가 있다고 주장하였다. 그런데 C에게 B의 건물을 매도할 대리권이 없었음이 밝혀졌다. 소송에서 원고 A는 C의 매도행위가 표현대리에 해당한다는 주장을 한 바가 없었다. 그럼에도 불구하고 법원은 C의 대리행위가 표현대리에 해당되는지를 따로 심리판단해야 하는가?

(대판(전합) 1983.12.13, 83다카1489 참조)

|해설 21| 표현대리 성립 여부를 따로 심리판단할 필요가 없다.

변론에서는 당사자가 주장한 주요사실만이 심판의 대상이 되는 것으로서 여기에서 주요사실이라 함은 법률효과를 발생시키는 실체법상의 구성요건 해당사실을 말하는 것인바, 대리권에 기한 대리의 경우나 표현대리의 경우나 모두 제3자가 행한 대리행위의 효과가 본인에게 귀속된다는 점에서는 차이가 없다. 그러나 유권대리에 있어서는 본인이 대리인에게 수여한 대리권의 효력에 의하여 위와 같은 법률효과가 발생하는 반면, 표현대리에 있어서는 대리권이 없음에도 불구하고 법률이 특히 거래상대방 보호와 거래안전 유지를 위하여 본래 무효인 무권대리행위의 효과를 본인에게 미치게 한 것으로서 표현대리가 성립된다고 하여 무권대리의 성질이 유권대리로 전환되는 것은 아니다. 따라서 무권대리와 표현대리의 구성요건 해당사실 즉 주요사실은 서로 다르다. 그러므로 유권대리에 관한 주장 가운데 무권대리에 속하는 표현대리의 주장이 포함되어 있다고 볼 수 없으며, 따로 표현대리에 관한 주장이 없는 한 법원은 나아가 표현대리의 성립 여부를 심리판단할 필요가 없다고 할 것이다.

II. 표현대리

1. 표현대리 일반

(1) 의 의

(가) 대리인에게 특정한 대리행위에 대리권이 없음에도 불구하고 마치 그것이 있는 것과 같은 외관이 있고, 그러한 외관의 발생에 관하여 본인이 어느 정도 원인을 제공한 경우에 그 대리행위에 대하여 본인이 책임을 지게 함으로써, 그러한 외관을 신뢰한 선의·무과실의 제3자를 보호하고 거래의 안전을 보장하며 나아가서는 대리제도의 신용을 유지하려는 것이 표현대리제도이다(외관책임설의 입장).

(나) 표현대리를 둘러싼 소송에서 통상적으로 상대방은 유권대리행위라고 하거나 표현대리행위임을 이유로 본인에게 계약상의 의무이행을 요구하고, 본인은 무권대리이거나 표현대리책임을 부담하기 위한 요건이 불비되었음을 주장하는 구조를 갖게 된다. 대리행위의 유효를 주장하는 상대방이 원고가 될 것이고, 본인[9]이 피고가 되는 것이 일반적이다.

(2) 표현대리의 유형

> **사례 22** 甲은 사위인 乙에게 상호를 포함한 영업일체를 양도하면서 동일상호를 사용하여 영업을 계속하게 하는 동안 자기의 당좌거래를 이용하여 대금결제를 하도록 하였고, 또 영업을 양도한 이후에도 자기명의의 당좌수표 및 약속어음 20여장이 乙로부터 丙에게 물품대금으로 교부되어 그 대부분이 결제되었다. 그러던 중 乙은 甲의 인장을 남용하여 수표를 위조하였고 丙은 乙이 甲 명의의 수표를 사용할 권한이 있다고 믿고 수표상의 권리를 취득하였다. 丙은 甲에 대한 소송에서 "甲이 乙에게 그 명의의 수표를 사용하게 한 이상 乙이 발행한 甲 명의의 수표에 대하여 甲은 지급책임을 면할 수 없다"고 주장하였다. 이에 대해 원심은 제126조의 표현대리에 해당하지 않는다고 하여 丙의 주장을 배척하였고, 제125조의 표현대리는 별도로 살피지 않았다. 원심의 판결은 적법한가?
>
> (대판 1987.3.24. 86다카1348 참조)
>
> **|해설 22|** 적법하지 않다.
> 원심은 甲이 수표발행의 권한을 수여한 일이 없으므로 권한을 넘은 표현대리(제126조)에 해당하지 않음을 이유로 원고의 청구를 배척했다.
> 그러나 대법원은 丙 주장의 요지가 '乙에게 그 명의의 수표를 사용하게 한 이상 乙이 발행한 甲 명의의 수표에 대하여 지급책임을 면할 수 없다'는 것인데 이 주장은 반드시 권한을 넘은 표현대리라는 취지만이 아니고 표현대리를 광범위하게 주장한 취지라고도 볼 수 있으므로 원심으로서는 대리권 수여의 표시에 의한 표현대리에 해당하는지 여부에 대하여서 판단했어야 한다고 보

---

9) 엄밀히 말하면 표현대리에서 제126조를 제외한 경우에는 본인이라 할 수 없지만, 제125조의 '대리권 수여를 표시한 자'와 제129조의 '대리권 소멸전 본인이었던 자'도 편의상 본인으로 부르기로 한다. 또 관련 조문에서 표현된 제3자도 경우에 따라서는 (대리행위의) 상대방이라고 부르기로 한다.

면서 제125조의 표현대리의 성립을 인정했다. 즉 판례에 따르면 표현대리를 주장할 때, 표현대리의 유형 중 어느 유형에 속하는지를 구체적으로 밝혀서 주장할 필요는 없다.

(가) 표현대리에는 대리권 수여 표시에 의한 표현대리(제125조), 권한을 넘은 표현대리(제126조), 대리권 소멸 후의 표현대리(제129조)가 있다.

(나) 표현대리의 주장에 있어서 반드시 특정 유형의 표현대리임을 주장할 필요는 없다(대판 1987. 3.24, 86다카1348). 그러나 만약 당사자가 특정 유형의 표현대리를 주장했다면 법원은 다른 유형의 표현대리가 성립함을 판단할 수 없다(처분권주의. 민사소송법 제203조).

(다) 표현대리 규정의 중복적용이 인정된다. 과거에 존재했던 대리권이 소멸되어 제129조에 의하여 표현대리로 인정되는 경우에 그 표현대리의 권한을 넘는 대리행위가 있을 때에는 제126조에 의한 표현대리가 성립할 수 있는 것이다(대판 2008.1.31, 2007다74713. 내용은 제126조 표현대리에서 상술).

(3) 표현대리의 인정근거

(가) 학설 및 판례

표현대리의 인정근거에 대해서는 거래의 안전을 보호하기 위하여 대리권의 외관에 대하여 본인의 책임을 인정하는 것이 아니라 외부적 수권에 대하여 본인의 책임을 인정한 것이라고 하는 유권대리설이 주장되고 있으나, 일반적으로는 거래의 안전을 위하여 어떠한 외관적 사실을 야기한 데 원인을 제공한 자는 그 외관적 사실을 믿음에 정당한 사유가 있다고 인정되는 자에 대하여는 책임이 있다는 권리외관 이론에 그 기초를 두고 있다고 설명한다(외관책임설)(대판 1998. 5.29, 97다55317). 유권대리설은 표현대리를 유권대리의 아종으로 이해하지만, 외관책임설에서는 표현대리를 무권대리의 일종으로 보고 있다(대판(전합) 1983.12. 13, 83다카1489).

(나) 표현대리의 주장 및 철회

표현대리는 유효한 대리권이 존재한다는 외관의 발생에 관하여 본인이 어느 정도의 원인을 제공하고 있다. 모든 표현대리에 있어서 표현대리의 주장이나 철회는 제3자(상대방)쪽에서만 할 수 있고, 본인은 표현대리의 주장을 할 수 없다. 본인은 단지 그 대리행위의 유효를 원하면 무권대리행위의 추인을 할 수 있을 뿐이다. 이때 표현대리의 주장은 선의·무과실의 상대방만이 할 수 있고, 철회는 무권대리행위에서 선의의 상대방만이 할 수 있다(제134조).

(다) 표현대리에 적용되는 무권대리에 관한 규정

외관책임설에 의하면, 모든 표현대리에 무권대리에 관한 규정이 적용된다. 다만 상대방이 표현대리의 주장을 하지 않고 대리행위자에게 제135조(상대방에 대한 무권대리인의 책임)의 책임을 물을 수 있는지에 대해서는 견해가 대립된다. 일부 견해는 이를 부정한다. 표현대리가 성립되면 상대방은 계약이 성립된 것과 같은 효과를 본인에게 주장할 수 있어 상대방이 의도한 계

제1편
제2편
제3편
제4편
제5편
제6편
제7편
제8편
제9편

계약의 성립

약의 목적을 달성할 수 있으므로 추가적으로 무권대리인에게도 책임을 물을 필요가 없다고 본다. 반면 그 적용을 긍정하는 견해도 있다. 즉 상대방은 선택적으로 표현대리행위책임을 묻거나 또는 무권대리행위자에게 책임을 추급할 수 있다고 본다. 무권대리인도 권한 없이 대리행위를 한 자로서 일정한 책임을 부담하는 것이 타당하며, 표현대리를 무권대리로 보는 이상 제135조의 적용만을 배제할 다른 합리적인 이유가 없음을 근거로 한다.

생각건대 제135조 책임긍정설이 타당하다. 부정설에 의하면 상대방은 표현대리의 주장을 하지 않고서는 무권대리인에게 제135조의 책임을 물을 수 없게 된다. 무권대리행위로 인하여 불이익을 받게 될 위험에 처한 상대방에게 이러한 절차를 요구해서는 안 된다. 따라서 상대방은 표현대리책임을 묻지 않고 바로 제135조의 책임도 물을 수 있도록 함이 타당하다(표현대리책임이 먼저 확정되는 경우에는 더 이상 제135조의 책임을 물을 수 없는 반면, 제135조의 책임이 먼저 확정되면 더 이상 표현대리책임을 물을 수 없다고 할 것이다).

표현대리행위로 손해를 입은 본인은 표현대리인에 대하여 일반 무권대리와 마찬가지로 사무관리 · 부당이득 · 불법행위에 기한 책임을 물을 수 있다. 특히 제126조의 경우에는 기초적 내부관계에 따른 의무 위반에 기하여 채무불이행책임을 물을 수도 있다.

(4) 표현대리의 상대방

(가) 제3자(상대방)의 범위

제3자(상대방)의 범위는 표현대리행위의 직접적인 상대방으로 제한되며, 전득자는 포함되지 않는다. 따라서 직접상대방의 악의 또는 과실로 인하여 표현대리가 성립하지 않으면 그러한 직접상대방과 거래한 제3자가 표현대리인에게 대리권 없음에 대하여 선의 · 무과실이라도 본인에게 그 책임을 묻지 못한다. 이는 표현대리에 의한 어음 · 수표행위의 효력에 적용 또는 유추적용할 경우에 있어서도 마찬가지이다(대판 1997.11. 28, 96다21751). 그러나 전득자가 표현대리행위의 직접상대방의 표현대리 주장을 원용할 수는 있다. 직접상대방에게 표현대리가 성립하면 제3자는 악의 · 과실이 있어도 본인은 표현대리행위에 대하여 책임을 부담해야 하기 때문이다.

한편 회사를 대표할 권한이 없는 표현대표이사가 다른 대표이사의 명칭을 사용하여 어음행위를 한 경우, 회사가 책임을 지는 선의의 제3자의 범위에는 표현대표이사로부터 직접 어음을 취득한 상대방뿐만 아니라, 그로부터 어음을 다시 배서양도받은 제3취득자도 포함된다(대판 2003. 9.26, 2002다65073). 상법상 표현대표이사의 경우 민법상 표현대리의 상대방이 직접 상대방에 국한되는 것과 달리 보는 것이다.

(나) 증명책임

상대방의 정당한 이유 또는 선의 · 무과실의 증명책임과 관련하여 판례는 제126조(대판 1968.6. 18, 68다694)의 경우에는 상대방이 정당한 이유에 대한 증명책임이 있다고 한다. 또한 제129조(대리권소멸후의 표현대리)와 관련하여도 판례(대판(전합) 1983.12. 13, 83다카1489)는 상대방(표현대리책임을 주장하는 사람)에게 선의·무과실의 증명책임을 지우고 있다. 제125조의 표현대리의 경우에는 판례는 없으나, 조문구조상 표현대리책임을 부정하려는 본인이 상대방의 악의 또는 과실을 증명해야 한다.

상법 어음행위

어음행위란 어음상의 채무를 발생시키는 기명날인 또는 서명을 요건으로 하는 요식의 서면행위를 말한다. 환어음의 경우 어음행위는 발행·배서·인수·참가인수·보증 등이 있으며 약속어음에서는 발행·배서·보증 등이 어음행위에 해당된다.

어음행위의 대리시에 어음의 본질에 반하거나 특별규정(⑩ 어음법 제8조, 제77조)이 없는 한 민법상 대리에 관한 규정이 적용된다.

(5) 표현대리의 적용범위

(가) 공법상 행위, 소송행위

표현대리는 공법상 행위, 소송행위에 적용이 없다. 즉 이행지체가 있으면 즉시 강제집행을 하여도 이의가 없다는 '강제집행 수락의사표시'는 '소송행위'라 할 것이고, 이러한 소송행위에는 민법상의 표현대리규정이 적용 또는 유추적용될 수는 없는 것이다(대판 1983.2.8, 81다카621).

(나) 법정대리

표현대리가 법정대리에도 적용되는지는 표현대리의 유형에 따라 달리 보아야 한다. 권한을 넘은 표현대리(제126조)(대판 1997.6.27, 97다382810), 대리권 소멸 후의 표현대리(제129조)(대판 1975.1.28, 74다1199)는 법정대리의 경우에도 적용되지만, 대리권수여의 표시에 의한 표현대리(제125조)는 법정대리의 경우에는 적용되지 않는다고 할 것이다(다수설).

(다) 사자(使者)

사실행위에 불과한 행위를 기본대리권으로 하여 제126조의 표현대리가 성립할 수는 없다(대판 1992.5.26, 91다32190). 다만 판례 중에는 대리인이 아니고 사실행위를 위한 사자라 하더라도 외견상 그에게 어떠한 권한이 있는 것의 표시 내지 행동이 있어 상대방이 대리권 있음을 믿었고 또 믿음에 있어 정당한 사유가 있다면 표현대리의 법리에 의하여 본인에게 책임이 있다고 판시한 경우도 있다(대판 1962.2.8, 4294민상192).

(6) 표현대리의 효과

(가) 대리행위의 효과가 본인에게 귀속

표현대리가 인정되면 본인은 계약 내용대로 이행해야 할 책임을 진다. 반대로 표현대리행위

---

10) 친족회(현행법상으로는 후견감독인에 해당됨)의 동의가 필요한 대리행위를 동의 없이 법정대리인이 한 경우에 표현대리의 성립가능성을 인정했으나 주어진 사실관계를 검토하여 정당한 이유가 없다고 판단하였다.

로 상대방이 반대급부의무를 부담하는 경우에는 그 권리도 취득하게 된다. 그렇다고 표현대리행위가 유권대리행위로 바뀌는 것은 아니다. 따라서 상대방이 표현대리를 주장하지 않으면 표현대리행위의 효과가 당연히 발생하는 것이 아니라는 점에서도 확인된다.

(나) 상대방의 최고권 · 철회권의 인정 여부

무권대리에 있어서 본인과 상대방 사이의 추인 · 최고 · 철회의 법률관계가 표현대리에도 적용되는지 문제된다. 표현대리는 무권대리의 성질을 잃지 않기 때문에 무권대리의 규정$\binom{\text{제130조 내}}{\text{지 제134조}}$이 표현대리에 관하여 적용된다고 하는 적용긍정설과 무권대리에 관한 제130조 내지 제134조는 표현대리에 적용되지 않는다는 적용부정설의 대립이 있다. 이는 표현대리의 본질에 대한 논의와 관련이 있다. 표현대리는 무권대리의 일종이기 때문에 표현대리에 있어서 제130조 내지 제134조(상대방의 철회권, 본인의 추인권)가 적용된다고 볼 것이다. 다만 표현대리를 주장하면서 동시에 철회권 또는 최고권을 행사하는 것은 특별한 사정이 없는 한 금반언의 원칙에 어긋나므로 부정되어야 한다.

(다) 과실상계법리의 유추적용 여부

표현대리행위가 성립하는 경우에 그 본인은 표현대리행위에 대하여 전적인 책임을 져야 하고, 상대방에게 과실이 있다고 하더라도 과실상계의 법리를 유추적용하여 본인의 책임을 경감할 수 없다$\binom{\text{대판 }1996.7.12,}{95\text{다}49554}$. 과실상계는 원칙적으로 채무불이행 내지 불법행위로 인한 손해배상책임에 대하여 인정되는 것이지 채무내용에 따른 본래 급부의 이행을 구하는 경우에 적용될 것은 아니기 때문이다$\binom{\text{대판 }2001.2.9,}{99\text{다}48801}$.

(7) 표현대리의 소송상 주장

상대방이 대리행위의 유효를 주장하면서 그것이 유권대리인가 또는 표현대리인가를 명확히 구분하여 주장해야 하는지가 소송에서 문제된다. 즉 상대방이 유권대리를 주장하는 경우에는 표현대리의 주장도 포함된다고 볼 수 있는지의 문제이다.

유권대리에 있어서는 본인이 대리인에게 수여한 대리권의 효력에 의하여 법률효과가 발생하는 반면, 표현대리에 있어서는 대리권이 없음에도 불구하고 법률이 특히 거래상대방 보호와 거래안전 유지를 위하여 본래 무효인 무권대리행위의 효과를 본인에게 미치게 한 것이다. 따라서 표현대리가 성립된다고 하여 무권대리의 성질이 유권대리로 전환되는 것은 아니므로 양자의 구성요건 해당사실 즉 주요사실은 다르기 때문에 유권대리에 관한 주장 속에 무권대리에 속하는 표현대리의 주장이 포함되어 있다고 볼 수 없다$\binom{\text{대판(전합) }1983.12.}{13,\ 83\text{다카}1489}$.

(8) 그 밖의 쟁점

(가) 강행법규위반의 대리행위

사례 23 토지구획정리조합(이하 '조합') 상무이사 A는 일상적인 대외 업무에 관하여 조합을 대리할 권한이 있다. 그런데 A가 그 권한을 넘어 B에게 채권권리확인서를 작성, 인증할 권한을 위임하여, B가 甲에 대한 채권권리확인서를 작성, 인증하여 주었다. 채권권리확인서는 조합 소유인 체비지를 甲에게 매도한 행위를 추인하는 의사표시를 그 내용으로 하고 있었다. 甲은 조합에 대해 매매계약상의 권리를 주장한다. 그 타당성은? (구 토지구획정리사업법 제26조 제8호는 "체비지 또는 보류지의 처분 방법에 관하여는 조합원총회의 결의를 거쳐야 한다"고 규정하고 있었다)

(대판 2001.3.23, 2000다72671 참조)

|해설 23| 甲은 매매계약상 권리를 주장할 수 없다.

구 토지구획정리사업법 제26조 제8호는 "체비지 또는 보류지의 처분 방법에 관하여는 조합원총회의 결의를 거쳐야 한다"고 규정하고 있으므로, 토지구획정리조합이 조합원총회의 결의를 거치지 아니하고 체비지 또는 보류지를 처분하는 행위를 한 경우에는 그 효력이 없다.

대리행위가 강행법규에 위반한 경우에는 표현대리는 성립할 수 없다. 강행법규를 위반한 행위는 절대적 무효이고 법률효과를 부여하지 못하기 때문이다.

증권회사 또는 그 임·직원의 부당권유행위를 금지하였던 구 증권거래법 제52조 제1호는 공정한 증권거래질서의 확보를 위하여 제정된 강행법규로서 이에 위배되는 주식거래에 관한 투자수익보장약정은 무효이고, 투자수익보장이 강행법규에 위반되어 무효인 이상 증권회사의 지점장에게 그와 같은 약정을 체결할 권한이 수여되었는지 여부에 불구하고 그 약정은 여전히 무효이므로 표현대리의 법리가 준용될 여지가 없다($\frac{대판\ 1996.8.23,}{94다38199}$). 또한 학교법인을 대표하는 이사장이라 하더라도 학교법인의 기본재산처분 행위에 대해서는 이사회의 심의·결정을 거쳐야 하고 이와 같은 재산의 처분 등에 관하여는 법률상 그 권한이 제한되어 이사회의 심의·결정 없이는 이를 대리하여 결정할 권한이 없는 것이라 할 것이므로, 이사장이 한 학교법인의 기본재산 처분행위에 관하여는 제126조의 표현대리에 관한 규정이 준용되지 아니한다($\frac{대판\ 1983.12,}{27,\ 83다548}$).

(나) 표현대리 상대방의 사기취소 가능성

표현대리의 상대방이 대리인의 사기를 이유로 법률행위의 취소를 주장할 수 있는지는 예외적인 경우에만 발생할 수 있다. 통상 표현대리는 무권대리를 이유로 본인이 무효를 주장하는 경우에 상대방이 표현대리책임을 본인에게 묻게 된다. 그런데 대리행위의 효과를 본인에게 주장하지 않으려는 상대방이 표현대리를 근거로 그 효과귀속을 주장하면서 사기를 이유로 취소를 주장하는 경우란 흔치 않다. 다만 표현대리를 먼저 주장하여 책임을 물을 수 있게 되었다가, 그 효과를 부정하고 싶은 상대방이 나중에 사기를 이유로 그 법률행위의 취소를 주장하는 경우는 있을 수 있다. 이와 같이 상대방이 처음에는 표현대리를 주장(대리행위의 효력주장)했다가, 이후 사기를 이유로 취소(대리행위의 무효주장)를 하는 것은, 별도의 요건을 청구의 근거로 주장하는 것이므로 특별한 사정이 없는 한 이를 부정할 이유는 없다.

(다) 채권의 준점유자에 대한 변제

판례에 따르면 채권자의 대리인이라고 하면서 채권을 행사하더라도 채권의 준점유자에 해당된다. 변제수령자가 변제수령시 채권자의 대리인이라고 속여서 변제를 받더라도 유효할 수 있다. 채권의 준점유자($\overset{제470}{조}$)란 변제자의 입장에서 볼 때 일반의 거래관념상 채권을 행사할 정당한 권한을 가진 것으로 믿을 만한 외관을 가지는 사람을 말하기 때문이다. 즉 준점유자가 스스로 채권자로서 채권을 행사하는 경우뿐만 아니라 채권자의 대리인으로서 채권을 행사하는 때에도 채권의 준점유자에 해당한다고 본다. 예컨대 예금주의 대리인이라고 주장하는 자가 예금주의 통장과 인감을 소지하고 예금반환청구를 한 경우, 은행이 예금청구서에 나타난 인영과 비밀번호를 신고된 것과 대조 확인하는 외에 주민등록증을 통하여 예금주와 청구인의 호주가 동일인이라는 점까지 확인하여 예금을 지급하였다면 이는 채권의 준점유자에 대한 변제로서 유효하다($\overset{\text{대판 2004.4.23,}}{\text{2004다5389}}$).

(라) 표현대리에 의한 동산의 선의취득

대리인이 본인 소유의 동산을 대리권 없이 매도한 경우 선의취득($\overset{제249}{조}$)이 인정되지 않는다. 양도인은 무권리자가 아니기 때문이다. 다만 이 때에 대리인은 무권대리행위를 한 것이므로 표현대리의 요건이 구비된 경우에는 본인은 표현대리책임을 부담한다. 만약 본인 이외의 사람 소유의 물건을 대리권 없이 매도한 경우에는 표현대리의 요건과 선의취득의 요건이 모두 구비되었다면 상대방은 소유권을 취득할 수 있다.

2. 대리권 수여표시에 의한 표현대리(제125조의 표현대리)

(1) 의 의	3) 수권표시의 철회
(2) 성립요건	(나) 표시된 대리권의 범위 내의 행위일 것
(가) 상대방에게 하는 수권의 표시(대리권 수여	(다) 대리행위의 상대방
의 표시)	(라) 제3자의 선의 · 무과실
1) 수권표시의 법적 성질	(3) 효 과
2) 수권표시의 방법	(4) 법정대리에 대한 제125조의 적용 여부

(1) 의 의

(가) 제3자에 대하여 타인에게 대리권을 수여함을 표시한 자는 그 대리권의 범위 내에서 행한 그 타인과 그 제3자간의 법률행위에 대하여 책임이 있다. 본인이 실제로는 타인에게 대리권을 수여하지 않았음에도 불구하고 수여하였다고 표시(대리권수여표시)함으로써 대리권 수여의

외관이 존재하는 경우에 관한 규정이다. 예컨대 甲이 乙을 대리인으로 선임한다는 취지의 광고를 내고 그것을 본 丙이 乙을 甲의 대리인으로 믿고 거래를 하였지만, 실제로 甲이 乙에게 대리권을 수여하지 아니한 경우에도 甲에게 책임을 부담시키는 것이다.

제125조의 표현대리는 "본인이 제3자(거래상대방)에 대하여 타인(표현대리인)에게 대리권을 수여함을 표시할 것"이라는 것 이외에 "제3자가 대리권이 없음을 알았거나 알 수 있었을 때에는 표현대리가 성립하지 않는다"는 것을 요건으로 한다는 점에 특색이 있다.

(나) 상법에는 표현지배인(상법 제14조11)), 명의대여자의 책임(상법 제24조12)), 표현대표이사(상법 제395조) 등의 특별규정을 두어 상대방을 보호하고 있다. 이와 같이 상법에서는 민법과는 달리, 상대방이 선의 또는 무중과실이기만 하면 영업주가 책임을 지게 되어 있다.

상법 상법상 표현대표이사(상법 제395조)

1. 의 의
사장, 부사장, 전무, 상무 기타 회사를 대표할 권한이 있는 것으로 인정될 만한 명칭을 사용한 이사의 행위에 대해서는 그 이사가 회사를 대표할 권한이 없는 경우에도 회사는 선의의 제3자에 대해 그 책임을 지도록 하는데 이를 표현대표이사라고 한다(상법 제395조).
표현대표이사는 대표이사가 아니지만 거래안전의 보호를 위한 독일법의 외관주의 법리 또는 영미법상의 금반언의 법리에 의하여 회사에 표현책임을 인정하는 것이다.

2. 적용요건
(1) 외관의 존재
사장, 부사장, 전무, 상무 등 대표권을 표시하는 명칭을 사용하여 행위를 하여야 한다.
표현대표이사로 되기 위해 이사 자격이 필요한지가 문제된다. 상법 제395조는 "명칭을 사용한 이사"라고 하여 마치 이사 자격이 없는 자의 행위는 배제하는 것으로 보이기 때문이다. 그러나 표현대표이사는 금반언의 법리나 외관이론에 따라 대표이사로서의 외관을 신뢰한 제3자를 보호하기 위하여 그와 같은 외관의 존재에 관하여 귀책사유가 있는 회사로 하여금 선의의 제3자에 대하여 그들의 행위에 관한 책임을 지도록 하려는 것이므로 이사의 자격이 중요한 것은 아니라 할 것이다(상법 제395조의 유추적용 긍정. 대판 1992.7.28, 91다35816 참조).

(2) 외관의 부여
표현대표이사의 행위에 대해 회사에게 귀책사유가 있어야 한다. 회사가 표현대표이사가 그와 같은 대표권을 표시하는 명칭을 사용하는 것을 허락해야 하는 것이다. 다만 이때의 허락에는 묵시적 허락도 포함된다. 가령 회사가 이사의 자격도 없는 사람이 임의로 표현대표이사의 명칭을 사용하고 있는 것을 알면서도 아무런 조치를 취하지 아니한 채 그대로 방치하여 소극적으로 묵인한 경우에도 상법

---

11) **상법 제14조 (표현지배인)** ① 본점 또는 지점의 본부장, 지점장, 그 밖에 지배인으로 인정될 만한 명칭을 사용하는 자는 본점 또는 지점의 지배인과 동일한 권한이 있는 것으로 본다. 다만, 재판상 행위에 관하여는 그러하지 아니하다. ② 제1항은 상대방이 악의인 경우에는 적용하지 아니한다.
12) **상법 제24조 (명의대여자의 책임)** 타인에게 자기의 성명 또는 상호를 사용하여 영업을 할 것을 허락한 자는 자기를 영업주로 오인하여 거래한 제3자에 대하여 그 타인과 연대하여 변제할 책임이 있다.

제395조가 유추적용될 수 있다(대판 1992.7.28, 91다35816 참조).

(3) 외관의 신뢰

제3자는 행위자에게 대표권이 없음을 알지 못했어야 한다(선의). 과실의 유무는 묻지 않지만 중과실의 경우에는 악의와 마찬가지로 보아 회사는 책임을 면한다고 본다. 악의 · 중과실의 증명책임은 회사가 부담한다.

제3자의 범위는 거래의 직접 상대방뿐 아니라 전득자도 포함한다. 일반 사법상 행위에 대해서는 그 상대방 및 권리의 전득자를 의미하고, 어음관계에서는 그 어음의 권리자의 지위에 있는 자 모두를 포함한다.

3. 적용효과

표현대표이사의 행위에 대해서는 회사가 선의의 제3자에 대하여 책임을 부담한다. 즉 대표권이 있는 진정한 대표이사의 행위와 마찬가지로 회사가 권리를 취득하고 의무를 부담하는 것이다.

(2) 성립요건

(가) 상대방에게 하는 수권의 표시(대리권 수여의 표시)

수권의 표시만 있지 실제로 수권행위가 없었으므로 어떤 대리권도 존재하지 않거나, 존재한 적이 없어야 한다. 이 점이 제126조의 표현대리 또는 제129조의 표현대리와 구별되는 점이다.

1) 수권표시의 법적 성질

수권표시의 법적 성질에 대해서는 의사표시로 보는 견해가 있으나, 다수설은 수권행위가 있었다는 뜻을 알리는 관념의 통지로 이해한다. 이에 의하면 상대방에 대한 수권표시는 대리권 발생의 효과를 가져오지 않으므로 그것만으로는 무권대리가 되지만, 제125조의 표현대리에 의해 예외적으로 대리의 효과가 발생한 것과 동일한 내용의 책임을 부담한다.

판례는 제125조가 규정하는 대리권 수여의 표시에 의한 표현대리는 본인과 대리행위를 한 자 사이의 기본적인 법률관계의 성질이나 그 효력의 유무와는 관계없이 어떤 자가 본인을 대리하여 제3자와 법률행위를 함에 있어 본인이 그 자에게 대리권을 수여하였다는 표시를 제3자에게 한 경우에 성립한다고 밝히고 있다(대판 2007.8.23, 2007다23425).

사례 24 A는 乙에게 자기 소유인 X부동산을 매도하는 대리권을 甲에게 주었다고 말했다. 그 말을 믿고 乙은 甲과 A소유 X부동산의 매매계약을 체결했다. 그러나 A는 甲에게 어떤 대리권도 수여하지 않았다. 이 때 甲은 적법하게 대리행위를 한 것인가, 아니면 무권대리이나 乙은 제125조의 표현대리책임을 물을 수 있는가?

해설 24 무권대리이나 제125조 주장이 가능하다.

통설은 수권이 없는 것으로 보아 무권대리이나, 대리권 수여의 표시는 있는 것으로 보아 표현대리 요건을 구비했을 때 제125조의 주장이 가능하다고 한다.

2) 수권표시의 방법

수권표시의 방법에는 특별한 제한이 없다. 반드시 대리권 또는 대리인이라는 말을 사용하여야 하는 것이 아니라 사회통념상 대리권을 추단할 수 있는 직함이나 명칭 등의 사용을 승낙 또는 묵인한 경우에도 대리권 수여의 표시가 있은 것으로 볼 수 있다. 즉 호텔 등의 시설이용 우대회원 모집계약을 체결하면서 자신의 판매점, 총대리점 또는 연락사무소 등의 명칭을 사용하여 회원모집 안내를 하거나 입회계약을 체결하는 것을 승낙 또는 묵인하였다면 제125조의 표현대리가 성립할 여지가 있다(대판 1998.6.12, 97다53762). 그러나 인장은 빼고 인감증명서만 교부했다면 이를 대리권수여의 표시로 보기는 어렵다. 인감증명서는 인장사용에 부수해서 그 확인방법으로 사용될 뿐, 그것만으로 독립해서 어떠한 증명방법으로 쓰이는 것은 아니기 때문이다(대판 1978.10.10, 78다75).

또한 수권표시는 본인이 직접 하지 않고 대리인이 될 자를 통해서 하더라도 무방하다. 대리인 선임권이 있는 대리인이 제3자에게 복대리권 수여의 표시를 하고 복대리권을 수여하지 않은 경우가 이에 해당한다.

甲이 주채무액을 알지 못한 상태에서 주채무자의 부탁으로 채권자와 보증계약 체결 여부를 교섭하는 과정에서 채권자에게 보증의사를 표시한 후, 주채무가 거액인 사실을 알고서 보증계약 체결을 단념하였으나 甲의 도장과 보증용 과세증명서를 소지하게 된 주채무자가 임의로 甲을 대신하여 채권자와 사이에 보증계약을 체결한 경우, 甲이 채권자에 대하여 주채무자에게 보증계약 체결의 대리권을 수여하는 표시를 한 것이라 단정할 수 없다(대판 2000.5.30, 2000다2566). 그리고 제조회사가 신문에 자사 제품의 전문취급점 및 A/S센터 전국총판으로 A대리점을 기재한 광고를 한 번 실었다고 하더라도, 위 광고를 곧 제조회사가 제3자에 대하여 A대리점에게 자사 제품의 판매에 관한 대리권의 수여를 표시한 것이라고 보기 어렵다(대판 1999.2.5, 97다26593).

사례 25 A는 乙은행과 금융거래를 시작하였는데, 乙은 고객관리차원에서 직원인 B를 시켜 A에게 파출수납의 편의를 제공하였다. 그런데 B는 A의 예탁금을 편취하기로 마음먹고, A로부터 인출요구를 받지 아니하였음에도 불구하고 마치 A로부터 인출요구를 받아 파출업무를 수행하는 것처럼 가장하여 예탁금을 인출하였다. 이때 B는 영업부의 직원 C에게 구두로 출금을 요구하여 돈을 받은 후 A 몰래 인장을 찍어둔 인출청구서에 A의 서명을 위조하여 위 영업부 직원에게 교부한 것이다.

A는 乙을 상대로 예탁금의 반환을 청구하였는데, 乙은 다음과 같은 주장을 한다. 1) B의 인출행위가 표현대리의 법리에 의하여 A에게 그 효력이 미친다고 주장하고, 2) 그 외에도 A가 인장관리를 소홀히 하였음을 이유로 과실상계를 주장한다. 그 타당성은?　(대판 2001.2.9, 99다48801 참조)

│해설 25│ 표현대리가 성립하지 않는다. 과실상계할 수 없다.

1) 금융기관의 직원이 고객관리차원에서 장기간 동안 고객의 예금을 파출수납의 방법으로 입금 및 인출하여 오던 중 고객으로부터 예금인출 요구를 받지 않았음에도 불구하고 인출을 요구받아 파출업무를 수행하는 것처럼 가장하여 금융기관의 영업부 직원에게 구두로 출금을 요구하여 돈을 받은 후 고객 몰래 인장을 찍어둔 인출청구서에 고객의 서명을 위조하여 위 영업부 직원에게

교부하는 방법으로 여러 차례에 걸쳐 금원을 인출한 경우, 파출수납의 방법에 의한 예금 입·출금은 금융기관 직원 자신의 직무를 수행하는 것에 불과하고, 고객이 직원에게 예금 입·출금과 관련한 대리권을 수여하였다거나 그 수여의 의사를 표시한 것으로 볼 수는 없다. 즉 사안의 경우 표현대리가 성립할 수 없다.

2) 乙의 과실상계 주장은 인용될 수 없다. 과실상계는 원칙적으로 채무불이나 불법행위로 인한 손해배상책임에 대하여 인정되는 것이지 채무내용에 따른 본래 급부의 이행을 구하는 경우에 적용될 것은 아니기 때문이다. 예금주가 인장관리를 다소 소홀히 하였거나 입·출금 내역을 조회하여 보지 않음으로써 금융기관 직원의 불법행위가 용이하게 된 사정이 있다고 할지라도 정기예탁금 계약에 기한 정기예탁금 반환청구사건에 있어서는 그러한 사정을 들어 금융기관의 채무액을 감경하거나 과실상계할 수 없다.

사례 26 甲은 乙로부터 오피스텔을 분양받기로 하는 계약을 체결하였다. 甲은 중개인 A에게 분양계약금 및 중도금, 잔금을 교부하여 乙에게 지급토록 하였으나 A는 계약금 이외의 나머지 돈을 乙에게 지급하지 아니하였다. 乙은 A에게 위 오피스텔에서 분양사무실을 차려놓고 분양계약권과는 구별되는 乙측의 분양업무를 중개하도록 하였고, A는 임의로 분양사업본부의 대표이사라는 명함을 사용하였다. 다만 A는 乙 소유의 오피스텔의 분양업무를 대리하고 있던 H회사에게 오피스텔의 분양 희망자를 중개하여 주고 그 대가로 H회사로부터 수수료만을 지급받기로 하였고 분양계약서의 작성 및 분양대금수납은 H회사에서 직접 관리하여 왔으며, 甲이 A에게 수차례 지급한 매매대금에 대한 영수증은 乙이나 H회사의 명의로 발행되지 아니하고 A명의로 발행되었으며, A는 이 사건 오피스텔을 분양받고자 하는 자가 있으면 그를 오피스텔 내에 있는 H회사 분양사무소에 데리고 가서 분양대금을 지급하고 乙 명의의 계약서를 작성하여 받아오는 방식을 취하였으며, 甲의 매매계약서도 그러한 방식에 의하여 작성되었다. 甲은 제125조의 표현대리를 주장하며 A에게 매매대금을 지급한 것이 유효하다는 주장을 한다. 그 타당성은?

(대판 1997.3.25. 96다51271 참조)

해설 26 타당하지 않다.

乙은 A에게 분양계약권과는 구별되는 분양업무를 중개하도록 하였는데, A가 임의로 분양사업본부의 대표이사라는 명함을 사용하였다고 하여 분양계약과 관련된 수권행위가 있었다고 볼 수 없어 제125조의 표현대리가 되지 않는다.

대법원은 오피스텔에 분양사무실을 차려놓고 분양을 희망하는 사람들을 乙에게 중개하였고 분양사업본부의 대표이사라는 명함을 사용하여 왔다면 이는 乙이 중개인 A에게 대리권 수여의 의사를 표시한 것으로 볼 여지가 있더라도, 甲에게는 당해 행위에 대리권 없음을 모른 데 과실이 있다는 이유로 제125조의 표현대리가 성립하지 않는다고 하였다.

---

3) 수권표시의 철회

수권표시는 대리인이 대리행위를 하기 전에 철회할 수 있다. 수권표시의 철회는 수권표시와 동일한 방법으로 하여야 한다.

(나) 표시된 대리권의 범위 내의 행위일 것

표현대리인이 표시된 대리권의 범위 내의 행위를 하여야만 제125조의 적용이 있다. 이를 초과한 행위를 한 경우에는 제126조의 표현대리가 문제된다.

(다) 대리행위의 상대방

대리행위의 상대방은 대리권 수여의 표시를 받은 자에 한정된다. 따라서 우연히 옆에서 보고 있던 사람 등은 표현대리의 주장이 불가능하다. 그러나 불특정 다수인에게 표시하였다면 불특정 다수인이 제3자가 된다.

(라) 제3자의 선의·무과실

1) 선의란 대리권이 없음을 알지 못하는 것을 의미하며, 무과실이란 선의인 데 과실이 없는 것을 의미한다.

2) 상대방의 과실 유무의 판단시점은 무권대리행위 당시이다. 즉 표현대리에 있어서 상대방의 대리인이라고 칭하는 자가 대리권을 갖고 있다고 믿었음에 과실이 있는가의 여부는 표현대리가 거래안전을 위하여 인정된 제도임을 감안할 때 계약성립 당시의 제반사정을 객관적으로 판단하여 결정하여야 한다(대판 1974.7.).

3) 제125조와 관련하여 본인이 증명책임을 부담한다. 즉 본인이 상대방의 악의 또는 과실 있음에 대한 증명책임을 진다.

(3) 효 과

제125조의 성립요건이 갖추어지면 본인은 상대방에게 책임을 져야 한다. 무권대리행위에 대한 본인의 책임은 본인에게 직접 무권대리인이 행한 법률행위의 법률효과가 귀속되는 것이다. 표현대리도 무권대리이므로 제130조 이하의 규정이 적용된다. 다만 제135조의 무권대리인의 책임은 배제된다는 견해가 있다.

(4) 법정대리에 대한 제125조의 적용 여부

법정대리에 제125조가 적용될 수 있는지를 두고 논란이 있다. 법정대리에도 본조의 적용을 인정해야 한다는 적용긍정설과 제한능력자의 법정대리는 거래안전보다 제한능력자보호를 우선시키는 제도이므로 제125조를 적용해서는 안 된다고 하는 제한적 긍정설이 주장되고 있지만, 통설은 법정대리에는 제125조의 적용이 없다고 한다. 법정대리인은 본인이 선임하는 것이 아니므로 본인이 어떤 자에게 법정대리권을 주었다는 뜻을 통지한다는 것은 무의미하기 때문이다.

甲은 乙에게 토지를 매도하고 대금을 지급받은 후 소유권이전등기신청을 위하여 필요한 서류와 위임장 등을 乙에게 교부하면서 수임인란(대리인란)을 백지로 하였다. 乙은 이 백지위임장을 다시 丙에게 교부하고 丙은 이를 다시 丁에게 교부했다. 丁은 아직 수임인란에 자신의 이름을 기명날인하지 않은 상태에서 甲의 대리인으로 등기신청을 했다. 이에 甲은 丁에게 등기신청의 대리권이 없음을 이유로 그 등기신청의 효력을 부정한다. 이러한 주장은 타당한가?

┃**해설**┃ 이와 같은 등기신청은 무권대리행위로 유효하지 않지만 표현대리의 법리에 의하여 등기신청이 유효한 것으로 다루어진다.

백지위임장의 교부는 백지위임장의 수령자가 아니라 불특정인에 대한 청약에 해당하고 전전유통되는 과정에서 누군가가 수임인으로서 그 백지위임장의 공란에 기명날인함(위임계약상의 승낙)으로써 위임계약이 성립되어 그 사람이 대리권을 취득한다고 본다. 결국 乙은 아직 대리인란에 자신의 이름을 보충을 하지 않았으므로 대리권이 발생하지 않았다. 丙과 丁도 아직 수임인란에 기명날인하지 않았으므로 대리인의 지위에 있지 않다.

위와 같이 백지위임장의 교부자가 특정인에 의한 대리행위를 전제하지 않고 백지위임장을 乙에게 교부한 것으로 볼 수 있다면 乙에게 대리권을 수권한 것으로 볼 수는 없다. 다만 乙을 포함하여 대리인란에 기명날인한 사람이 대리인이 된다고 할 것이다. 丁이 대리행위를 하더라도 대리인란을 공란으로 남겨 놓았다면 丁은 원칙적으로 무권대리인이다. 다만 대리권 수여의 표시가 있는 것으로 보아 제125조의 표현대리가 성립할 수 있다.

3. 권한을 넘은 표현대리(제126조의 표현대리)

(1) 의 의
(2) 성립요건
  (가) 기본대리권의 존재
    1) 기본대리권의 의미
    2) 기본대리권으로서의 적법성이 문제되는 경우들
      ㉮ 사실행위(원칙적 부정, 예외적 인정)
      ㉯ 법정대리권이 기본대리권이 될 수 있는지 여부(긍정)
      ㉰ 일상가사대리권(日常家事代理權)(긍정)
      ㉱ 공법행위의 대리권
      ㉲ 복대리
      ㉳ 인장교부
    3) 표현대리의 중복적용 가능성
  (나) 대리인이 기본대리권의 범위를 넘는 대리행위를 할 것
    1) 대리인의 대리행위가 있을 것
    2) 월권행위
  (다) 상대방이 대리인에게 대리권이 있다고 믿고 또한 그렇게 믿을 만한 정당한 이유가 있을 것
    1) 상대방의 범위
    2) 제126조의 '정당한 이유'의 의미
    3) 정당한 이유의 판단시기
    4) 증명책임
    5) 구체적 사례
      ㉮ 정당한 이유를 긍정한 예
      ㉯ 정당한 이유를 부정한 예
(3) 효 과

(1) 의 의

제126조의 권한을 넘은 표현대리란 표현대리인이 그의 기본대리권의 범위를 넘어서 본인을 위한 법률행위를 하는 것을 의미한다. 이 유형의 표현대리가 실제에서 가장 많이 문제가 된다. 대리인이 그 권한외의 법률행위를 한 경우에 제3자가 그 권한이 있다고 믿을 만한 정당한 이유가 있는 때에는 본인은 그 행위에 대하여 책임이 있다.

(2) 성립요건

(가) 기본대리권의 존재

1) 기본대리권의 의미

제126조가 적용되기 위해서는 실제로 이루어진 대리행위에 대한 대리권은 없지만 그 어떤 행위에 대해서는 대리권이 존재하여야 한다. 여기서 실제로 존재하는 그 어떤 행위에 대한 대리권을 기본대리권이라 하는데, 기본적인 어떠한 대리권이 없는 사람에 대하여는 대리권 유월의 표현대리관계는 부정됨이 원칙이다$\binom{\text{대판 1974.5.}}{\text{14, 73다148}}$.

한편 기본대리권은 대리행위와 동종·유사한 것일 필요가 없고 전혀 별개의 행위에 대한 대리권도 가능하다. 즉 제126조의 표현대리는 문제된 법률행위와 수여 받은 대리권 사이에 아무런 관계가 없는 경우에도 적용된다. 예컨대 임야불하 동업계약 체결권한만을 가진 대리인이 매매계약을 체결한 경우에도 제126조의 표현대리가 성립할 수 있다$\binom{\text{대판 1963.11.}}{\text{21, 63다418}}$. 또한 기본대리권이 등기신청행위에 관한 것이라 할지라도 표현대리인이 그 권한을 유월하여 대물변제라는 사법행위를 한 경우에도 표현대리의 법리가 적용된다$\binom{\text{대판 1978.3.}}{\text{28, 78다282}}$.

사례 27 甲의 어머니 A는 집에 있는 甲 명의의 인장을 임의로 사용하여 甲소유 X토지에 대하여 乙 명의의 가등기와 소유권이전등기를 경료해 주었다. 乙은 A의 대리행위는 표현대리에 해당된다고 주장하고 있다. 이와 같은 항변은 인용될 수 있는가? (대판 1974.5.14, 73다148 참조)

|해설 27| 인용될 수 없다.
기본적인 어떠한 대리권이 없는 자에 대하여는 대리권한의 유월 또는 소멸 후의 표현대리 관계는 성립할 여지가 없는 것이므로 乙의 표현대리 항변은 이유 없다. 또한 임의로 甲 명의의 인장을 사용한 것만으로는 특별한 사정이 없는 한 수권의 표시로 볼 수도 없다.

---

2) 기본대리권으로서의 적법성이 문제되는 경우들

㉮ 사실행위(원칙적 부정, 예외적 인정)

사자(使者)에 불과한 자의 사실행위는 기본대리권으로 볼 수 없음이 원칙이다. 즉 증권회사로부터 위임받은 고객의 유치, 투자상담 및 권유, 위탁매매약정실적의 제고 등의 업무는 사실행위에 불과하므로 이를 기본대리권으로 하여서는 권한초과의 표현대리가 성립할 수 없다

제1편 제2편 제3편 제4편 제5편 제6편 제7편 제8편 제9편 계약의 성립

$\binom{\text{대판 1992.5.26,}}{\text{91다32190}}$. 다만 현금 등의 영수 청산에 있어 사자로서 보조한 자라 하더라도 외관상 그에게 어떠한 권한이 있는 것 같은 표시 내지 행동이 있어 상대방이 그를 믿었고 또 그를 믿음에 있어 정당한 사유가 있었다면 표현대리의 법리에 의하여 본인에게 책임을 지워 상대방을 보호할 수 있다는 취지의 판시도 있다$\binom{\text{대판 1962.2.8,}}{\text{4294민상192}}$.

또한 대리인의 월권행위가 직접 자신에 의해 이루어진 것이 아니라, 대리인의 사자나 복임권 없이 선임된 복대리인에 의해 이루어진 경우에도 제126조의 월권대리가 가능하다고 판시한 예도 있다$\binom{\text{대판 1998.3.27,}}{\text{97다48982}}$. 즉 상대방이 그 행위자를 대리권을 가진 대리인으로 믿었고 또한 그렇게 믿는 데에 정당한 이유가 있는 때에는, 복임권이 없는 대리인에 의하여 선임된 복대리인의 권한도 기본대리권이 될 수 있을 뿐만 아니라, 그 행위자가 사자라고 하더라도 대리행위의 주체가 되는 원대리인이 있고 원대리인에게 본인으로부터 기본대리권이 수여된 이상, 제126조를 적용함에 있어서 기본대리권의 흠결 문제는 생기지 않는다고 하였다. 그러나 이 판결이 사자의 사실행위를 기초로 제126조의 표현대리를 인정한 것으로 볼 수 있을지는 의문이다. 대리인의 사자가 한 행위를 기초로 사자의 행위에 제126조의 표현대리를 적용한 것도 아니다. 개념적으로 사자에게는 기본대리권이 존재하지 않기 때문이다. 사자의 행위가 대리인의 대리권을 넘은 범위에서 이루어진 경우에 대리인의 행위가 표현대리가 된다는 것으로 이해되어야 한다.

사례 28 A는 투자상담사로서 등록을 하지 아니한 채 乙회사 장안동지점장의 묵인 하에 사실상 투자상담사로서 근무하면서 고객을 유치하고 고객들을 상대로 투자상담 등의 업무를 한 사실이 있다. A는 고객 甲으로부터 예탁금을 수령하였으나, 乙회사에 그 예탁금을 이전하지 않았다. 甲은 乙회사를 상대로 예탁금계약에 기하여 예탁금의 반환청구권을 행사하고 있다. 그 인용 여부를 판단하시오. (대판 1992.5.26, 91다32190 참조)

│해설 28│ 예탁금의 반환청구권이 인용되지 않을 것이다.

이 사건에서는 유권대리가 부정되었다. 즉 "피고 회사의 직원이 아니면서도 사실상 투자상담사의 역할을 하는 자에게 유가증권 매매의 위탁 권유 등과 관련하여 증권회사를 대리하여 예탁금을 수령하거나 위탁매매계약을 체결할 권한이 있고 또 그것이 증권업계의 일반적인 관행이라고 볼 수 있는 자료가 없다"고 판시했다.

또한 甲은 제126조의 표현대리를 주장하였으나 판례는 이를 인정하지 않았다. 사실행위를 기본대리권으로 할 수 없음을 이유로 하고 있다. 즉 "민법 제126조의 표현대리가 성립하기 위하여는 무권대리인에게 법률행위에 관한 기본대리권이 있어야 하는바, 증권회사로부터 위임받은 고객의 유치, 투자상담 및 권유, 위탁매매약정실적의 제고 등의 업무는 사실행위에 불과하므로 이를 기본대리권으로 하여서는 권한초과의 표현대리가 성립할 수 없다"고 판시하였다.

사례 29 A는 현금 등의 영수 청산에 있어 乙의 사자로서 乙의 사무를 보조하던 자이다. 그는 과거 두 차례 乙의 수표를 가지고 가서 甲에게 돈을 빌린 바가 있다. A는 정당한 권한 없이 乙 명의의 수표를 가지고 甲으로부터 돈을 차용하였다. 甲은 乙에 대하여 표현대리를 주장한다. 그 타

당성은? (대판 1962.2.8, 4294민상192 참조)

|해설 29| 제126조의 표현대리가 인정된다.
판례는 대리인이 아니고 사실행위를 위한 사자라 하더라도 외견상 그에게 어떠한 권한이 있는
것의 표시 내지 행동이 있어 상대방이 그를 믿었고 또 그를 믿음에 있어 정당한 사유가 있다면
표현대리의 법리에 의하여 본인에게 책임이 있다고 하였다.

ⓒ 법정대리권이 기본대리권이 될 수 있는지 여부(긍정)

법정대리에 있어서는 본인의 의사와 관계없이 대리권이 발생되기 때문에 제126조를 법정대
리에도 적용할 수 있는지 여부를 두고 논란이 있다. 본조의 표현대리가 성립하기 위해서는 본
인의 과실이나 행위에 기할 것을 필요로 하지 않으므로 본조는 법정대리에도 적용된다는 긍정
설과 제한능력자의 법정대리인에 관하여도 본조의 표현대리를 인정하면 제한능력자를 보호하
려는 제한능력자 제도의 목적에 반하게 되므로, 법정대리인의 권한이 후견감독인의 동의를 요
하는 경우(제950조 등)에 법정대리인이 그 동의 없이 대리행위를 할 때에는 본조를 적용할 수 없다는
부정설이 대립하고 있다. 판례는 제126조 소정의 권한을 넘는 표현대리 규정은 거래의 안전을
도모하여 거래상대방의 이익을 보호하려는 데에 그 취지가 있다고 하여 법정대리에도 이를 적
용하고 있다(대판 1997.6.27, 97다3828).

ⓓ 일상가사대리권(日常家事代理權)(긍정)

부부는 일상의 가사에 관하여 서로 대리권이 있으며 부부의 일방이 일상의 가사에 관하여 제
3자와 법률행위를 한 때에는 다른 일방은 이로 인한 채무에 대하여 연대책임이 있다(제827조, 제832조 참조).
일상가사라 함은 부부의 공동생활에 필요한 통상의 사무를 말하며, 그 내용, 정도 및 범위는
부부공동체의 생활정도와 생활장소인 지역적 사회의 관습 내지 일반 견해에 의하여 결정된다.
통상적으로 타방 배우자의 부동산의 매도, 담보제공, 연대보증 등은 일상가사의 범위를 초과한
것이다(가령 대판 1968.11.26, 68다1727,1728).

한편 아파트 구입비용 명목으로 금융기관에서 금전을 차용한 경우 그와 같은 비용의 지출이
부부공동체 유지에 필수적인 주거 공간을 마련하기 위한 것이라면 일상가사에 속한다고 볼 수
있다(대판 1999.3.9, 98다46877).

제827조에 의해 부부는 일상의 가사에 관하여 서로 대리권이 있는데, 이를 일종의 법정대리
권으로 이해하는 법정대리권설은 부부 중 일방이 일상가사대리권을 일탈하여 행한 법률행위에
대해 상대방 배우자의 표현대리책임을 인정한다.[13] 판례는 일상가사대리권을 기본대리권으로
하는 표현대리의 성립을 인정하면서, 다만 표현대리가 성립하려면 배우자에게 가사대리권이 있
었다는 것뿐만 아니라, 부부 일방이 다른 배우자에게 그 행위에 관한 대리권을 주었다고 상대
방이 믿었음을 정당화할 만한 객관적인 사정이 있었어야 한다고 판시했다(대판 1998.7.10, 98다18988).

---

13) 이와는 달리 일상가사대리는 대리권이 아니라 대표권의 문제이며 대리권의 범위가 일상가사에 한정되므로 월권행위
에 대한 표현대리를 원칙적으로 인정해서는 안 된다는 소수설이 있다.

사례 30 甲과 乙은 부부이다. 부인인 乙은 甲의 특별한 수권 없이 남편인 甲 소유 부동산에 관하여 丙에게 근저당권설정등기를 경료하여 주었다. 그런데 丙에게는 甲이 乙에게 근저당권설정에 대한 대리권을 주었다고 신뢰할 만한 객관적인 사정(정당한 이유)은 존재하지 않는다. 丙은 근저당권설정계약의 효력을 甲에게 주장할 수 있는가?　　　　　　　　　　(대판 1968.11.26, 68다1727 참조)

해설 30 주장할 수 없다.

아내가 남편 소유 부동산을 타인에게 양도하거나 근저당권을 설정한 경우에 본조의 표현대리가 되려면 그 아내에게 가사대리권이 있었다는 것 뿐만 아니라 상대방이 남편이 그 아내에게 그 행위에 관한 대리권을 주었다고 믿었음을 정당화할 만한 객관적인 사정이 있었어야 한다. 그런데 이 사건에서는 대리권을 주었다고 믿었음을 정당화할 만한 객관적인 사정이 없었으므로 제126조의 표현대리는 성립하지 않는다.

사례 31 甲과 乙은 부부이다. 부인인 甲은 A로부터 돈을 차용함에 있어 乙 몰래 그의 인감과 인감증명서 등을 소지하고, 乙의 대리인인 양 행세하여 A 앞으로 乙 소유였던 X부동산에 관하여 소유권이전청구권 보전의 가등기를 경료하여 주었다. A는 甲의 인척으로부터 乙 집안이 경제적으로 여유롭고 甲과 乙의 사이가 원만한데 乙 집안에 일시적으로 돈 쓸 일이 생겨서 남편인 乙이 그 처를 통하여 돈을 빌리고자 한다는 말을 들었고, 甲이 소지한 인감증명서의 뒷쪽이 백지로 되어 있어 인감증명 발급절차에 비추어 乙 본인이 직접 발급받은 것이라고 믿은 사실이 있다. A는 표현대리의 성립을 주장할 수 있는가?　　　　　　　　　　(대판 1981.6.23, 80다609 참조)

해설 31 주장할 수 있다.

위와 같은 사정에 비추어 A로서는 甲이 가등기 경료에 관하여 乙을 대리할 권한이 있다고 믿음에 정당한 사유가 있다고 할 것이다.

사례 32 甲은 정신이상으로 10개월 동안이나 입원하였는데 그 입원 중에는 아내와의 면회가 금지되어 가사상담에 응할 처지가 못되었다. 또한 甲은 입원 전후에 입원비나 가족들의 생활비, 교육비 등을 준비해 둔 바가 없었다. 甲의 아내인 乙은 甲 소유인 X부동산을 권원 없이 A에게 매도하였는데, 그 매도대금이 적정가격이었고 그중 일부를 입원비, 생활비, 교육비 등에 충당하고 나머지로 대신 들어가 살 집을 매수할 생각으로 이를 매도하고 실제로 그와 같이 지출하였다. A는 제126조의 표현대리를 주장할 수 있는가?　　　　　　　　　　(대판 1970.10.30, 70다1812 참조)

해설 32 주장할 수 있다.

이 사안에서 법원은 甲의 정신상태, 비용관계, 매도이유, 지출내용 등을 살펴보면 A에게 甲의 대리권이 있다고 믿을만한 정당한 사유가 있다고 보았다. 다만 특이한 점은 A가 이러한 사유를 알았건 몰랐건 간에 객관적으로 보아 그 아내에게 남편의 대리권이 있다고 믿을 만한 정당한 사유가 된다고 보았다는 점이다.

사례 33 甲과 乙은 부부이다. 처 乙은 임의로 남편인 甲의 인감도장과 용도란에 아무런 기재 없이 대리방식으로 발급받은 인감증명서를 소지하고 甲을 대리하여 친정 오빠의 할부판매보증보험계약상의 채무를 연대보증하였다. 인감증명서와 인감도장을 지참하였다는 점 외에 정당한 대리권이 수여되었다고 믿을 만한 객관적 사정은 존재하지 않는다. 보증보험회사는 甲에게 표현대리책임을 주장할 수 있는가?　　　　　　　　　　　　　　　(대판 1998.7.10, 98다18988 참조)

|해설 33| 주장할 수 없다.

타인의 채무에 대한 보증행위는 그 성질상 아무런 반대급부 없이 오직 일방적으로 불이익만을 입는 것인 점에 비추어 볼 때, 남편이 처에게 타인의 채무를 보증함에 필요한 대리권을 수여한다는 것은 사회통념상 이례에 속하므로, 처가 특별한 수권 없이 남편을 대리하여 위와 같은 행위를 하였을 경우에 그것이 제126조 소정의 표현대리가 되려면 그 처에게 일상가사대리권이 있었다는 것만이 아니라 상대방이 처에게 남편이 그 행위에 관한 대리의 권한을 주었다고 믿었음을 정당화할 만한 객관적인 사정이 있어야 한다. 그런데 사안에서는 이러한 객관적 사정이 존재하지 않는다.

사례 34 A는 甲과 동거하며 사실상 부부관계를 맺어왔다. X부동산은 A와 甲이 동거 중에 매수하여 甲 앞으로 소유권이전등기를 경료한 것이다. A는 사업에 필요하여 乙로부터 자금을 융자받으면서 X부동산에 근저당권설정등기를 경료하여 주었다. 근저당권설정계약은 甲도 잘 알고 있는 A의 사업자금 조달을 위하여 이루어졌고, 계약체결시 A는 甲의 인감증명, 인감도장 및 부동산의 등기권리증까지 소지하고 있었으며, 甲과 A가 부부사이라는 점은 乙 회사 내에 널리 알려져 있었다. 乙은 甲에 대해 근저당권설정계약의 효력을 주장할 수 있는가?　　　(대판 1980.12.23, 80다2077 참조)

|해설 34| 주장할 수 있다.

甲과 A가 동거를 하면서 사실상의 부부관계를 맺고 실질적인 가정을 이루어 대외적으로도 부부로 행세하여 왔다면 甲과 A 사이에 일상가사에 관한 사항에 관하여 상호대리권이 있다고 보아야 한다. 또한 위의 사실관계에 비추어 보면 乙로서는 A에게 甲을 대리하여 근저당권설정계약을 체결할 권한이 있었다고 믿을 수밖에 없었을 것이므로 乙과 A 간의 근저당권 설정계약의 효력은 권한유월의 표현대리의 법리에 따라 결국 甲에게 미친다.

사례 35 외국에 체류중인 남편 甲은 부인인 乙에게 자신의 인감도장, 인감증명서 및 주민등록증 등 X부동산의 매각에 사용될 수 있는 제반 서류를 맡겨놓았다. 乙이 甲 명의의 X부동산의 매각에 필요한 제반서류를 丙에게 보여 주며 남편이 자신에게 X부동산 매각에 관한 대리권을 주었다고 말했다. 대리권 있음을 믿은 丙은 대금을 乙에게 지급하고 X부동산의 소유권 이전등기를 받았다. 그런데 乙은 매매대금을 甲에게 전달하지 않고 자신의 친정 동생인 丁에게 그 돈을 주었다. 乙은 처음부터 丁의 사업자금을 甲 몰래 지원해 주기 위해 X부동산을 매도한 것이기 때문이다. 이런 사실을 알게 된 甲은 乙의 매매계약의 체결과 소유권이전등기가 무권대리행위임을 이유로 丙에게 소유권이전등기의 말소를 청구하였다. 이에 대하여 丙의 예상가능한 항변까지 고려해 볼 때 甲의 청구는 인용될 수 있는가?

> **│해설 35│** 甲의 청구는 인용되기 어렵다.
>
> 부부는 일상의 가사에 관하여 서로 대리권이 있다(제827조). 일상가사란 부부의 공동생활에 필요한 통상의 사무를 말하며 통상 타방 배우자의 부동산의 매도, 담보제공 등은 일상 가사의 범위를 초과한 것으로 본다. 사안에서 乙의 X부동산 매각행위는 일상가사에 속하지 않는 것으로 평가된다. 따라서 원칙적으로 乙의 대리행위는 무권대리에 해당되어 대리행위의 효력이 본인인 甲에게 발생하지 않게 된다.
>
> 이때 상대방 丙이 표현대리를 주장할 수 있는지를 검토해야 한다. 판례는 일상가사대리권을 기본대리권으로 하는 표현대리의 성립을 인정하면서, 다만 표현대리가 성립하려면 배우자에게 가사대리권이 있었다는 것뿐만 아니라 상대방이 부부 일방이 다른 배우자에게 그 행위에 관한 대리권을 주었다고 믿었음을 정당화할 만한 객관적 사정이 있었어야 한다고 판시한다(대판 1998.7. 10, 98다18988). 판례는 이러한 정당한 사유의 증명책임은 표현대리의 상대방이 부담하는 것으로 본다(대판 1968.6. 18, 68다694). 부부 사이라도 자기 고유의 부동산 처분에 대한 대리권의 수여는 이례적인 일에 해당되어 상대방이 부부 일방에게 대리권 있음을 믿을 정당한 사유의 인정에 제한적이다. 그러나 사안에서와 같이 남편이 외국에 장기체류중이며 이를 상대방에게 고지한 경우에는 정당한 사유가 인정될 수 있다고 보아 본인은 표현대리책임을 부담한다. 이때 상대방 丙은 乙에게 제135조의 책임 또는 불법행위책임을 묻거나, 대금에 대한 부당이득반환청구를 할 수 있을 것이다.
>
> 한편 丙이 정당한 사유를 증명하여 표현대리가 성립하는 경우, 甲은 다시 대리권 남용의 항변을 할 수 있다. 표현대리에도 대리권 남용이 인정될 수 있다고 보는 것이 판례의 태도이다(대판 1987. 7.7, 86다카1004 참조). 다만 사안에서 丙이 乙의 대리권 남용 사실을 알았거나 알 수 있었다는 등의 사정은 보이지 않으므로 甲의 이러한 항변이 받아들여지기는 어려울 것이다.

ⓔ 공법행위의 대리권

공법상의 대리권을 기본대리권으로 하여서도 제126조의 표현대리가 성립할 수 있다(대판 1991. 2.12, 88다카21647). 자기명의의 영업허가를 구청에서 내달라고 부탁한 후 거기에 사용하라고 자기의 인감인장을 내어 준 경우에는 대리권을 수여한 것으로 볼 수 있고, 이를 기본대리권으로 하여 제126조의 표현대리가 성립할 수 있다(대판 1965.3. 30, 65다44).

> **│사례 36│** 甲은 직원 A에게 자동차 소유권이전등록을 위임하면서 인감을 교부하는 한편 X부동산의 지분 이전등기를 신청하는데 필요한 대리권을 수여하였다. 그런데 A는 甲의 인감을 이용하여 위임용 인감증명과 가등기용 인감증명 각 1통씩을 발급받은 다음 이를 통하여 乙과 가등기담보설정계약을 체결하였다. 이 계약의 효력은 甲에게 미치는가? (대판 1991.2.12, 88다카21647 참조)
>
> **│해설 36│** 제126조 표현대리가 성립될 수 있다.
>
> 등기신청은 공법상 행위인데 이를 대리하도록 하였다면 이러한 공법상의 대리권도 기본대리권이 될 수 있으므로, 사안과 같이 그 대리권의 범위를 초과하여 가등기담보설정계약을 체결한 경우 제126조가 성립할 수 있다. 아울러 판례는 직원 A가 부동산에 대한 가등기담보설정계약 당

시 권리증서와 인감 및 인감증명, 위임장 등 동 부동산의 처분에 필요한 모든 서류를 소지하고 있었다면 비록 그 인감과 인감증명이 그 용도가 다르거나 부당히 작성된 것이라도 동 A에게 위 부동산에 대한 가등기담보설정계약을 체결할 대리권이 있는 것으로 믿을 만한 정당한 이유가 있다고 한다.

㉱ 복대리

적법하게 선임된 복대리인은 대리인의 대리권의 범위 내에서 복대리권을 갖게 되므로, 그 범위를 벗어나는 대리행위를 하게 되면 제126조의 표현대리가 성립할 수 있다. 한편 판례는 복대리인 선임권이 없는 대리인에 의하여 선임된 복대리인이 원대리권의 범위를 벗어난 대리행위를 한 경우에도 제126조의 표현대리가 적용될 수 있다고 본다$\binom{\text{대판 1998.3.27,}}{\text{97다48982}}$.

㉲ 인장교부

인장을 단순히 사실상 위탁하는 것을 기본대리권의 수권으로 볼 수 없다$\binom{\text{대판 1973.6.}}{\text{5, 72다2617}}$. 그러나 법률행위와 관련된 위탁은 기본대리권이 될 수도 있다. A회사와 乙이 아파트건축분양 동업관계에 있었고 그 동업계약서상 아파트분양에 관한 권한이 A회사의 대표이사인 甲에게 위임된 바 있으며 그 권한행사의 필요상 甲이 乙로부터 인장까지 교부받아 소지하고 있었다면 기본대리권의 존재를 인정할 수 있고, 아울러 수급인인 丙은 甲과 아파트공사부지계약을 체결함에 있어서 甲에게 대리권이 있다고 믿을만한 정당한 이유가 있는 것으로 보았다$\binom{\text{대판 1989.10.24,}}{\text{88다카26918}}$.

한편 인감증명서는 인장사용에 부수해서 그 확인방법으로 사용되며 인장사용과 분리해서 그것만으로써는 어떤 증명방법으로 사용되는 것이 아니므로 인감증명서만의 교부는 일반적으로 어떤 대리권을 부여하기 위한 행위라고 볼 수 없다$\binom{\text{대판 1978.10.}}{\text{10, 78다75}}$.

사례 37 甲은 X부동산을 매수한 후 내연의 처인 A에게 관리하게 하고 인감도장을 보관시켰다. 그런데 B는 A가 甲의 인감도장을 보관하고 있음을 알고 재산을 편취할 목적으로 A를 속여 甲의 인감도장을 교부받아 인감증명을 발급받았다. 그 후 B는 이러한 사정을 잘 알고 있는 C와 공모하여 X부동산의 등기를 C 명의로 경료한 후 乙로부터 금원을 차용하여 乙 명의의 가등기와 근저당권 설정등기를 경료하였다. 乙은 제126조의 표현대리를 주장한다. 타당성은?

(대판 1973.6.5, 72다2617 참조)

|해설 37| 제126조의 표현대리가 성립하지 않는다.

C 명의의 소유권이전등기는 아무런 법률상의 원인없이 경료된 무효의 등기이고, 위 등기에 터잡은 乙명의의 각 등기 또한 원인무효라 할 것이고, 甲이 A에게 본건 부동산을 관리시키면서 그의 인감도장을 보관시킨 사실이 있다하여 A에게 본건 부동산의 처분권한을 수여하였다고 볼 수 없으며, 더욱이 B가 A를 속여 그로부터 인감도장을 교부받아 C와 공모하여 부동산에 관하여 C 명의의 소유권이전등기를 경료한 것이므로 C의 가장매수행위에 대하여 표현대리가 성립할 여지가 없다.

사례 38 甲은 채무의 기한 연장을 위한 보증절차를 乙로부터 위임받고 乙의 공증용인감증명서, 인감도장, 주민등록증을 소지하고 있음을 기화로 사채업자인 丙으로부터 금원을 차용하면서 乙 소유 부동산에 근저당권을 설정하였다. 제126조의 성립에 있어 기본대리권의 존재를 인정할 수 있는가?

(대판 1994.11.8, 94다29560 참조)

해설 38 기본대리권의 존재가 인정된다.

甲이 채무의 기한 연장을 위한 보증절차를 乙로부터 위임받고 乙의 공증용인감증명서, 인감도장, 주민등록증을 소지하고 있음을 기화로 사채업자인 丙으로부터 금원을 차용하면서 乙 소유 부동산에 근저당권을 설정한 경우, 甲은 채무의 기한 연장에 관한 기본적 대리권이 있다고 할 것이다.

다만 丙이나 그의 대리인 등이 등기필증도 없이 乙의 공증용 인감증명서와 인감도장 및 주민등록증만 소지한 甲을 乙의 대리인으로 믿고 담보제공의사의 존부를 소유자인 乙에게 확인하지 않은 채 甲과 금원대여 및 근저당권설정계약을 체결하였다면, 甲에게 乙을 대리하여 금원을 차용하고 근저당권을 설정할 대리권이 있다고 믿을 만한 정당한 이유가 있다고 보기는 어렵다. 따라서 제126조의 표현대리는 성립하지 않는다.

3) 표현대리의 중복적용 가능성

제126조의 표현대리의 성립요건을 보면 이 표현대리가 다른 표현대리의 경우와 중복적용될 수 없다. 권한을 넘은 표현대리는 현재 기본대리권이 있고 그 범위를 넘은 대리행위에 대해서 적용하는 것이므로, 현재 대리권이 없는 자가 대리권수여의 표시만 있었던 경우, 또는 과거에 갖고 있었던 대리권을 넘은 모든 경우에 제126조의 표현대리가 성립될 수 없기 때문이다. 그럼에도 불구하고 외관을 신뢰한 선의자를 보호하기 위하여 통설과 판례는 표현대리의 중복적용을 허용하고 있다.

이는 i) 제125조(대리권수여 표시에 의한 표현대리)와 제126조(권한을 넘은 표현대리)의 중복적용, ii) 제129조(대리권소멸후의 표현대리)와 제126조가 중복적용되는 것이 가능하다.

전자에는 예컨대 부동산 소유자인 A가 불특정 다수인에 대하여 B에게 임대대리권이 있다고 표시하였지만 대리권을 주지 않은 상태에서, B가 이를 매도한 행위를 한 경우가 있다. 후자에는 대리권이 소멸했음에도 불구하고 종전의 대리권 범위를 넘는 법률행위를 한 경우, 예컨대 A가 B에게 임대대리권을 수여했다가 철회를 했음에도 B가 매도한 경우가 이에 해당된다. 판례는 제125조와 제126조의 중복적용, 제125조와 제129조의 중복적용을 부정한다(대판 1974.5. 14, 73다148). 반면 제129조와 제126조의 중복적용은 인정한다. 예컨대 대리권이 소멸되었지만 제129조에 의하여 표현대리로 인정되는 경우에 그 표현대리의 권한을 넘는 대리행위가 있었다면 제126조에 의한 표현대리가 성립할 수 있다고 판시한다(대판 2008.1.31, 2007다74713 등). 특별히 과거의 대리권이 있었을 때라도 그 대리권이 제129조의 표현대리가 성립됨을 전제로 하여 그 대리권의 범위를 넘은 대리행위를 했을 때에는 제126조의 표현대리가 적용될 수 있음을 의미한다. 이때 각각의 표현대리 요건이 유추적용되어야 한다. 즉 대리권 소멸 후의 대리행위라는 점에서 제129조가 유추적용되어야 할 뿐만 아니라, 대리권의 범위를 넘는 대리행위라는 점에서 제126조도 유추적용될 수 있어야 한다. 따라서 대리권이 소멸하지 않았다고 믿은 데 선의·무과실이어야 하며, 나아가 범위를 넘은 대리행위에 대해서도 대리권이 있다고(대리권 범위내의 대리행위라고) 믿을 만한 정당한 이유가 모두 인정되어야 할 것이다. 요컨대 제129조가 전제되지 않은 제126조의 표현대리는 인정되지 않는다.

사례 39 피고 A는 이장이면서 甲리(里) 농협조합장인 B에게 인감 및 인감증명서를 교부하면서 C로부터의 외상비료구입과 대여양곡 차용의 권한을 위임했다. 이에 따라 이장인 B는 C로부터 외상비료를 구입하고 대여양곡의 차용행위를 마쳤다. 그런데 B는 아직 인감을 반환하지 않고 있음을 기화로 A를 주채무자로 하고 자기를 연대보증인으로 하여 C로부터 개토비(改土費)를 차용하는 계약을 체결하였다. 이 때 자신(B)은 A의 대리인이라고 말하였다. 개토비차용금의 상환기일이 되자 C는 A에게 그 상환을 요구하면서, B의 대리행위는 제126조와 제129조의 동시적용에 의한 표현대리로 인정되므로 A가 책임을 져야 한다고 주장한다. C의 주장은 인용될 수 있는가?
한편 C는 B가 이장이자 甲리(里) 농협조합장으로 그 주민들의 대리인으로 외상비료 구입과 농자금 차용을 수차례 했다는 점, 실제 그런 방법으로 채권이 성립하고 반환된 적이 있다는 점, 인감 도장과 인감증명서가 있다는 점 등으로 미루어 B가 A를 위한 대리권이 있다고 믿고 대출해 준 것이다.   (대판 1970.2.10, 69다2149 참조)

해설 39 인용될 수 있다.
제129조에 의하여 표현대리로 인정되는 경우에 그 표현대리의 권한을 넘는 대리행위가 있을 때에도 제126조 소정의 표현대리가 성립할 수 있다. 판례는 사안과 같은 경우에 제126조의 표현대리 책임을 인정하였다. C는 과거 B가 가지고 있던 대리권이 현재에도 존재한다고 선의·무과실로 믿어 제129조의 표현대리가 성립하였고, 이를 기본대리권으로 하여 제126조의 표현대리가 성립한다고 본 것이다.

사례 40 A는 甲을 대리하여 乙과 고철수거계약을 체결하고 乙에게 계약금을 지급했다. 이후 법정해제사유가 발생하자 甲은 적법하게 계약을 해제하고 얼마후 乙에게 계약금의 반환을 구하였다. 乙은 위 계약이 해제되자 A에게 이미 계약금을 반환했다고 항변한다.
질문 1) 계약체결에 관한 대리권만을 수여받은 A가 계약해제로 인한 반환하는 계약금의 수령에도 대리권도 갖는가?
질문 2) A가 계약금을 대리하여 반환받은 것은 표현대리에 해당되는가?
                                (대판 2008.1.31, 2007다74713 참조)

해설 40
해설 1) 대리권이 없다.
어떠한 계약의 체결에 관한 대리권을 수여받은 대리인이 수권된 법률행위를 하게 되면 그것으로 대리권의 원인된 법률관계(기초적 내부관계)는 원칙적으로 목적을 달성하여 종료되는 것이고, 법률행위에 의하여 수여된 대리권은 그 원인된 법률관계의 종료에 의하여 소멸하는 것이므로 (제128조), 그 계약을 대리하여 체결하였다 하여 곧바로 그 사람이 체결된 계약의 해제 등 일체의 처분권과 상대방의 의사를 수령할 권한까지 가지고 있다고 볼 수는 없다.

해설 2) 표현대리가 성립하지 않는다.

제126조에서 말하는 권한을 넘은 표현대리는 현재에 대리권을 가진 자가 그 권한을 넘은 경우에 성립하는 것이지, 현재에 아무런 대리권도 가지지 아니한 자가 본인을 위하여 한 어떤 대리행위가 과거에 이미 가졌던 대리권을 넘은 경우에까지 성립하는 것은 아니라고 할 것이다. 또한 표현대리의 효과를 주장하려면 상대방이 자칭 대리인에게 대리권이 있다고 믿고 그와 같이 믿는 데 정당한 이유가 있을 것을 요건으로 한다. 그런데 乙이 계약금액에 대한 반환 명목으로 금원을 지급할 당시 A에게는 甲으로부터 위임받은 권한이 전혀 없었으므로 기본대리권이 존재한다고 볼 수 없다. 뿐만 아니라 乙이 A에게 甲을 대리하여 계약금액을 반환받을 권한이 있다고 믿을 만한 정당한 이유가 있다고 보기는 어렵다.

사례 41 A는 甲에게 자신의 X토지를 매도하는 계약체결의 대리권을 주었다. 이에 의해 甲은 乙과 X토지에 대한 매매계약을 체결했다. 며칠 후 甲은 아무런 권한 없이 X토지의 옆에 있는 A소유의 Y토지를 丙에게 매도하는 계약체결을 대리하였다. 이때 丙은 甲에게 제126조의 표현대리를 주장할 수 있는가? (대판 1979.3.27, 79다234 참조)

│해설 41│ 불가능하다.

대리권은 그 원인된 법률관계의 종료에 의하여 소멸하게 된다. 사안에서는 甲이 과거에 X토지의 매도에 대하여 대리권이 있었지만, X의 매매계약체결로 대리권은 소멸했다. 따라서 권한을 넘은 표현대리(제126조) 성립을 위한 기본대리권이 더이상 존재하지 않으므로 丙은 Y토지에 대하여 제126조의 표현대리가 성립했다고 주장할 수 없다. 다만 제129조를 기본대리권으로 하여 제126조의 표현대리가 성립될 수 있는지는 별도로 검토될 수 있다. 사안의 경우 Y토지에 대해서는 매도대리권이 있지도 않았으므로 제129조의 대리권소멸후의 대리행위가 아니다. 나아가 상대방인 丙이 Y토지의 매도대리권이 甲에게 있다고 믿을 만한 정당한 사유가 없으므로 제129조와 제126조의 표현대리의 요건을 구비하지 못했다.

사례 42 A는 甲에게 X토지를 임대하는 계약체결의 대리권을 주었다. 甲이 임대계약을 체결하기 전에 그 대리권발생의 기초관계인 위임계약을 해지하였다. 그럼에도 불구하고 甲은 X토지를 매매하는 계약을 丙과 체결하였다. 이때 丙은 甲에게 제126조의 표현대리를 주장할 수 있는가?

│해설 42│ 가능하다.

수권행위의 유인성에 의해 위임계약의 해지로 대리권이 소멸한다. 丙이 甲의 대리권이 소멸하지 않았다고 믿은 데 선의·무과실이었고, 나아가 범위를 넘은 대리행위에 대해서도 대리권이 있다고 믿을 만한 정당한 이유가 인정된다면 제129조 표현대리를 기본대리권으로 한 제126조의 표현대리가 인정될 수 있다.

(나) 대리인이 기본대리권의 범위를 넘는 대리행위를 할 것

1) 대리인의 대리행위가 있을 것

㉮ 대리행위 자체가 없다면 상대방의 신뢰가 있더라도 제126조는 적용될 수 없다. 즉 대리인이 대리행위가 아니라 계약의 당사자로서 행위를 하면 제126조는 적용되지 않는다(대판 1972.5. 23, 71다2365).

㉯ 제126조의 표현대리가 성립하기 위해서는 대리행위가 있어야 하므로 대리행위임을 밝히는 현명이 필요한 것이 원칙이다. 제126조의 표현대리는 대리인이 본인을 위한다는 의사를 명시 혹은 묵시적으로 표시하거나 대리의사를 가지고 권한 외의 행위를 하는 경우에 성립한다. 그러나 속임수를 써서 대리행위임을 표시하지 않았을 뿐만 아니라 본인의 동의 없이 본인의 성명을 모용하여 자기가 마치 본인인 것처럼 기망하여 본인 명의로 직접 법률행위를 한 경우에는 원칙적으로 제126조의 표현대리는 성립할 수 없다.

다만 특별한 사정이 있으면 제126조의 표현대리가 성립할 수 있다. 특별한 사정이란 본인을 모용한 사람에게 본인을 대리할 기본대리권이 있었고, 상대방으로서는 위 모용자가 본인의 권한을 행사하는 것으로 믿은 데 정당한 사유가 있었던 사정을 의미한다. 예컨대 본인으로부터 아파트에 관한 임대 등 일체의 관리권한을 위임받아 본인으로 가장하여 아파트를 임대한 바 있는 대리인이 다시 자신을 본인으로 가장하여 임차인에게 아파트를 매도하는 법률행위를 한 경우에는 권한을 넘은 표현대리의 법리를 유추적용하여 본인에 대하여 그 행위의 효력이 미친다고 볼 수 있는 것이다(대판 1993.2.23, 92다52436).

> **사례 43** 종중으로부터 임야의 매각과 관련한 권한을 부여받은 甲이 임야의 일부를 실질적으로 자기가 매수하여 처분권한이 있다고 하면서 乙로부터 금원을 차용하고 그 담보를 위하여 임야에 대하여 양도담보계약을 체결하였다. 乙은 표현대리를 주장할 수 있는가?
>
> (대판 2001.1.19, 99다67598 참조)
>
> **해설 43** 주장할 수 없다.
> 이는 종중을 위한 대리행위가 아니어서 그 효력이 종중에게 미치지 아니하고, 제126조의 표현대리의 법리가 적용될 수도 없다.

> **사례 44** 甲은 B에게 X임야를 매도하여 그 소유권이전등기의무가 있어서 A에게 그 이전등기에 필요한 관계서류를 교부하고 그 이전등기에 관한 권한을 위임하였다. A는 그 서류를 위조 내지 변조한 후 이 조작된 서류에 의거하여 X임야를 자기 앞으로 소유권이전등기를 한 다음 채무를 담보하기 위하여 乙에게 근저당권설정등기를 하여 주었다. 乙은 표현대리를 주장할 수 있는가?
>
> (대판 1972.5.23, 71다2365 참조)
>
> **해설 44** 주장할 수 없다.
> 담보권 설정계약 당사자는 A와 乙로서 A는 본건 부동산을 자기 소유라는 전제하에서 乙에게 담보권을 설정한 것이고, 甲의 대리인으로서 그러한 계약을 하였다고는 볼 수 없을 것이다. A가

그 부동산에 대한 처분권한이 있음을 乙에게 믿게 하기 위해서 자기 앞으로 그 등기를 하였다 하여도 그 등기가 경유된 이상 그 등기의 원인이 유효인가, 무효인가를 따져야 할 것이고, 여기에 표현대리 이론을 개입시킬 여지가 없다.

사례 45 A는 그의 남동생인 甲이 상속한 X부동산의 상속등기절차를 취해 주겠다고 하여 교부받은 甲의 인감도장 및 인감증명서 등으로 甲 명의로 상속등기를 마쳤다. 그런데 A는 甲의 이름이 마치 여자이름과 비슷함을 기화로 자신이 甲처럼 행세하여 계속 보관중이던 甲의 인감도장과 인감증명 등을 가지고 乙로부터 금전을 차용하면서 X부동산에 근저당권을 설정하여 주었다. 乙은 표현대리를 주장할 수 있는가? (대판 1974.4.9. 74다78 참조)

해설 45 주장할 수 없다.

본건과 같이 속임수를 써서 대리행위의 표시를 하지 않고 자기를 위하여 단지 본인의 성명을 모용하여 자기가 마치 본인인 것처럼 기망하여 본인 명의로 직접 모든 법률행위를 한 경우에는 특별한 사정이 없는 한 제126조 소정의 표현대리를 적용할 수 없다.

심화학습

명의모용과 표현대리

행위자가 자신이 마치 타인인 것처럼 그 타인의 이름을 사용하여 법률행위를 하는 타인명의의 법률행위의 경우에도 법률행위 당사자가 명의자로 해석되는 경우에는 대리의 법리가 적용된다. 그러나 명의자로부터 허락받지 않고 명의를 사용하는 명의모용의 경우 제126조의 표현대리는 성립하지 않는다. 다만 명의사용을 허락받은 자가 그 허락의 범위를 넘어 대리행위를 한 경우에는 제126조의 표현대리의 법리를 유추적용하여 표현대리책임이 인정된다(대판 1993.2.23. 92다52436).

2) 월권행위

권한을 넘는다는 것은 실제로 존재하는 대리권의 범위를 넘는 모든 경우를 말한다. 기본대리권이 있는 대리행위와 실제로 행한 표현대리행위와 동종일 것을 요구하지 않는다. 따라서 기본대리권이 등기신청행위라 할지라도 표현대리인이 그 권한을 유월하여 대물변제를 한 경우에도 표현대리의 법리가 적용된다(대판 1978.3. 28, 78다282).

사례 46 피고 乙은 A에게 그들이 거주하는 부락의 지역사회 개발 관계 서류에 사용하라고 하여 그들의 인장을 맡겨 놓았다. 그런데 A는 이러한 대리권의 범위를 넘어서 乙 명의의 양곡 교환신청서, 상환각서 등을 작성 사용하여 甲으로부터 양곡을 수령하였다. 제126조의 표현대리가 성립할 수 있는가? (사실관계에서 대리권이 있다고 믿을 만한 정당한 사유는 인정되었다)

(대판 1969.7.22. 69다548 참조)

> **해설 46** 제126조의 표현대리가 성립된다.
> 정당하게 부여받은 대리권의 내용되는 행위와 표현대리행위는 반드시 같은 종류의 행위에 속할 필요는 없다. 따라서 뛰이 A에게 이러한 대리권이 있다고 믿을 만한 정당한 이유가 있다면 제126조 소정의 권한을 넘은 표현대리행위에 해당한다.

(다) 상대방이 대리인에게 대리권이 있다고 믿고 또한 그렇게 믿을 만한 정당한 이유가 있을 것

1) 상대방의 범위

권한을 넘은 표현대리에 관한 제126조의 규정에서 제3자라 함은 당해 표현대리행위의 직접 상대방이 된 자만을 지칭하는 것이다. 그리고 제126조를 배서와 같은 어음행위에 적용 또는 유추적용할 경우에 있어서도 마찬가지로 보아야 할 것이다. 즉 약속어음의 배서행위의 직접 상대방은 그 배서에 의하여 어음을 양도받은 피배서인만을 가리키고 그 피배서인으로부터 다시 어음을 취득한 자는 제126조 소정의 제3자에는 해당하지 아니한다. 다만 배서행위가 직접 상대방인 피배서인에 대한 관계에서 표현대리의 요건을 충족한 경우에 그 후의 어음취득자가 이를 원용하는 것은 이와는 별개로 허용될 수 있다$\binom{\text{대판 1994.5.27.}}{\text{93다21521}}$.

2) 제126조의 '정당한 이유'의 의미

제126조의 정당한 이유의 의미에 대해서는, (i) 상대방이 믿는 데 과실이 없었음을 의미한다는 무과실설과 (ii) 과실보다 더 객관적인 판단에 맡겨야 한다는 독자적 판단설이 대립하고 있다. 독자적 판단설은 '정당한 이유'에 대해 무과실보다 좁은 개념으로 이해한다. 즉 무과실설에서는 판단기준이 보통인이고 기준시점은 월권대리의 행위시인 반면, 독자적 판단설에서는 정당한 이유의 판단기준은 보통인보다 사리판단력이 높은 이성인이 기준이 되며 판단의 기준시점도 반드시 월권행위시일 것을 요하지 않는다고 한다.

판례는 일반론으로서는 무과실설과 같은 입장을 취하여$\binom{\text{대판 1954.3.16.}}{\text{4286민상215}}$, 표현대리에 있어서 표현대리인이 대리권을 갖고 있다고 믿는 데 상대방의 과실이 있는지 여부는 계약성립 당시의 제반사정을 객관적으로 판단하여 결정하여야 하고 표현대리인의 주관적 사정을 고려하여서는 안된다고 보고 있다. 가령 대리인이라 칭하는 소외인이 국민학교만을 졸업하여 계약내용을 충분히 이해할 능력이 부족한 점을 근거로 행위자에게 대리권이 있다고 믿은 상대방에게 과실이 있다고 판단한 것은 잘못이라는 것이다$\binom{\text{대판 1989.4.11.}}{\text{88다카13219}}$.

다만 구체적 사안에 따라, 특히 주로 일상가사의 범위를 넘은 대리행위에 대해 제126조를 적용함에 있어서는 "대리권을 주었다고 믿었음을 정당화할 만한 다른 객관적 사정이 있어야 한다"고 판시하여$\binom{\text{대판 1970.3.10, 69다2218;}}{\text{대판 1970.10.30, 70다1812}}$ 독자적 판단설의 입장과 궤를 같이하였다.

표현대리책임을 묻기 위하여 정당한 이유를 판단할 때 원칙적으로 본인의 귀책을 요하지 않지만, 실질적으로 본인에게 귀책이 있는 경우에는 정당한 이유가 부정되는 경우가 많다$\binom{\text{대판}}{\text{1991.}}$ 2.12, 90 다7364).

3) 정당한 이유의 판단시기

정당한 이유의 판단시기에 대해 무권대리행위 당시의 사정을 기초로 판단해야 한다는 견해와 사실심의 변론종결시, 즉 정당한 이유 유무를 판단할 때까지 존재하는 일체의 사정을 고려하여 판단하여야 한다는 견해가 대립한다.

판례는 권한을 넘은 표현대리에 있어서 정당한 이유의 유무는 대리행위 당시를 기준으로 하여 판단해야 한다는 입장이다(대판 1997.6. 27. 97다3828).

> **사례 47** 甲은 X임야의 소유자이다. A는 甲의 X임야를 사실상 관리하고 있었음을 기화로 대리권이 있는 양 행세하여 B에게 X임야를 매도하는 계약을 체결하였다. 계약체결 이후 A는 거짓말로 甲에게서 인감증명과 위임장을 각 2통씩 교부받아, 1통씩은 X임야를 자기 앞으로 이전하는 데 사용하고 나머지 1통씩은 X임야에 대한 소유권이전등기를 위하여 B에게 교부하였다. B는 인감증명과 위임장을 근거로 자신의 신뢰에 정당한 이유가 있다고 주장할 수 있는가?
>
> (대판 1981.12.8. 81다322 참조)
>
> **해설 47** 주장할 수 없다.
>
> 권한을 넘은 표현대리에 있어서 무권대리인에게 그 권한이 있다고 믿을 만한 정당한 이유가 있는가의 여부는 대리행위(매매계약) 당시를 기준으로 결정하여야 하고 매매계약 성립 이후의 사정은 고려할 것이 아니므로, 무권대리인이 매매계약 후 그 이행단계에서야 비로소 본인의 인감증명과 위임장을 상대방에게 교부한 사정만으로는 상대방이 무권대리인에게 그 권한이 있다고 믿을 만한 정당한 이유가 있었다고 단정할 수 없다.

> **사례 48** 甲은 부동산중개업자인 A에게 자신 소유의 X, Y부동산의 매도를 위임하였다.
> 1) 그런데 A는 자신이 乙에 대하여 부담하고 있던 채무의 지급을 담보하기 위하여 甲으로부터 X 부동산의 소유권이전등기에 필요한 서류 및 인감도장을 교부받아 甲을 대리하여 乙과 매매계약 형식으로 양도담보계약을 체결한 다음 소유권이전등기를 마쳤다.
> 2) 또한 A는 Y부동산을 A가 丙에 대하여 부담하고 있던 채무의 지급에 갈음하여 양도하기로 하는 내용의 대물변제계약을 甲을 대리하여 丙과 체결하고, 이후 甲으로부터 Y부동산의 소유권이전등기에 필요한 서류와 인감도장을 교부받은 다음 Y부동산에 관하여 丙 명의의 소유권이전등기를 마쳤다. 乙과 丙은 각각 제126조의 표현대리를 주장할 수 있는가? (대판 2009.11.12. 2009다46828 참조)
>
> **해설 48** 乙은 제126조의 표현대리책임의 주장이 가능하지만, 丙은 주장할 수 없다.
>
> 1) 부동산 매도를 위임받은 대리인이 자신의 채무 지급을 담보하기 위하여 그 부동산에 관하여 양도담보계약을 체결한 사안에서, 대리인이 소유권이전등기에 필요한 서류와 인감도장을 모두 교부받아 이를 상대방에게 제시하며 부동산을 처분할 대리권이 있음을 표명하였다면 상대방으로서는 대리권이 있다고 믿는 데에 정당한 이유가 있었다고 볼 수 있고, 더 나아가 본인에 대해 직접 대리권 수여 유무를 확인해보아야만 하는 것은 아니다. 따라서 乙은 제126조의 표현대리를 주장할 수 있다.
>
> 2) 부동산 매도를 위임받은 대리인이 자신의 채무 지급에 갈음하여 그 부동산에 관하여 대물변

제계약을 체결한 사안에서, 그 계약 체결 이후에 비로소 본인으로부터 소유권이전등기에 필요한 서류와 인감도장을 교부받았다면 상대방이 대리인에게 위 부동산을 대물변제로 제공할 대리권이 있다고 믿은 데에 정당한 이유가 있다고 할 수 없다. 따라서 丙은 제126조의 표현대리를 주장할 수 없다.

4) 증명책임

제126조의 '정당한 이유'의 증명책임을 누가 부담하는가에 대해 견해가 대립한다. (i) 정당한 이유 또는 선의·무과실을 상대방이 증명하여야 한다는 견해, (ii) 과실의 증명책임에 대해서는 언급하지 않은 채 악의는 본인이 증명하여야 한다는 견해, (iii) 상대방의 악의 또는 과실을 본인이 증명하여야 한다는 견해, (iv) 선의는 상대방이, 과실은 본인이 증명책임을 진다는 견해 등이 주장되고 있다.

판례는 상대방이 증명책임을 부담한다고 보았다. 계약체결의 대리권을 상대방을 특정하여 부여할 수 있는 것이며 본조($\frac{제126}{조}$)에 의한 표현대리 행위로 인정된다는 점의 주장 및 증명책임은 그것을 유효하다고 주장하는 자(표현대리행위의 상대방)에게 있다고 판시하였다($\frac{대판\ 1968.6,}{18,\ 68다694}$).

5) 구체적 사례

㉮ 정당한 이유를 긍정한 예

사례 49 A회사와 甲회사는 아파트 분양형 토지신탁계약을 체결하면서 신탁자인 A와 수탁자인 甲이 공동사업주체로서 아파트 분양을 하기로 하고 甲이 A에게 아파트 분양업무를 위임하고 그 분양계약서에 A와 수탁자인 甲을 공동매도인으로 기재한 후, 甲이 그 대표이사의 직인이 날인된 분양계약서를 일괄 교부하여 A가 그 계약서를 이용하여 분양계약을 체결하였다. 그 분양계약에 甲은 전혀 관여하지 아니하고, A가 사실상 독자적으로 분양계약을 체결하고 분양대금을 직접 받아온 사정이 있었다. 그런데 A는 자신의 채권자 乙에게 채권의 대물변제조로 그 아파트를 분양하여 주었다. 乙은 A가 甲을 대리하여 대물변제조로 분양계약을 체결할 대리권도 있다고 믿을 만한 정당한 사유가 있다고 주장한다. 그 타당성은? (대판 2002.3.15, 2000다52141 참조)

해설 49 타당하다.
이와 같은 사실관계에서 판례는 정당한 이유를 긍정한다.

사례 50 乙은 甲의 처와 금전거래를 해오던 사이이다. 어느 날 乙은 甲으로부터 은행융자를 위한 근저당설정에 사용하라는 취지에서 甲 소유의 부동산에 관한 등기권리증, 인감도장 및 인감증명서를 교부받았다. 그런데 乙은 丙과 공모하여 丙의 戊에 대한 채무의 담보를 설정하기 위하여 위 서류 등을 戊에게 제시하면서 甲의 대리인임을 표명하여 戊에게 근저당권을 설정하여 주었다. 다만 戊는 甲에게 직접 대리권 수여사실이 있는지 확인한 바는 없다. 戊에게는 제126조 소정의 정당한 이유가 있는가? (대판 1987.5.26, 86다카1821 참조)

|해설 50| 정당한 이유가 있다.

이와 같은 사정이 있다면 乙에게 甲을 대리하여 위 근저당권설정계약을 체결할 권한이 있다고 믿을 수밖에 없다. 또한 戊가 甲에게 직접 대리권 수여사실 유무를 확인해보지 아니하였다 하여 戊에게 과실이 있다고도 할 수 없다. 따라서 甲은 권한을 넘는 표현대리의 법리에 따라 본인으로서 책임을 면할 수 없다.

|사례 51| 甲은 친분관계 때문에 乙이 대출을 받으며 보증용으로 사용할 수 있도록 자신의 인감 등을 넘겨주었다. 그런데 乙은 개인적 사정으로 대출을 받지 못했다. 이후 乙은 丙에게 금원을 빌리기 위해, 甲으로부터 수령했던 인감 등 서류를 이용하여 임의로 甲을 대리하여 丙과 금전소비대차계약을 체결하였다. 한편 甲은 종전에도 약속어음의 할인에 즈음하여 丙의 직접 확인 전화를 받고 乙의 사업자금 조달을 위하여 보증을 한다는 취지에서 배서를 한 사실을 인정해 준 적도 있어 丙은 乙이 갑으로부터 두터운 신뢰를 받고 있다고 생각했다. 丙은 금전소비대차계약과 관련하여 제126조의 정당한 이유가 있는가? (대판 2003.4.11, 2003다7173 참조)

|해설 51| 정당한 이유가 있다.

이와 같은 사정이 있다면 丙이 乙에게 그와 금전소비대차계약을 체결함에 있어서 甲을 대리할 권한이 있었다고 믿었고 또 그와 같이 믿은 데에 정당한 이유가 있었다고 볼 수 있다. 이 판례는 본인의 귀책요소를 기준으로 상대방의 대리권 있음에 대한 믿음의 정당성 유무를 판단하고 있다.

④ 정당한 이유를 부정한 예

|사례 52| 甲은 피고 乙 회사의 소위 부금상무로서 공사도급계약체결시에만 乙 회사의 대표이사의 직인을 사용할 수 있도록 허락받았다. 그런데 甲은 A로부터 돈을 차용하면서 담보로서 자기가 발행한 약속어음에 乙 회사 대표이사 명의의 배서를 하였다. 그런데 A는 B의 소개로 甲과 그동안 10여차례 이상 금전거래를 하여 왔는데, B는 甲이 乙 회사의 부금상무라는 사실을 알고 있었다. 그리고 상당수의 국내 종합건설업체가 이른바 부금상무제도를 두고 있는데 A는 甲과 같은 시에 거주하면서 乙 회사 및 甲과 같은 업종인 건설업에 종사하여 그 업계의 실태에 대해서 잘 알고 있었다. A는 乙 회사에 표현대리책임을 물을 수 있는가? (대판 1990.4.10, 89다카19184 참조)

|해설 52| 표현대리의 성립이 부정된다.

위와 같은 사실이 인정된다면, A가 갑이 을 회사의 부금상무에 불과하여 독자적으로 회사를 대리하여 어음에 배서할 권한이 없음을 알고 있었다고 보이므로 표현대리의 성립을 인정할 수 없다.

|사례 53| 하수급인 甲은 하도급받은 공사대금 채권을 담보하기 위하여 하도급인 A와 사이에 장차 완공될 다가구주택의 일부에 대한 전세계약을 체결하였다. A는 건축주 乙을 대리하여 이러한

계약을 체결한 것이다. 이 과정에서 A는 乙의 인감증명서를 제시하였는데 여기에는 전세 위임하는 범위가 구체적으로 명시되어 있지 않을 뿐만 아니라, 임대차계약서가 작성된 때로부터 乙의 인감증명서가 제시될 때까지 1개월 이상의 기간이 있었다. 또한 乙은 공사 현장에 자주 나와 공사진척상황을 둘러본 사실이 있다. 甲은 乙에 대하여 표현대리책임을 주장할 수 있는가?

(대판 1995.9.26, 95다23743 참조)

해설 53 표현대리의 성립이 부정된다.

공사를 도급받은 자가 그 공사에 의하여 완성될 다가구주택 전부 또는 일부를 도급인을 대리하여 임대하는 방법으로 공사대금에 충당하는 것이 통상적으로 행하여지는 거래형태라고는 볼 수 없을 것이므로, 하수급인이 하도급받은 공사대금 채권을 담보하기 위하여 하도급인과 사이에 장차 완공될 다가구주택의 일부에 대한 전세계약을 체결함에 있어서는, 건축주에게 직접 확인할 수 없는 부득이한 사정이 있는 경우를 제외하고는 직접 건축주에게 과연 당해 다가구주택을 담보로 제공할 의사를 가지고 있는지를 확인하여 보는 것이 보통이다. 乙이 공사현장을 자주 둘러보러 왔었던 상황을 고려해 볼 때, 하수급인은 직접 확인할 수 있는 것으로 봄이 타당하므로, 하수급인이 아무런 조사도 하지 아니한 채 건축주의 인감증명서 1통만으로 그 대리권이 있는 것으로 믿었다면 그에게 과실이 있다는 이유로, 표현대리의 성립을 부정한 사례이다.

사례 54 甲회사의 과장대리이던 A는 甲회사가 발행한 진정한 어음에 현출된 대표이사의 인영을 스카치테이프에 전사하여 그 스카치테이프를 다른 약속어음용지에 그대로 붙이는 방법으로 甲 회사 명의의 약속어음을 위조하였다. 그런데 스카치테이프를 이용한 위와 같은 인영의 전사 수법은 약속어음상 권리를 취득한 乙회사의 직원들도 어음의 지급기일 등을 정정함에 있어 종종 사용하는 수법으로 액면금 30억 원의 위조어음의 발행인 인영 부분에 인영 전사 수법으로 종종 사용되는 스카치테이프가 붙어 있고 어음용지책에서 어음용지를 떼어낼 때 통상적으로 하는 이른바 꼭지 간인이 되어 있지 않았음에도 乙회사는 甲회사에게 아무런 확인을 하지 않았다. 乙회사는 甲회사에 대하여 표현대리책임을 주장할 수 있는가?

(대판 2000.2.11, 99다47525 참조)

해설 54 표현대리의 성립이 부정된다.

위조어음이 진정한 것이라고 믿은 데에 정당한 사유가 있다고 할 수 없어 민법상 표현대리의 규정이 유추적용되지 않는다.

사례 55 A은행에 대한 乙회사의 보증채무 기한을 연장하기 위하여 대리권을 가지고 있던 B가 그 권한 범위를 넘어서 상호저축은행 甲과 연대보증계약을 체결하였다. 그런데 甲은 연대보증계약을 체결하는 과정에서 乙의 대표이사로부터 자필서명을 직접 받거나 대표이사나 자금담당 직원에 대하여 연대보증의 의사를 확인하는 등의 조치를 취하지 아니하였다. 이는 상호저축은행에 일반적으로 적용되는 '표준대출규정'에 반하는 것이었다. 甲은 乙에 대하여 제126조의 표현대리책임을 물을 수 있는가?

(대판 2009.2.26, 2007다30331 참조)

> |해설 55| 표현대리의 성립이 부정된다.
> 금융기관이 연대보증계약을 체결하면서 채무자 본인의 서명날인 또는 보증의사의 확인 등 계약체결에 관한 사무처리규정을 준수하였는지가, 표현대리에서 정당한 이유가 있는지 여부를 판단하는 요소가 된다. 사안에서 B에게 乙의 대표이사를 대리하거나 대행하여 연대보증계약을 체결할 권한이 있다고 믿을 만한 정당한 이유가 있다고 보기는 어렵다.

> |사례 56| A건설은 甲은행에게 약속어음을 발행하여 그 어음 매입을 의뢰하여 甲은행은 이를 매입하였는데, 약속어음의 전면에는 乙금융회사의 보증사실이 날인되어 있었다. 그런데 乙회사의 어음보증문구는 그 직원인 B가 임의로 작성한 것이었다. A건설은 乙회사에서 보증이 가능한 적격업체로 선정된 바 없었다. 甲은행은 제126조의 표현대리를 주장한다. 타당한가? 혹시 A건설은 제126조의 표현대리를 주장할 수 있는가?
> (대판 2002.12.10. 2001다58443 참조)

> |해설 56| 甲은 제126조를 주장할 수 있는 제3자가 아니고, A건설에게는 정당한 이유가 부정된다.
> 1) 표현대리에 관한 제126조의 규정에서 제3자라 함은 당해 표현대리행위의 직접 상대방이 된 자만을 지칭하는 것이고, 약속어음의 보증은 발행인을 위하여 그 어음금채무를 담보할 목적으로 하는 보증인의 단독행위이므로 그 행위의 구체적, 실질적인 상대방은 어음의 제3취득자가 아니라 발행인이라 할 것이어서 약속어음의 보증 부분이 위조된 경우, 동 약속어음을 배서, 양도받는 제3취득자는 위 보증행위가 제126조 소정의 표현대리행위로서 보증인에게 그 효력이 미친다고 주장할 수 있는 제3자에 해당하지 않는다. 따라서 甲 은행은 제126조를 주장할 수 있는 제3자에 해당하지 않는다.
> 2) 또한 어음보증의 상대방인 A건설의 입장에서 보더라도 A건설이 乙 금융회사에서 적격업체로 선정된 바 없어 약속어음에 대한 乙 회사의 보증행위가 위조된 것임을 알았거나 당연히 알 수 있었다고 보아야 할 것이므로, A건설로서는 B가 乙 회사로부터 약속어음 보증행위에 관하여 적법한 대리권을 수여 받았을 것이라고 믿을만한 정당한 이유가 있었다고 볼 수는 없고 그에 따라 A건설 역시 乙 회사에 대하여 제126조 소정의 표현대리에 근거하여 그 어음보증에 관한 효력이 미친다고 주장할 수도 없을 것이다.

(3) 효 과

(가) 월권행위가 제126조의 요건을 충족하면 본인은 상대방에게 책임을 부담한다. 책임의 내용은 대리행위의 효과가 본인에게 미친다는 것이다. 그러나 다른 유형의 표현대리에서와는 달리 제126조의 표현대리가 성립하지 않더라도 대리행위의 내용이 가분적인 경우에는 유효한 대리권의 범위 내에서는 대리행위로 유효하다. 가령 1,000만 원의 어음을 발행하도록 위임받은 자가 1,500만원의 어음을 발행한 때와 같이 가분적 행위에 대해 권한을 초과하여 대리행위를 하고 제126조의 요건을 충족하지 못한 경우, 일부무효의 법리에 따라 그 대리권 유월부분만 무권대리로 보고 나머지 대리권범위 내의 부분은 유권대리로서 유효한 법률행위로 인정된다(제137조).

(나) 또한 표현대리행위가 성립하는 경우에 본인은 표현대리행위에 기하여 전적인 책임을 져야 하는 것이고 상대방에게 과실이 있다고 하더라도 과실상계의 법리를 유추적용하여 본인의 책임을 감경할 수 없다(대판 1994.12. 22, 94다24985).

사례 57 甲은 乙에게 자기의 부동산을 담보로 금 2,000만 원의 차용을 부탁하면서 담보설정용 인감증명서, 등기필증, 인감인장 등을 교부하였다. 그런데 乙은 수권의 범위를 넘어 위 담보부동산에 관하여 丙을 채무자로, 甲을 물상보증인으로 하고 그 피담보최고액을 금 1억 3,000만 원으로 하여 A공사와 근저당권설정계약을 체결하였다. 다만 A공사 내부규정에는 근저당권설정계약시에는 담보제공자인 근저당권설정자나 연대보증인으로 하여금 공사에 직접 출두케하여 자필서명 및 날인을 하도록 규정하고 있음에도 이를 지키지 않았다. 甲은 근저당권설정계약이 무권대리임을 주장하며, 그 등기의 말소를 구하고 있다. 그 타당성은?   (대판 1987.9.8. 86다카754 참조)

해설 57 근저당권 자체의 말소는 구할 수 없다.
1) 이 사건 근저당권설정은 그 채권최고액이 금 1억 3,000만 원이나 되는 고액인데다가 A공사 자금융자규정에 근저당권설정계약시에는 담보제공자인 근저당권설정자나 연대보증인으로 하여금 공사에 직접 출두케하여 자필서명 및 날인을 하도록 규정하고 있는 점을 감안하면 A로서는 적어도 甲에게 물상보증인이 될 의사가 있는 것인지의 여부 정도는 직접 확인하여야 한다 할 것이므로 근저당권설정계약을 체결할 권한이 있다고 믿을 만한 정당한 이유가 있다고는 보기 어렵다. 따라서 표현대리는 성립하지 않고, 협의의 무권대리에 해당한다.
2) 다만 위 근저당권설정행위가 무권리대리행위에 해당한다 할지라도 甲이 차용을 부탁한 금 2,000만 원의 한도내에서는 乙이 수여받은 대리권의 범위내에 속하는 것이므로 위 근저당권설정계약은 위 금 2,000만 원을 담보하는 범위 내에서는 乙의 대리행위에 의하여 본인인 甲에게 그 효력을 미치는 유효한 것이라고 보아야 할 것이다. 따라서 근저당권등기 자체의 말소를 구하는 것은 받아들일 수 없다.

---

4. 대리권 소멸 후의 표현대리(제129조의 표현대리)

(1) 의 의
(2) 성립요건
  (가) 이전에 존재하였던 대리권이 소멸하였을 것
  (나) 대리인이 소멸한 대리권한 범위 내의 행위
    를 하였을 것

(다) 상대방은 선의·무과실일 것
(라) 증명책임
(3) 제129조의 적용범위
(4) 효 과

(1) 의 의

대리권 소멸 이후에 대리인이 대리행위를 한 경우, 상대방이 선의·무과실이라면 대리권소멸의 사실로 대항하지 못한다(조129). 예컨대 A소유의 건물의 임대차 계약체결에 대해 A로부터 계약체결권을 수권받은 임의대리인 甲이 乙과 임대차계약을 체결했지만 계약체결 당시 본인인

A가 이미 사망한 경우에 대리권 소멸 후의 표현대리행위가 인정된다. 제127조 제1호에 의해 본인의 사망시 대리권이 소멸했기 때문이다.

제129조는 표현대리인이 이전에 대리권을 가졌다는 점에 기하여 현재에도 대리권이 있으리라고 믿은 신뢰를 보호하기 위한 규정이다. 즉 대리권이 소멸하였음에도 불구하고 그대로 방치한 점이 본인의 귀책요소가 된다.

(2) 성립요건

(가) 이전에 존재하였던 대리권이 소멸하였을 것

1) 제129조가 적용될 수 있는 것은, 대리인이 과거에 대리권을 가지고 있었으나 대리행위를 할 당시에는 대리권이 소멸하고 없는 상태에서 수권되었던 또는 법정대리권의 범위 내의 대리행위를 한 경우이다. 기초적 법률관계가 소멸함으로써 대리권이 소멸한 경우, 수권행위가 철회된 경우가 이에 해당한다. 그러나 예컨대 X건물의 매도에 대한 대리권이 있었다가 소멸한 후에 Y건물을 매도하는 대리행위를 했다면 Y건물의 매도행위에 대한 무권대리행위는 제129조의 적용 대상이 되지 않는다.

2) 처음부터 대리권이 존재하지 않았던 경우에는 제129조의 표현대리도 적용되지 않는다 (통설, 판례). 다만 복대리의 경우 예외가 인정된다. 대리인이 대리권 소멸 후 복대리인을 선임하여 복대리인으로 하여금 상대방과 사이에 대리행위를 하도록 한 경우, 상대방이 원대리인의 대리권 소멸 사실을 알지 못하여 복대리인에게 적법한 대리권이 있는 것으로 믿었고, 그와 같이 믿은 데 과실이 없다면 제129조에 의한 표현대리가 성립할 수 있다(대판 1998.5.29. 97다55317). 즉 대리인의 대리권 소멸 후에 복대리인의 선임이 있어 복대리인에게는 유효한 복대리권이 있었던 적이 없었더라도 제129조의 표현대리가 성립할 수 있다는 것이다.

사례 58 乙은 A회사에 이사로 재직한 바가 있다. A회사는 乙이 이사로 있을 당시부터 乙의 등록된 인장을 보관한 바 있었는데 필요할 때는 그때마다 개별적으로 乙의 승낙을 받아 사용한 사실이 있다. A회사는 乙이 퇴임한 이후 甲조합으로부터 돈을 차용하면서 乙이 채무를 연대보증한 양 관계문서를 작성하였다. 甲은 乙에 대해 연대보증책임을 추궁하며, 제129조 및 이를 근거로 한 제126조의 표현대리의 성립을 주장한다. 그 타당성은? (대판 1977.5.24. 76다2934 참조)

|해설 58| 표현대리의 성립이 부정된다.

A회사는 乙이 이사로 있을 당시부터 이사들의 등록된 인장을 보관한 바는 있으나 그것이 필요할 때는 그 때마다 개별적으로 각 이사의 승낙을 얻어서 사용하였을 뿐 인장보관과 동시에 포괄적인 대리권을 수여받은 바가 없다면 그와 같은 포괄적인 대리권을 수여한 바 있었음을 전제로 한 본건 연대보증행위에 대해 대리권 소멸 후의 표현대리를 인정할 수 없다. 또 위와 같이 본건 대부 당시 A회사나 그 대표이사가 乙을 대리할 수 있는 대리권이 없었다고 부정되는 이상 그와 같은 대리권있음을 전제로 한 권한 유월로 인한 표현대리 또한 성립될 여지가 없다.

사례 59 甲은 乙에게 자기 부동산 매도의 대리권을 수여하면서 인감 및 인감증명서, 등기권리증 등을 교부했다. 그 후 甲이 사망하였는데, 이를 모른 乙은 丙에게 대신 팔아 달라는 부탁과 함께 필요한 서류를 교부하였다. 이에 丙은 甲을 대리하여 丁에게 매도하였다.
그 후 丁은 甲의 상속인 戊에게 제129조의 표현대리의 책임을 물어 소유권이전등기를 청구한다. 인용될 수 있는지? (대판 1998.5.29, 97다55317 참조)

해설 59 제129조 표현대리의 성립이 인정될 수 있다.
사안에서 乙은 甲의 임의대리인이다. 그런데 甲의 사망으로 乙의 대리권이 소멸한다. 따라서 丙의 복대리권은 원대리권 소멸 후의 무권대리가 된다고 할 수 있다. 판례는 그럼에도 불구하고 제129조의 표현대리가 성립될 수 있다고 판시하고 있다.

(나) 대리인이 소멸한 대리권한 범위 내의 행위를 하였을 것

대리인이 소멸한 대리권의 범위 내에서 대리행위를 하였어야 한다. 만일 그러한 범위를 벗어난 경우라면 제129조를 기본대리권으로 하여 제126조의 표현대리가 성립할 수 있다(대판 1970.2. 10, 69다2149).

(다) 상대방은 선의·무과실일 것

1) 제129조에서 제3자는 거래행위의 상대방만을 지칭한다. 즉 대리행위의 상대방과 거래한 다른 제3자는 여기에 해당하지 않는다.

2) 선의·무과실의 의미에 대해서는 대리인이 이전에 대리권을 가지고 있었던 것에 대하여 상대방이 지금도 그 대리권이 존속하는 것으로 믿고 그와 같이 믿는 데에 과실이 없을 것이라는 견해와 문제의 행위에 대하여 대리권이 존재한다고 오신하고 그 오신에 과실이 없을 것이라는 견해가 주장되고 있다.

(라) 증명책임

1) 존재했던 대리권이 소멸하였다는 점,[14] 대리인이 권한 내의 대리행위를 하였다는 점의 주장과 증명의 책임은 상대방이 부담한다.

2) 상대방의 선의·무과실의 증명책임은 본인에게 있다는 견해와 제129조의 규정형식에 따라 선의의 증명책임은 상대방에게 있고 과실의 증명책임은 본인에게 있다는 견해가 대립하고 있다. 판례는 상대방이 선의 및 무과실의 증명책임을 부담하는 것으로 본다(대판(전합) 1983.12. 13, 83다카1489).

---

14) 그러나 실제 소송에서는 원고가 피고에게 유권대리를 주장할 것인데, 이 때에는 피고가 대리권의 소멸을 항변하게 된다. 이는 제129조의 표현대리와 관련해서는 원고에게 유리한 대리권 소멸의 증명을 인정해야 한다. 이를 소위 '불이익한 사실의 불가피한 진술'로 표현한다. 즉 대부분의 경우에는 실제로 표현대리의 요건사실에서 피고가 부담하게 된다. 그럼에도 불구하고 증명책임은 상대방이 부담하는 것이 원칙이 된다. 예컨대 원고인 상대방이 처음부터 제129조의 표현대리만을 주장하는 경우에는 원고가 스스로 증명해야 할 것이다.

(3) 제129조의 적용범위

(가) 대리권소멸 후의 표현대리에 관한 제129조는 법정대리인의 대리권이 소멸한 후의 대리행위에도 적용된다(대판 1975.1. 28, 74다1199).

> **사례 60** 甲은 X토지를 소유하고 있다. 甲은 미성년자라서 성년에 달할 때까지 모친 A가 甲의 법정대리인으로서 그 재산을 처리하여 왔다. 그런데 甲이 성년이 된 이후에도 객지에서 학업에 전념하고 있었던 관계로 A가 甲을 대리하여 甲 소유 X토지를 乙에게 매도하였다. 乙은 甲에게 표현대리를 주장할 수 있는가?
>
> (대판 1975.1.28, 74다1199 참조)
>
> **해설 60** 표현대리 주장이 가능하다.
>
> 대리권 소멸 후의 표현대리에 관한 제129조는 법정대리인의 대리권 소멸에 관하여도 적용이 있다. 따라서 제129조의 표현대리주장이 가능하다.

(나) 본인의 생전에 부동산의 양도가 있었으나 등기 절차 이행 전에 그가 사망함으로써 그 대리권이 소멸한(제127조 제1호에 의해) 대리인에 의하여 등기신청이 이루어진 경우에 제129조의 유추적용이 가능한지와 관련해서는 긍정설과 부정설, 제127조 제1호의 예외를 인정하여 그 효과가 상속인에게 미친다는 견해 등이 대립하고 있다.

판례는 이러한 등기의 말소가 허용되지 아니하는 이유를 제129조의 유추적용에서 구하지 아니하고 위법한 절차에 기한 등기도 현재의 실체관계에 부합하는 한 유효하다는 점에서 찾고 있다. 망인(亡人) 명의의 인감증명에 의하여 소유권이전등기가 경유되었다 하더라도 그것이 권리의 실체관계와 부합하는 경우에는 유효하다는 것이다(대판 1965.8. 24, 65다1177).

(4) 효 과

제129조의 표현대리가 성립하면 본인에게 그러한 대리행위의 법률적 효과가 귀속되는 것과 동일한 책임이 인정된다. 표현대리에 기한 책임은 효과상 계약상의 이행책임이므로 과실상계는 적용될 수 없다.

Ⅲ. 협의의 무권대리

1. 의 의
2. 계약의 무권대리
  (1) 본인과 상대방과의 관계
    (가) 원칙: 무효
    (나) 본인의 추인권($^{제130}_{조}$): 형성권
      1) 추인의 의의
      2) 추인의 방식
        ㉮ 묵시적 추인
        ㉯ 일부에 대한 추인이나 내용을 변경한 추인
        ㉰ 공정증서상의 집행인낙에 대한 추인의 의사표시
      3) 추인의 당사자
        ㉮ 추인권자
        ㉯ 추인의 상대방
      4) 추인의 효과
        ㉮ 추인의 소급효($^{제133}_{조}$)
        ㉯ 소급효의 예외
      5) 무권리자 처분행위의 추인
    (다) 본인의 추인거절권($^{제132}_{조}$)
      1) 의 의
      2) 상속에 의해 무권대리인과 본인의 지위가 동일인에게 귀속된 경우 추인거절권의 제한
    (라) 상대방의 최고권($^{제131}_{조}$): 의사의 통지
      1) 의 의

      2) 제한능력자 상대방의 최고권과의 구별
        ㉮ 동일점
        ㉯ 차이점
    (마) 선의의 상대방의 철회권($^{제134}_{조}$)
  (2) 무권대리인과 상대방의 관계(무권대리인의 법정무과실책임($^{제135}_{조}$) – 이행 또는 손해배상의 책임)
    (가) 의 의
    (나) 요 건
      1) 무권대리인의 대리행위가 있을 것
      2) 무권대리인이 대리권을 증명하지 못했거나 본인의 추인을 벌지 못했을 것
      3) 무권대리인이 행위능력자이거나 그와 같은 대리행위에 법정대리인의 동의를 얻었을 것
      4) 철회권을 행사하지 않은 상대방의 선의·무과실
    (다) 책임의 내용
      1) 상대방의 선택권
      2) 이행의 청구
      3) 손해배상청구
      4) 표현대리에의 적용 여부
  (3) 본인과 무권대리인의 관계
3. 단독행위의 무권대리
  (가) 능동대리
  (나) 수동대리

1. 의 의

대리인이 대리권이 없이 대리행위를 한 경우에, 표현대리라고 볼 수 있는 특별한 사정이 없는 경우의 무권대리를 협의의 무권대리라고 한다. 즉 광의의 무권대리 중 표현대리가 성립하지 않는 무권대리가 협의의 무권대리인 것이다.

2. 계약의 무권대리

(1) 본인과 상대방과의 관계

(가) 원칙: 무효

무권대리행위는 대리행위로서의 형태는 인정되지만 대리행위로서는 효력이 인정되지 않는다. 따라서 상대방이 본인에게 대리의 효과를 주장할 수는 없다. 다만 본인이 무권대리행위를 추인하는 경우에는 계약시에 소급하여 본인에게 효력이 발생한다(제133조). 이러한 점에서 협의의 무권대리행위는 불확정적으로 무효인 상태에 있다가 본인의 추인에 따라 본인에 대한 효력발생여부가 결정되는 이른바 유동적 무효 상태라고 할 것이다.

> **민사소송법** 소송행위의 추인
>
> 무권대리인의 소송행위는 무효이나, 확정적 무효가 아니기 때문에 당사자 본인이나 정당한 대리인이 추인하면 소급하여 유효하게 된다(민사소송법 제60조, 제97조). 소송행위 추인의 소급효는 절대적이기 때문에 추인의 소급효를 상대적으로 제한하는 제133조 단서의 규정은 적용되지 않는다(대판 1991.11.8, 91다25383).

(나) 본인의 추인권(제130조): 형성권

1) 추인의 의의

무권대리행위의 추인은 무권대리인에 의하여 행하여진 불확정한 행위에 관하여 그 행위의 효과를 자기에게 직접 발생케 하는 것을 목적으로 하는 의사표시이며, 무권대리인 또는 상대방의 동의나 승낙을 요하지 않는 상대방 있는 단독행위이다(대판 1982.1.26, 81다카549).

2) 추인의 방식

㉮ 묵시적 추인

무권대리행위의 추인은 본인이 무권대리행위가 있음을 알고 추인해야 한다(대판 2000.9.8, 99다58471; 대판 1995.11.14, 95다28090; 대판 1990.4.27, 89다카2100 등). 예컨대 증권회사의 고객이 그 직원의 임의매매를 묵시적으로 추인했다고 하기 위해서는 자신이 처한 법적 지위를 충분히 이해하고 진의에 기하여 당해 매매의 손실이 자기에게 귀속된다는 것을 승인하는 것으로 볼 만한 사정이 있어야 하고, 이는 여러 사정을 종합적으로 검토하여 신중하게 판단하여야 한다(대판 2002.10.11, 2001다59217).

무권대리행위를 알고도 본인이 그에 따른 계약의 유효를 전제로 후속행위를 한 경우에 묵시적 추인이 인정될 것이다. 예컨대 특단의 사유가 없는 한 본인이 매매계약을 체결한 무권대리인으로부터 매매대금의 전부 또는 일부를 받은 경우(대판 1963.4.11, 63다64), 무권대리인이 차용한 금원의 변제기일에 채권자가 본인에게 그 변제를 독촉하자 그 유예를 요청한 경우(대판 1973.1.30, 72다2309), 무권대리인이 체결한 임대차계약상의 차임 일부를 본인이 지급한 경우(대판 1984.12.11, 83다카1531)에 묵시적으로 추인이 있다고 볼 수 있다. 그러나 무권대리행위가 있음을 알면서 본인이 후속행위를 했는데, 그 후속행위가 무권대리행위의 효력이 없음을 전제로 하는 것이라면 이 또한 추인으로 볼 수는 없다. 예컨대 子가 대리권 없이 父 소유의 부동산을 매도한 사실에 관하여 매수인이 子를 고소하겠다고 하여 父가 매매대금에 해당하는 돈을 반환해 주겠다고 하면서 그 매매계약의 해약을 요청하고, 또 그 금원을 반환기일에 반환하지 못하자 그 기일의 연기를 구했더라도 이는 父가 子의 위 무권대리 행위를 추인한 것이라고는 볼 수 없다($^{대판\ 1986.3.11,}_{85다카2337}$).

본인이 단순히 장기간 이의를 제기하지 않았다는 사실만으로 당연히 무권대리행위를 추인한 것으로 볼 것은 아니다. 무권대리행위에 대한 추인은 무권대리행위의 효과를 자기에게 귀속시키려는 의사표시이기 때문에, 무권대리행위에 대한 추인이 인정되기 위해서는 그러한 의사가 표시되었다고 볼 만한 사유가 인정되어야 한다. 따라서 무권대리행위에 대하여 본인이 그 직후에 그것이 자기에게 효력이 없다고 이의를 제기하지 아니하고 이를 장시간에 걸쳐 방치한 경우($^{대판\ 1990.3.27,}_{88다카181}$), 권한 없이 기명날인을 대행하는 방식에 의하여 약속어음을 위조한 경우 그 사실을 알고도 장기간 형사고소를 하지 않았다는 사실만으로 묵시적 추인이 인정되는 것이 아니다($^{대판\ 1998.2.10,}_{97다31113}$).

그러나 무권대리행위를 알고도 본인이 장기간 이의를 제기하지 않은 경우, 법률행위의 경위, 신분관계 등 제반사정에 비추어 묵시적 추인으로 인정될 수 있다. 예컨대 甲이 자신의 장남인 A가 서류를 위조하여 자신의 부동산 X를 乙에게 인도하였음에도 10여년간 이의를 제기하지 않은 경우($^{대판\ 1981.4.}_{14,\ 81다151}$), 임야의 공동상속인 중 일부가 가까운 친척에게 임야의 매도를 위임하여 매도대금을 위 사람들의 생활비로 소비하였고, 나머지 공유자들은 임야의 매각 소식을 전해 듣고도 15년간 아무런 이의를 제기하지 않았다면 위 신분관계, 매도경위, 대금의 소비관계 등 제반사정에 비추어 처분권을 위임하지 아니한 나머지 공유자들도 매매행위를 묵시적으로 추인한 것이라고 볼 수 있다($^{대판\ 1991.1.29,}_{90다12717}$).

당사자가 변론기일에 불출석하여 매매사실에 관하여 의제자백한 것으로 간주되었어도 그러한 의제자백이 간주된 당사자가 무권대리로 이루어진 매매계약 체결의 대리행위를 추인한 것이라고는 단정할 수 없다($^{대판\ 1982.7.}_{13,\ 81다648}$).

사례 61 처 A는 乙로부터 금원을 차용하면서 승낙 없이 남편 甲 소유 X부동산에 근저당권을 설정하여 주었다. 이를 알게 된 남편인 甲은 A의 채무 변제에 갈음하여 아파트와 토지를 乙에게 이전하고 그 토지의 시가에 따라 사후에 정산하기로 합의하였는데, 이후 합의가 결렬되어 이행되지는 않았다. 甲은 乙에게 근저당권의 말소를 구할 수 있는가? (대판 1995.12.22, 94다45098 참조)

│해설 61│ 말소를 구할 수 없다.

A가 乙로부터 차용한 사채를 책임지기로 한 이상, 甲은 A의 근저당권 설정 및 금원 차용의 무권대리 행위를 추인한 것이기 때문이다.

사례 62 A는 대리할 권한 없이 甲을 대리하여 乙로부터 1억 원을 차용하였다. 이후 乙이 甲에게 변제를 요구하자 甲은 그 유예를 요청하였다. 甲의 행위는 무권대리행위를 추인한 것으로 볼 것인가?

(대판 1973.1.30, 72다2309 참조)

해설 62 추인하였다고 볼 것이다.

무권대리인이 차용금 중의 일부로 본인 소유의 부동산에 가등기로 담보하고 있던 소외인에 대한 본인의 채무를 변제한 후 그 가등기를 말소하고 무권대리인이 차용한 금원의 변제기일에 채권자가 본인에게 그 변제를 독촉하자 그 유예를 요청하였다면 무권대리인의 행위를 추인하였다고 볼 것이다.

사례 63 모친인 A는 子인 乙의 X토지를 무권대리행위로서 甲에게 매도하였다. 甲은 X토지를 점유경작하고 있었는데 乙은 군에서 돌아와서 모친에게 나무라기는 하였으나 10여년간 甲에게 아무런 이의를 제기하지 않았다. 乙은 무권대리행위를 추인한 것인가?　(대판 1966.10.4, 66다1078 참조)

해설 63 추인한 것으로 볼 수 있다.

乙은 무권대리인인 그 A에게 대하여 매매계약을 묵시적으로 추인하였다고 볼 수 있을 것이다.

사례 64 父 甲은 子 乙과 공동상속한 X토지 전부를 乙로부터 대리권을 수여받지 않은 상태에서 A에게 매도하고 사망하였다. 이후 乙은 A에게 그 매매대금상당액을 돌려주기로 약정하였다. 乙의 행위는 무권대리행위의 추인에 해당하는가?

(대판 1991.7.9, 91다261 참조)

해설 64 추인한 것으로 볼 수 없다.

乙이 A에게 금전을 지급하기로 한 것은 그의 아버지인 甲의 무권한 행위로 인하여 A가 지급한 매매대금에 해당하는 돈을 乙이 반환해주고 위 甲과의 매매계약은 없었던 것으로 하자는 취지에 불과하다고 보이는바, 乙이 甲의 무권대리행위를 추인한 것으로 볼 수는 없다.

사례 65 A는 정당한 대표권 없이 甲 종중 소유의 X임야를 乙에게 매각처분하였다. 甲 측에서는 이 사실을 안 날로부터 10년이 넘도록 형사고소나 소유권회복을 위한 민사소송을 제기하지 않았고, 문장을 비롯한 여러 종중원들이 그 동안 종중 부동산 처분행위를 생활이 곤란해서 그런 것이라고 수차 이해하여 왔다는 사정이 있었다. 甲은 A의 무권대표(대리)행위를 추인한 것인가?

(대판 1991.5.24, 90도2190 참조)

해설 65 추인한 것으로 볼 수 없다.

권한 없이 종중 소유 부동산을 타인에게 매각처분한 사실을 알고서도 종중 측에서 10년이 넘도록 형사고소나 소유권회복을 위한 민사소송을 제기하지 않았다거나, 문장을 비롯한 여러 종중원들이 그 동안 종중 부동산 처분행위를 생활이 곤란해서 그런 것이라고 수차 이해하여 왔다는 등의 말을 했다는 사유만으로는 종중이 위 부동산 처분행위를 묵시적으로 추인하였다고 인정하기 어렵다.

ⓛ 일부에 대한 추인이나 내용을 변경한 추인

추인은 원칙적으로 무권대리인의 의사표시의 전부에 대하여 변경없이 해야 하고, 일부의 추인이나 내용을 변경한 추인은 상대방의 동의를 얻지 못하면 무효이다(대판 1982.1.26, 81다카549). 다만 어음교환행위가 주로 甲회사에 대한 자금융통을 위하여 행해진 것으로 乙 회사의 직원인 丙이 어음을 교환할 때, 甲 회사가 乙 회사의 대외적 신용을 이용하여 그 어음을 용이하게 할인할 목적으로 권한 없이 乙 회사 명의의 배서를 한 것이면 그 배서행위는 실질적으로는 어음교환의 한 과정에 불과한 것이므로, 乙 회사가 무권대리인인 丙의 어음교환행위를 추인했다면, 다른 특별한 사정이 없는 한, 丙이 어음교환을 위하여 한 배서행위도 추인하여 그 배서를 유효한 것으로 하겠다는 의사도 포함된 것으로 해석된다(대판 1994.8.12, 94다14186).

민사소송법 소송행위의 추인

무권대리인의 소송행위에 대한 추인은 소송행위 전체에 대해 행하는 것이 원칙이나, 판례는 소송의 혼란을 일으킬 우려가 없고, 소송경제적으로도 적절한 경우에는 예외적으로 일부에 대한 추인을 긍정한다(대판 1973.7.24, 69다60).

ⓓ 공정증서상의 집행인낙에 대한 추인의 의사표시

공정증서상의 집행인낙(채권자의 강제집행을 채무자가 승낙함)의 의사표시는 공증인을 상대로 증서에 의한 소송행위이어서, 대리권 흠결이 있는 공정증서상의 집행인낙에 대한 추인의 의사표시도 당해 공정증서를 작성한 공증인가 합동법률사무소 또는 공증인에 대하여 그 의사표시를 공증하는 방식으로 하여야 하므로, 그러한 방식에 의하지 아니한 추인행위가 있다면 그 추인행위에 의하여는 채무자가 실체법상의 채무를 부담하게 됨은 별론으로 하고 무효의 집행권원이 유효하게 될 수는 없다(대판 2006.3.24, 2006다2803).

3) 추인의 당사자

㉠ 추인권자

추인권자는 본인, 본인 사망시 상속권자, 법정대리인, 추인에 관하여 본인의 수권을 받은 임의대리인, 본인 파산시의 파산관재인 등이다. 다만 본인의 특정승계인은 추인권이 없다.

사례 66 甲 신용협동조합의 대표자 A는 적법한 대표권 없이 甲을 대표하여 조합원 乙과 대출계약을 체결하였다. 이후 甲이 파산하여 B가 파산관재인이 되었다면, 무권대표행위의 추인권자는 누구인가? (대판 2004.1.15, 2003다56625 참조)

해설 66 파산관재인 B가 추인권자이다.

신용협동조합이 파산한 경우 파산재단의 존속·귀속·내용에 관하여 변경을 야기하는 일체의 행위를 할 수 있는 관리·처분권은 파산관재인에게 전속하고, 반면 파산한 신용협동조합의 기관은 파산재단의 관리·처분권 자체를 상실하게 되므로, 위와 같은 무권대표행위의 추인권도 역시 특별한 사정이 없는 한 파산관재인만이 행사할 수 있다.

㉯ 추인의 상대방

무권대리행위의 추인의 의사표시는 그 상대방 또는 무권대리인의 무권대리행위로 인한 권리 또는 법률관계의 승계인 중의 어느 쪽에 하여도 무방하다($^{대판\ 2001.11.9.}_{2001다44291}$). 다만 무권대리인에게 추인하는 경우 제132조 단서에 의해 상대방이 이를 알아야 대항할 수 있다. 따라서 예컨대 무권대리인에게 한 추인은 3월 1일에 있었으나 상대방이 이를 안 날은 5월 2일인 경우, 상대방은 추인을 알기 전(5월 2일)까지는 본인에게 철회의 의사표시를 할 수 있다($^{대판\ 1981.4.}_{14,\ 80다2314}$).

생각해 볼 문제 착오로 제3자에게 추인했는데 우연히 상대방이 그 사실을 알게 되었다면 상대방이 알게 되었음을 이유로 추인의 효력을 인정할 수 있는가?

공동대표이사가 단독으로 회사를 대표하여 제3자와 법률행위를 하였다면 다른 공동대표이사는 단독으로 행위한 공동대표이사나 그 법률행위의 상대방인 제3자 중 어느 사람에게 대하여도 추인할 수 있다($^{대판\ 1992.10.}_{27,\ 92다19033}$). 또한 추인은 무권대리행위로 인한 권리 또는 법률관계의 특별승계인에 대하여도 할 수 있다($^{대판\ 1981.4.}_{14,\ 80다2314}$).

4) 추인의 효과

㉮ 추인의 소급효($^{제133}_{조}$)

무권대리 추인이 있으면 처음부터 소급하여 유권대리행위였던 것과 같은 효과가 생긴다. 이 점에서 무권대리행위의 추인은 제139조의 무효행위의 추인과는 구별된다. 그렇다고 추인이 사후에 대리권을 수여하는 것이 아니기 때문에 '무권대리'가 '유권대리'로 되는 것은 아니다.

추인하여 효력이 발생한 권리의 소멸시효는 계약체결시가 아니라 추인한 시점부터 진행한다는 점에 유의해야 한다. 추인과 같은 형성권행사로 발생하는 청구권은 추인되기 전에는 권리행사가 불가능하기 때문이다($^{환매권에\ 관한\ 대판\ 1992.}_{10.13,\ 92다4666\ 참조}$).

㉯ 소급효의 예외

㉠ 무권대리행위 추인의 소급효는 '다른 의사표시가 있는 때'에는 배제된다. 통설에 따르면 '다른 의사표시'란 본인의 의사표시만으로는 부족하고 상대방의 동의가 있어야 한다고 본다. 상대방은 처음부터 계약이 유효함을 전제로 하고 있으므로 본인의 일방적 의사만으로 장래효만을 인정하는 것은 상대방의 의사에 반하는 것으로 보기 때문이다.

㉡ 추인의 소급효는 제3자의 권리를 해하지 못한다($^{제133조}_{단서}$). 이는 무권대리행위의 추인 전에 본인으로부터 권리를 취득한 제3자를 추인의 소급효로 보호되는 무권대리행위의 상대방보다 더욱 보호하겠다는 취지이다. 제3자란 추인으로 무권대리인의 상대방이 취득한 권리와 저촉되는 내용의 배타적 권리를 본인으로부터 취득한 자를 말한다($^{대판\ 1991.11.}_{8,\ 91다25383}$). 결국 제133조 단서는 무권대리행위의 상대방과 제3자 모두 배타적인 권리를 취득하는 매우 예외적인 경우에만 적용된다. 예컨대 甲이 A에 대하여 갖고 있는 채권을 甲의 무권대리인 乙이 丙에게 양도한 후에 甲

이 다시 동일한 채권을 丁에게 양도한 경우, 丙과 丁에 대한 각각의 채권양도가 모두 확정일자 있는 증서에 의한 통지 또는 승낙을 갖추어야 제133조 단서가 적용된다. 이때 甲이 乙의 무권대리행위를 추인해도 소급효가 제한되므로 丙이 양수한 채권에 대하여 확정일자 있는 통지나 승낙이 먼저 있었더라도 丙은 丁에게 대항하지 못하게 된다. 만일 丙에 대한 채권양도만이 확정일자 있는 증서에 의한 통지나 승낙이 이루어진 경우에는 甲이 乙의 무권대리행위를 추인한 후에는 丁은 제133조 단서에 의하여 보호받을 수 없게 된다.

ⓒ 무권대리인의 '소송행위'를 본인이 추인하는 경우에는 제133조 단서의 적용이 배제된다. 즉 제3자가 있더라도 예외없이 소급효가 긍정된다.

가령 종중을 대표할 권한 없는 자가 종중을 대표하여 한 소송행위는 그 효력이 없으나 나중에 종중이 총회결의에 따라 위 소송행위를 추인하면 그 행위시로 소급하여 유효하게 되며, 이 경우 제133조 단서의 규정은 무권대리행위에 대한 추인의 경우에 있어 배타적 권리를 취득한 제3자에 대하여 그 추인의 소급효를 제한하고 있는 것으로서 위와 같은 하자있는 소송행위에 대한 추인의 경우에는 적용될 여지가 없다($^{대판\ 1991.11.}_{8,\ 91다25383}$).

┌─ 심화학습 ─
│ **제133조 단서는 악의의 제3자도 보호하는가?**
│
│ |해설| 제3자의 인식대상이 인식의 대상이 '무권대리인의 대리행위에 대리권이 없었음'이라면 악의의 제3자도 보호되어야 하지만 인식의 대상이 '무권대리행위에 대한 본인의 추인 사실'이라면 악의의 제3자는 보호되지 못한다. 즉 추인되었음을 알면서 배타적 권리를 취득한 제3자는 보호되지 않는다.

5) 무권리자 처분행위의 추인

처분권이 없는 무권리자의 처분행위는 무효이지만, 이 경우에도 처분권자가 추인하여 소급하여 유효로 될 수 있다고 본다. 그 근거에 대해서는 무권대리에 있어서 본인의 추인의 경우와 같이 그 처분은 본인에 대하여 효력을 발생한다고 본 경우도 있고($^{대판\ 1981.1.}_{13,\ 79다2151}$), 사적자치에 비추어 당연하다고 본 예도 있다($^{대판\ 2001.11.9.}_{2001다44291}$).

|사례 67| 부산광역시 동래구(이하 'A')는 무권리자인 乙로부터 X임야를 협의취득하였다. 그런데 X임야는 실제 甲의 소유였다. 甲은 X임야에 대한 A의 협의취득이 유효함을 전제로 乙이 A로부터 수령한 손실보상금의 반환을 구하고 있다. 이 청구가 인용될 수 있는가?

(대판 2001.11.9. 2001다44291 참조)

|해설 67| 반환청구가 인용된다.

판례는 위의 사실관계에서 무권리자의 처분행위에 대해서 권리자의 묵시적 추인을 인정하였다. 이 판결의 근거는 사적자치의 원칙이었다. 乙은 X임야의 처분권이 없으므로 무권리자가 A에게

소유권을 이전하는 처분행위를 한 것이다. 결론적으로 甲은 乙이 수령한 손실보상금을 부당이득으로 반환받을 수 있다고 판시한 것이다. 다만 그 판시내용에는 '무권대리'라는 표현을 쓰고 있다. 즉 대법원은 "무권리자가 타인의 권리를 자기의 이름으로 또는 자기의 권리로 처분한 경우에, 권리자는 후일 이를 추인함으로써 그 처분행위를 인정할 수 있고, 특별한 사정이 없는 한 이로써 권리자 본인에게 위 처분행위의 효력이 발생함은 사적자치의 원칙에 비추어 당연하고, 이 경우 추인은 명시적으로뿐만 아니라 묵시적인 방법으로도 가능하며 그 의사표시는 무권대리인이나 그 상대방 어느 쪽에 하여도 무방하다. 그리고 이와 같이 무권리자에 의한 처분행위를 권리자가 추인한 경우에 권리자는 무권리자에 대하여 무권리자가 그 처분행위로 인하여 얻은 이득의 반환을 구할 수 있다고 봄이 상당하므로, 피고는 원고에게 위 협의취득으로 수령한 손실보상금 중 원고 지분 상당액을 부당이득으로서 반환할 의무가 있다고 할 것이다"라고 판시하였다.

무권리자의 처분행위란 처분권이 없는 사람이 스스로 법률행위의 당사자가 되어 목적물을 처분하는 법률행위를 말한다. 또한 협의취득이란 협의를 통한 소유권취득이므로 일종의 계약이다. 甲이 계약당사자라면 乙의 행위는 대리행위여야 하는데 대리권이 없으므로 무권대리가 된다. 乙이 무권대리인으로 한 처분행위는 무권리자의 처분행위가 아니다.

반면 乙이 계약당사자가 되면 무권리자의 처분행위가 된다. 乙의 행위는 '타인권리의 매매'이며 이에 따른 이행행위로서의 처분행위에 불과하다. 따라서 이를 '무권대리인에 대한 추인'으로 표현하는 것은 부당하며, '무권리자'에 대한 추인으로 파악하는 것이 타당하다.

(다) 본인의 추인거절권($\frac{제132}{조}$)

1) 의 의

본인은 적극적으로 추인의 의사가 없음을 표시하여 무권대리행위의 유동적 무효를 확정적으로 무효로 만드는 추인거절권이 있다. 추인이 있으면 무권리자는 권리자에 대하여 그 처분으로 얻은 이익(매매대금 등)이 있으면 이를 부당이득으로 반환해야 한다($\frac{대판\ 2022.6.30,\ 2020}{다210686,210693}$). 반면 추인거절이 있으면 본인도 더 이상 추인할 수 없고, 상대방도 최고권을 행사할 수 없다. 추인거절은 의사의 통지로서 준법률행위라는 견해와 형성권으로서 상대방 있는 단독행위라는 견해의 대립이 있다.

추인거절의 상대방과 그 방법은 추인의 경우와 동일하다.

2) 상속에 의해 무권대리인과 본인의 지위가 동일인에게 귀속된 경우 추인거절권의 제한

㉮ 무권대리인이 본인을 상속하는 경우, 판례는 대리권한 없이 타인의 부동산을 매도한 자가 그 부동산을 상속한 후 소유자의 지위에서 자신의 대리행위가 무권대리로 무효임을 주장하여 등기말소 등을 구하는 것이 금반언의 원칙이나 신의칙상 허용될 수 없다는 입장을 보이고 있다($\frac{대판\ 1994.9.27.}{94다20617}$). 다만 무권대리행위의 상대방이 무권대리인에게 대리권이 없음을 알았거나 알 수 있었다면 그 상대방은 무권대리인에 대하여 제135조의 책임을 추궁할 수 없을 것이므로, 추후에 무권대리인이 본인을 상속하였다고 하더라도 그러한 자가 무권대리행위의 무효를 주장하는 것이 당연히 신의칙에 반하게 되는 것은 아니다($\frac{대판\ 1992.4.28.}{91다30941}$).

학설로는 추인거절권은 소멸하고 무권대리행위는 당연히 유효한 대리행위가 된다는 견해와 원칙적으로 무권대리행위는 유효한 것이지만 공동상속의 경우에는 상속인 전원의 추인이 없으면 유효하게 되지 않는다는 견해, 본인의 지위와 무권대리인의 지위는 분리되어 병존하는 것이지만 다만 추인을 거절하는 것이 신의칙에 반하는 때에는 무권대리의 항변은 허용되지 않는다는 견해 등이 있다. 판례는 당연 유효설을 취한 것으로 보인다.

㉯ 본인이 무권대리인을 상속한 경우에는, 무권대리행위가 유효하게 되고 본인은 추인을 거절할 수 없다는 견해와 무권대리행위는 당연히 유효로 되는 것은 아니고 본인의 지위와 무권대리인의 지위가 병존하므로 본인은 무권대리행위의 추인을 거절할 수 있다고 보는 견해가 대립한다.

사례 68 甲은 대리권 없이 乙 소유 X부동산을 丙에게 매도하여 소유권이전등기를 마쳐주었다. 그런데 이후 甲이 乙로부터 X부동산을 상속받아 그 소유자가 되어 소유권이전등기이행의무를 이행하는 것이 가능하게 된 시점에서 자신이 소유자라고 하여 丙을 상대로 소유권이전등기가 무효의 등기라고 주장하여 그 등기의 말소를 청구하고 있다. 인용될 수 있는가?

(대판 1994.9.27. 94다20617 참조)

해설 68 인용될 수 없다.

甲이 대리권 없이 乙 소유 부동산을 丙에게 매도하여 소유권이전등기를 마쳐주었다면 그 매매계약은 무효이고 이에 터잡은 이전등기 역시 무효가 되나, 甲은 乙의 무권대리인으로서 제135조 제1항의 규정에 의하여 매수인인 丙에게 부동산에 대한 소유권이전등기를 이행할 의무가 있으므로 그러한 지위에 있는 甲이 乙로부터 부동산을 상속받아 그 소유자가 되어 소유권이전등기절차를 이행하는 것이 가능하게 된 시점에서 자신이 소유자라고 하여 원래 자신의 매매행위가 무권대리에 의한 것이어서 무효였다는 이유로 丙 앞으로 경료된 소유권이전등기가 무효의 등기라고 주장하여 그 등기의 말소를 청구하거나 부동산의 점유로 인한 부당이득금의 반환을 구하는 것은 금반언의 원칙이나 신의성실의 원칙에 반하여 허용될 수 없다.

사례 69 甲은 父 소유의 X부동산에 관하여 그 생전에 자신의 단독명의로 소유권이전등기를 마칠 의도로 그 등기방법을 乙과 상의하다가 乙이 일단 자기 앞으로 소유권이전등기를 마쳤다가 이를 넘겨 가라는 권유를 하여 父의 인감도장을 가지고 나와 乙 명의로 소유권이전등기를 마쳤다. 그런데 乙은 이를 기화로 다시 丙 명의로 소유권이전등기를 하여 주었다. 이후 父가 사망하여 甲이 父의 권리의무를 상속받았다. 甲은 丙 명의의 소유권이전등기의 말소를 청구할 수 있는가?

(대판 1992.4.28. 91다30941 참조)

해설 69 인용될 수 있다.

甲이 父 소유의 부동산에 관하여 父의 생전에 자신의 단독명의로 소유권이전등기를 마칠 의도로 그 등기방법을 乙과 상의하다가 乙이 일단 자기 앞으로 소유권이전등기를 마쳤다가 이를 넘겨 가라는 권유를 하여 父의 인감도장을 가지고 나와 乙 명의로 소유권이전등기를 마쳤는데, 乙이 이를 기화로 다시 丙 명의로 소유권이전등기를 하여 준 경우 甲이 父 몰래 乙에게 소유권이전등

제1편 제2편 제3편 제4편 제5편 제6편 제7편 제8편 제9편

계약의 성립

기를 하여 준 행위가 명의신탁계약의 무권대리행위로 법률상 평가될 수 있더라도 乙이 그 대리권 없음을 알았다고 보여 위 명의신탁계약은 甲의 父에 대한 관계에서뿐만 아니라 甲에 대한 관계에서도 아무런 효력을 발생할 수 없는 것임이 명백하므로 甲이 그 후 父의 권리의무를 상속받았다고 하여 乙 명의의 위 소유권이전등기가 甲의 상속분 범위 내에서 실체적 권리관계에 부합하는 유효한 등기로 전환되는 것은 아니라 할 것이고, 원인무효인 乙 명의의 소유권이전등기가 경료된 데 대하여 甲에게도 책임이 있음은 부정할 수 없다고 하겠지만, 甲이 원인무효인 그 등기를 기초로 하여 경료된 丙 명의의 소유권이전등기의 말소를 청구하는 것이 곧바로 금반언의 법칙이나 신의성실의 원칙에 어긋나는 것이라고 단정할 수는 없다.

(라) 상대방의 최고권($\frac{제131}{조}$): 의사의 통지

1) 의 의

대리권 없는 자가 타인의 대리인으로 계약을 한 경우에 상대방은 상당한 기간을 정하여 본인에게 그 추인 여부의 확답을 최고할 수 있다. 이때 그 기간 내에 확답을 발하지 않으면 추인을 거절한 것으로 본다. 최고는 법률의 규정에 의하여 효과가 정해지므로 의사의 통지로서 준법률행위에 해당한다.

상대방은 추인의 대상이 되는 무권대리행위를 적시하고, 상당한 기간을 정하여 추인 여부의 확답을 구해야 한다. 상대방은 계약 당시 무권대리행위임을 알고 있었더라도 최고할 수 있다. 최고는 원칙적으로 본인에게 해야 하지만, 법정대리인이 있는 때에는 그에게도 할 수 있다. 다만 무권대리인은 최고의 상대방이 될 수 없다.

2) 제한능력자 상대방의 최고권과의 구별

㉮ 동일점

최고권자의 주관적 사정을 따지지 않는다는 점과 최고의 상대방은 본인 또는 그 법정대리인이라는 점에서 양 제도는 동일하다. 또한 최고권에 대하여 일정 기간 내에 확답을 발하지 않으면 일정한 효과가 발생하게 되는 발신주의를 취하고 있다는 점도 동일하다.

㉯ 차이점

양 제도는 최고기간과 최고의 효과에서 차이가 있다. 제한능력자의 상대방이 하는 최고는 1개월 이상의 기간을 정하여 확답을 촉구해야 하지만, 무권대리행위의 상대방이 하는 최고는 상당한 기간을 정하여 확답을 촉구해야 한다. 그리고 정해진 기간 내에 확답을 발하지 않은 경우 제한행위능력자제도에서는 법률행위를 추인한 것으로 보지만(특별한 절차를 요하는 경우에는 추인거절로 간주된다), 무권대리제도에서는 법률행위의 추인을 거절한 것으로 간주한다는 점도 차이가 있다.

(마) 선의의 상대방의 철회권($\frac{제134}{조}$)

대리권 없는 자가 한 계약은 추인권자(본인, 그 법정대리인 또는 상속인)의 추인이 있을 때까지

상대방은 본인이나 그 대리인에 대해 이를 철회할 수 있다.

철회권은 본인의 추인이 있을 때까지 할 수 있다. 그리고 이러한 철회권을 행사할 수 있는 것은 상대방이 선의일 때로 제한된다는 점에서 최고권과 다르다. 선의인가의 여부는 철회의 효과를 다투는 본인이 증명책임을 진다.

철회의 의사표시는 본인뿐 아니라 무권대리인에게도 할 수 있다. 무권대리인에 대하여 본인이 추인 또는 추인거절한 때에는 상대방이 안 때에만 대항할 수 있으므로(제132조 단서), 무권대리인에 대하여 상대방이 철회한 경우에도 본인이 이를 안 때에만 철회로 대항할 수 있다고 해야 할 것이다.

철회권 행사시 무권대리행위는 확정적으로 무효가 된다. 따라서 본인은 추인할 수 없고, 상대방도 무권대리인에게 제135조의 책임을 추궁할 수 없다.

(2) 무권대리인과 상대방의 관계(무권대리인의 법정무과실책임(제135조) – 이행 또는 손해배상의 책임)

(가) 의 의

무권대리인이 그 대리권을 증명하지 못하고 또 본인의 추인을 얻지 못한 때에는 상대방의 선택에 좇아 계약의 이행 또는 손해배상책임을 진다(제135조).

제135조는 상대방의 이익과 거래안전의 보호를 위하여 인정된다. 무권대리가 되면 원칙적으로 본인은 계약상 책임을 지지 않는데, 이러한 경우에 무권대리행위로 인한 모든 손해를 상대방이 부담하도록 한다면 대리제도의 신뢰에 나쁜 영향을 준다. 따라서 민법은 상대방 및 거래의 안전을 보호하고 대리제도의 신용을 유지하기 위하여 무권대리인에게 무거운 책임을 지우고 있는 것이다. 그러므로 이 책임을 법정의 무과실책임으로 본다. 즉 무권대리인이 대리행위시 자신에게 대리권 없음을 모르고 모른 것에 과실이 없더라도 상대방에게 제135조의 책임을 부담한다. 예컨대 무권대리행위가 제3자의 기망이나 문서위조 등의 위법행위로 야기되었더라도 이러한 무권대리인의 책임이 부정되는 것은 아니다(대판 2014.2.27. 2013다213038).

(나) 요 건

1) 무권대리인의 대리행위가 있을 것

제135조는 대리행위를 했을 때 적용된다. 대리인이 대리권 없이 자기 자신의 이름으로 법률행위를 한 경우에도 현명이 인정되면 무권대리행위가 될 것이나, 법률효과가 자신에게 귀속되어야 하는 경우에는 타인권리매매의 문제가 될 것이다.

2) 무권대리인이 대리권을 증명하지 못했거나 본인의 추인을 받지 못했을 것

제135조의 책임이 성립하려면 무권대리인이 대리권을 증명할 수 없었어야 한다. 대리권이 존재하였다는 점에 대한 증명책임은 무권대리인이 진다(통설).

본인의 추인을 얻지 못해야 무권대리인의 책임이 성립한다. 채무의 이행청구권 또는 손해배상청구권의 발생시점에 대해서 무권대리행위가 있는 때에 제135조의 책임이 발생한다는 대리행위시설과 추인거절이 있을 때에 비로소 제135조의 청구권이 발생한다는 추인거절시설이 대립한다.

3) 무권대리인이 행위능력자이거나 그와 같은 대리행위에 법정대리인의 동의를 얻었을 것

이는 제한능력자를 보호하기 위한 요건이다($\binom{제135조}{제2항}$). 무권대리인이 제한능력자임을 증명하면 책임을 면할 수 있다.

4) 철회권을 행사하지 않은 상대방의 선의 · 무과실

상대방은 철회권을 행사하지 않았어야 한다. 철회권을 행사한 경우에는 계약은 확정적으로 무효가 되므로 무권대리인의 책임은 물을 수 없다.

또한 제135조가 성립하려면 상대방은 대리행위자에게 대리권 없음에 대해서 선의, 무과실이어야 한다. 무권대리인은 상대방이 대리권 없음을 알았거나 알 수 있었음을 주장 · 증명해야 한다($\binom{대판\ 2018.6.28.}{2018다210775}$).

(다) 책임의 내용

상대방이 선택채권의 규정($\binom{제380조}{이하}$)에 따라서 선택한 채무의 이행 또는 이행이익의 손해배상($\binom{제750조}{의\ 특칙}$)을 청구할 수 있다.

1) 상대방의 선택권

선택권자는 무권대리인의 상대방이다. 무권대리인의 채무의 소멸시효 기산점은 선택권의 행사 가능시이며 따라서 그 기산점은 대리권의 증명에 실패했거나 본인의 추인을 얻지 못한 때이다($\binom{대판\ 1965.8.}{24,\ 64다1156}$). 이행청구권 또는 손해배상청구권의 소멸시효기간은 무권대리행위가 유권대리라면 상대방이 본인에게 갖는 청구권의 성질에 따라 일반채권의 소멸시효기간($\binom{제162}{조}$) 또는 단기소멸시효기간($\binom{제163조}{이하}$)이 정해진다.

사례 70 甲은 X부동산을 소유하고 있었는데, A는 이를 무권대리행위로서 乙에게 매도하였다. 매매계약의 이행기일은 1947.11.14.이었는데 乙은 이날 매매대금을 완불하고 즉시 소유권이전등기절차의 이행을 A에게 요구하였는데 A는 책임을 지겠다고만 번복할 뿐 그 이행을 하지 못하였다. 한편 甲은 1947.9.에 사망하였는데, 상속인이 1959.8.12 상속을 원인으로 한 소유권이전등기절차를 경료하였고, 이를 B에게 매도하여 1960.3.20. 소유권이전등기절차를 경료하여 주었다. 1962.3. 乙은 A에게 손해배상을 청구하였는데, A는 소멸시효의 항변을 한다. 타당성은?

(대판 1965.8.24. 64다1156 참조)

해설 70 타당하지 않다.

타인의 대리인으로 계약을 한 자가 그 대리권을 증명하지 못하고 또 본인의 추인을 얻지 못한 때에는 상대방의 선택에 좇아 계약의 이행 또는 손해배상의 책임이 있는 것인바 이 상대방이 갖는 계약이행 또는 손해배상청구권의 소멸시효는 그 선택권을 행사할 수 있는 때로부터 진행한다 할 것이고 또 선택권을 행사할 수 있는 때라고 함은 대리권의 증명 또는 본인의 추인을 얻지 못한 때라고 할 것이다. 사안에서는 1960.3.20.자로 추인을 받지 못하게 되었다고 할 것이다. 따라서 乙의 손해배상청구권의 소멸시효는 1960.3.20.부터 기산한다. 따라서 A의 항변은 타당하지 않다.

2) 이행의 청구

㉮ 상대방이 이행을 선택하면 무권대리인은 유권대리였다면 본인이 부담하게 될 채무와 동일한 내용의 채무를 부담하게 되나, 이는 법정책임으로서 인정되는 청구권이다.

㉯ 무권대리행위의 목적물이 부대체물인 부동산인 경우에는 무권대리인은 본인으로부터 부동산을 취득하여 상대방에게 이전해야 하며(이전불능일 경우 제570조의 담보책임과 채무불이행책임의 문제가 발생), 대체물인 경우에는 동일한 물건을 구해서 이행하면 된다.

㉰ 무권대리인이 채무를 이행할 경우 무권대리인은 당연히 반대급부청구권을 가진다. 쌍무계약이라면 동시이행항변권의 행사도 가능하다.

3) 손해배상청구

손해배상의 범위는 이행이익이다(통설).

4) 표현대리에의 적용 여부

표현대리가 성립할 수 있는 경우에도 제135조의 책임을 물을 수 있는지가 문제된다. 상대방은 표현대리책임과 무권대리인에 대한 책임을 선택적으로 주장할 수 있어야 한다(이와는 달리 표현대리책임이 성립하면 무권대리인의 책임을 물을 수 없다는 견해도 있다). 즉 표현대리가 성립할 수 있는 때에도 표현대리의 성립이 소송절차에서 확정될 때까지는 본인의 추인이나 상대방의 철회가 되기 전까지는 무권대리 상태가 계속되게 되므로 무권대리인의 책임을 물을 수 있다. 실질적으로 무권대리인의 책임과 표현대리의 책임요건이 모두 구비된 경우에도 상대방은 먼저 무권대리인의 책임을 물을 수 있다. 또한 표현대리책임을 주위적으로 청구하고, 무권대리책임을 예비적으로 청구할 수도 있다. 다만 표현대리책임의 성립이 소송에서 확정되었다면 다시 무권대리인의 책임을 물을 수는 없다. 이는 이중의 책임이 될 것이기 때문이다.

(3) 본인과 무권대리인의 관계

본인이 무권대리행위를 추인하지 않으면 본인과 무권대리인 사이에는 어떠한 법률관계가 생기지 않는다. 다만 무권대리행위로 본인에게 손해가 발생하였다면 불법행위에 기한 손해배상청구가 가능하고, 무권대리인이 부당하게 취득한 이득은 부당이득반환의 대상이 될 수 있다.

본인이 추인한 경우에는 법률행위의 효과가 본인에게 귀속하므로, 본인과 대리인 사이에는 일종의 사무관리가 성립한다. 따라서 대리인은 자신이 취득한 물건이나 권리를 본인에게 이전해야 하며 대리인은 본인에게 비용상환청구를 할 수 있다.

3. 단독행위의 무권대리

(1) 제130조 내지 제135조는 계약에 있어서 무권대리행위의 효력에 관한 규정이다. 그런데 단독행위의 무권대리는 계약에서와는 달리 확정적 무효를 원칙으로 하고, 제136조에서 넓은 예외를 인정하고 있다.

(2) 상대방 없는 단독행위의 무권대리는 언제나 절대적 무효이다. 소유권의 포기, 재단법인 설립행위 등이 그 예이다. 이 경우에도 소급효가 인정되는 추인권을 본인에게 인정한다면 본인의 자의에 따라 무권대리행위의 효과의 발생시기가 좌우되어 불합리하기 때문이다. 그리고 이 경우에는 상대방이 없으므로 상대방보호규정($^{제131조,}_{제134조}$)이나 상대방에 대한 무권대리인의 책임규정($^{제135}_{조}$)은 적용되지 않는다.

(3) 상대방 있는 단독행위의 무권대리 역시 원칙은 절대무효이다. 그러나 유효가 될 수 있는 가능성 및 무권대리인의 책임을 인정하는 넓은 예외를 두고 있는데 이는 상대방의 신뢰를 보호할 필요가 있기 때문이다. 이 경우에는 계약에서의 무권대리규정을 적용한다.

(가) 능동대리

상대방이 동의하거나 다투지 아니한 때에는 계약의 무권대리와 같이 취급한다. 상대방의 선·악의나 과실 유무는 불문한다. 다수설은 상대방이 무권대리인이 한 단독행위를 수령한 후 지체없이 이의를 제출하면 다툰 것이 된다고 본다.

(나) 수동대리

무권대리인의 동의를 얻은 때에만 계약의 무권대리와 같이 취급한다. 이 때 무권대리인의 동의를 필요로 하는 것은 만일 본인이 추인하지 않으면 제135조가 적용되어 무권대리인이 책임을 져야 하므로 무권대리인을 보호할 필요가 있기 때문이다.

제7절 타인명의 법률행위

Ⅰ. 개 관
Ⅱ. 행위자가 당사자로 해석된 경우
Ⅲ. 명의자가 당사자로 해석된 경우
　1. 명의자를 당사자로 보게 되는 예
　　(1) 명의자를 당사자로 하는 데 행위자와 상대방의 의사의 합치가 있는 경우
　　(2) 행위자와 상대방의 의사가 일치하지 않는 경우
　2. 구체적 법률관계

(1) 적법한 대리행위가 되는 경우
(2) 무권대리 또는 표현대리가 되는 경우
Ⅳ. 특수한 문제
　1. 차명대출
　　(1) 당사자 확정의 문제가 아닌 계약의 효력 문제로의 접근
　　(2) 구체적인 법률관계
　2. 예금계약의 당사자(예금명의자와 출연자가 다른 경우)

Ⅰ. 개　관

　행위자가 타인의 명의로 법률행위를 한 경우에는 명의자와 행위자가 다르게 된다. 이 때 법률효과의 귀속주체를 정하는 문제가 발생한다. 타인명의의 법률행위에는 행위자가 타인의 명의를 빌려 명의자인 것처럼 법률행위를 하는 명의대여의 법률관계와, 무단으로 타인명의를 모용[15]하면서 행위자가 명의자인 것처럼 법률행위를 하여 발생하는 법률관계가 있을 수 있다. 이와 같은 타인명의의 법률관계는 주로 타인명의의 대출계약, 타인명의 예금계약, 타인명의의 부동산 매매계약의 형태로 나타난다.

　타인명의로 법률행위를 하는 것은 아니지만 스스로 자신의 이름으로 법률행위를 하면서 그 경제적 효과만을 제3자에게 귀속시키도록 하는 것도 타인명의를 '이용'한 법률행위가 해당된다. 그러나 이는 명의자와 행위자가 일치한다는 점에서 타인명의의 법률행위와는 다르다. 그러나 이 때에도 법률효과는 누구에게 귀속되는지의 문제가 발생한다. 위의 각각의 경우를 구별하면 다음과 같다.

　신용불량자인 A가 친구 甲에게 부탁하여 C은행과 대출계약을 체결하는 경우를 생각해 보자.

　1) 만약 친구 A를 위해 甲이 스스로 은행에 가서 대출계약을 체결한 경우 A는 甲의 명의를 사실상 '이용'했지만 명의자인 甲 스스로가 법률행위를 했다는 점에서 타인명의의 법률행위에는 해당되지 않는다. 이 때에 대출계약상의 채무자는 甲이 된다는 점에서 행위자와 명의자가 일치한다.

　이와는 달리 A가 C은행과 대출계약을 체결할 때, 상호 합의하여 甲을 형식상 채무자로 내세우고 甲에게는 법적 책임을 묻지 않기로 하고 甲을 채무자로 하는 대출계약을 A가 체결한 경우, 이는 타인명의를 이용했지만 타인명의의 법률행위에는 해당되지 않는다. 행위자인 A는 자신이 마치 甲인 것처럼 행동하면서 채무부담행위를 한 것은 아니어서 타인명의 법률행위의 본질적 요소를 갖추지 못했기 때문이다. 이 때 甲·C간의 대출계약은 통정허위표시에 해당되어 무효가 된다(대판 1996.8.23, 96다18076). 그리고 계약의 해석을 통하여 A·C간에 대출계약이 성립한 것으로 볼 수 있다.

　2) 甲이 아닌 A가 은행으로 가서 자신이 마치 甲인 것처럼 행세하면서 계약체결행위를 했다면 이는 타인명의의 법률행위가 되는데, 먼저 대출계약상의 당사자를 정해야 한다.

　당사자의 확정은 계약에 관여한 당사자의 의사해석에 의한다. 우선 행위자와 상대방의 의사가 일치한 경우에는 그 일치한 의사대로 행위자 또는 명의인을 계약당사자로 확정하여야 하고(자연적 해석), 행위자와 상대방의 의사가 일치하지 않는 경우에는 그 계약의 성질·내용·목적·체결경위 등 그 계약 체결 전후의 여러 사정을 토대로 상대방이 합리적인 사람이라면 행위자와 명의자 중 누구를 계약당사자로 이해할 것인지에 따라 결정할 것이다(규범적 해석)

---

15) 타인 명의의 모용은 타인의 명의를 무단으로 사용하는 경우를 의미하며, 그 중에서 특히 행위자가 타인인 것처럼 행위하는 것도 타인명의의 모용에 포함된다.

(대판 1998.3.13, 97다22089; 대
판 2003.12.12, 2003다44059 등).

ⅰ) 자연적 해석 또는 규범적 해석을 통하여 행위자인 A가 계약의 당사자로 확정되면 법률행
위자와 법률효과 귀속주체가 동일하므로 명의자인 甲에게는 아무런 법률효과가 발생하지 않음
이 원칙이다. 그러나 형식상 주채무자인 명의자가 실질적인 주채무자를 위하여 보증인이 될 의
사가 있었다는 등의 특별한 사정이 있을 때에는 명의자가 채권자에 대하여 보증책임을 부담할
수 있다.

ⅱ) 해석을 통하여 명의자인 甲이 계약당사자로 확정되면 법률행위자와 효과귀속자가 달라지
게 되고, 이 때에는 대리의 법리가 적용될 수 있다.[16] 대리의 법리가 적용되기 위해서는 현명
이 있어야 하므로 현명이 없으면 처음부터 대리행위로 인정될 수 없음이 원칙이다. 그런데 타
인명의의 법률행위는 A가 마치 甲인 것처럼 행위하는 것이므로 명시적인 현명이 없더라도 상
대방은 행위자[17] 이외의 자에게 법률효과가 귀속됨을 인식하고 있다. 즉 행위자는 A이지만 법
률효과의 귀속주체는 양 당사자 모두가 甲으로 인정하고 있다는 점에서 현명이 있었던 것과
마찬가지로 다루어질 필요가 있다($\frac{제115조}{단서}$). 상대방에 대해서 법률효과가 행위자 이외의 자에게
귀속됨을 알려주는 것이기 때문이다.

Ⅱ. 행위자가 당사자로 해석된 경우

1. 타인의 이름을 사용하여 계약을 하는 경우에, 행위자와 상대방이 모두 행위자 자신이 계
약의 당사자라고 이해한 경우 또는 그렇지 아니하다고 하더라도 상대방의 입장에서 합리적으
로 평가할 때 행위자 자신이 계약의 당사자가 된다고 보는 경우에는, 행위자가 계약의 당사자
가 되고 그 계약의 효과는 행위자에게 귀속된다($\frac{대판 2013.10.11,}{2013다52622}$).

2. 보통 고용 등 행위자의 인적 성질이 매우 중요한 경우나 상대방과의 직접대화를 기초로
계약을 체결한 경우 또는 호텔숙박계약과 같이 명의자가 상대방에게 의미가 없는 경우에는 행
위자가 법률행위의 당사자가 된다.

3. 행위자가 당사자로 확정되면 명의자에게는 원칙적으로 아무런 법률관계가 발생하지 않기
때문에, 대리 법리나 명의인의 추인 법리가 적용되지 않는다.

4. 타인의 부동산을 매도하는 계약을 체결하고 이전등기까지 경료한 경우, 행위자가 매매계
약의 당사자로 해석되면 매매계약 자체는 타인권리매매로서 유효하지만($\frac{제569}{조}$), 이전등기는 무권
리자의 처분행위에 해당하므로 무효가 된다.

---

16) 대리권이 있으면 유권대리가 되지만 대리권이 없으면 무권대리의 법리가 적용된다.
17) 여기서 행위자는 A를 말한다.

사례 71 A가 임대차계약에 있어서 임차인 명의를 '甲'으로 하기는 하였으나 그 계약 당시 A는 자신이 '甲'인 것같이 행세하여 계약을 체결함으로써 임대인 乙은 A와 '甲'이 동일인인 것으로 알고 계약을 체결하였다. 임대차계약의 효력은 甲에게 미치는가? (대판 1974.6.11. 74다165 참조)

|해설 71| 甲에게 미치지 않는다.

'A'가 임대차계약을 체결함에 있어서 임차인 명의를 甲 명의로 하기는 하였으나 'A'의 이름이 甲인 것같이 행세하여 계약을 체결함으로써 乙은 'A'와 甲이 동일인인 것으로 알고 계약을 맺게 되었다면 설사 'A'가 甲을 위하여 하는 의사로서 계약을 체결하였다 하더라도 위 계약의 효력은 甲에게 미치지 않는다. 이는 규범적 해석의 결과이다.

III. 명의자가 당사자로 해석된 경우

1. 명의자를 당사자로 보게 되는 예

(1) 명의자를 당사자로 하는 데 행위자와 상대방의 의사의 합치가 있는 경우

계약당사자간에 명의자를 당사자로 보는 점에 의사가 일치하면 명의자가 당사자로 확정된다. 예컨대 상품공급계약이 비록 乙의 명의로 체결되었으나, 당사자 사이에 그 계약 명의에도 불구하고 행위자인 甲을 계약당사자로 하기로 의사가 일치되었다면 그 일치된 의사에 따라 甲이 계약당사자로 된다(대판 1999.6.25. 99다7183).

사례 72 A는 아들 乙 명의로 소유권이전등기가 경료되어 있는 주택에 관하여 乙을 대리하는 것임을 표시하고 乙의 명의로 甲과 임대차계약을 체결하였다. 甲도 주택의 소유자인 乙과의 사이에 임대차계약을 체결하려는 의사였던 점이 인정된다. 그런데 A에게는 乙을 위하여 대리행위를 할 수 있는 대리권이 없다. 임대차계약의 당사자는? (대판 2003.12.12. 2003다44059 참조)

|해설 72| 乙이 계약의 당사자이다.

일방 당사자가 대리인을 통하여 계약을 체결하는 경우에 있어서 계약의 상대방이 대리인을 통하여 본인과 사이에 계약을 체결하려는 데 의사가 일치하였다면 대리인의 대리권 존부 문제와는 무관하게 상대방과 본인이 그 계약의 당사자이다(대판 2003.12.12. 2003다44059). 다만 대리인의 대리권 유무에 따라 유효한 대리행위 또는 무권대리로 될 수 있다. 사안에서는 A가 대리권이 없으므로 무권대리행위가 된다.

사례 73 A는 자신의 명의로는 사업을 계속할 수 없게 되자, B의 승낙을 받아 B의 명의로 새로이 사업자등록을 하고 종전의 영업을 계속하였으며 B를 직원으로 고용하였다. 甲은 위와 같은 사정을 알지 못하고서 A를 통하여 B와 사이에 제작물공급계약을 체결하였다.[18]

---

18) 행위자는 A, 명의자는 B인 경우이다.

B는 사업자등록상 명의인이 된 후 사장의 직함을 사용하여 대외적으로 대표자로서 행세를 하면서 계속 근무하여 왔고, A가 이 사건 공급계약을 B의 이름으로 체결하는 데에 대하여 동의했으며, A와 함께 기계의 납품 작업을 계속하여 왔던 사실이 있다. 제작물공급계약의 당사자는 A인가, B인가?

(대판 2001.5.29, 2000다3897 참조)

| **해설 73** | B가 계약의 당사자이다.

상대방인 甲은 B를 계약의 당사자로 생각하고 있었다.

또한 A는 계약에 따른 경제적 효과는 자신에게 귀속시킬지라도 법률상의 효과는 B에게 귀속시키려는 의사를 가지고 있었으며, B 역시 계약의 전면에 직접 나서지는 않았으나 제작물공급계약에 따라 공급자로서의 책임을 지겠다는 의사를 가지고 있었다고 할 것이므로, 제작물공급계약에 있어서의 당사자는 甲과 B라고 할 것이다.

(2) 행위자와 상대방의 의사가 일치하지 않는 경우

행위자와 상대방의 의사가 일치하지 않는 경우에는 그 계약의 성질·내용·목적·체결경위 등 그 계약 체결 전후의 여러 사정을 토대로 상대방이 합리적인 사람이라면 행위자와 명의자 중 누구를 계약당사자로 이해할 것인지에 따라 결정한다. 따라서 규범적 해석을 통해 명의자가 계약의 당사자로 확정될 수 있다. 주로 서면으로 계약이 성립한 경우, 신용거래행위 등 계약상 대방의 신용, 능력 등이 중요한 경우가 이에 해당한다.

명의신탁자가 매도인으로부터 부동산을 매수함에 있어 매수인 명의를 특정한 타인 명의로 하기로 하였다면 이와 같은 매수인 명의의 신탁관계는 그들 사이의 내부적인 관계에 불과한 것이므로 특별한 사정이 없는 한 대외적으로는 그 타인을 매매당사자로 보아야 할 것이다 (대판 2003.9.5, 2001다32120). 따라서 이는 명의신탁의 유형중에서 계약명의신탁에 해당된다.

또한 지입차주가 지입회사의 승낙하에 지입회사 명의로 지입차량의 할부구입계약 및 그 할부대금의 지급보증을 위한 할부판매보증보험계약을 체결하면서 그 할부대금을 완전히 자신이 부담하기로 하였다면 그 내심의 의사는 자신이 계약 당사자가 될 의사였을지 모르지만, 상대방인 자동차회사 및 보험회사에 대하여는 지입회사의 승낙하에 그 명의를 사용하였을 뿐만 아니라 그 상대방 회사로서도 지입관계를 알면서 보증보험계약을 체결하였다고 볼 만한 아무런 사정이 없는 이상, 그 보증보험계약의 당사자는 지입회사라고 한다(대판 1998.3.13, 97다22089).

| 사례 74 | 지입회사 직원이 자기 회사의 명의로 등록되어 있는 지입차량에 관하여 자기 회사가 사고가 많아 보험료율이 높은 관계로 보험료율이 낮은 계열회사의 명의로 보험계약을 체결하기 위하여 보험회사 직원에게 그 차량이 계열회사 소유라고 말하여 보험계약자 및 피보험자 명의를 계열회사로 하는 보험계약을 체결하였다. 보험계약의 당사자는?

(대판 1998.5.12, 97다36989 참조)

> **|해설 74|** 계열회사가 계약의 당사자이다.
>
> 지입회사의 내심의 의사는 자신을 보험계약자 내지 피보험자로 하려는 의사가 있었을지 모르나 상대방인 보험회사와 사이에 그렇게 하기로 하는 의사의 합치가 있었다고 볼 수 없고, 또 보험회사로서는 계약 명의자인 계열회사가 실제의 보험계약자 및 피보험자인 것으로 이해하고 그에 따른 보험료율 등을 정하여 보험계약을 체결한 것이라고 보여지므로, 보험계약자 및 기명피보험자는 계약 명의자인 계열회사라고 본다.

2. 구체적 법률관계

(1) 적법한 대리행위가 되는 경우

명의자가 당사자로 해석되면 행위자의 행위에 대해서 대리의 법리가 적용된다.

대리인이 본인 명의로 대리행위를 하는 경우에도 대리인에게 대리의사가 인정되고 대리권이 있거나 명의사용을 허락받은 경우 유효한 대리행위가 될 수 있기 때문이다. 甲이 부동산을 농업협동조합중앙회에 담보로 제공함에 있어 동업자인 乙에게 그에 관한 대리권을 주었다면 乙이 동 중앙회와의 사이에 그 부동산에 관하여 근저당권설정계약을 체결함에 있어 그 피담보채무를 동업관계의 채무로 특정하지 아니하고 또 대리관계를 표시함이 없이 마치 자신이 甲 본인인 양 행세하였다 하더라도 위 근저당권설정계약은 대리인인 위 乙이 그의 권한범위안에서 한 것인 이상 그 효력은 본인인 甲에게 미친다(대판 1987.6.23. 86다카1411).

(2) 무권대리 또는 표현대리가 되는 경우

(가) 명의자가 계약의 당사자로 확정되었는데 행위자에게 대리권이 없거나 타인명의를 모용한 경우에는 무권대리가 될 것이다. 甲이 乙명의를 모용하여 보증보험계약을 체결하고 그 보험증권을 이용하여 금융기관으로부터 乙명의로 차용한 금원을 상환하지 않자 보험회사가 보험금을 지급한 경우[19] 그 보험계약은 효력이 없는 것이어서 보험회사는 부당이득반환청구를 할 수 있다(대판 1995.10.13. 94다55385). 아무런 권한 없이 임의로 타인의 이름으로 보험계약을 체결한 것이므로 무권대리에 관한 법리를 준용할 수 있다 하더라도 명의인이 이를 추인하지 아니하는 한 명의인에게 그 계약 내용대로 효력을 발생할 수는 없는 것이다.

> **사례 75** 乙의 처였던 A는 당시 남편이었던 乙 몰래 乙 소유의 X부동산을 담보로 제공하고 甲으로부터 금원을 대출받기로 마음먹고, 다른 남자 B와 공모하여 乙의 주민등록증에서 乙의 사진을 떼어내고 그 자리에 B의 사진을 붙인 다음, 그 주민등록증 사본을 甲의 담당직원에 제출하는 방법으로 B가 乙인 것처럼 가장하여 대출계약을 체결하였다. 甲은 제126조를 근거로 乙에게 대출계

---

19) 이 사안에서 판결례는 명의인이 보험계약의 당사자임을 전제로 하고 있다.

약상의 책임을 묻고 있다. 그 타당성은?   (대판 2002.6.28, 2001다49814 참조)

┃해설 75┃ 표현대리가 성립하지 않는다.

이와 같은 대출계약에서는 상대방이 명의자에게 계약의 효력을 귀속시키려는 것으로 생각하는 것이 보통이므로 계약의 당사자는 B가 아닌 乙이 된다. 그리고 현명이 있는 것으로 볼 수 있다(대판 1987.6.23, 86다카1141[20]). 그러나 대리권이 없으므로 유권대리가 될 수 없으며, 사실관계상 제126조의 표현대리의 책임도 성립하지 못한다. 본인의 성명을 모용하여 자기가 마치 본인인 것처럼 상대방을 기망하여 본인 명의로 직접 법률행위를 하는 경우에는 특별한 사정이 있는 경우에 한하여 제126조 소정의 표현대리의 법리를 유추적용할 수 있다고 할 것이다. 여기서 '특별한 사정'이란 본인을 모용한 사람에게 본인을 대리할 기본대리권이 있었고, 상대방으로서는 위 모용자가 본인 자신으로서 본인의 권한을 행사하는 것으로 믿은 데 정당한 사유가 있었던 사정을 의미한다. 사안에서 乙을 모용한 B에게 乙을 대리할 기본대리권이 있다고 볼 만한 사정이 보이지 않는다.

┃사례 76┃ A는 본인 乙로부터 아파트에 관한 일체의 관리권한을 위임받아 마치 자신이 乙인양 가장하여 아파트를 임대한 바 있는 대리인이다. 그런데 A는 다시 乙로 가장하여 임차인 甲에게 아파트를 매도하였다. 甲은 제126조의 표현대리를 주장하여 乙에게 매매계약의 효력이 귀속됨을 주장한다. 그 타당성은?   (대판 1993.2.23, 92다52436 참조)

┃해설 76┃ 표현대리가 성립할 수 있다.

사안에서 행위자는 A, 명의자는 乙인데, 계약당사자는 乙로 해석된다. A의 행위는 대리행위로서 의미가 있다(서명대리에 해당됨). 그런데 A에게는 매도에 대한 대리권이 없으므로 유권대리가 될 수는 없고, 표현대리의 성립 여부가 문제된다.

제126조의 표현대리는 대리인이 본인을 위한다는 의사를 명시 혹은 묵시적으로 표시하거나 대리의사를 가지고 권한 외의 행위를 하는 경우에 성립한다. 따라서 속임수를 써서 위와 같은 대리행위의 표시를 하지 아니하고 단지 본인의 성명을 모용하여 자기가 마치 본인인 것처럼 기망하여 본인 명의로 직접 법률행위를 한 경우에는 특별한 사정이 없는 한 제126조 소정의 표현대리는 성립할 수 없다. 그러나 이 사건에서와 같이 본인으로부터 아파트에 관한 임대 등 일체의 관리권한을 위임받아 자신을 본인으로 가장하여 아파트를 임대한 바 있는 대리인이 다시 자신을 본인으로 가장하여 임차인에게 아파트를 매도하는 법률행위를 한 경우에는 권한을 넘은 표현대리의 법리를 유추적용하여 본인에 대하여 그 행위의 효력이 미친다. 따라서 제126조의 표현대리의 성립을 인정할 수 있다.

(나) 한편 권한 없이 타인의 명의를 모용하여 법률행위를 하면서 마치 행위자가 명의자인 것처럼 법률행위를 하는 경우도 종종 있다. 명의자의 허락 없이 명의를 사용하는 점은 위 (가)와 동일하지만 행위자가 명의자인 것처럼 행위한다는 사정이 추가로 있다는 점에 특색이 있다.[21]

---

20) 이 판결례는 수권이 있고 본인인 양 행세하여 체결한 서명대리에도 대리권 범위 내의 행위였다면 본인에게 대리행위로서의 효력을 인정하고 있다. 이는 행위자가 본인인 양 행세한 경우에도 현명이 있었던 것으로 봄을 전제로 한다. 유효한 대리행위는 본질적으로 현명과 대리권이라는 두 가지 요건을 요구하기 때문이다.

21) 주로 문제가 되는 것은 위 (가)의 경우보다 (나)의 경우이다.

이때에는 무권대리 외에 제126조의 표현대리가 성립할 수 있는지가 문제된다. 타인의 명의를 무단으로 모용했다는 점에서 수권이 부정되어 유권대리가 될 수는 없다. 다만 표현대리의 성립 여부가 문제되는데, 특별한 사정이 없는 한 표현대리는 성립하지 않는다고 할 것이다. 그러나 특별한 사정이 인정되면 제126조의 표현대리 법리를 (유추)적용할 수 있다. 특별한 사정이란 본인을 모용한 사람에게 본인을 대리할 기본대리권이 있었고, 상대방으로서는 위 모용자가 본인 자신으로서 본인의 권한을 행사하는 것으로 믿은 데 정당한 사유가 있었던 사정을 의미한다(대판 2002.6.28, 2001다49814).

사례 77 본인 A는 甲에게 자신의 X토지를 매도할 수 있는 대리권을 부여하였다. 다음의 경우 계약의 당사자는 누구인가? 또 계약의 당사자는 이 계약에 대해서 어떠한 조치를 취할 수 있는가?

1) 위 계약에서 甲이 계약을 체결하면서 A의 도장을 찍고 매도인란에 A의 명의만을 기재한 경우

2) 위 계약에서 甲은 매매계약서를 작성하면서 매도인란에 A를 표시하지도 않았을 뿐만 아니라, 대리인 甲이라고 하지도 않고, 매도인란에 자신의 이름인 甲 만을 기재하였다. 다만 甲은 자신을 A의 대리인으로 생각하여 매도인은 본인 A라고 생각하고 또 상대방인 乙도 매도인은 A라고 생각한 경우

3) 위 계약에서 甲은 매매계약서를 작성하면서 매도인란에 본인 A를 표시하지 않았을 뿐만 아니라, 대리인 甲이라고 하지도 않고 매도인란에 자신의 이름인 甲만을 기재하였다. 甲은 그렇게 해도 대리의 효과가 발생할 것으로 생각했다. 甲은 자신을 A의 대리인으로 생각하여 매도인은 본인 A라고 생각하였으나 상대방 乙은 甲이 매도인인 것으로 알고 계약을 체결한 경우

해설 77 1) A가 계약의 당사자, 2) A가 계약의 당사자, 3) 甲이 계약의 당사자

1) 甲이 매도인란에 A의 명의만을 기재한 경우

이 경우는 소위 서명대리에 해당된다. 즉 대리의사가 있지만 대리인이 본인행세를 하면서 법률행위를 한 경우이다. 상대방 시각에서 A가 계약당사자가 된다. 이 때 대리인 甲은 대리권한의 범위 내에서 법률행위를 한 것이므로 본인 A에게 대리행위의 효과가 귀속된다고 보는 것이 다수설과 판례의 견해이다(대판 1987.6.23, 86다카1411). 이때에는 제115조 단서가 적용된다.

이하의 설문은 제115조 본문의 적용 여부가 문제되는 것이다.

2) 상대방 乙이 매도인이 A라고 생각하고 甲도 자신이 A의 대리인으로서 매매계약을 체결해 매도인은 A라고 생각한 경우

이러한 경우에는 계약당사자는 A와 乙이며, 이러한 결론은 법률행위의 해석결과와 동일한 결론에 이르게 된다. 즉 자연적 해석에 의하면 당사자가 A와 乙로 확정되고, 제115조 단서가 적용되면 현명이 없었더라도 상대방이 본인을 위한 것임을 알고 있었으므로 A가 당사자가 된다는 점에는 차이가 없다. 즉 결론에 있어서는 차이가 없다.

A를 계약당사자로 해석하고 확정적으로 유효하게 하는 것에 대해서 A에게는 아무런 불이익이 없다. A는 甲에게 대리권을 주었고, 또 대리권의 범위 내에서 乙과 계약을 체결했기 때문이다. A를 계약당사자로 해석하고 확정적으로 유효하게 하는 것에 대해서 상대방인 乙에게도 아무런 불이익이 없다. 乙이 생각한 대로 계약의 효과가 인정되었기 때문이다. 따라서 예컨대 乙이 甲

에게 계약금을 지급했는데 이 돈이 본인인 A에게 도달하지 않았더라도 그것이 대리권의 범위 내의 행위라면 계약금 지급의 효력이 인정되며 계약의 이행을 A에게 청구할 수 있을 것이다.[22] 이때는 A와 乙 간의 계약이 유효하게 성립한 것이며 A와 乙이 착오 또는 기망행위를 이유로 계약을 취소할 수 없다고 할 것이다.

3) 상대방 乙은 매도인이 甲이라고 생각하고 매매계약을 체결한 경우

甲이 자신은 A의 대리인이라고 생각하고 계약을 체결하였던 경우에도 계약당사자는 甲과 乙이다. 자연적 해석에 의해 당사자가 확정되지 아니하므로(甲은 A를 매도인으로, 乙은 甲을 매도인으로 생각하였다고 사실관계에서 주어져 있으므로) 규범적 해석에 의해 계약의 당사자가 결정되어야 한다. 甲이 자신은 A의 대리인이라고 생각했더라도 상대방 乙이 甲을 매도인으로 생각하여 체약하고자 했으므로 규범적 해석에 의해서 판단해야 한다. 따라서 A가 아니라, 甲이 계약의 당사자가 된다. 여기서 乙은 甲이 매도인으로 계약하는 줄 알고 매매계약을 체결했다. 이때 甲이 대리인으로 매도하는 줄 몰랐던 것에 乙의 과실이 없었다면 그 행위는 본인을 위한 것이 된다. 즉 甲이 현명을 하지 않았을 뿐만 아니라 상대방이 대리인으로 한 것을 몰랐고 모른 데 과실이 없었다면 제115조 본문이 적용되어 甲에게 그 법률효과가 발생한다.

매수인 乙은 매도인 甲에게 타인권리 매매에 따른 담보책임$\binom{제570조}{이하}$을 물을 수 있다.

심화학습

乙은 甲이 본인으로 행위한다고 잘못 이해한 것에 과실이 있을 때에 매도인은 누가 되는가?

해설 甲의 현명이 없었지만 상대방이 대리인으로서 의사표시했음을 알 수 있었을 때에는 제115조 단서가 적용되어 본인에게 법률효과가 발생한다. 따라서 대리권이 있었다면 유효한 대리행위가 될 것이며 그렇지 않을 경우에는 무권대리가 될 것이다.

참고 위 설문과는 달리 甲이 자신이 매도인이라고 생각하면서 계약을 체결한 경우에도 계약당사자는 甲과 乙이다. 자연적 해석에 의해(사실관계에서 乙은 甲을 매도인으로 생각했으므로, 甲 자신도 자신이 계약당사자라고 생각하고 계약을 체결했다는 점에 의해 당사자간의 진의에 따른 합의가 존재한다) 매도인은 甲이 된다. 다만 그 매매계약은 타인권리 매매에 해당된다. 따라서 매수인 乙은 매도인 甲에게 타인권리 매매에 따른 담보책임$\binom{제570}{조\ 이하}$을 물을 수 있다. 나아가 매수인 乙은 자신이 의도한 바대로 계약이 체결되었으므로 착오취소가 불가능하다.[23] 다만 예컨대 매수인 乙이 甲의 기망행위[24]에 의해 체약한 경우에는 제110조의 기망행위에 의한 취소가 가능할 것이다. A에 대해서는 아무런 효과가 발생하지 않는다. 무권대리행위가 되지도 않는다.

---

22) A는 甲에게 위임계약상의 채무불이행책임과 불법행위책임으로 그 손해의 배상을 청구하는 방법으로 보호될 것이다.

23) 만약 매수인 乙이 착오로 그 물건이 甲소유로 생각하고 계약을 체결한 경우에는 착오에 해당될 것이다. 그러나 중대한 과실이 인정될 가능성이 높아 취소는 부정될 것이다.

24) 甲이 물건의 소유자도 아니면서 소유자라고 속이면서 매매계약을 체결한 경우에는 제110조에 의해 계약을 취소할 수 있을 것이다. 이와는 별도로 제750조의 불법행위책임도 물을 수 있을 것이다.

대리권이 없는 甲은 자신이 매도인이라고 생각하면서 A의 소유의 시계를 매도하는 계약을 乙과 체결하면서 매도인란에 甲의 이름을 기재했다. A는 그 물건을 매도할 의사가 전혀 없었다. 그런데 상대방 乙은 그 시계가 A의 소유임을 알고 있었기에, 甲이 A의 대리인으로 매매계약을 대리하지만 현명을 하지 않았다고 잘못 생각하여 A가 매도인으로 매도하려는 것으로 생각하면서 매매계약을 체결했다. 그리고 여러 정황상 합리적인 제3자도 乙과 같이 생각했을 것으로 판단된다면, 이 때 매매계약의 매도인은 A와 甲 중 누가 되는가?

| 해설 | 이때 법률행위의 해석은 표시행위를 통하여 상대방의 진의를 밝히는 것이라고 할 것이다. 그렇다면 甲의 의사는 표시행위를 통해서 그 진의가 밝혀져야 한다. 그런데 상대방은 표시행위의 진의를 잘못 이해한 경우에 해당된다. 즉 표시상 매도인은 甲이라 되어 있으나 상대방은 A라고 생각한 것이다. 법률행위의 해석론으로 규범적 해석에 의하면 계약의 당사자는 A가 된다. 규범적 해석은 상대방의 시각에서 당사자를 정해야 하기 때문이다(이때에는 대리의 법리가 적용된다).

그렇다면 A는 본인의 의사와는 전혀 무관하게 乙 일방의 시각에 따라 계약당사자가 되는 것인가? A에게는 매도의 의사도 없었고 또 매도의 표시행위도 없었음에도 불구하고 A가 계약의 당사자라고 해석할 것인가?

| 해설 | A가 계약의 당사자가 되지만, 행위자인 甲에게 대리권이 전혀 없으므로 무권대리행위에 해당되어 그 계약의 효력이 A에게 발생하는 것은 아니다.

민사소송법 성명모용소송과 소송상 취급

1) 성명모용소송
타인의 성명을 임의로 사용하여 소를 제기하거나 응소하는 것을 말한다. 예컨대 甲이 乙의 명의로 소를 제기하여 소송을 수행하거나 乙에 대한 소송에 甲이 무단으로 乙의 명의로 응소하는 경우이다.

2) 당사자확정과 법원의 조치
당사자확정의 기준에 대하여 판례는 실질적(수정적) 표시설을 채택하고 있는바, 당사자는 피모용자인 乙이 된다. 법원이 소송계속 중에 이러한 사실을 알게 되었을 때에는 모용자를 소송에서 배제하여야 한다. 그러나 이것을 간과하여 판결을 한 때에는 실질적 표시설에 의하면 원고·피고를 불문하고 그 효력은 피모용자에게 미치고 모용자에게 미치지 아니한다.
피모용자는 모용자에 의하여 소송이 행해졌음을 이유로 상소 또는 민사소송법 제422조 제1항 제3호 소정의 수권흠결에 의한 재심의 소에 의하여 그 취소를 구할 수 있다. 그러나 재심의 소에 의하여 판결이 취소되지 않는 한 전소의 판결에 기판력이 있으므로 피모용자인 본인이 원고가 되어 전소의 피고를 상대로 동일한 소를 제기하는 것은 허용되지 않는다.

Ⅳ. 특수한 문제

1. 차명대출

일반적으로 계약의 당사자가 누구인지는 그 계약에 관여한 당사자의 의사해석의 문제에 해당한다. 의사표시의 해석은 당사자가 그 표시행위에 부여한 객관적인 의미를 명백하게 확정하는 것으로서, 계약당사자 사이에 어떠한 계약 내용을 처분문서인 서면으로 작성한 경우에는 그 서면에 사용된 문구에 구애받는 것은 아니지만 어디까지나 당사자의 내심적 의사의 여하에 관계없이 그 서면의 기재 내용에 의하여 당사자가 그 표시행위에 부여한 객관적 의미를 합리적으로 해석하여야 하며, 이 경우 문언의 객관적인 의미가 명확하다면, 특별한 사정이 없는 한 문언대로의 의사표시의 존재와 내용을 인정하여야 한다(대판 2010.5.13. 2009다92487 참조).

즉 처분문서에 계약상 채무자로 명확하게 기재된 사람은 계약당사자임을 부정할 만한 특별한 사정이 없는 한, 사실상 이익을 받는 제3자가 채무금의 일부를 지급했다고 하더라도 그 제3자가 계약당사자가 되는 것은 아니라고 한다. 다만 처분문서라 할지라도 그 기재 내용과 다른 명시적, 묵시적 약정이 있는 사실이 인정될 경우에는 그 기재 내용과 다른 사실을 인정할 수는 있다(대판 2011.1.27. 2010다81957).

민사소송법　처분문서(處分文書)와 보고문서(報告文書)

'처분문서'란 증명하고자 하는 법률적 행위가 그 문서 자체에 의하여 이루어진 문서를 말한다. 계약서, 유언장, 어음, 수표 해약통지서 등이 이에 해당된다. 반면 비교개념으로 '보고문서'가 있는데, 이는 작성자가 듣고 보고 느끼고 판단한 바를 기재한 문서를 말한다(대판 2010.5.13. 2010다6222). 의사록, 회의록, 상업장부 등이 이에 해당한다.

사례 78　乙은 개인대출한도가 초과되어 대출이 되지 않자 A은행 감사의 권유로 신용이 좋은 친구 甲의 승낙을 얻어 甲명의로 A은행에 대출신청을 하면서, 대출금은 甲이 아니라 乙이 사용하기로 하였다. A은행이 甲에게 대출금채무의 상환을 요구하자 甲은 실질적으로 대출금채무는 乙이 부담하도록 할 의사였음을 항변한다. 그 타당성은?

(대판 1997.7.25. 97다8403; 대판 1996.9.10. 96다18182 참조)

해설 78　타당하지 않다.

甲의 의사는 특별한 사정이 없는 한 대출에 따른 경제적인 효과는 乙에게 귀속시킬지라도 법률상의 효과는 자신에게 귀속시킴으로써 대출금채무에 대한 주채무자로서의 책임을 지겠다는 것으로 보아야 할 것이다. 따라서 甲이 대출을 받음에 있어서 한 표시행위의 의미가 자신의 진의와는 다르다고 할 수 없다.

또한 설령 甲의 내심의 의사가 대출에 따른 법률상의 효과마저도 乙에게 귀속시키고 자신은 책임을 지지 않을 의사였다고 하여도, 상대방인 금융기관이 제3자의 이와 같은 의사를 알았거나 알 수 있었을 경우라야 비로소 그 의사표시는 무효로 되는 것인데, 판례에 의하면 위와 같은 사실관계만으로는 '명의대여 사실'을 상대방이 알았다 하더라도 명의대여가 명의대여자의 '채무부담의사' 없이 이루어진 것까지 알았거나 알 수 있었다고 볼 수 없다.

사례 79 대출한도제한을 회피하기 위하여 甲은 제3자인 乙을 주채무자로 하는 1억 원의 소비대차계약을 A은행과 체결하였다. 이때 A은행도 乙에 대하여는 채무자로서의 법적 책임을 지우지 않을 의도를 갖고서 乙명의로 대출계약을 체결했다. 대출계약상의 채무자는 누구인가?

(대판 1996.8.23, 96다18076 참조)

|해설 79| 채무자는 甲이 된다.

판례의 견해에 따르면 乙은 형식상의 명의만을 빌려 준 자에 불과하고 그 대출계약의 실질적인 당사자는 금융기관과 甲이므로, 乙 명의로 되어 있는 대출약정은 금융기관의 양해하에 그에 따른 채무부담 의사 없이 형식적으로 이루어진 것에 불과하여 통정허위표시로서 무효이다. 따라서 乙에 대해서는 소비대차상의 권리를 행사할 수 없다. 다만 甲에 대해서는 가능할 수 있다. 금융기관과 甲의 소비대차계약은 은닉행위로 유효할 수 있기 때문이다. 또한 특별한 사정이 없는 한 명의자인 乙은 실질적 채무자인 甲의 채무에 대한 보증책임을 부담하지도 않는다.

(1) 당사자 확정의 문제가 아닌 계약의 효력문제로의 접근

차명대출이란 실제로 대여금을 쓸 사람은 따로 있는데 법령 및 여신한도를 회피하기 위해 금융기관의 양해 아래 명의대여자 명의로 금전대차계약을 체결하는 방법의 대출을 말한다. 이때 채무를 부담하는 주체는 누구인지 정해야 한다.

이 문제에 대해 판례는 법률행위의 당사자 확정의 문제로 접근하지 않고, 대출명의자(명의대여자)와 채권자와 계약이 존재함을 전제로 그 계약의 효력문제로 다루고 있다.

명의자가 은행을 직접 방문하여 금전소비대차약정서에 자신을 주채무자로서 서명·날인하였다면[25] 명의자는 자신이 당해 소비대차계약의 주채무자임을 은행에 대하여 표시한 셈이고, 특별한 사정이 없는 한 소비대차계약에 따른 경제적 효과를 타인에게 귀속시키려는 의사가 있었다 할지라도 그 법률상의 효과는 스스로 부담하려는 의사가 있었다고 볼 수 있으므로 명의자의 진의와 표시에 불일치가 없게 되어 통정허위표시가 되지 않는다($\binom{\text{대판 1998.9.4,}}{\text{98다17909}}$). 즉 명의자가 계약의 당사자가 된다.

한편 실질적인 주채무자가 실제 대출받고자 하는 채무액에 대하여 명의자를 형식상의 주채무자로 내세우고, 금융기관도 이를 양해하여 명의자에 대하여는 채무자로서의 책임을 지우지 않을 의도하에 명의자 명의로 대출관계서류를 작성 받은 경우에는, 명의자 명의로 되어 있는 대출약정은 그 금융기관의 양해하에 그에 따른 채무부담의 의사 없이 형식적으로 이루어진 것에 불과하여 통정허위표시에 해당하는 무효의 법률행위가 된다($\binom{\text{대판 2001.5.29, 2001다11765;}}{\text{대판 1999.3.12, 98다48989 등}}$).[26]

---

25) 이는 앞서 설명한 타인명의를 '이용'한 행위에 해당된다.

26) 이 판결의 경우 명의자의 대출행위는 통정허위표시가 되고, 실질적 계약당사자는 실질적 주채무자로 본다(대판

양자의 차이는 경제적 효과가 아닌 법률적 효과의 귀속을 명의를 차용한 배후자에게 하려는 합의가 있는가 하는 점에 있다.

그런데 후자의 경우 명의자의 행위는 통정허위표시이고 별도의 은닉행위상의 채무자가 별도로 존재하는 것으로 볼 것인지, 아니면 의사해석의 문제로 표시된 내용과는 별도로 하나의 대출계약만이 존재하므로 명의자가 체결한 계약은 불성립되는 것으로 보아야 하는지의 문제가 발생한다.

(2) 구체적인 법률관계

1) 진의에 따른 의사표시가 되는 경우

㉮ 차명대출에서 명의대여자의 의사표시가 진의에 따른 의사표시가 되는 경우에는 통정허위표시나 비진의표시가 되지 않고, 금융기관에 대한 채무자는 명의대여자가 된다. 이때 명의차용자가 금융기관에 어떠한 책임을 부담하는가에 대해 판례는 밝히고 있지 않는데, 견해에 따라서는 묵시적 특약에 따른 연대채무를 부담한다고 보기도 한다.

㉯ 명의대여자가 금융기관에 채무를 이행한 경우에는, 명의차용자나 보증인, 물상보증인에게 전액구상이 가능하다고 해석한다.

㉰ 연대보증인이 변제한 경우 주채무명의자(명의대여자)에게 구상권행사가 가능한지 문제된다. 예컨대 A(명의대여자), B(명의차용자), C(연대보증인)가 있을 때, C가 채권자인 甲에게 채무를 이행한 후에 A(명의대여자)에게 구상권을 행사할 수 있는지의 문제에 대해서 판례는 다음의 두 가지 경우를 나누어 검토한다. 즉 판례는 A(명의대여자)가 주채무자로서의 책임을 부담하는지의 여부와 관계없이 다음과 같이 판단하고 있다($\frac{대판\ 2002.12.10.}{2002다47631}$).

(i) 원칙적으로, 내부관계에서는 실질상의 주채무자가 아니라면 연대보증책임을 이행한 연대보증인에 대하여 당연히 주채무자로서의 구상의무를 부담한다고 할 수는 없다. 다만 그 연대보증인이 제3자인 A(명의대여자)가 실질적 주채무자라고 믿고 보증을 하였고, 그와 같이 믿은 데에 A(명의대여자)에게 귀책사유가 있어 A(명의대여자)에게 그 책임을 부담시키는 것이 구체적으로 타당하다고 보이는 경우 등에 한하여 A(명의대여자)가 연대보증인에 대하여 주채무자로서의 전액 구상의무를 부담한다($\frac{대판\ 2002.12.10.}{2002다47631}$).

(ii) 주채무 명의자인 A(명의대여자)가 실질적 주채무자가 아니라는 사실을 연대보증인이 알고서 보증을 하였거나 보증책임을 이행한 경우라 할지라도, A(명의대여자)가 실질상의 주채무자를 연대보증한 것으로 인정할 수 있는 경우[27]에는 A(명의대여자)는 변제한 C(연대보증인)에 대하여 공동보증인간의 구상권 행사 법리에 따른 구상의무는 부담한다($\frac{대판\ 2002.12.10.}{2002다47631}$). 이 이외에 그 연대보증인은 실질적 주채무자에 대해서 보증인으로서 주채무자에 대한 구상권을 행사할 수 있

1996.8.23, 96다18076 참조).

27) 이 판결에서 자신을 주채무자로 하도록 승낙한 경우 A의 의사는 특별한 사정이 없는 한 대출에 따른 경제적인 효과는 실질상의 주채무자인 B에게 귀속시킬지라도 법률상의 효과는 자신에게 귀속시킬 의사가 있어 최소한 연대보증의 책임은 지겠다는 의사를 인정할 수 있다고 한다.

다고 해석된다.

2) 통정허위표시에 해당하는 경우

실질적인 주채무자가 제3자를 형식상의 주채무자로 내세우고, 금융기관도 이를 양해하여 제3자에 대하여는 채무자로서의 책임을 지우지 않을 의도 하에 제3자 명의로 대출관계서류를 작성받은 경우에는 명의대여자와 금융기관간의 대출계약은 통정허위표시로서 무효가 된다.

다만 이러한 경우에 실질적인 주채무자와 금융기관간의 대출계약은 은닉행위로서 유효할 수 있다.

심화학습

대출한도제한을 회피하기 위하여 甲은 제3자인 乙을 주채무자로 하는 1억 원의 소비대차계약을 A은행과 체결하였다. 이때 A은행도 乙에 대하여는 채무자로서의 법적 책임을 지우지 않을 의도를 갖고서 乙명의로 대출계약을 체결했다.

그 후 A는 乙이 채무자로 되어 있는 채권을 선의인 B에게 양도하고 乙에게 채권양도사실을 통지했다. 변제기에 乙로부터 1억 원의 차용금을 상환받지 못하게 되자 채권자 B는 乙에게 채무이행을 청구하였다. 乙은 1억 원의 대출채무가 없음을 이유로 채무이행을 거절한다. 이와 같은 주장이 타당한가?

│ 해설 │

해석론 1] 만약 당사자 확정의 문제로 보게 되면 그 대출계약은 A와 명의차용자인 甲이 계약의 당사자로 해석된다. 그렇다면 채무자가 乙명의로 되어있는 계약은 성립되지 않는 것이 된다. 결국 乙명의의 채무가 B에게 양도된 경우에도 존재하지 않는 채무가 양도된 것이므로 채권양도의 효력도 없다(대출계약행위는 하나의 법률행위로서만 존재함을 근거로 한다).

결국 乙은 B에게 대출계약상의 채무를 부담하지 않는다(이때 B는 채권양도인 A에 대해서 요건이 구비되면 사기 또는 동기의 착오를 이유로 계약을 취소하거나, 불법행위책임을 물을 수 있을 것이다). 이와 같은 해석에 의하면 통정허위표시로 볼 때와는 달리 선의의 제3자가 보호되지 못하는 문제가 발생한다.

해석론 2] A와 乙과의 대출계약이 성립하기는 하되 통정허위표시임을 이유로 무효가 된다면 선의의 제3자에게 대항할 수 없으므로 양수인 B가 선의라면 乙은 A와의 대출계약의 무효를 B에게 대항할 수 없고, 결국 B는 乙에게 채무이행을 청구할 수 있다.

나아가 A은행은 대출계약상 (실질적) 당사자가 甲임을 근거로 甲에게 채무이행을 청구할 수 있게 된다. 이에 따르면 하나의 채무부담행위가 있었음에도 불구하고 甲은 A에게, 乙은 B에게 채무를 이행해야 하는 결론에 도달한다. 이러한 결론이 타당한지의 문제가 발생한다.

---

2. 예금계약의 당사자(예금명의자와 출연자가 다른 경우)

(1) 금융실명거래 및 비밀보장에 관한 법률에 따라 실명확인 절차를 거쳐 예금계약을 체결하고 그 실명확인 사실이 예금계약서 등에 명확히 기재되어 있는 경우에는, 일반적으로 그 예

금계약서에 예금주로 기재된 예금명의자나 그를 대리한 행위자 및 금융기관의 의사는 예금명의자를 예금계약의 당사자로 보려는 것이라고 해석하는 것이 경험법칙에 합당하고, 예금계약의 당사자에 관한 법률관계를 명확히 할 수 있어 합리적이다. 그리고 이와 같은 예금계약 당사자의 해석에 관한 법리는, 예금명의자 본인이 금융기관에 출석하여 예금계약을 체결한 경우나 예금명의자의 위임에 의하여 자금 출연자 등의 제3자가 대리인으로서 예금계약을 체결한 경우 모두 마찬가지로 적용된다고 보아야 한다$\binom{\text{대판(전합) 2009.3.}}{\text{19, 2008다45828}}$.

(2) 본인인 예금명의자의 의사에 따라 예금명의자의 실명확인 절차가 이루어지고 예금명의자를 예금주로 하여 예금계약서를 작성하였음에도 불구하고, 예금명의자가 아닌 출연자 등을 예금계약의 당사자라고 볼 수 있으려면, 금융기관과 출연자 등과 사이에서 실명확인 절차를 거쳐 서면으로 이루어진 예금명의자와의 예금계약을 부정하여 예금명의자의 예금반환청구권을 배제하고 출연자 등과 예금계약을 체결하여 출연자 등에게 예금반환청구권을 귀속시키겠다는 명확한 의사의 합치가 있는 극히 예외적인 경우로 제한되어야 한다. 그리고 이러한 의사의 합치는 금융실명거래 및 비밀보장에 관한 법률에 따라 실명확인 절차를 거쳐 작성된 예금계약서 등의 증명력을 번복하기에 충분할 정도의 명확한 증명력을 가진 구체적이고 객관적인 증거에 의하여 매우 엄격하게 인정하여야 한다$\binom{\text{대판(전합) 2009.3.}}{\text{19, 2008다45828}}$.

> **사례 80** 남편 A가 자신의 돈을 부인 B의 명의로 예금하고자 한다. A는 B의 대리인으로서 C은행과 예금계약을 체결했다. C은행은 B의 실명확인 절차를 거쳐 계약을 체결한 것이다.
> 그런데 그 예금은 A 명의로 되어 있는 다른 금융기관의 예금계좌에서 인출되어 C은행의 예금계좌에 입금되었고, 위 예금거래신청서는 A에 의하여 작성되었으며, A 도장이 거래인감으로 등록·사용되었고, 예금계좌의 비밀번호가 A 명의의 다른 정기예금계좌의 비밀번호와 동일하며, 이 예금계좌의 이자가 매월 A 명의의 다른 은행 예금계좌로 자동이체되도록 신청되어 있었다.
> 이 경우 예금채권자는 누구인가? (대판(전합) 2009.3.19, 2008다45828 참조)
>
> **해설 80** 예금채권자는 B이다.
> 원심은 예금계약의 당사자를 A로 하는 묵시적 합의가 있다고 하였지만, 대법원은 B를 예금계약의 당사자로 보고 원심판결을 파기환송하였다.

제4편

계약의 효력

제1장 채권의 성립(목적)

제2장 법률행위의 부관

제3장 쌍무계약의 효력

제4장 제3자를 위한 계약

제5장 다수당사자의 채권관계

제6장 채권의 소멸

제1장 채권의 성립(목적)

제1절 총 설

Ⅰ. 채권의 목적[1]의 요건

1. 확정가능성

채권의 목적, 즉 급부는 확정되어 있거나 이행기까지는 확정될 수 있어야 한다. 예컨대 매매계약에서 매매목적물과 대금은 반드시 그 계약체결 당시에 구체적으로 확정하여야 하는 것은 아니고 이를 사후에라도 구체적으로 확정할 수 있는 방법과 기준이 정해져 있으면 족하다 (대판 1996.4.26. 94다34432). 다만 이행기까지는 급부가 확정되어야 한다. 그 이외에 이행기, 이행장소 등에 관한 합의가 없어도 계약은 성립할 수 있다(대판 2023.9.4. 2023다227500). 그러나 단순히 최선을 다하겠다는 약속만으로는 채권이 성립하지 않는다. 이는 법적으로 유효한 의사표시가 아니기 때문이다.

사례 1 단기금융업자인 증권회사가 신용대출을 함에 있어, 그 회사의 대표이사가 스스로 대출금 회수를 책임지기로 한다는 내용이 기재된 임원관리업체장부에 서명하여 결재를 하였다. 이로써 대표이사는 회사의 대출금에 관하여 보증채무를 부담하는가? (대판 1996.12.23. 96다30465,30472 참조)

| 해설 1 | 보증채무를 부담하지 않는다.

보증채무를 부담하려는 의사가 인정되지 않으므로 유효한 보증계약이 성립하지 않아서 보증채무도 성립하지 않았다.

위와 같은 대표이사의 서명과 결재는 대출을 소개하거나 결재한 자로서 채무가 연체되지 않도록 사후관리를 하고 연체되거나 끝내 대출금이 변제되지 않는 경우에는 회사가 손해를 입지 않도록 대출금채무의 변제에 최선의 노력을 다하겠다는 취지라고 보아야 하고, 이를 대출금에 관한 보증채무를 부담하기로 하거나 손해담보약정의 의사표시를 한 것이라고 해석할 수는 없다.

---

1) 채권의 목적은 채무의 내용(대상, 급부 자체)을 의미하며 채권의 목적물 즉, 급부의 목적물이 아님을 유의해야 한다. 예를 들어, 매매계약의 경우 채권의 목적은 소유권이전행위이며, 채권의 목적물은 매매의 객체인 물건이다.

2. 실현가능성

급부는 실현이 가능하여야 한다. 실현이 불가능한 채권은 성립하지 않으며 무효이다. 다만 모든 불능이 계약을 무효화시키는 것은 아니며 원시적으로 실현불가능한 불능만 무효이다(원시적 불능에 대해서는 계약체결상 과실책임($\frac{제535}{조}$) 부분을 참조). 급부의 후발적 불능은 채권의 성립에 영향이 없으며 계약도 유효하다.

3. 적법성 및 사회적 타당성

급부는 적법하여야 하며 사회적 타당성도 있어야 한다. 즉 강행법규 또는 선량한 풍속 기타 사회질서($\frac{제103조}{참조}$)에 위반되지 않아야 한다.

4. 급부의 금전적 가치 불요($\frac{제373}{조}$)

제373조는 "금전으로 가액을 산정할 수 없는 것이라도 채권의 목적으로 할 수 있다"고 규정하고 있다. 따라서 급부의 금전적 가치는 요구되지 않는다.

Ⅱ. 급부의 종류

1. 작위급부와 부작위급부

급부의 내용이 적극적 행위인 경우를 작위급부라고 하고, 소극적 행위인 경우를 부작위급부라고 한다. 예를 들어 소유권이전의무, 매매대금 지급의무는 작위급부에 해당하며, 경업금지의무 등은 부작위급부에 해당한다. 양자의 구별실익은 강제이행방법이 다르다는 점에 있다. 부작위급부는 채무자의 비용으로 결과를 제거하고 장래에 대하여 적당한 처분을 법원에 청구할 수 있다($\frac{제389조}{제3항}$).

2. 주는 급부와 하는 급부

작위급부는 다시 '주는 급부'와 '하는 급부'로 나눌 수 있다. '주는 급부'는 물건의 인도를 내용으로 하는 급부를 의미하며, '하는 급부'는 그 밖의 작위를 내용으로 하는 급부를 의미한다. 예를 들어 매매대금을 지급하는 것은 주는 급부에 해당하며, 그림을 그려주는 것은 하는 급부에 해당한다. 양자의 구별실익 중 중요한 점은 강제이행방법이 다르다는 점에 있다. 주는 급부는 주로 직접강제($\frac{제389조}{제1항}$)에 의하지만, 하는 급부는 대체집행, 간접강제($\frac{제389조}{제2항}$)에 의한다.

민사집행법 강제이행의 방법: 직접강제, 대체집행, 간접강제

직접강제란 집행권원의 내용을 국가기관인 집행기관이 나서서 채무자의 도움 없이 직접 실현하는 강제집행을 의미한다. 현행법상 강제집행은 직접강제가 원칙이다.

대체집행이란 채무자로부터 비용을 지급받아 채권자나 제3자가 채무자를 대신하여 강제집행을 하게 하는 집행방법이다($\binom{\text{민사집행법}}{\text{제260조}}$). 대체적 작위의무를 불이행한 경우 및 부작위의무의 위반으로 생긴 물적 상태의 제거를 요하는 경우에 인정된다.

간접강제는 채무의 성질상 직접강제를 할 수 없는 경우에 채무자에 대하여 배상금 또는 벌금을 과하거나 감치 등 불이익을 예고, 부과하여 채무자에 대하여 심리적 압박을 가해 채무자 스스로 채무를 이행하도록 하는 강제집행이다($\binom{\text{민사집행법}}{\text{제261조}}$). 인간의 존엄과 가치의 존중사상으로 인하여, 다른 강제수단이 없는 경우에 비로소 허용된다(간접강제의 보충성). 부대체적 작위의무, 부작위의무의 경우에 인정된다.

3. 특정물급부와 불특정물급부

주는 급부는 다시 특정물급부와 불특정물급부로 나눌 수 있다. 특정물급부는 인도할 물건이 특정되어 있는 것을 의미하고, 불특정물급부는 특정되지 않은 것을 의미한다. 양자의 차이는 아래와 같다. 첫째, 특정물급부에서 특정물인도채무자는 선관주의의무($\binom{\text{제374}}{\text{조}}$)를 부담한다. 둘째, 이행방법에 차이가 있다. 특정물급부는 특정물의 현상인도의무($\binom{\text{제462}}{\text{조}}$)가 있다. 셋째, 이행장소에서 차이가 있다. 특정물채권은 채권성립시 목적물이 있던 장소($\binom{\text{제467조}}{\text{제1항}}$)에서 이행하지만, 불특정물채권은 채권자의 주소지에서 이행함이 원칙이다($\binom{\text{지참채무, 제}}{\text{467조 제2항}}$).

4. 가분급부와 불가분급부

급부의 본질 또는 가치를 손상시키지 않고 분할하여 실현할 수 있는 급부를 가분급부, 그렇지 않은 급부를 불가분급부라고 한다. 양자는 주로 다수당사자 채권채무관계에서 구별의 실익이 있다.

5. 일시적 급부, 계속적 급부, 회귀적 급부

i) 일시적 급부는 매매계약과 같이 1회 또는 수회의 작위나 부작위에 의하여 완결되는 급부를 의미한다. ii) 계속적 급부는 노무공급계약과 같이 채무자가 급부를 완료하려면 계속적으로 작위나 부작위를 하여야 하는 급부를 의미한다. iii) 회귀적 급부는 우유배달계약과 같이 일정한 시간적 간격을 두고 일정한 행위를 반복하는 급부를 의미한다. 세 가지 급부의 차이는 주로 계약의 종료시 해제와 해지 여부에서 나타난다.

제1편 제2편 제3편 제4편 제5편 제6편 제7편 제8편 제9편 계약의 효력

제2절 특정물채권

Ⅰ. 의 의
Ⅱ. 선관주의의무(제374조)
　1. 선관주의의무의 내용
　2. 선관주의의무의 존속기간
Ⅲ. 특정물의 현상인도의무(제462조)
　1. 현상인도의무의 의미

2. 제462조 이행기의 의미
Ⅳ. 인도장소(제467조 제1항)
Ⅴ. 과실의 귀속
　1. 원 칙
　2. 매매 등 유상계약의 경우

Ⅰ. 의　　의

특정물의 인도를 목적으로 하는 채권을 특정물채권이라고 한다. 여기서의 특정물이란 당사자가 지정한 그 물건을 의미하며 다른 물건으로 대체불가한 물건을 의미한다. 물리적으로 대체가능하더라도 당사자가 지정했다는 점에서 특정물이 된다.

특정물인도의무의 형태는 크게 2가지로 나눌 수 있다. 첫째는 소유권 및 점유의 이전의무이다. 위임의 경우 수임인이 취득한 소유권을 위임인에게 이전할 의무(제684조)가 여기에 해당하며, 도급의 경우에도 수급인이 원시취득한 경우 그 소유권의 이전(제665조 참조)이 인도의무에 포함된다. 둘째, 점유만의 이전의무이다. 사용대차, 임대차, 임치의 경우에는 점유이전만이 요구된다.

종류채권의 법률관계는 특정으로 특정물채권 유사의 법률관계로 바뀐다. 그러나 선택채권의 경우 선택으로 항상 특정물채권이 되는 것은 아니다(선택채권의 설명 부분 참조).

Ⅱ. 선관주의의무(제374조)

1. 선관주의의무의 내용

특정물인도채무자는 그 물건을 인도하기까지 선량한 관리자의 주의로 목적물을 보관해야 한다. '선량한 관리자의 주의의무(선관주의의무)'는 채무자의 직업, 사회적 지위 등을 고려하여 통상적으로 요구되는 주의의무를 말한다. 채무자의 구체적인 상황을 고려하지 않고 평균인을 기준으로 주의의무를 부과하기 때문에 이를 객관적(평균적) 주의의무라고도 한다.

2. 선관주의의무의 존속기간

선관주의의무의 존속기간은 특정물채무 성립시부터 실제 인도할 때(이행기까지가 아님)까지이지만 다른 규정과의 관계에서 선관주의의무가 강화되거나 배제되는 경우가 있다. 이행기를 넘어 실제 인도시까지 선관주의의무가 유지되는 경우는 불가항력에 의해(이행지체나 수령지체가 성립하지 않음을 의미) 이행기가 도과했거나 또는 채무자에게 동시이행항변권($^{제536}_{조}$), 최고 · 검색의 항변권 또는 유치권($^{제324}_{조}$)이 있는 상태에서 이행기가 도과한 경우이다. 이행기의 도과가 채무자의 귀책사유에 의한 경우에는 채무자의 책임이 가중($^{무과실책임,}_{제392조}$)되기 때문에 선관주의의무의 위반이 없어도 책임을 부담한다. 반대로 채권자지체가 성립하면 채무자는 고의 또는 중과실이 있을 때에만 책임을 부담하므로($^{제401}_{조}$) 주의의무가 경감되어 선관주의의무는 요구되지 않는다.

Ⅲ. 특정물의 현상인도의무($^{제462}_{조}$)

특정물인도채무에서 채무자는 이행기의 현상대로 그 물건을 인도하여야 한다. '현상인도'의 구체적인 의미가 무엇인지에 대하여 견해의 대립이 있다. 특히 이행기의 현상태가 계약체결시의 상태와는 달리 하자가 있는 경우 채무불이행, 이행제공의 인정여부와 관련하여 의미가 있다.

1. 현상인도의무의 의미

완전이행설은 채권의 성립 후 인도시까지 선관의무를 다하여 보존했다면 예상치 못한 흠이 있어도 이행기의 현상대로 이행하면 채무이행이 된 것으로 설명한다. 채무자가 선관주의의무를 위반하여 특정물의 훼손 등 현상변경이 있었다면 손해배상책임을 부담하지만 이행기의 현상대로 특정물을 인도하면 이행의무는 완수한 것으로 본다(담보책임은 여전히 부담한다).

이와는 달리 변제제공설은 이행기의 현상(상태)이 매매계약시와 다른 경우 채무내용에 좇은 이행은 될 수 없고 유효한 변제제공의 효력만 인정하는 견해이다. 즉 동일성을 상실하지 않은 정도로 변화된 상태에서의 현상인도를 위한 이행을 제공한 경우 유효한 변제제공에는 해당되므로 채권자가 수령하지 않으면 채권자지체가 성립한다. 다만 이와는 별도로 채무불이행(불완전이행)이나 담보책임($^{제580}_{조}$)을 물을 수 있다.

생각건대 제462조는 변제제공으로서의 효력도 부정될 정도로 매우 좁게 해석되어야 한다. 제462조는 '.......... 해야 한다'로 되어 있으므로 본 조는 채무자의 과실 없이 현상변화가 있을 때에도 채무자에게는 이행제공의무가 여전히 존재함을 선언한 규정으로 해석된다. 따라서 변화된 상태로의 목적물의 변제제공이 채무내용에 좇은 이행제공이 되지 않으므로, 채권자의 수령거절시 수령지체가 성립하지 않는다(다만 불완전한 부분이 미미함에도 불구하고 이를 이유로 급부의 수령을 거부하는 것은 권리남용에 해당될 수 있다). 그럼에도 불구하고 채권자는 하자 있는 물건을 수령하고 담보책임을 물을 수 있다(다만 제580조의 담보책임을 원시적 하자인 경우에만 적용된다는 판례에 따르면 체약 후 발생한 하자가 있는 상태로 현상인도한 경우에는 담보책임도 물을 수 없다). 채무자의 귀책사유로 하자 있는 상태에서의 변제제공도 유효한 변제제공이 되지 않는다. 채무자는 채무불이행책임을 부담한다. 요컨대 제462조는 채무자는 불완전한 상태라도 이행제공을 해야 하고, 그와 같은 불완전한 급부의 수령 여부는 채권자에게 맡기도록 하겠다는 의미로 해석되어야 한다.

생각해 볼 문제 양당사자의 귀책사유 없이 목적물이 훼손된 상태로 이를 이행기에 이행제공했으나 채권자가 이를 수령하지 않아서 이행기가 도과된 경우 누가, 어떤 책임을 지는가? 예컨대 특정물 매매계약 후 매도인의 잘못 없이 목적물이 훼손되었는데 훼손된 상태로 이행기에 이행제공을 했음에도 불구하고 상대방이 수령을 거절한 경우 누가, 어떤 책임을 지는가?

사례 2 특정물의 매매계약을 2016.5.1. 체결하고 목적물의 인도는 같은 해 5.10.에 하기로 했다. 그런데 같은 해 5.9. 매도인의 귀책사유 없이 목적물이 일부 훼손되었다. 매도인은 이행기에 훼손된 상태의 매매목적물을 인도했다. 이때 수령지체가 되는가 이행지체가 되는가?

해설 2 수령지체도 이행지체도 성립하지 않는다.

일부 훼손된 상태로의 이행제공은 채무내용에 따른 이행제공이라 할 수 없으므로 채권자는 이를 수령하지 않아도 수령지체가 되지 않는다. 목적물의 훼손에 채무자의 귀책사유가 없으므로 채무불이행(이행지체)도 성립하지 않는다. 다만 급부를 수령한 매수인은 담보책임을 물을 수 있을 것이다.

변제제공설에 의하면 사례의 경우 채무내용에 좇은 이행은 아니지만 제462조에 의하여 예외적으로 채권자는 수령해야 한다는 결론에 이른다. 이에 따르면 매수인은 담보책임을 물을 수 있다. 그러나 판례에 따르면 제580조의 담보책임은 원시적 하자만을 전제로 하므로 사례와 같이 계약체결 후 이행기 전에 하자가 발생하면 제580조의 담보책임을 적용할 수 없다는 문제가 발생한다.

한편 변제제공설에 의하면 판례와는 달리 제580조의 '하자'는 체약시가 아니라 인도시까지로 보아 담보책임을 적용할 수 있다는 반론이 가능하다. 이에 따르면 사례에서는 수령지체가 인정되고, 매수인은 담보책임을 추궁할 수 있게 된다(다만 수령지체의 법적 성질을 채무불이행으로 볼지, 법정책임으로 볼지의 문제는 남는다).

사례 3 A와 B는 순차 공모하여 乙이 모르게 1992년 6월경부터 1993년 11월 하순경 사이에 약 7,500t 상당의 일반폐기물인 소각잔재물 및 특정폐기물인 폐합성수지 등을 대형 구덩이에 쏟아붓고 그 위에 다량의 토사를 덮어버리는 방식으로 乙 소유의 X토지에 매립하였다. 위 폐기물은 X토지의 일부 지하에 다량의 토사와 함께 혼합되어 있고, 그 주변의 토양과 지하수를 오염시키고 있었다. 甲은 중앙토지수용위원회의 수용재결을 거쳐 1996.6.18. X토지를 수용하고, 乙로부터 X토지를 위와 같은 폐기물이 매립된 상태로 인도받았다. 그 후 甲은 乙에게 폐기물의 제거를 요구하였으나 乙은 X토지의 인도의무를 다하였다고 주장하면서 甲의 요구를 거절하고 있다. 乙의 주장은 타당한가?

(대판 2001.1.16. 98다58511 참조)

| 해설 3 | 乙의 주장이 타당하다.

판례에 따르면 乙은 X토지의 인도의무를 다하였다. 토지수용법에 의한 수용재결의 효과로서 수용에 의한 기업자의 토지 소유권 취득은 법률의 규정에 의한 원시취득이지, 토지소유자와 수용자 사이의 법률행위에 의한 승계취득이 아니다. 따라서 토지수용법 제63조의 규정에 의한 토지소유자의 토지의 인도의무의 내용은 토지소유자가 수용시기까지 수용 대상 토지를 현존 상태 그대로 기업자에게 인도하는 것을 내용으로 할 뿐이다. 수용목적물에 숨은 하자가 있는 경우에도 토지소유자는 하자담보책임을 부담하지 아니하며, 사례의 경우 X토지에 매립된 폐기물의 이전의무가 토지소유자인 乙에게 있다고 보기 어렵다.

2. 제462조 이행기의 의미

이행기란 이행을 해야 할 때인가, 아니면 실제로 이행하는 때인가? 선관의무와 관련하여 볼 때, 제374조의 선관의무 존속기간과 일치하여 실제로 인도하는 때로 봄이 타당하다. 예컨대 이행기는 5월 1일이나 실제로는 5월 10일에 이행된 경우에 1일과 10일 사이에 목적물에 부정적 변화가 있었을 때에도 5월 10일의 현상대로 이행해야 한다.

Ⅳ. 인도장소 $\binom{제467조}{제1항}$

제467조 제1항에 따라 특정물의 인도장소는 채권성립시 목적물이 있던 장소이다. 종류채권의 인도장소에 대해서는 지참채무가 원칙 $\binom{제467조}{제2항}$ 이지만, 추심채무와 송부채무의 예외가 있다.

Ⅴ. 과실의 귀속

1. 원 칙

제102조에 제1항에서 천연과실은 그 원물로부터 분리하는 때에 이를 수취할 권리자에게 속한다고 규정하고 있다. 그렇다면 특정물의 인도를 목적으로 한 채권관계가 성립했을 때 그 목적물에서 나온 과실을 수취할 권리자가 누구인지 확정할 필요가 있다.

이행기기준설에 따르면 이행기 전에는 채무자에게 과실이 귀속하지만, 그 후에는 채무자는 (수취할 권리자인) 채권자에게 목적물과 함께 과실을 인도할 의무를 부담한다는 견해로 다수설이다.

반면 소유권이전시설에 따르면 천연과실은 제102조 제1항과 제211조에 의해 특정물의 소유자가 취득하게 된다. 따라서 제587조는 과실수취권의 기본원칙을 규정한 것으로 소유권이전시설을 전제로 한 것으로 이해한다.

2. 매매 등 유상계약의 경우

유상계약의 경우에는 특칙인 제587조에 의해 이행기 이후에도 매도인(채무자)이 아직 매매대금을 받지 못했다면 인도시까지 매도인에게 과실수취권이 있다고 해석된다. 제587조는 매수인이 이행기 이후에도 대금지급의무를 이행하지 않는 것을 전제로 매매목적물의 운용이익과 그 목적물의 관리비용 및 매매대금의 이용수익을 간이하게 정산하려는 취지로 이해될 수 있기 때문이다.

요컨대 이행기기준설에 의하면 원칙은 이행기를 기준으로 하지만, 현실적으로 가장 중요한 의미를 갖는 매매 등 유상계약의 경우에는 특칙인 제587조에 의하여 인도를 기준으로 하게 된다고 본다. 결국 이행기를 기준으로 한다는 과실수취에 관한 원칙은 증여 등 무상계약의 경우에만 인정된다. 제587조는 이행기를 기준으로 하는 과실수취의 원칙에 대한 예외의 의미로 이해된다.

한편 소유권이전시설은 인도 전에는 원칙적으로 원물의 소유자가 적법한 수취권자이며 제587조는 이러한 원칙에 충실한 규정으로 이해한다.

판례는 유상계약인 매매에 있어 특별한 사정이 없는 한 매매계약이 있은 후에도 인도하지 아니한 목적물로부터 생긴 과실은 매도인에게 속하나 매매목적물의 실제 인도 전이라도 매수인이 매매대금을 완납한 때에는 그 이후의 과실수취권은 매수인에게 귀속된다고 한다(대판 1993. 11. 9. 93다28928).

사례 4 甲은 乙로부터 부동산을 매수하고 그 매매대금을 완납하였다. 아직 乙로부터 甲에게 부동산이 인도되기 전에 乙은 丙에게 부동산을 임대하여 丙으로부터 그 차임으로 도합 금 8,600,000원을 수령하였다.

질문 1) 이 차임은 누구에게 귀속되어야 하는가? (대판 1993. 11. 9. 93다28928 참조)

질문 2) '인도하지 않았다'는 판단에는 이행기 이후에 인도하지 않은 것도 포함되어 해석될 수 있는가?

│해설 4│

해설 1) 매수인인 甲에게 귀속되어야 한다.

다수설인 이행기기준설에 의하면 이행기 이후 과실귀속은 원칙적으로 매수인에게 속한다(제102조). 그러나 예외로 매매 등의 경우에는 매도인이 아직 매매대금을 지급받지 못하였다면 매도인이 (제587조 제문) 과실수취권을 가진다. 판례는 "특별한 사정이 없는 한 매매계약이 있은 후에도 인도하지 아니한 목적물로부터 생긴 과실은 매도인에게 속하나, 매매목적물의 인도 전이라도 매수인이 매매대금을 완납한 때에는 그 이후의 과실수취권은 매수인에게 귀속된다"고 판시하였다(대판 1993. 11. 9. 93다28928). 농지매매계약 후에도 인도하지 아니한 목적물로부터 생긴 과실은 매도인에게 속하나, 매매목적물의 인도 전이라도 매수인이 매매대금을 완납한 때에는 그 이후의 과실수취권은 매수인에게 귀속된다고 본 것이다.

해설 2) 대법원의 태도는 인도하기 전이라도 이행기 이후라면 과실은 매수인에 속한다는 점을 밝힌 판결로 보아야 한다.

실제로 위 대법원 판결의 원심판결인 광주고판 1993.5.14, 92나8094의 사실관계를 보면 매수인이 잔금을 지급하려고 하였으나 매도인이 수령을 거절하자 매수인이 잔금을 공탁하여 소유권이전등기를 한 사안이었다.

사례 5 5.1.자 염소매매계약에서 이행기가 10.10.인 경우, 새끼염소가 9.9.에 나왔다면 매도인이 수취할 권리자($\substack{제102조\\제1항}$)이자 제587조에 따른 과실의 귀속자가 된다. 그러나 10.10.에 매도인이 아직 염소를 인도하지 않고 있던 중 11.11.에 새끼가 나온 경우라면 누가 과실수취권자인가?

(대판 1993.11.9, 93다28928 참조)

해설 5 대금지급 후라면 매수인, 대금지급 전이라면 매도인이 과실수취권자이다.

대금지급 후라면 매수인에게 귀속한다($\substack{위\ 대판\ 1993.11.\\9,\ 93다28928}$).

대금지급이 없었다면 i) 과실은 매수인에게 귀속하게 한 제102조의 특칙으로 제587조 제1문에 의해 매도인에게 귀속하고($\substack{이행기\\기준설}$), ii) 제102조의 취지와 부합하는 제587조에 의해 매도인에 귀속한다($\substack{소유권이\\전시설}$). 결국 10월 10일 매수인의 이행제공 여부와 관계없이 대금지급이 없었다면 과실은 매도인에게 귀속된다.

제3절 종류채권

Ⅰ. 의 의
 1. 정 의
 2. 종류채권과 특정물채권의 구별
 3. 수량을 '지정'한 종류매매와 수량이 '언급'
  된 특정물채권의 구별
 4. 제한종류채권과 선택채권의 구별
 5. 목적물의 품질
Ⅱ. 특정의 시점 또는 방법
 1. 채무자가 채권자의 동의를 얻어 이행할 물
  건을 지정한 때(채무자의 지정권)
 2. 채무자가 이행에 필요한 행위를 완료한 때
  (채무자의 이행행위의 완료)
Ⅲ. 특정의 효과
 1. 특정으로 특정물채권이 되는지
 2. 특정의 소급효
 3. 선관주의의무 부담($\substack{제374\\조}$)
 4. 채무자의 변경권
 5. 급부위험의 이전
 6. 하자있는 종류물의 변제제공

I. 의　의

1. 정　의

종류채권이란 일정한 종류와 수량으로 정해진 물건의 인도를 내용으로 하는 채권을 말한다.

2. 종류채권과 특정물채권의 구별

종류채권과 특정물채권의 구별기준은 대체가능성이 아나라 특정성에 의하여 결정된다. 보통 대체성이 없으면 특정성이 인정되어 특정물채권이 되며 대체성이 없으면 종류채권이 되지만 반드시 그런 것은 아니다. 특정성 여부는 당사자의 의사에 의하고 대체성은 객관적으로 결정되기 때문이다. 따라서 종류채권과 특정물채권은 당사자의 의사에 의하여 주관적으로 결정된다.

3. 수량을 '지정'한 종류매매와 수량이 '언급'된 특정물채권의 구별

매매계약을 체결할 때 수량이 언급된 경우에도 특정물매매가 될 수 있다. 따라서 수량지정이 있으면 무조건 불특정물매매인 것으로 볼 수는 없다. 토지매매가 '수량을 지정한 종류매매'인지의 여부는 매매계약 당사자의 의사해석의 문제다.

사례 6 A는 B로부터 ○○회사의 주식 2000주를 매수하여, 이를 B에게 명의신탁했고, B는 위 주식을 보관하고 있다는 내용이 기재된 보관증을 작성하여 A에게 교부하였다.

그런데 B는 위 주식을 보관하고 있던 중 甲에게 이를 임의로 매각하였다. 이후 A는 위 주식에 대한 명의신탁계약을 해지하고 B를 상대로 위 주식의 반환을 구하는 소송을 제기하였다. B는 A의 위 청구에 대하여 해당 주식이 이미 제3자인 甲에게 매도되어 더 이상 B가 주식을 보유하고 있지 않으므로 B의 A에 대한 주식 반환의무가 이행불능이 되었다고 주장한다. 이와 같은 주장은 받아들여질 수 있는가?

(대판 2015.2.26. 2014다37040 참조)

| 해설 6 | 받아들여질 수 없다.

원심은 피고(B)가 원고(A)로부터 명의신탁을 받은 주식을 이미 제3자에게 매도하였으므로, 피고의 원고에 대한 ○○회사의 주식 반환의무는 이행불능이 되었다고 판단하였다.

그러나 대법원은 원심판결을 파기환송했다. 그 근거로 주식반환의무는 특정물채무가 아니라 종류채무이므로 이행불능이 되지 않았다는 점을 들었다. 이는 주식은 주주가 출자자로서 회사에 대하여 가지는 지분으로서 동일 회사의 동일 종류 주식 상호간에는 그 개성이 중요하지 아니한 점, 이 사건 주식 보관증에는 피고가 ○○회사 주식 2,000주를 보관하고 있다고 기재되어 있을 뿐 피고가 보관하는 주권이 특정되어 있지 아니한 점을 고려한 것이다(다만 주권발행번호 등 주권을 특정하여 명의신탁약정을 한다면 특정물로 인정될 수 있다).

사례 7 甲은 乙에게 A아파트 101동 607호를 매도하였다. 분양 카탈로그에는 면적이 100㎡로 되어 있었으나 분양 후 실제 면적을 확인하여 보니 120㎡였다. 甲은 乙에게 종류매매였음을 이유로 초과취득한 면적부분만큼 부당이득반환을 청구하였다. 이와 같은 청구는 인용될 수 있는가?

(대판 1991.3.27, 90다13888 참조)

│해설 7│ 인용될 수 없다.

특정물매매로 보게 되면 부당이득이 되지 않는다(다만 착오취소는 가능할 것이다). 수량을 지정한 종류매매로 보면 수량을 초과한 부분은 부당이득이 될 것이다.

甲과 乙 간에 체결된 아파트분양계약의 내용은 A아파트 101동 607호로 특정된 건물 1채를 매매한 것이므로 이는 수량을 지정한 매매가 아니라 특정물을 목적으로 한 매매에 불과하다. 따라서 설사 분양 카탈로그가 잘못되어 乙이 분양받은 아파트의 실제 면적이 분양계약서상에 표시된 분양면적보다 다소 넓다 하더라도 乙이 법률상 원인 없이 이득을 얻은 것이라 할 수 없다.

사례 8 甲(매수인)과 乙(매도인)은 X토지에 대한 매매계약을 체결할 당시 매매계약서에 매매목적물의 면적을 부동산등기부상의 기재에 따라 '834㎡(약 252평)'로 기재하고, 위 면적에 평당 가액 150만 원을 곱한 금액에서 우수리 돈을 감액하는 방법으로 매매대금 3억 7,000만 원으로 결정하였다. 그러나 그 후 측량 결과 X토지의 실제 면적은 '834㎡(약 252평)'가 아니라 '746㎡'로 밝혀졌다. X토지는 도로, 잡목, 주택 등으로 인근 토지와 경계가 구분되어 있으며, 甲은 매매계약을 체결하기 전 X토지를 2차례 현장답사하여 현황을 확인하였다. 甲은 X토지에 대한 매매계약이 수량을 지정한 매매임을 주장한다. 이와 같은 甲의 주장은 인용될 수 있는가?

(대판 1998.6.26, 98다13914 참조)

│해설 8│ 인용될 수 없다.

"민법 제574조에서 규정하는 '수량을 지정한 매매'라 함은 당사자가 매매의 목적인 특정물이 일정한 수량을 가지고 있다는 데 주안을 두고 대금도 그 수량을 기준으로 하여 정한 경우를 말하는 것이므로, 토지의 매매에 있어서 목적물을 공부상의 평수에 따라 특정하고 단위면적당 가액을 결정하여 단위면적당 가액에 공부상의 면적을 곱하는 방법으로 매매대금을 결정하였다고 하더라도 이러한 사정만으로 곧바로 그 토지의 매매를 '수량을 지정한 매매'라고 할 수는 없는 것이고, 만일 당사자가 그 지정된 구획을 전체로서 평가하였고 평수에 의한 계산이 하나의 표준에 지나지 아니하여 그것이 당사자들 사이에 대상 토지를 특정하고 대금을 결정하기 위한 방편이었다고 보일 때에는 '수량을 지정한 매매'가 아니라고 할 것이며, 반면 매수인이 일정한 면적이 있는 것으로 믿고 매도인도 그 면적이 있는 것을 명시적 또는 묵시적으로 표시하고, 나아가 당사자들이 면적을 가격 결정 요소 중 가장 중요한 요소로 파악하고 그 객관적인 수치를 기준으로 가격을 정하였다면 그 매매는 '수량을 지정한 매매'라고 하여야 할 것이다...(중략)... 매매계약서에 토지의 면적을 등기부상 기재에 따라 기재하고 그 면적에 평당 가격을 곱한 금액에서 우수리 돈을 감액하는 방법으로 매매대금을 결정하였으나 그 토지가 도로, 잡목 등으로 인근 토지와 경계가 구분되어 있으며 매수인이 매매계약 체결 전 그 토지를 현장답사하여 현황을 확인한 경우, 그 토지 매매는 '수량을 지정한 매매'가 아니라 구획된 경계에 따라 특정하여 매매한 것이다"(대판 1998.6.26, 98다13914).

4. 제한종류채권과 선택채권의 구별

제한종류채권은 목적물의 범위를 중요시하지만 선택채권은 선택대상인 물건의 개성을 중요시한다는 점에서 다르다.

5. 목적물의 품질

목적물의 품질은 당사자의 의사에 의하여 결정한다. 관습까지 포함하며 제106조와 법률행위의 성질(소비대차나 소비임치의 경우 동질의 것으로 한다는 제598조, 제702조 참조)까지도 고려한다. 그러나 당사자의 의사로 목적물의 품질을 정할 수 없다면 중등의 품질(제375조 제1항)로 이행하여야 한다. 적합하지 않은 품질의 인도시 채무의 이행이 되지 않는다.

II. 특정의 시점 또는 방법

제375조 제2항은 종류채권에서 채무자가 이행에 필요한 행위를 완료하거나 채권자의 동의를 얻어 이행할 물건을 지정한 때에는 그때로부터 그 물건을 채권의 목적물로 한다고 규정하고 있다. 특정이란 급부목적물을 구체적으로 확정하는 것을 의미한다.

사례 9 甲은 乙에게 H맥주 2박스를 5월 10일에 乙의 주소지에 인도하여 주기로 하였는데, 이행기에 乙의 집으로 가던 중 제3자 丙의 과실로 목적물이 멸실되었다. 甲은 5월 15일 乙에게 맥주 2박스를 다시 가져다 주었다. 이행지체에 대한 책임도 甲이 부담하는가?

해설 9 甲이 부담한다.

지참채무의 원칙상 채무자 甲은 채권자의 주소지인 乙의 집에서 현실적으로 이행제공을 하여야 하나, 본 사안에서는 乙의 주소지로 가던 중에 목적물이 멸실되었으므로 현실적으로 이행제공이 있었다고 볼 수 없다. 또한 H맥주 2박스는 종류채무에 해당하며, 아직 특정이 되었다고 볼 수 없으므로 조달의무 위반으로 甲에게는 이행기인 5.10.을 경과한 지체책임이 성립한다. 한편 이행제공 후 채권자지체로 인하여 채무자가 이를 계속 보관하다 귀책사유 없이 목적물이 멸실된 경우에는 채무자의 급부의무가 배제되고, 채무자는 채권자로부터 대금지급은 받을 수 있다(제538조 제1항).

특정의 방법은 다음과 같이 나눌 수 있다.

1. 채무자가 채권자의 동의를 얻어 이행할 물건을 지정한 때(채무자의 지정권)

채무자가 채권자의 동의를 얻어 이행할 물건을 지정하면 지정한 때 특정된 것으로 본다. 채권자의 동의란 채무자에게 지정권을 준다는 동의일 뿐, 특정에 대한 동의를 의미하지 않는다.

물건의 지정은 분리를 포함한 지정이어야 한다. 지정권자인 채무자가 지정권을 행사하지 않는 경우에는 채무자가 이행에 필요한 행위를 하지 않았다면 선택채권에 관한 제381조가 유추적용되어 지정권이 이전된다고 본다($\binom{대판\ 2009.1.30.}{2006다37465}$).

2. 채무자가 이행에 필요한 행위를 완료한 때(채무자의 이행행위의 완료)

이행의 완료는 채권이 소멸하는 효과를 야기하지만 '이행에 필요한 행위의 완료'는 채무자에게 요구되는 행위가 완료되었음을 의미한다.[2] 구체적인 채권관계의 내용에 비추어 채무자 측에서 채무의 이행과 관련하여 해야 할 행위의 전부를 완료한 것을 말한다.

그런데 이행장소를 어디로 정하는지가 중요한 의미가 있다. 채무자가 채권자에게 급부목적물을 가져다 주어야 하는지, 아니면 채권자가 와서 가져가야 하는지에 따라 '이행에 필요한 행위'가 달라진다.

(1) 지참채무의 경우($\binom{제467조}{제2항}$)

채무자가 채권자의 현주소 또는 현영업소에서 현실제공을 한 때 이행에 필요한 행위를 완료한 것이 된다($\binom{제467조}{제2항}$). 특정물채무를 제외한 경우에 적용되는 원칙이다. 다만 채권자가 수령을 거절하는 경우라면 목적물을 분리·지정하여 수령을 구두제공하면 목적물이 특정된다.

(2) 추심채무의 경우

추심채무는 채권자가 채무자의 주소지에 와서 목적물을 추심하여 이행 받는 채무를 의미한다. 채무자의 주소지가 인도장소이므로 채무자는 급부목적물을 분리하여 수령할 수 있는 상태로 두고 채권자에게 수령을 최고(구두제공)한 때 이행에 필요한 행위가 완료된 것으로 본다. 예를 들어 고객으로부터 주문받은 자동차를 채무자(매도인)가 분리·지정하여 채권자(매수인)에게 수령통지했다면 그 후 채무자의 귀책사유 없이 이행불능이 된 경우 동종의 다른 차량이 존재하더라도 이미 특정물채권이 되었으므로 채무를 면하여 이행의무가 없어진다.

> **사례 10** 이행기가 5월 15일인 추심채무에서 채무자가 5월 10일에 목적물을 분리하여 구두로 변제제공을 한 경우 특정의 시점은 5월 10일인가, 아니면 5월 15일인가?
>
> **해설 10** 5월 15일에 특정이 된다.
> 종류채권에서의 특정의 시점은 특별한 사정이 없는 한, 5월 15일로 보아야 한다. 특정의 의미가 채무의 이행여부, 채무자의 책임, 위험부담과 관련되어 있다는 점에서 이행기를 기다려야 할 것이다.

---

2) 이행(완료) = 이행행위(완료)(=변제제공) + 변제수령
　　이행(완료)에는 채권소멸의 효과가, 이행행위의 완료에는 채무자 책임의 경감효과가 인정된다.

이에 대해서 견해가 나뉜다. 우선 추심기간이 만료되기 전에 변제준비의 완료를 통지하고 그 수령을 최고하여 특정이 인정된다면 채무자가 계약과는 달리 너무 일찍 위험을 면하게 되기 때문에 추심기간이 만료되기 전에는 특정도, 채권자지체도 일어나지 않는다는 견해가 있다. 이에 반해 종류채권에 있어서 특정이 생기는 시기와 채권자지체가 성립하는 시기가 동일하여야 할 필요가 없으므로, 추심기간 전에도 특정이 가능하다는 견해가 있다.

제460조 단서의 규정을 보면 채무자가 변제받기를 거절하거나 채무의 이행에 채권자의 행위를 요하는 경우에는 변제준비의 완료를 통지하고 그 수령을 최고하면 된다고 규정하고 있다. 추심채무는 변제장소에 와서 목적물을 추심하여 이행을 받는 채권자의 행위를 요하므로 채무자는 제460조 단서에 의해서 변제의 준비를 한 후에 이를 통지하고 그 수령을 최고하기만 하면 된다. 그러나 제460조 단서에서 채권자의 행위를 요한다는 것은 채권자에게 행위를 할 의무가 발생한다는 것을 의미하고 이러한 의무는 변제기가 도래해야만 발생한다고 보아야 한다. 따라서 변제기가 도달하기 전에는 채권자의 행위를 요구하는 것으로 볼 수 없다. 더 나아가 물건의 특정에 의해서 제374조의 적용 여부, 위험의 이전 여부 등이 결정된다는 점에서 변제기가 도달하지 않는 한 특정이 있다고 볼 수는 없다. 따라서 사안의 경우에는 5월 15일이 되어서야 특정이 된 것으로 볼 수 있다.

(3) 송부채무의 경우(송부채무의 정의에 대한 견해대립)

송부채무의 의미를 이해하는 데 다음과 같은 견해대립이 있다. (i) 1설에 의하면 송부채무란 채권자 및 채무자 주소 이외의 제3지에 목적물을 송부해야 하는 채무를 의미한다. 이에 따르면 제3지가 원래의 이행장소인 경우에는 지참채무와 마찬가지로 목적지에 도달한 때 특정이 되지만 호의로 제3지가 이행장소가 된 경우에는 제3지로 발송한 때에 특정이 된다고 한다.

한편 (ii) 2설에 의하면 송부채무란 채권자의 주소나 제3지로 발송하면 의무를 면하는 채무를 의미한다. 즉 채무자가 채권자의 주소 또는 제3지에 우편, 철도 등 공공운송수단에 의해 발송하기로 약정한 경우의 채무가 송부채무라는 것이다. 이에 따르면 발송한 때에 특정된다고 한다. 이때에는 급부장소(발송지)와 급부효과발생지(채권자의 주소지 내지 제3지)가 불일치하는 특징이 있다.

Ⅲ. 특정의 효과

1. 특정으로 특정물채권이 되는지

다수의 견해는 종류채권은 특정으로 특정물채권이 된다고 한다. 따라서 제374조가 적용된다. 반면에 소수의 견해는 종류채권은 특정 후에도 특정물채권이 아닌 특정물채무 유사의 법률관계가 성립한다고 한다. 소수설은 대체물의 인도시 변경권이 인정되어야 한다는 점 및 하자있는 물건에 대한 지정시 특정의 효과가 없다는 점에서 특정물채권과는 다르다고 한다.

2. 특정의 소급효

특정에는 소급효가 인정되지 않는다. 선택채권에서의 선택에 소급효가 인정된다는 점과 차이가 있다.

3. 선관주의의무 부담 $\binom{제374}{조}$

특정이 되면 특정물채권이 되므로 제374조의 선관주의의무가 적용된다. 특정이 되었으므로 채권자의 수령지체시 채권자지체가 성립된다 $\binom{제400조, 제401조(보관상\ 주의의무\ 경감),}{제538조\ 제1항\ 후단(채권자위험부담)}$.

4. 채무자의 변경권

특정 후라도 양당사자의 책임 없는 사유로 멸실된 경우 동종·동량의 다른 물건의 인도가 종류채무의 내용에 적합한 경우라면 채무자는 목적물을 변경할 수 있다. 다만 일부 견해는 채권자의 동의가 있을 때에만 인정된다고 하여 채무자의 변경권을 좁게 인정한다(또한 채권자의 반대의사가 있거나 또는 채권자에게 불이익을 주는 경우에는 변경권이 없다는 견해도 있다). 더 나아가 채무자의 귀책사유로 멸실되어도 동종·동량의 다른 물건의 인도를 인정할 것인지 여부에 대해서는 가능하다는 견해와 불가능하다는 견해의 대립이 있다. 종류채권은 목적물의 개성이 중요하지 않다는 점에서 종류채권의 특정은 단지 이행해야 할 목적물을 구체적으로 확정하기 위한 수단에 지나지 않는다. 따라서 특정 이후에 목적물이 멸실된 경우 채무자는 귀책여부와 상관없이 동종·동량의 다른 물건으로 이행을 할 수 있도록 해야 할 것이다.

채무자의 변경권을 인정하면 채권자에게도 변경된 급부목적물의 인도청구권이 인정되어야 할 것이다.

5. 급부위험의 이전

다수설은 특정된 후에는 급부위험이 채무자에게서 채권자에게로 이전되어 채무자의 귀책사유 없이 급부목적물이 멸실된 경우, 채무자는 동종의 물건으로의 급부의무를 부담하지 않는다고 본다(반대급부의무를 의미하는 것이 아님에 유의할 것).

사견으로는 이와는 달리 채무자가 특정된 물건의 급부의무를 면하기는 하지만, 채권자로부터 반대급부를 받기 위해 다른 종류물로 자신의 채무를 이행할 수 있는 채무자의 변경권이 인정한다면, 동일하게 채권자에게도 급부변경청구권을 인정하여 채권자가 다른 급부를 청구할 수 있다(이때에는 급부위험이 이전되지 않는다)고 보는 것이 타당하다.[3]

---

3) 이와 같은 사견에 대해서는 다음과 같은 반론이 있을 수 있다. 즉 채무자의 변경권이 인정된다 하더라도 채권자는 원래에 받을 종류물을 받는 것이므로 피해가 없고, 채무자 역시 반대급부청구권을 상실하지 않게 된다는 점에서 양자 모두 이익이 되는 행위라는 것이다. 그러나 채무자의 급부의무가 소멸되지 않는다고 해석한다면, 급부가 특정된 이후에 채권자의 귀책사유로 인해 채무자가 반대급부청구권을 행사할 수 있는 경우임에도 불구하고(제538조) 여전히 급부의무를 이행해야 반대급부를 청구할 수 있게 되는 불이익을 받게 된다. 나아가 채권자는 단순하게 종류물에 대해

6. 하자있는 종류물의 변제제공

하자있는 종류물의 변제제공은 제390조에 의한 이행제공이 없고 또한 제375조 제2항의 '이행에 필요한 행위를 완료'한 것으로 볼 수 없으므로 특정의 효과가 생기지 않는다.

심화학습

추심채무로서 사과 100상자를 매매한 경우, 이행기에 분리·지정하여 이를 채권자에게 통지한 후에 채무자의 잘못으로 사과가 멸실되었다. 그러나 채권자가 늦게 도착하였는데, 채권자의 도착 전 채무자가 동종·동질·동량의 사과 100상자를 다시 분리·지정하여 놓은 상태이다. 도착 후 채권자는 이와 같은 사정을 알게 되었다.

1) 매매 후 사과의 가격이 내려 매수인인 채권자는 계약을 유지하고 싶지 않을 때에, 이행불능을 이유로 계약을 해제할 수 있는가? (이 경우 채무자는 계약을 유지하는 것이 유리하므로 변경권을 주장할 것임)

2) 매매 후 사과의 가격이 오른 경우, 채무자는 다른 사과 100상자를 다시 분리·지정하지 않고 채무불이행책임만을 부담하겠다고 주장할 때, 채권자는 다른 동종·동질·동량의 사과 100상자의 인도를 청구할 수 있는가?

쟁점 특정 후 양 당사자(채무자 또는 채권자)의 책임있는 사유로 멸실된 경우에도 채무자의 변경권의 법리가 동일하게 적용되어야 할 것인지의 문제이다.

|해설|

1) 채무자에게 변경권이 인정되어 채권자는 계약을 해제할 수 없다.

2) 인도청구권이 인정되어야 한다.

변경권의 인정 여부가 문제된다. 채무자는 동종의 다른 물건을 이행제공할 수 있다고 보아야 하고, 채권자는 채무자에게 이행불능의 책임을 물을 수 없다고 보아야 한다. 특정에 대해서 채권자가 갖는 이익을 침해하지 않을 때에는 채권자의 대체급부 수령거절이 권리남용가능성이 있음을 그 근거로 한다.

1)의 경우 채권자에게 불리하더라도 변경권이 인정되어 불능이 되지 않고 계약을 해제할 수 없다.

2)의 경우 채권자에게도 변경된 급부목적물의 인도청구권이 인정되어야 한다.

청약을 하면 그만이므로, 대부분의 사람이 전화를 이용할 수 있는 현실에서 큰 실익이 없다는 생각도 가능하다. 그러나 이 문제는 양당사자의 책임없는 사유로 급부가 불능이 된 경우만을 전제로 하기 때문에 채권자의 귀책사유가 있는 경우에는 그에 의해 제538조가 적용될 뿐이라고 할 것이다.

제4절 금전채권

Ⅰ. 특 징
　1. 일반적인 특징
　2. 금융실명법상의 특칙
Ⅱ. 종 류
　1. 금액채권(협의의 금전채권)(제376조)
　2. 금종채권

3. 특정금전채권
4. 외화채권(제377조, 제378조)
Ⅲ. 금전채무불이행의 특칙(제397조)
　1. 책임성립상의 특칙
　2. 책임범위 결정시(배상액 산정시)의 특칙
Ⅳ. 사정변경의 원칙

Ⅰ. 특 징

1. 일반적인 특징

금전채권은 넓은 의미로는 금전의 급부를 목적으로 하는 채권이며, 좁은 의미로는 일정액의 금전의 지급을 목적으로 하는 채권이다. 후자를 금액채권이라고 하는데 보통 금전채권이라고 하면 이것을 의미한다.

금전채권은 일정한 가치를 인도하는 가치채권으로서, 많은 경우의 유상계약에서는 반대급부가 금전이므로 금전채권이 발생한다. 손해배상의 경우 금전배상이 원칙(제394조)이며, 금전채권은 객관적 불능이 불가능하므로 특정, 하자, 급부불능, 위험부담의 문제가 발생하지 않는다.

2. 금융실명법상의 특칙

예금명의자와 출연자가 다른 경우 누구를 채권자로 볼 것인지가 문제된다. 금융실명제가 실시된 이후에는 원칙적으로 예금명의자를 예금주(채권자)로 보았다. 즉 금융실명법 제3조 제1항에 따라 금융기관은 거래자의 실제 명의에 의하여 금융거래를 하여야 하므로, 원칙적으로 예금명의자를 예금주로 보았다. 다만 특별한 사정으로 예금의 출연자와 금융기관 사이에 예금명의인이 아닌 출연자에게 예금반환채권을 귀속시키기로 하는 명시적 또는 묵시적 약정이 있는 경우에는 그 출연자를 예금주로 보았다(대판 2005.6.24, 2005다17877).

그러나 최근 판례에 의하면 출연자를 예금주로 인정하는 경우를 더욱 엄격하게 해석한다. 즉 출연자를 예금주로 하는 명시적·묵시적 약정이 있었다는 것만으로는 불충분하고, 명확한 의사의 합치를 요구한다. 실명확인 절차를 거쳐 서면으로 이루어진 예금명의자와의 예금계약에서 예금명의자의 예금반환청구권을 배제하고 출연자 등과 예금계약을 체결하여 출연자 등에게 예금반환청구권을 귀속시키겠다는 '명확한' 의사의 합치가 있는 극히 예외적인 경우로 제한하고 있다. 이러한 의사의 합치는 금융실명법에 따라 실명확인 절차를 거쳐 작성된 예금계약서 등의 증명력을 번복하기에 충분할 정도의 명확한 증명력을 가진 구체적이고 객관적인 증거에 의하여 매우 엄격하게 인정한다($^{대판(전합) 2009.3.}_{19, 2008다45828}$). 즉 단순히 명시적 · 묵시적 약정이 있었다는 것만으로는 불충분하고 명확한 의사의 합치가 있어야 한다고 판시하여 위 대판 2005.6.24, 2005다17877을 폐기했다.

Ⅱ. 종 류

1. 금액채권(협의의 금전채권)($^{제376}_{조}$)

지급하여야 할 통화의 종류에 상관없이 일정액의 금전을 지급할 것을 내용으로 하는 금전채권을 말한다. 이에는 이행불능이 없다. 가분채권이며, 채무자의 금종선택이 가능하다.

2. 금종채권

일정한 금액을 일정한 종류의 화폐로 지급해야 할 경우를 의미한다. 금종채권은 종류채권 또는 특정물채권에 해당한다.

3. 특정금전채권

진열 등을 위해 특정한 금전의 급부를 목적으로 하는 채권을 의미한다. 특정물채권으로 불능의 문제가 발생할 수 있다.

4. 외화채권($^{제377조,}_{제378조}$)

외화채권은 외국 금전의 급부를 내용으로 하는 채권으로 외국금액채권은 채무자의 선택으로 금종선택이 가능하며($^{제377조}_{제1항}$), 상대적 금종채권으로 그 통화가 변제기에 강제통용력을 잃은 경우에는 그 나라의 다른 통화로 변제가 가능하다($^{제377조}_{제2항}$).

채무자는 지급할 때에 있어서(이행기가 아닌) 이행지의 환금시가에 의해 우리나라 통화로 변제할 수 있다($^{제378}_{조}$). 외화채권의 채권자가 우리나라의 통화로 지급할 것을 청구할 때에도 환산시기는 청구할 때가 아니라 '실제로 지급할 때'(구체적으로는 이에 제일 가까운 사실심변론종결시점으로 판단될 것이다)이다($^{대판 1991.3.12,}_{90다2147 등}$).

Ⅲ. 금전채무불이행의 특칙(제397조)

1. 책임성립상의 특칙

손해의 발생 및 손해정도의 증명 없이 채무불이행 사실만으로 책임을 물을 수 있다(제397조 제2항 전단). 단 그렇다고 하더라도 채권자가 금전채무의 불이행을 원인으로 손해배상을 구할 때에 지연이자 상당의 손해가 발생하였다는 취지의 주장은 하여야 한다(대판 2000.2.11, 99다49644). 채무자는 과실 없음을 항변하지 못한다(제397조 제2항 후단).

자신의 채무자가 제3자에 대하여 갖고 있는 금전채권을 채권자가 가압류했음을 이유로 제3채무자가 채무자에게 그 채무를 이행하지 않은 경우에도 채무자의 이행지체책임이 성립한다(예컨대 B의 채권자 A는 B가 C에 대하여 갖고 있는 금전채권을 A가 가압류했기 때문에 제3채무자 C가 채무자 B에게 그 채무를 이행하지 않았더라도 C의 이행지체책임이 성립한다). 채권의 가압류는 제3채무자에 대하여 채권자인 자신의 채무자에게 지급하는 것을 금지하는데 그칠 뿐이지 채무 그 자체를 면하게 하는 것이 아니고, 제3채무자는 공탁의 방법에 의한 이행이 가능하기 때문이다(대판 1994. 12.13, 93다951; 대판 2010.2.25, 2009다22778).

민사집행법 가압류

가압류는 금전채권이나 금전으로 환산할 수 있는 채권의 집행을 보전할 목적으로 미리 채무자의 재산을 동결시켜 채무자로부터 재산에 대한 처분권을 잠정적으로 빼앗는 보전제도이다. 이는 채무자의 일반재산의 감소를 방지하기 위한 제도로, 실무상 집행의 대상이 되는 재산의 종류에 따라 부동산가압류, 선박·항공기·자동차·건설기계에 대한 가압류, 채권가압류, 유체동산가압류, 그 밖의 재산권에 대한 가압류로 구분된다.

채권가압류집행이 있으면 채무자는 채권을 처분할 수 없고, 제3채무자(가압류된 채권의 채무자)도 채무자에게 변제하는 등 채무를 소멸시키는 행위를 할 수 없음이 원칙이다.

---

2. 책임범위 결정시(배상액 산정시)의 특칙

(1) 원 칙

채권자는 실손해액을 증명하지 않아도 약정이율이 없으면 법정이율에 의한 손해배상을 청구할 수 있다. 민사법정이율은 연 5%(제379조)이다(아래에서 보는 것처럼 법정이율보다 많은 실손해는 특별사정손해로 배상받을 수 있다고 할 것이다). 예컨대 1,000만원의 소비대차에 대한 약정이율만 연 10%로 약정했을 때, 이행지체 후의 손해배상액으로는 연 10%의 이율이 적용된다(제397조 제1항 제2문). 그러나 별도로 다시 연 15%의 연체이자율을 정했었다면 이행기의 도과 후에는 연 15%의 손해배상금을 지급해야 한다.

지연손해금에 대한 약정이율(지연이자율)이 있으면 이는 일종의 손해배상액의 예정(제398조)이 된다$\binom{대판\ 1997.7.25,\ 97다5541;}{대판\ 2000.7.28,\ 99다38637}$.

(2) 약정이율이 있는 경우

지연이자율(지연손해금률)만을 별도로 약정한 경우에는 법령위반이 없다면 그 약정이율에 의하여 손해배상액이 정해진다. 그 이외에도 원본의 사용대가로서의 이자율도 특별한 사정이 없는 한 제397조 제1항 단서에서 언급한 '약정이율'로 해석하는 것이 당사자의 의사에 부합한다. 원본채권의 약정이자율에 의하여 지연손해금을 산정하더라도 이는 금전채무불이행에 대한 손해배상금이지 원본의 사용대가인 이자는 아니므로 제163조 제1호의 3년의 단기소멸시효에 걸리지 않는다$\binom{대판\ 1989.2.28,}{88다카214}$.

(가) 원본채권에 대한 약정이자율만 있는 경우

원본에 대하여 법정이율보다 높은 약정이율이 있다면 지연손해금은 그 약정이율로 산정된다. 반대로 법정이율보다 낮은 약정이율이 있는 경우, 법정이율에 의하여 지연손해금을 정해야 한다$\binom{대판\ 2009.12.24,}{2009다85342}$. 제397조 제1항 단서의 "그러나 법령의 제한에 위반하지 아니한 약정이율이 있으면 그 이율에 의한다"는 규정은 약정이율이 법정이율보다 낮은 경우에는 적용되지 않고 본문에 따라 법정이율에 의하여 지연손해금이 정해진다. 제397조의 취지는 금전채무불이행의 경우 최소한 법정이율에 의한 지연손해금을 받을 수 있음을 보장해 준 것이기 때문이다.

(나) 지연손해금률을 별도로 정한 경우

약정된 지연손해금률이 정해져 있으면 그 이율이 법정이율보다 높고 낮음을 불문하고 약정된 이율에 따라 손해배상액이 결정된다. 즉 법정이율보다 높다면 약정에 따라 손해배상액이 정해지고, 약정된 이율이 법정이율보다 낮더라도 약정된 이율이 적용된다$\binom{대판\ 2013.4.26,\ 2011다50509;}{대판\ 1995.10.12,\ 95다26797}$.

법률에 특별한 규정$\binom{제685조,}{제705조}$이 있다면 그에 따라 지연손해금이 결정된다. 이러한 지연손해금률은 손해배상액의 예정$\binom{제398}{조}$에 해당되어 감액될 수 있다$\binom{대판\ 2000.7.28,}{99다38637}$.

(3) 법정이율보다 실손해액이 많은 경우 실손해에 대한 배상이 가능한지 여부

지연손해금률(지연이자율)에 대한 합의가 없는 경우에는 제398조(손해배상액의 예정)가 적용되지 않는다. 손해배상액을 예정하지 않은 것이기 때문이다. 이 때 판례는 실손해의 증명으로 법정이율보다 많은 초과손해도 특별손해$\binom{제393조}{제2항}$로서 배상받을 수 있다고 본다$\binom{대판\ 1991.10.11,\ 91다25369\ 참조.\ 이\ 판결은\ 선례로서의\ 가치가\ 있는\ 판결이\ 될\ 수\ 없음을\ 근거로\ 판례\ 가\ 긍정설을\ 취한다고\ 볼\ 수\ 없다는\ 견해가\ 있다.}$. 학설은 부정설과 긍정설이 있다. 이 특칙이 채권자의 실손해액 증명의 어려움을 해소시키기 위한 규정으로 보면 채권자에게 법정이율에 따른 손해보다 많은 실손해가 발생했음을 채권자가 증명한 경우에는 실손해의 전보를 인정해야 한다. 반대로 채무자는 실손해가 법정이자율보다 적음을 증명해도 배상액의 감경을 청구할 수 없다고 할 것이다. 본 규정이 채권자의 손해증명의 어려움을 극복하기 위한 것으로 해석되기 때문이다.

대판 1991.10.11, 91다25369 [소유권이전등기]

매도인이 매수인으로부터 매매대금을 약정된 기일에 지급받지 못한 결과 제3자로부터 부동산을 매수하고 그 잔대금을 지급하지 못하여 그 계약금을 몰수당함으로써 손해를 입었다고 하더라도 이는 특별한 사정으로 인한 손해이므로 매수인이 이를 알았거나 알 수 있었던 경우에만 그 손해를 배상할 책임이 있다.

그러나 이 사건에서는 매수인이 이를 알았거나 알 수 있었다고 보기 어렵다고 하여 책임을 부정하였다.

사례 11 A는 2010.1.1. B로부터 1,000만 원을 변제기 2010.12.31. 이자 연 10%로 정하여 차용하였고, 원금과 이자는 모두 변제기에 지급하기로 약정하였다. 그런데 A는 변제기까지 원금 및 이자를 전혀 지급하지 않고 있다. 2011.10.13. 현재 채권자 B가 작성할 소장의 청구취지는 어떻게 작성되어야 하는가?

해설 11 청구취지는 다음과 같이 작성되어야 한다.

피고는 원고에게 11,000,000원 및 위 금원 중 10,000,000원에 대하여는 2011.1.1.부터 이 사건 소장 부분 송달일까지 연 10%, 그 다음날부터 다 갚는 날까지 연 12%의 비율로 계산한 돈을, 나머지 1,000,000원에 대하여는 2011.1.1.부터 이 사건 소장 부분 송달일까지 연 5%, 그 다음날부터 다 갚는 날까지 연 12%의 각 비율로 계산한 돈을 지급하라.

사례 12 2018.1.1. A는 B로부터 변제기 2018.12.31.까지로 하여 1,000만 원을 빌리고 이자는 연 10%로 하며 원금과 이자는 모두 변제기에 지급하기로 하였다. 그런데 변제기까지 원금 및 이자를 지급하지 않고 있다. 이에 B는 소송을 제기하여 2019.3.31. 소장부본이 A에게 송달되었다. 그리고 2019.10.13. 제1심의 변론이 종결되었고, 2019.11.15.에 원고인 B가 전부승소판결을 받았다.

질문 1) 제1심 법원의 판결 주문은 어떻게 작성되어야 하는가?

질문 2) 이 판결에 따라 A는 2019.11.30.자로 변제하고자 한다. A가 B에게 변제해야 할 금액은 얼마인가?

(단 처분권주의의 원칙상 소송촉진법의 이율에 따른 청구가 있었다고 전제하고, 지연이자의 지연이자는 별도로 청구하지 않는 것으로 한다)[4]

(대판 1996.9.20, 96다25302; 대판 2009.6.11, 2009다12399; 대판(전합) 1987.5.26, 86다카1876 참조)

해설 12

해설 1) 판결주문: 피고는 원고에게 11,000,000원 및 이 중 10,000,000원에 대하여는 2019.1.1.부터 2019.3.31.까지는 연 10%,[5] 2019.4.1.부터 2019.5.31.까지는 연 15%, 2019.6.1.부

---

4) 지연이자의 지급채무는 기한없는 채무이므로 채권자가 별도로 이행을 청구하지 않으면 이행지체에 빠지지 않는다. 따라서 채권자가 지연이자의 지급청구를 하지 않으면 지연이자에 대한 이행지체는 성립하지 않게 되어 지연이자에 대한 지연이자를 지급하지 않아도 된다.

5) 근거조문은 제397조 제1항 제2문이며 이는 약정이자율(연 10%)에 의한 것이다. 이자의 약정이 있으면 이것이 지연이자에 대한 이율로도 인정된다. 제397조 제1항 제2문에서 말하는 '약정이율'은 두 가지 경우가 있다. 원본채권에 대한 이자율이 지연손해금에 적용되는 경우와 원본채권에 대한 이자율과 별도로 지연손해금률을 정한 경우이다. 따라

터 다 갚는 날까지는 연 12%의 비율로 계산한 돈을,[6] 1,000,000원에 대하여는 2019.1.1.부터 2019.3.31.까지는 연 5%,[7] 2019.4.1.부터 2019.5.31.까지는 연 15%, 2019.6.1.부터 다 갚는 날까지는 연 12%의 각 비율로 계산한 돈을 지급하라.

해설 2) A는 B에게 12,197,500원을 변제해야 한다.

지급해야 할 금액은 다음과 같이 계산된다: 12,197,500원(= ① 10,000,000원 + ② 1,000,000원 + ③ 250,000원 + ④ 250,000원 + ⑤ 600,000원 + ⑥ 12,500원+ ⑦ 25,000원 + ⑧ 60,000원)

1. 원금과 그 지연손해금, 원금의 이자와 관련하여

① 원금 1천만 원,

② 원금 1,000만원에 대한 1년간(2018.1.1.부터 2018.12.31.)의 연 10%의 약정이율에 의한 이자[8] 100만 원(10,000만 원×0.10×1)

③ 그리고 2019.1.1.부터 소장 부본 송달일[9]인 2019.3.31.까지의 원금 1천만 원에 대한 3개월의 지연배상금 25만 원(1,000만 원×0.10×3/12),

④ 소송촉진법 제3조[10] 제1항에 의하여 소장부본 송달일 다음날(2019.4.1.)부터 2019.5.31.까지 1,000만 원에 대한 소촉법상 연 15% 이자율에 의한 2개월분의 지연배상금 25만 원(1000만 원×0.15×2/12), ⑤ 2019.6.1.부터 다 갚는 날(2019.11.30.)까지 1,000만 원에 대한 소촉법상 연 12% 이자율에 의한 6개월분의 지연배상금 60만 원(1,000만 원×0.12×6/12)을 지급해야 한다.

2. 이자의 지연손해금과 관련하여

⑥ 이자 100만 원에 대한 연 5% 민법상 법정이자율에 의한 3개월분(변제기 다음날인 2019.1.1.부터 소장 부본 송달일인 2019.3.31.까지)의 지연배상금 12,500원(100만 원×0.05×3/12),

⑦ 소장부본 송달일 다음날인 2019.4.1.부터 2019.5.31.까지 이자 100만 원에 대한 소촉법상 연 15% 이자율에 의한 2개월분의 지연배상금 25,000원(100만 원×0.15×2/12), 2019.6.1.부터 다 갚는 날(2019.11.30.)까지 이자 100만 원에 대한 소촉법상 연 12% 이자율에 의한 6개월분의 지연배상금 60,000원(100만 원×0.12×6/12)

서 특단의 약정이 없는 경우 변제기 후에도 당초의 약정이자를 지연배상금으로 지급해야 한다(대판 1970.3.10, 69다2269).

6) 현행 소송촉진법상 특례이율은 연 12%이다. 그러나 소송촉진법상 법정이율의 시행령 부칙 제2조 제2항에서 이 영의 시행 당시인 2019. 6. 1. 제1심변론이 종결된 사건에 대해서는 종전의 규정(연 15%)을 따르도록 되어 있지만, 이 사건과 같이 이 영 시행 당시인 2019. 6. 1. 법원에 계속 중인 사건으로서 제1심의 변론이 아직 종결되지 아니한 사건에 대한 법정이율은 2019년 5월 31일까지 발생한 분에 대해서는 종전의 규정(연 15%)에 따르고, 2019년 6월 1일 이후 발생하는 분에 대해서는 이 영의 개정규정(연 12%)에 따른다.

7) 대여금인 원본에 대한 약정이율이나 지연이자율이 있더라도 이는 원본에 대해서만 정한 것으로 새겨야 하므로 이자에 대한 지연이자율은 별도로 정함이 없는 것으로 보아 법정이자율인 연 5%가 적용되어야 할 것이다.

8) 여기서 말하는 이자는 지연이자가 아니라 원본의 사용대가로서의 이자이다.

9) 소송촉진법 제3조 제2항이 적용되는 경우 사실심의 판결선고일이 기준이 된다.

10) **소송촉진법 제3조 (법정이율)** ① 금전채무의 전부 또는 일부의 이행을 명하는 판결(심판을 포함한다. 이하 같다)을 선고할 경우, 금전채무 불이행으로 인한 손해배상액 산정의 기준이 되는 법정이율은 그 금전채무의 이행을 구하는 소장(訴狀) 또는 이에 준하는 서면(書面)이 채무자에게 송달된 날의 다음 날부터는 연 100분의 40 이내의 범위에서 「은행법」에 따른 은행이 적용하는 연체금리 등 경제 여건을 고려하여 대통령령으로 정하는 이율에 따른다. 다만, 「민사소송법」 제251조에 규정된 소(訴)에 해당하는 경우에는 그러하지 아니하다.

② 채무자에게 그 이행의무가 있음을 선언하는 사실심(事實審) 판결이 선고되기 전까지 채무자가 그 이행의무의 존재 여부나 범위에 관하여 항쟁(抗爭)하는 것이 타당하다고 인정되는 경우에는 그 타당한 범위에서 제1항을 적용하지 아니한다.

Ⅳ. 사정변경의 원칙

금전가치의 현저한 변동시 계약내용의 변경이나 계약해제가 가능한지에 대하여 가능하다는 견해도 있지만, 판례는 비계속적 계약에서는 이를 부정한다.

요건사실론 **금전채무 불이행의 특칙**(제397조)

원고(매도인)와 피고(매수인)가 체결한 매매계약에서 원고가 매매대금과 함께 지연손해금을 청구할 때 제397조가 중요한 역할을 한다.

1. 원고는 매매대금과 지연손해금을 함께 청구하는 경우에 ⓐ 매매계약의 체결, ⓑ 대금지급기한의 도래, ⓒ (목적물의 인도 혹은 소유권이전등기의무의) 이행 또는 이행의 제공, ⓓ 손해의 발생 및 범위를 주장·증명해야 한다.

2. 손해의 발생 및 범위는 본래 원고가 주장·증명해야 하지만 금전채무를 이행하지 않은 경우 특칙인 제397조를 적용하여 민사 법정이율(연 5%)에 의한 지연손해금을 주장하면 손해의 증명 없이도 연 5%의 민사법정이율에 대한 금원을 손해로 인정할 수 있다.

3. 상사법정이율인 연 6%의 지연손해금을 주장하기 위해서는 매매대금채무가 상행위로 발생한 사실을 주장·증명해야 하는데, 상인의 행위로 매매대금채무가 발생한 사실 즉, 매매계약 당사자의 일방이 상인인 사실을 주장·증명하면 족하다. 왜냐하면 상인의 행위는 영업을 위하여 하는 것으로 추정되고, 상인이 영업을 위하여 하는 행위는 상행위로 보기 때문이다(상법 제47조).

4. 별도로 지연손해금의 약정을 한 경우에는 원고는 지연손해금 비율에 관한 약정 사실을 주장·증명해야 한다. 이러한 약정은 손해배상액의 예정으로 성격을 갖는다. 이 경우 원고는 손해의 발생을 직접 증명하지 아니하고 예정된 배상액을 청구할 수 있으나, 실제 손해배상액의 지급을 구할 수 없고, 피고로서도 실제 손해가 발생하지 않은 사실 또는 실손해액이 예정액보다 적다는 사실을 증명하더라도 손해배상책임을 면하거나 그 차액을 감액받을 수 없다. 역으로 원고가 자신이 입은 실손해를 증명하여 그 배상을 구하는 경우에, 피고는 항변으로 손해배상액의 예정에 관한 약정의 존재를 주장·증명하여 손해배상 예정액을 초과하는 실손해부분에 대한 책임을 면할 수 있다.

제5절 이자채권

Ⅰ. 의 의
  1. 이 자
  2. 이자율
Ⅱ. 이자채권의 종류
  1. 이자의 종류
  2. 이자채권의 종류
Ⅲ. 선이자의 문제 (이자제한법 제3조)
  1. 정 의
  2. 선이자약정의 효력
  3. 금전소비대차계약의 유효성

Ⅳ. 복 리
Ⅴ. 이자의 제한(이자제한법의 적용)
  1. 이자제한법의 부활
  2. 이자제한법의 시간적 적용범위
  3. 원본채권상의 제한
  4. 폭리적 고율 이자약정이 무효가 되는 범위 (제2조 제3항)
  5. 제한 초과이자의 반환청구
  6. 대부업법과의 관계

Ⅰ. 의 의

1. 이 자

원본(금전 기타 대체물)의 사용대가로 지급되는 금전 기타 대체물을 이자라고 한다. 이자는 원본에 대한 이자의 비율로 정해져야 하며 이자는 원본과 동일한 물건일 필요는 없다. 이자채권이 성립하기 위해서는 금전 기타 대체물을 전제로 하는 원본채권(원본의 반환청구채권)의 존재가 필요하다. 따라서 원본채권이 없는 종신정기금(제725조)이나, 부대체물의 사용대가인 지료나 임료는 이자가 아니다.

경제적 약자인 채무자를 보호하기 위하여 이자제한법이 특별법으로 제정되었다. 이자제한법에는 몇가지 특징이 있다. 그 적용대상을 금전의 소비대차로만 한정하므로 다른 대체물의 사용대가로 이자를 지급하는 경우 또는 소비대차가 아닌 금전채권(예컨대 매매대금청구권)에 지급되는 이자에는 적용되지 않는다(금전대차 후 금전 이외의 대체물을 이자로 하는 경우에는 위 법의 적용대상이 된다). 또한 이자제한법 제4조(간주이자)에서는 금전의 대차와 관련하여 예금(禮金), 할인금, 수수료, 공제금, 체당금(替當金) 등 명칭과 관련없이 채권자가 받은 것은 이자로 보아 이자제한법의 적용범위를 넓혔다.

2. 이자율

원본과 이자의 비율인 이자율은 당사자의 약정이율이 없으면 법정이율이 적용된다. 민사법정이율은 연 5%(제379조)이고, 상사법정이율은 연 6%(상법 제54조)이다. 이자제한법상의 이자율은 연 25%를 넘지 않는 범위 안에서 대통령령으로 정하는데(이자제한법 제2조 제1항) 2021.7.7. 이후로는 연 20%이다.

최고이율이 대통령령으로 변경된 경우 이에 대하여 신법에 특별한 규정이 없거나 당사자간의 합의가 없으면, 적은 이자율이 기준이 된다. 따라서 이자율 약정 후 최고이율이 오르면 종전의 최고이율($^{대판\ 1991.7.}_{26,\ 90다15488}$)이, 최고이율이 내린 경우에는 내린 최고이율($^{대판\ 1984.4.10,}_{82다512,\ 1284}$)이 최고이율이 된다.

Ⅱ. 이자채권의 종류

1. 이자의 종류

약정이자란 당사자의 약정에 의하여 생기는 이자를 의미한다. 이율은 약정이율로 정하되, 약정이율이 없다면 법정이율에 의하여 이자를 계산한다.

반면 법정이자는 당사자 사이에 아무런 약정이 없는데도 법률에 의하여 당연히 발생하는 이자를 의미한다. 예를 들어 상인이 그 영업에 관하여 금전을 대여한 경우에 당사자 사이에 이자 지급 여부에 대하여 아무런 약정이 없더라도 상법상의 법정이자를 청구할 수 있다($^{상법\ 제55}_{조\ 제1항}$).

2. 이자채권의 종류

기본적 이자채권은 아직 변제기에 도달하지 않은 앞으로 이자를 취득할 수 있는 채권을 의미하며 기본적 이자채권은 원본채권에 종속한다. 따라서 원본의 소멸, 처분에 부속된다.

지분적 이자채권이란 변제기가 이미 도래한 이자채권을 의미한다. 예를 들어 1,000만 원을 5년간 대여하면서 연 20%의 이율로 매년 말 이자를 지급하기로 약정한 경우 첫해가 지나 변제기가 도래한 200만 원의 이자채권이 지분적 이자채권이다. 지분적 이자채권은 원본과 독립된 채권이므로 별도로 양도가 가능하며, 별도로 3년의 소멸시효($^{제163조}_{제1항}$)가 진행한다($^{대판\ 1989.3.28,}_{88다카12803}$).

Ⅲ. 선이자의 문제($^{이자제한}_{법\ 제3조}$)

1. 정 의

원본을 차주에게 인도할 때에 장래에 지급할 이자를 미리 공제하는 경우의 이자를 선이자라고 한다. 이 때 미리 지급한 선이자도 여전히 이자로서의 성질을 갖는다.

2. 선이자약정의 효력

선이자약정에 대해서 이자제한법 제3조에서 규정하고 있다. 이자제한법에 의하면 선이자약정은 이자제한법의 범위 내에서 유효하며 이 법을 위반한 경우에는 위반된 부분을 무효로 한다(이자제한법 제2조 제3항: 제3조). 이러한 선이자약정은 실수령액을 원본으로 하여 제한이율의 범위 내에서 유효하다. 즉 제한초과이율을 판단하는 기준으로서의 적법한 대여원금(원본)은 실수령액을 기준으로 산정한다.

3. 금전소비대차계약의 유효성

금전소비대차계약은 선이자를 공제하지 않은 약정원금 전액에 대해서 유효하다. 예를 들어 100만 원에 대한 금전소비대차계약은 선이자를 얼마로 하는지와 관계없이 100만 원 전액에 대하여 유효하다.

이자제한법 제3조는 입법적으로 약정원금 전액에 대해서 유효한 것으로 보고 최고이자율을 초과한 부분은 원본에 충당한 것으로 본다.

사례 13 甲은 乙에게 100만 원을 1년간 빌려주면서 이자율을 연 30%로 하고 미리 30만 원을 공제하여 실제로는 70만 원을 교부하였다.

질문 1) 이 경우 乙이 1년 후에 실제로 갚아야 할 금액은?

질문 2) 위 사례에서 채무자 乙이 100만 원을 이미 갚았다면 돌려받을 수 있는가?

(단, 2024년 현재 이자제한법 제3조에 따라 최고제한이율을 연 20%로 적용한다)

┃해설 13

해설 1) 87만 5천 원이다.

2024년 현재 최고제한이율을 연 20%로 한 이자제한법 제3조에 의해 결정된다(이자제한법 제3조).
실제 수령한 금액인 70만 원에 대하여 최고이율인 연 20%의 이자인 14만 원이 유효한 이자가 된다(동법 제2조 제1항부터 제3항). 이때 선이자약정은 유효하지만 제한이율(20%)을 초과했는지의 여부는 실제 수령한 금액인 70만 원을 기초로 판단해야 한다. 따라서 14만 원이 최고제한이율에 의하여 지급해야 할 이자액이 된다.

따라서 1년 후 갚아야 할 금액은 84만 원(70만 원+14만 원)이 된다.

이자제한법 제3조 【이자의 사전공제】 선이자를 사전 공제한 경우에는 그 공제액이 채무자가 실제 수령한 금액을 원본으로 하여 제2조 제1항에서 정한 최고이자율에 따라 계산한 금액을 초과하는 때에는 그 초과부분은 원본(필자 주: 이는 당사자가 약정한 원본(위 사례에서는 100만 원)을 말한다)에 충당한 것으로 본다.

※ 이 조문의 의미는 선이자로 지급한 30만 원과 최고제한이자액 14만 원과의 차액인 16만 원의 처리와 관련하여, 약정원본인 100만 원 충당한 것으로 본다는 것이다. 즉 100만 원에서 16만 원을 충당한 것으로 본다. 따라서 갚아야 할 금액이 84만 원이 된다.

해설 2) 16만 원이다.

채무자가 100만 원을 변제한 경우 16만 원을 반환 청구할 수 있다(동법 제2조 제3항 및 제4항 참조).

Ⅳ. 복 리

이자의 이자로 변제기에 도래한 이자를 원본에 산입하여 이를 원본의 일부로 이에 대한 이자를 다시 붙이는 것을 복리라고 한다. 변제기 도래의 이자를 원본에 넣지 않고서 이를 독립한 원본으로 하여 이자를 지급해야 하는 소위 독립이자는 복리가 아니다. 복리약정의 효력에 대하여 이자에 대하여 다시 이자를 지급하기로 하는 복리약정은 이자제한법 제2조 제1항에 규정한 최고이자율을 초과하는 부분에 해당하는 금액에 대하여는 무효로 한다(이자제한법 제5조).

Ⅴ. 이자의 제한(이자제한법의 적용)

1. 이자제한법의 부활

이자제한법이 1998년에 폐지되었다가 2007년에 다시 제정되었다. 이자제한법이 없는 10년간 이자의 규제는 대부업의 등록 및 금융이용자 보호에 관한 법률(2002년 제정)과 제103조(대판(전합) 2007.2.15, 2004다50426)에 의하여 이루어졌다.

2. 이자제한법의 시간적 적용범위

2007년 제정된 이자제한법 부칙 제2조에 따라 '이 법 시행 전에 성립한 대차관계에 관한 계약상의 이자율에 관하여도 이 법 시행일 이후부터는 이 법에 따라 이자율을 계산'해야 한다. 최고이자율이 변경된 경우 변경된 최고이자율은 개정법 시행 후 최초로 계약을 체결하거나 갱신하는 분부터 적용한다(이자제한법 제2조 제1항의 최고이자율에 관한 규정).

3. 원본채권상의 제한

'금전'의 '소비대차계약'에만 적용된다. 금전 이외의 소비물을 목적으로 하는 소비대차에는 적용되지 않는다(대판 1980.6. 10, 80다669). 이 때에는 제104조의 폭리행위가 적용될 수 있다. 대차원금이 10만원 미만인 대차의 이자에 관하여는 이자제한법이 적용되지 않는다(이자제한법 제2조 제5항).

4. 폭리적 고율 이자약정이 무효가 되는 범위(제2조 제3항)

이자지급의 발생원인이 된 계약(대체로 금전소비대차계약임) 전부 또는 이자약정 전체가 아니라 초과이자 부분만 무효가 된다.

5. 제한 초과이자의 반환청구

제한이자율을 초과한 부분을 임의로 지급한 경우에 그 반환청구의 인정 여부가 문제된다. 이자제한법 제2조 제4항에 따르면 채무자가 최고이자율을 초과하는 이자를 임의로 지급한 경우에는 초과 지급된 이자 상당금액은 원본에 충당되고, 원본이 소멸한 때에는 그 반환을 청구할 수 있다. 이자제한법 제3조의 취지도 같다.

6. 대부업법과의 관계

이자제한법은 사인간의 금전대차에서 적용되고, 대부업법은 대부업자나 금융기관이 하는 금전대부(어음할인·양도담보 그 밖에 이와 비슷한 방법을 통한 금전의 교부)에 적용된다. 그런데 소기업에 해당하는 법인에 대부하는 경우에는 연 100분의 27.9 이하의 범위에서 대통령령으로 정한 이율을 초과할 수 없다(대부업법 제8조 제1항, 제15조 제1항. 현재는 대통령령에서 연 100분의 20으로 정해져 있다). 이자율을 초과하는 부분에 대한 이자계약은 무효($^{대부업법 제}_{8조 제4항}$)이며, 채무자가 대부업자 또는 여신전문금융기관에 초과하는 이자를 지급한 경우 그 초과 지급된 이자 상당금액은 원본에 충당되고, 원본에 충당되고 남은 금액이 있으면 그 반환을 청구할 수 있다($^{대부업}_{법 제8}_{조 제}_{5항}$).

한편 대부업자나 금융기관이 중·대기업에 대부하는 경우에는 이자제한법뿐만 아니라 대부업법도 적용되지 않는다. 이때 과도한 이자는 그 부분만큼이 민법 제103조에 의하여 무효가 된다($^{대판 2023.6.15, 2022}_{다211959 참조}$).

결국 금전소비대차에서 이자제한은 이자제한법과 대부업법으로 이원화되어 있지만, 대부업법이 우선 적용된다($^{이자제한}_{법 제7조}$).

제6절 선택채권

Ⅰ. 의 의
  1. 개 념
  2. 발생원인
  3. 종류채권과의 비교

Ⅱ. 선택채권의 특정(확정)
  1. 선택에 의한 급부의 확정($^{제381조, 제382조,}_{제383조, 제834조}$)
  2. 급부불능에 의한 특정($^{제385}_{조}$)

Ⅰ. 의   의

1. 개   념

선택채권은 수 개의 다른 급부가 선택에 의해 채권의 목적으로 확정되는 채권을 의미한다. 각각의 급부는 개성과 독립적 가치를 지녀야 한다.

> **사례 14** 甲과 乙은 먼저 乙 소유 토지를 甲 소유 토지에 합필한 후 합필된 토지 중 乙 소유 토지 면적에 상응하는 만큼의 토지를 분할하여 乙에게 이전하여 주기로 하는 내용의 교환계약을 체결하였으나 이전할 토지의 위치에 관하여는 합의를 하지 않았다. 이 때 甲과 乙의 관계는 공유관계인가 아니면 선택채권채무 관계인가? (대판 2011.6.30, 2010다16090 참조)
>
> **│해설 14│** 선택채권관계이다.
> 상대방이 토지소유자에 대하여 구체적으로 어떠한 내용의 권리를 갖는지는 원칙적으로 당해 계약의 해석문제로 귀착되는 것이지만, 위치와 형상이 중요시되는 토지의 특성 등을 감안하여 볼 때 특별한 사정이 없는 한 위치가 특정된 일정 면적의 토지 소유권을 양도받을 수 있는 권리를 갖는 것으로 보아야 하고, 따라서 위와 같은 계약에서 양도받을 토지 위치가 확정되지 아니하였다면 상대방이 토지소유자에게 갖는 채권은 제380조에서 정한 선택채권에 해당하는 것으로 보아야 한다. 따라서 위치 선정에 관한 합의가 되지 않았다는 사정만으로 공유관계 설정에 관한 합의를 의제하여 甲에게 지분소유권이전등기를 명할 수는 없다.

2. 발생원인

선택채권이 발생하는 경우는 당사자의 합의에 의한 경우도 있고, 법규정에 의한 경우(무권대리인의 책임(제135조 채무의 이행 또는 손해배상)), 점유자의 유익비상환청구(제203조 제2항), 보증인의 사전구상에 대한 주채무자의 보호(제443조))도 있다. 하나의 채무에 대해서 이행시기, 방법, 장소만을 선택하도록 하는 내용의 채권은 선택채권으로 볼 수 없다.

3. 종류채권과의 비교

선택채권은 각 급부의 독립적 성격(개성)이 강하고, 불능된 급부가 존재할 때 잔존급부로 특정이 가능하다. 또한 선택에는 소급효가 인정된다.

Ⅱ. 선택채권의 특정(확정)

1. 선택에 의한 급부의 확정(제381조, 제382조, 제383조, 제834조)

(1) 선택권자(제380조)

법률에서 명문으로 선택권자가 규정되어 있지 않거나, 당사자의 합의가 없으면 채무자에게 선택권이 있는 것으로 인정된다. 민법상 무권대리인의 상대방에 대한 책임(제135조)에서는 상대방, 점유자의 유익비상환채권(제203조 제2항)에서는 회복자가 선택권자로 규정되어 있다. 선택권은 형성권이다.

(2) 선택권의 이전

(가) 당사자 일방에게 선택권이 있을 때(제381조)

당사자 일방에게 선택권이 있는 경우에 기간 내 선택권의 행사가 없으면 상당한 기간을 정하여 선택을 최고하고 최고기간 내에도 선택권의 행사가 없으면 선택권은 상대방에게 이전된다. 기간 내 선택권의 행사가 없다고 바로 상대방에게 이전하는 것이 아님을 유의해야 한다. 선택권의 행사기간이 없을 때에는 채권의 기한 도래 후 상당한 기간을 정하여 선택을 최고하여도 선택권의 행사가 없을 때 선택권이 상대방에게 이전된다.

(나) 제3자에게 선택권이 있을 때(제384조)

제3자가 선택권을 행사하는 것이 불가능한 때(⑩ 사망)에 선택권은 채무자에게 이전된다. 변제기 도래나 당사자의 최고여부는 불문하고 채무자에게 이전된다. 제3자가 기간 내에 선택을 하지 않으면 채권자나 채무자가 상당한 기간을 정하여 그 선택을 최고할 수 있고 최고기간 내에 선택권의 행사가 없을 때 선택권은 채무자에게 이전된다.

(3) 선택권 행사(제382조, 제383조) → 의사표시 일반원칙(제111조, 제109조, 제110조)

선택권의 행사에는 의사표시의 일반원칙(제111조, 제109조, 제110조 등)이 적용된다. 당사자에 의해 선택권이 행사되는 경우에는 상대방에 대한 의사표시로 하며, 효력발생 후 상대방의 동의 없이는 철회가 불가능하다(제382조). 제3자에 의해 선택권이 행사되는 경우에는 채권자, 채무자 모두에 대한 의사표시로 하며, 효력발생 후 채권자 및 채무자 모두의 동의가 없으면 철회하지 못한다(제383조).

제한능력자가 선택권을 행사한 경우 제한능력을 이유로 취소할 때에도 제382조에 의한 상대방의 동의가 전제되어야 하는지 아니면 제한능력을 이유로 그대로 취소할 수 있는지 문제가 된다. 제한능력을 이유로 취소할 때에는 제382조에 의한 경우와 적용영역이 다르므로 동의 없는 취소가 가능한 것으로 생각된다. 제한능력자가 형성권을 행사한 경우에도 제한능력을 이유로 취소가 가능하다고 본다. 형성권은 권리자의 의사표시만으로 그 행사의 효력이 발생하게 되는데 미성년자의 보호필요성은 형성권을 행사하는 경우에도 여전히 존재하기 때문이다.

(4) 선택의 효과

선택권을 행사하게 되면 선택의 효과는 다음과 같다.

첫째, 선택채권이 단순채권화된다. 그러나 단순채권화가 곧 특정물채권화를 의미하는 것은 아니다(예 콜라나 사이다 중의 1병).

둘째, 선택의 소급효($^{제386}_{조}$)가 인정된다. 특정물급부를 선택하면 선택된 특정물에 대해서 채권발생 당시부터 선관주의의무 등을 부담한다. 종류채권과는 달리 선택의 소급효를 인정한 이유는 선택권자에게 채권발생 후 선택시까지 사이에 불능이 된 급부도 선택할 수 있는 가능성을 인정하려고 하는 데 있다. 선택채권의 급부 중의 하나가 이행불능이 되더라도 선택권이 소멸하지 않는 경우가 생기는데($^{제385조}_{제2항}$), 만일 본조가 없으면 선택권자는 불능이 된 급부를 선택할 수 없게 되어 선택권을 상실한 것과 같은 결과가 되고 만다. 한편 채권의 경우 배타성이 없으므로 제3자를 해치지 않게 되고, 물권의 경우 어느 경우에도 채권보다 우선되기 때문에 제3자의 권리를 해치는 경우가 없으므로 제386조 단서는 무의미한 규정이다.

(5) 선택채권의 소멸시효 기산점

선택권자에 대한 약정이 없는 선택채권의 소멸시효 기산점은 선택권을 행사할 수 있는 때, 즉 채무자가 선택할 수 있음에도 선택하지 아니한 때로부터 상당한 기간이 경과한 때이다($^{대판\ 2000.5.12,}_{98다23195}$).

> **｜대판 2000.5.12, 98다23195 [소유권이전등기]**
> 매립사업자가 매립공사 준공등기 후 매립지 중 일부를 즉시 양도하기로 약정하였으나 그 선택권의 소재에 관하여 약정이 없었던 경우, 매립지에 대한 매립사업자 명의의 소유권보존등기가 경료되고 도시계획결정 및 지적고시가 이루어져 그 소유토지의 위치와 면적이 확정된 때로부터 매립사업자의 선택권 행사에 필요한 상당한 기간이 경과한 날로부터 양수인의 소유권이전등기청구권의 소멸시효가 진행된다.

2. 급부불능에 의한 특정($^{제385}_{조}$)

(1) 원시적 불능

원시적 불능의 경우 잔존급부에만 성립하게 된다. 계약체결상의 과실책임 등이 적용되지 않는다.

(2) 후발적 불능

(가) 채무자가 선택권자인 경우

불능된 급부에 상대방(채권자)의 귀책사유가 있으면 이를 선택하여 이행책임을 면하고 반대급부청구가 가능하다($^{제385조}_{제2항}$). 불능의 원인이 채무자(선택권자)의 귀책사유 또는 불가항력인 경우에는 채권의 목적은 잔존급부에 한정된다($^{제385조}_{제2항}$).

(나) 채권자가 선택권자인 경우

채권자(선택권자)의 귀책사유나 불가항력의 경우에는 잔존급부에 한정된다($^{제385조}_{제1항}$). 채무자(상대방)에게 귀책사유가 있으면 채권자는 불능된 급부를 선택하고 채무자에 대한 채무불이행책임 추궁도 가능하다($^{제385조}_{제2항}$).

(3) 급부불능에 의한 특정의 효과

급부불능에 의한 특정의 경우에는 소급효가 없다.

제7절 임의채권

임의채권은 원래 채권의 목적은 하나로 특정되어 있으나 당사자가 다른 급부에 의한 대용권, 보충권을 갖고 있는 채권을 의미한다. 임의채권의 발생원인은 당사자의 합의 또는 법률규정($^{제378조, 제443}_{조, 제764조}$)이며, 특히 외화채무의 경우 국내통화지급을 가능하게 한 제378조가 중요하다. 갈음하는 급부는 보충적 지위만 있다는 점이 선택채권과의 차이이며, 이에 따라 본래 급부가 감축, 소멸, 불성립되면 채권 자체가 불성립된다.

제2장 법률행위의 부관

제1절 조 건

Ⅰ. 의 의
Ⅱ. 종 류
  1. 정지조건 · 해제조건
  2. 적극조건 · 소극조건
  3. 수의조건 · 비수의조건
  4. 가장조건
Ⅲ. 조건과 친하지 않은 법률행위
  1. 의 의
  2. 단독행위
  3. 신분행위

  4. 어음 · 수표행위
  5. 물권행위
Ⅳ. 조건의 성취와 불성취의 의제
  1. 일반론
  2. 관련 판례
Ⅴ. 조건부 법률행위의 효력
  1. 조건이 성취된 후
  2. 조건이 성취되기 전
Ⅵ. 조건부 권리의 침해금지(제148조)
Ⅶ. 주장 · 증명책임

Ⅰ. 의 의

조건이란 법률행위의 효력의 발생 또는 소멸을 당사자가 임의로 정한 객관적으로 불확실한 장래사실의 성부에 의존케 하는 법률행위를 말한다. 예컨대 결혼하면 자동차를 사주겠다는 약속은 조건이 된다. 법정조건은 당사자가 임의로 정한 것이 아니기 때문에 조건이 아니다. 법률행위의 성립에 조건이나 기한을 붙이는 것은 인정되지 않는다.

> **사례 1** 丙은 乙의 돈을 횡령하는 범죄를 저질렀다. 이에 丙의 오빠인 甲은 乙에게 '변제하고 선처를 받기로 한다'는 문구를 넣어 횡령금 중 일부를 지급하기로 약정하였다. 그러나 乙은 甲이 약속한 변제기일 전에 丙을 고소함으로써 결국 丙은 업무상횡령죄로 실형을 선고받아 형사처벌을 받게 되었다. 甲은 위 약정이 乙의 丙에 대한 선처(형사처벌의 면제 혹은 감경)를 조건으로 한 것이므로 약정한 금액을 지급할 수 없다고 한다. 甲의 주장은 타당한가? (대판 2003.5.13. 2003다10797 참조)

| **해설 1** | 타당하지 않다.

위 약정이 조건부 약정이라고 볼 수 없다. 조건은 법률행위의 효력의 발생 또는 소멸을 장래의 불확실한 사실의 성부에 의존케 하는 법률행위의 부관으로서 당해 법률행위를 구성하는 의사표시의 일체적인 내용을 이루는 것이므로, 의사표시의 일반원칙에 따라 조건을 붙이고자 하는 의사 즉 조건의사와 그 표시가 필요하며, 조건의사가 있더라도 그것이 외부에 표시되지 않으면 법률행위의 동기에 불과할 뿐이고 그것만으로는 법률행위의 부관으로서의 조건이 되는 것은 아니다. 甲이 乙에게 丙의 횡령금 중 일부를 지급하기로 한 약정은 甲이 丙의 오빠로서 丙이 乙에 대하여 부담하는 부당이득반환 또는 손해배상 채무 중 일부를 대신 변제한다는 취지이다. 물론 그러한 약정을 하는 甲의 내심에는 丙이 처벌받지 않기를 바라는 동기 이외에 丙이 실제로 처벌을 받는 경우에는 위 약정 자체가 무효라는 조건의사까지 있었을지도 모르지만, 그것만으로는 丙의 선처를 조건으로 한 조건부 약정이 이루어졌다고 단정할 수 없고, 각서의 기재 내용과 그 작성 당시의 상황 및 상대방인 乙의 의사 등 제반 사정에 비추어 보면 위 약정 자체의 효력이 乙의 정식 고소나 丙의 처벌이라는 사실의 발생만으로 당연히 소멸된다는 의미의 조건이 쌍방의 합의에 따라 위 약정에 붙어 있다고는 볼 수 없으며, 오히려 위 각서 중 '변제하고 선처를 받기로 한다'라는 문구는 甲과 丙이 위 약정을 예정대로 이행하면 丙이 선처를 받을 수 있도록 乙이 협조한다는 취지에 불과한 것으로 보인다.

II. 종 류

1. 정지조건 · 해제조건

법률행위의 효력을 그 성취에 의해 발생하게 하는 조건이 정지조건이며, 법률행위의 효력을 그 성취에 의해 소멸하게 하는 조건이 해제조건이다. 예를 들어 임대차계약을 체결하면서 '임대차계약은 임차인이 임차보증금을 완급한 때부터 효력이 생기고(필자 주: 임대차계약의 효력발생에 대한 정지조건), 그때부터 한 달 이내에 임차인이 임차부분에 입점하지 아니하면 자동적으로 해지된다'고 약정(필자 주: 정지조건부 해지 약정)했는데, 그 후 임차인이 위 기한 내에 입점하지 않았다면 해지의 의사표시를 요하지 않고 그 불이행 자체로서 위 임대차계약은 그 일자에 자동적으로 해지된 것으로 보아야 한다(대판 2003.1.24, 2000다5336,5343). 또한 소유권유보부매매의 법적 성질은 정지조건부 소유권 이전으로 해석된다(대판 1996.6.28, 96다14807).

한편 회사 채권자가 회사의 경영 정상화를 위한 투자 약정을 한 후 자신의 그 회사에 대한 대여금채권에 대해 연대보증을 해주지 않으면 투자하지 않겠다고 하여 그 회사의 대표이사가 연대보증을 한 경우, 그 연대보증계약은 회사 채권자가 약정 투자금을 투자하지 않을 것을 해제조건으로 하는 조건부 계약이라고 볼 수 있다(대판 1996.2.9, 95다47756). 또한 ○○시가 토지를 매수하면서 그 토지 중 공장부지 및 그 진입도로부지에 편입되지 아니할 부분토지를 매도인에게 원가로 반환한다는 약정도, 조건부 환매계약이 아니라 공장부지 및 진입도로로 사용되지 아니하기로 확정된 때에는 그 부분토지에 관한 매매는 해제되어 원상태로 돌아간다는 일종의 해제조건부 매매라고 봄이 상당하다(대판 1981.6.
9, 80다3195).

2. 적극조건 · 소극조건

적극조건은 조건이 되는 사실이 현재의 상태의 변경인 경우를 의미하며, 소극조건은 조건이 되는 사실이 현재의 상태의 불변경인 경우를 의미한다.

3. 수의조건 · 비수의조건

수의조건이란 조건사실의 실현여부가 당사자의 일방적인 의사에 의존하는 조건이며, 비수의조건이란 조건사실의 실현여부가 당사자의 일방적인 의사에만 의존하지 않는 조건이다. 수의조건은 '순수한 수의조건'과 '단순한 수의조건'으로 나뉘며, 비수의조건은 '우성조건'과 '혼성조건'으로 나뉜다. 이러한 구분을 언제나 명확하게 할 수 있는 것은 아니다. 수의조건 중에서 특히 법률행위의 효력을 전적으로 일방당사자의 임의의 의사에 의존하게 하는 조건을 '순수 수의조건'이라고 하는데(예 내 마음이 통하면 이것을 주겠다), 순수 수의조건이 붙은 법률행위 중에서 채무자의 의사에만 의존하는 순수 수의 정지조건부 법률행위는 무효이다. 이외의 순수 수의조건의 효력에 관하여 학설이 대립한다.

먼저 무효설은 순수 수의조건은 법률행위를 무효로 한다는 견해이다. 순수 수의조건에는 당사자에게 법적 구속력을 생기게 하려는 의사가 없으므로 언제나 무효라고 한다. 반면에 유효설은 순수 수의조건을 무효라고 하여 부정하거나 제한적으로 인정하려는 견해에 의문을 제기하고, 일방적 법률행위뿐 아니라 쌍방적 법률행위에 있어서도 당사자가 원하는 경우에 한하여 효력을 발생하도록 약정하는 것은 사적 자치의 원칙에 비추어 가능하다는 견해이다. 매매계약을 체결할 때 매도인이 환매권을 유보하였다가 자기가 원하는 때에 환매권을 행사는 것은 가능한데, 이것은 순수 수의조건과 같은 취지의 제도라고 한다. 뿐만 아니라 해제조건인 순수 수의조건은 해제권의 유보(특히 처분행위에 관한 해제권의 유보)와 유사하다고 한다.

> **심화학습**
>
> 우성조건과 혼성조건
> - **우성조건**: 당사자의 의사와는 전혀 관계가 없는 자연조건이나 제3자의 의사 또는 행위에 조건의 달성여부가 의존되는 조건
> - **혼성조건**: 당사자의 의사뿐만 아니라 제3자의 의사에 의하여 조건의 달성 여부가 의존되는 조건

4. 가장조건

겉으로 보기에는 조건이지만 실질적으로는 조건으로서의 효력이 인정되지 않는 것이다. 즉

가장조건은 조건이 아니다. 이에는 4가지의 종류가 있다.

(1) 법정조건

법률의 규정에 의해 법률행위 효력이 좌우되는 조건이다. 조건은 법률행위의 내용으로서 당사자들의 의사로 정하여야 하기 때문에 이것은 조건이 아니다. 다만 그 성질에 반하지 않는 범위에서 조건에 관한 규정을 법정조건에 유추적용할 수 있다. 유언에서 유언자의 사망($_{조}^{제1073}$), 농지매매시 농지소재지관서의 증명($_{제8조}^{농지법}$), 토지거래허가 등이 그 예이다.

(2) 기성조건

법률행위 성립시 이미 성취된 조건을 의미한다. 기성조건이 정지조건이면 조건 없는 법률행위가 되고, 기성조건이 해제조건이면 그 법률행위는 무효이다($_{제2항}^{제151조}$).

(3) 불법조건

조건이 제103조나 제104조에 반하는 경우이다. 그 조건뿐만 아니라 법률행위 전부가 무효가 되며, 상대방의 동의가 있어도 무효이다($_{제3항}^{제151조}$). 판례도 甲과 乙 사이의 부첩관계의 종료를 해제조건으로 하는 증여계약은 부첩관계를 유지시키고 부첩관계의 종료에 지장을 주는 조건으로서 공서양속에 반하여 무효이며, 그 조건만이 무효인 것이 아니라 증여계약 자체가 무효라고 판시하였다($_{21.\ 66다530}^{대판\ 1966.6.}$).

(4) 불가능조건

실현이 불가능한 조건이다. 불능조건이 정지조건이면 그 법률행위는 무효이고, 불능조건이 해제조건이면 그 법률행위는 조건 없는 법률행위로 된다($_{제3항}^{제151조}$).

Ⅲ. 조건과 친하지 않은 법률행위

1. 의 의

조건과 친하지 않은 법률행위에 조건을 붙이면 법률행위 전체가 무효로 된다. 판례도 조건을 붙이는 것이 허용되지 아니하는 법률행위에 조건을 붙인 경우 그 조건만을 분리하여 무효로 할 수는 없고 그 법률행위 전부가 무효로 된다고 하였다($_{8.\ 2005마541}^{대결\ 2005.11.}$).

2. 단독행위

단독행위에는 면제와 유증을 제외하고는 조건을 붙일 수 없음이 원칙이다. 단독행위에 조건을 붙이면 상대방의 지위가 불안정하게 되어 원칙적으로 조건을 붙이는 것이 가능하지 않다. 다만 상대방의 동의가 있거나, 상대방에게 이익만 주는 단독행위에는 조건을 붙이는 것이 가능하다. 또한 상대방이 결정할 수 있는 사실을 조건으로 하는 경우(예를 들어, 계약당사자의 일방이 상대방에게 대하여 일정한 기간을 정하여 그 기간 내에 이행이 없을 때에는 계약을 해제하겠다는 의사표시를 한 경우$\binom{대판 1970.9.}{29,\ 70다1508}$)도 가능하다.

3. 신분행위

신분행위에는 원칙적으로 조건을 붙일 수 없다. 단, 유언에는 조건을 붙일 수 있으며, 혼인과 달리 약혼에는 조건이 가능하다.

4. 어음·수표행위

어음·수표행위에는 원칙적으로 조건을 붙일 수 없고 조건을 붙이면 그 행위가 전부 무효가 된다$\binom{어음법 제1조 제2호, 수}{표법 제1조 제2호 참조}$. 다만 어음·수표의 배서에 붙인 조건은 그 조건만 무효이므로 그 배서는 조건 없는 배서가 된다$\binom{어음법 제12조 제1항,}{수표법 제15조 제1항}$. 그러나 어음보증에는 조건을 붙일 수 있으며$\binom{대판}{1986.}$ $\binom{9.9,\ 84}{다카2310}$, 어음·수표행위는 기한과는 친하다.

5. 물권행위

물권행위에 조건을 붙일 수 있는지 견해의 대립이 있으나, 판례는 동산할부매매에서 대금완납을 정지조건으로 하여 소유권이 이전된다는 '정지조건부 소유권이전의 합의(물권적 합의)'를 인정하고 있다$\binom{대판 1996.6.28,}{96다14807}$.

Ⅳ. 조건의 성취와 불성취의 의제

1. 일반론

조건의 성취나 불성취로 불이익을 받을 자가 신의칙에 반하는 방법으로 조건의 성취를 방해하거나 조건을 성취시킨 경우에는 상대방은 그 조건이 성취된 것으로 또는 성취되지 않은 것으로 주장할 수 있다$\binom{제150}{조}$. 제150조는 단순히 어느 한쪽으로의 의제가 아닌 주장의 형성권으로 구성하고 있다. 신의칙에 위반하여 조건성취를 방해하여 조건이 성취된 것으로 주장$\binom{제150조}{제1항}$하기 위해서는 ① 방해행위, ② 사회통념상 방해행위가 없었다면 조건이 성취되었을 것(방해와 조건 불성취의 인과관계)이 요구된다. 방해행위가 없었더라도 조건의 성취가능성이 현저히 낮았다면 조건성취의 방해로 인정되지 않는다$\binom{대판 2022.12.29,}{2022다266645}$. 조건성취의 방해는 고의뿐만 아니라 과실에 의해서도 가능하다.

조건의 성취로 인하여 불이익을 받을 당사자가 신의성실에 반하여 조건의 성취를 방해한 경우, 조건이 성취된 것으로 의제되는 시점은 이러한 신의성실에 반하는 행위가 없었더라면 조건이 성취되었으리라고 추산되는 시점이다(대판 1998.12.
22, 98다42356). 또한 이는 조건부 권리의 침해를 위반하는 경우 손해배상청구권을 선택적으로 행사할 수 있다.

2. 관련 판례

(1) 조건의 성취를 인정하지 않은 판례는 대표적으로 다음의 2가지를 들 수 있다.

먼저, 이혼시 재산분할에 관한 협의는 혼인 중 당사자 쌍방의 협력으로 이룩한 재산의 분할에 관하여 이미 이혼을 마친 당사자 또는 아직 이혼하지 않은 당사자 사이에 행하여지는 협의를 가리키는 것인바, 그중 아직 이혼하지 않은 당사자가 장차 협의상 이혼할 것을 약정하면서 이를 전제로 하여 위 재산분할에 관한 협의를 하는 경우에 있어서는, 특별한 사정이 없는 한, 장차 당사자 사이에 협의상 이혼이 이루어질 것을 조건으로 하여 조건부 의사표시가 행하여지는 것이라 할 것이므로, 그 협의 후 당사자가 약정한대로 협의상 이혼이 이루어진 경우에 한하여 그 협의의 효력이 발생하는 것이지, 어떠한 원인으로든지 협의상 이혼이 이루어지지 아니하고 혼인관계가 존속하게 되거나 당사자 일방이 제기한 이혼청구의 소에 의하여 재판상이혼(화해 또는 조정에 의한 이혼을 포함한다)이 이루어진 경우에는, 위 협의는 조건의 불성취로 인하여 효력이 발생하지 않는다(대판 2003.8.19,
2001다14061).

약혼예물의 수수는 약혼의 성립을 증명하고 혼인이 성립한 경우 당사자 내지 양가의 정리를 두텁게 할 목적으로 수수되는 것으로 혼인의 불성립을 해제조건으로 하는 증여와 유사한 성질을 가지므로, 예물의 수령자측이 혼인 당초부터 성실히 혼인을 계속할 의사가 없고 그로 인하여 혼인의 파국을 초래하였다고 인정되는 등 특별한 사정이 있는 경우에는 신의칙 내지 형평의 원칙에 비추어 혼인 불성립의 경우에 준하여 예물반환의무를 인정함이 상당하나, 그러한 특별한 사정이 없는 한 일단 부부관계가 성립하고 그 혼인이 상당 기간 지속된 이상 후일 혼인이 해소되어도 그 반환을 구할 수는 없으므로, 비록 혼인 파탄의 원인이 며느리에게 있더라도 혼인이 상당 기간 계속된 이상 약혼예물의 소유권은 며느리에게 있다(대판 1996.5.
14, 96다5506).

(2) 신의칙에 반하는 행위에 의하여 조건이 불성취된 경우로는 다음과 같은 경우를 예로 들 수 있다. 상대방이 하도급받은 부분에 대한 공사를 완공하여 준공필증을 제출하는 것을 정지조건으로 하여 공사대금채무를 부담하거나 위 채무를 보증한 사람은 위 조건의 성취로 인하여 불이익을 받을 당사자의 지위에 있다고 할 것이므로, 이들이 위 공사에 필요한 시설을 해주지 않았을 뿐만 아니라 공사장에의 출입을 통제함으로써 위 상대방으로 하여금 나머지 공사를 수행할 수 없게 하였다면, 그것이 고의에 의한 경우만이 아니라 과실에 의한 경우에도 신의성실에 반하여 조건의 성취를 방해한 때에 해당한다고 할 것이므로, 그 상대방은 제150조 제1항의 규정에 의하여 위 공사대금채무자 및 보증인에 대하여 그 조건이 성취된 것으로 주장할 수 있

다$\binom{대판\ 1998.12.}{22,\ 98다42356}$.

V. 조건부 법률행위의 효력

1. 조건이 성취된 후

조건이 성취된 경우 정지조건 있는 법률행위는 조건이 성취한 때로부터 그 효력이 생기며, 해제조건 있는 법률행위는 조건이 성취한 때로부터 그 효력을 상실하게 되어 조건성취의 효력은 소급효가 없다. 당사자가 조건성취의 효력을 그 성취 전에 소급하게 할 의사를 표시한 때에는 그 의사에 의한다($\binom{제147}{조}$). 다만 소급의 약정을 통해 제3자의 권리를 해하지 못한다.

2. 조건이 성취되기 전

조건부 권리는 조건이 성취되기 전이라도 제149조에 의해 기성의 권리와 마찬가지로 취급된다. 따라서 조건의 성취 전에도 일정한 기대권으로 인정되므로 상속, 처분, 보존 및 담보로 할 수 있다. 조건부 권리라 할지라도 가처분의 피보전권리가 될 수 있다는 것이 판례이다($\binom{대판\ 2002.}{8.23,\ 2002}$ $\binom{다}{1567}$). 처분에는 양도뿐만 아니라 질권설정도 포함한다. 보존에는 가등기, 가처분, 파산절차의 참가 등이 있다.

VI. 조건부 권리의 침해금지($\binom{제148}{조}$)

조건있는 법률행위의 당사자는 조건의 성부가 미정한 동안에 조건의 성취로 인하여 생길 상대방의 이익을 해하지 못한다($\binom{제148}{조}$). 따라서 조건부 권리를 침해하면 손해배상을 청구할 수 있고 손해배상의 범위는 이행이익이라고 본다. 조건부 권리의 의무자가 조건부 권리를 침해하여 발생하는 손해배상청구권의 근거에 대해서는 불법행위설, 채무불이행설, 절충설의 견해대립이 있다.

제148조를 위반한 처분행위의 효력은 나중에 조건성취에 의하여 발생할 효과를 멸실 또는 훼손한 한도에서 무효이다. 다만 제3자에 대해서는 조건부 권리의 목적이 부동산일 경우에는 가등기를 해야 대항할 수 있다. 판례도 해제조건부 증여로 인한 부동산소유권이전등기를 마쳤다 하더라도 그 해제조건이 성취되면 그 소유권은 증여자에게 복귀한다고 할 것이고, 이 경우 당사자간에 별단의 의사표시가 없는 한 그 조건성취의 효과는 소급하지 아니하나, 조건성취 전에 수증자가 한 처분행위는 조건성취의 효과를 제한하는 한도 내에서는 무효라고 할 것이고, 다만 그 조건이 등기되어 있지 않는 한 그 처분행위로 인하여 권리를 취득한 제3자에게 위 무

효를 대항할 수 없다고 하였다($\frac{\text{대판 1992.5.}}{\text{22, 92다5584}}$).

조건부권리를 침해한 처분행위가 무효로 되거나 손해배상청구권이 성립하는 시기는 조건이 성취된 때이다.

사례 2 A는 조건을 붙여 X토지를 B에게 증여했다. 조건의 내용은 서울시에서 X토지에 도로개설공사를 시행하는 경우 B는 X토지를 서울시에 무상으로 증여해야 하며 증여하지 않는 경우 A는 B에 대한 증여계약의 효력을 소멸시킨다는 것이었다. 다만 그와 같은 조건이 등기되어 있지는 않았다. 그 후 B는 C에게 X부동산에 대하여 소유권이전청구권의 보전을 위한 가등기를 해 주었다. 이와 같이 C의 가등기 후 서울시에서 X토지에 대한 도로개설공사를 함에도 불구하고 B는 이를 무상증여하지 않았다. A는 증여계약에 붙어 있는 해제조건이 성취되었음을 이유로 B의 소유권이 상실되었고 B의 소유권을 전제로 한 C의 가등기도 실효되었다고 주장한다. 이와 같은 A의 주장은 인정될 수 있는가?

(대판 1992.5.22, 92다5584 참조)

┃해설 2┃ 인정될 수 없다.

당사자가 설정한 조건은 해제조건이다. 그 내용은 서울시가 해당토지에 도로공사를 하는 경우 이를 증여해야 하며, 증여하지 않는 경우 증여계약의 효력을 소멸시키는 것이다. 해제조건이 성취되어 B는 A로부터 증여받은 X부동산의 소유권을 다시 A에게 이전해 주어야 할 의무가 발생한다. 조건성취에는 소급효가 없지만($\frac{\text{제147조}}{\text{제2항 참조}}$), 조건의 성부 전에는 상대방의 이익을 해하지 못한다는 규정($\frac{\text{제148}}{\text{조}}$)이 있다. 여기서 상대방의 이익은 어떤 이익인지에 대해서 논의가 있으나 기본적으로는 상대방의 이익이 우선하는 것으로 본다. 판례도 해제조건부증여로 인한 부동산소유권이전등기를 마쳤다 하더라도 그 해제조건이 성취되면 그 소유권은 증여자에게 복귀한다고 할 것이고, 이 경우 당사자간에 별다른 의사표시가 없는 한 그 조건성취의 효과는 소급하지 아니하나, 조건성취 전에 수증자가 한 처분행위는 조건성취의 효과를 제한하는 한도 내에서는 무효라고 할 것이고, 다만 그 조건이 등기되어 있지 않는 한 그 처분행위로 인하여 권리를 취득한 제3자에게 위 무효를 대항할 수 없다고 하였다($\frac{\text{대판 1992.5.}}{\text{22, 92다5584}}$). 여기서 제3자가 가등기를 하지 않고 단순한 채권자인 경우에도 여전히 보호하는 것인지의 여부에 대해서까지 판단한 것으로는 볼 수 없다.

Ⅶ. 주장 · 증명책임

조건의 존재를 주장하는 자가 조건의 존부를 증명해야 하는데 정지조건의 존재의 증명책임에 관하여 항변설과 부인설이 대립하는바 판례는 항변설을 따른다. 항변설의 관점에서 정지조건은 그 법률행위로 인한 법률효과의 발생을 저지하는 사유로 그 법률효과의 발생을 부정하는 자가 주장 · 증명해야 한다고 본다($\frac{\text{대판 1993.9.28,}}{\text{93다20832}}$).[1] 법률행위의 효력을 다투려는 자는 정지조건의

---

1) 이와는 다른 견해로 주장되는 부인설은 '권리의 효과를 주장하는 자'가 정지조건이 붙은 사실 및 그 조건이 성취되었다는 사실을 모두 증명해야 한다고 본다. 정지조건의 성취는 당해권리의 발생원인이라고 생각한다는 점에서 위의 항변설과 다르다. 법률행위와 그 부관은 상호불가분성을 갖는다고 보는 점도 항변설과 다르다.

존재만 증명하면 되고 조건불성취까지 증명할 필요는 없으며, 조건성취에 대한 증명책임은 상대방이 부담한다.

이 견해는 법률행위의 효력은 그 성립 즉시 발생하는 것이 원칙이고 정지조건은 법률행위의 부관으로서 성립과 동시에 발생할 효력이 조건성취시까지 정지되는 '권리장애사유'로서 작용한다는 점을 그 근거로 한다. 이 견해는 법률행위 자체와 그 부관인 정지조건을 상호분리할 수 있다는 사고에서 출발한다. 요컨대 정지조건의 존재는 항변사실이고 정지조건의 성취는 재항변사실이 된다.

판례는 조건의 존재를 주장하는 자가 조건의 존부를 증명해야 하는 것으로 본다(대판 2006.11. 24, 2006다35766은 "어느 법률행위에 어떤 조건이 붙어 있었는지 아닌지는 사실인정의 문제로서 그 조건의 존재를 주장하는 자가 이를 입증하여야 한다고 할 것이다."라고 판시하였다).

해제조건의 경우 해제조건의 존재와 그 성취는 (해제조건부) 법률행위 효력의 소멸사유에 해당되므로 그 효력을 다투는 자가 증명해야 한다. 요컨대 해제조건의 존재 및 그 성취는 항변사실(권리소멸사실)이 된다.

민사소송법   항변과 부인

항변은 피고가 원고의 청구를 배척하기 위하여 소송상 또는 실체상의 이유를 들어 적극적인 방어를 하는 것을 의미한다. 반면 부인은 상대방이 증명책임을 지는 주장사실을 아니라고 부정하는 진술이다.

양자는 원고의 청구를 배척하기 위한 피고의 사실상의 진술이라는 점에서 차이가 없다. 그러나 항변은 원고의 주장사실이 진실함을 전제로 이와 별개의 사실을 주장하는 것이므로 그 답변 태도가 '그렇다, 하지만(Yes, but)'임에 대하여, 부인은 원고의 주장사실이 진실이 아니라는 주장이므로 그 답변태도가 '아니다(No)'인 점에 차이가 있다.

사례 3   A는 'A가 2016.5.7. B에게 도자기 1점을 1,000만 원에 매도하였다'라고 주장하면서 2016. 9. 1. B를 상대로 대금 1,000만 원의 지급을 구하는 소를 제기하였다. 이 소송에서 B는 'A와 B는 매매계약을 체결하면서 C가 2016.6.8.까지 B에게 1,000만 원을 지급하는 경우에만 매매계약이 효력을 발생하는 것으로 약정하였는데(이하 이 사건 약정이라고 한다) C는 아직까지 B에게 1,000만 원을 지급하지 않았다'라고 주장하였다. 이에 A는 '이 사건 약정을 한 사실이 없고, 설령 이 사건 약정을 하였더라도 C는 2016.6.8. B에게 1,000만 원을 지급하였다'라고 주장하였다.

질문 1) 증거조사 결과 법원은 A와 B가 이 사건 약정을 하였는지 여부와 C가 B에게 1,000만 원을 지급하였는지 여부에 대하여 확신을 갖지 못하였다. 법원은 어떠한 판결(청구인용 또는 청구기각)을 하여야 하는가?

질문 2) 증거조사 결과 법원은 A와 B가 이 사건 약정을 하였다는 점에 대하여는 확신을 가졌지만 C가 B에게 1,000만 원을 지급하였는지 여부에 대하여는 확신을 갖지 못하였다. 판결은?

| 해설 3 |

질문 1) 청구인용 판결을 해야 한다.

이 사건 약정은 위 매매계약에 정지조건을 부가하는 것이므로, 만일 A와 B가 이 사건 약정을 하였다면 위 매매계약은 정지조건부 법률행위에 해당하게 된다. 정지조건의 존재에 관하여는 법률행위(매매계약)의 효력 발생을 다투는 B에게 증명책임이 있다. 따라서 정지조건의 존부(이 사건 약정을 하였는지 여부)에 관하여 확신을 갖지 못한 법원은 B에게 불리하게 정지조건이 존재하지 않는 것으로 취급하여 매매계약의 효력을 인정하여야 한다. A의 매매계약 주장은 청구원인사실의 주장에 해당하고, B의 이 사건 약정 주장은 항변에 해당한다.

질문 2) 청구기각 판결을 해야 한다.

정지조건의 성취에 관하여는 법률행위(매매계약)의 효력 발생을 주장하는 A에게 증명책임이 있다. 따라서 지급 여부에 대하여 확신을 갖지 못한 법원은 A에게 불리하게 지급이 되지 않은 것으로 취급하여 매매계약의 효력을 부정하여야 한다. A가 1,000만 원이 지급되었다고 주장한 것은 재항변에 해당한다.

만일 B가 ① A와 B는 매매계약을 체결하면서 C가 2016.6.8.까지 B에게 1,000만 원을 청구하는 경우에는 매매계약의 효력이 소멸하는 것으로 약정하였다는 주장(해제조건의 존재 주장)과 ② C가 2016.6.8. B에게 1,000만 원을 청구하였다는 주장(해제조건의 성취 주장)을 하였다면, ①, ② 주장에 관한 증명책임은 B에게 있다(①, ②는 모두 권리소멸사실의 주장으로서 항변에 해당한다). 따라서 A가 위 각 주장을 부인하는 경우, 증거조사 결과 법원이 ① 주장의 진실 여부에 대하여 확신을 갖지 못하였다면 B에게 불리하게 해제조건이 존재하지 않는 것으로 취급하여 A의 청구를 인용하여야 하고, ① 주장이 진실이라는 확신을 가졌지만 ② 주장의 진실 여부에 대한 확신을 갖지 못하였다면 B에게 불리하게 해제조건이 성취되지 않는 것으로 취급하여 A의 청구를 인용하여야 한다.

제2절 기　　한

Ⅰ. 의　　의

기한이란 법률행위의 당사자가 그 효력의 발생·소멸을 임의로 정한 장래에 발생이 확실한 사실에 의존케 하려는 종된 의사표시를 의미한다. 시기란 법률행위의 효력의 발생시기를 정한 것을 말하며, 종기란 법률행위의 효력의 소멸시기를 정한 것을 말한다.

Ⅱ. 조건과 기한의 구별

기한이 되는 사실은 장래 도래할 것이 확실하여야 하나 도래시기가 확정되어 있을 필요는 없다. 즉 도래시기가 확정되어 있지 않은 사실도 기한사실이 될 수 있다. 종류는 확정기한과 불확정기한이 있다. 확정기한은 도래시기가 확정되어 있는 기한이고, 불확정기한은 도래시기가 확정되어 있지 않은 기한이다. 문제가 되는 것은 조건과 불확정기한의 구별이다. 어떤 부관이 불확정기한인지 조건인지 구별하기 어려운 경우 법률행위 해석에 의해서 판단한다(대판 2006. 12.21. 2005다40754).

사례 4 정리회사 관리인 甲이 乙에 대하여 2000.12.4.부터 2000.12.8.까지 희망퇴직신청을 하는 경우에는 '회사정리계획 인가결정일로부터 1개월 이내에 평균임금 3개월분의 퇴직위로금을 지급하겠다'는 의사표시를 하였다. 乙은 해당 기간 내에 희망퇴직신청을 하였는데 그 후 위 회사에 대한 회사정리계획이 인가되지 않는 것으로 확정되었다. 이때 乙은 회사를 상대로 퇴직위로금을 신청할 수 있는가?   (대판 2003.8.19. 2003다24215 참조)

| 해설 4 | 신청할 수 있다.

판결례는 여기서 정리계획인가를 조건이 아닌 불확정기한으로 보았다. 즉 위 의사표시는 조건이 아닌 불확정기한이 있는 의사표시이며, 회사정리계획이 인가되지 않은 것으로 확정되었을 때 기한이 도래한 것이 되므로 회사는 직원에게 퇴직위로금을 지급하여야 한다. 조건이라면 조건의 불성취로 인하여 약정이 효력없음을 이유로 퇴직위로금을 주지 않아도 된다.

사안의 결론은 乙과 정리회사 사이에서는 조만간 회사정리계획 인가결정을 받는다는 것을 당연한 전제로 하는 당사자의 의사를 전제로 한다. 즉 퇴직위로금은 지급해야 하지만 단지 그 이행의 시기에 관해서만 장래로 이전한 것으로 본다. 정리계획의 인가결정은 乙과 정리회사 사이에서 이른바 확실한 사실이고, 기한과 동일하게 평가되게 된다.

사례 5 A문화법인은 서울시 OO구청에서 보조금을 받아오다가 2015.7.경부터 보조금 지급이 중단되었다. 그런데 2015.10.경 A법인은 B를 채용하면서 '월급을 350만 원으로 하되 당분간은 월 100만 원만 지급하고 추후 OO구청으로부터 보조금을 다시 지급받으면 그때 밀린 급여 또는 나머지 월 250만 원을 지급하겠다'는 취지로 약정하였다. 아직 보조금은 지급되지 않은 상황이었다. 이러한 부관은 정지조건인가 불확정기한인가? 또한 이 상태에서 A는 B에게 급여를 지급해야 하는가?   (대판 2020.12.24. 2019다293098 참조)

[참조 조문] 근로기준법 제43조 제1항과 2항에 따르면 임금은 매월 1회 이상 일정한 날짜에 직접 근로자에게 전액을 지급해야 한다. 한편 같은 법 제15조 제1항에서 이 법에서 정한 기준에 미치지 못하는 근로조건을 정한 근로계약은 그 부분에 한하여 무효가 된다.

| **해설 5** | 이 부관은 불확정기한에 해당되며, A는 B에게 급여를 지급해야 한다.

이런 부관을 조건으로 보면 B에게 월 100만 원만 지급하면 되는 것이 되는데 이는 최저임금법에 위반되며, 보조금 지급은 A법인의 성의나 노력에 좌우되는 A의 지배영역임(교부금 중단사유가 A법인의 대표자 선정절차상의 문제였음)을 고려하면 이는 기한으로 보아야 한다.

임금지급약정에 붙은 부관은 그 부분에 한하여 무효($\binom{근로기준법}{제43조}$)이므로 일부무효의 법리에 따라 나머지 임금지급약정은 유효하다고 보아야 한다. 이에 A법인은 즉시 B에게 약정한 나머지 급여(250만 원)를 지급해야 한다.

부관이 있는 법률행위에서 부관에 표시된 사실이 발생하지 않으면 채무를 이행하지 않아도 된다고 보는 것이 상당한 경우에는 조건이 된다. 반대로 표시된 사실이 발생한 때에는 물론이고, 발생하지 않음이 확정된 때에도 그 채무를 이행하여야 한다고 보는 것이 상당한 경우에는 표시된 사실의 발생 여부가 확정됨을 불확정기한으로 정한 것으로 본다.

결국 부관에 의하여 채무의 이행 또는 불이행이 모두 가능한 것으로 볼 수 있으면 그 부관은 조건으로, 어떤 경우에도 반드시 이행해야 하며 부관이 단순히 이행기를 확정하기 위한 경우에는 불확정기한이라고 할 수 있다. 예컨대 지방자치단체와 분쟁이 있던 은행이 분쟁해결을 위하여 지방자치단체가 청구권을 행사하지 않는 대신 지방자치단체의 문화시설 건립 비용을 은행이 부담하되 그 비용의 지급방법은 상호 협의에 의하여 정하기로 한 경우, 은행은 그 비용을 지방자치단체에 지급하지만 그 이행시기를 지방자치단체와 협의가 성립한 때로 정한다는 의미로서 그 약정은 불확정기한부 화해계약이라고 본다. 이때 당사자가 불확정한 사실이 발생한 때를 이행기한으로 정한 경우에는 그 사실이 발생한 때는 물론 그 사실의 발생이 불가능하게 된 때에도 이행기한은 도래한 것으로 보아야 한다($\binom{대판\ 2002.3.29.}{2001다41766}$).

Ⅲ. 기한과 친하지 않은 행위

기한과 친하지 않은 행위는 조건과 기본적으로는 동일하다. 혼인 등 신분행위에는 시기를 붙일 수 없음이 원칙이다. 특히 취소, 추인, 상계와 같이 소급효가 있는 법률행위에는 시기를 붙일 수 없다. 어음행위·수표행위는 조건에 친하지 않으나 시기를 붙이는 것은 무방하다. 단 종기는 안 된다.

Ⅳ. 기한의 효력

기한이 내용이 되는 사실은 발생할 것이 확실하므로 기한은 반드시 도래한다. 기한이 기일이나 기간으로 정하여져 있는 경우에는 그 기일이 되거나 기간이 경과하면 기한이 도래한 것으로 된다. 이에 반하여 일정한 사실의 발생을 기한으로 한 경우에는 그 사실이 발생한 때와 그 사실의 발생이 불가능한 것으로 확정된 때에도 기한이 도래한 것으로 본다.

기한의 효력은 어떤 기한이든 기한 도래시부터 생기며 소급효를 인정할 수 없다. 당사자의 특약으로도 소급효를 인정할 수 없는데, 기한에 소급효를 인정하면 기한을 붙이는 것과 모순되기 때문이다. 이와 비교하여 조건은 그 효력이 불소급하는 것이 원칙이나 임의규정이므로 특약으로 소급효의 인정이 가능하다.

V. 기한의 이익

1. 의 의

기한의 이익이란 기한이 존재함으로써, 즉 기한이 도래하지 않음으로써 당사자가 받는 이익을 의미한다.

2. 기한의 이익의 추정

기한의 이익은 채권자를 위해서도 존재할 수 있고, 채무자를 위해서도 존재할 수 있으며, 쌍방을 위해서도 존재할 수 있다. 따라서 누가 기한의 이익을 갖는지는 법률행위의 종류, 당사자의 특약 또는 법률행위 당시의 사정에 따라 정하여진다. 다만 어느 당사자를 위한 것인지 불분명하다면 채무자를 위한 것으로 추정된다($^{제153}_{조\ 제1항}$). 따라서 기한의 이익이 채권자 또는 쌍방을 위해서 존재한다는 것에 대한 증명책임은 이를 주장하는 자에게 있다.

3. 기한의 이익의 포기

기한의 이익은 포기할 수 있으나 상대방의 이익을 해치지 못한다($^{제153조}_{제2항}$). 따라서 기한의 이익을 가지는 자는 상대방에게 발생한 손해를 배상하고 이를 포기할 수 있다. 즉 기한의 이익은 언제나 포기할 수 있고 상대방에게 손해만 배상하면 된다. 기한의 이익을 갖는 무이자 소비대차의 차주나 무상임치인은 손해배상 없이 언제든지 기한의 이익을 포기할 수 있다. 단, 기한의 이익이 채권자와 채무자 쌍방에게 있는 경우로 이자부 소비대차의 차주는 변제기까지의 이자를 손해배상하고 기한의 이익을 포기하여 변제할 수 있다. 기한이익의 포기는 소급효가 없고 장래에 향해서만 효과가 있고, 일방적 의사표시로서 상대방 있는 단독행위이다.

제1편

제2편

제3편

제4편

제5편

제6편

제7편

제8편

제9편

계약의 효력

4. 기한의 이익의 상실

(1) 법정의 기한이익 상실

제388조에 의하면 채무자(물상보증인이나 제3취득자가 이에 포함되는지 논의가 있다)가 담보를 손상, 감소, 멸실케 한 경우, 채무자가 담보제공의무를 이행하지 않은 경우에는 채무자는 기한의 이익을 주장하지 못한다. 민법상 기한의 이익 상실의 사유(제388조)가 발생하면 그 효과로 기한의 이익을 주장하지 못한다고 규정되어 있는데, 곧바로 기한의 도래가 의제되지는 않고 채권자는 그 이행을 청구할 수 있는 지위를 가질 뿐이다. 따라서 채권자가 이행을 청구하기 전에는 채무자는 이행할 의무가 없으므로 이행지체에 빠지지도 않는다. 다만 채무자가 파산선고를 받은 경우에는 파산선고와 동시에 변제기가 도래한다(채무자회생 법 제425조).

(2) 기한이익 상실의 특약

계약을 체결하면서 장래 일정한 사유가 발생하면 채무자가 기한의 이익을 상실하기로 하는 약정을 할 수도 있다.

여기에는 일정한 사유가 발생하면 채권자의 청구 등을 요함이 없이 당연히 기한의 이익이 상실되어 이행기가 도래하는 것으로 하는 '정지조건부 기한이익 상실의 특약'과 일정한 사유가 발생한 후 채권자의 통지나 청구 등 채권자의 의사행위를 기다려 비로소 이행기가 도래하는 것으로 하는 '형성권적 기한이익 상실의 특약' 두 가지의 종류가 있다. 당사자의 의사가 불분명한 경우 특별한 사정이 없는 한, 형성권적 기한이익 상실의 특약으로 추정된다(대판 2002.9.4. 2002다28340). 일반적으로 기한이익 상실의 특약이 채권자를 위하여 둔 것임을 생각해 볼 때 그러하다.

정지조건부 기한이익 상실 특약이 있는 경우 채무자는 특별한 사정이 없는 한 상실사유가 발생하면 그 때부터 이행지체의 상태에 놓이게 된다(대판 1999.7.9. 99다15184). 예컨대 대출금 중 할부의 형태로 약정한 반환의무를 한 번이라도 지체했을 때 기한의 이익을 잃고 즉시 채무금 전액을 완제해야 한다는 기한이익 상실약정도 명백히 정지조건부 기한이익 상실의 특약으로 볼 만한 특별한 사정이 없는 경우에는 형성권적 기한이익 상실의 특약으로 본다. 기한이익 상실특약은 일반적으로 채권자를 위하여 둔 것이기 때문이다. 따라서 이를 형성권적 기한이익 상실의 특약으로 본다면 채권자가 나머지 전액을 일시에 청구할 것인지 또는 종래대로 할부변제를 청구할 것인지를 자유로이 선택할 수 있으므로, 이와 같은 기한이익 상실의 특약이 있는 할부채무에 있어서는 1회의 불이행이 있더라도 각 할부금에 대해 그 각 변제기의 도래시마다 그 때부터 순차로 소멸시효가 진행하고 채권자가 특히 잔존 채무 전액의 변제를 구하는 취지의 의사를 표시한 경우에 한하여 전액에 대하여 그 때부터 소멸시효가 진행한다(대판 2002.9.4. 2002다28340).

민사소송법 부관의 소송법상 취급

1) 계약자유의 원칙이 인정되는 법률행위와 달리 소송행위에는 기한이나 조건을 원칙적으로 붙일 수

없다.

2) 기한은 어느 경우에도 붙일 수 없다. 소송행위의 효력의 발생, 소멸의 시기를 당사자가 정하도록 할 경우 소송절차의 진행이 무질서하게 되고, 소송자료가 불완전해지기 때문이다.

3) 조건은 예외적으로 인정될 수 있다. 소송외의 장래 발생할 불확실한 사정에 소송행위의 효력발생을 의존시키는 소송외적 조건부의 소송행위는 상대방과 법원의 지위와 절차진행을 불안정하게 만든다는 점에서 허용되지 않지만, 소송진행 중에 판명될 사실을 조건으로 하는 소송내적 조건부의 소송행위(예비적 신청이나 주장)는 절차의 안정을 해칠 염려가 없다는 점에서 허용될 수 있다.

요건사실론 **조건과 기한**

1. 조건 및 기한을 법률행위의 부관이라고 한다. 일반적으로 부관은 법률행위의 성립요건과 구분되는 것으로, 부관의 존부에 대한 증명책임은 그것으로 인하여 이익을 받는 당사자에게 귀속하는 것이 원칙이다.

   즉 원고가 소송물로 청구원인 사실을 주장·증명하면, 피고가 부관의 존재를 항변사실로 주장·증명하는 구조가 된다.

2. 정지조건의 존재와 시기의 존재는 항변사유이고 정지조건의 성취와 시기의 도래 사실은 재항변사유가 된다.

   법률행위의 효력이 정지조건의 성취에 달려있거나 효력발생의 시기가 정하여져 있는 경우 정지조건 또는 시기의 존재는 당해 법률행위 효력과의 관계에서 권리발생의 장애사유(권리저지사유로 보는 견해도 있음)로서 기능하기 때문이다.

3. 해제조건의 존재와 성취, 종기의 존재와 그 도래는 모두 항변사유이다.

   법률행위의 효력을 소멸시키는 해제조건이 있거나 효력의 종기가 정해져 있는 경우 그 해제조건의 존재와 그 성취 또는 종기의 존재와 그 도래는 당해 법률행위 효력과의 관계에서 소멸사유로 기능하기 때문이다.

〈원고의 주장〉	〈피고의 항변〉	〈원고의 재항변〉
소송물 청구원인사실	정지조건의 존재 시기의 존재 해제조건의 존재 및 성취 종기의 존재 및 성취	정지조건의 성취 시기의 도래

4. 부관의 법적 성질이 문제되는 경우가 있다.

   ① 부관에 표시된 사실이 발생하지 아니하면 채무를 이행하지 않아도 된다고 봄이 상당한 경우에는 조건으로 보아야 하고, 표시된 사실이 발생한 때에는 물론이고 반대로 발생하지 아니하는 것이 확정된 때에도 그 채무를 이행하여야 한다고 보는 것이 상당한 경우에는 표시된 사실의 발생 여부가 확정되는 것을 불확정 기한으로 정한 것으로 보아야 한다. ② 특히 이미 부담하고 있는 채무의 변제에 관하여 일정한 사실이 부관으로 붙여진 경우에는 특별한 사정이 없는 한 그것은 변제기를 유예한 것으로서 그 사실이 발생한 때 또는 발생하지 아니하는 것으로 확정된 때에 기한이 도래한다.

제3장 쌍무계약의 효력

제1절 동시이행항변권(이행상의 견련성)

Ⅰ. 의 의
Ⅱ. 성립요건
　1. 쌍무계약에 기하여 발생한 대립되는 채무
　　의 존재(대가적 채무의 존재)
　　(1) 하나의 쌍무계약
　　(2) 채무의 상환관계
　　(3) 채무의 존재(변형된 채무 포함)
　2. 상대방 채무의 변제기도래
　　(1) 선이행의무와 동시이행항변권
　　(2) 선이행의무자에게 예외적으로 항변권이
　　　인정되는 경우
　3. 상대방이 자신의 (채무)이행제공이 없을 것
　　(1) 동시이행항변권 상실을 위한 상대방의

　　　이행제공의 방법 및 정도
　　(2) 일시적 이행제공과 동시이행항변권
　　(3) 일부이행·불완전이행일 때
Ⅲ. 효 과
　1. 행사의 효과(이행의 거절)
　2. 존재의 효과
　　(1) 이행지체의 저지효
　　(2) 동시이행항변권이 붙은 채권을 자동채
　　　권으로 하는 상계금지
Ⅳ. 동시이행항변권의 구체적 적용
　1. 명문규정에 의해 인정되는 경우
　2. 명문규정 없이 해석으로 인정되는 경우
Ⅴ. 동시이행항변권과 대금지급거절권(제588조)

Ⅰ. 의 의

쌍무계약의 당사자 일방은 상대방이 그 채무의 이행을 제공할 때까지 자기 채무의 이행을 거절할 권리, 즉 동시이행항변권을 가진다(제536조). 이는 "상대방이 그 채무를 제공할 때까지" 일시적으로 그 실현을 저지할 수 있는 연기적 항변권에 속한다. 당사자 중 일방에게 선이행으로 발생할 위험을 부담하게 하는 것은 공평의 원칙에서 타당하지 않다. 이에 민법은 쌍무계약에서 이행상의 견련관계를 인정하여, 동시이행항변권을 쌍무계약의 당사자에게 부여하고 있다. "동시이행의 항변권은 공평의 관념과 신의칙에 입각하여 각 당사자가 부담하는 채무가 서로 대가적 의미를 가지고 관련되어 있을 때, 그 이행에 있어서 견련관계를 인정하여 당사자 일방이 상대방이 채무를 이행하거나 이행의 제공을 하지 아니한 채 당사자 일방의 채무의 이행을 청구할 때에 자기의 채무 이행을 거절할 수 있도록 하는 제도"로 정의할 수 있다(대판 2006.2.24, 2005다58656,58663). 동시이행항변권을 통하여 상대방에 대한 자신의 채권을 담보하는 채권담보의 실질적 효과가 인정된다. 이 규정은 임의규정이므로 당사자의 의사로 동시이행의 항변권을 배제할 수도 있다(대판 1999.3.12, 97다37852).

한편 동시이행항변권은 1개의 쌍무계약에 의하지 않은 경우에도 공평의 원칙상 확대적용된다.

사례 1 甲(지입회사)과 乙(지입차주)은 지입계약을 체결하였다. 그런데 지입계약의 종료에 따라 乙은 甲에게 차량의 소유권이전등록절차이행을 주장하였다. 이에 甲은 乙의 차량운행으로 인하여 발생한 과태료의 정산과 동시에 이행하겠다고 한다. 甲에게는 동시이행항변권이 인정되는가?

(대판 2010.6.24, 2010다22989 참조)

해설 1 인정된다.

지입계약의 종료에 따라 지입회사가 지입차주에 대하여 부담하는 소유권이전등록절차 이행의무와 지입계약이 유지됨으로 인하여 지입회사에게 부과된 세금이나 지입차주의 차량운행과 관련하여 발생한 과태료 등을 정산하여 지급하여야 할 지입차주의 지입회사에 대한 의무는 쌍무계약에 있어서 고유의 대가관계에 있는 것은 아니라고 하더라도 형평의 원칙에 비추어 서로 동시이행관계에 있다고 봄이 상당하다(대판 2010.6.24, 2010다22989; 대판 2007.9.7, 2007다30072; 대판 2008.12.11, 2006다20634).

II. 성립요건

1. 쌍무계약에 기하여 발생한 대립되는 채무의 존재(대가적 채무의 존재)

(1) 하나의 쌍무계약

동시이행의 항변권이 발생하려면 자기 채무가 상대방의 채무와 같이 하나의 쌍무계약에서 발생한 것이어야 하고, 두 채무는 계약목적상 서로 구속하는 관계에 있어야 한다. 따라서 서로 관련되는 채무라고 해도 그것이 각각 별개의 계약으로부터 발생한 것이면 특약이 없는 한, 원칙적으로 동시이행항변권은 인정되지 않는다(대판 1989.2.14, 88다카10753).

사례 2 甲(임대인)과 乙(임차인)은 A건물에 대해 임대차계약을 체결하였다. 임대차계약을 체결한 후에 甲과 乙은 甲이 乙에게 건물을 사용수익하게 할 채무를 불이행하는 경우에 손해배상금으로 3,000만 원을 지급하기로 하는 각서를 작성하였다.

甲은 약정일보다 1개월 늦게 乙에게 건물을 인도하였다. 그런데 이후 乙이 보증금 잔금을 지급하지 아니하자 甲은 임대차계약을 해제하였다. 甲이 지급받은 보증금을 반환하면서 乙을 상대로 건물 인도를 청구하자 乙은 각서에 따라 甲이 자신에게 발생한 약정손해배상금을 지급하면 동시에 이행하겠다고 항변하였다. 乙의 주장은 타당한가?

(대판 1990.12.26, 90다카25383 참조)

| 해설 2 | 타당하지 않다.

임차인의 임차물 반환의무는 임대차계약의 이행으로 이루어진 목적물인도의 원상회복의무이지만 약정지연손해금배상 지급의무는 각서에 기하여 발생된 것이므로 양자는 하나의 임대차계약에서 이루어진 계약이행의 원상회복관계에 있지 않고 발생원인을 달리하고 있다. 따라서 임차목적물 반환의무와 약정 지연손해배상금 지급의무는 이행상 견련관계가 있다고 볼 수 없으므로 임차인(乙)의 동시이행항변은 배척되어야 한다.

그런데 하나의 쌍무계약상 채무가 아니라도 동시이행항변권이 인정되기도 한다. (i) 구체적 계약관계에서 당사자 쌍방이 부담하는 채무 사이에 대가적인 의미가 있어 이행상 견련관계를 인정하여야 할 사정이 있는 경우에는 동시이행관계가 인정된다(대판 1993.2.12, 92다23193),1) (ii) 하나의 계약 혹은 그 계약에 추가된 약정으로 둘 이상의 민법상의 전형계약 내지 민법상의 채권적 권리의무관계(이하 '민법상의 전형계약 등'이라 한다)가 포괄되어 있고, 이에 따른 당사자 사이의 여러 권리의무가 동일한 경제적 목적을 위하여 서로 밀접하게 연관되어 있는 경우에는, 이를 민법상의 전형계약 등에 상응하는 부분으로 서로 분리하여 그 각각의 전형계약 등의 범위 안에서 대가관계에 있는 의무만을 동시이행관계에 있다고 볼 것이 아니고, 당사자 일방의 여러 의무가 포괄하여 상대방의 여러 의무와 사이에 대가관계에 있다고 인정되는 한, 이러한 당사자 일방의 여러 의무와 상대방의 여러 의무는 동시이행의 관계에 있다고 볼 수 있다(대판 2010.3.25, 2007다35152; 대판 1995.8.22, 95다1521; 대판 2001.6.26, 99다47501 등 참조).

사례 3 甲과 乙은 공사도급계약을 체결하면서, 甲(도급인)이 자신 소유의 토지에 근저당권을 설정하여 乙(수급인)로 하여금 공사에 필요한 자금을 대출받도록 하였다(甲이 물상보증인이 된 것이다). 공사가 완료되자 乙은 甲에게 공사대금을 청구하였다. 그런데 甲은 乙에게 자신의 토지에 설정된 대출금을 대위변제함으로써 수급인 또한 자신에게 구상의무를 부담하므로, 양자는 동시이행관계에 있다고 하여 공사대금채무의 이행을 거절하였다. 甲의 이행거절은 타당한가?

(대판 2010.3.25, 2007다35152 참조)

| 해설 3 | 타당하다.

판례는 공사도급계약의 도급인이 자신 소유의 토지에 근저당권을 설정하여 수급인으로 하여금 공사에 필요한 자금을 대출받도록 한 사안에서, "수급인의 근저당권 말소의무는 도급인의 공사대금채무에 대하여 공사도급계약상 고유한 대가관계가 있는 의무는 아니지만, 담보제공의 경위와 목적, 대출금의 사용용도 및 그에 따른 공사대금의 실질적 선급과 같은 자금지원 효과와 이로 인하여 도급인이 처하게 될 이중지급의 위험 등 구체적인 계약관계에 비추어 볼 때, 이행상의 견련관계가 인정되므로 양자는 서로 동시이행의 관계에 있고, 나아가 수급인이 근저당권 말소의무를 이행하지 아니한 결과 도급인이 위 대출금 및 연체이자를 대위변제함으로써 수급인이

1) 원래 쌍무계약에서 인정되는 동시이행의 항변권을 비쌍무계약에 확장함에 있어서는 양 채무가 동일한 법률요건으로부터 생겨서 공평의 관점에서 보아 견련적으로 이행시킴이 마땅한 경우라야 한다(대판 2000.10.27, 2000다36118).

지게 된 구상금채무도 근저당권 말소의무의 변형물로서 그 대등액의 범위 내에서 도급인의 공사대금채무와 동시이행의 관계에 있다"고 보았다.

사례 4 甲과 乙은 X토지에 대한 매매계약을 체결하면서 매수인 乙은 K은행이 X토지에 설정한 저당권의 피담보채무를 인수하기로 하는 이행인수계약을 체결하였다. 그런데 乙이 인수계약을 이행하지 않아 결국 甲이 대신 변제하게 되었다. 乙이 계약대로 甲에게 소유권등기를 이전할 것을 청구하자, 甲은 乙의 구상금 지급과 동시에 이행할 것이라고 항변하였다. 甲의 항변은 타당한가?

(대판 1993.2.12, 92다23193 참조)

│ 해설 4 │ 타당하다.
부동산매매계약과 함께 이행인수계약이 이루어진 경우, 매수인이 인수한 채무는 매매대금지급채무에 갈음한 것으로서 매도인이 매수인의 인수채무불이행으로 말미암아 또는 임의로 인수채무를 대신 변제하였다면 그로 인한 손해배상채무 또는 구상채무는 인수채무의 변형으로서 매매대금지급채무에 갈음한 것의 변형이므로 매수인의 손해배상채무 또는 구상채무와 매도인의 소유권이전등기 의무는 대가적 의미가 있어 이행상 견련관계에 있다고 인정되고, 따라서 양자는 동시이행의 관계에 있다고 해석함이 공평의 관념 및 신의칙에 합당하다.

│ 대판 1992.8.18, 91다30927 [소유권이전등기]
양도소득세를 매수인이 부담키로 하는 약정이 있었다면 매수인이 양도소득세액을 부담하기 위한 이행제공의 형태, 방법, 시기 등에 관하여 당사자 간에 어떤 약정이 있었는지를 확정한 다음, 그것이 매도인의 소유권이전등기의무와 견련관계에 있다고 볼 수 있는지 여부를 판단하였어야 함에도 매도인이 매수인에게 양도소득세 상당 금원의 지급을 구하는 것은 별론으로 하고 매수인의 양도소득세 납부의무와 매도인의 소유권이전등기의무가 동시이행의 관계에 있을 수 있다.

매수인이 양도소득세를 부담키로 하는 약정이 있었다면, 그것이 매도인의 소유권이전등기의무와 견련관계에 있는지의 문제

(2) 채무의 상환관계

원칙적으로 동시이행관계는 주된 급부의무 상호간에만 인정된다. 즉 부수적 의무와 상대방의 주된 급부의무는 동시이행의 관계에 놓이지 않는다(대판 1976.10.12, 73다584; 대판 1999.11.12, 99다34697). 그러나 부수의무라 할지라도 그 이행이 상대방에게 중요한 의미가 있거나(계약의 중요한 전제조건으로 볼 수 있는 특별한 사정이 있는 때), 당사자간의 특약이 있었을 때에는 예외적으로 상환관계가 인정된다.

│ 대판 1976.10.12, 73다584 [부당이득금반환]
쌍무계약 당사자인 "乙"의 부수적 사항에 관한 선전의무채무와 "甲"의 새얼음 연간 900톤 인수채무가 서로 동시이행하기로 하는 당사자간의 특약이 있었거나 또는 선전의무가 계약의 중요한 전제조건이 되었다는 등의 특별한 사정이 없었다면 다만 "乙"의 부수적 사항에 관한 의무위반만을 이유로 "甲"은 새얼음 연간 900톤의 인수책임을 거절할 수 있는 "乙"측의 채무불이행이라거나 "甲"측이 그의 채무이행을 거절할 수 있는 동시이행항변권을 갖게 되는 사유가 된다고 할 수 없을 것이다.

▌ 대판 1999.11.12, 99다34697 [전세보증금반환]
동시이행의 항변권은 근본적으로 공평의 관념에 따라 인정되는 것인데, 임차인이 불이행한 원상회복의무가 사소한 부분이고 그로 인한 손해배상액 역시 근소한 금액인 경우에까지 임대인이 그를 이유로, 임차인이 그 원상회복의무를 이행할 때까지, 혹은 임대인이 현실로 목적물의 명도를 받을 때까지 원상회복의무 불이행으로 인한 손해배상액 부분을 넘어서서 거액의 잔존 임대차보증금 전액에 대하여 그 반환을 거부할 수 있다고 하는 것은 오히려 공평의 관념에 반하는 것이 되어 부당하고, 그와 같은 임대인의 동시이행의 항변은 신의칙에 반하는 것이 되어 허용할 수 없다.

(가) 부동산 매매시 동시이행관계에 있는 채무

부동산매매에서는 매수인의 매매대금지급의무와 매도인의 등기이전 및 목적물 인도가 동시이행관계에 있다고 보아야 할 것이다. 그런데 판례는 등기이전의무만이 대금지급의무와 동시이행관계에 있다고 본 경우($\binom{\text{대판 1976.4.27,}}{76\text{다}297,298}$)와 인도의무 또한 동시이행관계에 있다고 본 경우($\binom{\text{대판 1991.}}{9.10,\ 91\text{다}}$ 6368; 대판 1991.8.13, $\binom{}{91\text{다}13144}$ 등 다수)가 있다.

매매의 경우 제563조에 의해 매도인은 '재산권이전의무'를 부담한다. '재산권이전의무'가 무엇인지에 대해서는 논란의 여지가 있으나, 부동산의 경우 매도인의 채무(재산권이전의무)는 권리변동을 위한 등기이전뿐만 아니라 점유의 이전까지 포함한다고 해야 한다. 따라서 매도인이 등기의무만 먼저 이행해 주면서 인도는 거부하고 있는 상황에서 매수인에게 대금지급을 청구할 때, 매수인은 동시이행항변권을 주장할 수 있다. 더 나아가 매도인의 의무는 '단순한 소유권의 이전의무'가 아니라 '완전히 부담 없는 소유권의 이전의무'라고 보아야 할 것이다. 이러한 맥락에서 판례 또한 매도인이 매매목적물에 설정되어 있는 저당권 등의 부담을 말소할 의무를 부담하고 있으나 말소하지 못한 때에는 말소할 때까지 매수인은 대금의 지급을 거절할 수 있다고 본다($\binom{\text{대판 1991.9.10,}}{91\text{다}6368}$).

▌ 대판 1976.4.27, 76다297,298 [입목확인및지상권설정등기]
부동산의 매매에 있어서 특단의 사정이 없는 한 매수인의 잔대금지급의무와 매도인의 소유권이전등기절차이행의무는 상호 동시이행관계에 있으나 그 명도의 의무는 특단의 사정이 없는 한 동시이행관계에 있다 할 수 없으므로 매수인의 약속불이행을 이유로 계약을 해제하기 위한 이행최고에 있어서 매도인은 쌍무계약상 동시이행관계에 있는 위 소유권이전등기절차이행의무를 제공하여야 하나 동시이행관계에 있지 아니한 위 명도이행의무까지 제공할 필요는 없다.

▌ 대판 1991.9.10, 91다6368 [소유권이전등기절차이행]
부동산의 매매계약이 체결된 경우에는 매도인의 소유권이전등기의무, 인도의무와 매수인의 잔대금지급의무는 동시이행의 관계에 있는 것이 원칙이고, 이 경우 매도인은 특별한 사정이 없는 한 제한이나 부담이 없는 소유권이전등기의무를 지는 것이므로 매매목적 부동산에 지상권이 설정되어 있고 가압류등기가 되어 있는 경우에는 비록 매매가액에 비하여 소액인 금원의 변제로써 언제든지 말소할 수 있는 것이라 할지라도 매도인은 이와 같은 등기를 말소하여 완전한 소유권이전등기를 해 주어야 한다.

> **사례 5** 당사자 사이에 별도 약정이 없었음에도 불구하고 부동산 매도인 A가 매수인 B에게 부동산 인도의 이행제공을 하면서 '등기서류는 나중에 교부할 테니 그보다 먼저 대금지급을 해 달라'고 요구한 경우, 반대로 등기서류 교부의 이행제공을 하면서 '부동산은 나중에 인도할 테니 그보다 먼저 대금지급을 해 달라'고 요구한 경우, B는 동시이행항변권을 주장할 수 있는가? (A의 부동산 인도 및 소유권이전등기 의무, 그리고 B의 대금지급 의무의 이행기는 모두 도래하였다)
>
> (대판 1991.9.10. 91다6368 참조)
>
> **│해설 5│ 가능하다.**
> 매도인의 소유권이전등기의무 및 인도의무와 매수인의 잔대금지급의무는 동시이행의 관계에 있기 때문이다.

(나) 동산 매매시 동시이행관계

동산매매의 경우에는 매도인의 목적물인도의무와 매수인의 대금지급의무가 동시이행관계에 놓인다.

(3) 채무의 존재(변형된 채무 포함)

쌍무계약 당사자 일방의 채무가 소멸한 경우에는 채무가 존재하지 않으므로 동시이행항변권도 인정되지 않는다. 다만 변형된 채무는 원래채무와 동일성을 유지하는 한 동시이행항변권이 인정된다. 예컨대 일방의 채무가 손해배상채무로 전환되었더라도, 본래의 채무와 손해배상채무는 동일성이 유지되므로 여전히 동시이행항변권은 존속한다($\binom{대판\ 2000.2.25.}{97다30066}$). 같은 맥락에서 매도인의 귀책사유로 목적물이 멸실되어 매수인이 매도인에게 전보배상을 청구하는 경우, 매도인은 매매대금의 이행과 동시에 이행할 것을 항변할 수 있다. 한편 동시이행항변권은 채권양도, 채무인수, 포괄승계(상속 등), 전부명령(轉付命令)[2]으로 당사자 변경이 있다 하더라도, 채무가 동일성을 유지하는 한 존속한다.[3]

> **사례 6** 乙(임차인)은 분식집을 하기 위해 甲(임대인)과 A건물에 대해 임대차 계약을 체결하였다. 그런데 乙이 甲에게 갖는 임차보증금반환청구채권이 전부명령에 의해 丙에게 전부(轉付)되었다. 임대차 계약이 해지된 후에도 乙은 건물을 계속 점유하고 있었고(乙은 점유만 하고 있을 뿐 분식집 영업은 하지 않았다), 甲 또한 丙에게 임차보증금을 지급하지 않은 채 3달이 지나게 되었다. 甲이 乙에게 3개월 간의 점유에 대해 불법점유를 이유로 손해배상 및 부당이득을 청구할 수 있는가?
>
> (대판 1989.10.27. 89다카4298 참조)

---

2) 전부명령이란 채무자가 제3채무자에게 갖는 압류한 금전채권을 집행채권과 집행비용청구권의 변제에 갈음하여 압류채권자에게 이전시키는 집행법원의 결정이다. 전부명령이 있으면 채무는 변제된 것으로 본다. 제3채무자로부터 변제받지 못해도 채무자에 대한 채권은 소멸한다는 의미에서 채권의 위험이 채권자에게 이전된다(민사집행법 제229조 제3항).

3) 경개의 경우에는 채무의 동일성이 유지되지 않는다는 점에서 동시이행항변권이 소멸한다.

| 해설 6 | 청구할 수 없다.

대판 1989.10.27. 89다카4298은 임대차종료시 발생하는 임차인의 임차목적물반환채무와 임대인의 잔존임차보증금반환채무는 서로 동시이행의 관계에 있는 것이므로, 임차인이 동시이행의 항변권에 기하여 임차보증금반환청구채권을 확보하려고 임차목적물을 계속 점유하는 경우에는 본래의 용도대로 사용 수익하고 있지 아니한 이상 그로 인하여 실질적으로 이익을 얻고 있다고도 할 수 없으므로, 임차인이 임차목적물을 계속 점유하였다고 하여 바로 불법점유로 인한 손해배상책임이나 부당이득반환채무가 발생하는 것은 아니라고 보았다.

한편 임차인의 임차보증금반환청구채권이 전부된 경우에도 채권의 동일성은 그대로 유지되는 것이어서 동시이행관계도 당연히 그대로 존속한다고 해석할 것이므로 임대차계약이 해지된 후에 임대인이 잔존임차보증금반환청구 채권을 전부 받은 자에게 그 채무를 현실적으로 이행하였거나 그 채무이행을 제공하였음에도 불구하고 임차인이 목적물을 명도하지 않음으로써 임차목적물반환채무가 이행지체에 빠지는 등의 사유로 동시이행항변권을 상실하게 되었다는 점에 관하여 임대인이 주장·증명을 하지 않은 이상, 임차인의 목적물에 대한 점유는 동시이행항변권에 기한 것이어서 불법점유라고 볼 수 없다. 따라서 사안에서 乙은 손해배상 및 부당이득반환을 할 필요가 없다.

2. 상대방 채무의 변제기도래

(1) 선이행의무와 동시이행항변권

상대방의 채무가 변제기에 있어야 동시이행항변권을 행사할 수 있으므로 상대방의 채무는 아직 변제기에 있지 않고 자기의 채무만이 변제기에 있는 경우에는 동시이행항변권이 없다($^{제536조 제}_{1항 단서}$). 예컨대 자기에게 선이행의무가 있는 경우에는 상대방 채무가 변제기에 도래하기 전까지 동시이행항변권이 인정되지 않는다.

사례 7 甲과 乙은 매매계약을 체결하면서, 매수인 乙이 매매대금을 중도금과 잔금으로 나누어 지급하기로 약정하였다. 매도인 甲이 乙에게 중도금 지급을 요청한 경우, 乙은 甲에게 소유권이전의무와 동시에 이행할 것을 항변할 수 있는가?

| 해설 7 | 항변할 수 없다.

특약이 없는 한 중도금 지급은 선이행의무이므로, 소유권이전의무와 동시이행관계에 놓이지 않기 때문이다.

일반적으로 외상거래 및 할부판매 등의 신용거래에서는 매도인의 물건 인도가 선이행의무가 되는 반면에 임대차의 차임($^{제633}_{조}$)과 고용($^{제656}_{조}$), 도급($^{제665}_{조}$), 위임($^{제686}_{조}$), 임치($^{제701}_{조}$)에서의 보수지급은 약정이 없는 경우 후불이므로 상대방의 채무와 동시이행관계에 놓이지 않는다.

(2) 선이행의무자에게 예외적으로 항변권이 인정되는 경우

(가) 불안의 항변권이 인정되는 경우 (제536조 제2항)

당사자 일방이 상대방에게 선이행의무를 지는 경우에도 상대방의 이행이 곤란할 현저한 사유가 있는 때에는 자기의 채무이행을 거절할 수 있다.[4] 엄격하게 말하면, 불안의 항변권은 '동시이행항변권'보다는 '일시적 이행거절권'에 해당한다고 볼 수 있을 것이다. 이는 명문으로 사정변경의 원칙을 적용한 예라고 할 수 있다. 여기서 '상대방의 이행이 곤란할 현저한 사유'라고 함은 상대방의 반대채무가 그 이행기에 이르렀을 때 제대로 이행될 수 없게 하는 사정을 말한다. 예컨대 계약성립 후에 선이행채무의 상대방이 신용불안이나 재산상태의 악화 등으로 파산의 위험에 처한 경우에는, 선이행 의무를 이행하게 하는 것이 공평의 원칙 및 신의칙에 반한다는 점에서 불안의 항변권을 행사할 수 있다. 이는 사안에 따라 당사자 쌍방의 사정을 종합적으로 고려하여 판단해야 하므로 계약목적물의 성질(신속히 소비되는 것인지, 내구성이 있는 것인지 등), 거래기간, 당사자의 자격(법인인지 상인인지 여부) 등이 참작될 것이다. 불안의 항변권이 인정되는 경우, 선이행의무자는 반대급부의 이행이 확실하게 될 때까지 거절권을 행사할 수 있다(대판 1997.7. 25. 97다5541).

▌대판 1997.7.25, 97다5541 [부당이득금반환]

쌍무계약의 당사자 일방이 계약상 선이행의무를 부담하고 있는데 그와 대가관계에 있는 상대방의 채무가 아직 이행기에 이르지 아니하였지만 이행기의 이행이 현저히 불투명하게 된 경우에는 민법 제536조 제2항 및 신의칙에 의하여 그 당사자에게 반대급부의 이행이 확실하여질 때까지 선이행의무의 이행을 거절할 수 있다고 보아야 한다.

사례 8 甲은 1년 간 매월 말 계속적으로 乙에게 X물건을 100개씩 공급하고 대금은 매월 물품을 공급받고 5일 이내에 지급하기로 했다. 그런데 지난 3개월간이나 乙이 물품대금을 지급하지 않았다. 이 경우 甲은 이번 달 말의 물품공급을 거절할 수 있는가? (대판 1995.2.28, 93다53887 참조)

▌**해설 8** ▌거절할 수 있다.

일정한 기간을 단위로 그 사이에 공급된 물품의 대금을 결제하기로 하는 계속적인 물품공급계약에서 이미 공급된 물품의 대금 중 일부를 약정대로 지급받지 못한 경우에는 제536조 제2항의 불안의 항변권을 주장하여, 그 대금을 지급받을 때까지 장래의 물품공급을 거절할 수 있을 것이다.

---

4) 불안의 항변권은 일반적으로 유추적용된다. 예컨대 대판 2002.11.26, 2001다833은 "구상권자에 대하여 파산이 선고된 후에 사전구상권을 행사하는 경우에는, 구상금채무의 보증인이 사전구상에 응하더라도 특별한 사정이 없는 한 구상권자가 이를 전부 주채무자의 면책을 위하여 사용하는 것은 파산절차의 제약상 기대하기 어려우므로, 파산절차에도 불구하고 구상금이 전액 주채무자의 면책을 위하여 사용될 것이라는 점이 확인되기 전에는 구상금채무의 보증인은 신의칙과 공평의 원칙에 터잡아 민법 제536조 제2항을 유추적용하여 사전구상에 대한 보증채무의 이행을 거절할 수 있다"고 판시하였다.

▌**대판 1995.2.28, 93다53887 [가공료]**
계속적 거래관계에 있어서 재화나 용역을 먼저 공급한 후 일정기간마다 거래대금을 정산하여 일정
기일 후에 지급받기로 약정한 경우에 공급자가 선이행의 자기 채무를 이행하고, 이미 정산이 완료
되어 이행기가 지난 전기의 대금을 지급받지 못하였거나 정산은 완료되었으나 후이행의 상대방의
채무는 아직 이행기가 되지 아니하였지만 이행기의 이행이 현저히 불안한 사유가 있는 경우에는
민법 제536조 제2항 및 신의성실의 원칙에 비추어 볼 때 공급자는 이미 이행기가 지난 전기의 대
금을 지급받을 때 또는 전기에 대한 상대방의 이행기 미도래채무의 이행불안사유가 해소될 때까지
선이행의무가 있는 다음 기간의 자기 채무의 이행을 거절할 수 있다고 해석할 것이다.

▌**대판 2006.10.26, 2004다24106,24113 [부당이득금]**
아파트 수분양자의 중도금 지급의무는 아파트를 분양한 건설회사가 수분양자를 아파트에 입주시
켜 주어야 할 의무보다 선이행하여야 하는 의무이나, 건설회사의 신용불안이나 재산상태의 악화 등
은 민법 제536조 제2항의 건설회사의 의무이행이 곤란할 현저한 사유가 있는 때 또는 민법 제588
조의 매매의 목적물에 대하여 권리를 주장하는 자가 있는 경우에 매수인이 매수한 권리의 전부나
일부를 잃을 염려가 있는 때에 해당하여, 아파트 수분양자는 건설회사가 그 의무이행을 제공하거나
매수한 권리를 잃을 염려가 없어질 때까지 자기의 의무이행을 거절할 수 있고, 수분양자에게는 이
러한 거절권능의 존재 자체로 인하여 이행지체 책임이 발생하지 않으므로, 수분양자가 건설회사에
중도금을 지급하지 아니하였다고 하더라도 그 지체책임을 지지 않는다.

▌**대판 1992.4.24, 92다3779 [건물명도]**
아파트건설업자가 수분양자로부터 계약금과 일부 중도금만 지급받은 후 수분양자를 입주시킨 경
우 수분양자의 중도금지급의무가 선이행의무에 해당한다 하더라도 아파트건설업자가 수분양자와
분양계약을 체결하고 입주시킨 날로부터 5년여가 경과한 시기에 이르기까지 위 아파트에 대한 준
공검사조차도 마치지 못하고 있는 형편이라고 한다면 수분양자는 일부 미불된 중도금의 지급을 거
절할 수 있다고 봄이 계약상의 공평의 원칙이나 신의칙에 맞는다고 할 것이어서 아파트건설업자는
수분양자의 중도금 미지급을 이유로 위 분양계약을 해제할 수 없다.

(나) 상대방 채무도 변제기에 도달한 경우

선이행의무를 이행하지 않고 있는 동안에 상대방의 채무의 변제기가 도래하면, 비록 선이행
의무자라도 그때부터 동시이행의 항변권을 갖는 것이 원칙이다$\binom{대판\ 1980.4.22,\ 80다258;\ 대판}{2002.3.29,\ 2000다577\ 등\ 다수}$. 그러나
예외적으로 거래의 성질 또는 계약목적상 일방 당사자의 선이행이 있어야 상대방이 이행할 특
수한 사정이 있으면, 비록 상대방의 채무의 변제기가 도래하였다 하더라도 그 기간은 2차적인
것이고 일방당사자의 선이행이 없는 한 상대방의 변제기는 도래하지 않는다고 보아야 할 것이므
로, 상대방의 변제기가 도래한 경우라도 선이행의무자는 동시이행항변권을 취득하지 못한다
$\binom{대판\ 1997.4.11,}{96다31109}$.

▌**사례 9** 다음은 2011.2.21. 甲이 乙에게 건물 A를 10억 원에 매도하기로 한 후 당일 계약금으로
1억 원을 받고 체결한 매매계약 내용이다.

"① 2011.4.21.에 1차 중도금으로 3억 원을 乙은 甲에게 먼저 지급한다. ② 甲과 乙은 2011.6. 21.에 잔금 6억 원을 받음과 동시에 건물 A에 대한 소유권 등기를 이전하기로 한다."

2011.4.21. 乙이 甲에게 3억 원을 지급하지 않았고, 그 상태가 2011.6.21.까지 계속되었다. 이 경우 乙의 甲에 대한 중도금 3억 원의 지급채무는 소유권이전등기채무와 동시이행관계에 있는가?

> **│ 해설 9 │** 동시이행관계에 있다.
>
> 판례는 대판 1991.3.27, 90다19930 등에서 매수인이 선이행의무 있는 중도금을 지급하지 않고 잔금지급기일을 넘긴 경우에도 매수인의 중도금 및 잔금지급의무와 매도인의 소유권이전등기의 서류제공은 동시이행관계에 있다고 본다. 구체적으로 중도금 및 중도금에 대한 지연손해금과 잔금지급채무가 매도인의 소유권이전의무와 동시이행관계에 있다고 본다. 甲과 乙은 6.21.에 '중도금 3억 원 + 중도금지급일 다음날부터 잔금지급일까지[5]의 중도금에 대한 지연이자 + 6억 원의 잔금'지급의무와 건물 A에 대한 등기이전의무를 동시에 이행하여야 한다.

█ 대판 2002.3.29, 2000다577 [계약금]

매수인이 선이행의무 있는 중도금을 지급하지 않았다 하더라도 계약이 해제되지 않은 상태에서 잔대금 지급일이 도래하여 그 때까지 중도금과 잔대금이 지급되지 아니하고 잔대금과 동시이행관계에 있는 매도인의 소유권이전등기 소요서류가 제공된 바 없이 그 기일이 도과하였다면, 다른 특별한 사정이 없는 한, 매수인의 중도금(필자 주: 중도금 지급일 다음날부터 잔대금 지급일까지의 중도금에 대한 지연손해금도 포함하는 것으로 보아야 한다) 및 잔대금의 지급과 매도인의 소유권이전등기 소요서류의 제공은 동시이행관계에 있다 할 것이어서 그 때부터는 매수인은 중도금을 지급하지 아니한 데 대한 이행지체의 책임을 지지 아니한다.

█ 대판 1991.8.13, 91다13144 [부동산소유권이전등기등]

매수인이 매매의 목적이 된 부동산을 명도받기 전에 잔대금을 먼저 지급하기로 약정한 매매의 경우에, 매수인이 잔대금지급채무를 이행하지 아니하였다고 하더라도 매매계약이 해제되지 아니한 상태에서 부동산의 명도기일이 지날 때까지 부동산이 명도되지 아니하였다면, 그때부터는 매수인의 잔대금지급채무와 매도인의 부동산명도의무는 동시이행의 관계에 있게 된다.

> **사례 10** A는 甲 소유의 X부동산을 매수하기로 하는 매매계약을 체결했다. 한편 A는 甲에게 중도금만 지급한 채 X부동산을 B에게 매도하는 계약을 체결했다. A는 B로부터 중도금 5억 원을 5.2.에 지급받으면, 그 5억 원으로 그 다음 날인 5.3. 원매도인 甲에게 잔금 5억 원을 지급하고 X부동산의 소유권이전등기를 경료받은 다음 5.20. B로부터 잔금 2억 원을 받으면서 X부동산 소유권이전등기를 B에게 경료하기로 하였다. A가 B로부터 중도금 5억 원을 지급받아 원매도인 甲에게 매매잔대금을 지급하지 않으면 X토지의 소유권이전이 불가능하여 B에게 이전하기 어려운 특

---

5) 이행기의 전날이 아니라 이행기가 도과한 날부터 동시이행관계에 있다. 따라서 전날이 아니라 그날까지는 지체책임을 진다. 대판 1991.3.27, 90다19930은 "매수인이 선이행하여야 할 중도금지급을 하지 아니한 채 잔대금지급일을 경과한 경우에는 매수인의 중도금 및 이에 대한 지급일 다음날부터 잔대금지급일까지의 지연손해금과 잔대금의 지급채무는 매도인의 소유권이전등기의무와 특별한 사정이 없는 한 동시이행관계에 있다"라고 판시하였다.

별한 사정이 있었고, B도 그러한 사정을 알면서도 매매계약을 체결하였다.

한편 B로부터 중도금을 받지 못한 A는 甲에게 잔금을 지급하지 못하여 소유권을 이전받지 못하였다. 그 후 5.25. A가 B에게 중도금 5억 원의 선이행을 청구하자, B는 A의 소유권이전등기의무의 변제기 또한 도과했음을 이유로 동시이행항변권을 행사한다고 주장했다. 이러한 주장은 타당한가?

(대판 1997.4.11, 96다31109 참조)

|**해설 10**| 타당하지 않다.

매도인이 매수인으로부터 중도금을 지급받아 원매도인에게 매매잔대금을 지급하지 아니하고서는 토지의 소유권이전등기서류를 갖추어 매수인에게 제공하기 어려운 특별한 사정이 있었고, 매수인도 그러한 사정을 알고 매매계약을 체결하였던 경우, 매도인의 소유권이전등기절차 서류의 제공의무는 매수인의 중도금 지급이 선행되었을 때에 매수인의 잔대금의 지급과 동시에 이를 이행하기로 약정한 것이라고 할 것이므로, 매수인의 중도금 지급의무는 당초 계약상의 잔금지급 기일을 도과하였다고 하여도 매도인의 소유권이전등기서류의 제공과 동시이행의 관계에 있다고 할 수 없다.

3. 상대방이 자신의 (채무)이행제공이 없을 것[6]

상대방이 자신의 채무를 이행제공하면 타방 당사자의 동시이행항변권이 성립하지 않는다. 즉 일방 당사자가 이행제공을 하면서 타방의 이행을 청구하는 경우라면 타방 당사자는 동시이행항변권을 행사할 수 없다. 예컨대 임대차관계가 종료된 후 종전 임차인이 임대인의 동의 아래 임차목적물을 새로운 임차인에게 직접 넘겼다면, 임대인은 임차인에게 보증금 반환과 관련하여 동시이행항변권을 행사할 수 없다(대판 2009.6.25, 2008다55634).

이행 또는 이행제공은 항변권 행사의 상대방인 원고(이행청구한 당사자)의 재항변 사유에 해당한다. 따라서 증명책임과 관련하여 동시이행항변권을 배제하려는 상대방이 자신의 채무이행 또는 이행제공 여부를 증명해야 한다(대판 2013.4.11, 2012다65294. 부동산매매계약에서 매수인의 소유권이전등기청구에 대하여 매도인이 잔대금 지급과의 동시이행항변을 한 경우, 잔대금 지급 또는 이행제공 여부는 매수인이 증명책임을 부담한다고 한 사례).

대판 2009.6.25, 2008다55634 [추심금]

임대차관계가 종료된 후 임차인이 목적물을 임대인에게 반환하였으면 임대인은 보증금을 무조건으로 반환하여야 하고, 임차인으로부터 목적물의 인도를 받는 것과의 상환이행을 주장할 수 없다. 그리고 이는 종전의 임차인이 임대인으로부터 새로 목적물을 임차한 사람에게 그 목적물을 임대인의 동의 아래 직접 넘긴 경우에도 다를 바 없다. 그 경우 임차인의 그 행위는 임대인이 임차인으로부터 목적물을 인도받아 이를 새로운 임차인에게 다시 인도하는 것을 사실적인 실행의 면에서 간략하게 한 것으로서, 법적으로는 두 번의 인도가 행하여진 것으로 보아야 하므로, 역시 임대차관계 종

---

6) 반면에 일부 견해는 이것은 발생요건이 아니라 효력의 시적범위(효력내용 또는 소멸사유)로 이해해야 한다고 보기도 한다.

료로 인한 임차인의 임대인에 대한 목적물반환의무는 이로써 제대로 이행되었다고 할 것이기 때문이다.

(1) 동시이행항변권 상실을 위한 상대방의 이행제공의 방법 및 정도

이행은 현실제공을 원칙으로 하나, 이행제공의 정도를 완화하여 구두의 제공만으로 충분한 경우가 있다($\binom{\text{제460조}}{\text{단서 참조}}$). 판례 또한 쌍무계약에 있어서 당사자의 채무에 관하여 이행의 제공을 엄격하게 요구하면, 불성실한 상대방 당사자에게 구실을 주게 될 수도 있으므로 당사자가 하여야 할 이행제공의 정도는 그의 시기와 구체적인 상황에 따라 신의성실의 원칙에 어긋나지 않게 합리적으로 정해야 한다고 본다($\binom{\text{대판 2001.12.11, 2001다36511; 대}}{\text{판 2001.5.8, 2001다6053,6060,6077}}$). 예컨대 부동산 매매계약에서 매도인의 소유권이전등기절차 이행채무와 매수인의 매매잔대금지급채무가 동시이행관계에 있는 한 쌍방이 이행을 제공하지 않는 상태에서는 이행지체로 되는 일이 없을 것인바, 매도인이 매수인을 이행지체에 빠지게 하기 위하여는 소유권이전등기에 필요한 서류 등을 현실적으로 제공하거나 그렇지 않더라도 이행장소에 그 서류 등을 준비하여 두고 매수인에게 그 뜻을 통지하고 수령하여 갈 것을 최고하면 될 것이다($\binom{\text{대판 2001.12.11, 2001다36511; 대}}{\text{판 2001.5.8, 2001다6053,6060,6077}}$). 단 이행의 준비만 하고 최고를 하지 않았다면, 이는 이행의 제공으로 보지 않는다($\binom{\text{대판 2008.4.24,}}{\text{2008다3053,3060}}$).

> **대판 2008.4.24, 2008다3053,3060 [매매대금반환등 · 매매대금]**
> 동시이행의 관계에 있는 쌍무계약에 있어서 상대방의 채무불이행을 이유로 계약을 해제하려고 하는 자는 동시이행관계에 있는 자기 채무의 이행을 제공하여야 하고, 그 채무를 이행함에 있어 상대방의 행위를 필요로 할 때에는 언제든지 현실로 이행을 할 수 있는 준비를 완료하고 그 뜻을 상대방에게 통지하여 그 수령을 최고하여야만 상대방으로 하여금 이행지체에 빠지게 할 수 있는 것이며 단순히 이행의 준비태세를 갖추고 있는 것만으로는 안 된다.

(2) 일시적 이행제공과 동시이행항변권

상대방이 이행제공을 한 번 했으나 이행제공 상태가 유지되지 않는 경우(일시적 이행제공)에도 타방 당사자에게 동시이행항변권이 인정되어 이행지체책임을 면하는지를 검토해야 한다.

한 번의 이행제공으로 상대방을 이행지체에 빠지게 한 후, 그 이행제공상태가 계속되지 않은 경우(일시적 이행제공을 의미함)에도 상대방은 계속하여 이행지체책임을 부담할 것인지에 대해 학설은 상대방에게 이행지체책임을 묻기 위해서는 한 번의 이행제공으로 족하고, 지체가 성립한 후에는 이행제공을 계속할 필요가 없다는 일회적 이행제공설과, 1회의 이행제공만으로는 동시이행항변권이 소멸되는 것은 아니므로 이행제공이 중지된 경우에는 더 이상 이행지체책임을 물을 수 없다는 계속적 이행제공설로 견해가 나뉜다.[7]

---

7) 계속적 이행제공설은 A가 한 번 이행제공한 후 무자력 상태에 빠진 경우에도 상대방인 B가 동시이행항변권을 행사할 수 없다면 B의 채무의 이행만을 강요하는 것이 되어 공평하지 못하다는 점을 근거로 든다. 반면에 일회적 이행제공설은 동시이행항변권의 취지는 양 채무를 동시에 상환으로 이행하는 것을 보장하는 데에서 찾아야지 지체자의 지체책임까지도 면하게 하는 취지로 확대해서는 안된다고 본다.

판례$\binom{\text{대판 } 1995.3.14, 94다26646; \text{ 대판}}{2001.5.8, 2001다6053,6060,6077}$는 "쌍무계약의 당사자 일방이 먼저 한 번 현실의 제공을 하고 상대방을 수령지체에 빠지게 하였다 하더라도 그 이행의 제공이 계속되지 않는 경우는 과거에 이행의 제공이 있었다는 사실만으로 상대방이 갖는 동시이행의 항변권이 소멸하는 것은 아니므로, 일시적으로 당사자 일방의 의무의 이행제공이 있었으나 곧 그 이행의 제공이 중지되어 더 이상 그 제공이 계속되지 아니하는 기간 동안에는 상대방의 의무가 이행지체 상태에 빠졌다고 할 수는 없다고 할 것이고, 따라서 그 이행의 제공이 중지된 이후에 상대방의 의무가 이행지체 되었음을 전제로 하는 손해배상청구도 할 수 없다"고 하여 계속적 이행제공설을 취한다.[8] 다만 이행제공의 정도는 완화되어 매도인이 이행장소로 정한 법무사 사무실에 그 서류 등을 계속 보관시키면서 언제든지 잔대금과 상환으로 그 서류들을 수령할 수 있음을 통지하고 신의칙상 요구되는 상당한 시간 간격을 두고 거듭 수령을 최고하면 이행의 제공을 다한 것이 되고 그러한 상태가 계속되면 매수인은 이행지체책임을 지게 된다$\binom{\text{대판 } 2001.5.8, 2001}{\text{다}6053,6060,6077}$.

심화학습

일시적 이행제공과 계약해제

채무자가 이행지체에 빠진 경우, 채권자는 제544조에 기해 상당한 기간을 정하여 그 이행을 최고하고 그 기간 내에 채무자가 이행을 하지 아니하면 계약을 해제할 수 있다. 만일 한 번의 이행제공으로 상대방을 이행지체에 빠지게 한 후, 최고하여 해제를 하려고 하는 자는 최고기간 동안 이행을 계속제공해야 할 것인지가 문제된다. 학설은 일회적 이행제공설과 계속적 이행제공설로 나뉜다. 판례는 "쌍무계약의 일방 당사자가 이행기에 한번 이행제공을 하여서 상대방을 이행지체에 빠지게 한 경우, 신의성실의 원칙상 이행을 최고하는 일방 당사자로서는 그 채무이행의 제공을 계속할 필요는 없다 하더라도 상대방이 최고기간 내에 이행 또는 이행제공을 하면 계약해제권은 소멸되므로 상대방의 이행을 수령하고 자신의 채무를 이행할 수 있는 정도의 준비가 되어 있으면 된다"고 하여, 일회적 이행제공설을 취한다$\binom{\text{대판 } 1996.11.26,}{96다35590,35606}$. 동 판결에서 판례는 "부동산 매수인이 잔대금 지급기일에 잔대금의 이행제공을 하였음에도 매도인이 명도의무를 이행하지 못하여 이행지체에 빠진 경우, 매수인이 매도인에게 상당한 기간 내에 명도의무의 이행이 없을 것을 정지조건으로 하여 미리 해제의 의사표시를 함과 동시에 매도인으로서의 이행을 최고함에 있어서 현실로 이행제공하였던 잔대금으로 양도성예금증서를 구입하여 보관하고 있으면서 자신의 채무를 이행할 수 있는 준비를 하고 있었다면 이는 해제권 발생을 위한 적법한 최고"라고 보았다.

심화학습

동시이행항변권과 계약해제시 요구되는 이행제공과 관련하여 일시적 이행제공만 있는 경우에도 각각에 요구되는 이행제공이 있다 볼 것인지에 대해서 판례가 다른 입장을 취하고 있는데 이는 타당한 것인가?

---

8) 동시이행항변권을 인정하는 것은 양 급부간의 상환성을 유지하는 것이 공평하다는 취지에서 나온 것일 뿐, 이를 지체자의 이행지체책임을 면하게 하는 취지로 확대하는 것은 옳지 않다고 보는 견해도 있다.

> **해설** 해제는 계약관계에서 벗어나는 것을 목적으로 하는 반면, 이행지체책임은 계약의 존속을 전제로 한다는 점에서 판례가 결론을 달리한 것으로 이해된다.

(3) 일부이행·불완전이행일 때

상대방이 이행을 하기는 하였으나, 그것이 일부의 이행에 불과하거나 불완전한 경우에 채무자가 어느 범위에서 동시이행항변권을 행사할 수 있을 것인지가 문제된다. 학설과 판례는 이 문제를 일반적으로 공평의 원리나 신의칙에 따라 해결한다(대판 1991.8.23, 91다13120).[9] 구체적인 기준을 제시해 본다면 다음과 같다.

(가) 항변권 행사의 상대방이 부담하는 채무가 불가분인 경우

동시이행항변권 행사자의 상대방이 부담하는 채무가 불가분인 경우, 그 항변권 행사자는 자기 채무가 가분적이든 불가분적이든 채무 전부에 대하여 동시이행항변권을 행사할 수 있다. 예를 들어 공사도급계약의 경우 도급인의 공사대금 지급의무와 수급인의 하자 없는 완성물 인도의무(불가분채무에 해당)는 동시이행관계에 있는데(제665조 제1항 본문), 수급인이 완성한 물건에 하자가 있다면 도급인은 수급인으로부터 하자의 보수를 받기까지 수급인에게 공사대금 전부의 지급을 거절할 수 있다.[10] 다만 상대방의 미이행 부분이 경미한 경우에는 신의칙에 의해 항변권이 제한될 수 있다. 판례 또한 "미지급 공사대금에 비해 하자보수비 등이 매우 적은 편이고 하자보수공사가 완성되어도 공사대금이 지급될지 여부가 불확실한 경우, 도급인이 하자보수청구권을 행사하여 동시이행의 항변을 할 수 있는 기성공사대금의 범위는 하자 및 손해에 상응하는 금액으로 한정하는 것이 공평과 신의칙에 부합한다"고 보았다(대판 2001.9.18, 2001다9304).

(나) 항변권 행사의 상대방이 부담하는 채무가 가분적인 경우

이 경우에는 동시이행항변권 행사자의 채무가 가분적인 경우와 불가분적인 경우를 나누어서 살펴보아야 할 것이다. 먼저 항변권 행사자의 채무가 불가분적인 경우라면 항변권 행사자는 채무 전부에 대하여 동시이행항변권을 행사할 수 있다. 예컨대 매도인은 매수인으로부터 매매대금 전액의 이행 또는 이행제공을 받기까지 매수인에게 매매목적물 전부에 대한 소유권 이전 및 인도를 거절할 수 있다(대판 2006.2.23, 2005다53187).[11]

반면 항변권 행사자의 채무도 가분적인 경우에는 항변권 행사자는 상대방의 반대채무에 상

---

9) '부동산매매계약에 있어 법인이 매도인으로서 등기의무자인 경우에는 법인등기부등본이 소유권이전등기신청에 필요한 서류라고 할지라도 법인등기부등본은 등기사무를 위임받는 법무사 등이 용이하게 신청, 교부 받을 수 있고 등기의무자의 특별한 협력이 필요하지 아니하므로 매도인측에서 법인등기부등본의 이행의 제공이 없다고 하여 매수인측이 잔금의 지급을 거절함은 신의칙에 반한다.'

10) 그 부분만큼만 지급거절할 수 있다면 보수를 하지 않을 가능성이 있기 때문이다. 도급계약은 일부이행이 불가능하다.

11) 대판 2006.2.23, 2005다53187: 매수인이 매도인을 상대로 매매목적 부동산 중 일부에 대해서만 소유권이전등기의무의 이행을 구하고 있는 경우에도 매도인은 특별한 사정이 없는 한 그 매매잔대금 전부에 대하여 동시이행의 항변권을 행사할 수 있다고 할 것이다.

응하는 자신의 채무에 관하여만 동시이행항변권을 갖는다. 도급계약에서 하자로 발생한 수급인의 손해배상채무와 도급인의 보수지급채무는 대등액의 범위에서 동시이행의 항변권을 행사할 수 있다$\binom{제667조}{제3항}$$\binom{대판 2007.8.23.}{2007다26455,26462}$. 또한 쌍방의 채무가 일정기간 회귀적으로 반복되거나 계속적으로 지속되는 경우가 이에 해당할 것이다. 예를 들어, 임대차계약에서 임차인의 차임지급의무와 임대인의 사용·수익하게 할 의무는 동시이행관계에 있는데, 임대인이 임차인에게 임차목적물의 일부를 사용·수익하지 못하게 하였으나 지장이 있는 부분을 제외한 나머지 부분을 통해 임차인이 임차목적물을 사용·수익하고 있는 경우에는 임차인은 그 지장이 있는 한도 내에서만 차임의 지급을 거절할 수 있을 뿐, 그 전부의 지급을 거절할 수는 없으므로 그 한도를 넘는 차임의 지급거절은 채무불이행이 된다$\binom{대판 1989.6.13.}{88다카13332}$.

사례 11 甲과 乙은 공사도급계약을 체결하였다. 그런데 수급인 乙이 완성한 물건에 하자가 있었고, 이로 인하여 甲에게 3억 원의 손해가 발생하였다. 乙이 甲에게 공사대금 10억 원을 주장하자, 甲은 乙에게서 3억 원의 손해배상을 받을 때까지 10억 원을 지급할 수 없다고 하고 있다. 甲의 이러한 항변은 타당한가? (대판 1990.5.22. 90다카230 참조)

해설 11 타당하지 않다.

도급인이 하자의 보수에 갈음하여 손해배상을 청구한 경우 도급인은 그 손해배상의 제공을 받을 때까지 손해배상액에 상당하는 보수액의 지급만을 거절할 수 있는 것이고 그 나머지 보수액의 지급은 이를 거절할 수 없는 것이라고 보아야 할 것이므로 도급인의 손해배상채권과 동시이행관계에 있는 수급인의 공사금채권은 공사잔대금채권 중 위 손해배상채권액과 동액의 금원뿐이고, 그 나머지 공사잔대금채권은 위 손해배상채권과 동시이행관계에 있다고 할 수 없다. 따라서 사안에서 甲은 乙에게 3억 원의 범위에서 동시이행항변권을 행사할 수 있을 뿐이다. 물론 이 경우 甲은 3억 원에 대해서 乙에게 상계를 주장할 수도 있을 것이다.

Ⅲ. 효   과

동시이행항변권은 연기적 항변권으로서 '상대방이 그 채무이행을 제공할 때까지' 상대방이 갖는 청구권의 실현을 '저지'할 수 있는 실체법상의 권리이다. 따라서 동시이행항변권이 존재한다는 이유만으로 부당이득반환의무가 부정되는 것은 아니다(대판 1998.7.10. 98다15545. 임대차 종료 후 임차인의 명도의무와 임대인의 임차보증금반환의무가 동시이행항변권이 있더라도 임차인이 임차목적물을 점유하고 사용·수익한 경우 그 점유는 불법점유가 아니므로 손해배상책임은 부정되지만 그 이득은 부당이득으로 반환해야 한다고 봄). 또한 동시이행항변권이 있어도 소멸시효의 기산이나 진행에 영향이 없음이 원칙이다(대판 1991.3.22. 90다9797. 주의할 판결로는 임대차 종료 후 동시이행항변권을 이유로 임차목적물을 계속 점유하는 경우, 그러한 점유를 보증금반환채권에 대한 권리행사로 보아 임차인이 임대인에게 보증금반환채권의 이행을 직접 청구하지 않았더라도 소멸시효가 진행되지 않는다고

한 대판 2020.7.9, 2016다244224,244231 참조).

동시이행항변권은 채무자가 이를 행사할 때에만 효력이 발생한다. 그러나 경우에 따라서는 행사 없이 존재만으로 동시이행항변권의 효력이 발생하기도 한다. 이에 이하에서는 동시이행항변권의 효과를 행사의 효과와 존재의 효과로 나누어서 검토하기로 한다.

1. 행사의 효과(이행의 거절)

동시이행의 항변권도 '항변'이라는 점에서, 소송에서 채무자가 이를 주장해야만 효력이 발생한다. 따라서 법원은 피고가 동시이행항변권을 가지고 있다는 것을 알았다 하더라도, 피고가 이를 주장하지 않는 한 판결에 반영해서는 안된다. 즉 법원은 동시이행의 항변권의 요건사실이 현출된 것만으로는 상환이행판결(원고일부승소판결)을 선고할 수 없으므로 피고가 동시이행항변권을 행사하지 않는 한 법원은 소송을 제기한 원고의 전부승소판결을 내려야 한다(대판 1967.9. 19, 67다1231). 그러나 피고가 이를 주장한 경우에는 법원은 원고의 이행과 상환으로 피고의 채무를 이행하라는 상환이행판결(일부승소판결)을 하게 된다.

한편 상환판결을 기초로 하여 원고가 강제집행을 하려고 하는 경우에는 원고의 반대급부가 제공되어야 할 것이다. 그런데 이러한 원고의 반대급부 제공은 법원이 집행력 있는 판결정본 (집행문)을 부여하기 위한 요건(민사집행법 제30조 제2항)이 아니라, 집행관 등이 집행을 개시하기 위한 요건 (민사집행 법 제41조)에 해당한다(대결 1996.2. 14, 95마950). 만일 반대급부 제공을 집행문 부여의 요건으로 본다면, 집행을 위해 결국 원고가 선이행의무를 지게 되는 것과 다를 바 없기 때문이다. 상환이행판결의 기판력은 피고의 채무와 그 채무에 관한 동시이행항변의 조건이 있다는 점에 관하여만 발생하고 원고의 채무의 존재 및 그 액수에 관하여는 발생하지 않는다.

2. 존재의 효과

동시이행의 항변권은 존재 자체만으로도 다음과 같은 두 가지 효과가 인정된다.

(1) 이행지체의 저지효

동시이행의 항변권을 갖는 채무자는 비록 이행기에 이행을 하지 않았더라도 그것만으로 채무불이행책임을 지지 않는다. 왜냐하면 항변권을 갖는 자가 이행기일에 이행을 하지 않았다 하더라도 이를 위법하다고 볼 수 없기 때문이다. 상대방이 채무자를 이행지체에 빠뜨리려면 우선 자기채무의 이행을 제공하여 채무자의 동시이행의 항변권을 소멸시켜야만 한다(대판 2001.7.10, 2001다3764). 판례는 제536조 제2항의 불안의 항변권이 인정되는 경우에는 선이행의무가 있는 당사자가 이행거절 의사를 구체적으로 밝히지 아니하였다고 할지라도 선이행의무자의 이행지체는 당연히 저지된다고 본다(대판 1999.7.9, 98다13754).

그러나 판례는 지급을 담보하기 위하여 어음이 교부되었다면, 원인채무의 변제와 어음·수

표의 반환의 동시이행을 주장하는 경우에는 동시이행항변권을 행사하여 실제로 어음반환이 없음을 이유로 이행을 거절하는 경우에만 지체책임을 면한다고 본다(대판 1993.11.9, 93다11203,11210; 대판 1999.7.9, 98다47542). 원인채무와 어음반환의무는 대가적 관계에 있지 않기 때문이다.

> **생각해 볼 문제** 불안의 항변권이 요건사실에 대한 피고의 주장 증명이 없어도 인정된다는 의미로 볼 수 있는가?

대판 2001.7.10, 2001다3764 [매매대금]
쌍무계약에서 쌍방의 채무가 동시이행관계에 있는 경우 일방의 채무의 이행기가 도래하더라도 상대방 채무의 이행제공이 있을 때까지는 그 채무를 이행하지 않아도 이행지체의 책임을 지지 않는 것이며, 이와 같은 효과는 이행지체의 책임이 없다고 주장하는 자가 반드시 동시이행의 항변권을 행사하여야만 발생하는 것은 아니므로, 동시이행관계에 있는 쌍무계약상 자기채무의 이행을 제공하는 경우 그 채무를 이행함에 있어 상대방의 행위를 필요로 할 때에는 언제든지 현실로 이행을 할 수 있는 준비를 완료하고 그 뜻을 상대방에게 통지하여 그 수령을 최고하여야만 상대방으로 하여금 이행지체에 빠지게 할 수 있는 것이다.

대판 1999.7.9, 98다13754 [손해배상(기) · 매매대금]
쌍무계약의 당사자 일방이 계약상 선이행의무를 부담하고 있는데 그와 대가관계에 있는 상대방의 채무가 아직 이행기에 이르지 아니하였지만 이행기의 이행이 현저히 불투명하게 된 경우에는 민법 제536조 제2항 및 신의칙에 의하여 그 당사자에게 반대급부의 이행이 확실하여 질 때까지 선이행의무의 이행을 거절할 수 있고, 이와 같이 대가적 채무간에 이행거절의 권능을 가지는 경우에는 비록 이행거절 의사를 구체적으로 밝히지 아니하였다고 할지라도 이행거절 권능의 존재 자체로 이행지체책임은 발생하지 않는다.

대판 1999.7.9, 98다47542,47559
채무자가 어음의 반환이 없음을 이유로 원인채무의 변제를 거절할 수 있는 것은 채무자로 하여금 무조건적인 원인채무의 이행으로 인한 이중지급의 위험을 면하게 하려는 데에 그 목적이 있는 것이지, 기존의 원인채권에 터잡은 이행청구권과 상대방의 어음 반환청구권이 민법 제536조에 정하는 쌍무계약상의 채권채무관계나 그와 유사한 대가관계가 있어서 그러는 것은 아니므로, 원인채무 이행의무와 어음 반환의무가 동시이행의 관계에 있다 하더라도 이는 어음의 반환과 상환으로 하지 아니하면 지급을 할 필요가 없으므로 이를 거절할 수 있다는 것을 의미하는 것에 지나지 아니하는 것이며, 따라서 채무자가 어음의 반환이 없음을 이유로 원인채무의 변제를 거절할 수 있는 권능을 가진다고 하여 채권자가 어음의 반환을 제공하지 아니하면 채무자에게 적법한 이행의 최고를 할 수 없다고 할 수는 없고, 채무자는 원인채무의 이행기를 도과하면 원칙적으로 이행지체의 책임을 진다.

(2) 동시이행항변권이 붙은 채권을 자동채권으로 하는 상계금지

상대방이 동시이행항변권을 행사할 수 있는 채권을 '자동채권'으로 하는 상계는 허용되지 않는다$\left(\substack{\text{대판 2002.8.23.}\\\text{2002다25242}}\right)$. 만일 이를 허용하면 상대방의 항변권 행사의 기회를 박탈시키는 결과를 가져오기 때문이다. 반면에 항변권은 본인 스스로 포기할 수 있다는 점에서 동시이행의 항변권이 붙은 채권을 수동채권으로 하는 상계는 허용된다.

더 나아가 대립하는 양 채권이 서로 동시이행관계에 있는 경우에는 동시이행항변권이 붙은 채권을 자동채권으로 하는 상계도 허용된다. 이러한 경우에는 상계를 허용함으로써 오히려 당사자 사이의 채무 변제를 용이하게 처리하는 결과를 가져올 수 있기 때문이다.

> **사례 12** A는 B 소유의 X부동산을 1억 원에 매수하는 매매계약을 체결했는데, 매매계약의 체결 전에 B는 A에게서 1억 원을 빌린 상태였다. 이 때 B는 A에 대하여 갖고 있는 1억 원의 대금채권과 A에게 지급해야 할 1억 원의 채무를 상계할 수 있는가?
>
> **|해설 12|** 상계할 수 없다.
> B가 A에게 가지는 1억 원의 대금채권이 자동채권이 되는데, 이는 상대방이 동시이행항변권을 행사할 수 있는 채권이다. 이때 B의 상계를 허용하면 상대방 A는 X의 소유권 취득을 위하여 필요한 동시이행항변권의 행사가 원천적으로 배제되므로 B의 상계는 부정된다.

(3) 동시이행항변권이 있는 상태에서 목적물의 점유는 적법한 점유이다. 한편 동시이행관계에 있더라도 채권의 소멸시효는 진행됨이 원칙이다(대판 1991.3.22, 90다9797. 부동산매매대금채권이 소유권이전등기청구권과 동시이행의 관계에 있더라도 대금청구권은 지급기일 이후에는 소멸시효가 진행된다. 참고로 소유권이전등기청구권은 인도받아 점유하고 있는 경우에는 소멸시효가 진행되지 않음).

Ⅳ. 동시이행항변권의 구체적 적용

민법은 개별규정으로 하나의 쌍무계약에 의한 채무가 아니라도, 채권관계의 쌍방당사자가 서로 대가관계가 인정되는 채무를 부담하고 있는 경우에는 개별적으로 그 채무사이에 동시이행관계가 있음을 인정한다. 이는 상호 대가적으로 견련성을 갖는 쌍무계약상의 채무가 아니더라도 대립하는 채무 사이에 일정한 연관이 있을 때에는 동시이행을 인정하는 것이 공평 및 신의칙에 합당하다는 입장에서 기인한 것이다. 통설과 판례는 동시이행항변권을 인정하지 않는다면 먼저 이행한 자가 불리하게 된다는 점을 고려하여 쌍무계약 이외의 영역에서의 동시이행항변권을 인정한다. 물론 사적자치의 원칙상 당사자의 특약으로 동시이행항변권을 인정할 수 있다$\left(\substack{\text{대판 1990.4.13.}\\\text{89다카23794}}\right)$.

요컨대 양 당사자의 채무는 쌍무계약상 고유의 대가관계가 없더라도, 적어도 동일한 법률요건으로부터 발생해야 한다$\left(\substack{\text{대판 2000.10.27.}\\\text{2000다36118}}\right)$.

금전채권의 채무자가 제공한 담보의 반환의무와 채무자의 변제의무는 특별한 사정이 없는 한 동시이행관계에 있지 않다. 채권자는 채무 전부를 변제받은 후에 담보를 반환하면 될 뿐이다(대판 2019.10.31, 2019다247651).

1. 명문규정에 의해 인정되는 경우

① 전세권이 소멸한 전세권설정자의 전세금반환과 전세권자의 전세목적물의 인도 및 등기말소의무(제317조), ② 지시채권증서의 교부와 변제(제519조), ③ 계약해제시의 원상회복의무(제549조), ④ 매도인의 담보책임(제583조)12), ⑤ 수급인의 하자보수의무 또는 손해배상의무를 지는 경우에 그것과 도급인의 보수지급의무(제667조 제3항), ⑥ 종신정기금계약이 해제된 경우 정기금채무자의 원본반환의무와 상대방의 정기금반환의무(제728조), ⑦ 부담부 증여(제561조), ⑧ 가등기담보법에서 정하는 청산금지급채무와 목적부동산이전등기 및 인도채무(가등기담보법 제4조 제3항) 등이 있다.

2. 명문규정 없이 해석으로 인정되는 경우

① 제474조의 채무자의 변제의무와 채권자의 영수증교부의무(대판 2005.8.19, 2003다22042)13), ② 쌍무계약의 무효·취소에 의한 상호간의 부당이득반환의무(대판 2001.7.10, 2001다3764)14), ③ 임차인의 목적물 반환의무와 임대인의 보증금반환의무(대판 2002.2.26, 2001다77697)15), ④ 계약해제의 경우 상대방에 대한 원상회복의무 및

---

12) 대판 1993.4.9, 92다25946: 민법 제583조의 취지는 매도인은 같은 조에서 명시한 규정들에 터잡아 이미 지급받은 대금의 전부나 일부의 반환의무, 손해배상의무, 하자 없는 물건의 지급의무가 있는 반면 매수인은 매도인에게서 수령한 목적물이 있다면 원상회복의무로서 이를 반환할 의무가 있는데, 이러한 쌍방 당사자의 의무는 하나의 쌍무계약에서 발생한 것은 아닐지라도 동일한 생활관계에서 발생한 것으로 서로 밀접한 관계에 있어 그 이행에 견련관계를 인정함이 공평의 원칙에 부합하기 때문에, 일반 해제의 경우와 마찬가지로 이들 경우에도 민법 제536조를 준용한다는 것이다.
13) 두 의무가 대가적 의미에서의 이행상 견련관계가 없음에도 인정된다.
14) 그러나 근저당권 실행을 위한 경매가 무효가 된 경우, 낙찰자의 채무에 대한 소유권이전등기 말소의무와 근저당권자의 낙찰자에 대한 배당금 반환의무는 동시이행관계가 아니다(대판 2006.9.22, 2006다24049).
   대판 2006.9.22, 2006다24049: 근저당권 실행을 위한 경매가 무효로 되어 채권자(=근저당권자)가 채무자를 대위하여 낙찰자에 대한 소유권이전등기 말소청구권을 행사하는 경우, 낙찰자가 부담하는 소유권이전등기 말소의무는 채무자에 대한 것인 반면, 낙찰자의 배당금 반환청구권은 실제 배당금을 수령한 채권자(=근저당권자)에 대한 채권인바, 채권자(=근저당권자)가 낙찰자에 대하여 부담하는 배당금 반환채무와 낙찰자가 채무자에 대하여 부담하는 소유권이전등기 말소의무는 서로 이행의 상대방을 달리하는 것으로서, 채권자(=근저당권자)의 배당금 반환채무가 동시이행의 항변권이 부착된 채 채무자로부터 승계된 채무도 아니므로, 위 두 채무는 동시에 이행되어야 할 관계에 있지 아니하다.
   대판 2009.7.9, 2009다18526: 부동산에 관한 매매계약을 체결한 후 매수인 앞으로 소유권이전등기를 마치기 전에 매수인으로부터 그 부동산을 다시 매수한 제3자의 처분금지가처분신청으로 매매목적부동산에 관하여 가처분등기가 이루어진 상태에서 매도인과 매수인 사이의 매매계약이 해제된 경우, 매도인만이 가처분이의 등을 신청할 수 있을 뿐 매수인은 가처분의 당사자가 아니어서 가처분이의 등에 의하여 가처분등기를 말소할 수 있는 법률상의 지위에 있지 않고, 제3자가 한 가처분을 매도인의 매수인에 대한 소유권이전등기의무의 일부이행으로 평가할 수 없어 그 가처분등기를 말소하는 것이 매매계약 해제에 따른 매수인의 원상회복의무에 포함된다고 보기도 어려우므로, 위와 같은 가처분등기의 말소와 매도인의 대금반환의무는 동시이행의 관계에 있다고 할 수 없다.
15) 대판 2005.6.9, 2005다4529: 주택임대차보호법 제3조의3 규정에 의한 임차권등기는 이미 임대차계약이 종료하였음에도 임대인이 그 보증금을 반환하지 않는 상태에서 경료되게 되므로, 이미 사실상 이행지체에 빠진 임대인의 임대차보증금의 반환의무와 그에 대응하는 임차인의 권리를 보전하기 위하여 새로이 경료하는 임차권등기에 대한 임차인의

손해배상의무($\binom{대판\ 1996.7.26,}{95다25138,25145}$)16), ⑤ 가압류등기(또는 근저당권설정등기) 있는 부동산의 매매계약에 있어서, 매도인의 소유권이전등기의무 및 가압류등기 등의 말소의무와 매수인의 대금지급의무($\binom{대판\ 2000.11.28,}{2000다8533}$)17), ⑥ 수급인의 하자있는 목적물의 인도로 인해 발생한 확대손해에 대한 손해배상채무와 도급인의 공사대금채무($\binom{대판\ 2005.11.10,}{2004다37676}$), ⑦ 원인채무의 이행의무와 어음 반환의무($\binom{대판\ 1999.7.9,}{98다47542,47559}$), ⑧ 신탁계약에서 위탁자 또는 수익자가 부담하는 신탁비용 및 신탁보수지급의무와 신탁종료시 수탁자가 부담하는 신탁재산을 이전할 의무($\binom{대판\ 2008.3.27,}{2006다7532,7549}$) 등은 동시이행관계에 놓인다.

3. 동시이행관계가 부정된 경우

담보권의 말소(저당권의 말소)의무는 피담보채무의 변제가 선이행되어야 하며($\binom{대판\ 1966.2.}{15.\ 65다2431}$), 주택임대차보호법상 임차권등기명령($\binom{주택임대차법}{제3조의3}$)에 의한 임차권등기의 말소의무에 대하여 보증금 반환이 선이행 의무이다($\binom{대판\ 2005.6.9,}{2005다4529}$). 나아가 채권증서의 반환에 대하여 변제를 선이행의무로 본다($\binom{대판\ 2005.8.19,}{2003다22042}$).

사례 13 A는 B로부터 X부동산을 매매대금 1억 1,000만 원에 매수하기로 하면서 계약금 5,000만 원을 지급했고, 잔금 6,000만 원은 등기이전과 동시에 지급하기로 하였다. 그런데 X부동산에는 청구금액 5,495,250원의 가압류등기와 청구금액 1억 2,000만 원의 가압류등기가 각각 경료되어 있었다. 매도인 B가 소유권이전등기에 필요한 서류를 제공하면서 A에게 잔금지급을 청구하자 A는 잔금의 지급의무는 B의 가압류등기말소의무와 동시이행관계에 있음을 주장하였다. 이와 같은 A의 주장은 인용될 수 있는가?   (대판 2000.11.28, 2000다8533 참조)

해설 13 인용된다.

판례는 "부동산의 매매계약이 체결된 경우에는 매도인의 소유권이전등기의무, 인도의무와 매수인의 잔대금지급의무는 동시이행의 관계에 있는 것이 원칙이고, 이 경우 매도인은 특별한 사정이 없는 한 제한이나 부담이 없는 완전한 소유권이전등기의무를 지는 것이므로 매매목적 부동산에 가압류등기 등이 되어 있는 경우에는 매도인은 이와 같은 등기도 말소하여 완전한 소유권이전등기를 해 주어야 하는 것이고, 따라서 가압류등기 등이 있는 부동산의 매매계약에 있어서는 매도인의 소유권이전등기 의무와 아울러 가압류등기의 말소의무도 매수인의 대금지급의무와 동시이행 관계에 있다"고 보았다.

말소의무를 동시이행관계에 있는 것으로 해석할 것은 아니고, 특히 위 임차권등기는 임차인으로 하여금 기왕의 대항력이나 우선변제권을 유지하도록 해 주는 담보적 기능만을 주목적으로 하는 점 등에 비추어 볼 때, 임대인의 임대차보증금의 반환의무가 임차인의 임차권등기 말소의무보다 먼저 이행되어야 할 의무이다.

16) 대판 1996.7.26, 95다25138,25145: 계약이 해제되면 계약당사자는 상대방에 대하여 원상회복의무와 손해배상의무를 부담하는데, 이 때 계약당사자가 부담하는 원상회복의무뿐만 아니라 손해배상의무도 함께 동시이행의 관계에 있다.

17) 저당권, 양도담보 등의 담보가 설정된 경우에 피담보채무의 변제와 그 담보와 관련된 등기의 말소와는 동시이행관계에 있지 않으며, 먼저 피담보채권이 변제 등으로 소멸된 후에야 그 등기의 말소를 청구할 수 있다(대판 1972.7.25, 71다1988; 대판 1966.2.15, 65다2431).

종합사례 1

甲은 2010.2.9. 자신이 소유하고 있던 X부동산을 매매대금 1억 원에 乙에게 매도하는 계약을 체결하였다. 계약의 내용에 따르면, 乙은 매매대금 중 1천만 원은 계약체결당일에 계약금으로 지급하였고, 중도금 4천만 원은 같은 해 4.30.에 지급하고, 잔금 5천만 원은 같은 해 5.30.에 지급하기로 하였다. 甲은 잔금을 지급받는 것과 상환으로 X부동산의 소유권이전에 필요한 제반 서류를 교부해 주면서 그 날 X부동산의 점유도 이전해 주기로 했다. 乙은 중도금 지급기일이 다가오자, 매매목적물인 X부동산의 시가가 하락하여 그 부동산을 구입할지 여부에 대해서 고민하게 되었고, 결국 중도금을 지급하기로 한 2010.4.30. 중도금을 지급하지 않았다. 또한 乙은 2010.5.30.이 되어서도 중도금 및 잔금을 지급하지 않았다. 甲은 2010.6.2.까지 등기 및 점유이전 등을 현실적으로 제공하였으나 계속해서 乙이 잔금 등을 지급하지 않자, 乙에게 한달 내에 갚을 것을 최고하였다. 한편 甲은 6.3. 몇 달간 지방출장을 가게 되어 이행장소로 정한 법무사 사무실에 등기서류 등을 보관시켜 놓았다.

甲은 乙과의 매매계약을 해제할 수 있는가? (대판 1996.11.26, 96다35590,35606 참조)

종합사례 해설 1 해제할 수 있다.

대판 1996.11.26, 96다35590,35606은 "쌍무계약의 일방 당사자가 이행기에 한번 이행제공을 하여서 상대방을 이행지체에 빠지게 한 경우, 신의성실의 원칙상 이행을 최고하는 일방 당사자로서는 그 채무이행의 제공을 계속할 필요는 없다 하더라도 상대방이 최고기간 내에 이행 또는 이행제공을 하면 계약해제권은 소멸되므로 상대방의 이행을 수령하고 자신의 채무를 이행할 수 있는 정도의 준비가 되어 있으면 된다"고 하였다. 또한 동 판결에서 대법원은 "부동산 매수인이 잔대금 지급기일에 잔대금의 이행제공을 하였음에도 매도인이 명도의무를 이행하지 못하여 이행지체에 빠진 경우, 매수인이 매도인에게 상당한 기간 내에 명도의무의 이행이 없을 것을 정지조건으로 하여 미리 해제의 의사표시를 함과 동시에 매도인으로서의 이행을 최고함에 있어서 현실로 이행제공하였던 잔대금으로 양도성예금증서를 구입하여 보관하고 있으면서 자신의 채무를 이행할 수 있는 준비를 하고 있었다면 이는 해제권 발생을 위한 적법한 최고"라고 보았다.

사안에서 甲은 5.30.부터 6.2.까지 현실의 제공을 하였고, 다음날부터 등기서류 등을 법무사 사무소에 보관시킨 걸로 보아 최소한의 이행준비는 하였다고 볼 수 있을 것이다. 따라서 甲은 계약을 해제할 수 있다.

V. 동시이행항변권과 대금지급거절권(제588조)

종합사례 2

기초 사실관계) A는 B 소유의 X부동산을 매매대금 20억 9천만 원(계약금 2억 1천만 원, 중도금 11억 9천만 원, 잔대금 6억 9천만 원)으로 매수하기로 했다. 그런데 X부동산에는 채권최고액을 6억 원으로 하는 C 명의의 근저당권이 설정되어 있었다.

질문 1) 매매계약시 잔금은 소유권이전 등기 후에 지급하되 이전등기 전에 매도인 B는 C의 근저당권을 말소시키기로 약정하고 중도금을 지급하고 X부동산의 점유를 인도받았다. 그런데 잔금지급기일에 B와 C 사이에 근저당권말소등기청구소송이 아직 진행 중이어서 매수인 A는 잔금 중 일부인 4억 6천만 원의 지급을 보류하고 있었다. 그 후 B와 C의 소송에서 근저당권 등기를 말소하라는 판결이 확정되자 A는 B에게 미지급 잔금 4억 6천만 원을 지급했다. A는 잔금 중 일부인 4억 6천만 원의 지급을 보류할 당시 X부동산에 설정된 근저당권의 채권최고액은 6억 원이지만 확정된 채무액은 1억 5천만 원임을 알고 있었다.

B는 A를 상대로 목적물 인도 후부터 미지급 잔금 4억 6천만 원을 실제로 지급한 날까지 법정이자 상당의 이자 지급을 구하고 있다. 이와 같은 B의 청구의 근거는 무엇이며 그와 같은 B의 청구는 인용될 수 있는가?   (대판 1996.5.10, 96다6554 참조)

질문 2) 매매계약시 잔금은 소유권이전 등기와 동시에 이행하기로 했다. 그리고 B는 A에게 잔금을 받기 전에 근저당권을 말소시켜주기로 약속했다. B는 아직 근저당권을 말소시키지 못한 상태에서 잔금지급기일에 소유권이전등기에 필요한 서류를 이행제공하고 A에게 잔금의 지급을 청구하였다. 이에 A는 근저당권을 말소하지 않으면 잔금 6억 9천만 원 전부를 지급하지 않겠다고 한다. 이와 같은 A의 주장이 인용되기 위하여 어떤 법리가 적용되어야 하나?

종합사례 2 해설

해설 1) 일부 인용될 것이다. 즉 목적물을 인도받은 때로부터 미지급 잔금 4억 6천만 원 중 1억 5천만 원을 공제한 3억 1천만 원에 대해서만 이자를 지급하면 된다.

A는 목적물을 인도받은 날부터 대금의 이자를 지급해야 한다는 제587조 제2문이 그 주장의 근거가 된다. 매수인의 대금지급의무와 매도인의 소유권이전등기의무가 동시이행관계에 있는 등으로 매수인이 대금지급을 거절할 정당한 사유가 있는 경우에는 매매목적물을 미리 인도받았다 하더라도 위 민법규정에 의한 이자를 지급할 의무는 없다(대판 2013.6.27, 2011다98129). 동시이행의 관계에 있는 매수인의 의무는 잔대금 전부의 지급의무인지 잔금지급의무중에 피담보채권액 만큼인지를 확정해야 한다.

매수인은 매매목적물에 대하여 권리를 주장하는 자가 있어 권리를 상실할 염려가 있으면 그 위험의 한도에서 대금의 전부 또는 일부의 지급을 거절할 수 있다(제588조). 사안에서 C의 근저당권의 존부에 대한 소송이 진행되는 동안 A에게는 잔대금지급거절권이 인정된다. 제588조와 같은 잔대금지급거절권이 인정되는 범위에서는 목적물의 인도를 먼저 받았더라도 이자지급의 의무도 부정되어야 한다(대판 2013.6.27, 2011다98129). 또한 대금지급거절권이 인정되는 범위에서만 이자지급의무가 배제된다는 점에서 대금지급거절권의 범위를 확정해야 한다. 근저당권이 설정된 경우 피담보채권 최고액에 해당하는 대금지급거절권이 인정된다(대판 1988.9.27, 87다카1029). 그러나 예외적으로 매수인 A가 근저당권에 의하여 담보되는 실제 피담보채권액을 알고 있었다는 등의 특별한 사정이 있다면 실제 피담보채권액에 한하여 대금지급거절권을 인정한다(대판 1996.5.10, 96다6554).

사례에서 잔금 중 1억 5천만 원에 대해서만 대금지급거절권이 있고 따라서 이 금액에 대한 이자는 지급할 필요가 없고, 그 나머지 3억 1천만 원에 대해서만 이자지급의무가 있다(매수인 A가 이미 매매계약 당시 근저당권의 존재를 알고 있었다면 계약체결 당시에 매매대금의 산정에 반영하거나 담보제공을 요청하여 위험에 대하여 스스로 대비하도록 하고, 계약체결 후에는 대금지급거절권을 인정한 것이다).

그러나 이러한 청구의 근거는 대금지급거절권(제588조)뿐만 아니라 동시이행의 항변권(제536조)도 가능하다. 판례도 당사자가 두 권리를 선택적으로 행사할 수 있음을 전제로 판단한다(대판 2006.10.26, 2004 다24106,24113 참조).

해설 2) 인용될 수 있다. 미지급 잔금의 전부인 6억 9천만 원에 대하여 동시이행항변권이 인정되기 때문이다.

1. 동시이행항변권

매도인의 잔금지급의무와 동시이행관계에 있는 매수인의 의무는 소유권이전등기의무 외에 약정한 근저당권의 말소의무까지 포함되는지, 또한 매도인의 동시이행의 항변권이 인정되는 범위를 어떻게 정해야 할 것인지가 문제된다.

근저당권의 실현으로 매수인이 매매계약에서 의도한 소유권을 취득할 수 없거나 상실할 위험이 있으므로, 매수인의 잔금지급의무는 매도인의 저당권말소의무와도 대가적 견련관계가 인정된다는 점에서 동시이행의 항변권이 인정된다. 매매계약의 경우 매도인의 재산권이전의무는 제한이나 부담이 없는 소유권이전등기의무를 부담하기 때문이다(매수인 A가 동시에 이행할 것을 명시적으로 주장한 것이 아니라 근저당권을 말소하지 않으면 잔금을 지급하지 않겠다는 주장을 했지만, 이와 같은 주장에는 동시이행의 항변을 한 것으로 해석될 수 있을 것이다).

그 범위는 미지급 잔금 전부인 6억 9천만 원과 동시이행관계에 있다고 할 것이다. 위 질문 1)과는 매수인이 근저당권의 실제 피담보채권액을 모르고 있다는 점에서 사실관계에 차이가 있다. 일단 매도인은 완전한 소유권 이전(저당권 없는 소유권의 이전)을 약속했으므로 그 의무위반시 잔금 전액과 동시이행의 관계에 있다고 할 것이다. 또한 근저당권말소의무 자체가 불가분채무라는 점, 매수인은 피담보채무액을 확인해야 할 의무도 없으며 대위변제하여 저당권을 말소시킬 의무 또한 없다는 점을 고려해 보면 미지급 잔금 전액에 대해서 저당권이 말소된 재산권이전의무와 동시이행항변권을 인정해야 할 것이다.

2. 위험의 한도 내에서 대금지급거절의 항변(제588조)

A는 미지급 잔금지급과 근저당권말소의무와의 동시이행을 주장한 것이 아니라, 대금지급을 거절한 것으로 되어 있으므로, 동시이행항변권 이외에 제588조의 대금지급거절권을 행사할 수 있는지 여부도 문제된다. A는 매매목적물에 근저당권의 존재를 알고 있었더라도 여전히 대금지급거절권이 인정된다고 할 것이다. 다만 이 때에는 위험의 한도 내에서만 인정된다고 할 것이다.

원칙적으로 위험의 한도는 피담보채권 최고액인 6억원을 한도로 대금지급을 거절할 수 있을 뿐이다. 따라서 이를 근거로는 잔금 6억 9천만 원 모두에 대해서 지급을 거절할 수는 없다. 이와 같은 점에서는 동시이행의 항변권과 대금지급을 거절할 수 있는 범위에서 차이가 있다.

민사소송법 동시이행항변권의 소송상 취급

1) 채권자가 자기의 반대급부를 이행하거나 또는 이행의 제공없이 채무자에게 동시이행관계에 있는 급부를 소송상 청구한 경우에, 통설·판례는 채무자가 동시이행항변권을 원용하지 않으면 그 항변권의 기능은 발휘되지 못하므로 법원은 이 항변권을 고려함이 없이 채권자의 청구를 인용하는 판결을 해야 한다고 본다.

동시이행항변권의 본래적 효력인 이행거절권은 상대방으로부터 청구를 받은 자가 이를 행사하지 않으면 발생하지 않지만(권리항변), 항변권의 존재 자체만으로 이행지체책임의 발생을 막는 효력이 있으므로(존재효과설), 부동산 매도인인 원고가 자신의 채무인 소유권이전의무의 이행 또는 이행제공 사실을 주장·증명해야만 법원이 매수인인 피고의 매매대금지급채무가 이행지체에 빠졌다고 인정할 수 있다.

2) 채무자인 피고가 동시이행항변권을 행사하였는데 이때에 채권자인 원고가 자기가 부담하는 반대급부를 이행하였다거나 또는 이행의 제공을 하고 있다는 점을 주장·증명하지 못하면 법원은 원고 일부승소판결인 상환이행판결을 하여야 한다.

원고가 매매계약의 체결사실만을 주장하는 경우, 피고로서는 동시이행항변권이 있음을 항변할 수 있다. 원고는 (i) 반대채무의 이행기가 도래하지 않았다는 점, 또는 (ii) 이행 혹은 이행의 제공을 했다는 점을 이유로 재항변할 수 있다. 다만 과거에 이행의 제공이 있었다 하더라도 그 이행의 제공이 계속되지 않는 한 동시이행의 항변권이 소멸하는 것은 아니므로, 소 제기 전에 이행의 제공을 한 적이 있다고 주장하는 것은 유효한 항변이 되지 않는다.

3) 동시이행항변권 행사에 의한 상환이행판결의 기판력의 객관적 범위는 원칙적으로 소송물인 원고의 이행청구권의 존재와 이에 동시이행의 조건이 붙어 있다는 점에 한정되고, 상환이행을 명한 반대채권의 존부나 그 수액에는 미치지 않는다. 판결이유 속에서 판단되는 피고의 항변에 대하여는 그것이 판결의 기초가 되었다고 하더라도 상계의 항변을 제외하고는 기판력이 생기지 않기 때문이다.

심화학습

동시이행항변권과 관련된 판결의 상호관계

  (1) 대판 1991.9.10, 91다6368

  [판시 내용] 부동산의 매매계약이 체결된 경우에는 매도인의 소유권이전등기의무, 인도의무와 매수인의 잔대금 지급의무는 동시이행의 관계에 있는 것이 원칙이고, 이 경우 매도인은 특별한 사정이 없는 한 제한이나 부담이 없는 소유권이전등기의무를 지는 것이므로 매매목적 부동산에 지상권이 설정되어 있고 가압류등기가 되어 있는 경우에는 비록 매매가액에 비하여 소액인 금원의 변제로써 언제든지 말소할 수 있는 것이라 할지라도 매도인은 이와 같은 등기를 말소하여 완전한 소유권이전등기를 해 주어야 한다.

  [사실관계] ① 매매대금은 2억 원이고 잔금은 1억 7천만 원(계약금 1,500만 원, 중도금 1,500만 원). ② 담보지상권설정등기는 근저당권설정등기와 함께 이루어졌다가 채무가 변제되어 근저당권설정등기가 말소되었음에도 남아있는 등기 ③ 가압류등기는 600만 원만 변제하면 언제든지 말소할 수 있는 등기이다.

  [해설] 용익권인 지상권이 설정되어 있어 가압류등기와 지상권등기 모두를 말소할 의무와 잔금지급의무 사이의 동시이행관계를 인정한다.

  (2) 대판 1996.5.10, 96다6554

  [판시 내용] 매도인이 말소할 의무를 부담하고 있는 매매목적물상의 근저당권을 말소하지 못하고 있다면 매수인은 그 위험의 한도에서 매매대금의 지급을 거절할 수 있고, 그 결과 제587조 단서에 의하여 매수인이 매매목적물을 인도받았다고 하더라도 미지급 대금에 대한 인도일 이후의 이자를 지급할 의무가 없으나, 이 경우 지급을 거절할 수 있는 매매대금이 어느 경우에나 근저당

권의 채권최고액에 상당하는 금액인 것은 아니고, 매수인이 근저당권의 피담보채무액을 확인하여 이를 알고 있는 경우와 같은 특별한 사정이 있는 경우에는 지급을 거절할 수 있는 매매대금은 확인된 피담보채무액에 한정된다.

[사실관계] 매수인은 매매대금 20억 9,000만 원(계약금 2억 1,000만 원, 중도금 11억 9,000만 원, 잔대금 6억 9,000만 원) 중 잔금 4억 6,000만 원을 미지급했다. 매도인이 목적부동산에 설정한 근저당권 채권최고액 6억 원 중 실제로 남아있는 채무액은 1억 5,000만 원이다.

[해설] 잔금보다 적은 금액인 실채무액 1억 5,000만 원에 대하여서만 대금지급의 거절을 인정한 판결.

(3) 대판 2006.10.26, 2004다24106,24113

[판시 내용] 아파트 수분양자의 중도금 지급의무는 아파트를 분양한 건설회사가 수분양자를 아파트에 입주시켜 주어야 할 의무보다 선이행하여야 하는 의무이나, 건설회사의 신용불안이나 재산상태의 악화 등은 민법 제536조 제2항의 건설회사의 의무이행이 곤란할 현저한 사유가 있는 때 또는 민법 제588조의 매매의 목적물에 대하여 권리를 주장하는 자가 있는 경우에 매수인이 매수한 권리의 전부나 일부를 잃을 염려가 있는 때에 해당하여, 아파트 수분양자는 건설회사가 그 의무이행을 제공하거나 매수한 권리를 잃을 염려가 없어질 때까지 자기의 의무이행을 거절할 수 있고, 수분양자에게는 이러한 거절권능의 존재 자체로 인하여 이행지체 책임이 발생하지 않으므로, 수분양자가 건설회사에 중도금을 지급하지 아니하였다고 하더라도 그 지체책임을 지지 않는다.

[해설] 동일한 사실관계에 대해서 매수인의 이행거절권능의 근거를 불안의 항변권($\frac{\text{제536}}{\text{조}}$) 또는 대금지급거절권($\frac{\text{제588}}{\text{조}}$)에 있음을 확인한 판결이다.

제2절 위험부담[18]

Ⅰ. 의 의
  1. 위험의 개념
  2. 물건의 위험부담
  3. 대가위험부담
Ⅱ. 채무자 위험부담주의($\frac{\text{제537}}{\text{조}}$)
  1. 요 건

  2. 효과(일부불능의 경우가 가장 문제된다)
Ⅲ. 채권자 위험부담주의($\frac{\text{제538}}{\text{조}}$)
  1. 의 의
  2. 유 형
  3. 효 과

---

18) 위험부담과 담보책임과의 관계를 명확히 이해할 필요가 있다. 예컨대 채무자(매도인)의 과실 없이 목적물이 전부멸실한 경우와 일부멸실한 경우에 담보책임이 문제되는지, 위험부담이 문제되는지가 먼저 결정되어야 할 것이다.

I. 의　　의

1. 위험의 개념

위험이란 당사자 쌍방의 책임 없는 사유로 급부가 불능이 된 경우에 발생한 불이익을 말한다. 위험은 물건의 위험(급부위험)과 대가위험(반대급부의 위험)으로 나뉜다. 먼저 물건의 위험이란 물건이 멸실됨으로서 이를 갖지 못하는 불이익을 말한다. 반면에 대가위험이란 쌍무계약에서 물건의 멸실로 인하여 일방 당사자의 채무가 면책되는 경우에 그의 타방 당사자에 대한 반대급부청구권의 존속 여부에 관하여 발생하는 불이익을 말한다.

2. 물건의 위험부담

명문의 규정은 없으나, 특정물매매의 경우 물건의 위험(=급부위험)은 채권자가 부담한다. 종류매매의 경우에도 특정된 후에 물건이 멸실된 경우라면 물건의 위험은 채권자가 부담함이 원칙이나, 특정 전에 물건이 멸실되었다면 물건의 위험은 채무자가 부담한다.

> **사례 14** 甲은 乙에게 3억 원에 X아파트를 매도하기로 하는 계약을 체결하였으나, 이행기 전에 당사자 쌍방의 과실 없이 발생한 화재로 인하여 X아파트가 소실된 경우, 乙은 甲에게 X아파트의 인도를 청구할 수 있는가?
>
> **해설 14** 청구할 수 없다.
> 특정물인 X아파트를 받지 못하는 불이익인 물건의 위험은 채권자인 매수인 乙이 부담하게 된다. 따라서 乙은 甲에게 X아파트의 인도를 청구할 수 없다.

3. 대가위험부담

대가위험부담이란 유효하게 성립된 쌍무계약상 양당사자의 책임 없는 사유로 하나의 급부가 후발적 불능이 되어 당사자 일방이 면책된 경우, 그 타방 당사자의 반대급부의 이행여부와 관련된 불이익을 누가 부담하는가의 문제이다(통상 위험부담은 대가위험을 말한다).[19] 즉 면책된 당사자가 타방당사자에게 반대급부청구권을 행사할 수 있을 것인지가 문제된다. 이러한 대가위험을 누가 부담할 것인지에 대해, 제537조는 원칙적으로 채무자가 위험을 부담하도록 규정하고 있다(채무자 위험부담주의).

---

[19] 종류채권의 경우에는 목적물이 멸실되더라도 특정되기 전에는 조달의무가 있으므로 면책되지 않는다는 점에서 대가위험부담의 문제가 발생하지 않는다.

상 법 상법상 운송의무와 위험부담

상법은 운송품의 전부 또는 일부가 그 성질 또는 하자로 인하여 멸실된 경우에는 운송인은 운임의 전액을 청구할 수 있다고 정한다($^{\text{상법 제134}}_{\text{조 제2항}}$). 이는 운송인의 귀책사유 없이 그 운송의무가 이행불능된 경우에도 그 송하인에 대하여 반대급부인 운임을 청구할 수 있다는 점에서, 채권자 위험부담주의를 택한 것으로 볼 수 있을 것이다.

> **사례 15** 甲은 乙에게 3억 원에 X아파트를 매도하기로 하는 계약을 체결하였으나, 이행기 전에 당사자 쌍방의 과실 없이 발생한 화재로 인하여 X아파트가 소실된 경우, 甲은 乙에게 X아파트의 매매대금 3억 원을 청구할 수 있는가?
>
> **해설 15** 청구할 수 없다.
> 아파트의 소실로 인하여 채무자인 매도인 甲의 채무가 면책되면서 대가위험 또한 채무자인 甲이 부담해야 하므로, 채무자인 甲은 乙에게 반대급부인 매매대금을 주장할 수 없다.

심화학습

매매시 대가위험의 이전시기

(1) 부동산 매매의 경우

부동산의 경우, 원칙적으로 소유권이전등기시에 위험이 이전된다고 할 수 있다. 다만 등기에 앞서 부동산의 인도가 이루어져서 매수인이 이미 사용·수익하고 있는 경우, 미등기 건물에 해당하여 등기 없이 물건의 인도만 이루어진 경우, 매도인이 매수인에게 등기에 필요한 서류를 교부하고 부동산의 인도까지 마치고 대금을 받아 계약관계가 종료된 경우 등은 인도만으로 위험이 매수인에게 이전되었다고 할 수 있을 것이다. 생각건대 등기를 이전받으면 매수인이 처분할 권한을 가지게 되며, 인도를 받으면 사용·수익할 권한이 있다는 점에서 등기나 인도 중 하나만 이루어져도 위험은 이전된다고 보아야 할 것이다.

(2) 동산의 경우

소유권이전 여부와 무관하게 인도시를 기준으로 위험이 이전된다(인도는 현실인도, 간이인도, 점유개정, 반환청구권의 양도 모두를 포함한다). 예컨대 소유권유보부매매의 경우, 목적물 인도시 매수인에게 대가위험이 이전된다. 화물상환증이나 창고증권의 교부는 운송물 또는 임치물의 인도와 동일한 효력을 가지므로($^{\text{상법 제133}}_{\text{조, 제157조}}$), 그 증권이 교부되는 시기에 위험은 이전된다. 다만 매수인의 희망 또는 요구에 따라 원래 정하여진 이행장소와 다른 장소로 송부하는 송부채무의 경우에는, 목적물을 운송업자 기타 운송의 실행을 맡은 사람에게 인도한 때에 위험이 매수인에게 이전된다고 보아야 할 것이다. 그 경우 매도인으로서는 원래의 이행장소에서 이행하는 경우에 부담하였을 위험 이상의 위험을 부담할 이유가 없기 때문이다.

Ⅱ. 채무자 위험부담주의(제537조)

1. 요 건

(1) 당사자 쌍방의 책임없는 사유로 이행할 수 없을 것

쌍무계약에서 당사자 일방이 부담하는 상환적 채무가 당사자 쌍방의 책임 없는 사유로 이행할 수 없게 되어야 한다. 채무자의 귀책사유로 이행불능이 된 경우라면 채무불이행이 문제될 뿐이다.

채무자의 이행지체 중에 쌍방의 귀책사유 없이 채무자의 급부가 불능이 된 경우에도 위험부담의 문제가 발생하는지가 문제된다. 즉 제392조[20]와 제537조의 관계가 문제되는데, 제537조의 위험부담의 법리는 적용되지 않고 제392조만 적용된다고 보아야 할 것이다. 제392조는 채무자의 귀책사유에 의한 지체 후 불능에 대하여도 손해배상책임을 부담함을 규율하고 있다. 그런데 위험부담의 문제는 쌍무계약에서 일방의 급부의무도 소멸했을 때 상대방의 급부의무도 소멸하는지를 다루는 것이므로 일방의 급부의무가 손해배상(전보배상)의 형태로 변하기는 했어도 여전히 존재하는 경우라면 위험부담의 문제가 개입되지 않는다. 따라서 채권자는 채무자에게 자신의 반대급부의무의 이행과 상환으로 전보배상을 청구할 수 있을 것이다. 한편 채권자는 계약을 해제하여 자신의 채무를 면하면서 채무자에게 손해배상을 청구할 수도 있을 것이다.

(2) 후발적 불능일 것

원시적 불능이 아닌 후발적 불능의 경우에만 위험부담이 문제된다. 후발적 불능에 해당하면, 객관적 불능인지 주관적 불능인지(또는 전부불능인지 일부불능인지)는 중요하지 않다.

2. 효과(일부불능의 경우가 가장 문제된다)

(1) 채무자 위험부담의 법리에 의해, 쌍무계약상 대가관계에 있는 채권자의 반대급부의무의 이행을 상대방에게 청구하지 못한다. 제537조 이하의 위험부담 규정은 임의규정이므로, 당사자가 합의로 이를 배제할 수 있다. 결국 채무자는 자신의 채무의 이행의무를 면함과 더불어 상대방의 이행청구도 하지 못한다(대판 2021.5.27, 2017다254228).

(2) 이미 이행한 급부는 부당이득에 해당하므로, 급부자에게 반환해야 한다.

> **사례 16** 甲은 乙에게 3억 원에 X아파트를 매도하기로 하는 계약을 체결하였으나(계약금 3천만 원 지급), 이행기 전에 당사자 쌍방의 과실 없이 발생한 화재로 인하여 X아파트가 소실되었다. 乙은 甲에게 3천만 원의 상환을 주장할 수 있는가?

---

20) 제392조 (이행지체 중의 손해배상) 채무자는 자기에게 과실이 없는 경우에도 그 이행지체 중에 생긴 손해를 배상하여야 한다. 그러나 채무자가 이행기에 이행하여도 손해를 면할 수 없는 경우에는 그러하지 아니하다.

> **│해설 16│ 주장할 수 있다.**
> 甲과 乙의 매매계약은 부동산이 화재로 소실되어 이행불능에 이르러 종료되었다고 할 것인데, 그 이행불능에 甲과 乙의 귀책사유가 없으므로 채무자 위험부담 원칙에 의하여 乙의 채무도 소멸하므로 乙이 이미 이행한 급부는 법률상 원인 없는 급부가 되고 甲은 부당이득의 법리에 따라 수령한 급부를 乙에게 반환하여야 할 것이다. 따라서 甲은 乙에게 이미 지급받은 계약금을 반환하여야 한다(대판 2009.5.28, 2008다98655,98662; 대판 1975.8.28, 75다765).

│대판 2009.5.28, 2008다98655,98662 [소유권이전등기등]
매매 목적물이 경매절차에서 매각됨으로써 당사자 쌍방의 귀책사유 없이 이행불능에 이르러 매매계약이 종료된 사안에서, 위험부담의 법리에 따라 매도인은 이미 지급받은 계약금을 반환하여야 하고 매수인은 목적물을 점유·사용함으로써 취득한 임료 상당의 부당이득을 반환할 의무가 있다.

(3) 계약관계의 소멸

판례는 쌍무계약에서 당사자 쌍방의 귀책사유 없이 채무가 이행불능된 경우 채무자는 급부의무를 면함과 더불어 반대급부도 청구하지 못하므로, 쌍방 급부가 없었던 경우로 보아 계약관계는 소멸한다고 본다(대판 2009.5.28, 2008다98655,98662).[21] 그런데 대상청구권은 계약관계가 소멸하지 않고 존재함을 전제로 한다는 점에서 반대급부를 청구하지 못하여 채권관계가 소멸한다는 위험부담의 법리와 어울리지 않을 수 있다.

판례에 따르면 대상청구권이 존재하지 않는 경우에 위험부담의 법리가 적용되어 채권관계가 소멸된다고 본다. 일방의 채무가 이행하지 못하게 되어 반대급부도 청구하지 못하는 경우에는 당사자에게 권리·의무를 존속시킬 실익이 전혀 없으므로 계약관계가 소멸되는 것으로 본 것이다. 반면 대상청구권이 존재하는 경우, 본래의 채권이 변형된 권리가 대상청구권의 형태로 존재하는 것이므로 계약관계가 소멸되지 않는다고 본다. 이는 귀책사유 있는 이행불능으로 인한 전보배상청구권이 존재하는 경우에 계약관계가 소멸하지 않는 것과 마찬가지이다.

요컨대 제537조의 해석상 모든 경우에 계약관계가 소멸된다고 볼 것이 아니라 대상청구권이 존재하는 경우에는 제537조의 적용이 배제된다고 해석한다.[22]

---

21) 또한 계약관계의 소멸 전의 사용·이익은 부당이득으로 보아 반환청구를 인정한다.
22) 그러나 사견에 따를 때 이러한 해석론은 타당하지 않다. 제537조는 채무자의 반대급부청구권이 배제된다는 법률효과만 규정했음에도 불구하고 채무가 양 당사자의 책임없는 사유로 불능이 되었을 때 계약관계가 소멸한다고 보는 판례의 해석은 적절치 않다. 대상청구권이 존재하는 경우 대상청구를 하기 위해서는 원래의 청구권이 인정되어야 한다. 그러므로 이 때에는 계약관계가 소멸하지 않은 것으로 보아야 한다. 그렇다면 대상청구권이 존재하는 경우에는 계약관계(채권관계)가 소멸하지 않고 대상청구권이 소멸하지 않는 것으로 보아야 한다. 이러한 해석론은 사후적인 관점에서 인정되는 대상청구권의 존부에 따라 계약관계의 소멸여부가 결정된다는 해석론은 법적 논거가 부족해 보인다. 결국 대상청구권이 없더라도 여전히 계약관계는 존속한다고 보는 것이 법문에 충실한 해석일 것이다.

사례 17 A는 자기 소유의 X토지를 B에게 매도하기로 하였으나 그 토지가 국가에 수용되었다. A가 국가로부터 토지수용금을 받게 되자 B는 대상청구권을 행사하여 토지수용금청구권의 인도를 A에게 청구하였다. 이에 A는 제537조에 의하여 이행불능 시점인 토지수용 시점에서 계약관계가 종료되었으므로 B는 그때부터는 더 이상 본래의 급부청구권이 없고 이를 갈음하는 대상청구권도 인정될 수 없다고 주장하였다. 이와 같은 주장의 타당성을 검토하시오.

해설 17 A의 주장은 타당하지 않다.

일반적으로 통설과 판례(대판 1992.5. 12, 92다4581)는 위험부담이 문제되는 사안에서도 대상청구권[23]을 인정한다. 그런데 대상청구권이 존재하는 경우에는 제537조의 위험부담의 법리가 적용되지 않으므로 제537조의 적용이 부정되어야 한다.

(4) 일부불능

채무가 채무자의 귀책사유없이 일부불능된 경우 원칙적으로 상대방의 반대급부의무는 그 부분에 상응하는 만큼 소멸된다. 그러나 반대급부의무가 불가분이거나 가분이라도 나머지 부분만으로는 목적을 달성할 수 없을 때에는 반대급부의무는 전부 소멸한다. 판례 또한 "임대차계약에 있어서 목적물을 사용·수익하게 할 임대인의 의무와 임차인의 차임지급의무는 상호 대응관계에 있으므로 임대인이 목적물을 사용·수익하게 할 의무를 불이행하여 임차인이 목적물을 전혀 사용할 수 없을 경우에는 임차인은 차임 전부의 지급을 거절할 수 있으나, 목적물의 사용·수익이 부분적으로 지장이 있는 상태인 경우에는 그 지장의 한도 내에서 차임의 지급을 거절할 수 있을 뿐 그 전부의 지급을 거절할 수는 없다"고 보고 있다(대판 1997.4.25, 96다44778,44785).

심화학습

제627조 제1항과 제537조의 관계

제627조 제1항에서 임차인의 과실 없는 일부멸실시, 그 부분비율로 차임의 감액청구할 수 있도록 규정하고 있다. 그러나 이 규정이 없어도 제537조에 의해 멸실된 부분만큼의 차임지급의무가 당연히 소멸되는데도 불구하고, 별도로 감액청구를 규정하고 있는 태도는 입법론상 의문이다.[24]

---

23) 대상청구권이란 채무자가 그 채무의 이행불능으로 말미암아 그 목적물에 갈음하는 대상(수용보상금 청구권, 보험금 청구권 제3자에 대한 손해배상청구권 등)을 취득한 경우, 상대방이 본래의 급부에 갈음하여 그 대상 등의 양도를 청구할 수 있는 권리이다.

24) 일부 견해는 제627조 제1항의 감액청구는 영구적 일부불능의 경우에 적용되고, 제537조는 임대목적물반환이 전부불능 또는 일부의 일시적 사용불능의 경우에 적용된다고 본다.

Ⅲ. 채권자 위험부담주의(제538조)

1. 의 의

채무자의 이행불능이 채권자의 책임있는 사유로 발생하였거나 채권자의 수령지체 중에 쌍방의 귀책사유 없이 발생한 경우, 대가 위험은 채권자가 부담하게 된다.[25] 즉 급부의무를 면한 채무자가 상대방에게 반대급부의 이행을 청구할 수 있게 된다.

2. 유 형

(1) 채권자의 책임 있는 사유로 인한 이행불능(제538조 제1항 제1문)

채권자의 책임 있는 사유란 '채권자의 어떤 작위나 부작위가 채무자의 이행의 실현을 방해하고 그 작위나 부작위는 채권자가 이를 피할 수 있었다는 점에서 신의칙상 비난받을 수 있는 경우'를 의미한다(대판 2004.3.12, 2001다79013).[26]

> **사례 18** 사용자 A는 근로자 B를 부당하게 해고하였다. 이 경우 B는 복직할 때까지 받지 못한 보수를 A에게 청구할 수 있는가?
>
> **|해설 18|** 청구할 수 있다.
> 부당해고로 말미암아 노무자의 노무제공이 불능하게 된 경우에는 그 불능이 채권자(사용자)의 책임있는 사유로 인하여 발생한 것이므로, 채권자가 반대급부위험을 져야 한다. 따라서 B는 A에 대하여 반대급부의 이행을 주장할 수 있다(대판 1996.6.28, 95다24722; 대판 1992.12.8, 92다39860 등).

> **사례 19** 甲은 분양회사 A로부터 아파트를 분양받으면서, K은행으로부터 중도금을 대출받았다(甲의 대출금채무에 대해서 분양회사 A가 연대보증하였다). 甲이 대출금 이자의 지급 및 후취담보약정의 이행 등을 하지 않자, K은행은 연대보증인 A로부터 A 명의로 소유권보존등기가 되어 있던 분양 아파트에 대하여 근저당권을 설정받았고, 결국 K은행이 근저당권을 실행함으로써 제3자 乙이 아파트의 소유권을 취득하였다. 甲은 A에게 분양잔금을 지급해야 하는가?
>
> (대판 2011.1.27, 2010다25698 참조)

---

25) 제538조 제1항 제1문은 급부불능에 채권자의 귀책사유가 전제된 것이므로 위험부담의 문제가 아닌 책임귀속의 문제를 규율한 것으로 보는 견해도 있다. 그러나 제538조 제1항 제1문은 급부 자체의 불능에 대한 책임을 묻는 것이 아니라 반대급부의 청구가능성만을 언급하고 있다는 점에서 반대급부의 청구가 인정될지를 정하는 반대급부의 위험부담에 관한 규정이라고 해석하는 것이 타당할 것이다.

26) 일부 견해는 채무불이행의 원인이 채권자의 영역에서 발생하기만 하면 책임있는 사유로 보는 영역설을 주장하기도 하나, 통설과 판례는 신의칙에 의해 판단하고 있다. 결과적으로 영역설에 비해 판례는 채권자의 책임 있는 사유를 더 좁게 인정한 것으로 볼 여지가 있다.

> **┃해설 19┃ 분양잔금을 지급해야 한다.**
> 분양회사의 소유권이전의무가 이행불능이 된 것은 채권자인 수분양자가 위 대출금 및 그 이자의 지급의무를 이행하지 않은 귀책사유로 인한 것이다(대판 2011.1.27,. 2010다25698). 이는 제538조 제1항 제1문의 '채권자의 책임 있는 사유'로 인하여 채무자의 채무가 이행할 수 없게 된 때에 해당한다. 따라서 대가위험은 채권자가 부담하므로, 수분양자 甲은 A에게 반대급부의무를 부담하게 된다.

┃대판 2011.1.27, 2010다25698 [청구이의]

아파트 수분양자에게 중도금을 대출한 은행이 수분양자가 그 대출금 이자의 지급 및 후취담보약정의 이행 등을 하지 않자 위 대출채무의 연대보증인인 분양회사로부터 그 회사 명의로 소유권보존등기가 되어 있던 분양아파트에 대하여 근저당권을 설정받아 결국 그 근저당권을 실행함으로써 제3자가 그 아파트의 소유권을 취득한 사안에서, 위 근저당권의 실행으로 제3자가 분양아파트 소유권을 취득한 결과 분양회사의 소유권이전의무가 이행불능이 된 것은 채권자인 수분양자가 자신의 분양잔금지급의무, 나아가 위 대출금 및 그 이자의 지급의무를 이행하지 않은 귀책사유로 인한 것이므로, 이는 민법 제538조 제1항 제1문의 '채권자의 책임 있는 사유'로 인하여 채무자의 채무가 이행할 수 없게 된 때에 해당한다.

┃대판 1996.7.9, 96다14364,14371 [약정금·손해배상]

도급인의 영상물제작에 대한 협력의 거부로 수급인이 독자적으로 성의껏 제작하여 납품한 영상물이 도급인의 의도에 부합되지 아니하게 됨으로써 결과적으로 도급인의 의도에 부합하는 영상물을 기한 내에 제작하여 납품하여야 할 수급인의 채무가 이행불능케 된 경우, 이는 계약상의 협력의무의 이행을 거부한 도급인의 귀책사유로 인한 것이므로 수급인은 약정대금 전부의 지급을 청구할 수 있다.

사실관계: 영상물 제작공급계약상 수급인의 채무가 도급인과 협력하여 그 지시감독을 받으면서 영상물을 제작하여야 하므로 도급인의 협력 없이는 완전한 이행이 불가능한 채무이고, 한편 그 계약의 성질상 수급인이 일정한 기간 내에 채무를 이행하지 아니하면 계약의 목적을 달성할 수 없는 정기행위인 사안이다.

┃대판 2009.5.14, 2009다5193 [손해배상]

부동산 매수인이 매매목적물에 설정된 근저당권의 피담보채무를 이행인수한 뒤 그 변제를 게을리하여 근저당권이 실행됨으로써 매도인이 매매목적물에 대한 소유권을 상실한 경우, 이는 매수인의 책임 있는 사유로 소유권이전등기의무가 이행불능으로 된 경우에 해당한다. 따라서 대가위험은 매수인이 지게되며, 매도인은 매수인에게 반대급부인 매매대금을 청구할 수 있다.

(2) 채권자의 수령지체 중의 이행불능(제538조 제1항 제2문)

(가) 수령지체와 변제제공

채권자가 반대급부의 위험을 부담하기 위하여 요구되는 '수령지체'(제538조 제1항 2문)가 성립하려면 채무자의 적법한 변제제공이 요구된다. 채권자가 변제받지 않을 확고한 의사를 고지한 경우(이른바 채권자가 명백하고 영구적인 불수령의 의사를 표시한 경우)에도 현실 제공이나 구두 제공이 필요하다(제460조).

　　이와는 달리 제400조 이하에 규정된 수령지체 책임을 묻기 위해서도 채무자의 변제제공이 필요하지만 채권자의 확고한 불수령 의사를 미리 고지한 경우에는 구두의 제공조차 없어도 수령지체가 인정될 수 있다. 이러한 점에서 변제제공(구두제공 포함)이 반드시 요구되는 제538조 제1항 단서의 수령지체와는 성립요건에서 차이가 있다($\substack{대판\ 2004.3.12,\\ 2001다79013}$). 예컨대 매매계약에서 매수인 B가 목적물 수령을 사전에 확고하게 거절하고 있을 때, 매도인 A는 구두제공조차 없이도 B를 제400조 이하의 채권자지체에 빠뜨릴 수 있지만, 목적물의 인도 없이 B에게 대금을 청구하기 위한 수령지체($\substack{제538조\ 제\\1항\ 제2문}$)에 빠뜨리기 위해서는 최소한 구두제공을 해야 한다.

　　판례에 따르면 채권자의 명백한 수령거절의 의사가 있으면 구두제공조차 없어도 제400조 이하의 채권자지체책임을 물을 수 있다. 그러나 제538조 제1항 단서의 위험의 이전(반대급부청구를 위한 수령지체)에 필요한 수령지체에는 구두제공이 필요 없다.

　　생각건대 채권자지체의 경우 그 효과는 채권자에게 책임을 묻는 것이 아니라 채무자 자신의 책임 감면만을 목적으로 하므로 이행제공의 감면이 가능하여 구두제공조차 필요하지 않은 경우를 인정하는 것으로 보인다. 그러나 제538조 제1항 제2문의 적용은 반대급부의 운명(상대방의 책임의 존부)을 결정하게 되어 상대방인 채권자에게 반대급부의무의 부담을 준다. 그런데 이러한 중요한 효과가 '상대방의 변제 불수령에 대한 확고한 의사'라는 애매한 기준에 의해 정해지는 것은 바람직하지 않다는 점에서 채무자위험부담주의가 적용되는 수령지체가 되기 위해서는 채무자는 현실제공, 또는 적어도 구두제공을 해야 한다고 보는 것이 타당하다.

사례 20 A는 X토지를 B에게 매도하는 계약을 체결하면서 중도금은 먼저 매수인 B가 지급하고, 잔금의 지급과 소유권이전등기에 필요한 서류 교부를 동시에 하기로 하였다. 그런데 B는 중도금을 지급하지 않았고 잔금지급기일이 되자 A는 B에게 중도금 및 잔금 지급을 최고했다.

그런데 B는 X토지를 공동주택사업승인을 목적으로 매수하였는데, 그 조건 성취가 불가능하게 되어 X토지의 매매계약은 실효되었다고 주장하면서 계약금의 반환을 요구하였다. 그러던 중 X토지는 국가에 수용되었다.

A가 B에게 매매대금의 지급을 청구한 경우, B는 지급해야 하는가? (대판 2004.3.12, 2001다79013 참조)

해설 20 지급할 필요가 없다.

　　이 사안에서 A채무의 이행은 토지수용으로 불능이 되었다. 또한 매수인 B가 계약의 실효를 주장하고 있다는 점으로 볼 때 채권자 B는 명백하고 영구적인 불수령의 의사를 표시하였다고 볼 수 있다. 그런데 제538조 제1항 2문에 의하여 A가 B에게 매매대금의 지급(반대급부)을 청구하기 위해서는 구두의 제공이라도 했어야 하는데 A는 전혀 이와 같은 이행제공을 하지 않았으므로 반대급부의 청구를 할 수 없다.

| 대판 2004.3.12, 2001다79013 [부당이득금반환]
민법 제400조 소정의 채권자지체가 성립하기 위해서는 민법 제400조 소정의 채무자의 변제제공이 있어야 하고, 변제 제공은 원칙적으로 현실 제공으로 하여야 하며 다만 채권자가 미리 변제받기를

거절하거나 채무의 이행에 채권자의 행위를 요하는 경우에는 구두의 제공으로 하더라도 무방하고, 채권자가 변제를 받지 아니할 의사가 확고한 경우(이른바 채권자의 영구적 불수령)에는 구두의 제공을 한다는 것조차 무의미하므로 그러한 경우에는 구두의 제공조차 필요 없다고 할 것이지만, 그러한 구두의 제공조차 필요 없는 경우라고 하더라도, 이는 그로써 채무자가 채무불이행책임을 면한다는 것에 불과하고, 민법 제538조 제1항 제2문 소정의 '채권자의 수령지체 중에 당사자 쌍방의 책임 없는 사유로 이행할 수 없게 된 때'에 해당하기 위해서는 현실 제공이나 구두 제공이 필요하다(다만, 그 제공의 정도는 그 시기와 구체적인 상황에 따라 신의성실의 원칙에 어긋나지 않게 합리적으로 정하여야 한다).

(나) '수령지체 중 양 당사자의 책임 없는 사유'의 의미

제401조에서 채권자지체 중에는 채무자는 고의 또는 중대한 과실이 없으면 불이행으로 인한 모든 책임이 없다고 하여, 채무자는 경과실에 의한 이행불능의 책임을 면한다. 이에 수령지체 중 채무자의 경과실로 이행할 수 없게 된 경우에도 제538조 제1항 제2문의 '수령지체 중 양 당사자의 책임 없는 사유'에 해당하는지가 문제된다. 학설은 위험이전긍정설($\binom{\text{제538조 제1항}}{\text{제2문 적용설}}$)과 위험이전부정설($\binom{\text{제537조}}{\text{적용설}}$)로 나뉜다.

1) 위험이전 긍정설($\binom{\text{제538조 제1항 제}}{\text{2문 적용긍정설}}$)

이 견해에 따르면 수령지체중 채무자의 경과실로 목적물이 멸실되어도 제538조 제1항 2문이 적용되어 채무자는 채권자에게 반대급부를 청구할 수 있다. 목적물의 멸실에 채무자의 경과실보다는 채권자의 수령지체가 더 큰 원인으로 작용했다고 보기 때문이다. 즉 제392조가 매도인(채무자)의 이행지체 중의 멸실에 대해 채무자에게 무과실책임이라는 무거운 책임을 부과하므로, 매수인(채권자)의 수령지체 중에도 매수인(채권자)에게 무거운 책임(목적물의 인도를 받지 못했음에도 불구하고 대금을 지급해야 한다는 불이익)을 인정하는 것이 해석상 균형을 유지할 수 있다고 본다.

2) 위험이전 부정설($\binom{\text{제537조}}{\text{적용설}}$)

이 견해에 따르면 급부불능에 채무자의 경과실이라도 있으면 제538조 제1항 제2문의 '양 당사자의 책임 없는 사유'에 해당되지 않으므로 제538조가 적용될 수 없다고 본다.

이 견해는 '양 당사자의 책임 없는 사유'는 제537와 마찬가지로 해석되어야 하고, 채권자의 수령지체 중이라도 채무자의 채무불이행책임의 경감을 위한 채권자지체($\binom{\text{제401}}{\text{조}}$)의 규정은 제538조 제1항 제2문과 규범 목적이 다르므로($\binom{\text{제401조는 급부책임에 대해서, 제538조}}{\text{는 반대급부책임에 대해 언급한 것이다}}$), 제538조 제1항 제2문을 해석함에 있어 제401조의 규정이 고려될 필요가 없다고 본다. 요컨대 이 견해는 제401조는 수령지체시 채무자의 급부의무의 채무불이행책임 여부에 관한 규정인 반면, 제538조 제1항 제2문은 반대급부청구가 가능한지의 문제(위험부담문제)를 다루고 있는 별개의 규정으로 본다. 이 견해에 따르면 채권자지체 중 채무자의 경과실로 목적물이 멸실된 경우, 채무자는 반대급부를 청구할 수 없다.

3. 효 과

(1) 채무자(급부의무자)의 반대급부청구권은 유지된다.

(2) 한편 채무자는 채무가 이행불능이 됨으로서 오히려 이익을 얻게 되는 경우가 있게 된다. 예컨대 채무자가 채무를 면함으로서 지출하지 않은 비용(운임, 재료비 등)을 통해 이득을 얻게 되는 경우에도 만일 채무자가 반대급부청구권을 가지면서 이러한 이득까지 보유할 수 있다고 하면 이는 부당이득이 될 것이다. 따라서 제538조 제2항은 그 이득을 채권자에게 반환하여야 한다고 정하고 있다. 그런데 이 반환청구권은 채무자가 갖는 반대급부청구권과 대가관계에 있는 것이 아니므로, 양자는 동시이행관계에 놓이지 않는다. 물론 상계적상에 있다면 상계할 수는 있을 것이다. 판례 또한 부당해고 당한 근로자가 사용자에게 보수를 청구하는 경우, 그 기간 동안 근로자가 다른 곳에서 근로 수입을 얻었다면, 사용자는 이를 공제(상계)하고 보수를 지급하면 된다고 보았다(대판 1991.5.14, 91다2656).

▌**대판 1991.5.14, 91다2656 [해고무효확인등]**
부당해고로 인하여 노무를 제공하지 못한 근로자는 민법 제538조 제1항 본문의 규정에 의하여 사용자에 대하여 임금을 청구할 수 있고 이 경우 근로자가 자기의 채무를 면함으로써 이익을 얻은 때에는 이를 사용자에게 상환하되, 상환하여야 할 이익은 채무를 면한 것과 상당인과관계에 있는 것에 한한다고 할 것이지만, 근로자가 해고기간 중에 노동조합기금으로부터 지급받은 금원은 그가 노무제공을 면한 것과 상당인과관계에 있는 이익이라고는 볼 수 없다.

▌**대판 1995.1.24, 94다40987 [해고무효확인등]**
사용자의 근로자에 대한 해고가 무효인 경우 근로자는 근로계약관계가 유효하게 존속함에도 불구하고 사용자의 귀책사유로 인하여 근로제공을 하지 못한 셈이므로, 민법 제538조 제1항에 의하여 그 기간 중에 근로제공을 하였을 경우에 받을 수 있는 반대급부인 임금의 지급을 청구할 수 있지만, 해고기간 중 근로자가 징역형의 선고를 받아 상당기간 구속된 경우 해고가 무효라고 하더라도 구속기간 동안에는 근로자가 근로의 제공을 할 수 없는 처지였으므로 구속기간 동안의 임금을 청구할 수 없다.

▌**대판 1993.11.9, 93다37915 [해고무효확인등]**
사용자의 귀책사유로 인하여 해고된 근로자가 해고기간 중에 다른 직장에서 근무하여 지급받은 임금은 민법 제538조 제2항에 규정된 자기의 채무를 면함으로써 얻은 이익에 해당하므로, 사용자는 근로자에게 해고기간 중의 임금을 지급함에 있어 위와 같은 이익(이른바 중간수입)을 공제할 수 있는 것이기는 하지만, 근로자가 지급받을 수 있는 임금액 중 근로기준법 제38조 소정의 휴업수당의 범위 내의 금액은 중간수입으로 공제할 수 없고, 휴업수당을 초과하는 금액만을 중간수입으로 공제하여야 한다.

제4장 제3자를 위한 계약

Ⅰ. 의의 및 판별기준
  1. 의 의
  2. 판별기준
  3. 부진정 제3자를 위한 계약
  4. 제3자를 위한 계약의 구체적인 예
    (1) 타인을 위한 보험계약
    (2) 중첩적(병존적) 채무인수
Ⅱ. 성립요건
  1. 제3자를 위한 계약에서의 3면 관계
    (1) 보상관계(기본관계)
    (2) 대가관계(원인관계)
    (3) 수익관계(급부실현관계 또는 출연관계)
    (4) 대리제도와의 구별

  2. 제3자 수익약정
    (1) 수익약정의 존재
    (2) 약정의 내용
  3. 수익자의 특정
Ⅲ. 법률효과
  1. 수익의 의사표시
  2. 수익자의 지위
    (1) 수익의 의사표시 전의 제3자의 지위
    (2) 수익의 의사표시 후 제3자의 지위
  3. 요약자의 지위
  4. 낙약자(채무자)의 지위
    (1) 낙약자와 요약자의 관계(보상관계)
    (2) 낙약자와 수익자의 관계(수익관계)

Ⅰ. 의의 및 판별기준

1. 의 의

제3자를 위한 계약은 계약당사자가 아닌 제3자에게 직접 급부청구권을 취득케 하는 계약으로, 보통의 계약 중에 그 법률효과의 일부를 직접 제3자에게 귀속시킨다는 내용의 제3자 수익약정을 붙인 것을 말한다. 통상의 계약이 그 효력을 당사자 사이에서만 발생시킬 의사로 체결되는 것과는 달리, 제3자를 위한 계약은 계약당사자가 자기 명의로 체결한 계약에 의하여 제3자로 하여금 직접 계약당사자의 일방에 대하여 권리를 취득하게 하는 것을 목적으로 한다.

2. 판별기준

어떤 계약이 제3자를 위한 계약에 해당하는지 여부는 당사자의 의사가 그 계약에 의하여 제3자에게 직접 권리를 취득하게 하려는 것인지에 관한 의사 해석의 문제로서, 이는 계약 체결의 목적, 계약에 있어서의 당사자의 행위의 성질, 계약으로 인하여 당사자 사이 또는 당사자와 제3자 사이에 생기는 이해득실, 거래 관행, 제3자를 위한 계약 제도가 갖는 사회적 기능 등 제반 사정을 종합하여 계약당사자의 합리적 의사를 해석함으로써 판별할 수 있다(대판 1996.1.26, 94다54481).

3. 부진정 제3자를 위한 계약

'부진정 제3자를 위한 계약'은 제3자가 채무자가 급부한 것을 수령할 권한만이 있을 뿐 제3자가 채무자에게 직접 급부청구권을 행사할 수 없다는 점에서 '(진정)제3자를 위한 계약'과 다르다. 대표적으로 이행인수는 인수자에게 채권자가 직접 이행을 청구할 수 없다는 점에서 '부진정 제3자를 위한 계약'에 해당한다($\substack{대판 1997.10.\\24, 97다28698}$). 참고로 타인명의의 예금은 금융실명제의 실시로 실명확인을 한 명의자가 예금주이므로 출연자에게 급부청구권이 원천적으로 배제되기 때문에 제3자를 위한 계약이 될 수 없다.

> **사례 1** 甲이 A로부터 물건을 사면서 이를 乙에게 배달하도록 약정을 한 경우, 乙이 직접 A에게 배달을 청구할 권리를 갖는가?
>
> **│해설 1│** 가지지 않는다.
> 甲과 A 사이에 체결된 약정은 제3자인 乙을 위한 수익약정이 없다는 점에서, 제3자를 위한 계약이라고 할 수 없다. 따라서 乙은 A에게 급부청구권을 행사할 수 없다.

4. 제3자를 위한 계약의 구체적인 예

제3자를 위한 계약으로 볼 수 있는 것으로는 변제를 위한 공탁($\substack{제487\\조}$), 채무자와 인수인간의 병존적 채무인수계약, 타인을 위한 보험계약($\substack{상법 제\\639조}$) 등이 있다. 참고로 변제를 위한 공탁 및 타인을 위한 보험계약은 수익자의 수익의 의사표시가 필요하지 않은 반면에, 병존적 채무인수는 수익자인 채권자의 수익의 의사표시가 필요하다.

(1) 타인을 위한 보험계약

상법 제639조의 타인을 위한 보험계약은 제3자를 위한 계약에 해당한다. 예컨대 매도인이 매수인을 위해 체결하는 운송보험, 기업주의 피용자를 위한 상해보험, 부모가 자녀를 위해 드는 생명보험 등은 제3자를 위한 계약에 해당한다.

(2) 중첩적(병존적) 채무인수

채무자와 제3자가 중첩적 채무인수계약을 체결하는 경우, 이는 제3자(채권자)를 위한 계약에 해당한다($\substack{대판 1989.4.25,\\87다카2443}$).

> **사례 2** 甲은 乙과 '乙이 戊의 甲에 대한 채무를 대위변제하는 것'을 조건으로, 주택에 대한 전세권을 乙에게 양도하기로 하는 약정을 체결하였다. 그런데 甲은 乙의 요구에 따라 그 수취인을 丙으로 하는 전세권양도확인서를 작성해 주었다. 추후에 乙이 戊의 甲에 대한 채무를 대위변제하

였다면, 丙이 전세권의 양도를 甲에게 직접 주장할 수 있는가? (대판 2010.3.25, 2009다99914 참조)

│해설 2│ 주장할 수 있다.

판례는 "甲이 乙과의 사이에 乙이 戊의 甲에 대한 채무를 대위변제하는 것을 조건으로 주택에 대한 전세권을 乙에게 양도하기로 하는 약정을 체결하면서 乙의 요구에 따라 그 수취인을 丙으로 하는 전세권양도확인서를 작성하여 준 사안에서, 이는 甲이 乙과 위 약정을 체결하면서 그 조건의 성취로 발생하는 전세권양도의무를 계약의 당사자인 乙이 아니라 제3자인 丙에게 이행하기로 합의하고 이를 위하여 위 전세권양도확인서를 작성해 준 것이라고 봄이 상당하므로, 丙은 甲과 위 전세권양도확인서에 따른 계약을 체결한 당사자가 아니라 甲과 乙 사이에 체결한 '조건부 제3자를 위한 계약'의 수익자에 해당한다"고 보았다.

대판 1995.5.9, 94다47469 [대여금]

제3자가 공장 소유자로부터 공장건물과 공장대지의 분양계약자로서의 지위를 포괄적으로 인수하면서 그 공장건물에 의하여 담보된 공장운영과 관련하여 발생된 채무도 함께 인수하여 직접 채권자에게 변제하기로 약정하는 경우에 있어서, 공장 양도인과 양수인 간의 채무인수에 관한 합의에는, 다른 특별한 사정이 없는 한 채권자로 하여금 인수인에 대하여 직접 채권을 취득하게 하는 의사도 내포되어 있다고 봄이 상당하므로, 양수인이 양도인에 대하여만 채무를 변제할 의무를 부담하는 단순한 이행인수가 아니라 양수인이 채무자인 양도인과 나란히 채권자에 대하여도 채무를 부담하게 되는 병존적 채무인수라고 보아야 하고, 이와 같이 채무자와 인수인의 합의에 의한 병존적 채무인수는 일종의 제3자를 위한 계약이므로, 채권자는 인수인에 대하여 채무이행을 청구하거나 기타 채권자로서의 권리를 행사하는 방법으로 수익의 의사표시를 함으로써 인수인에 대하여 직접 청구할 권리를 갖게 된다.

사례 3 甲은 乙로부터 X부동산을 매수하면서, X부동산에 관한 근저당권의 피담보채무(채권자丙) 및 임대차보증금반환채무(임차인 丁)를 인수하는 한편 그 채무액을 매매대금에서 공제하기로 약정하였다. 인수채무의 근저당권자인 丙은 매수인 甲에게 채무상환을 직접 주장할 권리를 갖는가? (대판 1993.2.12, 92다23193 참조)

│해설 3│ 직접 주장할 권리를 갖지 않는다.

판례는 "부동산의 매수인이 매매목적물에 관한 근저당권의 피담보채무, 가압류채무, 임대차보증금반환채무를 인수하는 한편 그 채무액을 매매대금에서 공제하기로 약정한 경우, 다른 특별한 약정이 없는 이상 이는 매도인을 면책시키는 채무인수가 아니라 이행인수로 보아야 하고, 매수인이 위 채무를 현실적으로 변제할 의무를 부담한다고도 해석할 수 없(다)"고 하였다. 본 사안의 경우 특별한 사정이 보이지 않다는 점에서 甲과 乙이 체결한 인수계약은 이행인수에 불과하므로 '제3자를 위한 계약'이 아니다. 따라서 채권자 丙은 직접 甲에게 청구권을 행사할 수 없다.

II. 성립요건

제3자를 위한 계약은 요약자와 낙약자가 계약당사자가 되어 체결한 유효한 기본계약(보상관계)을 기초로 하여, 수익자인 제3자에게 직접청구권을 취득하도록 하는 제3자 수익약정의 존재를 요건으로 성립한다. 예컨대 채무자 A와 제3자 B가 A의 C에 대한 채무를 병존적으로 인수하기로 하는 계약을 체결한 경우, C의 B에 대한 직접청구가 인정된다는 점에서 A는 요약자, B는 낙약자, 채권자 C가 수익자가 된다. 계약당사자는 요약자와 낙약자이므로, 법률행위의 하자 및 행위능력 여부는 수익자가 아닌 요약자와 낙약자만으로 판단한다.

1. 제3자를 위한 계약에서의 3면 관계

(1) 보상관계(기본관계)

요약자와 낙약자 사이의 법률관계를 말한다. 낙약자의 채무는 보상관계로부터 발생하기 때문에 보상관계는 제3자를 위한 계약의 본질적 요소가 된다. 따라서 보상관계의 하자는 제3자를 위한 계약의 효력에 영향을 미치고, 낙약자는 보상관계상의 항변으로 수익자에게 대항할 수 있다(제542조).

(2) 대가관계(원인관계)

요약자와 수익자 사이의 법률관계를 말한다. 대가관계는 제3자를 위한 계약의 내용이 아니므로, 대가관계상의 하자 및 흠결은 제3자를 위한 계약의 성립 및 효력에 영향을 주지 않는다.

(3) 수익관계(급부실현관계 또는 출연관계)

낙약자와 수익자의 관계를 말한다. 낙약자와 수익자 간에는 계약관계는 없으나, 낙약자에 대한 수익자의 수익의 의사표시 후에는 수익자에게 급부청구권이 발생한다(제539조 제2항).

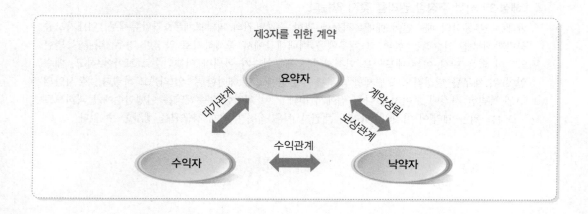

(4) 대리제도와의 구별

대리는 본인과 대리인 사이에 수권, 위임 또는 법률의 규정이 필요하지만, 제3자를 위한 계약에서는 필요하지 않다. 또한 대리계약상의 모든 법률효과는 직접 본인에게 발생하나, 제3자를 위한 계약에서는 요약자 또한 수익자와 같이 낙약자에게 급부청구권을 행사할 수 있다는 점에서 본인만이 급부청구권을 가지는 대리와 다르다. 제3자의 수익의 의사표시($^{제539조}_{제2항}$)가 있을 때, 계약의 효과가 수익자인 제3자에게 발생하여 낙약자에게 급부청구를 할 수 있다. 더 나아가 제3자를 위한 계약에서는 요약자도 계약당사자이므로 낙약자에 대한 이행청구권을 갖는다. 즉, 낙약자에 대하여 요약자와 수익자의 각 급부청구권이 경합하게 된다.

2. 제3자 수익약정

(1) 수익약정의 존재

요약자와 낙약자가 체결한 계약의 내용에 제3자에게 직접적으로 권리를 취득시키는 제3자 수익약정이 포함되어야 한다.

(2) 약정의 내용

제3자가 취득하는 권리는 채권인 경우가 일반적이나, 물권($^{대판\ 2021.8.19,}_{2018다244976}$), 수익자의 낙약자에 대한 채무면제($^{대판\ 2004.9.3,}_{2002다37405}$), 낙약자가 수익자에게 청구권을 행사하지 않도록 하는 것(부제소의 특약)($^{대판\ 2006.1.12,}_{2004다46922}$)도 가능하다. 그러나 제3자에게 '의무'를 부담시키는 계약은 원칙적으로 무효이다. 다만 권리를 취득케 하는 동시에 의무를 부담케 하는 약정은 제3자의 승낙(동의)이 있으면 가능하다고 봄이 통설이다. 예컨대 제3자에게 일정한 대가의 지급 기타 일정한 부담 하에 권리를 부여하는 것도 가능하다($^{대판\ 2006.5.12,}_{2005다68783}$). 또한 계약당사자가 제3자에게 가진 채권에 관하여 채무를 면제하는 계약도 제3자 수익약정으로 볼 수 있다($^{대판\ 2004.9.3,}_{2002다37405}$).

사례 4 甲(시공권 있는 등록업자)은 乙(주택건설사업자)이 공동주택의 준공을 이행하지 않는 경우에 이를 대신 이행하여 주기로 하는 주택분양보증약정을 체결하였다. 그 후 丙이 乙과 분양계약을 체결하여 입주하기로 하였으나, 乙이 부도로 공동주택 건축 공사를 준공할 능력을 상실하게 되었다. 이 사건 주택분양보증약관에는 "수분양자는 분양이행의 보증채무를 이행하는 주택분양보증인에게 직접 잔여 분양대금을 납부"하도록 정하였다.
丙은 甲에게 분양계약상의 권리를 행사할 수 있는가? 가능하다면 丙 또한 잔여분양대금을 甲에게 지급해야 하는가? (대판 1997.9.26, 97다10208; 대판 2006.5.12, 2005다68783 참조)

│ **해설 4** │ 행사할 수 있으며, 잔여분양대금을 지급해야 한다.
주택분양보증약정은 주택건설사업자와 사이에 적법하게 분양계약을 체결한 입주자들에 대하여 분양계약상의 주택 공급 의무를 이행하기로 하는 조건부 제3자를 위한 계약으로 보아야 할 것인바, 주택건설사업자가 부도로 인해 공동주택 건축 공사를 준공할 능력을 상실하게 됨으로써 그 조건이 성취되었다면, 입주자는 등록업자에 대하여 그 수익의 의사표시를 함으로써 기존의 분양계약상의 권리를 행사할 수 있다(대판 1997.9.26, 97다10208). 또한 제3자의 지위에 있는 수분양자는 주택분양보증계약의 내용에 따라 수익의 의사표시에 의하여 주택분양보증인에 대한 분양계약상의 권리를 취득함과 동시에 그와 반대급부의 관계에 있는 의무를 부담하게 될 수도 있는데(대판 2006.5.12, 2005다68783), 사안에서 '수분양자는 분양이행의 보증채무를 이행하는 주택분양보증인에게 직접 잔여 분양대금을 납부'하도록 정하였으므로, 수분양자인 丙은 잔여 분양대금을 甲에게 지급하여야 할 것이다.

사례 5 甲은 乙의 선박소유자 丙에 대한 선박구매조건부 나용선계약상의 채무를 보증하였다. 보증계약을 체결하면서 甲은 丙과 '乙이 선박소유자에게 계약상 모든 채무를 완제할 때까지 및 보증인인 甲이 선박소유자에게 보증계약상 모든 채무를 완제할 때까지 甲은 乙에 대하여 구상을 한다거나 소송을 할 권리가 없고, 乙이나 다른 담보물에 대하여 갖는 법률상 어떠한 구제방법에 대하여도 실행할 권리를 포기한다'고 약정하였다.
만약에 乙이 甲에게 수익의 의사표시를 하였다면, 甲은 乙에게 사전구상권을 행사할 수 없는가?

(대판 2004.9.3, 2002다37405; 제442조(사전구상권) 참조)

해설 5 행사할 수 없다.
甲과 丙의 약정은 사전구상채무를 면제하기로 하는 약정으로서, 제3자를 위한 계약에 준하여 유효하다고 보아야 할 것이고, 乙이 甲에게 그 수익의 의사표시를 하였다면, 乙의 사전구상채무는 채무면제의 효력이 생겼다고 볼 수 있다. 따라서 甲은 乙에게 사전구상권을 행사할 수 없다.

대판 2004.9.3, 2002다37405 [구상금]
제3자를 위한 계약이 성립하기 위하여는 일반적으로 그 계약의 당사자가 아닌 제3자로 하여금 직접 권리를 취득하게 하는 조항이 있어야 할 것이지만, 계약의 당사자가 제3자에 대하여 가진 채권에 관하여 그 채무를 면제하는 계약도 제3자를 위한 계약에 준하는 것으로서 유효하다.

3. 수익자의 특정

제3자를 위한 계약 당시 수익자를 특정할 수 있어야 한다. 한편 제3자는 계약체결시에는 아직 현존하지 않아도 되므로, 설립중의 법인(대판 1996.1.26, 94다54481)이나 태아도 제3자가 될 수 있다. 다만 수익자가 수익의 의사표시를 할 때에는 수익자가 현존하고 있어야 한다.

Ⅲ. 법률효과

1. 수익의 의사표시

수익자가 채무자에게 수익의 의사표시를 해야 채권을 취득한다(제539조 제2항). 수익의 의사표시가 있기 전에는 제3자를 위한 계약은 요약자와 낙약자 사이에서만 유효할 뿐이다. 수익의 의사표시 없이 제3자가 권리를 취득하도록 하는 특약은 효력이 없다고 하여 제539조 제2항을 강행규정으로 본다. 아무리 이익이라 해도 수익자가가 될 제3자의 의사에 반하여 권리취득을 강요할 수는 없다고 해야 하기 때문이다.

2. 수익자의 지위

(1) 수익의 의사표시 전의 제3자의 지위

수익자는 수익의 의사표시라는 형성권을 가진다. 수익의 의사표시는 수익자인 제3자의 권리를 발생시키기 위한 요건(계약의 성립요건이 아니다)이다. 이는 묵시적으로도 할 수 있다. 예컨대 수익자의 낙약자에 대한 이행청구 및 이행의 소 제기에는 수익의 의사표시가 포함된 것으로 볼 수 있을 것이다. 또한 수익의 의사표시는 형성권이므로 10년의 제척기간에 걸린다고 보아야 할 것이다. 그러나 이는 일신전속적인 권리는 아니므로 상속 및 양도가 가능하고 채권자대위권의 객체가 된다. 한편 낙약자는 제3자에 대하여 상당한 기간을 정하여 수익여부의 확답을 최고할 수 있고, 그 기간 내에 확답을 받지 못한 때에는 제3자가 수익을 거절한 것으로 본다($\frac{제540}{조}$).

(2) 수익의 의사표시 후 제3자의 지위

(가) 권리의 취득

수익자는 낙약자에 대한 수익의 의사표시 후에 권리를 취득한다($\frac{제539조}{제2항}$).

수익의 의사표시에 의해 제3자의 권리가 확정된 후에는 계약당사자는 이를 변경·소멸시킬 수 없다($\frac{제541}{조}$).[1] 만일 계약의 당사자가 제3자의 권리를 임의로 변경하였다면, 이는 제3자에게 아무런 효력이 없다($\frac{대판\ 2002.1.25,}{2001다30285}$). 그러나 요약자와 낙약자가 합의에 의하여 제3자에게 권리를 변경·소멸시킬 수 있음을 유보하였거나 제3자가 동의한 경우에는 수익의 의사표시 후에도 변경·소멸시킬 수 있다($\frac{대판\ 2002.1.25,}{2001다30285}$).

▍ **대판 2002.1.25, 2001다30285** [임대차 보증금]
제3자를 위한 계약에 있어서, 제3자가 민법 제539조 제2항에 따라 수익의 의사표시를 함으로써 제3자에게 권리가 확정적으로 귀속된 경우에는, 요약자와 낙약자의 합의에 의하여 제3자의 권리를 변경·소멸시킬 수 있음을 미리 유보하였거나, 제3자의 동의가 있는 경우가 아니면 계약의 당사자인 요약자와 낙약자는 제3자의 권리를 변경·소멸시키지 못하고, 만일 계약의 당사자가 제3자의 권리를 임의로 변경·소멸시키는 행위를 한 경우 이는 제3자에 대하여 효력이 없다.

한편 제541조의 변경·소멸은 양당사자의 의사에 기한 것($\frac{예컨대\ 합의해제.\ 대판}{1997.10.24,\ 97다28698}$)을 의미한다. 따라

---

1) 반대해석하면, 제3자의 수익의 의사표시 전에는 계약당사자(요약자와 낙약자)는 별도의 합의를 통하여 제3자의 권리를 변경·소멸시킬 수 있다.

서 요약자 또는 낙약자가 계약의 당사자로서 갖는 권리, 가령 보상관계의 하자를 이유로 한 계약의 취소 및 당사자의 채무불이행을 이유로 한 법정해제권의 행사는 제3자가 수익의 의사표시를 한 후에도 수익자의 동의없이 가능하다. 수익의 의사표시로 제3자는 직접 채권을 취득하게 되므로 민법상 제3자 보호규정$\binom{\text{제107조 2항, 제108조 2항,}}{\text{제109조 2항, 제110조 3항 등}}$상의 제3자가 아니다. 판례 또한 요약자는 낙약자의 채무불이행을 이유로 수익자인 제3자의 동의 없이도 계약을 해제할 수 있다고 본다$\binom{\text{대판 1970.2.}}{\text{24, 69다1410}}$.

　생각건대 요약자와 낙약자의 계약이 쌍무계약이라면 해제를 하지 않는 한 요약자는 여전히 채무가 존재한다는 점, 요약자가 해제를 하더라도 수익자는 낙약자에게 손해배상을 청구할 수 있으므로$\binom{\text{대판 1994.8.12,}}{\text{92다41559}}$ 해제를 인정해도 수익자에게 불리하지 않다는 점, 제541조의 변경 및 소멸은 당사자의 합의를 기초로 한 것만으로 제한해석된다는 점에서 수익자의 동의없이 요약자는 법정해제권을 행사할 수 있다는 판례의 태도가 타당하다고 본다.

심화학습

제3자 권리의 변경·소멸을 미리 요약자와 낙약자 간에 유보하여 수익자에게 미리 통지한 경우라도, 수익자가 수익의 의사표시를 한 후에도 요약자 또는 낙약자가 유보된 권리를 행사하여 제3자의 권리를 변경 또는 소멸시킬 수 있다.
이때 수익의 의사표시를 한 제3자는 채권자인가?

　해설 제3자가 수익의 의사표시를 한 후에는 수익자가 채권을 취득하는 것으로 본다. 그러나 이때에도 수익자는 계약의 당사자가 아니며 요약자만이 계약 당사자의 지위를 갖는다. 따라서 수익자에게는 계약의 해제권이 없다$\binom{\text{대판 1994.8.12,}}{\text{92다41559}}$. 계약당사자인 요약자는 계약의 해제권 및 해제권 행사로 인한 원상회복청구권, 취소권을 갖는다. 동시이행의 항변권, 위험부담의 문제 또한 계약의 당사자에게 인정되는 권리이다. 또한 계약당사자는 요약자인 낙약자에 대하여 수익자에게 이행할 것을 청구할 수 있다.
그런데 수익의 의사표시가 있은 때부터 요약자는 채권자의 지위를 상실하는 것인가? 이 때에도 요약자는 여전히 채권자의 지위는 갖는 것으로 보아야 할 것이다. 수익자의 급부청구권 이외에 요약자도 수익자에게 급부할 것으로 청구할 수 있는 급부청구권이 부정될 수 없기 때문이다. 따라서 요약자는 손해배상청구권도 갖는다고 할 것이다. 다만 수익자에게 발생한 손해를 수익자에게 배상할 것을 청구할 수 있을 뿐이다. 낙약자의 채무불이행으로 인하여 요약자 자신에게 손해가 발생한 경우에도 채무불이행으로 이유로한 손해배상을 청구할 수 없다고 할 것이다.
또한 제3자를 위한 계약이 쌍무계약인 경우에는 낙약자에 대하여 여전히 채무자의 지위를 갖는다.

사례 6 甲(요약자)과 乙(낙약자)은 丙을 수익자로 하는 제3자를 위한 계약을 체결하였다. 丙이 乙에게 수익의 의사표시를 한 후 甲과 乙이 계약을 합의해제한 경우, 이를 이유로 丙에게 대항할 수 있는가? 만일 乙의 채무불이행으로 이유로 甲이 법정해제한 경우라면 어떠한가?

　(대판 1997.10.24, 97다28698; 대판 1970.2.24, 69다1410 참조)

해설 6 합의해제로는 제3자에게 대항할 수 없으나, 법정해제로는 제3자에게 대항할 수 있다.

▌대판 1997.10.24, 97다28698 [부당이득금반환]

민법 제541조에 의하면 민법 제539조에 의하여 제3자의 권리가 생긴 후에는 당사자는 이를 변경 또는 소멸시키지 못한다라고 규정하고 있어, 계약당사자는 제3자의 권리가 발생한 후에는 합의해 제를 할 수 없고, 설사 합의해제를 하더라도 그로써 이미 제3자가 취득한 권리에는 아무런 영향을 미치지 않는다.

▌대판 1970.2.24, 69다1410 [건물및시설물철거등(본소), 소유권이전등기(반소)]

제3자를 위한 유상쌍무계약의 경우 특별한 사정이 없는 한 낙약자의 귀책사유로 인한 이행불능 또는 이행지체가 있을때 요약자의 해제권이 허용되지 않는 독립된 권리를 제3자에게 부여하는 계약 당사자의 의사라 볼 수 없고, 또한 요약자가 낙약자에게 반대급부 의무를 부담하고 있는 경우에 이러한 해제권을 허용치 아니함은 부당한 결과를 가져온다 할 것이므로 위와 같은 이행불능 또는 이행지체가 있을 때에는 요약자는 제3자의 동의 없이 계약당사자로서 계약을 해제할 수 있다.

(나) 수익자가 계약당사자로서의 지위를 갖는지 여부

수익자는 계약의 당사자가 아니므로 낙약자(채무자)의 채무불이행을 이유로 계약을 해제할 수 없다. 또한 제3자는 낙약자의 사기·강박을 이유로 계약을 취소할 수도 없다. 왜냐하면 법정해제권 및 취소권은 계약당사자의 지위에서 인정되는 효과이기 때문이다. 그러나 제3자가 계약당사자의 지위에서 갖는 권리를 갖지는 못하더라도 채권자로서 갖는 권리(가령 채무불이행을 이유로 한 손해배상청구권(계약이 요약자에 의해 법정해제된 경우에도 같다), 하자담보책임으로서의 손해배상청구권 등)를 가진다($\binom{대판 1994.8.12,}{92다41559}$). 또한 제3자는 채권을 양도할 수도 있다. 만일 제3자가 급부 수령을 지체한다면 채무자인 낙약자는 제400조 이하(채권자지체)에 의해 책임이 경감될 것이다.

> **사례 7** 대한민국(이하 '甲')은 서울특별시(이하 '乙')를 위하여 현대건설주식회사(이하 'H')와 쓰레기처리장 건설공사도급계약을 체결하였다. 만일 H가 계약대로 공사를 진행하지 않은 경우, 乙이 채무불이행을 이유로 계약을 해제할 수 있는가? 甲이 채무불이행을 이유로 계약을 해제하였다면, 손해배상청구권을 乙이 행사할 수 있는가?   (대판 1994.8.12, 92다41559 참조)
>
> **▌해설 7 ▌** 해제권은 乙이 행사할 수 없다.
> 다만 甲이 해제권을 행사한 경우, 乙이 손해배상청구권을 행사할 수 있다.

▌대판 1994.8.12, 92다41559 [손해배상(기)]

제3자를 위한 계약의 당사자가 아닌 수익자는 계약의 해제권이나 해제를 원인으로 한 원상회복청구권이 있다고 볼 수 없다. 제3자를 위한 계약에 있어서 수익의 의사표시를 한 수익자는 낙약자에게 직접 그 이행을 청구할 수 있을 뿐만 아니라 요약자가 계약을 해제한 경우에는 낙약자에게 자기가 입은 손해의 배상을 청구할 수 있는 것이므로, 수익자가 완성된 목적물의 하자로 인하여 손해를 입었다면 수급인은 그 손해를 배상할 의무가 있다.

民總

債總

債各

심 화 학 습

위 판결과는 달리 대판 1966.6.21, 66다674에서 판례는 "제3자를 위한 계약은, 요약자와 낙약자 사이에 낙약자가 제3자에게 일정한 급부를 할 것을 약속하고, 이에 따라 제3자가 낙약자에 대하여 직접 그 급부를 청구할 권리를 취득케 하는 계약이므로, 낙약자의 행위자체가 불법행위가 되거나 계약자체가 무효인 경우에는, 제3자는 특별한 사정이 없는 이상 낙약자의 불법행위로 인한 손해배상청구나 채무불이행을 이유로 하는 손해배상청구는 할 수 없다"고 하였다. 이 판결에 따르면 제3자의 권리는 요약자와 낙약자 사이의 계약의 유효를 전제로 하는 것이므로 그 계약이 농지법 위반으로 무효라면 제3자는 손해배상을 청구할 수 있는 근거가 없다고 할 것이다. 대판 1994.8.12, 92다41559은 계약이 유효하게 성립한 후 그 계약이 해제나 해지된 경우를 전제로 한다는 점에서 차이가 있다.

위 대판 1966.6.21, 66다674은 대판 1994.8.12, 92다41559과 모순되는가?

심 화 학 습

계약 자체가 무효인 경우 외형상 낙약자의 채무불이행시, 수익자 이외에 요약자도 손해배상을 청구할 수 있는가?

│해설│ 제3자의 권리는 요약자와 낙약자 사이의 계약의 유효를 전제로 하는 것이므로 그 계약이 농지법위반으로 무효라면 손해배상을 청구할 수 있는 근거가 없다.

"제3자를 위한 계약은, 요약자와 낙약자 사이에 낙약자가 제3자에게 일정한 급부를 할 것을 약속하고, 이에 따라 제3자가 낙약자에 대하여 직접 그 급부를 청구할 권리를 취득케하는 계약이므로, 낙약자의 행위자체가 불법행위가 되거나 계약자체가 무효인 경우에는, 제3자는 특별한 사정이 없는 이상 낙약자의 불법행위로 인한 손해배상청구나 채무불이행을 이유로 하는 손해배상청구는 할 수 없다"는 판시에서 '불법행위'는 농지법 위반 행위를 지칭하는 것으로 생각된다. 즉 농지법위반 행위를 법률 위반이라는 측면에서 불법행위로, 효력이 무효라는 측면에서 무효인 행위로 기술한 것으로 생각된다. 뒷부분의 불법행위나 채무불이행으로 인한 손해배상청구를 할 수 없다는 판시는 결국 손해배상청구를 하지 못한다는 내용을 구체적으로 기재한 것으로 보아야 할 것이다.

심 화 학 습

제3자가 수익의 의사표시를 아직 하지 않은 상태에서 계약이 해제되었던 경우에도 제3자가 손해배상청구권을 취득하는가?

│해설│ 수익의 의사표시가 없었다면 아직 제3자의 권리가 발생하지 않으므로, 채권(급부청구권)이 없기 때문에 채권의 변형물인 손해배상청구권을 취득하지 못할 것이다.

3. 요약자의 지위

제3자가 수익의 의사표시를 한 후에도 요약자는 계약당사자의 지위를 갖는다. 나아가 요약자는 낙약자를 상대로 제3자에게 급부를 이행하라는 청구를 할 수 있다.[2] 이는 수익자가 갖는 청구권과 별개로 인정되는 권리이다. 따라서 낙약자가 채무를 불이행하여 요약자에게 별도의 손해가 발생하였다면, 요약자도 낙약자에게 손해배상을 청구할 수 있다.[3] 또한 요약자는 계약 당사자이므로, 당연히 계약의 취소권, 해제권을 행사할 수 있다.

4. 낙약자(채무자)의 지위

낙약자의 지위는 요약자에 대한 관계 및 수익자에 대한 관계로 나누어서 살펴볼 필요가 있다.

(1) 낙약자와 요약자의 관계(보상관계)

낙약자는 요약자에게 보상관계에 따른 채권을 가진다. 요약자는 대가관계의 부존재나 효력 상실을 이유로 자신이 보상관계에 기하여 낙약자에게 부담하는 채무의 이행을 거부할 수 없다. 요약자와 수익자 사이의 대가관계의 효력은 보상관계나 제3자를 위한 계약의 성립이나 효력에 영향을 미치지 아니하기 때문이다(대판 2003.12.11,/2003다49771).

한편 요약자가 채무를 불이행하면, 낙약자는 계약을 해제할 수 있다. 해제시 낙약자가 수익자에게 아직 이행하지 않은 의무는 소멸하고, 이미 이행한 것이 있다면 원상회복이 문제된다. 낙약자는 원상회복을 계약당사자인 요약자에게 주장해야 한다. 판례 또한 금전이 수익자에게 지급된 사안에서, "제3자를 위한 계약관계에서 낙약자와 요약자 사이의 법률관계(이른바 기본관계)를 이루는 계약이 해제된 경우 그 계약관계의 청산은 계약의 당사자인 낙약자와 요약자 사이에 이루어져야 하므로, 특별한 사정이 없는 한 낙약자가 이미 제3자에게 급부한 것이 있더라도 낙약자는 계약해제에 기한 원상회복 또는 부당이득을 원인으로 제3자를 상대로 그 반환을 구할 수 없다"고 판시하였다. 요컨대 낙약자가 수익자에게 급부한 것은 요약자에 대한 채무의 이행으로 한 것이기 때문에 그 청산 또한 낙약자와 요약자 사이에서 이루어져야 할 것이다.

다만 급부한 것이 동산 또는 부동산의 이전이라면 물권행위의 유인성에 의하여 소유권은 소급적으로 낙약자에게 회복된다. 따라서 낙약자는 수익자에게 직접 반환 및 말소등기(또는 진정 명의회복을 위한 이전등기)를 주장할 수 있다.

> **사례 8** 매도인 甲과 매수인 乙이 토지거래허가구역 내 토지의 지분에 관한 매매계약을 체결하면서 매매대금을 丙에게 지급하기로 하는 제3자를 위한 계약을 체결하고 그 후 매수인 乙이 그 매매대금을 丙에게 지급하였는데, 위 매매계약이 확정적으로 무효가 되었다. 乙이 매매대금의 반

---

2) 제3자의 수익거절시, 급부를 반드시 제3자에게 해야 하는 경우에는 쌍방의 귀책사유없는 후발적 불능으로 보아 제537조로 해결해야 한다(낙약자에게는 요약자에 대한 반대급부청구권이 상실된다). 반면에 급부의 성질상 채권자에게 이행되어도 되는 경우라면, 청구권이 채권자에게 이전되므로 채무이행이 가능하다고 보는 것이 타당할 것이다.
3) 물론 요약자에게 별도로 발생하는 손해를 증명하기는 어려울 것이며(보통 요약자와 수익자사이의 대가관계를 기초로 판단해야 할 것이다), 증명된다 하더라도 그 손해는 특별손해에 해당하여(제393조 제2항), 낙약자의 예견가능 여부에 따라 배상 여부가 달라질 것이다.

환을 받고자 할 때 누구를 피고로 해야 하는가?　　　　　　(대판 2010.8.19, 2010다31860,31877 참조)

> **| 해설 8 |** 甲을 피고로 해야 한다.
>
> 제3자를 위한 계약관계에서 낙약자와 요약자 사이의 법률관계(이른바 기본관계)를 이루는 계약이 무효이거나 해제된 경우 그 계약관계의 청산은 계약의 당사자인 낙약자와 요약자 사이에 이루어져야 한다. 따라서 특별한 사정이 없는 한 낙약자가 이미 제3자에게 급부한 것이 있더라도 낙약자는 계약해제 등에 기한 원상회복 또는 부당이득을 원인으로 제3자를 상대로 그 반환을 구할 수 없다. 즉 그 계약관계의 청산은 요약자인 甲과 낙약자인 乙 사이에 이루어져야 하므로 특별한 사정이 없는 한 乙은 丙에게 매매대금 상당액의 부당이득반환을 구할 수 없다.

(2) 낙약자와 수익자의 관계(수익관계)

낙약자는 "계약에 기한 항변"으로 수익자에게 대항할 수 있다($\frac{제542}{조}$). 계약에 기한 항변이란 보상관계(기본관계)에 기한 항변을 말하며, 계약의 불성립·무효·취소·해제조건 성취·법정해제 등과 같이 제3자의 권리를 소멸시키는 사유는 물론, 동시이행항변권 등도 이에 해당된다. 반면에 낙약자는 대가관계에 기한 항변으로는 수익자에게 대항하지 못한다. 대가관계의 효력은 보상관계나 제3자를 위한 계약의 성립이나 효력에 영향을 미치지 아니하기 때문이다($\frac{대판\ 2003.12.11,}{2003다49771}$).

> **| 대판 2003.12.11, 2003다49771 [부동산소유권이전등기]**
> 제3자를 위한 계약의 체결 원인이 된 요약자와 제3자(수익자) 사이의 법률관계(이른바 대가관계)의 효력은 제3자를 위한 계약 자체는 물론 그에 기한 요약자와 낙약자 사이의 법률관계(이른바 기본관계)의 성립이나 효력에 영향을 미치지 아니하므로 낙약자는 요약자와 수익자 사이의 법률관계에 기한 항변으로 수익자에게 대항하지 못하고, 요약자도 대가관계의 부존재나 효력의 상실을 이유로 자신이 기본관계에 기하여 낙약자에게 부담하는 채무의 이행을 거부할 수 없다.

> **종합사례 1**
>
> A는 B의 X부동산을 매수하는 계약을 체결했다. 그 후 A는 C와 교환계약을 체결하여 자신이 취득할 X와 C소유인 Y부동산의 소유권을 교환하기로 했다. A는 B에게 부탁하여 C에게 직접 X의 소유권을 이전해 주기로 하고 C도 이에 동의했다. 이에 B와 C는 B가 A로부터 대금을 수령함과 동시에 C에게 X의 소유권을 이전해 주기로 하는 별도의 계약을 체결했다. 그 후 Y부동산이 경매되어 D가 소유권을 취득하여 C가 A에 대하여 부담하는 Y의 소유권이전이 불능이 되자, A는 C와의 교환계약을 해제했다.
>
> **질문 1)** B는 A와 C와의 계약이 해제되어 자신의 X부동산의 소유권을 C에게 이전할 의무가 소멸했음을 이유로 C의 등기이전청구를 거절할 수 있는가?
>
> **질문 2)** A도 A·C 간의 교환계약이 해제되어 B에 대한 대금지급의무가 소멸하였음을 주장하면서 대금의 지급을 거절하고 있다. 이는 타당한가?

질문 3) B 또한 A로부터 대금을 지급받지 못한 상태에서 C가 B에게 X부동산의 이전을 청구하는 경우, B가 취할 수 있는 법적 조치는?

질문 4) B가 C에게 X부동산의 소유권을 임의로 이전해 주었다면, C는 X부동산의 소유권을 보유·유지할 수 있는가?

(대판 2003.12.11. 2003다49771 참조)

종합사례 해설 1

X부동산에 대한 A, B, C의 의사표시를 다음의 세가지로 해석이 가능하다. 첫째 채권양도로 보는 방법이다. 즉 A의 B에 대한 소유권이전 등기청구권을 C에 양도하는 것으로 볼 수 있다. 둘째, 중간생략등기의 합의로 보는 방법이다. 셋째 제3자를 위한 계약으로 보는 방법이다. 이는 의사표시의 해석에 관한 문제인데, 규범적 해석에 의하여 판단하면 위 사안과 같은 경우 B·C간에 만들어진 계약은 종래의 계약을 단순히 변경한 것이 아니라 C의 수익의 의사표시가 B의 의무확인으로 볼 수 있다. 또한 B·C간의 계약내용이 A가 B로부터 X의 매매대금을 수령함과 동시에 C에게 소유권이전등기의무를 이행하기로 한 합의가 있었다면 이는 제3자를 위한 계약으로 보아야 할 것이다. 사안에서 A는 요약자, B는 낙약자, C는 수익자에 해당한다.

해설 1) 거절할 수 없다.

C가 수익의 의사표시를 한 이상, 요약자와 수익자 사이의 법률관계(대가관계)의 효력은 제3자를 위한 계약 자체는 물론 그에 기한 요약자와 낙약자 사이의 법률관계(이른바 기본관계)의 성립이나 효력에 영향을 미치지 않는다. 따라서 A와 B가 기본관계의 계약에 따라 이행할 의무에는 변화가 없다. 즉 B의 위와 같은 주장은 법적으로 허용되지 않는다.

해설 2) 타당하지 않다.

앞서 본 것처럼, A·B 간의 매매계약은 여전히 유효한 것이므로 A는 대금지급의무를, B는 C에 대한 재산권이전의무를 여전히 부담한다.

해설 3) A의 대금지급의무와 B의 C에 대한 재산권이전의무는 동시이행의 관계에 있으므로 B는 동시이행항변권을 주장하여 자신의 이행을 거절할 수 있다.

해설 4) C는 수익의 의사표시를 한 후에 낙약자인 B에 대해서는 급부를 수령할 권한이 있으므로 C의 급부수령은 적법하다. 그러나 이 부동산의 소유권을 C에게 유지시키는 것은 부당하다는 이유에서 다음과 같은 해결책들이 모색되고 있다.

ⅰ) A는 부당이득을 이유로 C에게 취득한 부동산을 반환할 것을 주장할 수 있다. A와 C의 교환계약이 유효함을 전제로 하여 C가 그 부동산의 소유권을 유지할 수 있지만, 계약이 해제되었으므로 더 이상 그 법적 근거가 없어져 C의 부동산소유는 부당이득이 되기 때문이다.

ⅱ) A·C 간의 교환계약이 해제되었으므로 제748조의 부당이득이 아니라 특칙인 제548조에 의한 원상회복으로 A는 C에게 부동산의 이전을 청구할 수 있다.

그러나 위 방안들은 다음과 같은 문제점이 있다.

ⅰ)의 문제점: 계약이 해제되었으므로 일반 부당이득이 아닌 원상회복의 법리가 적용되어야 할 것임에도 부당이득의 법리가 적용되는 이유를 논증하지 못하고 있다.

제1편 제2편 제3편 제4편 제5편 제6편 제7편 제8편 제9편 계약의 효력

ii)의 문제점: 계약해제로 인한 원상회복의 법리가 적용되면 그 부동산의 소유권은 B에게 이전되어야 할 것이다. 그럼에도 불구하고 A에게 이전을 청구하는 근거를 논증하지 못한다.

심화학습

삼각관계에서의 제3자에 대한 급부 (소위 '삼각관계에서의 부당이득'의 문제)

제3자를 위한 계약에서 제3자에게 급부를 한 후에 그 계약이 무효 또는 취소된 경우 급부를 한 요약자는 제3자에게 부당이득으로 그 반환을 청구할 수 있는지가 문제된다. 판례는 이를 부정한다. 이를 인정할 경우 낙약자가 부담해야 할 계약상 위험을 제3자에게 이전시키는 것이므로 부당하며, 제3자가 요약자에게 갖는 항변권이 침해되는 결과를 야기하기 때문이다. 제3자가 원인관계의 무효 등을 알고 있었다 하더라도 마찬가지이다.

▌ 대판 2010.3.11, 2009다98706 [대여금]

계약상 금전채무를 지는 이가 채권자 갑의 지시에 좇아 갑에 대한 채권자 또는 갑이 증여하고자 하는 이에게 직접 금전을 지급한 경우 또는 남의 경사를 축하하기 위하여 꽃을 산 사람이 경사의 당사자에게 직접 배달시킨 경우와 같이, 계약상 급부가 실제적으로는 제3자에게 행하여졌다고 하여도 그것은 계약상 채무의 적법한 이행(이른바 '제3자방(第三者方) 이행')이라고 할 것이다. 이때 계약의 효력이 불발생하였으면, 그와 같이 적법한 이행을 한 계약당사자는 다른 특별한 사정이 없는 한 그 제3자가 아니라 계약의 상대방 당사자에 대하여 계약의 효력불발생으로 인한 부당이득을 이유로 자신의 급부 또는 그 가액의 반환을 청구하여야 한다.

▌ 대판 2008.9.11, 2006다46278 [부당이득금]

계약의 일방당사자가 상대방의 지시 등으로 상대방과 또 다른 계약관계를 맺고 있는 제3자에게 직접 급부한 경우(이른바 삼각관계에서의 급부가 이루어진 경우), 그 급부로써 급부를 한 당사자의 상대방에 대한 급부가 이루어질 뿐 아니라 그 상대방의 제3자에 대한 급부도 이루어지는 것이므로 계약의 일방당사자는 제3자를 상대로 법률상 원인 없이 급부를 수령하였다는 이유로 부당이득반환청구를 할 수 없다. 이러한 경우에 계약의 일방당사자가 상대방에 대하여 급부를 한 원인관계인 법률관계에 무효 등의 흠이 있다는 이유로 제3자를 상대로 직접 부당이득반환청구를 할 수 있다고 보면 자기 책임하에 체결된 계약에 따른 위험부담을 제3자에게 전가하는 것이 되어 계약법의 원리에 반하는 결과를 초래할 뿐만 아니라 수익자인 제3자가 상대방에 대하여 갖는 항변권 등을 침해하게 되어 부당하기 때문이다. 이와 같이 삼각관계에서의 급부가 이루어진 경우에, 제3자가 급부를 수령함에 있어 계약의 일방당사자가 상대방에 대하여 급부를 한 원인관계인 법률관계에 무효 등의 흠이 있었다는 사실을 알고 있었다 할지라도 계약의 일방당사자는 제3자를 상대로 법률상 원인 없이 급부를 수령하였다는 이유로 부당이득반환청구를 할 수 없다(필자 주: 이 사안에서 상대방은 요약자, (일방)당사자는 낙약자를 의미하고 낙약자가 이행한 것은 금전지급이었음).

사례 9 계약상 A에게 금전채무를 부담하는 B가 채권자 A의 지시에 의해 C에게 직접 급부를 하였다. A와 B 사이의 계약이 무효가 된 경우 B는 C에게 자신이 급부한 것의 반환을 청구할 수 있는가?   (대판 2010.3.11, 2009다98706 참조)

> **│해설 9│ 청구할 수 없다.**
>
> A와 B 사이에서는 부당이득이 성립하지만, 이를 이유로 직접 C에게 급부의 반환을 청구하지 못한다.

사례 10 계약상 A에게 X부동산의 소유권이전채무를 부담하는 B가 채권자 A의 지시에 의해 C에게 직접 급부를 하였다. 그런데 이는 A 또한 C에게 그 부동산의 이전등기의무를 부담하고 있었기 때문에 B에게 부탁하여 C에게 직접 소유권이전등기를 하도록 한 것이었다.
그런데 A와 B 사이의 계약이 무효가 된 경우, B는 C에게 자신이 급부한 것이 부당이득임을 이유로 그 반환을 청구할 수 있는가?

> **│해설 10│ 청구할 수 없다.**
>
> 계약의 일방 당사자가 계약상대방의 지시 등으로 급부과정을 단축하여 계약상대방과 또 다른 계약관계를 맺고 있는 제3자에게 직접 급부한 경우 그 급부로써 급부를 한 계약당사자의 상대방에 대한 급부가 이루어질 뿐 아니라 그 상대방의 제3자에 대한 급부로도 이루어지는 것이므로 계약의 일방 당사자는 제3자를 상대로 법률상 원인 없이 급부를 수령하였다는 이유로 부당이득반환청구를 할 수 없으므로 부당이득반환청구권을 부인된다.

사례 11 만약에 위 사례의 사실관계에서 A, B, C간에 중간생략등기의 합의가 있었던 것으로 확인된 경우, A는 물권적 청구권으로 급부의 반환을 청구하였다면 인정될 것인가?

> **│해설 11│ 인정될 수 있을 것이다.**
>
> 위 사례는 중간생략등기가 문제된 사안이다. 중간생략등기는 3자간의 합의가 있으면 유효하다는 것이 통설과 판례의 태도이다(대판 1994.5.24, 93다47738). 그런데 위 사례에서는 A와 B 사이의 계약이 무효가 됨으로써 이들 사이의 중간생략등기의 합의도 무효가 된 것으로 보아야 할 것이므로 소유권은 B에게 복귀한다. 따라서 B는 소유권에 기한 물권적 청구권에 기초하여 C에게 급부한 것의 반환을 청구할 수 있다.

 심화학습

제3자를 위한 계약, 채권양도, 중간생략등기의 관계

A(요약자, 채권양도인, 중간매수인), B(낙약자, 채무자, 최초매도인), C(수익자, 채권양수인, 최종매수인)간의 법률관계는, 사실관계에 따라 3자간의 의사표시는 제3자를 위한 계약, 채권(등기청구권)양도의 법리나 중간생략등기의 법리가 적용될 수 있다. 이 가운데 어떤 것인지는 당사자의 의사표시 해석에 따라 결정되어야 한다. 어느 것으로 해석되는지에 따라 당사자의 이해관계가 달라지기도 한다. 제3자를 위한 계약 또는 채권양도의 경우 A·C(A·C는 제3자를 위한 계약에서는 요약자와 수익자, 채권양도의 경우 양도인과 양수인, 중간생략등기의 경우 중간매수인과 최종매수인에 해당된다) 간 계약이 무

효가 된 경우, 제3자는 등기청구권을 갖고, 이미 제3자에게 등기가 되었다면 등기는 유효하다. 다만 제3자의 소유권은 B에 대하여 부당이득이 되므로 B에게 반환해야 한다. 반면 중간생략등기에 해당되면 3자간 합의가 없어졌으므로 C의 등기청구권은 소멸하고 그 청구권은 부당이득으로 A에게 귀속되어야 한다. 중간생략등기인데 이미 등기가 이루어졌더라도 A·C간의 매매가 효력이 없어졌으므로 최종양수인 C명의의 등기는 실체관계에 부합한 등기가 아니므로 부동산소유권은 B에게 있는 것이 된다.

제 1 편
제 2 편
제 3 편
제 4 편
제 5 편
제 6 편
제 7 편
제 8 편
제 9 편
계약의 효력

제5장 다수당사자의 채권관계

제1절 서 설

1. 의의 및 유형

다수당사자의 채권관계란 하나의 급부를 중심으로 수인의 채권자 또는 채무자가 있는 것을 총칭한다. 다수당사자의 채권관계는 하나의 동일한 급부를 목적으로 하지만 채권자 또는 채무자의 수만큼 복수의 채권이나 채무가 존재한다. 민법은 분할채권·채무관계를 원칙으로 하여 ($\frac{제408}{조}$), 불가분채권·채무관계, 연대채무, 보증채무 등 네 가지를 규정하고 있다.

2. 채권·채무의 준공동소유와 다수당사자의 채권관계

채권이나 채무를 준공동소유하는 경우는 하나의 채권 또는 채무가 일체를 이루어 수인에게 귀속하는 관계이다. 이 경우에는 공동소유에 관한 규정($\frac{제262조}{이하}$)이 준용되어, 복수의 주체 사이의 인적 결합의 내용에 따라 준공유, 준합유, 준총유로 될 것이다($\frac{제278}{조}$). 그러나 다수당사자의 채권관계에 관한 제408조 이하는 공동소유에 관한 규정의 특칙이므로 특약이 없는 한 제408조 이하가 우선적용되게 된다(개별규정 우위의 원칙). 따라서 특약이 없는 한 다수당사자 간의 채권관계는 준공유, 준합유, 준총유로 되는 것이 아니라, 분할채권·채무, 불가분채권·채무, 연대채무 중 하나가 된다.

민사소송법 다수당사자의 소송관계

1) 채권, 채무의 준공동소유와 다수당사자의 채권관계가 소송법적으로 반영된 것으로 '공동소송'제도가 있다. 이를 '소의 주관적 병합'이라고도 한다.
2) 민사소송법은 공동소송의 주관적 요건으로 당사자들 간의 권리의무가 공통되거나(민사소송법 제65조 1문 전단. 채권의 준공동소유자들의 소송, 진정 또는 부진정 연대채권자·채무자들의 소송, 불가분채권자·채무자들의 소송 등이 이에 해당한다), 사실상 또는 법률상 같은 원인으로 생겼거나(민사소송법 제65조 1문 후단. 동일한 사고에 의한 다수의 피해자가 제기하는 손해배상청구소송 등이 이에 해당한다), 같은 종류의 것이고 사실상 또는 법률상 같은 종류의 원인으로 말미암았을 것(민사소송법 제65조 2문. 같은 종류의 분양

계약에 기한 여러 수분양자들에 대한 분양대금지급청구 소송 등이 이에 해당한다)을 요구한다.

3. 제기되는 문제점

다수당사자의 채권·채무관계는 (i) 대외적 효력, (ii) 당사자 1인에게 생긴 사유의 효력, (iii) 대내적 효력이 문제된다. 대외적 효력에서는 수인의 채권자 또는 채무자 사이에 어떻게 청구되고 변제되는가, 즉 청구의 방법과 변제의 방법을 다룬다. 당사자 1인에게 생긴 사유의 효력은 일부에 의한 또는 일부에 대한 이행청구, 채권의 포기, 채무의 면제 등의 사유가 다른 채권자 또는 채무자에게 영향을 미치는지 여부를 다룬다. 마지막으로 대내적 효력은 다수 채권자 중 1인이 수령 또는 변제한 경우, 이를 '다른 채권자에게 어떻게 분배'하는가, 또는 '다른 채무자에게 어떻게 분담'시키느냐의 문제이다.

> **민사소송법** 공동소송에서 공동소송의 당사자 1인의 소제기 기타 소송행위가 다른 공동소송인에게 영향을 미치는지 여부
>
> 1) 민사소송법 제66조는 통상공동소송(공동소송인 사이에 합일확정이 필수적이지 않은 공동소송)에 대해서 공동소송인 독립의 원칙을 규정하여 각 공동소송인의 행위는 다른 공동소송인에게 이익으로도 불이익으로도 영향을 미치지 않는 것으로 하고 있다. 다만 이를 수정할 필요에 따라 학설상으로는 증거공통의 원칙과 주장공통의 원칙을 인정할 것인지에 대한 논의가 있다.
>
> 2) 민사소송법 제67조는 필수적 공동소송(공동소송인 사이에 합일확정이 필수적인 공동소송)에 대해서 공동소송인 중 1인의 소송행위는 전원의 이익을 위해서만 효력이 있고, 그 1인에 대한 소송행위는 전원에 대해 효력이 발생하는 것으로 규정하고 있다.

제2절 분할채권 · 불가분채권

Ⅰ. 분할채권관계

1. 의 의

하나의 가분급부에 관하여 채권자나 채무자가 다수 존재하는 경우에 민법은 '채권자나 채무자가 수인인 경우에 특별한 의사표시가 없으면 각 채권자 또는 각 채무자는 균등한 비율로 권리가 있고 의무를 부담한다'고 규정함으로써(제408조), 특약(연대의 의사표시 등)이 없는 한, 분할채권 또는 분할채무로 되는 것을 원칙으로 하고 있다($\text{대판 1963.9.}\atop\text{5. 63다370}$).

2. 분할채권관계의 성립

분할채권관계가 성립하기 위해서는 한 개의 가분급부에 관한 것이어야 한다. 가분급부란 급부의 성질이나 가치를 손상시키지 않고 분할하여 급부를 할 수 있는 것을 말한다. 그리고 채권자나 채무자가 수인이어야 하며, 당사자 사이에 불가분 또는 연대관계로 하겠다는 특약이 없어야 한다.

(1) 분할채권이 성립하는 경우

수인이 공동매수하여 지분에 따라 매도인으로부터 취득하는 소유권이전등기청구권($^{대판\ 1981.}_{2.24,}$ $^{79다}_{14}$), 공유물 매각시 대금채권, 공유물 임대시 차임채권, 공유물에 대한 제3자의 불법행위로 인한 공유자의 손해배상채권($^{대판\ 2008.4.24,}_{2007다44774}$), 공유물에 대한 제3자의 무단 사용에 따른 공유자의 차임상당의 부당이득반환청구권($^{대판\ 1979.1.}_{30,\ 78다2088}$), 가분채권을 수인이 공동상속한 경우($^{대판\ 1962.5.3.}_{4294민상1105}$)에 분할채권이 성립된다.

■ **대판 1981.2.24, 79다14 [손해배상]**
토지의 매도인은 2인의 공동매수인에게 특별한 사정이 없는 한 각 1/2씩의 지분권에 관하여 각 소유권이전등기절차를 이행할 의무가 있는 것인바 잔대금 지급을 지체하고 있던 위 공동매수인중의 1인이 잔대금 전액을 지급하였다고 하더라도 그러한 사정만으로는 동인에게 다른 공동매수인의 지분부분에 관해서까지 소유권이전등기 소요서류를 교부할 수 있는 특별한 사정이 있다고 할 수 없다.

사례 1 甲, 乙, 丙이 공유하는 토지에 대하여 제3자인 丁이 무단으로 점유하면서 3,000만 원의 부당이득을 취하였다. 甲이 丁에게 청구할 수 있는 금액은? (대판 1979.1.30, 78다2088 참조)

■ **해설 1** | 1,000만 원이다.
공유물에 대한 제3자의 무단 사용에 따른 공유자의 차임상당의 부당이득 반환청구권은 분할채권에 해당하고($^{대판\ 1979.1.}_{30,\ 78다2088}$), 공유지분은 균등한 것으로 추정되므로 甲은 3,000만 원의 1/3에 대해서 분할채권을 가진다. 따라서 甲은 丁에게 1,000만 원을 부당이득으로 청구할 수 있다.

---

(2) 분할채무가 성립하는 경우

수인이 공동으로 금전을 차용한 경우 차용금반환채무($^{대판\ 1985.4.23,}_{84다카2159}$), 금전채무를 수인이 공동상속한 경우($^{대판\ 1997.6.24,}_{97다8809}$)1), 수인이 공동당사자가 되어 변호사를 선임한 경우의 보수지급채무($^{대판\ 1993.2.12,}_{92다42941}$), 수인의 매도인이 체결한 매매계약이 무효가 되어 매수인에게 부담하는 부당이득반환채무($^{특히\ 계약금\ 반환채무.\ 대}_{판\ 1993.9.14,\ 91다41316}$), 공동불법행위자 중 1인이 피해자에게 변제한 후 수인의 다른 공동

---

1) 등기의무를 공동상속한 경우에도 공동상속인은 각자 상속분의 범위 내에서 등기의무를 부담한다(대판 1968.6.18, 67다995).

불법행위자가 구상권자에게 부담하는 구상채무($^{대판\ 2002.9.27,}_{2002다15917}$) 등이 분할채무의 형태로 성립한다.

> **▌대판 2002.9.27, 2002다15917 [구상금]**
> 공동불법행위자는 채권자에 대한 관계에서는 부진정연대책임을 지되, 공동불법행위자들 내부관계에서는 일정한 부담 부분이 있고, 이 부담 부분은 공동불법행위자의 과실의 정도에 따라 정하여지는 것으로서 공동불법행위자 중 1인이 자기의 부담 부분 이상을 변제하여 공동의 면책을 얻게 하였을 때에는 다른 공동불법행위자에게 그 부담 부분의 비율에 따라 구상권을 행사할 수 있고, 공동불법행위자 중 1인에 대하여 구상의무를 부담하는 다른 공동불법행위자가 수인인 경우에는 특별한 사정이 없는 이상 그들의 구상권자에 대한 채무는 이를 부진정연대채무로 보아야 할 근거는 없으며, 오히려 다수 당사자 사이의 분할채무의 원칙이 적용되어 각자의 부담 부분에 따른 분할채무로 봄이 상당하다.

> **사례 2** 甲, 乙, 丙이 각각 1천만 원, 2천만 원, 3천만 원을 丁에게 빌려주고 공동담보물로 토지소유권을 이전받았다(양도담보권의 준공유). 丁이 채무를 상환하지 않자, 채권자 3인이 담보권실행을 위해 지분의 비율로 소유권을 취득하였다(귀속정산). 이에 丁은 채권자 3인이 정산해야 할 정산금 3천만 원 전부를 甲에게 청구하였다. 甲은 정산금 전부를 지급하여야 하는가? 아니라면 얼마를 정산해야 하는가?
>
> **▌해설 2▐** 甲은 3천만 원 전부가 아닌 5백만 원만 정산하면 된다.
> 판례는 대판 1987.5.26, 85다카1146에서 수인의 채권자가 채무자에게 별개로 금전을 차용하여 주고서 2필지의 토지에 대하여 공동으로 담보목적의 소유권이전등기를 경료받았다가 담보권을 실행함에 있어 합의에 의한 공유물분할 방법으로 각 채권자들의 대여금 비율에 따라 각 단독소유로 소유권이전등기를 마친 다음 각각 따로 자기 몫의 담보부동산을 처분하였다면, 금전소비대차에 있어서 수인의 채권자가 각기 일정한 돈을 빌려주는 경우에 특별한 의사표시가 없으면 이 채권은 분할채권이라고 보았다. 이러한 점을 비추어 보면 그 정산금을 채무자에게 반환함에 있어서는 위 각 채권자들이 공동으로 담보목적의 소유권이전등기를 경료받은 사유를 가지고 연대에 관한 특별한 의사표시를 한 것으로 풀이할 수 없을 뿐만 아니라 그와 같은 사유가 연대채무를 발생시키는 법률상 요인이 된다고도 볼 수 없다고 하여 정산금 채무를 분할채무로 보았다. 따라서 3천만 원 정산금 중 甲은 1/6부분만큼의 분할채무를 지므로, 丁에게 5백만 원을 지급하면 된다.

3. 분할채권관계의 효력(내용)

(1) 대외적 효력

원칙적으로 부담부분에 한해서 권리를 갖고, 의무를 부담($^{제408}_{조}$)하므로 상대적 효력만을 가진다. 채무자 중 1인이 분할액을 넘는 변제를 하는 경우 이는 타인채무의 변제가 되나($^{제469}_{조}$), '이해관계'나 '정당한 이익'이 없으므로 다른 채무자의 의사에 반하여 변제할 수 없다. 다만 이하의 두 가지에 대해서는 예외가 인정되기도 한다.

(가) 동시이행항변권

통설은 동시이행항변권은 이행상 견련성 확보를 위해 분할채무자 중에서 일부의 불이행이 있는 경우에도 전부에 대한 이행거절이 가능하다고 본다. 다만 일부 견해는 분할채무의 반대급부가 불가분인 경우에는 통설과 같이 분할채무자 전부의 이행제공이 있을 때까지 불가분급부의 이행을 거절할 수 있으나, 반대급부도 가분인 경우라면 분할채권관계의 독립성을 강조하여 이행제공이 없는 자에게만 동시이행항변권을 행사할 수 있다고 본다. 후자의 견해가 타당하다.

사례 3 A와 B가 C로부터 자동차 1대를 3천만 원에 매수하였는데(A와 B의 대금채무를 분할채무로 약정하였다), A는 1천 5백만 원을 지급하였으나 B가 지급하지 않은 경우에 C는 자동차 전부에 대한 이행을 동시이행의 항변으로 거절할 수 있는가? 만일 C가 매도한 것이 자동차가 아니라 쌀 2가마니였다면, 결과는 달라질 것인가?

> **해설 3** 자동차인 경우에는 이견 없이 거절을 인정할 것이나, 쌀인 경우에는 학설에 따라 견해가 나뉠 것이다.
> 자동차를 매도한 경우라면, C의 반대급부가 불가분이라는 점에서 이견 없이 이행상의 견련성을 고려하여 자동차 전부에 대한 동시이행항변권 행사가 가능할 것이다. 반면에 쌀인 경우 통설은 이행거절이 가능하다고 볼 것이나, 일부 소수견해는 분할채권관계를 인정한 이상 각 채권과 채무의 독립성이 강조되어야 한다는 점에서 전체에 대해서 이행을 거절하는 것은 타당하지 않다고 보아 B에 대하여 쌀 1가마니의 이행거절만 가능하다고 볼 것이다.

(나) 해제권·해지권 불가분의 원칙(제547조)

원칙적으로 해제권의 경우 제547조의 불가분성의 원칙이 적용되어 전원으로부터 전원에 대해 계약해제를 해야 한다. 이에 분할채무자 중 1인이 채무불이행한 경우에도 채권자는 해제권의 불가분성에 의해 분할채무자 전원에 대하여 해제의 의사표시를 하여야 하는지가 문제된다. 일반적으로 일방의 급부가 가분급부라도 상대방의 반대급부가 불가분인 경우에는 해제권의 불가분의 원칙에 의해 전원에 대해 계약해제를 하여야 한다고 본다. 반면에 상대방의 반대급부의무도 가분인 경우에는 일부자에 대한 해제도 가능하다고 보는 견해도 있다. 판례는 공유자들이 하나의 계약으로 공유물을 매도한 사안에서 매수인이 대금지급의무를 불이행하였다면 각 공유자는 자신의 지분의 대해서만 계약을 해제할 수 있다고 보아(대판 1995.3.28. 94다59745)[2] 제547조의 예외를 인정한다.

사례 4 甲과 乙이 丙으로부터 점토 2톤을 구입하기로 하고, 대금으로 2천만 원을 지급하기로 하였다(甲과 乙의 대금지급채무는 분할채무라고 가정하자). 乙은 丙에게 1천만 원을 지급하였으나 甲은

---

2) 이 사안은 당사자의 의사표시로 각 소유권이전의무와 대금지급의무를 불가분으로 하는 하나의 매매계약으로 보고 전원이 해제의 의사표시를 해야 한다고 판시했다.

지급하지 않은 경우, 丙은 甲과 乙 모두에게 해제의 의사표시를 해야 하는가?

｜해설 4｜ 제547조의 불가분원칙이 분할채무의 경우에도 적용되는지에 따라 달라진다.

가분이든 불가분이든 구분하지 않고 제547조의 불가분 원칙이 적용되면 모두에게 해제해야 하나, 가분과 불가분을 나누어서 판단한다면 사안은 양 당사자 채무가 모두 가분채무라는 점에서 丙은 甲에게만 해제의 의사표시를 할 수 있다.

(2) 분할채권자 및 분할채무자 1인에게 생긴 사유의 효력

각 채권·채무는 독립적이므로 1인의 채권자 또는 채무자에 관하여 생긴 사유는 다른 채권자나 채무자에게 아무런 영향을 미치지 아니한다.

(3) 대내적 효력

제408조는 분할채권자나 분할채무자와 그 상대방과의 관계에 대해서만 규정할 뿐, 분할채권자 상호간 또는 분할채무자 상호간의 내부관계에 대해서는 규정하고 있지 않다. 그러나 이 규정은 내부간의 관계에서도 준용된다고 보아야 할 것이다. 따라서 특별한 약정이 없는 한 분할채권·채무관계에서는 원칙적으로 분급이나 분담(구상)관계의 문제가 발생하지 않는다.

사례 5 甲과 乙은 丙으로부터 X부동산을 3억 원에 공동으로 매수하기로 하였고 공유로 등기하기로 하였다(지분은 각각 1/2로 같다). 그런데 甲과 乙은 대금지급의무와 관련하여 내부적인 부담비율을 1 : 2로 부담하기로 약정하였다. 甲이 丙에게 1억 5천 만원을 지급한 경우, 甲은 乙에게 어떠한 권리를 주장할 수 있는가?

｜해설 5｜ 甲은 5천만 원을 乙에게 구상할 수 있다.

원칙상 분할채무는 내부적으로 구상관계가 생기지 않으나, 사안과 같이 내부부담비율을 다르게 약정한 경우에는 구상권 행사가 가능하다. 요컨대 대외적으로 甲과 乙은 '1 : 1'로 채무를 부담하는 것으로 되어 있으나, 대내적 부담비율이 '1 : 2'라면, 甲과 乙 사이의 내부관계에서 甲은 1억 원을, 乙은 2억 원을 부담한다. 따라서 甲이 1억 5천만 원을 丙에게 지급하였다면, 甲은 乙에게 초과 지급한 5천만 원에 대해 구상권을 행사할 수 있다.

Ⅱ. 불가분채권관계

1. 의의 및 특징

(1) 의 의

불가분채권관계란 하나의 불가분급부에 대하여 수인의 채권자·채무자가 각각 채권을 가지거나 채무를 부담하는 다수당사자의 채권관계를 말한다($^{제409}_{조}$). 불가분채권관계는 불가분채권과 불가분채무로 나뉜다. 전자는 하나의 불가분급부에 관하여 채권자가 수인인 경우이고, 후자는 채무자가 수인인 경우이다.

(2) 특 징

불가분채권관계는 하나의 채권이 아니라 채권자나 채무자의 수만큼 복수의 채권이나 채무가 존재한다. 즉 불가분채권관계는 채권자 또는 채무자의 수만큼의 채권 및 채무가 발생한 것으로 볼 수 있다. 그러므로 그 채권관계를 발생시킨 일부 당사자의 법률행위가 무효나 취소가 되더라도 다른 당사자에게는 영향이 없다. 민법 또한 명문으로 불가분채무에 관하여 채무자 1인에 대한 법률행위의 무효나 취소사유가 있더라도 다른 채무자의 채무의 존속에는 영향이 없도록 하고 있다($^{제415조.}_{제411조}$).

2. 불가분채권관계의 성립

급부가 성질상 불가분이거나 또는 당사자들이 합의로 불가분으로 한 때에 불가분채권관계가 성립한다. 다만 제412조에서 "불가분채권이나 불가분채무가 가분채권 또는 가분채무로 변경된 때에는 각 채권자는 자기 부분만의 이행을 청구할 권리가 있고 각 채무자는 자기부담부분만을 이행할 의무가 있다"고 하여 분할채권관계로 전환이 가능하다. 이것이 연대채무와 다른 점이다. 한편 특약에 의해 발생한 불가분채권·채무인 경우에는 그 불이행으로 인하여 손해배상채권으로 되는 등 가분급부가 되더라도 여전히 불가분채권·채무관계로 존속한다. 불가분채무인 경우, 각 채무자가 전부에 대하여 채무를 부담하므로 모든 채무자의 자력에 의하여 담보가 된다는 점에서 채권의 효력이 강화된다. 특히 당사자의 의사표시에 의한 불가분채무가 되는 경우 연대채무와 본질상 차이가 없으나 채무자 1인에게 발생한 사유 중 절대적 효력이 인정되는 경우가 이행 및 이행청구뿐이라는 점에서 연대채무와 다르다.

(1) 불가분채권의 성립 및 효력

(가) 불가분채권의 성립

수인의 채권자가 불가분적 급부를 받을 권리를 갖고 있어 채권자 1인이 전부의 급부를 청구할 수 있는 채권이 불가분채권이다. 이는 일반적으로 급부의 성질보다는 '불가분특약'에 의해 인정된다. 예컨대 공동매도인의 대금채권은 분할채권이지만, 당사자가 불가분특약을 하면 이는 불가분채권이 될 것이다. 더 나아가 특약에 의해 불가분채권이 되면, 채무자의 불이행에 대한 손해배상채권 또한 불가분채권이 된다. 통설은 제3자가 공유물을 침해한 경우, 불가분채권에 관한 규정을 유추적용하여, 공유자 각자(특히 소수지분권자)가 제3자를 상대로 공유물 전부의 반환을 청구할 수 있다고 본다.[3]

(나) 불가분채권의 효력

1) 대외적 효력

불가분채권의 경우 채권자 각자는 단독으로 모든 채권자를 위하여 전부의 이행을 청구할 수 있고(이행청구의 절대효), 채무자는 모든 채권자를 위하여 채권자 중 1인에게 전부를 이행할 수 있다(변제의 절대효)($\binom{제409}{조}$).

2) 1인의 채권자에게 생긴 사유의 효력($\binom{제410}{조}$)

㉮ 절대적 효력이 있는 경우($\binom{제410조 \ 제1항}{의 \ 반대해석}$)

이행청구와 변제(이행)는 다른 채권자에게 절대적 효력을 미친다. 따라서 채권자 중 1인이 이행청구한 경우 시효의 중단 및 채무자의 이행지체의 효과는 다른 채권자들에도 영향을 미친다. 또한 채무자의 변제 또한 절대적 효력이 있으므로, 변제의 제공 및 변제의 제공에 따른 채권자지체의 효과 및 공탁도 다른 채권자에게 효력을 미친다.

예를 들면, 甲과 乙이 丙에게 불가분채권을 갖고 있는 경우, 甲이 丙에게 이행을 청구하여 丙이 이행지체에 빠지면 丙은 乙에 대해서도 지체책임을 지며, 청구에 의한 시효의 중단은 甲의 丙에 대한 채권뿐만 아니라 乙의 丙에 대한 채권에도 효력이 미친다. 반면에 丙이 甲에게 변제하면 乙에 대한 채무도 소멸하며, 丙이 甲에게 변제의 제공을 하면 乙에 대해서도 이행지체책임을 면하고, 丙이 甲에게 변제의 제공을 하였는데 甲이 채권자지체에 빠지면, 그 후에는 丙은 고의나 중과실이 없는 한 甲뿐만 아니라 乙에 대한 책임도 면하게 된다($\binom{제401}{조}$).

민사소송법 절대적 효력과 변론주의와의 관계

다수당사자의 채권관계의 경우에 원칙적으로 당사자 1인에게 생긴 사유가 다른 당사자들에게 절대적 효력이 발생한다고 하더라도 필수적 공동소송에 해당하지 않는 이상 민사소송법상 변론주의가 적용되므로, 법원은 이를 주장하지 않는 당사자에게는 그 절대적 효력을 인정할 수 없다.

㉯ 상대적 효력 있는 사유($\binom{제410조}{제2항}$)

절대적 효력사유 이외에는 다른 채권자들에게 효력이 없다. 예컨대 채권자 1인에 대한 대물변제, 상계, 경개, 면제, 혼동, 소멸시효 완성, 청구 이외의 사유(압류 등)로 인한 시효의 중단 등은 다른 채권자들에게 영향을 미치지 않는다. 예컨대 甲과 乙이 丙에게 불가분 채권을 가지고 있는데, 丙이 甲에게 상계를 하여 甲의 채권을 소멸시킨 경우에도, 乙은 丙에게 채무 전부의 이행을 주장할 수 있다. 丙이 乙에게 채무를 이행하면, 乙은 甲에게 분급을 하게 되는데 甲이 분급받은 것은 부당이득이 되어 이를 채무자 丙에게 다시 반환해야 할 것이다. 이에 제410조 제2항은 이러한 반환관계의 순환을 피하고자(부당이득관계의 간편한 해결을 위해), 전부급부를 받은 채권자가 직접 채무자에게 상환하게 하도록 하는 규정을 마련해 두었다. 통상적으로 지분

---

3) 반면에 판례는 제265조상의 보존행위를 근거로 공유자 각자가 목적물 전부에 대한 반환청구를 할 수 있다고 본다(대판 1968.9.17, 68다1142).

이 아닌 해당 부분만큼의 가액을 상환하면 된다. 제410조 제2항에서는 경개, 면제에 대해서만 규정되어 있는데, 그 밖에 대물변제, 상계, 혼동, 시효완성 등의 경우에도 제410조 제2항을 적용하여 동일하게 취급할 것인가에 대해서 통설은 이를 인정한다.

> **사례 6** 甲과 乙은 丙에게 3억 원에 대한 불가분채권을 가지고 있다. 甲이 丙에게 3억 원을 지급할 것을 청구하자, 丙은 甲과 합의하여 고려자기(시가 3억 원 상당액)로 대물변제하였다. 그럼에도 불구하고 그 후 乙이 丙에게 3억 원을 지급할 것을 청구한다면, 丙은 지급해야 하는가? 만일 丙이 乙에게 3억 원을 지급하였다면, 乙은 甲에게 분급할 액을 누구에게 지급해야 하는가?
>
> **│해설 6│** 丙은 乙에게 3억 원을 지급해야 하며, 乙은 甲에게 분급할 1억 5천만 원을 丙에게 직접상환해야 할 것이다.
> 대물변제는 다른 채권자인 乙에게는 영향을 미치지 않으므로, 丙은 乙에게 채무를 이행해야 할 것이다. 대물변제의 경우에도 통설은 제410조 제2항의 적용을 인정하므로, 乙은 甲에게 분급할 금액을 丙에게 직접 상환해야 할 것이다.

3) 대내적 효력

이행을 받은 채권자는 받은 급부이익을 다른 채권자들에게 분급하여야 한다(내부관계는 균등한 것으로 추정한다).

(2) 불가분채무의 성립 및 효력

(가) 불가분채무의 성립

수인의 채무자가 불가분적 급부의무를 부담하여 채무자 1인이 전부의 급부의무를 지는 채무가 불가분채무이다. 급부가 성질상 불가분인 경우에 불가분채무가 성립하나, 가분급부도 당사자의 특약으로 불가분채무가 되기도 한다. 일반적으로 공유물에 관하여 공유자가 부담하는 채무가 불가분채무에 해당한다.

판례에 의해 불가분채무가 인정되는 경우로는, 수인이 공동으로 법률상 원인 없이 타인의 재산을 점유 · 사용함으로 말미암아 부담하게 되는 부당이득반환채무(대판 2001.12.11., 2000다13948), 공유물에 관하여 공동으로 임대를 하면서 수령한 임차보증금의 반환채무(대판 1998.12. 8, 98다43137), 임대인의 지위를 공동으로 승계한 공동임대인의 임차보증금반환채무(대판 2021.1.28., 2015다59801), 공유자가 수령한 계약금의 반환채무(대판 2020.7.9., 2020다208195), 공유물의 인도채무[4], 공유토지에 타인이 식재한 수목이 부합되어 공유자들이 부담하는 부당이득반환채무(대판 1980.7. 22, 80다649), 공동상속인들의 철거의무(대판 1980.6. 24, 80다756), 채권적 전세계약에 있어서 전세목적물을 수인이 공유하고 있는 경우에 전세금의 반환의무(대판 1967.4. 25, 67다328) 등이 있다.

---

4) 그러나 공유물에 대한 이전등기의무는 분할채무이다(대판 1979.2.27., 78다2281).

민총 채총 채각

(나) 불가분채무의 효력

1) 대외적 효력

채무자의 1인은 채권자에게 전부를 변제할 책임이 있다(제413조,제411조). 채권자도 동시나 순차로 모든 불가분채무자에 대하여 채무의 전부나 일부의 이행을 청구할 수 있다(제414조,제411조). 이는 연대채무와 동일하다.

2) 1인의 채무자에게 생긴 사유의 효력

채무자 중 1인의 변제는 절대효가 인정된다. 따라서 변제의 제공 및 변제의 제공에 따른 채권자지체의 효과, 공탁은 다른 채무자에게 효력을 미친다(제422조,제411조). 변제 이외에 대물변제 및 공탁의 경우에도 절대효가 인정된다고 보는 것이 일반적이다.[5] 이행청구와 관련하여 다수설은 제411조가 제416조를 준용하지 않는다는 점에서 절대효를 인정하지 않는다. 반면에 일부 견해는 제411조가 제410조를 준용하고 제410조 제1항에서 제409조의 이행청구권 절대효를 적용한다는 점에서 이행청구의 절대효를 인정한다.

통설은 그 외의 사유(경개, 면제, 혼동, 소멸시효, 상계 등)는 다른 채무자에게 영향을 미치지 않는다고 본다(제411조에서 제416조를 준용하지 않기 때문이다). 즉 채권자가 채무자 중 1인과 경개나 면제를 하였다 하더라도 이는 다른 채무자에게 영향을 미치지 아니하므로 다른 채무자는 채권자의 청구에 따라야 하며, 이 경우 급부 전부를 받은 채권자는 면제나 경개를 한 채무자가 부담하였을 부분의 가액 이익을 채무를 전부 변제한 채무자에게 상환해야 한다(제410조 제2항, 제411조). 통상적으로 지분이 아닌 해당 부분만큼의 가액을 상환하면 된다. 그리고 경개·면제 이외에 상계, 혼동, 시효완성 등의 경우에도 제410조 제2항을 적용해야 할 것이다.

> **사례 7** 甲과 乙이 공유(지분은 각각 1/2)하고 있는 건물이 타인(丙) 토지 위에 무단으로 건축되었다는 것이 밝혀져, 丙이 甲에게 임료상당액 2천만 원을 부당이득으로 청구하였다. 甲이 丙에게 2,000만 원을 지급하면, 乙의 채무는 어떻게 되는가?
>
> **| 해설 7 |** 乙의 채무는 소멸한다.
> 수인이 공동으로 법률상 원인 없이 타인의 재산을 점유·사용함으로 말미암아 부담하게 되는 부당이득반환채무는 불가분채무이므로(대판 2001.12.11. 2000다13948), 甲과 乙은 丙에 대하여 불가분채무관계에 놓인다. 불가분채무자 중의 1인인 甲의 변제는 乙에게도 절대효가 인정되어 乙의 채무는 소멸하게 된다.

3) 대내적 효력

불가분채무자 상호간의 내부적 관계에 관하여는 연대채무에 관한 규정이 준용된다(제411조). 즉 내부적 부담부분은 균등한 것으로 추정되며(제424조), 구상의 범위도 연대채무자간의 구상범위와

---

5) 상계에 대해서도 절대적 효력을 인정하는 견해가 유력하다.

동일하고($\frac{제425}{조}$), 채무자 상호간에 사전·사후통지의무가 인정되며($\frac{제426}{조}$), 상환무능력자가 있는 경우의 그의 부담부분은 나머지 채무자가 부담부분의 비율로 부담한다($\frac{제427}{조}$).6)

공동명의의 예금과 필수적 공동소송

공동명의예금이란 2인 이상이 공동명의인으로 되어 있는 예금을 말한다. 일반적으로 공동명의예금은 '예금주들이 예금의 인출을 청구할 때에는 공동으로 기명·날인한 예금청구서를 제출하여야 하고, 공동형식의 청구서와 통장의 제출이 있으면, 어느 한 사람의 청구가 있어도 지급에 응하며, 예금주들은 예금의 분할 지급을 청구하거나 기타 단독으로 예금에 대한 권리를 행사하지 않는다'는 공동반환특약을 둔다. 이러한 공동명의 예금은 동업관계(조합관계)에 의하여 동업자금을 공동명의로 예금한 경우와, 공동명의 예금채권자들 각자가 분담하여 출연한 돈을 동업 이외의 특정 목적을 위하여 공동명의로 예치해 둠으로써 그 목적이 달성되기 전에는 공동명의 예금채권자가 단독으로 예금을 인출할 수 없도록 방지 또는 감시하고자 하는 목적으로 공동명의로 예금한 경우로 나뉜다.

전자의 경우에는 공동명의자의 예금채권은 준합유관계에 있다고 볼 수 있고($\frac{대판\ 2004.10.14.,}{2002다55908}$), 이에 은행에 대한 예금반환청구소송은 필수적 공동소송이 된다($\frac{대판\ 1994.4.26.,}{93다31825}$). 반면에 후자는 하나의 예금채권이 분량적으로 분할되어 각 공동명의 예금채권자들에게 공동으로 귀속되고, 각 공동명의 예금채권자들이 예금채권에 대하여 갖는 각자의 지분에 대한 관리처분권은 각자에게 귀속된다($\frac{대판\ 2004.10.14.,}{2002다55908}$). 이처럼 관리처분권은 공동명의 예금채권자 전원에게 공동으로 귀속되는 것이 아니므로, 예금반환청구소송은 필수적 공동소송이 아니다($\frac{대판\ 1994.4.26.,}{93다31825}$). 다만 후자의 경우 공동명의예금의 인출방법은 공동명의자와 금융기관 사이의 공동명의 예금계약의 내용에 따라 결정될 것이며, 일반적으로 공동명의자 중 1인은 다른 공동명의자의 동의를 받아 단독으로 예금을 청구할 수 있다($\frac{대판\ 2001.6.12.,}{2000다70989}$). 또한 공동명의 예금채권자 중 1인에 대한 압류 및 추심이 가능하며, 이러한 명령 등을 송달받은 은행은 압류·추심채권자의 예금반환청구에 대하여 공동명의 예금채권자들과의 공동반환특약을 들어 그 지급을 거절할 수 없다($\frac{대판\ 2005.9.9.,}{2003다7319}$). 같은 맥락에서 공동명의 예금채권자 중 1인에 대한 별개의 대출금채권을 갖는 은행은 그 대출금 채권을 자동채권으로 하여 그의 지분에 상응하는 예금채권자에 대하여 상계할 수 있다($\frac{대판\ 2004.10.14.,}{2002다55908}$).

---

6) 자세한 설명은 이하 연대채무 편 참조.

제3절 연대채무 · 연대채권

Ⅰ. 연대채무

1. 의 의
2. 연대채무의 성립
3. 연대채무의 효력
   (1) 대외적 효력($\stackrel{제414}{조}$)

   (2) 연대채무자 1인에게 생긴 사유의 효력
   (3) 대내적 효력(연대채무자들 사이의 구상관계)
4. 부진정연대채무

[기본전제] 이하 '甲·乙·丙이 丁에 대한 9만 원의 대금지급채무를 연대채무로 부담할 때'를 전제로 하여 모 든 경우를 생각해 보기로 한다.

1. 의 의

(1) 연대채무의 의의

수인인 채무자가 각자 채무전부에 대한 이행의무를 갖고, 수인의 채무자 중의 1인이 채무를 이행하면 다른 채무자도 채무를 면하게 되는 채무가 연대채무이다($\stackrel{제413}{조}$). 연대채무가 성립하면 채권자는 연대채무자 중 누구에 대해서도 채무의 전부나 일부의 이행을 청구할 수 있다($\stackrel{제414}{조}$). 이런 의미에서 연대채무는 본질적으로 채권담보적 기능을 가지고 있다.[7]

(2) 연대채무의 법적 성질

(가) 복수채무성

채무자의 수만큼 복수의 채무가 독립하여 함께 존재하며, 이들 채무는 하나의 급부를 위하여 결합되어 있다. 그러므로 ① 채무자 1인에게 생긴 무효·취소사유는 다른 연대채무자에게 영향을 주지 않고($\stackrel{제415}{조}$), ② 1인에 대한 채권만을 분리하여 양도할 수 있고, 압류 및 전부도 가능하다. 예컨대 위의 기본사례에서 丁이 甲에게 갖는 채권만을 戊에게 양도하는 경우 甲은 戊에게 변제를 하면 되고, 丁은 乙과 丙에게만 연대채무를 주장할 수 있게 된다. 물론 丁과 戊 중 먼저 채권의 만족을 얻게 되면, 채무는 소멸한다. 또한 ③ 1인에 대한 채무만을 위한 별도의 보증채무 및 물적 담보의 설정도 가능하다. 나아가 ④ 각 채무자의 채무는 조건이나 기한, 이행기나 이행 장소, 이자부 여부 등을 달리할 수 있다. 또한 연대채무자 중 1인의 채무는 민사채무, 다른 1인의 채무는 상사채무가 될 수 있다. 물론 당사자 중 1인의 행위가 상행위인 경우

---

7) 그러나 민법은 제416조 이하에서 '변제·대물변제·공탁' 이외에도 절대적 효력(제416조 내지 제422조의 7개 사유)을 인정하고 있어, 채권자의 채권의 담보력을 약화시키고 있다고 볼 수 있다.

에는 전원에 대하여 상사채무가 될 것이다($\frac{상법}{제3조}$). 그러나 상법 제3조는 임의규정이라는 점에서 당사자들의 약정으로 이를 배제할 수 있으므로, 개별적으로 상사채무와 민사채무를 지는 경우가 발생할 수 있다.

> **사례 8** 甲, 乙, 丙이 丁에게 9만 원의 연대채무를 부담하는데, 乙이 丁과의 계약을 착오를 이유로 취소한 경우($\frac{제}{109조}$), 甲과 丙은 丁에게 얼마에 대해서 연대채무를 지는가?
>
> **│해설 8│** 9만 원 전부에 대해서 연대채무를 진다.
> 채무자 1인에게 생긴 무효·취소사유는 다른 연대채무자에게 영향을 주지 않으므로($\frac{제415}{조}$), 甲과 丙은 채무 전부에 대해 연대채무를 진다.

(나) 연대채무자간의 결합관계

1) 주관적 공동관계설(변제공동체설)

이 견해는 통설과 판례($\frac{대판\ 2009.8.20,}{2009다32409}$)의 입장으로, 채무자 상호간에 이행을 목적으로 하는 주관적 공동관계가 형성된다고 본다. 이 견해에 따르면 민법에서 채권의 만족 이외의 사유에 대해서도 절대적 효력을 넓게 인정하는 이유를 설명할 수 있다. 특히 이 견해는 무제한적 절대효(일체형 절대효)가 있는 사유를 설명하는 데 유리하다.

2) 상호보증관계설

이 견해는 각 채무자가 자기의 부담부분에 대해서는 주채무자의 지위에 있고(고유한 의무를 부담), 타인의 부담부분은 보증인으로서의 지위에 있다고 본다. 한편 이 견해는 제한적 절대효(부담부분형 절대효)가 있는 사유를 설명하는 데 유리하다.

2. 연대채무의 성립

(1) 법률행위에 의한 성립

연대채무는 채권의 발생원인인 법률행위시, 당사자간의 연대의 특약에 의해 성립된다(약정연대채무). 이 연대의 특약은 묵시적으로도 인정될 수 있으며, 연대의 특약이 추정될 수도 있다.[8] 계약으로 연대채무가 성립하는 경우, 그 계약은 1개의 계약 또는 순차계약에 의한 경우라도 무방하다. 연대의 특약은 채권자와 채무자 사이에 존재해야 하고, 수인의 채무자간에도 연대에 관한 합의가 존재하여야 한다. 예컨대 甲이 丁에게 채무를 부담한 후, 乙이 甲과 연대하여 채무를 부담하기로 丁과 약정한 경우, 채무자인 乙과 甲이 연대에 대한 합의를 한 경우에 乙과

---

8) 판례는 연대의 추정을 인정하는 데 소극적이다. 예컨대 판례는 "수명이 공동으로 법률상 원인 없이 타인의 재산을 사용한 경우의 부당이득의 반환채무는 특별한 사정이 없는 한 불가분적 이득의 상환으로서 불가분채무라 할 것이(다)"고 하여(대판 1981.8.20, 80다2587), 불가분적 이익을 받는 경우 불가분채무로 볼 뿐 연대의 추정을 인정하는 데 소극적이다.

甲은 丁에게 연대채무를 부담하게 된다.

> **사례 9** 甲은 乙의 丙에 대한 채무를 중첩적(병존적)으로 인수하기로 하는 계약을 丙과 체결하였다(이는 채무자인 乙의 부탁에 의해 이루어진 것이다). 甲과 乙은 丙에게 어떠한 채무를 부담하는가?
>
> (대판 2009.8.20. 2009다32409 참조)
>
> **│해설 9│** 연대채무를 부담한다.
> 일단 인수계약에서 연대의 특약을 묵시적으로 추정할 수 있다. 더 나아가 채무자 乙의 부탁에 의해 인수한 것이므로, 이는 주관적 공동관계가 있다고도 할 수 있다. 판례는 "중첩적 채무인수에서 인수인이 채무자의 부탁 없이 채권자와의 계약으로 채무를 인수하는 것은 매우 드문 일이므로 채무자와 인수인은 원칙적으로 주관적 공동관계가 있는 연대채무관계에 있고, 인수인이 채무자의 부탁을 받지 아니하여 주관적 공동관계가 없는 경우에는 부진정연대관계에 있는 것으로 보아야 한다"고 하여, 채무자의 부탁에 의한 중첩적 채무인수를 연대채무로 보았다.

(2) 법률의 규정에 의한 성립

(가) 민법상 연대채무

민법상 연대채무에 관한 규정으로는 법인의 사원이나 이사 기타 대표자의 연대책임($\binom{제35조}{제2항}$), 공동사용차주의 연대책임($\binom{제616}{조}$), 공동임차인의 연대책임($\binom{제654조에 의해}{제616조 준용}$), 부부의 일상가사채무의 연대책임($\binom{제832}{조}$) 등이 있다.[9]

(나) 상법상의 연대채무

명의를 타인에 대여한 자의 연대책임($\binom{상법}{제24조}$),[10] 수인이 그 1인 또는 전원에게 상행위가 되는 행위로 인하여 채무를 부담한 때의 연대책임($\binom{상법 제57}{조 제1항}$), 상사보증의 경우 보증인과 주채무자의 연대책임($\binom{상법 제57}{조 제2항}$), 익명조합의 조합원이 명의사용을 허락한 경우 영업주와 조합원의 연대책임($\binom{상법}{제81조}$) 등이 있다.[11]

> **사례 10** 甲과 乙은 상호 출자하여 A로부터 X토지를 매수하여 그 지상에 연립주택을 신축한 후 분양하는 공동사업을 경영하여 영업이익을 분배하기로 하였다. 한편 丙은 甲과 乙로부터 연립주택 제104호를 포함한 3세대를 매수하기로 계약을 체결하였다. 약속한 날짜에도 甲측은 丙에게 등기이전을 하지 않았고, 이에 丙은 발생한 손해 3억 원에 대한 배상을 甲에게 전액 청구하였다. 이에 甲은 자신의 출자지분의 범위한도로 책임을 지므로, 3억 원 전부를 지급할 수 없다고 항변하였다. 甲의 항변은 타당한가?
>
> (대판 1998.3.13. 97다6919 참조)

---

9) 제760조에서는 명문으로 연대책임을 지는 것으로 규정하고 있으나, 판례와 통설은 부진정연대책임으로 이해한다는 점을 주의해야 한다.
10) 다만 판례는 상법 제24조에 의한 명의대여자와 명의차용자의 책임을 부진정연대채무로 이해한다.
11) 그 밖에 상법 제212조, 제321조, 제323조, 제333조, 제399조, 제567조 등 참조.

|해설 10| **타당하지 않다.**

甲과 乙은 동업관계라고 할 것이고(조합관계 인정), 또한 甲과 乙이 丙에 대하여 부담하는 위 매매로 인한 소유권이전등기의무는 위 동업체의 조합채무로서 그 조합원 전원을 위하여 상행위가 되는 행위로 인하여 부담하게 된 경우에 해당한다 할 것이므로, 주택분양사업의 동업자로서 甲과 乙은 연대하여 이를 이행할 의무가 있고(상법 제57조 제1항), 또한 위 소유권이전등기의무가 이행불능이 되었다면 이로 인하여 丙에 대하여 부담하게 되는 손해배상채무 역시 연대채무로 보아야 할 것이다(대판 1998.3.13, 97다6919).

■ **대판 1998.3.13, 97다6919 [손해배상(기)]**

조합의 채무는 조합원의 채무로서 특별한 사정이 없는 한 조합채권자는 각 조합원에 대하여 지분의 비율에 따라 또는 균일적으로 변제의 청구를 할 수 있을 뿐이나, 조합채무가 특히 조합원 전원을 위하여 상행위가 되는 행위로 인하여 부담하게 된 것이라면 상법 제57조 제1항을 적용하여 조합원들의 연대책임을 인정함이 상당하다.

3. 연대채무의 효력

(1) 대외적 효력(제414조)
(2) 연대채무자 1인에게 생긴 사유의 효력
  (가) 민법의 규정
  (나) 절대적 효력이 발생하는 사유
  (다) 상대적 효력이 발생하는 사유
(3) 대내적 효력(연대채무자들 사이의 구상관계)
  (가) 구상권
    1) 부담부분
    2) 구상권의 성립요건
    3) 구상권의 범위

  (나) 구상권의 제한(제426조)
    1) 사전통지를 게을리한 때
    2) 사후통지를 게을리한 때
    3) 사후통지와 사전통지가 모두 없는 경우
  (다) 구상권의 확장(상환무자력자가 있는 경우의 구상권자 보호)(제427조)
    1) 무자력자의 부담부분의 분담(제427조 제1항)
    2) 연대의 면제와 무자력자의 부담부분(제427조 제2항)
  (라) 구상권자의 변제자대위

(1) 대외적 효력(제414조)

채권자는 연대채무자 중 1인에게 채무의 전부나 일부를 청구할 수 있을 뿐만 아니라, 모든 채무자에 대하여 동시에 또는 순차로 채무의 전부나 일부의 이행을 청구할 수도 있다. 예컨대 丁이 9만 원에 대해서 연대채무를 지는 甲, 乙, 丙 모두를 피고로 하여 법원에 이행청구의 소를 제기하면, 법원은 "甲, 乙, 丙은 연대하여 丁에게 90,000원을 지급하라"는 주문의 판결을 내리게 된다. 한편 일부 채무자에 대한 확정판결의 효력은 그 판결이 승소판결이든 패소판결이든 관계없이 다른 연대채무자들에게는 미치지 않는다. 다만 채권자가 연대채무자 중 누군가로부터 일부를 변제받았다면, 그 부분은 제외하고 나머지 부분에 대해서만 변제를 청구할 수 있다.

(2) 연대채무자 1인에게 생긴 사유의 효력

(가) 민법의 규정

변제·대물변제·공탁 이외의 사유에도 절대적 효력이 인정된다($^{제416조\ 내지\ 제422조}_{의\ 7개\ 사유를\ 인정}$). 변제 등과 같이 채권의 목적을 달성시키거나 이에 준하는 사유가 발생하면 그것이 모든 채무자를 위하여 효력이 발생하는 것은 당연하다고 할 수 있다. 원칙적으로 그 이외의 사유에는 상대적 효력을 인정하는 것이 채권담보적 기능을 실현하여 채권자 보호에 유리할 것이다. 그런데 민법은 채권의 목적달성과는 무관한 사유(소멸시효, 혼동, 면제, 경개 등)에서도 절대적 효력을 인정하고 있다. 이와 같이 연대채무자 사이의 공동관계를 인정하여 절대적 효력을 넓게 인정하는 것이 공평의 원칙에 합당할 수도 있으며, 당사자 사이의 법률관계의 간편한 해결을 도모할 수도 있다. 이는 채권자와 연대채무자들의 이익을 함께 고려한 입법적인 타협이라 할 수 있다.

(나) 절대적 효력이 발생하는 사유

이는 채권자와 채무자 1인 사이에서 생긴 사유의 효력이 그대로 다른 채무자에게 미치는 경우(무제한적 절대효)와 그것이 당해 채무자의 부담부분의 범위에서만 다른 채무자에게 미치는 경우(제한적 절대효)로 나뉜다.

1) 무제한적 절대효(일체형 절대적 효력사유)

㉮ 이행청구($^{제416}_{조}$)의 절대효

채권자의 이행청구에 의해 채무자를 이행지체에 빠지게 하는 것($^{제387조}_{제2항}$)과 이행청구에 따른 시효의 중단($^{제168조}_{제1호}$)도 절대효가 있다($^{제416}_{조}$).[12] 그러므로 이행의 청구를 받지 않은 채무자도 이행청구를 받은 채무자와 이행기가 달라 이행기가 아직 도래하지 않았다는 등의 특별한 사유가 없는 한, 이행지체책임을 지게 된다. 이행지체를 이유로 계약을 해제하는 경우에 채권자는 최고를 해야 하나($^{제544}_{조}$), 이 최고 또한 채무자 1인에게 하면 절대적 효력이 미친다. 다만 해제를 하는 경우에는 연대채무자 전원에게 해제의 의사표시를 하여야 한다($^{제547조}_{제1항}$).

사례 11 甲, 乙, 丙이 丁에게 연대채무를 부담하고 있다(이행기는 동일하다). 누구도 이행기에 채무를 이행하지 않자, 丁의 신청에 의한 경매개시결정에 따라 甲 소유 부동산이 압류되었다. 이 경우 乙과 丙의 채무도 시효가 중단되는가? (대판 2001.8.21. 2001다22840 참조)

해설 11 중단되지 않는다.

제416조는 이행청구에 의한 시효중단만을 절대효 사유로 인정하고 있으므로, 압류 등에 의한 시효중단($^{제168조\ 제2}_{호,\ 제3호\ 등}$)은 절대효가 인정되지 않는다($^{대판\ 2001.8.21.}_{2001다22840}$).

---

12) 여기서 말하는 이행청구란 재판상, 재판외 청구를 모두 포함한다. 따라서 채권자가 채무자 중 1인에게 재판상 청구를 하였다면 그 다른 연대채무자에 대한 채권의 소멸시효가 중단되며, 이로 인하여 중단된 시효는 위 경매절차가 종료된 때가 아니라 재판이 확정된 때로부터 새로 진행된다(제178조 제2항). 대판 2001.8.21. 2001다22840 참조.

| 대판 2001.8.21, 2001다22840 [양수금]

채권자의 신청에 의한 경매개시결정에 따라 연대채무자 1인의 소유 부동산이 압류된 경우, 이로써 위 채무자에 대한 채권의 소멸시효는 중단되지만, 압류에 의한 시효중단의 효력은 다른 연대채무자에게 미치지 아니하므로, 경매개시결정에 의한 시효중단의 효력을 다른 연대채무자에 대하여 주장할 수 없다.

민사소송법 연대채무자들을 공동당사자로 하는 소송

채권자가 연대채무자들을 공동당사자로 하여 소송을 제기한다면, 이는 통상공동소송이 된다. 민법상 채권자는 연대채무자에게 동시 또는 순차로 이행청구가 가능하므로, 실체법상 공동소송을 강제하고 있지 않기 때문이다(민사소송법 제66조). 따라서 연대채무자 중 1인에게 소를 제기한 후 다른 1인에게 소를 제기하더라도 이는 중복제소가 되지 않으며, 기판력 또한 서로 미치지 않는다. 물론 청구인용의 한도는 달라질 수 있다.

ᄂ 변제·대물변제·공탁의 절대효

채권을 그 원래의 내용대로 만족시키는 변제 및 이에 준하는 대물변제와 공탁이 모든 채무자에 대한 관계에서 효력을 갖는 것에 대해서 이견이 없다. 따라서 채무자 중 1인이 변제 등으로 채무를 소멸시키면, 다른 연대채무자의 채무도 소멸한다.

ᄃ 채권자지체의 절대효(제422조)

채무자 중 1인이 행한 변제(이행)의 제공은 절대효가 인정된다. 이에 다른 채무자들도 이행지체에 빠지지 않게 되며, 채권자가 받지 않거나 받을 수 없음으로 인하여 채권자지체가 발생한 경우에 이는 다른 채무자에게도 효력이 있다(제422조). 요컨대 다른 채무자의 귀책사유가 경감되고(고의나 중과실만 책임을 지는 것), 이자지급의무를 면하며, 그의 증가된 보관비용은 채권자가 부담한다(제401조 내지 제403조).

ᄅ 경개의 절대효(제417조)

연대채무자 중 1인이 채권자와 경개를 하면, 다른 연대채무자의 채무는 소멸한다. 이는 경개로 발생한 신채무와 다른 채무자가 여전히 부담하는 채무 사이에 발생할 수 있는 복잡한 관계를 간략하게 처리하고자 하는 취지에서 규정된 것이다. 예를 들어 甲, 乙, 丙이 丁에게 대금지급에 대해서 연대채무를 지는데 甲이 丁과 대금지급의무 대신 丁의 가게에서 하루동안 일을 해 주기로 한 경우(경개), 乙과 丙의 채무는 소멸한다.

ᄆ 상계의 절대효(제418조 제1항)

채권자에 대하여 반대채권을 가지고 있는 연대채무자 자신이 상계를 하면, 다른 연대채무자의 채무도 소멸한다(제418조 제1항). 예컨대 甲, 乙, 丙이 丁에게 9만 원의 연대채무를 부담하는데 甲이 丁에게 갖는 7만 원의 반대채권을 가지고 상계한 경우, 甲, 乙, 丙은 2만 원에 대해서만 丁에게 연대채무를 부담한다. 그런데 채권자에게 반대채권을 갖는 연대채무자 이외의 채무자가 상계하는 경우에는 제한적 절대효가 인정된다(제418조 제2항).

2) 제한적 절대효(부담부분형 절대적 효력사유)

㉮ 면제의 절대효($^{제419}_{조}$)

채권자가 연대채무자 중 1인에 대하여 그 채무를 면제한 경우에는 그 채무자의 부담부분에 한하여 다른 채무자도 채무를 면한다($^{제419}_{조}$). 이는 구상관계를 간략하게 처리하기 위한 것이라 할 수 있다. 즉 다른 채무자들이 채무 전부를 변제하고, 면제받은 채무자에게 구상하는 것을 막기 위하여 처음부터 다른 채무자들의 책임범위를 축소한 것이다. 먼저 채권자가 연대채무자 중 1인에게 채무의 전부를 면제한 경우에는 면제받은 채무자의 부담부분에 한하여 다른 채무자의 채무가 소멸한다. 예컨대 甲, 乙, 丙이 丁에게 9만 원의 연대채무를 부담하는데(내부부담비율은 동일), 丁이 甲에 대하여 채무를 전부 면제해 준 경우, 甲의 부담부분인 3만 원만큼 채무는 소멸한다. 채권자가 연대채무자 중 1인에게만 채무를 일부 면제한 경우에도 특별한 사정이 없는 한 면제된 부담부분에 한하여 절대적 효력이 인정된다. 일부 면제받은 연대채무자가 지급해야 할 잔존 채무액이 부담부분을 초과하는 경우에는 그 연대채무자의 부담부분이 감소한 것은 아니므로 다른 연대채무자의 채무에도 영향을 주지 않아 다른 연대채무자는 채무 전액을 부담하여야 한다. 반대로 피면제자의 잔존 채무액이 그의 부담부분보다 적으면 차액(부담부분-잔존 채무액)만큼 피면제자의 부담부분이 감소하였으므로, 차액의 범위에서 면제의 절대적 효력이 발생하여 다른 연대채무자의 채무도 그 차액만큼 감소한다($^{대판\ 2019.8.14.}_{2019다216435}$).

사례 12 甲, 乙, 丙이 丁에게 9만 원의 연대채무를 부담한다(내부부담비율은 동일). 丁이 甲에 대하여 4만 5천 원의 채무를 면제해 준 경우, 乙이 丁에게 부담하는 채무액은? 만일 丁이 甲에 대하여 6만 9천 원을 면제한 경우에는 어떻게 되는가?

|해설 12|

〈4만 5천 원을 면제한 경우〉 다수설에 의하면 7만 5천 원에 대해 연대채무를 부담하게 되며, 소수설에 의하면 9만 원을 부담한다.

다수설에 의하면 甲의 부담부분 3만 원×1/2{=(4만 5천 원/9만 원)}에 해당하는 1만 5천 원이 면책될 것이다. 이에 乙과 丙은 7만 5천 원에 대해 연대채무를 부담한다. 반면에 소수설에 의하면 甲이 면책되고 난 후 지급해야 할 4만 5천 원(9만 원-4만 5천 원)이 甲 자신의 부담부분인 3만 원보다 많은 경우이므로, 乙과 丙에게 면책의 효과가 미치지 않는다. 그러므로 乙과 丙은 9만 원 전부에 대해서 채무를 부담한다.

〈6만 9천 원을 면제한 경우〉 다수설에 의하면, 6만 7천 원, 소수설에 의하면 8만 1천 원이다. 다수설에 의하면 甲의 부담부분 3만 원×2.3/3{=(6만 9천 원/9만 원)}에 해당하는 2만 3천 원이 면책될 것이다. 이에 乙과 丙은 6만 7천 원에 대해 연대채무를 부담한다. 반면에 소수설에 의하면 甲이 면책되고 난 후 지급해야 할 2만 1천 원(9만 원 - 6만 9천 원)이 甲 자신의 부담부분인 3만 원보다 적은 경우이므로, 그 차액인 9천 원만큼 다른 채무자들에게 절대효가 발생하게 된다. 이에 乙과 丙은 8만 1천 원에 대해 연대채무를 지게 된다.

ⓐ 혼동의 절대효($^{제420}_{조}$)

1인의 연대채무자가 그 채권을 양수하거나 채권자를 상속하는 등으로 채권자와의 사이에 혼동이 있으면 그 연대채무자의 부담부분의 범위 내에서 다른 연대채무자도 채무를 면한다. 일부 혼동이 있는 때에는 일부면제의 경우와 같이 처리하면 될 것이다.

사례 13 甲, 乙, 丙이 丁에게 9만 원의 연대채무를 부담하는데(내부부담비율은 동일), 甲이 丁을 상속하였다면, 乙과 丙이 상속인 甲에게 지급해야 할 채무액은?

│해설 13│ 6만 원이다.

甲이 丁을 상속한 경우, 甲의 채무는 혼동으로 소멸한다. 이 경우 제420조에 의해 甲의 부담부분인 3만 원의 범위 내에서 채무가 소멸하므로, 乙과 丙은 6만 원의 채무를 부담하게 된다.

ⓑ 소멸시효의 절대효($^{제421}_{조}$)

연대채무자 1인의 채무에 대하여 소멸시효가 완성되면, 그의 부담부분의 범위 내에서 다른 연대채무자의 채무도 소멸한다. 한편 채무의 일부에 대하여만 소멸시효가 완성된 때에는 일부면제의 경우와 같이 처리하면 될 것이다.

사례 14 甲, 乙, 丙이 丁에게 9만 원의 연대채무를 부담하는데(내부부담비율 및 이행기가 각각 동일하다), 어느 누구도 이행기에 채무를 이행하지 않았고, 이행기로부터 9년 11개월 30일이 도과한 날, 丁은 甲 소유 부동산을 압류하였다. 압류 후 한 달이 지났다면, 甲, 乙, 丙은 丁에게 얼마의 채무를 지는가? (丁의 채권은 10년의 소멸시효의 적용 대상인 것으로 전제한다)

│해설 14│ 甲은 3만 원, 乙과 丙은 0원이다.

특정 연대채무자에 대한 압류에 의한 시효중단은 다른 채무자들에게 절대적 효력이 없으므로($^{대판\ 2001.8.21.}_{2001다22840}$), 乙과 丙에 대한 丁의 채권은 시효가 완성되어 소멸하였다. 이에 乙과 丙은 丁에게 채무를 부담하지 않는다. 다만 甲은 乙과 丙의 부담부분에 해당하는 금액인 6만 원(乙의 부담부분 3만 원 + 丙의 부담부분 3만 원)에 대하여 소멸의 효과가 있으므로, 3만 원의 채무를 부담하게 된다.

ⓒ 반대채권을 가지지 않은 다른 연대채무자에 의한 상계의 절대효($^{제418조}_{제2항}$).

연대채무자 중 1인이 채권자에게 반대채권을 가지고 있음에도 상계를 하지 않고 있다면, 다른 채무자는 반대채권자의 부담부분에 한해서 상계의 의사표시를 하여 채무를 소멸시킬 수 있다($^{제418조}_{제2항}$).

> **사례 15** 甲, 乙, 丙이 丁에게 9만 원의 연대채무를 부담하는데(내부부담비율은 동일), 甲이 丁에게 갖는 7만 원의 반대채권을 가지고 있음에도 불구하고 상계를 하지 않는 경우, 乙이나 丙이 7만 원에 대해 상계의 의사표시를 하여 채무를 소멸시킬 수 있는가?
>
> **|해설 15|** 할 수 없다.
> 제418조 제2항에 따라 乙과 丙은 7만 원 전부가 아니라 甲의 부담부분인 3만 원에 한해서만 상계의 의사표시를 하여 채무를 소멸시킬 수 있다.

(다) 상대적 효력이 발생하는 사유

위에서 본 절대적 효력이 있는 사유 이외에는 모두 상대적 효력밖에 없다($^{제423}_{조}$). 따라서 이행청구 이외의 시효중단사유인 압류 · 가압류 · 가처분($^{제168}_{조 2호}$), 승인($^{동조}_{3호}$)은 당해 채무자에게만 효력이 있을 뿐이다. 채권양도에서의 대항요건[13], 제3자의 변제, 확정판결의 기판력 등도 상대적 효력만이 인정된다. 연대채무의 면제가 아니라 연대의 면제에는 상대효만 인정된다. 또한 연대채무자 중 1인에게 과실이 있거나 그의 귀책사유로 채무불이행이 성립되더라도, 이는 다른 채무자들에게는 영향을 미치지 않는다.

> **사례 16** 甲, 乙, 丙이 丁에게 9만 원의 연대채무를 부담하는데(내부부담비율은 동일), 甲의 이행기가 乙과 丙의 이행기보다 먼저 도래하여, 丁은 甲에게 채무불이행책임을 묻고자 한다. 이 때 이 경우, 乙과 丙도 丁에게 채무불이행책임을 지게 되는가?
>
> **|해설 16|** 乙과 丙은 채무불이행책임을 부담하지 않는다.
> 연대채무자 중 1인에게 과실이 있거나 그의 귀책사유로 채무불이행이 성립되더라도, 이는 상대적 효력만이 있으므로 다른 채무자들에게는 영향을 미치지 않는다. 그러므로 乙과 丙은 책임을 질 필요가 없다.

(3) 대내적 효력(연대채무자들 사이의 구상관계)

(가) 구상권

어느 연대채무자가 변제 기타 출재로 다른 채무자를 공동면책시킨 경우에는, 그는 다른 연대채무자의 부담부분에 따라 구상할 수 있는 구상권을 가진다($^{제425조}_{제1항}$).

1) 부담부분

전체 채무에 대해 비율적으로 각 채무자가 부담하기로 한 부분을 부담부분이라 하는데($^{대판}_{2013.}$

---

13) 연대채무는 복수채무이므로, 채권자는 연대채무자 중 1인에 대한 채권만을 독립하여 양도할 수 있다. 이 경우 채권양도의 효력은 그 채무자에 대해서만 발생한다. 만일 채권자가 연대채무자 전원에 대한 채권을 양도하였다면, 양수인은 채권양도의 통지나 승낙이 있는 당해 연대채무자에게만 대항할 수 있다. 왜냐하면 채권양도의 대항요건도 상대적 효력밖에 없기 때문이다.

11.14, 2013)14), 부담부분은 특약이 있는 경우에는 특약에 따라,15) 특약이 없다면 연대채무로 인해 얻은 이익비율에 의해($\binom{대판\ 2014.8.20,}{2012다97420,97437}$), 이익비율을 알 수 없다면 균등한 것으로 추정된다($\binom{제424}{조}$). 그런데 당사자 특약으로 부담부분을 달리 한 경우에는 그 부담부분에 따라 채권자에게도 영향을 미친다(제한적 절대효 사유를 고려해 볼 것)는 점에서, 채권자에게 통지하는 등으로 채권자가 이를 알았거나 알 수 있었어야만 부담부분이 균등하지 않음을 채권자에게 주장할 수 있다.16) 이에 대한 증명책임은 부담부분의 불평등을 주장하는 사람(주로 '연대채무자')이 부담한다.

한편 연대채무가 성립할 때 결정되었던 부담부분은 사후에 채무자간의 합의로 변경될 수 있다. 그러나 그 변경으로써 채권자에게 대항하기 위한 요건으로 제450조의 유추적용에 의해 채권자에게 통지하거나 채권자의 승낙이 있어야 한다는 견해17)와, 부담부분의 변경은 채권자에 대한 관계에서는 구조적으로 채무인수와 유사하므로 채무인수($\binom{제454}{조}$) 규정을 유추하여 채권자에 대한 통지만으로 부족하고 채권자의 승낙이 필요하다는 견해로 나뉜다.

2) 구상권의 성립요건

㉮ 출재에 의한 공동면책

연대채무자 중 1인이 변제, 대물변제, 공탁, 상계, 경개, 혼동 등 출재를 통하여 다른 채무자의 채무를 소멸시키거나 감소케 하는 것이 필요하다($\binom{제425조,}{제1항}$).18) 따라서 시효의 완성이나 면제처럼 출재가 없는 경우에는 구상권이 인정되지 않는다.

㉯ 자기의 부담부분을 초과한 출재가 있어야 하는지 여부

한편 공동면책은 채무 전부에 대하여 얻을 필요는 없다. 그런데 구상권을 행사하기 위해서 적어도 자신의 부담부분 이상을 출재하여야 하느냐에 대해서는 견해가 나뉜다.19)

초과출재 필요설은 채무자의 자기 부담부분은 고유채무이므로, 이를 초과하지 않는 한 구상권이 생기지 않는다고 본다. 민법은 공동보증의 경우에 공동보증인 상호간의 구상권이 인정되기 위해서는 부담부분을 초과한 변제일 것을 요구하고 있으므로($\binom{제448}{조}$), 연대채무에 있어서도 이와 마찬가지로 초과출재가 필요하다는 것이다. 또한 만일 초과출재를 요하지 아니하면, 자기의 부담부분에 미치지 못하는 일부변제의 경우에도 구상권을 인정하게 하여 구상관계가 대단히

---

14) 대판 2013.11.14, 2013다46023: 연대채무자 사이의 구상권행사에 있어서 '부담부분'이란 연대채무자가 그 내부관계에서 출재를 분담하기로 한 비율을 말한다고 봄이 상당하다. 따라서 부담부분은 채무액에 위 분담비율을 적용하여 산출한 일정한 금액을 말하는 것이 아니다.

15) 특약에 의해 연대채무자 중 1인의 부담부분이 0일 수도 있다. 대판 2005.10.13, 2003다24147에서 "공동불법행위자 중 1인에 대하여 구상의무를 부담하는 다른 공동불법행위자가 수인인 경우에는 특별한 사정이 없는 이상 그들의 구상권자에 대한 채무는 각자의 부담 부분에 따른 분할채무로 봄이 상당하지만, 구상권자인 공동불법행위자측에 과실이 없는 경우, 즉 내부적인 부담 부분이 전혀 없는 경우에는 이와 달리 그에 대한 수인의 구상의무 사이의 관계를 부진정연대관계로 봄이 상당하다"고 하여, 공동불법행위자 간의 내부부담비율이 0이 될 수 있다고 한다.

16) 물론 채권자가 알아야 한다는 견해와 명문에 규정이 없으므로 채권자의 인식 여부는 중요하지 않다는 견해도 있다.

17) 이 견해에 따르면 채권자가 이미 인식하고 있었다면, 채무자에 대한 통지없이도 채권자에게 변경된 부담부분으로 대항할 수 있을 것이다.

18) 혼동에 대해서는 구상권을 인정하는 견해가 다수이나, 혼동의 경우에는 부담부분에 한하여 절대효가 인정된다는 점에서 구상권을 부인하는 견해도 있다.

19) 공동보증의 경우 명문으로 초과출재를 요구한다(제448조 제2항).

복잡하게 될 우려가 있다는 것이다.

초과출재 불요설은 공동면책이 있으면 자신의 부담부분을 초과하는 출재가 아니어도 구상이 가능하다는 견해이다. 이 견해는 구상권에서 '부담부분'의 의미는 채무액을 의미하는 것이 아니라 채무자 상호간의 비율로 보아야 한다는 점, 공동면책을 위한 출재가 있으면 부담부분의 비율로 구상하는 것이 연대채무자 간에 공평하다는 점을 근거로 한다.

판례는 초과출재 불요설의 입장을 취한다(대판 2013.11.14, 2013다46023). 초과출재를 요하지 않으면 액수를 불문하고 연대채무자 1인이 일부라도 변제할 때마다 구상권을 행사할 수 있다. 이와는 달리 부진정연대채무 또는 분별의 이익이 없는 연대보증에서는 초과출재를 요한다.

> **▌대판 2013.11.14, 2013다46023**
> 연대보증인들 사이의 내부관계에서는 연대보증인 각자가 자신의 분담금액을 한도로 일부 보증을 한 것과 같이 볼 수 있어서 그 분담금액 범위 내의 출재에 관한 구상관계는 주채무자만을 상대로 해결할 것을 예정하고 있는 반면, 연대채무자들 사이에서는 연대채무자 각자가 행한 모든 출재에 관하여 다른 연대채무자의 공동부담을 기대하는 것이 보통이다. 그리하여 민법은 연대보증인 중의 한 사람이 공동면책을 이유로 다른 연대보증인에게 구상권을 행사하려면 '자기의 부담부분을 넘은' 변제를 하였을 것을 그 요건으로 규정하였으나(제448조 제2항), <u>연대채무자 중의 한 사람이 공동면책을 이유로 다른 연대채무자에게 구상권을 행사하는 데 있어서는 그러한 제한 없이 '부담부분'에 대하여 구상권을 행사할 수 있는 것으로 규정하고 있다</u>(제425조 제1항). <u>따라서 연대채무자 사이의 구상권행사에 있어서 '부담부분'이란 연대채무자가 그 내부관계에서 출재를 분담하기로 한 비율을 말한다고 봄이 타당하다.</u> 그 결과 변제 기타 자기의 출재로 일부 공동면책되게 한 연대채무자는 역시 변제 기타 자기의 출재로 일부 공동면책되게 한 다른 연대채무자를 상대로 하여서도 자신의 공동면책액 중 다른 연대채무자의 분담비율에 해당하는 금액이 다른 연대채무자의 공동면책액 중 자신의 분담비율에 해당하는 금액을 초과한다면 그 범위에서 여전히 구상권을 행사할 수 있다고 보아야 한다(밑줄은 필자가 첨가).

사례 17 甲, 乙, 丙이 丁에게 9만 원의 연대채무를 부담하는데(내부부담비율은 동일), 甲이 丁에게 1만 8천 원을 변제하였다면, 甲은 乙과 丙에게 얼마를 구상할 수 있는가?

(대판 2013.11.14, 2013다46023 참조)

▌해설 17 甲은 乙과 丙에게 각각 6천 원을 구상할 수 있다.

판례 및 초과출재 불요설의 입장에서, 甲은 공동면책된 1만 8천원 중 乙과 丙의 분담비율에 해당하는 금액 6천 원에 대해서 구상을 요구할 수 있을 것이다. 반면에 초과출재 필요설에 의하면 甲의 부담부분인 3만 원을 초과하지 않았으므로, 구상권을 행사할 수 없게 된다.

3) 구상권의 범위

㉮ 구상의 기준

출재자는 출재액과 공동면책액 중 적은 쪽을 기준으로 하여 구상권을 행사할 수 있다. 예컨대 甲, 乙, 丙이 丁에게 9만 원의 연대채무를 부담하는데(내부부담비율은 동일), 甲이 12만 원짜리

리 동산으로 대물변제한 경우, 구상권은 9만 원을 기준으로 乙과 丙에게 각각 3만 원을 구상할 수 있다. 반면에 甲이 6만 원짜리 물건으로 대물변제하여 9만 원의 채무를 공동면책한 경우에는 출재액인 6만 원을 기준으로 하여 乙과 丙의 부담비율에 따라 2만 원씩을 구상할 수 있다.

ⓓ 구상의 범위

구상권은 면책된 날 이후의 법정이자 및 피할 수 없는 비용 기타 손해배상을 포함한다$\binom{제425}{조}$$\binom{제}{2항}$.[20] '법정이자'는 구상채무의 이행지체 여부와 관계없이 면책일로부터 발생한다. 한편 구상금의 '지연이자(지연손해)'는 구상금 청구일 다음날부터 가산된다. 구상금채무가 기한 없는 채무이기 때문이다. 지연이자의 경우에는 소송촉진법상 연 12%의 이자율이 적용될 수 있다. 그런데 구상권자가 구상금을 청구하면 그 다음날부터는 지연손해금과 법정이자는 청구권 경합관계로 보아야 한다. 따라서 구상권자의 면책일부터 소장부본 송달일까지는 연 5%, 그 다음날부터 갚는 날까지는 연 12%의 각 비율로 계산한 돈을 지급해야 한다.

출재금을 타인으로부터 차용한 경우에 그 차용이자가 법정이자보다 높더라도 법정이자만 청구할 수 있을 뿐이며 그 차액은 '피할 수 없는 비용'으로도 볼 수 없으므로 구상권을 행사할 수도 없다$\binom{대판\ 2001.1.16,}{2000다29325\ 참조}$.

(나) 구상권의 제한$\binom{제426}{조}$

연대채무자는 공동의 면책을 위한 출연을 할 때에 사전 또는 사후에 다른 연대채무자들에게 통지하여야 한다.

1) 사전통지를 게을리한 때

㉮ 연대채무자가 다른 연대채무자에게 사전의 통지없이 변제 기타 자기의 출재로 공동면책이 된 경우에 다른 연대채무자가 채권자에게 대항할 수 있는 사유가 있었을 때에는 그 부담부분에 한하여 이 사유로 면책행위를 한 연대채무자에게 대항할 수 있다$\binom{제426조}{제1항\ 전문}$. 이 규정은 채권자에 대한 대항사유를 가지고 있는 채무자에게 그것을 행사할 수 있는 기회를 잃지 않게 하려는 데 목적이 있다. 그러므로 이미 변제하려는 사실을 알고 있는 채무자에게는 사전통지를 하지 않아도 무방하다. 대항할 수 있는 사유로는 동시이행의 항변, 기한유예나 기한미도래의 항변, 원인행위의 무효·취소, 제한능력에 의한 항변 등이 있다. 예컨대 甲, 乙, 丙이 丁에게 9만 원의 연대채무를 부담하는데(내부부담비율은 동일), 사전통지 없이 甲이 9만 원을 丁에게 변제하였으나, 乙이 미성년자여서 丁과의 계약을 취소할 수 있는 사유가 존재한다면, 乙은 이를 이유로 甲에게 구상을 거절할 수 있다(일부는 丁과의 계약을 취소해야만 乙이 甲에게 구상을 거절할 수 있다고 본다). 대항할 수 있는 사유에는 변제, 대물변제, 공탁, 경개, 면제 등 절대적 효력사유는 배제되어야 한다. 공동면책행위로 채무는 이미 소멸했으므로 그 후에 변제한 연대채무자에게는 구상권 자체가 인정될 수 없기 때문이다.

㉯ 그 대항사유가 상계인 때에는 상계로 소멸할 채권은 그 연대채무자에게 이전한다$\binom{제426}{조\ 제1}$

---

20) 면책된 당일부터 법정이자를 기산한다(대판 2007.10.11, 2005다7085).

^{항
후문}). 예컨대 甲, 乙, 丙이 丁에게 9만 원의 연대채무를 부담하는데(내부부담비율은 동일) 사전통지 없이 甲이 9만 원을 丁에게 변제하였으나, 乙이 丁에게 6만 원의 반대채권을 가지고 있는 경우, 甲은 乙에게 구상할 수 없고, 다만 乙이 丁에게 갖는 6만 원의 반대채권 중 3만 원이 甲에게 이전된다. 乙이 상계의 의사표시를 한 후 甲이 9만 원 전부를 변제한 경우라면 이하에서 검토할 제426조 제2항이 문제될 것이다.

2) 사후통지를 게을리한 때(제426조 제2항)

어느 연대채무자가 변제 기타 자기의 출재로 공동면책되었음을 다른 연대채무자에게 통지하지 아니한 경우에 다른 연대채무자가 선의로 채권자에게 변제 기타 유상의 면책행위를 한 때에는 그 연대채무자는 먼저 변제한 연대채무자에 대하여 자기의 면책행위의 유효를 주장할 수 있다(제426조 제2항). 즉 제1 면책행위자는 제2 면책행위자에게 구상을 할 수 없다. 이 규정은 비채변제의 위험을 사전에 방지하고 일단 비채변제가 일어나면 그에 관하여 과실 없는 변제자를 구상관계로 보호하려는 데 목적이 있다. 예컨대 甲, 乙, 丙이 丁에게 9만 원의 연대채무를 부담하는데(내부부담비율은 동일) 甲이 9만 원을 丁에게 변제하고 사후통지를 하지 않아, 그 후 乙이 선의로 사전통지 후 9만 원의 변제를 한 경우, 乙은 甲에 대한 구상의무가 없으며 오히려 乙이 甲에게 3만 원을 구상할 수 있다.

> 참고 **비채변제**
> 제742조 (비채변제) 채무없음을 알고 이를 변제한 때에는 그 반환을 청구하지 못한다.

> 심화사례 甲, 乙, 丙이 丁에게 9만 원의 연대채무를 부담하는데(내부부담비율은 동일) 甲이 9만 원을 丁에게 변제하고 사후통지를 하지 않아, 그 후 乙이 사전통지 후 선의로 9만 원을 변제한 경우, 甲, 乙, 丙, 丁 사이의 법률관계는?
>
> 심화사례 해설 제426조 제2항은 甲과 乙 사이에서 甲이 乙에게 구상권을 행사할 수 없다는 것을 의미할 뿐, 채권자와 다른 채무자 丙 사이에서는 甲의 변제행위가 효력을 상실하지 않는다(상대적 효력). 채권자 丁은 甲의 변제가 아닌 乙의 이중변제로 부당이득을 취득한 것이다. 따라서 乙은 甲에게 3만 원을 구상할 수 있고, 甲은 丙에게 3만 원을 구상할 수 있다. 乙은 면책행위의 유효를 甲에게만 주장할 수 있고, 丙에게는 주장할 수 없으므로 丙에게 구상할 수 없다. 乙은 甲이 丙에게서 받은 3만 원의 구상액을 부당이득으로 반환청구할 수 있다. 甲과 乙 사이에서는 丙이 지급한 구상액을 乙이 수령하는 것이 타당하기 때문이다(제426조 제2항). 乙은 丁에게 9만 원에 대해서 부당이득반환청구를 할 수 있으나, 甲에게서 구상 내지 반환받은 한도에서 乙의 丁에 대한 부당이득반환청구권은 甲에게 이전된다. 결과적으로 甲이 丁에게 9만 원을 부당이득으로 반환할 것을 청구하게 될 것이다.

3) 양자의 통지가 모두 없는 경우(제1 면책행위자가 사후의 통지를 게을리하고 있는 동안에 다른 연대채무자가 사전통지 없이 제2 면책행위를 한 경우)

이에 대해서는 명문의 규정이 없어, 견해가 나뉜다. 통설은 양자가 모두 통지의무를 게을리하였다는 점에서 제426조 제1항 및 제426조 제2항을 적용하여 어느 한쪽을 보호하기보다는 먼저 행하여진 변제에 무효사유가 없는 한 일반원칙으로 돌아가 제1의 면책행위만이 유효한 것으로 보고, 제2의 변제는 비채변제로서 변제자에게 반환되어야 한다고 본다. 이 견해는 제1의 면책행위가 있었다면, 이미 채무는 소멸하므로 다른 연대채무자가 변제를 하더라도 구상권이 발생할 여지가 없어 사전통지를 하지 않은 면책행위자의 구상권 제한에 관한 제426조 제2항은 적용될 여지가 없다는 것이다. 반면에 일부 견해는 제2의 면책행위자가 선의인 한 사전통지의무를 하였는지를 불문하고 그를 보호해야 한다고 보기도 한다.

판례는 아직까지 이 문제에 대해서 명확히 판단하고 있지 않다. 다만 보증채무($\substack{제445조,\\제446조}$)의 경우 주채무자가 면책행위를 하고 수탁보증인에게 사후통지를 하지 않은 동안 수탁보증인도 사전통지 없이 변제한 경우, 이중변제의 기본원칙으로 돌아가 먼저 이루어진 주채무자의 면책행위가 유효하고 나중에 이루어진 보증인의 면책행위는 무효로 보아, 보증인은 주채무자에게 구상권을 행사할 수 없다고 보았다($\substack{대판 1997.10.\\10.\ 95다46265}$).

사례 18 甲, 乙, 丙이 丁에게 9만 원의 연대채무를 부담하는데(내부부담비율은 동일) 甲이 9만 원을 丁에게 변제하고 사후통지를 하지 않아 그 후 乙이 사전통지 없이 선의로 9만 원의 변제를 한 경우, 乙이 甲에게 구상권을 행사할 수 있는가?

해설 18 행사할 수 없다.

다수설에 의하면 이 경우에는 제1의 면책행위만이 유효한 것으로 보는 것이 타당하므로, 乙의 변제는 무효이어서, 이를 기초로 하여 甲에게 구상권을 행사할 수 없다. 乙은 채권자 丁에게 자신이 지불한 9만 원을 부당이득으로 반환할 것을 청구할 수 있을 뿐이다.

(다) 구상권의 확장($\substack{상환무자력자가 있는 경우의\\구상권자의 보호: 제427조}$)

1) 무자력자의 부담부분의 분담($\substack{제427조\\제1항}$)

구상권 자체도 하나의 채권에 불과하므로, 다른 채무자가 무자력인 경우에는 현실적인 전보를 받지 못하는 경우가 있을 수 있다. 이에 민법은 연대채무자중에 상환할 자력이 없는 자가 있는 때에는 그 채무자의 부담부분은 구상권자 및 다른 자력이 있는 채무자가 그 부담부분에 비례하여 분담하도록 하고 있다($\substack{제427조\\제1항 본문}$).[21] 예컨대 甲, 乙, 丙이 丁에게 9만 원의 연대채무를 부담하는데(내부부담비율은 동일), 甲이 9만 원을 변제하였으나 乙이 무자력인 경우, 甲과 丙은 乙의 부담부분 3만 원에 대해서는 1:1로 분담하게 된다. 이에 甲은 丙에게 4만 5천 원{3만 원

---

21) 이는 내부관계에 있어서 연대채무자의 제2차적인 상환의무를 규정한 것이라고 할 수 있다.

(丙 본인의 부담부분액) + 1만 5천 원(乙의 무자력에 대한 분담부분액)}을 구상할 수 있다. 그러나 구상권자에게 과실이 있는 때에는 다른 연대채무자에 대하여 분담을 청구하지 못한다(제427조 제1항 단서). 예컨대 甲, 乙, 丙이 丁에게 9만 원의 연대채무를 부담하는데(내부부담비율은 동일), 甲이 9만 원을 변제하고 구상권을 행사하지 않고 있는 사이에 乙이 무자력이 된 경우에는 甲이 乙의 무자력을 모두 분담하게 되어 甲은 丙에게 3만 원에 대해서만 구상할 수 있다.

2) 연대의 면제와 무자력자의 부담부분(제427조 제2항)

한편 상환할 자력이 없는 채무자의 부담부분을 분담할 다른 채무자가 채권자로부터 연대의 면제를 받은 때에는 그 채무자가 분담할 부분은 채권자가 부담한다.

㉮ 연대의 면제

당해 채무자에게 채무 전부에 대한 의무는 면제하고 그의 부담부분의 범위에서만 이행하도록 하는 단독행위로 일종의 채무면제다. 만일 모든 채무자에 대해 연대의 면제를 했다면 그 채무는 분할채무가 되며, 채무자 중 1인에게 연대면제를 하면 면제를 받은 자는 분할채무를 부담하고, 다른 채무자들은 여전히 채무 전부에 대해 연대채무를 진다.[22] 연대의 면제에는 상대적 효력만 인정되기 때문이다.

㉯ 연대의 면제와 무자력자의 부담부분의 분담

상환무자력 채무자의 부담부분을 분담할 다른 채무자가 채권자로부터 연대의 면제를 받은 때에는 그 채무자가 분담할 부분은 채권자의 부담으로 된다. 다만 연대의 면제가 있은 후에 무자력이 된 경우에는 본조가 적용되지 않는다.[23]

사례 19 甲, 乙, 丙, 丁은 戊에 대하여 2억 원의 연대채무를 4 : 3 : 2 : 1의 비율로 지고 있는데, 그들 중 丙이 무자력이 되었다. 그 후 乙이 戊로부터 연대의 면제를 받았다. 그 후 甲이 2억 원을 戊에게 변제한 경우, 甲은 乙과 丁에게 각각 얼마를 구상할 수 있는가?

해설 19 甲은 乙에게는 6천만 원, 丁에게는 2천 5백만 원을 구상할 수 있다.

일단, 丙이 무자력이 된 경우, 丙의 부담부분 4천만 원은 甲, 乙, 丁이 4 : 3 : 1로 분담하게 된다(甲 2천만 원, 乙 1천 5백만 원, 丁 5백만 원). 그런데 乙이 戊로부터 연대의 면제를 받았으므로 丙의 무자력에 대한 위험(1천 5백만 원)은 채권자 戊가 부담하게 된다. 결과적으로 甲은 1억 원(자기 부담부분 8천만 원 + 丙의 무자력에 대한 부담부분에 대한 분담액 2천만 원)을, 丁은 2천 5백만 원(자기 부담부분 2천만 원 + 丙의 무자력에 대한 부담부분에 대한 분담액 5백만 원)을 부담한다. 반면에 乙은 연대의 면제에 의해 자신의 부담부분에 대해서 분할채무만 지면 되므로 6천만 원을 부담하게 된다.

---

22) 일부 견해는 연대의 면제를 하면 그 자의 부담부분을 뺀 나머지에 대해서만 다른 채무자들이 연대채무를 부담한다고 하는데 이는 부당하다.

23) 연대의 면제를 받은 채무자가 분할채무를 지게 되는 결과, 그 후 다른 연대채무자가 무자력이 되었을 때 연대면제를 받은 채무자의 분담비율까지 추가적으로 부담하게 하는 것은 부당하다는 이유에서 이 규정이 마련된 것을 고려하면, 어떤 채무자가 이미 무자력이 된 후에 연대의 면제를 통하여 다른 채무자의 분담비율을 증가시키는 경우에 한하여 제427조 제2항을 적용하는 것이 타당할 것이다.

(라) 구상권자의 변제자 대위

연대채무자는 제481조의 '변제할 정당한 이익이 있는 자'이므로, 구상권을 확보하기 위하여 채권자의 권리를 당연히 대위한다(제481조, 법정대위). 변제자대위 범위는 변제자의 고유채무부분을 제외한 나머지에 한정되며, 구상권 자체와 변제자대위에 의한 권리는 별개이다.

4. 부진정연대채무

(1) 의 의	(가) 대외적 효력
(2) 성 립	(나) 채무자 1인에게 생긴 사유의 효력
(3) 효 력	(다) 대내적 효력(구상관계)

(1) 의 의

부진정연대채무는 주관적 공동관계 없이 동일한 내용의 급부에 관하여 서로 별개의 원인으로 발생한 독립한 채무이지만, 수인의 채무자 각자가 채무 전부를 이행할 의무가 있고 1인 또는 수인의 이행이 있으면 다른 자의 채무도 소멸하게 되는 다수당사자의 채권관계이다.

부진정연대채무도 채무자 각자가 급부 전부를 부담하는 독립적 채무를 부담한다는 점[24]에서 연대채무와 공통점을 가진다. 그러나 채무자간의 주관적인 공동관계가 없다는 점, 채무자들 사이에 내부적 부담부분이 없다는 점(따라서 부진정연대채무의 경우에는 구상관계가 있을 수 없다고 보아야 하나, 판례는 부진정연대채무자 간의 내부관계에 따른 과실비율 등을 근거로 사안에 따라 구상권을 인정한다), 연대채무보다 절대적 효력의 범위가 좁아 연대채무에 비하여 채권의 담보적 효력이 더 강하다는 점 등에서 차이가 있다.

(2) 성립요건

부진정연대채무는 동일한 사실관계에 기한 손해를 수인이 각자의 입장에서 전보해 주어야 할 의무를 부담하는 경우에 주로 발생한다. 즉 부진정연대채무는 별개의 원인으로 발생한 독립된 채무라 하더라도 동일한 경제적 목적을 가지고 있고 서로 중첩되는 부분에 관하여 일방의 채무가 변제 등으로 소멸하는 경우 타방의 채무도 소멸하는 관계에 있으면 성립할 수 있다. 한편 부진정연대채무의 관계에 있는 채무자들의 채무액이 반드시 서로 동일할 필요는 없다(대판 2009. 3.26, 2006다47677).

---

24) 부진정연대채무자의 1인에 대한 채권양도는 다른 채무자들에게 영향을 미치지 않는다. 예컨대 금융기관이 회사 임직원의 대규모 분식회계로 그 회사의 재무구조를 잘못 파악하고 대출을 해 준 경우, 회사의 대출금채무와 회사 임직원의 손해배상채무는 부진정연대채무인데, 이 경우 회사에 대한 대출금채권을 양도한다고 해서 임직원에 대한 손해배상채권까지도 당연히 함께 양도된 것이라고 단정할 수 없다(대판 2008.1.18, 2005다65579).

심화학습

부진정연대채무관계에 있는 채무자들을 공동피고로 하여 이행의 소를 제기한 경우, 민사소송법 제70조 제1항 소정의 예비적·선택적 공동소송에 해당하는지 여부

사례 20 乙 주식회사는 丙 증권회사의 주선으로 丁 은행과 보유 주식을 매각하기 위한 환매조건부 주식매매계약을 체결하고, 乙, 丙 회사와 동일 기업집단 내 계열회사인 甲 주식회사가 乙 회사를 위하여 丁 은행과 주식매수청구권 부여계약을 체결하고 乙, 丙 회사로부터 손실보상각서를 교부받았다. 그런데 乙과 丙 증권회사의 대표이사(A, B)는 이사회결의 절차를 거치지 아니하고 타인의 채무에 대하여 위와 같은 약정을 체결하였다. 외화대납을 한 甲은 乙, 丙을 공동피고로 하여 소를 제기하였다. 구체적으로 乙에 대한 주위적 청구(수탁보증에 기한 구상금청구 또는 약정금청구), 제1예비적 청구(위임에 기한 비용상환청구, 사무관리에 기한 비용상환청구 또는 부당이득반환청구), 제2예비적 청구(불법행위에 기한 손해배상청구), 丙에 대한 주위적 청구(약정금청구), 예비적 청구(불법행위에 기한 손해배상청구)를 하였다. 또한 甲은 丙에 대한 주위적·예비적 청구 중 주위적 청구 부분이 인용되지 아니할 경우 그와 법률상 양립할 수 없는 관계에 있는 예비적 피고 B에 대한 청구를 인용하여 달라는 취지로 결합하여 소를 제기하였다.

민사소송법 제70조 (예비적·선택적 공동소송에 대한 특별규정) ① 공동소송인 가운데 일부의 청구가 다른 공동소송인의 청구와 법률상 양립할 수 없거나 공동소송인 가운데 일부에 대한 청구가 다른 공동소송인에 대한 청구와 법률상 양립할 수 없는 경우에는 제67조 내지 제69조를 준용한다. 다만, 청구의 포기·인낙, 화해 및 소의 취하의 경우에는 그러하지 아니하다.

질문 1) 법원이 甲의 乙, 丙에 대한 청구 중 하나를 병합심리한 경우, 그 소송은 민사소송법 제70조 제1항의 예비적·선택적 공동소송에 해당하는가(즉 필수적 공동소송 규정을 준용해야 하는 소송인가)?

질문 2) 법원이 甲의 丙에 대한 주위적 청구를 기각한 다음, 예비적 피고 B에 대한 청구(불법행위에 기한 손해배상청구)와 피고 丙에 대한 예비적 청구를 병합하여 통상의 공동소송으로 심리·판단하였다면 이는 정당한가?　　　　　　　　　　　　　　　(대판 2009.3.26, 2006다47677 참조)

해설 20

해설 1) 피고 乙에 대한 주위적 청구(수탁보증에 기한 구상금청구 또는 약정금청구), 제1예비적 청구(위임에 기한 비용상환청구, 사무관리에 기한 비용상환청구 또는 부당이득반환청구), 제2예비적 청구(불법행위에 기한 손해배상청구) 중 어느 하나와 피고 丙에 대한 주위적 청구(약정금청구), 예비적 청구(불법행위에 기한 손해배상청구) 중 어느 하나는 서로 법률상 성립요건이 다르기는 하지만 동일한 경제적 목적을 가지고 있고 중첩되는 부분에 관하여 일방의 채무가 변제 등으로 소멸하면 타방의 채무도 소멸하는 관계에 있으므로 서로 부진정연대채무의 관계에 있다고 할 것이고, 따라서 피고 乙에 대한 위 각 청구 중 어느 하나와 피고 丙에 대한 위 각 청구 중 어느 하나를 병합하여 심리·판단하더라도 서로 민사소송법 제70조 제1항 소정의 예비적·선택적 공동소송의 관계에 있다고 할 수 없다(대판 2009.3.26, 2006다47677).

해설 2) 판례(대판 2009.3.26, 2006다47677)는 "민사소송법 제70조 제1항의 '공동소송인 가운데 일부에 대한 청구'

를 반드시 '공동소송인 가운데 일부에 대한 모든 청구'라고 해석할 근거는 없으므로, 주위적 피고에 대한 주위적·예비적 청구 중 주위적 청구 부분이 인용되지 아니할 경우 그와 법률상 양립할 수 없는 관계에 있는 예비적 피고에 대한 청구를 인용하여 달라는 취지로 결합하여 소를 제기하는 것도 가능하고, 이 경우 주위적 피고에 대한 예비적 청구와 예비적 피고에 대한 청구가 서로 법률상 양립할 수 있는 관계에 있으면 양 청구를 병합하여 통상의 공동소송으로 보아 심리·판단할 수 있다고 할 것이다"고 보았다. 따라서 법원이 피고 丙에 대한 주위적 청구(약정금청구) 및 예비적 청구(불법행위에 기한 손해배상청구) 중 주위적 청구 부분을 인용하지 아니할 경우 피고 B에 대한 청구(불법행위에 기한 손해배상청구)를 인용하여 달라는 취지로 이 사건 소가 제기된 것으로 보고, 피고 丙에 대한 주위적 청구를 기각한 다음 피고 丙에 대한 예비적 청구와 피고 B에 대한 청구를 병합하여 통상의 공동소송으로 심리·판단한 것은 정당하다고 할 수 있다.

 심화학습

피해자가 부진정연대채무관계에 있는 불법행위자들 각자에게 별도로 소를 제기한 경우의 법률관계

대판 2001.2.9, 2000다60227 [손해배상(자)]
피해자가 공동불법행위자들을 모두 피고로 삼아 한꺼번에 손해배상청구의 소를 제기한 경우와 달리 공동불법행위자별로 별개의 소를 제기하여 소송을 진행하는 경우에는 각 소송에서 제출된 증거가 서로 다르고 이에 따라 교통사고의 경위와 피해자의 손해액산정의 기초가 되는 사실이 달리 인정됨으로 인하여 과실상계비율과 손해액도 서로 달리 인정될 수 있는 것이므로, 피해자가 공동불법행위자들 중 일부를 상대로 한 전소에서 승소한 금액을 전부 지급받았다고 하더라도 그 금액이 나머지 공동불법행위자에 대한 후소에서 산정된 손해액에 미치지 못한다면 후소의 피고는 그 차액을 피해자에게 지급할 의무가 있다.

(3) 판례 및 통설이 인정하는 부진정연대채무의 구체적 유형

① 영업양수인이 양도인의 상호를 계속 사용하지 아니하는 경우에 양도인의 영업으로 인한 채무를 인수할 것을 광고하였다면 양수인도 변제할 책임이 있는데($\frac{상법}{제44조}$), 이 경우 영업양수인의 상법 제44조에 의한 채무와 영업양도인의 영업으로 인한 채무($\frac{대판 2009.7.9.}{2009다23596}$), ② 이행보조자의 고의·과실로 인하여 목적물이 멸실·훼손된 경우 채무자의 채무불이행으로 인한 손해배상채무와 이행보조자의 불법행위로 인한 손해배상채무($\frac{대판 1994.11.}{11, 94다22446}$), ③ 피용자의 불법행위로 인한 손해배상채무($\frac{제750}{조}$)와 사용자의 손해배상채무($\frac{제756}{조}$)($\frac{대판 1963.9.26, 23다455;}{대판 2000.3.14, 99다67376}$), ④ 공동불법행위($\frac{제760}{조}$)에서 가해자들의 손해배상채무($\frac{대판 1983.5.}{24, 83다208}$), ⑤ 원채무자의 부탁 없는 병존적 채무인수에서 원채무자의 채무와 인수인의 채무($\frac{대판 2009.8.20.}{2009다32409}$), ⑥ 피용자가 사망한 사고에서 공사수급인의 건물점유자로서의 공작물책임($\frac{제758}{조}$)과 사용자의 보호의무위반에 의한 피용자에 대한 채무불이행책임($\frac{제390}{조}$)($\frac{대판 1999.2.}{23, 97다12082}$), ⑦ 상법 제24조에 의한 명의대여자와 명의차용자의 책임($\frac{대판 2011.4.14,}{2010다91886}$), ⑧ 회사분할의 당사회사가 상법 제530조의9 제1항에 의하여 각자 분할계획서나 분할합병계약서에 본래 부

담하기로 정한 채무 이외의 채무에 대하여 연대책임을 지는 경우$\left(\substack{대판\ 2010.8.26,\\2009다95769}\right)$ ⑨ 금융기관의 임원이 채무자에 대한 신용조사 등 여신업무 규정을 위반하여 충분한 담보를 확보하지 못해 금융기관이 대출금을 회수하지 못하는 손해를 입은 경우에 임직원이 금융기관에 부담하는 손해배상채무(규정 준수로 담보를 취득했다면 회수할 수 있었을 미회수 대출원리금)과 대출금채무자가 금융기관에 부담하는 대출금채무$\left(\substack{대판\ 2019.1.17,\\2016다236131}\right)$, ⑩ 직접점유자와 간접점유자의 점유사용으로 부담하는 부당이득반환의무$\left(\substack{대판\ 2012.9.27,\\2011다76747}\right)$, ⑪ 부부의 일방이 부정행위를 한 경우에 부부의 일방과 제3자가 부담하는 공동불법행위$\left(\substack{대판\ 2015.5.29,\\2013므2441}\right)$ ⑫ 구상권자인 공동불법행위자 측에 과실이 없는 경우 나머지 공동불법행위자들이 구상권자에게 부담하는 구상채무$\left(\substack{대판\ 2012.3.15,\\2011다52727}\right)$ 등이 부진정연대채무 관계에 놓인다. 그 밖에도 불법행위를 한 이사와 법인의 손해배상의무$\left(\substack{제35조\\제1항}\right)$, 채무불이행자와 불법행위자의 손해배상의무(예컨대 임차물을 훼손한 경우 임차인과 불법행위자의 책임), 동물점유자와 보관자의 손해배상의무$\left(\substack{제759\\조}\right)$, 임대인 동의하에 전대된 경우 임차인과 전차인의 목적물반환의무$\left(\substack{제630조\\제1항}\right)$도 부진정연대채무에 해당한다.

(4) 효 력

(가) 대외적 효력

연대채무 및 불가분채무와 동일하다.

(나) 채무자 1인에게 생긴 사유의 효력

변제(일부 변제)·대물변제·공탁·상계에 한하여 절대적 효력이 인정된다. 따라서 연대채무의 절대적 효력에 관한 제416조 내지 제422조가 원칙적으로 부진정연대채무에는 적용되지 않는다. 예컨대 부진정연대채무자 1인이 상계하지 않는다고 하더라도 다른 부진정연대채무자가 대신 상계할 수 없다$\left(\substack{대판\ 1994.5.27,\\93다21521}\right)$. 채무자 1인에 대한 이행청구 또는 채무자 1인이 행한 채무의 승인 등 소멸시효의 중단사유나 시효이익의 포기는 다른 채무자에 대하여 효력이 미치지 아니한다$\left(\substack{대판\ 2011.4.14,\\2010다91886}\right)$. 부진정연대채무자 중 1인의 채무가 면제된 경우에도 다른 채무자들에게 어떠한 효력이 발생하지 않으며$\left(\substack{대판\ 2006.1.27,\\2005다19378}\right)$, 부진정연대채무자 중 1인의 채무가 소멸시효가 완성되었다 하더라도 다른 채무자들에게 어떠한 영향을 미치지 않는다$\left(\substack{대판\ 1997.12,\\23,\ 97다42830}\right)$. 예컨대 소멸시효가 완성되지 않은 부진정연대채무자가 채무 전액을 변제하면 그는 소멸시효가 완성된 부진정연대채무자에게 구상권을 행사할 수 있다.

대판 2006.1.27, 2005다19378 [구상금]

부진정연대채무자 상호간에 있어서 채권의 목적을 달성시키는 변제와 같은 사유는 채무자 전원에 대하여 절대적 효력을 발생하지만 그 밖의 사유는 상대적 효력을 발생하는 데에 그치는 것이므로 피해자가 채무자 중의 1인에 대하여 손해배상에 관한 권리를 포기하거나 채무를 면제하는 의사표시를 하였다 하더라도 다른 채무자에 대하여 그 효력이 미친다고 볼 수는 없다 할 것이고, 이러한 법리는 채무자들 사이의 내부관계에 있어 1인이 피해자로부터 합의에 의하여 손해배상채무의 일부를 면제받고도 사후에 면제받은 채무액을 자신의 출재로 변제한 다른 채무자에 대하여 다시 그 부담 부분에 따라 구상의무를 부담하게 된다 하여 달리 볼 것은 아니다(대판 1993.5.27. 93다6560).

사례 21 甲, 乙, 丙, 丁은 각각 戊에 대하여 2억 원의 부진정연대채무(공동불법행위로 인한 손해배상책임)를 부담한다. 戊는 甲, 乙, 丙에게는 계속 이행을 청구하였으나, 丁에게는 10년이 지날 때까지 어떠한 법적 권리도 행사하지 않았다. 戊가 甲에게 2억 원 전부의 이행을 청구하자, 甲은 丁의 부담부분이 소멸시효가 완성되어 그만큼 자기의 의무도 면하게 되었다고 항변하였다. 이에 戊는 자신은 부진정연대채무자인 甲, 乙에게 이행을 청구하였으므로, 丁의 채무도 소멸시효가 중단되었으며, 설사 丁의 채무가 소멸시효의 완성으로 소멸되었다 하더라도 다른 부진정연대채무자들에게 절대적 효력이 없으므로 전액에 대해 변제할 책임이 있다고 재항변하였다. 甲과 戊의 주장에 대해 판단하시오. (대판 2011.4.14. 2010다91886; 대판 1997.12.23. 97다42830 참조)

해설 21 甲은 戊에게 2억 원의 채무를 부담한다.
부진정연대채무에 있어서는 채무자 1인에 대한 이행청구 또는 채무자 1인이 행한 채무의 승인 등 소멸시효의 중단사유나 시효이익의 포기는 다른 채무자에 대하여 효력이 미치지 아니한다. 따라서 丁의 채무에 대한 소멸시효의 중단을 주장한 戊의 재항변은 타당하지 않다(대판 2011.4.14. 2010다91886). 연대채무에 있어서 소멸시효의 절대적 효력에 관한 제421조의 규정은 공동불법행위자 상호간의 부진정연대채무에 대하여는 그 적용이 없다(대판 1997.12.23. 97다42830). 따라서 甲측의 항변 또한 타당하지 않다. 결과적으로 甲은 戊에게 2억 원에 대한 채무를 부담한다.

대판 2011.4.14. 2010다91886 [물품대금]
상법 제24조에 의한 명의대여자와 명의차용자의 책임은 동일한 경제적 목적을 가진 채무로서 서로 중첩되는 부분에 관하여 일방의 채무가 변제 등으로 소멸하면 타방의 채무도 소멸하는 이른바 부진정연대의 관계에 있다. 그리고 이와 같은 부진정연대채무에 있어서는 채무자 1인에 대한 이행청구 또는 채무자 1인이 행한 채무의 승인 등 소멸시효의 중단사유나 시효이익의 포기는 다른 채무자에 대하여 효력이 미치지 아니한다.

1) 변제(일부변제)

변제에 절대적 효력을 인정하는 것에 대해서는 이견이 없다. 반면 일부변제에 대해서 학설은 견해가 나뉘나, 판례는 일부변제의 절대효를 인정한다(대판 1981.8.11. 81다298; 대판 1976.7.13. 74다746).

소액채무자가 일부 변제한 경우에 변제된 금액은 소액채무자가 다액채무자와 공동으로 부담하는 부분에 관하여 민법의 변제충당의 일반원칙에 따라 지연손해금, 원본의 순서로 변제에 충당되고(제479조) 이로써 공동부담부분의 채무 중 지연손해금과 일부 원금채무가 변제로 소멸하게 되며, 부진정연대채무자 상호 간에 있어서 채권의 목적을 달성시키는 변제와 같은 사유는 채무자 전원에 대하여 절대적 효력을 발생하므로, 이로써 다액채무자의 채무도 지연손해금과 원금이 같은 범위에서 소멸하게 된다(대판 2009 다72094). 다만 소액채무자의 변제금이 그 당시의 다액채무자의 지연손해금 전체에 먼저 충당되고 나머지가 원금에 충당되는 것이 아니라, 소액채무자의 지연손해금과 원금에 충당된 만큼만 다액채무자의 지연손해금과 원금에 각각 충당되어 같은 범위에서 다액채무자의 채무가 소멸된다.

2) 다액채무자의 일부 변제

부진정연대채무자 상호간에 채무액이 다르게 책임이 성립할 수 있다(아래 사례 23 참조). 이때 소액채무자가 손해액의 일부만 변제하면 다액채무자의 채무가 그 변제금 전액에 해당하는 부분이 소멸하는 것에는 이론이 없다. 그러나 다액채무자가 일부변제한 경우 소액채무자의 채무가 감소되는 정도에 대해서 다양한 견해가 있다. 소액채무자의 과실비율에 상응하는 만큼 소멸한다고 보는 과실비율설(안분설), 다액채무자의 단독 부담부분부터 먼저 소멸한다는 외측설로 견해가 나뉘고 있다. 예컨대 A는 100만 원의 채무를, B는 80만 원의 채무를 부진정연대채무의 형태로 부담하던 중 다액채무자인 A가 60만 원을 일부 변제했다면, 외측설에 의할 때 B의 잔존채무는 40만 원(80만 원 - 40만 원)인 반면, 과실비율설(안분설)에 따르면 B의 잔존채무는 32만 원(80만 원 - 48만 원)이 되어 차이가 있다. 판례는 외측설을 취한다($\substack{\text{대판(전합) 2018.3.} \\ \text{22, 2012다74236}}$). 계약책임과 불법행위책임이 중첩되는 경우뿐만 아니라 피용자의 책임과 사용자의 책임이 다른 경우, 공동불법행위자의 과실상계비율이 달라진 경우에도 외측설을 취하는 것으로 판례가 변경되었다. 당사자의 의사와 채무전액을 확실히 확보하려는 부진정연대채무 제도의 취지에 비추어 볼 때 외측설이 타당하다는 견해이다.

▌대판(전합) 2018.3.22, 2012다74236

금액이 다른 채무가 서로 부진정연대 관계에 있을 때 다액채무자가 일부 변제를 하는 경우 변제로 인하여 먼저 소멸하는 부분은 당사자의 의사와 채무 전액의 지급을 확실히 확보하려는 부진정연대채무 제도의 취지에 비추어 볼 때 다액채무자가 단독으로 채무를 부담하는 부분으로 보아야 한다. 이러한 법리는 사용자의 손해배상액이 피해자의 과실을 참작하여 과실상계를 한 결과 타인에게 직접 손해를 가한 피용자 자신의 손해배상액과 달라졌는데 다액채무자인 피용자가 손해배상액의 일부를 변제한 경우에 적용되고, 공동불법행위자들의 피해자에 대한 과실비율이 달라 손해배상액이 달라졌는데 다액채무자인 공동불법행위자가 손해배상액의 일부를 변제한 경우에도 적용된다. 또한 중개보조원을 고용한 개업공인중개사의 공인중개사법 제30조 제1항에 따른 손해배상액이 과실상계를 한 결과 거래당사자에게 직접 손해를 가한 중개보조원 자신의 손해배상액과 달라졌는데 다액채무자인 중개보조원이 손해배상액의 일부를 변제한 경우에도 마찬가지이다.

─────

사례 22 C에 대하여 A는 100의 채무를 B는 70의 채무를 부진정연대채무로 부담하는 경우, A가 C에게 40을 변제한 경우 B의 채무는 얼마가 되는가?

추가 질문 반대로 B가 40을 변제한 경우 A의 채무는 얼마가 되는가?

▌**해설 22** A와 C가 부진정연대채무로 부담하는 부분은 70이다. 우선 외측설의 입장에서는 A의 40의 변제처리와 관련하여 우선 자신의 고유한 부담부분인 30을 충당하고, 나머지 부분인 10만큼만 절대적 효력이 있어 B의 채무는 10만큼 소멸한다. 반면에 안분설 또는 과실비율설에서는 A의 40 변제부분의 처리에서 A가 단독으로 부담하는 부분(30)과 중첩하여 부담하는 부분(70)에

안분되어 충당되어야 한다고 본다. 따라서 40 중에서 중첩되는 부분의 비율은 40×(70/100)으로 28이 된다. 즉 28만큼은 B의 채무부분에서 소멸된다. 결론적으로 외측설에 의하면 B의 채무는 60이 되고 안분설 및 과실비율설에 의하면 42가 된다.

> **추가 질문에 대한 해설**
>
> 소액부담채무자의 변제는 언제나 동일하게 다액부담 채무자의 채무를 소멸시킨다. 따라서 A의 채무는 60이 된다.

사례 23 피용자 A가 피해자 C의 과실을 이용하여 고의의 불법행위를 하였고, 피해자 C의 과실 비율이 30%인 상태에서 피해자에게 100의 손해가 발생하였다. A의 사용자인 B도 제756조에 의해 C에게 책임을 부담하게 되었다. A가 50을 변제하였다면 B는 C에게 얼마의 채무를 부담하는가?

해설 23 외측설에 의하면 50의 채무를 부담한다.

A는 C의 과실을 이용하여 고의로 불법행위를 한 자이므로, 피해자의 과실을 이유로 과실상계하지 못하기 때문이다(대판 2007.6.14, 2005다32999). 따라서 A의 부담부분은 100이 된다. 반면에 사용자 B는 C의 과실에 대해서 과실상계가 가능하다(대판 2007.6.14, 2005다32999). 따라서 B의 부담부분은 70이 된다. A와 B가 부진정연대채무로 부담하는 부분은 70이 된다. 이때 A(다액의 채무부담자)가 일부 변제(50)한 경우, 안분설 또는 과실비율설에 의하면 사용자 B의 채무가 소멸하는 부분은 35(50*0.7)이다. 따라서 향후 B가 피해자 A에게 부담하는 채무는 35(70−35)이다. 반면에 외측설에 의하면 50 중 30은 A의 고유부담부분에 충당되고 나머지 20이 공동부담하는 부분을 면책시킨다. 이에 B는 50의 채무를 부담하게 된다.

사례 24 B의 甲은행에 대한 대출금채무가 45억 원이고, B·甲 사이의 금전대차계약에 대해서 A가 손해배상채무를 부담하는데 B가 A와 공동으로 부담하는 부진정연대채무액은 31억 원이다.[25] 이 경우 B가 甲에게 4억 원을 변제 및 상계한 경우, A의 甲에 대한 손해배상채무는 얼마인가?

(대판 2000.3.14, 99다67376 참조)

해설 24 A는 31억 원의 채무를 부담한다.

부진정연대채무자 중 1인은 불법행위책임을, 또 다른 1인은 계약책임을 지게 되어 채무액이 달라지게 된 경우, 다액채무자의 일부 변제에 대해 우리 판례는 외측설을 취한다. 따라서 4억 원의 변제 및 상계는 B가 단독으로 부담하는 부분에서 먼저 소멸되므로, A는 여전히 31억 원 전부에 대해서 채무를 부담한다.

---

25) 금액이 다른 부진정연대채무가 발생하는 경우: 위 사건에서는 A회사의 재무과장인 A-1이 A명의의 근보증서와 약속 어음배서의 위조를 통하여 甲에게 제출하여 이를 믿고 甲과 B사이에 45억원의 금전소비대차계약이 체결되었다. 이 때 A는 사용자책임을 부담하게 되는데, 이 때에 손해자인 甲은행의 과실이 30%정도 인정되어 약 31억원의 손해배상 책임을 부담하게 된다. 이 때 A와 B의 甲은행에 대한 채무는 부진정연대채무로 이해되었다.

3) 상 계

상계의 경우 종래의 판례는 절대적 효력을 부정했으나($\substack{대판\ 1994.5.27.\\93다21521}$), 대판(전합) 2010.9.16, 2008다97218에서 견해를 변경하여 절대적 효력을 인정한다.

┃ 대판(전합) 2010.9.16, 2008다97218 [손해배상(기)]
부진정연대채무자 중 1인이 자신의 채권자에 대한 반대채권으로 상계를 한 경우에도 채권은 변제, 대물변제, 또는 공탁이 행하여진 경우와 동일하게 현실적으로 만족을 얻어 그 목적을 달성하는 것이므로, 그 상계로 인한 채무소멸의 효력은 소멸한 채무 전액에 관하여 다른 부진정연대채무자에 대하여도 미친다고 보아야 한다. 이는 부진정연대채무자 중 1인이 채권자와 상계계약을 체결한 경우에도 마찬가지이다. 나아가 이러한 법리는 채권자가 상계 내지 상계계약이 이루어질 당시 다른 부진정연대채무자의 존재를 알았는지 여부에 의하여 좌우되지 아니한다.

(다) 대내적 효력(구상관계)

1) 원칙적으로 부진정연대채무는 채무자들 간에 부담부분이 없으므로 구상관계가 있을 수 없다. 그러나 판례는 특수한 내부적 법률관계가 있거나 형평의 원칙상 인정할 필요가 있는 경우에 구상권을 인정하기도 한다. 예컨대 판례는 공동불법행위자들간의 과실의 비율 및 기여도 등을 고려하여 산정된 내부부담비율에 따른 상호간의 구상권을 인정한다($\substack{대판\ 1994.12.\\27,\ 94다4974}$).[26] 자기의 부담 부분 이상을 변제하여 공동의 면책을 얻게 했을 때에 다른 부진정연대채무자에게 그 부담 부분의 비율에 따라 구상권을 행사할 수 있다($\substack{대판\ 2006.1.27.\\2005다19378}$).

2) 연대채무와 달리 구상권이 인정되는 경우에도 상호간의 사전·사후 통지의무는 없다($\substack{대판\\1998.\\6.26,\ 98\\다5777}$). 즉 연대채무에 관한 상호통지의무 규정($\substack{제426\\조}$)이 부진정연대채무에는 적용되지 않는다.

┃ 대판 1998.6.26, 98다5777 [구상금]
민법 제426조가 연대채무에 있어서의 변제에 관하여 채무자 상호간에 통지의무를 인정하고 있는 취지는, 연대채무에 있어서는 채무자들 상호간에 공동목적을 위한 주관적인 연관관계가 있고 이와 같은 주관적인 연관관계의 발생 근거가 된 대내적 관계에 터잡아 채무자 상호간에 출연분담에 관한 관련관계가 있게 되므로, 구상관계에 있어서도 상호 밀접한 주관적인 관련관계를 인정하고 변제에 관하여 상호 통지의무를 인정함으로써 과실 없는 변제자를 보다 보호하려는 데 있으므로, 이와 같이 출연분담에 관한 주관적인 밀접한 연관관계가 없고 단지 채권만족이라는 목적만을 공통으로 하고 있는 부진정 연대채무에 있어서는 그 변제에 관하여 채무자 상호간에 통지의무 관계를 인정할 수 없고, 변제로 인한 공동면책이 있는 경우에 있어서는 채무자 상호간에 어떤 대내적인 특별관계에서 또는 형평의 관점에서 손해를 분담하는 관계가 있게 되는데 불과하다고 할 것이므로, 부진

---

26) 대판 1998.10.20, 98다31691: 공동불법행위책임은 가해자 각 개인의 행위에 대하여 개별적으로 그로 인한 손해를 구하는 것이 아니라 그 가해자들이 공동으로 가한 불법행위에 대하여 그 책임을 추궁하는 것이므로, 공동불법행위로 인한 손해배상책임의 범위는 피해자에 대한 관계에서 가해자들 전원의 행위를 전체적으로 함께 평가하여 정하여야 하고, 그 손해배상액에 대하여는 가해자 각자가 그 금액의 전부에 대한 책임을 부담하는 것이며, 가해자의 1인이 다른 가해자에 비하여 불법행위에 가공한 정도가 경미하다고 하더라도 피해자에 대한 관계에서 그 가해자의 책임 범위를 위와 같이 정하여진 손해배상액의 일부로 제한하여 인정할 수 없다.

정 연대채무에 해당하는 공동불법행위로 인한 손해배상채무에 있어서도 채무자 상호간에 구상요건으로서의 통지에 관한 민법의 위 규정을 유추 적용할 수는 없다.

3) 공동불법행위자 중 1인에 대하여 구상의무를 부담하는 다른 공동불법행위자가 수인인 경우에는 특별한 사정이 없는 이상 그들의 구상권자에 대한 채무는 각자의 부담 부분에 따른 분할채무로 봄이 상당하다. 그러나 구상권자인 공동불법행위자 측에 과실이 전혀 없는 경우, 즉 내부적인 부담 부분이 전혀 없는 경우에는 구상권자에 대한 수인의 구상의무는 부진정연대채무로 보아야 한다($\binom{\text{대판 2005.10.13,}}{\text{2003다24147}}$).

사례 25 A와 B가 甲에게 치료비 손해에 대한 부진정연대책임을 부담한다. 그런데 C가 A의 채무에 대해 연대보증하였다. 甲이 B를 상대로 채무이행을 요구하여, B가 甲에게 채무를 전부변제하였다. 이 경우 B는 C에게 구상권을 행사할 수 있는가?　　　(대판 1991.10.22, 90다20244 참조)

해설 25 할 수 없다.

수인의 불법행위로 인한 손해배상책임은 부진정연대채무이나 그 구상권행사에 있어서는 성질상 연대채무에 관한 규정이 준용된다고 할 것인데, 그 구상권에 관하여 규정한 민법 제425조 제1항에 의하면 어느 연대채무자가 변제 기타 자기의 출재로 공동면책이 된 때에는 다른 연대채무자의 부담부분에 대하여 구상권을 행사할 수 있다고 되어 있으나, 이 규정에 의한 구상권 행사의 상대방은 공동면책이 된 다른 연대채무자에 한하는 것이며 다른 연대채무자가 그 채권자에게 부담하는 채무를 연대보증한 연대보증인은 그 연대채무자와 연대하여 채권자에게 채무를 변제할 책임을 지는 데 불과하고 채무를 변제한 연대채무자에게까지 그 연대보증한 연대채무자의 부담부분에 관한 채무를 변제할 책임을 부담하는 것은 아니다.

사례 26 A와 B는 甲에게 치료비 상당의 손해에 대한 부진정연대책임을 부담한다. 그런데 C가 A의 채무에 대해 연대보증하였다. 甲이 C를 상대로 채무이행을 요구하여, C가 甲에게 채무를 전부변제하였다. 이 경우 C는 어떠한 권리를 행사할 수 있는가?　　　(대판 2010.5.27, 2009다85861;
대판 1994.12.9, 94다38106; 대판 1999.10.22, 98다22451 참조)

해설 26 C는 A 및 B에게 구상권을 행사할 수 있다.

부진정연대채무자 중 1인을 위하여 보증인이 된 자가 피보증인을 위하여 그 채무를 변제한 경우, 보증인은 다른 부진정연대채무자에 대해서도 구상권을 직접 취득한다($\binom{\text{대판 2010.5.27,}}{\text{2009다85861}}$). 제481조, 제482조에서 규정하고 있는 변제자대위는 제3자 또는 공동채무자의 한 사람이 채무자 또는 다른 공동채무자에 대하여 갖는 구상권의 실현을 목적으로 하는 제도이다. 이때 대위에 의한 원채권 및 담보권 행사의 범위는 구상권의 범위로 한정되는데 이는 위와 같은 제도적 취지를 반영한 것이다($\binom{\text{대판 1994.12.9, 94다38106; 대판}}{\text{1999.10.22, 98다22451 등 참조}}$). 앞서 본 법리에 비추어 보면, 어느 부진정연대채무자를 위하여 보증인이 된 자가 채무를 이행한 경우에는 다른 부진정연대채무자에 대하여도 직접 구상권을 취득하게 되고, 그와 같은 구상권을 확보하기 위하여 채권자를 대위하여 채권자의 다른 부진정연대채무자에 대한 채권 및 그 담보에 관한 권리를 구상권의 범위 내에서 행사할 수 있다.

제1편　제2편　제3편　**제4편**　제5편　제6편　제7편　제8편　제9편　계약의 효력

Ⅱ. 연대채권

명문의 규정은 없으나 계약자유의 원칙상 성립할 수 있다.

제4절 보증채무

Ⅰ. 의　의
Ⅱ. 보증채무의 성립
Ⅲ. 보증채무의 내용
Ⅳ. 보증채무의 대외적 효력
Ⅴ. 주채무자 또는 보증인에 관하여 생긴 사유의 효력

Ⅵ. 보증채무의 대내적 효력(구상관계)
Ⅶ. 연대보증
Ⅷ. 공동보증
Ⅸ. 계속적 보증(근보증)
Ⅹ. 손해담보계약

Ⅰ. 의　　의

1. 개념정의
2. 법적 성질
　(1) 독립성
　(2) 채무내용의 동일성
　(3) 부종성

　(4) 수반성
　(5) 보충성
3. 다른 제도와의 구별
4. 보증채무의 종류

1. 개념정의

보증채무는 주된 채무자가 그의 채무를 이행하지 않는 경우, 이를 보충적으로 이행해야 할 채무(제428조 제1항)이다. 이는 채권자와 보증인간의 보증계약에 의해 성립한다. 보증채무는 전형적인 인적 담보제도로 활용된다.

2. 법적 성질

(1) 독립성

보증채무는 주채무와는 별도로 채권자와 보증인 사이에서 성립되는 채무이다. 주채무와 독립된 별개의 채무이므로 소멸시효기간은 따로 결정되며, 보증채무에 관해서만 따로 위약금 기타 손해배상액을 예정할 수 있다($^{제429조}_{제2항}$). 또한 보증채무이행의 지체로 인한 지연손해금은 주채무에 관하여 약정한 연체이율의 적용을 받지 않는다. 즉 보증채무의 지연손해금은 보증채무의 연체이율에 관하여 특별한 약정이 있으면 그에 따르고, 특별한 약정이 없는 경우에는 그 거래행위의 성질에 따라 상법 또는 민법에서 정한 법정이율에 따른다($^{대판\ 2003.6.13.,}_{2001다29803}$).

(2) 채무내용의 동일성

보증채무는 '주채무 자체의 이행'이 아니라 주채무와 동일한 내용의 급부이행을 내용으로 하는 '자기의 채무이행'이다. 따라서 주채무는 보증인도 이행할 수 있는 대체적 급부이기만 하면 되고 반드시 금전채무일 필요는 없다. 부대체적 급부(예컨대 매도인의 소유권이전등기 의무)를 목적으로 하는 채무의 보증은 '주채무의 불이행으로 주채무가 금전손해배상채무로 변하는 것'을 정지조건으로 하여 보증한 것으로 보아야 한다.

(3) 부종성

주채무의 이행을 담보하는 것을 목적으로 한다는 점에서, 보증채무는 주채무에 종속하여 그 성립 · 존속 · 내용 · 목적 및 형태상 주채무의 영향을 받는다.

주채무에 무효 · 취소의 효과가 발생하면 보증채무도 무효가 되며, 주채무가 소멸하면 보증채무도 소멸한다. 주채무가 소멸시효완성으로 소멸되면, 보증채무 또한 부종성에 의해 소멸된다($^{대판\ 2002.5.14.}_{2000다62476}$). 그러나 보증채무의 부종성을 부정해야 할 특별한 사정이 있는 경우(예컨대 주채무의 소멸시효가 완성되었더라도 보증채무를 이행하겠다는 의사를 표시한 경우 또는 채권자와 그러한 약정을 한 경우)에는 보증채무의 부종성이 배제된다($^{대판\ 2018.5.15.}_{2016다211620}$).

주채무의 내용이 변경되면 보증채무의 내용도 변경된다(내용상의 부종성).

보증채무는 그 형태나 목적상(조건 · 기한 등) 주채무보다 무거울 수 없다($^{제430조}_{참조}$)(목적 · 형태상의 부종성).

보증인은 주채무자의 항변으로 채권자에게 대항할 수 있다($^{제433조}_{제1항}$)(행사상의 부종성).

주채무자가 채권자에 대하여 취소권 또는 해제권이나 해지권이 있는 동안은 보증인은 채권자에 대하여 채무의 이행을 거절할 수 있다($^{제435}_{조}$)(거절상의 부종성).

사례 27 甲의 채무를 대위변제한 乙이 甲의 乙에 대한 구상금채무를 연대보증한 丙을 상대로 소송을 제기하였다가 '甲은 乙에게 1,000만 원을 지급하라'는 강제조정결정이 2000.3.28. 확정되자 그 결정을 집행권원으로 하여 2009.7.28. 丙 소유 부동산에 관한 경매개시결정을 받았고, 이 경매개시결정에 따라 같은 날 丙 소유 부동산이 압류되었다. 또한 乙은 甲과 丙을 상대로 재산명시신청을 하여 재산명시결정이 甲과 丙에게 2010.2.23. 송달되었다. 그 후 甲과 丙이 구상금채무가 변제 등으로 모두 소멸하였다고 주장하면서 청구이의의 소를 제기하자 乙이 2010.5.1. 답변서를 제출하면서 응소하여 적극적으로 구상금채무의 존재를 주장하였다. 甲이 제1심 판결에 항소한 후

소취하서를 제출하여 甲의 乙에 대한 소가 소취하로 종료되었는데, 乙은 그때부터 6월 내에 甲의 乙에 대한 구상금채무에 대하여 재판상 청구 등 다른 시효중단조치를 취하지 않았다.

질문 1) 만약 乙이 丙에게 보증채무의 이행을 주장한 경우, 丙은 이에 응하여야 하는가?

(대판 2012.1.12, 2011다78606 참조)

질문 2) 질문 1)에서 선의의 丙이 채무를 이행하였다면, 丙과 乙의 법률관계는?

(대판 2012.7.12, 2010다51192 참조)

> **|해설 27|**
>
> **해설 1) 丙은 응하지 않아도 된다.**
>
> 甲의 乙에 대한 소가 소취하로 종료된 때부터 6월 내에 주채무인 구상금채무에 대하여 재산상 청구 등 다른 시효중단조치를 취하지 않아 乙의 응소행위로 인한 시효중단의 효력이 소멸됨으로써 주채무인 甲의 乙에 대한 구상금채무는 이미 강제조정결정이 확정된 때로부터 10년이 경과하여 소멸시효가 완성되었다. 설령 丙 소유 부동산이 압류됨으로써 丙의 乙에 대한 연대보증채무의 소멸시효가 중단되었다 하더라도 주채무인 甲의 乙에 대한 구상금채무가 소멸시효 완성으로 소멸된 이상 丙의 乙에 대한 연대보증채무도 그 채무 자체의 시효중단에 불구하고 부종성에 의해 당연히 소멸한다. 따라서 丙은 乙의 주장에 응하지 않아도 된다.
>
> **해설 2) 丙은 乙에게 부당이득반환을 청구할 수 있다.**
>
> 주채무에 대한 소멸시효가 완성되어 보증채무가 소멸된 상태에서 보증인이 보증채무를 이행하거나 승인하였다고 하더라도, 주채무자가 아닌 보증인의 위 행위에 의하여 주채무에 대한 소멸시효 이익 포기 효과가 발생된다고 할 수 없으며, 주채무의 시효소멸에도 불구하고 보증채무를 이행하겠다는 의사를 표시한 경우 등과 같이 그 부종성을 부정하여야 할 다른 특별한 사정이 없는 한 보증인은 여전히 주채무의 시효소멸을 이유로 보증채무의 소멸을 주장할 수 있다고 봄이 상당하다. 따라서 채무를 이행한 丙은 이를 수령한 乙에게 부당이득을 이유로 지급한 금전의 반환을 청구할 수 있을 것이다($\frac{제741}{조}$).

(4) 수반성

주채권과 보증인에 대한 채권의 귀속주체를 달리하는 것은 주채무자의 항변권으로 채권자에게 대항할 수 있는 보증인의 권리가 침해되는 것이므로, 주채무자에 대한 채권이 이전하면 보증인에 대한 채권도 원칙적으로 같이 이전된다. 주채무와 분리하여 보증채무만을 양도하는 것은 무효이다($\frac{대판\ 2002.9.10,}{2002다21509}$). 채권양도의 대항요건도 주채권의 이전에 관하여 구비하면 족하고, 별도로 보증채권에 관하여도 대항요건을 갖출 필요는 없다.

(5) 보충성

보증인은 주채무자가 이행하지 아니하는 채무를 이행할 의무가 있다($\frac{제428조}{제1항}$). 따라서 채권자가 보증인에게 채무의 이행을 청구한 때에는 보증인은 주채무자의 변제자력이 있는 사실 및 그 집행이 용이할 것을 증명하여 먼저 주채무자에게 청구할 것과 그 재산에 대하여 집행할 것을 항변할 수 있다(제437조 본문). 즉 보증인은 최고·검색의 항변권을 행사할 수 있다. 그러나 연대보증의 경우에는 보충성이 없으므로 연대보증인의 최고·검색의 항변권은 부정된다(제437조 단서).

3. 다른 제도와의 구별

(1) 연대채무와의 비교

(가) 유사점

책임재산의 증가로 채무변제에 대한 인적담보의 기능을 수행한다.

(나) 차이점

연대채무에 있어서 각 채무는 하나의 목적을 달성하기 위하여 함께 존재하는 수단에 지나지 않으므로 각 채무는 자주성을 가진다. 반면에 보증채무는 주채무의 이행을 담보하는 수단에 불과하여 양자는 주종관계에 놓인다. 부종성이 보증채무의 법적 성질인 것도 이러한 이유에서 기인한다. 이 성질에 의하여 다른 다수당사자의 채무보다도 보증채무의 담보성이 명확하게 표면에 드러나는 특징이 있다.

4. 보증채무의 종류

(1) 단순보증

(2) 부보증(보증채무에 대한 보증)

(3) 구상보증(보증인의 변제 후 주채무자에 대한 구상권에 대한 보증)

(4) 배상보증(주채무자로부터 이행받지 못한 부분만의 보증)

(5) 연대보증(보증인이 주채무자와 연대하여 채무를 부담하는 것)

(6) 공동보증(동일한 채무에 수인이 보증채무를 부담하는 경우)

(7) 계속적 보증(계속적 계약관계에서 발생하는 불특정 채무에 대하여 행하여지는 것으로 근보증, 신용보증, 신원보증이 이에 해당한다)

Ⅱ. 보증채무의 성립

1. 보증계약의 체결
   (1) 보증계약의 방식
   (2) 보증계약의 당사자
   (3) 보증의사의 존재
   (4) 채권자의 정보제공의무와 통지의무
   (5) 보증계약과 착오의 문제
2. 주채무에 관한 요건
   (1) 주채무가 존재할 것
   (2) 주채무의 급부는 대체적일 것
3. 보증인에 관한 요건

> **참고** 이하에서는 문제되는 보증에 민법뿐만 아니라 보증인보호법이 적용되는지를 항상 검토해야 한다. 보증인보호법 제1조[27]는 적용대상인 보증을 "아무런 대가 없이 호의(好意)로 이루어지는 보증으로" 제한한다. 그리고 제2조는 동법에서 적용되는 여러 개념을 정의하고 있다. 제8조에 따르면 금융기관이 채권자인 경우 보증인에게 주채무자의 채무관련 신용정보를 제공해야 한다. 보증인보호법의 조항은 보증인에게 불리한 사적자치만을 배제하는 편면적 강행규정이다(보증인보호법 제11조[28]).
> 한편 부칙 제2항은 "제3조부터 제8조까지 및 제11조는 이 법 시행 후 최초로 체결하거나 기간을 갱신하는 보증계약부터 적용한다"고 하며 동법 적용의 시간적 범위를 정하고 있다.

1. 보증계약의 체결

(1) 보증계약의 방식

보증계약은 보증인의 기명날인 또는 서명이 있는 서면으로 작성되어야 한다(제428조의2 제1항). 그러나 보증채무를 이행한 후에는 그 한도에서 방식의 하자가 있어도 보증의 무효를 주장할 수 없다(제428조의2 제3항).

(2) 보증계약의 당사자

보증계약의 당사자는 채권자와 보증인이며, 주채무자는 보증계약의 당사자가 아니다. 또한 주채무자의 부탁이 있는지 여부는 보증계약의 성립과는 무관하며, 구상관계에 영향을 줄 뿐이다(제441조, 제442조, 제444조).

(3) 보증의사의 존재

보증계약의 성립을 인정하려면 당연히 그 전제로서 보증인의 보증의사가 있어야 한다. 이러한 보증의사의 존부는, 당사자가 거래에 관여하게 된 동기와 경위, 그 관여 형식 및 내용, 당사자가 그 거래행위에 의하여 달성하려는 목적, 거래의 관행 등을 종합적으로 고찰하여 판단한다. 판례는 보증인의 보호 등을 고려하여 보증인의 보증의사 및 보증범위를 엄격하게 해석한다(대판 1998.12.8, 98다39923).

대리인을 통하여 보증계약을 체결한 경우에는 표현대리의 성립 여부가 주로 문제된다. 대리인에 의해 보증계약이 체결되는 경우, 본인의 자필서명을 반드시 받아야 하는 것은 아니다. 판례는 본인의 자필서명을 받지 아니하였다는 사정만으로 표현대리의 성립을 부정한다면 모든 대리행위에 있어 본인의 출석을 요구하여야 한다는 결과를 초래하여 결국 대리행위의 필요성을 부정하는 데까지 나아갈 우려가 있어 본인의 자필서명을 보증보험계약의 유효요건으로 보

---

27) **보증인보호법 제1조 (목적)** 이 법은 보증에 관하여 「민법」에 대한 특례를 규정함으로써 아무런 대가 없이 호의로 이루어지는 보증으로 인한 보증인의 경제적 · 정신적 피해를 방지하고, 금전채무에 대한 합리적인 보증계약 관행을 확립함으로써 신용사회 정착에 이바지함을 목적으로 한다.

28) **보증인보호법 제11조 (편면적 강행규정)** 이 법에 위반하는 약정으로서 보증인에게 불리한 것은 효력이 없다.

지 않는다$\binom{대판\ 1997.7.}{8,\ 97다9895}$. 나아가 판례는 거래의 상대방에게 본인의 보증의사를 전화 등으로 확인할 의무도 없다는 것을 전제로, 본인의 보증의사를 확인하지 않은 것을 과실로 보지 않아 표현대리를 인정하였다$\binom{대판\ 1997.7.}{8,\ 97다9895}$.

> **대판 1997.7.8, 97다9895 [연대채무부존재확인]**
> 연대보증계약 체결 당시 대리인이 본인이 직접 발급받은 본인의 인감증명과 납세증명원, 본인의 인감도장을 보증보험회사 직원에게 교부하였고, 대리인이 자신 소유의 승용차를 구입할 때에도 본인을 대리하여 보증보험계약을 체결하면서 본인 명의의 인감증명과 납세증명원, 본인의 인감도장을 이용하였으므로 담당직원이 위 거래를 통하여 대리인과 본인의 관계를 알게 되어 대리인에게 본인을 대리할 권한이 있는지 여부를 의심할 만한 특별한 사정이 없었으며, 회사를 대리하여 보증보험계약을 체결하는 직원이 연대보증인 본인에 대하여 직접 보증의사를 확인하고 서명날인을 받도록 하는 업무지침이나 실무관행이 없어 회사가 전문금융기관이라는 것만으로 회사의 직원이 본인에게 직접 보증의사를 확인할 주의의무가 있다고 보기 어려우며, 연대보증약정서에 기재된 연대보증인의 전화번호는 차후 연락을 위한 것으로 반드시 연대보증인 본인의 전화번호만을 기재하여야 하는 것도 아니라면, 회사의 직원으로서는 대리인이 본인을 대리하여 연대보증계약을 체결할 대리권이 있다고 믿을 만한 정당한 이유가 있다.

(4) 채권자의 정보제공의무와 통지의무

보증계약을 체결하거나 갱신할 때 채권자는 주채무자의 채무관련 신용정보를 보유하고 있거나 알고 있다면 그 정보를 지체없이 알려야 한다$\binom{제436조의}{2\ 제1항}$.[29] 계약을 체결할 때에 보증계약의 체결 여부 또는 그 내용에 영향을 미칠 수 있는 주채무자의 채무 관련 신용정보를 채권자가 보유하고 있거나 알고 있는 경우에 이러한 정보를 제공할 의무를 부담한다$\binom{제}{2항}$. 그리고 보증계약을 체결한 후에는 일정한 사유가 있으면 채권자는 이를 지체없이 보증인에게 통지해야 한다. 통지의무는, 주채무자가 원본, 이자, 위약금, 손해배상 또는 그 밖에 주채무에 종속한 채무를 3개월 이상 이행하지 않은 사실$\binom{제}{1호}$, 주채무자가 이행기에 이행할 수 없음을 미리 안 경우$\binom{제}{2호}$, 주채무자의 채무 관련 신용정보에 중대한 변화가 생겼음을 알게 된 경우$\binom{제}{3호}$에 발생한다. 또한 주채무의 내용 및 그 이행여부에 대하여 보증인이 청구한 때$\binom{제}{3항}$에 알려야 한다. 이로써 종전에 채권자는 보증인에게 주채무자의 신용상태를 고지할 신의칙상 의무가 없다는 판결례

---

29) 제436조의2 (채권자의 정보제공의무와 통지의무 등) ① 채권자는 보증계약을 체결할 때 보증계약의 체결 여부 또는 그 내용에 영향을 미칠 수 있는 주채무자의 채무 관련 신용정보를 보유하고 있거나 알고 있는 경우에는 보증인에게 그 정보를 알려야 한다. 보증계약을 갱신할 때에도 또한 같다.
② 채권자는 보증계약을 체결한 후에 다음 각 호의 어느 하나에 해당하는 사유가 있는 경우에는 지체 없이 보증인에게 그 사실을 알려야 한다.
　1. 주채무자가 원본, 이자, 위약금, 손해배상 또는 그 밖에 주채무에 종속한 채무를 3개월 이상 이행하지 아니하는 경우
　2. 주채무자가 이행기에 이행할 수 없음을 미리 안 경우
　3. 주채무자의 채무 관련 신용정보에 중대한 변화가 생겼음을 알게 된 경우
③ 채권자는 보증인의 청구가 있으면 주채무의 내용 및 그 이행 여부를 알려야 한다.
④ 채권자가 제1항부터 제3항까지의 규정에 따른 의무를 위반하여 보증인에게 손해를 입힌 경우에는 법원은 그 내용과 정도 등을 고려하여 보증채무를 감경하거나 면제할 수 있다.

$\left(\begin{smallmatrix} \text{대판 2002.7.12.} \\ \text{99다68652} \end{smallmatrix}\right)$는 입법적으로 폐기되었다$\left(\begin{smallmatrix} \text{보증인보호법 제8} \\ \text{조 제1항도 참조} \end{smallmatrix}\right)$. 30)

채권자가 고지의무를 이행하지 않아 보증인이 손해를 입은 경우 법원은 보증채무를 면제하거나 감경할 수 있다.

보증계약체결시 채권자가 이와 같은 고지의무를 위반하여 보증인이 보증계약을 체결한 경우 사기로 인한 의사표시가 되어 보증인은 보증계약을 취소할 수 있다$\left(\begin{smallmatrix} \text{제110조} \\ \text{제2항} \end{smallmatrix}\right)$. 채권자의 주채무자의 신용정보의 고지의무를 위반한 것이 부작위에 의한 기망행위가 될 수 있기 때문이다. 채권자가 고지의무를 위반한 경우 보증인은 보증채무의 감경 또는 면제가 가능할 뿐만 아니라 선택적으로 기망에 의한 체결한 보증계약을 취소할 수도 있다.

(5) 보증계약과 착오의 문제

(가) 보증인이 주채무자의 동일성, 피보증채무의 내용에 대해 착오한 경우에는 취소권을 긍정하는 견해가 지배적이다.

(나) 주채무자의 신용에 대한 보증인의 착오를 이유로 한 취소는 부정된다고 보는 견해가 지배적이다. 보증제도는 주채무자의 무자력 위험의 인수를 목적으로 하기 때문에 착오취소를 인정하면 보증제도의 본질에 반하기 때문이다. 그러나 제436조의2 제1항의 정보제공의무를 위반하는 경우를 포함하여 착오가 채권자에 의해 유발된 경우에는 착오취소가 인정된다. 예컨대 채권자인 은행이 주채무자의 거래상황 확인서를 보증인에게 발급하면서 연체이자 발생사실을 누락하여 신용보증기금이 이를 신뢰하고 보증을 한 경우 보증인은 법률행위의 중요부분의 착오를 이유로 보증계약을 취소할 수 있다$\left(\begin{smallmatrix} \text{대판 1987.11.} \\ \text{10, 87다카192} \end{smallmatrix}\right)$.

2. 주채무에 관한 요건

(1) 주채무가 존재할 것

주채무의 이행을 담보하므로 부종성의 성질상 주채무가 존재해야 한다. 그러나 아래의 경우가 문제될 수 있다.

(가) 장래의 채무 · 정지조건부 채무에 대한 보증

제428조 제2항에 의해 보증은 장래의 채무에 대하여도 할 수 있다. 주채무 발생의 원인이 되는 기본계약이 반드시 보증계약보다 먼저 체결되어야만 하는 것은 아니고, 보증계약 체결 당시 보증의 대상이 될 주채무의 발생원인과 그 내용이 어느 정도 확정되어 있다면 장래의 채무에 대해서도 유효하게 보증계약을 체결할 수 있다$\left(\begin{smallmatrix} \text{대판 2006.6.27.} \\ \text{2005다50041} \end{smallmatrix}\right)$. 그러나 이는 시간적으로 보증계약이 기본계약(주채무성립계약)보다 선행할 수 있음을 의미할 뿐이며, 주채무 없는 보증채무의

---

30) **보증인보호법 제8조 (금융기관 보증계약의 특칙)** ① 금융기관이 채권자로서 보증계약을 체결할 때에는 「신용정보의 이용 및 보호에 관한 법률」에 따라 종합신용정보집중기관으로부터 제공받은 채무자의 채무관련 신용정보를 보증인에게 제시하고 그 서면에 보증인의 기명날인이나 서명을 받아야 한다. 보증기간을 갱신할 때에도 또한 같다.

성립을 인정한 것은 아니다. 근보증의 경우 '장래의 불특정채무'도 장래의 채무에 포함된다. 해석상 정지조건부 채무에 대한 정지조건부 보증도 가능하다(제428조의 유추적용).

(나) 주채무를 발생시킨 법률행위의 무효·취소와 보증채무

부종성에 의해 주채무가 무효·취소된 경우 보증채무도 소멸한다.

(2) 주채무의 급부는 대체적일 것

보증인이 부대체적 급부를 보증한 경우에는 주채무가 손해배상채권으로 변하는 것을 정지조건으로 한 조건부 보증채무를 체결한 것으로 본다.

3. 보증인에 관한 요건(제431조)

원칙적으로 보증인에 대한 제한은 없다. 그러나 보증인 스스로 보증계약을 체결한다는 점에서 보증인의 의사능력 및 행위능력은 필요하다. 채무자가 보증인을 세울 의무가 있는 경우에는 보증인은 행위능력 및 변제능력이 필요하다(제431조 제1항). 보증인에게 변제자력이 없게 된 경우 채권자는 보증인의 변경을 청구할 수 있다(제431조 제2항). 그러나 채권자가 보증인을 지명한 경우에는 전 2항의 규정을 적용하지 아니한다(제431조 제3항). 채권자가 무자력을 알고 있는 경우에도 제431조 제3항을 유추적용하자는 견해가 지배적이다. 한편 채무자는 다른 상당한 담보를 제공함으로써 보증인을 세울 의무를 면할 수 있다(제432조).

Ⅲ. 보증채무의 내용

> 1. 보증채무의 급부내용(목적)
> 2. 보증채무의 범위 및 모습
>   (1) 보증채무의 범위(제429조 제1항)
>
> (2) 형태 및 목적상의 부종성(제430조)
> (3) 보증기간

1. 보증채무의 급부내용(목적)

보증채무는 한도액을 정할 필요가 없으며, 한도액을 정하지 않았다면 원칙적으로 주채무와 동일하다. 보증채무의 부종성에 의해 보증채무는 주채무의 내용보다 무거울 수 없다(제430조). 보증인의 근보증채무의 최고액도 서면으로 특정하지 않으면 보증계약의 효력이 없다(제428조의3).

2. 보증채무의 범위 및 모습

(1) 보증채무의 범위(제429조 제1항)

보증채무는 주채무의 이자, 위약금, 손해배상 기타 주채무에 종속한 채무를 포함한다.

(가) 보증인은 주계약의 계약해제로 인한 원상회복 및 손해배상(제551조)에 대해서도 책임을 진다(대판 2002.5.10, 2000다18578; 대판 1972.5.9, 71다1474).

(나) 일부보증의 경우, 잔액보증과 액면보증 중 무엇으로 볼 것인지가 문제된다. 예컨대 보증인이 100만 원의 주채무 중 60만 원에 대해 보증하였는데, 주채무자가 40만 원을 변제하였다면, 보증채무의 범위가 20만 원이 되는지 60만 원이 되는지 문제된다. 전자로 보는 일부보증을 '액면보증'이라 하고, 후자로 보는 일부보증을 '잔액보증'이라 한다. 이는 우선 당사자의 의사해석으로 해결해야 할 것이며, 당사자의 의사가 불분명한 경우에는 채권자 보호를 위하여 잔액보증으로 추정된다(대판 1985.3.12, 84다카1261).

사례 28 甲은 자신의 자동차 X를 乙에게 1천만 원에 매도하는 매매계약을 체결했다. 丙은 甲의 乙에 대한 X의 소유권이전 채무를 보증하였다. 그런데 甲은 乙로부터 계약금 및 중도금 5백만 원을 받았음에도 불구하고, 甲은 X를 丁에게 다시 매도하고 丁 명의로 소유권이전등기를 마쳤다. 이에 乙은 위 매매계약을 해제하고 丙에게 원상회복의무로 위 5백만 원의 반환을 청구하였다. 이는 인용될 수 있는가?

(대판 1972.5.9, 71다1474 참조)

│해설 28│ 乙의 丙에 대한 반환청구는 인용되어야 한다.

계약해제에 관한 직접효과설을 취하는 경우 원상회복의무는 본래의 채무와 동일성이 없으므로 보증인은 주채무자의 원상회복의무에 대해서는 보증채무를 부담하지 않는다고 보아야 한다. 그러나 판례는 보증책임의 범위는 보증계약의 해석의 문제인데 이행에 대한 보증은 특별한 사정이 없는 한 주채무자의 채무불이행으로 인하여 계약이 해제된 경우 주채무자의 원상회복의무 및 손해배상채무에 대해서도 보증한다고 봄이 타당하다고 해석한다. 따라서 丙은 甲의 원상회복의무 (5백만 원의 반환)에 대해서도 보증책임을 부담한다.

---

(2) 형태 및 목적상의 부종성(제430조)

보증인의 부담이 주채무의 목적이나 형태보다 중한 때에는 주채무의 한도로 감축된다.

(가) 주채무의 변제기의 연장

판례는 확정채무의 경우 채권자가 보증인의 승낙 없이 주채무자에게 변제기를 연장해 주어도 그것이 반드시 보증인의 책임이 가중되는 것이라고는 할 수 없다고 보아, 보증채무에 대해서도 원칙적으로 그 효력이 미친다고 본다. 연대보증의 경우에도 마찬가지다(대판 1995.10.13, 94다4882; 대판 2011.11.24, 2011다78958). 그러나 변제기가 연장된 후에 수탁보증인인 연대보증인이 변제하고 주채무자에게 통지한 경우에는, 그 후 주채무자와 채권자 사이의 변제기 연장의 합의가 있어도 제445조 제1항에 의하여 수탁보증인은 사후구상권을 행사하는 수탁보증인에게 대항할 수 없다(대판 2007.4.26, 2006다22715. 이 판결에서는 그 이외에도 보증인은 제442조 제2항에 의해 사전구상권을 행사할 수도 있다고 판시하였다). 반면에 계속적 보증의 경우에는 보증인의 동의 없이 기간을 연장하였다면 보증인에게 효력이 없다. 계속적 보증의 경우에는 연장된 기간 동안에 주채무의 액수가 늘어날 수 있기 때문에 보증인의 책임이 가중된다고 볼 수 있다. 예컨대 계속적 채권관계에서 발생하는 주계약상의 불확정 채무에 대하여 보증계약이 체결된 후 주계약상의 거래기간이 연장되었으나 보증기간이 연장되지 않아서 보증계약이 종료된 경우, 보증인은 보증계약 종료시의 주계약상의 채무에 대하여만 보증책임을 진다(대판 2021.1.28, 2019다207141).

(나) 주채무를 축소 · 감소시키는 약정

주채무를 축소 · 감소시키는 내용의 약정이 있으면 보증인도 축소 · 감소된 내용에 따라 보증채무를 부담한다(대판 2004.12.23, 2004다46601).

생각해 볼 문제 주채무의 감액약정이 있었다가 취소되는 등 감액의 효력이 없어지면 보증채무에도 영향을 끼치는가?

(다) 보증채무 이행 후 주계약의 해제

보증채무의 이행 후 주채무 성립계약(주계약)이 해제되어 주채무가 소급하여 소멸하면 보증인은 보증채무의 변제를 수령한 채권자에게 부당이득반환을 청구할 수 있다(대판 2004.12.24, 2004다45943).

(3) 보증기간

당사자는 보증기간을 정할 수 있으나, 보증기간을 정하지 않으면 주채무의 변제기가 보증채무의 변제기가 된다. 다만 보증인보호법의 적용시, 보증기간의 약정이 없을 때에는 보증기간은 3년으로 간주된다(보증인보호법 제7조 제1항 제2항 참조).31) 근보증의 경우에 보증기간은 주채무의 발생기간을 말한다(대판 2020.7.23, 2018다42231).

---

31) **보증인보호법 제7조 (보증기간 등)** ① 보증기간의 약정이 없는 때에는 그 기간을 3년으로 본다.
    ② 보증기간은 갱신할 수 있다. 이 경우 보증기간의 약정이 없는 때에는 계약체결 시의 보증기간을 그 기간으로 본다.

Ⅳ. 보증채무의 대외적 효력

1. 채권자의 보증인에 대한 권리$\binom{제428조}{제1항}$
2. 보증인의 권리
   (1) 부종성에 기한 권리(주채무자의 항변권을
      주장할 수 있는 권리)$\binom{제433}{조}$
      (가) 주채무의 부존재 및 소멸의 항변권$\binom{동조}{1항}$
      (나) 보증채무의 이행거절권$\binom{제435}{조}$
      (다) 주채무자의 채권에 의한 상계권$\binom{제434}{조}$
   (2) 최고·검색의 항변권(보충성에 기한 권리)

$\binom{제437}{조}$
(가) 항변권의 근거
(나) 법적 성질(최고의 항변권과 검색의 항변
    권은 동일한 것인가의 문제)
(다) 행사의 요건
(라) 행사의 효과
(마) 최고·검색의 항변권을 행사할 수 없는
    경우

1. 채권자의 보증인에 대한 권리$\binom{제428조}{제1항}$

보증인은 주채무자가 이행하지 아니하는 채무를 채권자에게 이행할 의무가 있다. 다만 신의칙에 의해 보증인의 책임이 제한될 수는 있다. 물론 유효하게 성립된 보증계약에 따른 책임을 신의칙과 같은 일반원칙에 의하여 제한하는 것은 자칫 잘못하면 사적자치의 원칙이나 법적 안정성에 대한 중대한 위협이 될 수 있으므로 신중해야 할 것이다$\binom{대판 2004.1.27.}{2003다45410}$.[32]

2. 보증인의 권리

(1) 부종성에 기한 권리(주채무자의 항변권을 주장할 수 있는 권리)$\binom{제433}{조}$[33]

(가) 주채무의 부존재 및 소멸의 항변권$\binom{동조}{1항}$

주채무의 부존재 및 소멸사유가 있으면, 보증인도 채권자에게 보증채무의 무효 및 소멸을 주장할 수 있다. 예컨대 주채무가 시효로 소멸한 때에는 보증인도 그 시효소멸을 원용할 수 있다. 그런데 주채무자가 시효의 이익을 포기한 경우에도 보증인은 주채무의 시효완성을 주장하여 자신의 보증채무 이행을 거절할 수 있다$\binom{대판 1991.1.29.}{89다카1114}$. 반대로 주채무가 소멸시효 완성으로 소멸된 경우 연대보증채무만의 소멸시효가 중단되었더라도 부종성의 원칙상 보증채무는 소멸한다$\binom{대판 2012.1.12.}{2011다78606}$. 심지어 주채무의 소멸시효가 완성된 후 보증인이 보증채무를 이행 또는 승인하여 보증인이 시효이익을 포기한 후에도, 특별한 사정이 없는 한 부종성의 원칙에 따라 주채무의 시효소멸을 이유로 보증채무의 소멸을 주장할 수 있다$\binom{대판 2012.7.12.}{2010다51192}$.

---

32) 대판 2004.1.27. 2003다45410: 보증인이 구상보증인에게 책임을 물은 사안에서 원심은 원고의 채권 중 구상금채권이 구체적으로 발생하고 약 3년이 지난 후에야 비로소 이 사건 소가 제기됨으로써 그 사이에 다액의 지연이자가 발생하였고 특히 1998.1.경부터 1999.8.경까지는 IMF사태의 영향으로 연 21% 내지 27%의 높은 연체이율을 적용하였다는 점, 피고는 보증 당시 주채무자의 이사로 재직하고 있어서 부득이하게 보증하게 되었다는 점, 연대보증인 중 1인이 그 후 사망하고 그 상속인들이 상속을 포기함으로써 피고 사이의 내부적 구상관계에서 부담부분이 증가하게 되었다는 점 등을 근거로 신의칙상 피고의 보증책임을 25% 감액하였는데, 대법원은 원고(보증보험회사)의 상고를 받아들여 원심을 파기 환송하였다.

33) 제433조 (보증인과 주채무자 항변권) ① 보증인은 주채무자의 항변으로 채권자에게 대항할 수 있다.

(나) 보증채무의 이행거절권($\frac{제435}{조}$)

주채무자가 채권자에 대하여 취소권 또는 해제권이나 해지권을 행사할 수 있는 동안에는 보증인이 채권자에 대하여 채무의 이행을 거절할 수 있다($\frac{제435}{조}$). 이는 연기적 항변권이므로, 보증인이 주채무자의 취소권, 해지·해제권을 대위행사할 수는 없다.

(다) 주채무자의 채권에 의한 상계권($\frac{제434}{조}$)

보증인은 주채무자가 채권자에 대하여 갖고 있는 채권에 의한 상계로 채권자에게 대항할 수 있다($\frac{제434}{조}$). 예컨대 甲이 채권자 乙에게 3억 원의 채무를 지고, 이를 丙이 보증하였는데 甲이 乙에게 3억 원의 반대채권을 가지고 있다면 丙은 甲이 乙에게 가지는 3억 원의 채권을 자동채권으로 상계하여 乙에게 대항할 수 있다. 이는 제435조가 보증인에게 보증채무의 이행거절권만을 부여하고 있고 있는 것과 대조적이다.

그러나 채권자가 주채무자에게 갖는 채권에 기한 상계를 하지 않았음을 이유로 보증인이 보증채무의 이행을 거절할 수는 없다($\frac{대판\ 1987.5.12,}{86다카1340}$). 상계는 단독행위로서, 상계 여부는 채권자의 의사에 따르는 것이고 상계적상에 있는 자동채권이 있더라도 반드시 채권자가 상계를 해야 하는 것은 아니기 때문이다.

(2) 최고·검색의 항변권(보충성에 기한 권리)($\frac{제437}{조}$)[34]

(가) 항변권의 근거

보증채무의 보충성에 의한 것이다.

(나) 법적 성질(최고의 항변권과 검색의 항변권은 동일한 것인가의 문제)

최고의 항변권과 검색의 항변권이 동일한지 여부가 문제되는바, 두 항변권을 개별적인 항변권으로 보는 견해가 있으나, 최고의 항변권은 큰 의미가 없기 때문에 검색의 항변권에 포함하여 제437조의 항변권을 하나의 항변권으로 이해하는 것이 타당하다.

(다) 행사의 요건

보증인은 주채무자의 변제자력(이는 전부변제능력이 아니라 상당한 변제능력이 있다는 것으로 충분)과 집행의 용이성을 증명해야 한다($\frac{대판\ 1968.9.24,}{68다1271}$).

(라) 행사의 효과

채권자는 채무자의 재산에 집행을 한 후에 보증인에게 다시 이행을 청구할 수 있다. 만일 채권자가 보증인의 항변에도 불구하고 해태로 인하여 채무자로부터 전부나 일부의 변제를 받

---

34) 제437조 (보증인의 최고, 검색의 항변) 채권자가 보증인에게 채무의 이행을 청구한 때에는 보증인은 주채무자의 변제자력이 있는 사실 및 그 집행이 용이할 것을 증명하여 먼저 주채무자에게 청구할 것과 그 재산에 대하여 집행할 것을 항변할 수 있다. 그러나 보증인이 주채무자와 연대하여 채무를 부담한 때에는 그러하지 아니하다.

지 못하였다면 보증인은 채권자가 해태하지 아니하였으면 변제받았을 한도에서 의무를 면한다 $\binom{제438}{조}$.

(마) 최고 · 검색의 항변권을 행사할 수 없는 경우

연대보증의 경우($\frac{제437}{조\ 단서}$), 주채무자가 파산하거나(변제자력이 없으므로) 주채무자가 행방불명된 경우(집행이 어려우므로), 또는 보증인이 항변권을 포기한 경우에는 보증인이 최고 · 검색의 항변권을 행사할 수 없다.

Ⅴ. 주채무자 또는 보증인에 관하여 생긴 사유의 효력

---

1. 주채무자에게 생긴 사유의 효력
   (1) 주채무의 소멸
   (2) 주채무에 관한 채권양도 및 채무인수

(3) 주채무에 관한 시효중단($\frac{제440}{조}$)
2. 보증인에게 관하여 생긴 사유의 효력

원칙적으로 주채무자에게 생긴 사유는 절대적 효력이 있으나, 보증인에게 생긴 사유는 채권만족사유 이외에는 상대적 효력만이 인정된다.

1. 주채무자에게 생긴 사유의 효력

(1) 주채무의 소멸

주채무의 소멸은 보증인에 대해서도 효력이 있다. 다만 채무가 소멸된 것이 아니라 책임이 한정되었을 뿐인 경우에는 주채무 자체가 감축된 것이라고 볼 수 없으므로, 보증인은 원래의 보증채무에 따른 책임을 부담한다. 예컨대 주채무자가 사망했을 때, 상속인이 한정승인을 하더라도 주채무는 여전히 존재하므로, 보증채무도 원래의 상태를 유지한다.

만약 주채무의 소멸이 무효이거나 취소되어 부활하면 보증채무도 부활한다.

> **생각해 볼 문제** 채권자가 주채무를 면제시켜 주었다가 이를 착오를 이유로 취소한 경우, 보증채무도 소멸했다가 부활한다고 보면, 보증인 보호에 문제가 발생할 여지가 있지 않은가?

> **사례 29** 보증인이 1억 원의 주채무를 보증했는데, 주채무자가 사망하여 상속인들의 한정승인으로 4천만 원만으로 책임범위가 줄어든 경우, 채권자는 주채무자에게 4천만 원을 변제받고 나머지 6천만 원을 보증인에게 변제받을 수 있는가? 가능하다면 보증인은 누구에게 구상권을 행사할 수 있는가?

해설 29 보증인에 대한 6천만 원의 청구가 가능하다. 보증인은 누구에게도 구상권을 행사할 수 없다.

보증인에 대한 6천만 원의 청구는 가능하다. 한정승인을 하더라도 주채무는 여전히 존재하므로, 보증채무도 원래의 상태를 유지한다. 따라서 상속인들은 4천만 원에 대해서만 채권자에게 책임을 지게 되고 나머지 부분에 대해서는 채권자는 보증인에게 청구할 수 있다. 이 경우 보증인은 구상권을 어느 누구에게도 행사 할 수 없다. 그렇게 보는 것이 한정승인을 인정한 효과이기 때문이다. 구상권을 행사할 수 없는 것에 대한 위험은 보증인이 스스로 부담해야 한다.

생각해 볼 문제 상속인이 한정승인이 아니라 상속을 포기한 경우에 보증채무는 소멸하는가?

(2) 주채무에 관한 채권양도 및 채무인수

특약이 없는 경우 주채무자에 대한 채권을 양도하면, 보증인의 동의 없이도 보증인에 대한 채권도 역시 그에 수반하여 양도된다$\binom{\text{대판 2001.10.26,}}{\text{2000다61435}}$. 채권양도로 인하여 보증인에게는 책임이 가중되는 것이 아니기 때문이다. 양수인이 주채무자에 대한 채권양도의 대항요건을 갖추면 $\binom{\text{제450조}}{\text{이하}}$, 보증인에 대한 별도의 조치(보증인에 대한 통지나 승낙)없이 보증인에게 대항할 수 있다 $\binom{\text{대판 2002.9.10,}}{\text{2002다21509}}$.

이행인수가 있을 때 인수한 채무를 보증한 자는 손해배상채무 및 구상채무에 대해서도 보증채무를 진다. 다만 보증인의 승낙 없이 주채무에 관하여 면책적 채무인수가 행하여지면 보증채무는 소멸한다$\binom{\text{제459}}{\text{조}}$.

사례 30 보증인 甲은 乙의 丙에 대한 1억 원의 주채무를 보증하였다. 이후 丙은 乙에 대한 1억 원의 채권을 丁에게 양도하였고, 이러한 사실을 채무자인 乙에게 통지하였다. 양수인 丁은 乙에게 채무의 이행을 요구하였으나 乙이 이행을 하지 않자 보증인 甲에게 보증채무이행을 주장하였다. 이에 보증인 甲은 채권양도가 이루어지지 않았다는 점에서 보증채권자는 여전히 丙이며, 설령 채권양도가 있었다 하더라도 자신에게는 채권양도사실에 대한 통지를 하지 않았다고 하면서 채무의 이행을 거절하였다. 甲의 이행거절은 타당한가? (대판 2002.9.10, 2002다21509 참조)

해설 30 타당하지 않다.

보증채무는 주채무에 대한 부종성 또는 수반성이 있어서 주채무자에 대한 채권이 이전되면 당사자 사이에 별도의 특약이 없는 한 보증인에 대한 채권도 함께 이전하고, 이 경우 채권양도의 대항요건도 주채권의 이전에 관하여 구비하면 족하고, 별도로 보증채권에 관하여 대항요건을 갖출 필요가 없다$\binom{\text{대판 2002.9.10,}}{\text{2002다21509}}$.

(3) 주채무에 관한 시효중단(제440조)

주채무자에 대한 시효의 중단은 보증인에 대하여 효력이 있다. 요컨대 주채무자에 대한 이행청구뿐만 아니라 압류, 가압류 · 가처분, 승인 등의 시효중단사유(제168조)는 보증채무의 시효중단사유가 된다.[35] 제440조는 제169조의 예외규정으로서 부종성에 의하는 것이 아니라 정책적으로 채권자를 보호하기 위한 것으로 이해된다(대판 2005.10.27, 2005다35554, 35561).

채권자와 주채무자 사이의 판결 등에 의해 채권이 확정되어 그 소멸시효가 10년으로 되었다 할지라도(제165조) 연대보증인의 연대보증채무의 소멸시효기간은 종전의 소멸시효기간에 따른다 (대판 2006.8.24, 2004다26287).

주채무가 시효로 소멸한 때에는 시효이익을 직접 받는 보증인은 주채무의 시효소멸을 원용할 수 있다. 특히 주채무자의 항변포기는 보증인에게 효력이 없으므로(제433조 제2항), 주채무자가 시효의 이익을 포기하더라도 보증인은 시효완성을 원용할 수 있다(대판 1991.1.29, 89다카1114).

또한 채권자와 주채무자의 소송에서 주채무의 존부나 범위에 관하여 주채무자가 전부 또는 일부 승소 판결이 확정되어도 그러한 판결의 기판력이 보증인에게는 미치지 않는다. 따라서 보증채무의 부종성 원칙에도 불구하고 보증인이 주채무자 승소판결을 원용하여 자신의 보증채무의 이행을 거절할 수는 없다(대판 2015.7.23, 2014다228099).

2. 보증인에게 관하여 생긴 사유의 효력

보증인에게 생긴 사유 중 변제 · 대물변제 · 공탁 · 상계와 같이 채권을 만족시키는 사유는 주채무자에게도 절대적 효력이 발생하나, 그 이외의 것은 상대적 효력만이 인정된다. 예컨대 보증채무에 대한 소멸시효가 중단되었다 하더라도 이로써 주채무에 대한 소멸시효가 중단되는 것은 아니다(대판 2002.5.14, 2000다62476).

VI. 보증채무의 대내적 효력(구상관계)

1. 구상권의 기초
2. 수탁보증인의 구상권(제441조)
   (1) 사후구상권의 발생요건과 범위
   (2) 사전구상권
   (3) 구상권의 제한: 보증인의 면책통지의무
3. 부탁없는 보증인의 구상권(제444조)
4. 복수의 주채무자가 있는 경우의 구상권
   (1) 복수의 주채무자 전원을 위하여 보증인이 된 경우
   (2) 복수의 주채무자 중 1인만을 위하여 보증인이 된 경우
5. 구상권자의 법정대위권(제481조)
6. 구상의무자

---

35) 연대채무의 경우 시효중단의 절대적 효력은 이행청구에 의한 경우에만 인정되는 것과 비교된다(제416조 참조).

> **생각해 볼 문제** A가 주채무자라고 믿고 乙이 보증채무를 부담했더라도 A가 乙의 신뢰(A 자신이 주채무자라는)에 원인을 제공하지 않은 것에 대해서는 책임을 부담하지 않는다는 취지에 문제는 없는가?
>
> 乙은 은행에 전액에 대해서 보증책임을 이행한 후에 누구에게 구상권을 행사할 수 있는가?
>
> A에게 공동보증인으로서 구상권을 행사할 수 있다면 나머지 금액은 누구에게 보호받을 수 있을까?

1. 구상권의 기초

주채무자와 보증인 사이의 내부적 관계는 타인채무의 부담으로 보아야 하기 때문에 보증인은 주채무자에게 구상권을 가진다. 내용적으로는 위임, 사무관리상 비용상환청구권, 부당이득반환청구권의 특칙으로서의 의미를 가진다고 볼 수 있다. 요컨대 구상권은 내부적 부담부분의 청산절차라고 할 수 있다.

> **민사소송법** 주채무자의 소송법적 대응수단
>
> 채권자의 보증인에 대한 소송에서 보증인이 패소할 경우, 주채무자는 보증인에게 구상을 당하는 등 불리한 영향을 받게 된다. 이처럼 보증인의 구상권은 소송법적으로 주채무자가 채권자와 보증인 간의 소송결과에 법률상 이해관계를 갖는 기초가 된다. 따라서 주채무자는 보조참가가 가능하다(민사소송법 제71조).

2. 수탁보증인의 구상권(제441조)

(1) 사후구상권의 발생요건과 범위

주채무자의 부탁으로 보증인이 된 자가 과실없이 변제 기타의 출재로 주채무를 소멸하게 한 때에는 주채무자에 대하여 구상권을 가진다. 보증인이 강제집행을 당한 경우에도 당연히 구상권을 가진다. 출재가 없었다면 당연히 구상권이 인정되지 않는다. 일부변제를 한 경우에도 구상권은 인정된다.

주채무자에게 취소권, 해제·해지권이 있는 동안 보증인이 사전통지의무를 이행하고 면책행위를 하였다 할지라도 나중에 주채무가 취소나 해제 또는 해지가 되면 구상권을 행사할 수 없다. 소멸시효 완성의 원용 및 상계 등 주채무자의 항변권을 행사하지 않고 보증인이 면책행위를 한 경우(제433조 이하)에는 보증인의 과실있는 출재가 되어 구상권이 부정된다.

구상권의 범위는 면책된 날 이후의 법정이자 및 피할 수 없는 비용 기타 손해배상을 포함한다(제441조 제2항, 제425조 제2항).

(2) 사전구상권

(가) 사전구상권의 발생요건

보증인의 사전구상권은 제442조 제1항에 의해 "1. 보증인이 과실없이 채권자에게 변제할 재판을 받은 때, 2. 주채무자가 파산선고를 받은 경우에 채권자가 파산재단에 가입하지 아니한 때, 3. 채무의 이행기가 확정되지 아니하고 그 최장기도 확정할 수 없는 경우에 보증계약후 5년을 경과한 때, 4. 채무의 이행기가 도래한 때"에 인정된다. 또한 제442조 제2항은 "전항 제4호의 경우에는 보증계약후에 채권자가 주채무자에게 허여한 기한으로 보증인에게 대항하지 못한다"고 규정하고 있다(이와는 달리 물상보증인에게는 사전구상권이 인정되지 않는다(대판 2009.7.23, 2009다19802,19819)).36) 사전구상권과 사후구상권은 별개의 권리이므로 제442조에 의해 사전구상권이 발생했으나 보증인이 보증채무를 이행한 후 다시 사후구상권이 발생한 경우, 사후구상권의 소멸시효기산점은 사전구상권을 행사할 수 있었던 때가 아니라 사후구상권이 발생하여 이를 행사할 수 있는 때로 본다(대판 1992.9.25, 91다37553).

> **┃ 대판 1992.9.25, 91다37553 [구상금]**
> 수탁보증인의 사전구상권과 사후구상권은 그 종국적 목적과 사회적 효용을 같이하는 공통성을 가지고 있으나, 사후구상권은 보증인이 채무자에 갈음하여 변제 등 자신의 출연으로 채무를 소멸시켰다고 하는 사실에 의하여 발생하는 것이고 이에 대하여 사전구상권은 그 외의 민법 제442조 제1항 소정의 사유나 약정으로 정한 일정한 사실에 의하여 발생하는 등 그 발생원인을 달리하고 그 법적 성질도 달리하는 별개의 독립된 권리라고 할 것이므로, 그 소멸시효는 각각 별도로 진행되는 것이고, 따라서 사후구상권의 소멸시효는 사전구상권이 발생되었는지 여부와는 관계없이 사후구상권 그 자체가 발생되어 이를 행사할 수 있는 때로부터 진행된다.

(나) 사전구상권의 범위

사전구상을 청구할 수 있는 범위는 주채무인 원금과 사전구상에 응할 때까지 이미 발생한 이자와 기한 후의 지연손해금, 피할 수 없는 비용 기타의 손해액이 포함될 뿐이고(제441조 제1항), 주채무인 원금에 대하여 장래에 도래할 지연손해금은 사전구상권의 범위에 포함될 수 없다. 또한 사전구상권은 장래의 변제를 위하여 자금의 제공을 청구하는 것이므로 수탁보증인은 아직 지출하지 않은 금원에 대해서 지연손해금을 청구할 수 없다(대판 2004.7.9, 2003다46758).

---

36) 대판 2009.7.23, 2009다19802,19819: 민법 제370조에 의하여 민법 제341조가 저당권에 준용되는데, 민법 제341조는 타인의 채무를 담보하기 위한 저당권설정자가 그 채무를 변제하거나 저당권의 실행으로 인하여 저당물의 소유권을 잃은 때에 채무자에 대하여 구상권을 취득한다고 규정하여 물상보증인의 구상권 발생 요건을 보증인의 경우와 달리 규정하고 있는 점, 물상보증은 채무자 아닌 사람이 채무자를 위하여 담보물권을 설정하는 행위이고 채무자를 대신해서 채무를 이행하는 사무의 처리를 위탁받는 것이 아니므로 물상보증인은 담보물로서 물적 유한책임만을 부담할 뿐 채권자에 대하여 채무를 부담하는 것이 아닌 점, 물상보증인이 채무자에게 구상할 구상권의 범위는 특별한 사정이 없는 한 채무를 변제하거나 담보권의 실행으로 담보물의 소유권을 상실하게 된 시점에 확정된다는 점 등을 종합하면, 원칙적으로 수탁보증인의 사전구상권에 관한 민법 제442조는 물상보증인에게 적용되지 아니하고 물상보증인은 사전구상권을 행사할 수 없다.

(다) 사전구상에 대한 주채무자의 보호(제443조)

1) 담보제공청구권 및 사전구상의무의 면책

보증인의 사전구상으로 인하여 주채무자가 보증인에게 배상하는 경우에 주채무자는 자기를 면책하게 하거나 자기에게 담보를 제공할 것을 보증인에게 청구할 수 있고, 배상할 금액을 공탁하거나 담보를 제공하거나 보증인을 면책하게 함으로써 그 배상의무를 면할 수 있다(제443조). 이때 보증인에 대한 담보제공청구권은 주채무자가 사전구상의무를 이행하기 전에도 행사할 수 있다(대판 2023.2.2, 2020다283578). 이와 같이 수탁보증인이 주채무자에게 갖는 사전구상권에는 제443조의 담보제공청구권이라는 항변권이 부착되어 있어, 수탁보증인은 주채무자에 대해 사전구상권을 자동채권으로 하여 상계할 수 없다(대판 2019.2.14, 2017다274703). 다만 제443조는 임의규정이므로 주채무자가 사전에 담보제공청구권의 항변권을 포기하였다면, 보증인은 사전구상권을 자동채권으로 하여 상계할 수 있다(대판 2004.5.28, 2001다81245).

> **대판 2004.5.28, 2001다81245 [보험금]**
> 항변권이 붙어 있는 채권을 자동채권으로 하여 다른 채무(수동채권)와의 상계를 허용한다면 상계자 일방의 의사표시에 의하여 상대방의 항변권 행사의 기회를 상실시키는 결과가 되므로 그러한 상계는 허용될 수 없고, 특히 수탁보증인이 주채무자에 대하여 갖는 민법 제443조의 사전구상권에는 민법 제443조의 담보제공청구권이 항변권으로 부착되어 있는 만큼 이를 자동채권으로 하는 상계는 허용될 수 없으며, 다만 민법 제443조는 임의규정으로서 주채무자가 사전에 담보제공청구권의 항변권을 포기한 경우에는 보증인은 사전구상권을 자동채권으로 하여 주채무자에 대한 채무와 상계할 수 있다.

2) 불안의 항변권

파산 선고된 구상권자가 주채무자에게 사전구상권을 행사하는 경우, 주채무자는 구상금이 전액 주채무자의 면책을 위하여 사용될 것이라는 점이 확인되기 전까지 사전구상의무의 이행을 거절할 수 있을 것인지가 문제된다. 사견으로는 원칙적으로 신의칙상 이와 같은 불안의 항변권을 인정해야 한다고 본다.

이에 관한 직접적인 판결례는 아니지만 구상금채무의 보증인이 사전구상에 응하더라도 특별한 사정이 없는 한 (사전)구상권자가 구상금을 전부 주채무자의 면책을 위해 사용하는 것은 파산절차의 제약상 기대하기 어려우므로, 파산절차에도 불구하고 구상금이 전액 주채무자의 면책을 위하여 사용될 것이라는 점이 확인되기 전에는 구상금채무의 보증인은 신의칙과 공평의 원칙에 의해 제536조 제2항을 유추적용하여 사전구상에 대한 보증채무의 이행을 거절할 수 있다고 한 판결(대판 2002.11.26, 2001다833)이 있다.

(3) 구상권의 제한: 보증인의 면책통지의무

(가) 보증인이 면책통지를 하지 아니한 때($\frac{제445}{조}$)(연대채무에서의 통지의무인 제426조와 비교할 것)

1) 사전통지의무 위반

보증인이 주채무자에게 통지하지 아니하고 변제 기타 자기의 출재로 주채무를 소멸시킨 경우, 주채무자가 채권자에게 대항할 수 있는 사유가 있었을 때에는 이 사유로 보증인에게 대항할 수 있다. 그 대항사유가 상계인 때에는 상계로 소멸할 채권은 보증인에게 이전된다($\frac{제445조}{제1항}$).

2) 사후통지의무 위반

보증인이 변제 기타 자기의 출재로 면책되었음을 주채무자에게 통지하지 아니한 경우(이때 사전통지의무의 위반이 있었는지 여부를 고려하지 않는다), 주채무자가 선의로 채권자에게 변제 기타 유상의 면책행위를 한 때에는 주채무자는 보증인에게 자기의 면책행위의 유효를 주장할 수 있다($\frac{제445조}{제2항}$).

그러나 채권자와의 관계에서는 보증인의 변제만이 유효한 면책행위가 되고, 그 후에 이루어진 주채무자의 변제는 비채변제가 된다($\frac{제742}{조}$).

(나) 주채무자가 수탁보증인에게 면책통지(사후통지)를 하지 아니한 때(주채무자는 사후통지의무만을 부담)($\frac{제446}{조}$)

주채무자가 자기의 행위로 면책하였음을 그 부탁으로 보증인이 된 자에게 통지하지 아니한 경우에 보증인이 (사전통지를 하고) 선의로 채권자에게 변제 기타 유상의 면책행위를 한 때에는 보증인은 자기의 면책행위의 유효를 주장할 수 있다($\frac{제446}{조}$).[37] 한편 보증인은 주채무자에게 구상권을 행사할 수 있다.

주채무자의 면책통지의무는 수탁보증인에 대해서만 인정된다.

> **심화학습**
>
> 채무를 이행한 주채무자도 수탁보증인에게 사후통지를 하지 않았고, 그 후 보증인도 사전통지의무를 이행하지 않고 변제행위를 하였다면, 보증인이 주채무자에게 구상권을 행사할 수 있는가?[38]
>
> **| 해설 |** 행사할 수 없다.
>
> 판례는 대판 1997.10.10, 95다46265에서 "민법 제446조의 규정은 같은 법 제445조 제1항의 규정을 전제로 하는 것이어서 같은 법 제445조 제1항의 사전 통지를 하지 아니한 수탁보증인까지 보호하는 취지의 규정은 아니므로, 수탁보증에 있어서 주채무자가 면책행위를 하고도 그 사실을 보

---

37) 주채무자의 면책행위는 본질적으로 자기의 채무를 소멸시키는 것이고 보증인의 면책행위에서와 같은 구상의 문제를 남기지 아니하므로 원칙적으로는 그 사실을 보증인에게 통지할 의무는 없다.

38) 수탁보증인과 주채무자 아무도 어떤 통지도 하지 않고 각자 변제한 경우, 1) 수탁보증인의 변제가 먼저 있었던 경우, 주채무자가 선의라면 자기 면책행위의 유효주장이 가능하다(제445조 제2항). 이와는 달리 2) 주채무자의 변제가 먼저 있었던 경우 먼저 이루어진 주채무자의 면책행위가 유효하다(위 판례 참조).

증인에게 통지하지 아니하고 있던 중에 보증인도 사전통지를 하지 아니한 채 이중의 면책행위를 한 경우에는 보증인은 주채무자에 대하여 민법 제446조에 의하여 자기의 면책행위의 유효를 주장할 수 없다고 봄이 상당하고 따라서 이 경우에는 이중변제의 기본 원칙으로 돌아가 먼저 이루어진 주채무자의 면책행위가 유효하고 나중에 이루어진 보증인의 면책행위는 무효로 보아야 하므로 보증인은 민법 제446조에 기하여 주채무자에게 구상권을 행사할 수 없다"고 보았다. 따라서 보증인은 주채무자에게 구상권을 행사할 수 없으나 채권자에게는 제748조 제2항의 부당이득반환청구를 할 수 있다.

3. 부탁 없는 보증인의 구상권(제444조)

부탁 없는 보증인은 주채무자의 의사에 반한 보증인도 포함된다.

부탁 없는 보증인에게는 사후구상권만 인정될 뿐 사전구상권이 인정되지 않는다. 또한 주채무자는 부탁 없는 보증인에게 사후통지의무를 지지 않는다.

(1) 주채무자의 부탁 없이 보증인이 된 자가 변제 기타 자기의 출재로 주채무를 소멸시킨 때에는 주채무자는 그 당시에 이익을 받은 한도에서 구상채무를 이행해야 한다(제444조 제1항). 이는 사무관리자의 비용상환의무(제739조 제1항)와 범위가 같다.

(2) 주채무자의 의사에 반하여 보증인이 된 자가 변제 기타 자기의 출재로 주채무를 소멸하게 한 때에는 주채무자는 현존이익의 한도에서 구상채무를 이행해야 한다(제444조 제2항). 단 주채무자가 구상한 날 이전에 상계 원인이 있음을 주장한 때에는 그 상계로 소멸할 채권은 보증인에게 이전된다(제444조 제3항).

(3) 부탁 없는 보증인도 구상권을 행사하기 위해서는 사전 및 사후통지의무를 이행해야 한다.

4. 복수의 주채무자가 있는 경우의 구상권

(1) 복수의 주채무자 전원을 위하여 보증인이 된 경우

주채무가 연대채무 또는 불가분채무인 경우 보증인에 대한 구상의무는 연대채무 또는 불가분채무가 된다. 예컨대 9만 원에 대해 甲·乙·丙이 연대채무를 부담할 때 A가 모든 채무자를 위해 보증인이 되어 9만 원의 보증채무를 이행한 경우, 甲·乙·丙은 9만 원의 구상금에 대해 A에게 연대채무를 진다. 반면에 주채무가 분할채무인 경우 보증인의 구상권도 각 주채무자의 부담부분으로 한정된다.

(2) 복수의 주채무자 중 1인만을 위하여 보증인이 된 경우

(가) 주채무가 분할채무인 경우 그 채무자의 부담부분에 대해서만 보증채무를 부담하고 구상권을 행사할 수 있다. 단 보증인이 채무액 전부를 변제한 경우 제3자에 의한 변제가 되어 부당이득 또는 사무관리에 따른 비용상환청구를 다른 채무자들에게 주장할 수 있다.

(나) 어느 연대채무자나 어느 불가분채무자를 위하여 보증인이 된 자는 다른 연대채무자나 다른 불가분채무자에 대하여 그 부담부분에 한하여 구상권이 있다($\frac{제447}{조}$). 예컨대 9만 원에 대해 甲·乙·丙이 연대채무를 부담한 경우(내부부담비율 균등할 때), 甲의 채무에 대한 보증인 A가 보증채무를 이행하였다면, A는 甲에 대해서는 9만 원을, 乙과 丙에 대해 각각 3만 원씩의 구상권을 행사할 수 있다.

5. 구상권자의 법정대위권($\frac{제481}{조}$)

보증인은 변제할 정당한 이익이 있는 자에 해당하므로 변제로 당연히 채권자를 대위한다($\frac{제481}{조}$).

6. 구상의무자

주채무자는 보증인에 대해 구상의무를 부담하지만 보증인은 주채무자에게 구상의무를 부담하지 않는다.

사례 31 甲은 금융기관으로부터 대출받을 때, 제3자인 A의 허락을 받아 A의 명의를 이용하였다. 그리고 이 채무에 대해 乙이 연대보증을 부담한 경우의 甲, A, 乙의 법률관계는?

(대판 2002.12.10, 2002다47631 참조)

해설 31 금융기관으로부터 대출을 받음에 있어 제3자인 A가 자신의 명의를 사용하도록 한 경우,
1) 연대보증인 乙이 실질적인 주채무자는 제3자인 A라고 믿고 보증을 하였거나 보증책임을 이행하였고, 그와 같이 믿은 데에 제3자인 A에게 귀책사유가 있어 제3자인 A에게 그 책임을 부담시키는 것이 구체적으로 타당하다고 보이는 경우 등에 한하여 제3자인 A가 연대보증인 乙에 대하여 주채무자로서의 전액 구상의무를 부담한다.
2) 제3자(A)가 채권자인 금융기관에 대하여 주채무자로서의 책임을 지는 여부와 관계없이 내부관계에서는 실질상의 주채무자가 아닌 한 연대보증책임을 이행한 연대보증인 乙에 대하여 당연히 주채무자로서의 구상의무를 부담한다고 할 수는 없다.
3) 한편 주채무의 명의인인 제3자(A)가 실질적 주채무자가 아니라는 사실을 연대보증인 乙이 알고서 보증을 하였거나 보증책임을 이행한 경우라 할지라도, 그 제3자가 실질상의 주채무자를 연대보증한 것으로 인정할 수 있는 경우에는 제3자는 연대보증인에 대하여 공동보증인 간의 구상권 행사 법리에 따른 구상의무는 부담한다 할 것이고, 제3자가 금융기관으로부터 대출을 받음에 있어 자신을 주채무자로 하도록 승낙한 경우의 제3자의 의사는 특별한 사정이 없는 한 대출에 따른 경제적인 효과는 실질상의 주채무자에게 귀속시킬지라도 법률상의 효과는 자신에게 귀속시킬 의사로서, 최소한 연대보증의 책임은 지겠다는 의사였다고 보아야 한다.

VII. 연대보증

1. 의 의

연대보증이란 보증인이 주채무자와 연대하여 채무를 부담하는 형태로 주채무의 이행을 담보하는 보증채무를 의미한다. 이러한 연대보증인은 수인이 될 수도 있다(공동보증 참조).

연대보증의 성질은 보증채무의 본질에서 출발한다. 즉 보충성과 이에 따른 최고·검색의 항변권이 부정되나 부종성 등의 성질은 여전히 인정된다. 연대보증인이 수인이 있는 경우에도 각 연대보증인은 주채무자와 연대했다는 의미에서 이미 공동보증에서의 분별의 이익($^{제439}_{조}$)은 배제된다. 따라서 채권자는 수인의 연대보증인 중 누구에게나 주채무 전액을 청구할 수 있다.

연대보증은 채권자와 보증인 사이의 계약으로 성립한다. 한편 상사보증(보증이 상행위이거나 주채무가 상행위로 인한 경우)은 언제나 연대보증이 된다($^{상법 제57}_{조 제2항}$).[39)]

> **대판 2002.9.10, 2002다21509 [청구이의및채무부존재확인]**
> 채권자와 연대보증인 사이의 연대보증계약이 주채무자의 기망에 의하여 체결되어 적법하게 취소되었더라도 그 보증책임이 금전채무로서 채무의 성격상 가분적이고 연대보증인에게는 보증한도를 일정 금액으로 하는 보증의사가 있었다면, 연대보증인의 연대보증계약의 취소는 그 일정 금액을 초과하는 범위 내에서만 효력이 생긴다고 본다.

2. 연대보증의 효력

(1) 대외적 효력

채권자의 연대보증인에 대한 권리는 연대채무자에 대한 권리와 동일하다.

(2) 주채무자에게 생긴 사유의 효력

연대보증도 보증으로서의 성격을 가지므로 보통의 보증과 마찬가지로 주채무자에게 생긴 효력은 원칙적으로 연대보증인에게도 효력이 있다. 예컨대 주채무자에 대한 이행청구 또는 주채무의 시효중단은 연대보증인에게도 효력이 있다. 그러나 주채무자의 시효이익의 포기는 연대보증인에게는 효력이 없다. 또한 주채무가 소멸되거나 변경되면 연대보증채무도 소멸·변경된다.

(3) 연대보증인에게 생긴 사유의 효력

연대보증인에게 생긴 사유의 효력은 주채무자를 면책시키는 사유(변제, 대물변제, 공탁, 상계) 외에는 주채무자에게 효력이 없다. 따라서 예컨대 연대보증인에 대한 채권자의 면제의 효력은 주채무자에게 영향을 미치지 않는다($^{대판 1992.9.25,}_{91다37553}$).

---

39) 상법 제57조 (다수채무자간 또는 채무자와 보증인의 연대) ② 보증인이 있는 경우에 그 보증이 상행위이거나 주채무가 상행위로 인한 것인 때에는 주채무자와 보증인은 연대하여 변제할 책임이 있다.

(4) 수인의 연대보증인이 있는 경우 그중 1인에게 생긴 사유의 효력

수인의 연대보증인 간의 보증연대가 있다면, 1인의 연대보증인에게 발생한 사유에 대해 연대채무의 절대적 효력사유$\binom{\text{제416조 내}}{\text{지 제423조}}$가 유추적용될 것이다. 반면에 보증연대가 없으면 통상의 공동보증과 같이 다른 연대보증인에게 효력을 미치지 않는다. 따라서 수인의 연대보증인이 있는 경우, 연대보증인들 사이에 보증연대의 특약이 없으면 채권자가 연대보증인의 1인에 대하여 채무의 전부 또는 일부를 면제하더라도 다른 연대보증인에 대하여는 그 효력이 미치지 않는다$\binom{\text{대판 1992.9.25,}}{\text{91다37553}}$.

(5) 연대보증의 대내적 효력(구상관계)

(i) 주채무자에 대한 구상관계는 보통의 보증과 동일하므로, 제441조 이하의 규정이 적용된다. 한편 연대보증인의 보증범위가 주채무의 일부에만 인정되는 경우(일부보증), 주채무자의 일부 변제가 주채무와 보증채무의 차액에 미달하는 경우 연대보증채무는 유지된다. 즉 판례는 일부보증을 '잔액보증'으로 본다$\binom{\text{대판 2002.10.25,}}{\text{2002다34017}}$. 예컨대 A의 주채무액이 100만 원, B의 연대보증채무액이 30만 원인 경우, A가 50만 원을 변제한 경우 B의 연대보증채무는 소멸하지 않고 여전히 30만 원 전액의 범위에서 존재하는 것으로 보아 채권자를 보호한다. 반면에 연대보증인인 B가 30만 원을 변제한 경우에는 연대보증인의 채무는 소멸된다. 그렇지 않다면 실질적으로 B는 주채무 전액에 대하여 보증채무를 부담하는 결과가 되어 타당하지 않기 때문이다.

(ii) 수인의 연대보증인 가운데 어떤 연대보증인이 자기의 부담부분을 넘어 변제했다면 채권자에 대하여는 분별의 이익이 없으므로 각자의 채무 전액을 변제해야 한다. 공동보증인이 보증의 연대를 했는지와 무관하게 아직 자기의 부담부분을 변제하지 않은 다른 연대보증인에게는 그 부담부분에 한하여 구상권을 행사할 수 있다$\binom{\text{제448조}}{\text{제2항}}\binom{\text{대판 2009.6.25,}}{\text{2007다70155}}$.

사례 32 甲은 乙에게서 9억 원을 차용하면서, 이를 2013.7.8.에 상환하기로 하였다. 채권자 乙이 보증인을 요청하자, 甲은 D, E에게 부탁하여 D, E가 甲을 위한 연대보증인이 되었다. 乙의 청구에 의해 D가 9억 원을 전액변제한 경우의 구상관계는? (대판 2009.6.25, 2007다70155 참조)

해설 32 D는 주채무자인 甲에게 9억 원의 구상권을 행사할 수도 있고, E에게 자기의 부담부분(4억 5천만 원: 특약이 없는 한 각자 평등한 비율로 부담을 지게 된다)을 넘은 4억 5천만 원에 대해서 구상권을 행사할 수도 있다.
이 경우 제448조 제2항에 의하여 제425조 제1항이 준용된다.
수인의 보증인이 있는 경우에는 그 사이에 분별의 이익이 있는 것이 원칙이지만, 그 수인이 연대보증인일 때에는 각자가 별개의 법률행위로 보증인이 되었고 또한 보증인 상호간에 연대의 특약(보증연대)이 없었더라도 채권자에 대하여는 분별의 이익을 갖지 못하고 각자의 채무의 전액을 변제하여야 하나, 연대보증인들 상호간의 내부관계에서는 주채무에 대하여 출재를 분담하는 일정한 금액을 의미하는 부담부분이 있고, 그 부담부분의 비율, 즉 분담비율에 관하여는 그들 사

이에 특약이 있으면 당연히 그에 따르되 그 특약이 없는 한 각자 평등한 비율로 부담을 지게 된
다. 그러므로 연대보증인 가운데 한 사람이 자기의 부담부분을 초과하여 변제하였을 때에는 다
른 연대보증인에 대하여 구상을 할 수 있다(대판 2009.6.25.).
2007다70155

종합사례 1

甲은 戊에게서 9억 원을 차용하면서, 이를 2013.7.8.에 상환하기로 하였다. 채권자 戊가 보증인
을 요청하자, 甲은 D, E, F에게 부탁하여 D, E, F가 甲을 위한 연대보증인이 되었다. 변제기에 甲
이 戊에게 9억 원을 상환하지 않자, 戊는 D에게 보증채무를 이행할 것을 요구하여 2013.7.9. D가
9억 원을 戊에게 변제하였다.
그 후인 2013.7.19. D는 甲에게 구상권을 행사하여 5억 원을 변제받았다. 더 이상 甲에게 자력이
없다는 것을 확인한 D는 연대보증인 E에게 4억 원을 구상하라고 청구하였다. D의 E에 대한 청구
의 결론[청구전부인용, 청구일부인용(일부 인용되는 경우 그 구체적인 금액 또는 내용을 기재할 것), 청
구기각]을 그 구체적인 논거와 함께 서술하시오.

(대판 2010.9.30, 2009다46873 참조)

종합사례 해설 1

D의 9억 원 보증채무 이행시 주채무자 甲에게는 9억 원의 구상금채권이, 다른 연대보증인 E, F에게
는 각각의 부담부분(특별한 사정이 없으면 균등)에 해당하는 3억 원의 구상금채권이 발생한다(제448조).
제2항
한
편 E, F의 구상금채무는 분할채무가 된다(제425조).
제1항
甲의 채무와 공동보증인 E, F의 구상금 채무의 관계는 부진정연대채무로 보아야 할 것이다(판례는 없
다).

Ⅰ. 쟁점사안

연대보증인 중 1인(D)의 변제 후, 주채무자(甲)의 D에 대한 구상채무에 대한 일부 변제가 다른 연
대보증인들의 구상채무에 어떠한 영향을 미치는지가 문제된다.

Ⅱ. 적용법리(대판 2010.9.30.)
2009다46873

1. 주채무자의 구상채무액(9억 원) 중의 일부변제(5억 원의 변제)가 D의 부담부분에 미치는 효과

먼저 주채무자의 구상금 일부 변제는 특별한 사정이 없는 한 대위변제를 한 연대보증인의 부담부
분에 상응하는 주채무자의 구상채무를 먼저 감소시킨다.

그리고 주채무자의 구상금 일부변제 금액이 대위변제를 한 연대보증인의 부담부분을 넘는 경우,
부담부분을 넘는 변제 금액은 주채무자의 구상채무를 감소시킴과 동시에 다른 연대보증인들의 구상채
무도 각자의 부담비율에 상응하여 감소시킨다.

이와 같은 판단은 (i) 대위변제를 한 연대보증인은 자기의 부담부분에 관하여는 다른 연대보증인들
로부터는 구상을 받을 수 없고 오로지 주채무자로부터만 구상을 받아야 하므로 주채무자의 변제액을

자기의 부담부분에 상응하는 주채무자의 구상채무에 먼저 충당할 정당한 이익이 있는 점, (ii) 대위변제를 한 연대보증인이 다른 연대보증인들에 대하여 각자의 부담부분을 한도로 갖는 구상권은 주채무자의 무자력 위험을 감수하고 먼저 대위변제를 한 연대보증인의 구상권 실현을 확보하고 공동연대보증인들 간의 공평을 기하기 위하여 제448조 제2항에 의하여 인정된 권리이므로, 다른 연대보증인들로서는 주채무자의 무자력시 주채무자에 대한 재구상권 행사가 곤란해질 위험이 있다는 사정을 내세워 대위변제를 한 연대보증인에 대한 구상채무의 감면을 주장하거나 이행을 거절할 수 없는 점 등을 근거로 한다.

2. 법리의 적용

연대보증인 사이의 부담부분은 특별한 약정이 없는 한 균등한 것으로 추정된다. 따라서 D, E, F의 부담부분은 각 1/3이며, 9억 원 중 3억 원씩을 부담한다. 주채무자 甲이 D에게 변제한 5억 원의 구상금은 D 자신의 부담부분 3억 원을 먼저 감소시킨다(주채무자 甲에게는 4억 원의 구상채권이 존재한다).

甲이 D에게 지급한 금액 중 D의 부담부분 3억 원에 먼저 충당하고 남은 2억 원은 E, F의 D에 대한 구상채무를 각자의 부담부분의 비율로 감소시킨다(즉 E, F의 D에 대한 각각의 구상채무 3억 중에서 각각 1억 원씩 감소된다). 결과적으로 D는 E에게 2억 원에 대해서 구상권을 행사할 수 있다.

Ⅲ. 사안의 해결

D의 청구 중 2억 원에 대해서만 일부인용될 것이다.

Ⅷ. 공동보증

1. 의의 및 성질
  (1) 의 의
  (2) 공동보증의 유형
2. 공동보증인의 채권자에 대한 관계
  (1) 원 칙
  (2) 예 외
3. 공동보증인의 구상권
  (1) 주채무자에 대한 구상권
  (2) 공동보증인에 대한 구상권의 법적 기초(제448조)
  (3) 양 구상권의 경합

1. 의의 및 성질

(1) 의 의

공동보증은 동일한 주채무에 대하여 수인이 보증채무를 부담하는 형태의 보증채무이다(제439조).

(2) 공동보증의 유형

(가) 보증인간의 관계에 따라 수인이 보통의 보증인인 경우, 수인이 주채무자와 연대보증인인 경우, 수인의 보증인이 보증연대를 한 경우, 연대보증이면서 보증연대인 경우 등이 있다. 물론 공동보증은 연대보증인과 보통(단순)보증인의 형태로도 가능하다.

(나) 수인의 보증인이 주채무자와 연대보증을 체결한 경우와 보증인들이 '보증연대'를 한 경우는 보증인 사이에 분별의 이익이 없다는 점에서 동일하다$\binom{\text{대판 2009.6.25,}}{\text{2007다70155}}$. 그러나 다음과 같은 차이가 있다. 첫째, 보증연대는 수인의 보증인이 각각 연대의 특약(전부변제의 특약 또는 분별의 이익을 포기하는 특약)을 한 경우에 성립하는 데 반하여,40) 연대보증의 경우에는 연대보증계약을 채권자와 체결한다는 점에서 차이가 있다. 둘째, 최고·검색의 항변권이 연대보증의 경우에는 인정되지 않으나, 보증연대의 경우에는 인정된다.

2. 공동보증인의 채권자에 대한 관계

(1) 원 칙

원칙상 공동보증인 간에는 분별의 이익$\binom{\text{제439}}{\text{조}}$이 인정되어 주채무를 균등한 비율로 분할한 부분에 대해서만 보증채무를 부담한다$\binom{\text{제439조,}}{\text{제408조}}$.

(2) 예 외

주채무가 불가분인 경우, 공동보증인이 연대의 특약 또는 분별의 이익을 포기한 경우, 공동보증인이 각각 연대보증을 한 경우, 보증인 간에는 분별의 이익이 없어 주채무 전액에 대해서 채무를 부담한다. 실무에서는 분별의 이익이 인정되면 담보력이 약화된다고 하여 분별의 이익을 부정하는 공동담보를 주로 활용한다.

3. 공동보증인의 구상권

(1) 주채무자에 대한 구상권

공동보증인은 주채무자에 대해서 구상할 수 있다. 공동보증인이 자신의 출재로 주채무를 소멸 또는 감축시켰다면, 자기 부담부분을 초과하여 변제하지 않았다 하더라도 주채무자에게 구상할 수 있다.

(2) 공동보증인에 대한 구상권의 법적 기초$\binom{\text{제448}}{\text{조}}$

각각의 보증인은 특별한 의사표시가 없는 한, 균등한 비율로 보증채무를 부담한다$\binom{\text{제439조,}}{\text{제408조}}$. 공동보증인 중 1인이 자기의 부담부분 이상의 금액을 변제했을 때에는 그 "초과부분에 한하여" 구상권이 인정된다$\binom{\text{대판 1993.5.27,}}{\text{93다4656}}$. 분별의 이익 유무와 관계없이 공동보증인에게는 구상권이 인정되지만, 분별의 이익 유무에 따라 구상범위에 있어서 차이가 발생한다$\binom{\text{제448조 제1}}{\text{항 및 제2항}}$.

---

40) 학설은 보증연대의 성립을 위해 공동보증인 사이의 전부변제 특약만으로 보증연대가 성립한다는 견해와 이러한 내부적 특약 외에도 채권자와의 특약도 필요하다는 견해로 나뉜다. 전자가 통설이다. 전자의 경우 공동보증인 사이의 전부변제 특약은 제3자(채권자)를 위한 계약으로 보아야 할 것이다.

(가) 분별의 이익이 있는 경우

수인의 보증인이 있는 경우에 어느 보증인이 자기의 부담부분을 넘은 변제를 한 때에는 사무관리가 되어 제444조의 규정을 준용한다($^{제448조}_{제1항}$). 요컨대 공동보증인 중 1인이 자기 부담부분을 넘는 변제를 한 경우, 그러한 변제는 다른 보증인에게는 사무관리가 되어 제444조(부탁 없는 보증인의 구상권)가 준용된다고 할 수 있다.

(나) 분별의 이익이 없는 경우

주채무가 불가분이거나 각 보증인이 보증연대로 또는 주채무자와 연대로 채무를 부담한 경우, 어느 보증인이 자기의 부담부분을 넘은 변제를 한 때에는 제425조 내지 제427조(연대채무자의 구상권)가 준용된다($^{제448조}_{제2항}$). 한편 일부보증을 한 공동보증인 상호간에는 면책된 부분이 있을 때에 한하여 구상권을 행사할 수 있다($^{대판\ 2002.3.15.}_{2001다59071}$).

기본사례 **공통사실관계:** 甲은행은 주채무자 乙에 대해 6만 원의 대여금채권이 있고, A, B, C는 위 차용금채무에 대해서 연대보증했다. 그 후 연대보증인 C는 甲에게 6만 원을 변제했다. (이하의 질문은 상호 독립적이며 무관함)

질문 1) C의 구상금채권은 누구에게 얼마씩 발생하는가?

질문 2) 주채무자 乙이 C에게 1만 원의 구상채무를 이행했을 때, C의 乙 및 A, B에 대한 구상채권액은 얼마인가?

질문 3) 주채무자 乙이 C에게 3만 원의 구상채무를 이행했을 때, C의 乙 및 A, B에 대한 구상채권액은 얼마인가? (대판 2010.9.30, 2009다46873 참조)

질문 4) 위 공통사실관계에서 C가 6만 원이 아니라 2만 원만을 일부 변제한 경우 C의 乙 및 A, B에 대한 구상채권액은 얼마인가?

질문 5) 위 공통사실관계에서 C가 6만 원이 아니라 3만 원만을 일부 변제한 경우 C의 乙 및 A, B에 대한 구상채권액은 얼마인가?

질문 6) 위 공통사실관계에서 C가 6만 원이 아니라 5만 원을 일부 변제하고, 나아가 A가 1만 원을 일부 대위변제한 경우, 각각 누가 누구에게 얼마만큼의 구상금채무를 부담하는가?

│해설│

해설 1) C는 주채무자 乙에게 6만 원의 구상금채권이, A와 B에게는 각각 2만 원의 구상금채권이 발생한다.

해설 2) 乙의 구상금 채무는 1만 원 소멸하여 乙은 5만 원의 구상금채무를 부담한다. A와 B의 구상금채무액은 여전히 각각 2만 원씩이다. 주채무자의 일부 변제는 먼저 자신의 구상금채무부터 소멸시키기 때문이다.

해설 3) 乙이 지급한 3만 원 중 C의 부담부분(2만 원)을 먼저 충당하고 남은 1만 원은 A와 B의 부담비율(1:1)로 A와 B의 채무를 소멸시킨다. 즉 A와 B의 채무는 5,000원씩 소멸된다. 즉 C는 주채무자에게는 3만 원, A, B에게는 각 1만 5,000원에 대하여 구상권을 행사할 수 있다.

해설 4) 乙에게는 2만 원의 구상권이 발생한다. A, B에 대해서는 구상권이 발생하지 않는다. 자기의 부담부분을 넘는 변제를 했을 때에 비로소 다른 연대보증인에게 구상금채권이 발생하기 때문이다($^{제448조}_{제2항}$).

해설 5) 乙에게는 3만 원에 대하여 구상권이 발생한다. A와 B에 대해서는 각각 5천 원에 대하여 구상권을 행사할 수 있다.

해설 6) C는 乙에게 5만 원의 구상금채권이 발생한다. 또한 A와 B에게는 각각 1만 5천 원씩의 구상금채권이 발생한다. 그 후 변제한 A는 C에게 구상권을 행사할 수 없다. 왜냐하면 자기 부담부분을 이미 변제한 사람에게는 구상권을 행사할 수 없기 때문이다($^{대판 2009.6.25.}_{2007다70155}$). 따라서 A는 자기 부담부분 5천 원[41]을 넘는 부분인 5천 원에 대해서는 B에게 구상권을 행사할 수 있다.

사례 33 A와 B는 甲의 乙에 대한 주채무액 1억 원에 대해서 주채무자와 연대하여 각각 5천만 원을 한도로 하여 보증채무를 부담하고 있다. 그 후 A는 채권자 乙에 대하여 5천만 원을 변제하였다. A는 B에게 얼마의 금액에 대해서 구상권을 행사할 수 있는가?

(대판 2002.3.15. 2001다59071 참조)

|해설 33| A가 행사할 수 있는 구상액은 0원이다.

주채무자를 위하여 수인이 연대보증을 한 경우, 어느 연대보증인이 채무를 변제하였음을 내세워 다른 연대보증인에게 구상권을 행사함에 있어서는 그 변제로 인하여 다른 연대보증인도 공동으로 면책되었음을 요건으로 하는 것인데, 각 연대보증인이 주채무자의 채무를 일정한 한도에서 보증하기로 하는 이른바 일부보증을 한 경우에는 달리 특별한 사정이 없는 한, 각 보증인은 보증한 한도 이상의 채무에 대하여는 그 책임이 없음은 물론이지만 주채무의 일부가 변제되었다고 하더라도 그 보증한 한도 내의 주채무가 남아 있다면 그 남아 있는 채무에 대하여는 보증책임을 면할 수 없다고 보아야 하므로, 이와 같은 경우에 연대보증인 중 1인이 변제로써 주채무를 감소시켰다고 하더라도 주채무의 남은 금액이 다른 연대보증인의 책임한도를 초과하고 있다면 그 다른 연대보증인으로서는 그 한도 금액 전부에 대한 보증책임이 그대로 남아 있어 위의 채무변제로써 면책된 부분이 전혀 없다고 볼 수밖에 없고, 따라서 이러한 경우에는 채무를 변제한 위 연대보증인이 그 채무의 변제를 내세워 보증책임이 그대로 남아 있는 다른 연대보증인에게 구상권을 행사할 수는 없다($^{대판 2002.3.15.}_{2001다59071}$). 따라서 B의 입장에서는 면책된 부분이 존재하지 아니하므로 A는 구상할 수 없다.

(3) 양 구상권의 경합

공동보증인 상호간의 구상권과 주채무자에 대한 구상권은 부진정연대채권이 된다. 따라서 출재한 공동보증인이 주채무자에게 구상하여 완전히 변제받지 못한 경우에는, 구상의 범위 내에서 다른 공동보증인에게 다시 구상권을 행사할 수 있다.

---

41) 이미 그 이전에 C의 일부 변제로 A의 부담부분은 1만 원으로 축소되었다.

사례 34 주채무자 乙의 1,000만 원 채무에 대해 A가 부탁받은 단순 공동보증인으로, B가 연대보증인으로 되어 있다.

질문 1) A가 1,000만 원을 변제를 한 경우 乙, B에 대한 구상관계는?

질문 2) B가 1,000만 원을 변제를 한 경우 乙, A에 대한 구상관계는?

┃해설 34┃

해설 1) i) 乙에 대한 구상: 제441조에 의해 제425조 제2항이 적용되어, 1,000만 원과 면책 후의 법정이자, 불가피한 비용의 구상이 가능하다.

ii) 공동보증인 B에 대한 구상: 구상 범위가 문제되나(부담부분에 대한 약정이 없다면 균등한 것으로 추정), 500만 원의 한도에서 구상권이 발생한다(단 제448조 제1항에 의해 제444조가 준용되어 구상권을 행사하는 범위는 그 당시 이익을 받은 한도에서 500만 원에 대한 구상권을 행사할 수 있다). 乙과 B는 A에 대해 부진정연대채무관계에 놓인다.

해설 2) i) 乙에 대한 구상: 제441조에 의해 제425조 제2항이 적용되어, 1,000만 원과 면책 후의 법정이자, 불가피한 비용의 구상이 가능하다.

ii) 공동보증인 A에 대한 구상: 학설은 크게 세 가지로 나뉜다. 첫째, 분별의 이익이 없는 B가 자신의 채무를 이행한 것이므로 구상권을 단순보증인에게 행사할 수 없다는 견해가 있다(물론 이 견해는 변제자대위로 B의 권리를 보호한다). 둘째, 구상권을 인정하고 구상 범위와 관련하여 제448조 제1항을 적용하는 견해이다. 요컨대 이 견해는 B가 1,000만 원을 변제한 경우, (부담부분이 평등하므로) A의 부담부분을 500만 원, B의 부담부분을 500만 원으로 본다. 따라서 B의 부담부분을 넘는 출재액은 500만 원이고 이를 공동보증인인 A에 대하여 청구할 수 있다고 본다(단, 제448조 제1항에 의해 제444조가 준용되어 구상권을 행사하는 범위는 그 당시 이익을 받은 한도에서 500만 원에 대한 구상권을 행사할 수 있다). 마지막으로, 구상권을 인정하고 구상 범위를 결정함에 있어 제448조 제2항을 적용하는 견해이다.[42)]

사례 35 주채무 A의 채무 300만 원을 연대보증인 B, C, D가 전액을 연대보증하고, B가 채권자에게 300만 원 전부를 변제하였다. D가 무자력인 경우 B의 구상관계는? (단, 법정이자, 피할 수 없는 비용 기타의 손해배상은 고려하지 않는다)

┃해설 35┃ B는 A에게 300만 원을 구상할 수 있다. 또한 B는 무자력인 D에게는 구상권을 실현할 수 없고, C에게 150만 원을 구상할 수 있다.

B, C, D의 내부부담비율이 균등하다고 보면 각각 부담부분은 100만 원이다. 이에 자신의 부담부분을 초과출재(200만 원)한 B는 C, D에게 100만 원씩을 구상할 수 있다. 그런데 D가 무자력

---

42) 이 견해는 보증채무에 대하여 분별의 이익을 인정하는 이유는(그것이 각 보증인과 채권자 사이의 계약이고, 다른 보증인이 이를 모를 수 있음에도 불구하고 인정한다) 어느 한 보증인에 대해서만 주채무 전부에 대한 이행을 담보하지는 않겠다는 것이고, 다수의 보증인이 있는 경우 그 주채무에 대하여 이를 나누어 담보하라는 취지라고 본다. 그렇다면 단순보증인인 A도 적어도 500만 원까지는 출재의 의무가 있으므로 비록 B가 1,000만 원 전부를 출재하여 변제하기는 했지만, A는 자신의 부담부분인 500만 원 한도 내에서는 출재의 의무를 갖는 것이다. 따라서 제448조 제2항에 의한 구상의 부담을 갖는 것이 옳다고 주장한다.

이므로 구상권을 실현할 수 없어 D의 부담부분은 B와 C가 1/2씩 부담하게 된다(제448조 제2항, 제427조). 따라서 B는 최종적으로 150만 원을 C에게 구상할 수 있다.

IX. 계속적 보증(근보증)

1. 의 의	(4) 근보증인 지위의 상속 여부
2. 신용보증(근보증)	3. 신원보증
(1) 피담보채무의 범위 및 한도액	(1) 의 의
(2) 보증책임의 제한	(2) 신원보증법의 내용
(3) 보증인의 해지권	

1. 의 의

일반적으로 계속적 보증이란 일시적 보증에 대응하는 개념으로, 계속적 채권관계에 기하여 채무자가 부담하는 현재 또는 장래의 불특정 채무에 대한 보증을 말한다(제428조의3). 계속적 보증에서는 보증인의 과중한 책임에 대한 합리적 경감이 주된 쟁점이 된다.

2. 신용보증(근보증)

은행거래(당좌대월계약, 신용카드거래 등) 등 일정한 계속적 거래관계에서 발생하는 불확정한 다수의 채무를 보증하는 계약이다.

(1) 피담보채무의 범위 및 최고액

(가) 범 위

보증인은 보증계약에 의해 장래 발생할 채무, 즉 보증계약 체결시 불확정한 채무에 대해서도 보증할 수 있다. 이때 보증인은 보증기간 내에 발생한 채무만을 보증한다. 그러나 판례는 "일반적으로 계속적 거래의 도중에 매수인을 위하여 보증의 범위와 기간의 정함이 없이 보증인이 된 자는 특별한 사정이 없는 한 계약일 이후에 발생되는 채무뿐 아니라 계약일 현재 이미 발생된 채무도 보증하는 것으로 보는 것이 상당하다"고 본다(대판 1995.9.15, 94다41485).

(나) 최고액(보증한도액)

근보증의 경우 최고액(보증한도액)은 서면으로 특정되지 않으면 근보증 계약은 무효가 된다(제428조의3). 그리고 최고액(보증한도액)은 특약이 없는 한 원본한도액이 아닌 채권한도액(원본한도액 + 이자 등 부수채권)으로 한다(대판 1995.6.30, 94다40444). 근보증의 주채무와 근저당권의 피담보채무가 동일한 채무일 때에는 근저당권의 실행으로 변제받은 금액은 근보증의 보증한도액에서 공제된다 $\binom{\text{대판 2004.7.9,}}{\text{2003다27160}}$.

> **대판 2004.7.9, 2003다27160 [양수금]**
> 계속적인 신용거래 관계로부터 장래 발생할 불특정 채무를 보증하기 위해 이른바 보증한도액을 정하여 근보증을 하고 아울러 그 불특정 채무를 담보하기 위하여 동일인이 근저당권설정등기를 하여 물상보증도 한 경우에, 근보증약정과 근저당권설정계약은 별개의 계약으로서 원칙적으로 그 성립과 소멸이 따로 다루어져야 할 것이나, 근보증의 주채무와 근저당권의 피담보채무가 동일한 채무인 이상 근보증과 근저당권은 특별한 사정이 없는 한 동일한 채무를 담보하기 위한 중첩적인 담보로서 근저당권의 실행으로 변제를 받은 금액은 근보증의 보증한도액에서 공제되어야 한다.

(다) 포괄근보증

보증기간이나 보증한도액을 정하지 않는 포괄근보증(주채무가 발생하는 기본계약을 전제하지 않고서 주채무자가 앞으로 부담하게 될 일체의 채무를 보증하는 내용을 담은 근보증)에 대해서도 종전의 판례는 그 유효성을 인정하되 신의칙상 보증인의 책임을 제한했었다$\binom{\text{대판 1987.4.28,}}{\text{86다카2023}}$. 그러나 보증한도액(채무의 최고액)을 정하지 않은 포괄근보증계약은 더 이상 효력이 없다$\binom{\text{제428조의}}{\text{3 제2항}}$. 따라서 서면에 보증채무의 최고액이 명시적으로 기재되어 있지 않고 또 최고액을 추단할 수 있는 기재가 없다면 보증계약은 무효이다$\binom{\text{대판 2019.3.14,}}{\text{2018다282473}}$.

한편 호의보증인 경우 보증인보호법이 적용되어 보증기간의 약정이 없으면 보증기간을 3년으로 본다$\binom{\text{보증인보호법}}{\text{제7조 제1항}}$.[43]

(2) 보증책임의 제한

(가) 당사자의 의사에 의한 제한

보증계약서의 문언상 보증기간이나 보증한도액을 정함이 없이 주채무자가 부담하는 모든 채무를 보증인이 보증하는 것으로 되어 있다 하더라도 그 보증을 하게 된 동기와 목적, 피보증채무의 내용, 거래의 관행 등 제반 사정에 비추어 당사자의 의사가 계약문언과는 달리 일정한 범위의 거래의 보증에 국한된 것이었다고 인정할 수 있는 경우에는 그 보증책임의 범위는 제한된다$\binom{\text{대판 2001.11.}}{\text{27, 99다8353}}$. 그리고 앞서 본 것처럼 서면에 의한 보증한도액이 정해지지 않은 근보증계약은 무효이다$\binom{\text{제428조의}}{\text{3 제2항}}$.

(나) 신의칙상 제한

채권자와 주채무자 사이의 계속적인 거래관계에서 발생하는 불확정한 채무를 보증하는 이른바 계속적 보증의 경우에도 보증인에게는 주채무자가 이행하지 아니하는 채무를 전부 이행할 의무가 있는 것이 원칙이다. 다만 판례는 보증인이 보증 당시에 예상했거나 예상할 수 있었던

---

43) 이하에서 언급된 판결례는 모두 보증인보호법이 시행(2016.12)된 이후에 나온 판결이다.

범위를 훨씬 초과하여 객관적인 상당성을 잃을 정도로 주채무가 과다하게 발생하였고, 또 그와 같이 주채무가 과다하게 발생한 원인이 채권자가 주채무자의 자산상태가 현저히 악화된 사정을 잘 알고 있으면서도(중대한 과실로 알지 못한 경우도 마찬가지다) 그와 같은 사정을 알 수 없었던 보증인에게 아무런 통지나 의사타진도 하지 아니한 채 고의로 거래의 규모를 확대하였기 때문인 것으로 인정되는 등, 채권자가 보증인에게 주채무의 전부이행을 청구하는 것이 신의칙에 반하는 것으로 판단될 만한 특별한 사정이 있는 경우에 한하여 보증인의 책임을 합리적인 범위 내로 제한할 수 있다고 본다(대판 1995.4.). 그러나 2015년 법개정으로 근보증의 경우 보증한 도액이 정해져 있어야 하는데(제428조의 3 제1항) 이러한 경우에는 특별한 사정이 없는 한 보증인은 보증한도액의 범위 내에서 보증책임이 인정될 것이라 예상할 것이므로 주채무가 과다하게 발생하였다고 하여 바로 보증책임이 그 예상액을 훨씬 넘어 가중되었다고 보기 어렵다(대판 1995.6.30. 94다40444).

한정근보증이라도 판례는 특별한 사정이 있는 때에는 보증범위를 제한하고 있다. 예컨대 보증인이 회사의 직책을 맡고 있어 어쩔 수 없이 회사의 채무에 대하여 연대보증을 하였고, 또 회사의 거래상대방이 거래할 때마다 거래 당시의 회사에 재직하고 있던 이사 등의 연대보증을 새로이 받아오는 등의 특별한 사정이 있다면(대판 1998.12. 22. 98다34911), 그 보증인의 책임을 보증인이 재직 중에 있을 때 생긴 채무만으로 제한한다(대판 1999.9.3. 99다23055. 사정변경에 의한 해지권에 대한 설명은 후술하기로 한다). 그러나 회사 채무를 보증한 자가 그 직책을 사임하였다 할지라도 보증채무가 확정채무라면 보증인의 책임은 제한되지 않으며(대판 1999.9. 3. 99다23055), 사임을 이유로 보증계약을 해지할 수 없다(대판 1994.12. 27. 94다46008).

(3) 보증인의 해지권

(가) 임의해지권

학설은 보증계약에 존속기간 및 한도액의 정함이 없는 경우, 신의칙이나 당사자의 의사해석에 의하여 보증계약 성립 후 상당한 기간이 경과하면 해지(임의해지)의 효력이 발생한다고 본다. 그러나 판례는 이러한 임의해지권을 인정하지 않는다(대판 2001.11. 27. 99다8353). 호의보증인 경우 보증기간의 약정이 없으면 보증기간을 3년으로 본다(보증인보호법 제7조 제1항).

▌ 대판 2001.11.27, 99다8353 [보증채무금]
계속적 보증의 경우 보증에 이르게 된 경위, 상당기간의 경과, 주채무자에 대한 신뢰의 상실, 주채무자의 자산상태의 변화, 보증인의 지위의 변동 기타 채권자측의 사정 등 여러 사정을 고려하여 사회통념상 그 보증을 계속 존속시키는 것이 상당하지 않다고 볼 수 있는 경우에는 상대방인 채권자에게 신의칙상 묵과할 수 없는 손해를 입게 하는 등의 특별한 사정이 없는 한 보증인에게 그 해지권이 인정된다고 할 것이나, 기간을 정하지 않은 계속적 보증계약이라고 하여 상당한 기간이 경과하였다는 사정만으로 바로 그 해지권이 발생한다고 할 수 없다.

(나) 특별해지권

1) 학설은 보증계약에 존속기간 및 한도액의 정함이 없는 경우, 사정변경을 이유로 한 특별

해지권을 인정하여 보증인을 보호하기도 한다. 판례 또한 특별해지권을 인정하며$\binom{\text{대판 2001.11.}}{\text{27, 99다8353}}$, 보증계약에 존속기간 및 한도액의 정함이 있는 경우에도 특별해지권을 인정한다$\binom{\text{대판 1996.12.10,}}{\text{96다27858; 대판}}$ $\binom{\text{1998.6.26,}}{\text{98다11826}}$. 특별해지권에 의한 해지가 인정되면 보증인은 해지 이후에 발생한 채무에 대해서는 보증책임을 부담하지 않는다$\binom{\text{대판 2002.2.26,}}{\text{2000다48265}}$.

▌대판 1996.12.10, 96다27858 [구상금]
계속적인 보증에 있어서는 보증계약 후 당초 예기하지 못한 사정변경이 생겨 보증인에게 계속하여 보증책임을 지우는 것이 당사자의 의사해석 내지 신의칙에 비추어 상당하지 못하다고 인정되는 경우에는, 상대방인 채권자에게 신의칙상 묵과할 수 없는 손해를 입게 하는 등의 특별한 사정이 없는 한 보증인의 일방적인 보증계약해지의 의사표시에 의하여 보증계약을 해지할 수 있다.

2) 계속적 보증에서 보증인은 보증인으로서 보증계약을 해지할 만한 상당한 이유가 있는 경우 계약해지로 인하여 상대방인 채권자에게 신의칙상 묵과할 수 없는 손해를 입게 하는 등 특단의 사정이 없는 한, 특별해지권에 기하여 일방적으로 이를 해지할 수 있다. 계속적 보증계약을 해지할 만한 상당한 이유는 보증의 경위, 주채무자와 보증인간의 관계, 보증계약의 내용, 채무증가의 구체적인 경과와 채무의 규모, 주채무자의 신뢰상실 여부와 그 정도, 보증인의 지위 변화, 주채무자의 자력에 관한 채권자나 보증인의 인식 등 제반 사정을 종합적으로 고려하여 판단되어야 한다$\binom{\text{대판 2003.1.24,}}{\text{2000다37937}}$. 판례는 보증인의 신분이나 지위에 현저한 변화가 생긴 경우$\binom{\text{대판 1996.10.29, 95다17533;}}{\text{대판 2000.3.10, 99다61750}}$, 주채무자에 대한 신뢰가 깨진 경우$\binom{\text{대판 2002.2.26,}}{\text{2000다48265}}$, 보증에 이르게 된 경위에 대한 심각한 착오가 있었던 경우$\binom{\text{대판 1995.6.30,}}{\text{95다9716}}$에 해지권을 인정한다.

예컨대 회사의 이사였기 때문에 부득이 회사의 채무에 연대보증인이 된 자가 그 후 퇴직하여 이사의 지위를 상실하게 된 때에는 사회통념상 계속 보증인의 지위를 유지케 하는 것이 부당하므로, 연대보증계약 성립 당시의 사정에 현저한 변경이 있음을 이유로 연대보증인은 그 보증계약을 일방적으로 해지할 수 있다$\binom{\text{대판 2000.3.10,}}{\text{99다61750}}$. 반면에 대주주로서 이사의 지위에 있을 때 체결한 포괄근보증계약을 체결하였다가 감사가 된 보증인은 그 신분이나 지위에 현저한 변화가 있다고 볼 수 없어 계약을 해지할 수 없다$\binom{\text{대판 1995.4.25,}}{\text{94다37073}}$.

(4) 근보증인 지위의 상속 여부

보증한도액이 정해진 계속적 보증계약의 경우 보증인의 사망시 특별한 사정이 없는 한 상속인들이 보증인의 지위를 승계하지만 포괄근보증의 경우 보증인이 사망하면 보증인의 지위가 상속되지 않고, 기왕에 발생된 보증채무만이 상속된다$\binom{\text{대판 2001.6.12,}}{\text{2000다47187}}$.

▌대판 2001.6.12, 2000다47187 [보증채무금등]
보증한도액이 정해진 계속적 보증계약의 경우 보증인이 사망하였다 하더라도 보증계약이 당연히 종료되는 것은 아니고 특별한 사정이 없는 한 상속인들이 보증인의 지위를 승계한다고 보아야 할 것이나, 보증기간과 보증한도액의 정함이 없는 계속적 보증계약의 경우에는 보증인이 사망하면 보증인의 지위가 상속인에게 상속된다고 할 수 없고 다만, 기왕에 발생된 보증채무만이 상속된다.

3. 신원보증

(1) 의 의

신원보증계약은 피용자가 업무를 수행하는 과정에서 그의 책임있는 사유로 사용자에게 손해를 입힌 경우에 그 손해를 배상할 채무를 부담할 것을 약정하는 계약이다(신원보증 법 제2조).

(2) 신원보증법의 내용

(가) 적용범위

신원보증법은 '피용자'를 위한 보증에 적용된다. 따라서 신원보증계약은 고용관계 및 사용자·피용자 관계가 있는 것을 전제로 한다. 사용관계 등이 없는 경우에는 신원보증이 아닌 재정보증으로 본다(대판 1990.5.11, 89다카18031). 한편 여기서 말하는 고용관계는 전형적인 고용계약이 아니더라도 지휘·감독관계에 있는 넓은 의미의 사용자, 피용자관계에 있으면 충분한 것으로 이해된다(대판 1987.4.28, 86다카2023). 이 법의 규정에 반하는 특약 중에서 어떤 명칭이나 내용이든지 신원보증인에게 불리한 것은 효력이 없다(신원보증 법 제8조).

(나) 존속기간(신원보증 법 제3조)

기간을 정하지 아니한 신원보증계약은 그 성립일부터 2년간 효력을 가진다. 또한 신원보증계약의 기간은 2년을 초과하지 못한다. 이보다 장기간으로 정한 경우에는 그 기간을 2년으로 단축한다. 신원보증계약은 갱신할 수 있다. 다만, 그 기간은 갱신한 날부터 2년을 초과하지 못한다.

(다) 사용자의 통지의무(신원보증 법 제4조)

사용자는 피용자가 업무상 부적격자이거나 불성실한 행적이 있어 이로 인하여 신원보증인의 책임을 야기할 염려가 있음을 안 때 또는 피용자의 업무나 업무수행의 장소를 변경함으로써 신원보증인의 책임을 가중하거나 그 감독이 곤란하게 된 경우에는 신원보증인에게 통지해야 한다. 사용자가 고의 또는 중과실로 이러한 통지의무를 게을리하여 신원보증인이 신원보증법 제5조에 따른 해지권을 행사하지 못한 경우 신원보증인은 그로 인하여 발생한 손해의 한도에서 의무를 면한다.

(라) 신원보증인의 해지권(신원보증 법 제5조)

사용자로부터 제4조 제1항의 통지를 받았거나 신원보증인이 스스로 제4조 제1항 각호의 1에 해당하는 사유가 있음을 안 경우, 피용자의 고의 또는 과실이 있는 행위로 발생한 손해를 신원보증인이 배상한 경우, 기타 계약의 기초되는 사정에 중대한 변경이 있는 경우, 신원보증인은 신원보증계약을 해지할 수 있다. 한편 사용자가 근로자에게 퇴직금을 지급하였다면, 사용자와 근로자가 퇴직금 지급 후에도 여전히 근로관계가 계속되고 있다 하더라도 신원보증계약은 당연 해지되었다고 본다(대판 2000.3.14, 99다68676).

(마) 보증책임의 내용(신원보증법 제6조 제1항)

신원보증인은 피용자의 고의 또는 중과실로 인한 행위로 인하여 발생한 손해에 대하여 배상할 책임이 있다. 신원보증인이 2인 이상인 경우에는 특별한 의사표시가 없으면 각 신원보증인이 균등한 비율로 의무를 부담한다. 법원은 신원보증인의 손해배상액을 산정할 때 피용자의 감독에 관한 사용자의 과실 유무, 신원보증을 하게 된 사유 및 이를 할 때 주의를 한 정도, 피용자의 업무 또는 신원의 변화, 그 밖의 사정을 고려하여야 한다(법원의 필요적 참작사유이다. 대판 2009.11.26, 2009다59671).

(바) 신원보증채무의 비상속성(신원보증 법 제7조)

신원보증계약은 신원보증인의 사망으로 종료한다. 그러나 신원보증인이 사망하기 전에 이미 발생한 신원보증계약으로 인한 보증채무는 상속인에게 상속된다(대판 1972.2.9, 71다2747).

X. 손해담보계약[44]

손해담보계약은 일정한 사항에서 생길 손해의 전보를 목적으로 하는 계약이다.

이는 주채무의 존재가 없더라도 가능하므로, 부종성과 보충성이 없고 구상권도 없다. 예컨대 주채무의 성립계약이 무효 · 취소 · 해제되었을 때에 보증인이 채권자에게 발생하는 손실을 보상해 주는 경우가 대부분의 손해담보계약에 해당된다.

주채무자의 손해배상의무가 없더라도 담보의무자는 독자적인 배상의무를 부담하며 이는 담보계약상의 이행청구권을 의미한다(대판 2002.5.24, 2000다72572).

> ▌**대판 2002.5.24, 2000다72572 [손해배상(기)]**
> 손해담보계약상 담보의무자의 책임은 손해배상책임이 아니라 이행의 책임이고, 따라서 담보계약상 담보권리자의 담보의무자에 대한 청구권의 성질은 손해배상청구권이 아니라 이행청구권이므로, 민법 제396조의 과실상계 규정이 준용될 수 없음은 물론 과실상계의 법리를 유추적용하여 그 담보책임을 감경할 수도 없는 것이 원칙이지만, 다만 담보권리자의 고의 또는 과실로 손해가 야기되는 등

---

44) 대판 1994.12.9, 93다43873에서 소위 '독립적 은행보증'을 인정하고 있는데 이도 결국은 손해담보계약의 일종으로 파악할 수 있다. 손해담보계약과 보증채무에 대해서는 김형석, "보증계약과 손해담보계약", 저스티스, 통권 77호(2004년), 49면 이하 참조.

의 구체적인 사정에 비추어 담보권리자의 권리행사가 신의칙 또는 형평의 원칙에 반하는 경우에는 그 권리 행사의 전부 또는 일부가 제한될 수는 있다.

요건사실론 **보증채무**

주채무자에 대하여 대여금의 반환을 청구하면서 보증인에 대하여 보증채무의 이행을 구하는 소송이 빈번하다.

1. 원고(채권자)가 피고(보증인)에게 보증채무의 이행을 구하는 경우 소송물은 "보증채무이행청구권"이다. 이때 원고는 ⓐ 주채무의 발생과 ⓑ 보증계약 체결 사실을 주장·증명해야 한다.

가. 보증채무는 주채무 없이는 존재할 수 없으므로 먼저 주채무의 발생사실이 주장·증명되어야 한다.

나. 보증채무는 주채무의 이자, 위약금, 손해배상 기타 주채무에 종속된 채무를 포함하므로, 특약으로 이자 및 지연손해금이 보증계약의 대상에서 제외된 때에는 피고가 항변으로 그러한 특약의 체결사실을 주장·증명해야 한다.

다. 원고가 피고에 대하여 주채무자와의 연대보증책임을 묻는 경우 원고는 피고의 연대보증 사실을 주장·증명해야 한다. 단순히 원고가 보증채무의 이행을 구한다면 피고가 최고·검색의 항변을 할 때를 기다려 원고가 재항변으로 연대보증한 사실을 주장하는 것도 가능하다. 다만, 공동보증인 각자에 대하여 보증채무 전액의 지급을 구하기 위해서는 그 보증채무가 공동보증인 간에 분별의 이익이 없는 연대보증채무여야 하므로, 연대보증 사실을 주장하지 않으면 청구의 일부가 주장 자체로 이유 없게 된다.

2. 원고가 보증채무를 이행청구하는 경우 피고는 ① 주채무와 관련된 항변과 ② 보증채무에 특유한 항변을 할 수 있다.

가. 주채무자와 관련된 항변

주채무자에 관하여 생긴 사유의 효력은 원칙적으로 모두 보증인에 대하여 효력이 미친다. 따라서 주채무의 소멸은 그 원인 여하를 불문하고 언제나 보증채무에 영향이 있고, 주채무자에 대한 시효중단은 보증인에게도 그 효력이 있다.

(1) 보증채무의 시효소멸

(가) 보증채무에 대한 소멸시효가 중단되었다고 하더라도 이로써 주채무에 대한 소멸시효가 중단되는 것은 아니나, 주채무가 소멸시효 완성으로 소멸된 경우에는 보증채무도 그 채무 자체의 시효중단에 불구하고 부종성에 따라 당연히 소멸하므로, 피고는 주채무의 시효소멸을 항변으로 주장할 수 있다.

(나) 원고는 소멸시효의 중단을 재항변 할 수 있는바, 주채무에 대한 시효중단사유를 주장하여야 하고, 보증채무 자체에 대한 시효중단 사유를 주장하는 것은 주채무의 시효소멸을 막을 수 없어 주장 자체로 이유 없는 것이 된다.

(다) 주채무자가 시효이익을 포기한 경우에도 보증인에 대하여는 효력이 없으므로(제433조), 원고가 주채무자의 시효이익의 포기 사실을 주장하여도 피고의 주채무 시효소멸의 항변에 대한 유효한 재항변이 되지 못한다.

(라) 보증인이 보증채무의 시효완성 후 그 시효이익을 포기한 경우에도 주채무의 시효소멸을 원용할 수 있는지에 대하여 학설의 대립이 있지만, 특별한 사정이 없는 한 주채무의 시효소멸을 원용할 수 있다고 보는 것이 타당하다.

(2) 주채무자의 채권과 상계

(가) 보증인은 자신의 채권자에 대한 채권으로 보증채권과 상계할 수 있음은 물론, 주채무자의 채권자에 대한 채권으로도 상계를 할 수 있다($\frac{제434}{조}$).

(나) 보증인의 채권과 주채무자의 채권이 함께 상계적상에 있는 경우, 피고가 주채무자의 채권과 보증인인 피고 자신의 채권을 모두 자동채권으로 하여 소송상 상계를 주장하고 있다면 보증채무의 부종성에 따라 주채무자의 채권부터 자동채권으로 삼는 것이 타당하다.

(다) 보증인이 자신에 채권에 의한 소송상 상계를 주장하는 것은 당해 소송의 사실심 변론종결 전에 주채무가 다른 이유로 소멸하지 않고 잔존하는 것을 조건부로 하는 일종의 예비적 상계로 해석함이 상당하므로, 판결상의 판단순서에 있어서 주채무의 채권에 의한 상계 주장을 포함하여 다른 채무 소멸 원인에 관한 항변을 먼저 판단해야 한다.

(라) 원고가 어떤 채권의 지급을 구하고 있는데, 원고가 피고에 대하여 다른 채권의 보증채무를 지고 있다면서 이를 자동채권으로 하여 피고가 상계를 주장하는 것은 원고가 갖는 최고·검색의 항변권을 행사할 수 있는 기회를 박탈하는 것이 되므로 허용되지 않는다.

나. 보증채무에 특유한 항변

피고는 주채무와 관련된 항변 이외에도 보증채무에 특유한 항변도 할 수 있다.

(1) 최고·검색의 항변권($\frac{제437}{조}$)

(가) 피고는 주채무자의 변제자력이 있는 사실과 그 집행이 용이한 사실을 증명하여 최고·검색의 항변을 할 수 있다.

(나) 원고는 주채무자에 대하여 이미 채권을 청구했던 사실 또는 당해 보증인이 연대보증인인 사실을 재항변할 수 있다.

(2) 이행거절권($\frac{제435}{조}$)

보증인은 주채무자가 채권자에 대하여 취소권 또는 해제권이 등이 있는 동안은 이행거절권을 행사할 수 있다. 이러한 이행거절권은 권리항변의 성격을 가지므로 항변권자가 이를 행사하여야만 법원에서 고려할 수 있다.

제6장 채권의 소멸

제1절 서 설
제2절 변 제
제3절 변제자대위
제4절 대물변제
제5절 공 탁

제6절 상 계
제7절 경 개
제8절 면 제
제9절 혼 동

제1절 서 설

민법은 채권의 소멸사유로 7가지를 규정하고 있다. 그것은 (i) 변제($^{제460조 \ 내}_{지 \ 제486조}$), (ii) 대물변제($^{제466}_{조}$), (iii) 공탁($^{제487조 \ 내}_{지 \ 제491조}$), (iv) 상계($^{제492조 \ 내}_{지 \ 제499조}$), (v) 경개($^{제500조 \ 내}_{지 \ 제505조}$), (vi) 면제($^{제506}_{조}$), (vii) 혼동($^{제507}_{조}$)이다. 채권은 위의 7가지 사유 이외에 권리 일반의 소멸원인인 법률행위의 취소, 해제, 해제조건의 성취, 기한의 도래, 소멸시효의 완성 등에 의해서도 소멸한다.

채권의 소멸은 그 원인에 따라 목적 도달에 의한 소멸과 목적 도달과 무관한 채권의 소멸로 분류할 수 있다. 변제, 대물변제, 강제집행, 담보권 실현은 전자에 해당하며, 상계, 경개, 면제, 혼동은 후자에 해당한다.

제2절 변 제

Ⅰ. 의 의
  1. 정 의
  2. 변제에서의 의사적 요소
Ⅱ. 변제의 제공
  1. 변제제공의 의의
  2. 변제제공의 방법($^{제460}_{조}$)
  3. 변제제공의 효과

Ⅲ. 변제자
  1. 채무자 및 변제권한이 주어진 자
  2. 제3자의 변제
Ⅳ. 변제수령자
  1. 원 칙
  2. 표현수령권자
Ⅴ. 변제의 목적물

Ⅵ. 변제장소와 시기
  1. 변제장소
  2. 변제의 시기
Ⅶ. 변제비용과 증거
  1. 변제비용
  2. 변제의 증거

Ⅷ. 변제충당
  1. 일반론
  2. 합의변제충당
  3. 지정변제충당(제476조)
  4. 법정변제충당(제477조)
  5. 변제충당 사례연습

Ⅰ. 의 의

1. 정 의

변제란 채무자 또는 제3자의 급부행위에 의하여 채권이 만족을 얻어 채권의 소멸이라는 법률효과를 발생시키는 법률요건이다. 즉 변제는 급부실현을 의미하며 '이행'이라고도 한다. 예컨대 동산의 매매에서 매수인이 매매대금을 지급하는 것, 매도인이 매매 목적물을 인도하는 것이 변제에 해당한다. 급부행위와 급부결과 중 급부결과가 변제 여부를 결정하는 기준이 된다.

변제의 법적 성질에 대해서는 준법률행위설이 지배적 견해이다. 이 견해는 변제로 인한 채권의 소멸과 관련하여 변제의사의 효과가 아니라 급부가 실현되었다는 사실에서 그 근거를 찾는다.

2. 변제에서의 의사적 요소

변제행위가 되기 위해서는 변제의사 내지 인식이 필요하다. 다만 이 의사에 따라 채권소멸의 효과가 생기는 것은 아니라는 점에서 변제행위를 법률행위가 아니라 준법률행위로 본다. 즉 채권소멸의 이유를 변제의사가 아닌 급부가 실현되었다는 점에서 찾는다. 채권의 소멸을 지향하는 변제와 변제를 실현하기 위한 변제행위는 본질적으로 구별된다. 변제행위가 법률행위일 때에는 변제행위에 대리도 가능하고, 제한능력 등을 이유로 그 법률행위를 취소할 수 있으나, 변제 그 자체는 제한능력, 착오, 사기·강박을 이유로 이를 취소할 수 없다.

부작위채무의 실현을 위한 변제행위에는 이와 같은 변제의사도 요구되지 않는다고 해야 할 것이다(예컨대 영업행위를 하지 않기로 하는 채무를 부담하는 경우 채무자가 이행기 전에 의식불명의 상태에서 영업을 하지 않았더라도 채무는 소멸한다. 이때에도 여전히 변제의사가 요구된다면 변제가 성립하지 않는다고 해야 하지만 이러한 결론은 부당하다).

II. 변제의 제공

1. 변제제공의 의의

변제제공이란 채무이행을 위해 채권자의 협력이 필요한 경우 채무자가 해야 할 모든 행위를 마치고 상대방인 채권자의 협력을 요구하는 것을 말하며 이행제공이라고도 한다. 변제제공이 있으면 채권자지체가 성립하여 적극적으로 채권자에게 일정한 불이익이 발생하고, 채무자 자신은 채무불이행책임을 면하게 함으로써 성실한 채무자를 보호한다.

2. 변제제공의 방법($^{제460}_{조}$)

변제제공은 채무내용에 좇은 현실제공으로 해야 함이 원칙이다. 그러나 채권자가 미리 변제 받기를 거절하거나 채무의 이행에 채권자의 행위를 요하는 경우에는 예외적으로 변제 준비의 완료를 통지하고 그 수령을 최고하면 된다(구두제공). 결국 현실제공이란 채무자로서 해야 할 행위를 실제로 완료하는 것을 의미하며, 구두제공이란 변제 준비의 완료를 통지하고 그 수령을 최고하는 것을 의미한다.

(1) 현실의 제공

(가) 금전채무의 현실제공

금전채무의 현실제공이 인정되기 위해서는 채무 전액을 제공하여야 한다. 일부의 변제제공으로는 이행제공의 효력이 발생할 수 없고($^{대판 1984.9.11,}_{84다카781}$), 채무의 일부를 공탁한 경우 공탁한 부분에 대해서도 변제의 효력이 발생하지 않는다($^{대판 1996.7.26,}_{96다14616}$). 다만 근소한 금액의 차이는 신의칙상 현실의 제공으로 인정된다.

금전채무의 경우 통화 외에 우편환, 지급보증부수표, 은행발행의 자기앞수표 등의 제공은 현실제공이 되나, 보통의 수표나 약속어음의 제공 또는 은행통장과 인출인장의 제공은 원칙적으로 변제제공이 아니다. 예를 들어, 수표가 기존 원인채무의 지급확보를 위하여 또는 그 담보를 위하여 발행 또는 교부된 경우에 채권자가 그 수표를 유상 또는 무상으로 타인에게 양도하였다고 하더라도 그에 의하여 바로 기존 원인채무가 소멸하는 것이 아니고, 수표를 양도한 채권자가 수표상의 상환의무를 종국적으로 면하게 될 때 비로소 기존 원인채무가 소멸한다($^{대판}_{2002.}$ $^{12.24,}_{2001다3917}$). 채무자가 채권자에게 기존 채무의 이행에 관하여 수표를 교부하는 경우 다른 특별한 사정이 없는 한 이는 '지급을 위하여' 교부된 것으로 추정되므로 기존의 원인채무는 소멸하지 아니하고 수표상의 채무와 병존한다고 보아야 한다($^{대판 2003.5.30.}_{2003다13512}$). 이 때 기존 채무의 이행에 관하여 채무자로부터 수표를 교부받은 채권자가 원인채권만을 제3자에게 양도한 경우 채무자가 채권자에게 수표금을 지급했다면 이로써 채권양수인에게 대항할 수 있다($^{대판 2003.5.30.}_{2003다13512}$).

> **사례 1** A는 채권자이자 수표소지인이고 B는 채무자이자 수표교부자이며 C는 수표는 제외하고 기존 원인채권만 양수한 자이다. 이때 B가 A로부터 원인채권이 C에게 양도되었다는 양도통지를 받은 후 A에게 수표금 지급을 하였다면, B는 채무의 이행을 이유로 C에게 대항할 수 있는가?
>
> (대판 2003.5.30, 2003다13512 참조)
>
> **│해설 1│** 대항할 수 있다.
>
> 수표의 교부는 지급을 위한 것으로 추정되어 수표의 교부만으로는 원인채무가 소멸하지 않으므로 원인채권만의 양도도 가능하다.
>
> 기존채무의 지급을 위하여 수표를 교부받은 채권자가 그 수표와 분리하여 기존 원인채권만을 제3자에게 양도한 경우, 기존채무의 지급을 위하여 수표를 교부하였다는 것은 채무자와 기존채권의 양도인 사이에서는 그 수표금이 지급되는 등 채무자가 그 수표상의 상환의무를 면하게 되면 원인채무 또한 소멸할 것을 예정하고 있었던 것으로 보아야 할 것인데, 수표금의 지급으로써 기존 원인채무도 소멸할 것을 예정하고 있었던 사정은 그 채권양도통지 이전에 이미 존재하고 있었던 것이므로, 그 채권양도통지 후에 수표금의 지급이 이루어지더라도 이는 양도통지 후에 새로이 발생한 사유로 볼 수는 없다고 할 것이니, 따라서 채무자로서는 기존 원인채권의 양수인에 대하여 기존채무의 지급을 위하여 교부한 수표가 양도통지 이후에 결제되었다는 사유로써 그 기존채무의 소멸을 주장할 수 있다.

(나) 금전 이외의 물건 인도를 목적으로 하는 채무의 현실제공

특정물의 경우 현상인도의무(제462조 "... 이행기의 현상대로...")가 규정되어 있으므로 계약 당시의 성질을 갖고 있지 못한 물건의 인도라도 변제의 제공이 된다는 것이 다수의 견해이나 사견으로는 적법한 현실제공이 될 수 없다고 본다. 나아가 매수인은 제580조의 하자담보책임을 물을 수 있다. 종류물의 인도채무를 부담하는 경우 수량부족 또는 품질미달이 있을 때에는 적법한 이행제공이 아니므로 채권자는 수령을 거절하거나 또는 목적물을 수령하고 채무불이행책임 또는 담보책임을 물을 수 있다. 송부채무에서는 매수인이 처분가능한 화물상환증을 송부하는 것이 현실제공이 된다.

특정물의 인도채무는 채무의 성질 또는 당사자의 의사표시로 변제장소를 정하지 않았으면 채권성립 당시에 그 물건이 있던 장소가, 종류채무의 경우 채권자의 현주소가 인도장소가 된다(제467조). 인도장소는 적법한 변제제공이 이루어져야 할 장소라는 점에서 변제제공과 관련이 있다.

부동산 매매시 등기의 공동신청주의(부동산등기법 제23조 제1항)로 인하여 매도인의 이전등기의무에 상응하여 매수인은 등기에 협력해야 할 의무가 있다. 매도인의 변제제공의 정도는 그 시기와 구체적 상황에 따라 신의칙에 의해 합리적으로 정해진다.[1]

---

1) 대판 2001.12.11, 2001다36511: 부동산의 매수인이 계약의 이행에 비협조적인 태도를 취하면서 잔대금의 지급을 미루는 등 소유권이전등기서류를 수령할 준비를 아니한 경우에는 매도인이 소유권이전등기에 필요한 대부분의 서류를 작성하여 이행제공했고 미비된 일부 서류들은 잔금지급시에 교부하기로 하였으며 이들 서류는 매도인이 언제라도 발급받아 교부할 수 있다면 소유권이전등기의무에 대한 충분한 이행의 제공이 있었다고 본다. 따라서 매수인은 일부 서류의 미비를 이유로 잔대금 지급을 거절할 수 없다.

(2) 구두의 제공

(가) 의 의

구두의 제공이란 변제준비의 완료를 통지하고 그 수령을 최고하는 경우를 의미한다(변제준비의 완료 + 수령최고). 단순히 일체의 이행준비를 완료했더라도 채권자에게 통지와 수령의 최고를 하지 않았다면 이행제공으로 볼 수 없다(대판 1975.6.24, 74다1455).

심화학습

종류채권에서의 이행 제공

이행지체나 채권자지체를 성립시키기 위한 변제제공의 방법을 규정한 제460조의 단서에서 '변제준비의 완료와 그 수령의 통지'도 변제제공으로 보는데 이를 구두제공이라고 한다. 종류채무의 경우 목적물의 분리·지정이 없더라도 변제 준비의 완료가 가능하다(변제를 위한 구두제공).

한편 추심채무로 약정된 종류채무의 특정을 위해서는 '이행에 필요한 행위의 완료'(제375조 제2항)가 필요한바, 이는 보통 목적물의 분리·지정 후 이를 통지하는 것을 말하는데, 통상 이것도 구두제공이라고 한다(특정을 위한 구두제공).

양자의 구두제공은 목적이 다르기 때문에 그 구두제공의 내용이 다르다. 즉 변제를 위한 구두제공(제460조 단서)은 채권의 소멸을 지향하며 채무자의 이행지체를 면하기 위한 것으로, 분리가 없더라도 '변제준비의 완료'가 가능한 것으로 볼 수 있다. 그러나 특정을 위한 구두제공은 급부의 목적물을 확정하기 위한 것이라는 목적을 고려해 볼 때 분리지정이 전제되어야 한다.[2]

즉 종류채권에서 이행제공은 (i) 지체책임을 면하기 위한 구두제공(분리 없는 구두제공), (ii) 특정을 위한 구두제공(분리가 전제된 구두제공), (iii) 현실제공으로 3분 할 수 있다.

(나) 구두제공만으로도 이행제공이 인정되는 경우

첫째, 채권자가 미리 수령거절한 경우에 공평의 원칙상 구두의 제공만으로도 충분하다. 둘째, 채무이행을 위해서 먼저 채권자의 행위를 필요로 하는 경우에 구두의 제공이 가능하다. 채권자가 공급하는 재료로 가공하는 채무 등이 그 예이다. 셋째, 매도인이 소유권이전등기에 필요한 서류를 현실 제공하였는데 매수인은 매매잔대금 지급채무를 이행제공하지 않은 경우에 그 뒤로는 매도인은 이행장소에 그 서류 등을 준비하여 두고 매수인에게 그 뜻을 통지하고 수령하여 갈 것을 최고하면 된다(이를 현실제공으로 볼 수도 있을 것이다). 예컨대 이행장소로 정한 법무사 사무실에 그 서류 등을 계속 보관시키면서 언제든지 잔대금과 상환으로 그 서류들을 수령할 수 있음을 통지하고 신의칙상 요구되는 상당한 시간 간격을 두고 거듭 수령을 최고하면 특별한 사정이 없는 한 이행의 제공을 다한 것이 되고 그러한 상태가 계속된 기간 동안은 매수인이 이행지체로 된다(대판 2001.5.8, 2001다6053).

---

2) 예컨대 ○○우유 대리점으로부터 100병의 우유 매매계약시 지참채무일 때 매수인이 수령을 미리 거절하거나 또는 추심채무일 때 수령지체를 위한 변제제공은 분리지정 없이 이행제공이 가능하다. 그러나 특정을 위하여 '이행에 필요한 행위의 완료'가 되기 위해서는 분리지정이 된 상태에서 구두제공이 요구된다.

(3) 구두제공조차 필요 없는 경우

채권자의 수령 거절의 의사가 명확하거나 완강하여 채무자의 구두제공조차도 무의미한 경우에는 채권자에게 구두제공도 필요없다. 이 경우 상대방의 동시이행의 항변권이 부정되어 그 일방은 자기채무의 이행제공(구두제공 포함) 없이도 상대방 채무의 이행을 최고할 수 있고, 또 상대방의 이행지체를 이유로 하여 계약을 해제할 수 있다($\binom{\text{대판 }1981.11.}{24, \ 81다633}$).

3. 변제제공의 효과

변제의 제공이 있어도 제공된 급부를 채권자가 수령하지 않으면 채무소멸의 효과가 발생하지는 않는다. 변제제공의 효과는 채권자지체와 관련하여 이해되어야 한다. 변제제공이 있었으나 채권자가 수령하지 않은 경우, 채권자의 귀책사유의 존부와 관계없이 채권자지체를 인정하는 법정책임설에 따르면 채권자지체의 효과($\binom{\text{제401}}{\text{조 이하}}$)는 변제제공의 효과로 볼 수 있으며, 변제제공의 효과($\binom{\text{제461}}{\text{조}}$)도 채권자지체의 효과로 인정된다.

변제제공이 있으면 채무불이행책임이 면책된다($\binom{\text{제461}}{\text{조}}$). 여기서의 채무불이행은 이행지체만을 의미하는 것으로 보아야 한다. 변제제공이 있어도 채무자의 채무불이행(이행불능)책임이 인정될 수 있기 때문이다. 예컨대 유효한 변제제공이 있어 채권자지체가 성립한 후라도 채무자의 고의 또는 중과실에 의한 이행불능시에는 채무자가 책임을 부담한다. 제401조의 "채권자지체 중에 채무자는 고의 또는 중대한 과실이 없으면 불이행으로 인한 모든 책임이 없다"는 규정의 반대해석상 채권자지체 중이라도 채무자에게 고의 또는 중대한 과실이 있으면 이행불능에 대한 채무불이행 책임이 인정될 수 있기 때문이다.

변제제공이 있으면 채권자지체가 성립하며($\binom{\text{제400}}{\text{조}}$) 약정이자가 정지된다($\binom{\text{제402}}{\text{조}}$). 상대방의 동시이행항변권도 상실된다. 단 변제제공은 계속되어야 한다. 변제제공이 계속되지 않는 한, 한번의 현실제공이 있었다는 사실만으로는 상대방의 동시이행항변권을 막을 수 없다. 따라서 그 이행의 제공이 중지된 이후에는 상대방의 의무가 이행지체되었음을 전제로 하는 손해배상청구도 할 수 없다($\binom{\text{대판 }1999.7.9, \ 98다13754;}{\text{대판 }1995.3.14, \ 94다26646}$).

요건사실론 변 제

1. 변제는 매매계약에 따른 청구 또는 대여금 청구에 대한 피고의 항변으로 기능하고 있다.

　가. 예를 들어 매도인이 매수인에게 매매계약에 기한 대금지급청구를 하는 경우 매도인은 필수적으로 매매계약의 체결을 주장·증명해야 한다. 이에 대하여 매수인은 매매대금을 변제하였다는 것으로 항변할 수 있다.

　나. 채권자가 채무자에게 대여금반환청구를 함에 있어서 채권자는 필수적으로 소비대차계약을 체결한 사실을 주장·증명해야 한다. 이에 대하여 채무자는 대여금을 반환, 즉 변제하였다는 것으로 항변할 수 있다.

2. 매매계약에 있어서 피고가 변제의 항변을 하는 경우 피고는 ⓐ 채무의 내용에 좇은 급부가 현실 제공되고 ⓑ 급부가 당해 채무에 관하여 행하여진 것을 주장·증명하여야 한다.

　　가. 급부제공사실 중에 '채무의 이행으로', '채무의 변제 명목으로', '채무의 변제를 위하여' 등으로 간단하게 결합사실을 표현하거나, 결합관계의 유무가 쟁점으로 되지 않을 때에는 '금 ○○○원을 변제한 사실'로 설시한다.

　　나. 제3자에 의한 변제의 경우 그 변제가 채무자의 의사에 반하는 것은 예외에 속한다. 따라서 그 변제의 무효를 주장하는 자에게 증명책임이 있다. 따라서 피고가 제3자에 의하여 변제가 되었다는 사실을 항변하는 경우 원고로서는 ① 당사자의 의사표시로 제3자의 변제를 허용하지 않았다는 점(제469조 제1항 후문) 혹은 ② 변제한 제3자의 이해관계가 없고 매수인의 반대의사가 있었다는 사실(동조 제2항)을 주장·증명해야 한다.

　　3. 대여금 청구에 있어서 피고가 항변사유로서 변제를 주장하기 위해서는 ⓐ 일정 금원을 지급한 사실과 ⓑ 급부가 채무의 변제를 위하여 지급된 사실을 주장·증명하면 된다.

Ⅲ. 변제자

1. 채무자 및 변제권한이 주어진 자

채무자 및 변제권한이 주어진 사람은 채무의 변제를 할 수 있다. 이행행위가 법률행위인 경우 대리인이 할 수 있으며, 이행행위가 사실행위인 경우에는 이행보조자를 사용할 수 있다(대판 2001.6.15, 99다3515).

2. 제3자의 변제

(1) 원 칙

원칙적으로 제3자도 타인의 채무를 변제할 수 있다(제469조 제1항 본문 '채무의 변제는 제3자도 할 수 있다'). 제3자는 타인채무를 이행한다는 의사를 갖고 급부해야 하며(대판 2010.2.11, 2009다71558)[3], 자신의 채무로 오신하여 변제한 경우에는 채무가 소멸되지 않는다. 즉 제3자가 '자신의 이름으로', '타인의 채무를 이행하려는 의사를 갖고' 이행한 것이 아니기 때문이다. 다만 이를 유효한 채무변제로 받은 채권자를 보호하기 위하여 제745조에서 부당이득반환청구를 못하도록 규정하고 있는데 이는 변제가 유효함을 전제로 한다.

---

3) 대판 2010.2.11, 2009다71558: 민법 제469조에 정한 바에 따라 채무의 변제는 제3자도 할 수 있는 것인바, 제3자가 타인의 채무를 변제하여 그 채무를 소멸시키기 위하여는 제3자가 타인의 채무를 변제한다는 의사를 가지고 있었음을 요건으로 하고 이러한 의사는 타인의 채무변제임을 나타내는 변제지정을 통하여 표시되어야 할 것이지만, 채권자가 변제를 수령하면서 제3자가 타인의 채무를 변제하는 것이라는 사실을 인식하였다면 타인의 채무변제라는 지정이 있었다고 볼 수 있다.

채무자의 이름으로 변제한 사람은 채무자의 이행보조자나 대리인이 될 뿐 제3자의 변제는 아니다. 또한 채무인수인은 자기 채무를 변제하는 사람이므로 제3자의 변제가 아니다(대판 2003.7.11, 2002다59825). 그러나 이행인수인은 채권자에 대한 관계에서 채무자가 아니므로 이행인수인의 변제는 제3자의 변제에 해당된다(대판 2002.5.10, 2000다18578).

> **사례 2** 甲이 乙에게 채무를 부담하고 있고, 乙도 丙에게 채무를 지고 있다. 乙의 지시에 좇아 甲이 채무의 이행을 乙이 아닌 丙에게 이행한 경우, 이는 제3자에 의한 채무의 변제에 해당하는가? (대판 2008.9.11, 2006다46278 참조)
>
> **|해설 2|** 제3자에 의한 채무의 변제가 아니다.
> 이 사안은 단축된 급부에 불과하다. 즉 甲의 변제는 결과적으로 乙에게 한 것이고 동시에 乙도 丙에게 변제한 효과가 발생한 것일 뿐, 甲에 의한 제3자의 변제로 볼 수 없다. 따라서 만약 甲과 乙 사이의 법률행위가 무효가 되거나 계약해제가 되어 甲의 乙에 대한 채무가 소급하여 소멸된 경우에는 甲은 乙에게 부당이득반환을 청구하여야 하며 丙에게 반환청구할 수 없다.
> 나아가 丙이 甲, 乙 사이의 법률관계가 무효임을 알고 있었다고 해도 甲은 丙에게 부당이득반환청구가 불가하다고 보았다(대판 2015.4.23, 2014다77956).

(2) 제3자에 의한 채무변제의 제한

첫째, 채무의 성질상 또는 당사자의 의사표시로 제3자의 변제를 허용하지 아니하는 때에는 제3자에 의한 채무의 변제가 허용되지 않는다(제469조 제1항 단서). 예컨대 예술가의 창작행위 등을 들 수 있다.

둘째, 이해관계 없는 제3자는 채무자의 의사에 반하여 변제할 수 없다(제469조 제2항). 반대해석상 변제에 이해관계 있는 제3자는 채무자의 의사에 반해서도 변제할 수 있는데, 여기서 '이해관계' 있는 제3자란 변제를 하지 않으면 채권자로부터 집행을 받게 되거나 또는 채무자에 대한 자기의 권리를 잃게 되는 지위에 있기 때문에 변제함으로써 당연히 대위변제자로 보호를 받아야 할 법률상 이익을 갖는 사람을 말하고, 단지 사실상의 이해관계를 가진 사람은 제외된다(대결 2009.5.28, 2008마109).4) 물상보증인, 저당부동산의 제3취득자(대판 1993.10.12, 93다9903)는 이해관계 있는 제3자에 해당된다. 다만 채무자의 의사를 존중하는 이 규정이 바람직하지 않다고 비판하는 견해는 '이해관계'의 의미를 넓게 해석하여 법률상의 이해관계 외에 사실상, 경제적 이해관계까지 포함된다고 주장한다. 한편 이해관계 없는 제3자의 변제도 채무자의 의사에 반하지 않는 것으로 추정된다(대판 1988.10.24, 87다카1644). 따라서 채무자의 의사에 반한다는 증명책임은 그 변제의 무효를 주장하는 자가 부담한다.

---

4) 채무자와 연립주택건설사업을 같이 하고 있어 채무자가 수사기관에서 조사를 받음으로 인하여 연립주택건설사업에 지장을 받을 우려가 있는 자는 사실상의 이해관계를 갖는 자에 불과하다(대판 1990.4.10, 89다카24834).

사례 3 甲은 乙로부터 X토지를 매수하였다. 甲이 아직 자기 앞으로 소유권이전등기를 하지 않고 있는 동안에 매수인 甲이 丙에 대한 채무담보를 목적으로 乙과 합의하여 乙에서 丙으로 중간생략등기로 소유권이전등기가 경료되었다. 이 경우 乙이 丙 명의로 소유권 이전등기의무를 이행한 것은 제3자에 의한 채무변제인가? (대판 1971.3.23, 71다240,241 참조)

│ 해설 3 │ 제3자에 의한 채무의 변제가 아니다.

乙은 자기 채무를 이행한 것이므로 제3자에 의한 채무변제로 볼 수 없다.

(3) 유효한 제3자 변제의 효과

유효한 제3자의 변제가 있으면 채권이 소멸한다. 제3자와 채무자와의 관계는 별도의 법률관계(예컨대 위임, 부당이득, 사무관리)에 의해 결정된다($\binom{\text{대판 2010.2.11,}}{\text{2009다71558}}$). 제3자가 유효하게 채무자의 채무를 변제한 경우에 채무자와 계약관계가 있으면 그에 따라 구상권을 취득하고, 계약관계가 없으면 특별한 사정이 없는 한 사무관리가 성립($\binom{\text{제734조}}{\text{제1항}}$)하여 사무관리비용의 상환청구권($\binom{\text{제739}}{\text{조}}$)에 따라 구상권을 취득한다($\binom{\text{대판 2022.3.17,}}{\text{2021다276539}}$).변제자가 채무자에 대하여 취득한 구상권을 확보하기 위하여 변제자대위도 가능하다(변제자대위에 관한 자세한 설명은 후술함). 제3자의 변제가 유효하지 않다면 채권자는 수령을 거절해도 채권자지체가 되지 않고, 채무자는 이행지체가 된다.

사례 4 甲은 乙에 대한 채권을 담보하기 위하여 乙 소유의 X부동산과 물상보증인 丙 소유의 Y부동산에 관하여 공동근저당권설정등기를 마쳤다. 한편 丁은 Y부동산에 관하여 위 공동근저당권설정등기보다 후순위로 丙에 대한 채권을 담보하기 위하여 소유권이전청구권가등기를 마쳤다. 그런데 Y부동산이 먼저 임의경매절차에 의하여 매각되었고, 그 매각대금은 甲에게 전액 배당됨으로써 甲이 乙에 대하여 가지는 채권은 3천만 원이 남게 되었다. 丁이 X부동산에 대하여 경매신청을 하기 위하여 乙의 甲에 대한 채무 잔액을 대위 변제하려고 하는 경우, 丁은 乙의 의사에 반하여 변제할 수 있는가? (대결 2009.5.28, 2008마109 참조)

│ 해설 4 │ 丁은 乙의 의사에 반하여 변제할 수 없다.

丙은 乙 소유의 X부동산에 대한 甲의 선순위근저당권을 대위취득하고, 丁은 위 선순위근저당권에 대하여 물상대위함으로써 우선하여 변제를 받을 수 있다. 丁이 X부동산에 대하여 직접 경매신청을 하기 위하여 채무 잔액을 변제하려고 한다는 취지의 주장은 채권자로부터 집행을 받게 되거나 또는 채무자에 대한 자기의 권리를 잃게 되는 지위에 있기 때문이 아닌 사실상의 이해관계에 지나지 않는다.

제1편 제2편 제3편 제4편 제5편 제6편 제7편 제8편 제9편   계약의 효력

474 채권총론 • 제6장 채권의 소멸

Ⅳ. 변제수령자

1. 원 칙

변제수령권한이 있는 채권자는 변제수령자가 될 수 있다. 채권자에게 변제수령권한이 없는 경우(예를 들어, 채권이 압류 또는 가압류된 경우(민사집행법 제227 조, 제296조 제3항)), 채권이 질권의 목적이 된 경우(제349조, 제351조), 채권자가 파산한 경우(채무자회생 법 제384조), 채권자에게 회생절차가 개시되어 회생채권이 된 경우(채무자회생법 제131 조, 제193조 이하))에는 그러한 채권자에 대한 변제는 무효이다. 이때 변제를 수령한 자가 정당한 채권자에게 변제수령액을 부당이득으로 반환할 의무는 없다(대판 2016.4.15, 2015다247509). 진정한 권리자에게 아무런 손해가 없기 때문이다. 그러나 채권의 준점유자, 영수증소지자 이외에 변제수령권한이 없는 자에 대한 변제도 채권자에게 이익이 있으면 그 한도에서 유효하다(제472조). 채권자 이외에 변제수령권한이 인정된 사람(예컨대 대리인, 법정대리인 재산관리인 등)도 적법한 변제수령자가 될 수 있다. 이외에 아래에서 살펴보는 표현수령권자가 변제를 수령할 경우에는 일정한 요건을 구비한다면 변제의 유효성이 인정된다.

민사집행법 압류, 전부명령, 추심명령

압류는 집행기관에 의하여 특정 물건 또는 권리에 대하여 소비나 양도와 같은 처분을 금지하는 행위를 말한다. 채권압류는 압류의 대상이 채무자의 제3채무자에 대한 채권인 압류를 말한다. 예컨대 압류로 B의 채권자인 A가 B의 채무자 C(제3채무자)에 대한 채권을 B가 처분하지 못하게 된다.

전부명령이란 압류된 금전채권을 압류채권자의 집행채권의 변제에 갈음하여 압류채권자에게 이전시키는 집행법원의 결정을 말한다. 전부명령이 있으면 채무는 변제된 것으로 본다. 제3채무자로부터 변제받지 못해도 채무자에 대한 채권은 소멸한다는 의미에서 전부명령으로 채권의 위험이 채권자에게 이전된다(민사집행법 제229조 제3항). 이러한 전부명령을 얻은 압류채권자는 우선변제를 받는 효과를 얻게 된다. 위의 예에서 A가 가진 B에 대한 채권의 변제에 갈음하여 B의 C에 대한 채권이 이전된다.

추심명령은 압류채권자가 채무자의 제3채무자에 대한 금전채권을 대위절차에 의하지 않고 채권자가 채무자를 갈음하여 직접 제3채무자에게 추심할 수 있는 권리를 부여하는 집행법원의 결정을 말한다. 위의 예에서 채권을 전부(轉付)받은 A는 직접 C에게 B에 대한 채무를 자신에게 이행할 것을 청구할 수 있다.

---

2. 표현수령권자

(1) 채권의 준점유자(제470조)

(가) 의 의

제470조는 "채권의 준점유자에 대한 변제는 변제자가 선의이며 과실 없는 때에 한하여 효력이 있다"고 규정하고 있다. 채권의 준점유자란 변제자의 입장에서 볼 때, 거래관념상 채권을

행사할 정당한 권한을 가진 것으로 믿을 만한 외관을 가지는 사람을 말한다. 이에는 준점유자가 스스로 채권자라고 하여 채권을 행사하는 경우뿐만 아니라 채권자의 대리인이라고 하면서 채권을 행사하는 때에도 채권의 준점유자에 해당한다(대판 2004.4.23. 2004다5389). 이러한 사람에게 변제한 경우 일정한 요건을 갖추었다면 변제의 효력이 인정된다.

(나) 채권의 준점유자인지 문제되는 경우

채권압류가 경합된 경우에 그 압류채권자 중의 한 사람이 전부명령(轉付命令)을 얻더라도 그 전부명령은 무효가 되지만, 이 경우에도 그 전부채권자(轉付債權者)는 채권의 준점유자에 해당한다(대판 1995.4.7. 94다59868). 다만 예컨대 제3채무자 丙이 甲의 전부명령을 송달받기 이전에 이미 乙의 가압류결정을 채무자 A가 송달받았을 뿐만 아니라, 乙이 제기한 전부금 청구소송에서 乙의 전부명령은 압류 또는 가압류가 경합된 상태에서 발하여진 것으로서 무효라는 주장을 스스로 제기한 바 있음에도, 그 후 甲이 제기한 전부금 소송절차에서 乙의 압류가 경합되어 있다는 주장을 내세우지도 않음으로써 채무자 A가 패소판결을 받고 바로 그 전부금을 변제하여 버렸다면, 丙은 乙의 전부명령은 물론 甲의 전부명령 또한 乙의 가압류와 경합된 상태에서 발하여진 것으로서 무효라는 것을 알았거나 알 수 있었다고 보아야 할 것이므로 丙의 甲에 대한 변제의 효력을 인정할 수 없다.

상속인이 상속재산의 채무자에게 소를 제기하여 승소판결까지 받았을 때, 혼외자가 인지청구소송이 진행 중임을 채무자에게 알려주었음에도 불구하고 채무자가 인지판결이 확정되기 전에 정당한 상속채권자에게 채무를 이행한 경우, 인지판결이 확정되었더라도 이러한 변제는 특별한 사정이 없는 한 과실 없는 준점유자에 대한 변제로 유효하다(대판 1995.1.24. 93다32200).

예금주의 대리인이라고 주장하는 자가 예금주의 통장과 인감을 소지하고 예금반환청구를 한 경우, 은행이 예금청구서에 나타난 인영과 비밀번호를 신고된 것과 대조·확인하는 외에 주민등록증을 통하여 예금주와 청구인의 호주가 동일인이라는 점까지 확인하여 예금을 지급하였다면 이는 채권의 준점유자에 대한 변제로서 유효하다(대판 2004.4.23. 2004다5389).

사례 5 甲은 丙에 대하여 5천만 원의 채권을 갖고 있는 乙의 대리인이라고 언급하며, 丙에게 甲 자신이 변제수령권한이 있다고 하면서 자신에게 변제하라고 하였다. 이에 따라 丙은 乙에 대한 채권을 甲에게 변제하였다.

질문 1) 乙은 甲에게 기본대리권을 수여하거나, 甲에 대한 대리권 수여를 丙에게 표시한 바도 없었다. 다만, 丙은 甲에게 대리권이 없음을 알지도 못했고, 알지 못함에 과실도 없었다. 이 경우 丙의 변제는 유효한 변제인가?

질문 2) 乙은 甲에게 변제수령의 대리권을 수여했다고 丙에게 말했다. 그러나 실제로 甲에게 대리권을 실제로 수여하지는 않았다. 丙은 甲에게 대리권이 없음을 알지도 못했고, 알지 못함에 과실도 없었다. 이 경우 丙의 변제는 유효한 변제인가?

질문 3) 乙은 甲에게 채권관리에 관한 대리권은 수여하였으나, 변제수령에 대한 대리권은 수여하지 않았다. 丙은 甲에게 변제수령에 대한 대리권이 없음을 알지도 못했고, 알지 못함에 과실도 없었다. 이 경우 丙의 변제는 유효한 변제인가?

질문 4) 乙은 甲에게 변제수령에 관한 대리권을 수여했으나, 丙이 변제하기 전에 甲의 대리권은 소멸한 상태였다. 丙은 甲의 대리권이 소멸했음을 알지도 못했고, 알지 못함에 과실도 없었던 경우 丙의 변제는 유효한 변제인가?

질문 5) 丙은 은행, 乙은 丙은행에 대한 예금주이며, 甲은 丙에 대하여 乙 명의의 통장과 인감을 소지하고 乙의 대리인이라고 칭하면서 예금반환청구를 하였다. 이 때 乙은 사망한 상태였고, 생전에 甲에게 어떠한 대리권을 수여한 적이 없었으며, 甲에게 대리권 수여했음을 丙에게 표시한 적도 없었다. 丙은 예금청구서에 나타난 인영과 비밀번호를 신고된 것과 대조 확인하는 외에 주민등록증을 통하여 乙과 甲의 호주가 동일인이라는 점까지 확인한 후 예금을 지급하였다. 이 경우 丙의 변제는 유효한가?

질문 6) 乙이 아직 생존해 있고, 甲이 乙의 인감을 훔쳐 자신에게 변제수령의 대리권을 수여한다는 내용으로 위조작성된 위임장을 제시하여 丙이 예금을 지급한 경우, 丙의 변제는 유효한가?

질문 7) 甲과 乙이 법률혼 부부이고, 甲이 남편 乙의 인감 및 증명서 등 채권과 관련된 일체의 서류를 갖고 丙에게 변제를 청구한 경우 丙의 변제는 유효한가?

| 해설 5 |

해설 1) 丙의 변제는 채권의 준점유자에 대한 변제로 인정받을 수 있다. 판례는 준점유자가 스스로 채권자라고 하여 채권을 행사하는 경우 및 채권자의 대리인이라고 하면서 채권을 행사하는 때에도 채권의 준점유자에 해당한다고 판시하였다(대판 2004.4.23, 2004다5389). 다만 이 경우 비록 변제자 丙이 선의·무과실이라고 하더라도 채권자 乙에게 대리권 수여의 외관작출 책임을 물을 수 있는 사정이 없으므로, 丙이 자신의 변제를 표현대리를 근거로 유효한 변제로 주장할 수는 없을 것이다.

해설 2, 3, 4) 판례에 의하면 丙의 변제는 각각 채권의 준점유자에 대한 유효한 변제로 볼 수 있고, 각각 제125조, 제126조, 제129조에 근거하여 본인 乙에게 표현대리 책임을 물어 유효한 변제를 주장할 수 있을 것이다.

해설 5) 판례에 의하면 본인 乙이 사망했다는 사실을 丙이 알 수 없으며, 위의 사항을 확인한 경우, 甲에게 변제수령의 권한이 없다는 것에 대한 선의이며 무과실임을 인정받을 수 있으므로 채권의 준점유자에 대한 변제로서는 유효하다(대판 2004.4.23, 2004다5389). 다만 丙이 표현대리인에 대한 유효한 변제를 주장하는 경우, 그 자에게 진정한 대리권이 있는지를 확인할 때 채권자로서의 외관을 가진 경우보다 강화된 주의의무가 요구된다는 입장에서는 이를 인정하기 어려울 것이다. 乙에게는 외관창출 책임도 없다.

해설 6) 乙은 인감을 제대로 관리하지 못한 책임이 있고, 丙은 甲에게 대리권이 없다는 사실에 대하여 선의·무과실로써 채권의 준점유자에 대한 변제 및 제125조에 의한 표현대리책임을 乙에게 주장할 수 있을 것이다.

해설 7) 甲의 행위는 부부 일상에 관한 대리행위로 인정받을 가능성이 있다. 그러나 채무의 성격에 따라 일상가사에 관한 대리행위로 인정되지 않는 경우, 채무자 丙으로서는 문제된 변제수령행위에 관하여 甲이 그 권한을 수여받았다고 믿을 만한 정당한 사유가 있음을 주장·증명하여 일상가사대리권을 기본으로 하는 제126조의 표현대리책임을 乙에게 주장할 수 있을 것이다. 다만 甲과 乙이 이혼을 하였으나, 혼인기간 중 취득하였던 관련 서류를 악용하여 乙이 丙으로부터 변제를 받은 경우 채권의 준점유자에 대한 변제를 주장할 수 있을 것이다.

금융실명법 시행 이후에는 예금명의자만이 계약당사자에 해당하므로$\binom{\text{대판 1998.1.23.}}{97다35658}$, 예금명의인이 예금통장 또는 인감을 소지하지 않은 채 예금을 청구하여 은행이 예금을 지급하였다면, 이는 채권의 준점유자에 대한 변제가 아니라 진정한 채권자에 대한 변제가 될 수 있다. 한편 예금명의자가 아니고 예금통장도 소지하지 않은 예금행위자에 불과한 자는 극히 예외적인 특별한 사정이 인정되지 않는 한 예금채권의 준점유자에 해당될 수 없다$\binom{\text{대판 2002.6.14.}}{2000다38992}$. 마찬가지로 위조된 수표의 소지자$\binom{\text{대판 1971.3.9.}}{70다289}$, 부동산사업의 동업자 등도 채권의 준점유자가 아니다$\binom{\text{대판 1982.}}{11.9, 80다3135}$.

사례 6 A는 B에게 변제하였는데, B는 자신에게 변제수령권한이 없다고 하면서, 상대방인 A에게 자신(B)이 정당한 변제수령권한이 있다고 잘못 믿은 데 과실이 있음을 이유로 변제의 효력이 없다고 주장하였다. 이러한 B의 주장의 전제로 B의 변제수령권한이 있는지의 여부를 먼저 검토하여야 할 필요가 있는가?   (대판 2012.6.14. 2010다29034 참조)

▌**해설 6**▐ B의 변제수령권한 유무가 먼저 검토되어야 한다.

B의 변제수령권한이 있는지의 여부가 먼저 검토되어야 한다. B에게 변제수령권한이 없는 경우에만 제470조가 적용되기 때문이다. 제470조에서 정하는 '채권의 준점유자'는 진정한 채권자 등 변제수령의 권한이 있는 자 이외의 자로서 변제자의 입장에서 볼 때 일반의 거래관념상 채권을 행사할 정당한 권한을 가진 것으로 믿을 만한 외관을 갖는 사람을 말한다. 따라서 채무자가 채권의 준점유자에 대한 변제를 가리기 위해서는, 먼저 그 변제를 받은 자가 변제를 수령할 권한이 없는 자임이 전제가 되어야 하고, 만약 변제수령의 권한이 인정되면 채권의 준점유자에 대한 변제의 법리를 적용할 필요 없이 그에 대한 변제는 유효하다고 보아야 한다.

이 사안은 피고가 변제수령의 권한이 있는 것으로 볼 여지가 있는 제3자에 대하여 변제한 사안인바, 변제수령의 권한에 대하여 심리를 하지 아니한 채 채권의 준점유자에 대한 변제로서의 효력 유무를 판단하면서 피고가 제3자에게 그 채권을 행사할 정당한 권한이 있다고 믿었다거나 그와 같이 믿은 데에 과실이 없었다고 할 수 없는 것으로 보아 변제의 효력을 부정한 원심을 파기 환송한 사안이다.

(다) 유효요건

변제자는 변제 당시에 선의·무과실이어야 한다. 선의는 단순히 준점유자에게 변제수령권한 없음을 모르는 것으로는 부족하고 수령권한 있음을 적극적으로 믿었음을 의미한다. 한편 효력 규정인 강행법규에 위반된 계약을 체결한 사람이 그 약정의 효력이 부인됨을 몰라서 그 약정에 따라 변제수령권을 갖는 것처럼 외관을 갖게 된 자에게 변제했을 때, 특별한 사정이 없는한 채권의 준점유자에게 변제수령권이 있는 것으로 오해한 것은 법률적인 검토를 제대로 하지 않은 과실에 기인한 것으로 인정된다(대판 2004.6.11, 2003다1601).

선의 · 무과실은 변제의 유효를 주장하는 자가 증명해야 하며(대판 1992.2.14, 91다9244), 그 판단시점은 변제시를 기준으로 한다. 다만 폰뱅킹에 의한 자금이체 신청의 경우 자금 이체시의 사정뿐만 아니라, 그 이전에 행하여진 폰뱅킹 등록을 비롯한 제반사정이 총체적으로 고려된다(대판 1998. 11.19. 98다 20059).

사례 7 甲은 사실혼관계에 있던 乙의 동의 없이 丙은행에서 예금청구서에 위조한 乙 명의의 도장을 날인하여 乙 명의의 예금통장과 함께 제출하고, 비밀번호 입력기에 비밀번호를 입력하여 예금을 인출하였다. 제반 사정에 비추어 인감 대조에 숙련된 금융기관 직원이 충분히 주의를 다하여도 육안에 의한 통상의 대조 방법으로는 예금거래신청서와 예금청구서상의 각 인영이 다른 인감에 의하여 날인되었다는 것을 확인할 수 없었다. 이 경우 丙은행의 甲에 대한 예금 지급은 채권의 준점유자에 대한 변제로서 유효한가?   (대판 2013.1.24, 2012다91224 참조)

│ 해설 7 │ 유효하다.
은행이 예금청구자에게 예금 수령의 권한이 있는지 없는지를 판별하는 방편의 하나로 예금청구서에 압날한 인영과 은행에 신고하여 예금통장에 찍힌 인감을 대조 확인할 때에는 인감 대조에 숙련된 은행원으로 하여금 그 직무수행상 필요로 하는 충분한 주의를 다하여 인감을 대조하도록하여야 할 것이고, 그러한 주의의무를 다하지 못하여 예금 수령의 권한이 없는 자에게 예금을지급하였다면 은행으로서는 그 예금 지급으로서 채권의 준점유자에 대한 변제로서의 면책을 주장할 수 없다.
사안의 경우 제반 사정에 비추어 인감 대조에 숙련된 금융기관 직원이 충분히 주의를 다하여도육안에 의한 통상의 대조 방법으로는 예금거래신청서와 예금청구서상의 각 인영이 다른 인감에의하여 날인되었다는 것을 확인할 수 없고, 나아가 甲에게 정당한 변제수령권한이 없을 수 있다는 의심을 가질 만한 특별한 사정이 있어 예금주 乙의 의사를 확인하는 등의 방법으로 정당한예금인출권한 여부를 조사하여야 할 업무상 주의의무가 있었던 것으로 보기 어려우므로, 육안에의한 통상의 인감 대조만으로 甲에게 예금을 인출하여 준 丙은행의 출금 담당 직원들에게 어떠한 과실이 있었다고 할 수 없으므로, 丙은행의 甲에 대한 예금 지급은 채권의 준점유자에 대한변제로서 유효하다.

(라) 효 과

채권의 준점유자에 대한 변제로 채무가 소멸하면 진정한 채권자는 채무자에게 채무의 이행을 청구할 수 없다. 진정한 채권자는 변제를 받은 채권의 준점유자에게 부당이득반환청구나 불법행위로 인한 손해배상청구를 할 수 있을 뿐이다. 변제자가 채권의 준점유자에게 이미 지급한급부의 반환을 청구할 수 있는지 여부와 관련해서는 견해의 대립이 있지만 다수설은 변제의효과가 확정적임을 근거로 반환청구를 부정하고 있다. 판례도 채권압류가 경합된 경우에 그 압류채권자 중의 한 사람이 전부명령을 얻은 경우 그 전부명령은 무효이지만($^{민사집행법}_{제229조\ 제5항}$), 제3채무자가 선의·무과실로 그 전부채권자(轉付債權者)에게 전부금을 변제하였다면 이는 채권의 준점유자에 대한 변제로서 유효하므로 제3채무자의 채무자에 대한 채무는 소멸되고 제3채무자는 압류채권자에 대하여 이중변제의 의무를 부담하지 않으며 전부채권자에 대하여 전부명령의 무효를 주장하여 부당이득반환청구도 할 수 없다고 한다($^{대판\ 1980.9.}_{30,\ 78다1292}$).

(2) 영수증 소지자와 증권적 채권증서 소지자

영수증 소지자에게 변제했다면 그 소지자가 변제수령권한이 없더라도 변제의 효력이 인정된다($^{제471조}_{본문}$). 이때의 영수증은 진정한 것이어야 한다. 진정하지 않은 영수증인 경우에는 제470조에 의하여 변제의 효력을 주장할 수 있을 것이다. 그러나 변제를 수령한 영수증 소지자에게 변제수령권한이 없음을 알았거나 알 수 있었을 때에는 변제의 효력이 부정된다($^{제471조}_{단서}$).

영수증이 아니라 증권적 채권증서(지시채권·무기명채권·지명소인출급채권)의 소지인에게 변제한 경우, 그 소지인이 진정한 권리자가 아니더라도 변제자가 악의 또는 중과실이 있는 경우가 아니라면, 그 소지인에 대한 변제가 유효하다($^{제514조,\ 제518조,}_{제524조,\ 제525조}$).

(3) 권한 없는 자에 대한 변제의 유효

채권의 준점유자 및 영수증 소지자에 대한 변제가 선의·무과실로 급부한 경우에는 채권자가 이익을 받지 않았더라도 변제는 유효하여 채무를 소멸시킨다($^{제470조,\ 제}_{471조\ 참조}$). 그러나 채권의 준점유자 및 영수증 소지자 외에 변제받을 권한 없는 자에 대한 변제는 채권자가 이익을 받은 한도에서 효력이 있다($^{제472}_{조}$). 이때 변제자의 선의·악의 여부는 문제되지 않는다. 이는 불필요한 연쇄적 부당이득반환의 법률관계를 피하기 위해서 인정된 규정이다. 채권자가 이익을 받았는지 여부에 대한 판단에는 무권한자의 변제수령을 채권자의 이익으로 돌릴 만한 실질적 관련성이 인정되는지가 기준이 될 수 있다. 변제수령자가 받은 급부를 진정한 채권자에게 전달한 경우는 물론이고, 권한 없는 자의 변제수령을 채권자가 사후에 추인한 경우도 포함된다($^{대판\ 2012.10.25,}_{2010다32214}$). 그 밖에 무권한자가 수령한 급부를 채권자에게 양도한 경우, 채권양도에서 통지 없는 동안 채무자가 양도인에게 변제한 경우에도 변제의 유효를 주장할 수 있다.

사례 8 甲이 乙병원을 운영하던 중, 채권자 丙이 '甲이 국민건강보험공단에 대하여 갖는 보험급여 청구채권'에 관하여 채권압류 및 전부명령을 받았는데, 이후 甲이 파산선고 및 면책결정을 받고 새로이 丁병원을 개설하여 진료행위를 함으로써 공단에 대한 보험급여 청구채권이 발생하자 공단이 위 채권압류 및 전부명령의 효력이 丁병원에서의 진료행위로 인한 보험급여 청구채권에도 미치는 것을 전제로 丙에게 요양급여비 일부를 지급하였고, 이에 甲이 丙에 대하여 공단으로부터 지급받은 돈을 부당이득으로서 반환할 것을 구하는 소를 제기하였다가 결국 부당이득반환청구권을 포기하는 내용으로 조정이 성립하였다. 이 때 공단의 변제행위는 甲에 대하여도 유효한가?

(대판 2012.10.25, 2010다32214 참조)

┃해설 8┃ 유효하다.

甲의 보험급여청구채권은 변제로 소멸하였다. 위와 같이 甲이 丙에 대하여 그가 공단으로부터 변제받은 돈의 진정한 채권자가 자신이라고 주장하며 이를 부당이득으로서 반환할 것을 소로써 구하다가 반환청구권을 포기하는 내용의 조정에 응하였다면 이러한 포기의 의사표시에는 丙에 의한 변제수령의 효과를 추인하는 취지가 포함되어 있다고 보아야 하므로 공단의 변제행위는 甲에 대하여도 유효하게 되어 甲의 보험급여청구채권은 변제로 소멸하였다.

V. 변제의 목적물

특정물의 인도가 채권의 목적인 때에는 채무자는 이행기의 현상대로 그 물건을 인도하여야 한다($^{제462}_{조}$)(특정물인도채무와 관련된 부분으로 이에 대한 상세한 내용은 앞의 채권의 목적 중 특정물채권 부분을 참조).

불특정물의 인도채무에서 채무의 변제로 타인의 물건을 인도한 채무자는 다시 유효한 변제를 하지 아니하면 그 물건의 반환을 청구하지 못한다($^{제463}_{조}$). 이 경우에도 진정한 소유자는 그 물건의 반환을 청구할 수 있다($^{대판\ 1993.6.8,}_{93다14998,15007}$). 채권자가 변제로 받은 물건을 선의로 소비하거나 타인에게 양도한 때 그 변제는 효력이 있다($^{제465조}_{제1항}$). 이 규정은 채무자와 채권자와의 관계만을 규율한 것이며 그 물건의 소유권을 채권자에게 취득시키는 것이 아니므로 소유자는 채권자에게 부당이득반환을 청구하거나 불법행위로 인한 손해배상청구를 할 수 있다. 이때 채권자는 채무자에게 구상권을 행사할 수 있다($^{제465조}_{제2항}$).[5]

양도할 능력이 없는 소유자(❹ 제한능력자 등)가 채무의 변제로 물건을 인도했지만 그 변제가 취소된 때에도 다시 유효한 변제를 하지 아니하면 그 물건의 반환을 청구하지 못한다($^{제464}_{조}$). 이는 원인행위 자체는 취소되지 않고 변제만 취소된 경우를 의미한다.[6]

---

5) 제465조 제2항에서는 "채권자가 제3자로부터 배상청구를 받은 때에는 채무자에 대하여 구상권을 행사할 수 있다"고 되어 있어 채권자가 제3자에게 반환 또는 배상을 하기 전에도 사전구상권을 인정한 것인지에 대해서는 논의가 없다. 변제수령자가 선의임을 고려할 때 제3자에게 배상의무를 이행하기 전에도 배상청구만 받은 상태에서도 채무자에게 구상권을 행사할 수 있도록 해석되어야 할 것이다.

6) 그러나 사견으로는 여기서 말하는 변제는 변제행위로 이해되어야 한다. 변제는 취소의 대상이 되지 않는다고 보기 때문이다.

VI. 변제장소와 시기

1. 변제장소

올바른 변제장소에서의 이행제공은 효력이 있으므로 이 때 채권자가 수령을 거절하면 수령지체가 된다는 점, 매매시 대금의 지급장소도 물건의 인도장소가 된다는 점에서도 변제장소를 확인하는 것은 의미가 있다(동산매매의 경우 목적물의 인도가 바로 변제장소가 될 것이기 때문이다).

변제장소는 우선 당사자의 합의로 정할 수 있다. 합의가 없는 경우 특정물인도채무의 변제장소는 채권성립 당시에 그 물건이 있던 장소가 된다($\binom{제467조}{제1항}$)(매도인인 채무자가 목적물을 갖고 있는 경우에는 추심채무가 될 것이다). 특정물인도 이외의 채무는 채권자의 현주소, 영업에 관한 채무인 경우 채권자의 현영업소가 변제장소가 된다($\binom{동조}{제2항}$).

2. 변제의 시기

당사자의 의사, 급부의 성질 또는 법률의 규정에 의해서 변제기를 정할 수 없는 경우 채권발생과 동시에 이행기가 인정될 것이다(이와 달리 이행청구를 받은 때를 변제기로 보는 견해도 있다). 예컨대 기한 없는 채무의 경우 채무성립시부터 이행기에 있지만 이행청구가 있을 때에 비로소 이행지체가 성립되는 것으로 해석되어야 한다.

당사자의 특별한 의사표시가 없으면 변제기 전에도 변제가 가능하지만 이로 인한 상대방의 손해는 배상하여야 한다($\binom{제468}{조}$)(이는 제153조 제2항의 일반원칙을 변제라는 상황을 전제로 규율한 것이다). 제743조에 의해 변제기 전에 이루어진 변제임을 근거로 변제자가 급부의 반환을 청구하지 못함이 원칙이다.[7]

VII. 변제비용과 증거

1. 변제비용

변제비용은 다른 의사표시가 없으면 채무자의 부담으로 한다. 그러나 채권자의 주소 이전 등의 행위로 인하여 변제비용이 증가된 경우, 그 증가액은 채권자의 부담으로 한다($\binom{제473}{조}$). 변제비용은 계약비용과 구별해야 한다. 매매계약에 관한 비용은 당사자 쌍방이 균분하여 부담해야 하기 때문이다($\binom{제566}{조}$).

---

7) 제743조 (기한전의 변제) 변제기에 있지 아니한 채무를 변제한 때에는 그 반환을 청구하지 못한다. 그러나 채무자가 착오로 인하여 변제한 때에는 채권자는 이로 인하여 얻은 이익을 반환하여야 한다.

2. 변제의 증거

변제의 증거를 확보하기 위한 것으로는 첫째, 영수증청구권이 있다.[8] 변제와 영수증 교부는 동시이행관계에 있다. 둘째, 채권증서가 있는 경우에는 채권증서반환청구권도 행사가 가능하다.[9] 다만 채권증서 반환청구권은 채권 전부를 변제한 후에 인정된다는 점에서, 채무변제와 채권증서의 반환은 동시이행관계에 있지 않다($\binom{대판\ 2005.8.19,}{2003다22042}$). 채권이 변제 이외의 사유(상계 · 경개 · 면제 등)로 전부 소멸한 때에도 같다. 일부 변제시 반환청구는 불가하고 그 내용을 기재할 것을 청구할 수는 있다. 채권증서 반환의 비용은 반환 채무자인 채권자가 부담한다($\binom{제473}{조}$).

Ⅷ. 변제충당

1. 일반론 (1) 의 의 (2) 변제충당의 순서(합의충당, 지정충당, 법정 　　충당의 순서가 원칙) (3) 변제충당의 방법에 대한 증명책임 **2. 합의변제충당** (1) 의 의 (2) 합의변제충당의 제한 **3. 지정변제충당**($\binom{제476}{조}$)	(1) 지정권자 (2) 지정변제충당의 제한 (3) 비용 · 이자 · 원본에 대한 충당의 순서($\binom{제479}{조}$) 　　(가) 일반론 　　(나) 비용 · 이자 · 원본 사이의 충당순서 　　(다) 비용 · 이자 · 원본 중 각각의 내부에서 　　　　의 충당순서($\binom{제479조}{제2항}$) **4. 법정변제충당**($\binom{제477}{조}$) **5. 변제충당 사례연습**

1. 일반론

(1) 의 의

채무자에 의해 제공된 급부가 동일한 채권자에 대한 수 개의 채무 중 전부를 소멸시키기에 부족한 경우, 소멸될 채무를 정하는 문제가 변제충당이다. 일부의 이행제공이 있을 때 채권자가 수령을 거절할 수도 있다. 일부 이행제공을 채권자가 수령하면 그 때부터 변제충당의 문제가 발생하는 것이다.

변제충당이 논의되려면 수 개의 채무가 있어야 한다. 근저당권에 의하여 담보된 피담보채무가 여러 차례에 걸쳐 대여받은 채무들로 이루어진 경우를 예로 들 수 있다. 이 채무들은 발생원인을 달리하고 있으므로 수 개의 채무로 파악된다($\binom{대판\ 1999.8.24,}{99다22281,22298}$). 한편 임대차보증금은 임대차계약이 종료된 후 임차인이 목적물을 인도할 때까지 발생하는 차임 및 기타 임차인의 채무를

---

8) 제474조 (영수증청구권) 변제자는 변제를 받는 자에게 영수증을 청구할 수 있다.
9) 제475조 (채권증서반환청구권) 채권증서가 있는 경우에 변제자가 채무전부를 변제한 때에는 채무증서의 반환을 청구할 수 있다.

담보하는 것으로서 그 피담보채무액은 임대차관계의 종료 후 목적물이 반환될 때에, 특별한 사정이 없는 한, 별도의 의사표시 없이 임대차보증금에서 당연히 공제되는 것인데, 임대차보증금액보다 임차인의 채무액이 많은 경우 임차인의 관점에서 변제충당은 제477조에서 정하고 있는 법정충당순서에 따르게 된다(대판 2007.8.23, 2007다21856,21863).

(2) 변제충당의 순서(합의충당, 지정충당, 법정충당의 순서가 원칙)

변제충당의 순서는 이자지급 및 소멸시효 등과 관련하여 당사자에게 중요하다. 변제충당의 순서는 원칙적으로 당사자 간의 합의가 있으면 그에 따르고(합의충당)(대결 2010.3.10, 2009마1942), 합의가 없다면 지정권자의 지정변제충당(제476조)이 적용되고, 양 당사자의 지정이 없을 때에는 법정변제충당(제477조)이 적용된다.

다만 다음과 같은 경우에는 예외가 인정된다. 첫째, 담보권 실행을 위한 강제경매시에는 획일적으로 법정변제충당에 의해야 하므로 합의변제충당도 배제된다(대판 2000.12.8, 2000다51339). 강제경매의 경우에도 동일하다(대판 1991.7.23, 90다18678). 둘째, 비용·이자·원본 가운데 충당해야 하는 경우는 지정변제충당이 배제된다. 합의변제충당이 없다면 비용, 이자, 원본의 순서로 충당해야 한다(제479조). 셋째 일부 변제가 완료된 후라도 변제자와 변제수령자는 기존의 충당방법을 배제하고 제공된 일부 급부를 어느 채무에 어떤 방법으로 다시 충당할 것인가를 약정할 수도 있다. 다만 변제로 소멸한 채무에 관한 보증인 등 이해관계 있는 제3자의 이익을 해하지 않아야 한다(대판 2013.9.12, 2012다118044,118051).

(3) 변제충당의 방법에 대한 증명책임

최후의 법정충당(제477조 제4호의 안분비례에 의한 충당)과 달리 자신에게 유리한 변제충당을 주장하는 자가 증명책임을 부담한다. 즉 자신에게 유리한 변제충당의 합의의 존재, 변제충당의 지정, 우선적 법정충당 등에 대한 증명책임은 이를 주장하는 자가 부담한다. 예컨대 채무자가 특정 채무의 변제조로 금원 등을 지급한 사실을 주장함에 대하여, 채권자가 수령한 사실을 인정하지만 다른 채무의 변제에 충당됨을 인정받기 위해서는 채권자는 다른 채권의 존재와 그 다른 채권에 대한 변제충당으로 한다는 합의의 존재 또는 다른 채권이 법정충당의 우선순위에 있다는 사실을 주장·증명하여야 한다(대판 1999.12.10, 99다14433).

2. 합의변제충당

(1) 의 의

변제충당에 관한 제476조(지정변제충당), 제477조(법정변제충당)의 규정은 임의규정으로서 당사자가 그와 다른 약정을 하면 그 약정에 따라 변제충당이 이루어진다. 합의의 당사자는 변제자와 변제수령자이며, 합의의 내용은 변제충당의 순서 또는 방법에 대한 것일 수 있다. 다만 약관으로 변제충당의 합의가 이루어진 경우 약관규제법에 의해 무효가 될 수 있다$\binom{\text{대판 2002.7.12,}}{\text{99다68652}}$.

변제충당에 관한 약정이 있고, 그 약정내용이 변제가 채권자에 대한 모든 채무를 소멸시키기에 부족한 때에는 채권자가 적당하다고 인정하는 순서와 방법에 의하여 충당하기로 한 것이라면, 변제수령권자인 채권자가 위 약정에 터잡아 스스로 적당하다고 인정하는 순서와 방법에 좇아 변제충당을 한 이상 변제자에 대한 의사표시와 관계없이 충당의 효력이 있다고 해석하는 것이 타당하다$\binom{\text{대판 2012.4.13,}}{\text{2010다1180}}$. 미리 변제충당에 관한 별도의 약정이 있는 경우에는 채무자가 변제를 하면서 위 약정과 달리 특정 채무의 변제에 우선적으로 충당한다고 지정하더라도 그에 대하여 채권자가 명시적 또는 묵시적으로 동의하지 않는 한 그 지정은 효력이 없어 채무자가 지정한 채무가 변제되어 소멸하는 것은 아니다$\binom{\text{대판 2004.3.25,}}{\text{2001다53349}}$.

(2) 합의변제충당의 제한

일정한 경우에는 합의변제충당이 배제되고 나아가 지정변제충당도 부정되고 바로 법정변제충당의 방법을 취해야 하는 경우도 있다. 예컨대 담보권 실행을 위한 경매에서 배당된 배당금이 담보권자가 갖는 수 개의 피담보채권 전부를 소멸시키기에 부족한 경우에는 채권자와 채무자 사이에 변제충당에 관한 합의가 있었다고 하여 그 합의에 따른 변제충당도 허용될 수 없으며, 획일적으로 가장 공평·타당한 충당방법인 제477조(법정변제충당) 및 제479조(비용, 이자, 원본에 대한 변제충당의 순서)의 규정에 의한 법정변제충당의 방법에 따라 충당하여야 하는 것으로 본다$\binom{\text{대판 2000.12.8,}}{\text{2000다51339}}$.

생각건대 채무자 스스로 변제하는 것이 아니라, 채무자의 의사와는 상관없이 공적 기관인 집행법원이 주관하는 배당금의 충당문제는 주로 채권자와 연대보증인 등 채무자 이외의 이해관계인 사이에 발생하게 되는 점과, 연대보증인 등은 채권자와 채무자 사이의 충당관계에 개입할 여지가 없어 법정충당의 방법에 의하는 것이 좀 더 공평을 기할 수 있다는 점에서 타당하다.

3. 지정변제충당$\binom{\text{제476}}{\text{조}}$

(1) 지정권자

원칙적으로 변제자가 지정권자이다. 변제자가 지정할 때에 수령자는 이의를 제기할 수 없다. 변제자(채무자)의 지정이 없을 때에는(상대방(채권자)이 지정을 최고하지 않아도 바로 지정권이 상대방에게 이전된다) 급부 수령시 변제수령자가 지정할 수 있다. 급부수령자가 지정할 때에 변제자가 즉시 이의를 제기한 경우에는 지정변제충당의 효력이 없고, 법정변제충당의 방법에 따라 변제충당이 이루어진다.

(2) 지정변제충당의 제한

앞에서 담보권 실행을 위한 경매의 배당금으로 피담보채권 전부의 만족이 어려운 경우$\binom{\text{대판}}{\text{2000.}}_{\substack{12.8, 2000\\ \text{다51339}}}$ 지정변제충당이 배제되기도 한다. 나아가 아래와 같이 제479조에 의하여 비용·이자·원본 사이의 충당에서도 지정변제충당이 배제되기도 한다.

(3) 비용·이자·원본에 대한 충당의 순서$\binom{\text{제479}}{\text{조}}$

(가) 일반론

제479조는 비용, 이자, 원본의 순서로 변제 충당하도록 하고 있다. 이 규정에 반하는 합의충당은 인정되나, 이와 다른 일방의 지정충당 또는 이 순서와 다른 법정충당은 효력이 없다. 즉 변제충당에 관한 합의가 없으면 바로 비용, 이자, 원본의 순서로 충당되는 제479조의 법정변제충당에 의해야 한다. 즉 이 규정에 반하는 지정충당과 법정충당은 효력이 없으나$\binom{\text{대판 1981.5.}}{\text{26, 80다3009}}$, 이 규정도 임의규정이므로 당사자의 합의로 적용을 배제하는 것이 가능한 것이다$\binom{\text{대판 1990.11.}}{\text{9, 90다카7262}}$. 충당에 대한 당사자의 합의는 묵시적으로도 성립한다. 당사자의 일방적인 지정에 대하여 상대방이 지체 없이 이의를 제기하지 않는 경우 묵시적인 합의가 인정되어 합의변제충당으로 유효할 수 있다$\binom{\text{대판 2009.6.11.}}{\text{2009다12399}}$.

여기서의 비용은 당사자의 약정 또는 법률의 규정 등에 의해 채무자가 부담해야 할 비용을 말한다$\binom{\text{대판 2008.12.24.}}{\text{2008다61172}}$. 따라서 변제비용$\binom{\text{제473조}}{\text{본문}}$이나 소송비용 또는 집행비용이 여기에 포함된다. 이자는 이자제한법 등 법령의 제한범위 내의 이자를 말하며, 여기서의 이자에는 지연이자도 포함되는 것으로 본다$\binom{\text{대판 2000.12.8,}}{\text{2000다51339}}$.

제479조의 충당순서는 변제 외에도 공탁, 상계 등 다른 채무소멸원인에도 적용된다$\binom{\text{대판 2006.}}{\substack{10.12, 2004\\ \text{재다}818}}$.

채무자가 이행지체에 빠진 이상, 채무자가 원본뿐 아니라 지연이자도 지급할 의무가 있는 때에는 원본과 지연이자를 합한 전액에 대하여 이행의 제공을 해야 한다. 그에 미치지 못하는 이행제공을 하면서 이를 원본에 대한 변제로 지정했더라도 그 지정은 제479조 제1항에 반하여 채권자에 대하여 효력이 없으므로, 채권자는 그 수령을 거절할 수 있다$\binom{\text{대판 2005.8.19.}}{\text{2003다22042}}$.

(나) 비용·이자·원본 사이의 충당순서

비용과 이자의 충당 후 잔액은 원본에 충당된다. 비용이나 이자채무가 각각 수 개인 경우 충당의 순서와 관련하여 논의가 있다. 비용 모두를 우선 충당한 후 잔액으로 이자채무에 충당하는 견해와 먼저 변제하기로 한 원본채무의 비용, 이자, 원본 순서로 충당을 먼저 한 후, 잔액으로 다른 채무의 비용, 이자, 원본 순으로 변제하는 견해$\binom{\text{독일민법 제367조, 스}}{\text{위스 채무법 제85조}}$의 대립이 있다. 여기서의 비용과 이자는 기한이 도래한 것이어야 하는지에 대해서 논의가 있으나 판례는 이행기 도래를 요구하지 않는다$\binom{\text{대판 1967.10.}}{\text{6, 67다1587}}$.

생각해 볼 문제 판례에 따르면 원본은 이행기가 도래했지만 이자는 아직 이행기가 도래하지 않았더라도 일부 변제는 이자충당에 우선해야 한다는 의미로 해석된다. 그러나 기본적으로 기한의 이익이 채무자에게 있음을 고려할 때 이와 같은 결론에는 의문이 생길 수 있다.

사례 9 乙이 다음과 같은 A, B채무를 부담하고 있을 때 (A채무와 B채무 모두 변제기에 도달해 있는 상황에서) 6천만 원의 일부 변제를 한 경우 어느 부분에 충당되어야 하는가? (A채무가 B채무보다 먼저 충당되어야 할 채무임을 전제로 한다)

A채무: 원본 1억 원 / 비용 2천만 원 / 이자 2천 4백만 원(이자율 연 24%)

B채무: 원본 2억 원 / 비용 3천만 원 / 이자 4천 8백만 원(이자율 연 24%)

해설 9 1설(독일민법 제367조; 스위스채무법 제85조): A채무와 B채무 중에서 먼저 충당되어야 할 원본채무를 정하고 그 안에서 비용·이자·원본의 순서로 정할 수도 있다(⇒ A채무의 비용 2천만 원을 먼저 충당하고 남은 4천만 원 중에서 이자 2천 4백만 원을 충당하고 원본 1억 원 중에서 1천 6백만 원을 충당하게 된다).

2설(민법주해, 제479조(이인)(제 집필 부분), 183면): 제479조에서는 이와 같은 구별이 없으므로 A, B채무의 구별없이 비용의 충당에 우선해야 한다(⇒ A채무와 B채무의 비용 5천만 원을 위해 충당되어야 한다. A채무와 B채무의 이자 전부를 충당할 수 없으면 먼저 충당되어야 할 A채무의 이자 2천 4백만 원에서 남은 1천만 원을 충당하게 된다).

(다) 비용·이자·원본 중 각각의 내부에서의 충당순서(제479조 제2항)

비용·이자·원본 중 각각의 내부에서의 충당순서는 제477조를 준용한다. 여기서 준용한다는 의미는 비용채무 내부에서의 상호간 또는 이자채무 내부에서의 상호간에 변제충당될 때 준용된다는 의미일 뿐, 비용, 이자, 원본 상호간에 준용된다는 의미가 아니다. 그에 앞서 원본 상호간, 이자 상호간 또는 비용 상호간의 충당은 제477조에 따른 법정충당 이전에 지정충당이 가능할 것이다. 예컨대 비용 및 이자채무의 충당 후 잔액이 있을 때, 수 개의 원본채무에 대한 충당순서는 일반론에 따라 지정충당 및 법정충당의 규정에 따라 정해져야 한다. 그렇지 않으면 지정충당의 존재 의미가 없어질 것이기 때문이다.

4. 법정변제충당(제477조)

제477조는 법정변제충당에 대해 규정하고 있다. 유념할 것은 이 규정이 법정변제충당할 때의 충당순서를 규율한 것이라는 점이다. 충당 순서는 조문에 의해 이행기가 도래한 채무, 변제이익이 많은 채무, 이행기가 먼저 도래한 채무, 채무액에 비례의 순서로 정해진다.

채무 중에 이행기가 도래한 것과 도래하지 아니한 것이 있으면 이행기가 도래한 채무의 변제에 충당한다(제477조 제1호). 채무전부의 이행기가 도래하였거나 도래하지 아니한 때에는 채무자에게 변제이익이 많은 채무의 변제에 충당한다(동조 제2호). 채무자에게 변제이익이 같으면 이행기가 먼저 도래한 채무나 먼저 도래할 채무의 변제에 충당한다(동조 제3호). 전2호의 사항이 같은 때에는 그 채무액에 비례하여 각 채무의 변제에 충당한다(동조 제4호). 즉 각각의 채무에 이행기나 변제이익의 다과에 있어 아무런 차등이 없으면 각 채무액에 비례하여 안분한다(대판 2000.12.8, 2000다51339).

변제이익의 존부가 법정변제충당의 중요한 기준이 되는데, 여기서 변제이익은 변제자를 기준으로 판단한다(대판 1999.8.24, 99다22281,22298). 통상 무이자부 채무보다는 이자부채무가, 이율이 높은 채무가, 보증인으로서의 보증채무(연대보증 포함)보다는 자신의 채무가(대판 2002.7.12, 99다68652), 연대채무보다는 단순채무(대판 1999.7.9, 98다55543)가 변제이익이 크다.

또한 채무자의 재산에 저당권이 설정되어 있는 채무가 이와 같은 저당권이 없는 채무보다 변제이익이 크다. 그러나 인적 담보의 유무가 변제이익의 차이를 만들지는 않는다. 변제자가 주채무자로서 일부 변제한 경우의 법정충당에서 보증인이 있는 채무와 보증인이 없는 채무 사이에 변제이익의 점에서 차이가 없으므로, 보증기간 중의 채무와 보증기간 종료 후의 채무 사이에서는 변제이익의 점에서 차이가 없다(대판 1999.8.24, 99다26481). 유사한 취지에서 변제자가 채무자인 경우 물상보증인이 제공한 물적 담보가 있는 채무와 그러한 담보가 없는 채무 사이에도 변제이익의 점에서 차이가 없다(대판 2014.4.30, 2013다8250). 그러나 타인채무를 보증한 자로서 부담하는 (연대)보증채무는 변제자 자신의 채무에 비하여 변제이익이 작다(대판 2002.7.12, 99다68652).

채권의 담보로 약속어음이 발행 또는 교부된 경우에는 사안에 따라 변제이익을 달리 판단한다. 주채무자 이외의 자가 변제자인 경우에는 변제자가 발행 또는 배서한 어음에 의하여 담보되는 채무가 다른 채무보다 변제이익이 많다고 보아야 한다. 주채무자가 변제자인 경우에는 담보로 제3자가 발행 또는 배서한 약속어음이 교부된 채무와 다른 채무 사이에 변제이익의 점에서 차이가 없다고 보아야 할 것이나, 담보로 주채무자 자신이 발행 또는 배서한 어음이 교부된 채무는 다른 채무보다 변제이익이 많은 것으로 보아야 한다(대판 1999.8.24, 99다22281,22298).

5. 변제충당 사례연습

이자와 원금이 있는 경우, 채무자가 원본에 충당한다는 의사로 원본액만 변제하는 경우, 채권자는 이의를 제기할 수 있다. 이처럼 채권자가 원본충당에 이의를 제기하는 경우 법정충당(제479조)에 의해 이자에 먼저 충당된다. 그러나 채권자가 채무자의 요구에 합의하거나 이의제기를 하지 않고 변제금을 수령하는 경우 합의변제충당에 해당되어 원본에 충당된다. 이와 같은 점을 염두에 두고 다음의 사례를 검토한다.

사례 10 A(1억 원)금전채무는 변제기가 2010.3.3.이며 약정이자율이 연 10%이고, B(5천만 원)금전채무의 경우 변제기가 2011.8.8.이며 약정이자율이 연 24%이다. (변제충당의 이하 번호로 된 사례는 모두 이 기본사례를 전제로 한다)

질문 1) 2011.4.4.에 3천만 원을 변제했는데, A원본채무의 이자가 4천만 원이고, B원본채무의 지분적 이자채무 2천만 원도 이미 발생하였으나 이를 변제하지 못하고 있다. 채무자는 3천만 원을 변제하면서 A채무의 원본의 일부를 변제하는 것이라고 상대방에게 통지했다. 이때 일부 변제된 3천만 원은 어느 채무의 변제에 충당하는 것으로 보아야 하는가? (A의 이자채권이 B채무의 이자채권보다 그 변제기가 먼저 도래한 것으로 본다. 비용은 발생하지 않은 것으로 본다)

질문 2) 위 질문 1)에서 변제한 시점이 2011.9.9.이며 일부 변제한 금원이 5천만 원인 경우는?

질문 3) 위 질문 1)에서 일부 변제한 금원이 8천만 원인 경우는?

질문 4) 위 질문 1)에서 변제한 시점이 2011.9.9.이며 일부 변제한 금원이 8천만 원인 경우는? (채무자는 8천만 원을 변제하면서 A채무의 원본에 우선하여 변제하는 것이라고 상대방에게 통지했다)

질문 5) 위 질문 4)에서 채무자가 8천만 원을 일부 변제한 것이 아니라 상계한 경우에도 변제충당의 법리가 적용되는가?　　　　　　　　　　　　　　　(대판 2006.10.12, 2004재다818 참조)

질문 6) 제479조의 비용·이자·원본 상호간 충당시 이자에는 원본에 대한 약정이자 이외에 지연이자까지 포함되는가?　　　　　　　　　　　　　　(대판 2005.7.8, 2005다8125 참조)

|해설 10|

해설 1)

쟁점 1) 비용·이자·원본 상호간에 충당이 문제된다. 따라서 합의변제충당이 있을 때에는 지정충당의 적용을 배제한다. A채무의 원본의 일부를 변제하는 것이라는 채무자의 변제충당의 의사표시는 효력이 없다. 또한 법정지정충당도 적용되지 않으며 제479조의 규정에 의해서 판단한다. 따라서 원본보다는 이자채무의 충당이 우선된다.

쟁점 2) 나아가 일부 변제한 시점인 2011.4.4.에 B원본채무는 변제기에 도달하지 않았으나 B채무에서 발생한 이자채무는 이미 발생한 경우 양 원본채무의 변제기가 모두 도래했는지는 제479조의 적용에서 중요한 의미가 없다. 이자 상호간의 변제충당의 순서는 다시 제477조에 의한다. 따라서 A채무의 이자가 먼저 변제기에 도래했다고 사실관계가 확정되었으므로 동조 제3호에 따라 A채무의 이자 4천만 원의 채무에 먼저 충당되어야 한다(만약 변제기도 같다면, 동조 제4호에 따라 안분해야 한다).

해설 2) 일부 변제의 경우 A와 B의 원본채권보다 A와 B의 이자채권에 우선 변제충당되어야 한다($^{제479조}_{제1항}$).
이자채무 상호간의 변제충당의 순위는 제477조 제3호에 따라 먼저 변제기가 도래한 A의 이자채무의 변제에 충당해야 한다. 즉 A채무의 이자 4천만 원을 변제하고 B채무의 이자 중 1천만 원을 일부 변제충당한 것으로 보아야 한다. 이자채무는 모두 이미 발생한 것으로 보았기 때문이다($^{제479조}_{제2항}$).
원본채무의 변제기가 어떤 것이 먼저 도래했는지는 어떤 이자채무에 먼저 충당되는지를 판단할 때 중요하지 않다.

해설 3) 우선 A채무와 B채무의 이자채무 총액인 6천만 원의 변제충당이 되어야 한다. 양 이자채무는 모두 변제기에 도달했기 때문이다.
그리고 변제한 금액 중 나머지 부분(2천만 원)은 원본채무에 충당되어야 한다. 이때 A와 B의 원본채무 중 A원본채무만 변제기에 도달한 상황이 중요하다. 그런데 원본충당의 경우에는 당사자의 지정변제충당이 인정되어야 한다. 결국 2천만 원은 지정권자인 채무자가 지정한 A채무의 일부 변제에 충당되어야 한다.

해설 4) 이자 6천만 원에 먼저 변제충당이 된다(제479조 제1항의 적용).

A의 지정이 그대로 효력을 가지지는 않더라도(이자가 우선 변제되어야 하기 때문이다) 그 나머지 잔액이 있는 경우에는 지정의사가 존중되어야 한다. 결국 나머지 2천만 원은 당사자의 지정변제충당의 효력이 인정되어야 하므로 채무자가 지정한 A채무의 원본에 충당되어야 한다(제476조 적용).10)

해설 5) 상계충당이 인정된다.

해설 6) 포함된다.

대판 2006.10.12, 2004재다818 [청구이의]

비용, 이자, 원본에 대한 변제충당의 순서에 관한 민법 제479조는 변제뿐만 아니라 공탁, 상계 등 그 밖의 채무소멸원인에도 적용되고, 여기에서 우선 충당되는 비용에는 채권을 실행하는 데 소요된 소송비용 또는 집행비용으로서 소송비용액확정결정 또는 집행비용액확정결정을 받은 것이 포함된다.

대판 2005.7.8, 2005다8125 [손해배상(기)]

상계의 의사표시가 있는 경우, 채무는 상계적상시에 소급하여 대등액에 관하여 소멸한 것으로 보게 되므로, 상계에 의한 양 채권의 차액 계산 또는 상계 충당은 상계적상의 시점을 기준으로 하게 되고, 따라서 그 시점 이전에 수동채권의 변제기가 이미 도래하여 지체가 발생한 경우에는 상계적상 시점까지의 수동채권의 약정이자 및 지연손해금을 계산한 다음 자동채권으로써 먼저 수동채권의 약정이자 및 지연손해금을 소각하고 잔액을 가지고 원본을 소각하여야 한다.

추가 질문 일부 변제자에게는 금전채무의 특성상 이자율이 더 높은 B채무의 변제를 더 우선해야 한다는 주장에 대하여 평가하라.

추가 질문에 대한 해설 B채무가 아직 변제기에 이르지 않은 상태라면 당연히 변제기 전에 변제할 필요는 없으므로 B채무의 변제로 볼 수는 없어 A채무의 변제를 한 것으로 보아야 한다.

B채무도 변제기에 이른 후라면 다시 제477조 제2호 이하의 규정의 순서에 따라 판단해야 하는데, 이 사안에서 B채무의 이자율이 높으므로 B채무의 원본채무에 충당한 것이 된다.

사례 11 이자와 원본 모두의 이행기가 도과한 후 채무자가 원본에 충당할 것을 지정하면서 일부 변제한 경우, 채권자는 이를 수령거절할 수는 없는가? (대판 2005.8.19, 2003다22042 참조)

해설 11 채권자는 수령을 거절할 수도 있다.

---

10) 이 경우에 지정변제충당을 부정하고 법정변제충당에 의하는 것으로 본다면 변제이익이 많은 B채무의 변제에 충당된 것으로 보아야 한다. 양 채무는 모두 변제기가 도과했으며(제477조 제1호 적용 배제) 기본사례에서 보는 것처럼 B채무의 경우 약정이자율이 A채무보다 높은데 약정이자율은 지연이자율이 되므로 B채무에 대한 변제이익이 채무자에게 높기 때문이다(동조 제2호 적용).

대판 2005.8.19, 2003다22042 [이자금]

채무자가 이행지체에 빠진 이상, 채무자의 이행제공이 이행지체를 종료시키려면 완전한 이행을 제공하여야 하므로, 채무자가 원본뿐 아니라 지연이자도 지급할 의무가 있는 때에는 원본과 지연이자를 합한 전액에 대하여 이행의 제공을 하여야 할 것이고, 그에 미치지 못하는 이행제공을 하면서 이를 원본에 대한 변제로 지정하였더라도, 그 지정은 민법 제479조 제1항에 반하여 채권자에 대하여 효력이 없으므로, 채권자는 그 수령을 거절할 수 있다.

사례 12 甲은 乙로부터 금원 5천만 원을 2010.3.4.에 무이자로 빌리고 같은 해 10.5.에 변제하기로 했다(A채무라 한다). 또한 甲은 丙의 乙에 대한 채무 5천만 원에 대해서 2010.4.5. 보증채무를 부담하였다(B채무라 한다). 보증채무의 변제기는 역시 같은 해 10.5.이었다. 2010.10.6. 채무자 甲은 乙에게 3천만 원을 일부 변제하면서, 변제충당의 합의도 없고 당사자에 의한 지정충당도 없었다. 3천만 원의 일부 변제는 A채무와 B채무 중 어떤 채무에 변제충당되어야 하는가?

(대판 2002.7.12, 99다68652 참조)

|해설 12| A채무의 변제에 충당되어야 한다.

제477조 제2호의 변제이익의 판단이 문제된다. 합의변제충당뿐만 아니라 지정변제충당도 없었으므로 제477조의 법정변제충당에 의해야 한다. 그런데 두 채무 모두 변제기가 도래해 있으므로 동조 제1호는 적용이 배제된다. 결국 동조 제2호의 변제이익을 판단할 때 A채무가 채무자에 대하여 변제이익이 크다고 할 것이다.

대판 2002.7.12, 99다68652 [대여금]

특별한 사정이 없는 한 변제자가 타인의 채무에 대한 보증인으로서 부담하는 보증채무(연대보증채무도 포함)는 변제자 자신의 채무에 비하여 변제자에게 그 변제의 이익이 적다고 보아야 한다.

사례 13 甲은 채무자, 乙은 채권자인데 양자 사이에는 A채권(채권액은 5천만 원, 변제기는 2012.3.7.)과 B채권(채권액은 5천만 원, 변제기는 2012.4.13.)이 있다. 그런데 A채권에 대해서는 丙이 보증채무를 부담하고 있다. 2012.4.16. 채무자 甲은 변제충당에 대한 합의도 없고, 당사자 쌍방의 변제충당에의 지정도 없이 3천만 원의 일부 변제를 했다. 어느 채무에 변제충당되는가? (이자채무와 비용은 존재하지 않는 것으로 본다)

(대판 1999.8.24, 99다26481 참조)

|해설 13| A채권의 변제에 충당된다.

제477조 제3호에 의해 이행기가 먼저 도래한 채무인 A채권의 변제에 충당된다. 두 채무 모두 변제기가 도래했고, 또 변제이익이 동일하다면, 안분하는 것(동조 제4호)이 아니라 변제기가 먼저 도래한 채무의 변제에 충당해야 한다.

대판 1999.8.24, 99다26481 [보증채무부존재확인]

변제자가 주채무자인 경우, 보증인이 있는 채무와 보증인이 없는 채무 사이에 변제이익의 점에서 차이가 없다고 보아야 하므로, 보증기간 중의 채무와 보증기간 종료 후의 채무 사이에서는 변제이익의 점에서 차이가 없고, 따라서 주채무자가 변제한 금원은 이행기가 먼저 도래한 채무부터 법정 변제충당하여야 한다.

종합사례 1

2008.2.1. A대부업체(미등록업체)를 운영하던 甲은 원금 10억 원을 월 2%(연 24%)의 이자부로 乙에게 1년간 대여하기로 하는 소비대차계약을 체결하였다. 한편 甲과 乙은 6개월분의 이자 1억 2천만 원을 선이자로 미리 공제하기로 합의하고, 甲은 乙에게 8억 8천만 원을 지급하였고 7개월 후부터 매월 초에 약정이자 2천만 원씩 지급하고, 1년 후인 2009.2.1.에 약정 원금 10억 원을 반환하기로 하였다. 또한 위의 소비대차계약을 체결하면서 甲은 乙 소유의 X부동산에 저당권을 설정하였고(2008.2.2. 저당권설정등기 마침), 乙의 부탁을 받은 丙은 乙을 위한 연대보증계약을 체결하였다. 한편 2008.5.7. 乙은 3억 원을 B은행에서 차용하면서 X부동산에 대하여 다시 저당권을 설정해 주었다(2008.5.7. 저당권설정등기 마침).

※ 아래 각 설문은 독립적이다.

질문 1) 2008.9.1.까지 이자를 잘 지급하던 乙은 2008.10.1.부터 이자 지급을 지체하였고, 원금 상환기인 2009.2.1.에 1억 원을 상환하면서, 원금에 먼저 충당하겠다고 지정하였다. 이에 즉시 甲은 乙에게 1억 원은 미지급된 이자에 충당하겠다고 하였다. 누구의 주장이 타당한지 그 구체적인 논거와 함께 서술하시오.

질문 2) 2008.9.1.까지 이자를 잘 지급하던 乙은 2008.10.1.부터 이자 지급을 지체하였고, 원금 상환기인 2009.2.1.에도 원금 및 이자에 대한 어떠한 지급도 이루어지지 않았다. 그러던 중 乙은 2013.3.1. 아무런 의사표시 없이 甲에게 1억 원을 상환하였다. 乙과 변제충당에 대해 어떠한 합의를 하지 않았던 甲은 2013.3.4. 乙에게 지급한 1억 원은 우선 乙이 미지급한 이자에 충당하겠다고 통지하였다. 이에 乙은 甲의 이자채권이 이미 소멸시효가 완성되었으므로, 1억 원은 원본에 충당되어야 한다고 항변하였다. 乙의 항변은 타당한가? (지연손해금은 고려하지 말것)

종합사례 1 해설

질문 1에 대한 해설

Ⅰ. 쟁점사안

제479조의 충당과 지정충당과의 관계가 문제된다.

Ⅱ. 적용법리

대판 2009.6.11, 2009다12399에 의하면 "비용, 이자, 원본에 대한 변제충당에 있어서는 제479조에 그 충당 순서가 법정되어 있고 지정변제충당에 관한 제476조는 준용되지 않으므로 원칙적으로 비용, 이자, 원본의 순서로 충당하여야 하고, 채무자는 물론 채권자라 할지라도 위 법정 순서와 다르게 일방적으로 충당의 순서를 지정할 수는 없다. 그러나 당사자 사이에 특별한 합의가 있는 경우이거나 당사자의 일방적인 지정에 대하여 상대방이 지체 없이 이의를 제기하지 아니함으로써 묵시적인 합의가 되었다고 보이는 경우에는 그 법정충당의 순서와는 달리 충당의 순서를 인정할 수 있다"고 한다. 본

사안에서는 당사자 사이에 특별한 합의가 있었다거나 묵시적인 합의가 되었다고 볼 만한 사정이 없다는 점에서 지정충당을 하는 경우에도 제479조에 따라 비용, 이자, 원본 순서로 충당이 되어야 한다. 따라서 甲의 주장이 타당하다.

Ⅲ. 사안의 해결

제479조에 의거하여 이자에 충당할 것을 주장한 甲의 주장이 타당하다.

질문 2에 대한 해설

Ⅰ. 쟁점사안

원금채무는 소멸시효가 완성되지 않았으나 이자채무의 소멸시효가 완성된 상태에서 채무자가 채무를 일부 변제한 경우, 원금채무를 승인하고 이자채무의 시효이익을 포기한 것으로 추정되는지 여부가 문제된다.

Ⅱ. 적용법리

1. 이자채권의 소멸시효 완성 여부

제163조 제1호에 따라 1년 이내의 기간으로 정한 정기급부채권인 이자는 3년의 소멸시효에 걸린다. 사안에서는 이자채권이 모두 3년의 소멸시효기간이 도과하였다는 점을 알 수 있다.

2. 乙의 1억 원의 변제가 이자채권에 대한 소멸시효의 포기 및 원본채권에 대한 승인으로 볼 수 있을 것인지 여부

대판 2013.5.23. 2013다12464에 의하면, "원금채무에 관하여는 소멸시효가 완성되지 아니하였으나 이자채무에 관하여는 소멸시효가 완성된 상태에서 채무자가 채무를 일부 변제한 때에는 액수에 관하여 다툼이 없는 한 원금채무에 관하여 묵시적으로 승인하는 한편 이자채무에 관하여 시효완성의 사실을 알고 그 이익을 포기한 것으로 추정되며, 채무자의 변제가 채무 전체를 소멸시키지 못하고 당사자가 변제에 충당할 채무를 지정하지 아니한 때에는 제479조, 제477조에 따른 법정변제충당의 순서에 따라 충당되어야 한다. 채무자가 소멸시효 완성 후에 채권자에 대하여 채무 일부를 변제함으로써 시효의 이익을 포기한 경우에는 그때부터 새로이 소멸시효가 진행한다."

본 사안에서 액수에 관하여 다툼 없이 1억 원을 변제한 乙은 소멸시효가 완성된 이자채권에 대한 시효이익의 포기로 볼 수 있으며, 동시에 원본채권에 대한 승인으로 볼 수 있다. 따라서 乙의 항변은 타당하지 않으며, 제479조에 따라 甲이 미지급한 이자에 충당한 것은 타당하다고 할 것이다.

Ⅱ. 사안의 해결

乙의 변제는 시효이익에 대한 포기로 볼 수 있으므로, 乙의 항변은 타당하지 않다.

요건사실론 **변제충당**

1. 채권자가 채무자에게 대여금반환청구를 함에 있어서 원고는 ⓐ 소비대차계약의 체결, ⓑ 목적물의 인도, ⓒ 반환시기의 도래를 주장·증명해야 한다.

2. 이에 피고는 변제를 항변으로 주장할 수 있는바, 피고가 변제를 항변으로 주장하는 경우에 있어서 원고는 ⓐ 피고가 원고에 대하여 별개의 동종채무를 부담하고 있는 사실, ⓑ 피고가 지급한 급부가 총 채무를 소멸시키기에 부족한 사실, ⓒ 피고가 제공한 급부의 전부 또는 일부가 합의충당, 지정충당, 법정충당 등의 방식에 의하여 다른 채무에 충당된 사실을 주장하며 변제충당의 재항변을 할 수 있다.

제477조에서 규정하고 있는 안분비례에 의한 법정충당 이상으로 자신에게 유리한 변제충당의 효과를 주장하기 위해서는 그에 해당하는 사실을 원고가 주장해야 한다.

(1) 합의충당을 주장하기 위해서는 채무자와 채권자 사이에 충당에 관한 합의가 있었던 사실을 주장·증명하면 된다. 합의충당에 관한 합의를 하는 경우 변제충당에 관한 민법상 모든 규정의 적용이 배제되기 때문에 상대방이 지정충당 또는 법정충당에 대한 주장을 하더라도 배제할 수 있다. 충당의 합의는 구체적인 방법까지 할 필요는 없고, 채권자가 적당하다고 인정하는 순서와 방법으로 충당하기로 하였다면 이러한 방법의 충당도 가능하다. 다만 이러한 충당의 방식이 약관에 의한 방식으로 이루어졌다면 약관규제법의 규제를 받는다.

(2) 합의가 인정되지 않더라도 지정충당의 주장이 있으면 법정충당에 앞서 이에 대하여 판단해야 한다. 대주인 원고가 변제 수령 당시 충당할 채무를 스스로 지정하였다고 하면서 지정충당의 주장을 재항변할 경우 차주인 피고로서는 원고가 지정한 후 즉시 이의를 제기하였다는 사실을 주장하여 이에 대항할 수 있다. 이때 피고의 주장은 재재항변으로서의 지위를 갖고, 피고의 주장이 받아들여질 경우 변제충당은 법정충당에 의하게 된다. 한편 충당에 관한 지정이 있다고 하더라도 제479조 제2항에서 정한 비용, 이자, 원본의 순서는 변경할 수 없다.

(3) 지정충당이 인정되지 않거나 그러한 주장이 없는 경우 법정충당의 방식에 의하여야 한다. 법정충당의 순서는 법률로 규정되어 있으므로 그 순서에 관한 진술을 자백이라 볼 수 없으나, 법정충당의 순서를 정하는 데에 기준이 되는 이행기나 변제이익에 관한 사항은 구체적 사실로 자백의 대상이 된다.

3. 피고는 원고가 주장하는 동종채무의 발생원인이 무효사유에 해당하여 그 채무가 발생하지 않았다거나, 급부 이전에 이미 변제로 인하여 소멸한 사실 등을 주장하여 재재항변 할 수 있다.

제1편 제2편 제3편 제4편 제5편 제6편 제7편 제8편 제9편

계약의 효력

제3절 변제자대위

Ⅰ. 의의 및 성질
Ⅱ. 변제자대위의 공통요건
  1. 변제 기타 출재로 인한 채권의 실현(만족)
  2. 변제자 등은 채무자에 대하여 구상권을 가질 것
  3. 법정대위를 위한 추가 요건(제481조)
  4. 임의대위의 추가적 요건
    (1) 채권자의 승낙(제480조 제1항)
    (2) 지명채권양도에 관한 대항요건의 구비(제480조 제2항)
Ⅲ. 효 과
  1. 대위자와 채무자 사이의 효과(제482조)(대위변제의 일반적 효과)
    (1) 일반적 효과
    (2) 일부대위
    (3) 해지 및 해제권의 행사
  2. 수인의 (법정)대위자 상호간에 변제자대위의 효과

  (1) 보증인과 담보목적물(전세물 · 저당물)의 제3취득자 사이에서 변제자 대위(제482조 제2항 제1호, 제2호)
  (2) 제3취득자 상호간의 변제자 대위(제482조 제2항 제3호)
  (3) 물상보증인 상호간의 변제자 대위(제482조 제2항 제4호)
  (4) 보증인과 물상보증인 상호간의 변제자 대위(제482조 제2항 제5호)
  (5) 물상보증인과 제3취득자 사이의 변제자 대위
  (6) 연대채무자 상호간의 변제자 대위
  (7) 보증인 상호간의 변제자 대위
  3. 대위자와 채권자 사이의 효과
    (1) 채권자의 채권증서 및 담보물의 교부의무(제484조)
    (2) 채권자의 담보보존의무(제485조)

Ⅰ. 의의 및 성질

변제자대위란 채무자와 함께 또는 채무자를 위해 변제해야 하는 자(연대채무자, 보증인, 물상보증인 등도 포함됨) 또는 제3자가 채무를 변제했을 때, 변제자의 채무자에 대한 구상권을 확보하도록 하기 위해 변제로 소멸될 (채권자의) 채권 또는 담보권이 (채무자와 변제자 사이에서는) 변제자에게 이전되는 제도를 말한다. 변제자대위로 이전하는 권리는 구상권의 범위 내로 한정된다. 구상권자에게는 고유의 구상권 외에 변제자대위로 취득한 권리도 귀속되며, 이 두 권리는 그 원본, 변제기, 이자, 지연손해금의 유무 등에 있어서 그 내용이 다른 별개의 권리이다. 즉 대위될 채권자의 권리와 대위변제자가 갖는 고유한 구상권 사이에는 청구권 경합관계에 있다(대판 1997.5.30, 97다1556). 따라서 대위변제자와 채무자 사이에 구상금에 관한 지연손해금 약정이 있더라도 이 약정은 구상금을 청구하는 경우에 적용될 뿐, 변제자대위에 의한 권리행사에는 적용될 수 없다(대판 2009.2.26, 2005다32418).

변제자대위의 법적 성질과 관련하여 판례는 법률의 규정에 의해 채권 및 부속된 권리가 이전되는 법률상 권리이전설을 취한다(대판 1996.12.6, 96다35774)(소수설로 변제자에게 채권자를 대위하여 권리를 행사할 권한이 인정된다는 대위행사설도 주장된다).

민법에는 제480조의 임의대위와 제481조의 법정대위가 규정되어 있다.

사례 14 甲은 채권자, 乙은 채무자인데 A는 乙의 채무를 위해 저당권을 설정해 주었다. 이때 채무자 乙이 채무변제를 하지 않자, 저당목적물에 대한 저당권실행을 막기 위해 A가 乙의 채무를 변제해 주었다. 이때 A가 乙에 대해서 주장할 수 있는 자기 권리의 보호방법은?

│해설 14│ 물상보증인의 구상권($^{제370조에 의한}_{제341조의 적용}$)과 대위변제자로서의 지위($^{제481조}_{및 제482조}$)에 따른 보호를 받을 수 있다.

│ 대판 1997.5.30, 97다1556 [구상금]
물상보증인이 채무자의 채무를 변제한 경우, 그는 민법 제370조에 의하여 준용되는 같은 법 제341조에 의하여 채무자에 대하여 구상권을 가짐과 동시에 민법 제481조에 의하여 당연히 채권자를 대위하고, 위 구상권과 변제자 대위권은 원본, 변제기, 이자, 지연손해금의 유무 등에 있어서 내용이 다른 별개의 권리로서, 물상보증인은 고유의 구상권을 행사하든 대위하여 채권자의 권리를 행사하든 자유이며, 다만 채권자를 대위하는 경우에는 같은 법 제482조 제1항에 의하여 고유의 구상권의 범위에서 채권 및 그 담보에 관한 권리를 행사할 수 있는 것이어서, 변제자 대위권은 고유의 구상권의 효력을 확보하는 역할을 한다.

Ⅱ. 변제자대위의 공통요건

1. 변제 기타 출재로 인한 채권의 실현(만족)

원칙적으로 변제할 이익이 있는 자가 변제한 경우, 그 변제자는 자신이 갖는 구상권의 범위 내에서 채권자를 대위할 수 있다($^{제482조}_{제1항}$). 변제 기타 출재로 인하여 채권이 실현되어야 함이 원칙이나 그 이외에 구상권을 발생시키는 다른 채무소멸사유인 대물변제, 공탁($^{제486}_{조 참조}$), 상계(연대채무자 또는 보증인에 의한 상계), 채권자의 강제집행 또는 경매 등(물상보증인 또는 저당부동산의 제3취득자)에 의하여 구상권을 취득하는 경우에는 변제에 준하여 다루어져야 한다.

또한 제482조 제2항에서 상대방이 누구인지(물상보증인, 제3취득자, 보증인, 연대채무자 등)에 따라 대위의 범위를 다르게 규율하고 있으므로, 그 규정에 따라 변제자대위를 하게 된다.

2. 변제자 등은 채무자에 대하여 구상권을 가질 것

변제자대위는 제3자 또는 공동채무자 가운데 한 사람이 채무자 또는 다른 공동채무자에 대하여 갖는 구상권의 실현을 확보하기 위한 제도이므로, 구상권이 없으면 변제자대위는 성립하지 않는다($^{대판 2014.4.30,}_{2013다80429,80436}$). 민법의 개별규정에 따라 채무자에게 구상권을 갖는 변제자로는 불가분채무자($\frac{제411}{조}$), 연대채무자($\frac{제425조}{이하}$), 보증인($\frac{제441조}{이하}$), 물상보증인($\frac{제341조, 제355}{조, 제370조}$), 담보물의 제3취득자($\frac{대판\ 2014.12.24,}{2012다49285}$), 후순위 담보권자($\frac{대판\ 2013.2.15,}{2012다48855}$)가 이에 해당된다. 채무자의 부탁으로 채무자를 위하여 변제한 제3자(위임사무처리비용의 상환청구권($\frac{제688}{조}$)을 기초로 한다), 사무관리로 변제한 제3자(사무관리비용의 상환청구권($\frac{제739}{조}$)을 기초로 한다)도 구상권을 취득할 수 있다($\frac{대판\ 1994.12.9,}{94다38106}$).

변제자는 고유의 구상권과 변제자대위에 의하여 취득한 권리 중 어느 것이라도 행사할 수 있다. 채무자의 채무를 변제한 물상보증인이 갖는 변제자대위권($\frac{제481}{조}$)은 고유한 구상권($\frac{제370조,}{제341조}$)과 원본, 변제기, 이자, 지연손해금의 유무 등에서 내용이 다른 별개의 권리이다($\frac{대판\ 2015.11.12,}{2013다214970}$). 다만 변제자대위권은 고유의 구상권의 범위에서 채권 및 그 담보에 관한 권리를 행사할 수 있는 것이므로 고유의 구상권의 효력을 확보하는 역할을 한다($\frac{대판\ 1997.5.30,}{97다1556}$).

3. 법정대위를 위한 추가 요건($\frac{제481}{조}$)

변제할 정당한 이익이 있는 자가 채무자를 대신하여 변제하지 않으면 채권자로부터 집행을 당하거나 자신의 권리를 상실하는 등의 지위에 있다면 채권자의 승낙 없이도 변제를 통하여 채권자를 대위한다. 변제할 정당한 이익이 있는 자란 보통 불가분채무자, 연대채무자, 보증채무자, 손해담보자, 물상보증인, 담보물의 제3취득자, 후순위담보권자, 채무자와의 이행인수계약에 따른 이행인수인($\frac{대결\ 2012.7.16,}{2009마461}$)이 이에 해당된다. 변제할 정당한 이익은 사실상 이해관계로는 부족하고 법률상 이익이 있어야 한다. 예컨대 채무자와 연립주택건설 사업을 같이 하고 있어 채무자가 수사기관에서 조사를 받음으로 인하여 연립주택건설사업에 지장을 받을 우려가 있는 사실상의 이해관계를 갖는 자는 여기에 포함되지 않는다($\frac{대판\ 1990.4.10,}{89다카24834}$).

일반채권자라도 대위변제를 통하여 자신의 일반채권을 보전할 수 있는 경우—예컨대 담보물이 현저히 낮은 가격으로 매각될 우려가 있는 경우—에는, 자기보다 우선적으로 변제를 받을 지위에 있는 채권자에게 변제한 때에는 변제할 정당한 이익이 있으므로 선순위저당채무를 대위변제한 일반채권자는 후순위저당권자가 저당권을 실행하여 교부받은 매각대금에 관하여 선순위저당권자의 권리를 대위행사할 수 있다($\frac{다수}{설}$).

4. 임의대위를 위한 추가적 요건

(1) 채권자의 승낙($\frac{제480조}{제1항}$)

채권자의 승낙은 채권 및 담보의 이전에 대한 동의를 의미한다($\frac{제469조\ 제2항에\ 의해\ 이해관계\ 없는\ 제3자}{는\ 채무자의\ 의사에\ 반하여\ 변제하지\ 못하도록\ 한\ 것을}$ 상기해 보라). 이 규정은 제3자의 투기적 변제에 의한 대위를 방지하기 위한 법정조건으로 해석되므로 승낙이 있어야 채권 이전의 효과가 발생한다. 승낙시점은 제3자의 변제보다 먼저, 늦어도 동시에 이루어져야 하며, 채권자는 정당한 이유 없이 승낙을 거절할 수 없다고 해석된다.

(2) 지명채권양도에 관한 대항요건의 구비$\binom{\text{제480조}}{\text{제2항}}$

임의대위의 경우 채무자는 대위변제가 있었는지, 누가 대위변제자인지, 채권자의 승낙이 있었는지의 여부를 알 수 없는 경우가 많다. 또한 변제자와 양립할 수 없는 지위를 취득한 제3자 사이의 우열관계를 정하는 기준이 있어야 한다. 이를 위해 채권양도의 대항요건으로서 통지나 승낙에 관한 규정을 준용한다$\binom{\text{제480조}}{\text{제2항}}$. 따라서 채권자가 채무자에게 대위를 통지하거나 채무자의 대위의 승낙이 있어야 대위변제자가 채무자에게 대항할 수 있다. 변제자가 제3자에 대해서 변제자대위에 의한 권리를 주장하기 위해서는 확정일자 있는 증서에 의한 대위통지나 대위승낙이 필요하다. 여기서 말하는 제3자란 대위변제의 목적인 그 채권 자체에 관하여 대위변제자와 양립할 수 없는 법률상 지위에 있는 자만을 의미한다$\binom{\text{대판 1996.2.23.}}{\text{94다21160}}$.

사례 15 철강회사인 A회사는 B회사에 철강제품을 외상으로 판매한 후 대금지급이 없자 B와 합의하여 B회사의 물건으로 대물변제받기로 하였다. 그런데 B회사의 근로자들이 체불임금의 해결을 요구하면서 그 물건의 반출을 저지하자 A회사는 B회사를 위해 B회사의 근로자들 C의 체불임금과 퇴직금을 변제하여 그들의 권리를 대위하기로 A·B 간에 합의했다. C도 A의 대위를 승낙하고 B에게 채권양도통지를 하였다. 그런데 B의 공장에 근저당권을 갖고 있던 채권자 D가 저당물을 경매하였다.
이때 A는 C의 채권에 대한 변제자대위를 이유로 D에 앞선 우선배당을 요구할 수 있는가? (참고로 구 근로기준법 제30조의2 제2항$\binom{\text{현행 제38}}{\text{조 제2항}}$에 의해 임금채권에는 우선변제권이 있다)

(대판 1996.2.23. 94다21160 참조)

|해설 15| 요구할 수 있다.

타인의 채무를 변제하고 채권자를 대위하는 대위변제의 경우 채권자의 채권은 동일성을 유지한 채 법률상 당연히 변제자에게 이전한다. 이러한 법리는 채권이 근로기준법상의 임금채권이라 하더라도 그대로 적용되므로, 구 근로기준법 제30조의2 제2항$\binom{\text{현행 제38}}{\text{조 제2항}}$에 규정된 우선변제권이 있는 임금채권을 변제한 A는 채무자인 C에 대한 임금채권자로서 C의 총재산에 대한 강제집행절차나 임의경매절차가 개시된 경우에 매각기일까지 배당요구를 하여 그 배당절차에서 저당권의 피담보채권이나 일반채권보다 우선하여 변제받을 수 있으며, 이와 같이 근로자가 아닌 대위변제자에게 임금의 우선변제권을 인정하더라도 근로자에 대하여 임금이 직접 지급된 점에 비추어 이를 구 근로기준법 제36조 제1항$\binom{\text{현행 근기법}}{\text{제43조 제1항}}$ 소정의 직접지급의 원칙에 위배된다고 할 수 없다.

임의대위에 있어서 D가 제450조 제2항에서 말하는 제3자라면 A가 D에게 대위변제자로서 대항하기 위하여는 채무자인 B에 대하여 확정일자 있는 증서에 의한 대위의 통지나 승낙이 필요할 것이다$\binom{\text{제480조}}{\text{제2항}}$. 그러나 이 경우 제3자라 함은 대위변제의 목적인 그 채권 자체에 관하여 대위변제자와 양립할 수 없는 법률상 지위에 있는 자만을 의미하는데 D는 제480조 제2항에서 말하는 제3자가 아니다. 왜냐하면 D는 임금채권에 대하여 A와 양립할 수 없는 법률상의 지위를 취득한 자가 아니기 때문이다. D는 임금채권에 의하여 실질적인 이해관계가 있는 자일 뿐이다. 따라서 C의 B에 대한 변제자대위의 통지가 적법하다면 대위통지 일자와 압류 효력 시점의 전후와 관계없이 대위에는 영향이 없어 우선배당을 받을 수 있다.

타인의 채무를 변제하고 채권자를 대위하는 대위변제의 경우 채권자의 채권은 동일성을 유지한 채 법률상 당연히 변제자에게 이전하고, 이러한 법리는 채권이 근로기준법상의 임금채권이라 하더라도 그대로 적용되므로, 구 근로기준법 제30조의2 제2항(현행 제38조 제2항)에 규정된 우선변제권이 있는 임금채권을 변제한 자는 채무자인 사용자에 대한 임금채권자로서 사용자의 총재산에 대한 강제집행절차나 임의경매절차가 개시된 경우에 매각기일까지 배당요구를 하여 그 배당절차에서 저당권의 피담보채권이나 일반채권보다 우선하여 변제받을 수 있으며, 이와 같이 근로자가 아닌 대위변제자에게 임금의 우선변제권을 인정하더라도 근로자에 대하여 임금이 직접 지급된 점에 비추어 이를 구 근로기준법 제36조 제1항(현행 제43조 제1항) 소정의 직접불의 원칙에 위배된다고 할 수 없다(대판 1996.2.23, 94다21160).

한편 채권양도에 준하여 볼 때에는 양수인에 해당되는 대위변제자는 통지할 수 없음이 원칙인데 위 대판 1996.2.23, 94다21160에서는 "...... 임의대위자의 사용자에 대한 대위의 통지가 적법히 된 이상 ......"이라고 하여 대위변제자(양수인에 해당됨)에 의한 통지만으로 충분할 수 있음을 전제로 한다. 원래는 양수인에 의한 통지는 안 되지만 예외적으로 양수인에 의한 통지가 유효할 수 있는데, 사실관계에서 유효한 경우로 보인다.

Ⅲ. 효 과

1. 대위자와 채무자 사이의 효과(제482조)(대위변제의 일반적 효과)

(1) 일반적 효과

대위자가 대위변제하면 채권자가 갖고 있었던 '채권 및 그 담보에 관한 권리'가 구상권의 범위 내에서 대위변제자에게 이전된다. 따라서 대위변제자는 채무자에 대해서 이행청구권, 손해배상청구권, 채권자대위권, 채권자취소권 등 채권에 기한 채권자의 권리를 갖게 된다. 또한 채권담보를 위한 인적 담보(보증채무, 연대채무), 물적 담보(질권, 저당권)도 구상권의 범위 내에서는 저당권 이전의 부기등기 없이 변제자에게 이전된다. 법정대위의 경우 채권자가 판결 등의 집행권원을 가지고 있는 때에는 변제자가 승계집행문을 받아 강제집행할 수 있다(대판 2007.4.27, 2005다64033).

변제의 효과가 발생해야 비로소 변제자대위가 성립한다. 예컨대 물상보증인의 변제자대위 시점은 소유권을 상실한 시점(경락인의 매수대금 완납시점)이 아니라, 채권자가 대금을 수령한 시점 또는 수령에 준할 때(배당표의 확정시점)이다(대판 2018.3.27, 2015다70822).

민사집행법 집행권원

집행권원은 국가의 강제집행의 기초로 사법상 청구권의 존재와 범위가 표시되어 법률상 집행력이 부여된 공문서를 말하는데, 이에는 확정된 종국판결 또는 가집행 선고가 있는 종국판결, 집행증서, 청구인낙조서, 재판상 화해조서, 조정조서 등이 있다.

(2) 일부대위

(가) 채권자와 일부대위자와의 관계

채무의 일부를 대위변제한 자는 변제한 가액에 비례하여 채권자와 함께 권리를 행사한다$\binom{\text{제483조}}{\text{제1항}}$. 저당권부 채무를 일부 대위변제한 경우 저당권 이전의 부기등기가 없어도 저당권의 일부를 취득하지만 대위변제자의 청구가 있으면 채권자는 변제자에게 그 저당권의 일부 이전을 부기등기해 주어야 할 의무를 부담한다$\binom{\text{대판 2009.11.26.}}{\text{2009다57545,57552}}$.

다만 이때에도 변제자는 독자적으로 대위한 권리(저당권 등)를 행사할 수 없고, 채권자가 권리를 행사할 때에 비로소 채권자와 함께 자신의 담보권을 행사할 수 있다.[11] 반면 채권자는 일부 변제자의 동의 없이 저당권실행 및 경매신청이 가능하다. 또한 일부대위 변제자는 채권자가 우선변제받은 후 잔존부분에 관하여 다른 채권자(후순위담보권자를 포함)보다 우선하여 변제를 받을 수 있을 뿐이다.

근저당권부 채권에서 채무가 일부 대위변제된 경우에도 근저당권의 피담보채권이 확정되지 않았다면(예컨대 근저당 거래관계가 계속되고 있는 상황을 생각해 보라) 그 채권의 일부가 대위변제되었음을 이유로 그 근저당권이 대위변제자에게 이전되지 않는다$\binom{\text{대판 2000.12.26.}}{\text{2000다54451}}$. 그러나 피담보채권이 확정된 후에는 그 피담보채권액이 그 근저당권의 채권최고액을 초과하지 않는 한, 그 근저당권 내지 그 실행으로 인한 매각대금에 대한 권리 중 그 피담보채권액을 담보하고 남는 부분은 저당권의 일부이전의 부기등기의 경료 여부와 관계없이 대위변제자에게 법률상 당연히 이전된다$\binom{\text{대판 2002.7.26.}}{\text{2001다53929}}$.

일부대위에서 채권자가 대위변제한 자보다 우선변제를 받는 법리가 구상권의 행사에서도 당연히 인정되는 것은 아니다. 예컨대 보증인이 변제 기타의 출재로 주채무를 소멸하게 하여 주채무자에 대하여 갖는 구상권은 변제자가 갖는 고유의 권리로서 대위의 객체가 된 권리와는 별개이므로 당사자 사이에 다른 약정이 있는 등의 특정한 사정이 없는 한, 일부대위시 채권자가 우선변제를 받는다는 법리가 구상권의 행사에 당연히 적용되는 것은 아니다$\binom{\text{대판 1995.3.3.}}{\text{94다33514}}$.

사례 16 A는 근저당권설정자이며 동시에 채무자, B는 근저당권자이자 채권자, C는 변제할 정당한 이익이 있는 자, B가 갖는 근저당권의 채권최고액은 1억 원일 때, 피담보채권액의 확정 전에 C가 A에 대한 B의 근저당권부 채권 중 2,000만 원을 대위변제했다. 그 후 B의 채권액이 5,000만 원으로 확정되었다. A의 채무의 변제가 없자 근저당물을 매각한 대금이 6,000만 원이다.

질문 1) C는 부기등기를 하지 않았다. 만약 근저당물에 D가 1,000만 원을 피담보채권으로 하는 후순위 저당권을 갖고 있었다면 C는 경매대금으로부터 자기의 구상채권은 D의 채권보다 우선변제를 받을 수 있는가?

---

11) 대위변제자의 보호는 채무자와의 관계에서 구상권의 확보를 위한 범위 내에서 인정되며 채권자의 권리보호보다는 후위에 있어야 하므로 대위변제자에 의한 담보물의 처분이 강요되어서는 안 된다. 또한 제483조 제1항에서 대위자는 '채권자와 함께' 권리를 행사하도록 규정되어 있다는 점도 고려된 결과이다.

질문 2) 만일 A가 B에게 5,000만 원을 변제한 경우 C의 의사와 관계없이 B에게 저당권말소등기를 청구할 수 있는가? (대판 2002.7.26, 2001다53929 참조)

| 해설 16 |

해설 1) 1,000만 원에 대해서 우선변제받을 수 있다.

C가 2,000만 원을 일부 변제한 당시에는 아직 피담보채권이 확정되지 않은 상태이므로 근저당권이 C에게 이전되지 않는다. 그러나 그 후 피담보채권이 확정된 때에는 C에게 부기등기의 경료 여부와 관계없이 매각대금에 관한 권리 중 피담보채권액 5,000만 원을 담보하고 남는 부분은 대위변제자에게 이전한다. 그런데 경매대금은 6,000만 원이므로 채권자 B가 우선변제받고 난 뒤 남은 1,000만 원에 대해서 우선변제권이 있다. 이때 C의 우선변제권은 선순위 담보권자 B의 권리를 대위하는 것이므로 D보다 우선하여 채권을 만족받을 수 있다(다만 피담보채권이 확정된 후에도 C는 독자적으로 저당권을 실행할 수는 없다. 또한 채권자가 대위변제자에 우선하여 채권을 만족받은 후에야 대위변제자로서 저당권자의 지위에서 다른 일반채권자에 대해서 우선하여 채권을 만족받을 수 있다).

해설 2) 말소등기를 청구할 수 없다.

이미 그 부동산에 C는 부기등기를 하지 않아도 피담보채권이 확정된 후에는 저당권을 취득했고 다만 그 등기만 되어 있지 않은 상태이기 때문이다. 이와 같이 C는 그 부동산에 부기등기를 할 수 있는 지위에 있다고 보기 때문이다. 부기등기는 당해 저당권등기가 존재해야만 가능하다는 점에서 이를 말소할 수는 없다고 할 것이다.

(나) 일부대위자 상호간의 관계

수인이 시기를 달리하여 근저당권부 채권의 일부를 대위변제한 경우 근저당권 일부이전의 부기등기를 경료하지 않았더라도, 일부대위자들 간에는 그 변제한 가액에 비례하여 근저당권을 준공유하며 저당권 실행하여 배당할 때에는 변제채권액에 비례하여 안분배당한다(대판 2011.6.10, 2011다9013). 다만 이때에도 여전히 채권자가 일부대위변제자들보다 우선변제권을 갖는다. 만약 일부 대위변제자와 채권자 사이에 변제의 순위에 관하여 따로 약정(이하 '우선회수특약'이라 한다)을 하였다면 우선회수특약에 따라 변제의 순위가 정해진다. 그런데 변제로 채권자를 대위하는 경우에 '채권 및 그 담보에 관한 권리'가 변제자에게 이전될 뿐 계약당사자의 지위가 이전되는 것은 아니다.

그리고 변제로 채권자를 대위하는 사람이 구상권 범위에서 행사할 수 있는 '채권 및 그 담보에 관한 권리'(제482조 제1항)에는 채권자와 채무자 사이에 채무의 이행을 확보하기 위한 특약이 있는 경우에 특약에 기하여 채권자가 가지는 권리도 포함되나, 채권자와 일부 대위변제자 사이의 약정에 지나지 아니하는 '우선회수특약'이 '채권 및 그 담보에 관한 권리'에 포함된다고 보기는 어렵다. 따라서 일부 대위변제자의 채무자에 대한 구상채권에 대하여 보증한 사람이 자신의 보증채무를 변제함으로써 일부 대위변제자를 다시 대위하게 되었다 하더라도, 그것만으로 채권자의 채무자에 대한 권리가 아니라 채권자와 일부 대위변제자 사이의 약정에 해당하는 '우선회수특약'에 따른 권리까지 당연히 대위하거나 이전받게 된다고 볼 수 없다(대판 2017.7.18, 2015다206973).

채권자가 대위변제자들과 변제 순위나 배당금 충당에 관하여 따로 약정을 한 경우, 경매법원은 (i) 채권자와 일부 대위변제자들 전부 사이에 동일한 내용의 약정이 있으면 약정 내용에 따라 배당하고, (ii) 채권자와 어느 일부 대위변제자 사이에만 그와 같은 약정이 있는 경우에는 먼저 원칙적인 배당방법에 따라 채권자의 근저당권 채권최고액 범위 내에서 채권자에게 그의 잔존 채권액을 우선 배당하고, 나머지 한도액을 일부 대위변제자들에게 각 대위변제액에 비례하여 안분배당하는 방법으로 배당할 금액을 정한 다음, 약정당사자인 채권자와 일부 대위변제자 사이에서 약정 내용을 반영하여 배당액을 조정하는 방법으로 배당한다(대판 2011.6.10, 2011다9013).

(3) 해지 및 해제권의 행사

일부대위의 경우에 변제자는 계약의 해제 및 해지권을 행사할 수 없다(제483조 제2항). 변제한 제3자는 계약의 당사자가 아니기 때문이다. 명문의 규정은 없지만 전부대위의 경우에도 대위자는 계약의 해제 및 해지권을 행사할 수 없다. 변제자의 대위로 채권이 이전될 뿐이고, 계약당사자의 지위까지 이전되는 것은 아니기 때문이다. 채권자가 계약을 해지 또는 해제한 경우 대위변제자로부터 이미 수령한 변제는 비채변제가 되어 채권자는 그 가액 및 이자를 (일부) 대위변제자에게 상환해야 한다(제483조 제2항).

2. 수인의 (법정)대위자 상호간에 변제자대위의 효과

(1) 보증인과 담보목적물(전세물·저당물)의 제3취득자 사이에서 변제자 대위(제482조 제2항 제1호, 제2호)

(가) 보증인과 담보목적물의 제3취득자 사이에서 변제자대위

보증인이 채무자의 채무를 대위변제시 보증인은 담보목적물에 미리 부기등기를 해야 비로소 담보물의 제3취득자에 대해 채권자를 대위한다(제482조 제2항 제1호). 그러나 제3취득자는 채무자의 채무를 대위변제한 경우에도 보증인에 대해 채권자를 대위하지 못한다(제2호).

보증인은 채무자 재산에 설정된 저당권의 담보력을 신뢰하여 보증인이 되었을 것이므로 보호의 필요성이 있다. 반면에 제3취득자는 취득물에 담보권이 설정되어 있음을 이미 인식하고 권리를 취득했을 것이며, 제3취득자의 이익을 보호하기 위하여 다른 방법이 마련되어 있으므로 변제자대위와 관련해서는 제3취득자보다는 보증인을 보호할 필요가 있다고 본다(대판 2013.2.15, 2012다48855). 예컨대 저당부동산에 대하여 소유권, 지상권 또는 전세권을 취득한 제3자는 저당권자에게 그 부동산으로 담보된 채권을 변제하고 저당권의 소멸을 청구할 수 있으며(제364조), 저당물의 제3취득자가 그 부동산의 보존, 개량을 위하여 필요비 또는 유익비를 지출한 때에는 저당물의 경매대가에서 우선상환을 받을 수 있다(제367조).

한편 제482조 제2항 제1호 및 제2호의 제3취득자에 후순위 근저당권자는 포함되지 아니한다(대판 2013.2.15, 2012다48855).

■ 대판 2013.2.15, 2012다48855 [배당이의]

[1] 민법 제482조 제2항 제1호와 제2호에서 보증인에게 대위권을 인정하면서도 제3취득자는 보증인에 대하여 채권자를 대위할 수 없다고 규정한 까닭은, 제3취득자는 등기부상 담보권의 부담이 있음을 알고 권리를 취득한 자로서 그 담보권의 실행으로 인하여 예기치 못한 손해를 입을 염려가 없고, 또한 저당부동산에 대하여 소유권, 지상권 또는 전세권을 취득한 제3자는 저당권자에게 그 부동산으로 담보된 채권을 변제하고 저당권의 소멸을 청구할 수 있으며(민법 제364조), 저당물의 제3취득자가 그 부동산의 보존, 개량을 위하여 필요비 또는 유익비를 지출한 때에는 저당물의 경매대가에서 우선상환을 받을 수 있도록(민법 제367조) 하는 등 그 이익을 보호하는 규정도 마련되어 있으므로, 변제자대위와 관련해서는 제3취득자보다는 보증인을 보호할 필요가 있기 때문이다. 그러나 저당부동산에 대하여 후순위 근저당권을 취득한 제3자는 민법 제364조에서 정한 저당권소멸청구권을 행사할 수 있는 제3취득자에 해당하지 아니하고, 달리 선순위 근저당권의 실행으로부터 그의 이익을 보호하는 규정이 없으므로 변제자대위와 관련해서 후순위 근저당권자보다 보증인을 더 보호할 이유가 없으며, 나아가 선순위 근저당권의 피담보채무에 대하여 직접 보증책임을 지는 보증인과 달리 선순위 근저당권의 피담보채무에 대한 직접 변제책임을 지지 않는 후순위 근저당권자는 보증인에 대하여 채권자를 대위할 수 있다고 봄이 타당하므로, 민법 제482조 제2항 제2호의 제3취득자에 후순위 근저당권자는 포함되지 아니한다.

[2] 민법 제482조 제2항 제2호의 제3취득자에 후순위 근저당권자가 포함되지 않음에도 같은 항 제1호의 제3자에는 후순위 근저당권자가 포함된다고 하면, 후순위 근저당권자는 보증인에 대하여 항상 채권자를 대위할 수 있지만 보증인은 후순위 근저당권자에 대하여 채권자를 대위하기 위해서는 미리 대위의 부기등기를 하여야만 하므로 보증인보다 후순위 근저당권자를 더 보호하는 결과가 되는데, 이러한 결과는 법정대위자인 보증인과 후순위 근저당권자 간의 이해관계를 공평하고 합리적으로 조절하기 위한 민법 제482조 제2항 제1호와 제2호의 입법 취지에 부합하지 않을뿐더러 후순위 근저당권자는 통상 자신의 이익을 위하여 선순위 근저당권의 담보가치를 초과하는 담보가치만을 파악하여 담보권을 취득한 자에 불과하므로 변제자대위와 관련해서 후순위 근저당권자를 보증인보다 더 보호할 이유도 없다. 이러한 사정들과 민법 제482조 제2항 제1호와 제2호가 상호작용하에 법정대위자 중 보증인과 제3취득자의 이해관계를 조절하는 규정인 점 등을 종합하여 보면, 보증인은 미리 저당권의 등기에 그 대위를 부기하지 않고서도 저당물에 후순위 근저당권을 취득한 제3자에 대하여 채권자를 대위할 수 있다고 할 것이므로 민법 제482조 제2항 제1호의 제3자에 후순위 근저당권자는 포함되지 않는다.

(나) 부기등기

부기등기는 보증인의 변제로 인한 저당권 소멸을 신뢰하고 목적물을 취득한 제3자의 불측의 손해를 예방하기 위하여 필요하다. 즉, 당해 목적물의 소유자가 보증인이 피담보채권을 변제하여 채권액이 감소하였음을 미리 알려주면 제3자가 이를 신뢰하고 목적물을 매수하게 된다. 그런데 나중에 변제자가 변제자대위를 할 수 있다고 한다면 제3자에게는 예측할 수 없었던 손해가 생기게 되는바, 이를 예방하기 위한 것이다.

부기등기의 시기에 관하여 법에서는 '미리'라고 규정되어 있으나 이는 '보증인이 변제한 후 제3자가 취득하기 전'까지라고 해석된다. 그러나 보증인이 변제하기 전에 제3자가 담보물에 권리를 취득한 때에는 변제한 보증인은 대위의 부기등기 없이도 대위할 수 있다(대판 2020.10.15, 2019다222041). 제

3취득자는 이미 담보권 등의 존재를 알고 권리를 취득한 것이므로 나중에 보증인이 대위하더라도 예측 못한 손해를 입을 염려가 없기 때문이다(예컨대 A는 B에 대한 1억 원의 채무를 담보하기 위해 자기 소유인 X토지에 저당권을 설정하고 C에게 부탁하여 C는 B와 보증계약을 체결했는데, i) A가 X토지를 甲에게 양도했고, 그 후 보증인 C가 A의 채무 전부를 변제했다면, C는 제3취득자 甲에 대하여 변제자대위를 근거로 저당권을 실행할 수 있다. 만약 보증인 C가 채무 전액을 변제한 후에야 A가 X토지를 甲에게 양도했다면 甲의 소유권이전등기 전에 위 대위의 부기등기를 해야만 채권자 B를 대위할 수 있다. ii) 그러나 제3취득자 甲이 B에게 변제한 경우에도 甲은 보증인 C에 대하여 변제자대위를 할 수 없다).

(2) 제3취득자 상호간의 변제자 대위 (제482조 제2항 제3호)

제482조 제2항 제3호에 의하면 제3취득자 중의 1인은 각 부동산의 가액에 비례하여 다른 제3취득자에 대하여 채권자를 대위한다. 채무자로부터 위 제3취득자가 여러 명인 경우를 의미한다. 만약 물상보증인로부터의 제3취득자가 여러 명인 경우에는 제4호(물상보증인이 여러 명인 경우)가 유추적용되나, 제4호가 제3호를 준용하고 있기 때문에 결과는 동일하다.

사례 17 채권자 B가 채무자 A에게 갖고 있는 1억 원의 채권을 담보하기 위해 甲토지(시가 4천만 원)와 乙토지(시가 6천만 원)에 저당권을 설정했다. 그런데 C가 甲토지를, D가 乙토지를 매수하여 등기를 완료했다.

질문 1) 그 후 C가 1억 원을 변제했다면 乙토지에 대해 저당권 실행을 통하여 C가 우선 변제받을 수 있는 금액은?

질문 2) 만약 이 때 C가 5천만 원만 일부 변제한 경우, 乙토지에 대해 저당권 실행을 통하여 우선 변제받을 수 있는 금액은? (경매로 인한 매매대금은 각각 시가대로 4천만 원과 6천만 원이었다)

(대판 1995.3.3, 94다33514 참조)

|해설 17|

해설 1) 6천만 원이다.

C가 변제한 금액은 부동산의 가액비율에 따르므로 1억 원*6/10 = 6천만 원이다. 따라서 6천만 원을 우선변제받을 수 있다.

해설 2) 1천만 원이다.

다수설과 판례(대판 1995.3.3. 94다33514)는 채권의 일부만이 대위변제 되었을 때 채권자가 대위변제자보다 우선 변제를 받는 것으로 하여 채권자가 우선하여 자신의 나머지 채권액인 5천만 원을 우선변제를 받고 나머지 금액인 1천만 원에 대해서는 대위변제자가 우선변제를 받을 수 있는 것으로 본다.

---

(3) 물상보증인 상호간의 변제자 대위 (제482조 제2항 제4호)

자기의 재산을 타인의 채무의 담보로 제공한 자(물상보증인)가 수인인 경우에는 제4호에 의하여 제3호가 준용된다. 따라서 물상보증인 중의 1인은 각 부동산의 가액에 비례하여 다른 물상보증인에 대하여 채권자를 대위한다. 수인의 물상보증인이 있는 경우 자기 부동산이 먼저 경매된 물상보증인은 변제자의 대위에 의하여 다른 물상보증인 부동산상의 채권자의 저당권을 취득한다(대판 2001.6.1, 2001다21854).

▌대판 2001.6.1, 2001다21854 [근저당권 말소등기의 회복등기절차 이행청구]

자기 부동산이 먼저 경매된 물상보증인은 변제자의 대위에 의하여 다른 물상보증인 부동산상의 채권자의 저당권을 취득한다(물상보증인 상호간의 관계는 민법 제482조 제2항 제4호, 제3호에 의해 규율될 것이다). 따라서 다른 물상보증인 부동산 상의 저당권은 피담보채무의 소멸을 이유로 말소될 것이 아니고, 오히려 대위에 의한 저당권이전등기의 부기등기가 이루어져야 한다. 한편, 먼저 경매된 부동산 상의 2순위 저당권자는 물상보증인이 대위취득한 다른 부동산의 1순위 저당권에 대하여 물상대위를 할 수 있다.

(4) 보증인과 물상보증인 상호간의 변제자 대위(제482조 제2항 제5호)

제5호의 본문에 의하면 물상보증인과 보증인 간에는 그 인원수에 비례하여 채권자를 대위한다. 물상보증인 상호 간에는 재산의 가액에 비례하여 부담부분을 정하는 반면(제4호), 당사자 간의 특약이 있다는 등의 특별한 사정이 없는 한 보증인과 물상보증인 상호 간에는 형식적으로 인원수에 비례하여 평등하게 부담부분이 정해지고 자기의 부담부분을 넘는 변제를 해야 채권자를 대위한다. 이는 인적 무한책임을 부담하는 보증인과 물적 유한책임을 부담하는 물상보증인 사이에 상호 이해조정을 위한 합리적인 기준을 설정하는 것이 곤란하여, 인원수에 따라 대위비율을 정하는 것이 가장 공평하고 법률관계를 간명하게 처리할 수 있어 대위자의 통상의 의사 내지 기대에 부합한다고 보기 때문이다(대판 2010.6.10, 2007다61113). 이에 따르면 보증인의 총 재산의 가액이나 자력 유무, 물상보증인이 담보로 제공한 재산의 가액 등을 일체 고려하지 않게 된다.

물상보증인이 수인인 때에는 보증인의 부담부분을 제외하고 그 잔액에 대하여 각 재산의 가액에 비례하여 대위한다(제5호 단서). 이 경우에 그 재산이 부동산일 때에는 제1호의 규정을 준용한다. 제5호 단서에서 대위의 부기등기에 관한 제1호의 규정을 준용하도록 규정한 취지는 자기의 재산을 타인의 채무의 담보로 제공한 물상보증인이 수인일 때 그중 일부의 물상보증인이 채무의 변제로 다른 물상보증인에 대하여 채권자를 대위하게 될 경우에 미리 대위의 부기등기를 하여 두지 아니하면 채무를 변제한 뒤에 그 저당물을 취득한 제3취득자에 대하여 채권자를 대위할 수 없도록 하려는 것이라고 해석된다. 따라서 자신들 소유의 부동산을 채무자의 채무의 담보로 제공한 물상보증인들이 채무를 변제한 뒤 다른 물상보증인 소유부동산에 설정된 근저당권설정등기에 관하여 대위의 부기등기를 하여 두지 아니하고 있는 동안에 제3취득자가 위 부동산을 취득하였다면, 대위변제한 물상보증인들은 제3취득자에 대하여 채권자를 대위할 수 없다(대판 1990.11.9, 90다카10305).

제482조 제2항 제5호 본문에 의하여 대위비율을 산정할 경우 보증인과 물상보증인의 지위를 겸하는 자를 1인으로 보아야 하는지에 대해서 판례는 1인설을 취한다. 즉 제482조 제2항 제5호

전문의 취지는 동일한 채무에 대하여 보증인 또는 물상보증인이 수인이고, 이 중에서 보증인과 물상보증인의 지위를 겸하는 자가 포함되어 있는 경우에도 동일하게 참작되어야 하므로, 위와 같은 경우 제482조 제2항 제4호, 제5호 전문에 의한 대위비율은 보증인과 물상보증인의 지위를 겸하는 자도 1인으로 보아 산정해야 한다는 것이다(대판 2010.6.10., 2007다61113). 판례는 이때 그 1인을 물상보증인이 아니라 보증인으로 보아 대위금액을 산정한다(대판 2010.6.10., 2007다61113)(이에 대하여 학설로는 단일책임설(1인설), 이중자격설(2인설), 책임경합설 등이 주장된다).

사례 18 甲은 乙에게 채무 1억 원을 부담하고 있다. 이 채무에 대해서 A와 B는 인적 보증, C는 부동산(시가 6,000만 원)에 저당권 설정, D도 부동산(시가 4,000만 원)에 저당권을 설정한 경우 A가 1억 원을 변제했다면 B, C, D에게 발생하는 변제자대위의 효과는?

해설 18 A는 B에게 2천 5백만 원, C에게는 3천만 원, D에게는 2천만 원을 대위하게 된다. B와의 관계에서 볼 때 각각 1/4씩 부담부분이 있는 것으로 보아 2천 5백만 원에 대해서, C와 D의 총 부담부분은 5천만 원이나 개별적인 부담부분은 재산가액에 비례해야 하므로 C에 대해서는 5천만 원×6/10이 되어 3천만 원을, D에 대해서는 2천만 원을 대위하게 되어 그 범위 내에서 저당권을 행사할 수 있게 된다(단 이때 C와 D에 대한 저당권으로 제3취득자에게 대항하기 위해서는 부기등기가 요구된다).

사례 19 채무 1억 원, A와 B는 인적 보증, C는 인적 보증도 서면서 부동산(시가 6,000만 원)에 저당권 설정, D도 부동산(시가 4,000만 원)에 저당권을 설정하였다. 이때 A가 1억 원을 변제하였다.
질문 1) 판례의 태도인 보증인 1인설에 의하면 이 경우 각각의 자에 대한 변제자대위의 효과는?
질문 2) 물상보증인 1인설에 의하면 이 경우 각각의 자에게 변제자대위의 효과는?
질문 3) 이중자격설에 의하면 이 경우 각각의 자에게 변제자대위의 효과는?

해설 19 이 사안은 물상보증인 겸 보증인의 지위를 겸하는 C를 어떻게 보고 산정할 것인지에 따라 결론이 달라진다.
해설 1) 판례에 의하면 C는 보증인 1인으로 보게 된다(대판 2010.6.10., 2007다61113). 따라서 보증인 3명과 물상보증인 1명이 있는 경우이므로 각각 1/4씩 부담부분이 있는 것으로 볼 수 있다. 따라서 A는 B, C, D에게 각각 2,500만 원의 한도에서 보증채권과 저당권을 대위하여 행사할 수 있다.
해설 2) 만약 C를 물상보증인으로 본다면 바로 위의 사례와 같은 결론이 나오게 된다.
즉 A는 B에게 2,500만 원, C에게는 3,000만 원, D에게는 2,000만 원을 대위하게 된다.
해설 3) 만약 C를 보증인 및 물상보증인 2인으로 취급한다면 보증인 3명과 물상보증인 2명이 있는 경우이므로 보증인 3인은 각각 1/5씩 부담이 있는 것으로 볼 수 있고, 물상보증인 2인은 2/5인 4,000만 원에 대하여 6 : 4의 비율로 분담비율이 정해진다. 따라서 A는 B에게는 2,000만 원, C에게는 4,400만 원(보증인으로 2,000만 원, 물상보증인으로 2,400만 원), D에게는 1,600만 원의 한도에서 보증채권과 저당권을 대위하여 행사할 수 있다.

제1편 제2편 제3편 제4편 제5편 제6편 제7편 제8편 제9편 계약의 효력

(5) 물상보증인과 제3취득자 사이의 변제자 대위

이에 대해서는 명문의 규정이 없지만 판례에 따르면 제3취득자가 변제한 경우 물상보증인에게 변제자 대위를 하지 못하는 반면, 물상보증인이 변제한 경우 제3취득자에게 대위할 수 있다(대판(전합) 2014.12.18, 2011다50233 참조).

> **사례 20** A(夫), 乙(妻)은 공동으로 X부동산을 경매에서 매수하여 2000.2.11. 그 대금을 지급한 다음 1/2 지분씩 소유권이전등기를 경료하였다. 그 후 A는 2001.5.부터 2002.6. 사이에 B로부터 대출을 받으면서 X토지에 근저당권을 설정했다(A는 채무자, 乙은 물상보증인이 됨). 그런데 乙의 시어머니 C는 아들인 A를 상대로 "X토지를 매입하면 A가 C에게 지분등기를 해주겠다"고 과거 약정했던 것에 근거하여 X에 대한 지분이전등기청구소송을 제기하여 승소하고 A의 지분 중 일부를 이전받았다. C는 자신이 갖고 있는 X토지의 지분을 자신의 딸인 甲에게 유증하고 사망하였고, 甲은 그에 대하여 이전등기를 마쳤다. 乙은 2009.8. B에 대한 대출금을 모두 변제하였고, B는 X토지 중 A와 甲의 지분에 관한 근저당권을 乙에게 이전하는 등기를 마쳐주었다.
>
> 乙은 A와 甲의 지분에 대해 경매를 신청하였는데, 甲은 乙이 변제자대위를 할 수 없다고 주장하면서 甲 지분에 설정된 근저당권의 말소를 구하는 소를 제기하였다. 이 소송에서 乙은, 甲이 자신에게 대위변제금 전액을 변제하지 않는 한, 근저당권의 말소를 구할 수는 없는 것이라고 주장한다. 乙의 이러한 주장은 타당한가? (대판(전합) 2014.12.18, 2011다50233 참조)
>
> **|해설 20|** 乙의 주장은 타당하다.
> 물상보증인(乙)이 채무자(A)의 채무를 대신 변제한 경우, 채무자로부터 담보부동산을 취득한 제3자(甲)에 대하여 출재한 전액에 관하여 채권자를 대위할 수 있는지, 아니면 각 부동산의 가액에 비례하여서만 채권자를 대위할 수 있는지가 쟁점이 된다.
> 사안에서 乙은 물상보증인이고 C(甲)은 저당부동산의 제3취득자에 해당된다. 종전의 판례는 담보부동산을 매수한 제3취득자는 물상보증인에 대하여 각 부동산의 가액에 비례하여 채권자를 대위할 수 있다고 하였는데(대판 1974.12.10, 74다1419), 이 사건을 통해 판례는 변경되었다. 즉 제3취득자에 대한 관계에서 물상보증인을 보증인과 마찬가지로 보아서, 물상보증인은 채무자로부터 담보부동산을 취득한 제3자에 대하여 출재한 전액에 관하여 채권자를 대위할 수 있고, 반대로 제3취득자는 물상보증인에 대하여 대위할 수 없음을 명확히 밝힌 것이다.

대판(전합) 2014.12.18, 2011다50233

민법 제481조는 '변제할 정당한 이익이 있는 자는 변제로 당연히 채권자를 대위한다'라고 규정하고, 민법 제482조 제1항은 '전2조의 규정에 의하여 채권자를 대위한 자는 자기의 권리에 의하여 구상할 수 있는 범위에서 채권 및 그 담보에 관한 권리를 행사할 수 있다'라고 규정하며, 같은 조 제2항은 '전항의 권리행사는 다음 각 호의 규정에 의하여야 한다'라고 규정하고 있으나, 그중 물상보증인과 제3취득자 사이의 변제자대위에 관하여는 명확한 규정이 없다.

그런데 보증인과 제3취득자 사이의 변제자대위에 관하여 민법 제482조 제2항 제1호는 '보증인은 미리 전세권이나 저당권의 등기에 그 대위를 부기하지 아니하면 전세물이나 저당물에 권리를 취득한 제3자에 대하여 채권자를 대위하지 못한다'라고 규정하고, 같은 항 제2호는 '제3취득자는 보증인에 대하여 채권자를 대위하지 못한다'라고 규정하고 있다. 한편 민법 제370조, 제341조에 의하면 물상보증인이 채무를 변제하거나 담보권의 실행으로 소유권을 잃은 때에는 '보증채무'에 관한 규정에 의하여 채무자에 대한 구상권을 가지고, 민법 제482조 제2항 제5호에 따르면 물상보증인과 보증인 상호 간에는 그 인원수에 비례하여 채권자를 대위하게 되어 있을 뿐 이들 사이의 우열은 인정하고 있지 아니하다.

위와 같은 규정 내용을 종합하여 보면, 물상보증인이 채무를 변제하거나 담보권의 실행으로 소유권을 잃은 때에는 보증채무를 이행한 보증인과 마찬가지로 채무자로부터 담보부동산을 취득한 제3자에 대하여 구상권의 범위 내에서 출재한 전액에 관하여 채권자를 대위할 수 있는 반면, 채무자로부터 담보부동산을 취득한 제3자는 채무를 변제하거나 담보권의 실행으로 소유권을 잃더라도 물상보증인에 대하여 채권자를 대위할 수 없다고 보아야 한다. 만일 물상보증인의 지위를 보증인과 다르게 보아서 물상보증인과 채무자로부터 담보부동산을 취득한 제3자 상호 간에는 각 부동산의 가액에 비례하여 채권자를 대위할 수 있다고 한다면, 본래 채무자에 대하여 출재한 전액에 관하여 대위할 수 있었던 물상보증인은 채무자가 담보부동산의 소유권을 제3자에게 이전하였다는 우연한 사정으로 이제는 각 부동산의 가액에 비례하여서만 대위하게 되는 반면, 당초 채무 전액에 대한 담보권의 부담을 각오하고 채무자로부터 담보부동산을 취득한 제3자는 그 범위에서 뜻하지 않은 이득을 얻게 되어 부당하다.

(6) 연대채무자 상호간의 변제자 대위

변제한 연대채무자 1인은 다른 연대채무자에 대하여 각자의 부담부분에 한하여 구상할 수 있으므로$\binom{제425}{조}$ 그 범위에서 대위가 가능하다.

(7) 보증인 상호간의 변제자 대위

분별의 이익이 있는 경우에는 부담부분을 넘는 변제시 사무관리가 되고 부탁 없는 보증인의 변제와 유사하여 제448조 제1항에 의해 부탁 없는 보증인의 구상권에 관한 규정$\binom{제444}{조}$이 준용된다. 분별이익이 없을 때에는 제448조 제2항에 의해 연대채무자의 구상권이 준용된다$\binom{제425조 내}{지 제427조}$. 나아가 보증인과 연대채무자 사이에도 구상권$\binom{제447}{조}$ 확보를 위해 변제자 대위가 가능하다.

┃ 대판 1996.9.20, 96다22655 [대여금]

주채무가 제3자의 변제에 의하여 소멸한 경우에는 주채무의 소멸로 인하여 보증채무도 소멸하므로 (연대보증의 경우도 보증인은 채무자와 연대하여 채무를 이행할 책임이 있어 보증채무의 보충성이 인정되지 아니하는 것에 불과하고, 보증이라고 하는 성질에는 다름이 없으므로 주채무가 제3자의 변제에 의하여 소멸하는 경우에는 연대보증채무도 소멸되는 것은 마찬가지이다), 민법 제480조 내지 제481조 소정의 변제자대위가 성립하지 아니하는 한 제3자는 보증인에 대하여 부당이득반환청구 등의 어떠한 청구도 할 수 없게 되며, 또한 부당이득이라 함은 타인의 재산 또는 노무로 인하여 이익을 얻고 이로 인하여 타인에게 손해를 가한 경우에 성립하는 것인바, 제3자의 출재로 인하여 주채무가 소멸되면 제3자로서는 주채무자에 대하여 자신의 출재에 대한 구상권을 행사할 수 있어 그에게 손해가 있다고 보기도 어려우므로 제3자의 연대보증인에 대한 부당이득반환청구는 받아들일 수 없다.

제1편 제2편 제3편 제4편 제5편 제6편 제7편 제8편 제9편 계약의 효력

3. 대위자와 채권자 사이의 효과

(1) 채권자의 채권증서 및 담보물의 교부의무(제484조)

제3자로부터 채권 전부를 변제 받은 채권자는 그 채권에 관한 증서 및 점유한 담보물을 대위자에게 교부하여야 한다. 채권의 일부에 대한 대위변제가 있는 때에는 채권자는 채권증서에 그 대위를 기입하고 자기가 점유한 담보물의 보전에 관하여 대위자의 감독을 받아야 한다.

(2) 채권자의 담보보존의무(제485조)

(가) 의의 및 취지

법정대위를 할 사람이 있는 경우에 채권자의 고의나 과실로 담보가 상실되거나 감소된 때에는 대위할 사람은 그 상실 또는 감소로 인하여 상환을 받을 수 없는 한도에서 그 책임을 면한다(제485조). 채권자의 담보물보존의무는 법정대위자의 이익을 보존하기 위해 인정된 제도이다.

(나) 요 건

1) 법정대위를 할 사람의 존재

법정대위를 할 사람이 존재하여야 한다. 이는 보증인 기타 법정대위를 할 사람을 보호하기 위하여 주채무자에 대한 구상권을 확보할 수 있도록 채권자에게 담보물보존의무를 부담시키는 것으로서, 채권자가 당초의 채권자인지, 대위로 인하여 비로소 채권자가 된 사람인지를 구별하지 않는다.

연대보증인 중 1인이 변제 기타 자기의 출재로 공동면책이 된 때에는 변제로 당초 채권을 대위 행사하는 연대보증인과 다른 연대보증인의 관계는 바로 제485조에서 정한 '제481조의 규정에 의하여 대위할 자'와 '채권자'의 관계가 된다. 왜냐하면 면책행위를 한 연대보증인은 다른 연대보증인의 부담부분에 대하여 구상권을 행사할 수 있는 것(제448조 제2항, 제425조 참조)과는 별개로 주채무자에 대하여 구상권 범위 내에서 채권자가 되며(제481조 참조), 위 연대보증인에게 자기 부담부분을 상환해야 하는 다른 연대보증인은 그의 상환액을 다시 주채무자에게 구상할 수 있고, 이 구상권 범위 내에서 그 자는 공동면책행위를 한 연대보증인이 당초 채권자를 대위하여 갖는 권리를 다시 대위취득할 수 있기 때문이다. 따라서 변제로 공동면책시켜 구상권을 갖는 연대보증인이 주채무자에 대한 채권 담보를 상실 또는 감소시킨 때에는 제485조의 '채권자의 고의나 과실로 담보가 상실되거나 감소된 때'에 해당하여, 다른 연대보증인은 구상의무를 이행하였을 경우에 담보 소멸로 인하여 주채무자로부터 상환을 받을 수 없는 한도에서 책임을 면한다고 보아야 한다(대판 2012.6.14. 2010다11651).

2) 담보의 상실 또는 감소

여기서의 담보는 인적 담보와 물적 담보를 의미하며 채무자의 일반재산으로 채권자의 변제에 제공되는 일반담보는 배제된다. 이러한 담보의 상실 또는 감소가 있어야 한다. 예컨대 취득한 담보의 포기, 순위의 변경, 질물의 훼손, 채무자에 대한 담보물의 반환, 보증채무의 면제, 약속어음 소지인이 소구권을 상실시킨 경우 등을 들 수 있다. 그러나 법정대위의 전제가 되는 보증 등의 시점 이전에 이미 소멸한 채권자의 담보에 대해서는, 담보 소멸에 채권자의 고의나 과실이 있다거나 법정대위의 전제가 되는 보증 등의 시점 당시 소멸된 담보의 존재를 신뢰하였다는 등의 사정이 있다고 하더라도 제485조가 적용되지는 않는다(대판 2014.10.15, 2013다91788).

채권자가 일부 대위변제자에게 그가 대위변제한 비율을 넘어 근저당권 전부를 이전하여 준 경우, 결국 채권자는 근저당권의 피담보채무 중 일부를 대위변제한 다른 보증인이 법정대위권을 행사할 수 있는 채권의 담보를 고의로 상실시킨 것이므로, 다른 보증인은 그의 보증채무를 이행함으로써 채권자에 대한 법정대위권자로서 근저당권을 실행하여 배당받을 수 있었던 금액의 한도에서 보증의 책임을 면한다(대판 1996.12.6, 96다35774). 그러나 본조는 법정대위를 할 사람의 이익을 보호하기 위한 채권자의 담보보존의무를 규정한 것으로 채권자의 고의·과실로 그 담보가 상실되거나 감소된 경우에 적용되는 것인바, 채권자인 은행이 담보물 중 부동산의 감정을 시가보다 높이 평가하였더라도 이를 본조가 정한 담보물의 상실 또는 감소에 해당한다고 볼 수 없다(대판 1974.7.23, 74다257).

주채무자가 채권자에게 가등기담보권을 설정하기로 약정한 뒤 이를 이행하지 않고 있음에도 채권자가 그 약정에 기하여 가등기가처분명령신청, 가등기설정등기이행청구 등과 같은 담보권자로서의 지위를 보전·실행·집행하기 위한 조치를 취하지 아니하다가 당해 부동산을 제3자가 압류 또는 가압류함으로써 가등기담보권자로서의 권리를 제대로 확보하지 못한 경우도 담보가 상실되거나 감소된 경우에 해당한다(대판 2009.10.29, 2009다60527).

3) 채권자의 고의·과실

채권자의 고의 또는 과실의 대상은 담보의 상실 내지 감소에 관한 것이며 대위자의 존부에 관한 것은 아니다. 경제사정에 비추어 신의칙상 부적당한 경우에 과실이 있다고 할 것이다. 예컨대 저당권 실행이 가능했음에도 불구하고 주저하다가 목적부동산의 가격이 하락한 경우 신의칙상 과실로 인정될 여지가 있다.

사례 21 변제로 채무자와 다른 연대보증인 B를 공동면책시킨 연대보증인 A는 B에게 구상금을 청구했다. 그런데 B는 A가 담보를 상실·감소시켰음을 이유로 제485조에서 정한 면책을 주장했다. A가 제485조[12])의 채권자에 해당함을 전제로 한 B의 주장은 타당한가?

(대판 2012.6.24, 2010다11651 참조)

│해설 21│ B의 주장은 타당하다.

제485조는 보증인 기타 법정대위권자를 보호하여 주채무자에 대한 구상권을 확보할 수 있도록 채권자에게 담보 보존의 의무를 부담시키는 것으로서, 그 채권자가 당초의 채권자이거나 장래 대위로 인하여 채권자로 되는 자이거나를 구별할 이유가 없다. 연대보증인 중 1인이 변제 기타 자기의 출재로 공동면책이 된 때에는 제448조 제2항, 제425조에 의하여 다른 연대보증인의 부담

부분에 대하여 구상권을 행사할 수 있는 것과는 별개로 제481조에 의하여 당연히 채권자를 대위하여 주채무자에 대하여 구상권의 범위 내에서 채권자로 되고, 위 연대보증인에 대하여 자기의 부담부분에 대하여 상환을 하는 다른 연대보증인은 그의 상환액을 다시 주채무자에 대하여 구상할 수 있고 이 구상권의 범위 내에서는 그 자는 공동면책시킨 위 연대보증인이 당초 채권자를 대위하여 갖는 권리를 다시 대위취득할 수 있기 때문에, 변제로 당초의 채권을 대위 행사하는 연대보증인과 다른 연대보증인과의 관계는 바로 제485조에서 정한 "채권자"와 "제481조의 규정에 의하여 대위할 자"의 관계가 되는 것이다. 따라서 변제로 공동면책시켜 구상권을 갖는 연대보증인이 주채무자에 대한 채권의 담보를 상실 또는 감소시킨 때에는 제485조의 "채권자의 고의나 과실로 담보가 상실되거나 감소된 때"에 해당하여, 다른 연대보증인은 구상의무를 이행하였을 경우에 그 담보의 소멸로 인하여 주채무자로부터 상환을 받을 수 없는 한도에서 그 책임을 면한다고 보아야 한다.

(다) 면책의 효과

담보상실이나 감소로 상환 받을 수 없게 된 한도에서 채권자에 대한 책임을 면한다. 채권자의 고의나 과실로 담보가 상실된 경우 법정대위를 할 사람이 면책되는 범위는 채권자가 담보를 취득할 당시가 아니라, 그 담보 상실 당시의 교환가치 상당액이다($\binom{대판\ 2001.10.9.}{2001다36283}$). 면책 판단의 시기는 담보의 상실 또는 감소의 시기로 판단한다($\binom{대판\ 2008.12.11.}{2007다66590}$).

채권자가 자신의 채권이나 담보권을 행사할지 여부는 채권자가 자유롭게 선택할 수 있는 영역에 속하는 것이므로 채권자가 제3자에 대하여 자신의 채권이나 담보권을 성실하게 행사하여야 할 의무를 부담하는 특단의 사정이 없는 한 채권자가 자신의 채권이나 담보권을 행사하지 않거나 포기하였다고 하여 불법행위가 되지는 않는다. 또한 대위변제의 정당한 이익을 갖는 자가 있다는 사정만으로 채권자가 자신의 채권이나 담보권을 성실히 행사해야 할 의무가 인정되지는 않는다($\binom{대판\ 2001.12.24.}{2001다42677}$).

종합사례 2

2008.2.1. A대부업체(미등록업체)를 운영하던 甲은 원금 10억 원을 월 2%(연 24%)의 이자부로 乙에게 1년간 대여하기로 하는 소비대차계약을 체결하였다. 한편 甲과 乙은 6개월분의 이자 1억 2,000만 원을 선이자로 미리 공제하기로 합의하고, 甲은 乙에게 8억 8천만 원을 지급하였고, 7개월 후부터 매월 초에 약정이자를 2,000만 원씩 지급하고 1년 후인 2009.2.1.에 약정 원금 10억 원을 반환하기로 하였다. 또한 위의 소비대차계약을 체결하면서, 甲은 乙 소유의 X부동산에 저당권을 설정하였고(2008.2.2. 저당권설정등기 마침), 乙의 부탁을 받은 丙은 乙을 위한 연대보증계약을 체결하였다. 한편 2008.5.7. 乙은 3억 원을 B은행에서 차용하면서 다시 X부동산에 대하여 저

---

12) 제485조 (채권자의 담보상실, 감소행위와 법정대위자의 면책) 제481조의 규정에 의하여 대위할 자가 있는 경우에 채권자의 고의나 과실로 담보가 상실되거나 감소된 때에는 대위할 자는 그 상실 또는 감소로 인하여 상환을 받을 수 없는 한도에서 그 책임을 면한다.

당권을 설정해 주었다(2008.5.7. 저당권설정등기 마침).

2009.3.1. 채무자 乙이 매매목적물 X부동산에 관한 근저당권의 피담보채무에 대한 변제를 게을리하여 매매목적물에 관하여 甲의 근저당권의 실행으로 임의경매절차가 개시될 운명에 처하자, 2009.3.4. B가 乙의 채무를 대신 변제하였다. 2009.3.6. B는 보증인 丙에 대하여 채권자 甲을 대위할 수 있는가?

(대판 2002.12.6, 2001다2846; 대판 2013.2.15, 2012다48855 참조)

> **종합사례 2 해설**

Ⅰ. 쟁점사안

후순위저당권자인 B가 변제할 정당한 이익이 있는 자에 해당하는지 여부, 후순위저당권자인 B가 보증인에 대하여 채권자 甲을 대위할 수 있는지 여부가 문제된다.

Ⅱ. 적용법리

1. 후순위저당권자가 변제할 정당한 이익이 있는 자에 해당하는지 여부

대판 2002.12.6, 2001다2846에 의하면 "채무자 소유의 부동산에 대한 후순위저당권자에게는 자신의 담보권을 보전하기 위하여 채무자의 선순위저당권자에 대한 채무를 변제할 정당한 이익이 인정되고, 한편 제482조 제1항은 변제할 정당한 이익이 있는 자가 채무자를 위하여 채권을 대위변제한 경우에는 대위변제자는 자기의 권리에 기하여 구상할 수 있는 범위에서 채권자의 채권 및 담보에 관한 권리를 행사할 수 있다고 규정하고 있으므로 甲을 주채무자로 하고, 乙을 연대보증인으로 한 채무를 담보하기 위하여 甲과 乙의 공동소유인 부동산 전부에 관하여 선순위의 저당권이 설정된 후 甲 소유의 지분에 대하여서만 후순위 저당권을 취득한 자가 자신의 담보권을 보전하기 위하여 선순위저당권자에게 당해 피담보채무를 변제한 경우에는 종전의 채권자인 선순위저당권자의 채권 및 그 담보는 모두 대위변제를 한 후순위저당권자에게 이전되고, 따라서 선순위저당권자는 대위변제자인 후순위저당권자에게 甲과 乙의 공동소유인 부동산 전체에 대하여 대위변제로 인한 저당권이전의 부기등기를 마쳐주어야 할 의무가 있다"고 하여 후순위저당권자 또한 변제할 정당한 이익이 있다고 인정한다.

2. 후순위저당권자가 제482조 제2항 제2호의 제3취득자에 해당하는지 여부

대판 2013.2.15, 2012다48855은 "민법 제482조 제2항 제1호와 제2호에서 보증인에게 대위권을 인정하면서도 제3취득자는 보증인에 대하여 채권자를 대위할 수 없다고 규정한 까닭은, 제3취득자는 등기부상 담보권의 부담이 있음을 알고 권리를 취득한 자로서 그 담보권의 실행으로 인하여 예기치 못한 손해를 입을 염려가 없고, 또한 저당부동산에 대하여 소유권, 지상권 또는 전세권을 취득한 제3자는 저당권자에게 그 부동산으로 담보된 채권을 변제하고 저당권의 소멸을 청구할 수 있으며(제364조), 저당물의 제3취득자가 그 부동산의 보존, 개량을 위하여 필요비 또는 유익비를 지출한 때에는 저당물의 경매대가에서 우선상환을 받을 수 있도록(제367조) 하는 등 그 이익을 보호하는 규정도 마련되어 있으므로, 변제자대위와 관련해서는 제3취득자보다는 보증인을 보호할 필요가 있기 때문이다. 그러나 저당부동산에 대하여 후순위근저당권을 취득한 제3자는 제364조에서 정한 저당권소멸청구권을 행사할 수 있는 제3취득자에 해당하지 아니하고, 달리 선순위근저당권의 실행으로부터 그의 이익을 보호하는 규정이 없으므로 변제자대위와 관련해서 후순위근저당권자보다 보증인을 더 보호할 이유가 없으며, 나아가 선순위근저당권의 피담보채무에 대하여 직접 보증책임을 지는 보증인과 달리 선순위근저당권의 피담보채무에 대한 직접 변제책임을 지지 않는 후순위근저당권자는 보증인에 대하여 채권자를 대위할 수 있다고 봄이 타당하므로, 제482조 제2항 제2호의 제3취득자에 후순위근저당권자는 포함되지 아니한다"고 하여 후순위저당권자가 보증인에 대하여 채권자를 대위할 수 있다고 보았다.

Ⅲ. 사안의 해결

후순위저당권자 또한 제481조의 변제할 정당한 이익을 갖는 자에 해당한다는 점, 더 나아가 제482조 제2항 제2호의 제3취득자에 해당하지 않는다는 점에서 보증인에 대하여 채권자 甲을 대위할 수 있다.

종합사례 3

甲은 사업이 악화되자 戊에게서 9억 원을 차용하면서, 이를 2013.7.8.에 상환하기로 하였다. 戊가 보증인을 요청하자, 甲은 D, E, F에게 부탁하여 D, E, F가 甲을 위한 연대보증인이 되었다. 戊의 청구에 의해 9억 원을 변제하여 채무자 甲과 다른 연대보증인 D, E를 면책시킨 연대보증인 F는 D에게 3억 원에 대한 구상권을 행사하였다. 그런데 D는 F가 담보를 상실·감소시켰기 때문에 상실된 범위만큼 자신은 제485조에 의해 면책되었다고 항변하였다. 이에 F는 자신은 제485조의 채권자에 해당하지 않는다고 재항변하였다(실제로 F는 담보를 상실시켰다). D와 F의 주장 중 누구의 주장이 타당한가?

(대판 2012.6.24, 2010다11651 참조)

종합사례 3 해설

Ⅰ. 쟁점사안

F가 제485조의 채권자인지 여부, D가 F와 관련하여 제481조의 변제할 정당한 이익이 있는 자에 해당하는지 여부가 문제된다.

Ⅱ. 적용법리

1. F가 제485조의 채권자인지 여부

대판 2012.6.24, 2010다11651에 의하면, 제485조는 보증인 기타 법정대위를 할 사람을 보호하여 주채무자에 대한 구상권을 확보할 수 있도록 채권자에게 담보보존의 의무를 부담시키는 것으로서, 그 채권자가 당초의 채권자인지 또는 장래 대위로 인하여 채권자로 되는 자인지를 구별할 이유가 없다. 연대보증인 중 1인이 변제 기타 자기의 출재로 공동면책이 된 때에는 제448조 제2항, 제425조에 의하여 다른 연대보증인의 부담부분에 대하여 구상권을 행사할 수 있는 것과는 별개로 제481조에 의하여 당연히 채권자를 대위하여 주채무자에 대하여 구상권의 범위 내에서 채권자가 된다.

2. D가 F와 관련하여 제481조의 변제할 정당한 이익이 있는자에 해당하는지 여부

주채무자의 채무를 변제한 연대보증인에 대하여 자기의 부담부분에 대하여 상환을 하는 다른 연대보증인은 그의 상환액을 다시 주채무자에게 구상할 수 있고 이 구상권의 범위 내에서는 그 자는 공동면책시킨 위 연대보증인이 당초 채권자를 대위하여 갖는 권리를 다시 대위취득할 수 있기 때문에, 변제로 당초의 채권을 대위 행사하는 연대보증인과 다른 연대보증인과의 관계는 바로 제485조에서 정한 '채권자'와 '제481조의 규정에 의하여 대위할 자'의 관계가 된다. 따라서 변제로 공동면책시켜 구상권을 갖는 연대보증인이 주채무자에 대한 채권의 담보를 상실 또는 감소시킨 때에는 제485조의 '채권자의 고의나 과실로 담보가 상실되거나 감소된 때'에 해당하여, 다른 연대보증인은 구상의무를 이행하였을 경우에 그 담보의 소멸로 인하여 주채무자로부터 상환을 받을 수 없는 한도에서 그 책임을 면한다고 보아야 한다.

따라서 사안에서 F는 제485조의 채권자에 해당하며, D는 제481조에 의하여 채권자를 대위할 자에 해당하므로 D의 주장이 타당하다고 할 수 있다.

Ⅲ. 사안의 해결

변제로 당초의 채권을 대위 행사하는 연대보증인 F와 다른 연대보증인 D의 관계는 제485조에서 정한 '채권자'와 '제481조의 규정에 의하여 대위할 자'의 관계가 인정되므로, 이를 기초로 한 D의 항변이 타당하다.

제4절 대물변제

Ⅰ. 의 의
Ⅱ. 법적 성질
Ⅲ. 요 건
　1. 채권자의 승낙(제466조)
　2. 본래 급부에 대한 채권의 존재
3. 다른 급부를 '현실적으로' 할 것
4. 다른 급부가 본래의 급부에 '갈음하여' 행해져야 함
Ⅳ. 효 과
Ⅴ. 대물변제의 예약

Ⅰ. 의 의

대물변제란 채무자가 채권자의 승낙을 얻어 본래의 급부에 갈음하여 다른 급부를 현실적으로 함으로써 채권을 소멸시키는 채권자 및 채무자 사이의 유상, 요물계약이다(계약설)(대판 1987. 10.26. 86다카1755). 대물변제는 변제가 아니고, "변제와 같은 효력"이 인정될 뿐이다(제466조). 현실거래에서 대물변제는 거의 이용이 없고, 오히려 채권담보를 위한 '대물변제의 예약'(금전소비대차를 할 때 장래의 채무불이행시 특정부동산의 소유권을 이전하기로 하는 예약)이 많이 행해지고 있다.

본래의 채무인 금전채무이행과 관련하여 부동산 소유권이전등기가 마쳐진 경우 이것이 대물변제인지, 아니면 본래 채무의 담보를 위하여 이루어진 등기인지가 명확히 밝혀지지 아니한 경우에는 소유권이전 당시 채무액과 부동산 가액, 채무를 지게 된 경위와 그 후의 과정, 소유권

이전 당시 상황, 그 이후 부동산 지배 및 처분관계 등 제반 사정을 종합하여 어느 쪽인지를 가려야 한다(대판 2012.6.14, 2010다94410,94427).

사례 22 甲이 乙에 대해 2억 원의 채권을 갖고 있었다. 그런데 甲은 명확한 의사 없이 乙 소유 X점포의 소유권(시가 5억 원)을 이전받았다. 그 부동산에는 이미 21억 원의 가압류등기가 있었고, 채권최고액 40억 원으로 되어 있는 근저당권이 설정되어 있었다. 또한 甲 명의의 부동산 등기권리증은 乙의 남편이 소지하고 있고, 乙이 그 점포를 계속하여 사용하고 있다. 채무자 乙은 X점포의 소유권 이전의 법률상 원인이 대물변제라고 주장하나, 甲은 2억 원 채권의 담보라고 주장한다. 이때 위 X점포의 소유권이전등기는 대물변제조로 이전된 것인가 아니면 종전 채무의 담보를 위하여 이전된 것인가?

(대판 2012.6.14, 2010다94410,94427 참조)

해설 22 종전 채무의 담보를 위한 것으로 해석된다.

위 소유권이전등기는 대물변제가 아니라 종전 채무의 담보를 위한 것으로 파악된다. 제반 사정에 비추어 甲이 약정금 변제에 갈음하여 거액의 가압류 및 근저당권 부담이 있는 X점포의 소유권을 이전받는다는 것은 특별한 사정이 없는 한 거래 관행이나 경험칙에 비추어 납득하기 어려운 점, 乙의 남편이 점포 등기권리증을 소지하고 있었고, 소유권이전등기 이후에도 乙, 丙이 X점포를 계속 지배하고 있었던 점 등을 종합하여 위 소유권이전등기는 대물변제가 아니라 약정금의 담보를 위한 것으로 파악된다.

II. 법적 성질

대물변제의 법적 성질에 대하여는 계약설과 변제설의 대립이 있다. (i) 다수설인 계약설은 대물변제를 유상의 요물계약으로 본다. 이 견해에 따르면 대물변제는 소비대차의 대물반환의 경우에만 인정되는 것으로서 대물변제 계약을 본질로 하는 매매 유사의 양도계약이다. 이에 따라 대물의 하자에 대해서는 담보책임을 부담하게 된다고 본다. (ii) 한편 변제설에 의하면 대물변제는 변제의 변칙적 방법으로 이해되는바, 이는 대물변제가 의사의 합치가 아닌 채권 만족에 초점을 두고 있다고 보기 때문이다. 즉 대물변제는 본질상 계약이 아니라 변제로 보는 것으로, 이에 따르면 대물변제를 위해서는 변제제공과 채권자의 승낙 및 수령이 필요하지만, 이것을 '청약'과 '승낙'으로 볼 수 있는 것은 아니라고 한다. 다시 말해 대물변제를 위해 대물변제의 계약이 요구되는 것은 아니라고 본다.

판례는 '대물변제는 본래의 채무에 갈음하여 다른 급여를 현실적으로 하는 때에 성립되는 요물계약'이라고 하여, 대물변제를 계약설의 입장에서 파악한다(대판 1987.10.26, 86다카1755).

Ⅲ. 요 건

1. 채권자의 승낙(제466조)

대물변제가 유효하기 위하여는 반드시 채권자의 승낙이 있어야 한다. 계약설은 이를 합의에 의한 계약성립으로 본다. 반면에 변제설은 승낙이 단순히 '대물변제를 변제로 수령할 의사'인 것으로 본다. 대물변제를 계약으로 보면 계약의 당사자는 채권자와 변제자이다. 제3자도 변제자가 될 수 있기 때문이다(제469조 참조).

2. 본래 급부에 대한 채권의 존재

본래 급부에 대한 채권이 존재하여야 한다. 대물변제 후에 채권이 부존재·무효·취소된 경우에는 물권행위의 무인성의 인정 여부에 따라서 처리 방법이 달라진다. 판례에 따르면 채무자가 채권자의 승낙을 얻어 본래의 채무이행에 갈음하여 부동산으로 대물변제를 하였으나 본래의 채무가 존재하지 않았던 경우에는 당사자가 특별한 의사표시를 하지 않은 한 대물변제는 무효로서 부동산의 소유권이 이전되는 효과가 발생하지 않는다(대판 1991.11.12, 91다9503).

사례 23 甲이 乙에 대한 채무의 이행에 갈음하여 X부동산으로 대물변제하려 하자, 乙은 자신도 丙에 대하여 채무를 부담하고 있기 때문에 그 소유자인 甲 및 丙과 사이에 甲 명의로부터 직접 丙 명의로 소유권이전등기를 경료하기로 합의하여 X부동산의 소유권 이전등기를 경료했다. 그런데 甲이 乙에게 대물변제한 본래의 채무인 甲의 乙에 대한 채무가 존재하지 않는 것으로 확인되었다. 이 때 X부동산에 의한 소유권은 누구에게 인정되는가?   (대판 1991.11.12, 91다9503 참조)

해설 23 甲이 적법한 소유자로 인정된다.

甲의 乙에 대한 채무가 없는 것이므로 그를 위한 대물변제도 효력이 인정되지 못한다.

甲이 乙에게 대물변제한 본래의 채무인 甲의 乙에 대한 채무가 존재하지 않는 것이라면, 丙이 乙에 대하여 채권을 가지고 있었다고 하더라도, 위 부동산의 소유권이 甲으로부터 丙에게 이전되는 것은 아니다.

---

3. 다른 급부를 '현실적으로' 할 것

다른 급부를 현실적으로 하여야 한다. 단순히 다른 급부를 약속하는 것만으로는 대물변제가 되지 않는다. 또한 채권자에 대한 채무를 변제하기 위하여 다른 채권을 양도함은 특단의 약정이 없는 한, 채무변제를 위한 담보방법으로 양도되는 것이지 채권변제에 갈음하여 양도되어 원채권이 소멸되는 것이라고는 볼 수 없다(대판 1976.3. 9, 76다12).

대물변제가 소유권 이전의 형태로 이루어질 때에는 공시방법(등기 또는 인도)까지 구비되어야 한다. 대물변제로 부동산의 소유권이전등기를 완료했다면 이전등기시에 아직 사용승인을 받지 못했거나, 근저당권이 설정되어 있더라도 대물변제로 채무는 소멸한 것이며 목적물에 하자가 있음을 이유로 담보책임을 물을 수는 있다(대판 2023.2.2, 2022다276789). 일반적으로는 대물변제도 유상계약이므로 매도인의 담보책임규정이 준용된다.

현실적으로 이행되는 급부는 본래의 급부와 동등한 가치를 갖지 않아도 대물변제로서의 효력이 있다. 채무액이 대물급부의 가치보다 크더라도 채무 일부를 위한 대물변제라는 합의가 없다면, 해당 대물변제는 채권 전부를 소멸시킨다. 대물의 가치가 채무액보다 큰 경우에도 제607조, 제608조의 적용을 받지 않는다(대판 1992.2.28, 91다25574)(제607조는 채권담보를 위한 경우에만 적용되기 때문에 영향을 받지 않는다). 그러나 양 급부의 가치에 현저한 불균형이 있을 때에는 제104조의 폭리행위로 대물변제가 무효가 될 수는 있다(대판 1959.9.24, 4291민상762).

사례 24 甲은 乙로부터 4,000만 원을 차용하면서 A 발행의 약속어금을 배서양도했는데 위 어음 지급이 거절되자, 甲과 乙은 A 소유인 X부동산을 1억 원으로 평가하여 채무이행의 방법으로 乙에게 소유권이전등기를 하고, 乙은 채권액 4,000만 원을 공제한 나머지 6,000만 원을 A에게 지급하였다. A는 이 돈으로 X부동산의 가등기권리자인 B의 피담보채권 5,000만 원을 변제하고 그 가등기를 말소했다. 그러나 X부동산에 A의 직전소유자로 등기되어 있는 C가 A로의 소유권이전등기가 원인무효라는 이유로 A와 乙을 상대로 제기한 소송에서 이전등기말소를 명하는 판결이 확정되었다. 甲은 乙에게 4,000만 원의 차용금 채무를 이행해야 하는가? (대판 1977.6.7. 77다369 참조)

해설 24 甲은 乙에게 4,000만 원의 차용금 채무를 이행해야 한다.
대물변제는 그 급부가 유효하게 현실적으로 되어진 경우에 한하여 대물변제가 되었다고 할 것인바, 대물변제조로 부동산에 대한 소유권이전등기를 경료하였으나 그 등기가 원인무효의 등기로서 말소된 이상 그 부동산에 대한 소유권을 현실적으로 유효하게 취득하였다고 볼 수 없어 본래의 채권이 소멸되었다고 할 수 없다.

---

4. 다른 급부가 본래의 급부에 '갈음하여' 행해져야 함

변제를 '위하여'가 아니라, 변제에 '갈음하여' 행해져야 한다. 변제에 '갈음한' 다른 급부의 수령은 대물변제를 의미하여 채권이 소멸하지만, 변제를 '위한' 다른 급부의 경우, 채권의 만족을 얻을 때 비로소 채권이 소멸한다고 본다.

어음 · 수표의 교부의 의미는 '지급에 갈음'한 경우와 '지급을 위한' 경우 또는 '지급을 담보하기 위한' 경우가 있으나 특단의 사정이 없는 한 당사자의 의사는 그 '지급을 위하여' 또는 그 '지급을 담보하기 위하여' 교부된 것으로 추정된다. 특별한 사정이 없는 한 기존의 원인채무는 소멸하지 아니하고 어음상의 채무와 병존한다고 보아야 할 것이고, 이 경우 어음상의 주채무자가 원인관계상의 채무자와 동일하지 아니한 때에는 제3자인 어음상의 주채무자에 의한 지급이 예정되고 있으므로 이는 '지급을 위하여' 교부된 것으로 추정하여야 한다(대판 1996.11.8, 95다25060). 유의할 점은 우편환 · 자기앞수표의 교부는 변제에 갈음하여 행해진 것으로 추정한다는 점이다.

상 법 '지급을 위한' 또는 '담보를 위한' 어음·수표의 교부

'지급을 위하여' 어음·수표가 교부된 경우, 기존채권과 어음·수표채권이 병존하지만, 채권자는 어음·수표채권을 우선적으로 행사하여야 하고, 그에 의해 만족을 얻을 수 없을 때 비로소 채무자에 대해 기존의 원인채권을 행사할 수 있다($\frac{대판\ 1996.11.8.}{95다25060}$). 또한 어음·수표의 만기일이 기존채무의 이행기보다 나중이라면, 기존채무의 이행기가 어음·수표의 만기일로 유예된다고 보아야 한다($\frac{대판\ 1999.8.\ 24.}{99다24508}$). 한편 어음·수표채권을 기존채권보다 먼저 행사해야 한다고 하더라도 기존채무의 이행과 어음·수표의 반환의무는 동시이행관계에 있다는 것이 판례이다.

'지급을 담보하기 위하여(변제를 위하여)' 어음·수표가 교부된 경우, 기존채권과 어음·수표채권이 병존하고, 채권자는 양자를 임의로 선택하여 행사할 수 있고($\frac{대판\ 1999.6.11.}{99다16378}$), 기존채무와 어음수표반환의무는 동시이행관계에 있다.

Ⅳ. 효 과

대물변제가 이루어지면 채권이 소멸한다($\frac{제466}{조}$). 대물에 하자가 있다면 담보책임이 발생한다($\frac{제567}{조}$). 채무자가 채권자와 대물변제하기로 약정하였던 급여의 일부만을 이행하는 경우에도 채권자가 이를 수령하면 채무의 일부에 관하여 유효한 변제를 한 것으로 보아야 한다($\frac{대판\ 1993.5.11.}{92누11602}$).

Ⅴ. 대물변제의 예약

대물변제의 예약이란 본래 급부에 갈음하여 다른 급부를 할 것을 '이행기 이전'에 미리 하는 약정을 의미한다. 민법에는 대물변제의 예약을 규율하는 명문의 규정은 없다. 대물변제 예약의 경우 대물변제에 관한 규정($\frac{제466}{조}$)과 매매의 일방예약에 관한 규정($\frac{제564}{조}$), 소비대차에서의 대물반환 예약의 규정($\frac{제607}{조}$)이 고려된다. 대물변제의 약정은 통상 변제기 이후에 하는 약정을 말하는데, 이는 변제 목적을 충족시키기 위한 것이다. 그러나 변제기 이전에 하는 대물변제의 예약은 기존 채권의 담보목적을 위해 이루어지는 경우가 더욱 일반적이다. 단순한 대물변제의 예약인지 채권의 양도담보인지의 구별기준은 당사자의 의사해석에 의한다($\frac{대판\ 2013.1.16,\ 2012다11648;}{대판\ 2003.9.5,\ 2002다40456}$).

대물변제 예약의 법적 성질과 관련하여 일방(또는 쌍방)예약설과 편무(또는 쌍무)예약설이 있다. 판례($\frac{대판\ 2003.1.10,}{2000다26425}$)와 다수설인 일방(또는 쌍방)예약설에 따르면 대물변제의 예약을 한 경우 예약완결권이 행사되면 본계약이 체결된 것으로 보게 된다. 그러나 이러한 설명은 대물변제의 목적물이 부동산인 경우 또는 채권자가 점유하지 않는 동산인 경우에는 본질적으로 모순이 있다. 대물변제 자체가 요물계약이므로 별도의 급부가 아직 이루어지지 않았다면 대물변제(계약)는 아직 성립하지 않는다. 그러나 일방(또는 쌍방의) 예약설에서 예약완결권은 형성권이기 때문에 완결권을 행사함으로서 바로 대물변제(계약)가 성립되어야 하는데 이러한 결론은 대물변제

의 요물계약성에 위반된다. 따라서 판례와 같이 대물변제를 요물계약으로 보는 한 대물변제의 예약은 상대방의 승낙이 있을 때 본 계약이 성립하는 쌍무예약으로 보아야 한다.

차용물의 반환에 관하여 차주가 차용물에 갈음하여 다른 재산권을 이전할 것을 예약한 경우에는 예약당시 재산의 가액이 차용액 및 이에 붙인 이자의 합산액을 넘지 못한다($\frac{제607}{조}$). 이를 위반한 대물변제 약정은 제608조에 의하여 무효이나, 차용금채무를 담보하기 위한 '정산형 담보계약'으로서의 효과는 있다. 즉 목적물의 가액에서 차용액 및 이자를 공제한 나머지가 채무자에 반환되어야 한다. 만약 이에 따른 담보계약과 그 담보의 목적으로 마친 가등기 또는 그에 기한 소유권이전등기가 있다면 이는 채권담보이므로 가등기담보법이 적용된다.

제5절 공 탁

Ⅰ. 의의 및 필요성
Ⅱ. 성 질
Ⅲ. 요 건
  1. 공탁원인의 존재
    (1) 일반론
    (2) 채권자의 수령거절 또는 수령불능
    (3) 변제자의 과실없이 채권자를 알 수 없는
       경우
  2. 당사자
  3. 목적물
  4. 공탁의 내용
    (1) 원 칙
    (2) 예 외

Ⅳ. 효 과
  1. 채무의 소멸
  2. 채권자의 공탁물인도(출급)청구권
    (1) 의의 및 성질
    (2) 공탁물출급청구권자
    (3) 이의의 유보
  3. 공탁물의 소유권이전
Ⅴ. 공탁물의 회수
  1. 의의 및 성질
  2. 민법상의 회수
  3. 공탁법상의 회수($\frac{공탁법\ 제}{9조\ 제2항}$)
  4. 행사 및 효과

Ⅰ. 의의 및 필요성

변제를 위한 공탁이란 공탁자가 채권자에 대한 채무변제를 위한 목적(변제대용)으로 금전·유가증권 기타의 물품($\frac{공탁법\ 제}{3조\ 제1항}$)을 공탁소에 임치하고 제3자가 찾아갈 수 있도록 하여 채무를 면하게 하는 변제를 위한 제도를 의미한다. 제487조에 의하여 채권자가 변제를 받지 아니하거나 받을 수 없는 때 또는 변제자가 과실없이 채권자를 알 수 없는 경우에는 변제자는 채권자를 위하여 변제의 목적물을 공탁하여 그 채무를 면할 수 있다. 본 규정은 이와 같은 변제공탁에만 적용되고 담보공탁에는 적용되지 않는다.

급부수령과 같이 채권자의 협력을 요하는 채무의 이행에 있어서, 변제제공에도 불구하고 수령불능이나 수령거절이 있으면 변제자는 이행지체의 책임을 벗어나고, 유책한 채권자는 채권자지체의 책임을 지지만, 채무 자체는 소멸하지 않는다. 이러한 경우에 채권자의 협력 없이도 채무를 소멸시키는 제도가 필요하다. 이러한 점에서 변제공탁의 필요성이 인정된다.

공탁이 국가의 후견적 관여 하에 이루어지더라도 본질적으로는 사인 간의 법률관계를 조정하기 위한 것이므로, 우리 공탁제도는 채무자(공탁자)가 공탁을 함에 있어서 채권자(피공탁자)를 지정할 의무를 지며 공탁공무원은 형식적 심사권만을 갖고 채무자가 지정해 준 채권자에게만 공탁금을 출급하는 등의 업무를 처리하는 것을 그 기본 원리로 삼고 있다(대판(전합) 1997.10. 16, 96다11747).

한편 공탁은 반드시 법령에 근거하여야 하고 당사자가 임의로 할 수 없는 것이므로, 금전채권의 채무자가 공탁의 방법에 의한 채무의 지급을 약속하더라도 채권자가 채무자에게 이러한 약정에 기하여 공탁할 것을 청구하는 것은 허용되지 않으며, 이는 채무자에게 민사집행법 제248조에서 정한 집행공탁의 요건이 갖추어져 있는 경우라도 다르지 않다(대판 2014.11.13, 2012다52526).

민사집행법 집행공탁(민사집행법 제248조)

집행공탁은 변제공탁과 구별되어야 할 제도이다. 집행공탁은 민사집행법상 강제집행 또는 보전처분 절차에서 일정한 경우에 집행기관이나 집행당사자(추심채권자 등) 또는 제3채무자가 집행목적물을 공탁하여 그 목적물의 관리와 집행법원의 지급위탁에 의한 집행당사자에의 교부를 공탁절차에 따라 행하게 하는 제도이다. 즉 집행공탁은 다른 공탁과는 달리 집행절차의 일환으로서 집행절차를 보조하여 집행절차를 원활하게 하는 기능을 수행한다.

또한 **혼합공탁**은 공탁원인사실 및 공탁 근거 법령이 다른, 실질상 두 개 이상의 공탁을 공탁자의 이익보호를 위하여 하나의 공탁절차에 의하여 하는 공탁을 말한다. 주로 채권자 불확지 변제공탁과 집행공탁을 원인으로 하여 혼합공탁이라는 하나의 공탁절차에 의하여 공탁이 이루어지는 경우가 많다.

Ⅱ. 성   질

공탁의 법적 성질에 대해서 (i) 공법관계설, (ii) 사법관계설, (iii) 병존설이 있으나, 판례는 공법관계로 파악하고 있다. 일단 공탁공무원의 공탁금출급인가처분이 있고 그에 따라 공탁금이 출급되었다면 설사 이를 출급받은 자가 진정한 출급청구권자가 아니었더라도 이로써 공탁법상의 공탁절차는 종료된다. 따라서 원래의 진정한 공탁금출급청구권자라 하더라도 공탁사무를 관장하는 국가를 상대로 하여 민사소송으로 그 공탁금의 지급을 구할 수는 없다(대판 1993.7.13, 91다39429). 다만 이 경우 진정한 공탁금출급청구권자는 공무원의 과실이 있는 경우 대한민국에 대하여 손해배상책임을 물을 수는 있을 것이다.

생각건대 공탁은 기본적으로 공법관계이지만 사법적 성격이 없다고 할 수 없으므로 병존설이 타당하다.

Ⅲ. 요　건

1. 공탁원인의 존재

(1) 일반론

변제공탁의 원인은 (i) 채권자의 변제수령의 거절 또는 불능($_{조\ 전문}^{제487}$)이나 (ii) 변제자의 과실없이 채권자를 알 수 없는 경우($_{조\ 후문}^{제487}$)(상대적 불확지 변제공탁이라고 한다)이다. 변제공탁이 위의 어느 것을 원인으로 한 공탁인지의 판단은 공탁서의 '법령조항'란의 기재와 '공탁원인사실'란의 기재 등에 비추어 객관적으로 판단해야 한다($_{2007다35596}^{대판\ 2008.10.23.}$).

(2) 채권자의 수령거절 또는 수령불능

채권자의 변제수령의 거절 또는 불능($_{전문}^{제487조}$)을 원인으로 하여 공탁을 할 수 있다. 제400조와 달리 채무자의 변제제공이 공탁의 요건으로 요구되지 않으며, 수령불능에 채권자의 유책사유는 요건이 아니다. 즉 채권자가 미리 변제받기를 거절한 경우에도, 채무자의 선택에 따라서 구두의 제공 없이 바로 공탁하여 채권(채무)을 소멸시킬 수 있다. 판례도 채권자의 태도로 보아 채무자가 설사 채무의 이행제공을 하였더라도 그 수령을 거절하였을 것이 명백한 경우에는 채무자는 이행의 제공을 하지 않고 바로 변제공탁할 수 있다고 한다($_{93다42276}^{대판\ 1994.8.26.}$).

그러나 채무자는 공탁을 통한 채권 소멸을 지향하지 않고 채권자지체를 주장할 수도 있는데, 이를 위해서는 구두의 제공이 필요하다.

(3) 변제자의 과실없이 채권자를 알 수 없는 경우

제487조 후단의 "변제자가 과실 없이 채권자를 알 수 없는 경우"라 함은 객관적으로 채권자 또는 변제수령권자가 존재하고 있으나 채무자가 선량한 관리자의 주의를 다하여도 채권자가 누구인지 알 수 없는 경우를 말하는 상대적 불확지를 의미한다. 예컨대 양도금지 또는 양도제한의 특약이 있는 채권에 관하여 채권양도통지가 있었으나 그 후 양도통지의 철회 내지 무효의 주장이 있는 경우 제3채무자로서는 그 채권양도의 효력에 관하여 의문이 있어 채권자 불확지를 원인으로 한 변제공탁($_{후단}^{제487조}$)이 가능하다($_{2000다10079}^{대판\ 2001.2.9.}$).

그러나 채권자를 전혀 알 수 없는 절대적 불확지의 경우에도 임시적 조치로 편의상 예외적으로 공탁원인으로 인정된다. 예컨대 구 토지수용법($_{폐지되었다}^{2003년에}$) 제61조 제2항 제2호는 토지수용의 주체인 기업자가 과실없이 보상금을 받을 자를 알 수 없을 때에는 절대적 불확지의 공탁이 허용됨을 규정하여, 기업자는 그 공탁에 의하여 보상금 지급의무를 면하고 그 토지에 대한 소유권을 취득하도록 할 수 있다$\left(\substack{\text{대판(전합) 1997.10.} \\ \text{16, 96다11747}}\right)$.

또한 채권양도의 통지와 가압류 또는 압류명령이 제3채무자에게 동시에 송달된 경우에도 제3채무자는 송달의 선후가 불명한 경우에 준하여 채권자를 알 수 없다는 이유로 변제공탁을 함으로써 법률관계의 불안으로부터 벗어날 수 있다$\left(\substack{\text{대판(전합) 1994.4.} \\ \text{26, 93다24223}}\right)$.

예금계약의 출연자와 명의자가 다른 경우에 변제공탁으로 예금반환채무를 면하게 될 수도 있다. 예금계약의 출연자와 예금명의자가 서로 다르고 양자 모두 예금채권에 관한 권리를 적극 주장하고 있는 경우, 금융기관이 그 예금의 지급시는 물론 예금계약 성립시의 사정까지 모두 고려하여 선량한 관리자로서의 주의의무를 다하여도 어느 쪽이 진정한 예금주인지에 관하여 사실상 혹은 법률상 의문이 제기될 여지가 충분히 있다고 인정되는 때에는 채무자인 금융기관으로서는 제487조 후단의 채권자 불확지를 원인으로 하여 변제공탁을 할 수 있다$\left(\substack{\text{대판 2004.11.11,} \\ \text{2004다37737}}\right)$.

2. 당사자

변제자인 공탁자와 공탁소만이 당사자이고, 채권자는 당사자가 아니다. 채권자는 공탁의 효과가 미치는 제3자에 해당된다(사법적 측면에서 이는 제3자를 위한 계약에서의 제3자에 해당된다). 피공탁자인 채권자(이외에도 그 대리인이나 청산인도 피공탁자가 될 수 있다)는 특정되어야 함이 원칙이나 피공탁자의 수익의 의사표시는 필요하지 않다.

제469조에 의해 제3자에 의한 변제가 허용되는 경우에는 제3자에 의한 공탁도 가능하다.

3. 목적물

변제공탁의 목적물은 원칙적으로 금전, 유가증권 기타의 물품(유체물)이다$\left(\substack{\text{공탁법 제} \\ \text{3조 제1항}}\right)$. 부동산의 공탁 인정 여부에 대해 판례는 부정설을 취한다$\left(\substack{\text{대판 2001.2.9,} \\ \text{2000다60708}}\right)$. 즉 구 부동산등기법 제29조$\left(\substack{\text{현행법} \\ \text{제23조}}\right)$에 따라 등기의무자가 등기권리자를 상대로 등기를 인수받아 갈 것을 구할 수 있는지 여부와 관련하여, 등기에 관한 채권채무 관계에 있어서 채무자는 공탁 등에 의한 방법으로 채무부담에서 벗어날 수 없으므로 부동산등기법은 등기는 등기권리자와 등기의무자가 공동으로 신청하여야 함을 원칙으로 하면서도$\left(\substack{\text{부동산등기} \\ \text{법 제28조}}\right)$, 부동산등기법 제29조에서 '판결에 의한 등기는 승소한 등기권리자 또는 등기의무자만으로' 신청할 수 있도록 규정하고 있다고 설시하였다. 요컨대 부동산공탁이 있어도 채권자로의 소유권이전등기가 없으면 완전한 이행이 되지 않는데, 공탁의 효과는 채권의 소멸이어야 하므로 두 내용이 모순 없이 성립될 수 없게 된다(이와는 달리 부동산의 변제공탁을 인정하는 견해도 있다).

4. 공탁의 내용

(1) 원 칙

채무 전액에 대한 공탁이 요구된다. 즉 채무의 내용에 좇은 유효한 변제(=본래의 채무의 목적물)이어야 한다. 채무금액에 다툼이 있는 채권에 관하여 채무자가 채무 전액의 변제임을 공탁 원인 중에 밝히고 공탁한 경우 채권자가 그 공탁금을 수령할 때 채권의 일부로서 수령한다는 등 별도의 유보의 의사표시를 하지 않은 이상 그 수령이 채권의 전액에 대한 변제공탁의 효력을 인정한 것으로 해석함이 상당하다(대판 1983.6. 28, 83다카88).

(2) 예 외

(가) 자조매각권(제490조)

변제의 목적물이 공탁에 적당하지 아니하거나 멸실 또는 훼손될 염려가 있거나 공탁에 과다한 비용을 요하는 경우에는 변제자는 법원의 허가를 얻어 그 물건을 경매하거나 시가로 방매하여 대금을 공탁할 수 있다.

(나) 일부의 공탁

변제공탁이 유효하려면 채무 전부에 대한 변제의 제공 및 채무 전액에 대한 공탁이 있음을 요하고 채무 전액이 아닌 일부에 대한 공탁은 그 부분에 관하여서도 효력이 생기지 않는다. 그러나 그 부족액이 아주 근소하다는 등의 특별한 사정이 있는 경우에는 그 공탁 부분에 관하여서도 채무소멸의 효과가 발생한다(대판 1998.10. 13, 98다17046). 채무자가 채무액의 일부만을 변제공탁하였으나 그 후 부족분을 추가로 공탁하였다면 그때부터는 전 채무액에 대하여 유효한 공탁이 이루어진 것으로 볼 수 있고, 이 경우 채권자가 공탁물수령의 의사표시를 하기 전이라면 추가공탁을 하면서 제1차 공탁시에 지정된 공탁의 목적인 채무의 내용을 변경하는 것도 허용될 수 있다(대판 1991. 12.27, 91다35670). 한편 채무 전액이 아닌 일부에 대한 공탁에 있어서도 채권자가 공탁금을 채권의 일부에 충당한다는 의사표시를 하고 그 공탁금을 수령하면 그 공탁금은 채권의 일부에 대한 변제에 충당된다(대판 2014.8.20, 2014다30650).

(다) 조건부 공탁

채권자의 청구권에 선이행 또는 동시이행의 항변권이 붙어 있다면 채권자의 반대급부 이행을 공탁물 수령의 조건으로 공탁할 수 있다(대판 1970.9. 22, 70다1061). 예컨대 전세권자의 목적물 인도 및 전세권등기말소의무와 전세권설정자의 전세금반환의무는 동시이행의 관계에 있으므로 전세권설정자가 전세금을 공탁하면서 전세권말소를 반대급부 조건으로 할 수 있다. 반대로 반대급부가 선이행 또는 동시이행관계가 아닐 때에는 이런 조건부 공탁은 무효이다. 예컨대 채권자에게 반대급부 기타 조건의 이행의무가 없는데도 채무자가 이를 조건으로 공탁하는 경우 채권자가 이를 수락하지 않으면 그 변제공탁은 무효이다(대판 2002.12. 6, 2001다2846).

(라) 수인의 공탁자가 공동으로 하나의 공탁금액을 기재하여 공탁한 경우

공탁자가 공탁한 내용은 공탁의 기재에 의하여 형식적으로 결정되므로 수인의 공탁자가 공탁하면서 각자의 공탁금액을 나누어 기재하지 않고 공동으로 하나의 공탁금액을 기재한 경우에 공탁자들은 균등한 비율로 공탁한 것으로 보아야 하고, 공탁자들 내부의 실질적인 분담금액이 다르다고 하더라도 이는 공탁자들 내부 사이에 별도로 해결해야 할 문제이다. 이러한 법리는 강제집행정지의 담보를 위하여 공동 명의로 공탁한 경우 담보취소에 따른 공탁금회수청구권의 귀속과 비율에 관하여도 마찬가지로 적용된다. 따라서 제3자가 다른 공동공탁자의 공탁금회수청구권에 대하여 압류 및 추심명령을 한 경우에 압류 및 추심명령은 공탁자 간 균등한 비율에 의한 공탁금액의 한도 내에서 효력이 있고, 공동공탁자들 중 실제로 담보공탁금을 전액 출연한 공탁자가 있다 하더라도 이는 공동공탁자들 사이의 내부관계에서만 주장할 수 있는 사유에 불과하여 담보공탁금을 전액 출연한 공탁자는 압류채권자에 대하여 자금 부담의 실질관계를 이유로 대항할 수 없다($\binom{대판\ 2015.9.10,}{2014다29971}$).

Ⅳ. 효   과

1. 채무의 소멸

공탁이 있으면 변제와 마찬가지로 채권이 소멸한다($\binom{제487}{조}$). 즉 공탁공무원의 수탁처분과 공탁물보관자의 공탁물 수령시에 채무가 소멸한다. 변제공탁이 적법한 경우에는 채권자가 공탁물 출급청구를 하였는지 여부와는 관계없이 그 공탁을 한 때에 변제의 효력이 발생한다($\binom{대판\ 2002.12.6,}{2001다2846}$). 그러나 변제공탁자가 공탁물회수청구권의 행사에 의하여 공탁물을 회수한 경우에는 공탁하지 아니한 것으로 보아 채권소멸의 효력은 소급하여 없어진다($\binom{대판\ 2014.5.29.}{2013다212295}$). 결국 공탁물의 회수($\binom{제489}{조}$)를 해제조건으로 공탁시에 공탁의 효력이 발생하여 채무가 소멸하게 된다($\binom{해제}{조건설}$).

공탁의 효과로 채무가 소멸하므로 채무에 붙은 물적 담보 및 인적 담보는 모두 소멸한다. 해제조건부로 공탁시에 공탁의 효력이 발생하여 채무가 소멸하므로 채무자는 변제공탁 이후의 이자를 지급할 필요가 없다.

2. 채권자의 공탁물인도(출급)청구권

(1) 의의 및 성질

공탁으로 채권자는 공탁물의 인도(출급)을 청구할 수 있다. 공탁소에 대한 공탁물인도청구권은 본래의 급부청구권과 동일한 것이므로 본래 급부의 청구권에 선이행의무 또는 동시이행의 항변권이 있으면 채권자는 반대급부를 하지 않으면 공탁물을 수령하지 못한다($\binom{제491}{조}$). 공탁물이 금전인 경우($\binom{공탁법\ 제7조에\ 따른\ 유가증권상환금,\ 배당금과\ 제11조에}{따른\ 물품을\ 매각하여\ 그\ 대금을\ 공탁한\ 경우를\ 포함한다}$) 그 원금 또는 이자의 수령, 회수에 대한 권리는 그 권리를 행사할 수 있는 때부터 10년 간 행사하지 아니할 때에는 시효로 인하여 소멸한다($\binom{공탁법\ 제}{9조\ 제3항}$). 공탁물인도청구권은 상속의 대상이 되고, 양도·입질 등의 임의처분도 가능하며, 압류·가압류·가처분 등 집행의 대상도 될 수 있고, 채권자대위의 목적도 될 수 있다.

(2) 공탁물출급청구권자

피공탁자로 지정되어 있는 채권자만이 공탁물출급청구권을 행사할 수 있다. 변제공탁에서 공탁물출급청구권자는 피공탁자 또는 그 승계인이다. 피공탁자인지의 여부는 공탁서의 기재에 의하여 형식적으로 결정되므로, 실체법상의 채권자라고 하더라도 피공탁자로 지정되어 있지 않으면 공탁물출급청구권을 행사할 수 없다(대판 2006.8.25, 2005다67476).

상대적 불확지 변제공탁의 경우 피공탁자 중의 1인이 공탁물을 출급청구하기 위해서는 다른 피공탁자들의 승낙이나 그들을 상대로 받은 공탁물출급청구권확인 승소확정판결이 있어야 한다(대판 2008.10.23, 2007다35596). 이 때 피공탁자들 사이에서 누가 공탁금출급청구권을 갖는지는 피공탁자들과 공탁자인 채무자 사이의 법률관계에서 누가 본래의 채권을 행사할 수 있는 진정한 채권자인지를 기준으로 판단한다. 피공탁자가 된 채권자가 가지는 공탁금출급청구권은 채무자에 대한 본래의 채권을 갈음하는 권리이므로, 그 귀속 주체와 권리 범위는 본래의 채권이 성립한 법률관계에 따라 정해져야 하기 때문이다(대판 2017.5.17, 2016다270049). 절대적 불확지 공탁의 경우 피공탁자가 공탁물을 출급청구하기 위해서는 공탁금에 대한 출급청구권이 자신에게 있다는 확인판결이 확정된 후 그 확정판결의 정본(이 정본은 공탁사무처리규칙 제30조 제2호에 정한 '출급청구권을 갖는 것을 증명하는 서면'에 해당한다)을 공탁금출급청구서에 첨부하여 공탁소에 제출함으로써 공탁금을 출급받을 수 있다(대판(전합) 1997.10. 16, 96다11747).

(3) 이의의 유보

공탁된 토지수용보상금을 피공탁자인 채권자가 이의의 유보 없이 수령한다면 실체관계의 여하를 불문하고 공탁원인대로 법률효과가 발생한다. 공탁물 수령에 관한 이의유보의 의사표시는 그 공탁원인에 승복하여 공탁금을 수령하는 것임이 아님을 분명히 함으로써 공탁한 취지대로 채권소멸의 효과가 발생함을 방지하고자 하는 것이기 때문이다. 이의유보의 의사표시의 상대방은 반드시 공탁공무원(공탁관)에 국한할 필요가 없고 공탁자에 대하여 이의유보의 의사표시를 하는 것도 가능하다(대판(전합) 1982. 11.9, 82누197).

3. 공탁물의 소유권이전

공탁물이 금전 기타 소비물의 경우 혼장임치나 소비임치가 성립하므로, 소유권은 일단 공탁소에 귀속했다가 채권자가 동종·동질·동량의 물건을 수령한 때에 채권자에게 소유권이 이전한다.

반면에 공탁물이 특정물인 경우 공탁시에도 공탁자가 소유권을 보유한다. 소유권이전의 공시방법을 갖춘 때에 공탁자로부터 직접 채권자에게 소유권이 이전한다는 것이 지배적 견해이다. 즉 공탁신청시 소유권 이전의 청약이 있고, 채권자가 공탁소에 인도청구권을 행사할 때 청약에 대한 승낙이 인정되어 물권적 합의가 있으며, 공시방법을 갖추면 소유권이 이전된다고 한다.

Ⅴ. 공탁물의 회수

1. 의의 및 성질

공탁자는 일정한 요건 하에 공탁소에 대하여 공탁물의 회수를 청구할 수 있다. 공탁물의 회수를 청구할 수 있는 권리를 공탁물회수청구권이라고 한다. 공탁물회수청구권은 일신전속권이 아니므로 상속의 대상이 되고, 양도·입질 등의 임의처분도 가능하며, 압류·가압류·가처분 등 집행의 대상도 될 수 있고, 채권자대위의 목적도 될 수 있다.

2. 민법상의 회수

원칙적으로 공탁물의 회수가 가능하나 예외적으로 회수가 부정된다. 즉 채권자의 변제자에 대한 공탁의 승인 또는 공탁소에 대한 공탁물 수령의 통고, 공탁유효의 확정판결 이후 공탁으로 인한 질권 또는 저당권의 소멸시에는 공탁물의 회수가 불가능하다(제489조 제1항, 제2항). 공탁물 회수의 경우 공탁하지 않은 것으로 보기 때문에(제489조 제1항 제2문), 공탁으로 소멸했던 채무가 부활한다.

3. 공탁법상의 회수(공탁법 제9조 제2항)

공탁자는 착오로 공탁을 하거나 공탁의 원인이 소멸하면 공탁물을 회수할 수 있다.

4. 행사 및 효과

공탁자나 공탁자의 특정·포괄승계인이 공탁물회수청구권을 행사할 수 있다. 그러나 공탁소에 대한 의사표시로 공탁물회수청구권을 포기할 수도 있다. 공탁물이 금전인 경우(공탁법 제7조에 따른 유가증권상환금, 배당금과 제11조에 따른 물품을 매각하여 그 대금을 공탁한 경우를 포함한다) 그 원금 또는 이자의 수령, 회수에 대한 권리는 그 권리를 행사할 수 있는 때부터 10년 간 행사하지 아니할 때에는 시효로 인하여 소멸한다(공탁법 제9조 제3항).

채권자가 공탁물 출급청구를 했는지 여부와 관계없이 공탁을 한 때에 변제의 효력이 발생하나, 공탁물을 회수한 경우 채권소멸의 효력은 소급하여 없어진다. 그에 따라 연대보증인의 채무가 부활하며, 질권·저당권 등 담보권도 되살아난다.

피공탁자의 공탁금출급청구권과 공탁자의 공탁금회수청구권은 별개의 독립된 청구권이므로 공탁금출급청구권에 대한 압류 등이 있었더라도 공탁금회수청구권에 영향을 주지 않는다(대결 2020.5.22, 2018마5697. 피공탁자를 포함한 제3자가 공탁자에 대하여 갖는 별도 채권의 집행권원으로써 공탁자의 공탁물 회수청구권에 대하여 압류 및 추심명령을 받아 그 집행으로 공탁물을 회수할 수 있음을 밝힌 판결임).

요건사실론 공 탁

1. 채권자가 채무자에게 대여금반환청구를 한 경우 원고로서는 ⓐ 소비대차계약의 체결, ⓑ 목적물의 인도, ⓒ 반환시기의 도래를 증명해야 한다.

2. 피고인 채무자는 항변으로써 변제공탁을 주장할 수 있다. 즉, 피고가 변제를 하려고 했으나 원고가 수령을 거절하거나, 수령이 불능한 상태에 있거나, 채권자를 확정할 수 없을 때에는 변제공탁을 주장할 수 있다($^{제487}_{조}$).

　가. 수령거절을 공탁사유로 주장하기 위해서는 ⓐ 피고가 변제의 제공을 한 사실, ⓑ 원고가 이를 수령하지 않은 사실을 주장·증명해야 한다. 그런데 원고가 미리 수령을 거절한 경우에는 변제의 제공 없이 바로 공탁할 수 있으므로 이 경우에는 피고로서는 채권자가 미리 수령을 거절한 사실만 증명하면 된다.

　나. 수령불능에는 '사실상 불능', '법률상 불능'이 모두 포함되고, 채권자의 귀책사유를 필요로 하지 않는다. 채권의 가압류·압류는 제3채무자에 대하여 채무자에게 지급하는 것을 금지할 뿐 채무 자체를 면하게 하는 것이 아니다. 따라서 채권의 이행기가 도래한 때에는 제3채무자는 지체책임을 면할 수 없는 바, 민사집행법이 제정되기 전에는 제487조에 의한 변제공탁을 허용하는 것이 판례였으나, 현재는 민사집행법 제248조 제1항에 따라 압류가 경합하지 않는 경우에도 제3채무자는 압류된 채권 전액을 공탁할 수 있으므로 이러한 경우 제487조에 의한 변제공탁은 허용되지 않고 민사집행법에 의한 공탁만 허용된다는 것이 실무이다. 따라서 이 경우 피고는 ⓐ 대여금 채권이 가압류 또는 압류된 사실과 ⓑ 민사집행법 제248조 제1항에 의한 공탁을 한 사실을 주장·증명해야 한다.

　다. 채권자불확지라 함은 객관적으로 채권자가 존재하고 있으나 채무자가 선량한 관리자의 주의를 다하여도 주관적으로 채권자가 누구인지 알 수 없는 경우를 의미한다. 동일한 채권에 대하여 채권양도와 압류·전부명령이 있고 통상의 채무자 입장에서 누구에게 변제하여야 할지 법률상 의문이 있거나, 특정채권에 대하여 채권양도의 통지가 있었으나 통지의 철회 등으로 채권이 적법하게 양도되었는지 여부에 대하여 의문이 있는 경우, 양도금지특약이 붙은 채권이 양도된 경우에 채권자불확지에 의한 공탁이 가능하다.

　라. 변제공탁이 유효하기 위해서는 채무 전부에 대한 변제의 제공 및 채무 전부에 대한 공탁이 있어야 한다.

　(1) 채무 전부가 아닌 일부에 대한 공탁은 그 부족액이 아주 근소한 차이에 불과하다는 등의 특별한 사정이 없는 한 전체에 대하여 효력이 없으므로 피고는 채무 전부에 대한 공탁이 있다는 사실, 즉 공탁금이 채무의 전부를 변제함에 족한 사실을 주장·증명해야 한다.

　(2) 계속적 거래관계에서 발생하는 다수의 채무의 집합체에 대하여 공탁을 한 경우, 그 공탁한 금액이 채무 전부가 아닌 이상 공탁금액에 상응하는 범위 내에서 채무소멸의 효과가 발생하는 것은 아니다.

　(3) 무효인 공탁이더라도 상대방이 이의유보 없이 수령하면 공탁원인대로의 효과가 발생하는 것이므로, 피고는 채무 전액임을 공탁원인 중에 밝히고 공탁한 사실과 채권자인 원고가 그와 같은 공탁원인을 수락하고 공탁금을 수령한 사실을 증명하는 것으로 전액공탁사실에 대한 증명책임을 대신할 수 있다. 다만, 공탁물회수청구권에 대하여 채권자가 변제공탁의 목적이 된 채권을 피

보전권리로 하여 가압류집행을 하였다고 하더라도 그 공탁금을 채권의 일부로서 수령한다는 의사를 표시한 것이라고 볼 수 없으므로 그로 인하여 일부 공탁이 유효로 되는 것은 아니다.

제6절 상 계

Ⅰ. 의의 및 기능
Ⅱ. 성 질
Ⅲ. 요건: 상계적상의 현존
  1. 상계적상
    (1) 대립하는 채권의 존재
    (2) 자동채권의 변제기 도래
    (3) 상계가 금지되어 있지 않은 채권일 것
  2. 상계적상의 현존
Ⅳ. 행사방법
  1. 일반론

2. 문제되는 경우
  (1) 채권자대위권 대상 여부
  (2) 채권의 일부 양도시, 채무자의 양도인에 대한 채권을 자동채권으로 하는 상계의 방법
Ⅴ. 행사효과
  1. 채권소멸
  2. 상계의 소급효
  3. 이행지가 다른 경우의 손해배상^(제494조)

Ⅰ. 의의 및 기능

상계란 채권자와 채무자가 서로 같은 종류의 채권·채무를 부담하고 있는 경우에, 양 채권·채무를 대등액에서 소멸시키는 채무자의 단독행위를 의미한다. 상계는 채권실현·채무이행 등의 절차에서 편의성이 있으며, 상대방에 대한 채권담보적 기능도 있다. 특히 당사자 일방의 자력이 악화된 경우에 실익이 크다. 파산채권에서 파산절차에 의하지 않고 상계함으로써 자신의 채권을 추심할 수 있으므로^(채무자회생법 제416조) 별제권이 인정되는 기능도 있다.

상계권자의 지위가 법률상 보호를 받는 것은 원래 상계제도가 서로 대립하는 채권·채무를 간이한 방법에 의하여 결제함으로써 양자의 채권·채무 관계를 원활하고 공평하게 처리함을 목적으로 하고 있고, 상계권을 행사하려고 하는 자에 대하여는 수동채권의 존재가 사실상 자동채권에 대한 담보로서의 기능을 하는 것이어서 그 담보적 기능에 대한 당사자의 합리적 기대가 법적으로 보호받을 만한 가치가 있음에 근거하는 것이다. 따라서 당사자가 상계의 대상이 되는 채권이나 채무를 취득하게 된 목적과 경위, 상계권을 행사함에 이른 구체적·개별적 사정에 비추어, 그것이 위와 같은 상계 제도의 목적이나 기능을 일탈하고, 법적으로 보호받을 만한 가치가 없는 경우에는 그 상계권의 행사는 신의칙에 반하거나 상계에 관한 권리를 남용하

는 것으로서 허용되지 않는다고 함이 상당하고, 상계권 행사를 제한하는 위와 같은 근거에 비추어 볼 때 일반적인 권리남용의 경우에 요구되는 주관적 요건을 필요로 하는 것은 아니다(대판 2003.4.11, 2002다59481. 상계목적으로 부도난 채권자의 어음을 헐값에 매수한 후에 자신의 채무와 상계하는 것을 권리남용으로 판단함). 이 판결은 권리남용이 적용되기 위해서는 주관적 요건(타인을 해할 목적)이 요구되는 일반적인 판결과는 달리 객관적인 요건만으로도 상계권 행사를 권리남용으로 인정하였다는 점이 특징이다.

Ⅱ. 성   질

상계는 상대방 있는 채무자의 단독행위이다. 또한 상계권은 형성권이다. 따라서 당사자만 상계권을 행사할 수 있고, 제3자의 변제로써 할 수 있는지에 대해서는 견해가 나뉜다. 다만 상계자 자신의 채권이 아니고 타인의 채권으로 상계할 수 있는 예외로 다른 연대채무자의 반대채권의 의한 상계($\binom{제418조}{제2항}$), 보증인이 행사하는 주채무자의 반대채권에 의한 상계($\binom{제434}{조}$)가 규정되어 있다. 부진정연대채무에서 상계가 절대적 효력 발생사유인지 여부에 관하여 견해의 대립이 있지만 판례는 긍정설의 입장이다($\binom{대판(전합) \; 2010.9.}{16, \; 2008다97218}$).

대판(전합) 2010.9.16, 2008다97218 [손해배상(기)]

[다수의견] 부진정연대채무자 중 1인이 자신의 채권자에 대한 반대채권으로 상계를 한 경우에도 채권은 변제, 대물변제, 또는 공탁이 행하여진 경우와 동일하게 현실적으로 만족을 얻어 그 목적을 달성하는 것이므로, 그 상계로 인한 채무소멸의 효력은 소멸한 채무 전액에 관하여 다른 부진정연대채무자에 대하여도 미친다고 보아야 한다. 이는 부진정연대채무자 중 1인이 채권자와 상계계약을 체결한 경우에도 마찬가지이다. 나아가 이러한 법리는 채권자가 상계 내지 상계계약이 이루어질 당시 다른 부진정연대채무자의 존재를 알았는지 여부에 의하여 좌우되지 아니한다.

[반대의견] 연대채무의 경우에는 민법 제418조 제1항에서 채무자 1인이 상계를 함으로써 다른 연대채무자의 채무도 상계한 금액만큼 소멸한다는 이른바 절대적 효력의 취지를 규정하고 있으나, 부진정연대채무의 경우에는 그러한 명문의 규정이 없으므로 이에 관하여는 합리적인 해석에 의하여 해결할 수밖에 없다. 공동불법행위 등의 경우에 연대채무와 구별되는 부진정연대채무가 인정되는 취지와 사용자 책임, 공작물의 점유자 등의 특수한 책임을 인정하고 특히 고의의 불법행위 채권을 수동채권으로 하는 상계를 금지하는 민법의 태도로부터 알 수 있는 바는, 민법은 채권자의 이중의 채권만족의 위험을 감수하면서까지도 불법행위 피해자로 하여금 현실적으로 채권의 만족을 얻게 하여 피해를 실질적으로 회복할 수 있도록 배려하고 있다는 것이다. 이상과 같은 여러 사정을 모두 고려하여 보면, 부진정연대채무자 중 1인의 상계에는 절대적 효력을 인정하지 아니함이 타당하고, 나아가 부진정연대채무자 중 1인이 채권자와 상계계약을 한 경우에도 상계와 달리 볼 것이 아니다.

Ⅲ. 요건: 상계적상의 현존

1. 상계적상

(1) 대립하는 채권의 존재

(가) 채권의 존재

먼저 채권이 존재하여야 한다. 여기서의 채권은 금전채권 또는 종류물채권에 한한다. 상계를 위해서는 자동채권과 수동채권이 존재하여야 한다. 자동채권이란 상계자의 피상계자에 대한 채권을 의미하며, 수동채권이란 피상계자의 상계자에 대한 채권이다. 즉 상계의사표시를 한 사람을 기준으로 받을 채권이 자동채권이고, 이 사람이 부담하는 채무(즉 상계당하는 측의 채권)가 수동채권이며, 이 수동채권은 상대방이 갖는 채권을 의미한다.

채권의 존재와 관련하여 문제되는 것은 첫째, 소멸시효 등으로 소멸한 채권도 자동채권이 될 수 있는지 여부이다. 민법은 제495조에서 소멸시효가 완성된 채권이 그 완성 전에 상계할 수 있었던 것이면 그 채권자는 상계할 수 있다고 규정하고 있다. 따라서 자동채권이 이미 시효로 소멸한 후에 수동채권이 발생했다면 상계할 수 없다(대판 2021.2.10, 2017다258787).

둘째, 상계의 대상이 되는 채권이 상대방과의 사이에서 직접 발생한 채권에 한정되는지 여부이다. 판례에 의하면 일반적으로 당사자 사이에 상계적상에 있는 채권이 병존하고 있는 경우에는 이를 상계할 수 있는 것이 원칙이고, 이러한 상계의 대상이 되는 채권은 상대방과 사이에서 직접 발생한 채권에 한하는 것이 아니라, 제3자로부터 양수 등을 원인으로 하여 취득한 채권도 포함한다(대판 2003.4.11, 2002다59481).

셋째, 양육비채권도 자동채권이 될 수 있는지 여부이다. 판례는 이혼한 부부 사이에 자(子)의 양육자인 일방이 상대방에 대하여 갖는 양육비채권을 상대방의 양육자에 대한 위자료 및 재산분할청구권과 상계한다고 주장한 사안에서, 가정법원의 심판에 의하여 구체적으로 확정된 양육비채권 중 이미 이행기가 도달한 부분에 한하여 이를 자동채권으로 하는 상계가 허용된다고 하였다(대판 2006.7.4, 2006므751).

넷째, 벌금채권도 자동채권이 될 수 있는지 여부이다. 형벌의 일종인 벌금도 일정 금액으로 표시된 추상적 경제가치를 급부목적으로 하는 채권인 점에서는 다른 금전채권들과 본질적으로 다를 것이 없고, 다만 발생의 법적 근거가 공법관계라는 점에서만 차이가 있을 뿐이다. 그런데 채권 발생의 법적 근거가 무엇인지는 급부의 동종성을 결정하는 데 영향이 없으며, 벌금형이 확정된 이상 벌금채권의 변제기는 도래한 것이므로 달리 이를 금하는 특별한 법률상 근거가 없는 이상 벌금채권도 자동채권이 될 수 있다(대판 2004.4.27, 2003다37891).

다섯째, 수탁보증인의 주채무자에 대한 사전구상권(제442조)이 자동채권이 될 수 있는지 여부이다. 항변권이 붙어 있는 채권을 자동채권으로 하여 다른 채무(수동채권)와의 상계를 허용한다면 상계자 일방의 의사표시에 의하여 상대방의 항변권 행사의 기회를 상실시키는 결과가 되므로 그러한 상계는 허용될 수 없고, 특히 수탁보증인이 주채무자에 대하여 갖는 제442조의 사전구상권에는 제443조 소정의 이른바 면책청구권이 항변권으로 부착되어 있는 만큼 이를 자동채권으로 하는 상계는 허용될 수 없다($\binom{대판\ 2001.11.13.}{2001다55222}$). 다만 제443조는 임의규정으로서 주채무자가 사전에 담보제공청구권의 항변권을 포기한 경우에는 보증인은 사전구상권을 자동채권으로 하여 주채무자에 대한 채무와 상계할 수 있다.

(나) 채권의 대립

자동채권과 수동채권은 상호대립하여야 한다. 압류채권자가 채무자의 제3채무자에 대한 채권에 압류·추심명령을 받은 경우 압류채권자는 채무자를 대신하여 추심권을 취득할 뿐이고, 그 채권이 압류채권자에게 이전되거나 귀속되는 것은 아니다. 따라서 압류채권자는 이를 자동채권으로 하여 제3채무자의 압류채권자에 대한 채권과 상계할 수 없다($\binom{대판\ 2022.12.16.}{2022다218271}$).

한편 상대방이 제3자에 대하여 갖는 채권을 수동채권으로 상계할 수도 없다. 상계할 수 있다고 한다면 상계의 당사자가 아닌 상대방과 제3자 사이의 채권채무관계에서 상대방이 제3자에게서 채무의 본지에 따른 현실급부를 받을 이익을 침해하게 될 뿐 아니라, 상대방의 채권자들 사이에서 상계자만 독점적인 만족을 얻게 되는 불합리한 결과를 초래하게 되기 때문이다($\binom{대판\ 2011.4.28.}{2010다101394}$).

사례 25 유치권이 인정되는 아파트를 매각·취득한 자가 아파트 일부를 점유·사용하고 있는 유치권자에 대한 임료 상당의 부당이득금 반환채권을 자동채권으로 하고 유치권자의 종전 소유자에 대한 유익비상환채권을 수동채권으로 하여 상계의 의사표시를 하였다. 이 때 상대방이 제3자에 대하여 갖는 채권을 수동채권으로 하여 상계할 수 있는가? (대판 2011.4.28. 2010다101394 참조)

해설 25 상계할 수 없다.

상계는 당사자 쌍방이 서로 같은 종류를 목적으로 한 채무를 부담한 경우에 서로 같은 종류의 급부를 현실로 이행하는 대신 어느 일방 당사자의 의사표시로 그 대등액에 관하여 채권과 채무를 동시에 소멸시키는 것이고, 이러한 상계제도의 취지는 서로 대립하는 두 당사자 사이의 채권·채무를 간이한 방법으로 원활하고 공평하게 처리하려는 데 있으므로, 수동채권으로 될 수 있는 채권은 상대방이 상계자에 대하여 갖는 채권이어야 하고, 상대방이 제3자에 대하여 갖는 채권과는 상계할 수 없다고 보아야 한다. 그렇지 않고 만약 상대방이 제3자에 대하여 갖는 채권을 수동채권으로 하여 상계할 수 있다고 한다면, 이는 상계의 당사자가 아닌 상대방과 제3자 사이의 채권채무관계에서 상대방이 제3자에게서 채무의 본지에 따른 현실급부를 받을 이익을 침해하게 될 뿐 아니라, 상대방의 채권자들 사이에서 상계자만 독점적인 만족을 얻게 되는 불합리한 결과를 초래하게 되므로, 상계의 담보적 기능과 관련하여 법적으로 보호받을 수 있는 당사자의 합리적 기대가 이러한 경우에까지 미친다고 볼 수는 없다.

(2) 자동채권의 변제기 도래

자동채권은 반드시 변제기에 있어야 하지만, 수동채권도 반드시 변제기에 있을 필요는 없다. 자동채권이 변제기에 있다는 것은 이행청구를 할 수 있는 시기를 말하는 것이며 채무자가 이행지체에 빠지는 것까지 요구하는 것은 아니다(대판 2021.5.7. 2018다25946).

채권이 압류된 경우 제3채무자가 압류채무자에 대한 반대채권으로 상계하여 압류채권자에게 대항하기 위해서는 압류의 효력발생시에 양채권이 상계적상에 있거나 반대채권(자동채권)의 변제기가 도래하지 않았다면 그것이 피압류채권(수동채권)의 변제기와 동시에 또는 그보다 먼저 도달해야 한다(대판(전합) 2012.2.16, 2011다45521. 수동채권이 나중에 변제기에 도달한 경우에는 상계할 수 없음을 판시). 상계자가 자신의 채무에 대하여 기한의 이익을 포기할 수 있기 때문이다. 예를 들어 국세징수법에 의한 채권압류에 있어 제3채무자는 그 압류명령이 송달되기 이전에 채무자에 대하여 상계적상에 있었던 반대채권을 가지고 있었다면 그 명령이 송달된 이후에도 상계로써 압류채권자에 대항할 수 있고, 이 경우에 채권압류통지 이전에 자동채권의 이행기가 도래한 이상 수동채권의 이행기가 도래하지 아니하였더라도 수동채권에 관한 기한의 이익을 포기하고 대등액에서 상계함으로써 압류채권자에 대항할 수 있다(대판 1979.6.12, 79다662).

(3) 상계가 금지되어 있지 않은 채권일 것

(가) 고의의 불법행위채권을 수동채권으로 하는 상계금지(제496조)

제496조에 의하면 채무가 고의의 불법행위로 인한 것인 때에는 그 채무자는 상계로 채권자에게 대항하지 못한다. 즉 고의의 불법행위채권을 수동채권으로 하는 상계가 금지된다. 고의의 불법행위에 인한 손해배상채권에 대하여 상계를 허용한다면 고의로 불법행위를 한 자가 상계권행사로 현실적으로 손해배상을 지급할 필요가 없게 됨으로써 보복적 불법행위를 유발하게 될 우려가 있고, 고의의 불법행위로 인한 피해자가 가해자의 상계권 행사로 인하여 현실의 변제를 받을 수 없는 결과가 됨은 사회적 정의관념에 맞지 아니하므로 고의에 의한 불법행위의 발생을 방지함과 아울러 고의의 불법행위로 인한 피해자에게 현실의 변제를 받게 하려는 데 입법취지가 있다(대판 1994.8.12, 93다52808).

고의의 불법행위채권을 수동채권으로 하는 상계만 금지되는 것이며, 이 채권을 자동채권으로 하는 상계는 허용된다.

제496조의 적용과 관련하여 첫째, 쌍방의 고의에 의한 불법행위로 인한 손해배상에도 상계가 불허된다. 판례도 제496조는 그 자동채권이 동시에 행하여진 싸움에서 서로 상해를 가한 경우와 같이 동일한 사안에서 발생한 고의의 불법행위로 인한 손해배상채권인 경우에도 마찬가지로 적용된다고 하였다(대판 1994.2.25, 93다38444).

둘째, 고의의 불법행위를 원인으로 한 부당이득반환채권을 수동채권으로 하는 상계도 또한 금지된다. 부당이득의 원인이 고의의 불법행위에 기인함으로써 불법행위로 인한 손해배상채권과 부당이득반환채권이 모두 성립하여 양 채권이 경합하는 경우 피해자가 부당이득반환채권만을 청구하고 불법행위로 인한 손해배상채권을 청구하지 아니한 때에도, 그 청구의 실질적 이유, 즉 부당이득의 원인이 고의의 불법행위였다는 점은 불법행위로 인한 손해배상채권을 청구하는 경우와 다를 바 없다 할 것이어서, 고의의 불법행위에 의한 손해배상채권은 현실적으로 만족을 받아야 한다는 상계금지의 취지는 이러한 경우에도 타당하므로, 제496조를 유추적용함이 상당하다(대판 2002.1.25, 2001다52506).

나아가 고의의 불법행위가 동시에 고의의 채무불이행이 인정되어 양 청구권이 경합할 때 채무자는 고의의 채무불이행으로 인한 손해배상채권을 수동채권으로 하는 상계로 채권자에게 대항할 수 없다(대판 2017.2.15, 2014다19776,19783).

셋째, 피용자의 고의의 불법행위로 인하여 사용자책임을 부담하는 사용자는 제496조의 적용 배제를 주장할 수 없다. 제756조에 의한 사용자의 손해배상책임은 피용자의 배상책임에 대한 대체적 책임이고, 동조 제1항에서 사용자가 피용자의 선임 및 그 사무감독에 상당한 주의를 한 때 또는 상당한 주의를 하여도 손해가 있을 경우에는 책임을 면할 수 있도록 규정함으로써 사용자책임에서 사용자의 과실은 직접의 가해행위가 아닌 피용자의 선임·감독에 관련된 것으로 해석되는 점에 비추어 볼 때, 피용자의 고의의 불법행위로 인하여 사용자책임이 성립하는 경우에 제496조의 적용을 배제하여야 할 이유가 없으므로 사용자책임이 성립하는 경우 사용자는 자신의 고의의 불법행위가 아니라는 이유로 제496조의 적용을 면할 수는 없다(대판 2006.10.26, 2004다63019).

반면에 중과실에 의한 불법행위의 경우 수동채권으로서의 상계가 가능하다. 제496조의 입법 취지나 적용결과에 비추어 볼 때 고의의 불법행위에 인한 손해배상채권에 대한 상계금지를 중과실의 불법행위에 인한 손해배상채권에까지 유추 또는 확장적용하여야 할 필요성은 없기 때문이다(대판 1994.8.12, 93다52808).

나아가 고의의 불법행위로 인한 손해배상채권의 채무자는 그 채권을 수동채권으로 한 상계로 채권자에게 대항하지 못하고(제496조), 그 결과 수동채권이 양도된 경우에 양수인에게도 상계로 대항할 수 없게 되나(제451조 제2항 참조), 채권양도가 사해행위에 해당하는 경우 불법행위로 인한 손해배상채권의 채무자가 채권양도인에 대한 별도의 채권자 지위에서 채권양수인에게 채권자취소권을 행사하여 채권양도의 취소를 구함과 아울러 취소에 따른 원상회복방법으로 직접 자신 앞으로 가액배상의 지급을 구하는 것 자체는 제496조에 반하지 않으므로 허용된다(대판 2011.6.10, 2011다8980).

(나) 압류금지채권을 수동채권으로 하는 상계금지(제497조)

제497조에 의하면 채권이 압류하지 못할 것인 때에는 그 채무자는 상계로 채권자에게 대항하지 못한다. 즉 압류금지채권을 수동채권으로 하는 상계는 금지된다. 압류금지채권의 예로는 부양료, 연금, 봉급, 상여금, 퇴직금의 1/2 상당액(민사집행법 제246조 제1항 각호 참조) 등을 들 수 있다. 이때에도 이와 같은 채권을 수동채권으로 하는 상계가 금지되는 것일 뿐, 자동채권으로 하는 상계는 역시 허용된다.

한편 양도 또는 대위되는 채권이 원래 압류가 금지되는 것이었던 경우에는 처음부터 이를 수동채권으로 한 상계로 채권자에게 대항하지 못하던 것이어서 그 채권의 존재가 채무자의 자동채권에 대한 담보로서 기능할 여지가 없고 따라서 그 담보적 기능에 대한 채무자의 합리적 기대가 있다고도 할 수 없으므로, 그 채권이 양도되거나 대위의 요건이 구비된 이후에 있어서도 여전히 이를 수동채권으로 한 상계로써 채권양수인 또는 대위채권자에게 대항할 수 없다(대판 2009.12.10, 2007다30171).

임금채권과 관련해서는 주의할 점이 있다. 임금채권을 수동채권으로 하는 상계는 원칙적으로 금지된다. 근로기준법 제43조 제1항 본문에서 "임금은 통화로 직접 근로자에게 그 전액을 지급하여야 한다"라고 규정하여 이른바 임금 전액지급의 원칙을 선언한 취지는 사용자가 일방적으로 임금을 공제하는 것을 금지하여 근로자에게 임금 전액을 확실하게 지급받게 함으로써 근로자의 경제생활을 위협하는 일이 없도록 그 보호를 도모하려는 데 있으므로, 민사집행법상 압류가능한 범위 내에서라도 사용자가 근로자에 대하여 갖는 채권을 가지고 일방적으로 근로자의 임금채권을 상계하는 것은 금지된다(대판 2001.10.23, 2001다25184).

다만 다음과 같은 3가지의 경우에는 예외적으로 임금채권을 수동채권으로 하는 상계가 가능하다.

첫째, 근로자가 동의를 한 경우이다. 사용자가 근로자의 동의를 얻어 근로자의 임금채권에 대하여 상계하는 경우에 그 동의가 근로자의 자유로운 의사에 터잡아 이루어진 것이라고 인정할 만한 합리적인 이유가 객관적으로 존재하는 때에는 근로기준법 제42조 제1항 본문에 위반하지 않으므로 상계가 가능하다. 그러나 이 경우에 임금 전액지급의 원칙의 취지에 비추어 볼 때 그 동의가 근로자의 자유로운 의사에 기한 것이라는 판단은 엄격하고 신중하게 이루어져야 한다(대판 2001.11.13, 2001다55222).

둘째, 계산의 착오 등으로 임금이 초과지급된 경우에 초과지급한 임금의 반환청구권을 자동채권으로 하여 근로자의 임금채권이나 퇴직금채권과는 상계할 수 있다. 판례도 계산의 착오 등으로 임금이 초과 지급되었을 때 그 행사의 시기가 초과 지급된 시기와 임금의 정산, 조정의 실질을 잃지 않을 만큼 합리적으로 밀접되어 있고 금액과 방법이 미리 예고되는 등 근로자의 경제생활의 안정을 해할 염려가 없는 경우나, 근로자가 퇴직한 후에 그 재직 중 지급되지 아니한 임금이나 퇴직금을 청구하는 경우에는 초과 지급된 임금의 반환청구권을 자동채권으로 하여 상계하는 것은 무방하다고 하였다. 따라서 근로자가 일정 기간 동안의 미지급 법정수당을 청구하는 경우에 사용자가 같은 기간 동안 법정수당의 초과 지급 부분이 있음을 이유로 상계나 그 충당을 주장하는 것도 허용된다(대판(전합) 1995.12.21, 94다26721).

셋째, 사용자가 근로자에게 이미 퇴직금 명목의 금원을 지급하였으나 그것이 퇴직금 지급으로서의 효력이 없어 사용자가 같은 금원 상당의 부당이득반환채권을 갖게 된 경우, 이를 자동채권으로 하고 근로자의 퇴직금채권을 수동채권으로 하여 상계할 수 있다. 위와 같은 이유로 인하여 근로자의 경제생활의 안정을 해할 염려가 없기 때문이다(대판(전합) 2010.5.20, 2007다90760).

(다) 지급금지채권을 수동채권으로 하는 상계금지 (제498조)

제498조에 의하면 지급을 금지하는 명령을 받은 제3채무자는 그 후에 압류채무자에 대하여 취득한 채권에 의한 상계로 그 명령을 신청한 채권자에게 대항하지 못한다. 그렇다면 지급금지명령을 받은 제3채무자는 지급금지명령을 받기 전에 취득한 채권에 의해서는 언제나 상계로 압류채권자에게 대항할 수 있는지가 문제된다. 판례는 변제기 선도래설을 취하여 제3채무자가 압류채무자에게 반대채권을 갖고 있는 경우, 상계로 압류채권자에게 대항하기 위해서는 압류의 효력 발생 당시에 대립하는 양 채권이 상계적상에 있거나, 그 당시 반대채권(자동채권)의 변제기가 도래하지 아니한 경우에는 그것이 피압류채권(수동채권)의 변제기와 동시에 또는 그보다 먼저 도래하여야 한다고 한다(대판(전합) 2012.2.16, 2011다45521의 다수의견. 이에 대하여 지급을 금지하는 명령을 받을 당시에 반대채권과 피압류채권 모두의 이행기가 도래한 때에는 제3채무자가 당연히 반대채권으로써 상계할 수 있고, 반대채권과 피압류채권 모두 또는 그 중 어느 하나의 이행기가 아직 도래하지 아니하여 상계적상에 놓이지 아니하였더라도 그 이후 제3채무자가 피압류채권을 채무자에게 지급하지 아니하고 있는 동안에 반대채권과 피압류채권 모두의 이행기가 도래한 때에도 제3채무자는 반대채권으로써 상계할 수 있으므로, 이로써 지급을 금지하는 명령을 신청한 채권자에게 대항할 수 있다는 반대의견도 있었다).

또한 가압류명령이 제3채무자에게 송달되어 가압류의 효력이 발생한 후에 제3채무자에게 자동채권이 발생했다면 제3채무자의 압류채무자에 대한 자동채권이 수동채권인 피압류채권과 동시이행관계에 있는 경우에도 제498조에 의해 상계가 금지되지만 자동채권 발생의 기초가 되는 원인이 수동채권의 가압류 전에 이미 성립하여 존재하는 경우에는 상계가 가능하다. 즉 금전채권에 대한 가압류로부터 본압류로 전이하는 압류 및 추심명령이 있는 때에는 제3채무자는 채권이 가압류되기 전에 압류채무자에게 대항할 수 있는 사유로써 압류채권자에게 대항할 수 있으므로, 제3채무자의 압류채무자에 대한 자동채권이 수동채권인 피압류채권과 동시이행의 관계에 있는 경우에는 그 가압류명령이 제3채무자에게 송달되어 가압류의 효력이 생긴 후에 자동채권이 발생하였다고 하더라도 제3채무자는 동시이행의 항변권을 주장할 수 있고, 따라서 그 상계로써 압류채권자에게 대항할 수 있다(대판 2010.3.25, 2007다35152). 이 경우에 자동채권 발생의 기초가 되는 원인은 수동채권이 가압류되기 전에 이미 성립하여 존재하고 있었으므로, 그 자동채권은 제498조 소정의 "지급을 금지하는 명령을 받은 제3채무자가 그 후에 취득한 채권"에 해당하지 않는다. 그래서 부동산 매수인의 매매잔대금지급의무와 매도인의 가압류기입등기말소의무가 동시이행관계에 있었는데 위 가압류에 기한 강제경매절차가 진행되자 매수인이 강제경매의 집행채권액과 집행비용을 변제공탁한 경우 매도인은 매수인에 대해 대위변제로 인한 구상채무를 부담하게 되고, 그 구상채무는 가압류기입등기말소의무의 변형으로서 매수인의 매매잔대금지급의무와 여전히 대가적인 의미가 있어 서로 동시이행관계에 있으므로, 매수인은 매도인의 매매잔대금채권에 대해 가압류로부터 본압류로 전이하는 압류 및 추심명령을 받은 채권자에게 가압류 이후에 발생한 위 구상금채권에 의한 상계로 대항할 수 있다(대판 2001.3.27, 2000다43819).

(라) 항변권이 붙은 채권을 자동채권으로 하는 상계금지

동시이행항변권과 같은 항변권이 붙은 채권을 자동채권으로 하는 상계도 금지된다. 그러나 동시이행항변권이 붙은 채권을 수동채권으로 하는 상계는 허용되며, 동시이행관계에 있는 자동채권과 수동채권이 서로 현실적으로 이행하여야 할 필요가 없는 경우에도 상계는 허용된다. 상계의 대상이 될 수 있는 자동채권과 수동채권이 동시이행관계에 있다고 하더라도 서로 현실적으로 이행하여야 할 필요가 없는 경우라면 상계로 인한 불이익이 발생할 우려가 없고 오히려 상계를 허용하는 것이 동시이행관계에 있는 채권·채무 관계를 간명하게 해소할 수 있으므로 특별한 사정이 없는 한 상계가 허용된다(대판 2006.7.28, 2004다54633).

또한 앞에서 설명한 바와 같이 수탁보증인의 주채무자에 대한 사전구상권에는 면책청구권(제443조)이 항변권으로 존재하므로 이를 자동채권으로 하는 상계가 금지된다. 다만 제443조는 임의규정으로서 주채무자가 사전에 면책청구권의 항변권을 포기한 경우에는 보증인은 사전구상권을 자동채권으로 하여 주채무자에 대한 채무와 상계할 수 있다(대판 2004.5.28, 2001다81245).

또한 도급인이 수급인과의 사이에 수급인이 그가 고용한 근로자들에 대한 노임지급을 지체한 경우 도급인이 수급인에 대한 기성공사대금에서 노임 상당액을 공제하여 근로자들에게 직접 지불할 수 있다고 약정했다면, 수급인이 근로자들에게 노임지급을 지체한 상태에서 도급인에게 기성공사대금의 지급을 구할 경우 도급인으로서는 위 약정에 따라 적어도 수급인이 근로자들에게 노임을 지급할 때까지는 기성공사대금 중 수급인이 지체한 노임 상당액의 지급을 거절할 수 있다 할 것이므로, 수급인의 도급인에 대한 위 기성공사대금채권은 도급인이 위와 같이 일정한 경우 그 지급을 거절할 수 있는 항변권이 부착되어 있는 채권이라고 할 수 있을 것이고, 따라서 위 채권을 자동채권으로 한 상계는 허용될 수 없다(대판 2002.8.23, 2002다25242).

(마) 공동저당권이 설정된 경우 채무자의 상계권의 제한

공동저당으로 제공된 물상보증인의 저당물이 먼저 경매되어 채권이 만족된 경우, 물상보증인은 채무자에 대하여 구상채권을 갖는다. 이때 물상보증인 소유의 부동산에 대한 후순위저당권자가 있다면 채무자가 물상보증인에게 갖고 있는 반대채권이 있더라도 상계를 통하여 구상채권의 소멸을 주장할 수 없다(대판 2017.4.26, 2014다221777, 221784). 채무자는 공동저당권자가 물상보증인 소유의 부동산에 대해 먼저 경매를 신청한 경우에야 비로소 상계할 수 있는 기대가 발생하는데, 이와 같이 채무자가 갖는 상계에 대한 기대는 우연한 사정에 좌우된다는 점에서 물상보증인 소유의 부동산에 대한 후순위저당권자가 갖는 기대보다 먼저 보호될 수 없기 때문이다.

사례 26 A는 자기 소유의 컴퓨터를 할부매매의 방법으로 B에게 매도하고 인도하였다. 그런데 추가적으로 약정된 의무를 A가 이행하지 않자 B는 계약내용에 따라 적법하게 계약을 해제했다. B는 이미 지급된 할부금 및 할부금을 받은 날 이후의 이자 상당의 반환을 A에게 청구하였다. 이에 A는 컴퓨터의 사용이익을 자동채권으로 하여 상계를 청구하였다. 이러한 상계항변은 타당한

가?   (대판 2006.7.28, 2004다54633 참조)

|해설 26| B의 상계항변은 타당하다.

상계제도는 서로 대립하는 채권·채무를 간이한 방법에 의하여 결제함으로써 양자의 채권·채무관계를 원활하고 공평하게 처리함을 목적으로 하고 있으므로, 상계의 대상이 될 수 있는 자동채권과 수동채권이 동시이행관계에 있다고 하더라도 서로 현실적으로 이행하여야 할 필요가 없는 경우라면 상계로 인한 불이익이 발생할 우려가 없고 오히려 상계를 허용하는 것이 동시이행관계에 있는 채권·채무관계를 간명하게 해소할 수 있으므로 특별한 사정이 없는 한 상계가 허용된다.

|사례 28| A는 B로부터 돈을 빌리면서 그 채권을 담보하기 위하여 채무자 소유의 X부동산에 저당권을 설정해 주었다. 또한 채권담보를 강화하기 위하여 C소유의 Y부동산에 대해서도 1번저당권을 설정하였다. 그 후 C는 D로부터 돈을 빌리면서 채권을 담보하기 위하여 Y부동산에 대해서 2순위의 저당권을 설정하였다. 채권을 만족받지 못한 B는 먼저 Y부동산에 대해서만 저당권을 실행하여 채권을 만족받았다. 이에 D는 C를 상대로 X부동산의 선순위 공동저당권의 이전등기절차의 이행을 구하고자 한다(그 근거는 X에 대하여 갖는 B의 선순위 공동저당권은 C가 변제자 대위에 의해 이전되었고 Y부동산의 후순위 저당권자인 D는 물상대위에 기하여 이행을 구할 수 있음)

이에 독립당사자참가를 신청한 A는 C에 대하여 갖고 있던 채권을 자동채권으로 하고 C의 A에 대한 구상채권을 수동채권으로 하여 상계의사표시를 하였다. 이에 C의 구상채권이 있음을 전제로 한 C의 변제자대위 및 D의 물상대위는 효력이 없다고 주장한다. 이와 같은 A의 주장은 타당한가?

                                           (대판 2017.4.26, 2014다221777,221784 참조)

|해설 28| 타당하지 않다.

채무자는 선순위공동저당권자가 물상보증인 소유의 부동산에 대해 먼저 경매를 신청한 경우에만 비로소 상계할 것을 기대할 수 있는데, 이처럼 우연한 사정에 의하여 좌우되는 상계에 대한 기대가 물상보증인 소유의 부동산에 대한 후순위저당권자가 가지는 법적 지위에 우선할 수 없음을 이유로 한다.

사안에서 판례는 A는 채권자 B가 물상보증인(C) 소유인 Y에 먼저 경매신청을 했을 때에만 C가 A에게 구상채권을 갖게 되어 A가 C에 대해서 상계권을 행사할 수 있게 되는 경우 A의 기대이익보다는 D의 보호가 우선한다고 본다. A의 기대이익(C의 부동산이 먼저 경매되어 구상채권이 인정되어도 상계에 의하여 구상당하지 않을 수 있다는 기대)보다는 D의 기대이익(D는 Y부동산에 후순위 저당권자이지만 Y의 경매시 변제받지 못하더라도 선순위 저당권자 B의 A에 대한 구상권 및 변제자의 법정대위에 의하여 X부동산에 취득할 선순위 저당권에 대하여 자신은 후순위 저당권자로서 물상대위를 통해 A에게 구상권을 행사할 수 있을 것이라는 기대)이 보호되어야 한다고 보았다.

|사례 27| A는 매도인(대금채권자), B는 매수인(대금채무자)이고 B가 A에게 대금지급의무를 동시이행해야 할 상태이다. 그런데 이미 그 이전에 A가 B로부터 금원을 차용하고 있는 상황이라면, A가 자신의 매매대금채권을 자동채권으로 하여 상계할 수 있는가?   (대판 2001.11.13, 2001다55222 참조)

> **|해설 27|** 상계할 수 없다.
>
> 항변권이 붙어 있는 채권을 자동채권으로 하여 다른 채무(수동채권)와의 상계를 허용한다면 상계자 일방의 의사표시에 의하여 상대방이 갖는 항변권 행사의 기회를 상실시키는 결과가 되므로 그러한 상계는 허용될 수 없고, 특히 수탁보증인이 주채무자에 대하여 갖는 제442조의 사전구상권에는 제443조 소정의 이른바 면책청구권이 항변권으로 부착되어 있는 만큼 이를 자동채권으로 하는 상계는 허용될 수 없다.

2. 상계적상의 현존

상계적상은 원칙적으로 상계시에 현존하여야 한다. 다만 예외적으로 제495조에 의하여 소멸시효가 완성된 채권도 시효완성 전에 상계적상에 있었다면 채권자가 시효완성된 채권을 자동채권으로 한 상계가 가능하다. 즉 소멸시효가 완성된 채권이라 하더라도 그 시효완성 전에 상계할 수 있었던 것이면 그 채권자는 상계할 수 있는 것이고 그 상계의 효과는 각 채무가 상계할 수 있는 때에 대등액에 관하여 소멸한 것으로 본다($\frac{대판\ 1987.8.18.}{87다카768}$). 본조는 예외적으로 시효완성 전에 상계적상에 있었을 것을 요건으로 하여 상계를 허용하고 있다. 그 이유는 대립하는 양 채권의 당사자는 양 채권이 상계적상에 달하였을 때 특별한 의사표시가 없더라도 당연히 정산·결제되는 것으로 생각하는 것이 보통이므로 이러한 당사자 간의 신뢰를 보호할 필요가 있기 때문이다. 또한 양 채권이 상계적상에 있을 때에는 이행청구 등으로 시효를 중단시키지 않을 경우가 많으므로 이때 상대방 채권의 시효완성을 기다렸다가 자기의 채권만을 청구하는 것은 불공평하기 때문이기도 하다.

종합사례 4

乙은 2016.2.5. Y건물을 허물고 신축빌라 공사를 공사대금 10억 원, 준공일을 2017.2.5.로 정한 도급계약을 B와 체결하였다. 乙은 공사를 원활하게 시행할 수 있도록 B의 공사자금 마련을 지원하기 위하여 乙 소유의 빌라 부지를 담보로 제공하였고 이에 B가 C은행에 근저당권을 설정하고 5억 원을 대출받아 공사자금으로 사용하였다. B의 대여금채권자 E가 2016.9.15. 3억 원의 대여금채권을 피보전채권으로 하여 B의 乙에 대한 2016.2.5. 공사와 관련된 채권(공사대금채권 등)에 대하여 가압류를 하였고, E는 12.25. B에 대한 대여금승소 확정판결에 기하여 위 채권에 대한 전부명령(轉付命令)을 신청하였고, 위 전부명령은 2017.1.5. 확정되었다. B가 대출금의 이자를 지체하자, C은행은 2016.12.5. 乙에게 B의 대출원리금이 완납되지 아니하면 담보권실행을 위한 경매절차를 진행할 것이라고 통지하였다. 이에 A는 2017.2.5. 5억 5천만 원을 변제하고 C 은행 명의의 근저당권을 말소하였다. E는 乙에게 3억 원의 전부금을 청구하였고, 乙은 이에 대하여 구상권채권에 기한 상계항변을 하였다. E의 전부금청구는 인용될 수 있는가?

(대판 2010.3.25, 2007다35152 참조)

종합사례 4 해설

1. 공사대금채권

도급계약이 적법하게 해제되었으므로 수급인 B는 기성고에 따른 공사대금채권을 가진다. B는 70%의 공정을 마쳤으므로 7억 원(10억 원×0.7)의 공사대금채권을 가진다. E는 위 7억 원 중에서 3억 원에 대한 전부금채권을 가진다.

2. 구상금채권

공사도급계약의 도급인이 자신 소유의 토지에 근저당권을 설정하여 수급인으로 하여금 공사에 필요한 자금을 대출받도록 한 사안에서, 수급인의 근저당권 말소의무는 도급인의 공사대금채무에 대하여 공사도급계약상 고유한 대가관계가 있는 의무는 아니지만, 담보제공의 경위와 목적, 대출금의 사용용도 및 그에 따른 공사대금의 실질적 선급과 같은 자금지원 효과와 이로 인하여 도급인이 처하게 될 이중지급의 위험 등 구체적인 계약관계에 비추어 볼 때, 이행상의 견련관계가 인정되므로 양자는 서로 동시이행의 관계에 있고, 나아가 수급인이 근저당권 말소의무를 이행하지 아니한 결과 도급인이 위 대출금 및 연체이자를 대위변제함으로써 수급인이 지게 된 구상금채무도 근저당권 말소의무의 변형물로서 그 대등액의 범위 내에서 도급인의 공사대금채무와 동시이행의 관계에 있다. 도급인 乙의 구상금채권(5억 5천만 원)은 B의 공사대금채권과 동시이행의 관계에 있다.

3. 상계의 적부

금전채권에 대한 압류 및 전부명령이 있는 때에는 압류된 채권은 동일성을 유지한 채로 압류채무자로부터 압류채권자에게 이전되고, 제3채무자는 채권이 압류되기 전에 압류채무자에게 대항할 수 있는 사유로써 압류채권자에게 대항할 수 있는 것이므로, 제3채무자의 압류채무자에 대한 자동채권이 수동채권인 피압류채권과 동시이행의 관계에 있는 경우에는, 압류명령이 제3채무자에게 송달되어 압류의 효력이 생긴 후에 자동채권이 발생하였다고 하더라도 제3채무자는 동시이행의 항변권을 주장할 수 있다. 이 경우에 자동채권이 발생한 기초가 되는 원인은 수동채권이 압류되기 전에 이미 성립하여 존재하고 있었던 것이므로, 그 자동채권은 민법 제498조의 '지급을 금지하는 명령을 받은 제3채무자가 그 후에 취득한 채권'에 해당하지 않는다고 봄이 상당하고, 제3채무자는 그 자동채권에 의한 상계로 압류채권자에게 대항할 수 있다. 전부명령이 확정된 후에 乙이 구상금채권을 취득하였다고 하더라도 구상금채권과 공사대금채권이 동시이행의 관계에 있으며 채권 성립의 기초가 수동채권이 압류되기 전에 존재하였으므로 A는 구상금채권을 자동채권으로 하여 상계를 주장할 수 있다.

4. 사안에의 적용

가분적인 금전채권의 일부에 대한 전부명령이 확정되면 특별한 사정이 없는 한 전부명령이 제3채무자에 송달된 때에 소급하여 전부된 채권 부분과 전부되지 않은 채권 부분에 대하여 각기 독립한 분할채권이 성립하게 되므로, 그 채권에 대하여 압류채무자에 대한 반대채권으로 상계하고자 하는 제3채무자로서는 전부채권자 혹은 압류채무자 중 어느 누구도 상계의 상대방으로 지정하여 상계하거나 상계로 대항할 수 있고, 그러한 제3채무자의 상계 의사표시를 수령한 전부채권자는 압류채무자에 잔존한 채권 부분이 먼저 상계되어야 한다거나 각 분할채권액의 채권 총액에 대한 비율에 따라 상계되어야 한다는 이의를 할 수 없다. 乙은 구상금채권(5억 5천만 원)을 가지고 E의 전부금채권(3억 원)을 상계하면, E의 전부금채권은 모두 소멸된다.

5. 사안의 해결

E의 전부금청구는 기각된다.

Ⅳ. 행사방법

1. 일반론

상계를 하기 위해서는 상대방에 대한 일방적인 의사표시가 있어야 한다. 당사자 쌍방의 채무가 서로 상계적상에 있다 하더라도, 별도의 의사표시 없이도 상계된 것으로 한다는 특약이 없는 한, 그 자체만으로 상계로 인한 채무 소멸의 효력이 생기는 것은 아니고 상계의 의사표시를 기다려 비로소 상계로 인한 채무 소멸의 효력이 생긴다(대판 2000.9.8, 99다6524). 또한 상계의 의사표시는 일방적으로 철회할 수는 없는 것이지만, 상계의 의사표시 후에 당사자 사이에 상계를 없었던 것으로 하기로 한 약정은 제3자에게 손해를 미치지 않는 한 계약자유의 원칙상 유효하다(대판 1995.6.16, 95다11146).

상계의 의사표시에는 원칙적으로 특별한 방식이 필요없지만, 조건이나 기한을 붙일 수는 없다(제493조 제1항).

2. 문제되는 경우

(1) 채권자대위권 대상 여부

판례에 의하면 상계권은 채권자대위권의 대상이 될 수 있다. 예를 들어 乙주식회사의 이사 甲이 乙의 공장 매수대금 일부의 마련을 위해 丙으로부터 대출금을 차용하여 위임사무의 처리에 관하여 대출금채무를 부담하게 된 경우, 甲은 제688조 제2항 전단에 의해 乙에게 자신에 갈음하여 대출금채무를 변제할 것을 청구할 권리(대변제청구권)가 있다고 할 것인데, 이 대변제청구권을 보전하기 위해 乙이 丙에 대해 가지고 있던 부당이득반환채권과 대출금채무를 대등액에서 상계할 권리를 대위행사할 수 있는 것이다(대판 2002.1.25, 2001다52506).

(2) 채권의 일부 양도시, 채무자의 양도인에 대한 채권을 자동채권으로 하는 상계의 방법

채권의 일부 양도가 이루어지면 특별한 사정이 없는 한 각 분할된 부분에 대하여 독립한 분할채권이 성립하므로 그 채권에 대하여 양도인에 대한 반대채권으로 상계하고자 하는 채무자로서는 양도인을 비롯한 각 분할채권자 중 어느 누구도 상계의 상대방으로 지정하여 상계할 수 있고, 그러한 채무자의 상계 의사표시를 수령한 분할채권자는 제3자에 대한 대항요건을 갖춘 양수인이라 하더라도 양도인 또는 다른 양수인에 귀속된 부분에 대하여 먼저 상계되어야 한다거나 각 분할채권액의 채권 총액에 대한 비율에 따라 상계되어야 한다는 이의를 할 수 없 다(대판 2002.2.8, 2000다50596).

또한 가분적인 금전채권의 일부에 대한 전부명령이 확정되면 특별한 사정이 없는 한 전부명령이 제3채무자에 송달된 때에 소급하여 전부된 채권 부분과 전부되지 않은 채권 부분에 대하여 각기 독립한 분할채권이 성립하게 되므로, 그 채권에 대하여 압류채무자에 대한 반대채권으로 상계하고자 하는 제3채무자로서는 전부채권자 혹은 압류채무자 중 어느 누구라도 상계의 상대방으로 지정하여 상계하거나 상계로 대항할 수 있고, 그러한 제3채무자의 상계 의사표시를 수령한 전부채권자는 압류채무자에 잔존한 채권 부분이 먼저 상계되어야 한다거나 각 분할채권액의 채권 총액에 대한 비율에 따라 상계되어야 한다는 이의를 할 수 없다(대판 2010.3.25, 2007다35152).

> **사례 29** A가 C에 대하여 갖고 있는 1억 원의 채권 중 5,000만 원을 B에게 양도하여 대항요건을 갖춘 경우 채무자인 C가 채권양수인 B에 대해서 자신(C)이 A에 대하여 갖고 있던 5,000만 원의 반대채권으로 상계하고자 할 때, 채권양수인 B는 분할채권액의 비율에 따라 C가 2,500만 원에 대해서만 상계할 수 있다고 주장할 수 있는가?
> (대판 2002.2.8, 2000다50596 참조)
>
> **해설 29** 주장할 수 없다.
> 채권의 일부 양도가 이루어지면 특별한 사정이 없는 한 각 분할된 부분에 대하여 독립한 분할채권이 성립하므로 그 채권에 대하여 양도인에 대한 반대채권으로 상계하고자 하는 채무자로서는 양도인을 비롯한 각 분할채권자 중 어느 누구도 상계의 상대방으로 지정하여 상계할 수 있고, 그러한 채무자의 상계 의사표시를 수령한 분할채권자는 제3자에 대한 대항요건을 갖춘 양수인이라 하더라도 양도인 또는 다른 양수인에 귀속된 부분에 대하여 먼저 상계되어야 한다거나 각 분할채권액의 채권 총액에 대한 비율에 따라 상계되어야 한다는 이의를 할 수 없다.

V. 행사효과

1. 채권소멸

제492조 제1항 본문에 의해 양 채권이 대등액에서 소멸한다. 만약 자동채권이 상계적상의 수동채권 전부의 소멸에 부족하다면 변제충당의 규정(제476조 이하)에 의해 소멸될 채권을 결정한다(상계충당. 제499조). 상계의 경우 상계적상시까지의 수동채권의 원본 및 지연손해금에 대하여 상계충당의 순서에 따라 지연손해금, 원본의 순서로 자동채권과 대등액에서 소멸한다(대판 1992.5. 12, 90다8855).

또한 여러 개의 자동채권이 있고 수동채권의 원리금이 자동채권의 원리금 합계에 미치지 못하는 경우에는 우선 자동채권의 채권자가 상계의 대상이 되는 자동채권을 지정할 수 있고, 다음으로 자동채권의 채무자가 이를 지정할 수 있으며, 양 당사자가 모두 지정하지 않은 때에는 법정변제충당의 방법으로 상계충당이 이루어지게 된다(대판 2013.2.28, 2012다94155). 제476조 내지 제479조의 규정은 임의규정이므로 상계충당의 경우에도 당사자 간에 약정으로 그 충당에 관한 민법 제476조 내지 제479조의 규정을 배제하고 제공된 급부를 어느 채무에 어떤 방법으로 충당할 것인가를 결정할 수 있음은 물론이다(대판 2015.6.11, 2012다10386).

2. 상계의 소급효

상계에는 소급효가 있다. 상계의 의사표시가 있었을 때가 아니라 상계적상시로 소급하여 채권이 소멸한다(제493조 제2항). 즉 이자지급의무와 이행지체는 그때부터 소멸한다. 상계적상에 있었음에도 이를 모르고 변제한 후에, 상계적상에 있었음을 이유로 상계의 의사표시를 했더라도, 이미 지급된 채무액을 부당이득으로 반환청구할 수 없다. 이미 지급된 경우에는 더 이상 상계적상에 있지 않기 때문이다.

자동채권과 수동채권의 변제기가 모두 도래한 후에 상계의 의사표시를 하였다면 상계의 소급효는 양 채권의 변제기가 모두 도래한 때부터이다. 자동채권의 변제기가 도래한 후 수동채권의 변제기가 아직 도래하기 전에 상계의 의사표시를 하였다면 상계자가 기한의 이익을 포기한 것으로 볼 수 있는데, 이때는 상계의 소급효는 자동채권의 변제기가 도래한 때부터 발생한다.

그러나 채권양수인이 양수한 채권을 자동채권으로 상계할 때에는 대항요건을 구비한 시점부터 상계적상에 있다. 대항요건을 구비한 때에 자동채권을 행사할 수 있기 때문이다. 채권양도 전에 양채권의 변제기가 도래했더라도 상계의 효력이 변제기로 소급하는 것이 아니라 대항요건이 갖추어진 시점으로 소급한다(대판 2022.6.30, 2022다200089).

3. 이행지가 다른 경우의 손해배상(제494조)

제494조에 의하면 각 채무의 이행지가 다른 경우에도 상계할 수 있지만, 상계하는 당사자는 상대방에게 상계로 인한 손해를 배상하여야 한다.

민사소송법 상계의 소송법상 취급

1) 상계항변

소송외 상계항변은 피고가 소송 전 또는 소송 외에서 반대채권에 의한 청구채권과 상계의 의사표시를 했다고 주장하는 경우이다. 반면 소송상 상계항변은 피고가 소송 중에 비로소 직접하는 방어방법을 말하는데, 보통 상계의 항변은 소송상 상계항변을 가리킨다(이를 소송상 상계 또는 협의의 상계항변이라고도 한다). 소송상 상계항변은 대개 피고의 예비적 항변의 성격을 갖는다. 예컨대 금전채무의 이행청구에 대한 소송상 방어방법으로서의 피고의 상계항변이 있은 후 대여금채권의 소멸을 주장하는 소멸시효의 항변이 있었던 경우 상계항변 당시 피고가 수동채권인 대여금채권의 시효이익을 포기하려는 효과의사가 있었다고 단정할 수는 없다(대판 2013.2.28, 2011다21556).

상계항변은 가정적 상계항변과 무조건 상계항변으로 분류할 수도 있다. 전자는 부인, 변제항변 등의

제1편 제2편 제3편 제4편 제5편 제6편 제7편 제8편 제9편 계약의 효력

방어방법을 제출하고 그것이 모두 배척된다는 가정 하에 주장하는 상계항변을 말하고, 후자는 상계 항변이 유일한 방어방법이거나 또는 다른 방어방법과 같이 제출되었더라도 가정적인 의미가 없는 경우를 말한다.

2) 상계항변의 법적 성질

법적 성질에 관한 견해로는 크게 (i) 사법상의 의사표시와 법원에 대한 사실상 진술이라는 소송행위가 병존한다는 사법행위설(병존설), (ii) 병존설을 취하지만, 상계권 행사가 소취하, 부적법 각하, 실기기각 등으로 법원의 실체적 판단이 없었다면 사법상 효과는 발생하지 않는다는 신병존설, (iii) 상계권의 행사는 순수한 소송행위라는 소송행위설이 있다.

판례는 기본적으로 병존설적 입장을 취하나 소취하, 부적법 각하, 실기 각하된 상계권의 행사에 사법상의 효력이 인정되는지를 판단한 판결례는 아직 없다. 그러나 소송절차중 조정이 성립되어 수동채권의 존재여부에 대하여 법원이 실질적 판단이 이루어지지 않았음을 이유로 상계항변의 사법상 효과가 발생하지 않는다고 판단한 것이 있다(대판 2013.3.28, 2011다3329).

3) 중복제소금지원칙의 적용 여부(민사소송법 제259조)

현재 계속중인 소송에서 상계항변으로 주장한 채권(자동채권)을 가지고 별도의 소 또는 반소를 청구하거나 반대로 별도의 소로 청구하고 있는 채권인데 이를 갖고 상대방이 청구하는 소송에서 상계항변을 할 수 있는지 여부가 중복제소금지원칙과 관련하여 문제가 된다. 이에 대해 학설은 대립하나 판례는 상계항변 자체는 소송물이 아니라 일종의 방어방법임을 중시하여 별소로 계속 중인 채권은 자동채권으로 하는 소송상 상계의 주장이 허용된다는 입장이다(대판 2001.4.27, 2000다4050).

4) 소송참가의 방식

상계항변의 판단에는 기판력이 있으므로 피고의 상계항변에 관하여 기판력을 직접 받거나 아니면 참가인의 법률상의 지위에 영향이 있는 경우 등에 참가할 수 있다. 원고가 피고의 상계항변 때문에 패소할 위험에 처해 있을 때 그것에 관하여 법률상 이해관계가 있는 자, 예를 들어 소구채권을 원고에게 양도한 자는 원고 측의 보조참가인으로 소송에 참가할 수 있는데, 피고에게 채권양도통지가 도달하기 전의 상계적상에 기한 상계항변이 제출된 소송에 참가하는 경우이다.

보조참가인이 피참가인의 반대채권을 자동채권으로 하여 상계항변을 할 수 없는 것이 원칙이나, 참가인이 실체상 피참가인을 대위하여 상계의 의사표시를 행할 권능이 주어진 경우 예외가 인정된다. 예를 들어 제418조, 제434조의 경우에는 보조참가가 가능하고, 제404조의 경우는 공동소송적 보조참가를 할 수 있다.

5) 기판력의 발생 여부

판결이유 속에서 판단되는 피고의 항변은 그것이 판결의 기초가 되었다고 하더라도 기판력이 발생하지 않는다. 그러나 피고가 상계항변을 제출한 경우에 판결이유에서 자동채권의 존부에 대해 판단하게 되지만, 상계로써 대항한 액수의 한도 내에서는 기판력이 발생한다(민사소송법 제216조 제2항). 상계항변에 대한 기판력은 원고가 수동채권을 소송물로 하여 소구하는 경우(그와 실질적으로 동일한 경우 포함)에 피고의 상계항변에 따라 자동채권의 존부에 대해 법원이 실질적인 판단을 한 경우에 발생한다.

종합사례 5

丙회사의 대표이사는 甲은행에서 대출이 필요하여, 乙주식회사의 자금 입출금 등의 업무를 담당하던 재무과장인 친구 X에게 乙회사가 보증인이 되어주기를 부탁하였다. 이에 X는 乙회사 명의의 '근보증서와 이사회결의서 및 약속어음 배서'를 위조하여 甲은행에 제출하였고, 甲은행은 이를 믿고 2010.5.6. 丙회사와 금전소비대차계약을 체결하여, 丙에게 40억 원을 대출하여 주었다 (상환은 2010.12.1.에 하기로 하였다). 한편 丁은 甲은행에 변제기가 도래한 예금 A채권(5억 원)과 예금 B채권(15억 원)을 가지고 있었는데, 이를 2010.8.9. 丙에게 양도하였다. 채권양도를 하면서 丁은 양도사실에 대한 통지의 대리권을 양수인인 丙에게 부여하였고, 이에 2010.8. 10. 丙은 현명 없이 자신의 이름으로 甲에게 乙의 채권양도사실을 통지하였다.

소송의 진행 결과 법원은 다음의 사항을 인정하였다.

1. 丁과 甲은 A채권과 B채권에 대해 양도금지특약을 2009.3.6. 체결하였다.
2. 채권양도통지서에는 丙이 丁에게서 양수받은 채권의 내용 및 수권범위가 기재되어 있는 丁과 丙 사이에 체결한 채권양도양수계약서가 첨부되어 있었다.
3. 丙은 양도금지특약에 대해서 선의였으나 A채권에 대해서는 모르는 데 중과실이, B채권에 대해서는 경과실이 인정되었다.
4. 甲과 乙 사이에 체결된 보증계약은 무효이며, X는 甲은행에 대한 40억 원 손해에 대한 불법행위책임을 지며, 乙 또한 사용자책임을 진다.
5. 甲과 丙 사이에 체결된 40억 원의 금전소비대차계약은 유효하므로 丙은 甲에 40억 원에 대한 채무를 진다.
6. 甲은행도 대출업무를 전문으로 하는 금융기관으로서 대출규정을 제대로 지키지 않았고, 보증계약의 진위 여부를 회사에 직접 확인하지 않은 잘못이 있으므로 乙과의 관계에서 은행은 20%의 과실이 인정된다.
7. 甲에 대한 丙과 乙의 채무는 부진정연대채무관계에 놓인다.

2010.11.1. 丙은 丁에게 양수받은 A채권과 B채권에 기하여 甲에게 상계를 주장하였다. 2010.11.5. 丙은 파산하였고, 이에 甲은 乙에게 40억 원의 손해배상을 청구하였다. 甲의 乙에 대한 소의 결론[각하, 청구전부인용, 청구일부인용(일부 인용되는 경우 그 구체적인 금액 또는 내용을 기재할 것), 청구기각]을 논거와 함께 서술하시오.

종합사례 해설 5

Ⅰ. 쟁점사안

본 사안에서 甲의 乙에 대한 청구금액이 타당한지를 판단하기 위해서는 몇 가지 검토가 필요하다. (ⅰ) 甲측의 과실상계를 고려해야 하는지, (ⅱ) 丁의 甲에 대한 A채권과 B채권 양도의 대한 양수인의 통지가 타당한지, (ⅲ) 채권양도금지특약의 효력이 미치는지, (ⅳ) 부진정연대채무에서 상계의 절대적 효력을 인정할 수 있는지의 여부 및 (ⅴ) 부진정연대채무관계에 있는 다액채무자의 일부변제(상계)의 효력이 소액채무자에게 미치는 효력에 대한 판단이 필요하게 된다.

Ⅱ. 적용법리

1. 甲에 대한 乙의 채무액 산정

乙은 X의 사용자로서 제756조에 의해 사용자배상책임을 부담한다. 그런데 법원은 제763조, 제396조(채권자에게 과실이 있는 때에는 법원은 손해배상의 책임 및 그 금액을 정함에 이를 참작하여야 한다)에 의거하여 과실상계해야 한다. 피해자의 과실유무는 법원이 직권조사(대판 1967.12. 5. 67다2367)하여야 하며, 이는 법원의 필요적 참작사유에 해당한다. 참작의 정도는 법원의 재량에 달려 있고, 사안에서는 법원이 甲측의 과실을 20%로 인정하였으므로 40억 원의 손해 중 80% 상당의 채무를 乙이 지게 된다. 따라서 乙은 甲에게 32억 원의 채무를 부담한다.

2. 丙의 상계주장에 대한 판단

가. 丁과 丙 사이의 채권양도로 甲에게 대항할 수 있는지 여부

(1) 적법한 채권양도의 통지가 있었는지 여부

(가) 대리인에 의한 채권양도통지 가능 여부

원칙적으로 채권양도의 통지는 채권자인 丁이 해야 한다. 그러나 판례는 대판 1997.6.27, 95다40977,40984 등에서 "채권양도의 통지는 양도인이 채무자에 대하여 당해 채권을 양수인에게 양도하였다는 사실을 알리는 관념의 통지이고, 법률행위의 대리에 관한 규정은 관념의 통지에도 유추적용된다고 할 것이어서, 채권양도의 통지도 양도인이 직접 하지 아니하고 사자를 통하여 하거나 나아가서 대리인으로 하여금 하게 하여도 무방하고, 그와 같은 경우에 양수인이 양도인의 사자 또는 대리인으로서 채권양도 통지를 하였다 하여 민법 제450조의 규정에 어긋난다고 할 수 없다"고 하여 대리인에 의한 통지가 가능하다고 보았다. 따라서 양수인 丙이 양도인 丁을 대리하여 채권양도의 통지를 채무자인 甲에게 할 수도 있다.

(나) 현명하지 않은 채권양도통지의 효력

사안에서 양수인 丙은 현명 없이 양도인을 대리하여 채권양도의 통지를 하였는데, 원칙상 현명 없이 이루어진 대리행위는 무효가 되므로, 현명하지 않은 丙의 통지가 유효한지가 문제된다. 이와 관련하여 판례는 대판 2004.2.13, 2003다43490에서 "채권양도통지권한을 위임받은 양수인이 양도인을 대리하여 채권양도를 통지할 때 대리관계의 현명을 하지 아니하면 원칙적으로 채권양도통지도 효력이 없지만 제115조 단서에 의해 현명은 반드시 명시적으로만 할 필요는 없고 묵시적으로도 할 수 있는 것이고, 채권양도통지를 함에 있어 현명을 하지 아니한 경우라도 채권양도통지를 둘러싼 여러 사정에 비추어 양수인이 대리인으로서 통지한 것임을 상대방이 알았거나 알 수 있었을 때에는 유효"하다고 보았다. 구체적으로는 채권양도통지서 자체에 양수받은 채권의 내용이 기재되어 있고, 채권양도양수계약서가 위 통지서에 첨부되어 있으며, 채무자로서는 양수인에게 채권양도통지 권한이 위임되었는지 여부를 용이하게 알 수 있었다는 사정 등을 종합하여 무현명에 의한 채권양도통지를 제115조 단서에 의해 유효한 것으로 판단하였다.

사안에서 법원에서 인정된 사항(2. 채권양도통지서에는 丙이 丁에게서 양수받은 채권의 내용 및 수권범위가 기재되어 있는 丁과 丙 사이에 체결한 채권양도양수계약서가 첨부되어 있었다)을 고려하면, 충분히 채무자인 甲이 알 수 있었다고 볼 수 있으므로 현명 없이 이루어진 丙의 채권양도 통지는 유효하다.

(2) 채권양도금지특약에 의해 甲이 丙에게 대항할 수 있는지 여부

제449조 제2항은 "채권은 당사자가 반대의 의사를 표시한 경우에는 양도하지 못한다. 그러나 그 의

사표시로써 선의의 제3자에게 대항하지 못한다"고 하여 채권양도를 당사자의 합의에 의해 제한할 수 있다고 한다. 즉, 제한의 약정은 당사자인 채권자와 채무자 사이에서 발생하며 이를 위반한 제3자에의 양도는 제3자가 선의인 경우에는 그 효력이 미치지 않는다. 문제는 양도금지의 의사표시를 모른 것에 대한 무과실도 요구되는지(동조 제2항 단서의 해석)이다.

(가) 학설의 입장

학설은 (i) 선의의 경과실자는 보호되나, 중과실로 선의라면 악의와 마찬가지로 취급하여 위 조항을 적용하지 않는다는 견해, (ii) 선의·무과실인 경우에만 보호된다는 견해, (iii) 그리고 과실유무는 문제되지 않는다는 견해로 나뉜다.

(나) 판례의 입장

판례는 대판 1996.6.28, 96다18281에서 "민법 제449조 제2항이 채권양도 금지의 특약은 선의의 제3자에게 대항할 수 없다고만 규정하고 있어서 그 문언상 제3자의 과실의 유무를 문제삼고 있지는 아니하지만, 제3자의 중대한 과실은 악의와 같이 취급되어야 하므로, 양도금지 특약의 존재를 알지 못하고 채권을 양수한 경우에 있어서 그 알지 못함에 중대한 과실이 있는 때에는 악의의 양수인과 같이 양도에 의한 채권을 취득할 수 없다고 해석하는 것이 상당하다"고 하여 중과실인 선의자는 악의자로 보아 보호하지 않는다.

(다) 검 토

일반적으로 제3자의 선의에 대한 증명책임은 제3자의 악의를 주장하는 자(보통은 채무자일 것이다), 즉 채권양도금지 특약으로 양수인에게 대항하려는 자가 증명해야 한다(대판 2010.5.13, 2010다8310). 사안에서는 법원에서 이미 丙의 선의 여부에 대해 "3. 丙은 양도금지특약에 대해서 선의였으나 A채권에 대해서는 모르는 데 중과실이, B채권에 대해서는 경과실이 인정되었다"고 하였다는 점에서, A채권에 대해서는 丙이 선의이지만 중과실이라는 점에서 甲에게 대항할 수 없으며, B채권은 선의·경과실이라는 점에서 甲에게 대항할 수 있다.

나. B채권(15억 원)이 상계적상에 있는지 여부

상계가 인정되기 위해서는 (i) 대립하는 채권의 존재, (ii) 채권은 금전채권 또는 종류물채권에 해당해야 하며, (iii) 자동채권은 변제기에 도래했어야 하며, (iv) 상계가 금지되어 있지 않은 채권일 것을 요한다.

(1) 제3자에게 양수받은 채권도 대립하는 채권으로 인정되는지 여부

판례는 대판 2003.4.11, 2002다59481에서 "일반적으로 당사자 사이에 상계적상이 있는 채권이 병존하고 있는 경우에는 이를 상계할 수 있는 것이 원칙이고, 이러한 상계의 대상이 되는 채권은 상대방과 사이에서 직접 발생한 채권에 한하는 것이 아니라, 제3자로부터 양수 등을 원인으로 하여 취득한 채권도 포함한다 할 것이다"라고 하여 제3자로부터 양수받은 채권도 상계를 위한 대립되는 채권으로 인정한다.

(2) 채권은 금전채권 또는 종류물채권에 해당하는지 여부

丙이 양수받은 B채권은 금전채권이라는 점에서 이를 충족한다.

(3) 자동채권이 변제기에 도래하였는지 여부

사안에서 이미 B채권은 변제기가 도래하였다고 하였으므로 이 요건은 충족된다. 자동채권은 반드시 변제기에 있어야 하는 반면에, 수동채권도 반드시 변제기에 있을 필요는 없다. 상계의 의사표시를

하는 자가 기한의 이익을 포기할 수 있기 때문이다. 판례 또한 대판 1979.6.12, 79다662에서 "국세징수법에 의한 채권압류에 있어 제3채무자는 그 압류명령이 송달되기 이전에 채무자에 대하여 상계적상에 있었던 반대채권을 가지고 있었다면 그 명령이 송달된 이후에도 상계로써 압류채권자에 대항할 수 있고, 이 경우에 채권압류통지 이전에 자동채권의 이행기가 도래한 이상 수동채권의 이행기가 도래하지 아니하였더라도 수동채권에 관한 기한의 이익을 포기하고 대등액에서 상계함므로써 압류채권자에 대항할 수 있다"고 하여 수동채권은 변제기에 있을 필요가 없다고 하였다.

(4) 상계가 금지되어 있지 않은 채권인지 여부

B채권은 상계가 금지되는 채권(즉 고의의 불법행위채권을 수동채권에 의한 상계, 압류금지채권) 등에 해당하지 않으므로, 상계가 금지된 채권 또한 아니다.

다. 검 토

결과적으로 B채권과 甲이 丙에게 갖는 채권은 상계적상에 놓이게 된다. 따라서 B채권액 15억 원은 상계가 인정된다.

3. 丙의 상계의 효력이 다른 부진정연대채무자인 乙에게 미치는 효과

가. 상계가 변제와 마찬가지로 절대적 효력을 갖는지 여부

변제가 아닌 상계의 경우에도 다른 부진정연대채무자에게 절대적 효력이 미치는지가 문제된다. 통설과 판례는 절대적 효력을 인정한다. 판례는 대판(전합) 2010.9.16, 2008다97218에서 "부진정연대채무자 중 1인이 자신의 채권자에 대한 반대채권으로 상계를 한 경우에도 채권은 변제, 대물변제, 또는 공탁이 행하여진 경우와 동일하게 현실적으로 만족을 얻어 그 목적을 달성하는 것이므로, 그 상계로 인한 채무소멸의 효력은 소멸한 채무 전액에 관하여 다른 부진정연대채무자에 대하여도 미친다고 보아야 한다. 이는 부진정연대채무자 중 1인이 채권자와 상계계약을 체결한 경우에도 마찬가지이다. 나아가 이러한 법리는 채권자가 상계 내지 상계계약이 이루어질 당시 다른 부진정연대채무자의 존재를 알았는지 여부에 의하여 좌우되지 아니한다"고 하여 상계의 절대적 효력을 인정하였다.

따라서 丙에 의한 상계는 乙에게도 절대적 효력을 미치게 된다.

나. 채무액이 다른 부진정연대채무에서 다액채무자의 일부 변제(상계)의 효력이 다른 소액채무자에게 미치는 효과

학설은 대표적으로 안분설, 과실비율설, 내측설, 외측설로 나뉘지만 판례는 외측설을 취한다(대판(전합) 2018.3.22, 2012다74236).

외측설에 따르면 乙의 채무(32억 원)와 丙의 채무(40억 원) 중 상계가 인정되는 15억 원은 丙이 단독으로 부담하는 8억 원의 채무에서 먼저 변제되게 된다. 그 후 남은 7억 원은 乙과 丙이 공동으로 부담하는 채무액(32억 원) 중에서 변제된다. 결국 여전히 乙은 甲에게 25억 원의 채무만을 부담하게 된다.

Ⅲ. 사안의 해결

甲의 과실 20%를 고려하여 乙은 甲에게 원칙적으로 32억 원만을 부담한다. 한편 부진정연대채무자인 丁은 양수받은 채권 중 B채권(15억 원)에 대해서만 甲에게 상계를 주장할 수 있게 되며, 부진정연대채무에서 상계의 효력은 다른 채무자에게 절대효를 가지게 되며, 채무액이 다른 부진정연대채무에 있는 丙의 15억 원의 일부 변제(상계)의 효력은 외측설에 의하여 판단되어야 한다. 결과적으로 甲의 乙에 대한 40억 원에 대한 손해배상 청구는 일부인용될 것이며, 외측설에 의하면 乙은 25억 원의 채무만을 甲에게 부담하게 된다.

요건사실론　상 계

1. 채권자인 원고가 채무자인 피고에게 대여금반환청구를 함에 있어서 원고는 ① 소비대차계약의 체결, ② 목적물의 인도, ③ 반환시기의 도래를 주장·증명해야 한다.

2. 피고는 채권자와 채무자가 서로 같은 종류의 채권·채무를 부담하고 있는 경우, 양 채권·채무를 대등액에서 소멸시키는 상계항변을 할 수 있다. 상계항변의 요건사실은 ⓐ 자동채권의 발생사실, ⓑ 자동채권과 수동채권이 상계적상에 있는 사실, ⓒ 피고가 원고에게 수동채권과의 상계의 의사표시를 한 사실이다.

　가. 상계의 효력은 상계적상이 있었던 때까지 소급하므로, 소멸된 수동채권에 대한 상계적상 이후의 이자 및 지연손해금은 발생하지 않는데, 이와 같이 상계의 항변은 수동채권의 원본뿐만 아니라 상계적상 이후의 이자 및 지연손해금에 대한 항변으로도 된다.

　나. 상계적상의 요건으로 제492조는 쌍방이 서로 같은 종류를 목적으로 하는 채무를 부담하고, 그 쌍방의 채무의 이행기가 도래하였을 것을 요구하고 있다. 쌍방이 서로 같은 종류를 목적으로 하는 채무를 부담한다는 사실은 자동채권의 발생사실에 포함되어 주장·증명될 것이지만, 쌍방의 이행기가 도래한 사실은 계약유형에 따라 다르다.

　(1) 자동채권의 발생원인이 매매형 계약인 경우에는 원칙적으로 계약의 체결과 동시에 이행기가 도래하므로 자동채권의 발생사실을 주장·증명하는 것으로 족하고, 이행기에 관한 약정사실은 원고가 다시 재항변으로 주장해야 한다.

　(2) 자동채권의 발생원인이 대차형 계약인 경우에는 이행기가 계약의 필수적인 요소이므로 자동채권의 발생사실을 주장하는 과정에서 이행기가 드러나게 되므로, 상계를 주장하는 피고에게 자동채권의 이행기가 도래한 사실에 대한 주장·증명책임이 있다.

　다. 상계적상일은 원칙적으로 쌍방의 채권의 변제기가 모두 도래한 날이 된다. 따라서 양 채권의 변제기가 모두 도래한 후에 상계의 의사표시를 한 경우, 양 채권의 변제기가 모두 도래한 날이 상계적상일이 된다. 그러나 기한의 이익은 포기할 수 있으므로 자동채권의 변제기가 도래한 후 수동채권의 변제기가 도래하기 전에도 상계를 할 수 있고, 이 경우에는 자동채권의 변제기가 상계적상일이 될 것이다.

　라. 어음채권을 자동채권으로 하여 상계의 의사표시를 하는 경우 재판 외의 상계의 경우에는 어음채무자의 승낙이 없는 이상 어음의 교부가 필요하고, 어음의 교부가 없으면 상계의 효력이 생기지 아니하는바, 이때 어음의 교부는 상계의 효력발생요건이라고 할 것이어서 상계의 의사표시를 하는 자가 이를 주장·증명해야 한다. 재판상 상계의 경우에는 어음을 서증으로서 법정에 제출하여 상대방에 제시함으로써 족하다.

　마. 부진정연대채무자 중 1인이 자신의 채권자에 대한 반대채권으로 상계를 한 경우에도 채권은 변제, 대물변제, 공탁이 행하여진 경우와 동일하게 현실적으로 만족을 얻어 그 목적을 달성하는 것이므로, 그 상계로 인한 채무소멸의 효력은 소멸한 채무 전액에 관하여 다른 부진정채무자에 대하여도 미친다.

3. 자동채권에 동시이행의 항변권이 붙어있는 때에는 성질상 상계가 허용되지 않는데, 이러한 사

실은 상계항변에 대한 재항변사유로서 상계의 효력을 다투는 원고가 자동채권에 동시이행의 항변권이 붙어 있는 사실을 주장·증명해야 한다.

가. 자동채권의 발생에 관한 피고의 주장 자체에서 자동채권에 항변권이 붙어 있는 것이 드러나는 경우가 있는데, 이때에는 피고가 그 항변권의 발생 장애사실 또는 소멸사실까지 함께 주장하지 않으면 주장 자체로서 이유 없게 된다(공격방법의 불가피한 불이익진술).

나. 예를 들어 피고가 매매대금채권을 자동채권으로 상계항변을 한 경우 피고가 주장하는 매매계약체결사실로부터 피고가 매매대금채권과 동시이행관계에 있는 매매목적물의 이전등기의무 또는 인도의무를 부담하고 있는 점이 드러나는바, 피고가 이러한 의무를 이행하였거나 이행의 제공을 하였다는 사실까지 주장·증명해야 한다.

4. 청구원인단계에서 인정된 채권이 고의의 불법행위로 인한 손해배상채권인 경우와 같이 상계가 허용되지 않는 채권임이 드러난 경우 이를 수동채권으로 하는 피고의 상계항변은 주장 자체로 이유 없다.

5. 가압류 또는 압류명령을 받은 채권의 추심금 또는 전부금 청구소송에서 지급금지명령을 받은 제3채무자는 그 후에 피압류채권의 채권자(압류채권자에 대한 관계에서는 채무자)에 대하여 취득한 채권에 의한 상계로 압류채권자에게 대항할 수 없다.

가. 수동채권이 지급금지명령을 받은 채권인지의 여부에 관한 주장·증명책임의 소재에 관하여 상계의 효과를 다투는 측에 있다는 설과 제492조의 요건사실과 함께 상계의 효과를 주장하는 측에 있다는 설이 대립하는데, 후설에 의하면 피고가 상계의 항변을 하면서 자동채권이 소구채권의 압류 전에 취득된 것임을 주장·증명해야 한다.

나. 금전채권에 대한 가압류로부터 본압류로 전이하는 압류 및 추심명령이 있는 때에는 제3채무자는 채권이 가압류되기 전에 압류채무자에게 대항할 수 있는 사유로 압류채권자에게 대항할 수 있는바, 제3채무자의 압류채무자에 대한 자동채권이 수동채권인 피압류채권과 동시이행의 관계에 있는 경우에는 그 가압류명령이 제3채무자에게 송달되어 가압류의 효력이 생긴 후에 자동채권이 발생하였다고 하더라도 제3채무자는 동시이행의 항변권을 주장할 수 있고, 따라서 그 상계로써 압류채권자에게 대항할 수 있으므로 피고는 이에 해당하는 사실을 주장·증명하여 상계항변할 수 있다. 이 경우 자동채권의 발생의 기초가 되는 원인은 수동채권이 가압류되기 전에 이미 성립하여 존재하고 있었으므로, 그 자동채권은 제498조 소정의 "지급을 금지하는 명령을 받은 제3채무자가 그 후에 취득한 채권"에 해당하지 않기 때문이다.

제7절 경   개

Ⅰ. 의   의

경개란 구채무를 소멸시키는 동시에 구채무와 동일성을 상실한 신채무를 성립시키는 유상·유인·낙성계약을 의미한다. 로마법에서는 채권양도·채무인수에 갈음하는 제도로서 중요한 경제적 작용을 하였으나, 현대법에서는 그 존재의의가 별로 없다.

채권양도와 경개는 구별되어야 하는데, 일차적으로 당사자의 의사에 의하여 결정되고, 만약 당사자의 의사가 명백하지 아니할 때에는 특별한 사정이 없는 한 동일성을 상실함으로써 채권자가 담보를 잃고 채무자가 항변권을 잃게 되는 것과 같이 스스로 불이익을 초래하는 의사를 표시하였다고는 볼 수 없으므로 일반적으로 채권의 양도로 볼 것이다(대판 1996.7.9, 96다16612).

또한 준소비대차와 경개도 구별되어야 한다. 준소비대차는 당사자 쌍방이 소비대차에 의하지 아니하고 금전 기타의 대체물을 지급할 의무가 있는 경우에 당사자가 그 목적물을 소비대차의 목적으로 할 것을 약정한 때에 성립하는 것으로서, 기존채무를 소멸케 하고 신채무를 성립시키는 계약인 점에 있어서는 경개와 동일하지만 경개에 있어서는 기존채무와 신채무 사이에 동일성이 없는 반면, 준소비대차에 있어서는 원칙적으로 동일성이 인정된다는 점에 차이가 있다. 또한 기존채권, 채무의 당사자가 그 목적물을 소비대차의 목적으로 할 것을 약정한 경우 그 약정을 경개로 볼 것인지 또는 준소비대차로 볼 것인지는 일차적으로 당사자의 의사에 의하여 결정되고, 만약 당사자의 의사가 명백하지 않을 때에는 특별한 사정이 없는 한 동일성을 상실함으로써 채권자가 담보를 잃고 채무자가 항변권을 잃게 되는 것과 같이 스스로 불이익을 초래하는 의사를 표시하였다고는 볼 수 없으므로 일반적으로 준소비대차로 보아야 하지만, 신채무의 성질이 소비대차가 아니거나 기존채무와 동일성이 없는 경우에는 준소비대차로 볼 수 없다(대판 2003.9.26, 2002다31803).

Ⅱ. 요   건

1. 유효한 구채무의 존재

원인된 법률행위가 무효이거나 취소되어 그 효력을 상실하여 구채무가 소멸된 경우 신채무도 성립하지 않는다. 채권자 교체에 의한 경개의 경우 채권양도에 관한 제451조 제2항이 준용되므로 채무자가 이의를 보류하지 않고 승낙한 경우, 구채권자에 대항할 수 있는 사유로 신채권자에게 대항할 수 없으므로 예외적으로 구채권이 존재하지 않거나 무효라도 신채권이 성립한다.

2. 신채무의 성립

경개가 성립하려면 신채무가 성립해야 한다. 경개로 인한 신채무가 원인의 불법 또는 당사자가 알지 못한 사유로 인하여 성립되지 아니하거나 취소된 때에는 구채무는 소멸되지 않는다$\binom{제504}{조}$.

3. 채무의 동일성 상실

당사자의 의사에 의한 채무가 동일성을 상실하여야 한다. 즉 채무의 중요부분이 변경되어야 한다. 채무의 중요부분의 변경은 다음과 같은 3가지를 생각해 볼 수 있다. (i) 채무 내용이 변경되는 경우가 있다. (ii) 채무자가 변경되는 경우가 있다. 경개에서 채무자의 변경은 채무가 동일성을 유지하지 않는다는 점에서 면책적 채무인수와 구별되며, 만약 당사자의 의사가 불분명하면 면책적 채무인수로 추정된다. (iii) 채권자가 변경되는 경우가 있다. 경개에서 채권자의 변경은 채권이 동일성을 유지하지 않는다는 점에서 채권양도와 구별되며, 만약 당사자의 의사가 불분명하면 채권양도로 추정된다.

경개의 당사자가 누구인지 논의가 있다. 채권자의 변경에 의한 경개는 3당사자 모두의 3면계약에 의하여야 한다. 채무자도 반드시 당사자가 되는 점에서 채권양도와 다르지만, 대항요건은 거의 같다는 점을 주의해야 한다$\binom{제501조,}{제502조}$. 채무자의 변경에 의한 경개의 당사자는 채권자와 신채무자이고$\binom{제501}{조}$, 목적의 변경에 의한 경개의 당사자는 채권자와 채무자이다.

Ⅲ. 효   과

경개가 성립하면 신채무가 성립$\binom{제503}{조}$하고 구채무는 소멸한다$\binom{제500조,}{제505조}$. 구채무에 대한 담보권, 보증채무, 위약금 등의 권리는 소멸하고 구채무에 존재하는 항변권도 소멸한다. 제505조(신채무에의 담보이전)에 따라 경개의 당사자는 구채무의 담보를 그 목적의 한도에서 신채무의 담보로 할 수 있지만 제3자가 제공한 담보는 그 승낙을 얻어야 한다. 이 규정은 당사자의 편의를 위하여 부종성에 대한 예외를 인정한 것이다. 즉 경개에 의하여 구채무가 소멸하면 부종성의 원리에 따라 구채무에 따르던 인적 · 물적 담보 또한 당연히 함께 소멸하게 되는데, 이 경우 당사자가 신채무에 관하여 저당권 등을 설정하기로 합의하여도 구채무에 관하여 존재하던 저당권 등이 어차피 소멸하여 그 순위의 보전이 불가능하게 된다. 그러나 이러한 결과는 많은 경우 당사자의 의도에 반하는 것인바, 제505조는 이 점을 고려한 것이다. 또한 본조에 따라 구채무에 관한 저당권 등이 신채무에 이전되기 위하여는 당사자 사이에 그러한 뜻의 특약이 이루어져야 하지만, 그 합의는 반드시 명시적일 필요는 없고 묵시적으로도 가능하다$\binom{대판 2002.10.11,}{2001다7445}$. 한편 경개는 구채무와 신채무 사이에 동일성이 없이 신채무가 성립하는 것이므로, 소멸시효 기간은 경개계약에 의한 신채무의 성질에 따라 결정된다.

경개계약은 해제가 불가능하다. 경개계약은 신채권을 성립시키고 구채권을 소멸시키는 처분행위로서 신채권이 성립되면 그 효과는 완결되고 경개계약 자체의 이행의 문제는 발생할 여지가 없으므로 경개에 의하여 성립된 신채무의 불이행을 이유로 경개계약을 해제할 수는 없다(대판 1980.11. 11, 80다2050). 그러나 계약자유의 원칙상 경개계약의 성립 후에 그 계약을 명시적이든 묵시적이든 합의해제하여 구채무를 부활시키는 것은 적어도 당사자 사이에서는 가능하다. 또한 다수당사자 사이에서 경개계약이 체결된 경우 일부 당사자만이 경개계약을 합의해제하더라도 이를 무효라고 볼 수는 없고, 다만 그 효과가 경개계약을 해제하기로 합의한 당사자들에게만 미치는 것에 불과하다. 그런데 일부 당사자만이 경개계약을 합의해제하게 되면 그들 사이에서는 구채무가 부활하고 나머지 당사자들 사이에서는 경개계약에 따른 신채무가 여전히 효력을 가지게 됨으로써 당사자들 사이의 법률관계가 간명하게 규율되지 않는 경우가 발생할 수 있고, 경개계약을 합의해제하는 당사자들로서도 이러한 문제를 해결하는 것이 중요한 관심사가 될 터이므로 이에 관한 아무런 약정이나 논의 없이 그들 사이에서만 경개계약을 해제하기로 합의하는 것은 경험칙에 비추어 이례에 속하는 일이라고 볼 수 있다(대판 2010.7.29, 2010다699).

제8절 면   제

Ⅰ. 의   의

면제란 채권을 무상으로 소멸시키는 채권자의 상대방 있는 단독의 처분행위를 의미한다.

Ⅱ. 요   건

면제는 채권자가 채무자에게 면제의 의사표시를 함으로써 성립한다. 이 의사표시는 일방적인 의사표시이며(제506조), 명시적 의사표시 외에 묵시적 행위 등으로도 가능하다. 다만 이는 엄격하게 해석해야 한다(대판(전합) 2007.2. 15, 2004다50426). 면제는 처분행위이므로 채권의 처분권자만이 할 수 있고, 조건을 붙일 수도 있으며, 일부면제도 할 수 있다. 채무면제의 사실을 인정하는 데 반드시 처분문서가 필요한 것은 아니다(대판 2006.12.21, 2004다45400).

Ⅲ. 효　과

면제로 인하여 채권은 소멸한다($^{제506}_{조}$). 다만 제506조 단서에 의해 면제로써 정당한 이익을 가진 제3자에게 채권소멸을 이유로 대항하지 못한다. 판례에 의하면 민법상 채무면제는 채권을 무상으로 소멸시키는 채권자의 채무자에 대한 단독행위이고 다만 계약에 의하여도 동일한 법률효과를 발생시킬 수 있는 것인 반면, 검사 작성의 피의자신문조서는 검사가 피의자를 신문하여 그 진술을 기재한 조서로서 그 작성형식은 원칙적으로 검사의 신문에 대하여 피의자가 응답하는 형태를 취하므로, 비록 당해 신문과정에서 다른 피의자나 참고인과 대질이 이루어진 경우라고 할지라도 피의자 진술은 어디까지나 검사를 상대로 이루어지는 것이므로 그 진술기재 가운데 채무면제의 의사가 표시되어 있다고 하더라도 그 부분이 곧바로 채무면제의 처분문서에 해당한다고 보기 어렵다고 한다($^{대판\ 1998.10.}_{13,\ 98다17046}$).

> **요건사실론** **면 제**
>
> 채권자가 채무자에게 대여금반환청구를 하는 경우 피고는 채권자인 원고가 채무자인 피고에게 채무면제의 의사표시를 한 사실을 주장·증명하여 항변할 수 있다.
>
> 제3자는 채권자로부터 채권 처분의 권한을 위임받는 등의 특별한 사정이 없는 한 채무면제를 할 수 없으므로 제3자에 의한 채무면제의 효력을 주장하기 위해서는 이와 같은 특별한 사정까지 주장·증명해야 한다.

제9절 혼　　동

Ⅰ. 의　　의

혼동이란 채권과 채무가 동일인에게 귀속하는 사건을 의미한다. 제507조에서 규정하고 있다. 그러나 채권과 채무가 동일한 주체에 귀속하게 되더라도 그 채권의 존속을 인정하여야 할 특별한 이유가 있는 때에는 그 채권은 혼동에 의하여 소멸되지 아니하고 그대로 존속한다. 그 예로는 다음과 같은 경우를 들 수 있다. 첫째, 채권이 제3자의 권리의 목적인 때($^{제507조}_{단서}$), 둘째, 상속인이 한정승인을 하거나 상속재산과 고유재산이 분리된 때($^{제1031조,}_{제1050조}$), 셋째, 채권의 존재가 채권자 겸 채무자로 된 사람의 제3자에 대한 권리행사의 전제가 되는 관계로 채권의 존속을 인정하여야 할 정당한 이익이 있을 때이다($^{대판\ 1995.5.12,}_{93다48373}$).

사례 30 甲이 교통사고를 일으켜 甲 및 위 승용차에 타고 있던 그의 언니인 乙이 그 자리에서 사망하였다. 丙은 甲과 乙의 부모이다. 甲은 자동차보험회사 丁과의 사이에 위 승용차의 운행 중 남을 죽게 하거나 다치게 하여 甲이 손해배상책임을 짐으로써 입은 손해를 丁회사가 보상하여 주기로 하고, 만일 피보험자가 사망하여 피해자가 손해배상을 받을 수 없을 경우에는 피해자가 직접 丁 회사에 보험금의 지급을 청구할 수 있다는 내용의 자동차 손해배상 책임보험계약을 체결한 바 있다. 乙의 손해배상청구권은 그 부모인 丙이 상속하였다. 이에 대해 丁회사는 丙이 甲의 乙에 대한 손해배상채무도 상속하여 乙의 甲에 대한 손해배상채권과 甲의 乙에 대한 손해배상채무가 동일인들에게 귀속되었으므로 민법상의 혼동으로 모두 소멸하였고 따라서 丁회사의 의무도 소멸하였다고 주장한다. 이 주장은 타당한가?   (대판 1995.5.12, 93다48373 참조)

해설 30 타당하지 않다.

피해자의 운행자에 대한 손해배상청구권은 상속에 의한 혼동에 의하여 소멸되지 않는다. 채권과 채무가 동일한 주체에 귀속하게 되더라도 그 채권의 존속을 인정하여야 할 특별한 이유가 있는 때에는 그 채권은 혼동에 의하여 소멸되지 아니하고 그대로 존속한다고 봄이 상당함에 비추어, 채권과 채무가 동일인에게 귀속되는 경우라도 그 채권의 존재가 채권자 겸 채무자로 된 사람의 제3자에 대한 권리행사의 전제가 되는 관계로 채권의 존속을 인정하여야 할 정당한 이익이 있을 때에는 그 채권은 혼동에 의하여 소멸하는 것이 아니라고 봄이 상당하다.

자동차 운행 중 교통사고가 일어나 자동차의 운행자나 동승한 그의 친족이 사망하여 자동차손해배상보장법 제3조에 의한 손해배상채권과 채무가 상속으로 동일인에게 귀속하게 되는 때에, 교통사고를 일으킨 차량의 운행자가 자동차 손해배상 책임보험에 가입하였다면, 가해자가 피해자의 상속인이 되는 등의 특별한 경우를 제외하고는 생존한 교통사고 피해자나 사망자의 상속인에게 책임보험에 의한 보험의 혜택을 부여하여 이들을 보호할 사회적 필요성이 있는 점은 다른 교통사고와 다를 바 없고, 다른 한편 원래 자동차 손해배상 책임보험의 보험자는 상속에 의한 채권·채무의 혼동 그 자체와는 무관한 제3자일 뿐 아니라 이미 자신의 보상의무에 대한 대가인 보험료까지 받고 있는 처지여서 교통사고의 가해자와 피해자 사이에 상속에 의한 혼동이 생긴다는 우연한 사정에 의하여 자기의 보상책임을 면할 만한 합리적인 이유가 없으므로, 자동차 책임보험의 약관에 의하여 피해자가 보험회사에 대하여 직접 보험금의 지급청구를 할 수 있는 이른바 직접청구권이 수반되는 경우에는 그 직접청구권의 전제가 되는 자동차손해배상보장법 제3조에 의한 피해자의 운행자에 대한 손해배상청구권은 상속에 의한 혼동에 의하여 소멸되지 아니한다고 보아야 한다(대판 1995.5.12, 93다48373).

Ⅱ. 효   과

채권이 소멸된다. 제507조가 혼동을 채권의 소멸사유로 인정하고 있는 것은 채권과 채무가 동일한 주체에 귀속한 때에 채권과 채무의 존속을 인정하여서는 안 될 적극적인 이유가 있어서가 아니고 그러한 경우에 채권과 채무의 존속을 인정하는 것이 별다른 의미를 가지지 않기 때문에 채권·채무의 소멸을 인정함으로써 그 후의 권리의무관계를 간소화하려는 데 그 목적이 있는 것이다(대판 1995.5.12, 93다48373).

제5편

채무불이행
(계약상의 의무위반)

제1장 채무불이행 일반론
제2장 채무불이행의 유형
제3장 채무불이행에 대한 구제:
       강제이행과 손해배상
제4장 매도인의 담보책임
제5장 책임재산의 보전

제1장 채무불이행 일반론

Ⅰ. 의 의   Ⅲ. 채무불이행의 공통요건
Ⅱ. 채무불이행의 유형   Ⅳ. 이행보조자의 고의·과실(제391조)

Ⅰ. 의 의

광의의 채무불이행은 채무의 내용에 좇은 이행이 이루어지지 않고 있는 객관적 상태를 말한다. 이 중 채무자의 책임 있는 사유로 그러한 상태가 발생한 경우를 협의의 채무불이행이라고 하고, 채무자에게 책임을 묻기 위한 채무불이행은 이를 의미한다. 민법은 채무불이행에 대해서 제387조 이하에서 자세히 규정하고 있다.

Ⅱ. 채무불이행의 유형

민법은 채무불이행에 관하여 "채무의 내용에 좇은 이행을 하지 아니한 때"라고 하여 포괄적으로 규정하고 있다(제390조 본문). 그리고 구체적인 채무불이행의 유형으로 이행지체(제387조·제392조·제395조·제544조·제545조)와 이행불능(제390조 단서·제546조)을 상정하여 그 효과에 대해서 별도의 규정을 두고 있다. 통설은 제390조의 채무내용에 좇은 이행이 아닌 것으로 불완전이행의 개념을 인정하여 채무불이행을 이행지체·이행불능·불완전이행의 세 가지 유형으로 나눈다.[1] 그러나 일부 견해는 제390조의 "채무의 내용에 좇은 이행을 하지 아니한 때"에 포섭될 수 있다면 위 세 유형 이외의 형태로 나타나는 채무불이행이 가능하다고 본다(이른바 열린 유형론).[2] 이에 따르면 이행거절은 독자적인 채무불이행의 유형으로 인정된다.[3]

---

[1] 불완전이행을 불완전 급부와 '기타의 행위의무'의 위반으로 나누는 견해가 있다.
[2] 편집대표 곽윤직, 민법주해 Ⅸ, 채권(2), 박영사, 1995, 224면 이하(양창수 집필 부분); 편집대표 박준서, 주석민법 채권총칙(1), 한국사법행정학회(제3판), 2000, 417면(이은영 집필 부분) 참조.
[3] 이외에도 부작위의무 위반, 부수의무 위반 등을 독자적인 채무불이행의 유형으로 보자고 주장한다.

Ⅲ. 채무불이행의 공통요건

채무불이행책임은 채무자가 자기의 책임 있는 사유로 인하여 채무의 내용에 좇은 이행을 하지 아니한 때에 성립한다. 여기서 채무자의 책임 있는 사유, 즉 채무자의 귀책사유는 채무자의 고의와 과실을 말한다. 채무자의 고의·과실을 인정하기 위해서는 채무자에게 행위의 결과를 인식할 만한 정신능력인 책임능력이 있어야 한다. 주관적 요건으로서의 귀책사유 이외에 객관적 요건으로 위법성도 요구된다.

1. 유책성(귀책사유)

채무불이행에 관하여 채무자의 고의나 과실, 즉 귀책사유가 있어야 한다.4) 고의·과실에 따라 책임의 내용이 달라지지 않으나 예외적으로 고의 또는 중과실이 있을 때에 책임성립을 인정하기도 한다($\frac{제401}{조}$). 고의란 채무불이행이라는 위법한 결과가 발생할 것을 인식하면서도 인용하는 것이고, 과실은 선량한 관리자의 주의의무를 위반하여 위법한 결과를 인식하지 못한 것을 말한다. 선량한 관리자의 주의(선관주의)란 채무자의 사회적 지위, 종사하는 직업 등에서 일반적으로 요구되는 정도의 주의를 말한다. 다만, 무상임치 등에서는 '자기 재산과 동일한 주의' 등으로 주의의무를 경감시키고 있다. 이들 중 선량한 관리자의 주의의무 위반을 추상적 과실이라고 하고, 이보다 경감된 주의의무 위반을 구체적 과실이라고 한다.

선관주의의무는 특정물인도채무를 전제한 제374조에 규정되어 있으나 그 적용영역이 확대되어 민법상 과실 판단의 일반적 기준으로 기능한다. 그래서 보통 유상계약에서 선관주의의무를 위반하면 추상적 경과실이 인정되어 채무불이행의 요건 중 귀책사유가 충족된다.

민법상 평균인(선량한 관리자)을 기준으로 요구되는 선관주의의무 이외에 '자기 재산과 동일한 주의의무'가 요구되기도 한다. 예컨대 무상임치에서 수치인의 주의의무($\frac{제695}{조}$), 친권자의 주의의무($\frac{제922}{조}$), 상속인의 상속재산관리($\frac{제1022}{조}$)에서는 '자기재산과 동일한 주의'가 요구된다.

'자기재산과 동일한 주의'의 의미를 해석함에 두 가지 견해가 있다.

우선 이 주의는 평균인(선량한 관리자)을 기초로 하지 않고 행위자의 주관적 능력을 기초로 판단하는 '구체적 경과실'을 의미하는 것으로 보는 견해가 있다(위임은 무상계약이면서도 선관의무를 부담시킴에 유의할 것($\frac{제681조}{참조}$)). 이와는 달리 행위자의 구체적인 능력을 고려하지는 않고 여전히 평균인을 기준으로 판단하되 다만 주의의 정도를 일반적으로 요구되는 주의에서 '자기재산에 대한 주의'로 낮춘 것으로 이해하는 견해도 있다. 요컨대 행위자의 능력이 평균인보다 높은 경우, 전자의 견해에 따르면 주의의 정도가 오히려 높아져 의무위반의 가능성이 더욱 커지게 된다. '자기 재산과 동일한 주의의무'를 별도로 설정한 취지가 책임의 성립가능성을 낮추기 위

---

4) 귀책사유(Vertretenmüssen)와 과책(Verschulden)의 관계가 문제되는데, 채무자에게 과책이 없는 경우에도 귀책사유가 존재하는 경우가 있다(이행보조자의 책임(제391조), 사용자책임(제756조), 감독자책임(제755조) 등). 그러나 양자를 같은 의미로 사용하기도 한다.

한 것임을 고려하면 후자의 견해가 타당하다.

한편 민법은 이행보조자의 과실을 채무자의 과실로 본다(제391조: 이에 대해서 는 후술하기로 한다).

2. 위법성(객관적 요건)

채무불이행의 경우에는 유책성 이외에 별도로 위법성 판단이 불필요하다는 견해도 있다. 그러나 불법행위의 위법성(일반적인 법명령 위반의 의미)과 채무불이행의 위법성(계약으로 정해진 의무의 위반까지 포함한 의미)이 다르다는 점을 인정한다면, 채무불이행에도 위법성을 요건으로 하는 것이 타당하다고 본다. 다만 채무불이행에서의 위법성은 적극적 요건이라기보다는 동시이행항변권·유치권·기한유예 등의 위법성조각사유가 없으면 위법성이 인정되는 소극적 요건이다. 즉 채무불이행에서 확정된 채무의 내용에 좇은 이행을 하지 아니하였다면 그 자체가 바로 위법한 것으로 평가되지만, 채무자가 이행하지 아니한 것이 위법성을 조각할 만한 행위에 해당한다면 채무불이행이 성립하지 않을 수 있다(대판 2002.12.27, 2000다47361).

▌대판 2002.12.27, 2000다47361

채무불이행에 있어서 확정된 채무의 내용에 좇은 이행이 행하여지지 아니하였다면 그 자체가 바로 위법한 것으로 평가되는 것이고, 다만 그 이행하지 아니한 것이 위법성을 조각할 만한 행위에 해당하게 되는 특별한 사정이 있는 때에는 채무불이행이 성립하지 않는 경우도 있을 수 있다.

판례의 입장은 채무불이행의 객관적 구성요건을 충족하는 행위에 대해 위법성을 추정하는 것으로 보인다. 따라서 위법성조각사유가 존재하는 경우 이를 주장하는 자가 그에 대한 증명책임을 부담한다.

▌**사례 1** 甲은 乙의 강박에 의하여 乙에게 X부동산을 증여하기로 하였다. 그런데 그 후 甲은 X를 다시 丙에게 양도하는 매매계약을 체결하였다. 한편 甲은 乙과의 증여계약을 취소하지 않았는데, 취소권의 제척기간이 도과한 후에 X의 소유권을 丙에게 이전해 주었다. 乙은 甲에게 채무불이행을 이유로 손해배상을 청구하였다.

甲은 乙에게 손해를 배상하여야 하는가?　　　　　　　(대판 2002.12.27, 2000다47361 판결 참조)

▌**해설 1** 손해를 배상해야 한다.

甲과 乙의 증여계약은 강박에 의해 성립되었으나, 甲이 강박을 이유로 증여계약을 취소하지 않았다. 더 나아가, 취소권의 제척기간이 도과하였다는 점에서, 甲과 乙의 증여계약은 유효하다.[5]

---

5) 취소가 아닌 무효(반사회질서위반 및 불공정법률행위, 비진의의사표시)를 주장한다면, 채무불이행이 되지 않을 수 있다. 다만 이 사안에서 판례는 증여계약이 반사회질서행위에 해당함을 부정하였다(제103조에 의하여 무효로 되는 반사회질서행위는 법률행위의 목적인 권리·의무의 내용이 선량한 풍속 기타 사회질서에 위반되는 경우뿐 아니라 그 내용 자체는 반사회질서적인 것이 아니라고 하여도 법률적으로 이를 강제하거나 법률행위에 반사회질서적인 조건 또는 금전적 대가가 결부됨으로써 반사회질서적 성질을 띠게 되는 경우 및 표시되거나 상대방에게 알려진 법률행위의 동기가 반사회질서적인 경우를 포함하나, 이상의 각 요건에 해당하지 아니하고 단지 법률행위의 성립과정에 강박이라는 불법적 방법이 사용된 데에 불과한 때에는 강박에 의한 의사표시의 하자나 의사의 흠결을 이유로 효력을 논의할 수는 있을지언정 반사회질서의 법률행위로서 무효라고 할 수는 없다). 나아가 제104조는 유상계약에만 적용되므로, 무상계약인 증여에는 적용되지 않는다(대판 2000.2.11, 99다56833). 비진의의사표시에 해당되지도 않는다(비진의

따라서, 甲은 乙에게 여전히 채무를 부담하며, 甲이 丙에게 부동산 X의 등기를 이전한 것은 甲의 고의·과실에 기한 행위이고, 丙에게 부동산 X의 소유권을 이전한 사실은 乙에 대한 채무불이행으로서 위법성도 인정된다. 따라서 甲에게 위법성을 조각할 만한 사유가 없다면 甲은 乙에게 채무불이행에 대한 손해배상을 해야 한다.

3. 증명책임

채권자가 채무불이행을 이유로 채무자에게 손해배상을 청구하려면, (i) 채무의 존재 및 채무불이행 사실, (ii) 채무자의 귀책사유, (iii) 인과관계가 있는 손해의 발생이 요구된다. 이 중에서 (i)과 (iii)은 채권자, (ii) 귀책사유의 부존재는 채무자가 증명해야 한다(대판 2010.4.29. 2009다96984; 대판 2006.1.13. 2005다51013,51020; 대판 1984.11.27. 80다177). 귀책사유의 존부에 관한 증명책임을 채무자에게 부담시키는 것은 채권관계가 성립되었다면 채무를 부담하는 자가 약속한 채무를 이행하리라는 신뢰를 하는 것이 원칙이기 때문이다. 이러한 취지는 제397조 제2항·제390조 단서에도 반영되어 있다. 불완전이행에서도 다른 채무불이행과 마찬가지로 채권자가 손해의 발생 및 채무불이행과 손해사이의 인과관계, 손해의 범위를 증명해야 하며, 채무자는 자신이 책임을 지지 않으려면 그에게 고의·과실이 없었음을 증명해야 할 것이다.

IV. 이행보조자의 고의 · 과실(제391조)

1. 입법취지

제391조는 "채무자의 법정대리인이 채무자를 위하여 이행하거나 채무자가 타인을 사용하여 이행하는 경우에는 법정대리인 또는 피용자의 고의나 과실은 채무자의 고의나 과실로 본다"고 규정한다. 이와 같이 채무자의 법정대리인이나 이행보조자의 고의·과실이 채무자의 고의·과실로 의제(간주)되기 때문에, 채무불이행에 있어서 채무자의 귀책사유는 채무자 자신의 고의·과실뿐만 아니라 법정대리인·이행보조자의 고의·과실까지 포함하며, 채무자는 그들의 행위에 대하여 책임을 지게 된다. 민법이 이와 같은 규정을 둔 이유는 타인을 사용하여 활동범위의 확대라는 이익을 얻는 채무자는 동시에 그로부터 생길 수 있는 위험(본인의 귀책사유가 없어도 상대방에게 책임을 부담하는 위험)도 부담하는 것이 형평에 맞는다는 생각에 기초한다.

이 규정은 독자적인 책임근거규정이 아니라 채무자의 귀책사유 존부를 확정하는 규정으로 채무불이행책임의 성립요건에 대한 보완적 성격을 갖는다.

의사표시에 있어서의 진의란 특정한 내용의 의사표시를 하고자 하는 표의자의 생각을 말하는 것이지 표의자가 진정으로 마음속에서 바라는 사항을 뜻하는 것은 아니라고 할 것이므로, 비록 재산을 강제로 빼긴다는 것이 표의자의 본심으로 잠재되어 있었다 하여도 표의자가 강박에 의하여서나마 증여를 하기로 하고 그에 따른 증여의 의사표시를 한 이상 증여의 내심의 효과의사가 결여된 것이라고 할 수는 없다).

2. 사용자책임(제756조)과의 관계

(1) 유사점

타인의 행위로 야기된 손해에 대하여 책임을 진다는 점에서 양자는 유사하다.

(2) 차이점

(가) 적용범위

제756조와 달리 제391조는 이행보조자의 이행행위 이전에 채권자와 채무자 사이에 채권관계가 존재할 것을 전제로 한다. 다만 채권관계는 계약에 의하지 않고 법률규정에 의해 발생했더라도 문제가 되지 않는다. 제391조는 채권관계가 이미 존재하고 있는 경우 그 '채무의 이행'에 관하여서만 적용된다(대판 2008.2.15, 2005다69458). 예컨대 지붕수리 보조자가 수리 후 집을 나오면서 시계를 훔친 경우처럼, 이행보조자 등의 행위가 단순히 그러한 행위를 하는 기회에 즈음하여 행하여지면 제391조는 적용되지 않는다. 그리고 채무이행에 관한 것인 한 급부의무의 위반이 있었는지 혹은 '부수적 의무'의 위반이 있었는지는 묻지 않는다. 예컨대 지붕수리 보조자가 수리를 하다가 과실로 유리창을 깨면 채무자가 채무불이행책임을 지게 된다.

채무자의 이행보조자가 채권자에게 불법행위를 한 경우, 채무자는 채무불이행책임(제391조, 제390조 등) 외에 사용자책임(제756조)도 동시에 부담할 수 있다. 이 경우 일부 견해는 제756조 사용자책임만이 문제된다고 하나, 양자의 경합은 가능하다고 보아야 할 것이다. 예컨대 임치의무자 A가 적법하게 B를 이행보조자로 썼으나 B의 과실로 임치물이 소실된 경우에는 A는 B에 대하여 제391조, 제390조에 의한 채무불이행책임과 제756조에 의한 불법행위책임을 부담할 수 있다. 이는 임치의무자 자신의 과실로 임치물이 소실된 경우와 이행보조자의 과실로 임차물이 소실된 경우를 달리 볼 필요가 없기 때문이다.

(나) 책임주체의 수

제391조는 제756조와 달리 독립된 청구권의 근거가 아니라 채무자의 귀책사유의 존부를 확정하여 주는 단순한 보조규정이다. 따라서 이행보조자책임의 경우, 이행보조자는 채권자에게 직접 채무불이행책임을 부담하지 않고, 채무자만이 채무불이행책임을 부담한다. 반면에 사용자책임의 경우 피용자는 제750조, 사용자는 제756조에 의해 사용자와 피용자 모두 피해자에게 부진정연대책임을 부담한다.

(다) 면책가능성

채무자는 이행보조자의 고의 · 과실에 대하여 면책가능성이 없으나, 사용자는 피용자에 대한 선임 · 감독상의 과실이 없으면 면책될 수 있다(제756조 단서). 그러나 실무상 제756조 단서에 의해 면책을 인정한 경우는 극히 드물다.[6]

---

6) 대판 2003.10.9, 2001다24655: 파견근로자보호등에관한법률에 의한 근로자 파견은 파견사업주가 근로자를 고용한 후

(라) 사회적 종속관계의 필요성 여부

사용자책임의 경우 피용자가 지시·감독을 받아야 하나(사회적 종속관계), 이행보조자는 채무자의 의사관여 아래 채무이행을 위해 활동하면 된다(대판 1997.9.9, 96다20093).

> **대판 1997.9.9, 96다20093**
> 운송인과 중간운송업자 사이에 지휘·감독관계가 존재하는 것으로 볼 수 없고, 운송인이 중간운송업자를 통하여 보세창고업자를 간접적으로 지휘·감독하였다고 할 수 없는 경우, 운송인의 의뢰로 운송물을 보관하던 중 멸실시킨 보세창고업자가 운송물의 인도업무에 관하여 운송인의 이행보조자라고는 할 수 있으나 운송인의 지시·감독을 받은 피용자적인 지위에 있다고는 볼 수 없다.

즉 제391조의 이행보조자의 범위에는 위임, 도급 등에 의한 독립한 이행보조자까지도 포함된다.

(마) 소멸시효 기간의 차이

제756조의 사용자책임에는 제766조(3년, 10년)의 소멸시효가 적용되는 반면에, 제391조에 의한 채무불이행책임에는 제162조(10년)가 적용된다.

3. 법정대리인 및 이행보조자의 범위

제3자의 고의·과실을 채무자의 고의·과실로 보는 제391조에서의 제3자는 채무자의 법정대리인과 이행보조자를 의미한다. 이행보조자란 채무자가 자기 채무이행을 위하여 사용하는 자를 말한다. 채무자의 피용자가 대표적인 경우에 해당한다.

(1) 법정대리인

채무자의 법정대리인은 채무자 본인의 의사와 관계없이 법률규정에 의하여 대리권이 주어진 대리인이다. 이때 법정대리인의 범위는 제391조의 취지에 비추어 넓게 새기는 것이 일반적이다. 친권자(제909조), 대리권 있는 후견인(제932조), 법원선임 관재인(제22조 제1항 본문, 제23조), 일상가사대리권을 가지는 부부(제827조), 유언집행자(제1093조 내지 제1096조, 제1103조), 파산관재인(채무자회생법 제355조 이하) 등이 여기에 포함된다. 임의대

그 고용관계를 유지하면서 사용사업주와 사이에 체결한 근로자 파견계약에 따라 사용사업주에게 근로자를 파견하여 근로를 제공하게 하는 것으로서, 파견근로자는 사용사업주의 사업장에서 그의 지시·감독을 받아 근로를 제공하기는 하지만 사용사업주와의 사이에는 고용관계가 존재하지 아니하는 반면, 파견사업주는 파견근로자의 근로계약상의 사용자로서 파견근로자에게 임금지급의무를 부담할 뿐만 아니라, 파견근로자가 사용사업자에게 근로를 제공함에 있어서 사용사업자가 행사하는 구체적인 업무상의 지휘·명령권을 제외한 파견근로자에 대한 파견명령권과 징계권 등 근로계약에 기한 모든 권한을 행사할 수 있으므로 파견근로자를 일반적으로 지휘·감독해야 할 지위에 있게 되고, 따라서 파견사업주와 파견근로자 사이에는 민법 제756조의 사용관계가 인정되어 파견사업주는 파견근로자의 파견업무에 관련한 불법행위에 대하여 파견근로자의 사용자로서의 책임을 져야 하지만, 파견근로자가 사용사업주의 구체적인 지시·감독을 받아 사용사업주의 업무를 행하던 중에 불법행위를 한 경우에 파견사업주가 파견근로자의 선발 및 일반적 지휘·감독권의 행사에 있어서 주의를 다하였다고 인정되는 때에는 면책된다고 할 것이다.
이 사건에서 피고는 파견사업주이며, 원고는 사고자동차의 보험회사, 사고차량은 사용사업주의 소유였다. 판결례는 사고차량 운전자인 파견근로자에 대하여 피고(파견사업주)의 사용자로서의 지위를 부정한 원심을 파기환송하였을 뿐이고 선임·감독의무의 위반 여부에 대해서는 판단하고 있지 않다.

리인은 원칙적으로 제391조의 이행보조자에 해당하지 않는다.

(2) 이행보조자

이행보조자는 채무자가 채무의 이행을 위하여 사용하는 자를 말하는데 이행대행자가 이행보조자에 포함되는지가 문제된다. 이행대행자 중에는 제391조의 이행보조자에 포섭되지 않는 경우가 있으므로 양자를 구별해야 한다.

(가) 협의의 이행보조자

좁은 의미의 이행보조자는 채무자의 의사의 간섭하에 채무의 이행을 보조하는 자이다. 즉 채무자의 의사에 의해 채무이행을 위해 사용된 자이다. 이행보조자가 채무이행을 보조하기 위하여 요구되는 채무자와의 관계(이행보조관계)는 호의관계와 같은 사실상의 관계로 충분하며 고용과 같은 법률적 관계가 꼭 필요한 것은 아니다(🄮 조카가 놀러 왔다가 대신 배달 간 경우).

이행보조자로 인정받기 위해서 그 보조자에 대하여 선임 · 지휘 · 감독 등을 할 수 있어야 하는지 문제된다. 구체적으로는 채무자가 채무이행을 위하여 우편 · 철도 등을 이용하는 경우에 우체국이나 철도공사의 직원이 이행보조자로 되는지가 주로 문제된다. 학설은 긍정설과 부정설로 나뉜다. 판례는 협의의 이행보조자와 이행대행자로 구분하지 않으면서, 제391조의 이행보조자로서 피용자란 일반적으로 채무자의 의사관여 아래 그 채무의 이행행위에 속하는 활동을 하는 사람이면 족하고, 반드시 채무자의 지시 또는 감독을 받는 관계에 있어야 하는 것은 아니므로 채무자에 대하여 종속적인가 독립적인 지위에 있는가는 문제되지 않는다고 한다(대판 2011. 5.26, 2011다1330). 나아가 이행보조자의 행위가 채무자가 맡긴 이행업무와 객관적, 외형적으로 관련이 있으면 채무자는 그 행위에 대하여 계약상 책임을 져야 하고, 채무의 이행에 관련된 이행보조자의 행위가 채권자에 대한 불법행위가 된다고 하더라도 채무자가 부담해야 할 계약상 책임이 면책될 수는 없다(대판 2008.2.15, 2005다69458).

(나) 이행보조자의 이행보조자(복이행보조자)

이행보조자의 이행보조자에게 인정된 고의 · 과실도 채무자의 고의 · 과실로 본다. 판례 또한 채무자의 승낙 또는 묵시적 동의하에 이행보조자가 채무 이행을 위하여 제3자를 복이행보조자로 사용하는 경우, 복이행보조자의 고의 · 과실에 관하여 채무자가 제391조에 따른 책임을 진다고 하였다(대판 2011.5.26, 2011다1330).[7]

---

7) 기획여행업자 甲 회사가 乙 등과 기획여행계약을 체결하면서 여행약관에서 "현지 여행업자 등의 고의 또는 과실로 여행자에게 손해를 가한 경우 당사는 여행자에게 손해를 배상한다. 여행 출발 시부터 도착 시까지 현지 여행업자 또는 그 고용인 등이 여행계획의 수립 및 실행 과정에서 甲 회사의 임무와 관련하여 여행자들에게 고의 또는 과실로 손해를 가한 경우 책임을 진다"고 약정하였는데 甲 회사와 사전 협의에 따라 현지에서 선택관광서비스를 제공해 온 丙이 고용한 현지 운전자의 과실로 교통사고가 발생하여 乙 등이 사망한 사안에서, 위 약관조항은 여행업자가 여행자에 대하여 기획여행계약상 부수의무로 부담하는 신의칙상 안전배려의무를 구체적으로 명시한 것이고, 기획여행에서 여행업자가 부담하는 업무가 개별 서비스의 수배 · 알선에만 국한된다고 보기는 어려우며, 약관조항에 규정하는 '현지 여행업자'는 '여행업자의 여행지 현지에서의 이행보조자 또는 여행업자가 사용을 승낙하였거나 적어도 사용에

(다) 이행대행자(Substitut) (독립적 이행보조자)

이행의 단순한 보조를 넘어 독립적으로 채무자에 갈음하여 채무의 전부 또는 일부를 이행하는 자를 이행대행자라고 한다. 수치인에 갈음하여 임치물을 보관하는 제3수치인, 임차물을 수선하거나 거기에 일정한 시설을 할 의무가 있는 임대인으로부터 도급을 받아 목적물을 수선하거나$\binom{\text{대판 2002.7.12,}}{\text{2001다44338}}$8), 시설을 설치하는 수급인$\binom{\text{대판 1999.4.13, 98}}{\text{다51077,51084 참조}}$이 이에 해당한다.9)

이러한 이행대행자의 고의·과실에 대하여 채무자가 제391조의 책임을 지는지에 대해서 다음의 3가지 유형으로 나누어 설명한다. (i) 명문규정상·특약상·채무의 성질상 대행자의 사용이 허용되지 않는 경우, (ii) 명문규정상$\binom{\text{제121조, 제122조 등 대리인의 복임권,}}{\text{제682조 제2항에서 수임인의 복임권 등}}$·채권자의 승낙에 의하여 대행자의 사용이 허용되는 경우, (iii) 명문상 또는 특약으로 금지되어 있지도 않고 허용되어 있지도 않지만 채무의 성질상 사용해도 무방한 경우$\binom{\text{대판 2002.4.12, 2001}}{\text{다82545,82552 참조}}$. 위의 각 유형에 따라 채무자의 책임인정 여부 및 인정근거가 달라지므로 개별적으로 판단한다.

(i)의 경우에는 대행자를 사용하는 것 자체가 의무위반(채무불이행)이 되므로 대행자의 고의·과실을 불문하고 채무자가 채무불이행책임을 진다. 반면에 (ii)의 경우에는 원칙적으로 대행자의 선임·감독에 과실이 있는 때에만 책임을 지며10), (iii)의 경우에 제391조가 적용되어 대행자의 고의·과실은 언제나 채무자의 고의·과실로 인정된다고 본다.11) 즉 (iii)의 경우에만 이행대행자의 행위에 대하여 채무자가 제391조에 의하여 책임을 부담한다.

묵시적으로 동의한 복이행보조자'를 의미하는 것으로 해석해야 하므로, 丙이 약관의 '현지 여행업자'에 해당한다고 보아 甲 회사는 乙 등이 입은 손해를 배상할 책임이 있다고 한 사례이다.

8) 대판 2002.7.12, 2001다82545, 82552: 공사도급계약에 있어서 당사자 사이에 특약이 있거나 일의 성질상 수급인 자신이 하지 않으면 채무의 본지에 따른 이행이 될 수 없다는 등의 특별한 사정이 없는 한 반드시 수급인 자신이 직접 일을 완성하여야 하는 것은 아니고, 이행보조자 또는 이행대행자를 사용하더라도 공사도급계약에서 정한 대로 공사를 이행하는 한 계약을 불이행하였다고 볼 수 없다.

9) 대판 1999.4.13, 98다51077, 51084: 임대인이 임대차목적물에 시설설비를 위해 제3자에게 도급을 준 경우, 그 수급인의 과실로 목적물이 멸실한 경우 수급인은 임대차계약상의 이행보조자라고 하여 임대인은 임차인에게 제391조에 의한 채무불이행책임을 부담한다. 여기서 이행보조자라 함은 일반적으로 채무자의 의사관여 아래 채무의 이행행위에 속하는 활동을 하는 사람이면 족하고, 반드시 채무자의 지시 또는 감독을 받는 관계에 있어야 하는 것은 아니므로 채무자에 대하여 종속적인가 독립적인 지위에 있는가는 문제되지 않는다.

10) 통설 중 일부 견해는 (ii)의 경우에 선임·감독에 과실이 있는 때에만 책임을 지도록 하는 명문규정이 없을 때는 제391조가 적용된다고 보기도 한다. 그러나 선임·감독상의 주의의무위반에 대해서만 책임을 부담하는 것으로 명문의 규정이 있는 경우가 대부분이다(제121조, 제682조 제2항, 제701조, 제1108조 제2항 등). 더 나아가 선임·감독에 과실이 있는 때에만 책임을 지도록 하는 명문규정이 없더라도 유사한 다른 경우의 규정을 유추적용하여 선임·감독상 과실이 있는 경우에만 책임을 진다고 보는 것이 타당할 것이다.

11) 일부 견해(2분설의 입장)는 이 문제를 이행대행자에 의하여 행하여진 이행행위가 채무의 내용에 좇은 이행행위가 되는가의 문제, 즉 제390조의 이행행위의 내용적 적합성의 문제로 보기도 한다. (i) 법률규정·당사자의 합의·채무의 객관적 성질에 비추어 대행자의 사용이 금지된 경우와 (ii) 대행자의 사용이 허용되는 경우로 나누어, (i)의 경우에는 대행자를 사용하는 것이 곧 채무자의 고의·과실에 의한 불이행이 되고, (ii)의 경우에는 제391조가 적용된다고 한다. 한편 또 다른 견해는 이행대행자는 채권자의 승낙(동의)이 있거나 법률의 규정이 있는 경우에만 선임될 수 있고, 채권자의 동의나 법률의 규정이 없는 경우에 이행대행자를 둘 수도 있고 두지 않을 수도 있는 경우는 있을 수 없다고 하면서, 이행대행자를 사용할 수 없음에도 무단으로 이행대행자를 선임하였다면 그 선임행위 자체가 채무불이행이 되고, 이행대행자를 선임할 수 있는 경우에는 채무자에게 선임·감독에 과실이 있는 경우에만 책임을 진다고 한다. 이 견해에 의하면 이행대행자의 경우에는 제391조가 적용될 여지가 없게 된다.

(라) 임대인의 동의를 얻은 전대차(轉貸借)에서 전차인이 임차인의 이행보조자에 해당하는지
여부

예컨대 전차인의 과실로 목적물이 멸실 · 훼손된 경우 임차인이 임대인에게 채무자로서 책임
을 지는지가 문제된다. 임대인의 동의없이 전대한 경우에는 전대행위 자체가 임차인의 임대인
에 대한 채무불이행이므로 임대인은 계약을 해지($\substack{제629조\\제2항}$)할 수 있고, 목적물 반환이 불가능한 경
우에는 전보배상을 청구할 수도 있다. 반면에 임대인의 동의를 얻어 전대한 경우에는 전차인을
임차인의 이행보조자로 보는 견해[12]와 보지 않는 견해[13]로 나뉜다.

4. 과실판단의 기준

법정대리인 또는 이행보조자의 과실 유무를 판단할 때에는 누구의 주의의무를 기준으로 하
여야 하는가? 법정대리인 또는 이행보조자가 아니라 채무자를 기준으로 하여야 한다는 견해가
일반적이다. 예컨대 채무자가 견습생을 사용하여 수리한 경우 과실판단은 견습생이 아닌 채무
자의 평균적 능력을 기준으로 한다. 채무자의 주의의무가 경감되는 경우($\substack{제401\\조}$)에는 이행보조자
의 주의의무도 경감된다. 그러나 법정대리제도의 취지를 고려하면 법정대리인이 채무를 이행하
는 경우에는 법정대리인을 기준으로 하고, 이행보조자를 사용하는 때에는 원칙적으로는 채무자
를 기준으로 과실여부를 판단하는 것으로 이원화해야 할 것이다.

채무자는 불법행위법상 책임능력($\substack{제753\\조}$)이 없어도, 법정대리인의 과실행위로 인한 채무불이행
책임은 부담할 수 있다. 예컨대 15세인 A가 소유하는 도자기를 그 법정대리인 B가 C에게 매도
했을 때 약속한 날짜에 이행하지 아니하여 발생하는 지체책임은 A가 부담한다.

5. 이행보조자의 책임

(1) 채권자에 대한 책임

이행보조자는 채무를 부담하지 않으므로 채무불이행책임을 부담하지 않으나, 채권자에게 불
법행위책임을 부담할 수 있다. 판례는 임대인의 이행보조자가 임차인으로 하여금 임차목적물을
사용 · 수익하지 못하게 한 경우, 임차인에 대하여 임대인은 채무불이행에 의한 책임을 지고 그
이행보조자는 불법행위책임을 지게 되며, 양 책임의 관계는 부진정연대채무관계에 있다고 하여
이행보조자의 불법행위책임을 인정하였다($\substack{대판 1994.11.11,\\94다22446}$).[14] 이행보조자가 채권자에게 불법행위책

---

12) 전대차가 있어도 임대차는 존속하므로 전차인의 목적물 보관의무는 임차인의 임대인에 대한 보관의무를 이행하는 것
이기 때문에 전차인은 임차인의 이행보조자가 된다는 견해이다.

13) 전차인은 제630조 제1항에 의해 법률상 독립적으로 직접 임대인에게 의무를 부담하므로 임차인의 이행보조자로 볼
수 없다는 견해이다. 이 견해는 임차인에게 전차인의 선임 · 감독상 과실이 있을 때 또는 신의칙에 따라 임차인에게
책임을 부담 지울 수 있다고 본다.

14) 위 판결례는 "임대인인 피고 甲은 이행보조자인 피고 乙이 임차물인 점포의 출입을 봉쇄하고 내부시설공사를 중단시
켜 임차인인 원고로 하여금 그 사용 · 수익을 하지 못하게 한 행위에 대하여 임대인으로서의 채무불이행으로 인한 손
해를 배상할 의무가 있고, 또한 피고 乙이 원고가 임차인이라는 사정을 알면서도 위와 같은 방법으로 원고로 하여금

임을 지는 경우, 채무자는 제391조의 이행보조자에 의한 채무불이행책임 외에 사용자책임(제756조)도 부담할 수도 있다. 이 경우 양 청구권은 경합된다.

(2) 채무자에 대한 책임

채무자와 이행보조자 사이에 계약관계가 있고 그 계약위반이 있으면 채무불이행책임을 부담한다.

(3) 구상관계

이행보조자는 내부관계를 근거로 하여 또는 일반적인 구상법리에 의하여 채무자에게 손해배상책임을 져야 할 경우도 있다. 특히 채무자와 이행보조자가 채권자에 대하여 부진정연대책임을 부담하는 경우에는 채무자에게 구상권이 인정될 것이다.

사례 2 A는 인테리어업자 B에게 바닥을 제외한 집수리를 의뢰하였다. B는 소요되는 커튼 등 자재를 구입하러 가면서 인테리어 일도 가르칠 겸 잡일을 시키며 데리고 있는 C에게 필요한 공구를 가지고 먼저 A의 집에 가라고 하였다. C가 A의 집에 도착하여 한참을 기다려도 B가 오지 않자 무료해진 나머지 전기절삭기를 시험해 보았는데 작동이 되지 않자 여기저기 만져보다가 전기코드를 연결하는 순간 거실바닥에 놓아둔 절삭기의 모터가 돌아가며 고급 목자재로 된 바닥에 상당한 손해를 입혔다. B는 C의 나이가 17세이고 지능이 평균인에 미치지 못하여 달리 취직을 할 수 없기 때문에 데리고 다니며 잡일만을 시켜왔었다. C는 B의 이행보조자로 볼 수 있는가?

| 해설 1 | 이행보조자로 볼 수 있다.

사안에서 인테리어에 대한 도급계약(제664조)의 당사자는 A와 B이다. 그런데 A의 집 바닥에 손해를 입힌 것은 계약상의 채무자인 B가 아닌 제3자인 C이다. 여기서 C가 제391조에서 말하는 B의 이행보조자인지가 문제된다. 이행보조자가 되기 위하여는 채무자가 이행을 위하여 '사용'한 자에 해당되어야 하는데, 이때 사용이라는 개념은 법률관계만을 뜻하는 것이 아니라 채무자의 가족이나 친지가 사실상 채무자의 이행을 보조하거나 제3자가 단순히 호의로 보조해도 그것이 채무자의 의사에 의한 것인 한 이행보조자가 되며 그 사용이 일시적인 것인지의 여부도 문제되지 않는다. 또한 판례에 의하면 반드시 B의 지시 또는 감독을 받을 관계에 있어야 하는 것도 아니다. C가 달리 취직을 할 수 없어서 잡일만을 시켜왔다는 점을 감안하면, C와 B 사이에 고용과 같은 법률관계는 있다고 할 수 없더라도 C가 B의 의사에 의하여 사실상 B의 채무이행을 보조해왔다는 점이 인정되므로 C는 B의 이행보조자가 된다.

점포를 사용·수익하지 못하게 한 것은 원고의 임차권을 침해하는 불법행위를 이룬다고 할 것이므로 피고 乙은 원고에게 불법행위로 인한 손해배상의무가 있다고 할 경우, 피고 甲의 채무불이행책임과 피고 乙의 불법행위책임은 동일한 사실관계에 기한 것으로 부진정연대채무관계에 있다"고 판시하였다.

제 1 편
제 2 편
제 3 편
제 4 편
제 5 편
제 6 편
제 7 편
제 8 편
제 9 편

채무불이행

제 2 장 채무불이행의 유형

제1절 이행지체

I. 이행지체의 의의　　　　　　　III. 이행지체의 효과
II. 이행지체의 요건　　　　　　　IV. 이행지체의 종료

I. 이행지체의 의의

이행지체라 함은 채무의 이행기가 도래하였고 또 그 이행이 가능함에도 불구하고 채무자의 책임 있는 사유(귀책사유)로 이행(이행제공)을 하지 않는 유형의 채무불이행을 말한다.

II. 이행지체의 요건

1. 이행기(변제기)와 이행지체
   (1) 확정기한부 채무^(제387조 제1항 1문)
   (2) 불확정기한부 채무^(제387조 제1항 2문)
   (3) 기한이 없는 채무^(제387조 제2항)
   (4) 기한의 이익을 상실한 채무
   (5) 동시이행항변권이 있는 채무^(제536조)
2. 이행이 가능할 것

3. 이행제공이 없을 것
4. 이행하지 않는 데 대하여 채무자에게 책임 있는 사유(귀책사유) 등이 있을 것
   (1) 고의 · 과실이 있을 것
   (2) 책임능력이 있을 것
   (3) 면책특약의 효력에 의해 면책되지 않을 것
5. 이행하지 않는 것이 위법할 것

1. 이행기(변제기)와 이행지체

이행지체가 성립하려면 우선 채무의 이행기가 도과했어야 한다. 그러나 이행기가 지났다고 하여 당연히 이행지체로 되는 것은 아니다. 민법상 여러 평가(예 동시이행관계에 있는 채무, 지시 채권과 무기명채권의 경우 채권자의 협력이 필요한 채무 등)에 기하여 때에 따라서는 이행기의 도과

만으로는 이행지체가 성립하지 않는 경우가 있다. 그런가 하면 일정한 경우에는 이행기가 도과하지 않았는데도 채무자로 하여금 기한의 이익을 상실$\binom{제388}{조}$하도록 하여 채권자가 즉시 이행을 청구할 수 있도록 하고 있다. 그러나 이행기를 도과한 것이 이행지체의 본질이기 때문에 이행기를 어떻게 판단하는지가 중요하다. 지체여부의 증명책임은 채권자가, 귀책사유의 부존재에 대한 증명책임은 채무자가 부담한다.

(1) 확정기한부 채무$\binom{제387조}{제1항 1문}$

(가) 원칙(이행기의 도과시)

채무의 이행에 관하여 확정기한이 있는 경우에는 원칙적으로 그 기한이 도래한 때로부터 지체책임이 있다. 기한 없는 채무에서와 달리 확정기한부 채무에서는 지체책임이 생기기 위하여 채권자가 이행을 최고해야 할 필요는 없다. 이 경우 채무자의 지체책임이 생기는 정확한 시기는 기한이 되기 시작한 때가 아니고 기한이 경과한 때이다. 그리하여 이행기가 확정일로 정하여져 있는 경우(예 2013.1.10.에 이행하기로 한 채무)에는 그 기한의 익일(다음날)부터 지체책임을 지고$\binom{대판 1988.11.}{8.\ 88다3253}$, 이행기가 확정기간으로 정하여져 있는 경우(예 11월 말까지 이행하기로 한 채무)에는 그 기간이 지난 다음날(12.1.)부터 지체책임을 진다. 대판 1992.10.27, 91다483에서는 "채무자가 선이행의무의 확정기한인 이행기를 지나면 바로 이행지체에 빠진다 할 것이고, 이처럼 일단 이행지체에 빠진 이상 그 후 채권자가 채무의 일부를 수령하였다고 하여 이행지체의 효과가 없어지고 기한의 정함이 없는 채무로 된다고 볼 수 없다"라고 하였다.

(나) 예 외

1) 지시채권, 무기명채권

지시채권과 무기명채권의 경우에는 확정기한이 있는 때에도 그 기한이 도래한 후 소지인이 증서를 제시하여 이행을 청구한 때부터 비로소 지체책임이 있다$\binom{제517조.}{제524조}$. 면책증권의 경우에도 같다.

2) 추심채무 등 채권자의 협력이 필요한 채무

추심채무나 채무이행을 위해 먼저 채권자의 추심절차 또는 협력(채권자의 재료공급 등)이 필요한 경우에는, 확정기한부 채무이지만 이행기가 도래했더라도 추가적으로 이행을 청구해야만 비로소 지체책임이 인정된다$\binom{대판 2023.6.29,}{2023다218353}$. 예를 들면 만기가 있는 예금채권(확정기한부 채권)에서 만기가 도래했더라도 예금인출을 청구하지 않으면 은행은 지체책임을 부담하지 않는다.

3) 동시이행관계

당사자 쌍방의 채무가 동시이행관계$\binom{제536}{조}$에 있는 때에는 이행기가 도래했어도 상대방이 이행의 제공을 할 때까지는 지체책임을 지지 않는다$\binom{대판 2001.7.10,}{2001다3764}$. 위법성이 없기 때문이다. 이러한 효과는 채무자가 동시이행의 항변권을 '행사'하지 않아도 당연히 인정된다$\binom{대판 2001.7.10,}{2001다3764}$. 다만 판례는 기존채무의 이행확보를 위하여 어음이나 수표를 발행한 경우에 기존채무의 이행과 어음·수표의 반환에 대하여 동시이행관계를 인정하면서도, 동시이행관계를 인정하는 취지는 채무자로 하여금 '이중지급의 위험을 면하게 하려는 것이지' 쌍무계약상의 채권채무관계나 그와 유사한 대가관계가 인정되어 그러는 것은 아니므로, 어음·수표를 반환받지 않았음을 이유로 '동시이행의 항변권을 행사하여' 그 지급을 거절하고 있지 않은 한 기존채무의 이행지체의 책임을 진다고 한다(대판 2008.1.18, 2005다10814). 그리고 상품권 발행인이 상품권의 내용에 따른 제품제공의무를 이행하지 않아서 발생한 손해배상의무와 상품권 소지인의 상품권 반환의무에 관하여도 동시이행 항변권의 행사가 요구된다(대판 2007.9.20, 2005다63337).

(2) 불확정기한부 채무(제387조 제1항 2문)

채무의 이행에 관하여 불확정기한이 있는 때에는 채무자가 그 기한이 도래하였음을 안 때(정확하게는 그 다음날)부터 지체책임이 있다. 예컨대 채권자의 아버지가 돌아가시면 즉시 채무를 이행할 것을 약정한 경우, 채무자가 그 기한도래를 안 때(실제로는 그 다음날)부터(채권자의 통지는 채무자가 알게 되는 하나의 방법일 것이다) 지체책임을 부담한다. 원칙적으로 기한이 도래하면 채무는 이행기에 있게 되지만, 채무자가 그 사실을 알지 못함에도 불구하고 지체책임을 지도록 하는 것은 가혹하기 때문이다. 그리고 이러한 취지에 비추어 볼 때 채권자의 최고가 있으면 채무자가 기한 도래 사실을 알지 못하더라도 그 최고가 있는 때부터 지체책임을 진다고 하여야 한다. 한편 여기에서의 기한도래는 불확정한 사실이 발생한 때는 물론이고 그 사실의 발생이 불가능하게 된 때에도 인정되어야 한다(대판 2002.3.29, 2001다41766). 최고하기 전에 채무자가 이미 기한도래 사실을 알았다면 최고가 도달하기 전에 이미 채무자는 지체에 빠지게 된다.

한편 불확정기한부 채무의 소멸시효는 기한이 객관적으로 도래한 때부터 기산된다.

사례 1 채권채무와 관련하여 A지방자치단체와 분쟁이 있던 B은행이 분쟁해결을 위하여 A가 청구권을 행사하지 않는 대신, A의 문화시설 건립비용 30억 원을 부담하기로 했다. 한편 그 비용의 지급방법은 상호 협의에 의하여 정하기로 하였는데, 이는 B가 비용을 A에 지급하되 그 이행시기는 A와 협의가 성립한 때로 정한다는 의미였다. 그 후 재정상태의 악화로 B가 파산선고를 받게 되어 협의가 성립되지 못한 경우 이행기는 도래하였다고 할 수 있는가? (건립비용채무의 발생)

(대판 2002.3.29, 2001다41766 참조)

| 해설 1 | 이행기는 도래하였다.

위의 약정은 불확정기한부 화해계약이며[1], 당사자가 불확정한 사실이 발생한 때를 이행기한으로 정한 경우이며, 이행기는 그 사실이 발생한 때는 물론 그 사실의 발생이 불가능하게 된 때에

---

[1] 대법원은 "지원자금의 지급방법에 대하여 상호 협의를 거친 다음 지급한다고 하는 뜻은, B은행은 적어도 30억 원을 원고인 A에게 지급하되 그 이행 시기를 원고와 협의가 성립한 때로 정한다는 의미, 즉 불확정기한에 해당되는 것으로 봄이 상당하다. 따라서 이를 조건으로 본 원심 판단에는 조건과 기한의 법리를 오해한 잘못이 있는" 것으로 판단하였다.

도 이행기한은 도래한 것으로 보아야 한다$\binom{\text{대판 2002.3.29.}}{\text{2001다41766}}$.**2)** 따라서 이행이 불가능하게 된 시점에 이행기는 도래하였다.

심화학습

정지조건과 불확정기한의 구별

정지조건과 불확정기한의 구별은 법률행위의 해석문제이다. 부관이 붙은 법률행위에서 부관에 표시된 사실이 발생하지 아니하면 채무를 이행하지 아니하여도 된다고 보는 것이 상당한 경우에는 조건으로 보아야 하고, 표시된 사실이 발생한 때에는 물론이고 반대로 발생하지 아니하는 것이 확정된 때에도 그 채무를 이행하여야 한다고 보는 것이 상당한 경우에는 표시된 사실의 발생 여부가 확정되는 것을 불확정기한으로 정한 것으로 보아야 한다$\binom{\text{대판 2003.8.19.}}{\text{2003다24215}}$.

---

(3) 기한 없는 채무$\binom{\text{제387조}}{\text{제2항}}$

채무의 이행에 관하여 기한이 정하여져 있지 않은 때에는 채무자는 이행청구를 받은 때$\binom{\text{다음}}{\text{날:}}$$\binom{\text{대판 1972.8.}}{\text{22. 72다1066}}$부터 지체책임이 발생한다. 예컨대 금전채무의 지연손해금은 이행기 정함이 없는 채무이므로 채권자로부터 이행청구를 받은 때부터 지체책임을 부담하게 된다$\binom{\text{대판 2021.5.7.}}{\text{2018다259213}}$. 이는 금전채무의 이행지체로 인한 손해배상채무로서 이행기의 정함이 없는 채무에 해당하기 때문이다. 따라서 지연손해금(지연이자)의 지급의무는 채권자의 이행청구가 있기 전까지는 발생하지 않는다. 나아가 부당이득반환의무도 이행기한의 정함이 없는 채무이므로 채무자는 이행청구를 받은 때에 지체책임을 진다$\binom{\text{대판 2010.1.28.}}{\text{2009다24187,24194}}$.

기한이 없는 채무는 그 성립과 동시에 이행기에 있게 되나(따라서 이러한 채권의 소멸시효는 채권발생시부터 진행된다), 채무자의 보호를 위하여 이행지체가 성립되기 위해서는 채권자의 이행청구가 있어야 함이 원칙이다$\binom{\text{대판 1969.1.}}{\text{28. 68다2313}}$.**3)** 그런데 이와 같은 원칙에는 다음과 같은 예외가 있다.

1) 반환시기 약정이 없는 소비대차

소비대차에서 반환시기의 약정이 없는 때에는 대주(貸主)는 상당한 기간을 정하여 반환을 최고하여야 하며, 그 기간이 경과하여야 지체로 된다$\binom{\text{제603조}}{\text{제2항}}$. 대주가 만약 상당한 기간을 정하지 않고 최고한 경우에는, 최고 후 상당한 기간이 경과한 때에 지체책임이 생긴다고 할 것이다$\binom{\text{대판 1969.1.}}{\text{28. 68다2313}}$.

---

2) 이 사안에서는 "B은행은 재정상태가 악화되어 업무정지처분을 받은 뒤 그 직후에 위와 같이 파산선고에까지 이른 경위에 비추어 양 당사자 간의 협의를 통하여 B은행이 이 사건 약정에 따른 의무를 이행하기를 기대하기는 어렵게 된 사정이 엿보이므로, 늦어도 파산이 선고되기 전까지는 이미 이 사건 약정에 따른 협의의 성립이 불가능한 것으로 확정되었다고 보아야" 할 것으로 판시하였다.

3) 반면 다른 견해는 신의칙상 채무자가 현실적인 이행을 할 수 있는 상당한 기간을 주면서 최고를 하여야 한다고 하나, 제387조 제2항에 대하여 예외를 규정하고 있는 제603조 제2항에 비추어 볼 때 받아들이기 어렵다.

2) 불법행위 손해배상채무

불법행위로 인한 손해배상채무에서는 그 채무의 성립과 동시에 지체로 된다고 하여야 한다($^{대판\ 1971.6.}_{8,\ 70다2401}$). 다만 판례는 예외를 인정하기도 한다. 예컨대 대판 2012.3.29, 2011다38325에서 대법원은 "불법행위로 인한 손해배상채무에 대하여는 별도의 이행 최고가 없더라도 채무성립과 동시에 지연손해금이 발생하는 것이 원칙이다. 다만 불법행위시와 변론종결시 사이에 장기간의 세월이 경과함으로써 위자료 산정의 기준이 되는 변론종결시의 국민소득수준이나 통화가치 등의 사정이 불법행위시에 비하여 상당한 정도로 변동한 결과 그에 따라 이를 반영하는 위자료 액수 또한 현저한 증액이 불가피한 경우에는, 예외적으로 불법행위로 인한 위자료 배상채무의 지연손해금은 위자료 산정의 기준시인 사실심 변론종결 당일부터 발생한다고 보아야 한다"고 하였다.

(4) 기한의 이익을 상실한 채무

(가) 기한이익 상실사유($^{제388}_{조}$)

채무자를 신뢰할 수 없는 사유가 있는 때에는 채무자는 기한의 이익을 잃는다. 이러한 경우에까지 채무자에게 기한의 이익을 부여할 이유가 없기 때문이다. 그 사유는 다음과 같다.

1) 채무자가 담보를 손상, 감소 또는 멸실하게 한 때($^{제388조}_{제1호}$)

여기의 담보는 물적 담보뿐만 아니라 인적 담보도 포함한다. 그리고 손상·감소·멸실하게 하는 행위는 법률행위일 수도 있고 사실행위일 수도 있다. 채무자에게 고의·과실이 있어야 하는가에 관하여는 긍정설과 부정설로 견해가 나뉘나, 과실책임의 원칙에 비추어 볼 때 긍정설이 타당하다.

2) 채무자가 담보제공의 의무를 이행하지 않은 때($^{제388조}_{제2호}$)

채무자의 담보제공의무는 당사자 사이의 특약이나 법률의 규정에 의하여 생기며, 그것들 모두가 여기의 의무에 해당한다. 그리고 담보도 인적 담보인지 물적 담보인지를 묻지 않는다.

3) 채무자가 파산의 선고를 받은 때($^{채무자회생}_{법\ 제425조}$)

4) 그 밖에 민법에는 규정이 없으나, 당사자가 기한의 이익의 상실에 관하여 특약을 할 수도 있으며($^{대판\ 1997.8.29,}_{97다12990}$), 그때에는 임의규정인 제388조의 내용과 다르게 정할 수도 있다($^{대판\ 2001.}_{10.12,\ 99}$ $_{다}$ $_{56192}$).

(나) 기한이익의 상실의 효과

기한이익 상실사유가 있으면 채무자는 기한의 이익을 '주장하지 못한다'. 따라서 채권자는 기한이 있음에도 불구하고 즉시 이행을 청구할 수 있다. 그러나 기한의 도래가 의제(간주)되는 것은 아니기 때문에, 채권자는 채무자의 기한의 존재를 인정할 수도 있다. 요컨대 기한이익의 상실사유가 있는 때에는 이행기가 도래되는 것으로 간주되지는 않으므로 채권자의 청구가 있는 때부터 채무자는 지체책임을 지게 된다. 단 채무자의 파산선고의 경우에는 파산선고시 변제기에 이른 것으로 본다(채무자회생
법 제425조).

(다) 기한이익 상실의 특약

기한이익 상실에 대해 당사자간 별도의 약정이 있는 경우에는 그 약정에 따른 효과가 발생한다. 기한이익 상실의 특약은 내용에 따라 정지조건부 기한이익 상실의 특약(일정한 사유가 발생하면 채권자의 청구 등을 요함이 없이 당연히 기한의 이익이 상실되어 이행기가 도래하는 것으로 하는 특약)과 형성권적 기한이익 상실의 특약(일정한 사유가 발생한 후 채권자의 통지나 청구 등 채권자의 의사행위를 기다려 비로소 이행기가 도래하는 것으로 하는 특약)으로 구별된다(대판 1997.8.29,
97다12990). 정지조건부 기한이익 상실의 특약이 있다면 채권자의 이행청구 없이 약정한 사유가 발생하면 바로 이행지체가 된다(대판 1989.9.29,
88다카14663). 기한이익 상실의 특약이 있는 경우 정지조건부 기한이익 상실의 특약인지 형성권적 기한이익 상실의 특약에 해당하는지 여부는 당사자의 의사해석의 문제이지만, 특별한 사정이 없는 한 형성권적 기한이익 상실의 특약으로 추정된다(대판 2002.9.4,
2002다28340 등).

(5) 동시이행항변권이 있는 채무(제536
조)

채무자에게 동시이행항변권이 있는 경우에는 채무자에게 이행지체책임이 발생하지 않는다(자세한 내용은 '동시이행항변권 부분' 참조). 채권이 가압류된 경우에도 그 압류채권의 이행기가 도래한 때에 제3채무자는 압류채무자에 대하여 이행지체책임을 면할 수 없다(대판 1994.12.
13, 93다951). 채권의 가압류는 제3채무자에 대하여 채무자에게 지급하는 것을 금지하는 데 그칠 뿐 채무 그 자체를 면하게 하는 것이 아니기 때문이다. 가압류에도 불구하고 제3채무자가 채무자에게 변제를 한 때에는 나중에 채권자에게 이중으로 변제하여야 할 위험을 부담할 수도 있으나, 제3채무자로서는 공탁(민사집행법
제248조 제1항)을 함으로써 이중변제의 위험에서 벗어나고 이행지체의 책임도 면할 수 있다.

2. 이행이 가능할 것

이행지체가 되려면 이행기에 이행이 가능하여야 하며, 이행이 불가능하면 이행불능이 된다. 이행기에 이행이 가능하였으나 그 이후에 불능으로 된 경우, 즉 이행지체 후의 이행불능도 불능으로 된 때부터는 이행불능으로 다루어야 할 것이다. 불능이 되었더라도 나중에 이행이 가능한 일시적 이행불능은 이행지체에 해당된다.

3. 이행제공이 없을 것

채무가 이행되었거나 이행의 제공이 있으면 이행지체로 되지 않으며, 그 어느 것도 없는 경우에 이행지체로 된다.

4. 이행하지 않는 데 대하여 채무자에게 책임 있는 사유(귀책사유) 등이 있을 것

(1) 고의 · 과실이 있을 것

이행불능으로 인한 계약해제에서는 채무자의 책임 있는 사유, 즉 귀책사유(유책사유)를 요구하고 있다($\frac{제546}{조\ 참조}$). 그에 비하여 이행지체에 관하여는 이에 대한 명문의 규정이 없다. 통설은 이행지체의 경우에도 귀책사유가 필요하다고 본다. 일반적으로 과실책임의 원칙상 이행지체와 이행불능을 구별할 이유가 없고, 제397조 제2항을 반대해석하면 금전채무 이외의 채무가 이행지체에 있는 때에 과실없음을 항변할 수 있으며, 제391조 · 제392조도 귀책사유를 인정하는 전제에 서있는 만큼, 이행지체의 경우에도 귀책사유가 필요하다.[4] 일부 견해는 고의 · 과실의 개념속에 위법성의 요소가 포함되어 있으므로 위법성을 별개의 요건으로 할 필요가 없다고 하나, 고의 · 과실과 위법성은 다른 내용을 담고 있는 별개의 개념이라는 점에서 타당하지 않은 설명이다.

(2) 책임능력이 있을 것

채무자의 귀책사유가 인정되기 위하여서는 채무자에게 책임능력이 있어야 하는지가 문제된다. 여기에 관하여는 (i) 필요설, (ii) 불필요설, (iii) 구체적 과실에서는 필요하나 추상적 과실에서는 불필요하다는 견해가 대립하고 있다. 생각건대 고의 · 과실이 인정되기 위하여서는 행위의 위법한 결과와 책임을 인식할 수 있어야 하고, 또 이는 과실의 종류와는 무관하다는 점에서 책임능력이 필요하다고 할 것이다.

(3) 면책특약의 효력에 의해 면책되지 않을 것

당사자 사이에 채무자 또는 이행보조자의 책임을 면하는 내용의 특약이 있었던 경우 그러한 특약도 원칙적으로 유효하다. 문제는 고의 또는 중과실에 대한 면책특약도 유효한지이다. 학설은 (i) 채무자의 고의에 대한 면책특약은 사회질서에 반하여 무효이나 이행보조자의 고의에 대한 특약은 유효하다는 견해, (ii) 채무자 또는 이행보조자의 고의 또는 중과실에 대한 ─책임발생 전에 행하여진─ 특약은 모두 사회질서에 반하여 무효라는 견해, (iii) 채무자의 고의 또는 중과실에 대한 특약은 사회질서에 반하여 무효이지만 이행보조자의 고의 · 중과실에 대한 면책특약은 유효하다는 견해로 나뉜다.

생각건대 면책특약이 책임발생 후에 행하여졌다면 그것이 설사 고의에 의한 책임에 대한 것이라도 채무면제계약으로서 유효하다고 할 것이다. 그러나 책임발생 전에 채무자의 고의에 대한 면책특약은 사회질서에 반하여 무효라고 하여야 한다. 보조자에 대한 것도 마찬가지이다. 그에 비하여 명문규정이 없는 한 중과실에 대한 면책특약은 유효하다고 새겨야 한다. 한편 보

---

4) 채무자의 귀책사유는 채무자의 고의 · 과실 외에 채무자의 법정대리인 · 이행보조자의 고의 · 과실도 포함한다(제391조). 따라서 그 귀책사유는 채무자의 고의 · 과실보다 넓은 개념이다.

통거래약관 안에 있는 면책조항에 대하여는 「약관규제법」에 특별규정이 있다(약관규제 법 제7조).

5. 이행하지 않는 것이 위법할 것

채무불이행이 성립하려면 위법성이 있어야 한다. 그런데 위법성은 위법성조각사유가 없으면 당연히 인정되는 소극적인 요건이다(대판 2002.12.27. 2000다47361). 이행지체의 위법성을 조각시키는 사유로는 유치권, 동시이행의 항변권, 기한유예의 항변 등이 있다.

Ⅲ. 이행지체의 효과

> 1. 이행의 강제(구체적인 강제방법은 제389조 및 채무불이행의 효과 부분 참조)
> 2. 손해배상청구권의 발생
> 3. 책임가중(제392조)
> 4. 계약해제권의 발생(제544조)

이행지체의 효과는 손해배상청구권과 계약해제권의 발생이다. 한편 이행지체가 발생했다고 하여 본래의 채무가 소멸하거나 손해배상채무로 변경되지는 않으며, 그 채무는 그대로 존속한다. 따라서 그 채무는 이행이 가능하므로 채권자는 여전히 본래의 채무의 이행을 청구할 수 있으나, 이는 이행지체의 효과라고 할 수 없다.

1. 이행의 강제(구체적인 강제방법은 제389조 및 채무불이행의 효과 부분 참조)

2. 손해배상청구권의 발생

이행지체가 성립하면 채권자는 채무자에게 손해배상을 청구할 수 있다.

(1) 지연배상

이행지체에서 손해배상은 원칙적으로 이행의 지체로 인하여 생긴 손해의 배상, 즉 지연배상이다. 금전채무의 경우 지연이자가 그 전형적인 예이다. 이 경우에 채권자는 지연배상과 함께 본래 채무의 이행도 청구할 수 있다. 요컨대 채권자는 지체로 인해 생긴 손해의 배상을 본래의 급부청구권과 함께 행사할 수 있다. 이미 이행지체 후라면 채무자의 '완전한 변제제공'이 인정되기 위해서는 지연배상까지 이행해야 한다.

(2) 전보배상(제395조)

이행지체의 경우에 채권자는 일정한 요건이 갖추어진 때에는 예외적으로 이행에 갈음하는 손해의 배상, 즉 전보배상을 청구할 수 있다. 채권자가 상당한 기간을 정하여 이행을 최고하여도 그 기간 내에 이행하지 않거나 지체 후의 이행이 채권자에게 이익이 없는 때에 이행에 갈음하는 손해배상을 청구할 수 있다. 요컨대 채권자는 (i) 지체 후 상당한 기간을 정하여 이행을 최고하였음에도 채무자가 최고 기간 내 이행을 하지 않은 경우5) 또는 (ii) 지체 후의 이행이 채권자에게 이익이 없는 정기행위(제545조)의 경우에는 전보배상을 청구할 수 있다.

과다최고는 그 과다의 정도가 본래의 급부와 동일성을 인정할 수 있을 정도라면 최고의 효력이 인정되나, 동일성을 인정할 수 없다면 최고의 효력이 없을 수도 있다. 과소최고는 최고된 부분에 대해서만 효과가 생긴다. 최고기간의 상당성은 구체적으로 판단해야 하며(판례는 부동산 매매계약에서 지체에 빠진 잔대금의 최고시 2일의 유예기간은 상당하다고 보기도 하였다. 대판 1980.1.15, 79다1859 참조), 유예기간이 짧은 경우 최고로는 인정되나 그 효력은 객관적으로 상당한 기간이 지나야 인정된다.

한편 채무자의 이행거절시 지체만으로 즉시 전보배상청구가 가능하다(대판 1982.4.27, 81다968,81다카476). 전보배상청구에는 이행기까지의 지연배상이 포함되어 있으므로 이 때 별도의 지연배상청구는 받아들여지지 않는다.

3. 책임가중(제392조)

민법은 이행지체 후에 생긴 채권자에게 손해에 대하여는 채무자에게 귀책사유가 없는 경우에도 배상하도록 하고 있다. 그 결과 이행지체 후 채무자는 과실 없음을 이유로 항변하지 못한다. 또 채무자가 고의·중과실에 관하여서만 채무불이행책임을 지도록 되어 있더라도 지체 후에는 경과실에 대하여도 책임을 지게 된다. 다만 채무자가 이행기에 이행하여도 손해를 면할 수 없는 경우에는 책임이 가중되지 않는데, 이에 대한 증명책임은 채무자가 부담한다(제392조 단서; 대판 1962.5.24, 62다175).

4. 계약해제권의 발생(제544조)

계약으로부터 발생한 채무가 이행지체에 빠지면 채권자는 일정한 요건 하에 해제권을 취득하게 된다. 즉 이행지체 후 채권자가 상당한 기간을 정하여 이행을 최고하였는데 그 기간 내에 이행이 없으면(상당한 기간을 정한 최고 및 그 기간 내의 불이행), 채권자는 계약을 해제할 수 있다. 그러나 채무자가 미리 이행하지 않을 의사를 표시한 경우 또는 정기행위의 경우에는 최고 없이 곧바로 해제할 수 있다. 채권자는 계약을 해제하면서 동시에 손해배상도 청구할 수 있다.

---

5) 변제기의 도래만으로는 지연배상책임이 성립할 뿐이고 이행지체의 효과로 전보배상을 청구하기 위해서는 별도로 제395조 상의 상당한 기간을 정한 이행최고와 최고기간의 도래가 추가적 요건으로 구비되어야 한다.

Ⅳ. 이행지체의 종료

채권이 소멸하면 그 원인을 묻지 않고 이행지체도 종료한다.

채권자가 지체의 책임을 면제하면 지체책임은 소멸한다. 이 때 장래의 기간에 대하여까지 이행지체로 되지 않는지 여부는 면제의 의사표시의 해석의 문제이다. 이행지체가 성립한 후에 채권자가 기한을 유예한 경우 유예기간 동안에 지체책임이 발생하지 않지만, 이미 발생한 지체책임도 소멸하는지가 문제된다. 이는 기한유예의 의사표시를 해석하여 결정되어야 하며, 당사자의 의사가 불분명한 때에는 기존의 지체책임이 소멸하지 않는다고 하여야 한다.

채무자가 지연배상과 함께 본래 채무의 이행을 제공하면 지체는 종료된다($^{제461}_{조}$). 그러나 채권자가 이미 계약을 해제하였거나 지체 후의 이행이 채권자에게 이익이 없어 전보배상을 청구한 때에는 이행의 제공을 통하여 지체를 소멸시킬 수 없다.

이행지체 후에 이행불능으로 된 경우를 이행불능으로 보게 되면, 그러한 경우에도 이행지체는 종료한다.

제2절 이행불능

Ⅰ. 의 의
Ⅱ. 이행불능의 성립요건

Ⅲ. 이행불능의 효과

Ⅰ. 의 의

이행불능이란 채권이 성립한 후에 채무자에게 책임 있는 사유로 채무의 이행이 확정적이며 영구적으로 불가능하게 된 경우를 의미한다.

Ⅱ. 이행불능의 성립요건

1. 후발적인 불능(사회통념에 의한 판단)

불능이라는 개념은 본래 물리적·자연적인 것이다. 그러나 통설과 판례($^{대판\ 2003.1.24.}_{2000다22850}$)에 따르면 민법상 불능은 절대적·물리적 불능이 아니고 사회관념상 내지 거래관념상의 불능으로 이해된다. 민법에 있어서는 물리적인 관점에서가 아니고 현실적인 가능성에 비추어 불능 여부를 판단하는 것이 바람직하다는 점에서, 탄력적으로 운용이 가능한 통설·판례에 따라야 할 것이다. 결국 이행불능은 사회통념에 비추어 볼 때 채무자의 이행을 기대할 수 없는 채무불이행의 유형이라고 할 수 있다. 예컨대 부동산 이중양도시 매도인이 매수인 중 한 명에게 소유권이전등기를 경료해 주었다면 다른 매수인에 대한 채무는 이행불능이 된다$\binom{\text{대판 1981.6.}}{\text{23, 81다225}}$.[6] 그러나 부동산 매매계약이 성립된 후 목적물에 가압류 또는 처분금지가처분이 있더라도 그로 인하여 바로 채무가 이행불능이 되는 것은 아니다. 가압류 또는 처분금지가처분이 있어도 이는 단지 그에 저촉되는 범위 내에서 가처분채권자에게 대항할 수 없는 효과가 있을 뿐, 그것에 의하여 곧바로 부동산 위에 어떤 지배관계가 생겨서 채무자가 그 부동산을 임의로 타에 처분하는 행위 자체가 금지되는 것은 아니기 때문이다$\binom{\text{대판 2002.12.27.,}}{\text{2000다47361}}$.

한편 사회통념상의 불능을 기준으로 하게 되면, 물리적으로 이행이 불가능한 경우는 물론이고 물리적으로는 가능하지만 지나치게 많은 비용과 노력이 드는 경우도 불능으로 된다. 그리고 사실상 이행이 불가능한 경우뿐만 아니라 법률상 불가능한 경우도 불능에 해당하게 된다. 예컨대 음식점영업권의 양도계약 체결 후 영업허가가 취소된 경우 또는 매매목적물인 토지가 국가에 수용된 경우도 이행불능이 된다. 반면에 현재는 가능하지 않더라도 장차 가능할 수 있으면 불능이 아니다. 가령 타인 소유의 물건을 매도한 경우에 그렇다.

(가) 후발적 불능

이행불능으로 되려면 채권이 성립한 후에 불능으로 되어야 한다. 원시적·객관적 전부불능의 경우에는 계약이 무효가 되어 채무가 없으므로 채무의 불이행이 문제되지 않는다. 다만 계약체결상의 과실책임이 있는지 검토되어야 한다. 반면에 원시적, 주관적 전부불능의 경우에는 유효하게 계약이 성립$\binom{\text{제569}}{\text{조}}$하므로, 담보책임$\binom{\text{제570}}{\text{조}}$ 및 이행불능에 의한 채무불이행책임을 질 수 있다$\binom{\text{대판 1970.12.}}{\text{29, 70다2449}}$. 여기서 말하는 이행불능은 후발적 불능이어야 한다. 채권의 성립 당시에 이미 급부가 불가능한 원시적 객관적 전부불능인 경우에는 계약은 무효가 되고, 경우에 따라 계약체결상의 과실책임$\binom{\text{제535}}{\text{조}}$이 문제될 뿐이다.

(나) 일부불능의 경우

불능에는 전부가 불능인 경우와 일부만이 불능인 경우가 있다. 채무 중에서 일부만이 불능인 일부불능에 대하여는 −그것이 원시적인 것이든 후발적인 것이든− 제137조의 일부무효의 법리가 유추적용되어 전부불능으로 평가될 수 있다$\binom{\text{대판 1995.7.}}{\text{25, 95다5929}}$. 다만 담보책임이 성립하는 경우$\binom{\text{제572조, 574}}{\text{조, 580조 등}}$에는 제137조의 적용이 배제되기도 한다$\binom{\text{대판 2002.4.9.,}}{\text{99다47396 참조}}$.

(다) 불능의 기준시기

이행이 가능한지 여부는 이행기를 표준으로 하여 결정되어야 한다. 따라서 채권성립 전에

---

6) 단순히 이중매매계약을 체결한 것만으로는 불능이 되지 않는다(대판 1996.7.26, 96다14616).

원시적·주관적 불능인 경우더라도 이행기 시점에 이행이 가능하면 불능이 아니게 되며, 이행기에도 이행이 불가능하게 되면 이행불능(채무불이행)책임을 부담하게 된다. 그러나 이행기가 되기 전에 불능으로 되었고 이행기에도 불능인 것이 확실한 때에는 이행기를 기다리지 않고 이행불능이 확실하게 된 때로 불능시점이 확정된다. 따라서 이행기 전에 일시적으로만 불능인 경우는 불능이 아니다. 한편 이행지체 후에 불능으로 되면 그때부터는 이행불능으로 다루어야 한다.

2. 채무자에게 책임 있는 사유로 불능이 되었을 것

민법은 이행불능에 관하여는 채무자의 귀책사유를 명문으로 규정하고 있다(그에 관하여는 이행지체와 관련하여 자세히 설명하였다).

채무자의 귀책사유 없이 채무 이행이 불가능해진 경우에는 채무자가 채무를 면하게 된다. 그리고 이 경우에 불능으로 소멸한 채무가 쌍무계약에 의하여 발생한 것일 때에는 상대방의 채무도 소멸하는지의 문제가 생기는데, 그것이 곧 위험부담의 문제($^{제537조}_{제538조}$)이다.

3. 이행불능이 위법할 것

이행불능이 되려면 위법성이 있어야 한다. 즉 위법성조각사유가 없어야 한다.

Ⅲ. 이행불능의 효과

> 1. 손해배상청구권의 발생(전보배상)　　　　3. 대상청구권
> 2. 계약의 해제

이행불능의 경우에는 이행지체와 달리 채무의 이행 자체가 불가능하므로 본래 채무의 이행청구는 할 수 없으며 강제이행도 불가능하다. 이행불능의 효과로는 손해배상청구권($^{제390}_{조}$)과 계약해제권의 발생($^{제544조}_{이하}$)이 명문으로 규정되어 있고, 그 밖에 통설·판례는 대상청구권도 인정한다. 대상청구권은 채무자의 책임 있는 이행불능뿐만 아니라 책임 없는 이행불능의 경우에도 인정된다는 점에서 다른 효과와 다소 다르다.

1. 손해배상청구권의 발생(전보배상)

(1) 원 칙

이행불능(책임있는 이행불능)의 요건이 갖추어진 경우 채권자는 손해배상을 청구할 수 있다.

이때의 손해배상은 성질상 이행에 갈음하는 손해배상, 즉 전보배상이다. 이행불능에 있어서는 설사 채무 전부의 이행이 불능으로 되었을지라도 채무 자체가 소멸하는 것은 아니며, 그 동일성은 유지하면서 단지 채무의 내용이 전보배상채무로 변경될 뿐이다. 이에 본래의 채권에 붙어 있던 (인적·물적)담보는 그대로 유지된다(한편으로는 쌍무계약의 경우 일방의 채무가 귀책사유 없이 후발적으로 이행불능이 된 경우, 채무자는 급부의무를 면하고 반대급부도 청구할 수 없으므로, 계약관계는 소멸한다고 설시하여 채무자의 귀책사유없는 불능의 경우 급부의무가 소멸하는 것으로 판시한 판결도 있다. 대판 2009.5.28, 2008다98655).

그런데 채무불이행을 이유로 하는 손해배상청구권은 본래의 채권이 동일성을 유지하면서 그 내용이 확장되거나 변경된 것으로서 발생한다. 따라서 소유권을 상실하면 소유권에 기한 물권적 청구권(반환 및 방해제거 청구권)의 이행불능으로 인한 전보배상청구는 더 이상 인정되지 않는다(대판(전합) 2012.5.17, 2010다28604). 물권적 청구권의 존재 기반인 소유권이 더 이상 존재하지 않는 것으로 보아야 하기 때문이다.

사례 2 甲은 자신의 명의로 소유권보존등기가 되어 있는 X토지를 乙에게 매도하여 乙 명의로 소유권이전등기가 경료되었다. 그런데 X토지는 丙 소유인데, 甲이 무단으로 소유권보존등기를 한 것으로 밝혀져 甲 명의의 보존등기는 무효임이 밝혀졌다. 이에 丙은 甲과 乙에게 등기말소를 구하는 소를 제기하였으나, 乙이 등기부취득시효(제245조 제2항)를 완성하여, 丙은 더 이상 토지에 대한 소유권을 취득할 수 없게 되었다. 이 경우 丙은 甲에게 '원인무효인 등기의 말소등기절차를 이행할 의무'의 이행불능을 원인으로 제390조의 전보배상을 청구할 수 있는가?

(대판(전합) 2012.5.17, 2010다28604 참조)

│해설 2│ 불가능하다.

채무불이행을 이유로 하는 손해배상청구권은 계약 또는 법률에 근거하여 이미 성립하여 있는 채권관계에서 본래의 채권이 동일성을 유지하면서 그 내용이 확장되거나 변경된 것으로서 발생한다. 그러나 위와 같은 등기말소청구권 등의 물권적 청구권은 그 권리자인 소유자가 소유권을 상실하여 이제 그 발생의 기반이 아예 없게 되어 더 이상 그 존재 자체가 인정되지 아니하므로, 전보배상을 청구할 수 없다.

│ 대판(전합) 2012.5.17, 2010다28604

소유자가 자신의 소유권에 기하여 실체관계에 부합하지 아니하는 등기의 명의인을 상대로 그 등기말소나 진정명의회복 등을 청구하는 경우에, 그 권리는 물권적 청구권으로서의 방해배제청구권(민법 제214조)의 성질을 가진다. 그러므로 소유자가 그 후에 소유권을 상실함으로써 이제 등기말소 등을 청구할 수 없게 되었다면, 이를 위와 같은 청구권의 실현이 객관적으로 불능이 되었다고 파악하여 등기말소 등 의무자에 대하여 그 권리의 이행불능을 이유로 민법 제390조상의 손해배상청구권을 가진다고 말할 수 없다. 위 법규정에서 정하는 채무불이행을 이유로 하는 손해배상청구권은 계약 또는 법률에 기하여 이미 성립하여 있는 채권관계에서 본래의 채권이 동일성을 유지하면서 그 내용이 확장되거나 변경된 것으로서 발생한다. 그러나 위와 같은 등기말소청구권 등의 물권적 청구권은 그 권리자인 소유자가 소유권을 상실하면 이제 그 발생의 기반이 아예 없게 되어 더 이상 그 존재 자체가 인정되지 아니하는 것이다. 이러한 법리는 선행소송에서 소유권보존등기의 말소등기청구가 확정되었다고 하더라도 그 청구권의 법적 성질이 채권적 청구권으로 바뀌지 아니하므로 마찬가지이다.

위 판결례에서는 처분권주의 원칙의 위반 여부도 문제되었다. 대법원은 "원고는 피고의 불법행위로 인한 소유권 상실의 손해배상을 구하고 있음에도 불구하고 원심이 원고의 청구원인을 위에서 본 대로 '소유권보존등기 말소등기절차 이행의무의 이행불능'으로 인한 손해배상청구라고 파악하여 판단함은 처분권주의 위반이라 할 것"이라고 판단하였다.

(2) 채무의 일부만 불능이 된 경우

채무의 일부만이 불능인 경우에는 일부무효의 법리($\frac{제137}{조}$)가 유추적용되어 일부불능은 원칙적으로 전부불능처럼 다루어진다. 다만 나머지 부분만으로도 채권이나 계약의 목적을 달성할 수 있는 때에는 나머지 부분은 불능으로 되지 않는다. 일부불능이 전부불능으로 다루어지는 경우, 채권자는 이행이 가능한 부분의 급부를 청구할 수는 없고 채무 전부의 이행에 갈음하는 손해배상을 청구하거나 계약 전부를 해제할 수 있을 뿐이다. 그에 비하여 나머지 부분이 유효하게 다루어지는 일부불능의 경우, 채권자는 가능한 부분의 이행을 청구하면서 아울러 이행이 불가능한 부분의 전보배상을 청구할 수 있다.

2. 계약의 해제

계약에 기하여 발생한 채무가 채무자의 책임 있는 사유로 이행이 불능으로 된 때에는 채권자는 계약을 해제(解除)할 수 있다($\frac{제546}{조}$). 이때 최고는 요구되지 않는다. 그리고 그 채무가 쌍무계약으로부터 발생한 경우에도 상대방이 자기 채무의 이행을 제공할 필요도 없다($\frac{대판\ 2003.1.24.,}{2000다22850}$).

3. 대상청구권

(1) 의의 및 인정근거	(다) 대상의 취득
(가) 인정근거	(라) 대용성 내지 동일성의 유지
(나) 허용범위	(마) 쌍무계약의 경우 반대급부의무의 존재
(2) 요 건	(3) 효 과
(가) 급부청구권의 존재	(가) 행사방법
(나) 후발적인 급부의 불능	(나) 양도해야 할 대상이익의 범위

(1) 의의 및 인정근거

대상청구권은 채무자의 채무이행을 불능하게 하는 사정의 결과로 이행해야 할 목적물에 갈음하는 이익을 채무자가 취득하는 경우, 채권자가 채무자에 대하여 그 이익의 양도를 청구할 수 있는 권리를 말한다.[7] 독일민법($\text{독일민법 제285조 및}\atop\text{제326조 제2항 등}$)과 프랑스민법($\text{프랑스민법}\atop\text{제1303조}$)은 채권자의 대상청구권을 명문으로 규정하고 있으나, 우리 민법은 그러한 규정을 가지고 있지 않다. 그렇지만 학설은 이행불능의 경우에 채권자의 대상청구권을 인정하는 데 다툼이 없으며, 대법원 또한 1992년에 처음으로 대상청구권을 인정한 이래 같은 취지의 판결을 반복하고 있다($\text{대판 1992.5.12, 92다4581,}\atop\text{4598 및 대판 2014.1.16,}$ ${2013다77454}\atop{\text{등 다수}}$). 한편 취득시효의 완성으로 채권(등기청구권)을 취득하는 자($\text{제245조}\atop\text{제1항}$)에게도 일정한 요건 하에 대상청구권을 인정하고 있다($\text{대판 1996.12,}\atop\text{10, 94다43825}$).[8] 생각건대 대상청구권은 우리 법에서도 인정되어야 할 뿐만 아니라 그것도 일반적으로 인정되어야 한다. 이에 대상청구권을 어떠한 근거로 인정하고 있는지 살펴보고, 대상청구의 범위를 일반적으로 인정할 것인지(무제한설) 아니면 제한적으로 인정할 것인지(제한설)에 대해 판단해 보기로 한다.

(가) 인정근거

통설과 판례는 대상청구권을 인정하는 명문의 규정이 없다고 이를 부정하지 않고 법률의 흠결로 이해한다. 이러한 법원(法源)의 흠결을 보충하고자 여러 견해가 주장된다. 즉 (i) 조리에서 대상청구권의 근거를 찾는 견해, (ii) 민법의 다른 개별적인 규정들의 배후에 존재하는 보다 일반적인 법원칙 내지 법의 이치를 법률에 규정되지 아니한 사항에 적용하는 법유추 또는 전체유추에 근거하여 대상청구권을 인정할 수 있다는 견해[9], (iii) 제390조가 근거 규정이고 제2조가 이를 수정하는 규정이라는 견해, (iv) 물상대위를 인정한 명문 규정($\text{제342}\atop\text{조}$)의 취지, 즉 '경제관계상 속하지 않아야 할 자에게 귀속된 재산적 가치는 그것이 마땅히 속하여야 할 자에게 돌려져야 한다'는 민법의 근저에 흐르는 사상에서 그 근거를 찾는 견해로 나뉜다.

(나) 허용범위

1) 제한설

대상청구권이 명문화되어 있지 않은 우리나라에서는 민법에서 명문으로 인정한 제도(제3자 채권침해, 채권자대위, 위험부담의 법리)로 해결되지 않는 경우에만 보충적으로 대상청구권이 적용될 수 있다는 입장이다. 따라서 이 견해는 법적인 규율이 없는 편무계약에서 채무자의 책임 없는 사유로 인한 이행불능의 경우에만 대상청구권을 인정한다.

2) 무제한설

이 견해는 제537조(채무자위험부담주의)는 법정채무관계나 편무계약에는 적용되지 않는다는 점, 채권관계의 성격상 당사자의 채권관계 유지의사가 존중되어야 한다는 점, 물상대위($\text{제342}\atop\text{조}$), 배상자대위($\text{제399}\atop\text{조}$), 변제자대위($\text{제480}\atop\text{조}$)에서 나타난 채권관계의 연장효 사상에 의해 채권관계는 대

---

7) 물상대위권(제342조, 제370조)은 저당권과 질권과 같이 일반채권자보다 우선권이 보장되는 경우에 인정되는 권리이기 때문에 채권자에게 인정되는 대상청구권과는 다른 의미를 지닌다.

8) 이에 대해 일부 견해는 취득시효의 완성으로 등기청구권을 취득하는 자에게(처분금지가처분이 내려진 경우를 제외하고) 대상청구권이 인정될 수 없다고 보기도 한다.

9) 개별적인 규정이 독립적으로 해석되어서는 안 되며, 관련되는 모든 규정을 고려하여 전체적인 견지에서 민법이 일정한 사항에 관하여 어떠한 가치판단을 내렸는가를 탐구하는 방법으로 해석되어야 한다는 견해이다.

상물로 연장된다는 점 등을 근거로 대상청구권을 폭넓게 인정한다.

판례는 "우리 민법은 이행불능의 효과로서 채권자의 전보배상청구권과 계약해제권 외에 별도로 대상청구권을 규정하고 있지 않으나 해석상 대상청구권을 부정할 이유가 없다고 할 것인데, 매매의 일종인 경매의 목적물인 토지가 경락허가결정$\binom{\text{필자 주: 현행법}}{\text{상 매각허가결정}}$ 이후 하천구역에 편입됨으로써 소유자의 경락자에 대한 소유권이전등기의무가 이행불능이 되었다면 경락자는 소유자가 하천구역 편입으로 인하여 지급받게 되는 손실보상금에 대한 대상청구권을 행사할 수 있다"고 하여 귀책사유 없는 불능이므로 위험부담의 법리가 적용될 수 있는 사안임에도 대상청구의 법리로 해결한 바 무제한설의 입장을 취한 것으로 이해된다$\binom{\text{대판 2002.2.}}{\text{8, 99다23901}}$.

(2) 요 건

대상청구권이 성립하려면 다음의 요건을 갖추어야 한다.

(가) 급부청구권의 존재

대상청구권의 대상인 급부청구권은 물건 또는 권리에 대한 것이어야 하며, 작위·부작위를 목적으로 하는 청구권에서는 대상청구권이 인정되지 않는다. 물건은 특정물이어야 하며 종류채권은 특정되었을 때 비로소 대상청구권 문제가 발생한다. 계약 이외에도 사무관리, 부당이득, 불법행위 등 대상청구권의 전제가 되는 채권의 발생근거는 법정채권관계인 경우에도 인정된다. 물권적 청구권이 대상청구권의 발생근거가 되는지에 대해서는 견해가 나뉜다.

(나) 후발적인 급부의 불능

급부(이행)가 후발적인 불능으로 되어야 한다. 불능이 법률행위에 의하여 생겼는지, 사실행위나 그 밖의 원인에 의하였는지는 중요하지 않다. 급부가 원시적·객관적 불능인 때에는 채무가 발생하지 않으며, 따라서 대상청구권이 문제될 여지가 없다. 후발적 불능인 한 채무자에게 책임 있는 사유로 인한 것이냐 여부는 묻지 않는다$\binom{\text{대판 1996.6.25,}}{\text{95다6601 참조10}}$.[11] 채무자의 귀책사유가 있는 이행불능에도 대상청구권이 인정된다$\binom{\text{대판 2012.6.28,}}{\text{2010다71431}}$. 채무자의 귀책사유로 인한 불능이 인정되면 채권자는 전보배상청구와 대상청구를 선택적으로 할 수 있다. 취득시효가 완성된 토지가 국가에 의해 수용되어 취득시효 완성을 원인으로 소유권이전등기의무의 이행이 불능이 된 경우, 이행불능 전에 등기명의자에 대하여 점유로 인한 부동산 소유권 취득기간이 만료되었음을 이유로 그 권리를 주장했었거나 그 취득시효기간 만료를 원인으로 한 등기청구권을 행사했었을 때에만 대상청구권을 인정한다$\binom{\text{대판 1996.12.}}{\text{10, 94다43825}}$.

---

10) 구 공공용지취득 및 손실보상에 관한 특례법(동법은 구 공익사업을위한토지등의취득및보상에관한법률(2002.2.4. 법률 제6656호) 부칙 제2조에 의하여 폐지)에 의한 협의취득은 토지수용과는 달리 토지소유자가 반드시 이에 응할 의무가 없으므로 원래의 채권자에 대한 채무의 이행이 불능하게 된 것에 대해서 채무자의 귀책사유가 있다고 보아야 한다는 견해도 있다.

11) 이행불능에 채무자의 귀책사유가 없는 경우 채권자는 제537조(채무자위험부담주의)에 따라 자기채무의 이행을 거절할 수도 있지만 채무자에게 대상청구권을 행사할 수 있다.

(다) 대상의 취득

채권의 목적물에 관하여 그것에 대신하는 이익을 채무자가 취득하여야 한다. '대신하는 이익'(대체이익)에는 제3자가 목적물을 멸실시킨 경우 제3자에 대한 손해배상청구권, 수용보상금$\binom{\text{대판 2002.2.}}{\text{8, 99다23901}}$12), 보험금청구권$\binom{\text{대판 2016.10.27,}}{\text{2013다7769}}$, 제3자에게 매도한 경우 매매대금청구권, 담보권자가 받은 배당금청구권$\binom{\text{대판 2012.6.28,}}{\text{2010다71431}}$13)과 같이 청구권뿐만 아니라 그 청구권이 실현되어 수령한 배상금, 보상금 또는 매매대금도 포함된다.

(라) 대용성 내지 동일성의 유지

급부를 불능하게 하는 사정의 결과로 채무자가 채권의 목적물에 관하여 '대신하는 이익'을 취득하여야 한다. 바꾸어 말하면 '급부를 불능하게 하는 사정'과 '대신하는 이익' 사이에 인과관계, 즉 상당인과관계가 있어야 한다$\binom{\text{대판 2003.11.14,}}{\text{2003다35482}}$. 예컨대 채권자(매수인)가 매매계약의 목적물에 대한 소유권취득이 불가능하게 된 경우에 이를 위한 대상청구권이 인정되지만, 목적물의 멸실로 인해 이를 임대차하기로 한 채권자가 임차인에게 목적물을 사용·수익하게 해 줄 수 없는 경우 목적물 훼손을 대비한 보험금은 대상청구권의 대상이 되지 않는다. 즉 급부가 불능하게 된 객체와 채무자가 그에 관하여 얻게 된 '대신하는 이익' 사이에 동일성이 존재하여야 한다.

(마) 쌍무계약의 경우 반대급부의무의 존재

채권자의 반대급부의무조차도 불능이 되어 양 당사자의 급부가 모두 불능이 되면 각각 대상이익이 존재하더라도 원칙적으로 대상청구권이 부정된다. 판례도 "쌍무계약의 당사자 일방이 상대방의 급부가 이행불능이 된 사정의 결과로 상대방이 취득한 대상에 대하여 급부청구권을 행사할 수 있다고 하더라도, 그 당사자 일방이 대상청구권을 행사하려면 상대방에 대하여 반대급부를 이행할 의무가 있는바, 이 경우 당사자 일방의 반대급부도 그 전부가 이행불능이 되거나 그 일부가 이행불능이 되고 나머지 잔부의 이행만으로는 상대방의 계약목적을 달성할 수 없는 등 상대방에게 아무런 이익이 되지 않는다고 인정되는 때에는, 상대방이 당사자 일방의 대상청구를 거부하는 것이 신의칙에 반한다고 볼 만한 특별한 사정이 없는 한, 당사자 일방은 상대방에 대하여 대상청구권을 행사할 수 없다"고 본다$\binom{\text{대판 1996.6.}}{\text{25, 95다6601}}$.

---

12) 대판 2002.2.8, 99다23901: 채무자가 수령하게 되는 보상금이나 그 청구권에 대하여 채권자가 대상청구권을 가지는 경우에도 채권자는 채무자에 대하여 그가 지급받은 보상금의 반환을 청구하거나 채무자로부터 보상청구권을 양도받아 보상금을 지급받아야 할 것이나, 어떤 사유로 채권자가 직접 자신의 명의로 대상청구의 대상이 되는 보상금을 지급받았다고 하더라도 이로써 채무자에 대한 관계에서 바로 부당이득이 되는 것은 아니라고 보아야 할 것이다.

13) 이 사건에서 신용보증기금인 乙이 甲 주식회사를 상대로 한 사해행위취소소송에서 원물반환으로 근저당권설정등기의 말소의 승소판결이 확정되었는데, 그 후 그 부동산이 관련 경매사건에서 담보권 실행을 위한 경매절차로 제3자에게 매각되어 甲 회사의 근저당권설정등기 말소등기절차의무가 이행불능이 된 경우, 乙은 대상청구권 행사로서 甲 회사가 말소될 근저당권설정등기에 기한 근저당권자로서 지급받은 배당금의 반환을 청구할 수 있다고 보았다. 참고로 사해행위취소로 원상회복을 청구하여 승소판결이 확정되면 가액배상을 청구할 수 없다는 판결이 있다(대판 2006.12.7, 2004다54978).

(3) 효 과

(가) 행사방법

대상청구권자의 이전청구 또는 양도청구에 응하여 상대방이 대상 또는 청구권을 이전해야 그 권리가 이전된다. 대상청구권은 채권적 청구권이기 때문이다.[14] 따라서 대상청구권의 요건이 갖추어졌다고 하여 '대신하는 이익'이 채권자에게 직접 이전되지는 않는다(대판 1996.10. 29, 95다56910).[15] 원칙적으로 채무자가 취득한 대상물에 대한 권리 이전을 청구할 수 있으나 대상(물)에 대한 급부청구권을 대상이익으로 보고 그 청구권의 양도를 청구할 수도 있다. 이때 원래 채무와의 동일성이 유지되므로 원채무에 붙은 항변권 등은 대상청구권에 대하여도 행사할 수 있다. 또한 대상청구권은 기존의 채권을 대신한 것에 대한 청구권이므로 기존의 채권관계가 유지된다. 이에 따라 대상청구권자 자신도 상대방에 대한 채무를 이행해야 하며, 대상청구권자와 상대방의 채무는 동시이행관계에 있다.[16]

채무자의 귀책사유로 이행불능이 발생한 경우 채권자는 채무불이행으로 인한 손해배상청구권과 아울러 대상청구권도 가지게 된다. 대상청구권자는 두 청구권을 선택적으로 행사할 수 있다. 다만 그가 대상청구권을 행사하여 '대신하는 이익'을 수령한 경우 손해배상액은 수령한 대상이익의 가치만큼 감소한다(손익상계). 이는 상계의 의사표시 없이도 당연히 일어난다.

(나) 양도해야 할 대상이익의 범위

대상이익이 채권의 목적물의 가치를 넘는 경우 초과가치부분도 양도해야 하는지 문제된다. 학설은 견해가 나뉜다. 예컨대 시가 1,000만 원인 도자기를 900만 원에 매수하는 계약을 체결 후 매도인이 그 도자기를 제2매수인에게 1,100만 원에 다시 팔아 대금을 수령했다면 제1매수인이 청구할 수 있는 대상이익이 1,000만 원인지 1,100만 원인지가 문제된다.

---

14) 대상청구권도 채권이라는 점에서 시효소멸의 대상이 된다. 판례는 대판 2002.2.8, 99다23901에서 "대상청구권은 특별한 사정이 없는 한 매매 목적물의 수용 또는 국유화로 인하여 매도인의 소유권이전등기의무가 이행불능 되었을 때 매수인이 그 권리를 행사할 수 있다고 보아야 할 것이고 따라서 그 때부터 소멸시효가 진행하는 것이 원칙이라 할 것이나, 국유화가 된 사유의 특수성과 법규의 미비 등으로 그 보상금의 지급을 구할 수 있는 방법이나 절차가 없다가 상당한 기간이 지난 뒤에야 보상금청구의 방법과 절차가 마련된 경우라면, 대상청구권자로서는 그 보상금청구의 방법이 마련되기 전에는 대상청구권을 행사하는 것이 불가능하였던 것이고, 따라서 이러한 경우에는 보상금을 청구할 수 있는 방법이 마련된 시점부터 대상청구권에 대한 소멸시효가 진행하는 것으로 봄이 상당할 것인바, 이는 대상청구권자가 보상금을 청구할 길이 없는 상태에서 추상적인 대상청구권이 발생하였다는 사유만으로 소멸시효가 진행한다고 해석하는 것은 대상청구권자에게 너무 가혹하여 사회정의와 형평의 이념에 반할 뿐만 아니라 소멸시효제도의 존재이유에 부합된다고 볼 수 없기 때문이다"고 보았다.

15) 대판 1996.10.29, 95다56910: 소유권이전등기의무의 목적 부동산이 수용되어 그 소유권이전등기의무가 이행불능이 된 경우, 등기청구권자는 등기의무자에게 대상청구권의 행사로써 등기의무자가 지급받은 수용보상금의 반환을 구하거나 또는 등기의무자가 취득한 수용보상금청구권의 양도를 구할 수 있을 뿐 그 수용보상금청구권 자체가 등기청구권자에게 귀속되는 것은 아니다.

16) 대상물이 본래의 급부보다 적은 경우에 자신의 채무도 이에 비례하여 축소된다고 본다(송덕수, 민사판례연구 (1994), 47면; 민법주해(IX) (양창수 집필 부분), 295면). 예컨대 시가 1천만 원인 도자기를 8백만 원에 매수하기로 하였으나 그 도자기가 깨져 이행불능이 되었고, 대신 보험금 5백만 원을 수령하게 된 경우, 매수인이 이에 대해 대상청구권을 행사하면, 자신의 대금지급의무도 그 절반인 4백만 원으로 축소된다고 본다.

1) 무제한설(초과가치부분 양도 긍정)

채무자가 이행불능으로 인하여 채무를 면하고 별도의 이득을 취할 수 있는 것은 신의칙에 반하고, 원래의 급부목적물이 채권자에게 귀속할 것이었으므로 전부에 대해 대상청구할 수 있다고 보는 견해이다. 손해의 한도 내에서 대상청구권을 인정하면, 채무자에게 귀책사유가 있는 경우에 대상청구권이 무의미하게 될 뿐만 아니라 그러한 해석의 타당성도 의심된다고 본다. 요컨대 증여의 목적물을 증여자가 타인에게 비싸게 매각한 경우의 초과가치도 마땅히 수증자에게 귀속되어야 한다는 것이다. 판례는 비록 행정소송이지만 토지수용보상금에 대해서 경매를 통한 매수인의 보상금 전부에 대한 대상청구권을 인정하였다(대판 2008.6.12. 2005두5956). 이 견해에 따르면 위 사례에서 1,100만 원에 대해 대상청구가 가능하다.

2) 제한설(초과가치부분 양도 부정)

이 견해는 채권자가 입은 손해를 한도로 하여 대상의 반환을 청구할 수 있다고 본다. 그 손해는 불능 당시 목적물의 객관적 가치로 파악된다. 대상청구권도 부당이득금지의 이념에 기초하고 있으므로, 오히려 채권자에게 유리하게 돼서는 안된다는 것이다. 이는 부당이득이 손해를 한도로 하여 인정되는 것과 유사하다. 서울고판 1991.12.10, 91나26555에서는 "위 매매계약의 목적물이 되는 토지부분에 관한 피고의 소유권이전등기의무는 위 토지수용으로 인하여 이행불능이 되었다 할 것이고, 이러한 경우 이행불능이 생긴 것과 동일한 원인으로 채무자인 피고가 이행의 목적물의 대가로 볼 수 있는 이익을 취득한 때에는 채무자는 이행불능이 생기지 않았던 경우 이상으로 이익을 받을 이유가 없으므로 채권자인 원고는 위 이행불능으로 인한 손해를 한도로 하여 채무자인 피고에 대하여 위 이익의 상환을 구할 이른바 대상청구권이 있다고 봄이 상당하다 할 것"이라고 하여 제한설을 취하였다.[17] 이 견해에 따르면 제1매수인은 1,000만 원만 청구할 수 있다.

---

17) 서울고판 1991.12.10, 91나26555: 위 매매계약의 목적물이 되는 토지부분에 관한 피고의 소유권이전등기의무는 위 토지수용으로 인하여 이행불능이 되었다 할 것이고, 이러한 경우 이행불능이 생긴 것과 동일한 원인으로 채무자인 피고가 이행의 목적물의 대가로 볼 수 있는 이익을 취득한 때에는 채무자는 이행불능이 생기지 않았던 경우 이상으로 이익을 받을 이유가 없으므로 채권자인 원고는 위 이행불능으로 인한 손해를 한도로 하여 채무자인 피고에 대하여 위 이익의 상환을 구할 이른바 대상청구권이 있다고 봄이 상당하다 할 것인바, 위 인정사실에 의하면, 피고는 그의 소유권이전등기의무가 이행불능이 된 원인인 토지수용으로 인하여 이행의 목적물의 대가로 볼 수 있는 손실보상금을 수령함으로써 동액 상당의 이익을 얻고, 원고는 동액 상당의 손해를 보았다 할 것이나(위 이행불능으로 인한 원고의 손해는 이행불능 당시의 시가상당액이라 할 것이고 그 시가는 이행불능 당시의 위 토지의 현황을 기준으로 하여 산정하여야 할 것인 바, 이행불능 당시 위 토지의 현황인 도로를 기준으로 한 시가가 수용재결상의 손실보상금과 같은 금액인 평방미터당 금 70,000원인 사실은 당사자 사이에 다툼이 없다), 원고가 위 대상 청구권을 행사하려면 당초계약에 따른 매매대금은 피고에게 지급하여야 할 것이므로 결국 원고의 위 대상청구권 행사에 따라 피고가 원고에게 상환하여야 할 수액은 위 매매계약의 목적물인 토지부분의 손실보상금에 해당하는 금 20,314,000원[70,000 × (272 + 18.2)]에서 위 매매계약이 이행불능이 되지 아니하였더라면 원고가 추가로 지급하여야 할 잔금상당액인 금 1,238,010원(10,238,010 − 9,000,000)원을 공제한 금 19,075,990원(20,314,000 − 1,238,010)이 된다 할 것이다. 아쉽게도 이 사건은 상고되어 대상청구권과 관련된 최초의 판결인 대판 1992.5.12, 92다4581로 판시되기는 했으나, 대상이익이 채권의 목적물의 가치를 넘는 경우 초과가치부분도 양도해야 하는지의 문제에 대해서는 고등법원의 판단을 당사자가 다투지 아니하여 대법원이 직접적으로 판단하지는 않았다.

3) 판례의 견해

비교적 최근의 한 판례에 따르면 매매의 목적물이 화재로 이행불능된 경우, 매도인이 지급받게 되는 화재보험금, 화재공제금에 대하여 매수인의 대상청구권이 인정되는 이상, 매수인은 특별한 사정이 없는 한 목적물에 대하여 지급되는 화재보험금, 화재공제금 전부에 대하여 대상청구권을 행사할 수 있고, 인도의무의 이행불능 당시 매수인이 지급하였거나 지급하기로 약정한 매매대금 상당액의 한도 내로 범위가 제한되지 않는다고 한다($\binom{대판\ 2016.10.27,}{2013다7769}$).

이 판결을 근거로 판례가 무제한설을 취하는 것으로 설명하기도 하지만 이는 적절치 못하다. 판결문에서 화재보험금은 '보험자가 보상할 손해액은 당사자 간에 다른 약정이 없는 이상 손해가 발생한 때와 곳의 가액에 의하여 산정하고($\binom{상법\ 제676}{조\ 제1항}$)'라고 한다. 즉 화재보험금은 실손해 전보에 필요한 금액으로 제한된다는 점에서 실손해를 넘는 경우에도 보험금 전부에 대해서도 대상청구권을 행사할 수 있다고 한 것은 아니다. 예컨대 시가 1억 원의 목적물을 8천만 원에 매도했으나 목적물의 멸실로 이행불능이 되고 그 보험금을 1억 3천만 원 받기로 한 경우, 그 보험금 청구권 1억 3천만 원을 대상이익으로 인도청구할 수 있음을 의미한다면 이는 무제한설을 취한 것이라 설명할 수 있다. 그러나 본 사안에서는 관련법규에 따라 보험금은 실손해액인 1억 원이 되며, 그 보험금이 매매대금인 8천만 원을 초과하는 경우에도 그 보험금 1억 원 전부에 대상청구권을 행사할 수 있음을 설시한 것이어서 무제한설을 취한 것은 아니라고 해야 할 것이다.

제3절 불완전이행

Ⅰ. 의 의	Ⅲ. 성립요건
Ⅱ. 불완전이행과 담보책임과의 관계	Ⅳ. 불완전이행의 효과

Ⅰ. 의 의

1. 정 의

불완전이행이란 채무자가 채무의 이행으로서 일정한 급부를 하였으나 그 급부에 하자가 있는 경우를 의미한다.[18] 요컨대 급부이행을 했지만 급부가 채무내용에 좇지 않은 불완전한 모든

---

18) 채무자가 외견상 이행행위를 했으나 불완전하여 채무내용에 좇은 이행이 되지 않아 채권자에게 손해를 입힌 경우로 정의하기도 한다.

경우를 말한다. 즉 이행불능이나 이행지체의 경우와 같이 채무자에 의한 이행행위가 전혀 없는 소극적 형태에 의한 것이 아니라 채무자의 적극적 이행행위가 있었으나 그것이 채무내용에 좇지 않은 불완전한 이행이고, 이로 인해 채권자에게 손해가 발생한 경우를 불완전이행이라 말한다. 통설은 불완전급부, 부수의무위반, 보호의무위반의 경우를 포섭하여 이행지체나 이행불능에 해당하지 않는 모든 유형의 채무불이행을 포함하는 개념으로 이해한다(단 보호의무위반의 경우에 급부의무와 무관하게 인정되는 보호의무위반은 채무불이행의 개념에 포함되지 않는다). 예컨대 지붕수리를 부탁받은 채무자의 잘못된 수리로 인해 비가 새어 채권자의 다른 재산이 침해된 것처럼 채무이행과 관련된 주의의무, 설명의무 등 부수의무를 채무자가 위반하여 채권자에게 손해를 발생케 한 경우, 병든 가축을 인도함으로써 다른 가축에 감염되게 한 것과 같이 채무자가 보호의무에 위반하여 채권자의 생명, 신체 기타 재산상의 손해를 발생케 한 경우 등이 불완전이행에 속한다.

2. 인정근거(채무불이행의 유형에 포함시키는 법적 근거)

채무불이행의 유형으로 민법은 이행불능과 이행지체만을 규정하고, 불완전이행에 대해서는 아무런 규정을 두고 있지 않다. 그러나 제390조의 "채무자가 채무의 내용에 좇은 이행을 하지 아니한 때에 채권자는 손해배상을 청구할 수 있다"라는 규정을 요건과 효과상의 포괄적 규정으로 볼 수 있으므로, 불완전이행을 인정할 실정법적 근거는 제390조라고 봄이 타당하다.

Ⅱ. 불완전이행과 담보책임과의 관계

불완전이행으로 손해가 발생한 경우, 채무자에게 채무불이행책임 외에 담보책임을 부담시킬 수 있는지에 관하여 양자의 관계가 문제된다. 판례는 양자의 경합을 인정한다(대판 2004.7.22, 2002다 51586 등 다수: 담보책임 부분 참조). 예컨대 토지 매도인이 성토작업을 기화로 다량의 폐기물을 은밀히 매립하고 그 위에 토사를 덮은 다음 도시계획사업을 시행하는 공공사업시행자와 사이에서 정상적인 토지임을 전제로 협의취득절차를 진행하여 이를 매도함으로써 매수자로 하여금 그 토지의 폐기물처리비용 상당의 손해를 입게 하였다면 매도인은 이른바 불완전이행으로서 채무불이행으로 인한 손해배상책임을 부담하고, 이는 하자 있는 토지의 매매로 인한 민법 제580조 소정의 하자담보책임과 경합된다(대판 2004.7.22, 2002다51586).

Ⅲ. 성립요건

> 1. 당사자 사이에 채권관계에 기한 이행행위의 존재
> 2. 급부행위의 불완전 또는 급부와 관련된 주의 의무의 위반
>   (1) 급부의무위반
>
> (2) 부수적 의무의 위반
> (3) 보호의무위반
> 3. 채무자의 귀책사유
> 4. 위법할 것

1. 당사자 사이에 채권관계에 기한 이행행위의 존재

불완전이행은 채무불이행의 한 유형으로 인정되고 있으므로, 당사자 사이에 약정 또는 법정 채권관계가 존재하였어야 한다. 또한 불완전이행은 채무자가 급부이행을 하였으나 그 이행이 채무내용에 좇지 않은 경우이므로, 불완전이행이 인정되기 위해서는 외관상 채무자의 이행행위 가 존재하여야 한다. 이행행위가 전혀 없는 경우는 이행지체 또는 이행불능이 성립될 뿐이다.

2. 급부행위의 불완전 또는 급부와 관련된 주의의무 위반

(1) 급부의무위반

(가) 주는 채무에서의 급부의무위반

주는 채무에서의 급부의무위반은 급부된 목적물에 하자가 있거나 그 이행방법이 불완전하여 채권자에게 손해가 발생한 경우이다. 예컨대 우유의 매수인이 변질된 우유를 마시고 식중독에 걸린 경우, 매수한 가축사료에 유독물이 섞여 있었기 때문에 그것을 먹은 가축이 죽은 경우, 사과 100상자를 인도하기로 하였는데 인도된 100상자 중 일부에 흠이 있는 경우, 전염병에 걸 린 가축을 인도하였기 때문에 채권자의 다른 가축이 감염된 경우 등이 이에 속한다. 이 경우에 변질된 우유, 독성이 있는 사료, 전염병에 걸린 가축 그 자체에 대해서는 하자담보책임을 주장 할 수 있다. 그러나 다른 가축이 죽은 경우나 감염된 경우 등과 같이 확대손해가 발생한 경우 에는 하자담보책임을 물을 수 없다. 이 경우 채권자는 채무자에 대하여 불완전이행으로 인한 손해배상을 청구할 수 있다고 할 것이다.

1) 특정물인도채무에서의 현상인도의무($_{조}^{제462}$)와의 관계

특정물에 원시적 하자가 있는 경우 하자담보책임이 인정됨에는 문제가 없으나 채무자의 귀 책사유로 인한 후발적 하자가 있는 경우 불완전이행이 인정될 수 있는지 문제된다. 특정물의 인도채무는 이행기의 현상대로 인도해야 하기 때문이다($_{조}^{제462}$). 예컨대 특정물에 하자있는 상태 로 이행제공을 한 경우, 이행제공의 효과를 인정할 것인지 문제된다. 학설은 불완전이행 부정 설($_{(강조설)}^{(제462조}$), 불완전이행 긍정설, 제한적 불완전이행 긍정설[19]로 나뉜다. 제462조는 채무자에게

---

19) 확대손해가 발생한 경우에만 불완전이행을 인정하는 견해이다. 여기서 불완전이행과 하자담보책임과의 관계에 대하

현상인도의 '의무'를 부담하도록 하는 것이지 급부자가 현상대로 인도해도 된다는 의미의 규정이 아니라는 점에서 불완전이행으로 보는 견해가 타당할 것이다.[20]

2) 불특정물 인도채무의 경우

제581조의 하자담보책임 외에 불완전이행책임을 인정할 수 있는지가 문제된다. 학설은 목적물 자체에만 손해가 발생한 경우는 특칙인 제581조의 하자담보책임만이 인정되고, 확대손해가 발생한 경우에 그러한 확대손해에 대해서만 불완전이행책임이 인정된다고 보는 견해가 지배적이다.

(나) 하는 채무에서의 급부의무위반

하는 채무는 물건의 인도 이외의 작위를 급부내용으로 하는 채무이다. 하는 채무에서의 불완전이행은 다음과 같이 두 가지로 나눌 수 있다.

1) 하는 채무의 내용이 일정한 결과를 실현하여야 하는 경우에 채무자의 결과실현이 불완전할 때에는 불완전이행이 성립하게 된다. 예컨대 광산조사위탁자가 불완전한 보고서를 교부한 경우, 내장공사가 안된 건축물을 인도한 경우[21], 임차인, 차주 또는 수치인의 목적물보관의무, 운송인의 운송의무 등에서 임차인, 차주 또는 수치인이 목적물을 훼손하거나 운송인의 운송방법이 거칠어 승객을 다치게 한 때에 불완전이행이 성립한다.

2) 급부의무의 내용이 어떤 결과를 실현하는 것이 아니라 그 결과를 향해서 최선의 조치를 하여야 하는 경우, 즉 행위 그 자체를 내용으로 하는 채무에서의 채무불이행의 유형은 대부분 불완전이행이 된다. 예컨대 의사가 진료행위를 하면서 처방을 잘못한 경우가 이에 해당한다.

이 경우 채권자는 채무자에게 보완청구와 지연배상청구를 하거나 불완전한 부분에 대한 전보배상을 할 수 있다. 계약목적을 달성할 수 없을 때는 전부에 대한 수령거절과 전부에 대한 전보배상을 청구할 수 있을 것이다.

(다) 일부불능 · 일부지체와의 관계

일부지체나 일부불능을 지체나 불능의 한 유형으로 보든 불완전이행으로 보든 법률효과의 면에서 큰 차이는 없으나 이를 불완전이행으로 보는 견해가 있다. 이에 따르면 채무의 일부에

여, 이 견해는 목적물 그 자체에만 하자가 있고 확대손해가 발생하지 아니한 경우에는 하자담보책임만이 문제되며, 불완전이행은 문제되지 않는다고 한다. 왜냐하면 민법은 특정물뿐만 아니라 불특정물에 대한 매도인의 하자담보책임을 규정하고 있고, 하자담보책임에 대한 규정은 채무불이행, 특히 불완전이행에 관한 규정에 대하여 특별규정이기 때문이라고 한다.

20) 반면에 불완전이행 부정설은 담보책임으로 전보되지 않는 손해에 대해서만 불완전이행책임을 인정한다. 예컨대 甲이 乙에게 브레이크가 고장난 자동차를 판매하였는데 브레이크 고장으로 사고가 발생하여 자동차가 파손되었고 또한 매수인 乙이 부상을 입은 경우, 이 경우에 사고로 인한 자동차의 파손에 대하여 매수인 乙은 매도인 甲에게 하자담보책임을 주장할 수 있고, 매도인 甲에게 귀책사유가 있는 때에는 매수인 乙은 자기가 입은 부상에 대해서만 불완전이행에 의한 손해배상을 청구할 수 있다고 본다.

21) 도급계약에서 수급인이 완성한 일에 하자가 있는 경우에도 불완전이행이 성립하는지에 대해서는 견해가 나뉜다(자세히는 제9편 제2장 제2절 '도급' 부분 참조).

관하여 이행지체 또는 이행불능이 있는 때에 그것은 채무의 내용에 좇은 이행이 아니므로 불완전이행에 해당하게 된다. 그러나 일부지체 또는 일부불능은 각각 이행지체 또는 이행불능의 유형에 속하는 것으로 보고 이행지체나 이행불능의 법리가 적용되어야 한다는 견해도 있다. 생각건대 실질적인 차이는 없지만 개념적으로는 다음과 같이 구별될 수 있다. 가령 사과 10상자의 인도채무를 부담하는 사람이 처음부터 9상자임을 인식하고 이를 인도한 경우에는 이행지체 또는 이행불능이 문제될 것이다. 그러나 10상자인 줄 알고 전체를 인도했으나 사실은 9상자에 해당되는 경우 또는 10상자의 사과 중에 일부에 흠이 있는 경우에는 불완전이행이 될 것이다.

(2) 부수적 의무의 위반

채무자는 급부의무 이외에 채권내용의 실현을 위하여 신의칙에 의해 여러 부수의무를 부담한다. 왜냐하면 채권관계는 단순한 채권·채무의 대립적인 관계가 아니라, 채권의 목적달성을 위하여 상호간에 협력하여야 할 협동체적 관계이기 때문이다. 이러한 의무는 계약내용, 법률규정 또는 신의칙상 계약목적 달성의 필요에 의해 발생한다. 여기에는 채무자의 주의의무, 성실의무, 설명의무, 충실의무, 보호의무 등이 있다. 부수의무는 급부실현을 목적으로 하지 않지만 채무자가 이를 위반하는 경우에는 불완전이행이 성립하며, 따라서 채무자는 채권자에게 손해배상의 책임을 부담하게 된다. 이하에서 부수의무의 몇 가지를 살펴보기로 한다.

(가) 설명의무(예 상품내용의 설명의무, 의사의 설명의무, 용법의 설명의무)

채무자는 급부의무 이외에 채권내용의 실현을 위하여 신의칙에 의해 설명의무를 부담한다. 예컨대 농약판매업자는 농민에게 농약을 판매할 때에 그 농약의 성능·사용방법 등에 관하여 정확한 설명을 하여 줄 주의의무가 있고, 그 성능 등에 관하여 알지 못하면서 함부로 그 사용에 관한 지시나 권유를 하여서는 안 될 주의의무가 있다($\binom{\text{대판 1995.3.}}{28, \ 93\text{다}62645}$). 또한 의사는 긴급한 경우나 다른 특별한 사정이 없는 한, 환자에게 수술을 시행하는 과정 및 그 후에 나쁜 결과가 발생할 개연성이 있는 의료행위를 하기 전에 또는 의약품을 투여하기 전에 환자나 법정대리인에게 환자의 의사결정을 위하여 중요한 사항(질병의 증상, 치료방법의 내용과 필요성, 예상되는 생명·신체에 대한 위험성과 부작용 등)을 설명함으로써 환자로 하여금 투약에 응할 것인가의 여부를 스스로 결정할 기회를 가질 수 있도록 하여야 하며, 진료 목적의 달성을 위하여 환자 또는 그 보호자에 대하여 요양의 방법 기타 건강관리에 필요한 사항을 상세히 설명하여 후유증 등에 대비하도록 할 의무가 있다($\binom{\text{대판 2002.5.28,}}{2000\text{다}46511}$).

(나) 부수적 의무로서의 안전배려의무(근로계약시 신체안전설비의무, 숙박계약시 생명의 안전의무 등)

사용자는 근로계약에 수반되는 신의칙상의 부수적 의무로서 피용자가 노무를 제공하는 과정에서 생명·신체·건강을 해치는 일이 없도록 인적·물적 환경을 정비하는 등 필요한 조치를 강구하여야 할 안전배려의무를 부담한다($\binom{\text{대판 2001.7.27,}}{99\text{다}56734}$).

(다) 계약체결시 상대방에 대한 고지의무

경우에 따라서는 재산적 거래의 계약당사자는 상대방에게 일정한 고지의무를 부담하는 경우가 있다. 계약의 효력에 영향을 미치거나 상대방의 권리 확보에 위험을 가져올 수 있는 구체적 사정을 고지하였다면 상대방이 계약을 체결하지 아니하거나 적어도 그와 같은 내용 또는 조건으로 계약을 체결하지 아니하였을 것이 경험칙상 명백한 경우에는 그 사정을 고지해야 할 의무가 인정된다. 그러나 이때에도 상대방이 고지의무의 대상이 되는 사실을 이미 알고 있거나 스스로 이를 확인할 의무가 있는 경우 또는 거래 관행상 상대방이 당연히 알고 있을 것으로 예상되는 경우 등에는 상대방에게 위와 같은 사정을 알리지 아니하였다고 하여 고지의무를 위반하였다고 볼 수는 없다(대판 2014.7.24, 2013다97076).

(3) 보호의무위반

채무자는 채무이행과정에서 채권자의 생명·신체·건강 기타 재산상의 이익을 침해하지 않도록 배려해야 할 보호의무가 있다. 비록 채무자가 급부의무를 이행하더라도, 이러한 보호의무를 위반할 경우 불완전이행이 성립하게 된다. 예컨대 병든 가축을 인도함으로써 다른 가축을 질병에 감염시킨 경우, 배달원이 음식을 배달하는 과정에서 음식주문자의 도자기를 깨뜨린 경우 등이 이에 속한다. 판례도 보호의무는 신의칙상의 부수의무이므로 이를 위반하면 불완전이행으로 인한 채무불이행책임을 부담하다고 한다(대판 2007.5.10, 2007다3377; 대판 1998.11.24, 98다25061 등 다수).

즉 "여행업자는 기획여행계약의 상대방인 여행자에 대하여 기획여행계약상의 부수의무로서 여행자의 생명·신체·재산 등의 안전을 확보하기 위하여 여행목적지·여행일정·여행서비스 기관의 선택 등에 관하여 미리 충분히 조사·검토하여 전문업자로서의 합리적인 판단을 하고, 또한 그 계약 내용의 실시에 관하여 조우할지 모르는 위험을 미리 제거할 수단을 강구하거나 또는 여행자에게 그 뜻을 고지하여 여행자 스스로 그 위험을 수용할지 여부에 관하여 선택의 기회를 주는 등의 합리적 조치를 취할 신의칙상의 주의의무가 있다"고 한다(대판 2007.5.10, 2007다3377). 따라서 여행자가 여행지에서 놀이시설을 이용하다가 다른 여행자의 과실행위로 인하여 상해를 입은 경우에는 여행업자에게 손해배상책임이 있다고 한다(대판 1998.11.24, 98다25061). 또한 숙박업자는 투숙객에 대하여 보호의무를 지므로 숙박업자가 이를 위반하여 투숙객에게 손해를 입힌 경우에는 불완전이행책임을 진다(대판 2000.11.24, 2000다38718).22) 그 밖에 병원은 병실에의 출입자를 통제·감독하든가 그것

22) 대판 2000.11.24, 2000다38718,38725: 공중접객업인 숙박업을 경영하는 자가 투숙객과 체결하는 숙박계약은 숙박업자가 고객에게 숙박을 할 수 있는 객실을 제공하여 고객으로 하여금 이를 사용할 수 있도록 하고 고객으로부터 그 대가를 받는 일종의 일시 사용을 위한 임대차계약으로서 객실 및 관련 시설은 오로지 숙박업자의 지배 아래 놓여 있는 것이므로 숙박업자는 통상의 임대차와 같이 단순히 여관 등의 객실 및 관련 시설을 제공하여 고객으로 하여금 이를 사용·수익하게 할 의무를 부담하는 것에서 한 걸음 더 나아가 고객에게 위험이 없는 안전하고 편안한 객실 및 관련 시설을 제공함으로써 고객의 안전을 배려하여야 할 보호의무를 부담하며 이러한 의무는 숙박계약의 특수성을 고려하여 신의칙상 인정되는 부수적인 의무로서 숙박업자가 이를 위반하여 고객의 생명·신체를 침해하여 투숙객에게 손해를 입힌 경우 불완전이행으로 인한 채무불이행책임을 부담한다. 이 판결에서는 보호의무를 부수적 주의의무의 일종으로 보고 있다.

이 불가능하다면 최소한 입원 환자에게 휴대품을 안전하게 보관할 수 있는 시정장치가 있는 사물함을 제공하는 등으로 입원 환자의 휴대품 등의 도난을 방지함에 필요한 적절한 조치를 강구하여 줄 신의칙상의 보호의무가 있으며, 이를 소홀히 하여 입원 환자와는 아무런 관련이 없는 자가 입원 환자의 병실에 무단출입하여 입원 환자의 휴대품 등을 절취하였다면 병원은 그로 인한 손해배상책임이 있다(대판 2003.4.11,/2002다63275).

반면에 보호의무위반에 의하여 침해된 이익은 일반적으로 불법행위법의 보호대상이 될 수 있으므로, 불완전이행으로 인한 채무불이행책임과 불법행위책임과의 경합이 인정된다(대판 2022.5. 26, 2022/다/211089). 그러나 여기에는 보호의무위반의 경우 불법행위 법리에 의하여 해결할 수 있다는 이유에서 보호의무위반을 채무불이행으로 볼 수 없다는 유력설이 있다.

3. 채무자의 귀책사유

불완전한 이행에 대하여 채무자에게 고의 또는 과실이 존재하여야 하며, 이행보조자 또는 법정대리인의 고의·과실로 인한 불완전한 이행도 채무자의 귀책사유로 된다. 판례도 "매매목적물의 하자로 인한 확대손해에 대하여 매도인에게 배상책임을 지우기 위해서는 하자 없는 목적물을 인도하지 못한 의무위반 사실 외에 그러한 의무위반에 대하여 매도인에게 귀책사유가 있어야 한다"고 한다(대판 2003.7.22,/2002다35676). 주의할 것은 불완전이행의 결과 확대손해가 발생한 때가 많으나 확대손해의 발생은 불완전이행의 성립요건이 아니라는 점이다. 즉 확대손해가 발생한 경우는 물론이고 확대손해가 없더라도 그 성립요건이 갖추어지면 불완전이행이 성립한다. 구체적 주의의무의 존재와 그 위반 사실은 피해자인 채권자가 주장·증명하여야 하며 채무자로서는 통상의 채무불이행에 있어서와 마찬가지로 그 채무불이행에 관하여 채무자가 자기에게 과실이 없음을 주장·증명하지 못하는 한 그 책임을 면할 수는 없다.

4. 위법할 것

불완전이행은 채권에 대한 채무자의 침해이므로 위법성을 필요로 한다.

Ⅳ. 불완전이행의 효과

1. 손해배상청구권의 발생

이행방법의 잘못으로 채권자에게 확대손해가 발생한 경우, 불완전이행이 있은 후에도 완전이행이 가능하지만 새로운 이행이 채권자에게 아무런 이익을 주지 않는 경우, 또는 완전이행이 불가능한 경우에 채권자는 채무자에 대하여 손해배상을 청구할 수 있다.

2. 완전이행청구권

불완전이행은 채무내용에 좇은 이행이 아니므로, 완전이행이 가능하고 또한 채권자에게 이익이 되는 경우 채권자는 불완전이행으로 발생한 손해의 배상과 더불어 완전이행을 청구할 수 있다. 한편 학설은 불완전한 이행이 양적인 경우(④ 주문한 과일 중에 일부가 썩은 경우)에는 손해배상청구는 할 수 없고 추완청구권만을 행사할 수 있다고 하나, 이는 일부이행지체의 법리로 해결할 수도 있다.

3. 계약의 해제·해지권

민법은 이행지체 및 이행불능에 대해서만 해제권을 부여하고 있고 불완전이행이 해제권 발생사유라는 규정은 없다. 해석상 해제권을 인정할지에 대하여 견해가 다양하다.

긍정설은 불완전이행 또한 채무불이행의 독자적 유형이므로 당연히 계약해제권을 인정해야 한다고 본다. 추완을 통해 목적달성(완전이행)이 가능한 경우에는 최고하고 최고기간이 경과하면 해제가 가능하다고 본다. 제한적 긍정설은 원칙적으로 해제권의 발생을 부정하나, 불완전이행으로 계약의 목적을 달성할 수 없는 때에는 예외적으로 해제권을 인정한다. 반면 부정설은 불완전이행은 채무자의 추완 가능 여부에 따라 (일부)이행지체 또는 (일부)이행불능의 법리로 해제하면 되는 것이고 불완전이행을 이유로 한 해제권은 인정할 필요가 없다고 본다.

불완전이행의 형태에 따라 달리 보는 것이 타당하다. 불완전이행이 주된 급부의무에서 나타난 경우에는 그 의무위반으로 계약목적달성이 어려운 경우에는 계약해제가 가능하다고 할 것이다(대판 1996.11.26, 96다27148. 다만 계약해제의 사유가 불완전이행을 이유로 한 것인지는 밝히고 있지 않음). 그러나 부수적 의무위반의 형태로 나타나는 불완전이행으로는 계약해제가 불가능하다(대판 2022.6.16, 2022다203804. 콘도미니엄 객실 1개를 분양할 때 객실 앞을 지나는 고압선을 지중화하는 특약을 수기로 작성한 사건에서 이 특약상 의무는 부수적 의무가 아니며, 따라서 그 불이행시 계약해제가 가능하다고 한 사례). 부수적 의무는 객관적으로 급부의 독립적 가치가 없을 뿐만 아니라 당사자가 중요한 급부로 정하지 않은 것이므로 계약을 해제할 정도의 사유로는 인정될 수 없기 때문이다.

제4절 이행거절

Ⅰ. 의 의
Ⅱ. 법적 근거 및 독자성 인정 여부
Ⅲ. 요건과 효과
Ⅳ. 이행거절의 종료

I. 의 의

채무불이행의 한 유형으로서 이행거절이란 채무자가 자신의 채무를 이행할 뜻이 없음을 명백하고도 종국적으로 밝히는 것이다. 즉 채무자가 채무의 이행이 가능함에도 이를 행할 의사가 없음을 채권자에 대하여 진지하고 종국적으로 표시하여 객관적으로 보아 채권자로 하여금 채무자의 임의의 이행을 더 이상 기대할 수 없게 하는 경우를 말한다. 종래 학설은 이행거절을 채무불이행의 유형으로 특별히 언급하고 있지 않으나, 최근 다른 유형의 채무불이행과 구별되는 특징을 고려하여 이행거절을 독자적인 채무불이행의 유형으로 보아야 한다는 주장이 제기되었다. 법적 효과 역시 독특한 점이 있다는 것을 고려하여 이하에서는 판례를 중심으로 간략히 살펴보기로 한다.[23]

II. 법적 근거 및 독자성 인정 여부

1. 법적 근거

이행거절의 유형을 민법이 인정하고 있다는 법적인 근거로서 직접 제544조 단서가 거론되기도 한다. 그러나 이는 타당한 근거가 되지 못한다. 제544조 단서의 요건 중 '미리'의 해석에 있어 이를 이행기의 도과 후 최고기간의 경과 전만을 뜻하는 것으로 새기는 것이 동 규정의 형식논리에 합당하기 때문이다. 제544조 단서는 그 형식구조상 이행지체의 성립을 전제로 하고 있기 때문이다. 다만 제390조는 "채무자가 채무의 내용에 좇은 이행을 하지 아니한 때에 채권자는 손해배상을 청구할 수 있다"라는 요건과 효과상의 포괄적 규정을 두고 있으므로, 이행거절도 제390조에 의하여 채무불이행의 유형으로 인정될 여지는 있다.

2. 이행거절을 채무불이행의 유형으로 인정할 것인지 여부

(1) 학 설

이행거절을 이행불능과 이행지체라는 전통적인 채무불이행의 유형 외에 새로운 제3의 채무불이행유형으로서 독자적인 의의를 인정할 필요가 있는가에 관하여, (i) 이행거절은 실현가능한 이행을 지체하는 사안을 전제로 하여 발생된 파생적 현상에 지나지 않으며, 이행지체와 무관하게 독자적 의미를 가지는 것이 아니라는 견해, (ii) 채권자의 의사 또는 이익이라는 관점에서 접근한다면 여전히 이행이 가능한데도 채무자가 이행하려 하지 않는다는 점 및 장차 이행기가 도래하면 채권자는 급부의 실현을 강제할 수 있다는 점에 비추어, 이행거절과 이행지체

---

23) 채무불이행의 한 유형으로서 이행거절은 쌍무계약의 동시이행관계에서 일방이 갖는 이행거절권의 행사와 구별된다. 동시이행항변권에 기한 이행거절은 당연한 권리행사라는 점에서 채무불이행과 관련이 없다.

사이에 본질적 차이가 있다고 보기 어려우므로, 이를 이행지체의 하부유형으로 파악하더라도 별 문제가 없다는 견해[24], (iii) 이행거절은 채무의 이행이 불능이 아니어서 강제이행청구가 가능하다는 점에서 이행불능과 구별되고 이행기가 도래하기 전에는 이행지체를 인정할 수 없다는 점에서 이행기 전의 이행거절을 포함하는 이행거절을 독자적 유형으로 인정하는 견해가 있다.

(2) 판 례

판례는 "채무불이행에 의한 계약해제에 있어서 미리 이행하지 아니할 의사를 표시한 경우로서, 이른바 '이행거절'로 인한 계약해제의 경우, 최고 및 동시이행관계에 있는 자기 채무의 이행제공을 요하지 아니하여 이행지체시의 계약해제와 비교할 때 계약해제의 요건이 매우 완화되어 있으므로, 명시적으로 이행거절의사를 표명하는 경우 이외에 계약 당시나 계약 후의 여러 사정을 종합하여 묵시적 이행거절의사가 인정될 경우에는 이행거절의사가 명백하고 종국적으로 표시되어야 할 것이다"고 하여$\binom{\text{대판 2011.2.10, 2010다77385;}}{\text{대판 2006.11.9, 2004다22971}}$, 해석상 독자적 유형으로 인정될 수 있는 여지를 남기고 있다.

Ⅲ. 요건과 효과

1. 요 건

(1) 당사자 사이에 채권관계가 존재할 것

이행거절은 채무자에 의한 채권침해이므로, 채권자가 채무자에 대하여 이행거절책임을 주장할 수 있기 위해서는 먼저 채권자와 채무자 사이에 약정 또는 법정채권관계가 존재하여야 한다.

(2) 채무를 이행하지 아니할 의사가 명백히 표시될 것

채무를 이행하지 아니할 의사가 명백히 표시되어야 한다. 묵시적으로도 이행거절의 의사표시가 인정될 수 있지만 그 해석에 있어 신중해야 한다. 계약 당시나 계약 후의 여러 사정을 종합하여 묵시적 이행거절의사를 인정하기 위해서는 그 거절의사가 정황상 분명하게 인정되어야 한다$\binom{\text{대판 2021.7.15,}}{\text{2018다214210}}$. 채무자가 채무를 이행하지 아니할 의사를 명백히 표시하였는지 여부는 채무이행에 관한 당사자의 행동과 계약 전후의 구체적인 사정 등을 종합적으로 살펴서 판단한다$\binom{\text{대판}}{\text{2007.9.20,}\atop\text{2005다63337}}$.

가령 매도인과 매수인 사이에 토지 매매계약을 체결하면서 매매대금의 지급 방법 및 매매 토지에 관한 기존의 임대차관계 승계 등에 관해 특약하였고, 매도인이 특약 사항의 이행을 계

---

24) 이행지체나 이행불능의 한 형태에 포섭될 수 있다는 견해이다.

속 촉구하였는데도 매수인이 그 특약의 존재를 부정하면서 이를 이행하지 아니하였다면, 매수인은 특약 사항을 이행하지 아니할 의사를 분명하게 표시하였다고 할 것이므로, 매도인은 자기의 채무의 이행제공이 없더라도 매매계약을 해제할 수 있다(대판 1997.11.28, 97다30257). 또한 쌍무계약인 부동산 매매계약에 있어 매수인이 이행기일을 도과한 후에 이르러 매도인에 대하여 계약상 의무 없는 과다한 채무의 이행을 요구하고 있는 경우에는 매도인으로서는 매수인이 이미 자신의 채무를 이행할 의사가 없음을 표시한 것으로 보고 자기 채무의 이행제공이나 최고 없이도 계약을 해제할 수 있다(대판 1992.9.14, 92다9463). 이처럼 이행거절이 되려면 '채무를 이행하지 아니할 의사가 명백히 표시'되어야 하므로 과실에 의한 이행거절은 성립할 수 없다.

(3) 이행거절의 의사가 종국적이어서 객관적으로도 채무자의 임의이행을 기대할 수 없을 것

이행거절의 의사는 종국적이어야 한다. 즉 이행거절은 채무자의 의사에 의한 이행장애이므로, 그 의사의 번복으로 그 이행장애가 제거된 경우에는 이에 따른 법률관계의 재조정이 인정된다. 쌍무계약에서 계약당사자의 일방은 상대방이 채무를 이행하지 아니할 의사를 명백히 표시한 경우에는 최고나 자기 채무의 이행제공 없이 그 계약을 적법하게 해제할 수 있다. 반면 그 이행거절의 의사표시가 적법하게 철회된 경우 상대방으로서는 자기 채무의 이행을 제공하고 상당한 기간을 정하여 이행을 최고한 후가 아니면 채무불이행을 이유로 계약을 해제할 수 없다(대판 2003.2.26, 2000다40995). 다만 부동산 매매계약에서 매매목적물에 대한 소유권이전등기를 매수인이 지정하는 자의 명의로 이행키로 약정하였음에도 매수인이 근거 없는 대금감액 요구를 내세울 뿐 아니라 매도인의 소유권이전등기의무 이행에 필요한 등기명의인의 지정조차 이행하지 아니하였다면 매수인으로서 계약이행의 의사가 없음을 표명한 것이라고 볼 수밖에 없고, 그 후 매도인에게 단지 화해하자고 말한 것만 가지고는 자기의 채무를 이행하지 아니할 의사표명을 철회한 것이라고 보기 어려울 것이다(대판 1991.3.27, 90다8374).

(4) 이행거절이 위법할 것

이행거절로 인한 책임이 발생하기 위해서는 이행거절이 위법하여야 한다. 즉 채무자에게 이행거절에 정당한 사유가 없어야 한다. 따라서 일방의 이행제공이 있을 때까지 자기 채무의 이행을 거절할 수 있는 동시이행항변권과 이행거절은 구별되어야 한다. 실무상 일방이 이행거절의 의사를 표시하는 것이 상대방의 이행의 제공을 조건으로 하는 정당한 이행거절권의 행사인지, 아니면 이행의 제공과 관계없이 자신의 이행을 거절한다는 채무불이행으로서의 이행거절인지 문제될 것이다.

대판 2015.2.12, 2014다227225
채무자가 채무를 이행하지 아니할 의사를 명백히 표시한 경우에 채권자는 신의성실의 원칙상 이행기 전이라도 이행의 최고 없이 채무자의 이행거절을 이유로 계약을 해제하거나 채무자를 상대로 손해배상을 청구할 수 있지만, 이러한 이행거절이라는 채무불이행이 인정되기 위해서는 채무를 이행하지 아니할 채무자의 명백한 의사표시가 위법한 것으로 평가되어야 한다.

2. 법적 효과

(1) 강제이행청구권

이행거절은 채무자 스스로에 의하여 초래된 이행장애라는 점에서 원칙적으로 강제이행의 방법에 의하여 제거될 수 있다. 이 점에서 이행불능과 큰 차이가 있다.

(2) 계약해제권

이행거절의 의사가 있으면 최고 없이도 바로 계약을 해제할 수 있다. 즉 채무자가 이행기가 도래하기 이전에 이행거절의 의사를 밝히는 경우에는 이행기의 도래 여부와 관계없이 계약을 해제할 수 있으며($^{대판\ 2005.8.19.,}_{2004다53173}$), 당사자 쌍방의 채무가 그 이행기를 모두 도과한 후 일방의 이행거절이 있으면 자기 채무의 이행제공이나 최고 없이 계약을 해제할 수 있다($^{대판\ 2005.8.19.,}_{2004다53173}$).

(3) 전보배상청구권

이행이 가능하더라도 채무자가 미리 이행하지 아니할 의사를 표시한 경우에는 이행최고를 할 필요 없이 바로 전보배상을 청구할 수 있는데, 이는 이행최고를 하더라도 무의미하기 때문이다($^{대판\ 2005.8.19.,}_{2004다53173}$). 다만 채무자가 계약을 이행할 의사를 명백히 표시하였는지 여부는 계약 이행에 관한 당사자의 행동과 계약 전후의 구체적인 사정 등을 종합적으로 살펴서 판단하여야 할 것이다. 채무자가 이행거절의 의사를 명백히 표시하여 최고 없이 계약의 해제나 손해배상을 청구할 수 있는 경우에 채무자의 이행거절로 인한 채무불이행에서의 손해액 산정은 '이행거절 당시'의 급부목적물의 시가를 표준으로 하여야 한다($^{대판\ 2007.9.20,\ 2005다63337;}_{대판\ 2008.5.15,\ 2007다37721}$).

Ⅳ. 이행거절의 종료

이행거절의 의사를 표시한 자는 상대방이 이를 신뢰해 조치를 취하기 전에는 이를 철회할 수 있을 것이다.[25] 이행거절의사를 철회하면 이행거절은 종료된다. 이행거절의 철회 후에는 채권자는 자기 채무의 이행을 제공하고 상당한 기간을 정하여 이행을 최고한 후가 아니면 채무불이행을 이유로 계약을 해제할 수 없다($^{대판\ 2003.2.26.,}_{2000다40995}$).

---

25) 채권자가 계약해제권을 행사하기 전에 이행거절의 의사를 철회하면 이행거절이 종료된다.

제5절 채권자지체

Ⅰ. 의 의
Ⅱ. 채권자지체의 본질
Ⅲ. 채권자지체의 요건

Ⅳ. 채권자지체의 법률효과
Ⅴ. 채권자지체의 종료

Ⅰ. 의 의

채권자지체(수령지체)란 채무이행에 채권자의 수령이나 협력을 필요로 하는 경우, 채무자가 채무내용에 좇은 제공을 하였는데도 채권자가 이를 수령하지 않거나 또는 채권자가 협력을 하지 않아서 이행이 완료되지 않거나 이행이 지연된 상태를 말한다. 채무이행은 채무의 내용인 급부의 성질에 따라서 채무자의 급부만으로 채무이행이 완료되는 경우와 채권자의 협력이 없으면 완료되지 않는 경우가 있다. 채무자가 채무내용에 좇은 이행의 제공을 하였는데, 채권자가 협력하지 않음으로 인하여 채무자가 이행을 실현할 수 없는데도 채무자에게 계속적으로 채무가 이행되지 않은 책임을 부담시키는 것은 공평의 관념에 어긋난다. 채권자지체는 채무자의 이행지체에 대응하는 개념으로, 채권자의 협력행위, 특히 채권자가 급부를 수령하지 않아서 채무이행이 지연될 때에 성립하게 된다. 채권자지체는 채권자와 채무자 사이의 이해관계를 조정하고 채무자를 보호하기 위한 제도이다.

Ⅱ. 채권자지체의 본질

1. 채무불이행설
2. 법정책임설

3. 절충설
4. 각 견해에 따른 구체적인 차이점

제400조의 '채권자가 이행을 받을 수 없거나 받지 아니한 때'의 의미와 관련하여, 채권자지체가 성립하려면 채권자의 협력이 없다는 객관적인 사실만으로 충분한지 아니면 채권자의 귀책사유도 요구되는지에 대하여 다양한 견해가 있다. 이것은 결국 '채권자지체의 성질'의 문제로 귀착된다. 즉 채권자에게 채무자가 제공한 급부를 수령할 의무가 채무인지의 문제이다. 수령의무의 인정 여부에 따라서 채권자지체의 성질 및 그 요건과 효과가 달라지게 된다. 구체적으로 살펴보면, 채권자지체책임을 채무불이행책임으로 볼 것인지, 아니면 법정책임으로 볼 것인지에 따라 명문의 규정(제401조(책임의 경감), 제402조(이자 지급면제), 제403조(증가비용의 부담))이 있는 경우 외에도 손해배상청구권과 계약해제권

이 인정되는지가 달라진다(수령의무를 채권자의 채무로 인정할 것인가를 둘러싼 문제이다).

1. 채무불이행설

양 당사자는 급부의 실현이라는 공동목적 달성을 위한 협동체이므로 채권자에게도 신의칙상 급부의 수령의무 내지 협력의무가 존재한다고 본다. 이 견해에 의하면 채권자는 급부수령의무를 법적으로 부담하고, 급부불수령은 채무자가 채무를 이행하지 않은 경우와 같이 일종의 채무불이행이 된다고 한다. 따라서 채권자지체의 책임을 물으려면 협력위반에 채권자의 귀책사유가 필요하다고 한다. 민법에 규정되어 있는 채권자지체시의 책임 이외에, 채무자는 채무불이행의 일반원칙에 따라 채권자의 협력의무의 위반을 이유로 손해배상청구 및 계약해제를 할 수 있다고 한다.

2. 법정책임설

이 견해는 채권자에게는 수령할 '권리'만 있을 뿐 수령할 '의무'는 없으며 단지 신의칙상 수령하지 않은 사실에 일정한 불이익을 주는 것을 법으로 규정한 것으로 본다. 따라서 채권자측의 사정으로 이행이 완료되지 못하면 충분하고 귀책사유는 필요없다고 본다. 즉 채권자지체의 본질은 채무불이행이 아니라 법률이 공평의 원칙을 근거로 채무이행에 채권자가 협력하지 않아서 채무자에게 발생한 불이익을 채권자에게 부담하도록 한 법정책임이라고 한다. 법정책임설에 의하면 채권자의 채무이행에의 협력의무는 법률상 의무가 아니라 '책무'이며, 채권자지체의 성립에는 채권자의 귀책사유를 요구하지 않고, 또한 그 법률효과도 법률에 규정된 내용만 인정될 뿐이라고 한다. 따라서 채무불이행책임설과 달리 채권자지체를 이유로 한 계약해제권 및 손해배상청구권은 인정되지 않는다고 한다.

3. 절충설

채권자에게 일반적으로 수령의무를 인정하지 않지만, 매매, 도급, 임치와 같은 계약유형에서는 부수적 의무의 일종으로서 수취의무(채권자의 일반적 협력의무를 의미하는 수령의무와는 다른 의미)를 인정하여야 한다고 한다.[26] 이와 같은 계약유형에서는 채권자의 수취의무가 인정되므로, 귀책사유가 없는 경우는 제401조 내지 제403조의 책임만을 부담하고, 귀책사유가 있을 때는 계약해제권 및 손해배상청구권을 인정한다.

일부 견해는 채권자의 귀책사유 없는 수령지체는 제401조 내지 제403조만의 효과만, 귀책사유가 인정되는 경우에는 그 외에 손해배상책임 내지 계약해제권을 인정하기도 한다.

---

26) 이 견해에 수취의무는 목적물을 받는 것만을 의미하는 것으로 채권자의 일체의 협력행위를 뜻하는 수령의무와 구별된다고 한다.

4. 각 견해에 따른 차이점

(1) 채권자의 귀책사유가 있는 수령지체의 경우

(가) 채무불이행책임설에 의하면 제401조 내지 제403조의 법률효과 외에 채무자에게 계약해제권이나 손해배상청구권이 인정된다.

(나) 법정책임설에 의하면 이 경우에도 계약해제나 손해배상청구권은 부정되며 제401조 내지 제403조의 책임만 인정된다(귀책사유는 채권자의 책임에 영향을 주지 않는다).

(다) 절충설에 의하면 매매, 도급, 임치의 경우에는 약정 또는 신의칙상 수취의무가 인정되므로 별도로 손해배상청구권이 인정된다.

(2) 채권자의 귀책사유가 없는 수령지체의 경우 <small>(특히 이 경우에는 위험부담의 문제와 충돌될 여지가 있다)</small>

(가) 채무불이행책임설은 제401조 내지 제403조에서 정한 법률효과뿐만 아니라 다른 법률효과(계약해제권, 손해배상청구권)의 발생을 부정한다.

(나) 법정책임설에 의하면 제401조 내지 제403조의 법률효과는 인정한다.

(다) 절충설에 의하면 매매, 도급, 임치의 경우에도 제401조 내지 제403조의 책임은 인정되나 별도의 손해배상청구권은 부정된다.

Ⅲ. 채권자지체의 요건

> 1. 당사자 사이에 채권관계가 존재할 것
> 2. 채무의 이행에 관하여 채권자의 수령 또는 협력을 필요로 할 것
> 3. 채무의 내용에 좋은 변제(이행)의 제공이 있을 것
> 4. 이행기에 이행이 가능할 것
> 5. 채권자의 수령거절 또는 수령불능이 존재할 것

1. 당사자 사이에 채권관계가 존재할 것

채권자지체는 채무이행에 채권자의 수령이나 협력을 필요로 하는 경우에 문제가 되므로, 당사자 사이에 약정 또는 법정채권관계가 존재하였어야 한다.

2. 채무의 이행에 관하여 채권자의 수령 또는 협력을 필요로 할 것

제400조 이하는 채무자의 의무이행에 채권자의 협력행위를 필요로 하는 급부의무에 적용된다. 채무의 성질상 채무자의 이행행위만으로 이행이 완료되고 수령이나 협력을 필요로 하지 않는 경우(즉 부작위채무나 의사표시를 하는 채무)에는 채권자지체가 발생하지 않는다. 예컨대 채권자의 협력없이 사무를 관리해야 할 채무는 채권자의 협력없이 급부를 이행할 수 있다는 점에

서 채권자지체가 인정되지 않는다.

3. 채무의 내용에 좇은 변제(이행)의 제공이 있을 것

이행제공(또는 변제제공)의 의미는 제460조의 변제제공(현실제공과 구두제공)을 의미한다.

(1) 원칙: 현실제공

채권자가 수령하는 급부 이외의 것이 요구되지 않을 정도로 채무자는 채권자에게 이행을 제공해야 한다. 채무의 이행제공은 약정한 시기와 이행장소에서 적절한 방법으로 이루어져야 채무의 내용에 좇은 이행제공으로 인정된다. 다만 이행기에 이행의 제공으로 충분하며, 채권자가 이행제공이 있었다는 사실을 알 필요는 없다.

이행기와 관련하여, 약정한 이행기에 채권자가 부재(不在)로 인해 수령할 수 없으면 채권자지체가 성립한다. 이행기가 확정되어 있지 않거나 채무자가 기한의 이익을 포기하고 이행기 전에 이행을 하면서 채무자가 상당한 기간을 정하여 미리 통지하지 않은 상태에서 현실제공을 하였다면, 채권자가 부재중이었더라도 일시적 수령장애만으로는 채권자지체가 성립하지 않는다고 할 것이다.

이행장소와 관련하여, 합의한 채무의 종류가 문제된다. 채무자는 (i) 지참채무의 경우 원칙적으로 채권자의 주소지에서($\substack{제467조\\제2항}$), (ii) 추심채무의 경우 채무자의 주소지에서 급부목적물을 채권자에게 제공하여야 한다. 한편 (iii) 송부채무의 경우에는 발송한 목적물이 채권자에게 도달하도록 하여야 한다. 단순히 송부하였다는 것만으로는 이행제공이 인정되지 않는데, 급부목적물이 도달하기 전에는 채권자가 그 목적물을 수령할 수 없기 때문이다.

종류채권인 경우 법률행위의 성질이나 당사자의 의사에 의하여 품질을 정할 수 없는 때에는 중등품질로 급부를 제공하여야 한다($\substack{제375조\\제1항}$). 특정물채권인 경우 채무자는 이행기의 현상대로 그 물건을 인도하여야 한다($\substack{제462\\조}$). 다만 하자 있는 특정물을 이행기의 현상대로 인도한 경우 채무자가 채무불이행책임을 부담하는지에 대하여는 견해의 대립이 있다.

제400조의 이행제공은 사실행위이며, 법률행위가 아니다. 그러므로 의사표시에 관한 규정, 특히 제111조 제1항이 적용될 수 없다.

(2) 예외: 구두제공

채무이행에 대하여 채권자가 미리 변제 받기를 거절하거나 채무이행에 채권자의 행위를 필요로 하는 경우에는 변제준비의 완료를 통지하고 그 수령을 최고하는 구두의 제공만 있으면 된다($\substack{제460조\\단서}$).

판례에 따르면 채권자가 변제를 받지 아니할 의사가 확고한 경우에는 구두의 제공을 한다는 것조차 무의미하므로 그러한 경우에는 구두의 제공조차 필요 없다($\substack{대판 2004.3.12.,\\2001다79013}$).

사견으로는 판결례와는 달리 변제수령거절의 의사가 확고한 경우에도 원칙적으로 구두제공은 있어야 제401조 내지 제403조의 효과를 인정해야 한다고 본다. 그 논거로는 구두제공에 채무자의 특별한 노력이 필요하지 않다는 점, 채권자의 수령거절의 의사가 확고한지의 여부는 채권자의 주관적 의도에 의하여 결정되므로 그 후 번의하여 수령하려는 경우가 불가능하지는 않다는 점, 수령최고 없이 채권자지체를 인정하면 수령거절의 의사가 명확한 시점부터 채권자지체가 성립된다고 볼 것인데 그 시점이 불명확하여 법적 분쟁을 야기할 소지가 많다는 점을 들 수 있다. 다만 예외적으로 채무자의 수령최고가 불가능한 경우에만 최고 없이 채권자지체의 효과가 인정되어야 한다.

4. 이행기에 이행이 가능할 것

(1) 채무자가 이행기에 급부의 이행을 할 수 있어야 한다. 따라서 채무자의 급부 자체가 불능이기 때문에 수령할 수 없다면 채권자지체는 성립하지 않는다. 원칙적으로 채무자의 이행불능과 채권자의 수령지체는 양립할 수 없다. 급부가 이미 이행기 전에 불능인 경우에는 수령지체가 성립하지 아니한다. 예컨대 진료채무에서 예약 시간 이전에 환자가 사망해 버린 경우 이행불능이 되었으므로 채권자지체는 문제되지 않는다.

(2) 채무자의 책임 없는 사유로 급부실현이 불가능하게 된 때, 이는 급부불능인지 수령지체인지를 판단하는 기준이 문제된다. 채권자가 필요한 협력행위를 하지 아니함으로써 이행이 좌절된 채무자의 급부가 더 이상 불가능한 경우가 있다. 고용관계에서 원자재의 부족, 교통의 두절, 공장의 화재 등으로 근로자가 일을 할 수 없었거나 또는 환자가 의사에게 왕진을 의뢰하였는데 의사가 도착하기 전에 사망한 경우가 이에 속한다.

이에 대하여 (i) 영역설은 급부를 불능케 한 장애가 채권자의 지배영역 내에서 발생한 것이면 수령지체이고, 채무자의 지배영역 내에서 발생한 것이면 이행불능이 된다고 한다. 따라서 고용관계에서 채권자지체가 발생한 경우 근로자는 임금청구권을 갖게 되지만, 이행불능의 경우 임금청구권을 상실하게 된다고 한다. 그 밖에 (ii) 급부장애의 위험을 누가 부담하는 것이 공평한가 하는 위험분배의 문제로 처리하여야 한다는 견해, (iii) 일시적 급부불능의 경우에는 채권자지체의 법리가 적용되지만, 영구적 급부불능의 경우에는 위험부담의 문제로 처리하여야 한다는 견해가 있다. 생각건대 수령지체와 이행불능의 한계는 급부가 제공될 수 있는가에 따라 결정하여야 할 것이다. 급부가 더 이상 제공될 수 없는 경우, 즉 회복할 수 없을 때에는 이행불능이 존재한다고 하여야 할 것이다. 따라서 채권자에 의하여 수령이 지체되어 근로자가 노무를 제공할 수 없게 된 때에는 그 급부가 예정된 시간의 경과와 더불어 원칙적으로는 다시 급부할 수 없는 것이 되므로, 급부불능에 해당하며 사용자는 이에 대한 위험을 부담하게 되어 근로자는 다시 노무를 제공하지 않고 임금 전액을 청구할 수 있다(대판 1993.7.27., 92다42743).

의사 A는 환자의 가족 B와 8시에 왕진계약을 체결하여 10시까지 왕진하기로 합의하였다. 그러나 환자가 9시에 사망했으나, 이를 모르고 A가 10시에 왕진하러 왔다. 이 경우 B는 A에게 왕진비용 및 보수를 지급해야 하는가?

| 해설 |

(ⅰ) 왕진비용의 경우: 왕진계약의 위임계약적 성격을 보면, 왕진비용은 환자측의 반대급부라기보다는 실비용의 처리문제이므로 위임계약의 규정인 제688조(수임인의 비용상환청구권)에 의해 위임인인 환자측이 부담해야 한다.

(ⅱ) 보수지급의무의 경우: 환자측의 보수지급의무에는 진료에 대한 반대급부적 성격이 인정된다. 그런데 진료채무는 이행기 전에 이미 이행(수령)이 불가능했으므로 처음부터 채권자의 수령지체의 문제는 발생하지 않는다. 반대급부의무의 존재를 검토하기 위해서는 급부의 불능에 채권자의 귀책사유가 있었는지를 검토해야 한다. 제538조 제1항에서 말하는 '채권자의 책임 있는 사유'로 인한 급부불능이면 채권자의 반대급부의무가 인정되기 때문이다.[27]

그런데 판례는 채권자의 어떤 작위나 부작위가 채무자의 이행의 실현을 방해하고 그 작위나 부작위는 채권자가 이를 피할 수 있었을 때 비로소 채권자의 책임 있는 사유를 인정하는 신의칙설을 취한다($^{대판\ 2004.3.12.}_{2001다79013}$). 사례에 적용해 보면 환자의 사망이 급부실현을 방해했지만 여기에 채무자가 신의칙상 비난받을 만한 사유가 없다는 점에서 채권자인 환자가족의 책임 있는 사유에 의한 것은 아니므로 제538조 제1항이 적용되지 않는다. 따라서 B는 A에게 보수를 지급할 의무가 없다.

다만 환자가족은 환자의 사망사실을 통지해야 할 의무(진료협력의무)를 위반했음을 이유로 상대방인 의사에게 발생한 손해배상책임을 부담할 수도 있다.

5. 채권자의 수령거절 또는 수령불능이 존재할 것

채권자가 채무자의 이행제공에 대하여 수령하지 않거나 수령할 수 없어야 한다. 수령거절 또는 수령불능에 채권자의 귀책사유가 요구되는지에 대해서는 채권자지체의 법적 성질을 채무불이행으로 이해하는지 또는 법정책임으로 이해하는지에 따라 달라진다. 법정책임설에 의하면 수령거절 또는 수령불능에 귀책사유가 없더라도 채권자지체가 성립한다. 반면에 채무불이행책임설에 의하면 귀책사유가 있을 때에만 채권자지체가 성립한다.

Ⅳ. 채권자지체의 법률효과

채무자는 변제제공을 하면 채무불이행에 대한 책임을 면한다($^{제461}_{조}$). 그러나 채무가 소멸하지

---

27) 이와는 달리 영역설을 취하면 환자의 사망이 환자측의 위험영역에서 발생한 사유이므로 제538조 제1항 1문이 적용되어 반대급부를 청구할 수 있을 것이다.

는 않는다. 쌍무계약의 경우 채권자의 반대채무는 이행지체에 빠지게 된다. 이와 같은 일반적인 효과 이외에도 다음의 효과가 인정된다.

---

1. 채무자의 주의의무경감(제401조)
2. 이자의 정지(제402조)
3. 증가비용의 채권자부담(제403조)
4. 쌍무계약에서의 위험(대가위험)이전(제538조 제1항)
5. 채무자의 공탁권과 자조매각권(제487조, 제490조)
6. 손해배상청구권 및 계약해제권 인정 여부

---

1. 채무자의 주의의무경감(제401조)

채권자지체 중에는 채무자는 고의 또는 중대한 과실이 없으면 불이행으로 인한 모든 책임이 없다. 즉 채권의 목적물이 수령지체에 빠졌다면 그 후 채무자가 다시 이행하는 과정이나 보관 중에 채무자의 경과실로 목적물이 멸실되었을 경우, 채무자는 급부의무를 면하게 된다. 예컨대 수치인이 적법하게 임치계약을 해지하고 임치인에게 임치물의 회수를 최고하였는데도 임치인의 수령지체로 임치물을 반환하지 못하고 있는 사이에 임치물이 멸실 또는 훼손된 경우에는 수치인에게 고의 또는 중대한 과실이 없는 한 임치목적물 반환의무의 불이행으로 인한 손해배상책임이 없다(대판 1983.11. 8. 83다카1476). 이때 훼손에 수치인의 경과실이 있다면 임치인은 불법행위책임(제750조)을 물을 수는 있다.

2. 이자의 정지(제402조)

채권자지체 중에는 이자 있는 채권이라도 채무자는 이자를 지급할 의무가 없다. 다만 변제기 전에 변제함으로써 상대방이 입게 될 손해에 대한 배상은 별개의 문제이다.

3. 증가비용의 채권자부담(제403조)

채권자지체로 인하여 그 목적물의 보관 또는 변제의 비용이 증가된 때에는 그 증가액은 채권자의 부담으로 한다. 예컨대 B가 A의 전자제품을 구입하는 매매계약을 체결하고 자기 집에 배달하여 주기를 의뢰하였으나 약속일을 깜박 잊고 집을 비워서, 화물차로 전자제품을 배달하려던 A가 헛수고만 한 경우(기름값 2만 원 소요), 그 후 A가 전자제품을 B에게 배달하면서 기름값으로 2만 원을 다시 지출하였다면 A는 지참채무를 부담하므로 처음 지출한 기름값 2만 원은 스스로 부담하여야 하지만, B의 수령지체로 인해 또다시 지출한 기름값 2만 원에 대해서는 B에게 청구할 수 있다.

4. 쌍무계약에서의 위험(대가위험)이전(제538조 제1항)

쌍무계약의 당사자 일방의 채무가 채권자의 수령지체 중에 당사자 쌍방의 책임 없는 사유로 이행할 수 없게 된 때에 채무자는 자신의 급부의무를 면하면서 채권자에 대하여는 반대급부를 청구할 수 있다. 다시 말하면 채권자의 수령지체 중(여기서의 수령지체가 성립하기 위해서는 언제나 변제제공(최소한 구두제공이라도)이 있어야 한다는 특징이 있음: 대판 2004.3.12, 2001다79013)에 당사자 쌍방의 책임 없는 사유로 이행할 수 없는 경우에는 채권자가 위험을 부담한다.

가령 건물신축을 위한 도급계약에서 수급인의 기성부분 수령 최고에 도급인이 아무런 이유 없이 수령을 거절하던 중 쌍방이 책임질 수 없는 제3자의 행위로 기성부분이 철거된 경우, 도급인은 여전히 공사대금지급채무를 부담한다(대판 1993.3. 26, 91다14116).

문제는 '수령지체 중 채무자의 경과실'로 이행할 수 없게 된 경우에도 제538조 제1항 제2문의 '수령지체 중 양 당사자의 책임 없는 사유'에 해당하는지가 문제된다. 학설은 위험이전긍정설(제538조 제1항 제2문 적용설)과 위험이전부정설(제537조 적용설)로 나뉜다.

(1) 반대급부 청구 긍정설(제538조 제1항 제2문 적용설)

이 견해에 따르면 수령지체 중 채무자의 경과실로 목적물이 멸실된 경우 채무자는 반대급부를 청구할 수 있게 된다. 그 논거로 제392조에서 매도인(채무자)은 지체 중에 불가항력이 아니면 멸실에 대해 무과실책임을 부담하게 되어 과도한 책임을 부담하는 점을 고려해야 한다고 본다. 이행지체 중에는 채무자가 무과실책임을 부담하는 무거운 책임이 인정되므로 상대방의 수령지체 중에는 채권자에게 무거운 책임을 인정하는 것(채무자의 경과실을 채무자의 책임없는 사유로 다루는 것)이 해석상 공평하다고 본다. 이 견해는 제401조에서 채권자지체 중에는 채무자의 고의 또는 중과실 외에는 채무자가 책임을 부담하지 않는다고 규정한 것은 채권자지체 중의 채무자의 귀책사유의 범위를 정한 것이므로, 채권자지체 중 채무자의 경과실은 귀책사유에 해당하지 않는다고 본다.

(2) 반대급부 청구 부정설(제537조 적용설)

이 견해에 따르면 제537조가 적용되어 채무자는 상대방의 반대급부를 청구할 수 없게 된다. 그 논거로 '양 당사자의 책임 없는 사유'는 제537조와 마찬가지로 해석되어야 하고, 채무불이행책임의 경감을 위한 제401조의 규정은 제538조 제1항 제2문과 규범목적이 다르므로(제401조는 급부책임에 대해서, 제538조는 반대급부책임에 대해 언급한 것이다), 제538조 제1항 제2문의 '당사자 쌍방의 책임없는 사유'를 해석함에 있어 제401조의 규정이 고려될 필요가 없다는 점을 든다. 이 견해는 제401조는 수령지체시 채무자의 급부의무의 채무불이행책임의 성립 여부에 관한 규정인 반면, 제538조 제1항 제2문은 반대급부청구가 가능한지의 문제(위험부담문제)를 다루고 있는 규정이므로, 양자를 별개의 규정으로 본다.

5. 채무자의 공탁권과 자조매각권(제487조, 제490조)

채권자가 변제를 받지 않거나 받을 수 없는 때에는 채무자는 채권자를 위하여 변제의 목적물을 공탁하여 그 채무를 면할 수 있다(제487조). 그러나 변제의 목적물이 공탁에 적당하지 않거나 멸실·훼손될 염려가 있는 경우 및 공탁에 과다한 비용을 필요로 하는 경우, 채무자는 법원의 허가를 얻어 그 물건을 경매하거나 시가로 방매(放賣)하여 대금을 공탁할 수 있다(제490조).

6. 손해배상청구권 및 계약해제권 인정 여부

채권자지체를 채무불이행책임으로 보는 견해는 채무자의 손해배상청구권과 계약해제권을 인정한다. 그러나 법정책임설은 이를 부정한다.

V. 채권자지체의 종료

채권자가 급부를 수령한 때 또는 필요한 협력행위를 한 때, 채권의 소멸사유인 채무의 면제·상계·공탁 등으로 채권이 소멸한 경우에 채권자지체는 종료된다.

채무자의 면제라는 일방적 의사표시로 채권자지체는 면제된다.

채권자지체 후에 채무자의 귀책사유로 이행불능이 되어도 채권자지체는 소멸한다. 채권자지체 후에는 채무자의 주의의무가 경감되므로, 채무자의 고의 또는 중과실로 급부불능이 된 경우에는 채무불이행이 되고 채무자의 경과실 또는 불가항력으로 급부불능이 된 경우에는 위험부담의 문제가 된다.

또한 채권자가 채무자에게 급부를 수령하겠다고 통지해도 채권자지체가 종료된다.

심화학습

채권자지체와 이행지체의 경합

쌍무계약의 경우 양 당사자는 채권자이자 채무자가 된다. 일방당사자가 타방당사자의 이행에 대해서 수령을 거절하고 자기 채무의 이행도 거절하는 경우에 수령지체와 이행지체가 동시에 성립할 수 있다.

질문 1) 매수인이 약속장소에서 매매대금의 이행제공을 했으나, 매도인이 귀책사유 없이 나타나지 않은 경우 매수인이 매도인에게 어떤 책임을 물을 수 있는가?

질문 2) 매수인이 약속장소에서 매매대금의 이행제공을 했으나 매도인이 그 귀책사유에 의하여 나타나지 않은 경우 매수인이 매도인에게 어떤 책임을 물을 수 있는가?

질문 3) 매도인이 대금을 수령했으나, 목적물의 인도를 거부하는 경우 매수인이 매도인에게 어떤 책임을 물을 수 있는가?

| 해설 |

매매목적물의 인도와 관련해서는 매도인이 채무자, 매수인이 채권자가 된다. 반대로 대금지급과 관련해서는 매도인이 채권자, 매수인이 채무자가 된다.

매매대금의 지급 및 수령과 관련하여 채권자인 매도인의 수령이 없는 점을 고려할 때 채권자지체 여부가 검토되어야 한다. 채권자지체에 있어 귀책사유를 요구하지 않는 법정책임설에 따르면 질문 1), 2)에서 매수인은 채권자인 매도인에게 채권자지체 책임을 물을 수 있다(이와는 달리 채권자지체에 채권자의 귀책사유를 요구하는 견해에 따르면 질문 1)의 경우 채권자지체책임을 물을 수 없다). 질문 3)에서는 매도인이 대금을 수령했으므로 채권자지체책임은 인정되지 않는다.

다음으로 재산권이전의무와 관련하여 매도인의 채무가 이행되지 않았다는 점에서 매수인은 매도인에게 채무자로서의 채무불이행(이행지체)책임을 물을 수 있는지를 검토할 것이다. 위 질문 1)의 경우 채무자로서의 매도인에게 채무의 이행지체에 귀책사유가 없다고 했으므로 책임을 물을 수 없다. 질문 2), 3)의 경우 매도인은 자신의 재산권이전의무를 불이행했으므로 이행지체책임을 물을 수 있다(질문 3)의 사실관계에서 매도인이 그 의무이행을 거부했다는 점에서 귀책사유가 인정된다).

요컨대 매수인은 매도인에게 질문 1)에서는 매매대금의 수령에 대한 채권자지체책임을 물을 수 있고, 질문 3)의 경우 재산권이전의무의 이행지체책임을 물을 수 있다. 질문 2)의 경우에 매수인은 매도인에게 매매대금에 대한 수령지체책임과 재산권이전의무에 대한 이행지체책임을 모두 물을 수 있다.

종합사례 1

분당에 사는 甲은 가구상 乙로부터 서재용 가구 1조를 500만 원에 구입하는 매매계약을 체결하고 자기 집에 배달하여 주기를 의뢰하였다. 물건 인도는 2015년 6월 1일에 하기로 약정하였다. 甲은 약속한 그 날 깜빡 잊고 집을 비웠고, 이에 乙이 운영하는 가구점 종업원 丙은 배달하러 갔다가 헛수고만 하고 돌아와야 하였다. 그런데 돌아오던 중 丙의 경과실로 교통사고가 나서 사고로 용달차에 불이 나 가구가 못쓰게 될 정도로 손상되었다. 乙은 서재용 가구 1조를 甲에게 새로이 인도하여야 하는가?

종합사례 해설 1　　乙은 가구인도의무를 면한다.

　사안에서 乙의 가구의 인도의무는 일반적으로 종류채무로 보아야 할 것이다. 또한 계약 내용에 따르면 변제의 장소에 관하여는 지참채무로 약정되었다. 그러나 乙이 甲의 집에 가구배달을 하러 갔을 때 위와 같은 종류채무는 특정되어 특정물채무로 되고($^{제375조,}_{제460조}$) 또한 채무의 내용에 좇은 이행의 제공을 하였으므로 甲의 채권자지체 성립 여부가 문제된다($^{제400}_{조}$). 채권자지체의 본질에 대하여 법정책임설, 채무불이행설, 절충설이 다투어진다. 법정책임설에 의할 때는 乙의 채무내용에 따른 변제제공의 사실이 있고 또한 甲의 수령불능이라는 사실로부터 곧 甲의 채권자지체가 성립될 것이다. 한편 채권자지체의 성립요건에 있어 그 밖에 채권자의 귀책사유와 위법성을 요하는 채무불이행설이나, 매매계약에서 매수인의 수취의무(Abnahmepflicht)를 요구하는 절충설에 의할 때 甲의 채권자지체 성립 여부가 문제된다. 그러나 甲이 약속일을 잊고 집을 비운 사실에서 甲의 귀책사유와 위법성이 인정될 수 있으므로 채무불이행설이나 절충설에 의할 때도 甲의 채권자지체는 성립된다. 따라서 채권자지체에 의해 乙은 이때부터 그의 주의의무가 경감된다. 즉 乙은 甲의 채권자지체 중에는 고의 또는 중대한 과실에 대하여만 책임을 진다($^{제401}_{조}$). 乙의 종업원 丙의 경과실이 제391조에 의하여 乙의 경과실로 인정된다고 하더라도 수령지체 중 이행불능이 된 가구인도의무에 대하여는 乙의 주의의무가 경감되므로 불이행책임이 없고 그 결과 급부위험은 채권자 甲에게 이전된다. 따라서 乙은 가구인도의무를 면하게 된다.

제1편
제2편
제3편
제4편
제5편
제6편
제7편
제8편
제9편

채무불이행

제3장 채무불이행에 대한 구제: 강제이행과 손해배상

제1절 채무불이행에 대한 구제

채무자의 채무불이행에 대해 채권자는 구체적으로 강제이행과 손해배상을 통해 구제된다. 그러나 강제이행은 채무불이행이 성립하는 경우에만 인정되는 것이 아니고 채무의 이행이 가능하고 이행기가 경과하기만 하면 채무자의 귀책사유가 없더라도 주장할 수 있는 것이므로, 강제이행은 채무불이행의 효과라기보다는 채권의 일반적 효과라 할 수 있다. 다만 채무불이행이 성립하는 때에도 강제이행을 할 수 있다는 점에서 채무불이행의 효과 편에서 주로 다루어진다. 강제이행과 손해배상은 동시에 또는 독립적으로 주장할 수 있다(제389조 제4항).

제2절 강제이행: 현실적 이행의 강제

Ⅰ. 의의 및 요건

1. 의 의

강제이행이란 채무의 이행이 가능하나 채무자가 임의로 이행하지 않는 경우 국가권력에 의해 강제적으로 채권의 내용인 급부를 실현하는 것을 말한다. 강제이행을 현실적 이행의 강제라고도 한다.

2. 요 건

(1) 변제기가 경과하여도 채무가 이행되지 않았을 것

변제기가 경과하도록 채무자가 이행하지 않는 경우에 가능하다. 채권자가 미리 이행을 청구할 필요도 없으며, 이에 대해 채무자의 귀책사유를 요하지도 않는다. 강제이행은 이행을 강제하는 것이므로 채무자의 이행이 불가능한 경우에는 손해배상이 문제될 뿐 강제이행청구는 불가능하다.

(2) 집행권원의 확보

집행권원은 사법상의 일정한 급부청구권의 존재와 범위를 표시함과 동시에 강제집행으로 그 청구권을 실현할 수 있는 집행력을 인정한 공정의 증서를 말한다. 집행권원이 있어야 강제집행의 당사자, 집행의 내용 등이 결정된다. 집행권원으로는 확정된 종국판결($^{민사집행법}_{제24조}$), 가집행선고 있는 종국판결($^{민사집행법}_{제24조}$), 확정된 지급명령($^{민사집행법}_{제56조}$), 화해조서($^{민사집행법}_{제56조}$), 공증에 의한 공정증서, 가압류 · 가처분명령($^{민사집행법\ 제291}_{조,\ 제301조}$), 집행증서($^{민사집행법}_{제56조}$), 확정된 화해권고결정($^{민사소송법}_{제231조}$) 등이 있다.

II. 강제이행의 방법

강제이행은 민사집행의 방법을 기준으로 하여 직접강제, 대체집행, 간접강제로 분류된다. 급부를 실현하는 순서 또한 위에서 열거한 순서와 같다. 제389조 제1항의 강제이행은 '직접강제'를, 제1항 단서의 강제이행도 '직접강제'를, 동조 제2항 모두의 '전항의 채무'는 제1항 단서의 '채무의 성질이 강제이행(직접강제를 의미함)을 하지 못할 것인 때'에 '직접강제를 허용하지 않는 채무'로 해석된다.

1. 직접강제($^{제389조}_{제1항}$)

국가기관이 채무자의 의사를 불문하고 채권의 내용을 그대로 실현하는 방법이다. 직접강제가 가능한 경우에는 다른 방법은 허용되지 않는다. 직접강제는 주는 채무에 국한되며, 하는 채무에는 허용되지 않는다. 예컨대 동산 인도채무를 지는 채무자가 목적물을 인도하지 아니한 경우, 그 동산을 집행기관이 채권자에게 직접 교부하는 방법이다.

2. 대체집행($^{제389조}_{제2항\ 후단}$)

채무자로부터 비용을 추심하여 이로써 채권자 또는 제3자로 하여금 채무자를 대신하여 의무 내용을 실현하게 하는 강제이행방법이다. 대체집행은 제3자가 이행하여도 무방한 채무, 즉 채무자의 일신에 전속하지 않는 대체적 작위채무(부대체적 작위급부의 경우에는 불가)에 관하여 허용된다($^{민사집행법}_{제260조}$). 예컨대 건물철거채무의 경우에 철거비용을 추심하여 타인을 시켜 철거하는 경우이다.

3. 간접강제

채무불이행의 경우 채무자에 대하여 손해배상금의 지급을 명하거나 벌금을 과하거나 또는 채무자를 구금하는 방법으로 심리적 압박을 가함으로써 채무자로 하여금 채무를 이행케 하는 방법이다(대판 2003.10.24, 2003다36331). 이는 다른 사람이 대신할 수 없는 부대체적 작위채무에 대해서 허용된다(민사집행법 제261조). 판결절차에서 부작위채무의 이행을 명하면서 일정한 요건 하에 그 불이행의 경우를 대비하여 동시에 간접강제를 명할 수 있다(대판 2014.5.29, 2011다31225; 대판(전합) 2021.7.22, 2020다248124. 후자는 피고에게 통행방해금지를 명하면서 동시에 그 위반시 배상금의 지급을 명한 사건임). 이를 위해서는 부작위채무에 관한 소송절차의 변론종결 당시에 부작위채무이행을 명하는 집행권원이 성립해도, 채무자가 이를 단기간 내에 위반할 개연성이 있고, 또한 그 판결절차에서 민사집행법 제261조에 의하여 명할 적정한 배상액을 산정할 수 있어야 한다. 나아가 부대체적 작위의무에 관하여도 동일하다(대판 2013.11.28, 2013다50367. 이때에도 채무자가 그 이행할 가능성이 없음이 명백하고, 그 판결절차에서 채무자에게 간접 강제결정의 당부에 관하여 충분히 변론할 기회가 부여되었으며, 민사집행법 제261조에 의하여 명할 적정한 배상액을 산정할 수 있어야 한다).

우리 법상 인정되는 간접강제의 구체적인 수단은 지연배상으로 국한된다(민사집행법 제261조 제1항 제2문). 예컨대 재산목록을 작성할 의무가 있는 사람(감정 및 계산보고 의무자) 또는 유아를 인도할 의무가 있는 사람이 이행을 지체하고 있는 경우, 지체기간에 따라 지연손해금을 명하여 채무자의 이행을 유도할 수 있다.

그러나 간접강제가 채무자의 자유의사 또는 인격존중에 반하는 경우에는 허용되지 않는다. 예컨대 부부의 동거의무, 예술가의 작품제작의무, 약혼이행의무 등은 간접강제로도 이행을 강제할 수 없다(대판 2009.7.23, 2009다32454). 그러나 이 경우에도 채무불이행으로 인한 손해배상청구는 가능하다(대판 2009.7.23, 2009다32454).

4. 의사표시를 목적으로 하는 채무의 강제이행(제389조 제2항 전단)

의사표시를 목적으로 하는 채무의 경우에는 채무자의 의사표시에 갈음한 재판을 청구할 수 있고, 이에 따른 대용판결(채무자에게 일정한 의사표시를 명하는 판결)로 채무자의 의사표시를 갈음할 수 있다. 의사표시를 목적으로 하는 채무도 부대체적인 작위채무이기는 하나, 그 행위 자체보다는 그 행위의 효과만을 필요로 한 것이므로 대체집행이나 간접강제를 허용하지 않고 의사표시를 명하는 판결로 채무자의 의사에 갈음하게 한 것이다. 따라서 의사표시가 아닌 사실행위를 요하는 채무의 경우에는 대용판결도 불가능하며, 다만 간접강제에 의하여야 한다.

판례는 학교법인의 일반채권자가 학교법인의 기본재산 처분을 위해 관할관청에 처분허가신청의 의사표시를 할 것을 요구하면서 의사표시에 갈음하는 판결을 구한 사건에서 "학교법인의 기본재산의 처분을 위하여 관할청의 허가를 신청할 것인지 여부는 특별한 사정이 없는 한 재단법인의 의사에 맡겨져 있고, 학교법인에 다른 재산이 없어 기본재산을 처분하지 않고는 채무의 변제가 불가능하다고 하더라도, 학교법인으로부터 기본재산을 양수한 자도 아니고 금전채권자들에 불과한 자에게는 강제이행청구권의 실질적인 실현을 위하여 필요하다는 사유만으로 기본재산의 처분을 희망하지도 않는 학교법인을 상대로 관할청에 대하여 기본재산에 대한 처분허가신청절차를 이행할 것을 청구할 권한은 없다"고 보았다(대판 2001.12.28, 2001다24075).

반면에 "부재자 재산관리인에 의한 부재자 소유의 부동산 매매행위에 대한 법원의 허가결정은 그 허가를 받은 재산에 대한 장래의 처분행위뿐만 아니라 기왕의 매매를 추인하는 방법으로도 할 수 있고, 부재자 재산관리인의 권한초과행위에 대한 법원의 사후허가는 사인의 법률행위에 대하여 법원이 후견적·감독적 입장에서 하는 비쟁송적인 것으로서 그 허가 여부는 전적으로 법원의 권한에 속하는 것이기는 하나 그 신청절차는 소의 제기 또는 그에 준하는 신청과는 달리 그 의사표시의 진술만 있으면 채무자의 적극적인 협력이나 계속적인 행위가 없더라도 그 목적을 달성할 수 있는 것이므로, 비록 그 허가신청이 소송행위로서 공법상의 청구권에 해당하더라도 부재자 재산관리인이 권한초과행위에 대하여 허가신청절차를 이행하기로 약정하고도 그 이행을 태만히 할 경우에는 상대방은 위 약정에 기하여 그 절차의 이행을 소구할 수 있고, 이러한 의사 진술을 명하는 판결이 확정되면 민사소송법 제695조 제1항(필자 주: 현행 민사집행법 제263조 제1항)에 의하여 허가신청의 진술이 있는 것으로 간주된다"고 하였다(대판 2000.12.26, 99다19278).

5. 부작위채무의 강제이행(제389조 제3항)

부작위채무의 경우에는 그 채무 자체의 강제이행은 필요하지 않다. 다만 그 의무 위반으로 발생한 유형적인 결과물을 제거해야 할 문제가 생긴다. 이 경우 채무자의 비용으로 그 위반한 것을 제거하고 장래에 대한 적당한 처분을 법원에 청구할 수 있다(제389조 제3항).

제3절 손해배상

Ⅰ. 서 설

채무자의 채무불이행이 있으면, 채권자는 손해배상을 통해 자신의 권리를 구제받을 수 있다(제390조). 이에 민법은 손해배상의 배상범위, 배상방법, 배상액 산정, 배상액의 조정 등에 대해 규율하고 있다.

1. 손해배상책임의 성립

채무불이행으로 인한 손해배상책임이 성립되기 위해서는 채무불이행의 성립요건이 구비되어 야 한다. 그런데 손해의 발생은 채무불이행의 성립요건은 아니다. 채무불이행의 법률효과 중의 하나인 손해배상책임이 인정되기 위해서 손해 발생이 필요한 것이다. 그러나 불법행위의 경우 손해의 발생이 그 성립요건이다($\frac{제750}{조}$).

2. 손해배상범위의 결정

발생한 다양한 손해항목 중에서 배상범위에 속하는 손해항목을 정해야 하는데 이는 보통 손 해배상의 범위 결정의 문제이다($\frac{제393}{조}$). 이 단계에서는 손해가 반드시 금전적일 필요도 없고 또 이를 금전적으로 산정할 필요도 없다.

3. 손해배상액의 산정

손해배상은 금전으로 함이 원칙($\frac{제394}{조}$)이므로, 손해를 금액으로 산정하는 과정이 필요하다. 예컨대 중고인 물건을 멸실시킨 경우 그 물건의 가치를 금전으로 환산하는 작업, 또한 위자료 도 손해배상의 대상이므로 정신적 고통을 금전으로 환산하는 작업, 일실소득에서 취득할 수 있 었던 소득을 평가하는 작업이 필요하다. 특히 배상액의 산정시점이 중요하다.

4. 손해배상액의 조정

과실상계($\frac{제396}{조}$), 손익상계, 중간이자의 공제 등을 통하여 배상액이 조정된다.

Ⅱ. 손해의 의의

채무자의 귀책사유로, 채권자에게 손해가 발생한 경우(채무자의 채무불이행 사실과 손해 사이에 인과관계가 인정된 경우), 채무자는 채권자에게 손해를 배상해야 한다. 이하에서는 손해의 개념 및 손해를 분류해 보기로 한다.

1. 손 해

손해배상책임이 인정되기 위해서는 손해가 있어야 한다. 만약 채무불이행이 있었더라도 손 해가 없다면, 손해배상은 청구할 수 없다. 예컨대 무효인 법률행위는 그 법률행위가 성립한 당 초부터 당연히 효력이 발생하지 않는 것이므로, 무효인 법률행위에 따른 법률효과를 침해하는 것처럼 보이는 위법행위나 채무불이행이 있었다고 하여도 법률효과의 침해에 따른 손해는 없는 것이므로, 그 손해배상을 청구할 수는 없다(대판 2003.3.28, 2002다72125. 이 사건은 A가 B와 통모하여 B의 토지를 매수하는 계약을 체결한 후 이전등기청구권 확보를 위하여 법무사 C에게 처분금지가처분 신청을 위임했으나 C의 잘못으로 가처분결정 후 기입등기가 각하된 사안에서, A가 C에게 손해배상을 청구했으나 원고 패소된 사안). 반면 유동적 무효인 계약의 채무불이행으로 인한 손해배상청구는 인정된다(대판(전합) 1991.12.24, 90다12243. 계약이 유효하도록 협력해야 할 의무위반행위에 대해 손해배상을 청구할 수 있다고 판시). 이하에서는 손해의 개념, 손해의 종류 등에 대해서 살펴보기로 한다.

(1) 손해의 개념(법익에 대하여 발생한 일체의 불이익)

손해를 파악하기 위한 학설은 차액설과 구체적 손해설이 있다. 차액설은 '손해야기사건이 없었다면' 있었을 현재의 법익상태와 '법익침해로 인한' 현재의 법익상태를 비교하여 파악된 재산상의 차이를 손해로 본다. 반면에 구체적 손해설은 피해자에게 발생한 법익의 침해로 인해 받게 된 불이익, 그 자체를 손해로 본다. 우리 판례는 "불법행위로 인한 재산상 손해는 위법한 가해행위로 인하여 발생한 재산상 불이익, 즉 그 위법행위가 없었더라면 존재하였을 재산상태와 그 위법행위가 가해진 현재의 재산상태의 차이를 말하는 것이고, 그것은 기존의 이익이 상실되는 적극적 손해의 형태와 장차 얻을 수 있을 이익을 얻지 못하는 소극적 손해의 형태로 구분된다"고 하여 원칙적으로 차액설을 취한다($^{대판\ 1992.6.23,\ 91다33070;\ 대}_{판\ 2009.9.10,\ 2008다37414}$[1]). 그러나 이러한 차액설에 대하여 비재산적 손해를 설명하기 곤란하고, 경우에 따라서는 형평에 맞지 않아 일부 판례는 구체적 손해설에 따라 규범적 손해개념을 인정하고 있다. 예컨대 판례는 "타인의 불법행위로 인하여 상해를 입은 피해자에게 신체장애가 생긴 경우에 그 피해자는 그 신체장애 정도에 상응하는 가동능력을 상실했다고 봄이 경험칙에 합치되고, 피해자가 종전과 같은 직종에 종사하면서 종전과 다름없는 수입을 얻고 있다고 하더라도 당해 직장이 피해자의 잔존 가동능력의 정상적 한계에 알맞은 것이었다는 사정까지 나타나지 않는 한, 피해자의 신체훼손에도 불구하고 바로 피해자가 재산상 아무런 손해를 입지 않았다고 단정할 수는 없다"고 하여 손해가 야기된 상태의 전후를 규범적으로 평가하여 파악된 재산적 불이익을 손해로 보았다($^{대판\ 2002.9.4,}_{2001다80778}$).

(2) 손해의 분류

판례는 손해를 적극적 재산상 손해, 소극적 재산상 손해, 정신적 손해(위자료)의 3가지 형태로 나누고, 각 항목을 별개의 청구(소송물)로 다룬다. 즉 판례는 하나의 사건으로 인한 손해배

---

1) 위 판결은 보험계약자 등이 피보험자가 선박에서 발생한 총기오발 사고로 상해를 입었음에도 양망작업 중 사고로 상해를 입은 것으로 허위신고하여 보험회사로 하여금 피보험자에게 보험금을 지급하게 한 사안에서, 보험사고의 경위를 사실대로 신고하였더라도 위 총기오발 사고로 인한 상해는 보험약관상 보험사고인 '업무상 재해'에 해당하여 보험회사는 피보험자에게 보험금을 지급할 수밖에 없었고, 보험사고 경위의 허위신고가 그 자체로 절차의 엄격한 준수가 요구되는 법령 위반에 해당한다는 등의 특별한 사정도 보이지 않으므로, 보험회사가 지급한 보험금이 보험계약자 등의 허위신고로 인한 손해에 해당한다고 볼 수 없다고 한 사례이다.

상청구소송에서 위와 같은 손해를 별개의 청구(소송물)로 다루는 손해3분설에 입각하고 있다(대판 1996.8.23, 94다20730). 손해3분설에 따르면 각 손해에 대한 배상청구는 별개의 소송물로 다루므로 기판력도 각 소송물별로 인정된다. 예컨대 불법행위로 인한 손해배상으로 원고가 적극적 손해 4천만 원, 소극적 손해 5천만 원, 위자료 1천만 원, 총 1억 원을 청구한 사례에서 법원이 원고의 청구를 일부 인용하며 8천만 원에 대한 승소판결을 내리면서, 내용에 있어서 적극적 손해 5천만 원, 소극적 손해 2천만 원, 위자료 1천만 원을 인용하는 것은 청구한 적극적 손해보다 많은 금액을 인정하였다는 점에서 처분권주의에 위배된다. 이하에서는 재산상 손해와 정신적 손해, 적극적 손해와 소극적 손해, 기타 문제되는 손해(신뢰손해·이행손해 등)로 분류해 보기로 한다.

(가) 재산적 손해 · 비재산적 손해

1) 피침해법익에 의해 분류하는 입장

재산에 가해진 손해인지 비재산적 법익에 가해진 손해인지에 따라 이를 분류하기도 한다. 물건에 가해진 손해가 재산적 손해가 되며, 생명, 신체, 자유, 명예 등에 가해진 손해가 비재산적 손해에 해당한다.

2) 발생한 손해의 형태를 기준으로 분류하는 입장

이에 의하면 발생한 손해의 형태에 따라 재산적 손해와 비재산적 손해를 분류한다. 예컨대 피침해법익이 재산이든 비재산이든 상관없이 침해로 인하여 채권자가 정신적인 손해를 입었다면 비재산적 손해가 발생한 것이 된다. 다만 재산권을 침해하여 발생한 정신적 손해는 일반적으로 재산적 손해배상이 이루어짐으로써 위자된다고 본다(대판 1994.12.13, 93다59779). 재산적 손해로 위자되지 않은 정신적 손해는 특별손해(제393조 제2항)로 보아 배상여부를 판단한다(대판 1994.12.13, 93다59779; 대판 1996.6.11, 95다12798).

▌대판 1994.12.13, 93다59779

일반적으로 임대차계약에 있어서 임대인의 채무불이행으로 인하여 임차인이 임차의 목적을 달성할 수 없게 되어 손해가 발생한 경우, 이로 인하여 임차인이 받은 정신적 고통은 그 재산적 손해에 대한 배상이 이루어짐으로써 회복된다고 보아야 할 것이므로, 임차인이 재산적 손해의 배상만으로는 회복될 수 없는 정신적 고통을 입었다는 특별한 사정이 있고, 임대인이 이와 같은 사정을 알았거나 알 수 있었을 경우에 한하여 정신적 고통에 대한 위자료를 인정할 수 있다.

(나) 적극적 손해와 소극적 손해

적극적 손해는 기존의 이익이 멸실 또는 감소(채권침해 자체)되는 경우에 인정된다. 소극적 손해는 장래 얻을 수 있었을 이익의 상실(전매차익 등)을 의미하는데 이는 일실이익(상실수익, 기대이익)이라고도 한다. 보통 적극적 손해는 통상손해로, 소극적 손해는 특별손해로 인정될 가능성이 높다.

(다) 이행이익의 손해와 신뢰이익의 손해

1) 의 의

이행이익 손해란 계약이 제대로 이행되었다면 생겼을 이익의 침해를 말한다. 신뢰이익 손해란 무효인 계약을 유효하다고 신뢰하여 발생한 손해($^{제535조}_{참조}$) 또는 계약이 이행될 것을 신뢰하고 지출한 비용($^{대판\ 1999.7.27.}_{99다13621}$)을 말한다. 이렇게 보면 신뢰이익에서 신뢰의 대상은 계약의 성립뿐만 아니라 계약의 이행까지 포함한다.

이행이익 손해의 예로는 (i) 계약 목적물의 가치, (ii) 전보거래에 쓰인 비용, (iii) 제3자(특히 채권자의 전매처)에 대해 지급한 위약금 · 손해배상액의 상당액, (iv) 전매차익의 상실액, (v) 목적물의 보수에 쓰인 비용(보수비용) 등이 있다. 반면에 신뢰이익 손해에는 법률행위가 무효 또는 제대로 이행되지 않아서 헛되이 쓰인 각종 비용(계약체결의 비용 등), 다른 유리한 계약제안을 거절하여 발생한 손실 등이 있다. 다만 계약체결이 좌절되는 경우에도 지출했었을 비용(예컨대 경쟁입찰에 참여하기 위한 제안서 및 견적서 작성비용)은 신뢰이익의 손해에 포함되지 않는다($^{대판\ 2003.}_{4.11,\ 2001}$ $^{다}_{53059}$).

2) 신뢰이익 손해개념의 기능

채무불이행의 효과로서 손해배상청구는 원칙적으로 이행이익의 손해를 청구할 수 있다. 그러나 채권자는 이행이익이 아니라, 신뢰이익 손해(전형적으로는 지출한 비용)의 배상을 청구할 수 있다. 신뢰이익(지출비용) 손해는 장래 발생할 이익의 손해를 의미하는 이행이익 손해보다 증명이 비교적 용이하다는 점에서 채권자에게 유리하다($^{대판\ 2017.2.15,}_{2015다235766}$). 신뢰이익 손해는 불법행위에 기한 손해배상($^{대판\ 2003.4.11,}_{2001다53059}$), 계약해제시의 손해배상(대판 2002.6.11, 2002다2539: 해제와 손해배상 부분 참조), 담보책임으로 손해배상을 청구(담보책임과 손해배상 부분 참조)할 경우에 가능하다.

신뢰이익 손해를 배상청구할 때에도 그 배상범위는 이행이익 손해로 제한된다($^{대판\ 2002.6.11,}_{2002다2539;\ 대판}$ $^{2006.2.10,}_{2003다15501}$). 채권자는 계약이 제대로 이행되었을 때 얻을 수 있는 이익보다 손해배상을 통해 더 많은 이익을 받으면 안 되기 때문이다.

보통 이행이익은 총이익(순이익+지출비용)을 의미한다. 한편 채무불이행의 경우 이행이익을 청구하면서 동시에 신뢰이익(지출비용)을 청구할 수도 있다. 다만 이때에는 중복배상을 막기 위하여 지출비용(신뢰이익)과 동시에 청구하는 이행이익은 순이익으로 제한된다($^{대판\ 2023.7.27,\ 2023}_{다223171,223188}$). 지출비용은 총이익을 의미하는 이행이익의 일부이기 때문에($^{대판\ 2006.2.10,}_{2003다15501}$) 지출비용과 총이익을 배상하면 중복배상이 된다.

지출비용(신뢰이익 손해)도 통상손해인지 특별손해인지에 따라 제292조의 배상범위가 결정된다($^{대판\ 2016.4.15,}_{2015다59115}$).

2. 위법소득이 손해가 되는지 여부

원칙적으로 위법소득은 손해액의 산정시에 포함되지 않으나, 그 위법소득을 결정하는 위법성은 위법성의 강도, 그 법규의 입법취지와 법률행위에 대한 비난 가능성의 정도 등을 고려하여 개별적으로 판단한다(대판 2004.4.28,). 따라서 불법행위를 구성하는 위법성의 판단과 손해액을 산정할 때 배제되는 위법소득에서의 위법성을 판단하는 기준이 다를 수 있다.

▌ 대판 2004.4.28, 2001다36733

범법행위를 계속함으로써 얻을 수 있는 이른바, 위법소득은 손해액 산정의 기초로 삼을 수는 없으나, 위법소득인지 여부는 법이 금하고 있다고 하여 일률적으로 이를 위법소득으로 볼 것이 아니고 그 법규의 입법취지와 법률행위에 대한 비난 가능성의 정도 특히, 그 위반행위가 가지는 위법성의 강도 등을 종합하여 구체적·개별적으로 판단하여야 할 것이므로 수산업법상의 무면허 어업행위에 의한 수입이라는 이유만으로 그것이 곧 위법소득에 해당된다고는 볼 수 없다.

사실관계: 어촌계가 특별한 시설 등을 갖출 필요 없이 면허를 받아 어업행위를 할 수 있었음에도 절차상의 이유 등으로 면허를 받지 못한 채 무면허 공동어업을 해 온 경우와는 달리, 애초에 면허를 받을 수 없는 공단지정지역 내에서의 무면허 어업행위는 위법성의 정도가 강하므로 그로 인한 수입은 위법소득으로서 일실손해 산정의 기초가 될 수 없다고 한 사례.

3. 손해배상청구권의 성질

채무불이행으로 인한 손해배상청구권은 본래의 채권이 확장된 것이거나(이행지체로 인한 지연배상금) 또는 내용이 변경된 것(이행불능에 의한 전보배상)이다. 따라서 손해배상청구권은 본래의 채권과 동일성이 있게 되며, 따라서 채권의 담보는 손해배상청구권에도 미친다(제334조, 제360조, 제429조 등). 또한 손해배상청구권의 소멸시효는 본래의 채권의 성질에 의해 결정된다(대판 2010.9.9, 2010다28031 등). 예컨대 은행이 영업행위로서 한 대출금에 대한 변제기 이후의 지연손해금은 원본채권과 마찬가지로 상행위로 인한 채권에 관하여 적용될 5년간의 소멸시효를 규정한 상법 제64조가 적용된다(대판 2008.3.14, 2006다2940 등). 다만 손해배상청구권의 소멸시효의 기산점은 채무불이행이 생긴 때이다(대판 1995.6.30, 94다54269).

Ⅲ. 손해배상방법

1. 원칙: 금전배상주의(제394조)

일반적인 견해는 민법이 손해배상의 방법으로 금전배상주의를 채택한 것으로 이해하며, 그 근거로 "다른 의사표시가 없으면 손해는 금전으로 배상한다"는 규정(제394조)을 들고 있다. 이에 따르면 금전지급의 방식이 금전배상주의의 핵심적 요소가 된다. 원상회복주의를 이와 같은 금전배상주의의 대립개념으로 이해한다면 원상회복주의란 가해자(내지 채무자)가 '직접' 손해를 야기한 사건이 없었다면 존재했을 상태를 만드는 원칙으로 설명되어야 한다.

그러나 '금전지급의 방식을 통한 원상회복'이 가능하다는 점에서, 금전배상주의에 대한 새로운 이해가 필요하다. 즉 금전배상주의의 핵심적 기준은 물건의 훼손시 완전성이익이 아닌 가치

이익(교환가치)의 배상을 하고 있다는 점이 되어야 한다(대판 1994.10.
14, 94다3964).

한편 당사자의 합의가 있거나 법률에 다른 규정이 있는 등의 특별한 사정이 없으면 불법행위자에 대하여 원상회복을 청구할 수 없다(대판 1997.3.
28, 96다10638).

2. 예 외

(1) 법률에 별도의 규정이 있는 경우

불법행위의 경우 특별규정이 있으면 그에 의한다. 명예훼손시 손해배상에 갈음하거나 또는 그와 함께 명예회복에 적당한 처분을 명할 수도 있다(제764 조). 이외에도 광업법 제93조, 부정경쟁방지 및 영업비밀 보호에 관한 법률 제6조, 특허법 제131조에서도 별도의 규정을 두고 있다.

(2) 당사자 간에 별도의 약정이 있는 경우(제394 조)

당사자의 약정으로 금전배상이 아닌 원상회복으로 손해가 보전될 수도 있다.

Ⅳ. 손해배상의 범위(제393 조)

배상액을 산정하기에 앞서 인과관계가 인정된 여러 손해항목 중에 어떤 손해가 배상범위에 포섭될 수 있는 손해인지를 판단해야 한다. 이와 관련하여 민법은 제393조에서 통상손해와 특별손해로 분류하여 배상범위를 결정하고 있다. 특히 특별손해의 경우에는 채무자의 예견가능성이 있을 때에만 배상되도록 하여 배상범위가 제한된다는 점에서 제한배상주의를 취한 것으로 이해된다.[2] 제393조의 배상범위 결정의 법리를 이해하는 데 학설은 상당인과관계설, 규범목적설, 위험성관련성설로 견해가 나뉜다.

1. 상당인과관계설(판례와 통설의 입장)

채무불이행과 인과관계가 인정된 손해 중, 손해배상의 범위를 제한하기 위한 법리로 상당인과관계를 기준으로 드는 견해이다. 요컨대 단순한 원인과 결과 사이의 관계에 의해 인과관계를 결정하는 것이 아니라 이를 일반적으로 동일한 조건이 존재하는 경우에는 동일한 결과를 발생케 할 개연성이 매우 높은 경우에만 인과관계를 긍정하여 손해배상범위에 포섭시키는 견해이다.

한편 일부 견해는 손해 성립과의 상당성 판단의 기준으로 통계적 빈도, 즉 '개연성'만에 의하지 않고 손해의 공평한 분담을 고려하여 사회정의의 이해조정 수단으로서의 '상당성'을 들기도 한다. 즉 이 견해는 상당성 판단의 범주 내에서 다양한 규범적 가치를 종합적으로 검토한다.

---

2) 반면 독일민법 제249조 제1항은 '손해야기사건이 없었다면 현재 있었을 상태의 회복'을 추구하여, 완전배상주의를 취한다.

(1) 상당성 판단의 기준 (우연한 사정 또는 특수한 사정을 상당성 있는 인과관계에 포함할 것인지의 문제)

상당성 판단과 관련하여 누구를 기준으로 판단할 것인지에 대해 주관적 상당인과관계설은 채무불이행 당시 채무자가 인식한 사정을 기초로 판단한다. 반면에 객관적 상당인과관계설은 당사자가 아는 사정을 문제삼지 않고 객관적으로 제3자(보통인)가 일반적으로 알 수 있는 사정을 기준으로 판단한다. 절충적 상당인과관계설은 행위 당시 제3자인 보통인이 알 수 있었던 사정과 당해 채무자가 특별히 알고 있었던 사정을 모두 고려하는 입장이다.

(2) 상당인과관계설과 제393조

상당인과관계설을 취하는 견해는 제393조 제1항은 상당인과관계의 원칙을 정한 것으로 보고, 동조 제2항은 당사자가 안 사정과 일반인이라면 알 수 있었던 사정을 고려한 것으로 이해한다(절충적 상당인과관계설).

2. 위험성관련설

이 견해는 손해를 1차손해와 후속손해로 분류하여 판단한다.

손해야기행위에 의해 직접 발생한 불이익(또는 채무불이행 행위와의 사이에 인과관계가 있는 손해)인 1차손해는 채무불이행이 성립하면 당연히 인정되어야 할 손해로 본다. 따라서 1차손해는 제393조가 아닌 제390조를 근거로 채무자에게 귀속된다.

한편 1차손해를 기점으로 하여 야기된 후속손해(전매이익의 상실, 목적물의 하자로 입은 부상)는 1차손해와의 위험성관련성이 인정되는 경우에 한하여 배상범위에 포함된다는 입장이다. 즉 이 견해는 제393조를 후속손해에 관한 규정으로 이해하고, 후속손해 중 통상손해는 채무자의 인식가능성의 유무와 관계없이 위험성관련성을 인정하고, 특별손해는 채무자의 인식가능성의 유무에 의해 위험성관련성 여부가 판단된다.

3. 규범목적설

이 견해는 손해배상의 책임귀속에 있어서는 배상의무를 근거지우는 규범의 보호목적(채무불이행에서 고려되어야 할 규범으로는 계약의 목적, 불법행위에서는 책임성립규정의 규범목적)을 토대로 하여 손해배상의 범위를 결정하여야 한다는 견해이다. 배상책임을 발생시키는 규범의 보호범위에 포함된 손해만을 배상되어야 할 손해로 본다. 이 견해 또한 손해를 1차손해와 후속손해로 분류하여 판단한다. 이 견해도 1차손해는 제390조에 의해 채무자에게 귀속된다고 보고, 제393조가 후속손해에 관한 규정으로 이해한다.

판례는 상당성 판단에 있어 규범의 보호목적 등을 고려하기도 한다(대판 1993.2. 12, 91다43466).

▎**대판 1993.2.12, 91다43466**

공무원에게 부과된 직무상 의무의 내용이 단순히 공공 일반의 이익을 위한 것이거나 행정기관 내부의 질서를 규율하기 위한 것이 아니고 전적으로 또는 부수적으로 사회구성원 개인의 안전과 이익을 보호하기 위하여 설정된 것이라면, 공무원이 그와 같은 직무상 의무를 위반함으로 인하여 피해자가 입은 손해에 대하여는 상당인과관계가 인정되는 범위 내에서 국가가 배상책임을 지는 것이고, 이때 상당인과관계의 유무를 판단함에 있어서는 일반적인 결과발생의 개연성은 물론 직무상 의무를 부과하는 법령 기타 행동규범의 목적이나 가해행위의 태양 및 피해의 정도 등을 종합적으로 고려하여야 할 것이다.

4. 판례의 입장

통상손해는 특별한 사정이 없는 한 그 종류의 채무불이행이 있으면 사회일반의 거래관념 또는 사회일반의 경험칙에 비추어 통상 발생하는 것으로 생각되는 범위의 손해를 말하고, 특별한 사정으로 인한 손해는 당사자들의 개별적, 구체적 사정에 따른 손해를 말한다$\binom{\text{대판 2008.12.24,}}{\text{2006다25745}}$.

구체적으로는 당사자들이 일반적·객관적으로 당연히 그 채무불이행으로부터 발생하리라고 생각되는 손해이면 통상손해의 범위 내에 포함되고, 그러한 정도까지 예상되는 것이 아니라면 특별손해로 보아야 한다$\binom{\text{대판 2014.2.27, 2013다66904;}}{\text{대판 2009.7.9, 2009다24842 등}}$. 특별한 사정에 대한 예견가능성의 대상은 손해의 원인이 된 '특별한 사정'이지 '손해' 자체가 아니다. 특별한 사정에 대한 예견가능성의 판단시기에 관하여 "계약체결당시가 아니라 채무의 이행기까지를 기준으로 판단해야 한다$\binom{\text{대판 1985.9.10,}}{\text{84다카1532}}$. 한편 예견가능성에 대한 증명책임은 채권자가 부담한다.

(1) 통상손해로 인정된 경우

임차물 멸실과 같은 이행불능의 경우 불능 당시의 기준으로 산정한 시가$\binom{\text{대판 1967.11.21,}}{\text{67다2158 등}}$, 이자부 금전채무에서 지연기간 동안의 이자 상당의 금액, 영업용물건의 멸실시 수리기간 동안의 영업손실$\binom{\text{대판(전합) 2004.3.}}{\text{18, 2001다82507}}$ 및 휴업손해$\binom{\text{대판 2000.11.24,}}{\text{2000다38718, 38725}}$, 훼손된 물건을 수리한 후에도 일부 수리가 불가능한 부분이 남아 발생한 교환가치의 감소액, 즉 격락손해$\binom{\text{대판 2017.5.17,}}{\text{2016다248806}}$는 통상의 손해로 본다.

(2) 특별손해로 판단된 경우

전매차익$\binom{\text{대판 1985.9.10,}}{\text{84다카1532}}$, 이행불능 후 목적물의 시가가 등귀하여 발생한 손해$\binom{\text{대판 1995.10.}}{\text{13, 95다22337}}$, 채무자의 불이행으로 물상보증인이 피담보채무를 변제하기 위해 고리의 사채를 얻은 경우 그 이자$\binom{\text{대판 1974.9.}}{\text{24, 74다940}}$, 채무불이행으로 인한 비재산적 손해$\binom{\text{대판 1994.12.12, 93다59779;}}{\text{대판 2007.12.13, 2007다18959}}$, 매수인이 잔금의 지급을 지체하는 동안 개별공시지가가 상승함으로써 증가한 매도인의 양도소득세 부담분$\binom{\text{대판 2006.4.13,}}{\text{2005다75897}}$ 등이 특별손해이다.

5. 사 견

상당인과관계론이나 위험성관련설 등은 지금 학설과 판결례에서 강조되는 것만큼 중요한 의미를 갖지는 않는다. 독일민법과는 달리 우리 민법에서는 배상범위를 정하는 기준을 제393조에서 정하고 있으므로 이 기준을 명확히 하는 것이 우선되어야 한다. 따라서 각각의 사안에 나타난 구체적 사실관계를 검토하여 어떠한 손해가 통상손해인지, 특별손해인지를 결정하는 것이 중요하다.[3]

V. 손해배상액의 산정 및 조정

```
1. 손해배상액 산정의 기준시점              3. 손익상계(또는 이득공제)
2. 과실상계(제396조)                      4. 중간이자의 공제
```

1. 손해배상액 산정의 기준시점

채무불이행으로 인한 손해(전보손해, 지연손해, 전매이득 등)를 어느 시점에서 산정할 것인지를 정해야 한다. 학설은 (i) 책임원인발생시설, (ii) 사실심변론종결시설, (iii) 개별적 판단설 등으로 나뉜다.

(1) 이행지체로 인한 전보배상에서 통상손해액 산정의 기준시점

판례는 이행지체로 인한 전보배상의 경우에 손해배상액의 판단시점에 관하여, 본래 채무이행을 최고하고 상당한 기간이 경과한 때(책임원인발생시)로 보는 것이 일반적이나(대판 2007.9.20, 2005다63337 등) 사실심변론종결시점을 취한 판결(대판 1969.5.13, 68다1726)도 있다.

(2) 이행불능으로 인한 전보배상에서 통상손해액 산정의 기준시점

소유권이전등기말소의무가 이행불능이 됨으로 말미암아 그 권리자가 입는 손해액은 원칙적으로 그 이행불능 당시의 목적물의 시가 상당액이다(대판 1996.6.14, 94다61359,61366).

(3) 이행거절로 인한 전보배상에서 통상손해액 산정의 기준시점

이행거절로 인한 채무불이행에서의 손해액은 채무자가 이행거절의 의사를 명백히 표시하여 최고 없이 계약의 해제나 손해배상을 청구할 수 있는 경우에는 이행거절 당시의 급부목적물의 시가를 표준으로 해야 한다(대판 2007.9.20, 2005다63337).

---

3) 예컨대 이행이익은 통상손해이고 신뢰이익은 특별손해라는 결론에 바로 도달하는 것이 아니며, 신뢰이익도 통상손해인 것과 특별손해인 것이 달라질 수 있다(대판 2002.6.11, 2002다2539).

제1편 제2편 제3편 제4편 제5편 제6편 제7편 제8편 제9편 채무불이행

> **대판 1996.6.14, 94다61359, 61366**
> 매도인의 매매목적물에 관한 소유권이전등기 의무가 이행불능이 됨으로 말미암아 매수인이 입는 손해액은 원칙적으로 그 이행불능이 될 당시의 목적물의 시가 상당액이고, 그 이후 목적물의 가격이 등귀하였다 하여도 그로 인한 손해는 특별한 사정으로 인한 것이어서 매도인이 이행불능 당시 그와 같은 특수한 사정을 알았거나 알 수 있었을 때에 한하여 그 등귀한 가격에 의한 손해배상을 청구할 수 있다.

2. 과실상계($\frac{제396}{조}$)

(1) 의 의

과실상계란 채무불이행에 관하여 채권자의 과실이 있는 때에는 책임의 성립이나 범위에 채권자(피해자)의 과실과 같은 기여도를 참작하여 책임을 부정하거나 감경하는 제도이다. 우리 판례와 다수설은 소위 채권자의 '손해감경의무'를 인정하여 이를 위반한 때에도 과실상계를 적용(또는 유추적용)하고 있다. 예컨대 토지임대차계약에서 임차인이 임대인의 이행불능을 예견하고서도 대비책을 마련하지 않은 상태에서 공사비용을 지출하여 손해가 증가한 사안에서 임차인의 과실을 참작하여 손해배상액을 감액한 사건($\frac{대판 2002.2.5,}{99다53674}$), 수급인의 공사중단시 도급인이 계약을 즉시 해제하고 제3자와의 잔여공사 계약체결이 가능함에도 이를 지체한 경우에 지체기간에 상응하여 지체상금을 인정하지 않은 사건($\frac{대판 1993.11.}{23, 92다38980}$) 등에서 손해경감의무를 전제로 과실상계를 통해 손해배상액을 감면하고 있다.

그러나 채권자의 손해경감의무 위반으로 증가한 손해는 배상액의 조정이 아닌 제393조의 배상범위 문제로 해결하는 것이 타당하다는 비판이 있다. 판례 또한 예외적이기는 하나, 자동차종합보험계약상 보험자가 보험금지급의무 및 방어의무(피해자측과의 손해배상금 협의, 조정, 소송의 수행 등)를 불이행한 경우, 피해자가 피보험자(가해자를 의미함) 소유 택시를 압류하여 운행을 못함으로써 입은 피보험자의 영업손실은 특별사정으로 인한 손해로서 보험자(보험회사)가 그 사정을 알았거나 알 수 있었을 때만 손해배상책임을 지고, 또한 민사집행규칙 제117조 제1항에서 법원이 이해관계인의 신청에 의하여 자동차의 운행을 허가할 수 있도록 규정하고 있어 그 영업손실 상당의 손해는 피보험자가 회피할 수 있었음에도 그러하지 않은 탓에 발생한 것으로 볼 수도 있으므로 상당인과관계가 있다고 볼 수도 없다고 했다($\frac{대판 2002.5.24,}{2000다42540}$). 이러한 접근은 이 문제를 과실상계의 문제가 아닌 배상범위에 관한 제393조의 문제로 다룬 것이다.

(2) 요 건

과실상계가 인정되기 위해서는 채권자에게 손해배상청구권이 인정되어야 한다. 과실상계능력이 있는 채권자(피해자)에게 과실이 존재하고, 손해의 발생 및 확대와 채권자의 과실 사이에 인과관계가 인정되어야 한다.

(가) 채권자(피해자) 과실의 의미

책임성립요건으로서의 가해자의 과실과 과실상계에서 채권자(피해자)의 과실이 동일한 의미인지에 대해서 학설은 동일설과 비동일설(약한 과실설, 책무설, 절충설)로 나뉜다. 판례($^{대판}_{2004.7.}$ $_{22,\ 2001다58269;\ 대판}^{}$ $_{2005.7.8,\ 2005다8125}$)는 과실상계에서의 과실을 고유한 의미의 과실보다 주의의무의 정도가 완화되는 '약한 부주의, 단순한 부주의'라고 보아 '약한 과실설'을 취한다.

그런데 과실상계의 법리와 신의칙을 근거로 한 손해의 공평분담의 원칙을 적용한 배상액의 감경이 혼용되어 쓰이고 있다.

대판 2004.7.22, 2001다58269

불법행위에 있어서 과실상계는 공평 내지 신의칙의 견지에서 손해배상액을 정함에 있어 피해자의 과실을 참작하는 것으로서, 그 적용에 있어서는 가해자와 피해자의 과실의 정도, 위법행위의 발생 및 손해의 확대에 관하여 어느 정도의 원인이 되어 있는가 등의 제반 사정을 고려하여 배상액의 범위를 정하는 것이며, 불법행위에 있어서의 가해자의 과실이 의무위반의 강력한 과실임에 반하여 과실상계에 있어서 과실이란 사회통념상, 신의성실의 원칙상, 공동생활상 요구되는 약한 부주의까지를 가리키는 것이다.

(나) 채권자 이외의 제3자의 과실(피해자측 과실상계)[4]

채권자 이외의 일정한 제3자의 과실을 피해자의 과실로 보아 과실상계할 수 있는지에 대해, 판례와 통설은 불법행위에 기한 손해배상청구소송에서 '피해자와 신분상 생활관계상의 일체성'을 판단기준으로 하여[5], 제3자의 과실을 피해자의 과실로 보아 과실상계를 인정하고 있다(피해자측 과실이론).[6] 예컨대 피고(A)가 그의 처(甲)를 오토바이의 뒷좌석에 태우고 운전하다가 승용차와 충돌하여 그 처가 상해를 입어 피고 아닌 제3자(B)에 대하여 손해배상을 청구하는 경우, 법원은 특별한 사정이 없는 한 남편인 피고의 과실을 피해자인 甲의 과실로 보아 참작한다($^{대}_{판}$ $_{1993.5.25,}^{}$ $_{92다54753}$).[7]

---

4) 자세한 설명은 불법행위법에서 다루기로 한다.
5) 판례는 부부관계(대판 1993.5.25, 92다54753), 부자관계(대판 1989.12.12, 89다카43), 형제관계(대판 1996.10.11, 96다27384)는 생활신분상 일체관계로 보는 반면, 4촌 형제관계는 그러한 관계로 보지 않는다. 예컨대 대판 1996.11.12, 96다26183에서 "가족회사에서 직장동료로 근무하고 있던 4촌 형제간이지만 각 성년으로서 각자의 직업을 가진 독립된 경제주체라는 점 등에서 서로 간에 신분상 내지 생활관계상 일체를 이루는 관계에 있지는 않다고 보아, 운전자인 사촌형의 과실을 동승 피해자인 사촌동생의 손해배상액을 산정함에 있어 피해자측 과실로 참작할 수 없다"고 하였다. 그런데 우리 판례는 특이하게도 "사고 당시 운전자는 교회 집사로서 교회 업무를 위하여 승용차를 운전하고 있었고 피해자는 교회의 제반 업무를 주관·감독하는 담임목사로서 교회 업무에 속하는 기도회를 마치고 신도들과 함께 교회로 돌아가던 중 사고를 당한 것이므로 피해자의 손해배상책임을 정하는 데에 운전자의 과실은 피해자측의 과실로 함께 참작하는 것이 타당하다"고 본 경우도 있다(대판 1997.6.27, 96다426).
6) 대리인, 피용자, 수령보조자, 감독의무자(법정감독의무자로서 친권자 외에 대리감독인 숙부, 외조부도 인정)의 과실도 경우에 따라서는 피해자측의 과실로 고려될 수 있다(대판 1968.4.16, 67다2653).
7) 이 사건에서 처가 다쳤는데, 승용차의 보험자인 B가 합의금으로 약 5천만원을 지급하기로 합의를 했다면 그 합의의 내용은 가해자측이나 피해자측의 의사는 다른 특별한 의사표시가 없는 한 위 甲의 남편으로서 사고 오토바이를 운전한 A의 과실도 아울러 참작하여 甲에 관련한 손해배상 문제를 일거에 종결하고자 함에 있었다고 보는 것이 경험법칙에 합치된다고 볼 것이지, B가 A의 과실비율에 따른 금액도 변제하고 이를 A로부터 따로 구상하겠다는 의사로서 한 것이라고 볼 것은 아니라고 해석했다. 이러한 해석은 피해자의 보호를 위하여 인정된 것이지만, 이는 특수한 사실관

생각해 볼 문제 피고가 설사 피해자의 남편이라도 제3자인 B와 공동불법행위자로 파악하는 것이 타당하지 않을까? 예컨대 손해가 1억 원이고 남편인 피고 A의 과실이 30%, B의 과실이 70%인 경우, 피해자는 B로부터 7천만 원의 손해밖에 배상받지 못한다는 의미인가? 가해자 중 1인이 남편이라는 이유로 배상 받을 수 있는 금액이 줄어든다는 것은 부당하지 않은가? 특히 피해자측인 A와 甲이 경제적으로 여유가 없는 경우라면 실제로 받은 손해보다 적은 금액을 받게 되는 결론이 타당한 것인가? 오히려 피해자인 甲은 전 손해를 배상받을 수 있으며, B가 A에게 구상권을 행사할 때, 부부관계의 특성이 고려되어야 한다고 본다.[9] 그러한 선택권이 피해자인 甲에게 인정되는 것이 합리적이지 않은가?

이와는 별도로 처(甲)는 남편인 피고(A)에게 별도로 손해배상청구권을 행사할 수 있는가?

(다) 과실상계능력

채권자에게 과실상계가 인정되기 위한 요건으로 과실상계능력을 요구한다. 그 과실상계능력은 사리변별능력 여부로 판단한다. 사리를 변식함에 족한 지능을 갖추고 있다면 책임능력이 없더라도 과실상계를 인정할 수 있다. 예컨대 판례는 8세 이상의 아이는 사리변별능력이 인정된다고 하여 과실상계를 인정$\binom{\text{대판 1968.8.30, 68다1224;}}{\text{대판 1971.3.23, 70다2986}}$한 반면, 6세 이하의 아이에 대해서는 사리변별능력이 없다고 하여 과실상계를 부정$\binom{\text{대판 1974.12.}}{\text{24, 74다1882}}$하였다.

(3) 효 과

법원은 당사자의 주장이 없더라도 직권으로 과실상계사유가 있는지를 심리하여 판단해야 하며$\binom{\text{대판 1996.10.}}{\text{25, 96다30113}}$, 과실상계의 요건이 갖추어지면, 반드시 이를 참작해야 한다$\binom{\text{대판 1967.12.5, 67다}}{\text{2367: 필요적 참작사유}}$. 단 참작의 정도를 정하는 것은 법원의 자유재량에 속한다$\binom{\text{대판 1984.7.}}{\text{10, 84다카440}}$. 과실상계를 함에 있어 손해배상책임을 면제할 것인지 아니면 배상액을 정할 때에만 참작할 것인지는 가해자측과 피해자측의 과실의 경중과 그 밖의 제반사정을 종합적으로 비교형량하여 공평의 원칙에 따라 결정해야 한다$\binom{\text{대판 2009.9.10,}}{\text{2006다64627}}$.

(가) 본래 급부청구와 과실상계

과실상계는 본래 채무불이행 또는 불법행위로 인한 손해배상책임에 대해 인정되는 것이므로 채무내용에 따른 본래의 급부의무를 이행할 것을 청구할 때에는 적용될 수 없다$\binom{\text{대판 1996.5.}}{\text{10, 96다8468}}$. 예컨대 예금주가 인장관리를 다소 소홀히 하였거나 입·출금 내역을 조회하여 보지 않음으로써 금융기관 직원의 불법행위가 용이하게 된 사정이 있다고 할지라도 정기예탁금 계약에 기한 정

계를 전제로 한 것이지 일반적으로 피해자의 보호에 타당한 결론은 아니다.

8) 판결에서는 이러한 결론은 인정하지 않으면서 다음과 같이 판시하였다: 만일 그렇게 해석하지 아니한다면 가해자인 제3자(B)는 피해자인 위 甲에게 일단 남편인 피고(A)의 과실을 참작하지 아니한 손해를 배상하고 다시 그의 남편인 피고(A)에게 그의 과실비율에 해당하는 부담부분을 구상하여야 하는데 이는 부부의 신분상, 생활상의 일체성을 간과한 것으로서 옳다고 할 수 없고, 손해배상이나 구상관계를 일거에 해결하거나 분쟁을 1회에 처리할 수도 없어 불합리하다.

기예탁금 반환청구사건에서는 그러한 사정을 들어 금융기관의 채무액을 감경하거나 과실상계할 수 없다(대판 2001.2.9, 99다48801).

(나) 부주의를 이용한 고의의 불법행위와 과실상계

피해자의 부주의를 이용하여 고의로 불법행위를 저지른 자가 바로 그 피해자의 부주의를 이유로 자신의 책임을 감하여 달라고 주장하는 것은 허용될 수 없다(대판 2000.1.21, 99다50538). **9)**

불법행위자가 과실상계 항변을 못하게 하는 이유는, 예컨대 피해자의 부주의를 이용한 고의적 불법행위로 부당한 이득을 취하게 되는 경우에도 과실상계와 같은 책임제한을 인정되면 가해자가 불법행위로 인한 이익을 최종적으로 보유하게 되어 공평의 이념이나 신의칙에 반하는 결과를 가져오기 때문이다(대판 2007.10.25, 2006다16758; 대판(전합) 2013.9.26, 2012다1146). 요컨대 불법행위자의 과실상계 항변이 배제되기 위해서는 ① 피해자의 부주의를 이용하여, ② 고의의 불법행위가 있고, ③ 가해자의 영득행위(사기, 횡령, 배임 등)가 있어야 한다.

그러나 고의 불법행위도 위와 같은 결과가 초래되지 않는 경우에는 과실상계나 공평의 원칙에 기한 책임의 제한은 얼마든지 가능하다.

(다) 손해배상액 예정과 과실상계

손해배상액의 예정이 있는 경우에는 과실상계를 부정한다(대판 1972.3. 31, 72다108).

(라) 과실상계와 책임능력

학설은 (i) 책임능력이 있어야 과실상계를 인정한다는 견해, (ii) 책임능력 여부에 상관없이 과실상계를 인정하는 견해, (iii) 책임능력과는 다른 과실상계능력(사리변별능력 및 위험판별능력)을 전제로 과실상계를 인정하는 견해, (iv) 그리고 책임부인의 경우에는 책임능력이 있어야 하지만 단순히 배상액을 삭감하는 경우에는 위험변별능력만으로도 가능하다는 견해로 나뉜다.

(마) 무과실책임과 과실상계

채무자가 무과실책임을 질 때에도 채권자의 부주의가 원인을 제공한 경우에는 배상액을 감경한다. 다만 그 근거법리를 과실상계에서 구하기도 하며 공평의 원칙에서 구하기도 한다. 예컨대 대판 1991.12.24, 91다29767에서 "부엌이 딸린 방 1칸을 전차한 전차인이 방문 틈으로 스며든 부엌 새마을연탄보일러의 연탄가스로 중독사망한 사고에 있어 위 사고가 방문이 설치된 위치, 부엌바닥과 방바닥의 구조, 부엌벽면에 환기용 개구부가 설치되지 않은 축조상의 하자로

---

9) 甲은 乙 소유의 노래방과 丙 소유의 임야를 교환하는 계약을 중개하였는데, 해당 임야는 바닷가에서 멀리 떨어진 내륙 쪽에 있어 그곳에서는 바다가 전혀 보이지 않음에도 불구하고, 바닷물이 갈라지는 이른바 한국판 모세의 기적이 일어나는 바닷가에 위치하고 있어 상당한 투자가치가 있다고 乙에게 거짓말하여 위 교환계약을 체결하라고 권유하였다. 또 乙에게 현장답사를 제의하고 함께 가서는 실제 위치와는 전혀 동떨어진 바닷물이 갈라지는 해수면이 내려다보이는 인근 야산을 이 사건 임야라고 하고, 평당 가격도 실제와 다르게 높은 호가가 나간다고 믿게 하여 실제 평당 500원 정도인 것을 3,000원씩 계산된 가격으로 노래방과 임야의 교환 계약 체결을 맺게 하였다. 이 때 피해자인 乙로서도 지적도 등의 공부에 의하거나 현지 주민들에게 질문하는 등의 방법으로 이 사건 임야의 위치와 시가를 정확히 알아보지 아니한 과실이 있더라도 甲이 과실상계를 주장할 수 없다고 판시하였다.

인하여 발생하였다 하여 임대인에게 건물소유자로서 공작물 설치·보존의 하자로 인한 손해배상책임을 인정하면서, 전차인의 과실도 80% 정도 기여한 것으로 보아 과실상계한 원심의 조치는 적정하다"고 판단하였다. 이와는 달리 무과실책임인 담보책임상 배상액을 감경하는 논거로 과실상계 규정을 준용하지 않고 신의칙상 배상액의 감경을 들기도 한다(대판 1990.3.9., 88다카31866).

(바) 과실상계와 손익상계의 순서

판례는 과실상계를 먼저 한 다음에 손익상계를 하여, 배상의무자인 채무자에게 유리한 방법을 채택한다(대판 2008.5.15., 2007다37721). 예컨대 피해자의 손해 100만 원, 피해자 과실 30%, 이로 인한 이익이 30만 원인 경우, 손익상계를 먼저 하면 배상액은 49만 원[(100만 원 – 30만 원)×7/10]이 되는 반면에 과실상계를 먼저 하면 배상액은 40만 원[100만 원×7/10 – 30만 원]이 된다. 따라서 과실상계를 먼저 할 때 배상액이 줄어든다.

(사) 일부청구와 과실상계

채권자가 손해배상액 가운데 일부만을 청구한 경우, 법원이 어떠한 방법으로 과실상계를 할 것인지가 문제된다. 학설은 이에 대하여 (ⅰ) 손해의 전액에서 과실상계의 비율에 따라 감액을 먼저 한 후 잔액이 청구액보다 많으면 청구액을 인용하고, 잔액이 청구액보다 적으면 잔액을 인용하는 외측설, (ⅱ) 실손해액이 청구한 금액을 초과하더라도 청구한 금액에 대해서만 과실상계를 인정하는 안분설, (ⅲ) 손해의 전액에서 과실상계하여 감액한 액을 우선 청구액에서 공제하고 잔액만을 인용하는 내측설이 있다.

판례는 외측설의 입장을 취하고 있다(대판 2008.12.24., 2008다51649). 예컨대 판례에 따를 때 손해액이 1억 원이고 피해자의 과실이 20%인 경우, 피해자가 6천만 원을 일부청구했다면 그 금액이 인용된다. 그러나 9천만 원을 일부청구 했다면 8천만 원만 인용된다.

> **대판 2008.12.24, 2008다51649**
> 1개의 손해배상청구권 중 일부가 소송상 청구되어 있는 경우에 과실상계를 함에 있어서는 손해의 전액에서 과실비율에 의한 감액을 하고 그 잔액이 청구액을 초과하지 않을 경우에는 그 잔액을 인용할 것이고 잔액이 청구액을 초과할 경우에는 청구의 전액을 인용하는 것으로 해석하여야 할 것이다.

(4) 과실상계 법리의 확대

판례는 가해자의 과실이 아니라 사고의 후유증과 의료기관의 과실이 경합하여 손해가 확대된 경우에도 발병에 기여한 정도를 참작하는 것이 손해의 공평분담이라는 견지에서 타당하다고 한다(대판 2002.7.12, 2001다2068; 대판 2005.6.24., 2005다16713; 대판 2003.6.27, 2001다734). 예컨대 "사고로 인하여 이미 입은 수상부위의 손상 자체로 인하여 어느 정도 손해가 발생한 상태에서 이에 대한 치료를 담당하는 의료기관의 과실과 위 손상으로 인한 후유증이 경합하여 수상부위에 추가적인 병증이 발병함으로써 그 손해가 확대된 경우에는, 법원은 의료기관의 불법행위로 인한 손해배상액을 정함에 있어서 위 손상 자체의 손해에 대한 기여도를 참작하여야 함은 물론 위 손상이 추가적인 병증의 발병에 기여한 정도도 참작하여야 하는 것이 손해의 공평부담이라는 견지에서 타당하다"고 하여 손해의 공평한 분담을 위해 과실상계를 유추적용하고 있다($\frac{대판\ 2002.7.12,}{2001다2068}$).10)

▌대판 2005.6.24, 2005다16713

가해행위와 피해자측의 요인이 경합하여 손해가 발생하거나 확대된 경우에는 피해자측의 요인이 체질적인 소인 또는 질병의 위험도와 같이 피해자측의 귀책사유와 무관한 것이라고 할지라도, 그 질환의 태양·정도 등에 비추어 가해자에게 손해의 전부를 배상하게 하는 것이 공평의 이념에 반하는 경우에는, 법원은 손해배상액을 정하면서 과실상계의 법리를 유추적용하여 그 손해의 발생 또는 확대에 기여한 피해자측의 요인을 참작할 수 있다.

▌대판 2003.6.27, 2001다734

불법행위에 기한 손해배상 사건에 있어서 피해자가 입은 손해가 자연력과 가해자의 과실행위가 경합되어 발생된 경우 가해자의 배상범위는 손해의 공평한 부담이라는 견지에서 손해발생에 대하여 자연력이 기여하였다고 인정되는 부분을 공제한 나머지 부분으로 제한하여야 함이 상당하고, 다만 피해자가 입은 손해가 통상의 손해와는 달리 특수한 자연적 조건 아래 발생한 것이라 하더라도 가해자가 그와 같은 자연적 조건이나 그에 따른 위험의 정도를 미리 예상할 수 있었고 또 과도한 노력이나 비용을 들이지 아니하고도 적절한 조치를 취하여 자연적 조건에 따른 위험의 발생을 사전에 예방할 수 있었다면, 그러한 사고방지 조치를 소홀히 하여 발생한 사고로 인한 손해배상의 범위를 정함에 있어서 자연력의 기여분을 인정하여 가해자의 배상범위를 제한할 것은 아니다.12)

3. 손익상계(또는 이득공제)

(1) 의 의

손익상계란 채무불이행에 의하여 채권자에게 손해가 발생하는 것과 동일한 원인에 의하여 채권자에게 이익이 발생한 경우, 손해배상액을 산정하면서 법원이 직권으로 그 이익액을 공제하는 것을 말한다. 민법상 규정은 없으나 공평의 원리에 기초한 손해배상법의 취지상 학설과 판례에 의해 인정된다($\frac{대판\ 2002.5.10,}{2000다37296,37302}$). 예컨대 물건을 훼손시켜 채무자가 수리비를 배상하게 되는 경우, 수리로 인한 목적물의 가치 증가가 있다면 교환가치의 증가분은 손익상계의 대상이 되어 수리비에서 가치 증가분을 공제한 가액이 지급해야 할 손해배상액이 된다($\frac{대판\ 2004.2.27,}{2002다39456}$).

▌대판 2002.5.10, 2000다37296, 37302

채무불이행이나 불법행위 등이 채권자 또는 피해자에게 손해를 생기게 하는 동시에 이익을 가져다 준 경우에는 공평의 관념상 그 이익은 당사자의 주장을 기다리지 아니하고 손해를 산정함에 있어

---

10) 물론 위 판결에서 배상액을 감경하는 논거에 명시적으로 과실상계를 적용한 것은 아니다.

11) 원자력발전소의 온배수 배출행위와 해수온도의 상승이라는 자연력이 복합적으로 작용하여 온배수 배출구 인근 양식장에서 어류가 집단폐사한 사안에서 판례는 손해배상 범위 결정시 자연력의 기여도를 고려하였다.

서 공제되어야만 하는 것이므로, 민법 제673조에 의하여 도급계약이 해제된 경우에도, 그 해제로 인하여 수급인이 그 일의 완성을 위하여 들이지 않게 된 자신의 노력을 타에 사용하여 소득을 얻었거나 또는 얻을 수 있었음에도 불구하고, 태만이나 과실로 인하여 얻지 못한 소득 및 일의 완성을 위하여 준비하여 둔 재료를 사용하지 아니하게 되어 타에 사용 또는 처분하여 얻을 수 있는 대가 상당액은 당연히 손해액을 산정함에 있어서 공제되어야 한다.

(2) 공제되는 이익의 범위

채무불이행과 상당인과관계에 있는 이익만이 손익상계로 공제된다$\left(\substack{\text{대판 2007.11.16.}\\\text{2005다3229}}\right)$. 즉 손해배상액의 산정에 있어 손익상계를 허용하기 위해서는 손해배상책임의 원인이 되는 행위로 인하여 피해자가 새로운 이득을 얻었거나 얻을 수 있어야 하며, 그 이득은 배상의무자가 배상하여야 할 손해의 범위에 대응하는 것이어야 한다.

손해보험금(화재, 상해, 생명보험금 등)은 손익상계의 대상이 아니다$\left(\substack{\text{대판(전합) 2015.1.}\\\text{22, 2014다46211}}\right)$. 이는 보험계약자가 스스로 보험사고 발생에 대비하여 보험자에게 납입한 보험료의 대가적 성격을 갖고 있는 것이며, 제3자의 손해배상책임과 별개의 것이기 때문이다. 또한 교통사고의 피해자가 사고로 상해를 입은 후에도 계속하여 종전과 같이 직장에 근무하여 종전과 같은 보수를 지급받고 있다 하더라도 그와 같은 보수가 사고와 상당인과관계가 있는 이익이라고 볼 수 없으므로 이를 손해배상액에서 공제할 수 없다$\left(\substack{\text{대판 1992.12.}\\\text{22, 92다31361}}\right)$. 반면에 채무불이행으로 인한 손해배상으로서 얻을 수 있었던 이익의 상실을 손해액으로 청구하는 경우, 채무자가 채무를 이행하였더라면 그 이익을 얻는 데 필요하였던 비용은 그 손해액에서 공제한다$\left(\substack{\text{대판 1962.6.}\\\text{14, 61다1359}}\right)$.[12] 예컨대 밀가루 매매계약에서 매도인이 계약을 불이행한 경우, 매수인이 매수대금과 장래 제3자에게 판매할 예정가액과의 차액을 배상받을 때 매수인이 매수하여 장래 판매할 때까지 부담하게 될 비용은 공제된다.

4. 중간이자의 공제

(1) 의 의

채무불이행으로 인하여 채무자가 장래의 일정한 시기에 손해가 발생하지만(일실이익이나 장래의 치료비 등), 그 손해의 배상을 현재에 일시금으로 지급하는 경우 중간이자는 공제되어야 한다. 이는 장래 얻을 이익을 상실함에 따른 소극손해 배상의 경우뿐만 아니라 적극손해로서 장래 지출할 손해액을 배상받을 때에도 적용된다. 공제대상은 일실이익 외에도 장래의 치료비, 개호비 등도 포함된다$\left(\substack{\text{대판(전합) 1979.4.}\\\text{24, 77다703}}\right)$.

---

12) 이외에도 공무원이 공무집행 중에 사망한 경우 지급 받은 유족보상금(공무원연금법 제42조 등)도 손익상계의 대상이 된다(대판 1998.11.19, 97다36873).

대판(전합) 1979.4.24, 77다703

향후 계속적인 치료가 필요하여 실제 그 치료를 받을 것임이 확실히 예상되는 경우에 그 치료비는 그 때에 지출되는 것임이 명백하므로, 그 장래의 치료비 상당의 손해를 사고 당시를 기준으로 하여 일시에 청구할 수 있는 금액으로 산정함에 있어서는, 사고 당시와 치료비 지출 예상시까지와의 사이의 중간이자를 공제함이 마땅하다.

(2) 공제방법

중간이자를 공제하는 방법은 단리로 공제하는 호프만(Hoffmann)식과 복리로 공제하는 라이프니츠(Leibniz)식 등이 있다. 현재의 배상액을 X, 연수를 n, 연이율을 r, 장래의 손해액을 A라 하면, 호프만식은 $X = A/1 + nr$ 로 계산하고, 라이프니츠식은 $X = A/(1+r)^n$ 으로 계산한다. 민법은 중간이자의 공제방법을 규정하고 있지 않아,[13] 법원이 양자 중 하나를 자유로운 판단에 따라 결정할 수 있다$\binom{\text{대판 1983.6.}}{\text{28, 83다191}}$. 결과적으로 호프만식이 계산하기가 쉽고 채권자에게 더 유리하다. 반면에 라이프니츠식이 금융거래의 실정을 고려한다면 더 합리적이라고 할 수 있다.

Ⅵ. 손해배상액의 예정$\binom{\text{제398}}{\text{조}}$

1. 의 의	**(2) 당사자 간에 손해배상액 예정에 대한 합의**
(1) 의 의	가 있을 것
(2) 기 능	**(3) 채무불이행이 있을 것**
2. 다른 제도와의 관계	**4. 법률효과**
(1) 손해배상액의 합의와의 구별	(1) 예정액의 청구
(2) 위약벌과의 구별	(2) 이행청구 및 해제권 행사가능$\binom{\text{제398조}}{\text{제3항}}$
(3) 계약금과의 관계($\binom{\text{'채권의 성립' 부분 중}}{\text{'계약금 계약' 참조}}$)	(3) 과다배상금의 감액$\binom{\text{제398조}}{\text{제2항}}$
3. 요 건	(4) 금전 아닌 배상의 충당 예정$\binom{\text{제398조}}{\text{제5항}}$
(1) 기본채권의 존재	(5) 과실상계 및 손익상계의 인정 여부

1. 의 의

(1) 의 의

손해배상액의 예정은 장래의 채무불이행시 지급해야 할 손해배상액을 사전에 정하는 계약으로 채무불이행을 정지조건으로 하는 조건부 계약에 해당한다. 금전채무의 이행지체를 대비해서 지연손해금의 비율을 약정한 것도 일종의 손해배상액의 예정이 된다$\binom{\text{대판 2017.5.30,}}{\text{2016다275402}}$.

또한 채무불이행의 전제가 되는 기본계약관계의 종된 계약이다. 따라서 원채권의 담보는 손해배상예정액도 담보한다.

---

13) 국가배상법 시행령 제6조 제3항은 호프만식에 의하도록 하고 있다.

(2) 기 능

손해배상액의 예정은 (ⅰ) 손해의 발생사실 및 손해액의 증명곤란을 해소하고, (ⅱ) 채무자에 대한 심리적 압박 통해 채무를 이행하도록 하며, (ⅲ) 분쟁의 신속한 해결을 도모한다. 한편 제398조 제2항에 규정된 손해배상예정액의 감액 제도는 국가가 계약 당사자들 사이의 실질적 불평등을 제거하고 공정을 보장하기 위하여 계약의 내용에 간섭한다는 점에 그 취지가 있다(대판 1993.4.23, 92다41719).

2. 다른 제도와의 관계

(1) 손해배상액의 합의와의 구별

손해배상액의 합의도 실손해의 배상이 아니라는 점에서는 손해배상액의 예정과 같으나, 기본적으로 손해발생 후에 하는 합의라는 점에서 다르다. 단 배상액의 합의 당시 예상할 수 없었던 후유증이 발생한 경우에는 이로 인한 손해배상청구권까지 합의하여 포기한 것으로 보지 않는다(대판 1999.6.22, 99다7046).

(2) 위약벌과의 구별

계약금을 위약금으로 약정했을 때 위약금은 손해배상액의 예정이거나 위약벌로 해석될 수 있는데, 당사자의 특약이 없는 한 손해배상액의 예정으로 추정한다(제398조 제4항). 위약금이 위약벌로 해석되는 경우에는 위약금(위약벌)의 지급청구와 별도로 채무불이행을 이유로 손해배상을 청구할 수 있다는 점에서 위약금이 위약벌인지 손해배상액 예정인지 구별할 필요성이 있다. 판례에 따를 때 위약벌과 손해배상액 예정은 감액가능성의 적용법규상 차이가 있다. 위약벌은 법원이 제398조 제2항을 유추적용하여 감액할 수 없다(대판(전합) 2022.7.21, 2018다248855, 248862). 다만 예외적인 경우에만 제103조, 제104조를 이유로 무효를 주장할 수는 있다(대판 2016.1.28, 2015다239324). 또한 위약벌에는 이자제한법상 최고이율제한의 규정(이자제한법 제2조, 제3조)이 적용되지 않는다(대판 2017.11.29, 2016다259769).

위약금 지급약정이 있을 때, 이것이 손해배상액의 예정인지 위약벌인지 구별은 먼저 당사자의 의사에 의해 결정되며, 의사가 분명하지 않으면 손해배상액의 예정이 된다(대판 2009.12.24, 2009다60169, 60176).

위약금이 위약벌로 해석되기 위해서는 특별한 사정이 주장·증명되어야 한다. 해석의 기준은 계약을 체결할 당시 위약금과 관련하여 사용하고 있는 명칭이나 문구뿐만 아니라, 계약 당사자의 경제적 지위, 계약 체결의 경위와 내용, 위약금약정 경위와 교섭과정, 위약금 약정의 주된 목적, 위약금으로 이행을 담보하려는 의무의 성격, 채무불이행시 위약금 이외에 별도로 손해배상을 청구할 수 있는지 여부, 위약금액의 규모나 전체 채무액에 대한 위약금액의 비율, 채무불이행으로 인한 손해액의 예상 크기, 당시의 거래관행 등 여러 사정을 종합적으로 고려하여 위약금의 법적 성질을 합리적으로 판단해야 한다(대판 2016.7.14, 2012다65973; 대판 2016.7.14, 2013다82944, 82951).

예컨대 매수인의 귀책사유로 계약이 해제된 경우 매수인이 납부한 이행보증금을 위약벌로 매도인에게 귀속된다는 명시적 표현이 계약서에 있더라도, 별도의 손해배상청구는 배제된다는 등의 특약이 있는 등의 특별한 사정이 있다면 이를 손해배상액의 예정으로 보기도 한다(대판 2016.7.14, 2012다65973). 위약금을 통하여 손해전보의 목적을 달성하고 별도의 손해배상을 다투지 않겠다는 의사로 파악되기 때문이다. 반대로 하나의 계약에 채무불이행으로 인한 손해배상에 관하여 손해배상예정 조항이 따로 있거나 실손해의 배상을 전제로 하는 조항이 있으면서, 또 그와 별도로 위약금 조항을 따로 두고 있는 경우, 위약금은 위약벌로 보아야 한다(대판 2016.7.14, 2013다82944,82951). 이와 같은 위약금 조항을 손해배상액의 예정으로 보면 위약금은 손해배상으로 지급하게 되는데, 이 외에도 약정한 손해배상액의 예정에 따른 손해를 또 배상해야 하므로 이는 이중배상이 되는 모순이 발생하기 때문이다. 한편 하나의 위약금 약정에 손해배상의 예정과 위약벌의 성질이 함께 있는 것으로 본 판결도 있다. 예컨대 대판 2013.4.11, 2011다112032은 "다수의 전기수용가와 사이에 체결되는 전기공급계약에 적용되는 약관 등에, 계약종별 외의 용도로 전기를 사용하면 그로 인한 전기요금 면탈금액의 2배에 해당하는 위약금을 부과한다고 되어 있지만, 그와 별도로 면탈한 전기요금 자체 또는 손해배상을 청구할 수 있도록 하는 규정은 없고 면탈금액에 대해서만 부가가치세 상당을 가산하도록 되어 있는 등의 사정이 있는 경우, 위 약관에 의한 위약금은 손해배상액의 예정과 위약벌의 성질을 함께 가지는 것으로 봄이 타당하다"고 본다(같은 취지로는 대판 2020.11.12, 2017다275270).

만약 지나치게 소액의 위약금을 약정했다면, 이를 통하여 손해의 전보가 제대로 될 수 없다는 점을 고려하여, 손해배상액 예정의 추정이 깨질 수도 있을 것이다.

생각건대 위약금 약정을 위약벌로 해석하는 경우는 제한적이어야 한다. 위약금이 위약벌로 해석되면 위약금 외에 별도로 손해배상의무를 부담해야 하기 때문이다. 실제로 2000년대 이후로는 판례에서 위약벌로 인정하는 예는 감소하고 있다.

대판 2015.12.10, 2014다14511

위약벌의 약정은 채무의 이행을 확보하기 위하여 정해지는 것으로서 손해배상의 예정과는 그 내용이 다르므로 손해배상의 예정에 관한 민법 제398조 제2항을 유추 적용하여 그 액을 감액할 수 없으나, 그 의무의 강제에 의하여 얻어지는 채권자의 이익에 비하여 약정된 벌이 과도하게 무거울 때에는 그 일부 또는 전부가 공서양속에 반하여 무효로 된다. 다만, 위약벌 약정과 같은 사적 자치의 영역을 일반조항인 공서양속을 통하여 제한적으로 해석함에 있어서는 계약의 체결 경위와 내용을 종합적으로 검토하는 등 매우 신중을 기하여야 한다.

계약의 당사자가 위약벌로 정한 146억 원은 계약이행의 대가인 58억 원의 3배 가까이 되는 점, 채무자의 채무불이행을 이유로 계약이 해제된 이상 채권자도 쌍무계약에서 정한 자신의 의무를 이행하지 않아도 되는 점, 채권자는 채무자로부터 위 위약벌과 별도로 채무불이행으로 인하여 입은 손해의 전부를 배상받을 수 있는 점 등에 비추어 공서양속 위반을 이유로 무효를 인정한 사례이다.

---

14) 그러나 판례의 설명과는 달리 매수인의 귀책사유 없이 계약이 해제된 경우에는 위약벌이라기보다는 계약보증금에 대한 원상회복청구권의 포기라고 볼 수도 있을 것이다.

사례 1 A는 한국토지공사 B가 분양하는 토지를 분양받는 분양계약을 체결하면서 약관에 '계약이 해제될 경우 수분양자가 B에게 지급한 계약보증금(분양대금의 10%)이 B에게 귀속될 뿐만 아니라 수분양자는 계약해제로 인하여 B가 입은 손해에 대하여도 이를 배상하여야 할 의무를 부담한다'고 정하였다.

그런데 A가 계약을 이행하지 않자, B는 계약을 해제하면서 별도로 손해배상까지 청구하였다. 이러한 B의 청구는 인용될 수 있는가?   (대판 1998.12.23. 97다40131 참조)

| 해설 1 | 위약벌의 약관으로 해석되나 약관규제법에 의하여 무효가 되므로 B의 청구는 인용되지 않는다.

위 사례는 위약금 약정의 법적 성질 및 위약금 약정이 무효인지 여부가 문제된다.

　　가. 계약이행보증금을 위약금으로 하는 약정의 법적 성질

　　계약이행보증금을 위약금으로 하는 약정은 일반적으로 손해배상액의 예정으로 추정되나 이 사례에서는 위약벌의 성격을 갖는 것으로 해석된다. 위약금 이외에 별도로 손해배상책임을 인정하고 있기 때문이다. 대법원은 "이 사건에 있어서는 원·피고 사이의 이 사건 토지분양계약이 해제될 경우 원고가 피고에게 지급한 계약보증금이 피고에게 귀속될 뿐만 아니라 원고는 계약해제로 인하여 피고가 입은 손해에 대하여도 이를 배상하여야 할 의무를 부담하는 점 등에 비추어, 위 계약보증금 귀속에 관한 위약금 약정(이하 이 사건 위약금 조항이라 한다)은 손해배상액의 예정이 아니라 원고의 계약 위반시 이를 피고에게 귀속시킴으로써 원고에게 제재를 가함과 동시에 원고의 계약이행을 간접적으로 강제하는 작용을 하는 이른바 위약벌의 성질을 가지는 것"으로 인정하였다(대판 1998.12.
23. 97다40131). **15)**

　　나. 약관에 의한 약정의 효력(약관규제법 위반 여부)

　　사례에서 A와 B의 위와 같은 약정은 약관규제법 위반을 이유로 무효가 된다. 판례는 그 근거로는 다음의 이유를 들고 있다. "이 사건 위약금 조항은 피고가 택지개발지구의 토지에 관하여 다수당사자인 입찰자와 계약을 체결하기 위하여 내부 규정에 의거하여 미리 마련한 분양계약의 내용으로서 약관규제법 제2조 제1항 소정의 약관에 해당한다. 그런데 ① 이 사건 계약보증금은 매매대금의 1할로서 통상적인 거래의 손해배상액의 예정으로 정하는 금액에 상당하여, 손해배상과 별도로 부가되는 위약벌로서는 과다한 점, ② 매수인의 귀책사유로 인한 해제 여부를 불문하고 계약이 해제되는 모든 경우에 계약보증금이 피고에게 귀속되는 것처럼 규정되어 있고, ③ 더욱이 이 사건 위약금 조항을 담보책임에 관한 약정과 위험부담에 관한 약정의 취지와 관련시켜 보면, 목적용지의 수량부족, 내용의 불일치가 있거나 또는 계약 후 천재지변 기타 불가항력인 사유로 인하여 목적용지의 전부가 유실된 경우에는 물론, 공용징수 등 부담이 부과된 경우에도 매수인이 모든 책임을 부담하고 매도인에게 계약의 해제 또는 기타 책임을 물을 수 없게 되어 있어, 그러한 경우에조차 위 계약보증금은 당연히 매도인에게 귀속되는 것처럼 규정되어 있는 결과로, 귀책사유 유무를 불문하고 계약이 해제되는 모든 경우 및 그 밖의 사유로 계약 목적 달성이 불가능한 모든 경우에 매수인으로서는 적어도 계약보증금에 대한 원상회복청구권을 사실상 포기하도록 되어 있는 점, ④ 또한 매수인은 채무불이행으로 인하여 계약보증금을 몰취 당하는 외에 매도인이 입은 손해를 배상하여야 하는 반면, 매도인의 귀책으로 인하여 계약이 해제될 경우에는 손해배상액의 예정 또는 위약벌에 관한 규정이 전혀 없을 뿐만 아니라, 계약 해제시 매도인이 매수인에게 반환하는 금액에 대하여는 이자를 지급하지 아니한다고 되어 있는 점 등에

비추어 보면, 이 사건 위약금 조항은 고객인 원고에 대하여 일방적으로 부당하게 불리한 것으로서 공정을 잃은 것으로 추정되어 신의성실의 원칙에 반하거나, 또는 계약 해제시 고객의 원상회복청구권을 부당하게 포기하도록 하는 약관으로서, 약관규제법 제6조 제1항, 제2항 제1호 또는 제9조 제3호에 위반되어 무효라고 봄이 상당"하다.

한편 손해배상액 예정의 약관이 무효인 경우 전부무효가 되므로 제398조 제2항을 적용하여 감액한 나머지 부분만으로 효력이 유지될 수 없다(대판 2009.8.20, 2009 다20475·20482).

(3) 계약금과의 관계('채권의 성립' 부분 중 '계약금 계약' 참조)

계약금은 (i) 체약의 증거금(증약금: 당연히 인정되는 성질), (ii) 채무일부이행의 지급금, (iii) 해약금, (iv) 계약금을 위약금으로 약정한 경우 손해배상액의 예정의 성격을 가질 수 있다. 계약금을 위약금으로 한다는 특약이 있는 경우에 한하여, 계약금은 손해배상액의 예정으로 추정된다(제398조 제4항, 대판 1996.6.14, 95다11429). 매매계약을 체결하는 경우 통상적으로 계약서에는 배액상환에 대한 위약금 약정이 부동문자로 기재되어 약관화되어 있다.

아직 완납되지 않은 계약금이 있더라도 계약금을 위약금으로 약정했다면 당사자는 약정한 계약금 전액을 손해배상액의 예정으로 청구할 수 있다. 예컨대 계약내용 중에 '계약금은 1억원으로 하고 매도인이 계약을 위반하면 계약금을 몰취하고, 매수인이 계약을 위반하면 그 배액을 상환해야 한다. 위 계약금은 위약금으로 한다'는 약정이 있는데 계약금 중 6천만 원만 지급한 상태에서 매수인의 이행지체로 계약이 해제되었다(제544조). 이 때 매도인은 아직 지급받지 못한 계약금중 일부인 4천만 원을 손해배상액의 예정으로 청구할 수 있다. 계약금계약은 약정해제권을 유보하는 것이 아닌 한, 계약자유의 원칙상 낙성계약으로 보아야 한다. 계약금(1억 원)을 손해배상액의 예정(제398조)으로 했기 때문에 매도인은 그 금액(1억 원) 중에서 받지 못한 돈 4천만 원의 이행을 청구할 수 있다.

▌대판 1996.6.14, 95다11429

유상계약을 체결함에 있어서 계약금 등 금원이 수수되었다고 하더라도 이를 위약금으로 하기로 하는 특약이 있는 경우에 한하여 민법 제398조 제4항에 의하여 손해배상액의 예정으로서의 성질을 가진 것으로 볼 수 있을 뿐이고, 그와 같은 특약이 없는 경우에는 그 계약금 등을 손해배상액의 예정으로 볼 수 없다.

3. 요 건

(1) 기본채권의 존재

손해배상액의 예정은 기본채권관계에 종된 계약이므로, 기본계약이 무효·취소된 경우 원칙적으로 예정배상의 청구가 불가능하다. 다만 당사자가 무효·취소를 대비하여 별도의 예정을 한 경우는 그러하지 아니하다.

제1편 제2편 제3편 제4편 제5편 제6편 제7편 제8편 제9편 채무불이행

(2) 당사자 간에 손해배상액 예정에 대한 합의가 있을 것

채무불이행 전에 당사자 간에 손해배상액 예정에 대한 합의가 있어야 한다. 채무불이행 이후에 이루어진 합의는 배상액의 합의로서 화해계약에 해당한다(대판 2008.10.23, 2006다37274). 일반적으로 금전으로 배상액을 예정하는 것이 보통이나 금전 이외의 것으로 배상액을 예정하는 것도 가능하다. 그리고 배상액을 일정한 액수로 정하는 것 외에 채무액에 대한 일정비율로 정하는 것도 유효하다(대판 2000.7.28, 99다38637).

제763조에서는 제398조(배상액의 예정)를 준용하지 않으므로 불법행위책임으로서의 손해배상에는 배상액에 대한 예정이 인정되지 않는다고 보는 것이 다수의 견해이다. 그러나 일부 견해는 제398조 제2항은 채무자의 불합리한 희생 아래 채권자가 부당하게 많은 배상을 얻는 것을 막는다는 취지의 규정인 점을 고려하여, 거래행위적 불법행위의 경우 손해배상액의 예정을 인정한다. 그러나 이때에도 고의의 불법행위의 경우에까지 이를 유추적용하는 것은 타당하지 않다.

대판 2000.7.28, 99다38637
금전채무에 관하여 이행지체에 대비한 지연손해금 비율을 따로 약정한 경우에 이는 일종의 손해배상액의 예정으로서 민법 제398조에 의한 감액의 대상이 된다.

(3) 채무불이행이 있을 것

손해배상액의 예정에 의한 청구가 인정되기 위해서는 채무자의 채무불이행이 발생해야 한다. 따라서 동시이행항변권에 의해 채무자가 자기 채무를 이행하지 않은 때에는 이행지체가 성립하지 아니하므로 상대방은 위약금의 지급을 청구할 수 없다(대판 2009.1.30, 2007다10337). 채무불이행의 발생사실에 대해서는 채권자가 증명해야 한다(대판 2000.12.8, 2000다50350 등).

계약을 위반할 때 계약금의 배액을 배상하기로 하는 약정에서 '위약'이라 함은 특별한 사정이 없는 한 본래의 계약내용을 위반하여 그에 따른 의무를 이행하지 않는 것을 가리키는 것이고, 계약해제에 따른 계약금반환의무를 지체하는 것은 이에 포함되지 않는다(대판 1981.7.7, 80다2185).

또한 계약당사자 사이의 배상액예정은 계약상의 채무불이행에 의한 손해액에 관한 예정일 뿐이고 이를 계약과 관련된 불법행위에 의한 손해까지 예정한 것으로 볼 수 없으므로, 토지매매계약 해제 후 매수인의 건물철거의무 불이행으로 인한 손해는 계약이 해제된 후 별도의 불법행위를 원인으로 하는 것으로 계약 당시 수수된 배상예정액으로 전보되는 것은 아니다(대판 1999.1.15, 98다48033).

대판 2009.1.30, 2007다10337
쌍무계약에서 쌍방의 채무가 동시이행관계에 있는 경우 일방의 채무의 이행기가 도래하더라도 상대방 채무의 이행제공이 있을 때까지는 그 채무를 이행하지 않아도 이행지체의 책임을 지지 않으므로, 부동산 매매계약에 있어서 매수인이 매도인에게 중도금 또는 잔금을 정해진 기한까지 이행하지 않으면 이미 지급한 중도금 또는 잔금의 전부 내지 일부를 포기한 것으로 본다는 내용의 위약금

약정을 한 경우라도 매수인이 중도금 또는 잔금의 지급을 매도인의 반대의무보다 선이행하기로 약정하는 등의 특별한 사정이 없는 이상 매수인이 중도금 또는 잔금지급의무를 다하지 않는 것 외에 매도인으로서도 소유권이전등기에 필요한 서류 등을 매수인에게 이행제공하여 매수인으로 하여금 이행지체상태에 이르게 하여야 비로소 그 위약금약정의 효력이 발생한다고 보아야 할 것이다.

(가) 채무자의 귀책사유가 요구되는지 여부

학설은 귀책사유가 없어도 변제기에 이행이 없었다는 사실만으로 충분하다는 견해와 귀책사유가 필요하다는 견해로 나뉜다. 전자는 손해배상액 예정이 증명의 어려움을 피할 목적으로 체결된 것으로 보고 귀책사유는 예정액의 청구를 위하여 요구되지 않는다고 본다. 후자는 민법이 채무불이행에 관하여 과실책임주의를 취하므로 그것을 배제하는 특약이 없는 한 귀책사유의 존재가 필요하다고 한다. 대법원은 채무불이행의 모든 요건(예 귀책사유, 위법성)이 필요하다고 보았다(대판 2007.12.27, 2006다9408; 대판 2010.2.25, 2009다83797).

판례에 따르더라도 채권자가 채무자의 귀책사유를 증명할 필요는 없고 채무자가 책임을 면하려면 귀책사유 없음을 증명해야 한다. 다만 금전채무의 불이행이 문제되는 경우 채무자가 귀책사유 없음을 항변할 수 없음은 물론이다(제397조 제2항).

▌대판 2007.12.27, 2006다9408
채무불이행으로 인한 손해배상액이 예정되어 있는 경우에는 채권자는 채무불이행 사실만 증명하면 손해의 발생 및 그 액을 증명하지 아니하고 예정배상액을 청구할 수 있고, 채무자는 채권자와 채무불이행에 있어 채무자의 귀책사유를 묻지 아니한다는 약정을 하지 아니한 이상 자신의 귀책사유가 없음을 주장·입증함으로써 예정배상액의 지급책임을 면할 수 있다. 그리고 채무자의 귀책사유를 묻지 아니한다는 약정의 존재 여부는 근본적으로 당사자 사이의 의사해석의 문제로서, 당사자 사이의 약정 내용과 그 약정이 이루어지게 된 동기 및 경위, 당사자가 그 약정에 의하여 달성하려고 하는 목적과 진정한 의사, 거래의 관행 등을 종합적으로 고찰하여 합리적으로 해석하여야 하지만, 당사자의 통상의 의사는 채무자의 귀책사유로 인한 채무불이행에 대해서만 손해배상액을 예정한 것으로 봄이 상당하므로, 채무자의 귀책사유를 묻지 않기로 하는 약정의 존재는 엄격하게 제한하여 인정하여야 한다.

(나) 손해발생을 증명해야 하는지 여부

학설은 실제 손해가 발생하지 않아도 예정액을 청구할 수 있다는 견해(불필요설)와 실제 손해가 발생해야만 예정액을 청구할 수 있다는 견해(필요설)[15]로 나뉜다. 후자는 손해의 발생이 없어도 예정액을 청구할 수 있다면, 배상액의 예정은 제재적인 성질의 것으로 해석될 수 있음을 근거로 든다. 반면에 전자는 손해의 발생을 전제로 한다면 손해배상액의 예정제도가 상당부분 무의미해진다는 점, 제398조는 손해의 발생의 예정도 포함하고 있다는 점을 이유로 든다.

판례는 명시적으로 손해의 발생이 불필요하다고 설시하고 있지는 않다고 설명된다. 다수의

---
15) 이 견해에 의하면 채무자는 채권자에게 손해가 없음을 적극적으로 증명하여 예정액 배상의 책임을 면할 수 있다고 한다.

판결$\binom{\text{대판 2007.8.23, 2006다15755; 대판 1975.3.}}{\text{25, 74다296; 대판 1991.1.11, 90다8053 등}}$에서 '원고인 채권자는 손해발생 및 그 액을 증명함이 없이 손해배상의 예정액을 청구할 수 있다'고 한 점을 근거로 통설은 판례가 손해의 발생을 요구하지 않는 것으로 해석한다. 그러나 판례의 입장을 불필요설로 보기는 무리가 있다. 판례는 채권자가 손해발생을 증명하지 않아도 예정액의 청구가 가능하다는 의미의 판단을 내리고 있을 뿐이다. 채무자가 손해 없음을 적극적으로 증명하여 배상을 거부할 수 있는지의 문제는 아직 판단되지 않았다고 할 수 있다. 판례는 손해가 없어도 예정액이 지급되어야 한다는 것이 아니라 채권자에게 증명책임을 경감시켜준 것으로 이해되어야 한다.

▌**대판 2007.8.23, 2006다15755**
채무불이행으로 인한 손해배상액의 예정이 있는 경우에는 채권자는 채무불이행 사실만 증명하면 손해의 발생 및 그 액을 증명하지 아니하고 예정배상액을 청구할 수 있(다).

4. 법률효과

(1) 예정액의 청구

(가) 실손해의 액수와 상관없이 예정된 배상액을 청구할 수 있다. 채권자는 위약금을 초과하는 실손해를 증명하였다 하더라도, 채무자에게 실손해의 배상을 청구할 수 없다.[16] 통상손해 외에 특별손해도 청구할 수 없다$\binom{\text{대판 1993.4.23,}}{\text{92다41719}}$.

그러나 특약이 있을 때는 실손해의 배상을 인정한다. 예컨대 당사자가 '초과액에 대한 증명이 있으면 추가로 초과액 상당의 손해배상을 청구할 수 있다'고 약정하였다면, 실손해를 청구할 수 있다. 다만 판례는 예외적으로 하자보수보증금은 손해배상 예정액으로 보면서도 이러한 특약이 없어도 초과 실손해를 증명하면 그 부분도 배상받을 수 있다고 본다$\binom{\text{대판 2002.7.12, 99다68652;}}{\text{대판 2002.7.12, 2000다17810}}$.

▌**대판 1993.4.23, 92다41719**
계약 당시 손해배상액을 예정한 경우에는 다른 특약이 없는 한 채무불이행으로 인하여 입은 통상손해는 물론 특별손해까지도 예정액에 포함되고 채권자의 손해가 예정액을 초과한다 하더라도 초과부분을 따로 청구할 수 없다.

▌**대판 2002.7.12, 99다68652**
공사도급계약서 또는 그 계약내용에 편입된 약관에 수급인이 하자담보책임 기간 중 도급인으로부터 하자보수요구를 받고 이에 불응한 경우 하자보수보증금은 도급인에게 귀속한다는 조항이 있을 때 이 하자보수보증금은 특별한 사정이 없는 한 손해배상액의 예정으로 볼 것이고, 다만 하자보수보증금[17]의 특성상 실손해가 하자보수보증금을 초과하는 경우에는 그 초과액의 손해배상을 구할

---

16) 비교법적으로 볼 때 위약금을 초과하는 손해배상을 청구할 수 있도록 한 입법례도 있다(오스트리아민법 제1336조 제1항).
17) 하자담보책임기간 중 도급인으로부터 하자보수요구를 받고 이에 불응한 경우 하자보수보증금은 도급인에게 귀속한다는 조항이 있을 때 보통 이를 하자보수보증금이라고 한다.

수 있다는 명시 규정이 없다고 하더라도 도급인은 수급인의 하자보수의무 불이행을 이유로 하자보수보증금의 몰취 외에 그 실손해액을 입증하여 수급인으로부터 그 초과액 상당의 손해배상을 받을 수도 있는 특수한 손해배상액의 예정으로 봄이 상당하다.[18]

　　(나) 손해배상액 예정의 기초가 되는 채무불이행과 다른 유형의 채무불이행 또는 완전히 다른 사유로 발생한 손해에 대해서는 배상액예정의 효과가 미치지 않는다(대판 2010.1.28, 2009다41137, 41144; 대판 1977.9.13, 76다1699). 예컨대 건축도급계약에서 '완공일 지연'에 대비한 배상액 예정을 했다면 건축물 하자로 채무자가 부상을 입은 인체 손해에 대해서 예정액의 지급을 청구할 수는 없다. 공사도급계약을 체결하면서 지체상금약정과 별도로 손해배상약정을 한 경우, 부실공사와 같은 불완전급부 등으로 발생한 손해에 대하여 지체상금약정과 별도로 체결된 손해배상약정에 기하여 별도로 그 배상을 청구할 수 있으며, 이 경우 손해배상의 범위가 지체상금약정에 기한 지체상금액을 초과할 수 있다(대판 2010.1.28, 2009다41137, 41144). 지연배상에 대한 예정액 약정을 한 경우 전보배상에 대해서는 손해배상액의 예정에 관한 약정의 효력이 미치지 않는다.

　　판례는 도급계약에서 계약이행보증금과 지체상금의 약정이 함께 존재하는 경우에도 이러한 사유만으로는 계약보증금을 위약벌로 보기 어렵다고 한다(대판 2000.12.8, 2000다35771; 대판 2010.6.24, 2007다63997). 종래에 두개의 약정이 존재하면 특별한 사정이 없는 한, 계약이행보증금은 위약벌 또는 제재금의 성질을 가지고, 지체상금 약정은 손해배상의 예정으로 본 입장(대판 1997.10.28, 97다21932; 대판 1995.12.12, 95다28526; 대판 1996.4.26, 95다11436 참조)을 사실상 변경한 것으로 보인다.

대판 1977.9.13, 76다1699
매매 당사자가 모두 매매목적물이 타인의 소유인 사실을 모르고 계약을 체결한 경우 위약금의 약정은 타인의 권리매매에 있어서의 담보책임까지 예상하여 그 배상액을 예정한 것이라고 볼 수 없다.

　　사례 2　甲과 乙은 도급계약을 체결하면서, 지체상금약정(5억 원)을 체결하고 이와 별도로 손해배상 약정도 하였다. 그런데 수급인의 부실공사로 건물이 붕괴되어 도급인 甲이 중상을 입게 되었다. 이에 甲은 乙에게 실손해액 10억 원을 손해배상금으로 청구하였다. 甲의 주장에 대해 乙은 5억 원을 초과한 부분은 지급할 수 없다고 항변하였다. 乙의 항변은 타당한가?

(대판 2010.1.28, 2009다41137, 41144 참조)

　　해설 2　乙의 항변은 타당하지 않다.
　　위 지체상금약정은 수급인이 공사완성의 기한 내에 공사를 완성하지 못한 경우에 완공의 지체로 인한 손해배상책임에 관하여 손해배상을 예정한 것이다. 따라서 수급인이 완공을 지체한 것이 아니라 그 공사를 부실하게 한 것과 같은 불완전급부 등으로 인하여 발생한 손해는 그것이 그 부실공사 등과 상당인과관계가 있는 완공의 지체로 인하여 발생한 것이 아닌 한 위 지체상금

---

18) 요컨대 이 판결은 당사자가 도급계약에 있어서 하자보수보증금을 약정한 경우, 초과액을 증명하면 청구할 수 있다는 별도의 특약을 묵시적으로 체결한 것으로 볼 수 있다.

약정에 의하여 처리되지 아니하고 도급인은 손해배상약정에 기하여 별도로 그 배상을 청구할 수 있다. 이 경우 손해배상의 범위는 제393조 등과 같은 그 범위 확정에 관한 일반법리에 의하여 정하여지고, 그것이 위 지체상금약정에 기하여 산정되는 지체상금액에 제한되어 이를 넘지 못한다고 볼 것이 아니다.

대판 2010.1.28, 2009다41137, 41144

공사도급계약을 체결하면서 건설교통부 고시 '민간건설공사 표준도급계약 일반조건'을 계약의 일부로 편입하기로 합의하였고, 위 일반조건에서 지체상금에 관한 규정과 별도로 계약의 해제·해지로 인한 손해배상청구에 관한 규정을 두고 있는 경우, 채무불이행에 관한 손해배상액의 예정은 당사자의 합의로 행하여지는 것으로서, 그 내용이 어떠한가, 특히 어떠한 유형의 채무불이행에 관한 손해배상을 예정한 것인가는 무엇보다도 당해 약정의 해석에 의하여 정하여지는바, 위 일반조건의 지체상금약정은 수급인이 공사완성의 기한 내에 공사를 완성하지 못한 경우에 완공의 지체로 인한 손해배상책임에 관하여 손해배상액을 예정하였다고 해석할 것이고, 수급인이 완공의 지체가 아니라 그 공사를 부실하게 한 것과 같은 불완전급부 등으로 인하여 발생한 손해는 그것이 그 부실공사 등과 상당인과관계가 있는 완공의 지체로 인하여 발생한 것이 아닌 한 위 지체상금약정에 의하여 처리되지 아니하고 도급인은 위 일반조건의 손해배상약정에 기하여 별도로 그 배상을 청구할 수 있다. 이 경우 손해배상의 범위는 민법 제393조 등과 같은 그 범위획정에 관한 일반법리에 의하여 정하여지고, 그것이 위 지체상금약정에 기하여 산정되는 지체상금액에 제한되어 이를 넘지 못한다고 볼 것이 아니다.

(2) 이행청구 및 해제권 행사가능 (제398조 제3항)

손해배상액의 예정이 있더라도 계약의 이행청구나 계약의 해제에 영향을 미치지 않는다. 예컨대 계약서상에 명문으로 위약시의 법정해제권의 포기 또는 배제를 규정하지 아니한 이상 채무불이행의 당연한 효과인 손해배상의 조항이나 위약벌에 관한 조항만이 계약서상 기재되어 있다 하여 계약해제권을 배제한 취지라고는 볼 수 없다(대판 1983.8.23, 82다카1366). 또한 당사자가 지연배상액을 예정한 경우, 채무자의 이행지체시 채권자는 본래의 급부이행청구와 동시에 배상액을 청구할 수 있다.

예정된 배상액이 계약관계를 청산하기 위한 배상액인 경우에는 채무불이행이 발생하면 채권자는 계약을 해제하지 않고서 곧바로 예정액을 청구할 수 있다. 예정액을 청구할 때에 당사자 사이에 존재했던 본래의 채무는 소멸한다. 한편, 계약을 해제하더라도 예정액은 청구할 수 있다.

(3) 과다배상금의 감액 (제398조 제2항)

(가) 의 의

과다배상금 약정이 제103조 등에 의해 무효가 되지 않는 한, 법원은 직권으로 과다한 배상액을 감액할 수 있다(대판 2004.12.10, 2002다73852; 대판 2002.12.24, 2000다54536). 법원이 과다약정액을 감액한 경우, 손해배상액의 예정에 관한 약정 중 감액 부분은 처음부터 무효가 된다(대판 2004.12.10, 2002다73852).

(나) 판단 시점 및 기준

예정액의 과다 여부 및 감액 범위의 판단시점은 사실심 변론종결시점을 기준[19]으로 판단한다(대판 2002.12.24, 2000다54536; 대판 1993.1.15, 92다36212). 단지 예정액 자체가 크다든가 계약 체결 시부터 계약 해제 시까지의 시간적 간격이 짧다든가 하는 사유만으로는 감액사유로는 부족하고 예정액의 지급이 경제적 약자인 채무자에게 부당한 압박을 가하여 공정을 잃는 결과를 초래해야 한다(대판 2014.7.24, 2014다209227. 주택임대차계약에서 임차보증금의 10% 상당의 계약금 5천 2백만 원이 지급된 상황에서 임차인의 계약위반으로 인하여 잔금지급기일이 경과한 지 3일 만에 해제되었지만 예정액을 1천만 원으로 감액한 원심을 파기환송함). 또한 이행지체로 인한 손해배상액의 예정을 계약 총액에서 지체상금률을 곱하여 산출하기로 한 경우, 예정 손해배상액이 과다한지는 여부는 지체상금률이 아니라, 배상예정액의 총액을 기준으로 과다한지를 판단한다(대판 2002.12.24, 2000다54536, 대판 1996.4.26, 95다11436에서는 1989년 당시 약 20억 원을 대가로 하여 2척의 선박을 건조 인도하기로 하면서 지체상금으로 지체 1일당 선박대금의 1,000분의 1.5의 비율로 정했는데, 선박의 인도가 약 500일이 늦어 지체상금이 약 14억 원이었던 사건에서 법원은 피해자의 유형적 손해가 3억 원에도 미치지 못했던 점들을 고려하여 예정손해배상액을 3억 9천 5백만 원으로 감액하면서 이와 같이 판시했음).

> ### 대판 2004.12.10, 2002다73852
>
> 손해배상 예정액이 부당하게 과다한 경우에는 법원은 당사자의 주장이 없더라도 직권으로 이를 감액할 수 있으며, 여기서 '부당히 과다한 경우'라고 함은 채권자와 채무자의 각 지위, 계약의 목적 및 내용, 손해배상액을 예정한 동기, 채무액에 대한 예정액의 비율, 예상 손해액의 크기, 그 당시의 거래관행 등 모든 사정을 참작하여 일반 사회관념에 비추어 그 예정액의 지급이 경제적 약자의 지위에 있는 채무자에게 부당한 압박을 가하여 공정성을 잃는 결과를 초래한다고 인정되는 경우를 뜻하는 것으로 보아야 하고, 한편 위 규정의 적용에 따라 손해배상의 예정액이 부당하게 과다한지 및 그에 대한 적당한 감액의 범위를 판단하는 데 있어서는 법원이 구체적으로 그 판단을 하는 때 즉, 사실심의 변론종결 당시를 기준으로 하여 그 사이에 발생한 위와 같은 모든 사정을 종합적으로 고려하여야 할 것이다. 여기의 손해배상의 예정액이란 문언상 그 예정한 손해배상액의 총액을 의미한다고 해석되므로, 손해배상의 예정에 해당하는 지체상금의 과다 여부는 지체상금 총액을 기준으로 하여 판단하여야 한다.

(다) 과다한 배상액 예정 계약의 경우

현저하게 높은 배상액예정 계약은 무효가 된다(제103조, 제104조). 그런데 제103조 및 제104조에 의해 무효가 되는 경우 배상액 예정계약 전부가 무효가 되는지 아니면 폭리를 취하게 되는 범위에 대해서만 무효가 되는지 문제된다. 학설은 전부무효설과 일부무효설로 견해가 나누어진다. 일부 하급심판결(서울고판 1971.9.24, 70나1893)에서는 "위약금의 약정은 단순한 손해배상액의 예정이거나 위약벌적인 것이거나 간에 채무자에 부당한 손실을 강요하고 채권자에게 폭리를 취하게 하는 범위 내에서는 당연무효이다"고 하여 일부무효설을 취하고 있다. 대법원은 과다한 위약벌 약정에 관한 것이지만 "위약벌의 약정은 채무의 이행을 확보하기 위하여 정해지는 것으로서 손해배상의 예

---

[19] 이와는 달리 예정액의 과다 여부 및 감액 범위의 판단 기준 시점을 계약해제시로 보는 견해로는 김제완, "손해배상 예정액의 직권감액상 참작의 기준시와 참작의 사유", 「민사법학」 제29호, 223면. 채무불이행시로 보는 견해로는 최병조, "위약금의 법적 성질", 「민사판례연구」 제11집, 1989, 234면 참조.

정과는 그 내용이 다르므로 손해배상의 예정에 관한 민법 제398조 제2항을 유추 적용하여 그 액을 감액할 수는 없고 다만 그 의무의 강제에 의하여 얻어지는 채권자의 이익에 비하여 약정된 벌이 과도하게 무거울 때에는 그 일부 또는 전부가 공서양속에 반하여 무효로 된다"고 하여 일부무효가 될 수도 있고 전부무효가 될 수도 있는 듯한 입장을 취하였다(대판 1993.3.23, 92다46905). **20)**

한편 약관규제법 제8조에 의해서 고객에 대하여 부당하게 과중한 지연손해금 등의 약관조항은 전부무효가 될 것이다. 그런데 제398조의 감액은 배상액 예정계약의 유효를 전제로 하므로, 그 예정계약이 처음부터 무효라면 제398조 제2항을 적용하여 적당한 한도로 손해배상 예정액을 감액하거나 과중한 손해배상의무를 부담시키는 부분을 감액한 나머지 부분만으로 효력을 유지시킬 수는 없다(대판 2009.8.20, 2009다20475 · 20482; 대판 1996.9.10, 96다19758). **21)**

(라) 과소한 배상액 예정 계약의 경우

과소 예정액에 대해서는 증액을 위한 근거 규정이 없는데, 학설은 해석상 증액을 인정하는 견해와 부정하는 견해로 나뉜다. 형평의 원칙상 법원의 증액을 인정하는 것이 바람직하지만, 명문의 규정이 없는 한 당사자의 의사가 존중되어야 하므로 증액은 인정될 수 없다. 입법론적으로는 증액을 인정하는 명문의 규정을 두어야 할 것이다.

(4) 금전 아닌 배상의 충당 예정(제398조 제5항)

이 경우도 배상액 예정의 경우를 준용한다. 그러나 대물급부의 방법에 의한 손해배상액의 예정이 있는 경우 현실적으로 소비대차상의 대물반환의 문제가 발생할 수 있다(제607조, 제608조).

(5) 과실상계 및 손익상계의 인정 여부

채권자에게 과실이 있는 경우 배상예정액에 대해 과실상계 및 손익상계를 할 수 있는지가 문제된다. 긍정설과 부정설로 견해가 나뉘나, 판례는 "지체상금이 손해배상의 예정으로 인정되어 이를 감액함에 있어서는 채무자가 계약을 위반한 경위 등 제반사정이 참작되므로 손해배상액의 감경에 앞서 채권자의 과실 등을 들어 따로 감경할 필요는 없다"고 하여 부정설을 취한다(대판 2002.1.25, 99다57126). 과실상계까지 인정하는 경우에는 법원이 제반사정을 고려하여 예정액을 감액했는데 다시 과실상계를 사유로 감액하면 이중으로 감액될 여지가 있다. 제398조 제2항의 판단에 과실상계 사유도 포섭된다고 보아야 할 것이다.

---

20) 백화점 수수료위탁판매장계약에서 임차인이 매출신고를 누락하는 경우 판매수수료의 100배에 해당하고 매출신고 누락분의 10배에 해당하는 벌칙금을 임대인에게 배상하기로 한 위약벌의 약정이 공서양속에 반하지 않는다고 한 사례이다.

21) 대판 1996.9.10, 96다19758: 토지공사가 분양신청예약금으로 공급가액의 10%를 받으면서 분양계약을 체결하지 아니하는 경우에 이를 토지공사에 귀속키로 하는 약관은 부당하게 과중한 손해배상의무를 부담시키는 약정으로서 무효이며 손해배상 예정액의 감경도 허용되지 아니한다.

Ⅶ. 손해배상자 대위

1. 의 의

손해배상자의 대위란 채권자가 채무자로부터 채무불이행으로 인한 손해를 전부 배상받은 때에 채권의 목적인 물건이나 권리가 법률상 당연히 채권자로부터 채무자에게 이전되는 것을 말한다($\frac{\text{제399}}{\text{조}}$). 예컨대 채무자가 손상된 임치물에 대한 가액 전부를 배상한 때에는 그 임치물에 대해서 채무자가 소유권을 취득하며, 또한 채무자가 피해자의 차량가격 전부를 배상해 준 경우에는 채무자가 그 파손된 차량에 대한 소유권을 취득한다. 이는 채권자가 전보배상을 받고도 채권의 목적인 물건이나 권리를 보유하여 이중의 이득을 취하는 것을 방지하기 위한 것이다.

2. 요 건

손해배상 대위가 되려면 채권자가 채권의 목적인 물건 또는 권리의 가액 전부를 손해배상으로 받았어야 한다. 즉 물건 또는 권리를 목적으로 하는 채권에 관하여 전보배상의 전부를 받았어야 한다. 따라서 단순히 지연배상을 받았거나 전보배상의 일부만을 받은 경우에는 배상자대위가 인정되지 않는다($\frac{\text{대판 2007.10.12.}}{\text{2006다42566}}$). 이는 제483조의 변제자대위 및 보험자대위($\frac{\text{상법 제682}}{\text{조 단서}}$)에서 일부대위가 인정되는 것과 다르다.

상 법 상법상 보험자대위

보험자대위는 피대위자인 보험계약자 또는 피보험자가 가해자에 대해 가지는 일정한 물건 또는 권리가 법률상 당연히 대위자인 보험자에게 이전되는 것을 의미한다.

상법 제682조 (제3자에 대한 보험대위) ① 손해가 제3자의 행위로 인하여 발생한 경우에 보험금을 지급한 보험자는 그 지급한 금액의 한도에서 그 제3자에 대한 보험계약자 또는 피보험자의 권리를 취득한다. 다만, 보험자가 보상할 보험금의 일부를 지급한 경우에는 피보험자의 권리를 침해하지 아니하는 범위에서 그 권리를 행사할 수 있다.

② 보험계약자나 피보험자의 제1항에 따른 권리가 그와 생계를 같이 하는 가족에 대한 것인 경우 보험자는 그 권리를 취득하지 못한다. 다만, 손해가 그 가족의 고의로 인하여 발생한 경우에는 그러하지 아니하다.

---

3. 효 과

(1) 법률상 당연히 이전

물건이나 권리의 이전에 필요한 요건(등기, 등록, 인도, 채권양도의 통지나 승낙)을 갖추지 않아도 채권의 목적인 물건이나 권리가 법률상 당연히 채권자로부터 배상자에게 이전된다($\frac{\text{대판}}{\text{1977.}}$ $\frac{\text{7.12.}}{\text{76다408}}$). 즉 법률규정에 의한 물권변동의 효과가 발생한다($\frac{\text{제187}}{\text{조}}$). 그리고 채무자의 과실과 제3자의 과실이 경합하여 이행불능으로 된 경우에도 채무자가 채권자에게 전부배상을 하면, 채권자의 제3자에 대한 손해배상청구권도 배상자대위에 의해 당연히 채무자에게 이전된다. 예컨대 임치물을 제3자가 훼손하여 수치인이 임치인에게 그 물건의 가액을 배상하였다면, 임치인이 제3자에게 가지는 손해배상청구권은 수치인에게 당연히 이전된다.

(2) 보험자대위의 경우

보험금청구권에 관하여는 채무자의 배상자대위가 인정되지 않고, 오히려 보험금을 지급한 보험자가 소유자의 손해배상청구권을 대위하게 된다(상법 제682조). 예컨대 소유자가 화재보험에 가입해 있는 물건의 임차인이 과실로 그 물건을 훼손한 경우에 그 임차인은 전액의 손해배상을 하였다고 하더라도 소유자의 보험금청구권을 취득하지 못한다. 임차인이 임대인(소유자)에게 손해배상을 하면 그 한도에서 보험자는 면책되고, 따라서 보험자대위는 인정되지 않는다(대판 2000. 11.10. 2000다29769). 반면에 임차인이 손해배상을 하기 전에 보험자가 보험금을 소유자에게 지급하였다면, 보험자는 소유자가 임차인에게 갖는 손해배상청구권을 대위하게 된다(보험자대위).

지급된 보험금은 피해자의 피해액에서 공제되어야 하고, 가해자의 손해배상액에서 공제(손익상계)되어서는 안 된다(대판 2019.11.14. 2019다216589). 예컨대 피해액은 3억 원, 보험금은 2억 원, 불법행위자의 손해배상책임액은 2억 원인 경우, 피해자가 보험자로부터 2억 원을 받았다면 피해자가 가해자에게 1억 원을 청구할 수 있고, 보험자는 보험자대위에 의해 가해자에게 1억을 청구할 수 있다. 만약 가해자로부터 2억 원을 받은 경우 피해자는 보험자에게 1억 원을 청구할 수 있으나, 보험자가 피해자에게 1억 원을 지급했더라도 보험자대위에 의해 보험자가 가해자에게 1억 원을 청구할 수 없다. 결국 보험가입을 통해 과실상계 등으로 책임이 제한되는 부분도 보험금으로 전보받을 수 있게 된다.

제4장 매도인의 담보책임

제1절 의의 및 본질

I. 의 의

1. 정 의

매매목적물인 권리 또는 물건에 하자가 있는 경우, 채무자인 매도인이 자신의 귀책사유(고의, 과실)가 없더라도 매수인에게 부담하는 책임을 매도인의 담보책임이라 한다.

담보책임의 규정은 임의규정이므로 담보책임을 배제하는 특약도 유효하다. 그러나 예외적으로 담보책임 배제의 특약이 있어도 담보책임의 발생요건사실을 알면서 고지하지 않아도 면책된다는 특약, 제3자에게 권리를 설정하거나 양도한 경우에도 면책된다는 특약은 효력이 없다($^{제584}_{조}$).

2. 기 능

(1) 유상계약인 매매계약에서 채무불이행 제도, 위험부담법리와 함께 급부장애를 해결하여 대가적 견련관계가 있는 채무관계의 등가성을 보장한다.

(2) 매매계약의 담보책임은 다른 유상계약에도 준용된다($^{제567}_{조}$). 단 도급에는 별도의 담보책임 규정이 있다($^{제667}_{조}$). 따라서 담보책임의 적용과 관련하여 어떤 계약의 법적 성질이 매매인지 도급인지는 중요한 의미를 갖는다. 특히 상인간의 계약의 경우 더욱 그러한데, 어떤 상인간의 계약이 매매계약인 경우 매수인이 매도인에게 담보책임을 묻기 위해서 목적물 검사 및 하자통지 의무($^{상법 제69}_{조 제1항}$)[1]를 부담하기 때문이다($^{대판 1987.7.21.}_{86다카2446}$).[2]

---

1) **상법 제69조 (매수인의 목적물의 검사와 하자통지의무)** ① 상인간의 매매에 있어서 매수인이 목적물을 수령한 때에는 지체없이 이를 검사하여야 하며, 하자 또는 수량의 부족을 발견한 경우에는 즉시 매도인에게 그 통지를 발송하지 아니하면 이로 인한 계약해제, 대금감액 또는 손해배상을 청구하지 못한다. 매매의 목적물에 즉시 발견할 수 없는 하자가 있는 경우에 매수인이 6월내에 이를 발견한 때에도 같다.
② 전항의 규정은 매도인이 악의인 경우에는 적용하지 아니한다.

(3) 상인간의 계약이 매매인 경우 매수인이 매도인에게 담보책임을 묻기 위하여 목적물의 수령 후 지체없이 하자나 수량부족을 검사하고 하자가 있다면 지체 없이 통지해야 한다($^{상법}_{제69조 제1항}$). 이를 하지 않으면 매도인에게 담보책임을 물을 수 없다. 매수인이 하자를 즉시 통지했더라도 다시 각각의 담보책임규정에 따라 권리행사기간 내에 권리를 행사해야 한다($^{제573조, 제575조}_{제3항, 제582조의 권리행사기간이 검토되어야 한다}$). 이는 계약의 양 당사자 모두 상인인 경우에만 적용된다($^{대판 1993.6.11.}_{93다7174,7181}$).

> **사례 1** 상인 甲은 상인 乙과 자신이 사용할 포장지(甲의 주문에 따른 일정한 무늬와 규격으로 인쇄되어 있고, 포장지에는 甲회사 상호까지 인쇄되어 있다)에 대한 제작물공급계약을 체결하였다. 乙이 甲에게 제작한 포장지를 송부하였고, 甲은 이를 수령하고 나서 3개월이 지나고 나서야 포장지에 하자 등이 있음을 발견하였다(포장지에 대한 하자는 즉시 발견할 수 있다). 甲은 乙에게 계약해제 등을 주장하였다(乙은 하자에 대해서 선의였다). 이에 乙은 상법 제69조 제1항에 의해 甲이 하자를 즉시 조사하지 않아 뒤늦게 이러한 하자를 발견한 것이므로 자신에게 그러한 권리를 주장할 수 없다고 항변하였다. 乙의 항변은 타당한가?　　　　　　　　　　　　　(대판 1987.7.21. 86다카2446 참조)
>
> **│해설 1│** 타당하지 않다.
> 당사자의 일방이 상대방의 주문에 따라 자기소유의 재료를 사용하여 만든 물건을 공급할 것을 약정하고 이에 대하여 상대방이 대가를 지급하기로 약정하는 이른바 제작물공급계약은 그 제작의 측면에서는 도급의 성질이 있고 공급의 측면에서는 매매의 성질이 있어 이러한 계약은 대체로 매매와 도급의 성질을 함께 가지고 있는 것으로서 그 적용법률은 제작·공급해야 할 물건의 종류에 따라 적용될 법리가 다르다. 계약에 의하여 제작공급하여야 할 물건이 대체물인 경우에는 매매로 보아서 매매에 관한 규정이 적용된다. 한편 물건이 특정 주문자의 수요를 만족시키기 위한 부대체물인 경우에는 당해 물건의 공급과 함께 그 제작이 계약의 주목적이 되어 도급의 성질을 강하게 띠고 있으므로 이 경우에는 매매에 관한 규정이 당연히 적용된다고 할 수 없다($^{대판 1987.7.21.}_{86다카2446}$). 그런데 이 사건 포장지는 甲의 주문에 따른 일정한 무늬와 규격으로 인쇄되어 있고 더구나 그 포장지에는 甲회사 이름까지 인쇄되어 있어 甲만이 이를 사용할 수 있고 甲과 乙로서는 이를 타인에 매각처분하기가 곤란하거나 불가능한 사실이 엿보이는 바, 이러한 사정 하에서라면 乙이 공급한 이 사건 포장지는 부대체물에 해당할 것이고, 이러한 경우 상법 제69조 제1항에 따라 그 거래관계를 보다 신속하게 결말지을 필요가 절실히 요구된다고 할 수도 없을 것이다. 따라서 이와 같은 사안에는 상법 제69조 제1항이 적용되지 않는다.

3. 담보책임의 분류

채무불이행책임은 급부장애의 형태에 따라 지체, 불능, 불완전이행으로 분류되나, 담보책임

---

2) 대판 1987.7.21. 86다카2446: 상법 제69조 제1항의 매수인의 목적물의 검사와 하자통지의무에 관한 규정의 취지는 상인간의 매매에 있어 그 계약의 효력을 민법 규정과 같이 오랫동안 불안정한 상태로 방치하는 것은 매도인에 대하여는 인도 당시의 목적물에 대한 하자의 조사를 어렵게 하고 전매의 기회를 잃게 될 뿐만 아니라, 매수인에 대하여는 그 기간 중 유리한 시기를 선택하여 매도인의 위험으로 매수인에게 투기를 할 수 있는 기회를 주게 되는 폐단 등이 있어 이를 막기 위하여 하자를 용이하게 발견할 수 있는 전문적 지식을 가진 매수인에게 신속한 검사와 통지의 의무를 부과함으로써 상거래를 신속하게 결말짓도록 한 것이다.

은 '하자의 대상'이 무엇인가에 따라 권리에 하자가 있을 때에는 (추탈)담보책임으로, 물건에 하자가 있을 때에는 하자담보책임으로 부른다.

양자는 담보책임의 요건이나 담보책임의 제척기간 그리고 경매시 담보책임의 적용여부와 관련하여 차이가 있으므로 구별의 실익이 있다. 예컨대 제580조의 특정물의 하자담보책임은 경매시에는 적용되지 않는다($^{제580조}_{제2항}$). 또한 법률적 장애가 있는 경우 이는 권리의 하자가 아니라 물건의 하자로 본다($^{대판\ 2000.1.18,}_{98다18506}$). 따라서 경매로 매수한 물건에 법률적 장애가 있으면 담보책임을 물을 수 있다.

(1) 매도인의 담보책임: 권리에 하자가 있는 경우

(가) 권리의 전부가 타인에게 속한 경우($^{제570}_{조}$)

(나) 권리의 일부가 타인에게 속한 경우($^{제572}_{조}$)

(다) 특정물의 수량부족 또는 일부멸실($^{제574}_{조}$)

(라) 권리가 타인의 용익권 또는 이에 준하는 권리에 의하여 제한되는 경우($^{제575}_{조}$)

(마) 저당권 또는 전세권행사로 소유권 등을 취득할 수 없거나 상실하는 경우($^{제576조}_{이하}$)

(2) 매도인의 하자담보책임: 물건에 흠결이 있는 경우

(가) 특정물매매시 목적물에의 하자($^{제580}_{조}$)

(나) 종류물매매시 목적물에의 하자($^{제581}_{조}$)

(3) 채권이 매매의 목적인 경우($^{제579}_{조}$)

(4) 경매시 목적인 권리에 하자가 있을 때($^{제578}_{조}$)

담보책임의 구체적 내용은 대금감액청구권, 계약해제권, 손해배상청구권, 완전물급부청구권과 비용상환청구권으로 구성된다.

Ⅱ. 담보책임의 법적 성질(또는 본질)

1. 학설의 대립

권리의 하자($^{제570조\ 내}_{지\ 제578조}$)에 대한 담보책임의 본질에 대해서 학설은 채무불이행책임으로 이해한다. 다만 특정물매매시의 담보책임($^{제580}_{조}$)에 대해서 학설은 법정책임설과 채무불이행책임설로 대립한다.

제1편 제2편 제3편 제4편 제5편 제6편 제7편 제8편 제9편

채무불이행

(1) 법정책임설

유상계약의 등가성을 유지하기 위해 법률에 의해서 인정되는 책임으로 채무불이행책임과는 무관하다고 보는 입장이다. 특히 특정물에 대한 담보책임에서는 특정물도그마($\overset{제462}{조}$)로 인하여 하자 있는 물건이라도 '있는 상태대로 인도할 의무'를 부담할 뿐이므로, 하자가 있더라도 이행이 있으면 민법상의 채무를 이행한 것이 되나, 법률의 규정에 의한 책임(법정책임)으로 담보책임을 진다는 것이다. 이 견해는 담보책임을 무과실책임으로 보며, 무과실책임이므로 손해배상의 범위는 신뢰이익만 배상하는 것을 원칙으로 한다. 여기서 신뢰이익손해는 계약의 이행을 신뢰하여 발생한 손해를 말한다.

(2) 채무불이행책임설

담보책임을 채무불이행책임으로 보는 견해도 구체적인 내용에 대해서는 각 견해마다 차이가 있다. 그러나 공통적인 요소를 골라보면 매도인에게는 하자없는 물건 또는 권리를 이전할 채무(완전물 급부의무)가 있는데 이를 이행하지 않은 것이 채무불이행이며, 그러한 채무불이행에 대한 책임으로 담보책임을 이해한다. 요컨대 객관적으로 계약상의 의무를 위반한 것이 채무불이행이며, 담보책임은 급부와 반대급부의 등가성을 유지하기 위한 것으로 매도인의 주관적 유책성을 묻지 않는 넓은 의미의 채무불이행에 해당한다고 본다(즉, 하자 없는 급부의 이행을 해야 할 의무가 존재하고 이를 객관적으로 위반한 경우에 이미 채무불이행이 되며, 이에 대한 책임으로 이해한다). 이 견해를 취하더라도 손해배상범위와 관련해서는 다시 신뢰이익배상설과 이행이익배상설이 있다.

2. 판 례

판례는 담보책임의 법적 성질을 명확히 판단하고 있지는 않다. 다만 손해배상과 관련하여 이행이익의 배상을 명하는 경우 채무불이행책임설을 취한 것으로 볼 수 있는 반면, 신뢰이익의 배상을 명하면 법정책임설을 취하는 것으로 볼 수 있다. 담보책임으로 인한 손해배상과 관련하여 판례의 입장을 보면 다음과 같다.

(1) 채무불이행책임설을 취한 것으로 보이는 경우

1) 제570조, 제572조의 타인권리의 매매에 대한 담보책임, 제581조의 종류매매에서의 담보책임의 경우($\overset{\text{대판(전합) 1967.5.18. 66다2618; 대판 1981.7.}}{\text{7. 80다3122; 대판 1989.11.14, 89다카15298}}$)에는 이행이익의 배상을 인정한다.

▌**대판 1989.11.14, 89다카15298**
매수인이 매도인으로부터 매수한 감자종자가 잎말림병에 감염된 것이어서 이를 식재한 결과 거기에서 자란 감자가 같은 병 등에 감염되어 수확량이 예년에 비하여 현저하게 줄은 경우 매수인이 입은 손해는 감자를 식재, 경작하여 정상적으로 얻을 수 있었던 평균수입금에서 실제로 소득한 금액을 제한 나머지가 되어야 할 것이고, 매수인이 평균수입금을 기준으로 하여 손해액을 산정, 청구하고 있는 사안에서 그 같은 산정방식에 따르지 않고 실제로 들인 비용에서 소득한 금액을 공제한 금액을 기준으로 하여 손해액을 산정할 것은 아니다.

2) 판례는 양도목적물의 숨은 하자로부터 손해가 발생한 경우에 양도인이 부담하는 하자담보책임의 본질을 불완전이행책임으로 파악했다(대판 1992.4.14, 91다17146,17153. 공장시설과 영업권 일체를 양도하는 계약에서 시설물의 하자로 폭발사고가 난 사례).

(2) 법정책임설을 취한 것으로 보이는 경우

1) 제574조가 수량을 지정한 매매의 목적물이 부족한 경우와 매매목적물의 일부가 계약 당시 이미 멸실된 경우 매수인이 부족 또는 멸실을 알지 못한 때에 매도인의 담보책임을 인정하여 매수인에게 대금의 감액을 청구할 수 있는 등의 권리를 주고 있는 취지는 그와 같이 매매로 인한 채무의 일부를 원시적으로 이행할 수 없는 경우에 대가적인 계약관계를 조정하여 등가성을 유지하려는 데에 있다(대판 1992.12.22, 92다30580).

2) 제581조, 제580조에 기한 매도인의 하자담보책임은 '법이 특별히 인정한 무과실책임'으로서 여기에 제396조의 과실상계 규정이 준용될 수는 없다 하더라도, 담보책임이 민법의 지도이념인 공평의 원칙에 입각한 것인 이상 하자 발생 및 그 확대에 가공한 매수인의 잘못을 참작하여 손해배상의 범위를 정함이 상당하다고 하여 법정책임설을 취한 판결이 있다(대판 1995.6.30, 94다23920).

3) 담보책임과 채무불이행책임의 경합을 인정하여 담보책임을 채무불이행책임과는 다른 것으로 보아 법정책임설과 유사한 태도를 보인다. 대법원은 "토지 매도인이 성토작업을 기화로 다량의 폐기물을 은밀히 매립하고 그 위에 토사를 덮은 다음 도시계획사업을 시행하는 공공사업시행자와 사이에서 정상적인 토지임을 전제로 협의취득절차를 진행하여 이를 매도함으로써 매수자로 하여금 그 토지의 폐기물처리비용 상당의 손해를 입게 하였다면 매도인은 이른바 '불완전이행'으로서 채무불이행으로 인한 손해배상책임을 부담하고, 이는 하자 있는 토지의 매매로 인한 민법 제580조 소정의 하자담보책임과 경합적으로 인정된다"고 보았다(대판 2004.7.22, 2002다51586). 3) 이 판결은 구 공공용지의 취득 및 손실보상에 관한 특례법(2002.2.4. 법률 제6656호 구 공익사업을위한토지등의취득및보상에관한법률 부칙 제2조로 폐지)에 의하여 공공사업의 시행자가 토지를 협의취득하는 행위는 사경제주체로서 행하는 사법상의 법률행위이므로 그 일방 당사자의 채무불이행에 대하여 민법에 따른 손해배상 또는 하자담보책임을 물을 수 있음을 전제로 하여 채무불이행책임과 담보책임의 경합문제를 다루고 있다.4)

---

3) 대판 1993.11.23, 93다37328, 대판 1992.4.28, 91다29972 등에서 경합을 인정할 수 있다는 취지를 보였으나, 학설은 판례의 입장에 대해서 견해가 나뉘었다. 위 판결은 명시적으로 경합을 인정하였다는 점에서 큰 의미를 가진다.
4) 판례는 사기에 의한 취소(제110조)와 담보책임의 경합을 인정한다(대판 1973.10.23, 73다268).
대판 1973.10.23, 73다268: 제569조가 타인의 권리의 매매를 유효로 규정한 것은 선의의 매수인의 신뢰이익을 보호하기 위한 것이므로, 매수인이 매도인의 기망에 의하여 타인의 물건을 매도인의 것으로 잘못 알고 매수한다는 의사표시를 한 것이고 만일 타인의 물건인줄 알았더라면 매수하지 아니하였을 사정이 있는 경우에는 매수인은 제110조에 의하여 매수의 의사표시를 취소할 수 있다고 할 것이다.

4) 판례는 하자의 판단시점을 계약성립시로 보아, 원시적 하자만을 담보책임의 대상으로 본다($\binom{\text{대판 2000.1.18,}}{\text{98다18506}}$).

제2절 권리의 흠결에 대한 담보책임

Ⅰ. 권리의 전부가 타인에게 속한 경우($\binom{\text{제570}}{\text{조 이하}}$)

1. 의 의
2. 성립요건
   (1) 타인의 권리일 것
   (2) 자기 명의로 매매할 것
   (3) 매도인이 권리를 취득하여 매수인에게 이전할 수 없을 것(이전불능)

(4) 담보책임이 배제될 만한 사유가 발생하지 않을 것
3. **책임내용(법률효과)**
   (1) 해제권
   (2) 손해배상청구권
   (3) 선의의 매도인의 계약 해제권($\binom{\text{제571}}{\text{조}}$)

1. 의 의

타인권리의 매매란 타인의 특정물에 대한 권리를 자기의 이름으로 매매하는 것을 말한다. 자신이 매매계약의 당사자라는 점에서 대리와 구별되며($\binom{\text{대판 1982.5.}}{\text{25, 81다1349}}$), 무권리자의 의무부담행위라는 점에서 무권리자의 처분행위와는 구별된다.

제570조의 담보책임과 기망에 의한 의사표시의 취소는 경합할 수 있다. 판례도 매수인이 매도인의 기망에 의하여 타인의 물건을 매도인의 것으로 잘못 알고 매수한다는 의사표시를 했을 때, 만일 타인의 물건인 줄 알았더라면 매수하지 아니하였을 사정이 있는 경우에는 매수인은 민법 110조에 의하여 매수의 의사표시를 취소할 수 있다고 한다($\binom{\text{대판 1973.10.}}{\text{23, 73다268}}$). 이미 사기로 취소된 경우에는 담보책임을 물을 수 없다고 할 것이다.

2. 성립요건

(1) 타인의 권리일 것

(가) 권리의 현존

매매의 목적인 권리는 객관적으로 존재해야 한다. 매매의 목적이 된 권리가 계약체결시부터 존재하지 않았거나 또는 계약이 체결되기 전에 소멸된 경우에는 이는 담보책임이 아닌 원시적 불능계약으로서 제535조의 계약체결상의 과실책임이 문제될 뿐이다. 권리의 일부가 존재하지

않았다면 이는 제574조의 담보책임(수량부족, 일부멸실)이 적용되며 제535조는 적용되지 않는다.

(나) 권리의 타인귀속

매매의 목적인 권리가 타인에게 귀속하는지 여부는 법률적 · 실질적으로 판단해야 한다. 일반적으로 매도인이 자기가 상속인으로 적법한 소유자(상속인)라고 믿고 매도한 경우$\binom{\text{대판 1966.4.}}{\text{6, 66다267}}$, 매도인의 부동산이 법령에 의해 국유화된 것을 모르고 매도한 경우$\binom{\text{대판 1979.4.}}{\text{24, 77다2290}}$, 매도인의 등기가 원인무효가 된 경우, 매도인이 사기로 타인의 토지를 매도한 경우$\binom{\text{대판 1963.10.}}{\text{31, 63다606}}$에 타인권리매매로 인정된다.

> **사례 2** 甲은 乙에게 1억 원을 빌려주었는데 채무자 乙이 채무를 이행하지 않자 乙 소유의 X부동산에 대하여 강제경매신청을 하였다. 그 경매절차에서 甲은 甲의 아들인 丙 명의로 매수하고 丙 명의의 이전등기까지 경료했다. 그 후 甲은 乙로부터 3천만 원을 받으면서 더 이상 어떤 명목의 청구도 하지 않기로 하고 丙 명의의 소유권이전등기를 말소하기로 하는 계약을 체결하였다.
> 그 후 甲은 사망하였고 甲의 유일한 상속인은 丙뿐이다. 乙은 甲의 상속인 丙에게 소유권이전등기를 청구하였다. 인용될 수 있는가? (대판 2001.9.25, 99다19698 참조)
>
> **| 해설 2 |** 丙이 그 이행을 거절하면 乙의 청구는 인용될 수 없다.
> 부동산의 경매절차에서 경매목적 부동산을 매수한 丙이 실질적인 권리자가 아니라 단순히 甲을 위하여 그 명의만을 빌려준 것에 불과하고 매각대금을 실질적으로 甲이 부담했더라도 경매목적 부동산의 소유권을 명의인인 丙이 적법하게 취득한다. 경매의 경우에는 특별한 사정이 없는 한 실질적인 매매대금의 출연자가 누구인지 관계없이 명의자가 당사자에 해당하므로 甲과 乙사이에 체결된 계약은 일종의 타인권리의 처분행위에 해당한다$\binom{\text{대판 2001.9.25,}}{\text{99다19698}}$.
> 丙 명의의 소유권이전등기를 말소하기로 한 甲과 乙간의 계약은 유효하다. 계약 내용은 甲이 丙 명의의 등기를 말소하여 소유권을 다시 乙에게 회복시키는 것이 불가능하므로 甲이 丙으로부터 X부동산을 이전받아 다시 乙에게 이전등기를 마쳐주거나 또는 丙으로부터 직접 乙에게 이전등기를 마쳐주는 방법으로 乙에게 그 소유권을 회복시켜 주겠다는 의미가 인정될 수 있다. 이러한 계약은 타인권리의 처분행위를 목적으로 하는 것으로 타인권리에 대한 계약에서 부동산 소유자인 丙은 乙에게 채무를 이행해야 할 의무가 없다.
> 또한 丙이 채무자 甲의 지위를 상속한 경우에, 신의칙에 반하는 특별한 사정이 없는 한 피상속인의 채무(丙 명의의 소유권이전등기의 말소 내지 乙로의 회복)의 이행을 거절할 수 있다$\binom{\text{대판 1994.8.}}{\text{26, 93다20191}}$.

1) 명의신탁자의 신탁부동산의 매매

부동산 명의신탁이 유효한 경우 부동산 명의신탁자가 타인에게 신탁한 재산을 매도한 경우, 신탁자는 그 부동산을 사실상 처분할 수 있을 뿐 아니라 법률상으로도 처분할 수 있는 권원에 의하여 매도한 것이므로 이를 제569조 소정의 타인권리의 매매라고 할 수 없다$\binom{\text{대판 1996.8.20,}}{\text{96다18656}}$. 5)

---

5) 이 사안은 종중명의신탁으로 조세 포탈, 강제집행의 면탈(免脫) 또는 법령상 제한의 회피를 목적으로 하지 아니하는 경우에 해당하여 명의신탁약정 및 이에 기한 물권변동이 모두 유효이다(부동산실명법 제8조 참조).

이와는 달리 부동산실명법이 금지하는 3자간 명의신탁의 경우(양자간 명의신탁의 경우 명의신탁자에게 소유권이 있으므로 그 자의 매도는 자기 권리의 매매가 된다) 명의신탁자의 매도는 타인권리의 매매에 해당될 것이다. 3자간 등기명의신탁의 경우 부동산물권변동은 무효라서($\binom{부동산실명}{법\ 제4조\ 제}$ $^{2항}_{본문}$), 그 소유권은 처음부터 매도인에게 있으므로 신탁자의 매매계약은 타인권리의 매매에 해당된다. 3자간 계약명의신탁의 경우에도 매도인이 선의이면 명의수탁자가 부동산의 소유권을 취득하므로($\binom{부동산실명법\ 제}{4조\ 제2항\ 단서}$), 신탁자의 매매계약은 타인권리 매매에 해당한다. 이 때 매도인이 악의이면 3자간 등기명의신탁과 마찬가지로 소유권은 처음부터 매도인에게 있으므로 역시 타인권리의 매매에 해당된다.

2) 부동산의 미등기전매

판례는 타인권리매매로 인정한 사례도 있지만($\binom{대판\ 1982.1.}{26,\ 81다528}$), 부정한 사례도 있다($\binom{대판\ 1996.4.12,\ 95다}{55245;\ 대판\ 1972.11.}$ $^{28,\ 72}_{다982}$). 타인권리 매매임을 부정한 판결례는 미등기 전매의 경우에도 매도인에게 사실상 처분권과 법률상 처분권이 있다고 판단했기 때문이다. 타인권리의 매매를 부정한 판결례에서는 '사실상 처분권 뿐만 아니라 법률상 처분권이 있다면' 미등기 부동산의 매매가 타인 권리의 매매라고 보기 어렵다고 한다.

이러한 판결례의 입장에 대하여 유사한 사실관계를 갖고 있는 사건임에도 불구하고 달리 판단하는 등 일관성이 없다는 비판과 함께 부동산 물권변동을 위하여 형식주의($\binom{제186}{조}$)를 취하는 이상, 법률상 처분권이 없는 상태에서 이루어진 미등기 전매는 언제나 타인권리의 매매로 보아야 한다는 견해가 지배적이다. 생각건대 사실상 처분권이 인정되는 경우와 그렇지 않은 경우로 구별해 보는 것이 필요하다. (i) 매매대금을 전부 지급하여 등기에 필요한 서류를 모두 인도 받은 부동산의 매수인이 자신 명의로 등기하지 않은 채 그 부동산을 제3자에게 전매한 경우에는 이를 타인권리매매라고 볼 수 없다. 사실상 처분권이 있기 때문이다. 반면 (ii) 등기서류를 받지 않고 점유도 취득하지 못하여 사실상 처분권도 없이 전매한 경우(단순히 매매계약만을 체결한 매수인이 다시 제3자에게 전매하는 경우)에는 타인권리매매로 보아야 할 것이다. 매도인에게는 목적물에 대해서 채권자의 지위만이 인정될 수 있기 때문이다.

3) 매도인의 권리가 추탈된 경우

매매 당시 형식적으로는 매도인이 권리자였으나 매도인이 전(前)권리자로부터 권리를 취득하였던 원인이 무효 및 취소가 되어 매수인이 권리를 추탈당한 경우에 권리는 처음부터 매도인이 아니라 타인에게 귀속하였던 것이 되어 타인권리매매에 해당한다고 본다($\binom{대판\ 1982.12.}{28,\ 80다2750}$). 그러나 가등기된 부동산의 매수인이 그 후에 가등기에 기한 본등기로 그 부동산 소유권을 상실하게 되면, 제576조의 규정이 준용될 수 있을 뿐 제570조에 의한 담보책임은 문제되지 않는다($\binom{대판\ 1992.10.}{27,\ 92다21784}$).

사례 3 X토지가 A에서 B, B에서 C로 매매가 이루어져 최종적으로 C 앞으로 등기가 경료되었다. 그런데 미성년자인 A가 B와의 매매계약을 취소하여, 결과적으로 C 앞으로 이루어진 등기가 말소

되었다. 이 경우 C는 B에게 제570조의 담보책임을 주장할 수 있는가?

(대판 1982.12.28. 80다2750 참조)

| **해설 3** | 주장할 수 있다.

매매 당시 형식적으로는 매도인이 권리자였으나 매도인이 전권리자로부터 권리를 취득하였던 원인이 무효 및 취소가 되어 매수인이 권리를 추탈당한 경우에, 권리는 처음부터 매도인이 아니라 타인에게 귀속하였던 것이 되어 타인권리매매에 해당한다고 본다(대판 1982.12. 28, 80다2750).

(다) 판단시점

권리의 타인 귀속여부는 매매계약의 성립시를 기준으로 판단한다. 따라서 매매계약 성립 후 권리가 타인에게 귀속된 경우에는 타인권리매매가 되지 않는다. 이러한 경우는 채무불이행책임 또는 위험부담의 법리에 따라 해결하면 된다.

(2) 자기 명의로 매매할 것

타인권리매매가 되기 위해서는 매도인이 계약당사자이어야 한다. 일반적으로 매도인 이름으로 매매계약을 체결하였다면 될 것이나, 자신의 이름으로 매매계약을 체결했더라도 타인의 매매위임장을 제시했다면 타인의 대리인으로 매도한 것이므로 타인권리매매로 보기는 어렵다(대판 1982.5.25, 81다1349,81다카1209).

| 대판 1982.5.25, 81다1349, 81다카1209

매매위임장을 제시하고 매매계약을 체결하는 자는 특단의 사정이 없는 한 소유자를 대리하여 매매행위하는 것이라고 보아야 하고 매매계약서에 대리관계의 표시 없이 그 자신의 이름을 기재하였다고 해서 그것만으로 그 자신이 매도인으로서 타인물건을 매매한 것이라고 볼 수는 없다.

(3) 매도인이 권리를 취득하여 매수인에게 이전할 수 없을 것(이전불능)

타인권리매매계약도 유효하므로, 매도인은 매수인에 대하여 권리취득 및 이전의무를 부담한다(제569조). 따라서 이행기에 매도인이 매수인에게 매매목적물을 이전해 줄 수 있다면 담보책임은 발생하지 않는다. 담보책임은 매수인에게 이전할 수 없을 때 문제된다.

제570조의 이전불능이란 채무불이행책임에서와는 달리 객관적 불능에 한하지 않으며, 사회통념상 매수인에게 해제권이나 손해배상청구권을 인정하는 것이 형평에 맞다고 생각될 정도의 이행장애의 경우에도 인정된다(대판 1982.12. 28, 80다2750). 매도인이 권리를 가질 수 있었던 원인이 된 법률관계가 후발적으로 무효 또는 취소되어 원시적 또는 소급적으로 진정한 권리자에게 귀속한 결과, 매수인이 진정한 권리자에 의하여 권리를 추탈당한 경우에도 매도인의 권리취득 및 이전의무는 불능이 된다(대판 1993.4.9, 92다25946).

제1편 제2편 제3편 제4편 제5편 제6편 제7편 제8편 제9편

채무불이행

(4) 담보책임이 배제될 만한 사유가 발생하지 않을 것

담보책임은 매도인의 무과실책임이다. 그러나 전적으로 매수인의 귀책사유로 인한 소유권 이전이 불능으로 된 경우, 공평의 원칙상 매도인은 담보책임을 지지 않는다(대판 1979.6.26, 79 다564. 이 사건에서는 A로부터 B가 가옥을 매수하고, A로부터 등기에 필요한 서류(인감증명서, 권리필증 등)를 넘겨받은 상태에서 B가 등기하지 않고 다시 그 가옥을 C에게 매도하고 A로부터 받은 등기에 필요한 서류를 넘겨주었으나 C도 등기를 미루고 있었다. 그 후 A의 인감증명서 유효기간이 도과하자 C는 B를 통하여 A에게 인감증명서 교부를 요구했으나 아직 교부받지 못한 상태에서 A의 채권자에 의하여 해당 가옥이 강제경매된 경우, 소유권을 취득하지 못한 이유가 C에게만 있음을 이유로 C는 B에게 담보책임을 물을 수 없다고 보았다). 그 이외에 매수인이 자신의 권리로 진정한 권리자에게 대항할 수 있는 경우에는(예컨대 선의취득 등) 담보책임을 물을 수 없다. 그러나 매수인이 진정한 권리자와 별도의 법률행위(예컨대 매매)로 권리를 취득했다면 매도인에게 담보책임을 물을 수 있다 (대판 1982.12. 28, 80다2750).

3. 책임내용(법률효과)

(1) 해제권

매수인의 선의·악의를 불문하고 매수인은 계약을 해제할 수 있다. 이행지체에 의한 해제가 아니므로 이행의 최고를 요하지 않는다(대판 1976.6. 22, 76다473). 이 해제권은 일종의 법정해제권이며 해제로 인한 원상회복의무의 범위에 관하여는 특별한 규정이 없으므로 제548조의 규정에 따른다(대판 1974.3.26, 73다1442. 특히 사용이익의 반환에 대해서는 대판 1993.4.9, 92다25946 참조).

(2) 손해배상청구권

(가) 선의의 매수인에게만 인정[6]

악의의 매수인은 손해배상을 청구할 수 없다. 단 악의의 매수인이라도 채권자(매수인)의 지위에서 채무자(매도인)가 고의·과실 등 채무불이행의 요건을 구비한 경우 채무불이행책임을 물을 수는 있다(대판 1993.11. 23, 93다37328).

그런데 이 때에는 주의할 점이 있다. 보통의 채무불이행에서 채무자의 귀책사유는 채무자인 매도인이 그 부존재를 증명하는 것이 원칙인데, 매수인(채권자)이 악의일 때 채무자인 매도인에게 채무불이행책임을 묻기 위해서는 매도인(채무자)의 귀책사유의 존재를 매수인(채권자)이 증명하도록 한다(대판 1970.12. 29, 70다2449).

---

6) 해제를 하면서 함께 청구할 수도 있고, 해제함이 없이 손해배상만을 청구할 수도 있다.

대판 1993.11.23, 93다37328

타인의 권리를 매매의 목적으로 한 경우에 있어서 그 권리를 취득하여 매수인에게 이전하여야 할 매도인의 의무가 매도인의 귀책사유로 인하여 이행불능이 되었다면 매수인이 매도인의 담보책임에 관한 민법 제570조 단서의 규정에 의해 손해배상을 청구할 수 없다 하더라도 채무불이행 일반의 규정(민법 제546조, 제390조)에 좇아서 계약을 해제하고 손해배상을 청구할 수 있다.

대판 1970.12.29, 70다2449

매매계약당시 그 토지의 소유권이 매도인에 속하지 아니함을 알고 있던 매수인은 매도인에 대하여 그 이행불능을 원인으로 손해배상을 청구할 수 없고 다만 그 이행불능이 매도인의 귀속사유로 인하여 이루어진 것인 때에 한하여 그 손해배상을 청구할 수 있는 것이므로 그 이행불능이 매도인의 귀속사유로 인한 것인가는 매수인이 입증해야 한다.

(나) 손해배상의 범위와 산정시기

판례는 제570조 및 제571조의 손해배상과 관련하여 이행이익배상설의 입장이다. 타인의 권리를 매매한 자가 권리이전을 할 수 없게 된 때에는 매도인은 선의의 매수인에게 이행이익 상당을 배상하여야 한다(대판 1979.4. 24, 77다2290). 한편 손해배상액의 산정시기와 관련하여 판례는 이행불능시점을 기준으로 한다(대판 1993.4. 9, 92다25946).

대판 1993.4.9, 92다25946

부동산을 매수하고 소유권이전등기까지 넘겨받았지만 진정한 소유자가 제기한 등기말소청구소송에서 매도인과 매수인 앞으로 된 소유권이전등기의 말소를 명한 판결이 확정됨으로써 매도인의 소유권이전의무가 이행불능된 경우, 그 손해배상액 산정의 기준시점은 위 판결이 확정된 때이다.

(다) 과실상계

원칙적으로 무과실책임인 담보책임에는 과실상계가 인정되지 않는다. 다만 판례는 "타인의 물건 매매에 있어서 매수인이 그 물건의 소유권이 매도인에게 속하지 아니함을 알지 못한 것이 매수인의 과실에 기인한 경우에는 매도인의 배상액을 산정함에 있어서 이를 참작하여야 한다"고 하여 형평의 원칙에 기하여 배상액을 감경하고 있다(대판 1971.12. 21, 71다218).

(3) 선의의 매도인의 계약 해제권(제571조)

매도인이 계약 당시에 매매의 목적이 된 권리가 자기에게 속하지 아니함을 알지 못한 경우, 그 권리를 취득하여 매수인에게 이전할 수 없는 때에는 매도인은 (선의의) 매수인에게 손해를 배상하고 계약을 해제할 수 있다(제571조 제1항). 제571조 제1항은 매매의 목적인 권리의 전부가 타인에게 속하는 경우에만 적용되고, 일부가 타인에게 속하는 경우에는 적용되지 않는다(대판 2004.12.9, 2002다33557). 매수인이 악의라면 매도인은 손해배상 없이 그 권리를 이전할 수 없음을 통지하고 계약을 해제할 수 있다(제571조 제2항).

> **사례 4** X토지가 A에서 B로 매매가 이루어져 최종적으로 B 앞으로 등기가 경료되었다. 그런데 X토지의 일부가 甲의 소유인 것으로 밝혀졌다. 이 경우, 선의의 A는 B에게 손해를 배상하고 매매계약을 해제할 수 있는가? (대판 2004.12.9, 2002다33557 참조)
>
> **│해설 4│** 해제할 수 없다.
> 제571조 제1항은 선의의 매도인이 매매의 목적인 권리의 전부를 이전할 수 없는 경우에 적용될 뿐 매매의 목적인 권리의 일부를 이전할 수 없는 경우에는 적용될 수 없고, 마찬가지로 수개의 권리를 일괄하여 매매의 목적으로 정하였으나 그중 일부의 권리를 이전할 수 없는 경우에도 위 조항은 적용될 수 없다(대판 2004.12.9, 2002다33557).[7]

(4) 매수인의 권리행사기간

권리행사기간을 제한하는 규정이 없다. 따라서 제570조의 손해배상청구권은 소멸시효의 대상이 되며 그 기산점은 '권리 이전이 불능임을 안 때'가 된다(대판 1977.12.13, 77다1048). 계약해제권은 계약이 존속하는 한 행사할 수 있다.

Ⅱ. 권리의 일부가 타인에게 속하는 경우(제572조) (권리의 일부불능)

1. 성립요건

제572조의 담보책임의 성립요건은, 권리 중 일부가 타인에게 속한다는 점만 다를 뿐, 원칙적으로 제570조의 담보책임과 동일하다. 예컨대 토지 200평을 1000만 원에 매수하였는데 그 중 20평이 제3자의 소유인 경우 등이다. 판례는 하나의 권리의 일부불능만이 아니라 여러 개의 권리를 일괄매매한 경우, 그중 1개가 불능인 때에도 불능부분의 비율에 따른 대금산출이 불가능한 경우 등의 특별한 사정이 없는 한 제572조의 적용이 가능하다고 한다(대판 2009.7.23, 2009다33570; 대판 1989.11.14, 88다카13547).

> **대판 1989.11.14, 88다카13547**
> 매매의 목적이 된 권리의 일부가 타인에게 속한 경우의 매도인의 담보책임에 관한 민법 제572조의 규정은 단일한 권리의 일부가 타인에 속하는 경우에만 한정하여 적용되는 것이 아니라 수개의 권리를 일괄하여 매매의 목적으로 정한 경우에도 그 가운데 이전할 수 없게 된 권리부분이 차지하는 비율에 따른 대금산출이 불가능한 경우 등 특별한 사정이 없는 한 역시 적용된다.
>
> 공장부지, 건물, 기계 등을 일괄하여 매매하였는데, 그중 건물이 타인의 소유인 사례.

---

7) 매도인이 그의 명의로 등기된 수 개의 부동산을 매수인에게 매도하였으나 그중 일부 토지의 진정한 소유자가 제기한 소유권이전등기말소청구 사건의 승소판결이 확정됨으로써 매수인에게 손해배상책임을 부담하게 된 사안이다.
이와는 달리 일부 학설은 권리일부가 타인에게 속하는 경우의 권리행사기간을 제한하는 제한규정(제573조)을 유추적용해야 한다고 주장하기도 한다. 그러나 명문의 규정이 없이 유추적용할 수는 없다고 할 것이다).

2. 책임내용(효과)

매수인의 선의·악의여부에 따라 책임의 내용이 달라진다. 선의·악의의 판단시점은 계약 당시이며, 선의·악의의 대상은 매매의 목적인 권리가 타인에게 귀속했음을 알았는지 여부이다.

(1) 선의의 매수인(선의에 대한 무과실은 요구되지 않음)

매수인은 대금감액을 청구할 수 있다(제572조 제1항). 대금감액청구권은 형성권이다.

잔존 부분만으로는 계약을 체결하지 않았을 경우에는 계약 전부를 해제할 수 있다(제572조 제2항). 이 때의 계약해제는 이행불능을 이유로 하는 해제이므로 이행최고 없이도 해제할 수 있다.

대금감액 또는 계약해제와 아울러 손해배상을 청구할 수도 있다(제572조 제3항). 손해액은 원칙적으로 매도인이 매매의 목적이 된 권리의 일부를 취득하여 매수인에게 이전할 수 없게 된 때의 이행불능이 된 권리의 시가, 즉 이행이익 상당액이라고 할 것이다($\text{대판 1993.1.19. 92다37727}$).

(2) 악의의 매수인

악의의 매수인은 대금감액청구만 가능하다(제572조 제2항). 그 이외에 판례는 악의의 매수인이라도 일부해제는 가능하다고 본다($\text{대판 1976.6. 22. 76다473}$). 매수인은 타인의 권리에 속하는 부분에 대한 계약을 해제하고 그에 대한 대금의 지급을 거절할 수 있다. 이러한 판례는 일부해제를 계약해제가 아니라 대금감액으로 보아야 설명이 가능하다.

3. 제척기간

선의의 매수인은 '사실을 안 날'부터, 악의의 매수인은 '계약한 날'부터 1년 내에 담보책임에 기한 권리를 행사해야 한다(제573조). 매수인이 '사실을 안 날'이라 함은 단순히 권리의 일부가 타인에게 속한 사실을 안 날이 아니라, 그 때문에 매도인이 이를 취득하여 매수인에게 이전할 수 없게 되었음이 확실하게 된 사실을 안 날을 말한다($\text{대판 1997.6. 13. 96다15596}$). 예컨대 매수인이 매매 당시 권리 일부가 타인에게 귀속함을 몰랐었는데, 사후에 이를 알게 되었더라도 제척기간은 진행되지 않고, 확정적으로 취득이 불가능함을 알게 된 때부터 진행된다.

이에 반하여 악의매수자의 대금감액청구권은 매매계약시부터 제척기간이 진행된다.

Ⅲ. 수량부족, 일부멸실의 경우(제574조)

1. 의 의
   (1) 수량지정매매의 의의
   (2) 수량지정매매의 판단
2. 요 건
   (1) 원시적인 일부멸실 또는 수량부족
   (2) 특정물매매
3. **책임의 내용**(효과: 제574조)
4. 제척기간

1. 의 의

(1) 수량지정매매의 의의

수량을 지정한 매매란 당사자가 매매의 목적인 특정물이 일정한 수량을 가지고 있다는 데 주안을 두고, 대금도 그 수량을 기준으로 하여 정한 경우를 말한다. 매매목적물이 불특정물인 경우 수량부족시에는 담보책임이 아니라 채무불이행(불완전이행)이 인정될 뿐이다.

(2) 수량지정매매의 판단

매매목적물의 실제 수량이 당사자들이 계약 당시에 예상하였던 수량보다 부족한 경우에 매수인이 매도인에게 그 부족한 수량에 해당하는 금원의 반환을 청구할 수 있는지가 문제된다. 그 매매가 수량지정매매라면 매수인은 제574조에 의해 대금감액을 청구할 수 있지만, 그렇지 않은 경우에는 특별한 사정이 없는 한 대금감액을 청구할 수 없다. 후자의 경우 당사자의 의사는 목적물 자체의 소유권을 취득함으로써 계약의 목적을 완전히 달성한 것으로 보아야 하기 때문이다.

(가) 수량지정매매로 본 경우

매수인이 일정한 수량이 있는 것으로 믿고 매도인도 그 수량이 있는 것을 명시적 또는 묵시적으로 표시하고, 나아가 부동산매매시 계약당사자가 면적(수량)을 가격을 정하는 여러 요소 중 가장 중요한 요소로 파악하고 그 객관적 수치를 기준으로 가격을 정한 경우, 매매계약서에 토지의 평당 가격을 기재하지 않았더라도 수량을 지정한 매매에 해당한다(대판 1996.4.9., 95다48780). 또한 목적물이 일정한 면적(수량)을 가지고 있다는 데 주안을 두고 대금도 면적을 기준으로 정해지는 아파트분양계약은 이른바 '수량을 지정한 매매'에 해당한다(대판 2002.11.8. 99다58136).

(나) 수량지정매매로 보지 않은 경우

당사자가 특정물 자체의 취득을 목적으로 하며, 계약에서 수량이 표시되었더라도 그 표시는 목적물을 특정하거나 대금산정의 방법을 위한 것에 불과하다면 이는 수량지정의 매매가 아니다. 예컨대 토지매매에서 목적물을 등기부상의 '면적에 따라 특정'한 경우라도 당사자가 그 지정된 구획을 전체로서 평가했고 면적에 의한 계산은 하나의 표준에 불과하여 그것이 당사자들 사이에 대상토지를 특정하고 그 대금을 결정하기 위한 방편이었다고 보이면 이를 가리켜 수량을 지정한 매매라 할 수 없다. 일반적으로 담보권실행 경매에서 법원이 매매목적인 토지의 등기부상 면적을 표시하는 것은 단지 토지를 특정하여 표시하는 방법에 불과하고, 그 최저매각가격을 결정하면서 감정인이 단위면적당 가액에 공부상의 면적을 곱하여 산정한 가격을 기준으로 삼았더라도 이는 당해 토지 전체의 가격을 결정하기 위한 방편에 불과한 것이어서, 특별한 사정이 없는 한 이를 제574조의 '수량을 지정한 매매'라고 할 수 없다(대판 2003.1.24, 2002다65189). 매매계약서에 토지의 면적을 등기부상 기재에 따라 기재하고 그 면적에 평당 가격을 곱한 금액에서 우수리 돈을 감액하는 방법으로 매매대금을 결정하였으나 그 토지가 도로, 잡목 등으로 인근 토지와 경계가 구분되어 있으며 매수인이 매매계약 체결 전 그 토지를 현장답사하여 현황을 확인한 경우, 그 토지 매매는 '수량을 지정한 매매'가 아니라 구획된 경계에 따라 특정하여 매매한 것이다(대판 1998.6.26, 98다13914).

2. 요 건

(1) 원시적인 일부멸실 또는 수량부족

원시적인 일부멸실 또는 수량부족이 있어야 한다. 예컨대 토지를 평당 20만 원으로 200평을 4,000만 원에 매수하였는데(수량을 지정한 매매), 실측 결과 180평인 경우 등이 이에 해당된다. 후발적인 일부멸실 및 수량부족에 대해서는 학설의 견해대립이 있으나, 부정하는 견해가 통설과 판례이다(대판 1996.12.10, 94다56098).

> **대판 1996.12.10, 94다56098**
> 아파트 분양계약이 수량을 지정한 매매에 해당된다 하더라도, 이전등기된 공유대지지분이 부족하게 된 원인이 분양계약 당시 분양계약자들과 주택건설사업자가 공유지분 산정의 기초가 되는 아파트 대지를 실제와 다르게 잘못 알고 있었기 때문이 아니라, 주택건설사업자가 분양계약 당시 공유지분 산정의 기초가 된 아파트 대지 중 일부를 분양계약 후에 비로소 공용시설용 대지에 편입하여 시에 기부채납 하였기 때문이라면, 주택건설사업자에 대하여 민법 제574조에 의한 담보책임을 물을 수는 없다.

(2) 특정물매매

본조가 적용되기 위해서는 종류물의 매매가 아닌 특정물매매여야 한다. 제574조는 원시적 불능을 전제로 하는데 종류매매에서는 원칙적으로 계약체결의 전단계에서는 종류물이 존재하는 이상 원시적 불능을 상정할 수 없기 때문이다. 따라서 종류매매에서의 수량부족의 이행(제공)은 그 자체로 귀책사유가 인정되어 채무불이행(불완전)이행이 될 수 있을 뿐이다.

3. 책임의 내용(효과: 제574조)

수량이 부족하거나 일부멸실된 경우의 담보책임은 선의의 매수인만이 주장할 수 있다. 책임의 내용으로 제572조, 제573조를 준용한다. 즉 선의의 매수인은 대금감액청구권, 손해배상청구권, 계약해제권을 행사할 수 있다.

그러나 판례는 악의의 매수인에게도 대금감액청구권은 인정됨을 전제로 판단한다. 즉 악의 매수인도 대금감액을 청구할 수 있으며, 제척기간의 기산점은 계약한 날(제574조, 제573조)로부터 진행된다고 판시한다(대판 2002.11.8, 99다58136).

또한 매매목적물의 수량부족, 일부멸실로 제574조가 적용되는 경우, 일부무효의 법리나 제

535조(계약체결상의 과실책임)의 책임을 물을 수 없다. 즉 부동산 매매시 실제면적이 계약면적에 미달하여 그 매매가 수량지정 매매에 해당하면 제574조, 제572조에 의한 대금감액청구권을 행사할 수 있지만, 이와 별도로 매매계약이 미달 부분만큼 일부 무효임을 들어 일반 부당이득반환청구를 하거나 그 부분의 원시적 불능을 이유로 제535조가 규정하는 계약체결상의 과실에 따른 책임의 이행을 구할 수 없다(대판 2002.4.9, 99다47396).

4. 제척기간

제574조에서 제573조의 규정이 준용되는 결과, 선의의 매수인은 사실을 안 날부터 1년 내에 담보책임에 따른 권리를 행사해야 한다. 수량지정매매에 있어서 매수인이 '사실을 안 날'이라 함은 단순히 권리의 일부가 타인에게 속한 사실을 안 날이 아니라, 그 때문에 매도인이 이를 취득하여 매수인에게 이전할 수 없게 되었음이 확실하게 된 사실을 안 날을 의미한다(대판 2002.11.8, 99다58136). 8)

Ⅳ. 소유권제한의 물권이 있는 경우의 담보책임(제575조)

1. 성립요건

매매목적물이 지상권, 지역권, 전세권, 질권, 유치권(저당권은 제외)이 존재하는 경우(제575조 제1항), 목적 부동산을 위해 있어야 할 지역권이 없는 경우(제575조 제2항), 목적물 위에 등기된 임차권이나 대항력 있는 임차권의 경우(제575조 제2항, 주택임대차보호법 제3조 제5항, 상가건물임대차보호법 제3조 제3항)와 같이 점유권을 수반하는 제한물권 등에 의하여 매수인이 목적물을 사용, 수익할 수 없거나(제1항), 그 제한을 받게 되면(제2항) 선의의 매수인에 대하여 매도인은 제575조의 담보책임을 부담한다.

2. 책임의 내용(효과)

선의의 매수인은 계약의 목적을 달성할 수 없는 경우에는 계약을 해제하거나 손해배상을 청구할 수 있고, 기타의 경우(제한물권 등의 존재에도 불구하고 계약 목적달성이 가능한 경우)에는 손해배상만을 청구할 수 있다. 그러나 감축되어야 할 금액을 비율적으로 산출할 수 없다는 점에서 대금감액청구권은 인정되지 않는다.

악의인 매수인은 대금산정시 미리 자신의 권리를 보호하는 것이 가능했다는 점에서 담보책임을 주장할 수 없다.

---

8) 이에 대해서 제572조와는 달리 제574조는 객관적으로 불능이 된 것이므로 '부족하다는 사실'을 안 날과 '부족분을 매수인에게 이전할 수 없음이 확실하게 된 사실'을 안 날은 구별되지 않는다는 점에서 제573조의 해석론이 제574조의 해석론에도 그대로 적용되는 것은 바람직하지 않다는 비판이 있다. 그러나 이 판결에서 설시하는 것처럼 매매대상인 공유대지면적이 부족할 때 그 부족을 아는 것과 부족한 공유대지면적을 취득하여 매수인에게 이전할 수 없음이 확실하게 된 사실을 아는 것의 시점은 다를 수 있다는 점에서 판례의 견해에 찬성한다.

3. 제척기간

매수인이 그 사실을 안 날로부터 1년 내에 담보책임에 따른 권리를 행사하여야 한다($^{제575조,}_{제3항}$).

V. 저당권, 전세권 등의 담보물권 실행에 대한 담보책임($^{제576조,}_{제577조}$)

1. 의 의

저당권이나 전세권이 설정된 부동산을 매수하였다가 그 실행으로 매수인이 그 권리를 상실하거나 그 실행을 막기 위해 피담보채무를 변제한 경우에 인정되는 담보책임이다($^{제576}_{조}$).[9] 또한 저당권의 목적으로 되어 있는 지상권이나 전세권이 매매의 목적인 때에도, 저당권 실행으로 지상권이나 전세권의 매수인이 권리를 상실하거나 권리취득이 불가능해 지는 것을 막기 위해 저당채무를 변제한 경우 제576조를 준용하여 지상권이나 전세권의 매수인은 매도인에게 담보책임을 주장할 수 있다($^{제577}_{조}$).

2. 성립요건

(1) (매도인의) 소유권 이전이 불능이거나 매수인이 취득한 소유권의 상실

매매계약 후 매매목적물의 담보권(저당권, 전세권)의 실행으로 매도인이 소유권을 상실하여 매수인이 소유권을 취득할 수 없게 되거나, 이미 매수인이 취득했던 소유권을 상실하게 될 경우를 대비하여 매수인이 취할 수 있는 조치와 그 조치에 대한 책임이 제576조와 제577조의 담보책임이다.

매수인이 저당권의 피담보채무를 변제한 경우 법정대위($^{제481조,}_{482조}$)에 의하거나 담보책임으로 구상권을 행사할 수 있고($^{제576조}_{제2항}$), 매수인은 손해배상까지 청구할 수 있다($^{제3}_{항}$).

그런데 매도인이 채무자가 아닌 물상보증인인 경우가 문제된다. 이 때 물상보증인으로보터 저당물의 소유권을 취득한 매수인(제3취득자)이 저당권의 피담보채권을 변제했다면, 매수인은 저당권 실행으로 저당부동산의 소유권을 상실할 위험이 있다는 점에서 물상보증인과 유사한 지위에 있다. 따라서 저당부동산의 제3취득자가 채무를 변제하거나 저당권의 실행으로 인하여 저당부동산의 소유권을 잃은 때에는 특별한 사정이 없는 한 물상보증인의 구상권에 관한 제370조, 제341조의 규정을 유추적용하여 채무자에 대한 구상권을 취득한다($^{대판 2014.12.24.}_{2012다49285}$). 이 경우 채무자와 매도인(물상보증인)은 매수인에 대하여 부진정연대채무를 부담한다.

소유권 상실은 저당권 또는 전세권의 실행뿐만 아니라, 가등기된 부동산의 매수인이 가등기에 기한 본등기로 소유권을 상실한 경우($^{대판 1992.10.}_{27, 92다21784}$), 가압류된 부동산 매수인이 가압류에 기한

---

9) 매매계약 체결 후에 저당권 등이 설정된 경우에는 본조가 적용될 수 없을 것이며, 매매목적물 중 일부에만 담보권 실행이 된 경우에도 본조는 적용되지 않는다.

제1편 제2편 제3편 제4편 제5편 제6편 제7편 제8편 제9편 채무불이행

강제집행으로 소유권 상실의 경우($\binom{대판 2011.5.13.}{2011다1941}$)에도 전세권, 저당권 행사로 소유권을 상실한 경우와 유사하므로 제576조의 담보책임이 준용된다. 그 이외에도 동산질권($\overset{제338}{조}$), 유치권($\overset{제322}{조}$)이 실행되어 매수인에게 이전해 줄 수 없는 경우에도 적용될 수 있을 것이다.

사례 5 A는 B로부터 가등기가 설정된 부동산(시가 1억 3천만 원)을 1억 원에 매수했다. 그런데 그 후 가등기권자 C가 본등기를 함으로써 A명의의 등기가 직권말소되었다. 이 당시 부동산의 시가는 1억 5천만원이었다. 이에 따라 A는 B에게 담보책임을 이유로 손해배상을 청구하고자 한다. 담보책임의 근거규정은 무엇이며, 배상액은 얼마인가? (대판 1992.10.27, 92다21784 참조)

│ **해설 5** │ 제576조에 따라 매도인은 신뢰이익 상당의 손해를 배상해야 한다.

판례에 따르면 이는 제570조의 타인권리의 매매가 아니며, 제576조가 적용되어야 한다. 따라서 손해배상도 이행이익(1억 5천만 원)[11])이 아니라 신뢰이익(매매대금 1억 원 + 법정이자 상당액)[12])만이 가능하다고 판시하였다($\binom{대판 1992.10.}{27, 92다21784}$).

대판 1992.10.27, 92다21784
가등기의 목적이 된 부동산을 매수한 사람이 그 뒤 가등기에 기한 본등기가 경료됨으로써 그 부동산의 소유권을 상실하게 된 때에는 매매의 목적 부동산에 설정된 저당권 또는 전세권의 행사로 인하여 매수인이 취득한 소유권을 상실한 경우와 유사하므로, 이와 같은 경우 민법 제576조의 규정이 준용된다고 보아 같은 조 소정의 담보책임을 진다고 보는 것이 상당하고 민법 제570조에 의한 담보책임을 진다고 할 수 없다.

대법원에서 인용된 원심판결에 따르면 "민법 제569조의 타인의 권리 매매는 애초부터 매도인이 타인으로부터 권리를 취득하여 매수인에게 이전해야 할 것을 전제로 하고 있어 그 경우의 매도인의 담보책임은 채무불이행책임으로서 이행이익의 배상이 인정되는 반면, 이 사건은 일단 매매계약에 따라 소유권의 이전이 적법하게 이루어졌으나 그 권리에 대한 원래부터의 하자에 의하여 사후적으로 소유권이 상실된 경우로서 그 법률적 성질을 달리하"는 것으로 판단되었다. 구체적인 차이는 손해배상범위가 달라진다는 점이다. 제570조의 담보책임에 따르면 이행이익(이전등기의 직권말소시의 부동산의 시가상당액)이, 제576조에서는 신뢰이익(매매대금 및 그 법정이자 상당액)의 배상이 인정된다.

대판 2011.5.13, 2011다1941
가압류 목적이 된 부동산을 매수한 사람이 그 후 가압류에 기한 강제집행으로 부동산 소유권을 상실하게 되었다면 이는 매매의 목적 부동산에 설정된 저당권 또는 전세권의 행사로 인하여 매수인이 취득한 소유권을 상실한 경우와 유사하므로, 이와 같은 경우 매도인의 담보책임에 관한 민법 제576조의 규정이 준용된다고 보아 매수인은 같은 조 제1항에 따라 매매계약을 해제할 수 있고, 같은 조 제3항에 따라 손해배상을 청구할 수 있다고 보아야 한다.

---

10) 제570조의 담보책임의 경우 판례에 따르면 이행이익의 배상을 인정한다.
11) 제576조의 담보책임을 물을 때에는 판례가 신뢰이익을 배상하도록 한다.

사례 6 1억 원을 피담보채권으로 하는 저당권이 설정된 부동산의 매수인이 매도인과 피담보채권 중 2천만 원을 매매대금의 지급에 갈음하기로 약정하고 매수 후 이전등기까지 완료했다. 그런데 매도인은 피담보채무 중 8천만 원을 변제했으나 매수인이 2천만 원을 변제하지 않아 저당권이 실행되어 소유권을 상실한 경우에, 매도인은 제576조의 담보책임을 부담하는가?

(대판 2002.9.14, 2002다11151 참조)

│해설 6│ 부담하지 않는다.

매매목적물에 관한 근저당권의 피담보채무를 매수인이 인수하여 매매대금의 지급에 갈음하기로 약정한 경우 특별한 사정이 없는 한 매수인은 매도인에게 제576조 제1항의 담보책임을 면제해 주거나 포기한 것으로 보아야 하기 때문이다.

│ 대판 2002.9.4, 2002다11151

매매의 목적이 된 부동산에 설정된 저당권의 행사로 인하여 매수인이 취득한 소유권을 잃은 때에는 매수인은 민법 제576조 제1항의 규정에 의하여 매매계약을 해제할 수 있지만, 매수인이 매매목적물에 관한 근저당권의 피담보채무를 인수하는 것으로 매매대금의 지급에 갈음하기로 약정한 경우에는 특별한 사정이 없는 한, 매수인으로서는 매도인에 대하여 민법 제576조 제1항의 담보책임을 면제하여 주었거나 이를 포기한 것으로 봄이 상당하므로, 매수인이 매매목적물에 관한 근저당권의 피담보채무 중 일부만을 인수한 경우 매도인으로서는 자신이 부담하는 피담보채무를 모두 이행한 이상 매수인이 인수한 부분을 이행하지 않음으로써 근저당권이 실행되어 매수인이 취득한 소유권을 잃게 되더라도 민법 제576조 소정의 담보책임을 부담하게 되는 것은 아니다.

(2) 담보책임의 배제사유가 존재하지 않을 것

담보책임의 배제사유가 없어야 한다. 예컨대 일반적으로는 매수인이 저당권의 피담보채무(또는 전세금반환채무)를 인수하거나 이행을 인수하고 매매대금을 감액하는 경우가 많다. 이러한 때에는 매수인은 담보권으로 인한 불이익에 대해서는 매도인에게 담보책임을 물을 수 없다(대판 2002.9.4, 2002다11151). 매수인이 매도인의 담보책임을 면제해 주거나 또는 포기한다는 의사가 인정되기 때문이다. 담보채무 중 일부만을 인수한 경우에도 매도인으로서는 자신이 부담하는 피담보채무를 모두 이행하면 담보책임을 부담하지 않는다.

3. 책임의 내용(효과)

본조의 담보책임으로 그 선의·악의 구별 없이 매수인은 계약해제권, 손해배상청구권(신뢰이익배상)[12], (매수인의 비용 출재로 소유권 보존시) 비용의 상환을 매도인에게 청구할 수 있다. 예컨대 부동산의 매수인이 소유권을 보존하기 위하여 자신의 출재로 피담보채권을 변제함으로써 그 부동산에 설정된 저당권을 소멸시킨 경우에는 매수인이 그 부동산 매수시 저당권이 설정되

---

12) 판례는 신뢰이익 배상을 인정하고 있지만(대판 1992.10.27, 92다21784), 완전한 권리를 취득시킬 의무를 매도인이 위반하였다는 점에서 이행이익 배상을 인정해야 한다는 주장이 있다.

었는지 여부를 알았든 몰랐든 이와 관계없이 제576조 제2항에 의하여 매도인에게 그 출재의 상환을 청구할 수 있다($\frac{대판 1996.4.12,}{95다55245}$). 매수인은 이외에도 소유권상실의 위험이 있을 때 대위변제($\frac{제481}{조}$)를 주장할 수 있다. 담보책임을 묻는 경우 손해배상도 청구할 수 있다.

4. 제척기간

권리행사기간(제척기간)의 제한이 없다.

5. 저당권이 설정된 지상권 또는 전세권의 매도인의 담보책임($\frac{제577}{조}$)

매매의 목적이 저당권이 설정된 지상권 또는 전세권인 경우 저당권 실행으로 지상권 또는 전세권을 취득할 수 없을 때에도 매도인은 매수인에 대하여 제576조의 담보책임을 부담한다($\frac{제577}{조}$).

Ⅵ. 채권양도인의 채무자 자력의 담보책임($\frac{제579}{조}$)

1. 의 의

매매의 대상인 채권에 하자가 있는 경우 중에서 채권의 매도인이 채무자의 자력을 담보한 경우에는 제579조의 담보책임을 부담한다.

채권에 존재하는 그 이외의 하자에 대하여는 각각 해당되는 다른 유형의 담보책임을 부담한다. 예컨대 매매의 대상인 채권이 전부 타인에게 귀속된 경우에는 타인권리의 매매에 따른 담보책임($\frac{제570}{조}$)이 적용된다. 또한 그 채권에 존재해야 할 물적 담보나 보증이 없었던 경우에는 권리의 하자에 해당되어 제575조가 유추적용된다.

2. 채무자 자력의 판단시점

매매대상인 채권의 채무자의 변제자력은 수시로 변할 수 있으므로 담보될 자력의 판단시점을 정해야 한다. 변제기가 도래하지 않은 채권을 매도한 경우 변제기를 기준으로 채무자의 자력을 담보한 것으로 추정한다($\frac{제579조}{제2항}$). 그 이외의 채권, 즉 이미 변제기에 도달한 채권이나 변제기의 약정이 없는 채권의 매도인은 매매계약 당시의 채무자의 자력을 담보한 것으로 추정한다($\frac{제579조}{제1항}$).

3. 책임의 내용

채권의 매수인이 채무자의 무자력으로 인하여 채권의 만족을 얻지 못하는 때에는 매도인이 그 손해를 배상한다.

제3절 물건의 하자에 대한 담보책임

Ⅰ. 의 의
Ⅱ. 성립요건
Ⅲ. 특정물매매에서의 하자담보책임의 내용(제580조, 제 575조 제1항)
Ⅳ. 불특정물매매시 하자담보책임의 내용(제581조, 제575조)
Ⅴ. 경매에 있어서의 담보책임(제578조, 제580조 제2항)

Ⅰ. 의   의

매매목적물에 하자가 있는 때에 매수인은 매도인에게 하자담보책임을 물을 수 있다. 매매목적물이 특정물인 경우뿐만 아니라(제580조), 종류물이라 하더라도 그 후 특정된 목적물에 하자가 있다면(제581조) 하자담보책임이 문제될 수 있다.

착오취소와 하자담보책임의 요건이 모두 갖추어진 경우와 같이 착오취소와 하자담보책임을 모두 물을 수 있는 경우에 판례는 양자의 경합을 인정했다. 즉 하자담보책임을 물을 수 있는 경우에도 매매계약 내용의 중요부분에 착오가 있다면 매매계약을 취소할 수 있다고 보았다(대판 2018.9.13, 2015다78703. 위작인 서화를 진품으로 알고 매매한 사례).

양자의 권리는 적용범위(담보책임은 유상계약에서만 문제되나, 착오는 의사표시 전반에 대하여 인정됨), 권리의 내용(담보책임은 계약해제권, 손해배상청구권 등이, 착오취소자는 취소권과 부당이득반환청구권이 인정됨), 권리행사기간(담보책임은 안 날로부터 6개월 내에, 취소권은 추인할 수 있는 날부터 3년, 법률행위를 한 날로부터 10년 내에)에서 차이가 있으므로 그 경합을 인정할 수 있다.

Ⅱ. 성립요건

1. 하자의 존재

(1) 하자의 개념

학설은 일반적으로 물건이 보통 갖추어야 할 품질이나 성능을 갖추지 못한 경우를 하자로 본다. 한편 매매목적물에 대하여 당사자 쌍방이 전제로 한 성질을 갖지 못한 경우 하자가 있다고 인정하기도 한다.[13] 매매시 가격할인을 받았다고 하더라도 하자담보책임이 배제되지는 않는다. 단 가격이 보통의 경우보다 훨씬 싸서 모조품의 매매로 해석될 정도이면 진품 아님에 대한

---

13) 객관설(당해 물건이 통상적으로 갖추어야 할 성질(품질, 성능)을 구비하지 못한 경우에 하자가 존재한다는 견해), 주관설(계약체결시 당사자 쌍방이 전제로 한 성질을 목적물이 갖지 못한 경우에 하자가 존재한다는 견해), 절충설(당사자가 별도로 성질에 대해 언급하지 않은 경우에는 계약체결 당시 물건의 용도나 성질에 관하여는 객관적으로 판단하자는 견해)로 나뉜다.

하자담보책임은 부정될 것이다(미술품의 복사물 등, 모조보석 등).

판례는 원칙적으로 매매의 목적물이 거래통념상 기대되는 객관적 성질 및 성능을 결여한 경우를 하자로 보며($^{대판\ 2000.1.18,}_{98다18506}$), 당사자가 예정 또는 보증한 성질을 결여한 경우에도 하자로 본다($^{대판\ 2000.1.18,}_{98다18506}$).14) 예컨대 매도인이 매수인에게 공급한 기계가 통상의 품질이나 성능을 갖추고 있는 경우, 매수인의 작업환경이나 상황이 요구하는 품질이나 성능을 갖추고 있지 못하다 하여 하자를 인정하기 위하여는, 매수인이 매도인에게 제품이 사용될 작업환경이나 상황을 설명하면서 그 환경이나 상황에 충분히 견딜 수 있는 제품의 공급을 요구하고, 매도인이 그러한 품질과 성능을 갖춘 제품이라는 점을 명시적으로나 묵시적으로 보증하고 공급하였다는 사실이 인정되어야만 한다. 매도인이 매수인에게 기계를 공급하면서 당해 기계의 카탈로그와 검사성적서를 제시하였다면, 매도인은 그 기계가 카탈로그와 검사성적서에 기재된 바와 같은 정도의 품질과 성능을 갖춘 제품이라는 점을 보증하였다고 할 것이므로, 매도인이 공급한 기계가 매도인이 카탈로그와 검사성적서에 의하여 보증한 일정한 품질과 성능을 갖추지 못한 경우에는 그 기계에 하자가 있다고 보았다. 요컨대 매도인이 매수인에게 검사성적서를 제시하였다면 이는 매도인이 품질을 보증한 것이고, 보증한 내용과 다르다면 물건에 하자가 존재하는 것이다($^{대판\ 2000.10.27,}_{2000다30561}$). 판례는 당사자 쌍방의 의사가 불분명한 경우에는 객관적 하자설을 취한다는 점에서 종국적으로 일반적인 견해는 객관적 하자를 기본으로 하면서 당사자의 의사가 있는 경우에는 그 의사에 따르는 것이라고 할 수 있다.

(2) 법률적 제한 내지 장애(법률상 장애)가 물건의 하자에 해당하는지 여부

공장용지를 매수하였으나 법령상 공장을 지을 수 없는 경우와 같이 매매목적물에 법률상 장애가 있는 경우에 이를 물건의 하자로 볼 것인지 권리의 하자로 볼 것인지가 문제된다. 경매의 경우 담보책임을 인정할 수 있을 것인지(물건의 하자로 보면 담보책임을 주장할 수 없다), 매수인의 선의·무과실이 필요한지(물건의 하자($^{제580}_{조}$)로 보면, 선의·무과실이 필요하나, 권리의 하자로 보면 선의이기만 하면 된다), 제척기간이 어떠한지(권리의 하자는 1년 또는 10년, 물건의 하자는 6개월)에 차이가 있어 논의의 실익이 있다.

판례는 물건의 하자로 본다($^{대판\ 2001.1.}_{18,\ 98다18506}$). 예컨대 판례는 운행정지처분을 받은 차량을 매수한 경우($^{대판\ 1985.4.9,}_{84다카2525}$), 대지 전부를 공장용지로서 매매하였는데 그중 일부가 제방 및 하천으로 되어 있어 공장용지로 사용할 수 없게 된 경우($^{대판\ 1985.11.}_{12,\ 84다카2344}$) 등을 물건의 하자가 있는 경우로 보았다.

학설은 물건의 하자로 보는 견해와 권리의 하자로 보는 견해가 있다.

권리하자설은 법률상 장애는 목적물 자체에 대한 부담이 아니라 소유권 행사의 제한이라는 점, 제575조의 적용을 통해 경매시에도 담보책임을 인정하는 것이 용익권에 의한 소유권 제한

---

14) 대법원은 이 판결례에서 "매매의 목적물이 거래통념상 기대되는 객관적 성질·성능을 결여하거나, 당사자가 예정 또는 보증한 성질을 결여한 경우에 매도인은 매수인에 대하여 그 하자로 인한 담보책임을 부담한(다)"고 하여 객관적 기준 또는 주관적 기준을 기초로 하자의 존재 여부를 판단한다.

$\binom{\text{제575}}{\text{조}}$과의 균형상 타당하다고 본다.

물건의 하자설은 법률상 장애를 권리의 하자로 보아 제575조를 적용하게 되면 경매시에도 매도인의 담보책임을 인정해야 하는데 이는 매도인에게 가혹하며, 담보책임의 내용인 해제를 통하여 경매효력을 배제하는 것은 법적 안정성 측면에서 바람직하지 않다는 점에서 물건의 하자로 본다.

> ▎**대판 2000.1.18, 98다18506**
> 매매의 목적물이 거래통념상 기대되는 객관적 성질·성능을 결여하거나, 당사자가 예정 또는 보증한 성질을 결여한 경우에 매도인은 매수인에 대하여 그 하자로 인한 담보책임을 부담한다 할 것이고, 한편 건축을 목적으로 매매된 토지에 대하여 건축허가를 받을 수 없어 건축이 불가능한 경우, 위와 같은 법률적 제한 내지 장애 역시 매매목적물의 하자에 해당한다 할 것이나, 다만 위와 같은 하자의 존부는 매매계약 성립시를 기준으로 판단하여야 할 것이다.

(3) 하자발생의 판단시기

계약체결 전의 목적물의 하자발생시에 대해서는 이견 없이 담보책임이 인정된다.

계약체결 후 인도 전에 발생한 하자에 대해서도 담보책임을 부담하는지가 문제된다. 견해가 나뉘나[15] 판례는 특정물매매의 경우 계약 당시부터 존재하는 하자에 대해서만 담보책임을 부담한다고 본다$\binom{\text{대판 2000.1.18,}}{\text{98다18506}}$. 즉 판례는 후발적 하자에 대해서는 채무불이행책임이나 위험부담의 법리가 문제될 뿐이라고 본다.

2. 매수인의 선의·무과실

계약 당시 목적물에 하자있음을 몰랐고 또 모른 것에 과실이 없어야 한다. 예컨대 토지 매수인이 등기부만을 열람하고 그 토지의 일부가 도시계획상 도로로 되어 있음을 조사하지 않고 매수한 경우, 매수인의 과실이 인정되므로 매수인은 매도인에게 제580조의 담보책임을 주장할 수 없다$\binom{\text{대판 1979.7.}}{\text{24,79다827}}$.

매수인의 선의·무과실은 매매계약 당시를 기준으로 판단하며$\binom{\text{대판 1958.2.13,}}{\text{4290민상762}}$, 이에 대한 증명책임은 매도인이 부담한다. 즉 매도인이 담보책임을 면하려면 매수인의 악의 또는 선의이지만 과실있음을 증명해야 한다.

---

15) 하자담보책임의 법적 성질을 법정책임으로 보는 견해는 원시적 하자만을 담보책임의 대상으로 본다. 반면에 하자담보책임을 채무불이행책임으로 보는 견해는 후발적 하자라도 위험의 이전시(물건의 인도, 등기 또는 수령지체시)까지 발생한 하자에 대해서도 담보책임을 인정한다.

Ⅲ. 특정물매매에서의 하자담보책임의 내용_(제580조, 제575조 제1항)

1. 계약해제 및 손해배상청구

(1) 손해배상청구권

특정물매매의 목적물에 하자가 존재하고 매수인이 선의·무과실이라면, 매수인은 매도인에게 계약해제 및 손해배상을 청구할 수 있다.

판례는 확대손해에 대해서는 제580조의 담보책임을 부정한다. 즉 "매도인이 매수인에게 공급한 부품이 통상의 품질이나 성능을 갖추고 있는 경우, 나아가 내한성이라는 특수한 품질이나 성능을 갖추고 있지 못하여 하자가 있다고 인정할 수 있기 위하여는, 매수인이 매도인에게 완제품이 사용될 환경을 설명하면서 그 환경에 충분히 견딜 수 있는 내한성 있는 부품의 공급을 요구한 데 대하여, 매도인이 부품이 그러한 품질과 성능을 갖춘 제품이라는 점을 명시적으로나 묵시적으로 보증하고 공급하였다는 사실이 인정되어야만 할 것이고, 특히 매매목적물의 하자로 인하여 확대손해 내지 2차 손해가 발생하였다는 이유로 매도인에게 그 확대손해에 대한 배상책임을 지우기 위하여는 채무의 내용으로 된 하자 없는 목적물을 인도하지 못한 의무위반사실 외에 그러한 의무위반에 대하여 매도인에게 귀책사유가 인정될 수 있어야만 한다"고 하여(_{대판 1997. 5.7, 96다39455}) 담보책임을 부정하였다. 그러나 매도인의 귀책사유가 인정된다면 채무불이행 책임을 물어 확대손해의 배상을 주장할 수 있다.

(2) 계약해제권

목적물의 하자로 계약의 목적달성이 불가능하다면 매수인은 계약을 해제할 수 있다.

2. 대금감액청구권

대금감액청구권을 담보책임의 내용으로 인정하는 명문규정이 없다. 그러나 손해배상의 방법으로 대금감액청구가 인정될 수 있다(예컨대 가치의 감소분은 손해배상의 형태로 보전하게 할 것인지, 대금감액의 형태로 보전되어야 할지에서 차이가 있다). 손해배상은 하자로 인하여 발생한 손해를 배상하는 것인데, 매수인이 아직 대금을 지급하지 않은 경우에는 매매대금 전부를 지급한 후 손해배상을 청구하는 것은 적절하지 않다. 오히려 사전에 대금감액의 방법으로 손해를 보전할 수 있도록 해야 한다는 점에서 대금감액청구권도 인정될 수 있다.

3. 하자보수(하자제거)청구권

명문의 규정은 없고, 그 인정 여부에 관하여 견해가 나뉜다. 일반적으로 하자담보책임의 법적 성질을 채무불이행책임으로 보는 견해는 하자보수청구권을 인정하여, 계약관계를 유지하도록 하는 것이 타당하다고 본다.

Ⅳ. 불특정물매매시 하자담보책임의 내용(제581조, 제575조)

1. 요 건

매매 목적물의 특정시 하자가 있으면 담보책임이 인정되며, 그 이후에는 특정물매매와 동일한 법률효과를 가진다. 요컨대 하자가 존재하고 매수인이 선의·무과실이라면, 종류물매매에서의 매수인도 매도인에게 담보책임을 주장할 수 있다.

2. 책임의 내용

(1) 계약해제 및 손해배상청구

매수인은 매도인에게 계약해제 및 손해배상을 청구할 수 있다. 손해배상의 범위에 대해 견해가 대립하나, 판례는 이행이익배상설을 취한다(대판 1989.11.14, 89다카15298).

(2) 완전물급부청구권(제581조 제2항)

매수인은 계약을 해제하거나 손해배상을 청구하지 않고 하자 없는 물건을 청구할 수도 있다. 즉 계약해제권 또는 손해배상청구권과 완전물급부청구권은 택일적 관계에 있다. 다만 매도인에게 귀책사유가 있어 채무불이행책임(제390조)이 성립한다면, 매수인은 채무불이행에 기한 손해배상청구와 완전물급부청구권을 동시에 청구할 수는 있을 것이다.

종류매매에서 원칙적으로 완전물급부청구권이 인정되지만 매도인에게 지나친 불이익이나 부당한 손해를 주어 등가관계를 파괴하는 결과를 낳게 되는 경우에는 완전물급부청구권의 행사가 제한된다. 예컨대 매매목적물의 하자가 경미하여 수선 등의 방법으로도 계약의 목적을 달성하는 데 별다른 지장이 없는 반면, 매도인에게 하자 없는 물건의 급부의무를 지우면 다른 구제방법에 비하여 매도인에게는 과도한 불이익이 발생되는 경우와 같이 하자담보의무의 이행이 오히려 공평의 원칙에 반하면 완전물급부청구권의 행사가 제한된다(대판 2014.5.16, 2012다72582. 甲이 乙회사로부터 수입자동차를 매수하여 인도받은 지 5일 만에 계기판의 속도계가 작동하지 않는 하자가 발생하였음을 이유로 乙회사 등을 상대로 신차교환을 구한 사안).

Ⅴ. 권리행사기간(제582조)

하자담보책임에 의한 권리는 매수인이 그 사실을 안 날로부터 6개월 내에 행사하여야 한다. 이 때 권리행사기간은 소멸시효가 아니라 제척기간이다. 또한 출소기간이 아니므로 재판상 행사하는 외에 재판 외에서 행사하여도 된다(대판 2003.6.27, 2003다20190). 기산점으로서 '그 사실을 안 날'이란 하자 있음을 안 날을 의미한다(대판 2003.6.27, 2003다20190).

하자담보책임으로 인한 손해배상청구권의 경우 본 규정에 의한 제척기간이 적용됨과 동시에 소멸시효도 진행한다. 즉 하자담보책임을 제척기간내에 행사하더라도 하자담보책임에 따른 손해배상청구권은 10년의 소멸시효기간이 경과되지 않아야 행사할 수 있다. 소멸시효의 기산점은 매매 목적물을 인도 받은 때(특별한 사정이 없으면 소유권이전등기시에 인도된 것으로 파악한다)로부터 진행된다(대판 2011.10.13, 2011다10266).

> **대판 2011.10.13, 2011다10266 [하자담보에 기한 매수인의 손해배상청구권이 소멸시효의 대상이 되는지 여부]**
> 매도인에 대한 하자담보에 기한 손해배상청구권에 대하여는 민법 제582조의 제척기간이 적용되고, 이는 법률관계의 조속한 안정을 도모하고자 하는 데에 취지가 있다. 그런데 하자담보에 기한 매수인의 손해배상청구권은 권리의 내용ㆍ성질 및 취지에 비추어 민법 제162조 제1항의 채권 소멸시효의 규정이 적용되고, 민법 제582조의 제척기간 규정으로 인하여 소멸시효 규정의 적용이 배제된다고 볼 수 없으며, 이때 다른 특별한 사정이 없는 한 무엇보다도 매수인이 매매 목적물을 인도받은 때부터 소멸시효가 진행한다고 해석함이 타당하다.

> **사례 7** 乙은 1998.7.21. 甲 소유의 X토지를 매수하고(매매대금 37억 원), 1998.9.14.에 인도 및 소유권 이전등기를 완료하였다. 2005.6.16. 乙이 위 토지를 丁에게 45억원에 매도하고, 소유권이전등기를 경료해 주었다. 2006.8.6. 丁이 위 토지상에 창고(Y)를 신축하기 위해 공사를 하는 과정에서 1만톤 이상의 폐기물(폐콘크리트와 건설폐토석)이 발견되었고, 2006.8.7. 丁이 이 사실을 乙에게 통지하였다. 뒤늦게야 이러한 사실을 알게 된 乙은 2006.8.17.과 2006.8.23. 및 2006.8.31. 총 3회에 걸쳐 매도인 甲에게 X토지 위에 폐기물을 제거하지 않으면 손해배상을 청구할 것이라는 내용의 내용증명우편을 발송하였다. 아무도 X토지 위의 폐기물을 처리하지 않자, 2006.11.9. 丁이 폐기물을 제거한 뒤 乙을 상대로 (1억 5천만 원 상당의) 손해배상청구의 소를 제기하여 승소판결을 받아, 2008.10.2. 乙은 丁에게 위 금액을 지급하였다. 2009.8.7. 乙은 하자담보책임에 기하여 甲을 상대로 자신이 丁에게 지급한 금원을 손해배상으로 청구하였다. 甲의 항변사유를 고려하여 乙의 청구에 대한 결론을 그 논거와 함께 서술하시오. (대판 2011.10.13, 2011다10266 참조)

> **해설 7** 乙의 하자담보책임에 기한 손해배상청구권은 소멸시효가 완성되었으므로 인용되지 못한다.
>
> **Ⅰ. 쟁점사안**
> 하자담보책임 인정 여부 및 제척기간, 소멸시효 완성 여부가 문제된다.
> 하자담보책임이 인정된다면 담보책임의 내용인 손해배상청구권의 기산점을 '인도받은 때'로 할 것인지 아니면 '하자 있음을 안 때'로 할 것인지가 문제된다. 이와 관련하여 판결례는 인도 받은 때로 보았다.
>
> **Ⅱ. 적용법리**
> **가. 담보책임 인정 여부**
> X토지의 지하에 매립된 폐기물의 내용과 그 매립량, 그 처리를 위하여 소요된 비용, 乙이 X토지를 매수한 동기와 X토지가 순차 매도되어 그 지상에 Y창고를 건립하게 된 경위 등 제반 사

정을 고려해 보면, X토지의 지하에 고액의 처리비용이 소요되는 폐기물이 매립된 것은 매매에 있어 목적물이 통상 갖출 것으로 기대되는 품질 내지 상태를 갖추지 못한 하자가 있는 경우에 해당한다. 또한 乙은 위와 같은 하자를 알지 못하고 또한 이를 쉽게 알기도 어려운 상태에서 甲으로부터 X토지를 매수하였다고 보이므로, 甲은 특별한 사정이 없는 한 X토지의 위와 같은 하자로 인하여 乙이 입은 손해를 배상할 책임이 있다.

나. 제척기간 도과 여부

제582조 소정의 매수인의 권리행사 기간은 재판상 또는 재판 외에서의 권리행사에 관한 기간이므로 매수인은 소정 기간 내에 재판 외에서 권리행사를 함으로써 그 권리를 보존할 수 있고, 재판 외에서의 권리행사는 특별한 형식을 요구하는 것이 아니므로 매수인이 매도인에 대하여 적당한 방법으로 매매의 목적물에 하자가 있음을 통지하고, 계약의 해제나 손해배상을 구하는 뜻을 표시함으로써 충분하며($\binom{대판\ 2003.6.27,}{2003다20190\ 참조}$), 또한 내용증명우편의 방법으로 발송된 우편물은 특별한 사정이 없으면 상당한 기간 내에 도달한 것으로 추정된다($\binom{대판\ 2002.7.26,}{2000다25002\ 참조}$). 그러므로 제척기간 내에 권리를 행사한 것으로 볼 수 있다.

다. 소멸시효와 제척기간의 중복적용의 인정 여부

판례는 "매도인에 대한 하자담보에 기한 손해배상청구권에 대하여는 제582조의 제척기간이 적용되고, 이는 법률관계의 조속한 안정을 도모하고자 하는 데에 그 취지가 있다. 그런데 하자담보에 기한 매수인의 손해배상청구권은 그 권리의 내용·성질 및 취지에 비추어 민법 제162조 제1항의 채권 소멸시효의 규정이 적용된다고 할 것이고, 제582조의 제척기간의 규정으로 인하여 위 소멸시효 규정의 적용이 배제된다고 볼 수 없으며, 이때 다른 특별한 사정이 없는 한 무엇보다도 매수인이 매매의 목적물을 인도받은 때부터 그 소멸시효가 진행한다고 해석함이 상당하다"고 본다($\binom{대판\ 2011.10.13,}{2011다10266}$).

라. (하자담보책임에 기한 손해배상청구권의) 소멸시효의 기산점

판례에 따라 소멸시효제도와 제580조 및 제582조의 규정 및 법리를 종합하여 살피건대, 매수인은 매매목적물의 하자로 인하여 계약의 목적을 달성할 수 없는 경우에는 제582조에 따라 하자를 발견한 때로부터 6개월 내에 매도인에게 해제의 의사표시를 하여 매매계약을 해제할 수 있다. 위와 같은 해제권은 형성권으로 매수인이 매도인에게 해제의 의사표시를 한 경우에 해제권 행사의 효과로서 원상회복청구권 등의 채권이 발생하며, 그로 인해 비로소 발생한 채권은 매수인이 해제의 의사표시를 한 때부터 일반의 소멸시효가 진행하게 된다고 할 것이나, 해제권과 달리 하자담보책임에 기한 손해배상청구권은 형성권이 아니어서 매매목적물의 하자가 계약의 목적을 달성할 수 없을 정도가 아닌 경우에는, 특별한 사정이 없는 한 매수인이 매매의 목적물을 인도 받은 때부터 그 소멸시효가 진행한다($\binom{대판\ 2011.10.13,}{2011다10266}$).

매수인이 계약의 목적물에 하자가 있는지 사실상 알지 못하였다고 하더라도, 매수인의 하자담보책임에 기한 손해배상청구권은 제582조의 권리행사기간과는 상관없이 그 권리를 행사할 수 있는 때인 매수인이 매매의 목적물을 인도 받은 때[16]부터 제162조 제1항에 따라 10년의 소멸시효가 진행한다고 본다.

사안에서 乙은 소멸시효의 기산일(목적물의 인도시점인 1998.9.14. 경)로부터 10년이 경과하기

---

16) 매수인이 인도받았어도 하자를 알 수 없었다면 권리를 행사할 수 없었다고 해석하는 견해도 있다. 김재형, 2011년 민법판례 동향, 민사재판의 제문제 21권(2012), 27면 이하 참조.

전인 2006.8.23. 및 2006.8.31. 甲에게 내용증명우편을 통해 손해배상채무의 이행을 청구했다. 이 행청구는 소멸시효의 중단사유에 해당된다(제168조 제1호). 그러나 재판외 이행청구(최고)의 경우에는 6개월 내에 재판상 청구를 하지 않으면 시효중단의 효력이 없다(제174조). 乙이 甲에게 이러한 이행청구를 한 후, 다시 약 3년이 지난 2009.8.7. 소를 제기했기 때문에 위 2006.8.23. 및 2006.8.31.에 있었던 재판외 이행청구(최고)는 시효중단의 효력이 인정되지 않는다.

결국 소송상 청구일인 소멸시효 기산일(1998.9.14. 경)부터 10년이 경과한 후인 2009.8.7.에서야 이 사건 소를 제기하였으므로, 乙의 하자담보책임에 기한 손해배상청구권은 이 사건 소제기 이전에 이미 소멸시효 완성으로 소멸되었다(원심은 기산점을 계약체결시점으로 보았으나, 대법원은 인도 받은 때로 보았다. 두 기산점 가운데 어느 것으로 하더라도 모두 기간이 소멸시효가 완성되므로 결과상의 차이는 없다).

Ⅲ. 사안의 해결

폐기물 매립 토지를 매도한 甲은 제580조의 하자담보책임을 지게 되는데 제척기간은 아직 도과하지 않았다. 그러나 乙의 하자담보책임에 기한 손해배상청구권은 소멸시효 완성으로 소멸되었다. 따라서 甲이 소멸시효완성의 항변을 하는 경우 乙의 손해배상청구권은 인용되지 않는다.

Ⅵ. 경매에 있어서의 담보책임(제578조, 제580조 제2항)

경매는 사법상(私法上)의 계약으로 보는데 경매에서 채무자가 매도인의 지위를 갖는 것으로 본다. 경매목적물에 권리의 흠결이 있는 경우 매수인은 1차적으로 채무자에게 담보책임을 묻는데(제579조 제1항), 채무자에게 자력이 없는 경우에는 2차적으로 채권자에게도 담보책임을 물을 수 있다(제2항). 그러나 물건의 하자에 대해서는 경매 매수인이 담보책임을 물을 수 없다(제580조 제2항).

1. 요 건

사경매가 아닌 공경매만을 의미한다. 공경매는 담보권실행의 경매와 강제경매 그리고 국세 징수법에 의한 공매도 포함한다(대판 2016.8.24, 2014다80839).

경매는 유효해야 한다. 예컨대 목적물이 채무자 이외의 자의 소유이어서 강제경매절차 자체가 무효인 경우, 매수인은 담보책임을 주장할 수 없다(대판 2004.6.24, 2003다59259). 그러나 무효인 경매에서는 매각대금의 납부도 효력이 없으므로, 매수인은 배당받은 채권자에게 부당이득반환청구를 통하여 납부한 대금의 반환을 구할 수 있다.

▌대판 2004.6.24, 2003다59259

경락인이 강제경매절차를 통하여 부동산을 경락받아 대금을 완납하고 그 앞으로 소유권이전등기까지 마쳤으나, 그 후 강제경매절차의 기초가 된 채무자 명의의 소유권이전등기가 원인무효의 등기이어서 경매 부동산에 대한 소유권을 취득하지 못하게 된 경우, 이와 같은 강제경매는 무효라고 할 것이므로 경락인은 경매 채권자에게 경매대금 중 그가 배당받은 금액에 대하여 일반 부당이득의 법리에 따라 반환을 청구할 수 있고, 민법 제578조 제1항, 제2항에 따른 경매의 채무자나 채권자의 담보책임은 인정될 여지가 없다.[17]

2. 책임의 내용

본조는 경매에서 매수한 물건에 권리의 하자가 발생한 경우에만 적용되며, 물건의 하자가 있는 경우에는 적용이 배제된다($\substack{제580 \\ 조}$). 즉 경매로 취득한 목적물이 타인의 권리의 매매, 대항력 있는 용익권 및 점유를 수반하는 담보물권에 의한 소유권제한($\substack{제575 \\ 조}$), 전세권 실행에 의한 소유권 상실의 경우($\substack{제576 \\ 조 등}$), 가등기에 기한 본등기로 소유권을 상실한 경우($\substack{대결 \ 1997.11. \\ 11. \ 96그164}$)에 경락인(매수인)은 다음과 같은 담보책임을 주장할 수 있다.

(1) 해제권 및 대금감액청구권

채무자에게 자력이 있는 경우 경락인은 1차적으로 채무자에게 계약의 해제 또는 대금감액을 청구할 수 있다($\substack{제578조 \\ 제1항}$). 제578조 제1항의 채무자에는 물상보증인이 포함된다($\substack{대판 \ 1988.4.12, \\ 87다카2641}$).[18] 채무자에게 자력이 없는 경우 경락인은 채무자(물상보증인 포함)의 무자력을 증명하면, 2차적으로 경락대금을 받은 채권자에게 대금의 전부나 일부의 반환을 청구할 수 있다($\substack{제578조 \\ 제2항}$). 이때 채권자의 책임은 배당받은 금액을 한도로 한다.

> **대판 1988.4.12, 87다카2641**
> 민법 제578조 제1항의 채무자에는 임의경매에 있어서의 물상보증인도 포함되는 것이라고 보는 것이 옳으므로 경락인이 그에 대하여 적법하게 계약해제권을 행사했을 때에는 물상보증인은 경락인에 대하여 원상회복의 의무를 지는 것이라고 할 것이다.

(2) 흠결고지의무와 손해배상청구권

채무자가 물건 또는 권리의 흠결을 알면서도 고지하지 아니하거나,[19] 채권자가 이를 알고서

---

17) 일부 학설은 경매가 무효인 경우라고 해도 경매목적물이 채무자 소유가 아닌 경우에는 전형적으로 제578조 및 제580조의 담보책임이 적용되어야 한다고 보기도 한다. 즉 본 판결에서 채권자들이 배당받은 금액을 반환하는 근거는 부당이득이 아닌 제578조 제2항이 되어야 한다고 본다.

18) 물상보증인은 채권자에 대한 관계에서 채무자의 무자력의 위험을 인수한 자이므로 채무자의 무자력 위험은 물상보증인이 부담해야 할 것이다.

19) 부동산의 경매절차에 있어서 주택임대차보호법 제3조에 정한 대항요건을 갖춘 임차권보다 선순위의 근저당권이 있는 경우에는, 낙찰로 인하여 선순위 근저당권이 소멸하면 그보다 후순위의 임차권도 선순위 근저당권이 확보한 담보가치의 보장을 위하여 그 대항력을 상실하는 것이지만, 낙찰로 인하여 근저당권이 소멸하고 낙찰인이 소유권을 취득하게 되는 시점인 낙찰대금지급기일 이전에 선순위 근저당권이 다른 사유로 소멸한 경우에는, 대항력 있는 임차권의 존재로 인하여 담보가치의 손상을 받을 선순위 근저당권이 없게 되므로 임차권의 대항력이 소멸하지 아니한다. 따라서 선순위 근저당권의 존재로 후순위 임차권이 소멸하는 것으로 알고 부동산을 낙찰받았으나, 그 후 채무자가 후순위 임차권의 대항력을 존속시킬 목적으로 선순위 근저당권의 피담보채무를 모두 변제하고 그 근저당권을 소멸시킨 경우에는 채무자는 이 점에 대해 경매에서의 매수인에게 고지해야 할 의무가 있다(대판 2003.4.25, 2002다70075). 만일 이 점에 대하여 낙찰자에게 아무런 고지도 하지 않아 경매에서의 매수인이 대항력 있는 임차권이 존속하게 된다는 사정을 알지 못한 채 대금지급기일에 매각대금을 지급하였다면, 채무자는 제578조 제3항의 규정에 의하여 경매에

제1편 제2편 제3편 제4편 제5편 제6편 제7편 제8편 제9편 채무불이행

도 경매를 청구했다면 경락인은 그 흠결을 안 채무자 또는 채권자에게 해제권, 대금감액청구권 이외에 손해배상도 청구할 수 있다($\binom{제578조}{제3항}$).[20] 따라서 채무자나 채권자가 선의라면 손해배상은 청구할 수 없다. 채권자와 채무자 모두가 악의라면 채권자와 채무자가 부진정연대책임을 진다.

종합사례 1

C토지와 D토지는 乙의 소유였다. 乙은 丙에게 D토지만을 매도하고 소유권이전등기를 마쳤다. 한편, C토지는 丙이 매수한 적이 없으면서도 관련 서류를 위조하여 C토지에 관하여도 자신 명의의 소유권이전등기를 마쳤다. 丙의 채권자 甲은 丙이 채무상환기간인 2023.12.1.이 지났는데도 이를 상환하지 않자, 2023.12.9. 丙에 대한 집행권원에 기해 C, D토지에 대한 강제경매를 신청했고, 戊가 2024.1.3. 경매절차에서 C, D토지를 매수하여 소유권이전등기를 마쳤다. 戊는 건물을 지을 목적으로 D토지를 매수했는데, D토지는 이미 2023.6.2. 관련법이 개정되어 건축허가가 불가능한 상태였다. 戊는 매수 당시 丙이 C토지의 소유자라고 생각했고, D토지에 대한 건축허가가 불가능하다는 사실도 과실 없이 알지 못하였다. 戊는 丙을 상대로 담보책임을 주장할 수 있는가?

민사소송법 참가승계

참가승계란 소송이 진행되고 있는 도중에 소송의 목적인 권리나 의무를 이어받은 승계인이 독립적인 당사자로서 소송에 참가하는 것을 말한다.

> **민사소송법 제81조【승계인의 소송참가】** 소송이 법원에 계속되어 있는 동안에 제3자가 소송목적인 권리 또는 의무의 전부나 일부를 승계하였다고 주장하며 제79조의 규정에 따라 소송에 참가한 경우 그 참가는 소송이 법원에 처음 계속된 때에 소급하여 시효의 중단 또는 법률상 기간준수의 효력이 생긴다.

종합사례 해설 1

Ⅰ. 쟁점사안

본 사안에서는 공경매를 통하여 부동산을 매수한 戊가 제578조에 기하여 채무자인 丙에게 담보책임을 주장할 수 있을 것인지가 문제된다. 먼저 C토지와 관련하여 C토지가 채무자 丙이 아닌 타인(乙)의 소유라는 점에서 제570조의 담보책임을 물을 수 있을 것인지 문제된다. 또한 D토지에 대한 '법률상 장애'를 물건의 하자로 볼 것인지, 권리의 하자로 볼 것인지를 고려하여 경매상의 담보책임이 인정될 것인지를 개별적으로 검토해 보아야 할 것이다.

서의 매수인이 입게 된 손해를 배상할 책임이 있다.

20) 이 경우 손해는 제1차 매각기일에서의 평가액이 된다.

Ⅱ. 적용법리

1. 타인 소유의 C토지에 대한 경매시, 채무자 丙이 제578조 담보책임을 지는지 여부

채무자 이외의 타인 소유의 토지가 경매된 경우 강제경매절차 자체가 무효가 되는데, 이 경우에도 담보책임이 인정되는지 문제된다. 판례는 "경락인이 강제경매절차를 통하여 부동산을 경락받아 대금을 완납하고 그 앞으로 소유권이전등기까지 마쳤으나, 그 후 강제경매절차의 기초가 된 채무자 명의의 소유권이전등기가 원인무효의 등기라서 경매부동산에 대한 소유권을 취득하지 못하게 된 경우, 이와 같은 강제경매는 무효라고 할 것이므로 경락인은 경매 채권자에게 경매대금 중 그가 배당받은 금액에 대하여 일반 부당이득의 법리에 따라 반환을 청구할 수 있고, 민법 제578조 제1항, 제2항에 따른 경매의 채무자나 채권자의 담보책임은 인정될 여지가 없다"$\binom{\text{대판 2004.6.24.}}{\text{2003다59259}}$고 하여, 제578조의 담보책임이 인정되기 위해서는 유효인 경매가 전제되어야 한다고 보았다. 결국 무효인 경매를 통해 C토지를 매수한 甲은 채무자 丙에게 담보책임을 주장할 수 없다.

2. D토지의 법률상 장애를 이유로 담보책임을 주장할 수 있을 것인지 여부

D토지가 법률상 제한으로 건축이 불가능한 경우, 이를 이유로 담보책임을 주장할 수 있을 것인지는 법률상 장애를 물건의 하자로 볼 것인지 권리의 하자로 볼 것인지에 따라 결론이 달라진다.

가. 학설의 입장

법률상 장애를 권리의 하자로 보는 견해와 물건의 하자로 보는 견해가 나뉜다. 통설처럼 법률상 장애를 권리의 하자로 보게 되면 제580조 제2항이 적용되지 않으므로 담보책임을 주장할 수 있다. 반면에 물건의 하자로 보는 견해에 의하면 제580조 제2항에 의해 경락인(경매에서의 매수인)인 戊는 담보책임을 주장할 수 없게 된다.

나. 판례의 입장

판례는 "건축을 목적으로 매매된 토지에 대하여 건축허가를 받을 수 없어 건축이 불가능한 경우, 위와 같은 법률적 제한 내지 장애 역시 매매목적물의 하자에 해당한다 할 것이(다)"$\binom{\text{대판 2000.1.18.}}{\text{98다18506}}$라고 하여, 법률상 장애를 물건의 하자로 보았다. 이와 같이 판례에 의하면 법률상 장애는 물건의 하자에 해당하게 되는데, 제580조 제2항에 의해 물건의 하자에 대한 담보책임은 경매의 경우에 적용되지 않으므로, 담보책임을 주장할 수 없게 된다.

Ⅲ. 사안의 해결

경매를 통해 C토지와 D토지를 매수한 戊는 C토지와 D토지 모두에 대해 丙에게 담보책임을 주장할 수 없다. C토지는 戊가 무효인 경매를 통해서 매수하였다는 점에서 담보책임을 주장할 수 없으며, D토지는 법률상 장애는 물건의 하자가 되어 제580조 제2항에 의해 담보책임을 주장할 수 없다.

종합사례 2

사업을 운영하던 甲은 갑자기 경기가 침체되어 자금운용이 어려워지자 자신이 가지고 있던 물건들을 매도하여 자금을 마련하고자 하였다. 우선 甲은 2010.7.9. X대지(2억 원)와 대지 위에 지어진 Y건물(3억 원)을 乙에게 5억 원에 매도하였다. 그런데 매매계약 당시 X대지 중 일부(330㎡)가 甲이 아닌 丙의 소유였으며, Y건물의 일부(66㎡)가 丙의 토지 위에 건립되어 있다는 사실을 알지 못하였다. 2010.9.8. 丙은 乙을 상대로 방해 상태의 배제를 구하는 소를 제기하여 2010.10.19. 승소의 확정판결을 받았다. 이 경우(2010.11.24. 기준) 乙은 甲에게 Y건물과 관련하여 어떠한 권리를 주장할 수 있는가?

추가 질문 그런데 매매계약 당시 Y건물이 甲이 아닌 丙 소유였으며 이러한 사실을 매수인 乙이 알고 있었다면, 2011.11.9.을 기준으로 乙은 甲에게 Y건물과 관련하여 어떠한 권리를 주장할 수 있는가?

종합사례 해설 2

Ⅰ. 쟁점사안

부동산 매매계약의 목적물인 건물의 일부가 타인의 토지 위에 건립되어 있는데 건물의 일부가 그 피침범토지 소유자의 권리행사로 존립을 유지할 수 없게 된 경우, 매도인이 매수인에게 어떠한 담보책임을 질 것인지가 문제된다.

Ⅱ. 적용법리

1. 제580조의 담보책임의 성립 여부

대법원은 "민법 제580조는 매매목적물의 물질적 성상에 흠이 있는 경우에 관한 것으로서 이 사건에서와 같이 매매목적물의 권리상태에 흠이 있는 경우에 쉽사리 적용될 수 없다"($^{대판\ 2009.7.23.}_{2009다33570}$)고 보았다.

2. 제575조 제2항의 담보책임의 성립 여부

대법원은 "민법 제575조 제2항은 매매의 목적인 부동산을 위하여 존재할 지역권이 없는 경우 매도인의 담보책임에 대하여 규정하나, 이는 목적물 용익의 편의에 관한 권리가 없는 경우에 관한 것으로서 위와 같이 건물의 존립을 위한 권리가 없는 경우에 유추적용할 것이 못된다"($^{대판\ 2009.7.23.}_{2009다33570}$)고 보았다.

3. 제572조의 담보책임의 성립 여부

제572조는 매매목적물의 일부가 타인에게 속하는데 매도인이 이를 취득하여 매수인에게 이전할 수 없는 경우 매도인의 담보책임에 관하여 규정하고 있다. 그러므로 건물 및 대지의 매매에서 그 대지의 일부만이 타인에게 속하는 경우에 위 규정이 적용됨에는 의문이 없다. 그런데 그러한 경우 중에는 건물의 일부도 타인의 토지 위에 건립되어 있는 경우도 있을 것이다. 이 경우에 매매목적물인 건물의 일부가 그 피침범토지 소유자의 권리행사에 좇아 결국 이를 철거하여야 하는 등 그 존립을 유지할 수 없는 운명에 있다고 하면, 이는 매도인에게 그 건물부분의 존립 자체에 관한 권리가 흠결된 것으로서 종국적으로는 매매목적물을 취득하지 못하게 되는 바의 전형적인 위험요소가 당해 매매계약에 내재하고 있다는 흠이 있어, 앞서 본 대지의 일부만이 타인에게 속하는 경우 또는 나아가 일반적으로 매매목적물인 건물의 일부만이 타인에게 속하는 경우에 준하여 처리되어야 할 것이다($^{대판\ 2009.7.23.}_{2009다33570\ 참조}$).

Ⅲ. 사안의 해결

乙은 甲에게 제572조에 의해 담보책임을 주장할 수 있다. 동조 제1항에 의해 대금감액을 청구할 수 있으며, 제2항에 의해서 계약전부를 해제할 수도 있다. 그 이외에 제3항에 의해 손해배상을 주장할 수도 있을 것이다.

추가 질문에 대한 해설

Ⅰ. 쟁점사안

대지와 건물을 일괄매매한 경우에 그중 일부가 타인에게 속하는 경우에 매수인은 제570조와 제572 조 중 어떠한 담보책임을 주장할 수 있을 것인지가 문제된다. 적용되는 조문에 따라서 제척기간의 완성여부가 문제될 수 있다. 또한 채무불이행에 의한 손해배상책임 인정 여부도 검토해야 할 것이다.

Ⅱ. 적용법리

1. 제570조 또는 제572조 담보책임의 인정 여부

대법원은 "매매의 목적이 된 권리의 일부가 타인에게 속한 경우의 매도인의 담보책임에 관한 민법 제572조의 규정은 단일한 권리의 일부가 타인에 속하는 경우에만 한정하여 적용되는 것이 아니라 수 개의 권리를 일괄하여 매매의 목적으로 정한 경우에도 그 가운데 이전할 수 없게 된 권리부분이 차지 하는 비율에 따른 대금산출이 불가능한 경우 등 특별한 사정이 없는 한 역시 적용된다"$\binom{\text{대판 1989.11.14,}}{\text{88다카13547}}$고 하여, 일괄매매한 목적물 중 일부가 타인에게 속하는 경우에도 제572조 담보책임을 적용하고 있다. 판례사안을 확인해 보면 공장용지, 건물, 기계 등을 일괄하여 매매하였는데 그중 건물이 타인의 소유 인 사례에서 제570조가 아닌 제572조를 적용하여 제척기간과 관련하여 제573조를 적용하였다. 만일 제570조를 적용하면 제척기간의 제한이 없게 되는 반면에, 제572조를 적용하게 되면 제573조에 따라 서 악의인 매수인 乙은 1년 내에 권리를 행사해야 한다.

2. 채무불이행에 의한 손해배상 인정 여부

대판 1993.11.23, 93다37328에서 "타인의 권리를 매매의 목적으로 한 경우에 있어서 그 권리를 취 득하여 매수인에게 이전하여야 할 매도인의 의무가 매도인의 귀책사유로 인하여 이행불능이 되었다면 매수인이 매도인의 담보책임에 관한 제570조 단서의 규정에 의해 손해배상을 청구할 수 없다 하더라 도 채무불이행 일반의 규정$\binom{\text{제546조,}}{\text{제390조}}$에 좇아서 계약을 해제하고 손해배상을 청구할 수 있다고 할 것이 다$\binom{\text{대판 1970.12.29,}}{\text{70다2449 참조}}$"고 한 점을 감안하면, 사안의 경우에도 매도인의 귀책사유가 인정된다면 손해배상을 주장할 수 있을 것이다.

Ⅲ. 사안의 해결

제572조의 담보책임이 문제되는 경우 乙은 계약한 날부터 1년 이내에 대금감액을 청구해야 하나, 기간을 도과하여 대금감액청구를 주장할 수도 없게 된다. 다만, 甲의 귀책사유로 인하여 이행불능이 된 것이라면, 乙은 甲에게 제390조에 의해 채무불이행에 기한 손해배상을 청구할 수 있을 것이며, 乙 이 이미 악의였다는 점에서 제396조에 의해 과실상계가 적용될 여지가 클 것이다.

종합사례 3

甲(한국수자원공사)은 ○○신도시 1단계 건설사업 시행지로 2백만 평이 넘는 땅이 필요하였다. 이 에 사업시행지 매수 및 보상업무를 ○○시장에게 위탁하였다. 乙은 자신의 X토지가 甲의 건설사 업 시행지에 포함된 것을 알게 되었다. 그런데 X토지가 주변보다 1m 정도 낮아, 높은 금액을 받 을 수 없다는 것 또한 알게 되었다. 이러한 이유에서, 乙은 인근 도로 등과 같은 높이의 대지로 조성하는 것이 토지의 이용 면에서나 토지가 수용되는 경우 보상 면에서 유리할 것으로 보고 그 대지 조성공사를 하여, 토사로 대지를 높이려고 하였다. 그러나 토사로 대지를 높이게 되면 지나 치게 비용이 많이 들어 수지타산이 맞지 않자, 乙은 토사와 함께 산업폐기물로 이를 매립하기로 A 등과 순차 공모하고, X토지에 각종 폐기물을 매립하였다. 이러한 사실을 모르고 있던 공주시장 은 X토지를 2008.2.3. 100억 원에 乙에게서 매수하였고, 그와 동시에 이전등기까지 완료하였다. 甲의 시행계획이 늦어져 공터로 계속 남아 있는 사실을 안 乙은 X토지를 2008.3.2.부터 무단으로 점유하여 사용하였다.

2011.10.21.에 甲은 이 모든 사실을 뒤늦게 알게 되었고, 산업폐기물을 처리하는 비용은 130억 원에 이르렀다.

X토지의 폐기물과 관련하여 甲과 乙 사이에는 어떠한 청구권의 기초가 인정될 수 있는가? (민법 이외의 특별법은 고려하지 않는다)

종합사례 해설 3

Ⅰ. 쟁점사안

甲은 불법폐기물을 매립한 채 타인에게 매도한 乙의 행위에 대해 우선 불법행위책임을 물을 수 있을 것인지(사기 등에 의한 불법행위 성립 여부 등), 하자담보책임, 채무불이행책임을 추궁할 수 있을 것인지가 문제된다. 더 나아가 손해배상을 어느 범위까지 인정할 것인지가 문제될 수 있다(하자담보책임과 채무불이행책임의 경합문제).

Ⅱ. X토지 매매계약의 취소와 부당이득반환청구 인정 여부

甲의 대리인 ○○시장에게 乙이 매립사실을 숨기고 X토지를 매도한 행위는 제110조에 의한 사기에 해당하게 된다. 따라서 본인인 甲은 乙과의 매매계약을 사기를 이유로 하여 취소한 후, 제748조 제2항에 의해, 악의자인 乙에게 지급한 매매대금 100억 원과 이자, 더 나아가 손해가 있으면 손해배상까지 청구할 수 있을 것이다.

Ⅲ. 불법행위책임 성립 여부

1. 乙이 '자기' 소유의 X토지에 폐기물을 무단으로 매립한 행위가 甲에게 불법행위가 되는지 여부

乙이 자신의 소유였던 X토지에 폐기물 등을 매립한 행위는 乙 자신에 대한 행위로서 제3자에 대한 행위가 아니므로 불법행위가 성립되지 않을 것이다. 다만, 위 폐기물 매립행위로 인하여 X토지와 인접한 토지 소유자(이 사건 토지의 공유지분권자도 포함)나 거주자에게 손해를 가한 경우 그에 대한 불법행위가 성립할 수 있다. 나아가 그 토지의 새로운 취득자인 甲에 대해서는 불법행위가 성립한다(대판(전합) 2016.5.19, 2009다66549).

2. 사기에 의한 불법행위책임 인정 여부

乙이 폐기물이 매립된 사실을 고지하지 않은 채 기망하여 甲에게 그 토지를 매도한 행위는 '사기에 의한 불법행위'가 될 수 있다. 다만 손해배상의 범위와 관련하여 산업폐기물 처리비용을 배상범위에 포함할 것인지는 다시 검토되어야 한다.

Ⅵ. 하자담보책임 성립 여부

1. 폐기물이 매립된 특정물(X토지)의 하자 여부

학설은 목적물의 하자가 무엇인가와 관련하여 객관설, 주관설, 병존설로 견해가 나뉜다. 판례는 "토지의 통상적으로 갖추어야 할 성질 및 상태를 갖추고 있지 못하거나, 당사자가 예정 또는 보증한 성질을 결여한 경우"를 하자로 본다($\binom{대판\ 2001.6.26,}{2000다44928\ 등}$). 이러한 입장에서 판례는 폐기물이 매립된 토지에 하자가 존재한다고 본다($\binom{서울고판\ 2002.8.7,\ 2002나7697;}{대판\ 2004.7.22,\ 2002다51586}$).

2. 하자담보책임과 손해배상

하자담보책임은 무과실책임이므로, 乙의 귀책사유 여부와 상관없이 甲은 乙에게 하자담보책임을 주장할 수 있다. 다만, 하자담보책임을 주장하는 경우에 손해배상의 범위를 어디까지 인정할 것인가와 관련하여서는 채무불이행책임과의 경합문제에서 따로 검토하기로 하고 이하에서는 성립여부에 대해서만 검토하기로 한다.

매수인 甲(정확히 말하면 대리인인 ○○시장)은 이러한 하자에 대해서 알았거나 알 수 있었다고 보이지도 아니하므로, 제580조에 의해서 하자담보책임으로 인한 손해배상청구를 할 수 있다. 다만 배상범위와 관련하여서는 학설상 견해의 대립이 있으며, 일반적으로 담보책임을 무과실책임으로 보는 견해는 신뢰손해(이 사안에서는 폐기물이 불법으로 매립된 토지의 가액)만을 주장할 수 있다고 본다. 반면에 담보책임을 채무불이행책임으로 보아 하자담보책임으로 이행이익 및 확대손해까지 주장할 수 있다고 보는 견해에 의하면, 乙에게 고의가 인정되므로 하자담보책임으로도 이행이익 및 확대손해에 대한 배상까지도 주장할 수 있을 것이다.

Ⅴ. 채무불이행책임 성립 여부

1. 불완전이행책임 성립 여부

폐기물이 매립되어 있다는 사실은 특정물인 X토지의 하자에 해당한다. 따라서 하자 있는 토지를 인도한 것은 채무 내용에 좇은 이행을 한 것으로 볼 수 없다(특정물도그마 이론의 부정). 즉, 하자 없는 완전한 토지의 인도가 甲과 乙 사이의 매매계약상 급부의무로 볼 수 있다. 이에 乙이 고의로 폐기물을 매립한 토지를 매도하여, 매수인 甲으로 하여금 그 토지의 폐기물처리비용 상당의 손해를 입게 하였다면, 매도인 乙은 매수인 甲에게 이른바 불완전이행으로서 채무불이행으로 인한 손해배상책임을 진다($\binom{대판\ 2004.7.22,}{2002다51586}$).

2. 하자담보책임과의 경합문제

판례는 하자 있는 토지의 매매로 인한 제580조 소정의 하자담보책임과 채무불이행책임을 경합적으로 인정하고 있다($\binom{대판\ 2004.7.22,}{2002다51586}$). 즉 판례는 확대손해에 대하여 배상책임을 지우려면 매도인에게 귀책사유가 있어야 한다고 하면서($\binom{대판\ 2003.7.22,}{2002다35676}$) 경합을 인정한다.

Ⅵ. 손해배상의 범위

1. 폐기물 처리비용이 이행손해인지 확대손해인지에 대한 판단

본 사안의 경우 폐기물 처리비용을 이행손해로 보면 당연히 제390조의 손해배상청구권으로 배상청구를 인정할 것이지만, 확대손해에 대해서 채무불이행책임으로 배상을 인정할 것인지에 대해서는 의견이 나뉜다. 제390조에 의해 인정되는 손해에 확대손해를 포함할 것인지가 문제되나 판례나 통설은 확대손해가 불완전이행으로 발생한 경우 손해배상을 인정한다(대판 2004.7.22. 2002다51586).

2. 매수대금을 넘는 폐기물처리비용을 손해배상으로 청구할 수 있는지의 문제(제393조)

매수대금을 넘는 폐기물처리비용이 발생한다고 하더라도, 乙의 고의에 의한 채무불이행에 의해 발생한 손해라는 점에서 채무불이행으로 인한 손해배상책임을 묻는데 아무런 영향을 끼치지 않을 것이다(대판 2004.7.22. 2002다51586). 다만 이러한 확대손해는 특별한 사정으로 인한 손해이므로, 乙에게 예견가능성이 긍정되어야 할 것이다. 이 사안의 경우 乙은 고의로 폐기물을 매립한 행위를 하였으므로 충분히 이러한 사실을 예견 가능하였다고 보아도 무리는 아닐 것이다.

Ⅶ. 사안의 해결 – 각 청구권의 경합문제–

甲은 乙의 기망행위에 의하여 의사표시를 해서 하자 있는 물건을 매수하였으므로, 사기에 의한 의사표시에 따른 법률효과와 하자담보책임이 경합된다. 이 경우 사기에 의한 의사표시는 의사결정의 자유가 방해받은 특수한 경우이므로 담보책임과 선택적 경합관계에 있다고 하여야 할 것이다. 따라서 甲은 제110조에 의한 사기에 의한 의사표시를 이유로 취소하거나, 제580조에 의한 담보책임을 주장하여 계약을 해소할 수 있을 것이다. 또한 토지오염을 유발한 경우 오염원을 정화하지 않고 오염된 토지를 유통시킨 행위를 이유로, 또는 사기를 이유로 한 불법행위에 기한 손해배상청구권과 담보책임 및 채무불이행을 이유로 한 손해배상청구권의 경합을 인정할 수 있을 것이다.

제5장 책임재산의 보전

제1절 채권자대위권

Ⅰ. 의 의
Ⅱ. 요 건

Ⅲ. 대위권의 행사
Ⅳ. 법률효과

제404조【채권자대위권】 ① 채권자는 자기의 채권을 보전하기 위하여 채무자의 권리를 행사할 수 있다. 그러나 일신에 전속한 권리는 그러하지 아니하다.
② 채권자는 그 채권의 기한이 도래하기 전에는 법원의 허가없이 전항의 권리를 행사하지 못한다. 그러나 보전행위는 그러하지 아니하다.

제405조【채권자대위권행사의 통지】 ① 채권자가 전조 제1항의 규정에 의하여 보전행위 이외의 권리를 행사한 때에는 채무자에게 통지하여야 한다.
② 채무자가 전항의 통지를 받은 후에는 그 권리를 처분하여도 이로써 채권자에게 대항하지 못한다.

Ⅰ. 의 의

1. 정 의

채권자대위권이란 채권자가 자기의 채권을 보전하기 위하여 채무자의 권리를 대위하여 행사할 수 있는 권리를 말한다(제404조 제1항 본문).

2. 기 능

채권자대위권은 채무자의 책임재산을 보전하는 수단으로 기능한다. 채권자가 보전하려는 권리와 대위행사하려는 채무자의 권리가 밀접하게 관련되어 있고, 자기 채권의 현실적 이행을 유효·적절하게 확보하기 위하여 채무자의 권리를 대위하여 행사하는 것이 필요한 경우에는, 채권자대위권의 행사가 채무자의 재산관리행위에 대한 부당한 간섭이 되는 등의 특별한 사정이 없는 한, 채권자는 채무자의 권리를 대위하여 행사할 수 있어야 한다. 채권자대위권은 집행권원을 요구하지 않는 등 그 절차와 요건에서 강제집행보다 편리하고 빠르며, 대상범위가 넓다는 특징이 있다. 예컨대 강제집행은 청구권만을 대상으로 하나 대위권은 취소권, 해제권, 환매권에 대해서도 가능하다. 금전의 대위수령이 가능하여 상계를 통한 사실상 우선변제(간이한 채권집행의 기능)를 받을 수 있다. 또한 채무자의 무자력이 요구되는 강제집행과는 달리 특정채권의 보전을 위한 수단으로 사용될 수 있다.

3. 법적 성질

채권자대위권의 법적 성질에 대해서는 소송법상의 권리가 아닌 실체법상의 법정재산관리권으로 보는 견해와 포괄적 담보권으로 보는 견해로 나뉜다. 판례는 "채권자대위권을 행사하는 경우 채권자와 채무자는 일종의 법정위임의 관계에 있으므로 채권자는 민법 제688조를 준용할 수 있다"고 하여 법정재산관리권설을 따르고 있는 것으로 평가된다(대결 1996. 8.21. 96그8).

II. 요 건

---

1. **채권자에 의한 자기채권의 보전필요성**
   (1) 채권의 존재(대위권행사자의 권리: 피보전 채권)
   (2) 채권보전 필요성의 의미(채무자의 무자력이 요건인지 여부)
2. **피보전채권이 이행기에 있을 것**(제404조 제2항)
3. **채권자대위권의 객체(피대위권리: 채무자의 제 3채무자에 대한 권리)**
   (1) 채무자의 행사상 일신전속권
   (2) 압류금지채권

   (3) 공유물분할청구권
   (4) 채권자대위권, 채권자취소권, 등기신청권, 소멸시효원용권 등
   (5) 형성권
   (6) 소송상 권리
4. **채무자의 권리불행사**
   (1) 객관적 권리 불행사
   (2) 권리 불행사에 대한 채무자의 귀책사유 불필요

채권자 대위권이 소송의 형태로 행사되는 경우 심리되어야 할 내용은 (i) 피보전채권(대위채권)의 존재, (ii) 피보전채권의 이행기 도래, (iii) 채권보전의 필요성, (iv) 피대위채권에 대한 채무자의 권리 불행사, (v) 피대위채권의 존재이다. 판례는 이 중 (i)~(iv)를 당사자적격에 관계되는 소송요건으로 파악하고, (v)는 실체법적인 요건사실로 본안판단의 문제로 파악한다. 판례를 중심으로 채권자대위소송의 소송요건과 요건사실을 중심으로 살펴보기로 한다.

1. 채권자에 의한 자기채권의 보전필요성

(1) 채권의 존재(대위권 행사자의 권리: 피보전채권)

(가) 피보전채권의 범위

피보전채권은 넓은 의미의 청구권을 의미하므로, 채권적 청구권뿐만 아니라 물권적 청구권도 포함한다(대판 1966.9. 27, 66다1334).

또한 피보전채권은 구체적으로 그 범위 및 내용이 확정될 수 있어야만 한다. 예컨대 이혼으로 인한 재산분할청구권은 협의 또는 심판에 의하여 그 구체적 내용이 형성되기까지는 그 범위 및 내용이 불명확하고 불확정적이기 때문에 구체적으로 권리가 발생하였다고 할 수 없으므로 이를 보전하기 위하여 채권자대위권을 행사할 수 없다(대판 1999.4. 9, 98다58016).

피보전채권이 대위목적인 권리보다 나중에 성립한 경우에도 인정된다. 법률상 토지거래허가구역에 있는 토지거래계약이 체결된 경우, 매수인이 매도인에게 가지는 토지거래허가신청절차의 협력의무 이행청구권을 보전하기 위하여 매도인의 권리를 대위하여 행사하는 것도 허용된다(대판 2013.5.23, 2010다50014).

국가가 채권자대위 소송의 요건을 갖추어 납세의무자의 제3자에 대한 채권을 대위하여 행사할 수 있다(대판 2019.4.11, 2017다269862, 국세징수법 제28조 제3항 제5호 참조).

(나) 피보전채권이 흠결된 경우

통설인 법정재산관리권설(소송의 형태로 행사되는 경우 제3자 법정소송담당설이라고도 함)에 의하면, 채권자대위소송에서는 피보전채권의 존재가 소송요건이므로 피보전채권이 흠결된 경우 소를 각하해야 한다. 판례 역시 피보전채권이 소멸하거나(대판 2008.10.23, 2008다37223) 인정되지 아니할 경우에는 채권자가 스스로 원고가 되어 채무자의 제3채무자에 대한 권리를 행사할 당사자적격이 없게 되므로 그 대위소송은 부적법하다고 보아 소를 각하하여(대판 2008.10.23, 2008다37223; 대판 1988.6.14, 87다카2753 등) 통설과 같은 입장을 취한다. 이 경우에는 판결의 기판력으로 말미암아 채권자로서는 더 이상 소유권이전등기청구를 할 수 없게 되었으므로 채권자가 채권자대위의 소에서 승소하더라도 다시 채무자를 상대로 그 이행을 구하는 소를 제기할 수 없기 때문이다.

채권자대위소송이 제3자소송담당임을 전제로, 채권자대위소송에서 피보전채권에 존재하는지 여부는 소송요건으로서 법원의 직권조사사항이므로, 법원으로서는 그 판단의 기초자료인 사실과 증거를 직권으로 탐지할 의무까지는 없다 하더라도, 법원에 현출된 모든 소송자료를 통하여 살펴보아 피보전채권의 존부에 관하여 의심할 만한 사정이 발견되면 직권으로 추가적인 심리·조사를 통하여 그 존재 여부를 확인하여야 할 의무가 있다(대판 2009.4.23, 2009다3234). 그러나 피보전채권의 부존재를 이유로 바로 각하할 것은 아니며, 법원은 지적의무(민사소송법 제136조 제4항)를 통해 원고에게 의견진술의 기회를 부여해야 한다(대판 2014.10.27, 2013다25212 참조).

채권자가 채무자를 상대로 그 보전되는 청구권에 기한 이행청구의 소에서 승소판결이 확정되었다면, 특별한 사정이 없는 한 그 청구권의 발생원인이 되는 사실관계가 제3채무자에 대한

제1편 제2편 제3편 제4편 제5편 제6편 제7편 제8편 제9편 채무불이행

관계에서도 증명되었다고 볼 수 있다$\binom{\text{대판 1995.12.}}{26,\ 95다18741}$. 그러나 피보전채권의 취득이 강행법규에 위반되어 무효라고 볼 수 있는 경우에는 확정판결에도 불구하고 제3채무자에 대한 관계에서는 피보전권리가 존재하지 않는 것이다$\binom{\text{대판 2019.1.31. 2017다228618. 이 사안은 A의 甲에 대한 소유권이전등기청구권을 보전하기}}{\text{위하여 甲을 대위하여 B를 상대로 소유권이전등기 등의 말소를 구하는 사안에서, A의 甲에}}$
대한 피보전권리가 재판상 조정에 의한 것이라 하더라도, 그 내용이 강행법규 위반으로 무효인 이상, 위 조정의
당사자가 아닌 B에 대한 관계에서 A의 甲에 대한 소유권이전등기청구권이 존재한다고 볼 수는 없다고 한 사례.

민사소송법 제3자소송담당 · 소송요건

- **제3자소송담당**: 권리관계의 주체가 아닌 제3자가 권리관계의 주체에 갈음하여 또는 병행하여 당사자적격을 갖는 것을 의미한다.
- **소송요건**: 소송물에 대한 본안 판단을 받기 이전에, 소송 자체가 제기될 수 있는지 여부를 판단하는 요건을 소송요건이라 하며, 판례에 따르면 소송요건은 소송을 제기하는 자에게 유리한 것이므로 소송을 제기하는 자가 이를 증명할 증명책임을 부담한다고 본다. 소송요건의 대표적인 것으로 법원에 관한 것(피고에 대한 재판권, 민사소송사항일 것 등)과 당사자에 관한 것(당사자의 실재, 당사자능력, 당사자적격 등)이 있다.

사례 1 2005.12. 甲은 채무자 A에 대한 8,750만 원의 대여금채권을 보전하기 위하여 A를 대위하여 乙을 상대로 근저당권설정등기의 말소를 구하는 채권자대위소송을 제기하였다. 만일 甲이 이 대여금채권(피보전채권)을 2005.9.경 B에게 양도하고 통지했다면, 법원은 어떠한 판단을 해야 하는가?

(대판 2004.2.13. 2003다46475 참조)

해설 1 각하해야 한다.

채권자대위소송에 있어서 피보전채권이 소멸하거나$\binom{\text{대판 2008.10.23. 2008다37223;}}{\text{대판 1988.6.14. 87다카2753 참조}}$ 인정되지 아니할 경우에는 채권자가 스스로 원고가 되어 채무자의 제3채무자에 대한 권리를 행사할 당사자 적격이 없게 되므로 그 대위소송은 부적법하여 각하할 수밖에 없다$\binom{\text{대판 2005.9.29.}}{2005다27188}$.

사례 2 甲은 2000.1.8. A로부터 A 소유의 X부동산을 1억 8,600만 원에 매수하되 다만 乙이 이를 담보로 대출을 받을 수 있도록 하기 위하여 그 소유 명의를 乙에게 신탁하기로 하여 같은 달 15. A로부터 乙 명의로 소유권이전등기가 경료되었다. 甲은 乙과의 명의신탁약정 및 이에 따른 위 소유권이전등기는 부동산실명법에 의하여 무효이나 甲과 A 사이의 위 매매계약은 여전히 유효하여 자신이 A에 대하여 위 매매계약에 기한 소유권이전등기를 청구할 수 있다고 주장하면서 A에 대한 소유권이전등기청구권을 보전하기 위하여 A를 대위하여 乙에게 무효인 위 소유권이전등기의 말소를 구하였다. 법원 조사 결과 甲과 乙 사이에 이루어진 명의신탁약정이 유효로 확정되었다면, 甲의 청구에 대해 법원은 어떠한 판단을 할 것인가?

(대판 2004.2.13. 2003다46475; 대판 2005.9.29. 2005다27188 참조)

해설 2 각하할 것이다.

명의신탁약정이 유효라면 乙 앞으로 이루어진 소유권이전등기는 무효라 할 수 없고, 결국 甲은 더 이상 A에 대하여 위 매매계약에 기한 소유권이전등기를 청구할 수 없다. 따라서 甲의 A에 대

한 소유권이전등기청구권을 보전하기 위하여 A를 대위하여 乙에게 위 소유권이전등기의 말소를 구하는 이 사건 소는 대위에 의하여 보전될 甲의 A에 대한 소유권이전등기청구권이 인정되지 아니하는 이상 甲에게 당사자적격이 없어 부적법 각하되어야 할 것이다.

(다) 제3채무자가 하는 피보전채권의 소멸시효 완성, 무효 또는 변제의 주장 가부

제3채무자가 채권자의 채무자에 대한 피보전채권이 시효소멸했음을 주장하여 대위채권자에게 대항할 수 없다. 채권의 소멸시효가 완성된 경우 이를 원용할 수 있는 사람은 원칙적으로는 시효이익을 직접 받는 사람뿐이고, 채권자대위소송의 제3채무자는 피보전채권의 시효 소멸 여부와 무관하게 채무자에 대하여 자신의 채무(피대위채권)를 이행할 의무를 부담하기 때문에 피보전채권의 시효이익을 직접 받는 자라고 할 수 없다. 따라서 제3채무자는 피보전채권의 시효 소멸을 직접 원용할 수 없다(대판 1998.12. 8, 97다31472). 채권자가 채권자대위소송을 제기한 경우, 채무자에 의한 권리행사가 요구되는 사유(예를 들면 소멸시효완성의 항변이나 취소권, 해제권과 같은 형성권의 행사)를 제3채무자가 주장하면서 채권자의 채무자에 대한 권리가 없음을 다툴 수 없다. 그러나 채권자의 채무자에 대한 권리의 발생원인인 법률행위가 무효라거나 대위채권자의 권리가 변제 등으로 소멸하였다는 사실을 제3채무자가 주장하여 채권자의 채무자에 대한 권리가 소멸되었음을 다투는 것은 가능하다. 대위채권자와 채무자 사이의 법률행위가 무효이거나 또는 변제 여부는 반드시 채무자에 의해서만 주장되어야 하는 것은 아니기 때문이다. 이 경우 법원은 제3채무자의 주장을 고려하여 채권자의 채무자에 대한 권리가 인정되는지 여부에 관하여 직권으로 심리·판단해야 한다(대판 2015.9.10, 2013다55300).

(라) 피보전채권이 부존재하여 내려진 채권자대위소송의 소각하판결 기판력은 채권자가 채무자를 상대로 제기한 소송에 미치는지 여부

채권자대위소송에서 피보전채권의 부존재 등을 이유로 한 소각하 판결의 기판력은 채권자가 채무자를 상대로 피보전채권의 이행을 구하는 소송에 미치지 않는다고 본다(대판 2014.1.23, 2011다108095). 이행판결의 기판력은 다른 본안판결에서는 인정될 수 없기 때문이다. 채권자대위소송이 제기된 사실을 채무자가 알았을 때에는 그 판결의 효력이 채무자에게 미치지만(대판(전합) 1975.5. 13, 74다1664 참조), 그 의미는 소송물인 피대위채권의 존부에 관하여 채무자에게도 기판력이 인정된다는 것이지, 채권자대위소송의 소송요건인 피보전채권의 존부에 관하여 당해 소송의 당사자가 아닌 채무자에게 기판력이 인정된다는 것은 아니다.

한편 부동산 소유권의 취득시효를 완성한 자가 목적부동산을 제3자에게 매도하고 점유를 이전한 상태에서 등기부상 소유자에게 갖는 시효완성자로서의 소유권이전등기를 제3자(시효완성자의 채권자)가 구하는 채권자대위소송에서 제3자(대위채권자)의 피보전채권의 부존재를 이유로 소각하 판결이 확정되었다면, 등기부상 소유자가 제3자를 상대로 제기한 부동산인도소송에서 채권자가 다시 매매계약에 따른 소유권이전등기를 구하는 권리가 있음을 항변사유로 주장하는 것은 기판력에 저촉되어 허용될 수 없다($\substack{\text{대판 2001.1.16,} \\ \text{2000다41349}}$). 기판력은 후소의 소송물이 전소의 소송물과 동일하지 않더라도 전소의 소송물에 관한 판단이 후소의 선결문제가 되거나 모순관계에 있을 때에는 후소에서 전소판결의 판단과 다른 주장을 하는 것을 허용하지 않는 작용으로도 작용하는 것으로 보았기 때문이다.

(2) 채권보전 필요성의 의미(채무자의 무자력이 요건인지 여부)

채권자대위권을 행사하기 위해서는 채권보전의 필요성이 있어야 한다. 적극적으로는 대위행사가 자기 채권의 현실적 이행을 유효·적절하게 확보하기 위해 필요한 것이어야 하며, 소극적으로는 채무자의 자유로운 재산관리행위에 부당한 간섭이 아니어야 한다($\substack{\text{대판(전합) 2022.8.} \\ \text{25, 2019다229202}}$). 이를 갖추지 못하면, 대위청구의 소는 부적법한 것으로 각하된다($\substack{\text{대판 1993.2.} \\ \text{12, 92다25151}}$).

채권자대위의 요건으로서 무자력이란 채무자의 변제자력이 없음을 뜻하는 것이고 특히 임의변제를 기대할 수 없는 경우에는 강제집행을 통한 변제가 고려되어야 하므로, 소극재산이든 적극재산이든 위와 같은 목적에 부합할 수 있는 재산인지 여부가 변제자력 유무 판단의 중요한 고려요소가 되어야 한다($\substack{\text{대판 2006.2.10,} \\ \text{2004다2564}}$). 채무자의 적극재산인 부동산에 이미 제3자 명의로 소유권이전등기청구권 보전의 가등기가 경료되어 있는 경우에는 강제집행을 통한 변제가 사실상 불가능하므로, 위 가등기가 가등기담보법이 정한 담보가등기(이 경우 강제집행을 신청하여 부동산의 피담보채권액을 제외한 나머지 가액에 대해서는 배당을 받아 채권의 만족을 얻을 수 있다)로서 강제집행을 통한 매각이 가능하다는 등의 특별한 사정이 없는 한 위 부동산은 실질적으로 재산적 가치가 없어 적극재산을 산정함에 있어서 이를 제외하여야 할 것이다($\substack{\text{대판 2009.2.26,} \\ \text{2008다76556}}$).

피보전채권의 종류에 따라 채무자의 무자력 요건이 필요한지에 대해서는 논의가 있다.

(가) 학설의 입장

피보전채권이 특정채권인 경우에는 견해 대립 없이 무자력 요건이 필요하지 않다고 본다. 반면 금전채권인 경우 무자력 요건이 필요한지에 대해 무자력요건설, 무자력불요설, 절충설로 견해가 나뉜다.

(나) 판례의 입장

판례는 피보전채권이 금전채권이 경우에는 절충설에 따라 원칙적으로 무자력을 요구하나, 특정채권인 경우에는 무자력을 요하지 않는다.

1) 피보전채권이 금전채권인 경우

㉮ 채권자가 채무자를 대위함에 있어서 대위에 의하여 보전될 채권자의 채무자에 대한 권리가 금전채권인 경우에는 그 보전의 필요성이 있는 경우, 즉 채무자가 무자력인 때에만 채권자가 채무자를 대위하여 채무자의 제3채무자에 대한 권리를 행사할 수 있다($\substack{\text{대판 1993.10.} \\ \text{8, 93다28867}}$).

㉯ 보전필요성의 판단은 사실심 변론종결 당시를 기준으로 판단되어야 할 것이며 그 채권이

금전채권일 때에는 채무자가 자력이 없어 그 일반재산의 감소를 방지할 필요가 있는 경우에 허용되고, 이와 같은 요건의 존재 사실은 채권자가 주장·증명하여야 한다(대판 1976.7. 13, 75다1086). 연립주택의 건설공사를 도급 받은 주식회사가 건설공사의 일부씩을 제3자에게 하도급 주고 그 하도급금을 지급하지 못하여 하수급인들을 비롯한 채권자들이 채권을 확보하기 위하여 채권단까지 구성한 사실이 있다면 특별한 사정이 없는 한 일응 위 회사가 채무를 변제할 자력이 없었다고 볼 수 있다(대판 2006.2.10, 2004다2564).

㉱ 판례는 금전채권이 피보전채권인 경우라도 예외적으로 피보전채권과 피대위채권이 서로 밀접한 관련성이 있는 경우에는 무자력을 요하지 않는다. 예컨대 피해자를 치료한 의료인이 동 피해자에 대한 치료비청구권을 보전하기 위하여 피해자의 국가에 대한 국가배상(치료비)청구권을 대위행사한 경우(대판 1981.6. 23, 80다1351), 임대차보증금반환채권을 양수한 채권자가 그 이행을 청구하기 위하여 임차인의 가옥인도가 선이행되어야 할 필요가 있어서 그 인도를 구하는 경우(대판 1989. 4.25, 88다카4253),1) 유실물의 실제 습득자가 법률상 습득자를 대위하여 배상금의 반액을 청구하는 경우(대판 1968.6. 18, 68다663), 채권자가 채무자의 상속등기신청권을 대위행사하는 경우(대판 1964. 4.3, 63마54), 채권자의 채무자에 대한 명의신탁해지를 원인으로 한 소유권이전등기청구권의 불능에 따른 손해배상청구권을 보전하기 위하여 채무자의 제3자에 대한 명의신탁된 부동산의 원상회복이 불가능함으로 인한 가액배상청구권을 대위행사하는 경우(대판 2006.1.27, 2005다39013)2) 등이다.

밀접한 관련성은 두 권리 사이에 사실상 목적과 수단의 관계를 갖고 있거나 서로 담보적 기능을 하고 있을 때, 또는 피대위권리나 목적물이 대위채권자에게 귀속될 성질의 것이라고 볼 수 있을 때 인정된다. 단지 피대위채권과 피보전채권의 종류, 발생원인, 목적 등에 동일성 또는 유사성이 있다는 것만으로 필요성의 인정근거가 될 수 없다. 예컨대 보험자가 무효인 임의비급여 진료행위로 발생한 피보험자의 실손보험금 반환채권을 피보험자를 대위하여 행사할 수 없다(대판(전합) 2022.8. 25, 2019다229202).

2) 피보전채권이 특정채권인 경우

피보전채권이 특정채권인 경우에도 필요에 따라 채권자대위권을 행사할 수 있다. 대위채권자가 특정채권의 보전을 위해 채무자의 특정한 권리를 대위행사할 필요가 있는 경우, 채무자의 무자력을 요건으로 하지 않는다.

일반적으로 채권자의 부동산소유권이전등기청구권을 보전하기 위한 대위권 행사가 대표적인

---

1) 이 판결은 임대인(甲)과 임차인(乙)이 주택임대차를 체결한 후, 임차인이 임차보증금채권을 제3자(丙)에게 양도했으나 양도인(乙)이 아직 임차주택에 살고 있어 차임상당의 부당이득금이 보증금반환채권에서 계속 공제되고 있는 상황에서, 임차보증금채권의 양수인 丙의 甲에 대한 채권액이 계속해서 줄어들고 있는 경우, 보증금반환 채권자인 채권양수인(丙)은 그 채무자인 주택임대인(甲)이 채권양도인이자 임차목적물 반환의무자인 乙에 대하여 갖고 있는 임차목적물 반환청구권을 대위행사할 때, 채무자(甲)의 무자력을 요구하지 않는다고 본 사례임.

2) A는 B에게 X부동산을 명의신탁했는데, C의 강박으로 B는 X를 C에게 증여한 후, C는 이를 선의의 D에게 매도하여 D가 소유권자로 등기되어 있는 경우, A가 B에 대한 손해배상청구권(소유권이전등기 말소등기청구권 불능이 원인임) 보전을 위하여 B의 C에 대한 손해배상청구권을(강박의 취소로 인한 이전등기말소등기청구권의 불능이 원인임) 대위행사할 때에는 B의 무자력을 요구하지 않은 사례.

유형이다. 예컨대 乙이 丙에게 부동산을 매도한 후 이전등기하였으나 원인무효인 경우, 乙에게서 다시 매수(시효취득)한 甲이 乙의 丙에 대한 원인무효등기의 말소등기청구를 대위행사할 수 있다고 한 사례(대판 1966.9.27. 66다1150; 대판 1990.11.27. 90다6651), 제366조에 의해 법정지상권을 취득한 甲이 그 지상권 등기 없이 건물을 처분한 경우, 법정지상권부 건물의 양수인 乙이 토지소유자에게 가지고 있는 甲의 지상권설정등기청구권의 대위행사를 인정한 사례(대판 1981.9. 8. 80다2873), 甲(채무자)이 乙(채권자)에게 채권담보의 목적으로 甲 소유의 부동산을 이전한 경우(양도담보의 경우), 甲이 乙로부터 제3자에게로 이전된 등기의 무효를 이유로 소유권이전등기의 말소청구권의 대위행사를 인정한 사례(대판 1988. 1.19. 85 다카 1792) 등이다.

임차인은 소유자인 임대인의 제3자에 대한 방해배제청구권을 대위행사할 수 있다(대판 1973.7. 24. 73다114). 그러나 임대인의 동의 없이 전대·양도 받은 임차권의 양수인 또는 전차인은 임대인에게 대항할 수 없으므로 임대인의 불법점유자에 대한 인도청구권을 대위행사할 수 없다(대판 1985.2. 8. 84다카188).

그 이외의 다른 특정채권도 피보전채권으로 할 수 있다. 예컨대 물권적 청구권을 보전하기 위해서 채무자의 권리를 대위행사하는 것도 가능하다(대판 2007.5.10. 2006다82700,82717).

사례 3 임대인 乙은 그 소유 토지를 丙에게 임대하였다가 이를 해지한 뒤 다시 위 토지를 甲에게 임대하였다. 그 뒤 임대인 乙은 위 토지를 丁에게 매도하고 소유권이전등기를 완료하였다. 여전히 丙이 토지를 점유하고 있어 甲이 乙을 대위하여 丙에게 토지를 인도할 것을 청구하자, 丙은 임대인 乙이 이미 소유권을 상실하였으므로 대위권을 행사할 수 없다고 항변하였다. 丙의 항변은 타당한가?

(대판 1964.12.29. 64다804 참조)

│ 해설 3 │ 타당하지 않다.
乙이 위 토지를 丁에게 매도하고 소유권이전등기를 완료함으로써 소유권을 상실하였다 하더라도 乙로서는 임차인인 甲에게 임대물을 인도하여 그 사용수익에 필요한 상태를 제공·유지하여야 할 의무가 있고, 乙은 丙과의 임대차계약을 해지함으로써 丙에게 임대물의 인도를 청구할 권리가 있다 할 것이므로 甲은 乙의 丙에 대한 위와 같은 권리를 대위하여 행사할 수 있다(대판 1964. 12.29. 64다804).

(다) 채권자의 채권이 담보물권 등에 의하여 우선변제권이 확보되어 있는 경우

채권자의 채권이 질권이나 저당권 등의 담보에 의해 보전되어 있는 경우에도 대위권을 행사할 수 있는가에 대해, 채권자대위권이 다른 구제수단이 없는 경우에 한하여 인정되는 것은 아니므로 대위권을 행사할 수 있다는 긍정설이 주장된다. 그러나 담보 등으로 변제를 받을 수 있다면, 채권자대위권을 행사할 수 없다는 부정설이 유력하다.

채권자대위권이 책임재산의 보전의 필요성을 요건으로 한다면, 물적 담보에 의해 자신의 채권을 충분히 보전할 수 있다면 보전의 필요성이 인정되지 않는다고 보아야 한다. 요컨대 물적 담보로 인하여 채권자에게 채권 회수에 대한 책임재산 보전의 방법이 있다면 채권자대위권 행

사를 부정하는 것이 타당하다. 다만 인적 담보의 경우 물적 담보와 담보되는 범위 및 성격이 다르다는 점에서 대위권 행사를 인정해야 할 것이다.

2. 피보전채권이 이행기에 있을 것$\binom{\text{제404조}}{\text{제2항}}$

(1) 원 칙

피보전채권이 이행기에 도래하지 않은 경우에도 대위권을 인정하면 채무자의 기한의 이익이 박탈되기 때문에 피보전채권이 이행기에 있어야 한다. 이행기에 도래하지 않은 피보전채권을 가지고 채권자대위소송을 제기한 경우 이러한 소는 부적법하여 각하된다. 피보전채권의 이행기가 도래하였는지에 관하여는 채권자에게 증명책임이 있다$\binom{\text{대판 2000.6.}}{\text{9. 98다18155}}$.

(2) 예 외

법원의 허가가 있으면 이행기 도래 전에도 대위행사할 수 있다$\binom{\text{제404조}}{\text{제2항}}$. 자기 채권의 기한 전에 대위권을 행사하지 않으면 그 채권을 보전할 수 없거나 보전에 곤란이 생길 우려가 있어도 재판상 대위가 가능하다$\binom{\text{비송사건절}}{\text{차법 제45조}}$.

또한 채권자가 채무자의 재산 감소를 방지하기 위한 보존행위를 하는 때에도 이행기 도래 전에 대위권을 행사할 수 있다$\binom{\text{제404조 제}}{\text{2항 단서}}$. 예컨대 피대위채권의 소멸시효를 중단시키거나, 보존 등기신청을 대위하거나, 제3채무자의 파산시 채무자를 대위하여 채무자의 채권을 신고하는 등의 경우가 이에 해당한다.

3. 채권자대위권의 객체(피대위권리: 채무자의 제3채무자에 대한 권리)

(1) 채무자의 행사상 일신전속권

대위행사할 채무자의 권리가 채무자의 행사상의 일신전속권인 경우에는 채권자대위의 객체가 될 수 없다$\binom{\text{제404조}}{\text{제1항 단서}}$.

(가) 가족법상 권리$\binom{\text{혼인취소, 입양취소권, 부부간의 계약취소권,}}{\text{친생부인권, 인지청구권, 부양청구권 등}}$, 인격권, 인격적 이익을 위한 권리 등은 채권자대위의 객체가 되지 않는다. 후견인이 후견감독인의 동의없이 제950조 제1항 각호의 행위를 했을 때 동조 제3항에 의해 피후견인 또는 후견감독인이 그 후견인의 행위를 취소할 수 있는 권리(취소권)는 행사상의 일신전속권이므로 채권자대위권의 대상이 될 수 없다$\binom{\text{대판 1996.5.31.}}{\text{94다35985}}$.

(나) 위자료청구권도 대위권의 객체가 될 수 없으나 이미 청구되어 금전채권화된 경우라면 가능하다. 같은 맥락에서 이혼시의 재산분할청구권도 행사상의 일신전속권이므로 협의나 심판으로 구체화되기 전에는 채권자대위의 객체가 되지 않는다. 상속의 포기나 승인은 채권자대위의 객체가 되지 않으나, 상속재산분할청구권은 대위행사가 가능하다고 보는 것이 통설이다.

제1편 제2편 제3편 제4편 제5편 제6편 제7편 제8편 제9편 채무불이행

(다) 유류분반환청구권은 유류분권리자에게 그 권리행사의 확정적 의사가 있다고 인정되는 경우가 아니면 채권자대위권의 목적이 될 수 없다. 유류분반환청구권은 유류분권리자의 인격적 이익을 위한 것으로 그 행사 여부는 권리자의 자유로운 의사결정에 전적으로 맡겨져 있는 행사상의 일신전속권이기 때문이다(대판 2010.5.27, 2009다93992).

(라) 상속인의 한정승인 또는 상속포기가 없는 동안에 채권자가 상속등기 신청행위를 대위행사할 수 있다. 즉 상속인 자신이 한정승인 또는 포기를 할 수 있는 기간 내에 상속등기를 했다면 상속의 단순승인으로 인정될 수 있다. 그러나 상속등기가 상속재산에 대한 처분행위가 아니므로 상속인의 채권자가 상속인을 대위하여 상속등기를 했어도 단순승인의 효력을 발생시킬 수 없고 상속인의 한정승인 또는 포기할 수 있는 권한에는 아무런 영향도 미치는 것이 아니므로 채권자의 대위권행사에 의한 상속등기를 거부할 수 없다(대결 1964.4.3, 63마54).3)

(마) 계약의 청약 또는 승낙

계약의 청약이나 승낙은 채권자대위의 객체가 될 수 없다(대판 2012.3.29, 2011다100527). 계약의 청약이나 승낙은 비록 행사상의 일신전속권은 아니지만 이를 행사하면 새로운 권리의무관계가 발생하기 때문에 권리자 본인이 이로 인한 법률관계를 형성할 권한을 갖도록 할 필요가 있기 때문이다. 따라서 채무자에게 이미 그 권리행사의 확정적 의사가 있다고 인정되는 등 특별한 사정이 없는 한, 그 권리는 채권자대위권의 목적이 될 수 없다.

(2) 압류금지채권

압류금지채권도 원칙적으로 채권자대위권의 대상이 될 수 없다.

생명이나 신체의 침해로 인하여 국가배상을 받을 권리는 양도나 압류가 금지되지만, 예외적으로 의사가 환자에 대한 치료비청구권을 보전하기 위하여 환자의 국가에 대한 배상청구권을 대위행사할 수 있다(대판 1981.6.23, 80다1351). 같은 맥락에서 교통사고 피해자를 치료한 의료기관이 피해자에 대한 진료비청구권에 기하여 피해자의 보험사업자 등에 대한 직접청구권을 압류하는 것이 자동차손해배상보장법 제32조(필자 주: 개정후 제40조)에 위반되는 것은 아니다(대판 2004.5.28, 2004다6542).

(3) 공유물분할청구권

공유물분할청구권은 일신전속권이 아니므로 피대위권리가 될 수는 있지만, 공유자의 금전채권자는 극히 예외적인 경우가 아니면 채권보전의 필요성을 인정할 수 없으므로 채무자(공유자)

---

3) 만약 공동상속인이라면 채무자 이외의 다른 공동상속인에게 등기에 기하여 소요된 비용을 상환청구할 수 있는지 여부가 문제된다. 판례는 이를 긍정한다. 즉 채권자가 자신의 채권을 보전하기 위하여 채무자가 다른 상속인과 공동으로 상속받은 부동산에 관하여 공동상속등기를 대위신청하여 등기되는 것과 같이 채권자에 의한 채무자 권리의 대위행사의 직접적인 내용이 제3자의 법적 지위를 보전·유지하는 것까지 되는 경우에는, 채권자는 그 제3자에 대하여도 다른 특별한 사정이 없는 한 사무관리에 기하여 그 등기에 소요된 비용의 상환을 청구할 수 있다고 본다(대판 2013.8.22, 2013다30882). 즉 채무자에게는 제688조에 의해서 비용상환청구를 할 수 있고, 다른 공동상속인에게는 제739조에 기해서 비용상환청구를 할 수 있게 되는 것이다.

의 공유부동산의 분할청구권을 대위행사할 수 없다는 것이 판례의 입장이다$\binom{\text{대판(전합) 2020.}}{5.21.\ 2018다879}$. 특히 공유지분의 경매신청은 선순위저당권의 우선변제로 잉여가능성이 없어 기각되지만, 공유물분할의 방법으로 공유부동산 전부를 경매하였을 때 공유지분 경매대가에서 근저당권의 피담보채권 분담액을 변제하고 남을 가망이 있는 경우에도 공유물분할청구권의 채권자대위를 인정하지 않는다. 대위권행사를 인정하면 다른 공유자의 의사와는 상관없이 채무자가 공유자 중 1인이 공유부동산 전부를 경매로 처분할 수 있는 부당한 결과에 이르게 되며, 다른 공유자에 대한 지분에 경매가 개시되면 입찰 없이 신고된 최고가로 우선매수청구권$\binom{\text{민사집행법}}{\text{제140조}}$을 행사하여 공유자들 사이의 인적관계와 공유물에 대한 종전의 사용관계를 유지할 수 없다는 점이 그 이유로 설시된다.

그러나 공유자에 의한 공유물분할청구권이 인정되는 이상 이러한 권리의 대위행사는 원칙적으로 긍정되어야 한다.

▌대판 1981.6.23, 80다1351
압류를 허용하지 않는 권리는 채권자의 일반담보로 할 수 없는 것이어서 채권자대위권의 목적이 될 수 없다고 할 것이나, 국가배상법 제4조가 같은 법 제3조의 규정에 의한 국가배상을 받을 권리의 양도나 압류를 허용하지 않는 것은 배상청구권자를 보호하기 위한 것이고, 특히 그중 신체의 침해로 인한 치료비 청구권의 압류를 금지하는 취지는 이를 금지함으로써 피해자로 하여금 그 상해를 치료하기 위한 치료비 채권을 확보할 수 있게 하여 피해의 구제에 만전을 기하려는 뜻이라고 할 것이니 이러한 위 법조의 취지에 비추어 보면 그 상해를 치료한 의료인이 피해자에 대한 그 치료비 청구권에 기하여 피해자의 국가에 대한 같은 치료비 청구권을 압류하는 경우에도 이것이 금지되는 것은 아니라고 풀이하여야 할 것이고(그렇지 않다면 의료인이 국가에 대한 압류 또는 채권자대위권행사에 의하여 치료비채권을 만족시킬 수 있는 길이 막히므로 위 법조의 본래의 취지와는 달리 오히려 자력없는 피해자가 상해를 치료받을 수 있는 기회를 봉쇄하는 것이 된다), 따라서 이러한 의료인이 이러한 치료비 청구권에 기하여 국가에 대한 피해자의 같은 치료비 청구권을 대위행사하는 것은 위 법조의 규정에 불구하고 허용된다고 하여야 할 것이다.

요컨대 위 판례는 목적론적 축소해석을 통해 피해자를 구제한 것으로 볼 수 있다.

(4) 채권자대위권, 채권자취소권, 등기신청권, 소멸시효원용권 등

청구권 이외에 채권자대위권$\binom{\text{대판 1992.7.}}{14,\ 92다527}$ 및 채권자취소권$\binom{\text{대판 2001.12.27.}}{2000다73049}$, 물권적 청구권$\binom{\text{대판}}{1966.9.}$ $\binom{27,\ 66}{다1334}$, 등기신청권과 같은 공법상의 권리$\binom{\text{대판 1962.5.}}{10,\ 62다138}$도 채권자대위권의 객체가 된다. 그러나 사해행위 취소 후 채무자의 권리를 채권자가 대위할 수는 없다. 사해행위의 취소는 채권자와 수익자의 관계에서 상대적으로 채무자와 수익자 사이의 법률행위를 무효로 하는 데에 그치고, 채무자와 수익자 사이의 법률관계에는 영향을 미치지 아니하기 때문이다$\binom{\text{대판 2015.11.17.}}{2012다2743}$. 예컨대 채무자의 수익자에 대한 채권양도가 사해행위로 취소되고, 그에 따른 원상회복으로서 제3채무자에게 채권양도가 취소되었다는 취지의 통지가 이루어지더라도, 채권자와 수익자의 관계에서 채권이 채무자의 책임재산으로 취급될 뿐, 채무자가 직접 채권을 취득하여 권리자로 되는 것은 아니므로, 채권자는 채무자를 대위하여 제3채무자에게 채권에 관한 지급을 청구할 수 없다.

채무자의 다른 채권자에 대한 소멸시효원용권도 채권자대위의 객체가 된다(대판 1997.12. 26, 97다22676).

요컨대 통설과 판례는 강제집행의 대상이 되지 않는 권리에 대해서도 채권자대위권의 행사를 인정한다.

(5) 형성권

통설은 형성권(취소권, 추인권, 해제권, 환매권 등)도 채권자대위권의 객체가 된다고 본다.

판례는 환매권(대판 1992.10. 27, 91다483), 상계권(대판 2002.1.25. 2001다52506), 명의신탁자의 명의신탁해지권(대판 1960.4.21. 4292민상483), 임대인의 임대차계약해지권(대판 2007.5.10, 2006 다82700, 82717) 등이 채권자대위의 객체가 된다고 본다. 민법상 조합원의 조합탈퇴권도 그 성질상 조합계약의 해지권으로서 그의 일반재산을 구성하는 재산권의 일종이라 할 것이고 채권자대위권의 목적이 될 수 있다(대결 2007.11.30. 2005마1130).

(6) 소송상 권리

소송상의 권리도 대위행사가 가능하다. 즉 채권자는 실체법상의 권리를 주장하기 위한 독립된 소송절차를 개시하게 하는 채무자의 소송법상의 권리를 대위행사할 수 있다.

예컨대 본안제소명령의 신청이나 강제집행의 신청, 가압류 · 가처분의 취소신청 등을 대위행사할 수 있다(대판 1993.12.27, 93마1655; 대판1992.4.10, 91다41620). 반면에 소송계속 중 그 소송수행을 위한 소송당사자로서의 개개의 소송행위, 예컨대 공격 · 방어방법의 제출, 상소나 항고의 제기, 집행방법에 대한 이의, 가압류에 대한 이의 등의 불복방법, 재심의 소제기 등은 채권자대위권의 대상이 될 수 없다(대판 2012.12.27, 2012다75239; 대판 1967.5.2, 67다267).

> **대판 2012.12.27, 2012다75239**
> 채권을 보전하기 위하여 대위행사가 필요한 경우는 실체법상 권리뿐만 아니라 소송법상 권리에 대하여서도 대위가 허용되나, 채무자와 제3채무자 사이의 소송이 계속된 이후의 소송수행과 관련한 개개의 소송상 행위는 그 권리의 행사를 소송당사자인 채무자의 의사에 맡기는 것이 타당하므로 채권자대위가 허용될 수 없다. 같은 취지에서 볼 때 상소의 제기와 마찬가지로 종전 재심대상판결에 대하여 불복하여 종전 소송절차의 재개, 속행 및 재심판을 구하는 재심의 소제기는 채권자대위권의 목적이 될 수 없다.

4. 채무자의 권리 불행사

(1) 객관적 권리 불행사

채권자는 채무자가 제3자에 대한 권리를 불행사하는 경우에 대위권을 행사할 수 있다.

채무자가 권리를 행사하면 권리의 행사방법이나 결과가 부적당한 경우라 하더라도 대위권행사는 불가능하다(대판 2009.3.12, 2008다65839; 대판 1970.4.28, 69다1131). 채무자가 권리행사를 하고 있음에도 불구하고 대위권을 인정하게 되면 이는 채무자가 갖는 권리에 대한 지나친 간섭이 될 수 있기 때문이다. 예컨대 채무자가 부적당한 대응으로 소송에서 패소한 경우, 채무자가 지나치게 불이익한 대물변제를 받아 채권을 소멸시킨 경우에 대위권을 행사할 수는 없다. 다만 채무자에게 채권자에 대한 사해의 의사가 있었다면, 채권자는 채권자취소권을 행사할 수 있을 뿐이다.

> **대판 2009.3.12, 2008다65839**
> 채권자대위권은 채무자가 제3채무자에 대한 권리를 행사하지 아니하는 경우에 한하여 채권자가 자기의 채권을 보전하기 위하여 행사할 수 있는 것이어서, 채권자가 대위권을 행사할 당시에 이미 채무자가 그 권리를 재판상 행사하였을 때에는 채권자는 채무자를 대위하여 채무자의 권리를 행사할 수 없다.

(2) 권리 불행사에 대한 채무자의 귀책사유 불필요

채무자의 권리행사가 객관적으로 부존재하면 되고 권리를 행사하지 않는 이유나 채무자의 고의 · 과실 여부는 묻지 않는다.

예컨대 미등기토지의 시효취득자가 제3자 명의의 소유권보존등기가 원인무효라 하여 그 등기의 말소를 구하는 경우에 채무자인 진정한 소유자가 성명불상의 자라 하여도 그가 위 등기의 말소를 구하는데 어떤 법률적 장애가 있다고 할 수는 없어 그 채권자대위권 행사에 어떤 법률적 장애가 될 수 없다(대판 1992.2. 25, 91다9312).

III. 대위권의 행사

1. 행사의 방법	**(5) 파산선고의 경우**
(1) 채권자 자기의 이름으로 행사	**2. 행사의 범위**
(2) 재판상 · 재판외 행사	**3. 행사의 효력**
(3) 채무자에 대한 통지	(1) 채무자의 처분권제한
(4) 법정위임관계	(2) 제3채무자의 채권자에 대한 항변권

1. 행사의 방법

(1) 채권자 자기의 이름으로 행사

채권자는 '자기 이름'으로 대위권을 행사한다. 그런데 즉 채권자대위소송에서 채권자는 채무자에 대한 자신의 권리를 보전하기 위하여 채무자를 대위하여 자신의 명의로 채무자의 제3채무자에 대한 권리를 행사하는 것이므로, 그 지위는 채무자 자신이 원고인 경우와 마찬가지라고 볼 수 있다(대판 2013.3.28, 2012다100746). 이러한 점에서 채권자대위소송은 제3자 법정소송담당에 해당된다.

(2) 재판상 · 재판외 행사

채권자대위권은 재판상 · 재판외 행사가 모두 가능하다. 이 점에서 재판상 행사만 가능한 채권자취소권과 다르다.

(3) 채무자에 대한 통지

채권자대위권을 행사하는 경우 채권자는 채무자에게 이를 통지하여야 한다. 단 보전행위의 경우에는 통지할 필요가 없다$\binom{\text{제405조}}{\text{제1항}}$.

채무자의 동의는 없어도 되며$\binom{\text{대판 1971.10.}}{\text{25. 71다1931}}$, 심지어 채무자가 반대하더라도 대위행사가 가능하다$\binom{\text{대판 1963.11.}}{\text{21. 63다634}}$.

(4) 법정위임관계

채권자대위권을 행사하는 채권자와 채무자는 법정위임관계가 있으므로 채권자는 선관주의의무를 부담하며$\binom{\text{제681조 내}}{\text{지 제684조}}$, 채권자는 채무자에게 비용상환을 청구할 수 있다$\binom{\text{제688조 준용: 대결}}{\text{1996.8.21. 96그8}}$.

(5) 파산선고의 경우

소송의 당사자가 파산선고를 받은 때에는 파산재단에 관한 소송절차는 중단되고$\binom{\text{민사소송법}}{\text{제239조}}$, 파산채권자는 파산절차에 의하지 아니하고는 파산채권을 행사할 수 없게 된다$\binom{\text{채무자회생}}{\text{법 제424조}}$. 채무자가 파산선고 당시에 가진 모든 재산은 파산재단에 속하게 되고, 채무자는 파산재단을 관리 및 처분하는 권한을 상실하며 그 관리 및 처분권은 파산관재인에게 속하게 되므로$\binom{\text{채무자회생법}}{\text{제382조 제1}}$ $\binom{\text{항, 제}}{\text{384조}}$, 채무자에 대한 파산선고로 채권자가 대위하고 있던 채무자의 제3자에 대한 권리의 관리 및 처분권 또한 파산관재인에게 속하게 된다$\binom{\text{대판 2013.3.28.}}{\text{2012다100746}}$.

2. 행사의 범위

(1) 대위권행사는 원칙적으로 관리행위만 가능하고 처분행위에 대해서는 할 수 없다. 대위권행사는 채권의 보전에 필요한 범위 내에서만 이루어져야 하기 때문이다. 예컨대 채권자에 의한 채무의 면제, 권리의 포기는 처분행위로 대위행사가 불가능하다. 그러나 관리행위와 처분행위의 구분은 채무자 재산의 전체상황을 고려하여 상대적으로 판단되어야 한다. 따라서 상계권, 취소권, 해제권의 행사와 같이 처분적 효력이 있는 형성권 행사도 채권자의 권리보전을 위해 필요한 경우에는 대위행사가 인정될 수 있다.

(2) 채권자는 채권보전에 필요한 범위 내에서 대위권을 행사할 수 있다.

(가) 학설에 따라 금전채권의 경우에는 채권자의 채권액의 범위 내에서만 대위권 행사가 가능하다는 견해도 있으나, 공동담보의 보전을 위해 총채권자의 채권액을 기준으로 행사의 범위

가 정해져야 할 것이다.

(나) 피대위채권이 불가분이거나 인도 목적물이 불가분인 경우(특정채권인 경우)에는 피보전채권액을 초과하여 대위권을 행사할 수 있다. 또한 채권자대위권은 채무자의 채권을 대위행사함으로써 채권자의 채권이 보전되는 관계가 존재하는 경우에 한하여 이를 행사할 수 있으므로 특정물에 관한 채권자는 채권을 보전하기 위하여 채무자가 제3채무자에 대하여 갖는 그 특정물에 관한 권리만을 대위행사할 수 있을 뿐이다($_{23,\ 93다289}^{대판\ 1993.4.}$). 예컨대 乙로부터 X토지를 매수한 甲은 X토지에 대한 乙의 권리만을 대위할 수 있을 뿐, 매매목적물이 아닌 Y토지에 대해서는 권리를 대위행사할 수 없다.

그러나 부동산의 공동매수인이 제3자를 상대로 채무자의 소유권이전등기청구권을 대위행사하는 경우에는 그의 매수지분을 초과하는 부분에 대해서는 채무자를 대위할 보전의 필요성이 없다($_{2010다43597}^{대판\ 2010.11.11,}$). 이 때 피대위채권은 불가분이라고 볼 수 없기 때문이다.

3. 행사의 효력

(1) 채무자의 처분권 제한

채무자가 대위권 행사 사실을 통지받거나 또는 인지한 후에는 피대위권리에 대하여 채무자의 처분권이 제한된다. 그러나 이때에도 제3채무자에게 지급금지의 효력이 발생하는 것은 아니다. 즉 채무자는 제3채무자가 이행하는 급부를 수령할 수 있다($_{12,\ 90다9407}^{대판\ 1991.4.}$). 급부수령(변제수령)행위는 그것은 처분행위가 아니며 압류와는 달리 제3채무자의 변제를 금지하는 효력이 인정되는 것도 아니기 때문이다. 결국 제3채무자는 대위권 행사 사실을 안 후에도 채무자에게 변제하고 채무의 소멸을 채권자에게 항변할 수 있다.

(가) 채권자가 대위권행사 사실을 통지한 후부터 채무자의 처분행위가 제한된다($_{제2항}^{제405조}$). 따라서 채권자의 통지 후에 채무자에 의한 처분이 있었다면 그 처분으로 채무자 및 제3채무자는 채권자에게 대항할 수 없다. 채권자의 통지 없이 다른 경로로 대위권행사 사실을 채무자가 알게 된 경우에도 신의칙상 통지가 있었던 경우와 동일하게 취급한다($_{대판\ 2003.1.10,\ 2000다27343}^{대판\ 2007.6.28,\ 2006다85921;}$).

채권자대위소송이 제기된 경우에 채무자가 같은 내용을 별소로 제기하는 것은 중복소송으로서 허용되지 않는다($_{판\ 1974.1.29,\ 73다351}^{민사소송법\ 제259조;\ 대}$). 다만 채무자는 스스로 그 소송에 참가(공동소송적 보조참가)하여 자신의 이익을 주장할 수 있다. 나아가 채권자대위소송에서 본안판결이 선고된 후 대위채권자가 소를 취하하면 채무자가 소송계속을 안 이상 채무자도 재소금지의 효과($_{267조\ 제2항}^{민사소송법\ 제}$)를 받는다($_{27,\ 79다1618}^{대판\ 1981.1.}$).[4] 또한 대위소송의 당사자가 된 채권자나 제3채무자는 채무자에게 소송고지를 할 수 있다($_{제84조\ 이하}^{민사소송법}$).

(나) 통지가 있으면 금지되는 채무자의 처분행위에는 면제, 포기, 양도, 화해, 합의해제 등

---

4) 참고로 채권자대위소송이 계속 중인 상황에서 같은 채무자의 다른 채권자가 동일한 소송물에 대하여 채권자대위권에 기한 소제기도 중복제소금지의 원칙에 위배되어 제기된 부적법한 소송이 된다(대판 1990.4.27, 88다카25274,25281).

채권을 소멸시키는 행위뿐만 아니라 권리의 행사(소의 제기 등)도 포함된다. 예컨대 채권자가 채무자를 대위하여 제3채무자를 상대로 소유권이전등기의 등기원인이 원인무효라는 이유로 그 등기의 말소를 구하는 소장이 송달된 후에 채무자가 그 무효인 등기원인행위를 추인하여도 채권자에게 대항할 수 없다(대판 1968.5.28, 68다460; 대판 1989.3.14, 88다카112). 같은 맥락에서 채무자의 또다른 채권자가 피대위채권을 압류 또는 가압류할 수 있으나, 전부명령은 허용되지 않는다(대판 2016.8.29, 2015다236547). 대위채권자는 채무자를 대위하여 피대위채권에 대한 변제를 수령하게 될 뿐 자신의 채권에 대한 변제로서 수령하게 되는 것이 아니기 때문에 다른 채권자는 피대위채권을 압류 또는 가압류하는 것이 가능하다. 그러나 전부명령의 경우 전부명령을 받은 채권자가 대위채권자를 배제하고 전속적인 만족을 얻게 되므로 채권자대위권의 실질적 효과를 확보하려는 제405조 제2항의 취지에 반하므로 허용되지 않는다.

채무자의 채무불이행으로 제3채무자가 법정해제권을 행사한 경우 채무불이행을 채무자의 처분행위라고 볼 수 없다. 그러나 이때에도 형식으로만 법정해제일 뿐 실질적으로는 채무자와 제3채무자의 합의에 따른 계약해제로 볼 수 있는 특별한 사정이 있으면 채무자가 피대위채권을 처분한 것으로 볼 수 있어 제3채무자의 계약해제는 대위채권자에게 대항할 수 없다(대판(전합) 2012.5.17, 2011다87235).

사례 4 甲은 乙에 대하여 대여금채권을 갖고 있고 乙은 丙으로부터 부동산 매수하는 매매계약을 체결하였다. 그러던 중 채권자 甲은 채무자 乙과 제3채무자 丙 사이에 체결된 부동산매매계약에 기한 소유권이전등기청구권을 보전하기 위해 乙을 대위하여 丙의 부동산에 대한 처분금지가처분을 신청하여 가처분결정을 받았다. 이러한 사실을 안 乙은 丙과 매매계약을 합의해제하였다. 이 경우, 乙과 丙은 합의해제로 채권이 소멸되었음을 이유로 채권자 甲에게 대항할 수 있는가?

(대판 2007.6.28, 2006다85921 참조)

해설 4 대항할 수 없다.

채권자가 채무자와 제3채무자 사이에 체결된 부동산매매계약에 기한 소유권이전등기청구권을 보전하기 위해 채무자를 대위하여 제3채무자의 부동산에 대한 처분금지가처분을 신청하여 가처분결정을 받은 경우에는 피보전권리인 소유권이전등기청구권을 행사한 것과 같이 볼 수 있으므로, 채무자가 그러한 채권자대위권 행사 사실을 알게 된 후에 그 매매계약을 합의해제함으로써 채권자대위권의 객체인 부동산 소유권이전등기청구권을 소멸시켰다 하더라도 이로써 채권자에게 대항할 수 없고, 그 결과 제3채무자 또한 그 계약해제로써 채권자에게 대항할 수 없다(대판 2007. 6.28, 2006다85921).

사례 5 채권자 甲은 채무자 乙을 대위하여 乙이 제3채무자 丙에게 가지는 부동산매매계약에 기한 소유권이전등기청구권을 대위행사하였다. 甲은 이러한 사실을 乙에게 통지하였다. 그런데 그 후 丙이 乙의 채무불이행을 이유로 계약을 법정해제 하였다. 이 경우, 丙은 법정해제로 채권이 소멸되었음을 이유로 채권자 甲에게 대항할 수 있는가? (대판(전합) 2012.5.17, 2011다87235 참조)

| **해설 5** | 대항할 수 있다.

乙의 제3채무자 丙에 대한 채무불이행 사실 자체만으로는 권리변동의 효력이 발생하지 않아 이를 채무자 乙이 제3채무자 丙에 대하여 가지는 채권을 소멸시키는 적극적인 행위로 파악할 수 없는 점, 더구나 법정해제는 채무자의 객관적 채무불이행에 대한 제3채무자의 정당한 법적 대응인 점, 채권이 압류·가압류된 경우에도 압류 또는 가압류된 채권의 발생원인이 된 기본계약의 해제가 인정되는 것과 균형을 이룰 필요가 있는 점 등을 고려할 때 채무자가 자신의 채무불이행을 이유로 매매계약이 해제되도록 한 것을 두고 제405조 제2항에서 말하는 '처분'에 해당한다고 할 수 없다.

다만 실질적으로는 채무자와 제3채무자의 합의해제에 해당되거나 외관만을 채무자의 채무불이행으로 만든 경우에는 대항할 수 없다.

위 사안에서 만일 丙이 아닌 乙이 丙의 채무불이행을 이유로 법정해제한 경우에는 어떠한가?

| **해설** | 제3채무자가 아닌 채무자가 계약을 해제하는 경우에는 처분행위에 해당된다고 할 것이다. 그 행위가 채권자의 대위권행사를 방해할 수 있기 때문이며, 위 판결례에서 설명한 것처럼 제3채무자의 적법한 권리행사가 아니기 때문이다.

■ 대판(전합) 2012.5.17, 2011다87235

채무자의 채무불이행 사실 자체만으로는 권리변동의 효력이 발생하지 않아 이를 채무자가 제3채무자에 대하여 가지는 채권을 소멸시키는 적극적인 행위로 파악할 수 없는 점, 더구나 법정해제는 채무자의 객관적 채무불이행에 대한 제3채무자의 정당한 법적 대응인 점, 채권이 압류·가압류된 경우에도 압류 또는 가압류된 채권의 발생원인이 된 기본계약의 해제가 인정되는 것과 균형을 이룰 필요가 있는 점 등을 고려할 때 채무자가 자신의 채무불이행을 이유로 매매계약이 해제되도록 한 것을 두고 민법 제405조 제2항에서 말하는 '처분'에 해당한다고 할 수 없다. 따라서 채무자가 채권자대위권행사의 통지를 받은 후에 채무를 불이행함으로써 통지 전에 체결된 약정에 따라 매매계약이 자동적으로 해제되거나, 채권자대위권행사의 통지를 받은 후에 채무자의 채무불이행을 이유로 제3채무자가 매매계약을 해제한 경우 제3채무자는 그 계약해제로써 대위권을 행사하는 채권자에게 대항할 수 있다고 할 것이다.

다만 형식적으로는 채무자의 채무불이행을 이유로 한 계약해제인 것처럼 보이지만 실질적으로는 채무자와 제3채무자 사이의 합의에 따라 계약을 해제한 것으로 볼 수 있거나, 채무자와 제3채무자가 단지 대위채권자에게 대항할 수 있도록 채무자의 채무불이행을 이유로 하는 계약해제인 것처럼 외관을 갖춘 것이라는 등의 특별한 사정이 있는 경우에는 채무자가 그 피대위채권을 처분한 것으로 보아 제3채무자는 그 계약해제로써 대위권을 행사하는 채권자에게 대항할 수 없다고 할 것이다.

사례 6 X부동산은 원래 甲 소유였는데 그 후 乙을 거쳐 丙에게 매도되었지만, 아직 이전등기가 되지 않고 있는 상태이다. 丙에 대하여 확정판결에 기한 손해배상채권을 가지고 있는 丁이 위 부동산에 관하여 甲을 상대로 丙, 乙을 순차 대위하여 처분금지가처분신청을 하여 가처분등기가 기입되었다. 丁이 丙에 대한 확정판결의 집행을 위하여 X부동산을 피대위자인 丙 앞으로 소유권이전등기를 받기 위하여 丙 등을 대위하여 甲과 乙을 상대로 한 소유권이전등기청구의 소를 제기하였다. 이 소송의 계속 중 乙이 위 소송과 관계없이 소송 외에서 甲으로부터 소유권이전등기를 받고 이어서 丙 앞으로 소유권이전등기가 마쳐진 뒤에 戊가 X부동산을 취득하여 戊 앞으로 소유권이전등기를 마쳤다. 丁은 戊를 상대로 소유권이전등기의 말소를 구할 수 있는가? 이 경우 戊의 X부동산 취득은 위 가처분에 저촉되는 것인가? 피대위자인 丙의 X부동산 처분이 제한되어 채권자인 丁에게 대항할 수 없는 것인가? (대판 1986.11.25, 86다397 참조)

해설 6 戊는 소유권 취득으로 丁에게 대항할 수 있다. 戊의 소유권 취득은 가처분에 저촉되지 않는다.

채권자가 채권자대위권을 행사한 이후 그 재산권이 채무자 명의로 귀속한 뒤에도 채무자가 그 재산을 처분하는 것이 제한되는지가 문제된다. 처분금지의 대상은 (이전등기)청구권이지, 청구권의 대상이 되는 목적물이 아니다. 또한 丁은 丙, 乙을 순차 대위하여 甲이 X부동산을 乙과 丙이 아닌 다른 제3자에게 처분하는 것을 금하는 가처분을 한 것이다. 따라서 甲이 乙에게 소유권이전등기를 마쳐준 것은 처분금지가처분의 효력에 반하지 않는다.

채권자가 채무자를 대위하여 채무자의 제3채무자에 대한 권리를 행사하고 채무자에게 통지를 하거나 채무자가 채권자의 대위권 행사사실을 안 후에는 채무자는 그 권리에 대한 처분권을 상실하여 그 권리의 양도나 포기 등 처분행위를 할 수 없고 채무자의 처분행위에 기하여 취득한 권리로서는 채권자에게 대항할 수 없으나, 채무자의 변제수령은 처분행위라 할 수 없고 같은 이치에서 채무자가 그 명의로 소유권이전등기를 경료하는 것 역시 처분행위라고 할 수 없으므로 소유권이전등기청구권의 대위행사 후에도 채무자는 그 명의로 소유권이전등기를 경료하는 데 아무런 지장이 없으므로, 채무자 앞으로 소유권이전등기를 마친 후 채무자가 이를 처분하는 것을 제한할 수 없다(대판 1991.4. 12, 90다9407).

| 대판 1986.11.25, 86다397

甲 소유의 부동산이 乙, 丙에게 전전매도되어 丙에 대하여 확정판결에 기한 손해배상채권을 가지고 있는 丁이 위 부동산에 관하여 甲을 상대로 乙, 丙을 순차 대위하여 처분금지가처분을 한 경우, 위 가처분의 피보전권리는 乙의 甲에 대한 그 소유권이전등기청구권의 보전에 있을 뿐이고 丁의 丙에 대한 손해배상채권의 보전까지 포함하는 것은 아니므로 丁이 위 丙 등을 대위하여, 甲, 乙을 상대로 한 소유권이전등기청구소송의 계속 중 위 丙으로부터 취득한 戊의 등기는 그가 위 가처분등기 있음을 알았는지 여부에 관계없이 유효하다.

| 대판 1998.2.13, 97다47897

부동산의 전득자가 양수인 겸 전매인(채무자)에 대한 소유권이전등기청구권을 보전하기 위하여 양수인을 대위하여 양도인(제3채무자)을 상대로 처분금지가처분결정을 받아 그 등기를 마친 경우 그 가처분은 전득자가 자신의 양수인에 대한 소유권이전등기청구권을 보전하기 위하여 양도인이 양수인 이외의 자에게 그 소유권의 이전 등 처분행위를 못하게 하는 데에 그 목적이 있는 것으로서 그 피보전권리는 양수인의 양도인에 대한 소유권이전등기청구권이고, 전득자의 양수인에 대한 소유권 이전등기청구권까지 포함하는 것은 아니다.

사실관계: 甲으로부터 乙, 丙을 거쳐 부동산을 전득한 丁이 그의 丙에 대한 소유권이전등기청구권을 보전하기 위하여 乙 및 丙을 순차 대위하여 甲을 상대로 처분금지가처분을 한 경우, 그 처분금지가처분은 丁의 丙에 대한 소유권이전등기청구권을 보전하기 위하여 丙 및 乙을 순차 대위하여 甲이 乙 이외의 자에게 그 소유권의 이전 등 처분행위를 못하게 하는 데 그 목적이 있는 것으로서, 그 피보전권리는 실질적 가처분채권자인 乙의 甲에 대한 소유권이전등기청구권이고 丙의 乙에 대한 소유권이전등기청구권이나 丁의 丙에 대한 소유권이전등기청구권까지 포함하는 것은 아니므로, 위 처분금지가처분 이후에 가처분채무자인 甲으로부터 丙 앞으로 경료된 소유권이전등기는 비록 그 등기가 가처분채권자인 丁에 대하여 소유권이전등기의무를 부담하고 있는 자에게로의 처분이라 하여도 위 처분금지가처분의 효력에 위배되어 가처분채권자인 丁에게 대항할 수 없고, 따라서 丁의 말소신청에 따라 처분금지가처분의 본안에 관한 확정판결에 기하여 丙 명의의 소유권이전등기를 말소한 것은 적법하다고 한 사례이다.

(다) 대위권의 행사를 방해하지 않는 채무자의 관리·보존행위는 금지되지 않는다. 채권자가 대위권에 기하여 일단 채무자의 권리를 행사하기 시작하였을 때 채무자에게 대위의 목적인 권리의 양도나 포기 등 처분행위를 허용하는 것은 채권자에 의한 대위권 행사를 방해하는 것이 되므로 이를 금지하는 것이 제405조 제2항의 취지라 할 것이다.

예컨대 채권자 甲이 乙을 대위하여 乙이 丙에게 갖는 소유권이전등기청구권을 보전하기 위해 丙을 상대로 처분금지가처분명령을 받았더라도 乙의 또다른 채권자 丁이 乙을 대위하여 丙에게 소유권이전등기청구권을 대위행사하는 것이 금지되지는 않는다(대판 1990.4.27, 88다카25274,25281). 丁의 피대위권리는 乙의 처분행위가 아니라 관리·보존행위일 뿐이기 때문이다. 또한 채무자와 제3자 사이의 근저당권설정계약이 통정허위표시임을 이유로 채권자가 채무자를 대위하여 근저당권설정등기의 말소를 구하는 소송을 제기했는데, 그 후 제3자가 신청한 지급명령에 채무자가 이의를 제기하지 않아 강제경매절차에서 부동산이 매각되어 위 근저당권설정등기가 말소된 이상 근저당권설정등기의 말소를 구할 대위채권자의 법률상 이익이 없다. 나아가 채무자가 제3자의 지급명령에 이의를 제기하지 않은 것이 피대위권리의 처분이라고 할 수 없다는 점에서도 제3자는 위 근저당권설정등기의 말소로 채권자에게 대항할 수 있다(대판 2007.9.6, 2007다34135).

사례 7 채무자 乙의 채권자 중 1인인 甲이 乙을 대위하여 제3채무자 丙에게 소유권이전등기청구권을 대위행사하려고 한다. 그런데 甲의 대위행사 전에 채무자 乙의 또 다른 채권자 丁이 대위권을 행사하여 丙에 대한 처분금지가처분명령을 얻었다면, 甲의 대위행사는 금지되는가?

(대판 1990.4.27, 88다카25274 참조)

│해설 7│ 금지되지 않는다.
채권자 甲이 채무자 乙을 대위하여 乙의 제3채무자 丙에 대한 소유권이전등기청구권을 대위행사함은 권리의 관리, 보존행위이지 처분행위라 할 수 없으므로 채무자 乙의 다른 채권자 丁이 대위권의 행사로 얻은 丙에 대한 처분금지가처분명령에 의하여 위 소유권이전등기청구권의 행사가 금지된다고 할 수 없다(대판 1990.4.27, 88다카25274).

(2) 제3채무자의 항변

(가) 제3채무자가 채무자에게 갖는 항변사유로 채권자에게 대항할 수 있다. 요컨대 피대위권리의 항변사유를 가지고 채권자에게 대항할 수 있다.

1) 채무자가 직접 권리행사하는 경우보다 불리한 지위에 있어서는 안되므로 제3채무자가 채무자에게 갖고 있는 고유의 항변사유(권리소멸, 상계, 동시이행, 무효의 항변 등)로 대위채권자에게 대항할 수 있다(대판 1995.5. 12, 93다59502).

2) 채권자가 대위권 행사를 채무자에게 통지한 후에 채무자의 처분행위로 제3채무자가 채무자에게 취득한 항변사유로는 채권자에게 대항할 수 없다(제405조 제2항). 예컨대 채무자가 제3채무자에게 채무를 면제해 준 경우에 제3채무자는 채무가 소멸했음을 대위채권자에게 대항할 수 없다. 물론 통지나 법원의 고지 후라도 채무자의 처분행위가 아닌 다른 사유로 제3자가 취득한 항변으로는 채권자에게 대항가능하다. 예컨대 채무자에 대한 변제나 통지, 고지 후에 취득한 반대채권으로 상계하면 제3채무자는 대위채권자에게 대항할 수 있다.

(나) 제3채무자는 채무자가 채권자에 대해 갖는 항변사유(소멸시효의 완성, 취소, 해제 등)로 채권자에게 대항할 수 없다(대판 2004.2.12, 2001다10151). 즉 피보전권리에 존재하는 채무자의 항변사유로 제3채무자는 채권자에게 대항할 수 없다. 단 채무자의 변제 또는 피보전채권 발생사유의 무효 주장은 가능하다.

▌ **대판 2004.2.12, 2001다10151**
채권자가 채권자대위권을 행사하여 제3자에 대하여 하는 청구에 있어서, 제3채무자는 채무자가 채권자에 대하여 가지는 항변으로 대항할 수 없고, 채권의 소멸시효가 완성된 경우 이를 원용할 수 있는 자는 원칙적으로는 시효이익을 직접 받는 자뿐이고, 채권자대위소송의 제3채무자는 이를 행사할 수 없다.

(다) 제3채무자가 직접 채권자에게 갖고 있는 항변사유로는 대항이 불가능하다.

예컨대 채권자가 제3채무자에게 채무자를 대위하여 1억 원의 채무를 자기에게 이행할 것을 요구할 때에 제3채무자는 채권자에 대하여 자신이 갖고 있는 반대채권을 갖고 상계를 주장할 수 없다. 반대로 채권자가 제3채무자에게 가지는 권리를 대위권을 행사하면서 주장할 수도 없다(대판 2009.5.28, 2009다4787). 채권자의 대위행사는 채무자의 제3채무자에 대한 권리의 대위행사이므로, 제3채무자와 채권자 사이의 특별한 관계는 고려되지 않는 것이 대위행사라는 본래의 취지에 맞기 때문이다.

▌ **대판 2009.5.28, 2009다4787**
채권자대위권은 채무자의 제3채무자에 대한 권리를 행사하는 것이므로, 제3채무자는 채무자에 대해 가지는 모든 항변사유로써 채권자에게 대항할 수 있으나, 채권자는 채무자 자신이 주장할 수 있는 사유의 범위 내에서 주장할 수 있을 뿐, 자기와 제3채무자 사이의 독자적인 사정에 기한 사유를 주장할 수는 없는 것이다. 피고 2는 위 가등기유용의 합의로써 피고 1에게 대항할 수 있음은 물론이고, 피고 1을 대위하여 이 사건 가등기의 말소를 구하는 원고에게도 대항할 수 있다. 원고가 위 가등기 유용의 합의에 따른 가등기이전의 부기등기가 경료되기 전에 이 사건 부동산을 가압류하였으므로 피고 2는 그 범위 내에서 원고에게 위 가등기 유용의 합의로써 대항 할 수 없다고 할 것이지만, 피고 1을 대위하여 이사건 가등기의 말소를 구하는 원고로써는 피고 1이 아닌 원고 자신이 피고 2에 대하여 가지는 위 사유를 주장할 수 없다.

사실관계: 원고는 1991년 4월경 A의 B에 대한 채무를 보증하는 보험계약을 체결하였고(보증보험계약), 피고 1은 원고와 A의 원고에 대한 장래의 구상채무를 보증하였다(구상보증계약). 그리고 원고는 같은 해인 1991년 12월경 피고 1 소유의 X부동산을 가압류해두었다. 그런데 1981년 C는 피고 1 소유 위 X부동산에 대한 소유권이전등기청구권을 보전하기 위해 그 부동산에 가등기를 경료하였다. 그 후 보험사고가 발생하여 원고는 B에게 보험금을 지급하였고, 원고의 A에 대한 구상채권은 2006년 2월 경 15억 원에 달하였다. 그런데 C의 예약완결권이 제척기간(10년)의 도과로 소멸하였고, 위 가등기는 무효등기가 되었는데, 피고 1은 2006년 7월경 피고 2와의 사이에 피고 명의의 무효등기를 유용하기로 합의하고, 피고 2 명의로 부기등기의 형식으로 위 가등기의 이전등기를 경료해 주었다. 피고 1은 무자력 상태이다. 원고는 피고 1을 대위하여 피고 2명의의 가등기이전등기의 말소를 구하는 소송을 제기하였다. 원심법원은 무효등기의 유용은 그 등기를 유용하기로 하는 합의가 이루어지기 전에 등기부상 이해관계있는 제3자가 생기지 않은 경우에 한하여 허용되는 것이므로 피고 2는 피고 1과의 이 사건 가등기의 유용 합의에 따른 이 사건 부기등기가 경료되기 전에 이 사건 부동산에 관하여 가압류 등기를 경료한 원고에 대하여는 그 가등기 유용의 합의로써 대항할 수 없다는 이유로 피고 1을 대위하여 이 사건 가등기 말소를 구하는 원고의 청구를 인용하였다. 대법원은 원심판결을 파기, 환송하였다.

Ⅳ. 법률효과

1. 효과의 귀속
2. 비용상환청구권
3. 대위소송판결의 효력
4. 소멸시효의 중단

1. 효과의 귀속

(1) 총채권자를 위한 공동담보

원칙적으로 채권자대위권의 행사효과는 채무자에게 귀속하므로 총채권자를 위한 공동의 담보가 된다.

(2) 대위채권자의 변제수령권

대위채권자에게 변제수령권이 있다. 즉 채권자가 제3채무자에게 직접 자기에게 인도할 것을 청구할 수 있다(대판 1996.2.9. 95다27998). 예컨대 매수인 甲이 미등기 건물을 매수하였으나 소유권이전등기를 하지 못한 경우, 위 건물의 소유권을 원시취득한 매도인 乙을 대위하여 불법점유자 丙에 대하여 인도청구를 할 수 있고, 이 때 甲은 불법점유자에 대하여 직접 자기에게 인도할 것을 청구할 수도 있다. 더 나아가 목적물이 금전이나 동산이라면 채권자의 직접 수령을 막을 필요가

제1편 제2편 제3편 제4편 제5편 제6편 제7편 제8편 제9편 채무불이행

없을 것이다. 그러나 채권자가 변제를 수령한 경우에도 그 효과는 채무자에게 귀속되므로, 원칙적으로는 채권자는 채무자에게 반환할 의무가 있다.

(가) 등기말소청구가 인용될 경우 등기가 있기 이전의 상태로 되돌아 갈 뿐이어서, 등기말소의무의 이행을 채무자에게 하도록 명하든 대위채권자에게 하도록 명하든 차이가 없다(대판 1996.2.9. 95다27998). 즉 제3채무자의 입장에서 등기의 말소를 하는 경우에는 본인 앞으로 이루어진 이전등기를 말소하기만 하면 되므로 이행의 상대방이 채권자가 되든 채무자가 되든 상관이 없다. 따라서 채권자는 소장의 청구취지에 '제3채무자는 채권자에게 이행하라'는 취지로 기재할 수 있고, 법원 또한 청구취지대로 이행할 것을 명하게 된다.

▌**대판 1995.4.14, 94다58148**
채권자대위권을 행사함에 있어서 채권자가 제3채무자에 대하여 자기에게 직접 급부를 요구하여도 어차피 그 효과는 채무자에게 귀속되는 것이므로, 채권자대위권을 행사하여 채권자가 제3채무자에게 그 소유권이전등기의 말소절차를 직접 자기에게 이행할 것을 청구하여 승소하였다고 하여도 그 판결에 기한 말소등기에 따른 등기상태는 채무자 명의로 돌아가는 것이니, 채권자대위권을 행사하는 채권자에게 직접 말소등기절차를 이행할 것을 명한 판결에 위법이 있다고 할 수 없다.

(나) 그러나 채권자가 채무자의 이전등기청구권을 대위행사한 경우 채무자에게로만 이전등기를 청구할 수 있을 뿐이다(대판 1966.7. 26, 66다892). 원칙적으로 중간생략등기가 허용되지 아니하므로 채무자를 생략한 채 채권자에게로의 이전등기를 청구할 수는 없기 때문이다.

(3) 대위채권자의 상계가능성

대위수령한 목적물이 채권자의 채권의 목적물과 동일한 것이고 상계적상에 있으면, 이를 수령한 채권자가 상계를 통해 사실상의 우선변제를 받을 수 있다.

2. 채권의 압류 · 전부명령과의 경합

(1) 피대위채권의 압류 가능성

채권자대위소송에서 제3채무자가 직접 대위채권자에게 금전의 지급할 것을 명하는 판결이 확정되어도 피대위채권이 변제 등으로 소멸하기 전이라면 채무자의 다른 채권자는 이에 대하여 압류 또는 가압류, 처분금지가처분을 할 수 있다(대판 2016.9.28, 2016다205915). 채무자의 제3채무자에 대한 피대위채권이 청구인용 판결의 집행채권으로서 존재하는 것이고 대위채권자는 채무자를 대위하여 피대위채권의 변제를 수령하게 될 뿐 자신의 채권에 대한 변제로서 수령하는 것이 아니기 때문이다.

(2) 피대위채권에 대한 전부명령의 효력

채권자대위소송이 제기되고 대위채권자가 채무자에게 대위권 행사사실을 통지하거나 채무자가 이를 알게 된 이후에 채무자의 또 다른 채권자가 피대위채권에 대한 전부명령을 받을 수 없다(대판 2016.8.29, 2015다236547). 그렇지 않으면 i) 채권자대위소송의 제기가 채권자의 적법한 권리행사방법 중 하나이고 채무자에게 속한 채권을 추심한다는 점에서 추심소송과 공통점도 있음에도 그것이 무익한 절차에 불과하게 될 뿐만 아니라, ii) 대위채권자가 압류·가압류나 배당요구의 방법을 통하여 채권배당절차에 참여할 기회조차 갖지 못하게 한 채 전부명령을 받은 채권자가 대위채권자를 배제하고 전속적인 만족을 얻는 결과가 되어, 채권자대위권의 실질적 효과를 확보하고자 하는 제405조 제2항의 취지에 반하게 되기 때문이다

(3) 채권자대위소송에서 확정된 판결에 따라 대위채권자가 제3채무자로부터 지급받을 채권에 대한 압류명령의 효력

채권의 추심권능이나 변제수령권능이 그 자체로서 독립적으로 처분하여 환가할 수 있는 것이 아니어서 압류의 대상이 되지 않음은 판례의 확고한 입장이다(대판 2019.12.12, 2019다256471). 그런데 채권자대위소송의 승소판결이 확정되어 제3채무자로부터 직접 지급받는 것도 대위채권자의 제3채무자에 대한 추심권능 내지 변제수령권능에 속하여 그 자체로 독립적으로 처분하여 환가할 수 있는 성격의 것이 아니므로, 채권자대위소송에서 확정된 판결에 따라 대위채권자가 제3채무자로부터 지급받을 채권에 대한 압류명령 등도 무효이다(대판 2016.8.29, 2015다236547).

3. 비용상환청구권

대위권을 행사하는 채권자와 채무자 사이에는 법정위임관계가 인정되므로 대위채권자가 비용지출시 비용상환청구가 가능하다(제688조). 그 비용을 피보전채권으로 하여 유치권을 주장할 수도 있을 것이다(제320조).

4. 대위소송판결의 효력

대위소송의 당사자인 대위채권자와 제3채무자에게 판결의 효력이 미친다. 그 이외에 채무자, 채무자의 다른 채권자에게도 판결의 효력이 미칠 수 있다. 채권자대위소송이 계속중인 상황에서 다른 채권자는 동일한 공동소송 참가를 신청할 수 있다(대판 2015.7.23, 2013다30301).

(1) 채권자의 대위소송에서 채무자가 소송참가한 경우(민사소송법 제71조 이하) 또는 채무자에 대하여 소송고지(민사소송법 제84조 내지 제86조)를 한 때에는 판결의 효력이 채무자에게도 미친다(민사소송법 제77조). 이는 기판력이 아닌 특수한 효력, 즉 참가적 효력이 채무자에 미치기 때문이다(대판 2009.7.9, 2009다14340).

소송고지나 소송참가가 없는 경우에도 우리 판례는 채무자가 대위소송의 계속을 안 때에는 기판력이 미친다고 본다(대판(전합) 1975.5.13, 74다1664).

민사소송법 공동소송참가 · 참가적 효력 · 기판력

- **공동소송참가:** 소송목적이 한 쪽 당사자와 제3자에게 합일적으로 확정되어야 할 경우 그 제3자는 공동소송인으로 소송에 참가할 수 있다(민사소송법 제83조(공동소송참가)).
- **참가적 효력(참가효):** 기판력과는 다른 특수효력으로 피참가인이 패소하고 나서 뒤에 참가인이 피참가인을 상대로 소송을 하는 경우 신의칙상 피참가인에 대한 관계에서 참가인은 판결의 내용이 부당하다고 주장할 수 없는 구속력을 의미한다. 참가적 효력은 항변사유라는 점, 또 판결이유에서의 판단도 다툴 수 없는 구속력을 갖는다는 점에서 기판력과는 다르다.
- **기판력:** 일반적으로 재판이 통상의 상소방법에 의하여 다투어질 수 없게 되면, 재판의 내용도 확정되어 같은 동일사건에 대하여 소의 제기를 허용하지 않는 효과를 의미한다.

▎ **대판(전합) 1975.5.13, 74다1664**
채권자가 채권자대위권을 행사하는 방법으로 제3채무자를 상대로 소송을 제기하고 판결을 받은 경우에는 어떠한 사유로 인하였든 적어도 채무자가 채권자대위권에 의한 소송이 제기된 사실을 알았을 경우에는 그 판결의 효력은 채무자에게 미친다.

(2) 채권자가 채무자를 대위하여 제3채무자를 상대로 한 대위소송 판결의 기판력은 채무자가 이러한 소송사실을 알고 있다면 그 판결의 효력이 채무자에게 미치므로, 이러한 경우에는 그 후 다른 채권자가 동일한 소송물에 대하여 채권자대위권에 기한 소를 제기하면 전소의 기판력을 받게 된다(대판 1994.8.12, 93다52808).

반대로 어느 채권자가 채권자대위권을 행사하는 방법으로 제3채무자를 상대로 승소의 확정판결을 받았지만, 채무자가 채권자대위소송이 제기된 사실을 알지 못했다면, 전소의 기판력이 채무자에 대하여 미치지 아니하고 따라서 동일한 소송물에 대하여 다른 채권자가 채권자대위권에 기하여 소를 제기해도 이에는 전소의 기판력이 미치지 않는다.

(3) 채무자가 제3채무자를 상대로 제기한 소송의 판결의 효력은 대위채권자의 대위권 행사에 의한 소송에도 미친다(대판 1981.7.7, 80다2751).

5. 소멸시효의 중단

(1) 대위채권자가 제3채무자를 상대로 채권자대위소송을 제기하면 채무자의 제3채무자에 대한 권리에 시효중단의 효과가 발생한다(대판 2011.10.13, 2010다80930).

그런데 甲이 채무자 乙을 대위하여 제3채무자인 丙에게 채권자대위소송을 제기하여 이행을 청구하다가 당해 피대위채권을 乙로부터 양수하여 양수금청구로 소를 변경한 경우, 당초의 채권자대위소송으로 인한 시효중단의 효력이 소멸하지 않는다(대판 2010.6.24, 2010다17284). 소의 변경이 있지만 i) 그 소송물은 동일한 점(청구원인의 교환적 변경으로서 채권자대위권에 기한 구 청구는 취하된 것으로 보아야 하나, 그 채권자대위소송의 소송물은 채무자의 제3채무자에 대한 계약금반환청구권인데 위 양수금청구는 甲이 위 계약금반환청구권 자체를 양수하였다는 것이어서 양 청구는 동일한 소송물에 관한 권

리의무의 특정승계가 있을 뿐이기 때문이다), ii) 시효중단의 효력은 특정승계인에게도 미치는 점, iii) 계속 중인 소송에 소송목적인 권리 또는 의무의 전부나 일부를 승계한 특정승계인이 소송참가하거나 소송인수한 경우에는 소송이 법원에 처음 계속된 때에 소급하여 시효중단의 효력이 생기는 점, iv) 甲은 위 계약금반환채권을 채권자대위권에 기해 행사하다 다시 이를 양수받아 직접 행사한 것이어서 위 계약금반환채권과 관련하여 원고를 '권리 위에 잠자는 자'로 볼 수 없는 점이 그 논거로 제시된다.

> **대판 2011.10.13. 2010다80930 [채권자대위권 행사의 효과는 채무자에게 귀속되는 것이므로 채권자대위소송의 제기로 인한 소멸시효 중단의 효과 역시 채무자에게 생긴다]**
> 채권자 甲이 채무자 乙을 대위하여 丙을 상대로 부동산에 관하여 부당이득반환을 원인으로 한 소유권이전등기절차 이행을 구하는 소를 제기하였다가 피보전권리가 인정되지 않는다는 이유로 소각하판결을 선고받아 확정되었고, 그로부터 3개월 남짓 경과한 후에 다른 채권자 丁이 乙을 대위하여 丙을 상대로 같은 내용의 소를 제기하였다가 丙과 사이에 피보전권리가 존재하지 않는다는 취지의 조정이 성립되었는데, 또 다른 채권자인 戊가 조정 성립일로부터 10여 일이 경과한 후에 乙을 대위하여 丙을 상대로 같은 내용의 소를 다시 제기한 사안에서, 채무자 乙의 丙에 대한 위 부동산에 관한 부당이득반환을 원인으로 한 소유권이전등기청구권의 소멸시효는 甲, 丁, 戊의 순차적인 채권자대위소송에 따라 최초의 재판상 청구인 甲의 채권자대위소송 제기로 중단되었다고 본 사례이다.

(2) 대위권 행사시 채권자의 채무자에 대한 권리에도 시효중단의 효과가 발생하는지에 대해 견해가 대립된다. 생각건대 채권자대위소송은 채권자가 채무자를 상대로 하는 것이 아니어서 채권자의 채무자에 대한 권리행사로 볼 수 없다는 점에서 시효의 중단을 인정하지 않는 것이 타당하다.

종합사례 1

2013.5.10. 乙은 甲으로부터 자동차를 5,000만 원에 구입하면서 먼저 인도를 받았으나, 대금은 한 달 뒤인 6.10. 일시불로 지급하기로 하였다. 乙이 한 달 뒤에 대금을 지급하기로 한 이유는 자신이 살고 있던 집을 丁에게 2012.12.21. 2억 원에 매도하였는데, 계약금 및 중도금 1억 5천만 원을 받고 남은 잔금을 2013.5.25.에 받기로 되어 있었기 때문이었다. 그런데 2013.5.25.에 집의 소유권을 양도받은 매수인 丁은 잔금 5,000만 원의 지급을 차일피일 미루었고, 丁에게 받을 잔금 이외에는 재산이 없었던 乙은 甲에게 자동차 대금을 지급하지 못하게 되었다. 甲은 乙이 적극적으로 丁에게 대금을 청구하지 않고 있다는 사실을 알고 본인이 직접 丁에게 청구하기로 마음먹었다. 2013.9.10. 甲은 丁에게 자신의 乙에 대한 자동차매매대금채권을 피보전채권으로 하여 乙의 丁에 대한 매매대금채권을 대위행사하는 소를 제기하였고, 소장부본은 2013.9.13. 乙에게 송달되었으나, 소장이 송달되기 전날 乙은 이미 소송이 제기된 사실을 알고 있었다. 2013.9.13. 오후 4시 丁과 乙은 매매계약을 합의해제하였다(소장부본의 송달의 구체적 시간은 증명이 되지 않았다). 위 소송에서 丁은 甲의 채권자대위소송은 부적법하며, 더 나아가 해제로 인하여 자신의 乙에 대한 채무가 소멸하였음을 이유로 甲의 주장은 이유 없다고 항변하였다. 이는 타당한가?

종합사례 해설 1

Ⅰ. 쟁점사안

먼저 乙의 채권자인 甲의 채권자대위소송이 적법한지와 관련하여 채권자대위권 행사 요건을 살펴볼 필요가 있다. 만약에 적법하다면, 대위권 행사 후 채무자 乙에게 통지한 경우 丁과 乙의 계약해제를 제405조 제2항에서 말하는 처분행위로 볼 것인지에 대한 판단이 필요하게 된다.

Ⅱ. 적용법리

1. 甲의 채권자대위소송이 적법한지에 대한 판단

채권자대위권 행사의 요건은 (ⅰ) 피보전채권의 존재, (ⅱ) 피보전채권의 이행기 도과, (ⅲ) 채권보전의 필요성, (ⅳ) 채무자가 스스로 권리를 행사하지 않을 것, (ⅴ) 피대위권리의 존재이다.

가. 피보전채권의 존재 및 이행기 도과

甲은 乙에게 이행기가 도래한 5,000만 원의 채권이 존재하므로 피보전채권은 존재한다.

나. 채권보전의 필요성

채권자대위권을 행사하기 위해서는 원칙적으로 채무자의 무자력 요건이 필요하다. 물론 예외적으로 피보전채권과 피대위권리가 밀접하게 관련되어 채권자대위권을 행사하지 않으면 피보전채권을 유효적절하게 행사할 수 없는 경우이거나 피보전채권이 특정채권인 경우에는 무자력 요건은 요구되지 않는다. 그런데 본 사안의 경우에는 피보전채권이 금전채권이라는 점(즉, 특정채권이 아니라는 점), 피대위권리와 밀접한 연관성을 갖는 것도 아니라는 점에서, 채무자인 乙은 무자력요건을 갖추어야 할 것이다.

사안에서 乙은 丁에게 받을 잔금 이외에 어떠한 재산도 가지고 있지 않으므로 무자력요건을 충족한다.

다. 채무자의 권리 불행사

사안에서 乙은 자신의 채권을 행사하지 않고 있었다는 점에서 이 요건은 충족된다.

라. 피대위권리의 존재

일신에 전속하는 권리가 아닌 이상 채무자의 일반재산의 보전과 관련있는 재산권은 그 종류를 불문하고 채권자대위권의 목적인 피대위권리가 된다. 乙의 잔금채권은 일신에 전속하지 않으므로 피대위권리가 될 수 있다.

마. 소 결

사안에서는 채권자대위권 행사를 위한 요건을 모두 갖추었다는 점에서 甲의 소는 적법하다.

2. 丁과 乙 사이의 합의해제가 제405조 제2항의 처분행위에 해당하는지 여부

제405조에 의하면 채권자가 채권자대위권을 행사한 경우 채무자에게 이를 통지하여야 하고(제405조 제1항), 채무자는 채권자대위권 행사의 통지를 받은 후에는 그 권리를 처분하여도 이로써 채권자에게 대항하지 못한다(제405조 제2항). 이를 반대해석하면 만약 채무자에게 채권자대위권 행사를 통지하기 전에 채무자 乙이 처분행위를 한 경우에는 피대위권리가 존재하지 않게 되므로 채권자에게 대항할 수 있게 된다. 이 문제를 해결하기 위해서는 먼저 甲과 乙의 해제를 처분행위로 볼 수 있는지를 확인하고, 처분행위로 볼 수 있다면, 그 처분행위가 통지 후에 이루어진 것인지를 판단해보아야 할 것이다.

가. 丁과 乙의 합의해제는 처분행위에 해당하는지 여부

제405조 제2항의 '처분'에 해당하는 것은 채권의 포기, 채권양도 등 채권 자체에 대한 처분행위와 채권발생의 기초가 되는 법률관계에 대한 처분행위 등이다. 합의해제는 채권자대위권의 객체인 채무자의 제3채무자에 대한 채권을 채무자가 소멸시키는 적극적인 행위에 해당되므로 제405조 제2항의 처분행위에 해당된다. 사안에서는 丁과 乙이 합의해제했으므로 이는 채무자 乙의 처분행위로 볼 수 있다.

나. 채권자대위권 행사 통지 후의 처분행위인지 여부

채권자가 채권자대위권의 행사 통지를 받은 후에는 채무자는 피대위채권의 처분이 제한된다. 채무자의 처분행위가 통지 이후 있었다는 사실은 이를 주장하는 채권자가 증명하여야 하는데, 본 사안에서는 채무자의 처분(합의해제)이 통지 이후에 있었다는 사실이 증명되지 않았다. 그러나 우리 판례는 채권자의 통지없이 다른 경로로 대위권행사 사실을 알게 된 경우에도 신의칙상 통지가 있었던 경우와 동일하게 취급(대판 2003.1.10, 2000다27343; 대판 1988.1.19, 85다카1792)하고 있다. 본 사안에서 이미 乙은 송달 전날에 대위권의 행사사실을 알고 있었으므로 乙의 합의해제는 甲의 대위권 행사 통지 후의 처분으로 취급된다.

Ⅲ. 사안의 해결

甲의 채권자대위권 행사는 행사요건을 모두 갖추었다는 점에서 적법하며, 丁과 乙의 합의해제는 처분행위에 해당하고, 乙은 합의해제 당시 채권자대위권의 행사사실을 알고 있었으므로, 대위채권자인 甲에게 대항할 수 없다.

종합사례 2

A, B는 그들이 C로부터 매수한 상가를 甲이 소유한 여관과 교환하고 각각 소유권이전등기를 경료하였다. 그 후 A, B는 甲으로부터 취득한 여관을 D에게 매도하였지만, 점유만 이전하여 주고 아직 소유권이전등기를 경료하여 주지 않았다. 그런데 甲이 취득한 상가에는 유치권이 성립되어 있어서 甲이 이를 사용할 수 없게 되었고, 甲은 제575조 제2항의 담보책임을 물어 위 교환계약을 적법하게 해제하였다.

甲이 하나의 소송으로 A, B에게 여관의 소유권이전등기말소를 청구하고 D에게 여관의 인도를 청구하는 소송을 제기하였으나, A, B는 상가에 대한 소유권이전등기말소와 동시이행으로 여관의 소유권등기를 말소하겠다는 취지의 동시이행항변권을 행사하지 않았다. 이에 D는 자신의 A, B에 대한 소유권이전등기청구권을 보전하기 위해, A, B의 甲에 대한 상가소유권이전등기의 말소등기청구권을 대위행사하였다. D의 대위권 행사에 대한 법원의 판단은?

종합사례 해설 2

이 사건에 있어서 보전하려고 하는 D의 채권은 A, B와 D 사이의 매매계약으로 인한 이 사건 여관에 관한 소유권이전등기청구권인데, D가 대위행사하는 A, B의 권리는 이 사건 교환계약의 해제로 인한 甲에 대한 이 사건 상가에 관한 소유권이전등기 말소등기청구권이고 D가 이 사건 상가에 관한 위 청구권을 대위행사하여 이 사건 상가에 관한 甲의 소유권이전등기가 말소되어 나머지 A, B 명의로 회복된다 하더라도 D의 A, B에 대한 이 사건 여관에 관한 소유권이전등기청구권이 보전되지 않으므로, D의 위 채권자대위권은 보전의 필요성을 갖추지 못하여 부적법 각하될 것이다(대판 1993.4. 23, 93다289).

요건사실론 **채권자대위소송**

1. 채권자의 청구

가. 채권자대위소송의 요건사실은 ① 피보전채권의 존재, ② 피보전채권의 변제기 도래,4) ③ 보전의 필요성, ④ 채무자의 권리 불행사, ⑤ 피대위권리의 존재이다. 채권자대위소송을 법정소송 담당으로 보는 판례의 입장에 따르면 ①부터 ④는 소송요건으로서 이를 흠결한 대위소송은 부적법하여 각하되고, ⑤는 본안의 요건사실로서 이를 흠결한 대위소송은 청구기각된다.

나. 피보전채권에 대한 주장·증명책임은 원칙적으로 채권자대위권을 행사하는 자에게 있으므로, 법원은 당사자가 피보전권리로 주장하지 않은 권리를 피보전권리로 인정할 수 없다($\binom{\text{대판 2000.}}{\text{1. 28. 98}}$ $\binom{\text{다}}{17183}$). 그런데 채권자대위소송에서 피보전채권이 존재하는지 여부는 소송요건으로서 법원의 직권조사사항이므로, 법원으로서는 그 판단의 기초자료인 사실과 증거를 직권으로 탐지할 의무까지는 없다 하더라도, 법원에 현출된 모든 소송자료를 통하여 살펴보아 피보전채권의 존부에 관하여 의심할 만한 사정이 발견되면 직권으로 추가적인 심리·조사를 통하여 그 존재 여부를 확인하여야 할 의무가 있다($\binom{\text{대판 2009.4.23.}}{\text{2009다3234}}$).

다. 피보전채권이 금전채권인 경우 채무자가 무자력이어야 보전의 필요성이 인정되는데, 채무자의 무자력 사실은 채권자가 주장·증명해야 한다.

라. 채무자의 권리 불행사와 관련하여, 채권자대위소송(후소) 당시 이미 채무자가 제3채무자를 상대로 피대위권리를 재판상 행사하는 소(전소)를 제기한 경우, 판례는 전소가 소송계속 중이면 중복제소금지 위반으로 후소를 각하해야 한다($\binom{\text{대판 1981.7.}}{\text{7. 80다2751}}$). 만약 전소에서 청구기각 판결이 확정되었으면 법원은 후소에서 당사자적격(원고적격) 흠결로 소를 각하해야 한다($\binom{\text{대판 1992.11.}}{\text{10. 92다30016}}$).5)

2. 제3채무자의 항변

가. 채권자가 채권자대위권을 행사한 경우, 제3채무자는 채무자가 채권자에 대하여 가지는 항변으로 대항할 수 없다. 예컨대 피보전채권이 시효로 소멸한 경우 채무자는 채권자에게 소멸시효 완성을 주장할 수 있으나, 제3채무자는 시효이익을 직접 받는 자가 아닌 한 이를 행사할 수 없다. 그런데 채권자 대위소송의 제3채무자는 시효이익을 직접 받는 자가 아니므로($\binom{\text{대판 2008.1.31.}}{\text{2007다64471}}$)6) 제3채무자가 피보전채권이 시효소멸되었다고 주장하는 것은 유효한 본안 전 항변이 아니다.

나. 채권자대위권은 채무자의 제3채무자에 대한 권리를 행사하는 것이므로, 제3채무자는 채무자에 대해 가지는 모든 항변사유로 채권자에게 대항할 수 있다($\binom{\text{대판 2009.5.28.}}{\text{2009다4787}}$). 즉 피대위채권이 변제, 소멸시효 완성, 채무자의 처분(◑ 합의해제) 등으로 소멸하였다는 제3채무자의 주장은 유효한 항변이 된다. 예컨대, 임차인이 임대인의 동의를 얻어 전대한 경우에 전차인은 임대인에 대하여

---

5) 법원의 허가가 있거나 보전행위인 경우에는 불필요하다(제404조 제2항).
6) 종래 판례는 전소에서 청구기각 판결이 확정되었으면 전소의 기판력이 후소에 미치므로 법원은 후소에서 청구기각 판결을 선고해야 한다(대판 1979.3.13. 76다688)고 보았다.
7) 그러나 채권자가 채무자에 대한 채권을 보전하기 위하여 제3채무자를 상대로 채무자의 제3채무자에 대한 채권에 기한 이행청구의 소를 제기하는 한편, 채무자를 상대로 피보전채권에 기한 이행청구의 소를 제기한 경우, 채무자가 그 소송절차에서 소멸시효를 원용하는 항변을 하였고, 그러한 사유가 현출된 채권자대위소송에서 심리를 한 결과, 실제로 피보전채권의 소멸시효가 적법하게 완성된 것으로 판단되면, 채권자는 더 이상 채무자를 대위할 권한이 없게 되어 채권자대위소송은 각하된다(위 2007다64471 판결).

그 사용의 편익을 위하여 임대인의 동의를 얻어 시설한 부속물의 매수청구권을 행사할 수 있고, 임대인을 대위하여 명도청구를 하는 원고에 대하여도 부속물 매수대금 지급시까지의 연기적 항변권을 주장할 수 있다(대판 1981.11. 10, 81다378).

3. 채권자의 재항변

가. 채권자는 채무자가 주장할 수 있는 사유의 범위 내에서 주장할 수 있을 뿐 자기와 제3채무자 사이의 독자적인 사정에 기한 사유를 주장할 수 없다. 따라서 채권자가 무효인 소유권이전등기청구권의 보전을 위한 가등기의 유용 합의에 따라 부동산 소유자인 채무자로부터 그 가등기 이전의 부기등기를 마친 제3채무자를 상대로 채무자를 대위하여 가등기의 말소를 구한 사안에서, 채권자가 그 부기등기 전에 부동산을 가압류한 사실을 주장하는 것은 채무자가 아닌 채권자 자신이 제3채무자에 대하여 가지는 사유에 관한 것이어서 허용되지 않는다(대판 2009.5.28, 2009다4787).

나. 채권자대위권 행사의 효과는 채무자에게 귀속되는 것이므로 채권자대위소송의 제기로 인한 소멸시효 중단의 효과 역시 채무자에게 생긴다(대판 2011.10.13, 2010다80930). 따라서 채권자는 제3채무자의 시효소멸 항변에 대하여 이전의 다른 채권자의 대위소송 제기에 따른 시효중단(또는 채무자의 권리행사에 의한 시효중단)을 재항변으로 주장할 수 있다.

다. 채권자가 채권자대위권에 기해 채무자의 권리를 행사한 사실을 채무자에게 통지한 후에는 채무자가 그 권리를 처분해도 채권자에게 대항하지 못하고(제405조), 채권자가 통지를 아니한 경우라도 채무자가 자기의 채권이 채권자에 의하여 대위 행사되고 있는 사실을 알고 있는 경우에는 그 처분을 가지고 채권자에게 대항할 수 없다(대판 1977.3.22, 77다118). 따라서 합의해제 등 채무자의 처분으로 피대위권리가 소멸하였다는 제3채무자의 항변에 대하여 채권자는 그 처분 전에 채무자에게 대위행사 사실을 통지했다는 점 또는 채무자가 대위행사 사실을 알고 있었다는 점을 재항변으로 주장할 수 있다.

제2절 채권자취소권

Ⅰ. 의의 및 법적 성질
Ⅱ. 요 건
Ⅲ. 취소권의 행사
Ⅳ. 취소권행사의 효과

제406조 【채권자취소권】 ① 채무자가 채권자를 해함을 알고 재산권을 목적으로 한 법률행위를 한 때에는 채권자는 그 취소 및 원상회복을 법원에 청구할 수 있다. 그러나 그 행위로 인하여 이익을 받은 자나 전득한 자가 그 행위 또는 전득 당시에 채권자를 해함을 알지 못하는 경우에는 그러하지 아니하다.
② 전항의 소는 채권자가 취소원인을 안 날로부터 1년, 법률행위 있은 날로부터 5년 내에 제기하여야 한다.

제407조【채권자취소의 효력】 전조의 규정에 의한 취소와 원상회복은 모든 채권자의 이익을 위하여 그 효력이 있다.

Ⅰ. 의의 및 법적 성질

1. 정 의

채권자취소권은 채무자가 채권자를 해함을 알면서 자기의 일반재산을 감소시키는 법률행위(사해행위)를 한 경우, 채권자가 그 행위를 취소하고 재산을 원상으로 회복시킬 수 있는 권리이다. 채권자취소권은 채무자의 법률행위를 취소하고 원상회복함으로써 채권의 책임재산을 보전·유지케 하는 제도(반대로 채무자의 자유나 이익, 또는 거래안전이 희생된다)로 채무자회생법에서 정한 부인권(否認權)과 같은 목적을 추구한다.

참고 **채무자회생법상 부인권**

채무자회생법상 부인권은 회생절차($\binom{채무자회생법}{제100조\ 이하}$), 파산선고절차($\binom{채무자회생법}{391조\ 이하}$), 개인회생절차($\binom{채무자회생}{법\ 제584조}$)가 개시된 이후에 채권자를 해하는 행위(특정채권자에 대한 변제나 담보제공 등)의 효력을 상실하게 하는 제도를 말한다. 행사주체는 각각의 절차가 개시된 후에 관리인 또는 재산관리인이다.

2. 법적 성질

채권자취소권은 취소를 본체로 하는 것인가 아니면 책임재산의 반환을 본체로 하는 것인가에 대해 형성권설(취소권설), 청구권설, 형성권과 원상회복청구권의 결합으로 보는 병합설(통설), 책임설 등으로 견해가 나뉜다. 어떠한 입장을 취하는가에 따라 채권자취소소송의 상대방, 수익자나 전득자의 선의·악의에 따른 취소권의 가부 그리고 취소의 효과 등의 차이가 발생한다. 판례는 병합설의 입장을 취한다($\binom{대판\ 2008.4.24.}{2007다84352}$).

병합설 입장에 따라서 채권자는 피고인 수익자 또는 전득자를 상대로 사해행위의 취소 및 원상회복을 소로써 청구해야 한다. 예컨대, 원고가 A의 채권자로서 A가 그 소유의 X부동산을 피고에게 매도하기로 하는 매매계약(2016.1.16. 체결)을 사해행위로 취소하고, 위 매매에 기한 피고 명의의 소유권이전등기의 말소를 원상회복으로 구하는 경우에, 그 청구취지는 "1. 피고와 소외 A 사이에 X부동산에 관하여 2016. 1. 16. 체결된 매매계약을 취소한다. 2. 피고는 원고에게 위 X부동산에 관하여 ○○지방법원 2016. 1. 20. 접수 제○○○○○호로 마친 소유권이전등기의 말소등기절차를 이행하라"가 된다.

3. 소의 성질

통설과 판례는 채권자취소권의 법적 성질을 병합설로 이해하므로, 소의 성질 또한 형성의 소와 이행의 소의 결합으로 본다. 요컨대 사해행위취소는 형성소송에 해당하며, 일탈재산 반환의 원상회복은 이행소송에 해당한다.

사해행위 취소의 소와 원상회복청구의 소는 서로 소송물과 쟁점을 달리하는 별개의 소로서 양자가 반드시 동시에 제기되어야 하는 것은 아니고 별개로 제기될 수 있다. 전자의 소에서는 승소하더라도 후자의 소에서는 당사자가 제출한 공격·방어 방법 여하에 따라 패소할 수도 있다. 취소채권자가 사해행위 취소의 소를 제기하여 승소한 경우 그 취소의 효력은 제407조에 의하여 모든 채권자의 이익을 위하여 미치고 이로써 그 소의 목적은 달성된다. 따라서 채권자가 원상회복청구의 소에서 패소할 것이 예상된다는 이유로 그와 별개인 사해행위 취소의 소에 대하여 소송요건을 갖추지 못한 것으로 보아 소의 이익을 부정할 수 없다($^{대판\ 2012.12.26.}_{2011다60421}$).

4. 효과: 상대적 무효설

(1) 소의 상대방(당사자적격의 한정)

사해행위취소의 효과는 목적물 반환에 필요한 범위 내에서 그 상대방에 대한 관계에서만 상대적인 효력을 미친다($^{대판\ 1961.11.9.}_{4293민상263}$). 따라서 채무자는 상대방이 될 수 없다($^{대판\ 1984.11.}_{24,\ 84마610}$). 악의의 수익자 또는 전득자가 피고가 된다.

(2) 상대방 선택의 자유

악의의 수익자와 악의의 전득자 중 누구를 상대방으로 할 것인가는 채권자의 자유이다. 채권자는 수익자와 전득자 모두를 상대방으로 하여 소를 제기할 수 있다. 채무자와 거래한 수익자를 상대로 사해행위 취소소송을 할 수 있으며, 제3자의 채권침해를 이유로 손해배상을 청구할 수도 있다($^{대판\ 2019.7.25.}_{2019다206933}$).

5. 채권자대위권과의 비교

채권자취소권과 채권자대위권은 모두 채권의 공동담보의 확보에 기여한다.

그러나 채권자취소권은 일단 유효하게 성립된 법률행위를 사후적으로 법률행위 당사자 이외의 자가 그 효력을 부정하는 것이기 때문에 제3자에게 미치는 영향이 채권자 대위권에 비하여 매우 크다. 따라서 행사상 일정한 제한(**예** 반드시 소송상으로만 행사할 것, 취소채권자의 채권은 사해행위 전에 발생했을 것, 행사기간의 제한 등)을 가하고 있다.

채권자대위권과 채권자취소권의 비교

	채권자대위권	채권자취소권
성질	일종의 법정재산관리권	형성권과 청구권의 결합
행사	재판상 또는 재판 외에서 행사	재판상으로만 행사

피보전 채권	채권자의 채권은 채무자의 제3채무자에 대한 권리 보다 먼저 성립되어 있을 필요 없음	채권자의 채권은 사해행위 이전에 이미 발생한 것이어야(원칙)
이행기	채권자의 채권의 이행기가 도래하여야 함 (법원의 허가가 있는 경우와 보존행위는 예외)	채권자의 채권이 이행기에 도달할 필요 없음
무자력	보통 채무자의 무자력을 요하지만, 특정채권의 보전을 위한 경우에는 채무자의 무자력을 요하지 않음	채무자의 무자력을 요함
대상	채권자대위권에 의해 보전되는 채권은 금전채권에 한하지 않고 특정채권도 가능	채권자취소권에 의해 보전되는 채권은 금전채권에 한함
기간	행사기간의 제한 없음	취소권(제척기간으로 1년, 5년) 원상회복청구권(소멸시효기간으로 10년)

Ⅱ. 요 건

1. **채권자취소권의 객관적 요건(피보전채권의 존재 + 사해행위)**
   (1) 피보전채권의 존재
   (2) 법률행위로서의 사해행위
2. **채권자취소권의 주관적 요건(채무자의 사해의사 + 수익자 또는 전득자의 악의)**
   (1) 채무자의 악의(사해의사)
   (2) 수익자 또는 전득자의 악의
3. **제척기간의 준수**
   (1) 제소기간으로서 제척기간
   (2) 전득자 또는 수익자에 대한 권리행사기간
   (3) 사해행위취소청구와 원상회복청구를 별도로 행사하는 경우
   (4) 채권자취소권을 대위행사하는 경우

요건사실론 **채권자취소권**

피보전채권의 존재, 사해행위, 사해의사는 채권자의 청구원인사유이다. 반면에 수익자·전득자의 선의, 제척기간의 도과, 채무자의 자력회복, 피보전채권의 시효소멸 등은 항변사유이다.

1. 채권자취소권의 객관적 요건(피보전채권의 존재 + 사해행위)

(1) 피보전채권의 존재

(가) 피보전채권이 인정되지 아니하는 경우의 소송상 처리

피보전채권의 존재는 채권자취소권의 요건이자, 사해행위취소의 범위를 정하는 기준이 된다. 피보전채권이 흠결된 경우에 관하여 학설은 소각하설과 청구기각설로 나뉘나, 판례는 "피보전채권의 존재여부는 채권자대위소송과 달리 원고적격과 관련된 문제가 아니라 본안요건이

라는 점에서 각하가 아니라 기각을 하게 된다"고 하여 청구기각설의 입장이다$\binom{\text{대판 1993.2.12. 92다}}{\text{25151; 대판 1999.4.27.}}$ $\binom{98다}{56690}$.

채권자대위권과 채권자취소권의 피보전채권의 소송법상 지위 비교

채권자대위소송에서 피보전채권의 소송법상 지위에 대하여 견해가 나뉜다. 통설은 채권자대위소송을 제3자의 법정소송담당으로 파악하고, 피보전채권의 존재 자체가 원고적격으로서 직권조사사항인 소송요건에 해당하여 부존재시 소각하판결을 하여야 한다고 하고 있다. 반면에 소수설은 실체법상 권리로서 본안심리문제이므로 청구기각판결을 해야 한다는 입장이다. 판례는 피보전채권의 존부를 직권조사사항인 소송요건으로 보아 변론주의가 적용되는 본안소송물의 요건사실이 아니라고 본다. 이러한 이유에서 판례는 피보전채권의 부존재로 채권자대위소송의 각하판결이 확정되었다고 하더라도, 당해 소송판결의 기판력은 당해 피보전채권의 부존재라는 점에만 미치기 때문에 다른 채권자는 피보전채권으로 변경하여 또 다시 동일한 피대위채권에 대하여 대위소송을 제기하더라도 확정된 각하판결의 기판력에 저촉되지 않는다고 본다$\binom{\text{대판 2011.10.13.}}{\text{2010다80930}}$.

채권자취소소송에서 채권자의 채무자에 대한 피보전채권의 존재가 본안전판단사항인 소송요건인지 소송물의 내용을 이루는 법률요건인지에 관하여 다툼이 있다. 즉 피보전채권이 부존재하거나 그 존재가 증명되지 않을 경우 부적법한 소제기로 각하판결을 하여야 하는지 본안요건사실의 인정문제로 청구기각판결을 하는 것이 옳은지에 대해서는 견해가 나뉜다. 통설은 채권자취소권은 채권자가 자기의 권리를 행사하는 것이므로 채권자대위소송에서의 대위적격과 같은 당사자적격의 문제로 보지 않는다. 요컨대 통설은 이러한 채권자취소소송의 이행소송적 측면을 고려하여 피보전채권의 존재를 채권자취소소송의 실체법상의 법률요건으로 보아 피보전채권이 없는 경우 법원은 청구를 기각하는 입장이다. 반면 일부 견해는 채권자취소소송인 형성소송은 이행소송과는 달리 법규에서 형성권을 행사할 수 있는 자가 원고적격자라는 점을 논거로 피보전채권의 존재를 당사자적격의 문제로 보아 피보전채권이 없는 경우 법원은 소를 각하해야 한다고 본다.

판례는 통설과 마찬가지로 채권자취소권을 취소채권자의 고유의 권리로 이해하고, 피보전채권을 직권조사사항인 소송요건이 아닌 변론주의의 적용을 받는 본안청구원인의 요건사실로 본다. 따라서 판례는 피보전채권의 부존재시 청구기각의 본안판결을 한다$\binom{\text{대판 2012.3.29.}}{\text{2011다81541}}$.

(나) 피보전채권의 성립시기

1) 채권자대위권의 경우와 달리, 원칙적으로 채권자취소권에서의 피보전채권은 사해행위가 행하여지기 전에 발생한 것이어야 한다$\binom{\text{대판 1999.4.27.}}{\text{98다56690 등}}$. 채권의 성립일이 사해행위 전이기만 하면 되며 변제기가 도래하였을 것까지 요하지 않는다. 채무자가 채무만을 발생시키고 그에 따른 재산권 이전 사이(예컨대 부동산의 매매계약체결과 그에 따른 등기 사이)에 취소채권자의 채권이 성립했다면 사해행위 당시 피보전채권이 아직 발생하지 않았다는 점에서 채권자취소권을 인정하지 않는다. 채무부담행위로 채무초과에 빠지면 사해행위가 인정하기 때문이다$\binom{\text{대판 2002.10.25.}}{\text{2000다64441}}$. 채무자의 매매계약체결 전에 채권을 취득한 자는 그 매매계약만을 취소할 수 있지만, 반대로 그 이

후에 채권을 취득한 사람에게 사해행위 취소권은 부정된다고 할 것이다.

또 취소채권자의 피보전채권의 변제기가 아직 도래하기 전이라도 취소권을 행사할 수 있는 지에 대해서 별도의 제한이 없으므로 가능하다고 볼 것이다. 다만 책임재산의 증감이 있을 수 있으므로 취소권의 행사시까지는 이행기가 도래해야 하는 것으로 새겨야 할 것이다.

한편 원본채권의 발생이 사해행위 발생 이전이라면, 사해행위 이후 사실심변론종결시까지 발생한 이자나 지연손해금도 피보전채권으로 인정된다. 또한 채권자의 채권이 사해행위 이전에 성립되어 있는 이상 그 채권이 양도된 경우에도 그 양수인이 채권자취소권을 행사할 수 있고, 이 경우 채권양도의 대항요건을 사해행위 이후에 갖추었더라도 채권양수인이 채권자취소권을 행사할 수 있다(대판 2006.6.29, 2004다5822).

2) 예외적으로 아래의 세 가지 요건을 모두 갖춘 경우 사해행위 당시 아직 발생하지 않은 채권에 대해서도 사해행위가 인정된다(대판 1999.11.12, 99다29916; 대판 2011.1.13, 2010다68084). 8)

(ⅰ) 사해행위 당시에 이미 채권성립에 기초가 되는 법률관계가 발생되어 있고(기초적 법률관계의 존재), (ⅱ) 가까운 장래에 그 법률관계에 기하여 채권이 성립되리라는 점에 대한 고도의 개연성이 있으며(고도의 개연성), (ⅲ) 실제로 가까운 장래에 그 개연성이 현실화되어 채권이 성립된 경우(개연성의 현실화)에 세가지 요건이 구비된 것으로 본다.

'채권성립의 기초가 되는 법률관계'는 당사자 사이의 약정에 의한 법률관계에 한정되는 것이 아니고, 채권성립의 개연성이 있는 준법률관계나 사실관계 등을 널리 포함한다. 따라서 당사자 사이에 채권 발생을 목적으로 하는 계약의 교섭이 상당히 진행되어 그 계약체결의 개연성이 고도로 높아진 단계도 여기에 포함된다(대판 2002.11.8, 2002다42957).

채권자취소권에 의하여 보호될 수 있는 채권이 성립할 '고도의 개연성'은 채권자와 채무자 사이의 기초적 법률관계의 내용, 채무자의 재산상태 및 그 변화 내용, 일반적으로 그와 같은 상태에서 채권이 발생하는 빈도 및 이에 대한 일반인의 인식 정도 등 여러 가지 사정을 종합하여 객관적으로 판단하여야 한다(대판 2012.2.23, 2011다76426). 예컨대, 채무자가 수익자와 매매예약(사해행위)을 체결할 당시 취소채권자(보증인)의 채무자에 대한 구상금 채권이 현실적으로 아직 발생하지 않았더라도 실제로 매매예약 체결 이후 채 4개월도 되지 못한 시점부터 이자의 지급을 연체하다가 부도를 내어 취소채권자가 보증책임을 이행함으로써 위 개연성이 현실화되어 취소채권자의 구상금 채권이 성립한 경우에는 고도의 개연성이 인정된다(대판 2002.4.12, 2000다43352). 반면에 채무자의 보증인에 대한 구상채무를 연대보증한 자가 채무자 부도 이전에 그 소유의 부동산을 제3자에게 매도한 사안에서, 매도 후 상당기간 뒤에 구상채권이 발생하였고 매도 당시 주채무자의 재정 상태에 대한 증명이 없음을 이유로 채권자취소권의 피보전채권인 구상채권이 성립할 고도의 개연성이 부정되기도 한다(대판 2000.6.27, 2000다17346)도 있다.

한편 계속적 물품공급계약이 있더라도 이에 따라 거래당사자의 채권이 바로 성립하지 않으

---

8) 이는 더 나아가 채무자의 소극재산을 판단하는 경우에도 적용된다.

며 구체적으로 물품공급을 의뢰하고 상대방이 물품을 공급하는 별개의 법률관계가 성립해야만 채권이 성립하므로 사해행위 당시 계속적 물품공급거래가 존재했다는 사정만으로 채권성립의 기초가 되는 법률관계가 인정되지는 않는다($\binom{\text{대판 2023.3.16,}}{\text{2022다272046}}$).

사례 8 2009.1.2. 甲법인은 K은행으로부터 3억 원을 대출받았고(상환은 2010.1.2.에 하기로 하였음), 乙은 甲법인의 대표이사로서 甲의 채무를 보증하기 위하여 K은행과 연대보증계약을 체결하였다. 상환일(2010.1.2.)이 되어도 甲이 부도위기에 처하여 상환하지 못하자, K은행은 대출기간을 연장한다는 측면에서 甲과 신규대출계약을 2010.1.30. 체결하였다. 한편 乙은 甲법인의 대표이사로서 특별한 사정이 없는 한 신규대출시에도 연대보증인으로 될 것이 확실시되었고, 실제로 신규대출 당시 乙은 대출관련 서류의 연대보증인란에 서명·날인하였다. 그런데 乙은 2010.1.21. 자신의 유일한 부동산(x)에 관하여 丙에게 매매예약을 원인으로 하여 소유권이전청구권 가등기를 경료하고, 2010.1.30. 매매를 원인으로 하여 이 가등기에 기한 소유권이전의 본등기를 경료하였다. 2010.6.7. 결국 甲법인은 최종적으로 파산하였다.

이에 K은행은 乙에게 연대보증책임을 주장하려고 하였으나, 乙 또한 채무초과상태라는 사실을 알고 乙이 2010.1.21.에 丙에게 가등기를 해준 행위를 사해행위로 취소하는 소를 제기하였다. 이러한 K은행의 주장은 인용될 수 있는가? (다만 甲법인의 신규대출의 법적성격은 준소비대차가 아닌 경개에 해당한다) (대판 2002.3.29, 2001다81870 참조)

│해설 8│ 인용될 수 있다.

채권자취소권에 의하여 보호될 수 있는 채권은 원칙적으로 사해행위라고 볼 수 있는 행위가 행하여지기 전에 발생된 것을 요하지만, 그 사해행위 당시에 이미 채권 성립의 기초가 되는 법률관계가 발생되어 있고, 가까운 장래에 그 법률관계에 터잡아 채권이 성립되리라는 점에 대한 고도의 개연성이 있으며, 실제로 가까운 장래에 그 개연성이 현실화되어 채권이 성립된 경우에는 그 채권도 채권자취소권의 피보전채권이 될 수 있다.

일단 乙의 재산처분행위는 신규대출에 대한 연대보증을 하기 전에 이루어진 행위이기는 하나, 부동산에 관한 가등기가 경료될 당시 이미 K은행의 신규대출에 따른 채권 성립의 기초가 되는 법률관계가 발생되어 있었고, 가까운 장래에 그 법률관계에 기하여 채권이 성립되리라는 점에 대한 고도의 개연성이 있었으며, 실제로 가까운 장래에 그 개연성이 현실화되어 채권이 성립된 경우에 해당하므로, K은행은 신규대출에 따른 보증채권을 이 사건 사해행위취소의 피보전채권으로 삼을 수 있을 것이다.

■ 대판 2002.3.29, 2001다81870

이른바 대환으로서 이루어진 신규대출의 법적 성질이 준소비대차가 아닌 경개로 인정되어 신규대출에 따른 채무가 종전 대출에 따른 채무와 법적 동일성이 없다고 하더라도, 그 대환 전의 종전 대출채무의 연대보증인이었다가 대환 후의 신규 대출채무에 대하여도 연대보증인이 된 자의 재산처분행위가 사해행위인지 여부를 판단함에 있어서, 신규대출에 따른 연대보증채권이 사해행위취소권의 피보전채권이 될 수 있다.

> **사례 9** 甲(채무자)은 H카드사(채권자)와 신용카드가입계약을 체결하고, 2011.5.8. 신용카드를 발급받았다. 甲은 2011.8.9.에 처음으로 신용카드를 사용하기 시작하여 신용카드대금을 연체하게 되었다. 이에 H카드사는 甲이 무자력상태라는 사실을 알게 되었고, 신용카드를 수령한 후인 2011.7.7. 甲이 자신의 유일한 부동산을 매도한 행위를 사해행위로 취소하는 소를 제기하였다. H카드사의 주장에 대한 법원의 판단은? (대판 2004.11.12, 2004다40955 참조)
>
> **해설 9** 기각할 것이다.
> 채무자가 채권자와 신용카드가입계약을 체결하고 신용카드를 발급 받았으나 자신의 유일한 부동산을 매도한 후에 비로소 신용카드를 사용하기 시작하여 신용카드대금을 연체하게 된 경우, 그 신용카드대금채권은 신용카드를 사용함으로써 비로소 성립하는 것이므로 사해행위 이후에 발생한 채권에 불과하여 사해행위의 피보전채권이 될 수 없다.

> **사례 10** 甲은 乙에게 2000.1.5. 3억 원을 빌려주었다. 그런데 2010.5.9. 채무초과상태에 있던 乙이 자신의 유일한 부동산을 丙에게 무상으로 증여하자, 甲은 丙을 상대로 乙의 증여행위를 사해행위로 취소하는 소를 제기하였다. 이에 丙은 甲의 乙에 대한 피보전채권은 이미 소멸시효가 완성되었다고 항변하였다. 丙의 이러한 항변은 타당한가? (대판 2007.11.29, 2007다54849 참조)
>
> **해설 10** 타당하다.
> 소멸시효를 원용할 수 있는 사람은 권리의 소멸에 의하여 직접 이익을 받는 자에 한정되는 바, 사해행위취소소송의 상대방이 된 사해행위의 수익자(전득자)는 사해행위가 취소되면 사해행위에 의하여 얻은 이익을 상실하고 사해행위취소권을 행사하는 채권자의 채권이 소멸하면 그와 같은 이익의 상실을 면하는 지위에 있으므로, 그 채권의 소멸에 의하여 직접 이익을 받는 자에 해당하는 것으로 보아야 한다.
> 채권자대위소송에서 제3채무자는 시효이익을 직접 받는 사람이 아니므로 피보전채권의 소멸시효를 원용할 수 없다(대판 2004.2.12, 2001다10151).

(다) 특정채권이 피보전채권이 될 수 있는지 여부

채권자취소권의 피보전채권은 원칙적으로 금전채권이어야 한다. 채권자가 금전채권이 아닌 특정채권(예 소유권이전등기청구권 등)을 보전하기 위하여 채권자취소권을 행사할 수 있는지에 대하여, 통설과 판례는 특정채권 그 자체의 보전을 위해서는 채권자취소권을 허용하지 않는다(대판 2010.4.29, 2009다99129; 대판 1999.4.27, 98다56690). 여기서 말하는 특정채권에는 특정물의 인도를 목적으로 하는 특정물채권뿐만 아니라 도급인의 채권과 같이 급부가 특정되어 있는 채권의 전체가 포함된다. 예컨대 이중매매를 통하여 제2매수인에게 소유권이전등기가 완료된 때에도 제1매수인이 자신의 소유권이전등기청구권을 보전하기 위해 매도인의 제2양도행위를 사해행위로 취소할 수 없다. 더 나아가 매도인의 채무가 이행불능이 되어 제1매수인이 갖는 손해배상채권도 사해행위취소권을 행사할 수 있는 피보전채권에 해당하지 않는다(대판 1999.4.27, 98다56690). 즉 판례는 특정채권이 금전채권으로 변화할 수 있더라도 채무자의 사해행위 당시에 아직 손해배상채권으로 변화되지 않았다면 채권자취소권을 행사할 수 없다고 본다. 그러므로 이중매매에서 제1매수인은 제2매매에 의하여 제2매수인에게 소유권이전등기가 경료되어야 비로소 매도인의 채무가 이행불능에 빠져 손해배상채권을 취득하게 될 뿐, 이중의 매매계약 당시에는 제1매수인은 채무자의 변제자력과 관계없는 특정물채권자에 불과하여 채권자취소권을 행사할 수 없는 것이다. 또한 특정물채무의 불이행으로 인한 손해배상채권(금전채권) 발생에 대한 고도의 개연성도 부정되므로 양도인과 제3자 사이에서 이루어진 이중양도행위에 대하여 채권자취소권을 행사할 수 없다.

특정채권이 금전채권으로 이미 변경된 이후(예컨대 이행불능으로 인한 손해배상채권 등)에 사해행위가 있었다면 그 금전채권은 피보전채권이 될 수 있다.

대판 1999.4.27, 98다56690

[1] 채권자취소권에 의하여 보호될 수 있는 채권은 원칙적으로 사해행위라고 볼 수 있는 행위가 행하여지기 전에 발생된 것임을 요하나, 그 사해행위 당시에 이미 채권 성립의 기초가 되는 법률관계가 발생되어 있고, 가까운 장래에 그 법률관계에 기하여 채권이 성립되리라는 점에 대한 고도의 개연성이 있으며, 실제로 가까운 장래에 그 개연성이 현실화되어 채권이 성립된 경우에는, 그 채권도 채권자취소권의 피보전채권이 될 수 있다.

[2] 부동산을 양도받아 소유권이전등기청구권을 가지고 있는 자가 양도인이 제3자에게 이를 이중으로 양도하여 소유권이전등기를 경료하여 줌으로써 취득하는 부동산 가액 상당의 손해배상채권은 이중양도행위에 대한 사해행위취소권을 행사할 수 있는 피보전채권에 해당한다고 할 수 없다.

[3] 채권자취소권을 특정물에 대한 소유권이전등기청구권을 보전하기 위하여 행사하는 것은 허용되지 않으므로, 부동산의 제1양수인은 자신의 소유권이전등기청구권 보전을 위하여 양도인과 제3자 사이에서 이루어진 이중양도행위에 대하여 채권자취소권을 행사할 수 없다.

(라) 담보가 있는 채권이 피보전채권이 될 수 있는지 여부

물적 담보(질권 또는 저당권 등)로 담보되는 채권은 담보물로부터 우선변제를 받을 수 없는 나머지 채권액에 대해서만 채권자취소권이 인정된다(대판 2002.4.12, 2000다63912; 대판 2014.1.23, 2013다72169). 우선변제권이 확보된 범위 내에서는 채무자의 재산처분행위가 채권자를 해한다고 볼 수 없기 때문이다. 취소채권자의 채권에 물적 담보가 있더라도 그 담보권으로 채권 전액을 우선변제 받을 수 없다는 사실은 채권자취소권을 행사하려는 채권자가 주장·증명해야 한다(대판 2010.1.28, 2009다30823).

인적 담보가 있는 채권은 채권자취소권을 행사할 시점에 담보제공자의 변제자력이 충분하더라도 채권 전액을 기준으로 채권자취소권을 행사할 수 있다.

(2) 법률행위로서의 사해행위(취소의 대상)

채무자의 법률행위가 사해행위가 되기 위해서는 원칙적으로 그 채무자에 의한 법률행위로 말미암아 채무자의 총재산 감소가 초래되어 채권의 공동담보에 부족이 생겨야 한다. 예컨대 채무자의 재산처분행위로 채무자의 소극재산이 적극재산보다 많아져 채무초과상태가 되거나

(대판 2005.1.28, 2004다58963), 기존의 채무초과상태가 더 악화되어야 한다. 예외적으로는 책임재산의 감소가 없더라도 사해행위성을 인정하기도 한다(예컨대 유일재산인 부동산을 상당한 가격으로 매각하는 행위). 나아가 부동산을 매도하는 계약만 체결하고 아직 이전등기를 마치지 않은 경우에는 원상회복 없이 사해행위의 취소만을 구할 수 있다.

채무자의 적극재산은 실질적으로 재산적 가치가 있어야 한다. 채무자가 갖고 있는 채권은 용이하게 변제받을 수 있는 확실성이 있는 경우에만 적극재산에 포함될 수 있다(대판 2001.10. 12, 2001다32533. 채무자가 별도의 물적 담보 없이 정상경영이 어려운 회사에 대하여 갖고 있는 채권은 채무자의 적극재산에 포함되지 않는다고 판시함).

(가) 재산권을 목적으로 하는 채무자의 법률행위

사해행위취소의 대상은 채무자의 재산권을 목적으로 한 법률행위가 된다. 설사 피고가 전득자가 된다 하더라도 취소의 대상은 여전히 채무자와 수익자의 법률행위이다(대판 2004.8.30, 2004다21923). 만약 수익자와 전득자의 법률행위를 취소의 대상으로 하였다면 소의 이익이 없어 법원은 소를 각하해야 한다.

1) 채권자취소권의 대상이 되는 법률행위는 재산권을 목적으로 하는 것이어야 한다. 매매, 증여, 대물변제, 저당권의 설정 등 계약 이외에도 권리의 포기, 채무의 면제 등 단독행위도 그 대상에 포함되며, 직접적으로 채무자의 일반재산을 구성하는 권리에 관한 것이어야 한다. 채무자의 노무제공, 증여의 거절 등 간접적으로 재산상의 이익을 대상으로 하는 행위는 취소의 대상이 되지 않는다.

2) 통설은 법률행위의 의미를 넓게 해석하여 채무자의 재산감소 결과를 야기하는 준법률행위(④ 변제행위, 최고, 채권양도의 통지, 시효중단을 위한 채무승인)도 취소의 대상으로 인정한다. 그러나 판례는 채권양도행위가 사해행위에 해당하면 양도통지가 따로 채권자취소권 행사의 대상이 될 수는 없다고 본다(대판 2012.8. 30, 2011다32785, 32792). 채권양도로 인한 권리이전의 효과는 원칙적으로 당사자 사이의 양도계약 체결과 동시에 발생하며 채무자에 대한 통지 등은 채무자 보호를 위한 대항요건일 뿐이기 때문이다.

3) 원칙상 법률행위가 처음부터 존재하지 아니하거나 무효인 경우에는 취소의 대상이 될 수 없으나, 판례는 통정허위표시는 무효임에도 불구하고 채권자취소권 행사의 대상이 된다고 본다(대판 1984.7.24, 84다카68; 대판 2013.3.28, 2012다100746; 대판 1998.2.27, 97다50985).

▌ 대판 1998.2.27, 97다50985

채무자의 법률행위가 통정허위표시인 경우에도 채권자취소권의 대상이 되고, 한편 채권자취소권의 대상으로 된 채무자의 법률행위라도 통정허위표시의 요건을 갖춘 경우에는 무효라고 할 것이다.

사실관계: 채권자 A에 의한 강제집행을 면할 목적으로 채무자 B가 자신의 X부동산을 C에게 매도하는 매매계약을 체결하고 소유권이전등기를 완성한 경우 C가 이러한 사실을 알고 있어서, 통정허위표시의 무효요건과 사해행위취소의 요건을 모두 갖추었다면 B · C 간의 법률행위는 통정허위표시로 무효임과 동시에 사해행위취소가 가능하다고 본 사안이다.

4) 취소의 대상인 법률행위란 재산감소행위를 의미하는 것이고, 재산의 증가를 거부하는 것은 이에 해당하지 않는다. 예컨대 상속재산의 협의분할은 이미 상속이 이루어져 증가한 재산에 대한 감소행위가 될 수 있다는 점에서 사해행위취소의 대상이 되는 반면에(대판 2007.7.26, 2007다29119), 상속 및 유증의 포기, 증여의 거절은 재산증가를 거부하는 당사자의 인적 결단에 불과하므로 사해행위취소권의 대상이 되는 법률행위가 아니다(대판 2011.6.9, 2011다29307; 대판 2019.1.17, 2018다260855). 또한 채무자가 소멸시효 완성 후에 한 소멸시효이익의 포기행위는 소멸하였던 채무가 소멸하지 않았던 것으로 되어 결과적으로 채무자가 부담하지 않아도 되는 채무를 새롭게 부담하게 되는 것이므로 채권자취소권의 대상인 사해행위가 된다(대결 2013.5.31, 2012마712).

사례 11 A가 사망하자, 그 상속인 B, C, D, E 중 B는 법원에 상속포기 신고를 하였다. 나머지 공동상속인들(C, D, E)은 상속포기 신고가 수리되면 B는 처음부터 상속인에 해당하지 않는다고 생각하여 상속포기 신고를 한 날 B를 제외한 채 A가 소유하던 부동산(상속재산)을 그들의 법정상속분 비율에 따라 분할하는 내용의 상속재산 분할협의를 한 다음 이에 따른 지분소유권 이전등기를 마쳤다. B의 채권자인 甲은 C, D, E를 상대로 사해행위취소소송을 제기하였고, 이 소송에서 이미 채무초과상태에 있던 B가 C, D, E와 사이에서 위 부동산 중 자신의 상속분에 관해 권리를 포기하고 같은 내용으로 상속재산 분할협의를 한 것은 甲을 해하는 사해행위에 해당하므로 취소되어야 하고 그 원상회복으로 C, D, E는 각 지분소유권이전등기를 말소할 의무가 있다고 주장하였다. 甲의 주장은 타당한가? (대판 2011.6.9, 2011다29307 참조)

해설 11 상속포기는 사해행위취소의 대상이 아니며, B가 상속재산에 대한 권리를 얻지 못한 것은 상속재산분할협의의 결과가 아닌 적법한 상속포기의 효과에 기인한 것이므로, 甲의 주장은 타당하지 않다.

위 판례는 상속의 포기는 사해행위취소의 대상이 될 수 없고, 甲의 주장대로 B가 상속재산 분할협의에 참여하였다 하더라도 상속포기 신고가 수리되어 상속포기 효과가 발생한 이상 여전히 사해행위취소의 대상이 아니라고 보고 있다.

상속재산의 분할협의는 상속이 개시되어 공동상속인 사이에 잠정적 공유가 된 상속재산에 대하여 그 전부 또는 일부를 각 상속인의 단독소유로 하거나 새로운 공유관계로 이행시킴으로써 상속재산의 귀속을 확정시키는 것으로 그 성질상 재산권을 목적으로 하는 법률행위이므로 사해행위취소권 행사의 대상이 될 수 있고, 한편 채무자가 자기의 유일한 재산인 부동산을 매각하여 소비하기 쉬운 금전으로 바꾸거나 타인에게 무상으로 이전하여 주는 행위는 특별한 사정이 없는 한 채권자에 대하여 사해행위가 되는 것이므로, 이미 채무초과 상태에 있는 채무자가 상속재산의 분할협의를 하면서 자신의 상속분에 관한 권리를 포기함으로써 일반 채권자에 대한 공동담보가 감소한 경우에도 원칙적으로 채권자에 대한 사해행위에 해당한다(대판 2007.7.26, 2007다29119).

반면에 상속의 포기는 순전한 재산법적 행위가 아니라 인적 결단으로서의 성질을 가지고 다수의 관련자가 이해관계를 가지며 채무자의 재산을 현재의 상태보다 악화시키는 것은 아니므로 제406조 제1항에서 정하는 '재산권에 관한 법률행위'에 해당하지 아니하여 사해행위취소의 대상이 되지 못한다(대판 2011.6.9, 2011다29307).

한편 상속의 포기는 상속이 개시된 때에 소급하여 그 효력이 있고(제1042조), 포기자는 처음부터 상속인이 아니었던 것이 된다. 따라서 상속포기의 신고가 아직 행하여지지 아니하거나 법원에 의하여 아직 수리되지 아니하고 있는 동안에 포기자를 제외한 나머지 공동상속인들 사이에 이루어진 상속재산분할협의는 후에 상속포기의 신고가 적법하게 수리되어 상속포기의 효력이 발생하게 됨으로써 공동상속인의 자격을 가지는 사람들 전원이 행한 것이 되어 소급적으로 유효하게 된다. 이는 설사 포기자가 상속재산분할협의에 참여하여 그 당사자가 되었다고 하더라도 그 협의가 그의 상속포기를 전제로 하여서 포기자에게 상속재산에 대한 권리를 인정하지 아니하는 내용인 경우에도 마찬가지이다(대판 2011.6.9, 2011다29307).

5) 이혼 등으로 인한 재산분할 역시 예외적으로 사해행위취소의 대상이 될 수 있다.[9] 물론 이혼시 재산분할자가 당해 재산분할에 의하여 무자력이 되어 일반채권자에 대한 공동담보를 감소시키는 결과가 된다고 하더라도 바로 사해행위취소의 대상이 되는 것은 아니다. 재산분할이 제839조의2 제2항의 규정 취지에 반하여 상당하다고 할 수 없을 정도로 과다하고, 재산분할을 구실로 이루어진 재산처분이라고 인정할 만한 특별한 사정이 있을 때에 한하여, 사해행위로서 채권자취소권의 대상이 된다(대판 2005.1.28, 2004다58963; 대판 2001.5.8, 2000다58804).

다만 이혼으로 인한 재산분할청구권은 협의 또는 심판에 의하여 구체화되지 않으면 채무자의 책임재산에 해당하지 아니하고, 이를 포기하는 행위 또한 채권자취소권의 대상이 될 수 없다(대판 2013.10.11, 2013다7936). 재산분할청구권은 이혼이 성립한 때에 비로소 그 법적 효과가 발생하고, 협의 또는 심판에 의하여 구체적 내용이 형성되기까지는 그 범위 및 내용이 아직 불명확·불확정하기 때문에 구체적으로 권리가 발생하였다고 할 수 없기 때문이다.

6) 공법상 권리의 이전행위가 사해행위로서 채권자취소권의 대상이 될 수 있을 것인지가 문제되나, 판례는 허가권 등을 행정청의 허가 없이 자유롭게 양도할 수 있는지 여부에 따라 대상 여부를 결정한다. 즉 판례는 공법상의 권리라고 하더라도 허가를 받은 사람이 관할 관청의 허가 없이 그 권리를 자유로이 양도할 수 있다면, 그 권리는 독립한 재산적 가치를 가지고 있다고 본다. 더 나아가 그러한 권리가 법률상 압류가 금지된 권리도 아니어서 민사집행법 제251조 소정의 '그 밖의 재산권'에 대한 집행방법에 의하여 강제집행을 할 수 있다면, 공법상 권리의 이전행위도 사해행위로서 이를 양도한 경우에는 채권자취소권의 대상이 된다고 본다. 예컨대 허가권 등을 행정청의 허가 없이 자유롭게 양도할 수 있는 경우인 공유수면점용허가권의 이전행위는 사해행위취소권의 대상이 되는 반면에(대판 2005.11.10, 2004다7873), 허가 없이는 양도할 수 없는 어업허가권의 이전은 사해행위취소권의 대상이 되지 않는다(대판 2010.4.29, 2009다105734).

---

9) 재산분할청구는 분할대상 재산들을 개별적으로 구분하여 분할비율을 달리 정할 수 없다. 예컨대 대판 2002.9.4, 2001므718 등에서 "민법 제839조의2 제2항의 취지에 비추어 볼 때, 재산분할비율은 개별재산에 대한 기여도를 일컫는 것이 아니라, 기여도 기타 모든 사정을 고려하여 전체로서의 형성된 재산에 대하여 상대방 배우자로부터 분할받을 수 있는 비율을 일괄적으로 정한다"고 하였다. 또한 판례는 동 판결에서 "합리적인 근거 없이 적극재산과 소극재산을 구별하여 분담비율을 달리 정한다거나, 분할대상 재산들을 개별적으로 구분하여 분할비율을 달리 정함으로써 분할할 적극재산의 가액을 임의로 조정할 수 없다"고 하여, 분할대상 재산을 개별적으로 평가할 수 없다고 보았다.

(나) 채권자를 해하는 법률행위

채권자를 해한다는 것은 원칙적으로 법률행위를 통해 채권의 공동담보가 부족해 지거나 또는 부족상태의 심화를 초래하는 것을 의미한다. 예컨대 채무자의 법률행위에 의해 채무자에게 무자력 상태가 발생하거나, 이미 무자력 상태에 있는 자가 사해행위를 통해 무자력 상태가 악화되는 것을 의미한다.

1) 사해성 판단의 기준

채무자의 무자력 상태에 대한 판단은 채무자의 적극재산과 소극재산$\binom{\text{대판 2011.1.13,}}{\text{2010다68084}}$을 기초로 판단한다. 소극재산은 원칙적으로 사해행위라고 볼 수 있는 행위가 행하여지기 전에 발생된 것임을 요하지만, 그 사해행위 당시에 이미 채무 성립의 기초가 되는 법률관계가 성립되어 있고, 가까운 장래에 그 법률관계에 터잡아 채무가 성립되리라는 점에 대한 고도의 개연성이 있으며, 실제로 가까운 장래에 그 개연성이 현실화되어 채무가 성립된 경우에는 그러한 채무도 채무자의 소극재산에 포함된다$\binom{\text{대판 2000.9.26,}}{\text{2000다30639}}$. 피보전채권의 성립시기에 대한 예외를 인정하는 것과 형평을 고려하여 포함시킨다. 사해행위취소의 요건으로서 무자력이란 채무자의 변제자력이 없음을 뜻하는 것이고 특히 임의변제를 기대할 수 없는 경우에는 강제집행을 통한 변제가 고려되어야 하므로, 소극재산이든 적극재산이든 위와 같은 목적에 부합할 수 있는 재산인지 여부가 변제자력 유무 판단의 중요한 고려요소가 된다. 채무자의 소극재산은 실질적으로 변제의무를 지는 채무를 기준으로 하여야 할 것이므로 처분행위 당시에 가집행선고 있는 판결상의 채무가 존재하고 있었다고 하더라도 그것이 나중에 상급심의 판결에 의하여 감액된 경우에는 그 감액된 판결상의 채무만이 소극재산이라 할 것이다. 한편 채무자의 적극재산을 산정함에 있어서는 다른 특별한 사정이 없는 한 실질적으로 재산적 가치가 없어 채권의 공동담보로서 역할을 할 수 없는 재산은 제외하여야 할 것이고, 특히 그 재산이 채권인 경우에는 그것이 용이하게 변제를 받을 수 있는 것인지 여부를 합리적으로 판정하여 그것이 긍정되는 경우에 한하여 적극재산에 포함시켜야 한다$\binom{\text{대판 2006.2.10,}}{\text{2004다2564}}$.

㉮ 채무자의 무자력 여부를 판단함에 있어서 수익자에게 귀속된 재산은 채무자의 적극재산에서 제외된다$\binom{\text{대판 2005.5.27,}}{\text{2003다36478,36485}}$.

㉯ 압류금지채권 또한 공동담보가 될 수 없으므로 채무자의 적극재산에서 제외된다$\binom{\text{대판 2005.}}{\text{1.28, 2004}}$다$_{58963}$).

▌대판 2005.1.28, 2004다58963
채무자가 재산처분행위를 할 당시 그의 적극재산 중 부동산과 채권이 있어 그 재산의 합계가 채무액을 초과한다고 하더라도 그 적극재산을 산정함에 있어서는 다른 특별한 사정이 없는 한 실질적으로 재산적 가치가 없어 채권의 공동담보로서의 역할을 할 수 없는 재산은 이를 제외하여야 할 것이고, 그 재산이 채권인 경우에는 그것이 용이하게 변제를 받을 수 있는 확실성이 있는 것인지 여부를 합리적으로 판정하여 그것이 긍정되는 경우에 한하여 적극재산에 포함시켜야 할 것이며, 압류금지재산은 공동담보가 될 수 없으므로 이를 적극재산에 포함시켜서는 아니된다.

제1편
제2편
제3편
제4편
제5편
제6편
제7편
제8편
제9편

채무불이행

㉱ 저당권이 설정되어 있는 부동산이 사해행위로 양도되었을 때 사해행위의 범위는 부동산의 가액(시가)에서 저당권의 피담보채권액을 공제한 것이 된다. 그 피담보채권액이 부동산의 가액을 초과하는 때에는 그 담보부동산의 양도는 사해행위에 해당하지 않는다. 근저당권의 경우 피담보채권액이라 함은, 근저당권의 경우 채권최고액이 아니라 처분행위 당시에 실제로 이미 발생하여 있는 채권금액이다(대판 2001.10.9, 2000다42618). 따라서 만약 제3자가 갖는 피담보채권액이 처분한 담보목적물의 가액보다 크다면, 이는 사해행위가 될 수 없다(대판 2006.4.13, 2005다70090).

채무자가 근저당권이 설정된 부동산을 처분하여 그 매매대금으로 우선변제권이 있는 근저당권자의 피담보채권액 중 일부를 변제하고 근저당권을 말소했다면 특별한 사정이 없는 한 부동산 처분행위를 사해행위로 볼 수 없다(대판 2018.4.24, 2017다287891). 그러나 저당권의 피담보채권액이 목적물의 가액을 초과한 상태에서 양도계약이 체결되었고, 그에 따른 이전등기 등이 마쳐지기 전에 채무자의 출재로 피담보채무의 일부가 변제되어 잔존 피담보채권액이 저당목적물의 가액을 초과하지 않게 된 후 소유권이전등기가 이루어진 경우, 목적물의 가액에서 잔존 피담보채권액을 공제한 잔액의 범위 내에서 사해행위가 성립한다(대판 2017.1.12, 2016다208792).

저당권의 피담보채권액이 저당물의 가격을 초과하고 있는 때에는 당해 목적물의 양도는 사해행위에 해당한다고 할 수 없다. 공동저당권이 설정되어 있는 수 개의 부동산 중 일부가 양도된 경우에 특별한 사정이 없는 한 그 피담보채권액은 제368조의 규정 취지에 비추어 공동저당권의 목적으로 된 각 부동산의 가액에 비례하여 공동저당권의 피담보채권액을 안분한 금액이라고 보아야 한다(대판 2003.11.13, 2003다39989). 즉 가액으로 배상해야 할 금액은 목적물의 가액에서 위와 같이 계산된 피담보채권액을 공제한 금액이 된다.

그러나 수개의 부동산 중 일부는 채무자의 소유이고 일부는 물상보증인의 소유인 경우에는, 물상보증인이 제481조, 제482조의 규정에 의한 변제자대위에 의하여 채무자 소유의 부동산에 대하여 담보권을 행사할 수 있는 지위에 있는 점 등을 고려할 때, 채무자 소유의 부동산에 관한 피담보채권액은 공동저당권의 피담보채권액 전액이다(대판 2008.4.10, 2007다78234). 이러한 법리는 하나의 공유부동산 중 일부 지분이 채무자의 소유이고, 다른 일부 지분이 물상보증인의 소유인 경우에도 마찬가지로 적용된다(대판(전합) 2013.7.18, 2012다5643; 대판 2016.8.18, 2013다90402).

사례 12 채무자 甲은 乙에 대한 채무액 3억 원을 담보하기 위하여 자신의 유일한 재산인 X토지(시가 4억 원)와 Y토지(시가 6억 원)에 피담보채권액을 3억 원으로 하는 공동저당권을 설정해 주었다. 그 후 채무자 甲이 Y토지를 丙에게 증여하여 소유권이전등기를 마쳤다. 그러자 甲의 일반채권자(채권액 10억 원)인 丁이 Y토지의 증여계약을 사해행위로 취소하는 경우에 반환되어야 하는 금액은? (대판 2003.11.13, 2003다39989 참조)

해설 12 4억 2천만 원이다.
부동산의 가액에서 저당권이 설정된 피담보채권액을 공제한 금액이 사해행위취소의 대상이 된다. 그런데 채무자 소유의 수개의 부동산에 공동저당권이 설정되었을 때 각각의 부동산에서 공제해야 할 피담보채권액은 각 부동산의 가액에 비례하여 공동저당권의 피담보채권액을 안분한 금액이다.

사안에서 목적물의 가액(6억 원)에서 피담보채권액 1억 8천만 원(3억원×(6억원/10억 원))을 공제한 4억 2천만 원이 반환되어야 할 가액이다.

사례 13 甲이 丙으로부터 금전을 차용하면서 채무자 甲과 물상보증인 乙이 공유하는 시가 10억 원의 X토지(甲의 지분 2/5, 乙의 지분3/5)에 6억 원을 채권최고액으로 하는 근저당권을 설정해 주었다. 그 후 甲이 자신의 지분 전부를 丁에게 증여하고 지분이전등기를 마쳤다. 지분이전등기시 丙에 대한 채무액은 3억 원이었다. 이에 甲에 대하여 15억 원의 채권을 갖고 있는 일반채권자 戊가 위 사행행위(증여계약)를 취소하고 丁으로부터 반환받을 가액은 얼마인가? (甲의 유일한 재산은 X토지에 대하여 갖고 있는 지분뿐이다) (대판(전합) 2013.7.18, 2012다5643; 대판 2016.8.18, 2013다90402 참조)

│해설 13│ 1억 원이다.

반환되어야 할 책임재산은 목적물의 지분에서 피담보채권액을 공제한 금액으로 산정된다.

근저당권이 설정된 경우 피담보채권액은 채권최고액이 아니라 실제로 이미 발생하여 있는 채권금액이 피담보채권액이 된다. 또한 공제해야 할 피담보채권액은 피담보채권액을 공유지분에 따라 분담된 금액(1억 2천만 원)이 아니라 피담보채권액 전액이다.

사안에서 X토지에 대한 甲의 지분 4억 원에서 피담보채무액 전액인 3억 원을 공제한 1억 원이 반환되어야 할 책임재산이 된다.

이러한 법리는 채무자 소유의 부동산과 물상보증인 소유의 부동산에 공동저당권이 설정되었는데 채무자 소유의 저당부동산을 매도한 경우와 동일하게 평가된다.

㉣ 사해행위취소소송을 제기한 채권자가 물적 담보를 확보하고 있는 경우(채무자 또는 제3자의 소유재산에 담보권을 설정한 경우), 사해성 여부를 어떻게 판단할 것인지가 문제된다. 판례는 담보물의 가치가 채권자의 채권액을 초과하는 경우와 채권자의 채권액에 미달하는 경우로 나누어 판단한다(대판 2002.11.8, 2002다41589).

담보물의 가치가 채권자의 채권액을 초과하는 경우, 담보물로 언제나 우선변제를 받을 수 있기 때문에 담보목적물이나 다른 재산의 처분이 담보채권자에 대한 관계에서는 사해행위가 되지 않는다. 다만 담보목적물의 처분이라도 피담보채권액을 초과하는 부분은 일반채권자들의 공동담보에 해당하기 때문에 일반채권자에 대한 관계에서 채무자의 담보물 처분행위는 사해행위가 될 수 있다.

담보물의 가치가 채권자의 채권액에 미달하는 경우, 담보목적물의 처분은 담보채권자에게든 일반채권자에게든 사해행위가 되지 않으나, 담보목적물 이외의 다른 재산의 처분은 담보채권자(그 미달하는 부분에 대해서는 일반채권자의 지위에 있으므로)나 일반채권자 모두에게 사해행위가 될 수 있다.

제1편 제2편 제3편 제4편 제5편 제6편 제7편 제8편 제9편 채무불이행

사례 14 A는 甲에게 乙의 연대보증 하에 13억 원 가량을 대여하였고, 동시에 甲의 부동산에 관하여 채권최고액 15억 원의 제1순위의 근저당권설정등기를 경료하였다(시가상당액은 20억 원 정도이다). 그런데 그 후 연대보증인 乙이 유일한 부동산을 사위인 B에게 무상으로 양도하는 처분행위를 하였다. A는 乙의 B에 대한 양도행위에 대해 사해행위취소권을 주장하였다. 乙의 양도행위는 사해행위에 해당하는가? (대판 2002.11.8, 2002다41589 참조)

해설 14 사해행위가 아니다.

주채무자 또는 제3자 소유의 부동산에 대하여 채권자 앞으로 근저당권이 설정되어 있고, 그 부동산의 가액 및 채권최고액이 당해 채무액을 초과하여 채무 전액에 대하여 채권자에게 우선변제권이 확보되어 있다면, 그 범위 내에서는 채무자의 재산처분행위는 채권자를 해하지 아니하므로 연대보증인이 비록 유일한 재산을 처분하는 법률행위를 하더라도 채권자에 대하여 사해행위가 성립되지 않는다고 보아야 할 것이고, 당해 채무액이 그 부동산의 가액 및 채권최고액을 초과하는 경우에는 그 담보물로부터 우선변제받을 액을 공제한 나머지 채권액에 대하여만 채권자취소권이 인정된다고 할 것이며, 피보전채권의 존재와 그 범위는 채권자취소권 행사의 한 요건에 해당된다고 할 것이므로 이 경우 채권자취소권을 행사하는 채권자로서는 그 담보권의 존재에도 불구하고 자신이 주장하는 피보전채권이 그 우선변제권 범위 밖에 있다는 점을 주장·증명하여야 한다(대판 2002.11.8,/2002다41589).

사안에서 A는 甲의 부동산을 통해 자신의 채권을 만족받을 수 있다는 점에서 乙의 B에 대한 양도행위는 사해행위에 해당하지 않는다.

㉲ 연대보증인이 한 법률행위의 사해성을 판단함에 있어, 주채무에 관하여 주채무자 또는 제3자 소유의 부동산으로 채권자에게 근저당권이 설정되어 있는 등의 방법으로 채권자의 우선변제권이 확보되어 있지 않는 이상 주채무자의 자력을 고려할 필요는 없다(대판 2003.7.8,/2003다13246).

2) 사해성 판단의 시기

㉮ 채무자의 법률행위가 사해행위가 되는지 여부는 사해행위 당시를 기준으로 판단한다(대판 2002.11.8, 2002다41589;/대판 2009.6.23, 2009다549). **10)**

예컨대 i) 담보로 제공된 부동산이 사해성 여부가 문제되는 재산처분행위가 있은 후에 임의경매 등 절차에서 환가가 진행된 경우, 그 재산처분행위의 사해성 여부를 판단하기 위한 부동산 가액의 평가는 부동산 가액의 하락이 예상되는 등 특별한 사정이 없는 한 사후에 환가된 가액을 기준으로 할 것이 아니라 사해성 여부가 문제되는 재산처분행위 당시의 시가를 기준으로 하여야 한다. ii) 가등기의 원인행위가 채권자의 채권보다 앞서 발생한 경우에는 특별사정이 없는 한, 가등기에 기한 본등기는 사해행위가 되지 않는다. 가등기의 원인행위(가등기원인인 매매예약 등) 당시를 기준으로 사해행위의 요건의 구비여부를 판단해야 한다(대판 1998.3.10,/97다51919). iii) 공유물의 공유지분에 채무자가 담보가등기를 설정하였다가 공유물분할로 채무자의 단독소유가 된 부

---

10) 참고로 사해행위 성립을 전제로 하여 원상회복으로 가액반환이 이루어지는 경우, 그 배상액의 산정은 사실심변론종결시를 기준으로 한다.

동산에 전사된 담보가등기에 관하여 담보가등기 설정행위가 사해행위임을 이유로 채권자취소권을 행사할 경우, 특별한 사정이 없는 한 공유지분에 대한 담보가등기 설정 당시를 기준으로 사해성을 판단해야 한다(대판 2016.5.27, 2014다230894). 공유물분할은 형식적으로는 공유자 상호간의 지분의 교환 또는 매매라고 볼 것이나 실질적으로는 공유물에 분산되어 있는 지분을 분할로 인하여 취득하는 특정 부분에 집중시켜 그 소유형태를 변경한 것에 불과하기 때문이다(대판(전합) 1999.6.17, 98다58443 등 참조).

채무자가 수 개의 재산감소행위를 한 경우 원칙적으로 각 행위시마다 사해성 여부를 판단해야 한다(대판 2002.9.24, 2002다23857). 그러나 그 일련의 행위들을 하나의 행위로 볼 특별한 사정이 있는 때에는 이를 일괄하여 전체로서 사해성 여부를 판단하여 전체를 취소할 수 있다(대판 2010.5.27, 2010다15387). 그와 같은 특별한 사정이 있는지 여부는 행위의 상대방의 동일성, 각 재산행위의 시간적 근접성, 채무자와 상대방의 관계, 행위의 동기 내지 기회의 동일성 여부 등을 기준으로 판단된다(대판 2010.5.27, 2010다15387).

사례 15 채무자 乙은 공장부지와 공장건물 등을 합하여 하나의 '공장'으로서 경제적 일체를 이루는 부동산에 관한 매매계약을 체결하면서 토지거래허가를 받아야 함을 고려하여 소유권이전등기를 하기 전에 상대방에게 근저당권을 설정해 주기로 특약을 하고, 그 후 특약에 따라 근저당권설정계약을 체결하고 상대방에게 근저당권설정등기를 마쳐주었다. 乙의 채권자 甲은 위 근저당권설정계약에 대해서 사해행위취소소송을 제기하였다. 이 때 채무초과상태를 판단해야 할 시점은 어느 때로 보아야 하는가? (대판 2010.5.27, 2010다15387 참조)

해설 15 매매계약체결시점을 기준으로 채무초과상태를 판단한다.
사해행위 취소권 행사에서 채무초과의 상태는 근저당권설정계약시점이 아니라, 매매계약체결시점을 기준으로 본다. 양자의 계약은 일련의 하나의 행위로 볼 수 있기 때문이다.
사안에서 乙의 매매계약과 근저당권설정계약은 계약의 당사자가 동일하고, 그 목적물도 사실상 동일하며, 실질적으로 동시에 이루어졌고, 그 부동산이 토지거래허가의 대상임에도 그 허가를 받지 아니한 채 매매계약이 체결되고 또 대금의 일부가 먼저 지급되는 등 근저당권설정계약이 주로 매매계약의 이행을 미리 확보할 목적으로 또는 매매계약이 무효로 확정된 경우 이미 지급된 매매대금의 반환을 담보할 목적으로 체결되었음을 알 수 있으므로 위 계약들은 사해행위 여부의 판단에서 이를 하나의 행위로 보는 것이 상당하고, 채무자의 채무초과 상태 등 사해행위 요건의 구비 여부는 최초의 법률행위인 매매계약 당시를 기준으로 판단하여야 할 것이다.

대판 2009.6.23, 2009다549
채무자의 재산처분행위가 사해행위가 되는지 여부는 처분행위 당시를 기준으로 판단하여야 하므로, 담보로 제공된 부동산에 대하여 임의경매 등의 환가절차가 개시되어 진행되는 도중에 재산처분행위가 이루어졌다고 하더라도, 그 재산처분행위의 사해성 유무를 판단하기 위한 부동산 가액의 평가는 부동산 가액의 하락이 예상되는 등의 특별한 사정이 인정되지 아니하는 한 사후에 환가된 가액을 기준으로 할 것이 아니라 사해성 여부가 문제되는 재산처분행위 당시의 시가를 기준으로 하여야 한다.

㉴ 사해성은 처분행위 당시뿐만 아니라 사실심변론 종결시까지 존속해야 한다.

처분행위 당시에는 채권자를 해하는 행위였으나, 그 후 재산상태가 좋아져 사실심변론종결시에 적극재산이 소극재산보다 많아진 경우에는 채권자취소권이 소멸한다($\binom{\text{대판 2007.11.29,}}{\text{2007다54849}}$).

> ┃ **대판 2007.11.29, 2007다54849**
> 처분행위 당시에는 채권자를 해하는 것이었다고 하더라도 그 후 채무자가 자력을 회복하여 사해행위취소권을 행사하는 사실심의 변론종결시에는 채권자를 해하지 않게 된 경우에는 책임재산 보전의 필요성이 없어지게 되어 채권자취소권이 소멸하는 것으로 보아야 할 것인바, 그러한 사정변경이 있다는 사실은 채권자취소소송의 상대방이 증명하여야 한다.

3) 유형적 고찰

㉮ 부동산의 매매 또는 증여

채무자의 무상양도 또는 염가매각행위는 사해행위가 된다($\binom{\text{대판 1999.11.}}{\text{12, 99다29916}}$). 상당한 가격에 의한 매각은 책임재산의 감소가 없으므로 사해행위가 되지 않는다는 것이 다수설의 견해이다. 판례는 상당한 가격에 의한 매각이라도 수익자와 통모했거나($\binom{\text{대판 1995.6.30,}}{\text{94다14582}}$) 또는 통모가 없더라도 채무자의 유일한 재산(또는 실질적으로 중요한 재산)인 부동산을 특정채권자가 우선 만족을 얻게 할 의도로 그 채권자에게 매각한 경우에는 사해행위로 인정한다(대판 1998.4.14, 97다54420. 이 경우 유일한 재산인 부동산의 처분으로 무자력이 된 경우에는 매도 당시에 채무자가 채무초과상태에 있었음을 요구하지 않는다는 점에서 대물변제의 경우와 다르다). 이때 채무자의 사해의 의사는 추정되고, 이를 매수하거나 이전받은 자가 악의가 없었다는 증명책임은 수익자에게 있다($\binom{\text{대판 2001.4.24,}}{\text{2000다41875}}$). 그러나 유일한 재산인 부동산의 매각이라도 변제자력을 얻기 위한 것이고 실제 이를 채권자에 대한 변제에 사용하거나 변제자력을 유지하고 있는 경우에는 특별한 사정(예컨대 일부 채권자와 통모하여 다른 채권자를 해할 의사로 갖고 하는 변제)이 없는 한, 사해행위에 해당되지 않는다(대판 2015.10.29, 2013다83992. 유일한 재산인 부동산이 아니라 영업을 양도한 경우에도 같은 취지임. 대판 2021.10.28, 2018다223023 참조). 그러한 특별한 사정의 존재는 피고가 증명해야 한다.

요컨대 판례는 채무자가 자기의 유일한 재산인 부동산을 매각하여 소비하기 쉬운 금전으로 바꾸는 행위는 재산가치의 감소라는 회계학적 관점이 아니라 규범적 관점에서 원칙적으로 사해행위가 된다고 본다.

다수 학설은 반대로 상당한 가격으로 매각한 것은 책임재산의 감소가 없기 때문에 사해행위가 되지 않는다고 본다.

㉯ 변제행위

채무 본지에 따른 변제행위는 책임재산의 감소가 없으므로 원칙적으로 사해행위가 되지 않는다. 다만 일부 채권자와 통모하여 다른 채권자를 해할 의사를 갖고 변제한 경우에는 사해행위가 된다($\binom{\text{대판 2007.5.31,}}{\text{2005다28686}}$). 채권자가 채무의 변제를 구하는 것은 그의 당연한 권리행사로서 다른 채권자가 존재한다는 이유로 이것이 방해받아서는 안 되고, 채무자도 채무의 본지에 따라 채무를 이행할 의무를 부담하고 있어 다른 채권자가 있다는 이유로 그 채무이행을 거절하지 못하기 때문이다. 채무자가 특히 일부의 채권자와 통모하여 다른 채권자를 해할 의사를 가지고 변제했는지 여부는 사해행위임을 주장하는 사람이 증명해야 한다. 이는 수익자의 채무자에 대한 채권이 실제로 존재하는지 여부, 수익자가 채무자로부터 변제를 받은 액수, 채무자와 수익자와의 관계, 채무자의 변제능력 및 이에 대한 수익자의 인식, 변제 전후의 수익자의 행위, 그 당시의 채무자 및 수익자의 사정 및 변제의 경위 등 제반 사정을 종합적으로 참작하여 판단하여야 한다(^{대판 2005.3.25,} ^{2004다10985,10992}). 이행기 전의 변제는 다른 채권자를 해할 수 있다는 점에서 사해행위가 될 여지가 다분하다. 반면 담보권자에 대한 변제는 목적물에 설정된 저당권 등을 소멸시키므로, 기존에 저당채권자를 위한 담보였던 재산이 일반담보로 전환된다는 점에서 사해행위가 되지 않는다.

ⓒ 대물변제행위

판례에 따르면 채무초과 상태에 있는 채무자가 채권자들 가운데 한사람에게 대물변제한 것은 특별한 사정이 없는 한 사해행위가 된다(사해행위가 아니라고 판시한 몇 개의 판결도 있으나 더 이상 판례로서의 의미는 없는 것으로 보인다). 채무자는 채무 본지에 따른 이행의무를 부담할 뿐이지 대물로서 변제할 의무까지는 없기 때문에 특정채권자에게 대물변제를 하거나 담보를 제공하는 것은 원칙적으로 사해행위가 된다. 채무자의 재산이 채무의 전부를 변제하기에 부족한 경우(채무초과상태)에 채무자가 그의 재산을 어느 특정채권자에게 대물변제나 담보조로 제공하였다면 특별한 사정이 없는 한 이는 곧 다른 채권자의 이익을 해하는 것이기 때문에 다른 채권자들에 대한 관계에서 사해행위가 된다. 또한 위와 같이 대물변제나 담보조로 제공된 재산이 채무자의 유일한 재산이 아니라거나 그 가치가 채권액에 미달한다고 하여도 마찬가지이다(^{대판 2009.9.} ^{10, 2008} ^{다85161}). 더 나아가 특정채권자와 통모하여 특정채권자에게 대물변제한 경우라면 더더욱 사해행위가 된다(^{대판 2005.11.} ^{10, 2004다7873}). 그러나 채권자들의 공동담보가 되는 채무자의 총재산에 대하여 다른 채권자에 우선하여 변제를 받을 수 있는 권리를 가지는 채권자는 처음부터 채무자의 재산에 대한 환가절차에서 다른 채권자에 우선하여 배당을 받을 수 있는 지위에 있으므로, 그와 같은 우선변제권 있는 채권자에 대한 대물변제의 제공행위는 특별한 사정이 없는 한 다른 채권자들의 이익을 해한다고 볼 수 없어 사해행위가 되지 않는다(대판 2008.2.14, 2006다33357. 자동차회사가 근로자에게 체불임금에 대해 회사 소유 자동차로 대물변제한 경우 회사의 다른 채권자가 근로자를 상대로 사해행위취소를 구한 사례에서 사해행위 성립을 부정한 사례).

채무초과의 상태에 있는 채무자가 적극재산을 채권자 중 일부에게 대물변제조로 양도하는 경우에도 사해행위가 됨이 원칙이나 사해성의 일반적인 판단 기준에 비추어 그 행위가 궁극적으로 일반채권자를 해하는 행위로 볼 수 없는 경우에는 사해행위의 성립이 부정될 수 있다(^{대판 2010.9.30,} ^{2007다2718}). 예컨대 채무초과 상태의 채무자가 유일한 재산인 전세권과 전세금반환채권을 특정채권자에게 그 채무 일부에 대한 대물변제조로 양도한 행위가 최고액채권자와의 거래관계를 유지하면서 채무초과 상태에 있던 회사의 갱생을 도모하기 위한 유일한 방안이었다면, 위 양도행위가 다른 채권자를 해하는 사해행위라고 단정하기 어려울 것이다.

㉑ 기존 금전채무의 변제에 갈음하여 다른 금전채권을 양도한 경우

이와 관련하여 기존 판례는 대판 2003.6.24, 2003다1205에서 "채권자가 채무의 변제를 구하는 것은 그의 당연한 권리행사로서 다른 채권자가 존재한다는 이유로 이것이 방해받아서는 아니되고 채무자도 채무의 본지에 따라 채무를 이행할 의무를 부담하고 있어 다른 채권자가 있다는 이유로 그 채무이행을 거절하지는 못하므로, 채무자가 채무초과의 상태에서 특정채권자에게 채무의 본지에 따른 변제를 함으로써 다른 채권자의 공동담보가 감소하는 결과가 되는 경우에도 그 변제는 채무자가 특히 일부의 채권자와 통모하여 다른 채권자를 해할 의사를 가지고 변제를 한 경우가 아닌 한 원칙적으로 사해행위가 되는 것은 아니라고 할 것인바, 기존 금전채무의 변제에 갈음하여 다른 금전채권을 양도하는 경우에도 이와 마찬가지(다)"라고 하여, 사해행위로 보지 않았다($\binom{\text{같은 취지의 판결로는 대판 2005.3.25, 2004다}}{\text{10985,10992; 대판 2004.5.28, 2003다60822 참조}}$).

그러나 대판 2011.10.13, 2011다28045에서 "채무초과의 상태에 있는 채무자가 여러 채권자 중 일부에게만 채무의 이행과 관련하여 그 채무의 본래 목적이 아닌 다른 채권 기타 적극재산을 양도하는 행위는, 채무자가 특정채권자에게 채무 본지에 따른 변제를 하는 경우와는 달리 원칙적으로 다른 채권자들에 대한 관계에서 사해행위가 될 수 있고, 다만 이러한 경우에도 사해성의 일반적인 판단 기준에 비추어 그 행위가 궁극적으로 일반채권자를 해하는 행위로 볼 수 없는 경우에는 사해행위의 성립이 부정될 수 있다"고 하여 다른 입장을 취하였다.

기존의 금전채무 변제에 갈음하여 다른 금전채권을 양도한 것이 원칙적으로 사해행위에 해당되는지에 대해서 대법원은 엇갈린 판단을 한다. 전자의 판결은 다른 금전채권의 양도가 원칙적으로 사해행위가 되지 않는다고 본 반면, 후자의 판결($\binom{\text{같은 취지의 판결로는 대판 2010.9.30, 2007}}{\text{다2718; 대판 2011.3.10, 2010다52416 참조}}$)은 원칙적으로 사해행위가 되는 것으로 보는 듯하게 판단한다.

사례 16 채무자인 甲 주식회사는 기존 채권자 중 1인인 乙 주식회사에 대한 금전채무의 지급을 위하여 甲 회사가 제3채무자인 丙 주식회사로부터 지급받을 금전채권의 일부를 양도하였다(甲의 丙에 대한 채권이 甲의 유일한 재산이다). 그런데 甲은 채권양도 당시 무자력이었으며, 甲과 乙은 통모하여 다른 채권자를 해할 의사를 가지고 있지 않았다. 甲 회사의 채권자는 乙 이외에도 여러 명이 있다. 甲의 처분행위는 사해행위에 해당하는가?　　　　(대판 2011.10.13, 2011다28045 참조)

해설 16 사해행위에 해당한다.

채무초과의 상태에 있는 채무자가 여러 채권자 중 일부에게만 채무의 이행과 관련하여 그 채무의 본래 목적이 아닌 다른 채권 기타 적극재산을 양도하는 행위는, 채무자가 특정 채권자에게 채무 본지에 따른 변제를 하는 경우와는 달리 원칙적으로 다른 채권자들에 대한 관계에서 사해행위가 될 수 있고, 다만 이러한 경우에도 사해성의 일반적인 판단 기준에 비추어 그 행위가 궁극적으로 일반 채권자를 해하는 행위로 볼 수 없는 경우에는 사해행위의 성립이 부정될 수 있다. 위 사안에서 甲의 채권양도는 甲 회사가 乙 회사에 대하여 부담하는 금전채무의 본지에 따른 변

제로 볼 수는 없으므로, 채권양도 당시에 甲 회사가 채무초과의 상태에 있었다면 위 채권양도는 다른 채권자들에 대한 관계에서 원칙적으로 사해행위가 될 수 있다고 할 것이다. 더 나아가 양도되는 채권이 甲 회사의 전체 책임재산 가운데에서 차지하는 비중, 채권양도 때문에 초래된 甲 회사의 무자력 정도 등을 고려해 보면, 설령 乙 회사와 통모하여 다른 채권자를 해할 의사를 가지고 채권을 양도한 것이 아니라 하더라도, 사해행위로 보는 것이 타당할 것이다.

⑭ 특정채권자를 위한 담보제공행위

① 이미 채무초과상태에 있는 채무자가 특정채권자를 위해 채무자의 재산으로 담보를 제공하는 행위는 그로 인하여 다른 일반채권자의 공동담보를 감소시키는 결과를 초래한다면 사해행위가 된다(대판 2011.1.13, 2010다68084; 대판 2008.2.14, 2005다47106, 47113, 47120).

담보조로 제공된 재산이 채무자의 유일한 재산이 아니라거나 그 가치가 채권액에 미달한다고 하여도 사해행위가 된다(대판 2009.9.10, 2008다85161). 그러나 채무자가 제3자로부터 돈을 빌려 부동산을 구입하고, 그 제3자에게 그 부동산을 다시 담보로 제공하는 것은 일련의 행위의 전후를 통하여 볼 때 사해행위가 되지 않는다(대판 2017.9.21, 2017다237186. 설사 부동산매수행위와 담보제공행위가 한꺼번에 이루어지지 않고 단기간 내에 순차로 이루어졌다고 해도 기존 채권자들의 공동담보에 증감이 있는 것은 아니므로 사해행위가 아니라고 판시함).

그러나 사업을 계속 추진하기 위하여 부득이 특정채권자에게 담보를 제공하고 신규자금을 추가로 융통한 경우에는 사해행위가 아니다(대판 2001.5.8, 2000다66089). 예컨대 채무자가 계속적인 거래관계에 있는 구입처로부터 외상매입대금채무에 대한 담보를 제공하지 않으면 사업에 필요한 물품의 공급을 중단하겠다는 통보를 받고 물품을 공급받아 사업을 계속 추진하는 것이 채무 변제력을 갖게 되는 최선의 방법이라고 생각하고 물품을 공급받기 위하여 채무초과 상태에 있으면서도 부득이 채무자 소유의 부동산을 특정채권자에게 담보로 제공하고 그로부터 물품을 공급받았다면, 특별한 사정이 없는 한 채무자의 담보권설정행위는 사해행위에 해당하지 아니한다(대판 2011.1.13, 2010다68084). 반면 비록 채무자가 사업의 갱생이나 사업의 계속 추진 의도였다 하더라도 신규자금의 융통 없이 단지 기존채무의 이행을 유예 받기 위하여 자신의 채권자 중 한 사람에게 담보를 제공하는 행위는 다른 특별한 사정이 없는 한 다른 채권자들에 대한 관계에서는 사해행위에 해당한다(대판 2010.4.29, 2009다104564. 채무자가 사업활동에서 실제로 활용할 수 있는 신규자금의 유입과 기존채무의 이행기의 연장 내지 채권회수조치의 유예는 사업의 갱생이나 계속적 추진을 위하여 갖는 경제적 의미가 동일하다고 볼 수 없음을 이유로 설시함). 실제로 사업에 활용할 수 있는 신규자금의 유입과 기존채무의 이행기의 연장 내지 채권회수조치의 유예를 위한 것의 가치를 다르게 판단한 것이다.

② 사해행위로 경료된 근저당권설정등기가 사해행위취소소송의 변론종결시까지 존속하고 있는 경우 그 원상회복은 근저당권설정등기를 말소하는 방법에 의하여야 할 것이고, 사해행위 이전에 설정된 별개의 근저당권이 사해행위 이후에 말소되었다는 사정은 원상회복의 방법에 아

무런 영향을 주지 않는다(대판 2007.10.11,\ 2007다45364).

③ 신축건물의 도급인이 제666조가 정한 수급인의 저당권설정청구권의 행사에 따라 공사대금채무의 담보로 그 건물에 저당권을 설정하는 행위는 특별한 사정이 없는 한 사해행위에 해당하지 아니한다(대판 2008.3.27,\ 2007다78616,78623). 수급인의 저당권설정청구권을 규정한 제666조는 부동산 공사에서 그 목적물이 수급인의 자재와 노력으로 완성되었지만 특약으로 그 목적물의 소유권이 원시적으로 도급인에게 귀속되는 경우 수급인에게 목적물에 대한 저당권설정청구권을 부여함으로써 수급인이 사실상 목적물로부터 공사대금을 우선적으로 변제 받을 수 있도록 하는 데 그 취지가 있고, 이러한 수급인의 지위가 목적물에 대하여 유치권을 행사하는 지위보다 더 강화되는 것은 아니어서 도급인의 일반채권자들에게 부당하게 불리해지는 것도 아니기 때문이다.

ꂕ 제3자의 채무를 위한 담보제공

인적 담보(보증채무)를 부담하거나 물적 담보를 제공하는 행위로 책임재산이 부족해지거나 부족의 정도가 커지는 경우 사해행위가 된다.

채권자가 자기 채권의 보전을 위하여 이미 가압류한 채무자의 부동산을 채무자가 근저당권을 설정하는 행위로 가압류채권자는 아무런 불이익을 입지 않는 경우에는 근저당권설정행위가 사해행위가 되지 않는다. 그러나 채권자의 실제 채권액이 가압류 채권금액보다 많은 경우 그 초과하는 부분에 관하여는 가압류의 효력이 미치지 아니하여 그 범위 내에서는 채무자의 처분행위가 채권자들의 공동담보를 감소시키는 사해행위가 되므로 그 부분 채권을 피보전채권으로 삼아 채권자취소권을 행사할 수 있다(대판 2008.2.28,\ 2007다77446).

물상보증행위는 일반 채권자들이 만족을 얻는 물적 기초가 되는 책임재산이 새롭게 감소되는 행위에 해당하기 때문이다. 가압류채권자는 선순위근저당권자와 평등배당을 받을 수 있지만, 일반적으로 그 배당으로부터 가압류채권의 충분한 만족을 얻는다는 보장이 없고 가압류채권자는 여전히 다른 책임재산을 공취할 권리를 갖고 있기 때문에 가압류채권을 포함한 일반채권들의 만족을 담보하는 책임재산 전체를 놓고 보면 위와 같은 물상보증으로 책임재산이 부족하게 되거나 그 상태가 악화되는 경우에는 불이익을 받을 수 있으므로 가압류채권자는 채권자취소권을 행사할 수 있다(대판 2010.1.28,\ 2009다90047).

대판 2008.2.28, 2007다77446

부동산에 대하여 가압류등기가 먼저 되고 나서 근저당권설정등기가 마쳐진 경우에 경매절차의 배당관계에서 근저당권자는 선순위 가압류채권자에 대하여는 우선변제권을 주장할 수 없으므로 그 가압류채권자는 근저당권자와 일반 채권자의 자격에서 평등배당을 받을 수 있고, 따라서 가압류채권자는 채무자의 근저당권설정행위로 인하여 아무런 불이익을 입지 않으므로 채권자취소권을 행사할 수 없다. 그러나 채권자의 실제 채권액이 가압류 채권금액보다 많은 경우 그 초과하는 부분에 관하여는 가압류의 효력이 미치지 아니하여 그 범위 내에서는 채무자의 처분행위가 채권자들의 공동담보를 감소시키는 사해행위가 되므로 그 부분 채권을 피보전채권으로 삼아 채권자취소권을 행사할 수 있다.

㈎ 기타 행위

① 기존채무의 변제를 위한 약속어음 발행행위는 사해행위에 해당하지 않는다$\binom{\text{대판 2002.8.27,}}{\text{2002다27903}}$. 다만 채무자가 약속어음을 발행함으로써 새로운 채무를 부담하고, 그로 인하여 채무초과상태에 빠진 경우에는 당연히 사해행위가 된다$\binom{\text{대판 2002.10.25,}}{\text{2000다64441}}$.

② 채무자가 채무초과상태에서 채무자 소유의 유일한 주택에 대하여 주택임대차보호법 제8조의 소액보증금 최우선변제권 보호대상인 임차권을 설정해준 경우는 사해행위에 해당한다$\binom{\text{대}}{\text{판}}$ $\binom{\text{2005.5.13,}}{\text{2003다50771}}$.

> **대판 2005.5.13, 2003다50771**
> 주택임대차보호법 제8조의 소액보증금 최우선변제권은 임차목적 주택에 대하여 저당권에 의하여 담보된 채권, 조세 등에 우선하여 변제받을 수 있는 일종의 법정담보물권을 부여한 것이므로, 채무자가 채무초과상태에서 채무자 소유의 유일한 주택에 대하여 위 법조 소정의 임차권을 설정해 준 행위는 채무초과상태에서의 담보제공행위로서 채무자의 총재산의 감소를 초래하는 행위가 되는 것이고, 따라서 그 임차권설정행위는 사해행위취소의 대상이 된다고 할 것이다.

③ 무자력 상태의 채무자가 기존채무에 관한 특정채권자로 하여금 채무자가 가지는 채권에 대하여 압류 및 추심명령을 받음으로써 강제집행절차를 통하여 사실상 우선변제를 받게 할 목적으로 그 기존채무에 관하여 강제집행을 승낙하는 취지가 기재된 공정증서를 작성하여 교부해 주어, 채권자가 채무자의 그 채권에 관하여 압류 및 추심명령을 얻은 경우에는 그와 같은 공정증서 작성의 원인이 된 채권자와 채무자의 합의는 기존채무의 이행에 관한 별도의 계약인 이른바 채무변제계약에 해당하는 것으로서 다른 일반채권자의 이익을 해하여 사해행위가 된다 $\binom{\text{대판 2010.4.29,}}{\text{2009다33884}}$.

④ 채무자가 유일한 재산인 부동산을 제3자에게 신탁한 행위는 사해행위가 된다$\binom{\text{대판 1999.9.7,}}{\text{98다41490}}$. 예컨대 채무자가 채무를 변제하지 아니한 채 그의 유일한 재산인 부동산에 관하여 제3자와 사이에 신탁계약을 체결하고 그 제3자 명의로 소유권이전등기를 경료한 경우, 그 신탁계약은 채권자를 해함을 알고서 한 사해행위라고 봄이 상당하다.

⑤ 채무자인 부동산 명의수탁자의 처분행위

등기명의신탁된 부동산에 부동산실명법 제4조 제2항 본문이 적용되어 명의수탁자인 채무자 명의의 소유권이전등기가 무효인 경우에는 그 부동산은 채무자의 소유가 아니기 때문에 이를 채무자의 일반채권자들의 공동담보에 제공되는 책임재산이라고 볼 수 없다. 따라서 명의수탁자인 채무자가 위 부동산에 관하여 제3자와 매매계약을 체결하고 그에게 소유권이전등기를 마쳐 주었다고 하더라도 그로써 채무자의 책임재산에 감소를 초래한 것이라고 할 수 없으므로 이를 들어 채무자의 일반채권자들을 해하는 사해행위라고 할 수 없으며, 채무자에게 사해의 의사가 있다고 볼 수도 없다.

그러나 명의신탁자와 명의수탁자가 이른바 계약명의신탁 약정을 맺고 명의수탁자가 당사자가 되어 명의신탁약정이 있다는 사실을 알지 못하는 소유자와 부동산에 관한 매매계약을 체결한 후 그 매매계약에 따라 당해 부동산의 소유권이전등기를 명의수탁자 명의로 마친 경우에는, 명의신탁자와 명의수탁자 사이의 명의신탁약정의 무효에도 불구하고 부동산실명법 제4조 제2항 단서에 의하여 그 명의수탁자는 당해 부동산의 완전한 소유권을 취득하게 된다. 다만 명의신탁자에 대하여 그로부터 제공 받은 매수자금 상당액의 부당이득반환의무를 부담하게 되는바, 위와 같은 경우에 명의수탁자가 취득한 부동산은 채무자인 명의수탁자의 일반 채권자들의 공동담보에 제공되는 책임재산이 되고, 명의신탁자는 명의수탁자에 대한 관계에서 금전채권자 중 한 명에 지나지 않으므로, 명의수탁자의 재산이 채무의 전부를 변제하기에 부족한 경우 명의수탁자가 위 부동산을 명의신탁자 또는 그가 지정하는 자에게 양도하는 행위는 특별한 사정이 없는 한 다른 채권자의 이익을 해하는 것으로서 다른 채권자들에 대한 관계에서 사해행위가 된다(대판 2008.9.25. 2007다74874).

반면에 유효한 부동산 명의신탁(부부간 명의신탁 등)에 의해 명의수탁자가 신탁계약에 기한 반환의무의 이행으로 신탁부동산의 소유권을 이전하는 수탁자의 행위는 수탁자의 채권자에 대하여 사해행위가 되지 않는다. 그러나 부부간 명의신탁에서 신탁자가 유효한 명의신탁약정을 해지함을 전제로 신탁부동산을 제3자에게 직접 처분하면서 수탁자 및 제3자와의 합의 아래 수탁자에게서 곧바로 제3자 앞으로 소유권이전등기를 마쳐 준 경우 이로써 신탁자의 소극재산이 적극재산을 초과하게 되거나 채무초과상태가 더 나빠지고 신탁자도 그러한 사실을 인식하고 있었다면 이러한 신탁자의 법률행위는 신탁자의 일반채권자들을 해하는 행위로서 사해행위에 해당한다(대판 2016.7.29. 2015다56086). 이러한 매도행위로 인하여 신탁자의 책임재산인 수탁자에 대한 소유권이전등기청구권이 소멸하기 때문이다.

2. 채권자취소권의 주관적 요건(채무자의 사해의사 + 수익자 또는 전득자의 악의)

(1) 채무자의 악의(사해의사)

(가) 사해의사의 내용

사해의 의사는 특정채권자를 해하려는 적극적인 의사가 아니라 변제자력이 부족하게 된다는 소극적 인식만으로 충분하다(대판 1998.5.12. 97다57320). 재산처분행위로 공동담보에 부족이 생겨(또는 부족상태의 심화) 채권자의 채권을 완전하게 만족시킬 수 없게 된다는 사실을 인식함으로써 악의는 충족된다. 일반채권자에 대한 관계에서 그러한 인식이 있으면 충분하고, 특정채권자를 해할 것을 기도하거나 의욕할 필요는 없다(대판 1999.4.9. 99다2515). 연대보증인의 경우 그의 자산상태가 연대보증채무를 담보하는 데 부족하게 되리라는 점을 인식하면 악의가 되며, 주채무자의 자산상태를 인식할 필요까지는 없다(대판 1998.4.14. 97다54420).

다만 사해행위가 변제행위인 경우에는 사해의 의사는 위와 같은 소극적 인식만으로는 부족하고 채권자를 해할 의사가 요구된다(대판 2007.5.31. 2005다28686).

(나) 판단시기

사해의사의 판단기준이 되는 시기는 사해행위 당시이다($^{\text{대판 2001.7.27.}}_{\text{2000다73377}}$). 사해행위 후에 사해행위취소를 하기 위한 객관적 요건이 구비되었다는 사실을 인식하였다 하더라도 채무자의 악의가 인정되지 않는다.

(다) 증명책임

채무자의 사해인식은 취소채권자가 증명해야 함이 원칙이다($^{\text{채무자의 선의추정. 대판}}_{\text{2004.5.28, 2003다60822}}$). 그러나 채무자의 사해의사가 추정되기도 한다. 예컨대 채무자가 유일한 재산인 부동산을 매각하여 금전으로 바꾸는 행위($^{\text{대판 2010.6.10.}}_{\text{2010다12067}}$), 채무초과상태의 채무자가 특정 채권자를 위해 유일한 재산에 담보를 설정하는 행위($^{\text{대판 2010.4.29.}}_{\text{2009다104564}}$) 등에서 채무자의 사해의사가 추정된다.

(2) 소송상대방(수익자 또는 전득자)의 악의

(가) 악의의 내용

악의란 채권자를 해한다는 사실의 인식, 즉 사해행위의 객관적 요건을 구비했다는 것에 대한 인식을 의미한다($^{\text{대판 2006.7.4.}}_{\text{2004다61280}}$). 예컨대 채권자가 사해행위의 취소로써 수익자를 상대로 채무자와의 법률행위의 취소를 구함과 아울러 전득자를 상대로도 전득행위의 취소를 구함에 있어서, 전득자의 악의는 전득행위 당시 채무자와 수익자 사이의 법률행위가 채권자를 해한다는 사실, 즉 사해행위의 객관적 요건을 구비하였다는 것에 대한 인식을 의미하므로, 전득자의 악의를 판단함에 있어서는 단지 전득자가 전득행위 당시 채무자와 수익자 사이의 법률행위의 사해성을 인식하였는지 여부만이 문제가 될 뿐이다.

(나) 악의의 추정 및 증명책임

채무자의 처분행위가 사해행위에 해당하는 경우, 수익자 등의 악의는 추정된다($^{\text{대판 2006.4.14.}}_{\text{2006다5710}}$).[11] 제406조 제1항의 단서의 형태로 규정되어 있기 때문이다. 따라서 수익자 등이 스스로 선의를 증명해야 한다($^{\text{선의의 항변. 대판 2001.}}_{\text{4.24, 2000다41875}}$). 수익자 또는 전득자가 채무자와 신분상 또는 생활상 밀접한 관계에 있어 채무자의 재산상태를 잘 알 수 있었던 경우, 특별한 사정이 없는 한 이들의 선의 주장은 잘 받아들여지지 않는다.

> **대판 2006.4.14, 2006다5710**
> 채무자의 제3자에 대한 담보제공행위가 객관적으로 사해행위에 해당하는 경우 수익자의 악의는 추정되는 것이므로 수익자가 그 법률행위 당시 선의였다는 입증을 하지 못하는 한 채권자는 그 법률행위를 취소하고 그에 따른 원상회복을 청구할 수 있다. 채무자의 제3자에 대한 담보제공 등의 재산처분행위가 사해행위에 해당할 경우에, 그 사해행위 당시 수익자가 선의였음을 인정함에 있어서는 객관적이고도 납득할 만한 증거자료 등이 뒷받침되어야 할 것이고, 채무자의 일방적인 진술이나

---

11) 이와는 달리 통정허위표시에서는 제3자의 선의가 추정된다(대판 2006.3.10, 2002다1321).

제3자의 추측에 불과한 진술 등에만 터잡아 그 사해행위 당시 수익자가 선의였다고 선뜻 단정하여서는 안 된다.

(다) 악의 판단시점

수익자와 채무자의 법률행위 당시 또는 전득자의 전득 당시를 기준으로 악의를 판단한다.

사해행위취소를 위한 채무자 및 전득자의 '악의(惡意)'와 통정허위표시에서의 '통정(通情)'은 다른 것인가?

양자는 다르다. 사해행위취소를 위한 채무자 및 전득자의 악의는 채권자의 권리를 침해한다는 점을 알고 있음을 의미하는 반면, 통정허위표시에서는 의사표시가 진의에 반한다는 점을 알고 있다는 점에서 내용적으로 다르다. 매도인(채무자)과 매수인(전득자)이 통정하여 허위의 매매계약을 체결하면 보통은 통정허위표시가 되며 동시에 사해행위에도 해당되는 경우가 있다. 이 때에는 채권자는 채무자와 전득자의 매매계약이 통정허위표시임을 이유로 무효를 주장할 수 있고, 채권자취소권을 모두 행사할 수 있다고 본다(소위 무효·취소의 이중효)^(대판 1998.2.27. 97다50985; 대판 1984.7.24. 84다카68).

그러나 통정허위표시에 해당되지만 채권자취소권을 행사하기 위한 채무자와 전득자 등의 악의가 부정될 수 있다. 예컨대 채무자의 유일한 재산을 헐값에 매도할 때 매도인에게 매도의 진의가 없음을 매수인이 알고 있었지만 매도인에게 다른 채권자가 있음을 몰랐다면 매수인은 전득자로서의 악의가 없으므로 전득자를 상대로 채권자취소권을 행사할 수는 없다. 반대로 전득자의 악의는 있지만 통정허위표시에 해당되지 않는 경우도 가능하다. 예컨대 매도인의 유일한 재산을 헐값에 매도함을 매수인이 알고 있어 다른 채권자를 위한 매도인의 책임재산이 감소함을 알고 있었더라도 매도인에게 매매의사가 있었다고 믿고 계약을 체결한 경우가 그러할 것이다^(대판 1984.7.24. 84다카68; 대판 2013.3.28. 2012다100746; 대판 1998.2.27. 97다50985).

---

3. 제척기간의 준수

(1) 제소기간으로서 제척기간

사해행위 취소소송은 취소원인을 안 날부터 1년, 법률행위가 있은 날부터 5년 내에 행사하여야 한다^(제406조 제2항). 이는 제척기간이므로 기간의 도과 여부는 법원의 직권조사사항에 해당하며^(대판 1996.5.14. 95다50875 등), 기간 도과 후 소제기시 법원은 부적법 각하판결을 한다. 제척기간의 도과 여부는 피고가 증명책임을 부담한다^(대판 2009.3.26. 2007다63102).

(가) 법률행위가 있은 날은 실제로 사해행위가 이루어진 날을 기준으로 한다^(대판 2010.2.25. 2007다28819,28826).

(나) 채권자취소권의 행사에서 그 제척기간의 기산점인 '채권자가 취소원인을 안 날'은 채무자의 사해의사와 사해행위를 안 날을 말한다. 먼저 단순히 채무자의 법률행위가 있었다는 사실을 아는 것만으로는 부족하고^(즉 단순히 사해행위의 객관적 사실을 알았다고 하여 취소의 원인을 알았다고 추정할 수는 없다. 대판 2003.12.12. 2003다40286), 그 법률행위가 채권

자를 해하는 행위임을 알고 나아가 채무자에게 사해의 의사가 있었다는 사실까지 알 것을 요한다$\binom{대판 2018.4.10,}{2016다272311}$. 즉 사해행위에 의하여 채권의 공동담보에 부족이 생기거나 이미 부족상태에 있는 공동담보가 한층 더 부족하게 되어 채권을 완전하게 만족시킬 수 없게 된다는 것까지 알아야 한다. 또한 채무자의 악의도 알아야 하나, 수익자 및 전득자의 악의는 알 필요가 없다$\binom{대판 2012.1.12,}{2011다82384}$. 수익자 및 전득자의 악의는 추정되기 때문이다.

1) 채권자가 채무자의 유일한 재산에 대하여 제3자가 가등기를 경료한 사실을 알고 채무자의 재산상태를 조사한 결과 다른 재산이 없음을 확인한 후 채무자의 재산에 대하여 가압류를 하였다면, 채권자는 그 가압류 무렵에 채무자가 채권자를 해함을 알면서 사해행위를 한 사실을 알았다고 봄이 상당하다$\binom{대판 1999.4.9, 99다2515; 대}{판 2002.11.26, 2001다11239}$. 수익자를 상대로 처분금지가처분을 신청하면서 부동산등기부등본(2012.8.11.부터는 '부동산등기사항증명서'에 해당)을 발급 받아본 경우에도 취소원인을 알았다고 봄이 상당하다고 본다$\binom{대판 2006.11.9,}{2006다46483}$.

2) 채무자가 유일한 재산인 부동산을 처분하였다는 사실을 채권자가 알았다면 채무자의 사해의사도 알았다고 봄이 상당하다$\binom{대판 2000.9.29,}{2000다3262}$.

3) 채권자가 채무자의 제3자에 대한 금전 증여행위가 사해행위에 해당한다는 것을 확실히 알지 못한 채, 그 금전으로 취득한 제3자 명의의 부동산이 명의신탁된 것으로 잘못 알고 그 명의신탁약정이 사해행위라 주장하며 그 부동산에 대한 처분금지가처분신청을 하여 그 가처분등기가 마쳐진 경우, 가처분등기시 채권자가 '취소원인을 알았다'고 볼 수 없다$\binom{대판 2009.4.9,}{2008다81398}$.

4) 가등기의 등기원인인 법률행위와 본등기의 등기원인인 법률행위가 명백히 다른 것이 아닌 한, 가등기 및 본등기의 원인행위에 대한 사해행위취소청구의 제척기간의 기산일은 가등기의 원인행위(매매예약의 체결)가 사해행위임을 안 때라고 할 것이다. 채권자가 가등기의 원인행위가 사해행위임을 안 때부터 1년 내에 가등기의 원인행위에 대하여 취소의 소를 제기하였다면 본등기의 원인행위에 대한 취소 청구는 그 원인행위에 대한 제척기간이 경과한 후 제기하더라도 적법하다$\binom{대판 2006.12.21,}{2004다24960}$.

5) 사해행위가 있은 후 채권자가 취소원인을 알면서 피보전채권을 양도하고 양수인이 그 채권을 보전하기 위하여 채권자취소권을 행사하는 경우, 제척기간 도과 여부는 채권의 양도인을 기준으로 취소원인을 안 날을 판단하여야 한다$\binom{대판 2018.4.10,}{2016다272311}$.

6) 과거 부양료의 지급을 구하는 권리는 당사자의 협의 또는 가정법원의 심판 확정에 의하여 비로소 구체적이고 독립한 재산적 권리로 성립하게 되지만, 그러한 부양료청구권의 침해를 이유로 채권자취소권을 행사하는 경우의 제척기간은 부양료청구권이 구체적인 권리로서 성립한 시기가 아니라 민법 제406조 제2항이 정한 '취소원인을 안 날' 또는 '법률행위가 있은 날'로부터 진행한다$\binom{대판 2015.1.29,}{2013다79870}$.

7) 사해행위 이후에 피보전채권이 발생했지만 예외적으로 사해행위취소권이 인정되더라도 단기제척기간(안 날로부터 1년)은 피보전채권성립시가 아니라 사해행위를 안 날로부터 진행한다$\binom{대판 2022.5.26,}{2021다288020}$.

(2) 전득자 또는 수익자에 대한 권리행사기간

채권자가 전득자에 대하여 채권자취소권을 행사하여 원상회복을 구하기 위해서는 제406조 제2항에서 정한 기간 안에 전득자를 상대로 채무자와 수익자 사이의 사해행위를 취소하는 청구를 해야 한다(대판 2005.6.9. 2004다17535). 채권자가 수익자를 상대로 사해행위의 취소를 구하는 소를 제기하여 채무자와 수익자 사이의 법률행위를 취소하는 판결이 확정되었더라도 판결의 효력은 그 소송의 피고가 아닌 전득자에게는 미치지 않는다. 따라서 수익자 또는 전득자에 대한 소제기는 각각 제척기간 내에 소를 제기해야 한다. 따라서 수익자에 대한 소제기가 있었더라도 전득자에 대한 소는 사해행위를 안 날을 기준으로 1년 내에 행사되어야 한다(대판 2014.2.13. 2012다 204013. 이 사건에서는 수익자를 상대로 취소소송이 1년 넘게 진행하고 있던 시점에서 수익자가 전득자에게 목적물을 처분하자, 전득자를 상대로 다시 취소 및 원상회복의 소를 제기한 사안에서 사해행위를 안 날(늦어도 수익자에 대한 소제기 시점)로부터 1년이 경과했음을 이유로 각하됨).

따라서 수익자에 대한 취소판결을 얻어 원상회복하기 전에 수익자가 이를 전득자에게 처분하여 원상회복(등기이전)이 불가능하게 된 경우, 채권자는 권리행사기간 내에 전득자를 피고로 하여 다시 취소소송을 제기하여야 한다.

(3) 사해행위취소청구와 원상회복청구를 별도로 행사하는 경우

사해행위 취소청구와 이를 기초로 하는 원상회복청구를 분리하여 행사할 수 있다. 사해행위 취소청구가 제소기간 내에 제기되었으면, 원상회복청구는 그 기간 도과 후에도 할 수 있다 (대판 2001.9.4. 2001다14108). 다만 사해행위취소소송의 승소 후에 제기된 원상회복청구는 다시 10년의 소멸시효에 걸리므로(조제162) 그 기간 내에 권리를 행사하면 된다.

(4) 채권자취소권을 대위행사하는 경우

채권자취소권 또한 대위행사할 수 있는데, 이때 제소기간은 피대위채권자(사해행위를 당한 자)를 기준으로 하여 정해진다(대판 2001.12.27. 2000다73049). 예컨대 甲은 대위채권자, A는 피대위채권자(사해행위 취소채권자), B는 사해행위자인 경우, 甲은 A의 B에 대한 채권의 취소원인을 안 지 1년이 지났더라도 A가 취소원인 있음을 몰랐고, B와 제3자간(C)의 사해행위가 있은 지 5년 이내인 경우에는 甲이 A를 대위하여 채권자취소권을 행사할 수 있다.

대판 2001.12.27. 2000다73049

민법 제404조 소정의 채권자대위권은 채권자가 자신의 채권을 보전하기 위하여 채무자의 권리를 자신의 이름으로 행사할 수 있는 권리라 할 것이므로, 채권자가 채무자의 채권자취소권을 대위행사하는 경우, 제소기간은 대위의 목적으로 되는 권리의 채권자인 채무자를 기준으로 하여 그 준수 여부를 가려야 할 것이고, 따라서 채권자취소권을 대위행사하는 (대위)채권자가 취소원인을 안 지 1년이 지났다 하더라도 채무자가 취소원인을 안 날로부터 1년, 법률행위가 있은 날로부터 5년 내라면 채권자취소의 소를 제기할 수 있다.

III. 채권자취소권의 행사

1. 채권자취소소송의 당사자

(1) 원 고

원고는 채권자가 된다. 다만 개인회생절차 개시결정이 내려진 후에는 채무자가 총채권자에 대한 평등변제를 목적으로 하는 부인권(否認權)을 행사하여야 하고, 개인회생채권자목록에 기재된 개인회생채권을 변제받거나 변제를 요구하는 일체의 행위를 할 수 없는 개인회생채권자가 개별적 강제집행을 전제로 하여 개개의 채권에 대한 책임재산의 보전을 목적으로 하는 채권자취소소송을 제기할 수는 없다(대판 2010.9.9., 2010다37141).

(2) 피 고

통설과 판례인 상대적 무효설에 따르면 수익자, 전득자만이 피고로 되고 채무자는 피고가되지 못한다. 따라서 채무자를 상대로 한 사해행위취소의 소는 부적법 각하되어야 한다(대판 2009.1.15, 2008다72394). 수익자와 전득자 중 누구를 피고로 할 것인가는 채권자의 자유이다. 채권자는 동시에 또는 이시에 수인의 수익자 또는 전득자를 상대로 취소소송을 제기할 수 있다.

채무자를 상대로 한 본래의 급부에 대한 이행청구와는 병합이 가능하다. 나아가 채권자취소소송에서 채권자가 승소할 경우 채무자는 수익자 또는 전득자로부터 부당이득반환청구를 당할 수 있어 소송의 결과에 법률상 이해관계가 있기 때문에 보조참가를 할 수 있다.

대판 2008.11.13, 2006다1442
채권자가 어느 수익자(전득자 포함)에 대하여 사해행위취소 및 원상회복청구를 하여 승소판결을 받아 그 판결이 확정되었다 하더라도 그에 기하여 재산이나 가액의 회복을 마치지 아니한 이상 채권자는 자신의 피보전채권에 기하여 다른 수익자에 대하여 별도로 사해행위취소 및 원상회복청구를 할 수 있고, 채권자가 여러 수익자를 상대로 사해행위취소 및 원상회복청구의 소를 제기하여 여러 개의 소송이 계속 중인 경우에는 각 소송에서 채권자의 청구에 따라 사해행위의 취소 및 원상회복을 명하는 판결을 선고하여야 (한다.)

사례 17 甲의 채무자 乙은 자신이 소유하고 있는 유일한 부동산 X를 丙에게 매도하고 이전등기를 경료해 주었다. 그 후 丙은 이를 丁에게 매도하고 등기를 이전해 주었다. 丙과 丁이 모두 악의인 경우, 甲의 채권자취소권 행사방법은? (채권자취소권 요건은 구비한 것으로 전제한다)
(대판 1998.5.15, 97다58316, 대판 2000.2.25, 99다53704 참조)

해설 17 甲은 수익자 丙을 상대로 가액반환을 청구하거나, 전득자 丁을 상대로 원물반환을 청구할 수 있다.
甲은 수익자 丙을 상대로 가액반환을 청구할 수 있고, 전득자 丁을 상대로 원물반환을 청구할

제1편 제2편 제3편 제4편 제5편 제6편 제7편 제8편 제9편 채무불이행

수 있다(대판 1998.5.15,
97다58316). 한편, 사해행위의 목적물이 부동산인 경우에 원상회복으로서 말소등기의 방법을 택하게 되면 전득자뿐만 아니라 수익자를 상대로도 말소등기를 청구해야 하고, 등기도 각각 거쳐야 하는 번거로움이 있으므로 이 경우 전득자만을 상대로 채무자 앞으로의 진정명의회복을 위한 이전등기청구를 하면 된다(대판 2000.2.25,
99다53704).

대판 1998.5.15, 97다58316

[1] 채권자의 사해행위취소 및 원상회복청구가 인정되면, 수익자 또는 전득자는 원상회복으로서 사해행위의 목적물을 채무자에게 반환할 의무를 지게 되고, 원물반환이 불가능하거나 현저히 곤란한 경우에는 원상회복의무의 이행으로서 사해행위 목적물의 가액 상당을 배상하여야 하는바, 원래 채권자와 아무런 채권·채무관계가 없었던 수익자가 채권자취소에 의하여 원상회복의무를 부담하는 것은 형평의 견지에서 법이 특별히 인정한 것이므로, 그 가액배상의 의무는 목적물의 반환이 불가능하거나 현저히 곤란하게 됨으로써 성립하고, 그 외에 그와 같이 불가능하게 된 데에 상대방인 수익자 등의 고의나 과실을 요하는 것은 아니다.

[2] 원물반환이 불가능하거나 현저히 곤란한 경우라 함은 원물반환이 단순히 절대적, 물리적으로 불능인 경우가 아니라 사회생활상의 경험법칙 또는 거래상의 관념에 비추어 채권자가 수익자나 전득자로부터 이행의 실현을 기대할 수 없는 경우를 말하고, 사해행위의 목적물이 수익자로부터 전득자로 이전되어 그 등기까지 경료되었다면 후일 채권자가 전득자를 상대로 소송을 통하여 구제받을 수 있는지 여부에 관계없이, 수익자가 전득자로부터 목적물의 소유권을 회복하여 이를 다시 채권자에게 이전하여 줄 수 있는 특별한 사정이 없는 한 그로써 채권자에 대한 목적물의 원상회복의무는 법률상 이행불능의 상태에 있다고 봄이 상당하다.

사례 18 甲의 채무자 乙은 자신이 소유하고 있는 유일한 부동산 X를 丙에게 매도하고 이전등기를 경료해 주었다. 그 후 丙은 이를 丁에게 매도하고 등기를 이전해 주었다. 丙은 악의이나 丁은 선의인 경우, 甲의 채권자취소권 행사방법은? (채권자취소권 요건은 구비한 것으로 전제한다)

해설 18 甲은 수익자 丙에게 가액반환을 청구할 수 있다.

일단 선의의 전득자를 상대로 해서는 사해행위취소를 주장할 수 없다. 결국 채권자는 악의의 수익자를 피고로 할 수 있으나, 수익자에게 원물반환을 청구하는 것은 그 이행이 불가능하기 때문에 수익자에게 가액반환을 청구할 수밖에 없다.

사례 19 甲의 채무자 乙은 자신이 소유하고 있는 유일한 부동산 X를 丙에게 매도하고 이전등기를 경료해 주었다. 그 후 丙은 丁으로부터 5억 원을 차용하면서 X부동산에 저당권을 설정해 주었다. 丙은 악의이나 丁은 선의인 경우, 甲의 채권자취소권 행사방법은? (채권자취소권 요건은 구비한 것으로 전제한다)　　　　　　　　　　　　　　　　　(대판 2001.2.9, 2000다57139 참조)

해설 19 甲은 丙을 상대로 가액반환을 청구하거나 丁의 저당권이 있는 상태로 丙 명의의 이전등기말소를 청구할 수 있다.

이 경우에도 채권자는 수익자를 상대로 가액반환을 청구하는 것이 원칙이다. 다만 위와 달리 채권자는 수익자를 상대로 진정명의회복을 원인으로 하는 소유권이전등기를 청구할 수도 있으나, 이 경우 채무자에게로 소유권이 회복되더라도 전득자의 저당권은 여전히 존속한다. 그러나 채권자가 스스로 위험이나 불이익을 감수하면서 원물반환을 구하는 것까지 허용되지 아니하는 것으로 볼 것은 아니고, 그 경우에 채권자는 원상회복의 방법으로 가액배상 대신 수익자 명의의 등기의 말소를 구하거나 수익자를 상대로 채무자 앞으로 직접 소유권이전등기절차를 이행할 것을 구할 수 있다.

사례 20 甲의 채무자 乙은 자신이 소유하고 있는 유일한 부동산 X를 丙에게 매도하였고 이전등기를 경료해 주었다. 그 후 丙은 이를 丁에게 매도하고 등기를 이전해 주었다. 丙은 선의이나 丁은 악의인 경우, 甲의 채권자취소권 행사방법은? (채권자취소권 요건은 구비한 것으로 전제한다)
(대판 2012.8.17, 2010다87672 참조)

해설 20 통설과 판례에 따르면 甲은 丁에게 원물반환을 청구할 수 있다.
통설은 전득자와의 관계에서만 채무자의 사해행위를 취소하는 것이기 때문에 전득자가 악의이면 충분하고 수익자의 선의여부는 문제되지 않는다고 한다. 반면에 소수설에 의하면, 수익자가 선의이면 확정적·종국적으로 권리를 취득할 것인데, 우연히 전득자가 채무자의 사해행위를 알았다는 것만으로는 채권자와의 관계에서 채무자의 사해행위를 취소하도록 하는 것은 권리귀속관계를 지나치게 유동화시키는 결과를 가져온다는 이유로 이를 부정한다. 그러나 사해행위취소의 효과는 상대적이라는 점에서 통설이 타당하다고 보며, 최근 대법원 판례도 통설과 같은 입장을 취하였다(대판 2012.8.17, 2010다87672).
한편 채권자는 전득자를 상대로 원상회복으로 채무자 앞으로 직접이전등기를 청구할 수 있다(진정명의회복을 위한 이전등기청구). 물론 이론상 전득자에게 말소등기도 청구할 수 있으나, 말소하게 되면 소유권은 수익자에게 복귀하는데 채권자는 채권자취소권을 수익자에게 주장할 수 없게 된다는 점에서 실익이 없다.

대판 2012.8.17, 2010다87672
채권자가 사해행위 취소와 함께 수익자 또는 전득자로부터 책임재산의 회복을 구하는 사해행위취소의 소를 제기한 경우 취소의 효과는 채권자와 수익자 또는 전득자 사이의 관계에서만 생긴다. 그리고 채권자가 사해행위 취소로써 전득자를 상대로 채무자와 수익자 사이의 법률행위 취소를 구하는 경우, 전득자의 악의는 전득행위 당시 취소를 구하는 법률행위가 채권자를 해한다는 사실, 즉 사해행위의 객관적 요건을 구비하였다는 것에 대한 인식을 의미하므로, 전득자의 악의 판단에서는 전득자가 전득행위 당시 채무자와 수익자 사이의 법률행위 사해성을 인식하였는지만이 문제가 될 뿐이고, 수익자가 채무자와 수익자 사이 법률행위의 사해성을 인식하였는지는 원칙적으로 문제가 되지 않는다.

사례 21 甲의 채무자 乙은 자신이 소유하고 있는 유일한 부동산 X를 丙에게 매도하였고 이전등기를 경료해 주었다. 그 후 丙은 丁으로부터 5억 원을 차용하면서 부동산 X에 저당권을 설정해 주었다. 丙은 선의이나 丁은 악의인 경우, 甲의 채권자취소권 행사방법은? (채권자취소권 요건은 구비한 것으로 전제한다)

|해설 21| 甲은 丁에게 가액반환을 청구할 수 있다.

채권자가 원상회복으로 전득자의 저당권등기를 말소하더라도 수익자에게 채권자취소를 주장할 수 없으므로 아무런 실익이 없다. 따라서 채권자는 전득자를 상대로 저당권의 가치에 상응하는 가액반환을 청구할 수밖에 없다.

2. 행사방법

(1) 재판상 행사(소제기)만 가능하고 다른 소송에서 공격 · 방어방법으로 이를 주장할 수 없다 $\binom{\text{대판 2005.6.9,}}{\text{2004다17535}}$.

대판 2005.6.9, 2004다17535

채권자가 전득자를 상대로 민법 제406조 제1항에 의한 채권자취소권을 행사하기 위해서는, 같은 조 제2항에서 정한 기간 안에 채무자와 수익자 사이의 사해행위의 취소를 소송상 공격방법의 주장이 아닌 법원에 소를 제기하는 방법으로 청구하여야 하는 것이고, 비록 채권자가 수익자를 상대로 사해행위의 취소를 구하는 소를 이미 제기하여 채무자와 수익자 사이의 법률행위를 취소하는 내용의 판결을 선고받아 확정되었더라도 그 판결의 효력은 그 소송의 피고가 아닌 전득자에게는 미칠 수 없다.

(2) 채권자가 사해행위취소청구 없이 원상회복청구만을 청구하는 것은 불가하나 $\binom{\text{대판 2008.12.11,}}{\text{2007다69162}}$, 사해행위의 취소만 먼저 청구하는 것은 가능하다 $\binom{\text{대판 2001.9.4,}}{\text{2001다14108}}$.

(3) 원물반환을 구하는 청구취지 속에는 가액반환을 구하는 취지가 포함되어 있으므로 청구취지의 변경없이 바로 가액반환을 명할 수 있다 $\binom{\text{대판 2002.11.8,}}{\text{2002다41589}}$.

3. 소송법상 문제(중복제소 등)

(1) 채무자에게 수인의 채권자가 있는 경우 각 채권자는 동시 또는 이시에 채권자취소소송을 제기할 수 있고 이는 중복제소에 해당되지 않는다 $\binom{\text{대판 2008.4.24, 2007다84352;}}{\text{대판 2005.11.25, 2005다51457}}$. 채권자취소권의 요건을 갖춘 각각의 채권자는 고유의 권리로서 채무자의 재산처분행위를 취소하고 원상회복을 구할 수 있기 때문이다.

여러 개의 소송이 계속 중이어서 각 소송별로 각 채권자의 피보전채권액 전액 반환을 명할 경우, 수익자는 이중으로 가액을 반환하게 될 위험에 처할 수 있을 것이나, 수익자가 어느 채권자에게 자신이 배상할 가액의 일부 또는 전부를 반환한 때에는 그 범위 내에서 다른 채권자에 대하여 청구이의 등의 방법으로 이중지급을 거부할 수 있다$\left(\begin{smallmatrix}\text{대판 2005.11.25,}\\\text{2005다51457}\end{smallmatrix}\right)$.

▌ 대판 2005.11.25, 2005다51457

[1] 채권자취소권의 요건을 갖춘 각 채권자는 고유의 권리로서 채무자의 재산처분 행위를 취소하고 그 원상회복을 구할 수 있는 것이므로 여러 명의 채권자가 동시에 또는 시기를 달리하여 사해행위취소 및 원상회복청구의 소를 제기한 경우 이들 소가 중복제소에 해당하지 아니할 뿐만 아니라, 어느 한 채권자가 동일한 사해행위에 관하여 사해행위취소 및 원상회복청구를 하여 승소판결을 받아 그 판결이 확정되었다는 것만으로는 그 후에 제기된 다른 채권자의 동일한 청구가 권리보호의 이익이 없게 되는 것은 아니고, 그에 기하여 재산이나 가액의 회복을 마친 경우에 비로소 다른 채권자의 사해행위취소 및 원상회복청구는 그와 중첩되는 범위 내에서 권리보호의 이익이 없게 된다.

[2] 여러 명의 채권자가 사해행위취소 및 원상회복청구의 소를 제기하여 여러 개의 소송이 계속 중인 경우에는 각 소송에서 채권자의 청구에 따라 사해행위의 취소 및 원상회복을 명하는 판결을 선고하여야 하고, 수익자(전득자를 포함한다)가 가액배상을 하여야 할 경우에도 수익자가 반환하여야 할 가액을 채권자의 채권액에 비례하여 채권자별로 안분한 범위 내에서 반환을 명할 것이 아니라, 수익자가 반환하여야 할 가액 범위 내에서 각 채권자의 피보전채권액 전액의 반환을 명하여야 한다.

(2) 어느 한 채권자가 동일한 사해행위에 관하여 채권자취소 및 원상회복청구를 하여 승소판결을 받아 그 판결이 확정되었다는 것만으로 그 후에 제기된 다른 채권자의 동일한 청구가 권리보호의 이익이 없어지게 되는 것은 아니고, 그에 기하여 재산이나 가액의 회복을 마친 경우에 비로소 다른 채권자의 채권자취소 및 원상회복청구는 그와 중첩되는 범위 내에서 권리보호의 이익이 없게 된다$\left(\begin{smallmatrix}\text{대판 2008.4.24,}\\\text{2007다84352}\end{smallmatrix}\right)$.

(3) 동일한 사해행위에 관한 취소소송이 중첩된 경우, 선행소송에 따른 가액반환 종료 후 동일 부동산에 대한 증가된 시가 상당의 가액배상을 구하는 후행소송은 권리보호의 이익이 없다$\left(\begin{smallmatrix}\text{대판 2005.3.24,}\\\text{2004다65367}\end{smallmatrix}\right)$. 예컨대 선행소송의 확정판결로 처분부동산의 감정 평가에 따른 가액반환이 이루어진 이상 후행소송에서 부동산의 시가를 다시 감정한 결과 위 확정판결에서 인정한 시가보다 평가액이 증가되었다 하더라도, 그 증가된 부분을 위 확정판결에서 인정한 부분과 중첩되지 않는 부분으로 보아 이에 대하여 다시 가액배상을 명할 수는 없다.

(4) 사해행위취소소송 계속 중 피보전채권의 추가 또는 교환은 소의 변경이 아니다$\left(\begin{smallmatrix}\text{대판 2003.}\\\text{5.27, 2001}\\\text{다13532}\end{smallmatrix}\right)$. 즉 민사소송법상 채권자가 사해행위의 취소를 구하면서 그 보전하고자 하는 채권을 추가하거나 교환하는 것은 그 사해행위취소권을 이유있게 하는 공격방법에 관한 주장의 변경일 뿐이지 소송물 또는 청구 자체를 변경하는 것이 아니므로, 소의 변경이라고 할 수 없다. 따라서 피보전채권을 교환적으로 변경하였다 하더라도 제척기간의 준수 여부는 최초의 소를 제기한 때를 기준으로 한다.

채권자가 보전하고자 하는 채권만을 달리하여 동일한 법률행위의 취소 및 원상회복을 구하는 채권자취소의 소를 이중으로 제기하는 경우 전소와 후소는 소송물이 동일하다고 보아야 한다$\left(\substack{\text{대판 2012.7.5,} \\ \text{2010다80503 참조}}\right)$.

(5) 원물반환을 구하는 선행소송에서 원고승소판결이 확정된 후 어떤 사유로 원물반환의 목적달성이 불능하게 되었다면 다시 원상회복청구권을 행사하여 가액배상을 청구할 수는 없으므로 가액배상을 구하는 후행소송은 권리보호의 이익이 없다$\left(\substack{\text{대판 2006.12.7,} \\ \text{2004다54978}}\right)$.

> [사례 22] 甲의 채무자 乙은 자신이 소유하고 있는 유일한 재산인 X토지를 丙에게 매도하고 이전등기를 경료해 주었다. 그 후 丙은 丁으로부터 5억 원을 차용하면서 X토지에 저당권을 설정해 주었다. 丙은 악의이나 丁은 선의이며, 채권자취소권의 다른 요건은 모두 구비되었다. 甲은 丙에 대하여 채권자취소소송을 제기하면서, 乙 앞으로 직접 소유권이전등기절차를 이행할 것을 구하였고 승소판결을 받았다. 그런데 甲이 위 확정판결에 따른 소유권이전등기를 지체하던 중 사해행위 이전에 이미 이 사건 부동산에 설정되어 있던 丁의 근저당권이 실행되어 제3자 戊에게 매각되었다. 이에 甲은 원물반환의 목적을 달성할 수 없음을 이유로 법원에 다시 원상회복청구권을 행사하여 가액배상을 구하였다. 이 경우 법원의 판단은? (대판 2006.12.7, 2004다54978 참조)
>
> [해설 22] 법원은 소를 각하할 것이다.
> 채권자가 일단 사해행위취소 및 원상회복으로서 원물반환청구를 하여 승소판결이 확정되었다면, 그 후 어떠한 사유로 원물반환의 목적을 달성할 수 없게 되었다고 하더라도 다시 원상회복청구권을 행사하여 가액배상을 청구할 수는 없으므로 그 청구는 권리보호의 이익이 없어 허용되지 않는다$\left(\substack{\text{대판 2006.12.7,} \\ \text{2004다54978}}\right)$.

대판 2006.12.7, 2004다54978

사해행위 후 목적물에 관하여 제3자가 저당권이나 지상권 등의 권리를 취득한 경우에는 수익자가 목적물을 저당권 등의 제한이 없는 상태로 회복하여 이전하여 줄 수 있다는 등의 특별한 사정이 없는 한, 채권자는 원상회복 방법으로 수익자를 상대로 가액 상당의 배상을 구할 수도 있고, 채무자 앞으로 직접 소유권이전등기절차를 이행할 것을 구할 수도 있다. 이 경우 원상회복청구권은 사실심 변론종결 당시의 채권자의 선택에 따라 원물반환과 가액배상 중 어느 하나로 확정되며, 채권자가 일단 사해행위 취소 및 원상회복으로서 원물반환 청구를 하여 승소 판결이 확정되었다면, 그 후 어떠한 사유로 원물반환의 목적을 달성할 수 없게 되었다고 하더라도 다시 원상회복청구권을 행사하여 가액배상을 청구할 수는 없으므로 그 청구는 권리보호의 이익이 없어 허용되지 않는다.

4. 행사의 범위 및 원상회복의 방법

(1) 채권자취소권 행사의 범위

(가) 행사 범위의 한도

취소채권자 자신의 채권액 한도에서 취소가 가능하다. 다만 목적물이 불가분이거나 다른 채권자가 배당을 요구할 것이 명백한 경우에는 취소채권자는 자신의 채권액을 초과하여 취소를 구할 수 있다(대판 2006.6.29, 2004다5822; 대판 1997.9.9, 97다10864).

한편 채권자가 채무자를 상대로 한 이행청구에서 승소판결이 확정되면 채권자취소소송의 상대방인 수익자나 전득자는 그와 같이 확정된 채권자의 채권의 존부나 범위에 관하여 다툴 수 없다(대판 2003.7.11, 2003다19572).

사례 23 甲에게 3억 5천만 원의 채무를 지고 있는 乙은 자신이 소유하고 있는 유일한 재산인 대지 X(시가 3억 원)와 건물 Y(시가 4억 원)를 丙에게 매도하였고 이전등기를 경료해 주었다. 채권자취소권의 요건을 구비하였다고 한다면, 甲은 乙의 대지 X와 건물 Y에 대한 처분행위 전부를 사해행위로 취소할 수 있는가?

(대판 1975.2.25, 74다2114 참조)

해설 23 가능하다.

원칙적으로 취소채권자 자신의 채권액 한도에서 취소가능하다. 다만 목적물이 불가분이거나 다른 채권자가 배당을 요구할 것이 명백한 경우에는 취소채권자는 자신의 채권액을 초과하여 취소가능하다. 그런데 동일인의 소유인 토지와 건물의 처분행위를 채권자취소권에 의하여 취소하는 경우 그중 대지의 가격이 채권자의 채권액보다 다액이라 하더라도 대지와 건물 중 일방만을 취소하게 되면 건물의 소유자와 대지의 소유자가 다르게 되어 가격과 효용을 현저히 감소시킬 것이므로 전부를 취소함이 정당할 것이다(대판 1975.2.25, 74다2114).

(나) 피보전채권액 산정시기

취소채권자의 피보전채권액의 산정시기는 사해행위시이다. 채권자가 취소권을 행사할 때에는 원칙적으로 자신의 채권액을 초과하여 취소권을 행사할 수 없고, 이 때 채권자의 채권액에는 사해행위 이후 사실심변론종결시까지 발생한 이자나 지연손해금이 포함된다(대판 2002.4.12, 2000다63912). 이 경우 지연손해금의 기산점은 취소판결 확정시 가액배상의무가 발생하므로 판결확정일 다음날부터이다(대판 2002.6.14, 2000다3583). 가액배상청구는 장래이행을 구하는 소에 해당하여 소송촉진법의 적용이 배제되므로 법정이율로 민법상 연 5%가 적용된다(대판 2002.6.14, 2000다3583).

(2) 원상회복의 방법(원물반환 또는 가액배상)

(가) 원물반환의 원칙

1) 원물반환을 원칙으로 하며 원물반환이 불가능하거나 현저히 곤란한 경우에만 예외적으로 가액배상이 허용된다(대판 2010.4.29, 2009다104564). 원물반환이 불가능하거나 현저히 곤란한 경우라 함은 원물반환이 단순히 절대적, 물리적으로 불능인 경우가 아니라, 사회생활상의 경험법칙 또는 거래상의 관념에 비추어 채권자가 수익자나 전득자로부터 이행의 실현을 기대할 수 없는 경우를 말한다. 예컨대 사해행위의 목적물이 수익자로부터 전득자로 이전되어 그 등기까지 경료되었다면 후일 채권자가 전득자를 상대로 소송을 통하여 구제받을 수 있는지 여부에 관계없이, 수익자가 전득자로부터 목적물의 소유권을 회복하여 이를 다시 채권자에게 이전하여 줄 수 있는 특별한 사

정이 없는 한 그로써 수익자의 채권자에 대한 목적물의 원상회복의무는 법률상 이행불능의 상태에 있다고 봄이 상당하다(대판 1998.5.15, 97다58316). 반면에 사해행위의 목적물이 상장주식인 경우, 수익자 또는 전득자는 대체물인 그 상장법인의 주식 중 원상회복을 할 수량을 다시 취득하여 원물반환의무를 이행할 수 있으므로 양도받은 주권 그 자체를 보유하고 있지 않다는 사실만으로 주식반환의무가 불가능하게 되었다고 할 수 없다(대판 2007.7.12, 2007다18218).

그 밖에 목적물의 멸실, 일반재산 혼입으로 특수성을 상실한 경우처럼 사실상 원상회복이 불가능한 경우, 공평의 관념에서 원물반환이 불가능한 경우(사해행위 전에 있던 저당권이 소멸된 경우)에도 가액배상만이 인정된다(대판 2001.9.4, 2000다66416). 이 경우 저당권이 소멸하면 그것으로 충분하고, 소멸원인이 무엇인지, 변제자가 누구인지는 문제되지 않는다(대판 2001.6.12, 99다20612; 대판 2002.11.8, 2002다41589).

2) 그러나 채권자가 스스로 위험이나 불이익을 감수하고 원물반환을 구하는 것은 허용된다(대판 2001.2.9, 2000다57139). 예컨대 사해행위 후 제3자가 목적물에 저당권을 취득한 경우에는 가액배상을 청구할 수 있으나, 가액배상 대신에 채권자가 수익자 명의의 등기말소 또는 이전등기청구를 주장하는 것도 가능하다. 이때 저당권은 소멸하지 않게 되어 가액반환의 경우보다 확보되는 책임재산이 적게 된다.

▌ 대판 2001.2.9, 2000다57139
사해행위 후 그 목적물에 관하여 제3자가 저당권이나 지상권 등의 권리를 취득한 경우에는 수익자가 목적물을 저당권 등의 제한이 없는 상태로 회복하여 이전하여 줄 수 있다는 등의 특별한 사정이 없는 한 채권자는 수익자를 상대로 원물반환 대신 그 가액 상당의 배상을 구할 수도 있다고 할 것이나, 그렇다고 하여 채권자가 스스로 위험이나 불이익을 감수하면서 원물반환을 구하는 것까지 허용되지 아니하는 것으로 볼 것은 아니고, 그 경우 채권자는 원상회복 방법으로 가액배상 대신 수익자 명의의 등기의 말소를 구하거나 수익자를 상대로 채무자 앞으로 직접 소유권이전등기절차를 이행할 것을 구할 수 있다.

3) 원물반환의 목적물에 따른 구체적인 모습

㉠ 부동산에 관한 원상회복은 소유권이전등기말소청구 외에 진정명의회복을 위한 소유권이전등기청구도 가능하다(대판 2000.2.25, 99다53704).

㉡ 채권의 경우 수익자가 이미 채권추심을 완료했다면 가액배상을 주장하면 되고, 수익자의 추심완료 전이면 수익자가 취득한 채권을 채무자에게 양도하고 그 양도 통지를 하여줄 것을 청구할 수 있다(대판 1997.10.10, 97다8687).

㉢ 동산 또는 금전의 경우 채권자는 직접 자신에게 인도 또는 지급하여 줄 것을 청구할 수 있다(대판 1999.8.24, 99다23468).

㉣ 소유권이전등기청구권보전을 위한 가등기가 사해행위로 이루어진 경우 그 매매예약을 취소하고 원상회복으로서 가등기를 말소하면 족한 것이고, 가등기 후에 가등기 전부터 존재했던 저당권이 말소되었다거나 그 피담보채무가 일부 변제된 점 또는 그 가등기가 사실상 담보가등

기라는 점 등은 원상회복의 방법에 아무런 영향을 주지 않는다$\binom{\text{대판 2001.6.12.}}{\text{99다20612}}$.

㉤ 사해행위 당시 어느 부동산이 가압류되어 있다는 사정은 채권자 평등의 원칙상 채권자의 공동담보로서 그 부동산의 가치에 아무런 영향을 미치지 아니하므로, 가압류 여부나 그 청구채권액이 많고 적음에 관계없이 그 부동산 전부에 대하여 사해행위가 성립한다. 따라서 사해행위 후 수익자 또는 전득자가 그 가압류 청구채권을 변제하거나 채권액 상당을 해방공탁하여 가압류를 해제시키거나 또는 그 집행을 취소시켰다 하더라도, 법원이 사해행위를 취소하면서 원상회복으로 원물반환 대신 가액배상을 명하여야 하거나, 다른 사정으로 가액배상을 명하는 경우에도 그 변제액을 공제할 것은 아니다$\binom{\text{대판 2003.2.11.}}{\text{2002다37474}}$.

㉥ 채무자가 강제집행을 회피할 목적으로 자기의 사실상 유일한 재산인 채권을 제3자에게 무상으로 양도한 행위는 다른 파산채권자들과의 관계에서 사해행위가 되고, 그 제3자가 양수채권을 추심하여 그 돈을 채무자에게 주었다고 하더라도 그 금액 상당을 원상회복이나 가액반환의 범위에서 공제할 것은 아니다$\binom{\text{대판 2013.4.11.}}{\text{2012다211}}$.

㉦ 근저당권설정계약의 일부가 사해행위인 경우에는 채권최고액을 감축하는 근저당권변경등기절차의 이행을 명한다$\binom{\text{대판 2006.12.7.}}{\text{2006다43620}}$.

㉧ 사해행위취소로 원물반환의 확정판결 후 원물반환청구권이 이행불능이 되면, 다시 원상회복청구권을 행사하여 가액배상을 청구할 수는 없기 때문에 원물반환청구권의 이행불능을 이유로 대상청구권을 행사할 수 있도록 한다. 예컨대 사해행위취소소송에서 원물반환으로 근저당권설정등기의 말소를 구하여 승소판결이 확정되었는데, 그 후 그 부동산이 다른 담보권 실행 경매절차에 의하여 매각됨으로써 확정판결에 기한 피고인 수익자의 근저당권설정등기 말소등기절차의무가 이행불능된 경우, 사해행위취소소송의 원고인 채권자는 대상청구권 행사로서 말소될 근저당권설정등기에 기한 근저당권자로서 지급받은 배당금의 반환을 수익자에게 청구할 수 있다$\binom{\text{대판 2012.6.28.}}{\text{2010다71431}}$.

사례 24 무자력 상태인 乙이 본인 소유의 X 부동산에 대해서 아무런 대가 없이 2015.2.6. 채권자 중 1인인 A(채권액 3억 원)에게 저당권을 설정하자, 2015.2.10. 乙의 채권자 B(乙에 대해 4억 원의 채권을 가지고 있음)가 A를 피고로 하여 법원에 사해행위취소소송을 제기하면서 원물반환으로 저당권설정등기의 말소를 구하였다. 이에 2016.10.8. 원고인 B의 승소판결이 확정되었다. 그런데 乙이 저당권설정등기를 말소하지 않은 상태에서 乙의 또 다른 채권자 C에 의한 담보권실행에 의하여 2016.5.6.부터 진행된 경매에 의해 2016.11.3. B가 3억 원에 X를 매수하였다. 한편 매수대금은 모두 채권자 A가 근저당권에 기하여 배당받았다. 2016.11.24. B가 A를 상대로 지급받은 배당금에 대해 대상청구권을 청구하는 경우 A의 청구는 인용될 수 있는가?

(대판 2012.6.28. 2010다71431 참조)

│해설 24│ A의 청구는 인용된다.

우리 민법이 이행불능의 효과로서 채권자의 전보배상청구권과 계약해제권 외에 별도로 대상청구권을 규정하고 있지 않으나 해석상 대상청구권을 인정한다. 따라서 위 사례와 같이 부동산이

제1편
제2편
제3편
제4편
제5편
제6편
제7편
제8편
제9편

채무불이행

담보권 실행을 위한 경매절차에 의하여 매각됨으로써 확정판결에 기한 A의 근저당권설정등기 말소등기절차의무가 이행불능된 경우, 채권자 B는 다시 원상회복청구권을 행사하여 가액배상을 청구할 수는 없다. 이러한 경우 채권자 B는 본인이 가지는 원상회복청구권의 이행불능을 이유로 하여 대상청구권을 행사할 수 있게 되어 A가 말소될 근저당권설정등기에 기한 근저당권자로서 지급받은 배당금을 반환해야 한다고 판시했다.

사례 25 甲에게 3억 5천만 원의 채무를 지고 있는 乙은 자신이 소유하고 있는 유일한 토지 X를 丙에게 매도하였고 이전등기를 경료해 주었다. 채권자취소권의 요건을 구비하였다고 한다면, 甲이 丙에게 원상회복으로 등기의 말소를 주장하면서, 반환하기 전까지 취득한 사용이익이나 임료 상당액을 반환할 것을 주장한 경우, 丙은 응해야 하는가?　(대판 2008.12.11, 2007다69162 참조)

|해설 25| 사용이익 및 임료상당액청구에 응할 필요가 없다.

부동산에 관한 법률행위가 사해행위에 해당하여 제406조 제1항에 의하여 취소된 경우에 수익자 또는 전득자가 사해행위 이후 그 부동산을 직접 사용하거나 제3자에게 임대하였다고 하더라도, 당초 채권자의 공동담보를 이루는 채무자의 책임재산은 당해 부동산이었을 뿐 수익자 또는 전득자가 그 부동산을 사용함으로써 얻은 사용이익이나 임차인으로부터 받은 임료상당액까지 채무자의 책임재산이었다고 볼 수 없으므로 수익자 등이 원상회복으로서 당해 부동산을 반환하는 이외에 그 사용이익이나 임료상당액을 반환해야 하는 것은 아니다.

▌대판 2008.12.11, 2007다69162

채권자취소권은 채무자가 채권자를 해함을 알면서 일반재산을 감소시키는 행위를 한 경우에 그 행위를 취소하여 채무자의 재산을 원상회복시킴으로써 채무자의 책임재산을 보전하기 위하여 인정된 권리로서, 사해행위의 취소 및 원상회복은 책임재산의 보전을 위하여 필요한 범위 내로 한정되어야 하므로 원래의 책임재산을 초과하는 부분까지 원상회복의 범위에 포함된다고 볼 수 없다. 따라서 부동산에 관한 법률행위가 사해행위에 해당하여 민법 제406조 제1항에 의하여 취소된 경우에 수익자 또는 전득자가 사해행위 이후 그 부동산을 직접 사용하거나 제3자에게 임대하였다고 하더라도, 당초 채권자의 공동담보를 이루는 채무자의 책임재산은 당해 부동산이었을 뿐 수익자 또는 전득자가 그 부동산을 사용함으로써 얻은 사용이익이나 임차인으로부터 받은 임료상당액까지 채무자의 책임재산이었다고 볼 수 없으므로 수익자 등이 원상회복으로서 당해 부동산을 반환하는 이외에 그 사용이익이나 임료상당액을 반환해야 하는 것은 아니다.

(나) 가액배상

1) 가액배상이 인정되는 경우

㉮ 저당권부 부동산이 사해행위로 증여된 후에도 저당권이 존속하는 경우에는 사해행위 전부를 취소하고 원물반환의 형식으로 원상회복을 주장하면 된다. 반면에 변제 등으로 저당권이 소멸한 후에는 공평의 견지에서 가액배상만이 인정된다(대판 2001.9.4, 2000다66416). 이 경우 저당권이 소멸하면 그것으로 충분하고, 소멸원인이 무엇인지, 변제자가 누구인지는 문제되지 않는다(대판 2001. 6.12, 99다

20612; 대판 2002. 11.8, 2002다41589). 또 당사자가 사해행위 전부를 취소하고 부동산 반환을 청구했어도 법원이 일부 취소와 가액반환을 명하더라도 처분권주의에 반하는 것은 아니다(대판 2001.6.12, 99다20612).

▌ 대판 2001.6.12, 99다20612

저당권이 설정되어 있는 부동산이 사해행위로 이전된 경우에 그 사해행위는 부동산의 가액에서 저 당권의 피담보채권액을 공제한 잔액의 범위 내에서만 성립한다고 보아야 하므로, 사해행위 후 변 제 등에 의하여 저당권설정등기가 말소된 경우 그 부동산의 가액에서 저당권의 피담보채무액을 공 제한 잔액의 한도에서 사해행위를 취소하고 그 가액의 배상을 구할 수 있을 뿐이고, 특별한 사정이 없는 한 변제자가 누구인지에 따라 그 방법을 달리한다고 볼 수는 없는 것이며, 사해행위인 계약 전부의 취소와 부동산 자체의 반환을 구하는 청구취지 속에는 위와 같이 일부취소를 하여야 할 경 우 그 일부취소와 가액배상을 구하는 취지도 포함되어 있다고 볼 수 있으므로 청구취지의 변경이 없더라도 바로 가액반환을 명할 수 있다.

ⓓ 목적물의 반환이 불가능하게 된 것에 대한 상대방의 고의·과실을 불문하고 가액배상이 인정된다(대판 1998.5.15, 97다58316). 가액배상이 인용되는 경우이더라도 법원은 가집행선고가 있는 판결을 하 지 않는다. 취소판결이 확정된 때에 비로소 이행의무가 발생할 것이기 때문이다.

사해행위인 매매예약을 이유로 수익자 앞으로 가등기를 마친 후 전득자 앞으로 가등기 이전 의 부기등기가 있고 또 전득자가 그 가등기에 기한 본등기까지 마쳤더라도, 위 부기등기는 사 해행위인 매매예약에 기초하여 수익자가 취득한 권리의 이전을 나타내는 것으로서 전득자 앞 으로의 부기등기에 의하여 수익자로서의 지위가 소멸하지는 않는다. 따라서 채권자는 수익자를 상대로 사해행위인 매매예약의 취소를 청구할 수 있다. 그리고 전득자 앞으로 부기등기가 이루 어져 가등기 및 본등기에 대한 말소청구소송에서 수익자에게 피고적격이 부정되어 수익자의 원물반환의무인 가등기말소의무의 이행이 불가능하게 되어도 달리 볼 수 없으며, 특별한 사정 이 없는 한 수익자는 가등기 및 본등기에 의하여 발생된 채권자들의 공동담보 부족에 관하여 원상회복의무로서 가액을 배상할 의무를 진다(대판(전합) 2015.5. 21, 2012다952).

▌ 민사소송법   가집행선고

가집행선고(민사소송법 제213조)는 종국판결의 확정전에 이 판결에 의한 집행력을 주는 형식적 재판을 말한다. 가집행선고 있는 판결은 선고에 의하여 즉시 집행력이 발생하게 되는데, 이는 상소 등으로 판결의 확 정이 늦어져 승소자가 받게 될 불이익(채무자의 재산상태의 악화로 인한 집행불능 등)을 구제하기 위한 것 이다. 가집행선고는 원칙적으로 "종국판결"에 한하며, '결정'이나 '명령'은 원칙적으로 즉시 집행력이 발생하므로 가집행선고를 붙일 수 없다.

가압류나 가처분 등도 가집행(민사집행법 제24 조, 제56조 제2호)이라 칭하여지지만 가압류나 가처분 등 가집행은 집행의 효력이 확정판결의 집행과 동일하므로 판결이 상급심에서 취소되더라도 이미 완료한 집행절차는 무 효로 되지 않는다는 점에서 다르다. 반면 가집행선고는 상급심에서 가집행선고 또는 본안판결이 바 뀌면 가집행선고는 실효된다(민사소송법 제215조).

2) 가액배상의 범위

배상범위는 원칙적으로 취소채권자의 채권액 범위 내에서 사해행위 목적물이 가지는 공동담보가액(부동산 가액에서 저당권의 피담보채권액을 공제한 잔액)이다. 예컨대 저당권이 설정된 부동산이 처분되고 그 후 저당권이 말소되어 원물반환이 아닌 가액배상이 문제된 경우, 그 취소 및 가액배상의 범위는 (i) 사해행위 목적물이 가지는 공동담보가액, (ii) 취소채권자의 피보전채권액, (iii) 수익자나 전득자가 받은 이익의 가액 중 적은 금액이 된다. 단 집행권원이 있는 다른 채권자의 배당참가 가능성이 높을 때에는 예외적으로 취소채권자의 채권액을 초과하여 다른 채권자의 채권액을 포함하여 취소권 행사가 가능하다(대판 2010.5.27, 2007다40802).

(iii)에서 말하는 '수익자가 받은 이익'은 취득 당시의 목적물의 가액을 의미하며, 처분을 통하여 실제로 얻은 대가액을 말하는 것이 아니다(대판 2010.2.25, 2007다28819,28826).

대판 2010.5.27, 2007다40802

채권자취소권은 사해행위로 이루어진 채무자의 재산처분행위를 취소하고 그 원상회복을 구하기 위한 권리로서 사해행위에 의해 일탈된 채무자의 책임재산을 총채권자를 위하여 채무자에게 복귀시키기 위한 것이지 채권자취소권을 행사하는 특정채권자에게만 독점적 만족을 주기 위한 권리가 아니다. 또한 사해행위 취소의 범위는 다른 채권자가 배당요구를 할 것이 명백하거나 목적물이 불가분인 경우와 같이 특별한 사정이 없는 한 취소채권자의 채권액을 넘어서까지 취소를 구할 수 없다. 따라서 취소채권자는 위와 같은 특별한 사정이 없는 한 자신의 채권액 범위 내에서 채무자의 책임재산을 회복하기 위하여 채권자취소권을 행사할 수 있고 그 취소에 따른 효력을 주장할 수 있을 뿐이며, 채무자에 대한 채권 보전이 아니라 제3자에 대한 채권 만족을 위해서는 사해행위 취소의 효력을 주장할 수 없다.

㉮ 저당권이 설정된 부동산에 대한 사해행위시 가액산정의 기준시점은 사실심변론종결시이다.
저당권이 설정되어 있는 부동산에 관하여 사해행위가 이루어진 경우에 사해행위 후 피담보채권의 변제 등에 의하여 저당권설정등기가 말소된 경우 그 부동산의 가액에서 저당권의 피담보채권액을 공제한 잔액의 한도에서 사해행위를 취소하고 그 가액의 배상을 구할 수 있을 뿐이고, 그와 같은 가액 산정은 사실심변론종결시를 기준으로 하여야 한다(대판 1999.9.7, 98다41490). 이때에도 사해행위를 취소하여 (저당권이 소멸된) 부동산 자체의 회복을 명하는 것은 당초 일반 채권자들의 공동담보로 되어 있지 아니하던 부분까지 회복을 명하는 것이 되어 공평에 반하는 결과가 되기 때문이다.

㉯ 사해행위의 목적인 부동산에 수개의 저당권이 설정되어 있다가 사해행위 후 그 중 일부 저당권만이 말소된 경우, 배상하여야 할 가액은 그 부동산의 가액에서 말소된 저당권의 피담보채권액과 말소되지 아니한 저당권의 피담보채권액을 모두 공제하여 산정된다(대판 2007.7.12, 2005다65197).
사해행위 후 1, 2순위 근저당권이 말소되고, 3순위 근저당권의 피담보채권 중 일부가 채무자의 재산으로 변제됨으로써 법원이 사해행위취소로 인한 원상회복으로 가액배상을 명하는 경우, 부동산의 시가에서 공제할 3순위 근저당권의 피담보채권액은 사해행위 당시의 피담보채권

액을 기준으로 한다(대판 2007.7.12, 2005다65197).

㉯ 선순위 근저당권이 있는 부동산을 채무자가 제3자에게 양도한 후 선순위 근저당권설정계약을 해지하고 근저당권설정등기를 말소한 경우, 비록 근저당권설정계약이 이미 해지되었지만 그것이 사해행위에 해당하는지에 따라 후행 양도계약 당시 당해 부동산의 잔존가치가 피담보채무액을 초과하는지 여부가 달라지고 그 결과 후행 양도계약에 대한 사해행위취소청구가 받아들여지는지 여부 및 반환범위가 달라지는 때에는 이미 해지된 근저당권설정계약이라 하더라도 그에 대한 사해행위취소청구를 할 수 있는 권리보호의 이익이 있다고 보아야 한다. 이는 근저당권설정계약이 양도계약보다 나중에 해지된 경우뿐 아니라 근저당권설정계약의 해지를 원인으로 한 근저당권설정등기의 말소등기와 양도계약을 원인으로 한 소유권이전등기가 같은 날 접수되어 함께 처리되고 그 원인 일자가 동일한 경우에도 마찬가지이다(대판 2013.5.9, 2011다75232).

㉱ 선의의 제3자가 목적물을 취득한 경우 증여세액 또는 취득세액은 공제하지 않는다

사해행위 후 그 목적물에 관하여 선의의 제3자가 저당권을 취득하였음을 이유로 가액배상을 명하는 경우에는 사해행위 당시 일반 채권자들의 공동담보로 되어 있었던 부동산 가액 전부의 배상을 명하여야 할 것이고, 그 가액에서 제3자가 취득한 저당권의 피담보채권액을 공제할 것은 아니고, 증여의 형식으로 이루어진 사해행위를 취소하고 원물반환에 갈음하여 그 목적물 가액의 배상을 명함에 있어서는 수익자에게 부과된 증여세액과 취득세액을 공제하여 가액배상액을 산정할 것도 아니다(대판 2003.12.12, 2003다40286).

㉲ 근저당권의 피담보채무액의 공제방법

근저당권부 부동산이 사해행위로 양도된 후 사해행위취소로 가액배상되어야 할 경우 배상하여야 할 가액은 사해행위취소시인 사실심변론종결시를 기준으로 하여 그 부동산의 가액에서 근저당권의 피담보채무액을 공제하는 방식으로 산정해야 한다(대판 1999.9.7, 98다41490 등).

피담보채무액을 공제함에 있어 사실심변론종결 당시의 피담보채무액이 사해행위 당시의 그것보다 현실적으로 증대되어 남아 있는 경우에는 근저당권의 채권최고액의 범위 내에서 이를 모두 공제하여야 한다. 그러나 그와 반대로 수익자에 의하여 피담보채무의 일부가 대위변제되어 사실심변론종결 당시의 피담보채무액이 사해행위 당시의 그것보다 줄어들게 되었다면, 그러한 경우에도 사실심변론종결 당시의 감소된 피담보채무액만을 공제하는 것은 사해행위 당시 채권자들의 공동담보로 제공되지 아니한 부분까지 회복시키는 결과가 되어 불공평하므로 사해행위 당시의 피담보채무액을 공제하는 방법에 의하여 가액반환의 범위를 확정하여야 한다고 할 것이지만, 채무자를 위하여 변제한 자는 변제자대위의 법리에 따라 채권최고액의 범위 내에서 채권자의 근저당권을 행사할 수 있는 것이어서 위와 같이 공제된 금액에서 대위변제된 금원을 또 다시 공제할 것은 아니라고 할 것이다(대판 2005.10.14, 2003다60891).

공동저당권이 설정된 수개의 부동산 전부의 매매계약이 사해행위에 해당하고 사해행위의 목적 부동산 전부가 하나의 계약으로 동일인에게 일괄 양도된 경우에 특별한 사정이 없는 한 취소에 따른 배상액의 산정은 목적 부동산 전체의 가액에서 공동저당권의 피담보채권 총액을 공

제한다. 사해행위로 되는 매매계약이 공동저당 부동산의 일부를 목적으로 할 때처럼 부동산 가액에서 공제하여야 할 피담보채권액의 산정이 문제 되지 않기 때문이다. 그러나 공동저당권이 설정된 채무자 소유인 수개의 부동산 전부의 매매계약이 사해행위에 해당하는데 채권자가 사해행위인 매매계약의 목적물 중 일부 목적물만을 사해행위로 취소하는 경우 일부 목적물의 사실심 변론종결 당시 가액에서 공제되어야 할 피담보채권액은 공동저당권의 피담보채권총액을 사실심 변론종결 당시를 기준으로 한 공동저당 목적물의 가액에 비례하여 안분한 금액이다($^{대판\ 2014.6.26,}_{2012다77891}$). 예컨대 채무자 소유의 X부동산(시가 6억 원), Y부동산(시가 4억 원)에 대해 피담보채권액 6억 원으로 공동저당권이 설정되었는데, 채무자가 X와 Y 부동산을 사해행위로 제3자에게 양도하여 채권자가 X부동산에 대한 매매계약을 사해행위를 이유로 취소할 경우, 시가 6억 원에서 X부동산의 안분액 3억 6천만 원을 공제한 2억 4천만 원 범위 내에서 일반채권자에 대한 사해행위가 된다. 만약 채권자가 Y부동산에 대한 매매계약을 사해행위로 취소하였다면, 시가 4억 원에서 Y부동산에의 안분액 2억 4천만 원을 공제한 1억 6천만 원 범위 내에서 일반채권자에 대한 사해행위가 된다.

⑭ 주택임대차보호법상 대항요건인 인도와 주민등록($^{제3조}_{제1항}$)을 갖추고 임대차계약서에 확정일자($^{제3조의}_{2\ 제2항}$)를 받아 임대차보증금 우선변제권을 가진 임차인 또는 동법 제8조에 의하여 임대차보증금 중 일정액을 우선하여 변제 받을 수 있는 소액임차인이 있는 때에는 수익자가 배상하여야 할 부동산의 가액에서 그 우선변제권 있는 임차보증금반환채권 금액을 공제하여야 한다.

이러한 법리는 주택 소유자의 사망으로 인하여 그 주택에 관한 포괄적 권리의무를 승계한 공동상속인들 사이에 이루어진 상속재산 분할협의가 일부 상속인의 채권자에 대한 사해행위에 해당하는 경우 그 상속인의 상속지분을 취득한 수익자로 하여금 원상회복 의무의 이행으로서 지분 가액 상당의 배상을 명하는 경우에도 그대로 적용된다($^{대판\ 2007.7.26,}_{2007다29119}$). 따라서 대항력만 있는 임차인이 사해행위 당시까지 확정일자를 받아야만 가액에서 공제 가능하다($^{대판\ 2001.6.12,}_{99다51197,51203}$). 그러나 부동산에 관한 사해행위 이후에 비로소 채무자가 부동산을 임대한 경우에는 그 임차보증금을 가액반환의 범위에서 공제할 이유가 없다. 이러한 경우에는 부동산 가액 중 임차보증금에 해당하는 부분도 일반 채권자의 공동담보에 제공되어 있음이 분명하기 때문이다($^{대판\ 2018.9.13,}_{2018다215756}$).

㉠ 채권자취소권 행사로 인한 원상회복으로 가액배상의 금액을 산정함에 있어 그 경매절차에서 우선적으로 변상받을 수 있었던 집행비용은 공제한다($^{대판\ 2008.8.21,}_{2008다26360}$). 집행비용액을 공제함에 있어 사실심변론종결 당시의 집행비용액이 사해행위 당시의 그것보다 현실적으로 증가한 경우에는 이를 모두 공제하여야 한다. 사해행위취소소송을 위하여 지출한 소송비용, 사해행위취소를 원인으로 한 말소등기청구권 보전을 위한 부동산처분금지가처분 비용, 사해행위로 마쳐진 소유권이전등기의 말소등기비용은 위 집행에 의하여 우선적으로 변상받을 수 있는 '강제집행에 필요한 비용'에 해당하지 않는다($^{대판\ 2011.2.10,}_{2010다79565}$).

사례 26 A는 채무초과인 상태에서 자신의 유일한 재산인 X부동산을 시가인 5억 원에 C에게 매도하여 C는 대금을 지급하고 소유권이전등기를 마쳤다. 그런데 X부동산에는 채권최고액 2억 원의 근저당권이 D은행 앞으로 설정되어 있었다. 소유권이전등기를 경료한 후 C는 설정 당시부터 존재했던 피담보채권액 2억 원을 D은행에 변제하고 근저당권을 말소시켰다. 그 후 A에 대한 2억 원의 대여금 채권자인 B는 X부동산이 C에게 이전되었음을 확인하고는 바로 2억 원의 범위 내에서 매매계약을 취소한다는 소송을 제기했다. 그런데 사실심변론종결시 X부동산의 시가는 3억 5천만 원에 불과했다.

질문 1) B가 C를 상대로 사해행위취소소송을 제기하고, 원상회복으로 가액반환을 주장한 경우, C가 반환해야 할 가액의 범위는?

질문 2) 매수인 C가 D은행의 2억 원의 채권액 중에서 1억 원만을 일부변제한 경우라면 결과는 달라지는가?

(대판 2005.10.14. 2003다60891 참조)

│해설 26│

해설 1) 1억 5천만 원

공동담보가액 3억 5천만 원(사실심변론종결시점을 기준으로 함)에서 여기에 소멸한 근저당권의 피담보채무액(2억 원)이 공제된 한도 내인 1억 5천만 원이다. 피보전채권액은 2억 원이다. 가액반환은 이 중 적은 범위를 한도로 하기 때문에 C는 1억 5천만 원을 가액반환하면 된다.

해설 2) 동일하다.

수익자에 의하여 피담보채무의 일부가 대위변제되어 사실심변론종결 당시의 피담보채무액이 사해행위 당시의 그것보다 줄어들게 되었다면, 그러한 경우에도 사실심변론종결 당시의 감소된 피담보채무액만을 공제하는 것은 사해행위 당시 채권자들의 공동담보로 제공되지 아니한 부분까지 회복시키는 결과가 되어 불공평하므로 사해행위 당시의 피담보채무액을 공제하는 방법에 의하여 가액반환의 범위를 확정하여야 한다고 할 것이지만, 채무자를 위하여 변제한 자는 변제자대위의 법리에 따라 채권최고액의 범위 내에서 채권자의 근저당권을 행사할 수 있는 것이어서 위와 같이 공제된 금액에서 대위변제된 금원을 또 다시 공제할 것은 아니라고 할 것이다(대판 2005. 10.14. 2003 다60891).

3) 가액배상방식

㉮ 여러 명의 채권자가 사해행위취소 및 원상회복청구의 소를 제기하여 여러 개의 소송이 계속 중인 경우, 법원은 각 소송에서 채권자의 청구에 따라 사해행위의 취소 및 원상회복을 명하는 판결을 선고하여야 하고, 수익자(전득자)가 가액배상을 할 경우에도 수익자가 반환하여야 할 가액을 채권자의 채권액에 비례하여 채권자별로 안분한 범위 내에서 반환을 명할 것이 아니라, 수익자가 반환하여야 할 가액범위 내에서 각 채권자의 피보전채권액 전액의 반환을 명하여야 한다. 이와 같은 법리는 여러 명의 채권자들이 제기한 각 사해행위취소 및 원상회복청구의 소가 민사소송법 제141조에 의하여 병합되어 하나의 소송절차에서 심판을 받는 경우에도 마찬가지이다(대판 2008.6.12. 2008다8690 등). 이와 같이 여러 개의 소송에서 수익자가 배상하여야 가액 전액의 반

환을 명하는 판결이 선고되어 확정될 경우 수익자는 이중으로 가액을 반환하게 될 위험에 처한다. 그러나 수익자가 어느 채권자에게 자신이 배상할 가액의 일부 또는 전부를 반환할 때에는 그 범위 내에서 다른 채권자에 대하여 청구이의($\binom{민사집행}{법 제44조}$) 등의 방법으로 이중지급을 거부할 수 있을 것이다($\binom{대판\ 2005.11.25,}{2005다51457}$).

㉯ 취소채권자가 여러 수익자를 상대로 사해행위취소 및 원상회복의 소를 제기하여 소송이 계속중인 경우, 다른 소송의 결과를 참작할 필요 없이 수익자가 반환하여야 할 가액 범위 내에서 채권자의 피보전채권 전액의 반환을 명하여야 한다. 이 경우 개별적으로 별개의 판결을 명하면 된다($\binom{대판\ 2008.11.13,}{2006다1442}$). 나아가 채권자가 수인의 수익자들을 공동피고로 하여 사해행위취소 및 원상회복을 구하여 각 수익자들이 부담하는 원상회복의무의 대상이 되는 책임재산의 가액을 합산한 금액이 채권자의 피보전채권액을 초과하는 경우에도 마찬가지이다.

종합사례 3

부도위기에 처한 甲은 2011.3.5.에 자신의 유일한 부동산 X(시가 7억 원 상당)를 사정을 잘 알고 있는 처남 A에게 증여하였다. 甲에게 6억 원의 채권을 가진 B(2011.1.8.부터 甲은 B에게 6억 원을 차용해 줄 것을 부탁하였고, 그 때 B는 2011. 4월 경에 甲에게 금전을 차용해 줄 것을 확약하였고 이 확약에 의해 B가 2011.4.8. 甲에게 6억 원을 빌려준 것이다)는 2011.12.29. 甲이 A에게 증여한 X가 甲의 유일한 재산이라는 사실을 알게 되었다. 한편 甲에게서 빌려준 자금을 상환받지 못한 B 또한 사정이 어려워, 2011.11.24. C에게서 6억 원을 차용하였다(6개월 후에 상환하기로 함). A가 증여받은 X에는 은행(W)의 1번 저당권(피담보채권액 4억 원)과 2번 저당권(1억 원)이 설정되어 있었다. 이에 2011.10.30. A는 1번 저당권만을 말소하기 위해 피담보채권액 4억 원을 은행(W)에 변제하였다.
현재(2012.9.22.) B 또한 채무초과상태에 빠진 경우 C는 B에 대한 채권을 확보하기 위해 어떠한 권리를 행사할 수 있는가?

종합사례 해설 3

Ⅰ. 쟁 점

C가 채권자대위권을 행사하여 자신의 채권을 보전할 수 있는지가 문제된다. 채권자대위권과 관련하여 C에게 피보전채권이 존재하는지 확인할 필요가 있다. 피대위채권과 관련하여 채권자취소권이 피대위채권이 되는지 확인해야 한다. 채권자취소권과 관련하여 사해행위 이후에 발생한 B의 甲에 대한 채권을 피보전채권으로 볼 수 있을 것인지를 고려한 후, 저당권을 말소한 A의 행위가 C가 행사할 수 있는 채권자취소권의 범위에 미치는 영향 등을 고려해야 할 것이다.

Ⅱ. 적용 법리 – 제404조상의 채권자대위권 인정 여부

채권자대위권이 성립하려면 채권자가 자기의 채권을 보전할 필요가 있어야 한다. 따라서 우선 채권자의 채권이 존재하여야 하고, 그 채권의 보전의 필요성이 있어야 한다.

1. C의 피보전채권 존재 여부

사안에서 C는 B에게 금전소비대차계약에 기해 6억 원을 빌려 주었기 때문에 채권을 가지고 있음이 명확하고, 채권의 발생원인이 대위할 권리보다 먼저 성립할 필요는 없다는 점에서 C는 피보전채권을 가지게 된다(대판 2003.4.11, 2003다1250). 더 나아가 C의 채권은 6개월의 상환기간이 지나 이미 이행기에 있다는 점에서 제404조 제2항의 요건도 충족시킨다.

2. 채권보전의 필요성

금전채권이라는 점에서 "채무자가 무자력하여 그 일반재산이 감소되는 것을 방지할 필요가 있는 경우"에 보전의 필요성이 인정된다(대판 1969.11.25, 69다1665). B가 채무초과상태라는 점에서 무자력 요건은 충족된다.

3. 피대위채권의 존재 – B의 A에 대한 채권자취소권(제406조) 인정 여부

가. 채권자취소권이 피대위채권이 되는지 여부

채권자대위권은 채권자가 채무자의 권리를 행사하는 것이므로 당연히 채무자가 제3자에 대하여 권리를 가지고 있어야 한다(대판 1982.8.24, 82다283). 판례는 채권자취소권을 채권자대위의 목적이 되는 피대위채권으로 본다(대판 2001.12.27, 2000다73049).

나. 채권자취소권 인정 여부

(1) B에게 피보전채권이 존재하는지에 대한 판단

B가 보전하여야 할 채권을 가지고 있어야 한다. 이와 관련하여 특히 사해행위 이후에 발생한 채권을 피보전채권으로 볼 것인지가 문제된다. B가 甲에게 가지는 채권은 금전채권이라는 점에서 피보전채권이 된다. 그러나 판례(대판 1995.2.10, 94다2534)와 통설은 피보전채권은 사해행위가 있기 전에 발생할 것을 요구한다. 이 사안에서 사해행위(2011.3.5.) 이후에 B의 채권이 발생하였다는 점에서 피보전채권에 대한 인정 여부가 문제될 수 있다. 그러나 판례는 예외적으로 사해행위 당시에 이미 채권 성립의 기초가 되는 법률관계가 발생되어 있고, 가까운 장래에 그 법률관계에 기하여 채권이 성립되리라는 것에 대한 고도의 개연성이 있으며, 실제로 가까운 장래에 그 개연성이 현실화되어 채권이 성립한 경우에는, 그 채권도 채권자취소권의 피보전채권이 될 수 있다고 본다(대판 2002.11.8, 2002다42957; 대판 2005.8.19, 2004다53173 등 다수). 위 사안에서도 2011.1.8.경에 고도의 개연성 있는 채권 발생을 예견할 수 있었음을 감안하면 B의 채권이 피보전채권이 될 수 있다는 점이 충분히 인정될 수 있을 것이다.

(2) 사해행위

채권자취소권이 성립하려면 사해행위가 있어야 한다. 부도상태에서 甲의 A에 대한 증여는 무상이라는 점에서 당연히 사해행위가 될 수 있다(대판 1999.11.12, 99다29916). 더 나아가 甲과 A의 증여행위가 통정허위표시에 해당하더라도 채권자취소권의 대상이 되는데 문제가 없다(대판 1998.2.27, 97다50985).

(3) 채무자(甲) 등의 악의

채무자 甲의 악의의 증명책임은 B에게 있을 것이나, 甲의 A에 대한 무상의 증여행위에서는 甲의 사해의사가 추정된다(대판 2001.4.24, 2000다41875). 수익자는 스스로 선의임을 증명해야 하는데 수익자인 A는 이러한 내부사정을 이미 알고 있었다는 점에서 선의의 증명이 어려울 것이다.

(4) 제소기간의 준수

채권자취소권은 재판상 청구의 방법으로 해야 하는데, 사해행위가 있은 날(2011.3.11.)부터 5년이 되지 않았고, 사해행위취소청구를 대위행사할 시점인 2012.9.22.은 피대위채권자 B가 甲과 乙의 증여계

제1편 제2편 제3편 제4편 제5편 제6편 제7편 제8편 제9편 채무불이행

약에 취소원인이 있음을 안 날(2011.12.29.)부터 1년이 지나지 않았다는 점에서 제소기간은 문제되지 않는다.

다. 채권자취소권의 범위

판례(대판 1999.9.7. 98다41490; 대판 2002.11.8. 2002다41589)는 "부동산에 관한 법률행위가 사해행위에 해당하는 경우에는 원칙적으로 그 사해행위를 취소하고 소유권이전등기의 말소 등 부동산 자체의 회복을 명하는 것이 원칙이지만, 저당권이 설정되어 있는 부동산에 관하여 사해행위가 이루어진 경우에 그 사해행위는 부동산의 가액에서 저당권의 피담보채권액을 공제한 잔액의 범위 내에서만 성립한다고 보아야 하므로, 사해행위 후 변제 등에 의하여 저당권설정등기가 말소된 경우, 사해행위를 취소하여 그 부동산의 자체의 회복을 명하는 것은 당초 일반 채권자들의 공동담보로 되어 있지 아니하던 부분까지 회복을 명하는 것이 되어 공평에 반하는 결과가 되므로, 그 부동산의 가액에서 저당권의 피담보채무액을 공제한 잔액의 한도에서 사해행위를 취소하고 그 가액의 배상을 구할 수 있을 뿐이고, 그와 같은 가액 산정은 사실심 변론종결시를 기준으로 하여야 한다"고 보았다. 더 나아가 말소되지 않은 2번 저당권과 관련하여 판례(대판 2007.7.12. 2005다65197)는 "사해행위의 목적인 부동산에 수개의 저당권이 설정되어 있다가 사해행위 후 그 중 일부 저당권만이 말소된 경우, 사해행위의 취소에 따른 원상회복은 가액배상의 방법에 의할 수밖에 없을 것이고, 그 경우 배상하여야 할 가액은 그 부동산의 가액에서 말소된 저당권의 피담보채권액과 말소되지 아니한 저당권의 피담보채권액을 모두 공제하여 산정하여야 한다"고 하였다.

이 점을 고려해 보면, B의 사해행위취소권 범위는 '2억 원(7억 원 − 말소된 저당권의 피담보채무 4억 원 − 말소되지 않은 저당권의 피담보채무 1억 원)'이 될 것이다. 그리고 C는 자신에게 2억 원을 반환하라고 청구할 수 있으며, 상계권 행사를 통해 사실상 우선변제를 받을 수 있을 것이다.

Ⅲ. 사안의 해결

C는 자신의 채권 6억 원을 보전하기 위하여 채무자 B의 채권자취소권을 대위행사할 수 있다. 그러나 대위할 수 있는 채권자취소권의 행사범위는 2억 원에 국한한다.

Ⅳ. 취소권행사의 효과

1. 원상회복된 재산은 모든 채권자를 위한 채무자의 책임재산이 된다 　(1) 사해행위 이후의 채권자는 '모든 채권자'에 포함되지 않는다 　(2) 피고인 수익자가 사해행위 이전에 채무자의 채권자였던 경우에 제407조에서 말하는 그 취소 및 원상회복의 효력을 받는 채권자에 포함된다	**2. 취소판결의 효과는 원고와 피고 사이에 상대적으로만 인정된다(취소의 상대효)** 　(1) 채무자에 대한 효과 　(2) 채권자에 대한 효과 　(3) 수익자 또는 전득자에 대한 효과(부당이득 반환) **3. 가액반환시 취소채권자와 다른 일반채권자와의 관계**

1. 원상회복된 재산은 모든 채권자를 위한 채무자의 책임재산이 된다

(1) 사해행위 이후의 채권자는 '모든 채권자'에 포함되지 않는다

채권자취소권은 채무자가 채권자를 해함을 알면서 자기의 일반재산을 감소시키는 행위를 한 경우에 그 행위를 취소하여 채무자의 재산을 원상회복시킴으로써 모든 채권자를 위하여 채무자의 책임재산을 보전하는 권리이나, 사해행위 이후에 채권을 취득한 채권자는 채권의 취득 당시에 사해행위취소에 의하여 회복되는 재산을 채권자의 공동담보로 파악하지 아니한 자로서 제407조에 정한 사해행위취소와 원상회복의 효력을 받는 채권자에 포함되지 아니한다(대판 2009. 6.23. 2009다18502).

(2) 피고인 수익자가 사해행위 이전에 채무자의 채권자였던 경우에 제407조에서 말하는 그 취소 및 원상회복의 효력을 받는 채권자에 포함된다

제406조에 의한 채권자취소와 원상회복은 모든 채권자의 이익을 위하여 그 효력이 있는 것인바, 채무자가 다수의 채권자 중 1인(수익자)에게 담보를 제공하거나 대물변제를 한 것이 다른 채권자들에 대한 사해행위가 되어 채권자들 중 1인의 사해행위취소소송 제기에 의하여 그 취소와 원상회복이 확정된 경우에, 사해행위의 상대방인 수익자는 그의 채권이 사해행위 당시에 그대로 존재하고 있었거나 또는 사해행위가 취소되면서 그의 채권이 부활하게 되는 결과 본래의 채권자로서의 지위를 회복하게 되는 것이므로, 다른 채권자들과 함께 제407조에 의하여 그 취소 및 원상회복의 효력을 받는 채권자에 포함된다고 할 것이다(대판 2003.6.27. 2003다15907). 따라서 취소소송을 제기한 채권자 등이 원상회복된 채무자의 재산에 대한 강제집행을 신청하여 그 절차가 개시되면 수익자인 종래의 채권자도 그 집행권원을 갖추어 강제집행절차에서 배당을 요구할 권리가 있다. 그러나 사해행위 이후에 취득한 채권을 가지고 사해행위취소로 원상회복된 재산에 대한 강제집행절차에 참여하는 것은 허용되지 않는다(대판 2015.10.29. 2012다14975).

2. 취소판결의 효과는 원고와 피고 사이에 상대적으로만 인정된다(취소의 상대효)

사해행위 취소에는 상대적 효과만 인정된다(취소의 상대효). 따라서 취소소송의 당사자 사이에서만 법률행위(채무자와 수익자 사이의 사해행위)가 무효가 될 뿐이고 그 이외의 자에 대해서는 그 법률행위(사해행위)는 여전히 유효한 것으로 평가된다. 예컨대 채무자 및 취소소송의 피고가 아닌 수익자 또는 전득자 등에게는 다른 특별한 사정이 없는 한 이 취소판결의 효력이 없다. 사해행위 취소의 효과는 채권자와 전득자 사이의 상대적인 관계에서만 생기는 것이고 채무자 또는 채무자와 수익자 사이의 법률관계에는 미치지 않기 때문에 취소대상인 사해행위는 채무자와 수익자 사이의 법률행위로 국한되고, 수익자와 전득자 사이의 법률행위는 취소의 대상이 되지 않는다(대판 2004.8.30. 2004다21923).

상대효를 인정하는 가장 큰 이유는 사해행위 취소채권자와 수익자 그리고 제3자의 이익을 합리적으로 조정하기 위한 것이다($\substack{\text{대판 2005.11.10.}\\\text{2004다49532}}$). 즉 회복된 책임재산을 채무자가 임의로 처분할 가능성을 막고, 채무자와 수익자, 수익자와 전득자 사이의 법률관계를 필요 이상으로 해소하지 아니함으로써 거래의 동적 안전을 보호하기 위한 것으로 보인다. 따라서 사해행위취소의 효력이 미치지 않는 제3자의 범위는 수익자와 새로운 법률관계를 맺은 전득자 등만으로 한정되지 않는다. 예컨대, 수익자의 고유채권자로서 이미 가지고 있던 채권 확보를 위하여 수익자가 사해행위로 취득한 근저당권에 배당된 배당금을 가압류한 자에게 사해행위취소 판결의 효력이 미친다고 볼 수 없다($\substack{\text{대판 2009.6.11.}\\\text{2008다7109}}$). 요건대 취소 및 원상회복이 되어도 채권자와 수익자 사이에서 채무자의 책임재산으로 취급될 뿐이고 채무자가 직접 부동산에 대한 권리를 취득하여 권리자가 되는 것은 아니다. 따라서 사해행위취소의 대상이 되는 재산의 소유권은 여전히 수익자에게 있다($\substack{\text{대판 2016.11.25.}\\\text{2013다206313}}$).

기초사례 채권자 甲의 채무자 乙이 사해행위로 丙에게 부동산을 매도하였다.

질문 1) 甲은 丙을 상대로 乙丙간의 법률행위를 사해행위로 취소청구하여 원고 승소판결이 확정되었다. 그 사해행위 취소의 효력은 乙과 丙에게 미치는가?

질문 2) 丙은 다시 그 부동산을 丁에게 매도했다. 甲은 丁을 상대로 乙丙간의 법률행위를 사해행위로 취소청구하여 원고 승소판결이 확정되었다. 이 경우 사해행위 취소의 효력이 미치는 사람은 누구인가?

│해설│

질문 1) 사해행위취소의 효과는 원치적으로 소송당사자에게만 무효가 되는 상대효로 인정된다. 따라서 乙丙 사이의 사해행위는 甲과 丙과의 관계에서만 무효가 될 뿐이다. 그 결과 甲은 丙에게 그 부동산을 乙에게 반환하고 말소등기를 청구하게 된다. 그 결과 등기기록상 소유권은 乙에게 있는 것처럼 보이지만 그렇지 않다. 이는 甲의 乙에 대한 채권의 강제집행을 위해서 등기를 돌려놓는 것에 불과하고 乙은 여전히 무권리자이다.

질문 2) 취소로 乙丙 사이의 매매가 취소되지만 그 취소의 효과는 甲과 丁과의 관계에만 미친다. 乙의 책임재산에 포함되어 甲의 강제집행의 대상이 되지만 소유권은 여전히 丁에게 있다.

---

(1) 채무자에 대한 효과

원상회복으로 채무자에게 회복된 재산은 취소채권자 및 사해행위 이전에 채권을 취득한 다른 채권자에 대한 관계에서 채무자의 책임재산으로 취급될 뿐, 채무자가 직접 그 재산에 대하여 어떤 권리를 취득하는 것은 아니다. 따라서 등기를 회복한 채무자가 그 부동산을 제3자에게 처분하여 이전등기를 해도 이는 무권리자의 처분이 되어 효력이 없다. 이 경우 취소채권자나 제407조의 채권자는 채무자의 책임재산이 되는 부동산의 강제집행을 위하여 등기말소를 청구할 수 있다($\substack{\text{대판 2017.3.9.}\\\text{2015다217980}}$). 또한 회복된 재산으로부터 위 채권자들이 만족을 받고 남은 부분은 채무자에게 반환되는 것이 아니라 사해행위취소 및 원상회복청구의 소를 제기당하여 그 재산을 반환하였던 상대방에게 귀속되어야 한다.

(2) 채권자에 대한 효과

취소채권자는 책임재산으로부터 우선변제를 받지 못하고, 강제집행절차에서 평등분배를 받게 되는 것이 원칙이다. 다만 앞에서 본 것처럼 가액반환을 받은 경우 상계를 통해 사실상 우선변제를 받을 수 있다. 그러나 채권자취소소송에서 피보전채권의 존재가 인정되어 사해행위취소 및 원상회복을 명하는 판결이 확정되었다고 하더라도, 그에 기하여 재산이나 가액의 회복을 마치기 전에 피보전채권이 소멸하여 채권자가 더 이상 채무자의 책임재산에 대하여 강제집행을 할 수 없게 되었다면, 이는 위 판결의 집행력을 배제하는 적법한 청구이의의 사유가 된다(대판 2017.10.26, 2015다224469). 채권자취소권은 채무자의 사해행위를 채권자와 수익자 또는 전득자 사이에서 상대적으로 취소하고 채무자의 책임재산에서 일탈한 재산을 회복하여 채권자의 강제집행이 가능하도록 하는 것을 본질로 하는 권리이므로, 채권자취소권에 의하여 책임재산을 보전할 필요성이 없어지면 채권자취소권은 소멸하기 때문이다.

한편 채권자가 수익자 또는 전득자를 상대로 사해행위취소 및 원상회복을 구하는 소를 제기하였다고 하여 채권자의 채무자에 대한 피보전채권의 소멸시효가 중단되는 것은 아니라는 것이 지배적인 견해이다. 채무자에 대하여 권리를 행사한 것이 아니기 때문이다.

(3) 수익자 또는 전득자에 대한 효과(부당이득반환)

사해행위가 취소되어도 상대효 때문에 채무자와 수익자 사이의 법률관계에는 아무런 영향이 없다(대판 2009.5.14, 2007다64310). 다만 사해행위 취소와 함께 원상회복이 되었다면 특별한 사정이 없는 한 채무자는 수익자 또는 전득자에게 부당이득반환채무를 부담한다(대판 2017.9.26, 2015다38910). 원상회복된 재산에 강제집행함으로써 채무자의 채권자에 대한 채무변제의 효과가 발생하므로 채무자는 이익을 얻고 수익자는 손해가 발생했기 때문이다. 채무자의 부동산 매매계약 등 유상행위가 사해행위로 취소되고 원상회복이 되어 채무자가 수익자에게 부담하는 부당이득반환채무의 변제를 위하여 수익자와 소비대차계약을 체결하고 강제집행을 승낙하는 공정증서를 작성했어도, 그와 같은 행위로 책임재산을 수익자에게 실질적으로 양도한 것과 다를 바 없는 것으로 볼 수 있는 특별한 사정이 있는 경우가 아니면, 다른 채권자를 해하는 새로운 사해행위가 된다고 볼 수 없다(대판 2015.10.29, 2012다14975).

수익자나 전득자가 부당이득반환채권을 취득하여 채권자가 되더라도 사해행위 이후에 채권을 취득한 사람에 불과하므로 취소와 원상회복에 의해 이익을 얻는 채권자(제407조)에 해당하지 않는다. 따라서 수익자, 전득자는 회복된 채무자의 재산에 대해서 강제집행에 참가할 수 없다. 그러나 수익자 등이 채무자의 채권자의 지위에서 대물변제 등을 받은 경우라면, 대물변제가 사해행위로 취소되면 채권이 부활하는 결과 본래의 채권자로서의 지위가 회복되므로, 수익자는 다른 채권자들과 함께 제407조에 의하여 강제집행절차에서 배당을 요구할 수 있다(대판 2003.6.27, 2003다15907).

근저당권이 설정되어 있는 채무자의 부동산을 매수한 수익자의 채권자들이 자신의 채권을 담보하기 위하여 부동산에 대해 압류 등을 하여 부동산에 관한 근저당권에 의한 경매절차에서 배당받은 후 사해행위 취소채권자가 수익자를 상대로 사해행위취소소송을 제기하여 가액배상의 확정판결을 받은 경우, 수익자의 채권자들에게 사해행위취소판결의 효력이 미친다고는 볼 수 없다. 왜냐하면 수익자의 채권자들이 수익자와 새로운 법률관계를 맺은 것이 아니라 수익자의 채권자로서 이미 가지고 있던 채권확보를 위하여 부동산을 압류 또는 가압류한 자에 불과하더라도 목적부동산의 매각대금에 대하여 사해행위를 취소청구한 채권자에게 수익자의 채권자들에 우선하여 변제받을 수 있는 권리를 부여하여 사해행위취소판결의 실효성을 확보하여야 할 아무런 근거가 없기 때문이다(대판 2005.11.10, 2004다49532).

사례 27 채무자의 수익자에 대한 채권양도가 사해행위로 취소되고, 그에 따른 원상회복으로서 제3채무자에게 채권양도가 취소되었다는 취지의 통지가 이루어진 경우, 채권자는 채무자를 대위하여 제3채무자에게 채권에 관한 지급을 청구할 수 있는가? (대판 2015.11.17, 2012다2743 참조)

해설 27 청구할 수 없다.

사해행위의 취소는 채권자와 수익자의 관계에서 상대적으로 채무자와 수익자 사이의 법률행위를 무효로 하는 데에 그치고, 채무자와 수익자 사이의 법률관계에는 영향을 미치지 아니한다. 따라서 채무자의 수익자에 대한 채권양도가 사해행위로 취소되고, 그에 따른 원상회복으로서 제3채무자에게 채권양도가 취소되었다는 취지의 통지가 이루어지더라도, 채권자와 수익자의 관계에서 채권이 채무자의 책임재산으로 취급될 뿐, 채무자가 직접 채권을 취득하여 권리자로 되는 것은 아니므로, 채권자는 채무자를 대위하여 제3채무자에게 채권에 관한 지급을 청구할 수 없다.

사례 28 채권자 甲은 수익자 丙을 상대로 사해행위 취소 및 원상회복으로 소유권이전등기의 말소를 명하는 판결을 받아 확정되었으나 아직 말소등기를 마치지 아니한 상태에서 소송의 당사자가 아닌 다른 채권자 丁은 위 판결에 기하여 채무자 乙을 대위하여 말소등기를 신청할 수 있는가? 만약 그에 따라 말소등기가 되었다면, 그 말소등기의 효력은? (대판 2015.11.17, 2013다84995 참조)

해설 28 丁은 위 판결에 기하여 乙을 대위하여 말소등기를 신청할 수 없다. 그럼에도 불구하고 이에 의해 말소된 등기는 실체관계에 부합한 등기로 유효하다.

사해행위취소의 효력은 채무자와 수익자의 법률관계에 영향을 미치지 아니하고, 사해행위취소로 인한 원상회복 판결의 효력도 소송의 당사자인 채권자와 수익자 또는 전득자에게만 미칠 뿐 채무자나 다른 채권자에게 미치지 않는다.

사안에서 甲이 丙을 상대로 사해행위 취소 및 원상회복으로 소유권이전등기의 말소를 명하는 판결을 받았으나 아직 말소등기를 마치지 아니한 상태라면 소송의 당사자가 아닌 다른 채권자 丁은 위 판결에 기하여 채무자인 乙을 대위하여 말소등기를 신청할 수 없다. 그럼에도 불구하고 다른 채권자인 丁의 등기신청으로 말소등기가 마쳐졌다면 등기에는 절차상의 흠이 존재한다.

그러나 다음과 같은 점을 고려하면 사해행위 취소 및 원상회복으로 소유권이전등기의 말소를 명한 판결의 소송당사자가 아닌 다른 채권자 丁이 위 판결에 기하여 채무자 乙을 대위하여 마친 말소등기는 등기절차상의 흠에도 불구하고 실체관계에 부합하는 등기로서 유효하다.

채권자가 사해행위 취소의 소를 제기하여 승소한 경우 취소의 효력은 제407조에 따라 모든 채권자의 이익을 위하여 미치므로 수익자는 채무자의 다른 채권자에 대하여도 사해행위의 취소로 인한 소유권이전등기의 말소등기의무를 부담하는 점, 등기절차상의 흠을 이유로 말소된 소유권이전등기가 회복되더라도 다른 채권자가 사해행위취소판결에 따라 사해행위가 취소되었다는 사정을 들어 수익자를 상대로 다시 소유권이전등기의 말소를 청구하면 수익자는 말소등기를 해 줄 수밖에 없어서 결국 말소된 소유권이전등기가 회복되기 전의 상태로 돌아가는데 이와 같은 불필요한 절차를 거치게 할 필요가 없는 점이 고려되어야 하기 때문이다.

사례 29 채무자 A가 자신의 X부동산을 B에게 매도하고 소유권이전등기를 마치자 A의 채권자 C가 사해행위취소의 소를 제기하여 승소판결이 확정된 후 그 이전등기를 말소하였다. 그런데 그 말소등기 당일 A는 곧바로 D1에게 X를 매도하고 소유권이전등기까지 마쳤고, 그 후 D1→D2→D3의 순서로 각 이전등기가 경료되었으며, 이에 A의 또다른 채권자인 E가 D1, D2, D3 앞으로의 각 이전등기의 말소를 구하는 소를 제기하였는데, 그 청구원인으로 A를 대위하여 원인무효 등기의 말소를 구한다는 주장과 직접 원인무효 등기의 말소를 구한다는 주장을 함께 하였다. A 청구의 결론은? (대판 2017.3.9, 2015다217980 참조)

해설 29 E의 대위청구는 기각되고 직접청구는 인용된다.

원심은 사해행위취소의 상대효 때문에 A에 대한 관계에서 X소유자는 여전히 B이고 따라서 E가 X의 소유자가 아닌 A를 대위하여 그 말소청구를 할 수는 없다고 하고, 또한 E는 자신이 소유자가 아니므로 직접 D1, D2, D3를 상대로 소유권이전등기 말소를 구할 수 없다고 하여 E의 청구를 기각하였다.

대법원은 원심의 판단 중 E의 대위권행사가 불가능하다는 판단은 수긍했다. 'A에게는 X의 처분권이 없으므로 D1, D2, D3 앞으로의 이전등기가 무효'라는 주장과 'A가 X의 소유자로서 말소등기청구권이 있다'라는 주장은 그 자체로 모순이므로, E가 A를 대위하여 말소등기청구를 한다는 주장은 성립할 수 없기 때문이다. 그러나 E의 말소등기청구권은 인정된다고 하여 원심을 파기환송하였다. 즉 "채무자가 사해행위 취소로 등기명의를 회복한 부동산을 제3자에게 처분하더라도 이는 무권리자의 처분에 불과하여 효력이 없으므로, 채무자로부터 제3자에게 마쳐진 소유권이전등기나 이에 기초하여 순차로 마쳐진 소유권이전등기 등은 모두 원인무효의 등기로서 말소되어야 한다. 이 경우 취소채권자나 제407조에 따라 사해행위 취소와 원상회복의 효력을 받는 채권자는 채무자의 책임재산으로 취급되는 부동산에 대한 강제집행을 위하여 원인무효 등기의 명의인을 상대로 등기의 말소를 청구할 수 있다." 문제는 E가 D1, D2, D3를 상대로 하는 등기말소청구권의 성격을 밝히지 않고 있다는 점이다(E는 D1, D2, D3와 계약관계도 없으므로 계약상 청구권도 없으며, 소유권자가 아니므로 소유권에 기한 말소청구도 불가능하며, 제3자에 의한 채권침해의 요건도 구비되었는지를 검토하고 있지도 않다).

3. 가액반환시 취소채권자와 다른 일반채권자와의 관계

(1) 사해행위취소로 인한 원상회복을 가액배상으로 하는 경우, 채권자가 직접 수령할 수 있다(대판 2008.4.24, 2007다84352). 따라서 가액을 수령한 취소채권자는 상계를 통해 우선변제권을 확보할 수 있다.

(2) 수익자가 가액반환을 해야 할 경우, 수익자는 채무자에게 갖는 수익자 자신의 채권으로 상계를 주장할 수 없다(대판 2001.6.1, 99다63183). 채권자취소권은 모든 채권자를 위하여 채무자의 일탈재산을 수익자 또는 전득자로부터 환원시키는 제도임을 고려해 볼 때, 수익자인 채권자로 하여금 안분액의 반환을 거절하도록 하는 상계를 허용하는 것은 사해행위에 의하여 이익을 받은 수익자만을 보호하고 다른 채권자의 이익을 무시하는 결과를 초래할 수 있어 사해행위취소제도의 취지에 반하기 때문이다.

가액반환의무를 부담하는 수익자가 자신도 채무자의 채권자임을 이유로 취소채권자에게 상계를 주장할 수 없다(대판 2011.2.10, 2010다90708). 예컨대 수익자가 채무자의 채권자인 경우 수익자가 가액배상을 할 때에 수익자 자신도 사해행위취소의 효력을 받는 채권자 중의 1인이라는 이유로 취소채권자에 대하여 총채권액 중 자기의 채권에 대한 안분액의 분배를 청구하거나, 수익자가 취소채권자의 원상회복에 대하여 총채권액 중 자기의 채권에 해당하는 안분액의 배당요구권으로써 원상회복청구와의 상계를 주장하여 그 안분액의 지급을 거절할 수는 없다(대판 2001.2.27, 2000다44348). 이는 채권자취소권이 채권의 공동담보인 채무자의 책임재산을 보전하기 위하여 채무자와 수익자 사이의 사해행위를 취소하고 채무자의 일반재산으로부터 일탈된 재산을 모든 채권자를 위하여 수익자 또는 전득자로부터 환원시킨다는 채권자취소권의 취지에 반하기 때문이다.

(3) 다만 이러한 수익자가 채권자취소권을 행사하는 채권자에 대해 갖는 별개의 다른 채권을 집행하기 위하여 그에 대한 집행권원을 가지고 채권자의 수익자에 대한 가액배상채권을 압류하고 전부명령을 받는 것은 허용된다. 이는 수익자의 채무자에 대한 채권을 기초로 한 상계나 임의적인 공제와는 내용과 성질이 다르다. 또한 채권자가 채무자의 제3채무자에 대한 채권을 압류하는 경우 제3채무자가 채권자 자신인 경우에도 이를 압류하는 것이 금지되지 않으므로 단지 채권자와 제3채무자가 같다고 하여 채권압류 및 전부명령이 위법하다고 볼 수 없다(대결 2017.8.21, 2017마499).

(4) 취소채권자가 가액을 수령한 경우, 일반채권자가 취소채권자에게 직접 분배를 청구할 수 없다. 대판 2008.6.12, 2007다37837은 "사해행위의 취소와 원상회복은 모든 채권자의 이익을 위하여 그 효력이 있으므로(제407조), 채권자취소권의 행사로 채무자에게 회복된 재산에 대하여 취소채권자가 우선변제권을 가지는 것이 아니라 다른 채권자도 총채권액 중 자기의 채권에 해당하는 안분액을 변제받을 수 있는 것이지만, 이는 채권의 공동담보로 회복된 채무자의 책임재산으로부터 민사집행법 등의 법률상 절차를 거쳐 다른 채권자도 안분액을 지급받을 수 있다는 것을 의미하는 것일 뿐, 다른 채권자가 이러한 법률상 절차를 거치지 아니하고 취소채권자를 상대로 하여 안분액의 지급을 직접 구할 수 있는 권리를 취득한다거나, 취소채권자에게 인도받

은 재산 또는 가액배상금에 대한 분배의무가 인정된다고 볼 수는 없다. 가액배상금을 수령한 취소채권자가 이러한 분배의무를 부담하지 아니함으로 인하여 사실상 우선변제를 받는 불공평한 결과를 초래하는 경우가 생기더라도, 이러한 불공평은 채무자에 대한 파산절차 등 도산절차를 통하여 시정하거나 가액배상금의 분배절차에 관한 별도의 법률 규정을 마련하여 개선하는 것은 별론으로 하고, 현행 채권자취소 관련 규정의 해석상으로는 불가피하다"고 보았다.

종합사례 4

甲 정유회사는 일산소재 乙 주유소와 기름에 관한 계속적 공급계약 관계에 있다. 丙은 乙 주유소의 직원으로서, 乙 주유소의 기름공급에 관하여 甲회사에 부담하는 장래채무에 관하여 1995.1.1.부터 1998.12.31.까지 연대보증을 하였다. 1997. 乙 주유소의 재정상태가 어렵게 되자 丙은 유일한 재산인 자기 소유 주택이 강제집행당할 것을 대비하여 그의 처 丁에게 그 주택에 대하여 증여를 원인으로 한 소유권이전등기를 경료해 두었다. 甲은 그의 채권회수를 위하여 丙에게 어떤 조치를 취할 수 있을까?

종합사례 해설 4

Ⅰ. 쟁점사안

丙은 乙이 甲에게 부담하는 장래채무에 관하여 계속적 연대보증채무를 부담하였다. 그런데 연대보증채무자 丙이 강제집행에 대비하고자 그의 유일한 재산을 처 丁에게 증여한 경우 허위표시에 해당되는지 여부가 문제되며 또 이 경우 甲은 채권자취소권을 행사할 수 있을 것인지가 문제된다.

Ⅱ. 적용법리

丙은 甲에게 주채무자 乙과 연대하여 채무를 부담하는 연대보증채무를 부담하였다. 甲의 채권회수 조치와 관련하여 丙이 甲에게 부담하는 채무의 성질과 내용이 문제된다. 보통의 보증의 경우에는 보증인은 최고 및 검색의 항변권($\frac{제437조}{본문}$)을 가지나 연대보증의 경우에는 이와 같은 보증인의 보충성에 기한 권리가 없다($\frac{제437조}{단서}$). 그러므로 甲은 乙의 주채무가 변제기에 도달하면 연대보증인 丙에게 곧바로 이행을 청구할 수 있고 또 연대보증채무자 丙의 사해행위가 존재하면 甲은 주채무자 乙의 자력을 고려할 필요 없이 후술하는 채권자취소권을 행사할 수 있을 것이다. 丙은 乙과 연대하여 채무를 부담하는 점에서 丙에 대한 채권을 채권자취소권에 있어서 甲의 피보전채권에 당연히 포함시킬 수 있기 때문이다.

1. 丙·丁 간의 증여가 허위표시($\frac{제108}{조}$)에 해당하여 무효가 되는지 여부

강제집행을 대비하여 丙이 丁에게 증여하는 계약을 체결한 것은 전형적인 허위표시에 해당할 것이다. 그러므로 甲은 제108조 제1항에 의거하여 증여계약의 무효를 주장할 수 있을 것이다. 丙·丁의 증여를 기초로 한 물권 변동의 물권적 합의가 허위표시에 해당되어 무효로 되면 유인·무인론과 관계 없이 그 주택의 소유권은 丙에게 복귀할 것이다. 허위표시에 해당하면 채권행위와 물권행위에 공통으로 무효원인이 존재한다고 보아야 하기 때문이다.

2. 무효인 법률행위에 대하여 甲이 채권자취소권을 행사할 수 있는지 여부

사안에서 강제집행당할 것에 대비하여 유일한 재산을 증여한 사정에 비추어 채권자를 해하는 사해행위가 존재할 뿐만 아니라 丙과 丁이 부부관계인 점에 비추어 볼 때 채무자 丙과 수익자 丁의 사해의 의사 즉, 악의도 쉽게 인정할 수 있을 것이다. 그러나 丙·丁의 사해행위와 관련하여는 丙·丁 간의 증여가 허위표시로 무효라도 이를 취소대상으로 할 수 있을 것인가가 특히 문제된다. 판례는 무효인 허위표시도 사해행위의 요건을 충족하면 채권자취소권의 대상이 된다고 본다. 무효인 법률행위도 사해행위 취소의 실익이 있으면 권리자가 취소할 수 있다고 보는 것이 타당할 것이다. 따라서 사안에서 甲은 丙·丁 간의 증여가 허위표시이나 사해행위로서의 요건을 증명하여 그 허위표시의 취소를 소구할 수 있을 것이다. 이 때 丙은 그 행위가 허위표시임을 이유로 사해행위 취소를 방해하지 못한다. 甲은 丁을 피고로 하여 丙·丁 간의 사해행위를 취소하고 그 주택에 대한 원상회복$\binom{\text{또는 진정명의회복을}}{\text{위한 말소등기청구}}$을 청구할 수 있다. 채권자취소권 행사의 효과는 모든 채권자의 이익을 위하여 그 효력이 있으므로$\binom{\text{제}407}{\text{조}}$ 그 주택은 丙의 일반재산으로 회복되고 총채권자를 위하여 공동담보가 된다. 甲이 그 주택으로 채권의 만족을 얻으려면 집행권원에 기하여 강제집행절차를 다시 밟아야 한다.

3. 연대보증인의 사해행위

채무자 丙이 甲을 해하는 법률행위를 하였을 경우에는 甲은 乙의 변제자력 유무와 관계없이 丙의 사해행위에 대하여 채권자취소권을 행사할 수 있다. 丙은 최고 및 검색의 항변권을 가지지 않기 때문이다.

Ⅲ. 사안의 해결

사안에서 丙은 연대보증채무를 부담하고 있는 채무자이다. 丙·丁 간의 증여는 丙이 강제집행 당할 것을 대비하여 소유권이전등기를 한 사정에 비추어 통정허위표시에 해당하나 허위표시도 사해행위의 요건을 충족하는 한 채권자취소권의 대상이 된다. 따라서 甲은 丙·丁 간의 증여가 허위표시라고 주장하며 그 주택에 대한 소유권을 丙에게 회복시킬 수 있을 뿐만 아니라 채권자취소권의 행사를 통하여 丙·丁 간의 허위표시에 기한 증여를 취소하고 丙 앞으로 그 부동산을 회복시킬 수 있을 것이다. 甲은 丙 앞으로 회복된 재산으로부터 강제집행의 방법 등으로 자신의 채권을 만족시킬 수 있다.

제6편

계약의 해소와 소멸시효

제1장 계약의 해제
제2장 계약의 해지
제3장 소멸시효

제1장 계약의 해제

Ⅰ. 의 의
  1. 정 의
  2. 유사제도와의 구별
Ⅱ. 약정해제권 발생사유
  1. 발생요건 및 효과
  2. 합의해제(해제계약)와의 구별
Ⅲ. 법정해제권 발생사유
  1. 이행지체에 의한 해제권발생(제544조)
  2. 이행불능에 의한 해제권 발생(제546조)
  3. 불완전이행에 의한 해제권 발생
  4. 채권자지체에 의한 해제권 발생
  5. 사정변경에 의한 해제권
  6. 부수의무의 불이행과 해제
Ⅳ. 해제권의 행사

  1. 해제의 의사표시
  2. 자동해제의 특약(실권조항 또는 자동실효
    특약)
  3. 해제의 불가분성
Ⅴ. 해제의 효과(제548조, 제549조, 제551조)
  1. 원상회복의무의 법적 성질
  2. 원상회복의무의 범위(제548조)
  3. 제3자의 권리보호
  4. 손해배상책임(제551조)
  5. 해제와 보증채무
  6. 해제와 동시이행관계
Ⅵ. 법정해제권의 소멸
  1. 일반적 소멸원인
  2. 해제권 특유의 소멸원인

Ⅰ. 의   의

1. 정 의

계약의 해제란 채무불이행 등 일정한 사유가 있는 때에 유효하게 성립한 계약관계의 효력을 당사자 일방의 의사표시(형성권)에 의하여 소멸시키는 것을 말한다.

해제권은 당사자 사이의 계약(약정해제권의 경우) 또는 법률의 규정(법정해제권의 경우)에 의하여 발생한다(제543조 제1항).

2. 유사제도와의 구별

(1) 취소와 구별

(가) 성립상의 차이

해제는 계약에 대해서 인정되나, 취소는 법률행위에 대해서 인정된다.

(나) 발생사유상의 차이

해제권은 법정해제권의 발생사유(채무불이행 등) 이외에도 당사자의 약정으로도 인정될 수 있으나, 취소권은 계약성립 상의 흠(무능력·착오·의사표시의 하자) 등의 법정사유가 발생한 경우에만 인정된다.

(다) 효과상의 차이

1) 계약이 취소된 경우에는 채무불이행에 기한 손해배상청구권을 주장할 수 없으나, (법정)해제의 경우에는 제551조에 의하여 제390조의 손해배상청구권을 주장할 수 있다. 그러나 제551조의 손해배상청구는 채무불이행이 전제가 되기 때문이다. 약정해제의 경우에는 원칙적으로 손해배상청구권이 부정된다(대판 1983.1.18, 81다89,90).

2) 반환범위: 취소는 부당이득의 법리(제748조)에 의하나, 해제는 원상회복의 법리(제548조 이하)에 의한다.

3) 소급효 유무: 취소는 제141조에 의해 소급효가 인정되나, 해제는 명문규정이 없어 판례와 학설의 입장에 따라 견해가 나뉜다(자세한 내용은 후술하기로 한다).

(라) 해제와 착오취소의 경합이 인정된다. 예컨대 매도인의 계약해제 후 매수인이 착오를 이유로 계약을 취소할 수 있다(대판 1991.8.27, 91다11308).

> **사례 1** 甲과 乙은 X 토지에 대한 매매계약을 체결하면서, 매수인 乙이 매매대금을 중도금과 잔금으로 나누어 지급하기로 하였다. 약속한 날짜에 乙이 중도금을 지급하지 않자, 甲은 중도금에 대한 채무불이행을 이유로 乙과의 계약을 해제하였다. 이 경우, 乙은 甲과의 계약을 착오를 이유로 취소할 수 있는가?
>
> (대판 1991.8.27, 91다11308 참조)
>
> **┃해설 1 ┃ 가능하다.**
>
> 甲은 계약을 해제하고, 乙에게 손해배상을 청구할 수 있으므로(제551조, 제390조), 乙의 입장에서는 착오를 이유로 계약을 취소하여, 중도금 미지급에 대한 손해배상책임을 면할 수 있도록 하는 것이 타당하다.

┃ 대판 1991.8.27, 91다11308
매도인이 매수인의 중도금 지급채무불이행을 이유로 매매계약을 적법하게 해제한 후라도 매수인으로서는 상대방이 한 계약해제의 효과로서 발생하는 손해배상책임을 지거나 매매계약에 따른 계약금의 반환을 받을 수 없는 불이익을 면하기 위하여 착오를 이유로 한 취소권을 행사하여 위 매매계약 전체를 무효로 돌리게 할 수 있다.

(2) 해제조건과의 구별

(가) 해제조건은 법률행위의 부관의 일종으로, 해제조건의 성취만으로 계약의 효력이 상실된다. 그러나 해제의 경우에는 해제의 의사표시가 필요하다.

(나) 해제조건이 성취된 경우에도 계약효력상실의 효과발생에 원칙적으로 소급효가 부정되

지만($\frac{제147조}{제2항}$), 해제의 경우 소급효가 인정되는지는 판례와 학설의 입장에 따라 견해가 나뉜다(아래 해제의 효과에서 자세히 설명하기로 한다).

Ⅱ. 약정해제권 발생사유

제543조 제1항은 "계약 또는 법률의 규정에 의하여 당사자의 일방이나 쌍방이 해지 또는 해제의 권리가 있는 때"에는 상대방에 대한 의사표시로 해지 또는 해제를 한다고 정하고 있다. 즉 민법은 계약에 기한 약정해제권과 법률의 규정에 기한 법정해제권을 모두 인정하고 있다. 먼저 약정해제권을 검토하기로 한다.

1. 발생요건 및 효과

당사자 사이의 약정(해제권 유보특약)으로 일방 또는 쌍방에게 해제권을 부여할 수 있다.[1] 계약의 당사자가 명백하게 해제권을 유보한다는 특약을 하지 않아도 약정해제권이 인정될 수 있다. 일반적으로 계약금 등의 교부($\frac{제565}{조}$), 환매특약($\frac{제590}{조}$)은 약정해제권을 유보한 것으로 본다. 약정해제의 경우에도 제547조 이하의 규정이 적용될 것이나, 제551조는 적용되지 않으므로 손해배상청구는 불가능할 것이다($\frac{제565조\ 제2항\ 및\ 대판\ 1983.}{1.18,\ 81다89,90\ 참조}$).

> **대판 1983.1.18, 81다89,90**
> 당사자 사이의 계약조항상의 부수적 의무위반을 이유로 한 약정해제권의 행사의 경우에는 법정해제의 경우와는 달리 그 해제의 효과로서 손해배상의 청구는 할 수 없다.

손해배상청구는 채무불이행을 전제로 하는 것인데 약정해제권은 채무불이행 여부와 관계없이 당사자가 약정한 해제권 발생사유가 있으면 해제될 수 있음을 전제로 한 것이기 때문이다. 물론 위의 판결요지만을 보면, 부수적 의무위반이 아닌 주된 급부의무 위반의 경우에는 손해배상청구가 가능할 여지가 있다는 해석이 가능할 수 있다. 그러나 이 사건에서 판례는 부수적 주의의무 위반을 이유로 한 손해배상을 청구한 원고의 주장에 대해, 부수적 주의의무 위반이 있었는지, 손해가 발생하였는지 등에 대한 판단 없이 약정해제권 행사의 효과로서의 손해배상청구권은 인정되지 아니한다는 점만을 설시하여 해결하였다. 따라서 판례는 약정해제권을 행사한 경우에는 손해배상을 인정할 수 없다고 본 것이라고 일반화해도 무리가 없다고 보인다.

2. 합의해제(해제계약)와의 구별

(1) 의 의

합의해제란 해제권의 유무와 관계없이 당사자의 합의로 계약을 소급적으로 소멸시키는 것이

---

1) 계약당사자가 해제권을 갖는다는 특약(약정해제권의 유보)과 직접 계약해제의 효과발생을 목적으로 하는 해제계약은 구별된다. 약정해제권 유보의 특약이 있어도 아직 해제권을 행사(해제의 의사표시)하지 않은 이상 계약해제의 효과(계약의 효력의 소급적 소멸)가 발생하지 않는다.

다. 당사자간의 합의가 소급효를 배제하는 것으로 해석되면 계약의 해지가 된다. 이는 기존의 계약을 해제하는 새로운 계약이므로 해제계약이라고도 불린다. 이는 계약자유의 원칙상 당연히 인정된다(대판 1991.7. 12, 90다8343).

(2) 요 건

합의해제는 당사자의 계약에 의하여 기존 계약을 해제하는 것이므로, 해제계약의 청약과 승낙이라는 서로 대립되는 당사자 의사표시의 합치가 있어야 한다(대판 2007.11.29, 2006다2490,2506; 대판 1998.8.21, 98다17602). 해제의 합의는 명시적일뿐만 아니라, 묵시적으로도 가능하다(대판 1991.7.12, 90다8343). 특별한 사정이 없는 한, 합의해제할 때에 당사자가 반드시 원상회복에 관하여 약정을 해야 하는 것은 아니다. 그러나 당사자 일방이 원상회복의 방법이나 손해배상의 범위에 관한 조건을 제시한 경우에는 그 조건에 대한 합의까지 이루어져야 합의해제가 성립하였다고 할 수 있다(대판 1996.2. 27, 95다43044).

대판 2007.6.15, 2004다37904,37911

계약의 합의해제는 명시적으로 이루어진 경우뿐만 아니라 묵시적으로 이루어질 수도 있는 것으로, 계약의 성립 후에 당사자 쌍방의 계약실현 의사의 결여 또는 포기로 인하여 쌍방 모두 이행의 제공이나 최고에 이름이 없이 장기간 이를 방치하였다면, 그 계약은 당사자 쌍방이 계약을 실현하지 아니할 의사가 일치함으로써 묵시적으로 합의해제 되었다고 해석함이 상당하다(같은 취지: 대판 1994. 8.26, 93다28836).

'장기간'의 의미는 개별적 사안마다 다를 수 있다.

사례 2 甲은 乙에게 X토지를 매도하였다. 계약에 대해 분쟁이 생기자, 매수인 乙은 매매계약을 해제하자고 하면서, 원상회복 및 손해배상으로 1억 원을 지급해 달라고 했다. 이에 甲은 乙의 해제의 의사표시를 승낙한다고 표시하면서 자신이 乙에게 7천만 원을 원상회복 및 손해배상으로 지급하겠다는 의사를 표시했다. 그러나 乙은 甲에게 1억 원의 지급을 요구한다. 甲과 乙의 계약은 해제되었는가? (대판 2007.11.29, 2006다2490,2506 참조)

| **해설 2** | 해제되지 않았다.

乙의 甲에 대한 해제계약의 청약에 대해서 甲은 내용을 변경하여 새로운 청약을 한 것이다. 그런데 乙이 甲의 새로운 청약에 대해서 다투었던 사정에 비추어 승낙의 의사표시가 있었다고 볼 수 없다. 따라서 해제계약이 성립하지 않았다고 할 것이다.

매매계약을 합의해제하는 경우에 이미 지급된 계약금, 중도금의 반환 및 손해배상금에 관하여는 아무런 약정도 하지 아니한 채 매매계약을 해제하기만 하는 것은 우리의 경험칙에 비추어 이례에 속하는 일이다. 또한 당사자 일방이 원상회복의 방법이나 손해배상의 범위에 관한 조건을 제시한 경우에는 그 조건에 대한 합의까지 이루어져야 합의계약이 성립했다고 할 수 있다. 사안에서도 이미 지급된 계약금, 중도금의 반환 및 손해배상금에 관하여는 아무런 약정 없이 합의해제에 대한 합치만 있다는 점에서 합의에 대한 약정이 있다고 볼 수 없으며, 이미 乙이 원상회복의 방법이나 손해배상으로 1억 원을 제시하였으나, 甲이 7천만 원을 주겠다고 했으므로 甲과 乙의 의사는 불합치하여 합의해제는 성립하지 않고, 甲의 새로운 합의해제의 청약으로 보아야 할 것이다. 따라서 甲과 乙의 매매계약은 해제되지 않았다.

대판 2007.11.29, 2006다2490,2506

계약의 합의해제 또는 해제계약이라 함은 해제권의 유무를 불문하고 계약당사자 쌍방이 합의에 의하여 기존의 계약의 효력을 소멸시켜 당초부터 계약이 체결되지 않았던 것과 같은 상태로 복귀시킬 것을 내용으로 하는 새로운 계약으로서, 계약이 합의해제 되기 위하여는 일반적으로 계약이 성립하는 경우와 마찬가지로 계약의 청약과 승낙이라는 서로 대립하는 의사표시가 합치될 것(합의)을 그 요건으로 하는바, 이와 같은 합의가 성립하기 위하여는 쌍방당사자의 표시행위에 나타난 의사의 내용이 객관적으로 일치하여야 되는 것이다. 물론 계약을 합의해제할 때에 원상회복에 관하여 반드시 약정을 하여야 하는 것은 아니지만, 매매계약을 합의해제하는 경우에 이미 지급된 계약금, 중도금의 반환 및 손해배상금에 관하여는 아무런 약정도 하지 아니한 채 매매계약을 해제하기만 하는 것은 우리의 경험칙에 비추어 이례에 속하는 일이다(대판 1992.6.23, 92다4130,92다4147; 대판 1994.9.13, 94다17093 등 참조).

(3) 효 과

합의해제의 효과는 그 합의의 내용에 의하여 개별적으로 결정되므로, 원칙적으로 법정해제를 대상으로 하는 제543조 이하의 규정은 적용되지 않는다(대판 1979.10.30, 79다1455). 따라서 손해배상을 하기로 특약하거나 손해배상청구를 유보하는 의사표시를 하는 등 특별한 사정이 없는 한 채무불이행을 이유로 한 손해배상을 청구할 수 없다(대판 1989.4.25, 86다카1147). 그러나 판례에 따르면 계약이 합의해제된 경우 소급효가 인정되며(대판 1994.9.13, 94다17093), 이에 따른 원상회복청구권은 물권적 청구권으로 소멸시효의 대상이 되지 않는다고 한다(대판 1982.7.27, 80다2968). 또한 합의해제의 경우 계약당사자로부터 완전한 권리를 취득한 제3자는 제548조 제1항 단서에 의하여 법정해제와 동일한 요건 하에 보호받는다(대판 2005.6.9, 2005다6341; 대판 1991.4.12, 91다2601; 대판 1980.5.13, 79다932. 이에 대한 자세한 설명은 이하 '법정해제와 제3자의 보호'를 참조할 것). 다만 당사자가 합의해제를 통하여 원상회복을 구하는 경우, 반환범위와 관련하여 판례는 제548조 제2항의 적용을 배제한다(대판 1996.7.30, 95다16011). 나아가 합의해제 당시에 채무불이행의 요건이 구비된 경우에도 별도의 의사표시를 하는 등 다른 사정이 없는 한 채무불이행으로 인한 손해배상을 청구할 수도 없다(대판 2013.11.28, 2013다8755).

> **사례 3**　甲은 乙에게 X토지를 1억 원에 매도하였다. 대금지급과 토지 인도가 이루어진 후, 甲과 乙은 계약을 합의해제하였다. 매수인 乙은 원상회복으로 제548조 제2항에 따라, 甲에게 지급한 1억 원과 그 받은 날로부터의 이자를 지급할 것을 청구하였다. 甲은 乙의 주장에 응하여야 하는가?
>
> (대판 1996.7.30, 95다16011 참조)
>
> **┃해설 3┃** 이자지급청구에 응할 필요가 없다.
> 합의해제 또는 해제계약이라 함은 해제권의 유무에 불구하고 계약 당사자 쌍방이 합의에 의하여 기존의 계약의 효력을 소멸시켜 당초부터 계약이 체결되지 않았던 것과 같은 상태로 복귀시킬 것을 내용으로 하는 새로운 계약으로서, 그 효력은 그 합의의 내용에 의하여 결정되고 여기에는 해제에 관한 제548조 제2항의 규정은 적용되지 아니하므로, 당사자 사이에 약정이 없는 이상 합의해제로 인하여 반환할 금전에 그 받은 날로부터의 이자를 가하여야 할 의무가 있는 것은 아니다.

제1편 제2편 제3편 제4편 제5편 제6편 제7편 제8편 제9편 계약의 해소와 소멸사유

> **사례 4** 甲은 乙에게 X토지를 1억 원에 매도하였다. 乙은 甲으로부터 토지에 대한 점유를 먼저 이전받았고, 甲의 채권자 丙은 甲이 乙에게 가지는 1억 원의 매매대금채권을 가압류하였다. 그런데 甲과 乙은 매매계약을 합의해제하였다. 乙은 합의해제를 이유로 丙에게 대항할 수 있는가?
>
> (대판 2001.6.1, 98다17930 참조)
>
> **해설 4** 원칙적으로 대항할 수 있다.
>
> 채권에 대한 가압류는 제3채무자에 대하여 채무자에게의 지급금지를 명하는 것이므로 채권을 소멸 또는 감소시키는 등의 행위는 할 수 없고 그와 같은 행위로 채권자에게 대항할 수 없는 것이지만, 채권의 발생원인인 법률관계에 대한 채무자의 처분까지도 구속하는 효력은 없다 할 것이므로 채무자와 제3채무자가 아무런 합리적 이유 없이 채권의 소멸만을 목적으로 계약관계를 합의해제한다는 등의 특별한 경우를 제외하고는, 제3채무자는 채권에 대한 가압류가 있은 후라고 하더라도 채권의 발생원인인 법률관계를 합의해제하고 이로 인하여 가압류채권이 소멸되었다는 사유를 들어 가압류채권자에 대항할 수 있다.

Ⅲ. 법정해제권 발생사유

법정해제권의 발생사유는 매매 등의 계약에 공통된 것(제544조 내지 제546조)이 있고, 각각의 계약유형에서 다시 개별적으로 해제권 발생사유를 규율하고 있는 것(제555조 이하, 제601조, 제668조, 제674조의3, 제727조 참조)이 있다. 계약에 공통된 법정해제권 발생사유는 채무불이행의 경우에 원칙적으로 채권자에게 법정해제권이 인정된다. 채권의 소멸시효가 완성된 후에는 채무의 이행불능을 이유로 계약을 해제할 수 없다. 채무불이행의 시점이 시효완성 전인지 후인지 불문하고 계약해제는 불가능하다. 따라서 매수인이 법정해제권을 행사할 때 매도인은 소유권이전등기청구권이 소멸시효가 완성되었음을 항변할 수 있다(대판 2022.9.29. 2019다204593). 채권자가 계약을 해제하면 상대방의 계약이익은 박탈되고 계약당사자는 계약의 구속으로부터 벗어난다. 민법은 명문으로 이행지체(제544조, 제545조) 및 이행불능(제546조)의 경우에는 법정해제를 인정하고 있으나, 불완전이행, 채권자지체, 사정변경에 의한 해제권을 인정할 것인지, 이행지체의 경우 채무자의 귀책사유가 필요한지 등에 대해서는 논의가 있다.

1. 이행지체에 의한 해제권발생(제544조)

이행지체를 원인으로 채권자가 계약을 해제하기 위하여는 (ⅰ) 채무자의 이행지체가 있을 것, (ⅱ) 채권자가 상당한 기간을 정하여 이행을 최고할 것, (ⅲ) 최고기간 내에 채무자의 이행 및 이행제공이 없을 것, (ⅳ) 해제의 의사표시와 그 도달이 있을 것을 요한다(제544조).

(1) 채무자의 이행지체가 있을 것

(가) 채무자의 귀책사유 요부

법문상 이행불능의 경우에는 채무자의 귀책사유를 명시적으로 요구하고 있으나$\binom{제546}{조}$, 이행지체에는 이러한 규정이 없다는 점에서 계약을 해제하기 위해서는 이행지체에 채무자의 귀책사유가 있어야 하는지에 대해서 견해가 나뉜다. 다수의 견해는 손해배상의 경우와 마찬가지로 해제를 위해서도 귀책사유가 필요하다고 본다. 반면에 일부 견해는 해제제도의 기능은 계약의 구속력에서의 해방에 있는 것이며, 계약해제와 손해배상은 취지가 다르다는 점을 강조하면서, 귀책사유 없이도 해제가 가능하다고 본다.2)

(나) 이행지체시 채권자의 반대급부의 계속적 제공 필요성

쌍무계약에서 채권자가 자기 채무를 이행제공하여 채무자의 동시이행항변권이 상실되어 채무자가 이행지체에 빠진 경우, 채권자는 제544조에 따라 상당한 기간을 정하여 그 이행을 최고하고 그 기간 내에 채무자가 이행을 하지 않았을 때에 계약을 해제할 수 있다. 한 번의 이행제공으로 상대방을 이행지체에 빠지게 한 후, 최고를 하고 계약을 해제하기 위하여 최고기간 동안 이행제공이 계속되어야 하는지가 문제된다. 학설은 지체책임의 성립에서와 같이 이행제공이 최고기간 동안 계속되어야 한다는 계속적 이행제공설과 한 번의 이행제공으로 충분하다는 일회적 이행제공설로 나뉜다.

판례는 "쌍무계약의 일방 당사자가 이행기에 한번 이행제공을 하여서 상대방을 이행지체에 빠지게 한 경우, 신의성실의 원칙상 이행을 최고하는 일방 당사자로서는 그 채무이행의 제공을 계속할 필요는 없다 하더라도 상대방이 최고기간 내에 이행 또는 이행제공을 하면 계약해제권은 소멸되므로 상대방의 이행을 수령하고 자신의 채무를 이행할 수 있는 정도의 준비가 되어 있으면 된다"고 하여, 원칙적으로 일회적 이행제공설을 취한다$\binom{대판\ 1996.11.26.\ 96다}{35590,\ 35606\ 등\ 다수}$.

다만 이행제공은 아니더라도 이행의 준비는 되어 있어야 한다. 즉 "부동산 매수인이 잔대금 지급기일에 잔대금의 이행제공을 하였음에도 매도인이 명도의무를 이행하지 못하여 이행지체에 빠진 경우, 매수인이 매도인에게 상당한 기간 내에 명도의무의 이행이 없을 것을 정지조건으로 하여 미리 해제의 의사표시를 함과 동시에 매도인으로서의 이행을 최고함에 있어서 현실로 이행제공 하였던 잔대금으로 양도성예금증서를 구입하여 보관하고 있으면서 자신의 채무를 이행할 수 있는 준비를 하고 있었다면 이는 해제권 발생을 위한 적법한 최고"라고 하였다$\binom{대판}{1996.}$ $\genfrac{}{}{0pt}{}{11.26.\ 96다}{35590,35606}$. 이행의 준비는 이행이 준비되었음에 대하여 상대방에게 통지하지 않아도 되며 수령의 최고도 할 필요가 없다는 점에서 구두의 이행제공과는 다르다.

(다) 이행제공이 필요없는 경우

당사자의 일방이 이행을 제공하더라도 상대방이 상당한 기간 내에 그 채무를 이행할 수 없

---

2) 이 견해는 또한 채권자의 귀책사유에 의한 채무자의 이행지체시에는 채권자의 해제권을 부정한다.

음이 객관적으로 명백하다면 그 일방은 자신의 채무의 이행을 제공하지 않더라도 상대방의 이행지체를 이유로 계약을 해제할 수 있으며, 상대방이 채무를 이행할 수 없음이 명백한지의 여부는 계약해제시를 기준으로 하여 판단한다($\binom{\text{대판 1993.8.}}{\text{24, 93다7204}}$). 이와 같은 경우에도 자기의 이행제공을 해야만 상대방을 지체에 빠뜨릴 수 있다고 하면 상대방의 지체상태를 만들기 위해서 무용한 이행의 제공을 강요하는 결과가 되어 부당하기 때문이다.

사례 5 B는 A가 장차 완공할 X건물을 매수하는 매매계약을 체결하면서 A가 1991.4.30.까지 건물을 완공하여 인도하기로 약정하였다. 그러나 실제로 X건물은 1991.6.27.에야 완공되어 준공검사를 마쳤다. 그런데 매수인 B는 같은 해 6.19. 이행의 최고나 이행의 제공없이 바로 계약을 해제하였다. 이와 같은 계약해제의 효과가 인정될 수 있는가? (대판 1993.8.24, 93다7204 참조)

│ 해설 5 │ 계약해제의 효과가 인정될 수 없다.

상대방이 상당한 기간 내에 그 채무를 이행할 수 없음이 객관적으로 명백한 경우, 그 일방은 자신의 채무의 이행을 제공하지 않더라도 상대방의 이행지체를 이유로 계약을 해제할 수 있지만 이 사안에서는 그와 같은 사실관계가 인정되지 않는다.

이 사례에서 대법원은 A가 그 건물의 공사를 방치하거나 포기함으로써 건물을 완성시킬 수 없음이 명백하다는 등의 사정이 없는 한 단순히 공사의 완공이 지체된 사실만 가지고서는 채무의 이행지체가 되는 것일 뿐 즉시 이행불능의 상태에 있었다고는 할 수 없고, B의 계약해제시점인 1991.6.19.은 A가 건물을 완공하여 준공검사를 받은 같은 해 6.27.에 근접한 시기로서 그 당시에 있어서는 A가 상당한 기간내에 채무의 이행을 할 수 없음이 객관적으로 명백하였다고 인정하기는 어려울 것이고, 기간의 근접함에 비추어 볼 때 만일 B가 계약해제의 의사표시를 하기에 앞서 이행의 최고를 하였다면 A는 그 최고기한에 맞추어 또는 상당한 기간 내에 서둘러 준공검사를 받고 본래의 채무를 이행할 가능성이 있었다고 판단하여 이행의 최고나 이행제공 없이 한 해제의 효과를 부정했다.

(라) 일부이행지체와 해제

계약상 채무의 일부를 지체한 경우 반대급부가 가분인 경우에는 지체된 부분에 관하여 계약을 해제할 수 있다. 다만 판례에 의하면 그로 인하여 계약의 목적을 달성할 수 없는 경우에는 계약 전체를 해제할 수 있다($\binom{\text{대판 1994.4.12,}}{\text{93다45480,45497}}$). 일부지체로 계약목적의 달성이 불가능한지는 채권자가 주장·증명해야 한다. 일부지체가 경미한 경우에 계약 전체를 해제하는 것은 신의칙에 위배될 수 있다($\binom{\text{대판 1971.3.31,}}{\text{71다352,353,354}}$).[3)]

(2) 채권자가 상당한 기간을 정하여 이행을 최고할 것

채권자는 상당한 기간을 정하여 채무자에게 이행을 최고해야 한다. 최고의 방법에는 특별한

---

3) 총매매대금 2,000만 원 가운데 미지급액이 105,000원에 불과한 경우에 이를 이유로 계약을 해제하는 것은 신의칙에 위반된다(대판 1971.3.31, 71다352,353,354).

제한이 없으며, 최고에 해제의 의사가 반드시 포함될 필요도 없다. 한편 기간의 상당성은 채무의 성질 등 객관적 사정을 고려하여 정한다.[4] 통설과 판례는 최고하면서 기간을 정하였으나 그 정한 기간이 상당하지 않거나 또는 아예 기간이 없는 최고를 한 경우에도 최고로서의 효력을 인정한다. 다만 객관적으로 상당한 기간이 경과한 후에 해제권이 발생한다(대판 1994.11.25. 94다35930. 매수인의 중도금 미지급을 이유로 매도인이 매매계약을 해제하겠다고 통고한 때에는 중도금 지급의 최고가 있었다고 보아야 하며, 그로부터 상당한 기간이 경과하도록 매수인이 중도금을 지급하지 않았다면 매도인은 매매계약을 해제할 수 있다고 한 사례).

사례 6 매도인 甲이 매수인 乙에게 X토지를 1억 원에 매도하기로 하는 계약을 체결하였다. 乙이 매매대금을 모두 지급하였음에도 불구하고 이행기에 甲이 등기이전에 필요한 서류를 교부하지 않자, 乙은 두 달 내에 이를 교부할 것을 최고하였다. 甲은 서류 교부 장소와 일시를 乙에게 문의하였으나 乙은 응답하지 않았다. 두 달 뒤 乙은 甲의 채무불이행을 이유로 계약을 해제하였다. 乙의 해제는 적법한가?
(대판 2002.4.26. 2000다50497 참조)

┃해설 6┃ 적법한 해제가 아니다.
계약해제를 위한 이행최고를 함에 있어서 그 최고되는 채무가 소유권이전등기를 하는 채무와 같이 그 채무의 성질상 채권자에게도 단순한 수령 이상의 행위를 하여야 이행이 완료되는 경우에는 채권자는 이행의 완료를 위하여 필요한 행위를 할 수 있는 일시·장소 등을 채무자에게 알리는 최고를 하여야 할 필요성은 있다. 그러나 위와 같은 채무의 이행은 채권자와 채무자의 협력에 의하여 이루어져야 하는 것이므로, 채권자가 위와 같은 내용을 알리는 최고를 하지 아니하고, 단지 언제까지 이행하여야 한다는 최고만 하였다고 하여 곧바로 그 이행최고를 계약해제를 위한 이행최고로서의 효력이 없다고 볼 수는 없다. 그리고 채권자가 위와 같은 최고를 한 경우에는 채무자로서도 채권자에게 문의를 하는 등의 방법으로 확정적인 이행일시 및 장소의 결정에 협력하여야 한다 할 것이며, 채무자가 이와 같이 하지 아니하고 만연히 최고기간을 도과한 때에는, 그에 이르기까지의 채권자와 채무자의 계약 이행을 위한 성의, 채권자가 채무자에게 구두로 연락을 취하여 이행 일시와 장소를 채무자에게 문의한 적이 있는지 등 기타 사정을 고려하여, 위의 최고도 유효하다고 보아야 할 경우가 있을 수 있다.
예컨대 쌍무계약에서 채무자가 채권자에게 이행장소·일시를 문의했는데도 이에 대하여 채권자가 답을 주지 않아 이행일시와 장소를 알지 못한 경우에는 채권자가 이행최고를 했다고 하여도 유효한 최고로 볼 수 없을 것이다. 사안에서는 乙이 甲의 이행장소 및 일시를 문의에 응답하지 않았으므로 乙의 최고는 적법한 최고로 볼 수 없다. 따라서 乙의 해제는 적법하지 않다.

(가) 과다최고 또는 과소최고의 경우

과다최고는 급부의 동일성이 인정되는 경우에는 최고로서의 효력이 인정된다(대판 2004.7.9. 2004다13083; 대판 1994.5.10. 93다47615). 과다한 정도가 현저하고 최고된 수량의 급부가 없으면 수령하지 않을 것이라는 채권

---

4) 채무자의 주관적 사정을 고려할지에 학설은 견해가 나뉘나, 채무자의 주관적 사정까지 고려한다는 점이 지나치다는 점에서 객관적 사정만을 고려하는 것이 타당하다.

자의 의사가 명백한 경우에는 최고의 효력이 없다. 과소최고는 그 범위에서만 최고의 효력을 인정한다. 즉 일부 최고가 가능하다는 점에서 과소최고는 일부 최고로 보아 그 범위 내에서 효력을 인정하면 될 것이다. 물론 최고하지 않은 부분이 매우 적다면, 이는 전부 최고로 볼 수 있을 것이다.

사례 7 매도인 甲과 매수인 乙은 X토지를 1억 원에 매도하기로 하는 계약을 체결하였다. 약속한 날짜에 甲과 달리 乙은 계약대로 이행하지 않았고, 이에 甲은 착오로 '매매대금 10억 원'을 한 달 안에 상환할 것을 청구하였다. 기간 내에 乙이 채무를 상환하지 않자, 甲은 계약을 해제하였다. 계약은 해제되었는가? (대판 2004.7.9, 2004다13083; 대판 1994.11.25, 94다35930 참조)

| 해설 7 | 적법한 해제라고 볼 수 있다.

채권자의 이행최고가 본래 이행하여야 할 채무액을 초과하는 금액의 이행을 요구하는 내용일 때에는 그 과다한 정도가 현저하고 채권자가 청구한 금액을 제공하지 않으면 그것을 수령하지 않을 것이라는 의사가 분명한 경우에는 그 최고는 부적법하고 이러한 최고에 터잡은 계약해제는 그 효력이 없다($\binom{대판\ 2004.7.9,\ 2004다13083;}{대판\ 1994.11.25,\ 94다35930}$). 그러나 본 사안에서 甲의 최고가 현저하게 과다한 것은 인정할 수 있으나, 착오로 인하여 과다최고를 한 것인데, 乙이 이를 1억 원으로 이해하였다면 과다최고가 되지 않을 것이며(자연적 해석), 설사 10억 원으로 이해하였다고 하더라도 甲이 10억 원을 제공하지 않으면 수령하지 않을 것이라는 의사로 보이지 않으므로, 1억 원의 범위에서 적법한 최고로 보아야 할 것이다.

| 대판 2004.7.9, 2004다13083

채권자의 이행최고가 본래 이행하여야 할 채무액을 초과하는 경우에도 본래 급부하여야 할 수량과의 차이가 비교적 적거나 채권자가 급부의 수량을 잘못 알고 과다한 최고를 한 것으로서 과다하게 최고한 진의가 본래의 급부를 청구하는 취지라면, 그 최고는 본래 급부하여야 할 수량의 범위 내에서 유효하다고 할 것이나, 그 과다한 정도가 현저하고 채권자가 청구한 금액을 제공하지 않으면 그것을 수령하지 않을 것이라는 의사가 분명한 경우에는 그 최고는 부적법하고 이러한 최고에 터잡은 계약의 해제는 그 효력이 없다.

(나) 기한의 정함이 없는 채무의 경우

채무이행의 기한의 정함이 없는 채무에서는 채무자를 이행지체에 빠뜨리기 위해서는 이행의 청구(최고)를 하여야 한다($\binom{제387조}{제2항}$). 그런데 이 경우 채무자의 이행지체를 성립시키기 위하여 채권자가 최고를 한 후에, 다시 해제권 취득을 위한 이행의 최고를 할 필요가 있을 것인지가 문제된다. 통설은 한 번의 최고로 채무자를 지체에 빠뜨림과 동시에 해제권을 취득할 수 있다고 본다.[5] 요컨대 채권자가 채무자에게 이행을 청구하면, 채무자는 그 다음날부터 지체에 빠지고 상당한 기간이 경과할 때까지 채무자의 이행이 없으면 채권자는 계약을 해제할 수 있다(이때 해제

---

5) 이와는 달리 일부견해는 제387조 제2항의 이행청구와 해제를 위한 최고는 다른 것이므로 별도로 행사해야 한다는 입장을 취한다.

권은 이행청구로부터 상당한 기간이 경과한 때에 발생한다. 이행청구시 이행기를 유예해 준 경우에는 그 유예기간이 도래한 때로부터 다시 상당한 기간이 지난 때에 발생한 것으로 보아야 한다).

(다) 최고가 필요 없는 경우

1) 채무자가 이행하지 아니할 의사를 미리 표시한 경우(제544조 단서)

채무자가 이행하지 아니할 의사를 미리 표시하면 이행의 최고를 하는 것이 의미가 없으므로 채권자는 최고 없이도 해제권을 취득한다. 이 때 채무자의 이행거절의 의사표시는 종국적이고 진정한 것이며 명백하여야 한다(대판 2011.2.10, 2010다77385; 대판 2006.11.9, 2004다22971). 예컨대 매수인이 매도인과 사이의 매매계약에 의한 잔대금지급기일에 잔대금을 지급하지 못하여 그 지급의 연기를 수차 요청한 것만으로는 이행거절의 의사를 인정하기에는 부족하다(대판 1990.11.13, 90다카23882). 이행거절의 의사가 명백하면, 이행기 도래 전·후를 불문하고 채권자는 이행의 최고 없이 계약을 해제할 수 있을 뿐만 아니라 손해배상을 청구할 수도 있다(대판 2005.8.19, 2004다53173; 대판 1997.11.28, 97다30257). 이행거절인지의 여부는 계약해제시를 기준으로 판단해야 할 것이다. 따라서 이행거절을 하였더라도 해제 전에 철회하였다면 채권자는 이행최고 등을 하여야 계약을 해제할 수 있을 것이다(대판 1989.3.14, 88다1516,1523).

▌대판 2011.2.10, 2010다77385
甲이 乙로부터 토지와 건물의 소유권을 이전받는 대가로 토지에 설정된 근저당권의 피담보채무 등을 인수하기로 약정을 하였으나, 乙이 토지에 관하여 丙 명의로 소유권이전등기청구권가등기를 경료한 채 위 약정에 따른 소유권이전등기를 지체하자 甲이 토지에 관한 가압류를 신청한 사안에서, 甲과 乙 사이에 약정을 해제하기로 하는 합의가 성립하였다거나 甲에게 계약을 실현할 의사가 없거나 계약을 포기할 의사가 있다고 볼 수 없고, 또한 가압류신청 전후의 여러 사정을 감안하면 가압류신청서를 제출한 사실만으로 甲의 이행거절의사가 명백하고 종국적으로 표시되었다고 단정하기도 어려우므로, 위 약정이 합의해제 되었다거나 甲의 이행거절로 해제되었다고 볼 수 없다.

사례 8 2021.1.9. 매도인 甲과 매수인 乙은 X토지를 1억 원에 매도하기로 하는 계약을 체결하였다. 한편 甲과 乙은 매매대금의 지급 방법 및 매매 토지에 관한 기존의 임대차관계 승계 등에 관해 특약을 체결하였다. 특약에 따라 같은 해 3.5. 甲이 乙에게 특약 사항의 이행을 촉구하였음에도 불구하고 乙은 그 특약의 존재를 부정하면서 이를 이행하지 아니하였다.
같은 해 3.8. 甲은 최고 없이 계약을 해제할 수 있는가? 같은 해 3.7. 乙이 특약사항을 이행하겠다고 甲에게 연락한 경우, 같은 해 3.8. 甲은 계약을 해제할 수 있는가?
(대판 2003.2.26, 2000다40995 참조)

▌해설 8 ▌ 甲은 최고 없이 해제가 가능하다. 그러나 해제 전에 乙이 특약사항을 이행할 의사를 표시했다면 최고 없이는 계약을 해제할 수 없다.
乙이 계속된 특약 사항의 이행 촉구에도 불구하고 그 특약의 존재를 부정하면서 이를 이행하지 아니하였다면, 매수인은 위 특약 사항을 이행하지 아니할 의사를 분명하게 표시하였다고 할 것이므로 甲은 최고 없이 바로 계약을 해제할 수 있다(대판 1997.11.28, 97다30257; 대판 2003.2.26, 2000다40995). 그러나 그 이행거절의 의사표시가 적법하게 철회된 경우에는 상대방은 자기 채무의 이행을 제공하고 상당한 기간을 정하여 이행을 최고한 후가 아니면 채무불이행을 이유로 계약을 해제할 수 없다($\binom{대판\ 2003.2.26,}{2000다40995}$). 따라서 해제의 의사표시를 하기 전에 1주일 이내에 특약을 이행하겠다고 한 乙의 통지는 이행거절의 철회로 볼 수 있으므로, 최고 없이 바로 해제할 수는 없다.

2) 정기행위의 경우($\binom{제545}{조}$)

계약의 성질 또는 당사자의 의사표시에 의하여 급부가 일정한 시기나 일정한 기간 내에 행하여지지 않으면 계약의 목적을 달성할 수 없을 경우(정기행위), 당사자 일방이 이행을 지체하면 상대방은 최고 없이도 계약을 해제할 수 있다($\binom{제545}{조}$). 이 경우에도 당연히 해제의 의사표시를 해야 해제의 효과가 발생한다. 반면에 상인 간의 정기매매인 경우에는 당사자 일방이 이행을 지체한 경우 상대방이 그 이행을 청구하지 아니하면 해제의 의사표시를 하지 않더라도 계약을 해제한 것으로 본다($\binom{상법}{제68조}$).

> **사례 9** 甲은 생일을 맞아 친구들을 초대하고, A 중국집에 생일 당일 음식을 배달해 줄 것을 요청하였고, 이에 중국집 사장은 승낙하였다. 그런데 생일 당일 음식배달이 되지 않았고, 기다리다 지친 甲은 계약을 바로 해제하였다. 甲의 해제는 타당한가?
>
> **│ 해설 9 │ 타당하다.**
> 생일날 음식주문계약은 그 시기가 지난 후에 급부하면 계약의 목적을 달성할 수 없다는 점이 명백하다는 점에서 정기행위(절대적 정기행위)에 해당하므로, 이행지체시 최고 없이도 바로 해제할 수 있다.

3) 특약이 있는 경우

당사자가 "이행지체만 있으면, 최고없이도 해제할 수 있다"는 특약을 한 경우, 이는 채무자에게 불이익을 강요하는 것이 아니므로 그 효력이 인정된다.[6] 따라서 이 경우에도 이행지체가 있으면 곧 해제권이 발생한다. 물론 신의칙에 의하여 해제권 행사에 일정한 제한이 부과되기도 한다($\binom{대판\ 1995.6.}{29,\ 94다22071}$).

> **사례 10** 甲(매도인)과 乙(매수인)은 X토지를 1억 원에 매매하기로 하는 계약을 체결하였다. 매매대금은 乙이 이전등기 전에 선이행하기로 하였으며, 乙의 매매대금지급의무 불이행시 30일이 경과하면 甲이 최고 없이 계약을 해제할 수 있다는 특약을 체결하였다(X토지는 제3자 丙 명의로 소유권이전등기가 경료되어 있었으나 그 등기는 원인무효였다). 乙이 매매대금지급을 지체한 지 30일이 경

---

6) 제543조 이하의 해제에 관한 민법 규정은 임의규정이다. 따라서 계약으로 민법 규정과 다른 약정을 할 수 있다.

과하였고, 甲은 乙이 매매대금을 모두 지급하더라도 소유권이전등기의무를 이행하지 않을 것이라는 의사를 미리 명백하게 표시하였다. 甲은 매매대금 지급기일부터 30일이 경과한 후에 곧바로 계약을 해제할 수 있는가? (대판 1995.6.29, 94다22071 참조)

해설 10 해제할 수 없다.

(ⅰ) 부동산 매매계약에서 매수인이 잔대금채무를 이행하더라도 매도인이 소유권이전등기의무를 이행하지 않을 것을 미리 명백히 표시하였고, (ⅱ) 매매 부동산이 이미 제3자 앞으로 소유권이전등기가 경료되어 있지만 그 등기가 원인무효의 등기이어서 매도인이 다시 그 등기의 말소를 한 뒤 매수인에게 이전하여 줄 수 있으므로 매도인의 위 등기이전의무가 이행불능 상태에 빠졌다고 할 수 없다. 그러나 그와 같은 등기가 현존하고 있는 이상 매수인의 입장에서는 자신의 잔대금채무를 이행하더라도 소유권이전등기를 이행 받을 수 있을지 여부가 상당히 불안한 지위에 있다고 할 수밖에 없는 등 특별한 사정이 있는 경우, 매도인이 매수인의 잔대금 지급의무의 불이행을 이유로 계약을 해제하려면, 비록 매수인의 잔대금 지급의무가 선이행의무이고 매수인의 분할 잔대금 지급의무의 불이행시 각 지급기일로부터 30일 이상 지체하였을 때에는 최고 없이 계약을 해제할 수 있다는 특약이 체결되어 있었다고 하더라도, 공평과 신의성실의 원칙상 부동산에 관한 소유권이전등기의 명의를 회복하여 이를 매수인에게 언제든지 현실적으로 이전하여 줄 수 있는 준비를 완료하고 그 뜻을 상대방에게 통지하여 그 수령을 최고한 다음에야 비로소 계약을 해제할 수 있다.

(3) 최고기간 내에 채무자의 이행 및 이행제공이 없을 것

채무자가 최고기간 내에 이행하지 아니하면, 최고기간 경과시 해제권이 발생한다. 최고기간 내에 채무를 이행하지 못한 것에 채무자의 귀책사유 없었던 경우에도 해제권이 인정될 것인지에 대해서 견해가 나뉜다. 판례는 채무자가 최고기간 또는 상당한 기간 내에 이행하지 아니한 데에 정당한 사유가 있다고 여겨질 경우에는 신의칙상 그 최고기간 또는 상당한 기간 내에 이행 또는 이행의 제공이 없다는 이유로 해제권을 행사하는 것이 제한될 수 있다고 한다(대판 2013.6. 27, 2013다14880,14897; 대판 2001.4.10, 2000다64403).

┃ 대판 2013.6.27, 2013다14880,14897

甲이 乙주식회사에 자신이 운영하던 공장의 모든 생산설비, 자재, 특허권 등을 양도하고 乙회사에서 3년 이상 근무하기로 하는 계약을 체결하면서, 위 특허권을 이용하여 제조하는 기계에 대한 로열티를 생산제조원가에 따른 비율로 계산하여 나중에 지급받기로 약정하였는데, 甲이 乙회사에서 중도 퇴사한 후 그동안 제작한 기계에 대한 로열티 지급을 최고하고 그에 관한 소송을 제기하여 로열티 액수에 관하여 다투던 중 이행지체를 이유로 위 계약을 해제한다는 의사표시를 한 사안에서, 로열티는 생산제조원가를 알 수 있는 甲만이 정확히 계산할 수 있고 乙회사가 이를 정확하게 계산하는 데 한계가 있는 점 등을 고려하여 甲이 로열티 지급을 최고할 때 乙회사가 수긍할 수 있는 근거를 들어 로열티 금액의 이행을 구하였는지, 정확한 로열티 금액을 산정할 수 있도록 乙회사에 협조를 하였는지 등을 심리하여 乙회사에 로열티 지급 의무를 이행하지 아니할 정당한 사유가 있어 최고기간 또는 상당한 기간 내에 이행 또는 이행의 제공이 없다는 이유로 甲이 해제권을 행사하는 것이 신의칙상 제한될 수 있는지 판단하여야 하는데도, 이와 다른 전제에서 계약의 해제를 인정한 원심판결에 해제권 행사 제한에 관한 법리오해 등 위법이 있다.

(4) 해제의 의사표시와 그 도달

해제권이 발생하더라도 이에 의하여 당연히 계약이 해소되는 것은 아니므로 해제권을 행사 (해제의 의사표시)하여야 하며, 해제의 의사표시가 상대방에게 도달된 때에 해제의 효과가 발생한다. 따라서 해제권이 발생한 후에도 채무자가 해제의 의사표시 있기 전에 채권자에게 원래의 채무 및 그에 대한 지연손해금채무를 이행제공하면 해제권은 소멸한다(자세한 내용은 이하 '해제권 행사' 부분 참조).

2. 이행불능에 의한 해제권 발생($\frac{제546}{조}$)

계약당사자 일방의 채무가 이행불능으로 된 경우, 상대방은 최고 없이 즉시 계약을 해제할 수 있다($\frac{제546}{조}$). 이행기가 도래하기 전에 이행불능이 되어도 해제권이 발생하며, 이행지체 중 불능이 된 경우에도 이행불능을 이유로 해제할 수 있다. 특히 동시이행관계에 있는 채무가 이행불능인 경우 해제권자는 자기 채무의 이행의 제공 없이도 즉시 해제할 수 있다. 예컨대 매도인의 매매계약상의 소유권이전등기의무가 이행불능이 되어 이를 이유로 매매계약을 해제함에 있어서, 매수인은 자신의 잔대금지급의무가 매도인의 소유권이전등기의무와 동시이행관계에 있다고 하더라도 그 이행의 제공 없이 해제를 할 수 있다($\frac{대판\ 2003.1.24,}{2000다22850}$).

(1) 귀책사유에 의한 후발적 이행불능

이행불능에 의해 해제권이 인정되기 위해서는 이행불능이 채무자의 책임 있는 사유로 인한 것이어야 한다($\frac{제546조,\ 대판\ 2002.}{4.26,\ 2000다50497}$). 쌍무계약을 체결한 후 양당사자의 책임 없는 사유로 급부가 이행불능된 경우에는 이는 위험부담의 법리($\frac{제537조}{이하}$)로 해결하면 된다. 채무자의 귀책사유로 이행불능이 되면 해제권은 당연히 채권자만이 행사할 수 있다($\frac{대판\ 2002.4.26,}{2000다50497}$). 예컨대 매도인의 매매목적물에 관한 소유권이전의무가 이행불능이 되었다고 할지라도, 그 이행불능이 매수인의 귀책사유에 의한 경우에는 매수인은 그 이행불능을 이유로 계약을 해제할 수 없다.

(2) 일부불능인 경우에는 일부해제

당사자 일방이 부담하는 채무의 일부만이 채무자의 책임 있는 사유로 이행할 수 없게 된 때에는, 그 이행이 불가능한 부분을 제외한 나머지 부분만의 이행으로는 계약의 목적을 달성할 수 없다면 채무의 이행은 전부가 불능이라고 보아 계약 전부를 해제할 수 있다($\frac{대판\ 1995.7.25,\ 95다}{5929;\ 대판\ 1996.2.9,}$ $\frac{94다}{57817}$). 따라서 이행가능한 나머지 부분만으로도 계약목적의 달성이 가능하다면 신의칙상 계약 전부를 해제할 수 없다. 예컨대 채무자의 채무가 가분인 급부인데 일부가 불능된 경우, 가분인 급부의 이행부분이 채권자에게 유의미하며 그에 대응하는 채권자의 의무를 특정할 수 있다면 불능된 계약부분만을 일부해제할 수 있다(대판 1996.12.
10, 94다56098).

▌대판 1996.12.10, 94다56098

주택건설사업자가 분양계약 당시 공유지분 산정의 기초가 된 아파트 대지의 일부를 분양계약 후에 시에 기부채납함으로써 분양계약자들 또는 공유대지지분등기 경료 전에 분양계약자로부터 분양계약상의 지위를 양도받은 자들에게 분양공고 및 분양계약 당시 보다 면적이 감소한 평형별 공유대지면적을 공급한 경우, 아파트 분양계약에 따른 공유대지지분 이전의무는 감소된 지분 범위 내에서 이행불능이 된 것으로 보아야 하므로, 분양계약자들 또는 공유대지지분등기 경료 전에 분양계약자로부터 분양계약상의 지위를 양도받은 자들의 해제 의사표시로써 감소된 공유지분 범위 내에서 분양계약의 일부 해제가 가능하고, 그와 같은 경우 주택건설사업자는 원상회복으로서 그들에게 감소된 공유지분에 상당하는 대금을 반환할 의무가 있다.

사례 11 甲은 자기 소유인 토지의 지상에 지하 1층 지상 5층으로 신축할 예정인 상가건물 중 3층 상가점포 부분에 관하여 乙과 분양계약을 체결하였다. 그런데 甲은 乙로부터 분양대금의 일부를 수령하였음에도 불구하고 위 상가건물의 신축공사에 착공하지 아니하고 그에 대한 건축허가도 받지 아니한 상태에서 부도를 내어 지명수배를 받게 되었고, 막대한 부채를 지고 채권자들의 추적을 받게 되자 해외로 도피하려다 경찰에 체포되었다. 이에 乙은 甲과 체결한 분양계약 중 분양점포를 이전하기로 한 계약부분만을 해제하고, 상가 총면적 중 분양 점포면적에 해당하는 비율의 대지 지분에 관한 소유권이전을 주장하였다. 이러한 乙의 주장은 타당한가?

(대판 1995.7.25, 95다5929 참조)

▌**해설 11** 타당하지 않다.

일반적으로 토지와 그 지상건물을 매매한 경우 토지와 그 지상의 건물은 특별한 사정이 없는 한 법률적인 운명을 같이 하게 되는 것이 거래의 관행이고 당사자의 의사나 경제의 관념에도 합치되는 것이고, 특히 사안과 같이 장래에 건축될 집합건물인 상가 내의 특정 점포를 분양 받기로 하는 계약에서는 분양자인 甲이 피분양자들에 대하여 부담하는 분양 점포에 관한 소유권이전등기 의무와 상가 총면적 중 분양 점포면적에 해당하는 비율의 대지 지분에 관한 소유권이전등기 의무는 불가분의 관계에 있어 분양 점포에 관한 소유권이전등기의무의 이행이 불능에 이르렀다면 그 대지 지분에 관한 소유권이전등기의무의 이행이 가능하다고 하더라도 그 이행만으로는 피분양자들이 최초 분양계약 당시 의욕하였던 계약의 목적을 달성할 수는 없는 것이라고 할 것이고, 따라서 甲의 乙에 대한 분양계약상의 채무는 전부 이행불능 상태에 이르렀다고 볼 것이므로 乙은 甲에게 위 대지 지분에 관한 소유권이전등기 절차의 이행만을 구할 수는 없다.

---

3. 불완전이행에 의한 해제권 발생

민법은 이행지체 및 이행불능에 대해서만 해제권을 부여하고 있을 뿐이고, 불완전이행이 해제권 발생사유라는 명시적 규정은 두고 있지 않다. 이에 채무자가 이행을 하였으나 채무자에게 책임 있는 사유로 이행이 불완전한 경우(불완전이행)에도 해제권이 발생할 것인지에 대해 견해

제1편 제2편 제3편 제4편 제5편 제6편 제7편 제8편 제9편 계약의 해소와 소멸시효

가 나뉜다(자세한 내용은 채무불이행의 불완전이행부분 참조). 판례는 적어도 부수적 의무위반의 형태로 나타난 불완전이행의 경우 계약해제를 부정한다(대판 2022.6.16, 2022 다203804 참조).

4. 채권자지체에 의한 해제권 발생

채권자지체의 법적 성질을 채무불이행책임으로 보면 해제권이 인정되나, 법정책임으로 보면 해제권이 부정된다. 판례는 예외적으로 채권자지체를 이유로 한 계약해제를 인정한다. 즉 수령지체를 이유로 계약해제를 주장할 수 없음이 원칙이나, 계약상 또는 신의칙을 이유로 하는 수령의무 또는 채무자의 급부에 협력할 의무를 위반하여 계약목적 달성이 불가능하거나 채무자에게 계약유지를 기대할 수 없을 때에는 수령의무나 협력의무위반을 이유로 계약을 해제할 수 있다(대판 2021.10.28, 2019다293036).

5. 사정변경에 의한 해제권

계약체결 후에 사정변경을 이유로 계약을 해제할 수 있는지에 대해 학설은 제2조를 근거로 긍정적이다. 판례는 초기에는 사정변경원칙에 기한 해제권을 부인하였으나(대판 1963.9. 12, 63다452), 비교적 최근에는 그 가능성을 인정하였다(대판 2007.3.29, 2004다31302). 사정변경에 의한 계약해제의 요건으로 ① 계약성립의 기초로 삼은 사정의 현저한 변경, ② 계약성립 당시에는 당사자가 예견할 수 없었던 사정 변경, ③ 계약을 그대로 유지하는 것이 당사자의 이해에 중대한 불균형을 초래하거나 계약을 체결한 목적을 달성할 수 없는 사정, ④ 사정변경의 사유가 해제권자의 귀책사유 없이 발생했을 것이 요구된다. 그러나 실제사안에서 사정변경에 의한 해제권을 인정한 대법원의 판결은 아직 없다.

> ### 대판 2007.3.29, 2004다31302
> 이른바 사정변경으로 인한 계약해제는, 계약성립 당시 당사자가 예견할 수 없었던 현저한 사정의 변경이 발생하였고 그러한 사정의 변경이 해제권을 취득하는 당사자에게 책임 없는 사유로 생긴 것으로서, 계약내용대로의 구속력을 인정한다면 신의칙에 현저히 반하는 결과가 생기는 경우에 계약준수 원칙의 예외로서 인정되는 것이고, 여기에서 말하는 사정이라 함은 계약의 기초가 되었던 객관적인 사정으로서, 일방당사자의 주관적 또는 개인적인 사정을 의미하는 것은 아니다. 또한, 계약의 성립에 기초가 되지 아니한 사정이 그 후 변경되어 일방당사자가 계약 당시 의도한 계약목적을 달성할 수 없게 됨으로써 손해를 입게 되었다 하더라도 특별한 사정이 없는 한 그 계약내용의 효력을 그대로 유지하는 것이 신의칙에 반한다고 볼 수도 없다.
>
> 지방자치단체로부터 매수한 토지가 공공공지에 편입되어 매수인이 의도한 건축이 불가능하게 되었더라도 이는 매매계약을 해제할 만한 사정변경에 해당하지 않고, 매매계약을 그대로 유지하는 것이 신의칙에 반한다고 볼 수도 없다고 보았다.

6. 부수의무의 불이행과 해제

이로 인해 계약의 목적을 달성할 수 없거나 당사자 사이에 특별한 약정이 없는 한, 부수적 의무를 불이행한 것만으로는 해제가 인정되지 않는다(대판 2001.11.13, 2001다20394,20400).

사례 12 甲(분양회사)은 丙으로부터 구매한 토지 부분 지상에 신축한 상가건물 중 3층 상가점포 부분에 관하여 乙과 분양계약을 체결하였다(乙은 약국을 운영하기 위해 3층 점포를 분양받았다). 특히 甲은 乙에게 3층을 분양하면서 장차 나머지 상가의 분양에 있어 상가 내 기존 업종과 중복되지 않는 업종을 지정하여 기존 수분양자의 영업권을 보호하겠다고 약정(겸업금지의 약정)하였다. 그런 데 甲은 丁에게도 약국을 운영하는 목적으로 2층을 분양하였다. 乙은 계약을 해제할 수 있는가?

(대결 1997.4.7, 97마575 참조)

│해설 12│ 해제할 수 있다.

상가의 일부 층을 먼저 분양하면서 그 수분양자에게 장차 나머지 상가의 분양에 있어 상가 내 기존 업종과 중복되지 않는 업종을 지정하여 기존 수분양자의 영업권을 보호하겠다고 약정한 경우, 그 약정에 기한 영업권 보호 채무는 분양계약의 주된 채무이므로, 乙은 계약을 해제할 수 있다.

사례 13 甲회사는 乙에게 특정일(회사창립일)에 사용할 회사홍보영상물 제작을 의뢰하면서, 2회 의 시사회를 미리 가질 것을 약정하였다. 甲의 촬영연기 요청으로 1차 시사회를 하지 못하였고, 그 후 乙의 사정으로 제작이 늦어져 2차 시사회를 하지 못하자 甲은 계약을 해제하였다. 甲의 해 제는 적법한가?

(대판 1996.7.9, 96다14364 참조)

│해설 13│ 적법한 해제가 아니다.

영상물제작공급계약은 원칙적으로 도급계약으로 본다. 영상물 제작공급계약의 수급인이 내부적 인 문제로 영상물제작 일정에 다소의 차질이 발생하여 예정된 일자에 시사회를 준비하지 못한 경우, 그와 같은 의무불이행은 그 계약의 목적이 된 주된 채무를 이행하는 과정에서의 부수된 절차적인 의무의 불이행에 불과하므로, 도급인은 그와 같은 부수적인 의무의 불이행을 이유로 계약을 해제할 수 없다.

Ⅳ. 해제권의 행사

해제권이 인정되는 사유가 존재하더라도 해제권을 행사할지 여부는 해제권자의 자유이며, 해제권을 행사하지 않는 한 해제의 효과는 발생하지 않는다.

1. 해제의 의사표시

해제의 의사표시는 원칙적으로 계약 당사자만이 할 수 있다. 해제권의 행사는 상대방에 대한 의사표시(형성권)로 한다($^{제543조}_{제1항}$). 그 의사표시는 상대방에게 도달해야만 그 효력이 생기며($^{제111조}_{제1항}$), 해제의 의사표시가 상대방에게 도달하였다면 해제권자는 철회하지 못한다($^{제543조}_{제2항}$). 그러나 당사자 간의 합의로 철회하는 것은 가능하다. 이때에도 그 철회를 이유로 제3자에게 대항할 수 없다. 다만 제한능력, 착오 등을 이유로 해제의 의사표시를 취소할 수는 있다.

해제의 의사표시는 단독행위로서 원칙적으로 조건이나 기한을 붙이지 못한다. 다만 채권자가 최고를 하면서 최고기간 내에 이행이 없으면 다시 해제의 의사표시를 하지 않더라도 당연히 계약은 해제된다는 의사표시는 채무자가 최고기간 내에 이행하지 않을 것을 정지조건으로 한 해제의 의사표시로 볼 수 있다. 이러한 의사표시가 있더라도 조건의 성취 여부를 채무자가 결정할 수 있다는 점에서 채무자의 지위를 불리하게 하지 않으므로 유효하다($^{대판\ 1992.12.}_{22,\ 92다28549}$). 따라서 그 기간까지 채무자가 채무를 이행하지 않으면 그 기간의 경과에 의해 계약은 해제된다.

> **사례 14** 甲은 乙에게 X부동산 매도에 관한 대리권을 수여하였다. 乙은 대리인으로서 X부동산에 대한 매매계약을 丙과 체결하였다. 丙이 채무불이행한 경우, 甲 대신에 乙이 매매계약을 해제할 수 있는가? (대판 1987.4.28, 85다카971 참조)
>
> **│해설 14│** 해제할 수 없다.
> 매매계약을 체결한 대리인이라고 하더라도 별도로 해제에 대한 대리권을 수여받지 않았다면 해제할 권한이 없다.

│ 대판 1987.4.28, 85다카971
제3자의 행위에 의하여 매매계약에 대한 해제의 효과가 발생하려면 제3자가 부동산을 실질적으로 매수한 본인이거나 혹은 적어도 매수명의자로부터 그를 대리하여 매매계약을 해제할 수 있는 대리권을 부여받았음을 요한다 할 것인바, 매매계약을 소개하고 매수인을 대리하여 매매계약을 체결하였다 하여 곧바로 그 제3자가 매수인을 대리하여 매매계약의 해제 등 일체의 처분권과 상대방의 의사를 수령할 권한까지 가지고 있다고 볼 수는 없다.

해제의 의사표시는 형성권이므로 원칙적으로 10년의 제척기간에 걸린다. 계약상 채무가 시효완성으로 소멸하면, 계약 자체가 절대적으로 소멸하므로 채권자는 해제권을 행사할 수 없다.

2. 자동해제의 특약(실권조항 또는 자동실효특약)

(1) 매매계약의 당사자가 계약체결시, 또는 그 후의 특약으로 '당사자 중 1인이 위약한 때에는 그 계약은 자동적으로 해제된다'는 내용의 약정을 할 수 있는데, 이러한 약정이 자동해제의 특약(또는 자동실효특약, 실권약관 또는 실권조항)이 된다. 자동해제의 특약은 본질적으로 별도로

해제의 의사표시가 없이 계약이 해제된다는 점에 특징이 있다. 이러한 특약이 있는 계약은 해제조건부 계약에 해당한다(이와 같이 해제조건에는 소급효가 인정되지 않으므로(제147조 제2항) 자동해제되는 경우에도 장래효만 인정된다).

다만 이 경우에도 이행기를 도과했다는 사실 이외에 이행지체에 빠져야 함이 원칙이다($\binom{대판\ 1998.6.}{12.\ 98다505}$). 이때에도 상대방의 동시이행항변권은 존중되어야 하기 때문이다. 즉 매도인이 자기 채무를 이행제공해야 비로소 계약이 자동적으로 해제된다($\binom{대판\ 1992.10.}{27.\ 91다32022}$).

그러나 이행지체의 성립 여부와 관계없이 매매계약은 자동해제되는 경우가 있다. 먼저 양 당사자가 동시이행항변권을 배제하는 특약을 했거나, 항변권자가 항변권을 포기한 것으로 해석될 때이다($\binom{대판\ 2022.11.30,\ 2022다255614;\ 대판\ 2010.7.22,}{2010다1456;\ 대판\ 1994.9.9,\ 94다8600\ 등\ 참조}$). 예컨대 부동산 매수인이 수회에 걸친 채무불이행을 한 후 잔금 지급기일의 연기를 요청하면서 새로운 약정기일까지 다시 불이행할 경우 매매계약이 자동적으로 해제되는 것을 감수하겠다는 내용의 약정을 했다면, 이행기를 연장해 준 점을 고려하여 매수인의 동시이행항변권을 배제하는 특약(또는 동시이행항변권의 포기)이 있는 것으로 보아 매도인의 이행제공이 있었는지 여부를 묻지 않고 매수인이 연기해 준 잔금 지급기일까지 잔금을 지급하지 못하면 매매계약은 자동적으로 실효된다($\binom{대판\ 1996.3.8,}{95다55467}$).

동시이행관계가 문제되지 않는 경우에도 이행기가 지나면 계약은 자동해제된다. 예컨대 매수인이 중도금의 이행지체시 계약은 자동해제된다는 약정이 있다면 중도금의 미지급 사실만으로 계약은 자동적으로 해제된다. 중도금 지급은 선이행의무이므로 동시이행관계가 성립되지 않기 때문이다($\binom{대판\ 1991.8.13,}{91다13717}$). 중도금 이행지체 후 중도금 지급을 최고했더라도 중도금 미지급시점에 계약은 이미 자동해제된 것이며, 다시 최고를 했다면 이는 계약이 이미 무효가 되었음에도 불구하고 은혜적으로 한번 더 지급의무 이행기회를 준 것에 불과하다고 본다($\binom{대판\ 1980.2.12,}{79다2035}$).

(2) 해제권 유보조항으로의 해석가능성

위약시에 계약이 자동적으로 해제된다는 특약이 있더라도 경우에 따라서는 이를 자동해제의 특약이 아니라 해제권유보조항으로 해석되는 경우가 있다. 예컨대 위약금 약정(계약금 몰취약정)과 함께 자동해제의 특약이 있는 경우(예를 들면 '당사자 중 1인이 위약한 때에는 그 계약은 자동적으로 해제된다'는 내용의 약정)에는 해제의 의사표시(나아가 최고나 통지) 없이 자동해제되는 것은 아니다($\binom{대판\ 1982.4.}{27.\ 80다851}$).

또한 '매도인은 매수인이 매매대금의 일부만 내입하고 그 전액을 이유없이 약정기일 내에 지급치 아니할 때에는 계약해제와 동시에 계약금은 물론 내입금도 매도인에게 귀속된다'는 특약이 있는 매매계약에서 매수인의 잔금지급의무의 해태가 있다는 사실만으로 매도인의 해제 의사표시 없이 당연히 계약의 효력이 배제되는 것은 아니다($\binom{대판\ 1978.9.}{12.\ 78다843}$).

▌대판 1998.6.12, 98다505

부동산 매매계약에 있어서 매수인이 잔대금 지급기일까지 그 대금을 지급하지 못하면 그 계약이 자동적으로 해제된다는 취지의 약정이 있더라도 특별한 사정이 없는 한 매수인의 잔대금 지급의무와 매도인의 소유권이전등기의무는 동시이행의 관계에 있으므로 매도인이 잔대금 지급기일에 소유권이전등기에 필요한 서류를 준비하여 매수인에게 알리는 등 이행의 제공을 하여 매수인으로 하여금 이행지체에 빠지게 하였을 때에 비로소 자동적으로 매매계약이 해제된다고 보아야 하고 매수인이 그 약정 기한을 도과하였더라도 이행지체에 빠진 것이 아니라면 대금 미지급으로 계약이 자동해제된 것으로 볼 수 없다.

▌대판 2022.11.30, 2022다255614

부동산 매매계약에서 매수인이 잔대금 지급기일까지 그 대금을 지급하지 못하면 계약이 자동적으로 해제된다는 취지의 약정이 있더라도 매도인이 이행의 제공을 하여 매수인을 이행지체에 빠뜨리지 않는 한 지급기일의 도과사실만으로는 매매계약이 자동해제된 것으로 볼 수 없다. 다만 매도인이 소유권이전등기에 필요한 서류를 갖추었는지 여부를 묻지 않고 매수인의 지급기일 도과사실 자체만으로 계약을 실효시키기로 특약을 하였다거나, 매수인이 수회에 걸친 채무불이행에 대하여 책임을 느끼고 잔금 지급기일의 연기를 요청하면서 새로운 약정기일까지는 반드시 계약을 이행할 것을 확약하고 불이행 시에는 매매계약이 자동적으로 해제되는 것을 감수하겠다는 내용의 약정을 하였다고 볼 특별한 사정이 있다면, 매수인이 잔금 지급기일까지 잔금을 지급하지 않음으로써 그 매매계약은 자동적으로 실효된다.

▌대판 1991.8.13, 91다13717

매매계약에 있어서 매수인이 중도금을 약정한 일자에 지급하지 아니하면 그 계약을 무효로 한다고 하는 특약이 있는 경우 매수인이 약정한대로 중도금을 지급하지 아니하면(해제의 의사표시를 요하지 않고) 그 불이행 자체로써 계약은 그 일자에 자동적으로 해제된 것이라고 보아야 한다.

▌대판 1982.4.27, 80다851

매도인이 위약시에는 계약금의 배액을 배상하고 매수인이 위약시에는 지급한 계약금을 매도인이 취득하고 계약은 자동적으로 해제된다는 조항은 위약 당사자가 상대방에 대하여 계약금을 포기하거나 그 배액을 배상하여 계약을 해제할 수 있다는 해제권 유보조항이라 할 것이고 최고나 통지 없이 해제할 수 있다는 특약이라고 볼 수 없다.

심화사례 A는 자기 소유의 X토지를 B에게 매도하는 매매계약을 2024.3.5. 체결하였다. 계약내용에 따르면 B는 매매대금 5천만 원을 같은 해 3.10. 먼저 지급하고 A는 B에게 같은 해 3.20. X토지에 대한 소유권이전등기에 필요한 서류를 인도하기로 하였다.

그런데 매수인 B가 2024.3.10. 대금을 지급하지 못하자 B의 요청으로 그 다음날 대금지급기일을 연장해 주면서 "매수인이 2024.3.15. 대금을 지급하지 않으면 X토지의 매매계약은 자동으로 효력을 상실한다"는 내용의 특약을 했다. 그럼에도 불구하고 B는 약속한 2024.3.15.까지 대금을 지급하지 못했다.

질문 1) 계약은 별도의 요건없이 3.15.이 도과하면 해제된 것으로 볼 수 있는가?

질문 2) 만약 A와 B가 연장한 대금지급기한이 2024.3.15.이 아니라 같은 해 3.25.인 경우에도 계약은 기간의 경과로 해제되었는가?　　　　　　　　　(대판 2022.11.30, 2022다255614 참조)

| **심화사례 해설** |

해설 1) 2024.3.15.이 지나면 계약은 해제된다.

당사자의 특약 내용은 이행기 연장과 함께 계약효력상실의 추가적인 조건을 부과한 것이다. 매수인 B는 선이행의무를 부담하며 새로 이행기가 유보된 2024.3.15.까지도 여전히 선이행의무를 부담한다. 3.15.에는 매도인 A는 이행기가 도래하지 않았으므로 A의 이행제공이 없어도 매수인 B의 채무는 이행지체에 빠진다. 따라서 위 계약은 3.16. 해제된 것이 된다.

해설 2) 2024.3.25.이 경과하면 계약은 자동적으로 해제된다.

후이행의무를 부담하는 당사자의 채무도 이행기에 도달하면 그 이후부터는 양당사자의 채무는 동시이행관계에 있게 된다. 사안에서 처음의 계약에서 후이행의무를 부담하던 매도인 A의 채무도 연장된 대금지급기한인 3.25.에는 이미 이행기가 지난 상태이므로 A의 이행제공이 없으면 매수인 B의 채무가 이행지체에 빠지지 않는다. 자동해제의 약정이 있더라도 상대방의 동시이행의 항변권은 존중되어야 하기 때문에 계약은 자동해제되지 않음이 원칙이다.

그러나 매수인 B의 요청으로 잔금지급기일이 연기되면서 자동해제의 특약을 했다는 특별한 사정은 매수인 B가 동시이행항변권을 포기하겠다는 표시한 것으로 보거나 A와 B의 합의로 B의 동시이행항변권을 배제하는 특약이 있는 것으로 해석된다. 이에 따르면 매도인 A가 자기 채무를 이행제공했는지의 여부와 관계없이 매수인이 잔금 지급기일인 2024.3.25.까지 잔금을 지급하지 아니함으로써 그 매매계약은 자동적으로 실효된다.

〔심화학습〕

매매계약에서 위약시에 계약이 자동적으로 해제된다는 특약이 있다면 그 의미는 동시이행관계가 배제되면(예컨대 잔금의 이행제공 등) 해제의 의사표시 없이도 자동으로 해제되는 것인지(대판 1992. 10.27, 91다 32022 등), 아니면 해제권 유보조항으로 보아 위약 당사자가 상대방에 대하여 계약금을 포기하거나 그 배액을 배상하여 계약을 해제할 수 있다는 의미에서 최고나 통지를 해야만 해제할 수 있다(대판 1982.4.27, 80다851 등)고 보아야 하는가?

3. 해제의 불가분성

해제는 불가분성을 가진다(제547조). 다만 제547조는 임의규정이므로 특약으로 배제할 수 있다(대판 1994.11. 18, 93다46209).

(1) '행사상'의 불가분성(제547조 제1항)

계약의 일방 또는 쌍방의 당사자가 수인인 경우에는 해제나 해지는 그 전원으로부터 또는 전원에 대하여 하여야 한다. 그 일부에 대한 해제나 해지의 의사표시만으로는 그 효과가 발생하지 않는다. 물론 해제의 의사표시를 동시에 전원에게 할 필요는 없으며, 순차적으로라도 전원에 대해 하면 된다. 만일 순차적으로 해제를 하였다면, 마지막 해제의 의사표시가 도달하는 시점에 해제의 효력은 발생한다. 다만 공유자가 공유부동산을 동일한 매수인에게 매도한 경우에는 특별한 사정이 없는 한 지분별로 별개의 매매계약이 성립한 것이므로 공유자 각자가 계약을 해제할 수 있다(대판 1995.3. 28, 94다59745).

▌대판 1995.3.28, 94다59745

하나의 부동산을 수인이 공유하는 경우 각 공유자는 각 그 소유의 지분을 자유로이 처분할 수 있으므로, 공유자 전원이 공유물에 대한 각 그 소유지분 전부를 형식상 하나의 매매계약에 의하여 동일한 매수인에게 매도하는 경우라도 당사자들의 의사표시에 의하여 각 지분에 관한 소유권이전의무, 대금지급의무를 불가분으로 하는 특별한 사정이 없는 한 실질상 각 공유지분별로 별개의 매매계약이 성립되었다고 할 것이고, 일부 공유자가 매수인의 매매대금지급의무 불이행을 원인으로 한 그 공유지분에 대한 매매계약을 해제하는 것은 가능하다고 할 것이다.

사례 15 A는 배우자 B에게 X토지를 명의신탁하였다. 그런데 B가 사망하여 B의 수탁자의 지위가 B의 상속인인 甲, 乙, 丙에게 공동상속되었다. 그 후 A는 甲에게 신탁을 해지한다는 의사표시를 하였다. A가 甲에게 한 신탁해지는 유효한가? (대판 1992.6.9, 92다9579 참조)

▌해설 15▌ 유효하다.

원칙적으로는 A는 제547조에 의하여 수탁자의 지위를 승계한 전원(甲, 乙, 丙)에 대하여 해지해야 한다. 다만 예외적으로 수탁자의 사망으로 인하여 수인의 상속인이 수탁자의 지위를 공동상속한 경우에는 신탁자가 그 공동상속인 일부에게만 해지의 의사표시를 하더라도 신탁해지의 효과는 그 일부 상속인에게만 발생한다. 따라서 A의 甲에 대한 해지는 유효하다.

▌대판 1992.6.9, 92다9579

수탁자의 사망으로 인하여 수탁자의 지위가 공동상속되었을 때 신탁해지의 의사표시가 그 공동상속인 일부에게만 이루어졌다면 신탁해지의 효과는 그 일부 상속인에게만 발생하는 것이고, 이때에는 해제권의 불가분에 관한 민법 제547조의 규정은 그 적용이 없고 그 일부에 한하여 신탁해지의 효과가 발생하는 것일 뿐 수탁자나 수탁자의 지위를 승계한 사람이 수인이라 하여 그 전원에게 신탁해지의 의사표시를 동시에 하여야만 그 효과가 발생하는 것은 아니라 할 것이다.

(2) '소멸상'의 불가분성(제547조 제2항)

수인의 당사자 중 한 사람에 대하여 해제권이나 해지권이 소멸하면, 다른 당사자도 해제나 해지를 하지 못하게 된다. 이는 해제의 효과를 받는 사람과 받지 않는 사람이 나뉘어 법률관계가 복잡하게 되는 것을 방지하기 위해 마련된 규정이다. 해제권을 포기한 경우에도 마찬가지이다.

V. 해제의 효과($\binom{\text{제548조, 제549}}{\text{조, 제551조}}$)

1. 원상회복의무의 법적 성질
   (1) 직접효과설
      (가) 반환법리와 반환범위
      (나) 손해배상의 문제
   (2) 청산관계설
2. 원상회복의무의 범위($\binom{\text{제548}}{\text{조}}$)
   (1) 원상회복의 범위
      (가) 원물반환으로의 원상회복
      (나) 가액반환으로의 원상회복
      (다) 이자의 가산($\binom{\text{제548조}}{\text{제2항}}$)
      (라) 과실 및 비용의 반환
3. 제3자의 권리보호
   (1) 해제로 인한 물권의 복귀와 제3자 보호문제
   (2) 제3자의 의의와 범위

   (3) 제3자 범위의 확대(판례)
4. 손해배상책임($\binom{\text{제551}}{\text{조}}$)
   (1) 책임발생의 근거 및 손해배상의 법적 성질
   (2) 해제시 손해배상의 범위
      (가) 신뢰이익과 이행이익의 중복적 청구를 인정한 판례
      (나) 신뢰이익을 특별손해로 이해하여 인정한 판례
      (다) 신뢰이익과 이행이익의 선택적 청구를 인정한 판례($\binom{\text{신뢰이익과 이행이익 모두 통상손}}{\text{해와 특별손해로 나뉜다는 입장}}$)
      (라) 사 견
   (3) 배상액의 산정시기
5. 해제와 보증채무
6. 해제와 동시이행관계($\binom{\text{민법 제549조에 의}}{\text{해 제536조의 준용}}$)

계약이 해제되면 당사자는 계약의 구속력에서 해방되고, 이미 이루어진 급부는 원상회복해야 하며, 이는 손해배상에 영향을 미치지 않는다. 그런데 원상회복의무의 법적 성질 및 해제와 손해배상과의 관계를 규정한 제551조를 어떻게 이해할 것인지에 대해서 직접효과설과 청산관계설로 견해가 나뉜다.

1. 원상회복의무의 법적 성질

(1) 직접효과설

이 견해는 계약을 해제하면 계약이 소급하여 소멸된다고 본다. 판례의 입장이기도 하다($\binom{\text{대판}}{\text{1983.}}$ $\binom{5.24,\ 82}{\text{다카1667}}$). 더 나아가 판례는 채권관계가 소급하여 소멸하면 채권에 기하여 이루어진 물권행위 또한 소급하여 소멸된다고 본다($\binom{\text{대판 1977.5.}}{24,\ 75\text{다}1394}$).

(가) 반환법리와 반환범위

해제로 채권관계가 소급하여 소멸되어, 아직 이행하지 아니한 채무는 처음부터 존재하지 않은 것으로 되어 이행할 필요가 없다. 이미 이행된 급부는 그 법률상 원인(근거)이 소급하여 소멸했으므로 부당이득한 것이 있으면 원래는 부당이득반환의 법리가 적용되어야 한다($\binom{\text{대판}}{\text{2008.2.14,}}$ $\binom{\text{2006다}}{37892}$). 그러나 법률상 원인의 소멸이 계약해제로 인한 경우 그 반환범위에 대해서는 부당이득반환규정($\binom{\text{제748}}{\text{조}}$)의 특칙으로 제548조에 의하도록 정하고 있다($\binom{\text{대판 2013.12.12, 2013다14675;}}{\text{대판 1997.12.9, 96다47586}}$). 즉 해제로 인한 반환의 범위는 이익의 현존 여부나 선의, 악의에 불문하고 특별한 사유가 없는 한 받은

이익 전부를 반환해야 한다$\binom{대판\ 2013.12.12,}{2013다14675}$.

공평의 원칙상 양 당사자가 부담하는 원상회복의무는 동시이행관계에 놓이게 된다$\binom{제549}{조}$.

(나) 손해배상의 문제

직접효과설에 의하면 채권관계가 소급적으로 소멸하므로 손해배상의무가 발생할 기본적 법률관계도 소멸했다는 점에서, 손해배상책임을 인정하는 이론적 근거가 부족하다는 비판이 제기된다. 이에 일부 견해는 해제는 손해배상에 영향을 주지 않는다는 제551조에 의해 입법적으로 해결되었다고 본다. 또 다른 견해는 계약관계만 소급하여 효력을 잃고 채무불이행의 비법률적 사실에서 나온 손해는 소급하여 소멸되는 것은 아니고 실제적 공평의 관점에서 손해배상청구가 가능하다고 보기도 한다.

(2) 청산관계설

이 견해는 해제로 기이행된 급부는 동일성을 유지한 채, 기존의 채권관계가 형태만 청산관계로 변형되어 상호간 반환채권·채무관계에 놓이게 되고, 미이행채무는 장래를 향해 소멸한다고 본다. 이 견해에 의하면 제548조의 원상회복은 부당이득반환의 특칙이 아니라 청산관계를 규정한 것으로 이해되며, 따라서 계약의 해제가 손해배상에 영향을 미치지 않는다고 본다.

사례 16 甲과 乙은 매매계약을 체결하였다. 그런데 매수인 甲은 乙의 채무불이행을 이유로 매매계약 해제에 따른 원상회복으로서 이미 지급한 매매대금의 반환을 구하는 소를 제기하였는데 패소가 확정되었다. 그 후 甲이 乙을 상대로 매매계약이 별도의 합의에 의해 자동으로 해제되었음을 이유로 지급한 매매대금을 부당이득으로 반환할 것을 청구한 경우, 그 청구는 허용될 것인가?

해설 16 기판력에 저촉되어 허용되지 않을 것이다.

계약해제에 따른 원상회복은 부당이득에 관한 특별 규정의 성격을 갖기 때문에$\binom{대판\ 1997.12.9,\ 96}{다47586\ 등\ 참조}$, 채무불이행을 이유로 한 매매계약 해제에 따른 원상회복으로서 이미 지급한 매매대금 반환을 구하는 소송은 매매계약이 자동으로 해제 또는 실효되었음을 이유로 이미 지급한 매매대금의 반환을 부당이득반환으로서 구하는 소송과 소송물이 동일하다$\binom{대판\ 2007.7.13,\ 2006}{다81141도\ 참조}$. 따라서 甲의 원상회복청구를 기각하는 판결이 확정되었다면 합의에 기해 자동으로 해제되었음을 이유로 제기한 부당이득반환청구는 위 확정판결의 기판력에 저촉되어 허용될 수 없다.

❘ **대판 2000.5.12, 2000다5978**

계약해제의 효과로서의 원상회복은 부당이득에 관한 특별 규정의 성격을 가지는 것이고, 부당이득반환청구에서 법률상의 원인 없는 사유를 계약의 불성립, 취소, 무효, 해제 등으로 주장하는 것은 공격방법에 지나지 아니하므로 그 중 어느 사유를 주장하여 패소한 경우에 다른 사유를 주장하여 청구하는 것은 기판력에 저촉되어 허용할 수 없다 할 것이다.

2. 원상회복의무의 범위$\binom{\text{제548}}{\text{조}}$

계약이 해제되면 해제권자뿐만 아니라 해제의 상대방도 원상회복을 주장할 수 있다$\binom{\text{대판 1995.}}{\text{3.24, 94}}$ $\binom{\text{다}}{10061}$. 이러한 원상회복청구권은 원칙적으로 소멸시효에 걸리며, 그 기산점은 해제를 한 때이다 $\binom{\text{대판 2009.12.24.}}{2009\text{다}63267}$. 그러나 부동산 매매계약의 (합의)해제시 매도인의 원상회복청구권은 소유권에 기한 물권적 청구권으로 소멸시효의 대상이 되지 않는다$\binom{\text{대판 1982.7.}}{27,\ 80\text{다}2968}$. 그러나 매수인의 대금반환청구권은 소멸시효의 대상이 된다(대판 1991.3.22, 90다9797에서는 매도인의 매매대금지급청구권과 소유권이전등기의무가 동시이행의 관계에 있더라도 매도인의 대금지급청구권은 이행기로부터 소멸시효가 진행되므로 이행기로부터 10년이 도과한 경우에는 매도인은 대급지급청구가 불가능하다고 한다).

(1) 원상회복의 범위

원상회복은 원물반환 또는 가액반환에 의해 이루어진다. 한편, 원상회복의무의 이행으로서 매매대금 기타 급부의 반환을 하는 경우 과실상계 및 공평에 원칙에 기하여 반환범위가 제한되지 않는다$\binom{\text{대판 2014.3.13.}}{2013\text{다}34143}$.

(가) 원물반환으로의 원상회복

해제한 경우, 양 당사자는 이익의 현존 여부나 선의·악의를 불문하고 받은 급부 전부를 반환해야 한다. 따라서 원물반환이 가능하면 원물반환을 해야 한다. 원물반환시 반환할 물건의 사용이익도 원상회복을 위해 반환해야 한다$\binom{\text{제548조 제2}}{\text{항 유추적용}}$.

받은 원물이 금전인 경우에는 받은 날로부터 반환할 때까지의 이자를 가산하여 반환해야 한다$\binom{\text{제548조}}{\text{제2항}}$. 이때의 이자는 원상회복의 범위에 속하는 것으로 부당이득반환의 성질을 갖는 것이고 반환의무의 이행지체로 인한 지연손해금이 아니다$\binom{\text{대판 2016.6.9.}}{2015\text{다}222722}$.

(나) 가액반환으로의 원상회복

원물반환이 불가능하거나 또는 원물반환이 수령자에게 이익이 되지 않는 경우에는 가액반환의 형태로 원상회복의무를 이행해야 한다. 즉 가액반환은 원상회복이 불가능한 경우가 아니라 '원물반환의 형태로 되는 원상회복'이 불가능한 경우에 이루어진다.

해제하려는 당사자의 고의 또는 과실로 원물반환이 불가능하게 된 때에는 해제권 자체가 소멸한다$\binom{\text{제553}}{\text{조}}$.

원물반환이 불가능하여 가액반환을 하는 경우, 가액산정의 시점을 '해제 당시'로 보는 견해와 '가액반환시'로 보는 견해가 있다. 판례는 '원물반환이 불가능하게 된 시점'을 기준으로 가액을 산정한다$\binom{\text{대판 2013.12.12, 2013다14675;}}{\text{대판 1994.9.13, 94다7942,7959}}$. 노무의 경우처럼 원물반환이 처음부터 불가능한 경우(그 이외에도 물건의 이용 등 무형의 가치인 경우)에는 가액을 '급부 당시'의 시가를 기준으로 산정해야 할 것이다.

대판 1994.9.13, 94다7942,7959

매매계약의 목적물이 된 과수원에 식재되어 있던 단감나무가 매수인에 의하여 베어져 버리고 같은 수령의 단감나무를 이식하여도 생존할 가능성이 전혀 없어서 과수원 본래의 상태대로의 원상회복이 처음부터 불가능하였던 경우에 있어서 매수인의 원상회복의무의 범위는 단감나무가 매수인에 의하여 베어질 당시의 가액 상당이다.

사례 17 甲과 乙은 X토지에 대한 매매계약을 체결하였다. X토지의 소유권이 이전된 후, 매도인 甲은 乙과의 매매계약을 해제하였으나, 甲이 해제하기 전 乙은 X 토지를 丙에게 매도하여 현재 丙 앞으로 이전등기가 경료되었다. 乙이 가액반환을 하는 경우, 그 가액은 어느 시점을 기준으로 산정하여야 할 것인가? (대판 2013.12.12, 2013다14675; 대판 1995.5.12, 94다25551 참조)

해설 17 乙이 丙에게 목적물 X토지를 처분할 당시의 목적물의 대가 또는 그 시가 상당액을 반환하면 될 것이다.

매도인으로부터 매매 목적물의 소유권을 이전받은 매수인이 매도인의 계약해제 이전에 제3자에게 목적물을 처분하여 계약해제에 따른 원물반환이 불가능하게 된 경우에 매수인은 원상회복의무로서 가액을 반환하여야 하며, 이때에 반환할 금액은 특별한 사정이 없는 한 그 처분 당시의 목적물의 상당액이다.

사례 18 甲은 乙에게 금전을 대여해 주고 1년 후에 1억 원을 받을 채권이 있다. 그런데 甲은 그 채권을 丙에게 양도해 주었고 그 사실을 乙에게 통지하였다. 그런데 그 후 甲은 乙과의 금전소비대차계약을 적법하게 해제하였다. 丙은 乙에게 채권을 행사할 수 있는가? 만약 丙이 1억 원을 이미 받았다면 丙은 1억 원을 乙에게 반환해야 하는가?

해설 18 丙은 乙에게 채권을 행사할 수 없으며, 1억 원을 받았다면 乙에게 반환해야 한다.

제548조 제1항 단서에서 규정하고 있는 제3자란 일반적으로 계약이 해제되는 경우 그 해제된 계약으로부터 생긴 법률효과를 기초로 하여 해제 전에 새로운 이해관계를 가졌을 뿐 아니라 등기 · 인도 등으로 완전한 권리를 취득한 자를 말하므로 계약상의 채권을 양수한 자는 여기서 말하는 제3자에 해당하지 않는다(대판 2003.1.24, 2000다22850). 따라서 계약이 해제된 경우 계약해제 이전에 해제로 인하여 소멸되는 채권을 양수한 자 丙은 계약해제의 효과에 반하여 자신의 권리를 乙에게 주장할 수 없다. 더 나아가 丙이 1억 원을 수령하였다면 채무자 乙로부터 이행받은 급부인 1억 원을 원상회복하여야 할 의무가 있다.

심화학습

甲과 乙이 금전소비대차계약을 해제하는 경우, 양수인 丙의 동의가 필요한가?

해설 이에 대한 판례의 명확한 입장은 알 수 없으나 학설은 동의가 필요하지 않다는 견해와 채권의 양수인은 제3자를 위한 계약에서 수익자의 지위와 유사하므로 양수인의 동의가 필요하다는 견해로 나뉜다.

계약해제와 반환해야 할 원물이 멸실된 경우 가액반환의무

1) 당사자 쌍방의 책임 없는 사유로 원물이 멸실된 경우

계약해제로 원물을 반환해야 하는데 당사자 쌍방의 책임 없는 사유로 멸실되었다면 가액을 반환해야 하는지가 문제된다. 예컨대 매수한 물건에 하자가 있어 해제했는데 물건이 불가항력으로 멸실된 경우 매수인(해제권자)은 가액을 반환해야 하는지의 문제가 발생한다. 이에 대해서는 물건의 반환의무자인 매수인에게 귀책사유가 없으므로 매수인은 가액반환의무도 부담하지 않는다는 견해도 있으나, 공평의 원칙을 고려하면 매수인의 가액반환의무를 인정해야 한다는 견해가 있다. 사견으로는 위 예에서 매매대금을 반환받고자 하는 해제권자(매수인)는 매매대금을 반환받을 수 있다는 점에서 목적물의 가액을 반환하는 것이 당사자의 이해관계를 공평하게 조정하는데 더 부합한다고 할 것이다.

2) 반환의무자(매수인)의 고의·과실로 원물이 멸실된 경우

해제권의 행사 전에 반환의무자인 매수인의 고의·과실로 원물이 멸실된 경우 가액반환의무가 인정된다. 해제권 행사 후에 반환의무자의 고의·과실로 원물이 멸실된 경우에도 가액반환의무를 부담한다. 이와는 별도로 판례에 따를 때 해제권이 행사되면 매매목적물의 소유권은 매도인에게 귀속되므로 매수인의 고의·과실로 타인의 물건을 귀책사유로 멸실시킨 것이므로 불법행위로 인한 손해배상책임도 부담한다.

3) 반환의무자의 상대방(매도인)의 고의·과실로 원물이 멸실된 경우

해제 전에 상대방(매도인)의 과실로 목적물이 멸실한 경우 반환의무자(매수인)는 가액반환의무를 부담하지 않는 것으로 보아야 한다. 해제 후라면 소유권은 이미 상대방에게 회복되었으므로 상대방의 훼손행위는 자기 물건의 훼손에 해당된다. 이러한 점을 고려하면 매도인에게 별도로 가액반환의무를 인정할 필요가 없다.

4) 해제하려는 당사자(매수인)의 고의·과실로 원물이 멸실된 경우

이와는 별도로 해제하려는 당사자가 자신의 고의·과실로 반환해야 할 원물이 멸실된 경우 해제권은 소멸하므로(제553조) 가액반환의 의무가 발생할 여지가 없다. 해제권의 행사 후 해제권자의 고의·과실로 반환해야 할 목적물이 멸실된 경우 가액반환의무가 인정된다.

(다) 이자의 가산(제548조 제2항)

1) 금전을 원물로 반환하는 경우(즉 원상회복의 목적물이 금전인 경우)에는 받은 날로부터 연 5푼의 이자를 가산하여 반환해야 한다(제548조 제2항). 이자율을 별도로 약정한 경우에는 약정이율에 기하여 반환하면 된다. 제548조 제2항에 의해 가산되는 이자는 일종의 부당이득의 성질을 가지는 것이고 반환의무의 이행지체에 대한 지연손해금이 아니다(대판 2000.6.23, 2000다16275,16282; 대판 2000.6.9, 2000다9123). 따라서 부동산 매매계약이 해제된 경우 매도인의 매매대금 반환의무와 매수인의 소유권이전등기말소절차이행의무가 동시이행의 관계에 있는지 여부와는 관계없이 매도인이 반환하여야 할 매매대금에 대하여는 그 받은 날로부터 민법 소정의 법정이율인 연 5푼의 비율에 의한 법정이자를 부가

하여 지급하여야 한다($\binom{대판\ 2000.6.9.}{2000다9123}$). 이와 같은 법리는 약정해제권을 행사하는 경우에도 유지된다($\binom{대판\ 2000.6.9.}{2000다9123}$).

금전이 원물인 경우뿐만 아니라, 원물반환이 불가능하여 가액반환을 하게 된 경우에도 제548조 제2항은 적용된다($\binom{대판\ 2013.12.12.}{2013다14675}$).

> **│ 대판 2000.6.9, 2000다9123**
> 법정해제권 행사의 경우 당사자 일방이 그 수령한 금전을 반환함에 있어 그 받은 때로부터 법정이자를 부가함을 요하는 것은 민법 제548조 제2항이 규정하는 바로서, 이는 원상회복의 범위에 속하는 것이며 일종의 부당이득반환의 성질을 가지는 것이고 반환의무의 이행지체로 인한 것이 아니므로, 부동산 매매계약이 해제된 경우 매도인의 매매대금 반환의무와 매수인의 소유권이전등기말소등기 절차이행의무가 동시이행의 관계에 있는지 여부와는 관계없이 매도인이 반환하여야 할 매매대금에 대하여는 그 받은 날로부터 민법 소정의 법정이율인 연 5푼의 비율에 의한 법정이자를 부가하여 지급하여야 하고, 이와 같은 법리는 약정된 해제권을 행사하는 경우라 하여 달라지는 것은 아니다. 법정이자는 지체로 인한 손해배상의 문제가 아니라 반환해야 할 원물의 범위에 포함되어 있으므로 그러하다.

2) 소송촉진법 제3조 제1항은 금전채무의 전부 또는 일부의 이행을 명하는 판결을 선고할 경우에 있어서 금전채무불이행으로 인한 손해배상액 산정의 기준이 되는 법정이율에 관한 특별규정이므로, 제548조 제2항의 이자에는 소송촉진법 제3조 제1항에 의한 이율을 적용할 수 없다($\binom{대판\ 2003.7.22.}{2001다76298}$). 다만 계약해제로 인한 원상회복의무의 이행으로 금전의 반환을 구하는 소송이 제기된 경우 채무자는 그 소장부본을 송달 받은 다음날부터 반환의무의 이행지체로 인한 지체책임을 지게 되므로 그와 같이 원상회복의무의 이행으로 금전의 반환을 명하는 판결을 선고할 경우에는 금전채무불이행으로 인한 손해배상액 산정의 기준이 되는 법정이율에 관한 특별규정인 소송촉진법 제3조 제1항에 의한 이율을 적용한다($\binom{대판\ 2003.7.22.}{2001다76298}$).

사례 19 甲은 2010.5.30. 乙에게 임대차보증금 10억 원을 지급하면서, 乙이 2010.6.30.까지 건물을 완공하여 甲에게 임대하기로 하는 계약을 체결하였다. 그런데 2010.6.30.이 되어도 乙이 건물을 완공하지 못하여 이행하지 못하자, 甲은 2010.7.30. 계약을 해제하였다. 2010.7.30. 甲이 원상회복으로 주장할 수 있는 범위는?   (대판 2013.4.26, 2011다50509 참조)

질문 1) 甲과 乙 사이에 원상회복시 가산할 이자율 및 원상회복에 관한 지연이자율에 대해서 아무런 약정이 없었던 경우

질문 2) 甲과 乙 사이에 원상회복시 반환할 금전에 가산할 이자의 지급의무를 면제하는 약정을 했으나, 원상회복에 관한 지연이자율에 대해서는 아무런 약정이 없었던 경우

질문 3) 甲과 乙이 원상회복시 가산할 이자에 관하여 연 7% 약정하였고, 원상회복에 관한 지연이자율에 대해서는 약정을 하지 않은 경우

질문 4) 甲과 乙이 원상회복시 가산할 이자에 관하여 연 3% 약정하였고, 원상회복에 관한 지연이

자율에 대해서는 약정을 하지 않은 경우

질문 5) 甲과 乙이 원상회복시 가산할 이자에 관하여 연 3% 약정하였고, 원상회복에 관한 지연이자율에 대해서는 연 2%로 약정한 경우

질문 6) 甲과 乙이 원상회복시 가산할 이자에 관하여 연 3% 약정하였고, 원상회복에 관한 지연이자율에 대해서는 연 8%로 약정한 경우

질문 7) 甲과 乙 사이에 원상회복시 가산할 이자율에 대한 약정은 없고, 원상회복에 관한 지연이자율에 대해서는 연 3%로 약정한 경우

┃해설 19┃

해설 1) 甲은 乙에게 ① 보증금 10억 원(A)과 이에 대한 그 지급일(2010.5.30.)부터 2010.7.30.까지의 연 5%로 계산한 법정이자(B), ② ①의 금원(A+B)에 대하여 2010.7.31.부터 다 갚는 날까지 법정이자율(연 5%)에 의한 지연손해금의 지급을 청구할 수 있을 것이다.

해설 2) 甲은 乙에게 ① 보증금 10억 원(A),[7] ② ①의 금원(A)에 대하여 2010.7.31.부터 다 갚는 날까지 법정이자율(연 5%)에 의한 지연손해금의 지급을 청구할 수 있을 것이다.

해설 3) 甲은 乙에게 ① 보증금 10억 원(A)과 이에 대한 그 지급일(2010.5.30.)부터 2010.7.30.까지의 연 7%로 계산한 이자(B), ② ①의 금원(A+B)에 대하여 2010.7.31.부터 다 갚는 날까지 약정이자율(연 7%)에 의한 지연손해금의 지급을 청구할 수 있을 것이다.[8]

해설 4) 甲은 乙에게 ① 보증금 10억 원(A)과 이에 대한 그 지급일(2010.5.30.)부터 2010.7.30.까지의 연 3%로 계산한 이자(B), ② ①의 금원(A+B)에 대하여 2010.7.31.부터 다 갚는 날까지 약정이자율(연 5%)에 의한 지연손해금의 지급을 청구할 수 있을 것이다.[9]

해설 5) 甲은 乙에게 ① 보증금 10억 원(A)과 이에 대한 그 지급일(2010.5.30.)부터 2010.7.30.까지의 연 3%로 계산한 이자(B), ② ①의 금원(A+B)에 대하여 2010.7.31.부터 다 갚는 날까지 약정이자율(연 2%)에 의한 지연손해금의 지급을 청구할 수 있을 것이다.[10]

해설 6) 甲은 乙에게 ① 보증금 10억 원(A)과 이에 대한 그 지급일(2010.5.30.)부터 2010.7.30.까지의 연 3%로 계산한 이자(B), ② ①의 금원(A+B)에 대하여 2010.7.31.부터 다 갚는 날까지 약정이자율(연 8%)에 의한 지연손해금의 지급을 청구할 수 있을 것이다.[11]

---

7) 보증금 10억 원에 대한 가산이자는 면제약정에 의해 주장할 수 없다.
8) 지연이자율에 대한 특별한 약정이 없다면, 원칙적으로 이행지체로 인한 지연손해금도 약정이율에 따른다. 계약해제시 반환할 금전에 가산할 이자에 관하여 당사자 사이에 약정이 있는 경우에는 특별한 사정이 없는 한 이행지체로 인한 지연손해금도 그 약정이율에 의하기로 하였다고 보는 것이 당사자의 의사에 부합한다(대판 2008.4.24. 2006다14363 등 참조).
9) 이자율에 대한 약정이율이 법정이율보다 낮은 경우, 지연이자율은 법정이율 연 5%에 따른다.
대판 2009.12.24. 2009다85342: 특별한 사정이 없는 한 이행지체로 인한 지연손해금도 그 약정이율에 의하기로 하였다고 볼 수 있으나, 약정이율이 법정이율보다 낮은 경우에는 약정이율에 의하지 아니하고 법정이율에 의한 지연손해금을 청구할 수 있다고 봄이 상당하다. 계약해제로 인한 원상회복시 반환할 금전에 그 받은 날로부터 가산할 이자의 지급의무를 면제하는 약정이 있는 때에도 그 금전반환의무가 이행지체 상태에 빠진 경우에는 법정이율에 의한 지연손해금을 청구할 수 있는 점과 비교해 볼 때 그렇게 보는 것이 논리와 형평의 원리에 맞기 때문이다.
10) 지연이자율에 관하여도 당사자 사이에 별도의 약정이 있으면 그에 따르고, 설사 법정이율보다 낮다고 하더라도 약정한 지연이자율에 따르면 된다. 대판 1995.10.12. 95다26797.
11) 대판 1995.10.12. 95다26797.

해설 7) 甲은 乙에게 ① 보증금 10억 원(A)과 이에 대한 그 지급일(2010.5.30.)부터 2010.7.30.까지의 연 5%로 계산한 법정이자(B), ② ①의 금원(A+B)에 대하여 2010.7.31.부터 다 갚는 날까지 약정이자율(연 3%)의 지급을 청구할 수 있을 것이다.

▌ 대판 2013.4.26, 2011다50509

[1] 당사자 일방이 계약을 해제한 때에는 각 당사자는 상대방에 대하여 원상회복의무가 있고, 이 경우 반환할 금전에는 받은 날로부터 이자를 가산하여 지급하여야 한다. 여기서 가산되는 이자는 원상회복의 범위에 속하는 것으로서 일종의 부당이득반환의 성질을 가지는 것이고 반환의무의 이행지체로 인한 지연손해금이 아니다. 따라서 당사자 사이에 그 이자에 관하여 특별한 약정이 있으면 그 약정이율이 우선 적용되고 약정이율이 없으면 민사 또는 상사 법정이율이 적용된다. 반면 원상회복의무가 이행지체에 빠진 이후의 기간에 대해서는 부당이득반환의무로서의 이자가 아니라 반환채무에 대한 지연손해금이 발생하게 되므로 거기에는 지연손해금률이 적용되어야 한다. 그 지연손해금률에 관하여도 당사자 사이에 별도의 약정이 있으면 그에 따라야 할 것이고, 설사 그것이 법정이율보다 낮다 하더라도 마찬가지이다.

[2] 계약해제 시 반환할 금전에 가산할 이자에 관하여 당사자 사이에 약정이 있는 경우에는 특별한 사정이 없는 한 이행지체로 인한 지연손해금도 그 약정이율에 의하기로 하였다고 보는 것이 당사자의 의사에 부합한다. 다만 그 약정이율이 법정이율보다 낮은 경우에는 약정이율에 의하지 아니하고 법정이율에 의한 지연손해금을 청구할 수 있다고 봄이 타당하다. 계약해제로 인한 원상회복 시 반환할 금전에 받은 날로부터 가산할 이자의 지급의무를 면제하는 약정이 있는 때에도 그 금전반환의무가 이행지체상태에 빠진 경우에는 법정이율에 의한 지연손해금을 청구할 수 있는 점과 비교해 볼 때 그렇게 보는 것이 논리와 형평의 원리에 맞기 때문이다.

사례 20 甲과 乙은 X토지에 대한 매매계약을 체결하였다. 2010.1.30. 서로의 채무를 이행한 후, 2010.7.30. 매도인 甲은 乙과의 매매계약을 해제하였다(해제 당시의 X토지의 시가는 11억 원). 그런데 甲이 해제하기 전 2010.5.30. 乙은 X토지를 丙에게 10억 원(시가 상당액에 해당)에 매도하였고 丙 앞으로 이전등기가 경료되었다. 乙이 가액반환을 하는 경우, 2010.7.30. 甲이 乙에게 원상회복으로 주장할 수 있는 범위는? (甲과 乙 사이에 이자율 및 지연이자율에 대해서는 아무런 약정이 없었다)

(대판 2013.12.12, 2013다14675 참조)

해설 20 해제 전에 丙 앞으로 소유권이 이전되었다는 점에서 乙은 원물인 X토지를 반환할 수 없다. 따라서 乙은 가액반환을 해야 하며, 가액은 원물반환이 불가능 한 시점의 시가인 10억 원이 된다. 甲은 乙에게 ① 2010.5.29.까지 취득한 사용수익(A), ② 2010.5.30. 丙에게 토지를 처분하면서 받은 대금 및 시가상당액인 10억 원(B)과 이에 대한 그 지급일(2010.5.30.)부터 2010.7.30.까지의 연 5%로 계산한 법정이자(C), ③ (A+B+C)에 대하여 2010.7.31.부터 다 갚는 날까지 지연손해금으로 법정이자(연 5%)의 지급을 청구할 수 있을 것이다.

| 대판 2013.12.12. 2013다14675

매도인으로부터 매매 목적물의 소유권을 이전받은 매수인이 매도인의 계약해제 이전에 제3자에게 목적물을 처분하여 계약해제에 따른 원물반환이 불가능하게 된 경우에 매수인은 원상회복의무로서 가액을 반환하여야 하며, 이때에 반환할 금액은 특별한 사정이 없는 한 그 처분 당시의 목적물의 대가 또는 그 시가 상당액과 처분으로 얻은 이익에 대하여 그 이득일부터의 법정이자를 가산한 금액이다.

(라) 과실 및 비용의 반환

1) 과실(또는 사용이익)의 반환

명문의 규정은 없지만 물건으로부터 수취한 과실(사용이익 포함)은 해제시 반환해야 할 원상회복범위에 포함된다.[12] 판례 또한 금전을 반환하는 경우에 법정이자를 부가하는 제548조 제2항의 취지에 견주어 볼 때, 물건의 사용이익도 반환하는 것이 형평의 원칙에 합당하다고 본다$\binom{\text{대판 2007.4.26. 2005다19156;}}{\text{대판 1976.3.23. 74다1383}}$.

예컨대 매수인이 명도받은 건물을 매매계약 해제 후 매도인에게 반환함에 있어서는 그 건물을 사용하였음으로 인하여 얻은 이익을 부가하여 반환하여야 한다. 부동산을 점유·사용함으로써 받은 이익은 특별한 사정이 없는 한 임료 상당액이라고 할 것이므로 매수인이 부동산을 인도 받아 그 용도대로 사용한 경우, 매수인은 임료 상당의 이익을 받았다고 할 것이고 설사 그 부동산을 사용하여 영위한 영업이 전체적으로 적자였다고 하더라도 사용으로 인한 이익 자체를 부정할 수는 없다$\binom{\text{대판 1997.12.}}{\text{9. 96다47586}}$. 그러나 이러한 매수인의 사용이익 반환의무는 매매계약의 해제에 따른 원상회복 의무의 일환으로서 인정되는 것이므로 매도인이 매매계약의 이행으로서 목적물을 매수인에게 인도하여 매수인이 그 목적물을 사용한 경우에 비로소 인정된다$\binom{\text{대판 2011.6.30.}}{\text{2009다30724}}$.

> **사례 21** 임대인 甲은 임차인 乙에게 임대목적물(甲 소유의 부동산)을 매도하기로 하였다(임대기간은 2015.7.3.까지이다). 그런데 乙이 중도금을 지급하지 않자, 甲은 2015.6.6. 매매계약을 해제하였다. 乙은 甲에게 매매계약의 해제에 따른 원상회복으로서 임료 상당액을 사용이익으로 반환해야 하는가?
>
> (대판 2011.6.30. 2009다30724 참조)
>
> **| 해설 21** 반환할 필요가 없다.
>
> 사용이익의 반환은 매도인이 매매계약의 이행으로서 목적물을 매수인에게 인도하여 매수인이 그 목적물을 사용한 경우에 비로소 인정될 수 있다$\binom{\text{대판 2011.6.30.}}{\text{2009다30724}}$. 그런데 사안에서 乙이 목적물을 점유·사용한 것은 임대차계약에 기한 것이므로 매매계약해제에 따른 원상회복의무가 없다.

---

12) 담보책임에 기하여 계약을 해제한 경우에도 마찬가지이다.
  대판 1993.4.9. 92다25946: 제571조의 취지는 선의의 매도인에게 무과실의 손해배상책임을 부담하도록 하면서 그의 보호를 위하여 특별히 해제권을 부여한다는 것인 바, 그 해제의 효과에 대하여 특별한 규정은 없지만 일반적인 해제와 달리 해석할 이유가 없다 할 것이므로 매도인은 매수인에게 손해배상의무를 부담하는 반면에 매수인은 매도인에게 목적물을 반환하고 목적물을 사용하였으면 그 사용이익을 반환할 의무를 부담한다 할 것이다.

㉮ 물건의 감가상각비의 반환

양도 목적물 등이 양수인에 의하여 사용됨으로 인하여 감가 내지 소모가 되는 요인이 발생하였다 하여도 그것을 훼손으로 볼 수 없는 한 그 감가비 상당은 원상회복의무로서 반환하지 않아도 된다(대판 2000.2.25. 97다30066).

㉯ 물건에 의한 운용이익의 반환

목적물의 인도 후 매매계약의 해제로 인하여 매수인이 반환하여야 할 목적물의 사용이익에 매수인의 영업수완 등 노력으로 인한 이른바 운용이익이 포함된 것으로 볼 여지가 있는 경우 이러한 운용이익은 사회통념상 매수인의 행위가 개입되지 아니하였더라도 그 목적물로부터 매도인이 당연히 취득하였으리라고 생각되는 범위 내의 것이 아닌 한 매수인이 반환하여야 할 사용이익의 범위에서 공제하여야 한다(대판 2006.9.8. 2006다26328,26335).

2) 비용상환

점유자와 회복자 사이의 비용상환관계인 제203조를 유추적용하여, 필요비의 경우에는 언제나, 유익비의 경우에는 가액의 증가가 현존한 경우에 한하여 상환청구가 가능할 것이다.

사례 22 甲은 乙 소유의 시가 9,000만 원의 토지를 1억 원에 매수하기로 하는 매매계약을 체결하였다. 약속한 날짜에 정상적으로 계약이 이행되었으나, 얼마 후 매수인 甲이 계약을 해제하였다.

질문 1) 매수인 甲이 원물을 반환할 때, 목적물의 사용이익, 과실 등도 반환해야 하는가?

질문 2) 甲이 원물대신 가액을 반환할 때에도 제548조 제2항의 이자를 지급해야 하는가?

|해설 22|

해설 1) 반환해야 한다.

물건의 사용이익이나 과실 등도 반환해야 할 원상회복의무에 속한다.

해설 2) 지급해야 한다.

제548조 제2항은 원물반환으로서의 금전뿐만 아니라, 원물반환이 불가능하여 가액으로 반환하는 경우에도 준용된다.

---

3. 제3자의 권리보호

제548조 제1항 단서에 따라 해제로 인하여 제3자의 권리를 해할 수는 없다. 해제권을 행사하기 전에 등기·인도 등으로 완전한 권리를 취득한 제3자는 선의·악의를 불문하고 보호된다. 그런데 판례는 제3자의 범위를 확대하여 해제권 행사 후 원상회복(정정 및 말소등기)이 이루어지기 전에 해제사실을 모르고 새로운 권리를 취득한 사람(선의의 제3자)도 보호되는 제3자에 포함시킨다(대판 2000.4.21. 2000다584).

(1) 해제로 인한 물권의 복귀와 제3자 보호문제

계약의 이행으로 물권변동이 이루어진 경우, 말소등기 없이도 소급적으로 물권이 자동으로 복귀될 것인지에 대해 학설은 견해가 나뉜다. 우선 직접효과설 중 채권적 효과설은 물권행위의 무인성을 기초로 물권변동의 효력은 유지되나, 당사자는 물권을 반환해야 할 채무를 부담한다고 본다. 따라서 반환해야 할 물건의 물권이 전매 등으로 제3자에게 이전되었다면 채권자에 불과한 해제권자보다는 제3자가 보호된다. 따라서 이 견해에 의하면 제548조 제1항 단서는 주의적 규정에 불과하게 된다.

판례의 입장인 직접효과설 중 물권적 효과설은 물권행위의 유인성을 기초로 원인행위인 채권계약이 해제되면 별도의 말소등기 또는 원소유자에게의 인도 없이 당연히 물권도 복귀한다고 본다($\binom{대판\ 1995.5.12,}{94다18881,18898}$). 즉 해제의 상대방으로부터 권리를 취득한 제3자는 원칙상 보호될 수 없으나, 제548조 제1항 단서에 의하여 비로소 보호된다고 본다. 따라서 이 견해에 의하면 제548조 제1항 단서는 거래안전을 위한 필요적 규정이 된다.

청산관계설에 의하면, 해제는 소급효가 없이 장래에 대해서 청산관계로 변형되는 것에 불과하므로 해제의 상대방으로부터 권리를 취득한 제3자는 당연히 보호된다. 이 견해에 의하면 제548조 제1항 단서는 주의적 규정에 불과하게 된다.

사례 23 A가 B에게 부동산을 매도하고 등기까지 이전해 준 후 계약을 해제한 경우, A가 물권을 취득하기 위한 방법은?

해설 23 직접효과설 중 채권적 효과설에 의하면, A는 B에게 목적물 반환을 위한 원상회복청구권을 주장하여 B가 소유권을 이전해 주어야만 물권을 취득할 수 있다. 반면에 직접효과설 중 물권적 효과설에 의하면, 별도의 조치 없이 소유권은 A에게 자동 귀속되며 A는 소유권에 기한 물권적 청구권을 행사하여 B에게 이전등기의 말소를 주장할 수 있다. 또한 청산관계설에 의하면, 직접효과설 중 채권적 효과설과 동일한 결론에 이른다.

사례 24 A가 B에게 부동산을 매도하고 등기까지 이전해 준 후 계약을 해제하였다. 그런데 A가 해제하기 전에 B가 그 부동산을 C에게 전매하여 등기를 이전해 주었다. A는 해제를 이유로 C에게 등기의 말소를 주장할 수 있는가?

해설 24 C에게 등기말소를 주장할 수 없다.
직접효과설 중 채권적 효과설에 의하면, 해제를 하였다 하더라도 물권은 B에게 있고, 물권(처분권한)이 있는 B로부터 권리를 이전 받은 C는 유효하게 소유권을 취득한다. 따라서 A는 해제를 이유로 C에게 등기말소를 주장할 수 없다. 따라서 A는 B에게 가액의 반환($\binom{제548조}{제1항}$)을 청구할 수 있을 뿐이다. 반면에 직접효과설 중 물권적 효과설에 의하면 논리적으로 A가 당연히 목적물의 소유권을 취득할 수 있다고 보아야 하나, 제548조 제1항 단서규정에 의해 C가 최종적으로 소유권 취득하므로 C에게 등기말소를 주장할 수 없다. 청산관계설에 의하면 직접효과설 중 채권적 효과설과 결론이 같다.

(2) 제3자의 의의와 범위

(가) 판례에 의하면 제548조 제1항 단서의 제3자는 그 계약으로부터 생긴 법률적 효과를 기초로 하여 새로운 이해관계를 가졌을 뿐만 아니라 등기, 인도 등으로 완전한 권리를 해제권이 행사되기 전에 취득한 자이다(대판 1996.8.20, 96다17653; 대판 1996.4.12, 95다49882). 예컨대 대항력을 갖춘 부동산임차인(대판 2008.4.10, 2007다38908,38915; 대판 1996.8.20, 96다17653), 소유권을 취득한 자, 저당권을 취득한 자, 해제 목적물을 가압류한 자(대판 2000.1.14, 99), 해제 목적물을 압류한 자(대판 2000.4.21, 2000다584), 제3자를 위한 계약에서 낙약자와 요약자 사이의 법률관계(기본관계)에 기초하여 수익자가 요약자와 원인관계(대가관계)를 맺음으로써 해제 전에 새로운 이해관계를 갖고 그에 따라 등기, 인도 등을 마쳐 권리를 취득한 수익자(대판 2021.8.19, 2018다244976)는 제3자에 해당한다.

그러나 계약으로 생긴 법률적 효과를 기초로 하여 새로운 이해관계를 갖기는 했으나 등기, 인도 등에 의해 완전한 권리를 취득하지 못했다면 보호되는 제3자에 포함되지 않는다. 계약상 채권(아파트분양신청권)의 양수인(대판 1996.4.12, 95다49882), 매수인이 채권에 대한 압류 또는 전부채권자(대판 2000.4.11, 99다51685), 계약상의 채권을 양수하여 이를 피보전권리로 하여 처분금지가처분결정을 받은 사람(대판 2000.8.22, 2000다23433)은 보호되는 제3자가 아니다. 한편 해제된 토지매매계약의 매수인이 그 토지에 건물을 신축한 후 그 건물에 관한 이해관계인(예컨대 건물의 매수인)(대판 1991.5.28, 90다카16761)은 해제된 계약의 목적물에 관하여 권리를 취득한 제3자가 아니라는 점에서 보호되는 제3자에 해당하지 않는다.

대판 1996.4.12, 95다49882

민법 제548조 제1항 단서에서 규정하는 제3자라 함은 그 해제된 계약으로부터 생긴 법률적 효과를 기초로 하여 새로운 이해관계를 가졌을 뿐 아니라 등기 · 인도 등으로 완전한 권리를 취득한 자를 지칭하는 것이고, 계약상의 채권을 양도받은 양수인은 특별한 사정이 없는 이상 이에 포함되지 않는다.

대판 2005.1.14, 2003다33004

민법 제548조 제1항 단서에서 말하는 제3자란 일반적으로 그 해제된 계약으로부터 생긴 법률효과를 기초로 하여 해제 전에 새로운 이해관계를 가졌을 뿐 아니라 등기, 인도 등으로 완전한 권리를 취득한 자를 말하는 것인데, 해제된 매매계약에 의하여 채무자의 책임재산이 된 부동산을 가압류 집행한 가압류채권자도 원칙상 위 조항 단서에서 말하는 제3자에 포함된다.

사례 25 A는 B에게 X토지를 매도하였으나 대금을 받지 못하여 소유권을 이전해주지 않고 그 매매계약을 해제하였다. 그런데 해제 전에 X토지 위에 B가 신축한 건물을 C가 매수하여 건물에 대한 이전등기를 경료하였다. A는 C에게 해제의 효과를 주장할 수 있는가?

(대판 1991.5.28, 90다카16761 참조)

|해설 25| 가능하다.

계약당사자의 일방이 계약을 해제하여도 제3자의 권리를 침해할 수 없지만, 여기에서 그 제3자는 계약의 목적물에 관하여 권리를 취득하고 또 이를 가지고 계약당사자에게 대항할 수 있는 자를 말하므로, 토지를 매도하였다가 대금지급을 받지 못하여 그 매매계약을 해제한 경우에 있어 그 토지 위에 신축된 건물의 매수인은 위 계약해제로 권리를 침해당하지 않을 제3자에 해당하지 아니한다($\substack{\text{대판 1991.5.28.} \\ \text{90다카16761}}$). 따라서 C는 제548조 제1항 단서에 의해 보호되는 제3자가 아니므로, A는 C에게 해제의 효과를 주장할 수 있다.

다만 사안에 따라서는 신의성실의 원칙이 적용되어 A가 C에게 건물의 철거를 주장할 수 없는 경우도 있다.[13]

(3) 제3자 범위의 확대(판례)

원칙상 제548조 제1항 단서의 제3자란 계약 후 해제권 행사 전에 새로운 권리를 취득한 자를 의미한다. 그런데 판례는 이를 확대하여, 해제권 행사 후에도 원상회복(경정 및 말소)등기가 이루어지기 전에 해제사실을 모르고 새로운 권리를 취득한 자(선의의 제3자)는 제3자로 보호되는 것으로 본다($\substack{\text{대판 1985.4.} \\ \text{9, 84다카130}}$).[14] 여기서의 선의란 해제사유가 발생했다는 사실이 아니라 해제권을 행사했다는 사실에 대해 모른 경우를 의미한다. 제3자의 악의는 해제권자가 증명해야 한다($\substack{\text{대판} \\ \text{2005.6.9,} \\ \text{2005다6341}}$).

|사례 26| A는 B에게 부동산을 매도하고 등기를 이전해 주었으나, 5.1.에 적법하게 계약을 해제하였다. 그런데 5.5. B는 아직 등기명의가 자기 앞으로 남아있음을 이용하여, 해제사실을 모르는 제3자인 C에게 매도하고 이전등기를 경료해 주었다. A는 C에게 해제의 효과를 주장할 수 있는가? 만약 C는 해제사실은 몰랐지만 해제권 발생사유가 있음은 알고 있었다면 A는 C에게 해제의 효과를 주장할 수 있는가?

(대판 1985.4.9, 84다카130 참조)

|해설 26| 해제의 효과를 주장할 수 없다.

C는 해제권 행사 후 원상회복(경정 및 말소)등기가 이루어지기 전에 해제사실을 모르고 새로운 권리를 취득한 자(선의의 제3자)에 해당하므로 보호된다.

선의의 판단대상은 해제사실을 말하는 것이지 해제권 발생사유가 있음을 알고 있었던 것은 아니므로 해제권 발생사유 있음을 알았다고 하더라도 해제되었음을 몰랐다면 C는 여전히 선의이므로 역시 해제의 효과를 주장할 수 없다.

---

13) 예컨대 甲이 그 소유의 X토지를 乙에게 매도하고 계약금만 받은 상태에서 우선 그 토지를 乙로 하여금 건물신축에 사용하도록 승낙하였고 乙이 이에 따라 건물을 신축하여 丙 등에게 분양하였다면 甲은 위 건물을 신축하게 한 원인을 제공했다고 할 것이므로 이를 신뢰하고 136세대에 이르는 규모로 견고하게 신축한 건물 중 각 부분을 분양받은 丙 등에게 X토지에 대한 乙과의 매매계약이 해제되었음을 이유로 하여 그 철거를 요구하는 것은 비록 그것이 위 토지에 대한 소유권에 기한 것이라 하더라도 신의성실의 원칙에 비추어 용인될 수 없다(대판 1993.7.27, 93다20986).

14) 무과실을 요구하지는 않을 것이나, 중과실이 있는 경우에는 보호할 필요가 없다는 견해가 유력하다.

4. 손해배상책임($\frac{제551}{조}$)

제551조는 "계약의 해지 또는 해제는 손해배상의 청구에 영향을 미치지 아니한다"라고 규정하여 채권자는 계약을 해제한 경우에도 손해배상을 청구할 수 있다. 즉 해제와 손해배상은 양립할 수 있다. 예컨대 매도인의 이행지체로 계약을 해제한 매수인이 의도한 목적물을 늦게 다른 곳에서 구입하게 되어 지체기간 동안 유사한 물건을 빌려서 사용하여 발생한 비용은 매수인이 계약을 해제했더라도 매도인에게 청구할 수 있다. 그런데 해제와 손해배상의 양립을 인정하고 있는 이론적 근거는 해제의 효과를 어떻게 이해하는가에 따라 달라진다. 특히 해제시 주장하는 손해배상으로 신뢰이익배상을 주장할 수 있을 것인지가 문제된다.

(1) 책임발생의 근거 및 손해배상의 법적 성질

통설과 판례는 제551조의 손해배상을 채무불이행에 기한 손해배상으로 이해한다. 해제의 효과와 관련하여 청산관계설을 취하는 입장에서는 청산채무로서 채무가 존속하므로 이러한 해석이 당연할 수 있다. 직접효과설 또한 해제로 인하여 소급하여 소멸하는 것은 계약관계만이며 채무불이행이라고 하는 비법률행위적 사실로부터 발생한 손해까지 소급하여 소멸하는 것은 아니라고 하여 채무불이행에 의한 손해배상으로 본다. 판례 또한 그 손해배상청구권을 채무불이행에 기한 손해배상청구권으로 이해한다($\frac{대판\ 1983.5.24.}{82다카1667}$). 반면에 직접효과설을 취하는 견해 중 일부는 해제와 결합된 손해배상은 계약이 체결된 적이 없었던 것과 같은 상태로 복귀하기를 원하는 것이라는 점에서 제390조의 채무불이행으로 인한 손해배상과 구별하기도 한다.[15]

(2) 해제시 신뢰이익의 배상 여부

계약해제는 손해배상청구의 근거가 될 수 없다. 제551조는 해제되었더라도 해제 전에 이미 성립된 채무불이행의 법률효과인 손해배상책임은 소멸하지 않음을 명시한 조문이다. 결국 해제되었을 때 손해배상의 성격은 채무불이행으로 인한 손해배상을 말하며 이는 원칙적으로 이행이익 손해의 배상을 의미한다. 그러나 채권자는 이행이익이 아니라 계약의 이행을 믿고 지출한 비용(신뢰이익[16])의 배상을 청구할 수도 있다(대판 1983.5.24. 82다카1667에서는 신뢰이익배상을 청구할 수 없는 것으로 보았으나, 대판 1992.4.28. 91다2997217 이래 판례는 계약해제시 이행이익이 아니라 신뢰이익의 배상을 청구할 수 있는 것으로 본다).

계약해제시 신뢰이익을 배상할 때 다음의 내용을 확인해야 한다.

---

15) 이 견해는 해제로 인하여 인정되는 손해배상의 범위로 계약체결 및 이행비용, 대체거래비용, 대체급부의 획득에 소요되는 합리적 기간 동안의 사용이익 또는 휴업손해 등을 포함시킨다.

16) 신뢰이익의 손해란 보통 '그 무엇'을 신뢰하여 발생한 손해를 말하는데, 통상적으로는 '계약의 유효'를 신뢰한 것을 말한다(제535조 참조). 그런데 여기서 말하는 신뢰이익이란 '계약의 이행'을 신뢰하여 발생한 손해를 말한다.

(가) 신뢰이익과 이행이익(총이익)의 선택적 청구

이행이익을 청구하는 대신에 신뢰이익을 청구할 수 있다. 채권자는 최소한 신뢰이익(지출비용) 정도의 이득은 취할 것이라는 수익성추정의 원칙을 그 근거로 한다. 채권자는 장래 발생할 이익인 이행이익보다 이미 지출한 비용(신뢰이익)의 증명이 용이하기 때문에 이를 인정하면 채권자의 최소한의 보호에 유리하다($\substack{\text{대판 2017.2.15.,}\\\text{2015다235766}}$).**17)** 판례도 이행이익 청구에 갈음하여 신뢰이익의 배상을 청구할 수 있는 것으로 본다($\substack{\text{대판 2002.6.11, 2002다2539;}\\\text{대판 2007.1.25, 2004다51825}}$). 다만 이때 신뢰이익은 이행이익의 범위를 넘을 수 없다. 채무가 제대로 이행되었을 때 채권자가 받을 수 있는 이익, 즉 이행이익이 그 계약을 통해 채권자가 취득할 수 있는 최대한의 이득이기 때문이다.

채권자인 원고는 증명에 어려움이 있지만 이행이익의 손해를 증명하여 최대한의 손해를 배상받을 것인지, 그보다는 적지만 증명이 용이한 신뢰이익 손해의 배상을 청구할지, 그 선택은 채권자의 몫으로 남겨두어야 할 것이다.

▌대판 2002.6.11, 2002다253920[20)]
채무불이행을 이유로 계약해제와 아울러 손해배상을 청구하는 경우에 그 계약이행으로 인하여 채권자가 얻을 이익 즉 이행이익의 배상을 구하는 것이 원칙이지만, 그에 갈음하여 그 계약이 이행되리라고 믿고 채권자가 지출한 비용 즉 신뢰이익의 배상을 구할 수도 있다고 할 것이고, …… 다만 그 신뢰이익은 과잉배상금지의 원칙에 비추어 이행이익의 범위를 초과할 수 없다

(나) 신뢰이익과 이행이익(순이익)의 동시 청구

신뢰이익(지출비용)과 이행이익을 함께 청구할 수 있다. 다만 두 이익의 배상을 병행 청구하는 경우에는 이행이익을 순이익만으로 보아야 한다($\substack{\text{대판 2023.7.27.,}\\\text{2023다223171}}$). 보통 이행이익은 총이익을 말하는데, 총이익은 순이익과 지출비용을 합한 것을 말한다. 이행이익으로써 총이익을 배상하면서 지출비용을 배상하면 지출비용 부분만큼 이중으로 배상되는 결과가 되어 부당하기 때문이다($\substack{\text{대판 1992.4.28.,}\\\text{91다29972}}$).

신뢰이익의 배상을 청구한 채권자는 손해의 일부를 청구한 것이 된다(대판 2006.2.10, 2003다 15501에서는 "채권자는 이행이익의 일부로서 그 계약이 이행되리라고 믿고 채권자가 지출한 비용의 배상을 구할 수 있다고 할 것이고, ……" 라고 설시. 이와는 달리 대판 2007.1.25, 2004다51825에서는 "그 신뢰이익은 이행이익에 갈음하여서만 구할 수 있고, ……"라고 설시). 따라서 일부청구의 법리에 따라 신뢰이익을 배상받았더라도 차후에 순이익의 손해를 증명하여 손해배상을 청구하는 것이 원칙적으로 가능하다.

---

17) 신뢰이익은 이행이익의 한도 내에서 배상되어야 한다면 이행이익 액수도 증명되어야 하므로 실익이 없다는 비판도 있다. 그러나 이행이익을 넘는다는 주장은 피고인 채무자의 항변사유에 해당되므로 이행이익의 증명은 피고인 채무자가 부담한다는 점에서 신뢰이익배상청구는 여전히 채권자에게 유리하다.

18) 채권입찰제 방식의 아파트분양에서 국민주택채권을 액면가로 매입한 후, 그 액면가의 34%에 매각하였는데, 분양자의 채무불이행으로 수분양자가 아파트분양계약을 해제하면서, 주택채권의 매입가와 그 매각대금의 차액(국민주택채권 액면가의 66%에 상당하는 금액)에 대해 손해배상을 청구한 사건이다. 주택채권 매입비용은 아파트 당첨에 있어 필수적으로 필요한 비용으로 신뢰이익에 해당한다.

(다) 신뢰이익의 배상범위

신뢰이익(지출비용)도 통상손해와 특별손해로 구별되어 제393조에 의하여 배상 여부가 결정된다. 즉 통상적으로 지출되어야 할 비용이 지출된 경우 채무자가 알았거나 알 수 있었는지 여부와 관계없이 배상이 인정되나. 이를 초과한 비용은 특별사정 손해로 상대방이 알았거나 알 수 있었던 경우에만 배상된다(대판 2016.4.15, 2015다59115; 대판 2006.2.10, 2003다15501). **19)**

(3) 배상액의 산정시기

배상액은 해제시의 시장가격을 기준으로 산정한다(대판 1983.5.24, 82다카1667). 왜냐하면 해제시까지 이행이 가능한 한 채권자는 본래급부의 청구가 가능하기 때문이다.

다만 불능으로 인한 손해배상은 불능시를 기준으로 해야 한다.

대판 1999.10.12, 99다14846

수급인이 완공기한 내에 공사를 완성하지 못한 채 완공기한을 넘겨 도급계약이 해제된 경우에 있어서 그 지체상금 발생의 시기(始期)는 완공기한 다음날이고, 종기는 수급인이 공사를 중단하거나 기타 해제사유가 있어 도급인이 이를 해제할 수 있었을 때(현실로 도급계약을 해제한 때가 아니다)를 기준으로 하여 도급인이 다른 업자에게 의뢰하여 같은 건물을 완공할 수 있었던 시점이다.

5. 해제와 보증채무

기존의 계약에 따른 채무를 보증한 자가 해제로 인한 원상회복의무 및 손해배상의무에 대해서도 보증책임을 지는가에 대해서 판례(대판 1972.5.9, 71다1474)와 통설은 긍정한다. 직접효과설은 보증채무의 취지상 계약당사자가 부담하는 모든 채무를 보증하는 것이라고 해석하여 이를 인정하고, 청산관계설은 손해배상의무는 원래의 계약과 동일성이 유지되므로 특약이 없는 한 보증채무관계는 존속한다고 이해한다.

대판 1972.5.9, 71다1474

타인간의 계약에 있어 그 계약상의 여러 가지 의무를 부담하는 당사자의 일방을 위하여 그 계약을 보증한 보증인은 상대방에 대하여 특단의 사정이 없는 한 피보증인의 채무불이행으로 인하여 그 계약이 해제되었음으로 인한 피보증인의 원상회복의 의무에 대하여도 책임을 진다.

6. 해제와 동시이행관계(제549조에 의해/제536조의 준용)

제549조에 의해 당사자간의 원상회복의무는 동시이행관계에 놓인다. 손해배상의무에 대해서는 명문의 규정이 없으나, 통설과 판례는 손해배상의무에 대해서도 동시이행관계를 인정한다(대판 1992.4.28, 91다29972).

---

19) 이러한 입장이 타당하나, 종래의 판결 중에는 통상적인 지출비용도 상대방이 그 지출사실을 알았거나 알 수 있었을 때에만 배상되는 것으로 판단한 것도 있다. 대판 1999.7.27, 99다13621; 대판 2002.10.25, 2002다21769 등.

Ⅵ. 법정해제권의 소멸

1. 일반적 소멸원인

해제의 의사표시를 하기 전까지는 해제의 효과가 발생하지 않으므로, 상대방의 이행제공이 있으면 해제권은 소멸될 수 있다.

해제권은 포기할 수 있다.

해제권은 (i) 장기간 해제권의 불행사로 (ii) 채무자가 해제권의 불행사를 믿을 만한 사유가 있으면 신의성실의 원칙상 실효될 수 있다. 해제권 불행사의 의사를 간접적으로라도 표명했거나 해제 가능한 요건이 구비된 후 상당한 기간이 경과한 다음에 해제권을 행사하는 경우에 신의칙(실효의 법리)에 의하여 이를 인정하지 않을 수 있다(대판 1990.4.27, 89다카14080,14097; 대판 1994.11.25, 94다12234).

해제권은 형성권이므로 10년의 제척기간에 의해 소멸될 수 있다.

▌**대판 1990.4.27, 89다카14080, 14097**
임야매매계약의 매수인이 계약에 따른 잔대금지급의무를 이행하지 않은 것이 매도인이 매수인의 잔대금지급의무보다 먼저 이행하여야 할 임야 위의 분묘들의 이장의무를, 대한주택공사에 의하여 분묘들이 모두 이장될 때까지 무려 5년동안이나 지체하였기 때문에 비롯된 것으로서, 분묘들의 이장은 대한주택공사가 협의에 의하여 이 사건 토지를 취득한 뒤에 완료되어 위 임야를 택지로 개발하여 주택을 건축하려던 매수인에게는 아무런 의미도 없게 되었을 뿐만 아니라 매수인은 매도인이 이 사건 소송을 제기하여 매매계약을 해제할 때까지 매매계약의 효력이 여전히 지속되고 있다고 신뢰하여온 점이 인정된다면, 오랜 동안 선이행의무의 이행을 지체하여 온 매도인이 매매계약이 체결된 날로부터 무려 7년여가 경과한 뒤에 매수인의 위와 같은 신뢰에 반하여 매수인에게 잔대금지급의무를 이행하지 않으면 계약을 해제하겠다는 취지의 통고도 한번 하지 아니한 채 바로 소송을 제기함으로써 매매계약을 해제한 것은 신의성실의 원칙에 반하는 것이라고 인정될 수도 있다.

▌**대판 1994.11.25, 94다12234**
해제의 의사표시가 있은 무렵을 기준으로 볼 때 무려 1년 4개월 가량 전에 발생한 해제권을 장기간 행사하지 아니하고 오히려 매매계약이 여전히 유효함을 전제로 잔존채무의 이행을 최고함에 따라 상대방으로서는 그 해제권이 더 이상 행사되지 아니할 것으로 신뢰하였고 또 매매계약상의 매매대금 자체는 거의 전부가 지급된 점 등에 비추어 보면 그와 같이 신뢰한 데에는 정당한 사유도 있었다고 봄이 상당하다면, 그 후 새삼스럽게 그 해제권을 행사한다는 것은 신의성실의 원칙에 반하여 허용되지 아니한다 할 것이므로, 이제 와서 매매계약을 해제하기 위하여는 다시 이행제공을 하면서 최고를 할 필요가 있다.

▌**대판 1992.2.28, 91다28221**
실효의 법리란 본래 권리 행사의 기회가 있음에도 불구하고 권리자가 장기간에 걸쳐 그의 권리를 행사하지 아니하였기 때문에 의무자인 상대방은 그가 권리를 행사하지 아니할 것으로 믿게 되고 그렇게 믿는 데 있어 정당한 사유가 있거나, 권리를 행사하지 아니할 것으로 추인되는 경우에 새삼스럽게 그 권리를 행사하는 것이 신의칙에 반하는 결과가 되어 그 권리 행사를 허용하지 아니하는 것을 말한다. 그런데 매매계약 체결 후 이미 중도금까지 지급한 후 잔금 지급만을 지체하였고, 상대방으로서도 그 이행기일이 지나도 소유권이전등기에 필요한 서류를 제공하지 아니하여 쌍방이 각 그 이행을 지체한 상태에서 장기간이 경과되었을 뿐, 매수인으로서의 권리를 행사하지 아니할 것으로 믿거나 행사하지 아니할 것으로 추인케 하는 어떠한 사유를 찾아볼 수 없어 위 매매계약에 관하여 실효의 법리가 적용되지 않는다.

2. 해제권 특유의 소멸원인

(1) 상대방의 최고에 의한 소멸(제552조)

해제권 행사의 기간을 정하지 아니한 때에는 상대방은 상당한 기간을 정하여 해제권 행사여부의 확답을 해제권자에게 최고할 수 있고, 그 기간 내에 해제하지 않으면 해제권은 소멸한다(제552조). 그러나 이로 인하여 그 뒤 새로운 사유에 의하여 발생한 해제권까지 행사할 수 없게 되는 것은 아니다(대판 2005.12.8, 2003다41463).

(2) 목적물의 멸실에 의한 소멸(제553조)

해제권 발생 후 행사 전에 해제권자의 고의나 과실로 인하여 계약의 목적물이 현저히 훼손되거나 이를 반환할 수 없게 된 때 또는 가공이나 개조로 인하여 다른 종류의 물건으로 변경된 때에는 해제권이 소멸한다(제553조). 반대해석상 해제권자의 고의나 과실 없이 목적물이 멸실된 경우에는 해제권을 행사할 수 있다.

(3) 해제의 불가분성에 의한 소멸(제547조 제2항)

당사자의 일방 또는 쌍방이 수인인 경우, 해제권이 당사자 1인에 대하여 소멸한 때에는 다른 당사자에 대하여도 소멸한다(제547조 제2항).

종합사례 1

甲은 자기 소유의 토지를 乙에게 대금 2억 원에 매도하기로 하는 계약을 2000.3.1. 체결하면서 그 날 乙로부터 계약금 2천만 원을 받았다. 그 계약에서 甲과 乙은 2주일 후에 甲이 위 토지의 소유권을 乙에게 이전하기로 하였고, 중도금 중 1차분 4천만 원은 1개월 후인 2000.4.1에, 2차중도금 5천만 원은 2개월 후인 2000.5.1에, 잔금 9천만 원은 4개월 후인 2000.7.1에 지급하기로 약정하였다. 또한 계약이 해제되면 乙은 甲에게 소유권이전등기를 하여 주기로 하는 특약을 하였고 甲의 위 소유권이전등기청구권을 보전하기 위하여 가등기를 경료하여 주기로 하였다. 계약 체결일로부터 2주일 후에 위 토지에 관하여 乙 앞으로 소유권이전등기와 甲의 소유권이전등기청구권을 보전하기 위한 가등기가 경료되었다. 그 후 乙이 중도금과 잔금을 약정된 지급기일에 지급하지 않자 몇 차례 이행을 최고한 후에 甲은 적법한 절차를 거쳐 위 매매계약을 해제하였다.

그런데 해제 전에 이미 乙은 위 토지에 건물을 신축하여 건물과 토지를 丙에게 매도하고 소유권이전등기까지 경료하였다.
甲이 丙을 상대로 토지인도 및 건물철거청구를 할 경우 인용가능한가?

종합사례 해설 1

Ⅰ. 쟁점사안

甲의 매매계약 해제의 효과에 기하여 丙에게 토지에 대한 소유권을 주장할 수 있을 것인지가 문제된다. 이 경우 丙이 제548조 제1항 단서에 의해 보호되는 제3자에 해당하는지, 甲의 소유권이전등기청구권 보전을 위한 가등기에 기한 본등기에 의하여 丙 명의의 소유권이전등기가 말소되는지가 문제된다. 또한 甲이 토지소유권을 주장하면서 丙에게 토지인도 및 건물의 철거를 주장하는 경우 丙이 관습법상 법정지상권에 기하여 이를 거절할 수 있을 것인지가 문제된다.

Ⅱ. 토지 소유권의 귀속문제

1. 丙이 제548조 제1항 단서에 의해 보호되는지 여부

해제의 효과와 관련하여 직접효과설 중 물권적 효과설을 취하는 판례와 통설에 의하면, 해제로 토지에 대한 물권은 자동으로 甲에게 복귀하였다고 할 수 있다. 그러나 해제로 제3자의 권리를 해하지 못하므로(제548조 제1항 단서) 해제 전에 법률관계를 맺은 丙에게 甲은 해제의 효과를 주장할 수 없다.

2. 甲의 소유권이전등기청구권 보전을 위한 가등기에 기한 본등기

사안에서 甲은 계약해제로 인한 소급효가 제한되는 경우를 대비하여 원상회복방법으로 약정한 소유권이전등기청구권을 보전하기 위하여 가등기를 하였다. 이러한 가등기는 실질적으로 甲의 해제에 따른 소유권에 기초한 방해배제청구권으로서 말소등기청구권을 보전하기 위한 것이라고 볼 수 있으므로 이러한 가등기가 허용되는지 문제된다. 왜냐하면 가등기는 소유권, 지상권, 지역권, 전세권, 저당권, 권리질권, 임차권의 설정, 이전, 변경 또는 소멸의 청구권을 보전하려 할 때에 하는 것으로 채권적 청구권을 보전하기 위하여 하는 것이기 때문이다(부동산등기법 제3조 및 제88조). 그런데 甲과 乙 사이에는 계약해제 시에 이전등기를 하기로 하는 약정이 있고, 위 약정에 기하여 甲은 乙에게 채권적 청구권인 소유권이전등기청구권을 가지므로 이는 가등기에 의하여 보전될 수 있다(대판 1982.11.23. 81다카1110). 한편 가등기는 본등기의 순위를 보전하는 효력이 있어 甲에 의하여 가등기에 기한 본등기가 마쳐진 때에는 가등기 후 본등기 전에 이루어진 처분은 실효되므로(대판 1982.11.23. 81다카1110), 丙의 등기는 직권말소된다(부동산등기법 제92조 제1항). 즉 甲이 가등기에 기하여 본등기를 경료하면 위 토지의 소유권은 甲에게 귀속된다.

Ⅲ. 甲의 토지 소유권에 기한 건물에 대한 철거청구

토지소유권은 甲이 가등기에 기한 본등기를 경료한 때에 甲에게 귀속되어 건물의 소유권자와 토지소유권자가 분리되었는바, 丙이 관습상의 법정지상권을 취득하는 지가 문제된다. 관습법상 법정지상권이 성립하려면, (ⅰ) 토지와 건물이 동일인 소유에 속하고 있어야 하고, (ⅱ) 토지와 건물 중 어느 하나가 매매 기타의 원인으로 소유자가 달라져야 하며 (ⅲ) 당사자 사이에 건물을 철거한다는 특약이 없어야 한다.

사안에서 丙의 동일 소유였던 토지와 건물이 가등기에 의한 본등기로 소유자가 달라졌으므로 관습법상 법정지상권이 인정될 수도 있을 것이다. 그러나 가등기와 관련한 법정지상권의 성립과 관련해서는 먼저 차용물에 대한 대물반환예약의 가등기에 대해서는 가등기담보법 제10조에서 법정지상권에서 규정하고 있다.

그런데 판례는 관습법상 법정지상권의 성립과 관련하여 가등기담보법 제10조의 적용대상이 아닌 담보가등기와 소유권이전등기청구권 보전 목적의 가등기를 달리 보고 있다. 즉, 채권의 담보를 목적으로 나대지상에 가등기가 경료되고 그 뒤 대지소유자가 그 지상에 건물을 신축하였는데, 그 후 가등기에 기한 본등기가 경료되어 대지와 소유권이 달라진 경우, 법정지상권의 성립을 인정하면, 채권담보를 위하여 가등기를 경료한 사람의 이익을 해친다고 보아 특별한 사정이 없는 한 관습법상 법정지상권의 성립을 인정하지 않는다(대판 1994.11. 22, 94다5458). 이와는 달리 토지소유자가 그 소유의 토지에 대해 매매예약에 따른 소유권이전등기청구권 보전의 가등기를 한 후 토지상에 건물을 신축한 뒤, 가등기권자가 토지에 관하여 가등기에 기해 본등기를 마친 경우, 가등기에 기해 본등기를 해도 가등기를 한 때로 소급하여 물권변동의 효력이 발생하는 것이 아니므로, 결국 토지와 건물이 모두 동일인에게 속해 있다가 다르게 된 것이어서 건물소유자가 관습법상 법정지상권을 취득한다고 본다(대판 1982.6.22, 81다1298,1299). 이와는 달리 대판(전합) 2012.10.18. 2010다52140의 취지에 비추어 가등기시를 기준으로 토지와 건물의 소유자 동일성을 판단하여야 한다는 견해도 유력하다.

Ⅳ. 사안의 해결

계약해제로 인한 원상회복방법으로 약정한 소유권이전등기청구권 보전을 위한 가등기는 유효하고, 丙이 제548조 제1항 단서에 의해 토지매매계약해제의 소급효에 대해 보호받는 제3자에 해당한다. 또한 甲이 가등기에 의한 본등기를 경료하면 丙의 소유권이전등기는 직권말소된다고 하더라도, 가등기에 기해 본등기를 하여도 가등기를 한 때로 소급하여 물권변동의 효력이 발생하는 것이 아니므로, 토지와 건물이 모두 丙에게 속해 있다가 다르게 된 것이어서 丙은 관습법상 법정지상권을 취득한다. 따라서 甲의 토지인도 및 건물청구는 기각될 것이다.

제2장 계약의 해지

Ⅰ. 의 의

계약의 해지는 계속적 계약(소비대차·사용대차·임대차·고용·위임·임치·조합·종신정기금 등)의 효력을 장래에 향하여 소멸하게 하는 행위이다. 해지는 소급효가 없고 장래에 향하여 계약의 효력을 소멸시킨다는 점에서 해제와 다르다. 계속적 계약에서 사정변경을 이유로 계약의 효력을 소멸시킬 때에는 다른 특별한 사정이 없는 한 소멸에 따른 효과를 장래에 향하여 발생시키는 제550조의 '해지'만 가능할 뿐 제548조에서 정한 '해제'를 할 수는 없다$\binom{대판\ 2022.3.11.,}{2020다297430}$.

Ⅱ. 법정해지권

1. 통상해지권의 발생

존속기간의 정함이 없는 경우, 당사자는 통상 계약을 언제든지 해지할 수 있다. 민법상 임대차$\binom{제635}{조\ 제1항}$, 고용$\binom{제660}{조\ 제1항}$, 위임$\binom{제689}{조\ 제1항}$, 임치$\binom{제699}{조}$, 사용대차$\binom{제613}{조\ 제2항}$에서 이와 같은 해지권을 규정하고 있다.

2. 특별해지권의 발생

(1) 민법은 '부득이한 사유'가 있는 경우에 해지권을 인정한다. 민법상 고용$\binom{제661}{조}$, 위임$\binom{제689조}{제2항}$, 임치$\binom{제698}{조}$ 등에 이러한 규정을 두고 있다. 사용대차에서 차주의 사망 또는 파산$\binom{제614}{조}$, 임대차에서 목적물의 일부멸실$\binom{제627}{조}$, 임차인의 파산$\binom{제637}{조}$, 위임에서 일방의 사망 또는 파산 등$\binom{제690}{조}$도 부득이한 사유로 인한 해지권으로 이해된다.

(2) 일정한 채무불이행을 이유로 해지권이 인정되기도 한다. 민법상 사용대차$\binom{제610조}{제3항}$, 임대차$\binom{제625조,\ 제640}{조,\ 제654조}$, 고용$\binom{제657조\ 제3항,}{제658조\ 제2항}$ 등에서 이를 규정하고 있다. 법정해제권 발생사유$\binom{제544조\ 내}{지\ 제546조}$가 해지에도 인정되는가에 대해서 학설은 견해가 나뉘나 인정하는 입장이 다수이다.

(3) 판례는 현저한 사정변경(신뢰관계 파기)에 의한 해지권 발생을 인정한다$\binom{대판\ 2017.6.8.,}{2016다249557}$.

▌**대판 2021.6.30, 2019다276338**

판례는 계약을 체결할 때 예견할 수 없었던 사정이 발생함으로써 야기된 불균형을 해소하고자 신의성실 원칙의 파생원칙으로서 사정변경의 원칙을 인정하고 있다. 즉, 계약 성립의 기초가 된 사정이 현저히 변경되고 당사자가 계약의 성립 당시 이를 예견할 수 없었으며, 그로 인하여 <u>계약을 그대로 유지하는 것이 당사자의 이해에 중대한 불균형을 초래하거나 계약을 체결한 목적을 달성할 수 없는 경우</u>에는 계약준수 원칙의 예외로서 사정변경을 이유로 계약을 해제하거나 해지할 수 있다.

여기에서 말하는 사정이란 당사자들에게 계약 성립의 기초가 된 사정을 가리키고, 당사자들이 계약의 기초로 삼지 않은 사정이나 어느 일방당사자가 변경에 따른 불이익이나 위험을 떠안기로 한 사정은 포함되지 않는다. 사정변경에 대한 예견가능성이 있었는지는 추상적·일반적으로 판단할 것이 아니라, 구체적인 사안에서 계약의 유형과 내용, 당사자의 지위, 거래경험과 인식가능성, 사정변경의 위험이 크고 구체적인지 등 여러 사정을 종합적으로 고려하여 개별적으로 판단하여야 한다. 이때 합리적인 사람의 입장에서 볼 때 당사자들이 사정변경을 예견했다면 계약을 체결하지 않거나 다른 내용으로 체결했을 것이라고 기대되는 경우 특별한 사정이 없는 한 예견가능성이 없다고 볼 수 있다.

경제상황 등의 변동으로 당사자에게 손해가 생기더라도 합리적인 사람의 입장에서 사정변경을 예견할 수 있었다면 사정변경을 이유로 계약을 해제하거나 해지할 수 없다. 특히 계속적 계약에서는 계약의 체결 시와 이행 시 사이에 간극이 크기 때문에 당사자들이 예상할 수 없었던 사정변경이 발생할 가능성이 높지만, 이러한 경우에도 계약을 해지하려면 경제상황 등의 변동으로 당사자에게 불이익이 발생했다는 것만으로는 부족하고 위에서 본 요건을 충족하여야 한다.

Ⅲ. 해지권의 행사와 효과

1. 해지권의 행사

해지권도 해제권과 마찬가지로 형성권이므로 일방적 의사표시로 행사해야만 해지의 효과가 발생한다. 해지의 경우 이행최고 없이 즉시 해지할 수 있다.

2. 효 과

(1) 계약관계의 소멸^{(제550조:}장래효⁾

(가) 해지가 효력을 발생하기까지 계약은 유효하다. 해지가 되더라도 종래의 계약관계는 유효하게 존속한다. 따라서 계약을 해지하기 전에 유효한 채무의 이행으로 한 급부는 반환할 필요가 없다.

(나) 계약관계의 종료로 계약상의 청산의무가 발생한다. 임차인 또는 소비차주·사용차주의 목적물반환의무^{(제598조.}제609조 등⁾, 임대인의 보증금반환의무·임차권등기말소의무 등이 이에 해당한다. 일방이 청산의무를 불이행한 경우 상대방은 귀책사유 여부에 따라 손해배상을 청구할 수 있다.

(2) 손해배상($\overset{제551}{조}$)

해지는 손해배상청구에 영향을 미치지 않는다($\overset{제551}{조}$). 따라서 해지권자도 손해배상을 청구할 수 있다. 해지시 손해배상에 신뢰이익의 배상도 인정할 것인가 문제된다. 그러나 판례가 해제시 손해배상에서 신뢰이익을 인정하는 것은 해제로 인하여 계약이 소급하여 무효가 되었다는 점을 감안한 것이라고 할 수 있어,[1] 해지뿐만 아니라 해제의 경우에도 손해배상은 원칙적으로 이행배상이 원칙이나 그에 갈음하여 신뢰이익의 배상을 청구할 수 있다($\overset{대판\ 2017.2.15,}{2015다235766}$).

판례 중에는 지출한 비용을 이행이익의 일부로 보아 이에 대한 배상을 인정하는 듯한 것도 있다.[2]

▌ 대판 2006.2.10, 2003다15501

채무불이행을 이유로 계약해지와 아울러 손해배상을 청구하는 경우에 채권자는 이행이익의 일부로서 그 계약이 이행되리라고 믿고 채권자가 지출한 비용의 배상을 구할 수 있다고 할 것이고, 그 지출비용 중 계약의 체결과 이행을 위하여 통상적으로 지출되는 비용은 통상의 손해로서 상대방이 알았거나 알 수 있었는지의 여부와는 관계없이 그 배상을 구할 수 있고, 이를 초과하여 지출되는 비용은 특별한 사정으로 인한 손해로서 상대방이 이를 알았거나 알 수 있었던 경우에 한하여 그 배상을 구할 수 있다고 할 것이며, 다만 그 지출비용 상당의 배상은 과잉배상금지의 원칙에 비추어 이행이익의 범위를 초과할 수 없다고 할 것이다.

사실관계: A는 B와 과학공원시설에 대한 운영위탁관리계약을 체결하였는데, B가 과학공원의 매각방침을 마련하고 과학공원의 시설 및 부지의 매각공고를 하자, A는 계약의 이행이 불가능하게 된 것을 이유로 계약을 해지하고 손해배상을 청구하였는데, 그 내용은 (i) 고정자산에 대한 이자(519억 원), (ii) 투자비용을 마련하기 위해 차용한 금액에 대한 이자(76억 원), (iii) 계약이 이행되었다면 얻었을 순이익(이행이익 322억 원) 등이다.

---

1) 이에 대해서는 이견이 있다.
2) 판결례가 지출한 비용을 이행이익의 일부로 보면서도 이행이익을 한도로 하는 것은 논리적 모순이다. 물론 대법원 판결례가 지출비용을 특별하게 이행이익으로 보면서, 기존의 지출비용의 배상의 한도를 이행이익으로 제한하는 원칙론을 확인한 것이라 하더라도 이러한 표현은 지양되어야 할 것이다.

제1편 제2편 제3편 제4편 제5편 제6편 제7편 제8편 제9편 계약의 해소와 소멸시효

I. 시효제도
　1. 의　의
　2. 존재이유
　3. 소멸시효의 개념
II. 소멸시효의 요건
　1. 소멸시효의 목적이 될 수 있는 권리
　　(1) 채권을 포함한 재산권$\binom{\text{제162조}}{\text{제1항}}$
　　(2) 부동산의 매수인 또는 전득자의 등기청구권
　　(3) 근저당권설정등기청구권
　　(4) 합의해제에 의한 소유권이전등기의 말소등기청구권
　　(5) 제한물권에 기한 물권적 청구권
　　(6) 형성권
　　(7) 제한물권
　　(8) 점유권·상린권
　2. 소멸시효기간 동안 권리의 불행사$\binom{\text{제166조 제1}}{\text{항의 권리를}}$
　　$\binom{\text{행사할 수}}{\text{있는 때}}$
　　(1) 법률상의 장애가 없는 때
　　(2) 권리자의 선의·악의나 과실유무가 고려되는지의 문제
　　(3) 각종 기산점
　3. 소멸시효기간의 경과
　　(1) 채권의 소멸시효기간
　　(2) 채권 이외의 재산권의 소멸시효기간
III. 소멸시효의 중단
　1. 의　의
　2. 소멸시효의 중단사유

　　(1) 재판상 청구
　　(2) 최　고$\binom{\text{제174}}{\text{조}}$
　　(3) 압류·가압류·가처분$\binom{\text{제168조}}{\text{제2호}}$
　　(4) 승　인$\binom{\text{제168조}}{\text{제3호}}$
　3. 소멸시효 중단의 효과
　　(1) 시효중단의 인적 범위
　　(2) 시효중단 후 새로운 시효의 진행
IV. 소멸시효의 정지
　1. 의　의
　2. 시효정지사유
　3. 시효정지의 효력
V. 소멸시효 완성의 효과
　1. 소급효
　2. 주된 권리의 소멸과 종된 권리
　3. 소멸시효완성 주장을 원용할 수 있는 사람(시효원용권자)
　4. 신의칙 또는 권리남용 법리에 따른 소멸시효완성 주장의 배제
VI. 시효이익의 포기$\binom{\text{제184}}{\text{조}}$
　1. 요　건
　2. 소멸시효 완성 후 일부변제
　3. 시효이익 포기의 상대효
　4. 채무자의 방해가 있었던 경우
VII. 소멸시효와 유사한 제도(제척기간과 실효의 원칙)
　1. 제척기간
　2. 실효의 원칙

Ⅰ. 시효제도

1. 의 의

시효제도는 일정한 사실상태가 오랫동안 계속된 경우에 그 상태가 진실한 권리관계에 합치하는지 여부를 묻지 않고서 그 사실상태대로의 법률관계를 인정하는 제도이다. 민법상 시효제도로는 취득시효$\binom{제245조}{이하}$와 소멸시효$\binom{제162조}{이하}$가 규정되어 있다.

2. 존재이유

통설적 입장인 다원설은 시효제도의 존재이유를 취득시효는 법률관계의 평화와 안정, 소멸시효는 채무이행에 관한 증거보전 곤란의 구제와 권리 위에 잠자고 있었던 자의 보호필요성의 결여에서 찾는다. 판례는 "시효제도의 존재이유는 영속된 사실상태를 존중하고 권리 위에 잠자는 자를 보호하지 않는다는 데 있고, 특히 소멸시효에 있어서는 후자의 의미가 강하므로, 권리자가 재판상 그 권리를 주장하여 권리 위에 잠자는 것이 아님을 표명한 때에는 시효중단사유가 된다"라고 설명한다$\binom{대판(전합) 1992.3.}{31,\ 91다32053}$.

3. 소멸시효의 개념

소멸시효란 권리의 불행사가 일정기간 동안 계속되면 그 상태가 진실한 권리관계와 합치되는지 여부를 묻지 않고 권리의 소멸(절대적 소멸설)이라는 법률효과를 발생시키는 법률요건을 말한다.

Ⅱ. 소멸시효의 요건

1. 소멸시효의 목적이 될 수 있는 권리

(1) 채권을 포함한 재산권$\binom{제162조}{제1항}$

소유권 및 소유권에 기한 물권적 청구권을 제외한 나머지 채권을 포함한 재산권이 이에 해당하며, 소멸시효의 기간은 각기 다르다. 대상청구권도 채권에 포함되므로 소멸시효의 대상이 된다$\binom{대판 2002.2.}{8,\ 99다23901}$. 채권의 소멸시효는 통상 10년$\binom{제162조}{제1항}$이나 3년$\binom{제163}{조}$, 1년의 단기소멸시효$\binom{제164}{조}$가 있다.

(2) 부동산의 매수인 또는 전득자의 등기청구권

(가) 판례의 태도

원칙적으로 매매에 의한 등기청구권은 채권적 청구권으로서 10년의 소멸시효에 걸린다. 다만 부동산을 매수한 사람이 그 목적물을 인도받은 경우 매수인의 등기청구권은 소멸시효에 걸리지 않는다. 목적물을 인도받은 매수인이 등기 없이 이를 제3자에게 매각하여 점유를 이전한 경우에도 매수인의 매도인에 대한 등기청구권은 소멸시효에 걸리지 않는다. 그러나 매도와 같이 매수인의 권리행사로 볼 수 없는 사유(예컨대 점유의 침탈)로 점유를 상실했다면 10년간 등기청구권을 행사하지 않으면 소멸시효가 완성된다(대판 1992.7.24, 91다40924).

> **참고** **점유취득시효완성자의 등기청구권**
>
> '점유취득시효기간의 완성'을 원인으로 하는 등기청구권도 시효완성자가 점유를 계속하고 있는 경우에는 소멸시효가 진행되지 않는다. 다만 점유를 상실한 경우에는 언제나 점유상실 시점부터 10년간 등기청구권을 행사하지 않으면 소멸시효가 완성된다(대판 1996.3.8, 95다34866,34873).

> **사례 1** 甲은 A부동산을 乙로부터 매수 후 인도받아 등기 없이 사용·수익했다. 10년이 지난 후 등기청구권은 시효로 소멸하는가? (대판(전합) 1976.11.6, 76다148 참조)
>
> **| 해설 1 |** 시효에 걸리지 않는다.
>
> 매수인이 매매목적물을 계속하여 점유하는 경우 등기청구권의 소멸시효 진행여부가 쟁점인 사안이다. 시효제도는 일정기간 계속된 사회질서를 유지하고 시간의 경과로 인하여 곤란해지는 증거보전의 어려움으로부터 구제를 꾀하며 자기 권리를 행사하지 않는 소위 '권리 위에 잠자는 자'를 법적 보호에서 제외하기 위하여 규정된 제도이다. 따라서 부동산에 관하여 인도·등기 등의 어느 한 쪽만에 대하여서라도 권리를 행사하는 자는 전체적으로 보아 그 부동산에 관하여 권리 위에 잠자는 자라고 할 수 없다 할 것이다. 또 매도인 명의로 등기가 남아 있는 상태와 매수인이 인도받아 이를 사용·수익하고 있는 상태를 비교하면 매도인 명의로 잔존하고 있는 등기를 보호하기보다는 매수인의 사용·수익상태를 더욱 보호하여야 할 것이므로 매수인의 등기청구권은 다른 채권과는 달리 소멸시효에 걸리지 않는다고 해석함이 타당하다.

> **사례 2** 甲은 乙에게 A부동산을 매도하고, 乙은 등기 없이 A부동산을 사용, 수익하던 중, 丙에게 이를 매각하고 丙이 점유를 승계하였다. 丙도 등기 없이 A부동산을 사용·수익 중 10년이 지나 乙을 대위하여 甲에게 등기이전청구권을 행사했을 경우, 甲에 대한 乙의 등기이전청구권은 시효로 소멸하는가? (대판(전합) 1999.3.18, 98다32175 참조)
>
> **| 해설 2 |** 시효로 소멸하지 않는다.
>
> 부동산의 매수인이 점유하고 사용·수익하다가 타인에게 그 부동산을 처분하고 점유를 승계해 준 경우, 이전등기청구권의 소멸시효는 진행되는가의 문제이다. 위의 (사례 3)과 비교하여 유념해야 할 사안이다. 부동산의 매수인이 그 부동산을 인도 받은 이상 이를 사용·수익하다가 그

부동산에 대한 보다 적극적인 권리행사의 일환으로 다른 사람에게 그 부동산을 처분하고 그 점유를 승계하여 준 경우에도 그 이전등기청구권의 행사 여부에 관하여 그가 그 부동산을 스스로 계속 사용·수익만 하고 있는 경우와 특별히 다를 바 없으므로 위 두 어느 경우에나 이전등기청구권의 소멸시효는 진행되지 않는다고 보아야 한다.

이에 대하여 점유의 상실원인이 무엇이든지 간에 점유상실시점부터 그 이전등기청구권의 소멸시효가 진행한다고 봄이 상당하다는 반대견해가 있다.

심화학습

사례 4 결론의 이론구성

1) 물권적 청구권설

1976년 전원합의체 판결의 두 번째 별개의견의 입장처럼 아예 부동산매수인의 등기청구권을 물권적 청구권으로 파악함으로써 소멸시효문제를 해결하고자 하는 견해이다. 이는 이미 학설상으로 오래전부터 있어 왔으며, 이러한 학설들은 부동산 매수인의 등기청구권의 발생근거와 관련하여 이른바 물권행위 또는 물권적 기대권에 존재하기 때문에 그 법적 성질은 물권적 청구권이라고 본다.

2) 승인설

이 견해는 1976년 전원합의체 판결의 별개의견 1과 같은 입장이며 이것을 이 판결에도 적용하자고 주장한다. 즉 매도인이 토지를 채무의 이행으로 인도했고, 그 상태가 계속된다면 특별한 사정이 없는 한 매도인이 소유권이전등기의무의 존재를 계속하여 승인하는 것으로, 소멸시효는 계속하여 중단된다고 본다.

3) 사실상소유자 이론

이 견해는 대상판결의 다수의견의 결론에 찬동하면서 사실상 소유자 개념을 이용해 설명하고자 한다. 대금을 완납한 미등기매수인은 사실상 소유자이므로 이와 같은 매수인의 등기청구권은 소멸시효의 대상이 되지 않는다고 본다. 다만 매수인이 대금을 완납하지 않았다면 매수인의 등기청구권은 소멸시효의 대상이 된다고 본다. 이 견해에 의하면 (사례 4)에서 미등기매수인의 등기청구권은 소멸시효의 대상이 되지는 않으나 제3자의 매수인에 대한 등기청구권은 소멸시효에 걸린다고 보고 있다.

4) 실효이론

이 견해는 상당기간 매도인이 목적물에 대해 아무런 권리도 행사하지 않고 있었던 것을 문제삼아 그러한 매도인이 매수인의 등기청구권의 소멸시효를 원용해서는 안 된다는 이론이다.

5) 소멸시효남용이론

이 견해는 매수인으로서는 매도인으로부터 목적물의 인도까지 받은 이상 매도인이 언제든지 등기절차를 이행해 줄 것으로 믿을 것이고, 매수인이 등기청구권의 행사를 게을리한 것이 이와 같은 매도인에 대한 신뢰 때문이라면, 매도인이 나중에 소멸시효를 주장하는 것은 신뢰를 일으키는 선행행위와 모순되는 것으로 소멸시효의 남용에 해당하므로 소멸시효의 주장도 받아들여질 수 없다고 한다.

사례 3 甲은 공유수면매립을 하기로 하고 乙에게 공사를 맡겼다. 乙은 공사금 등 채권의 담보를 위하여 공유수면매립면허를 甲으로부터 양도 받으면서 장차 그 명의로 취득하게 되는 매립지 중 일부를 처분하여 자신의 위 채권에 충당하는 등의 방법으로 채권을 모두 정산 받고 그 나머지 매립지는 원래 매립면허자인 甲에게 양도하기로 약정한 후 공유수면매립공사를 완성하여 준공인가를 받음으로써 공유수면매립법 제14조의 규정에 따라 乙이 매립지의 소유권을 취득했다. 乙은 매립지 중 일부를 처분하여 甲에 대한 채권을 모두 만족받았다. 그 후 10년이 지난 후 甲이 乙에게 나머지 매립지에 대한 소유권이전등기청구를 하자 乙은 등기청구권의 소멸시효 완성을 항변한다. 이와 같은 乙의 항변은 받아들여질 수 있는가? (대판 1993.12.21, 91다41170 참조)

| 해설 3 | 받아들여질 수 없다.

乙은 위 채권의 담보목적의 범위 내에서 위 매립지의 소유권을 취득한 것이고 대내적으로는 그 소유권이 甲에게 남아 있다고 보아야 하기 때문이다. 그 후 乙이 그 명의로 취득한 위 매립지 중 일부를 처분하여 甲에 대한 위 채권의 만족을 얻었다면 원래의 면허자인 甲은 피담보채무의 소멸을 이유로 나머지 매립지에 관한 소유권이전등기절차이행을 청구할 수 있고 이와 같은 등기청구권은 소유권에 기한 물권적 청구권의 성질을 가지므로 소멸시효의 대상이 되지 않는다.

사례 4 甲은 乙 소유의 A토지를 점유취득시효 기간 동안 점유했다. 이후 甲은 丙에게 점유를 이전하고 다시 10년이 도과한 경우, 등기부에 소유자로 등기되어 있는 원소유자 乙에 대하여 甲의 취득시효 완성으로 인한 소유권이전등기청구권은 시효로 소멸하는가?

(대판 1996.3.8, 95다34866 참조)

| 해설 4 | 소멸한다.

판례에 의하면 토지에 대한 취득시효 완성으로 인한 소유권이전등기청구권은 그 토지에 대한 점유가 계속되는 한 시효로 소멸하지 아니하고, 그 후 점유를 상실하였다고 하더라도 이를 시효이익의 포기로 볼 수 있는 경우가 아닌 한 이미 취득한 소유권이전등기청구권은 바로 소멸되는 것은 아니나, 취득시효가 완성된 점유자가 점유를 상실한 경우(이때 제3자에게 점유를 이전하여 점유를 상실한 사안임) 취득시효 완성으로 인한 소유권이전등기청구권의 소멸시효는 이와 별개의 문제로서, 그 점유자가 점유를 상실한 때로부터 10년간 등기청구권을 행사하지 아니하면 소멸시효가 완성된다.

이 사건은 매매를 원인으로 하는 것이 아니라, 취득시효기간의 완성을 원인으로 한 소유권이전 등기청구권의 소멸시효에 관한 사안임에 주의해야 한다. 즉 대판(전합) 1999.3.18, 98다32175은 취득시효완성자가 아니라 부동산의 매수인이 제3자에게 점유를 이전시켜 준 경우에 소멸시효가 진행되지 않는다고 하였을 뿐이다. 이 판결에서 시효완성자가 점유를 이전해 준 경우인 대판 1996.3.8, 95다34866은 변경되지 않았다.

(3) 근저당권설정등기청구권

근저당권설정약정에 의한 근저당권설정등기청구권은 그 피담보채권이 될 채권과 별개로 소멸시효에 걸린다(대판 2004.2.13, 2002다7213).

사례 5 甲은 乙에게 대여금채무를 피담보채무로 하여 본인 소유의 A부동산에 대하여 근저당권설정등기를 경료해주기로 약정하였다.

질문 1) 乙은 피담보채권에 대한 이행청구는 하였으나 근저당권설정등기청구를 하지 않았다. 피담보채권의 소멸시효가 완성되지 않았으나 근저당권설정등기청구권의 소멸시효가 완성된 경우, 乙은 근저당권설정등기청구권을 행사할 수 있을까?

질문 2) 반대로 근저당권설정등기청구의 소만을 제기한 경우 피담보채권의 소멸시효는 중단되는가?

질문 3) 甲의 친구인 丙이 위 채무를 담보하기 위하여 자기 소유의 B부동산에 근저당권 등기를 추가로 설정해 주기로 한 약정에 따라 乙이 丙에게 저당권설정등기를 청구하면 그 피담보채권의 소멸시효는 중단되는가? (대판 2004.2.13, 2002다7213 참조)

│해설 5│

해설 1) 등기청구권은 소멸시효가 완성되어 더이상 행사할 수 없다.

해설 2) 피담보채권의 소멸시효가 중단된다.

근저당권설정 약정에 의한 근저당권설정등기청구권은 그 피담보채권이 될 채권과 별개로 소멸시효에 걸린다. 다만 甲의 근저당권설정등기청구권의 행사는 그 피담보채권이 될 금전채권의 실현을 목적으로 하는 것으로서, 근저당권설정등기청구의 소에는 그 피담보채권이 될 채권의 존재에 관한 주장이 당연히 포함되어 있는 것이고, 근저당권설정등기청구의 소의 제기에 의하여 피담보채권이 될 채권에 관한 권리의 행사가 있은 것으로 볼 수 있다. 따라서 근저당권설정등기청구의 소의 제기는 그 피담보채권의 재판상의 청구에 준하는 것으로서 피담보채권에 대한 소멸시효 중단의 효력을 생기게 한다고 봄이 상당하다.

해설 3) 피담보채권의 소멸시효가 중단되지 않는다.

위 해설 2)와 같이 저당권설정등기청구에 피담보채권이 될 채권의 존재에 관한 주장이 당연히 포함되어 있다고 보더라도 시효중단의 효력은 원칙적으로 당사자 및 그 승계인 간에만 효력이 인정된다(제169조). 이 사례에서는 저당권설정등기청구의 당사자인 乙과 丙에게만 등기청구의 효력이 발생하므로 당사자 이외의 자인 채무자 甲에게는 그 효력이 미치지 않는다.

(4) 합의해제에 의한 소유권이전등기의 말소등기청구권

매매계약이 합의해제됨으로써 매수인에게 이전되었던 소유권은 당연히 매도인에게 복귀하는 것이므로 합의해제에 따른 매도인의 원상회복청구권은 소유권에 기한 물권적 청구권이고 소멸시효의 대상이 아니다(대판 1982.7.27, 80다2968).

(5) 제한물권에 기한 물권적 청구권

다수의 견해에 의하면 제한물권에 기한 물권적 청구권은 제한물권과 독립하여 소멸시효의 대상이 되지 않는다.

제1편

제2편

제3편

제4편

제5편

제6편

제7편

제8편

제9편

계약의 해소와 소멸시효

(6) 형성권

형성권의 권리행사기간은 언제나 제척기간에 해당된다.

(7) 제한물권

담보물권은 피담보채권이 소멸하지 않는 한 독립하여 소멸할 수 없다. 다만 피담보채권이 시효소멸하면 담보물권의 부종성에 따라 말소등기가 없더라도 당연히 소멸한다.

용익물권 중 지역권이 시효의 대상이 된다($\binom{제296조}{참조}$)는 점에는 견해의 대립이 없으나, 전세권과 지상권의 경우에는 견해대립이 있다.

(8) 점유권 · 상린권

점유권 · 상린권은 성질상 소멸시효에 걸리지 않는다. 즉 이들 권리는 점유가 존재하는 한 언제나 존재하고, 점유를 상실하면 따라서 소멸한다.

2. 소멸시효기간 동안 권리의 불행사 $\binom{제166조\ 제1항의\ 권리}{를\ 행사할\ 수\ 있는\ 때}$

이 요건에서는 소멸시효의 기산점을 산정하는 것이 가장 중요한 쟁점이 된다. 그 기산점은 권리발생시가 아니라 '권리를 행사할 수 있는 때'이다. 권리행사가 가능한 때라 함은 법률상 장애가 없는 것을 말한다($\binom{대판(전합)\ 1992.3.}{31,\ 91다32053}$). 따라서 기산점은 법률상 장애가 없어 권리를 행사할 수 있는 때를 기준으로 한다.

(1) 법률상의 장애가 없는 때

정지조건의 미성취, 기한의 미도래가 전형적인 법률상 장애에 해당된다. 위헌인 법률이 청구권을 부정하고 있다면 이는 법률상 장애로서 헌법재판소의 위헌결정으로 인하여 비로소 그 장애가 해소되므로 소멸시효는 위헌결정일로부터 진행한다($\binom{대판\ 1996.7.}{12,\ 94다52195}$).

사실상의 장애(例 채권자가 채무자를 모르거나 그의 주소를 모르는 등의 사실, 판례가 청구권을 부정하고 있다는 사실)는 소멸시효 기산점 결정에 영향을 주지 않는다. 특히 청구권을 인정하는 것으로 판례가 변경되는 시점이 기산점으로 된다고 볼 수 없고, 당초 청구권을 행사할 수 있는 시점이 기산점으로 된다($\binom{대판\ 2010.9.9.}{2008다15865}$). 또한 의사가 동일한 환자에게 여러건의 진료 및 치료를 하여 발생한 채권은 특약이 없는 한 개개의 진료가 종료될 때에 진료비 채권에 대한 소멸시효가 진행되며, 장기간 입원 치료를 받는 경우라 하더라도 다른 특약이 없는 한 입원 치료 중에 환자에 대하여 치료비를 청구함에 아무런 장애가 없으므로 퇴원시부터 소멸시효가 진행된다고 볼 수는 없다($\binom{대판\ 2001.11.9.}{2001다52568}$).

채권의 소멸시효 기산점은 이행지체책임의 성립시점과 다르다. 예컨대 동시이행항변권이 있는 채무 중 어느 것도 이행제공되지 않은 상태에서 이행기가 일정 기간 지나면 이행지체책임은 없는 상태에서 양 채무는 소멸시효가 완성될 수 있다. 또한 소멸시효의 기산점은 변론주의의 적용대상이 된다. 따라서 당사자가 주장하는 기산일이 실제 소멸시효의 기산일과 다른 경우, 소멸시효의 기산일은 요건사실에 해당하므로 변론주의 원칙에 따라 당사자가 주장한 기산일을 기준으로 소멸시효를 계산하여야 한다. 특히 당사자가 본래의 기산일보다 뒤의 날짜를 기산일로 하여 주장하는 경우는 물론이고 특별한 사정이 없는 한 그 반대의 경우에 있어서도 마찬가지이다$\binom{\text{대판 2009.12.24. 2009다60244;}}{\text{대판 1995.8.25. 94다35886 참조}}$.

[법률상의 장애가 인정된 경우]

(i) 다른 법령에 의한 보상 여부가 판명되지 않고 있다는 사정$\binom{\text{대판 1998.7.}}{\text{10. 98다7001}}$: 군인 등이 공상을 입은 경우에 다른 법령에 의하여 보상을 받을 수 없음이 판명되어 국가배상법 제2조 제1항 단서 규정의 적용이 배제됨이 확정될 때까지는 손해배상청구권은 법률상 행사할 수 없다.

(ii) 헌법재판소에 의하여 위헌결정을 받은 법률 규정의 존재$\binom{\text{대판 1996.7.}}{\text{12. 94다52195}}$: 면직처분의 근거가 된 법률 규정이 위헌으로 결정되어 위헌결정의 소급효로 인하여 면직처분이 당연무효가 되고 그 면직처분이 불법행위에 해당되는 경우라도, 그 손해배상청구권은 위헌결정이 있기 전까지는 법률상 장애로 행사할 수 없었다고 보아야 한다(그 법률이 위헌결정 당시에는 실효되었다 할지라도 그 법률 규정으로 인한 면직처분의 효력이 그대로 지속되는 경우에도 마찬가지로 적용).

[법률상의 장애를 인정하지 않는 경우]

(i) 채권자에게 객관적으로 자신의 권리를 행사할 수 없는 장애사유가 있었다는 사정을 들어 소멸시효 완성의 항변이 신의성실의 원칙에 반하여 허용되지 아니한다고 평가하는 것은, 소멸시효의 기산점에 관하여 그동안 적용되어 온 법률상 장애와 사실상 장애의 기초적인 구분 기준을 일반조항인 신의칙을 통하여 무너뜨릴 위험이 있으므로 매우 신중하여야 하며, 국가에게 국민을 보호할 의무가 있다는 사정만으로 국가가 소멸시효의 완성을 주장하는 것 자체가 신의성실의 원칙에 반하여 권리남용에 해당한다고 할 수는 없다고 판단한다$\binom{\text{대판 2015.3.26. 2012다48824.}}{\text{1974년 유신체제에 반대하는}}$ 학생운동으로 긴급조치 위반으로 영장없이 체포, 구금당한 후 폭행, 각종 고문 후 약 60일 내지 140일 구금되었다가 기소유예로 석방되었다. 약 37년 후 국가의 불법행위로 인한 손해배상청구 소송에서 피고의 소멸시효 항변주장은 권리남용에 해당하지 않는다고 하여 손해배상청구권을 행사할 수 없는 객관적 장애사유가 $\Big)$ 있다고 보기 어렵다고 판시함.

(ii) 퇴직금 청구권에 대한 근로기준법 제36조 소정의 금품청산제도$\binom{\text{대판 2001.10.30.}}{\text{2001다24051}}$: 근로관계가 종료된 후 사용자로 하여금 14일 내에 근로자에게 임금이나 퇴직금 등의 금품을 청산하도록 하는 금품청산제도는 사용자에게 위 기간 동안 임금이나 퇴직금 지급의무의 이행을 유예하여 준 것이라고 볼 수는 없으므로, 퇴직금청구권은 퇴직한 다음날부터 이를 행사할 수 있다고 봄이 타당하다.

(iii) 대법원 전원합의체 판결을 통하여 피해자가 보험회사에 대하여 보험금액 직접청구권을 행사함에 있어 면허운전에 관한 종전의 견해를 변경한 바 있다 하더라도 그 소멸시효가 위 대법원판결이 있은 때로부터 기산된다 할 수 없다(사실상의 장애에 불과하다)$\binom{\text{대판 1993.4.}}{\text{13. 93다3622}}$.

(2) 권리자의 선의·악의나 과실유무가 고려되는지의 문제

(가) 원 칙

소멸시효는 권리자가 권리의 존재나 권리행사의 가능성에 대하여 선·악의나 과실유무와 관계없이 객관적으로 권리가 발생하고, 기간 미도래나 조건불성취 등의 법률상의 장애가 없는 때로부터 진행한다(대판(전합) 1984.12. 26, 84누572). 판례는 권리를 행사할 수 없는 때란 권리행사에 법률상의 장애사유, 예컨대 기간의 미도래나 조건불성취 등이 있는 경우를 말하는 것이고, 사실상 권리의 존부나 권리행사의 가능성을 알지 못하였거나 알지 못함에 과실이 없다는 사유는 법률상 장애사유에 해당한다고 볼 수 없다고 한다(대판 1993.4. 13, 93다3622).

(나) 예 외

법률에서 주관적 사정을 요구하는 경우(제766조 등)에는 주관적 사유가 영향을 미친다. 나아가 판례는 예외적으로 권리자가 권리의 발생 여부를 알기 어려운 객관적 사정이 존재하고, 권리자가 과실 없이 권리발생 여부를 알지 못한 경우에 예외적으로 이러한 사실상 장애가 제거되어야 소멸시효가 진행된다고 본다. 예컨대 보험사고가 발생한 경우 보험금청구권의 소멸시효는 원칙적으로 보험사고가 발생한 때로부터 진행하지만 보험사고의 발생이 객관적으로 분명하지 않아서 보험사고의 발생사실을 확인할 수 없는 사정이 존재하는 경우에는 보험금청구권자가 보험사고의 발생을 알았거나 알 수 있었을 때부터 진행한다(대판 2008.11.13, 2007다19624). 그렇게 해석하지 않으면 보험금청구권자에게 가혹한 결과를 초래하게 되어 정의와 형평의 이념에 반하고 소멸시효제도의 존재이유에도 부합하지 않는다.

또한 법인의 이사회결의가 부존재함에 따라 발생하는 제3자의 부당이득반환청구권처럼 법인이나 회사의 내부적인 법률관계가 개입되어 있어 청구권자가 권리의 발생 여부를 객관적으로 알기 어려운 상황에 있고 청구권자가 과실 없이 이를 알지 못한 경우에도 이사회결의부존재확인판결의 확정과 같이 객관적으로 청구권의 발생을 알 수 있게 된 때로부터 소멸시효가 진행된다(대판 2003.4.8, 2002다64957,64964. 종중 총회결의 부존재로 제3자가 갖는 부당이득반환청구권은 종중총회결의 부존재가 외부로 드러남으로써 객관적으로 청구권의 발생을 알 수 있게 된 때로부터 진행한다는 판결로는 대판 2011.5.26, 2010다78470 참조).

건물신축공사의 하도급에서 수급인에 대한 하수급인의 저당권설정청구권(제666조)은 수급인이 건축물의 소유권을 취득하면 성립하고 그때부터 권리를 행사할 수 있음이 원칙이다. 그러나 하수급인이 수급인을 상대로 저당권설정청구권을 행사할 수 있는지 객관적으로 알기 어렵고 과실 없이 이를 알지 못한 경우(건축물의 귀속주체는 하수급인의 관여 없이 도급인과 수급인 사이에 체결된 도급계약에 따라 결정되고, 더구나 건물완성 이후에도 소유권 귀속에 관한 법적 분쟁이 계속되는 등의 사유가 있는 경우)에는 청구권이 성립한 때부터 소멸시효가 진행되지는 않는다(대판 2016.10.27, 2014다211978).

이행기일이 도래한 후에 채권자가 채무자에게 기한을 유예한 경우 유예시까지 진행된 시효는 포기된 것이므로, 유예한 이행기일로부터 다시 시효가 진행된다(대판 1992.12. 22, 92다40211).

사례 6 甲은 자기 소유의 X부동산을 乙법인에게 매도하는 매매계약을 체결하고 乙법인은 매매대금을 지급했다. 甲은 매매계약을 乙법인의 대표이사인 丙과 체결하였는데 丙을 대표자로 선임하는 이사회결의가 부존재하는 것으로 판결이 확정되었다. 따라서 위 매매계약은 무효가 되었고 乙법인은 甲에게 대금에 대한 부당이득반환청구를 하였다. 이 경우 반환청구권에 적용되는 소멸시효의 기산점은? (대판 2003.4.8, 2002다64957,64964 참조)

해설 6 이사회결의부존재확인의 판결이 확정된 시점부터 기산된다.

소멸시효의 진행은 당해 청구권이 성립한 때로부터 발생하고 원칙적으로 권리의 존재나 발생을 알지 못하였다고 하더라도 소멸시효의 진행에 장애가 되지 않는다고 할 것이므로, 원칙적으로 무효사유가 발생한 때로부터 부당이득반환청구권이 발생하고 소멸시효가 진행된다.

그러나 청구권자가 권리의 발생 여부를 객관적으로 알기 어려운 상황에 있고 청구권자가 과실 없이 이를 알지 못한 경우에는 객관적으로 청구권의 발생을 알 수 있게 된 때부터 소멸시효가 진행된다고 보는 것이 타당하다. 이러한 결론이 정의와 형평에 비추어 타당할 뿐만 아니라 소멸시효제도의 존재이유에도 부합한다고 볼 수 있기 때문이다(대판 2003.4.8, 2002다64957,64964).

참고 매수인인 乙법인이 주식회사인 경우에도 '상거래 관계와 같은 정도로 신속하게 해결할 필요성이 있다고 볼 만한 합리적인 근거도 없으므로 위 부당이득반환청구권에는 상법 제64조가 적용되지 아니하고, 그 소멸시효기간은 제162조 제1항에 따라 10년'으로 판단하였다.

(3) 각종 기산점

(가) 확정기한부 채권

확정기한부 채권은 그 기한이 도래한 때부터 소멸시효가 기산되고, 동시이행항변권이 있더라도 달라지지 않는다. 또한 추심채권, 지시채권·무기명채권 등에 관계없이 가능하다. 이러한 점에서 소멸시효의 기산점은 이행지체책임의 발생시점과는 다를 수 있다.[1]

(나) 불확정기한부 채권

불확정기한부 채권의 소멸시효의 기산점은 기한이 객관적으로 도래한 시점이다. 채권자가 기한도래의 사실을 몰랐고, 모른데 과실이 없더라도 객관적으로 기한이 도래한 시점부터 채권의 소멸시효는 진행된다. 한편 지체책임의 성립시점은 채무자가 기한도래를 안 때 또는 모르더라도 채권자의 기한도래 후 이행을 청구한 시점(제387조 제2항 2문)이라는 점에서 차이가 있다.

---

[1] 예를 들어 5.1.을 변제기로 한 경우에 이행기도래는 5.1. 00시부터이므로 이때부터 채권자는 권리를 행사할 수 있으므로 소멸시효는 5.1.00시부터 진행한다. 다만 이행지체는 이행기의 '도래'가 아니라, '도과'해야 하므로 5.2. 00시부터 진행한다고 해야 한다. 한편 변제기가 5.1.이 아니라, 5.1.'까지'로 되어 있다면 이행기의 도래는 5.1. 24시이므로 5.2. 00시부터 소멸시효가 진행해야 한다고 해야 할 것이다. 이러한 구분 없이 일부 견해(주석민법, 민법주해)는 제157조(본문)의 취지에 따라 변제기일 다음날부터 소멸시효가 진행된다고 설명하나 이는 타당하지 않다. 오히려 같은 조 단서에 의하여 변제기가 00시부터 시작하므로 당일도 포함되어야 함이 원칙이라고 할 것이다.

(다) 기한의 정함이 없는 권리

기한의 정함이 없는 권리는 언제든지 권리를 행사할 수 있으므로 채권발생시 소멸시효가 기산되지만, 지체책임은 채권자의 이행청구시부터 성립한다. 예컨대 보험금청구권의 소멸시효의 기산점은 원칙적으로 보험사고가 발생한 때이며, 객관적으로 보아 보험사고가 발생한 사실을 확인할 수 없는 사정이 있는 경우에는 보험금청구권자가 보험사고의 발생을 알았거나 알 수 있었던 때($^{대판 2005.12.23.}_{2005다59383,59390}$), 약관 등에 의하여 보험금액청구권의 행사에 특별한 절차를 요구하는 때에는 그 절차를 마친 때가 된다($^{대판 2006.1.26.}_{2004다19104}$). 기한의 정함이 없는 권리라고 하더라도 청구권자가 권리의 발생 여부를 객관적으로 알기 어려운 상황에 있고 청구권자가 과실 없이 이를 알지 못한 경우에는 객관적으로 청구권의 발생을 알 수 있게 된 때로부터 소멸시효가 진행된다($^{대판 2003.4.8.}_{2002다64957,64964}$).

(라) 반환시기 약정 없는 소비대차에서 대주의 반환청구권($^{제603조}_{제2항}$), 기간의 약정 없는 임대차의 임대인의 해지통고($^{제635}_{조}$)

이 경우 최고나 통지를 할 수 있는 때부터 상당기간 또는 일정기간이 경과한 때부터 기산한다. 지체책임은 최고나 통고를 한 때부터 상당기간 또는 일정기간이 경과한 때부터 기산한다.

(마) 기한의 이익 상실특약이 있는 경우

1) 기한의 이익 상실특약은 약정한 일정사유가 발생하면 즉시 이행기가 도래하는 정지조건부 기한이익 상실특약과 채권자의 청구가 있는 경우에 비로소 이행기가 도래하는 형성권적 기한이익 상실특약이 있다.

2) 정지조건부 기한이익 상실특약인 경우는 '그 사유 발생시'가 소멸시효의 기산점이 된다. 이와는 달리 형성권적 기한이익 상실특약인 경우에는 다르다. 예컨대 할부금 채무 중 1회만의 불이행이 있으면 잔금 전부의 이행을 청구받더라도 이의를 제기하지 못한다는 특약을 할 수 있는데, 채무자가 할부금 채무를 1회 이행하지 못한 경우에는 각 할부금에 대해 그 각 변제기의 도래시마다 그 때부터 순차로 소멸시효가 진행하고, 채권자가 특히 잔존 채무 전액의 변제를 구하는 취지의 의사를 표시한 경우에 한하여 전액에 대하여 그때부터 소멸시효가 진행한다($^{대판 1997.8.}_{29. 97다12990}$). 형성권적 기한이익 상실특약인 경우는 기한이익의 상실 사유가 발생했더라도 채권자가 나머지 전액을 일시에 청구할 것인가 또는 종래대로 할부변제를 청구할 것인가를 자유로이 선택할 수 있기 때문이다.

3) 기한의 이익 상실특약이 있는 경우 양자 중 어느 것으로 정한 것인지는 당사자의 의사해석의 문제이지만, 일반적으로 기한이익 상실의 특약이 채권자를 위하여 둔 것인 점에 비추어 특별한 사정이 없는 한 형성권적 기한이익 상실의 특약으로 추정한다($^{대판 2002.9.4.}_{2002다28340 등}$).

(바) 조건부권리

조건성취시가 소멸시효의 기산점이다. 참고로 조건부권리의 효력발생시기도 조건성취시이다.

(사) 채무불이행에 의한 손해배상청구권

채무불이행시(이행지체 또는 이행불능시)부터 기산한다($\binom{대판\ 2005.1.14.}{2002다57119}$). 채무불이행시에 비로소 성립하는 손해배상청구권의 성질상 이와 같이 해석된다.

(아) 부작위채권($\binom{제166조}{제2항}$)

부작위를 목적으로 하는 채권의 소멸시효는 위반행위를 한 때부터 진행한다. 부정경쟁방지법 제10조 제1항이 정한 영업비밀 침해행위의 금지 또는 예방을 청구할 수 있는 권리의 경우, 그 소멸시효가 진행하기 위하여는 일단 침해행위가 개시되어야 하고, 나아가 영업비밀 보유자가 그 침해행위에 의하여 자기의 영업상의 이익이 침해되거나 또는 침해될 우려가 있는 사실 및 침해행위자를 알아야 한다($\binom{대결\ 1996.2.}{13,\ 95마594}$).

(자) 담보책임으로서의 손해배상청구권

하자담보책임에 기한 손해배상청구권은 그 권리를 행사할 수 있는 때인 목적물의 인도시(부동산의 매매시에도 동일)부터 제162조 제1항에 따라 10년의 소멸시효가 진행한다($\binom{대판\ 2020.5.28.}{2017다265389}$). 특히 손해배상청구권자(매수인)가 계약의 목적물에 하자가 있는지 사실상 알지 못하였다고 하더라도, 매수인의 하자담보책임에 기한 손해배상청구권은 제582조의 권리행사기간(제척기간)과는 상관없이 소멸시효가 진행된다($\binom{대판\ 2011.10.13.}{2011다10266}$).

도급인이 하자보수에 갈음하여 행사하는 손해배상채권($\binom{제667조}{제2항}$)의 소멸시효의 기산점은 그 권리를 행사할 수 있는 때인 '하자발생 시점'부터 진행함이 원칙이다. 그러나 그 하자가 건물의 인도 당시부터 이미 존재하고 있는 경우에는 이와 관련한 하자보수에 갈음하는 손해배상채권의 소멸시효기간은 건물을 인도한 날부터 진행한다($\binom{대판\ 2021.8.12.}{2021다210195}$).

(차) 불법행위로 인한 손해배상청구권

불법행위로 인한 손해배상청구권은 피해자나 그 법정대리인이 손해 및 가해자를 안 날로부터 3년, 불법행위를 한 날로부터 10년이 지나면 시효로 권리가 소멸한다($\binom{제766조\ 제1}{항\ 및\ 제2항}$). '불법행위를 한 날'이란 가해행위가 있었던 날이 아니라 현실적으로 손해의 결과가 발생한 날을 의미한다($\binom{대판}{(전)\ 1979.12.26,}{77다1894,1895}$). 이 때 피해자가 손해의 결과발생을 알았거나 예상할 수 있는지 여부는 고려되지 않는다($\binom{대판\ 2005.5.13.}{2004다71881}$). 예컨대 삼청교육대 피해자들의 손해배상청구권은 피해보상 약속을 내용으로 하는 담화를 발표했던 대통령이 퇴임한 이상, 그 때 삼청교육대 피해자들의 신뢰는 상실되어 손해배상청구권이 발생하였다고 할 것이고, 후임 대통령이 지시한 보상입법이 언론에 보도되더라도 청구권 발생에 영향을 주지 않는다고 판시하였다($\binom{대판\ 2003.11.28.}{2002다72156}$). 감염병의 경우 감염 자체로 인한 손해 외에 증상의 발현 또는 병의 진행으로 인한 손해는 감염의 잠복기가 길거나, 감염 당시에는 장차 병이 어느 단계까지 진행될 것인지 예측하기 어려운 경우, 그러한 손해는 증상이 발현되거나 병이 진행된 시점에 현실적으로 발생한다고 볼 수 있다($\binom{대판\ 2011.9.29.}{2008다16776}$). 성범죄로 인한 외상후 스트레스 장애로 인한 손해배상청구권은 외상후 스트레스 장애가 발현되었다고 진단받은 때에 손해발생이 현실적인 것이 되었고 이때부터 소멸시효가 진행한다(대판 2021.8.19. 2019다297137).

'손해 및 가해자를 안 날'이라 함은 손해 및 가해자를 현실적이고도 구체적으로 인식하는 것을 말한다. 불법행위의 요건사실 전부를 안 날로 해석되므로 과실의 존재, 가해행위의 위법성, 손해의 발생, 인과관계의 존재까지 알아야 한다(대판 2013.7.12. 2006다17539 등). 경우에 따라서는 불법행위를 원인으로 하여 손해배상을 소구(訴求)할 수 있다는 것까지 알아야 한다(대판 2014.2.27. 2012다67061; 대판 2010.12.9. 2010다71592). 소구하는 경우 3년의 기산점은 1심 판결 선고일이 아니라 '판결이 확정된 때'로 봄이 원칙이다(대판 2019.12.13. 2019다259371. 해당 사건에서는 화재의 원인이나 발화지점, 책임의 주체 등 위법행위 여부를 판단하기 위해서는 전문적인 지식이 필요한 점을 들고 있다). 이때 비로소 불법행위의 요건사실을 현실적·구체적으로 인식했을 것으로 보이기 때문이다.

사례 7 甲은 검사 乙의 불법구속으로 인한 손해배상청구권을 행사하였다. 이 경우 해당 손해배상청구권의 소멸시효 기산점은 불법구속시인가, 아니면 형사재판이 확정될 때인가?

(대판 2002.6.28. 2000다22249 참조)

│ 해설 7 │ 불법구속시부터 진행된다.

불법행위로 인한 손해배상청구권의 단기소멸시효의 기산점이 되는 제766조 제1항 소정의 '손해 및 가해자를 안 날'이라 함은 손해의 발생, 위법한 가해행위의 존재, 가해행위와 손해의 발생과의 사이에 상당인과관계가 있다는 사실 등 불법행위의 요건사실에 대하여 현실적이고도 구체적으로 인식하였을 때를 의미한다고 할 것이고, 여러 객관적 사정을 참작하고 손해배상청구가 사실상 가능하게 된 상황을 고려하여 합리적으로 인정하여야 한다. 따라서 검사의 불법구속으로 인한 손해배상청구권의 소멸시효는 불법구속시부터 진행하고, 구속된 범죄사실에 관한 형사재판이 확정될 때까지 소멸시효가 진행하지 않는다고 볼 수 없다.

(카) 동시이행항변권이 붙은 채권

동시이행항변권이 붙은 채권 자체의 소멸시효기산점은 이행기 도래시가 된다. 동시이행항변권이 있더라도 이는 자기 채무의 이행을 거절할 수 있을 뿐이고 상대방의 이행청구를 방해하는 것이 아니다.

예컨대 부동산에 대한 매매대금채권이 소유권이전등기청구권과 동시이행의 관계인 경우, 매매대금 청구권은 그 지급기일 이후 소멸시효가 진행된다. 그 이유는 매도인은 매매대금의 지급기일 이후 언제라도 그 대금의 지급을 청구할 수 있으며, 동시이행항변권은 매수인이 매도인으로부터 그 이전등기에 관한 이행의 제공을 받기까지 그 지급을 거절할 수 있는 데 지나지 아니하기 때문이다(대판 1991.3.22. 90다9797). 등기청구권도 목적물을 인도받아 점유하고 있거나 그 후 제3자에게 처분한 경우가 아니면 10년의 경과로 소멸시효가 완성된다. 판례에 따르면 매매계약상 양 당사자의 채무가 이행된 후 해제되고 별다른 조치 없이 10년이 도과한 경우, 매수인의 대금반환채권은 해제시부터 소멸시효가 진행되므로 시효가 완성된다. 반면 매도인의 목적물반환청구권은 물권적 청구권으로서 소멸시효의 대상이 아니므로 10년이 도과한 후에도 권리행사가 가능하게 될 것이다. 결국 매도인은 목적물의 반환 및 등기말소청구를 할 수 있는 반면, 매수인은 매매 대금의 반환을 청구할 수 없게 된다.

이와 달리 판례는 임대차에서 임차인이 임차물을 점유하고 있는 경우에는 임차인의 보증금 반환채권은 소멸시효가 진행하지 않는다고 보았다. 임대차가 종료함에 따라 발생한 임차인의 목적물반환의무와 임대인의 보증금반환의무는 동시이행관계에 있는데, 이때 임대차 종료 후 임 차인이 보증금을 반환받기 위해 목적물을 점유하는 경우 보증금반환채권은 소멸시효가 진행하 지 않는다고 한다(대판 2020.7.9, 2016다244224. 그 논거로 목적물의 점유는 보증금반환채권을 행사하 고 있는 것으로 보아야 한다는 점, 임대인의 목적물인도청구권은 소유권 등 물권에 기초하는 경우가 많 은데 이는 소멸시효가 진행되지 않는 반면, 보증금반환채권만 소멸시효가 완성되었다면 임차인은 목적 물반환의무를 그대로 부담하면서 임대인에 대한 보증금반환채권만 상실하는 문제가 발생한다는 점을 든 다).

한편 동시이행항변권이 붙은 채권의 이행지체로 인한 손해배상청구권의 소멸시효는 채무불 이행이 성립한 때부터 진행해야 하므로 이행지체가 성립된 시점이 기산점이 된다는 점에서 차 이가 있다.

(타) 선택채권

선택채권은 그 선택권을 행사할 수 있는 때부터 소멸시효가 진행한다. 타인의 대리인으로 계약을 한 사람이 그 대리권을 증명하지 못하고 또 본인의 추인을 얻지 못한 때에 상대방이 무 권대리인에게 선택적으로 갖는 계약이행 또는 손해배상청구권의 소멸시효는 대리권의 증명 또 는 본인의 추인을 얻지 못하여 그 선택권을 행사할 수 있는 때부터 진행한다(대판 1965.8.24, 64다1156).

(파) 기 타

1) 대상청구권

대상청구권은 특별한 사정이 없는 한 매매 목적물의 수용 또는 국유화로 인하여 매도인의 소유권이전등기의무가 이행불능 되었을 때 매수인이 그 권리를 행사할 수 있다고 보아야 할 것이고 따라서 그 때부터 소멸시효가 진행하는 것이 원칙이다. 다만 국유화가 된 사유의 특수 성과 법규의 미비 등으로 그 보상금의 지급을 구할 수 있는 방법이나 절차가 없는 경우, 대상 청구권이 발생하였다는 사유만으로 소멸시효가 진행하지는 않는다(대판 2002.2.8, 99다23901).

2) 부당이득반환청구권

부당이득반환청구권은 부당수익시부터 소멸시효가 진행한다. 과세처분 취소소송의 경우, 재 판과정에서 그 과세처분이 무효로 밝혀졌다고 하여도 그 과세처분은 처음부터 무효이고 무효 선언으로서의 취소판결이 확정됨으로써 비로소 무효로 되는 것은 아니므로 오납시부터 그 반 환청구권의 소멸시효가 진행한다(대판(전합) 1992.3.31, 91다32053).

3) 구상권

구상권의 소멸시효기간은 일반채권과 같이 10년이고 구상권자가 현실로 채권자에게 변제한 때로부터 기산한다(대판 1999.6.
11, 99다3143.).

〈소멸시효 기산점과 이행지체 기산점의 비교〉

	소멸시효 기산점	이행지체 기산점
확정기한부 채권	기한이 도래한 때	기한이 도래한 때 (단, 동시이행항변권 등으로 이행지체에 해당하지 않는 경우 기한이 도래하더라도 이행지체 아님)
불확정기한 채권	기한이 객관적으로 도래한 때	기한도래를 안 때 또는 채무자가 이행청구를 받은 때
기한을 정하지 않은 채권	채권이 발생한 때	채무자가 채권자로부터 이행청구를 받은 때
반환시기 약정 없는 소비대차에서 대주의 반환청구권	대주가 최고나 통지를 할 수 있는 때로부터 상당기간 또는 일정기간 경과시	대주가 최고나 통고를 한 때로부터 상당기간 또는 일정기간 경과시
기간의 약정 없는 임대차에서 임대인의 해지통고	위의 경우와 동일	위의 경우와 동일

3. 소멸시효기간의 경과

권리불행사의 상태가 소멸시효기간 동안 지속되어야 한다.

(1) 채권의 소멸시효기간

(가) 보통의 채권

소멸시효기간은 10년이나, 상행위로 인하여 발생한 채권의 소멸시효기간은 5년이다(162조 1항.
상법 64조). 판례에 의하면 금전채무의 이행지체로 인하여 발생하는 지연손해금채권(대판 1995.10.
13, 94다57800), 피해자에게 손해를 배상한 공동불법행위자의 보증인이 해당 공동불법행위자 또는 다른 공동불법행위자에 대하여 가지는 구상금채권(대판 2008.7.24.
2007다37530)은 10년의 소멸시효에 걸린다.

채무불이행으로 인한 손해배상청구권의 소멸시효기간은 계약이 체결되었을 때 취득하게 될 이행청구권에 적용되는 소멸시효기간에 따른다(대판 2005.1.14.
2002다57119).

유치권의 발생원인인 피담보채권은 유치물을 점유하고 있다는 사실이 피담보채권의 권리행사로 볼 수 없다(제326
조).

(나) 3년의 단기소멸시효에 걸리는 채권

1) 이자, 부양료, 급료, 사용료 기타 1년 이내의 기간으로 정한 금전 또는 물건의 지급을 목적으로 한 채권(제163조제1호)

1년 이내의 기간으로 정한 채권이라 함은, 1개월 단위로 지급되는 집합건물의 관리비 채권처럼, 1년 이내의 정기로 지급되는 채권을 뜻한다(대판 2007.2.22, 2005다65821). 은행이 영업행위로 한 대출금에 대한 변제기 이후의 지연손해금채권은 그 원본채권과 마찬가지로 상행위로 인한 채권에 5년의 소멸시효를 규정한 상법 제64조가 적용된다(대판 2008.3.14, 2006다2940). 지연손해금(지연이자)은 '손해배상'이지 '이자'가 아니므로 단기소멸시효에 걸리지 않는다.

약 8개월 기간 동안 리조트의 객실과 식당을 사용하면서 사용료를 매월 말 지급하기로 한 채권의 경우 1년의 소멸시효가 적용된다(대판 2020.2.13, 2019다271012). 월단위로 정기로 지급하기로 한 사용료 채권이라도 그것이 여관에 해당되는 경우에는 제163조 제1호가 아니라 제164조 제1호가 적용되어야 한다.

심화학습

3년의 단기소멸시효에 걸리는 이자의 지급이 있었으나 이것이 부당이득에 해당되어 반환해야 하는 경우, 부당이득금반환청구의 소멸시효는 3년인가, 10년인가?

해설 이자채권 등은 소액이며 영수증 교부 없이 자주 발생한다는 점에서 다른 경우보다 더욱 조속히 법률관계의 확정이 요구된다는 점을 고려하더라도 이미 지급한 이자는 이자로서의 성격을 상실했으므로 부당이득금으로 보아야 하므로 10년의 소멸시효가 적용되어야 할 것이다.

2) 의사 · 조산사 · 간호사 · 약사의 치료 · 근로 및 조제에 관한 채권(제163조제2호)

장기 입원치료를 받는 의료관계의 시효의 기산점과 관련하여 판례는 개개의 진료가 종료될 때마다 그에 대한 소멸시효가 진행된다고 한다(대판 2001.11.9, 2001다52568).

3) 도급 받은 자 · 기사 기타 공사의 설계 또는 감독에 종사하는 자의 공사에 관한 채권(제163조제3호)

공사에 관한 채권이라 함은, 그 공사에 부수되는 채권까지도 포함한다(대판 2009.11.12, 2008다41451).

4) 변호사 · 변리사 · 공증인 · 공인회계사 및 법무사에 대한 직무상 보관한 서류의 반환을 청구하는 채권(제163조제4호)

5) 변호사 · 변리사 · 공증인 · 공인회계사 및 법무사의 직무에 관한 채권(제163조제5호)

변호사의 보수채권(착수금, 성공보수금)은 수임한 소송사무가 종료하는 시기인 해당 심급의 판결을 송달받은 때로부터 소멸시효가 진행된다(대판 2023.2.2, 2022다276307).

한편 세무사 등 여기에 열거된 자들의 직무와 유사한 직무를 수행하는 자격사의 직무에 관한 채권에 본 호를 유추적용할 수 없다(대판 2022.8.25, 2021다311111. 또한 세무사는 의사, 변호사, 변리사, 공인회계사, 법무사 등과 마찬가지로 상인으로 볼 수 없으므로 그 채무의 소멸시효는 상사시효

(상법 제64조)가 아니라 10년의 민사소멸시효(제162조 제2항)가 적용됨).

6) 생산자 및 상인이 판매한 생산물 및 상품의 대가$\binom{제163조}{제6호}$

판례는 위탁자의 위탁매매인에 대한 위탁상품 공급으로 인한 이득상환청구권 또는 이행담보 책임 이행청구권은 위탁인이 공급한 상품과 직접적 대가성이 없어서 제163조 제6호의 단기 소멸시효에 걸리지 않고, 통상 상행위로 인하여 발생한 채권인 관계로 상법 제64조의 5년의 상사 소멸시효의 대상이 된다고 한다$\binom{대판\ 1996.1.23.}{95다39854}$. 또한 상법상 상인임을 요하는 관계로, 영위하는 사업의 목적이 영리에 있지 않은 농협의 경우 조합원이 생산한 물자의 판매사업을 하더라도 그 판매대금의 채권은 제163조 제6호에 해당하지 않는다$\binom{대판\ 2000.2.11.}{99다53292}$.

7) 수공업자 및 제조자의 업무에 관한 채권$\binom{제163조}{제7호}$

(다) 1년의 단기소멸시효에 걸리는 채권$\binom{제164}{조}$

여관 · 음식점 · 대석 · 오락장의 숙박료 · 음식료 · 대석료 · 소비물의 대가 및 체당금의 채권$\binom{제}{1호}$, 의복 · 침구 · 장구 기타 동산의 사용료의 채권$\binom{제}{2호}$, 노역인 · 연예인의 임금 및 그에 공급한 물건의 대금채권$\binom{제}{3호}$, 학생 및 수업자의 교육 · 의식 및 유숙에 관한 교주 · 숙주 · 교사의 채권$\binom{제}{4호}$이 1년의 단기소멸시효에 걸리는 채권에 해당한다.

(라) 판결 등으로 확정된 권리

단기시효에 걸리는 채권이 판결에 의하여 확정된 경우, 그 소멸시효기간은 단기소멸시효기간이 아닌 10년으로 한다$\binom{제165조}{제1항}$. 10년으로 하는 이유는 판결에 의하여 채권의 존재가 확정되면 그 성립이나 소멸에 관한 증거자료의 일실 등으로 인한 다툼의 여지가 없어지고, 법률관계를 조속히 확정할 필요성도 소멸하며, 채권자로 하여금 단기소멸시효 중단을 위해 여러 차례 중단절차를 밟도록 하는 것은 바람직하지 않기 때문이다$\binom{대판\ 2006.8.24.}{2004다26287}$.

다만 시효기간이 20년인 권리 또는 시효에 걸리지 않는 권리는 판결에 의해 확정되었더라도 10년의 소멸시효가 적용되는 것은 아니다. 예컨대 공유물분할청구권은 공유관계에서 수반되는 형성권이므로 공유관계가 존속하는 한 그 분할청구권만 독립하여 시효에 의하여 소멸되지 않으며, 따라서 그 분할청구의 소 내지 공유물분할을 명하는 판결도 형성의 소 및 형성판결로서 소멸시효의 대상이 될 수 없다$\binom{대판\ 1981.3.24.}{80다1888,1889}$.

단기소멸시효기간에 해당하는 채권이 파산절차, 재판상 화해, 조정 기타 판결과 동일한 효력이 있는 것(확정된 지급명령)에 의하여 확정된 경우에도 10년의 소멸시효에 걸린다$\binom{제165조}{제2항}$. 그러나 판결 및 판결과 동일한 효력이 있는 것에 의하여 확정될 당시 변제기가 도래하지 않으면 시효기간이 10년으로 연장되지 않고, 변제기 경과 후 단기소멸시효에 걸린다$\binom{제165조}{제3항}$. 위 시효기간 10년의 연장 규정은 채권자와 주채무자 사이에만 적용되며, 채권자의 연대보증채권의 소멸시효기간은 여전히 종전 소멸시효기간에 따른다$\binom{대판\ 1986.11.25.}{86다카1569}$. 여기서 종전 소멸시효기간이란 보증채무 자체의 소멸시효기간이라고 해야 할 것이다.

왜냐하면 보증채무가 주채무에 부종한다 할지라도 원래 보증채무는 주채무와는 별개의 독립된 채무이어서 채권자와 주채무자 사이에서 주채무가 판결에 의하여 확정되었다고 하더라도 이로 인하여 보증채무 자체의 성립 및 소멸에 관한 분쟁까지 당연히 해결되어 보증채무의 존재가 명확하게 되는 것은 아니므로, 채권자가 보증채무에 대하여 뒤늦게 권리행사에 나선 경우 보증채무 자체의 성립과 소멸에 관한 분쟁에 대하여 단기소멸시효를 적용하여야 할 필요성은 여전히 남기 때문이다(대판 2006.8.24, 2004다26287 참조).

> **사례 8** 甲의 乙에 대한 주채무의 소멸시효기간이 확정판결에 의하여 10년으로 연장된 경우, 이 채무에 대하여 연대보증을 한 丙의 연대보증채무의 소멸시효기간(5년인 경우)도 마찬가지로 10년으로 연장되는가? (대판 2006.8.24, 2004다26287 참조)
>
> **해설 8** 채권자와 연대보증인 사이에 있어서 연대보증채무의 소멸시효기간은 여전히 종전의 소멸시효기간에 따르고 10년으로 연장되지 않는다.
> 제440조(주채무자에 대한 시효의 중단은 보증인에 대하여 그 효력이 있다)는 제169조(시효의 중단은 당사자 및 그 승계인 간에만 효력이 있다)의 예외를 정한 것으로 이 조항은 보증채무의 부종성에 기인한 당연한 법리를 선언한 것이라기보다 채권자보호 내지 채권담보의 확보를 위하여 마련한 특별 조항인바, 위 조항이 상충하는 채권자와 보증채무자의 이해관계를 조절하는 조항이라는 점을 고려하면 이를 해석함에 있어서는 가급적 문언에 충실함이 바람직하다. 위 조항의 문언상 의미는 주채무자에 대한 시효중단의 사유가 발생하였을 때는 그 보증인에 대한 별도의 중단조치가 이루어지지 아니하여도 동시에 시효중단의 효력이 생기도록 한 것에 불과하고 중단된 이후의 시효기간까지 당연히 보증인에게도 그 효력이 미친다고 하는 취지는 아니다.
> 한편 보증채무가 주채무에 부종한다 할지라도 원래 보증채무는 주채무와는 별개의 독립된 채무이어서 채권자와 주채무자 사이에서 주채무가 판결에 의하여 확정되었다고 하더라도 이로 인하여 보증채무 자체의 성립 및 소멸에 관한 분쟁까지 당연히 해결되어 보증채무의 존재가 명확하게 되는 것은 아니므로, 채권자가 보증채무에 대하여 뒤늦게 권리행사에 나선 경우 보증채무 자체의 성립과 소멸에 관한 분쟁에 대하여 단기소멸시효를 적용하여야 할 필요성은 여전히 남는다.

참고 유치권의 경우 피담보채권의 소멸시효기간이 확정판결로 연장된 경우 유치물의 매수인은 종전의 단기소멸시효기간을 원용할 수는 없다고 한 판결례(대판 2009.9.24, 2009다39530)가 있다. 유치물의 매수인은 유치권자에게 채무자의 채무와는 별개의 독립된 채무를 부담하는 것이 아니라 단지 채무자의 채무를 변제할 책임을 부담하는 것에 불과하기 때문이다.

(마) 상사채권의 소멸시효

상행위로 인한 채권의 소멸시효는 원칙적으로 5년의 소멸시효기간이 적용된다. 상거래는 대량, 정형, 신속이라는 특성상 법률관계의 신속한 해결이 강하게 요청되기 때문이다. 상법에 다른 규정이 있으면 그에 의하고, 다른 법령에 이보다 단기의 시효규정이 있는 때에는 그 규정에 의한다(상법 제64조).

상사계약이 무효인 경우 부당이득반환청구권은 특별한 사정이 없는 한 10년의 민사 소멸시효기간이 적용됨이 원칙이나, 부당이득반환청구권이 상사계약에 기초해 이루어진 급부 자체의 반환을 구하는 것으로서 여러 사정에 비추어 상거래 관계와 같은 정도로 신속하게 해결할 필요성이 있는 경우에 등에는 5년의 상사 소멸시효기간($\frac{상법}{제64조}$)이 (유추)적용된다($\frac{대판\ 2003.4.8,}{2002다64957,64964}$). 보험계약이 보험사기 등으로 민법 제103조를 위반하여 무효인 경우 보험계약자 등을 상대로 이미 지급한 보험금의 반환을 청구하는 부당이득반환청구권도 5년의 상사소멸시효가 적용된다(대판(전합) 2021.7.22, 2019다277812. 보험계약이 103조 위반의 경우가 아니라 보험사고가 없었던 경우에 지급받은 보험금의 부당이득반환청구권도 상사소멸시효(5년)가 유추적용된다고 본 사례로는 대판 2021.8.19, 2018다258074). 이는 보험계약자의 보험금청구권이나 보험료 반환채권은 3년의 단기 소멸시효가 적용됨에 비추어 볼 때($\frac{상법}{제662조}$), 보험계약의 정형성이나 법률관계의 신속한 처리의 필요성에 비추어 단기인 5년의 상사소멸시효가 유추적용됨이 타당하다.

반면 근로계약은 보조적 상행위에 해당되지만, 사용자가 근로계약에 수반되는 신의칙상의 부수적 의무인 보호의무를 위반하여 근로자가 입은 손해의 배상청구권은 10년의 민사소멸시효가 적용된다. 이때 근로자의 손해배상청구권은 생명, 신체, 건강 침해 등으로 인한 손해의 전보에 관한 것으로서 그 성질상 정형적이고 신속하게 해결할 필요가 없기 때문이다($\frac{대판\ 2021.8.19,}{2018다270876}$; 대판 2005.11.10, 2004다22742).

(2) 채권 이외의 재산권의 소멸시효기간

채권 및 소유권 이외의 재산권(예 지역권 등)에 대한 소멸시효기간은 20년이다($\frac{제162조}{제2항}$).

Ⅲ. 소멸시효의 중단

1. 의 의

소멸시효의 중단이란 권리자 또는 의무자의 일정한 행위가 그때까지의 소멸시효의 진행을 중단시키고 그 행위시부터 다시 소멸시효를 진행시키는 법률요건을 말한다. 시효는 법률이 권리 위에 잠자는 자의 보호를 거부하고 사회생활상 영속되는 사실상태를 존중하여 여기에 일정한 법적 효과를 부여하는 제도이므로 어떤 사실상의 상태가 계속 중 그 사실상의 상태와 상용할 수 없는 사정이 발생할 때는 그 사실상의 상태를 존중할 이유를 잃게 되기 때문이다($\frac{대판\ 1979.7.}{10,\ 79다569}$).

그 성질에 관하여, 재판의 대상인 소송물에 국한하여 시효중단을 인정하는 권리확정설의 견해가 있으나, 판례는 권리자가 권리를 주장함으로써 시효의 기초인 사실상태를 깨뜨리는 데 그 이유가 있으므로 그 권리행사가 재판에서 어떠한 형태로 또는 어떠한 방식으로 행하여지는가에 구애될 필요가 없다는 권리행사설의 입장이다. 이 견해는 재판상 청구의 소멸시효중단의 효력을 기판력이 미치는 범위로 제한하지 않는다. 응소 등이 재판상 청구에 해당한다고 해석하는 것도 권리행사설에 따른 것이다($\binom{대판\ 1978.4.}{11.\ 77다2509}$).

소멸시효 중단도 변론주의의 대상이므로 시효중단을 주장하지 않으면 시효중단의 효력이 발생하지 않는다. 다만 명시적으로 주장하지 않더라도 시효중단사유의 사실만 주장해도 된다($\binom{대\\판}{1997.4.25,}$ $_{96다46484}$). 시효중단의 주장을 했는지 불분명한 경우에는 석명권을 행사해야 한다(대판 2020.4.29, 2019다297908. 대판 2023.10.12, 2020다210860에서는 재판상 청구로 인한 시효중단을 명시적으로 주장하지 않았더라도 중재신청에 의한 시효중단을 주장했다면 재판상 청구에 의한 시효주장이 포함되는지 석명권을 행사해야 한다고 판시함).

2. 소멸시효의 중단사유

소멸시효의 중단사유는 i) 청구, ii) 압류 또는 가압류, 가처분과 iii) 승인($\binom{제168}{조}$)이 있다. 청구에는 재판상 청구($\binom{제170}{조}$), 파산절차참가($\binom{제171}{조}$), 지급명령($\binom{제172}{조}$), 화해를 위한 소환 내지 임의출석($\binom{제173}{조}$), 최고($\binom{제174}{조}$) 등이 있다. 특히 제168조 1호에서 규정한 '청구'는 재판상 청구와 재판외 청구를 모두 포함하는 것이지만, 이하에서 청구는 '재판상 청구'만을 의미하는 것으로 사용하고, '재판외 청구'는 제174조에 규정된 '최고'로 설명한다.

(1) 재판상 청구

재판상 청구란 권리자가 시효의 완성으로 이익을 얻게 될 사람을 피고로 하여 소송물인 권리를 소의 형식으로 주장하는 것을 말한다. 이에는 확인의 소 및 형성의 소의 제기, 반소뿐만 아니라 응소행위까지 포함되어 시효중단효가 인정된다.

매매계약에 기한 소유권이전등기청구권의 시효중단 사유인 재판상 청구는 권리자가 소송이라는 형식을 통하여 권리를 주장하면 족하고 반드시 그 권리가 소송물이 되어 기판력이 발생할 것을 요하지 않는다(대판 2011.7.14, 2011다19737. 소유권이전등기청구권이 발생한 기본적 법률관계에 해당하는 매매계약을 기초로 건축주명의변경을 구하는 소도 등기청구권의 소멸시효를 중단시키는 재판상 청구에 포함된다고 한 사례). 그러나 청구권경합 관계에 있는 권리 중 하나에 대한 재판상 청구가 있어도 나머지 권리에 대한 소멸시효가 중단되지는 않는다($\binom{대판\ 2020.3.26,}{2018다221867}$).

재판상 청구는 이행청구뿐만 아니라 확인청구도 포함된다. 권리자가 재판상 그 권리를 주장하여 권리 위에 잠자는 것이 아님을 표명한 것으로 볼 수 있는 때에는 널리 시효중단사유로서 재판상의 청구에 해당하는 것으로 보는 권리행사설에 따른 결과이다. 따라서 그 법률관계의 확인청구가 이로부터 발생한 권리의 실현수단이 될 수 있어 권리 위에 잠자는 것이 아님을 표명한 것으로 볼 수 있을 때에는 그 권리가 발생한 기본적 법률관계의 확인청구를 하는 경우에도 시효가 중단된다($\binom{대판(전합)\ 1992.3.}{31.\ 91다32053}$).

또한 판례는 이미 승소 확정판결이 있는 채권의 시효중단만을 위한 재소(再訴)로서 이행소송을 제기할 수 있다는 종래의 입장을 유지했다($\binom{대판(전합)\ 2018.7.}{19,\ 2018다22008}$). 즉 확정판결에 기한 채권이 소멸시효기간인 10년의 도과가 임박하여서 강제집행의 실시가 현실적으로 어렵게 되었다면, 확정판결이 있었더라도 시효중단을 위하여 동일내용의 이행소송을 제기할 수 있다. 이와 같은 재소로써의 이행소송의 제기가 소멸시효완성 내지 중복제소금지 규정에 위반한 것이 아닐 뿐만 아니라, 다른 시효중단사유인 압류·가압류나 승인 등의 경우 이를 1회로 제한하고 있지 않음에도 유독 재판상 청구의 경우만 1회로 제한되어야 한다고 보아야 할 합리적인 근거가 없다고 본 것이다.

나아가 판례는 소멸시효의 중단을 위하여 '재판상 청구'가 있다는 점만을 확인하기 위하여 전소와 소송물이 동일한 이행소송을 후소에서 청구하는 것이 아니라 소위 '새로운 방식의 확인소송'도 허용하였다. 이에 따르면 채권자는 두 가지 형태의 소송(동일한 내용의 이행소송과 새로운 방식의 확인소송) 중 자신의 상황과 필요에 보다 적합한 것을 선택하여 제기할 수 있다고 하였다 (대판(전합) 2018.10. 18, 2015다232316). 지급명령신청도 소멸시효의 중단사유인 재판상 청구에 포함된다(대판 2011.11.10, 2011다54686).

그 이외에 재심의 소를 제기하는 것도 재판상 청구에 해당된다(대판 1998.6. 12, 96다26961). 재판상 청구를 하면 권리자가 자신의 권리를 주장하는 것이어서 권리 위에 잠자는 자가 아니기 때문이다. 또 채권양도 시 대항요건을 갖추지 못한 양수인이 채무자를 상대로 채무이행을 재판상 청구했다면 이는 소멸시효 중단사유인 재판상의 청구에 해당된다(대판 2005.11.10, 2005다41818). 따라서 양수인이 나중에 대항요건을 갖추었다면 그 시점의 재판상 청구에 의한 소멸시효중단의 효과를 주장할 수 있다.

그러나 재판상 청구가 있어도 소의 각하, 기각 또는 취하가 있으면 시효중단의 효력이 없다 (제170조 제1항). 이 때에도 6개월 내에 재판상 청구, 파산절차 참가, 압류 또는 가압류, 가처분을 한 경우에는 최초의 재판상 청구로 시효가 중단된 것으로 본다(제 2항). 이 때에도 재판상 청구에 최고로서의 효력은 인정할 수 있기 때문이다. 예컨대 채무자가 제3채무자를 상대로 제기한 금전채권의 이행소송이 압류 및 추심명령으로 인한 당사자적격의 상실로 각하되더라도, 위 이행소송의 계속 중에 피압류채권에 대하여 채무자에 갈음하여 당사자적격을 취득한 추심채권자가 위 각하판결이 확정된 날로부터 6개월 내에 제3채무자를 상대로 추심의 소를 제기하였다면, 채무자가 제기한 재판상 청구로 인하여 발생한 시효중단의 효력은 추심채권자의 추심소송에서도 그대로 유지된다(대판 2019.7.25, 2019다212945).

사례 9 자동차 소유자인 B가 교통사고를 야기하여 B가 C보험회사와 체결한 책임보험에 의한 보험금 이상의 손해배상을 해야 하는 경우 그 손해배상액에 대해서는 A가 책임을 부담하기로 하는 약정을 A와 B가 체결하였다. 그 후 B가 교통사고를 야기하자 A는 C가 부담해야 할 손해배상액도 함께 배상하여 C를 면책시킴으로써 A가 C에게 구상권과 사무관리에 의한 비용상환청구권을 갖게 되었다. 이때 A가 C에게 구상권을 행사했으나 비용상환청구는 하지 않았다면 비용상환청구권의 소멸시효는 중단되는가? (대판 2001.3.23, 2001다6145 참조)

해설 9 중단되지 않는다.

복수의 채권(구상금채권과 비용상환채권) 중 어느 하나를 행사한 경우에 다른 채권의 소멸시효가 중단되는 것은 아니다. "채권자가 동일한 목적을 달성하기 위하여 복수의 채권을 갖고 있는 경우, 채권자로서는 그 선택에 따라 권리를 행사할 수 있되, 그 중 어느 하나의 청구를 한 것만으로는 다른 채권 그 자체를 행사한 것으로 볼 수는 없으므로, 특별한 사정이 없는 한 그 다른 채권에 대한 소멸시효 중단의 효력은 없는 것이고, 채권자가 채무자를 상대로 공동불법행위자에 대한 구상금 청구의 소를 제기하였다고 하여 이로써 채권자의 사무관리로 인한 비용상환청구권의 소멸시효가 중단될 수는 없다."

(가) 응소행위

1) 시효완성을 주장하는 채무자가 원고로서 제기한 소에서 채권자가 피고로 응소하여 자기의 채권을 주장하는 행위도 시효중단사유로서의 재판상 청구($\binom{제168조}{제1호}$)에 준하는 행위로 인정된다.

전형적으로는 채무자가 제기한 채무부존재 확인의 소에 응소하여 채권자가 채권의 존재를 주장하는 응소행위는 소멸시효의 중단사유가 된다. 나아가 해당 채권의 존부를 다투는 소송이 아니라 채무자가 제기한 다른 소송에서 피고로서 자신의 권리를 적극적으로 주장하고 그것이 받아들여진 경우에도 시효의 중단사유로 인정된다($\binom{대판(전합) 1993.12.}{21, 92다47861}$).

피고인 채권자의 패소판결이 확정된 경우에는 채권자의 권리가 없는 것으로 판단되므로 응소행위에 시효중단의 효력을 인정할 여지가 없다.

2) 변론주의 원칙상 응소행위를 통하여 시효중단의 주장 또는 그 취지가 포함된 것으로 볼 만한 주장이 있어야 한다. 응소행위가 있었다고 하여 바로 시효중단의 효과가 발생하는 것은 아니고, 피고(채권자)는 당해 소송 또는 다른 소송에서의 응소행위로 시효중단을 주장해야 한다 ($\binom{대판 2003.6.13,}{2003다17927, 17934}$). 예컨대 점유자가 소유자를 상대로 소유권이전등기 청구소송을 제기하면서 그 청구원인으로 '취득시효 완성'이 아닌 '매매'를 주장함에 대하여, 소유자가 이에 응소하여 원고 청구기각의 판결을 구하면서 원고의 주장 사실을 부인하는 경우에는, 이는 원고인 점유자가 주장하는 '매매 사실'을 부인하여 원고에게 그 매매로 인한 소유권이전등기청구권이 없음을 주장함에 불과한 것이고 소유자가 자신의 소유권을 적극적으로 주장한 것이라 볼 수 없으므로 시효중단사유의 하나인 재판상의 청구에 해당한다고 할 수 없다($\binom{대판 1997.12.12,}{97다30288}$).

시효중단의 효력은 피고인 채권자가 권리를 행사하여 응소한 때(예컨대 답변서 제출시)에 발생하며($\binom{대판 2012.1.12,}{2011다78606}$), 채무자인 원고가 소를 제기한 때로 소급하지 않는다.

3) 채무자의 소멸시효완성의 확인청구에 응소하여 권리자인 피고가 자신의 권리를 주장하였으나 소가 각하되거나 취하되는 등의 사유로 본안에서 권리주장에 관한 판단 없이 소송이 종료된 경우에는 민법 제170조 제2항을 유추적용하여 그때부터 6월 이내에 재판상의 청구 등 다른 시효중단조치를 취한 경우에 한하여 응소 시점으로 소급하여 시효중단의 효력이 있다($\binom{대판 2010.}{8.26, 2008다}$ 42416, 42423).

> **사례 10** 甲은 채무자 乙의 채권자 丙에 대한 채무에 대하여 자신의 부동산에 저당권을 설정한 물상보증인이었다. 乙의 丙에 대한 채무는 소멸시효가 완성되었음을 이유로 甲은 丙에 대하여 저당권설정등기 말소등기절차 이행청구소송을 제기하였다. 이에 대하여 채권자 겸 저당권자 丙이 응소하여 피담보채권의 존재를 적극적으로 주장했다. 乙의 丙에 대한 피담보채권은 소멸시효가 중단되는가?
>
> (대판 2004.1.16, 2003다30890; 대판 2007.1.11, 2006다33364 참조)
>
> **해설 10** 소멸시효가 중단되지 않는다.
>
> 물상보증인은 채권자에 대하여 물적 유한책임을 지고 있어 그 피담보채권의 소멸에 의하여 직접 이익을 받게 되므로 소멸시효의 완성을 주장할 수는 있다. 그러나 물상보증인은 채권자에 대해서 아무런 채무도 부담하고 있지 아니하므로, 물상보증인이 그 피담보채무의 부존재 또는 소멸을 이유로 제기한 저당권설정등기 말소등기절차이행청구소송에서 채권자 겸 저당권자가 청구기각의 판결을 구하고 피담보채권의 존재를 주장했더라도 이로써 채권자가 직접 채무자에 대하여 재판상 청구를 한 것으로 볼 수는 없는 것이므로 피담보채권의 소멸시효에 관하여 규정한 제168조 제1호 소정의 '청구'에 해당하지 아니한다.

참고 담보가등기가 설정된 후에 그 목적 부동산의 소유권을 취득한 제3취득자나 물상보증인 등 시효를 원용할 수 있는 지위에 있으나 직접 의무를 부담하지 아니하는 자가 제기한 소송에서의 응소행위는 권리자의 의무자에 대한 재판상 청구에 준하는 행위에 해당한다고 볼 수 없다(대판 2007.1.11, 2006다33364).

대판 1997.2.28, 96다26190

시효를 주장하는 자가 원고가 되어 소를 제기한 경우에 있어서, 피고가 응소행위를 하였다고 하여 바로 시효중단의 효과가 발생하는 것은 아니고, 변론주의 원칙상 시효중단의 효과를 원하는 피고로서는 당해 소송 또는 다른 소송에서의 응소행위로서 시효가 중단되었다고 주장하지 않으면 아니되고, 피고가 변론에서 시효중단의 주장 또는 이러한 취지가 포함되었다고 볼 만한 주장을 하지 아니하는 한, 위와 같은 피고의 응소행위가 있었다는 사정만으로 당연히 시효중단의 효력이 발생한다고 할 수는 없다.

(나) 일부청구와 시효중단

묵시적 일부청구(일부청구임을 명시하지 않은 일부청구)에서는 나머지를 포함한 전체 권리에 시효중단의 효력이 미친다. 이때에는 재판의 기판력은 권리 전체에 미치는 것으로 보아야 하기 때문이다(대결 2002.9.23, 2000마5257).

명시적 일부청구의 경우에도 ① 일부청구시 장래 청구취지의 확장을 예정하지 않은 경우에는 그 부분에 대해서만 시효가 중단된다. ② 청구취지의 확장을 예정하고, ②-1) 실제 확장한 경우에는 전체권리에 시효가 중단된다(대판 2020.8.20, 2019다14110). 반면 ②-2) 예정은 했으나 실제로는 청구취지를 확장하지 않았다면 나머지 부분에 대한 시효중단의 효력은 발생하지 않지만, 최고의 효력을 인정하여 당해 소송이 종료된 때부터 6월 내에 민법 제174조에서 정한 조치를 취함으로써 나머지 부분에 대한 소멸시효를 중단시킬 수 있다(대판 2020.2.6, 2019다223723; 대판 2022.5.26, 2020다206625). 그러나 ②-3) 확장을 예정했더라도 확장할 채권 중에서 특정 부분을 명시적으로 청구범위에서 제외했다면 제외된 그 부분에는 시효중단의 효력이 발생하지 않는다(대판 2021.6.10, 2018다44114).

사례 11 甲은 X채권의 양수인이었으나, 이에 대한 채권양도의 대항요건을 아직 갖추지 못한 상태였다. 이때 甲이 채무자에 대하여 X채권에 대한 재판상 청구를 한 경우, 甲의 X채권에 관한 소멸시효 중단의 효력이 발생하는가? (대판 2005.11.10, 2005다41818 참조)

해설 11 시효중단의 효력이 발생한다.

채권양도시 대항요건을 갖추지 못한 상태에서 양수인이 채무자를 상대로 재판상의 청구를 하였다면 이는 소멸시효 중단사유인 재판상의 청구에 해당하는지를 검토해야 한다.

판례는 이를 인정하였다. 그 논거로 (i) 채권양도에 의하여 채권은 그 동일성을 잃지 않고 양도인으로부터 양수인에게 이전되며, 이러한 법리는 채권양도의 대항요건을 갖추지 못하였다고 하더라도 마찬가지인 점, (ii) 제149조의 "조건의 성취가 미정한 권리의무는 일반규정에 의하여 처분, 상속, 보존 또는 담보로 할 수 있다"는 규정은 대항요건을 갖추지 못하여 채무자에게 대항하지 못한다고 하더라도 채권양도에 의하여 채권을 이전 받은 양수인의 경우에도 그대로 준용될 수 있는 점, (iii) 채무자를 상대로 재판상의 청구를 한 채권의 양수인을 '권리 위에 잠자는 자'라고 할 수 없는 점 등을 제시한다.

(다) 행정소송의 제기와 형사고소 또는 형사고소에 의한 형사소송의 시작

행정소송의 제기도 일정한 경우에는 소멸시효의 중단사유로 본다. 예컨대 오납한 조세에 대한 과세처분 취소 또는 무효확인의 소는 조세환급을 구하는 부당이득반환청구권의 소멸시효중단사유인 재판상 청구로 인정된다(대판(전합) 1992.3.31, 91다32053). 형사상 고소나 고발만으로는 사법상 청구권의 행사가 되지는 못하지만 배상명령신청은 피고인에 대한 손해배상청구소송의 재판상 중단사유로 볼 수 있다(대판 1999.3.12, 98다18124).

사례 12 甲은 국가를 상대로 오납한 조세에 대한 부당이득반환청구권을 실현하기 위한 수단이 되는 과세처분의 취소 또는 무효확인을 구하는 소를 청구하였다. 이 경우, 위 부당이득반환청구권의 소멸시효는 중단되는가? (대판(전합) 1992.3.31, 91다32053 참조)

해설 12 중단된다.

일반적으로 위법한 행정처분의 취소, 변경을 구하는 행정소송은 사권을 행사하는 것으로 볼 수 없으므로 사권에 대한 시효중단사유가 되지 못하는 것이나, 다만 오납한 조세에 대한 부당이득반환청구권을 실현하기 위한 수단이 되는 과세처분의 취소 또는 무효확인을 구하는 소는 그 소송물이 객관적인 조세채무의 존부확인으로서 실질적으로 민사소송인 채무부존재확인의 소와 유사할 뿐 아니라, 과세처분의 유효 여부는 그 과세처분으로 납부한 조세에 대한 환급청구권의 존부와 표리관계에 있어 실질적으로 동일 당사자인 조세부과권자와 납세의무자 사이의 양면적 법률관계라고 볼 수 있다. 따라서 위와 같은 경우에는 과세처분의 취소 또는 무효확인청구의 소가 비록 행정소송이라고 할지라도 조세환급을 구하는 부당이득반환청구권의 소멸시효중단사유인

재판상 청구에 해당한다고 볼 수 있다.

이에 관하여 오납금환급청구권의 경우 그 환급청구권의 이행청구나 확인청구를 구하는 경우만
이 아니라 과세처분의 취소 또는 무효확인을 구하는 행정소송의 제기가 환급청구권의 소멸시효
를 중단시키는 재판상 청구에 해당한다고 해석하는 것은 타당하지 않다는 반대의견도 있다.

이와 별도로, 위 부당이득반환청구권 소멸시효 기산점과 관련하여 과세처분이 부존재하거나 당
연무효인 경우 이 과세처분에 의한 오납금이 국가의 부당이득에 해당하며, 이 경우 오납금에 대
한 부당이득반환청구권의 발생시기는 오납 또는 잘못 징수된 시점이다. 소멸시효는 객관적으로
권리가 발생하여 그 권리를 행사할 수 있는 때로부터 진행하고 그 권리를 행사할 수 없는 동안
만은 진행하지 않는바, 과세처분의 하자가 중대하고 명백하여 당연무효에 해당하는 여부를 당사
자로서는 현실적으로 판단하기 어렵다거나, 당사자에게 처음부터 과세처분의 취소소송과 부당이
득반환청구소송을 동시에 제기할 것을 기대할 수 없다고 하여도 이러한 사유는 법률상 장애사유
가 아니라 사실상의 장애사유에 지나지 않는다.

사례 13 甲은 형사소송상 가해자인 乙을 상대로 고소하였다. 이 경우 소멸시효 중단사유인 재판
상 청구에 해당하는가? (대판 1999.3.12. 98다18124 참조)

해설 13 재판상 청구에 해당하지 않는다.

형사소송은 피고인에 대한 국가형벌권의 행사를 그 목적으로 하는 것이므로, 피해자가 형사소송
에서 소송촉진법에서 정한 배상명령을 신청한 경우를 제외하고는 단지 피해자가 가해자를 상대
로 고소하거나 그 고소에 기하여 형사재판이 개시되어도 이를 가지고 소멸시효의 중단사유인 재
판상의 청구로 볼 수는 없다.

(라) 근저당권설정등기청구와 피담보채권의 소멸시효중단

원고의 채무자에 대한 근저당권설정등기청구권의 행사는 그 피담보채권이 될 금전채권의 실
현을 목적으로 하는 것으로서, 근저당권설정등기청구의 소에는 그 피담보채권이 될 채권의 존
재에 관한 주장이 당연히 포함되어 있는 것이므로, 근저당권설정등기청구의 소의 제기는 그 피
담보채권의 재판상의 청구에 준하는 것으로서 피담보채권에 대한 소멸시효 중단의 효력을 생
기게 한다(대판 2004.2.13. 2002다7213). 반대로 피담보채권의 이행청구로 근저당권 등기청구권의 소멸시효가 중
단되지 않는다.

(마) 기본적 법률관계에 대한 청구와 파생적 청구권

파면처분무효확인의 소는 보수금채권을 실현하는 수단이라는 성질을 가지고 있으므로 보수
금채권 자체에 관한 이행소송을 제기하지 않았다 하더라도 위 소의 제기에 의하여 보수금채권
에 대한 시효는 중단된다(대판 1978.4.11. 77다2509). 또한 교직원의 학교법인을 상대로 한 의원면직처분무효확
인청구의 소도 교직원의 학교법인에 대한 급여청구의 한 실현수단이 될 수 있어 소멸시효의
중단사유로서의 재판상 청구에 해당한다(대판 1994.5.10. 93다21606).

(2) 최 고(제174조)

최고는 그것만으로는 시효중단의 종국적 효과가 없기 때문에 반드시 최고 후 6월 내에 재판 상의 청구, 파산절차참가, 화해를 위한 소환, 임의출석, 압류 또는 가압류, 가처분을 해야 한 다. 해석상 지급명령도 포함된다. 이러한 조치를 취하면 최고 시에 시효가 중단된 것으로 인정 된다(제174조). 최고는 다른 시효중단조치를 취하기 전의 잠정적 중단사유이므로 최고가 있었는지 는 너그럽게 해석한다. 따라서 이행지체의 요건을 갖추지 못한 이행의 청구도 시효중단사유로 서의 최고로 인정된다. 그러나 다른 채권자의 신청에 의한 경매를 통한 매각으로 소멸할 저당 권부 채권자가 경매절차에서 채권신고를 했더라도 최고의 효력은 인정되지 않는다(대판 2010.9. 9, 2010다28031. 그 채권신고에 채무자에 대하여 채무의 이행을 청구하는 의사가 직접적으로 표명되어 있다고 보기 어렵고 채무자에 대한 통지 절차도 구비되어 있지 않으며, 따라서 경매신청이 취하된 후 6 월 내에 위와 같은 채권신고를 한 채권자가 소제기 등의 재판상의 청구를 하였다고 하더라도 민법 제170 조 제2항에 의하여 소멸시효 중단의 효력이 유지될 수 없다고 판시). 민사집행법상 재산명시신청[2]은 그 결정이 채무자에게 송달된 시점부터(대판 2012.1.12, 2011다78606), 소송고지[3]시 소송고지서를 법원에 제출한 때(대판 2015.5.14, 2014다16494) 이행청구가 있었던 것으로 본다. 소송고지 후 추가의 시효중단조치(제174조)를 취해 야 하는 6개월의 기산점은 소송고지시가 아니라 소송종료시이다(대판 2009.7.9, 2009다14340). 또 확정판결을 받 은 채권자가 채무자의 제3채무자에 대한 채권을 압류 및 추심명령을 받아 그 결정이 제3채무 자에게 송달된 경우 채무자의 제3채무자에 대한 채권에 관하여 최고의 효력이 인정된다 (대판 2003.5.13, 2003다16238).

최고를 여러 번 거듭하다가 재판상 청구 등을 한 경우에 시효중단의 효력은 항상 최초의 최 고시에 발생하는 것이 아니라 '재판상 청구 등을 한 시점을 기준'으로 하여 이로부터 소급하여 6월 이내에 한 최고시에 발생한다(대판 2019.3.14, 2018두56435). 예컨대 1월에 최초의 최고, 2월에 최고, 6월에 최고 등 3회의 최고 후, 11월에 재판상 청구를 했다면 6월의 최고시점부터 시효중단의 효력이 발생한다.

최고시 시효중단의 효과가 발생한다는 사실을 인식하거나 의욕하지 않았더라도 시효중단의 효과가 인정된다(대판 2003.5.13, 2003다16238). 6개월은 최고가 상대방에게 도달한 시점부터 기산됨이 원칙이다. 그러나 채무자가 그 이행의무의 존부 등의 조사필요성을 이유로 채권자에 대하여 그 이행의 유예를 구한 경우에 6월의 기간은 예외적으로 채권자가 채무자로부터 회답을 받은 때로부터

---

2) **민사집행법 제61조 (재산명시신청)** ① 금전의 지급을 목적으로 하는 집행권원에 기초하여 강제집행을 개시할 수 있는 채권자는 채무자의 보통재판적이 있는 곳의 법원에 채무자의 재산명시를 요구하는 신청을 할 수 있다. 다만, 민사소 송법 제213조에 따른 가집행의 선고가 붙은 판결 또는 같은 조의 준용에 따른 가집행의 선고가 붙어 집행력을 가지 는 집행권원의 경우에는 그러하지 아니하다.
② 제1항의 신청에는 집행력 있는 정본과 강제집행을 개시하는데 필요한 문서를 붙여야 한다.

3) 소송고지라 함은 소송계속중 소송의 당사자가 그 소송에 참가할 만한 법률상 이해관계가 있는 자에게 현재 소송이 계속중에 있음을 고지하는 것을 말한다(민사소송법 제84조). 제3자에게 소송참가의 기회를 부여하고, 피고지자가 소 송참가를 하지 않아도 고지자가 패소한 경우 그 판결에 참가적 효력(민사소송법 제86조, 제77조)이 미치도록 하기 위 한 제도이다.

기산된다($\binom{대판\ 2006.6.16,}{2005다25632}$). 채권자가 그 회답을 받을 때까지는 최고의 효력이 계속된다고 보아야 하기 때문이다.

사례 14 채권자 甲이 2016.3.2. 소멸시효가 완성되는 A채권에 관하여 채무자 乙에게 채무이행의 최고가 2015.1. 15., 같은 해 3.15., 5.15.에 걸쳐서 乙에게 도착하였고, 재판상 청구를 같은 해 9.1.에 하였다. 이 경우 최고로 인한 시효중단 효과의 기산점은? (대판 1983.7.12, 83다카437 참조)

해설 14 3.15. 기점으로 발생한다.

최고로 인한 시효중단의 효과는 '그 최고가 상대방에게 도달한 때' 발생하고, 6개월의 기산점도 '최고가 상대방에게 도달한 때'부터이다. 최고를 여러 번 거듭한 후에 재판상 청구 등을 한 경우, 항상 최초의 최고시에 시효중단의 효과가 발생하는 것이 아니라 재판상 청구 등을 한 시점을 기준으로 이로부터 소급하여 6개월 이내에 한 최고시에 시효중단의 효과가 발생한다. 따라서 3.15.을 기점으로 시효중단의 효과가 발생한다.

사례 15 채권자 甲은 2015.2.13. 소멸시효가 완성될 채권에 대하여 채무자 乙에게 2015.1.13. 채무이행을 요구하는 최고의 통지를 했다. 이에 乙은 채무의 존부 또는 그 이행의 여부에 대하여 조사해야 한다는 이유로 甲에게 6개월간 이행의 유예를 구하였다. 그 후 乙은 같은 해 10.14. 채무가 없음을 이유로 이행을 거절했다. 이에 甲은 같은 해 12.1.에 채무이행을 법원에 청구했다. 甲의 2015.1.13. 이행의 청구는 소멸시효 중단의 효과가 인정되는가? (대판 1995.5.12, 94다24336 참조)

해설 15 소멸시효 중단의 효과가 인정된다.

채무이행을 최고 받은 채무자가 위와 같은 이유로 채권자에게 이행의 유예를 구한 경우에는 채권자가 그 회답을 받을 때까지는 최고의 효력이 계속된다고 보아야 하고 따라서 제174조에서 정한 6월의 기간은 채권자가 채무자로부터 회답을 받은 때로부터 기산되는 것이라고 해석되어야 한다.

사안에서 2015.1.13.자 재판상 이행청구는 2015.1.13.자의 이행최고 후 6개월이 지난 후에 이루어졌지만 채무자가 이행유예를 구했음을 고려해 볼 때, 채무자 乙의 회답을 받은 10.14.부터 6개월이 기산되어야 한다. 따라서 최고의 소멸시효중단의 효과가 인정된다.

---

(3) 압류 · 가압류 · 가처분($\binom{제168조}{제2호}$)

(가) 재판상 청구가 있더라도 승소확정 후에는 다시 소멸시효가 진행하므로 압류, 가압류, 가처분 등을 별도의 시효중단사유로 인정할 필요가 있다. 임차권등기명령에 따른 임차권등기($\binom{주택임대차}{법\ 제3조의3}$)는 제168조 제2호에서 정하는 소멸시효 중단사유인 압류 또는 가압류, 가처분에 준하는 효력이 있다고 볼 수 없다($\binom{대판\ 2019.5.16,}{2017다226629}$).

민사집행법 가처분

가처분은 금전채권 이외의 권리나 법률관계에서 확정판결의 강제집행을 보전하기 위하여 물건이나 권리를 처분하지 못하도록 하는 보전처분을 말한다(민사집행법 제300조). 가압류와 처분금지가처분은 상대적 효력만 있지만 처분금지효가 인정된다.

사례 16 세무공무원은 체납자 甲의 재산을 압류하기 위하여 수색을 하였으나, 압류할 목적물이 없어 압류를 실행하지 못하였다. 이 경우 시효중단의 효력은 발생하는가?

(대판 2001.8.21, 2000다12419 참조)

해설 16 발생한다.

국세기본법 제28조 제1항은 국세징수권의 소멸시효의 중단사유로서 납세고지, 독촉 또는 납부최고, 교부청구 외에 '압류'를 규정하고 있는바, 여기서의 '압류'란 세무공무원이 국세징수법 제24조 이하의 규정에 따라 납세자의 재산에 대한 압류 절차에 착수하는 것을 가리키는 것이므로, 세무공무원이 국세징수법 제26조에 의하여 체납자의 가옥 · 선박 · 창고 기타의 장소를 수색하였으나 압류할 목적물을 찾아내지 못하여 압류를 실행하지 못하고 수색조서를 작성하는 데 그친 경우에도 소멸시효 중단의 효력이 있다.

(나) 시효중단의 효력발생시기는 신청시점이다(대판 2017.4.7, 2016다35451). 재판상 청구에서 소제기시에 시효중단의 효력이 발생한다는 규정(민사소송법 제265조)을 유추적용한 결과이다(대판 2017.4.7, 2016다35451은 가압류의 경우를 전제로 판단). 가압류결정 후 집행절차를 개시하였으나 가압류할 동산이 없기 때문에 집행불능이 된 경우에도 집행이 종료된 때로부터 시효가 새로이 진행된다(대판 2011.5.13, 2011다10044 참조).

부동산 가압류시 시효중단효력의 존속시기 또는 종료시기는 가압류의 집행보전의 효력(가압류등기)이 존속하는 동안 유지된다(대판 2000.4.25, 2000다11102). 가압류채권자에 의한 권리행사가 계속되고 있다고 보아야 하기 때문이다.

(다) 권리자의 신청으로 압류 등이 취소된 경우 또는 압류 등이 적법하지 않음을 이유로 취소되면 시효중단의 효력이 소급적으로 배제되어 소멸시효는 처음부터 계속 진행된 것이 된다(제175조, 대판 2010.10.14, 2010다53273). 그러나 적법한 가압류가 있었으나 제소기간의 도과로 인하여 가압류가 취소된 경우라면 이는 제175조의 시효중단의 효력이 없는 사유가 아니다. 따라서 제소기간 도과로 가압류가 취소된 때로부터 소멸시효가 다시 진행된다(대판 2011.1.13, 2010다88019).

부동산에 대한 강제집행(담보권실행경매를 포함)에서 경매신청이 취하되면 저당권부 채권자의 채권신고로 인한 소멸시효중단의 효력도 소멸함이 원칙이다(대판 2015.2.26, 2014다228778).

(라) 압류 또는 가압류된 채무자의 제3채무자에 대한 채권

채권자가 채무자의 제3채무자에 대한 채권을 압류 또는 가압류한 경우에 채권자의 채무자에 대한 채권에 시효중단의 효력이 생긴다. 그러나 이로써 압류 또는 가압류된 채무자의 제3채무자에 대한 채권에는 시효중단의 효력이 당연히 발생하지는 않는다. 다만 채권자가 확정판결에

기한 채권실현을 위하여 채무자의 제3채무자에 대한 채권에 관하여 압류 및 추심명령을 받아 그 결정이 제3채무자에게 송달이 되었다면 압류된 제3채무자에 대한 채권에는 소멸시효의 중단사유인 최고로서의 효력이 인정된다(대판 2003.5.13, 2003다16238). 압류 및 추심명령의 송달로 집행채권자는 제3채무자에게 이행을 구하는 의사가 충분히 표시되었기 때문이다.

> **▌대판 2003.5.13, 2003다16238**
> 압류 또는 가압류된 채무자의 제3채무자에 대한 채권에 대하여는 민법 제168조 제2호 소정의 소멸시효 중단사유에 준하는 확정적인 시효중단의 효력이 생긴다고 할 수 없다…(중략)…. 채권자가 확정판결에 기한 채권의 실현을 위하여 채무자의 제3채무자에 대한 채권에 관하여 압류 및 추심명령을 받아 그 결정이 제3채무자에게 송달이 되었다면 거기에 소멸시효 중단사유인 최고로서의 효력을 인정하여야 한다.

(마) 집행권원 정본을 가진 채권자의 배당요구

다른 채권자의 신청으로 개시된 부동산경매절차에서 집행력 있는 집행권원 정본을 가진 채권자가 하는 배당요구는 제168조 제2호의 압류에 준하는 것으로서 배당요구에 관련된 채권의 소멸시효를 중단하는 효력이 생긴다(대판 2002.2.26, 2000다25484). 나아가 배당요구 없이 배당에 참가할 수 있는 저당권부 채권자는 채권신고로 시효가 중단된다(대판 2010.9.9, 2010다28031).

(바) 가압류의 피보전채권

가압류의 피보전채권에 관하여 본안의 승소판결이 확정된 경우라도 가압류에 의한 시효중단의 효력이 소멸되는 것은 아니다. 즉 가압류에 의한 시효중단의 효력은 가압류의 집행보전의 효력이 존속하는 동안은 계속되는 것이고, 제168조에서 가압류와 재판상의 청구를 별도의 시효중단사유로 규정하고 있는데 비추어 보면, 가압류의 피보전채권에 관하여 본안의 승소판결이 확정되었어도 가압류에 의한 시효중단의 효력이 이에 흡수되어 소멸된다고 할 수는 없다(대판 2006.7.27, 2006다32781). 가분채권의 일부분을 피보전권리로 하여 채무자 소유재산에 가압류한 경우에는 그 일부인 피보전채권의 부분에 한하여 시효중단의 효력이 있으며, 가압류에 의한 보전채권에 포함되지 않은 나머지 채권에는 시효중단의 효력이 발생하지 않는다.

(사) 집행당사자 이외의 자에게의 시효중단의 효력

집행당사자와 그 승계인 이외의 자에게는 시효중단의 효력이 미치지 않는다(제169조). 그러나 그 이외에 시효의 이익을 받는 자에게도 통지했다면 그때부터 시효중단의 효력이 있다. 시효이익이 있는 자란 보통 물상보증인 또는 저당부동산의 제3취득자가 이에 해당한다. 물상보증인에 대한 임의경매신청이 있는 경우 채무자에게 압류사실을 통지(이는 채권자가 할 수도 있으며 법원에 의한 경매개시결정이나 경매기일통지서의 교부송달로도 가능하다)하면 채무자에 대한 피담보채권의 시효는 중단된다(대판 1994.11.25, 94다26097. 여기서는 법원의 공시송달이나 우편송달(발송송달)로는 압류사실이 통지되었다고 추정할 수 없다고 판시함). 그 이외에 직접점유자를 상대로 한 점유이전금지가처분의 뜻을 간접점유자에게 통지하지 않으면 간접점유자에게 시효중단의 효력이 없다고 한다(대판 1992.10.27, 91다41064,41071(반소)).

사례 17 甲의 채무자 乙에 대한 채권에 대하여 丙과 丁이 연대채무를 지게 되었다. 甲의 신청에 의한 경매개시결정에 따라 丙 소유 부동산이 압류되었다. 10년 후 甲은 丁에 대하여 본 채권의 시효중단의 효력을 주장할 수 있는가? (대판 2001.8.21, 2001다22840 참조)

해설 17 주장할 수 없다.

채권자의 신청에 의한 경매개시결정에 따라 연대채무자 1인의 소유 부동산이 압류된 경우, 이로써 위 채무자에 대한 채권의 소멸시효는 중단되지만, 압류에 의한 시효중단의 효력은 다른 연대채무자에게 미치지 아니하므로(제423조 참조), 경매개시결정에 의한 시효중단의 효력을 다른 연대채무자에 대하여 주장할 수 없다. 따라서 丁에 대하여 시효중단의 효력을 주장할 수 없다.

사례 18 A는 B에 대해 대여금청구권이 있음을 이유로 B 소유 대지에 가압류를 신청하여 법원은 1992.5.13. 가압류결정을 하였다. 이에 따라 같은 해 5.18. 가압류등기가 경료되었다. A는 본안소송으로 대여금청구의 소를 제기하여 1992.7.5. 승소판결이 확정되었다. 그 후 2004.에 B는 대여금채무이행의 판결이 확정된 후 10년이 넘게 경과하여 가압류의 피보전권리인 대여금지급채무는 시효로 소멸되었음을 이유로 A를 상대로 가압류결정의 취소를 청구했다. 이 청구는 인용될 수 있는가? (대판 2000.4.25, 2000다11102 참조)

해설 18 인용되지 않는다.

1) 대판 2000.4.25, 2000다11102에 따르면 가압류의 집행보전의 효력은 가압류등기가 말소되지 않고 남아 있는 동안에는 계속되는 것으로 보아야 한다. 따라서 아직 가압류등기가 말소되지 않은 상태에서는 가압류의 집행보전의 효력이 인정되므로 대여금채권의 시효는 중단된다.
2) 또한 위 판결에서는 피보전채권(대여금채권)에 관한 본안에서 승소판결이 확정되었더라도 가압류등기가 유지되는 동안에는 피보전채권(대여금채권)에 대한 소멸시효는 중단된다고 한다.
본 사안에서 B의 청구는 인용되지 않는다.
3) 판례에 대한 비판론
• 위 1)에 대한 비판론: 가압류에 의한 시효중단에 대해서 판례가 '가압류의 집행보전의 효력이 존속하는 동안'으로 정하는 것과는 달리 다수설은 '가압류절차가 종료될 때까지(구체적으로는 가압류집행절차의 종료시)' 시효가 중단된다고 본다. 이 견해는 재판상 청구에 따른 시효중단도 판결이 확정된 때부터 다시 시효가 진행됨에도 불구하고 장래의 집행을 보전하기 위한 가압류에만 보다 강력한 시효중단의 효력을 인정하는 것은 바람직하지 않음을 근거로 한다. 이 견해에 따르면 가압류집행으로 X부동산에 대하여 가압류등기가 경료된 1992.5.18.까지는 피보전채권의 소멸시효가 중단된다. 그 이후에는 새로이 시효가 진행되므로 별도로 지급명령이나 재판상 청구등의 조치를 취하지 않으면 시효가 진행된다.
• 위 2)에 대한 비판론: 가압류의 피보전채권에 대한 본안의 승소판결이 확정되었다면 가압류에 의한 시효중단의 효력은 이에 흡수되는 것으로 보아, 가압류가 존속하더라도 그 피보전채권은 판결확정시부터 10년이 경과하면 시효로 소멸하는 것으로 보아야 한다.

위 비판론에 따르면 사안에서는 본안의 승소판결확정일인 1992.7.5.부터 10년이 경과하여 피보전채권이 소멸되었으므로 B의 가압류결정 취소청구는 인용된다.

사례 19 甲은 乙로부터 채무를 부담하면서 원인채권의 지급을 확보하기 위하여 어음을 발행하였고, 乙은 어음채권을 피보전권리로 하여 甲의 재산을 가압류하였다. 이 경우 가압류 행사는 원인채권의 소멸시효중단의 효력이 있는가? (대판 2002.2.26, 2000다25484 참조)

해설 19 시효중단의 효력이 있다.

어음이 수수된 당사자 사이에서 채권자가 어음채권을 피보전권리로 하여 채무자의 재산을 가압류함으로써 그 권리를 행사한 경우에는 그 원인채권의 소멸시효를 중단시키는 효력이 있다. 참고로 이러한 법리는 채권자가 어음채권을 청구채권으로 하여 채무자의 재산을 압류함으로써 그 권리를 행사한 경우에도 마찬가지이다.

한편 집행력 있는 집행권원 정본을 가진 채권자는 이에 기하여 강제경매를 신청할 수 있으며, 다른 채권자의 신청에 의하여 개시된 경매절차를 이용하여 배당요구를 신청하는 행위도 집행권원에 기하여 능동적으로 그 권리를 실현하려고 하는 점에서는 강제경매의 신청과 동일하다고 할 수 있으므로, 부동산경매절차에서 집행력 있는 집행권원 정본을 가진 채권자가 하는 배당요구는 제168조 제2호의 압류에 준하는 것으로서 배당요구에 관련된 채권에 관하여 소멸시효를 중단하는 효력이 생긴다고 할 것이고, 따라서 원인채권의 지급을 확보하기 위하여 어음이 수수된 당사자 사이에 채권자가 어음채권에 관한 집행력 있는 집행권원 정본에 기하여 한 배당요구는 그 원인채권의 소멸시효를 중단시키는 효력이 있다.

---

(4) 승 인(제168조 제3호)

(가) 의 의

승인이란 시효의 이익을 받을 사람이 시효완성 전에 시효에 의하여 권리를 잃게 될 사람에 대하여 그 권리의 존재를 인식하고 있다는 뜻을 표시하는 행위이다. 이는 의사표시가 아닌 관념의 통지로서 처분권은 불필요하고 관리권만 있으면 족하다. 준법률행위 중 관념의 통지에 대하여는 의사표시 규정이 유추적용되므로, 승인하는 자는 행위능력과 의사능력이 필요하다. 상대방의 권리에 대한 처분의 능력이나 처분권한이 없어도 유효하게 시효를 중단시킬 수 있다(제177조). 승인은 권리의 존재를 인정하는 것일 뿐 처분행위가 아니기 때문이다. 다만 시효완성 후의 승인은 시효이익의 포기로서 의사표시이고, 처분권이 필요하다(대판 2017.7.11, 2014다32458).

이행인수인이 채무를 승인해도 다른 특별한 사정이 없는 한 시효중단 사유가 있는 채무승인의 효력이 없다(대판 2016.10.27, 2015다239744).

승인으로 인한 시효중단의 효력발생시점은 승인의 통지가 상대방에게 도달한 때이다(대판 1995. 9.29, 95다30178). 채무자의 승인이 있었는지에 대해서는 채권자가 증명해야 한다(대판 2015.4.9, 2014다85216). 승인은 명시적 또는 묵시적 의사표시로 가능한데 묵시적으로 이루어지는 경우가 대부분이다.

(나) 유 형

1) 일부변제

채무의 일부변제는 채무의 액수에 다툼이 없는 한 채무 전부에 대한 묵시적 승인에 해당하여 채무전부에 시효중단의 효력이 발생한다(대판 2014.5.16, 2012다20604). 한편 소멸시효가 완성된 후에 하는 일부변제는 채무 전부에 대한 시효이익의 포기에 해당한다(대판 2017.7.11, 2014다32458). 일부변제로 시효이익이 포기되면 그때부터 다시 소멸시효가 진행한다. 이자 또는 지연손해금의 변제는 원금채무에 대한 승인이 된다(대판 2014.5.16, 2012다20604. 한편 원금채무는 소멸시효가 완성되지 않았으나 이자채무는 소멸시효가 완성된 상황에서 채무자가 일부 변제했다면 이는 원금채무에 대해서는 묵시적 승인이 되며 이자채무는 시효이익의 포기로 추정된다. 대판 2013.5.23, 2013다12464).

2) 사전승인의 가부

승인은 소멸시효의 진행이 개시된 이후에만 가능하고 그 이전에는 승인을 하더라도 시효가 중단되지는 않으며, 또한 현존하지 아니하는 장래의 채권을 미리 승인하는 것은 채무자가 그 권리의 존재를 인식하고서 한 것이라고 볼 수 없어 허용되지 않는다(대판 2001.11.9, 2001다52568).

3) '면책적 채무인수'는 소멸시효의 중단사유인 채무승인에 해당한다(대판 1999.7.9, 99다12376). 따라서 소멸시효는 채무승인에 따라 '채무인수일'부터 새로이 진행된다. 5년의 상사시효의 적용을 받는 채무를 면책적으로 인수한 행위가 상행위나 보조적 상행위가 아니라도 5년의 상사시효를 적용받게 된다.

기한유예 요청도 묵시적 승인으로 인정될 수 있다. 또한 채무자가 채권자에게 자기 소유의 부동산에 '담보목적의 가등기를 설정'하는 것도 마찬가지다.

사례 20 甲은 乙에 대하여 원금채무 A와 이자채무 B가 있다. A에 관하여 소멸시효가 완성되지 아니하였으나, B에 관하여는 소멸시효가 완성된 상태에서 甲이 채무를 일부 변제한 경우, A, B 각 채무에 대해서의 승인 또는 소멸시효 이익을 포기한 것인가? (대판 2013.5.23, 2013다12464 참조)

해설 20 A에 대하여는 승인, B에 대하여는 포기한 것으로 추정된다.

원금채무에 관하여는 소멸시효가 완성되지 아니하였으나 이자채무에 관하여는 소멸시효가 완성된 상태에서 채무자가 채무를 일부 변제한 때에는 액수에 관하여 다툼이 없는 한 원금채무에 관하여 묵시적으로 승인하는 한편, 이자채무에 관하여 시효완성의 사실을 알고 그 이익을 포기한 것으로 추정되며, 채무자의 변제가 채무 전체를 소멸시키지 못하고 당사자가 변제에 충당할 채무를 지정하지 아니한 때에는 제479조, 제477조에 따른 법정변제충당의 순서에 따라 충당되어야 한다.

3. 소멸시효 중단의 효과

(1) 시효중단의 인적 범위

시효중단의 효력은 원칙적으로 당사자 및 그 승계인 간에만 인정된다(제169조).

여기서 말하는 '당사자'는 중단사유의 당사자를 말하며 시효의 대상인 권리관계의 당사자를 의미하는 것은 아니다. 예컨대 부진정연대채무의 채무자 1인에 대한 시효중단사유가 인정되어도 다른 채무자에게는 중단의 효력이 없다. '승계인'은 중단사유가 발생된 후의 특정승계인 또는 포괄승계인을 말한다(대판 1997.4.25, 96다46484).

예외적으로 제3자에게도 소멸시효의 효력을 인정하는 명문의 규정이 있다. 예컨대 요역지가 수인의 공유인 경우에 그 1인에 의한 지역권소멸시효의 중단 또는 정지는 다른 공유자에게 효력이 인정되고(제296조), 연대채무자 1인에 대한 이행청구는 다른 연대채무자에게도 효력이 있으므로(제416조) 시효중단의 효력도 다른 연대채무자에게 미친다. 또 주채무자에 대한 시효중단은 보증인에게도 효력이 있다(제440조).

그 외에 소멸시효를 원용할 수 있는 사람으로 그 대상이 되는 권리관계에 따른 의무자 이외의 제3자가 있는 경우에, 의무자에 대해서만 시효중단사유가 발생할 시 제3자에게도 시효중단의 효력이 인정되는지(⑩ 주채무자가 채무를 승인하면 그 시효중단의 효과가 물상보증인의 책임에도 시효가 중단되는지의 여부)에 대해서는 명확하지 않다.

사례 21 A는 채권자, B는 주채무자, C는 보증채무자이다.

질문 1) A의 B에 대한 주채무가 소멸시효가 완성되었지만 C의 보증채무에 대해서는 별도의 시효중단사유가 발생하였다. C의 보증채무도 소멸하는가?

질문 2) A의 B에 대한 주채무에 대해서만 시효중단의 사유가 발생하였다. A는 C의 보증채무의 시효도 중단되었다고 주장한다. 이러한 주장은 타당한가?

질문 3) A의 C에 대한 보증채무에 대해서만 시효중단의 사유가 발생하였다. A는 이를 이유로 B의 주채무도 시효가 중단되었다고 주장할 수 있는가?

(대판 2002.5.14, 2000다62476; 대판 2002.5.14, 2000다62476 참조)

|해설 21|

해설 1) 이 때에는 보증채무의 시효중단여부와 관계없이 부종성의 원칙상 보증채무는 당연히 소멸한다(대판 2002.5.14, 2000다62476 참조).

해설 2) 제440조에 의해 보증채무의 시효도 중단된다.

해설 3) 보증채무에 대한 시효중단만으로는 주채무에 대해서는 소멸시효가 중단되지 않는다(대판 2002.5.14, 2000다62476).

사례 22 甲은 乙에 대한 원인채권의 지급을 확보하기 위한 방법으로 乙로부터 어음을 받았다. 이후 甲이 원인채권을 행사한 경우, 어음채권의 소멸시효가 중단되는가?

나아가 위 사안에서 甲이 어음채권을 행사한 경우, 원인채권에도 소멸시효가 중단되는 효력이 발생하는가?
(대판 1999.6.11, 99다16378 참조)

해설 22 원인채권의 행사로 어음채권의 소멸시효가 중단되지 않는다. 반대로 어음채권의 행사로 원인채권의 소멸시효는 중단된다.

원인채권의 지급을 확보하기 위한 방법으로 어음이 수수된 경우에 원인채권과 어음채권은 별개로서 채권자는 그 선택에 따라 권리를 행사할 수 있고, 원인채권에 기하여 청구를 한 것만으로는 어음채권 그 자체를 행사한 것으로 볼 수 없어 어음채권의 소멸시효를 중단시키지 못한다. 원인채권의 지급을 확보하기 위한 방법으로 어음이 수수된 경우, 이러한 어음은 경제적으로 동일한 급부를 위하여 원인채권의 지급수단으로 수수된 것으로서 그 어음채권의 행사는 원인채권을 실현하기 위한 것일 뿐만 아니라, 원인채권의 소멸시효는 어음금청구소송에 있어서 채무자의 인적 항변 사유에 해당하는 관계로 채권자가 어음채권의 소멸시효를 중단하여 두어도 채무자의 인적 항변에 따라 그 권리를 실현할 수 없게 되는 불합리한 결과가 발생하게 되므로, 채권자가 원인채권에 기하여 청구를 한 것이 아니라 어음채권에 기하여 청구를 하는 반대의 경우에는 원인채권의 소멸시효를 중단시키는 효력이 있다고 봄이 상당하고, 이러한 법리는 채권자가 어음채권을 피보전권리로 하여 채무자의 재산을 가압류함으로써 그 권리를 행사한 경우에도 마찬가지로 적용된다.

(2) 시효중단 후 새로운 시효의 진행

시효중단사유가 종료한 때부터 새로이 시효기간이 진행된다($\binom{제178조}{제1항}$). 압류, 가압류 또는 가처분의 효력이 상실된 때부터 시효는 새롭게 진행된다. 재판상 청구로 인하여 중단된 시효는 재판이 확정된 때부터 진행된다($\binom{같은 조}{제2항}$). 단 가압류의 경우 가압류의 집행보전의 효력이 끝나는 시점(가압류등기의 말소시점)에 새롭게 시효가 진행된다($\binom{대판 2000.4.25,}{2000다11102}$).

배당요구 또는 채권신고는 배당절차가 종료(즉 배당표의 확정)된 때에 다시 진행된다. 배당이의소송의 판결에서 배당표 전체의 새로운 작성을 명하는 경우에는 새 배당표가 확정된 후에 새로운 소멸시효가 진행된다(대판 2009.3.26, 2008다89880 참조. 추가배당이 이루어지는 경우 추가배당표가 확정된 때 배당요구의 시효중단효가 소멸한다. 대판 2022.5.12, 2021다280026).

Ⅳ. 소멸시효의 정지

1. 의　의

시효기간이 거의 경과할 무렵 권리자가 중단행위를 할 수 없거나 곤란한 사정이 있는 경우에 시효의 진행을 일시적으로 멈추게 하였다가 그 사정이 없어지면 다시 진행시키는 제도를 소멸시효의 정지라고 한다. 시효정지사유가 존재하더라도 이미 경과한 소멸시효기간이 배제되는 것은 아니라는 점에서 소멸시효의 중단과는 다르다.

2. 시효정지사유

우리 민법이 정하고 있는 시효정지사유에는 다음과 같은 것들이 있다.

(i) 소멸시효의 기간만료 전 6개월 내에 제한능력자에게 법정대리인이 없는 경우에는 그가 능력자가 되거나 법정대리인이 취임한 때부터 6개월 내에는 시효가 완성되지 아니한다($\frac{제179}{조}$). (ii) 또한 재산을 관리하는 아버지, 어머니 또는 후견인에 대한 제한능력자의 권리는 그가 능력자가 되거나 후임 법정대리인이 취임한 때부터 6개월 내에는 소멸시효가 완성되지 아니하고 ($\frac{제180조}{제1항}$), (iii) 부부 중 한쪽이 다른 쪽에 대하여 가지는 권리는 혼인관계가 종료된 때부터 6개월 내에는 소멸시효가 완성되지 아니한다($\frac{제180조}{제2항}$). (iv) 그리고 상속재산에 속한 권리나 상속재산에 대한 권리는 상속인의 확정, 관리인의 선임 또는 파산선고가 있는 때로부터 6월 내에는 소멸시효가 완성하지 아니하며($\frac{제181}{조}$), (v) 천재 기타 사변으로 인하여 소멸시효를 중단할 수 없을 때에는 그 사유가 종료한 때로부터 1월 내에는 시효가 완성하지 아니한다($\frac{제182}{조}$).

3. 시효정지의 효력

절대적 소멸설의 입장에 의하면, 소멸시효의 진행이 정지된다는 것은 정지사유가 있는 동안 시효기간이 만료하더라도 소멸시효는 완성하지 않고 따라서 권리가 소멸하지 않는다는 것을 의미한다. 또한 시효정지사유가 없어진 때로부터 6개월 또는 1개월 내에는 소멸시효가 완성되지 않는다($\frac{제179조부터}{제182조\ 참조}$).

V. 소멸시효 완성의 효과

소멸시효기간이 경과하면 권리소멸효과가 바로 발생하는 것인지 아니면 시효이익의 원용이 있을 때 소멸효과가 발생하는 것인지와 관련하여, '소멸시효가 완성한다'라고만 규정하고 있을 뿐이어서($\frac{제162조\ 내지}{제164조\ 참조}$) '완성한다'는 것이 어떠한 효과의 발생을 의미하는지 그 해석이 문제가 된다(참고로 취득시효에 관하여는 '소유권을 취득한다'라고 규정함으로써($\frac{제245조\ 제2}{항,\ 제246조}$) 권리의 득실이라는 효과가 발생한다고 명문화되어 있다).

이에 대해서는 시효이익의 원용 없이 시효기간 도과로 권리자체가 소멸한다고 본다는 절대적 소멸설과, 소멸시효의 완성 외에 당사자의 원용이라는 별개의 요건까지 갖추어야만 권리소멸의 효과가 발생한다고 보는 상대적 소멸설이 있다. 후자는 시효의 완성으로 권리가 당연히 소멸되지 않고 다만 시효의 이익을 받을 자에게 권리소멸을 주장할 권리가 생길 뿐이라고 본다. 당사자의 권리소멸 주장의 필요성을 인정하고 시효완성 후 채무자의 변제의 효력에 대해 양 설 모두 유효하다고 본다.

판례는 절대적 소멸설을 취한 것($\binom{\text{대표적으로는 대판}}{1979.2.13, 78다2157}$)과 상대적 소멸설을 취하는 것이 혼재되어 있다. 원고가 시효소멸을 소송상 주장했음에도 시효원용권을 부정하여 시효소멸의 주장을 배척한 여러 판결례($\binom{\text{대표적으로는 대판 2017.}}{7.11, 2014다32458 등}$)가 점차 쌓여 상대적 소멸설의 입장이 더욱 커지고 있다.

1. 소급효

소멸시효는 그 기산일에 소급하여 효력이 생긴다($\binom{\text{제167}}{\text{조}}$). 이러한 소급효는 절대적 소멸설을 취할 때에 특히 의미를 갖게 된다. 소멸시효 완성의 효과가 소멸시효 기산점까지 소급하므로 기산점 이후의 이자도 소급적으로 소멸한다. 따라서 당사자의 원용이 없어도 시효완성의 사실로서 채무는 당연히 소멸하고, 다만 변론주의의 원칙상 소멸시효의 이익을 받는 사람이 소멸시효 이익을 받겠다는 뜻을 주장하지 않는 이상 그 의사에 반하여 재판할 수 없을 뿐이다($\binom{\text{대판 1979.}}{2.13, 78다2157}$).

2. 주된 권리의 소멸과 종된 권리

주된 권리의 시효가 완성되면, 종된 권리에도 완성의 효과가 미친다($\binom{\text{제183}}{\text{조}}$). 예를 들어 원본채권인 금전채권의 일부가 변제로 소멸하고 나머지는 소멸시효가 완성된 경우 소멸시효 완성된 원금에서 발생한 이자 또는 지연손해금은 그 자체의 소멸시효가 완성되기 전이라도 소멸한다($\binom{\text{대판 2008.3.14,}}{2006다2940}$). 한편 공동불법행위자의 손해배상채무와 공동불법행위자 중 1인이 타 공동불법행위자에 대해서 갖는 구상권은 전혀 별개의 권리이므로 공동불법행위자 중 1인의 손해배상채무가 시효로 소멸한 후에 다른 공동불법행위자가 피해자에게 자기부담부분을 넘는 손해배상을 했다면 여전히 구상권을 행사할 수 있다($\binom{\text{대판 2010.12.23,}}{2010다52225}$).

> **사례 23** A는 B에게 1천만 원을 대여해 주었다. 그런데 B는 A에게 원금 중 400만 원을 변제하고 나머지 600만 원에 대해서는 소멸시효가 완성되었다. 소멸시효가 완성된 원금 600만 원에 대해서 이 금액의 소멸시효가 완성되기 전에 발생한 이자와 지연손해금이 60만 원이 있고 변제한 400만원에 대해서도 그 변제 전에 이자와 지연손해금이 40만 원이 있었다.
> 채권자 A가 이자 및 지연손해금 100만 원의 지급을 청구한다. 인용될 수 있을까?
>
> (대판 2008.3.14, 2006다2940 참조)
>
> **|해설 23|** 40만 원의 지급청구는 인용될 수 있다.
> 가분채권인 금전채권의 성질상 변제로 소멸한 원금 부분과 소멸시효 완성으로 소멸한 원금 부분을 구분하는 것이 가능함을 전제로, 소멸시효 완성의 효력은 소멸시효가 완성된 원금 부분으로부터 그 완성 전에 발생한 이자 또는 지연손해금 60만 원에는 미치나, 변제로 소멸한 원금 부분으로부터 그 변제 전에 발생한 이자 또는 지연손해금인 40만 원에는 미치지 않기 때문이다.

제1편 제2편 제3편 제4편 제5편 제6편 제7편 제8편 제9편 계약의 해소와 소멸시효

3. 소멸시효완성 주장을 원용할 수 있는 사람(시효원용권자)

소멸시효의 완성을 주장할 수 있는 사람은 시효로 인하여 채무가 소멸되는 결과 '직접적인 이익을 받는 사람(직접수익자)'에 한정된다($^{대판\ 1997.12.26,}_{97다22676}$).

직접수익자에는 채무자뿐만 아니라, 다음과 같은 자도 포함된다. ① 물상보증인(대판 2004.1. 16, 2003다30890. 피담보채권의 소멸시효 완성을 주장할 수 있다고 봄), ② 채권자취소소송의 상대방이 된 수익자($^{대판\ 2007.11.29,}_{2007다54849\ 등}$), ③ 담보가등기가 설정된 부동산의 양수인(대판 1995.7.11, 95다12446. 채무자의 소멸시효 원용권에 기초한 것이 아닌 독자적인 것으로 판시), ④ 매매계약 후 가등기가 경료된 부동산의 제3취득자($^{대판\ 1991.3.12,}_{90다카27570}$), ⑤ 유치권이 성립된 부동산의 매수인(대판 2009.9.24, 2009다39530. 다만 유치부동산의 제3취득자라도 유치권의 피담보채권의 소멸시효기간이 확정판결 등으로 10년으로 연장된 경우 매수인은 그 채권의 소멸시효기간의 연장된 효과를 부정하고 종전의 단기소멸시효기간을 원용할 수 없다. 대판 2009.9.24, 2009다39530 참조)이 이에 해당한다. 그 외에 ⑥ 저당부동산의 제3취득자($^{대판\ 1995.7.11,}_{95다12446}$), 보증인($^{대판\ 1991.1.29,}_{89다카1114}$)도 직접 이익을 갖는 자라고 볼 것이다.

반면 i) 채무자의 일반채권자(대판 2017.7.11, 2014다32458. 다만 채무자를 대위하여 소멸시효 주장을 할 수는 있음), ii) 채권자대위소송에서의 제3채무자(대판 2004.2.12, 2001다10151. 다만 대위소송 외에 별소로 피대위자에 대한 이행청구소송이 제기된 상태에서 채무자가 피보전채권의 소멸시효 완성의 항변이 인용되면 피보전채권이 소멸되므로 채권자는 원고적격이 부정되어 각하한 사건으로는 대판 2008.1.31, 2007다64471)는 여기에 해당되지 않는다. 또한 iii) 후순위담보권자도 직접수익자로 보지 않았다(대판 2021.2.25, 2016다232597. 즉 선순위 담보권의 피담보채권에 관한 소멸시효완성을 후순위 담보권자가 주장할 수 없다고 판시).

4. 신의칙 또는 권리남용 법리에 따른 소멸시효완성 주장의 배제

신의칙에 반한 권리남용의 법리에 따라 채무이행의 거절을 인정함이 현저히 부당하거나 불공평하게 되는 등의 특별한 사정이 있는 예외적인 경우에만 제한적으로 소멸시효의 원용권이 배제된다.

구체적으로는

(i) 채무자가 시효완성 전에 채권자의 권리행사나 시효중단을 불가능 또는 현저히 곤란하게 하여 채권자가 그러한 조치를 할 수 없었던 경우($^{대판\ 2003.7.25,}_{2001다60392}$) 또는 그러한 조치가 불필요하다고 믿게 하는 행동을 한 경우,

(ii) 객관적으로 채권자가 권리를 행사할 수 없는 장애사유가 있었던 경우,

(iii) 시효완성 후에 채무자가 시효를 원용하지 아니할 것 같은 태도를 보여 권리자로 하여금 이를 신뢰하게 한 경우($^{대판(전합)\ 2013.5.}_{16,\ 2012다202819}$)가 이에 해당된다.

(iv) 그러한 장애사유가 소멸하거나, 또는 채무자가 소멸시효이익을 원용하지 않을 것 같은 신뢰를 부여한 경우에는 설사 소멸시효기간이 경과했더라도 채권자는 장애사유가 소멸한 시점

또는 신뢰부여라는 사정이 있은 때로부터 '상당한' 기간 내에 권리를 행사해야 한다. '상당한 기간'이란 특별한 사정이 없으면 민법상 시효정지의 경우에 준하여 단기간으로 제한되어야 한다. 개별 사건에서 매우 특수한 사정이 있어 그 기간을 연장하여 인정하는 것이 부득이한 경우에도 불법행위로 인한 손해배상청구의 경우 그 기간은 아무리 길어도 민법 제766조 제1항이 규정한 단기소멸시효기간인 3년을 넘을 수는 없다고 보아야 한다(대판(전합) 2013.5.16. 2012다202819).

　(v) 과거사정리법상 민간인의 손해에 대한 국가배상청구 사건에서 국가는 장기소멸시효완성을 주장할 수 없다. 헌법재판소는 이러한 청구권에 10년의 장기소멸시효규정(제766조 제2항)은 위헌이라고 결정하였다(헌재결 2018.8.30. 2014헌바148 등. 이 헌재결정 이전에는 과거사 사건에서 장기소멸시효의 주장을 신의칙 위반으로 배척하고 있었다.). 다만 3년의 단기소멸시효(제766조 제1항)는 여전히 적용된다(대판 2022.11.30. 2019다216879). 소멸시효의 기산점은 '권리를 행사할 수 있는 때(제166조 제1항)'로부터 진행한다. 따라서 3년의 단기소멸시효는 '그 손해 및 가해자를 안 날'에 더하여 '권리를 행사할 수 있는 때'가 도래해야 진행된다(대판 2023.6.1. 2020다293292). 여기서 '손해의 발생 및 가해자를 안 날'은 진실규명결정일이 아닌 그 결정통지서가 송달된 날이라고 할 것이다(대판 2020.12.10. 2020다205455).

　이로서 과거사 사건에서 피해자의 국가배상청구권 보호가 실질적으로 더욱 강화되었다. 그리고 이러한 단기소멸시효기간이 완성되었어도 피해자는 소멸시효 남용의 재항변을 할 수 있다.

　참고 대판 2019.11.14. 2018다233686이 나오기 전에는 과거사사건의 재심을 받은 후 손해배상소송의 진행상 당사자는 다음과 같이 주장할 수 있었다: i) 원고(피해자)의 손해배상 등의 청구에 대하여, ii) 국가의 소멸시효의 항변을 인정하되, iii) 이에 대하여 원고는 소멸시효 남용의 재항변, iv) 그리고 다시 피해자는 재심무죄판결의 확정일로부터 6개월 내에 소제기를 해야 한다는 국가의 재재항변(대판 2013.12.12. 2013다201844. 이러한 기간의 제한에 대하여 '재심절차에서 무죄판결이 확정될 때까지는 사실상 장애사유가 있다고 할 것이지만, 특별한 사정이 없는 한, 그러한 장애가 해소된 재심무죄판결의 확정일로부터 민법상 시효정지의 경우(민법 제179조 등)에 준하는 6개월 내에 권리를 행사해야 한다'고 판시함). 이러한 종전의 판례에 따르면 피해자는 무죄확정의 재심판결 후 6개월이 경과하면 실질적으로 보호받지 못하였다.

　사례 24 국가가 1960년대 OO공단을 조성하기 위하여 (구) 농지개혁법에 따라 적법하게 분배받은 주민들(甲, 乙, 丙 등)의 농지 소유권을 박탈하고 공단을 조성했다. 주민들은 민사소송을 제기하여 대법원에서의 승소판결(A판결)로 토지소유권을 회복하였다. 이에 수사기관이 피해자들을 불법 감금하고 소송사기죄 등으로 기소하여 주민들은 유죄판결(B판결)을 받았다. 이 유죄판결을 근거로 국가는 위 A판결의 재심을 청구하였고, 1989.12.6. 재심법원은 위 민사확정판결(A판결)을 취소하고 위 주민들의 소유권을 박탈하는 재심판결(A-1판결)을 내렸고, 이는 그대로 확정되었다.
그 후 진실·화해를 위한 과거사 정리위원회는 2008년 위 형사판결(B판결)은 형사소송법상 재심사유에 해당한다는 취지의 진실규명결정을 했다. 이러한 결정이 있자 위 주민들은 형사유죄판결(B판결)에 대해 재심을 청구하였고 2011.12.7. 유죄판결을 받은 위 주민들은 무죄라는 재심이 확정되었다. 이 재심판결을 근거로 주민들(및 상속인들)은 2013.5.13. 불법행위로 인하여 위 농지소유권을 취득할 수 없게 되었음을 이유로 국가를 상대로 손해배상을 청구하였다(이러한 청구는 과거사 정리법 제2조 제1항 제4호에서 말하는 국가배상청구에 해당한다). 이에 국가는 불법행위를 한 날로부터 이미 5년이 경과하였으므로 소멸시효가 완성되었다는 항변을 하였다(국가재정법 제96조 제2항). 이와 같은 항변은 타당한가?

(대판 2019.11.14. 2018다233686 참조)

> **[참조 조문]**　국가재정법 제96조(금전채권 · 채무의 소멸시효)　① 금전의 급부를 목적으로 하는 국가의 권리로서 시효에 관하여 다른 법률에 규정이 없는 것은 5년 동안 행사하지 아니하면 시효로 인하여 소멸한다.
> ② 국가에 대한 권리로서 금전의 급부를 목적으로 하는 것도 또한 제1항과 같다.
> ③ ………
> ④ ………

> **┃해설 24┃** 소멸시효 완성의 항변은 타당하지 않다.
> 헌법재판소는 2018년 8월 30일 민법 제766조 제2항(장기소멸시효 규정)은 과거사 사건에 대하여 적용되는 부분은 헌법에 위반된다고 결정하였다(헌재결 2018.8.30. 2014헌바148 등). 헌법재판소 위헌결정의 효력은 위헌제청을 한 당해 사건만 아니라 위헌결정이 있기 전에 이와 동종의 위헌 여부에 관하여 헌법재판소에 위헌여부심판제청이 되어 있거나 법원에 위헌여부심판제청신청이 되어 있는 경우의 당해 사건과 별도의 위헌제청신청 등은 하지 않았지만 당해 법률 또는 법조항이 재판의 전제가 되어 법원에 계속된 모든 일반 사건까지 미친다(대판 1992.2.14. 91누1462, 대판 1996.4.26. 96누1627 등 참조).
> 위 위헌결정에 따라 이와 같은 손해배상청구권에서는 제766조 제2항에 따른 '객관적 기산점을 기준으로 하는 소멸시효'(이하 '장기소멸시효'라 한다)는 적용되지 않고, 국가에 대한 금전 급부를 목적으로 하는 권리의 소멸시효기간을 5년으로 규정한 국가재정법 제96조 제2항(구 예산회계법 제96조 제2항) 역시 이러한 객관적 기산점(민법 제766조 제2항)을 전제로 하는 경우에는 적용되지 않는다. 즉 '불법행위를 한 날로부터 5년'이 경과한 사실만으로는 소멸시효가 완성된 것이라고 할 수 없다.
> 이에 따라 과거사 사건의 경우에는 국가재정법 제96조 제2항의 손해배상청구권에서 민법 제766조 제2항에 따라 기산되는 장기소멸시효(5년)가 적용되지 아니하므로 국가의 소멸시효완성의 항변은 이유 없다.

참고 다만 청구의 인용 여부와 관련하여 이 경우에도 민법 제766조 제1항에 따른 단기소멸시효는 여전히 적용되어야 할 것이다. 이 사안에서 2011.12.7. 주민들의 유죄판결을 뒤집는 재심판결이 확정된 후, 3년이 지나기 전인 2013.5.13. 손해배상청구를 했으므로 이와 같은 청구는 인용되어야 할 것이다.

Ⅵ. 시효이익의 포기$\binom{\text{제184}}{\text{조}}$

1. 요 건

시효이익은 미리 포기하지 못한다$\binom{\text{제184조}}{\text{제1항}}$. 따라서 법문의 반대해석상 시효완성 이후의 포기는 허용된다. 포기는 처분행위이므로 포기하는 자는 처분의 능력과 권한을 가지고 있어야 한다. 시효이익을 포기하는 사람은 시효완성의 사실을 알면서 하여야 한다. 따라서 채무의 시효완성사실을 모르고 승인을 하면 그 승인은 시효이익의 포기로 될 수 없다.

2. 소멸시효 완성 후 일부변제

채무자가 소멸시효 완성 후 채무를 일부 변제한 때에는 그 액수에 관하여 다툼이 없는 한, 그 채무 전체를 묵시적으로 승인한 것으로 보아야 한다. 이 경우 시효완성의 사실을 알고 그 이익을 포기한 것으로 추정되므로, 소멸시효가 완성된 채무를 피담보채무로 하는 근저당권이 실행되어 채무자 소유의 부동산이 경매로 매각되고 그 대금이 배당되어 채무의 일부 변제에 충당될 때까지 채무자가 아무런 이의를 제기하지 아니하였다면, 경매절차의 진행을 채무자가 알지 못하였다는 등 다른 특별한 사정이 없는 한, 채무자는 시효완성의 사실을 알고 그 채무를 묵시적으로 승인하여 시효의 이익을 포기한 것으로 보아야 한다$\binom{\text{대판 2001.6.12,}}{\text{2001다3580}}$.

사례 25 甲이 乙에 대하여 부담한 채무에 대하여 丙이 연대보증을 했다. 이후 乙의 채권은 소멸시효가 완성되었다. 채권자 乙이 연대보증채무를 근거로 丙 재산에 강제경매를 신청하고 경매절차에서 배당금을 수령함에 대하여 丙은 아무런 이의를 제기하지 않았다. 이후 丙은 주채무의 소멸시효완성을 이유로 보증채무의 소멸을 주장할 수 있는가? (대판 2012.7.12, 2010다51192 참조)

|해설 25| 주장할 수 있다.

보증채무의 부종성상 주채무의 소멸로 보증채무는 당연히 소멸된 것이다. 이 때 보증인의 시효이익의 포기가 있었는지가 문제되는데 판례는 이를 부정한다. 보증인의 보증채무의 이행 또는 승인이 주채무의 시효이익의 포기라고 볼 수 없으며 위와 같이 이의를 제기하지 않은 것이 주채무의 시효소멸에도 불구하고 보증채무를 이행하겠다는 의사를 표시한 것으로 볼 수 없기 때문이다. 이는 변제충당 등에 따라 보증채무에 대한 소멸시효이익의 포기 효과가 발생할 수 있는 경우에도 마찬가지이다.

3. 시효이익 포기의 상대효

시효이익 포기의 효과는 상대적이어서 원칙적으로 포기행위를 한 자에게만 미친다(시효이익 포기의 상대적 효력). 근저당권이 설정된 채권의 채무자가 시효완성후 채무를 승인하여 시효이익을 포기한 것으로 추정되는 경우, 그 시효이익 포기의 효력이 저당목적물의 제3취득자에게는 미치지 않는다($^{대판\ 2010.3.11.}_{2009다100098}$). 그러나 소멸시효 이익의 포기 당시에는 권리의 소멸로 직접 이익을 받게 될 이해관계가 없다가 나중에 시효이익을 이미 포기한 자와의 법률관계를 통하여 비로소 시효이익을 원용할 이해관계를 형성한 자는 이미 이루어진 시효이익 포기의 효력을 부정할 수 없다. 시효이익의 포기에 대하여 상대적인 효과만을 부여하는 이유는 포기 당시에 시효이익을 원용할 다수의 이해관계인이 존재하는 경우 그들의 의사와는 무관하게 채무자 등 어느 일방의 포기 의사만으로 시효이익을 원용할 권리를 박탈당하게 되는 부당한 결과의 발생을 막으려는데 있는 것이지, 시효이익을 이미 포기한 자와의 법률관계를 통하여 비로소 시효이익을 원용할 이해관계를 형성한 자에게 이미 이루어진 시효이익 포기의 효력을 부정할 수 있게 하여 시효완성을 둘러싼 법률관계를 사후에 불안정하게 만들자는 데 있는 것은 아니기 때문이다($^{대판\ 2015.6.11.}_{2015다200227}$).

소멸시효 완성 후에 채권자에 대하여 채무 일부를 변제함으로써 시효의 이익을 포기한 경우에는 그때부터 새로이 소멸시효가 진행한다($^{대판\ 2013.5.23.}_{2013다12464}$).

4. 채무자의 방해가 있었던 경우

채무자의 방해가 있었을 때 신의성실의 원칙에 반하는 권리남용으로 소멸시효완성 주장을 부정한다.

▌대판 2013.2.28, 2011다21556

[1] 시효이익을 받을 채무자는 소멸시효가 완성된 후 시효이익을 포기할 수 있고, 이것은 시효의 완성으로 인한 법적인 이익을 받지 않겠다고 하는 의사표시이다. 그리고 그러한 시효이익 포기의 의사표시가 존재하는지의 판단은 표시된 행위 내지 의사표시의 내용과 동기 및 경위, 당사자가 의사표시 등에 의하여 달성하려고 하는 목적과 진정한 의도 등을 종합적으로 고찰하여 사회정의와 형평의 이념에 맞도록 논리와 경험의 법칙, 그리고 사회일반의 상식에 따라 객관적이고 합리적으로 이루어져야 한다.

[2] 소멸시효 중단사유로서의 채무승인은 시효이익을 받는 당사자인 채무자가 소멸시효의 완성으로 채권을 상실하게 될 자에 대하여 상대방의 권리 또는 자신의 채무가 있음을 알고 있다는 뜻을 표시함으로써 성립하는 이른바 관념의 통지로 여기에 어떠한 효과의사가 필요하지 않다. 이에 반하여 시효완성 후 시효이익의 포기가 인정되려면 시효이익을 받는 채무자가 시효의 완성으로 인한 법적인 이익을 받지 않겠다는 효과의사가 필요하기 때문에 시효완성 후 소멸시효 중단사유에 해당하는 채무의 승인이 있었다 하더라도 그것만으로는 곧바로 소멸시효 이익의 포기라는 의사표시가 있었다고 단정할 수 없다.

[3] 소송에서의 상계항변은 일반적으로 소송상의 공격방어방법으로 피고의 금전지급의무가 인정되는 경우 자동채권으로 상계를 한다는 예비적 항변의 성격을 갖는다. 따라서 상계항변이 먼저 이루어지고 그 후 대여금채권의 소멸을 주장하는 소멸시효항변이 있었던 경우에, 상계항변 당시 채무자인 피고에게 수동채권인 대여금채권의 시효이익을 포기하려는 효과의사가 있었다고 단정할 수 없다. 그리고 항소심 재판이 속심적 구조인 점을 고려하면 제1심에서 공격방어방법으로 상계항변이 먼저 이루어지고 그 후 항소심에서 소멸시효항변이 이루어진 경우를 달리 볼 것은 아니다.

구분	내용
시효이익 포기 긍정	소유권이전등기청구권의 소멸시효기간이 지난 후 등기의무자가 소유권이전등기를 해 주기로 약정(합의)$\binom{\text{대판 } 1993.5.11,}{93다12824}$
	소멸시효가 완성된 어음채권에 관하여 매각대금이 배당되어 채무의 일부 변제에 충당될 때까지 채무자가 아무런 이의를 제기하지 않은 경우$\binom{\text{대판 } 2002.2.26,}{2000다25484}$
	국유재산을 점유하여 취득시효가 완성된 후 국가와 여러 차례에 걸쳐 국유재산 대부계약을 체결하거나, 그 계약 전에 밀린 점용료를 변상금이란 명목으로 납부하는 데까지 나아간 경우$\binom{\text{대판 } 1998.3.10,}{97다53304}$
시효이익 포기 부정	채무자가 소멸시효가 완성된 이후에 여러 차례에 걸쳐 채권자의 제소기간 연장요청에 대한 동의$\binom{\text{대판 } 1987.6.23,}{86다카2107}$
	동일 당사자 간에 계속적인 거래로 인하여 같은 종류를 목적으로 하는 수개의 채권관계가 성립되어 있는 경우, 채무자가 가압류 목적물에 대한 가압류를 해제받을 목적으로 피보전채권을 변제할 때 특별한 사정이 없는 한 피보전채권으로 적시되지 아니한 별개의 채무$\binom{\text{대판 } 1993.10.26,}{93다14936}$
	소멸시효완성 이후에 있은 과세처분에 기한 세액 납부$\binom{\text{대판 } 1988.1.19,}{87다카70}$
	삼청교육대로 인한 피해와 관련하여 대통령이 1988.11.26. 발표한 담화$\binom{\text{대판(전합) } 1996.12.}{19, 94다22927}$

Ⅶ. 소멸시효와 유사한 제도(제척기간과 실효의 원칙)

1. 제척기간

(1) 의 의

제척기간이란 일정기간의 경과로 권리가 소멸하게 되는 기간을 말한다. 제척기간은 법률관계를 조속히 확정해야 할 필요성 때문에 인정된다. 우리 민법에서는 제척기간에 관한 일반규정을 두고 있지 않다. 제척기간의 공통적 특징은 (ⅰ) 소급효가 없으며, (ⅱ) 제척기간의 중단 또는 정지가 부정되며(매매예약완결권의 경우에는 대판 2003.1.10, 2000다26425; 재산분할청구권($\frac{제839}{조의2}$)의 경우에는 대판 2000.8.18, 99므1855), (ⅲ) 제척기간의 경과는 법원이 직권으로 판단해야 하고$\binom{\text{대판 } 2019.7.25,}{2019다227817}$, (ⅳ) 제척기간의 이익은 기간도과 후에도 이를 포기할 수 없다고 본다.

그러나 제척기간이라도 그 규정의 취지와 목적, 권리의 종류와 성질 등에 따라 위에서 특징이 배제되는 경우가 있다. 즉 법률관계를 조속히 확정할 필요성이 비교적 적은 경우에는 당사자의 의사가 존중되어 제척기간의 성질이 제한될 수 있을 것이다. 이때에는 소멸시효기간에 관한 제반규정이 유추적용될 수 있다. 예컨대 제척기간의 경과로 인한 이익을 포기하는 것도 가능하다(대판 2022.6.9, 2017다247848. 상법 제814조의 운송인의 채권·채무의 소멸에 관한 제척기간은 그 기간이 경과한 후에도 운송인인 채무자는 제184조 제1항을 유추적용하여 그 이익을 포기할 수 있다고 판시함).

(2) 소멸시효와 제척기간의 구별기준

소멸시효와 제척기간을 구별하는 기준으로는 일반적으로 법문에 '소멸시효로 인하여', '시효로 인하여 소멸한다' 등으로 표현되어 있으면 소멸시효로 본다(문언설). 그러나 상속재산의 승인·포기의 취소권($^{제1024조}_{제2항}$)과 유증의 승인·포기의 취소권($^{제1075조}_{제2항}$)에 대한 기간제한은 법문에도 불구하고 제척기간으로 보는 것이 통설이다. 유류분반환청구권의 행사기간($^{제1117}_{조}$)($^{대판\ 1993.4.13,}_{92다3595}$), 불법행위로 인한 손해배상청구권의 행사기간($^{제766}_{조}$)($^{대판\ 1996.12.19,}_{94다22927}$), 선박우선특권의 행사기간($^{제786}_{조}$)($^{대판\ 1981.2.24,}_{80다2029\ 참조}$)은 법문에 따라 소멸시효기간으로 해석된다.

(3) 제척기간의 적용대상인 권리

형성권(취소권, 해지권, 예약완결권($^{제564}_{조}$) 등)의 권리행사기간은 원칙적으로 제척기간으로 본다. 그리고 형성권의 제척기간은 법률에 따로 기간이 정해져 있지 않으면 10년으로 본다($^{대판\ 2003.}_{1.10,\ 2000}$$^{다26425}_{등}$). 그러나 일정한 형성권은 당사자 약정으로 제척기간을 10년 이상으로 정할 수 있다(매매예약완결권에 대해서 대판 2017.1.25, 2016다42077. 일반적으로 권리의 조속한 확정에 대한 요구보다 당사자의 자치가 강조되어야 하는 영역이 그러하다).

제척기간의 기산점은 법률에서 정하고 있는 경우($^{제406조,\ 제847조\ 제1항,\ 제}_{865조\ 제2항,\ 제999조\ 제1항}$)를 제외하면 원칙적으로 권리가 발생한 때이다(대판 1995.11.10, 94다22682,22699. 매매예약완결권에서 완결권을 행사할 수 있는 때로부터 기산되는 것이 아님을 밝힘).

형성권 이외에 매도인의 담보책임($^{제573조,\ 제575조}_{제2항,\ 제582조}$), 수급인의 담보책임($^{제671}_{조}$), 환매권($^{제591}_{조}$), 점유보호청구권($^{제204조\ 제3항,}_{제205호\ 제2항}$)과 같은 청구권도 제척기간의 대상이 된다. 나아가 채권자취소권($^{제406}_{조,\ 대}$$^{판\ 1980.7.}_{22,\ 80다795}$), 친생부인의 소($^{제847조}_{제1항}$), 상속회복청구권($^{제999조}_{제1항}$)도 제척기간의 대상이다.

(4) 제척기간의 법적 성질

제척기간은 제소기간을 의미하므로 기간 내에 소를 제기해야 한다는 견해(제소기간설)가 있다. 그러나 법률에서 기간 내에 소제기할 것을 정하고 있지 않는 경우에는 재판 외에서 권리행사하는 것도 가능하다고 할 것이다(재판외 권리행사설). 채권자취소권과 같이 명시적으로 기간 내에 소제기할 것을 정하기도 한다($^{제406}_{조}$).

판례는 채권자취소권($^{대판\ 2023.4.13,}_{2021다309231}$), 상속회복청구권($^{대판\ 1993.2.26,}_{92다3083}$), 점유보호청구권($^{대판\ 2002.4.26,}_{2001다8097,8103}$)은 제소기간으로 본다. 그러나 매도인의 담보책임($^{대판\ 2003.6.27,}_{2003다20190}$), 수급인의 담보책임($^{대판\ 1990.3.9,}_{88다카31866}$), 환매권, 취소권($^{대판\ 2008.9.11,}_{2008다27301,27318}$)은 소제기 없이 재판외에서도 행사할 수 있는 것으로 본다.

제척기간 내에 권리를 행사해야 한다. 채권양도의 통지만으로는 재판외의 권리행사가 있었다고 볼 수 없다$\binom{대판(전합)\ 2012.3.}{22.\ 2010다28840}$. 기간 내에 재판상 청구를 통해서 권리를 보전했는지를 판단할 때에도 소장제출시가 아니라 소장부본 송달시를 기준으로 한다(대판 1999.4.9, 98다46945. 이 판결에서 재판상이든 재판외이든 제척기간 내에 행사하면 되는 형성권인 환매권을 재판상 행사할 때에는 소장 부본이 제척기간 내에 상대방에게 송달되어야만 효력을 발생한다고 보았다. 상대방에게 도달할 때 환매권 행사의 효력(매매의 성립)이 발생하기 때문이다).

사례 26 집합건물인 아파트의 입주자대표회의가 스스로 하자담보추급에 의한 손해배상청구권을 가짐을 전제로 하여 직접 아파트의 분양자를 상대로 손해배상청구소송을 제기하였다가, 소송계속 중에 정당한 권리자인 구분소유자들에게서 손해배상채권을 양도 받고 분양자에게 통지가 마쳐진 후, 그에 따라 소를 변경하였다. 그런데 채권양도의 통지는 제척기간의 경과 전에 이루어졌지만, 입주자대표회의가 양수금 청구로 소를 변경하는 신청서는 제척기간 경과 후에 제출되었다. 이 손해배상청구권은 제척기간의 도과에 의하여 소멸하였는가? (채권의 양도인은 분양받은 구분소유자, 양수인은 입주자대표회의, 채무자는 분양자인 경우)　　　　　(대판(전합) 2012.3.22, 2010다28840 참조)

│해설 26│ 제척기간의 도과에 의해 소멸한다.

판례는 채권양도통지에 채권양도의 사실을 알리는 것 외에 이행을 청구하는 뜻이 별도로 덧붙여지거나 그 밖에 구분소유자들이 재판 외에서 권리를 행사하였다는 등 특별한 사정이 없다면 이를 부정한다. 채권양도의 통지는 양도인이 채권이 양도되었다는 사실을 채무자에게 알리는 것에 그치는 행위이기 때문이다. 따라서 그것만으로 제척기간 준수에 필요한 권리의 재판 외 행사에 해당한다고 할 수 없다. 위 사례의 경우 손해배상청구권은 입주자대표회의가 위와 같이 소를 변경한 시점에 비로소 행사된 것으로 보아야 한다$\binom{대판(전합)\ 2012.3.22,}{2010다28840}$.

이에 대하여 채권양도통지가 하자보수에 갈음한 손해배상청구권에 대한 제척기간 경과 전에 이루어졌다면, 양수인이 양수금 청구로 소를 변경하는 신청서를 제척기간 경과 후에 제출하였더라도 그 권리가 제척기간에 의하여 소멸되었다고 볼 것은 아니라는 반대견해가 있다. 이 견해에 의하면, 채권양도 통지가 관념의 통지에 불과하지만, 양도인으로서는 이를 통하여 자신이 채무자에 대하여 채권을 보유하고 있었던 사실과 이를 양도하여 귀속주체가 변경된 사실, 그리고 그에 따라 채무자는 이제 채무를 채권양수인에게 이행해야 할 의무를 부담한다는 사실을 함께 고지하는 것이므로, 이는 채무자에 대하여 권리의 존재와 권리를 행사하고자 하는 의사를 분명하게 표명하는 행위를 한 것으로 평가하기에 충분하다고 본다. 따라서 비록 그것이 이행청구나 최고와 같이 시효중단의 효력이 인정될 정도의 사유는 아니라고 하더라도 제척기간 준수의 효과가 부여될 수 있는 권리행사의 객관적 행위 태양이라고 인정하는 데는 부족함이 없다고 주장한다.

(5) 제척기간이 도과된 채권에 의한 상계

소멸시효가 완성된 채권에 의한 상계규정($^{제495}_{조}$)이 유추적용된다. 도급인의 하자보수청구권 내지 그에 갈음하는 손해배상청구권이 제척기간이 경과했음에도 불구하고 이를 자동채권으로 하여 수급인의 대급지급청구권과의 상계를 인정하였다$\binom{대판\ 2019.3.14,}{2018다255648}$. 상계에 대한 채무자의 기대를 보호해야 할 필요성에서는 소멸시효완성의 경우와 다를 바가 없기 때문이다.

(6) 제척기간과 소멸시효기간의 중첩적 적용

제척기간과 소멸시효의 중첩적 적용이 가능하다. 판결례는 하자담보에 기한 손해배상청구권에 관한 사안에서 "매도인에 대한 하자담보에 기한 손해배상청구권에 대하여는 제582조의 제척기간이 적용되고, 이는 법률관계의 조속한 안정을 도모하고자 하는 데에 그 취지가 있으나, 하자담보에 기한 매수인의 손해배상청구권은 그 권리의 내용 · 성질 및 취지에 비추어 제162조 제1항의 채권 소멸시효의 규정이 적용된다고 할 것이고, 제582조의 제척기간의 규정으로 인하여 위 소멸시효 규정의 적용이 배제된다고 볼 수 없으며, 이때 다른 특별한 사정이 없는 한 무엇보다도 매수인이 매매의 목적물을 인도받은 때부터 그 소멸시효가 진행한다고 해석함이 상당하다"고 판시하였다(대판 2011.10.13, 2011다10266. 매도인의 손해배상책임은 제582조의 제척기간이 도과하지 않았더라도 제162조 제1항의 소멸시효기간이 경과한 경우에는 시효로 소멸한다고 판시함). 즉 동일한 권리에 소멸시효기간과 제척기간이 동시에 적용되는 될 수 있으며, 두 기간 중 하나가 경과하면 권리가 소멸하게 된다.

2. 실효의 원칙

(1) 의 의

실효의 원칙이란 권리자가 오랫동안 권리를 행사하지 않아서 의무자인 상대방이 더 이상 권리행사가 없을 것이라고 믿을 만한 정당한 기대를 갖게 되었다면 그 권리가 실효되는 원칙을 말한다. 이는 상대방의 신뢰보호를 위하여 인정되는 것으로, 신의성실 원칙 위반의 한 형태로 인정된다($\binom{대판\ 2005.10.28,}{2005다45827}$).

소멸시효의 대상이 아닌 물권적 청구권이나 항소권과 같은 소송법상 권리($\binom{대판\ 2006.10.27,}{2004다63408}$)에도 실효의 원칙이 적용될 수 있다는 점에서 소멸시효제도와는 구별되는 의미가 있다.

(2) 요건과 효과

권리자의 장기간 권리 불행사와 이에 대한 상대방의 정당한 신뢰가 있어야 한다($\binom{대판\ 2002.1.8,}{2001다60019}$). 권리불행사 기간과 권리불행사에 대한 상대방이 신뢰할 정당한 이유는 일률적으로 판단될 수 없다($\binom{대판\ 2013.2.14,}{2010다59622}$).

권리가 실효되었다면 권리 자체가 소멸하는 것이 아니라 권리의 행사가 신의칙에 반하여 허용되지 않을 뿐이다($\binom{대판\ 1995.8.25,\ \ 94다27069;}{대판\ 1994.6.28,\ \ 93다26212}$).

요건사실론 **소멸시효**

[기초사실관계]

甲이 2004.2.1. 乙에게 1,000만 원을 대여하면서 2005.1.31.에 반환받기로 약정하였는데 2016.2.1.

비로소 乙을 상대로 위 1,000만 원의 반환을 청구하는 소송을 제기하고 또 乙은 이에 대하여 소멸시효의 항변을 주장하려고 한다.

1. 원고(甲)는 청구원인사실(권리발생사실)을 주장 · 증명해야 한다.

청구원인사실(권리발생사실)은 ① 소비대차계약의 체결, ② 목적물(1,000만 원)의 인도, ③ 반환시기(약정반환일 다음날인 2005.2.1.)[4] 도래 사실이 그에 해당한다.

반환시기는 대차형 계약의 불가결한 요소이기 때문에 청구원인사실에 해당된다.[5]

2. 피고(乙)의 소멸시효 항변

甲의 주장에 대하여 乙은 甲의 대여금반환채권이 10년의 시효기간 도과로 소멸되었다는 시효소멸의 항변을 할 수 있다.

乙이 주장 · 증명책임을 지는 시효소멸의 요건사실(대여금반환채권의 소멸이라는 법률효과를 가져오는 권리소멸사실)은 ① 원고(甲)가 특정시점[6][7]에 당해 권리(대여금반환채권)를 행사할 수 있었던 사실, ② 그 때로부터 소멸시효기간(10년)이 도과한 사실이다. 그러나 실무적으로는 乙이 명시적 또는 묵시적으로 '2005.2.1.부터 10년이 도과되었다'는 주장을 하기만 하면 소멸시효 항변의 요건사실이 모두 주장 · 증명되었다고 보아야 한다.[8]

심화학습 1

법원은 乙이 시효원용을 하지 않는 경우에도 시효소멸을 이유로 甲의 청구를 기각할 수 있는가?

│ 해설 │ '2005.1.31.에 반환받기로 약정하였다'는 사실과 '그 다음날부터 10년이 도과되었다'는 사실이 모두 주장 · 증명되었다 하더라도, 乙이 소송에서 시효원용을 하여야만 법원은 시효소멸을 이유로 甲의 청구를 기각할 수 있다.

원용권자(乙)가 상대방(甲)에게 시효원용의 의사표시를 한 사실은 요건사실에 해당하지 않지만,[9] 변론주의의 원칙상 당사자가 시효이익을 받겠다는 뜻으로 이를 원용하지 않는 이상 그 의사에 반하여 재판할 수 없기 때문이다.[10] 이러한 점에서 시효소멸 항변은 권리발생의 기초가 되는 객관적 사실만이 아니라 권리를 행사한다는 취지의 소송당사자의 의사표시가 요구되는 권리항변에 해당한다.

---

4) 반환시기가 약정반환일인 2005.1.31.이라고 보는 견해도 있다.
5) 다만 실무적으로는 甲이 '2005.1.31.에 반환받기로 약정하였다'는 점을 주장 · 증명하면 반환시기 도래 사실에 대하여는 甲이 묵시적으로 주장하고 있다고 보아야 하고, 도래 여부도 법원에 현저하므로 별도로 그 증명이 필요 없다.
6) 소멸시효의 기산점으로서 사안에서는 약정반환일 다음날인 2005.2.1. 오전 0시이다.
7) 소멸시효 기산일이 약정반환일인 2005.1.31.이라고 보는 견해도 있다.
8) 甲이 '2005.1.31.에 반환받기로 약정하였다'는 사실을 주장 · 증명하면, 이러한 주장 · 증명은 원 · 피고 사이의 주장공통 및 증거공통의 원칙에 따라 乙에게 유리하게 사용될 수 있다. 이와 같은 甲의 주장사실은 원고가 2005.2.1.부터 대여금반환채권을 행사할 수 있었다는 사실에 해당하기 때문에 위 ①의 요건사실을 주장 · 증명할 필요가 없다. 또한 2005.2.1.부터 10년 도과 사실은 법원에 현저하므로 그 증명이 필요 없다고 할 것이다.
9) 당사자의 원용이 없어도 소멸시효기간이 완성하면 채무는 당연히 소멸된다는 대판 1978.10.10, 78다910 참조.
10) 대판 1978.10.10, 78다910 참조. 판례는 시효원용의 의사표시가 시효소멸의 실체법상 요건사실에 해당하지는 않지만, 소송당사지가 시효원용을 하지 않음에도 법원이 시효소멸을 인정하면 변론주의에 위반된다는 입장을 취한다.

심화학습 2

乙이 시효소멸의 기산점을 2004.2.1.이라고 하거나 또는 2006.2.1.이라고 주장하는 경우에도 법원은 약정반환일 다음날인 2005.2.1.을 기산일로 보아 시효완성을 인정할 수 있는가?

| **해설** | 법원은 약정반환일 다음날인 2005.2.1.을 기산일로 보아 시효완성을 인정할 수 없다.
시효소멸의 기산점은 변론주의가 적용되는 주요사실이므로 본래의 소멸시효 기산일과 당사자가 주장하는 기산일이 서로 다른 경우에는 변론주의의 원칙상 법원은 당사자가 주장하는 기산일을 기준으로 소멸시효를 계산하여야 하기 때문이다. 이는 당사자가 본래의 기산일보다 뒤의 날짜를 기산일로 하여 주장하는 경우는 물론이고 특별한 사정이 없는 한 그 반대의 경우에 있어서도 마찬가지이다.[11]

심화학습 3

질문 1) 甲이 소비대차계약의 체결을 이유로 대여금반환을 청구한 경우, 乙이 반환시기로부터 6년이 지난 후 '甲의 대여행위가 상행위에 해당하여 5년의 소멸시효가 적용된다'고 주장하기 위해서 乙이 주장·증명해야 하는 요건사실은?

질문 2) 만약 10년이 경과한 후에 乙이 이와 같은 주장을 하는 경우 법원은 직권으로 10년의 소멸시효가 완성되었음을 이유로 甲의 청구를 기각할 수 있는가?

| **질문 1 해설** | 소멸시효기간이 완성되었음을 주장하는 외에도 甲의 대여행위가 상행위에 해당한다는 점에 대한 근거사실을 주장·증명해야 한다.

문제된 채권의 소멸시효기간에 관한 근거사실은 시효소멸로 인하여 이익을 받는 당사자에게 주장·증명책임이 있다. 위 사안에서 10년의 시효기간에 관한 근거사실은 소비대차계약 체결 사실인데, 이는 청구원인사실로서 甲이 이를 주장·증명하지 않으면 乙이 시효소멸 항변을 할 필요도 없이 甲의 청구가 기각된다. 또한 甲이 이를 주장·증명하였다면, 주장공통 및 증거공통의 원칙에 따라 乙이 이를 다시 주장·증명할 필요는 없다. 그러나 상법상의 소멸시효기간이 적용됨을 주장하기 위해서는 그 권리근거사실인 甲의 대여행위가 상행위임을 주장·증명해야 한다. 다만 甲이 상사이율을 적용받기 위해서 甲의 대여행위가 상행위에 해당한다는 점에 대한 근거사실을 주장·증명하였다면, 乙로서는 다시 이를 주장·증명할 필요는 없다.

| **질문 2 해설** | 법원은 직권으로 甲의 청구를 기각할 수 있다.

어떤 권리의 소멸시효기간이 얼마나 되는지에 관한 주장은 단순한 법률상의 주장에 불과하므로 변론주의의 적용대상이 되지 않고 법원이 직권으로 판단할 수 있기 때문이다.[12] 따라서 甲의 대여 주장에 대하여 乙이 '甲의 대여행위가 상행위에 해당하여 5년의 소멸시효가 적용된다'고 항변하였더라도 법원은 10년의 소멸시효가 완성되었음을 이유로 甲의 청구를 기각할 수 있다.

3. 원고의 재항변

가. 시효중단의 재항변

乙의 시효소멸 항변에 대하여 甲은 시효기간의 진행 중에 제168조의 사유(청구, 압류 또는 가압

---

11) 대판 1995.8.25, 94다35886 참조.
12) 대판 2013.2.15, 2012다68217 참조.

류, 가처분, 승인)가 있었다고 재항변할 수 있다.

나. 시효이익포기의 재항변

甲은 시효완성 후에 乙이 시효이익을 포기하였다고 재항변할 수도 있다. 시효이익의 포기는 시효완성 사실을 알면서 하는 것이어야 하는데, 시효완성 후 채무를 승인한 채무자는 시효완성의 사실을 알고 그 이익을 포기한 것이라 추정할 수 있으므로(대판 1992.5.
22. 92다4796), 甲이 '시효완성 후 乙이 채무승인을 하였다'고 주장하면서 시효이익포기의 재항변을 할 때에는 시효완성 후 乙이 채무승인을 하였다는 점을 증명하면 되고, 이와 별도로 乙이 채무승인 당시 시효완성 사실을 알고 있었다는 점을 증명할 필요가 없다.

4. 피고의 재재항변

甲의 시효중단의 재항변에 대하여 乙은 제170조 내지 제176조의 시효중단의 효력이 없는 사유가 있었다는 재재항변을 할 수 있다. 예를 들어 甲이 시효기간 진행 중 소제기 사실을 주장하면서 시효중단의 재항변을 하는 경우, 乙은 그 소송이 각하, 기각, 취하로 종결되었음을 주장·증명하면 된다.

계약의 무효와 취소

제1장 무효와 취소사유의 유형
제2장 무효와 취소의 법률관계

제1편

제2편

제3편

제4편

제5편

제6편

제7편

제8편

제9편

계약의 무효와 취소

제1장 무효와 취소사유의 유형

Ⅰ. 진의 아닌 의사표시
Ⅱ. 통정허위표시
Ⅲ. 착오에 기한 의사표시
Ⅳ. 사기 · 강박에 의한 의사표시
Ⅴ. 강행법규(효력규정) 위반
Ⅵ. 목적의 사회적 타당성$\binom{\text{제103조,}}{\text{제104조}}$

법률행위가 행위자의 의사에 상응하는 효력을 발생시키기 위해서는 성립요건과 유효요건을 모두 갖추어야 한다. 즉 법률행위는 성립하여야 하고, 성립된 법률행위가 효력을 발생하기 위한 요건을 갖추어야 하는 것이다. 법률행위가 적법하게 성립하였다고 하더라도 일정한 경우에는 무효가 되거나 취소사유가 발생한다. 가령 법률행위는 그 목적이 사회질서에 반하거나 불공정하면 무효가 되며$\binom{\text{제103조,}}{\text{제104조}}$, 의사표시에 흠결이 있는 경우에는 무효로 되거나 취소할 수 있는 것이다$\binom{\text{제107조 내}}{\text{지 제110조}}$. 의사표시에 흠결이 있다는 것은 의사와 표시가 불일치하거나 의사표시의 형성과정에 하자가 있다는 것인데, 민법은 비진의표시에 있어 상대방이 표의자의 진의 아님을 알았거나 알 수 있었을 경우$\binom{\text{제107조}}{\text{제1항 단서}}$ 또는 통정한 허위의 의사표시를 한 경우$\binom{\text{제108조}}{\text{제1항}}$에는 그러한 의사표시가 무효가 됨을 밝히고 있고, 계약이 착오에 의하거나$\binom{\text{제109}}{\text{조}}$ 사기 · 강박에 의한 의사표시에 의하여 이루어진 경우$\binom{\text{제110}}{\text{조}}$에는 취소할 수 있는 것으로 규정하고 있다. 이외에도 민법의 규정 또는 해석에 의하면 의사무능력자의 행위, 제606조 · 제607조 위반의 경우 법률행위는 무효가 되고, 제한능력자의 법률행위 등에 있어서는 취소사유가 존재하게 된다. 또한 사해행위취소$\binom{\text{제406}}{\text{조}}$, 가족법상 신분행위취소$\binom{\text{예컨대 제}}{\text{861조 등}}$와 같이 재판상으로만 취소권을 행사할 수 있는 경우도 있고, 실종선고의 취소$\binom{\text{제29}}{\text{조}}$, 부재자 재산관리명령의 취소$\binom{\text{제22조}}{\text{제2항}}$, 법인설립허가의 취소$\binom{\text{제38}}{\text{조}}$ 등 일반적 의미의 취소와 구별되는 광의의 취소라는 개념도 존재한다.

(이하에서는 법률행위가 강행규정에 반하거나 반사회질서적인 것으로서 무효가 되는 경우$\binom{\text{제103조,}}{\text{제104조}}$, 그리고 의사표시의 형성과정에서 흠결이 있는 경우$\binom{\text{제107조 내}}{\text{지 제110조}}$의 문제를 다루기로 한다. 계약의 당사자와 관련한 무효 · 취소의 문제, 사해행위취소의 문제 등은 이 책의 다른 장에서 언급하고, 가족법상 신분행위취소의 문제는 이 책의 논의대상에서 제외하기로 한다)

Ⅰ. 진의 아닌 의사표시

1. 의 의

진의 아닌 의사표시(비진의표시)란 표시행위의 의미가 표의자의 진의와는 다르다는 것을 표의자 스스로 알면서 하는 의사표시, 즉 의사와 표시의 불일치를 표의자 스스로 알면서 하는 의사 표시를 말한다(대판 1997.7. 25. 97다8403). 진의 아닌 의사표시는 원칙적으로 유효한데(제107조 참조), 이는 우리 민법 이 표시주의적 요소를 강하게 취한 결과이다(다수설).

2. 요 건

(1) 의사표시의 존재

(가) 진의 아닌 의사표시가 성립하기 위해서는 우선 일정한 효과의사를 추단할 만한 행위가 있어야 한다. 법적으로 의미가 없는 사교상의 명백한 농담이나 연극배우의 대사 등은 여기서 말하는 비진의표시가 아니다. 그러나 상대방 또는 제3자가 진의 아님을 이해하리라는 기대 하 에 하는 의사, 즉 희언(戲言)은 비진의표시에 해당한다.

(나) 제107조의 의사표시는 사법상의 의사표시를 말하므로 공법상의 의사표시(공무원의 사직 서 제출)에는 동조가 적용되지 않는다.

(2) 진의와 표시의 불일치

(가) 진의 아닌 의사표시가 되기 위해서는 진의와 표시가 불일치해야 한다. 이때 진의의 의 미에 관하여 사실적 효과설과 법률효과설의 대립이 있지만, 의사표시에 있어서 결정적인 것은 사실상의 결과에 향하여진 의사가 아니라 오히려 의욕된 바가 법적으로 구속적이라는 당사자 의 의사라고 이해하여야 할 것이다(법률효과설).

(나) 진의 아닌 의사표시에 있어서의 진의란 법률적 효과를 의욕하는 의사인 내심의 효과의 사를 말한다. 이러한 내심의 효과의사와 표시상의 효과의사(넓게는 '표시'라고 볼 수도 있음)가 불 일치하는 것이 비진의표시인 것이다. 이때 '당사자가 진정으로 마음속에서 바라는 마음'은 진의 의 판단에 중요하지 않다. 예컨대 표의자가 의사표시의 내용을 진정으로 마음속에서 바라지는 않았지만 당시 상황에서는 최선이라고 판단하여 그 의사표시를 했을 때에는 이를 내심의 효과 의사가 결여된 진의 아닌 의사표시라고 할 수 없다(대판 2000.4.25. 99다34475. 피고로부터 징계면 직처분을 받은 원고가 징계가 부당하지만 징계면직처분의 무효를 다투는 것이 어렵다고 판단하여 퇴직금 수령 및 장래를 위하여 사직원을 제출하고 재심을 청구하여 종전의 징계면직처분이 취소되고 의원면직처 리된 경우, 그 사직의 의사표시에 사직의 효과의사를 인정하여 의사와 표시의 불일치가 없다고 한 사례). 이러한 법리구성은 '강박에 의하여' 원하지 않는 의사표시를 하는 경우에도 마찬가지이다. 예컨대 원고 甲이 피고(대한민국) 산하 계엄사령부 소속 합동수사본부의 수사관 등에 의하여 강 박을 받은 끝에 부동산 증여의 의사표시를 하고 그 등기이전에 필요한 서류 등을 발급해 준 경 우에도 비록 재산을 강제로 뺏긴다는 것이 표의자의 본심으로 잠재되어 있었다 하여도 강박에 의했더라도 증여의 의사를 형성하고 그에 따른 증여의 의사표시를 한 이상 내심의 효과의사가 결여된 것은 아니다(대판 1993.7.16. 92 다41528,92다41535).

사례 1 은행에 다니던 甲은 특별퇴직의 권고를 받았다. 甲은 마음속으로는 특별퇴직 권고를 선뜻 받아들일 수 없었지만, 제반 사정을 종합적으로 고려하여 당시의 상황으로서는 그것이 최선이라고 판단하여 특별퇴직을 신청하였다. 이후 甲은 은행의 특별퇴직 권고에 의한 퇴직은 실질적으로 부당한 해고에 해당하거나 비진의표시로서 무효가 된다고 주장한다. 그 타당성은?

(대판 2010.3.25, 2009다95974 참조)

해설 1 타당하지 않다.

甲의 퇴직처분은 甲의 희망이나 바람과는 다른 것이었으나, 진의란 특정한 내용의 의사표시를 하고자 하는 표의자의 생각을 말하는 것이지 표의자가 진정으로 마음속에서 바라는 사항을 뜻하는 것은 아니기 때문이다.

(다) 의사표시의 동기는 불문한다

사례 2 甲은 증권회사 직원 乙에게 주식투자를 일임하였는데 이로 인하여 많은 손실을 보았다. 甲은 乙에게 남편인 A를 안심시키는 데에만 사용하겠다고 하면서 각서를 작성해 줄 것을 부탁하였고, 乙은 甲과의 친분 등을 고려하여 손실을 보전하여 주겠다는 각서를 써 주었다. 甲은 乙에게 각서의 내용대로 손실을 보전하여 줄 것을 요구한다. 이러한 의무가 인정되는가?

(대판 1999.2.12, 98다45744 참조)

해설 2 위 각서의 의사표시는 무효이므로 손실보전의무가 없다.

원심은 乙의 의사를 단지 그동안의 손실에 대하여 사과하고 그 회복을 위해 최선을 다하겠다는 의미로 해석하였으나, 대법원은 이러한 해석은 경험칙과 논리칙에 반한다고 하여 부당한 것으로 판단하였다. 다만 乙이 작성한 각서는 비진의의사표시에 해당하고 상대방 甲이 그러한 사정을 알고 있었으므로 무효라고 본 사례이다.

(라) 사직서제출, 차명대출 등

1) 근로자가 사용자의 지시 또는 종용에 따라 어쩔 수 없이 일괄하여 사직서를 제출하는 경우 이는 비진의표시에 해당한다. 그 당시 사직서에 기하여 의원면직처리 될지도 모른다는 점을 인식했더라도 이것만으로는 그의 내심에 사직의 의사가 없기 때문이다. 이 때 사직의 의사표시는 진의 아닌 의사표시에 해당되며 상대방인 사용자는 진의 아님을 알았거나 알 수 있었다고 해야 하므로 근로계약은 합의에 의하여 종료되는 것이 아니라, 실질적으로는 사용자의 일방적 의사에 의하여 근로계약관계를 종료시키는 것이 되어 정당한 이유 없는 이상 부당해고에 해당한다(대판 1991.7.12, 90다11554).

반면 회사에서 근속년수의 기산점은 입사시점으로 놓아둔 채 재입사조치 후의 퇴직금지급률을 누진제에서 단수제로 변경하려는 방침 하에 중간퇴직금을 지급하는 제도가 있으니 그 제도에 의하여 중간퇴직금을 받겠다고 하는 내심의 의사에 기하여 회사에 사직서를 제출한 경우에는 기존의 근로계약관계를 해지하려거나 근속년수를 제한하려는 내심의 의사에 기한 것이라고 는 보기 어려우므로 비진의표시에 해당한다(대판 1991.5.24, 90다13222). 그러나 장차 퇴직금지급률제도가 변경 되어 누진율의 상승에 의한 퇴직금의 상승을 기대할 수 없게 되자 중간퇴직금을 받으려는 내 심의 의사에 기한, 자유의사에 의한 중간퇴직은 비진의표시에 해당하지 않는다(대판 1996.4. 26, 95다2562).

> **사례 3** 乙회사는 누진제 퇴직금제도를 계속할 경우 회사의 존속마저 위험해진다고 판단하고 근로조건을 개선하는 대신 퇴직금지급률을 다음과 같이 변경할 것을 제의하였다. 즉 종전까지의 퇴직금은 당시 평균임금을 기준으로 누진제지급률에 의한 금액에다 1개월간 평균임금을 더한 금 액을, 이후의 퇴직금에 대해서는 퇴직 당시 평균임금을 기준으로 단순제지급률에 의한 금액을 퇴 직금으로 한다는 것이었다. 이러한 乙회사의 제안은 종업원 甲을 포함한 대다수 노동조합원에 의 해 압도적으로 지지되었고, 乙회사는 종업원들에게 중간퇴직하여 퇴직금을 미리 정산 받거나 중 간퇴직없이 근무하여 퇴직 후에 정산 받는 방안 중 하나를 선택할 수 있도록 하였다. 甲은 퇴직 금과 관련하여서는 누진율의 상승으로 인한 것은 기대할 수 없고 평균임금의 상승에 의한 것밖에 기대할 수 없게 되자, 乙회사를 중간퇴직하여 퇴직금을 미리 지급 받은 후에 곧이어 재입사하여 乙회사에 계속하여 근무하였다. 그런데 甲은 자신의 중간퇴직이 통정허위표시 또는 비진의표시임 을 주장한다. 그 타당성은? (대판 1996.4.26, 95다2562 참조)
>
> **해설 3** 통정허위표시 또는 비진의표시로서 무효라고 볼 수는 없다.
> 노사합의에 의하여 회사의 퇴직금지급률 제도가 누진제에서 단순제로 변경됨으로써 누진율의 상승에 의한 퇴직금의 상승을 기대할 수 없게 되자 근로자들이 자유로운 의사에 기한 선택에 따 라 중간퇴직을 하고 퇴직금을 수령한 경우에는, 그 근로자들과 회사 사이의 근로계약 관계는 그 중간퇴직에 의하여 일단 종료되고, 그 근로자들의 퇴직의 의사표시는 통정허위표시 또는 비진의 표시로서 무효라고 볼 수는 없다.

2) 일반적으로 대출을 받을 수 없는 타인을 위하여 명의만 빌려주는 차명대출의 경우 명의 대여자에게는 채무부담의 진의가 있으므로 비진의표시가 아니다.[1] 명의대여자의 의사는 대출 에 따른 경제적인 효과는 채무자에게 귀속시킬지라도 법률상의 효과는 자신에게 귀속시킴으로 써 대출금채무에 대한 주채무자로서의 책임을 지겠다는 것으로 보아야 할 것이기 때문이다(대판 1997.7.25, 97다8403).

같은 취지로 학교법인이 사립학교법상의 제한규정 때문에 그 학교의 교직원인 甲의 명의를 빌려서 乙로부터 금원을 차용한 경우, 乙이 그러한 사정을 알고 있었더라도 甲의 의사는 금전

---

[1] 판례는 통정허위표시에 있어서도 이와 같은 법률효과설을 따르고 있다. 제3자가 금융기관을 직접 방문하여 금전소 비대차약정서에 주채무자로서 서명 날인하였다면 제3자는 자신이 당해 소비대차계약의 주채무자임을 금융기관에 표 시한 셈이고, 제3자가 금융기관이 정한 대출규정의 제한을 회피하여 타인으로 하여금 제3자 명의로 대출을 받아 이 를 사용하도록 할 의도가 있었다거나 그 원리금을 타인의 부담으로 상환하기로 했더라도, 특별한 사정이 없는 한 이는 소비대차계약에 따른 경제적 효과를 타인에게 귀속시키려는 의사에 불과할 뿐, 그 법률상의 효과까지도 타인 에게 귀속시키려는 의사로 볼 수는 없으므로, 제3자의 진의와 표시에 불일치가 있다고 보기는 어렵다고 한다(대판 2003.6.24, 2003다7357).

의 대차에 관하여 자신이 주채무자로서 채무를 부담하겠다는 의사가 있다고 해석될 수 있으므로 진의 아닌 의사표시라고 볼 수는 없다(대판 1980.7. 8, 80다639).

다만 이와는 달리 동일인 대출한도제한을 회피하기 위하여 실질적인 주채무자 甲이 실제 대출받고자 하는 채무액 중 일부에 대하여 乙을 형식상의 주채무자로 내세웠고 금융기관 丙도 이를 양해하면서 乙에 대하여는 채무자로서의 책임을 지우지 않을 의도 하에 乙 명의로 대출관계서류 및 약속어음을 작성받은 경우에는, 乙 명의로 되어 있는 대출약정 및 약속어음 발행은 통정허위표시에 해당하여 무효가 된다(대판 1996.8. 23, 96다18076). 이러한 판단에는 乙의 의사표시가 비진의표시임을 전제로 한 것이다.

> **사례 4** 乙은 개인대출한도가 초과하여 대출이 되지 않자 A은행 감사의 권유로 甲의 승낙을 얻어 甲 명의로 A은행에 대출신청을 하고 그 대출금은 甲이 아니라 乙이 사용하기로 하였다. 그 대출금을 실제로 사용한 乙이 상환하지 않자, A은행은 甲에게 대출금 상환을 요구한다. 이에 甲은 실질적으로 대출금채무는 乙이 부담하도록 할 의사라고 항변한다. 이 항변은 타당한가?
>
> **┃해설 4┃** 타당하지 않다.
> 甲의 의사는 특별한 사정이 없는 한, 대출에 따른 경제적인 효과는 乙에게 귀속시킬지라도 법률상의 효과는 자신에게 귀속시킴으로써 대출금채무에 대한 주채무자로서의 책임을 지겠다는 것으로 보아야 할 것이다. 따라서 甲이 대출을 받음에 있어서 한 표시행위의 의미가 자신의 진의와는 다르다고 할 수 없다.
> 설령 甲의 내심의 의사가 대출에 따른 법률상의 효과마저도 乙에게 귀속시키고 자신은 책임을 지지 않을 의사였다고 해도, 상대방인 금융기관이 제3자의 이와 같은 의사를 알았거나 알 수 있었을 경우라야 비로소 그 의사표시는 무효가 된다. 사례의 사실관계만으로는 '명의대여 사실'을 상대방이 알았다 하더라도 명의대여가 명의대여자의 '채무부담의사' 없이 이루어진 것까지 알았거나 알 수 있었다고 보기 어렵다.

(3) 표의자가 진의와 표시의 불일치를 알고 있을 것

(가) 진의 아닌 의사표시에 있어서 표의자는 진의와 표시의 불일치를 알고 있었어야 한다. 이 점에서 진의 아닌 의사표시는 착오와 구별된다. 즉 표의자가 불일치를 모르고 있는 경우는 착오의 문제가 된다.

(나) 나아가 표의자가 이러한 사정을 알고 있는 정도를 넘어 상대방과 통정한 경우에는 통정허위표시에 해당한다. 양자는 통정의 유무에 있어서 차이가 있는 것이다. 한편 통정에 이르지 못하고 통정의 미수에 해당하는 경우에 이는 비진의표시이고 이는 상대방에게 알려진 비진의표시이므로 제107조 제1항의 단서에 의해 무효이다.

(다) 대리행위를 통해 비진의표시를 한 경우에 있어서는 진의와 표시의 불일치를 알고 있어야 하는 표의자는 대리인이다.

3. 효 과

(1) 원칙: 유효

비진의표시는 의사표시의 효력에 영향을 미치지 아니하며, 표시주의 이론에 의하면 표시된 대로의 효과가 발생한다. 예컨대 물의를 일으킨 사립대 조교수가 사직원이 수리되지 않을 것이라 믿고 사태수습을 위해 형식적으로 사직원을 제출하였는데 이사회에서 사직원이 수리된 경우, 사직원제출행위가 비진의표시라고 하더라도 학교법인이나 이사회에서 그러한 사실을 알았거나 알 수 있었을 경우가 아니면 표시된 대로 효력을 발생할 수밖에 없다(대판 1980.10. 14, 79다2168).

(2) 예외: 무효

비진의표시는 상대방이 비진의표시임을 알았거나 알 수 있었을 때에는 무효가 된다. 이때 알 수 있었을 경우란 보통의 주의를 하면 알 수 있었는데 과실로 알지 못한 경우를 말한다.

악의와 과실의 판단시점과 관련해서는 비진의표시가 상대방에게 도달하였을 때라는 견해도 있으나, 일반적으로는 상대방이 표시의 내용을 안 때를 기준으로 한다. 도달만으로는 수령인이 의사표시의 내용을 알지 못하므로 의사표시가 진의인지 여부를 판단할 수 없고 내용을 안 때에 이를 판단할 수 있기 때문이다.

대출을 받을 수 없는 자를 위해 대출금채무자로서 명의를 빌려준 자의 의사표시가 비진의표시에 해당하고 상대방인 금융기관(상호신용금고 등)이 '명의대여사실'을 알았다 하더라도, 명의대여가 명의대여자에게 '채무부담의사' 없이 이루어진 것까지 알았거나 알 수 있었다고는 볼 수 없을 것이다(대판 1996.9.10. 96다18182).

비진의표시는 원칙적으로 표시된 대로 효과가 발생하므로, 이를 무효로 만들기 위해서는 그 무효를 주장하는 측에서 진의 아닌 의사표시라는 사실과 상대방이 이러한 사정을 알았거나 알 수 있었음을 주장·증명해야 한다(대판 1992.5.22. 92다2295).

한편 비진의표시의 무효는 선의의 제3자에게 대항할 수 없다. 제3자는 보호받기 위해 무과실일 필요는 없고, 제3자의 선의는 '추정'되므로 무효를 주장하는 자가 증명해야 한다(대판 2006.3. 10, 2002다1321). 또한 비진의표시의 직접 상대방이 선의이고 무과실이면 이러한 비진의표시는 언제나 유효하므로 제3자는 선의·악의를 불문하고 보호를 받는다.

(3) 손해배상책임

 심 화 학 습

비진의의사표시와 손해배상

A가 비진의로 사직의 의사표시를 했으나 사직의 의사표시가 비진의표시라는 것을 모르는 고용주 B는 중단없이 A의 업무를 진행하기 위해 다른 사람을 고용하고자 준비비용을 지출하였다. 그런데 A는 사직의 의사표시가 비진의의사표시이고 고용주 B에게 (비진의표시라는 것을 모른 점에) 경과

실이 있음을 이유로 무효를 주장하여 법원에서 받아들여졌다. 이 경우 B는 A에게 헛되이 지출한 고용준비비용을 청구할 수 있는가?

> **해설** 상대방이 선의였으나 인지가능성이 있었던 경우에는 후에 무효로 밝혀짐으로써 예상치 않은 손해를 입는 일이 생기게 될 것이다. 이 경우 상대방이 표의자에게 신뢰이익의 손해배상을 청구할 수 있는가에 대하여 판례는 명시적 입장을 밝히고 있지 않다. 다만 학설은 신뢰이익의 배상을 긍정하는 입장과 부정하는 입장으로 나뉘어 있다. (i) 긍정설은 표의자가 비진의표시를 하였는데도 상대방이 이를 진의로 신뢰하여 손해를 입었다면 표의자는 불법행위책임 또는 계약체결상의 과실책임에 기하여 그 손해를 배상하여야 한다고 주장한다. 다만 상대방도 진의 아님을 알 수 있었으므로 그 점에서 과실상계가 가능하다고 해석하는 것이 표의자와 상대방의 무효에 대한 기여도에 부합하고 형평에 맞는다고 한다. (ii) 이에 대해 부정설은 민법이 상대방이 안 경우뿐 아니라 알 수 있었을 경우에도 비진의표시를 무효로 하고 있는 점에 미루어 보아 표의자에게 손해배상책임이 없다고 하는 것이 타당하다고 한다. 또한 계약체결상의 과실책임에는 상대방의 선의·무과실을 요건으로 하는데 비진의표시가 무효로 되는 것은 상대방의 악의 또는 과실 있는 경우이므로 그 책임이 인정될 여지가 없다고 한다.

4. 적용범위

(1) 적용되는 경우

상대방 있는 의사표시는 물론 상대방 없는 단독행위(예컨대 유증, 재단법인 설립행위, 소유권의 포기 등)에도 제107조가 적용된다. 그러나 상대방 없는 단독행위에는 제1항 단서가 적용되지 않기 때문에 표시된 대로 유효하다는 견해가 지배적이다(이와는 달리 유증과 같이 사실상 상대방이 있을 수 있는 경우에는 수증자가 유언의 진의를 알고 있을 때까지 유효로 할 필요가 없음을 이유로 제1항 단서의 유추적용을 긍정하는 견해도 있다).

준법률행위에도 '의사의 통지'시에는 제107조가 적용될 것이다. 통지 등도 표의자의 의도에 좌우되기보다는 상대방의 인지가능성을 기준으로 효력을 인정하는 것이 바람직하기 때문이다. 나아가 판례는 대리권 남용의 경우 제107조 제1항 단서를 유추적용한다. 대리인이 본인의 이익이나 의사에 반하여 자기 또는 제3자의 이익을 위한 배임적인 법률행위를 하고, 법률행위의 상대방이 이러한 사정을 알았거나 알 수 있었을 경우에는 제107조 제1항 단서를 유추적용하여 본인은 책임을 지지 않는다(대판 2007.4.12, 2004다51542).

(2) 적용이 배제되는 경우

가족법상의 신분행위에는 당사자의 진의가 절대적으로 존중되어야 하므로 제107조가 적용되지 않는다(명문으로 무효로 정한 규정으로는 제815조 1호, 제883조 1호 등).

공법행위의 경우 행위의 정형성 및 확실성을 중시하므로 제107조 적용이 배제되고 표시된 대로 효과가 발생한다. 예컨대 공무원의 사직의 의사표시나 직업군인의 전역지원의 의사표시는 사인의 공법행위에 해당하는 것으로서 제107조의 적용이 없고 표시된 대로 효과가 발생한다(대판 1997.12.12, 97누13962; 대판 1994.1.11, 93누10057). 소송행위도 일반적인 사법상의 행위와는 달리 표시한 대로 효과가 발생한다. 소취하가 비진의표시로서 이루어진 것이라도 무효가 될 여지는 없다(대판 1983.4.12, 80다3251).

사례 5 甲은 공무원으로 근무하면서 비위사실이 감사원에 적발되어 자신 및 관련자들이 불이익처분을 받을 수 있음을 고지받자 사직원을 제출하였다. 甲은 자신에게 사직의 진정한 의사가 없었으며 시장도 자신에게 사직의 의사가 없음을 알면서도 사직원을 수리한 것이므로 사직의 의사표시는 진의 아닌 의사표시로서 무효라고 주장한다. 그 타당성은?

(대판 1997.12.12, 97누13962 등 참조)

| 해설 5 | 타당하지 않다.

제107조의 의사표시는 사법상의 의사표시를 말하는 것이고, 공무원의 사직의 의사표시와 같은 사인의 공법행위에는 제107조가 적용되지 않는다. 즉 표시된 대로 그 효력이 발생하는 것이다. 따라서 甲의 사직의 의사표시는 표시된 대로 효과가 발생한다.

종합사례 1

甲은 대한민국산하 계엄사령부 소속 합동수사본부 수사관들에 의하여 연행되어 구금조사를 받으면서 X부동산 등 甲의 재산이 부정축재로 취득한 재산임을 시인하고 이를 모두 국가에 헌납하겠다는 각서를 쓸 것을 요구받았는데, 처음에는 이를 거부하다 생명, 신체 등에 대한 위해를 느낀 나머지 진술서와 각서를 쓰고 석방되었다. 이후 군수사관들이 甲을 찾아와 기부서 등에 서명·날인할 것을 요구하였는데 甲은 처음에 이를 거부하다가 아버지의 재판 결과에 악영향을 끼칠 것을 우려하여 이에 서명날인하여 주었고, 이에 기초하여 X부동산은 대한민국 명의로 등기가 경료되었다. 한편 비상계엄은 1981.1.21. 해제되었고, 甲은 대한민국을 상대로 X부동산의 반환을 구하는 소를 제기하여 그 소장부본이 1989.11.6. 송달되었다. 甲이 주장한 내용은 다음과 같다. 그 타당성과 승소가능성은?

1) X부동산의 증여행위는 제103조에 반한다.
2) X부동산의 증여행위는 의사결정의 자유가 완전히 박탈된 상태에서의 행위이므로 무효이다.
3) X부동산의 증여행위는 제104조에 반한다.
4) 甲의 증여의사는 비진의표시에 해당한다.
5) 甲은 강박에 의해 부동산을 증여한 것이다.

(대판 1993.7.16, 92다41528, 92다41535 참조)

종합사례 해설 1 판례에 따르면 甲의 주장은 모두 타당하지 않다.

1) X부동산의 증여행위는 그 성립의 과정에서 강박이라는 불법적 방법이 사용되었을 뿐이고, 그 목적하는 권리의무의 내용이 사회질서에 위반되는 사항이라고 볼 수 없으며, 그 이전등기의무의 이행이 법률상 강제되는 경우라 할 수도 없고, 반사회질서적인 조건이나 금전적 대가가 결부된 바도 없으

며, 표시되거나 상대방에게 알려진 법률행위의 동기가 반사회질서적인 경우에 해당된다고 할 수도 없으므로 반사회질서의 법률행위로서 무효로 되는 것은 아니다.

2) 甲이 계속적인 재산헌납 강요에도 이를 거절하기도 하였다가 아버지의 재판 결과에 악영향을 끼칠까 두려워한 나머지 이 사건 부동산을 증여하기에 이른 점 등으로 미루어 강박으로 인하여 완전히 의사결정의 자유를 박탈당한 상태에 놓여 있었다고 보기는 어렵다.

3) 불공정한 법률행위에 해당하기 위하여는 급부와 반대급부의 사이에 현저히 균형을 잃을 것이 요구되므로 이 사건 증여와 같이 상대방에 의한 대가적 의미의 재산관계의 출연이 없이 당사자 일방의 급부만 있는 경우에는 급부와 반대급부 사이의 불균형의 문제는 발생하지 않는다.

4) 비진의의사표시에 있어서의 진의란 특정한 내용의 의사표시를 하고자 하는 표의자의 생각을 말하는 것이지 표의자가 진정으로 마음속에서 바라는 사항을 뜻하는 것은 아니라고 할 것이므로, 비록 재산을 강제로 뺏긴다는 것이 甲의 본심으로 잠재되어 있었다 하여도 甲이 강박에 의하여서나마 이 사건 증여를 하기로 하고 그에 따른 증여의 의사표시를 한 이상 증여의 내심의 효과의사가 결여된 것이라고 할 수 없다.

5) 甲은 강박을 이유로 증여행위를 취소할 수 있다. 다만 이러한 취소권은 추인할 수 있는 날부터 3년 내에 행사할 수 있는 것인데(제146조), 추인할 수 있는 날은 비상계엄이 해제된 1981.1.21.이라고 보아야 할 것이다. 따라서 1989.11.6. 소장부본의 송달로 이루어진 甲의 취소권행사는 제척기간이 경과하여 받아들여질 수 없다.

Ⅱ. 통정허위표시

1. 의 의

(1) 개 념

통정허위표시란 상대방과 통정해서 하는 자기 진의와 다른 의사표시를 말한다. 예컨대 강제집행을 면하기 위하여 친구와 짜고 자기 재산에 대한 소유권을 그 친구 앞으로 이전한 경우가 이에 해당한다. 통정허위표시가 성립하기 위하여는 의사표시의 진의와 표시가 일치하지 아니하고, 그 불일치에 관하여 상대방과 사이에 합의가 있어야 한다(대판 1998.9.4, 98다17909 참조). 그리고 이때 통정허위표시를 요소로 하는 법률행위를 '가장행위'라 한다.

(2) 구별개념

(가) 은닉행위

가장행위 속에 실제로 다른 행위를 할 의사가 감추어진 경우에 이러한 감추어진 행위를 은닉행위라 한다. 예컨대 증여를 매매로 가장한 경우에 증여행위와 같은 것이 이에 해당한다. 그런데 통정허위표시는 무효가 되더라도 은닉행위는 유효할 수 있고, 은닉행위에는 그 자체에 관한 규정이 적용되어야 한다. 증여를 매매로 가장한 경우에는 이러한 법률행위는 증여로서 유효할 수 있고, 증여에 관한 규정이 적용될 수 있는 것이다.

한편 금융기관과 대출계약을 체결하면서 형식상으로는 乙을 대출계약의 당사자로 기재하면서, 실질적으로 甲을 대출계약의 당사자로 하는 합의가 존재하는 경우에 그 대출계약의 당사자는 甲이라 할 것이다(대판 1992.6.12, 92다10722). 참고로 상법에 따르면 명의대여자는 연대하여 변제할 책임을 부담한다.[2)]

사례 6 甲은 경영하던 기업의 부도로 인하여 자신의 주식을 매도할 경우 매매대금이 모두 채권자인 A은행에 귀속될 상황에 처하자, 이러한 사정을 잘 아는 乙과 '매매계약서상의 매매대금은 형식상 1주당 금 8,000원으로 하되 실질적인 매매대금은 15,000원으로 하여 초과하는 부분은 乙이 甲의 처 丙과 상의하여 丙에게 지급한다'는 내용의 주식매매계약을 체결하였다. 주식매매계약은 유효한가?

(대판 1993.8.27, 93다12930 참조)

│해설 6│ 1주당 가격을 15,000원으로 하는 위 매매계약은 유효하다.

甲이 매매계약상의 대금 8,000원을 지급하겠다는 의사표시가 적극적 은닉행위를 수반하는 허위표시라 하더라도 실제 지급하여야 할 매매대금(15,000원)의 약정이 있는 이상, 위 매매대금에 관한 외형행위가 아닌 내면적 은닉행위는 유효하고 따라서 실제 매매대금 1주당 15,000원에 의한 위 매매계약은 유효하다.

(나) 신탁행위

민법상의 신탁은 추심을 위한 채권양도와 같이 일정한 경제적 목적을 위하여 신탁자가 수탁자에게 목적달성에 필요한 정도를 넘는 권리를 이전하고 수탁자는 그 권리를 경제적 목적의 범위 내에서만 행사하여야 할 의무를 부담하는 법률관계를 말한다. 이는 경제적 목적달성을 위하여 '그 목적을 초과하는 권리를 이전한다는 진의'와 '권리 이전의 표시행위'가 일치하므로 통정허위표시가 아니다(대판 1964.6.16, 64다138). 판례는 신탁행위이론을 양도담보 등에서 적용하고 있을 뿐만 아니라, 명의신탁이라고 일컬어지는 일련의 경우에까지 널리 확대하여 적용하고 있다.

(다) 허수아비행위

특정한 사정으로 계약의 전면에 나서는 것을 꺼려 다른 사람(허수아비)을 내세워 법률행위를 하게 하고 대내적으로 이에 따른 계산과 이익을 자기(배후행위자)에게 귀속시키는 행위를 허수아비행위라 한다. 허수아비행위로는 간접대리와 신탁관계가 대표적인데, 허수아비는 일반적으로 배후자의 간접대리인이 되고 동시에 신탁관계가 존재할 수도 있다. 타인을 위하여 대출명의를 대여하는 행위도 허수아비행위의 일종이다. 경제적 효과의 귀속 주체가 누구인지는 법률행위의 효력에 영향을 주지 않으므로, 원칙적으로 허수아비행위는 비진의표시나 통정허위표시가

---

2) **상법 제24조 (명의대여자의 책임)** 타인에게 자기의 성명 또는 상호를 사용하여 영업을 할 것을 허락한 자는 자기를 영업주로 오인하여 거래한 제3자에 대하여 그 타인과 연대하여 변제할 책임이 있다.

될 수 없고 완전히 유효한 행위가 되어 허수아비에게 법적 효과가 귀속된다$\binom{\text{대판 1998.9.}}{\text{4, 98다17909}}$. 다만 이때 허수아비와 배후자 간의 권리이전 문제는 남게 된다.

(라) 진의 아닌 의사표시

비진의표시와 통정허위표시는 '통정'의 유무로 구별될 수 있다. 다만 상대방과 통정하여 진의 아닌 의사표시를 했다면 원칙적으로 양자의 경합이 인정될 수 있다고 본다. 즉 무효를 주장하는 자는 자신의 의사표시가 진의에 의한 것이 아니고 상대방과 통정했음을 주장·증명하거나, 아니면 적어도 의사표시가 진의에 의한 것이 아니라는 점을 상대방이 인식하였거나 인식할수 있는 가능성이 있었음을 증명하여 무효를 주장할 수 있다. '통정'에는 인식이 포함되어 있기때문이다.

2. 요 건

(1) 의사표시의 존재

진의 아닌 의사표시에서와 마찬가지로 통정허위표시에 있어서도 의사표시가 존재하여야 한다. 상대방 없는 단독행위에도 허위표시를 인정할 수 있는가와 관련해서는 견해가 대립한다. 상대방 없는 단독행위에 허위표시가 인정되지 않으면 가장행위의 결과를 원상회복할 수 없다는 이유로 이를 긍정하는 견해가 있는 반면, 논리적으로 상대방 없는 단독행위에는 상대방과의 통정행위가 있을 수 없으며 단지 비진의표시가 생길 수 있다고 보는 견해도 있다.

 사례 7 甲은 과세당국의 추적을 피하기 위하여 처형 乙 명의로 개설된 예금계좌를 사용하면서 이 계좌로 금전을 송금하였고, 乙은 위 계좌를 甲이 사실상 지배하도록 용인하였다. 대한민국은 甲과 乙 간에 통정허위표시에 기초한 증여계약이 존재한다고 보고 이러한 증여계약이 사해행위에 해당함을 이유로 그 취소를 구하고 있다. 그러나 甲이 송금한 금전을 乙에게 무상 증여한다는 의사의 합치가 있었다는 점에 대해서는 증명이 이루어지지 않았다. 대한민국이 하는 주장의 인용가능성은? (대판 2012.7.26, 2012다30861 참조)

 │ 해설 7 │ 甲과 乙 사이의 증여사실을 증명하지 못하는 한 인용되기 어렵다.

채무자 甲이 乙의 예금계좌로 송금한 금전에 관하여 통정허위표시에 의한 증여계약이 성립하였다고 하려면, 우선 객관적으로 甲과 乙 사이에서 그와 같이 송금한 금전을 乙에게 종국적으로 귀속되도록 '증여'하여 무상공여한다는 데에 관한 의사의 합치가 있는 것으로 해석되어야 한다. 그리고 그에 관한 증명책임은 위와 같은 송금행위가 채권자취소권의 대상이 되는 사해행위임을 주장하는 채권자 대한민국측에 있다.

그런데 乙이 과세당국 등의 추적을 피하기 위하여 일정한 인적 관계에 있는 甲이 금전을 자신의 예금계좌로 송금한다는 사실을 알면서 甲에게 자신의 예금계좌로 송금할 것을 승낙 또는 양해하였다거나 그러한 목적으로 자신의 예금계좌를 사실상 지배하도록 용인하였다는 것만으로는 다른 특별한 사정이 없는 한 객관적으로 甲과 乙 사이에 그 송금액을 乙에게 무상공여한다는 의사의 합치가 있었다고 추단된다고 쉽사리 말할 수 없다. 또한 금융실명제 하에서 실명확인 절차를 거쳐 개설된 예금계좌의 경우 특별한 사정이 없는 한 명의인이 예금계약의 당사자로서 예금반환청구권을 가진다고 하여도, 이는 그 계좌가 개설된 금융기관에 대한 관계에 관한 것이므로 그 점을 들어 곧바로 송금인과 계좌명의인 사이의 법률관계를 달리 볼 것이 아니다. 결국 증여계약이 존재함을 전제로 사해행위로서 취소의 대상이 된다는 대한민국의 주장은 그러한 사실을 증명하지 않는 한 받아들여지기 어렵다.

(2) 표시와 진의의 불일치

(가) 통정허위표시가 성립하기 위해서는 표시행위의 의미에 대응하는 표의자의 의사인 진의가 존재하지 않아야 한다. 표시행위의 의미에 대응하는 진의가 존재한다면 설사 의사표시의 법률적 효과와 그것에 의하여 달성하려고 하는 경제적 목적이 서로 상이하더라도 그러한 행위는 통정허위표시에 해당하지 않는다.

(나) 이때의 진의란 법적으로 구속적이라는, 당사자의 의사라고 이해할 것이지 사실상의 결과에 향하여진 의사는 아니라고 볼 것이다(법적 효과설).

가령 동일인에 대한 대출한도제한을 회피하기 위해 실질적 주채무자 丙 대신 제3자인 甲이 금융기관을 방문하여 자신의 명의로 대출계약을 체결한 경우, 甲의 의사는 소비대차계약에 따른 경제적 효과를 丙에게 귀속시키려는 것에 불과하고, 그 법률상의 효과까지도 丙에게 귀속시키려는 의사로 볼 수는 없으므로 진의와 표시에 불일치가 있다고 보기는 어렵다(대판 1998.9.4, 98다17909).

그러나 동일인에 대한 대출한도제한을 회피하고자 제3자를 형식상의 주채무자로 내세우고, 금융기관도 이를 양해하여 제3자에 대하여는 채무자로서 책임을 지우지 않을 의도 아래 제3자 명의로 대출관계서류를 작성받은 경우에는 제3자와 금융기관 사이의 대출계약은 통정허위표시로서 무효가 된다고 한다(대판 2002.10.11, 2001다7445).3)

(다) 한편 채권자가 주택임대차보호법상의 대항력을 취득하여 기존 채권을 우선변제받을 목적으로 주택임대차계약의 형식을 빌려 기존 채권을 임대차보증금으로 하기로 하고 주택의 인도와 주민등록을 마침으로써 주택임대차로서의 대항력을 취득한 것처럼 외관을 만들었을 뿐 실제 주택을 주거용으로 사용·수익할 목적을 갖지 아니한 경우에, 이러한 계약은 주택임대차계약으로서는 통정허위표시에 해당되어 무효이다(대판 2002.3.12, 2000다24184,24191).

> **사례 8** B는 C은행으로부터 자금을 융통 받아 사업을 유지하고자 하였다. 그러나 개인대출한도가 초과되어 B명의로는 대출이 되지 않자, C은행의 감사가 제3자 명의로 대출받을 것을 권유하자 B는 A명의로 대출을 받고자 하였다. A는 B로 하여금 자신(A)을 대리하여 금융기관인 C로부터 대출을 받도록 하여 그 대출금을 B가 부동산의 매수자금으로 사용하는 것을 승낙하였다. A는 금

---

3) 판례는 통정허위표시로 접근하지만 사견으로는 당사자확정의 문제를 먼저 살펴야 할 것으로 본다.

전대차계약에서 비진의표시를 주장할 수 있는가?　　　　　　　　　　(대판 1997.7.25. 97다8403 참조)

| 해설 8 | A는 비진의표시를 주장할 수 없다.

제3자가 채무자로 하여금 제3자를 대리하여 금융기관으로부터 대출을 받도록 하여 그 대출금을 채무자가 부동산의 매수자금으로 사용하는 것을 승낙하였을 뿐이라고 볼 수 있는 경우, 제3자의 의사는 특별한 사정이 없는 한 대출에 따른 경제적인 효과는 채무자에게 귀속시킬지라도 법률상의 효과는 자신에게 귀속시킴으로써 대출금채무에 대한 주채무자로서의 책임을 지겠다는 것으로 보아야 할 것이다. 따라서 제3자가 대출을 받음에 있어서 한 표시행위의 의미가 제3자의 진의와는 다르다고 할 수 없고, 설사 제3자의 내심의 의사가 대출에 따른 법률상의 효과마저도 채무자에게 귀속시키고 자신은 책임을 지지 않을 의사였다고 하여도, 상대방인 금융기관이 제3자의 이와 같은 의사를 알았거나 알 수 있었을 경우라야 비로소 그 의사표시는 무효로 되는 것인데, 채무자의 금융기관에 대한 개인대출한도가 초과되어 채무자 명의로는 대출이 되지 않아 금융기관의 감사의 권유로 제3자의 명의로 대출신청을 하고 그 대출금은 제3자가 아니라 채무자가 사용하기로 하였다고 하여도 금융기관이 제3자의 내심의 의사를 알았거나 알 수 있었다고 볼 수는 없다.

사례 9 B가 대출한도에 걸려 사업상 한계에 이르자 도움을 줄 목적으로 친구 A가 C은행에 가서 실제로 돈을 쓸 사람은 B이지만 B가 대출한도를 넘어서 자신이 주채무자가 되었다고 말하고, 대출계약에 A가 주채무자로 표시하여 서명 · 날인하였다. A · C 간의 대출계약(금전소비대차약정)은 통정허위표시에 해당될 수 있는가?　　　　　　　　　　(대판 1998.9.4. 98다17909 참조)

| 해설 9 | 진의와 표시의 불일치가 없으므로 통정허위표시가 되지 않는다.

이 사건에서는 A · C 간의 통정을 논하기에 앞서 A에게는 진의와 표시의 불일치 자체가 없다. 통정허위표시가 성립하기 위하여는 의사표시의 진의와 표시가 일치하지 아니하고, 그 불일치에 관하여 상대방과 사이에 합의가 있어야 하는바, 제3자가 은행을 직접 방문하여 금전소비대차약정서에 주채무자로서 서명 · 날인하였다면 제3자는 자신이 당해 소비대차계약의 주채무자임을 은행에 대하여 표시한 셈이고, 제3자가 은행이 정한 동일인에 대한 여신한도 제한을 회피하여 타인으로 하여금 제3자 명의로 대출을 받아 이를 사용하도록 할 의도가 있었다거나 그 원리금을 타인의 부담으로 상환하기로 하였더라도, 특별한 사정이 없는 한 이는 소비대차계약에 따른 경제적 효과를 타인에게 귀속시키려는 의사에 불과할 뿐, 그 법률상의 효과까지도 타인에게 귀속시키려는 의사로 볼 수는 없으므로 제3자의 진의와 표시에 불일치가 있다고 보기는 어렵다.

사례 10 B는 C은행에서 동일인에 대한 대출액 한도를 제한한 법령 등을 피하기 위해 A를 형식상의 채무자로 내세우고 C은행도 이를 양해하여 A에 대해서는 채무자로서의 책임을 지우지 않을 의도 하에 A 명의로 대출계약서를 작성하여 대출하였다. A · C 간의 계약의 효력은?

(대판 2001.5.29. 2001다11765 참조)

| 해설 10 | A · C 간의 계약은 통정허위표시이므로 무효이다.

판례는 A 명의로 되어 있는 대출약정은 그 금융기관의 양해 하에 그에 따른 채무부담의 의사

없이 형식적으로 이루어진 것에 불과하여 통정허위표시에 해당하는 무효의 법률행위라고 파악한다. 동일인에 대한 대출액 한도를 제한한 법령이나 금융기관 내부규정의 적용을 회피하기 위하여 실질적인 주채무자가 실제 대출받고자 하는 채무액에 대하여 제3자를 형식상의 주채무자로 내세우고, 금융기관도 이를 양해하여 제3자에 대하여는 채무자로서의 책임을 지우지 않을 의도 하에 제3자 명의로 대출관계서류를 작성받은 경우, 제3자는 형식상의 명의만을 빌려 준 자에 불과하고 그 대출계약의 실질적인 당사자는 금융기관과 실질적 주채무자이므로, 제3자 명의로 되어 있는 대출약정은 그 금융기관의 양해 하에 그에 따른 채무부담의 의사 없이 형식적으로 이루어진 것에 불과하여 통정허위표시에 해당하는 무효의 법률행위이다.

생각해 볼 문제 처음부터 A·C 간의 계약은 무효인 것이 아니라 불성립된 것이며, B·C 간의 계약 하나만 존재하는 것으로 해석될 수는 없는가? (무효는 계약이 성립된 것을 전제로 하는 것이기 때문에 차이가 있다)

심 화 학 습

위 사례에서 C은행은 대출계약의 효력 자체를 주장할 수 없다는 의미인가, 아니면 B에 대해서는 계약의 효력을 주장할 수 있다는 의미인가?

해설 이 판결은 A·C 간의 계약은 무효라고 했을 뿐이기 때문에 이와는 별도로 B·C 간의 계약이 성립하였는지에 대해서는 판단하고 있지 않은 것으로 보인다.

(3) 진의와 다른 표시를 하는 데 대하여 상대방과의 통정이 있을 것

(가) 진의와 다른 표시를 하는 데 대하여 상대방과 통정하여야 한다. 이때 통정이란 상대방과의 합의를 의미하고, 상대방이 단순히 이를 인식하고 있는 것만으로는 부족하다. 즉 허위 외관을 상대방과의 양해나 합의로 만들어 내는 것이 통정에 해당하는 것이며 양해가 없는 경우에는 통정허위표시가 아니다(여기서 말하는 양해란 묵시적인 합의의 정도에 이름을 의미한다).

(나) 금융기관이 동일인 대출한도제한 규정을 회피하기 위하여 주채무자가 아닌 제3자와 사이에 제3자를 주채무자로 하는 소비대차계약을 체결한 경우에도 그러한 사정에 대한 합의 내지 양해가 있었는가를 기준으로 하여 통정허위표시에 해당하는지 여부가 달라질 수 있다. 차명대출의 경우 명의대여자가 금융기관을 직접 방문하여 주채무자로서 서명·날인을 하였다면 이는 법률상의 효과를 부담하겠다는 의사로 볼 수 있으므로 통정허위표시는 아니라고 할 것이지만($\binom{대판\ 2003.6.24.}{2003다7357}$), 이와 달리 실질적인 주채무자가 제3자를 형식상의 주채무자로 내세우는 것을 금융기관이 양해하면서 제3자에 대하여는 채무자로서의 책임을 지우지 않을 의도 하에 제3자 명의로 대출관계서류를 작성 받은 경우에는 제3자와 금융기관 간의 대출약정은 통정허위표시로 무효가 된다($\binom{대판\ 1996.8.23.}{96다18076}$).

사례 11 금융기관이 동일인에 대한 대출한도제한을 회피하기 위하여 甲이 아닌 제3자인 乙을 주채무자로 하는 소비대차계약을 체결하였다. 그런데 이때 금융기관도 이를 양해하면서 제3자에 대하여는 채무자로서의 책임을 지우지 않을 의도 하에 乙명의로 대출관계서류를 작성받은 경우였다. 금융기관은 乙에 대하여 소비대차상의 권리를 행사할 수 있는가?

(대판 1996.8.23, 96다18076 참조)

│해설 11│ 행사할 수 없다.

乙은 형식상의 명의만을 빌려 준 자에 불과하고 그 대출계약의 당사자는 금융기관과 甲이므로, 乙명의로 되어 있는 대출약정은 금융기관의 양해 하에 그에 따른 채무부담 의사 없이 형식적으로 이루어진 것에 불과하여 통정허위표시로서 무효이다. 따라서 乙에 대해서는 소비대차상의 권리를 행사할 수 없다. 다만 甲에 대해서는 가능할 수 있다. 금융기관과 甲의 소비대차계약은 은닉행위로 유효할 수 있기 때문이다.

(다) 중간퇴직의 사례에 있어서도 통정이 있었는가 여부에 의해 사직의 의사표시의 효력이 결정된다.

근로자가 실제로는 동일한 사업주를 위해 계속 근무하면서 일정기간 동안 특별히 고액의 임금이 지급되는 사업을 담당하기 위해 형식적으로 일단 퇴직한 것으로 처리하고 다시 임용되는 형식을 취한 경우 퇴직의 의사표시는 허위표시로 무효이다(대판 1988.4.25, 86다카1124). 이에 반하여 근로자의 중간퇴직 의사가 진의로 평가될 수 있는 경우에는 통정허위표시로 무효가 된다고 볼 수는 없다(대판 1991.12.10, 91다12035 등).

사례 12 甲회사는 乙회사를 흡수합병하면서 乙회사의 직원들과 사이에 중간퇴직으로 퇴직금을 정산하고 甲 회사에 입사하면서 장차 甲회사에서 퇴직할 때에는 甲회사 입사일부터 그 퇴직일까지 기간만을 기초로 하여 퇴직금을 지급하기로 합의하였다. 甲과 乙회사의 퇴직금제도는 모두 단수제를 채택하고 있어 일시에 퇴직금을 수령하는 것이 당시의 경제사정상 근로자들에게 유리한 면도 있었다. 직원들의 퇴직의 의사표시의 효력은?

(대판 1991.12.10, 91다12035 참조)

│해설 12│ 유효하다.

乙회사나 甲회사는 물론 직원들에게도 乙회사를 퇴직하여 그 근로관계를 단절하려는 의사(진의)가 있었다고 할 것이다. 따라서 직원들의 퇴직의 의사표시가 甲회사 및 乙회사와 합의하여 형식상으로만 퇴직처리하기로 한 통정한 허위의 의사표시라고 볼 수 없다.

(라) 통정허위표시의 요건은 그 무효를 주장하는 자가 주장·증명하여야 한다(대판 2008.8.12, 2008다7772,7789 등). 그런데 당사자들 사이에 통정이 있었다는 점은 통정허위표시의 무효를 정함에 있어서 가장 증명하기 어려운 요건이다. 이에 판례는 장인과 사위 사이(대판 1965.5.31, 65다623), 부부 사이(대판 1978.4.25, 78다226) 등 당사자 간에 특별한 신분관계가 있는 경우에는 통정허위표시의 존재가 추정될 수 있다. 즉 남편

이 처에게 토지를 매도하고 소유권이전등기를 경료해 주는 경우 가장매매로 추정하는 것이다. 마찬가지로 甲이 미성년자인 아들과 아내에게 동시에 대가없이 매매 형식으로 부동산 소유권이전등기를 경료한 것은 특별한 사정이 없는 한 원고에 대한 채무를 면제하기 위한 가장된 매매행위로 추정하는 것이 정당하다고 한다$\binom{\text{대판 1963.11.}}{\text{28, 63다493}}$.

(마) 통정허위표시를 하게 된 이유나 동기는 불문한다.

3. 효 과

(1) 당사자 간의 효과: 무효

(가) 통정허위표시의 경우에는 표의자뿐만 아니라 처음부터 그 의사표시가 진의 아님을 알고 통정한 상대방 역시 보호가치 없으므로 원칙적으로 진의와 일치하지 않은 표시에 따른 법적인 효과가 발생하지 않는다. 통정허위표시는 무효에 해당하는 것이다$\binom{\text{제}108}{\text{조}}$. 이때 무효는 허위표시에 기초하여 새로운 이해관계를 맺은 선의의 제3자를 제외한 누구에게나 무효인 것이고, 이러한 자를 제외한 누구든지 그 무효를 주장할 수 있다.

(나) 통정허위표시는 무효이므로 당연히 효력이 발생하지 않고, 무효가 된 법률효과를 침해하는 것처럼 보이는 행위가 있다고 하더라도 손해가 발생할 여지가 없으므로 손해배상을 청구할 수는 없다$\binom{\text{대판 2003.3.28,}}{\text{2002다72125}}$.

사례 13 乙 소유 X부동산에 대하여 丙이 乙과 통정하여 허위로 근저당권을 설정하였다. 이후 乙의 채권자인 甲은 X부동산에 대해 가압류를 신청하여 그 기입등기를 완료하고 乙을 상대로 채권액의 지급을 구하는 소송을 제기하여 승소확정판결을 받았다. 한편 X부동산에 대해서 경매가 이루어져 그 매각대금을 허위의 채권자인 丙에게 우선적으로 배당하는 것으로 배당표가 작성되었다. 甲은 이에 대해 배당이의의 소를 제기하였다. 甲은 통정허위표시의 무효를 주장할 수 있는가?

(대판 2001.5.8, 2000다9611 참조)

│해설 13│ 주장할 수 있다.
통정한 허위의 의사표시는 당사자 사이에서는 물론 제3자에 대하여도 무효이고 다만, 선의의 제3자에 대하여만 이를 대항하지 못한다고 할 것이므로, 배당채권자는 채권자취소의 소로서 통정허위표시를 취소하지 않았다 하더라도 통정허위표시의 무효를 주장하여 배당이의의 소를 제기할 수 있다. 다만 경매를 통해 X부동산을 취득한 제3자가 있는 경우 이러한 자는 제3자에 해당하여 보호될 수 있을 것이다.

사례 14 甲과 乙은 통정하여 허위표시로 甲소유 X부동산을 乙에게 매도하기로 하였다. 乙은 법무사 丙에게 X부동산에 대해 소유권이전등기청구권을 보전하기 위한 처분금지가처분을 하도록 의뢰하였는데, 丙이 해당 부동산을 잘못 특정하여 가처분의 효력이 부정되었다. 이에 乙은 丙을 상대로 손해배상을 청구한다. 승소가능성은? (대판 2003.3.28, 2002다72125 참조)

|해설 14| 패소할 것이다.
사안의 경우 甲과 乙의 매매계약은 통정허위표시로 무효이므로 丙에게 과실이 있다고 하더라도 乙에게 손해가 발생할 여지는 없다. 따라서 손해배상청구는 기각될 것이다.

(다) 통정허위표시는 무효이므로 가장행위에 의하여 의무를 부담할 경우에 이를 이행할 필요가 없으며 이미 그에 기하여 권리변동의 요건이 갖추어졌다 하더라도 그 권리변동은 무효이다.

(라) 통정허위표시는 제103조 위반행위(반사회질서행위)라고 볼 수 없다. 강제집행을 면할 목적으로 부동산에 허위의 근저당권설정등기를 마치더라도 제103조 위반의 법률행위는 아닌 것이다($^{대판\ 2004.5.28.}_{2003다70041}$). 가장행위에 의하여 급부한 당사자는 부당이득 또는 소유권에 기하여 그 반환을 청구할 수 있으며 이 때 제746조는 적용되지 않는다.

|사례 15| 甲은 강제집행을 면할 목적으로 乙과 통정하여 X부동산에 대한 허위의 매매계약을 체결하고 등기를 경료하여 주었다. 이후 乙은 선의의 丙에게 X부동산을 1억 원에 전매하였다. 甲은 乙에게 부당이득반환을 구하고자 하는데 乙은 강제집행면탈을 위한 가장매매는 제103조 위반이므로 제746조에 의해 반환을 구할 수 없다고 주장한다. 타당한가?　　　　(대판 1994.4.15. 93다61307 참조)

|해설 15| 타당하지 않다.
불법원인급여를 규정한 제746조 소정의 "불법의 원인"이라 함은 재산을 급여한 원인이 선량한 풍속 기타 사회질서에 위반하는 경우를 가리키는 것으로서, 강제집행을 면할 목적으로 부동산의 소유자명의를 신탁하는 것이 위와 같은 불법원인급여에 해당한다고 볼 수는 없다.
따라서 甲은 乙에게 부당이득반환청구가 가능하다.

(마) 허위표시가 채권자취소권($^{제406}_{조}$)의 요건을 갖추었다면 통정허위표시를 한 채무자의 채권자는 채권자취소권을 행사할 수 있으며, 채권자취소권의 대상으로 된 채무자의 법률행위라도 통정허위표시의 요건을 갖춘 경우에는 무효이다($^{대판\ 1998.2.27.}_{97다50985}$). 이는 무효·취소의 이중효와 관련한 문제이다.

(바) 통정허위표시는 무효이므로 유효한 의사표시를 전제로 한 철회는 인정될 수 없음이 원칙이다. 그러나 통정허위표시가 선의의 제3자와의 관계에서는 유효한 것처럼 다루어질 수 있는데, 이와 같이 선의의 제3자에 대하여도 그 효력발생을 배제하기 위한 조치로 의사표시의 철회를 인정할 수 있다는 것이 판례와 다수설의 견해이다($^{대판\ 2020.1.30.}_{2019다280375}$).

|사례 16| A와 B 사이의 통정허위표시에 따른 부동산 매매계약을 체결한 매수인 B가 가등기를 했다. 그 후 A는 C에게 부동산이전등기를 완료했다. 그런데 그 후 B가 가등기에 의한 본등기를 해

서 C명의의 등기가 말소되었다. 그리고 D는 B로부터 부동산을 매수하여 이전등기까지 경료했다. 그런데 나중에 C가 A · B 간의 매매가 가장매매임을 알게 되자, A · B 간 매매가 통정허위표시임을 이유로 무효를 주장하였다. 이 때 선의였던 D는 자신이 선의의 제3자에 해당됨을 이유로 소유권을 주장할 수 있는가?

(대판 1996.4.26, 94다12074 참조)

| 해설 16 | 가능하다(D가 우선한다).

가장양도인(A)으로부터의 양수인(C)과 가장양수인(B)으로부터의 양수인(D)의 우열관계가 문제된다. 가장양수인으로부터의 양수인이 가장매매로 인한 가등기 및 이에 대한 본등기의 원인이 된 각 의사표시가 허위임을 알지 못했다면, 가장양도인으로부터의 양수인은 이러한 선의의 제3자에게 허위표시의 무효를 주장할 수 없고, 따라서 가장양수인으로부터의 양수인 명의의 소유권이전등기는 유효하다.

D는 허위표시에 의하여 외형상 형성된 법률관계를 토대로 실질적으로 새로운 법률상 이해관계를 맺은 선의의 제3자에 해당된다. 이자에 대해서는 허위표시의 당사자뿐만 아니라 그 누구도 (이 사례에서와 같이 가장양도인의 양수인도 포함됨) A · B간의 매매가 허위표시로서 무효라는 사실로 대항하지 못하고, 따라서 선의의 제3자에 대한 관계에 있어서는 허위표시도 그 표시된 대로 효력이 있다.

사례 17 甲은 자기 소유인 X토지 관리를 위해 乙에게 허위의 매매예약을 원인으로 가등기를 마쳐주었다. 이후 乙은 甲이 장기간 외국에 체류하자 甲을 상대로 가등기에 기한 본등기의 이행을 구하는 소송을 공시송달로 진행하여 乙의 승소판결이 외형상 확정되었다. 판결선고 사실을 알게 된 甲은 추완항소를 제기하여 매매예약이 통정허위표시라는 이유로 위 제1심판결을 취소시켰다. 그럼에도 乙은 甲의 추완항소 이전에 발급받았던 송달증명원 및 확정증명원을 가지고 확정판결을 원인으로 X의 소유권이전등기를 마쳤다. 그 후 丙을 거쳐 현재 丁 앞으로 소유권이전등기가 되었다. 丁은 통정허위표시의 제3자에 해당하는가?

(대판 2020.1.30, 2019다280375 참조)

| 해설 17 | 해당하지 않는다.

가등기는 통정허위표시에 해당하나, 본등기가 가등기에 기초한 것이 아닌 경우에는 통정허위표시의 제3자에 해당되지 않는다. 사안에서 乙 명의의 본등기는 甲과 乙의 허위의 가등기라는 통정허위표시에 기한 것이 아니라, 이러한 통정허위표시가 철회된 이후에 乙이 일방적으로 마친 원인무효의 등기이다. 따라서 乙의 가등기 후 丁에 이르기까지 순차적으로 마쳐진 소유권이전등기는 부동산등기에 관하여 공신력이 인정되지 아니하는 우리 법제에서는 특별한 사정이 없는 한 무효임을 면할 수 없다.

또한 甲과 乙이 통정허위표시에 기하여 마친 가등기와 丙 명의의 소유권이전등기 사이에는 乙이 일방적으로 마친 원인무효의 본등기가 중간에 개재되어 있으므로, 이를 기초로 한 丙 명의의 소유권이전등기는 乙 명의의 가등기와는 서로 단절된 것으로 평가된다. 가등기의 설정행위와 본등기의 설정행위는 엄연히 구분되는 것으로서 丙이나 丁에게 신뢰의 대상이 되는 '외관'은 乙 명의의 가등기가 아니라, 乙 명의의 본등기일 뿐이라는 점에서도 丙이나 丁은 乙 명의의 허위인 가등기 자체를 기초로 하여 새로운 법률상 이해관계를 맺은 제3자의 지위에 있다고 볼 수 없다. 요컨대 丙이나 丁은 통정허위표시인 가등기설정이 아니라, 이와는 별도로 이루어진 원인무효인 본등기에 기한 이해관계를 맺었으므로, 허위표시행위인 가등기설정행위의 제3자가 아니다.

그 이외의 쟁점으로 대상판결은 통정허위표시의 철회의 개념을 인정할 수 있는지의 문제(철회는 유효한 의사표시를 전제로 하는데 무효인 행위도 철회가 될 수 있는지의 문제)에 대해서도 철회를 인정했다는 점에서도 의미가 있다. 사안에서는 甲의 추완항소를 계기로 甲과 乙 사이의 통정한 허위의 의사표시가 실체적으로는 철회되었다고 판단했다. 다만 판례는 통정한 허위의 의사표시가 실체적으로는 철회되었음에도 불구하고 그 외관인 乙 명의의 가등기가 미처 제거되지 않고 잔존하는 동안에 乙 명의의 본등기가 마쳐졌다고 하더라도 丁을 통정허위표시의 제3자로 볼 수 없다는 입장이다(이와는 달리 통정허위표시의 철회를 제3자에게 대항하기 위해서는 외관이 제거되어야 할 것인데 사례의 경우 甲이 그 외관인 乙의 가등기를 말소하지 않았다는 점에서 등기에 공신력 없음만으로 무효를 판단한 것에는 의문이다).

[위 판결에서 甲은 乙 명의의 가등기를 설정하기 전에 A에게 근저당권을 설정해 주었는데, 丁은 A를 상대로 근저당권의 피담보채권이 시효로 소멸하였다며 근저당권의 말소를 구하는 소를 제기하였음(소송 중 X가 수용되자 A는 공탁금출급청구권의 양도 및 통지를 구하는 것으로 소를 교환적으로 변경하였음). 이에 丁 앞으로 이루어진 소유권이전등기가 원인무효의 등기인지가 다투어진 사건이었는데, 제1심법원은 丁이 통정허위표시에서 선의의 제3자이므로 그 소유권이전등기가 유효하다고 하여 피담보채권의 소멸시효가 완성된 A의 근저당권의 말소를 인용하였고 원심법원도 같은 취지에서 공탁금출급청구권의 양도 및 통지를 구한 丁의 청구를 인용하였음. 반면 대법원은 丁이 통정허위표시에서 보호되는 제3자가 아니라고 하여 원심판결을 파기한 사건임]

참고 추완항소란 당사자가 책임질 수 없는 사유(예컨대 천재지변이나 피고도 모르게 판결이 선고된 점 등)로 말미암아 불변기간을 지킬 수 없었던 경우(판결이 확정된 경우 등)에는 그 사유가 없어진 날부터 2주 이내에 게을리한 소송행위를 추완항소(추후보완 항소)라고 한다(민사소송법 제173조 제1항 참조).

(2) 허위표시를 무효로 하는 이론적 근거

허위표시가 무효로 되는 이론적 근거와 관련해서 견해가 대립한다. (i) 허위표시는 당사자의 '무효로 하는 합의'에 의해 효력이 부인되는 것으로서 그 무효는 사적자치의 원칙에 기초한 것이라고 주장하는 견해가 있지만(의사합치설), (ii) 이에 대해서는 허위표시에는 의사표시의 외관으로부터 추단되는 효과의사가 실제 존재하지 않는 '의사와 표시의 불일치'가 있다고 보아, 표시상의 효과의사와 진의(내심의 효과의사)가 일치하지 않는 경우로서 통정한 비진의표시에 법률효과를 인정할 이유가 없기 때문에 무효라고 하는 견해(효과의사 부재설)가 다수설의 입장을 차지하고 있다.

(3) 제3자에 대한 관계

(가) 제108조 제2항의 내용

통정허위표시의 무효는 당사자 사이뿐만 아니라 제3자에 대해서도 그러하지만, 거래의 안전을 위하여 민법은 통정허위표시의 무효를 가지고 선의의 제3자에게 대항할 수 없도록 하고 있

제1편 제2편 제3편 제4편 제5편 제6편 제7편 제8편 제9편 제약의 무효와 취소

다($\binom{제108조}{제2항}$).

(나) '제3자'의 의미

1) 허위표시를 기초로 하여 실질적으로 새로운 이해관계를 맺은 사람

여기서의 제3자는 '통정한 허위표시의 당사자와 포괄승계인 이외의 자로서 그러한 허위의 의사표시에 의하여 외형상 형성된 법률관계를 토대로 (무효주장 전후와 관계없이) 실질적으로 새로운 법률상 이해관계를 맺은 자'를 말한다.

일반적으로 제3자라 함은 당사자와 그의 포괄승계인 외의 사람이라고 이해할 수 있는데, 제108조 제2항에서의 제3자의 의미와 관련하여 통설과 판례는 추가적 요건을 요구하고 있다. 즉 제3자 중에서도 허위표시를 기초로 하여 실질적으로 법률상 새로운 이해관계를 맺은 자로 그 범위를 한정하는 것이다($\binom{대판 1983.1.}{18.\ 82다594}$).

사례 18 A는 부동산의 매수자금을 乙로부터 차용하고 담보조로 가등기를 경료하기로 약정한 후 채권자들의 강제집행을 우려하여 부동산을 B에게 가장양도한 후 乙 앞으로 가등기를 경료하였다. 乙은 부동산의 가장양도에서 보호받는 제3자에 해당하는가? (대판 1982.5.25, 80다1403 참조)

|해설 18| 해당하지 않는다.

통정허위표시의 무효를 대항할 수 없는 제3자란 허위표시의 당사자 및 포괄승계인 이외의 자로서 허위표시에 의하여 외형상 형성된 법률관계를 토대로 새로운 법률원인으로써 이해관계를 갖게 된 자를 말한다. 따라서 위 사례에 있어서 乙은 형식상 가장 양수인으로부터 가등기를 경료 받은 것으로 되어 있으나 실질적인 새로운 법률원인에 의한 것이 아니므로 통정허위표시에서의 제3자로 볼 수 없다.

---

2) 등기 · 인도 등을 갖추어야 하는지 여부

통정허위표시의 제3자로 보호 받기 위해서는 제548조 제1항 단서(계약해제시의 제3자 대항불가)의 제3자와 마찬가지로[4] 등기 · 인도 등으로 완전한 권리 또는 대세적 효력을 갖는 완전한 권리를 취득해야 하는지 문제된다. 이에 대해서 판례가 명시적으로 밝히고 있는 바가 없다. 다만 부동산거래에 관한 실제사건 중에서 판례에서 보호된 제3자는 거의 모두 등기를 경료한 자였다. 사견으로는 단순한 채권자는 제3자에서 배제되어야 할 것이다. 단순한 채권자의 지위에 있는 사람을 진정한 권리자보다 강하게 보호해야 할 필요성이 없기 때문이다.

---

4) 대판 2003.1.24, 2000다22850: 민법 제548조 제1항 단서에서 규정하고 있는 제3자란 일반적으로 계약이 해제되는 경우 그 해제된 계약으로부터 생긴 법률효과를 기초로 하여 해제 전에 새로운 이해관계를 가졌을 뿐 아니라 등기 · 인도 등으로 완전한 권리를 취득한 자를 말하고, 계약상의 채권을 양수한 자는 여기서 말하는 제3자에 해당하지 않는다고 할 것인바, 계약이 해제된 경우 계약해제 이전에 해제로 인하여 소멸되는 채권을 양수한 자는 계약해제의 효과에 반하여 자신의 권리를 주장할 수 없음은 물론이고, 나아가 특단의 사정이 없는 한 채무자로부터 이행받은 급부를 원상회복하여야 할 의무가 있다.

3) 구체적인 판결례

　　㉮ 제3자로 인정된 예

　① A가 통정허위표시를 원인으로 부동산에 대하여 가등기 및 그에 기한 본등기를 마쳤는데, A의 이러한 본등기를 믿고 乙이 A로부터 목적부동산을 전득하여 소유권이전등기를 마쳤다면 乙은 통정허위표시의 무효로서 대항할 수 없는 제3자에 해당한다(대판 1996.4.26. 94다12074). 가장양수인으로부터 소유권이전등기청구권 보전을 위한 가등기를 취득한 자(대판 1970.9. 29. 70다466), 가장저당권설정행위에 기한 저당권의 실행에 의한 경매절차에서 부동산을 매수한 자(대판 1957.3.23. 4289민상580), 가장매매의 매수인으로부터 저당권을 설정받은 자(대판 2006.2.9. 2005다59864), 통정한 허위표시에 의하여 외형상 형성된 법률관계로 생긴 채권을 가압류한 경우의 가압류권자(대판 2004.5.28. 2003다70041), 임대차보증금반환채권이 가장양도된 후 양수인의 채권자가 임대차보증금반환채권에 대하여 채권압류 및 추심명령을 받은 경우에 있어서 채권자(대판 2014.4.10. 2013다59753) 등은 제3자에 해당한다.

사례 19 임차인 甲은 임대인 乙에 대한 임대차보증금반환채권을 담보하기 위하여 전세권설정등기를 경료한 후 그 전세권에 대하여 선의의 丙에게 저당권을 설정하여 주었다. 그런데 甲과 乙은 전세권의 존속기간 중에 대상 부동산 중 일부만 임대차계약의 목적물로 존속하고 나머지 부분은 합의해지하기로 종전의 임대차계약을 변경하였다. 이러한 변경계약은 丙의 저당권에 영향을 미치는가?

(대판 2006.2.9. 2005다59864 참조)

│해설 19│ 영향을 미치지 않는다.

甲과 乙 사이에서는 임대차계약만이 유효하고 외형만 작출된 전세권설정계약은 통정허위표시로서 무효라고 볼 수 있다. 그러나 제3자인 丙과 사이에 있어서는 丙이 선의인 한 이를 주장할 수 없다. 또한 제371조 제2항은 "전세권을 목적으로 저당권을 설정한 자는 저당권자의 동의 없이 전세권을 소멸하게 하는 행위를 하지 못한다"고 규정하므로 甲과 乙 사이에서 전세권 계약 내용이 변경되어 일부 소멸한다고 하더라도 丙에 대한 관계에서는 그 동의가 있지 않는 한 위와 같은 전세권의 일부 소멸을 주장할 수 없다.

---

　② 한편, 가장소비대차에 기한 채권의 양수인도 제3자에 해당한다. 즉 판례는 금융기관과 대출명의인 사이의 통정한 허위표시에 따라 성립한 가장채권을 양수한 한국자산관리공사가 제3자에 해당함을 인정하였다(대판 2004.1.15. 2002다31537).

사례 20 B는 A금융회사의 양해 하에 실질적으로는 자신이 주채무자이지만 형식상 주채무자는 甲으로 하는 소비대차계약을 체결하였다. 한편 A의 계약상의 지위는 乙은행에게 이전되었는데, 乙은 한국자산관리공사에 甲에 대한 대출금 채권을 양도하고 이를 통지하였다. 한국자산관리공사는 甲에게 대출금의 반환을 구할 수 있는가?(한국자산관리공사는 금융기관들의 투자로 설립된 기관이다)

(대판 2004.1.15. 2002다31537 참조)

해설 20 대출금의 반환을 구할 수 있다.

A와 甲 사이의 대출계약은 A의 양해 하에 그에 따른 채무부담의 의사없이 형식적으로 이루어진 것에 불과하여 통정허위표시에 해당하여 무효이다. 한편 A로부터 계약이전을 받은 乙은 법률에 의하여 A의 계약상 지위를 이전 받은 자이어서 甲과 A 사이의 통정허위표시에 따라 형성된 법률관계를 기초로 하여 새로운 법률상 이해관계를 가지게 된 제108조 제2항의 제3자에 해당하지 않는다.

그러나 한국자산관리공사는 제108조 제2항의 제3자에 해당한다. 한국자산관리공사는 비록 금융기관의 출자에 의하여 설립되었다고 하더라도 乙과는 독립한 별개의 법인이고, 금융기관으로부터 인수한 채권 등 그 자산에 대하여도 별도의 이해관계를 가진다고 할 것이므로, 乙과 실질적으로 동일한 지위에 있다고 할 수는 없기 때문이다.

③ 허위표시자가 파산한 경우 파산관재인은 제3자에 해당한다(대판 2003.6.24. 2002다48214). 즉 파산자가 파산선고 전에 상대방과 통정허위표시로 가장채권을 보유하고 있다가 파산한 경우 파산관재인은 제108조 제2항의 제3자에 해당하므로 그 사람에게 가장채권의 무효임을 대항할 수 없다는 것이다. 주의할 것은 제108조 제2항의 제3자로 보호받기 위해서 요구되는 '선의'라는 요건과 관련하여 파산관재인은 파산채권자 전체의 공동의 이익을 위하여 선량한 관리자의 주의로써 그 직무를 행하여야 하는 지위에 있기 때문에, 그 선의·악의도 파산관재인 개인의 선의·악의를 기준으로 할 수는 없고 총파산채권자를 기준으로 하여 파산채권자 모두가 악의로 되지 않는 한 파산관재인을 선의의 제3자로 본다는 점이다(대판 2005.5.12. 2004다68366). 나아가 파산관재인이 파산선고 전에 개인적인 사유로 파산자가 체결한 대출계약이 통정허위표시에 의한 것임을 알게 되었다고 하더라도 그러한 사정만을 가지고 파산선고시 파산관재인이 악의자에 해당한다고 할 수 없다(대판 2006.11.10. 2004다10299).

사례 21 甲은 乙과 통정한 허위표시로서 乙에 대하여 가장의 소비대차채권을 갖고 있었다. 그러던 중 甲이 파산하여 丙이 파산관재인이 되었다. 그런데 丙은 甲의 파산선고 전에 개인적인 사정으로 甲과 乙 사이의 소비대차계약이 허위표시에 기한 것임을 알고 있었다. 丙은 허위표시로서 대항할 수 없는 선의의 제3자인가? (대판 2003.6.24. 2002다48214; 대판 2006.11.10. 2004다10299 참조)

해설 21 파산관재인 丙은 총 파산채권자 전원이 악의로 되지 않는 한 선의의 제3자에 해당한다.

파산자가 상대방과 통정한 허위의 의사표시를 통하여 가장채권을 보유하고 있다가 파산이 선고된 경우 그 가장채권도 일단 파산재단에 속하게 되고, 파산선고에 따라 파산자와는 독립한 지위에서 파산채권자 전체의 공동의 이익을 위하여 직무를 행하게 된 파산관재인은 그 허위표시에 따라 외형상 형성된 법률관계를 토대로 실질적으로 새로운 법률상 이해관계를 가지게 된 민법 제108조 제2항의 제3자에 해당한다. 또한 파산관재인이 파산선고 전에 개인적인 사유로 파산자의 법률행위가 통정허위표시에 의한 것임을 알게 되었다고 하더라도 그러한 사정만을 가지고 파산선고시 파산관재인이 악의자에 해당한다고 할 수 없다. 파산관재인이 제108조 제2항의 경우 등에 있어 제3자에 해당하는 것은 파산관재인은 파산채권자 전체의 공동의 이익을 위하여 선량한 관리자의 주의로써 그 직무를 행하여야 하는 지위에 있기 때문이므로, 그 선의·악의도 파산관재인 개인의 선의·악의를 기준으로 할 수는 없고 총 파산채권자를 기준으로 하여 파산채권자모두가 악의로 되지 않는 한 파산관재인은 선의의 제3자라고 할 수밖에 없다.

④ 전득자도 제3자에 포함된다. 예컨대 A가 B에게 가장양도 후, C, D에게 순차로 양도되었을 때 C가 악의라도 D가 선의이면 본 규정에 의하여 D는 보호된다. 제108조 제2항에서 선의의 제3자가 보호될 수 있는 법률상 이해관계는 허위표시 당사자를 상대로 하여 직접 법률상 이해관계를 가지는 경우 외에도 그 법률상 이해관계를 바탕으로 하여 다시 허위표시에 의해 형성된 법률관계와 새로이 법률상 이해관계를 가지게 되는 경우도 포함된다(대판 2013.2.15, 2012다49292).

> **사례 22** 임대인 甲은 임차인 乙과 실제로는 전세권설정계약이 없음에도 불구하고 임대차계약에 기한 임차보증금반환채권을 담보하기 위하여 乙에게 전세권설정등기를 경료하여 주었다. 그 후 丙이 이러한 사정을 알면서도 乙에 대한 채권을 담보하기 위하여 위 전세권에 대하여 전세권근저당권설정등기를 마쳤는데, 丁이 丙의 전세권근저당권부 채권을 가압류한 후 압류명령을 받았다.
> 질문 1) 甲과 乙 사이의 전세권설정계약의 효력은 유효한가?
> 질문 2) 丁이 선의라면 丁은 보호될 수 있는가? (대판 2013.2.15, 2012다49292 참조)

> **│해설 22│**
> **해설 1) 무효가 될 수 있다.**
> 실제로는 전세권설정계약을 체결하지 아니하였으면서도 임대차계약에 기한 임차보증금반환채권을 담보할 목적 또는 금융기관으로부터 자금을 융통할 목적으로 임차인과 임대인 사이의 합의에 따라 임차인 명의로 전세권설정등기를 경료한 경우, 전세권설정계약은 통정허위표시에 해당하여 무효가 될 수 있다.
>
> **해설 2) 보호받을 수 있다.**
> 丁이 통정허위표시에 관하여 선의라면 비록 丙이 악의라 하더라도 허위표시자는 그에 대하여 전세권이 통정허위표시에 의한 것이라는 이유로 대항할 수 없다. 선의의 제3자가 보호되는 법률상 이해관계는 위 전세권설정계약의 당사자를 상대로 하여 직접 법률상 이해관계를 가지는 경우 외에도 그 법률상 이해관계를 바탕으로 하여 다시 위 전세권설정계약에 의하여 형성된 법률관계와 새로이 법률상 이해관계를 가지게 되는 경우도 포함되기 때문이다.

⊕ 제3자로 인정하지 않은 예

제3자에는 채권의 가장양수인으로부터 추심을 위하여 채권을 양수한 자(예컨대 甲이 乙에 대한 채권을 丙에게 가장으로 양도한 후, 丙이 乙에 대한 채권추심의 권한을 丁에게 양도한 경우에 丁), 가장양수인의 일반채권자는 포함되지 않는다. 특히 가장소비대차에서 대주의 계약상의 지위를 법률에 의하여 인수받은 자는 제3자에 해당하지 않는다(대판 2004.1.15, 2002다31537).

채권의 가장양도에서 채무자는 진정한 채권자(양도인)에게 선의의 제3자임을 내세워 채권액의 지급을 거절할 수 없다(대판 1983.1.18, 82다594). 채무자는 가장양도를 기초로 새로운 이해관계를 맺은 제3자가 아니기 때문이다. 그러나 채무자가 가장양도임을 모르고 양수인에게 이미 변제를 했다면 제3자로 인정할 수 있다(대판 2000.7.6, 99다51258에서 보증인이 허위의 주채무에 대하여 보증채무자로서 채무까지 이행한 경우에는 구상권취득에 관한 법률상 이해관계를 가지게 되었다고 보아 제3자에 해당한다고 봄).

생각해 볼 문제 A는 통정허위표시로 B로부터 X부동산을 매수하여 소유권이전등기를 완료했다. 그리고 선의의 甲은 A로부터 그 부동산을 사는 매매계약을 체결하고 아직 소유권 이전등기를 하지는 않았다. 이 때 甲은 제108조 제2항의 선의의 제3자가 될 수 있는가?

---

4) 증명책임

제108조 제2항의 제3자라는 사실은 제3자 스스로가 이를 주장 · 증명하여야 한다. 그러나 선의 여부의 증명책임은 허위표시의 무효를 주장하는 자(제3자의 악의를 주장하는 자)가 부담한다(대판 2007.11.29, 2007다53013 참조). 즉 제3자의 선의가 추정되므로 상대방이 제3자의 악의를 증명해야 한다.

(다) 제3자의 '선의'

통정허위표시의 무효로서 대항할 수 없는 제3자는 선의이어야 한다. 선의란 당해 의사표시가 허위표시임을 알지 못하는 것을 말하며 무과실을 요구하지 않는다(대판 2004.5.28, 2003다70041).

제3자가 선의인지를 판단하는 시점은 법률상 새로운 이해관계를 맺을 당시를 기준으로 결정된다. 예컨대 부동산매매계약의 경우 매매계약의 체결시점을 기준으로 할 것인지 등기를 기준으로 할 것인지에 대해서 논의가 있을 수 있으나 등기시점이 기준이 되어야 할 것이다. 제3자가 부동산의 소유권을 주장하는 경우 새로운 법률관계는 등기시에 발생하기 때문이다. 제3자의 선의는 추정되므로 무효를 주장하는 당사자가 제3자의 악의를 증명하여야 한다고 한다(대판 2006.3.10, 2002다1321 등). 따라서 허위표시를 한 부동산양도인이 제3자에 대하여 소유권을 주장하려면 그 제3자의 악의를 증명해야 한다(대판 1970.9.29, 70다466). 제3자의 신뢰는 보호받을 만한 가치가 있다고 보기 때문이다 (이와는 달리 조문의 구조가 원칙에 대한 예외의 규정으로 구성되어 있으므로 증명책임의 원칙에 따라 제3자가 자신의 선의를 증명해야 할 책임을 부담한다는 견해도 있다).

한편 선의의 제3자로부터 권리를 취득한 자는 비록 통정허위표시에 대해 악의이더라도 선의인 제3자의 지위를 승계하므로 유효하게 권리를 취득한다(엄폐물의 법칙).

(라) 제108조 제2항의 '대항하지 못한다'

허위표시의 당사자는 선의의 제3자에게 허위표시의 무효를 주장하지 못하게 되므로 선의의 제3자에 대한 관계에 있어서는 허위표시도 그 표시된 대로 효력이 있다(상대적 무효론). 다만 이때 선의의 제3자가 스스로 허위표시의 무효를 주장할 수 있는가와 관련해서는 이를 긍정하는 견해와 부정하는 견해가 있다.

4. 적용범위

(1) 상대방 있는 법률행위

통정허위표시에 관한 제108조는 재산법적 계약에 적용되는 것이 원칙이다. 단독행위 중에는 상대방 있는 단독행위에는 적용이 있고, 상대방 없는 단독행위에는 적용이 없다. 상대방 없는 단독행위의 경우에는 통정이 가능하지 않기 때문이다.

(2) 합동행위

정관작성과 같은 합동행위에도 통정허위표시에 관한 규정의 적용이 있는지와 관련하여 이를 긍정하는 견해가 있기는 하지만, 합동행위에는 그 적용이 없다는 것이 다수설이다.

(3) 가족법상의 법률행위

통정허위표시에 관한 규정은 신분행위에는 적용이 되지 않는다. 즉 통정한 허위의 신분행위는 원칙적으로 언제나 무효이고 선의의 제3자에게도 무효를 주장할 수 있다. 가장혼인의 경우 제815조 제2호에 의하여 '당사자간에 혼인의 합의가 없는 때'에 해당되어 무효가 된다. 가장이혼의 경우 조세포탈 등 다른 목적으로 하는 이혼이라도 이혼의사가 없다고 할 수 없다면 이는 가장이혼이 아니므로 이혼의 효과가 인정된다(대판 2017.9.12. 2016두58901). 한편 가족법상의 법률행위라도 상속재산분할의 협의, 재산상속의 포기와 같이 재산적 요소가 강한 행위에는 그 적용이 가능하다는 견해가 있다.

(4) 어음행위

어음행위에 대해서는 통정허위표시가 적용된다. 甲과 乙이 통모하여 실제로 乙에게 어음상의 권리를 취득하게 할 의사가 없이 단지 채권자들에 의한 강제집행을 피하기 위해 甲이 乙에게 약속어음을 발행하였다면 어음발행행위는 통정허위표시로서 무효인 것이다(대판 2005.4.15. 2004다70024).

5. 제108조 제2항 유추적용론

통정허위표시가 성립하지 않음에도 불구하고 진정한 권리자의 귀책사유에 의하여 성립된 허위의 외관을 믿고 거래한 제3자가 있다면 거래안전과 제3자를 보호하기 위하여 제108조 제2항을 유추적용할 수 있는지가 논의되고 있다. 이에 대해서는 유추적용을 긍정하는 견해와 부정하는 견해가 대립되고 있다. 긍정하는 견해는 거래안전의 보호를 주된 취지로 하고, 부정하는 견해는 이를 유추적용하는 것은 등기의 공신력을 인정하지 않는 우리 민법의 태도와 조화되기 어렵다는 점을 지적한다.

한편 대법원은 부동산에 대한 담보권설정의 대리권을 수여 받은 대리인이 해당 부동산을 자기 앞으로 소유권이전등기를 하고 이어서 제3자에게 소유권이전등기를 경료하여 준 사례에서 제108조 제2항의 유추적용을 부정한 바가 있다(대판 1991.12. 27, 91다3208). 이 판례에 대하여는 일반적으로는 부정설을 취하는 것으로 평가하는데 일부에서는 긍정설로도 볼 수 있다고 평가하고 있다.

> **사례 23** 乙은 甲으로부터 부동산에 관한 담보권설정의 대리권만 수여 받고도 그 부동산에 관하여 자기 앞으로 소유권이전등기를 하고 이어서 丙에게 그 소유권이전등기를 경료하였다. 丙은 자신이 제126조나 제108조 제2항에 의해 보호받는 자라고 주장한다. 그 타당성은?
>
> (대판 1991.12.27. 91다3208 참조)
>
> **│해설 23│** 타당하지 않다.
> 丙은 乙을 甲의 대리인으로 믿고서 위 등기의 원인행위를 한 것도 아니고, 甲도 乙 명의의 소유권이전등기가 경료된 데 대하여 이를 통정·용인하였거나 이를 알면서 방치하였다고 볼 수 없다면 이에 제126조나 제108조 제2항을 유추적용할 수는 없다.

> **요건사실론** 통정허위표시

[기초사실관계]
매도인 甲 소유의 부동산을 매수인 乙에게 매도하는 계약을 통정하여 허위로 체결한 경우 목적물의 소유권이전등기 또는 매매대금의 지급과 관련하여 다툼이 있다.

1. 계약당사자 사이의 청구
가. 매도인(甲)이 원고로 통정허위표시를 이유로 소유권이전등기말소를 청구하는 경우
매도인 소유의 부동산의 소유권이전등기가 매매를 원인으로 매수인 앞으로 경료된 후, 매도인이 매수인을 상대로 소유권에 기하여 위 소유권이전등기말소 청구를 하는 경우,
매도인은 i) 본인의 소유(또는 소유권 취득), ii) 매수인 앞으로의 소유권이전등기 경료, iii) 소유권이전등기의 원인무효 사실에 대하여 주장·증명책임을 진다.
이 경우 매도인이 iii)의 사유(이전등기의 원인무효 사유)로 매매계약5)이 통정허위표시라고 주장하기 위해서는, 매도인은 ① 매매계약 체결, ② 표시와 진의의 불일치, ③ 통정 사실에 대하여 주장·증명책임을 진다.

---

5) 이는 통상 법률행위로서 청약과 승낙이라는 의사표시로 구성된다.

나. 매수인(乙)의 소유권이전등기청구에 대하여 매도인(甲)이 피고로 통정허위표시임을 이유로 항변하는 경우

매수인이 매도인을 상대로 매매목적 부동산의 소유권이전등기 청구를 하는 경우,[6] 매도인은 이러한 청구에 대하여 매매계약이 통정허위표시로서 무효라는 항변(권리장애사실의 주장)을 할 수 있다. 이 경우 매도인은 위 ①, ②, ③ 사실에 대한 주장·증명책임을 진다.

다만 매수인이 이전등기를 청구하기 위해서는 매매계약 체결 사실에 대하여 증명책임을 지는데, 매수인이 제출한 증거는 매도인에게도 유리하게 사용될 수 있기 때문에(증거공통의 원칙) 매도인이 별도로 매매계약 체결 사실을 증명할 필요는 없다(사견).[7]

2. 제3자와 계약당사자 사이의 청구

가. 제3자의 청구에 대하여 그 계약당사자의 통정허위표시로 무효라는 항변을 하는 경우

제3자가 계약당사자를 상대로 한 청구에 대하여 그 계약당사자가 계약이 통정허위표시로서 무효라는 항변을 하는 경우, 제3자가 본인이 허위표시를 기초로 하여 실질적으로 새로운 이해관계를 맺은 자(제108조 제2항의 제3자)라는 사실은 재항변사실로서(사견) 제3자에게 이러한 사실에 대하여 주장·증명책임이 있고, 제3자가 악의라는 사실은 재재항변사실로서(사견) 피고인 계약당사자에게 주장·증명책임이 있다.

예 매도인으로부터 매매대금 채권을 양수한 양수인(제3자)이 매수인을 상대로 매매대금을 청구하는 경우 그 청구원인사실은 계약당사자의 계약체결사실, 채권양수인의 대금채권의 양도양수사실(보통 채권양도계약이 이에 해당된다)이다.

이 때 매매계약이 통정허위표시라는 사실은 항변사실로서 대금채무자인 매수인에게 주장·증명책임이 있다.

양수인이 제108조 제2항의 제3자에 해당한다는 사실은 재항변사실로서 양수인에게 주장·증명책임이 있다. 그런데 양수인이 이미 청구원인 단계에서 채권양수 사실을 주장·증명하였다면, 다시 위 재항변사실을 주장·증명할 필요는 없다(채권양수 사실은 청구원인이자 재항변사실이다)(사견).

양수인의 악의는 재재항변사실로서 매수인에게 주장·증명책임이 있다.

나. 계약당사자가 통정허위표시임을 이유로 제3자에 대하여 청구하는 경우

매도인 소유의 매매목적 부동산의 소유권이전등기가 매수인과 전득자 앞으로 전전 경료된 후 매도인이 전득자를 상대로 소유권에 기하여 전득자 명의의 소유권이전등기말소 청구를 하는 경우, 매도인은 본인의 소유(또는 소유권 취득), 매수인과 제3자 명의의 각 소유권이전등기 경료, 각 소유권이전등기의 원인무효 사실에 대하여 주장·증명책임을 진다.

예 매도인이 '매수인 명의의 소유권이전등기는 그 원인이 통정허위표시로서 무효이고, 제3자 명의의 소유권이전등기는 무효인 매수인 명의의 소유권이전등기로부터 경료된 것이므로 역시 무효이다'[8]라는 주장을 하기 위해서는, 매도인은 위 ①, ②, ③ 사실에 대해 주장·증명책임을 진다.

---

6) 이 때 매수인이 주장·증명해야 할 요건사실은 매매계약의 체결(청구원인사실, 권리발생사실) 사실이다.
7) 매수인은 매매계약 체결 사실에 대하여 주장책임을 지고 매수인의 주장은 매도인에게도 유리하게 사용될 수 있기는 하나, 통정허위표시 주장을 하려면 어떠한 의사표시가 이에 해당하는지 특정해야 하기 때문에 매도인이 매매계약 체결 사실을 주장하지 않고 통정허위표시 주장을 하는 것은 불가능할 것이다.
8) 물권변동의 원인행위의 효력이 부정되는 경우 물권변동의 효력을 부정하는 물권행위의 유인성을 취하는 것이 판례의 일관된 입장이다. 대판 1977.5.24, 75다1394 참조.

그 이외에 ④ 제3자의 선의는 추정되므로(대판 2006.3.10, 2002다1321) 매도인은 전득자가 악의라는 사실에 대해서도 주장·증명책임을 진다. 전득자는 적법하게 소유권을 취득한 것으로 추정되어(등기의 추정력9)) 별도로 자신이 제108조 제2항의 제3자에 해당한다는 사실을 주장·증명할 필요가 없기 때문이다(사견).

Ⅲ. 착오에 기한 의사표시

1. 의 의
   (1) 착오의 개념
   (2) 착오의 유형
      (가) 내용의 착오(의미의 착오)
      (나) 표시상(표시행위)의 착오
      (다) 동기의 착오
      (라) 기타 유형의 착오
2. 착오취소의 요건
   (1) 법률행위 '내용'의 착오
   (2) 법률행위 내용의 '중요부분'의 착오
      (가) '중요부분'의 판단기준
      (나) 구체적인 판단
   (3) 표의자에게 중대한 과실이 없을 것
      (가) 중대한 과실의 의의
      (나) 중대한 과실의 판단
      (다) 중과실의 증명책임
   (4) 착오취소 배제사유의 부존재
      (가) 취소권 배제의 약정
      (나) 화해계약
      (다) 신의칙에 의한 취소권의 배제

   (5) 상대방의 인식가능성의 문제
3. 취소의 효과
   (1) 의 의
   (2) 법률행위의 소급적 무효
   (3) 선의의 제3자
      (가) 제3자
      (나) 선 의
      (다) 대항할 수 없다
   (4) 취소자의 신뢰이익배상책임
4. 적용범위
5. 다른 제도와의 관계
   (1) 법률행위 해석과 착오
   (2) 경과실이 있는 착오취소자의 손해배상책임
   (3) 사기와의 경합 여부
   (4) 매도인의 담보책임과의 관계
   (5) 해제와 취소
6. 쌍방의 공통한 동기착오
   (1) 의 의
   (2) 법적 평가

1. 의 의

(1) 착오의 개념

착오는 보통 표의자의 진의(내심적 효과의사)와 표시내용이 일치하지 않음을 표의자가 모르는 것을 말한다(대판 1985.4.23, 84다카890). 이러한 정의에 따르면 동기의 착오에는 내심적 효과의사와 표시내용상의 불일치가 없으므로 착오의 법리가 적용되지 않는다. 동기착오는 근본적으로 의사의 형성

---

9) 대판 1979.6.26, 79다741 참조.

과정에 착오가 발생했을 뿐 의사와 표시상의 불일치는 없다고 보기 때문이다.

반면 착오란 실제로 없는 사실을 있는 사실 또는 실제로 있는 사실을 없는 것으로 잘못 생각하듯이 표의자의 인식과 대조사실이 어긋나는 것(^{대판 1972.3.}_{28. 71다2193})으로 보기도 한다. 이렇게 보면 협의의 착오(의사와 표시의 불일치) 외에 동기의 착오도 포함하여 설명할 수 있다.

착오의 개념에는 의사와 표시의 불일치의 경우뿐만 아니라 잘못된 관념에 의하여 의사를 형성하고 그러한 의사에 의하여 표시행위를 한 경우도 포함되어야 한다. 단지 동기착오라는 이유만으로 착오법리가 처음부터 배제되어서는 안 되기 때문이다. 그러나 착오의 개념보다는 제109조에서 정한 취소가능한 착오의 의미를 밝히는 것이 더 중요하다. 즉 여러 유형의 착오중 '법률행위의 내용의 중요부분에 관한 착오'인지가 중요하다.

(2) 착오의 유형

(가) 내용의 착오(의미의 착오)

내용(의미)의 착오란 표의자가 표시부호의 법적 의미에 관하여 착오에 빠지는 것을 말한다. 즉 표의자가 외부적으로 표시한 것으로 나타난 바를 표시하려 하였지만 외부적으로 표시된 바를 법적으로 다른 의미 또는 범위와 결부시킨 때 의미(내용)의 착오가 존재한다. 이러한 유형의 착오는 주로 외국어, 전문용어, 도량형이나 화폐의 단위 등을 사용하는 경우에 자주 발생한다. 예컨대 위안화(중국화폐단위)가 우리나라의 원화를 의미한다고 오신하고 10,000元라고 쓰고서 10,000원을 의미한다고 믿는 경우, 사용대차를 유상계약이라고 생각하면서 사용대차한다고 표시하는 경우, 자기가 알고 있는 사람과 동명이인인 사람을 자기가 알고 있는 사람이라고 믿고 그에게 전화로 사무처리를 위임하는 경우, X라는 이름의 개를 Y라는 개로 생각하고 매도한다고 표시하는 경우 등이 이에 해당한다.

동일성의 착오도 내용의 착오에 포함된다. 동일성의 착오란 법률행위에 관계되는 사람 또는 객체의 동일성에 관한 착오를 말한다. 특히 상대방의 동일성에 관한 착오는 상대방이 누구인지가 중요한 법률행위(사용대차, 임대차, 소비대차, 위임, 고용 등)에서는 착오취소가 인정될 수 있다. 그러나 상대방이 누구인지가 중요하지 않은 현실매매와 같은 법률행위에서는 중요부분의 착오가 있다고 보기 어렵다. 예컨대 보증 또는 물상보증에서 채무자의 동일성은 중요부분에 해당된다(^{대판 1995.12.}_{22. 95다37087})(동일성의 착오를 성질의 착오에 포함시켜야 한다는 견해도 있다).

(나) 표시상(표시행위)의 착오

표의자가 외부적으로 자기가 표시한 것으로 나타난 바를 표시하려 하지 않았던 경우(가령 오기, 오담)에 이 유형의 착오가 존재한다. 예컨대 매도한다고 말하려고 했는데 매수로 표시한 경우, 물건을 주문하면서 타자를 잘못 쳐서 100개 대신에 1,000개라고 한 경우, 매도인이 유화를 65만 원에 매도하려고 하면서 착오로 56만 원으로 청약한다고 쓴 경우, 거스름돈을 내주면서 잘못하여 5,000원권 대신에 10,000원권을 준 경우 등이 이에 해당한다.

(다) 동기의 착오

1) 의 의

표시에 대응하는 내심의 의사가 존재하지만 그 내심의 의사를 형성하는 과정에 착오가 있는 경우이다. 예컨대 친구의 약혼선물을 샀으나 친구가 파혼한 경우, 조카가 운전면허 시험에 합격했다고 믿고서 그에게 승용차를 사주었는데 사실은 합격하지 않은 경우, 손님을 맞기 위하여 소파를 구입하였는데 손님이 오지 않은 경우, 가격이 등귀할 것을 믿고서 매수하였으나 오히려 하락하는 경우, 피용자가 교통사고를 내어 사용자가 피해자의 치료비채무를 연대보증하였는데 피용자에게 과실이 없어 사용자의 책임이 성립되지 않는 경우, 반환소송을 당하게 되면 아무런 보상도 받지 못한 채 부동산을 반환하여야 할 것으로 착각하여 이를 매도하는 매매계약을 체결하는 경우, 시가(時價)에 대한 착오 등이 여기에 해당한다.

2) 성질(성상)의 착오

한편 법률행위에 관계되는 사람 또는 물건(객체)의 성질에 관한 착오로 설명되는 '성질(성상)의 착오'도 원칙적으로는 동기의 착오에 포섭된다. 즉 그 성질이 법률행위에 관하여 중요한 의미를 가지고 또한 표시된 경우에는 중요부분의 착오가 된다고 하는 것이 통설이다. 즉 성질의 착오는 표의자가 생각했던 물건 혹은 사람과 실제의 물건 혹은 사람이 합치하는 점에서 양자가 불일치하는 동일성 착오와 구별된다. 성질의 착오에서의 '성질'은 자연적인 속성만이 아니라, 사람의 나이 · 성(性) · 직업 · 신분 · 경력 · 자산상태 등과 가축의 연령 · 수태능력(受胎能力), 기계의 성능, 광구의 품질, 그림의 진정성, 토지의 건축가능성 등 그 평가에 영향을 미치는 사실적 및 법적 관계도 성질에 포함된다. 성질의 착오에 해당하는 예로는 금반지라고 오신하고서 금도금된 반지를 매수하는 경우, 모조품인 그림을 진품이라고 오신하고서 매수하는 경우 등을 들 수 있다.

3) 동기착오의 민법상의 취급

㉮ **학 설**

동기의 착오를 일괄적으로 처리하는 것은 바람직하지 않다. 일정한 동기착오는 의사와 표시의 불일치가 없더라도 취소할 수 있도록 한다. 취소가능한 동기착오를 판단하는 기준에 대해서는 다양한 견해가 있다.

다수설인 동기표시설은 동기의 불법에서와 마찬가지로 동기는 법률행위의 내용이 아니므로 그 의사표시를 취소할 수 없지만, 그 동기를 당해 의사표시의 내용으로 삼을 것을 상대방에게 표시한 경우(즉 동기가 표시되어 상대방이 그 동기를 알고 그것이 의사표시의 내용임을 알고 있는 경우)에는 그 동기는 의사표시의 내용이 되므로 동기의 착오도 제109조의 착오가 된다고 한다. 이와는 달리 동기의 표시 여부와 무관하게 제109조가 적용(또는 그 유추적용)되어야 한다는 견해, 동기의 착오 중 거래에 중요한 동기 또는 물건의 성질에 관한 동기착오만 취소할 수 있다는 견해가 있다. 한편 동기에 관한 착오로는 의사표시를 취소할 수 없다는 동기배제설도 있다.

생각건대 동기의 착오가 있는 경우 이를 취소하더라도 상대방의 보호가 문제되지 않는 경우에는 잘못된 동기에 의한 의사표시의 효력을 배제할 수 있도록 해야 한다. 동기착오의 취소가능성을 판단할 기준은 동기의 표시 여부가 아니라 그러한 동기를 상대방이 알고 있었는지의 여부라고 할 것이다. 계약의 상대방이 동기를 알고 있었다면 동기는 이미 계약의 내용이 되었다고 해야 하기 때문이다. 동기의 표시는 상대방의 인식 여부를 판단하는 하나의 기준일 뿐이지, 동기착오를 이유로 한 취소를 인정하는 유일한 기준이 아니다. 따라서 동기가 표시된 경우뿐만 아니라 그 동기를 상대방이 알고 있었다면 제109조의 요건을 구비하는 이상 착오취소가 가능하다고 할 것이다. 의사표시의 해석상 동기를 계약의 내용으로 삼았는지가 문제된다.

동기가 표시되었다면 상대방이 이를 알지 못했더라도 착오취소가 가능할 것이다. 표시된 동기를 인식하지 못한 상대방의 잘못에 대해서는 그 상대방이 불이익을 받아야 하기 때문이다. 동기가 표시되지 않았더라도 동기착오로 인한 의사표시임을 상대방이 알고 있었다면 표의자는 동기착오를 이유로 취소할 수 있을 것이다.

한편 상대방이 표의자의 동기를 몰랐지만 알 수 있었던 경우에, 표의자의 착오취소는 예외적으로만 인정된다. 표의자의 동기를 인식하게 만들지 못한 착오자의 잘못이 상대방이 그러한 동기를 인식하지 못한 잘못보다 더 크기 때문이다. 상대방에게 표의자의 동기를 적극적으로 인식해야 할 의무가 없다는 점에서 동기착오의 취소는 예외적으로 인정되어야 한다. 예컨대 의사표시의 동기가 명시적으로 표시되었음에도 불구하고 상대방의 잘못으로 동기를 몰랐다면 예외적으로 동기착오를 이유로 취소할 수 있다고 할 것이다.

동기착오를 상대방이 알고 있었는지의 여부는 착오취소자가 증명해야 한다.

　　　㉯ 판 례

동기의 착오와 관련하여 판례는 동기를 계약내용으로 하는 표시가 없는 한 동기착오를 이유로 취소할 수 없다 본다. 예컨대 우사를 짓기 위해 토지를 매수하였으나 우사를 지을 수 없는 토지인 경우, 이를 이유로 계약을 취소하기 위해서는 의사표시의 해석상 동기를 계약의 내용으로 삼았어야 한다고 한다(대판 1984.10.23, 83다카1187). 다만 동기의 착오를 이유로 법률행위를 취소하기 위해 당사자들 사이에 별도로 그 동기를 의사표시의 내용으로 삼기로 하는 합의까지 이루어질 필요는 없다고 한다(대판 2000.5.12, 2000다12259).

토지 매매시 용도지역에 대한 착오가 있었던 경우(농림지역 토지임에도 불구하고 관리지역 토지로 잘못 알고 매수한 경우로는 대판 2012.9.27, 2011다106976, 자연녹지로 개발제한구역을 생산녹지로 잘못 알고 대금을 85%나 과다하게 평가된 경우로는 대판 1998.2.10, 97다44737, 그 이외에도 대판 1997.4.11, 96다31109 등 참조), 매매토지 중 20〜30평 정도 도로로 편입될 것으로 믿고 매수했으나 목적물의 전체면적의 약 30%에 해당하는 197평이 도로에 편입된 경우(대판 2000.5.12, 2000다12259)에는 동기착오를 인정하였다.

그러나 아파트분양시 다소 과장된 광고내용을 믿고 매수한 경우(대판 2015.5.28, 2014다24327, 입주시까지 그 실현을 의사표시의 내용으로 삼았다고 보지 않았고 또 광고의 실현이 분양계약의 중요부분에 해당되지 않는다고 보아 동기착오취소를 부정함), 공장의 신축부지로 사용하기 위하여 매입한 토지가 농지의 전용을 제한하는 법령에 의한 복잡한 절차를 거쳐야만 공장의 부지로 사용할 수 있다는 사실을 알면서도 매매계약을 체결한 경우(대판 1997.4.11, 96다31109에서의 착오는 동기착오에 해당하지만 그 토지가 곧바로 공장의 부지로 전용될 수 있다는 것을 당사자들이 의사표시의 내용으로 삼지 않았기 때문에 동기착오를 이유로 하는 취소가 불가능하다고 판시함)에는 동기의 착오를 부정했다.

ⓔ 상대방에 의해 유발되거나 제공된 동기의 착오

상대방에 의하여 유발되거나 제공된 동기의 착오는 동기가 표시되지 않아도 착오취소가 가능하다(대판 1978.7. 11, 78다719). 예컨대 공원휴게소 설치시행허가를 받음에 있어 담당공무원이 법규오해로 인하여 잘못 회신한 공문에 따라 동기의 착오를 일으켜 법률상 기부채납의무가 없는 휴게소부지의 16배나 되는 토지 전부와 휴게소 건물을 시에 증여한 경우 휴게소 부지와 그 지상시설물에 관한 부분을 제외한 나머지 토지에 관해서 법률행위의 중요부분에 관한 착오라고 보았다(대판 1990.7.10, 90다카7460. 참고로 이 판례는 법률행위 일부의 취소를 인정한 사례로서도 의미가 있다). 경계선을 침범하였다는 상대방의 강력한 주장에 의하여 착오로 그간의 경계침범에 대한 보상금 내지 위로금 명목으로 금원을 지급한 경우, 진정한 경계선에 관한 착오는 위 금원 지급약정을 하게 된 동기의 착오이지만, 그와 같은 동기의 착오는 상대방의 강력한 주장에 의하여 생긴 것으로서 표의자가 그 동기를 의사표시의 내용으로 표시하였다고 보아야 하고, 중요부분이므로 위 금원지급 의사표시는 그 내용의 중요 부분에 착오가 있는 것이 되어 이를 취소할 수 있다(대판 1997.8.26, 97다6063).

또한 상대방이 착오사유를 유발했을 때에는 착오 취소가 배제되는 착오자의 중대한 과실이 제한적으로 인정된다(예컨대 대판 1997.9.30, 97다26210에서 매수인은 건물 매매계약 체결 직후 건물이 건축선(도로)을 침범하여 건축된 사실을 알았지만, 매도인이 법률전문가의 자문에 의하면 준공검사가 난 건물이므로 행정소송을 통해 구청장의 철거 지시를 취소할 수 있다고 하여 매수인이 그 말을 믿고 대금을 지급하고 소유권이전등기를 받았으나 추후 도로 침범부분의 철거명령을 받았고 매도인이 행정소송을 제기했으나 패소확정되자 매수인이 착오취소를 구한 사건에서 매수인의 중대한 과실을 부정하였음).

> 사례 24 甲이 소유하고 있는 X토지는 과거 귀속해제된 토지였다. 그런데 공무원 A는 甲을 찾아가 X토지는 귀속재산이므로 강제로 환수한 후 공매에 부칠 것이나 甲이 자진해서 이를 국가에 증여하여 환수에 협조하면 우선매수권을 부여하여 수의계약으로 불하해 주겠다고 여러 차례에 걸쳐 강력히 권고하였다. 甲은 이에 따라 X토지를 국가에 증여하였다. 甲은 증여의사를 착오취소하고자 한다. 가능한가? (대판 1978.7.11, 78다719 참조)
>
> 해설 24 착오취소가 가능하다.
> 귀속해제된 토지인데도 귀속재산인줄로 잘못 알고 국가에 증여를 한 경우 이러한 착오는 일종의 동기의 착오라 할 것이나 그 동기를 제공한 것이 관계 공무원이었고 그러한 동기의 제공이 없었

더라면 위 토지를 선뜻 국가에게 증여하지는 않았을 것이라면 그 동기는 증여행위의 중요부분을 이룬다고 할 것이므로 뒤늦게 그 착오를 알아차리고 증여계약을 취소했다면 그 취소는 적법하다.

@ 착오취소의 다른 요건 구비

동기의 착오를 이유로 취소하려면 제109조의 다른 요건도 모두 갖추어야 한다. 즉 중요부분의 착오에 해당되는 등의 요건이 추가로 필요하다(대판 1998.2.10, 97다44737).

사례 25 甲은 매매대상 토지 중 20~30평 가량만 도로에 편입될 것이라는 중개인의 말을 믿고 주택신축을 위하여 乙의 토지를 매수하였고, 그와 같은 사정이 계약 체결과정에서 현출되어 乙도 이를 알고 있었다. 그런데 실제로는 전체 면적의 약 30%에 해당하는 197평이 도로에 편입되었다. 甲은 매매계약을 착오를 이유로 취소할 수 있는가? (대판 2000.5.12, 2000다12259 참조)

해설 25 착오취소가 가능하다.

동기의 착오가 법률행위의 내용의 중요부분의 착오에 해당함을 이유로 표의자가 법률행위를 취소하려면 그 동기를 당해 의사표시의 내용으로 삼을 것을 상대방에게 표시하고 의사표시의 해석상 법률행위의 내용으로 되어 있다고 인정되면 충분하고 당사자들 사이에 별도로 그 동기를 의사표시의 내용으로 삼기로 하는 합의까지 이루어질 필요는 없다. 따라서 동기부분이 계약 체결과정에서 현출된 사안의 경우 이를 이유로 취소가 가능할 수 있다. 다만 甲의 착오는 중요부분에 대한 것이어야 하고, 甲에게 중과실이 없어야 할 것이다. 그런데 전체 면적의 30% 정도가 도로에 편입되는 사정은 甲의 입장에서도, 일반인의 입장에서도 중요부분에 관한 착오라고 할 수 있고, 甲에게 중과실이 있다는 점이 별도로 보이지 않는다. 따라서 甲은 착오취소가 가능할 것이다.

(라) 기타 유형의 착오

1) 전달(표시기관)의 착오(사자의 착오)

표의자가 보조자 또는 기계를 통하여 의사표시를 하는 경우에 그 중개적 표시기관이 잘못하여 표의자의 진의와 다른 의사표시를 한 경우를 말한다. 표시기관의 착오에 대해서는 그 착오를 이유로 의사표시를 취소할 수 있다고 하는데 그 이론 구성에 있어서는 견해의 대립이 있다. 즉 표시기관의 착오는 표시상의 착오와 동일하게 다루어야 한다는 견해와 제109조를 유추적용하여야 할 것이라는 견해가 대립하는 것이다. 한편 표시기관이 완성된 의사표시를 다른 사람에게 고의로 잘못 전달한 경우에는 착오가 아니라, 의사표시의 부도달의 문제로 보는 것이 타당하다.

매개자가 의식적으로 표의자의 의사를 다르게 표시한 경우에도 일단은 유효하다고 할 것인가? 예컨대 표의자에게 중대한 과실이 있어 취소할 수 없다면 매개자가 표시한 대로 계약의 효력을 인정해야 하는가?

| 해설 | 표의자가 이러한 경우에까지 책임을 져야 한다는 것은 불공평하다는 점에서 의사표시 부도달로 해결해야 한다는 견해가 있다.

사견으로는 이 경우에도 착오의 법리가 적용되어야 한다고 본다. 원칙적으로 이와 같은 사자를 사용한 자에게 그 책임을 부담시키는 것이 타당하다. 이러한 해석은 상대방의 보호가 표의자의 보호보다 중요한 의미가 있다는 판단을 전제로 한다. 표의자는 사자에 대한 불법행위책임 또는 위임계약상 채무불이행책임 등을 통하여 보호받아야 할 것이다.

2) 수령자(상대방)의 착오: 제109조 적용대상이 아님

올바르게 표명·전달된 의사표시를 수령자가 잘못 이해한 경우를 수령자의 착오라 한다. 수령자의 착오는 제109조는 '타인'의 착오를 규율대상으로 하지 않고 있어 제109조의 적용대상이 아니며 한편 제140조의 취소권자는 법문상 "착오의 의사표시를 한 자"이기 때문에 수령자는 제140조의 취소권자도 되지 못한다. 그러나 수령자의 착오에 기하여 수령자가 의사표시를 한 경우에는 수령자는 자신의 의사표시에 대해서 착오를 이유로 취소할 수 있다. 예컨대 매도인이 96만 원에 판다고 청약하였는데 매수인이 실수로 69만 원으로 잘못 읽은 경우 등이 수령자의 착오에 해당하는데, 이러한 사례에서 만일 가격을 말하지 않고 청약한 가격에 산다고 승낙한 때에는 수령자의 착오에 기하여 의사표시를 한 경우로서 취소가 가능하다.

3) 법률의 착오

법률의 착오란 법률규정의 존부 또는 그 의미에 관하여 잘못 인식함을 말한다. 판례는 법률의 착오도 착오의 일반이론에 따라서 해결한다$\binom{\text{대판 1981.11.}}{\text{10, 80다2475}}$. 한편 의사표시의 내용을 이루는 법률효과에 관한 착오를 의미하는 법률효과의 착오도 착오 일반이론에 의하여 해결되어야 한다 $\binom{\text{대판 2009.4.23.}}{\text{2008 96291,96307}}$.

사례 26 甲은 乙 소유 X토지를 매수하려 하였으나 乙이 많은 액수의 양도소득세가 부과될 것이라는 이유로 매도를 거절하자, 주택건설을 목적으로 하는 주식회사를 설립하여 여기에 이를 출자하는 형식을 취하면 양도소득세가 부과되지 않는다고 설득하여 乙과 X토지에 대한 매매계약을 체결하였다. 그러나 후에 출자형식에 대해서도 양도소득세가 부과된다는 점이 밝혀진 경우 중과실이 없는 乙은 착오를 이유로 매매계약을 취소할 수 있는가?   (대판 1981.11.10, 80다2475 참조)

해설 26 취소할 수 있다.

법률에 관한 착오(양도소득세가 부과될 것인데도 부과되지 아니한 것으로 오인)라도 그것이 법률행위의 내용의 중요부분에 관한 것인 때에는 표의자는 그 의사표시를 취소할 수 있고, 또 매도인에 대한 양도소득세의 부과를 회피할 목적으로 매수인이 주택건설을 목적으로 하는 주식회사를 설립하여 여기에 출자하는 형식을 취하면 양도소득세가 부과되지 않을 것이라고 말하면서 그러한 형식에 의한 매매를 제의하여 매도인이 이를 믿고 매매계약을 체결한 것이라 하더라도 그것이 곧 사회질서에 반하는 것이라고 단정할 수 없으므로 이러한 경우에 역시 의사표시의 착오의 이론을 적용할 수 있다. 따라서 乙은 취소권을 행사할 수 있다.

4) 장래 사정에 대한 착오

착오의 대상은 현재의 사실뿐만 아니라 장래의 불확실한 사실도 포함한다. 즉 세액에 관한 착오가 미필적인 장래의 불확실한 사실에 관한 것이라도 제109조가 정한 착오에서 제외되는 것은 아니다(대판 1994.6.10, 93다24810).

그러나 아직 확정되지 않은 사실에 대한 장래의 예상(또는 기대)이 단순한 기대 또는 예상에 불과한 경우에는 그 기대가 실제로 발생한 사실과 불일치해도 착오의 법리로 해결될 수 없다(대판 2011.6.9, 2010다99798; 대판 2011.6.24, 2008다44368; 대판 2010.5.27, 2009다94841 등). 장래에 발생할 막연한 사정을 예측하거나 기대하고 법률행위를 한 경우 그러한 예측이나 기대와 다른 사정이 발생했더라도 그로 인한 위험은 원칙적으로 법률행위를 한 사람이 스스로 감수해야 하고 상대방에게 전가해서는 안 되기 때문이다(대판 2020.5.14, 2016다12175). 또한 표의자가 행위를 할 당시에 장래에 있을 어떤 사항의 발생이 미필적임을 알아 그 발생을 예기한 데 지나지 않는 경우에는 표의자의 심리상태에 인식과 대조에 불일치가 있다고 할 수 없어 착오로 다룰 수는 없다(대판 2010.5.27, 2009다94841).

많은 경우 장래의 사정은 의사표시의 동기에 해당되므로 장래 사정에 대한 동기의 착오 형태로 나타난다(예컨대 매매토지 중 20~30평 정도 도로로 편입될 것으로 믿고 매수했으나 목적물의 전체면적의 약 30%에 해당하는 197평이 도로에 편입된 경우 착오 취소를 인정한 대판 2000.5.12, 2000다12259도 장래사정에 대한 동기착오에 해당된다).

사례 27 甲은 乙로부터 乙 소유의 X토지를 임차하면서, 임대차계약상 특약사항으로 '① OO 지주공동 사업의 견본주택 건축을 목적으로 한다. ② 乙은 계약과 동시에 가건물 건축 인허가에 필요한 제반서류를 제공한다'는 것을 추가했다. 甲은 乙에게 임차보증금 및 연 임대료를 지급하고 관할구청에 가설건축물 축조신고서를 제출하였으나, 신고가 반려되어 최종적으로 견본주택 건축을 할 수 없게 되었다. 그런데 乙은 이 사건 주택건축 사업의 진행 내용 등에 대하여 잘 알고, 이 견본주택이 건축되지 않을 경우 甲이 X토지를 사용할 이유가 없다는 것을 임대차계약 당시부터 인식하고 있었다. 한편 甲은 틀림없이 견본주택 건축허가가 나올 것이라고 확신했었다고는 인정되지 않았다.

질문 1) 甲은 乙을 상대로 착오를 이유로 한 의사표시를 취소할 수 있는가?

질문 2) 나아가 임대차계약이 유효하다고 하더라도 위와 같이 임대차계약을 유지할 수 없는 중요 부분에 사정변경이 발생하였으므로 이를 이유로 이 사건 임대차계약을 해지할 수 있는가?

(대판 2020.12.10, 2020다254846 참조)

│해설 27│

해설 1) 임차인 甲은 착오를 이유로 취소를 주장할 수 없다.

주무관청의 견본주택의 건축허가라는 장래의 불확실한 사실에 대한 착오가 문제되므로 이는 장래사정에 대한 (동기)착오가 문제된다. 장래 사실에 대한 착오의 경우, 계약 체결 당시 당사자에게 장래 그러한 사정이 발생할 것이라는 사실에 대한 확신 내지 인식이 존재해야만 착오취소가 가능하다. 단순한 기대 내지 예측이 다른 경우에는 착오를 이유로 취소할 수 없다. 표의자의 장래 사실에 대한 기대 내지 예측이 틀린 것에 대한 책임은 표의자가 스스로 부담해야 하기 때문이다. 특별한 사정이 없는 한, 건축허가에 대한 임차인의 확신은 인정하기 어렵다(대판 1995.11.21, 95다5516 참조). 건축허가 여부로 인한 위험도 임차인이 부담함이 원칙이라고 할 것이다. 사안에서 사실관계에서 甲에게 건축허가에 대한 확신이 존재했다고 인정되지 않았다. 건축허가가 나오지 않은 것에 대한 위험은 임차인이 스스로 부담해야 하므로 이러한 사실은 착오취소의 대상이 되지 않는다.

해설 2) 사정변경의 원칙에 따라 임차인 甲은 위 임대차 계약을 해지할 수 있다.

계약 성립의 기초가 된 사정이 현저히 변경되고 당사자가 계약의 성립 당시 이를 예견할 수 없었으며, 그로 인하여 계약을 그대로 유지하는 것이 당사자의 이해에 중대한 불균형을 초래하거나 계약을 체결한 목적을 달성할 수 없는 경우에는 사정변경을 이유로 계약을 해제하거나 해지할 수 있다(대판 2017.6.8, 2016다249557 등 참조).

사안에서 토지임대차계약은 견본주택 건축을 목적으로 체결되었고, 임대차계약서에도 특약사항으로 위 목적이 명시되어 있는 점을 고려하면, 이는 임대차계약에서 매우 중요한 사항에 해당된다. 사실관계의 내용상 甲과 乙은 건축허가가 나오지 않을 것에 대하여 예견할 수 있었다고 보기 어렵다는 점에서 토지 임대차 계약을 유지하는 것이 당사자 사이에 중대한 불균형을 초래하는 것으로 보아야 한다.

│사례 28│ 甲회사는 온라인연합복권 운영기관인 乙은행과, 복권시스템구축 및 운영용역을 제공하는 대가로 乙은행으로부터 온라인연합복권 매회 매출액의 일정 비율에 해당하는 수수료를 지급받기로 하는 내용의 계약을 체결하였다. 그러나 乙은행이 예상하는 것보다 매출액이 현저하게 많이 발생하여 甲회사가 예상액을 훨씬 초과하는 수수료를 지급 받게 되었다. 乙은행은 착오를 이유로 한 계약의 일부 취소 또는 사정변경으로 인한 계약의 일부 해지를 주장한다. 그 타당성은?

(대판 2011.6.24, 2008다44368 참조)

│해설 28│ 타당하지 않다.

乙은행이 회계법인의 검토에 따른 예상매출액을 토대로 수수료율 등 계약 내용을 정하였고 실제 매출액이 예상매출액보다 현저하게 많이 발생하였더라도 이는 계약 당시를 기준으로 장래의 미필적 사실의 발생에 대한 기대나 예상이 빗나간 것에 불과하고, 乙은행이 예상매출액이 그대로 실현될 것이라고 확신하였다고 보기도 어려우므로, 乙은행이 계약을 체결하면서 장래의 매출액에 관하여 착오를 일으켰다고 할 수 없다. 또한 온라인연합복권 판매액이 예상매출액을 훨씬 초과하게 되어 판매액에 비례한 수수료를 지급 받는 甲회사가 결과적으로 예상액을 훨씬 초과하는 수수료를 지급 받게 되었다는 점만으로 신의칙에 반하는 결과가 초래되었다고 볼 수도 없다.

따라서 착오를 이유로 한 계약의 일부 취소 또는 사정변경으로 인한 계약의 일부 해지를 인정할 수 없다.

5) 계산의 착오

계산의 착오는 가령 매매대금이나 공사대금을 계산함에 있어서 표의자가 계산 내지 계산의 기초가 된 사정에 관하여 착오한 경우이다. 즉 계산에 있어서 착오가 있는 경우를 말한다.

그 본질에 있어서는 계산의 기초를 표시하지 않고 단지 계산의 결과만 표시되는 한 계산의 과정은 동기화 단계에 속하므로 동기의 착오에 속하여 동기착오 취소에 필요한 추가요건이 구비되어야 취소가 가능하다. 반면에 계산의 기초를 표시한 경우에는 계산의 기초가 법률행위의 내용이 되므로 '내용의 착오'에 해당하며, 표의자뿐만 아니라 상대방도 잘못된 계산을 기초로 착오를 일으켜 의사표시를 한 경우에는 '공통의 착오' 문제로 다루어야 한다.

한편 동업관계에 있던 甲과 乙이 동업관계를 청산함에 있어서, 丙이 작성한 계산서에 기재된 개별 항목의 가액 평가나 계산에 부정확하거나 잘못된 점이 있다고 하더라도 이를 일일이 문제 삼지는 않고 그 계산서에 의한 산출의 결과로 나타난 乙의 지분가액의 총액이 정산대금으로 적절하다고 보아 그 금액의 수수로써 동업관계를 청산·종결한다는 의사가 있었다고 볼 수 있는 경우에는, 그 계산서의 기재 내용에 계산의 착오가 있어 일부 과다계상된 부분이 있다고 하더라도 乙이 이를 알면서 정산대금을 수령하였거나 또는 그 과다계상된 부분을 그대로 보유하는 것이 신의성실의 원칙에 위배된다고 볼 만한 사정이 없는 한, 乙은 甲에게 이를 반환할 의무가 없다(대판 1996.1.26,94다36919).

6) 서명·날인의 착오

이는 어떤 사람이 자신의 의사와 다른 법률효과를 발생시키는 내용의 서면에, 그것을 읽지 않거나 올바르게 이해하지 못한 채 서명·날인하는 경우의 착오를 의미한다. 이는 착오취소의 대상이 된다. 그러나 문서를 전혀 읽지 않았고 또 문서내용을 모른다는 사실을 알면서도 서명했다면 서명자가 아무런 유보 없이 의사표시를 그 전체의 내용대로 효력 있게 하려는 것으로 파악되기 때문에 착오에 해당하지 않고, 문서의 효과는 기명날인자에게 귀속한다.

이와는 달리 문서를 잘못 읽은 경우에는 실제의 문서내용과 달리 생각한 경우이므로 '내용의 착오'에 해당하며, A문서에 서명·날인한다고 생각하고 서명하였는데 실은 B문서에 한 경우에는 '표시착오'에 해당한다. 판례도 신원보증서류에 서명·날인한다는 착각에 빠진 상태로 연대보증의 서면에 서명·날인한 경우, 기명날인의 착오(또는 서명의 착오)로서 일종의 표시상의 착오에 해당하는 것으로 보아 착오취소의 대상이 됨을 밝힌 바가 있다(대판 2005.5.27, 2004다43824. 추가적으로 이 판결이 사기와 표시상의 착오의 경합을 부정한 것으로 설명된다. 그러나 이 판결의 사실관계에 따르면 제3자 사기를 상대방이 알았거나 알 수 있었는지를 판단하지 않았으므로 제3자 사기취소를 부정했을 뿐이며 사기와 표시상의 착오의 경합을 부정한 것으로 볼 수는 없다는 견해도 있다).

2. 착오취소의 요건

(1) 법률행위 '내용'의 착오

제109조의 취소가 가능하기 위해서는 법률행위의 내용에 착오가 있어야 한다. 판례에 따르면 동기의 착오는 예외적으로 그러한 동기를 의사표시의 내용으로 삼을 것이 표시되는 등 법률행위 내용이 되어야 한다. 동기가 상대방으로부터 유발되거나 제공된 경우에는 표시되지 않아도 취소가 가능하다.

착오의 판단시점은 법률행위 성립 당시를 기준으로 판단한다. 대리인의 착오가 문제된 경우 대리인을 기준으로 판단한다.

사례 29 甲은 공장을 설립할 목적으로 乙로부터 X토지를 매수하였다. 매매계약 당시에는 X토지가 도시관리계획상 '관리지역'으로 지정되어 있었을 뿐 세부용도지역으로 구분되어 있지는 않았는데, 다만 파주시장은 X토지를 '계획관리지역'으로 지정함에 대한 주민 및 이해관계인의 의견청취를 구하는 내용이 포함된 도시관리계획(관리지역 세분화) 결정을 위한 공고를 한 바가 있었다. 그런데 매매계약 후 甲의 바람과는 달리 X토지 부분은 '보전관리지역'으로 지정되어 공장을 설립할 수 없게 되었다. 甲은 매매계약을 착오취소할 수 있는가? (대판 2010.5.27, 2009다94841 참조)

해설 29 착오취소할 수 없다.

제109조의 의사표시에 착오가 있다고 하려면 법률행위를 할 당시에 실제로 없는 사실을 있는 사실로 잘못 깨닫거나 아니면 실제로 있는 사실을 없는 것으로 잘못 생각하듯이 표의자의 인식과 그 대조사실이 어긋나는 경우라야 할 것이므로, 표의자가 행위를 할 당시에 장래에 있을 어떤 사항의 발생이 미필적임을 알아 그 발생을 예기한 데 지나지 않는 경우는, 표의자의 심리상태에 인식과 대조에 불일치가 있다고 할 수 없어 착오로 다룰 수는 없다. 파주시장의 공고는 X토지를 '계획관리지역'으로 지정함에 대한 주민 및 이해관계인의 의견청취를 위한 공고에 불과하므로, X토지 매매계약 당시 객관적 상황에 대한 원고의 인식 자체에는 오류가 없다. 또한 甲이 X토지가 장차 계획관리지역으로 지정되어 공장설립이 가능할 것으로 생각하였다고 하더라도 이는 장래의 단순한 기대에 지나지 않는 것이므로, 그 기대가 이루어지지 아니하였다고 하여 이를 법률행위의 내용의 중요부분에 착오가 있는 것으로는 볼 수 없다고 할 것이다. 따라서 甲은 매매계약을 착오를 이유로 취소할 수는 없다.

사례 30 甲 택시운송사업조합은 전임자 乙에 대한 면직으로 인하여 공석으로 된 직에 丙을 임명하였다. 그런데 이후 甲 조합의 乙에 대한 면직처분이 판결에 의하여 무효임이 확정되었다. 甲 조합은 丙의 임명행위가 착오에 의한 것이었다고 주장하며 취소할 수 있는가?

(대판 2011.6.9, 2010다99798 참조)

해설 30 착오취소할 수 없다.

丙에 대한 임명행위 당시 乙의 면직으로 인하여 공석이 발생하였다는 객관적 상황에 대한 甲조합의 인식 자체에는 오류가 있었다고 할 수 없으며, 甲조합의 乙에 대한 면직처분이 유효한 것으로서 면직된 상태에 변동이 없을 것으로 생각하였다고 하더라도 이는 장래에 대한 단순한 기대에 지나지 않는 것이므로, 그 기대가 이루어지지 않았다고 하여 법률행위 내용의 중요부분에 착오가 있는 것으로는 볼 수 없다. 甲조합이 丙을 임명한 행위를 착오를 이유로 취소할 수 없는 것이다.

사례 31 甲회사는 온라인연합복권 운영기관인 乙은행과, 복권시스템구축 및 운영용역을 제공하는 대가로 乙은행으로부터 온라인연합복권 매회 매출액의 일정 비율에 해당하는 수수료를 지급받기로 하는 내용의 계약을 체결하였다. 그러나 乙은행이 예상하는 것보다 매출액이 현저하게 많이 발생하여 甲회사가 예상액을 훨씬 초과하는 수수료를 지급 받게 되었다. 乙은행은 착오를 이유로 한 계약의 일부 취소 또는 사정변경으로 인한 계약의 일부 해지를 주장한다. 그 타당성은?

(대판 2011.6.24. 2008다44368 참조)

│해설 31│ 타당하지 않다.

乙은행이 회계법인의 검토에 따른 예상매출액을 토대로 수수료율 등 계약 내용을 정하였고 실제 매출액이 예상매출액보다 현저하게 많이 발생하였더라도 이는 계약 당시를 기준으로 장래의 미필적 사실의 발생에 대한 기대나 예상이 빗나간 것에 불과하고, 乙은행이 예상매출액이 그대로 실현될 것이라고 확신하였다고 보기도 어려우므로, 乙은행이 계약을 체결하면서 장래의 매출액에 관하여 착오를 일으켰다고 할 수 없다. 또한 온라인연합복권 판매액이 예상매출액을 훨씬 초과하게 되어 판매액에 비례한 수수료를 지급 받는 甲회사가 결과적으로 예상액을 훨씬 초과하는 수수료를 지급 받게 되었다는 점만으로 신의칙에 반하는 결과가 초래되었다고 볼 수도 없다. 따라서 착오를 이유로 한 계약의 일부 취소 또는 사정변경으로 인한 계약의 일부 해지를 인정할 수 없다.

(2) 법률행위 내용의 '중요부분'의 착오

(가) '중요부분'의 판단기준

중요부분의 판단기준과 관련해서 견해의 대립이 있다. 다수의 견해는 표의자의 주관적 의도와 일반인의 객관적 기준의 두 가지 판단기준을 모두 충족되어야 중요부분으로 인정된다. 먼저 표의자가 그러한 착오가 없었더라면 그 의사표시를 하지 않을 정도로 중요한 것이어야 한다. 이는 결국 착오와 표의자의 의사표시 사이의 인관관계가 존재해야 함을 의미한다. 또한 일반인이라도 그러한 의사표시를 하지 않았으리라고 생각될 정도로 객관적 현저성을 갖추고 있어야 한다.

판례도 법률행위의 중요부분의 착오라 함은 표의자가 그러한 착오가 없었더라면 그 의사표시를 하지 않으리라고 생각될 정도로 중요한 것이어야 하고 보통 일반인도 표의자의 처지에 섰더라면 그러한 의사표시를 하지 않았으리라고 생각될 정도로 중요한 것이어야 한다면서 이 중기준설의 태도를 취하고 있다(대판 1999.4. 23. 98다45546).

그러나 판례 중에는 보통 일반인의 관점에서 판단하는 객관적 기준설에 따르는 듯한 것도 있다. 즉 법률행위 내용의 중요부분에 착오가 있다고 하기 위하여는 표의자에 의하여 추구된 목적을 고려하여 합리적으로 판단하여 볼 때 표시와 의사의 불일치가 객관적으로 현저하여야 한다는 것이다(대판 2003.4.11, 2002다70884; 대판 1999.2.23, 98다47924). 다만 이러한 판례에 대해서는 객관적 기준을 강조하기 위한 판결이라고 평석하는 견해도 있다.

사례 32 재건축조합 甲은 건축연구소를 개설한 건축학 교수 乙과 재건축아파트 설계용역계약을 체결하였다. 그러나 乙은 건축사 자격이 없었음에도 이를 묵비한 채 자신이 미국에서 공부한 건축학 교수이고 'A건축연구소'라는 상호로 사업자등록까지 마치고 건축설계업을 하며 상당한 실적까지 올린 사람이라고 소개하였다. 甲은 乙과의 설계용역계약을 착오를 이유로 취소할 수 있는가?

(대판 2003.4.11, 2002다70884 참조)

해설 32 착오취소할 수 있다.

재건축아파트 설계용역에서 건축사 자격이 가지는 중요성에 비추어 볼 때, 甲의 착오는 중요부분의 착오에 해당한다고 볼 수 있다. 판례는 '객관적으로 볼 때 일반인으로서도 이와 같은 설계용역계약을 체결하지 않았을 것으로 보이므로' 중요부분에 해당한다고 표현하고 있다.

한편 甲에게 중대한 과실이 있는지도 문제가 되는데, 乙이 설계용역계약 체결을 전후하여 건축사 자격이 없다는 것을 묵비한 채 자신이 미국에서 공부한 건축학교수이고 'A건축연구소'라는 상호로 사업자등록까지 마치고 건축설계업을 하며 상당한 실적까지 올린 사람이라고 소개한 경우, 일반인의 입장에서는 그에게 당연히 건축사 자격이 있는 것으로 믿을 수밖에 없었을 것이므로, 재건축조합측이 그를 무자격자로 의심하여 건축사자격증의 제시를 요구한다거나 건축사단체에 자격 유무를 조회하여 이를 확인하여야 할 주의의무가 있다고 볼 수는 없으므로 재건축조합의 착오가 중대한 과실로 인한 것은 아니다. 따라서 甲은 착오를 이유로 설계용역계약을 취소할 수 있다.

사례 33 甲은 군유지로 등기된 군립공원 내에 건물 기타 영구 시설물을 지어 이를 군에 기부채납하고 그 부지 및 기부채납한 시설물을 사용하기로 약정하였으나 후에 그 부지가 군유지가 아니라 덕수리 주민의 총유로 밝혀졌다. 그러나 군수가 여전히 공원관리청이고 기부채납자의 관리권이 계속 보장되는 사정이 있었다. 甲은 약정을 착오취소할 수 있는가?

(대판 1999.2.23, 98다47924 참조)

해설 33 착오취소할 수 없다.

甲은 이미 오랜 기간 아무런 방해 없이 이 사건 임야 및 건물을 무상으로 사용하여 왔을 뿐더러 군이 덕수리 마을회가 제기한 소유권보존등기말소청구소송에서 패소하였다고 하더라도 여전히 군의 군수가 그 공원관리청이고 덕수리 마을회가 이 사건 임야의 소유자로서 甲으로 하여금 종전과 동일한 지위에서 계속하여 이 사건 임야 및 건물을 계속 사용할 수 있도록 그 관리권을 보장하고 있다면 착오가 기부채납의 중요부분에 관한 착오라고 볼 수 없다. 따라서 甲은 착오취소할 수 없다. 이와 같은 사안에서 판례는 중요부분의 판단과 관련하여, 표의자에 의하여 추구

된 목적을 고려하여 합리적으로 판단하여 볼 때 표시와 의사의 불일치가 객관적으로 현저하여야
하고 만일 그 착오로 인하여 표의자가 무슨 경제적인 불이익을 입은 것이 아니라고 한다면 이를
법률행위 내용의 중요부분의 착오라고 할 수 없다고 판시하여, 객관적 기준설과 유사한 태도를
보이고 있다.

(나) 구체적인 판단

1) 사람의 동일성에 관한 착오

㉮ 사람이 누구이냐를 중요시하는 법률행위인 증여·대차·위임·고용 등에서는 중요부분의
착오가 된다. 또한 동일성의 착오의 대상은 의사표시의 상대방뿐만 아니라 제3자를 위한 계약
에서의 제3자 또는 보증계약에서의 주채무자와 관련될 수도 있다.

근저당권설정계약시 채무자의 동일성에 대한 착오는 일반적으로 '중요부분'에 관한 착오로
인정된다. 甲이 채무자란이 백지로 된 근저당권설정계약서를 제시받고 그 채무자가 乙인 것으
로 알고 근저당권설정자로 서명날인을 하였는데 그 후 채무자가 丙으로 되어 근저당권설정등
기가 경료된 경우, 중요부분에 관한 착오에 해당한다(대판 1995.12.22,
95다37087). 다만 근저당권설정자가 계
약 당시에 채무자가 다른 사람인 것을 알았다 하더라도 그 계약을 맺을 것이라고 보이는 특별
한 사정이 있으면 중요부분의 착오로 되지 않는다(대판 1986.8.19,
86다카448). 즉 중요부분에 관한 착오가 인
정되려면 주관적 현저성이 있어야 함을 밝히고 있는 것이다.

> 사례 34 금융부실거래자인 甲은 동생인 乙명의로 기업을 경영하면서 신용보증을 신청할 때에도
> 乙명의로 신청하였다. 기술신용보증기금이 乙을 보증대상기업의 경영주로 오인하고 그에 대한 신
> 용조사를 한 다음 신용보증을 하였다. 기술신용보증기금은 신용보증계약을 취소할 수 있는가?
>
> (대판 1993.10.22, 93다14912 참조)
>
> 해설 34 취소할 수 있다.
> 기술신용보증기금은 위 신용보증의 신청인이 甲이라는 사실을 알았더라면 신용보증을 체결하지
> 아니하였을 것이 명백하고, 甲이 금융부실거래자가 아니라 신용있는 자로 착각하여 위 신용보증
> 을 하게 된 것으로서, 이는 법률행위의 중요부분에 착오가 있는 경우에 해당한다. 따라서 여타
> 의 요건이 충족되면 신용보증계약을 취소할 수 있다.

㉯ 그러나 사람이 누구이냐를 중요시하지 않는 법률행위인 현실매매나 동시이행을 조건으로
하는 쌍무계약 등에서는 사람의 동일성에 대한 착오는 중요부분의 착오가 아니다.

> 사례 35 甲은 X부동산을 원인없이 등기하고 있다. X부동산은 A의 소유였는데, 乙 등이 이를 공
> 동으로 상속하였다. 甲은 乙을 A의 단독상속인으로 믿고 乙 앞으로 소유권이전등기를 경료하여

주기로 합의하였다. 甲은 乙 외에 다른 공동상속인이 있다는 사실을 알고 착오를 이유로 소유권환원과 관련한 합의를 취소하고자 한다. 그 타당성은?　　　　　　　(대판 1996.12.23. 95다35371 참조)

|해설 35| 타당하지 않다.

乙이 공동상속인들 중 1인이라면 공유물에 대한 보존행위로서 단독으로 공유물에 관한 원인무효의 등기의 말소를 구하거나 소유권이전등기에 관한 합의를 할 수 있다고 보아야 하므로(제265조 단서), 甲이 乙을 단독상속인으로 믿고서 그와 같은 소유권환원의 합의에 이르렀더라도 그와 같은 착오는 합의내용의 중요부분에 해당한다고 볼 수 없다. 따라서 甲의 취소권행사는 인용되기 어렵다.

2) 객체(목적물 · 권리)의 동일성에 관한 착오

법률행위에서 객체는 매우 중요하므로, 객체의 동일성에 관한 착오는 일반적으로 중요부분의 착오가 된다. 이러한 객체의 동일성에 관한 착오는 법률행위를 행할 당시에 현장에 없는 물건이 옳지 못한 표지에 의하여 표현되는 때에 주로 발생한다. 예컨대 甲馬라고 오신하고 乙馬를 매도하는 경우, A토지를 B토지의 지번으로 표시하는 경우 등이 이에 해당한다. 또한 부동산중개업자가 다른 점포를 매매 목적물로 잘못 소개하여 매수인이 매매 목적물에 관하여 착오를 일으킨 경우, 동기의 착오가 아니라 내용의 착오 중 목적물의 동일성에 대한 착오로서 중요부분의 착오에 해당한다(대판 1997.11.28. 97다32772, 32789).

3) 토지의 현황, 경계에 관한 착오

토지의 현황, 경계에 관한 착오는 원칙적으로 중요부분의 착오에 해당한다. 토지 답 1,389평을 전부를 경작할 수 있는 농지인 줄 알고 매수하였으나 측량결과 약 600평이 하천인 경우 매매계약의 중요부분의 착오에 해당한다(대판 1968.3. 26, 67다2160).

매매목적물인 매실나무 밭(총 325평)에서 목적물의 경계가 잘못 표시되어 80평이 포함되어 있지 않은 반면, 인접한 도로 부분 약 40평이 포함되어 있었던 경우 매매목적물은 공부상으로 확인된 것으로 본다. 다만 토지 경계에 대한 착오를 이유로 취소할 수 있다(대판 2020.3.26, 2019다288232. 매매의 목적물은 당사자가 눈으로 확인한 것이 아니라 계약서상 기재된 토지가 매매의 목적물임을 확인하고 있다).

|사례 36| 甲과 乙은 외형적인 경계(담장)를 기준으로 하여 인접토지에 관한 교환계약을 하였다. 그러나 경계가 실제의 경계와 일치하지 아니함으로써, 결국 乙이 그 소유대지와 교환으로 제공받은 대지 또한 그 대부분이 乙의 소유인 것으로 판명되었다. 乙은 교환계약을 착오취소할 수 있는가?　　　　　　　(대판 1993.9.28. 93다31634 참조)

|해설 36| 착오취소할 수 있다.

이는 토지의 경계(소유권의 귀속)에 관한 착오로서 특단의 사정이 없는 한 법률행위의 중요부분에 관한 착오라 봄이 상당하다. 따라서 여타의 요건이 갖추어진 한 乙은 교환계약을 취소할 수 있다.

4) 주채무자의 신용에 관한 보증인의 착오

채권자인 은행이 주채무자의 거래상황확인서를 발급하면서 거기에 연체이자의 발생사실을 누락함으로써 그 기재를 믿은 신용보증기금이 주채무자가 신용이 있는 것으로 오인하여 보증을 한 경우 보증인의 주채무자의 신용상태에 관한 착오는 중요부분의 착오에 해당한다. 따라서 신용보증기금은 주채무자의 신용에 착오가 있었다는 이유로 보증계약을 취소할 수 있다(대판 1996. 7.26, 94 다25964).

같은 취지로, 전문건설공제조합이 도급금액이 허위로 기재된 계약보증신청서를 믿고서 조합원이 수급할 공사의 도급금액이 조합원의 도급한도액 내인 것으로 잘못 알고 계약보증서를 발급한 것은 법률행위의 중요부분의 착오에 해당한다(대판 1997.8.22, 97다13023).

한편 2015.2.3. 민법이 개정됨에 따라 2016.2.4.부터 보증계약을 체결하거나 갱신할 때 채권자는 주채무자의 채무관련 신용정보를 보유하고 있거나 알고 있는 경우에는 그 정보를 알려야 한다(제436조의 2 제1항). 10)

5) 목적물의 시가에 관한 착오

목적물의 시가에 관한 착오는 동기의 착오이지만 중요부분인지는 별도의 검토를 거쳐서 판단되어야 하는데, 중요부분인지를 판단하는 중요한 기준은 금액의 차이라고 할 것이다. 중요부분의 착오가 아니라고 보아 취소를 부정한 판결례(대판 1969.5.13, 69다196; 대판 1991.2.12, 90다17927)도 있지만, 지급한 매매대금액이 정당한 평가액을 85%나 초과한 경우에 착오취소를 인정한 판결례도 있다(대판 1998.2. 10, 97다44737).

목적물의 시가에 관한 착오는 동기의 착오이지만 그 동기가 표시된 경우에는 착오를 이유로 취소할 수 있다(대판 1998.2.10, 97다44737 참조).

6) 소유권의 귀속에 관한 착오(타인권리매매나 타인권리임대차)

소유권의 귀속에 관한 착오는 매매계약에서 중요부분의 착오가 아니다(대판 1959.9.24, 4290민상627). 타인소유의 부동산을 임대한 경우에는 목적물이 반드시 임대인의 소유일 것을 특히 계약의 내용으로 삼은 경우에야 착오를 이유로 임차인이 임대차계약을 취소할 수 있다(대판 1975.1.28, 74다2069).

7) 착오하였으나 경제적 불이익이 없는 경우

착오로 인해 법률행위를 하였다고 하더라도 경제적 불이익을 입은 바가 없다면 착오취소가

---

10) 제436조의2 (채권자의 정보제공의무와 통지의무 등) ① 채권자는 보증계약을 체결할 때 보증계약의 체결 여부 또는 그 내용에 영향을 미칠 수 있는 주채무자의 채무 관련 신용정보를 보유하고 있거나 알고 있는 경우에는 보증인에게 그 정보를 알려야 한다. 보증계약을 갱신할 때에도 또한 같다.

② 채권자는 보증계약을 체결한 후에 다음 각 호의 어느 하나에 해당하는 사유가 있는 경우에는 지체 없이 보증인에게 그 사실을 알려야 한다.

　1. 주채무자가 원본, 이자, 위약금, 손해배상 또는 그 밖에 주채무에 종속한 채무를 3개월 이상 이행하지 아니하는 경우

　2. 주채무자가 이행기에 이행할 수 없음을 미리 안 경우

　3. 주채무자의 채무 관련 신용정보에 중대한 변화가 생겼음을 알게 된 경우

③ 채권자는 보증인의 청구가 있으면 주채무의 내용 및 그 이행 여부를 알려야 한다.

④ 채권자가 제1항부터 제3항까지의 규정에 따른 의무를 위반하여 보증인에게 손해를 입힌 경우에는 법원은 그 내용과 정도 등을 고려하여 보증채무를 감경하거나 면제할 수 있다.

인정되지 않는다($\frac{\text{대판 1999.2.}}{23, 98다47924}$). 예컨대 매매계약체결시 토지의 매수인이 개인인지 법인인지 등에 따라 매도인이 부담할 양도소득세에 차이가 있는 경우 이 점에 대한 착오는 중요부분에 해당한다고 볼 수 있지만, 추후 세법 법령의 개정으로 매수인이 법인인 경우에도 개인과 동일한 기준에 의하도록 하여 양도소득세액에 차이가 없어졌다면 매도인에게는 경제상 불이익이 없다고 볼 수 있어 착오취소가 신의칙상 허용되지 않는다($\frac{\text{대판 1995.3.}}{24, 94다44620}$).

> **사례 37** 신용보증기금은 甲회사에 대해 신용보증하였는데, 신용보증할 당시 甲회사 사업장인 부동산에 가압류등기가 기입되어 있었음에도 금융기관이 부실 작성한 기업실태조사서로 인하여 보증대상 기업의 담보물에 가압류가 없는 것으로 믿고 보증을 한 것이었다. 그러나 후에 그 가압류가 피보전권리 없이 부당하게 집행된 것으로 밝혀졌다. 신용보증기금은 보증계약을 착오취소할 수 있는가?
>
> (대판 1998.9.22. 98다23706 참조)
>
> **│해설 37│** 착오취소할 수 없다.
> 신용보증기금으로서는 신용보증을 할 당시 위 가압류의 존재에 관하여 착오가 있었다고 하여 그로 인하여 무슨 경제적 불이익을 입은 것은 아니라고 할 것이므로 착오가 위 신용보증행위의 중요부분에 관한 것이라고 볼 수 없다. 따라서 착오취소할 수 없다.

(3) 표의자에게 중대한 과실이 없을 것

(가) 중대한 과실의 의의

중대한 과실이란 표의자의 직업, 행위의 종류, 목적 등에 비추어 보통 요구되는 주의를 현저하게 결여한 것을 의미한다($\frac{\text{대판 2000.5.12.}}{2000다12259}$). 중과실은 보통인이 베풀어야 할 주의를 표준으로 객관적으로 판단되어야 한다. 상대방이 착오를 유발한 경우에는 통상 표의자의 중과실이 배제된다($\frac{\text{대판 2020.3.26.}}{2019다288232}$).

주의할 것은 표의자에게 중대한 과실이 있더라도 상대방이 표의자의 착오를 알면서 이를 이용한 경우에는 착오취소가 가능하다는 점이다($\frac{\text{대판 2023.4.27. 2017다227264;}}{\text{대판 2014.11.27. 2013다49794}}$). 제109조 제1항 단서는 상대방 보호를 위한 것이므로 상대방이 착오를 이용한 경우에는 보호해야 할 필요가 없는 사람일 뿐만 아니라 악의의 상대방이 표의자에게 중과실을 주장하는 것은 신의성실의 원칙에 배치되기 때문이다.

(나) 중대한 과실의 판단

1) 중과실을 인정한 예

㉮ 매수인이 자신이 운영하는 공장이 협소하여 새로운 공장을 설립할 목적으로 토지를 매수하는 경우, 매수인으로서는 먼저 그 토지에 공장을 건축할 수 있는지의 여부를 관할관청에 알아보아야 할 주의의무가 있고, 또 이와 같이 알아보았다면 위 토지상에 원고가 의도한 공장의 건축이 불가능함을 쉽게 알 수 있었으므로, 매수인이 이러한 주의의무를 다하지 아니한 채 그

토지의 매매계약을 체결하였다면 중대한 과실이 있다(대판 1993.6.29.
92다38881).

　④ 신용보증기금의 신용보증서를 담보로 금융채권자금을 대출해 준 금융기관이 위 대출자금이 모두 상환되지 않았음에도 착오로 신용보증기금에게 신용보증서 담보설정 해지를 통지한 경우, 그 해지의 의사표시는 제109조 제1항 단서 소정의 중대한 과실에 기한 것이다(대판 2000.5.12.
99다64995).

> **사례 38** 甲은행은 신용보증기금의 보증서를 담보로 제출 받은 후 A에게 1억 원을 대출하였다. 그런데 甲은행의 담당직원은 착오로 대출금이 모두 상환되지 않았음에도 신용보증기금에 담보설정을 해지한다고 통보하였다. 이에 신용보증기금은 A에게 주채무상환해지 통지를 하고 신용보증에 대한 대가로 지급받은 신용보증료를 일할계산하여 잔액을 반환하였다. 甲은행은 담보설정 해지 통지를 착오를 이유로 취소하고자 한다. 가능한가?　　　　　(대판 2000.5.12. 99다64995 참조)
>
> **|해설 38|** 착오취소할 수 없다.
> 　신용보증기금의 신용보증서를 담보로 금융채권자금을 대출해 준 금융기관이 위 대출자금이 모두 상환되지 않았음에도 착오로 신용보증기금에게 신용보증서 담보설정해지를 통지한 경우, 그 해지의 의사표시는 제109조 제1항 단서 소정의 중대한 과실에 기한 것이다. 따라서 착오취소가 불가하다.

　2) 중과실을 인정하지 않은 예

　㉮ 소액대출임을 감안하여 간이심사 방식으로 신용조사를 한 점 등에 비추어 볼 때 신용보증기관 직원이 실제 경영주가 신용보증을 신청하면서 제출한 신청명의인의 주민등록증 사진을 통하여 신청명의인과 실제 경영주를 구분하지 못하고, 신청명의인의 학력과 경력이 실제 경영주의 것임을 발견하지 못하였다는 사정만으로 신용보증기관이 보증대상 기업의 경영주와 그 신용상태에 대한 착오를 일으킨 데 중대한 과실이 있다고 보기 어렵다(대판 2007.8.23.
2006다52815).

　㉯ 건물에 대한 매매계약 체결 직후 건물이 건축선을 침범하여 건축된 사실을 알았으나 매도인이 법률전문가의 자문에 의하면 준공검사가 난 건물이므로 행정소송을 통해 구청장의 철거 지시를 취소할 수 있다고 하여 매수인이 그 말을 믿고 매매계약을 해제하지 않고 대금지급의무를 이행한 경우라면, 매도인의 적극적인 행위에 의하여 매수인이 착오에 빠지게 된 점, 매수인이 그 건물의 일부가 철거되지 아니할 것이라고 믿게 된 경위 등 제반 사정에 비추어 볼 때 착오가 매수인의 중대한 과실에 기인한 것이라고 할 수 없다(대판 1997.9.30.
97다26210).

> **사례 39** 매도인 乙과 매수인 甲은 X토지와 Y건물에 대한 매매계약을 체결하였다. 그런데 계약 체결 후 매도인 乙은 Y건물이 건축선을 1.45m 침범하여 건축되어 문제가 있고 이로 인해 구청장으로부터 철거 지시 처분을 받았음을 매수인인 甲에게 알렸다. 이때 乙은 甲에게 자신이 잘 아는 법률사무소에 알아보았는데 위 건물은 적법하게 준공검사가 난 건물이므로 구청장을 상대로 철거지시처분취소소송을 제기하면 틀림없이 이긴다고 하면서 변호사까지 소개하여 주는 등 전혀 문제

가 없다고 하고, 甲 자신도 그 변호사 사무실에 가서 상담을 한바 틀림없이 소송에서 승소할 수 있다고 하므로 위 건물의 일부가 철거되지 않을 것이라고 믿고 위 매매계약을 해제하지 아니하고 甲에게 중도금 및 잔금을 지급하고 甲로부터 이 사건 대지 및 건물에 관한 소유권이전등기를 경료 받았다. 그러나 甲은 철거지시처분취소소송에서 패소하였고 건축선을 침범한 건물 부분을 철거해야 하는 상황이 되었다. 甲은 乙과의 매매계약을 착오를 이유로 취소할 수 있는가?

(대판 1997.9.30, 97다26210 참조)

|해설 39| 착오취소할 수 있다.

甲이 건물이 철거되지 않으리라고 믿은 것은 매매계약과 관련하여 동기의 착오라고 할 것이지만, 甲과 乙 사이에 매매계약의 내용으로 표시되었다. 또한 甲뿐만 아니라 일반인이면 누구라도 건물 중 건축선을 침범한 부분이 철거되는 것을 알았더라면 그 대지 및 건물을 매수하지 아니하였으리라는 사정이 엿보이므로, 결국 甲이 매매계약을 체결함에 있어 그 내용의 중요부분에 착오가 있는 때에 해당한다. 한편 乙의 적극적인 행위에 의하여 甲이 착오에 빠지게 된 점, 甲이 그 건물의 일부가 철거되지 아니할 것이라고 믿게 된 경위 등 제반 사정에 비추어 보면 착오가 甲의 중대한 과실에 기인한 것이라고 할 수 없다. 따라서 甲의 착오취소는 인용될 수 있다.

㉯ 설계용역계약 체결을 전후하여 건축사 자격이 없다는 것을 묵비한 채 자신이 미국에서 공부한 건축학교수이고 '○○건축연구소'라는 상호로 사업자등록까지 마치고 건축설계업을 하며 상당한 실적까지 올린 사람이라고 소개한 경우, 일반인의 입장에서는 그에게 당연히 건축사 자격이 있는 것으로 믿을 수밖에 없었을 것이며, 재건축조합 측이 그를 무자격자로 의심하여 건축사자격증의 제시를 요구한다거나 건축사단체에 자격 유무를 조회하여 이를 확인하여야 할 주의의무가 있다고 볼 수는 없으므로 재건축조합의 착오는 중대한 과실로 인한 것이 아니다(대판 2003.4.11, 2002다70884).

㉰ 고려청자로 알고 4천 3백만 원의 거액을 들여 매수한 도자기가 진품이 아닌 것으로 밝혀진 경우 매수인이 도자기를 매수하면서 자신의 골동품 식별 능력과 매매를 소개한 자를 과신한 나머지 고려청자 진품이라고 믿고 소장자를 만나 그 출처를 물어 보지 아니하고 전문적 감정인의 감정을 거치지 아니한 채 그 도자기를 고가로 매수하고 만일 고려청자가 아닐 경우를 대비하여 필요한 조치를 강구하지 아니한 잘못이 있다고 하더라도, 그와 같은 사정만으로는 매수인이 매매계약 체결시 요구되는 통상의 주의의무를 현저하게 결여하였다고 보기는 어렵다(대판 1997.8.22, 96다26657).

(다) 중과실의 증명책임

중대한 과실의 증명책임은 착오자가 아니라 의사표시가 취소되게 하지 않으려는 상대방이 부담한다(대판 2005.5.12, 2005다6228).

(4) 착오취소 배제사유의 부존재

(가) 취소권 배제의 약정

당사자들 간에 취소권 배제의 합의나 취소권을 포기하기로 한 사정 등이 있으면 착오를 이유로 한 취소가 가능하지 않다. 당사자간에 취소권을 배제하는 명시적·묵시적인 약정이 있으면 취소할 수 없다(대판 2016.4.15, 2013다97694).

(나) 화해계약

민법상 화해계약은 착오를 이유로 취소하지 못하는 것이 원칙이다. 다만 화해당사자의 자격 또는 화해의 목적인 분쟁 이외의 사항에 착오가 있는 때에는 착오취소가 가능하다(제733조). 예컨대 환자가 의료과실로 사망한 것으로 잘못 알고 의사와 환자유족 사이에 의사가 일정의 손해배상금을 지급하고 유족은 민·형사상의 책임을 묻지 않기로 화해가 이루어졌으나 그 후 부검결과 사인이 치료행위와는 무관한 것으로 판명된 경우 화해계약의 착오취소가 인정된다(대판 1990. 11.9, 90 다카22674).

또한 판례는 교통사고 등으로 인하여 신체침해가 발생한 경우에 있어 예상치 못한 후유장애가 발생한 때에, 종전에는 착오를 이유로 화해계약을 취소할 수 있는 것으로 구성하다가(대판 1971. 4.30, 71 다399 등), 최근에는 당사자가 후발손해를 예상하였더라면 사회통념상 그 합의금액으로는 화해하지 않았을 것이라고 보는 것이 상당할 만큼 그 손해가 중대한 것일 때에는 당사자의 의사가 이러한 손해에 대해서까지 그 배상청구권을 포기한 것이라고 볼 수 없으므로 다시 그 배상을 청구할 수 있다고 하여, 당사자의 의사해석을 통해 이를 해결하고 있다(대판 2000.3.23. 99다63176).

(다) 신의칙에 의한 취소권의 배제

착오를 이유로 한 취소권의 행사도 신의칙상 제한될 수 있다. 판례도 양도소득세액 산출에 영향을 미치는 중대한 사정에 대해 착오가 있었다고 하더라도 소득세법 등의 개정으로 착오로 인한 불이익이 소멸한 경우에 취소권의 행사는 신의칙상 허용될 수 없다고 한다(대판 1995.3.23. 94다44620).

(5) 상대방의 인식가능성

제109조에는 명시되어 있지 않지만 상대방의 인식 또는 예견가능성을 착오취소의 요건으로 추가할 것인가를 두고 견해가 대립한다. 적극설은 동기의 착오를 취소가능한 착오의 개념으로 포함시키되 상대방의 불이익을 감소시키기 위해 이러한 추가요건을 요구하지만, 다수의 견해는 상대방의 인식가능성은 착오취소에서 고려할 필요가 없다고 본다.

판례도 구 민법을 전제로 한 사안에서 상대방의 인식가능성을 요구하지 않는 판시를 한 바가 있다.[11] 즉 착오가 있을 때에는 상대방의 지(知)·부지(不知)를 묻지 않고 이를 주장할 수 있다고 한다(대판 1954.12.9. 4286민상149).

---

11) 이 판결은 구 민법에 의한 판결이므로 착오의 법률효과를 취소가 아닌 무효로 판단하고 있다.

3. 취소의 효과

(1) 의 의

의사주의에서는 착오가 있으면 내심적 효과의사가 없어 당연히 무효가 되며 표의자는 손해 배상의무도 없다. 이에 반하여 표시주의 하에서는 착오는 원래 표시행위에 따라 유효하지만 취소의 대상이 되며 표의자는 신뢰이익배상을 하여야 한다. 민법은 양 주의를 절충하여 법률행위의 중요부분에 착오가 있고 중대한 과실이 없으면 이를 취소할 수 있게 하고 있다. 단 신뢰이익의 배상에 대하여는 규정을 하고 있지 않다.

착오로 인한 취소권자는 표의자, 그의 대리인 또는 승계인이 된다. 착오로 인한 취소권은 추인할 수 있는 날부터 3년, 법률행위를 한 날부터 10년 내에 행사하여야 한다($\frac{제146}{조}$).

(2) 법률행위의 소급적 무효

착오를 이유로 의사표시가 적법하게 취소되면 그 의사표시를 구성요소로 하는 법률행위가 처음부터 무효인 것으로 간주된다($\frac{제141}{조}$). 따라서 이 법률행위에 기해 일정한 급부가 행하여졌다면 부당이득반환의 문제가 발생한다. 다만 계속적 거래관계에 있어서는 장래를 향하여만 무효가 된다(대판 2017.12.22. 2013다25194. 경력에 대한 기망행위로 체결된 근로계약을 사용자가 취소하더라도 이미 제공된 노무제공의 효과를 소급하여 부정되지 않고 장래에 관하여만 근로계약의 효력이 소멸한다고 판단한 사례).

한편 가분적 법률행위의 일부착오의 경우에도 착오로 인하여 그 법률행위가 수정되는 것이 아니라 착오에 의하여 취소된 부분이 무효로 된다. 다만 그 무효부분이 없었더라면 그 법률행위를 하지 않았을 것으로 인정되는 경우에 나머지 부분도 무효로 된다($\frac{제137조}{참조}$).

(3) 선의의 제3자

(가) 제3자

착오에 의한 의사표시의 취소는 선의의 제3자에게 대항하지 못한다. 이때 제3자란 착오에 기한 의사표시의 당사자 및 그의 포괄승계인 외의 자로서 착오에 의한 의사표시로 생긴 법률관계에 기하여 실질적으로 새로운 이해관계를 가지게 된 사람을 의미한다. 등기나 인도 등이 없이 단순히 채권만을 취득한 자는 제3자로 볼 수 없다(구체적인 기준은 통정허위표시에서의 제3자 판단을 참조할 것).

(나) 선 의

선의란 착오에 의한 의사표시임을 알지 못하고 착오에 기한 외관을 신뢰한 것을 의미한다. 이미 취소되어 무효임에 대한 선의가 아니라, 취소될 수 있음에 대한 선의를 의미한다. 그러나 선의의 제3자는 확장되어 법률행위가 취소된 이후라도 취소되었음을 모르고 법률관계를 맺은 사람도 보호되는 제3자에 포함된다$\binom{\text{사기에 의한 의사표시의 경우이지만 같은}}{\text{취지로는 대판 1975.12.23. 75다533 참조}}$.

　판례에 따르면 선의의 판단시점은 새로운 이해관계가 발생한 시점을 기준으로 하며, 제3자의 선의는 추정된다.

심화학습

A는 착오로 B와 자기 소유의 X부동산을 매도하는 체결하고 이전등기를 경료하였다.

질문 1) 선의인 C는 B로부터 X부동산을 매수하는 계약을 체결했다. 그 후 A가 B와의 계약을 착오로 취소할 수 있다는 사실을 알게 된 C는 A가 취소하기 전에 B로부터 소유권이전등기를 경료받았다.

질문 2) A·B 간의 매매계약이 착오를 이유로 취소될 수 있는 법률행위임을 알고서 C는 B로부터 그 부동산을 매수하는 매매계약을 체결했다. 그런데 C가 B로부터 이전등기를 경료받기 전에 취소되었음에도 불구하고 C는 취소사실을 알지 못하고 이전등기를 했다.

질문 3) 착오로 취소되었으나 취소되었음을 모르고 C가 매매계약을 체결하고 이전등기를 받았다.

그 후 A는 B와의 매매계약을 취소하고, C에게 소유권에 기한 방해배제청구로 등기의 말소를 청구한다. 이와 같은 각 질문상의 청구는 인용될 수 있는가?

|해설|

쟁점) 단순히 채권만을 취득한 자는 제3자에 포함되지 않는다. 그러나 채권을 취득한 후 물권 취득시까지의 선의·악의가 변경된 경우에는 어떻게 취급할 것인가가 문제된다. 선의의 대상은 '법률행위가 취소되었음'이 아니라, '선행법률행위가 취소가능함'이다.

질문 1)은 제3자가 계약체결시부터 물권의 취득시 사이에 악의자가 된 경우에도 제3자는 보호되는지에 대한 문제이다. 사견으로는 C는 보호되지 않는다. A의 취소시 C는 이미 A에 의하여 B와의 매매계약이 취소될 수도 있음을 알고 있는 악의자이므로 A와 비교하여 특별히 더욱 보호할 필요성이 없기 때문이다.

질문 2)는 계약체결시에는 취소가능성에 대해서는 악의였으나, 취소되었음에는 선의였다. 이전등기시에도 취소되었음에 대해서 선의였다면 C는 보호되는지가 문제된다. 사견으로는 C는 법률행위시 악의자이므로 보호되지 않는다.

질문 3)의 경우 이미 취소되어 무효가 된 법률행위에 기초하여 이해관계를 갖게 된 제3자가 보호되는지의 문제이다. 판례는 사기로 인한 취소의 사건에서 C는 보호되는 제3자에 포함되는 것으로 판단했다$\binom{\text{대판 1975.12.}}{\text{23. 75다533}}$.

(다) 대항할 수 없다

　취소권자가 선의의 제3자에 대한 관계에서는 착오 있는 법률행위를 취소함으로써 제3자의 권리기반을 소멸시킬 수 없다는 것을 의미한다.

(4) 취소자의 신뢰이익배상책임(계약체결상의 과실책임)

착오자의 취소로 상대방이 예측하지 않은 불이익을 입은 경우에 취소권자가 취소와 더불어 상대방의 신뢰이익을 배상하여야 하는가에 대해 학설은 나뉜다. (i) 다른 입법례와 달리 이를 인정하는 규정이 없으므로 이러한 책임을 인정할 수 없다는 책임부정설과 (ii) 표의자는 상대방이 완전히 유효한 의사표시라고 믿었기 때문에 입은 손해(신뢰이익)의 배상의무를 져야 한다는 책임긍정설이 대립하고 있다.

그러나 판례는 착오취소자의 신뢰이익배상책임을 인정하지 않는다. 전문건설공제조합이 계약보증서를 발급하면서 조합원이 수급할 공사의 실제 도급금액을 확인하지 아니한 과실이 있다고 하더라도 제109조에서 중과실이 없는 착오자의 착오를 이유로 한 의사표시의 취소를 허용하고 있는 이상, 전문건설공제조합이 과실로 인하여 착오에 빠져 계약보증서를 발급한 것이나 그 착오를 이유로 보증계약을 취소한 것이 위법하다고 할 수는 없다는 것이다(대판 1997.8. 22, 97다13023).

4. 적용범위

상대방 없는 단독행위에도 착오취소가 인정될 수 있다. 판례는 상대방 없는 단독행위인 재단법인에 대한 재산출연행위를 착오를 원인으로 취소한 경우에는 재단법인의 성립 여부나 출연된 재산의 기본재산인 여부와 관계없이 그 의사표시를 취소할 수 있다고 한다(대판 1999.7. 9, 98다9045).

가족법상의 행위 중 혼인·입양과 같이 가족관계의 형성에 관해서 제109조가 적용되는지와 관련하여 가족법상 특칙이 없는 경우 제한적으로 적용될 수 있다는 견해도 있지만, 일반적으로는 착오에 의한 혼인행위와 입양행위는 제815조 및 제883조에 의하여 무효이며 제109조는 적용되지 않는다고 본다. 가족법상의 행위에 있어서는 당사자의 의사가 절대적인 의의를 가지기 때문이다.

공법상 행위 및 소송행위는 원칙적으로 제109조가 적용되지 않는다. 예를 들어 행정처분, 소취하, 항소취하, 처분금지가처분신청의 취소, 상소포기 등이 이에 해당한다.

5. 다른 제도와의 관계

(1) 법률행위 해석과 착오

법률행위 해석은 착오법리의 적용보다 우선한다. 예컨대 쌍방당사자가 모두 A토지를 계약의 목적물로 삼았으나 그 목적물의 지번 등에 관하여 착오를 일으켜 계약을 체결함에 있어서는 계약서상 그 목적물을 B토지로 표시했더라도 위 A토지에 관하여 이를 매매의 목적물로 한다는 쌍방당사자의 의사합치가 있으면, 자연적 해석에 의해 위 매매계약은 A토지에 관하여 성립한 것으로 보아야 한다(대판 1993.10.26, 93다2629,2636).

한편 해석의 결과 의사표시의 내용이 확정될 수 없으면 법률행위로서 효력을 갖지 못하므로 착오의 문제도 발생하지 않는다. 예컨대 대금을 달러화로 정했지만, 해석을 통해서도 미국 달러(USD)인지, 캐나다 달러(CAD)인지 홍콩 달러(HKD)인지 알 수 없다면 합의가 없으므로 계약은 성립하지 않기 때문에 착오문제도 발생하지 않는다.

(2) 경과실이 있는 착오취소자의 손해배상책임

착오자는 착오에 관하여 자신에게 경과실이 있더라도 취소할 수 있다. 취소로 인하여 상대방은 계약의 효력이 소급적으로 소멸하는 실질적 불이익을 받더라도 불법행위로 인한 손해배상을 청구할 수 없다(대판 1997.8.22, 97다13023). 경과실이 있는 자의 착오 취소를 법률이 허용하는 이상 취소행위를 위법하다고 볼 수 없다고 보기 때문이다.

(3) 사기와의 경합 여부

사기와 경합되는 착오는 대부분이 동기착오에 해당되는 것인데, 기망에 의한 의사표시와 동기의 착오와의 관계에서 판례는 양자의 경합을 긍정하여 선택적으로 취소권을 행사할 수 있는 것으로 새긴다(대판 1985.4.9, 85도167 등).

그러나 판결례는 표시상의 착오에 있어서 착오의 법리만 적용하고 사기취소의 적용을 배제한다(대판 2005.5.27, 2004다43824). 사기에 의한 의사표시는 개념내재적으로 의사와 표시의 불일치가 없는데, 표시상의 착오가 문제되는 경우에는 의사와 표시가 불일치하기 때문이다.

사례 40 乙회사는 A회사와 국제화물운송계약을 체결하면서 그 계약 관련 채무의 이행을 담보하기 위하여 甲과의 사이에 이행보증보험계약을 체결하고, 甲으로부터 이행보증보험증권을 발행 받아 A회사에 교부하였다. 乙회사의 대표이사인 丙은 이행보증보험계약에 관한 제3자의 연대보증을 받아내기로 마음먹고 丁에게 신원보증을 하여 달라고 거짓으로 부탁하여, 이에 속은 丁이 신원보증서류로 알고 이행보증보험약정서의 연대보증인란에 서명날인하였다. 그런데 乙회사가 이행보증보험계약의 보험기간 내에 A회사에 대한 운송계약상의 채무를 이행하지 아니하여, 甲은 A회사에 보험금을 지급하였다. 甲은 연대보증한 丁에게 보증계약상의 채무의 이행을 구하고 있고, 丁은 신원보증서류에 서명날인하는 것으로 잘못 알고 위 이행보증보험약정서를 읽어보지 않은 채 서명날인한 것일 뿐 연대보증약정을 한 사실이 없다고 주장하고 있다. 丁의 이와 같은 주장만으로 제3자 사기에 의한 취소 또는 착오취소의 주장이 있었다고 볼 수 있는가?

(대판 2005.5.27, 2004다43824 참조)

해설 40 丁의 이와 같은 주장은 착오에 의한 의사표시를 취소한다는 의사표시로 해석될 수 있다.

이는 제3자 사기에 의한 의사표시 취소(제110조 제2항)가 아니라 착오에 의한 의사표시 취소(제109조)를 주장하는 취지로 이해된다.

1) 사기에 의한 의사표시란 타인의 기망행위로 말미암아 착오에 빠지게 된 결과 어떠한 의사표시를 하게 되는 경우이므로 거기에는 의사와 표시의 불일치가 있을 수 없고, 단지 의사의 형성 과정 즉 의사표시의 동기에 착오가 있는 것에 불과하다. 이 점에서 고유한 의미의 착오에 의한

의사표시와 구분된다.

2) 위 사안에서 신원보증서류에 서명날인한다는 착각에 빠진 상태로 연대보증의 서면에 서명날인한 경우, 결국 위와 같은 행위는 강학상 기명날인의 착오(또는 서명의 착오), 즉 어떤 사람이 자신의 의사와 다른 법률효과를 발생시키는 내용의 서면에, 그것을 읽지 않거나 올바르게 이해하지 못한 채 기명날인을 하는 이른바 표시상의 착오에 해당하므로, 비록 위와 같은 착오가 제3자의 기망행위에 의하여 일어난 것이라 하더라도 그에 관하여는 사기에 의한 의사표시에 관한 법리, 특히 상대방이 그러한 제3자의 기망행위 사실을 알았거나 알 수 있었을 경우가 아닌 한 의사표시자가 취소권을 행사할 수 없다는 제110조 제2항의 규정을 적용할 것이 아니라, 착오에 의한 의사표시에 관한 법리만을 적용하여 취소권 행사의 가부를 가려야 한다.

이러한 대법원의 입장에서 살펴보면 제109조가 적용되므로 甲의 주관적 표지와는 무관하게 丁은 계약을 취소할 수 있다.

3) 한편 취소의 의사표시란 반드시 명시적이어야 하는 것은 아니고, 취소자가 그 착오를 이유로 자신의 법률행위의 효력을 처음부터 배제하려고 한다는 의사가 드러나면 족한 것이며, 취소원인의 진술 없이도 취소의 의사표시는 유효한 것이므로, 신원보증서류에 서명날인하는 것으로 잘못 알고 이행보증보험약정서를 읽어보지 않은 채 서명날인한 것일 뿐 연대보증약정을 한 사실이 없다는 주장은 연대보증약정을 착오를 이유로 취소한다는 취지로 볼 수 있다.

(4) 매도인의 담보책임과의 관계

착오로 인한 의사표시가 매매계약, 기타 유상계약에 해당하는 경우에 착오규정($\substack{\text{제109} \\ \text{조}}$)과 담보책임규정($\substack{\text{제569조} \\ \text{이하}}$)의 경합이 생길 수 있다. 예컨대 매수인이 매매목적물에 중대한 하자가 있음을 모르고 매매계약을 체결하고 목적물을 인도받은 경우에 하자담보책임($\substack{\text{제580} \\ \text{조}}$)을 묻거나 또는 착오를 이유로 계약을 취소할 수 있는지가 문제된다.

양자는 적용범위(담보책임은 유상계약에서, 착오는 계약 외의 법률행위에도 적용가능), 권리의 존속기간($\substack{\text{10년(제146조)과 6개월} \\ \text{또는 1년(제582조 등)}}$), 효과(착오의 경우 취소 및 부당이득반환청구만 가능하지만, 담보책임은 해제권, 대금감액청구권, 손해배상청구권의 법률효과가 인정됨) 등에서 차이가 있다.

판례는 하자담보책임과 착오취소의 경합을 인정한다($\substack{\text{대판 2018.9.13.} \\ \text{2015다78703}}$). 착오취소 제도와 매도인의 하자담보책임 제도는 취지가 서로 다르고, 요건과 효과도 구별되기 때문이다. 이와는 달리 담보책임규정만이 배타적으로 적용된다는 견해도 있다.

매도인 소유인 것으로 잘못 알고 매수한 매수인은 타인권리매매에 해당되어 제570조의 담보책임을 물을 수 있으나, 소유권 귀속에 관한 착오는 중요부분이 아니라는 점에서 원칙적으로 착오취소는 불가능하다.

사례 41 甲은 2014.6.25. 고서화점을 운영하는 乙로부터 조선시대 유명한 화가의 서화 10점을 매수하는 계약을 체결했다. 계약서에는 '乙이 문화예술품이 감정 결과 위작으로 판명됐을 때에는 수령한 대금을 즉시 반환하고 문화예술품을 인수해 간다'는 내용이 있었다. 그런데 그 서화의 일부가 위작임이 밝혀져 2014.9.23. 甲은 착오를 이유로 매매계약을 취소하고 매매대금의 반환을 청구했다. 甲은 그 외에 2020.3.3.에 위 약정해제권의 행사를 이유 매매대금의 반환을 청구한다. 또한 2020.3.3. 하자담보책임을 이유로 계약을 해제하고 매매대금의 반환을 청구한다. 이러한 甲의 청구는 인용될 수 있는가? (대판 2018.9.13, 2015다78703 참조)

> |해설 41| 약정해제권 및 하자담보책임을 부정되나 착오취소로 인한 매매대금 반환청구권은 인용된다.
>
> 약정해제권과 관련하여 매매계약은 상행위에 해당된다. 그런데 상행위로 인한 매매계약의 약정해제권의 제척기간은 5년인데 원고가 서화를 인도받을 무렵으로부터 5년이 지나 제척기간이 경과되어 이를 전제로 한 원상회복청구는 인용될 수 없다.
>
> 하자담보책임과 관련하여 제580조의 담보책임은 안 날로부터 6월 내에 행사해야 한다(제582조). 사안에선 2014.9.23.에 하자를 알았다고 할 것인데 아직까지 책임을 묻지 않고 있기 때문에 제척기간이 도과한 것으로 보아 더 이상 담보책임을 물을 수 없다.
>
> 착오취소와 관련하여 취소권 행사는 제척기간(제146조)이 3개월도 진행되기 전인 2010.9.23.에 행사되었다.
>
> 착오취소와 담보책임이 경합하는 경우 경합설을 취하면 취소가 가능하다. 판례는 하자담보책임과 착오취소는 그 요건과 효과가 달라 양자를 경합적으로 인정한다.

(5) 해제와 취소

판례는 해제된 후에도 취소권을 행사할 수 있다고 보았다. 즉 매도인이 매수인의 중도금지급채무불이행을 이유로 매매계약을 적법하게 해제한 후에도 매수인으로서는 손해배상책임을 지거나 매매계약에 따른 계약금의 반환을 받을 수 없는 불이익을 면하기 위하여 착오를 이유로 한 취소권을 행사하여 매매계약 전체를 무효로 되돌릴 수 있다는 것이다(대판 1996.12.6, 95다24982, 24999).

6. 쌍방의 공통한 동기착오

(1) 의 의

쌍방의 공통한 착오란 당사자 쌍방이 동일한 사항에 관하여 공통된 내용의 착오를 일으킨 경우를 의미한다. 이와 달리 쌍방이 공통된 내용에 있어 착오를 한 것이 아니라, 각각 다른 사항에 대한 착오를 쌍방 모두가 일으킨 쌍방착오의 경우에는, 착오의 일반법리에 따라 각자가 착오로 취소할 수 있다고 할 것이다(예 매도인은 모조품인줄 알고 매도했는데 진품이었고, 매수인은 그 대금 지급에 있어서 500만 원으로 알고 표시했는데, 5천만 원으로 기재한 경우).

이와는 달리 쌍방의 의사는 일치하나 공통하여 표시상 착오 또는 내용상 착오(쌍방 공통의 표시상 착오 또는 내용의 착오)를 일으킨 경우에는 착오의 법리가 적용되지 않는다. 이미 양 당사자의 의사가 일치하고 있기 때문이다. 이때에는 소위 '오표시무해의 원칙'이 적용되어 합의된 당사자의 의사에 따라 법률효과가 발생한다. 결국 쌍방 공통의 착오에 특유한 문제는 동기착오의 경우에만 발생한다. 이러한 쌍방 공통의 동기착오에서는 표시상으로는 합의가 있어도 의사의 합치가 없다는 점에서 계약의 효력이 인정되기는 어렵다.

(2) 법적 평가

(가) 착오를 전제로 하지만 제109조(착오규정)에 의해 해결할 수 없다는 견해가 지배적이다.

그 논거로는 우선 계약내용에 맞게 수정하는 것이 당사자의 이익에 부합하는 때가 많고, 나아가 취소자가 손해배상을 하도록 한다면 먼저 착오취소를 주장하는 자에게 불리하여 우연적 요소가 개입되는 결과가 되어 바람직하지 않다는 점을 들고 있다.

이 문제에 대해서는 보충적 해석에 의하여 해결하려는 견해와 주관적 행위기초론에 의하여 해결하려는 견해가 나뉘고 있다. 주관적 행위기초란 의사표시에서 당사자 쌍방의 관념 또는 기대 중 결정적인 것을 말하며, 주관적 행위기초의 상실은 행위기초가 없음을 인식했다면 계약체결을 하지 않았거나 내용을 다르게 했거나, 계약체결을 요구하지 않았을 정도에 이를 것이 전제된다. 주관적 행위기초론의 법적 근거는 신의성실의 원칙인데, 그 효과로서 당사자에게 계약의 변경권, 계약의 탈퇴권이 인정된다. 즉 먼저 당사자의 착오가 없었다면 합의했을 내용으로 계약의 변경을 요구할 수 있고, 변경내용이 일방 당사자에게 지나치게 불리한 경우 계약으로부터 벗어날 수 있는 해제권, 해지권이 인정된다는 것이다.

(나) 판례는 쌍방의 공통한 착오의 문제에 있어 우선 보충적 해석을 통해 가정적 의사로 계약내용을 보충할 수 있으면 먼저 그렇게 하고, 보충적 해석이 불가능한 경우에는 착오취소가 가능하다고 본다(대판 2006.11.23, 2005다13288; 대판 1994.6.10, 93다24810).

사례 42 A와 B는 김홍도의 그림 1점을 매매하는 계약을 체결하였다.

질문 1) 양 당사자 모두가 모조품인줄 알고 계약을 체결했는데 진품인 경우,

질문 2) 또는 그 반대로 양 당사자가 진품인줄 알고 계약을 체결했는데 모조품인 경우,

당사자의 이해관계의 조절은?

해설 42

해설 1) 판례(대판 1994.6.10. 93다24810)는 매도인은 성상(性狀)의 착오를 이유로 취소할 수 있는 것으로 보았다. 다만 당사자의 가정적 의사에 의하더라도 계약의 내용을 변경하여 유지하는 것이 불가능하다는 판단이 우선되어야 할 것이다. 성상의 착오는 보통 동기의 착오에 해당되는데 여기서 양당사자 모두가 모조품으로 보았다는 점에서 계약내용으로 되었다고 할 수 있을 것이다.

다만 매수인은 진품을 모조품가격으로 구매하였기 때문에 자신에게 유리하므로 하자담보책임을 묻지 않을 것이며, 매도인은 주관적 행위기초상실에 의해 계약의 해제가 가능하다는 견해도 있다.

해설 2) 양자의 경합을 인정하는 견해에 따르면 매수인은 착오취소를 주장하거나 하자담보책임을 물을 수 있을 것이다. 그리고 불법행위책임을 물을 수도 있을 것이다.

사례 43 A는 자신의 토지를 B에게 매도하는 계약을 체결하였는데(B는 대리인 甲을 통하여 매매계약을 체결), 양도소득세는 B가 부담하기로 했다. B가 미리 계산해 보니 양도소득세는 5억 원이 나올 것으로 예상되었다. 그런데 매도인 A에게 실제로 부과된 세금액은 10억 원에 이르렀다. 甲은 계약체결시 세금이 더 나오더라도 매수인이 부담할 것이라는 발언을 하였지만, 대리인 甲이 단독으로 추가세액의 부담 여부에 관한 사항을 결정할 권한은 없었고 매도인 A도 그와 같은 사실을 알았다. 매매로 인하여 예상치 못하게 5억 원의 세금을 자기 스스로 부담하게 된 A는 착오를 이유로 매매계약을 취소할 수 있는가?

(대판 1994.6.10, 93다24810 참조)

해설 43 A의 착오취소가 가능하다.

우선 매도인이, 매도인이 납부하여야 할 양도소득세 등의 세액이 매수인이 부담하기로 한 금액뿐이므로 매도인의 부담은 없을 것이라는 착오를 일으키지 않았더라면 매수인과 매매계약을 체결하지 않았거나 아니면 적어도 동일한 내용으로 계약을 체결하지는 않았을 것임이 명백하고, 나아가 매도인이 그와 같이 착오를 일으키게 된 계기를 제공한 원인이 매수인측에 있을 뿐만 아니라 매수인도 매도인이 납부하여야 할 세액에 관하여 매도인과 동일한 착오에 빠져 있었다면, 매도인의 위와 같은 착오는 매매계약의 내용의 중요부분에 관한 것에 해당한다고 하면서, 부동산의 양도가 있은 경우에 그에 대하여 부과될 양도소득세 등의 세액에 관한 착오가 미필적인 장래의 불확실한 사실에 관한 것이라도 제109조 소정의 착오에서 제외되는 것은 아니라고 판시했다. 나아가 매도인이 부담하여야 할 세금의 액수가 예상액을 초과한다는 사실을 알았더라면 매수인이 초과세액까지도 부담하기로 약정하였으리라는 특별한 사정이 인정될 수 있을 때에는 매도인으로서는 매수인에게 초과세액 상당의 청구를 할 수 있다고 해석함이 당사자의 진정한 의사에 합치할 것이므로, 그와 같은 사정이 인정될 때에는 매도인이 매수인에게 초과세액의 지급을 청구함은 별론으로 하고 매도인에게 위와 같은 세액에 관한 착오가 있었다는 이유만으로 매매계약을 취소하는 것은 허용되지 않는다고 한다.

다만 이 사건에서 대법원은 A가 부담하여야 할 세금의 액수가 당초 예상액을 초과한다는 사실을 B가 알았다고 하여도 그 액수를 불문하고 이를 부담하기로 약정하였을 것이라고 단정하기는 어렵다고 보아 A의 착오취소 주장을 받아들였다.

(다) 또 다른 판결에서는 쌍방의 착오를 이유로 취소한 사건은 아니지만 쌍방의 착오에 대한 판단을 포함하고 있다.

사례 44 매도인 甲과 매수인 乙은 건물의 매매계약을 체결하면서 양당사자 모두 부가가치세 과세대상에 대한 착오를 일으켜 매도인인 甲이 면세 부분이 포함된 건물 전체에 관한 부가가치세액을 매수인인 乙로부터 거래·징수하여 납부하였다가 나중에 그 면세 부분의 부가가치세액을 환급받았다. 乙은 甲이 자신과의 관계에서 법률상 원인없이 부가가치세 환급액 상당의 재산적 이익을 얻었다고 주장한다. 다만 계약 당시 그 부가가치세 중 일부가 면제되리라는 사정을 알았더라면 甲과 乙 쌍방은 실제로 과세대상이 되는 금액만을 부가가치세액으로 기재하고 나머지 면제될 것으로 예상되는 금액은 건물의 공급가액인 매매대금에 포함시켜 매매계약서와 세금계산서를 각 작성하였을 것임을 추인할 수 있는 특별한 사정이 있었다. 乙 주장의 타당성은?

(대판 2005.5.27, 2004다60065 참조)

해설 44 타당하지 않다.

계약 당시 부가가치세 중 일부가 면제되리라는 사정을 알았더라면 甲과 乙 사이에서 실제로 과세대상이 되는 금액만을 부가가치세액으로 기재하고 나머지 면세될 것으로 예상되는 액은 건물의 공급가액인 매매대금에 포함시켜 매매계약서 및 세금계산서를 작성하였을 것임을 추인할 수 있는 특별한 사정이 인정된다면 매도인 甲이 매수인 乙에 대한 관계에서 법률상 원인 없이 부가가치세 환급액 상당의 재산상 이익을 얻었다고 평가할 수 없다.

사례 45 甲은 국유지인 X토지 위에 건물을 신축하여 대한민국에 기부채납하는 대신 X토지 및 건물에 대한 사용수익권을 받기로 약정하고, 건물을 신축하여 대한민국에 소유권을 이전하고 사용·수익허가를 받았다. 그 과정에서 甲과 대한민국 담당자는 위 기부채납이 부가가치세 부과대상인 줄을 몰랐거나 이를 고려하지 아니한 채 계약을 체결하고 조건을 결정하였다. 그런데 그 후 기부채납에 대한 부가가치세가 부과되어 甲이 이를 납부하였다. 甲은 착오에 의한 의사표시로서 제109조에 따라 대한민국과의 계약을 취소한다고 하면서, 그렇지 않다고 하더라도 이 사건 계약에서 부가가치세가 부과되는 것을 알았더라면 당연히 대한민국이 이를 부담하는 것으로 계약을 하였을 것이 당사자의 진정한 의사라고 주장한다. 그 타당성은? (대판 2006.11.23, 2005다13288 참조)

해설 45 타당하지 않다.

판례는 사안의 경우 당사자의 진의를 추정하여 계약 내용을 수정 해석하는 것이 타당하다고 밝히고 있다. 즉 계약당사자 쌍방이 계약의 전제나 기초가 되는 사항에 관하여 같은 내용으로 착오를 하고 이로 인하여 그에 관한 구체적 약정을 하지 아니하였다면, 당사자가 그러한 착오가 없을 때에 약정하였을 것으로 보이는 내용으로 당사자의 의사를 보충하여 계약을 해석할 수도 있다는 것이다. 여기서 보충되는 당사자의 의사란 당사자의 실제 의사 내지 주관적 의사가 아니라 계약의 목적, 거래관행, 적용법규, 신의칙 등에 비추어 객관적으로 추인되는 정당한 이익조정 의사를 말한다고 한다.

다만 대법원은 원심이 그와 같은 경우에 대한민국이 부가가치세를 부담하는 것으로 약정하였으리라고 단정한 것은 수긍할 수 없다고 보았다. 공급 받는 자가 부가가치세를 부담한다는 일반적인 거래관행이 확립되어 있거나 기부채납에 있어 부가가치세를 국가가 부담하는 관행이 있다고 단정할 수 없으며, 구 국유재산법과 시행령에 따라 무상사용·수익허가기간을 정함에 있어 기준이 되는 기부채납 재산의 가액이란 공급가액을 말하므로 부가가치세액이 포함되지 아니한 금액이어야 하기 때문이다.

생각해 볼 문제 보충적 해석이 불가능하다는 한계는 어떻게 설정되어야 하는가? (가령 대판 1995.9.26, 95다18222에서는 보충적 해석을 할 수 없다고 판단함)

종합사례 2

甲(지방자치단체)은 공공용지의취득및손실보상에관한특례법(이하 '공특법'이라고 한다)에 정한 절차에 따라 X토지를 취득하기 위하여 소유자인 乙에게 협의를 요청하였다. 甲은 공특법이 정하는 바에 따라 대금액을 확정하기 위해 서로 다른 두 감정평가법인에 토지가격에 대한 감정평가를 의뢰하였는데, 각각 평가한 감정가의 중간값인 75,000원을 乙에게 대금결정기준액으로 제시했다. 이때 甲은 乙에게 협의매수 요청시 매수가액 결정 방법에 대해 통지하였다. 甲과 乙 사이에서는 ㎡당 금 75,000원을 기초로 하여 산정한 금액으로 정하여 협의매수가 성립되어, 甲은 X토지를 매수하는 계약을 체결하고, 乙에게 해당 금액을 지급하였다. 매매계약서에는 대금결정 기준과 계산내역 및 방법이 명시되어 있었다. 그런데 두 감정평가법인은 협의매수가 이루어진 이후 착오가 있어 X토지를 잘못 평가하였음을 발견하고 각각 ㎡당 금 40,000원, 41,000원으로 다시 평가된 정정서를 甲에게 통보하였다. 이에 甲은 乙에게 그러한 사정을 통지하였다. 甲이 이미 지급된 매매대금 75,000원 중 정정된 감정가액의 중간값인 40,500원을 초과한 금액(㎡당 금 34,500원)의 반환을 청구할 수 있는 방법을 검토하시오. (주변의 다른 토지들에 비하여 감정평가액이 부당하게 저렴하지 않은 것이었고, 乙도 협의매수 자체의 성립을 다투고 있지는 않음)

(대판 1998.2.10, 97다44737 참조)

종합사례 해설 2

1. 이러한 착오는 목적물의 시가에 관한 착오로서 동기의 착오에 해당하는데, 甲은 乙에 대한 협의매수 요청시 서면으로 위와 같은 매수 가액 결정 방법에 관하여 통지하였고, 乙도 그러한 사정을 인식하고 그 대금 결정의 기준과 계산 내역 및 그 방법을 매매계약서에 명시함으로써, 그 동기를 의사표시의 내용으로 삼았다.

2. 매매대금은 매매계약의 중요부분인 목적물의 성질에 대응하는 것이지만 분량적으로 가분적인데다가 가격은 늘 변동하는 것이어서, 설사 매매대금액 결정에 있어서 착오로 인하여 다소간의 차이가 나더라도 보통은 중요부분의 착오로 되지 않는다. 그러나 이 사례에서는 정당한 평가액보다 85%나 과다하게 평가된 경우로서 그 가격 차이의 정도가 현저할 뿐만 아니라, 甲은 지방자치단체로서 법령의 규정에 따라 정당하게 평가된 금액을 기준으로 협의매수를 하고 또한 협의가 성립되지 않는 경우 수용 등의 절차를 거쳐 사업에 필요한 토지를 취득하도록 되어 있다. 이러한 사정들에 비추어 볼 때, 甲으로서는 위와 같은 동기의 착오가 없었더라면 그처럼 과다하게 잘못 평가된 금액을 기준으로 협의매수계약을 체결하지 않았으리라는 점은 명백하다. 따라서 甲의 매수대금액 결정의 동기는 이 사건 협의매수계약 내용의 중요한 부분을 이루고 있다.

3. 甲이 비록 관할 행정관청이기는 하나 이 사건 토지들 이외에도 같은 사업에 의하여 도로로 편입될 예정인 토지들이 수백 필지나 되어 그 토지들의 용도 및 현황 등을 일일이 대조·검토하기가 쉽지 않고, 또한 토지의 시가감정은 평가기관의 전문영역으로서 토지의 용도뿐만 아니라 공시지가, 지가변동률 등 여러 가지 요인들을 고려하여 평가하기 때문에 비전문가인 甲의 담당자들로서도 그 평가액의 적정 여부를 검토하여 착오를 발견하기는 매우 어려우며, 더욱이 두 개의 감정평가기관이 동시에 착오에 빠져 둘 다 비슷한 평가액을 낸 경우에는 甲으로서는 사실상 이를 신뢰할 수밖에 없으리라는 사정에 비추어 볼 때 甲이 이 사건 토지들의 용도 및 감정평가서의 내용 등을 면밀히 검토하여 그 잘못된 점을 발견해 내지 못한 채 두 감정기관의 감정서 내용을 그대로 믿고 이를 기준으로 협의매수계약

을 체결하였다는 사정만으로는, 甲에게 위 착오를 일으킨 데 대하여 중대한 과실이 있다고 보기는 어렵다. 따라서 착오취소가 가능하다.

4. 하나의 법률행위의 일부분에만 취소사유가 있다고 하더라도 그 법률행위가 가분적이거나 그 목적물의 일부가 특정될 수 있다면, 나머지 부분이라도 이를 유지하려는 당사자의 가정적 의사가 인정되는 경우 그 일부만의 취소도 가능하고, 그 일부의 취소는 법률행위의 일부에 관하여 효력이 생긴다고 할 것이다. 그런데 X토지는 도로부지로 포함될 예정이어서 乙로서는 어차피 이를 협의매도하거나 또는 수용당할 처지에 있고, 주변의 다른 토지들에 비하여 X토지에 대한 정정된 감정평가액이 부당하게 저렴하지도 아니하며, 乙도 협의매수 자체의 성립을 다투고 있지는 않다는 사실도 고려되어야 한다. 또한 甲이 위 과다지급 부분에 대한 매수 의사표시 부분을 취소하더라도 그 나머지 부분만으로도 甲과 乙 사이의 이 사건 협의매수 계약 목적의 달성이 가능하다.

5. 따라서 甲과 乙 사이의 이 사건 협의매수 계약은 甲의 착오를 이유로 한 의사표시의 일부 취소로 말미암아 각 그 해당 범위 내에서만 소급적으로 무효가 된다.

요건사실론 **착오에 기한 의사표시 취소**

1. 甲은 자기 소유의 X 부동산을 乙에게 매도하는 매매계약을 체결하였다.

2. 甲이 乙을 상대로 매매대금 지급청구의 소를 제기함에 대하여 乙이 착오 취소의 항변을 하는 경우, 乙은 착오 취소의 요건사실인 ① 법률행위의 내용에 착오가 있을 것, ② 중요부분의 착오일 것, ③ 취소의 의사표시와 그 도달에 대하여 주장 · 증명책임을 진다.

착오가 乙에게 중대한 과실로 인한 때에는 乙은 매매계약을 취소하지 못하는데, 乙의 중대한 과실을 구성하는 구체적인 사실에 대한 주장 · 증명책임은 甲에게 있다.

3. X 부동산이 전전 양도되어 丙 앞으로 소유권이전등기가 마쳐진 후, 甲이 착오를 이유로 乙과의 매매계약이 취소되었다고 주장하면서 丙을 상대로 소유권이전등기말소청구의 소를 제기한 경우, 丙의 악의에 대한 주장 · 증명책임은 甲에게 있다.

Ⅳ. 사기 · 강박에 의한 의사표시

1. 의 의
2. 사기 · 강박에 의한 의사표시의 요건
   (1) 사기에 의한 의사표시
   (2) 강박에 의한 의사표시
3. 사기 · 강박에 의한 의사표시의 효과
   (1) 상대방의 사기 · 강박의 경우
   (2) 제3자의 사기 · 강박의 경우
   (3) 취소의 효과
4. 적용범위
   (1) 소송행위 또는 공법행위
   (2) 정형적인 거래행위나 단체적 행위
   (3) 가족법상 법률행위
5. 다른 제도와의 관계
   (1) 불법행위책임과의 관계
   (2) 착오와의 관계
   (3) 하자담보책임과의 관계
   (4) 제103조, 제104조와의 관계
   (5) 해제권(해지권)과의 관계

1. 의 의

사기 또는 강박이란 남을 속이거나 위협하여 그로 하여금 의사표시를 하게 한 경우를 말한다. 민법은 제110조에 사기 · 강박에 의한 의사표시에 관한 규정을 두고 있다. 제1항은 의사결정의 자유를 보호하기 위한 것이고, 제2항은 표의자의 의사결정에 전혀 영향을 미치지 않은 선의 · 무과실의 상대방의 신뢰를 표의자보다 더 보호하여야 한다는 취지에서 마련한 것이다. 그리고 같은 조 제3항은 거래의 안전을 염두에 둔 규정이다. 즉 제110조는 피기망자나 피강박자의 재산을 보호하려는 데 취지가 있는 것이 아니라 표의자의 '의사결정의 자유'를 보장하려는 데 그 취지가 있다. 사기자가 자신 또는 제3자로 하여금 재산상의 이익을 얻으려는 의사가 없거나, 표의자에게 재산상 손해를 가하려는 의사가 없어도 성립한다. 또한 피강박자에게 재산상 손해가 없더라도 취소권이 인정될 수 있다.

2. 사기 · 강박에 의한 의사표시의 요건

구조면에서 사기와 강박에 의한 의사표시는 요건과 효과가 같다.

(1) 사기에 의한 의사표시

(가) 2단의 고의

1) 사기가 성립하기 위해서 반드시 행위자의 고의가 필요한가 또는 과실이 있는 것만으로도 충분한가 하는 견해 대립이 있다. 과실만 있으면 족하다고 보는 과실설의 주장도 있지만, 사기자에게는 고의가 있어야 하며 과실만으로는 충분하지 않다는 고의필수설의 태도가 일반적이다.

2) 통설은 사기자에게 2단의 고의가 있어야 한다고 본다. 즉 표의자를 기망하여 착오에 빠지게 하려는 고의와 그 착오를 바탕으로 하여 표의자로 하여금 일정한 의사표시를 하게 하려는 고의의 두 가지를 요구하는 것이다.

(나) 기망행위

1) 기망행위란 표의자에게 그릇된 관념을 갖게 하거나 강화하거나 또는 유지하려는 용태를 말한다. 그릇된 관념을 갖게 하는 기망행위를 적극적 기망행위로, 기존의 그릇된 관념을 강화하거나 유지하려는 기망행위는 소극적 기망행위로 나눌 수 있다(소극적 기망행위는 특히 위법성이나 인과관계를 인정하는 데 제한적이다). 그 이외에도 작위에 의한 기망행위와 부작위에 의한 기망행위도 제110조의 기망행위에 포함된다(작위에 의한 기망행위도 소극적 기망행위가 될 수 있다).

2) 특히 부작위에 의한 기망이 인정되기 위해서는 '고지의무'가 인정되어야 한다. 고지의무는 신의칙에 비추어서도 인정될 수 있다. 판례는 형법상 사기죄가 문제된 사안이기는 하지만 임대차계약 당시 임차할 여관건물에 관하여 법원의 경매개시결정에 따른 경매절차가 이미 진행 중이었는데 임대인이 이를 알려주지 않은 사례에서 신의칙에 근거한 법률상의 고지의무를 인정

한 바가 있다($\frac{대판\ 1998.12.8,}{98도3263}$). 또한 그와 같은 고지의무는 직접적인 법령의 규정뿐 아니라 널리 계약상, 관습상 또는 조리상의 일반원칙에 의하여도 인정될 수 있다($\frac{대판\ 2007.6.1,\ 2005}{다5812,5829,5836}$).

㉮ 통상의 교환계약의 경우에는 어느 일방이 교환 목적물의 시가나 그 가액 결정의 기초가 되는 사항에 관하여 상대방에게 설명 내지 고지를 할 주의의무를 부담한다고 할 수 없다. 교환계약의 어느 일방이 자기가 소유하는 목적물의 시가를 묵비하여 상대방에게 고지하지 않거나 허위로 시가보다 높은 가액을 시가라고 고지했다고 하더라도 상대방의 의사결정에 불법적인 간섭을 한 것은 아닐수 있기 때문이다($\frac{대판\ 2002.9.4,}{2000다54406,54413}$). 같은 맥락에서 매매시 매수인이 목적물의 시가를 고지하지 않거나 시가보다 낮은 가액을 시가라고 고지했더라도, 상대방의 의사결정에 불법적인 간섭을 하였다고 볼 수 없으면 불법행위가 성립한다고도 볼 수 없다($\frac{대판\ 2014.4.10,}{2012다54997}$).

그러나 리스회사가 리스물건 공급자와 사이에 리스물건에 관하여 체결하는 매매계약은 통상의 매매계약과는 달리 보아야 한다. 매매 목적물의 기종, 물질, 성능, 규격, 명세뿐만 아니라 매매대금 및 그 지급 조건까지도 미리 공급자와 리스이용자 사이에서 협의 결정되고 리스회사는 그에 따라 공급자와 사이에 매매계약을 체결하는 것이 통례이나, 리스물건의 소유권은 처음부터 리스회사에 귀속되어 최종적으로는 그 취득 자금의 회수 기타 손해에 대한 담보로서의 기능을 가지므로 리스회사로서도 그 매매가격의 적정성에 대하여 어느 정도 실질적인 이해관계를 가지기 때문이다. 따라서 만일 리스이용자와 공급자 사이에서 미리 결정된 매매가격이 거래관념상 극히 고가로 이례적인 것이어서 리스회사에게 불측의 손해를 가할 염려가 있는 경우와 같은 특별한 사정이 있는 경우에는, 리스물건 공급자는 리스회사에게 그 매매가격의 내역을 고지하여 승낙을 받을 신의칙상의 주의의무를 부담하며 리스회사는 이를 고지 받지 못한 경우 위 부작위에 의한 기망을 이유로 매매계약을 취소할 수 있다($\frac{대판\ 1997.11.}{28,\ 97다26098}$).

㉯ 아파트 분양자는 아파트 단지 인근에 쓰레기 매립장이 건설예정인 사실이나($\frac{대판\ 2006.10.12,}{2004다48515}$), 아파트단지 인근에 공동묘지가 조성되어 있는 사실($\frac{대판\ 2007.6.1,\ 2005}{다5812,\ 5829,\ 5836}$)을 수분양자에게 고지할 신의칙상의 의무를 부담한다. 따라서 이를 고지하지 않은 경우 기망행위에 해당한다.

㉰ 임차권의 양도에 있어서 그 임차권의 존속기간, 임대기간 종료 후의 재계약 여부, 임대인의 동의 여부는 그 계약의 중요한 요소를 이루는 것이므로 양도인으로서는 이에 관계되는 모든 사정을 양수인에게 알려주어야 할 신의칙상의 의무가 있다. 따라서 임차권양도계약이 체결될 당시에 임차건물에 대한 임대차기간의 연장이나 임차권 양도에 대한 임대인의 동의 여부가 확실하지 않은 상태에서 몇 차례에 걸쳐 명도요구를 받고 있었던 임차권 양도인이 그 여부를 확인하여 양수인에게 설명하지 아니한 채 임차권을 양도한 행위는 기망행위에 해당한다($\frac{대판}{1996.6.14,\ 94다41003}$)

㉱ 환매권양도계약 체결 당시 국가가 본건 부동산을 원소유자에게 환매하기로 결정하여 환매수속상신 중에 있다는 사실을 환매권의 양수인이 알고 있었다 하더라도 양수인이 그 사실을 양도인인 환매권자에게 고지하여 주었어야만 할 의무는 없다고 할 것이므로 이를 고지하지 않았다 하여 기망행위가 있었다고 볼 수 없다($\frac{대판\ 1984.4.}{10,\ 81다239}$).

ⓓ 수급인이 제3자를 이용하여 공사를 하더라도 공사약정에서 정한 내용대로 그 공사를 이행하는 한 공사약정을 불이행한 것이라고 볼 수 없으므로, 수급인이 그의 노력으로 제3자와의 사이에 공사에 관한 약속을 한 후 도급인에게 그 약속 사실을 알려주지 않았다고 하더라도 이를 도급인에 대한 기망행위라고 할 수 없다(대판 2002.4.12, 2001다82545, 82552).

3) 사기가 성립되기 위해서 객관적으로 허위의 사실을 고지해야 하는지에 대해 논의가 있다. 이에 대해서는 사기행위로서의 진술은 객관적으로 그릇된 것이어야 할 필요는 없으며 착오를 일으키는 것이면 충분하다는 견해가 있는 반면에, 진실에 관한 진술은 사기행위에 해당하지 않으며 사기가 성립하기 위해서는 객관적 허위성이 존재해야 한다는 견해가 있다.

(다) 기망행위의 위법성

사례 46 甲은 상가를 분양하면서 그 곳에 첨단 오락타운을 조성·운영하고 전문경영인에 의한 위탁경영을 통하여 분양계약자들에게 일정액 이상의 수익을 보장한다는 광고를 하고, 분양계약 체결시 이러한 광고내용을 계약상대방에게 설명하였다. 그러나 체결된 분양계약서에는 이러한 내용이 기재되지 않았다. 분양계약자들은 甲이 자신들을 기망하여 상가분양계약을 체결한 것이라고 주장한다. 그 타당성은? (대판 2001.5.29, 99다55601, 55618 참조)

사례 47 백화점이 종전에도 2백만 원에 팔던 코트를 마치 할인판매하는 것처럼 종전가격을 4백만 원으로 표시하고 종전과 같은 2백만 원으로 판매하였다. 이와 같은 변칙세일에 대해 코트를 구매한 사람이 사기를 이유로 매매계약의 취소를 주장한다. 그 타당성은? (대판 1993.8.13, 92다52665 참조)

|해설 46| |해설 47| 사례 46)은 사기취소가 불가능하고, 사례 47)은 사기취소가 가능할 것이다. (사례 43)의 경우에 판례는 그 선전 광고에 다소의 과장 허위가 수반되더라도 그것이 일반 상거래의 관행과 신의칙에 비추어 시인될 수 있는 범위 내라고 판단하였고, 이에 반하여 (사례 44)에 대해서는 위와 같은 변칙세일이 물품구매동기에 있어서 중요한 요소인 가격조건에 관하여 기망이 이루어진 것으로서 그 사술의 정도가 사회적으로 용인될 수 있는 상술의 정도를 넘은 것이어서 위법성이 있다고 판단하였다.

위법성은 거래상 요구된 신의성실의 원칙이나 거래관념에 비추어 판단된다. 예컨대 상품의 선전 광고에 있어서 거래의 중요한 사항에 관하여 구체적 사실을 신의성실의 의무에 비추어 비난받을 정도의 방법으로 허위로 고지한 경우에는 기망행위에 해당한다고 할 것이나, 그 선전 광고에 다소의 과장 허위가 수반되는 것은 그것이 일반 상거래의 관행과 신의칙에 비추어 시인될 수 있는 한 기망성이 결여된다(대판 2001.5.29, 99다55601,55618). 방문판매자가 체형보정용 속옷이 고혈압, 다이어트, 허리디스크, 피부질환 등 각종 질병 치료와는 무관함에도 위와 같은 질병 치료에 효과가 있는 것처럼 선전·광고하여 이것이 범죄사실로 확정되어 유죄 확정판결을 받을 정도라면

제1편 제2편 제3편 제4편 제5편 제6편 제7편 제8편 제9편 계약의 무효와 취소

그러한 속옷을 대부분 본인이나 가족들이 각종 질환을 앓고 있는 원고들에게 위 속옷이 질병 치료에 효과가 있는 것처럼 허위 또는 과장광고를 한 것은 그 사술의 정도가 사회적으로 용인될 수 있는 상술의 정도를 넘은 것이어서 위법성이 있다$\binom{\text{대판 2008.11.27,}}{\text{2008다56118}}$.

(라) 기망행위와 의사표시 사이의 인과관계 등

제110조에 의하여 의사표시를 취소할 수 있기 위해서는 기망행위와 의사표시 사이에 인과관계가 있어야 한다. 인과관계 역시 고의와 마찬가지로 2단의 인과관계가 요구된다. 즉 기망행위와 착오 사이에 인과관계가 있어야 하며, 착오와 표의자의 의사표시 사이에도 인과관계가 요구되는 것이다. 인과관계는 주관적으로, 즉 표의자를 기준으로 판단하면 족하다.

피기망자가 중대한 과실이 있는 경우에도 취소할 수 있다. 즉 기망행위에 대해서 조금의 주의를 기울였다면 기망행위임을 알 수 있었다고 해도 피기망자는 원천적으로 기망행위에 의하여 의사표시를 한 것이므로 취소할 수 있다고 할 것이다.

(마) 증명책임

사기에 의한 의사표시에 해당하여 이를 취소하기 위해서는 그 취소를 주장하는 자가 그 법률요건을 모두 증명해야 한다.

(2) 강박에 의한 의사표시

(가) 2단의 고의

강박에 의한 의사표시에 해당하기 위해서는 강박자에게 고의가 있어야 한다. 이때의 고의는 사기에 있어서와 마찬가지로 2단의 고의를 의미한다.

(나) 강박행위

제110조의 강박에 의한 의사표시가 성립하려면 강박행위가 있어야 한다. 강박행위란 불법으로 어떤 해악을 고지하여 공포를 느끼게 하는 행위를 말한다$\binom{\text{대판 2003.5.13,}}{\text{2002다73708}}$. 다만 강박의 정도가 지나쳐 표의자로 하여금 의사결정의 자유가 완전히 박탈된 상태에서 의사표시가 이루어져 단지 법률행위의 외형만이 만들어진 정도에 이르면 그 의사표시는 무효가 된다$\binom{\text{대판 2003.5.13,}}{\text{2002다73708,73715}}$. 강박에 의한 의사표시가 단순히 취소할 수 있는 행위라는 것과 강박의 정도가 지나쳐 무효에 해당한다는 것은 그 법률요건이 전혀 다르다. 따라서 의사표시가 강박에 의한 것이어서 당연무효라는 주장 속에 강박에 의한 의사표시이므로 취소한다는 주장이 당연히 포함되어 있는 것은 아니다$\binom{\text{대판 1996.12,}}{\text{23, 95다40038}}$.

해악의 종류에는 제한이 없다. 따라서 정치적인 압력도 해악의 고지가 될 수 있다. 그러나 어떤 해악의 고지가 아니라 단지 각서에 서명·날인할 것을 강력히 요구한 것만으로는 강박행위가 될 수 없다$\binom{\text{대판 1979.1.}}{\text{16, 78다1968}}$.

(다) 강박행위의 위법성

강박행위는 위법해야 한다. 강박행위가 위법하다고 하기 위해서는, 강박행위 당시의 거래관념과 제반 사정에 비추어 해악의 고지로써 추구하는 이익이 정당하지 아니하거나 강박의 수단으로 상대방에게 고지하는 해악의 내용이 법질서에 위배된 경우 또는 어떤 해악의 고지가 거래관념상 그 해악의 고지로써 추구하는 이익의 달성을 위한 수단으로 부적당한 경우 등에 해당하여야 한다(대판 2000.3.23, 99다64049).

고소를 제기하여 구속영장이 신청된다는 말을 하였다고 할지라도 이는 형사상 적법절차의 고지로 원칙적으로 제110조에서의 강박이 될 수 없다. 원칙적으로 부정행위에 대한 고소, 고발은 그것이 부정한 이익을 목적으로 하는 것이 아닌 때에는 정당한 권리행사가 되어 위법하다고 할 수 없는 것이다. 예컨대 간통으로 고소하지 않기로 하는 등의 대가로 금 170,000,000원의 합의금을 받게 된 경우, 상간자의 배우자가 부정한 이익을 목적으로 위법한 강박행위를 한 것으로 볼 수 없다(대판 1997.3.25, 96다47951). 유사한 취지로, 계약을 해제하여 손해배상을 청구할 수 있다는 취지로 말한 것만으로는 원칙적으로 '위법한 해악의 고지'에 해당한다고까지 보기 어렵다(대판 2010.2.11, 2009다72643).

그러나 변호사인 피고의 잘못으로 패소하였고 또 항소기간에도 도과하게 되었다는 이유로 피고의 사무실에서 농성함은 물론 대통령을 비롯한 관계요로에 피고의 비행을 진정하겠다는 등 온갖 공갈과 위협을 하면서 피고의 업무수행을 방해하므로 피고가 하는 수 없이 손해배상금조로 약속어음을 발행하였다면 이는 강박에 의한 의사표시로서 취소할 수 있다 할 것이다(대판 1972.1.31, 71다1688).

사례 48 甲이 자신이 최대주주이던 A금융회사로 하여금 실질상 자신 소유인 B회사에 부실대출을 하도록 개입한 상황에서 A회사의 새로운 경영진이 甲에게 그 대출금채무를 연대보증하지 않으면 甲 소유의 C회사에 대한 어음대출금을 회수하여 부도를 내겠다고 위협하여 甲이 법적 책임 없는 대출금채무를 연대보증하였다. 甲은 자신의 연대보증행위가 강박에 의한 의사표시에 해당한다고 주장한다. 그 타당성은?　　　　　　　　　　　　　　　　　(대판 2000.3.23, 99다64049 참조)

│해설 48│ 강박에 의한 의사표시에 해당하지 않는다.

A회사의 경영진은 B회사에 대한 대출금을 회수하고자 한 것이므로, 甲이 B회사의 대출금채무에 대하여 법적 책임을 부담하지는 않고 있었다 하더라도 그 대출과정에 개입하여 부실대출금채권의 발생에 책임이 있는 것으로 보이는 甲에게 그 대출금의 회수를 위하여 연대보증을 요구하는 것이 사회통념상 정당한 이익이 없는 경우라고 볼 수 없다. 또한 A회사가 지급기일이 도래한 어음을 교환에 돌리는 것이 법질서에 위반되는 甲에 대한 불법적인 해악의 고지라고 할 수도 없다. 뿐만 아니라 甲은 C회사의 부도를 막기 위하여 A은행으로부터 계속적인 금융지원을 받을 필요가 있었기 때문에 이해득실을 따져 연대보증을 한 것이므로, 그 과정에서 A회사에 의하여 甲의 의사결정의 자유가 제한되었다고 볼 수도 없다. 따라서 甲의 의사표시는 강박에 의한 의사표시에 해당하지 않는다.

제1편　제2편　제3편　제4편　제5편　제6편　제7편　제8편　제9편　계약의 무효와 취소

(라) 강박행위와 의사표시 사이에 인과관계

이때의 인과관계도 2단의 인과관계를 요구한다. 즉 강박행위로 인하여 상대방은 공포심을 느끼고, 자유로운 의사결정이 배제된, 하자 있는 상태에서 의사표시를 하여야 하는 것이다(대판 2003. 5.13, 2002다 73708,73715). 인과관계는 주관적인 것에 지나지 않아도 무방하다.

(마) 증명책임

강박에 의한 의사표시의 요건은 그 취소를 주장하는 자가 증명책임을 진다(대판 1969.12. 9, 69다1818).

3. 사기 · 강박에 의한 의사표시의 효과

(1) 상대방의 사기 · 강박의 경우

표의자는 의사표시를 취소할 수 있지만(제110조 제1항), 취소하기 전까지는 그 의사표시는 여전히 유효하다.

(2) 제3자의 사기 · 강박의 경우

(가) 원 칙

제3자가 사기 또는 강박한 경우에 이러한 사기 · 강박에 의한 표의자의 의사표시가 상대방 없는 의사표시라면 표의자는 언제든지 이를 취소할 수 있다(제110조 제1항). 그러나 제3자의 사기 · 강박에 의하여 표의자가 상대방 있는 의사표시를 하였다면 상대방이 제3자에 의한 사기나 강박의 사실을 알았거나 알 수 있었을 경우에 한하여 취소할 수 있다(제110조 제2항).

(나) '제3자'의 판단

1) 제3자가 상대방과 동일시 할 수 있는 자라면 제3자의 사기 · 강박으로 보지 않는다. 구체적으로는 '그 의사표시에 관한 상대방의 대리인 등'은 상대방과 동일시 할 수 있는 자이므로 이러한 자가 기망 또는 강박한 경우에는 상대방이 이러한 사정을 알았거나 알 수 있었는지 여부와 관계없이 법률행위를 취소할 수 있는 것이다. 한편 은행의 출장소장도 상대방인 은행과 동일시 할 수 있으므로, 이러한 자가 기망한 경우에는 제110조 제2항이 적용되는 것이 아니고 제110조 제1항이 적용된다(대판 1999.2.23, 98다60828). 또한 채권자인 금융기관의 내에서 대출이나 채무감면 등의 결정권한을 갖지 않은 직원이 채무자 등과 공모 또는 사무연락 하에 결정권한을 가진 임원 등에게 허위의 승인품의서를 올려 대출이나 채무감면 등을 하게 하였다면, 그 금융기관은 제110조 제1항에 따라 그 대출이나 채무감면 등의 법률행위를 취소할 수 있다고 보아야 한다(대판 2002.6.14, 2002다14853).

사례 49 A회사를 경영하는 乙은 평소 알고 지내던 甲은행 출장소장인 B에게 A회사가 취득하여 소지하고 있던 약속어음의 할인을 부탁하였다. B는 어음을 가지고 가면서 어음이 부도날 경우를 대비하여 담보의 의미로 받아두는 것이라고 거짓말하고 이에 속은 乙로 하여금 甲은행으로부터의 대출관련 서류에 서명·날인하게 한 다음 이를 출장소로 가지고 가서 대출담당 직원에게 乙이 甲은행으로부터 합계 금 6천만 원을 차용하는 것으로 처리하도록 지시하여 그 금원을 인출하여 임의 사용하였다. 乙은 甲은행과의 소비대차계약을 사기를 이유로 취소하고자 한다. 제3자에 의한 사기에 해당하는가? (대판 1999.2.23, 98다60828 참조)

|해설 49| 제3자에 의한 사기로 볼 수 없다.

은행의 출장소장이 어음할인을 부탁받자 그 어음이 부도날 경우를 대비하여 담보조로 받아두는 것이라고 속이고 금전소비대차 및 연대보증약정을 체결한 후 그 대출금을 자신이 인출하여 사용한 사안에서, 위 출장소장의 행위는 은행 또는 은행과 동일시할 수 있는 자의 사기일 뿐 제3자의 사기로 볼 수 없으므로, 은행이 그 사기사실을 알았거나 알 수 있었을 경우에 한하여 위 약정을 취소할 수 있는 것은 아니라고 본다.

사례 50 A회사의 직원 B는 아파트 인근 단지에 쓰레기 매립장이 들어섬을 알면서도 아파트 수분양자에게 이러한 사실을 고지하지 않았고 결국 C는 A와 아파트 분양계약을 체결하였다. 기망행위를 한 B는 A의 대리인이자 피용자의 지위에 있는 것으로 확인되었다. B는 제3자인가?

|해설 50| 제3자로 볼 수 없다.

대리인이자 동시에 피용자인 경우에는 상대방과 동일시할 수 있으므로 제3자로 볼 수 없다. 판례는 '단순히' 피용자인 경우에는 제3자가 될 수 있다고 하고 있다.

2) '단순히 상대방의 피용자이거나 상대방이 사용자책임을 져야 할 관계에 있는 피용자에 지나지 않는 자'는 상대방과 동일시 할 수 없어 제3자에 해당한다. 예컨대 상호신용금고의 기획감사실 과장은 단순한 피용자에 불과하여 제3자에 해당한다(대판 1998.1.23, 96다41496). 또한 건설산업기본법에 따라 설립된 공제조합이 주채무자인 조합원의 기망에 의하여 도급인과 보증계약을 체결한 경우, 조합원은 제3자에 해당한다(대판 2002.11.26, 2002다34727).

사례 51 乙회사의 기획감사실 과장인 A는 甲을 기망하여 乙회사와 근저당권설정계약을 체결하도록 하였다. A는 대출 업무를 포함한 회사 업무 전반에 관하여 일일감사를 할 권한을 갖고 있었던 자인데, 乙회사는 사장, 상무, 감사 및 이사를 포함하여 직원 총수가 50명에 못 미치는 작은 규모의 금융기관이었다. 甲은 乙회사와 체결한 근저당권설정계약을 사기를 이유로 취소하고자 한다. 가능한가? (대판 1998.1.23, 96다41496 참조)

|해설 51| 제3자의 사기를 이유로 취소할 수 있다.

A는 乙회사의 피용자의 지위에 있을 뿐이어서 회사와 동일시할 수 있는 자라고 보기는 어렵고,

따라서 제110조 제2항에서 말하는 제3자로 볼 수밖에 없다. 다만 乙회사는 사장, 상무, 감사 및 이사를 포함하여 직원 총수가 50명에 못 미치는 작은 규모의 금융기관이라는 점, A의 乙회사에서의 지위나 영향력 등에 비추어 보면, 乙로서는 자신의 영역 내에서 일어난 A의 위와 같은 기망행위에 관하여 그 감독에 상당한 주의를 다하지 아니한 사용자로서의 책임을 져야 할 지위에 있을 뿐만 아니라, 나아가 그러한 사정을 이용한 A의 사기 사실을 알지 못한 데에 과실이 있었다고 봄이 상당하다. 따라서 甲은 이처럼 과실로 위와 같은 사기 사실을 알지 못한 乙회사에 대하여 A의 기망으로 인하여 이루어진 이 사건 근저당권설정계약을 취소할 수 있다.

사례 52 A회사는 甲회사와 도급계약을 체결하면서 건설산업기본법에 의하여 설립된 공제조합(이하 '乙조합')과 선급금 반환채무에 관한 보증위탁계약을 체결하였고, 이에 근거하여 乙조합은 甲회사와 보증계약을 체결하였다. 그런데 A회사는 선급금의 액수와 그 지급방법 및 선급금이 정하여진 용도로 실제 사용될 것인지 여부 등과 관련하여 乙조합에 거짓된 고지를 하였고, 甲회사는 이러한 사실을 알았거나 알 수 있었다. 乙조합은 A회사와의 보증위탁계약과 甲회사와의 보증계약을 사기를 이유로 취소할 수 있는가? (대판 2002.11.26, 2002다34727 참조)

해설 52 취소할 수 있다.

건설산업기본법에 따라 설립된 공제조합이 그 조합원과의 보증위탁계약에 따라 조합원이 도급받은 공사 등의 계약이행과 관련하여 부담하는 계약보증금의 납부에 관한 의무이행을 보증하기 위하여 계약보증서를 발급하는 방법으로 그 도급인과 보증계약을 체결하는 경우, 공제조합은 그 조합원이 도급계약에 따른 채무를 이행하지 아니함으로 말미암아 도급인에게 부담하게 될 채무를 보증하는 것이므로, 선급금의 액수와 그 지급방법 및 선급금이 정하여진 용도로 실제 사용될 것인지 여부 등은 보증사고에 해당하는 수급인의 채무불이행 여부를 판정하는 기준이 되는 계약상 중요한 사항으로서 조합원 등이 이를 거짓으로 고지할 경우 공제조합에 대한 기망행위가 될 수 있다. 따라서 乙조합은 A회사와의 보증위탁계약을 사기를 이유로 취소할 수 있다.

한편 A회사의 기망에 의하여 乙조합이 甲회사와 체결한 보증계약을 취소할 수 있는지는 제110조 제2항의 적용 여부의 문제이다. 사안에서는 甲회사에게 고의 또는 과실이 있었으므로 乙조합은 보증계약을 적법하게 취소할 수 있다.

(3) 취소의 효과

(가) 소급적 무효

취소된 의사표시를 요소로 하는 법률행위는 소급적으로 무효로 된다.

(나) 제3자에 대한 관계($^{제110조}_{제3항}$)

1) 선의의 제3자

㉮ 선의의 제3자는 통정허위표시의 경우와 동일하다. 따라서 사기 또는 강박에 의한 의사표시의 당사자와 그 포괄승계인 이외의 자 가운데서 그 의사표시를 기초로 하여 새로운 이해관

계를 맺은 자가 제3자에 해당한다$\binom{대판\ 2005.1.13,}{2004다54756}$.

> **사례 53** 甲이 A회사의 乙에 대한 채무를 대신 변제할 것을 내용으로 하는 계약을 A회사와 체결
> 했다. 그런데 이러한 甲과 A회사와의 계약은 A회사의 기망에 의한 것이어서 甲은 이를 취소하였
> 다. 채권자 乙은 제110조 제3항의 제3자로서 보호되는가?   (대판 2005.1.13, 2004다54756 참조)
>
> **해설 53** 乙은 제110조 제3항의 제3자에 해당하지 않는다.
> A회사와 甲 사이의 계약은 甲이 변제 등에 의하여 A회사의 채무를 소멸하게 하여 A회사의 책
> 임을 면하게 할 것을 약정하는 내용으로서 甲은 A회사에 대한 관계에서 A회사를 면책케 하는
> 채무를 부담하게 될 뿐 채권자인 乙로 하여금 직접 甲에 대한 채권을 취득하게 하는 것은 아니
> 므로 그 계약은 이행인수라고 보아야 할 것이다.
> 또한 이러한 이행인수 계약에 있어서 채권자에 불과한 乙은 그 계약에 기초하여 아무런 새로운
> 이해관계를 맺지 아니하였으므로 결국 제110조 제3항에서 말하는 제3자라고 보기는 어렵고, 단
> 순히 그 계약에 의하여 반사적으로 이익을 얻는 정도의 지위에 있는 자에 불과하다고 보인다.
> 따라서 乙은 제110조 제3항의 제3자에 해당하지 않는다.

ⓐ 제3자는 선의여야 하는데, 제3자의 악의에 대한 증명책임은 취소를 주장하는 자에게 있다. 사기의 의사표시로 인한 매수인으로부터 부동산의 권리를 취득한 제3자는 특별한 사정이 없는 한 선의로 추정할 것이므로 사기로 인하여 의사표시를 한 부동산의 양도인이 제3자에 대하여 사기에 의한 의사표시의 취소를 주장하려면 제3자의 악의를 증명할 필요가 있다$\binom{대판\ 1970.11.}{24,\ 70다2155}$.

2) 대항하지 못한다

표의자는 사기 또는 강박에 의한 의사표시의 취소를 제3자에게 주장할 수 없다는 의미이다.

3) 선의의 제3자 범위의 확대

제110조 3항의 제3자란 취소권이 행사되기 전에 표의자의 상대방과 법률행위를 한 제3자를 의미하는 것이 원칙이다. 단 동적 거래안전을 위해서 취소한 후에 그 상대방과 법률행위를 한 제3자도 선의라면 보호될 수 있다. 즉 취소를 주장하는 자와 양립되지 않는 법률관계를 가졌던 것이 취소 전인가 후인가를 불문하고 선의자라면 보호될 수 있다는 것이다$\binom{대판\ 1975.12.}{23,\ 75다533}$. 이와 같은 해석은 착오취소의 경우에도 적용될 수 있다.

4. 적용범위

(1) 소송행위 또는 공법행위

(가) 민법상 법률행위에 관한 규정은 특별한 규정이나 특별한 사정이 없는 한 민사소송법상의 소송행위에는 적용되지 않는다$\binom{대판\ 1980.8.26.}{선고\ 80다76}$. 소송행위의 특징상 소송절차의 명확성과 안정성을 기하기 위하여 표시주의가 관철될 것이 요구되기 때문이다. 따라서 소를 취하하는 행위는

타인의 기망에 의한 것이라 하더라도 이를 취소할 수 없고($\substack{대판 1970.11.\\24, 69다8}$), 소송위임행위도 소송대리권의 발생을 목적으로 하는 소송행위이므로 강박이 있었다고 하더라도 취소할 수 없다($\substack{대판\\1997.\\10.10, 96\\다35484}$).

소송행위가 사기, 강박 등 형사처벌을 받을 타인의 행위로 인하여 이루어졌다고 하여도 그 타인의 행위에 대해 유죄판결이 확정되고 또 그 소송행위가 그에 부합되는 의사가 없이 외형적으로 존재할 때 한하여 민사소송법 제451조 제1항 5호 및 제2항의 규정(재심규정)을 유추적용하여 그 효력을 부인할 수 있을 뿐이다($\substack{대판 1984.5.29,\\82다카963}$).

(나) 제110조는 원칙적으로 공법행위에도 적용이 없다. 예컨대 귀속재산 불하의 취소는 공법상의 성질을 가지는 귀속재산처리법에 기인하는 것으로서 일종의 행정처분이며 행정처분에는 민법상의 원칙 또는 제110조 제3항($\substack{판결 당시에는 구민법\\(의용민법) 제96조 제3항}$)의 규정이 당연히 적용되는 것이 아니다($\substack{대\\판\\1959.10.1,\\4292민상174}$). 다만 공무원의 사직서 제출과 관련해 판례는 사직서의 제출이 감사기관이나 상급관청 등의 강박에 의한 경우에는 그 정도가 의사결정의 자유를 박탈할 정도에 이른 것이라면 그 의사표시가 무효로 될 것이고 그렇지 않고 의사결정의 자유를 제한하는 정도에 그친 경우라면 그 성질에 반하지 아니하는 한 의사표시에 관한 제110조의 규정을 준용하여 그 효력을 따져보아야 할 것이라고 밝힌 바가 있다($\substack{대판 1997.12.\\12, 97누13962}$). 이 판례는 진의 아닌 의사표시에 관한 제107조는 그 성질상 사직의 의사표시와 같은 사인의 공법행위에는 준용되지 아니하므로 그 의사가 외부에 표시된 이상 그 의사는 표시된 대로 효력을 발한다고 하여, 제107조와 제110조를 구분하여 판단하고 있다. 또한 지방자치단체 소유의 잡종재산(일반재산)을 지방재정법에 의하여 매각하는 행위는 그 성질이 민법상의 매매와 동일하고, 사기를 이유로 취소하는 경우 제146조에 정하여진 바에 따라 법률행위를 한 날부터 10년 내에 행사하여야 한다($\substack{대판 2003.9.5,\\2001다44697}$).

(2) 정형적인 거래행위나 단체적 행위

정형적인 거래행위나 단체적 행위에 관하여는 거래의 안전상 본조가 적용되지 않는다. 상법은 주식인수에 관하여 이러한 취지를 규정하고 있다.[12]

(3) 가족법상 법률행위

가족법상 법률행위에 대하여는 따로 특칙을 두고 있는 경우 제110조가 적용되지 않는다($\substack{제816\\조 제3\\호, 제\\823조 등}$). 다만 이러한 특별한 규정이 정해져 있지 않은 경우에 가족법상 법률행위에 제110조가 적용될 수 있는지를 두고는 견해가 대립한다. 가족법상 행위에 대해서는 표의자의 의사가 절대적으로 중요하므로 제110조는 적용이 없고 무효가 되는 것으로 이해하는 견해가 다수설이지만, 이에 대해서는 제110조 제1항의 경우에 한정하여 적용을 긍정하는 견해, 가족법에 특별규정이

---

12) **상법 제320조 (주식인수의 무효 주장, 취소의 제한)** ① 회사성립후에는 주식을 인수한 자는 주식청약서의 요건의 흠결을 이유로 하여 그 인수의 무효를 주장하거나 사기, 강박 또는 착오를 이유로 하여 그 인수를 취소하지 못한다.
② 창립총회에 출석하여 그 권리를 행사한 자는 회사의 성립전에도 전항과 같다.

없으면 제110조가 적용되어야 한다는 견해 등이 주장되고 있다.

5. 다른 제도와의 관계

(1) 불법행위책임과의 관계

사기나 강박에 의한 의사표시가 불법행위의 성립요건을 충족하면 제750조의 손해배상청구권과 경합하며 양자를 모두 행사할 수 있다. 이때 의사표시의 취소 없이 손해배상만을 청구하는 것도 가능하다. 예컨대 기망행위로 분양계약을 체결한 자들이 기망을 이유로 분양계약을 취소하지 않고 그로 인한 손해배상만을 청구하는 것도 가능하다(대판 2006.10.12, 2004다48515).

한편 사기로 계약을 취소했다면 부당이득반환청구권과 불법행위로 인한 손해배상청구권은 경합하여 병존하므로 채권자는 선택적으로 권리를 행사할 수 있으나, 중첩적으로 행사할 수는 없다(대판 1993.4.27, 92다56087).

(2) 착오와의 관계

(가) 동기의 착오와 사기에 의한 의사표시

상대방의 사기에 의해 의사표시가 동기의 착오에 빠진 경우(예컨대 표의자가 동기를 표시하였는데 상대방이 기망의 고의로 설명을 행하지 않은 경우에는, 침묵에 의한 사기임과 동시에 취소할 수 있는 착오가 경합할 수 있다), 즉 상대방에 사기에 의해 동기의 착오가 유발된 경우에 양자의 경합을 인정할 것인지가 문제될 수 있다. 판례와 다수설은 양자의 경합을 인정한다.

생각건대 이러한 판례와 다수설의 태도는 타당한 것으로 보인다. 원천적으로 제3자의 사기가 아닌 경우에는 표의자에게 착오가 있고 나아가 그 착오의 원인은 특별히 상대방의 기망행위에 의한 것으로 보아야 하므로 제109조의 착오규정은 일반규정이고, 제110조는 특별규정적 성격을 갖는 것으로 볼 여지가 없는 것은 아니다. 그러나 제3자의 사기로 표의자가 착오에 빠져 의사표시를 한 경우, 표의자가 취소의 법적 근거를 무엇으로 하는지에 따라 증명의 대상이 달라질 수 있다. 따라서 표의자에게 증명이 용이한 것을 주장하면서 취소를 할 수 있도록 하기 위해서는 양자의 경합을 인정해야 할 것이다.

(나) 표시상의 착오(기명날인의 착오 내지 서명의 착오)와 사기에 의한 의사표시

판례는 양자의 경합을 부정하고 착오취소만 가능하다고 본다(대판 2005.5.27, 2004다43824). 예컨대 어떤 사람이 자신의 의사와 다른 법률효과를 발생시키는 내용의 서면에, 그것을 읽지 않거나 올바르게 이해하지 못한 채 기명날인을 하는 이른바 표시상의 착오가 상대방의 기망행위에 의하여 일어난 경우에도 사기취소는 불가능하다. 사기에 의한 의사표시는 타인의 기망행위로 말미암아 착오에 빠져 의사를 형성하고 그 의사에 따른 의사표시를 하는 것을 전제로 하므로 의사와 표시의 불일치가 없다. 의사와 표시의 불일치를 전제로 하는 착오에 의한 의사표시는 의사와 표시의 일치를 전제로 하는 사기에 의한 의사표시와 본질적으로 양립할 수 없다. 이 점에서 사기에 의한 의사표시와 고유한 의미의 착오에 의한 의사표시는 구별된다.

(3) 담보책임과의 관계

매도인의 기망에 의해 하자 있는 물건에 대한 매매계약을 체결한 경우 매수인은 사기로 인한 의사표시를 취소하거나 하자담보책임을 물을 수 있는데 양자의 권리는 선택적이다. 그러나 취소권을 행사한 후에는 담보책임을 물을 수는 없다. 담보책임은 계약이 유효함을 전제로 하여 인정되는 규정이기 때문이다. 한편 매수인이 매도인의 기망에 의하여 타인의 물건을 매도인의 것으로 알고 매수한다는 의사표시를 한 것이고 만일 타인의 물건임을 알았더라면 매수하지 아니하였을 사정이 있는 경우에는 매수인은 제110조에 의하여 매수의 의사표시를 취소할 수 있다(대판 1973.10.23.
선고 73다268).

(4) 제103조, 제104조와의 관계

사기나 강박에 의하여 행하여진 법률행위가 내용·동기·목적 등을 고려할 때 사회질서에 반하는 것으로 인정되는 경우에는 제103조, 제104조가 적용되어 당연히 무효가 된다. 乙이 도박으로 잃은 돈을 회복하려고 甲을 도박장소로 유인한 다음 수사경찰관과 결탁하여 甲을 도박현행범으로 감금하고 협박과 폭행을 하여 甲이 어쩔 수 없이 乙에게 잃은 돈의 9배에 달하는 부동산을 제공하여 乙이 그 명의로 가등기와 이에 따른 본등기를 마친 것이라면, 이는 선량한 풍속과 정의의 관념에 반하여 이루어진 당연무효의 등기이다(대판 1974.7.
23. 74다157).

(5) 해제권(해지권)과의 관계

일정한 경우 제110조에 의한 취소권과 해제권(해지권)이 동시에 존재하는 경우가 있을 수 있다. 이 경우 두 권리 가운데 어느 하나를 선택적으로 행사할 수도 있고, 동시에 행사할 수도 있다(보험계약체결시 고지의무 위반이 사기에 해당되는 경우 고지의무위반으로 인한 계약해지(상법 제651조
와 사기로 인
한 계약의 취소는 병존적으로 인정되고 선택적으로 행사할
수 있다고 본 사례로는 대판 2017.4.7, 2014다234827 참조). 다만 해제의 경우에는 선·악의를 불문하고 제3자가 모두 보호되는 데 반하여 취소의 경우에는 선의의 제3자만이 보호되어 소급효의 적용범위가 해제보다 취소의 경우가 더 넓다.

V. 강행규정(효력규정) 위반

1. 의 의

법률행위는 그 목적이 적법해야 한다. 강행규정 중 효력규정에 직접 또는 간접(탈법행위)으로 위반하면 그러한 법률행위는 무효로 된다. 강행규정이란 선량한 풍속 기타 사회질서와 관련있는 규정으로(제105조 참조) 당사자 의사에 의하여 배제할 수 없는 것을 말한다. 이러한 의미에서 사법상의 효력에 영향을 미치지 않는 단속규정도 강행규정에 포섭된다.

2. 탈법행위

강행규정의 간접적 위반, 즉 강행규정을 직접 위반하지는 않지만 회피수단을 통하여 강행규정이 금지하는 결과를 실질적으로 실현하는 행위를 탈법행위라 한다. 탈법행위도 '무효'라는 것에는 이견이 없다. 즉 국유재산법은 국유재산을 처분하는 사무에 종사하는 직원이 국유재산을 양수하는 등의 행위를 할 수 없도록 하고 이를 위반하면 무효로 규정하고 있는데, 관련 업무에 종사하는 직원이 직접 국유재산을 양수하지 않았으나 타인명의로 취득하는 때에는 탈법행위에 해당하는 것이고 강행규정의 취지를 잠탈하는 것으로 무효가 되는 것이다(대판 1997.6. 27, 97다9529). 또한 광업권자가 조광권자나 광업대리인이 아닌 자에게 채굴의 권리 및 광업의 관리를 일임하는 것은 강행규정인 광업법에 위배되어 무효인데, 탈법적인 방법으로 광업권자와 채굴자의 공동명의로 광업권등록을 하기로 하는 약정도 역시 무효이다(대판 1995.5.23, 94다23500).

다만 탈법행위 개념을 따로 인정할 필요가 있는가에 대해서는 견해가 대립한다. 통설은 탈법행위 개념을 긍정하고 있다. 덕대행위 금지를 위한 조광권제도, 가등기담보법 등은 탈법행위를 막기 위해 양성화된 제도의 예이다.

3. 강행규정의 유형

다수설은 강행규정을 효력규정과 단속규정으로 나눈다. 효력규정에 위반하면 사법상의 효과가 부정되지만, 단속규정은 각종의 경찰규정와 같은 것을 말하며 위반시 행정상 제재 등에 그치고 사법상의 효력에는 원칙적으로 영향이 없다.

요컨대 강행규정은 사법상 효력이 무효인 강행규정(효력규정)과 사법상 효력은 유효인 강행규정(단속규정)으로 나뉜다. 효력규정과 단속규정의 구별은 법규정의 해석에 의해야 하는데, 종국적으로 그 규정의 목적과 의미에 비추어 규정에 반하는 법률행위의 무효나 기타 효력제한이 요구되는지를 검토하여 판단해야 한다(대판 2017.2.3, 2016다259677. 좀 더 구체적으로는 규정의 입법 배경과 취지, 보호법익과 규율대상, 위반의 중대성, 당사자에게 법규정을 위반하려는 의도가 있었는지 여부, 규정 위반이 법률행위의 당사자나 제3자에게 미치는 영향, 위반행위에 대한 사회적·경제적·윤리적 가치평가, 이와 유사하거나 밀접한 관련이 있는 행위에 대한 법의 태도 등 여러 사정을 종합적으로 고려해서 효력을 판단해야 한다고 판시한 것으로는 대판 2020.11.12, 2017다228236).

(1) 효력규정 위반으로 본 경우

법률행위가 강행규정, 그중 효력규정에 위반하면 무효가 된다. 부동산중개업법 및 그 시행규칙 소정의 상한을 초과하는 부동산중개수수료 약정은 무효이며$\binom{대판\ 2002.9.4.}{2000다54406,54413}$, '저축증대와근로자재산형성지원에관한법률'에 의하면 저축을 하는 자, 중개하는 자, 저축기관의 임직원은 저축에 관련하여 은행의 정규금리 이외에는 어떠한 명목으로라도 부당한 이익의 요구, 약속, 수수 등을 할 수 없도록 하므로 은행의 정규예금이자와 사채이자의 차액을 지급함을 내용으로 하는 계약은 적어도 그 차액에 관한 한 강행규정에 위반되어 무효이다$\binom{대판\ 1987.11.}{10,\ 86다카371}$.

증권거래법상 증권회사 또는 그 임직원이 투자수익보장약정을 하는 것은 무효이다$\binom{대판\ 1996.8.23,}{94다38199}$. 그러나 사인 간에 수익보장약정에 대해서는 증권거래법상 수익보장금지 원칙을 바로 유추적용할 수는 없다$\binom{대판\ 2010.7.22,}{2009다40547}$. 또한 자본시장법 제17조를 위반하여 무등록 투자자문업자와 체결한 주식 일임매매약정은 그 효력을 무효로 볼 수 없다$\binom{대판\ 2019.6.13,}{2018다258562}$. 이 규정은 단속규정에 불과하기 때문이다.

한편 변호사가 아닌 자가 소송사건을 맡아 자기의 비용과 노력으로써 승소시켜 주고 그로부터 대가를 받기로 하는 것을 내용으로 하는 약정은 변호사법상 무효이며$\binom{대판\ 1978.5.}{9,\ 78다213}$, 의료인이나 의료법인 등이 아닌 자가 의료기관을 개설하여 운영하는 것을 내용으로 하는 동업약정도 의료법상 무효이다$\binom{대판\ 2003.4.22,}{2003다2390,2406}$.

(2) 단속규정 위반으로 본 경우

사례 54 乙주택조합은 아파트를 건설하여 甲 등 조합원들에게 추첨에 의하여 동·호수를 배정하였다. (당시에 적용되었던) '주택건설촉진법' 및 '주택공급에 관한 규칙'에 의하면 무주택자만이 주택조합의 조합원이 될 수 있었는데, 甲은 무주택자가 아니어서 조합으로부터 제명되었다. 그런데 乙주택조합은 甲을 제명하면서 그 제명의 효력과는 관계없이 甲에게 아파트를 임의분양하기로 약정하였다. 甲은 그 약정에 기하여 乙주택조합으로부터 위 아파트를 분양 받을 지위에 있다고 주장한다. 그 주장의 타당성을 검토하시오. (대판 1993.7.27, 93다2926 참조)

|해설 54| 위 임의분양의 약정은 무효이므로 甲의 주장은 타당하지 않다.

그 규정은 효력규정이 아닌 단속규정으로 보아야 한다. 그러나 당사자가 통정하여 단속규정을 위반하는 법률행위를 한 경우에는 선량한 풍속 기타 사회질서에 위반한 사항을 내용으로 하는 법률행위로 보아야 할 것이므로, 주택조합이 무자격조합원을 제명하면서 그 제명의 효력과는 관계없이 무자격조합원에게 아파트를 임의분양하는 약정은 무자격조합원과 주택조합이 통정하여 단속규정을 위반하기로 한 반사회질서의 법률행위로서 무효이다.

상호신용금고가 구 상호신용금고법에 규정된 동일인에 대한 대출액 한도 규정을 위반하여 대출하였다 하더라도 사법상의 효력에는 제한이 없다$\binom{대판\ 1996.8.23,}{96다18076}$.

비실명거래를 금지하는 과거 '금융실명거래및비밀보장에관한긴급재정명령규정'은 단속규정일 뿐 효력규정이 아니므로 출연자와 예금주인 명의인 사이의 명의신탁약정상 명의인은 출연자의 요구가 있을 경우에는 금융기관에 대한 예금반환채권을 출연자에게 양도할 의무가 있다. 따라서 출연자는 명의신탁을 해지하면서 명의인에 대하여 금융기관에 대한 예금채권의 양도를 청구하고 아울러 금융기관에 대한 양도통지를 할 것을 청구할 수 있다(대판 2001.1.5,/2000다49091). 중간생략등기를 금지하는 종래 부동산등기특별조치법을 위반한 행위도 그 사법상 효력에는 영향이 없다(대판 1993.1./26, 92다39112).

4. 선량한 풍속 기타 사회질서와의 관계

선량한 풍속 기타 사회질서와 강행규정이 동일한 의미인지에 대해서는 견해가 대립한다. 어떤 행위를 무효로 만들기 위해 직접 적용할 강행규정이 없더라도 그 법률효과를 무효로 해야 할 필요가 있는 행위인지를 판단하는 기준으로서의 일반규정이 제103조이다. 이 규정에 따라 선량한 풍속 기타 사회질서 위반행위는 무효가 된다. 한편 어떤 행위에 적용될 강행규정이 있더라도 그 규정의 위반만으로는 무효가 되지 않는 단속규정도 있다. 이러한 단속규정은 강행규정이지만 선량한 풍속 기타 사회질서와는 무관하기 때문에 그 규정위반이 무효가 되지 않는다. 결국 강행규정은 선량한 풍속에 위반하는 것과 그렇지 않은 것으로 구별된다. 반면 강행규정에 직접 반하지는 않아도 반사회질서행위가 될 수 있다(대판 2001.4.24, 99다30718. 한편 단속규정을 위반했지만 그 위반행위가 반사회질서적이라면 당연히 제103조에 의하여 무효가 된다. 대판 1993.7.27, 93다2926 참조).

판례는 부당이득의 반환청구가 금지되는 사유로 제746조가 규정하는 불법원인이라 함은 그 원인되는 행위가 제103조에서 정한 선량한 풍속 기타 사회질서에 위반하는 경우를 말하는 것으로서 법률의 금지(강행규정)에 위반하는 경우라 할지라도 그것이 선량한 풍속 기타 사회질서에 위반하지 않는 경우에는 이에 해당하지 않는다고 하여 양자를 별개로 파악하고 있다(대판 2001.5.29,/2001다1782). 구 수산업법은 어업권의 임대차를 금지하고 있는데 이 규정에 위반하는 행위가 무효라고 하더라도 그것이 선량한 풍속 기타 사회질서에 반하는 행위라고 볼 수는 없고 또한 동시에 부당이득의 반환이 배제되는 '불법의 원인'에 해당하는 것으로 볼 수는 없으므로, 어업권을 임대한 어업권자로서는 그 임대차계약에 기해 임차인에게 한 급부로 인하여 임차인이 얻은 이익, 즉 임차인이 양식어장(어업권)을 점유 · 사용함으로써 얻은 이익을 부당이득으로 반환을 구할 수 있다(대판 2010.12.9,/2010다57626).

사례 55 구 담배사업법은 공사가 제조한 담배는 공사가 위 법 소정의 도매업자 또는 소매인에게 이를 판매하여야 한다고 규정하고 있는데, 甲은 담배를 구매할 수 있는 지정된 도매업자 또는 소매인이 아니면서 지정된 소매인이 실제 구입하는 담배량에 추가하여 주문하는 방법으로 담배사재기를 하였다. 甲은 담배인삼공사에 담배구입대금을 입금하였는데 그 대금에 상응하는 담배를 인도받지 못하였다. 甲은 미인도된 부분과 관련하여 첫째, 공사의 채무불이행을 이유로 한 계약해제와 원상회복을 주장하고 둘째, 부당이득반환의 주장을 하고 있다. 그 타당성은?

(대판 2001.5.29, 2001다1782 참조)

|해설 55| 계약해제와 원상회복주장은 타당하지 않지만, 부당이득반환청구는 타당하다.

담배사업법은 강행규정으로 보아야 할 것이고 이에 위반한 행위는 그 효력이 없다. 따라서 甲과 공사 사이에 담배매매계약이 유효하게 성립되지 아니하였으므로, 그러한 매매계약이 성립되었음을 전제로 하는 계약해제와 원상회복의 주장은 받아들일 수 없다.

다만 甲의 부당이득반환청구는 받아들일 수 있다. 제746조가 규정하는 불법원인이라 함은 그 원인되는 행위가 선량한 풍속 기타 사회질서에 위반하는 경우를 말하는 것으로서 법률의 금지에 위반하는 경우라 할지라도 그것이 선량한 풍속 기타 사회질서에 위반하지 않는 경우에는 이에 해당하지 않는다. 담배사업은 반드시 국가의 독점사업이 되어야 한다거나 담배의 판매를 특정한 자에게만 하여야 하는 것은 아니어서 그 자체에 무슨 반윤리적 요소가 있는 것은 아니고, 또한 담배사재기가 물가안정에관한법률에 의하여 금지되고 그 위반행위는 처벌되는 것이라고 하여도 이는 국민경제의 정책적 차원에서 일정한 제한을 가하고 위반행위를 처벌하는 것에 불과하므로 이에 위반하는 행위가 무효라고 하더라도 이것을 선량한 풍속 기타 사회질서에 반하는 행위라고는 할 수 없기 때문이다.

5. 효력규정인 강행규정 위반의 효과

효력규정인 강행규정에 위반한 법률행위는 절대적 무효이며, 따라서 당사자가 무효임을 알고 추인하여도 그 행위가 유효로 되지 않는다. 또한 제3자 보호규정을 강행규정에서 별도로 규정하고 있지 않는 한 강행규정에 반하여 무효인 법률행위를 기초로 하여 새롭게 이해관계를 갖더라도 제3자는 그 선·악의를 불문하고 보호되지 않는다(대판 1996.4.26. 94다43207). 그 경우에 계약상대방이 선의·무과실이더라도 제107조의 비진의표시의 법리 또는 표현대리 법리가 적용될 여지는 없다(대판 2016.5.12. 2013다49381). 가령 도시 및 주거환경정비법에 의한 주택재건축조합의 대표자가 그 법에 정한 강행규정에 위반하여 적법한 총회의 결의 없이 계약을 체결한 경우에는 상대방이 그러한 법적 제한이 있다는 사실을 몰랐다거나 총회결의가 유효하기 위한 정족수 또는 유효한 총회결의가 있었는지에 관하여 잘못 알았더라도 계약이 무효임에는 변함이 없다. 다만 선의취득이나 취득시효 등으로 보호받을 수는 있다.

|사례 56| A는 목포세무서 관재주무로 근무하면서 관내 국유재산 불하업무를 전담하던 중 매제인 乙 명의를 차용하여 X부동산을 불하받고, 乙 명의로 소유권이전등기를 마쳤다. 그런데 당시 국유재산법은 국유재산에 관한 사무에 종사하는 직원은 그 처리하는 국유재산을 양수하거나 자기의 소유물건과 교환하지 못한다고 하고 이에 위반한 행위는 무효로 규정하였다. 한편 乙은 X부동산을 丙에게 매각하고 소유권이전등기를 경료하여 주었다. 丙은 X부동산의 적법한 소유자인가?

(대판 1996.4.26. 94다43207 참조)

|해설 56| 丙은 X부동산을 취득할 수 없다.

구 국유재산법 제7조 등에 비추어보면 국유재산에 관한 사무에 종사하는 직원이 타인의 명의로 국유재산을 취득하는 행위는 강행법규인 같은 법 규정들의 적용을 잠탈하기 위한 탈법행위로서

무효라고 할 것이고, 나아가 같은 법이 거래안전의 보호 등을 위하여 그 무효를 주장할 수 있는 상대방을 제한하는 규정을 따로 두고 있지 아니한 이상 그 무효는 원칙적으로 누구에 대하여서나 주장할 수 있다 할 것이므로, 그 규정들에 위반하여 취득한 국유재산을 제3자가 전득하는 행위 또한 당연무효라고 할 것이다. 따라서 丙은 X부동산을 취득할 수 없다.

Ⅵ. 목적의 사회적 타당성 (제103조, 제104조)

1. 반사회질서 법률행위의 의의

제103조는 '반사회질서의 법률행위'라고 하는 표제 아래 "선량한 풍속 기타 사회질서에 위반한 사항을 내용으로 하는 법률행위는 무효로 한다"고 규정한다. '선량한 풍속 기타 사회질서'라고 하는 표현은 제103조 외에도 임의규정(제105조), 사실인 관습(제106조), 외국법의 적용(국제사법 제10조)과 관련하여 사용되고 있는데, '법률행위의 사회성 원칙'은 헌법의 이념과 부합하는 범위에서 인정된다.

2. '선량한 풍속 기타 사회질서'의 의의

(1) 일반개념으로서의 성격

제103조의 '선량한 풍속 기타 사회질서'는 불확정개념 내지 일반개념에 속한다. 따라서 이 규정은 법률(강행규정), 관습법, 판례, 학설에 의해 구체화되어야 한다. 무효의 법률효과를 낳는 구체적인 규정의 적용가능성을 먼저 검토하여야 하는데, 이와 같은 검토없이 제103조의 불확정개념을 근거로 무효를 주장하는 것은 '일반조항으로의 도피'로서 '법의 불안정'을 초래하므로 피해야 한다.

(2) 판단시기

어떠한 법률행위가 선량한 풍속 기타 사회질서에 위반했는지는 법률행위시를 기준으로 판단한다.

사례 57 甲은 乙로부터 X부동산을 매수하였는데, X부동산에 대한 乙명의의 소유권보존등기는 A가 위조한 매도증서에 의해 법원 판결로 이루어진 것이었다(A는 범죄사실로 인하여 유죄 확정판결을 받았다). 그러나 재심청구기간은 이미 도과하였고, 甲은 매매계약 체결 후에 비로소 A의 범죄 등 제반 사정을 알게 되었다. 甲은 乙에 대하여 X부동산의 등기를 경료하여 줄 것을 청구하고 있고, 乙은 甲의 청구는 결국 선량한 풍속 기타 사회질서에 반하는 것이어서 허용될 수 없다고 항변하고 있다. 누구의 주장이 타당한가?   (대판 2001.11.9, 2001다44987 참조)

|해설 57| **甲의 주장이 타당하다.**

매매계약체결 당시에 정당한 대가를 지급하고 목적물을 매수하는 계약을 체결하였다면, 비록 그 후 목적물이 범죄행위로 취득된 것을 알게 되었다고 하더라도, 계약의 이행을 구하는 것 자체가 선량한 풍속 기타 사회질서에 위반하는 것으로 볼 만한 특별한 사정이 없는 한, 그러한 사유만으로 당초의 매매계약에 기하여 목적물에 대한 소유권이전등기를 구하는 것이 제103조의 공서양속에 반하는 행위라고 단정할 수 없다. 나아가 甲은 범죄행위에 가담한 일이 없을 뿐만 아니라 매수 당시 범죄행위에 의하여 취득한 물건이라는 사실을 알지 못했다. 그리고 X토지에 대하여는 확정판결로 인하여(재심청구기간이 도과) 원 소유자 앞으로의 회복이 불가능하게 되어 乙의 소유권이 확정된 점 등을 감안하면, 甲이 체결한 매매계약에 기하여 소유권이전등기를 청구하는 것이 공서양속에 반한다고 할 수는 없다.

3. 반사회질서 법률행위의 유형

제103조에 의하여 무효로 되는 법률행위는 (i) 법률행위의 내용이 선량한 풍속 기타 사회질서에 위반되는 경우뿐만 아니라, (ii) 그 내용 자체는 반사회질서적인 것이 아니라고 하여도 법률적으로 이를 강제하거나 법률행위에 반사회질서적인 조건 또는 금전적인 대가가 결부됨으로써 반사회질서적 성질을 띠게 되는 경우 및 (iii) 표시되거나 상대방에게 알려진 법률행위의 동기가 반사회질서적인 경우를 포함한다(대판 2001.2.9, 99다38613). 다만 이상의 각 요건에 해당하지 아니하고 단지 법률행위의 성립 과정에서 불법적 방법이 사용된 데 불과한 때에는, 그 불법이 의사표시의 형성에 영향을 미친 경우 의사표시의 하자를 이유로 그 효력을 논의할 수는 있을지언정, 반사회질서의 법률행위로서 무효라고 할 수는 없다(대판 2002.9.10, 2002다21509). 기망행위, 강박행위 등이 법률행위의 성립 과정에서 사용된 데 불과한 때에는 제103조에 의해 무효가 되는 것은 아니다.

(1) 법률행위의 내용이 반사회적인 경우

(가) 법률행위의 내용이 반사회성을 띠는 경우에는 그러한 법률행위는 제103조 위반으로 무효이다. 첩계약이나 청부살인계약과 같은 것이 여기에 해당한다.

(나) 종중 유사단체는 공동선조의 후손 중 일부에 의하여 인위적인 조직행위를 거쳐 성립된 사적 임의단체라는 점에서 자연발생적인 종족집단인 고유한 의미의 종중과 그 성질을 달리하므로 사적자치의 원칙 내지 결사의 자유에 따라 그 구성원의 자격이나 가입조건을 자유롭게 정할 수 있음이 원칙이다. 따라서 종중 유사단체의 회칙이나 규약에서 공동선조의 후손 중 남성만으로 그 구성원을 한정하고 있다 하더라도 특별한 사정이 없는 한 이는 사적자치의 원칙 내지 결사의 자유의 보장범위에 포함되고, 위 사정만으로 그 회칙이나 규약이 양성평등 원칙을 정한 헌법 제11조 및 민법 제103조를 위반하여 무효라고 볼 수는 없다(대판 2011.2.24, 2009다17783). 반면에 서울기독교청년회(서울YMCA)가 남성 회원에게는 별다른 심사 없이 총회의결권 등을 가지는 총회

원 자격을 부여하면서도 여성 회원의 경우에는 지속적인 요구에도 불구하고 원천적으로 총회원 자격심사에서 배제하여 온 것은, 우리 사회의 건전한 상식과 법감정에 비추어 용인될 수 있는 한계를 벗어나 사회질서에 위반되는 것으로서 여성 회원들의 인격적 법익을 침해하여 불법행위를 구성한다(대판 2011.1.27, 2009다19864.).

(다) 형사사건에서 성공보수의 약정은 "수사와 재판의 결과를 금전적인 대가와 결부시킴으로써 기본적 인권의 옹호와 사회정의의 실현을 그 사명으로 하는 변호사 직무의 공공성을 저해하고, 의뢰인과 일반 국민의 사법제도에 대한 신뢰를 현저히 떨어뜨릴 위험이 있으므로 선량한 풍속 기타 사회질서에 위반되는 것"으로 보았다(대판(전합) 2015.7.23, 2015다200111.). **13)** 이 판결 이후로는 형사사건에서 성공보수 약정이 있더라도 변호사는 성공보수 약정이 무효임을 알고 있을 것이므로, 해당사실을 인식하지 못했을 때를 전제로 하는 보충적 해석이 불가능하다. 따라서 통상적인 보수에 해당하는 금액도 청구할 수 없다고 해석되어야 할 것이다. 이미 지급된 성공보수는 불법원인급여에 해당되지만 불법성비교론에 의하여 수익자인 변호사의 불법성이 크다고 볼 수 있다면 반환을 청구할 수 있다고 해석될 수 있다. 변경된 판례는 소급적용되지 않으므로 이 판결 이후의 성공보수약정만이 무효가 된다.

(2) 법률적으로 이를 강제함으로써 반사회질서적 성질을 띠게 되는 경우

법률행위의 목적 자체가 반사회질서적인 것은 아니나 이를 법률적으로 강제함으로써 반사회질서적 성격을 띠게 되는 경우에도 그러한 법률행위는 무효이다. 예컨대 위약벌의 약정에 있어서 의무의 강제에 의하여 얻어지는 채권자의 이익에 비하여 약정된 벌이 과도하게 무거울 때에는 그 일부 또는 전부가 공서양속에 반하여 무효로 될 수 있다(대판 1993.3.23, 92다46905.).

(3) 법률행위에 반사회질서적인 조건이 결부되는 경우

법률행위에 반사회질서적인 조건이 결부된 경우에는 그 조건뿐만 아니라 법률행위 전체가 무효가 된다. 예컨대 부첩관계인 부부생활의 종료를 해제조건으로 하는 증여계약은 그 조건만이 무효인 것이 아니라 증여계약 자체가 무효가 된다(대판 1966.6.21, 66다530.).

(4) 법률행위에 금전적인 대가가 결부됨으로써 반사회질서적 성질을 띠게 되는 경우

소송사건에서 일방 당사자를 위하여 증인으로 출석하여 증언하였거나 증언할 것을 조건으로 어떤 대가를 받을 것을 약정한 경우, 그 대가의 내용이 통상적으로 용인될 수 있는 수준을 초과하는 경우에는 그와 같은 약정은 금전적 대가가 결부됨으로써 선량한 풍속 기타 사회질서에

---

13) 종전의 판례가 민사사건이건 형사사건이건 가리지 않고 성공보수 약정은 원칙적으로 유효하므로 전액청구할 수 있지만, '약정된 보수액이 부당하게 과다하여 신의성실의 원칙이나 형평의 원칙에 반한다고 볼 만한 특별한 사정이 있는 경우에는 예외적으로 상당하다고 인정되는 범위 내의 보수액만을 청구할 수 있다'고 판단한 것(대판 2009.7.9, 2009다21249)을 변경했다.

반하는 법률행위가 되어 제103조에 따라 효력이 없다$\binom{대판\ 1966.6.}{21,\ 66다530}$.

　수사기관에 허위로 진술하여 주기로 하고 이에 대하여 대가를 받기로 약정하는 것도 무효가 된다$\binom{대판\ 2001.4.24,}{2000다71999}$. 이에 반하여 소송 등에서 사실대로 증언해 줄 것을 조건으로 통상적인 수준의 급부를 약정한 경우에는 이러한 약정은 유효하다. 다만 이러한 경우에도 통상적인 수준을 넘는 급부를 약정하였다면 제103조 위반으로 무효가 된다$\binom{대판\ 1999.4.13,}{98다52483}$.

(5) 동기가 반사회적인 경우

　매매계약 목적물의 소유권이전이나 대금지급 등 법률행위의 내용은 반사회적이지 않지만, 그 계약의 기초가 되는 동기 또는 수단이 법질서에 어긋나는 때에 이로써 법률행위를 무효로 할 수 없다$\binom{대판\ 1972.10.31,}{72다1271,1272}$. 다만 그와 같은 동기가 표시되거나 상대방에게 알려진 경우에는 제103조에 의하여 법률행위가 무효로 될 수 있다$\binom{대판\ 2001.2.9,\ 99다38613.\ 예컨대\ 도박자금으로\ 제공할\ 목적으로\ 금전}{을\ 빌려준\ 경우에\ 그러한\ 동기가\ 표시되거나\ 상대방에게\ 알려졌다면\ 소}$

비대차계약은 무효가 된다$\Big)$.
(대판 1973.5.22, 72다2249).

사례 58 甲은 乙법인의 총무원장과 협의를 거쳐 그의 사전 내락을 받아둔 상태에서 乙법인 소속 사찰을 인수하기로 마음먹고, 위 사찰의 전 주지인 A와 사이에 A가 주지직에서 사임하고 甲이 후임 주지로 취임하는 대가로 3억 원을 지급하기로 약정하였다. 이후 A가 주지직에서 사임하였고, 乙법인의 총무원장은 이러한 사실을 알고 묵인한 상태에서 甲을 사찰의 후임 주지로 임명하였다. 甲의 주지직 양도·양수약정의 효력과 甲에 대한 乙법인 총무원장의 주지 임명행위의 효력은?

(대판 2001.2.9, 99다38613 참조)

|해설 58| 주지직 양도·양수약정은 무효이나, 甲에 대한 주지 임명행위는 유효하다.

　판례는 이 사건에서 전통사찰의 주지직을 거액의 금품을 대가로 양도·양수하기로 하는 약정은 그 내용이 선량한 풍속 기타 사회질서에 반하는 행위로서 무효라고 보았다. 그러나 乙법인이 甲과 A 사이에 위와 같은 약정이 있음을 알고 이를 묵인하거나 혹은 방조한 상태에서 甲을 주지로 임명하였다고 하더라도 그 임명행위 자체가 선량한 풍속 기타 사회질서에 반한다고 할 수는 없고, 법률적으로 이를 강제하거나, 법률행위에 반사회질서적인 조건이나 금전적 대가가 결부됨으로써 반사회질서적 성질을 띠게 되는 경우 또는 표시되거나 상대방에게 알려진 법률행위의 동기가 반사회질서적인 경우에도 해당한다고 보기도 어렵다고 하였다.

---

4. 반사회적 법률행위의 구체적 사례

(1) 정의 관념에 반하는 행위

(가) 제103조의 위반이 인정된 예

　청원권 행사의 일원으로 행정기관에 진정서를 제출하여 상대방을 궁지에 빠뜨린 다음 이를 취하하는 조건으로 거액의 급부를 제공 받기로 약정한 경우$\binom{대판\ 2000.2.11,}{99다56833}$, 보험계약자가 오로지 보험사고를 가장하여 보험금을 취득할 목적으로 생명보험계약을 체결하거나, 다수의 보험계약을 통하여 보험금을 부정취득할 목적으로 보험계약을 체결한 경우$\binom{\text{대판 2000.2.11, 99다49064;}}{\text{대판 2018.9.13, 2016다25515}}$, 증권회사 또는 임직원이 고객에 대하여 증권거래와 관련하여 발생한 손실을 보전하여 주기로 약속하거나 실제로 손실을 보전하는 행위$\binom{\text{대판 2003.1.24, 2001다2129;}}{\text{대판 2001.4.24, 99다30718}}$는 무효이다. 또한 어떠한 위임계약이 행정청의 허가 등의 신청행위를 대상으로 한 경우, 신청행위 자체에는 전문성이 크게 요구되지 않고 허가에 공무원의 재량적 판단이 필요하며, 신청 관련 절차에 필수 비용은 크지 않은 데 반하여, 약정보수액은 지나치게 다액으로 수임인이 허가를 얻기 위하여 공무원에게 뇌물공여 등 로비를 하는 자금이 보수액에 포함되어 있다고 볼 만한 특수한 사정이 있는 때에는 위임계약은 반사회질서적인 조건이 결부됨으로써 반사회질서적 성질을 띠고 있어 제103조에 따라 무효이다$\binom{\text{대판 2016.2.18,}}{\text{2015다35560}}$.

> **사례 59** A는 자신의 경제사정이 악화되자, 처인 B를 피보험자로 하여 생명보험에 가입한 다음 B를 살해하고서 보험사고로 위장하여 보험금을 편취하기로 마음먹었다. A는 乙과 보험계약자 및 피보험자를 B, 보험수익자를 상속인으로 하여 생명보험계약을 B 몰래 체결하고서 같은 날 1회의 보험료를 납부하였다. A는 C를 교사하여 B를 사망하게 하였는데, B의 상속인으로는 A 이외에 친정 어머니인 甲이 있다. 甲은 乙에게 보험금의 지급을 구할 수 있는가?
>
> (대판 2000.2.11, 99다49064 참조)
>
> **해설 59** 보험금 지급을 구할 수 없다.
>
> 생명보험계약은 사람의 생명에 관한 우연한 사고에 대하여 금전을 지급하기로 약정하는 것이어서 금전을 취득할 목적으로 고의로 피보험자를 살해하는 등의 도덕적 위험의 우려가 있다. 따라서 계약체결에 관하여 신의성실의 원칙에 기한 선의(이른바 선의계약성)가 강하게 요청되는데, 처음부터 오로지 보험사고를 가장하여 보험금을 취득할 목적으로 생명보험계약을 체결한 경우에는 그와 같은 계약은 무효가 된다. 사람의 생명을 수단으로 이득을 취하고자 하는 불법적인 행위를 유발할 위험성이 크고, 이러한 목적으로 체결된 생명보험계약에 의하여 보험금을 지급하게 하는 것은 보험계약을 악용하여 부정한 이득을 얻고자 하는 사행심을 조장함으로써 사회적 상당성을 일탈할 수 있기 때문이다. B의 상속인으로서 보험수익자 중의 1인인 甲으로서는 자신이 고의로 보험사고를 일으키지 않았다고 하더라도 보험자인 乙에 대하여 보험금을 청구할 수 없다.

(나) 제103조의 위반이 부정된 예

채권자와 연대보증인 사이의 연대보증계약이 주채무자의 기망에 의하여 체결된 경우와 같이 단지 법률행위의 성립 과정에서 불법적 방법이 사용된 데 불과한 경우$\binom{\text{대판 2002.9.10,}}{\text{2002다21509}}$, 강제집행을 면할 목적으로 부동산에 허위의 근저당권설정등기를 경료하는 행위$\binom{\text{대판 2004.5.28,}}{\text{2003다70041}}$, 양도소득세를 회피하기 위하여 매매계약을 체결하거나$\binom{\text{대판 1992.12.22,}}{\text{91다35540}}$ 명의신탁하는 행위$\binom{\text{대판 1991.9.13,}}{\text{91다16334}}$ 등은 제103조 위반으로 무효가 되는 것은 아니다. 특히 비자금을 소극적으로 은닉하기 위하여 임치한 것도 사회질서에 반하는 법률행위로 볼 수 없다$\binom{\text{대판 2001.4.10,}}{\text{2000다49343}}$.

> 사례 60 전직대통령 A는 乙에게 비자금 중 일부인 200억 원을 맡겼다. 이는 돈을 은닉하여 두
> 었다가 필요시에 쉽게 사용하기 위한 것이었다. 대한민국은 법원에 의하여 내려진 추징금채권의
> 집행으로 A의 乙에 대한 채권에 대하여 추심명령을 받았고, 이를 근거로 乙이 대한민국에게 200
> 억 원을 반환할 의무가 있다고 주장한다. 이에 대해 乙은 A와 乙 사이의 법률관계는 선량한 풍속
> 기타 사회질서에 위반한 법률행위로서 무효이고, 위 금원은 불법원인급여로서 반환을 구할 수 없
> 다고 항변한다. 누구의 주장이 타당한가?　　　　　　　　　　(대판 2001.4.10. 2000다49343 참조)
>
> |해설 60| 대한민국의 주장이 타당하다.
> A가 乙에게 비자금 중 일부인 위 200억 원을 맡긴 동기는 위 돈을 은닉하여 두었다가 필요시에
> 쉽게 사용하기 위한 것이라고 할 것인데, 이와 같이 이미 반사회적 행위에 의하여 조성된 재산
> 을 소극적으로 은닉하기 위하여 이 사건 임치에 이른 것만으로는 그것이 곧바로 사회질서에 반
> 하는 법률행위라고 볼 수 없다.

(2) 인륜에 반하는 행위

처 있는 남자가 다른 여자와 장래 혼인하기로 하여 혼인예약을 맺는 행위($\binom{\text{대판 1955.10.13.}}{\text{4288민상245}}$), 부첩
관계를 맺으면서 처의 사망 또는 이혼이 있을 경우에 입적시켜준다는 부수적 약정을 맺는 행
위($\binom{\text{대판 1955. 7.14.}}{\text{선고 55다156}}$), 혼인관계가 존속 중인 사실을 알면서 남의 첩이 되는 부첩행위가 지속되었을
때 본처가 장래의 부첩관계를 사전승인하는 행위($\binom{\text{대판 1967.10.}}{\text{6. 67다1134}}$)는 공서양속에 반한다.

그러나 부첩관계를 해소하면서 한 금전지급약정($\binom{\text{대판 1980.6.}}{\text{24. 80다458}}$), 부정행위를 용서받는 대가로 손
해를 배상함과 아울러 가정에 충실하겠다는 서약의 취지에서 부동산을 양도하되, 부부관계가
유지되는 한 처의 임의처분을 제한하는 약정($\binom{\text{대판 1992.10.27.}}{\text{92므204,211}}$)은 공서양속에 반하지 않는다.

부녀가 상대방으로부터 금품이나 재산상 이익을 받을 것을 약속하고 성행위를 하는 약속
($\binom{\text{대판 2001.10.23.}}{\text{2001도2991}}$), '티켓다방'을 운영하는 甲이 乙 등을 종업원으로 고용하면서 대여한 선불금이 乙
등의 윤락행위를 전제로 한 것이거나 그와 관련성이 있는 경제적 이익인 경우 그 대여행위
($\binom{\text{대판 2013.6.14.}}{\text{2011다65174}}$)는 반사회질서의 법률행위에 해당한다.

(3) 개인의 자유를 심하게 제한하는 행위

어떠한 일이 있어도 이혼하지 아니하겠다는 각서를 써 주었다 하더라도 그와 같은 의사표시
는 신분행위의 의사결정을 구속하는 것으로서 공서양속에 위배하여 무효이다($\binom{\text{대판 1969.8.}}{\text{19. 69므18}}$).

(4) 생존의 기초가 되는 재산의 처분 행위

사찰의 주지이었던 사람이 사찰에 출입하기 위하여서는 통과하여야만 하고 사찰에 있어서
꼭 필요한 불교재산관리법 소정의 경내지이며 예로부터 소유하여 왔던 사찰의 가장 중요한 재
산인 임야를 학교법인에 증여한 행위는 사찰의 목적수행을 불가능케 하고 존립자체를 위태롭

게 하는 정도의 것인 경우에는 설사 그 증여에 대한 관할청인 문교부장관의 허가를 얻었다 하더라도 당연무효이다($\substack{\text{대판 1976.4.13.} \\ \text{75다2234}}$).

(5) 지나치게 사행적인 행위

도박자금에 제공할 목적으로 도박당사자가 금전의 대차를 한 때에는 그 대차계약은 제103조의 반사회질서의 법률행위로 무효이다($\substack{\text{대판 1973.5.22.} \\ \text{72다2249}}$).

사례 61 A가 甲을 사기도박에 끌어들여 돈을 잃게 하는 과정에서 도박자금 명목으로 甲에게 빌려준 돈이 3억원에 이른다. A로부터 채무의 변제를 요구받은 甲은 그에게 자기 소유 X부동산의 처분을 위임하고 그 처분 대가로써 위 도박채무의 변제에 충당하기로 약정하였다. A는 甲을 대리하여 X부동산을 乙에게 매도한 다음 수령한 대금으로 위 도박채무의 변제에 충당하였다. 甲은 A에게 처분권한을 위임하고 그 처분대가로써 도박채무의 변제에 충당한 행위는 선량한 풍속 기타 사회질서에 위반한 사항을 내용으로 하는 행위로서 무효이고, A가 甲을 대리하여 체결한 매매계약도 무권대리행위로서 무효라고 주장하며 乙은 소유권을 취득할 수 없다고 주장한다. 이와 같은 甲의 주장은 타당한가?   (대판 1995.7.14. 94다40147 참조)

해설 61 변제충당약정은 제103조 위반으로 무효이나, 수권행위 및 매매계약은 유효이다.
도박채무 부담행위 및 그 변제약정은 제103조의 선량한 풍속 기타 사회질서에 위반되어 무효이다. 다만 그 무효는 변제약정의 이행행위에 해당하는 X부동산을 乙에게 처분한 대금으로 도박채무의 변제에 충당한 부분에 한정된다. 즉 변제약정의 이행행위에 직접 해당하지 아니하는 X부동산 처분에 관한 대리권을 A에게 수여한 행위 부분까지는 무효라고 볼 수 없고, 위와 같은 사정을 알지 못하는 거래 상대방인 乙이 甲으로부터 그 대리인인 A를 통하여 X부동산을 매수한 행위까지 무효가 된다고 할 수 없다.

---

(6) 당사자의 우월한 지위를 이용한 행위

도급인의 지위에 있는 행정기관이 계약체결시에 약정한 공사기간을 그 후 행정상의 이유로 일방적으로 물리적으로 불가능하거나 부실공사를 강요하는 정도로 공사기간의 단축을 요구하여 수급인이 이에 부득이 응하였다면, 그 단축된 준공기한을 기준으로 이행지체를 이유로 하는 지체상금을 물게 한 것은 선량한 풍속 기타 사회질서에 비추어 허용할 수 없다. 따라서 준공기한 단축의 합의 중에서 준공에 절대적으로 필요한 최소한의 기간에 해당하는 지체상금 부분에 한하여 무효이다($\substack{\text{대판 1997.6.24.} \\ \text{97다2221}}$).

(7) 부동산 이중매매

부동산 이중매매란 부동산 소유자가 양도의 원인이 되는 매매 기타의 계약을 하여 소유권 양도의무를 부담함에도 동일부동산을 다시 제2매수인에게 매도하여 소유권 양도의 의무를 이중으로 부담하고 나아가 제1매수인에 대한 양도의무에 반하여, 소유권의 이전에 관한 등기를 제2매수인에게 경료하는 경우를 말한다.

(가) 효력: 원칙적 유효

소유자에게 이미 제1매수인에 대한 소유권양도의무가 있음에도 불구하고 소유자가 체결한 제2매매계약은 원칙적으로 공서양속에 반하는 행위가 아니다(대판 2013.10.11, 2013다52622). 나아가 유효한 제2 매매계약에 따라 경료된 소유권이전등기도 무효라고 할 수 없다. 그러나 매도인은 제1매수인에 게 이행불능으로 인한 손해배상책임에 따라 손해를 전보해야 한다.

그러나 이중매매의 제2매수인이 권리를 취득하게 될 결과를 부인해야 할 만한 책임귀속사유 가 제2매수인에게 있는 경우 그 이중매매는 공서양속에 반하여 무효가 된다(대판 2013.10.11, 2013다52622). 예컨 대 제2매수인이 '소유자의 배임행위에 적극 가담'했다면 제103조 위반 행위로 무효가 된다 (대판 1985.11.26, 85다카1580 등 다수). 이중매매가 반사회질서적 법률행위가 되어 무효로 되기 위해서는 양수인이 양 도인의 배임행위를 아는 것만으로는 부족하고, 나아가 배임행위를 유인·교사하거나 이에 협력 하는 등 적극 가담하는 것이 필요하다(대판 2009.9.10, 2009다34481). 예컨대 이미 부동산을 매도한 후 매도인의 동생이 그 사실을 잘 알면서 자기 명의로 소유권이전등기를 경료하였다면 특별한 사정이 없는 한 반사회적 법률행위로 무효가 된다(대판 1978.4. 11, 78다274).

(나) 이중매매의 법리

1) 제2매수인이 선의인 경우 매도인과 제2매수인의 매매계약은 유효하고 매도인은 제1매수 인에게 이행불능에 대한 책임을 부담한다.

2) 제2매수인이 매도인의 배임행위에 적극가담한 경우 제2매매계약은 제103조 위반으로 무 효가 되며 그 등기는 원인무효인 등기가 될 가능성이 높다.

제1매수인은 채무자인 매도인의 제2매수인에 대한 소유권이전등기 말소등기청구권을 대위행 사할 수 있다(대판 1980.5.27, 80다565. 그 근거가 제746조 단서의 적 용인지 제746조의 적용을 부정하는 것인지는 불분명하다). 이때 제1매수인은 매도인에게 이행불능으 로 인한 손해배상을 청구할 수 없다. 제2매수인이 이행의 확정판결(⑩ 제2매수인이 이전등기청구 의 소를 제기하고 매도인이 참석하지 않아 자백간주된 경우)로 이전등기를 받은 경우 제1매수인이 하는 소유권이전등기 말소등기 또는 진정명의 회복을 위한 소유권이전등기의 대위청구는 확정 판결의 기판력에 저촉되므로 허용되지 않는다(대판 1999.2.24, 97다46955). 제1매수인은 이전등기청구권이라는 특정채권의 보전을 위한 채권자취소권을 행사할 수 없다(대판 1999.4.27, 98다56690). 그러나 제2매수인에게 채 권침해로 인한 불법행위책임을 물을 수는 있다(대판 2001.5.8, 99다38699. 불능을 이유로 한 부동산 가액 상당의 손해배상채권도 이중양도행위에 대한 사해행위취소권을 행사할 수 있는 피보전채권에 해당 한다고 할 수 없다).

제2매매계약이 무효이면 제2매수인으로부터 매수한 선의의 제3자가 한 소유권이전등기도 무 효이다(대판 1996.10.25, 96다29151).

제2매수인이 목적물을 반환해야 할 때, 제2매수인이 지급한 대금반환은 학설에 따라 다른 결론에 이르게 된다. 제746조 적용을 배제하는 견해에서는 대금도 반환될 수 있지만, 제746조의 적용을 전제로 하는 경우에는 대금이 반환되지 않는다

3) 제2매수인이 제2매매에 적극가담하지는 않았지만 이중매매임을 알고 있었다면 제2매매계약은 유효하고($\substack{대판 1995.2.10,\\94다2534}$) 제1매수인은 채권자취소권뿐만 아니라 채권자대위권도 행사할 수 없다. 제2매수인에 대한 불법행위책임도 물을 수 없다($\substack{대판 2001.5.8,\\99다38699 \ 참조}$). 다만 매도인은 이행불능의 책임을 진다.

(다) 이중매매 법리의 확장

이중매매의 법리는 주로 부동산의 이중양도가 문제되지만, 그 이외의 영역에도 확장될 수 있다.

1) 부동산 소유자 甲이 부동산을 A에게 매도하여 그로부터 등기독촉을 받고 있는 사정을 잘 알면서 甲의 아들이 그로부터 이를 증여 받아 아버지의 배임행위에 적극 가담한 수증행위($\substack{대판 1982.\\2.9,\ 81\\다1134}$), 이미 매도된 부동산에 관하여 저당권자가 매도인의 배임행위에 적극 가담하여 이루어진 저당권설정등기($\substack{대판 1998.2.10,\\97다26524}$)는 반사회적 법률행위로서 무효이다. 이중매매의 매수인이 직접 매매계약을 체결하는 대신에 매도인에 대한 가장채권에 기초한 채무명의($\substack{필자 주: 현행법상\\으로는 집행권원}$)를 만들고 그에 따른 강제경매절차에서 매수인이 매수하여 취득하는 방법을 취한 경우($\substack{대판 1985.11.\\26,\ 85다카1580}$), 대출금채무의 담보를 위하여 제공한 주식을 보관하는 자가 별도의 차명 대출을 받으면서 위 주식을 주주들의 동의 없이 무단으로 담보에 제공할 때, 그와 같은 사정을 잘 알면서 위 주식을 담보로 제공받은 행위($\substack{대판 2005.11.10,\\2005다38089}$), 주권발행 전 주식을 이중으로 양도하고 제2양수인에 대한 양도통지를 확정일자 있는 통지로 하여 제1양수인이 제2양수인에게 대항할 수 없게 되는 양도인의 배임행위에 제2양수인이 적극 가담한 경우($\substack{대판 2006.9.14,\\2005다45537}$) 그 행위는 사회질서에 반하는 법률행위로서 무효이다.

2) 부동산에 관한 취득시효가 완성된 후 취득시효의 완성을 주장하는 자가 소유권이전등기청구소송을 제기하여 그에 관한 증명까지 마쳤다면 부동산 소유자가 제3취득자의 적극적 배임행위에 의하여 그 부동산을 제3자에게 처분하는 행위는 사회질서에 반하는 행위로서 무효이다($\substack{대판 1993.2.9,\\92다47892}$).

3) 종중 등의 부동산명의신탁에 있어서 명의수탁자로부터 신탁재산을 매수한 제3자가 명의수탁자의 명의신탁자에 대한 배임행위에 적극 가담한 경우에는 명의수탁자와 제3자 사이의 계약은 무효이다($\substack{대판 2008.3.27,\ 2007다82875.\ 여기서\ 제3자의\ 적극\ 가담행위란\ 수탁자가\ 단순히\ 등기명의만\ 수탁\ 받았을\ 뿐\ 그\ 부동산을\\처분할\ 권한이\ 없는\ 줄을\ 잘\ 알면서도\ 명의수탁자가\ 신탁재산을\ 불법처분하도록\ 적극적으로\ 요청하거나\ 유도하는\ 등의\ 행\\위를\ 의\\미한다}$).

4) 공동상속인 중 1인이 제3자에게 상속 부동산을 매도한 뒤 그 앞으로 소유권이전등기가 경료되기 전에 그 매도인과 다른 공동상속인들 간에 그 부동산을 매도인 외의 다른 상속인 1인의 소유로 하는 내용의 상속재산 협의분할이 이루어져 그 앞으로 소유권이전등기를 한 경우에,

그 상속재산 협의분할은 상속개시된 때에 소급하여 효력이 발생하고 등기를 경료하지 아니한 제3자는 제1015조 단서 소정의 소급효가 제한되는 제3자에 해당하지 아니하는바, 이 경우 상속재산 협의분할로 부동산을 단독으로 상속한 자가 협의분할 이전에 공동상속인 중 1인이 그 부동산을 제3자에게 매도한 사실을 알면서도 상속재산 협의분할을 하였을 뿐 아니라, 그 매도인의 배임행위(또는 배신행위)를 유인·교사하거나 이에 협력하는 등 적극적으로 가담한 경우에는 그 상속재산 협의분할 중 그 매도인의 법정상속분에 관한 부분은 제103조 소정의 반사회질서의 법률행위에 해당한다(대판 1996.4.26, 95다54426).

사례 62 A는 X부동산을 甲에게 매도하는 계약을 체결하고 사망하였다. 상속이 이루어진 후에 공동상속인 중 1인이자 다른 공동상속인들의 대리인임을 자칭하는 B는 乙과의 사이에 X부동산 전부에 관하여 제2매매계약을 체결하였는데 그 제2매매계약은 乙이 배임행위에 적극 가담한 것으로서 반사회적 법률행위에 해당하여 무효인 경우였다. 乙에게의 소유권이전등기는 확정판결에 따라 마쳐졌다. 甲은 乙 명의의 등기의 무효를 주장하는데, 乙은 소유권이전등기가 확정판결에 의한 것이므로 재심판결이 있기까지는 그 소유권이전의 효력을 부인할 수 없다든가 이 사건 이중매매가 반사회적 법률행위로서 무효라고 하더라도 그 무효의 범위는 제2매매계약에 직접 관여한 B의 상속분에 한정된다고 주장한다. 그 타당성은? (대판 2002.4.26, 2001다8097 참조)

해설 62 타당하지 않다.

부동산의 제2매수인이 매도인의 배임행위에 적극 가담한 결과 제2매매계약이 반사회적 법률행위에 해당하여 무효인 경우에, 그 무효인 제2매매계약을 원인으로 하는 제2매수인 앞으로의 소유권이전등기가 확정판결에 따라 마쳐졌다 하더라도, 그 확정판결의 기판력에 저촉되지 않는 범위에서는 제1매수인이 위 소유권이전등기의 무효를 주장할 수 있다. 한편 당초의 매도인이 사망하고 상속이 이루어진 후에 공동상속인 중 1인으로서 다른 공동상속인들의 대리인임을 자칭하는 자와 제2매수인 사이에 부동산 전부에 관하여 제2매매계약이 체결되었는데 그 제2매매계약이 위에서 본 바와 같은 사유로 반사회적 법률행위에 해당하여 무효인 경우라면, 위 제2매매계약에 직접 관여한 공동상속인의 상속분에 관하여뿐만 아니라 부동산 전부에 관하여 그 매매계약 및 그에 기한 소유권이전등기가 무효인 것으로 보아야 할 것이다. 乙 앞으로의 소유권이전등기가 확정판결에 의한 것이므로 재심판결이 있기까지는 그 소유권이전의 효력을 부인할 수 없다든지 또는 이 사건 이중매매가 반사회적 법률행위로서 무효라고 하더라도 그 무효의 범위는 제2매매계약에 직접 관여한 B의 상속분에 한정된다는 취지의 주장은 받아들여질 수 없다.

---

5. 반사회적 법률행위의 효과

(1) 무 효

선량한 풍속 기타 사회질서에 반하는 법률행위는 무효이다(제103조). 법률행위가 무효라는 의미는 다음과 같다. 단독행위(예 채권의 포기 등)는 없었던 것으로 되며 계약은 무효가 되어 계약상 채무가 발생하지 않는다. 채무를 이행하지 않은 경우 상대방은 채무의 이행을 청구할 수 없다.

판례는 원칙적으로 반사회질서의 법률행위로서 무효라는 점은 직권조사사항이 아니라 변론주의가 적용되는 사항으로 본다(대판 1974.9.24. 74다815: 대판 1999.4.13. 98다52483). 그러나 엄밀히 볼 때 변론주의가 적용되더라도 당사자는 특정 법률행위가 민법 제103조 소정의 '선량한 풍속 기타 사회질서'에 반하는 구체적 사실(예컨대 도박자금에 제공할 목적으로 금전의 대차를 한 사실)을 주장하면 족하고, 그 사실이 '선량한 풍속 기타 사회질서'에 위반되는지는 법적 평가의 영역(법규범)이기 때문에 당사자가 이 점까지 주장해야 하는 것은 아니라고 할 것이다(대판 1995.12.22. 94다42129).14)

사례 63 甲은 乙에게 자기 소유인 황삼 28근을 대만에서 팔아서 그 대금으로 대만산 육신환을 사다 달라고 부탁하였다. 그런데 황삼의 수출이나 육신환의 수입이 금지되어 있고, 이를 위반하는 법률행위는 제103조에 위반된다. 乙은 甲의 부탁대로 육신환을 사서 甲에게 주었다. 그 뒤 甲은 그 육신환이 가짜라고 하면서 乙에게 손해의 배상을 요구했다. 乙은 손해배상금으로 180,000원을 甲에게 지급하기로 하되 형식상으로는 乙이 甲으로부터 180,000원을 빌린 것으로 서류를 작성하고, 丙은 이를 연대보증하였다. 甲은 乙과 丙에게 손해배상금, 보증채무의 지급을 청구할 수 있는가?

(대판 1966.12.27. 66다2145 참조)

해설 63 청구할 수 없다.

대법원은 이 사건에서 불법원인급여자가 수익자와의 약정에 의하여, 그 급여의 대상으로서 급여물이 아닌 다른 물품의 지급을 받기로 하였을 경우라도 그 지급을 구하는 원인으로서 당초의 불법원인급여사실을 주장하게 되는 한 그 청구는 불법원인급여의 반환청구의 범주에 속한다고 하여, 甲의 청구를 인용하고 있는 원심을 파기환송하였다.

사례 64 甲은 乙에게 20억 원의 정치자금을 주었다. 그 후 乙은 위법하게 수수한 정치자금이 문제될 수 있음을 우려하여 이를 甲에게 반환하기로 약정하였다. 甲이 乙에게 그 반환을 청구했음에도 불구하고 반환을 하지 않고 있다. 乙은 甲에게 20억 원을 반환해야 하는가? (위법한 정치자금의 반환약정이 사회질서에 반하여 무효라는 점에 관하여는 乙이 별도로 주장·증명한 바가 없었다)

(대판 2010.5.27. 2009다12580 참조)

해설 64 반환의무가 있다.

반환약정의무 자체의 제103조 위반여부에 따라 판단되어야 하는데 그 위반 여부에 대해서 수익자인 乙이 주장·증명한 바가 없기 때문에 반환의무가 인정된다. 즉 불법원인급여 후 급부를 이행 받은 자가 급부의 원인행위와 별도의 약정으로 급부 그 자체 또는 그에 갈음한 대가물의 반환을 특약하는 것은 불법원인급여를 한 자가 그 부당이득의 반환을 청구하는 경우와는 달리 그

---

14) 이와는 달리 특정 법률행위가 '선량한 풍속 기타 사회질서'에 위반된다거나 그 법률행위가 민법 제103조 위반으로서 무효라는 취지의 법률상 주장까지 이루어져야 법원이 비로소 이에 대해 판단할 수 있는 예외에 해당되는 것이라는 접근도 불가능한 것은 아니다. 법률적 주장 또는 권리를 행사한다는 취지의 의사표시가 이루어지지 않으면 법원이 판단할 수 없다는 입장을 취한 것으로 보이는 판례들도 있다(예컨대 소멸시효 항변에서 소멸시효의 주장이 필요하다고 판단한 것으로는 대판 1991.7.26. 91다5631, 응소로 인한 시효중단 항변에서 시효중단의 주장이 필요하다는 판례로는 대판 1995.2.28. 94다18577, 동시이행항변에 대해서는 대판 1967.9.19. 67다1231 참조).

반환약정 자체가 사회질서에 반하여 무효가 되지 않는 한 유효하다. 따라서 반환약정의 제103조 위반 여부는 별도로 검토해야 한다.

여기서 반환약정 자체의 무효 여부는 반환약정 그 자체의 목적뿐만 아니라 당초의 불법원인급여가 이루어진 경위, 쌍방당사자의 불법성의 정도, 반환약정의 체결과정 등 제103조 위반 여부를 판단하기 위한 제반 요소를 종합적으로 고려하여 결정된다.

반환약정이 사회질서에 반하여 무효라는 점은 수익자가 이를 증명하여야 한다. 사안에서는 약정 자체가 사회질서에 반하여 무효라는 점에 관하여는 아무런 주장 · 증명이 없으므로, 乙은 정치자금 20억 원의 반환약정에 따른 금원을 甲에게 지급할 의무가 있다.

(2) 불법원인급여의 반환배제

무효인 법률행위를 기초로 급부한 것은 '법률상 원인 없는 이득'이 되어 반환함이 원칙이지만($^{제741}_{조}$), 반사회적 법률행위의 경우에는 원칙적으로 그 급부의 반환청구를 금지하고 다만 예외적으로 불법원인이 수익자에게만 있는 때에 반환청구를 허용한다($^{제746}_{조}$). 이는 수익자가 임의로 반환하는 것까지 금지하는 것은 아니다. 이와 관련해서 제746조의 불법원인이 제103조의 반사회성과 일치하는 것인가 또는 다른 개념인가가 논의되고 있다. 다수설은 선량한 풍속 기타 사회질서를 위반하여 급부한 것은 불법원인급여에 해당된다고 하여 제746조의 불법원인과 제103조의 반사회성을 동일하게 이해한다. 강행법규 위반은 제746조의 불법을 판단하는 기준이 되지 않는다. 나아가 제746조에 의하여 부당이득반환청구가 부정되면 소유권에 기한 반환청구도 부정된다($^{대판(전합)\ 1979.11.}_{13.\ 79다483}$).

판례는 최근 학설에서 주장되어 오던 불법성비교론에 의하여 이를 판단한다($^{대판(전합)\ 2007.2.}_{15.\ 2004다50426}$).

▌대판(전합) 2007.2.15, 2004다50426

[2] 금전 소비대차계약과 함께 이자의 약정을 하는 경우, 양쪽 당사자 사이의 경제력의 차이로 인하여 그 이율이 당시의 경제적 · 사회적 여건에 비추어 사회통념상 허용되는 한도를 초과하여 현저하게 고율로 정하여졌다면, 그와 같이 허용할 수 있는 한도를 초과하는 부분의 이자 약정은 대주가 그의 우월한 지위를 이용하여 부당한 이득을 얻고 차주에게는 과도한 반대급부 또는 기타의 부당한 부담을 지우는 것이므로 선량한 풍속 기타 사회질서에 위반한 사항을 내용으로 하는 법률행위로서 무효이다.

[3] [다수의견] 선량한 풍속 기타 사회질서에 위반하여 무효인 부분의 이자 약정을 원인으로 차주가 대주에게 임의로 이자를 지급하는 것은 통상 불법의 원인으로 인한 재산 급여라고 볼 수 있을 것이나, 불법원인급여에 있어서도 그 불법원인이 수익자에게만 있는 경우이거나 수익자의 불법성이 급여자의 그것보다 현저히 커서 급여자의 반환청구를 허용하지 않는 것이 오히려 공평과 신의칙에 반하게 되는 경우에는 급여자의 반환청구가 허용되므로, 대주가 사회통념상 허용되는 한도를 초과하는 이율의 이자를 약정하여 지급받은 것은 그의 우월한 지위를 이용하여 부당한 이득을 얻고 차주에게는 과도한 반대급부 또는 기타의 부당한 부담을 지우는 것으로서 그 불법의 원인이 수익자인 대주에게만 있거나 또는 적어도 대주의 불법성이 차주의 불법성에 비하여 현저히 크다고 할 것이어서 차주는 그 이자의 반환을 청구할 수 있다.

[반대의견] 사회통념상 허용될 수 있는 한도를 초과하는 부분의 이자 약정이 일정한 요건하에 민법 제103조에 위반된 법률행위로서 무효로 평가될 수 있다 하더라도, 사회통념상 허용될 수 있는 한도란 약정 당시의 경제적·사회적 여건의 변화에 따라 유동적일 수밖에 없고 법률적인 평가나 가치판단이 개입되어야만 비로소 그 구체적인 범위를 확정할 수 있어 그 무효의 기준과 범위에 관하여 대주에게 예측가능성이 있다고 보기는 어려우며, 따라서 대주가 차주로부터 적정이율을 초과하는 이자를 지급받았다고 하더라도 대주가 명확하게 불법성을 인식했다고 평가하기는 어렵다. 적정이율을 초과하는 이자 약정이 민법 제103조에 위반되어 무효라고 보더라도 당사자 사이의 약정에 따라 이자가 지급된 이상 그 불법원인은 대주와 차주 쌍방 모두에게 있다고 볼 수밖에 없고, 일반적으로 차주가 대주보다 경제적으로 열악한 지위에 있다는 점을 감안하더라도 대주가 불법성을 명확하게 인식했다고 평가하기는 어렵다는 점에 비추어 보면, 일률적으로 대주의 불법성이 차주의 그것에 비해 현저히 크다고 단정할 수만은 없으며, 임의로 이자를 지급함으로써 이미 거래가 종료된 상황에서 다시 차주의 반환청구를 허용한다면 법적 안정성을 해칠 우려도 있으므로 결국 민법 제746조 본문에 따라 차주의 반환청구는 허용될 수 없다.

6. 불공정한 법률행위

(1) 의 의

제104조가 말하는 협의의 불공정한 법률행위란 '당사자의 궁박·경솔 또는 무경험으로 인하여 현저하게 공정을 잃은 법률행위'를 의미하며, 다시 말해서 '상대방의 취약한 상태를 이용하여 자기가 제공하는 급부보다 현저히 많은 반대급부를 받거나 기타의 방법으로 이득을 얻는 법률행위'를 가리킨다. 이를 '폭리행위'라고 부르기도 한다.

다수설은 제104조를 제103조의 예시로 본다. 제103조나 제104조는 모두 공공의 질서 또는 선량한 풍속에 반하는 사항을 목적으로 하는 법률행위의 범주에 속하는 것으로서, 전자가 행위의 객관적인 성질을 기준으로 하여 그것이 반사회질서적인지 여부를 판단할 것임에 반하여, 후자는 행위자의 주관적인 사항을 참작하여 그 행위가 현저하게 공정을 잃은 것인지 여부를 판단할 것이라는 차이가 있음에 지나지 않는다고 한다.

(2) 요 건

제104조에 규정된 불공정한 법률행위는 객관적으로 급부와 반대급부 사이에 현저한 불균형이 존재하고, 주관적으로 그와 같이 균형을 잃은 거래가 피해 당사자의 궁박, 경솔 또는 무경험을 이용하여 이루어진 경우에 성립하는 것이다(대판 2011.1.27, 2010다53457). 만일 피해 당사자가 궁박, 경솔 또는 무경험의 상태에 있었다고 하더라도 그 상대방 당사자에게 위와 같은 피해 당사자 측의 사정을 알면서 이를 이용하려는 의사, 즉 폭리행위의 악의가 없었다면 불공정 법률행위는 성립하지 않는다(대판 2011.1.13, 2009다21058).

(가) 현저하게 불공정할 것 – 객관적 요건

1) 제104조의 불공정한 법률행위에 해당하기 위해서는 유상계약에서는 급부와 반대급부 사이에 재산가치에 현저히 큰 차이가 있어야 하고, 단독행위의 경우에는 법률행위의 결과 행위자의 재산상태에 객관적으로 납득하기 어려운 불이익이 생겨야 한다. 한편 이러한 현저한 불이익 상태는 당사자의 주관적 가치가 아닌 거래상의 객관적 가치에 의하여 판단해야 한다(대판 2010.7.15, 2009다50308).

2) 법률행위가 현저히 불공정한가의 판단시점은 '법률행위시'이다. 불공정 법률행위에 해당하는지는 법률행위가 이루어진 시점을 기준으로 약속된 급부와 반대급부 사이의 객관적 가치를 비교 평가하여 판단하여야 할 문제인 것이며, 당초의 약정대로 계약이 이행되지 아니할 경우에 발생할 수 있는 문제는 원칙적으로 채무의 불이행에 따른 효과로서 다루어져야 한다(대판 2013.9.26, 2010다42075). 또한 법률행위가 불공정한 법률행위에 해당하는지는 법률행위 당시를 기준으로 판단하여야 하므로, 계약 체결 당시를 기준으로 전체적인 계약 내용에 따른 권리의무관계를 종합적으로 고려한 결과 불공정한 것이 아니라면, 사후에 외부적 환경의 급격한 변화에 따라 계약당사자 일방에게 큰 손실이 발생하고 상대방에게는 그에 상응하는 큰 이익이 발생할 수 있는 구조라고 하여 그 계약이 당연히 불공정한 계약에 해당한다고 말할 수 없다(대판(전합) 2013.9.26, 2011다53683). 이 판결에서 키코(KIKO) 통화옵션계약은 환율 변동이 크고 급격할수록 은행의 손실은 제한적인 반면 그 이익은 기하급수적으로 늘어나는 구조이어서 시간이 지날수록 시장환율이 당초의 예상 범위에서 벗어나는 경향이 심해지고 변동의 정도도 커짐에 따라 은행이 막대한 이익을 얻게 되는 것이지만, 통화옵션계약 체결 당시의 시장환율 추이와 환율 전망에 비추어 시장환율이 상승할 확률이 높지 않으리라고 예상하였다가 사후에 시장환율이 급상승하였다는 결과를 놓고 키코(KIKO) 통화옵션계약이 불공정한 법률행위라고 하는 것은 받아들이기 어렵다고 판단했다.

사례 65 甲과 乙회사의 사실상 대표자인 丙은 기업인수계약과 거래약정을 일체로 하여 甲 등이 보유한 주식회사 A의 주식 전부를 乙회사에 양도하는 것을 목적으로 주식거래약정을 체결하면서 기업인수계약과 거래약정에 의한 2단계의 이행절차로 나누어 각각 50%씩 주식을 이전하고 양도대금의 구체적인 액수나 그 지급방법 및 지급시기 등 세부조건을 달리 정하였다. 그 약정은 甲이 乙회사에게 A의 주식 전부를 양도하는 대가로 94억 원에서 실사절차를 거쳐 확정되는 A의 채무금액을 공제한 대금을 지급 받게 되는 것이었다.
甲은 이러한 주식거래약정이 제104조 위반이라고 주장하고, 원심은 다음과 같은 이유로 甲의 주장을 받아들였다. 첫째, 甲은 일단 기업인수계약의 내용에 따라 乙 회사로부터 1억 4천만 원을 지급 받는 대가로 乙 회사에게 A의 발행주식 50%와 경영권 등을 인도해야 했는데 당시 A의 유무형의 자산가치 총액에서 부채 총액을 뺀 금액이 47억 원에 달하여 이행 초기 단계부터 급부와 반대급부 사이에 현저한 불균형이 존재한다는 것이다. 둘째, 乙회사가 기업인수계약서에 따라 甲으로부터 A의 경영권과 주식 50% 등을 이전 받은 후 거래약정서에 따라 나머지 주식 50%를 A의 실질가치에 합당한 양도대금으로 매수한다는 것을 보장할 만한 아무런 수단이 없다는 것이다. 이러한 원심의 판단이 타당한지 검토하시오.
(대판 2013.9.26, 2010다42075 참조)

│해설 65│ 타당하지 않다.

주식거래약정은 기업인수계약서 및 거래약정서를 일체로 하여 甲 등이 보유한 乙회사 발행주식 전부와 그에 따른 경영권 등을 乙회사에 양도하는 것을 목적으로 체결된 것으로서 전체로서 하나의 주식양도계약이 성립된 것이라고 보아야 하며, 이와 달리 기업인수계약과 거래약정이라는 각각 독립적인 의미와 효과를 가지는 별개의 계약 내지 가분적인 계약이 성립하였다고 볼 수 없다. 따라서 주식거래약정이 불공정한 법률행위에 해당하는지 여부도 기업인수계약서나 거래약정서에 정한 권리나 의무에 관한 부분을 나누어 그 효력을 따로 논할 수 없고, 이 사건 기업인수계약서와 거래약정서를 아울러 전체로서 주식거래약정에 포함된 甲과 乙회사 쌍방의 급부의 내용과 가치를 종합적으로 고려하여 판단하여야 한다. 그런데 원심의 판단은 먼저 이행하기로 약정된 급부내용만을 분리하여 그 가치를 비교·판단한 것으로서 타당하다고 할 수 없다.

또한 불공정 법률행위에 해당하는지 여부는 법률행위가 이루어진 시점을 기준으로 약속된 급부와 반대급부 사이의 객관적 가치를 비교 평가하여 판단하여야 할 문제이고, 당초의 약정대로 계약이 이행되지 아니할 경우에 발생할 수 있는 문제는 달리 특별한 사정이 없는 한 채무의 불이행에 따른 효과로서 다루어지는 것이 원칙이다. 그런데 원심의 근거는 주식거래약정이 거래약정서에 기재된 합의내용대로 이행되어 완료될 경우에는 아무런 문제가 되지 아니하다는 점에서 그 약정대로 이행되지 아니하거나 실사절차를 거친 후 잔금의 확정에 관하여 원만하게 추가 합의가 이루어지지 아니하는 경우를 상정한 것으로서, 그 불이행에 대비하여 이행을 보장할 만한 담보수단이 있는지 여부에 따라 주식거래약정이 불공정한 법률행위에 해당하는지 여부가 좌우된다고 볼 수 없다. 주식거래약정에 정한 피고 회사의 '급부의 불이행' 상태가 현실적으로 발생할 경우, 甲으로서는 주식거래약정의 해제권을 행사하여 그에 따른 원상회복을 구할 수 있을 뿐만 아니라, 약정상의 위약금 및 보증채무의 이행 등을 청구할 수 있다. 결국 원심의 두 번째 근거 역시 타당하지 아니하다.

(나) 당사자의 궁박·경솔 또는 무경험이 있을 것 - 피해자의 주관적 요건

1) 궁 박

궁박이란 급박한 곤궁을 의미하는 것으로서 몹시 가난하거나 기타의 사정으로 곤궁이 절박한 상태를 말한다. 경제적인 곤궁상태뿐만 아니라 정신적 곤궁도 포함하는 개념이다(대판 2002. 10.22. 2002다38927; 대판 1992.4.14. 91다23660).

전기 공사 중 사망한 근로자의 유족들은 농촌에서 농사만 짓고 이와 같은 변을 처음 당하는 무경험자로서 가장을 잃고 경제적·정신적으로 경황이 없는 궁박한 상태에서 사고 1주일 후에 손해배상을 받을 수 있는 액수도 모르고서 받을 수 있는 액수의 8분의 1밖에 되지 않는 합의금을 받기로 하고 가해자나 사용자에 대하여 민·형사상 책임을 더 묻지 아니하기로 하는 내용의 합의서를 작성하여 위의 사정을 잘 아는 가해자의 대리인에게 교부하여 주었다면, 이러한 합의는 유족과 유족대리인의 경솔, 무경험과 유족의 궁박한 상태 아래에서 이루어진 현저하게 공정을 잃은 법률행위로서 무효이다(대판 1979.4. 10. 78다2457). 이에 반하여 건물의 근저당권자로서 그 건물을 경매를 통하여 매수한 상호신용금고가 그 건물의 전소유자인 회사가 전기·수도요금을 체납함에 따라 전기 및 수도공급이 중단되고 있는 관계로 그 체납된 요금을 인수하여 납부하는 것이

사실상 불가피하다는 사정을 미리 알고 건물을 경락받았고, 그 후 그 건물을 그대로 보유하고 있다가 전매차익을 노려 교회에 급히 양도처분하면서 그의 요구에 따라 한국전력공사와 서울 특별시로부터 그 건물에 대한 전기 및 수도의 공급재개를 승인받기 위한 방편으로 스스로 한 국전력공사와 서울특별시에 대하여 건물의 전소유자인 회사의 체납된 전기·수도요금의 지급 채무를 인수하기로 약정하게 된 것이라면, 합리적인 기업의 계산과 판단에 따라 이루어진 것이 지 한국전력공사와 서울특별시의 전기·수도공급거절로 인하여 초래된 궁박한 상태에서 이루 어진 불공정한 법률행위에 해당한다고 볼 수 없고, 사회질서에 반하는 법률행위라고 할 수도 없다(대판 1995.2.10, 94다29553).

사례 66 甲은 건물과 부지를 경매를 통하여 매수하였는데 그 건물은 A가 공장을 경영하면서 전 기요금을 체납하여 한국전력이 전기공급을 중단한 상태에 있었다. 甲은 위 부동산을 경매를 통하 여 매수한 후에야 그러한 사실을 알았다. 그러나 甲은 전에 공급받던 대동력이 아닌 소동력을 사 용할 것이기 때문에 신규로 가설신청을 하는 데는 지장이 없을 것으로 생각하고 건물에 약 2억 원을 들여 공장시설을 마치고 개업을 하기 위하여 한국전력에게 소동력 신규가설을 신청하였다. 그러나 한국전력은 전(前)수용가의 전기요금 채무는 신(新)수용가에게 승계된다는 내부의 전기공급 규정을 내세워 이를 거절하였다. 이에 甲은 할 수 없이 체납된 전기요금을 납부하기로 약정하고 이를 납부하였다. 甲은 한국전력공사를 상대로 납부한 전기요금의 반환을 청구할 수 있는가?

(대판 1987.2.10, 86다카2094 참조)

│해설 66│ 부당이득으로 반환청구할 수 있다.

甲으로서는 만약 전기공급을 받지 못하여 공장을 운영할 수 없게 된다면 커다란 손해를 입게 될 형편이어서 할 수 없이 피고 한국전력의 요구대로 이를 지급하기로 약정했다고 하지 않을 수 없 고 따라서 이는 甲의 궁박을 이용하여서 한 현저하게 공정을 잃은 법률행위로서 무효라 할 것이 다. 한편 불공정한 법률행위는 불법의 원인이 폭리행위자에게만 있는 경우가 대부분이기 때문에 피해자는 단서에 따라 이행한 급부의 반환을 청구할 수 있다. 따라서 한국전력이 위와 같은 내 용의 약정에 따라 원고로부터 위 금원을 지급받은 것을 부당이득으로 반환청구할 수 있다.

사례 67 채권자 甲은 채무자 A를 상대로 한 대여금채권에 대한 대물변제조로 A 소유의 임야를 甲의 아들인 乙의 명의로 양도 받아 이를 B에게 매도하였다. 그런데 丙이 대물변제 전인 구민법 시대에 A로부터 위 임야를 매수하였다고 주장하면서 민사소송과 형사소송을 제기하여 인신구속 및 거액의 손해배상 가능성을 내세워 위협하였다. 이에 아무런 법률적 소양이 없는 甲과 乙은 시 가 2억 2천만 원 상당인 위 임야에 대해 丙이 더 이상 권리주장을 하지 않는 대신 7억 5천만 원 을 주기로 약정하였다. 이러한 약정은 궁박한 사정을 이용한 불공정한 법률행위에 해당하는가?

(대판 1995.4.11, 94다17000,94다17017 참조)

│해설 67│ 제104조의 불공정한 법률행위로서 무효이다.

丙이 甲·乙의 궁박한 사정을 알면서 이를 이용하여 위와 같은 배상을 받기로 한 것이므로, 위 합의는 제104조의 불공정한 법률행위로서 무효이다.

사례 68 교통사고로 스포츠용품 대리점과 실내골프연습장을 운영하던 A가 사망한 후 망인의 채권자들이 그 손해배상청구권에 대하여 법적 조치를 취할 움직임을 보이자 전업주부로 가사를 전담하던 망인의 처 甲이 망인의 사망 후 5일 만에 친지와 보험회사 담당자의 권유에 따라 보험회사와 사이에 보험약관상 인정되는 최소금액의 손해배상금만을 받기로 하고 부제소합의를 하였다. 불공정한 법률행위에 해당하는가?

(대판 1999.5.28, 98다58825 참조)

|해설 68| 제104조의 불공정한 법률행위로서 무효이다.

합의 당시 甲은 남편을 갑작스런 교통사고로 잃게 된데서 오는 정신적 충격, 생계 수단을 상실한 상태에서 미성년의 두 자녀를 양육하여야 하는 상황에서, 쉽게 확인할 수 없었던 남편의 사업상 채권채무관계로 인하여 손해배상금마저 받지 못할지도 모른다는 불안감에 빠져 있는 정신적 궁박 상태에 있었다고 할 수 있고, 피고 보험회사로서도 원고 甲의 궁박한 상태를 인식하면서 이를 이용하여 보험약관상의 최소금액에 위 합의를 이끌어 냈다고 할 것이다.

2) 경 솔

경솔의 개념에 대해서는 의사를 결정할 때에 그 행위의 결과에 관하여 보통인이 베푸는 사고를 하지 않는 심적 상태라고 넓게 해석하는 견해(광의설)와 선천적 경솔 또는 주위사정으로 피할 수 없었던 고려의 부족을 의미한다고 좁게 해석하는 견해(협의설)가 대립한다.

3) 무경험

무경험의 개념에 대하여도 견해가 나뉘나, 무경험이란 일반적인 생활체험의 부족을 의미하는 것으로서 어느 특정영역에 있어서의 경험부족이 아니라 거래일반에 대한 경험부족을 뜻하는 것이다(대판 2002.10.22, 2002다38927). 농촌에 거주하는 79세된 노인으로부터 한국감정원의 감정가격의 30%에도 미치지 못하는 가격으로 토지를 매수하고, 계약금으로 매매대금의 3분의 1 이상을 지급하였으며, 매매계약 다음날 중도금을 지급하여 계약금과 중도금을 합한 액수가 매매대금의 80%에 이르는 등 매매계약의 내용이 이례적인 사정이 있다면 망인의 경솔, 무경험을 이용하는 불공정한 법률행위라고 볼 여지가 있을 것이다(대판 1992.2.25, 91다40351).

4) 궁박, 경솔, 무경험은 모두 갖출 필요는 없고 이 중 어느 하나의 사유만 있으면 충분하다(대판 2002.10.22, 2002다38927).

5) 대리행위시 판단기준

대리에 의한 법률행위의 경우에는 경솔·무경험의 상태는 대리인을 표준으로, 궁박의 상태는 본인을 표준으로 정한다(대판 2002.10.22, 2002다38927; 대판 1972.4.25, 71다2255 등).

(다) 편승의사 - 폭리행위자의 주관적 요건

상대방이 궁박, 경솔, 무경험에 편승하여 이러한 상태를 이용하려는 의도, 즉 편승의도가 있어야 하는가에 대해서는 다수설은 이를 긍정한다. 판례는 단순히 그러한 사실의 인식만을 요구하는 것처럼 판시한 예도 있었지만$\binom{대판\ 1970.11.}{24,\ 70다2065}$ 최근에는 피해 당사자가 궁박, 경솔 또는 무경험의 상태에 있었다고 하더라도 그 상대방 당사자에게 이러한 사정을 알면서 이를 이용하려는 의사, 즉 폭리행위의 악의가 없었다면 불공정 법률행위는 성립하지 않는다고 하여 편승의사를 요구하고 있다$\binom{대판\ 2002.9.4,}{2000다54406,54413}$.

(라) 증명책임

증명책임은 이러한 사정이 있음을 이유로 법률행위의 무효를 주장하는 자에게 있고, 추정되지는 않는다$\binom{대판\ 1970.11.24,}{70다2065}$.

(3) 적용범위

(가) 무상행위

제104조는 무상행위인 증여계약에는 그 적용이 없다. 제104조가 규정하는 현저히 공정을 잃은 법률행위라 함은 자기의 급부에 비하여 현저하게 균형을 잃은 반대급부를 하게 하여 부당한 재산적 이익을 얻는 행위를 의미하는 것이므로, 증여계약과 같이 아무런 대가관계 없이 당사자 일방이 상대방에게 일방적인 급부를 하는 법률행위는 그 공정성 여부를 논의할 수 있는 성질의 법률행위가 아니기 때문이다$\binom{대판\ 2000.2.11,}{99다56833}$.

(나) 경 매

경매의 경우에도 제104조는 적용되지 않는다. 제104조는 사적자치의 원칙에 대한 제한원리이므로 경매에는 적용될 여지가 없는 것이다. 경매에 있어서 매수가격이 경매부동산의 시가에 비하여 저렴하다는 사유는 매각허가결정에 대한 적법한 불복이유가 되지 못하는 것이고 경매에 있어서는 불공정한 법률행위에 관한 제104조는 적용될 여지가 없다$\binom{대결\ 1980.3.}{21,\ 80마77}$. 경매는 사법상 매매의 성질도 있지만, 법원이 소유자의 의사와 관계없이 그 소유물을 처분하는 공법상 처분으로서의 성질을 아울러 가지고 있다고 본다$\binom{대판\ 2012.11.15,}{2012다69197}$.

(다) 단독행위

단독행위인 채권포기에는 제104조를 적용할 수 있다.

사례 69 甲은 乙회사의 세금체납으로 인한 공매처분을 면하게 하기 위하여 아무런 대가없이 甲 명의의 액면 금 1천만원의 당좌수표 1매를 乙회사에 대하여 세금담보로서 빌려 주었는데, 부도가 되어 부정수표단속법위반으로 입건구속되었다. 乙회사는 부동산에 관하여 세무담보를 설정하고 관할세무서로부터 위 수표를 회수하였음에도 불구하고 甲에게 이를 반환치 않았을 뿐만 아니라 오히려 이 수표의 반환을 요구하는 甲의 처 A에게 대하여 乙회사의 감사가 남편의 징역을 면하기 위하여 수표를 회수하려면 甲이 乙에 대해 가지고 있는 물품외상대금채권 중 금 1백만 원을 초과하는 채권에 대한 포기서를 써야 된다는 취지의 강압적인 요구를 하여 사회적 경험이 부족한 가

정부인인 A가 구속된 자기 남편을 석방 구제하는 데는 위 수표의 회수가 필요할 것이라는 일념에서, 甲의 乙회사에 대한 물품잔대금채권이 얼마인지조차 확실히 모르면서 그가 보관하고 있던 甲의 인감을 이용하여 위 요구에 응하는 취지의 위임장과 포기서를 작성하여 乙회사에 교부하였다. 甲은 乙에 대해 물품외상대금의 지급을 구하고, 乙은 채권포기의 항변을 하고 있다. 이에 대해 甲은 채권포기행위가 제104조에 반하여 무효임을 재항변한다. 甲의 재항변은 받아들여질 수 있는가?

(대판 1975.5.13, 75다92 참조)

|해설 69| 甲의 재항변은 받아들여질 수 있다.
판례는 사안에서 A가 甲의 대리인으로서 乙 회사에 대하여 채권포기행위를 한 것이라고 볼 수는 있지만 이 행위는 A가 당시의 경제적·정신적 궁박상태와 사회적 경험부족으로 인한 경솔로 인하여 이루어진 것이고 또 乙회사로서는 甲과 그의 처인 A의 사정을 알면서도 오히려 이를 이용하여 채권포기를 받은 것이라 할 것이므로 이는 거래관계에 있어서 현저하게 균형을 잃은 행위로서 사회적 정의에 반하는 불공정한 법률행위로 보는 것이 상당하다는 이유로 乙의 항변을 배척하고 甲의 재항변을 인용하였다.

(라) 합동행위

합동행위인 사원총회의 결의에 대해서도 제104조를 적용할 수 있다. 어업권의 소멸로 인한 손실보상금의 분배에 관한 어촌계 총회의 결의 내용이 각 계원의 어업권 행사 내용, 어업의존도, 계원이 보유하고 있는 어업장비나 멸실된 어업시설 등의 제반 사정을 참작한 손실의 정도에 비추어 볼 때 현저하게 불공정한 때에는 그 결의는 무효이다(대판 1999.7.27, 98다46167).

(4) 효 과

(가) 불공정한 법률행위는 무효이다. 따라서 아직 급부를 이행하지 아니한 경우라면 이행할 필요가 없다. 이미 급부를 이행한 경우에는 불법원인급여로서 제746조가 적용되는데, 이 경우에는 불법의 원인이 폭리행위자에게만 있는 경우가 대부분이기 때문에 피해자는 동조 단서에 따라 이행한 급부의 반환을 청구할 수 있다.

(나) 매매계약이 불공정한 법률행위로서 무효라고 한다면 그 계약으로 인하여 불이익을 입는 당사자로 하여금 위와 같은 불공정성을 소송 등 사법적 구제수단을 통하여 주장하지 못하도록 하는 그 계약에 관한 부제소합의 역시 불공정한 법률행위로써 다른 특별한 사정이 없는 한 무효이다(대판 2010.7.15, 2009다50308).

(다) 불공정한 법률행위로서 무효인 경우에는 추인에 의하여 그 무효인 법률행위가 유효로 될 수 없다(대판 1994.6.24, 94다10900).

(라) 매매계약이 약정된 매매대금의 과다로 말미암아 제104조에서 정하는 '불공정한 법률행위'에 해당하여 무효인 경우에도 무효행위의 전환에 관한 제138조가 적용될 수 있다. 따라서

당사자 쌍방이 위와 같은 무효를 알았더라면 대금을 다른 금액으로 정하여 매매계약에 합의하였을 것이라고 예외적으로 인정되는 경우에는, 그 대금액을 내용으로 하는 매매계약이 유효하게 성립한다고 할 것이다. 이때 당사자의 의사는 매매계약이 무효임을 계약 당시에 알았다면 의욕하였을 가정적 효과의사로서, 당사자 본인이 계약 체결시와 같은 구체적 사정 아래 있다고 상정하는 경우에 거래관행을 고려하여 신의성실의 원칙에 비추어 결단하였을 바를 의미한다. 다만 이와 같이 가정적 의사에 기한 계약의 성립 여부 및 그 내용을 발굴·구성하여 제시하게 되는 법원으로서는 그 '가정적 의사'를 함부로 추단하여 당사자가 의욕하지 아니하는 법률효과를 그에게 또는 그들에게 계약의 이름으로 불합리하게 강요하는 것이 되지 아니하도록 신중을 기하여야 한다(대판 2010.7.15, 2009다50308).

사례 70 X토지는 재건축사업부지의 귀퉁이 부분에 위치한 별로 효용성이 없는 토지였으나, 재건축조합인 甲으로서는 재건축사업을 추진하기 위해서는 그 토지 전부를 반드시 매수하여야만 하는 궁박한 상태에 있었다. 乙은 소위 '알박기'의 방법으로 폭리를 도모하려고 甲이 X토지 소유자들을 상대로 매매협상 및 매도청구권 행사를 위한 소송 중에 있던 중 X토지 중 2/7의 지분(12평 정도)을 1억 9천만 원에 매수하여 소유권을 취득하였다. 乙은 甲과의 매수협상을 통해 그 지분을 10억 원에 매도하였는데(계약내용에 부제소합의를 두었음), X토지의 다른 공유자인 A는 甲에게 X토지의 각 2/7 지분을 각 2억 5천만 원에 매도한 사실이 있으며, 甲이 다른 조합원에게 보상하기로 한 가격도 평당 2천만 원에 불과하다. 다만 甲은 재건축사업을 함에 있어 乙 소유의 지분을 매수하는 것이 반드시 필요하고, 乙 역시 정당한 범위의 매매대금을 초과하는 부분이 무효라고 할 수는 있을지언정 그 지분의 소유권 환원까지 원하고 있지는 않고, 양자 모두 6억 원 정도라면 매매계약을 체결하였을 가정적 의사가 인정되는 사정이 있었다. 甲은 10억 원에서 평당 2천만 원으로 계산한 2억 4천만 원을 공제한 7억 6천만 원을 부당이득으로 반환청구하고 있다. 그 타당성은?

(대판 2010.7.15, 2009다50308 참조)

해설 70 乙은 4억 원을 부당이득으로 반환하여야 한다.

1) 매매계약과 같은 쌍무계약이 급부와 반대급부와의 불균형으로 말미암아 제104조에서 정하는 '불공정한 법률행위'에 해당하여 무효라고 한다면, 그 계약으로 인하여 불이익을 입는 당사자로 하여금 위와 같은 불공정성을 소송 등 사법적 구제수단을 통하여 주장하지 못하도록 하는 부제소합의 역시 다른 특별한 사정이 없는 한 무효라고 할 것이다. 따라서 사안의 계약내용에 부제소합의가 있으나 제104조에 위반하는 사정이 있다면 제소가 가능하다.

2) 甲은 사업계획승인조건에 따라 재건축사업을 계속 추진하기 위하여는 반드시 이 사건 토지를 매수하여야 했던 점 등을 통해 볼 때 궁박한 상태에 있었다고 판단된다. 또한 甲이 재건축사업을 수행하기 위하여 이 사건 토지가 반드시 필요하다는 사정을 乙도 알고 있었으며 甲이 X토지의 종전 공유자들을 상대로 매매협상을 하다가 선행 1차소송을 제기할 즈음 乙이 그 공유자 중 1인으로부터 이 사건 지분을 매수하였다는 사실 등을 통해 종합적으로 검토해보면 乙에게 甲의 궁박한 상태를 이용하고자 하는 폭리행위의 악의가 있었다고 판단된다. 또한 乙은 甲에게 그 지분을 10억 원에 매도하였으나, 다른 공유자는 유사한 지분에 대해 2억 5천만 원에 매도하였고 甲이 조합원에게 보상한 토지가격도 평당 2천만 원에 지나지 않는다는 점을 고려하면 매매계약

의 급부인 이 사건 지분과 반대급부인 매매대금 사이에는 객관적으로 현저한 불균형이 있다고 볼 수 있다. 따라서 매매계약은 불공정한 법률행위에 해당한다.

3) 매매계약이 약정된 매매대금의 과다로 말미암아 제104조에서 정하는 '불공정한 법률행위'에 해당하여 무효인 경우에도 무효행위의 전환에 관한 제138조가 적용될 수 있다. 사안의 경우 당사자 쌍방이 위와 같은 무효를 알았더라면 대금을 6억 원으로 정하여 매매계약에 합의하였을 것이라는 예외적인 사정이 인정된다. 따라서 甲이 지급한 10억 원 가운데 6억 원을 제외한 4억 원을 부당이득으로 반환하여야 한다.

제1편

제2편

제3편

제4편

제5편

제6편

제7편

제8편

제9편

계약의 무효와 취소

제2장 무효와 취소의 법률관계

Ⅰ. 무효와 취소 일반
  1. 무효와 취소의 의의
  2. 무효와 취소의 구별
  3. 무효와 취소의 경합(무효 · 취소의 이중효)
Ⅱ. 법률행위의 무효
  1. 의 의
  2. 무효의 일반적 효과
  3. 무효의 종류
  4. 무효행위의 추인(제139조)
  5. 무효행위의 전환(제138조)

Ⅲ. 법률행위의 취소
  1. 의 의
  2. 구별개념
  3. 취소권의 의의 및 성질
  4. 취소권자(제140조: 제한적 열거규정)
  5. 취소의 상대방 및 방법
  6. 취소의 효과
  7. 취소할 수 있는 법률행위의 추인
  8. 취소할 수 있는 행위의 상대방 보호

Ⅰ. 무효와 취소 일반

1. 무효와 취소의 의의

법률행위가 성립요건은 구비했으나 유효요건을 갖추지 못한 경우 취소사유가 구비되면 이를 취소할 수 있다. 법률행위의 무효란 법률행위가 계약의 체결시점에도 법률상 당연히 효력이 발생하지 않는 것을 말한다. 반면 법률행위의 취소란 일단 유효하게 성립한 법률행위의 효력을 후에 취소권자가 일방적 의사표시로 소급하여 소멸케 하는 것을 의미한다.

2. 무효와 취소의 구별

무효와 취소는 여러 측면에서 차이가 있다.

효력의 측면에서 무효인 법률행위는 특정인의 주장을 기다리지 않고 처음부터 당연히 효력이 발생하지 않는다. 즉 확정적 · 절대적 무효가 원칙이다. 그러나 취소사유가 있는 법률행위는 취소권자의 취소라는 행위가 있어야 비로소 소급적으로 무효가 되고 취소권을 행사하기 전에는 유효하다.

권리행사자의 측면에서 무효는 누구라도 주장할 수 있으나(다만 소송을 통해서 무효의 확인을 받으려면 확인의 이익이 있어야 한다) 취소권은 취소권자에 한하여 행사할 수 있다(제141조). 무효의 경우에는 이를 주장할 이익이 있는 자는 누구라도 주장할 수 있는 것이기 때문에, 가령 무효인 등기상 명의자가 소유권에 기한 인도청구권을 행사하는 경우에 그 상대방도 등기 원인행위의 무효를 항변으로 주장할 수 있다($\substack{\text{대판 2016.3.24.} \\ \text{2015다11281}}$).

　행사기간과 관련하여 무효는 주장기간의 제한이 없으나 취소는 단기제척기간이 있다($\substack{\text{제146} \\ \text{조}}$). 무효원인은 기간이 지나도 변경되지 않으나, 취소원인은 제척기간이 도과하면 취소권이 소멸하여 확정적으로 유효가 되는 것이다.

　추인과 관련하여 무효는 추인이 있어도 효력이 치유되지 않는 것이 원칙이다. 다만 무효임을 알고 추인한 경우 장래를 향하여 유효로 될 수 있다($\substack{\text{제139} \\ \text{조}}$). 그러나 취소사유가 있는 계약은 추인으로 확정적으로 유효가 된다. 또한 무효행위는 법정추인제도가 없으나, 취소할 수 있는 법률행위는 법정추인제도가 있다($\substack{\text{제145} \\ \text{조}}$).

사례 1　甲은 X점포를 싸게 매수하기 위하여 A신탁회사의 공매 업무를 담당하던 B에게 사례금의 교부를 약속하면서 부정한 청탁을 하였고, B는 甲과의 공모에 따라 X점포의 공매 과정에서 업무상 임무에 위배하는 방법으로 공개 경쟁입찰을 제한한 후, 수의계약을 통해 甲에게 저렴한 가격에 이를 매도하고 등기를 마쳐주었다. 한편 乙은 X점포의 무단 점유자였는데, 甲이 乙을 상대로 X점포에 대한 소유권에 기한 인도청구 및 차임 상당 부당이득반환청구를 하자 甲의 A로부터의 매수행위가 무효라는 점을 항변으로 주장하고 있다. 이러한 乙의 주장은 타당한가?

(대판 2016.3.24, 2015다11281 참조)

│ 해설 1 │ 타당하다.

사안에서 甲이 B의 배임행위를 유인·교사하거나 배임행위의 전 과정에 관여하는 등 배임행위에 적극 가담한 사정이 인정되므로 A와 甲 사이의 매매계약은 반사회적 법률행위로 무효로 될 수 있다. 한편 선량한 풍속 기타 사회질서에 위반한 사항을 내용으로 하는 법률행위의 무효는 이를 주장할 이익이 있는 자는 누구든지 무효를 주장할 수 있다. 따라서 甲이 반사회질서 법률행위를 원인으로 하여 부동산에 관한 소유권이전등기를 마쳤더라도 그 등기는 원인무효로서 말소될 운명에 있으므로 甲이 소유권에 기한 물권적 청구권을 행사하는 경우에, 권리행사의 상대방인 乙은 법률행위의 무효를 항변으로서 주장할 수 있다.

---

3. 무효와 취소의 경합(무효·취소의 이중효)

　무효인 법률행위를 취소할 수 있는가 하는 점이 무효와 취소의 경합문제로 제기된다. 이는 특히 통정허위표시인 법률행위가 사해행위임을 이유로 취소될 수 있는지에 관하여 문제되었다. 사해행위취소의 경우 제3자와의 관계에서 그 효력이 상대적 효력밖에 없는 반면, 통정허위표시는 제3자가 악의면 그 자에게도 법률행위의 효력이 무효가 된다는 점에서 논의의 실익이 있다. 또한 전자는 수익자 등의 악의가 추정되나 후자는 제3자의 선의가 추정된다는 등의 차이가 있다. 판례도 통정허위표시로 무효인 법률행위도 채권자 취소권의 대상으로 인정하며 반대로 채권자취소권의 대상인 채무자의 법률행위라도 통정허위표시의 요건을 갖추면 무효로 본다($\substack{\text{대판 1998.2.27.} \\ \text{97다50985}}$). 나아가 해제된 계약에 대해서도 착오를 이유로 취소할 수 있다고 판시하기도 한다$\binom{대판\ 1996.12.6,}{95다24982,24999}$.

Ⅱ. 법률행위의 무효

1. 의 의
2. 무효의 일반적 효과
3. 무효의 종류
　(1) 절대적 무효 · 상대적 무효
　(2) 당연무효 · 재판상 무효
　(3) 전부무효 · 일부무효
4. 무효행위의 추인$\binom{제139}{조}$
　(1) 의 의

(2) 요 건
(3) 효 과
5. 무효행위의 전환$\binom{제138}{조}$
　(1) 의 의
　(2) 요 건
　(3) 효 과
　(4) 적용범위

1. 의 의

　법률행위의 무효는 원칙적으로 법률행위 성립시부터 법률상 당연히 효력이 발생하지 않는 것을 말한다. 무효인 법률행위는 그 법률행위가 성립한 당초부터 당연히 효력이 발생하지 않는 것이므로, 무효인 법률행위에 따른 법률효과를 침해하는 것처럼 보이는 위법행위나 채무불이행이 있다고 하여도 법률효과의 침해에 따른 손해는 없는 것이므로 그 손해배상을 청구할 수는 없다$\binom{대판\ 2003.3.28,}{2002다72125}$.

　법률행위의 무효는 법률행위의 성립요건을 결여한 법률행위의 불성립 또는 부존재와 구별된다. 법률행위의 무효는 법률행위의 성립을 전제로 한 것이기 때문에 법률행위 불성립의 경우 무효행위의 전환, 추인, 일부무효의 법리가 적용될 수 없다.

　민법의 규정 또는 해석에 의하면 의사무능력자의 법률행위, 강행규정에 위반한 행위, 반사회질서 법률행위$\binom{제103}{조}$, 불공정한 법률행위$\binom{제104}{조}$, 일정한 요건을 갖춘 비진의의사표시$\binom{제107조\ 제}{1항\ 단서}$, 허위표시$\binom{제108조}{제1항}$, 무권대리행위$\binom{제130}{조}$ 등의 경우에 법률행위는 무효가 된다.

2. 무효의 일반적 효과

　법률행위가 무효가 되면 표의자가 의욕한 법률효과가 당연히 발생하지 않는다. 법률행위가 무효가 되면, 이미 이행된 급부는 부당이득으로 반환되어야 하며$\binom{제741조}{이하}$, 원시적 불능의 목적을 갖고 있는 경우에는 제535조에 의한 신뢰이익배상책임을 부담하게 된다. 무효인 채권행위에 기해 이행된 원물자체의 반환청구와 관련하여서는 (ⅰ) 소유권에 기초한 물권적 반환청구권에 의하여 반환청구나 점유 자체의 부당이득반환청구가 가능하다는 유인설, (ⅱ) 부당이득반환청구만 가능하다는 무인설, (ⅲ) 유인론, 무인론 무관하게 부당이득반환청구만 가능하다는 견해의 대립이 있다.

3. 무효의 종류

(1) 절대적 무효 · 상대적 무효

절대적 무효는 누구에 대해서도 무효를 주장할 수 있는 무효를 말하며, 의사무능력, 제103조 · 제104조 위반, 강행법규위반, 제606조 · 제607조 · 제608조 위반에 의한 무효 등이 이에 해당한다. 반면에 상대적 무효는 특정인(제3자)에게 대항하지 못하는 경우를 의미하며, 비진의표시가 무효로 되는 경우, 통정허위표시로서 무효가 되는 경우 등이 이에 해당한다.

(2) 당연무효 · 재판상 무효

당연무효는 어떠한 특별한 절차를 거치지 않아도 당연히 무효가 되는 것을 의미하는데, 민법상의 무효는 당연무효이다. 이에 대하여 소송에 의해서 무효를 주장해야만 하는 경우도 있는데, 이를 재판상 무효라 한다. 예컨대 회사설립의 무효$\binom{상법\ 제}{184조}$,[1] 회사합병의 무효$\binom{상법\ 제}{236조}$[2]가 이에 해당한다.

(3) 전부무효 · 일부무효

(가) 의 의

> **사례 2** 甲회사는 직원들을 유상증자에 참여시키면서 퇴직시 출자 손실금을 전액 보전해 주기로 약정하였다. 이에 직원들은 회사의 신주를 인수하였는데, 甲회사의 출자손실금보전약정은 주주평등의 원칙에 반하여 무효인 것이었다. 직원들이 신주인수까지 무효가 된다고 주장하며 회사를 상대로 주식인수대금 상당의 부당이득반환을 청구할 수 있는가? (대판 2007.6.28, 2006다38161 참조)
>
> ∥**해설 2**∥ 청구할 수 없다.
> 손실보전약정이 주주평등의 원칙에 위배되어 무효라는 이유로 신주인수까지 무효로 보아 신주인수인들로 하여금 그 주식인수대금을 부당이득으로서 반환받을 수 있도록 한다면 이는 사실상 다른 주주들과는 달리 그들에게만 투하자본의 회수를 보장하는 결과가 되어 오히려 강행규정인 주주평등의 원칙에 반하는 결과를 초래하게 될 것이다. 따라서 신주인수는 유효하다.

---

1) **상법 제184조 (설립무효, 취소의 소)** ① 회사의 설립의 무효는 그 사원에 한하여, 설립의 취소는 그 취소권있는 자에 한하여 회사성립의 날로부터 2년내에 소만으로 이를 주장할 수 있다.
  ② 민법 제140조의 규정은 전항의 설립의 취소에 준용한다.
2) **상법 제236조 (합병무효의 소의 제기)** ① 회사의 합병의 무효는 각 회사의 사원, 청산인, 파산관재인 또는 합병을 승인하지 아니한 회사채권자에 한하여 소만으로 이를 주장할 수 있다.
  ② 전항의 소는 제233조의 등기가 있은 날로부터 6월내에 제기하여야 한다.

1) 의 의

전부무효는 법률행위의 전부가 무효인 경우이고, 일부무효는 법률행위의 일부만이 무효인 경우이다. 민법은 제137조에서 법률행위의 일부분이 무효인 때에는 그 전부를 무효로 함을 원칙으로 하지만, 그 무효부분이 없더라도 법률행위를 하였을 것이라고 인정될 때에 나머지 부분은 무효가 되지 않는다고 규정한다.

2) 제137조의 적용범위

일부무효의 법리는 여러 개의 계약이 체결되어도 그 전부가 경제적·사실적으로 일체로 행하여져 하나의 계약인 것과 같은 관계에 있는 경우에도 적용된다(대판 2023.2.2, 2019다232277). 예컨대 대지와 지상건물을 일괄하여 매도하는 매매계약, 지상에 건물을 건축하기 위해 동일인으로부터 여러 필지의 토지를 매수하는 계약은 특별한 사정이 없는 한, 수개의 매매계약이 있는 것이 아니라 하나의 매매계약이 있는 것이다.

다른 특별한 규정이 있는 경우에는 제137조는 적용되지 않는다. 예컨대 민법의 특별법으로서 약관규제법은 약관의 일부조항이 무효인 경우 일부무효를 원칙으로 하고, 다만 유효한 부분만으로는 계약의 목적 달성이 불가능하거나 그 유효한 부분이 한쪽 당사자에게 부당하게 불리한 경우에는 그 계약 전체가 무효로 되는 것으로 규정한다(약관규제법 제16조 참조). 이외에도 당사자가 전세권의 존속기간을 10년 이상으로, 환매기간을 5년(부동산), 3년(동산) 이상으로 약정한 경우에는 그 기간은 각각의 법률이 정한 기간으로 단축되는데(제312조, 제591조 제1항), 이는 제137조의 특별한 경우에 해당하는 것이다. 또한 채권의 목적으로 선택할 수개의 행위 중에 처음부터 불능한 것이나 또는 후에 이행불능하게 된 것이 있으면 채권의 목적은 잔존한 것에 존재한다는 제385조 제1항도 제137조에 대한 특별한 규정으로 볼 수 있다.

3) 제137조의 법적 성질

제137조는 임의규정이다. 따라서 당사자의 의사에 의해 배제가 가능하다. 한편 법률행위의 일부가 강행법규인 효력규정에 위배되어 무효가 되는 경우에는 개별 법령이 일부무효의 효력에 관한 규정을 두고 있다면 그에 따라야 할 것이지만 그러한 규정이 없다면 원칙적으로 제137조가 적용될 것이다. 다만 당해 효력규정 및 그러한 규정을 둔 입법 취지를 고려하여 볼 때 나머지 부분을 무효로 한다면 당해 규정 및 그 법의 취지에 명백히 반하는 결과가 초래되는 경우에는 나머지 부분까지 무효가 된다고 할 수는 없다(대판 2004.6.11, 2003다1601). 한편 최근 대법원은 이러한 논리를 더욱 정치하게 발전시키고 있다. 즉 당해 효력규정을 둔 입법 취지 등을 고려할 때 법률행위 전부가 무효로 된다면 그 입법 취지에 반하는 결과가 되는 등의 경우에는 당사자의 가정적 의사는 다른 특별한 사정이 없는 한 무효의 부분이 없더라도 그 법률행위를 하였을 것으로 인정되어야 한다는 것이다. 예컨대 甲과 乙 보험회사가 피보험자를 만 7세인 甲의 아들 丙으로 하고 보험수익자를 甲으로 하여 丙이 재해로 사망하였을 때는 사망보험금을 지급하고 장해를 입었을 때는 소득상실보조금 등을 지급하는 내용의 보험계약을 체결하였는데 丙이 교통

사고로 후유장애진단을 받은 경우에는 보험계약 중 재해로 인한 사망을 보험금 지급의 사유로 하는 부분이 상법 제732조에 의하여 무효라고 하더라도 그 이외의 나머지 부분은 유효하게 되는 것이어서 乙 보험회사는 甲에게 보험금을 지급해야 한다고 보았다($^{대판\ 2013.4.26,}_{2011다9068}$). 상법 제732조는 사망보험의 악용에 따른 도덕적 위험 등으로부터 15세 미만자 등을 보호하기 위하여 둔 효력규정인데 그 입법취지에 비추어 당사자의 가정적 의사는 무효의 부분이 없더라도 그 법률행위를 하였을 것으로 인정되어야 하기 때문이다.

(나) 일부무효로 되기 위한 요건

1) 법률행위의 일부만 무효일 것

무효원인은 어느 것이라도 상관없다. 원시적 일부불능(대판 1992.4.14, 91다43527. 토지거래허가구역 내에 있는 토지와 지상건물을 일괄하여 매매한 경우 특별한 사정이 없으면 토지의 거래허가 전에는 지상건물에도 거래계약 내용에 따른 이행청구 내지 채무불이행으로 인한 손해배상청구를 할 수 없다고 판시), 유동적 무효($^{대판\ 1994.1.11,}_{93다22043}$)에도 제137조가 적용된다. 다만 일부무효의 효과를 달리 정한 특별한 규정이 있으면 그에 의한다. 예컨대 반사회질서의 조건부 법률행위는 전무 무효가 되며($^{제151조}_{본문}$), 불능의 해제조건부 법률행위는 조건 없는 법률행위로 보며($^{제151조}_{제3항}$), 원시적 일부 불능으로 담보책임이 적용되면($^{제572}_{조}$), 나머지 부분의 유지가 원칙이며 대금감액과 손해배상의 효과만 인정된다.

또한 일부취소의 경우에도 일부무효의 법리를 유추적용한다($^{대판\ 2013.5.9,\ 2012다115120;}_{대판\ 2002.9.10,\ 2002다21509}$). 그러나 후발적 일부불능의 경우에는 일부무효의 법리가 아니라 나머지 부분만으로 계약의 목적을 달성할 수 없는 경우에만 계약 전부의 해제가 가능하다고 본다($^{대판\ 1996.2.9,}_{94다57817}$).

2) 법률행위의 일체성과 분할가능성

무효부분을 제외한 나머지 법률행위만으로 독립된 법률행위로 인정될 수 있어야 한다. 예컨대 권한을 넘은 대리행위가 무권대리행위가 된 경우, 분할가능성이 있으면 일부무효의 법리에 따라 대리권의 범위를 초과한 부분만 무효가 된다($^{대판\ 1991.1.15,}_{90다10605}$). 채권담보의 목적으로 소유권이전등기를 한 경우에는 그 채권의 일부가 무효라고 하더라도 나머지 채권이 유효인 이상 채무자는 그 채무를 변제함이 없이 말소등기절차를 구할 수 없다($^{대판\ 1970.9,}_{17,\ 70다1250}$).

3) 주관적 요건: 가정적(가상적) 의사

일부분만 무효로 되기 위해서는 나머지 부분만으로도 법률행위를 하였을 것이라는 가정적 의사가 필요하고, 이 점에서 무효행위 추인과 다르다. 가정적 의사는 현실적인 의사나 실재하는 의사가 아니라 법률행위의 일부분이 무효임을 법률행위 당시에 알았다면 당사자 쌍방이 이에 대비하여 의욕하였을 가정적인 의사를 말한다. 예컨대 복수의 당사자 사이에 중간생략등기의 합의를 한 경우 그 합의는 전체로서 일체성을 가지는 것이므로, 그중 한 당사자의 의사표시가 무효인 것으로 판명된 경우 나머지 당사자 사이의 합의가 유효한지의 여부는 제137조에 정한 바에 따라 당사자가 그 무효 부분이 없더라도 법률행위를 하였을 것이라고 인정되는지의

여부에 의하여 판정되어야 하는 것이다(대판 1996.2.27,). 한편 그와 같은 경우에 있어서 나머지 당
사자들이 처음부터 한 당사자의 의사표시가 무효가 되더라도 자신들은 약정내용대로 이행하기
로 하였다면 무효가 되는 부분을 제외한 나머지 부분만을 유효로 하겠다는 것이 당사자의 의
사라고 보아야 할 것이므로, 그 당사자들 사이에서는 가정적 의사가 무엇인지 가릴 것 없이 무
효 부분을 제외한 나머지 부분은 그대로 유효하다고 할 것이다(대판 2010.3.25,).

가정적 의사의 판단시점은 현재시점이 아닌 법률행위 당시이다.

사례 3 甲은 乙로부터 X토지와 Y건물을 일괄하여 15억 원에 매수하는 계약을 체결하였다. X
토지는 국토이용관리법상 토지 등의 거래계약에 대하여 허가를 받아야 하는 규제지역에 속하여
있는데 甲과 乙은 아직 그 허가를 받지 않았다. 甲은 乙에게 Y건물에 대하여 매매를 원인으로 소
유권이전등기를 경료하여 줄 것을 청구할 수 있는가?   (대판 1992.10.13, 92다16836 참조)

┃해설 3┃ 청구할 수 없다.
매매계약은 토지와 건물을 일괄하여 거래의 목적으로 한 것이 분명하고, X토지에 대한 매매계
약은 관할관청의 허가를 받아야만 그 효력이 발생하고 허가를 받기 전에는 채권적 효력도 발생
하지 아니하여 무효이다. 이와 같은 경우 토지부분의 매매계약이 유효한 것으로 확정되지 아니
한 상태에서 건물부분의 매매계약만 유효한 것으로 보아 소유권이전등기를 명하는 것은 부당하
다. 제137조는 법률행위의 일부분이 무효인 때에는 그 전부를 무효로 하되, 그 무효부분이 없더
라도 법률행위를 하였을 것이라고 인정될 때에는 나머지 부분은 무효가 되지 아니한다고 규정하
고 있는바, 일반적으로 토지와 그 지상의 건물은 법률적인 운명을 같이 하는 것이 거래의 관행
이고, 당사자의 의사나 경제의 관념에도 합치되는 것이므로, X토지에 관한 당국의 거래허가가
없으면 Y건물만이라도 매매하였을 것이라고 볼 수 있는 특별한 사정이 인정되는 경우에 한하여
토지에 대한 매매거래허가가 있기 전에 건물만의 소유권이전등기를 명할 수 있다고 보아야 할
것이고, 그렇지 않는 경우에는 토지에 대한 거래허가가 있어 그 매매계약의 전부가 유효한 것으
로 확정된 후에 토지와 함께 이전등기를 명하는 것이 옳다.

(다) 일부취소의 문제

사례 4 甲은 乙에 대하여 9천만 원에 이르는 사료대금채권을 가지고 있다. 乙은 丙에게 채무액
이 3천만 원뿐이라고 기망하여 丙은 채권자 甲과 연대보증계약을 체결하였는데, 甲도 이러한 사
정을 알고 있었다. 丙은 연대보증계약 전부를 취소할 수 있는가?   (대판 2002.9.10, 2002다21509 참조)

┃해설 4┃ 가정적 의사에 의하여 3천만 원의 부분을 제외한 나머지 부분만의 취소가 가능하다.
하나의 법률행위의 일부분에만 취소사유가 있다고 하더라도 그 법률행위가 가분적이거나 그 목
적물의 일부가 특정될 수 있다면, 그 나머지 부분이라도 이를 유지하려는 당사자의 가정적 의사
가 인정되는 경우 그 일부만의 취소도 가능하다고 할 것이고, 그 일부의 취소는 법률행위의 일
부에 관하여 효력이 생긴다.
채권자와 연대보증인 사이의 연대보증계약이 주채무자의 기망에 의하여 체결되어 적법하게 취

소되었으나, 그 보증책임이 금전채무로서 채무의 성격상 가분적이고 연대보증인에게 보증한도를 일정 금액으로 하는 보증의사가 있었으므로, 연대보증인의 연대보증계약의 취소는 그 일정 금액을 초과하는 범위 내에서만 효력이 생긴다. 따라서 3천만 원 범위에서는 유효하다.

사례 5 甲과 乙은 甲 소유 X토지에 대한 매매계약을 체결하면서, X토지에 인접한 Y부분을 매매계약의 대상에서 제외하는 특약을 하였다. 甲은 Y부분의 면적이 1, 2평 정도에 불과하다는 취지로 乙을 기망하였으나 실제로 그 면적은 38㎡에 이르는 것이었다. 乙은 Y부분을 제외하는 특약만의 취소를 주장하며 Y부분도 매매계약의 대상임을 주장하고 있다. 그 타당성은?

(대판 1999.3.26. 98다56607 참조)

│해설 5│ 타당하지 않다.

매매계약 체결시 Y부분을 매매 대상에서 제외시키는 특약을 한 경우, 이는 매매계약의 대상 토지를 특정하여 Y부분에 대하여는 매매계약이 체결되지 않았음을 분명히 한 것으로서 그 부분에 대한 어떠한 법률행위가 이루어진 것으로는 볼 수 없으므로, 그 특약만을 기망에 의한 법률행위로서 취소할 수는 없다.

사례 6 X점포의 임차인 乙은 임차권을 甲에게 양도하였다. 그러면서 甲은 임차권양도계약과는 별도로, 같은 날 X점포와 관련된 영업권, 가치 권리, 노하우, 시설비용 등을 2억 4,000만 원으로 평가하여 양도받기로 하는 내용의 권리금계약을 체결하였다(권리금계약은 임차권양도계약과 결합하여 그 전체가 경제적, 사실적으로 일체로서 행하여진 것으로 보임). 그런데 이러한 계약은 乙이 적자상태인 X점포를 상당한 순수익이 발생하는 것처럼 허위의 매출자료를 조작하여 제시하여 이루어진 것이었다. 甲은 乙과 체결한 권리금계약만을 취소하고 그 지급된 권리금 상당의 부당이득 반환을 구할 수 있는가?

(대판 2013.5.9. 2012다115120 참조)

│해설 6│ 할 수 없다.

권리금계약은 임대차계약이나 임차권양도계약 등에 수반되어 체결되지만 임대차계약 등과는 별개의 계약이다. 여러 개의 계약이 체결된 경우에 그 계약 전부가 하나의 계약인 것과 같은 불가분의 관계에 있는 것인지는 계약체결의 경위와 목적 및 당사자의 의사 등을 종합적으로 고려하여 판단하여야 하고, 각 계약이 전체적으로 경제적, 사실적으로 일체로서 행하여진 것으로 그 하나가 다른 하나의 조건이 되어 어느 하나의 존재 없이는 당사자가 다른 하나를 의욕하지 않았을 것으로 보이는 경우 등에는, 하나의 계약에 대한 기망취소의 의사표시는 법률행위의 일부무효 이론과 궤를 같이하는 법률행위 일부취소의 법리에 따라 전체 계약에 대한 취소의 효력이 있다. 그런데 이 사건 임차권양도계약과 권리금계약의 체결 경위, 계약 내용 등 제반 사정을 참작할 때, 권리금계약은 임차권양도계약과 결합하여 그 전체가 경제적, 사실적으로 일체로서 행하여진 것으로 보아야 할 것이고, 어느 하나의 존재 없이는 당사자가 다른 하나를 의욕하지 않았을 것으로 보이므로, 권리금계약 부분만 따로 떼어 이를 취소할 수는 없다.

　　1) 하나의 법률행위 중 일부에만 취소사유가 있는 경우에 그 일부만을 취소할 수 있을지의 문제에 대하여 통설과 판례는 일부무효의 법리에 준하여 일부취소를 인정한다. 그 요건은 일부무효와 같다.

　　2) 하나의 법률행위의 일부에만 취소사유가 있는 경우에 그 법률행위가 가분적이거나 그 목적물의 일부가 특정될 수 있다면, 그 나머지 부분이라도 이를 유지하려는 당사자의 가정적 의사가 인정되는 경우 그 일부만의 취소도 가능하고, 또 그 일부의 취소는 법률행위의 일부에 관하여만 효력이 생긴다고 할 것이다(대판 2002.9.10, 2002다21509).

　　이에 반하여 법률행위 전체가 경제적, 사실적으로 일체로서 행하여진 것이고 취소의 원인이 법률행위 전체에 미쳤다고 볼 수 있는 경우에는 전체에 대해 취소의 효력이 있다. 甲이 지능이 박약한 乙을 꾀어 돈을 빌려주어 유흥비로 쓰게 하고, 실제로 준 돈의 두 배 가량을 채권최고액으로 하여 자기 처인 丙 앞으로 근저당권을 설정한 경우, 근저당권설정계약은 금전소비대차계약과 결합하여 일체로서 행해진 것이므로 근저당권설정계약취소의 의사표시를 한 경우 금전소비대차계약에도 취소의 효력이 미치는 것이다(대판 1994.9.9, 93다31191). 또한 일부만의 취소가 가능한 것은 어떤 목적 혹은 목적물에 대한 법률행위가 존재함을 전제로 한다(대판 1999.3.26, 98다56607).

(라) 일부불능

　　계약의 일부가 이행불능인 경우에는 일부무효의 법리와는 달리, 이행이 가능한 나머지 부분만의 이행으로 계약의 목적을 달할 수 없을 경우에만 계약의 전부 해제가 가능하다(대판 1996.2.9, 94다57817).

사례 7 甲과 乙은 A회사가 토지구획정리사업의 공사금 명목으로 받게 될 체비지 중 乙이 A회사로부터 사전 분양 받은 400평을 甲에게 소유권이전등기를 마쳐 주기로 하는 내용의 매매계약을 체결하였다. 이후 A회사는 부도가 났는데, 부도 당시까지 토지구획정리조합으로부터 받게 될 공사기성금에 해당하는 체비지는 1만 7천 평인데 A회사가 40여명에게 사전분양한 체비지의 면적은 약 3만 평이 되어 A회사는 기성고로 받게 될 체비지를 피분양자들에게 소유권 이전을 하여 준다고 하더라도 분양면적 전부를 이전해 주지는 못하고 분양대금에 비례하여 각자의 지분으로 이전등기를 해 주어야 할 형편에 있었다. 한편 甲은 200평 정도만 이행 받으면 계약의 목적을 달성할 수 있는 사정이 있었다. 甲은 乙이 A로부터 이 사건 체비지를 전부 분양받아서 이전등기를 마쳐 줄 의무가 이행불능이 되었다고 하여, 계약 전부의 해제를 주장할 수 있는가?

(대판 1996.2.9, 94다57817 참조)

┃해설 7┃ 할 수 없다.

　　계약의 일부의 이행이 불능인 경우에는 이행이 가능한 나머지 부분만의 이행으로 계약의 목적을 달할 수 없을 경우에만 계약 전부의 해제가 가능하다고 할 것이다. 그런데 A회사가 부도 당시까지 40여 명에게 사전분양한 체비지의 면적이 약 3만 평이지만 A회사가 위 토지구획정리조합으로부터 받게 될 공사기성금에 해당하는 체비지로 1만 7천 평이 확보되었다는 것이므로, A회사가 乙에게 체비지 전부를 분양해 줄 수도 있고, 수분양자들에게 분양면적 비율에 따라 분양한다면 최소한 224평 정도의 체비지를 분양할 수 있다고 보인다. 설문에서 주어진 바와 같이 甲은 200평 정도만 이행받으면 계약의 목적을 달성할 수 있는 사정이 있었으므로 계약 전부의 해제는 가능하지 않다.

(4) 확정적 무효 · 유동적 무효

(가) 의 의

확정적 무효란 법률행위 성립시부터 그 효력이 확정적으로 발생하지 않는 것을 말한다. 반면에 유동적 무효란 법률행위의 성립시에는 효력이 발생하지 않으나 나중에 추인이나 관청의 허가 또는 인가 등 유효를 위한 추가 요건을 갖추면 법률행위 당시로 소급하여 유효가 될 수 있는 무효를 말한다.

(나) 유동적 무효이론

1) 의 의

유동적 무효란 법률행위의 유효요건이 갖추어지지 않아 완전한 유효는 아니지만 사후에 그 요건이 갖추어지는 경우 소급적으로 유효가 되는 경우를 일컫는 개념이다. 민법상 무권대리행위, 무권리자의 처분행위가 유동적 무효의 예이다.

부동산거래신고법 제10조 이하에서는 장관이 지정한 허가구역 안에 있는 토지에 관한 권리의 이전, 설정계약이나 예약시 허가를 받지 않으면 무효가 됨을 규정하는데, 허가를 받지 않으면 판례는 유동적 무효로 보고 있다($^{대판(전합)\ 1991.}_{12.24,\ 90다12243}$). 이때 계약의 효력은 전혀 발생하지 않는다.

2) 유동적 무효인 상태에서의 구체적인 쟁점

이 상태에서는 계약에 기하여 이행청구를 할 수 없고, 계약을 해제할 수 없으며, 계약금의 부당이득반환청구도 할 수 없다.

㉮ 계약의 이행청구권(소유권이전등기청구권 또는 매매대금지급청구권)

유동적 무효의 경우에도 계약은 무효이다. 따라서 채권적 효력도 전혀 발생하지 않는다($^{대판}_{(전}$ $^{합)\ 1991.12.24,}_{90다12243}$). 따라서 이행청구권이 없고, 강제이행이 불가능하며, 이행지체 등 채무불이행책임(손해배상청구)도 인정될 수 없고, 채무불이행을 원인으로 하는 법정해제도 불가능하다($^{대판\ 1997.7.25,}_{97다4357,4364}$). 허가조건부 소유권이전등기 청구권도 부정된다(대판 2010.5.13, 2009다92685. 이와는 반대로 아직 관할관청의 허가가 없는 학교법인의 기본재산 처분계약은 유동적 무효에 해당되지만, 허가조건부 이행청구는 가능하다고 판시하기도 함. 대판 2022.1.27, 2019다289815 참조). 따라서 허가조건부 소유권이전등기청구권을 피보전권리로 한 부동산처분금지가처분신청 또한 허용되지 않는다($^{대결\ 2010.8.26,}_{2010마818}$).

㉯ 협력의무

계약당사자들은 유동적 무효인 상태에서도 협력의무가 인정되는데, 이러한 협력의무는 소구가 가능하다($\binom{대판\ 2009.4.23,}{2008다50615}$). 토지거래허가신청에 협력하여 줄 것을 청구할 수 있는 협력청구권은 채권자대위권의 피보전채권에 해당하고($\binom{대판\ 1995.9.5,}{95다22917}$), 이러한 청구권을 피보전권리로 하여 처분금지가처분을 신청할 수 있다($\binom{대판\ 1998.12.}{22,\ 98다44376}$).

매수인의 잔대금지급이 협력의무에 대해 선이행의무라거나 동시이행관계에 있는 것은 아니다. 잔대금 지급 없이도 협력의무를 청구할 수 있고, 매수인이 협력의무의 이행을 청구하는 경우에 매도인이 잔금지급청구권에 기하여 동시이행의 주장을 내세우는 것도 허용되지 않는다($\binom{대판}{1993.8.27,}$ $_{93다15366}$). 유동적 무효인 상태에서는 잔대금지급청구권이 존재할 수 없기 때문이다. 아울러 협력의무의 이행을 소구당한 당사자는 거래허가를 받을 수 없을 것이라는 이유로 협력의무 자체를 거절할 수는 없다($\binom{대판\ 1992.10.}{27,\ 92다34414}$).

    ⓒ 계약금 등의 부당이득반환청구권

유동적 무효인 상태에서는 계약금 등을 부당이득으로 반환을 청구할 수 없다($\binom{대판\ 1996.11.}{22,\ 96다31703}$). 계약이 유효하게 될 수 있는 상태만으로는 계약금의 지급이 법률상 원인 없는 것으로 볼 수 없기 때문이다.

협력의무불이행에 대한 손해배상과 손해배상예정약정은 유효하다($\binom{대판\ 1997.2.28,}{96다49933}$).

    ⓔ 계약해제권

잔대금 등의 이행기가 약정되어 있어도 유동적 무효 상태에서는 이행의무가 없으므로 허가 전에는 채무불이행을 이유로 한 해제가 불가능하다($\binom{대판\ 1997.7.25,}{97다4357,4364}$). 협력의무 위반을 이유로도 계약을 해제할 수는 없다($\binom{대판(전합)\ 1999.6.}{17,\ 98다40459}$).

한편 유동적 무효인 상태라도 특약으로 잔금지급기일을 정하고 매수인의 잔금 지급채무의 불이행이 있으면 계약은 자동으로 해제된다는 자동해제특약에 따라 계약이 실효될 수 있다(대판 2010.7.22, 2010다1456. 다만 이때에도 동시이행항변권 배제의 특약 또는 항변권 포기가 인정되어야 한다. 이에 대해서는 대판 1994.9.9, 94다8600 참조).

또한 제565조의 약정해제권이 유보되어 있는 경우, 확정적 유효로 만든 행위가 있어도 이는 이행의 착수가 없는 것이므로 약정해제권을 행사할 수 있다(대판 2009.4.23, 2008다62427. 토지거래허가가 나지 않은 매매계약에 약정해제권이 유보되어 있을 때, 토지거래허가를 받은 행위는 당사자 쌍방 모두에게 해제권 행사기한을 부당하게 단축시키는 부당한 결과를 야기하므로 이행의 착수로 보기 어렵다고 본 사례).

    ⓜ 유동적 무효의 무효 · 취소 주장 가능

유동적 무효상태에 있는 거래계약에 관하여도 비진의표시 · 통정허위표시 등의 무효를 주장할 수 있고 착오, 사기, 강박을 이유로 한 취소권을 행사할 수 있으며 이러한 주장(무효주장 또는 취소권의 행사)이 있으면 계약은 확정적으로 무효가 되고 당사자는 협력의무 등을 면할 수 있다($\binom{대판\ 1997.11.}{14,\ 97다36118}$).

(ꂌ) 토지와 건물 매수에서 건물만의 소유권이전등기 청구 가부

허가는 토지거래에만 필요한 것이므로 토지매매는 무효이지만 건물에 대해서는 허가가 필요 없어 건물매매는 유효하다고 볼 수도 있다. 그러나 건물과 토지를 동시에 매매한 경우 각각의 법률행위는 일체성이 인정되는 법률행위이므로 판례는 일부무효의 법리로 이를 해결하고 있다. 즉 원칙적으로 전부 무효이고 다만 법률행위의 분할가능성과 법률행위를 분할하려는 가상적 의사가 인정된다면 건물 매매만은 유효하다고 볼 수 있어 건물에 대한 소유권이전등기청구는 가능하다고 볼 여지도 있을 것이다. 이에 대해 판례는 양자는 함께 이전되는 것이 거래계의 통념인바 토지에 대한 허가가 없으면 건물만이라도 매매했을 것이라는 특단의 사정이 없으면 허가 후 토지와 동시에 이전등기해야 한다고 하여 건물만의 이전등기청구를 부정하고 있다(대판 1992. 10. 13. 92다16836).

(ꂍ) 확정적 유효가 되는 경우

허가를 받으면 계약은 소급하여 유효한 계약이 된다. 따라서 허가 후에 새로이 거래계약을 체결할 필요가 없다(대판(전합) 1991. 12. 24. 90다12243). 구 국토이용관리법상 토지거래허가구역으로 지정된 토지에 대한 거래계약이 유동적 무효인 상태에서 그 토지에 대한 토지거래허가구역 지정이 해제되거나 허가구역지정기간이 만료되었음에도 불구하고 허가구역 재지정을 하지 아니한 경우, 그 토지거래계약은 확정적으로 유효가 된다(대판(전합) 1999. 6. 17. 98다40459).

(ꂎ) 확정적 무효가 되는 경우

① 애초부터 허가를 배제·잠탈하는 계약은 확정적 무효이다. 이러한 허가의 배제·잠탈행위에는 토지거래허가가 필요한 계약을 허가가 필요하지 않은 것에 해당하도록 계약서를 허위로 작성하는 행위뿐만 아니라, 정상적으로는 토지거래허가를 받을 수 없는 계약을 허가를 받을 수 있도록 계약서를 허위로 작성하는 행위도 포함된다. 예컨대 허가구역 내의 토지에 관한 매매계약을 체결하면서 허가요건을 갖추지 못한 매수인이 허가요건을 갖춘 사람의 명의를 도용하여 매매계약서에 그를 매수인으로 기재한 것은 토지거래허가를 잠탈하는 것으로서 무효인 것이다(대판 2010. 6. 10. 2009다96328). 또한 허가구역 내의 토지에 관하여 실제로는 매매계약을 체결하고서도 처음부터 토지거래허가를 잠탈하려는 목적으로 등기원인을 '증여'로 하여 소유권이전등기를 경료한 경우에도 확정적으로 무효가 된다(대판 2007. 11. 30. 2005도9922).

② 관청의 불허가가 있는 경우 계약은 확정적으로 무효가 된다. 그러나 그 불허가가 허가신청요건의 미비에 따른 것으로서 보정될 수 있는 것이라면 곧바로 확정적 무효가 되는 것은 아니고 신청요건을 다시 보정하여 허가를 받은 경우 유효로 될 수 있다(대판 1998. 12. 22. 98다44376). 또한 단지 매매계약의 일방당사자만이 임의로 토지거래허가신청에 대한 불허가처분을 유도할 의도로 허가신청서에 계약내용과 토지의 이용계획 등에 관하여 사실과 다르게 또는 불성실하게 기재한 경우라면, 실제로 토지거래허가신청에 대한 불허가처분이 있었다는 사유만으로는 곧바로 매매계약이 확정적 무효상태에 이르렀다고 볼 수 없다(대판 1997. 11. 11. 97다36965).

③ 당사자 쌍방이 허가신청하지 않을 것을 명백히 한 때에는 계약은 확정적으로 무효가 된다. 따라서 일방만 허가신청하지 않을 것을 표시한 경우라면 그 상대방이 허가신청절차에 협력할 것을 청구하고 그 승소판결을 받아 허가절차를 이행할 수 있다. 당사자 쌍방이 허가신청하지 않을 것을 명백히 한 때에는 계약관계는 확정적으로 무효가 되므로 계약금이나 매매대금을 부당이득으로 반환청구할 수 있다(대판 1997.11.11, 97다36965, 36972).

④ 거래허가 전의 거래계약이 정지조건부 계약인 경우에 있어서 그 정지조건이 토지거래허가를 받기 전에 이미 불성취로 확정되었다면, 장차 토지거래허가를 받더라도 그 거래계약의 효력이 발생될 여지는 없게 되므로, 허가 전 거래계약의 유동적 무효 상태가 더 이상 지속된다고 볼 수 없고, 그 계약관계는 확정적으로 무효로 된다(대판 1998.3.27, 97다36996).

⑤ 토지거래허가구역 내 토지에 대하여 매매계약을 체결하였는데 거래허가가 나지 않은 상태에서 당해 토지가 경매절차에서 제3자에게 매각되어 소유권이전등기가 마쳐진 경우, 매수인이 매도인에 대하여 매매계약이 무효가 되었음을 이유로 매매대금의 반환을 구하는 취지의 의사를 표시한 때에는 위 매매계약은 확정적으로 무효가 된다(대판 2011.6.24, 2011다11009).

4. 무효행위의 추인(제139조)

(1) 의 의

확정적으로 무효인 법률행위에 대해 민법은 원칙적으로 추인을 금지하고 있다. 다만 예외적으로 당사자가 무효임을 알고 추인의 의사표시를 하여 무효인 법률행위를 유효로 변화시키는 것을 허용하고 있는데 이는 새로운 법률행위를 한 것으로 간주된다. 즉 무효행위의 추인에는 소급효가 없다. 원칙적으로 장래를 향해서만 유효하게 될 뿐이다.

(2) 요 건

(가) 무효인 법률행위가 존재할 것

법률행위의 성립요건과 효력요건은 구별되므로 비록 무효인 경우에도 법률행위는 존재해야 한다. 한편 법률행위가 취소되어 무효가 된 경우에도 무효행위의 추인은 가능하다(대판 1997.12.12, 95다38240).

(나) 당사자는 무효임을 알고 있을 것

무효인 법률행위를 추인에 의하여 새로운 법률행위로 보기 위해서는 당사자가 이전의 법률행위가 무효임을 알고 추인해야 한다(대판 1998.12.22, 97다15715). 당사자 중에서 불이익을 받는 자는 무효원인을 제공하지 않은 경우에도 추인이 가능하다(대판 2002.2.22, 2000다53274).

(다) 무효원인이 소멸한 후에 추인할 것

무효행위의 추인은 무효원인이 소멸한 후에만 가능하다. 강박에 의한 의사표시임을 이유로 일단 유효하게 취소되어 당초의 의사표시가 무효로 된 후에 추인했을 때 그 추인이 효력을 가지기 위하여는 강박 상태에서 벗어난 후에 추인하여야 한다(대판 1997.12.12, 95다38240). 또한 제103조, 제104조 위반행위는 추인이 불가능하다(대판 1994.6.24, 94다10900). 다만 반사회질서적 규정이나 강행규정을 통하여 보호하려는 자가 진의에 따라 추인하는 경우(대판 2013.11.28, 2010다91831), 또는 행위 당시에는 위반한 강행규정이 추후에 폐지되는 등의 경우에는 추인이 가능하다.

추인의 의사표시는 묵시적으로도 가능하다. 묵시적 추인을 인정하기 위해서는 이전의 법률행위가 무효임을 알거나 적어도 무효임을 의심하면서도 그 행위의 효과를 자기에게 귀속시키도록 하는 의사로 후속행위를 했음이 인정되어야 한다. 따라서 당사자가 단순히 이전의 법률행위가 존재함을 알고 그 유효함을 전제로 이에 터 잡은 후속행위를 한 것만으로는 이전의 법률행위를 묵시적으로 추인하였다고 단정할 수는 없을 것이다(대판 2014.3.27, 2012다106607).

(라) 새로운 법률행위 요건을 구비할 것

추인은 현실적인 의사표시이며, 새로운 법률행위의 요건을 구비하여야 한다. 혼인의 실체를 갖추지 못하였다면 일방적인 혼인신고 후 몇 차례의 육체관계로 자(子)를 출산하였다고 하더라도 무효인 혼인을 추인하였다고 보기는 어렵다(대판 1993.9.14, 93므430).

(3) 효 과

(가) 원칙: 소급효 부정

원칙적으로 소급효가 없다. 무효행위를 추인한 때에는 달리 소급효를 인정하는 규정이 없는 한 새로운 법률행위를 한 것으로 보아야 한다(대판 1995.4.11, 94다53419).

(나) 예외: 소급효 인정

다만 당사자의 약정에 따라 소급하여 유효로 할 수 있다. 제139조는 임의규정이기 때문이다. 다만 제3자의 이익을 해치지 않는 한도 내에서 소급하여 유효로 할 수 있을 것이다.

(다) 무효인 신분행위의 추인

무효인 신분행위에 대한 추인과 제139조 적용여부가 문제되는데 판례는 무효인 신분행위의 추인에는 제139조의 적용을 배제하면서 원칙적으로 소급효를 인정하고 있다. 13세 미만의 자를 입양하기 위해서 필요한 법정대리인의 승낙을 얻지 않은 무효인 입양이라고 하더라도 피입양인이 13세 이후에 묵시적으로라도 이를 추인하려는 것으로 볼 수 있다면 그러한 입양은 소급하여 유효로 되는 것이다(대판 1997.7.11, 96므1151; 대판 1990.3.9, 89므389 등. 이 판결은 입양시 가정법원의 허가를 받도록 하는 민법 제867조의 규정이 신설되기 전의 판결임에 유의).

> **사례 8** A는 1980.5.20. 국가에 의한 강박상태에서 국가에 대하여 증여의 의사표시를 하였다. 그러나 다시 계엄 하에서 군사재판을 받던 도중 그 증여의 의사표시를 유효하게 취소하였는데, 그 후 재판의 진행 도중에 계속된 강박상태에서 다시 그 증여취소의 의사표시를 철회하고 당초의 증여의 의사표시를 추인하였다.
> **질문 1)** 그렇다면 그 증여는 최종적으로 유효한 것으로 볼 수 있을까?
>
> (대판 1997.12.12. 95다38240 참조)
>
> **질문 2)** A는 신체가 구속되어 있는 강박상태에서 국가에 대한 증여의 의사표시가 있었다. 그 후 신체구금이 풀려나자 A는 증여의 의사표시가 강박에 의한 의사표시임을 이유로 그 의사표시를 적법하게 취소하였다. 그 후 취소했다는 이유로 다시 불법감금된 A는 당초의 증여의 의사표시를 추인하였다. 그 증여계약은 유효할 수 있는가?
>
> **| 해설 8 |**
>
> **해설 1)** 유효한 것으로 볼 수 없다.
> 판례는 강박에 의한 증여의사표시는 유효한 취소를 통해 최종적으로 무효가 되어, (취소할 수 있는 행위의) 추인은 불가능하다고 한다. 다만 무효행위의 추인은 가능하다. 그러나 무효행위의 추인은 그 무효 원인이 소멸한 후에 하여야 그 효력이 있다.
> 이 사건에서 무효행위에 대한 추인은 적법하게 이루어진 것이 아니므로 추인의 효력이 없는 것이어서 그 증여는 여전히 무효인 상태라고 한다.
>
> **해설 2)** 증여계약은 여전히 무효이다.
> 취소할 수 있는 행위의 취소로 무효인 행위가 되었다. 그 후 무효행위의 추인이 가능하지만 추인의 의사표시 자체가 또다른 강박에 의한 의사표시에 해당되어 그 추인의 효력이 없는 것으로 보아야 한다.

5. 무효행위의 전환(제138조)

(1) 의 의

제1의 행위로서는 무효인 법률행위가 제2의 행위로는 요건을 갖추고 있는 경우에 무효인 제1행위를 제2행위로서 그 효력을 인정하는 것이다. 즉 원래 법률행위가 무효이지만 이러한 법률행위가 동시에 다른 법률행위로서의 요건을 갖추고 있는 경우에, 당사자가 무효임을 알았다면 그 다른 법률행위를 하였을 것이라고 인정되는 경우 다른 법률행위로서의 효력을 인정하는 것이다. 지상권설정계약으로서는 무효인 계약을 토지임대차계약으로서 유효한 것으로 인정하는 것이 그 예이다.

(2) 요 건

(가) 무효인 법률행위가 있을 것

법률행위가 무효인 사유가 강행법규, 제103조, 제104조 위반으로 인한 경우에도 그 무효행위의 전환이 가능하다. 다만 무효행위의 전환은 강행법규의 입법취지 및 그 위반행위에 대한 제재의 의미를 부정하거나 무력화하지 않는 범위 내에서 인정되어야 한다(대판 2022.5.26. 2020다253515; 대판 1993.5.25. 91다41750).

(나) 다른 법률행위를 의욕했었을 것(전환의사)

전환의사란 당사자가 법률행위가 무효인 것을 그 당시에 알았더라면 의욕하였을 가정적 효과의사를 말한다(대판 2022.5.26. 2020다253515). 이러한 가정적 의사의 판단기준은 계약 체결시의 사정을 전제하여 거래관행과 신의성실의 원칙을 제시한다(대판 2010.7.15. 2009다50308).

(다) 다른 법률행위의 요건을 구비했을 것

판례에 따르면 다른 법률행위는 반드시 다른 '종류'의 법률행위만을 의미하는 것은 아니다. 동일한 종류의 법률행위이나 내용이 다른 것이면 족하다. 예컨대 매매대금이 과다하여 불공정한 법률행위로 매매계약이 무효가 된 경우에도 매매계약이 무효임을 알았다면 당사자가 의욕하였을 적절한 대금액으로 매매계약이 성립한 것으로 본다(대판 2010.7.15. 2009다50308).

(3) 효 과

요건을 갖추면 다른 법률행위로서 효력이 발생한다. 무효인 행위가 새롭게 유효하게 되는 것은 아니다. 또한 무효인 법률행위가 행해진 시점부터 효력이 발생한다(소급효).

(4) 적용범위

(가) 단독행위의 전환

학설은 대립하고 있으나 민법은 비밀증서요건 흠결시 자필증서유언 요건을 갖추면 자필증서유언으로의 전환을 인정하고 있고(제1071조), 연착한 승낙과 변경을 가한 승낙도 새로운 청약으로의 전환을 인정하고 있다(제530조. 제534조).

(나) 신분행위의 전환

학설은 대립하나 판례는 인정한다. 즉 친생자 출생신고 당시 입양의 실질적 요건을 갖추지 못하여 입양신고로서의 효력이 생기지 아니하였으나 그 후에 입양의 실질적 요건을 갖추게 된 경우, 무효인 친생자 출생신고가 소급적으로 입양신고로서의 효력을 갖게 된다(대판 2000.6.9. 99 므1633; 대판(전합) 1977.7.26. 77다492). 또한 혼인신고가 위법하여 무효인 경우에도 무효인 혼인 중 출생한 자를 그 호적에 출생신고하여 등재한 이상 그 자에 대한 인지의 효력이 있다(대판 1976.10.26. 76다2189; 대판 1971.11.15. 71다1983).

(다) 요식행위와 불요식행위 사이의 전환

요식행위를 불요식행위로 전환하는 것은 가능하다. 상속포기 기간을 도과한 상속포기의 경우에도 상속포기의사를 표명한 자들이 전혀 상속재산을 취득하지 않기로 하는 상속재산의 협의분할이 이루어진 것이라고 볼 수 있다(대판 1989.9.12, 88누9305). 불요식행위를 요식행위로 전환하는 것은 불가능하다. 요식행위를 요식행위로 전환할 수 있는가와 관련해서 어음행위 등 일정한 형식 그 자체를 요구하는 요식행위로 전환하는 것은 불가능하다고 할 것이지만, 확정적 의사를 서면에 표시해야 하는 요식행위로 전환하는 것은 가능하다 할 것이다. 혼인 외의 출생자를 혼인 중의 자로 출생신고한 경우 인지신고로서 효력이 인정된다(대판 1971.11.15, 71다1983).

(라) 불공정한 법률행위의 경우

매매계약이 약정된 매매대금의 과다로 말미암아 제104조에서 정하는 '불공정한 법률행위'에 해당하여 무효인 경우에도 무효행위의 전환에 관한 제138조가 적용될 수 있다. 따라서 당사자 쌍방이 위와 같은 무효를 알았더라면 대금을 다른 액으로 정하여 매매계약에 합의하였을 것이라고 예외적으로 인정되는 경우에는, 그 대금액을 내용으로 하는 매매계약이 유효하게 성립한다(대판 2010.7.15, 2009다50308).

(마) 강행법규 위반의 경우

강행법규를 위반하여 무효인 경우에도 제138조의 무효행위의 전환이 인정될 수 있다. 임대주택법령을 위반하여 고액의 임대보증금을 약정하여 임대차계약이 무효가 된 경우에 표준임대보증금을 임대조건으로 하는 임대차계약으로 전환되어 유효하게 존속한다고 보았다(대판(전합) 2016.11.18, 2013다42236. 무효행위 전환의 법리를 인정한 다수의견과는 달리 별개의견은 일부무효(제137조)의 법리가 적용되어야 한다고 보았음).

Ⅲ. 법률행위의 취소

1. 의 의

취소란 일단 유효하게 성립한 법률행위의 효력을 후에 소급하여 소멸케 하는 취소권자의 상대방 있는 의사표시를 의미한다. 취소는 협의의 취소와 광의의 취소로 나누어볼 수 있다. 협의의 취소란 일반적인 의미의 취소로 본래적 의미의 취소라고 할 수 있다. 이와 관련해서는 제한능력, 착오, 사기, 강박만이 원인이며, 제140조 이하에 일반적인 규정을 두고 있다. 이러한 취소사유가 있는 법률행위는 취소 전까지는 유효하다. 취소권은 형성권으로 취소권을 행사하면 법률행위는 소급적으로 무효가 된다. 이러한 협의의 취소는 반드시 재판상 행사할 필요가 없다. 이와 반대로 광의의 취소는 협의의 취소 이외에 취소라는 용어가 사용되는 경우를 말한다.

이에는 재판상으로만 취소권을 행사할 수 있는 경우(사해행위취소, 가족법상 신분행위취소 등), 실종선고의 취소(제29조), 부재자 재산관리명령의 취소(제22조 제2항), 법인설립허가의 취소(제38조) 등이 있다. 광의의 취소에 대해서는 제140조 이하 규정이 원칙적으로 적용되지 않는다.

미성년자에 대한 법정대리인의 동의와 허가의 취소(제7조), 영업허가의 취소(제8조 제2항) 등은 성질상 철회에 해당한다.

2. 구별개념

(1) 철 회

철회란 법률행위 또는 의사표시의 효과가 발생하지 않도록 하기 위해 장래를 향하여 그 법률행위나 의사표시가 없었던 것으로 하는 일방적 행위를 말한다. 철회의 대상이 되는 법률행위는 아직 법률효과가 발생하기 전일 수도 있으나, 그 효과가 발생한 경우에도 장래를 향해 그 효력발생을 저지하는 경우도 포함된다. 이 점에서 철회는 일단 법률행위의 효력이 발생한 후에 소급하여 효력을 배제시키는 취소와 구별된다.

(2) 해 제

해제란 일단 유효하게 성립한 계약의 효력을 당사자 중 한쪽의 의사표시에 의하여 그 계약이 처음부터 있지 않았던 것과 같은 상태로 돌아가게 하는 것을 말한다. 해제는 계약을 전제로 하는 점에서 모든 법률행위를 대상으로 하는 취소와 구별되고, 주로 채무불이행을 원인으로 한다는 점에서 제한능력, 착오, 사기·강박 등을 원인으로 하는 취소와는 다르다.

3. 취소권의 의의 및 성질

취소권은 취소를 할 수 있는 지위를 뜻한다. 취소권은 일방적 의사표시에 의하여 법률관계의 변동을 가져오므로 일종의 형성권이다.

4. 취소권자(제140조[3]: 제한적 열거규정)

(1) 취소할 수 있는 법률행위는 제한능력자, 착오로 인하거나 사기·강박에 의하여 의사표시를 한 자, 그의 대리인 또는 승계인만이 취소할 수 있다.

(2) 제한능력자라도 법률행위를 단독으로 유효하게 취소할 수 있다. 따라서 제한능력자의 취소를 다시 취소할 수는 없다(제5조 이하에 대한 특칙).

(3) 취소권을 행사하는 자는 행위능력이 있을 필요도 없고, 하자 상태에서 벗어나 있을 필요도 없다.

---

3) 제140조 (법률행위의 취소권자) 취소할 수 있는 법률행위는 제한능력자, 착오로 인하거나 사기·강박에 의하여 의사표시를 한 자, 그의 대리인 또는 승계인만이 취소할 수 있다.

(4) 취소도 법률행위이므로 대리인을 통하여 할 수 있다. 따라서 임의대리인은 본인으로부터 별도의 대리권을 수여받아 본인의 취소권을 대리하여 행사할 수 있다. 그러나 제한능력자의 법정대리인은 자신의 고유한 취소권이 있다.

(5) 승계인도 취소권을 행사할 수 있다. 이때 승계인에는 포괄승계인은 당연히 포함되며, 특정승계인의 경우 견해의 대립이 있는데 다수설은 특정승계인도 취소권을 승계하는 것으로 이해한다. 다만 취소권은 형성권이므로 취소권만의 특정승계는 있을 수 없고, 취소할 수 있는 행위에 의하여 취득한 권리의 승계가 있는 경우에만 특정승계인은 취소권자가 될 수 있다.

다만 취소할 수 있는 법률행위에 의하여 취득한 권리가 승계된 경우에는 법정추인과의 관계를 따져보아야 한다. 원칙적으로 이러한 경우에는 제145조 제5호에 의하여 법정추인으로 되어 취소권은 소멸한다고 할 것이다. 다만 제145조의 단서에 의하여 이의를 보류한 때에는 승계인은 취소권을 행사할 수 있다.

5. 취소의 상대방 및 방법

(1) 취소할 수 있는 법률행위가 계약인 경우에 취소는 계약 상대방에 대하여 한다. 계약 상대방으로부터의 특정승계인에게는 취소권을 행사할 수 없다. 그러나 포괄승계인은 계약 상대방과 동일성이 인정될 수 있으므로 취소의 상대방이 될 수 있다. 상대방 있는 단독행위의 경우에는 그 상대방에 대하여 취소의 의사표시를 하여야 한다. 상대방 없는 단독행위의 취소상대방은 그 법률행위에 의해 직접적으로 이득을 취득한 자이다. 상대방 없는 단독행위가 효력을 발생시키기 전에 단독행위자는 자신의 의사표시를 철회할 수 있다고 해석해야 할 것이다.

(2) 취소는 당사자에 대한 일방적 의사표시로 하여야 한다. 취소의 의사표시는 특별히 재판상 행하여짐이 요구되는 경우 이외에는 특정한 방식이 요구되는 것이 아니고, 취소의 의사가 상대방에 의하여 인식될 수 있다면 어떠한 방법에 의하더라도 무방하다. 예컨대 법률행위의 취소를 당연한 전제로 한 소송상의 이행청구나 이를 전제로 한 이행거절 가운데는 취소의 의사표시가 포함되어 있다고 볼 수 있다(대판 1993.9.14, 93다13162). 또한 취소원인의 진술이 반드시 필요한 것은 아니다. 취소원인의 진술 없이도 취소의 의사표시는 유효한 것이므로, 신원보증서류에 서명·날인하는 것으로 잘못 알고 이행보증보험약정서를 읽어보지 않은 채 서명·날인한 것일 뿐 연대보증약정을 한 사실이 없다는 주장은 위 연대보증약정을 착오를 이유로 취소한다는 취지로 볼 수 있다(대판 2005.5.27, 2004다43824). 다만 이러한 의사표시는 어느 정도는 명확하게 표명될 필요가 있다. 즉 강박을 이유로 증여의 의사표시를 취소하는 경우에는 그 상대방에 대해 적어도 의사표시 자체에 하자가 있으므로 이를 취소한다거나 강박에 의한 증여이므로 목적물을 반환하라는 취지 정도는 명확하게 드러나야 하는 것이다(대판 2002.9.24, 2002다11847).

사례 9 甲·乙 사이에 결손금배상채무의 액수를 확정하는 합의가 있었다. 그런데 甲은 합의가 강박에 의하여 이루어졌다는 이유를 들어, 乙은 착오에 의하여 합의를 하였다는 이유를 들어 각기 위 합의를 취소하는 의사표시를 하였다. 그런데 위 합의에는 강박이나 착오가 각각 존재하지 않는다. 쌍방이 합의를 취소하는 의사표시를 하였으므로, 합의는 취소되는가?

(대판 1994.7.29, 93다58431 참조)

| 해설 9 | 취소되지 않는다.

합의에 각각 주장하는 바와 같은 취소사유가 있다고 인정되지 아니하는 이상, 甲·乙 쌍방이 모두 위 합의를 취소하는 의사표시를 하였다는 사정만으로는, 위 합의가 취소되어 그 효력이 상실되는 것은 아니다.

6. 취소의 효과

(1) 소급하여 무효

원칙적으로 취소한 법률행위는 처음부터 무효인 것으로 보므로, 법률효과는 소급적으로 소멸한다.

(2) 이미 이루어진 급부의 회복

취소되기 전에 채무자가 이미 이행한 것은 취소 후에 그 채무자에게 돌려주어야 공평하다. 즉 취소 후에는 급부와 반대급부의 원상회복이 뒤따르게 된다. 부동산 물권변동의 경우 물권행위 유인성에 의해 이전되었던 물권(소유권 등)이 회복되기 때문에 반환의무자가 물건을 점유하고 있는 경우에는 점유부당이득을 취하고 있는 것이므로 이를 부당이득으로 반환청구할 수 있다. 나아가 등기명의가 아직 반환의무자에게 남아 있다면 부당이득반환청구의 내용으로 그 등기말소를 청구할 수 있다. 그 이외에 물권을 회복하였으므로 물권자로서 물권적 청구권을 행사하여 점유의 반환과 등기의 말소를 청구할 수도 있다.

(3) 제141조의 특칙

제141조 단서에 의하면 제한능력자는 선·악의를 불문하고 현존이익만 반환하면 된다(제748조에 대한 특칙). 이 규정은 의사무능력자의 반환범위에도 유추적용된다. 그런데 이익이 현존한다는 점에 대한 주장과 증명책임은 누가 부담하는지를 두고 견해가 대립한다. (ⅰ) 제한능력자증명설은 제한능력자가 취득한 이익은 현존하는 것으로 추정해야 할 것이므로 제한능력자가 현존이익이 없음을 증명해야 한다고 한다. (ⅱ) 이에 대하여 제141조 단서는 제한능력자보호를 목적으로 보통의 경우보다 그 책임을 경감하려는 데 입법취지가 있다고 보아야 하므로 반환청구를 하는 상대방에게 증명책임이 있다는 상대방증명설이 주장되고 있다.

판례는 제한능력자가 취득한 이득이 금전상의 이득인 때에는 이익이 현존하는 것으로 추정되므로, 이러한 이익이 현존하지 않는다는 점에 대한 증명책임은 제한능력자 측에 있다고 한다$\binom{\text{대판 2005. 4. 15, 2003다}}{60297, 60303, 60310, 60327}$.

7. 취소할 수 있는 법률행위의 추인$\binom{\text{제143}}{\text{조}}$

(1) 의의 및 효과

취소할 수 있는 법률행위를 추인한다는 것은 취소권자가 이제는 그 법률행위의 하자를 들어 취소하지 않겠다는 의사를 표시하는 것이다. 추인은 취소권의 포기이며, 권리의 포기는 권리를 소멸시키는 효과를 갖는다. 추인은 법률행위의 하자를 치유하여 완전한 법률행위로 만드는 기능을 한다. 추인에는 소급효가 없다.

취소할 수 있는 법률행위는 취소권자가 취소의 의사표시를 하기 전에는 유동적 유효이다. 유동적 유효인 상태에서 취소권자의 추인은 불확정적으로 유효한 상태를 확정적 유효로 만든다는 의미를 갖는다. 이때의 추인은 취소의 원인이 종료한 후에 하여야 한다.

(2) 추인의 요건

(가) 추인권자에 의한 추인

미성년자, 대리인이 있는 피한정후견인은 법정대리인의 동의를 얻어 유효한 행위를 할 수 있으므로, 능력자가 되기 전이라도 법정대리인의 동의를 얻어 유효한 추인이 가능하다. 법정대리인은 제한능력자가 능력을 회복하지 못했다고 하더라도 단독으로 추인을 할 수 있다$\binom{\text{제144조}}{\text{제2항}}$.

(나) 취소원인의 종료

추인은 반드시 취소원인이 종료해야 할 수 있다$\binom{\text{제144조}}{\text{제1항}}$. 따라서 제한능력자나 사기, 강박, 착오 상태에 있는 자는 추인해도 효력이 없다. 행위능력을 회복하거나 이러한 상태에서 벗어나야 추인이 가능하다.

(다) 추인의 의사표시

추인은 묵시적 추인도 가능하다.

일방에게 여러 명의 추인권자가 있는 경우에는 그중 1인이 추인하면 취소권은 전부 소멸한다.

취소권을 행사하여 법률행위가 소급하여 무효로 된 이후의 추인은 무효행위의 추인에 해당한다. 그런데 무효행위의 추인은 그 무효 원인이 소멸한 후에 하여야 그 효력이 있고, 따라서 강박에 의한 의사표시임을 이유로 일단 유효하게 취소되어 당초의 의사표시가 무효로 된 후에 추인한 경우 그 추인이 효력을 가지기 위하여는 그 무효 원인이 소멸한 후일 것을 요한다. 즉 강박 상태에서 벗어난 후에 가능하다$\binom{\text{대판 1997. 12.}}{\text{12, 95다38240}}$.

(라) 취소할 수 있는 법률행위임을 알고서 할 것

추인은 취소권을 가지는 자가 취소원인이 종료한 후에 법정추인사유에 해당하는 행위를 하거나 또는 취소할 수 있는 행위임을 알고 추인의 의사표시를 할 때에만 법률행위의 효력을 유효로 확정시키는 효력이 발생한다(대판 1997.5.
30, 97다2986).

8. 취소할 수 있는 행위의 상대방 보호

(1) 법정추인(제145
조)

(가) 취소할 수 있는 법률행위에 관하여 추인할 수 있게 된 후에 일정한 사유가 있으면 추인한 것으로 본다(제145
조). 이를 법정추인이라고 한다. 법정추인은 취소할 수 있는 법률행위에만 적용된다. 법정추인의 사유가 발생하면 당연히 취소권이 소멸하나, 법정추인의 사유가 있어도 이의를 보류함으로써 법정추인이 되는 것을 막을 수 있다.

(나) 법정추인은 취소사유가 종료된 이후에 발생한 법정추인 사유가 있을 때에만 할 수 있다. 취소권자에게 추인의 의사가 없어도 가능하며 또한 취소할 수 있는 법률행위인지를 알고 있었는지도 법정추인에 영향을 주지 않는다.

(다) 법정추인의 사유는 (i) 전부나 일부의 이행, (ii) 이행의 청구, (iii) 경개, (iv) 담보의 제공, (v) 취소할 수 있는 행위로 취득한 권리의 전부나 일부의 양도, (vi) 강제집행이 있다.

(i)은 채무자로서 이행한 경우 외에도 채권자로서 상대방의 이행을 수령하는 것도 포함된다. (ii)는 취소권자가 '이행의 청구'를 받거나 '권리의 전부와 일부의 양도'를 받는 경우는 법정추인 사유에 포함되지 않는다. (iii)도 채권자나 채무자로 하는 경개를 모두 포함한다. (iv) 담보제공은 채무자로서 담보제공뿐만 아니라 채권자로서 제공받는 것도 포함한다. (iv) 강제집행(압류)은 취소권자가 집행하는 것은 인정된다. 집행받는 경우(단 소송상 이의를 제기할 수 있었음에도 불구하고 이를 하지 않는 경우만 해당)도 포함되는지에 대해서 논의가 있으나 포함된다고 볼 것이다.

(라) 위 요건이 갖추어지면 추인이 있었던 것으로 의제되며, 따라서 취소할 수 있는 행위는 확정적으로 유효하게 되고, 그 이후에는 취소할 수 없다. 따라서 동조 제5호의 경우에도 양도를 통해 양도인의 취소권이 소멸하게 되며 양수인에게도 취소권이 인정될 수 없다.

(2) 취소권의 단기소멸(제146
조)

(가) 취소권은 추인할 수 있는 때부터 3년 또는 법률행위를 한 날부터 10년 내에 행사해야 한다.

(나) 취소권은 형성권이므로 이 기간의 성격은 제척기간이다. 따라서 기간이 도과하였는지 여부는 당사자의 주장에 관계없이 법원이 당연히 조사하여 고려하여야 할 사항이다(대판 1996.9.
20, 96다25371). 이 제도는 법률관계를 조속히 확정하여 상대방을 보호하기 위한 제도이다.

(다) '추인할 수 있는 날'이란 취소의 원인이 종료되어 취소권 행사에 관한 장애가 없어져서 취소권자가 취소의 대상인 법률행위를 추인할 수도 있고 취소할 수도 있는 상태를 가리킨다(대판 1997.6.27, 97다3828). 이는 착오, 사기·강박의 상태에서 벗어난 때부터 기산된다. 따라서 계엄사령부 합동조사본부 수사관들의 강박에 의하여 부동산에 관한 증여계약이 이루어진 후 증여를 원인으로 한 소유권이전등기를 하기로 제소전 화해를 하여 그 화해조서에 기하여 소유권이전등기가 경료된 경우, 제소전 화해조서를 취소하는 준재심(민사소송법 제461조)사건 판결이 확정되어 위 제소전 화해조서의 기판력이 소멸된 때부터 제146조 전단에 규정한 3년의 취소기간이 진행된다(대판 1998.11.27, 98다7421).

민사소송법 준재심의 소

준재심의 소란 확정판결과 같은 효력을 가지는 조서와 즉시항고로 불복을 신청할 수 있는 것으로서 확정된 결정·명령에 재심사유가 있을 때에, 재심의 소에 준하여 재심을 제기하는 것을 말한다(민사소송법 제461조). 준재심의 대상은 화해조서, 청구의 포기·인낙조서, 재판상의 화해와 같은 효력을 가진 조정조서 등이 있다. 준재심의 절차에는 확정판결에 대한 재심의 소(민사소송법 제220조)의 소송절차가 준용된다.

(라) 두 기간 중 먼저 도달한 것이 있으면 그 때 취소권은 완전히 소멸하게 된다. 법정대리인과 제한능력자 중 1인에게 먼저 기간이 도과하면 취소권이 소멸한다.

(마) 취소권자가 취소의 의사표시를 한 때에 이미 이행한 급부에 대한 부당이득반환청구권이 발생한다. 이러한 부당이득반환청구권의 행사기간도 추인할 수 있는 날부터 3년 내에 법률행위를 한 날부터 10년 내에 행사해야 하는지에 대해서 논의가 있다. 취소한 때부터 10년의 소멸시효가 적용된다는 별도의 소멸시효설이 있으나, 취소권행사뿐 아니라 이에 의하여 발생하는 원상회복청구권이나 현존이익의 반환청구권의 행사도 그 제척기간 내에 해야 한다는 제146조의 기간준수설도 있다. 판례는 제척기간이 적용되는 형성권 행사로 발생하는 원상회복청구권이나 부당이득반환청구권은 형성권을 행사한 때로부터 10년의 소멸시효기간이 진행된다고 하여 기본적으로 별도의 소멸시효설을 취한다(대판 1992.10.13, 92다4666. 이 판결에서 환매권 행사로 인한 소유권이전등기청구권은 10년의 소멸시효가 적용된다고 판시).

제 8 편

채권양도와 채무인수

제1장 채권양도
제2장 채무인수

Ⅰ. 의 의
  1. 정 의
  2. 경개와의 구별
  3. 채권양도의 모습
Ⅱ. 채권양도의 법적 성질
  1. 처분행위
  2. 요식성

  3. 채권양도행위의 독자성 문제
  4. 동일성 유지의 원칙
Ⅲ. 지명채권의 양도
  1. 지명채권의 양도성(제449조)
  2. 지명채권양도의 대항요건
  3. 채권양도의 효과
Ⅳ. 증권적 채권의 양도

Ⅰ. 의 의

1. 정 의

채권의 양도란 채권의 동일성을 유지하면서 채권자가 법률행위에 의하여 채권을 새로운 채권자(양수인)에게 이전하는 것을 말한다. 즉 채권양도는 채권의 동일성을 유지하면서 법률행위를 통해 채권을 이전하는 처분행위라 할 수 있다. 동일성이 유지된다는 점에서 가압류된 채권도 양도할 수 있다(대판 2002.4.26, 2001다59033).

> **참고** 처분행위란 권리의 귀속이나 내용을 변경하는 행위로 재산적 가치의 직접 이전 효과를 지향하며 채무의 면제, 물권행위가 대표적으로 여기에 해당된다.

2. 경개와의 구별

구채무를 소멸시키고 신채무를 발생시키는 경개에는 내용변경에 의한 경개, 채권자변경에 의한 경개, 채무자변경에 의한 경개 등이 있는데, 그 가운데 채권자변경에 의한 경개는 채권양도와 유사하다. 양자는 채권자의 변경이 있다는 점에서 동일하나, 경개는 채권의 동일성이 유지되지 않는다는 점에서는 채권양도와 다르다. 기존의 채권이 제3자에게 이전된 경우 이를 채권의 양도로 볼 것인가 또는 경개로 볼 것인가는 일차적으로 당사자의 의사에 의하여 결정될 것이나, 당사자의 의사가 불명한 경우에는 특별한 사정이 없는 한 채권양도로 보아야 할 것이다(대판 1996.7.9, 96다16612). 만약 경개로 본다면 동일성을 상실함으로써 채권자는 담보를 잃고 채무자는 항변권 등을 잃게 되는 결과를 가져오게 되므로 당사자 스스로 불이익을 초래하는 의사를 표시하였다고 볼 수 없기 때문에 채권양도로 보는 것이 타당하다.

3. 채권양도의 모습

법률행위를 통해 이루어지는 채권양도계약은 채권의 매도, 대물변제, 채권담보, 채권추심을 위한 형태로 이루어지는 것이 일반적이다. 일반적으로 기존채무에 관하여 채무자가 제3채무자에 대하여 가지고 있던 채권을 기존채무의 채권자에게 양도한 경우에는 그들 사이에 특별한 의사표시가 없는 한 기존채무의 변제를 위하여 또는 그 담보조로 양도한 것으로 추정된다(대판 1991. 4.9. 99다23093). 요컨대 특별한 사정이 없는 한 채무자가 제3자에게 가지는 채권을 채권자에게 양도한 것만으로는 기존채무의 변제에 갈음한 것으로 볼 수 없다.

Ⅱ. 채권양도의 법적 성질

1. 처분행위	3. 채권양도행위의 독자성 문제
2. 요식성	4. 동일성 유지의 원칙

1. 처분행위

채권양도는 채권이 양도인으로부터 양수인에게 직접 이전되고, 이행의 문제를 남기지 않는 처분행위이다. 이러한 점에서 채권양도는 의무부담행위인 채권양도계약과는 구별된다. 즉 채권양도는 채권의 이전 그 자체를 목적으로 하는 준물권행위라 할 수 있다. 따라서 채무자의 승낙 또는 채무자에 대한 통지는 채권양도의 성립요건이 아니라 대항요건일 뿐이다. 처분행위라는 점에서 양도인에게는 처분할 권한이 있어야 한다. 만약 처분권한 없는 자가 채권을 양도하였다면 무효가 된다.

이 경우 양수인이 선의·무과실이라고 하더라도 지명채권에 대한 선의취득은 인정되지 않는다. 예컨대 양도인이 지명채권을 제1양수인에게 1차로 양도한 다음 제1양수인이 그에 따라 확정일자 있는 증서에 의한 대항요건을 적법하게 갖추었다면 그 후 양도인이 동일한 채권을 제2양수인에게 양도하였더라도 제2양수인은 채권을 취득할 수 없다. 양도와 확정일자 있는 증서에 의한 대항요건으로 채권이 제1양수인에게 이전하고 양도인은 채권에 대한 처분권한을 상실하기 때문이다. 더 나아가 제2차 양도계약 후 양도인과 제1양수인이 제1차 양도계약을 합의해지한 다음 제1양수인이 그 사실을 채무자에게 통지함으로써 채권이 다시 양도인에게 귀속하게 되었더라도 제2양수인이 당연히 채권을 취득하게 된다고 볼 수 없다. 특별한 사정이 없는 한 양도인이 처분권한 없이 한 제2차 양도계약이 채권양도로서 유효하게 될 수는 없기 때문이다(대판 2016.7.14. 2015다46119).

양도인이 아닌 사람은 누구나 양수인이 될 수 있다. 채무자도 양수인이 될 수 있으며, 그 경우에 채권은 혼동으로 소멸된다(제507조).

사례 1 甲은 2019.1.3. 乙에 대한 10억 원의 채권을 A에 양도하기로 하는 채권양도계약을 체결하였고 당일 확정일자에 기하여 이 사실을 채무자 乙에게 통지하였고 그 통지는 2019.1.7. 乙에게 송달되었다. 그런데 2019.2.12. 甲은 乙에 대한 10억 원의 그 채권을 B에게 양도하기로 하는 채권양도계약을 체결하였고 당일 확정일자에 기하여 이 사실을 채무자 乙에게 통지하였고 그 통지는 2019.1.17. 乙에게 송달되었다. 2019.2.12. 甲이 A와의 채권양도계약을 해지하고 이를 乙에게 통지한 후, 2019.2.19. B가 乙에게 10억 원의 지급을 청구한 경우, 乙은 B에게 지급해야 하는가?

(대판 2016.7.14. 2015다46119 참조)

| **해설 1** | 지급할 필요가 없다.

지명채권의 양도란 채권의 귀속주체가 법률행위에 의하여 변경되는 것으로서 이른바 준물권행위 내지 처분행위의 성질을 가지므로, 그것이 유효하기 위하여는 양도인이 채권을 처분할 수 있는 권한을 가지고 있어야 한다. 처분권한 없는 자가 지명채권을 양도한 경우 특별한 사정이 없는 한 채권양도로서 효력을 가질 수 없으므로 양수인은 채권을 취득하지 못한다. 양도인이 지명채권을 양도한 다음 확정일자 있는 증서에 의한 대항요건을 적법하게 갖추었다면 이로써 채권이 양수인에게 이전하고 양도인은 채권에 대한 처분권한을 상실한다. 따라서 그 후 甲이 동일한 채권을 B에게 다시 양도했어도 B는 乙에 대한 채권을 취득할 수 없다.

또한 판례는 B에 대한 제2차 양도계약 후 甲과 A가 제1차 양도계약을 합의해지한 경우 A가 그 사실을 채무자 乙에게 통지함으로써 채권이 다시 甲에게 귀속되었어도 특별한 사정이 없는 한 甲이 이미 처분권한 없이 한 제2차 양도계약이 채권양도로서 유효하게 될 수는 없으므로, 그로 인하여 제2양수인 B가 당연히 채권을 취득하게 된다고 볼 수 없다. 따라서 乙은 B에게 지급할 필요가 없다.

2. 요식성

(1) 지명채권의 양도

채권양도계약은 낙성·불요식계약이나 채권양수인이 양도로 채무자나 제3자에게 대항하기 위해서는 채무자에 대한 통지 또는 채무자의 승낙이 필요하다(제450조 제1항 및 동조 제2항).

(2) 증권적 채권(지시채권, 무기명채권)의 양도

증권적 채권인 경우 증서의 배서 및 교부가 양도의 요건인지에 대해서 학설은 견해가 나뉘나, 구별의 별다른 실익은 없다.

3. 채권양도행위의 독자성 문제

채권양도와 그 원인이 되는 양도계약(채권매매계약 등) 사이의 독자성과 무인성이 문제된다. 일부 학설은 지명채권양도의 경우 독자성 및 무인성을 부정하나, 증권적 채권의 양도에 대해서는 독자성 및 무인성을 긍정한다. 한편 판례는 기본적으로 독자성을 인정하면서, 원인행위와 채권양도의 유인성을 인정한다(대판 2011.3.24, 2010다100711). 이 판결에 따르면 채권양도는 준물권행위 또는 처분행위이나, 채권양도의 의무를 발생시키는 것을 내용으로 하는 계약(이를 판례는 '양도의무계약'이라고 부른다)은 이와 구별되는 채권행위 또는 의무부담행위가 된다.

사례 2 H건설회사가 건축하여 분양한 아파트의 시공상 하자 등의 문제가 발생하자, 입주민들(이하 '甲'으로 칭한다)은 乙에게 위 문제를 해결할 권한을 위임하면서 H회사에 대한 甲의 하자보수청구권 등을 양도하였다. 그 후 甲이 乙과의 위임계약을 해지하였다면, 甲이 가지는 하자보수청구권은 甲에게 복귀되는가? (대판 2011.3.24, 2010다100711 참조)

│ 해설 2 │ 복귀된다.
채권양도계약과 양도의무계약은 실제의 거래에서는 한꺼번에 일체로 행하여지는 경우가 적지 않으나, 그 법적 파악에 있어서는 역시 구별되어야 하는 별개의 독립한 행위이다(독자성 인정). 그러므로 채권양도계약에 대하여는 그 원인이 되는 개별적 채권계약의 효과에 관한 민법상의 임의규정(위임 및 매매 등)은 다른 특별한 사정이 없는 한 적용되지 아니한다. 그러나 채권양도의 원인이 되는 그 위임이 해지 등으로 효력이 소멸한 경우에는 채권은 양도인에게 복귀된다(유인성 인정).

│ 대판 2011.3.24, 2010다100711

[1] 지명채권(이하 단지 '채권'이라고만 한다)의 양도라 함은 채권의 귀속주체가 법률행위에 의하여 변경되는 것, 즉 법률행위에 의한 이전을 의미한다. 여기서 '법률행위'란 유언 외에는 통상 채권이 양도인에게서 양수인으로 이전하는 것 자체를 내용으로 하는 그들 사이의 합의(이하 '채권양도계약'이라고 한다)를 가리키고, 이는 이른바 준물권행위 또는 처분행위로서의 성질을 가진다. 그와 달리 채권양도의 의무를 발생시키는 것을 내용으로 하는 계약(이하 '양도의무계약'이라고 한다)은 채권행위 또는 의무부담행위의 일종으로서, 이는 구체적으로는 채권의 매매(민법 제579조 참조)나 증여, 채권을 대물변제로 제공하기로 하는 약정, 담보를 위하여 채권을 양도하기로 하는 합의(즉 채권양도담보계약), 채권의 추심을 위임하는 계약(지명채권이 아닌 증권적 채권에 관하여서이기는 하나, 어음법 제18조, 수표법 제23조는 어음상 또는 수표상 권리가 추심을 위하여 양도되는 방식으로서의 추심위임배서에 대하여 정한다), 신탁(다만 신탁법 제7조 참조) 등 다양한 형태를 가질 수 있다. 비록 채권양도계약과 양도의무계약은 실제의 거래에서는 한꺼번에 일체로 행하여지는 경우가 적지 않으나, 그 법적 파악에 있어서는 역시 구별되어야 하는 별개의 독립한 행위이다. 그리하여 채권양도계약에 대하여는 그 원인이 되는 개별적 채권계약의 효과에 관한 민법상의 임의규정은 다른 특별한 사정이 없는 한 적용되지 아니한다.

[2] 종전의 채권자가 채권의 추심 기타 행사를 위임하여 채권을 양도하였으나 양도의 '원인'이 되는 그 위임이 해지 등으로 효력이 소멸한 경우에 이로써 채권은 양도인에게 복귀하게 되고, 나아가 양수인은 그 양도의무계약의 해지로 인하여 양도인에 대하여 부담하는 원상회복의무(이는 계약의 효력불발생에서의 원상회복의무 일반과 마찬가지로 부당이득반환의무의 성질을 가진다)의 한 내용으로 채무자에게 이를 통지할 의무를 부담한다.

> **사례 3** 乙에게 1억 원의 채무를 부담하고 있던 甲은 그 채무를 담보하기 위하여 자신이 丙에게
> 가지는 1억 원의 채권을 乙에게 양도하였다. 그 후 甲은 乙에게 1억 원을 상환하였다. 만약 乙이
> 丙에게 1억 원의 상환을 주장하는 경우, 丙은 甲의 乙에 대한 채무의 소멸을 이유로 상환을 거절
> 할 수 있는가?   (대판 1999.11.26, 99다23093 참조)
>
> **| 해설 3 |** 거절할 수 없다.
> 甲의 乙에 대한 채권양도는 채무담보를 위한 양도라고 할 수 있다(대판 1991.4. 9, 9다23093). 甲의 피담보채무가
> 소멸한 경우, 채권양도의 원인행위상의 채권이 소멸되었으므로 채권양도도 실효되었다고 할 수
> 있다(대판 2011.3.24, 2010다100711). 그러나 유인성으로 채권양도가 실효된 것과, 채무자가 양수인에게 대항할 수
> 있는 것인가는 별개의 문제이다(대판 1999.11. 26, 99다23093). 따라서 사안의 경우 채무자 丙은 甲의 피담보채무
> (甲과 乙의 채권채무관계)가 변제로 소멸하였는지와 관계없이 양수인 乙에게 1억 원을 지급해야
> 할 의무가 있다(대판 1999.11. 26, 99다23093).

대판 1999.11.26, 99다23093

> 채권양도가 다른 채무의 담보조로 이루어졌으며 또한 그 채무가 변제되었다고 하더라도, 이는 채권
> 양도인과 양수인 간의 문제일 뿐이고, 양도채권의 채무자는 채권 양도·양수인 간의 채무 소멸 여
> 하에 관계없이 양도된 채무를 양수인에게 변제하여야 하는 것이므로, 설령 그 피담보채무가 변제로
> 소멸되었다고 하더라도 양도채권의 채무자로서는 이를 이유로 채권양수인의 양수금 청구를 거절할
> 수 없다.

4. 동일성 유지

채권양도가 이루어지는 경우, 그 채권은 동일성을 유지하면서 채권양도인으로부터 채권양수
인에게 이전되므로, 그 채권의 종된 권리(변제기 미도래의 이자채권[1]), 위약금 채권, 보증 등)도 당
연히 이전된다. 다만 변제기가 도래한 지분적 이자채권은 원본채권이 양도된다고 하여 당연히
양도되는 것은 아니다. 또한 원본채권이 변제 또는 면제로 소멸하여도 변제기가 도래한 이자채
권은 원칙적으로 존속한다. 왜냐하면 이미 변제기가 도래한 지분적 이자채권은 원본채권과의
부종성이 완화되기 때문이다. 따라서 원본채권의 양도 또는 포기는 특별한 의사표시가 없는 한
변제기가 도래한 이자채권에 어떠한 영향을 미치지 않는다(대판 1989.3.28, 88다카12803). 원본채권에 대한 압류
나 전부명령에도 같은 원칙이 적용된다.

채권양도가 있으면 채권에 수반하는 권리(예컨대 담보권)도 이전되며 채권에 부착된 항변권
(동시이행항변권)은 양수인에게도 행사될 수 있다. 예컨대 저당권부 채권이 양도된 경우 담보권
의 수반성에 의하여 특별한 사정이 없는 한 저당권도 처분한 것이 된다(대판 2004.4.28, 2003다61542).[2]

---

1) 일반적으로 원본채권이 성립하지 않으면 이자채권은 발생하지 않으며, 원본채권이 소멸하면 이자채권도 소멸한다.
그리고 원본채권이 양도 또는 포기된 경우에는 이자채권도 양도 또는 포기되는 것으로 된다. 원본채권이 압류되면
그 효력이 이자채권에도 영향을 미치고, 원본채권에 대하여 민사집행법 제229조에 의해 전부명령이 발하여지면 이자
채권도 압류채권자에게 이전된다.
2) 저당권의 경우에는 원칙적으로 저당권 이전의 부기등기를 해야 한다. 그러나 부기등기가 채권양도보다 늦어 채권자

대판 1989.3.28, 88다카12803

이자채권은 원본채권에 대하여 종속성을 갖고 있으나 이미 변제기에 도달한 이자채권은 원본채권과 분리하여 양도할 수 있고 원본채권과 별도로 변제할 수 있으며 시효로 인하여 소멸되기도 하는 등 어느 정도 독립성을 갖게 되는 것이므로, 원본채권이 양도된 경우 이미 변제기에 도달한 이자채권은 원본채권의 양도당시 그 이자채권도 양도한다는 의사표시가 없는 한 당연히 양도되지는 않는다.

III. 지명채권의 양도

1. 지명채권의 양도성(제449조)
2. 지명채권양도의 대항요건
   (1) 채무자에 대한 대항요건
      (가) 채무자에 대한 통지
      (나) 채무자의 승낙
      (다) 승낙 또는 통지없는 동안의 효력
      (라) 통지나 승낙의 효력과 채무자의 항변 (제451조)
   (2) 채무자 이외의 제3자에 대한 대항요건

    (가) 의 의
    (나) 확정일자 있는 증서
    (다) 채무자 이외의 제3자의 의미
    (라) '대항하지 못한다'는 의미
    (마) 채권의 이중양도와 그 우열관계
3. 채권양도의 효과
    (1) 채권에 수반하는 권리의 이전
    (2) 채무자 항변권의 존속

1. 지명채권의 양도성(제449조)

지명채권은 채권자가 특정(지명)되어 있는 채권으로서 그 성립, 양도 또는 행사에 증권 또는 증서를 필요로 하지 않는다.

(1) 지명채권의 양도가능성

지명채권은 재산권이므로 원칙적으로 양도가 가능하다. 일반적으로 장래 발생할 채권도 특정가능하고 가까운 장래에 발생할 것이 상당한 정도로 기대될 수 있다면 양도가 가능하다(대판 1997.7.25, 95다21624). 예컨대 일이 완공되기 전(80% 정도의 공정률)에 수급인이 도급인에게 가지는 보수청구권을 제3자에게 양도하는 것도 가능하다(대판 1996.7.30, 95다7932). 같은 맥락에서 객관적으로 양도의 목적을 확정할 수 있는 것이면 양도가 가능하므로 종류채권이나 선택채권, 가분급부를 목적으로 하는 채권의 일부 등도 양도가 가능하다. 동산담보법에서도 장래에 발생할 채권을 목적으로 한 담보권을 인정하고 있다(동산담보법 제2조 제3호, 제34조 제2항). 한편 판례는 장래채권을 압류하여 전부하는 것도 인정한다(대판 2002.11.8, 2002다7527).

와 저당권자가 일시적으로 달라져도 저당권이 무효가 되는 것은 아니다. 대판 2003.10.10, 2001다77888 참조

대판 1997.7.25, 95다21624
채권양도에 있어 사회통념상 양도목적 채권을 다른 채권과 구별하여 그 동일성을 인식할 수 있을 정도이면 그 채권은 특정된 것으로 보아야 할 것이고, 채권양도 당시 양도 목적 채권의 채권액이 확정되어 있지 아니하였다 하더라도 채무의 이행기까지 이를 확정할 수 있는 기준이 설정되어 있다면 그 채권의 양도는 유효하다.

(2) 양도성의 제한(제449조 제1항 단서)

(가) 채권의 성질에 의한 제한

부작위채권, 급부의 이행에 채무자가 누구인지가 중요한 의미를 갖는 경우(예 특정인을 가르치게 할 채권, 계약상의 부양청구권, 위임인의 채권, 상호계산에 산입된 채권)에는 채권의 양도가 제한된다. 그 밖에 채권의 양도성이 문제되는 사안은 다음과 같다.

상 법 상호계산

상호계산이란 상인간 또는 상인과 비상인 간에 상시 거래관계가 있는 경우에 일정한 기간의 거래로 인한 채권채무의 총액에 관하여 상계하고 그 잔액을 지급할 것을 약정한 것을 말한다(상법 제72조).

1) 매매에 기한 소유권이전등기청구권의 양도

부동산매매로 인한 소유권이전등기청구권의 양도시 양수인이 채무자에 대한 대항력을 인정받기 위해서는 채무자인 매도인에 대한 통지만으로는 불충분하며 반드시 매도인의 동의나 승낙을 받아야 한다(대판 2001.10.9, 2000다51216).

부동산 명의신탁자가 명의신탁약정을 해지한 후 제3자에게 '명의신탁 해지를 원인으로 한 소유권이전등기청구권'을 양도한 경우에도 명의수탁자가 양도에 대하여 동의하거나 승낙하지 않으면 양수인은 명의수탁자에 대하여 직접 소유권이전등기청구를 할 수 없다(대판 2021.6.3, 2018다280316). 반면 점유취득시효완성으로 인한 소유권이전등기청구권은 채무자의 동의나 승낙 없이 통지만 있어도 대항요건을 갖출 수 있다(대판 2018.7.12, 2015다36167). 시효완성자의 소유권이전등기청구권은 채권자와 채무자 사이에 아무런 계약관계나 신뢰관계가 없고, 그에 따라 채권자가 채무자에게 반대급부로 부담해야 하는 의무도 없기 때문에 매매로 인한 소유권이전등기청구권에 관한 양도제한의 법리가 적용되지 않는다고 본다.

대판 2001.10.9, 2000다51216
부동산의 매매로 인한 소유권이전등기청구권은 물권의 이전을 목적으로 하는 매매의 효과로서 매도인이 부담하는 재산권이전의무의 한 내용을 이루는 것이고, 매도인이 물권행위의 성립요건을 갖추도록 의무를 부담하는 경우에 발생하는 채권적 청구권으로 그 이행과정에 신뢰관계가 따르므로, 소유권이전등기청구권을 매수인으로부터 양도받은 양수인은 매도인이 그 양도에 대하여 동의하지 않고 있다면 매도인에 대하여 채권양도를 원인으로 하여 소유권이전등기절차의 이행을 청구할 수 없고, 따라서 매매로 인한 소유권이전등기청구권은 특별한 사정이 없는 이상 그 권리의 성질상 양도가 제한되고 그 양도에 채무자의 승낙이나 동의를 요한다고 할 것이므로 통상의 채권양도와 달리 양도인의 채무자에 대한 통지만으로는 채무자에 대한 대항력이 생기지 않으며 반드시 채무자의 동의나 승낙을 받아야 대항력이 생긴다.

2) 전세금반환채권의 분리양도

원칙적으로 용익권적 전세권이 존속하는 한 전세금반환청구권만의 양도는 부정된다(대판 2002.8.23, 2001다69122). 따라서 전세권이 존속하는 동안은 전세권을 존속시키기로 하면서 전세금반환채권만을 전세권과 분리하여 확정적으로 양도할 수 없다. 다만 전세권 존속 중에는 장래에 그 전세권이 소멸하는 경우 전세금반환채권이 발생하는 것을 조건으로 그 장래의 조건부 채권을 양도할 수는 있다(대판 2002.8.23, 2001다69122). 전세권은 전세금을 지급하고 타인의 부동산을 그 용도에 따라 사용·수익하는 권리로서 전세금의 지급이 없으면 전세권은 성립하지 아니하므로 전세금은 전세권과 분리될 수 없는 요소일 뿐 아니라, 전세권에 있어서는 그 설정행위에서 금지하지 아니하는 한 전세권자는 전세권 자체를 처분하여 전세금으로 지출한 자본을 회수할 수 있도록 되어 있기 때문이다. 물론 전세권이 존속기간의 만료로 소멸한 경우이거나(대판 1997.11.25, 97다29790), 전세계약이 합의해지된 경우(대판 1999.2.5, 97다33997)에는 양수인은 담보물권이 없는 무담보의 채권으로 전세금반환청구권을 양수할 수 있다.

대판 1999.2.5, 97다33997

전세권이 담보물권적 성격도 가지는 이상 부종성과 수반성이 있는 것이므로 전세권을 그 담보하는 전세금반환채권과 분리하여 양도하는 것은 허용되지 않는다고 할 것이나, 한편 담보물권의 수반성이란 피담보채권의 처분이 있으면 언제나 담보물권도 함께 처분된다는 것이 아니라 채권담보라고 하는 담보물권 제도의 존재 목적에 비추어 볼 때 특별한 사정이 없는 한 피담보채권의 처분에는 담보물권의 처분도 당연히 포함된다고 보는 것이 합리적이라는 것일 뿐이므로, 피담보채권의 처분이 있음에도 불구하고 담보물권의 처분이 따르지 않는 특별한 사정이 있는 경우에는 채권양수인은 담보물권이 없는 무담보의 채권을 양수한 것이 되고 채권의 처분에 따르지 않은 담보물권은 소멸한다.

요컨대 전세권의 존속기간 만료, 전세계약의 소멸, 전세계약의 합의해지 등의 사정에 의하여 전세권의 용익물권으로서의 성격은 소멸하고 담보물권으로서의 성격만 남은 상태에서는 저당권의 경우와 같이 전세권과 분리하여 전세금반환채권을 양도하는 것도 가능하다. 다만 이 경우 채권양수인은 전세권(담보물권)이 없는 무담보의 채권을 양수한 것이다.

3) 임금채권의 양도가능성

판례는 임금채권의 양도를 인정하면서도, 양수인이 직접 임금 지급을 청구할 수는 없다는 입장을 취한다(대판(전합) 1988.12.13, 87다카2803). 실제로 양수인이 채권을 행사할 수 없다고 하면 양도가 가능하다는 판결은 무의미할 수 있으나, 임금을 청구할 수는 없지만 지급받을 권리는 있기 때문에 양수인에게 임금이 지급된 경우 양수인은 법률상 원인에 기하여 수령한 임금을 보유할 수 있으므로, 양수인이 지급받은 임금 상당액은 부당이득이 되지 않는다는 점에서 의미가 있다.

▌대판(전합) 1988.12.13, 87다카2803

근로기준법 제36조 제1항에서 임금직접지급의 원칙을 규정하는 한편 동법 제109조에서 그에 위반하는 자는 처벌을 하도록 하는 규정을 두어 그 이행을 강제하고 있는 취지가 임금이 확실하게 근로자 본인의 수중에 들어가게 하여 그의 자유로운 처분에 맡기고 나아가 근로자의 생활을 보호하고자 하는데 있는 점에 비추어 보면 근로자가 그 임금채권을 양도한 경우라 할지라도(필자 주: 기본적으로 양도를 인정한 것이다) 그 임금의 지급에 관하여는 같은 원칙이 적용되어 사용자는 직접 근로자에게 임금을 지급하지 아니하면 안되는 것이고 그 결과 비록 양수인이라고 할지라도 스스로 사용자에 대하여 임금의 지급을 청구할 수는 없다.

(나) 의사표시에 의한 제한(채권자와 채무자의 합의에 의한 제한)

제449조 제2항은 "채권은 당사자가 반대의 의사를 표시한 경우에는 양도하지 못한다. 그러나 그 의사표시로써 선의의 제3자에게 대항하지 못한다"고 하여 합의로 양도를 제한할 수 있도록 하고 있다. 다만 단서를 두어 당사자 간의 이러한 합의로 선의의 제3자에게 대항하지 못하게 한다.

1) 양도금지특약 위반의 효과

판례에 따르면 양도금지특약의 효력은 당사자 사이뿐만 아니라 제3자에게도 미치므로 특약을 위반한 채권양도는 원칙적으로 무효(물권적 효력설)로 보아 양수인은 채권을 취득할 수 없고 따라서 채무자는 양수인에게 무효로 대항할 수 있지만, 선의인 제3자에게는 대항할 수 없다(대판(전합) 2019.12.19, 2016다24284. 또한 '중과실'이 있는 선의자에게는 무효로 대항할 수 있다고 판시함). '선의의 제3자'는 채권자로부터 직접 양수한 자만을 가리키는 것으로 해석할 이유는 없으므로, 악의의 양수인으로부터 다시 선의로 양수한 전득자도 선의의 제3자에 해당한다(대판 2015.4.9, 2012다118020). 또한 선의의 양수인을 보호하고자 하는 위 조항의 입법취지에 비추어 볼 때, 이러한 선의의 양수인으로부터 다시 채권을 양수한 전득자는 선의·악의를 불문하고 채권을 유효하게 취득한다(대판 2015.4.9, 2012다118020). 한편 양도금지의 특약이 있는 채권이라도 전부명령에 의하여 전부(轉付)되는 데에는 지장이 없으므로 전부채권자가 악의인지 여부는 전혀 문제되지 않으며, 더 나아가 전부채권자로부터 채권을 양수한 자가 금지특약을 알았다 하더라도 채무자는 양수인에게 대항할 수 없다.[3]

2) 양도금지특약을 모르는 것에 대한 무과실도 요구되는지 여부

이와 관련하여 무과실 요건설, 무중과실 요건설, 과실 불요건설로 견해가 나뉜다. 판례는 명문규정이 선의라고 하고 있음에도 불구하고, 선의·무중과실을 요구한다(대판 1996.6.28, 96다18281).

---

[3] 대판 2003.12.11, 2001다3771: 당사자 사이에 양도금지의 특약이 있는 채권이더라도 전부명령에 의하여 전부되는 데에는 지장이 없고, 양도금지의 특약이 있는 사실에 관하여 집행채권자가 선의인가 악의인가는 전부명령의 효력에 영향을 미치지 못하는 것인바, 이와 같이 양도금지특약부 채권에 대한 전부명령이 유효한 이상, 그 전부채권자로부터 다시 그 채권을 양수한 자가 그 특약의 존재를 알았거나 중대한 과실로 알지 못하였다고 하더라도 채무자는 위 특약을 근거로 삼아 채권양도의 무효를 주장할 수 없다.

> **사례 4** 甲과 乙은 채권양도금지 특약을 맺었다. 그런데 甲은 이를 어기고 채권을 丙에게 양도하였다. 丙이 乙에게 채권을 행사한 경우, 乙은 이에 응해야 하는가? (단, 양도금지특약에 대해 丙이 선의였으나, 모르는 데 중과실이 있었다)
>
> **| 해설 4 |** 응할 필요가 없다.
> 제449조 제2항 단서의 선의란 선의·무중과실을 의미한다. 그런데 사안의 경우 丙에게 중과실이 인정되므로, 乙은 양도금지특약을 丙에게 주장하여 이행을 거절할 수 있다.

| 대판 1996.6.28, 96다18281
민법 제449조 제2항이 채권양도 금지의 특약은 선의의 제3자에게 대항할 수 없다고만 규정하고 있어서 그 문언상 제3자의 과실의 유무를 문제삼고 있지는 아니하지만, 제3자의 중대한 과실은 악의와 같이 취급되어야 하므로, 양도금지 특약의 존재를 알지 못하고 채권을 양수한 경우에 있어서 그 알지 못함에 중대한 과실이 있는 때에는 악의의 양수인과 같이 양도에 의한 채권을 취득할 수 없다고 해석하는 것이 상당하다.

3) 제3자의 선의에 대한 증명책임

이에 대한 증명책임은 제3자의 악의를 주장하는 자(보통은 채무자일 것임)가 부담한다. 즉 채권양도금지특약으로 양수인에게 대항하려는 자가 증명책임을 부담한다(대판 2010.5.13, 2010다8310). 4)

4) 채무자가 사후승낙한 경우

당사자의 양도금지의 의사표시로써 채권은 양도성을 상실하며 채권자가 양도금지의 특약을 위반하여 채권을 제3자에게 양도한 경우에 양수인이 금지특약에 대해서 악의 또는 모르는 데 중과실이 있다면 채권양도의 효력은 발생하지 않는다(제449조 제2항 단서). 그런데 양수인이 악의 또는 중과실로 채권양수를 받은 후에도 채무자가 그 양도에 대하여 승낙을 한 때에는 채무자의 사후승낙에 의하여 무효인 채권양도행위가 추인되어 유효하게 된다. 이 경우 다른 약정이 없는 한 추인에 소급효가 인정되지 않고 양도의 효과는 승낙시부터 발생한다(대판 2009.10.29, 2009다47685(집합채권의 양도가 양도금지특약을 위반하여 무효인 경우 채무자가 일부 개별 채권을 특정한 추인을 인정한 사례)).

2. 지명채권양도의 대항요건

제450조 제1항은 양수인이 채무자에게 대항하기 위한 요건이고(채무자를 이중변제의 위험으로부터 보호), 동조 제2항은 '양수인의 지위와 양립할 수 없는 법률상의 지위를 취득한 자(채무자 이외의 제3자)'에 대한 대항요건이다. 특히 제2항은 채권의 특성상 그 권리에 대한 공시가 불완전하므로 채권양도에 대하여 특수한 공시방법으로 대항요건을 요구한 것으로 이해된다. 예컨대

---

4) 대판 2010.5.13, 2010다8310: 종합병원 영안실의 임차인으로부터 임대차보증금반환채권을 양수한 자가 그 채권을 양수하면서 채권양도금지특약이 기재된 임대차계약서를 교부받고 이를 채권양도서류로 첨부하여 사서증서 인증까지 받는 등 여러 사정에 비추어 볼 때, 위 양수인은 채권양도금지특약이 존재한다는 사실을 알았거나 이를 알지 못한 데 중대한 과실이 있다.

제2항은 채권의 이중양도시 제2양수인, 양도된 채권을 압류한 양도인의 채권자, 양도된 채권의 질권자 사이의 우열을 결정하는 기준을 제시한다. 제1항은 임의규정으로 요건이 구비되지 않아도 대항할 수 있다는 특약도 가능하나($\binom{대판\ 1987.3.24,}{86다카908}$)5), 제2항은 사회질서에 관한 강행규정이므로 특약으로 배제가 불가능하다.

(1) 채무자에 대한 대항요건

채무자에 대한 통지나 채무자의 승낙이 필요하다($\binom{제450조}{제1항}$). 승낙이나 통지의 증명책임은 양수인이 부담한다($\binom{대판\ 1990.11.27,}{90다카27662}$). 한편 채권양도계약이 실효된 경우, 양수인은 양도인에 대하여 부담하는 원상회복의무(부당이득반환의무의 성질을 가진다)로서 채무자에게 채권양도계약이 실효되었음을 통지해야 한다($\binom{대판\ 2011.3.24,}{2010다100711}$).

> **사례 5** 乙에게 채권을 가지는 甲은 丙에게 채권을 양도하였고 이를 乙에게 통지하였다. 그 후 甲과 丙의 채권양도계약은 적법하게 해제되었다. 甲이 乙에게 채권을 행사한 경우, 乙은 자신에게 계약해제의 통지가 없었음을 이유로 甲에게 대항할 수 있는가?　(대판 1993.8.27, 93다17379 참조)
>
> **|해설 5|** 대항할 수 있다.
> 지명채권의 양도통지를 한 후 그 양도계약이 해제된 경우에, 양도인이 그 해제를 이유로 다시 원래의 채무자에 대하여 양도채권으로 대항하려면 양수인이 채무자에게 위와 같은 해제사실을 통지하여야 한다($\binom{대판\ 1993.8.27,}{93다17379}$).

(가) 채무자에 대한 통지(通知)

1) 관념의 통지이며, 민법상 도달주의($\binom{제111}{조}$)6), 행위능력($\binom{제4조}{이하}$), 대리($\binom{제114}{조}$)의 규정이 준용된다($\binom{대판\ 1994.12.}{27,\ 94다19242}$).7) 채무자에 대한 이러한 통지는 최고로서의 효력이 인정되어 소멸시효 중단사유가 된다($\binom{대판\ 2009.2.26,}{2007다83908}$). 이행기의 정함이 없는 채권을 양수한 자가 채무자를 상대로 그 이행을 구하는 소를 제기하고 소송 계속 중 채무자에게 채권양도 사실을 통지한 경우 특별한 사정이 없

---

5) 이에 대하여 일부 견해는 채권양도의 공시적 효과를 고려하면 동조 제1항을 단순히 채무자만을 위한 것으로 볼 수 없으므로 강행법규로 보아야 한다고 주장한다.

6) 채권양도의 통지는 채무자에게 도달됨으로써 효력이 발생하는 것이고, 여기서 도달이라 함은 사회통념상 상대방이 통지의 내용을 알 수 있는 객관적 상태에 놓여졌다고 인정되는 상태를 가리킨다. 이와 같이 도달은 보다 탄력적인 개념으로서 송달장소나 수송달자(受送達者) 등의 면에서 위에서 본 송달에서와 같은 엄격함은 요구되지 아니하며, 이에 송달장소 등에 관한 민사소송법의 규정을 유추적용할 것이 아니다. 따라서 채권양도의 통지는 민사소송법상의 송달에 관한 규정에서 송달장소로 정하는 채무자의 주소·거소·영업소 또는 사무소 등에 해당하지 아니하는 장소에서라도 채무자가 사회통념상 그 통지의 내용을 알 수 있는 객관적 상태에 놓여졌다고 인정됨으로써 족하다(대판 2011.1.13, 2010다77477).

7) 대판 1994.12.27, 94다19242: 채권양도의 통지는 양도인이 채무자에 대하여 당해 채권을 양수인에게 양도하였다는 사실을 알리는 관념의 통지이고, 법률행위의 대리에 관한 규정은 관념의 통지에도 유추적용된다고 할 것이어서 채권양도의 통지도 양도인이 직접 하지 아니하고 사자를 통하여 하거나 나아가서 대리인으로 하여금 하게 하여도 무방하다고 할 것이고, 또한 그와 같은 경우에 양수인이 양도인의 사자 또는 대리인으로서 채권양도통지를 하였다 하여 민법 제450조의 규정에 어긋난다고 볼 수도 없고, 달리 이를 금지할 근거도 없다.

는 한 채무자는 채권양도통지가 도달된 다음 날부터 이행지체의 책임을 진다$\binom{대판 2014.4.10.,}{2012다29557}$.

2) 통지의 주체 및 상대방

통지는 양도인이 채무자에게 해야 한다.8) 따라서 양수인의 대위통지는 불가하다. 그러나 양수인이 양도인의 사자 또는 대리인으로 하는 통지는 가능하다$\binom{대판 1994.12.}{27, 94다19242}$. 단 대리인으로서 통지하는 양수인은 대리규정$\binom{제114조,}{제115조}$에 따라 현명을 해야 한다$\binom{대판 2004.2.13.}{2003다43490}$. 다만 제115조 단서가 적용될 여지도 있다. 채권양도통지서 자체에 양수받은 채권의 내용이 기재되어 있고, 채권양도 양수계약서가 위 통지서에 첨부되어 있으며, 채무자로서는 양수인에게 채권양도통지 권한이 위임되었는지 여부를 용이하게 알 수 있었던 사정 등이 있다면 제115조 단서에 의해 양도통지가 유효하다$\binom{대판 2004.2.13.}{2003다43490}$. 그러나 채권양도 통지를 양도인이 하도록 한 법의 취지를 무색하게 할 염려가 있다는 점을 고려할 때 일반적으로 양도인이 양수인에게 양도통지에 대한 대리권의 묵시적 수여 인정 및 현명원칙의 예외$\binom{제115조}{단서}$의 적용을 엄격하게 해야 한다$\binom{대판 2011.2.24.}{2010다96911}$. 9)

│ 대판 2004.2.13, 2003다43490

[1] 민법 제450조에 의한 채권양도통지는 양도인이 직접하지 아니하고 사자를 통하여 하거나 대리인으로 하여금 하게 하여도 무방하고, 채권의 양수인도 양도인으로부터 채권양도통지 권한을 위임받아 대리인으로서 그 통지를 할 수 있다.

[2] 채권양도통지 권한을 위임받은 양수인이 양도인을 대리하여 채권양도통지를 함에 있어서는 민법 제114조 제1항의 규정에 따라 양도인 본인과 대리인을 표시하여야 하는 것이므로, 양수인이 서면으로 채권양도통지를 함에 있어 대리관계의 현명을 하지 아니한 채 양수인 명의로 된 채권양도통지서를 채무자에게 발송하여 도달되었다 하더라도 이는 효력이 없다고 할 것이다.

[3] 대리에 있어 본인을 위한 것임을 표시하는 이른바 현명은 반드시 명시적으로만 할 필요는 없고 묵시적으로도 할 수 있는 것이고, 채권양도통지를 함에 있어 현명을 하지 아니한 경우라도 채권양도통지를 둘러싼 여러 사정에 비추어 양수인이 대리인으로서 통지한 것임을 상대방이 알았거나 알 수 있었을 때에는 민법 제115조 단서의 규정에 의하여 유효하다.

[4] 채권양도통지서 자체에 양수받은 채권의 내용이 기재되어 있고, 채권양도양수계약서가 위 통지서에 첨부되어 있으며, 채무자로서는 양수인에게 채권양도통지 권한이 위임되었는지 여부를 용이하게 알 수 있었다는 사정 등을 종합하여 무현명에 의한 채권양도통지를 민법 제115조 단서에 의해 유효하다고 본 사례.

---

8) 채무가 연대채무인 경우에는 연대채무자 전원에 대한 통지가 요구되나, 보증채무가 양도되는 경우 주채무자에게만 통지하면 된다(대판 1976.4.13, 75다1100).

9) 대판 2011.2.24, 2010다96911. 이 사안에서는 하도급인 乙이 도급인 甲이 乙에게 지급할 의무가 있는 공사대금 중 일부를 하수급인 丙에게 직접 지급하는 것에 동의한다는 내용의 '하도급대금 직불동의서'를 작성하여 丙에게 교부하고 丙이 이를 甲에게 내용증명우편으로 발송하여 甲이 수령한 사안에서, 그 서면에 "甲귀하"라고 기재된 것은 적어도 일차적으로는 '하도급거래의 공정화에 관한 법률' 제14조 제1항 제2호에 정한 하도급대금 직접 지급의 요건을 갖추기 위하여 서면을 甲에게 보내어 甲의 동의를 얻으려는 취지이므로, 그 문서가 채권양도의 합의를 포함하고 있다 하더라도 그와 같은 취지로 작성된 乙명의의 문서가 丙에게 교부되었다는 것만으로 乙이 丙에게 채권양도의 통지까지 대리할 권한을 수여하였다고 볼 수 없고, 나아가 그 문서를 甲에게 우송하는 것이 채권양도의 통지에 해당한다고 하더라도, 그 서면 하단에 컴퓨터로 작성된 "하수급인 丙"이라는 기재 바로 앞에 "발신"이라는 수기(手記)가 있는 점은 그 문서의 작성 목적 등에 비추어 보면 오히려 그 발신이 丙을 당사자로 하여 행하여지는 것임을 추단하게 하고 그것이 乙을 대리하여 하는 의사로 행하여진 것으로 보기 어렵다고 판단한 사례임.

3) 통지시점

채권양도 이전에 미리 하는 사전의 통지는 원칙적으로 통지로서 효력이 없다$\left(\begin{smallmatrix}대판\ 2000.4.11., \\ 2000다2627\end{smallmatrix}\right)$. 10) 따라서 통지는 채권양도와 동시에 또는 사후에 해야 한다.

채권양도 후 사후통지는 소급효가 없어, 양수인은 통지시점부터 대항력을 취득한다.

4) 통지의 철회$\left(\begin{smallmatrix}제452조 \\ 제2항\end{smallmatrix}\right)$

채권양도가 무효이거나 실제 양도는 없이 빈 통지를 했을 때 양도인은 양수인의 동의를 얻어 통지를 철회할 수 있다$\left(\begin{smallmatrix}대판\ 1993.7. \\ 13,\ 92다4178\end{smallmatrix}\right)$. 즉 양도통지의 철회로 채무자가 양수인에게 대항하기 위해서는 양수인의 동의가 반드시 필요하다.

그런데 제452조는 채권양도가 취소 또는 해제(합의해제)되어 소급적으로 무효가 되는 경우에도 유추적용할 수 있다고 할 것이므로, 지명채권의 양도통지를 한 후 양도계약이 취소 또는 해제(합의해제)된 경우에 채권양도인이 해제 등을 이유로 다시 원래의 채무자에 대하여 양도채권으로 대항하려면 채권양도인이 채권양수인의 동의를 받아 통지하거나 채권양수인이 채무자에게 위와 같은 해제 등 사실을 통지하여야 한다$\left(\begin{smallmatrix}대판\ 2012.11.29., \\ 2011다17953\end{smallmatrix}\right)$.

사례 6 甲은 2010.1.3. 乙에 대한 건물 X의 매매대금 채권 중 중도금 일부 금원(60억 원)을 A에 양도하기로 하는 채권양도계약을 체결하였고 당일 확정일자에 기하여 이 사실을 채무자 乙에게 통지하였고 그 통지는 2010.1.7. 乙에게 송달되었다. 2010.2.7. 乙은 A에게 그 중에서 25억 원을 지급하였다. 그 후 2010.9.3. 甲은 A와의 채권양도계약을 적법하게 해제하였다. 이러한 해제사실에 대해서 선의인 乙은 2010.9.7. A에게 나머지 35억 원을 지급하였다. 2010.9.9. 甲이 A와의 채권양도계약이 해제되었음을 이유로 하여 乙에게 60억 원의 중도금을 상환을 청구하였다. 甲의 乙에 대한 청구는 인용될 수 있는가?　　　　　　　　　　　　　　(대판 2012.11.29, 2011다17953 참조)

│ 해설 6 │ 乙은 甲에게 60억 원을 지급할 필요가 없다.

합의해제의 경우에도 소급효가 인정되므로 우리 판례는 합의해제인 경우에도 예외적으로 제3자 보호를 위하여 민법 제548조 제1항 단서를 유추하여 제3자를 보호한다. 다만 계약해제로 인하여 권리를 침해받지 않는 제3자$\left(\begin{smallmatrix}제548조 \\ 제1항\ 단서\end{smallmatrix}\right)$란 계약목적물에 관한 권리취득자 중에서 계약당사자에게 권리취득에 관한 대항요건을 구비한 사람을 의미한다. 사안과 같이 채권양도시 채무자는 제3자에 해당하지 않는다.

한편 판례는 "제452조는 '양도통지와 금반언'이라는 제목 아래 제1항에서 '양도인이 채무자에게 채권양도를 통지한 때에는 아직 양도하지 아니하였거나 그 양도가 무효인 경우에도 선의인 채무

---

10) 대판 2010.2.11, 2009다90740: 채권양도가 있기 전에 미리 하는 채권양도통지는 채무자로 하여금 양도의 시기를 확정할 수 없는 불안한 상태에 있게 하는 결과가 되어 원칙으로 허용될 수 없다 할 것이지만 이는 채무자를 보호하기 위하여 요구되는 것이므로 사전통지가 있더라도 채무자에게 법적으로 아무런 불안정한 상황이 발생하지 않는 경우에까지 그 효력을 부인할 것은 아니라 할 것이다. 예컨대 채권양도인인 甲의 2003.4.22.자 확정일자부 채권양도통지와 채무자인 乙의 2003.4.22.자 확정일자부 채권양도승낙이 모두 있었고, 그 직후인 2003.5.6. 甲이 피고에게 이 사건 공사대금채권을 양도하였으므로, 채무자인 乙로 하여금 양도의 시기를 확정할 수 없는 불안한 상태에 있게 하는 결과가 발생할 우려가 없었고, 따라서 실제로 채권양도계약이 체결된 2003.5.6. 이 사건 공사대금채권 양도의 제3자에 대한 대항력이 발생하였다고 판단하였다.

자는 양수인에게 대항할 수 있는 사유로 양도인에게 대항할 수 있다'고 하고, 제2항에서 '전항의 통지는 양수인의 동의가 없으면 철회하지 못한다'고 하여 채권양도가 불성립 또는 무효인 경우에 선의인 채무자를 보호하는 규정을 두고 있다. 이는 채권양도가 해제 또는 합의해제되어 소급적으로 무효가 되는 경우에도 유추적용할 수 있다고 할 것이므로, 지명채권의 양도통지를 한 후 양도계약이 해제 또는 합의해제된 경우에 채권양도인이 해제 등을 이유로 다시 원래의 채무자에 대하여 양도채권으로 대항하려면 채권양도인이 채권양수인의 동의를 받거나 채권양수인이 채무자에게 위와 같은 해제 등 사실을 통지하여야 한다. 이 경우 위와 같은 대항요건이 갖추어질 때까지 양도계약의 해제 등을 알지 못한 선의인 채무자는 해제 등의 통지가 있은 다음에도 채권양수인에 대한 반대채권에 의한 상계로써 채권양도인에게 대항할 수 있다고 봄이 타당하다"고 본다. 사안에서 乙은 제452조에 의하여 A에 대한 변제를 이유로 양도인인 甲에게도 대항할 수 있다.

(나) 채무자의 승낙

승낙은 채무자가 채권양도의 사실을 인식하고 있음을 표시하는 행위로서 관념의 통지에 해당한다.

1) 승낙의 상대방

명문의 규정은 없으나 승낙은 양도인 또는 양수인 누구에게도 할 수 있다(대판 1986.2.25, 85다카1529). 승낙이 있었다는 점은 양수인이 증명해야 한다(대판 1990.11.27, 90다카27662).

2) 승낙의 내용

통지는 조건이나 기한을 붙일 수 없는 반면 승낙은 조건이나 기한 또는 이의의 유보를 붙일 수 있다(대판 1989.7.11, 88다카20866).

3) 승낙시점

통지와는 달리 사전승낙도 가능하다(대판 2011.6.30, 2011다8614[11]). 양수인이 특정되지 않은 경우에도 유효하다는 입장이 통설이다.

(다) 승낙 또는 통지 없는 동안의 효력

1) 대항요건을 구비하기 전의 양도인은 채무자에 대한 관계에서 여전히 채권자의 지위에 있으므로 채무자를 상대로 이행을 청구할 수 있고, 이 경우 시효는 중단된다(대판 2009.2.12, 2008두20109. 양도인이 시효중단의 효력이 있는 재판상 청구에서 채무자가 채권양도의 효력을 인정하여 양도인의 청구가 기각됨으로써 시효중단의 효과가 소멸된다고 하더라도(제170조 제1항 참조), 양도인의 청구가 당초부터 무권리자에 의한 청구로 되는 것은 아니므로, 양수인이 그로부터 6월 내에 채무자를 상대로 재판상의 청구 등을 했다면, 민법 제169조 및 제170조 제2항에 의하여 양도인의 최초의 재판상 청구로 인하여 시효가 중단된다고 판단한 사례). 반면에 양수인은 채무자에 대하여 채권양도의 효력을 주장할 수 없다. 그러나 양수인이 대항요건을 갖추지 못하여 채무자에게 대항하지 못한다고 하더라도 채권

---

11) 이 판결은 조건을 붙여서 사전에 승낙한 판결이다.

의 양수인이 채무자를 상대로 재판상의 청구를 하였다면 소멸시효는 중단된다$\binom{대판\ 2005.11.10,}{2005다41818}$. 한 편 통지나 승낙이 없는 경우 양수인은 장래이행의 소로서 채무자에게 이행을 구할 수 없다. 예 컨대 양수인이 채무자를 상대로 '양도통지를 받은 다음 채무를 이행하라'는 소를 제기한 경우, 채권양수인은 현재는 채무자와 아무런 법률관계가 없어 채무자에 대하여 아무런 권리주장을 할 수 없다는 점에서, 장래이행의 소로서의 요건을 갖추지 못하여 부적법하다$\binom{대판\ 1992.8.18,}{90다9452,9469}$.

| **대판 2005.11.10, 2005다41818**

채권양도는 구 채권자인 양도인과 신 채권자인 양수인 사이에 채권을 그 동일성을 유지하면서 전 자로부터 후자에게로 이전시킬 것을 목적으로 하는 계약을 말한다 할 것이고, i) 채권양도에 의하 여 채권은 그 동일성을 잃지 않고 양도인으로부터 양수인에게 이전되며, 이러한 법리는 채권양도의 대항요건을 갖추지 못하였다고 하더라도 마찬가지인 점, ii) 민법 제149조의 "조건의 성취가 미정한 권리의무는 일반규정에 의하여 처분, 상속, 보존 또는 담보로 할 수 있다."는 규정은 대항요건을 갖 추지 못하여 채무자에게 대항하지 못한다고 하더라도 채권양도에 의하여 채권을 이전받은 양수인 의 경우에도 그대로 준용될 수 있는 점, iii) 채무자를 상대로 재판상의 청구를 한 채권의 양수인을 '권리 위에 잠자는 자'라고 할 수 없는 점 등에 비추어 보면, 비록 대항요건을 갖추지 못하여 채무 자에게 대항하지 못한다고 하더라도 채권의 양수인이 채무자를 상대로 재판상의 청구를 하였다면 이는 소멸시효 중단사유인 재판상의 청구에 해당한다고 보아야 한다.

2) 채무자가 양도인에게 변제한 것은 유효하지만, 양수인에게 변제한 것도 유효한 변제인지 가 문제된다. 생각건대 통지나 승낙은 대항요건이라는 점에서 채권양도 사실을 알고 있었던 채 무자 스스로가 채권양도를 인정하여 양수인에게 변제하는 것은 묵시적 승낙으로 보아 유효하 다고 할 것이다.

3) 통설은 채무자가 양도사실을 알고 있었다 하더라도 통지나 승낙이 없다면, 양수인은 채 무자에게 대항할 수 없다고 본다. 대항요건의 기준을 획일적으로 정해야 한다는 점을 근거로 한다.

> **심화학습**
>
> **양도의 통지가 없으나 채무자가 양도사실을 알고 있는 경우**
>
> 채무자에게 불측의 손해를 입히지 않기 위해 승낙이나 통지의 요건이 요구되는 것이므로 채무자 가 양도사실을 알고 있었다면 적어도 통지에 준하는 효과를 인정하는 것도 생각해 볼 수 있다. 통지의 의무는 그와 같은 사실을 알 수 있도록 하는 것이 주된 내용이기 때문에, 통지 이외의 방 법을 통하여 채무자가 이미 양도사실을 알고 있다면 통지된 것과 마찬가지의 효과를 인정해 주어 야 할 것이다. 채무자가 채권양도사실에 대하여 알고 있었음에 대한 증명책임을 양수인이 부담하 는 것으로 해석하면 채무자에게 부당하게 불리할 것도 없다는 주장도 가능하다.

> **사례 7** 乙에게 채권(채권을 담보하기 위해 乙소유의 X부동산에 저당권을 설정하였다)을 가지는 甲은 丙에게 채권과 저당권을 함께 양도하였으나, 이를 乙에게 통지하지 아니하였다. 그 후 丙은 저당권이전의 부기등기를 마쳤다. 이 경우, 丙은 저당권실행을 위한 경매신청을 할 수 있는가?
>
> (대판 2005.6.23. 2004다29279 참조)
>
> **해설 7** 가능하다.
>
> 피담보채권을 저당권과 함께 양수한 자는 저당권이전의 부기등기를 마치고 저당권실행의 요건을 갖추고 있는 한 채권양도의 대항요건을 갖추고 있지 아니하더라도 경매신청을 할 수 있으며, 채무자는 경매절차의 이해관계인으로서 채권양도의 대항요건을 갖추지 못하였다는 사유를 들어 경매개시결정에 대한 이의나 즉시항고절차(민사집행법 제86조 등)에서 다툴 수 있고, 이 경우는 신청채권자가 대항요건을 갖추었다는 사실을 증명하여야 할 것이나, 이러한 절차를 통하여 채권 및 근저당권의 양수인의 신청에 의하여 개시된 경매절차가 실효되지 아니한 이상 그 경매절차는 적법한 것이고, 또한 그 경매신청인은 양수채권의 변제를 받을 수도 있다.

(라) 통지나 승낙의 효력과 채무자의 항변(제451조)

1) 통지의 효력(제451조 제2항, 제452조 제1항)

양도인이 양도통지만을 한 경우, 채무자는 그 통지를 받은 때까지 양도인에 대하여 생긴 사유로써 양수인에게 대항할 수 있다(제451조 제2항). 예컨대 채무자는 통지 전 양도인에 대한 변제로 채권이 소멸하였음을 이유로 양수인에게 대항할 수 있다. 또한 통지 전에 채무자가 양도인에게 반대채권을 취득하였고 이미 상계적상에 있었다면 통지 후에도 채무자는 상계로 양수인에게 대항할 수 있다. 통지 당시 이미 상계할 수 있는 원인이 있었다면 아직 상계적상에 있지 않더라도 그 후에 상계적상에 이르면 채무자는 양수인에 대하여 상계로 대항할 수 있다(대판 2019.6.27. 2017다222962). 그 이외에도 채무자는 채권의 불성립·무효·취소 등을 주장하여 양수인에게 대항할 수 있다.[12]

반면에 통지를 받은 후에 양도인에 대해 취득한 대항사유로는 양수인에게 대항할 수 없다. 예컨대 채무자가 양도의 통지를 받은 후 양도인에 대한 반대채권을 취득하였다 하더라도 채무자는 양수인에게 상계로 대항할 수 없다(대판 1984.9.11. 83다카2288).

양도인이 채무자에게 채권양도를 통지했으나 채권양도가 없었거나 또는 무효가 되어도 선의인 채무자는 양수인에게 대항할 수 있는 사유로써 양도인에게 대항할 수 있다(제452조 제1항). 대항할 수 있는 사유는 양수인에 한 변제, 대물변제, 상계 등의 면책행위를 말한다. 채무자가 양수인에게 면책행위를 한 경우 양도인은 양수인에게 부당이득반환을 청구할 수 있다. 아직 채무자가 면책행위가 없는 경우 양수인에게 적극적으로 이행청구권이 인정되는 것은 아니다.

그리고 채권양도가 무효인 경우뿐만 아니라 취소나 해제된 경우에도 제452조가 유추적용된다(대판 2012.11.29. 2011다17953).

---

12) 선의의 제3자 보호규정에 의해 보호될 수 있을 것인지가 문제되나, 채권양수인은 제3자에 해당하지 않는다(대판 1983.1.18. 82다594).

사례 8　乙에게 임대차보증금반환청구채권을 가지는 甲은 丙에게 이를 양도하였고, 이 사실을 乙에게 통지하였다. 그 후 甲과 乙은 임대차계약을 갱신하기로 하였다. 丙이 乙에게 임대차보증금반환을 요구하는 경우, 乙은 임대차계약의 갱신을 이유로 이를 거절할 수 있는가?

(대판 1989.4.25, 88다카4253,4260 참조)

│해설 8│ 거절할 수 없다.

통지 후에 취득한 대항사유로는 양수인에게 대항할 수 없기 때문이다.

임대인이 임대차보증금반환청구채권의 양도통지를 받은 후에는 임대인과 임차인 사이에 임대차계약의 갱신이나 계약기간 연장에 관하여 명시적 또는 묵시적 합의가 있더라도 그 합의의 효과는 보증금반환채권의 양수인에 대하여는 미칠 수 없다.

사례 9　乙에게 채권(변제기 2013.5.7.)을 가지는 甲은, 이를 2013.4.4. 丙에게 양도하였고, 이 사실을 乙에게 통지하였다. 통지 전인 2013.2.28. 乙은 甲에 대한 반대채권을 취득하였다(변제기 2013.5.5.). 이 경우 乙은 丙에게 상계로 대항할 수 있는가?　　　(대판 1999.8.20, 99다18039 참조)

│해설 9│ 가능하다.

학설은 자동채권(채무자의 채권)의 변제기가 수동채권의 변제기(양도채권)보다 선후인가를 불문하고 자동채권의 변제기가 도래하면 상계를 긍정하는 입장과, 자동채권의 변제기가 수동채권변제기보다 먼저 도래한 경우에 한하여 상계로 대항할 수 있다는 견해로 나뉜다. 판례 또한 자동채권의 변제기가 먼저 도래한 사안에서 상계에 의한 항변을 인정하였다(대판 1999.8.20, 99다18039).

대판 1999.8.20, 99다18039

채권양도에 있어서 채무자가 양도인에게 이의를 보류하지 아니하고 승낙을 하였다는 사정이 없거나 또는 이의를 보류하지 아니하고 승낙을 하였더라도 양수인이 악의 또는 중과실의 경우에 해당하는 한, 채무자의 승낙 당시까지 양도인에 대하여 생긴 사유로써 양수인에게 대항할 수 있다고 할 것인데, 승낙 당시 이미 상계를 할 수 있는 원인이 있었던 경우에는 아직 상계적상에 있지 아니하였다 하더라도 그 후에 상계적상이 생기면 채무자는 양수인에 대하여 상계로 대항할 수 있다.

대판 2012.11.29, 2011다17953

민법 제452조는 '양도통지와 금반언'이라는 제목 아래 제1항에서 '양도인이 채무자에게 채권양도를 통지한 때에는 아직 양도하지 아니하였거나 그 양도가 무효인 경우에도 선의인 채무자는 양수인에게 대항할 수 있는 사유로 양도인에게 대항할 수 있다'고 하고, 제2항에서 '전항의 통지는 양수인의 동의가 없으면 철회하지 못한다'고 하여 채권양도가 불성립 또는 무효인 경우에 선의인 채무자를 보호하는 규정을 두고 있다. 이는 채권양도가 해제 또는 합의해제되어 소급적으로 무효가 되는 경우에도 유추적용할 수 있다고 할 것이므로, 지명채권의 양도통지를 한 후 양도계약이 해제 또는 합의해제된 경우에 채권양도인이 해제 등을 이유로 다시 원래의 채무자에 대하여 양도채권으로 대항하려면 채권양도인이 채권양수인의 동의를 받거나 채권양수인이 채무자에게 위와 같은 해제 등 사실을 통지하여야 한다. 이 경우 위와 같은 대항요건이 갖추어질 때까지 양도계약의 해제 등을 알지 못한 선의인 채무자는 해제 등의 통지가 있은 다음에도 채권양수인에 대한 반대채권에 의한 상계로써 채권양도인에게 대항할 수 있다고 봄이 타당하다.

생각해 볼 문제 양도인 A로부터 양수인 B에게의 제1양도가 있었던 후, 그 양도계약이 해제된 경우에 다시 B로부터 A로의 제2의 양도가 있었던 것으로 되어 다시 제2양도의 양도인에 해당되는 B가 채무자에게 해제되었음을 통지해야 하는 것으로 이해하면, 제452조가 아닌 제451조가 적용되는 것이 아닌지 검토해 보라.

사례 10 甲은 채무자, A는 양도인, B는 양수인인데, A · B 간의 채권양도계약이 무효인 경우,

질문 1) 선의인 甲이 이미 B에게 채무이행했음을 이유로 A의 채무이행청구에 대항할 수 있는가?

질문 2) A는 甲에게 B에 대한 채권양도의 통지를 B의 동의없이 철회할 수 있는가?

|해설 10|

해설 1) 가능하다.

제452조 제1항의 적용례에 해당된다.

해설 2) 불가능하다.

제452조 제2항에 의해 양수인인 B의 동의를 받아야 한다.

2) 승낙의 효력

㉮ 이의를 보류한 승낙의 효력

이 경우는 명문의 규정이 없으나, 통지의 효력과 같다고 보아야 할 것이다.

㉯ 이의를 보류하지 않은 승낙의 효력

① 제451조 제1항이 이의를 보류하지 않은 승낙에 대하여 항변사유를 제한한 취지는 이의를 보류하지 않은 승낙이 있으면 양수인은 양수한 채권에 아무런 항변권도 부착되지 않은 것으로 신뢰하게 되므로 결국 채무자의 '승낙'이라는 사실에 공신력을 주어 양수인의 신뢰를 보호하고 채권양도나 질권설정과 같은 거래의 안전을 꾀하기 위한 것이다(대판 2002.3.29, 2000다13887).

▌대판 2002.3.29, 2000다13887

민법 제451조 제1항이 이의를 보류하지 않은 승낙에 대하여 항변사유를 제한한 취지는 이의를 보류하지 않은 승낙이 이루어진 경우 양수인은 양수한 채권에 아무런 항변권도 부착되지 아니한 것으로 신뢰하는 것이 보통이므로 채무자의 '승낙'이라는 사실에 공신력을 주어 양수인의 신뢰를 보호하고 채권양도나 질권설정과 같은 거래의 안전을 꾀하기 위한 규정이라 할 것이므로, 채권의 양도나 질권의 설정에 대하여 이의를 보류하지 아니하고 승낙을 하였더라도 양수인 또는 질권자가 악의 또는 중과실의 경우에 해당하는 한 채무자의 승낙 당시까지 양도인 또는 질권설정자에 대하여 생긴 사유로써도 양수인 또는 질권자에게 대항할 수 있다.

② 양도인에게 대항할 수 있으나 양수인에게는 대항할 수 없는 사유[13]는 좁은 의미의 항변

---

13) 제451조 제1항에는 '........ 양도인에게 대항할 수 있는 사유로써 양수인에게 대항하지 못한다'고 규정되어 있다. 결국

권에 한하지 아니하고, 넓게 채권의 성립, 존속, 행사를 저지하거나 배척하는 사유를 포함한다 $\binom{\text{대판 1997.5.30,}}{96\text{다}22648}$. 이의를 보류하지 않은 승낙으로 채무자가 양도인에 대하여 갖는 대항사유가 단절되는 점을 감안하면, 여러 사정을 종합적으로 고려하여 양수인이 양도된 채권에 대하여 대항사유가 없을 것을 신뢰하게 할 정도에 이르렀는지를 판단해야 한다$\binom{\text{대판 2019.6.27, 2017다222962. 의사가 은행}}{\text{에 대한 대출금채무의 담보를 위해 건강보험}}$ 공단에 대한 채권인 요양급여비용채권을 채권자에게 양도하고 공단은 양도인(의사)에게 '압류진료비 채권압류 확인서'를 발급하여 은행(양수인)에 팩스로 송부했는데 공단은 의료법 위반에 따른 손해배상채권으로 상계를 주장한 사안에서 위 '압류진료비 채권압류 확인서'는 여러 정황에 비추어 이의를 보류하지 않은 승낙으로 보기 어렵다고 한 사례). 변제, 동시이행의 항변, 상계 등이 이에 해당한다.

예컨대 채무자가 이의를 유보하지 않고 승낙했다면, 양도인에게 이미 변제했었더라도 양수인이 채무이행을 청구한 경우 양도인에게 변제했음을 이유로 채무가 소멸했음을 양수인에게 대항할 수 없다. 이때 채무자는 양도인에 대하여 변제한 것을 회수할 수 있다$\binom{\text{제451조}}{\text{제1항 단서}}$. 그러나 이러한 효과는 채무자에게 발생할 뿐, 제3자(보증인, 물상보증인 등)의 항변권 등을 배제하는 것은 아니다. 따라서 제3자는 여전히 채무의 소멸 등을 이유로 양수인에게 대항할 수 있다.

③ 채무자가 이의를 보류하지 않고 승낙했더라도 양수인이 채무자가 양도인에게 대항할 수 있는 사유가 있음을 알았거나 중과실로 알지 못한 경우에는 채무자의 승낙 당시까지 양도인에게 대항할 수 있는 사유로 양수인에게 대항할 수 있다$\binom{\text{대판 1999.8.}}{20,\ 99\text{다}18039}$. 이 규정은 양수인을 보호하기 위한 규정인데 악의 또는 중과실이 있는 양수인은 보호할 필요가 없기 때문이다. 예컨대 양도인에 대한 채권이 이미 소멸시효가 완성된 경우 (판례의 입장인 절대적 소멸설에 의할 때) 이를 모르고 유보 없이 채무자가 승낙한 경우 양수인의 청구에 대해서 소멸시효가 완성되었음을 항변할 수 없다. 그러나 양수인이 이와 같은 소멸시효가 완성된 사실에 대해서 악의 또는 중과실이 있다면 채무자는 양수인의 청구에 대해서 대항할 수 있다$\binom{\text{대판 2002.3.29,}}{2000\text{다}13887}$. 한편 양수인이 악의, 전득양수인이 선의면 채무자는 전득양수인에게 대항할 수 없을 것이며, 양수인이 선의, 전득양수인이 악의라도 채무자는 전득양수인에게 대항이 불가능할 것이다(엄폐물의 법칙).

④ 그러나 양도인에게 대항할 수 있으나 양수인에게는 대항할 수 없는 사유에는 채권의 귀속(채권이 이미 타인에게 양도되었다는 사실)은 포함되지 않는다$\binom{\text{대판 1994.4,}}{29,\ 93\text{다}35551}$.[14] 제451조 제1항 전단에서 규정한 채무자의 "이의를 보류하지 아니한 승낙"은 채무자가 양도인에 갖는 항변을 상실시키는 효과밖에 없고, 채권에 관하여 권리를 주장하는 자가 여럿인 경우 그들 사이의 우열은 채무자에게도 영향을 미치기 때문이다.

▎ 대판 1994.4.29, 93다35551

민법은 채권의 귀속에 관한 우열을 오로지 확정일자 있는 증서에 의한 통지 또는 승낙의 유무와 그 선후로써만 결정하도록 규정하고 있는 데다가, 채무자의 "이의를 보류하지 아니한 승낙"은 민법 제451조 제1항 전단의 규정 자체로 보더라도 그의 양도인에 대한 항변을 상실시키는 효과밖에 없고, 채권에 관하여 권리를 주장하는 자가 여럿인 경우 그들 사이의 우열은 채무자에게도 효력이 미치

양도인에게 대항할 수는 있으나 양수인에게는 대항할 수 없는 사유를 말한다.

14) 이성룡, 債權의 歸屬이 民法 제451조 제1항 전단의 讓渡人에게 對抗할 수 있는 事由에 해당하는지의 여부, 대법원판례해설 21號(法院行政處, 1994), 123면 이하 참조.

므로, 위 규정의 "양도인에게 대항할 수 있는 사유"란 채권의 성립, 존속, 행사를 저지·배척하는 사유를 가리킬 뿐이고, 채권의 귀속(채권이 이미 타인에게 양도되었다는 사실)은 이에 포함되지 아니한다.

사례 11 甲은 A에 대한 채권을 乙에게 양도하고 확정일자 있는 증서로 채권양도사실을 채무자 A에게 통지하였다. 그런데 甲은 동일한 채권을 선의의 丙에게 이중으로 양도했다. 채무자 A가 이를 모르고 이의를 유보하지 않고 丙에 대한 채권양도를 구두로 승낙했다.

丙이 채무자 A에게 채무의 이행을 청구하자 A는 그 채권은 이미 乙에게 양도되었음을 이유로 이행을 거절했다. 그러자 丙은 채무자 A가 甲으로부터 자신에게 채권이 양도된 사실에 대해서 이의를 유보하지 않았고 승낙했음을 이유로 자신에게 채무를 이행해야 한다고 주장한다. 이와 같은 丙의 주장은 인용될 수 있는가? (대판 1994.4.29, 93다35551 참조)

해설 11 丙의 주장은 인용될 수 없다.

이는 제451조의 적용문제가 아니라 채권의 이중양도시 우선순위를 정하는 제450조 제2항의 적용만이 문제되는 것으로 보아야 하기 때문이다.

제451조 제1항 전단의 "양도인에게 대항할 수 있는 사유"란 채권의 성립, 존속, 행사를 저지·배척하는 사유를 가리킬 뿐이고, 채권의 귀속(채권이 이미 타인에게 양도되었다는 사실)은 이에 포함되지 아니한다. 따라서 乙과 丙에게 채권이 이중양도된 경우에는 제450조 제2항에 의하여 확정일자 있는 대항요건을 갖춘 乙이 丙보다 우선한다. 따라서 채무자는 乙에게 변제해야 한다.

이와 같은 결론의 논거로 판례는 (i) 채권의 귀속에 관한 우열을 오로지 확정일자 있는 증서에 의한 통지 또는 승낙의 유무와 그 선후로써만 결정하도록 규정하고 있다는 점, (ii) 제451조 제1항 전단의 채무자의 "이의를 보류하지 아니한 승낙"은 규정 자체로 보더라도 그의 양도인에 대한 항변사유를 상실시키는 효과밖에 없고, 채권에 관하여 권리를 주장하는 자가 여럿인 경우 그들 사이의 우열은 채무자에게도 효력이 미친다는 점을 고려한다.

심화학습

채무자가 양도인에게 대항할 수 있는 사유가 있음을 몰랐기 때문에 채권양도에 대해서 이의를 유보하지 않고 승낙했다면 선의인 양수인의 이행청구에 대해서 양도인에게 대항할 수 있는 사유로 양수인에게 대항할 수 있는가?

해설 채무자가 이의를 유보하지 않고 채권양도를 승낙했다면 양도인에 대한 대항사유의 존재를 몰랐더라도 양수인에게 대항할 수 없다. 다만 착오 취소의 요건이 구비되었다면 그 승낙의 의사표시를 취소하여 승낙의 효력을 배제하여 보호의 가능성을 찾을 수는 있을 것이다.

실제로는 양수인은 착오취소가 있더라도 보호받는 선의의 제3자에 해당될 가능성이 있으므로 실효성 있는 보호가 어렵다.

(2) 채무자 이외의 제3자에 대한 대항요건

(가) 의 의

어떤 양수인이 채무자 이외의 제3자에게 채권양도의 사실을 주장하기 위한 요건이다. 이는 보통 동일한 채권에 대해 수인의 채권양수인이 등장한 경우에 문제된다. 채무자 이외에 제3자에게 대항하기 위해서는 확정일자 있는 증서에 의한 통지나 승낙이 필요하다($\substack{\text{제450조,} \\ \text{제2항}}$).

(나) 확정일자 있는 증서

'확정일자 있는 증서'를 요구하는 취지는 양도인과 제2양수인이 통모하여 제1양수인에 대한 양도일자보다 앞선 것으로 조작하여 제3자(제1양수인)에게 대항할 수 없도록 하려는 것에 있다($\substack{\text{대판 2011.7.14,} \\ \text{2009다49469}}$). 여기서 '확정일자 있는 증서'란 사후에 변경이 불가능한 증서를 의미한다.[15] 예컨대 내용증명우편[16]의 일자, 양수인의 양수금청구 소송에서 승소의 확정판결일자($\substack{\text{대판 1999.3.} \\ \text{26, 97다30622}}$) 등이 이에 해당한다.

한편 '확정일자 있는 증서에 의한 통지나 승낙'은 통지나 승낙행위 자체를 확정일자 있는 증서로 하여야 한다는 것을 의미한다($\substack{\text{대판 2011.7.14,} \\ \text{2009다49469}}$). 만약 사후에라도 확정일자를 얻으면 그때부터 제3자에 대한 대항력이 발생한다($\substack{\text{대판 2010.5.13,} \\ \text{2010다8310}}$).

> **대판 2011.7.14, 2009다49469**
> 민법이 이처럼 '확정일자 있는 증서에 의한' 통지나 승낙을 갖추도록 하고 있는 취지는 채권의 양도인, 양수인 및 채무자가 통모하여 통지일 또는 승낙일을 소급함으로써 제3자의 권리를 침해하는 것을 방지하기 위한 것이다.

> **대판 2000.4.11, 2000다2627**
> 채권의 양도를 제3자에게 대항하기 위하여는 통지행위 또는 승낙행위 자체를 확정일자 있는 증서로 하여야 하는 것인데 여기서 확정일자란 증서에 대하여 그 작성한 일자에 관한 완전한 증거가 될 수 있는 것으로 법률상 인정되는 일자를 말하며 당사자가 나중에 변경하는 것이 불가능한 확정된 일자를 가리킨다.

(다) 채무자 이외의 제3자의 의미

제450조 제2항의 제3자란 양수인의 지위와 양립할 수 없는 지위를 취득한 자를 의미한다($\substack{\text{대판} \\ \text{2003.10.24,} \\ \text{2003다37426}}$). 예컨대 채권의 이중양수인, 채권질권자, 채권을 압류 또는 가압류한 양도인의 채권자, 채권에 관한 전부명령에 의한 전부채권자, 그리고 채권의 양도인이 파산한 경우의 파산채권자 등이 이에 속한다.

---

15) '확정일자'는 민법 부칙(1958.2.22.) 제3조 등 법령에 의하여 확정일자로 인정되는 일자를 말하는 것이고, 위 부칙 제3조 제4항은 '공정증서에 기입한 일자 또는 공무소에서 사문서에 어느 사항을 증명하고 기입한 일자'를 확정일자로 한다고 규정하고 있다(대판 2011.7.14, 2009다49469).

16) 내용증명우편은 배달증명우편과는 다르다.

반면에 채권양도로 간접영향을 받는 채무자의 일반채권자는 제3자에 포함되지 않아 확정일자 없는 증서에 의해서도 대항이 가능하다. 또한 담보부동산의 제3취득자, 선순위의 근저당권부채권을 양수한 채권자보다 후순위인 근저당권자도 제3자에 해당하지 않는다(대판 2005.6.23, 2004다29279).

사례 12 공사도급계약 및 하도급계약을 함께 체결하면서, 도급인 甲, 원수급인 乙, 하수급인 丙은 공사가 실제로 시행 내지 완료되었는지 여부와 상관없이 원수급인의 도급인에 대한 공사대금채권 자체를 하수급인에게 이전하는 취지로, '공사대금은 甲이 乙의 입회하에 丙에게 직접 지급하고, 乙에게는 지급하지 않는다'는 약정을 체결하였다. 그 후 乙의 채권자 丁은 乙의 甲에 대한 공사대금채권을 압류하였다.

질문 1) 이후 甲이 약정대로 공사대금을 모두 丙에게 지급하였다면, 이를 이유로 丁에게 대항할 수 있는가? (대판 2008.2.29, 2007다54108 참조)

질문 2) 만일 甲이 약정대로 공사대금을 모두 丙에게 지급한 후에 丁이 乙의 甲에 대한 공사대금채권을 압류하였다면 결과는 달라지는가?

해설 12

해설 1) 대항할 수 없다.

甲, 乙, 丙 사이의 약정은 乙이 甲에게 가지는 채권을 丙에게 양도하는 계약이다. 이에 압류채권자에게 대항하기 위해서는 乙이 甲에게 확정일자 있는 승낙 및 통지가 있어야 하는데, 사안에서는 이러한 사정이 보이지 않는다는 점에서 甲은 채권양도에 그에 기한 채무의 변제를 이유로 丁에게 대항할 수 없다.

해설 2) 달라진다. 즉 甲은 丁에게 대항할 수 있다.

제450조 제2항 소정의 지명채권양도의 제3자에 대한 대항요건은 양도된 채권이 존속하는 동안에 그 채권에 관하여 양수인의 지위와 양립할 수 없는 법률상의 지위를 취득한 제3자가 있는 경우에 적용되는 것이므로, 양도된 채권이 이미 변제 등으로 소멸한 경우에는 그 후에 그 채권에 관한 채권압류 및 추심명령이 송달되더라도 그 채권압류 및 추심명령은 존재하지 아니하는 채권에 대한 것으로서 무효이고, 위와 같은 대항요건의 문제는 발생될 여지가 없다(대판 2003.10.24, 2003다37426).

대판 2008.2.29, 2007다54108

공사도급계약 및 하도급계약을 함께 체결하면서 도급인, 원수급인과 하수급인이 '공사대금은 도급인이 원수급인의 입회하에 하수급인에게 직접 지급하고, 원수급인에게는 지급하지 않는 것'으로 약정한 경우, 당사자들의 의사가 위 도급계약 및 하도급계약에 따른 공사가 실제로 시행 내지 완료되었는지 여부와 상관없이 원수급인의 도급인에 대한 공사대금채권 자체를 하수급인에게 이전하여 하수급인이 도급인에게 직접 그 공사대금을 청구하고 원수급인은 공사대금 청구를 하지 않기로 하는 취지라면 이는 실질적으로 원수급인이 도급인에 대한 공사대금채권을 하수급인에게 양도하고 그 채무자인 도급인이 이를 승낙한 것이라고 봄이 상당하다. 이러한 경우 위와 같은 채권양도에 대한 도급인의 승낙이 확정일자 있는 증서에 의하여 이루어지지 않는 이상, 도급인은 위와 같은 채권양도와 그에 기한 채무의 변제를 들어서 원수급인의 위 공사대금채권에 대한 압류채권자에게 대항할 수 없다.

(라) '대항하지 못한다'는 의미

양수인이 대항요건을 갖추고 있지 못하는 동안에는 채무자에 대해서 채권추심을 하지 못함을 의미한다.

(마) 채권의 이중양도와 그 우열관계

채권의 이중양도 이외에 이에 준하는 관계(채권양도와 질권설정, 채권양도와 압류 등)에서 상호간의 우열관계를 결정하는 기준이 요구된다.[17]

1) 제1양도는 단순 통지·승낙, 제2양도는 확정일자 있는 통지·승낙인 경우

제2양도가 우선하므로, 제1양수인은 제2양수인에게 대항하지 못한다. 단 제1양도 후 채권이 변제·면제 등으로 유효하게 소멸한 후 확정일자 있는 증서에 의한 통지가 있어도 제2양도행위는 무효이다($^{대판\ 2003.10.24,}_{2003다37426}$). 이미 소멸된 채권을 양도하였기 때문이다.

2) 제1, 제2양도 모두 단순 통지·승낙인 경우

이에 대해 채무자의 선택에 의한 변제가 가능하다는 견해와 제450조 제1항의 원칙상 통지의 도달일시 또는 승낙일시의 선후에 따라 우열이 결정된다는 견해로 나뉜다. 판례는 후자의 입장이다($^{대판\ 1971.12.}_{28,\ 71다2048}$).

ㅣ 대판 1971.12.28, 71다2048

채권양도의 통지나 승낙이 확정일자 있는 증서에 의한 것인가의 여부는 어디까지나 제3자에 대한 대항요건에 불과하므로 확정일자 있는 증서에 의하지 아니하였더라도 채무자가 일단 채권양도의 통지를 받고 그 양수인에게 변제할 것을 승낙하였다면 그 후에 채권이 이중양도되어 채무자가 다시 위 채권의 양도통지(확정일자 있는 증서에 의하지 아니한)를 받고 그 이중양수인에게 변제를 하였다고 하더라도, 채무자는 1차양수인에게 채무를 변제할 의무가 있다 할 것이다.

> **생각해 볼 문제** 위 판결에서 만약 제1양도에 대한 통지만을 받고 채무자가 승낙하지 않았던 경우라면 결과가 달라지는가?

3) 제1, 제2양도 모두 확정일자 있는 승낙·통지인 경우

㉮ 채권의 이중양도가 모두 확정일자에 의한 경우 그 우열을 확정일자에 의할 것인지, 채무자에 대한 통지의 도달시점을 기준으로 할 것인지에 대해 견해가 나뉜다. (i) 확정일자설은 지명채권은 독자적인 공시방법이 없어 우열결정이 명확하지 못해 채권자를 해할 수도 있으며 도달의 선후에 관한 증명이 곤란하므로 권리관계의 명확성을 위해 확정일자를 기준으로 하여야 한다고 주장한다. (ii) 반면에 도달시설은 제450조가 채무자의 인식을 공시기능으로 삼아 채무

---

[17] 채권이 이중양도된 경우에도 이중매매의 법리가 적용된다. 예컨대 양도인이 이중양수인을 위하여 채무자에게 확정일자 있는 증서에 의한 통지를 먼저 하여 준 경우에도, 양도인의 배임행위에 이중양수인이 적극 가담하였다면, 이중양수인에 대한 양도행위는 사회질서에 위반되어 무효가 된다(대판 2006.9.14, 2005다45537).

자에 대한 통지를 원칙으로 하고, 제3자와의 관계에서 법률관계를 명확히 하기 위해 제2항의 부수규정을 마련하였다는 점 및 도달 전에 선의로 지급한 채무자를 보호하기 위해서 도달시를 기준으로 하여야 한다고 본다.

판례는 제450조 제1항을 원칙규정으로 보아 채무자의 인식이 가능한 도달시를 기준으로 우열을 결정한다(대판(전합) 1994.4. 26, 93다24223).

㉯ 두 개의 양도통지가 동일한 일자에 도달하여 채무자가 그들 간의 선·후 판단을 할 수 없는 경우(등기우편은 소인에 날짜만 찍히므로)와 관련하여, 양수인청구부정설, 분할채권설, 연대채권설, 부진정연대채권설로 견해가 나뉜다. 종래 판례는 양수인청구부정설을 취하다가, 전원합의체판결에 의해 전부청구를 긍정하고 채무자는 누구에게든 선택적으로 유효하게 변제할 수 있다고 판시하였다(이때 채권은 부진정연대채권으로 보아야 한다). 다만 채무자는 기판력의 이론상 이중변제의 위험을 지는 수가 있으므로, 동시에 송달된 경우에도 송달의 선·후가 불분명한 경우에 준하여 채권자를 알 수 없다는 이유로 변제공탁을 할 수 있다(대판(전합) 1994.4. 26, 93다24223). 이후 양수인 간의 이해관계는 청산을 통해 각 채권액에 안분하여 정산되어야 한다.

대판(전합) 1994.4.26, 93다24223

[1] 채권이 이중으로 양도된 경우의 양수인 상호간의 우열은 통지 또는 승낙에 붙여진 확정일자의 선후에 의하여 결정할 것이 아니라, 채권양도에 대한 채무자의 인식, 즉 확정일자 있는 양도통지가 채무자에게 도달한 일시 또는 확정일자 있는 승낙의 일시의 선후에 의하여 결정하여야 할 것이고, 이러한 법리는 채권양수인과 동일 채권에 대하여 가압류명령을 집행한 자 사이의 우열을 결정하는 경우에 있어서도 마찬가지이므로, 확정일자 있는 채권양도 통지와 가압류결정 정본의 제3채무자(채권양도의 경우는 채무자)에 대한 도달의 선후에 의하여 그 우열을 결정하여야 한다.

[2] 채권양도 통지, 가압류 또는 압류명령 등이 제3채무자에 동시에 송달되어 그들 상호간에 우열이 없는 경우에도 그 채권양수인, 가압류 또는 압류채권자는 모두 제3채무자에 대하여 완전한 대항력을 갖추었다고 할 것이므로, 그 전액에 대하여 채권양수금, 압류전부금 또는 추심금의 이행청구를 하고 적법하게 이를 변제받을 수 있고, 제3채무자로서는 이들 중 누구에게라도 그 채무 전액을 변제하면 다른 채권자에 대한 관계에서도 유효하게 면책되는 것이며, 만약 양수채권액과 가압류 또는 압류된 채권액의 합계액이 제3채무자에 대한 채권액을 초과할 때에는 그들 상호간에는 법률상의 지위가 대등하므로 공평의 원칙상 각 채권액에 안분하여 이를 내부적으로 다시 정산할 의무가 있다.

[3] 채권양도의 통지와 가압류 또는 압류명령이 제3채무자에게 동시에 송달되었다고 인정되어 채무자가 채권양수인 및 추심명령이나 전부명령을 얻은 가압류 또는 압류채권자 중 한 사람이 제기한 급부소송에서 전액 패소한 이후에도 다른 채권자가 그 송달의 선후에 관하여 다시 문제를 제기하는 경우 기판력의 이론상 제3채무자는 이중지급의 위험이 있을 수 있으므로, 동시에 송달된 경우에도 제3채무자는 송달의 선후가 불명한 경우에 준하여 채권자를 알 수 없다는 이유로 변제공탁을 함으로써 법률관계의 불안으로부터 벗어날 수 있다.

[4] 채권양도 통지와 채권가압류결정 정본이 같은 날 도달되었는데 그 선후관계에 대하여 달리 입증이 없으면 동시에 도달된 것으로 추정한다.

㉮ 동일한 채권에 대해 채권양도와 채권가압류가 경합하는 경우에도 마찬가지로 가압류결정 정본이 채무자에게 송달된 시점[18]과 채권양도에 관한 확정일자 있는 증서에 의한 통지의 도달이나 승낙시점의 선후에 의해 우열이 정해진다($^{대판(전합)\ 1994.4.}_{26,\ 93다24223}$). 예컨대 甲이 A에 대한 채권을 乙에게 양도하였는데 동일채권을 甲의 채권자 丙이 가압류한 경우, 乙에 대한 채권양도의 확정일자 있는 통지가 가압류결정정본보다 채무자에게 먼저 도달하였다면 丙은 乙에게 대항하지 못하고 그 채권에 대한 집행절차에도 참가하지 못하게 된다.

채권을 양도받았으나 확정일자 있는 양도통지나 승낙에 의한 대항요건을 갖추지 못한 사이에 양도된 채권이 가압류된 경우에도 가압류된 채권이 양도된 것이다($^{대판\ 2002.4.26,}_{2001다59033}$). 그러나 채권가압류결정의 채권자가 본안소송에서 승소하는 등으로 집행권원을 취득하면 가압류에 의하여 권리가 제한된 상태의 채권을 양수받는 양수인에 대한 채권양도는 무효가 된다($^{대판\ 2002.4.26,}_{2001다59033}$). 채권양도가 무효가 되면, 채권양수인이 채무자에 대하여 이미 확정판결을 받았더라도 채무자는 채권양수인에 대하여 청구이의의 소를 제기하여 위 확정판결에 의한 강제집행의 배제를 구할 수 있다.

▌**대판 2002.4.26, 2001다59033**

채권양도는 구 채권자인 양도인과 신 채권자인 양수인 사이에 채권을 그 동일성을 유지하면서 전자로부터 후자에게로 이전시킬 것을 목적으로 하는 계약을 말한다 할 것이고, 채권양도에 의하여 채권은 그 동일성을 잃지 않고 양도인으로부터 양수인에게 이전된다 할 것이며, 가압류된 채권도 이를 양도하는데 아무런 제한이 없다 할 것이나, 다만 가압류된 채권을 양수받은 양수인은 그러한 가압류에 의하여 권리가 제한된 상태의 채권을 양수받는다고 보아야 할 것이고, 이는 채권을 양도받았으나 확정일자 있는 양도통지나 승낙에 의한 대항요건을 갖추지 아니하는 사이에 양도된 채권이 가압류된 경우에도 동일하다. 채권가압류의 처분금지의 효력은 본안소송에서 가압류채권자가 승소하여 채무명의를 얻는 등으로 피보전권리의 존재가 확정되는 것을 조건으로 하여 발생하는 것이므로 채권가압류결정의 채권자가 본안소송에서 승소하는 등으로 채무명의를 취득하는 경우에는 가압류에 의하여 권리가 제한된 상태의 채권을 양수받는 양수인에 대한 채권양도는 무효가 된다.

4) 제1양수인이 확정일자 있는 증서에 의한 대항요건을 적법하게 갖춘 후 다시 양도인이 제2양수인에게 양도하고 확정일자 있는 통지를 한 경우

이때에는 제2양수인이 채권을 취득할 수 없다. 채권은 이미 제1양수인에게 이전하고 양도인은 채권에 대한 처분권한을 상실하기 때문이다. 따라서 양도인과 제1양수인이 제1차 양도계약을 합의해지하고 제1양수인이(최초 양도계약에 의하여 이미 채권을 취득한 제1양수인은 합의해지의 과정에서는 채권양도인의 지위에 있게 되므로 최초양도인이 아니라 최초양수인이 통지해야 한다.) 그 사실을 채무자에게 통지함으로써 채권이 다시 최초 양도인에게 귀속되었더라도, 그로 인하여 확정일자 있는 증서에 의한 대항요건을 갖춘 제2양수인이 당연히 채권을 취득하게 되는 것은 아니다($^{대판\ 2016.7.14,}_{2015다46119}$).

---

18) 판례는 채권가압류결정정본 또한 확정일자 있는 증서로 본다(대판(전합) 1994.4.26, 93다24223 참조).

사례 13 乙은 甲에 대한 채권을 丙과 丁에게 이중으로 양도하면서 丙에 대한 채권양도는 2007.
6.3. 자의 확정일자 있는 통지로, 丁에 대한 채권양도는 2007.6.4. 확정일자부의 내용증명우편으
로 甲에게 통지하였다. 丙, 丁에 대한 채권양도의 통지는 모두 2007.6.10. 甲에게 도착하였고, 밤
늦게 집으로 돌아온 甲은 두 통지를 동시에 받아보게 되었다. 2007.7.15. 甲은 丁의 청구에 대하
여 변제를 하였다. 丙이 甲에게 채권을 행사한 경우 甲은 이에 응해야 하는가? 만약 甲이 丙의
주장에 응할 필요가 없다면, 丙은 누구에게 어떠한 권리를 행사해야 하는가?

(대판(전합) 1994.4.26, 93다24223 참조)

│해설 13│ 甲은 丙의 청구에 응할 필요가 없으며, 丙은 丁에 대하여 채권액의 안분정산을 요
구할 수 있다.

丙, 丁에 대한 채권이중양도에 있어, 甲은 자신에 대한 채권양도통지의 도달을 기준으로 변제해
야 하는 바, 같은 날에 온 통지는 동시도달로 추정되고 동시도달시 누구에게든 유효하게 변제할
수 있으므로 甲의 丁에 대한 변제는 유효하다. 따라서 甲은 丙에게 채무를 이행할 의무가 없다.
이 경우 丙은 丁에 대하여 채권액의 안분비율에 따라서 배분할 것을 구할 수 있다.

3. 채권양도의 효과

동일성이 유지된 채 채권자로부터 양수인에게로 이전된다.

(1) 채권에 수반하는 권리의 이전(자세한 내용은 위의 '동일성의 원칙 유지' 부분 참조)

채권양도가 이루어지는 경우, 그 채권은 동일성을 유지하면서 채권양도인으로부터 채권양수
인에게 이전되므로, 그 채권의 종된 권리(변제기 미도래의 이자채권, 위약금 채권, 보증 등)도 당연
히 이전된다. 보증채무에 관하여 별도의 대항요건을 갖추지 않아도 그 이행을 구할 수 있다(대판
2002.9.10,
2002다21509).

(2) 채무자 항변권의 존속

채무자는 양도인에게 갖고 있던 항변권으로 양수인에게 대항할 수 있다. 단 제451조 제1항
(이의보류하지 않은 채무자의 승낙) 및 동조 제2항(양도통지시 통지시점까지만의 사유만의 대항)의 경
우에는 대항할 수 없거나 대항사유가 제한된다.

Ⅳ. 증권적 채권의 양도

민법만 적용되는 유가증권의 발행이 이론적으로는 가능하나, 실제로는 그 예를 찾아보기 힘
들다. 따라서 실제 민법 제508조 이하가 독자적으로 적용되는 경우는 매우 드물고, 대부분 개

별 유가증권에 관한 법률(예를 들어 상법, 어음법 등)의 규정이 우선 적용된다.

지시채권의 양도(어음, 수표, 화물상환증, 창고증권, 선하증권 등)는 배서 및 증서의 교부에 의해 양도된다(제508조).

무기명채권의 양도(무기명사채, 무기명주식, 무기명수표, 상품권, 극장의 입장권, 기차표, 양도성예금증서 등)는 증서의 교부에 의해 양도된다(제523조).

지명소지인출급채권은 무기명채권과 동일하게 취급한다(제525조).

종합사례 1

2011.4.6. 甲은 신축한 Y건물을 D에게 매도하는 계약을 다음과 같이 체결하였다. "D는 2012.1.9. 매매대금 10억 원(이하 '채권 A'로 칭하기로 함)을 甲에게 지급한다. 그와 동시에 甲은 D에게 Y건물에 대한 이전등기를 경료한다." 그 후 甲은 '채권 A'를 F에게 양도한다는 내용을 확정일자(2012.1.2.) 있는 증서로 D에게 통지하였고, 그 통지는 2012.1.5. D에게 도달하였다. 또한 2012.1.3. 甲은 '채권 A'를 G에게 양도하는 통지를 D에게 구두로 하였고, 이에 D가 확정일자(2012.1.5.) 있는 승낙을 하였다.

질문 1) 2012.1.9. F와 G가 D에게 채권을 행사하는 경우, D는 누구에게 이를 이행해야 하는가?

질문 2) 만약 위 질문 1)에서 D가 F에게 이행한 경우 G가 F에게 주장할 수 있는 권리는?

질문 3) 만약 D가 F에 대한 채권양도 통지를 2012.1.5. 오전에 받았음에도 불구하고 이의를 유보하지 않은 채 같은 날 오후에 G에 대한 채권양도를 승낙한 후 2012.1.9. F에게 채무를 이행하였다는 이유로, G의 청구를 거절한 경우, G는 D가 이의를 보류하지 않은 승낙을 하였다는 이유로 D에게 대항할 수 있는가?

종합사례 해설 1

질문 1에 대한 해설

Ⅰ. 쟁점사안

채권의 이중양도의 우열기준이 문제된다.

Ⅱ. 적용법리

확정일자 있는 통지와 확정일자 있는 승낙의 우열기준에 대하여 판례는 대판(전합) 1994.4.26, 93다24223에서 "채권이 이중으로 양도된 경우의 양수인 상호간의 우열은 통지 또는 승낙에 붙여진 확정일자의 선후에 의하여 결정할 것이 아니라, 채권양도에 대한 채무자의 인식, 즉 확정일자 있는 양도통지가 채무자에게 도달한 일시 또는 확정일자 있는 승낙의 일시의 선후에 의하여 결정하여야 할 것이고, 이러한 법리는 채권양수인과 동일 채권에 대하여 가압류명령을 집행한 자 사이의 우열을 결정하는 경우에 있어서도 마찬가지이므로, 확정일자 있는 채권양도 통지와 가압류결정 정본의 제3채무자(채권양도의 경우는 채무자)에 대한 도달의 선후에 의하여 그 우열을 결정하여야 한다"고 보았다.

또한 채권양도 통지, 가압류 또는 압류명령 등이 제3채무자에 동시에 송달되어 그들 상호간에 우열이 없는 경우에도 그 채권양수인, 가압류 또는 압류채권자는 모두 제3채무자에 대하여 완전한 대항력을 갖추었다고 할 것이므로, 제3채무자로서는 이들 중 누구에게라도 그 채무 전액을 변제하면 다른 채권자에 대한 관계에서도 유효하게 면책된다.

Ⅲ. 사안의 해결

통지시점과 승낙시점이 같다는 점에서 D는 F와 G 중 어느 누구에게 변제해도 되며, 채권양도의 통지와 가압류 또는 압류명령이 제3채무자에게 동시에 송달되었다고 인정되어 채무자가 채권양수인 및 추심명령이나 전부명령을 얻은 가압류 또는 압류채권자 중 한 사람이 제기한 급부소송에서 전액 패소한 이후에도 다른 채권자가 그 송달의 선후에 관하여 다시 문제를 제기하는 경우 기판력의 이론상 제3채무자는 이중지급의 위험이 있을 수 있으므로, D는 변제공탁할 수도 있다.

질문 2에 대한 해설

Ⅰ. 쟁점사안

F와 G의 양자 사이의 정산의무가 문제된다.

Ⅱ. 적용법리

판례는 대판(전합) 1994.4.26, 93다24223에서 "만약 양수채권액과 가압류 또는 압류된 채권액의 합계액이 제3채무자에 대한 채권액을 초과할 때에는 그들 상호간에는 법률상의 지위가 대등하므로 공평의 원칙상 각 채권액에 안분하여 이를 내부적으로 다시 정산할 의무가 있다"고 보고 있으므로 F는 G에게 정산의무를 진다.

Ⅲ. 사안의 해결

F는 각 채권액에 안분(1:1)하여 이를 내부적으로 다시 정산할 의무가 있으므로, G는 F에게 5억 원의 정산금지급청구권을 행사할 수 있다.

질문 3에 대한 해설

Ⅰ. 쟁점사안

채무자 D가 F에게의 채권양도가 있었다는 사실에 대해서 "이의를 보류하지 아니한 채 G에 대한 채권양도를 승낙"하였다는 점에서 F에 대한 변제를 이유로 G에게 지급을 거절할 수 있을 것인지가 문제된다.

Ⅱ. 적용법리

대판 1994.4.29, 93다35551에서 판례는 "민법은 채권의 귀속에 관한 우열을 오로지 확정일자 있는 증서에 의한 통지 또는 승낙의 유무와 그 선후로써만 결정하도록 규정하고 있고, 나아가 채무자의 '이의를 보류하지 아니한 승낙'은 제451조 제1항 전단의 규정 자체로 보더라도 그의 양도인에 대한 항변을 상실시키는 효과밖에 없고, 채권에 관하여 권리를 주장하는 자가 여럿인 경우 그들 사이의 우열은 채무자에게도 효력이 미치므로, 위 규정의 "양도인에게 대항할 수 있는 사유"란 채권의 성립, 존속, 행사를 저지·배척하는 사유를 가리킬 뿐이고, 채권의 귀속(채권이 이미 타인에게 양도되었다는 사실)은 이에 포함되지 아니한다"고 보고 있다. 즉 채권양도에 대하여 이의를 보류하지 않은 승낙을 하였다고 해도 채무자가 제2양수인에게 대항할 수 있다.

Ⅲ. 사안의 해결

채무자 D의 입장에서는 통지가 먼저 도달한 F에 대한 채권양도를 기초로 유효하게 변제하였으므로 G에게 F에 대한 변제를 이유로 거절할 수 있다. 이 경우 G는 D에게 제451조 제1항을 근거로 대항할 수 없다.

요건사실론   채권양도

Ⅰ. 양수인의 채무자에 대한 청구

1. 청구원인사실

양수인을 원고, 채무자를 피고로 하는 양수금 청구의 요건사실은 ① 양도인의 채무자에 대한 채권의 발생 사실, ② 양도인이 양수인에게 채권을 양도한 사실, ③ 양도인의 채무자에 대한 채권양도 통지 및 그 도달 사실 또는 채무자의 양도인 또는 양수인에 대한 승낙 사실이다.[19]

한편 채무자가 채권양도의 통지를 받거나 그 승낙할 이익을 미리 포기하는 특약은 유효하므로(대판 1987.3. 24. 86다카908), 양수인은 이러한 특약의 주장·증명으로 위 ③ 사실의 주장·증명을 대신할 수 있다.

양수인이 양도인을 대리하여 채권양도통지를 하는 경우가 많은데(대판 1994.12.27. 94다19242), 이러한 경우 양수인은 양도인이 채권양도통지 권한을 양수인에게 위임한 사실, 대리관계의 현명 또는 현명하지 않은 경우에는 양수인이 양도인을 대리하여 통지한 것임을 채무자가 알았거나 알 수 있었다는 점까지 주장·증명하여야 한다.

매매로 인한 소유권이전등기청구권의 양도는 특별한 사정이 없는 이상 통상의 채권양도와 달리, 양도인의 채무자에 대한 통지만으로는 채무자에 대한 대항력이 생기지 않으며 반드시 채무자의 동의나 승낙을 받아야 대항력이 생기므로(대판 2005.3.10. 2004다67653), 양수인은 매도인에 대해 소유권이전등기청구를 하는 경우에 청구원인사실로서 매도인의 동의나 승낙을 주장·증명하여야 한다(즉 채권양도 통지는 요건사실이 아니다).

2. 항변(재항변·재재항변)사실

가. 양도인에게 대항할 수 있는 사유에 기한 항변

양수금 청구에 대하여 피고인 채무자는 양도인에게 대항할 수 있는 사유(양도인의 채무자에 대한 채권에 대한 장애, 소멸, 저지 사유)를 들어 항변할 수 있다. 이 경우 채무자는 이러한 사유의 발생 사실뿐만 아니라 그 발생 시기가 채권양도의 통지 또는 승낙 수령 전이라는 사실을 주장·증명하여야 한다.

채무자가 위 항변을 함에 대하여 양수인은 채무자가 이의를 보류하지 않고 승낙을 하였다는 재항변을 할 수 있고, 이에 대하여 채무자는 양수인에게 악의나 중과실이 있었다(대판 2002.3.29. 2000다13887)는 재재항변을 할 수 있다.

---

19) 위 ③ 사실이 양수금 청구의 청구원인사실인지에 대하여 다툼이 있으나 판례와 실무는 청구원인사실로서 양수인에게 증명책임이 있다는 입장이다.

나. 채권양도 자체의 효력에 관한 항변

(1) 소송신탁

소송행위를 하는 것을 주목적으로 채권양도는 무효인데, 소송신탁행위라는 점에 대한 증명책임은 그 무효를 주장하는 채무자에게 있다.

(2) 채권양도 금지 특약

채무자는 채권양도 금지 특약이 있었다는 항변을 할 수 있는데, 이 경우 채권양도 금지 특약과 양수인의 악의 또는 중과실에 대하여 채무자가 주장·증명책임을 진다(대판 1996.6.28, 96다18281). 이러한 항변에 대하여 양수인은 채권양도에 대한 채무자의 사후 승낙으로 추인되었다는 재항변을 할 수 있다(대판 2000.4.7, 99다52817).

(3) 무효·해제 등으로 인한 채권양도계약 효력의 소멸

양수인이 채무자에게 채권양도계약의 해제 사실을 통지했다면 설령 아직 해제되지 않았다고 하더라도 선의인 채무자는 해제 통지 수령 후 양도인에게 대항할 수 있는 사유로 양수인에게 대항할 수 있고(대판 2012.11.29, 2011다17953), 위와 같은 해제 통지가 있었다면 그 해제 사실은 추정되며, 해제 통지를 믿은 채무자의 선의 또한 추정되므로, 채무자가 악의라는 점에 대하여 양수인에게 주장·증명책임이 있다.[20]

따라서 양수금 청구 소송에서 채무자는 채권양도 해제 통지가 있었다는 사실과 양도인에 대한 변제 등 대항할 수 있는 사유를 들어 항변할 수 있고, 이에 대하여 양수인은 해제의 불성립과 채무자의 악의를 들어 재항변할 수 있다.

Ⅱ. 양도인의 채무자에 대한 청구

지명채권의 양도통지가 있은 후 양도계약이 해제 또는 합의해제된 경우, 양도인이 해제 등을 이유로 다시 원래의 채무자에 대하여 양도채권으로 대항하려면 채권양도인이 채권양수인의 동의를 받거나 채권양수인이 채무자에게 위와 같은 해제 등 사실을 통지하여야 한다(대판 2012.11.29, 2011다17953).

양도인이 채무자에게 채무이행청구의 소를 제기한 경우, 채무자는 채권양도의 항변을 할 수 있고, 이에 대하여 양도인은 채권양도 계약이 해제되었다는 재항변을 할 수 있다. 이러한 재항변의 경우, 양도인은 해제의 요건사실과 더불어 양수인의 해제 통지 사실에 대한 주장·증명책임을 진다. 위 재항변에 대하여 채무자는 해제 통지 전 양수인에게 대항할 수 있는 사유에 기한 재재항변을 할 수 있다. 예를 들어, 해제 통지가 있을 때까지 양도계약의 해제를 알지 못한 선의의 채무자가 해제 통지 전에 양수인에 대하여 상계적상에 있는 반대채권을 가지고 있었다면, 채무자는 해제 통지가 있은 후의 상계로 양도인에게 대항할 수 있다.

---

20) 대판 2014.4.10, 2013다76192(단, 이 판결은 제3채무자가 질권설정 사실을 승낙한 후 질권설정계약이 합의해지된 사안임).

I. 의 의
  1. 정 의
  2. 병존적 채무인수와의 구별
  3. 법적 성질
II. 요 건
  1. 채무의 이전성
  2. 채무인수계약
III. 채무인수의 효과
  1. 채무의 이전

2. 항변권의 이전(존속)
3. 종된 채무 및 담보(물적 담보 및 인적 담보)
  의 이전 여부
4. 소멸시효의 중단
IV. 채무인수와 유사한 제도
  1. 병존적(중첩적) 채무인수
  2. 이행인수
  3. 계약인수

I. 의 의

1. 정 의

(면책적) 채무인수란 채무의 동일성을 유지하면서 채무를 제3자인 인수인에게 이전시키는 것을 목적으로 하는 계약이다. 반면에 병존적 채무인수란 종래의 채무자에게 채무가 존속하면서 동시에 인수인이 새로운 채무자로 동일한 채무를 부담하는 경우를 의미한다. 통상 채무인수는 면책적 채무인수를 의미한다.

제453조 이하도 면책적 채무인수를 전제로 하여 규정하고 있다.

2. 병존적 채무인수와의 구별

채무인수는 면책적 채무인수와 병존적 채무인수로 나뉘는데, 당사자의사가 불분명한 경우에는 병존적 채무인수로 본다(대판 2002.9.24, 2002다36228). 예컨대 금전소비대차계약으로 인한 채무에 관하여 제3자가 채무자를 위하여 어음이나 수표를 발행하는 것은 특별한 사정이 없는 한 동일한 채무를 중첩적으로 인수한 것으로 본다(대판 1998.3.13, 97다52493). 이렇게 보는 것이 채권자에게 유리하기 때문이다.

│ 대판 2002.9.24, 2002다36228
채무인수가 면책적인가 중첩적인가 하는 것은 채무인수계약에 나타난 당사자 의사의 해석에 관한 문제이고, 채무인수에 있어서 면책적 인수인지, 중첩적 인수인지가 분명하지 아니한 때에는 이를 중첩적으로 인수한 것으로 볼 것이다.

3. 법적 성질

(1) 면책적 채무인수는 채권자와 인수인 사이 또는 채권자·채무자·인수인 사이의 계약으로 이루어진다.[1] 이러한 채무인수계약의 법적 성질에 대해 통설은 처분행위와 의무부담행위의 결합이라고 본다. 즉 채무가 이전되어 채권자가 기존의 채무자에 대한 권리를 상실한다는 점에서 처분행위(준물권행위)이며, 인수인이 채무를 부담하게 되는 점에서 의무부담행위라는 것이다. 반면에 일부 견해는 인수인이 채무를 부담하는 것은 단지 채무인수의 결과일 뿐이라고 파악하여 채무인수를 처분행위로 보기도 한다. 참고로 채무자와 인수인 사이의 병존적 채무인수는 제3자를 위한 계약으로 채권자가 수익의 의사표시를 함으로써 인수인에게 직접 청구할 권리를 취득한다($^{대판\ 1995.5.9.}_{94다47469}$).

(2) 채무인수는 채무자와 인수인 사이의 계약으로도 가능하다($^{제454조}_{이하}$). 이때에는 채권자의 승낙이 요구되므로($^{제454조}_{제1항}$), 채무인수계약은 채권행위일 뿐이다. 다만 채권자의 승낙이 있는 때에 처분행위(준물권행위)가 된다.

Ⅱ. 요 건

---

1. 채무의 이전성
2. 채무인수계약
   (1) 채무자와 인수인 사이의 계약인 경우($^{제454}_{조}$)

   (2) 채권자와 인수인 사이의 계약인 경우
   (3) 3면계약으로도 가능

---

1. 채무의 이전성

(1) 채무인수의 요건으로 채무의 이전성이 있어야 한다. 그런데 채무는 원칙적으로 이전성이 인정된다($^{제453조\ 제1항\ 본문:\ 제3자는\ 채권자와의\ 계약으로}_{채무를\ 인수하여\ 채무자의\ 채무를\ 면하게\ 할\ 수\ 있다.}$). 단 이해관계 없는 제3자는 채무자의 의사에 반하여 채무를 인수할 수 없다($^{제453조}_{제2항}$).

(2) 채무인수의 제한

(가) 성질상에 의한 제한($^{제453조}_{제1항\ 단서}$)

채무의 성질이 인수를 허용하지 아니하는 때에는 인수가 제한된다($^{제453조}_{제1항\ 단서}$). 예컨대 채무자가 변경되면 급부의 내용이 달라지는 경우(⑩ 특정인의 초상화를 그려야 하는 채무나 특정인을 가르치는 채무), 채무자가 변경되면 채무의 이행에 큰 차이가 생기는 경우(노무자의 노무제공의무($^{제657}_{조}$), 수임인의 의무($^{제682}_{조}$) 등), 특정채무자와의 사이에서 결제되어야 할 특별사유가 있는 경우

---

1) 채권자와 인수인 사이의 채무인수계약은 제453조에서 규정하고 있으나, 채권자·채무자·인수인 사이의 계약에 대해서는 법률의 규정이 없다. 3면계약을 통하여도 채무인수 계약을 체결할 수 있다는 점에 대해서는 이견이 없다.

(예 상호계산에 계입된 채무 등) 등이다.

(나) 당사자의 의사표시에 의한 제한

채권자와 채무자 사이의 특약으로 채무인수를 제한할 수 있다. 단 특약을 위반하여 채권자와 이해관계 있는 인수인이 채무를 인수했다면 그러한 채무인수는 무효이나 인수인이 선의이면 구채무자는 채무인수의 무효를 주장할 수 없다.

2. 채무인수계약

(1) 채무자와 인수인 사이의 채무인수계약인 경우($\frac{제454}{조}$)

(가) 제3자가 채무자와의 계약으로 채무를 인수한 경우에는 채권자의 승낙에 의하여 그 효력이 생긴다.[2] 승낙은 묵시적으로도 가능하다($\frac{대판\ 1989.11.14,}{88다카29962}$). 승낙은 소급효가 인정되나($\frac{제457조}{본문}$), 인수인(제3자)의 권리를 해하지 못한다($\frac{제457조}{단서}$). 한편 제3자와 채무자 간의 계약에 의한 채무인수는 채권자의 승낙이 있을 때까지 당사자가 이를 철회하거나 변경할 수 있다($\frac{제456}{조}$).

사례 1 甲은 乙에게 건물을 임대하면서 임차보증금 1억 원을 받았다. 그런데 임차인 乙은 甲의 동의하에 보증금반환채권을 丙에게 유효하게 양도하였다. 그 후 甲이 임차건물을 丁에게 양도하면서 보증금반환채무도 丁이 인수하기로 하고 매매대금에서 임차보증금을 공제하기로 하였다(채무인수계약으로 본다). 그 후 丙은 보증금반환청구를 丁에게 직접 청구하였다. 丁은 채권자 丙의 승낙이 없었으므로 채무인수계약은 무효이므로 자신은 지급할 채무가 없다고 주장하였다. 丁의 주장은 타당한가?

(대판 1989.11.14, 88다카29962 참조)

│ 해설 1 │ 타당하지 않다.

丙의 청구는 채무인수를 묵시적으로 승낙한 것으로 볼 수 있다. 때문에 이 사안의 채무인수계약은 유효하다. 판례 역시 대판 1989.11.14, 88다카29962에서 "채무자와 인수인 사이의 계약에 의한 채무인수에 대하여 채권자는 명시적인 방법뿐만 아니라 묵시적인 방법으로도 승낙을 할 수 있는 것인데, 채권자가 직접 채무인수인에 대하여 인수채무금의 지급을 청구하였다면 그 지급청구로써 묵시적으로 채무인수를 승낙한 것으로 보아야 한다"고 하여 이를 긍정하였다.

(나) 승낙의 상대방은 채무자나 제3자(인수인)이다($\frac{제454조}{제2항}$). 채권자의 승낙이 없는 동안 채무자

---

2) 채무자와 인수인 사이의 인수합의에 효력을 부여하는 것은 채권자의 승낙이다. 그러므로 채권자의 승낙은 무효행위에 대한 사후추인과 유사한 기능을 지닌다. 우리 민법과 동일한 규정을 두고 있는 독일민법 해석과 관련하여 독일의 학설은 '채무자와 인수인의 인수계약과 채권자 승낙'의 법률관계를 처분설과 청약설로 이해하는 견해로 나뉜다. 처분설은 채무자와 인수인 사이의 인수합의는 채권자의 채권에 대한 처분행위로서의 성질을 지니고, 채권자의 추인이 있어야 효력이 생긴다고 한다. 이에 반해 청약설은 채무자와 인수인 사이의 인수합의는 채무인수를 증명하는 설정관계에 지나지 아니하는 것으로, 채권자에게 이를 통지하는 때에 인수에 대한 청약이 있고, 채권자의 승낙이 있을 때에는 낙약이 있어 채무인수가 성립한다고 본다. 우리 민법은 인수인이 채무자와의 계약으로 채무를 인수하는 때에는 채권자의 승낙에 의하여 효력이 생긴다고 하면서, 채권자의 승낙에 원칙적으로 소급효를 인정하고 있으므로 그중 처분설에 따른 것임이 분명하다.

나 인수인은 상당한 기간을 정하여 승낙 여부의 확답을 최고할 수 있고, 채권자가 그 기간 내에 확답을 발송하지 아니하면 승낙을 거절한 것으로 본다($^{제455}_{조}$). 채권자가 승낙을 거절하거나 최고기간 내에 확답을 하지 않아 거절한 것으로 간주되면, 채무인수는 확정적으로 무효가 되므로 그 후에 다시 채권자가 일방적으로 승낙을 하더라도 채무인수는 유효가 되지 않는다($^{대판}_{1998.11.}$ $^{24.~98}_{다33765}$). 다만 채무자와 인수인 사이의 이행인수로서의 효력은 인정될 수 있다.

(2) 채권자와 인수인 사이의 계약인 경우

이 경우에는 채무자의 동의를 요하지 않는다. 다만 이해관계 없는 제3자(인수인)는 채무자의 의사에 반하여 채무인수를 할 수 없다($^{제453조}_{제2항}$).[3] 채무자의 의사에 반하는지 여부의 증명책임은 이를 주장하는 자가 부담한다($^{대판~1966.2.}_{22,~65다2512}$).

(3) 채권자, 채무자, 인수인 사이의 3자간 합의(3면계약)에 의한 경우

채권자, 채무자, 인수인 사이의 3자간 합의에 의한 채무인수도 당연히 가능하다.

Ⅲ. 채무인수의 효과

1. 채무의 이전	이전 여부
2. 항변권의 이전(존속)	4. 소멸시효의 중단
3. 종된 채무 및 담보(물적 담보 및 인적 담보)의	

1. 채무의 이전

채무인수로 인수인에게 채무가 이전하여, 인수인이 종래의 채무자에 갈음하여 채무자가 되고 그에 따라 종전채무자는 채무를 면한다. 반면 인수인은 그 계약의 당사자가 아니기 때문에 채무발생원인인 계약의 해제권이나 취소권을 행사할 수는 없다. 이 점이 후술하는 계약인수와 다르다. 채무인수인이 채무자의 지위를 승계하는 면책적 채무인수인에 대하여는 승계집행문($^{민사집행법}_{제31조~제1항}$)을 부여할 수 있으나 병존적 채무인수인에게는 승계집행문을 부여할 수 없다. 즉 채무자에 대한 확정판결의 기판력은 변론을 종결한 뒤의 면책적 채무인수인에게 미치고, 당사자가 변론을 종결할 때까지 승계사실을 진술하지 않으면 변론을 종결한 뒤에 승계한 것으로 추정된다($^{민사소송법~제218}_{조~제1항~및~제2항}$).

---

3) 병존적 채무인수는 채무자의 의사에 반하여서도 이루어질 수 있다(대판 1988.11.22, 87다카1836).

▌ 대판 2016.5.27, 2015다21967

민사집행법 제31조 제1항에서 "집행문은 판결에 표시된 채권자의 승계인을 위하여 내어 주거나 판결에 표시된 채무자의 승계인에 대한 집행을 위하여 내어 줄 수 있다"라고 규정하고 있는데, 중첩적 채무인수는 당사자의 채무는 그대로 존속하며 이와 별개의 채무를 부담하는 것에 불과하므로 새로 채무의 이행을 소구하는 것은 별론으로 하고 판결에 표시된 채무자에 대한 판결의 기판력 및 집행력의 범위를 채무자 이외의 자에게 확장하여 승계집행문을 부여할 수는 없으나, 채무자의 채무를 소멸시켜 당사자인 채무자의 지위를 승계하는 이른바 면책적 채무인수는 위 조항에서 말하는 승계인에 해당한다.

2. 항변권의 이전(존속)

(1) 채무를 인수한 인수인은 전채무자가 채권자에게 항변할 수 있는 사유로 채권자에게 대항할 수 있다(제458조). 예컨대 계약의 성립, 존속(채무의 불성립이나 소멸), 이행을 저지할 수 있는 사유(동시이행항변권) 등이 있으면, 인수인이 이를 채권자에게 주장할 수 있다. 단 계약 자체의 취소권 및 해제권은 계약당사자만이 가지는 권리이므로 인수인이 이러한 권리를 주장할 수 없다. 또한 인수인은 종전채무자의 채권자에 대한 채권으로 상계할 수 없다.

(2) 채무자와 인수인 사이의 항변사유로는 인수인이 채권자에게 항변할 수 없다(같은 취지로는 대판 1966.11.29, 66다1861). 채무인수로 채권자는 그 전보다 더 나쁜 상태에 빠지지 않아야 하기 때문이다. 예컨대 채무자와 인수인 사이의 채무인수계약이 무효임을 이유로 인수인은 채권자에게 이행을 거절할 수 없다. 채무인수계약의 당사자가 채무자와 인수인일 때뿐만 아니라 채권자와 인수인일 때에도 동일하다.

한편 채무자와 인수인 사이의 채무인수계약을 채권자가 승인한 후에는 인수인은 채권자의 승낙없이 그 채무인수계약을 취소할 수 없다. 즉 채권자의 승낙 없이 인수인이 채무인수계약이 취소되었음을 채권자에게 대항할 수 없다(대판 1962.5.17, 62다161).

3. 종된 채무 및 담보(물적 담보 및 인적 담보)의 이전 여부

전채무자의 채무에 대한 보증이나 제3자가 제공한 담보는 채무인수로 인하여 소멸한다. 그러나 보증인이나 제3자가 채무인수에 동의한 경우에는 그러하지 아니하다(제459조 단서).

(1) 채무자가 담보를 제공한 경우

채무자가 제공한 담보는 채무인수로 소멸하지 않는다. 판례 또한 채무자가 스스로 설정한 저당권은 소멸하지 않는다고 판단하였다(대판 1996.10.11, 96다27476). 학설은 채무자가 제공한 담보인 경우 채권자와 인수인 간의 계약으로 채무인수한 때에는 담보가 소멸하나, 채무자와 인수인 간의 계약으로 채무를 인수했다면 채무자의 동의가 있는 것으로 보아 제459조 단서를 유추적용하여 담보는 존속하는 것으로 본다.

▌대판 1996.10.11, 96다27476

면책적 채무인수라 함은 채무의 동일성을 유지하면서 이를 종래의 채무자로부터 제3자인 인수인에게 이전하는 것을 목적으로 하는 계약을 말하는바, 채무인수로 인하여 인수인은 종래의 채무자와 지위를 교체하여 새로이 당사자로서 채무관계에 들어서서 종래의 채무자와 동일한 채무를 부담하고 동시에 종래의 채무자는 채무관계에서 탈퇴하여 면책되는 것일 뿐 종래의 채무가 소멸하는 것이 아니므로, 채무인수로 종래의 채무가 소멸하였으니 저당권의 부종성으로 인하여 당연히 소멸한 채무를 담보하는 저당권도 소멸한다는 법리는 성립하지 않는다. 민법 제459조 단서는 보증인이나 제3자가 채무인수에 동의한 경우에는 전 채무자의 채무에 대한 보증이나 제3자가 제공한 담보는 채무인수로 인하여 소멸하지 아니하는 것으로 규정하고 있는바, 위 조항에 규정된 채무인수에 대한 동의는 인수인을 위하여 새로운 담보를 설정하도록 하는 의사표시를 의미하는 것이 아니라 기존의 담보를 인수인을 위하여 계속시키는데 대한 의사표시를 의미하는 것이므로, 물상보증인이 채무인수에 동의함으로써 소멸하지 아니하는 담보는 당연히 기존의 담보와 동일한 내용을 갖는 것이다.

(2) 제3자가 담보를 제공한 경우

제3자(물상보증인이나 보증인)가 제공한 담보나 보증은 당사자의 동의가 없는 한 채무인수가 되면 소멸한다($^{제459}_{조}$). 위 조항에 규정된 채무인수에 대한 동의는 인수인을 위하여 새로운 담보를 설정하도록 하는 의사표시를 의미하는 것이 아니라 기존의 담보를 인수인을 위하여 계속시키는 데 대한 의사표시를 의미한다. 따라서 물상보증인이 채무인수에 동의함으로써 소멸하지 아니하는 담보는 당연히 기존의 담보와 동일한 내용을 갖는다($^{대판\ 2000.12.26,\ 2000다56204;}_{대판\ 1996.10.11,\ 96다27476}$).

> **사례 2** 甲은 乙에게 3억 원을 빌리면서 자신의 X아파트에 근저당권(최고한도액은 6억 원이다)을 설정해 주었다. 그 후, 甲과 丙은 채무인수계약을 체결하였고, 乙이 이를 승낙하였다(근저당권에 관하여 채무인수를 원인으로 채무자를 교체하는 변경등기(부기등기)를 마쳤다). 그 후 丙은 乙에게 2억 원을 더 빌렸다. X아파트는 丙이 인수한 3억 원 및 새로운 채무 2억 원에 대해서도 담보의 효력이 미치는가? (대판 2000.12.26, 2000다56204 참조)
>
> **▌해설 2▌** 기존의 채무인 3억 원에 대해서만 담보한다.
>
> 채무인수에 관하여 하는 동의는 채무인수인을 위하여 새로운 담보를 설정하겠다는 의사표시가 아니라 기존의 담보를 채무인수인을 위하여 계속 유지하겠다는 의사표시에 불과하여 그 동의에 의하여 유지되는 담보는 기존의 담보와 동일한 내용을 갖는 것이므로, 근저당권에 관하여 채무인수를 원인으로 채무자를 교체하는 변경등기(부기등기)가 마쳐진 경우 특별한 사정이 없는 한 그 근저당권은 당초 구채무자가 부담하고 있다가 신채무자가 인수하게 된 채무만을 담보하는 것이지, 그 후 신채무자(채무인수인)가 다른 원인으로 부담하게 된 새로운 채무까지 담보하는 것으로 볼 수는 없다($^{대판\ 2000.12.26,}_{2000다56204}$).

(3) 유치권 등의 법정담보물권(유치권, 법정질권, 법정저당권)은 법률상 당연히 성립하는 권리이므로 피담보채무가 인수되더라도 존속한다.

4. 소멸시효의 중단

채무인수가 이루어진 경우, 이는 채무자의 승인으로 볼 수 있어 소멸시효가 중단된다. 따라서 채무인수일로부터 소멸시효는 새롭게 진행된다. 또한 소멸시효가 중단된 후 다시 소멸시효가 진행되는 경우, 인수채무의 소멸시효기간은 기존 채무의 소멸시효기간과 동일하다(대판 1999.7.9, 99다12376).

> **대판 1999.7.9, 99다12376**
>
> 면책적 채무인수라 함은 채무의 동일성을 유지하면서 이를 종래의 채무자로부터 제3자인 인수인에게 이전하는 것을 목적으로 하는 계약으로서, 채무인수로 인하여 인수인은 종래의 채무자와 지위를 교체하여 새로이 당사자로서 채무관계에 들어서서 종래의 채무자와 동일한 채무를 부담하고 동시에 종래의 채무자는 채무관계에서 탈퇴하여 면책되는 것일 뿐이므로, 인수채무가 원래 5년의 상사시효의 적용을 받던 채무라면 그 후 면책적 채무인수에 따라 그 채무자의 지위가 인수인으로 교체되었다고 하더라도 그 소멸시효의 기간은 여전히 5년의 상사시효의 적용을 받는다 할 것이고, 이는 채무인수행위가 상행위나 보조적 상행위에 해당하지 아니한다고 하여 달리 볼 것이 아니다. 면책적 채무인수가 있은 경우, 인수채무의 소멸시효기간은 채무인수와 동시에 이루어진 소멸시효 중단사유, 즉 채무승인에 따라 채무인수일로부터 새로이 진행된다.

IV. 채무인수와 유사한 제도

1. 병존적(중첩적) 채무인수	3. 계약인수
2. 이행인수	

1. 병존적(중첩적) 채무인수

(1) 병존적 채무인수는 종래 채무자의 채무를 면제시키지 않고 인수인이 채무자와 병존적으로 새로이 동일한 채무를 부담하는 계약이다. 예컨대 부동산을 매매하면서 매수인이 중도금 및 잔금을 매도인의 채권자에게 직접 지급하기로 약정한 경우(대판 1997.10.24, 97다28698), 타인의 채무를 위해 어음이나 수표를 발행한 경우(대판 1996.12.23, 96다33846) 등이 이에 해당한다. 또한 계약 당사자가 타인의 이름으로 계약을 체결한 후, 그 타인의 사업자등록명의를 자기 앞으로 변경한 경우에는 그가 타인의 채무를 중첩적으로 인수한 것으로 본다(대판 2001.5.29, 2000다3897).

이때 부동산 매수인이 매매목적물에 관한 임대차보증금 반환채무 등을 인수하는 한편 그 채무액을 매매대금에서 공제하기로 약정한 경우, 그 인수는 특별한 사정이 없는 이상 매도인을 면책시키는 면책적 채무인수가 아니라 이행인수로 보아야 한다. 면책적 채무인수로 보기 위해서는 이에 대한 채권자인 임차인의 승낙이 있어야 한다(대판 1995.8.11, 94다58599; 대판 1997.6.24, 97다1273; 대판 2001.4.27, 2000다69026; 대판 2006.9.22, 2006다135 참조). 이때 임차인의 승낙은 묵시적 의사표시에 의해서도 가능하나, 주택임차인이 제3자에 대한 대항력을 갖추기 전에 임차주택의 소유권이 양도되어 당연히 양수인이 임대차보증금 반환채무를 면책적으로 인수한 것으로 볼 수 없는 경우, 주택임차인의 어떠한 행위를 임대차보증금 반환채무의 면책적 인수에 대한 묵시적 승낙의 의사표시에 해당한다고 볼 것인지 여부는 그 행위 당시 임대차보증금의 객관적 회수가능성 등 제반 사정을 고려하여 신중하게 판단하여야 한다(대판 2015.5.29, 2012다84370).

채무자와 인수인 사이의 병존적 채무인수는 제3자(채권자)를 위한 계약이 된다(대판 1997.10. 24, 97다28698). 이러한 유형의 병존적 채무인수에서는 채권자는 계약당사자가 아니므로 병존적 채무인수계약을 해제하거나 취소할 수 없다(대판 1994.8.12, 92다41559).

대판 1997.10.24, 97다28698

[1] 제3자를 위한 계약이라 함은 통상의 계약이 그 효력을 당사자 사이에서만 발생시킬 의사로 체결되는 것과는 달리 계약 당사자가 자기들 명의로 체결한 계약에 의하여 제3자로 하여금 직접 계약 당사자의 일방에 대하여 권리를 취득하게 하는 것을 목적으로 하는 계약인바, 어떤 계약이 제3자를 위한 계약에 해당하는지 여부는 당사자의 의사가 그 계약에 의하여 제3자에게 직접 권리를 취득하게 하려는 것인지에 관한 의사해석의 문제로서 이는 계약의 체결의 목적, 계약에 있어서의 당사자의 행위의 성질, 계약으로 인하여 당사자 사이 또는 당사자와 제3자 사이에 생기는 이해득실, 거래 관행, 제3자를 위한 계약제도가 갖는 사회적 기능 등 제반사정을 종합하여 계약 당사자의 합리적 의사를 해석함으로써 판별할 수 있다.

[2] 채무자와 인수인의 계약으로 체결되는 병존적 채무인수는 채권자로 하여금 인수인에 대하여 새로운 권리를 취득하게 하는 것으로 위 제3자를 위한 계약의 하나로 볼 수 있는바, 이와 비교하여 이행인수는 채무자와 인수인 사이의 계약으로 인수인이 변제 등에 의하여 채무를 소멸케 하여 채무자의 책임을 면하게 할 것을 약정한 것으로 인수인이 채무자에 대한 관계에서 채무자를 면책케 하는 채무를 부담하게 될 뿐 채권자로 하여금 직접 인수인에 대한 채권을 취득케 하는 것이 아니므로 결국 제3자를 위한 계약과 이행인수의 판별 기준은 계약 당사자에게 제3자 또는 채권자가 계약 당사자 일방 또는 인수인에 대하여 직접 채권을 취득케 할 의사가 있는지 여부에 달려 있다할 것이고, 구체적으로는 계약 체결의 동기, 경위 및 목적, 계약에 있어서의 당사자의 지위, 당사자 사이 및 당사자와 제3자 사이의 이해관계, 거래 관행 등을 종합적으로 고려하여 그 의사를 해석하여야 한다.

[3] 부동산을 매매하면서 매도인과 매수인 사이에 중도금 및 잔금은 매도인의 채권자에게 직접 지급하기로 약정한 경우, 그 약정은 매도인의 채권자로 하여금 매수인에 대하여 그 중도금 및 잔금에 대한 직접청구권을 행사할 권리를 취득케 하는 제3자를 위한 계약에 해당하고 동시에 매수인이 매도인의 그 제3자에 대한 채무를 인수하는 병존적 채무인수에도 해당한다고 본 사례.

사실관계: 甲이 경영하는 ◇◇인쇄 주식회사가 자금난을 겪자 이 사건 부동산의 각 1/2지분을 원고 및 乙에게 금 890,000,000원에 매각하게 되었고 계약금이 교부된 후 甲의 채권자인 丙(피고)의 요청으로 나머지 중도금 및 잔금을 원고 등이 丙에게 직접 지급하기로 하는 취지의 이 사건 약정을 한 사실, 위 乙의 위임을 받은 원고와 매도인들은 이 사건 약정 내용을 분명히 하기 위하여 매도인들이 피고 丙에게 위 중도금 및 잔금에 대한 수령권을 위임한다는 취지의 지불 위임장을 작성하고 '피고 丙 귀하'라고 표시하여 공증까지 마쳤고, 위 甲이 위 약정과 달리 자신이 1차 중도금을 수령하였다고 피고 丙으로부터 의심을 받자 이를 불식하기 위한 甲의 요구에 의하여 원고는 피고 丙에게 중도급 지급기일보다 앞당겨 이자 상당액인 금 3,000,000원을 공제한 중도금 297,000,000원을 피고의 예금 계좌에 입금하여 지급하였다.

(2) 면책적 채무인수와는 달리, 채무자의 의사에 반해서도 채권자와 인수인 사이의 병존적 채무인수계약이 성립할 수 있다(대판 1988.11. 22, 87다카1836).

(3) 채권자와 인수인 사이에 체결된 병존적 채무인수계약은 인적 담보적 기능을 한다는 점에서 보증계약과 유사하다. 실질적 내용은 보증이면서도 보증인보호 규정을 피하기 위해 병존적 채무인수계약으로 체결하는 경우도 있어 양자를 구별하는 것이 중요하다. 그 구별은 계약해석을 통하여 결정된다(보통 인수인이 인수대가를 수령하는 등 자신의 채무부담에 이익을 갖는 경우에는 보호의 필요성이 적어 병존적 채무인수로 해석될 수 있을 것이다).

한편, 보증인이 주채무를 중첩적으로 인수한 경우, 특별한 사정이 없는 한 보증인은 주채무자에 대한 관계에서는 종전의 보증인의 지위를 그대로 유지한다고 봄이 상당하므로, 보증인과 주채무자 사이의 구상관계는 여전히 인정된다(대판 2003.11.14, 2003다37730).

물상보증인이 기존 채무를 면책적으로 인수했다는 것만으로는 기존 채무자에 대하여 물상보증인의 구상권이 발생하지 않음이 원칙이다(대판 2019.2.14, 2017다274703). 면책적 채무인수로 인수 당시의 채무가 인수인에게 이전할 뿐 기존채무가 소멸되는 것은 아니기 때문이다. 기존 채무자가 채무를 면하더라도 이를 채무가 변제된 경우로 볼 수는 없다.

사례 3 甲은 丙을 보증인(수탁보증인)으로 하여 乙에게 3억 원을 빌렸다. 그 후, 甲과 丙은 중첩적 채무인수계약을 체결하였다. 채무의 이행기가 도래하자 丙은 甲에게 사전구상권을 행사하였다. 이에 甲은 丙이 채무를 인수하면서 보증인의 지위를 상실하였기 때문에 구상권을 행사할 수 없다고 주장하였다. 甲의 이러한 주장은 타당한가? (대판 2003.11.14, 2003다37730 참조)

│해설 3│ 타당하지 않다.

보증인이 주채무를 중첩적으로 인수한 경우, 특별한 사정이 없는 한 보증인은 주채무자에 대한 관계에서는 종전의 보증인의 지위를 그대로 유지한다고 봄이 상당하므로, 보증인과 주채무자 사이의 구상관계는 인정된다. 따라서 중첩적으로 주채무를 인수하였다 하더라도, 수탁보증인 丙은 甲에게 사전구상권을 행사할 수 있다.

---

(4) 병존적 채무인수에서 인수인이 채무자의 부탁 없이 채권자와의 계약으로 채무를 인수하는 것은 매우 드문 일이므로 채무자와 인수인은 원칙적으로 주관적 공동관계가 있는 연대채무 관계에 있고(대판 1997.4.22, 96다56443), 인수인이 채무자의 부탁을 받지 아니하여 주관적 공동관계가 없는 경우에는 양자는 부진정연대관계에 있게 된다(대판 2009.8.20, 2009다32409).

2. 이행인수

(1) 의 의

이행인수란 인수인이 채무자의 채무를 이행할 것을 약정하는 채무자와 인수인 사이의 계약이다.

제1편

제2편

제3편

제4편

제5편

제6편

제7편

제8편

제9편

채권양도와 채무인수

(2) 구별기준

이행인수의 인수인은 채권자가 아닌 채무자에 대해서만 의무를 부담한다. 즉 채권자는 인수인에게 이행청구권이 없고 채무자만이 인수인에게 이행청구권(자기의 채권자에게 이행해 줄 것에 대한)을 행사할 수 있다. 따라서 당사자의 의사가 채권자에게 인수인에 대한 권리를 직접 취득시키고자 하는 취지인 경우에는 이행인수가 아니라, 병존적 채무인수가 된다(대판 1997.10. 24, 97다28698).

일반적으로 매도인이 매매목적물에 관하여 채무자로서 부담하고 있는 채무를 매수인이 인수하고 그 채무액을 매매대금에서 공제하기로 약정한 경우에는 특별한 사정이 없는 한 이는 면책적 채무인수가 아닌 이행인수가 된다. 예컨대 부동산매수인이 매매 목적물에 관한 임대차보증금반환채무 등을 인수하면서 그 채무액을 매매대금에서 공제하기로 한 경우, 그 인수는 특별한 사정이 없는 한 이행인수가 된다(대판 2001.4.27, 2000다69026). 또한 부동산의 매수인이 매매목적물에 관한 근저당권의 피담보채무, 가압류채무, 임대차보증금반환채무를 인수하는 한편 그 채무액을 매매대금에서 공제하기로 약정한 경우, 다른 특별한 사정이 없는 이상 이는 매도인을 면책시키는 채무인수가 아니라 이행인수가 된다(대판 2004.7.9, 2004다13083; 대판 2002.5.10, 2000다18578).

▌ **대판 2001.4.27, 2000다69026**
부동산의 매수인이 매매 목적물에 관한 임대차보증금 반환채무 등을 인수하는 한편, 그 채무액을 매매대금에서 공제하기로 약정한 경우, 그 인수는 특별한 사정이 없는 이상 매도인을 면책시키는 면책적 채무인수가 아니라 이행인수로 보아야 하고, 면책적 채무인수로 보기 위하여는 이에 대한 채권자 즉, 임차인의 승낙이 있어야 한다.

▌ 비교판례 **대판 2008.3.13, 2007다54627**
사업이나 부동산을 매수하는 사람이 근저당채무 등 그 부동산에 결부된 부담을 인수하고 그 채무액만큼 매매대금을 공제하기로 약정하는 경우에, 매수인의 그러한 채무부담의 약정은 채권자의 승낙이 없는 한 매도인 측을 면책시키는 이른바 면책적 채무인수라고 볼 수 없다. 나아가서 그러한 약정이 이행인수에 불과한지 아니면 병존적 채무인수 즉 제3자를 위한 계약인지를 구별함에 있어서 그 판별 기준은, 계약 당사자에게 제3자 또는 채권자가 계약 당사자 일방 또는 채무인수인에 대하여 직접 채권을 취득케 할 의사가 있는지 여부에 달려 있다 할 것이고, 구체적으로는 계약 체결의 동기, 경위 및 목적, 계약에 있어서의 당사자의 지위, 당사자 사이 및 당사자와 제3자 사이의 이해관계, 거래 관행 등을 종합적으로 고려하여 그 의사를 해석하여야 하는 것인데, 인수의 대상으로 된 채무의 책임을 구성하는 권리관계도 함께 양도된 경우이거나 채무인수인이 그 채무부담에 상응하는 대가를 얻을 때에는 특별한 사정이 없는 한 원칙적으로 이행인수가 아닌 병존적 채무인수로 보아야 할 것이다.

▌ **대판 2010.2.11, 2009다73905**
부동산을 매수하는 사람이 근저당채무 등 그 부동산에 결부된 부담을 인수하고 그 채무액만 매매대금을 공제하기로 약정하는 경우에, 매수인의 그러한 채무부담의 약정은 채권자의 승낙이 없는 한 매도인 측을 면책시키는 이른바 면책적 채무인수라고 볼 수는 없으나, 나아가서 그러한 약정이 이행인수에 불과한지 아니면 병존적 채무인수 즉 제3자를 위한 계약인지를 구별함에 있어서 그 판별

기준은, 계약 당사자에게 제3자 또는 채권자가 계약 당사자 일방 또는 채무인수인에 대하여 직접 채권을 취득하게 할 의사가 있는지 여부에 달려 있다 할 것이고, 구체적으로는 계약 체결의 동기, 경위 및 목적, 계약에 있어서의 당사자의 지위, 당사자 사이 및 당사자와 제3자 사이의 이해관계, 거래 관행 등을 종합적으로 고려하여 그 의사를 해석하여야 하는 것인데, 인수의 대상으로 된 채무의 책임을 구성하는 권리관계도 함께 양도된 경우이거나 채무인수인이 그 채무부담에 상응하는 대가를 얻은 때에는 특별한 사정이 없는 한 원칙적으로 이행인수가 아닌 병존적 채무인수로 보아야 할 것이다. 원심이 인정한 사실관계에 의하면 제1심 공동피고3 및 피고2는 자신들의 각 출자금 4억 원을 포기하면서까지 이 사건 부동산의 각 지분과 관련된 채무에서 벗어나기 위하여 자신들의 지분을 피고1에게 이전하기로 하고 피고1은 그 대금을 현금으로 지급하지 아니하고 이 사건 부동산의 피고2 및 제1심 공동피고3의 각 지분과 관련한 채무를 모두 인수하기로 약정함으로써, 피고1이 이 사건 부동산의 각 지분과 관련된 채무를 인수한 것 외에 별도의 돈을 매매대금 명목으로 주고받지 아니하였다는 것이니, 결국 피고1은 위 각 채무부담의 대가로 이 사건 지분을 이전받은 것으로서 위 법리에 비추어 이를 병존적 채무인수라고 볼 여지가 충분하다고 보이고, 원심이 설시하는 위 각 사유만으로는 이를 이행의 인수에 불과하다고 볼 합리적인 근거로 삼기에 심히 부족하다 할 것이다.

원심판단 서울고판 2009.8.28, 2008나100093

원고의 피고1이 원고에 대한 대여금채무를 병존적으로 인수하였다는 주장에 대하여, ① 피고2의 지분에 관하여 설정된 근저당권자 소외1의 피담보채무자는 제1심 공동피고4로 피고1이 인수할 피고2나 제1심 공동피고3의 채무가 존재하지 않고, ② 제1심 공동피고3의 지분에 관하여 설정된 근저당권자 피고1의 피담보채무자 역시 제1심 공동피고4로 피고1이 인수할 피고2나 제1심 공동피고3의 채무가 존재하지 않을 뿐만 아니라, 피고1이 제1심 공동피고3의 지분을 취득함으로써 피고1의 위 근저당권은 혼동으로 소멸하였으며, ③ 가압류채권자 소외2에 대한 1억원의 채무는 피고2나 제1심 공동피고3의 채무라고 볼 수 없으므로 피고1이 이를 인수하는 것이 아닌 점, 가압류채권자 원고에 대한 2억원의 채무의 경우 피고2는 그 채무를 부담하지 않으며 단지 제1심 공동피고3만이 그 채무를 부담하고 있는데, 피고2 및 제1심 공동피고3이 그들의 출자금을 포기하면서까지 피고1에게 이 사건 부동산의 각 지분을 매도하면서 피고1로 하여금 그 채무를 인수하도록 한 것은 피고1이 위 각 지분을 취득하는 대신에 위 각 지분과 관련한 채무를 대신 변제함으로써 피고2 및 제1심 공동피고3을 면책시키고자 하는 데에 목적이 있으므로, 이러한 점과 병존적 채무인수와 이행인수에 관한 법리를 아울러 고려할 때, 제1심 공동피고3이 피고1에게 제1심 공동피고3의 원고에 대한 이 사건 대여금채무를 인수시켰다고 하더라도, 이는 이행인수로 보일뿐 병존적 채무인수로는 해석되지 않는 점 등에 의하면, 피고1이 제1심 공동피고3의 원고에 대한 이 사건 대여금 채무를 인수시켰다고 하더라도, 이는 이행인수로 보일 뿐 병존적 채무인수로는 해석되지 않는 점 등에 의하면, 피고1이 제1심 공동피고3의 원고에 대한 이 사건 대여금채무를 병존적으로 인수하였다고 할 수 없다고 보아, 이를 이행인수로 보았다.

사실관계: 乙(피고1)은 丙(피고2)과 丁(제1심 공동피고3)의 지분을 취득하였다. 丙(피고2)의 지분에는 근저당권자 戊(소외1)가 있었고, 이 근저당권의 피담보채무자는 己(제1심 공동피고4)였다. 丁(제1심 공동피고3)의 지분에는 근저당권자 乙(피고1)이 있었고 피담보채무자 己(제1심 공동피고4)가 있었다. 甲(원고)은 가압류채권자로서 丙(피고2)은 그 채무를 부담하지 않으며, 丁(제1심 공동피고3)만이 그 채무를 부담하고 있다. 丙(피고2)과 丁(제1심 공동피고3)은 그들의 출자금을 포기하면서까지 乙(피고1)에게 이 사건 부동산의 각 지분을 매도하였다.

제1편 제2편 제3편 제4편 제5편 제6편 제7편 제8편 제9편 채권양도와 채무인수

(3) 효 과

(가) 인수인은 채무자와의 관계에서 이행의무를 부담하며, 채권자에게 직접 채무를 부담하지 않는다. 따라서 채권자도 인수인에게 이행을 청구할 권리가 없다. 또한 인수인은 채권자에 대한 채무자가 아니므로, 인수인의 채권자에 대한 변제는 제3자의 변제가 된다(대판 2002.5.10, 2000다18578). 따라서 채무의 성질 또는 당사자의 의사표시로 제3자의 변제가 허용되지 않는다면 이행인수는 불가능하다.

(나) 채무자는 인수인에 대하여 채권자에게 이행할 것을 청구할 수 있고, 그에 관한 승소판결을 받아 금전채권의 집행에 관한 규정을 준용하여 강제집행을 할 수도 있다(대판 2009.6.11, 2008다75072). 한편 채권자는 채권자대위권을 행사하여 채무자의 인수인에 대한 청구권을 대위행사할 수 있다(대판 2009.6.11, 2008다75072).

▌**대판 2009.6.11, 2008다75072**

이행인수는 인수인이 채무자에 대하여 그 채무를 이행할 것을 약정하는 채무자와 인수인 간의 계약으로서, 인수인은 채무자와 사이에 채권자에게 채무를 이행할 의무를 부담하는 데 그치고 직접 채권자에 대하여 채무를 부담하는 것이 아니므로 채권자는 직접 인수인에게 채무를 이행할 것을 청구할 수 없으나, 채무자는 인수인이 그 채무를 이행하지 아니하는 경우 인수인에 대하여 채권자에게 이행할 것을 청구할 수 있고, 그에 관한 승소의 판결을 받은 때에는 금전채권의 집행에 관한 규정을 준용하여 강제집행을 할 수도 있다. 이러한 채무자의 인수인에 대한 청구권은 그 성질상 재산권의 일종으로서 일신전속적 권리라고 할 수는 없으므로, 채권자는 채권자대위권에 의하여 채무자의 인수인에 대한 청구권을 대위행사할 수 있다.

(다) 인수인이 인수채무를 이행하지 않으면, 인수인은 채무자에게 채무불이행책임을 지게 되며, 채무자는 인수계약을 해제할 수도 있다. 경우에 따라서는 채무인수계약과 관련되어 있는 매매계약 등을 해제할 수도 있다(대판 2002.5.10, 2000다18578; 대판 2004.7.9, 2004다13083 등). 예컨대 부동산 매수인이 매매목적물에 관한 채무를 인수하는 한편 그 채무액을 매매대금에서 공제하기로 약정한 이행인수인 경우, 매수인은 매매계약시 인수한 채무를 현실적으로 변제할 의무를 부담하는 것은 아니고, 특별한 사정이 없는 한 매수인이 매매대금에서 그 채무액을 공제한 나머지를 지급함으로써 잔금지급의 의무를 다했다 할 것이므로, 설사 매수인이 위 채무를 현실적으로 변제하지 않았더라도 그와 같은 사정만으로는 매도인은 매매계약을 해제할 수 없다. 매수인이 인수채무를 이행하지 않음으로써 매매대금의 일부를 지급하지 않은 것과 동일하다고 평가할 수 있는 특별한 사유가 있을 때 계약해제권이 발생한다. 예컨대 부동산 매수인이 매도인의 임차보증금 반환채무를 인수한 사안에서, 매도인이 매수인에게 먼저 인수채무의 이행을 요구해 보지도 않고 자신의 출연이 아니라 매매목적물을 제3자에게 다시 임대하여 받은 돈으로 종전 임차인의 임차보증금을 반환하고 매수인에게 그 임차보증금 상당액의 반환을 요구하였으나 매수인이 이에 응하지 않자 매매계약을 해제한 경우, 매수인이 그 전세보증금 상당액을 지급하지 않은 사실만으로는 매수인

이 매매대금 지급의무를 불이행하였다고 평가할 수 없을 뿐만 아니라, 매도인이 자기의 의무에 관한 이행의 제공 없이 한 매매계약 해제권의 행사는 그 효력이 없다.

만약 매매목적물에 관한 근저당권의 피담보채무를 인수한 매수인이 인수채무의 일부인 근저 당권의 피담보채무의 변제를 게을리함으로써 매매목적물에 관하여 근저당권의 실행으로 임의 경매절차가 개시되고 매도인이 경매절차의 진행을 막기 위하여 피담보채무를 변제하였다면, 매 도인은 채무인수인에 대하여 손해배상채권을 취득하는 이외에 이 사유를 들어 매매계약을 해 제할 수 있다(대판 2004.7.9.
2004다13083).

부동산매매계약과 함께 이행인수계약이 이루어진 경우, 매수인이 인수한 채무는 매매대금 지급채무에 갈음한 것으로서 매도인이 매수인의 인수채무불이행으로 말미암아 또는 임의로 인 수채무를 대신 변제하였다면, 그로 인한 손해배상채무 또는 구상채무는 인수채무의 변형으로서 매매대금 지급채무에 갈음한 것의 변형이므로 매수인의 손해배상채무 또는 구상채무와 매도인 의 소유권이전등기의무는 대가적 의미가 있어 이행상 견련관계에 있다고 인정되고, 따라서 양 자는 동시이행의 관계에 있다고 해석함이 공평의 관념 및 신의칙에 합당하다(대판 2004.7.9.
2004다13083).

사례 4 甲은 丙에게 3억 원의 채무를 담보하기 위하여 자신의 부동산 X에 저당권을 설정해 준 후, 그 부동산을 乙에게 5억 원에 매도하면서 丙에 대한 3억 원의 채무를 乙이 인수하기로 하되 이를 매매대금에서 공제하기로 하였다(이러한 사실에 대해 丙은 전혀 모르고 있었다). 이전등기는 아 직 경료되지 않았다.

질문 1) 이러한 사실을 알게 된 丙은 乙에게 3억 원을 변제할 것을 청구하였다. 乙은 이에 응해야 하는가?

질문 2) 이행기가 되어, 甲은 乙에게 인수한 채무 3억 원을 이행할 것을 청구하였으나, 乙이 이를 이행하지 않자 丙은 근저당권을 실행하였다. 이에 甲은 임의경매가 실행되는 것을 막기 위하여 丙에게 3억 원을 변제하였다. 이 경우 甲이 乙에게 취할 수 있는 법적 조치는?

질문 3) 이행기가 되어, 甲은 乙에게 인수한 채무 3억 원을 이행할 것을 청구하였으나, 乙이 이를 이행하지 않자 丙은 근저당권을 실행하여 丁이 X를 경매에서 매수하였다. 이 경우 甲은 乙에게 2 억 원의 매매대금을 청구할 수 있는가?

┃해설 4┃

해설 1) 乙은 응할 의무가 없다.

채권자 丙의 승낙을 얻었다는 등의 특별한 사정이 보이지 않으므로, 甲과 乙 사이에 체결된 인 수계약은 이행인수계약에 해당한다(대판 2002.5.10.
2000다18578). 이행인수인 경우 채권자는 인수인에게 직접 이 행을 청구할 수 없다.

해설 2) 甲은 乙에게 채무불이행책임을 추궁할 수 있다.

매매목적물에 관한 근저당권의 피담보채무를 인수한 매수인 乙이 인수채무의 일부인 근저당권 의 피담보채무의 변제를 게을리 함으로써 매매목적물에 관하여 근저당권의 실행으로 임의경매 절차가 개시되고 매도인 甲이 경매절차의 진행을 막기 위하여 피담보채무를 변제하였다면, 甲은

제1편 제2편 제3편 제4편 제5편 제6편 제7편 제8편 제9편 채권양도와 채무인수

乙에게 채무불이행에 기한 손해배상청구권을 취득한다. 그로 인한 손해배상채무 또는 구상채무는 인수채무의 변형으로서 매매대금 지급채무에 갈음한 것의 변형으로 본다(대판 2002.5.10. 2000다18578).

한편 매도인은 채무인수인에 대하여 손해배상채권을 취득하는 이외에 이 사유를 들어 매매계약을 해제할 수 있을 것인지가 문제된다. 판례는 원칙상 매수인은 매매계약시 인수한 채무를 현실적으로 변제할 의무를 부담하는 것은 아니며, 특별한 사정이 없는 한 매수인이 매매대금에서 그 채무액을 공제한 나머지를 지급함으로써 잔금지급의 의무를 다하였다 할 것이므로, 설사 매수인이 위 채무를 현실적으로 변제하지 아니하였다 하더라도 그와 같은 사정만으로는 매도인은 매매계약을 해제할 수 없다고 본다(대판 2007.9.21. 2006다69479). 그러나 매수인이 인수채무를 이행하지 아니함으로써 매매대금의 일부를 지급하지 아니한 것과 동일하다고 평가할 수 있는 특별한 사유가 있을 때에는 계약해제권이 발생한다고 본다(대판 2007.9.21. 2006다69479). 예컨대 매수인이 인수한 피담보채무의 이자를 납부하지 않았고, 그로 인하여 매매목적물인 부동산이나 공동담보로 제공된 다른 부동산에 설정된 담보권의 실행으로 임의경매절차가 개시되었다거나 개시될 염려가 있고, 또한 매도인 측이 이를 막기 위하여 부득이 피담보채무를 변제할 필요성이 있는 경우에는 해제가 가능하다(대판 1998.10. 27. 98다25184). 따라서 본 사안에서 甲은 乙과의 매매계약을 해제할 수도 있다(대판 2004.7.9. 2004다13083). 한편 乙의 甲에 대한 손해배상채무와 甲의 乙에 대한 소유권이전등기의무는 동시이행관계에 놓이게 된다(대판 2004.7.9. 2004다13083).

대판 2002.5.10, 2000다18578

부동산의 매수인이 매매목적물에 관한 근저당권의 피담보채무, 가압류채무, 임대차보증금 반환채무를 인수하는 한편 그 채무액을 매매대금에서 공제하기로 약정한 경우, 다른 특별한 사정이 없는 이상, 이는 매도인을 면책시키는 채무인수가 아니라 이행인수로 보아야 하고, 특별한 사정이 없는 한 매수인이 매매대금에서 그 채무액을 공제한 나머지를 지급함으로써 잔금지급의무를 다한 것으로 보아야 하고, 또한 이 약정의 내용은 매도인과 매수인과의 계약으로 매수인이 매도인의 채무를 변제하기로 하는 것으로서 매수인은 제3자의 지위에서 매도인에 대하여만 그의 채무를 변제할 의무를 부담함에 그치며, 한편 이와 같이 부동산매매계약과 함께 이행인수계약이 이루어진 경우 매수인이 인수한 채무는 매매대금 지급채무에 갈음한 것으로서 매도인이 매수인의 인수채무불이행으로 말미암아 또는 임의로 인수채무를 대신 변제하였다면 그로 인한 손해배상채무 또는 구상채무는 인수채무의 변형으로서 매매대금 지급채무에 갈음한 것의 변형으로 보아야 한다.

대판 2004.7.9, 2004다13083

부동산의 매수인이 매매목적물에 관한 근저당권의 피담보채무를 인수하는 한편, 그 채무액을 매매대금에서 공제하기로 약정한 경우, 다른 특별한 약정이 없는 이상 이는 매도인을 면책시키는 채무인수가 아니라 이행인수로 보아야 하고, 매수인이 위 채무를 현실적으로 변제할 의무를 부담한다고 해석할 수 없으며, 특별한 사정이 없는 한 매수인은 매매대금에서 그 채무액을 공제한 나머지를 지급함으로써 잔금지급의무를 다하였다고 할 것이다. 매매목적물에 관한 근저당권의 피담보채무를 인수한 매수인이 인수채무의 일부인 근저당권의 피담보채무의 변제를 게을리함으로써 매매목적물에 관하여 근저당권의 실행으로 임의경매절차가 개시되고 매도인이 경매절차의 진행을 막기 위하여 피담보채무를 변제하였다면, 매도인은 채무인수인에 대하여 손해배상채권을 취득하는 이외에 이 사유를 들어 매매계약을 해제할 수 있다. 부동산매매계약과 함께 이행인수계약이 이루어진 경우, 매수인이 인수한 채무는 매매대금지급채무에 갈음한 것으로서 매도인이 매수인의 인수채무불이행으로 말미암아 또는 임의로 인수채무를 대신 변제하였다면, 그로 인한 손해배상채무 또는 구상채무는 인수채무의 변형으로서 매매대금지급채무에 갈음한 것의 변형이므로 매수인의 손해배상채무 또는 구상채무와 매도인의 소유권이전등기의무는 대가적 의미가 있어 이행상 견련관계에 있다고 인정되고, 따라서 양자는 동시이행의 관계에 있다고 해석함이 공평의 관념 및 신의칙에 합당하다.

대판 1998.10.27, 98다25184

매수인이 매매목적물에 관한 근저당권의 피담보채무를 인수하는 것으로 매매대금의 지급에 갈음하기로 약정한 경우, 매수인이 그 채무를 현실적으로 당장 변제할 의무를 부담한다고 해석할 수 없으며, 특별한 사정이 없는 한, 매수인이 매매대금에서 그 채무액을 공제한 나머지를 지급함으로써 잔금지급의무를 다하였다고 할 것이고, 다만, 매수인은 인수채무의 이행시기 등에 관하여 다른 약정이 없는 한, 그 인수채무가 가지는 본래의 내용에 따라 이행하면 족하고 그 이행을 지체함으로써 매매대금의 일부를 지급하지 않은 것과 동일하다고 평가할 수 있는 특별한 사유가 있을 때에 한하여 계약해제권이 발생한다고 할 것이므로, 매수인이 인수한 피담보채무의 이자를 납부하지 아니하였다고 하더라도, 그로 인하여 매매목적물인 부동산이나 공동담보로 제공된 다른 부동산에 설정된 담보권의 실행으로 임의경매절차가 개시되었다거나 개시될 염려가 있고, 또한 매도인 측이 이를 막기 위하여 부득이 피담보채무를 변제할 필요성이 있는 경우가 아니라면, 그를 이유로 매매계약을 해제할 수는 없다.

> **해설 3) 2억 원을 청구할 수 있다.**
> 매수인이 매매목적물에 관한 근저당권의 피담보채무에 관하여 그 이행을 인수한 경우, 채권자에 대한 관계에서는 매도인이 여전히 채무를 부담한다고 하더라도, 매도인과 매수인 사이에서는 매수인에게 위 피담보채무를 변제할 책임이 있다고 할 것이므로, 매수인이 그 변제를 게을리 하여 근저당권이 실행됨으로써 매도인이 매매목적물에 관한 소유권을 상실하였다면, 특별한 사정이 없는 한, 이는 매수인에게 책임 있는 사유로 인하여 소유권이전등기의무가 이행불능으로 된 경우에 해당하고, 거기에 매도인의 과실이 있다고 할 수는 없다(대판 2009.5.14, 2009다5193; 대판 2008.8.21, 2007다8464.8471 참조). 오히려 매수인 乙의 귀책사유로 이행불능되었다고 할 수 있다. 따라서 매매대금에 대한 대가위험은 제538조 제1항에 의해 매수인 乙이 부담하게 된다. 이에 甲은 乙에게 매매대금 2억 원을 청구할 수 있다.

> **사례 5** 채무자 C를 위한 물상보증인인 A가 담보부동산을 B에게 매도하고, B가 담보부동산에 설정된 근저당권의 피담보채무(근저당채무)의 이행을 인수하였다. 그런데 그 담보부동산에 대해 담보권이 실행되어 경매절차에서 D가 이를 매수하였다. 이 경우 채무자에 대하여 구상권을 취득하는 자는 A인가? B인가? (대판 1997.5.30, 97다1556 참조)
>
> **│ 해설 5 │ A이다.**
> 물상보증인이 담보부동산을 제3취득자에게 매도하고 제3취득자가 담보부동산에 설정된 근저당권의 피담보채무의 이행을 인수한 경우, 그 이행인수는 매매당사자 사이의 내부적인 계약에 불과하여 이로써 물상보증인의 책임이 소멸하지 않는 것이고, 따라서 담보부동산에 대한 담보권이 실행된 경우에도 제3취득자가 아닌 원래의 물상보증인이 채무자에 대한 구상권을 취득한다(대판 1997. 5.30, 97다1556).

3. 계약인수

계약당사자로서의 지위 자체를 인수하는 경우를 계약인수라고 한다.

(1) 탈퇴하는 계약당사자가 가지는 계약관계상의 모든 권리와 의무를 계약인수인이 인수한다는 점에서 채무만을 인수하는 채무인수와 구별된다. 예컨대 계약인수가 이루어지면 기존의 계약당사자는 계약에서 탈퇴하므로 계약관계 및 채권·채무관계가 모두 소멸한다(대판 2007.9.6, 2007다31990.).

(2) 계약인수는 3면계약으로 이루어지거나 원래의 계약당사자 일방이 인수인과 인수계약을 체결하고 다른 자가 동의 내지 승낙하는 방법도 가능하다(대판 1992.3.13, 91다32534). 요컨대 3면계약에 의하지 않은 계약인수로 양도인이 계약관계에서 탈퇴하기 위해서는 나머지 당사자의 동의 내지 승낙이 필요하다.

(3) 계약당사자의 지위를 승계한 것이므로 인수인은 채무인수와는 달리 종래계약관계에서 이미 발생한 채권·채무를 모두 이전받으며, 취소권·해제권 등의 권리까지도 포괄적으로 승계한다(대판 2012.5.24, 2009다88303; 대판(전합) 2011.6.23, 2007다63089,63096; 대판 1992.3.13, 91다32534).

▌**대판 1992.3.13, 91다32534**
계약 당사자로서의 지위의 승계를 목적으로 하는 계약의 인수는 계약으로부터 발생하는 채권채무의 이전 외에 그 계약관계로부터 생기는 해제권 등 포괄적인 권리의무의 양도를 포함하는 것이므로 그 계약은 양도인과 양수인 및 잔류 당사자의 동시적인 합의에 의한 3면계약으로 이루어지는 것이 통상적이라고 할 것이지만, 계약 관계자 3인 중 2인의 합의와 나머지 당사자의 동의 내지 승낙의 방법으로도 가능하다.

▌**대판 2012.5.24, 2009다88303**
민법 제454조는 제3자가 채무자와 계약으로 채무를 인수하여 채무자의 채무를 면하게 하는 면책적 채무인수의 경우에 채권자 승낙이 있어야 채권자에 대하여 효력이 생긴다고 규정하고 있으므로, 채권자의 승낙이 없는 경우에는 채무자와 인수인 사이에서 면책적 채무인수 약정을 하더라도 이행인수 등으로서 효력밖에 갖지 못하며 채무자는 채무를 면하지 못한다. 그리고 계약당사자로서 지위 승계를 목적으로 하는 계약인수는 계약으로부터 발생하는 채권·채무 이전 외에 계약관계로부터 생기는 해제권 등 포괄적 권리의무의 양도를 포함하는 것으로서, 계약인수가 적법하게 이루어지면 양도인은 계약관계에서 탈퇴하게 되고, 계약인수 후에는 양도인의 면책을 유보하였다는 등 특별한 사정이 없는 한 잔류당사자와 양도인 사이에는 계약관계가 존재하지 않게 되며 그에 따른 채권채무관계도 소멸하지만, 이러한 계약인수는 양도인과 양수인 및 잔류당사자의 합의에 의한 삼면계약으로 이루어지는 것이 통상적이며 관계당사자 3인 중 2인의 합의가 선행된 경우에는 나머지 당사자가 이를 동의 내지 승낙하여야 그 효력이 생긴다.

제 **9** 편

중요한 계약의 유형

제1장 매 매
제2장 각종의 계약

제1장 매 매

제1절 매매계약
　Ⅰ. 의 의
　Ⅱ. 매매의 성립
　Ⅲ. 매매의 효력
　Ⅳ. 환 매

제2절 특수한 매매
　Ⅰ. 소유권유보부매매
　Ⅱ. 할부판매
　Ⅲ. 방문판매 및 전화권유판매, 다단계판매
　Ⅳ. 통신판매

제1절 매매계약

Ⅰ. 의 의
　1. 매매의 정의(제563조)
　2. 법적 성질
Ⅱ. 매매의 성립
　1. 성립요건
　2. 매매의 예약
　3. 계약금
Ⅲ. 매매의 효력
　1. 매도인의 의무

　2. 매수인의 의무 – 대금지급의무
　3. 매도인의 담보책임
Ⅳ. 환 매
　1. 정 의
　2. 환매의 법적 성질
　3. 환매권 행사요건
　4. 환매의 실행
　5. 환매의 효과
　6. 환매와 다른 제도

Ⅰ. 의 의

1. 매매의 정의(제563조)

매매는 당사자 일방이 재산권을 상대방에게 이전할 것을 약정하고 상대방이 대금을 지급할 것을 약정함으로써 성립하는 계약을 의미한다.

2. 법적 성질

(1) 매매는 유상, 쌍무, 낙성, 불요식의 계약임이 원칙이다. 낙성계약이지 처분행위가 아니므로 타인의 물건도 매매의 목적이 될 수 있다(제569조).

(2) 매매에 관한 규정은 원칙적으로 다른 유상계약에도 준용되며($\frac{제567}{조}$), 반대급부가 금전이 아닌 경우는 매매가 아닌 교환에 해당한다.

Ⅱ. 매매의 성립

1. 성립요건

(1) 일반론

매매계약은 낙성계약이므로 매도인의 재산권 이전과 매수인의 대금지급에 대한 합의만 있으면 성립한다. 채무의 이행시기나 이행방법, 이행장소, 매매비용 등에 대해서는 합의가 없더라도, 합의되지 않은 위의 사항들에 관하여는 법률의 규정이나 보충적 해석에 의해 보충할 수 있으면 매매가 성립한다. 매매 목적물과 대금은 계약체결 당시에 반드시 구체적으로 특정할 필요는 없고, 이를 사후에라도 특정할 수 있는 방법과 기준만 정해져 있으면 된다.

판례도 "매매는 당사자 일방이 재산권을 상대방에게 이전할 것을 약정하고 상대방이 대금을 지급할 것을 약정함으로써 효력이 발생하는 것이므로, 매매계약은 매도인이 재산권을 이전하는 것과 매수인이 대가로서 대금을 지급하는 것에 관하여 쌍방 당사자의 합의가 이루어짐으로써 성립하는 것이며, 그 경우 매매목적물과 대금은 반드시 계약체결 당시에 구체적으로 특정할 필요는 없고 이를 사후에라도 구체적으로 특정할 수 있는 방법과 기준이 정하여져 있으면 족하다"라고 한다($\frac{대판\ 2009.3.16,}{2008다1842}$). 이 경우 그 약정된 기준에 따른 대금액의 산정에 관하여 당사자 간에 다툼이 있는 경우에는 법원이 이를 정할 수밖에 없다($\frac{대판\ 2002.7.12,\ 2001다7940;\ 대판\ 1986.2.11,\ 84다카}{2454;\ 대판\ 1993.6.8,\ 92다49447;\ 대판\ 1997.1.24,\ 96다}$ $^{26176}_{참조}$).

(2) 매매목적물의 범위 확정(특히 토지매매에서 경계 확정)

토지매매시 지적도상의 경계와 사실상의 경계가 다른 경우 어느 경계를 기준으로 매매목적 토지의 경계를 확정할 것인지가 문제된다. 크게 다음의 3가지 경우가 문제된다.

(가) 필지를 기준으로 토지를 매매한 경우

이 경우에는 지적공부상의 경계를 기준으로 매매대상 토지의 범위를 정하는 것이 원칙이다. 판례는 "어떤 특정 토지가 지적공부에 일필의 토지로 등록되었다면 그 토지의 소재, 지번, 지목, 지적 및 경계는 다른 특별한 사정이 없는 한 이 등록으로서 특정이 되었다 할 것이고 따라서 그 소유권의 범위는 지적공부상의 경계선에 의하여 확정되어져야 한다. 따라서 토지거래의 보통의 경우에는 지적공부의 기재에 의하여 확정되는 토지를 거래의 대상으로 하는 것이라 할 것이어서 지적도상의 경계표시가 분할측량의 잘못 등으로 사실상의 경계선과 다르게 표시되었다 하더라도 특단의 사정이 없는 한 사실상의 경계선에 관계없이 지적공부에 기재된 지번, 지목, 지적 및 경계에 의하여 확정되는 토지만을 매매한 것으로 보아야 한다"고 한다$\binom{대판\ 1985.5.14.}{84다카941}$.

다만 (i) 매매 당사자가 지적공부상 확정되는 토지를 매매할 의사가 아니고 사실상의 경계선대로 토지를 매매할 의사를 가지고 매매한 사정이 인정되거나$\binom{대판\ 1985.5.14.}{84다카941}$, (ii) 지적도를 작성함에 있어 기점을 잘못 선택하는 등의 기술적인 착오로 말미암아 지적도상의 경계가 진실한 경계선과 다르게 잘못 작성된 경우$\binom{대판\ 1996.4.23.}{95다54761}$에는 예외적으로 지적도에 의하지 않고 실제의 경계에 의하여 토지의 경계가 확정된다.

(나) 1필의 토지 중 일부만을 매매 목적물로 삼은 경우

이 경우에는 지적공부상의 경계를 기준으로 삼을 수 없고, 구체적인 증거에 터잡아 목적물의 범위를 확정하여야 한다$\binom{대판\ 1996.7.30.}{94다30324}$.

(다) 토지의 실제 면적이 공부상 면적을 상당히 초과하는 경우

이 경우에는 계약 당사자들이 이러한 사실을 알고 있었다고 보는 것이 상당하며, 그러한 경우에는 매도인이 그 초과 부분에 대한 소유권을 취득하여 이전하여 주기로 약정하는 등의 특별한 사정이 없는 한 그 초과 부분은 단순한 점용권의 매매로 보아야 한다$\binom{대판\ 2004.5.14.}{2003다61054}$.

2. 매매의 예약

(1) 의의 및 특징

장래 본계약 체결을 내용으로 하는 계약을 매매의 예약이라고 한다. 매매의 예약도 하나의 계약이므로 상대방이 본계약을 체결하지 않는 경우에 채무불이행으로 인한 손해배상청구와 예약해제가 가능하다. 본계약은 채권계약 외에 물권계약(예 저당권설정계약)도 가능하며, 본계약의 목적이 불능·불법으로 무효이면 예약도 무효가 된다. 매매의 예약이 성립하기 위해서는 예약에 터잡아 맺어질 본계약의 요소가 되는 매매목적물이나 대금 등의 내용이 확정되어 있거나 확정할 수 있어야 한다. 그러므로 예약만 성립한 것인지 매매계약이 성립한 것인지를 구분하는 기준이 문제되나, 일정한 요건이 충족되면 별도의 의사표시 없이 계약상의 청구를 할 수 있는 것으로 보이는 때는 예약이 아니라 매매계약이 성립한 것으로 볼 수도 있다.

(2) 예약의 종류

(가) 승낙의무제도

예약상의 권리자가 본계약을 체결하기를 원하여 청약을 하면 그 상대방이 본계약체결의 승낙의무를 부담하는 제도이다. 당사자 쌍방이 예약상의 권리를 가지고 각 상대방이 승낙의무를 부담하면 쌍무예약이라고 하며, 당사자 일방이 예약상의 권리를 가지고 상대방은 승낙의무만을 부담하면 편무예약이라고 한다.

(나) 예약완결권제도

상대방의 승낙 없이 예약상 권리자의 일방적인 예약완결의 의사표시만으로 본계약이 성립하는 제도이다. 예약완결의 의사표시를 당사자 일방만이 가지면 일방예약이라고 하며, 당사자 쌍방이 모두 가지면 쌍방예약이라고 한다.

(3) 매매의 일방예약(민법상의 예약)

(가) 의 의

제564조 제1항은 "매매의 일방예약은 상대방이 매매를 완성하려는 의사표시를 하는 때에 매매의 효력이 생긴다"고 하여 일방예약제도만을 규정하고 있다. 따라서 당사자의 특별한 의사표시가 없으면 매매의 예약은 일방예약으로 추정된다.

판례에 의하면 일방예약의 성립에는 본계약의 요소가 되는 매매당사자, 매매목적물, 이전방법, 매매가액 및 지급방법 등의 내용이 확정되어 있거나 확정할 수 있어야 한다고 한다(대판 1993. 5.27, 93다4908).

매매의 일방예약은 예약의 일종이나 법률의 규정에 의하여 정지조건부 매매에서와 같은 특수한 효과를 가지는 예약이라고 보는 예약설과 예약권리자의 완결의 의사표시를 정지조건으로 하는 매매로 이해하는 정지조건부 매매설이 대립한다.

전자의 견해는 후자에 대하여 일방예약시 이미 실계약이 성립하고 효력발생만 조건의 성취 여부에 달려 있다는 점을 비판한다. 만약 예약완결권 행사 전에 이행불능이 된 경우 전자의 견해에 의하면 원시적 불능이 되고, 후자의 견해에 의하면 후발적 불능이 된다.

(나) 예약완결권

1) 의 의

예약완결권이란 매매의 일방예약(또는 쌍방예약)에 기하여 예약상의 권리자가 상대방에 대하여 매매 예약완결의 의사표시를 하여 매매를 성립시키는 권리를 의미한다. 예약완결권의 행사에 의하여 곧바로 본계약이 성립하므로 예약완결권은 형성권이다(대판 2003.1.10, 2000다26425). 예약설에 의하면 예약완결권의 행사에 의해 계약이 성립한다고 보지만, 정지조건부 매매설에 의하면 계약은 일방예약시 이미 성립하였고 다만 형성권 행사로 그 효력만이 확정된다고 본다.

2) 양도성

예약완결권은 양도할 수 있다. 양도의 방법은 채권양도에 준하여 예약의무자에게 통지하여야 의무자에게 대항할 수 있으며, 확정일자 있는 증서에 의한 예약상의 권리자의 통지 또는 예약의 수익자의 승낙이 있어야 제3자에게 대항할 수 있다. 예약완결권이 가등기 되어 있다면 가등기의 이전등기(가등기 이전의 부기등기)를 할 수 있다. 이에 대하여 예약완결권의 양도는 계약 인수에 준하여 예약의무자의 승낙이 있어야 효력이 발생한다는 견해도 있다.

대판(전합) 1998.11.19, 98다24105
가등기는 원래 순위를 확보하는 데에 그 목적이 있으나, 순위 보전의 대상이 되는 물권변동의 청구권은 그 성질상 양도될 수 있는 재산권일 뿐만 아니라 가등기로 인하여 그 권리가 공시되어 결과적으로 공시방법까지 마련된 셈이므로, 이를 양도한 경우에는 양도인과 양수인의 공동신청으로 그 가등기상의 권리의 이전등기를 가등기에 대한 부기등기의 형식으로 경료할 수 있다고 보아야 한다.

3) 행사방법

㉮ 예약완결의 의사표시

예약상의 권리자가 상대방에 대하여 예약완결의 의사표시를 하면 된다. 예약상대방은 최고권($\frac{제564조\ 제}{2항,\ 제3항}$)을 가진다. 따라서 예약상대방은 예약상의 권리자에게 상당기간을 둔 예약완결의 최고를 할 수 있고 그 기간 내에 이에 대한 확답이 없으면 예약의 효력은 상실된다.

㉯ 예약완결권의 가등기

부동산 물권이전을 위한 본계약의 예약을 한 경우 예약완결권은 가등기가 가능하다($\frac{부동산등기}{법\ 제3조}$). 다만 가등기 후 목적부동산이 제3자에 양도된 경우, 예약완결권 행사의 상대방이 매매의 일방예약의 상대방인지 아니면 목적부동산의 양수인인지 견해가 대립된다. 판례($\frac{대판(전합)\ 1962.12.}{24.\ 4294민재항675}$)는 예약상대방에 대하여 예약완결권을 행사하고 가등기에 기한 본등기 신청을 하면 목적부동산에 관한 양수인 명의의 본등기는 직권말소된다고 보고 있다.

심화학습

만약 매매예약된 물건이 동산인 경우 예약완결권자의 상대방인 소유자가 이를 제3자에게 양도한 후에 예약권자가 완결권을 행사하는 경우는?

해설 제3자는 소유권을 상실하고 예약완결권자가 소유권을 취득한다(다만 제3자가 선의취득의 요건을 구비했다면 소유권을 취득하고 예약자는 손해배상청구만 가능할 것이다).

㉰ 예약완결권의 귀속형태: 예약완결권을 수인의 채권자가 가지는 경우

사례 1 甲이 乙에게 돈을 대여하면서 담보 목적으로 乙소유의 부동산 지분에 관하여 乙의 다른 채권자 A, B, C와 공동명의로 매매예약을 체결하고 각자의 채권액 비율에 따라 지분을 특정하여 가등기를 마쳤다. 그런데 채무자 乙이 甲에 대한 채무의 이행을 하지 않자, 甲은 예약완결권을 행사하고자 한다. 甲은 단독으로 예약완결권을 행사할 수 있는가?

(대판(전합) 2012.2.16, 2010다82530 참조)

해설 1 단독으로 행사할 수 있다.
판례는 甲이 乙에게 돈을 대여하면서 담보 목적으로 乙 소유의 부동산 지분에 관하여 乙의 다른 채권자들과 공동명의로 매매예약을 체결하고 각자의 채권액 비율에 따라 지분을 특정하여 가등기를 마친 사안에서, 채권자가 각자의 지분별로 별개의 독립적인 매매예약완결권을 갖는 것으로

보아, 甲이 단독으로 담보목적물 중 자신의 지분에 관하여 매매예약완결권을 행사할 수 있고, 이에 따라 단독으로 자신의 지분에 관하여 가등기에 기한 본등기절차의 이행을 구할 수 있다고 보았다. 즉 공동명의로 담보가등기를 마친 수인의 채권자가 각자의 지분별로 가등기를 마친 경우, 수인의 채권자가 공동으로 매매예약완결권을 가지는 관계인지 아니면 채권자 각자의 지분별로 별개의 독립적인 매매예약완결권을 갖는지를 정해야 한다. 甲은 단독으로 자신의 지분에 대해서 독자적으로 예약완결권을 갖는다. 예약완결권 행사의 결과 甲은 자신의 지분에 대해서 가등기에 기한 본등기절차의 이행을 구할 수 있다. 다만 이때에도 가등기담보법이 정한 청산절차를 이행한 후에 본등기절차의 이행을 청구할 수 있다.

위 사례 1)과 같이 한 사람의 채무자에 대하여 수인의 채권자가 채권담보를 위하여 공동명의로 매매계약을 체결하고 그에 따른 소유권이전등기청구권 보전을 위한 가등기를 마친 경우에, 채권자 1인이 단독으로 예약완결권을 행사할 수 있는지가 문제된다.

수인의 채권자가 공동으로 매매예약완결권을 가지는 관계인지 아니면 채권자 각자의 지분별로 별개의 독립적인 매매예약완결권을 가지는 관계인지는 매매예약의 내용에 따라야 하고, 매매예약에서 그러한 내용을 명시적으로 정하지 않은 경우에는 수인의 채권자가 공동으로 매매예약을 체결하게 된 동기 및 경위, 매매예약에 의하여 달성하려는 담보의 목적, 담보 관련 권리를 공동 행사하려는 의사의 유무, 채권자별 구체적인 지분권의 표시 여부 및 지분권 비율과 피담보채권 비율의 일치 여부, 가등기담보권 설정의 관행 등을 종합적으로 고려하여 판단하여야 한다고 하였다(대판(전합) 2012.2.16, 2010다82530). 따라서 매매예약의 내용에 따라 채권자 1인이 단독으로 예약완결권을 행사할 수도 있다.

4) 행사기간 및 기산점

예약완결권은 일종의 형성권으로 당사자 사이에 그 행사기간을 약정한 때에는 그 기간 내에, 그러한 약정이 없는 때에는 그 예약이 성립한 때로부터 10년 내에 이를 행사하여야 하고, 그 기간을 지난 때에는 예약완결권은 제척기간의 경과로 인하여 소멸한다(대판 2003.1.10, 2000다26425). 행사기간의 기산점은 예약이 성립한 때이다. 제척기간은 권리자로 하여금 당해 권리를 신속하게 행사하도록 함으로써 법률관계를 조속히 확정시키려는데 그 제도의 취지가 있다는 점을 고려하고 소멸시효가 일정한 기간의 경과와 권리의 불행사라는 사정에 의하여 권리 소멸의 효과를 가져오는 것과는 달리, 제척기간은 그 기간의 경과 자체만으로 곧 권리 소멸의 효과를 가져오게 한다. 그러므로 제척기간 진행의 기산점은 특별한 사정이 없는 한 원칙적으로 예약이 성립한 때이고, 당사자 사이에 매매예약완결권을 행사할 수 있는 시기를 특별히 약정한 경우에도 그 제척기간은 당초 권리의 발생일부터 10년의 기간이 경과되면 만료된다고 본다(대판 2017.1.25, 2016다42077).

그러나 이에 대하여 권리가 발생하였더라도 이를 행사할 수 없다면 소멸시효뿐만 아니라 제척기간도 진행하지 않는다는 견해도 있다.

5) 행사효과

예약완결의 의사표시를 하면 그 때 본계약인 매매가 성립하고 효력이 발생한다. 예약완결권과 그 행사로 인하여 발생하는 소유권이전채권은 별개의 권리이므로 소유권이전채권은 예약완결권의 제척기간 내에 행사되지 않아도 되며 별도의 소멸시효기간이 진행된다.[1]

3. 계약금 – (제3편 제1장 제5절 계약금계약 참조)

Ⅲ. 매매의 효력

1. 매도인의 의무

(1) 재산권 이전의무

매도인은 매수인에게 약정한 목적물의 재산권을 이전할 의무를 부담한다. 매매의 목적인 권리가 등기나 등록을 요하는 물권이나 지식재산권의 경우 등기나 등록 등의 공시방법을 갖추어 주어야 하며 채권의 매매에서는 채권양도의 대항요건을 갖추기 위하여 채무자에게 통지를 해야 할 뿐만 아니라 채권증서 등 권리의 증명에 필요한 서류도 매수인에게 교부해야 한다. 부동산매매의 경우 소유권이전등기를 해주어야 한다.

문제는 이때 '매수인의 대금지급의무와 동시이행관계에 있는 매도인의 의무'가 무엇인지이다. 즉 대금지급의무와 동시이행관계에 있는 것은 등기의무인가 인도의무인가의 문제이다. 법원은 매수인의 대금지급의무와 동시이행관계에 있는 것은 매도인의 등기의무만이라고 판시한 적도 있지만(대판 1976.4. 27, 76다297) 이는 예외적이며, 그 후 다수의 판결례는 매수인의 대금지급의무와 동시이행관계에 있는 것은 매도인의 등기의무와 더불어 인도의무까지라고 판시하였다. 이 경우 매도인은 특별한 사정이 없는 한 제한이나 부담이 없는 완전한 소유권이전등기의무를 지는 것이므로 매매목적 부동산에 가압류등기 등이 되어 있는 경우에는 매도인은 이와 같은 등기도 말소하여 완전한 소유권이전등기를 해 주어야 하는 것이고, 따라서 가압류등기 등이 있는 부동산의 매매계약에 있어서는 매도인의 소유권이전등기 의무와 아울러 가압류등기의 말소의무도 매수인의 대금지급의무와 동시이행 관계에 있다(대판 1980.7.8, 80다725; 대판 2000.11.28, 2000다8533 등).

재산권이전의무의 내용에는 부동산의 인도의무도 포함되어 있다고 보아야 한다. 즉 '재산권이전의무 = 소유권이전의무 + 인도의무'로 이해되어 소유권이전의무와는 다른 의미로 이해된다.

---

1) 환매권의 행사로 발생한 소유권이전등기청구권의 소멸시효가 문제된 사안에서 대판 1991.2.22, 90다13420은 "환매권의 행사로 발생한 소유권이전등기청구권은 위 기간 제한과는 별도로 환매권을 행사한 때로부터 일반채권과 같이 민법 제162조 소정의 10년의 소멸시효 기간이 진행되는 것이지, 위 제척기간 내에 이를 행사하여야 하는 것은 아니다"라고 판시하였다.

(2) 매매대금 및 과실의 귀속

(가) 의 의

제102조에 의하여 과실은 원물로부터 분리하는 때에 권리자(예컨대 원물의 소유자 등)에게 귀속됨이 원칙이다. 그러나 매매의 경우 제587조에서 대금완납과 목적물의 인도 여부에 따라 과실의 귀속문제를 규정하고 있다. 매매에서 과실의 귀속주체는 목적물(원물)의 소유권 귀속 여부와 무관하게 인도 여부에 따라 정해진다($\frac{대판\ 1992.4.28,}{91다32527}$). 즉 목적물의 사용이익과 매매대금의 이자는 등가관계에 있다고 본다.

한편 과실수취권자는 목적물의 관리·보관비용도 부담함이 원칙이다($\frac{대판\ 1981.5.}{26,\ 80다211}$).

(나) 목적물이 인도되지 않은 경우에 과실 귀속주체

(1) 매수인도 대금을 완납하지 않았다면 과실은 매도인에게 귀속된다. 목적물의 소유권이 매수인에게 이미 이전되었더라도 대금의 완납이 없으면 과실은 매도인에게 귀속된다($\frac{대판\ 1992.}{4.28,\ 91}$ $\frac{다}{32527}$). 나아가 아직 매도인이 목적물을 인도하지는 않았지만 이행제공은 있어서 매수인이 이행지체에 빠진 경우에도 매수인에게 이행지체로 인한 손해배상책임을 물을 수 없다($\frac{대판\ 1981.5.}{26,\ 80다211}$). 매도인은 인도 전까지는 여전히 과실을 수취할 수 있기 때문이다. 나아가 목적물의 관리·보존의 비용도 매도인이 부담하는 점도 고려되어야 한다. 매도인이 이행지체에 빠진 경우에도 과실은 매도인에게 귀속되며, 매수인은 매도인을 상대로 이행지체를 위한 손해배상청구도 할 수 없다($\frac{대판\ 2004.4.23,}{2004다8210}$).

(2) 매수인이 대금을 완납하면 인도하기 전이라도 그때부터 과실수취권은 매수인에게 귀속된다($\frac{대판\ 2021.6.24,}{2021다220666}$).[2] 대금지급의무가 선이행의무인 매매에서 대금지급의무가 이행되었다면 목적물 인도기일까지의 과실은 매도인에게 귀속되어야 한다. 대금지급의 선이행의무의 약정은 인도받을 때까지의 이자는 포기한다는 의사가 있으므로 선이행했음에 대한 고려는 불필요하므로 제587조 제1문이 적용되어야 하기 때문이다(참고로 목적물인도의무가 선이행의무로 목적물이 인도되었다면 대금지급의 이행기까지의 과실은 매수인이 수취할 수 있다. 그리고 매수인은 이행기까지 이자지급의무가 없다($\frac{제587조}{제3문}$). 인도의 선이행의무의 약정은 목적물로부터 발생한 이익은 대금지급 여부와 무관하게 매수인에게 이전하기로 스스로 자신에게 불이익을 약속한 것이기 때문임은 앞서 본 바와 같다).

(다) 목적물이 인도된 경우의 과실 귀속주체

인도받은 매수인은 대금에 대한 이자를 지급하도록 되어 있다($\frac{제587조}{제2문}$). 매매계약의 이행으로 그 부동산을 인도받은 때에는 매매계약의 효력으로서 이를 점유·사용할 권리가 인정된다($\frac{대판\ 1996.6.25,}{95다12682,12699}$). 형평의 관념상 사용권이 인정된 매수인은 대금에 대한 이자를 지급하도록 함이 타당하다. 다만 매수인이 미리 인도받았더라도 대금지급을 거절할 정당한 사유가 있으면 이자지급의무가 없다(대판 2013.6.27, 2011다98129. 그 논거로 아직 소유권이전등기를 받지 않았던 사건에

---

2) 대금의 일부만 지급한 경우에도 그 부분만큼은 매수인이 과실을 수취할 수 있다고 봄이 형평의 원칙상 타당할 것이다.

서 매수인은 대금지급에 대하여 동시이행항변권을 가지므로 제587조의 이자지급의무가 없다고 판시함).

(라) 쌍무계약이 무효·취소된 경우에 선의의 매수인은 과실수취권이 인정되므로($^{제201조}_{제1항}$), 형평의 관점에서 제587조를 유추적용하여 선의의 매도인은 대금의 운용이익 내지 법정이자의 반환을 하지 않도록 한다($^{대판\ 1993.5.14,}_{92다45025}$).

사례 2 甲은 2011.11.27. 乙로부터 X부동산을 10억 원에 매수하면서, 乙에게 계약금 1억 원은 계약 당일, 중도금 3억 원은 2012.1.20.에 잔금 6억 원은 2012.4.30.까지 각 지급하기로 하였다. 乙은 甲에게 잔금 지급기일인 2012.4.30.까지 X부동산을 인도해 주되, X부동산을 임차하여 사용하고 있는 丙으로부터 매도인인 乙의 책임하에 잔금 지급기일까지 X부동산을 인도받기로 甲과 특약을 하였다. 그러나 丙이 2012.4.30.까지 X부동산을 인도할 수 없다고 하면서 계속 점유하자, 乙은 甲에 대한 위 매매계약의 의무를 이행할 수 없게 되었다. 이에 甲은 乙에 대하여 X부동산에 대한 소유권이전등기청구를 구하고 아울러 인도 약정일 다음날인 2012.5.1.부터 인도일까지 매월 X부동산의 차임 상당액을 지급할 의무가 있다고 하며 손해배상을 청구하였다(甲은 잔금의 이행제공을 계속하고 있으나 乙이 이를 수령하지 않고 있다). 甲의 청구는 인용될 수 있는가?

(대판 2004.4.23. 2004다8210 참조)

│해설 2│ 甲의 소유권이전등기는 인용되나 손해배상청구는 인용될 수 없다.

甲의 乙에 대한 X부동산 소유권이전등기청구는 인용되지만, 甲이 乙에게 매매잔대금을 전부 지급하였다는 주장과 증명이 없는 이상 매수인인 甲은 매도인인 乙에게 매매목적물의 인도의무의 이행지체를 원인으로 한 손해배상을 청구할 수는 없다. 매매목적물이 인도되지 아니하고 또한 매수인이 대금을 완제하지 아니한 때에는 매도인의 이행지체가 있더라도 과실은 매도인에게 귀속되기 때문이다.

---

2. 매수인의 의무 – 대금지급의무

(1) 일반론

매수인은 매도인에게 대금지급의무를 부담한다. 대금지급의 시기, 장소 등은 당사자 간의 특약을 통해서 자유롭게 정할 수 있으며, 만약 이에 대한 약정이 없다면 민법의 규정($^{제585조,}_{제586조}$)3)4)에 의하여 해결한다.

(2) 대금지급거절권

매수인은 제588조에 의하여 i) 매매의 목적물에 대하여 권리를 주장하는 자가 있는 경우에 ii) 매수인이 매수한 권리의 전부나 일부를 잃을 염려가 있는 때에는 매수인은 그 위험의 한도

---

3) 제585조 (동일기한의 추정) 매매의 당사자 일방에 대한 의무이행의 기한이 있는 때에는 상대방의 의무이행에 대하여도 동일한 기한이 있는 것으로 추정한다.

4) 제586조 (대금지급장소) 매매의 목적물의 인도와 동시에 대금을 지급할 경우에는 그 인도장소에서 이를 지급하여야 한다.

에서 대금의 전부나 일부의 지급을 거절할 수 있다. 그러나 매도인이 상당한 담보를 제공한 때에는 그러하지 아니하다. 이 경우에 매도인은 제589조에 의하여 매수인에 대하여 대금의 공탁을 청구할 수 있다.

대금지급거절권과 동시이행항변권의 요건이 겹치는 경우, 당사자는 선택적으로 항변권을 행사할 수 있다. 예컨대 아파트 분양건설사는 수분양자에게 입주시켜야 할 선이행의무가 분양건설사의 신용불안 등으로 의무이행이 현저히 곤란한 경우, 수분양자가 의무이행을 거절하는 근거는 대금지급거절의 항변권 또는 불안의 항변권일 수 있다(대판 2006.10.26, 2004다24106,24113). 매매목적물에 설정된 저당권의 말소 때까지 대금지급의 거절권능도 대금지급거절권과 함께 동시이행의 항변권도 그 근거가 될 수 있다.

(3) 매수인의 목적물 수령의무 존재 여부

이 문제는 채권자지체의 본질과 관련되어 있다. i) 채권자지체의 본질을 법정책임으로 보는 견해는 매수인의 수령의무를 부정하고 단지 매수인이 일정한 불이익을 받는 간접의무만 있다고 한다. ii) 반면에 채권자지체의 본질을 채무불이행책임으로 보는 견해는 매수인의 수령의무를 인정한다. iii) 또한 매매, 도급, 임치의 경우에만 수령의무가 인정된다는 견해도 있다.

3. 매도인의 담보책임 – (제5편 제 4장 참조)

Ⅳ. 환 매

<table>
<tr><td>1. 정 의</td><td>(3) 환매대금</td></tr>
<tr><td>2. 환매의 법적 성질</td><td>(4) 환매기간(제591 조)</td></tr>
<tr><td>(1) 학설의 대립</td><td>4. 환매의 실행</td></tr>
<tr><td>(2) 양도성</td><td>5. 환매의 효과</td></tr>
<tr><td>3. 환매권 행사요건</td><td>6. 환매와 다른 제도</td></tr>
<tr><td>(1) 객 체</td><td>(1) 재매매의 예약과의 비교</td></tr>
<tr><td>(2) 환매특약의 시기</td><td>(2) 양도담보와의 비교</td></tr>
</table>

1. 정 의

환매란 매도인이 매매계약과 동시에 매수인과 특약을 하여 목적물을 다시 매수할 수 있는 권리를 보류한 경우 그 영수한 대금 및 매수인이 부담한 매매비용을 반환하고 그 목적물을 되찾는 제도를 말한다(제590조 제1항).

환매에는 채권담보적 기능도 있다. 이를 위해서 재매매의 예약과 함께 비전형담보인 매도담보의 한 형태로 이용되고 있다. 순수한 환매가 아닌 담보를 위한 환매(매도담보)의 경우(특히 금전소비대차와 관련된 부동산의 매도담보)에는 민법의 환매규정이 적용되지 않고 가등기담보법 및 제607조, 제608조가 적용된다. 재매매의 예약도 담보를 위해 행해진 경우에는 위와 같다.

2. 환매의 법적 성질

(1) 학설의 대립

환매권자(매도인)는 환매기간 내에 일방적 의사표시에 의해 환매의무자에게 의무를 발생시킨다. 아래의 어떤 견해에 의해도 환매권을 형성권으로 이해하는 것은 공통이다.

(가) 매매계약 해제설

매매계약 해제설에 의하면 환매는 매매계약의 약정해제를 의미하며 환매권은 형성권의 일종인 약정해제권으로 본다. 이 견해에 대해서는 매매를 해제할 수 있다고 규정한 구 민법 제579조와는 달리 현행 민법 제590조가 환매할 수 있다고 규정형태를 바꾼 점에 비추어 보면 해제권으로 볼 수는 없다는 비판이 있다.

(나) 재매매 예약설

재매매예약설은 환매특약이 재매매의 예약과 성질이 유사함을 근거로 한다. 환매권의 행사로 두 번째 매매가 이루어지는 것으로 보아 환매권을 예약완결권으로 이해한다. 이 견해에 대해서는 환매등기된 부동산의 양도시 환매권은 양수인(전득자)에게 행사해야 하는데, 재매매예약설로 보면 당초의 계약당사자에게 행사해야 한다는 점에서 논리모순된다는 비판이 있다.

(다) 정지조건부 매매설

정지조건부 매매설에 의하면 환매권 행사 전의 매매는 채권담보수단으로서의 매매이나, 환매권 행사 후의 매매는 채권담보관계를 청산하기 위한 매매라고 본다(단 이때에도 환매권의 행사는 이미 성립한 환매관계에 대해서 정지조건의 성취와 동시에 매매관계를 청산관계로 변경시키는 효력도 갖는 형성권의 행사로 본다). 이 견해에 대해서는 환매권의 양도성을 설명할 수 없다는 비판이 있다.

(2) 양도성

환매등기가 되어 있지 않은 환매권을 양도하는 경우에는 채권양도의 대항요건(제450조)을 갖추어야 한다. 환매등기가 경료된 경우 환매권의 양도는 환매권이전의 부기등기에 의하고, 환매권양도의 합의와 환매권이전의 부기등기를 한 때 이전의 효력이 발생한다.

3. 환매권 행사요건

(1) 객 체

부동산과 동산 외에 지식재산권에도 행사가 가능하다. 부동산의 경우 환매권 보류등기시 제3자에게도 효력이 인정된다.

(2) 환매특약의 시기

매매계약과 동시에 이루어져야 한다. 매매계약이 있은 후에 한 특약은 환매는 아니지만 재매매의 예약으로서 유효할 수 있다. 매매계약의 효력상실시 환매특약도 효력이 상실된다.

(3) 환매대금

당사자의 특약이 없으면 제590조 제1항에 의해 매매대금 및 매수인이 부담한 매매비용이 환매대금이 된다. 특약이 있으면 그에 따라야 하는바, 환매가 채권담보를 목적으로 한 경우 제607조, 제608조를 적용하여 특약에 따른 환매대금도 처음의 매매대금과 이에 상당한 이자 및 계약비용을 초과할 수 없다. 대금의 이자와 목적물의 과실은 상계한 것으로 본다($\binom{제590조}{제3항}$).

(4) 환매기간($\binom{제591}{조}$)

환매기간은 부동산은 5년, 동산은 3년을 넘지 못하고 약정기간이 이를 넘는 때에는 부동산은 5년, 동산은 3년으로 단축된다($\binom{제1}{항}$). 환매기간을 정한 때에는 다시 이를 연장하지 못한다($\binom{제2}{항}$). 환매기간을 정하지 아니한 때에는 그 기간은 부동산은 5년, 동산은 3년으로 한다($\binom{제3}{항}$). 그 기간 경과 후 다시 환매특약을 하는 것은 환매기간의 연장으로서는 효력을 발생할 수 없다 하여도 특단의 사유가 없는 한 그 당사자 간의 재매매 예약의 특약이 새로이 있는 것이라고 인정될 수 있다.

4. 환매의 실행

환매권은 행사기간 내에 행사하여야 한다. 매도인은 환매기간 내에 대금과 매매비용을 매수인에게 제공하지 아니하면 환매할 권리를 잃고($\binom{제594조}{제1항}$), 매수인이 확정적으로 소유권을 취득한다. 이때 환매대금의 제공이 선이행의무이다. 매수인이나 전득자가 목적물에 대하여 비용을 지출한 때에는 매도인은 제203조에 의하여 이를 상환해야 한다. 그러나 유익비에 대하여는 법원은 매도인의 청구에 의하여 상당한 상환기간을 허여할 수 있다($\binom{제594조}{제2항}$).

환매의 목적물을 매수인이 제3자에게 양도한 경우 환매권자는 제3자(양수인)에게 대항할 수 없으나, 환매등기를 한 경우 양수인에게 대항할 수 있다($\binom{제592}{조}$). 이때 환매권은 양수인에게 행사해야 한다. 환매권도 채권자가 대위행사할 수 있으나, 매도인의 채권자가 매도인을 대위하여 환매하고자 하는 때에는 매수인은 법원이 선정한 감정인의 평가액에서 매도인이 반환할 금액을 공제한 잔액으로 매도인의 채무를 변제하고 잉여액이 있으면 이를 매도인에게 지급하여 환매권을 소멸시킬 수 있다고 규정하고 있다(제593조).

5. 환매의 효과

환매의 효과는 환매의 법적 성질을 어떻게 보느냐에 따라 달라진다.

(가) 매매계약 해제설의 입장

매매계약 해제설에서는 해제의 효과 문제로 본다. 다만 이때에도 i) 환매권행사로 매수인에게는 채권적인 원상회복의무만 발생하는가 아니면 ii) 환매권행사로 당연히 환매목적물의 소유권이 매도인에게 복귀하는가는 해제효과와 관련하여 유인성론·무인성론에 따라 차이가 있다.

(나) 재매매예약설의 입장

재매매예약설에 의하면 두 번째 매매의 성립으로 보고 그 이행이 있을 때(소유권이전등기가 완료된 때) 환매권자가 소유권을 취득한다고 한다.

(다) 판례의 입장

판례의 경우 환매의 의사표시를 하고 매도인 명의로 소유권등기를 하여야 소유권을 취득하며 환매의 의사표시만으로 당연히 소유권이 매도인에게 복귀하지 않는다고 한다. 구 부동산등기법 제64조의2(필자 주: 현행 부동산등기법 제52조 제6호)에 의하면 환매특약의 등기는 매수인의 권리취득의 등기에 부기하고, 이 등기는 환매에 의한 권리취득의 등기를 한 때에는 이를 말소하도록 되어 있으며 환매에 의한 권리취득의 등기는 이전등기의 방법으로 하여야 할 것인바, 설사 환매특약부 매매계약의 매도인이 환매기간 내에 매수인에게 환매의 의사표시를 한 바 있다고 하여도 그 환매에 의한 권리취득의 등기를 함이 없이는 부동산에 가압류집행을 한 자에 대하여 이를 주장할 수 없다(대판 1990.12.26, 90다카16914).

사례 3 甲은 乙로부터 돈을 빌리면서 乙에게 甲 소유의 X부동산을 담보로 제공하기로 하고, 2017.1.20. 乙 앞으로 환매기간을 2019.12.17.까지로 하는 환매권이 보류된 소유권이전등기를 경료시켜 주었다. 한편, 甲은 2019.11.16. 乙에게 환매대금 7,000,000원을 지급하고 환매의 의사표시를 하였으나, 아직 소유권이전등기를 경료받지는 않았고, 乙의 채권자인 丙은 2020.3.12. X부동산에 가압류등기를 하고 이를 집행하였다.
甲이 乙에게 환매의 의사표시를 한 이후에 이루어진 丙의 가압류집행에 대하여 甲은 이의할 수 있는가? (대판 1990.12.26, 90다카16914 참조)

| **해설 3** | 甲은 이의할 수 없다.

부동산등기법 제52조 제6호에 의하면 환매특약의 등기는 매수인의 권리취득의 등기에 부기하고, 이 등기는 환매에 의한 권리취득의 등기를 한 때에는 이를 말소하도록 되어 있으며 환매에 의한 권리취득의 등기는 이전등기의 방법으로 하여야 할 것인바, 설사 환매특약부 매매계약의 매도인이 환매기간 내에 매수인에게 환매의 의사표시를 한 바 있다고 하여도 그 환매에 의한 권리취득의 등기를 함이 없이는 부동산에 가압류집행을 한 자에 대하여 이를 주장할 수 없기 때문이다.

6. 환매와 다른 제도

(1) 재매매의 예약과의 비교

(가) 재매매의 예약은 매수인에게 물건이나 권리를 매도한 후, 다시 그 물건이나 권리를 매수할 것을 예약하는 것을 의미한다. 재매매의 예약도 환매와 마찬가지로 채권담보의 목적으로 행해지게 되면 가등기담보법 및 제607조, 제608조가 적용된다.

(나) 환매와의 차이점

첫째, 시점상의 제한에서 차이가 있다. 환매특약은 제1매매계약과 동시에 있어야 하나 재매매의 예약은 그 제한이 없다. 둘째, 대금상의 제한에서도 차이가 있다. 환매대금은 원매매의 대금으로 한정되나($\frac{제590조}{제1항}$), 재매매의 예약은 제한이 없다(단 환매에서도 특약이 가능함$\binom{동조\ 제}{2항\ 참조}$). 셋째, 공시방법의 차이이다. 환매는 환매권보류의 부기등기가 가능하나, 재매매의 예약은 일반적인 청구권 보전방법인 가등기만 가능하다. 넷째, 존속기간상의 제한에 차이가 있다. 환매는 부동산 5년이며 동산 3년이나, 재매매의 예약은 제한이 없다.

(2) 양도담보와의 비교

(가) 양도담보는 채권관계가 존속하지만, 환매는 채권관계가 없고 환매권을 행사하면 권리를 확보할 수 있다.

(나) 양도담보는 목적물의 멸실시 채권이 있으므로 채무자는 변제의무를 부담하지만, 환매는 채권관계가 없으므로 변제의무가 없다.

제2절 특수한 매매

Ⅰ. 소유권유보부매매

1. 의 의

(1) 개념정의

매도인이 매매목적물을 매수인에게 인도하면서 대금채권의 확보를 위해 매매대금이 모두 지급될 때까지 소유권을 매도인에게 유보해 두는 매매의 형태를 의미한다. 예컨대 할부판매에서 매매대금의 할부완납시까지 소유권을 유보해 두는 유형의 매매를 들 수 있다.

(2) 기능 및 특징

소유권유보약정에 의한 매매대금을 담보하는 기능을 한다. 특징으로는 i) 담보객체로서 매매목적물은 동산이 원칙이며, ii) 피담보채권은 매매대금에 한정되고, iii) 신용제공자는 매도인 외에 제3자(신용카드회사 등)도 가능하며, 채무자는 매수인이고, iv) 할부금연체로 매매계약이 해제된 경우 매도인의 물건회수는 소유권에 기한 반환청구권이라는 점에 있다.

(3) 동산질권과의 차이

동산질권과 달리 채무자(매수인)가 목적물을 사용·수익할 수 있고, 피담보채권이 제한되어 있다.

2. 법적 성질

정지조건부 소유권이전설과 담보물권설의 대립이 있다. (ⅰ) 정지조건부 소유권이전설에 의하면 매매대금의 완급이라는 정지조건의 성취로 소유권이 매수인에게 자동적으로 이전하며, 매수인은 대금완납시 소유권을 취득할 수 있다는 조건부권리인 물권적 기대권을 갖는다고 본다. (ⅱ) 담보물권설에 의하면 매수인은 소유권을 취득하나, 매도인에 대하여 매매대금채권을 피담보채권으로 하여 양도담보를 설정한 것으로 본다.

판례는 정지조건부 소유권이전설을 취하고 있다. 판례에 따르면 동산의 매매계약을 체결하면서, 매도인이 대금을 모두 지급받기 전에 목적물을 매수인에게 인도하지만 대금이 모두 지급될 때까지는 목적물의 소유권은 매도인에게 유보되며 대금이 모두 지급된 때에 그 소유권이 매수인에게 이전된다는 내용의 소위 소유권유보의 특약을 한 경우, 목적물의 소유권을 이전한다는 당사자 사이의 물권적 합의는 매매계약을 체결하고 목적물을 인도한 때 이미 성립하지만 대금이 모두 지급되는 것을 정지조건으로 하므로, 목적물이 매수인에게 인도되었다고 하더라도 특별한 사정이 없는 한 매도인은 대금이 모두 지급될 때까지 매수인뿐만 아니라 제3자에 대하여도 유보된 목적물의 소유권을 주장할 수 있고, 다만 대금이 모두 지급되었을 때에는 그 정지조건이 완성되어 별도의 의사표시 없이 목적물의 소유권이 매수인에게 이전된다고 한다($\binom{대판\ 1996.}{6.28.\ 96}$ 다14807).

따라서 소유권유보약정이 있는 동산 매매계약의 매수인이 대금을 모두 지급하지 않은 상태에서 목적물을 제3자에게 양도한 경우 그 양도의 효력은 원칙적으로 무효이며(소유권이 매도인에게 유보되어 있기 때문이다), 제3자가 소유권을 취득하기 위해서는 소유자인 매도인이 이를 추인하거나, 제3자가 선의취득의 요건을 갖추어야 한다. 그러나 양수인에게 통상적으로 요구되는 양도인의 양도권원에 관한 주의의무를 다하지 아니한 과실이 인정된다면 선의취득도 인정되지 않는다($\binom{대판\ 2010.2.11.}{2009다93671}$).

다만 매수인이 소유권유보부 매매의 목적물을 타인의 직접점유를 통하여 간접점유하던 중, 그 타인의 채권자가 채권의 실행으로 그 목적물을 압류한 사안에서, 매수인은 비록 그 목적물의 소유자는 아니지만 소유권유보매수인 또는 정당한 권원 있는 간접점유자의 지위에서 민사집행법 제48조 제1항에 정한 '목적물의 인도를 막을 수 있는 권리'를 가진다($\binom{대판\ 2009.4.9.}{2009다1894}$).

3. 소유권 유보의 성립

소유권유보부매매가 성립하려면 소유권 유보의 특약이 있어야 한다. 소유권 유보의 특약은 매매목적물의 인도시까지 이루어져야 한다. 인도완료 후에 소유권 유보의 의사표시는 효력이 없다.

목적물은 보통 동산을 대상으로 한다. 한편 등기를 요하는 부동산이나 등록을 요하는 자동차, 건설기계 등에 대해서도 소유권유보부매매의 법리가 적용되는지 문제된다. 판례에 의하면 부동산과 같이 등기에 의하여 소유권이 이전되는 경우에는 등기를 대금완납시까지 미룸으로써 담보의 기능을 할 수 있기 때문에 굳이 위와 같은 소유권유보부매매의 개념을 원용할 필요성이 없으며, 일단 매도인이 매수인에게 소유권이전등기를 경료하여 준 이상은 특별한 사정이 없는 한 매수인에게 소유권이 귀속되는 것이라고 한다. 한편 자동차, 중기, 건설기계 등은 비록 동산이기는 하나 부동산과 마찬가지로 등록에 의하여 소유권이 이전되고, 등록이 부동산 등기와 마찬가지로 소유권이전의 요건이므로, 역시 소유권유보부매매의 개념을 원용할 필요성이 없다고 한다($\binom{대판\ 2010.2.25.}{2009도5064}$).

4. 소유권 유보의 효력

(1) 대내적 효력

계약에 의하여 정해질 것이나, 일반적으로 매수인이 목적물을 점유, 사용·수익하고 과실을 수취한다. 대신 비용 등도 매수인이 부담한다. 약정할부금이 있다면 이를 지급해야 하며 이에 대해서는 약관규제법이 적용된다.

목적물이 양 당사자의 책임 없는 사유로 멸실·훼손된 경우 누가 그 위험을 부담하는지 문제된다. 목적물의 인도에 의하여 위험이 매수인에게 이전되므로 매수인의 대금채무는 소멸하지 않는다고 보는 것이 다수설이다.

(2) 대외적 효력

(가) 목적물의 처분

1) 정지조건부 소유권이전설

i) 매수인은 목적물을 처분할 수 없으므로 매수인으로부터 목적물을 취득한 제3자는 보호되지 못하여 매도인에게 대항할 수 없다. ii) 단 제3자는 매수인의 물권적 기대권을 취득하게 된다. iii) 별도로 선의취득의 요건을 구비한 경우에 소유권의 취득이 가능하다(제249조).

2) 담보물권설

i) 매수인은 목적물을 처분할 수 있으므로 제3자는 담보권부 소유권을 취득하게 된다. ii) 매도인의 담보권실행을 위해서는 제3자가 악의·과실이 있어야 한다. iii) 제3자는 선의취득은 가능하다. iv) 담보권실행이 불가능하면 매수인은 매도인에게 손해배상책임을 부담한다.

(나) 매수인의 일반채권자에 의한 압류

매수인의 채권자가 그 목적물에 관하여 강제집행하려고 하는 경우에는 매도인은 그 집행에 대하여 제3자 이의의 소를 제기할 수 있다(민사집행법 제48조).

민사소송법 제3자 이의의 소

제3자 이의의 소란 집행의 목적물에 대하여 제3자가 소유권을 가지거나 목적물의 양도·인도를 막을 수 있는 권리를 가진 때 그 제3자가 집행채권자를 상대로 자신의 권리를 침해하는 강제집행에 이의를 주장하고 그 집행의 배제를 구하는 소를 말한다. 채권자가 강제집행을 할 때 채무자가 아닌 제3자의 재산이 잘못 압류되는 경우, 제3자가 가지는 구제수단이다.

(다) 파산의 경우

매수인의 파산시 매도인은 목적물의 환취권을 갖는다는 견해와 담보권에 불과하므로 별제권을 갖는다는 견해가 있다. 매도인의 파산시 할부대금의 지체가 없는 한 법적 지위에 변화가 생기지 않는다.

제1편
제2편
제3편
제4편
제5편
제6편
제7편
제8편
제9편
중요한 계약의 유형

5. 소유권 유보의 실행

형식은 매매계약의 해제이나 실질은 담보권의 실행이다. 정지조건부 소유권이전설에 의하면 유보된 소유권을 근거로 목적물 반환청구를 하게 된다.

6. 소유권 유보의 소멸

(1) 매수인이 대금을 완납하면 소유권 유보는 소멸한다.

(2) 소유권이 제3자나 매수인에게로 이전되면 소유권 유보는 소멸한다.

(가) 매수인이 매도인의 처분권한 부여에 의해 전매한 경우 매수인이 목적물을 양도함과 동시에 매도인의 소유권 유보 및 매수인의 기대권은 소멸한다.

(나) 매도인의 승낙 없이 매수인이 무단전매하였다면 매도인은 매수인에게 대항할 수 있지만 제3자가 선의취득하게 되는 경우 제3자는 완전한 소유권을 취득하게 된다.

(다) 매수인의 가공에 의하여 목적물의 가액이 현저히 증가한 때에는 그 목적물은 매수인의 소유가 된다($\binom{\text{제259조}}{\text{제1항}}$).

(3) 매도인이 소유권을 포기하면 소유권 유보도 소멸한다.

II. 할부판매

1. 의 의

동산매매에서 매매대금지급을 일정기간 분할하도록 하고 대금의 완불 전에 매수인에게 미리 동산을 인도하기로 하는 특약이 있는 매매를 의미한다. 소유권유보부매매는 통상 할부판매의 형식으로 이루어진다.

소비자신용거래에서 상당기간 매수인에게 신용을 부여하며, 일반적으로 소유권을 유보하고, 계약해제 기한이익의 상실 등에 관한 특약도 같이한다.

충동구매의 방지와 경제적 약자인 소비자보호를 위해 1991년 할부거래법이 제정되었다.

2. 할부거래법의 내용

이 법의 적용대상에 대해서는 할부거래법 제2조가 규정하고 있다. 이에 따르면 i) 소비자가 사업자에게 재화의 대금(대금)이나 용역의 대가($\binom{\text{이하 "재화 등의}}{\text{대금"이라 한다}}$)를 2개월 이상의 기간에 걸쳐 3회 이상 나누어 지급하고, 재화 등의 대금을 완납하기 전에 재화의 공급이나 용역의 제공(이하 '재화 등의 공급'이라 한다)을 받기로 하는 계약($\binom{\text{이하 '직접할부}}{\text{계약'이라 한다}}$)이나 ii) 소비자가 신용제공자에게 재화 등의 대금을 2개월 이상의 기간에 걸쳐 3회 이상 나누어 지급하고, 재화 등의 대금을 완납하기 전에 사업자로부터 재화 등의 공급을 받기로 하는 계약(이하 '간접할부' 계약'이라 한다)에 적용된다.

계약체결 전의 정보제공과 할부계약의 서면주의(할부거래법 제5조, 제6조)가 적용되며 매수인에게는 철회권(할부거래법 제8조)이 있다. 계약서를 받은 날부터 7일 이내에 서면으로 청약철회가 가능하다. 다만 그 계약서를 받은 날보다 재화 등의 공급이 늦게 이루어진 경우에는 재화 등을 공급받은 날부터 7일 이내에는 서면으로 청약철회가 가능하다.

할부거래업자의 계약해제와 손해배상청구금액의 제한은 할부거래법 제11조, 제12조에서, 소비자의 기한이익상실과 기한 전 지급은 동법 제13조, 제14조에서 소비자의 항변권 행사사유는 동법 제16조에서 규정하고 있다.

Ⅲ. 방문판매 및 전화권유판매, 다단계판매

1. 의 의(방문판매법 제2조)

(1) '방문판매'란 재화 또는 용역(일정한 시설을 이용하거나 용역을 제공받을 수 있는 권리를 포함한다)의 판매(위탁 및 중개를 포함한다)를 업으로 하는 자(이하 '판매업자')가 방문을 하는 방법으로 그의 영업소, 대리점, 그 밖에 총리령으로 정하는 영업장소(이하 '사업장') 외의 장소에서 소비자에게 권유하여 계약의 청약을 받거나 계약을 체결(사업장 외의 장소에서 권유 등 총리령으로 정하는 방법으로 소비자를 유인하여 사업장에서 계약의 청약을 받거나 계약을 체결하는 경우를 포함한다)하여 재화 또는 용역(이하 '재화 등')을 판매하는 것을 말한다.

(2) '전화권유판매'란 전화를 이용하여 소비자에게 권유를 하거나 전화회신을 유도하는 방법으로 재화 등을 판매하는 것을 말한다.

(3) '다단계판매'란 다음 세 가지 요건을 모두 충족하는 판매조직(이하 '다단계판매 조직'이라 한다)을 통하여 재화 등을 판매하는 것을 말한다.

i) 판매업자에게 속한 판매원이 특정인을 해당 판매원의 하위 판매원으로 가입하도록 권유하는 모집방식이 있을 것

ii) i)에 따른 판매원의 가입이 3단계(다른 판매원의 권유를 통하지 아니하고 가입한 판매원을 1단계 판매원으로 한다. 이하 같다) 이상 단계적으로 이루어질 것. 다만, 판매원의 단계가 2단계 이하라고 하더라도 사실상 3단계 이상으로 관리·운영되는 경우로서 대통령령으로 정하는 경우를 포함한다.

iii) 판매업자가 판매원에게 판매원의 수당에 영향을 미치는 다른 판매원들의 재화 등의 거래실적 또는 판매원의 수당에 영향을 미치는 다른 판매원들의 조직관리 및 교육훈련 실적에 해당하는 후원수당을 지급하는 방식을 가지고 있을 것

2. 방문판매법의 규율

이를 규율하기 위해 방문판매법이 제정·시행되고 있다. 방문판매와 전화권유판매에 대해서 방문판매업자 등의 신고(방문판매법 제5조), 방문판매원 등의 명부작성(방문판매법 제6조), 방문판매자 등의 소비자에

대한 정보제공의무$\binom{방문판매}{법 제7조}$, 청약철회와 그 효과$\binom{방문판매법}{제8조, 제9조}$, 손해배상청구금액의 제한$\binom{방문판매}{법 제10조}$, 금지행위$\binom{방문판매}{법 제11조}$ 등을 규정하고 있다. 다단계판매에 대해서는 방문판매법 제13조부터 제29조에서 다단계판매업자의 등록, 정보제공의무, 청약철회, 손해배상청구금액의 제한, 후원수당의 지급기준 등에 관하여 규정하고 있다.

방문판매법은 2012.8.18. 대폭 개정이 되었는데, 그 이유는 다단계판매의 정의가 지나치게 엄격하여 최근 방문판매업체로 신고하고 실질적으로는 다단계판매 영업을 하는 이른바 '신방문판매업체'들에 의한 소비자 피해의 확산을 방지하기 위해서이다. 대표적인 개정의 내용은 다음과 같다.

(1) 다단계판매 정의 규정 정비$\binom{방문판매법}{제2조 제5호}$

다단계판매의 요건 중 '소비자' 및 '소매이익' 부분을 삭제하여 유사 다단계판매업체들을 다단계판매업체로 규율한다.

(2) 후원방문판매 신설$\binom{방문판매법 제2조}{제7호 및 제29조}$

특정 판매원의 실적이 직근 상위판매원 1인의 후원수당에만 영향을 미치는 후원수당 지급방식을 가진 방문판매를 후원방문판매로 정의하고 다단계판매에 준하는 규제를 도입한다.

(3) 방문판매계약 청약철회권 보완$\binom{방문판매}{법 제8조}$

방문판매 계약서에 청약철회 등에 관한 사항이 적혀 있지 아니한 경우에는 청약철회 등을 할 수 있음을 안 날 또는 알 수 있었던 날부터 14일 이내에, 방문판매업자 등이 청약철회 등을 방해한 경우에는 그 방해 행위가 종료한 날부터 14일 이내에 청약을 철회할 수 있도록 한다.

(4) 사행적 판매원 확장행위 금지 신설$\binom{방문판매}{법 제24조}$

법률상 규제를 회피하기 위한 다양한 변종 영업형태를 금지하기 위하여 현실에서 빈번하게 발생하는 행위 유형들을 금지행위에 추가한다.

(5) 전화권유판매 수신거부의사 등록시스템 구축 근거 마련$\binom{방문판매}{법 제42조}$

전화권유판매자의 행위로부터 소비자를 보호하기 위하여 소비자가 수신거부의사를 명시적으로 표시하여 등록할 수 있는 수신거부의사 등록시스템을 구축할 수 있도록 한다.

Ⅳ. 통신판매

우편·전기통신, 그 밖에 총리령으로 정하는 방법으로 재화 또는 용역_(일정한 시설을 이용하거나 용역을 제공받을 수 있는 권리를 포함한다)의 판매에 관한 정보를 제공하고 소비자의 청약을 받아 재화 또는 용역_(이하 '재화 등')을 판매하는 것을 말한다_(전자상거래법 제2조 제2호). 다만 방문판매법 제2조 제3호에 따른 전화권유판매는 통신판매의 범위에서 제외한다. 통신판매에는 전자상거래법이 적용된다.

제2장 각종의 계약

제1절 임 대 차

Ⅰ. 의 의
1. 임대차의 의의
2. 소비대차 및 사용대차와의 비교
Ⅱ. 부동산임차인의 보호
1. 보호필요성
2. 보호방법
Ⅲ. 임대차의 성립
1. 낙성계약
2. 임대차의 목적물
Ⅳ. 임대차의 존속기간
1. 존속기간을 정한 경우
2. 존속기간을 정하지 않은 경우
Ⅴ. 임대차의 법률효과
1. 임대인의 의무
2. 임차인의 권리
3. 임차인의 의무
Ⅵ. 임차권의 양도 및 임차물의 전대
1. 의 의
2. 민법의 규정
3. 임대인의 동의 없는 양도 · 전대
4. 임대인의 동의 있는 양도 · 전대
Ⅶ. 보증금
1. 의 의
2. 효 력

3. 보증금반환청구권
Ⅷ. 임대차의 종료
1. 임대차의 종료원인
2. 임대차 종료의 효과
3. 임대차 종료 후 임대차 부동산의 점유 · 사용에 따른 부당이득의 반환
Ⅸ. 주택의 임대차(주택임대차보호법상의 특칙)
1. 목 적
2. 적용범위
3. 대항력
4. 보증금의 우선변제, 최우선변제
5. 존속기간의 보호
6. 차임 등의 증감청구권
7. 임차권등기명령제도
8. 주택임대차 심화학습
Ⅹ. 상가건물 임대차보호법
1. 목 적
2. 적용범위
3. 대항력
4. 존속기간의 보호
5. 보증금의 우선변제, 최우선변제
6. 차임 등의 증감청구권
7. 권리금

I. 의   의

1. 임대차의 의의

제618조는 "임대차는 당사자일방이 상대방에게 목적물을 사용, 수익하게 할 것을 약정하고 상대방이 이에 대하여 차임을 지급할 것을 약정함으로써 그 효력이 생긴다"고 규정하고 있다. 전세권은 전세금을 지급하고 타인의 부동산을 점유하여 그 부동산의 용도에 좇아 사용·수익하며 그 부동산 전부에 대하여 후순위권리자 기타 채권자보다 전세금의 우선변제를 받을 권리를 내용으로 하는 물권이지만, 임대차는 당사자 일방이 상대방에게 목적물을 사용·수익하게 할 것을 약정하고 상대방이 이에 대하여 차임을 지급할 것을 약정함으로써 그 효력이 발생하는 채권계약으로서, 주택임차인이 주택임대차보호법 제3조 제1항의 대항요건을 갖추거나 제621조의 규정에 의한 주택임대차등기를 마치더라도 채권계약이라는 기본적인 성질에 변함이 없다($\binom{대판\ 2007.6.28.}{2004다69741}$).

2. 소비대차 및 사용대차와의 비교

(1) 공통점

세 계약 모두 대차형 계약(타인의 물건의 사용·수익이 목적)이며, 계속적 계약이고, 낙성·불요식계약이다.

(2) 차이점

(가) 소비차주는 대체물의 반환의무를 부담하여 인도된 물건의 소유권을 취득하여($\binom{제598}{조}$) 그 이용방법상의 제한이 없으나 임대차의 경우는 계약 또는 목적물의 성질에 정해진 용법에 따른 사용·수익($\binom{제610조,}{제654조}$)을 해야만 한다.

(나) 임대차는 유상계약이고, 사용대차는 무상계약이며, 소비대차는 이자지급의무의 여부에 따라 유상·무상계약 모두가 가능하다.

II. 부동산임차인의 보호

1. 보호필요성

경제적 약자인 부동산임차인을 보호할 필요가 있다. 특히 주택임대차의 경우 주거의 확보는 인간생존에 필수적인 요소이므로 주택임차인의 보호는 더욱 강조된다(생업이 상업이거나 농업인 경우 상가임대차와 농지임대차의 경우도 마찬가지이다).

2. 보호방법

(1) 특별법에 의한 보호방법이 있다. 대표적으로 주택임대차보호법, 상가건물임대차보호법, 농지법 등이 그 예이다.

(2) 임차인 보호를 위한 법리적 구성

임차권을 물권화시키는 경향이 있다.

임차인의 등기청구권이 인정되는지 여부와 관련하여^(이는 제621조 제1항
의 해석의 문제이다) 긍정설과 부정설^(등기절차에
서의 협력청
구에 불과하므로 임대인의 동의
없으면 등기가 불가능하다고 본다)의 대립이 있다.

임차인의 방해배제청구권과 관련하여 임차인은 임대차를 등기하거나^(제621
조), 건물의 소유를 목적으로 한 토지임대차는 그 등기 없이도 임차인이 그 지상건물을 등기한 때에는 제3자에 대하여 임대차의 효력이 생긴다^(제622조
제1항).

등기된 임차권^(제621조
제2항)의 침해시 임차인은 임차권에 기하여 방해배제청구를 할 수 있다. 예컨대 견해의 대립이 있다.

임차권자는 임대차기간이 종료한 후에도 임차보증금을 반환받기까지는 임대인이나 그 승계인에 대하여 임차권등기의 말소를 거부할 수 있다고 할 것이고, 따라서 임차권등기가 원인 없이 말소된 때에는 그 방해를 배제하기 위한 청구를 할 수 있다고 하였다. 즉 등기된 임차권의 경우에 방해배제청구권을 인정하고 있다^(대판 2002.2.26.
99다67079).

주택임차인이 지위강화를 위해 별도로 임대인과 임대차보증금을 전세금으로 하여 전세권설정계약을 체결하고 이에 따라 전세권설정등기를 마친 경우도 있다. 이 때 임차인은 전세권자로서의 지위와 임차인으로서의 지위를 함께 가지게 된다.

임대차보증금은 전세금의 성질을 겸하게 되므로, 당사자 사이에 다른 약정이 없는 한 임대차보증금 반환의무는 제317조에 따라 전세권설정등기의 말소의무와도 동시이행관계에 있다^(대판
2011.
3.24. 2010
다95062).

또한 최선순위 전세권자로서 배당요구를 하여 전세권이 매각으로 소멸되었다 하더라도 변제받지 못한 나머지 보증금에 기하여 대항력을 행사할 수 있고, 그 범위 내에서 임차주택의 매수인은 임대인의 지위를 승계한 것이 된다^(대결 2010.7.26.
2010마900).

그러나 민사집행법 제91조 제3항과 제4항을 고려할 때 주택임대차보호법상 임차인으로서의 지위와 전세권자로서의 지위를 함께 가지고 있는 자가 그중 임차인으로서의 지위에 기하여 경매법원에 배당요구를 하였다면 배당요구를 하지 아니한 전세권에 관하여는 배당요구가 있는 것으로 볼 수 없다^(대판 2010.6.24.
2009다40790).

주택임차인이 그 지위를 강화하고자 별도로 전세권설정등기를 마쳤더라도 주택임차인이 주택임대차보호법 제3조 제1항의 대항요건을 상실하면 이미 취득한 주택임대차보호법상의 대항력 및 우선변제권을 상실한다^(대판 2007.6.28.
2004다69741).

그러나 실제로 전세권설정계약 없이 단지 임대차보증금반환채권을 담보할 목적으로 임차인 명의로 전세권설정등기를 하였다면, 이와 같은 전세권설정계약은 통정허위표시에 해당하여 무효이고 이에 터잡은 전세권설정등기는 원인무효의 등기가 된다. 다만 선의로 그 전세권에 대하여 저당권을 취득하거나 압류를 한 제3자는 제108조 제2항에 따라 보호를 받는다(대판 2008.3. 13, 2006다 29372, 29389).

종합사례 1

2012.3.5. 甲과 乙은 X건물(甲 소유)에 대한 임대차계약을 체결하였다(임차기간 2년(2012.3.6-2014.3.5)), 임차보증금 3억 원). 이에 임차인 乙은 2012.3.8. 확정일자 및 전입신고를 마쳤다. 한편 2012.3.16. 乙은 임차보증금반환채권을 담보하기 위해 甲의 동의하에 임차보증금 3억 원을 전세보증금으로 하여, 전세권설정등기를 마쳤다(전세기간은 임대차계약기간과 동일하다). 甲은 자금이 필요하여 K은행에서 2억 원을 대출하였고, 2012.5.30. K은행이 X건물에 저당권설정등기를 완료하였다. 2013.5.30. 甲이 K은행에게 대출금을 상환하지 못하자, K은행은 저당권에 기해 경매를 신청하였다. 한편 甲과 乙은 전세권설정에 대한 합의가 있었던 것으로 밝혀졌다.
매각절차에서 丁이 2억 원에 X건물을 매수하였고, 선순위 전세권자로서 배당요구를 한 乙은 매각대금에서 2억 원을 배당받았다. 2013.8.20. 매수인 丁이 乙에게 건물의 인도를 요청하자, 乙은 임차권을 주장하면서 이를 거절하였다. 乙의 주장은 타당한가?

종합사례 해설 1

I. 쟁 점

임차보증금반환채권을 담보하기 위하여 전세권설정등기가 마쳐진 경우 전세권설정등기의 효력 및 임차보증금의 법적 성격, 전세권이 소멸한 경우 임차권은 유지되는지 여부가 문제된다.

II. 적용법리

1. 甲과 乙 사이에 체결된 전세권설정등기의 효력

판례는 전세권설정계약의 합의를 기초로 임대인과 임차인이 임대차계약을 체결하면서 임대차보증금을 전세금으로 하는 전세권설정등기를 경료한 경우, 임대차보증금은 전세금의 성질을 겸하게 된다고 보아, 전세권설정등기의 효력을 인정한다(대판 2011.3.24, 2010다95062). 따라서 주택임차인이 그 지위를 강화하고자 별도로 전세권 설정등기를 마치더라도 주택임대차보호법상 임차인으로서 우선변제를 받을 수 있는 권리와 전세권자로서 우선변제를 받을 수 있는 권리는 근거규정 및 성립요건을 달리하는 별개의 권리로 보호된다.

2. 전세권에 기하여 배당절차에 참가한 경우 임차권의 소멸 여부

가. 전세권이 소멸하는지 여부

최우선전세권자로서 배당요구를 하게 되면, 민사집행법 제91조[1] 제4항에 의해 전세권은 소멸한다.

---

1) 민사집행법 제91조 (인수주의와 잉여주의의 선택 등) ① 압류채권자의 채권에 우선하는 채권에 관한 부동산의 부담을

나. 임차권이 소멸하는지 여부

乙이 전세권과 더불어 주택임대차보호법상의 대항력을 갖추는 것은 자신의 지위를 강화하기 위한 것이지 원래 가졌던 권리를 포기하고 다른 권리로 대체하려는 것은 아니라는 점, 자신의 지위를 강화하기 위하여 설정한 전세권으로 인하여 오히려 주택임대차보호법상의 대항력이 소멸된다는 것은 부당하다는 점, 동일인이 같은 주택에 대하여 전세권과 대항력을 함께 가지므로 대항력으로 인하여 전세권 설정 당시 확보한 담보가치가 훼손되는 문제는 발생하지 않는다는 점 등을 고려하면, 선순위 전세권자로서 배당요구를 하여 전세권이 매각으로 소멸되었다 하더라도, 임차인의 지위에서 변제 받지 못한 나머지 보증금에 기하여 대항력을 행사할 수 있을 것이다(대결 2010.7.26, 2010마900).

다. 丁이 임대인의 지위를 승계하였는지 여부

주택임대차보호법 제3조 제3항 은 같은 조 제1항이 정한 대항요건을 갖춘 임대차의 목적이 된 임대주택(이하 '임대주택'은 주택임대차보호법의 적용대상인 임대주택을 가리킨다)의 양수인은 임대인의 지위를 승계한 것으로 본다. 이는 법률상의 당연승계 규정으로 보아야 하므로, 임대주택이 양도된 경우에 양수인은 주택의 소유권과 결합하여 임대인의 임대차 계약상의 권리·의무 일체를 그대로 승계하며, 그 결과 양수인이 임대차보증금반환채무를 면책적으로 인수하고, 양도인은 임대차관계에서 탈퇴하여 임차인에 대한 임대차보증금반환채무를 면하게 된다(대판(전합) 2013.1.17, 2011다49523). 이에 丁은 임대인의 지위를 승계한 것으로 볼 수 있다.

Ⅲ. 사안의 해결

임대차계약을 체결하면서 임대차보증금을 전세금으로 하는 전세권설정등기를 경료한 경우, 임대차보증금은 전세금의 성질을 겸하게 된다. 사안의 경우처럼 乙이 전세권에 기해 배당을 요구하는 경우에도 '자신의 지위를 강화하기 위하여 설정한 전세권으로 인하여 오히려 주택임대차보호법상의 대항력이 소멸된다는 것은 부당하다는 점'에서 임차권은 소멸하지 않는다. 한편 양수인은 당연히 임대인의 지위를 승계하므로 임차인 乙은 양수인 丁에게 임차권의 대항력을 주장할 수 있게 된다. 따라서 乙의 주장은 타당하다.

Ⅲ. 임대차의 성립

1. 낙성계약

임대차는 당사자 일방이 상대방에게 목적물을 사용, 수익하게 할 것을 약정하고 상대방이 이에 대하여 차임을 지급할 것을 약정함으로써 그 효력이 생긴다(제618조). 다만 일반적으로 부동

매수인에게 인수하게 하거나, 매각대금으로 그 부담을 변제하는 데 부족하지 아니하다는 것이 인정된 경우가 아니면 그 부동산을 매각하지 못한다.

② 매각부동산 위의 모든 저당권은 매각으로 소멸된다.

③ 지상권·지역권·전세권 및 등기된 임차권은 저당권·압류채권·가압류채권에 대항할 수 없는 경우에는 매각으로 소멸된다.

④ 제3항의 경우 외의 지상권·지역권·전세권 및 등기된 임차권은 매수인이 인수한다. 다만, 그중 전세권의 경우에는 전세권자가 제88조에 따라 배당요구를 하면 매각으로 소멸된다.

⑤ 매수인은 유치권자에게 그 유치권으로 담보하는 채권을 변제할 책임이 있다.

산을 채권담보의 목적으로 양도한 경우 특별한 사정이 없는 한 목적부동산에 대한 사용수익권은 채무자인 양도담보 설정자에게 있는 것이므로 설정자와 양도담보권자 사이에 양도담보권자가 목적물을 사용·수익하기로 하는 약정이 없는 이상 목적부동산을 임대할 권한은 양도담보 설정자에게 있다(대판 2001.12.11., 2001다40213).

2. 임대차의 목적물

(1) 목적물

임대차의 목적물은 동산, 부동산이다. 농지에 대해서는 농지법에 의한 제한을 받는다. 권리도 임대차의 목적물로 할 수 있는지에 대하여 (i) 가능하다는 견해와 (ii) 불가능하다는 견해가 있다. 불가능하다는 견해에 의하면 권리에 대하여 임대차계약이 성립된 경우에 이를 임대차와 유사한 무명계약으로 이해한다.

(2) 타인 소유 목적물에 대한 임대차계약

임대차는 당사자의 일방이 상대방에게 목적물을 사용, 수익케 할 것을 약정하면 되는 것으로, 임대인이 그 목적물에 대한 소유권이나 기타 그것을 처분할 권한을 반드시 가져야 하는 것은 아니다(제619조 참조). 따라서 임대인에게 소유권 기타 적법한 임대권한이 없어도 임대차계약은 유효하게 성립한다(대판 1996.9.6, 94다54641; 대판 2012.1.27, 2010다59660. 다만 주택임대차보호법상 임차인으로 보호받기 위해서는 적어도 적법한 임대권한을 가진 임대인과 임대차계약을 체결한 경우만으로 제한된다. 대판 2012.7.26, 2012다45689; 대판 2014.2.27, 2012다93794). 따라서 임대인이 임대목적물에 대한 소유권 내지 처분권이 없었거나 임대차계약 후 소유권을 상실한 사실만으로 임대인의 채무가 불능이 되는 것은 아니다(대판 1994.5.10., 93다37977). 목적물이 반드시 임대인의 소유일 것을 특히 계약의 내용으로 삼은 경우라면 착오를 이유로 임차인이 임대차계약을 취소할 수 있다(대판 1975.1. 28. 74다2069). 다만 임차인이 대항력 있는 임차권을 취득하기 위해서는 임대인이 소유자이거나 또는 소유권을 갖고 있지 않더라도 적법하게 임대차계약을 체결할 수 있는 권한을 가지고 있어야 한다. 또한 임대차계약이 일단 유효하게 성립하고 임대인이 목적물을 인도하여 임차인이 이를 사용·수익하고 있었다면 그 후에 임대인의 목적물에 대한 사용수익권의 상실 등으로 그 계약의 목적을 달성할 수 없는 사정이 발생한다 하더라도 특별한 사정이 없는 한 그 계약이 소급하여 무효로 되는 것도 아니다(통설: 대판 1991. 3.27, 88다카30702).

Ⅳ. 임대차의 존속기간

1. 존속기간을 정한 경우

(1) 최장기간의 제한규정($_{조}^{제651}$)의 위헌결정

(가) 원 칙

개정 전 제651조 제1항에 의하면, 일정한 목적을 위한 토지임대차(견고한 건물 기타 공작물의 소유를 목적으로 하는 토지임대차 등)를 제외한 임대차의 존속기간은 20년을 넘지 못하였으며, 약정기간이 20년을 넘는 경우에는 단축되었다. 그런데 헌법재판소는 이 규정을 위헌이라고 보았다($_{2011헌바234}^{헌재결 2013.12.26.}$). 결국 제651조는 2016.1.6. 민법개정으로 삭제되어 존속기간이 20년이 넘는 임대차계약도 유효하다.

(나) 영구무한의 임대차 허용 여부

계약자유의 원칙상 임대차기간이 '영구'인 임대차계약도 유효하다($_{2023다209045}^{대판 2023.6.1.}$). 사정변경의 원칙에 따라 차임증감청구권이나 계약해지로 당사자의 이해를 조정할 수 있는 방법이 있고, 영구 임차권이 임대인의 소유권을 전면적으로 제한하는 것이 아니기 때문이다. 영구 임대차에서 기간보장은 임대인에게는 의무이나, 임차인에게는 권리의 성격을 갖는다. 따라서 임차인의 채무불이행이 없는 이상 임차인이 원하는 동안 임대차계약이 존속된다. 즉 임대인에게만 기한의 정함이 없는 임대차가 된다($_{조}^{제635}$). 결국 임차인만이 해지통고 후 자유롭게 계약을 해지할 수 있게 된다.

(2) 최단기간의 제한

민법에는 최단기간의 제한에 대하여 명문의 규정이 없다. 경제적 약자를 고려하지 않은 입법의 미비로 볼 수 있다. 이를 위해 특별법인 주택임대차보호법은 2년, 상가건물임대차보호법은 1년의 최단기간을 보장한다.

(3) 존속기간의 갱신

(가) 갱신의 계약규정($_{제2항}^{제651조}$)의 삭제

(나) 묵시의 갱신($^{제639}_{조}$)2)

1) 목 적

임차인의 신뢰보호를 보호하기 위해 우리 민법은 묵시의 갱신을 규정하고 있다. 제652조가 묵시의 갱신 규정을 강행규정이라고 규정하고 있지 않으므로 제639조가 강행규정인지에 대한 논의가 있다. 반대 견해도 있지만 판례는 구 민법 제619조의 임대차계약의 묵시적 갱신에 관한 추정규정이 의제규정으로 개정된 취지에 비추어 볼 때 제639조는 기간을 정한 임대차계약인 이상 당사자 간에 그 계약 갱신에 관한 특약의 유무를 불문하고 같은 법조의 정한 바와 같은 경우에 일반적으로 적용되는 강행규정으로 해석하고 있다($^{대판\ 1972.6.}_{27,\ 71누8}$).

2) 요 건

㉮ 임대차기간이 만료해야 한다.

기간의 정함이 없는 임대차에는 묵시의 갱신이 적용되지 않는다.

㉯ 임차인이 임차물을 계속 사용·수익하여야 한다.

㉰ 임대인이 상당한 기간 내에 이의하지 않아야 한다.

상당한 기간은 사회통념에 의해 결정한다. 임대인의 별다른 이의가 없어야 하므로, 임대인이 반환청구 등을 하는 경우에는 묵시적 갱신이 인정되지 않는다.

㉱ 임대인이 임차인의 사용·수익사실을 알아야 한다. 이 요건은 명문으로 요구되는 요건은 아니지만 임대인의 보호를 위해서도 이와 같은 제한이 필요하다고 볼 수 있다.

㉲ 반대의 특약이 없어야 한다.

3) 효 과

㉮ 임대차의 갱신

전(前)임대차와 동일한 조건으로 다시 임대차한 것으로 간주되며, 존속기간과 관련해서는 기간의 정함이 없는 것으로 본다($^{대판\ 1966.10.}_{25,\ 66다1467}$).

㉯ 담보의 소멸

당사자가 제공한 담보는 갱신 후에도 존속하지만, 제3자가 제공한 담보($^{질권,\ 저당}_{권,\ 보증\ 등}$)는 기간만료로 소멸한다($^{제639조}_{제2항}$). 그러나 당사자 합의에 따른 임대차 기간연장의 경우에는 담보소멸의 규정이 적용되지 않는다. 제639조 제1항의 묵시의 갱신은 임차인의 신뢰를 보호하기 위하여 인정되는 것이고, 이 경우 동조 제2항에 의하여 제3자가 제공한 담보는 소멸한다고 규정한 것은 담보를 제공한 자의 예상하지 못한 불이익을 방지하기 위한 것이라 할 것이므로, 제639조 제2항은 당사자들의 합의에 따른 임대차기간연장의 경우에는 적용되지 않는다($^{대판\ 2005.4.14,}_{2004다68175}$).

---

2) **제639조 (묵시의 갱신)** ① 임대차기간이 만료한 후 임차인이 임차물의 사용, 수익을 계속하는 경우에 임대인이 상당한 기간내에 이의를 하지 아니한 때에는 전 임대차와 동일한 조건으로 다시 임대차한 것으로 본다. 그러나 당사자는 제635조의 규정에 의하여 해지의 통고를 할 수 있다.
② 전항의 경우에 전 임대차에 대하여 제3자가 제공한 담보는 기간의 만료로 인하여 소멸한다.

(다) 임차인의 갱신청구권$\binom{제643}{조}$**3)**

1) 요 건

㉮ 건물 기타 공작물의 소유 또는 식목, 채염, 목축을 목적으로 한 토지임대차이어야 한다.

㉯ 임대차의 기간이 만료해야 한다.

임차인의 차임지체, 무단양도·무단전대로 인한 계약해지의 경우에는 갱신청구권이 인정되지 않으며$\binom{대판\ 1972.12.}{26,\ 72다2013}$, 이 경우 지상물매수청구도 부정된다고 본다$\binom{다수설;\ 대판\ 1990.}{1.23,\ 88다카7245}$. 만약 기간 없는 임대차가 임대인의 해지통고$\binom{제635}{조}$로 종료된 경우 지상물매수청구권이 인정된다는 것이 판례의 태도이다$\binom{대판\ 1977.6.}{7,\ 76다2324}$.

사례 1 건물소유목적의 토지임대차계약에 관해 기간을 정하지 않고 있는 상태에서 임대인이 해지통고를 하고 건물철거 및 토지인도를 청구했을 때, 임차인이 지상물매수청구권을 행사할 수 있는가?

│ 해설 1 │ 행사할 수 있다.

지상물매수청구권을 행사할 수 있다. 임차인이 계약갱신청구를 하지 않은 경우에도 가능하며, 나아가 건물철거 및 토지인도의 확정판결 후라도 그 판결이 집행되지 않은 이상 지상물매수청구권을 행사하여 별소로 임대인에게 건물매매대금의 지급을 구할 수 있다고 한다.

│ 대판 1995.12.26, 95다42195

건물의 소유를 목적으로 하는 토지 임대차에 있어서, 토지 임차인의 지상물매수청구권은 기간의 정함이 없는 임대차에 있어서 임대인에 의한 해지통고에 의하여 그 임차권이 소멸한 경우에도, 임차인의 계약갱신 청구의 유무에 불구하고 인정된다 … (중략) … 건물의 소유를 목적으로 하는 토지 임대차에 있어서, 임대차가 종료함에 따라 토지의 임차인이 임대인에 대하여 건물매수청구권을 행사할 수 있음에도 불구하고 이를 행사하지 아니한 채, 토지의 임대인이 임차인에 대하여 제기한 토지인도 및 건물철거청구 소송에서 패소하여 그 패소판결이 확정되었다고 하더라도, 그 확정판결에 의하여 건물철거가 집행되지 아니한 이상 토지의 임차인으로서는 건물매수청구권을 행사하여 별소로써 임대인에 대하여 건물매매대금의 지급을 구할 수 있다.

㉰ 임대차기간 만료시 건물, 수목 기타 지상시설이 현존하여야 한다. 이미 설치된 시설의 양수시에도 갱신청구가 가능하다. 지상시설이 임대차의 목적에 반하지 않아야 한다$\binom{대판\ 1993.11.}{12,\ 93다34589}$.

㉱ 조문의 해석상 임대차기간 만료 후 지체 없이 행사해야 한다$\binom{민법주해(XV),\ 민일영\ 집}{필\ 부분,\ 제651조,\ 149면}$. 그러나 임대차기간의 만료 후 임대인이 상당기간 내에 이의가 없으면 갱신청구나 매수청구가 없어도 임대차는 묵시적으로 갱신된 것으로 본다.

---

3) 제643조 (임차인의 갱신청구권, 매수청구권) 건물 기타 공작물의 소유 또는 식목, 채염, 목축을 목적으로 한 토지임대차의 기간이 만료한 경우에 건물, 수목 기타 지상시설이 현존한 때에는 제283조의 규정을 준용한다.

2) 효 과

㉮ 계약의 갱신을 청구할 수 있다. 갱신청구권은 청구권의 성격이므로 임대인은 갱신을 거절할 수 있다.

㉯ 갱신거절시 임차인은 지상물매수청구권을 행사할 수 있다. 지상물매수청구권에 대해서는 아래에서 상설한다.

(4) 단기임대차의 경우

임대차는 당사자의 일방이 상대방에게 목적물을 사용·수익케 할 것을 약정하면 되는 것으로서 나아가 임대인이 그 목적물에 대한 소유권이나 기타 그것을 처분할 권한을 반드시 가져야 하는 것은 아니다. 따라서 임대인이 임대목적에 대한 소유권 내지 처분권이 없어도 임대차계약이 가능하다. 다만 이 경우에 제619조는 단기임대차만이 가능함을 규정하고 있다.

제619조에 의하면 처분의 능력 또는 권한 없는 자가 임대차를 하는 경우에 식목, 채염 또는 석조, 석회조, 연와조 및 이와 유사한 건축을 목적으로 한 토지의 임대차는 10년($\frac{제1}{호}$), 기타 토지의 임대차는 5년($\frac{제2}{호}$), 건물 기타 공작물의 임대차는 3년($\frac{제3}{호}$), 동산의 임대차는 6개월($\frac{제4}{호}$)의 기간을 넘을 수 없다고 규정하고 있다.

단기임대차도 갱신이 가능하지만 그 기간만료 전에 토지에 대하여는 1년, 건물 기타 공작물에 대하여는 3월, 동산에 대하여는 1월 내에 갱신하여야 한다($\frac{제620}{조}$).

2. 존속기간을 정하지 않은 경우

임대차는 존속기간을 정하지 않아도 성립할 수 있다. 다만 임대차기간의 약정이 없는 때에는 당사자는 언제든지 계약해지의 통고를 할 수 있으며($\frac{제635조}{제1항}$), 상대방이 해지통고를 받은 날로부터 토지, 건물 기타 공작물에 대하여는 임대인이 해지를 통고한 경우에는 6월, 임차인이 해지를 통고한 경우에는 1월, 동산에 대하여는 5일의 기간이 경과하면 해지의 효력이 생긴다($\frac{제635조}{제2항}$).

제635조는 임대차기간의 약정이 있는 경우에도 당사자 일방 또는 쌍방이 그 기간 내에 해지할 권리를 보류한 때에는 준용된다($\frac{제636}{조}$).

임차인이 파산선고를 받은 경우에는 임대차기간의 약정이 있는 때에도 임대인 또는 파산관재인은 제635조의 규정에 의하여 임대차계약 해지의 통고를 할 수 있다($\frac{제637조}{제1항}$). 다만 이 경우에 각 당사자는 상대방에 대하여 계약해지로 인하여 생긴 손해의 배상을 청구하지 못한다($\frac{제637조}{제2항}$).

임대차계약이 해지의 통고로 인하여 종료된 경우에 그 임대물이 적법하게 전대되었을 때에는 임대인은 전차인에 대하여 그 사유를 통지하지 아니하면 해지로써 전차인에게 대항하지 못한다($\frac{제638조}{제1항}$). 전차인이 임대인으로부터 해지통고에 대한 통지를 받은 때에는 제635조 제2항의 규정을 준용한다($\frac{제638조}{제2항}$).

제635조의 규정과 제638조의 규정은 편면적 강행규정이므로 이에 위반한 것으로서 임차인에게 불리한 것은 효력이 없다(제652조). 주택임대차나 상가건물임대차의 경우 기간 약정이 없는 경우에는 주택은 2년, 상가건물은 1년의 최단 존속기간을 보장하고 있다(주택임대차보호법 제4조, 상가임대차법 제9조).

V. 임대차의 법률효과

---

1. 임대인의 의무
   (1) 목적물을 사용 · 수익하게 할 의무
   (2) 비용상환의무
   (3) 임대인의 담보책임(제567조)
2. 임차인의 권리
   (1) 임차권(임차물의 사용수익권)(제654조에 의한 제610조 제1항 준용)
   (2) 비용상환청구권
   (3) 부속물매수청구권(제646조)

(4) 토지임차인의 지상물매수청구권
(5) 철거권
3. 임차인의 의무
   (1) 차임지급의무
   (2) 임차물 보관의무 및 통지의무
   (3) 임차물수선에 대한 인용의무
   (4) 임차물반환의무 및 원상회복의무

---

1. 임대인의 의무

(1) 목적물을 사용 · 수익하게 할 의무

(가) 인도의무 및 사용 · 수익하게 할 의무

임대인은 목적물을 임차인에게 인도하고 계약존속 중 그 사용 · 수익에 필요한 상태를 유지하게 할 의무를 부담한다(제623조). 임대인이 임대물의 보존에 필요한 행위를 하는 때에는 임차인은 이를 거절하지 못한다(제624조).

(나) 방해제거의무

제3자가 점유침탈 등의 방법으로 임차인의 사용 · 수익을 방해하는 경우 임대인은 그 방해를 제거할 의무가 있다. 건물 부분의 임대차에서 별도의 약정이 있는 경우에는 거기서 더 나아가 임대인은 그 소유 건물의 다른 부분에서 제3자가 임차인이 임대차목적물에서 행하는 영업 등 수익활동을 해할 우려가 있는 영업 기타 행위를 하지 아니하도록 할 의무를 임차인에 대하여 부담할 수 있음은 물론이다. 그러한 약정은 다른 계약의 경우와 마찬가지로 반드시 계약서면의 개별 조항 등을 통하여 명시적으로 행하여질 필요는 없고, 임대차계약의 목적, 목적물 이용의 구체적 내용, 임대차계약관계의 존속기간 및 그 사이의 경과, 당사자 사이의 인적 관계, 목적물의 구조 등에 비추어 위와 같은 내용의 약정이 인정될 수도 있다(대판 2010.6.10. 2009다64307). 임차인이 점유보호청구권 등을 가지고 있어 직접 방해배제청구를 할 수 있더라도 임대인이 방해제거의무를 면하는 것은 아니다.

(다) 목적물의 유지·수선의무($^{제623}_{조}$)

1) 임대차계약에 있어서 임대인은 임대차 목적물이 계약 존속 중 그 사용·수익에 필요한 상태를 유지하도록 할 의무($^{이하 '임대인의}_{수선의무'라 한다}$)를 부담하는 것이므로($^{제623}_{조}$), 목적물에 파손 또는 장해가 생긴 경우 그것이 임차인이 별 비용을 들이지 아니하고도 손쉽게 고칠 수 있을 정도의 사소한 것이어서 임차인의 사용·수익을 방해할 정도의 것이 아니라면 임대인은 수선의무를 부담하지 않지만, 그것을 수선하지 아니하면 임차인이 계약에 의하여 정하여진 목적에 따라 사용·수익할 수 없는 상태로 될 정도의 것이라면 임대인은 그 수선의무를 부담한다 할 것이다($^{대판}_{2010.}$ $^{4.29, 2009}_{다96984}$).

> **사례 2** 임차인 甲이 가구 전시장으로 임차하여 사용하던 X건물의 바닥에 결로현상이 발생하자 임대인 乙을 상대로 임대목적물 하자에 따른 손해배상을 청구하였다. 위 건물에는 구조상 바닥 밑 단열과 방습조치가 되어 있지 않은 하자가 있어 여름형 결로현상이 발생할 수밖에 없고, 乙은 임대차계약 체결 당시 甲이 건물을 가구 전시장으로 임차한 사실을 알고 있었다. 乙은 甲의 요구에 따라 건물 바닥에 나타난 습기의 발생 원인을 조사하고 이를 제거하기 위하여 제습기 또는 공조시설 등을 설치하거나 바닥 공사를 하여 주는 등 조치를 취함으로써 甲이 사용·수익할 수 있는 상태를 유지하여 줄 의무가 있는가? (대판 2012.6.14, 2010다89876,89883 참조)
>
> **│해설 2│** 乙에게는 이와 같은 의무가 있다.
> 위 사실관계를 앞서 본 법리에 비추어 보면, X건물에는 그 구조상 바닥 밑 단열과 방습조치가 되어 있지 아니한 하자가 있고 이로 인하여 여름형 결로현상이 발생할 수밖에 없고, 乙이 임대차계약의 체결 당시부터 甲이 X건물 1층을 가구를 전시·판매하는 전시장으로 임차한 것을 알고 있었으므로 乙이 甲에게 그 사용·수익을 할 수 있는 상태를 유지하여 줄 책임이 있으며, 甲이 임대차계약 후 여러 차례에 걸쳐 이 사건 건물 1층 바닥에 발생하는 습기 문제를 해결해 줄 것을 요구하였으므로, 乙로서는 이 사건 건물 1층 바닥에 나타난 습기 발생의 원인이 무엇인지 조사하고 이를 제거하기 위하여 제습기 또는 공조시설 등을 설치하여 주거나, 바닥의 물기가 심하여 바닥 공사를 하여야 하는 상황이라면 가구들을 모두 옮기게 한 후 공사를 하여 주는 등의 조치를 취했어야 한다.

2) 임대인의 수선의무는 목적물의 훼손이 임대인의 귀책사유 없이 발생한 경우도 인정된다($^{대판\ 2021.4.29.}_{2021다202309}$). 임차인의 귀책사유로 목적물이 훼손된 경우에도 임대인에게 수선의무가 인정되는지에 관하여 긍정설(수선의무는 인정하되 임차인에게 보관의무 또는 불법행위책임 인정)과 부정설(임차인의 선관의무위반($^{제374}_{조}$)시 스스로 수선의무 및 채무불이행책임 부담)의 견해대립이 있다. 임차인의 사용수익권을 보호해 주기 위해서는 임차인의 고의나 중과실이 없는 훼손의 경우에도 임대인의 수선의무를 인정해야 한다. 임대인은 자신의 수선의무가 있더라도 임차인에게 손해배상을 청구할 수 있는 권리가 인정된다.

제1편 제2편 제3편 제4편 제5편 제6편 제7편 제8편 제9편 중요한 계약의 유형

3) 현실적으로는 임대차에서 임대인의 목적물의 수선·유지의무($^{제623}_{조}$)위반과 임차인의 목적물 보관의무 및 반환의무의 위반이 경합하는 것처럼 보일 때 증명책임의 부담주체가 문제된다. 임대차가 종료된 후 임차목적물의 훼손으로 반환되지 않았다면 임차인은 자신의 귀책사유 없음을 증명하지 못하면 책임을 진다.

그러나 임대차기간 중에 그 훼손 또는 고장이 발생하였고 그것이 임대인이 지배·관리하는 영역에서의 하자로 발생된 것으로 추단되면, 임차인이 그 하자를 미리 알았거나 알 수 있었다는 등의 특별한 사정이 없으면 임차인은 반환의무 불이행에 따른 손해배상의무를 부담하지 않는다(대판 2009.5.28, 2009다13170. 주택 등의 임대차에서 목적물이 화재로 멸실된 경우, 그 화재가 건물 소유자 측이 설치하여 건물구조의 일부를 이루는 전기배선과 같이 임대인이 지배·관리하는 영역에 존재하는 하자로 인하여 발생한 것으로 추단되면 임차인에게 손해배상을 물을 수 없다고 판시). 즉 이러한 때에는 오히려 임대인이 임차물의 고장이 자신의 지배·관리 영역에서의 하자로 발생한 것이 아니라는 점, 또는 임차인이 그 훼손을 알았거나 알 수 있었다는 점을 증명해야 임차인에게 손해배상책임을 물을 수 있다(대판 2019.4.11, 2018다291347. 이 판결에서 고가의 의료장비를 임대했는데 임대기간 동안 장비 고장으로 사용하지 못하다가 임대차 종료로 목적물을 반환해야 할 때, 임대인의 수선의무 위반인지, 임차인의 반환의무 불이행인지를 판단하는 기준을 위와 같이 제시함). 그 훼손 등이 임차인의 고의 또는 과실에 의한 것임을 증명하면 임대인은 반환의무 불이행으로 인한 손해배상책임을 임차인에게 물을 수 있다.

그러나 숙박계약과 같은 '일시 임대차'는 통상적인 임대차와 다르므로 숙박 도중 원인이 밝혀지지 않는 화재로 객실에 발생한 손해는 채무자(숙박업자)에게 귀속된다(대판 2023.11.2, 2023다244895. 숙박기간중 객실 및 숙박시설의 점유자는 숙박업자일뿐, 투숙객은 점유자가 아니어서 임차목적물 반환의무가 없다고 판시함).

4) 특약에 의한 수선의무면제는 가능하지만 제한적으로 해석된다. 즉 임대인의 수선의무는 특약에 의하여 이를 면제하거나 임차인의 부담으로 돌릴 수 있으나, 그러한 특약에서 수선의무의 범위를 명시하고 있는 등의 특별한 사정이 없는 한 그러한 특약에 의하여 임대인이 수선 의무를 면하거나 임차인이 그 수선의무를 부담하게 되는 것은 통상 생길 수 있는 파손의 수선 등 소규모의 수선에 한한다 할 것이고, 대파손의 수리, 건물의 주요 구성 부분에 대한 대수선, 기본적 설비부분의 교체 등과 같은 대규모의 수선은 이에 포함되지 아니하고 여전히 임대인이 그 수선의무를 부담한다($^{대판\ 1994.12.9,\ 94}_{다34692,94다34708}$).

5) 임대차계약에 있어서 목적물을 사용·수익케 할 임대인의 의무와 임차인의 차임지급의무는 상호 대응관계에 있으므로 임대인이 목적물에 대한 수선의무를 불이행하여 임차인이 목적물을 전혀 사용할 수 없을 경우에는 임차인은 차임 전부의 지급을 거절할 수 있으나, 수선의무 불이행으로 인하여 부분적으로 지장이 있는 상태에서 그 사용·수익이 가능할 경우에는 그 지장이 있는 한도 내에서만 차임의 지급을 거절할 수 있을 뿐 그 전부의 지급을 거절할 수는 없

으므로 그 한도를 넘는 차임의 지급거절은 채무불이행이 된다(대판 1989.6.13, 88다카13332). 또한 그 밖의 다른 손해가 있다면 계약해지와 손해배상청구도 가능하다. 만약 임대인의 수선의무에 속하는 것을 임차인이 대신하였다면 임차인은 임대인에게 제626조 제1항에 의하여 필요비의 상환을 청구할 수 있다.

(2) 비용상환의무

(가) 비용상환의무자

임대인이 임차인의 청구에 의하여 비용상환의무를 부담한다. 따라서 임대차 목적물의 소유권이 제3자에게 이전되더라도 임차인은 본래의 임대인에게 비용상환을 청구할 수 있을 뿐 제3자에게 상환청구할 수 없다. 다만 임차인은 임대인에 대한 비용상환청구권을 근거로 목적물에 대한 유치권을 행사하여 제3자에게 대항할 수 있다. 이때 제3자가 목적물 인도를 위해 임차인에게 비용을 지급하였다면 임대인에게 구상할 수 있다.

임차권에 대항력이 있어 제3자가 임대인의 지위를 승계하는 경우, 제3자는 임대인의 비용상환의무도 승계하므로 임차인은 제3자에게도 비용상환청구를 할 수 있다.

(나) 필요비상환의무(제626조 제1항)

1) 의 의

임대인은 목적물을 임차인에게 인도하고 계약 존속 중 그 사용·수익에 필요한 상태를 유지하게 할 의무를 부담한다(제623조). 따라서 임차인이 임차물의 보존에 관한 필요비를 지출한 때에는 임대인에 대하여 그 상환을 청구할 수 있다(제626조 제1항).

2) 요 건

(ⅰ) 임대차 목적물의 보존에 관하여 비용을 지출하여야 한다.
(ⅱ) 임대인에게 수선의무가 인정되는 부분이어야 한다.
(ⅲ) 필요비 지출에 대한 임대인의 동의는 불필요하다.
(ⅳ) 제626조 제1항은 임의규정이므로 필요비상환청구권의 포기 특약은 유효하다.

다만 수선의무 면제특약에 관한 대판 1994.12.9, 94다34692,94다34708에 의하면, 면제되는 수선의무의 범위를 명시하지 아니하였는데 임차인이 대규모의 수선을 하게 된 경우에는 특약이 있더라도 필요비상환청구가 가능할 것으로 보인다.

3) 효 과

임차인은 필요비를 지출한 즉시 지출한 비용 전액을 임대인에게 상환청구할 수 있다. 만약 필요비를 상환 받지 못하고 임대인에게 임대목적물을 인도하였다면 목적물을 인도한 때로부터 6월 내4)에 임대인에게 그 상환을 청구해야 한다(제654조에 의한 제617조 준용).

---

4) 이 기간은 제척기간으로 봄이 다수설이다. 이와는 달리 소멸시효기간으로 보는 견해도 있다.

임차인은 임대인의 수선의무불이행으로 차임지급을 거절할 수 있으므로 임대인으로부터 필요비를 상환 받을 때까지 차임의 지급을 거절할 수 있다. 임차인은 필요비상환청구권을 피담보채권으로 하는 유치권을 행사할 수 있으며, 본인의 차기 차임지급의무와 임대인의 필요비상환의무의 동시이행을 주장할 수 있다.

사례 3 임차인 乙은 음식점 영업을 위해 임대인 甲 소유의 건물을 2년간 임차하였다. 乙은 6개월 후 지속된 장마로 건물이 붕괴될 우려가 있자 대규모 수선이 필요하다고 생각하여 보수공사비로 2천만 원을 지출하였다(한편 乙은 甲이 임대차계약을 체결하면서 수선에 필요한 부담은 임차인이 부담하기로 하였다). 임대차기간 종료 후 乙이 甲에게 2천만 원의 상환을 청구한 경우, 甲은 상환해야 하는가?   (대판 1994.12.9. 94다34692,94다34708 참조)

| **해설 3** | 甲은 2천만 원을 乙에게 상환해야 한다.

乙이 지출한 비용 2천만 원은 건물의 보존을 위해 지출한 필요비라고 할 수 있다. 그런데 임차인은 임대인과의 특약으로 비용상환청구권을 포기하였고, 제626조 제1항은 임의규정이므로 포기특약의 효력이 인정된다. 그러나 본 사안에서는 면제되는 수선의무의 범위를 명시하지 않았으므로 임차인이 지출한 대규모의 수선비는 특약이 있더라도 임대인에게 필요비상환청구를 할 수 있다.

(다) 유익비상환의무$\binom{\text{제626조}}{\text{제2항}}$

1) 의 의

임차인이 유익비를 지출한 경우에는 임대인은 임대차 종료시에 그 가액의 증가가 현존한 때에 한하여 임차인이 지출한 금액이나 그 증가액을 상환하여야 한다. 이 경우에 법원은 임대인의 청구에 의하여 상당한 상환기간을 허여할 수 있다$\binom{\text{제626조}}{\text{제2항}}$.

음식점 영업을 위한 내부공사비$\binom{\text{대판 1991.8.27.}}{\text{91다15591,156077}}$, 간이음식점 영업을 위한 간판설치비$\binom{\text{대판 1994.}}{9.30.\ 94다}$ $\binom{20389,}{20396}$, 카페 영업을 위한 내부시설공사비$\binom{\text{대판 1991.10.}}{8.\ 91다8029}$ 등은 유익비에 해당하지 않는다.

2) 요 건

(ⅰ) 임대차목적물의 '객관적인 가치'를 증가시키기 위하여 지출한 비용이어야 한다. 임차인의 주관적 취미나 특수한 목적을 위하여 지출한 비용은 유익비에 해당하지 않는다.

(ⅱ) 임차인이 지출한 유익비로 부가된 부분이 임대차목적물의 '구성부분'이 되어야 한다. 만약 부가된 부분이 임대차목적물의 구성부분이 되지 않고 독립성을 유지한다면 부속물매수청구권의 대상이 된다.

(ⅲ) 가액의 증가가 임대차종료시에 '현존'하여야 한다.

(ⅳ) '임대인의 의사에 반한 유익비'도 임대인이 그 비용상환의무를 부담하나 이 경우에는 임대인의 청구에 의해 법원이 상당한 상환기간의 허여가 가능하다.

(ⅴ) '유익비상환청구권의 포기특약'이 있는 경우 그 특약의 효력이 유효한지가 논의된다. 견해의 대립이 있지만 판례는 유익비상환청구권을 포기하는 취지의 약정의 효력을 인정하고 있

다. 즉 건물 임차인이 자신의 비용을 들여 증축한 부분을 임대인 소유로 귀속시키기로 하는 약정은 임차인이 원상회복의무를 면하는 대신 투입비용의 변상이나 권리주장을 포기하는 내용이 포함된 것으로서 특별한 사정이 없는 한 유효하므로, 그 약정이 부속물매수청구권을 포기하는 약정으로서 강행규정에 반하여 무효라고 할 수 없고 또한 그 증축 부분의 원상회복이 불가능하다고 해서 유익비의 상환을 청구할 수도 없다고 한다(대판 1996.8.20, 94다44705,44712). 다만 사안에 따라 포기의 범위를 제한적으로 해석하는 경우도 있다. 예를 들어 임야 상태의 토지를 임차하여 대지로 조성한 후 건물을 건축하여 음식점을 경영할 목적으로 임대차계약을 체결한 경우, 비록 임대차계약서에서는 필요비 및 유익비의 상환청구권은 그 비용의 용도를 묻지 않고 이를 전부 포기하는 것으로 기재되었다고 하더라도 계약 당사자의 의사는 임대차 목적 토지를 대지로 조성한 후 이를 임차 목적에 따라 사용할 수 있는 상태에서 새로이 투입한 비용에만 한정하여 임차인이 그 상환청구권을 포기한 것이고 대지조성비는 그 상환청구권 포기의 대상으로 삼지 아니한 취지로 약정한 것이라고 해석하는 것이 합리적이라고 한다(대판 1998.10. 20, 98다31462).

3) 효 과

임차인은 임대차계약이 종료한 때 임차인이 지출한 금액과 현존하는 가치증가액 중 임대인이 선택한 것을 임대인에게 청구할 수 있다. 필요비상환채권과 달리, 유익비상환청구권의 발생시기는 임대차계약이 종료한 때에 비로소 발생한다(대판 2021.2.10, 2017다258787. 임차권 존속기간중에 임대인의 채권이 이미 소멸시효가 완성된 경우 임대인은 소멸시효가 완성된 그 채권을 자동채권으로 하여 임차인의 유익비상환채권과 상계할 수 없다고 판시). 한편 유익비상환에 대해 법원이 허여한 유예기간 동안에는 유치권이 부정된다. 임대인의 목적물인도청구에 대해서 유익비상환과의 동시이행항변권을 행사할 수 있다.

사례 4 임차인 乙은 음식점 영업을 위해 임대인 甲 소유의 건물을 2년간 임차하였다. 임차인 乙은 건물을 개축 또는 변개할 수 있으나, 임대기간 종료시에는 원상으로 복구하여 명도하기로 甲과 특약을 체결하였다. 1년 후 乙은 건물외벽이 너무 오래되어 페인트 등이 벗겨져서 바람에 날리자, 새롭게 페인트를 칠하면서 1,000만 원을 지출하였다. 임대차 기간이 종료된 후 乙은 甲에게 1,000만 원 비용상환을 청구하였다. 甲은 이에 응하여야 하는가?

해설 4 甲은 乙에게 1,000만 원을 상환할 필요가 없다.
乙이 지출한 비용은 건물의 객관적 가치를 증가시키기 위한 지출이라는 점에서 유익비라 할 수 있다. 이에 乙은 제626조 제2항에 의하여 甲에게 유익비상환을 청구할 수 있다. 그러나 '임차인 乙은 건물을 개축 또는 변개할 수 있으나, 임대기간 종료 시에는 원상으로 복구하여 명도하기로 한 특약'은 유익비상환청구권을 포기하는 특약에 해당한다(대판 1995.6. 30, 95다12927). 제626조 제2항이 임의규정이라는 점에서 이러한 특약은 유효하다(대판 1996.8.20, 94다44705 등). 따라서 甲은 乙에게 1,000만 원을 상환할 필요가 없다.

(3) 임대인의 담보책임$\binom{\text{제}567}{\text{조}}$ – $\binom{\text{제}5\text{편 제}4\text{장 매도인}}{\text{의 담보책임 참조}}$

2. 임차인의 권리

---

(1) 임차권(임차물의 사용수익권)$\binom{\text{제}654\text{조에 의한 제}}{610\text{조 제}1\text{항 준용}}$
  (가) 의의 및 범위
  (나) 임차권의 대항력
(2) 비용상환청구권
(3) 부속물매수청구권$\binom{\text{제}646}{\text{조}}$
  (가) 의 의
  (나) 요 건
  (다) 상대방
  (라) 효 과

  (마) 본조의 특징$\binom{\text{제}652}{\text{조}}$
(4) 토지임차인의 지상물매수청구권
  (가) 의 의
  (나) 요 건
  (다) 상대방
  (라) 효 과
  (마) 매수청구권의 행사방법
(5) 철거권

---

(1) 임차권(임차물의 사용수익권)$\binom{\text{제}654\text{조에 의한 제}}{610\text{조 제}1\text{항 준용}}$

(가) 의의 및 범위

임차인은 계약 또는 그 목적물의 성질에 의하여 정하여진 용법으로 임차물을 사용·수익할 수 있다. 그리고 임차인은 임대인의 동의 없이 임차권을 양도하거나 임차물을 전대할 수 없으며$\binom{\text{제}629\text{조}}{\text{제}1\text{항}}$, 임차인이 이를 위반한 때에는 임대인은 계약을 해지할 수 있고$\binom{\text{제}629\text{조}}{\text{제}2\text{항}}$, 손해배상 역시 청구할 수 있다.

(나) 임차권의 대항력

1) 의 의

채권은 원래 채권관계의 당사자 사이에서만 주장할 수 있다. 그러나 임차권은 채권임에도 불구하고 일정한 경우 예외적으로 대항력을 가질 수 있으며, 이 경우 임차인은 제3자에게도 임차권을 주장할 수 있게 된다.

2) 임대차의 등기

부동산임차인은 당사자 간에 반대약정이 없으면 임대인에 대하여 그 임대차등기절차에 협력할 것을 청구할 수 있다$\binom{\text{제}621\text{조}}{\text{제}1\text{항}}$. 임대차 목적물이 양도된 경우, 임차권이 등기되어 있다면 신소유자와 임차인 사이에 임차권이 존속하게 된다. 다만 연체차임채권은 이전하지 않고 등기해야 할 사항은 등기된 경우에만 신소유자에게 대항이 가능하다.

3) 건물등기 있는 차지권(借地權)의 대항력$\binom{\text{제}622}{\text{조}}$

건물의 소유를 목적으로 한 토지임대차는 이를 등기하지 아니한 경우에도 임차인이 그 지상건물을 등기한 때에는 제3자에 대하여 임대차의 효력이 생긴다$\binom{\text{제}622\text{조}}{\text{제}1\text{항}}$. 그러나 이 규정이 임차인으로부터 건물의 소유권과 함께 건물의 소유를 목적으로 한 토지의 임차권을 취득한 사람이 토지의 임대인에 대한 관계에서 임차권의 양도에 관한 그의 동의가 없어도 임차권의 취득을 대항할 수 있다는 것까지 규정한 것은 아니라는 것이 판례의 태도이다(대판 1996.2. 27, 95다29345). 또한 임차인이 그 지상건물을 등기하기 전에 제3자가 그 토지에 관하여 물권취득의 등기를 한 때에는 임차인이 그 지상건물을 등기하더라도 그 제3자에 대하여 토지임대차의 효력이 생기지 않는다(대판 2003.2.28, 2000다65802).

건물이 임대차기간 만료 전에 멸실 또는 후폐한 때에는 대항력을 잃는다(제2항).

4) 동산임대차의 경우

명문의 규정이 없어 임차인은 양수인에게 대항할 수 없다는 견해와 점유를 통해 공시되어 있으므로 명문의 규정이 없어도 대항가능하다는 견해가 있다.

5) 특별법상 대항력

주택임대차보호법상의 대항요건(주민등록과 인도)을 갖춘 경우에는 그 다음날부터 대항력이 생기며(주택임대차보호법 제3조 제1항), 상가임대차법상의 대항요건(사업자등록신청과 인도)을 갖춘 때에도 그 다음날부터 대항력이 생긴다(상가임대차법 제3조 제1항).

6) 대항력이 없는 임차권의 효력

임차권은 채권이므로 임차인은 계약 상대방인 임대인에게만 임차권을 주장할 수 있을 뿐 제3자에게 대항할 수 없다. 따라서 임차목적물의 소유권을 취득한 자 등에게 임차인은 임차권을 주장할 수 없다. 이는 제3자가 악의라 하더라도 달라지지 않는다. 다만 임대차에서 임대인이 목적물을 양도하면서 양수인이 임대인의 지위를 승계하기로 합의한 경우에는 일종의 계약인수로 볼 수 있으므로 임차인은 양수인에게 임차권을 주장할 수 있다. 임대인의 상속인과 같은 포괄승계인은 임대인과 동일한 지위를 가지므로 임차인은 임대인의 상속인에게 임차권을 주장할 수 있다.

(2) 비용상환청구권

위 비용상환의무 참조.

(3) 부속물매수청구권(제646조)

(가) 의 의

건물 기타 공작물의 임차인이 그 사용의 편익을 위하여 임대인의 동의를 얻어 이에 부속한 물건이 있거나, 임대인으로부터 매수한 부속물이 있는 때에는 임대차의 종료시에 임대인에 대하여 그 부속물의 매수를 청구할 수 있다(제646조).

(나) 요 건

1) 건물 기타 공작물의 임대차이어야 한다.

2) 임차인이 건물 기타 공작물의 사용의 객관적인 편익을 위하여 부속시켜야 한다.

3) 부속물이 독립성을 가져야 한다. 건물의 구성부분이 되면 부속물매수가 아닌 비용상환청구($\binom{제626}{조}$)의 문제가 된다.

4) 임대인의 동의를 얻어 부속시키거나 임대인으로부터 매수하여 부속시킨 부속물이어야 한다.

5) 임대차가 종료하여야 한다. 임대차 종료의 요건과 관련하여 건물임차인 자신의 채무불이행으로 계약이 해지된 경우에도 임차인에게 부속물매수청구권이 인정되는지가 문제된다. 학설은 이 경우에도 부속물매수청구권을 행사할 수 있다고 보지만, 판례는 부정하고 있다($\binom{대판\ 1990.}{1.23,\ 88다카}$ $\binom{7245,88}{다카7252}$).

(다) 상대방

원칙적으로 임대인이 상대방이다. 적법하게 전대한 경우에는 전대인도 임대인을 상대로 부속물매수청구권을 행사할 수 있다.

임차권에 대항력이 있는 경우라면 새로운 소유자가 임대인의 지위를 승계하기 때문에 임차인은 새로운 소유자에게 부속물매수청구권을 행사할 수 있지만, 대항력이 없는 경우라면 임차인은 새로운 소유자를 상대로는 부속물매수청구권을 행사할 수 없다.

(라) 효 과

부속물매수청구권은 형성권이다. 판례에 따르면 본 권리가 행사되면 임대인과 임차인 사이에 부속물에 관한 매매계약이 성립하게 된다. 매매대금은 부속물매수청구권을 행사할 때의 시가이다. 부속물의 인도와 부속물매수대금의 지급은 동시이행관계에 있다.

(마) 본조의 특징

본조는 편면적 강행규정이다($\binom{제652}{조}$). 건물의 소유를 목적으로 한 토지의 임차인이 임대차가 종료하기 전에 임대인의 사이에 건물 기타 지상 시설 일체를 포기하기로 약정을 하였다고 하더라도 임대차계약의 조건이나 계약이 체결된 경위 등 제반 사정을 종합적으로 고려하여 실질적으로 임차인에게 불리하다고 볼 수 없는 특별한 사정이 인정되지 아니하는 한 위와 같은 약정은 임차인에게 불리한 것으로서 제652조에 의하여 효력이 없다($\binom{대판\ 2002.5.31,}{2001다42080}$).

사례 5 甲은 건물의 소유를 목적으로 乙 소유의 토지에 대한 임대차계약을 乙과 체결하였고, 그 후 甲은 건물을 완성한 다음 이를 丙에게 임대하였다. 丙은 甲의 동의를 얻어 기존의 출입문을 제거하고 유리출입문과 새시를 부속물로서 설치하였다.
위와 같은 상황에서 甲과 丙 사이의 건물임대차계약이 丙의 차임지급채무불이행으로 인하여 해지되었다면, 丙의 甲에 대한 부속물매수청구는 허용되는가?   (대판 1990.1.23, 88다카7245 참조)

│해설 5│ 허용되지 않는다.
임대차계약이 임차인의 채무불이행으로 인하여 해지된 경우에는 임차인은 제646조에 의한 부속물매수청구권이 없기 때문이다.

(4) 토지임차인의 지상물매수청구권

(가) 의 의

건물 기타 공작물의 소유 또는 식목, 채염, 목축을 목적으로 한 토지임대차의 기간이 만료한 경우에 건물, 수목 기타 지상시설이 현존한 때에는 토지임차인은 임대차계약의 갱신을 청구할 수 있고, 임대인이 계약의 갱신을 원하지 아니하는 때에는 임차권자는 상당한 가액으로 지상물의 매수를 청구할 수 있다(제643조에 의한 제283조 준용).

(나) 요 건

1) 건물 기타 공작물 소유 등을 목적으로 한 토지임대차이어야 한다.

2) 임대차기간이 만료되어야 한다. 지상물매수청구권은 임대차계약의 갱신청구권이 전제되어 있기 때문에 임대차기간 만료로 인하여 임대차계약이 종료한 경우에만 인정된다. 임차인의 차임연체 등 채무불이행으로 인하여 임대차계약이 해지된 경우에는 인정되지 않는다(대판 1991.4.23, 90다19695). 건물의 소유를 목적으로 한 기간의 약정 없는 토지임대차계약을 임대인이 해지함으로써 임대차가 종료하여 임차인이 임대인에게 토지를 인도하여야 하는 법률관계라면, 임차인은 임대인에게 계약갱신청구의 유무에 불구하고 건물매수청구권을 행사하여 건물대금의 지급을 구할 수 있다(대판 1995.2.3, 94다51178; 대판 1995.12.26, 95다42195).

3) 임대차기간 만료시 건물 등이 현존하여야 한다.

㉮ 임대차기간 만료 시 임차토지 위에 지상물이 현존하면 되고 반드시 임대차계약 당시의 기존건물이거나 임대인의 동의를 얻어 신축한 것에 한정되지 않는다(대판 1993.11.12, 93다34589). 또한 임대차계약 종료시에 경제적 가치가 잔존하고 있는 건물은 그것이 토지의 임대 목적에 반하여 축조되고 임대인이 예상할 수 없을 정도의 고가의 것이라는 등의 특별한 사정이 없는 한, 비록 행정관청의 허가를 받은 적법한 건물이 아니더라도 임차인의 건물매수청구권의 대상이 될 수 있다(대판 1997.12.23, 97다37753). 종전 임차인으로부터 미등기 무허가 건물을 양수하여 점유하고 있는 임차인도 임대인에 대하여 지상물매수청구권을 행사할 수 있다(대판 2013.11.28, 2013다48364,48371).

㉯ 나아가 지상건물의 객관적인 경제적 가치나 임대인에 대한 효용 여부와 무관하게 인정된다(대판 2002.5.31, 2001다42080). 임차인 소유의 건물이 임대인이 임대한 토지 외에 임차인 또는 제3자 소유의 토지 위에 걸쳐서 건립되어 있는 경우에는, 임차지상에 서 있는 건물 부분 중 구분 소유의 객체가 될 수 있는 부분에 한하여 임차인의 매수청구가 가능하다(대판(전합) 1996.3.21, 93다42634).

㉰ 지상건물의 범위에는 부속물 내지 부속시설도 경우에 따라서 포함된다. 판례에 의하면 제643조가 규정하는 지상물매수청구의 대상이 되는 건물에는 임차인이 임차토지상에 그 건물을 소유하면서 그 필요에 따라 설치한 것으로서 건물로부터 용이하게 분리될 수 없고 그 건물을 사용하는 데 객관적인 편익을 주는 부속물이나 부속시설 등이 포함되는 것이지만, 이와 달리 임차인이 자신의 특수한 용도나 사업을 위하여 설치한 물건이나 시설은 이에 해당하지 않

는다$\left(\substack{\text{대판 2002.11.13, 2002} \\ \text{다46003,46027,46010}}\right)$.

4) 임차인의 갱신청구를 임대인이 거절하여야 한다.

(다) 상대방

상대방은 임차권 소멸 당시에 임대인이면서 토지소유자이어야 한다$\left(\substack{\text{대판 2022.4.14, 2020} \\ \text{다254228,254235}}\right)$. 임차권 소멸 당시에 임대인이 이미 토지소유권을 상실했다면 임대인을 상대로 지상물매수청구권을 행사할 수 없다$\left(\substack{\text{대판 1994.7.29,} \\ \text{93다59717}}\right)$. 새로운 토지소유자를 상대로 위 매수청구권을 행사하기 위해서는 임대차 계약의 인수 등으로 임대인의 지위가 승계되거나 토지임차인이 대항력을 취득해야 한다$\left(\substack{\text{대판 2017.4.26,} \\ \text{2014다72449}}\right)$.

(라) 효 과

지상물매수청구권은 형성권이며, 본 규정은 강행규정이다. 임차인이 매수청구권을 행사하면, 행사 당시의 건물시가를 대금으로 하는 매매계약이 체결된 것과 같은 효과가 발생한다$\left(\substack{\text{대판 2002.11.13, 2002} \\ \text{다46003,46027,46010}}\right)$. 따라서 매수목적물의 소유권 이전과 대금지급은 동시이행관계에 있고, 임차인이 건물의 인도와 소유권이전등기를 마쳐주지 아니하였다면 임대인에게 매매대금의 지연손해금을 청구할 수 없다. 판례에 따르면 임차인이 지상물매수청구권을 행사한 경우, 임대인의 건물철거 및 대지인도 청구는 기각되어야 하나, 법원은 분쟁의 일회적 해결을 위해 석명권을 행사하여 임대인이 대금지급과 상환으로 지상물의 인도를 청구할 의사가 있는지를 확인하고, 임대인이 이를 받아들여 소를 변경한 경우 상환이행판결을 해야 한다$\left(\substack{\text{대판 1995.7.11,} \\ \text{94다34265}}\right)$.

(마) 매수청구권의 행사방법

건물의 소유를 목적으로 한 토지 임대차가 종료한 경우에 임차인이 그 지상의 현존하는 건물에 대하여 가지는 매수청구권은 그 행사에 특정의 방식을 요하지 않는 것으로서 재판상으로뿐만 아니라 재판 외에서도 행사할 수 있는 것이고 그 행사의 시기에 대하여도 제한이 없는 것이므로 임차인이 자신의 건물매수청구권을 제1심에서 행사하였다가 철회한 후 항소심에서 다시 행사하였다고 하여 그 매수청구권의 행사가 허용되지 아니할 이유는 없다$\left(\substack{\text{대판 2002.5.31,} \\ \text{2001다42080}}\right)$.

(5) 철거권

임차인이 임차물에 부가한 물건이 독립한 존재로 인정되는 경우, 임차인은 그 물건을 철거할 수 있다$\left(\substack{\text{제654조에 따른} \\ \text{제615조 준용}}\right)$. 경우에 따라 임차인은 철거권과 함께 지상물매수청구권이나 부속물매수청구권을 가질 수도 있으며, 이때 철거권 대신 지상물매수청구권이나 부속물매수청구권을 행사할 수도 있다.

> 사례 6 임차인 乙은 음식점 영업을 위하여 임대인 甲 소유의 X토지를 10년 간 임차한 후, 그 위에 건물 Y를 신축하였다. 토지임대차 기간이 만료하자 乙은 甲에게 임대차계약의 갱신을 요구하였고 甲은 이를 거절하였다. 이 경우 乙이 취할 수 있는 법적 조치는?
>
> |해설 6| 지상물매수청구권을 행사할 수 있다.
>
> 乙은 건물의 소유를 목적으로 토지를 임차한 자에 해당하고 임대차기간 만료로 인하여 임대차계약이 종료한 경우에 해당하므로, 임대인이 계약갱신을 거절하면 제643조($\frac{제283조}{준용}$)에 의거하여 형성권인 지상물매수청구권을 행사하여 甲과 Y건물에 대한 매매계약을 체결할 수 있다.

3. 임차인의 의무

(1) 차임지급의무

임차인은 임대인에게 차임을 지급할 의무가 있으며($\frac{제618}{조}$), 차임지급시기에 관하여 특별한 약정이 없으면 제633조가 적용된다.[5]

임대물에 대한 공과부담의 증감 기타 경제사정의 변동으로 인하여 약정한 차임이 상당하지 아니하게 된 때에는 당사자는 장래에 대한 차임의 증감을 청구할 수 있다($\frac{제628}{조}$). 차임증감청구권은 형성권이다.

차임연체액을 합한 금액이 2기의 차임액에 달하는 경우 임대인은 임대차계약을 즉시해지 할 수 있다($\frac{제640조,}{제641조}$). 상가건물의 임대차인 경우 차임연체액이 3기에 달하면 임대인은 계약을 해지 할 수 있다($\frac{상가임대차법}{제10조의 8}$).[6]

(2) 임차물 보관의무 및 통지의무

임차인은 임차물을 임대인에게 반환할 때까지 선량한 관리자의 주의를 가지고 보관할 의무가 있다($\frac{제374}{조}$). 또한 임차물의 수리를 요하거나 임차물에 대하여 권리를 주장하는 자가 있는 때

---

5) 제633조 (차임지급의 시기) 차임은 동산, 건물이나 대지에 대하여는 매월 말에, 기타 토지에 대하여는 매년 말에 지급하여야 한다. 그러나 수확기 있는 것에 대하여는 그 수확 후 지체없이 지급하여야 한다.

6) 상가임대차법의 관련 규정이 만들어지기 전의 판결로 대판 2014.7.24, 2012다28486: [1] 상가건물 임대차보호법에서 정한 임대인의 갱신요구거절권은 계약해지권과 행사시기, 효과 등이 서로 다를 뿐만 아니라, 상가건물 임대차보호법 제10조 제1항이 민법 제640조에서 정한 계약해지에 관하여 별도로 규정하고 있지 아니하므로, 상가건물 임대차보호법 제10조 제1항 제1호가 민법 제640조에 대한 특례에 해당한다고 할 수 없다. 그러므로 상가건물 임대차보호법의 적용을 받는 상가건물의 임대차에도 민법 제640조가 적용되고, 상가건물의 임대인이라도 임차인의 차임연체액이 2기의 차임액에 이르는 때에는 임대차계약을 해지할 수 있다. 그리고 같은 이유에서 민법 제640조와 동일한 내용을 정한 약정이 상가건물 임대차보호법의 규정에 위반되고 임차인에게 불리한 것으로서 위 법 제15조에 의하여 효력이 없다고 할 수 없다.
[2] 갱신 전후 상가건물 임대차계약의 내용과 성질, 임대인과 임차인 사이의 형평, 상가건물 임대차보호법 제10조와 민법 제640조의 입법 취지 등을 종합하여 보면, 상가건물의 임차인이 갱신 전부터 차임을 연체하기 시작하여 갱신 후에 차임연체액이 2기의 차임액에 이른 경우에도 임대차계약의 해지사유인 '임차인의 차임연체액이 2기의 차임액에 달하는 때'에 해당하므로, 이러한 경우 특별한 사정이 없는 한 임대인은 2기 이상의 차임연체를 이유로 갱신된 임대차계약을 해지할 수 있다.

에는 임차인은 지체 없이 임대인에게 이를 통지하여야 한다$\binom{제634}{조}$.

(3) 임차물수선에 대한 인용의무

임대인이 임대물의 보존에 필요한 행위를 하는 때에는 임차인은 이를 거절하지 못한다$\binom{제624}{조}$.

(4) 임차물반환의무 및 원상회복의무

임차인은 임대차가 종료되면 임차물을 원상회복하여 반환할 의무가 있다. 목적물이 임대인의 소유가 아니어도 임차인은 임대인에게 반환의무를 부담한다. 임차물반환의무 및 원상회복의무와 관련해서 특히 다음의 세 가지가 중요하다.

(가) 임차인이 임차목적물에서 퇴거했으나 이 사실을 임대인에게 통지하지 않았다면 명도의 이행제공이 없었던 것이다. 판례도 임차인의 임차목적물 명도의무와 임대인의 보증금 반환의무는 동시이행의 관계에 있으므로, 임대인의 동시이행항변권을 소멸시키고 임대보증금 반환의무의 지체책임을 인정하기 위해서는 임차인이 임대인에게 임차목적물의 명도의 이행제공을 하여야만 한다 할 것이고, 임차인이 임차목적물에서 퇴거하면서 그 사실을 임대인에게 알리지 아니한 경우에는 임차목적물의 명도의 이행제공이 있었다고 볼 수는 없다고 한다$\binom{대판\ 2002.2.26.}{2001다77697}$.

(나) 임대인의 귀책사유로 임대차계약이 해지된 경우에도 임차인의 원상회복의무는 유지된다$\binom{제654조에\ 의한}{제615조\ 준용}$. 임대차계약이 중도에 해지되어 종료하면 임차인은 목적물을 원상으로 회복하여 반환하여야 하는 것이고, 임대인의 귀책사유로 임대차계약이 해지되었더라도 임차인은 그로 인한 손해배상을 청구할 수 있음은 별론으로 하고 여전히 원상회복의무를 부담한다$\binom{대판\ 2002.12.6.}{2002다42278}$.

(다) 임차인이 설치한 시설을 임대인이 계속하여 그대로 이용하려는 경우 임대인은 원상복구비용을 청구할 수 없다. 즉 임대차계약서에 임차인의 원상복구의무를 규정하고 원상복구비용을 임대차보증금에서 공제할 수 있는 것으로 약정했더라도 임대인이 원상복구할 의사 없이 임차인이 설치한 시설을 그대로 이용하여 타에 다시 임대하려 하는 경우에는 원상복구비용을 임대차보증금에서 공제할 수 없다고 보아야 한다$\binom{대판\ 2002.12.10.}{2002다52657}$.

(라) 종전 임차인 등이 설치한 가건물 등의 부분까지 임차인에게 원상회복할 의무가 있는 것은 아니다. 별도의 특약이 없는 한 임차했을 때의 상태로 반환하면 되기 때문이다(대판 2023.11.2, 2023다249661. 임차인이 전대차하면서 종전 임차인이 설치한 일정 시설을 인수했었고, 종전 임대차가 끝난 후 임차인이 임대인과 다시 직접 임대차계약을 체결하면서 "계약 만료시 땅 원상복구할 것"이라는 특약이 있더라도 이것만으로는 문제된 기존 시설을 철거할 의무가 없다고 판시함).

사례 7 甲은 乙에게 자신의 2층짜리 X건물을 임대하였고, 乙은 X건물의 3층에 무허가건물을 증축하여 사용하면서 추후 임대차종료시에 이를 철거한 뒤 甲에게 반환하기로 약정하였다. 乙은 X건물에서 식당을 운영하고 있었다. 이후 임대차기간이 종료되어 甲은 乙에게 무허가건물을 철거하고 식당의 영업허가도 폐업신고한 뒤 X건물을 인도할 것을 요구하였다. 乙은 약정대로 무허가건물을 철거하고 X건물을 甲에게 인도하면 자신의 원상회복의무를 다한 것이라고 주장하며 영업허가에 대한 폐업신고절차는 하지 않았다.

甲은 임대차종료로 인한 임차인의 원상회복의무로서 乙에게 X건물의 영업허가에 대한 폐업신고절차까지 이행할 것을 요구할 수 있는가? (대판 2008.10.9, 2008다34903 참조)

해설 7 乙은 임차건물 부분에서의 영업허가에 대하여 폐업신고절차를 이행할 의무가 있다. 임대차종료로 인한 임차인의 원상회복의무에는 임차인이 사용하고 있던 부동산의 점유를 임대인에게 이전하는 것은 물론 임대인이 임대 당시의 부동산 용도에 맞게 다시 사용할 수 있도록 협력할 의무도 포함한다. 따라서 임대인 또는 그 승낙을 받은 제3자가 임차건물 부분에서 다시 영업허가를 받는 데 방해가 되지 않도록 임차인은 임차건물 부분에서의 영업허가에 대하여 폐업신고절차를 이행할 의무가 있다.

VI. 임차권의 양도 및 임차물의 전대

1. 의 의

임차권의 양도는 임차권을 그 동일성을 유지하면서 이전하는 계약을 의미하며, 임차권의 전대는 임차인이 자신이 임대인이 되어서 임차인이 임차한 목적물을 다시 제3자에게 사용·수익하게 하는 계약을 의미한다.

2. 민법의 규정

제629조는 임차인은 임대인의 동의 없이 그 권리를 양도하거나 임차물을 전대하지 못하며, 임차인이 이를 위반한 때에는 임대인은 계약을 해지할 수 있다고 규정하고 있다. 단 이는 임의규정으로 특약이 가능하며, 건물의 임차인이 그 건물의 소부분을 타인에게 사용하게 하는 경우에는 적용되지 않는다(제632조).

제630조에서 전대의 효과를 규정하고 있으며, 제631조에서는 전차인의 권리의 확정에 관하여 규정하고 있다.

3. 임대인의 동의 없는 양도 · 전대

(1) 동의 없는 임차권의 양도

(가) 임차인과 양수인의 관계

양도계약은 그들 사이에서만 유효하고 임차인(양도인)은 임대인에게 동의를 얻을 의무를 부담한다. 판례는 임차권 양도에 대해 지명채권 양도의 법리에 따른다. 임대인의 동의는 임차권 양도의 대항요건일 뿐이므로, 임대인의 동의 없는 임차권의 양도는 당사자 사이에서만 유효하고, 이를 이유로 임대인에게 대항할 수 없다.

(나) 임대인과 양수인의 관계

양수인은 임대인에 대항할 수 없다. 양수인은 임대인의 목적물에 대하여 불법점유를 하고 있는 상황이므로 소유권자인 임대인은 임대차계약을 해지하고 직접 반환할 것을 청구하거나, 임대차계약을 해지하지 않고 임차인에게 반환하라고 청구할 수 있다. 임대차계약을 해지하지 않는다면 임대인은 임차인(양도인)에게 차임채권을 가지고 있기 때문에, 양수인을 상대로 차임 상당의 부당이득반환청구나 손해배상청구를 할 수는 없다. 판례도 임차인이 임대인의 동의를 받지 않고 제3자에게 임차권을 양도하거나 전대하는 등의 방법으로 임차물을 사용 · 수익하게 하더라도, 임대인이 이를 이유로 임대차계약을 해지하거나 그 밖의 다른 사유로 임대차계약이 적법하게 종료되지 않는 한 임대인은 임차인에 대하여 여전히 차임청구권을 가지므로, 임대차계약이 존속하는 한도 내에서는 제3자에게 불법점유를 이유로 한 차임상당 손해배상청구나 부당이득반환청구를 할 수 없다고 한다(대판 2008.2.28., 2006다10323). 7)

(다) 임대인과 임차인의 관계

임대인과 임차인 사이에 임대차 관계는 여전히 유지된다. 다만 임대인은 임대차계약을 해지할 수 있다(제629조 제2항). 그러나 이 규정에도 불구하고 임차권의 양도나 전대가 당사자 사이의 인적 신뢰관계를 파괴하는 배신행위가 아니라고 인정되는 특별한 사정이 있는 경우에 임대인의 해지권은 발생하지 않는다. 예컨대 임차권의 양수인이 임차인과 부부로서 임차건물에 동거하면서 함께 가구점을 경영하고 있는 등의 사정은 임차인이 임대인으로부터 별도의 승낙을 얻은 바 없이 제3자에게 임차물을 사용 · 수익하도록 한 경우에 있어서도 임차인의 당해 행위가 임대인에 대한 배신적 행위라고 인정할 수 없는 특별한 사정이 인정되어 임대차계약의 해지권이 발생하지 않는다(대판 1993.4.27, 92다45308).

(2) 동의 없는 임차물의 전대

위 (1) 동의 없는 임차권의 양도에서 설명한 것과 동일하다.

---

7) 무단전대에 관한 판결이지만 무단전대와 무단양도의 법률관계 및 효과가 동일하기에 여기에서 소개한다.

4. 임대인의 동의 있는 양도 · 전대

(1) 동의 있는 양도

(가) 양도인은 임대차관계에서 벗어나고 임차권은 동일성을 유지하며 양수인에게 이전한다. 다만 양도 전에 발생한 연체차임채무나 손해배상채무는 양수인에게 이전하지 않는다.

(나) 임대차보증금반환채권도 양수인에게 당연히 이전되는지가 문제된다. 견해의 대립이 있지만 판례는 임대차보증금에 관한 구임차인의 권리의무관계는 구임차인이 임대인과 사이에 임대차보증금을 신임차인의 채무불이행의 담보로 하기로 약정하거나 신임차인에 대하여 임대차보증금반환채권을 양도하기로 하는 등의 특별한 사정이 없는 한 양수인에게 당연히 이전되지 않는다고 한다(대판 1998.7.14, 96다17202). 판례는 임차권의 양도가 지명채권양도의 성질을 갖는다는 것을 전제로 보증금반환채권을 임차권과는 별개의 지명채권으로 보기 때문이다.

(2) 동의 있는 전대

(가) 임차인과 전차인의 관계는 전대차계약의 내용에 따라 결정된다. 한편 임대인과 임차인 사이에서는 여전히 임대차 관계가 유지된다(제630조 제2항). 따라서 임대인은 임차인에게 차임청구가 가능하다. 다만 임대인이 전차인으로부터 차임을 받은 범위 내에서 임차인의 차임지급의무는 소멸한다.

(나) 임대인과 전차인의 관계

1) 제630조 제1항에 의해 전차인은 직접 임대인에 대하여 의무를 부담한다.

2) 차임의 지급

임대인은 전대인과 전차인의 차임채무의 변제기가 모두 도래한 때에 전차인에게 차임청구를 할 수 있다. 임대인 보호를 위해 전차인이 전대차계약상의 '변제기 전'에 차임을 임차인(전대인)에게 지급하는 경우에는 임대인에게 대항하지 못한다(제630조 제1항 제2문). 그러나 차임의 변제기가 도래한 후 임차인에게 차임을 지급한 경우에는 임대인에게 대항할 수 있다. 판례도 제630조 제1항은 임차인이 임대인의 동의를 얻어 임차물을 전대한 때에는 전차인은 직접 임대인에 대하여 의무를 부담하고, 이 경우에 전차인은 전대인에 대한 차임의 지급으로써 임대인에게 대항할 수 없다고 규정하고 있는바, 위 규정에 의하여 전차인이 임대인에게 대항할 수 없는 차임의 범위는 전대차계약상의 차임지급시기를 기준으로 하여 그 전에 전대인에게 지급한 차임에 한정되고, 그 이후에 지급한 차임으로는 임대인에게 대항할 수 있다고 한다(대판 2008.3.27, 2006다45459).

(다) 전차인 보호를 위한 규정

민법은 임대인의 동의 있는 전대차에서 전차인을 보호하기 위하여 제631조(전차인의 권리의 확정), 제638조(해지통고의 전차인에 대한 통지), 제644조(전차인의 임대청구권, 매수청구권), 제647조

(전차인의 부속물매수청구권) 등을 규정하고 있다.

(라) 전차인의 과실로 목적물이 멸실 · 훼손된 경우

전차인은 임대인에 대하여 직접 목적물을 선관주의의무를 다하여 보관할 의무를 부담하기 때문에 이를 위반한 경우 임대인에 대한 채무불이행책임을 진다. 임차인도 무조건 책임을 부담하는지 아니면 전차인을 선임 · 감독한 데 귀책사유가 있는 경우에만 책임을 지는지에 대하여는 견해의 대립이 있다. 임대인의 동의가 있는 전대차에서 전차인은 임차인의 이행보조자로 보는 것이 다수설이다.

> **사례 8** 甲은 丙의 건물을 임차하여 乙에게 전대하였다. 만약 甲이 丙의 동의를 받지 않고 乙에게 임차권을 전대하여 乙로 하여금 임차물을 사용 · 수익하게 하는 경우, 甲과 丙 사이의 임대차계약이 종료되지 않았더라도 丙은 乙에게 불법점유를 이유로 한 차임 상당의 손해배상청구를 할 수 있는가? (대판 2008.2.28, 2006다10323 참조)
>
> **│해설 8│** 丙은 乙에게 차임 상당의 손해배상청구를 할 수 없다.
> 임차인이 임대인의 동의를 받지 않고 제3자에게 임차권을 양도하거나 전대하는 등의 방법으로 임차물을 사용 · 수익하게 하더라도, 임대인이 이를 이유로 임대차계약을 해지하거나 그 밖의 다른 사유로 임대차계약이 적법하게 종료되지 않는 한 임대인은 임차인에 대하여 여전히 차임청구권을 가지므로, 임대차계약이 존속하는 한도 내에서는 제3자에게 불법점유를 이유로 한 차임상당 손해배상청구나 부당이득반환청구를 할 수 없다.

Ⅶ. 보증금

1. 의 의

보증금은 부동산임대차 관계에서 발생하는 임차인의 모든 채무를 담보하기 위하여 임차인이나 제3자가 임대인에게 교부하는 금전 기타의 유가물을 의미한다. 보증금에 대하여 민법에는 명문의 규정이 없어 관습이나 판례로 해결하고 있다.

보증금계약은 임대차계약과 별개의 계약이며, 종된 계약이고, 낙성계약이다. 보증금계약의 당사자는 보통 임대인과 임차인이나 임차인 대신 제3자가 당사자로 될 수도 있다.

2. 효 력

(1) 범 위

임대차계약이 종료되어 목적물을 반환할 때까지 발생하는 임차인의 모든 채무를 담보하는 효력을 지닌다. 즉 임대차보증금은 임대차계약이 종료된 후 임차인이 목적물을 인도할 때까지 발생하는 차임 및 기타 임차인의 채무를 담보한다. 이러한 임차인의 채무액은 임대차관계의 종료 후 목적물이 반환될 때에 별도의 의사표시 없이 임대차보증금에서 당연히 공제된다. 나아가 임대차계약이 종료되었더라도 목적물이 인도되지 않았다면 임차인은 임대차보증금이 있음을 이유로 연체차임의 지급을 거절할 수 없다. 임차인의 채무액이 임대차보증금 금액보다도 많은 경우에는 제477조에서 정하고 있는 법정충당순서에 따라야 한다(대판 2007.8.23, 2007다21856).

(2) 보증금에서 당연공제 여부

임대차보증금이 임대인에게 교부되어 있더라도 임대인은 임대차관계가 계속되고 있는 동안에는 임대차보증금에서 연체차임을 충당할 것인지를 자유로이 선택할 수 있으므로, 임대차계약 종료 전에는 연체차임이 공제 등 별도의 의사표시 없이 임대차보증금에서 당연히 공제되는 것은 아니다. 따라서 임차인이 차임지급을 연체한다고 하여 무조건 임대차보증금에서 충당해야만 하는 것은 아니고 임대인은 임대차보증금에서 이를 충당할 수도 있고, 임차인에게 차임 및 지연손해금의 지급을 청구할 수도 있다. 또한 임대인이 차임채권을 양도하는 등의 사정으로 인하여 차임채권을 가지고 있지 아니한 경우에는 특별한 사정이 없는 한 종전 임대인은 임대차계약 종료 전에 임대차보증금에서 공제한다는 의사표시를 할 수 있는 권한이 있다고 할 수도 없다(대판 2013.2.28, 2011다49608).

(3) 임대차계약의 갱신과 보증금

임차인이 제공한 보증금은 임대차가 합의에 의하여 갱신이 되든 묵시적 갱신 또는 법정갱신이 되든 갱신된 임대차의 보증금으로 효력을 유지한다. 또한 임대차가 합의에 의하여 갱신이 되었다면 제3자가 제공한 보증금도 갱신된 임대차의 보증금으로 효력을 유지한다. 문제되는 것은 묵시적 갱신 또는 법정갱신이 된 경우에 제3자가 제공한 보증금이 제639조 제2항에서 말하는 '담보'8)에 포함되어 갱신된 임대차의 보증금으로서 효력을 유지할 수 없는지 여부이다. 판례는 제639조 제2항에서 말하는 담보라 함은 질권, 저당권 그 밖의 보증 등을 가리키는 것으로 보아야 할 것이고 임대차보증금은 이 조항에 말하는 담보에 해당하지 않는다고 한다(대판 1977.6.7, 76다951). 따라서 제3자가 제공한 보증금도 임대차가 묵시의 갱신 또는 법정갱신이 된 경우에 갱신된 임대차의 보증금으로 효력을 유지한다. 하지만 어느 경우이든지 간에 임대차 존속 중에 임대차보증금반환채권이 제3자에 양도되어 임대인에게 통지된 경우라면 임대인은 그 뒤 임대차가 갱신되었다는 사유로써 양수인에게 대항할 수 없다(제451조 제2항).

---

8) 제639조 (묵시의 갱신) ① 임대차기간이 만료한 후 임차인이 임차물의 사용, 수익을 계속하는 경우에 임대인이 상당한 기간내에 이의를 하지 아니한 때에는 전임대차와 동일한 조건으로 다시 임대차한 것으로 본다. 그러나 당사자는 제635조의 규정에 의하여 해지의 통고를 할 수 있다.
  ② 전항의 경우에 전임대차에 대하여 제삼자가 제공한 담보는 기간의 만료로 인하여 소멸한다.

사례 9 甲과 乙은, 甲이 乙 소유의 토지를 임대차보증금 2억 원, 월 차임 1,000만 원(매월 말 지급), 임대차기간 2014.10.1.부터 5년간으로 정하여 임차하기로 약정하였다. 이후 甲이 2015.10. 31.부터 2016.9.30. 현재까지 계속하여 차임을 지급하지 못하자 乙은 甲의 차임연체를 이유로 위 임대차계약을 해지하였다.

乙은 甲에게 반환할 임대차 보증금의 액수를 산정하면서 甲이 연체한 차임뿐만 아니라 연체한 차임에 대한 지연손해금을 공제하려 한다. 이에 甲은 연체차임의 경우 특별한 의사표시가 없더라도 발생 즉시 임대차보증금에서 자동으로 공제되므로 차임연체로 인한 지연손해금이 발생하지 않으며 乙은 연체된 차임만을 공제하고 남은 보증금을 반환해주어야 한다고 주장한다. 누구의 주장이 타당한가?

(대판 2013.2.28. 2011다49608 등 참조)

해설 9 乙의 주장이 타당하다.

乙은 甲이 연체한 차임과 이에 대한 지연손해금을 공제하여 반환하면 된다. 임대차보증금이 임대인에게 교부되어 있더라도 임대인은 임대차관계가 계속되고 있는 동안에는 임대차보증금에서 연체차임을 충당할 것인지를 자유로이 선택할 수 있으므로, 임대차계약 종료 전에는 연체차임이 공제 등 별도의 의사표시 없이 임대차보증금에서 당연히 공제되는 것은 아니기 때문이다.

대판 2016.7.27. 2015다230020

[1] 민법 제359조 전문은 "저당권의 효력은 저당부동산에 대한 압류가 있은 후에 저당권설정자가 그 부동산으로부터 수취한 과실 또는 수취할 수 있는 과실에 미친다"라고 규정하고 있는데, 위 규정상 '과실'에는 천연과실뿐만 아니라 법정과실도 포함되므로, 저당부동산에 대한 압류가 있으면 압류 이후의 저당권설정자의 저당부동산에 관한 차임채권 등에도 저당권의 효력이 미친다.

다만 저당부동산에 대한 경매절차에서 저당부동산에 관한 차임채권 등을 관리하면서 이를 추심하거나 저당부동산과 함께 매각할 수 있는 제도가 마련되어 있지 아니하므로, 저당권의 효력이 미치는 차임채권 등에 대한 저당권의 실행이 저당부동산에 대한 경매절차에 의하여 이루어질 수는 없고, 그 저당권의 실행은 저당권의 효력이 존속하는 동안에 채권에 대한 담보권의 실행에 관하여 규정하고 있는 민사집행법 제273조에 따른 채권집행의 방법으로 저당부동산에 대한 경매절차와 별개로 이루어질 수 있을 뿐이다.

[2] 부동산 임대차에서 수수된 보증금은 차임채무, 목적물의 멸실·훼손 등으로 인한 손해배상채무 등 임대차에 따른 임차인의 모든 채무를 담보하는 것으로서 이와 같은 피담보채무 상당액은 임대차 관계 종료 후 목적물이 반환될 때에 특별한 사정이 없는 한 별도의 의사표시 없이 보증금에서 당연히 공제된다.

[3] 보증금이 수수된 저당부동산에 관한 임대차계약이 저당부동산에 대한 경매로 종료되었는데, 저당권자가 차임채권 등에 대하여는 민사집행법 제273조에 따른 채권집행의 방법으로 별개로 저당권을 실행하지 아니한 경우에 저당부동산에 대한 압류의 전후와 관계없이 임차인이 연체한 차임 등의 상당액이 임차인이 배당받을 보증금에서 당연히 공제됨은 물론, 저당권자가 차임채권 등에 대하여 위와 같은 방법으로 별개로 저당권을 실행한 경우에도 채권집행 절차에서 임차인이 실제로 차임 등을 지급하거나 공탁하지 아니하였다면 잔존하는 차임채권 등의 상당액은 임차인이 배당받을 보증금에서 당연히 공제된다.

3. 보증금반환청구권

보증금반환청구권은 임대차종료시 발생하나, 보증금은 임차인이 실제로 명도할 때까지 채권을 담보하고, 명도시까지 생긴 모든 채무를 청산한 후 남은 보증금의 반환과 건물의 명도는 동시이행관계에 있다(대판(전합) 1977.9.28. 77다1241).

임차인이 사소한 원상회복의무를 이행하지 아니한 채 건물의 명도 이행을 제공한 경우, 임대인은 이를 이유로 거액의 임대차보증금 전액의 반환을 거부하는 동시이행항변권을 행사할 수 없다(대판 1999.11.12. 99다34697).

임대차 종료 후에도 동시이행항변권 등을 이유로 임차인이 적법하게 점유하는 동안에는 임차인의 보증금반환채권은 소멸시효가 진행되지 않는다(대판 2020.7.9. 2016다244224,244231). 임차물의 소유자인 임대인의 목적물인도청구권은 소유권에 기한 물권적 청구권이므로 소멸시효의 대상이 되지 않는다. 이와 달리 임차인의 보증금반환채권만 소멸시효가 적용되게 되면 임차인이 부당하게 불리해지는 결과가 발생할 수 있다. 임차인의 동시이행항변권에 기초하여 임차목적물을 계속 점유하는 것은 보증금반환채권에 기초한 권능을 행사한 것으로 보증금 반환을 위한 권리행사로 볼 수 있다. 이와 같이 소멸시효 진행이 부정되는 예외는 동시이행항변권 등 임차인의 목적물 점유가 적법한 기간만으로 한정된다.

건물의 공유자가 공동으로 건물을 임대하고 임차보증금을 수령한 경우 특별한 사정이 없는 한 임차보증금 반환채무는 성질상 불가분채무에 해당한다(대판 2017.5.30. 2017다205073. 대판 2021.1.28. 2015다59801에서는 상속으로 임대인의 지위를 공동으로 승계한 공동상속인의 임차보증금의 반환채무도 성질상 불가분채무로 판시). 여기서 임대는 각자 공유지분을 임대한 것이 아니라 임대 목적물을 다수의 당사자로서 공동으로 임대한 것이기 때문이다.

사례 10 乙은 甲 소유의 건물을 임차하여 병원을 운영하여 왔는데, 원인불명의 화재로 인하여 임차건물의 일부가 훼손되었다. 이에 乙은 甲에게 사용·수익에 필요한 상태로 만들어줄 것을 청구하였으나 甲이 그 이행에 착수하지 아니하자 임대차계약을 해지하였다. 乙은 수선이 되지 않은 임차목적물을 그대로 반환하였고, 甲은 乙에게 반환하여야 할 임차보증금에서 화재로 인한 수리비 상당의 손해액을 공제하고 지급하였다. 이는 타당한가?

┃해설 10┃ 타당하다.

임대차보증금은 임대차계약이 종료된 후 임차인이 목적물을 인도할 때까지 발생하는 차임 및 기타 임차인의 채무를 담보하는 것으로서 그 피담보채무액은 임대차관계의 종료 후 목적물이 반환될 때에 특별한 사정이 없는 한 별도의 의사표시 없이 임대차보증금에서 당연히 공제된다. 본 사안의 경우에는 임차인 乙이 甲에게 손해배상채무를 지는지가 문제된다. 임대차계약에 있어서 임대인은 임대차 목적물을, 계약 존속 중 그 사용·수익에 필요한 상태를 유지하게 할 의무를 부담하는 것이므로(제623조), 이는 자신에게 귀책사유가 있는 임대차 목적물의 훼손의 경우에는 물론 자신에게 귀책사유가 없는 훼손의 경우에도 마찬가지다. 그리고 임차인의 임대차 목적물 반환의무가 이행불능이 된 경우 임차인이 그 이행불능으로 인한 손해배상책임을 면하려면 그 이행불능이 임차인의 귀책사유로 말미암은 것이 아님을 증명할 책임이 있다. 사안과 같이 임차건물이 화재로 소훼된 경우에 있어서 그 화재의 발생원인이 불명인 때에도 임차인이 그 책임을 면하려면 그 임차건물의 보존에 관하여 선량한 관리자의 주의의무를 다하였음을 증명하여야 한다. 다만 화재가 전기배선과 같이 임대인이 지배·관리하는 영역에 존재하는 하자로 인하여 발생한 것으로 추정된다면 임차인에게 책임을 묻기는 어려울 것이다.

Ⅷ. 임대차의 종료

1. 임대차의 종료원인

(1) 존속기간의 만료

임대차에 존속기간이 정해져 있다면 존속기간의 만료로 인하여 임대차는 종료한다. 사안에 따라 합의에 의한 갱신이나 묵시적 갱신, 법정갱신이 이루어지기도 한다.

(2) 해지의 통고

임대차기간의 약정이 없는 때에는 당사자는 언제든지 계약해지의 통고를 할 수 있으며, 상대방이 해지통고를 받은 날로부터 토지, 건물 기타 공작물에 대하여는 임대인이 해지를 통고한 경우에는 6월, 임차인이 해지를 통고한 경우에는 1월, 동산에 대하여는 5일의 기간이 경과하면 해지의 효력이 생긴다($\frac{제635}{조}$).

임대차기간의 약정이 있는 경우에도 당사자 일방 또는 쌍방이 그 기간 내에 해지할 권리를 보류한 때에는 제635조의 규정을 준용한다($\frac{제636}{조}$).

임차인이 파산선고를 받은 경우에는 임대차기간의 약정이 있는 때에도 임대인 또는 파산관재인은 제635조의 규정에 의하여 계약해지의 통고를 할 수 있다. 이 경우에 각 당사자는 상대방에 대하여 계약해지로 인하여 생긴 손해의 배상을 청구하지 못한다($\frac{제637}{조}$).

(3) 해 지

임대인이 임차인의 의사에 반하여 보존행위를 하는 경우에 임차인이 이로 인하여 임차의 목적을 달성할 수 없는 때에는 계약을 해지할 수 있다($\frac{제625}{조}$).

임차물의 일부가 임차인의 과실 없이 멸실 기타 사유로 인하여 사용·수익할 수 없는 경우에 그 잔존부분으로 임차의 목적을 달성할 수 없는 때에는 임차인은 계약을 해지할 수 있다($\frac{제627조}{제2항}$).

임차인이 임대인의 동의 없이 그 권리를 양도하거나 임차물을 전대한 때에는 임대인은 계약을 해지할 수 있다($\frac{제629조}{제2항}$).

건물 기타 공작물의 임대차의 경우와 건물 기타 공작물의 소유 또는 식목, 채염, 목축을 목적으로 한 토지임대차의 경우에 임차인의 차임연체액을 합한 금액이 2기의 차임액에 달하는 때에는 임대인은 계약을 해지할 수 있다($\substack{제640조,\\제641조}$).

대항력 없는 임대차에서 목적물의 소유자가 바뀐 경우에 임차인은 이의를 제기함으로써 임대차계약을 해지할 수 있다. 임대차계약에 있어 임대인의 지위의 양도는 임대인의 의무의 이전을 수반하는 것이지만 임대인의 의무는 임대인이 누구인가에 의하여 이행방법이 특별히 달라지는 것은 아니고, 목적물의 소유자의 지위에서 거의 완전히 이행할 수 있으며, 임차인의 입장에서 보아도 신소유자에게 그 의무의 승계를 인정하는 것이 오히려 임차인에게 훨씬 유리할 수도 있으므로 임대인과 신소유자와의 계약만으로써 그 지위의 양도를 할 수 있다 할 것이나, 이 경우에 임차인이 원하지 아니하면 임대차의 승계를 임차인에게 강요할 수는 없는 것이어서 스스로 임대차를 종료시킬 수 있어야 한다는 공평의 원칙 및 신의성실의 원칙에 따라 임차인이 곧 이의를 제기함으로써 승계되는 임대차관계의 구속을 면할 수 있고, 임대인과의 임대차관계도 해지할 수 있다고 보아야 한다($\substack{대결\ 1998.9.\\2.\ 98마100}$).

(4) 임대인의 사용·수익하게 할 의무의 이행불능으로 인한 당연종료

임대인이 임차목적물을 사용·수익하게 할 의무가 이행불능이 되면 임차인의 해지의 의사표시 여부와 관계없이 임대차계약은 당연히 종료된다. 예를 들어, 임대인이 임대차 목적물의 소유권을 제3자에게 양도하고 그 소유권을 취득한 제3자가 임차인에게 그 임대차 목적물의 인도를 요구하여 이를 인도하였다면 임대인이 임차인에게 임대차 목적물을 사용·수익케 할 의무는 이행불능이 되었다고 할 것이고, 이러한 이행불능이 일시적이라고 볼 만한 특별한 사정이 없다면 임대차는 당사자의 해지 의사표시를 기다릴 필요 없이 당연히 종료되었다고 볼 것이지, 임대인의 채무가 손해배상 채무로 변환된 상태로 채권·채무관계가 존속한다고 볼 수 없다($\substack{대\\판\\1996.3.8,\\95다15087}$).

2. 임대차 종료의 효과

임대차의 종료는 소급효가 없다. 임차인은 임대인에게 목적물을 원상회복하여 반환할 의무가 있고, 임대인은 임차인에게 보증금을 반환할 의무가 있으며 양자는 동시이행의 관계에 있다. 동시이행항변권을 상실한 후에도 임차인이 목적물을 계속 점유한 경우에는 불법행위책임을 진다(대판 2020.5.14, 2019다252042. 임대차계약이 종료한 후 임대차보증금을 적법하게 변제공탁하고 통지했다면 그 다음날부터 임대인에게 인도할 때까지 임차인은 적어도 과실에 의한 불법점유가 인정됨). 해지의 경우 당사자 일방에 과실이 있으면 손해배상도 청구할 수 있다($\substack{제551\\조}$).

3. 임대차 종료 후 임대차 부동산의 점유·사용에 따른 부당이득의 반환

임차인이 임대차계약이 종료된 후에도 당해 부동산을 점유·사용하는 경우에는 특별한 사정이 없는 한 임대인은 목적물 인도를 완료하는 날까지 차임 상당의 부당이득반환을 임대인에게 청구할 수 있다(대판 2007.8.23. 2007다21856). 이러한 부당이득반환의무는 임차인에게 유치권이 있거나 동시이행항변권을 행사할 수 있는 경우에도 인정된다. 임대인은 임대목적물의 소유자가 아니라도 가능하다(대판 2001.6.29. 2000다68290).

건물소유 목적의 토지임대차에서 임대차계약 종료 이후 임차인이 반환해야 할 부당이득액은 부당이득 당시의 실제 임료 상당액이다. 따라서 임차보증금이 남아 있는 한 보증금 없는 경우의 임료 상당액을 기준으로 하여 부당이득금의 액수를 산정할 수 없다(대판 2002.11.13. 2002다46003).

건물 임대에서 차임 상당액은 건물의 차임 외에도 부지부분의 차임(지대)도 포함되는 것이므로, 건물의 차임은 물론이고 그 부지부분의 차임도 함께 계산되어야 한다(대판 1994.12. 9. 94다27809).

건물 소유를 위한 토지 임대차가 종료한 경우, 건물 일부에 임대차가 있더라도 그 임차인은 토지소유자에게 부당이득 반환의무를 부담하지 않는다. 건물소유자가 차임상당액의 부당이득 반환의무를 부담한다(대판 1994.12. 9. 94다27809).

> **사례 11** 임차인 乙은 甲 소유의 영화관을 임대료 임대보증금 1억 원, 차임을 월 8백만 원으로 8년간(2012.8.13.부터 2021.8.12.) 임차하여 사용하는 중이다. 그런데 甲과 乙의 과실 없는 사유로 발생한 위층의 화재로 영화관을 사용할 수 없게 되자, 2013.10.16. 乙은 1천5백만 원을 들여 최소한 사용할 수 있게 수리하였다. 그런데 화재 후에 지급해야 할 차임인 2천 7백만 원을 지급하지 않자 2014.8.8. 甲은 임대차 계약해지를 통고하였다. 이러한 해지는 정당한가?
>
> (대판 2019.11.14. 2016다227694 참조)
>
> **│해설 11│** 정당하지 않다.
> 임차인이 지출한 필요비는 '지출한 때'에 임대인에게 청구할 수 있다(제626조 제2항). 그런데 연체한 차임 2천 7백만 원에서 1천 5백만 원은 필요비의 상환과 동시이행관계에 있으므로 그 지급을 연체한 것으로 볼 수 없다. 따라서 연체한 차임은 1천 2백만 원에 불과하여 2기 이상의 차임을 연체한 것이 아니어서 甲의 임대차계약 해지는 부적법하다.

Ⅸ. 주택의 임대차(주택임대차보호법상의 특칙)

<table>
<tr><td>

1. 목 적
2. 적용범위
3. 대항력
  (1) 요 건
  (2) 대항력의 내용
4. 보증금의 우선변제, 최우선변제

</td><td>

  (1) 의 의
  (2) 적용범위
5. 존속기간의 보호
6. 차임 등의 증감청구권
7. 임차권등기명령제도
8. 주택임대차 심화학습

</td></tr>
</table>

1. 목 적

주택임대차보호법은 주거용 건물의 임대차에 관하여 민법에 대한 특례를 규정함으로써 국민 주거생활의 안정을 보장함을 목적으로 한다($\frac{제}{1조}$).9)

2. 적용범위

(1) 주택임대차보호법은 주거용 건물(이하 '주택'이라 한다)의 전부 또는 일부의 임대차에 관하여 적용한다. 그 임차주택의 일부가 주거 외의 목적으로 사용되는 경우에도 또한 같다($\frac{제}{2조}$). 등기를 하지 아니한 전세계약(채권적 전세)에 관하여는 주택임대차보호법을 준용한다($\frac{제12}{조}$). 이 경우 "전세금"은 "임대차의 보증금"으로 본다($\frac{제12}{조}$). 그러나 주택임대차보호법은 일시사용하기 위한 임대차임이 명백한 경우에는 적용하지 아니한다($\frac{제11}{조}$). 임차주택이 주거용인지 여부는 임대차계약 체결당시를 기준으로 판단한다. 따라서 건물이 계약당시 주거용이 아닌 때에는 그 후에 이를 주거용으로 개조하였더라도 주택임대차보호법의 적용대상이 아니다.

(2) 법인이 주택을 임차하더라도 이 법으로 보호되지 않는다($\binom{대판\ 2003.7.25.}{2003다2918}$). 그 입법취지는 자연인의 보호만을 보호대상으로 할 뿐만 아니라, 법인은 대항요건의 하나인 주민등록을 할 수 없기 때문이기도 하다(대판 1997.7.11, 96다7236. 이런 점에서 법인의 직원이 실제 살면서 주민등록을 마쳤더라도 본 법이 적용되지 않는다). 다만 국민주택기금을 재원으로 하여 만든 법인이 주택을 임차했을 때에는 그 법인이 선정한 입주자가 주택인도 및 주민등록을 한 경우($\frac{제3조}{제2항}$), 일정한 중소기업이 소속 직원의 주거를 위한 주택임차시 그 직원의 주택인도와 주민등록을 하면($\frac{제3조}{제3항}$) 대항력이 발생한다.

(3) 미등기 또는 무허가건물도 주택임대차보호법의 적용대상이 된다. 어느 건물이 국민의 주거생활의 용도로 사용되는 주택에 해당하는 이상 비록 그 건물에 관하여 아직 등기를 마치지 아니하였거나 등기가 이루어질 수 없는 사정이 있다고 하더라도 다른 특별한 규정이 없는 한 같은 법의 적용대상이 된다($\binom{대판(전합)\ 2007.6.}{21,\ 2004다26133}$).

(4) 기존채권확보 목적을 위한 가장임대차의 경우, 주택임대차의 효력은 부정된다. 임대차는 임차인으로 하여금 목적물을 사용·수익하게 하는 것이 계약의 기본 내용이므로, 채권자가 주택임대차보호법상의 대항력을 취득하는 방법으로 기존 채권을 우선변제 받을 목적으로 주택임대차계약의 형식을 빌려 기존 채권을 임대차보증금으로 하기로 하고 주택의 인도와 주민등록을 마침으로써 주택임대차로서의 대항력을 취득한 것처럼 외관을 만들었을 뿐 실제 주택을 주거용으로 사용·수익할 목적을 갖지 아니한 계약은 주택임대차계약으로서는 통정허위표시에 해당되어 무효라고 할 것이므로 이에 주택임대차보호법이 정하고 있는 대항력을 부여할 수는 없다($\binom{대판\ 2002.3.12,}{2000다24184,24191}$).

---

9) IX.에서 특별한 언급 없이 조문만 표시된 조문들은 모두 주택임대차보호법의 조문을 의미한다.

다만 기존 채권을 임차보증금으로 전환하여 임대차계약을 체결한 경우 이 사정만으로 임차인의 주택임대차보호법상의 대항력이 부정되는 것은 아니다. 주택임차인이 대항력을 갖는지 여부는, 주택임대차보호법 제3조 제1항에서 정한 요건, 즉 임대차계약의 성립, 주택의 인도, 주민등록의 요건을 갖추었는지 여부에 의하여 결정되는 것이므로, 당해 임대차계약이 통정허위표시에 의한 계약이어서 무효라는 등의 특별한 사정이 있는 경우는 별론으로 하고 임대차계약 당사자가 기존 채권을 임대차보증금으로 전환하여 임대차계약을 체결하였다는 사정만으로 임차인이 동법 제3조 제1항 소정의 대항력을 갖지 못한다고 볼 수는 없다($^{대판\ 2002.1.8.,}_{2001다47535}$).

3. 대항력

(1) 요 건

(가) 주택의 인도와 주민등록

주택의 인도와 주민등록(전입신고)이 대항력의 발생요건이다($^{제3조}_{제1항}$). 주민등록은 임대차의 존재사실을 제3자에게 공시하는 기능을 한다. 공동임차인 중 1인이 취득한 대항력은 임대차 전체에 미친다(대판 2021.10.28, 2021다238650. 공동임차인 중 1인만 대항력을 갖춘 상태에서 임차건물이 양도되면 공동임차인에 대한 보증금반환채무 전부가 양수인에게 이전된다고 봄). 주민등록은 등기부상 주택현황과 일치하여야 하지만 경우에 따라 일치하지 않아도 예외적으로 유효한 임대차 공시방법으로 인정될 수 있다. 판례도 주택의 인도와 주민등록이라는 임대차의 공시방법은 어디까지나 등기라는 원칙적인 공시방법에 갈음하여 마련된 것이고, 제3자는 주택의 표시에 관한 사항과 주택에 관한 권리관계에 관한 사항을 통상 등기부에 의존하여 파악하고 있으므로, 임대차 공시방법으로서의 주민등록이 등기부상의 주택의 현황과 일치하지 않는다면 원칙적으로 유효한 공시방법이라고 할 수 없다. 다만 주택의 소유권보존등기가 이루어진 후 토지의 분할 등으로 인하여 지적도, 토지대장, 건축물대장 등에는 주택의 지번 표시가 분할 후의 지번으로 등재되어 있으나 등기부에는 여전히 분할 전의 지번으로 등재되어 있는 경우, 임차인이 주민등록을 함에 있어 토지대장 및 건축물대장에 일치하게 주택의 지번과 동호수를 표시하였다면 설사 그것이 등기부의 기재와 다르다고 하여도 일반의 사회통념상 임차인이 그 지번에 주소를 가진 것으로 제3자가 인식할 수 있다고 봄이 상당하므로 유효한 임대차의 공시방법이 된다고 하였다($^{대판\ 2001.12.27,}_{2001다63216}$).

또한 외국인 또는 외국국적 동포가 외국인등록이나 체류지변경신고 또는 국내거소신고나 주소이전신고를 하면 주택임대차보호법의 주민등록과 동일한 법적 효과가 인정된다($^{대판\ 2019.4.11.,}_{2015다254507}$).

(나) 별도의 전세권설정계약 및 전세권설정등기를 한 경우

임차보증금반환채권을 담보할 목적으로 전세권 설정등기를 할 수 있다. 장차 전세권자가 목적물을 사용 · 수익하는 것을 완전히 배제하는 것이 아니면, 이와 같은 전세권설정계약과 전세권등기도 유효하다($^{대판\ 1995.2.10,}_{94다18508}$). 이런 목적의 전세권설정계약에서 통상 전세금은 임차보증금에서 연체차임을 공제하고 남은 돈이라고 약정한 것으로 보아야 할 것이다. 그런데 차임약정은 전세권 설정계약에 없으므로 차임부분(임대차계약과 양립할 수 없는 범위)에 대해서만큼은 통정허위표시로 일부 무효가 된다(대판 2021.12.30, 2018다268538. 이 사안에서는 전세권의 저당권자는 제108조 제2항의 제3자에는 해당되지만 악의자여서 일부 무효인 연체차임 부분에 대해서도 전세권설정자는 무효임을 주장할 수 있다고 판시함).

주택임차인이 따로 전세권설정계약 및 그 등기를 한 경우에는 전세권설정계약서를 임대차계약서로 볼 수 있고, 설정계약서상 등기필증이 주택임대차보호법의 확정일자에 해당된다. 이 경우 원래의 임대차는 대지 및 건물 전부에 관한 것이나 사정에 의하여 전세권설정계약서는 건물에 관하여만 작성되고 전세권등기도 건물에 관하여만 마쳐졌더라도 전세금액이 임대차보증금액과 동일한 금액으로 기재된 이상 대지 및 건물 '전부'에 관한 임대차의 계약증서에 확정일자가 있는 것으로 봄이 상당하다(대판 2002.11.8, 2001다51725).

(다) 전대차의 경우

적법한 전대차의 경우에는 전차인이 주택을 인도받아 전차인의 주민등록을 마친 때에는 주민등록을 하지 않은 임차인은 주택임대차보호법에 정한 대항요건을 적법하게 갖추었다고 볼 수 있다(대판 2007.11.29, 2005다64255).

▌대판 2007.11.29, 2005다64255

[1] 주택임대차보호법 제3조 제1항에 정한 대항요건은 임차인이 당해 주택에 거주하면서 이를 직접 점유하는 경우뿐만 아니라 타인의 점유를 매개로 하여 이를 간접점유하는 경우에도 인정될 수 있다.

[2] 주택임차인이 임차주택을 직접 점유하여 거주하지 않고 그곳에 주민등록을 하지 아니한 경우라 하더라도, 임대인의 승낙을 받아 적법하게 임차주택을 전대하고 그 전차인이 주택을 인도받아 자신의 주민등록을 마친 때에는, 이로써 당해 주택이 임대차의 목적이 되어 있다는 사실이 충분히 공시될 수 있으므로, 임차인은 주택임대차보호법에 정한 대항요건을 적법하게 갖추었다고 볼 것이다.

[3] 임차인이 비록 임대인으로부터 별도의 승낙을 얻지 아니하고 제3자에게 임차물을 사용·수익하도록 한 경우에 있어서도, 임차인의 당해 행위가 임대인에 대한 배신적 행위라고 할 수 없는 특별한 사정이 인정되는 경우에는, 임대인은 자신의 동의 없이 전대차가 이루어졌다는 것만을 이유로 임대차계약을 해지할 수 없으며, 전차인은 그 전대차나 그에 따른 사용·수익을 임대인에게 주장할 수 있다 할 것이다.

[4] 주택의 전대차가 그 당사자 사이뿐 아니라 임대인에 대하여도 주장할 수 있는 적법, 유효한 것이라고 평가되는 경우에는, 전차인이 임차인으로부터 주택을 인도받아 자신의 주민등록을 마치고 있다면 이로써 주택이 임대차의 목적이 되어 있다는 사실은 충분히 공시될 수 있고 또 이러한 경우 다른 공시방법도 있을 수 없으므로, 결국 임차인의 대항요건은 전차인의 직접 점유 및 주민등록으로써 적법, 유효하게 유지, 존속한다고 보아야 한다. 이와 같이 해석하는 것이 임차인의 주거생활의 안정과 임차보증금의 회수확보 등 주택임대차보호법의 취지에 부합함은 물론이고, 또 그와 같이 해석한다고 해서 이미 원래의 임대차에 의하여 대항을 받고 있었던 제3자에게 불측의 손해를 준다거나 형평에 어긋나는 결과가 되는 것도 아니다.

제1편 제2편 제3편 제4편 제5편 제6편 제7편 제8편 제9편 중요한 계약의 유형

(2) 대항력의 내용

(가) 요건구비 다음날부터 대항력 발생

대항력이란 후순위 권리자에 앞서 임대주택을 계속 사용·수익하며 인도를 거절할 수 있는 권리를 말한다. 임대차는 그 등기가 없는 경우에도 임차인이 주택의 인도와 주민등록을 마친 때에는 그 다음 날부터 제3자에 대하여 효력이 생긴다. 이 경우 전입신고를 한 때에 주민등록이 된 것으로 본다(제3조 제1항). 대항력이 생긴 이후에 이해관계를 맺은 자가 목적물의 인도를 요구하여도 임차인은 이를 거절하고 목적물을 계속하여 사용·수익할 수 있다.

(나) 임차주택 양수인의 임대인 지위 승계

임차인이 대항력을 가진 경우 임차주택의 양수인(그 밖에 임대할 권리를 승계한 자를 포함한다)은 임대인의 지위를 승계한 것으로 본다(제3조 제4항). 이는 임대인이 임대차계약상의 권리와 의무 일체를 승계하는 당연승계로 본다. 그리고 임대주택의 소유권이 변동된 경우 그 원인이 매매 등 법률행위든 상속·경매 등 법률의 규정이든 상관없이 이 규정이 적용된다(대판 2017.3.22, 2016다218874).

이러한 법리는 임차인의 임대차보증금반환채권이 가압류된 상태에서 임대주택이 양도된 경우에도 그대로 적용되는데, 이 경우 임대차보증금반환채무를 면책적으로 인수한 양수인이 가압류의 제3채무자 지위까지 승계하는지가 문제된다. 판례는 양수인은 채권가압류의 제3채무자의 지위도 승계하고, 이때 가압류채권자는 임대주택의 양도인이 아니라 양수인에 대하여만 위 가압류의 효력을 주장할 수 있는 것으로 본다(대판(전합) 2013.1.17, 2011다49523).

대판(전합) 2013.1.17, 2011다49523

[다수의견] 주택임대차보호법 제3조 제3항은 같은 조 제1항이 정한 대항요건을 갖춘 임대차의 목적이 된 임대주택(이하 '임대주택'은 주택임대차보호법의 적용대상인 임대주택을 가리킨다)의 양수인은 임대인의 지위를 승계한 것으로 본다고 규정하고 있는바, 이는 법률상의 당연승계 규정으로 보아야 하므로, 임대주택이 양도된 경우에 양수인은 주택의 소유권과 결합하여 임대인의 임대차 계약상의 권리·의무 일체를 그대로 승계하며, 그 결과 양수인이 임대차보증금반환채무를 면책적으로 인수하고, 양도인은 임대차관계에서 탈퇴하여 임차인에 대한 임대차보증금반환채무를 면하게 된다. 나아가 임차인에 대하여 임대차보증금반환채무를 부담하는 임대인임을 당연한 전제로 하여 임대차보증금반환채무의 지급금지를 명령받은 제3채무자의 지위는 임대인의 지위와 분리될 수 있는 것이 아니므로, 임대주택의 양도로 임대인의 지위가 일체로 양수인에게 이전된다면 채권가압류의 제3채무자의 지위도 임대인의 지위와 함께 이전된다고 볼 수밖에 없다. 한편 주택임대차보호법상 임대주택의 양도에 양수인의 임대차보증금반환채무의 면책적 인수를 인정하는 이유는 임대주택에 관한 임대인의 의무 대부분이 그 주택의 소유자이기만 하면 이행가능하고 임차인이 같은 법에서 규정하는 대항요건을 구비하면 임대주택의 매각대금에서 임대차보증금을 우선변제받을 수 있기 때문인데, 임대주택이 양도되었음에도 양수인이 채권가압류의 제3채무자의 지위를 승계하지 않는다면 가압류권자는 장차 본집행절차에서 주택의 매각대금으로부터 우선변제를 받을 수 있는 권리를 상실하는 중대한 불이익을 입게 된다. 이러한 사정들을 고려하면, 임차인의 임대차보증금반환채권이 가압류된 상태에서 임대주택이 양도되면 양수인이 채권가압류의 제3채무자의 지위도 승계하고, 가압류권자 또한 임대주택의 양도인이 아니라 양수인에 대하여만 위 가압류의 효력을 주장할 수 있다고 보아야 한다.

[대법관 신영철, 대법관 이인복, 대법관 이상훈, 대법관 박보영, 대법관 김신의 반대의견] 임대주택의 양도에 따른 임대차관계의 이전이 발생하기 전에 임차인의 채권자가 신청하여 임대차보증금반환채권이 압류 또는 가압류된 경우에는 주택임대차보호법 제3조 제3항에 기초한 실체법상 권리변동에도 불구하고 압류 또는 가압류에 본질적으로 내재한 처분금지 및 현상보전 효력 때문에 당사자인 집행채권자, 집행채무자, 제3채무자의 집행법상 지위는 달라지지 않는다. 우리의 민사집행법은 금전채권에 대한 집행에서 당사자의 처분행위에 의한 제3채무자 지위의 승계라는 관념을 알지 못하며 오로지 압류 또는 가압류의 처분금지효력을 통하여 집행채권자로 하여금 당사자의 처분행위에 구애받지 않고 당초 개시하거나 보전한 집행의 목적을 달성할 수 있게 할 뿐이다. 비록 임대주택의 양도에 따른 임대인 지위의 승계가 주택임대차보호법 제3조 제3항에 기초한 법률상 당연승계라고는 하나 이는 명백히 임대주택에 관한 양도계약 당사자의 처분의사에 기초한 것으로서, 다수의견은 결국 당사자의 처분행위로 인하여 집행법원이 이미 발령한 가압류명령 또는 압류명령의 수범자와 효력이 달라질 수 있다고 보는 셈인데, 우리 민사집행법이 이를 용인하고 있다고 볼 어떠한 근거도 없다. 다수의견에는 여러 가지 문제점이 있어 이에 동의할 수 없고, 상속이나 합병과 같은 당사자 지위의 포괄승계가 아닌 주택양수도로 인한 임대차보증금반환채무의 이전의 경우 이미 집행된 가압류의 제3채무자 지위는 승계되지 아니한다고 해석함이 타당하다.

(다) 기존 임대인과의 임대차 관계 소멸

임대차보증금반환채무는 임대인의 지위를 승계한 양수인에게 이전되고(제3조 제4항) 양도인의 채무는 소멸하므로 임차인은 종전 임대인인 양도인에게 임대차보증금반환채권을 행사할 수 없다(대판 1987.3.10. 86다카1114). 또한 임대차가 종료되어도 주택임대차보호법 제4조 제2항에 의하여 임차인은 보증금을 반환받을 때까지 임대차관계가 존속하는 것으로 의제되므로 그러한 상태에서 임차목적물인 부동산이 양도되는 경우에는 같은 법 제3조 제2항에 의하여 양수인에게 임대차가 종료된 상태에서의 임대인으로서의 지위가 당연히 승계된다. 따라서 양수인이 임대인의 지위를 승계하는 경우에는 임대차보증금반환채무도 부동산의 소유권과 결합하여 일체로서 이전하는 것이므로 양도인의 임대인으로서의 지위나 보증금반환채무는 소멸한다. 그러나 대항력 있는 주택임대차에서 기간만료나 당사자의 합의 등으로 임대차가 종료된 후 임차주택이 양도되었을 때 임차인이 임대인의 지위승계를 원하지 않는다면 임차인이 임차주택의 양도사실을 안 때로부터 상당한 기간 내에 이의를 제기하면 양도인의 임차인에 대한 보증금반환채무는 소멸하지 않게 된다(대판 2002.9.4. 2001다64615).

4. 보증금의 우선변제, 최우선변제

(1) 의 의

(가) 우선변제: 주택인도와 주민등록, 확정일자 있는 임대차계약증서

주택임차인의 우선변제적 효력이 인정되려면 주택인도와 주민등록(주택임대차법 제3조)과 임대차계약서상의 확정일자(제3조의2 제2항)가 구비되어야 한다. 확정일자는 임대인과 임차인의 담합으로 임차보증금의 액수를 사후에 변경하는 것을 방지하기 위해 요구된다(대판 1999.6.11. 99다7992. 이 사건에서는 임대차계약서상 임대차목적물을 표시할 때 아파트명칭과 전유부분의 동·호수의 기재가 누락된 경우에도 계약서상 확정일자의 요건이 구비된 것으로 볼 수 있다고 판시). 이러한 요건을 갖춘 임차인은 민사집행법에 따른 경매 또는 국세징수법에 따른 공매를 할 때에 임차주택(대지를 포함한다)의 환가대금에서 후순위권리자나 그 밖의 채권자보다 우선하여 보증금을 변제받을 권리가 있다($^{제3조의}_{2\ 제2항}$).

한편 우선변제의 요건인 주택인도와 주민등록은 우선변제권 취득시뿐만 아니라 민사집행법상 배당요구의 종기까지 계속 존속해야 한다($^{대판\ 2007.6.14.}_{2007다17475}$). 왜냐하면 주택임대차보호법 제8조에서 임차인에게 동법 제3조 제1항 소정의 주택의 인도와 주민등록을 요건으로 명시하여 그 보증금 중 일정액의 한도 내에서는 등기된 담보물권자에게도 우선하여 변제받을 권리를 부여하고 있는 점, 위 임차인은 배당요구의 방법으로 우선변제권을 행사하는 점, 배당요구시까지만 위 요건을 구비하면 족하다고 한다면 동일한 임차주택에 대하여 동법 제8조 소정의 임차인 이외에 동법 제3조의2 소정의 임차인이 출현하여 배당요구를 하는 등 경매절차상의 다른 이해관계인들에게 피해를 입힐 수도 있는 점 등이 있기 때문이다.

(나) 최우선변제: 주택인도와 주민등록

소액임차인으로 인정되면 보증금 중 일정액은 순위와 무관하게 다른 담보물권자보다 우선하여 변제 받을 권리가 있다. 이를 위해서 임차인은 주택에 대한 경매신청의 등기 전에 주택임대차법 제3조 제1항의 요건(주택의 인도와 주민등록)을 갖추어야 한다($^{제8조}_{제1항}$)(임대차계약서상 확정일자는 요구되지 않는다). 최우선변제를 받을 임차인 및 보증금 중 일정액의 범위와 기준은 제8조의2에 따른 주택임대차위원회의 심의를 거쳐 대통령령으로 정한다. 다만, 보증금 중 일정액의 범위와 기준은 주택가액(대지의 가액을 포함한다)의 2분의 1을 넘지 못한다($^{제8조}_{제3항}$).

2023년 4월 현재 최우선변제를 받을 수 있는 소액임차인의 보증금은 지역별로 다르다($^{동법}_{시행}_{령\ 제}_{11조}$).10) 소액임차인의 최우선변제가 보장되는 '보증금 중 일정액의 범위'는 다음의 금액 이하로 한다($^{동법\ 시행}_{령\ 제10조}$).11)

---

10) 시행령 제11조에 따르면 서울특별시는 1억6천500만원; 「수도권정비계획법」에 따른 과밀억제권역(서울특별시는 제외한다), 세종특별자치시, 용인시, 화성시 및 김포시는 1억4천500만원; 광역시(「수도권정비계획법」에 따른 과밀억제권역에 포함된 지역과 군지역은 제외한다), 안산시, 광주시, 파주시, 이천시 및 평택시는 8천500만원; 그 밖의 지역은 7천500만원 이하의 보증금이어야 한다.

11) 시행령 제10조 제1항에 따르면 서울특별시는 5천500만원; 「수도권정비계획법」에 따른 과밀억제권역(서울특별시는 제외한다), 세종특별자치시, 용인시, 화성시 및 김포시는 4천800만원; 광역시(「수도권정비계획법」에 따른 과밀억제권역에 포함된 지역과 군지역은 제외한다), 안산시, 광주시, 파주시, 이천시 및 평택시는 2천800만원; 그 밖의 지역: 2천500만원 이하에서 최우선변제권이 있다.
나아가 위 임차인의 보증금 중 일정액이 주택가액의 2분의 1을 초과하는 경우에는 주택가액의 2분의 1에 해당하는 금액까지만 우선변제권이 인정되며(같은 조 제2항), 하나의 주택에 임차인이 2명 이상이고, 그 각 보증금 중 일정액을 모두 합한 금액이 주택가액의 2분의 1을 초과하는 경우에는 그 각 보증금 중 일정액을 모두 합한 금액에 대한 각 임차인의 보증금 중 일정액의 비율로 그 주택가액의 2분의 1에 해당하는 금액을 분할한 금액을 각 임차인의 보증금 중 일정액으로 본다(같은 조 제3항). 하나의 주택에 임차인이 2명 이상이고 이들이 그 주택에서 가정공동생활을 하는 경우에는 이들을 1명의 임차인으로 보아 이들의 각 보증금을 합산한다(같은 조 제3항).

(2) 적용범위

(가) 대지에 설정된 저당권 실행으로 인한 매각대금

대지에 저당권이 설정될 때 이미 그 지상 건물이 존재하는 경우에는 대지에 대한 저당권의 실행으로 경매가 진행된 경우에도 그 지상 건물의 소액임차인은 대지의 환가대금 중에서 소액보증금을 우선변제받을 수 있다. 그러나 대지에 관한 저당권 설정 후 지상에 건물이 신축된 경우, 건물의 소액임차인에게는 그 저당권 실행에 따른 환가대금에 대한 우선변제권이 없다(대판 1999.7.23, 99다25532). 통상적으로 건물의 임대차에는 당연히 그 부지 부분의 이용을 수반한다는 점에서 대지에 관한 저당권의 실행으로 경매가 진행된 경우에도 그 지상 건물의 소액임차인은 대지의 환가대금 중에서 소액보증금을 우선변제받을 수 있지만, 저당권 설정 후에 비로소 건물이 신축된 경우에까지 공시방법이 불완전한 소액임차인에게 우선변제권을 인정하면 저당권자가 예측할 수 없는 손해를 입게 되는 범위가 지나치게 확대되기 때문이다.

(나) 미등기 주택 임차인의 대지 환가대금에 대한 우선 변제권 행사 가부

미등기 주택의 임차인이 임차주택 대지의 환가대금에 대하여 주택임대차보호법상 우선변제권을 행사할 수 있다. 대판(전합) 2007.6.21, 2004다26133은 이에 대하여 "대항요건 및 확정일자를 갖춘 임차인과 소액임차인에게 우선변제권을 인정한 주택임대차보호법 제3조의2 및 제8조가 미등기 주택을 달리 취급하는 특별한 규정을 두고 있지 아니하므로, 대항요건 및 확정일자를 갖춘 임차인과 소액임차인의 임차주택 대지에 대한 우선변제권에 관한 법리는 임차주택이 미등기인 경우에도 그대로 적용된다. 이와 달리 임차주택의 등기 여부에 따라 그 우선변제권의 인정 여부를 달리 해석하는 것은 합리적 이유나 근거 없이 그 적용대상을 축소하거나 제한하는 것이 되어 부당하고, 민법과 달리 임차권의 등기 없이도 대항력과 우선변제권을 인정하는 같은 법의 취지에 비추어 타당하지 아니하다. 다만, 소액임차인의 우선변제권에 관한 같은 법 제8조 제1항이 그 후문에서 '이 경우 임차인은 주택에 대한 경매신청의 등기 전에' 대항요건을 갖추어야 한다고 규정하고 있으나, 이는 소액보증금을 배당받을 목적으로 배당절차에 임박하여 가장 임차인을 급조하는 등의 폐단을 방지하기 위하여 소액임차인의 대항요건의 구비시기를 제한하는 취지이지, 반드시 임차주택과 대지를 함께 경매하여 임차주택 자체에 경매신청의 등기가 되어야 한다거나 임차주택에 경매신청의 등기가 가능한 경우로 제한하는 취지는 아니라 할 것이다. 대지에 대한 경매신청의 등기 전에 위 대항요건을 갖추도록 하면 입법 취지를 충분히 달성할 수 있으므로, 위 규정이 미등기 주택의 경우에 소액임차인의 대지에 관한 우선변제권을 배제하는 규정에 해당한다고 볼 수 없다"라고 판시한다.

(다) 용도변경의 경우

점포 및 사무실로 사용되던 건물에 근저당권이 설정된 후 그 건물이 주거용 건물로 용도 변경된 경우, 특별한 사정이 없는 한 주택임대차보호법 제8조에 의하여 이를 임차한 소액임차인이 근저당권자에 대하여 우선변제권이 있다$\binom{\text{대판 2009.8.20,}}{\text{2009다26879}}$.

(라) 부당이득의 해당 여부

주택임대차보호법 제3조의5$\binom{\text{임차권은 임차주택에 대하여 민사집행법에 의한 경매가 행하여진 경우에는 그 임차주택의 경락}}{\text{에 의하여 소멸한다. 다만, 보증금이 전액 변제되지 아니한 대항력이 있는 임차권은 그러하지}}$아니$\text{하다}$)의 입법 취지와 규정 내용에 따를 때, 주택임대차보호법상 대항력과 우선변제권을 갖는 임차인이 우선변제권을 주장하여 임차인에 대한 배당표의 확정시까지 임차주택을 사용·수익한 것은 매수인에 대해서 부당이득이 아니다. 왜냐하면 동법 제3조의5의 입법 취지와 규정 내용에 비추어 보면, 주택임대차보호법상의 대항력과 우선변제권의 두 권리를 겸유하고 있는 임차인이 우선변제권을 선택하여 임차주택에 대하여 진행되고 있는 경매절차에서 보증금에 대한 배당요구를 하여 보증금 전액을 배당받을 수 있는 경우에는, 특별한 사정이 없는 한 임차인이 그 배당금을 지급받을 수 있는 때, 즉 임차인에 대한 배당표가 확정될 때까지는 임차권이 소멸하지 않는다고 해석함이 상당하기 때문이다$\binom{\text{대판 2004.8.30,}}{\text{2003다23885}}$.

민사집행법 임차인의 임차주택 경매 집행개시의 특례

임차인이 임차주택에 대하여 보증금반환청구소송의 확정판결이나 그 밖에 이에 준하는 집행권원에 따라서 경매를 신청하는 경우에는 집행개시요건에 관한 민사집행법 제41조(반대의무의 이행과 동시에 집행할 수 있다는 것을 내용으로 하는 집행권원의 집행은 채권자가 반대의무의 이행 또는 이행의 제공을 하였다는 것을 증명하여야만 개시할 수 있다)에도 불구하고 반대의무의 이행이나 이행의 제공을 집행개시의 요건으로 하지 아니한다$\binom{\text{주택임대차보호법}}{\text{제3조의2 제1항}}$. 즉 임차인의 주택인도의무와 임대인의 보증금반환의무가 동시이행관계에 있지만 위 특례규정에 따라 임차인이 임대인에게 주택 인도를 하지 않아도 집행개시가 가능하다.

5. 존속기간의 보호

(1) 기간을 정하지 아니하거나 2년 미만으로 정한 임대차는 그 기간을 2년으로 본다. 다만 임차인은 2년 미만으로 정한 기간이 유효함을 주장할 수 있다$\binom{\text{제4조}}{\text{제1항}}$. 임대차기간이 끝난 경우에도 임차인이 보증금을 반환 받을 때까지는 임대차관계가 존속되는 것으로 본다$\binom{\text{제4조}}{\text{제2항}}$.

(2) 임대인이 임대차기간이 끝나기 6개월 전부터 2개월 전까지의 기간에 임차인에게 갱신거절의 통지를 하지 아니하거나 계약조건을 변경하지 아니하면 갱신하지 아니한다는 뜻의 통지를 하지 아니한 경우에는 그 기간이 끝난 때에 전 임대차와 동일한 조건으로 다시 임대차한 것으로 본다. 임차인이 임대차기간이 끝나기 2개월 전까지 통지하지 아니한 경우에도 또한 같다$\binom{\text{제6조}}{\text{제1항}}$. 다만 이 경우 임대차의 존속기간은 2년으로 본다$\binom{\text{제6조}}{\text{제2항}}$. 그러나 2기의 차임액에 달하도록 연체하거나 그 밖에 임차인으로서의 의무를 현저히 위반한 임차인에 대하여는 제6조 제1항 계약의 갱신을 적용하지 아니한다$\binom{\text{제6조}}{\text{제3항}}$. 제6조 제1항에 따라 계약이 갱신된 경우 동조 제2항에도 불구하고 임차인은 언제든지 임대인에게 계약해지를 통지할 수 있으며$\binom{\text{제6조의}}{\text{2 제1항}}$, 이 경우 해지

는 임대인이 그 통지를 받은 날부터 3개월이 지나면 그 효력이 발생한다($^{제6조의}_{2 \ 제2항}$).

(3) 임차인의 계약 갱신요구권($^{제6조}_{의3}$)

임차인이 임대차기간 만료 6개월 전부터 1개월 전까지 사이에 계약갱신을 요구하면 임대인은 정당한 사유 없이 이를 거절하지 못한다($^{제6조의}_{3 \ 제1항}$). 임대인이 갱신거절권을 행사했더라도 임차인이 갱신요구권을 행사하면 계약은 갱신된다.

임대인은 정당한 사유 없이 이를 거절하지 못한다. 제1항에서 예정한 정당한 사유가 설명되어 있다.[12]

계약갱신요구권을 1회에 한하여 행사할 수 있으며, 이 경우 갱신되는 임대차의 존속기간은 2년으로 본다($^{제2}_{항}$). 갱신요구권은 연장계약 등으로 4년 이상 거주한 경우에도 행사할 수 있다.

갱신되는 임대차는 전 임대차와 동일한 조건으로 다시 계약된 것으로 본다. 다만 차임과 보증금은 제7조의 범위에서 증감할 수 있다($^{제3}_{항}$).

임대인이 자신의 실제 거주를 이유로 갱신을 거절하였음에도 불구하고 갱신요구가 거절되지 아니하였더라면 갱신되었을 기간이 만료되기 전에 정당한 사유(예컨대 실거주 중 해외 주재원으로 파견되어 더 이상 실거주가 어려운 경우) 없이 제3자에게 목적 주택을 임대한 경우 임대인은 갱신거절로 인하여 임차인이 입은 손해를 배상하여야 한다($^{제5}_{항}$). 손해배상액은 거절 당시 당사자 간에 손해배상액의 예정에 관한 합의가 이루어지지 않는 한 다음 각 호의 금액[13] 중 큰 금액으로 한다.

6. 차임 등의 증감청구권

당사자는 약정한 차임이나 보증금이 임차주택에 관한 조세, 공과금, 그 밖의 부담의 증감이나 경제사정의 변동으로 인하여 적절하지 아니하게 된 때에는 장래에 대하여 그 증감을 청구할 수 있다. 다만, 증액의 경우에는 대통령령으로 정하는 기준에 따른 비율을 초과하지 못한다($^{제}_{7조}$). 이에 따라 주택임대차보호법 시행령 제8조는 동법 제7조에 따른 차임이나 보증금($^{이하 \ '차}_{임 \ 등'이}$

---

[12] 임차인이 2기의 차임액에 해당하는 금액에 이르도록 차임을 연체한 사실이 있는 경우(1호), 임차인이 거짓이나 그 밖의 부정한 방법으로 임차한 경우(2호), 서로 합의하여 임대인이 임차인에게 상당한 보상을 제공한 경우(3호), 임차인이 임대인의 동의 없이 목적 주택의 전부 또는 일부를 전대(轉貸)한 경우(4호), 임차인이 임차한 주택의 전부 또는 일부를 고의나 중대한 과실로 파손한 경우(5호), 임차한 주택의 전부 또는 일부가 멸실되어 임대차의 목적을 달성하지 못할 경우(6호), 임대인이 다음 각 목의 어느 하나에 해당하는 사유로 목적 주택의 전부 또는 대부분을 철거하거나 재건축하기 위하여 목적 주택의 점유를 회복할 필요가 있는 경우(7호. 가. 임대차계약 체결 당시 공사시기 및 소요기간 등을 포함한 철거 또는 재건축 계획을 임차인에게 구체적으로 고지하고 그 계획에 따르는 경우, 나. 건물이 노후·훼손 또는 일부 멸실되는 등 안전사고의 우려가 있는 경우, 다. 다른 법령에 따라 철거 또는 재건축이 이루어지는 경우), 임대인(임대인의 직계존속·직계비속을 포함한다)이 목적 주택에 실제 거주하려는 경우(8호), 그 밖에 임차인이 임차인으로서의 의무를 현저히 위반하거나 임대차를 계속하기 어려운 중대한 사유가 있는 경우(9호)

[13] 1. 갱신거절 당시 월차임(차임 외에 보증금이 있는 경우에는 그 보증금을 제7조의2 각 호 중 낮은 비율에 따라 월 단위의 차임으로 전환한 금액을 포함한다. 이하 "환산월차임"이라 한다)의 3개월분에 해당하는 금액,
2. 임대인이 제3자에게 임대하여 얻은 환산월차임과 갱신거절 당시 환산월차임 간 차액의 2년분에 해당하는 금액,
3. 제1항 제8호의 사유로 인한 갱신거절로 인하여 임차인이 입은 손해액

^라한다)의 증액청구는 약정한 차임 등의 20분의 1의 금액을 초과하지 못하며, 이에 따른 증액청구는 임대차계약 또는 약정한 차임 등의 증액이 있은 후 1년 이내에는 하지 못한다고 규정한다.

다만 이 조항은 임대차계약의 존속 중 당사자 일방이 약정한 차임 등의 증감을 청구한 때에 한하여 적용되고, 임대차계약이 종료된 후 재계약을 하거나 또는 임대차계약 종료 전이라도 당사자의 합의로 차임 등이 증액된 경우에는 적용되지 않는다(^{대판 2002.6.28,}_{2002다23482}).

7. 임차권등기명령제도

임대차가 끝난 후 보증금이 반환되지 않은 경우에 임차인은 관할법원에 임차권등기명령을 신청할 수 있다(^{제3조의}_{3 제1항}). 보증금의 일부를 반환받지 못한 임차인도 임차권등기명령을 신청할 수 있다. 임차권등기명령에 의한 임차권등기가 있으면 주택임차권의 대항요건이 흠결되더라도 대항력과 우선변제권을 확보할 수 있다(^{제5}_항). 임차권등기가 배당요구의 종기에 해당하는 첫 경매개시결정등기 전에 경료된 경우에 임차인은 별도의 배당요구 없이 당연히 배당받을 채권자에 속한다(^{대판 2005.9.15,}_{2005다33039}).

임차권등기 말소의무보다 임대인의 임대차보증금 반환의무가 먼저 이행되어야 할 의무로 본다(^{대판 2005.6.9,}_{2005다4529}). 따라서 두 의무는 동시이행관계에 있지 않다.

임차권등기명령에 의한 임차권등기는 채권의 소멸시효중단사유로 보지 않는다(^{대판 2019.5.6,}_{2017다226629}). 임차권등기는 대항력이나 우선변제권을 내용으로 하는 담보적 기능을 주목적으로 하고, 채무자의 일반재산에 대한 강제집행의 보전을 위한 처분이 아니라고 보기 때문이다.

8. 주택임대차 심화학습

사례 12 다음 각 경우는 주택임대차보호법의 적용대상인가?

질문 1) 건축물관리대장상의 용도는 공장으로 되어 있으나 현재 내부구조를 변경하여 주거로 사용하고 있는 건물을 임차한 경우 (대판 1987.3.24, 86다카823 참조)

질문 2) 주택의 일부를 구멍가게로 개조한 건물을 임차하여 그곳에서 거주하면서 구멍가게를 경영하고 있는 경우 (대판 1987.8.25, 87다카793; 대판 1988.12.27, 87다카2024; 대판 1995.3.10, 94다52522 참조)

질문 3) 방 2개와 주방이 있는 다방 40평을 임차하여 그곳에 살면서 다방을 경영하고 있는데, 전체 면적 중 다방 영업을 위한 부분이 27평 정도이고 방과 부엌을 합한 주거면적이 13평 정도인 경우 (대판 1987.3.24, 86다카823; 대판 1987.4.28, 86다카2407; 대판 1988.12.13, 87다카3097; 대판 1993.10.8, 93다25738,25745; 대판 1996.3.12, 95다51953 등)

|해설 12|

해설 1) 적용을 받을 수 있다.

어떤 건물이 법의 적용 대상이 되는 주거용 건물인지 여부는 등기부, 건축물관리대장 등 공부상 표시만을 기준으로 하는 것이 아니라 사실상 주거로 사용하는 여부를 기준으로 결정한다(^{대판}_{1987.}

3.24. 86) 다카823).

해설 2) 적용을 받을 수 있다.

임차주택의 일부가 주거 이외의 목적으로 사용되는 경우에도 법이 적용되기 때문이다. 다만 건물 중 주택과 점포의 구조와 점유면적, 건물의 주된 용도 등을 고려할 때 오히려 비주거용 건물의 일부를 주거로 사용하고 있는 경우라고 판단된다면 법이 적용되지 않을 수도 있다.

해설 3) 적용을 받을 수 없다.

비주거용 건물 중 일부인 방과 주방을 다방 영업에 부수하여 주거 목적으로 사용하는 것에 불과하기 때문이다.

사례 13 甲은 2002.3.4. 乙로부터 ○○구 △△동 200-2소재 △△연립주택 1동 중 1세대를 보증금 4천만 원, 임차기간 2년으로 정하여 임차하였다. 그런데 위 △△연립주택은 4개의 독립된 동이 하나의 단지를 이루고 있고 위 4개 동은 등기부상 알파벳 순서에 따라 에이(A), 비(B), 씨(C), 디(D)동으로 각 등재되어 있어서 甲이 임차한 위 주택 역시 등기부상 "디동 303호"로 등재되어 있으나, 실제 건물 외벽에는 A동이 가동, B동이 나동, C동이 다동, D동이 라동으로 각 표시되어 있고, 위 △△연립주택이 건립된 지번 위에는 위 4개 동 이외에 또 다른 건물은 전혀 없다. 이에 위 △△연립주택에 입주한 다른 임차인들은 건물 외벽의 표시에 따라 가, 나, 다, 라동으로 주민등록 전입신고를 하여 왔고, 甲도 2002.3.5. 주민등록 전입신고를 하면서 임차주택의 건물 외벽의 표시에 따라 주소를 "△△동 200-2 △△연립 라동 303호"로 기재하였다.

질문 1) 甲은 법 제3조 제1항 소정의 대항력을 취득할 수 있는가? (대판 1999.4.13. 99다4207 참조)

질문 2) 그 후 甲이 2002.4.25. "△△동 200-2 △△연립주택 디동 303호"로 주소 정정신고를 하여 주민등록표 기재가 그대로 정정되었다면, 대항력이 인정되는가?

(대판 1987.11.10. 87다카1573; 대판 2000.4.7. 99다66212 참조)

질문 3) 만일 甲은 "△△동 200-2 △△연립 라동 303호"로 주민등록 전입신고를 하였는데 동사무소의 담당공무원이 실수로 주민등록표상의 주소를 "△△동 200-2 △△연립 디동 303호"로 잘못 기입한 것이라면, 대항력이 인정되는가? (대판 1991.8.13. 91다18118 참조)

|해설 13|

해설 1) 대항력을 취득할 수 없다.

주택임대차보호법 제3조 제1항에서 대항력의 요건으로 하고 있는 주민등록은 공시방법이므로, 일반 사회 통념상 그 주민등록으로 당해 임대차건물에 임차인의 주소 또는 거소를 가진 자로 등록되어 있다고 인식할 수 있는지의 여부에 따라 결정된다. 위 주택의 등기부상의 동·호수 표시인 '디동 303호'와 불일치한 위 '라동 303호'로 된 甲의 주민등록은 그로써 위 주택에 甲이 주소 또는 거소를 가진 자로 등록되어 있는지를 인식할 수 있다고 보이지 아니하므로, 위 주민등록은 甲의 임대차의 공시방법으로서 유효하다고 할 수 없다(대판 1999.4. 13. 99다4207).

해설 2) 정정신고 다음날부터 대항력이 발생한다.

등기부상 표시된 주소와 다르게 주민등록 전입신고를 하였더라도 그 후 주민등록이 바르게 정정되면 그 다음날부터 대항력이 생긴다. 따라서 甲은 2002.4.26.부터 대항력을 취득한다.

해설 3) 대항력이 있다.

임차인이 임차건물 소재지 지번으로 올바르게 전입신고를 하였다면 이로써 그 임대차의 대항력이 생기는 것이므로 설사 담당공무원의 착오로 주민등록표상에 지번이 다소 틀리게 기재되었다고 하더라도 주민등록은 임대차 목적물에 주소 또는 거소를 둔 임차인이 존재한다는 점을 알려주는 공시방법이므로 전입신고서에 기재된 내용과 달리 주민등록표에 기재가 되었다면 주민등록표에 기재되어 공시된 바에 따라 대항력을 갖는다. 따라서 甲은 2002.3.6. 0시부터 대항력을 취득한다.

사례 14 (1) 甲은 1999.8.2. △△은행으로부터 3천만 원을 대출받아 이를 담보하기 위하여 그 날 자기 소유 주택인 서울 서초구 서초동 1800 연수아파트 1동 102호에 관하여 △△은행 앞으로 저당권설정등기를 하였다.

(2) 乙은 1999.8.9. 甲으로부터 위 주택을 임차보증금은 8천만 원, 임차기간은 1999.8.25.부터 2년으로 정하여 임차하기로 계약하고, 1999.8.25. 甲에게 위 임차보증금을 모두 지급한 다음 위 주택을 인도받았다.

(3) 그런데, 乙은 자기 가족과 함께 위 주택에 입주하면서도, 사업상 乙 자신의 주민등록은 종전 주소지에 그대로 둔 채 乙의 처를 세대주로 하고 자녀들을 동거가족으로 하여 1999.8.26. 주민등록 전입신고를 한 다음 그 날 위 임대차계약서에 확정일자를 받았다가 1999.11.10.에야 자신의 주민등록 역시 위 주택의 주소지로 옮기고 세대주를 乙자신으로 변경하였다.

(4) 한편 甲은 1999.11.2. 丙으로부터 1억 원을 차용하고 이를 담보하기 위하여 같은 날 위 주택에 관하여 丙 앞으로 저당권설정등기를 하였다.

(5) 乙은 2001.8.25. 위 임대차계약기간이 다 끝나자 甲과 임대차계약을 갱신하면서 다른 조건은 같게 하고 임차보증금만 1,000만 원을 증액하기로 합의하여 이를 지급하였다.

위 사례에서 丙이 2001.10.12 위 저당권을 실행하기 위하여 위 주택에 대한 경매를 신청하고, 그 경매절차에서 丁이 2002.3.15. 위 주택을 1억 8천만 원에 매수한 경우 乙은 丁에게 임차권으로 대항할 수 있는가?

(대판 1996.1.26, 95다30338; 대판 1997.12.12, 97다22393; 대판 1990.1.12, 89다카33043 참조)

해설 14 대항할 수 없다.

대항요건인 주민등록은 본인은 물론 배우자나 자녀 등 가족의 주민등록도 포함하므로($^{대판 1996.}_{1.26, 95}$ $^{다}_{30338}$), 乙은 자신의 처와 가족만의 전입신고를 마치고 확정일자를 받은 날의 다음날($^{대판 1997.12.}_{12, 97다22393}$)인 1999.8.27. 대항력과 우선변제권을 취득하였고 이 두 가지 면에서 丙보다 앞선다. 그러나 우선순위가 맨 뒤인 丙의 저당권의 실행으로 위 주택이 매각되면 丙의 저당권은 물론 △△은행의 저당권이 소멸하는 결과($^{민사집행법 제268조,}_{제91조 제2항 참조}$) △△은행의 저당권보다 대항력을 늦게 갖춘 乙의 임차권도 소멸할 수밖에 없으므로($^{법 제3조의5, 대판 1990.}_{1.12, 89다카33043}$), 경락인 丁은 아무런 부담이 없는 소유권을 취득하게 된다. 따라서 乙은 丁에게 임차권으로 대항할 수 없다.

사례 14-1 위 사례 14에서 乙이 매각허가결정 선고 전에 배당요구를 하였다면 배당절차에서 위 매각대금(경매비용은 0으로 가정한다)은 누구에게 얼마를 배당하여야 하는가?

(대판 1990.8.24, 90다카11377 참조)

해설 14-1 乙이 지급한 임차보증금 증액분 1,000만 원은 丙이 저당권을 설정한 뒤에 비로소 증액하였으므로 이 부분에 대하여는 대항력이 생기지 아니하며 丙보다 앞설 수 없다.

따라서 매각대금 1억 8천만 원은 아래와 같이 배당하여야 한다.

1순위: △△은행 3천만 원(전액 배당),

2순위: 乙 8천만 원(증액분을 제외한 나머지 금액 배당),

3순위: 丙 7천만 원(일부 배당)

사례 14-2 위 사례 14에서 만약 乙이 확정일자를 받지 않았다면 배당결과는 어떻게 달라지는가?

(대결 1998.8.24, 98마1031 참조)

해설 14-2 확정일자를 받지 않았다면 우선변제권 없이는 그 자체로는 배당요구조차 할 수 없다.

주택임차인은 별도로 집행권원을 얻어 일반채권자로서 배당요구를 하거나, 경매목적물인 위 주택을 가압류하고 매각기일까지 경매신청등기 후의 가압류채권자로서 배당요구를 할 수 있을 뿐이다. 결국 乙은 별도로 집행권원을 얻는 등의 다른 조치를 취하지 않는 한 경매로 말미암아 아무런 배당도 받지 못한 채 임차권만 소멸되고 만다.

따라서, 乙이 다른 조치를 취하지 않은 상태에서는 매각대금 1억 8천만 원은 아래와 같이 배당하여야 한다.

1순위: △△은행 3천만 원(전액 배당),

2순위: 丙 1억 원(전액 배당),

3순위: 甲(소유자) 5천만 원

그러므로, 乙은 위 경우 매수인의 매각대금 납부 전까지 △△은행에 대한 채무 3천만 원을 대위변제하여 선순위 저당권을 소멸시킴으로써 임차권의 대항력을 유지시키거나, 먼저 甲의 배당금 교부청구권을 가압류한 다음 집행권원을 얻어 이에 대한 강제집행을 하는 것이 피해를 최소화하는 방법이 될 수 있다.

만약 乙이 매각기일까지라도 확정일자를 받았다고 가정하면, 乙은 매각기일까지 배당요구를 하여 3순위로 5천만 원을 배당받을 수 있게 된다.

사례 14-3 위 사례 14에서 만약 乙이 2001.12.1에 배당요구를 한 뒤 2001.12.20. 가족과 함께 다른 곳으로 이사 갔다면 우선변제를 받을 수 있는가? (대판 1997.10.10, 95다44597 참조)

해설 14-3 우선변제를 받을 수 없다.

乙이 위 경매의 매각기일 이전에 이사가거나 주민등록을 전출하면 우선변제권을 상실한다. 우선변제의 요건 중 일부인 점유와 주민등록은 그 우선변제권 취득시에만 구비하면 족한 것이 아니

제1편
제2편
제3편
제4편
제5편
제6편
제7편
제8편
제9편
중요한 계약의 유형

고, 배당요구의 종기인 매각기일까지 계속 존속하고 있어야 하기 때문이다. 그러므로 乙은 우선변제를 받을 수 없다.

참고로 주택임차인이 대항력을 갖고 있는 경우에도, 그 대항요건은 신소유자의 소유권취득시까지 계속 존속하고 있어야 한다(대판 1998.1.23, 97다43468).

사례 15 甲은 2000.1.3. 乙로부터 乙소유인 서귀포시 서흥동 111 △△아파트 2동 202호를 임차보증금은 50,000,000원, 임차기간은 2년으로 정하여 임차하고 그 날 입주하면서 전입신고를 마쳤는데, 위 주택은 2001.11.1. 임차인 甲이 모르는 사이에 丙 앞으로 소유권이전등기가 되었다. 甲은 2001.12.3. 임차기간이 끝날 무렵에야 이러한 사실을 알고 乙과 丙에게 누구든 임차보증금을 돌려줄 것을 요구하였으나 乙과 丙은 서로 책임을 미루고 반환을 거부하였다. 甲은 임차기간이 지난 뒤 6개월을 기다리다가 2002.7.2. 직장에서 서울로 발령이 나는 바람에 어쩔 수 없이 임차보증금을 받지 못한 채 이사를 하고 말았다.
이 때 甲은 누구한테서 임차보증금을 돌려 받을 수 있는가?

(대판 1993.12.7, 93다36615; 대판 1994.3.11, 93다29648 참조)

해설 15 丙으로부터 돌려 받을 수 있다.

주택임대차보호법 제3조 제1항과 제2항의 해석상 주택의 소유자가 바뀌었을 때 그 당시의 임차인이 새로운 소유자에게 임차인으로 대항할 수 있으려면 주택의 점유와 전입신고라는 대항요건을 갖추고 있어야 한다. 그러나 주택 임차인이 새로운 소유자에게 그 지위를 대항할 수 있게 된 이상 그 뒤 대항요건이 상실되었다 하여 이미 발생한 임차보증금반환채무가 소멸하는 것은 아니다(대판 1993.12.7, 93다36615).

따라서 甲은 2000.1.4. 주택 임차인으로서 대항력을 갖추었고 그러한 상태에서 소유자가 바뀌어 주택임대차보호법 제3조 제2항에 따라 임대인의 지위를 승계한 丙에 대하여 임차보증금반환채권을 가지게 되었으므로, 나중에 대항요건을 상실했다 하더라도 丙으로부터 임차보증금을 돌려 받을 수 있다. 한편 임대인의 지위가 신소유자에게 승계되는 경우에는 임차보증금반환채무도 부동산의 소유권과 결합하여 일체로서 임대인의 지위를 승계한 신소유자에게 이전되는 것이므로, 종전 임대인의 보증금반환채무는 소멸한다(대판 1987.3.10, 86다카1114; 대판 1994.3.11, 93다29648 등). 따라서 甲은 乙로부터 임차보증금을 돌려 받을 수 없다.

사례 15-1 위 사례에서 甲이 임차보증금반환청구권을 실효성 있게 행사하기 위하여 강구할 수 있는 방안은 무엇인가?

해설 15-1 임차권등기명령의 신청을 할 수 있다.

임차인이 임대차 종료 후 보증금을 반환 받지 못한 상태에서 다른 곳으로 이사가거나 주민등록을 전출하면 대항력과 우선변제권을 상실하게 되어, 결국 임차인이 자유롭게 주거를 이전할 수 없게 되는데, 이를 해결하기 위하여 1999.3.1.부터 임차권등기명령제도가 새로 시행되었다(제3조의 3 참조). 그러므로 甲은 위 주택의 소재지를 관할하는 지방법원 등에 임차권등기명령을 신청하여 임차권등기를 할 수 있다. 그리고 임차권등기명령의 집행에 따라 임차권등기가 되면, 임차인이 임차권등기 이전에 이미 대항력 또는 우선변제권을 취득한 경우에는 그 대항력 또는 우선변제권은 그대로 유지되며 임차권등기 이후에는 주택임대차보호법 제3조 제1항의 대항요건을 상실하더라도 이미 취득한 대항력 또는 우선변제권을 상실하지 아니한다. 주의할 점은, 위와 같은 효과는 임차권등기를 한 때부터 발생하므로 임차권등기명령을 신청한 후 곧바로 이사나 전출을 하여서는 안 된다는 것이다.

사례 16 주택임대차보호법 제6조 제1항에 따라 묵시적으로 갱신된 임대차에서 임차인이 임대차를 종료시킬 수 있는 방법은 무엇인가? 그리고, 임대인이 위와 같이 묵시적으로 갱신된 임대차를 종료시킬 수 있는 방법은 무엇인가?

해설 16 임차인도 일단 묵시적 갱신의 효과에 구속되지만, 주택임대차보호법 제6조의2에 따라 언제든지 임대인에 대하여 해지의 통지(3월 후 효력 발생)를 함으로써 임대차에서 벗어날 수 있다. 그러나 주택임대차보호법 제6조의2가 신설된 취지나 법이 민법에 대한 특별법임을 고려할 때 임차인은 제635조에 따른 해지의 통고(1월 후 효력 발생)는 할 수 없다고 해석함이 옳다고 본다.
임대인은 묵시적 갱신의 효과에 구속되는데, 주택임대차보호법 제6조 제2항이 "제1항의 경우 임대차의 존속기간은 2년으로 본다"고 규정(2009.5.8. 개정)하고 있으므로, 결국 2년의 기간에 구속되고 그 기간 중에 일방적으로 임대차를 종료시킬 수 있는 방법은 없다.

사례 17 甲 소유인 △△시 ○○구 ■■동 530 ■■연립주택 1동 303(20평형)에 관하여 2001.9. 20. 乙 앞으로 채권최고액 4천만 원인 근저당권설정등기가 되어 있었는데, 丙은 2001.11.1. 甲으로부터 위 주택을 임차보증금 3천 5백만 원, 임차기간 2년으로 정하여 임차하고 입주한 뒤 2001.11. 10. 그곳에 전입신고를 하였다.
그 뒤 乙은 2002.1.15. 위 근저당권에 터잡아 법원에 위 주택에 대한 경매신청을 한 결과 아래와 같이 경매절차가 완결되었다.
① 2002.1.16. 경매개시결정 기입등기
② 2002.3.2. 丙이 소액임차인으로서 배당 요구함
③ 2002.3.15. 乙이 4천만 원의 배당을 구하는 채권계산서 제출함
④ 2002.3.25. 매각허가결정 선고(매각대금 3천만 원)
⑤ 2002.4.22. 배당기일에 丙은 불출석함, 경매법원은 丙을 가장임차인으로 잘못 판단하고 매각대금 전액(경매비용은 0으로 가정한다)을 乙에게 배당함
丙은 현재 乙을 상대로 자신이 소액임차인으로서 우선적으로 배당 받을 수 있는 금액을 구하는 부당이득반환청구소송을 제기하려고 한다. 丙은 얼마를 청구할 수 있는가? (원금만 답할 것)
(대판 1964.7.14. 63다839; 대판 2000.10.10. 99다53230 참조)

해설 17 1,500만 원을 청구할 수 있다.
확정된 배당표에 의하여 배당을 실시하는 것은 실체법상의 권리를 확정하는 것이 아니므로 배당을 받아야 할 자가 배당을 받지 못하고 배당을 받지 못할 자가 배당을 받은 경우에는 배당에 관하여 이의를 한 여부 또는 형식상 배당절차에 확정되었는가의 여부에 관계없이 배당을 받지 못

한 우선채권자에게 부당이득반환청구권이 있다.

丙의 임차보증금 3,500만 원은 주택임대차보호법 제4조가 정하는 소액임차인의 보증금 한도액인 4,000만 원 이하에 해당하므로, 주택가액의 1/2(제8조 제3항)인 1,500만 원의 한도 안에서 같은 법 시행령 제3조 제1항이 정하는 1,600만 원까지 선순위 근저당권자보다 앞선 우선변제효력을 인정받을 수 있다(2002. 당시의 법령에 의함). 그러므로 丙은 1,500만 원을 청구할 수 있다.

사례 17-1 만약 위 사례 17)에서 丙이 배당요구를 하지 않았다면 승소할 수 있는가?

(대판 1996.12.20, 95다25304; 대판 2002.1.22, 2001다70702 참조)

해설 17-1 승소할 수 없다.

우선변제권 있는 임차인이 배당요구하지 아니한 경우 배당받은 다른 채권자에게 부당이득반환을 구할 수 있는지에 관하여, 과거에 적극설을 취한 판례도 있었으나 최근 대법원의 입장은 소극적이다. 즉 대법원은 대판 1996.12.20, 95다25304에서 우선변제권이 있는 최종 3개월 분의 임금과 퇴직금의 반환채권에 관하여 배당요구를 하지 아니하면 나중에 부당이득청구를 할 수 없다는 판시를 한 뒤, 임차보증금반환채권에 관하여 이 법리를 확장하였고, 최근의 대판 2002.1.22, 2001다70702에서는 우선변제권 있는 소액보증인의 소액보증금에 관하여도 같은 법리를 명백히 하였다.

위 판결들은 압류의 효력발생 전에 등기한 가압류채권자, 매각으로 인하여 소멸하는 저당권자 등 당연히 배당 받을 수 있는 채권자의 경우와는 달리, 민사소송법 제605조 제1항(필자 주: 현행 민사집행법 제88조 제1항)에서 규정하는 배당요구가 필요한 배당요구채권자는 매각결정기일까지 배당요구를 한 경우에 한하여 비로소 배당을 받을 수 있고, 적법한 배당요구를 하지 아니한 경우에는 비록 실체법상 우선변제청구권이 있다 하더라도 매각대금으로부터 배당을 받을 수는 없을 것이므로, 이러한 배당요구채권자가 적법한 배당요구를 하지 아니하여 배당에서 제외하는 것으로 배당표가 작성·확정되고 그 확정된 배당표에 따라 배당이 실시되었다면 그가 적법한 배당요구를 한 경우에 배당 받을 수 있었던 금액 상당의 금원이 후순위채권자에게 배당되었다고 하여 이를 법률상 원인이 없는 것이라고 할 수 없다고 하면서, 법에 의하여 우선변제청구권이 인정되는 임대차보증금반환채권(소액임차인의 소액보증금반환채권 포함)은 현행법상 배당요구가 필요한 배당요구채권에 해당한다고 판시하고 있다.

사례 18 주택임대차보호법 제3조 제1항의 대항요건을 갖춘 임차인(3조 임차인이라 부른다), 동법 제3조의2 제2항의 임차인(확정일자 임차인이라 부른다), 동법 제8조의 임차인(소액임차인이라 부른다) 등 3자를 비교하여 각 요건의 공통점과 차이점, 각 효력의 공통점과 차이점을 10줄 이하로 간략히 설명하시오.

해설 18

〈요건〉

공통점: 점유와 전입신고를 갖추어야 한다.

차이점: 확정일자 임차인은 확정일자를 갖추어야 하고, 소액임차인은 경매개시결정 기입 등기

전에 점유와 전입신고를 갖추되 임차보증금이 서울특별시는 9천 5백만 원,「수도권정비계획법」에 따른 과밀억제권역(서울특별시는 제외한다)은 8천만 원, 광역시(「수도권정비계획법」에 따른 과밀제 권역에 포함된 지역과 군지역은 제외한다), 안산시, 용인시, 김포시 및 광주시는 6천만 원, 그 밖의 지역은 4천 5백만 원 이하이어야 한다(시행령 제11조, 2013년 개정).

〈효력〉

공통점: 인도와 전입신고를 마친 다음날부터 제3자에 대하여 대항력을 갖는다.

차이점: 확정일자 임차인은 대항력 외에 임차보증금 전액에 대해 확정일자의 선후에 따라 우선변제적 효력을 가지며, 소액임차인은 확정일자 없이도 일정금액 한도(시행령 제10조 제1항, 2013년 개정) (주택가액의 1/2 범위 내임과 동시에 서울특별시는 3천 2백만 원, 수도권정비계획법에 따른 과밀억제권역(서울특별시는 제외한다)은 2천 7백만 원, 광역시(수도권정비계획법에 따른 과밀억제권 역에 포함된 지역과 군지역은 제외한다), 안산시, 용인시, 김포시 및 광주시는 2천만 원, 그 밖의 지역은 천 5백만 원 이하인 금액) 안에서 최우선변제적 효력을 갖는다.

X. 상가건물 임대차보호법

1. 목 적	4. 존속기간의 보호
2. 적용범위	5. 보증금의 우선변제, 최우선변제
3. 대항력	(1) 우선변제
(1) 건물의 인도와 사업자 등록	(2) 최우선변제
(2) 사업자 등록	6. 차임 등의 증감청구권
(3) 사업을 개시하지 않거나 사실상 폐업한 경우	7. 권리금

1. 목 적

상가임대차법[14]은 상가건물 임대차에 관하여 민법에 대한 특례를 규정하여 국민 경제생활의 안정을 보장함을 목적으로 한다(제1조).

2. 적용범위

이 법은 상가건물(제3조 제1항에 따른 사업자등록의 대상이 되는 건물을 말한다)의 임대차(임대차 목적물의 주된 부분을 영업용으로 사용하는 경우를 포함한다)에 대하여 적용한다. 다만 대통령령으로 정하는 보증금액을 초과하는 임대차에 대하여는 그러하지 아니하다(제2조 제1항). 제2조 제1항 단서에 따른 보증금액을 정할 때에는 해당 지역의 경제 여건 및 임대차 목적물의 규모 등을 고려하여 지역별로 구분하여 규정하되, 보증금 외에 차임이 있는 경우에는 그 차임액에 은행법에 따른 은행의 대출금리 등을 고려하여 대통령령으로 정하는 비율을 곱하여 환산한 금액을 포함하여야 한다(제2조 제2항).[15]

---

14) 정식명칭은 '상가건물 임대차보호법'이다.

15) 상가임대차법 시행령 제2조 (적용범위) ① 「상가건물 임대차보호법」(이하 "법"이라 한다) 제2조 제1항 단서에서 "대통

그러나 제3조, 제10조 제1항, 제2항, 제3항 본문, 제10조의2부터 제10조의8까지의 규정 및 제19조는 제2조 제1항 단서에 따른 보증금액을 초과하는 임대차에 대하여도 적용한다($^{제2조}_{제3항}$). 따라서 대통령령으로 정하는 보증금액을 초과하는 임대차를 체결한 임차인도 제10조 제1항에 의해 5년의 기간을 한도로 계약갱신요구권을 행사할 수 있으며, 그 계약갱신시 상가건물에 관한 조세, 공과금, 주변 상가건물의 차임 및 보증금, 그 밖의 부담이나 경제사정을 고려하여 차임과 보증금 증감을 청구할 수도 있다. 또한 권리금보호를 위해 마련된 동법 제10조의3 이하는 대통령령으로 정하는 보증금액을 초과하는 임대차에도 적용된다.

3. 대항력

(1) 건물의 인도와 사업자 등록

임대차는 그 등기가 없는 경우에도 임차인이 건물의 인도와 부가가치세법 제8조, 소득세법 제168조 또는 법인세법 제111조에 따른 사업자등록을 신청하면 그 다음 날부터 제3자에 대하여 효력이 생긴다($^{제3조}_{제1항}$).

(2) 사업자 등록

상가임대차법 제4조와 그 시행령 제3조 및 부가가치세법 제5조와 그 시행령 제7조($^{소득세법\,및}_{법인세법상의}$ $_{사업자등}^{록에\,준용}$)에 의하면, 건물의 임대차에 이해관계가 있는 자는 건물의 소재지 관할 세무서장에게 임대차와 사업자등록에 관한 사항의 열람 또는 제공을 요청할 수 있고, 사업자가 사업장을 임차한 경우에는 사업자등록신청서에 임대차계약서 사본을 첨부하도록 하여 임대차에 관한 사항의 열람 또는 제공은 첨부한 임대차계약서의 기재에 의하도록 하고 있으므로, 사업자등록신청서에 첨부한 임대차계약서상의 임대차목적물 소재지가 당해 상가건물에 대한 등기부상의 표시와 불일치하는 경우에는 특별한 사정이 없는 한 그 사업자등록은 제3자에 대한 관계에서 유효한 임대차의 공시방법이 될 수 없다. 또한 위 각 법령의 위 각 규정에 의하면, 사업자가 상가건물의 일부분을 임차하는 경우에는 사업자등록신청서에 해당 부분의 도면을 첨부하여야 하고, 이해관계인은 임대차의 목적이 건물의 일부분인 경우 그 부분 도면의 열람 또는 제공을 요청할 수 있도록 하고 있으므로, 건물의 일부분을 임차한 경우 그 사업자등록이 제3자에 대한 관계에서 유효한 임대차의 공시방법이 되기 위해서는 사업자등록신청시 그 임차 부분을 표시한

령령으로 정하는 보증금액"이라 함은 다음 각호의 구분에 의한 금액을 말한다.
  1. 서울특별시: 9억 원
  2. 「수도권정비계획법」에 따른 과밀억제권역(서울특별시는 제외한다): 6억 9천만 원
  3. 광역시(「수도권정비계획법」에 따른 과밀억제권역에 포함된 지역과 군지역은 제외한다), 안산시, 용인시, 김포시 및 광주시: 5억 4천만 원
  4. 그 밖의 지역: 3억 7천만 원
② 법 제2조 제2항의 규정에 의하여 보증금 외에 차임이 있는 경우의 차임액은 월 단위의 차임액으로 한다.
③ 법 제2조 제2항에서 "대통령령으로 정하는 비율"이라 함은 1분의 100을 말한다.

도면을 첨부하여야 한다$\binom{대판\ 2008.9.25,}{2008다44238}$.

(3) 사업을 개시하지 않거나 사실상 폐업한 경우

상가건물을 임차하고 사업자등록을 마친 사업자가 임차 건물의 전대차 등으로 당해 사업을 개시하지 않거나 사실상 폐업한 경우, 그 사업자등록은 부가가치세법 및 상가임대차법이 상가임대차의 공시방법으로 요구하는 적법한 사업자등록이라고 볼 수 없고, 이 경우 임차인이 상가임대차법상의 대항력 및 우선변제권을 유지하기 위해서는 건물을 직접 점유하면서 사업을 운영하는 전차인이 그 명의로 사업자등록을 하여야 한다$\binom{대판\ 2006.1.13,}{2005다64002}$.

만약 사업자등록신청서에 첨부한 임대차계약서와 등록사항현황서에 기재되어 공시된 임대차보증금 및 차임에 따라 환산된 보증금액과 실제 임대차계약의 내용에 따라 환산된 보증금액이 다를 경우 실제 임대차계약의 내용에 따라 환산된 보증금액이 아닌 사업자등록신청서에 첨부한 임대차계약서와 등록사항현황서에 기재되어 공시된 임대차보증금 및 차임에 따라 환산된 보증금액이 상가건물 임대차보호법상의 대항력 취득의 기준이 된다.

> **▌대판 2016.7.14, 2015다46119**
>
> 구 상가건물 임대차보호법(2013.6.7. 법률 제11873호로 개정되기 전의 것) 제3조 제1항에서 건물의 인도와 더불어 대항력의 요건으로 규정하고 있는 사업자등록은 거래의 안전을 위하여 임대차의 존재와 내용을 제3자가 명백히 인식할 수 있게 하는 공시방법으로서 마련된 것이므로, 사업자등록이 어떤 임대차를 공시하는 효력이 있는지는 일반 사회통념상 사업자등록을 통해 건물에 관한 임대차의 존재와 내용을 인식할 수 있는가에 따라 판단하여야 한다.
>
> [2] 사업자등록신청서에 첨부한 임대차계약서와 등록사항현황서(이하 '등록사항현황서 등'이라 한다)에 기재되어 공시된 임대차보증금 및 차임에 따라 환산된 보증금액이 구 상가건물 임대차보호법(2013.6.7. 법률 제11873호로 개정되기 전의 것. 이하 '구 상가임대차법'이라 한다)의 적용대상이 되기 위한 보증금액 한도를 초과하는 경우에는, 실제 임대차계약의 내용에 따라 환산된 보증금액이 기준을 충족하더라도, 임차인은 구 상가임대차법에 따른 대항력을 주장할 수 없다.
>
> 이러한 법리는 임대차계약이 변경되거나 갱신되었는데 임차인이 사업자등록정정신고를 하지 아니하여 등록사항현황서 등에 기재되어 공시된 내용과 실제 임대차계약의 내용이 불일치하게 된 경우에도 마찬가지로 적용된다.
>
> **사실관계** ① 甲과 乙은 2005.10.31. 이 사건 점포에 관하여 임대차보증금은 1억 5,000만 원, 월 차임은 200만 원으로 하고 그중 차임의 지급을 상가가 형성될 때까지 유보하기로 하는 이 사건 임대차계약을 체결하였다가, 2007.10.2. 차임을 면제하기로 합의한 사실, ② 乙은 이 사건 점포에 대하여, 2005.11.10. 임대차보증금 5,000만 원 및 월 차임 200만 원의 임대차계약서를 첨부하여 마트(편의점)에 관한 사업자등록을 신청하였고, 또한 2007.1.10. 임대차보증금 1억 원의 임대차계약서를 첨부하여 약국에 관한 사업자등록을 신청하였는데, 위 각 임대차계약서에는 차임의 면제 또는 지급유보에 관하여 아무런 기재가 되어 있지 아니한 사실, ③ 서대문세무서장이 발급한 이 사건 점포에 관한 등록사항현황서에도 2005.11.10.자 사업자등록 당시의 임대차보증금이 5,000만 원이고 월 차임이 200만 원이며, 2007.1.10.자 사업자등록 당시의 임대차보증금이 1억 원으로 기재되어 있는 사실, ④ 원고는 2011.11.11. 경매절차에서 이 사건 점포를 매수하여 그 소유권을 취득한 사실을 알

제1편 제2편 제3편 제4편 제5편 제6편 제7편 제8편 제9편 중요한 계약의 수행

수 있다.

법리의 적용 위와 같은 사실관계를 앞서 본 법리에 따라 살펴보면, 乙이 2005.10.31. 甲과 임대차보증금 1억 5,000만 원 및 월 차임 200만 원의 이 사건 임대차계약을 체결하면서 차임의 지급을 유보하였다가 2007.10.2. 차임면제의 합의를 함으로써 이 사건 임대차계약이 실제로는 차임 없이 임대차보증금 1억 5,000만 원의 임대차계약으로 변경되었다고 할지라도, 등록사항현황서 등에는 2007.10.2. 이후로도 임대차보증금 5,000만 원 및 1억 원 외에 월 차임 200만 원이 여전히 기재되어 공시되었고, 이와 같이 등록사항현황서 등에 기재되어 공시된 각 임대차보증금 및 차임에 따라 환산된 보증금액은 3억 5,000만 원으로서 서울에서 2008.8.21. 전에 체결된 상가건물 임대차계약이 구 상가임대차법의 적용대상으로 되기 위한 보증금액의 한도인 2억 4,000만 원을 초과하므로, 乙은 이 사건 점포를 양수한 원고에 대하여 구 상가임대차법에 따른 대항력을 주장할 수 없다.

4. 존속기간의 보호

(1) 기간을 정하지 아니하거나 기간을 1년 미만으로 정한 임대차는 그 기간을 1년으로 본다. 다만, 임차인은 1년 미만으로 정한 기간이 유효함을 주장할 수 있다(제9조 제1항). 임대차가 종료한 경우에도 임차인이 보증금을 돌려받을 때까지는 임대차 관계는 존속하는 것으로 본다(제9조 제2항).

(2) 임대인은 임차인이 임대차기간이 만료되기 6개월 전부터 1개월 전까지 사이에 계약갱신을 요구할 경우 특별한 사정[16]이 없는 한 정당한 사유 없이 거절하지 못한다(제10조 제1항). 임차인의 계약갱신요구권은 최초의 임대차기간을 포함한 전체 임대차기간이 10년을 초과하지 아니하는 범위에서만 행사할 수 있다(동조 제2항). 갱신되는 임대차는 전임대차와 동일한 조건으로 다시 계약된 것으로 본다. 다만, 차임과 보증금은 제11조에 따른 범위에서 증감할 수 있다(동조 제3항). 임대인이 제1항의 기간 이내에 임차인에게 갱신 거절의 통지 또는 조건 변경의 통지를 하지 아니한 경우에는 그 기간이 만료된 때에 전임대차와 동일한 조건으로 다시 임대차한 것으로 본다. 이 경우에 임대차의 존속기간은 1년으로 본다(동조 제4항). 제4항의 경우 임차인은 언제든지 임대인에게 계약해지의 통고를 할 수 있고, 임대인이 통고를 받은 날부터 3개월이 지나면 효력이 발생한다

---

16) 상가임대차법 제10조 제1항
  1. 임차인이 3기의 차임액에 해당하는 금액에 이르도록 차임을 연체한 사실이 있는 경우
  2. 임차인이 거짓이나 그 밖의 부정한 방법으로 임차한 경우
  3. 서로 합의하여 임대인이 임차인에게 상당한 보상을 제공한 경우
  4. 임차인이 임대인의 동의 없이 목적 건물의 전부 또는 일부를 전대(轉貸)한 경우
  5. 임차인이 임차한 건물의 전부 또는 일부를 고의나 중대한 과실로 파손한 경우
  6. 임차한 건물의 전부 또는 일부가 멸실되어 임대차의 목적을 달성하지 못할 경우
  7. 임대인이 다음 각 목의 어느 하나에 해당하는 사유로 목적 건물의 전부 또는 대부분을 철거하거나 재건축하기 위하여 목적 건물의 점유를 회복할 필요가 있는 경우
     가. 임대차계약 체결 당시 공사시기 및 소요기간 등을 포함한 철거 또는 재건축 계획을 임차인에게 구체적으로 고지하고 그 계획에 따르는 경우
     나. 건물이 노후·훼손 또는 일부 멸실되는 등 안전사고의 우려가 있는 경우
     다. 다른 법령에 따라 철거 또는 재건축이 이루어지는 경우
  8. 그 밖에 임차인이 임차인으로서의 의무를 현저히 위반하거나 임대차를 계속하기 어려운 중대한 사유가 있는 경우에는 임대인은 계약갱신을 거절할 수 있다.

$\binom{\text{동조}}{\text{제5항}}$.

임대차기간중 임차인이 차임을 3개월치 이상 연체한 적이 있었다면 그 후 차임을 지급하여 3기분의 연체상태가 해소되었더라도 임대인은 임차인의 계약갱신 요구를 거절할 수 있다$\binom{\text{대}}{\text{판}}$ $\binom{2021.5.13,}{2020\text{다}255429}$. 법 제10조의8은 임대인이 차임연체를 이유로 계약을 해지할 수 있는 요건을 '차임 연체액이 3기의 차임액에 달하는 때'라고 규정된 반면, 임대인이 임대차기간 만료를 앞두고 임차인의 계약갱신 요구를 거부할 수 있는 사유에 관해서는 '3기의 차임액에 해당하는 금액에 이르도록 차임을 연체한 사실이 있는 경우'라고 문언을 달리하여 규정하고 있다$\binom{\text{제10조 제}}{\text{1항 제1호}}$. 그 취지는 임대차계약관계는 당사자 사이의 신뢰를 기초로 하므로, 종전 임대차기간에 차임을 3기분에 달하도록 연체한 사실이 있는 경우에까지 임차인의 일방적 의사에 의하여 계약관계가 연장되는 것을 허용하지 아니한다는 것으로 해석된다.

(3) 상가임대차법 제2조 제3항에 의해 계약갱신의 요구$\binom{\text{제10조 제1항, 제2항,}}{\text{제3항 본문, 제10조의2}}$는 동법 제2조 제1항 단서에 따른 보증금액을 초과하는 임대차의 계약갱신의 경우에도 적용된다. 동법 제2조 제1항 단서에 따른 보증금액을 초과하는 임대차의 계약갱신의 경우에는 당사자는 상가건물에 관한 조세, 공과금, 주변 상가건물의 차임 및 보증금, 그 밖의 부담이나 경제사정의 변동 등을 고려하여 차임과 보증금의 증감을 청구할 수 있다$\binom{\text{제10조}}{\text{의2}}$.

5. 보증금의 우선변제, 최우선변제

(1) 우선변제

상가임대차법 제3조 제1항의 대항요건을 갖추고 관할 세무서장으로부터 임대차계약서상의 확정일자를 받은 임차인은 민사집행법에 따른 경매 또는 국세징수법에 따른 공매시 임차건물$\binom{\text{임대인 소유의}}{\text{대지를 포함한다}}$의 환가대금에서 후순위권리자나 그 밖의 채권자보다 우선하여 보증금을 변제 받을 권리가 있다$\binom{\text{제5조}}{\text{제2항}}$.

(2) 최우선변제

임차인은 보증금 중 일정액을 다른 담보물권자보다 우선하여 변제받을 권리가 있다. 이 경우 임차인은 건물에 대한 경매신청의 등기 전에 상가임대차법 제3조 제1항의 요건을 갖추어야 한다$\binom{\text{제14조}}{\text{제1항}}$. 동법 제14조 제1항에 따라 우선변제를 받을 임차인 및 보증금 중 일정액의 범위와 기준은 임대건물가액$\binom{\text{임대인 소유의 대}}{\text{지가액을 포함한다}}$의 2분의 1 범위에서 해당 지역의 경제 여건, 보증금 및 차임 등을 고려하여 대통령령[17]으로 정한다$\binom{\text{제14조}}{\text{제3항}}$.

---

17) 상가임대차법 시행령 제6조 (우선변제를 받을 임차인의 범위) 법 제14조의 규정에 의하여 우선변제를 받을 임차인은 보증금과 차임이 있는 경우 법 제2조 제2항의 규정에 의하여 환산한 금액의 합계가 다음 각호의 구분에 의한 금액 이하인 임차인으로 한다.
   1. 서울특별시: 6천 500만 원
   2. 「수도권정비계획법」에 따른 과밀억제권역(서울특별시는 제외한다): 5천 500만 원

6. 차임 등의 증감청구권

차임 또는 보증금이 임차건물에 관한 조세, 공과금, 그 밖의 부담의 증감이나 감염병예방법 제2조 제2호에 따른 제1급 감염병 등에 의한 경제 사정의 변동으로 인하여 상당하지 아니하게 된 경우에는 당사자는 장래의 차임 또는 보증금에 대하여 증감을 청구할 수 있다. 그러나 증액 의 경우에는 대통령령($\binom{\text{시행령 제4조에 의하면 청구 당시의}}{\text{차임 또는 보증금의 100분의 9의 금액}}$)으로 정하는 기준에 따른 비율을 초과하지 못한다($\binom{\text{제11조}}{\text{제1항}}$). 동법 제11조 제1항에 따른 증액 청구는 임대차계약 또는 약정한 차임 등의 증액이 있은 후 1년 이내에는 하지 못한다($\binom{\text{제11조}}{\text{제2항}}$).

7. 권리금

(1) 권리금

권리금이란 임대차 목적물인 상가건물에서 영업을 하는 자 또는 영업을 하려는 자가 영업시설 · 비품, 거래처, 신용, 영업상의 노하우, 상가건물의 위치에 따른 영업상의 이점 등 유형 · 무형의 재산적 가치의 양도 또는 이용대가로서 임대인, 임차인에게 보증금과 차임 이외에 지급하는 금전 등의 대가를 말한다($\binom{\text{상가임대차법}}{\text{제10조의3 제1항}}$). 권리금은 지역권리금, 영업권리금, 시설권리금으로 유형화할 수 있다.

권리금계약은 주로 임대차계약이나 임차권양도계약 등에 수반되어 체결되지만 임대차계약 등과는 별개의 계약이다. 다만 권리금계약이 임차권양도계약과 결합하여 전체가 경제적 · 사실적으로 일체로 이루어져, 어느 하나의 존재 없이는 당사자가 다른 하나를 의욕하지 않았을 것으로 보이는 경우에는 권리금계약 부분만을 따로 떼어 취소할 수 없다($\binom{\text{대판 2017.7.11.}}{\text{2016다261175}}$). 권리금계약은 신규임차인이 되려는 자가 기존의 임차인에게 권리금을 지급하기로 하는 계약을 말한다($\binom{\text{법 제10}}{\text{조의3}}$). 임차인이 임대인으로부터 권리금을 회수하거나 임차권양도나 전대를 통해 권리금을 회수하려는 경우는 권리금보호에서 배제된다.

---

3. 광역시(「수도권정비계획법」에 따른 과밀억제권역에 포함된 지역과 군지역은 제외한다), 안산시, 용인시, 김포시 및 광주시: 3천 8백만 원
4. 그 밖의 지역: 3천만 원

동법 시행령 제7조 (우선변제를 받을 보증금의 범위 등) ① 법 제14조의 규정에 의하여 우선변제를 받을 보증금중 일정액의 범위는 다음 각호의 구분에 의한 금액 이하로 한다.
1. 서울특별시: 2천 200만 원
2. 「수도권정비계획법」에 따른 과밀억제권역(서울특별시는 제외한다): 1천 900만 원
3. 광역시(「수도권정비계획법」에 따른 과밀억제권역에 포함된 지역과 군지역은 제외한다), 안산시, 용인시, 김포시 및 광주시: 1천 300만 원
4. 그 밖의 지역: 1천만 원
② 임차인의 보증금중 일정액이 상가건물의 가액의 2분의 1을 초과하는 경우에는 상가건물의 가액의 2분의 1에 해당하는 금액에 한하여 우선변제권이 있다.
③ 하나의 상가건물에 임차인이 2인 이상이고, 그 각 보증금중 일정액의 합산액이 상가건물의 가액의 2분의 1을 초과하는 경우에는 그 각 보증금중 일정액의 합산액에 대한 각 임차인의 보증금중 일정액의 비율로 그 상가건물의 가액의 2분의 1에 해당하는 금액을 분할한 금액을 각 임차인의 보증금중 일정액으로 본다.

(2) 권리금 회수의 보호

1) 권리금 회수 방해로 인한 임대인의 손해배상책임

권리금계약은 기존의 임차인이 신규임차인에게 권리금을 지급하도록 하는 계약이다. 임대인이 특정한 행위[18]를 통해 임차인이 주선한 신규임차인이 되려는 자로부터 권리금을 지급받는 것을 방해해서는 안 된다($\stackrel{\text{법 제10조}}{\text{의4 제1항}}$). 이를 위반하여 임차인에게 손해가 발생하면 임대인은 배상책임이 있다($\stackrel{\text{법 제10조의4}}{\text{제3항 제1문}}$). 손해배상액은 신규임차인이 임차인에게 지급하기로 한 권리금과 임대차 종료 당시의 권리금 중 낮은 금액을 넘지 못한다($\stackrel{\text{법 제10조의4}}{\text{제3항 제2문}}$).

임차인의 임차목적물 반환의무와 임대인의 권리금 회수 방해로 인한 손해배상의무는 동시이행관계도 인정되지 않는다($\stackrel{\text{대판 2019.7.10.}}{\text{2018다242727}}$). 양자는 별개의 원인에 기하여 발생한 것일 뿐 아니라 공평의 관점에서 보더라도 그 사이에 이행상 견련관계를 인정하기 어렵기 때문이다.

2) 임차인이 주선한 자와 임대차계약 체결의 거절($\stackrel{\text{법 제10조의}}{\text{4 제1항 4호}}$)

임차인과 신규임차인이 되려는 자가 아직 권리금계약이 체결되지 않았더라도 임대인은 임차인의 권리금 회수 방해를 이유로 손해배상책임을 질 수 있다($\stackrel{\text{대판 2019.7.10.}}{\text{2018다239608}}$).

원칙적으로 임차인이 신규임차인을 주선했을 때에 위의 손해배상을 임대인에게 청구할 수 있다. 그러나 신규임차인을 주선하지 않아도 임대인이 손해배상책임을 지는 때가 있다. 임대인이 미리 확정적으로 임차인이 주선할 신규임차인과의 계약체결에 거절 의사를 명백히 밝힌 경우에는 임대차계약의 체결을 거절한 것($\stackrel{\text{법 제10조의4}}{\text{제1항 제4호}}$)과 마찬가지로 본다(대판 2019.7.4. 2018다 284226. 상가 임차인인 甲이 임대차기간 만료 전 임대인인 乙에게 甲이 주선하는 신규임차인과 임대차계약을 체결하여 줄 것을 요청하였으나, 乙이 상가를 인도받은 후 직접 사용할 계획이라고 답변하였고, 이에 甲이 신규임차인 물색을 중단하고 임대차기간 만료일에 乙에게 상가를 인도한 후 乙을 상대로 권리금 회수 방해로 인한 손해배상을 구한 사안에서, 甲은 실제로 신규임차인을 주선하지 않았더라도 임대인의 권리금 회수기회 보호의무 위반을 이유로 乙에게 손해배상을 청구할 수 있다고 본 사례).

다만 임차인이 임대차기간중 3기 차임액 이상의 차임연체 사실이 있기만 하면 임대인은 임차인의 계약갱신 요구를 거절할 수 있고, 그에 따라 권리금 회수 기회 보호의무도 부담하지 않는다($\stackrel{\text{대판 2021.5.27. 2020}}{\text{다263635,263642}}$). 반면 전체 임대차기간이 10년을 초과하여 임차인의 계약갱신 요구를 거절할 수 없는 경우에도[19] 임대인은 법 제10조의4 제1항에 따른 권리금 회수기회 보호의무를

---

18) 이는 상가임대차법 제10조의4 제1항의 각호에 있다.
   1. 임차인이 주선한 신규임차인이 되려는 자에게 권리금을 요구하거나 임차인이 주선한 신규임차인이 되려는 자로부터 권리금을 수수하는 행위
   2. 임차인이 주선한 신규임차인이 되려는 자로 하여금 임차인에게 권리금을 지급하지 못하게 하는 행위
   3. 임차인이 주선한 신규임차인이 되려는 자에게 상가건물에 관한 조세, 공과금, 주변 상가건물의 차임 및 보증금, 그 밖의 부담에 따른 금액에 비추어 현저히 고액의 차임과 보증금을 요구하는 행위
   4. 그 밖에 정당한 사유 없이 임대인이 임차인이 주선한 신규임차인이 되려는 자와 임대차계약의 체결을 거절하는 행위
19) 2018.10.16. 개정된 상가건물임대차보호법 제10조 제2항에 의하여 계약갱신요구권을 행사할 수 있는 기간은 최초의 임대차기간을 포함한 임대차기간 10년으로 연장되었다.

부담한다(대판 2019.5.16, 2017다225312,225329. 甲이 乙과 상가 임대차계약을 체결한 다음 상가를 인도받아 음식점을 운영하면서 2회에 걸쳐 계약을 갱신하였고, 최종 임대차기간이 만료되기 전 丙과 권리금계약을 체결한 후 乙에게 丙과 새로운 임대차계약을 체결하여 줄 것을 요청하였으나, 乙이 노후화된 건물을 재건축하거나 대수선할 계획을 가지고 있다는 등의 이유로 丙과의 임대차계약 체결에 응하지 아니한 사안에서, 乙의 권리금 회수기회 보호의무를 인정한 사례).

3) 임대차계약 체결을 거절할 수 있는 정당한 사유(법 제10조의4 제2항)

일정한 경우20)에는 임대인이 임차인이 주선한 신규임차인과 임대차 계약의 체결을 거절하더라도 정당한 사유가 있는 것으로 보아 손해배상책임이 없다(법 제10조의4 제2항).21)

특히 '임대차 목적물인 상가건물을 1년 6개월 이상 영리목적으로 사용하지 아니한 경우'(제3호의 사유)와 관련하여, 이에 따른 정당한 사유가 인정되기 위해서는 임대인이 임대차 종료 시 그러한 사유를 들어 임차인이 주선한 자와 신규 임대차계약 체결을 거절하고 실제로도 1년 6개월 동안 상가건물을 영리목적으로 사용하지 않아야 한다. 이때에는 임대인에게 임차인의 권리금을 가로챌 의도가 있었다고 보기 어렵기 때문이다. 그렇지 않고 임대인이 다른 사유로 신규 임대차계약 체결을 거절한 후 사후적으로 1년 6개월 동안 상가건물을 영리목적으로 사용하지 않았다는 사정만으로는 위 조항에 따른 정당한 사유로 인정할 수 없다(대판 2021.11.25, 2019다285257).

종전 소유자인 임대인이 임대차 종료 후 상가건물을 영리목적으로 사용하지 아니한 기간이 1년 6개월에 미치지 못하는 사이에 상가건물의 소유권이 변동되었더라도, 임대인이 상가건물을 영리목적으로 사용하지 않는 상태가 새로운 소유자의 소유기간에도 계속하여 그대로 유지될 것을 전제로 처분하고, 실제 새로운 소유자가 그 기간 중에 상가건물을 영리목적으로 사용하지 않으며, 임대인과 새로운 소유자의 비영리 사용기간을 합쳐서 1년 6개월 이상이 되는 경우라면, 임대인에게 임차인의 권리금을 가로챌 의도가 있었다고 보기 어려우므로, 그러한 임대인에 대하여는 위 조항에 의한 정당한 사유를 인정할 수 있다(대판 2022.1.14, 2021다272346).

임대인이 스스로 영업할 계획이라는 이유만으로는 임차인이 주선한 신규 임차인이 되려는 자와 임대차계약의 체결을 거절한 것에 구 상가임대차법 제10조의4 제1항 제4호에서 정한 정당한 사유가 있다고 볼 수 없다(대판 2019.5.30, 2018다261124,261131).

4) 권리금 회수 방해로 인한 손해배상청구권의 소멸시효

권리금 회수기회 침해에 따른 손해배상청구권은 임대차가 종료한 날부터 3년 이내에 행사하지 아니하면 시효의 완성으로 소멸한다(상가건물임대차보호법 제10조의4 제4항).

---

20) ① 임차인이 주선한 신규임차인이 되려는 자가 보증금 또는 차임을 지급할 자력이 없는 경우, ② 임차인이 주선한 신규임차인이 되려는 자가 임차인으로서의 의무를 위반할 우려가 있거나 그 밖에 임대차를 유지하기 어려운 상당한 사유가 있는 경우, ③ 임대차 목적물인 상가건물을 1년 6개월 이상 영리목적으로 사용하지 아니한 경우, ④ 임대인이 선택한 신규임차인이 임차인과 권리금 계약을 체결하고 그 권리금을 지급한 경우

21) 이와 관련하여 임차인은 임대인에게 임차인이 주선한 신규임차인이 되려는 자의 보증금 및 차임을 지급할 자력 또는 그 밖에 임차인으로서의 의무를 이행할 의사 및 능력에 관하여 자신이 알고 있는 정보를 제공하여야 한다(상가건물임대차보호법 제10조의4 제4항).

사례 19 甲은 2003.11.8. 乙로부터 乙 소유의 X건물 1층 409.2㎡ 중 약 20평(이하 '이 사건 임차부분'이라 한다)을 임대차보증금 25,000,000원, 임차기간 2003.11.8.부터 5년으로 정하여 임차하고, 乙에게 위 임대차보증금을 지급하였다. 甲은 2003.11.8. 이 사건 임차부분을 인도받고, 같은 달 10일 ○○세무서에 ◇◇도금이라는 상호로 사업자등록을 마친 후 이 사건 임차부분에서 도금작업을 하여 왔다. 또한 甲은 이 사건 임차부분 및 인접한 컨테이너 박스에서 고객으로부터 도금작업에 관한 주문을 받고 완성된 도금제품을 고객들에게 인도하고 수수료를 지급받는 등의 영업활동을 하여 왔다. 한편, 丙은 2005.12.1. 乙로부터 X건물을 매수하여, 같은 달 30. 소유권이전등기를 마쳤고, 2006.8.28.경 甲으로부터 이 사건 임차부분을 인도받았다.

甲은 이 사건 임차부분을 인도받아 사업자등록을 마침으로써 상가건물임대차보호법에 따라 대항력을 취득하였으므로, X건물을 양수하여 임대차계약상 임대인의 지위를 승계한 병은 갑에게 임대차보증금을 반환할 의무가 있다고 주장하고, 이에 대하여 丙은, 이 사건 임차부분은 상가건물이 아닌 공장시설이어서 상가건물임대차보호법의 적용대상에 해당하지 아니하므로 甲에게 임대차보증금을 반환할 의무가 없다고 주장한다. 누구의 주장이 타당한가? (대판 2011.7.28. 2009다40967 참조)

해설 19 甲의 주장이 타당하다.

상가건물임대차보호법의 목적과 같은 법 제2조 제1항 본문, 제3조 제1항에 비추어 보면, 상가건물 임대차보호법이 적용되는 상가건물 임대차는 사업자등록 대상이 되는 건물로서 임대차 목적물인 건물을 영리를 목적으로 하는 영업용으로 사용하는 임대차를 가리킨다. 그리고 상가건물 임대차보호법이 적용되는 상가건물에 해당하는지는 공부상 표시가 아닌 건물의 현황·용도 등에 비추어 영업용으로 사용하느냐에 따라 실질적으로 판단하여야 하고, 단순히 상품의 보관·제조·가공 등 사실행위만이 이루어지는 공장·창고 등은 영업용으로 사용하는 경우라고 할 수 없으나 그곳에서 그러한 사실행위와 더불어 영리를 목적으로 하는 활동이 함께 이루어진다면 상가건물 임대차보호법 적용대상인 상가건물에 해당한다. 위 사안처럼 임차인이 상가건물의 일부를 임차하여 도금작업을 하면서 임차부분에 인접한 컨테이너 박스에서 도금작업의 주문을 받고 완성된 도금제품을 고객에 인도하여 수수료를 받는 등 영업활동을 해 온 사안에서, 임차부분과 이에 인접한 컨테이너 박스는 일체로서 도금작업과 더불어 영업활동을 하는 하나의 사업장이므로 위 임차부분은 상가건물 임대차보호법이 적용되는 상가건물에 해당한다고 보아야 한다.

요건사실론 임대차계약에 기한 청구

1. 임차인의 임대차보증금반환 청구

가. 청구원인

임대차보증금의 반환을 청구하는 임차인은 청구원인사실(임대차보증금반환 청구권 발생의 요건사실)인 ① 임대차계약의 체결, ② 임대차보증금의 지급, ③ 임대차종료의 원인사실(임대차기간의 만료, 임대인의 수선의무 위반을 이유로 한 해지 등)에 대한 주장·증명책임을 진다. ④ 반환시기의 합의는 대차형 계약의 불가결한 요소이기 때문에 임대차계약의 성립을 주장하는 당사자22)는 임대기

---

22) '임대차계약의 성립으로 이익을 받는 자'라는 표현이 더 정확하다고 생각한다(증명책임은 법규에 의해 정해지는 것으

간에 관한 사실에 대한 주장·증명책임을 진다.[23]

주택임대차보호법 또는 상가건물임대차보호법에 의한 대항력(주민등록과 인도 또는 사업자등록신청과 인도)을 갖춘 임차인이 임대인으로부터 목적물을 양수한 제3자에 대하여 임대차보증금의 반환을 청구하는 경우에는 위 대항력에 관한 요건사실에 대하여 주장·증명책임을 지고, 양도인에 대하여 임대차보증금의 반환을 구하는 경우에는 임차인이 양도사실을 안 때로부터 상당한 기간 내에 이의를 제기하였다는 사실에 대한 주장·증명책임을 진다(대판 2002.9.4, 2001다64615).

나. 고려할 수 있는 피고(임대인)의 항변사유

(1) 묵시적 갱신의 항변

임차인이 임대차기간의 만료를 이유로 임대차종료를 주장하면 임대인은 묵시적 갱신(제639조 제1항)의 항변을 할 수 있다.

이 경우 임대인은 ① 임차인이 임대차기간 만료 후에도 목적물을 계속 사용·수익한 사실, ② 본인이 상당한 기간 내에 이의를 하지 않은 사실에 대한 주장·증명책임을 진다.

(2) 임대차목적물반환 채무와의 동시이행 항변

임대인은 자신의 임대차보증금반환 채무가 임차인의 임대차목적물반환 채무와 동시이행관계에 있다는 항변을 할 수 있다.

동시이행항변을 하는 경우 임대인이 임차인에게 목적물을 인도하였다는 사실은 항변사실로서 이에 대한 주장·증명책임은 임대인에게 있다.

(3) 공 제

임대인은 항변으로서 임대차보증금에서 공제되는 채권의 발생 사실을 주장할 수 있다.

i) 공제대상 채권이 임대차기간 중의 연체차임인 경우 임대인은 차임약정 사실(항변사실)에 대한 주장·증명책임을 지지만, 차임이 지급되지 않았다는 사실(재항변사실)은 주장·증명할 필요가 없다.

ii) 공제대상 채권이 임대차종료 후의 부당이득금인 경우, 임대인은 임차인이 임대차종료 후 '본래의 임대차계약상의 목적에 따라' 목적물을 계속 사용·수익하였다는 사실에 대한 주장·증명책임을 진다(대판 2003.4.11, 2002다59481). 이러한 사실이 증명되면 임차인이 차임 상당의 이익을 얻고 이로 인하여 임대인이 같은 금액 상당의 손해를 입었다는 사실이 사실상 추정되므로 임대인의 손해와 임차인의 이득과의 인과관계에 대하여는 별도로 증명할 필요가 없다.

iii) 공제대상 채권이 임대차종료 후 임차인의 계속점유(불법행위)로 인한 손해배상채권인 경우, 임차인이 임대차보증금반환 채무와의 동시이행항변을 할 수 있는 동안은 불법행위가 성립하지 않으므로 임대인은 임대차보증금반환 채무의 이행제공이 계속되었다는 사실에 대하여 주장·증명책임을 진다(임대차보증금이 반환되었다는 사실이 주장·증명되면 다른 특별한 사정이 없는 한 임대인이 공제항변을 할 필요 없이 임차인의 청구가 기각된다).

로서 누가 해당사실을 주장하였는지에 따라 변동되지 않기 때문이다). 다만 판례에서도 '~ 사실을 주장하는 자가 그 사실에 대한 증명책임을 진다'라고 판시한 예가 있다(대판 2006.11.24, 2006다35766, "어느 법률행위에 어떤 조건이 붙어 있었는지 아닌지는 사실인정의 문제로서 그 조건의 존재를 주장하는 자가 이를 입증하여야 한다고 할 것이다").

23) 임차인이 임대인에게 임대차목적물을 반환한 사실은 아래에서 보는 바와 같이 재항변사실이지 청구원인사실이 아니다.

다. 각각의 사유에 대하여 고려할 수 있는 원고(임차인)의 재항변 사유

(1) 묵시적 갱신에 대한 재항변

임대인의 묵시적 갱신의 항변에 대하여 임차인은 민법 제635조에 따른 해지의 통고로 인하여 임대차가 종료되었다는 재항변을 할 수 있다.[24]

(2) 동시이행항변에 대한 재항변

임대인이 임대차목적물반환 채무와의 동시이행항변을 함에 대하여 임차인은 임대인에게 목적물을 인도(반환)하였거나 그 이행의 제공이 계속되고 있다는 재항변을 할 수 있다.

(3) 공제에 대한 재항변

임대인의 공제항변에 대하여 임차인은 연체차임의 지급 등으로 공제대상 채권이 소멸하였다는 재항변을 할 수 있다.

2. 임대인의 임대차목적물반환 청구

가. 청구원인

임대차목적물의 반환을 청구하는 임대인은 청구원인사실(임대차목적물반환 청구권 발생의 요건사실)인 ① 임대차계약의 체결, ② 목적물의 인도, ③ 임대차 종료의 원인사실(임대차기간 만료, 임차인의 차임 연체를 이유로 한 해지 등)에 대한 주장·증명책임을 진다.[25] 임대인이 목적물의 반환과 함께 연체차임이나 부당이득금의 지급을 청구하는 경우에는 위 1. 나. (3) 공제 부분에 기재된 요건사실에 대한 주장·증명책임을 진다.

임대인이 임차인과의 임대차 종료를 이유로 전차인에 대하여 직접 목적물의 반환을 구하는 경우에는 ① 임대인과 임차인 사이의 임대차계약 체결 사실, ② 임대인이 임차인에게 목적물을 인도한 사실, ③ 임차인이 임대인의 동의를 받아 전차인과 임대차 또는 사용대차 계약을 체결한 사실, ④ 임차인이 전차인에게 목적물을 인도한 사실, ⑤ 임대차가 종료한 사실에 대한 주장·증명책임을 진다.

나. 고려될 수 있는 피고(임차인)의 항변사유

(1) 묵시적 갱신

임대인이 임대차기간의 만료를 이유로 임대차 종료를 주장하면 임차인은 묵시적 갱신의 항변을 할 수 있다. 이 경우 임차인은 ① 본인이 임대차기간 만료 후에도 목적물을 계속 사용·수익한 사실, ② 임대인이 상당한 기간 내에 이의를 하지 않은 사실에 대한 주장·증명을 진다.

(2) 임대차보증금반환 채무와의 동시이행

임차인은 자신의 임대차목적물반환 채무가 임대인의 임대차보증금반환 채무와 동시이행관계에 있다는 항변을 할 수 있다. 동시이행항변을 하는 경우 임차인이 임대인에게 임대차보증금을 지급하였다는 사실은 항변사실로서 이에 대한 주장·증명책임은 임차인에게 있다. 반면 임대인이 임

---

24) 이에 반하여 묵시적 갱신으로 인하여 종래의 임대차계약이 계속되는 것이 아니라 종래의 임대차계약과 별개의 임대차계약이 성립하는 것이므로(대판 1992.1.17, 91다25017), 원고의 해지 종료 주장은 묵시적 갱신 항변에 대한 재항변이 아니라 종래 임대차계약 만료에 따른 청구에 대하여 예비적 청구의 위치에 있다는 견해도 있다.

25) 목적물이 자신의 소유라는 점을 주장·증명할 필요는 없다. 타인 소유의 물건에 대한 임대차 계약도 유효하기 때문이다.

차인에게 임대차보증금을 반환하였다는 사실은 재항변사실로서 이에 대한 주장·증명책임은 임대인에게 있다.

(3) 비용상환청구권에 기한 유치권

(가) 필요비상환청구권에 기한 유치권

임차인은 필요비상환청구권에 기한 유치권 항변을 할 수 있는데, 이 경우 ① 목적물의 관하여 일정 비용을 지출한 사실, ② 그 비용이 보존에 필요한 사실에 대한 주장·증명책임을 진다. 가액의 현존 사실은 요건사실이 아니므로 주장·증명할 필요가 없다.

(나) 유익비상환청구권에 기한 유치권

임차인은 유익비상환청구권에 기한 유치권 항변을 할 있는데, 이 경우 ① 목적물의 관하여 일정 비용을 지출한 사실, ② 그 비용이 목적물의 가액을 증가시킨 사실, ③ 그 증가가 현존하는 사실에 대한 주장·증명책임을 진다. 임대인은 그 선택에 따라 임차인이 지출한 금액이나 현존 증가액 중 하나를 상환하여야 하므로, 임차인은 임대인의 선택을 위하여 실제 지출한 비용과 현존 증가액 모두에 대한 주장·증명책임을 진다(대판 2002.11.22, 2001다40381).

필요비는 지출한 즉시 그 상환을 청구할 수 있지만 유익비는 임대차가 종료하여야만 비로소 그 청구를 할 수 있고, 유치권은 물건 등에 관하여 생긴 채권의 변제기가 도래하여야만 성립한다. 따라서 임차인이 임대인을 상대로 유익비의 상환을 청구하는 소를 제기한 경우에는 임차인이 임대차종료의 원인사실에 대한 주장·증명책임을 진다. 하지만 목적물의 반환을 청구하는 소를 제기한 임대인이 임대차종료의 원인사실을 주장·증명하여야 하기 때문에, 임차인이 유익비상환청구권에 기한 유치권 항변을 함에 있어서는 별도로 임대차종료의 원인사실을 주장·증명할 필요가 없다(원·피고 사이의 주장공통 및 증거공통의 원칙).

(4) 매수청구권

(가) 부속물매수청구권

임대인이 목적물인 건물의 인도와 함께 임차인이 설치한 부속물의 철거를 구할 경우, 임차인의 부속물매수청구권 행사는 임대인의 부속물철거 청구에 대해서는 철거청구권의 소멸사유이고 건물인도 청구에 대해서는 부속물매수대금 지급과의 동시이행이라는 인도 청구권의 행사저지사유에 해당하는 항변이다. 임차인의 차임 연체 등 채무불이행을 이유로 임대차계약이 해지된 경우에는 부속물매수청구권이 인정되지 않으므로 임대인이 임차인의 채무불이행을 이유로 임대차계약이 해지되었다고 주장하면서 목적물인도 청구를 하는 경우에는 부속물매수 청구권의 행사는 유효한 항변이 아니며, 이는 아래에서 보는 지상물매수청구권의 경우에도 마찬가지이다.

부속물매수청구권 행사를 주장하는 임차인은 ① 임대인의 동의를 얻어 부속물을 설치했거나 부속물이 임대인으로부터 매수한 것이라는 사실, ② 부속물이 현존하는 사실, ③ 매수청구권을 행사한 사실, ④ 동시이행의 범위를 정하기 위한 매수청구권 행사 당시 부속물의 시가에 대한 주장·증명책임을 진다. 임대차 계약 종료의 원인사실도 요건사실에 해당되지만, 임대인이 목적물의 반환을 청구하는 소를 제기한 경우에는 임대인이 임대차 종료의 원인사실을 주장·증명해야 하기 때문에 임차인이 부속물매수청구권 행사의 항변을 함에 있어 별도로 임대차 종료의 원인사실을 주장·증명할 필요가 없다.

(나) 지상물매수청구권

임대인이 목적물인 토지의 인도와 함께 그 위에 임차인이 건축한 지상물의 철거를 청구하는 경우, 임차인이 지상물매수청구권을 행사하는 것은 지상물철거 청구 및 토지인도 청구에 대한 각 권리소멸사유에 해당하는 항변이다(대판 1995.2.3, 94다51178,51185).

지상물매수청구권의 행사를 주장하는 임차인은 ① 지상물 소유를 목적으로 하는 토지 임대차계약의 체결 사실, ② 임차인이 지상물을 건축하여 현존하고 있는 사실, ③ 임차인이 계약갱신을 청구했으나 임대인이 거절한 사실, ④ 매수청구권을 행사한 사실에 대한 주장·증명책임을 진다. 임차인이 반소로 매매대금의 지급을 구하지 않는 한 매수청구권 행사 당시 지상물의 시가까지 주장·증명할 필요는 없지만, 임대인이 임차인의 지상물매수청구권 행사의 항변이 받아들여질 것을 대비하여 예비적으로 지상물의 인도 및 소유권이전등기 청구를 하고 있는 경우라면 임차인은 이와 동시이행관계에 있는 매매대금의 범위를 정하기 위하여 지상물의 시가에 대한 주장·증명책임을 진다.

다. 각각의 항변사유에 대하여 고려될 수 있는 원고(임대인)의 재항변사유

(1) 묵시적 갱신에 대한 재항변

임차인의 묵시적 갱신의 항변에 대하여 임대인은 제635조에 따른 해지의 통고로 인하여 임대차가 종료되었다는 재항변을 할 수 있다.[26]

(2) 동시이행항변에 대한 재항변

임차인이 임대차보증금반환 채무와의 동시이행항변을 함에 대하여 임차인은 임대인에게 임대차보증금을 지급(반환)하였거나 그 이행의 제공이 계속되고 있다는 재항변을 할 수 있다. 또한 임대인은 재항변으로서 임대차보증금에서 공제되는 채권의 발생 사실을 주장할 수 있다. 이에 대하여 임차인이 차임의 지급 등 공제대상 채권의 소멸사실을 주장하는 것은 재재항변에 해당한다.

(3) 유치권에 대한 재항변

임차인의 비용상환청구권에 기한 유치권 항변에 대하여 임대인은 임대인과 임차인 사이에 비용상환청구권을 포기하거나 제한하기로 하는 특약이 있었다는 재항변을 할 수 있다. 비용상환청구권 중 유익비상환청구권에 기한 유치권 항변에 대하여는 법원이 상당한 상환기간을 허여하였다는 재항변도 할 수 있다.

(4) 매수청구권에 대한 재항변

원칙적으로 부속물이나 지상물에 대한 매수청구권을 포기하는 특약은 임차인에게 불리한 것으로서 제652조에 의해 그 효력이 없다. 따라서 임대인이 매수청구권 포기의 재항변을 하는 경우, 임대인은 매수청구권 포기 특약 사실과 함께 그 특약이 임차인에게 일방적으로 불리한 것이 아니라고 볼 만한 사정[27]에 대한 주장·증명책임을 진다.

---

26) 예비적 청구의 청구원인사실로 보는 것이 타당하다고 생각된다.
27) 대판 1992.9.8, 92다24998은 임대인이 건물을 임대할 때 그 임차보증금과 임료를 시가보다 저렴하게 해 주고 그 대신 임차인은 임대차가 종료될 때 그가 설치한 부속물에 대한 시설비나 필요비, 유익비, 권리금 등을 일체 청구하지 아니하기로 약정하였다면 임차인은 부속물매수청구권을 포기하였다고 할 것이고 위 약정이 임차인에게 일방적으로 불리한 것이 아니라고 보아 그 효력을 인정하였다.

제2절 도　　급

Ⅰ. 의　의($\frac{제664}{조}$)
Ⅱ. 도급의 성립
Ⅲ. 도급의 효력
　　1. 수급인의 의무
　　　(1) 일을 완성할 의무
　　　(2) 완성물 인도의무
　　　(3) 수급인의 담보책임
　　2. 도급인의 의무
　　　(1) 보수지급의무($\frac{제665}{조}$)
　　　(2) 저당권설정의무($\frac{제666}{조}$)
　　　(3) 건축도급계약이 수급인의 채무불이행으

　　　　로 인한 해제
Ⅳ. 도급에 있어서의 위험부담
　　1. 의　의
　　2. 해결방안
Ⅴ. 도급의 종료
　　1. 도급인의 임의해제권($\frac{제673}{조}$)
　　2. 도급인의 파산과 해제권($\frac{제674}{조}$)
Ⅵ. 특수문제
　　1. 제작물공급계약
　　2. 신축건물의 소유권 귀속

Ⅰ. 의　　의($\frac{제664}{조}$)

　도급은 당사자 일방이 일정한 일을 완성할 것을 약정하고, 상대방이 그 일의 결과에 대하여 보수를 지급할 것을 약정함으로써 성립하는 유상·쌍무·낙성·불요식 계약이다.

Ⅱ. 도급의 성립

　도급은 낙성계약이므로 당사자의 합의만 있으면 된다. 그 합의는 최소한 '일의 완성'과 '보수의 지급'에 대하여 이루어져야 한다.
　먼저 일의 완성에 대한 합의가 있어야 한다. 일이란 노무에 의해 발생하는 결과를 의미하고, 유형적 결과와 무형적 결과를 포함한다. 완성이란 일정한 결과의 발생을 의미한다.
　또한 일의 완성에 대한 보수지급의 합의가 있어야 한다.

Ⅲ. 도급의 효력

1. 수급인의 의무

(1) 일을 완성할 의무

수급인은 약정한 기한까지 일을 완성하여야 한다. 특약이 없는 한 제3자를 사용하여도 상관없으며, 공사도급계약상 수급인이 이행보조자 등을 사용한 경우에도 계약불이행이 되지는 않는다. 다만 이 경우 제391조가 적용된다. 판례도 공사도급계약에 있어서 당사자 사이에 특약이 있거나 일의 성질상 수급인 자신이 하지 않으면 채무의 본지에 따른 이행이 될 수 없다는 등의 특별한 사정이 없는 한 반드시 수급인 자신이 직접 일을 완성하여야 하는 것은 아니고, 이행보조자 또는 이행대행자를 사용하더라도 공사도급계약에서 정한 대로 공사를 이행하는 한 계약을 불이행하였다고 볼 수 없다고 한다($\substack{대판\ 2002.4.12,\\2001다82545,82552}$).

참고로 수급인이 제3자를 이행보조자로 사용하는 경우와 달리, 제3자가 독립적으로 일의 전부 또는 일부를 완성하게 하는 경우 이를 하도급이라 한다. 이와 같은 이행대행자의 사용에도 제391조가 적용된다.

(2) 완성물 인도의무

(가) 일을 완성할 의무

일을 완성할 의무에는 인도를 요하는 경우에는 수급인에게 재산권을 이전할 의무까지 포함된다. 일의 완성을 도급인에게 영향을 미치기 위해서는 본질적으로 인도가 필요하기 때문이다.

도급계약에서 목적물의 인도는 크게 두 가지 기능을 한다. 도급인의 보수지급 채무의 변제기 도래($\substack{제665조\\제1항}$)와 하자담보책임의 존속기간의 기산점($\substack{제670조\\이하}$)을 판단하는 기준이 된다. 인도에는 도급인이 목적물을 검사한 후 목적물이 계약 내용대로 완성되었음을 명시적 또는 묵시적으로 시인하는 것까지 포함된다($\substack{대판\ 2023.3.30,\\2022다289174}$).

(나) 도급인의 검수

명문의 규정은 없으나, 도급인이 일의 완성을 향유할 것이 요구되는 도급의 성질을 고려해 볼 때 도급인은 완성물을 검사하는 것이 필요한 경우가 대부분이다. 일이 계약내용대로 완성되었음을 묵시적으로라도 인정(묵시적 검수)하고 그 점유를 이전받아야 한다. 즉 검수가 필요한 경우 목적물의 인도는 완성된 목적물에 대한 단순한 점유의 이전만을 의미하는 것이 아니라, 도급인이 목적물을 검사한 후 그 목적물이 계약내용대로 완성되었음을 명시적 또는 묵시적으로 시인할 때 이루어진 것이다($\substack{대판\ 2006.10.13,\\2004다21862}$).

검수에 필요한 기간이 지나면 목적물이 인도된 것을 볼 수 있다($\substack{대판\ 2006.10.13,\ 2004다21862;\\대판\ 1994.9.30,\ 94다32986\ 참조}$). 나아가 당사자가 '수급인이 공급한 목적물을 도급인이 검사하여 합격하면, 도급인은 수급인에게 보수를 지급한다'고 정했다면 이는 조건이 아니라 보수지급시기에 대한 불확정기한으로 본다(대판 2019.9.10, 2017 다272486,272493).

(다) 유치권 행사

주택건물의 신축공사를 한 수급인이 그 건물을 점유하고 있고 또 그 건물에 관하여 생긴 공사금채권이 있다면, 수급인은 그 채권을 변제받을 때까지 건물을 유치할 권리가 있다고 할 것이고, 이러한 유치권은 수급인이 점유를 상실하거나 피담보채무가 변제되는 등 특단의 사정이 없는 한 소멸되지 않는다(대판 1995.9.15, 95다16202).

(3) 수급인의 담보책임

(가) 책임의 성질: 제567조와의 관계

도급은 유상계약이므로 완성된 일에 하자가 있으면 제567조에 의해 매도인의 담보책임에 관한 규정이 준용된다. 그럼에도 불구하고 제667조 이하의 특별규정을 둔 이유는, 완성된 일의 하자는 재료의 하자뿐만이 아니라 수급인의 노무제공의 하자로도 발생할 수 있기 때문이라는 것이 통설이다. 따라서 매매의 담보책임에 관한 규정은 도급계약상 담보책임과 충돌하는 때에는 적용되지 않는다. 그러나 수급인이 소유권이전의무를 부담하는 경우에 권리의 하자가 있을 때에는 매매에서의 담보책임 규정을 준용해야 한다.

(나) 요 건

1) 완성된 목적물 또는 완성 전의 성취된 부분에 하자가 있어야 한다(제667조 제1항).

하자란 실제로 일을 완성한 결과인 목적물의 성상이 계약에서 정한 것과 불합치함을 말한다. 이때 하자 있는 일의 완성은 일의 미완성이라고 해야 하지 않는지의 문제가 발생한다. 그러나 담보책임은 하자는 있지만 일의 완성을 전제로 하고 있다는 점에서 하자와 미완성은 구별되어야 한다. 미완성은 공사가 도중에 중단되어 예정된 최후의 공정을 종료하지 못한 경우를 말하는 반면, 완성된 일의 하자란 당초 예정된 최후의 공정까지 일단 종료하고 그 주요구조 부분이 약정된 대로 시공되어 사회통념상 건물로서 완성되고, 다만 그것이 불완전하여 보수를 하여야 할 경우를 말한다(대판 2010.1.14, 2009다7212,7229). 개별적 사건에 있어서 예정된 최후의 공정이 일단 종료하였는지 여부는 당해 건물 신축공사 도급계약의 구체적 내용과 신의성실의 원칙에 비추어 객관적으로 판단할 수밖에 없다(대판 1997.12.23, 97다44768. 이 사안은 신축 건물의 계단, 발코니, 처마가 인접 대지 경계로부터 두어야 할 거리가 30cm 모자란다는 이유로 사용승인이 나지 않은 상태인데, 요구되는 거리를 확보하기 위하여 수급인이 1층 계단과 발코니 부분을 절단하였으나, 2층 계단과 발코니 부분은 도급인이 더 이상 절단 작업을 못하게 하여 그 거리를 확보하지 못하였고, 보일러, 2층의 수도, 세면기, 양변기 등 설치 공사를 남겨 둔 상태에서 도급인이 수급인으로 하여금 더 이상 공사를 못하게 한 후, 직접 그 공사를 하여 입주한 상황에서, 수급인이 그 건물의 신축공사를 1억 원에 도급받았는데, 위 수도, 보일러 설치 등의 공사비로는 약 4백만 원이 소요될 뿐이라면 사회통념상 그 건물은 완성되었다고 본 사례).

하자와 미완성의 구별실익은 대금지급의무의 인정 여부에 있다. 하자가 있더라도 일단 공사가 종료(일을 완성)된 때에는 수급인에게 이행지체책임이 성립하지 않으므로 도급인은 보수를 지급해야 한다. 이때 도급인은 수급인에게 무과실의 담보책임을 물을 수 있도록 하여 보호한다.

한편 '완성 전 성취된 부분'이란 도급계약에 따른 일이 전부 완성되지는 않았지만 하자가 발생한 부분의 작업이 완료된 상태를 말한다(대판 2001.9.18, 2001다9304. 건물완공할 수급인이 실시한 슬래브, 보 및 기둥의 공사가 완성되었으나 그 슬래브, 보 및 기둥에 하자가 발생한 경우에 하자담보책임이 발생한다고 보았음).

일의 완성이 물건의 형태로 남지 않는 경우(연주, 영상물의 촬영 등)에도 여기의 담보책임이 적용된다.

2) 목적물의 하자가 도급인이 제공한 재료의 성질 또는 도급인의 지시에 기인한 것이 아니어야 한다($^{제669조}_{본문}$). 예컨대 건축 도급계약의 수급인이 설계도면의 기재대로 시공한 경우, 이는 도급인의 지시에 따른 것과 같아서 수급인이 그 설계도면이 부적당함을 알고 도급인에게 고지한 이상 수급인은 하자담보책임을 부담하지 않는다($^{대판 1996.5.14,}_{95다24975}$). 그러나 수급인이 그 재료 또는 지시의 부적당함을 알고서도 도급인에게 고지하지 않은 때에는 도급인의 잘못된 제공 또는 지시로 하자가 발생했어도 수급인은 담보책임을 부담한다(같은 조 단서).

수급인의 하자담보책임과 채무불이행책임은 청구권경합관계에 있다. 예컨대 도급인의 지시에 기인하여 하자가 발생한 경우 하자담보책임은 물을 수 없으나, 채무불이행책임은 인정되지만 과실상계사유가 될 수 있다($^{대판 2020.1.30,}_{2019다268252}$). 한편 수급인의 하자담보책임은 법정 무과실책임으로서 여기에 제396조의 과실상계 규정이 준용될 수 없지만, 하자 정도 확대에 가공한 도급인의 잘못을 그 손해액 산정에서 참작할 수 있다(대판 1980.11.11, 80다423. 그 논거로 위 담보책임이 민법의 지도이념인 공평의 원칙에 입각한 것임을 들고 있다).

3) 당사자 사이에 담보책임에 관하여 면책특약이 없어야 한다. 그러나 수급인은 제667조, 제668조의 담보책임이 없음을 약정한 경우에도 알고 고지하지 아니한 사실에 대하여는 그 책임을 면하지 못한다($^{제}_{조}672$). 담보책임의 면제가 아니라 경감을 약정한 경우에도 수급인이 알고 고지하지 않았다면 제672조에 따라 책임이 경감되지 않는다($^{대판 1999.9.21,}_{99다19032}$).

(다) 책임의 내용

1) 하자보수의무, 손해배상의무

완성된 목적물 또는 완성 전의 성취된 부분에 하자가 있는 때에는 도급인은 수급인에 대하여 상당한 기간을 정하여 그 하자의 보수를 청구할 수 있다. 그러나 하자가 중요하지 아니한 경우 그 보수에 과다한 비용을 요할 때에는 그러하지 아니하다($^{제667조}_{제1항}$).

또한 도급인은 하자의 보수에 갈음하여 또는 보수와 함께 손해배상을 청구할 수 있다($^{동조}_{제2항}$).

하자가 중요하지 않으면서 동시에 보수에 과다한 비용을 요할 때에는 하자보수나 하자보수에 갈음하는 손해배상을 청구할 수는 없고 하자로 인한 손해의 배상만을 청구할 수 있다(대판 2015.4. 23, 2011 다63383). 이때 손해는 보수기간 동안의 사용이익 손해, 보수 후에도 남는 가치감소액이 된다. 하자보수에 갈음하는 손해배상은 하자로 인한 가치감소분(이행이익)이 된다. 판례는 하자로 인한 통상손해는 특별한 사정이 없는 한 교환가치의 차액(수급인이 하자 없이 시공했을 때의 목적물 교환가치와 하자가 있는 현 상태대로의 교환가치와의 차액)이 되는데 교환가치 차액산출이 불가능한 경우에는 시공비용의 차액(하자 없는 시공비용과 하자 있는 현 상태대로의 시공비용의 차액)으로 본다(대판 1998.3.13. 97다54376).

손해배상을 청구할 때 도급인의 하자보수청구권과 손해배상청구권과 수급인의 보수지급청구권은 원칙적으로 동시이행관계에 있다(동조 제3항). 도급인의 손해배상청구권과 동시이행관계에 있는 수급인의 공사대금채권은 위 손해배상채권액으로 제한되므로, 수급인의 보수지급청구에 대해서 도급인은 손해배상채권액에 대해서만 지급을 거절할 수 있을 뿐, 나머지 공사잔대금채권은 여전히 지급해야 한다(대판 1996.6.11. 95다12798).

한편 당초의 시공회사가 공사를 중단하여 도급인이 비용을 들여 미시공 부분의 공사를 해야 했는데, 그 비용이 당초 시공회사와 약정한 공사대금보다 증가된 경우에 증가된 공사비용 중 합리적인 범위의 비용은 공사도급계약위반에 따른 손해이다(대판 2002.11.26. 2000다31885). 또한 비용의 증가로 도급인이 자금사정상 부득이 공사규모를 축소하여 건축하지 못하게 된 부분에 관한 공사비용 중 합리적인 범위 내의 비용도 손해에 포함된다. 그러나 수급인의 귀책사유로 공사가 중단되었더라도 물가상승 등의 사정으로 공사대금의 증액이 예정되어 있었다면 도급인에게 발생한 추가적인 경제적 부담은 수급인의 귀책사유와 상당인과관계가 있는 손해라고 볼 수 없다.

사례 20 甲과 乙은 액젓 저장탱크(이하 '저장탱크')의 제작설치에 관한 도급계약을 체결하였다. 수급인 乙은 저장탱크의 제작을 완료하여 甲에게 인도하였고 甲은 인도받은 저장탱크에 액젓을 보관하였다. 그런데 완성된 저장탱크에 하자가 있어 甲이 보관한 액젓이 모두 변질되어 버렸다. 甲은 乙에게 저장탱크의 하자에 따른 보수비용 및 액젓 변질에 따른 손해배상을 청구하였다. 이는 인용될 것인가?

(대판 2004.8.20. 2001다70337 참조)

해설 20 인용될 것이다.

액젓 저장탱크의 제작 설치공사 도급계약에 의하여 완성된 저장탱크에 균열이 발생한 경우, 甲은 제667조 제2항에 의한 수급인의 하자담보책임 중 하자보수에 갈음하는 손해배상으로서 보수비용을 청구할 수 있다. 또한 액젓 변질로 인한 손해배상은 위 하자담보책임을 넘어서 수급인이 도급계약의 내용에 따른 의무를 제대로 이행하지 못함으로 인하여 도급인의 재산에 발생한 손해에 해당하므로, 甲은 乙에게 채무불이행책임을 주장하여 배상받을 수 있다(제390조). 양자는 별개의 권원에 의하여 경합적으로 인정되므로 甲은 乙에게 하자보수비용과 액젓 변질로 인한 손해배상책임을 모두 청구할 수 있다.

대판 2016.8.18, 2014다31691, 31707
도급계약에서 완성된 목적물에 하자가 있는 경우에 도급인은 수급인에게 하자의 보수나 하자의 보수에 갈음한 손해배상을 청구할 수 있다. 이때 하자가 중요한 경우에는 비록 보수에 과다한 비용이 필요하더라도 보수에 갈음하는 비용, 즉 실제로 보수에 필요한 비용이 모두 손해배상에 포함된다. 나아가 완성된 건물 기타 토지의 공작물(이하 '건물 등'이라 한다)에 중대한 하자가 있고 이로 인하여 건물 등이 무너질 위험성이 있어서 보수가 불가능하고 다시 건축할 수밖에 없는 경우에는, 특별한 사정이 없는 한 건물 등을 철거하고 다시 건축하는 데 드는 비용 상당액을 하자로 인한 손해배상으로 청구할 수 있다.

2) 계약해제

도급인은 완성된 목적물의 하자 때문에 계약의 목적을 달성할 수 없는 때에는 계약을 해제할 수 있다(제668조/본문). 완성 전에는 성취된 부분에 하자가 있는 경우에도 계약해제가 인정되지 않는다(다만 하자보수청구 또는 손해배상청구만이 가능하다. 제667조 참조). 하자 있는 일의 완성이 있을 때에 비로소 계약해제가 가능할 뿐이다(계약의 목적달성이 불가능한 때란 하자가 중대하고 그 보수가 불가능하거나, 보수가 가능하더라도 장기간을 요구하는 때를 의미한다. 이때 계약을 해제할 때에는 최고가 요구되지 않는다. 대판 1996.10.25, 96다21393,21409).

그러나 예외적으로 목적물이 건물 기타 토지의 공작물이라면 완성된 건물 등에 하자가 중대하여 계약목적을 달성할 수 없더라도 담보책임으로 도급계약의 해제는 불가능하다(동조/단서). 이는 수급인을 보호하고 사회경제상 건물 등의 유지를 도모하기 위한 규정이다. 즉 토지 위에 건축물을 완성해야 할 도급의 경우 건물이 완성되었다면 도급계약의 해제가 불가능하다.

반대로 건물의 완성 전(예컨대 건물의 형태를 갖추기 전)에는 채무불이행책임을 이유로 한 해제가 가능하다(대판 1996.10.25, 96다21393,21409. 일이 완성되기 전에는 하자가 없더라도 도급인은 계약을 해제할 수 있다. 그러나 이때에는 도급인이 수급인의 손해를 배상해야 한다. 제673조 참조). 다만 이렇게 건물의 완성 전에 해제되는 경우라도 일정한 경우에는 효과(소급효)가 제한된다. 예컨대 건축공사도급계약에서 공사 도중에 계약이 해제되어 미완성 부분이 있는 경우, 그 공사가 상당한 정도로 진척되어 원상회복이 중대한 사회적·경제적 손실을 초래하는 반면, 완성된 부분이 도급인에게 이익이 되는 때에는 도급계약의 해제로 미완성 부분에 대해서만 도급계약이 실효되어 수급인은 해제된 상태 그대로 그 건물을 도급인에게 인도하고, 도급인은 그 건물의 기성고(旣成高) 등을 참작하여 인도받은 건물에 대하여 상당한 보수를 지급해야 한다(대판 1997.2.25,/96다43454).

3) 존속기간

하자의 보수, 손해배상의 청구 및 계약의 해제는 목적물의 인도를 받은 날부터 1년 내에 하여야 한다. 목적물의 인도를 요하지 아니하는 경우에는 전항의 기간은 일의 종료한 날로부터 기산한다(제670조/조). 토지, 건물 기타 공작물의 수급인은 목적물 또는 지반공사의 하자에 대하여 인도 후 5년간 담보의 책임이 있다. 그러나 목적물이 석조, 석회조, 연와조, 금속 기타 이와 유사한 재료로 조성된 것인 때에는 그 기간을 10년으로 한다(제671조/제1항). 위 기간은 제척기간이라고 보는 것이 판례의 태도이다(대판 2004.1.27.
2001다24891).

이와는 별도로 수급인의 담보책임에 기한 하자보수에 갈음하는 손해배상청구권에 대하여는 소멸시효 규정이 적용된다고 한다. 즉 도급인의 손해배상청구권에 대하여는 권리의 내용·성질 및 취지에 비추어 제162조 제1항의 채권 소멸시효의 규정 또는 도급계약이 상행위에 해당하는 경우에는 5년으로 정한 상법 제64조의 상사시효기간 규정이 적용되고, 제670조 또는 제671조의 제척기간 규정으로 인하여 위 각 소멸시효 규정의 적용이 배제된다고 볼 수 없다(대판 2012.11. 15, 2011 다 56491).

4) 불완전이행과의 관계

수급인(채무자)에게 귀책사유가 있는 경우에 판례는 수급인의 하자담보책임과 채무불이행책임의 경합을 인정한다(대판 2020.6.11. 2020다201156). 따라서 하자보수비용은 하자담보책임으로서의 손해배상뿐만 아니라 채무불이행으로 인한 손해배상으로 청구할 수도 있다. 학설로는 불완전이행 배제설(불완전이행의 일반이론은 배제되고, 유책사유를 불문하고 언제나 이행이익의 배상을 포함하는 하자담보책임만 성립한다고 한다는 견해)과 중복적용설(수급인의 무과실에 의한 하자는 신뢰이익의 배상만 인정되는 하자담보책임으로, 수급인의 유책사유에 의한 하자는 불완전이행에 의한 이행이익의 배상까지 허용하자는 견해)의 대립이 있다.

2. 도급인의 의무

(1) 보수지급의무(제665조)

도급인은 수급인에게 보수를 지급할 의무를 부담한다.

도급인의 보수지급시기는 특약이 없는 한 완성된 목적물의 인도를 요하지 아니하는 경우에는 그 일을 완성한 때에, 완성된 목적물의 인도를 요하는 경우에는 그 인도시점이다(제665조 제1항 참조)(대판 1968.5. 21, 67다639). 도급계약에서 도급인의 보수시기를 정한 수급인의 '인도'(제665조 제1항)는 단순한 점유의 이전만을 의미하는 것이 아니라, 도급인이 목적물을 검사한 후 목적물이 계약 내용대로 완성되었음을 명시적 또는 묵시적으로 시인하는 것까지 포함하는 의미이다(대판 2023.3.30. 2022다289174).

건물이 미완성인 상태에서 보수를 지급해야 하는 경우, 특약이 없으면 보수금액은 총공사대금에 기성고 비율을 적용한 금액으로 정한다(대판(전합) 2019.12.19, 2016다24284. 수급인이 실제로 지급한 금액을 기준으로 정하는 것이 아님에 유의). 기성고 비율은 공사중단 시점에 지출된 공사비와 미시공 부분에 들어갈 비용을 합친 전체 공사비 가운데 지출된 공사비용의 비율로 정한다(대판 1996.1.23. 94다31631).

선급금이 지급된 경우 도급인이 장차 지급할 공사대금을 수급인에게 미리 지급하는 선급 공사대금이며, 기성고에 대한 공사대금이 아니라 전체 공사에 대한 선급대금으로 본다(대판 2002.9.4, 2001다1386. 선급금을 일부인 기성부분에 전액충당할 수 없으며, 기성부분의 대가 지급시마다 기성부분의 대가 상당액의 비율에 따라 안분정산하여 선급금 중 일부로 충당해야 한다).

수인이 공동이행방식으로 일을 완성하기로 한 공동수급체는 민법상 조합의 성질을 가지므로 도급인에 대한 채권은 원칙적으로 공동수급체 구성원에게 합유적으로 귀속하므로 특별한 사정이 없는 한 구성원 중 1인이 임의로 도급인에 대하여 출자지분 비율에 따른 급부를 청구할 수 없다(대판(전합) 2012.5.
17, 2009다105406).

(2) 저당권설정의무(제666조)

한편 부동산공사의 수급인은 보수채권을 담보하기 위해 그 부동산을 목적으로 한 저당권설정을 청구할 수 있다(제666조). 수급인의 저당권말소의무와 도급인의 보수지급채무는 동시이행관계를 인정할 수 있다(대판 2010.3.25. 2007다78616,78623에서는 도급인이 자신의 토지를 근저당목적물로 제공하여 수급인이 공사자금을 대출받도록 한 사안에서 수급인의 근저당권 말소의무와 도급인의 보수지급채무는 동시이행관계를 인정하였다). 실무상으로는 저당권설정청구보다는 완성된 목적물에 대한 유치권을 행사하는 방법으로 보다 실효적으로 채권을 담보한다.

(3) 건축도급계약이 수급인의 채무불이행으로 인한 해제

(가) 도급인의 해제권의 근거

공사가 완성되기 전이므로 제668조의 도급인의 해제권은 적용될 수 없고, 채무불이행을 이유로 도급계약을 해제할 수 있다.

(나) 해제의 효과

일정한 경우 소급효가 제한된다. 따라서 건축도급계약에 있어서 미완성부분이 있는 경우라도 공사가 상당한 정도로 진척되어 그 원상회복이 중대한 사회적·경제적 손실을 초래하게 되고 완성된 부분이 도급인에게 이익이 되는 경우에, 수급인의 채무불이행을 이유로 도급인이 그 도급계약을 해제한 때는 그 미완성부분에 대하여서만 도급계약이 실효된다고 보아야 할 것이고, 따라서 이 경우 수급인은 해제한 때의 상태 그대로 그 건물을 도급인에게 인도하고 도급인은 그 건물의 완성도 등을 참작하여 인도받은 건물에 상당한 보수를 지급하여야 할 의무가 있다(대판 2023.3.30.
2022다289174).

만약 이로 인하여 완공이 지연된다면 수급인은 손해배상책임을 부담하게 된다. 수급인이 완공기한 내에 공사를 완성하지 못한 채 공사를 중단하고 계약이 해제된 결과 완공이 지연된 경우에 있어서 지체상금은 약정 준공일 다음날부터 발생하되 그 종기는 수급인이 공사를 중단하거나 기타 해제사유가 있어 도급인이 공사도급계약을 해제할 수 있었을 때(실제로 해제한 때가 아니다)부터 도급인이 다른 업자에게 맡겨서 공사를 완성할 수 있었던 시점까지이고, 수급인이 책임질 수 없는 사유로 인하여 공사가 지연된 경우에는 그 기간만큼 공제되어야 한다(대판 2010.1.28.
2009다41137).

> **사례 21** 甲은 乙로부터 건물신축공사를 도급받아 건물을 완공하였다.
>
> **질문 1)** 甲이 전적으로 자신의 재료와 노력으로 건물을 신축한 경우 건물에 대한 소유권은 누구에게 있는가? (대판 1988.12.27, 87다카1138 등 참조)
>
> **질문 2)** 甲이 전적으로 자신의 재료와 노력으로 건물을 신축하였다면 甲과 乙 사이에 乙 명의로 건축허가를 받아 소유권보존등기를 하기로 하는 등 건물의 소유권을 乙에게 귀속시키기로 하는 합의가 있는 경우에도 甲에게 건물의 소유권이 있는가? (대판 2010.1.28, 2009다66990 참조)
>
> **│해설 21│**
>
> **해설 1)** 甲에게 건물소유권이 있다.
>
> 건물건축도급계약의 수급인이 건물건축자재 일체를 부담하여 신축한 건물은 특약이 없는 한 도급인에게 인도할 때까지는 수급인의 소유이기 때문이다.
>
> **해설 2)** 乙에게 건물의소유권이 있다.
>
> 사안과 같은 합의가 있다면 도급인인 乙에게 건물의 소유권이 있다.

Ⅳ. 도급에 있어서의 위험부담

1. 의 의

　도급에서의 위험부담은 수급인이 일을 완성하여 인도할 때까지의 사이에 불가항력으로 인한 손실을 누가 부담하느냐의 문제이다. 도급도 쌍무계약이므로 위험부담에 관한 일반원칙인 제537조와 제538조가 적용된다. 수급인이 도급인에게 공사금을 지급하고 기성부분을 양도받아 갈 것을 최고하였다면 수급인은 이로써 자기 의무의 이행제공을 하였다고 볼 수 있는데, 도급인이 아무런 이유 없이 수령을 거절하던 중 쌍방이 책임질 수 없는 제3자의 행위로 기성부분이 철거되었다면 도급인의 수급인에 대한 공사대금지급채무는 여전히 남아 있다(대판 1993.3.26, 91다14116). 다만 대규모 건설공사의 경우에는 미지의 위험요소가 많고, 수급인의 위험예측에는 한계가 있다는 점에서 수급인 보호의 필요성이 인정된다.

2. 해결방안

　문제되는 경우에 있어서 사정변경의 원칙을 적용하여 보수의 상당한 증액청구를 인정하거나 또는 새로 일을 완성할 의무를 면제시킬 수 있다. 이외에도 실비정산제도를 채택하는 특약을 두기도 한다.

V. 도급의 종료

1. 도급인의 임의해제권($^{제673}_{조}$)

수급인이 일을 완성하기 전에는 도급인은 손해를 배상하고 계약을 해제할 수 있다($^{제673}_{조}$). 그런데 가분인 급부의 일부가 완성된 경우 또는 건축도급계약에서 기이행된 부분이 있으면 그 부분에 대해서는 해제의 소급효가 부정된다(소급효가 없는 해제라는 점에서 이를 해지로 보아야 한다는 견해도 있다). 일의 완성 후 인도 전에는 계약을 해제할 수 없다.

손해배상의 범위는 수급인이 이미 지출한 비용과 일을 완성하였더라면 얻을 수 있었던 이익을 포함하며, 손해배상의 제공까지는 필요 없다. 제673조에서 도급인으로 하여금 자유로운 해제권을 행사할 수 있도록 하는 대신 수급인이 입은 손해를 배상하도록 규정하고 있는 것은 도급인의 일방적인 의사에 기한 도급계약 해제를 인정하는 대신, 도급인의 일방적인 계약해제로 인하여 수급인이 입게 될 손해, 즉 수급인이 이미 지출한 비용과 일을 완성하였더라면 얻었을 이익을 합한 금액을 전부 배상하게 하는 것이라 할 것이므로, 위 규정에 의하여 도급계약을 해제한 이상은 특별한 사정이 없는 한 도급인은 수급인에 대한 손해배상에 있어서 과실상계나 손해배상예정액 감액을 주장할 수는 없다. 다만 제673조에 의하여 도급계약이 해제된 경우에도, 그 해제로 인하여 수급인이 그 일의 완성을 위하여 들이지 않게 된 자신의 노력을 타에 사용하여 소득을 얻었거나 또는 얻을 수 있었음에도 불구하고, 태만이나 과실로 인하여 얻지 못한 소득 및 일의 완성을 위하여 준비하여 둔 재료를 사용하지 아니하게 되어 타에 사용 또는 처분하여 얻을 수 있는 대가 상당액은 당연히 손해액을 산정함에 있어서 공제되어야 한다($^{대판}_{2002.}$ $^{5.10,\ 2000}_{다37296}$).

2. 도급인의 파산과 해제권($^{제674}_{조}$)

도급인이 파산선고를 받은 때에는 수급인 또는 파산관재인은 계약을 해제할 수 있다. 이 경우에는 수급인은 일의 완성된 부분에 대한 보수 및 보수에 포함되지 아니한 비용에 대하여 파산재단의 배당에 가입할 수 있다($^{제674조}_{제1항}$). 도급인의 파산으로 인한 해제의 경우에는 각 당사자는 상대방에 대하여 계약해제로 인한 손해의 배상을 청구하지 못한다($^{동조}_{제2항}$).

VI. 특수문제

1. 제작물공급계약

제작물공급계약은 당사자 일방이 상대방의 주문에 따라, 오로지 또는 주로 수급인 소유의 재료를 사용하여 물건을 만들고 그 완성물을 공급할 것을 약정하고 이에 대하여 상대방이 보수를 지급하기로 약정하는 쌍무·유상계약을 말한다. 제작의 측면에서는 도급의 성질을 지니고 있고, 공급의 측면에서는 매매의 성질도 있으므로 그 적용 법률도 제작·공급해야 할 물건이 대체물인 경우에는 매매규정이, 특정 주문자의 수요를 만족시키기 위한 부대체물인 경우에는 도급의 성질을 갖는 것으로 본다$\binom{\text{대판 2010.11.25.}}{\text{2010다56685}}$. 도급의 성질을 갖더라도 수급인이 재료의 전부 또는 중요부분을 제공한 경우에 특약이 없으면 그 건물의 소유권은 수급인이 갖는다$\binom{\text{대판 1988.12.27.}}{\text{87다카1138,1139}}$. 이때 수급인은 목적물에 유치권, 동시이행항변권, 저당권설정청구권을 행사할 수 없다.

제작물공급계약의 법적 성질을 매매와 도급 중 무엇으로 보는지에 따라 물건의 하자에 대한 담보책임 내용이 달라진다.

2. 신축건물의 소유권 귀속

(1) 도급인이 재료의 전부 또는 중요부분을 제공한 경우에 신축건물의 소유권은 도급인이 갖는다. 반면 수급인이 재료의 전부 등을 제공했다면 신축건물의 소유권은 수급인이 취득하지만, 당사자의 특약으로 도급인 소유로 인정할 수 있다. 그러한 특약은 묵시적으로도 이루어질 수 있다(재료의 전부를 수급인이 제공하더라도 건축허가명의를 도급인 명의로 한 경우로는 대판 1985.5.28, 84다카2234; 공사대금의 지급을 불이행하면 건물로써 대물변제 한다거나 수급인에게 소유권에 대한 가등기를 해주기로 하는 등 도급인의 소유권 취득을 전제로 하는 약정이 있는 경우로는 대판 1992.3.27, 91다34790. 두 판결에서는 도급인을 원시취득자로 인정하는 묵시적 합의가 있는 것으로 보았다). 이러한 특약이 인정되면 도급인이 아직 인도받지 못하고 있더라도 소유권이 인정된다.

한편 채무담보를 위하여 채무자가 수급인으로서 자기 비용과 노력으로 신축하는 건물의 건축허가 명의를 채권자 명의로 했다면 이는 완성될 건물을 담보로 제공하기로 하는 합의로서 법률행위에 의한 담보물권의 설정으로 보고, 완성된 건물의 소유권은 일단 이를 건축한 채무자가 원시적으로 취득한다. 그 후 채권자 명의로 소유권보존등기를 마침으로써 담보목적의 범위 내에서 채권자에게 그 소유권이 이전된다$\binom{\text{대판 1997.5.}}{\text{30, 97다8601}}$.

신축물이 아직 건물로서 인정받지 못하고 있는 상태라면 토지에 부합하는 것으로 보아 토지 소유자에게 귀속된다고 보는 견해와 독립된 동산으로서 파악된다고 보는 견해가 있다.

(2) 독립된 건축물로 인정된 상태에서 공사가 중단되고 제3자가 공사를 진행했다면 원래의 건축주가 원시적 소유자가 된다$\binom{\text{대판 2002.3.12.}}{\text{2000다24184,24191}}$. 반면 독립한 건물로 인정되기 전에 공사가 중단된 경우 기성부분은 토지의 구성부분 또는 부합물에 불과하므로 제3자가 이를 속행하여 완성시킨 때에는 그 제3자가 원시적 소유자가 된다$\binom{\text{대판 2006.5.12.}}{\text{2005다68783}}$.

요건사실론 도급계약

1. 甲(수급인)은 乙(도급인)을 상대로 보수청구의 소를 제기하였다.

2. 청구원인

甲은 ① 도급계약체결 사실, ② 일의 완성사실에 대한 주장·증명책임을 진다.

(1) 도급계약이 건물신축공사에 관한 것이라면,

☞ 甲은 당초 예정된 최후의 공정까지 일을 종료하고 그 주요 구조부분이 약정된 대로 시공되어 사회통념상 건물로서 완성되었다는 점에 대하여 주장·증명책임을 진다.

☞ 건축공사 도급계약이 공사 도중에 해제된 경우에는, 甲은 ① 도급계약 체결 사실, ② 공사가 상당한 정도로 진척되어 원상회복이 중대한 사회적·경제적 손실을 초래하게 되고 완성된 부분이 도급인에게 이익이 된다는 사실, ③ 건물의 기성고를 주장·증명하여 기성고에 상당한 보수의 지급을 청구할 수 있다.

(2) 도급계약이 제작물공급에 관한 것이라면, 甲은 그 목적물 제작에 관하여 계약에서 정해진 최후 공정을 일단 종료하였다는 점뿐만 아니라, 그 목적물의 주요구조 부분이 약정된 대로 시공되어 사회통념상 일반적으로 요구되는 성능을 갖추고 있다는 점에 대하여도 주장·증명책임을 진다.

3. 항변

(1) 해제($\frac{제668}{조}$)

乙이 완성된 목적물의 하자로 인하여 계약의 목적을 달성할 수 없다는 이유로 도급계약 해제의 항변을 하는 경우, 목적물의 하자로 인하여 계약해제권이 인정되기 위해서는 그 하자가 중대한 것으로 보완이 불가능하거나 적어도 상당기간 내에는 보완 또는 수정작업으로 해결할 수 없어 계약의 목적을 달성할 수 없을 정도이어야 하고, 그에 대한 주장·증명책임은 乙에게 있다. 이때 甲은 다시 완성물이 '건물 기타 토지의 공작물'이라는 재항변을 할 수 있다($\frac{제668조}{단서}$).

(2) 상계 및 동시이행

건축도급계약의 경우, 乙은 건물의 하자를 이유로 도급계약을 해제할 수 없지만, 하자의 존재 및 이로 인한 손해액을 주장·증명하여 상계항변 또는 동시이행항변을 할 수 있다($\frac{대판 1991.12.}{10, 91다33056}$).

(3) 소멸시효($\frac{제163조}{3호}$)

공사대금채권은 3년의 단시소멸시효에 걸린다.

제1편
제2편
제3편
제4편
제5편
제6편
제7편
제8편
제9편
중요한 계약의 유형

제3절 조 합

Ⅰ. 의 의
　1. 정 의
　2. 조합과 구별개념
　3. 조합계약
Ⅱ. 조합의 성립
　1. 조합계약의 체결
　2. 공동사업의 경영목적
　3. 출 자
Ⅲ. 조합의 업무집행
　1. 대내적 업무집행
　2. 대외적 업무집행
　　(1) 원 칙
　　(2) 조합대리제도
　　(3) 조합의 소송행위
Ⅳ. 조합의 재산관계
　1. 특별재산으로서의 조합재산
　2. 조합재산의 구성요소
　3. 조합재산의 지분처분
　　(1) 조합원 전원의 동의에 의한 지분처분
　　(2) 지분의 처분 제한

　4. 조합재산의 처분 · 변경
　5. 조합재산으로서의 채권 · 채무
　　(1) 조합채권의 귀속
　　(2) 조합채무에 대한 책임
　6. 손익분배(이익분배 및 손실부담)
　　(1) 비 율
　　(2) 시 기
Ⅴ. 조합원의 지위의 변동(교체)
　1. 조합의 당사자의 변경과 조합의 동일성 유지 여부
　2. 조합원의 탈퇴
　　(1) 임의탈퇴(제716조)
　　(2) 비임의탈퇴(제717조)
　　(3) 탈퇴의 효과
Ⅵ. 조합의 해산 및 청산
　1. 해 산
　2. 청 산
　　(1) 청산의 목적과 청산절차
　　(2) 청산절차(제721조 내지 제724조)

Ⅰ. 의 의

1. 정 의

조합은 2인 이상이 결합한 단체로, 상호출자하여 공동사업을 경영할 것을 약정함으로써 성립한 단체를 말한다. 조합의 핵심요소로 i) 2인 이상의 특정인이, ii) 공동출자하고, iii) 공동사업을 경영하는 데 있다. 여기서의 단체란 동일한 목적을 가진 2인 이상의 모임이 요구된다.

어떤 단체가 그 법인격 유무나 그 명칭의 여하를 불문하고, 조합으로서의 실체를 구비하고 있으면 원칙적으로 민법상의 조합에 관한 규정이 적용된다.

2. 조합과 구별개념

(1) 사단법인과의 구별

구분	조합	사단법인
설립행위	계약	합동행위 또는 특수한 계약
채권·채무의 귀속	조합원 전원에게 합유적으로 귀속. 조합재산 전부에 의한 공동책임과 각 조합원의 개인재산에 의한 손해부담비율에 따른(민법은 연대주의가 아닌 분담주의를 채택: 제712조) 무한책임이 병존	법인 자체
구성원의 지분	합유재산 전체에 대한 지분과 개개의 합유물에 대한 지분	없음
직무집행	조합원 전원 또는 대리권을 수여받은 업무집행조합원	기관
존속기간·구성원수	단기·소수	장기·다수
청산인	원칙적으로 모든 조합원	정관지정 → 총회선임 → 해산 당시 이사 → 법원 선임
청산절차의 목적 → 민법의 청산규정	오로지 조합원 사이의 잔여재산의 공평분배 → 임의규정	법인 채권자의 보호 → 강행규정
청산시 채무변제	조합원의 무한책임	제88조 내지 제92조(청산절차)
잔여재산의 구성원에게로의 분배	각 조합원에게 출자가액에 비례하여 분배	해산시 분배는 불가함 정관지정자 → 주무관청의 허가를 얻어서 비슷한 목적을 위하여→ 국고귀속(제80조)
민사소송법상 당사자 능력	없다	있다

민법상의 조합과 비법인사단의 구별기준은 일반적으로 그 단체성의 강약을 기준으로 판단한다. 조합은 어느 정도 단체성에서 오는 제약을 받지만 구성원의 개인성이 강하게 드러나는 인적 결합체이다. 반면 비법인사단은 구성원의 개인성과는 별개로 권리·의무의 주체가 될 수 있는 독자적 존재이다. 고유의 목적, 사단적 성격의 규약과 조직(의사결정기관 및 집행기관인 대표자 선정 등), 다수결의 원칙의 존중, 구성원의 변경에 관계없이 단체로서의 존속유지, 단체로서의 주요사항(예컨대 대표의 방법, 총회나 이사회 등의 운영, 자본의 구성, 재산의 관리 등)의 확정이 갖추어져 있으면 비법인사단으로서의 실체가 인정된다(대판 1999.4.23, 99다4504; 대판 1992.7.10, 92다2431).

(2) '계(契)'도 조합과 구별된다. 판례에 의하면 계는 다양한 형태(다 같이 금전을 급부물로 하는 것이라도 그것을 조직한 목적과 방법, 급부물의 급여 방법과 급부 전 또는 그 후의 계금 지급 방법, 계주

의 유·무 및 계주와 계 또는 계원과의 관계나 계원 상호간의 관계, 기타의 점에 관한 태양이 다를 수 있다)로 나타나므로 그 법률적으로 조합계약이나 소비대차계약 또는 무명계약의 성질을 가질 수 있으며 그 성질에 따라 계원 또는 계주의 책임을 달리한다(^{대판 1998.3.13.}_{97다57191}). 특히 경매방식(예컨대 가장 높은 이자율을 쓰는 계원부터 계금을 먼저 지급하는 방식)인 낙찰계는 계주가 자기의 개인사업으로 계(契)를 조직 운영하는 것이어서, 위와 같은 성질의 계에서는 계금 및 계불입금 등의 계산관계는 오직 계주와 각 계원 사이에 개별적으로 존재하는 것이므로, 계가 깨졌더라도 조합적 성질을 띠고 있음을 전제로 한 해산이나 청산의 문제도 생길 여지가 없다(^{대판 1994.10.}_{11. 93다55456}). 반면, 금융계(순번계)의 경우 조합계약의 일종으로 본 판례(^{대판 1965.12.}_{21. 65다1886})와 무명계약으로 본 판례(^{대판 1979.12.}_{26. 79다1750})가 있다.

(3) 조합은 소위 '내적 조합'과도 구별된다. 내적 조합에서는 내부적으로는 민법상 조합관계에 있지만 대외적인 행위는 개인의 이름으로 하고 조합관계가 대외적으로 나타나지 않는다. 대외적으로 행위를 위임 받은 사람만이 권리의무의 주체가 되나, 내부관계에서는 민법의 조합 규정이 적용된다.

이른바 '내적 조합'이라는 일종의 특수한 조합으로 인정되려면 당사자의 내부관계에서는 조합관계가 있어야 하고, 내부적인 조합관계는 서로 출자하여 공동사업의 경영을 약정해야 하는데, 영리사업을 목적으로 하면서 당사자 중의 일부만이 이익을 분배 받고 다른 자는 전혀 이익분배를 받지 않는 경우에는 조합관계(동업관계)라고 할 수 없다(^{대판 2000.7.7.}_{98다44666}).

따라서 판례에 의하면 A는 자금을 투자하고 B는 기존시설을 투자하여 자동차정비공장을 동업함에 있어, B가 사업체의 실제운영을 전담하면서, 이익이 난 액수에 관계없이 A에게 매월 일정액을 지급하거나 A와 그 친지들의 차량을 정비하여 주었으며, 합유인 조합재산이 없고, B가 사무집행 등 대외적인 법률행위를 함에 있어서는 A를 대리할 필요 없이 자기명의로 단독으로 해 왔다면, 이들의 동업관계는 민법상의 통상조합과 구별되는 일종의 특수조합으로서 그 대외적인 관계에서는 오직 영업을 경영하는 B만이 권리를 취득하고 의무를 부담한다고 한다(^{대판 1984.12.11.}_{83다카1996}).

(4) 민법상 조합은 상법상 익명조합과도 구별된다. 익명조합은 당사자의 일방이 상대방의 영업을 위하여 출자하고 상대방은 그 영업으로 인한 이익을 분배할 것을 약정함으로써 그 효력이 생긴다(^{상법}_{제78조}). 익명조합원은 영업자의 행위에 관하여서는 제3자에 대하여 권리나 의무가 없다(^{상법}_{제80조}). 요컨대 대외적으로 영업자(상인)의 영업만이 외부에 나타날 뿐이고 익명조합원은 그 뒤에 숨겨져 영업에 관한 권한은 갖지 아니한다. 그러므로 영업자는 자기의 신용을 유지하기 위하여 타인의 자본을 제공 받고 있다는 사실을 비밀에 붙여 둘 수 있고 익명조합원은 그의 사회적 지위나 법률상의 제한 때문에 영업자가 될 수 없는 경우에 이 제도를 이용하여 실질적인 수익을 얻을 수 있게 된다. 영업자의 영업이 대외적으로는 물론 내부적으로도 영업자 개인의 영업이 된다는 점에서 내적 조합과도 구분된다(내적 조합은 외부적으로는 영업자 개인의 영업이지

만 내적으로는 조합관계가 적용된다).

3. 조합계약

단체 중 조합의 발생원인 기타 운영 등에 관한 계약을 조합계약이라고 한다. 민법상의 조합계약은 2인 이상이 상호출자하여 공동사업을 경영할 것을 약정하는 계약을 의미한다($^{제703조}_{제1항}$).

조합계약에는 계약법 통칙 규정이 적용되지 않는다. 따라서 동시이행의 항변권($^{제536}_{조}$), 위험부담($^{제537조,}_{제538조}$), 계약의 해지·해제($^{제543조}_{이하}$)의 법리가 적용되지 않는다. 판례도 조합계약에 민법상 해제가 적용될 수 없다고 본다. 예컨대 동업계약(조합계약에 해당)에서는 조합의 해산청구 또는 탈퇴를 하거나 또는 다른 조합원을 제명할 수 있을 뿐이지, 일반계약에 있어서처럼 조합계약을 해제하고 상대방에게 그로 인한 원상회복의 의무를 부담지울 수는 없다($^{대판\ 1994.5.}_{13,\ 94다7157}$).

Ⅱ. 조합의 성립

1. 조합계약의 체결

2인 이상의 당사자 사이에 낙성·불요식 계약인 조합계약을 체결해야 한다(예외적으로 광업법 제19조 등 특별법규정에 의해 조합의 성립이 인정되는 경우, 구분소유자 상호간의 관계 등 조합의 당연 성립이 인정되는 경우도 있다). 법인($^{대판\ 2000.12.}_{12,\ 99다49620}$) 및 비법인사단(민법상 조합이 다른 조합설립의 당사자가 될 수 있다고 본 대판 1966.10.4, 66다1071 참조)도 조합계약의 당사자가 될 수 있다.

2. 공동사업의 경영목적

조합은 공동사업의 경영을 목적으로 해야 한다. i) '공동'이 인정되기 위해서는 조합원 전원이 이익분배를 받아야 한다($^{대판\ 2000.7.}_{7,\ 98다44666}$). 다만 손실부담은 전원이 할 필요가 없다. ii) '사업'에는 종류 및 성질에 제한이 없고, 비영리적인 것뿐만 아니라, 일시적인 것(공동이행방식의 공동수급체를 구성하여 건설공사를 공동으로 수급하는 경우 대판 2000.12.12, 99다49620)도 가능하다. iii) '경영'이란 조합원 전원이 출자의무를 부담하여야 한다는 의미이다. 출자란 목적달성을 위한 경제적 수단의 제공이며, 출자의 종류·성질에는 제한이 없다. 따라서 단순한 부작위도 출자의 목적이 될 수 있다.

이와 같은 공동사업의 경영 목적이 없다면 단순한 공유관계일 뿐 민법상 조합이라고 볼 수 없다($^{대판\ 2007.6.14,}_{2005다5140}$).

사례 22 A, B, C는 부동산을 매수하여 취득하고 땅값이 상승하면 이를 전매하여 그 차익을 취득하기 위하여 부동산을 공동으로 매수하였고 그 밖에 같은 목적으로 다른 부동산들도 공동 취득하였다. A, B, C 모두 당시 공동사업을 경영할 의사나 그러한 약정이 없었고, A, B, C는 당시 B가 부동산을 물색하여 매수를 권유하면 위 3인이 함께 이를 매수하는 방식으로 여러 건의 부동산을 공동으로 매수하였는데, 그 매수 후에는 각자의 지분을 자유롭게 처분하였다. 이들 사이의 법률관계는 민법상 조합관계인가? (대판 2007.6.14, 2005다5140; 대판 2012.8.30, 2010다39918 참조)

해설 22 민법상 조합관계로 볼 수 없다.

단순한 공유관계에 불과할 뿐 민법상 조합은 아니다. 부동산의 공동매수인들이 전매차익을 얻으려는 '공동의 목적 달성'을 위해 상호 협력한 것에 불과하고 이를 넘어 '공동사업을 경영할 목적'이 있었다고 인정되지 않는 경우, 이들 사이의 법률관계는 공유관계에 불과할 뿐 민법상 조합이라고 할 수 없다.

판결에 의하면 민법상 조합계약은 2인 이상이 상호 출자하여 공동으로 사업을 경영할 것을 약정하는 계약으로서, 특정한 사업을 공동경영하는 약정에 한하여 이를 조합계약이라 할 수 있고, 공동의 목적 달성이라는 정도만으로는 조합의 성립요건을 갖추었다고 할 수 없다. 수인이 부동산을 공동으로 매수한 경우, 매수인들 사이의 법률관계는 공유관계로서 단순한 공동매수인에 불과할 수도 있고, 그 수인을 조합원으로 하는 동업체에서 매수한 것일 수도 있는바, 공동매수의 목적이 전매차익의 획득에 있을 경우 그것이 공동사업을 위해 동업체에서 매수한 것이 되려면, 적어도 공동매수인들 사이에서 그 매수한 토지를 공유가 아닌 동업체의 재산으로 귀속시키고 공동매수인 전원의 의사에 기해 전원의 계산으로 처분한 후 그 이익을 분배하기로 하는 명시적 또는 묵시적 의사의 합치가 있어야만 할 것이고, 이와 달리 공동매수 후 매수인별로 토지에 관하여 공유에 기한 지분권을 가지고 각자 자유롭게 그 지분권을 처분하여 대가를 취득할 수 있도록 한 것이라면 이를 동업체에서 매수한 것으로 볼 수는 없다.

참고로 수인이 토지를 공동으로 매수한 경우에도 토지형질변경 등을 통해 가치를 증대시킨 뒤 그 전체를 전매하여 차익을 취득하기로 합의했다면 이는 사업을 공동으로 영위할 목적으로 한 조합계약이 된다(대판 2009.12.24, 2009다75635,75642).

참고 조합이 조합재산으로서 부동산의 소유권을 취득했다면 당연히 그 조합체의 합유물이 되고(제271조 제1항), 다만 그 조합체가 합유등기를 하지 아니하고 조합원 1인의 명의로 소유권이전등기를 했다면, 이는 조합체가 그 조합원에게 명의신탁한 것으로 보아야 한다(대판 2006.4.13, 2003다25256). 다만 이 경우 그 조합원 명의의 소유권이전등기는 부동산실명법에 위배되어 무효임이 원칙이다.

3. 출 자

출자는 재산적 가치만 있으면 된다. 그 형태는 금전 이외에 기타의 재산(부동산, 지식재산권 등), 노무, 신용으로도 가능하다.

Ⅲ. 조합의 업무집행

1. 대내적 업무집행

(1) 업무집행권은 조합원 전원 각자에게 귀속한다. 명문의 규정은 없으나, 구성원의 개성 중시라는 조합의 특성에 따라, 각 조합원에게 고유권으로서 업무집행권이 인정된다.

(2) 업무집행권의 행사방법

(가) 조합원 전원이 업무를 집행하는 경우

다수결 원칙(제706조 제2항 전단)에 따라 전체 조합원의 과반수에 의하여 처리함이 원칙이다. 출자액의 크기 또는 지분비율에 관계없이 조합원의 과반수로 정해진다.

통상사무는 각 조합원이 전행할 수 있지만, 다른 조합원은 이의를 하여 업무집행권을 중지시킬 수 있다(제706조 제3항). 위임에 관한 민법 제681조 내지 제688조의 규정을 준용(제707조)한다.

조합재산의 처분·변경에 관한 행위, 관리방법의 변경은 보통 조합의 특별사무로 인정된다(대판 2000.10.10, 2000다28506,28513; 대판 1997.5.30, 95다4957). 반면 조합재산의 보존행위는 통상사무로 본다.

(나) 일부 조합원을 업무집행자로 선임하는 경우

조합계약 또는 조합원 2/3 이상의 찬성으로 일부 조합원을 업무집행자로 선임할 수 있다(제706조 제1항). 업무집행권이 없는 조합원은 통상의 사무도 집행할 수 없다. 업무집행조합원이 수인인 경우 다수결 원칙(제706조 제2항 후단)에 따라 그 과반수에 의하여 사무를 처리한다. 통상사무는 각 업무집행조합원이 전행할 수 있고(제706조 제3항), 다른 업무집행조합원은 이의를 하여 중지시킬 수 있다. 위임에 관한 제681조 내지 제688조의 규정을 준용(제707조)한다.

(다) 제3자에게 업무집행을 위임하는 경우

순수한 위임계약이므로 위임의 문제로 해결한다. 업무집행자인 제3자가 수인인 경우에는 제706조 제2항, 제3항이 유추적용된다.

2. 대외적 업무집행

(1) 원 칙

조합의 대외적인 법률행위는 조합원 전원의 이름으로, 전원이 조합을 조직하고 있음을 반드시 표시해야 한다. 조합은 법인격이 인정되지 않으므로, 권리주체가 될 수 없고, 대표기관도 있을 수 없기 때문이다. 대외적 법률관계는 조합 자체가 아닌 조합원 전원과 제3자와의 관계가 될 수밖에 없다. 따라서 조합원임을 표시하지 않으면 분할채권관계가 성립한다.

(2) 조합대리제도

대리인으로 대외적 법률관계를 맺는 경우 조합원 전원을 대리하여 대리행위를 해야만 그 효과가 조합에 귀속된다(조합대리의 법리). 보통 전체 조합원을 대리하는 대리인이 조합원인 경우가 많다.

(가) 대리권의 발생

대리권은 수권행위를 통하여 발생한다. 업무집행조합원을 정한 경우 그 조합원에게 대리권이 인정되기 위해서는 별도의 수권행위가 필요하다. 대내적인 업무집행권과는 별개의 것이기 때문이다. 그런데 민법은 업무집행조합원을 선임한 경우에 그 조합원은 조합원 전원을 대리할 권한이 있는 것으로 추정한다(제709조. 다만 이 규정은 임의규정이라는 판례로 대판 2002.1.25, 99다62838). 업무집행조합원이 수인이면 대외적 행위에 관한 내부적 의사결정은 그 과반수에 의해야 한다(제706조 제2항. 단독으로 대리행위를 하는 경우 대리권 범위를 넘는 표현대리($\frac{제126}{조}$)가 될 수 있다).

업무집행자를 선임하지 않은 경우에는 각 조합원은 업무집행과 관련하여 대리권이 인정된다($\frac{제709}{조}$). 이때 통상사무는 각 조합원이 전행할 수 있으므로, 조합원 전원을 각자 대리할 권한이 있다($\frac{제706조}{제3항}$). 특별사무는 조합원의 과반수로 정하도록 되어 있는데($\frac{제706조}{제2항}$), 이 규정은 공동대리에서 각자대리에 대한 제한으로 보아야 한다($\frac{제119조}{참조}$). 과반이 되지 않는 대외적 법률행위는 대리권 범위를 넘는 표현대리($\frac{제126}{조}$)가 될 수 있다.

(나) 현명주의

조합 자체는 법인격이 없으므로 본인이 될 수 없다. 따라서 이른바 조합대리에 있어서는 본인에 해당하는 모든 조합원을 위한 것임을 표시하여야 하나, 반드시 조합원 전원의 성명을 제시할 필요는 없고, 상대방이 알 수 있을 정도로 조합을 표시하는 것으로 충분하다.

그리고 상행위인 경우에는 조합을 위한 것임을 표시하지 않았다고 하더라도 그 법률행위의 효력은 본인인 조합원 전원에게 미친다(대판 2009.1.30, 2008다79340. 상법 제48조 '상행위의 대리인이 본인을 위한 것임을 표시하지 아니하여도 그 행위는 본인에 대하여 효력이 있다. 그러나 상대방이 본인을 위한 것임을 알지 못한 때에는 대리인에 대하여도 이행의 청구를 할 수 있다'). 조합의 어음행위는 전(全) 조합원의 어음상의 서명에 의한 것은 물론 대표조합원이 그 대표자격을 밝히고 조합원 전원을 대리하여 서명하였을 경우에도 유효하다. 나아가 조합의 대표조합원이 그 대표자격을 밝히고 어음상의 서명을 하는 경우에는 그 조합의 대표자격을 밝히기만 하면 유효한 것이며 반드시 어음행위의 본인이 되는 전 조합원을 구체적으로 표시할 필요는 없다($\frac{대판\ 1970.8.}{31,\ 70다1360}$).

(다) 추정되는 대리권의 범위는 조합의 목적달성에 필요한 범위 내로 보아야 한다. 한편 조합원 중 1인의 업무집행이 불법행위가 되는 경우 다른 조합원은 사용자로서 부진정연대책임을 부담한다($\frac{대판\ 1998.4.28,}{97다55164}$).

사례 23 甲이 금전을 출자하면 乙이 골재 현장에서 골재를 생산하여 그 이익금을 50 : 50으로 나누어 분배하기로 하는 내용의 동업계약을 체결하였다. 乙이 위 골재 현장의 터파기 및 부지 평탄작업에 투입될 중장비 등에 사용할 목적으로 丙으로부터 유류를 공급받았다. 乙은 위 골재현장에 필요한 유류를 공급 받으면서 그 상대방에게 조합을 위한 것임을 표시하지 아니하였다. 乙의 법률행위의 효력은 조합원 전원에게 미치는가? (대판 2009.1.30, 2008다79340 참조)

해설 23 조합원 전원에게 미친다.

乙은 민법상 조합의 업무집행조합원에 해당한다고 볼 수 있고, 유류공급행위는 골재생산업을 영위하는 상인인 甲과 乙을 조합원으로 한 조합이 그 영업을 위하여 하는 행위로서 상법 제47조 제1항에 정한 보조적 상행위에 해당한다고 볼 여지가 충분하므로, 乙이 위 골재현장에 필요한 유류를 공급 받으면서 그 상대방에게 조합을 위한 것임을 표시하지 아니하였다 하더라도 상법 제48조에 따라 그 유류공급계약의 효력은 본인인 조합원 전원에게 미친다.

사례 24 甲과 乙과 丙이 동업으로 도급받은 연립주택의 건축공사를 완성한 뒤 하자보증기간 내에 동업관계가 끝나지 않은 상태에서 하자보수 문제가 생겨 丙이 그 공사를 맡아서 하기로 합의하고, 이에 따라 丙이 丁을 고용하여 공사를 하다가 丙의 잘못으로 丁이 다치는 사고가 발생하였다. 이 경우 丁은 丙만을 상대로 사용자책임을 청구할 수 있는가 아니면 甲, 乙, 丙 모두를 상대로 사용자책임을 청구할 수 있는가? (대판 1998.4.28, 97다55164 참조)

해설 24 丁은 甲, 乙, 丙 모두를 상대로 사용자책임을 청구할 수 있다.

동업관계에 있는 자들이 공동으로 처리하여야 할 업무를 동업자 중 1인에게 그 업무집행을 위하여 그로 하여금 처리하도록 한 경우, 다른 동업자는 그 업무집행자의 동업자인 동시에 사용자의 지위에 있다 할 것이므로 업무집행 과정에서 발생한 사고에 대하여 사용자로서의 손해배상책임이 있다.

(3) 조합의 소송행위

민법상 조합에는 민사소송법상 당사자능력이 인정되지 않는다(대판 1987.4.14, 86다카2479; 대판 1992.5.12, 91다37683 등). (i) 조합에는 단체로서의 실질이 없을 뿐만 아니라, 민법은 법인격 없는 사단과 전혀 별개로 조합의 재산관계를 규율하고 있으며, (ii) 조합 자체에 대한 판결로써 그 구성원인 조합원에 대한 책임을 추급할 수 없고, (iii) 소송절차의 간소화는 선정당사자제도 및 임의적 소송담당의 방안을 활용함으로써 가능하기 때문이다. 이에 따르면 조합원 전원이 당사자가 되어야 하며 이는 고유필수적 공동소송이 된다.

한편 자기 이름으로 조합재산을 관리하고 대외적 업무를 집행할 권한을 수여받은 업무집행조합원은 조합원으로부터 조합재산에 관한 소송에 관하여 임의적 소송신탁을 받아 자기 이름으로 소송을 수행하는 것이 허용된다(대판 1984.2.14, 83다카1815).

민사소송법 당사자능력 · 당사자적격 · 소송신탁

당사자능력이란 소송법상 당사자가 될 수 있는 일반적 능력을 말하며, 추상적으로 당사자가 될 수 있는 능력을 말하므로 구체적인 특정사건을 전제로 하여 당사자가 될 수 있는 능력인 당사자적격과는 구별된다. 통상 자연인과 법인은 당사자능력이 인정된다.

당사자적격이란 소송당사자로서 유효하게 소송을 수행하고 판결을 받기 위한 자격으로 소송수권, 정당한 당사자라고도 한다. 예컨대 채무자 이외의 자를 상대로 한 채무이행청구는 피고에게 당사자적격이 없다.

소송신탁(제3자의 소송담당)이란 권리주체로부터 그의 의사에 따라 민사소송법상 당사자적격을 부여하는 행위를 말한다. 이는 제3자의 소송담당이라고도 한다. 이에는 법정소송신탁(법정소송담당)과 임의적 소송신탁(임의적 소송담당)이 있다. 그런데 임의적 소송신탁은 변호사대리의 원칙(민소법 제87조)이나 소송신탁의 금지(예컨대 신탁법 제7조)를 잠탈하는 등의 탈법적 방법에 의하지 않은 것으로서 이를 인정할 합리적 필요가 인정되는 경우에 한하여 제한적으로만 허용된다(대판 2012.5.10. 2010다87474).

Ⅳ. 조합의 재산관계

1. 특별재산으로서의 조합재산

조합재산은 형식적으로는 전체로서 조합원 전원에게 합유적으로 귀속하는 재산이지만, 실질적으로는 각 조합원의 고유재산에 혼입하지 않고 전체로서 조합 자체의 별개의 독립한 재산으로 관념되는 재산이다. 조합재산은 각 조합원의 개인적인 권리의무관계와도 구별된다.

> [사례 25] 甲, 乙, 丙은 공동이행방식의 공동수급체이다. 丁은 甲, 乙, 丙과 공사도급계약을 체결하였는데, 이 사건 공사도급계약에는 丁이 공사대금에 관하여 공동수급체 대표자로부터 공동수급체 구성원별로 구분 기재된 신청이 있으면 신청된 금액을 공동수급체 구성원 각자에게 지급하도록 규정하고 있는 공동도급계약운용요령 제11조가 적용되고 있었다. 또한 이 사건 공동수급체의 구성원별로 청구된 금액에 따라 구성원 각자가 각자 명의의 계좌로 공사대금을 지급받기로 약정한 내용이 담긴 공동수급협정서가 丁에게 제출되어 이 사건 공사도급계약이 체결되었음을 알 수 있다. 이 경우 甲 혼자 임의로 도급인 丁에게 출자지분 비율에 따라 급부를 청구할 수 있는가? 또한 甲의 채권자가 甲을 집행채무자로 하여 공동수급체의 丁에 대한 채권에 대하여 강제집행할 수 있는가?
> (대판(전합) 2012.5.17. 2009다105406 참조)
>
> |해설 25| 급부를 청구할 수 있을 뿐만 아니라 강제집행도 가능하다.
> 공동이행방식의 공동수급체는 기본적으로 민법상 조합의 성질을 가지는 것이므로, 공동수급체가 공사를 시행함으로 인하여 도급인에 대하여 가지는 채권은 원칙적으로 공동수급체 구성원에게 합유적으로 귀속하는 것이어서 특별한 사정이 없는 한 구성원 중 1인이 임의로 도급인에 대하여 출자지분 비율에 따른 급부를 청구할 수 없고, 구성원 중 1인에 대한 채권으로써 그 구성원 개

인을 집행채무자로 하여 공동수급체의 도급인에 대한 채권에 대하여 강제집행을 할 수 없다.
그러나 공동이행방식의 공동수급체와 도급인이 공사도급계약에서 발생한 채권과 관련하여 공동수급체가 아닌 개별 구성원으로 하여금 지분비율에 따라 직접 도급인에 대하여 권리를 취득하게 하는 약정을 하는 경우와 같이 공사도급계약의 내용에 따라서는 공사도급계약과 관련하여 도급인에 대하여 가지는 채권이 공동수급체 구성원 각자에게 지분비율에 따라 구분하여 귀속될 수도 있고, 위와 같은 약정은 명시적으로는 물론 묵시적으로도 이루어질 수 있다.
이 사안에서는 채권의 발생원인인 법률행위에서 달리 정하고 있으므로 그에 따라 급부청구 및 강제집행도 가능하다.

2. 조합재산의 구성요소

조합재산은 다음의 4가지로 구성된다. 첫째, 조합원의 출자재산이다. 이는 출자의무가 이행된 재산을 의미하며 조합원에 대한 출자청구권도 포함된다. 금전출자의무 불이행에 대해서는 민법에서 특칙($^{제705}_{조}$)을 규정하고 있다. 둘째, 업무집행으로 취득한 재산이다. 셋째, 조합재산에서 발생한 재산이다. 예를 들어 과실, 보상금, 제3자에 대한 손해배상청구권 등이 있다. 넷째, 소극재산인 조합채무이다.

조합이 부동산을 매수하고 조합원 1인의 명의로 등기했다면, 이는 각 조합원이 자기 지분을 등기한 조합원에게 명의신탁한 것으로 본다($^{대판\ 2006.4.13.}_{2003다25256}$). 이때 동업재산은 부동산 자체가 아니라, 매수자금 상당액의 부당이득반환청구권이다($^{대판\ 2019.6.13.}_{2017다246180}$).

3. 조합재산의 지분처분

(1) 조합원 전원의 동의에 의한 지분처분

조합재산은 조합원의 합유로 한다($^{제704}_{조}$). 합유의 구체적인 내용은 공동소유 부분 중 합유에 관한 부분($^{제271조부}_{터\ 274조}$)에 규정되어 있다. 그런데 합유지분은 합유자 전원의 동의가 있을 때에만 지분을 처분할 수 있다($^{제273조}_{제1항\ 참조}$). 다만 조합원 상호간에 특별한 약정이 있으면 조합원(합유자) 전원의 동의 없이도 각자 지분을 자유롭게 처분할 수 있다. 나아가 사후적으로 그와 같은 지분양도를 인정하는 합의도 유효하다(대판 2016.8.30, 2014다19790. 민법상 조합에서 그 조합원 지분의 양도는 다른 조합원의 동의 없이 각자 지분을 자유로이 양도할 수 있도록 조합원 상호 간에 약정하거나 사후적으로 그 지분 양도를 인정하는 합의를 하는 것은 유효하다고 판시함). 조합지분의 전부를 양도하면 당연히 조합원의 지위를 상실하게 된다.

그런데 조합원 전원의 동의만 있으면 조합원의 지위는 유지하면서도 조합지분만을 처분하는 것이 가능한지, 특정 합유물의 지분만을 처분하는 것이 가능한지가 문제된다.

제1편

제2편

제3편

제4편

제5편

제6편

제7편

제8편

제9편

중요한 계약의 이행

(2) 지분의 처분 제한

(가) 조합원의 지위와 조합지분의 분리처분 금지

조합원의 지위는 유지하면서 전체 조합재산만의 처분은 인정되지 않는다. 조합지분은 조합원 지위의 재산적 측면이므로, 지위와 분리하여 처분할 수 없고, 조합에의 가입·탈퇴 절차에 의해야 하기 때문이다. 판례도 같은 취지이다(대판 2009.3.12, 2006다28454. 조합원은 다른 조합원 전원의 동의가 있으면 그 지분을 처분할 수 있으나 조합의 목적과 단체성에 비추어 조합원으로서의 자격과 분리하여 그 지분권만을 처분할 수는 없으므로, 조합원이 지분을 양도하면 그로써 조합원의 지위를 상실하게 되며, 이와 같은 조합원 지위의 변동은 조합지분의 양도양수에 관한 약정으로써 바로 효력이 생긴다고 판시함). 다만 조합지분을 양도양수하면 통상적으로 약정시부터 조합원의 지위도 상실되는 것으로 해석해야 한다($\binom{대판 2013.10.24,}{2012다47524,47531}$).

한편 조합원 지분의 일부만 양도하는 것은 허용되지 않는다($\binom{대판 2009.4.23,}{2008다4247}$). 조합원 수의 증가로 조합의 의사결정구조의 변경이 발생하므로(예컨대 소수지분권자가 임의로 다수의 제3자에게 지분의 일부를 양도하여 다수를 차지할 수도 있음) 조합계약에서 지분의 일부양도를 명시적으로 허용하지 않으면 지분의 일부양도는 불가능하다.

(나) 특정 합유물에 대한 지분처분의 제한

조합원 전원의 동의가 있더라도 특정 조합재산의 지분을 처분하는 것도 인정되지 않는다. 개별 조합재산은 잠재적으로 전체 조합재산으로 묶여 있다는 것이 합유의 본질에 해당된다는 점에서 전체 조합재산의 처분이 제한되면 각각의 합유물에 대한 지분처분도 불가능하다고 보아야 한다.

4. 조합재산의 처분·변경

조합재산의 처분과 변경은 조합의 합유지분의 처분과는 구별된다. 지분처분은 조합원 전원의 동의가 필요하지만 조합재산의 처분 및 변경의 방법은 사안별로 다르다.

(1) 조합재산의 처분과 변경이 조합의 존립에 영향을 줄 수 있는 경우에는 조합원 전원의 합의에 의해야 한다. 그러한 처분·변경은 더 이상 업무집행으로 볼 수 없으므로 조합원 또는 업무집행자의 과반수로 정할 수 없다($\binom{제706조의}{적용배제}$). 조합계약에서 정한 바가 있으면 그에 따르고 정한 바가 없다면 합의에 의한 해산에 준하여 조합원 전원의 동의가 필요하다.

(2) 그 이외의 조합재산 처분·변경의 방법($\binom{제706조 제2항과}{제272조의 경합문제}$)

조합재산의 처분·변경시에는 조합의 사무집행에 관한 제706조가 적용되는지 아니면 합유물의 처분·변경과 관련된 제272조가 적용되는지에 대하여 견해의 대립이 있다. 제272조 본문에서는 합유물의 처분에는 합유자 전원의 동의를 요하지만, 제706조 제2항에서 조합의 사무, 특히 특별사무의 집행은 조합원의 과반수로써, 업무집행자가 수인인 때에는 그 과반수로 정한다고 되어 되어 있다. 조합재산의 처분, 변경은 보통 조합의 특별사무에 해당된다(대판 2000.10.10, 2000다28506,28513).

결국 조합재산의 처분, 변경에 조합원(합유자) 전원의 동의가 필요한지(제272조 적용설), 아니면 조합원(합유자) 과반수로 정하면 되는지(제706조 적용설)에 대하여 견해가 대립된다(그 이외에 업무집행조합원이 없는 경우에는 제272조가, 업무집행조합원이 있는 경우에는 제706조가 적용된다는 이원설도 있다). 판례는 조합계약에서 특별히 정하고 있지 않다면 제706조가 적용된다고 한다. 따라서 합유물 가운데서도 조합재산의 처분·변경에 관한 행위는, 업무집행자가 없는 경우에는 조합원의 과반수로 결정하고, 업무집행자가 수인 있는 경우에는 그 업무집행자의 과반수로써 결정하며, 업무집행자가 1인만 있는 경우에는 그 업무집행자가 단독으로 결정한다(대판 2010.4.29, 2007다18911). 이는 임의규정이므로 당사자 사이에 다른 약정이 있다면 그에 따른다(대판 1998.3.13, 95다30345).

다만 조합재산의 처분 및 변경행위는 합유자 전원의 명의로 진행되어야 한다. 예컨대 조합재산인 합유물의 처분 및 변경에 관한 소송은 고유필수적 공동소송으로 합유자 전원의 명의로 진행해야 한다(조합채권에 관한 판결로는 대판 2010.4.29, 2008다50691 참조).

(3) 조합재산의 분할금지

조합재산은 합유이므로 그 분할이 금지된다(제273조 제2항). 전체로서의 조합재산의 분할도 금지될 뿐만 아니라 개개의 합유물 분할도 금지된다. 다만 개개의 합유물을 조합원 전원의 동의로 분할하는 것은 제273조 제2항이 임의규정이므로 허용된다고 할 것이다.

5. 조합재산으로서의 채권·채무

조합이 공동사업을 수행하면서 취득한 조합채권과 조합채무는 준합유가 성립한다(제278조). 가분급부를 목적으로 해도 조합과 관련된 채권·채무는 조합원 전원에게 합유적으로 귀속해야 하므로 언제나 불가분채권관계이다.

(1) 조합채권의 귀속

조합이 타인에 대하여 가지는 채권은 원칙적으로 조합원에게 합유적으로 귀속한다. 각 조합원은 전액에 대하여 비율적이고 잠재적인 지분을 가질 뿐이고 조합이 해산되거나 탈퇴하는 등 조합관계가 해소될 때 비로소 지분이 현실화된다. 예컨대 제3자가 불법하게 조합재산을 침해한 경우 이로 인하여 발생한 손해배상청구권은 조합재산으로 조합원의 합유에 속하는 것이고 그 채권이 지분의 비율에 의하여 조합원에게 분해되어 귀속하는 것은 아니다(대판 1963.9.5, 63다330).

조합채권의 처분·변경은 조합재산 일반의 처분변경과 마찬가지로 제706조 제2항이 제272조 본문보다 우선 적용되어 과반수로 정한다(대판 1998.3.13, 95다30345). 그런 경우에도 조합채권의 처분·변경은 조합원 전원의 이름으로 이루어져야 한다. 그러므로 조합재산에 속하는 채권에 관한 소송은 합유물에 관한 소송으로서 조합원들 전부를 공동피고로 하여야 하는 고유필수적 공동소송에 해당한다(대판 2010.4.29, 2008다50691. 다만 임의적 소송신탁이 가능함은 앞서 본 바와 같다).

(2) 조합채무에 대한 책임

(가) 조합재산에 의한 공동책임

조합재산은 전 조합원에게 합유적으로 귀속되므로 조합채무도 당연히 조합재산에 의한 공동책임이 인정된다.

제3자의 조합에 대한 채권을 조합원 중의 1인이 양수하더라도 혼동은 발생하지 않는다. 즉 조합채무는 조합원들이 조합재산에 의하여 합유적으로 부담하는 채무이고, 두 사람으로 이루어진 조합관계에 있어 그중 1인이 탈퇴하면 탈퇴자와의 사이에 조합관계는 종료된다 할 것이나, 특별한 사정이 없는 한 조합은 해산되지 아니하고 조합원들의 합유에 속한 조합재산은 남은 조합원에게 귀속하게 되므로, 이 경우 조합채권자는 잔존 조합원에게 여전히 그 조합채무 전부에 대한 이행을 청구할 수 있다(대판 1999.5.11, 99다1284).

(나) 조합원의 개인재산에 의한 책임

조합채무는 조합원 전원이 합유하는 공동재산인 조합재산만이 책임재산으로 인정되는 것은 아니다. 조합원은 조합채무에 대해서 (손실분담의 비율에 따라) 개인재산으로도 책임을 부담해야 한다(대판 1992.11.27, 92다30405에서는 조합채무는 조합원의 채무로서 특별한 사정이 없는 한 조합채권자는 각 조합원에 대하여 지분의 비율에 따라 또는 균일적으로 변제의 청구를 할 수 있다고 판시함).

책임의 방식은 분할책임이 원칙이다. 즉 조합채무에 대하여 각 조합원은 분할책임을 진다. 책임비율은 조합계약에서 정한 손실부담의 비율에 의함이 상당하고, 부담 부분의 특약이 없었다면 균등한 것으로 추정한다(제711조, 제712조)(대판 1996.10.25, 96다32201). 예외적으로 조합채무가 특히 조합원 전원을 위하여 상행위가 되는 행위로 인하여 부담하게 된 것이라면 상법 제57조 제1항에 따라 조합원들의 연대책임을 인정함이 상당하다. 뿐만 아니라 조합에 대한 채무자는 그 채무와 조합원에 대한 채권으로 상계할 수는 없다(제715조)(대판 1998.3.13, 97다6919에서는 조합으로부터 부동산을 매수하여 잔대금 채무를 지고 있는 자가 조합원 중의 1인에 대하여 개인 채권을 가지고 있다고 하더라도 그 채권과 조합과의 매매계약으로 인한 잔대금채무를 서로 대등액에서 상계할 수 없다고 판시함). 또한 조합원 중 변제자력이 없는 자가 있으면 그가 부담하는 부분은 다른 조합원이 균분하여 변제할 책임이 있다(제713조).

(다) 조합채무에 대하여 조합원으로서 조합재산으로 부담하는 공동책임과 개인책임은 병존한다. 그리고 채권자는 반드시 조합재산으로부터 먼저 변제받아야 하는 것은 아니고 각 조합원에게 먼저 이행을 청구할 수도 있다(대판 1991.11.22, 91다30705. 조합의 채권자가 조합원에 대하여 조합재산에 의한 공동책임을 묻는 것이 아니라 각 조합원의 개인적 책임에 기하여 당해 채권을 행사하는 경우에는 조합원 각자를 상대로 하여 그 이행의 소를 제기할 수 있다고 한 사례).

사례 26 甲과 乙은 1979.10.1. 자동차정비공장(이하 '공업사')을 동업하기로 하면서 甲은 24,000,000원을, 乙은 시설을 투자하였고 甲은 자신의 투자금 채권의 확보를 위해 사업체의 사업자등록은 자기로 하되, 실제 사업체 운영은 乙이 전담하기로 했다. 甲과 乙은 위 공업사를 위와 같은 조건으로 동업경영하면서 乙이 甲에게 1980.6.경까지 매월 1,000,000원을 이익금으로 배당하여 주었고 이익이 나지 않은 때에는 이익분배에 갈음하여 甲의 차를 무료로 정비해 주었다.

한편, 乙은 1981.4.경 丙에게 공업사 내 부대시설인 세차장을 임차보증금 15,000,000원에 임대하였고, 위 임대차계약체결 시 丁이 乙의 보증인이 되었다. 그런데 甲과 乙이 위 세차장 부지 원소유자인 戊로부터 대지명도청구소송을 당하자 丙은 丁을 상대로 임대차보증금반환청구소송을 제기하여 승소판결을 받았고, 丁은 丙에게 15,500,000원을 변제하였다.

丁이 甲을 상대로 15,000,000원의 구상권을 행사할 경우, 甲은 丁의 구상에 응할 의무가 있는가?

(대판 1984.12.11, 83다카1996 참조)

해설 26 의무가 없다.

사안의 경우 '합유인 조합재산이 없고 乙은 甲과 동업하면서 이익의 액수와 상관없이 매월 일정 금액을 지급하거나 이익분배에 갈음하여 甲의 차량을 정비해 주었으며 대외적인 법률행위는 乙이 단독으로 수행해 왔을 뿐, 甲은 자신의 투자금 채권을 확보하기 위해 형식상 사업체의 영업허가명의를 자신의 앞으로 해 놓았다'는 점에서 甲과 乙의 동업관계는 (조합원들의 합유인 조합재산이 있고 외부 관계에서 법률행위 시 업무집행자가 조합원을 대리하여 법률효과가 조합원 전체에 귀속되는) 민법상 조합과 구별되는 특수조합에 해당한다. 그런데 이와 같은 특수조합은 대외적으로 영업을 경영하는 乙만이 권리를 취득하고 의무를 부담한다. 따라서 丁의 甲에 대한 구상채권은 인정되지 않는다.

6. 손익분배(이익분배 및 손실부담)

(1) 비 율

손익분배의 비율은 조합계약에서 정할 수 있다. 손실(여기서의 손실이란 조합의 사업으로 발생한 조합재산을 초과하는 채무액을 의미한다)을 일부조합원에게만 부담시키는 특약도 유효하다. 이는 조합의 본질적 필수요건이 아니기 때문이다. 그러나 이익분배는 반드시 조합원 전원이 받아야 한다. 모든 조합원의 이익분배는 조합의 본질적 필수요건이므로, 손익분배의 비율을 다수결로 정한다는 약정도 효력이 없다.

그러나 이익분배 · 손실부담의 어느 쪽의 비율도 정하지 않은 경우에는 출자가액에 비례하여 정해지며, 어느 한 쪽에 관하여서만 정한 경우에는 그 비율이 다른 쪽에도 적용된다(제711조).

(2) 시 기

손익분배시기를 조합계약에서 정한 경우에는 그에 따른다. 조합계약에서 정하지 않은 경우에 영리목적의 조합이라면 그 이익분배는 조합의 업무에 속하므로, 업무집행규정에 따라서 분배하여야 한다. 그러나 비영리목적의 조합에서 이익분배는 조합의 업무라고 볼 수 없으므로, 조합원 전원의 합의로 분배하거나 청산할 때에 분배한다.

> **┃ 대판 2016.8.30, 2014다19790**
> 조합관계의 이익분배에 관하여 분기별로 이익금을 정산할 경우 이익배당은 매 분기 종료 시에 청구할 수 있고, 어느 분기에 이익이 발생하였다면 다른 분기에 손실이 발생하였는지와 관계없이 해당 분기의 이익배당금을 청구할 수 있으나, 연도별로 이익배당금을 청구할 경우에는 해당 연도의 분기별 손익을 가감하여 연도 말 기준으로 배당 가능한 최종 이익이 있어야 이익배당금을 청구할 수 있으므로, 일반적으로 연도별 이익배당이 분기별 이익배당에 비하여 조합원들에게 불리하다. 그러므로 조합이 분기별로 이익금을 정산하여 조합원들에게 분배하기로 약정하였더라도, 조합원이 '분기별' 정산 및 이익배당보다 자신에게 불리한 '연도별' 이익배당을 청구하는 것이 허용되지 않는다고 할 이유는 없다. 따라서 연도별 이익금이 인정되고 당사자가 이를 기준으로 배당금을 청구하고 있다면, 분기별 이익금을 증명하지 못하였다는 이유만으로 가벼이 청구를 배척할 것은 아니다.

V. 조합원의 지위의 변동(교체)

1. 조합의 당사자의 변경과 조합의 동일성 유지 여부

계약당사자의 변경은 조합의 가입과 탈퇴를 모두 포함한다. 조합 당사자가 변경될 때 조합이 동일성을 유지하는지 여부와 관련하여 계약성을 강조한다면 동일성을 상실하여 해산해야 할 것이지만, 단체성을 강조하면 동일성을 유지한다고 할 수 있다. 민법은 가입 · 탈퇴를 인정함으로써 제한적으로 동일성을 유지하는 정책을 택하고 있다(대판 2007.11.25, 2007다48370, 48387).

2. 조합원의 탈퇴

(1) 임의탈퇴(제716조)

탈퇴하면 조합이 존속 중이라도 조합원의 지위(자격)가 소멸된다.

탈퇴는 업무집행자가 선임되어 있더라도, 조합원 전원에 대한 의사표시로 하여야 한다. 탈퇴는 조합계약에 관한 해지의 일종이므로, 해지의 불가분성이 적용된다. 조합의 탈퇴권은 조합계약의 해지권으로 본다(대결 2007.11.30, 2005마1130). 다만 조합계약에서 탈퇴의사의 표시 방식을 따로 정하는 특약은 유효하다(대판 1997.9.9, 96다16896). 민법상 조합에서 조합원은 임의로 탈퇴할 수 있기 때문이다.

조합의 존속기간을 정하고 있는 경우 원칙적으로 존속기간 동안은 탈퇴하지 못한다. 다만 예외적인 경우에 부득이한 사유가 있으면 탈퇴할 수 있다. 조합의 존속기간을 정하지 않은 경우 조합원은 원칙적으로 언제든지 탈퇴할 수 있다. 다만 예외적인 경우에는 불리한 시기더라도 부득이한 사유가 있으면 탈퇴할 수 있다.

(2) 비임의탈퇴(제717조)

첫째, 사망으로 탈퇴가 가능하다. 탈퇴하면 합유자의 지위가 상속인에게 귀속되지 않는다(대판 1994.2.25, 93다39225. 부동산의 합유자 중 일부가 사망한 경우 합유자 사이에 특별한 약정이 없는 한 해당 부동산은 잔존 합유자가 2인 이상일 경우에는 잔존 합유자의 합유로 귀속되고 잔존 합유자가 1인인 경우에는 잔존 합유자의 단독소유로 귀속됨을 판시). 둘째, 파산, 성년후견의 개시에 의해 탈퇴가 가능하다. 셋째, 제명(제718조)에 의해서도 탈퇴가 가능하며, 반드시 1인씩, 복수의 다른 조합원의 전원 일치로써만 제명할 수 있고 제명 조합원에게 통지하지 않으면 대항하지 못한다. 비임의탈퇴의 경우에도 금전으로 정산을 받을 수 있다.

(3) 탈퇴의 효과

탈퇴시부터 장래에 한하여 조합원으로서의 권리와 의무를 상실하고, 탈퇴조합원의 합유지분은 잔존 조합원에게 귀속된다(대판 2007.9.20, 2005다7405). 탈퇴조합원과 잔존 조합원 사이에는 탈퇴로 인한 계산이 필요한데, 그 계산은 탈퇴 당시의 조합재산상태에 의한다(제719조). 탈퇴자는 자신의 지분에 해당하는 금액에 대한 환급청구권이 인정된다(대판 2019.6.13, 2017다246180에서 조합재산인 부동산이 조합원 1인 명의로 되어 있어 조합재산이 계약명의신탁으로 인정되고, 수탁자(등기명의인인 조합원)가 소유권을 취득하게 되었다면 동업재산은 부동산 자체가 아니라 매수대금 상당의 부당이득반환청구권이 되어 이를 대상으로 지분별로 계산된다고 한 사안). 탈퇴조합원의 지분비율은 조합 내부의 손익분배비율을 기준으로 계산한다(대판 2023.10.12, 2022다285523. 조합청산의 경우에는 실제 출자한 가액의 비율로 정하는 것과는 다름에 주의).

2인으로 구성된 조합에서 1인이 탈퇴하면 조합관계는 종료되나 특별한 사정이 없는 한 조합은 해산이나 청산되지 않고, 합유형태의 조합재산은 남은 조합원의 단독소유가 되고, 탈퇴로 인한 계산이 필요하다(대판 2018.12.13, 2015다72385).

VI. 조합의 해산 및 청산

1. 해   산

조합의 해산이란 적극적인 활동을 중지하고 조합재산을 정리하는 것을 의미한다. 해산을 통하여 조합원의 합유관계가 개인의 단속소유관계로 환원된다. 해산 후에도 청산절차가 끝날 때까지 조합관계는 소멸하지 않고 존속한다.

조합의 해산사유는 크게 5가지로 분류된다: 첫째, 조합이 목적을 달성하거나 목적달성이 불가능하게 된 경우, 둘째, 존속기간이 만료된 경우, 셋째, 조합원 전원의 합의가 있는 경우, 넷째, 조합계약에서 정한 해산사유가 발생한 경우. 특히 민법의 조합의 해산사유와 청산에 관한 규정은 강행규정이 아니므로 당사자가 정한 그 특약은 유효하다(대판 1985.2.26, 84다카1921). 다섯째, 부득이한 사유가 있는 때에는 각 조합원은 조합의 해산을 청구할 수 있다(제720조). 조합의 해산청구사유인 부득이한 사유란 경제계의 사정변경에 따른 조합 재산상태의 악화나 영업부진 등으로 조합의 목적 달성이 매우 곤란하다고 인정되는 객관적 사정이 있는 경우 외에 조합 당사자 간의 불화 대립으로 인하여 신뢰관계가 파괴됨으로써 조합업무의 원만한 운영을 기대할 수 없는 경우도 이에 포함된다. 또한 조합에서 동업계약 해제통고를 조합의 해산청구로 보며, 유책당사자에게 도 해산청구권이 있다(대판 1991.2.22, 90다카26300).

한편 2인으로 된 동업관계의 경우에는 해산절차를 거칠 필요도 없다. 두 사람으로 된 동업 관계, 즉 조합관계에 있어 그중 1인이 탈퇴하면 조합관계는 해산됨이 없이 종료되어 청산이 뒤 따르지 아니하며 조합원의 합유에 속한 조합재산은 남은 조합원의 단독소유에 속하고, 탈퇴자 와 남은 자 사이에 탈퇴로 인한 계산을 해야 한다(대판 1996.9.6, 96다19208. 또한 대판 1999.3.12, 98다54458에서는 동업자 중 1인이 출자금 출자 후, 당사자 간의 불화 및 대립으로 곧바로 동업관계가 결 렬되어 그 이후 위 출자의무를 이행한 조합원이 동업관계에서 전적으로 배제된 채, 나머지 조합원에 의 하여 당초의 업무가 처리되어 온 경우, 부득이한 사유로 인한 해산청구가 가능하며 출자의무를 이행한 조합원은 탈퇴로 인한 계산으로서 자기가 출자한 금원의 반환을 구할 수도 있다고 판시).

2. 청 산

해산한 조합의 재산관계 정리절차를 청산이라고 한다. 현존사무의 종결, 채권의 추심 및 채 무의 변제, 잔여재산의 분배 등이 청산에 해당한다.

(1) 청산의 목적과 청산절차

청산의 목적은 오로지 조합원 사이의 재산관계의 공명한 처리에 있다. 조합의 청산절차에 관한 규정은 임의규정이므로 청산절차를 반드시 거쳐야 하는 것은 아니다.

(가) 원칙적으로 청산절차가 종료되지 않은 상태에서 잔여재산의 분배를 청구할 수는 없다. 조합원들에게 분배할 잔여재산과 그 가액이 청산절차가 종료된 때에 확정되는 것이므로 조합 원들 사이에 특별한 다른 약정이 없는 이상 청산절차가 종료되어야 잔여재산의 분배를 청구할 수 있다(대판 1993.3.23, 92다42620. 일부 청산인들이 청산절차에 협력하지 않아서 청산절차가 진행되 지 않고 있어도, 그들을 상대로 청산인으로서의 직무를 집행하지 못하도록 함과 아울러 그 직무를 대행 할 자를 선임하여 줄 것을 법원에 신청하는 등 청산절차를 진행하기 위한 다른 수단을 강구하는 것은 별 론으로 하고, 청산절차가 종결되지 아니한 상태에서 바로 잔여재산의 분배나 정산금의 지급을 청구할 수 는 없다고 판시).

(나) 청산절차를 거칠 필요가 없는 경우도 있다. 첫째, 조합재산이 없는 경우, 둘째, 처리해 야 할 잔무가 없고 잔여재산 분배만 남은 경우, 셋째 조합원 전원의 합의가 있는 경우 등에서

는 청산절차를 거치지 아니하고서도 조합원은 잔여재산의 분배청구가 가능하다.

잔여재산 분배청구권은 조합원 상호간의 내부관계에서 발생하는 것으로서 각 조합원이 분배비율을 초과하여 잔여재산을 보유하고 있는 조합원을 상대로 개별적으로 행사하면 족한 것이지 반드시 조합원들이 공동으로 행사하거나 조합원 전원을 상대로 행사하여야 하는 것은 아니다(대판 2000.4.21., 99다35713). 나아가 조합채무의 채권자가 조합원인 경우에는 동업체 자산을 보유하는 자가 동업체 자산에서 채권자 조합원에 대한 조합채무를 공제하여 분배대상 잔여재산액을 산출한 다음, 다른 조합원들에게 잔여재산 중 각 조합원의 출자가액에 비례한 몫을 반환함과 아울러 채권자 조합원에게 조합채무를 이행함으로써 별도의 청산절차를 거치지 않고 재산을 분배할 수 있다(대판 2019.7.25., 2019다205206,205213).

(2) 청산절차(제721조 내지 제724조)

청산인이 청산절차를 통하여 합유재산을 정리하고 잔여재산을 출자가액에 비례하여 분배하게 된다. 이때 출자가액은 실제로 출자한 가액을 의미하므로 출자의무를 이행하지 않은 상태에서 해산되면 실제 출자가액을 기준으로 분배된다(대판 2022.2.17., 2016다278579).

원칙적으로 조합원도 청산인이 될 수 있으며, 청산인의 선임은 조합원의 과반수로써 결정한다(제721조 제2항). 조합원 중에서 청산인을 정한 때에는 제708조의 규정을 준용한다(제723조).

청산인은 현존사무의 종결, 채권의 추심 및 채무의 변제, 잔여재산의 분배 등의 직무를 수행한다. 조합원이 무한책임을 지므로, 제88조 내지 제92조는 준용되지 않는다.

사례 27 甲과 乙은 음식점 동업계약을 체결하면서 각자의 출자의무를 이행하지 않아서 상대방이 위 동업계약을 해제하면 그 의무불이행자는 그 동업재산에 대한 권리를 포기한 것으로 간주하는 특약을 체결하였다. 이후 乙이 출자의무를 불이행하여 甲은 동업계약을 해제하였다. 甲은 위 특약에 따라 동업재산에 관한 乙의 모든 권리가 포기된 것으로 되었으므로 위 동업재산은 모두 甲의 단독소유가 되었다고 주장하고, 乙은 위 동업계약이 해제되었다고 하더라도 그것만으로 위 두 사람 사이의 동업관계가 종료되는 것이 아니고 청산관계가 남아 있으므로 그 한도 내에서는 조합관계는 여전히 존속한다고 할 것이므로 X건물이 甲의 단독소유가 아니라고 주장한다. 누구의 주장이 타당한가?

(대판 1985.2.26, 84다카1921 참조)

|해설 27| 甲의 주장이 타당하다.

민법의 조합의 해산사유와 청산에 관한 규정은 그와 내용을 달리하는 당사자의 특약까지 배제하는 강행규정이 아니므로 당사자가 민법의 조합의 해산사유와 청산에 관한 규정과 다른 내용의 특약을 한 경우 그 특약은 유효한 것으로 보아야 할 것이다(대판 1965.8.31., 65다560 참조). 이 사안에 있어서 甲과 乙 사이의 약정의 취지는 乙이 동업계약상의 출자의무를 이행하지 아니하는 경우 甲은 乙에 대하여 동업계약을 해제한다는 의사표시를 할 수 있고 이러한 의사표시에 의하여 동업관계는 종료하고 민법규정의 청산이라는 특수한 절차를 밟음이 없이 동업재산은 甲의 단독소유가 된다는 것이므로 이는 민법의 조합의 해산사유와 청산에 관한 규정과 다른 내용의 특약으로서 유효하다.

> **사례 28** 甲과 乙은 음식점 동업계약을 체결하였다. 이후 음식점 운영 중 이익배당과 갑의 경영 참여를 둘러싼 시비로 서로 간에 반목과 불화가 발생하여 서로 음식점출입금지가처분과 영업방해 금지가처분신청을 하고 형사고소를 하는 지경에 이르렀다. 위와 같은 경우도 조합의 해산사유인 부득이한 사유에 해당되는가? 만약 乙에게 신뢰관계의 파괴에 책임이 있는 경우 乙에게도 조합의 해산청구권이 인정되는가? (대판 1993.2.9, 92다21098 참조)
>
> **해설 28** 이는 조합의 해산사유인 부득이한 사유에 해당되며 乙에게 조합의 해산청구권이 있다.
> 제720조에 규정된 조합의 해산사유인 부득이한 사유에는 경제계의 사정변경이나 조합의 재산상 태의 악화 또는 영업부진 등으로 조합의 목적달성이 현저히 곤란하게 된 경우 외에 조합원 사이 의 반목·불화로 인한 대립으로 신뢰관계가 파괴되어 조합의 원만한 공동운영을 기대할 수 없게 된 경우도 포함되며, 위와 같이 공동사업의 계속이 현저히 곤란하게 된 이상 신뢰관계의 파괴에 책임이 있는 당사자라고 하여도 조합의 해산청구권이 있다고 보아야 한다.

제4절 증 여

Ⅰ. 의 의	(2) 수증자의 망은행위에 의한 증여의 해제 (제556조 제1항)
Ⅱ. 증여의 효력	
1. 증여자의 의무	(3) 증여자의 재산상태의 악화에 의한 증여의 해제 (제557조)
2. 증여자의 담보책임	
(1) 담보책임의 면책 – 원칙 (제559조 제1항 본문)	Ⅲ. 특수한 증여
(2) 담보책임의 인정 – 예외 (제559조 제1항 단서)	1. 부담부 증여
3. 증여계약의 해제	2. 정기증여
(1) 서면에 의하지 않은 증여의 해제	3. 사인증여

Ⅰ. 의 의

증여계약은 당사자 일방(증여자)이 무상으로 재산을 상대방에 수여하는 의사를 표시하고 상대방(수증자)이 이를 승낙함으로써 성립하는 무상·낙성·편무계약이다(제554조). 불요식계약이지만 서면에 의하지 아니한 증여는 각 당사자가 이를 해제할 수 있으므로(제555조) 증여계약은 일반적으로 서면에 의한 증여로 이루어진다. 증여의 목적물은 재산권이기만 하면 되므로 채권 등도 증여의 객체가 된다.

Ⅱ. 증여의 효력

1. 증여자의 의무

증여계약은 편무계약이므로 증여자만이 계약상의 의무를 부담하며, 이에 증여자는 증여계약에 따라 그 재산을 상대방에게 이전할 급부의무를 진다($\frac{제554}{조}$). 즉 증여의 객체가 동산인 경우에는 증여자는 동산의 인도의무를 부담하며, 부동산인 경우에는 등기 및 인도의무를 부담한다. 또한 채권인 경우에는 증여자는 채무자에게 채권양도 등의 통지를 하여 대항요건을 갖추어 주어야 할 의무를 진다.

증여의 객체가 특정물 이전을 대상으로 하는 경우에는 특정물채무의 원칙에 따라 선관주의의무를 부담한다($\frac{제374}{조}$)는 견해도 있으나, 증여계약의 무상성에 비추어 자기재산과 동일한 주의의무를 부담한다($\frac{제695}{조}$)는 견해가 타당하다.

2. 증여자의 담보책임

(1) 담보책임의 면책 – 원칙($\frac{제559조}{제1항 본문}$)

증여계약의 무상성에 비추어, 민법은 "증여의 목적물인 물건 또는 권리의 하자나 흠결에 대하여 책임을 지지 아니한다"는 특칙을 두어($\frac{제559조}{제1항 본문}$), 증여자는 증여목적인 물건 또는 권리의 하자나 흠결에 대하여 유상계약에서와 같은 담보책임을 부담하지 않는다. 일부 견해는 이러한 특칙은 증여의 대상이 특정물인 경우에 한정된다고 보아 불특정물인 경우에는 증여자가 완전물급부의무를 부담한다고 보지만, 다수의 견해는 특정물이든 불특정물이든 이를 구별하지 않고 증여자의 담보책임을 인정하지 않는다.

(2) 담보책임의 인정 – 예외($\frac{제559조}{제1항 단서}$)

증여자가 그 하자나 흠결을 알고 수증자에게 고지하지 아니한 때에는 증여자는 수증자에게 담보책임을 부담한다($\frac{제559조}{제1항 단서}$). 그러나 수증자가 이미 하자나 흠결을 알았다면, 증여자는 담보책임을 지지 않는다. 증여자가 담보책임을 지는 경우, 통설은 담보책임의 내용을 신뢰이익배상으로 본다. 또한 이러한 수증자의 권리에 매매에 관한 제573조($\frac{제575조}{제3항}$)를 유추적용하여 1년의 제척기간이 적용된다.

반면에 수증자의 부담이 있는 '부담부 증여'의 경우에는, 증여자는 그 부담의 한도에서 매도인과 같은 담보의 책임을 진다($\frac{제559조}{제2항}$).

3. 증여계약의 해제

민법은 증여에 특유한 해제원인으로 세 가지를 규정하고 있으나($\frac{제555조 내}{지 제557조}$), 이러한 해제는 이미 이행된 급부의무에는 영향을 미치지 않는다($\frac{제558}{조}$).

(1) 서면에 의하지 않은 증여의 해제

증여의사가 서면으로 표시되어 있지 않은 경우에 각 당사자는 자유롭게 증여계약을 해제할 수 있다($\frac{제555}{조}$). 이는 증여자가 경솔하게 증여하는 것을 방지하고 증여의 의사를 명확하게 하여 분쟁을 예방하기 위한 것이다($\frac{대판\ 2009.9.24,\ 2009다37831;}{대판\ 1988.9.27,\ 86다카2634}$). 한편 서면에 의한 증여란 증여계약 당사자 사이에 있어서 증여자가 자기의 재산을 상대방에게 준다는 증여의사가 문서를 통하여 확실히 알 수 있는 정도로 서면에 나타난 증여를 말하는 것으로서, 비록 서면의 문언 자체는 증여계약서로 되어 있지 않더라도 그 서면의 작성에 이르게 된 경위를 아울러 고려할 때 그 서면이 바로 증여의사를 표시한 서면이라고 인정되면 이를 제555조에서 말하는 서면에 해당한다고 보아야 한다($\frac{대판\ 2003.4.11,}{2003다1755}$). 증여계약이 성립한 당시에는 서면이 작성되지 않았더라도 그 후 계약이 존속하는 동안 서면을 작성한 때에는 그때부터 서면에 의한 증여로 인정한다($\frac{대판\ 1992.9.14,\ 92다}{4192;\ 대판\ 1989.5.9,}$ $\frac{}{88다카}$ $\frac{}{2271}$). 서면에 의한 의사표시는 수증자에 대하여 서면으로 표시되어야 한다($\frac{대판\ 2009.9.24,}{2009다37831}$).

제555조의 '해제'는 일종의 특수한 철회일 뿐 제543조 이하에서 규정한 본래 의미의 해제와는 다르다고 할 것이어서 형성권의 제척기간의 적용을 받지 않는다($\frac{대판\ 2003.4.11,}{2003다1755}$). 즉 일반적인 형성권의 10년의 제척기간이 적용되지만, 서면에 의하지 않은 증여의 해제는 형성권의 제척기간의 적용을 받지 않는다. 따라서 증여계약을 하고 10년이 경과한 후라도 이행하기 전이면 해제할 수 있다.

서면에 의하지 않은 증여는 각 당사자가 해제할 수 있으나, 이미 이행한 부분에 대해서는 해제에 의하여 아무런 영향을 받지 않는다($\frac{제558}{조}$). 예컨대 동산증여의 경우 인도가 있으면 해제할 수 없고, 부동산의 증여의 경우에는 소유권이전등기가 완료된 때에는 아직 인도되지 않았더라도 이행이 된 것이므로 해제의 영향을 받지 않는다($\frac{대판\ 2005.5.12,}{2004다63484}$). 부동산 증여의 경우 목적물 인도만으로는 제558조에서 정한 '이행'이 이루어졌다고 볼 수 없다($\frac{대판\ 2012.6.14,}{2011다56873}$). 다만 증여자의 의사에 기하지 아니한 원인무효의 등기가 경료된 경우에는 증여계약의 적법한 이행이 있다고 볼 수 없으므로 서면에 의하지 아니한 증여자의 증여계약의 해제에 대해 수증자가 실체관계에 부합한다는 주장으로 대항할 수 없다($\frac{대판\ 2009.9.24,}{2009다37831}$).

한편 제555조의 반대해석상 서면에 의한 증여(출연)의 해제를 제한하고 있지만, 그 해제는 민법총칙상의 취소와는 요건과 효과가 다르므로 서면에 의한 출연이더라도 민법총칙규정에 따라 출연자가 착오에 기한 의사표시라는 이유로 출연의 의사표시를 취소할 수 있다($\frac{대판\ 1999.7.}{9,\ 98다9045}$).

사례 29 甲은 乙에게 자신이 소유한 X토지를 구두로 증여하기로 하였다. 이에 甲은 乙에게 계약대로 부동산을 증여하고 그 소유권이전등기에 필요한 서류를 제공하였다. 그런데 乙이 등기를 경료하기 전에 甲이 사망하였다. 甲의 사망 후 乙은 자기 앞으로 등기를 경료하였다. 만약 甲의 상속인 丙이 서면에 의하지 아니한 증여라는 이유로 증여계약을 해제한 경우, 乙의 X토지에 대한 소유권은 소멸하는가?

(대판 2001.9.18, 2001다29643 참조)

|해설 29| 소멸하지 않는다.
증여의 의사가 서면으로 표시되지 아니한 경우라도 증여자가 생전에 부동산을 증여하고 그의 뜻에 따라 그 소유권이전등기에 필요한 서류를 제공하였다면 증여자가 사망한 후에 그 등기가 경료되었다고 하더라도 증여자의 의사에 따른 증여의 이행으로서 소유권이전등기가 경료되었다 할 것이므로 증여는 이미 이행되었다 할 것이어서 증여자의 상속인이 서면에 의하지 아니한 증여라는 이유로 증여계약을 해제하였다 하더라도 이에 아무런 영향이 없다.

(2) 수증자의 망은행위에 의한 증여의 해제$\binom{제556조}{제1항}$

망은행위는 증여자 또는 그 배우자나 직계혈족에 대한 범죄행위가 있는 때$\binom{제556조\ 제}{1항\ 제1호}$, 또는 증여자에 대하여 부양의무 있는 경우에 이를 이행하지 아니하는 때$\binom{제556조\ 제}{1항\ 제2호}$를 말하는데 이 경우 증여자는 증여계약을 해제할 수 있다. 제556조 제1항 제1호의 범죄행위란 신뢰관계를 중대하게 침해하는 범죄행위를 말한다$\binom{대판\ 2022.3.11,}{2017다207475}$. 따라서 모든 범죄행위가 망은행위에 해당하는 것은 아니다. 제2호의 부양의무는 제974조에 규정되어 있는 직계혈족 및 그 배우자 또는 생계를 같이 하는 친족간의 부양의무를 가리키는 것으로서, 친족간이 아닌 당사자 사이의 약정에 의한 부양의무는 이에 해당하지 아니하여 제556조 제2항이나 제558조가 적용되지 않는다$\binom{대판\ 1996.1.}{26,\ 95}$다43358$)$.

(3) 증여자의 재산상태의 악화에 의한 증여의 해제$\binom{제557}{조}$

증여계약을 체결한 후에 증여자의 재산상태가 현저히 악화되고 그 이행으로 인하여 생계에 중대한 영향을 미칠 경우, 증여자는 증여계약을 해제할 수 있다$\binom{제557}{조}$. 이는 우리 민법상 사정변경의 원칙을 명문화한 대표적인 규정이라 할 수 있다. 즉 증여자의 증여 당시의 재산상태가 증여 후의 그것과 비교하여 현저히 변경되어 증여 목적 부동산의 소유권을 수증자에게 이전하게 되면 생계에 중대한 영향을 미치게 될 것이라는 등의 요건이 구비되면, 증여자는 제557조에 의해 증여계약을 해제할 수 있다$\binom{대판\ 1996.10.11,\ 95다37759;}{대판\ 1991.4.12,\ 90다17491}$.

Ⅲ. 특수한 증여

1. 부담부 증여

부담부 증여는 수증자가 증여자로부터 증여를 받으면, 동시에 일정한 부담을 지는 경우를 말한다. A가 B에게 부동산을 증여하고 B는 A를 돌봐주기로 하는 경우 등이 이에 해당한다. 이러한 부담부 증여에 대하여는 쌍무계약에 관한 규정이 적용되므로, 부담의무 있는 상대방이 자신의 의무를 이행하지 아니할 때에는 비록 증여계약이 이미 이행되어 있다 하더라도 증여자는 계약을 해제할 수 있다(대판 1997.7.8. 97다2177). 즉 부담의무 불이행을 이유로 증여자는 계약을 해제할 수 있으며, 이 경우 제555조와 제558조는 적용되지 아니한다. 이때 제558조가 적용되지 않아 서면에 의하지 않은 부담부증여계약이 해제되어도 수증자가 이행한 것은 원상회복된다.

한편 증여자가 이행하지 않았지만 수증자는 자신의 부담을 이행한 상태라면 설사 그 부담부 증여계약이 서면에 의하지 않았더라도 각 당사자는 부담부증여계약을 해제할 수는 없다(대판 2022. 9.29. 2021다299976).

사례 30 고령인 甲은 슬하에 자녀가 없어 고민하던 중 乙이 자신을 부양할 것을 전제로 자기소유 A 부동산을 증여하기로 하였다. 계약에 따라 甲은 A 부동산에 대한 소유권을 乙에게 이전해 주었다. 그런데 乙은 甲을 부양하지 않았고, 이에 甲은 증여를 해제하고 A 부동산에 대한 소유권 이전등기말소를 청구하였다. 甲의 청구는 인용될 것인가?   (대판 1996.1.26. 95다43358 참조)

해설 30 인용될 것이다.

원칙상 이미 이행한 증여는 해제하더라도 상대방에게 돌려받을 수 없다(제558조). 그런데 상대부담 있는 증여에 대하여는 제561조에 의하여 쌍무계약에 관한 규정이 준용되어 부담의무 있는 상대 방이 자신의 의무를 이행하지 아니할 때에는 비록 증여계약이 이미 이행되어 있다 하더라도 증 여자는 그 계약을 해제하여 원상회복을 주장할 수 있다(제543 조 이하).

사안의 경우 甲과 乙의 증여는 부담부 증여이므로, 수증자인 乙이 부담을 불이행하는 경우, 甲 은 채무불이행을 이유로 乙과의 증여계약을 해제할 수 있다. 또한 甲은 원상회복으로서 A부동 산에 대한 乙 명의의 소유권이전등기의 말소를 청구할 수 있다(제548조).

---

2. 정기증여

정기증여는 일정한 시기에 정기적으로 아무런 대가없이 재산을 수여하기로 한 증여로서, 계속적 채권관계에 해당한다. 이러한 정기증여는 기간의 정함이 있는지 여부를 묻지 않고 당사자 일방의 사망으로 그 효력을 상실한다(제560 조).

3. 사인증여

사인증여는 증여자의 생전에 체결된 증여이지만 그 효력이 증여자의 사망으로 발생하는 특수한 형태의 증여계약이다. 사인증여는 증여자의 생전에 수증자의 승낙이 필요한 계약이라는 점에서 단독행위인 유증과 엄격히 구별되지만, 기능상의 유사성 때문에 계약의 성질에 반하지 않는 범위에서 유증의 규정이 준용된다(제562 조). 예컨대 유류분반환청구의 목적인 증여나 유증이 병존하고 있는 경우에는 제1116조에 의해 유류분권리자는 먼저 유증을 받은 자를 상대로 유류 분침해액의 반환을 구하여야 하고, 그 이후에도 여전히 유류분침해액이 남아 있는 경우에 한하여 증여를 받은 자에 대하여 그 부족분을 청구할 수 있는데, 사인증여의 경우에는 유증의 규정이 준용될 뿐만 아니라 그 실제적 기능도 유증과 달리 볼 필요가 없으므로 유증과 같이 본다(대판 2001.11. 30, 2001다6947). 반면에 유증이 단독행위임을 전제로 한 유언능력(제1061조 내지 제1063조)·유언의 방식(제1065 조 내지 제1072조)·유증의 승인과 포기(제1074조 내지 제1077조) 등에 관한 규정은 계약인 사인증여에 적용되지 않는다(대판 2001.9.14, 2000다66430,66447). 그러나 유언의 철회에 관한 규정(제1108조)이 사인증여에 준용된다(대판 2022.7.28, 2017다245330. 증여자와 수증자가 증여의 내용을 서면으로 작성하고 저당권설정등기까지 했어도 사인증여에 해당하면 증여자는 일방적으로 증여계약을 철회할 수 있다고 판시함).

제5절 교   환

Ⅰ. 의   의

교환은 당사자 쌍방이 금전 이외의 재산권을 상호 이전할 것을 약정함으로써 성립하는 유상·불요식·낙성·쌍무계약이다(제596조). 매매에서는 물건이나 권리의 양도에 대한 반대급부가 매매대금인데 반하여, 교환에서는 매매대금에 대한 합의가 존재하지 않는다. 따라서 당사자의 일방이 금전을 지급하는 경우에는 교환이 아니라 매매가 된다. 다만 쌍방이 서로 교환하는 목적물 내지 재산권의 가격이 균등하지 않기 때문에, 그 차액을 보충하기 위하여 일방당사자가 일정한 금전을 보충적으로 지급할 것을 약정하기도 하는데, 이 경우에도 교환계약이 성립한다. 이때 일방당사자가 지급하는 금전을 보충금이라 하며, 매매대금에 관한 규정을 준용한다(제597조). 교환계약의 목적물은 금전 이외의 재산권이기만 하면 되므로, 물건·권리 및 영업도 교환의 목적물이 된다. 그러나 노무의 제공이나 일의 완성 등은 재산권이 아니라는 점에서 교환의 목적이 될 수 없다.

Ⅱ. 교환계약의 효력

교환은 유상계약이므로 매매에 관한 규정이 준용된다(제567조). 그러므로 교환계약의 당사자는 매도인·매수인과 같이 상대방에 대하여 목적물을 양도할 의무가 있으며, 상대방은 이를 수령하고 동시에 자기 급부를 이행할 의무가 있다(제567조, 제568조). 또한 교환계약의 각 당사자는 목적물의 하자에 대하여 상대방에게 담보책임을 부담한다(제567조, 제570조 이하).

대판 2001.7.13, 99다38583

일반적으로 교환계약을 체결하려는 당사자는 서로 자기가 소유하는 교환 목적물은 고가로 평가하고 상대방이 소유하는 목적물은 염가로 평가하여 보다 유리한 조건으로 교환계약을 체결하기를 희망하는 이해상반의 지위에 있고 각자가 자신의 지식과 경험을 이용하여 최대한으로 자신의 이익을 도모할 것이 예상되기 때문에, 당사자 일방이 알고 있는 정보를 상대방에게 사실대로 고지하여야 할 신의칙상의 주의의무가 인정된다고 볼 만한 특별한 사정이 없는 한, 어느 일방이 교환 목적물의 시가나 그 가액 결정의 기초가 되는 사항에 관하여 상대방에게 설명 내지 고지를 할 주의의무를 부담한다고 할 수 없고, 일방 당사자가 자기가 소유하는 목적물의 시가를 묵비하여 상대방에게 고지하지 아니하거나 혹은 허위로 시가보다 높은 가액을 시가라고 고지하였다 하더라도 이는 상대방의 의사결정에 불법적인 간섭을 한 것이라고 볼 수 없다.

사례 31 甲과 乙은 甲소유 부동산 X와 乙소유 부동산 Y를 교환하기로 하였다. 계약대로 Y를 넘겨받아 점유하던 甲은 乙이 교환 당시 Y의 시가를 허위로 높게 고지하였음을 알게 되었다. 이 경우 乙은 甲에게 불법행위책임을 지는가?   (대판 2001.7.13, 99다38583 참조)

해설 31 지지 않는다.

교환계약을 체결하려는 당사자는 그 일방이 알고 있는 정보를 상대방에게 사실대로 고지하여야 할 신의칙상의 주의의무가 인정된다고 볼만한 특별한 사정이 없는 한, 일방 당사자가 자기가 소유하는 목적물의 시가를 묵비하여 상대방에게 고지하지 아니하거나, 혹은 허위로 시가보다 높은 가액을 시가라고 고지하였다고 하더라도, 이는 상대방의 의사결정에 불법적인 간섭을 한 것이라고 볼 수 없으므로 불법행위가 성립한다고 볼 수 없다. 사안에서 乙이 甲에게 임야의 시가를 고지하여야 할 주의의무가 있다고 볼만한 특별한 사정이 있다고 보이지 않고, 甲으로서도 자신의 책임 하에 교환목적물의 가격을 판단하고 이를 상호 비교하여 계약을 체결할 것인지 여부를 결정하여야 한다는 점에 비추어 볼 때, 乙의 행위는 불법행위를 구성하지 않는다.

제6절 소비대차

Ⅰ. 의 의
Ⅱ. 소비대차의 대주와 차주의 의무
　1. 소비대주의 의무
　　(1) 소유권이전의무
　　(2) 담보책임
　2. 소비차주의 의무
　　(1) 목적물반환의무
　　(2) 이자지급의무

　　(3) 담보제공의무
Ⅲ. 소비대차계약의 종료
　1. 소비대차의 실효와 해제에 관한 특칙
　2. 반환시기의 도래
　3. 기한의 이익상실
Ⅳ. 준소비대차
　1. 의 의
　　(1) 준소비대차의 의의

(2) 경개와의 구별   3. 효 력
2. 성립요건

I. 의 의

소비대차는 당사자 일방(貸主; 대주)이 금전 기타 대체물의 소유권을 상대방에게 이전할 것을 약정하고, 상대방(借主; 차주)은 그와 같은 종류·품질·수량으로 반환할 것을 약정함으로써 성립하는 낙성계약이다($\frac{제598}{조}$). 소비대차의 차주는 목적물에 대한 소유권을 취득하고 동종·동질·동량의 물건을 반환하면 되지만, 사용대차·임대차에서 차주는 목적물의 소유권을 취득하지 못하고 그 자체를 반환하여야 한다는 점에서 서로 구별된다.

민법상의 소비대차계약은 무상이 원칙이지만, 당사자의 합의로 유상으로 할 수 있다. 소비대차계약의 법적 성질에 대하여 견해가 나뉘나, 이자부일 때에는 쌍무계약이고, 무이자부일 때에는 편무계약이라고 보는 견해가 지배적이다.

소비대차는 낙성계약이므로, 당사자 사이의 의사표시의 합치에 의하여 성립한다. 즉, 대주는 금전 기타 대체물의 소유권을 이전하고, 차주는 반환시기가 도래하였을 때에 동종·동량·동질의 물건을 반환하기로 약정함으로써 성립하며, 차주가 현실로 금전 등을 수수하거나 현실의 수수가 있은 것과 같은 경제적 이익을 취득하여야만 소비대차가 성립하는 것은 아니다($\frac{대판\ 1991.4.9.}{90다14652}$). 당사자가 사용의 대가인 이자의 지급을 약정한 경우에는 연 25%를 초과하지 아니한 범위에서 대통령령으로 정한 최고이자율을 초과하는 부분은 무효가 된다($\frac{이자제한법}{제2조\ 제3항}$). 한편 소비대차의 목적물은 금전 또는 대체물이며($\frac{제598}{조}$), 비대체물은 동종·동질·동량의 물건으로 반환할 수 없으므로 소비대차의 목적물이 될 수 없다.

II. 소비대차의 대주와 차주의 의무

1. 소비대주의 의무

(1) 소유권이전의무

대주는 목적물의 소유권을 차주에 이전하여, 그가 목적물을 이용할 수 있도록 할 의무가 있다($\frac{제598}{조}$).

(2) 담보책임

(가) 이자부 소비대차의 경우

이자 있는 소비대차에서 목적물에 하자가 있는 때, 대주는 매도인의 하자담보책임$\binom{제580조}{이하}$과 같은 책임을 지게 된다$\binom{제602조}{제1항}$. 즉 선의·무과실의 차주는 (ⅰ) 목적물의 하자가 중대한 것이어서 계약의 목적을 달성할 수 없는 경우에 계약을 해제하고, (ⅱ) 기타의 경우에는 손해배상을 청구할 수 있으며, (ⅲ) 특히 대주가 종류물 채무를 부담하는 경우에는 계약해제 또는 손해배상청구에 갈음하여 하자 없는 물건을 청구할 수 있다. 차주는 이러한 권리를 그 사실을 안 날부터 6월 내에 행사하여야 한다. 한편 소비대차의 목적물이 금전일 때에는 목적물에 하자가 인정될 수 없으므로, 담보책임이 문제되지 않는다.

그러나 금전소비대차라도 대주가 금전 대신 유가증권 또는 예금통장과 인장과 같은 물건을 교부한 대물대차에서 차주가 실제로 금전적 이득을 취득하지 못하는 경우에는 담보책임이 발생할 수 있다.

(나) 무이자부 소비대차의 경우

이자 없는 소비대차의 목적물에 하자가 있는 경우, 차주는 하자 있는 물건의 가액으로 반환할 수 있으며$\binom{제602조}{제2항\ 본문}$, 만일 대주가 그 하자를 알고 차주에게 고지하지 아니한 때에는 이자부 소비대차에서와 동일한 담보책임이 인정된다$\binom{제602조}{제2항\ 단서}$.

2. 소비차주의 의무

(1) 목적물반환의무

(가) 반환할 물건

1) 원 칙

차주는 약정시기에 대주로부터 인도 받은 물건과 동일한 종류·품질·수량의 물건으로 반환하여야 한다$\binom{제598조,\ 제}{603조\ 제1항}$. 금전소비대차에서는 강제통용력이 있는 금전으로 동액을 반환하여야 한다.

2) 예 외

㉮ 하자있는 물건을 받은 경우의 가액반환

무이자부 소비대차에서 목적물에 하자가 있는 경우에 차주는 하자 있는 물건의 가액으로 반환할 수 있다$\binom{제602조}{제2항\ 본문}$. 이자부 소비대차에 관하여는 대주는 차주에게 담보책임을 물 수 있으나, 대주가 담보책임을 주장하지 않는 경우라면 제602조 제2항 본문을 유추적용하여 차주는 하자 있는 목적물의 가액으로 반환할 수 있다.

ⓑ 목적물반환불능의 경우의 가액반환

차주가 차용물과 같은 종류·품질·수량의 물건을 반환할 수 없는 때에는 불능으로 된 때의 시가로 상환하면 된다($^{제604조}_{본문}$). 다만 목적물이 특종의 통화이거나 다른 나라의 통화인데, 그 통화가 변제기에 강제통용력을 잃은 때에는 다른 통화로 변제하여야 한다($^{제604조\ 단서,\ 제376}_{조,\ 제377조\ 제2항}$).

ⓒ 대물대차의 경우의 금전반환

금전소비대차에서 대주가 금전을 차주에게 교부하지 않고, 그것에 갈음하여 약속어음 기타 물건을 인도하는 것을 대물대차라 한다($^{제606}_{조}$). 대물대차에서 차주는 금전에 갈음한 물건을 반환하는 것이 아니라 금전을 반환하여야 한다. 다만 반환할 금액은 약정액이 아니라 인도 받은 '물건의 인도시의 가액'이다($^{제606}_{조}$). 제606조에 위반한 당사자의 약정으로서 차주에 불리한 것은 그 효력이 없다($^{제608}_{조}$).

ⓓ 대물변제예약을 한 경우의 대물반환

대물변제의 예약이란 차주가 목적물의 반환의무를 이행하지 않을 것에 대비하여 목적물에 갈음하는 다른 재산권을 이전할 것을 미리 약정하는 것을 말한다($^{제607}_{조}$). 실질적으로 이러한 대물변제의 예약은 금전소비대차에서 차주의 채무불이행에 대비한 물적 담보로서의 기능을 한다. 단 대물반환을 예약한 경우에 예약된 재산의 예약 당시의 가액은 '차용액 및 이에 붙인 이자의 합산액'을 넘지 못한다($^{제607}_{조}$). 주의할 것은 채무자가 대물변제의 '예약'이 아니라 대물변제로써 '임의'로 채권자 앞으로 차용물 아닌 다른 재산권을 이전한 경우, 그 권리이전이 '채무이행을 담보하기 위한 것이 아니고 그 채무에 갈음하여' 상대방에게 완전히 그 권리를 이전하는 때에는 그 시가가 그 채무의 원리금을 초과하더라도 제607조, 제608조가 적용되지 않는다($^{대판\ 1992.}_{2.28.\ 91}$ $^{다}_{25574}$). 이와 같이 대물변제의 예약에서 그 재산의 가액이 차용액과 '변제기까지의 이자'의 합산액을 넘는지의 여부는 '예약 당시'를 기준으로 하며, 그 예약에 기한 대물변제 당시를 기준으로 하지 않는다($^{대판\ 1996.4.26.}_{95다34781}$). 따라서 대물변제의 예약을 한 후에 그 재산권의 가액이 상승한 때에도 그것은 고려되지 않는다. 한편 그 재산에 다른 선순위 근저당권이 설정되어 있는 때에는 그 피담보채무액을 공제한 나머지가 재산의 가액이 되며($^{대판\ 1991.2.26.}_{90다카24526}$), 차용액에 붙인 이자는 변제기까지를 기준으로 하여, 변제기 이후의 지연손해금은 합산하지 못한다($^{대판\ 1966.5.}_{31.\ 66다638}$).

제607조는 대주의 폭리취득을 방지하기 위한 규정으로, 이에 위반한 당사자 간의 약정으로서 차주에게 불리한 것은 환매 기타 어떠한 명목이라도 그 효력이 없다($^{제608}_{조}$). 판례는 제607조, 제608조에 위반된 대물변제의 약정은 대물변제의 예약으로서는 무효이지만, 청산을 전제로 하는 양도담보설정 약정(약한 의미의 양도담보계약)의 효력을 가지는 것으로 본다($^{대판\ 1999.2.9.}_{98다51220}$). 따라서 채권자는 양도담보의 약정을 원인으로 하여 담보목적물에 관하여 소유권이전등기절차의 이행을 청구할 수 있다($^{대판\ 1999.2.9.}_{98다51220}$). 특히 대주가 부동산에 대해 대물변제의 예약을 하고 그 예약상의 권리를 보전하기 위해 가등기 또는 소유권이전등기를 한 경우에는 '가등기담보 등에 관한 법률'의 적용을 받게 된다.

제1편 제2편 제3편 제4편 제5편 제6편 제7편 제8편 제9편 중요한 계약의 유형

대판 1999.2.9, 98다51220

민법 제607조, 제608조에 위반된 대물변제의 약정은 대물변제의 예약으로서는 무효가 되지만 약한 의미의 양도담보를 설정하기로 하는 약정으로서는 유효하되, 다만 그에 기한 소유권이전등기를 미처 경료하지 아니한 경우에는 아직 양도담보가 설정되기 이전의 단계이므로 가등기담보등에관한법률 제3조 소정의 담보권 실행에 관한 규정이 적용될 여지가 없는 한편, 채권자는 양도담보의 약정을 원인으로 하여 담보목적물에 관하여 소유권이전등기절차의 이행을 청구할 수 있다.

사례 32 1996.7.26. 甲은 乙의 甲에 대한 차용금채무의 변제에 갈음하여 乙소유 부동산 A의 소유권을 이전 받기로 하였다(위 약정 당시 부동산의 시가는 乙이 甲에게 차용한 차용원금 및 이자를 초과하는 상태였다). 약정에 따라 甲이 乙을 상대로 A에 대한 소유권 이전을 청구하자 乙은 무효를 이유로 이를 거절하였다. 乙의 거절은 타당한가?   (대판 1999.2.9, 98다51220 참조)

해설 32 타당하지 않다.

제607조 및 제608조에 위반된 대물변제의 약정은 대물변제의 예약으로서는 무효이지만 약한 의미의 양도담보를 설정하기로 하는 약정으로서는 유효하다. 따라서 甲은 乙을 상대로 양도담보약정을 원인으로 A에 대한 소유권이전등기절차의 이행을 청구할 수 있으며, 乙은 무효를 이유로 이를 거절할 수 없다.

(나) 반환시기

차주는 약정시기에 차용물과 동종·동질·동량의 물건을 반환하여야 한다(제603조 제1항). 당사자가 반환시기에 관하여 약정한 때에도 차주가 기한의 이익을 상실하게 되면 대주의 반환청구가 있을 때에는 반환하여야 한다(제388조). 한편 차주는 기한의 이익을 포기할 수 있으므로(제153조 제2항), 무이자 소비대차에서는 차주는 언제든지 차용물과 동일한 물건을 반환할 수 있고, 이자 있는 소비대차에서는 변제기까지의 이자를 붙여서 반환할 수 있다.

반면에 반환시기의 약정이 없는 때에는 대주는 상당한 기간을 정하여 반환을 최고하여야 한다(제603조 제2항 본문). 따라서 상당한 기간이 경과한 경우에 차주는 최고의 항변권을 상실하여 이행지체의 책임을 지게 된다(대판 1963.5.9, 63다131; 제390조). 그러나 차주는 언제든지 반환할 수 있다(제603조 제2항 단서).

(2) 이자지급의무

이자부 소비대차에서 차주는 이자를 지급하여야 한다. 이자는 목적물의 이용대가이므로, 실제로 목적물을 인도 받은 때부터 그것을 반환할 때까지의 기간에 대해서만 이자를 지급하여야 한다(제600조 전문). 다만 차주가 목적물의 인도를 받을 때에 그의 책임 있는 사유로 수령을 지체한 때에는 대주가 이행을 제공한 때부터 이자를 계산하여야 한다(제600조 후문). 그리고 대주가 목적물의 반환에 관하여 수령지체에 빠진 경우, 차주는 수령지체의 기간에 대해서는 이자를 지급할 의무가 없다(제402조).

(3) 담보제공의무

원본과 이자의 반환을 확보하기 위하여, 대주는 차주에게 인적·물적담보를 제공할 것을 약정할 수 있다. 이 경우 담보제공약정은 소비대차계약에 부종하게 된다.

Ⅲ. 소비대차계약의 종료

1. 소비대차의 실효와 해제에 관한 특칙

대주가 목적물을 차주에게 인도하기 전에 당사자 일방이 파산선고를 받은 때에, 소비대차는 그 효력을 잃는다($\overset{제599}{조}$).

이자 없는 소비대차(무이자부 소비대차)의 당사자는 목적물의 인도 전에는 언제든지 계약을 해제할 수 있다($\overset{제601조}{본문}$). 그러나 이 경우, 상대방에게 발생한 손해를 배상하여야 한다($\overset{제601조}{단서}$).

2. 반환시기의 도래

약정한 시기가 도래하게 되면, 소비대차계약은 종료하게 되고 이때 차주는 목적물을 반환하여야 한다($\overset{제603조}{제1항}$). 차주는 확정기한의 경우에는 그 기한이 도래한 때부터 그리고 불확정기한의 경우에는 그 기한의 도래를 안 때부터 지체책임을 진다($\overset{제387조}{제1항}$). 그 밖에 반환시기를 약정하지 아니한 경우에 대주는 상당한 기간을 정하여 반환을 최고하여야 한다($\overset{제603조}{제2항}$).

3. 기한의 이익상실

반환시기까지의 기한은 채무자인 차주의 이익을 위한 것으로 추정된다($\overset{제153조}{제1항}$). 그러나 (ⅰ) 차주가 담보를 손상·감소·멸실하게 하거나 담보제공의 의무를 이행하지 않을 때($\overset{제388}{조}$), (ⅱ) 파산선고를 받을 때, (ⅲ) 약정된 기한이익상실의 사유가 발생한 때에 차주는 기한의 이익을 상실하게 되므로, 대주의 반환청구가 있으면 그때 소비대차계약은 종료하게 된다.

Ⅳ. 준소비대차

1. 의 의

(1) 준소비대차의 의의

준소비대차란 소비대차 이외의 다른 계약에 의하여 금전 기타 대체물을 지급할 의무를 부담하고 있는 자가 그 목적물을 소비대차의 목적으로 할 것을 상대방과 약정한 경우를 말한다

($^{제605}_{조}$). 준소비대차가 일반적인 소비대차와 다른 것은 '차주의 반환의무'만이 소비대차의 내용으로 된다는 점이다.

(2) 경개와의 구별

준소비대차는 기존채무를 소멸시키고 새로운 소비대차계약에 의하여 채무를 발생시킨다는 점에서 경개($^{제500}_{조}$)와 같다. 그러나 경개에서는 기존채무와 신채무 사이에 동일성이 없지만, 준소비대차에서는 소멸하는 기존채무와 신채무 사이에 '동일성이 유지된다'는 점에서 양자는 구별된다. 여기서 기존채무와 신채무의 동일성이란 기존채무에 동반한 담보권, 항변권 등이 당사자의 의사나 그 계약의 성질에 반하지 않는 한 신채무에도 그대로 존속한다는 의미이다($^{대판}_{1.11,\ 2005}$ $^{2007.}$ ^{다47175}). 한편 판례는 "기존채권 · 채무의 당사자가 그 목적물을 소비대차의 목적으로 할 것을 약정한 경우, 그 약정을 경개 또는 준소비대차로 볼 것인가는 법률행위의 해석문제이지만, 특별한 사정이 없는 한 동일성을 상실함으로써 채권자가 담보를 잃고 채무자가 항변권을 잃게 되는 것과 같이 스스로 불이익을 초래하는 의사를 표시하였다고는 볼 수 없으므로 일반적인 준소비대차로 보아야 하지만, 신채무의 성질이 소비대차가 아니거나 기존 채무와 동일성이 없는 경우에는 준소비대차로 볼 수 없다"라고 한다($^{대판\ 2006.12.22,}_{2004다37669}$).

> **대판 2002.10.11, 2001다7445**
> 현실적인 자금의 수수 없이 형식적으로만 신규 대출을 하여 기존 채무를 변제하는 이른바 대환은 특별한 사정이 없는 한 형식적으로는 별도의 대출에 해당하나, 실질적으로는 기존 채무의 변제기 연장에 불과하므로, 그 법률적 성질은 기존 채무가 여전히 동일성을 유지한 채 존속하는 준소비대차로 보아야 하고, 이러한 경우 채권자와 보증인 사이에 사전에 신규 대출 형식에 의한 대환을 하는 경우 보증책임을 면하기로 약정하는 등의 특별한 사정이 없는 한 기존 채무에 대한 보증책임이 존속된다.

2. 성립요건

준소비대차가 성립하기 위해서는, (i) 당사자 사이에 금전 기타 대체물의 급부를 목적으로 하는 기존채무가 존재하여야 하고, (ii) 기존채무의 당사자가 그 채무의 목적물을 소비대차의 목적으로 한다는 합의가 있어야 한다. 주의할 것은 준소비대차는 소비대차에 의하지 아니하고 금전 기타의 대체물을 지급할 의무가 있는 경우에 당사자가 그 목적물을 소비대차의 목적물로 할 것을 약정함으로써 당사자 사이에 소비대차의 효력이 생기는 것을 말하므로, 준소비대차 계약의 당사자는 '기존채무의 당사자'이어야 한다는 점이다($^{대판\ 2002.12.6,}_{2001다2846}$). 또한 판례는 "제605조의 준소비대차는 구채무가 소비대차일 경우에도 성립한다"고 하여($^{대판\ 1994.5.}_{13,\ 94다8440}$), 구채무 자체가 소비대차상의 채무인 경우에도 이를 기초로 준소비대차계약이 가능하다고 보았다.

3. 효 력

준소비대차가 성립하면 소비대차의 효력이 생긴다($\frac{제605}{조}$). 다만 준소비대차는 대주의 목적물에 대한 소유권이전의무가 존재하지 않는다는 점에서 소비대차와는 다르다. 또한 준소비대차에 의하여 새로운 채무가 성립하고 기존채무는 소멸하게 된다. 특히 준소비대차로 성립한 새로운 채무와 기존채무는 내용적으로 동일하므로, 기존채무에 붙어 있던 동시이행의 항변권 및 담보권은 새로운 채무에 원칙적으로 존속한다. 다만 시효는 채무자체의 성질에 의하여 결정되므로 언제나 새로운 채무를 표준으로 하여야 한다($\begin{smallmatrix}대판 1989.6.27, 89다카2957;\\대판 1981.12.22, 80다1363\end{smallmatrix}$).

▌대판 1981.12.22, 80다1363

민법 제164조 제3호 소정의 단기소멸시효의 적용을 받는 노임채권이라도 채권자인 원고와 채무자인 피고 회사사이에 위 노임채권에 관하여 준소비대차의 약정이 있었다면 동 준소비대차계약은 상인인 피고 회사가 영업을 위하여 한 상행위로 추정함이 상당하고, 이에 의하여 새로이 발생한 채권은 상사채권으로서 5년의 상사시효의 적용을 받게 된다.

> ▌사례 33▐ 甲은 乙에게 도자기를 매도하고 2억 원의 대금채권(이하 'A채권')을 가지고 있었다. 한편 甲의 채권자 丙에 의해 A채권의 가압류가 마쳐진 후, 甲과 乙은 준비소대차약정을 체결하여 乙이 甲에게 2억 원을 지급하기로 하였다. 이러한 준소비대차계약의 효력은 丙에게도 미치는가?
>
> ▌해설 33▐ 丙에게 미치지 않는다.
> 기존채무에 대하여 채권가압류가 마쳐진 후 채무자와 제3채무자 사이에 준소비대차 약정이 체결된 경우, 준소비대차 약정은 가압류된 채권을 소멸하게 하는 것으로서 채권가압류의 효력에 반하므로, 가압류의 처분제한의 효력에 따라 채무자와 제3채무자는 준소비대차의 성립을 가압류채권자에게 주장할 수 없고, 다만 채무자와 제3채무자 사이에서는 준소비대차가 유효하다($\begin{smallmatrix}대판 2007.\\1.11, 2005\\다47175\end{smallmatrix}$). 따라서 甲과 乙은 丙에게 준소비대차의 성립을 주장할 수 없다.

제7절 사용대차

I. 의 의

사용대차는 당사자 일방이 목적물을 상대방에게 무상으로 사용·수익케 하기 위하여 인도할 것을 약정하고, 상대방은 이를 사용·수익한 후에 그 물건을 반환할 것을 약정함으로써 성립하는 낙성·불요식·무상·편무계약이다($\frac{제609}{조}$). 견해의 대립은 있으나, 사용대차는 물건의 사용·

수익을 목적으로 하는 계약으로서 '물건'에 관해서만 성립하므로 권리의 사용대차는 인정되지 않는다. 사용대차는 차용물을 그대로 반환한다는 점에서 소비대차와 다르고, 이용의 대가를 지급하지 않는 무상계약이라는 점에서 유상계약인 임대차와 구별된다.

Ⅱ. 사용대주의 의무와 불이행에 대한 효과

1. 목적물인도의무와 부수의무

대주는 목적물을 사용·수익할 수 있도록 차주에게 인도할 의무가 있다($^{제609}_{조}$). 그리고 사용대차는 무상계약이라는 점에서 대주는 목적물을 인도한 후 차용물에 대한 차주의 용익을 방해하여서는 안 되는 소극적 의무를 부담할 뿐($^{제610}_{조}$), 차주가 그 목적물을 사용·수익하는 데 적합한 상태를 유지할 수 있도록 할 적극적 의무를 부담하지 않는다. 그 밖에 대주는 신의칙상 목적물에 대한 사용설명 등의 부수의무를 부담한다.

> **대판 2007.1.26, 2006다60526**
> 사용대차계약에 따라 사용차주는 목적물을 사용·수익할 권리를 취득하고 이를 위하여 사용대주에게 목적물의 인도를 구할 권리를 가진다고 할 것이지만, 나아가 사용차주에게 자신의 사용·수익을 위하여 소유자인 사용대주가 목적물을 처분하는 것까지 금지시킬 권능이 있다고 할 수는 없다.

2. 담보책임

사용대차는 무상계약이므로, 대주의 담보책임에 관하여는 증여자의 담보책임에 관한 규정이 준용된다($^{제612조,}_{제559조}$). 따라서 원칙적으로 담보책임을 부담하지 않으나, 예외적으로 대주가 차용물의 하자나 흠결을 알고 차주에게 고지하지 않은 경우에만 책임을 진다.

3. 비용상환의무

목적물의 보존이나 이용에 필요한 통상의 필요비는 차주가 부담한다($^{제611조}_{제1항}$). 따라서 차주가 통상적이지 않은 필요비를 지출한 때에는 대주는 그 지출한 금액을 상환할 의무가 있고, 유익비에 대해서는 그 가액의 증가가 현존한 경우에 한하여, 대주는 스스로의 선택에 좇아 그 지출한 금액이나 증가액을 차주에게 상환할 의무가 있다($^{제611조\ 제2항,\ 제594조}_{제2항,\ 제203조\ 제2항}$). 이러한 차주의 비용상환청구권은 대주가 차용물을 반환받은 날로부터 6월의 제척기간에 걸린다($^{제617}_{조}$).

Ⅲ. 사용차주의 의무와 불이행에 대한 효과

1. 용법에 따른 사용·수익의무

차주는 목적물을 무상으로 사용·수익할 권리가 있지만, 계약 또는 그 목적물의 성질에 의하여 정하여진 용법에 따라 차용물을 사용·수익하여야 한다(제610조 제1항). 그리고 차주는 대주의 승낙이 없으면 제3자에게 차용물을 사용·수익하게 하지 못한다(제610조 제2항). 따라서 제3자가 차주의 권리를 양도받았다 하더라도, 그 양도에 관하여 대주의 승낙이 없으면 대주에게 대항할 수 없다(대판 1999.5.11. 98다61746).

이러한 의무를 차주가 이행하지 아니한 경우에 대주는 계약을 해지할 수 있을 뿐만 아니라 손해배상을 청구할 수 있다(제610조 제3항). 다만 손해배상의 청구는 대주가 목적물의 반환을 받은 날부터 6개월 내에 행사하여야 한다(제617조).

2. 차용물반환의무

차주는 사용대차의 종료시에 차용물 자체를 반환하여야 한다(제609조). 즉 차주가 목적물을 용법에 따라 사용·수익하였으나 목적물이 손상되었을 때에, 사용대차가 종료한 때에 손상된 현상대로 반환하면 된다(제462조). 그러나 차주가 목적물에 물건을 부속시킨 경우에 물건을 철거하고, 변경을 가한 때에는 원상으로 회복하여 반환하여야 한다(제615조). 이러한 의무를 위반한 때에 차주는 대주에 대하여 채무불이행책임을 지게 된다(제390조). 한편 차주가 사용대차의 종료시에 차용물을 반환하지 아니한 경우, 대주는 제609조에 의하여 차용물반환을 청구할 수도 있고 제213조에 의하여 소유물반환을 청구할 수도 있다.

3. 공동사용차주의 연대의무

수인이 공동으로 물건을 차용한 때에는 연대하여 그 의무를 부담한다(제616조).

Ⅳ. 사용대차계약의 종료

1. 존속기간의 만료

계약에서 존속기간을 정한 경우에 그 기간이 만료한 때 사용대차가 종료한다(제613조 제1항). 종료시기에 관하여 약정이 없으면 계약 또는 목적물의 성질에 의한 사용·수익이 종료한 때 사용대차는 종료하며, 사용·수익에 족한 기간이 경과한 경우에는 대주가 언제든지 계약을 해지할 수 있다(제613조 제2항).

제1편 제2편 제3편 제4편 제5편 제6편 제7편 제8편 제9편 중요한 계약의 유형

2. 사용대차의 해지

차주가 정하여진 용법에 위반하여 사용·수익하거나 대주의 승낙 없이 제3자에게 차용물을 사용·수익하게 한 때(제610조 제3항), 반환시기의 약정이 없는 경우에 사용·수익에 족한 기간이 경과한 때(제613조 제2항 단서), 차주가 사망하거나 파산선고를 받은 때(제614조)에 대주는 사용대차를 해지할 수 있다. 한편 차주가 무상계약인 소비대차를 해지하는 것은 기한의 이익포기(제153조 제2항)이므로, 차주는 특약이 없는 한 언제든지 사용대차를 해지할 수 있다.

(1) 차주의 사망 또는 파산선고(제614조)

판례는 "건물의 소유를 목적으로 하는 토지사용대차에서 토지의 사용·수익의 필요는 지상 건물의 사용·수익의 필요가 있는 한 그대로 존속하는 것이고, 이는 특별한 사정이 없는 한 차주 본인이 사망하더라도 당연히 상실되는 것이 아니어서, 그로 인하여 곧바로 계약의 목적을 달성하게 되는 것은 아니라고 봄이 통상의 의사해석에도 합치되므로, 이러한 경우에는 제614조의 규정에 불구하고 대주가 차주의 사망사실을 사유로 들어 사용대차계약을 해지할 수 없다"고 본다(대판 1993.11.26, 93다36806).

> 사례 34 甲은 A가 주택건물을 신축하는데 자신이 소유하고 있는 대지 X를 무상으로 사용할 것을 허락하였다. 그 후 A는 위 대지에 주택건물을 지어 거주하던 중 사망하였다. 이에 甲은 A의 상속인인 乙을 상대로 A가 사망하였음을 원인으로 위 대지에 대한 사용대차계약의 해지되었음을 주장하면서 위 주택건물의 철거 및 대지 인도소송을 제기하였다. 甲의 청구는 인용될 수 있는가?
>
> (대판 1993.11.26, 93다36806 참조)
>
> **해설 34** 인용될 수 없다.
> 사안의 경우 甲과 A는 건물의 소유를 목적으로 하는 기간의 약정이 없는 사용대차계약을 체결하였다. 원칙적으로 제614조의 규정에 의해 차주가 사망하면 대주는 계약을 해지할 수 있다. 그런데 건물의 소유를 목적으로 하는 토지사용의 필요는 차주 본인이 사망하더라도 건물의 사용수익의 필요가 있는 한 상실되지 않는다. 따라서 甲은 A의 사망 사실을 들어 사용대차계약을 해지할 수 없다.

(2) 반환시기의 약정이 없는 경우(제613조 제2항)

한편 제613조 제2항 소정의 사용수익에 충분한 기간이 경과하였는지의 여부는 사용대차계약 당시의 사정, 차주의 사용기간 및 이용상황, 대주가 반환을 필요로 하는 사정 등을 종합적으로 고려하여 공평의 입장에서 대주에게 해지권을 인정하는 것이 타당한가의 여부에 의하여 판단한다(대판 2001.7.24, 2001다23669). 예컨대 무상으로 사용을 계속한 기간이 40년 이상의 장기간에 이르렀고 최초의 사용대차계약 당시의 대주가 이미 사망하여 대주와 차주간의 친분 관계의 기초가 변하였고, 차주측에서 대주에게 무상사용 허락에 대한 감사의 뜻이나 호의를 표시하기는커녕 오히려 자

주점유에 의한 취득시효를 주장하는 민사소송을 제기하여 상고심에 이르기까지 다툼을 계속하는 등의 상황에 이를 정도로 쌍방의 신뢰관계 내지 우호관계가 허물어진 경우에는 공평의 견지에서 대주의 상속인에게 사용대차의 해지권을 인정하는 것이 타당하다($\frac{위}{판결}$).

3. 사용대차의 해제

무이자 소비대차에서의 해제권에 관한 규정($\frac{제601}{조}$)은 사용대차에 준용된다($\frac{제612}{조}$). 목적물의 인도전에는 양당사자는 언제든지 사용대차를 해제할 수 있다. 그러나 이로 인해 상대방에게 손해가 발생한 때에는 이를 배상하여야 한다($\frac{제612조,}{제601조}$).

제8절 고 용

I. 서 설

1. 의 의

고용계약은 당사자 일방이 노무를 제공하고, 이에 대하여 다른 일방이 보수를 지급할 것을 약정함으로써 성립하는 유상·쌍무·낙성·불요식계약이다($\frac{제655}{조}$). 사립학교 교원의 임용을 위한 계약 또한 고용계약이라 할 수 있다. 판례 또한 "사립학교 교원의 임용계약은 사립학교법 소정의 절차에 따라 이루어지는 것이지만 그 법적 성질은 사법상의 고용계약에 다름 아닌 것으로 누구를 교원으로 임용할 것인지 여부는 원칙적으로 당해 학교법인의 자유의사 내지 판단에 달려 있고, 또한 이러한 임용계약에 조건을 붙일 수도 있는 것이며 그 계약이 조건부일 때에는 당연히 그 조건의 성취 여부에 따라 계약의 효력이 좌우된다"고 하여 고용계약으로 본다($\frac{대판 2000.12.}{22, 99다55571}$).

고용계약은 노무제공 그 자체를 내용으로 하지만, 도급은 타인의 노동력에 의한 일의 완성, 즉 일의 결과를 목적으로 한다는 점에서 구별된다. 또한 도급은 수급인이 일의 완성에 대한 위험을 부담하는 데 반하여, 고용은 노무제공의 결과에 대한 위험을 노무자가 부담하지 않는다는 점에서 본질적인 차이가 있다. 따라서 수급인이 도급계약에서 정한 일을 완성하지 못한 경우에는 도급인에 대하여 보수의 지급을 청구할 수 없지만($\frac{제664}{조}$), 노무자는 자기 행위로 추구한 결과를 얻지 못한 경우에도 임금지급을 청구할 수 있다($\frac{제655}{조}$).

그 밖에 위임도 타인의 노동력의 확보를 목적으로 하지만, 수임인은 자기의 재량에 의하여 독자적으로 위임사무를 처리할 수 있는 데 반하여($\frac{제680}{조}$), 노무자는 사용자의 지휘·명령에 따라 노무를 제공한다는 점에서 위임과 구별된다. 그리고 임치는 타인의 물건을 보관한다는 특수한 노무를 목적으로 하는 계약이지만($^{제693}_{조}$), 고용은 노무 일반을 내용으로 한다는 점에서 차이가 있다.

2. 고용계약과 근로계약

자유로운 노무제공 계약인 고용계약에 대하여, 노동자들의 생존과 인격을 보호하기 위하여 사회적 요소가 가미되어, 계약의 자유가 일정부분 제한된 근로계약이 생성되게 되었다. 그렇다면 민법상 고용계약과 근로기준법상 근로계약은 어떠한 관계에 있는가? 이에 대하여 일부 견해는 고용계약이나 근로계약은 그 내용 및 본질이 동일하다고 보기도 하나, 일부 견해는 고용계약에는 자주적·독립적인 노동의 제공은 물론 종속적 노무의 제공도 포함되는 노무공급계약이고, 근로계약은 종속적인 노무공급계약으로 보아 양자를 다르게 보기도 한다.

3. 고용계약의 성립

고용계약은 낙성계약이므로, 보통의 계약과 같이 사용자와 노무자의 의사표시의 합치에 의하여 성립한다. 즉 고용계약은 노무자가 사용자에 대하여 노무를 제공하고, 사용자는 노무자에 대하여 노무제공에 대한 대가로서 보수지급에 관한 합의가 있어야 한다($^{제655}_{조}$). 고용계약에서 보수는 계약의 본질적 부분이므로, 보수지급을 전제로 하지 않는 고용계약은 존재할 수 없다. 다만 보수에 관한 합의는 묵시적으로도 할 수 있다. 한편 고용계약에는 계약자유의 원칙이 적용되지만, 근로계약에서는 근로자들의 인간다운 생활을 위하여 계약자유의 원칙이 일정부분 제한되고 있다($^{근로기준법\ 제64조\ 제1항,\ 제65조,\ 제}_{67조\ 제2항,\ 최저임금법\ 제4조,\ 제5조}$).

Ⅱ. 노무자의 의무

1. 노무제공의무

고용계약에 의해 발생한 노무자의 주된 급부의무는 노무의 제공이다($^{제655}_{조}$). 즉 노무자는 계약에 적합하게 노무를 사용자에게 제공하여야 한다. 노무자의 노무제공의무는 사용자의 보수지급의무와 대가관계에 있으므로, 사용자는 제536조 제1항에 의하여 노무자가 노무를 제공할 때까지 보수지급을 거절할 수 있다. 그리고 노무자의 노무제공이 양 당사자의 책임 없는 사유로 그 실현이 불가능하게 된 때에, 사용자는 보수지급의무를 면한다($^{제537}_{조}$). 노무자가 계약상의 노무를 임의로 제공하지 아니한 때에, 사용자는 이행청구뿐만 아니라($^{제655}_{조}$) 강제이행을 법원에 청구할 수 있다($^{제389조}_{제1항}$). 만약 노무자의 귀책사유로 노무제공이 지체된 경우라면, 사용자는 제390조에 의하여 이행청구와 더불어 지체로 인하여 발생한 손해배상을 청구할 수 있다. 또한 사용자가 상당한 기간을 정하여 이행을 최고하였는데도 노무자가 그 기간 내에 이행하지 아니하거나 지체 후의 이행이 채권자에게 이익이 없는 때에, 사용자는 수령을 거절하고 이행에 갈음한 손해배상을 청구할 수 있고 또한 계약을 해제할 수 있다(제395조, 제544조, 제551조).

(1) 노무의 내용

노무자가 제공하여야 할 노무의 내용과 종류는 당사자의 약정에 의하여 정하여지고, 약정이 없는 때에는 고용기간이나 신뢰정도 등을 고려하여 거래관행에 따라 결정된다. 그 밖에 고용계약을 체결할 때에 노무의 내용을 추상적으로 정한 경우에는 사용자에게 지시권이 인정되며, 사용자의 지시에 의하여 추상적인 노무제공의무가 구체화되고, 또한 계약의 범위 내에 속하는 한 노무의 내용이 변경될 수 있다. 그러나 사용자의 지시권은 계약의 취지·법률규정 또는 신의칙상 인정되는 범위 내에서 행사되어야 한다. 따라서 사용자가 법률이 금지하고 있는 것이나 선량한 풍속에 반하는 근로를 요구한 경우, 노무자는 노무제공을 거절할 수 있다.

(2) 노무제공의무의 일신전속성

고용계약은 당사자의 개성과 능력이 중요시되며 노무제공의 정도는 노무자가 누구냐에 따라 차이가 있으므로, 노무자는 노무를 직접 제공하여야 한다. 따라서 노무자는 사용자의 동의 없이 제3자로 하여금 자기에 갈음하여 노무를 제공하게 하지 못한다(제657조 제2항). 노무자가 이를 위반한 때에는 사용자는 고용계약을 해지할 수 있다(제657조 제3항).

(3) 영업양도와 근로관계의 이전

제655조에 의하여 사용자는 노무자에게 노무급부청구권이 있으며, 고용계약은 당사자의 개성이 중요시되므로 사용자는 노무자의 동의 없이 노무급부청구권을 제3자에게 양도하지 못한다(제657조 제1항). 이와 관련하여 일정한 영업목적에 의하여 조직화된 업체, 즉 인적·물적 조직을 그 동일성은 유지하면서 일체로서 이전하는 영업양도의 경우에 양수인과 근로자 사이의 근로관계를 계속 유지하기 위하여 근로자의 동의를 필요로 하는지가 문제된다. 다수설은 고용관계와 달리 사용자 개인이나 법인과 근로자 개인의 인적 관계는 근로관계의 존속에 크게 문제되지 않는다는 사실과 근로자의 보호라는 관점을 고려하여 볼 때, 영업양도에는 제657조 제1항이 적용되지 않는다고 본다. 따라서 근로관계가 양수인에게 이전하면 양도인과 근로자 사이에 존재하였던 근로관계는 동일성을 유지하면서 양수인과 근로자 사이에 존속하게 된다. 요컨대 이 견해는 근로관계 승계에 관하여 근로자는 반대할 이유가 없고 실직의 위험을 무릅쓰고 승계를 반대하는 근로자는 영업양도 후에도 스스로 사직할 수 있으므로, 근로자의 동의를 불문하고 근로관계는 양수인에게 승계된다고 본다. 판례 또한 근로자의 동의를 필요로 하지 않는다는 입장을 취한다(대판 2003.5.30, 2002다23826; 대판 2005.2.25, 2004다34790).

2. 노무자의 부수의무

노무자는 보통의 채권계약과 같이 노무제공의무 이외에 신의칙에 기하여 여러 부수의무를 부담한다.

Ⅲ. 사용자의 의무

1. 사용자의 의무내용

(1) 보수지급의무

(가) 고용계약의 내용으로서의 보수지급

사용자는 노무자의 노무제공에 대한 대가로서 보수를 지급하여야 한다($^{제655}_{조}$). 즉, 보수지급 의무는 고용관계에서 발생한 사용자의 주된 의무라 할 수 있다. 보수지급은 고용계약의 본질 적인 내용이므로, 보수 없이 노무를 제공하는 것은 고용계약이 아니라 위임계약에 해당할 것 이다.

사용자는 고용·근로계약에서 약정한 보수를 지급하여야 하지만, 약정이 없는 때에는 관습 에 의한다($^{제656조}_{제1항}$). 그리고 보수지급시기에 관하여 당사자가 약정한 때에는 그 약정시기에 지급 하여야 하며, 약정하지 않은 때는 관습에 의하고 관습이 없는 경우에는 노무를 종료한 후 지체 없이 지급하여야 한다($^{제656조}_{제2항}$). 이와 같이 보수는 특약이 없는 한 후급이 원칙이므로, 노무자는 동시이행항변권을 행사하지 못한다.

(나) 노무제공의 불능과 보수청구권과의 관계 – 위험부담

노무자가 일시적 또는 장기적으로 노무를 제공할 수 없는 경우, 노무자는 사용자에 대하여 보수지급을 청구할 수 있는지가 문제된다.

먼저 노무자의 노무급부가 양당사자의 책임 없는 사유로 그 실현이 불가능하게 된 경우, 노 무자는 원칙적으로 사용자에 대하여 보수지급을 청구할 수 없으며($^{제537}_{조}$), 또한 불능이 노무자의 귀책사유로 인한 때에도 사용자에 대하여 보수지급을 청구할 수 없다. 이와 달리 사용자의 책 임 있는 사유로 인하여 노무자가 노무를 제공할 수 없었을 경우, 노무자는 노무제공의무를 면 함과 동시에 사용자에 대하여 보수전액의 지급을 청구할 수 있지만($^{제538조}_{제1항}$), 노무제공이 불가능 한 기간 중에 노무자가 다른 직장에 종사하여 이익을 얻은 때에는 이를 사용자에게 상환하여 야 한다($^{제538조}_{제2항}$). 참고로 근로기준법 제46조 제1항은 사용자의 귀책사유로 인하여 휴업하는 경 우, 사용자는 근로자에 대하여 임금전액이 아니라 평균임금의 70% 이상의 수당을 지급하도록 하고 있다. 다만 평균임금의 100분의 70에 해당하는 금액이 통상임금을 초과하는 경우에는 통 상임금을 휴업수당으로 지급할 수 있다($^{근로기준법 제46}_{조 제1항 단서}$).

한편 화재로 인한 공장의 소실·제조기계의 고장·원자재의 부족·파업 등으로 노무자가 노동을 제공할 수 없는 경우와 같이 노무의 객관적 불능 또는 사용자의 귀책사유에 의한 불능 중 어느 경우에 해당하는지를 판단하기 어려운 때에, 노무자는 사용자에 대하여 보수지급을 청구할 수 있는지가 문제된다. 다수설(지배영역설)은 원자재의 부족·제조기계의 파손이나 판매부진에 의한 조업정지 등의 경영·경제상의 위험은 사용자가 부담한다고 보는 데 반하여 노동분규의 위험은 노무자가 부담하여야 한다고 보아 이분법적인 접근을 시도하고 있다.

(2) 안전배려의무(보호의무)

사용자는 보수지급의무 이외에 신의칙에 의하여 여러 가지 부수의무를 진다. 즉 사용자는 고용계약에 수반되는 신의칙상의 부수적 의무로서 노무자가 노무를 제공하는 과정에서 생명·신체·건강을 해치는 일이 없도록 인적·물적 환경을 정비하는 등 필요한 조치를 강구하여야 할 보호의무를 부담하며, 이러한 보호의무를 위반함으로써 노무자가 손해를 입은 경우에 이를 배상할 책임이 있다(대판 2006.9.28, 2004다44506; 대판 2001.7.27, 99다56734). 따라서 사용자가 책임 있는 사유로 안전배려의무를 위반하여 노무자에게 손해가 발생한 경우에는 노무자는 제390조에 의거하여 손해배상을 청구할 수 있고, 사용자에 대하여 적절한 안전조치를 강구할 것을 요구하거나 안전배려의무에 위반한 행위의 중지 또는 개선을 청구할 수 있다. 더 나아가 사용자의 위반행위가 매우 중대하여 노무를 계속할 수 없을 정도인 때에는 고용관계를 해지할 수 있다.

사례 35 甲은 乙이 운영하는 회사의 직원으로 회사 차량으로 잉크 등을 배달하는 업무를 하고 있다. 그런데 甲은 乙의 묵인 하에 회사차량을 출퇴근 용도로 사용하였다. 회사 직원들과 회식을 마친 甲은 혈중알콜농도 0.161%의 만취상태에서 위 차량을 운행하다가 차량이 전복되어 사망하였다. 이 경우 乙은 甲의 사용자로서 甲에 대한 안전배려의무를 위반한 경우에 해당하여 손해배상책임을 부담하는가?

해설 35 부담하지 않는다.
보호의무 위반을 이유로 사용자에게 손해배상책임을 인정하기 위하여는 특별한 사정이 없는 한 그 사고가 피용자의 업무와 관련성을 가지고 있을 뿐만 아니라 또한 그 사고가 통상 발생할 수 있다고 하는 것이 예측되거나 예측할 수 있는 경우라야 할 것이고, 그 예측가능성은 사고가 발생한 때와 장소, 사고가 발생한 경위 기타 여러 사정을 고려하여 판단하여야 한다(대판 2001.7.27, 99다56734).
사안의 경우, 전복사고는 업무 종료 후 발생하였고, 차량 운행의 주된 목적이 물품 배달보다 퇴근의 편의에 있었으며, 만취상태에서 무리하게 차량을 운행하다가 사고를 일으킨 것이므로 사고와 회사의 업무 사이에 관련성이 있다고 보기 어렵다. 따라서 乙은 손해배상책임을 지지 않는다(대판 2006.9.28, 2004다44506).

Ⅳ. 고용계약의 종료

1. 고용계약의 종료사유

(1) 고용계약의 무효·취소

고용계약은 일반계약과 같이 여러 가지 원인에 의하여 무효·취소될 수 있다.

(2) 고용기간의 만료

고용계약에서 고용기간을 약정한 때에는 그 약정된 고용기간이 만료함으로써 고용관계는 종료된다. 그러나 고용기간이 만료된 경우에도 노무자가 계속하여 노무를 제공하고 사용자가 이에 대하여 상당한 기간 내에 이의를 제기하지 아니한 때에는 전고용과 동일한 조건으로 다시 고용한 것으로 본다($\binom{제662조}{제1항 본문}$). 다만 전고용에 대하여 제3자가 제공한 담보는 기간의 만료로 인하여 소멸한다($\binom{제662조}{제2항}$). 제3자는 본래의 고용기간에 한정하여 그에 따른 노무자의 채무를 담보한 것으로 보아야 하기 때문이다. 한편 이러한 묵시적 갱신은 고용기간의 약정이 없는 것으로 간주되고, 따라서 당사자는 언제든지 계약해지의 통고를 할 수 있고, 그 통고를 받은 때부터 1개월이 경과하면 해지의 효력이 생긴다($\binom{제662조 제1항}{단서, 제660조}$).

(3) 고용계약의 해지

(가) 해지의 통고

고용의 약정기간이 3년을 넘거나 당사자의 일방 또는 제3자의 종신까지로 된 때에는, 각 당사자는 3년을 경과한 후 언제든지 계약해지의 통고를 할 수 있고($\binom{제659조}{제1항}$), 이 경우에 상대방이 해지의 통고를 받은 날부터 3월이 경과하면 해지의 효력이 생긴다($\binom{제659조}{제2항}$).

고용기간의 약정이 없는 때에, 당사자는 언제든지 계약해지의 통고를 할 수 있으며($\binom{제660조}{제1항}$), 상대방이 해지의 통고를 받은 날부터 1월이 경과하면 해지의 효력이 발생한다($\binom{제660조}{제2항}$). 다만 기간으로 보수를 정한 때에는 상대방이 해지의 통고를 받은 당기 후의 1기를 경과함으로써 해지의 효력이 생긴다($\binom{제660조}{제3항}$). 예를 들어 甲이 노무자 乙에게 5월 중에 해지통고를 한 때에는 당기 후의 1기를 경과한 때, 즉 7월 1일부터 계약해지의 효력이 발생한다.

한편 노동법이 적용되는 근로계약에 기간의 약정이 없는 경우에 사용자는 정당한 이유 없이 근로자를 해고할 수 없다($\binom{근로기준법}{제23조 제1항}$). 정당한 이유로 해고할 경우에도 30일 전에 이를 예고하여야 하며, 예고하지 아니한 때에는 30일분 이상의 통상임금을 지급하여야 한다($\binom{동법 제26}{조 본문}$). 다만 천재·사변 기타 부득이한 사유로 사업계속이 불가능한 경우, 또는 근로자가 고의로 사업에 막대한 지장을 초래하거나 재산상 손해를 입힌 경우에는 즉시해고를 할 수 있다($\binom{동법 제26}{조 단서}$).

대판 1997.7.8, 96누5087

근로자가 사직서를 작성하여 사용자에게 제출한 경우에, 특별한 사정이 없는 한 그 사직서는 사용자와의 근로계약관계를 해지하는 의사표시를 담고 있는 것이므로 당사자 사이의 근로계약관계는 사용자가 그 사직서 제출에 따른 사직의 의사표시를 수락하여 합의해지(의원면직)가 성립하거나 민법 제660조 소정의 일정기간의 경과로 그 사직서 제출에 따른 해지의 효력이 발생함으로써 종료되는 것이나, 민법 제660조는 근로자의 해약의 자유를 보장하는 규정으로서 근로자에게 불리하지 않는 한 그 기간이나 절차에 관하여 취업규칙에서 이와 달리 규정하는 것도 가능하다고 할 것이므로, 근로자가 사직할 때에는 일정한 기간 내에 사용자의 승인을 얻도록 하고 있는 경우 근로자가 사직원을 제출하였으나 사용자가 승인을 거부할 합리적인 이유가 없는데도 승인을 하지 아니하고 있을 때에는 위 법조 소정의 기간(취업규칙에서 이보다 짧은 기간을 규정한 때에는 그 기간)이 경과함으로써 근로관계는 종료된다.

(나) 즉시해지

1) 동의 없는 권리양도 또는 갈음한 노무제공

사용자가 노무자의 동의 없이 노무제공청구권을 제3자에게 양도한 때에($^{제657조}_{제1항}$), 노무자는 계약을 해지할 수 있고($^{제657조}_{제3항}$), 이와 달리 노무자가 사용자의 동의 없이 제3자로 하여금 자기에 갈음하여 노무를 제공하게 하는 때에($^{제657조}_{제2항}$), 사용자는 계약을 해지할 수 있다($^{제657조}_{제3항}$).

2) 약정에 반한 노무제공요구 또는 특수한 기능결여

사용자가 노무자에 대하여 고용계약에서 약정하지 아니한 노무제공을 요구한 때에 노무자는 고용계약을 해지할 수 있고($^{제658조}_{제1항}$), 약정한 노무가 특수한 기능을 필요로 하는데 노무자가 그 기능이 없는 때에는 사용자가 고용계약을 해지할 수 있다($^{제658조}_{제2항}$).

3) 부득이한 사유가 있는 경우

고용기간의 약정이 있는지 여부를 묻지 않고, 부득이한 사유가 있는 때에는 각 당사자는 계약을 해지할 수 있다($^{제661조}_{본문}$). 그러나 그 사유가 당사자 일방의 과실로 인하여 생긴 때에는 상대방에 대하여 손해를 배상하여야 한다($^{제661조}_{단서}$). 여기서 '부득이한 사유'란 고용계약을 계속하여 존속시켜 그 이행을 강제하는 것이 사회통념상 불가능한 경우를 말하고, 고용은 계속적 계약으로 당사자 사이의 특별한 신뢰관계를 전제로 하므로 고용관계를 계속하여 유지하는 데 필요한 신뢰관계를 파괴하거나 해치는 사실도 부득이한 사유에 포함되며, 따라서 고용계약상 의무의 중대한 위반이 있는 경우에도 부득이한 사유에 포함된다($^{대판\ 2004.2.27.}_{2003다51675}$).

4) 사용자의 파산

고용기간의 약정 여부를 묻지 않고, 사용자가 파산선고를 받은 경우에는 노무자 또는 파산관재인은 계약을 해지할 수 있다($^{제663조}_{제1항}$). 이 경우에는 각 당사자는 계약해지로 인한 손해배상을 청구하지 못한다($^{제663조}_{제2항}$).

(4) 노무자의 사망

노무자가 사망하면 고용관계는 종료되지만, 사용자의 사망은 원칙적으로 종료사유가 아니다. 그러나 간병인 乙이 환자 甲을 간호하기로 한 경우에는 甲의 사망으로 고용관계는 종료하게 된다.

(5) 합의에 의한 종료

근로자의 공로퇴직신청에 대하여 사용자가 이를 승인하여 근로관계를 종료시키는 공로퇴직은 근로계약의 합의해지에 해당한다. 따라서 당사자 간에 합의가 있어야 하며, 합의가 성립하기 위해서는 쌍방 당사자의 표시행위에 나타난 의사의 내용이 객관적으로 일치하여야 하므로 계약당사자의 일방이 계약해지에 관한 조건을 제시한 경우, 그 조건에 관한 합의까지 이루어져야 합의해지가 성립된다(대판 2007.11.30, 2005다21647,21654).

심화학습

명예퇴직

명예퇴직은 근로자가 명예퇴직의 신청을 하면 사용자가 요건을 심사한 후 이를 승인함으로써 합의에 의하여 근로관계를 종료시키는 것이다. 합의가 있은 후에는 당사자 일방이 임의로 그 의사표시를 철회할 수 없으며, 이 합의에 따라 명예퇴직예정일이 도래하면 근로자는 당연히 퇴직하고 사용자는 명예퇴직금을 지급할 의무를 부담하게 된다(대판 2003.6.27, 2003다1632). 다만 판례는 "명예퇴직 합의 이후 명예퇴직예정일 도래 이전에 근로자에게 근로관계를 계속하게 하는 것이 곤란할 정도의 중대한 비위행위가 있는 경우에는 사용자로서는 명예퇴직의 승인을 철회할 수 있다"고 한다(대판 2002.8.23, 2000다60890,60906). 또한 "명예퇴직의 신청은 근로계약에 대한 합의해지의 청약에 불과하여 이에 대한 사용자의 승낙이 있어 근로계약이 합의해지되기 전에는 근로자가 임의로 그 청약의 의사표시를 철회할 수 있다"고 한다(대판 2003.4.25, 2002다11458).

---

2. 고용계약의 종료 후의 법률관계

고용관계가 종료하면 이미 발생한 채권·채무를 제외하고는 고용관계에 따른 권리·의무는 소멸한다. 한편 고용관계의 종료 후에도 노무자는 신의칙상 인정되는 범위에서 경업피지의무와 비밀유지의무를 부담한다(대판 1997.6.13, 97다8229).

제9절 여행계약

I. 의 의

여행계약은 당사자 한쪽이 상대방에게 운송, 숙박, 관광 또는 그 밖의 여행 관련 용역을 결합하여 제공하기로 약정하고 상대방이 그 대금을 지급하기로 하는 약정함으로써 성립하는 계약이다(제674조의2). 생활 속에 대중화·보편화되어 계속적으로 증가하는 추세인 여행계약과 관련하여 여러 가지 법적 문제가 발생하였으나, 이를 직접 규율하는 법령이 없어 여행자 보호에 취약한 부분이 있으므로 이를 보완하기 위하여 여행계약의 의의, 해제·해지, 담보책임에 관한 사항을 정하는 등 여행계약에 관한 기본적인 규정을 민법에 신설하였다(제647조의2 내지 제674조의9). 또한 여행자의 보호를 위해 제674조의3, 제674조의4 또는 제674조의6부터 제674조의8까지의 규정을 편면적 강행규정으로 규정하였다(제674조의9).

II. 여행계약의 효력

1. 여행자의 의무

여행자는 약정한 시기에 대금을 지급하여야 하며, 대금지급시기의 약정이 없으면 관습에 따르고, 관습이 없으면 여행의 종료 후 지체 없이 지급하여야 한다(제674조의5).

2. 여행주최자의 의무

(1) 담보책임

여행에 하자가 있는 경우에는 여행자는 여행주최자에게 하자의 시정 또는 대금의 감액을 청구할 수 있다(제674조의6 제1항 본문). 시정청구는 상당한 기간을 정하여 하여야 하나, 즉시 시정할 필요가 있는 경우에는 그러하지 아니하다(제674조의6 제2항). 다만, 그 시정에 지나치게 많은 비용이 들거나 그 밖에 시정을 합리적으로 기대할 수 없는 경우에는 시정을 청구할 수 없다(제674조의6 제1항 단서). 한편 여행자는 시정청구, 감액청구를 갈음하여 손해배상을 청구하거나 시정청구, 감액청구와 함께 손해배상을 청구할 수 있다(제674조의6 제3항). 이 권리는 여행 기간 중에도 행사할 수 있으며, 계약에서 정한 여행 종료일부터 6개월 내에 행사하여야 한다(제674조의8).

(2) 안전배려의무(보호의무)

여행주최자는 신의칙상의 부수적 의무로서 여행자가 여행과정에서 생명·신체·건강을 해치

제1편 제2편 제3편 제4편 제5편 제6편 제7편 제8편 제9편 중요한 계약의 유형

는 일이 없도록 필요한 조치를 강구하여야 할 보호의무를 부담한다$\binom{\text{대판 1998.11.}}{\text{24, 98다25061}}$.

여행자가 귀환운송의무가 포함된 해외여행계약에 따라 해외여행 중 여행사의 과실에 따른 사고로 여행객이 다친 경우 치료과정에서 추가로 지출한 체류비와 국내로 후송하는 데 드는 비용 모두 여행사가 배상해야 한다$\binom{\text{대판 2019.4.3.}}{\text{2018다286550}}$. 여행계약상 안전배려의무를 위반했기 때문이다. 이러한 손해는 통상손해에 해당되지만, 특별한 사정으로 인한 손해라고 하더라도 보통은 예견가능성이 인정된다.

Ⅲ. 여행계약의 종료

1. 여행 개시 전의 계약 해제

여행자는 여행을 시작하기 전에는 언제든지 계약을 해제할 수 있다$\binom{\text{제674조}}{\text{의3 본문}}$. 다만, 여행자는 상대방에게 발생한 손해를 배상하여야 한다.

2. 부득이한 사유로 인한 계약 해지

부득이한 사유가 있는 경우에는 각 당사자는 계약을 해지할 수 있다$\binom{\text{제674조의4}}{\text{제1항 본문}}$. 다만, 그 사유가 당사자 한쪽의 과실로 인하여 생긴 경우에는 상대방에게 손해를 배상하여야 한다. 한편 계약이 해지된 경우에도 계약상 귀환운송(歸還運送) 의무가 있는 여행주최자는 여행자를 귀환운송할 의무가 있다$\binom{\text{제674조의}}{\text{4 제2항}}$. 해지로 인하여 발생하는 추가 비용은 그 해지 사유가 어느 당사자의 사정에 속하는 경우에는 그 당사자가 부담하고, 누구의 사정에도 속하지 아니하는 경우에는 각 당사자가 절반씩 부담한다$\binom{\text{제674조의}}{\text{4 제3항}}$.

3. 여행주최자의 담보책임과 여행자의 해지권

여행자는 여행에 중대한 하자가 있는 경우에 그 시정이 이루어지지 아니하거나 계약의 내용에 따른 이행을 기대할 수 없는 경우에는 계약을 해지할 수 있다$\binom{\text{제674조의}}{\text{7 제1항}}$. 계약이 해지된 경우에는 여행주최자는 대금청구권을 상실한다$\binom{\text{제674조의}}{\text{7 제2항}}$. 다만, 여행자가 실행된 여행으로 이익을 얻은 경우에는 그 이익을 여행주최자에게 상환하여야 한다. 여행주최자는 계약의 해지로 인하여 필요하게 된 조치를 할 의무를 지며, 계약상 귀환운송 의무가 있으면 여행자를 귀환운송하여야 한다$\binom{\text{제674조의}}{\text{7 제3항}}$. 이 경우 상당한 이유가 있는 때에는 여행주최자는 여행자에게 그 비용의 일부를 청구할 수 있다.

제10절 현상광고

I. 서 설

1. 의 의

현상광고는 광고자가 어느 행위를 한 자에게 일정한 보수를 지급할 의사를 표시하고, 이에 응한 자가 그 광고에 정한 행위를 완료함으로써 성립하는 계약이다($\frac{제675}{조}$). 예컨대 잃어버린 애완견 등을 찾아주는 사람이나 교통사고 발생을 목격한 자가 그 사실을 알려주면 일정한 보수를 지급하겠다는 광고가 이에 해당한다. 한편 제677조가 광고가 있었음을 모르고 지정행위를 한 자에게도 보수청구권을 인정하는 점을 이유로 현상광고의 법적 성질을 단독행위로 이해하는 견해가 있지만, 법률에 특별한 규정이 없는 한 단독행위에 의하여 채권이 발생하지 않는다는 점, 민법이 현상광고를 전형계약의 하나로 규정하고 있다는 점을 고려할 때, 일종의 계약으로 보는 견해가 통설이다.

2. 현상광고의 성립과 철회

(1) 현상광고의 성립

현상광고는 불특정 다수인을 상대로 어느 행위를 한 자에게 일정한 보수를 지급할 의사를 광고를 통해 표시하고, 이에 응한 자가 그 광고에서 정한 행위를 완료함으로써 성립한다. 현상광고는 유상·편무계약이고, 지정된 행위를 완료하여야 계약이 성립하므로 요물계약이다. 한편 광고의 종류 내지 방법은 불문하며, 광고자가 지정하는 행위는 사실상의 것이든 법률상의 것이든 상관없으며, 행위의 결과가 누구의 이익으로 되느냐는 문제되지 않는다. 그리고 그 광고에 정한 행위의 완료에 조건이나 기한을 붙일 수 있다($\frac{대판\ 2000.8.22,}{2000다3675}$). 예컨대 경찰이 탈옥수를 수배하면서 '제보로 검거되었을 때에 신고인 또는 제보자에게 현상금을 지급한다'는 내용의 현상광고를 한 경우, 이때 지정행위는 신고 내지 제보이고, 검거되었을 때가 조건에 해당한다.

▌대판 2000.8.22, 2000다3675

민법 제675조에 정하는 현상광고라 함은, 광고자가 어느 행위를 한 자에게 일정한 보수를 지급할 의사를 표시하고 이에 응한 자가 그 광고에 정한 행위를 완료함으로써 그 효력이 생기는 것으로서, 그 광고에 정한 행위의 완료에 조건이나 기한을 붙일 수 있다. '검거'라 함은, 수사기관이 범죄의 예방·공안의 유지 또는 범죄수사상 혐의자로 지목된 자를 사실상 일시 억류하는 것으로서, 반드시 형사소송법상의 현행범인의 체포·긴급체포·구속 등의 강제처분만을 의미하지는 아니하고 그보다는 넓은 개념이라고 보아야 한다. 경찰이 탈옥수 신창원을 수배하면서 제보로 검거되었을 때에 신고인 또는 제보자에게 현상금을 지급한다는 내용의 현상광고를 한 경우, 현상광고의 지정행위는 신창원의 거처 또는 소재를 경찰에 신고 내지 제보하는 것이고 신창원이 검거되었을 때는 지정행위의 완료에 조건을 붙인 것인데, 제보자가 신창원의 소재를 발견하고 경찰에 이를 신고함으로써 현상광고의 지정행위는 완료되었고, 그에 따라 경찰관 등이 출동하여 신창원이 있던 호프집 안에서 그를 검문하고 나아가 차량에 태워 파출소에까지 데려간 이상 그에 대한 검거는 이루어진 것이므로, 현상광고상의 지정행위 완료에 붙인 조건도 성취되었다고 할 수 있다.

(2) 현상광고의 철회

광고에서 지정행위의 완료기간을 정한 때에는, 그 기간만료 전에는 광고를 철회하지 못한다 ($\frac{제679조}{제1항}$). 그러나 지정행위의 완료기간을 정하지 아니한 때에는, 그 행위를 완료한 자가 있기 전에 한하여 그 광고와 동일한 방법으로 광고를 철회할 수 있다($\frac{제679조}{제2항}$). 다만 광고와 동일한 방법으로 철회할 수 없을 때에는 그와 유사한 방법으로 철회할 수 있지만($\frac{제679조 제}{3항 전단}$), 이때 철회의 효력은 철회가 있었음을 안 자에 대해서만 발생한다($\frac{제679조 제}{3항 후문}$).

Ⅱ. 현상광고의 효과

광고에서 정한 행위를 완료한 자는 광고자에 대하여 광고에서 정한 보수를 청구할 수 있다 ($\frac{제675}{조}$). 지정행위완료자의 보수청구권은 광고를 알고서 지정행위를 한 경우뿐만 아니라 광고를 알지 못하고 지정행위를 한 경우에도 발생한다($\frac{제677}{조}$). 지정행위를 완료한 자가 수인인 경우에는 최초로 지정행위를 완료한 자가 보수청구권을 취득한다. 수인이 동시에 지정행위를 완료한 때에는 각각 균등한 비율로 보수를 받을 권리가 인정되지만, 보수가 성질상 분할할 수 없는 것이면 추첨에 의하여 보수청구권자를 정한다($\frac{제676}{조}$).

Ⅲ. 우수현상광고

광고에 정한 행위를 완료한 자 중에서 우수한 자에 한하여 보수를 지급하기로 하는 현상광고를 우수현상광고라고 한다($\frac{제678조}{제1항}$). 우수현상광고는 우수자를 확정하기 위해 응모기간이 반드시 정하여져 있고($\frac{제678조}{제1항}$), 우수자로 판정된 자만이 보수청구권을 취득한다는 점에서 보통의 현상광고와 다르다.

한편 우수현상광고에서 우수의 판정은 광고에서 정한 자가 하지만, 판정자를 정하지 아니한 때에는 광고자가 한다($\frac{제678조}{제2항}$). 우열의 판단은 응모자들 중에서 상대적으로 정하는 것이기 때문에, 우수한 지정행위를 완료한 자가 없다고 판정을 할 수 없다($\frac{제678조 제}{3항 본문}$). 그러나 광고에서 다른 의사표시를 하거나 광고의 성질상 판정의 객관적인 표준이 정하여져 있는 때에는 우수자가 없다고 판정을 할 수 있다(제678조 제3항 단서). 그 밖에 우수의 판정에 대하여 응모자는 이의를 제기할 수 없으며(제678조 제4항), 수인의 지정행위가 동등하다고 판정된 때에 보수가 가분이면 균등한 비율로 보수를 받게 되지만, 불가분이면 추첨으로 보수를 받을 자를 결정하여야 한다(제678조 제5항, 제676조 제2항).

> **사례 36** 乙은 1993.6.6. 교육관 신축공사(이하 '이 사건 공사')에 관한 설계를 공모하면서 최우수작으로 당선된 자에게 공사에 관한 '기본 및 실시설계권'을 부여하기로 하였다. 그 후 甲이 위 공모에 응모하였고, 1993.8.10. 甲의 작품이 최우수작으로 선정되었다. 甲과 乙은 1993.8.28.부터 1993.11.4.까지 수 차례 '평당 건축비'에 관해 논의하였으나 합의가 이루어지지 않았다. 이에 乙은 같은 해 11.17. 甲에게 11.20.까지 자신의 안을 수용하지 않으면 甲이 이 사건 공사에 관한 설계계약을 체결할 의사가 없는 것으로 간주한다는 뜻을 통보하였다. 이에 대해 甲은 위 기간까지 아무런 답변을 하지 않았다. 이러한 상황에서 1997.12.1. 甲은 乙을 상대로 '기본 및 실시설계계약' 체결의무 위반을 이유로 하여 손해배상을 청구하였다. 甲의 청구는 인용될 수 있는가?
>
> **|해설 36|** 인용될 수 없다.
> 건축설계 우수현상광고에서 당사자가 보수로서 받는 '기본 및 실시설계권'이란 당선자가 광고자에게 우수작으로 판정된 계획설계에 기초하여 기본 및 실시설계계약의 체결을 청구할 수 있는 권리를 말하는 것이므로, 광고자로서는 특별한 사정이 없는 한 이에 응할 의무를 지게 되어 당선자 이외의 제3자와 설계계약을 체결하여서는 아니됨은 물론이고, 당사자 모두 계약 체결을 위해 성실하게 협의하여야 할 의무가 있다고 할 것이며, 만약 광고자가 일반 거래실정이나 사회통념에 비추어 현저히 부당하다고 보여지는 사항을 계약내용으로 주장하거나 경제적 어려움으로 공사를 추진할 수 없는 등으로 인하여 계약이 체결되지 못하였다면 당선자는 이를 이유로 한 손해배상책임을 물을 수 있다(대판 2002.1.25. 99다63169).
> 한편 광고주의 계약체결의무 불이행에 따른 손해배상청구권의 소멸시효는 계약이 체결되었을 때 취득하게 될 이행청구권과 실질적이고 경제적으로 밀접한 관계가 형성되어 있으므로 소멸시효 역시 계약체결 시 취득하게 될 이행청구권에 적용되는 소멸시효기간에 따르고, 이 사건에서 우수현상광고의 당선자가 광고주에 대하여 우수작으로 판정된 계획설계에 기초하여 기본 및 실시설계계약의 체결을 청구할 수 있는 권리를 가지고 있는 경우, 이러한 청구권에 기하여 계약이 체결되었을 경우에 취득하게 될 계약상의 이행청구권은 '설계에 종사하는 자의 공사에 관한 채권"으로서 이에 관하여는 제163조 제3호 소정의 3년의 단기소멸시효가 적용되므로, 위의 기본 및 실시설계계약의 체결의무의 불이행으로 인한 손해배상청구권의 소멸시효 역시 3년의 단기소멸시효가 적용된다(대판 2005.1.14. 2002다57119).
> 사안에서 乙이 평당 건축비에 관한 자신의 요구를 甲이 수용할 것을 일방적으로 통보하고 교섭을 포기하였으므로 甲은 원칙적으로 乙에게 채무불이행에 기한 손해배상책임을 물을 수 있다. 그런데 甲의 손해배상청구권의 소멸시효는 3년의 단기소멸시효가 적용되고, 위 소멸시효의 기산점은 乙이 "甲이 자신의 안을 3일 내 수용하지 않으면 계약체결의사가 없는 것으로 간주하겠다"고 통보한 회신 시한 다음날인 1993.11.21.부터 진행된다고 할 수 있다. 결과적으로 甲의 손해배상청구권은 소멸시효가 완성되었으므로, 甲의 청구는 인용될 수 없다.

제11절 임 치

I. 서 설

1. 의 의

임치는 당사자 일방이 상대방에 대하여, 금전·유가증권·기타 물건의 보관을 위탁하고, 상대방이 이를 승낙함으로써 성립하는 계약이다($^{제693}_{조}$). 위임은 타인의 사무를 처리하는 것을 내용으로 하는데, 임치는 사무 중 물건을 보관하는 일을 하는 것을 특별히 규정한 것이다. 임치는 목적물을 안전하게 보관하고자 하는 임치인의 이익을 위한 계약이라는 점에서 사용·수익을 위해 임차인·차주가 목적물을 점유하는 임대차·사용대차와 구별된다. 이와 같이 임치는 목적물의 보관을 목적으로 하기 때문에, 수치인은 보관 중에 임치인의 동의 없이 임치물을 사용하지 못한다($^{제694}_{조}$). 그런데 상법은 타인을 위하여 창고에 물건을 보관함을 영업으로 하는 경우($^{상법 제155}_{조 이하}$), 극장·여관·음식점 기타 공중접객업소에서 손님으로부터 물건을 임치 받은 경우($^{상법 제151}_{조 이하}$)에 대하여 따로 규정하고 있으므로, 민법상 임치에 관한 규정이 적용되는 경우는 많지 않다.

2. 성립과 목적물

임치계약은 임치인이 물건의 보관을 위탁하고 이에 대하여 수치인이 승낙함으로써, 즉 당사자의 의사표시의 합치만으로 성립하는 낙성계약이므로, 계약의 성립을 위해서 수치인이 목적물에 대한 점유를 취득할 필요는 없다. 따라서 '여관부설주차장에 시정(잠금)장치가 된 출입문이 설치되어 있거나 출입을 통제하는 관리인이 배치'되어 있는 등 공중접객업자가 주차장의 출입과 주차시설을 통제하거나 확인할 수 있는 조치가 되어 있는 경우, 여관투숙객이 주차한 차량에 관하여 명시적인 위탁의 의사표시가 없어도 여관업자와 투숙객 사이에 임치계약이 성립한다($^{대판\ 1998.12.}_{8,\ 98다37507}$). 그 밖에 임치계약은 무상·편무계약을 원칙으로 하지만, 당사자 사이에 보수지급의 특약이 있는 때에는 유상·쌍무계약으로 된다. 한편 임치의 목적물은 금전·유가증권·기타의 물건이다. 특히 금전의 보관에 대해서는 소비임치가 성립한다($^{제702}_{조}$).

Ⅱ. 수치인의 의무

1. 수치인의 의무내용

(1) 임치물 보관의무

수치인은 임치물을 훼손 및 분실되지 않도록 보관하여야 한다. 이를 보관의무라고 하며, 수치인의 주된 급부의무에 속한다.

(가) 보관의무의 내용

임치물을 보관하면서 수치인이 기울여야 할 주의의무의 정도는, 유상임치와 무상임치에 따라 달라진다. 즉, 유상임치의 경우에 수치인은 '선량한 관리자의 주의'로 임치물을 보관하여야 하나($\binom{제374}{조}$), 무상임치의 경우 수치인은 임치물을 '자기 재산과 동일한 주의'로 보관하면 된다($\binom{제695}{조}$). 다만 상인이 자신의 영업범위 내에서 물건의 임치를 맡은 경우에는 무상이더라도 선관주의의무를 부담한다($\binom{상법}{제62조}$). 예컨대 이용객이 공중접객업자에게 주차사실을 고지하거나 차량열쇠를 맡겨 차량보관을 위탁한 경우에 임치계약이 성립하며($\binom{대판 1992.2.11,}{91다21800}$), 이 경우 공중접객업자는 선관주의의무를 진다. 따라서 공중접객업자의 주차장에 차량출입을 통제할 시설이나 인원을 따로 두지 않은 경우, 주차장은 단지 이용객의 편의를 위한 주차장소로 제공된 것에 불과하므로, 이용객이 공중접객업자에게 열쇠를 보관시키는 등 명시적·묵시적으로 주차차량의 관리를 맡겼다는 등의 특수한 사정이 없는 한, 공중접객업자는 선량한 관리자의 주의로써 주차차량을 관리할 책임이 없다($\binom{대판 1998.12.}{8. 98다37507}$). 한편 공중접객업자는 손님으로부터 임치받은 물건의 보관에 관하여 주의를 해태하지 아니하였음을 증명하지 아니하면 멸실·훼손에 대한 책임을 진다($\binom{상법}{제152조 제1항}$).

(나) 목적물의 사용금지

임치계약은 목적물의 보관을 그 목적으로 하기 때문에, 수치인은 임치인의 동의 없이 임치물을 사용하지 못한다($\binom{제694}{조}$).

(다) 복임치(제3자에 의한 목적물의 보관)

임치계약은 당사자의 신뢰관계를 기초로 하기 때문에, 원칙적으로 수치인은 스스로 임치 받은 물건을 보관하여야 한다. 물론 이행보조자를 사용하여 목적물을 보관할 수 있으며, 이때 이행보조자의 고의·과실은 수치인의 고의·과실로 된다($\binom{제391}{조}$). 한편 수치인은 자신이 스스로 목적물을 보관하여야 하지만, 예외적으로 임치인의 승낙이 있거나 부득이한 사유가 있는 때에는 제3자에게 보관케 할 수 있다($\binom{제701조, 제}{682조 제1항}$). 이때 수치인은 제3보관자의 선임·감독에 대하여 책임을 지며, 또한 제3보관자는 임치인 및 제3자에 대하여 수치인과 동일한 권리·의무를 가진다($\binom{제701조, 제682조 제}{2항, 제123조 제2항}$).

(2) 부수의무

(가) 취득물 반환의무 및 취득권리 이전의무

수치인은 임치물의 보관과 관련하여 받은 금전·기타의 물건 및 수취한 과실을 인도하여야 하며, 자기의 명의로 취득한 권리가 있으면 이를 임치인에게 이전하여야 한다(제701조, 제684조).

(나) 임치물 반환의무

임치관계가 종료하면, 수치인은 임치받은 물건을 임치인에게 반환하여야 한다. 반환하여야 할 목적물은 수치인이 받은 금전이나 유가증권 기타의 물건 그 자체이다. 임치물이 대체물인 때에도 임치계약에서는 특정물이므로, 임치 받은 그 목적물을 반환하여야 하며 동종·동질·동량의 것을 반환하여야 하는 것은 아니다(대판 1976.11. 9, 76다1932). 따라서 임치물이 전부 멸실한 때에는 임치물 반환의무는 이행불능으로 된다. 그러나 혼장임치나 소비임치에서는 수치인은 임치받은 목적물과 동종·동질·동량의 것으로 반환하면 된다.

그리고 유상임치에서 수치인의 임치물 반환의무는 임치인의 보수지급의무와 동시이행의 관계(제536조)에 있으며, 수치인은 보관료에 관하여 임치물에 유치권을 행사할 수 있다(제320조 제1항).

(다) 통지의무

제3자가 소유권 기타의 점유할 권리를 근거로, 임치물의 인도를 청구하는 소를 제기하거나 임치물을 압류한 때, 수치인은 지체 없이 그 사실을 임치인에게 통지하여야 한다(제696조).

(라) 기타 신의칙에 의한 부수의무

수치인은 계약의 내용에 따라 임치물을 보관하여야 하지만, 사정의 변경으로 인하여 종래의 보관방법이나 장소가 적당하지 아니한 때에는, 임치인의 이익을 위하여 신의칙상 적절한 조치를 취하여야 한다.

2. 수치인의 채무불이행에 대한 효과

수치인이 이러한 의무를 위반한 경우, 임치인은 임치에 관한 규정에 의하여 그 이행을 청구하거나 채권 일반규정에 의하여 손해배상 또는 계약을 해제·해지할 수 있다(제390조, 제543조 이하). 예컨대 항공화물이 통관을 위하여 보세창고에 입고된 경우에는 운송인과 보세창고업자 사이에 항공화물에 관하여 묵시적 임치계약이 성립한다. 따라서 보세창고업자는 운송인과의 임치계약에 따라 운송인 또는 그가 지정하는 자에게 화물을 인도할 의무가 있으므로, 보세창고업자가 운송인의 지시 없이 수하인이 아닌 사람에게 화물을 인도함으로써 수하인의 화물인도청구권을 침해한 경우에는 그로 인한 손해를 배상할 책임이 있다(대판 2007.6.28, 2005다22404; 대판 2004.1.27, 2000다63639). 다만 '무상임치'에서 수치인은 구체적 경과실에 대해서만 책임을 부담하기 때문에(제695조), 임치물의 보관에 대하여 수치인에게 추상적 경과실이 있는 때에 임치인은 채무불이행책임을 주장할 수 없다. 또한 수치인이 임치인의 금전을 자기를 위하여 소비한 때에, 임치인은 소비한 날 이후의 이자지급을 청구할 수 있으며, 그 밖에 손해가 있으면 그 배상을 청구할 수 있다($\substack{\text{제701조,} \\ \text{제685조}}$).

Ⅲ. 임치인의 의무

1. 임치인의 의무내용

(1) 주된 의무

(가) 임치물인도의무 인정 가부

임치인은 계약에 따라 목적물을 수치인에게 인도할 의무를 부담하는지가 문제이다.

긍정설은 유·무상을 묻지 않고 임치인은 언제나 목적물을 수치인에게 인도할 의무가 있으며, 만일 이러한 의무를 이행하지 않으면 채무불이행이 되어 이행이익의 손실을 배상하여야 한다고 한다.

반면에 부정설은 임치인은 자기의 물건에 대한 보관을 청구할 권리를 가진 계약당사자로 이해되어야 하며, 임치목적물의 인도의무를 부담하는 채무자로 이해될 수 없다는 이유로 임치인의 인도의무를 부정하고 있다. 요컨대 임치계약은 임치인의 이익을 위한 계약이며, 수치인은 임치 목적물의 점유 그 자체에 어떤 권리를 갖지 않으므로, 임치인은 인도의무를 부담하지 않는다는 것이다.

절충설은 무상임치의 경우에는 목적물의 인도가 없더라도 수치인이 아무런 피해 내지 손해를 입지 않으므로 임치물 인도의무를 인정할 필요가 없지만, 유상임치의 경우에는 수치인이 목적물을 보관하는 데 경제적 이익이 있으므로 인도의무를 인정하여야 한다고 한다.

(나) 보수지급의무

유상임치의 경우, 수치인의 보수는 금전으로 지급함이 일반적이지만 반드시 금전으로 제한되는 것은 아니며, 지급시기는 후급이 원칙이다($\substack{\text{제701조, 제} \\ \text{686조 제2항}}$). 또한 수치인에게 책임 없는 사유로 도중에 임치관계가 종료한 때에, 수치인은 이미 이행한 보관의 비율로 보수를 청구할 수 있다($\substack{\text{제701조, 제} \\ \text{686조 제3항}}$).

(2) 부수의무

임치의 유·무상을 묻지 않고 임치인은 위임에서의 수임인과 마찬가지로 비용선급의 의무·필요비상환의무·채무대변제 및 담보제공의 의무를 부담한다($\substack{\text{제701조, 제687} \\ \text{조, 제688조}}$).

임치인은 임치물의 성질 또는 하자로 인하여 생긴 손해를 수치인에게 배상하여야 한다($\substack{\text{제697조} \\ \text{본문}}$). 그러나 수치인이 그 성질 또는 하자를 안 때에는 손해배상의무를 지지 않는다($\substack{\text{제697조} \\ \text{단서}}$).

2. 임치인의 채무불이행에 대한 효과

임치인이 이러한 의무를 위반한 경우, 수치인은 임치에 관한 규정에 의하여 그 이행을 청구하거나 채권일반규정에 의하여 지연배상이나 강제이행을 법원에 청구할 수 있으며($\frac{제390조,}{제389조}$), 비용선급의무를 지체한 때에는 제544조에 의하여 계약을 해제할 수 있다. 특히 임치물의 성질 또는 하자로 인하여 수치인이 손해를 입은 경우, 임치인에게 과실이 없을 때에도 제697조 본문에 의하여 손해배상을 청구할 수 있다. 또한 수치인은 보수청구권을 확보하기 위해 임치계약이 종료할 때에 임치물의 반환을 거절하거나($\frac{제536}{조}$) 임치물에 대하여 유치권을 행사할 수 있다($\frac{제320조}{제1항}$).

Ⅳ. 임치계약의 종료

1. 종료원인

임치는 기간만료 · 목적물의 멸실 등과 같은 일반계약의 종료원인에 의하여 종료한다. 임치는 위임에 관한 다수의 규정을 준용하고 있지만($\frac{제701}{조}$), 위임종료의 원인($\frac{제690}{조}$)인 '당사자 한쪽의 사망이나 파산 또는 수임인의 성년후견개시'는 임치의 종료원인으로서 준용되지 않는다.

2. 계약의 해지

임치인은 임치기간의 약정이 있는지 여부를 묻지 않고 언제든지 계약을 해지할 수 있다($\frac{제698}{조 \, 단}$ $\frac{서, \, 제}{699조}$). 그러나 수치인은 임치기간의 약정이 없는 때에는 언제든지 해지할 수 있지만($\frac{제699}{조}$), 기간의 약정이 있는 때에는 부득이한 사유가 있는 경우에만 기간만료 전에 계약을 해지할 수 있다($\frac{제698조}{본문}$). 따라서 수치인이 적법하게 임치계약을 해지하고 임치인에게 임치물의 회수를 최고하였는데, 임치인의 수령지체로 반환하지 못하고 있는 사이에 임치물이 멸실 · 훼손된 경우, 수치인에게 고의 또는 중대한 과실이 없는 한 채무불이행으로 인한 손해배상책임이 없다($\frac{제401조; \, 대판}{1983.11.8, \, 83}$ $\frac{다카}{1476}$).

임치물반환청구권의 소멸시효는 임치물이 수치인에게 인도된 때부터 진행한다(대판 2022.8.19, 2020다220140. 임치인이 임치계약을 해지한 때부터 진행하는 것이 아님을 확인).

사례 37 1999.12.17. 甲과 乙은 아파트 신축공사를 내용으로 하는 공사도급계약을 체결하였다. 계약체결 당시 甲과 乙은 수급인 乙의 공사대금 지급을 위해 丙 은행에 甲과 乙 공동명의의 예금계좌를 개설하였고, 예금통장은 乙이 보관하고 거래인감은 각자 보관하였다. 한편 甲과 乙은 甲의 乙에 대한 공사대금채무 완제시까지 위 공동명의 통장으로 분양수입금을 입금받아 甲이 35%, 乙이 65%의 지분비율에 따라 공동귀속시키기로 약정하였다. 그런데 甲과 乙은 2001.2.2. 甲의 乙에 대한 미지급 공사대금지급을 위해 甲이 신축한 아파트 중 17세대를 乙에게 분양해 주기로 하는 대신 기존 분양수입금에 관한 공동관리약정을 상실시키고, 이후 분양수입금은 甲이 단독으로 인출하여 사용하기로 합의하였다. 합의 당시 예금주 명의를 甲 단독명의로 변경하고자 하였으나 수분양자들이 혼란을 일으킬 것이 염려되어 2001.2.14. 甲·乙 간의 합의로 예금주 명의는 공동명의로 두되, 예금계좌의 거래인감을 甲의 단독인감으로 변경하고 비밀번호를 변경하였다.

甲은 2001.3.7. 위 예금통장에서 예금잔액 1억 4천만 원을 인출하려고 했으나 丙 은행은 乙에 대한 별개의 대출금채무의 이행기가 2001.3.2. 도래했음을 이유로 위 예금잔액 중 乙의 지분에 해당하는 9천 백만 원에 대한 지급은 상계를 이유로 거부하였다. 丙의 주장은 타당한가?

(대판 2004.10.14. 2002다55908 참조)

│해설 37│ 타당하지 않다.

사안의 경우 甲과 乙이 공사도급계약을 체결하고 분양수입금의 수령과 공사대금의 지급을 위해 이 사건 예금계좌를 개설한 것으로서 그 계좌의 개설 운용의 목적이 공동명의자의 어느 일방이 임의로 예금을 인출할 수 없도록 방지·감시하고자 함에 있으므로, 예금을 양자가 준합유하였다고 볼 수 없다. 따라서 丙은 乙에 대한 별개의 대출금 채권을 자동채권으로 하여 예금 중 乙의 지분에 해당하는 예금반환채권과 상계를 주장할 수 있다.

그러나 사안의 경우 2001.2.14. 乙의 丙에 대한 예금반환채권을 甲에게 모두 귀속시키기로 하는 명시적 묵시적 약정이 있었다고 볼 수 있으므로 이로써 丙의 예금반환채권은 상실되었고 丙의 乙에 대한 별개 대출채권의 이행기가 도래한 것은 乙이 예금반환채권을 상실한 이후인 2001.3.2.이므로 丙의 상계 주장은 더 이상 존재하지 않는 예금반환채권을 대상으로 한 것이어서 부당하다.

V. 특수한 임치

1. 혼장임치

(1) 의 의

혼장임치란 곡물·주류 등과 같은 대체물을 임치하면서 수치인이 동종·동질의 다른 임치물과 혼합하여 보관하고, 반환할 때에는 임치 받은 물건과 동종·동질·동량의 것으로 반환하기로 하는 임치를 말한다. 혼장임치를 할 수 있는 것은 '대체물'에 한하며, 혼장임치가 성립하기 위해서는 다른 임치인들의 명시적·묵시적 승낙이 있어야 한다.

(2) 효 과

혼장임치의 임치물은 다수 임치인의 공유로 되므로($^{제262}_{조}$), 수치인이 임치물에 대한 소유권이나 처분권을 취득하지 못한다. 예컨대 증권회사가 고객으로부터 담보로 제공 받은 증권을 다른 예탁자가 예탁한 동일종목의 증권과 혼합 보관할 수 있다고 약정한 경우, 고객이 제공한 증권의 소유권은 증권회사에게 귀속되지 않으며, 따라서 증권회사가 이를 임의로 소비하거나 처분할 수 없다$\binom{\text{대판 1994.9.9.}}{\text{93다40256}}$). 그 밖에 임치에서는 수치인은 특정물을 반환하여야 하지만, 혼장임치에서는 임치한 물건 그 자체가 아니라 대체물을 반환하면 된다.

2. 소비임치

(1) 의 의

소비임치란 수치인이 임치물을 소비하고 이와 동종·동질·동량의 것을 반환하기로 하는 낙성계약을 말한다. 보통의 임치와 혼장임치에서는 목적물에 대한 소유권이 임치인에게 있지만, 소비임치의 경우에는 임치물의 소유권 또는 처분권이 수치인에게 이전된다는 점에서 구별된다. 수치인이 임치물에 대한 소유권을 취득한다는 점에서 소비임치는 임치보다는 소비대차와 유사하기 때문에, 민법은 소비임치에 소비대차의 규정을 준용하고 있다$\binom{\text{제702}}{\text{조 본문}}$. 다만 반환시기의 약정이 없는 때에, 소비대차에서는 상당한 기간을 정하여 반환을 최고하여야 하지만$\binom{\text{제603조}}{\text{제2항}}$, 소비임치의 경우에는 임치인은 언제든지 그 반환을 청구할 수 있다$\binom{\text{제702}}{\text{조 단서}}$. 그 이유는 소비대차는 차주의 이익을 위한 계약이지만, 소비임치는 임치인의 이익을 위한 계약이라는 점에 있다.

(2) 예금계약

예금계약은 예금자가 은행 기타 금융기관에 금전의 보관을 위탁하고 금융기관은 예입금의 소유권을 취득하여 소비한 후 반환시기에 같은 금액을 반환할 것을 내용으로 하는 계약이다. 예금계약은 예금자가 예금의 의사를 표시하면서 금융기관에 돈을 제공하고 금융기관이 그 의사에 따라 그 돈을 받아 확인을 하면 그로써 성립한다. 따라서 금융기관의 직원이 그 받은 돈을 금융기관에 실제로 입금하였는지 여부는 예금계약의 성립에는 아무런 영향을 미치지 아니한다$\binom{\text{대판 2007.9.7. 2005다30832;}}{\text{대판 2005.12.23. 2003다30159}}$.

은행에 공동명의로 예금을 하고 은행에 대하여 그 권리를 행사하기로 한 경우에 만일 동업자금을 공동명의로 예금한 경우라면 채권의 준합유관계에 있지만, 공동명의 예금채권자들 각자가 분담하여 출연한 돈을 동업 이외의 특정 목적을 위하여 공동명의로 예치해둠으로써 그 목적이 달성되기 전에는 공동명의 예금채권자가 단독으로 예금을 인출할 수 없도록 방지·감시하고자 하는 등의 목적으로 공동명의로 예금을 개설한 경우라면 하나의 예금채권이 분량적으로 분할되어 각 공동명의 예금채권자들에게 귀속된다. 다만 은행과 공동명의 예금채권자들 사이에 공동반환의 특약이 존재하는 경우 은행에 대한 지급 청구만을 공동명의 예금채권자들 모두가 공동으로 하여야 하는 부담이 남는다$\binom{\text{대판 2008.10.9.}}{\text{2005다72430}}$.

착오로 다른 사람의 은행계좌로 송금한 경우에 송금의 원인되는 법률관계가 없더라도 은행이 아니라 수취인이 예금채권이라는 이득을 취득한 것이므로 수취인이 송금인에게 부당이득반환의무가 발생한다$\binom{\text{대판 2022.7.14.}}{\text{2020다212958}}$. 이와 같은 착오송금시 수취은행은 원칙적으로 상계할 수 있다$\binom{\text{대판 2010.5.27.}}{\text{2007다66088}}$. 예컨대 착오송금이 마이너스통장으로 송금되어 통장주의 대출금채무와 자동 상계된다($\frac{\text{대판 2022.6.30.}}{\text{2016다237974}}$). 그런데 착오송금 후 송금의뢰인이 반환을 요청하고, 수취인도 은행에 반환을 승낙하고 있다면, 수취은행이 선의로 수취인의 예금채권을 담보로 대출하여 자동채권을 취득했거나, 예금채권이 이미 제3자에게 압류되는 경우 등 특별한 사정이 있는 경우에만 상계가 인정되고, 그렇지 않은 경우에는 송금의뢰인에 대한 관계에서 신의칙에 반하거나 상계권 남용이 된다(대판 2022.6.30, 2016다237974. 그런데 사안에서 제3자가 압류한 금액이 착오송금액보다 적은 경우에는, 압류되지 않은 나머지 착오송금액은 반환받을 수 있으므로 상계가 되지 않는다고 판시함).

심화학습

甲은 乙의 K은행의 계좌로 3억 원을 이체하려 하였으나, 실수로 丙의 계좌로 이체하였다. 그 후 이러한 사실을 알게 된 丙은 K은행에서 3억 원을 인출하였다. 甲은 K은행에 부당이득으로 3억 원을 반환할 것을 청구할 수 있는가?

해설 甲은 K은행을 상대로 부당이득반환청구를 할 수 없다.

현금으로 계좌송금 또는 계좌이체가 된 경우에는 예금원장에 입금의 기록이 된 때에 예금이 된다고 예금거래기본약관에 정하여져 있을 뿐이고, 수취인과 은행 사이의 예금계약의 성립 여부를 송금의뢰인과 수취인 사이에 계좌이체의 원인인 법률관계가 존재하는지 여부에 의하여 좌우되도록 한다고 별도로 약정하였다는 등의 특별한 사정이 없는 경우에는, 송금의뢰인이 수취인의 예금계좌에 계좌이체를 한 때에는, 송금의뢰인과 수취인 사이에 계좌이체의 원인인 법률관계가 존재하는지 여부에 관계없이 수취인과 수취은행 사이에는 계좌이체금액 상당의 예금계약이 성립하고, 수취인이 수취은행에 대하여 위 금액 상당의 예금채권을 취득한다. 이때 송금의뢰인과 수취인 사이에 계좌이체의 원인이 되는 법률관계가 존재하지 않는데도 계좌이체에 의하여 수취인이 계좌이체금액 상당의 예금채권을 취득한 경우에는, 송금의뢰인은 수취인에 대하여 위 금액 상당의 부당이득반환청구권을 가지게 되지만, 수취은행은 이익을 얻은 것이 없으므로 수취은행에 대하여는 부당이득반환청구권을 취득하지 아니한다($\frac{\text{대판 2007.11.29.}}{\text{2007다51239}}$).

제12절 종신정기금

I. 의 의

종신정기금계약은 당사자의 일방이 자기나 상대방 또는 제3자의 종신까지, 정기로 금전 기타의 물건을 상대방 또는 제3자에게 지급할 것을 약정함으로써 성립하는 낙성·불요식계약이다($\frac{제725}{조}$). 종신정기금계약은 특정인이 사망할 때까지 정기적으로 급부가 반복되는 계속적 채권관계라는 점에 특색이 있다.

종신정기금계약은 낙성계약이므로, 특정인이 사망할 때까지 정기로 금전 기타의 대체물을 지급하기로 하는 당사자의 의사표시의 합치에 의하여 성립한다. 종신정기금계약은 유상 또는 무상일 수 있다. 제725조는 단순히 물건으로 규정하고 있으나 정기적으로 급부하여야 하므로, 물건은 '대체물'에 한하게 된다. 따라서 종신정기금계약의 목적물은 금전 기타 대체물이다.

Ⅱ. 종신정기금의 종료

1. 특정인의 사망

종신정기금계약은 당사자 또는 제3자가 사망할 때까지 존속하므로, 당사자 또는 제3자가 사망하면 그때부터 계약은 종료된다. 그러나 정기금수령자의 사망이 채무자의 책임 있는 사유로 일어난 경우에, 법원은 채권자 또는 그 상속인의 청구에 의하여 상당한 기간 동안 종신정기금 채권의 존속을 선고할 수 있다(제729조 제1항). 여기서 상당한 기간은 정기금수령권자가 생존하였을 것으로 판단되는 기간을 말한다.

2. 종신정기금계약의 해제

정기금채무자가 정기금채무의 원본을 받은 경우에 그 정기금채무의 지급을 해태하거나 기타 의무를 이행하지 아니한 때에는 정기금채권자는 원본의 반환을 청구할 수 있다(제727조 제1항 본문). '원본'을 받은 경우를 전제로 하므로, 제727조의 해제규정은 매수인이 매도인으로부터 재산권을 이전받고서 그 대금을 종신정기금으로 약정한 경우처럼 유상의 종신정기금에만 적용된다. 그러나 이미 지급을 받은 채무액에서 그 원본의 이자를 공제한 잔액을 정기금채무자에게 반환하여야 한다(제727조 제1항 단서). 정기금채권자가 해제를 하더라도 손해가 발생한 경우에는 채무자에게 손해배상을 청구할 수 있다(제727조 제2항).

제13절 화 해

Ⅰ. 서 설

1. 의 의

화해계약은 계약당사자간의 분쟁을 서로 양보하여 새로운 계약관계로 대치시킬 것을 그 내용으로 하는 유상·쌍무·낙성·불요식의 계약이다(^{제731}_조). 예컨대 교통사고, 의료사고 등 불법행위로 인한 손해배상에 관하여 가해자와 피해자 간의 합의에 의해 분쟁을 종결하는 경우가 이에 해당한다. 일반적으로 이러한 화해계약이 체결된 경우, 피해자가 민·형사상 일체의 청구를 포기한다는 부제소특약 내지 권리포기계약을 체결한다.

2. 화해계약의 성립

먼저 당사자 사이에 어떠한 분쟁이 있을 것을 요한다. 어떠한 분쟁이 전제되어 이러한 분쟁을 당사자가 화해계약이라는 수단을 통해 해결하고자 하는 만큼 당사자 간의 분쟁 내지 다툼이 그 기본적 요소라 하겠다.

화해계약이 성립하기 위해서는 양 당사자의 상호양보가 있어야 한다. 그러므로 어느 일방 당사자만의 양보라고 보이는 경우는 화해계약이라 할 수 없다.

양당사자가 분쟁의 대상이 된 법률관계의 당사자이어야 하며, 이에 대한 처분권한을 갖고 있어야 한다.

화해계약은 종전의 법률관계에 갈음하여 새로운 법률관계를 발생시키는 것을 그 내용으로 하며, 이러한 법률관계는 선량한 풍속 기타 사회질서에 반하는 사항을 내용으로 하여서는 아니 된다.

Ⅱ. 화해계약의 효력

1. 창설적 효력

화해계약에 의해 화해 전의 법률관계는 소멸하게 되고 화해계약에 따른 새로운 법률관계를 발생케 하는데(^{대판 2004.8.20, 2002다20353;}
^{대판 1992.9.22, 92다25335}), 이를 화해의 창설적 효력이라고 한다. 화해 전의 법률관계 중 화해의 전제가 된 분쟁에 해당하지 않는 것은 화해계약 후에도 그대로 존속하게 된다. 그러므로 그 존속하는 법률관계는 화해계약에 의해서 영향받지 않는다. 한편 화해 전 법률관계에 기초하여 존재하던 담보 등이 화해계약으로 소멸하는지에 대해 견해가 나뉘나, 특별한 사정이 없는 한 당사자는 담보의 존속을 원하였다고 할 수 있으므로 담보는 존속한다고 보는 견해가 유력하다.

2. 화해계약과 착오

화해계약의 경우에도 법률행위 일반에 관한 규정이 적용됨은 당연하다. 그러나 착오의 경우는 그 착오가 분쟁의 대상인 법률관계 자체인 경우에는 착오에 관한 일반규정인 제109조의 적용이 배제되고 제733조 단서 규정에 의한다(^{제733}_조). 따라서 화해계약은 착오를 이유로 하여 취소하지 못함을 원칙으로 하되, 화해당사자의 자격이나 화해의 목적인 분쟁 이외의 사항에 착오가 있는 때에는 취소할 수 있다(대판 1991.1.25,). 즉 차량충돌사고에 있어 사고에 대한 당사자 쌍방의 과실비율이 어느 정도인가 하는 것은 화해의 목적인 분쟁사항 그 자체라고 볼 수 있어 그에 관한 착오를 이유로 이를 취소할 수 없다(대판 1992.3.). 여기에서 착오를 이유로 하여 취소할 수 있는 '화해의 목적인 분쟁 이외의 사항'이라 함은 분쟁의 대상이 아니라 분쟁의 전제 또는 기초가 된 사항으로서 쌍방당사자가 예정한 것이어서 상호 양보의 내용으로 되지 않고 다툼이 없는 사실로 양해된 사항을 말한다. 예컨대 분쟁사항의 전제가 된 법률관계라 할 수 있는 화해의 기초, 분쟁상대방의 대리권, 처분권, 자격, 기타 화해계약과 관련된 사항 등이 이에 해당된다. 판례 또한 환자가 의료과실로 사망한 것으로 전제하고 의사가 유족들에게 손해배상금을 지급하기로 하는 합의가 이루어졌으나, 그 사인이 진료와는 관련이 없는 것으로 판명되었다면 위 합의는 그 목적이 아닌 망인의 사인에 관한 착오로 이루어진 화해이므로 착오를 이유로 취소할 수 있다고 판시하였다(대판 1991.1.25,).

한편 제733조 본문의 규정상 화해계약이 착오가 아닌 사기로 인하여 이루어진 경우에는 화해의 목적인 분쟁에 관한 사항에 착오가 있는 때에도 제110조에 따라 이를 취소할 수 있다(대판 2008.9.11, 2008다15278).

3. 화해의 효력범위와 후발손해

(1) 화해의 효력범위

화해는 화해계약의 당사자 사이에서만 그 효력을 가지며 그들 사이의 화해계약의 내용으로 제3자에게 대항하지는 못한다. 물적 범위는 화해의 전제가 된 분쟁의 대상이었던 사항에 한정되므로, 화해의 대상에 포함되지 않은 법률관계는 화해계약에 의해 영향을 받지 않고 존속한다.

(2) 배상액합의와 후발손해

교통사고 등과 같은 불법행위가 발생한 경우, 당사자 간의 합의에 의해 가해자는 손해배상으로써 지급할 금액과 지급방법 등을 약속하고 피해자는 그 이상의 청구를 하지 않기로 하고 분쟁을 종결시키는 합의를 하게 되는데 이를 배상액합의라고 한다. 이러한 배상액합의는 가해자가 일정액을 손해배상금으로 지급할 것과 피해자가 그의 수령과 동시에 그 밖의 손해배상의 청구를 하지 않을 것을 그 내용으로 하므로 합의서가 작성된 이상 피해자는 그 합의 당시 또는 그 후에 그 이상의 손해 즉 후발손해가 있더라도 원칙적으로 추가청구를 할 수 없게 된다. 그러나 피해자가 합의시점에 있어서는 일반적으로 전체 손해의 규모를 정확히 파악하기 어려운 것이 일반적이므로 합의 당시 예상하기 어려웠던 후발손해에 대해서도 추가청구를 인정하지 않는다면 이는 피해자에게 지나치게 가혹하다고 할 수 있다.

일반적으로 학설은 근거가 다를 뿐, 후발손해의 배상청구를 인정하는 것이 타당하다는 입장이다. i) 1설은 합의 당시의 상해 내지 손해의 정도에 대한 인식을 화해의 기초 내지 화해의 전제적 사항의 착오로 구성하여, 제109조에 의하여 합의를 취소하여 무효로 하고 다시 손해배상을 청구할 수 있다고 한다. ii) 제2설은 합의 중의 청구포기조항은 현저하게 사태의 변화가 생긴 경우에는 그 합의는 해소될 것이라는 취지의 조건 즉 해제조건부 합의였던 것으로 해석하여 추가배상청구를 인용한다. iii) 제3설은 합의에 의하여 피해자가 포기하였던 손해배상청구권은 합의 당시 예상할 수 있었던 손해에만 한정하여야 할 것으로 해석하여야 하고, 합의 당시 예상할 수 없었던 불측의 재수술이나 후유증으로 인한 손해에 대해서까지 배상청구권을 포기한 취지로 해석함은 당사자의 합리적 의사에 부합하지 않는다는 입장이다. iv) 제4설은 합의 당시 예상치 못한 후발손해 인정의 근거를 신의칙, 행위기초론 및 불공정한 법률행위이론 등에 두고 있는 입장이다.

　　종래 판례는 한번 합의가 성립하면 후발손해에 대한 추가적 배상청구를 인정하지 않았으나 $\binom{\text{대판 1959.11.26,}}{\text{4291민상140}}$. 현재 판례는 추가적인 손해배상을 인정하고 있다. 초기에는 합의에 의한 화해계약을 착오를 이유로 취소하도록 했는데, 이는 이미 행하여진 합의를 무효로 하고 주된 손해와 후발손해의 배상을 함께 청구하여 후발손해의 배상까지 받을 수 있도록 한 것이다 $\binom{\text{대판 1990.11.9,}}{\text{90다카22674}}$, 그러나 최근에는 "불법행위로 인한 손해배상에 관하여 가해자와 피해자 사이에 피해자가 일정한 금액을 지급받고 그 나머지 청구를 포기하기로 합의가 이루어진 때에는 그 후 그 이상의 손해가 발생하였다는 이유로 다시 합의금액을 넘는 손해배상청구를 할 수 없으나, 다만 그 합의가 손해발생의 원인인 사고 후 얼마 지나지 아니하여 모든 손해를 정확히 확인하기 어려운 상황에서 이루어진 것이고 후발손해가 합의 당시의 사정으로 보아 예상이 불가능한 것으로서 당사자가 후발손해를 예상하였더라면 사회통념상 그 합의금액으로는 화해하지 않았을 것으로 보는 것이 상당할 만큼 그 손해가 중대할 때에는 당사자의 의사가 이러한 손해에 대해서까지 그 배상청구권을 포기한 것이라고 볼 수 없다"고 보아 후발손해에 대한 별도의 배상청구를 인정한다 $\binom{\text{대판 1995.4.25,}}{\text{94다58513 등 다수}}$.

사례 38　甲(30세)은 집 앞 교차로에서 보행자 신호에 맞춰 길을 건너던 중, 신호를 무시한 채 과속으로 달려오던 乙이 운행하는 자동차와 충돌하여 부상을 입었다. 甲은 즉시 병원으로 옮겨져 각종 검사를 받고 전치 6주의 진단을 받아 입원하였다. 甲은 乙과 "이 사건 사고로 인한 치료비 및 일정 금액의 보상금을 받고 별도의 손해배상을 청구하지 않겠다"는 합의를 하였다.

질문 1) 甲의 부모는 乙에게 위자료를 청구할 수 있는가?

질문 2) 甲이 입원 당시 고려되지 않았던 후유증이 퇴원 이후 발생하였고, 후유증으로 인한 치료 금액이 기존 치료비를 상회할 것으로 예상될 경우 甲은 乙에게 추가적인 손해배상을 청구할 수 있는가?

해설 38

해설 1) 청구할 수 있다.

교통사고의 경우, 피해자 본인과는 별도로 그의 부모들도 그 사고로 말미암아 그들이 입은 정신적 손해에 대하여 고유의 위자료청구권을 가진다 할 것이므로^(제750조 내지 제752조), 피해자 본인이 합의금을 수령하고 가해자 측과 나머지 손해배상청구권을 포기하기로 하는 등의 약정을 맺었다 하더라도, 위 포기 등 약정의 효력의 당연히 고유의 손해배상청구권을 가지는 그의 부모들에게까지 미친다고는 할 수 없다. 따라서 甲의 부모는 乙에게 위자료를 청구할 수 있다^(대판 1999.6. 22, 99다7046).

해설 2) 청구할 수 있다.

甲이 乙과 합의했을 당시에는 추후 발생할 후유증이 예상되지 않았고, 甲이 이러한 후유증을 예상했더라면 기존 합의금액으로 화해하지 않았을 것이므로 甲이 위와 같은 후유증에 대해서까지 배상청구권을 포기한 것으로 보기 어렵다. 따라서 甲은 乙에게 후유증에 대한 추가적인 손해배상을 청구할 수 있다^(대판 2000.3.23. 99다63176).

【헌법재판소】

헌재결 2012.8.23, 2009헌가27 ·················· 74
헌재결 2013.12.26, 2011헌바234 ··············1054
헌재결 2018.8.30, 2014헌바148 ·········· 845, 846

【대법원 판결】

1954.3.16, 4286민상215 ···················· 255
1954.5.22, 4286민상94 ······················ 63
1954.12.9, 4286민상149 ···················· 905
1955.7.14, 55다156 ························· 938
1955.10.13, 4288민상245 ···················· 938
1957.3.23, 4289민상580 ···················· 879
1958.2.13, 4290민상762 ···················· 665
1959.9.24, 4290민상627 ···················· 901
1959.9.24, 4291민상762 ···················· 516
1959.10.1, 4292민상174 ···················· 926
1959.11.26, 4291민상140 ··················1181
1960.4.21, 4292민상483 ···················· 690
1961.11.9, 4293민상263 ···················· 709
1962.2.8, 4294민상192 ··········· 233, 244, 245
1962.5.3, 4294민상1105 ···················· 395
1962.5.10, 62다138 ························· 689
1962.5.17, 62다161 ························1013
1962.5.24, 62다175 ························· 575
1962.5.24, 4294민상251,252 ········ 183, 188, 197
1962.6.14, 61다1359 ······················ 628
1962.12.24, 4294민재항675(전합) ············1031
1963.2.14, 62다760 ·························· 7
1963.4.11, 63다64 ························· 266
1963.5.9, 63다131 ·························1150
1963.9.5, 63다330 ·························1133
1963.9.5, 63다370 ························· 394
1963.9.12, 63다452 ························· 778

1963.9.26, 23다455 ························ 421
1963.10.31, 63다606 ······················ 649
1963.11.21, 63다418 ······················ 243
1963.11.21, 63다634 ······················ 692
1963.11.28, 63다493 ······················ 874
1964.4.3, 63마54 ·························· 685
1964.6.16, 64다138 ························ 868
1964.7.14, 63다839 ·······················1095
1964.12.29, 64다804 ······················ 686
1964.12.29, 64다1321 ···················· 82, 83
1965.3.30, 65다44 ························· 248
1965.4.13, 64다1940 ························ 69
1965.5.31, 65다623 ························ 873
1965.8.24, 64다1156 ·················· 276, 821
1965.8.24, 65다1174 ······················ 186
1965.8.24, 65다1177 ······················ 264
1965.8.31, 65다560 ·······················1139
1965.12.21, 65다1886 ·····················1124
1966.2.15, 65다2431 ······················ 361
1966.2.22, 65다2512 ······················1012
1966.4.6, 66다267 ························· 649
1966.5.31, 66다638 ·······················1149
1966.6.21, 66다530 ·············· 330, 935, 936
1966.6.21, 66다674 ························ 386
1966.7.5, 66다736 ························· 163
1966.7.26, 66다892 ························ 700
1966.9.20, 63다30 ·························· 64
1966.9.27, 66다1150 ······················ 686
1966.9.27, 66다1334 ·················· 681, 689
1966.10.4, 66다1071 ······················1125
1966.10.4, 66다1078 ······················ 268
1966.10.25, 66다1467 ·····················1055
1966.11.29, 66다1861 ·····················1013
1966.12.27, 66다2145 ····················· 943

1967.4.18, 66다661 ································· 180

1967.4.25, 67다328 ································ 401

1967.5.2, 67다267 ································· 690

1967.5.16, 67다391 ·································· 7

1967.5.18, 66다2618(전합) ····················· 646

1967.7.4, 67다549 ·································· 65

1967.9.19, 67다1231 ······················· 357, 943

1967.10.6, 67다1134 ······························ 938

1967.10.6, 67다1587 ······························ 485

1967.11.21, 66다2197 ····························· 224

1967.11.21, 67다2158 ····························· 620

1967.12.5, 67다2367 ························· 544, 624

1968.3.5, 67다2297 ······························ 212

1968.3.5, 67다2869 ······························· 18

1968.3.26, 67다2160 ······························ 900

1968.4.16, 67다2653 ······························ 623

1968.5.21, 67다639 ······························1116

1968.5.28, 68다460 ······························ 694

1968.6.18, 67다995 ······························ 395

1968.6.18, 68다663 ······························ 685

1968.6.18, 68다694 ···················· 232, 248, 257

1968.8.30, 68다1224 ······························ 624

1968.9.17, 68다1142 ······························ 400

1968.9.24, 68다1271 ······························ 439

1968.11.26, 68다1727,1728 ················ 246, 245

1969.1.28, 68다2313 ······························ 570

1969.2.18, 68도906 ······························ 108

1969.5.13, 68다1726 ······························ 621

1969.5.13, 69다196 ······························ 901

1969.7.22, 69다548 ······························ 254

1969.8.19, 69므18 ······························· 938

1969.8.26, 68다2320 ······························ 82

1969.11.25, 69다1665 ····························· 751

1969.12.9, 69다1818 ······························ 922

1969.12.16, 67다1525 ····························· 193

1970.1.27, 69다719 ······························· 44

1970.2.10, 69다2013 ······························ 62

1970.2.10, 69다2149 ························· 251, 263

1970.2.24, 69다1410 ························· 384, 385

1970.2.24, 69다1568 ······························ 25

1970.3.10, 69다2218 ······························ 255

1970.3.10, 69다2269 ······························ 316

1970.4.28, 69다1131 ······························ 690

1970.8.31, 70다1284 ······························ 147

1970.8.31, 70다1360 ·····························1128

1970.9.17, 70다1250 ······························ 959

1970.9.22, 70다1061 ······························ 522

1970.9.29, 70다466 ························· 879, 882

1970.9.29, 70다1508 ······························ 331

1970.10.30, 70다1812 ······················· 246, 255

1970.11.24, 69다8 ······························· 926

1970.11.24, 70다2065 ····························· 950

1970.11.24, 70다2155 ····························· 925

1970.12.29, 70다2449 ············· 577, 652, 653, 675

1971.3.9, 70다289 ······························· 477

1971.3.23, 70다2986 ······························ 624

1971.3.23, 71다240,241 ···························· 473

1971.3.31, 71다352,353,354 ······················· 770

1971.4.30, 71다399 ······························ 905

1971.6.8, 70다2401 ······························ 571

1971.6.22, 71다940 ······························· 40

1971.7.27, 71다1113 ······························ 28

1971.10.25, 71다1931 ····························· 692

1971.11.15, 71다1983 ························· 969, 970

1971.12.14, 71다2045 ······························ 40

1971.12.21, 71다218 ······························ 653

1971.12.28, 71다2048 ····························1001

1972.1.31, 71다1688 ······························ 921

1972.2.9, 71다2747 ······························ 462

1972.3.28, 71다2193 ······························ 887

1972.3.31, 72다108 ······························ 625

1972.4.25, 71다2255 ······························ 949

1972.5.9, 71다1474 ························· 436, 800

1972.5.23, 71다2365 ······························ 253

1972.6.27, 71누8 ·······························1055

1972.7.25, 71다1988 ······························ 361

1972.8.22, 72다1066 ······························ 570

1972.10.31, 72다1271,1272 ······················· 936

1972.11.28, 72다982 ······························ 650

1972.12.26, 72다2013 ····························1056

1973.1.30, 72다2309 ···································· 266, 268
1973.5.22, 72다2249 ···································· 936, 939
1973.6.5, 72다2617 ····································· 186, 249
1973.7.24, 69다60 ·· 269
1973.7.24, 73다114 ·· 686
1973.10.23, 73다268 ····························· 647, 648, 928
1973.10.23, 73다437 ·· 199
1973.12.26, 73다1436 ·································· 211, 212
1974.1.29, 73다351 ·· 693
1974.3.26, 73다1442 ·· 652
1974.4.9, 74다78 ·· 254
1974.5.14, 73다148 ····································· 243, 250
1974.6.11, 74다165 ·· 281
1974.7.9, 73다1804 ··· 241
1974.7.23, 74다157 ·· 928
1974.7.23, 74다257 ·· 509
1974.9.24, 74다815 ·· 943
1974.9.24, 74다940 ·· 620
1974.9.24, 74다1057 ··· 16
1974.12.10, 74다1419 ··· 506
1974.12.24, 74다1882 ··· 624
1975.1.28, 74다1199 ···································· 233, 264
1975.1.28, 74다2069 ·································· 901, 1053
1975.2.25, 74다2114 ·· 741
1975.3.25, 74다296 ·· 636
1975.5.13, 74다1664(전합) ················· 683, 701, 702
1975.5.13, 75다92 ··· 951
1975.6.24, 74다1455 ·· 469
1975.8.28, 75다765 ·· 370
1975.12.23, 75다533 ···································· 907, 925
1976.3.9, 76다12 ·· 515
1976.3.23, 74다1383 ·· 793
1976.4.13, 75다1100 ·· 990
1976.4.13, 75다2234 ·· 939
1976.4.27, 76다297,298 ···························· 346, 1033
1976.6.22, 76다473 ····································· 652, 655
1976.7.13, 74다746 ·· 423
1976.7.13, 75다1086 ·· 685
1976.9.14, 76다1365 ·· 19
1976.10.12, 73다584 ·· 345

1976.10.26, 76다2189 ··· 969
1976.11.6, 76다148(전합) ··································· 810
1976.11.9, 76다1932 ··· 1172
1976.12.26, 79다18513 ······································· 186
1977.3.22, 76다1437 ··· 44
1977.3.22, 77다118 ·· 707
1977.4.12, 76다2737 ·· 147
1977.5.24, 75다1394 ···································· 785, 885
1977.5.24, 76다2934 ·· 262
1977.6.7, 73다67 ·· 62
1977.6.7, 76다951 ··· 1075
1977.6.7, 76다2324 ·· 1056
1977.6.7, 77다369 ·· 516
1977.7.12, 76다408 ·· 641
1977.7.26, 77다492(전합) ··································· 969
1977.8.23, 76다1478 ··· 64
1977.9.13, 76다1699 ·· 637
1977.9.28, 77다1241(전합) ································· 1077
1977.12.13, 77다1048 ··· 654
1978.3.14, 78다132 ·· 80
1978.3.28, 78다282 ····································· 243, 254
1978.4.11, 77다2509 ···································· 827, 832
1978.4.11, 78다274 ·· 940
1978.4.25, 78다226 ·· 873
1978.5.9, 78다213 ·· 930
1978.7.11, 78다719 ·· 890
1978.9.12, 78다843 ·· 781
1978.10.10, 78다75 ···························· 186, 239, 249
1978.10.10, 78다910 ·· 853
1979.1.16, 78다1968 ·· 920
1979.1.30, 78다2088 ·· 395
1979.2.13, 78다2157 ·· 843
1979.2.27, 78다2281 ·· 401
1979.3.13, 76다688 ·· 706
1979.3.27, 79다234 ·· 252
1979.4.10, 78다2457 ·· 947
1979.4.24, 77다703(전합) ······················· 628, 629
1979.4.24, 77다2290 ···································· 649, 653
1979.6.12, 79다662 ····································· 531, 546
1979.6.26, 79다564 ·· 652

1979.6.26, 79다741 ·················· 886
1979.7.10, 79다569 ·················· 826
1979.7.24, 79다827 ·················· 665
1979.10.30, 79다425 ·················· 200
1979.10.30, 79다1455 ················ 767
1979.11.13, 79다483(전합) ·········· 944
1979.11.27, 79다1193 ················ 224
1979.11.27, 79다1663 ················ 162
1979.12.11, 78다481(전합) ··········· 71
1979.12.26, 79다1750 ···············1124
1979.12.26, 77다1894,1895(전합)···· 819
1980.1.15, 79다1859 ················· 575
1980.1.29, 79다1863 ···················7
1980.2.12, 79다2035 ················· 781
1980.4.8, 79다2036 ·················· 105
1980.4.22, 80다258 ·················· 350
1980.5.13, 79다932 ·················· 767
1980.5.27, 80다565 ·················· 940
1980.6.10, 80다669 ·················· 321
1980.6.24, 80다458 ·················· 938
1980.6.24, 80다756 ·················· 401
1980.7.8, 80다639 ··················· 863
1980.7.8, 80다725 ··················1033
1980.7.22, 80다649 ·················· 401
1980.7.22, 80다795 ·················· 850
1980.8.26, 80다76 ··················· 925
1980.9.30, 78다1292 ················· 479
1980.10.14, 79다2168 ················ 864
1980.11.11, 80다423 ················1113
1980.11.11, 80다2050 ················ 551
1980.11.25, 80다1568 ················ 147
1980.12.23, 80다2077 ················ 247
1981.1.13, 79다2151 ················· 271
1981.1.27, 79다1618 ················· 693
1981.2.24, 79다14 ··················· 395
1981.2.24, 80다2029 ················· 850
1981.3.24, 80다1888,1889 ············ 824
1981.4.14, 80다2314 ················· 270
1981.4.14, 81다151 ·················· 267
1981.5.26, 80다211 ·················1034

1981.5.26, 80다3009 ················· 485
1981.6.9, 80다3195 ·················· 329
1981.6.23, 80다609 ·················· 246
1981.6.23, 80다1351 ········ 685, 688, 689
1981.6.23, 80다3221 ················· 199
1981.6.23, 81다225 ·················· 577
1981.7.7, 80다2185 ·················· 634
1981.7.7, 80다2751 ············· 702, 706
1981.7.7, 80다3122 ·················· 646
1981.8.11, 81다298 ·················· 423
1981.8.20, 80다2587 ················· 405
1981.9.8, 80다2873 ·················· 686
1981.10.27, 80다2784 ············ 163, 164
1981.11.10, 80다2475 ················ 892
1981.11.10, 81다378 ················· 707
1981.11.24, 81다633 ················· 470
1981.12.8, 81다322 ·················· 256
1981.12.22, 80다1363 ···············1153
1982.1.26, 81다528 ·················· 650
1982.1.26, 81다카549 ············ 266, 269
1982.2.9, 81다534 ···················· 18
1982.2.9, 81다1134 ·················· 941
1982.4.13, 81다408 ·················· 186
1982.4.27, 80다851 ·········· 781, 782, 783
1982.4.27, 81다968,81다카476 ········ 575
1982.5.25, 80다1403 ················· 878
1982.5.25, 81다1349,81다카1209 ······ 212, 648, 651
1982.6.22, 81다1298,1299 ············ 804
1982.7.13, 81다648 ·················· 267
1982.7.27, 80다2968 ·········· 767, 787, 813
1982.8.24, 82다283 ·················· 751
1982.9.14, 82다144 ··················· 48
1982.11.9, 80다3135 ················· 477
1982.11.9, 82누197(전합) ············· 524
1982.11.23, 81다카1110 ··············· 803
1982.12.28, 80다2750 ········· 650, 651, 652
1983.1.18, 81다89, 90 ············ 764, 765
1983.1.18, 82다594 ·········· 878, 882, 994
1983.2.8, 80다1194 ··················· 62
1983.2.8, 81다카621 ················· 233

1983.4.12, 80다3251 ································· 866

1983.5.24, 82다카1667 ················· 785, 798, 800

1983.5.24, 83다208 ································· 421

1983.6.14, 80다3231 ································· 140

1983.6.28, 83다카88 ································· 522

1983.7.12, 83다카437 ································· 834

1983.8.23, 82다카1366 ································· 638

1983.11.8, 83다카1476 ···················604, 1174

1983.12.13, 83다카1489(전합) ·······229, 231, 232, 234, 263

1983.12.27, 83다548 ············· 87, 88, 92, 96, 235

1984.2.14, 83다카1815 ·······························1129

1984.4.10, 81다239 ································· 918

1984.4.10, 82다512,1284 ·························· 319

1984.5.29, 82다카963 ································· 926

1984.7.10, 84다카440 ································· 624

1984.7.24, 84다카68 ························· 716, 732

1984.9.11, 83누578 ································· 72

1984.9.11, 83다카2288 ································· 994

1984.9.11, 84다카781 ································· 467

1984.10.23, 83다카1187 ································· 889

1984.11.24, 84마610 ································· 709

1984.11.27, 80다177 ································· 560

1984.12.11, 83다카1531 ································· 266

1984.12.11, 83다카1996 ·················1124, 1135

1984.12.26, 84누572(전합) ························· 816

1985.2.8, 84다카188 ································· 686

1985.2.26, 84다카1921 ·················1138, 1139

1985.3.12, 84다카1261 ································· 436

1985.4.9, 83다카1775 ································· 142

1985.4.9, 84다카130 ································· 797

1985.4.9, 84다카2525 ································· 664

1985.4.9, 85도167 ································· 909

1985.4.23, 84다카890 ································· 886

1985.4.23, 84다카2159 ································· 395

1985.5.14, 84다카941 ·······························1029

1985.5.28, 84다카2234 ·······························1120

1985.9.10, 84다카1532 ································· 620

1985.11.12, 84다카2344 ································· 664

1985.11.26, 85다카1580 ·················940, 941

1986.2.11, 84다카2454 ·······························1028

1986.2.25, 85다카1529 ································· 992

1986.3.11, 85다카2337 ································· 267

1986.8.19, 86다카448 ································· 899

1986.9.9, 84다카2310 ································· 331

1986.11.25, 86다397 ································· 696

1986.11.25, 86다카1569 ································· 824

1987.2.10, 86다카2094 ································· 948

1987.2.24, 86누438 ································· 165

1987.3.10, 86다카1114 ·················1085, 1094

1987.3.24, 86다카823 ·······························1090

1987.3.24, 86다카908 ·················989, 1007

1987.3.24, 86다카1348 ························· 230, 231

1987.4.14, 86다카2479 ·······························1129

1987.4.28, 85다카971 ································· 780

1987.4.28, 86다카2023 ························· 458, 461

1987.4.28, 86다카2407 ·······························1090

1987.5.12, 86다카1340 ································· 439

1987.5.12, 86다카2705 ································· 101

1987.5.26, 85다카1146 ································· 396

1987.5.26, 86다카1821 ································· 257

1987.5.26, 86다카1876(전합) ················· 315

1987.6.23, 86다카1411 ········· 212, 283, 284, 285

1987.6.23, 86다카2107 ································· 849

1987.7.7, 86다카1004 ········· 202, 204, 206, 207, 248

1987.7.21, 86다카2446 ························· 643, 644

1987.8.18, 87다카768 ································· 537

1987.8.25, 87다카793 ·······························1090

1987.9.8, 86다카754 ································· 261

1987.9.8, 86다카1349 ································· 73

1987.10.13, 86다카1522 ························· 77, 203

1987.10.26, 86다카1755 ························· 513, 514

1987.11.10, 86다카371 ································· 930

1987.11.10, 87다카192 ································· 434

1987.11.10, 87다카473 ································· 87

1987.11.10, 87다카1573 ·······························1091

1988.1.19, 85다카1792 ························· 686, 705

1988.1.19, 87다카70 ································· 849

1988.4.12, 87다카2641 ································· 671

1988.4.25, 86다카1124 ································· 873

1988.6.14, 87다카2753······················ 681, 682
1988.9.27, 86다카2634·····························1142
1988.9.27, 87다카1029·························· 363
1988.10.24, 87다카1644························· 472
1988.11.8, 88다3253···························· 568
1988.11.22, 87다카1836················ 1012, 1017
1988.12.13, 81다카1209························ 212
1988.12.13, 85다카1491························ 197
1988.12.13, 87다카2803(전합)·········· 986, 987
1988.12.13, 87다카3097·······················1090
1988.12.27, 87다카1138,1139·········1118, 1120
1988.12.27, 87다카2024·······················1090
1989.2.14, 88다카107543··················· 343
1989.2.28, 88다카214·························· 314
1989.3.14, 88다1516,1523·················· 773
1989.3.14, 88다카112·························· 694
1989.3.28, 88다카12803·········· 319, 983, 984
1989.4.11, 87다카992·························· 142
1989.4.11, 88다카13219······················ 255
1989.4.25, 86다카1147·························· 767
1989.4.25, 87다카2443························· 378
1989.4.25, 88다카4253,4260··········· 685, 995
1989.5.9, 87다카2407························· 98
1989.5.9, 88다카2271··························1142
1989.6.13, 88다카13332···············356, 1061
1989.6.27, 89다카2957·······················1153
1989.7.11, 88다카20866····················· 992
1989.9.12, 88누9305·························· 970
1989.9.29, 88다카14663······················ 572
1989.10.24, 88다카26918····················· 249
1989.10.27, 89다카4298··············· 347, 348
1989.11.14, 88다카13547················ 654, 675
1989.11.14, 88다카29962·····················1011
1989.11.14, 89다카15298················ 646, 667
1989.12.12, 89다카43························· 623
1990.1.12, 89다카33043·····················1092
1990.1.23, 88다카7245,88다카7252·······1056, 1066
1990.2.23, 88다카30108····················· 186
1990.3.9, 88다카31866················ 626, 850
1990.3.9, 89므389····························· 967

1990.3.13, 89다카24360····················· 203
1990.3.27, 88다카181························· 267
1990.4.10, 89다카19184····················· 258
1990.4.10, 89다카24834··············· 472, 496
1990.4.13, 89다카23794····················· 359
1990.4.27, 88다카25274,25281········ 693, 697
1990.4.27, 89다카2100······················ 266
1990.4.27, 89다카14080,14097··············· 801
1990.4.27, 89다카24070····················· 133
1990.5.11, 89다카18031····················· 461
1990.5.22, 89다카1121······················ 219
1990.5.22, 90다카230························· 356
1990.7.10, 90다카7460······················ 890
1990.8.14, 89누8064························· 42
1990.8.24, 90다카11377·····················1093
1990.11.9, 90다카7262······················ 485
1990.11.9, 90다카10305····················· 504
1990.11.9, 90다카22674·················905, 1181
1990.11.13, 90다카23882···················· 773
1990.11.27, 90다6651························ 686
1990.11.27, 90다카25222······················· 7
1990.11.27, 90다카27662················ 989, 992
1990.12.26, 90누2536························· 69
1990.12.26, 90다카16914····················1039
1990.12.26, 90다카25383····················· 343
1991.1.11, 90다8053························· 636
1991.1.15, 90다10605························ 959
1991.1.25, 90다12526························1180
1991.1.29, 89다카1114··············· 438, 442, 844
1991.1.29, 90다12717························ 267
1991.2.12, 88다카21647····················· 248
1991.2.12, 90다7364··················· 199, 255
1991.2.12, 90다17927························ 901
1991.2.22, 90다13420························1033
1991.2.22, 90다카26300·····················1138
1991.2.26, 90다카24526·····················1149
1991.3.12, 90다2147························· 312
1991.3.12, 90다카27570····················· 844
1991.3.22, 90다9797··········· 356, 359, 787, 820
1991.3.27, 88다카30702·····················1053

1991.3.27, 90다8374 ······················· 596
1991.3.27, 90다13888 ······················ 305
1991.3.27, 90다19930 ······················ 351
1991.4.9, 90다14652 ······················· 1147
1991.4.9, 90다16078 ······················· 147
1991.4.9, 99다23093 ···················· 980, 983
1991.4.12, 90다9407 ·················· 693, 696
1991.4.12, 90다17491 ················· 28, 1143
1991.4.12, 91다2601 ······················· 767
1991.4.23, 90다19695 ······················ 1067
1991.5.14, 91다2656 ······················· 376
1991.5.24, 90다13222 ······················ 862
1991.5.24, 90도2190 ······················· 268
1991.5.28, 90다카16761 ················ 796, 797
1991.6.25, 88다카6358 ······················ 64
1991.7.9, 91다261 ························· 268
1991.7.12, 90다8343 ······················· 766
1991.7.12, 90다11554 ······················ 861
1991.7.23, 90다18678 ······················ 483
1991.7.26, 90다15488 ······················ 319
1991.7.26, 91다5631 ······················· 943
1991.8.13, 91다13144 ················· 346, 351
1991.8.13, 91다13717 ················· 781, 782
1991.8.13, 91다18118 ······················ 1091
1991.8.23, 91다13120 ······················ 355
1991.8.27, 91다11308 ······················ 764
1991.8.27, 91다15591,156077 ··············· 1062
1991.9.10, 91다6368 ················· 346, 347, 365
1991.9.13, 91다16334 ······················ 937
1991.10.8, 91다8029 ······················· 1062
1991.10.11, 91다25369 ················ 314, 315
1991.10.22, 90다20244 ······················ 427
1991.11.8, 91다25383 ·············· 266, 270, 271
1991.11.12, 91다9503 ······················ 515
1991.11.22, 91다8821 ······················ 73
1991.11.22, 91다30705 ······················ 1134
1991.11.26, 91다11810 ······················ 45
1991.11.26, 91다32466 ······················ 28
1991.12.10, 91다12035 ······················ 873
1991.12.10, 91다14420 ······················ 97

1991.12.10, 91다33056 ······················ 1121
1991.12.24, 90다12243(전합) ········ 614, 963, 965
1991.12.24, 90다카23899(전합) ············· 134
1991.12.24, 91다29767 ······················ 625
1991.12.27, 91다3208 ······················ 884
1991.12.27, 91다35670 ······················ 522
1992.1.17, 91다25017 ······················ 1107
1992.2.11, 91다21800 ······················ 1171
1992.2.14, 91누1462 ······················· 846
1992.2.14, 91다9244 ······················· 478
1992.2.14, 91다24564 ················· 87, 99
1992.2.25, 91다9312 ······················· 691
1992.2.25, 91다40351 ······················ 949
1992.2.28, 91다25574 ················ 516, 1149
1992.2.28, 91다28221 ······················ 801
1992.3.10, 91다31883 ······················ 132
1992.3.10, 92다589 ························ 1180
1992.3.13, 91다32534 ······················ 1024
1992.3.27, 91다34790 ······················ 1120
1992.3.31, 91다32053(전합) ······ 809, 814, 821, 827,
                                         831
1992.4.10, 91다41620 ······················ 690
1992.4.14, 91다17146,17153 ·············· 647
1992.4.14, 91다23660 ······················ 947
1992.4.14, 91다43107 ······················ 198
1992.4.14, 91다43527 ······················ 959
1992.4.24, 92다3779 ······················· 350
1992.4.28, 91다29972 ················ 647, 799, 800
1992.4.28, 91다30941 ················ 272, 273
1992.4.28, 91다32527 ······················ 1034
1992.4.28, 91다2997217 ······················ 798
1992.5.12, 90다8855 ······················· 540
1992.5.12, 91다37683 ······················ 1129
1992.5.12, 92다4581,4598 ·············· 371, 581
1992.5.22, 92다2295 ······················· 864
1992.5.22, 92다4796 ······················· 855
1992.5.22, 92다5584 ······················· 334
1992.5.26, 91다32190 ················ 233, 244
1992.6.9, 92다9579 ························ 784
1992.6.12, 92다10722 ······················ 868

1992.6.23. 91다33070······················ 614
1992.6.23. 92다4130,92다4147 ·············· 767
1992.7.10. 92다2431 ······················1123
1992.7.14. 92다527 ························ 689
1992.7.14. 92다2455 ························· 47
1992.7.24. 91다40924························ 810
1992.7.28. 91다35816 ················ 237, 238
1992.8.18. 90다9452,9469 ·················· 993
1992.8.18. 91다30927 ······················ 345
1992.9.8. 92다24998 ·····················1109
1992.9.14. 92다4192 ······················1142
1992.9.14. 92다9463 ······················ 596
1992.9.22. 92다25335·····················1179
1992.9.25. 91다37553 ············ 444, 449, 450
1992.10.13. 92다4666 ················ 270, 976
1992.10.13. 92다6433 ·················· 29, 30
1992.10.13. 92다16836··············· 960, 965
1992.10.13. 92다31781 ····················· 195
1992.10.23. 91다40238····················· 148
1992.10.27. 91다483 ················· 568, 690
1992.10.27. 91다32022 ··············· 781, 783
1992.10.27. 91다41064,41071············ 837
1992.10.27. 92다19033···················· 270
1992.10.27. 92다21784········ 650, 659, 660, 661
1992.10.27. 92다34414···················· 964
1992.10.27. 92므204,211················· 938
1992.11.10. 92다30016···················· 706
1992.11.27. 92다23209····················· 166
1992.11.27. 92다30405····················1134
1992.12.8. 92다39860····················· 372
1992.12.22. 91다35540····················· 937
1992.12.22. 92다28549····················· 780
1992.12.22. 92다30580····················· 647
1992.12.22. 92다31361····················· 628
1992.12.22. 92다40211····················· 816
1992.12.27. 92다23209····················· 165
1993.1.15. 92다36212····················· 639
1993.1.15. 92다39365····················· 199
1993.1.19. 91다1226(전합)················ 64
1993.1.19. 92다31323··············· 163, 164

1993.1.19. 92다37727······················ 655
1993.1.26. 92다39112······················ 931
1993.2.9. 92다21098 ·····················1140
1993.2.9. 92다47892 ······················ 941
1993.2.12. 91다43466·················· 619, 620
1993.2.12. 92다23193········· 344, 345, 379
1993.2.12. 92다25151·················· 684, 711
1993.2.12. 92다42941······················ 395
1993.2.23. 92다52436··········· 253, 254, 284
1993.2.26. 92다3083 ······················ 850
1993.3.23. 92다42620·····················1138
1993.3.23. 92다46905················ 935, 640
1993.3.26. 91다14116···············605, 1118
1993.4.9. 92다25946 ········ 360, 651, 652, 653, 793
1993.4.13. 92다3595 ······················ 850
1993.4.13. 92다24950······················· 110
1993.4.13. 92다54524························ 28
1993.4.13. 93다3622 ················· 815, 816
1993.4.23. 92다41719·················· 630, 636
1993.4.23. 93다289 ·················· 693, 705
1993.4.27. 92다45308·····················1072
1993.4.27. 92다56087······················ 927
1993.4.27. 93다4663 ························ 18
1993.5.11. 92누11602······················ 517
1993.5.11. 93다12824······················ 849
1993.5.14. 92다45025·····················1035
1993.5.14. 93다4618 ······················ 198
1993.5.25. 91다41750······················ 969
1993.5.25. 92다54753······················ 623
1993.5.27. 93다4656 ······················ 453
1993.5.27. 93다4908 ·····················1030
1993.5.27. 93다6560 ······················ 423
1993.6.8. 92다49447 ·····················1028
1993.6.8. 93다14998,15007 ············· 480
1993.6.11. 93다7174,7181 ·············· 644
1993.6.25. 93다9200 ························ 63
1993.6.25. 93다13391······················ 203
1993.6.29. 92다38881······················ 903
1993.7.13. 91다39429······················ 519
1993.7.13. 92다4178 ······················ 991

1993.7.16, 92다41528,92다41535 ·············· 860, 866
1993.7.27, 92다42743·················· 602
1993.7.27, 93다2926 ················ 930, 931
1993.7.27, 93다8986 ·················· 24
1993.7.27, 93다20986·················· 797
1993.8.13, 92다52665·················· 919
1993.8.24, 93다7204 ·················· 770
1993.8.27, 93다12930·················· 868
1993.8.27, 93다15366·················· 964
1993.8.27, 93다17379·················· 989
1993.8.27, 93다21156·················· 222
1993.9.10, 92다42897·············· 171, 173
1993.9.14, 91다41316·················· 395
1993.9.14, 93다13162·················· 972
1993.9.14, 93다28379··················· 7
1993.9.14, 93므430 ·················· 967
1993.9.28, 93다20832·················· 334
1993.9.28, 93다31634·················· 900
1993.10.8, 93다25738,25745 ··············1090
1993.10.8, 93다28867·················· 684
1993.10.12, 93다9903·················· 472
1993.10.22, 93다14912·················· 899
1993.10.26, 93다2629,2636 ··········· 144, 151, 908
1993.10.26, 93다14936·················· 849
1993.11.9, 93다11203, 11210 ············· 358
1993.11.9, 93다28928················· 302, 303
1993.11.9, 93다37915·················· 376
1993.11.12, 93다34589··············1056, 1067
1993.11.23, 92다38980·················· 622
1993.11.23, 93다37328············· 647, 652, 653, 675
1993.11.26, 93다36806·················1156
1993.12.7, 93다36615·················1094
1993.12.21, 91다41170·················· 812
1993.12.21, 92다47861(전합)···················· 829
1993.12.27, 93마1655·················· 690
1994.1.11, 93누10057·················· 866
1994.1.11, 93다22043·················· 959
1994.1.28, 93다50215·················· 70
1994.2.8, 93다39379 ·············· 181, 199
1994.2.22, 93다4472 ·················· 189

1994.2.25, 93다38444·················· 531
1994.2.25, 93다39225·················1137
1994.3.11, 93다29648·················1094
1994.3.25, 93다32668·················· 153
1994.3.25, 93다32828,32825 ············· 79
1994.4.12, 93다45480,45497 ············· 770
1994.4.15, 93다61307·················· 875
1994.4.26, 93다24223(전합) ········ 521, 1002, 1003,
                                    1004, 1005, 1006
1994.4.26, 93다31825·················· 403
1994.4.29, 93다35551·················997, 998, 1006
1994.5.10, 93다21606·················· 832
1994.5.10, 93다37977·················1053
1994.5.10, 93다47615·················· 771
1994.5.13, 93다56954·················· 162
1994.5.13, 94다7157·················1125
1994.5.13, 94다8440·················1152
1994.5.24, 93다47738·················· 391
1994.5.27, 93다21521·············· 255, 422, 426
1994.6.10, 93다24810········ 150, 151, 893, 912, 913
1994.6.10, 94다2701 ·················· 157
1994.6.24, 94다10900·················· 951, 967
1994.6.28, 93다26212·················· 852
1994.7.29, 93다58431·················· 973
1994.7.29, 93다59717·················1068
1994.8.12, 92다41559······ 384, 385, 386, 1016
1994.8.12, 93다52808············· 531, 532, 702
1994.8.12, 94다14186·················· 269
1994.8.26, 93다20191·················· 649
1994.8.26, 93다28836·················· 766
1994.8.26, 93다42276·················· 520
1994.9.9, 93다31191·················· 962
1994.9.9, 93다40256·················1176
1994.9.9, 94다8600 ·············· 781, 964
1994.9.13, 94다7942,7959 ············· 787, 788
1994.9.13, 94다17093·················· 767
1994.9.27, 94다20617·················· 272, 273
1994.9.27, 94다21542·················· 48
1994.9.30, 94다20389,20396 ·············1062
1994.9.30, 94다32986·················1111

1994.10.11, 93다55456 ·············1124

1994.10.14, 94다3964 ············· 618

1994.11.8, 94다29560 ············· 250

1994.11.11, 94다17659 ············· 161

1994.11.11, 94다22446 ·········· 421, 565

1994.11.18, 93다46209 ············· 783

1994.11.22, 93다40089 ·············· 62

1994.11.22, 94다5458 ············· 804

1994.11.25, 94다12234 ············· 801

1994.11.25, 94다26097 ············· 836

1994.11.25, 94다35930 ·········· 771, 772

1994.12.9, 93다43873 ············· 462

1994.12.9, 94다27809 ·············1080

1994.12.9, 94다34692,94다34708 ········· 1060, 1061, 1062

1994.12.9, 94다38106 ·········· 427, 496

1994.12.12, 93다59779 ············· 620

1994.12.13, 93다951 ·········· 313, 572

1994.12.13, 93다43545 ·············· 66

1994.12.13, 93다59779 ············· 615

1994.12.22, 94다24985 ············· 261

1994.12.27, 94다4974 ············· 426

1994.12.27, 94다19242 ·············989, 990, 1007

1994.12.27, 94다46008 ············· 459

1995.1.24, 93다32200 ············· 475

1995.1.24, 94다40987 ············· 376

1995.2.3, 94다51178,51185 ··········1067, 1109

1995.2.10, 94다2534 ·········· 751, 941

1995.2.10, 94다13473 ············· 105

1995.2.10, 94다18508 ·············1082

1995.2.10, 94다29553 ············· 948

1995.2.17, 94다52751 ·············· 48

1995.2.28, 93다53887 ·········· 349, 350

1995.2.28, 94다18577 ·········· 7, 943

1995.3.3, 94다33514 ·········· 499, 503

1995.3.10, 94다52522 ·············1090

1995.3.14, 94다26646 ·········· 354, 470

1995.3.23, 94다44620 ············· 905

1995.3.24, 94다10061 ············· 787

1995.3.24, 94다44620 ············· 902

1995.3.28, 93다62645 ············· 590

1995.3.28, 94다59745 ·········· 397, 784

1995.4.7, 94다21931 ············· 459

1995.4.7, 94다59868 ············· 475

1995.4.11, 94다17000,94다17017 ········· 948

1995.4.11, 94다53419 ············· 967

1995.4.14, 94다58148 ············· 700

1995.4.18, 95다3077 ············· 220

1995.4.25, 94다37073 ············· 460

1995.4.25, 94다58513 ·············1181

1995.5.9, 94다47469 ·············379, 1010

1995.5.12, 93다48373 ·········· 552, 553

1995.5.12, 93다59502 ············· 698

1995.5.12, 94다18881,18898 ············· 795

1995.5.12, 94다24336 ············· 834

1995.5.12, 94다25551 ············· 788

1995.5.23, 94다23500 ············· 929

1995.6.16, 95다11146 ············· 539

1995.6.29, 94다22071 ·········· 774, 775

1995.6.30, 94다14582 ············· 724

1995.6.30, 94다23920 ············· 647

1995.6.30, 94다40444 ·········· 457, 459

1995.6.30, 94다41324 ············· 157

1995.6.30, 94다54269 ············· 617

1995.6.30, 95다9716 ············· 460

1995.6.30, 95다12927 ·············1063

1995.7.11, 95다12446 ············· 844

1995.7.14, 94다40147 ············· 939

1995.7.25, 95다5929 ·········· 577, 776, 777

1995.8.11, 94다58599 ·············1015

1995.8.22, 95다1521 ············· 344

1995.8.25, 94다27069 ············· 852

1995.8.25, 94다35886 ·········· 8, 815, 854

1995.9.5, 95다22917 ············· 964

1995.9.15, 94다41485 ············· 457

1995.9.15, 95다16202 ·············1112

1995.9.26, 95다18222 ············· 914

1995.9.26, 95다23743 ············· 259

1995.9.29, 95다30178 ············· 838

1995.9.29, 95다32051 ·············· 63

1995.10.12, 95다26797 ······ 314, 791	1996.4.12, 95다49882 ······ 796
1995.10.13, 94다4882 ······ 436	1996.4.12, 95다55245 ······ 650, 662
1995.10.13, 94다55385 ······ 283	1996.4.23, 95다54761 ······ 1029
1995.10.13, 94다57800 ······ 822	1996.4.26, 94다12074 ······ 876, 879
1995.10.13, 95다22337 ······ 620	1996.4.26, 94다34432 ······ 295
1995.11.10, 94다22682,22699 ······ 850	1996.4.26, 94다43207 ······ 932
1995.11.14, 95다28090 ······ 266	1996.4.26, 95다2562 ······ 862
1995.11.21, 95다5516 ······ 172, 894	1996.4.26, 95다11436 ······ 637, 639
1995.12.5, 94다50229 ······ 188, 194	1996.4.26, 95다34781 ······ 1149
1995.12.12, 95다28526 ······ 637	1996.4.26, 95다52864 ······ 110
1995.12.21, 94다26721(전합) ······ 533	1996.4.26, 95다54426 ······ 942
1995.12.22, 94다42129 ······ 943	1996.4.26, 96누1627 ······ 846
1995.12.22, 94다45098 ······ 267	1996.5.10, 96다6554 ······ 363, 365
1995.12.22, 95다37087 ······ 887, 899	1996.5.10, 96다8468 ······ 624
1995.12.26, 95다18741 ······ 682	1996.5.14, 95다24975 ······ 1113
1995.12.26, 95다42195 ······ 1056, 1067	1996.5.14, 95다50875 ······ 732
1996.1.23, 94다31631 ······ 1116	1996.5.14, 96다5506 ······ 332
1996.1.23, 95다39854 ······ 824	1996.5.18, 96누4810(전합) ······ 103
1996.1.26, 94다30690 ······ 181, 222	1996.5.31, 94다35985 ······ 687
1996.1.26, 94다36919 ······ 895	1996.6.11, 95다12798 ······ 615, 1114
1996.1.26, 94다45562 ······ 66	1996.6.14, 94다41003 ······ 918
1996.1.26, 94다54481 ······ 377, 382	1996.6.14, 94다61359,61366 ······ 621, 622
1996.1.26, 95다30338 ······ 1092	1996.6.14, 95다11429 ······ 633
1996.1.26, 95다43358 ······ 1143, 1144	1996.6.25, 95다6601 ······ 582, 583
1996.2.9, 94다57817 ······ 776, 959, 962	1996.6.25, 95다12682,12699 ······ 1034
1996.2.9, 95다10549 ······ 222	1996.6.25, 96다12009 ······ 134
1996.2.9, 95다27998 ······ 699, 700	1996.6.28, 95다24722 ······ 372
1996.2.9, 95다47756 ······ 328	1996.6.28, 96다14807 ······ 328, 331, 1042
1996.2.13, 95다41406 ······ 216, 217	1996.6.28, 96다16582 ······ 64
1996.2.23, 94다21160 ······ 497, 498	1996.6.28, 96다18281 ······ 545, 987, 988, 1008
1996.2.27, 95다29345 ······ 1065	1996.7.9, 96다14364,14371 ······ 373, 779
1996.2.27, 95다38875 ······ 960	1996.7.9, 96다16612 ······ 549, 979
1996.2.27, 95다43044 ······ 7, 766	1996.7.12, 94다52195 ······ 814, 815
1996.3.8, 95다15087 ······ 1079	1996.7.12, 95다49554 ······ 234
1996.3.8, 95다34866,34873 ······ 810, 812	1996.7.26, 94다25964 ······ 901
1996.3.8, 95다55467 ······ 781	1996.7.26, 95다25138,25145 ······ 361
1996.3.12, 95다51953 ······ 1090	1996.7.26, 96다14616 ······ 467, 577
1996.3.21, 93다42634(전합) ······ 1067	1996.7.30, 94다30324 ······ 1029
1996.4.9, 95다48780 ······ 656	1996.7.30, 95다7932 ······ 984
1996.4.12, 94다37714,37721 ······ 18	1996.7.30, 95다16011 ······ 767

1996.7.30, 95다29130························ 153
1996.8.20, 94다44705,44712 ···············1063
1996.8.20, 96다17653························· 796
1996.8.20, 96다18656···················· 62, 649
1996.8.20, 96다19581························· 151
1996.8.23, 94다20730························· 615
1996.8.23, 94다38199··············· 87, 235, 930
1996.8.23, 96다18076······· 279, 289, 863, 872, 873,
930
1996.9.6, 94다54641 ·······················1053
1996.9.6, 96다19208 ·······················1138
1996.9.10, 96다18182··················· 288, 864
1996.9.10, 96다19758························· 640
1996.9.10, 96다25463························· 111
1996.9.20, 96다22655························· 507
1996.9.20, 96다25302························· 315
1996.9.20, 96다25371························· 975
1996.10.11, 95다34330························ 61
1996.10.11, 95다37759·······················1143
1996.10.11, 96다27384························ 623
1996.10.11, 96다27476················1013, 1014
1996.10.25, 95다33726··················161, 167
1996.10.25, 96다21393,21409·················1115
1996.10.25, 96다29151························ 940
1996.10.25, 96다30113························ 624
1996.10.25, 96다32201·······················1134
1996.10.29, 95다17533························ 460
1996.10.29, 95다56910························ 584
1996.11.8, 95다25060···················516, 517
1996.11.12, 96다26183························ 623
1996.11.22, 96다31703··················154, 964
1996.11.26, 96다27148··················196, 593
1996.11.26, 96다35590,35606····· 354, 362, 769, 362
1996.12.6, 95다24982,24999 ·············911, 956
1996.12.6, 96다35774···················494, 509
1996.12.10, 94다43825···················581, 582
1996.12.10, 94다56098···················657, 777
1996.12.10, 96다27858························ 460
1996.12.10, 96다36289························ 191
1996.12.19, 94다22927(전합)·············849, 850

1996.12.20, 95다25304·······················1096
1996.12.23, 95다35371························ 900
1996.12.23, 95다40038························ 920
1996.12.23, 96다30465,30472················· 295
1996.12.23, 96다33846·······················1015
1997.1.24, 96다26176·······················1028
1997.2.25, 96다43454·······················1115
1997.2.28, 96다26190························ 830
1997.2.28, 96다49933························ 964
1997.3.25, 96다47951························ 921
1997.3.25, 96다51271························ 240
1997.3.28, 96다10638························ 618
1997.4.11, 96다31109········· 350, 352, 889, 890
1997.4.11, 96다50520···················144, 158
1997.4.22, 96다56443·······················1017
1997.4.25, 96다44778,44785················· 371
1997.4.25, 96다46484···················827, 840
1997.5.7, 96다39455························· 666
1997.5.30, 95다4957·······················1127
1997.5.30, 96다22648························ 997
1997.5.30, 97다1556············ 494, 495, 496, 1023
1997.5.30, 97다2986························· 975
1997.5.30, 97다8601·······················1120
1997.6.13, 96다15596························ 655
1997.6.13, 97다8229·······················1164
1997.6.24, 97다1273·······················1015
1997.6.24, 97다2221························· 939
1997.6.24, 97다8809························· 395
1997.6.27, 95다40977,40984················· 544
1997.6.27, 96다426························· 623
1997.6.27, 97다3828········· 233, 245, 256, 976
1997.6.27, 97다9529 ························ 929
1997.7.8, 96누5087·························1163
1997.7.8, 96다36517························· 108
1997.7.8, 97다2177 ························1144
1997.7.8, 97다9895························· 433
1997.7.11, 96다7236·······················1081
1997.7.11, 96므1151·························· 967
1997.7.25, 95다21624···················984, 985
1997.7.25, 97다4357,4364···············963, 964

1997.7.25, 97다5541 ·················· 314, 349
1997.7.25, 97다8403 ········ 157, 288, 860, 862, 871
1997.8.22, 96다26657 ························· 904
1997.8.22, 97다13023 ·········· 901, 908, 909, 172
1997.8.26, 97다6063 ························· 890
1997.8.29, 97다12990 ··············· 571, 572, 818
1997.9.9, 96다16896 ·······················1136
1997.9.9, 96다20093 ························· 562
1997.9.9, 97다10864 ························· 741
1997.9.12, 97다20908 ························· 56
1997.9.26, 95다6205 ························· 102
1997.9.26, 97다10208 ···················· 381, 382
1997.9.26, 97다22768 ························· 143
1997.9.30, 97다23372 ························· 199
1997.9.30, 97다26210 ··············· 890, 903, 904
1997.10.10, 95다44597 ·······················1093
1997.10.10, 95다46265 ···················· 417, 446
1997.10.10, 96다35484 ························· 926
1997.10.10, 97다3750 ························· 109
1997.10.10, 97다8687 ························· 742
1997.10.16, 96다11747(전합)········· 519, 521, 524
1997.10.24, 97다28698 ··········378, 383, 384, 385,
                              1015, 1016, 1018
1997.10.28, 97다21932 ························· 637
1997.11.11, 96다36579 ························· 154
1997.11.11, 97다36965,36972················· 965, 966
1997.11.14, 96다25715 ······················· 61, 62
1997.11.14, 97다36118 ························· 964
1997.11.25, 97다29790 ························· 986
1997.11.28, 96다21751 ························· 232
1997.11.28, 96다22365 ························· 189
1997.11.28, 97다26098 ························· 918
1997.11.28, 97다30257 ···················· 596, 773
1997.12.9, 94다41249 ························· 66
1997.12.9, 96다47586 ··············· 785, 786, 793
1997.12.12, 95다20775 ··············· 184, 191, 192
1997.12.12, 95다38240 ············· 966, 967, 968, 974
1997.12.12, 97누13962 ···················· 866, 926
1997.12.12, 97다22393 ·······················1092
1997.12.12, 97다30288 ························· 829

1997.12.23, 97다37753 ·······················1067
1997.12.23, 97다42830 ···················· 422, 423
1997.12.23, 97다44768 ·······················1112
1997.12.26, 97다22676 ···················· 690, 844
1998.1.23, 96다41496 ························· 923
1998.1.23, 97다35658 ························· 477
1998.1.23, 97다43468 ·······················1094
1998.2.10, 97다31113 ························· 267
1998.2.10, 97다44737 ··············· 889, 891, 901, 915
1998.2.13, 97다47897 ························· 696
1998.2.27, 97다45532 ························· 217
1998.2.27, 97다50985··· 23, 716, 732, 751, 875, 955
1998.3.10, 97다51919 ························· 722
1998.3.10, 97다53304 ························· 849
1998.3.13, 95다30345 ·······················1133
1998.3.13, 97다6919 ···············406, 407, 1134
1998.3.13, 97다22089 ··············· 215, 280, 282
1998.3.13, 97다52493 ·······················1009
1998.3.13, 97다54376 ·······················1114
1998.3.13, 97다57191 ·······················1124
1998.3.27, 97다36996 ························· 966
1998.3.27, 97다48982 ··············· 223, 225, 244, 249
1998.4.14, 97다54420 ···················· 724, 730
1998.4.28, 97다55164 ···················1128, 1129
1998.5.12, 97다34037 ························· 8
1998.5.12, 97다36989 ························· 282
1998.5.12, 97다57320 ························· 730
1998.5.15, 97다58316 ··············· 735, 736, 742, 745
1998.5.29, 97다11621 ························· 101
1998.5.29, 97다55317 ··············· 225, 231, 262, 263
1998.6.12, 96다26961 ························· 828
1998.6.12, 97다53762 ························· 239
1998.6.12, 98다505 ···················· 781, 782
1998.6.23, 98다14191 ························· 135
1998.6.26, 98다5777 ························· 426
1998.6.26, 98다11826 ························· 460
1998.6.26, 98다13914 ···················· 305, 657
1998.7.10, 98다7001 ························· 815
1998.7.10, 98다15545 ························· 356
1998.7.10, 98다18988 ··············· 245, 247, 248

1998.7.14, 96다17202··1073
1998.8.21, 98다17602·· 766
1998.9.4, 98다17909········ 289, 867, 869, 870, 871
1998.9.22, 98다23706·· 902
1998.10.13, 98다17046······························ 522, 552
1998.10.20, 98다31462·······································1063
1998.10.20, 98다31691·· 426
1998.10.27, 98다25184···························1022, 1023
1998.11.10, 98다20059·· 133
1998.11.19, 97다36873·· 628
1998.11.19, 98다20059·· 478
1998.11.19, 98다24105(전합)·····························1031
1998.11.24, 98다25061···························591, 1166
1998.11.24, 98다33765·······································1012
1998.11.27, 98다7421·· 976
1998.12.8, 97다31472·· 683
1998.12.8, 98다37507···························1170, 1171
1998.12.8, 98다39923·· 432
1998.12.8, 98다43137·· 401
1998.12.8, 98도3263 ·· 918
1998.12.22, 98다34911·· 459
1998.12.22, 98다42356·······························332, 333
1998.12.22, 98다44376·······························964, 965
1998.12.22, 97다15715·· 966
1998.12.23, 97다40131·· 632
1999.1.15, 98다39602·· 202
1999.1.15, 98다48033·· 634
1999.1.29, 98다48903·· 123
1999.2.5, 97다26593 ·· 239
1999.2.5, 97다33997·· 986
1999.2.9, 98다51220···························1149, 1150
1999.2.12, 98다45744·· 861
1999.2.23, 97다12082·· 421
1999.2.23, 98다47924·······························898, 902
1999.2.23, 98다60828,60835··········· 217, 922, 923
1999.2.24, 97다46955·· 940
1999.3.9, 98다46877 ·· 245
1999.3.12, 97다37852·· 343
1999.3.12, 98다18124·······························831, 832
1999.3.12, 98다48989·· 289

1999.3.12, 98다54458·······································1138
1999.3.18, 98다32175(전합)·················· 810, 812
1999.3.26, 97다30622·· 999
1999.3.26, 98다56607·······························961, 962
1999.4.9, 98다46945·· 851
1999.4.9, 98다58016·· 681
1999.4.9, 99다2515·······························730, 733
1999.4.13, 98다51077,51084 ·················· 564
1999.4.13, 98다52483·······························936, 943
1999.4.13, 99다4207·······································1091
1999.4.23, 98다45546·· 897
1999.4.23, 99다4504···························57, 64, 1123
1999.4.27, 98다56690··········· 711, 714, 715, 940
1999.5.11, 98다61746·······································1155
1999.5.11, 99다1284·······································1134
1999.5.28, 98다58825·· 949
1999.6.11, 99다3143·· 822
1999.6.11, 99다7992·······································1085
1999.6.11, 99다16378·······························517, 841
1999.6.17, 98다40459(전합)·················· 964, 965
1999.6.17, 98다58443(전합)·················· 723
1999.6.22, 99다7046···························630, 1182
1999.6.25, 99다7183·······························145, 281
1999.6.25, 99다10363·· 101
1999.7.9, 98다9045·····························71, 1142, 908
1999.7.9, 98다13754···························357, 358, 470
1999.7.9, 98다47542,47559··············· 358, 361
1999.7.9, 98다55543·· 487
1999.7.9, 99다12376···························839, 1015
1999.7.9, 99다15184·· 340
1999.7.23, 99다25532·······································1087
1999.7.27, 98다46167·· 951
1999.7.27, 99다13621·······························616, 800
1999.7.27, 99다19384·· 83
1999.8.20, 99다18039·······························995, 997
1999.8.24, 99다22281,22298 ·············· 482, 487
1999.8.24, 99다23468·· 742
1999.8.24, 99다24508·· 517
1999.8.24, 99다26481·······························487, 490
1999.9.3, 97다56099 ·· 223

1999.9.3, 99다23055 ·························· 459
1999.9.7, 98다19240 ·························· 132
1999.9.7, 98다41490 ············ 729, 746, 747, 752
1999.9.21, 99다19032 ························1113
1999.10.12, 99다14846 ······················· 800
1999.10.22, 98다22451 ······················· 427
1999.11.12, 98두17067 ······················· 116
1999.11.12, 99다29916 ············· 712, 724, 751
1999.11.12, 99다34697 ···········345, 346, 1077
1999.11.26, 99다23093 ······················· 983
1999.11.26, 99다43486 ······················· 139
1999.12.10, 99다14433 ······················· 483
2000.1.14, 99다40937 ························ 796
2000.1.18, 98다18506 ········ 645, 648, 664, 665, 673
2000.1.21, 98다50586 ························ 197
2000.1.21, 99다50538 ························ 625
2000.1.28, 98다17183 ························ 706
2000.2.11, 99다47525 ························ 259
2000.2.11, 99다49064 ························ 937
2000.2.11, 99다49644 ························ 313
2000.2.11, 99다53292 ························ 824
2000.2.11, 99다56833 ··················· 936, 950
2000.2.11, 99다62074 ························ 162
2000.2.25, 97다30066 ··················· 347, 794
2000.2.25, 99다53704 ··············· 735, 736, 742
2000.3.10, 99다61750 ························ 460
2000.3.14, 99다67376 ··················· 421, 425
2000.3.14, 99다68676 ························ 462
2000.3.23, 99다63176 ··················905, 1182
2000.3.23, 99다64049 ························ 921
2000.4.7, 99다52817 ························1008
2000.4.7, 99다66212 ························1091
2000.4.11, 99다51685 ························ 796
2000.4.11, 2000다2627 ················· 991, 999
2000.4.21, 99다35713 ························1139
2000.4.21, 2000다584 ··················· 794, 796
2000.4.25, 99다34475 ························ 860
2000.4.25, 2000다11102 ··············· 835, 837, 841
2000.5.12, 98다23195 ························ 325
2000.5.12, 99다64995 ························ 903

2000.5.12, 2000다5978 ······················· 786
2000.5.12, 2000다12259 ··········· 889, 891, 893, 902
2000.5.30, 2000다2566 ······················· 239
2000.6.9, 98다18155 ························ 687
2000.6.9, 98다64202 ························ 196
2000.6.9, 99므1633 ························· 969
2000.6.9, 2000다9123 ··················· 789, 790
2000.6.23, 2000다16275,16282 ················ 789
2000.6.27, 2000다17346 ····················· 712
2000.7.6, 99다51258 ························ 882
2000.7.7, 98다44666 ·················1124, 1125
2000.7.28, 99다38637 ··················· 314, 634
2000.8.18, 99므1855 ························· 849
2000.8.22, 2000다3675 ·····················1167
2000.8.22, 2000다23433 ····················· 796
2000.9.8, 99다6524 ························· 539
2000.9.8, 99다58471 ························ 266
2000.9.26, 2000다30639 ····················· 719
2000.9.29, 2000다3262 ······················· 733
2000.10.10, 99다53230 ·····················1095
2000.10.10, 2000다28506,28513 ···········1127, 1133
2000.10.13, 2000다20069 ···················· 189
2000.10.27, 2000다30561 ···················· 664
2000.10.27, 2000다36118 ················ 344, 359
2000.10.28, 2000마5527 ····················· 109
2000.11.10, 2000다29769 ···················· 642
2000.11.24, 99다12437 ······················· 68
2000.11.24, 2000다38718,38725 ··········· 591, 620
2000.11.28, 2000다8533 ···········361, 361, 1033
2000.12.8, 98두5279 ························ 105
2000.12.8, 2000다35771 ····················· 637
2000.12.8, 2000다50350 ····················· 634
2000.12.8, 2000다51339 ········· 483, 484, 485, 487
2000.12.12, 99다49620 ·····················1125
2000.12.22, 99다55571 ·····················1157
2000.12.26, 99다19278 ·················· 44, 612
2000.12.26, 2000다54451 ···················· 499
2000.12.26, 2000다56204 ··················1014
2001.1.5, 2000다49091 ····················· 931
2001.1.16, 98다58511 ······················· 300

2001.1.16, 2000다29325 ·················· 415
2001.1.16, 2000다41349 ·················· 684
2001.1.18, 98다18506 ···················· 664
2001.1.19, 99다67598 ···················· 253
2001.1.19, 2000다20694 ·················· 202
2001.2.9, 99다38613 ················ 934, 936
2001.2.9, 99다48801 ············ 234, 239, 625
2001.2.9, 2000다10079 ··················· 520
2001.2.9, 2000다57139 ··············· 736, 742
2001.2.9, 2000다60227 ··················· 421
2001.2.9, 2000다60708 ··················· 521
2001.2.27, 2000다44348 ·················· 758
2001.3.9, 99다13157 ······················ 21
2001.3.15, 99다48948(전합) ··············· 154
2001.3.23, 2000다40858 ·················· 140
2001.3.23, 2000다51650 ·················· 118
2001.3.23, 2000다71555 ·················· 133
2001.3.23, 2000다72671 ·················· 235
2001.3.23, 2001다6145 ··················· 828
2001.3.27, 2000다43819 ·················· 534
2001.4.10, 2000다49343 ·············· 937, 938
2001.4.10, 2000다64403 ·················· 775
2001.4.24, 99다30718 ················ 931, 937
2001.4.24, 2000다41875 ·········· 724, 731, 751
2001.4.24, 2000다71999 ·················· 936
2001.4.27, 2000다4050 ··················· 542
2001.4.27, 2000다69026 ············· 1015, 1018
2001.5.8, 99다38699 ················ 940, 941
2001.5.8, 2000다9611 ···················· 874
2001.5.8, 2000다58804 ··················· 718
2001.5.8, 2000다66089 ··················· 727
2001.5.8, 2001다6053,6060,6077······ 353, 354, 469
2001.5.29, 99다55601,55618 ··········· 122, 919
2001.5.29, 99다66410 ····················· 60
2001.5.29, 2000다3897··········· 155, 282, 1015
2001.5.29, 2001다1782 ··················· 931
2001.5.29, 2001다11765 ·············· 289, 871
2001.6.1, 98다17930 ····················· 768
2001.6.1, 99다63183 ····················· 758
2001.6.1, 2001다21854 ··················· 504

2001.6.12, 99다20612·········· 742, 743, 744, 745
2001.6.12, 99다51197,51203 ·············· 748
2001.6.12, 2000다47187 ·················· 460
2001.6.12, 2000다70989 ·················· 403
2001.6.12, 2001다3580 ··················· 847
2001.6.15, 99다3515 ····················· 471
2001.6.15, 99다40418 ···················· 173
2001.6.26, 99다47501 ···················· 344
2001.6.26, 2000다44928 ·················· 677
2001.6.29, 2000다68290 ················· 1080
2001.7.10, 2001다3764·········· 357, 358, 360, 568
2001.7.13, 99다38583·····················1146
2001.7.24, 2001다23669 ·················1156
2001.7.27, 99다56734·················590, 1161
2001.7.27, 2000다73377 ·················· 731
2001.8.21, 2000다12419 ·················· 835
2001.8.21, 2001다22840·········· 408, 409, 411, 837
2001.9.4, 2000다66416·················· 742, 744
2001.9.4, 2001다14108·················· 734, 738
2001.9.14, 2000다66430, 66447 ···········1145
2001.9.18, 2001다9304·················355, 1113
2001.9.18, 2001다29643·················1142
2001.9.25, 99다19698·····················649
2001.10.9, 2000다42618·················· 720
2001.10.9, 2000다51216·················· 985
2001.10.9, 2001다36283·················· 510
2001.10.12, 99다56192····················571
2001.10.12, 2001다32533·················· 716
2001.10.23, 2001다25184················· 533
2001.10.23, 2001도2991·················· 938
2001.10.26, 2000다61435················· 441
2001.10.30, 2001다24051················· 815
2001.11.9, 2001다44291················ 270, 271
2001.11.9, 2001다44987·················· 933
2001.11.9, 2001다52568·········· 814, 823, 839
2001.11.13, 2001다20394,20400············ 779
2001.11.13, 2001다55222·········· 530, 533, 536
2001.11.27, 99다8353·········· 458, 459, 460
2001.11.30, 2001다6947·················1145
2001.12.11, 2000다13948··········· 401, 402

2001.12.11, 2001다36511 ············· 353, 468
2001.12.11, 2001다40213 ·······················1053
2001.12.24, 2001다42677 ························ 510
2001.12.27, 2000다73049 ············ 689, 734, 751
2001.12.27, 2001다63216 ·······················1082
2001.12.28, 2001다24075 ························ 612
2002.1.8, 2001다47535·······················1082
2002.1.8, 2001다60019 ························ 852
2002.1.11, 2001다41971 ························· 44
2002.1.11, 2001다65960 ························· 28
2002.1.22, 2001다70702 ·······················1096
2002.1.25, 99다57126 ························· 640
2002.1.25, 99다62838·······················1128
2002.1.25, 99다63169·······················1169
2002.1.25, 2001다30285 ························ 383
2002.1.25, 2001다52506 ············ 532, 539, 690
2002.1.25, 2001다63575 ························ 154
2002.2.5, 99다53674 ························· 622
2002.2.8, 99다23901 ········ 582, 583, 584, 809, 821
2002.2.8, 2000다50596·························· 540
2002.2.22, 2000다53274 ························ 966
2002.2.26, 99다67079·······················1050
2002.2.26, 2000다25484 ············ 836, 838, 849
2002.2.26, 2000다48265 ············ 155, 460
2002.2.26, 2001다77697 ·······················360, 1070
2002.3.12, 2000다24184,24191······· 870, 1081, 1120
2002.3.15, 2000다52141 ························ 257
2002.3.15, 2001다59071 ············ 454, 455
2002.3.29, 2000다577·············· 350, 351
2002.3.29, 2000다13887 ·············996, 997, 1007
2002.3.29, 2001다41766 ············ 338, 569, 570
2002.3.29, 2001다81870 ························ 713
2002.4.9, 99다47396 ············ 170, 577, 658
2002.4.12, 2000다17834 ························ 125
2002.4.12, 2000다43352 ························ 712
2002.4.12, 2000다63912 ············ 715, 741
2002.4.12, 2001다82545,82552·······564, 919, 1111
2002.4.26, 2000다50497 ············ 771, 776
2002.4.26, 2001다59033 ···············979, 1003
2002.4.26, 2001다8097,8103 ············ 850, 942

2002.5.10, 2000다18578······· 436, 472, 1018, 1020, 1021, 1022
2002.5.10, 2000다37296, 37302 ·············627, 1119
2002.5.14, 2000다62476 ············ 429, 442, 840
2002.5.24, 2000다42540 ························ 622
2002.5.24, 2000다72572 ············ 141, 142, 462
2002.5.28, 2000다46511 ························ 590
2002.5.31, 2001다42080············· 1066, 1067, 1068
2002.6.11, 2002다2539················ 616, 621, 799
2002.6.14, 2000다3583 ························ 741
2002.6.14, 2000다38992 ············ 199, 477
2002.6.14, 2002다14853 ························ 922
2002.6.28, 2000다22249 ························ 820
2002.6.28, 2001다5296························· 61
2002.6.28, 2001다49814 ············ 216, 284, 285
2002.6.28, 2002다23482 ·······················146, 1090
2002.7.12, 99다68652········ 434, 484, 487, 490, 636
2002.7.12, 2000다17810 ························ 636
2002.7.12, 2001다2068 ············ 626, 627
2002.7.12, 2001다7940 ·······················1028
2002.7.12, 2001다44338 ························ 564
2002.7.12, 2001다82545,82552 ············ 564
2002.7.26, 2000다25002 ························ 669
2002.7.26, 2001다53929 ············ 499, 500
2002.8.23, 2000다60890,60906 ·············1164
2002.8.23, 2001다69122 ························ 986
2002.8.23, 2002다1567························ 333
2002.8.23, 2002다25242 ············ 359, 535
2002.8.27, 2002다27903 ························ 729
2002.9.4, 2000다54406,54413············ 918, 930, 950
2002.9.4, 2001다1386·······················1116
2002.9.4, 2001다64615·················1085, 1106
2002.9.4, 2001다80778························ 614
2002.9.4, 2001므718 ························ 718
2002.9.4, 2002다11151 ························ 661
2002.9.4, 2002다28340················ 340, 572, 818
2002.9.10, 2002다21509········· 430, 441, 449, 934, 937, 959, 960, 962, 1004
2002.9.14, 2002다11151 ························ 661
2002.9.24, 2002다11847 ························ 972

2002.9.24, 2002다23857 ·············· 723

2002.9.24, 2002다36228 ··············1009

2002.9.27, 2002다15917 ·············· 396

2002.10.11, 2001다7445 ·············550, 870, 1152

2002.10.11, 2001다59217 ·············· 266

2002.10.22, 2002다38927 ········· 947, 949, 217

2002.10.25, 2000다64441 ············· 711, 729

2002.10.25, 2002다21769 ·············· 800

2002.10.25, 2002다34017 ·············· 450

2002.11.8, 99다58136 ············· 656, 657, 658

2002.11.8, 2002다7527 ·············· 984

2002.11.8, 2001다51725 ··············1083

2002.11.8, 2002다41589 ··········721, 722, 738, 742,
745, 752

2002.11.8, 2002다42957 ············· 712, 751

2002.11.13, 2002다46003,46027,46010····1068, 1080

2002.11.22, 2001다40381 ··············1108

2002.11.26, 2000다31885 ··············1114

2002.11.26, 2001다833 ············· 349, 445

2002.11.26, 2001다11239 ·············· 733

2002.11.26, 2002다34727 ············· 923, 924

2002.11.26, 2002다46492 ·············· 162

2002.12.6, 2001다2846 ··········· 511, 522, 523, 1152

2002.12.6, 2002다42278 ··············1070

2002.12.10, 2001다58443 ·············· 260

2002.12.10, 2002다47631 ············· 290, 448

2002.12.10, 2002다52657 ··············1070

2002.12.24, 2000다54536 ············· 638, 639

2002.12.24, 2001다3917 ·············· 467

2002.12.27, 2000다47361 ············· 559, 574, 577

2003.1.10, 2000다26425··517, 849, 850, 1030, 1032

2003.1.10, 2000다27343 ············· 693, 705

2003.1.10, 2000다61671 ·············· 192

2003.1.10, 2001다1171 ·············· 97

2003.1.10, 2002다11236 ············· 188, 196

2003.1.24, 2000다5336,5343 ·············· 328

2003.1.24, 2000다22850····· 576, 580, 776, 788, 878

2003.1.24, 2000다37937 ·············· 460

2003.1.24, 2001다2129 ·············· 937

2003.1.24, 2002다65189 ·············· 656

2003.2.11, 2002다37474 ·············· 743

2003.2.26, 2000다40995 ············ 596, 597, 773, 774

2003.2.28, 2000다65802 ··············1065

2003.3.14, 2003다2109 ·············· 142

2003.3.28, 2002다72125 ············· 614, 874, 956

2003.4.8, 2002다64957,64964····· 816, 817, 818, 826

2003.4.11, 2001다53059 ··········· 118, 173, 174, 616

2003.4.11, 2002다59481 ········· 528, 529, 545, 1106

2003.4.11, 2002다63275 ·············· 592

2003.4.11, 2002다70884 ············· 898, 904

2003.4.11, 2003다1250 ·············· 751

2003.4.11, 2003다1755 ··············1142

2003.4.11, 2003다7173 ·············· 258

2003.4.22, 2003다2390,2406 ············· 930

2003.4.25, 2002다11458 ··············1164

2003.4.25, 2002다70075 ·············· 671

2003.5.13, 2000다45273 ·············· 121

2003.5.13, 2002다73708,73715············· 920, 922

2003.5.13, 2003다10797 ·············· 327

2003.5.13, 2003다16238 ············· 833, 836

2003.5.27, 2000다73445 ·············· 72

2003.5.27, 2001다13532 ·············· 739

2003.5.27, 2002다69211 ·············· 101

2003.5.30, 2002다21592 ·············· 108

2003.5.30, 2002다23826 ··············1159

2003.5.30, 2003다13512 ············· 467, 468

2003.6.13, 2001다29803 ·············· 429

2003.6.13, 2003다17927,17934············· 829

2003.6.24, 2002다48214 ·············· 880

2003.6.24, 2003다1205 ·············· 726

2003.6.24, 2003다7357 ············· 862, 872

2003.6.27, 2001다734 ············· 626, 627

2003.6.27, 2002다46423 ·············· 64

2003.6.27, 2002다68034 ·············· 64

2003.6.27, 2003다1632 ··············1164

2003.6.27, 2003다15907 ············· 753, 755

2003.6.27, 2003다20190 ············ 667, 669, 850

2003.7.8, 2002다74817 ·············· 64

2003.7.8, 2003다13246 ·············· 722

2003.7.11, 2002다59825 ·············· 472

2003.7.11. 2003다19572 ································· 741
2003.7.22. 2001다76298 ································· 790
2003.7.22. 2002다35676 ························· 592, 677
2003.7.25. 2001다60392 ································· 844
2003.7.25. 2002다27088 ······ 58, 78, 81, 89, 95, 96
2003.7.25. 2003다2918 ································ 1081
2003.8.19. 2001다14061 ································· 332
2003.8.19. 2003다24215 ························· 337, 570
2003.8.22. 2003다27054 ································· 133
2003.9.5. 2001다32120 ································· 282
2003.9.5. 2001다44697 ································· 926
2003.9.5. 2002다40456 ································· 517
2003.9.26. 2001다64479 ································· 102
2003.9.26. 2002다31803 ································· 549
2003.9.26. 2002다65073 ································· 232
2003.9.26. 2003다22028 ································· 67
2003.10.9. 2001다24655 ································· 561
2003.10.10. 2001다77888 ······························ 984
2003.10.24. 2003다36331 ································ 611
2003.10.24. 2003다37426 ············· 999, 1000, 1001
2003.11.13. 2003다39989 ······························ 720
2003.11.14. 2003다35482 ······························ 583
2003.11.14. 2003다37730 ····························· 1017
2003.11.28. 2002다72156 ······························ 819
2003.12.11. 2001다3771 ······························· 987
2003.12.11. 2003다49771 ················· 387, 388, 389
2003.12.12. 2003다40286 ························· 732, 747
2003.12.12. 2003다44059 ················· 215, 280, 281
2004.1.15. 2002다31537 ························· 879, 882
2004.1.15. 2003다56625 ······························· 269
2004.1.16. 2003다30890 ························· 830, 844
2004.1.27. 2000다63639 ····························· 1172
2004.1.27. 2001다24891 ····························· 1116
2004.1.27. 2003다45410 ······························· 438
2004.1.29. 2001다1775 ································· 63
2004.2.12. 2001다10151 ··········· 697, 698, 714, 844
2004.2.13. 2002다7213 ··················· 812, 813, 832
2004.2.13. 2003다43490 ············ 179, 214, 544, 990
2004.2.13. 2003다46475 ······························· 682
2004.2.27. 2002다39456 ······························· 627

2004.2.27. 2003다15280 ··········· 82, 85, 89, 90, 93
2004.2.27. 2003다51675 ····························· 1163
2004.3.12. 2001다79013 ····· 372, 374, 601, 603, 605
2004.3.18. 2001다82507(전합) ······················ 620
2004.3.25. 2001다53349 ······························· 484
2004.3.26. 2003다34045 ···························· 93, 94
2004.4.23. 2004다5389 ··················· 236, 475, 476
2004.4.23. 2004다8210 ······························ 1035
2004.4.27. 2003다37891 ······························· 529
2004.4.28. 2001다36733 ······························· 617
2004.4.28. 2003다61542 ······························· 983
2004.5.14. 2003다57697 ······························· 141
2004.5.14. 2003다61054 ····························· 1029
2004.5.14. 2004다7354 ································· 191
2004.5.28. 2001다81245 ························· 445, 535
2004.5.28. 2002다32301 ······························· 173
2004.5.28. 2003다60822 ························· 726, 731
2004.5.28. 2003다70041 ········ 875, 879, 882, 937
2004.5.28. 2004다6542 ································· 688
2004.6.11. 2003다1601 ························· 478, 958
2004.6.24. 2003다59259 ························· 670, 673
2004.7.9. 2003다27160 ································· 458
2004.7.9. 2003다46758 ································· 444
2004.7.9. 2004다13083 ········· 771, 772, 1018, 1020,
                                    1021, 1022
2004.7.22. 2001다58269 ······························· 623
2004.7.22. 2002다51586 ··········· 587, 647, 677, 678
2004.8.20. 2001다70337 ····························· 1114
2004.8.20. 2002다20353 ····························· 1179
2004.8.30. 2003다23885 ····························· 1088
2004.8.30. 2004다21923 ························· 716, 753
2004.9.3. 2002다37405 ························· 381, 382
2004.10.14. 2002다55908 ····················· 403, 1175
2004.11.11. 2003다30807 ····················· 131, 132
2004.11.11. 2004다37737 ···························· 521
2004.11.12. 2004다40955 ···························· 714
2004.11.25. 2004다28245 ···························· 133
2004.12.9. 2002다33557 ························· 653, 654
2004.12.10. 2002다73852 ····················· 638, 639
2004.12.23. 2004다46601 ····························· 437

2004.12.24, 2004다45943 ·········· 437
2005.1.13, 2003다63043 ············ 189
2005.1.13, 2004다54756 ············ 925
2005.1.14, 2002다57119 ······819, 822, 1169
2005.1.14, 2003다33004 ············ 796
2005.1.28, 2004다58963 ······ 716, 718, 719
2005.2.25, 2003다67007 ············· 80
2005.2.25, 2004다34790 ············1159
2005.3.10, 2004다67653 ············1007
2005.3.24, 2004다65367 ············ 739
2005.3.25, 2004다10985,10992 ······ 725, 726
2005.3.25, 2004다65336 ············· 97
2005.4.14, 2004다68175 ············1055
2005.4.15, 2003다60297,60303,60310,60327 ····· 974
2005.4.15, 2004다70024 ············ 883
2005.5.12, 2004다63484 ············1142
2005.5.12, 2004다68366 ············ 880
2005.5.12, 2005다6228 ············· 904
2005.5.13, 2003다50771 ············ 729
2005.5.13, 2004다71881 ············ 819
2005.5.27, 2003다36478,36485 ········ 719
2005.5.27, 2004다43824 ······· 895, 909, 927, 972
2005.5.27, 2004다60065 ·········· 149, 914
2005.6.9, 2004다17535 ·········· 734, 738
2005.6.9, 2005다4529 ·······360, 361, 1090
2005.6.9, 2005다6341 ··········· 767, 797
2005.6.23, 2004다29279 ··········994, 1000
2005.6.24, 2003다54971 ·········65, 66, 67
2005.6.24, 2005다10388 ············· 66
2005.6.24, 2005다16713 ·········· 626, 627
2005.6.24, 2005다17877 ·········· 311, 312
2005.7.8, 2005다8125 ········· 488, 489, 623
2005.7.21, 2002다1178(전합) ········· 62
2005.7.28, 2005다3649 ··········· 77, 203
2005.8.19, 2003다22042 ········· 360, 361, 482, 485, 489, 490
2005.8.19, 2004다53173 ······· 597, 751, 773
2005.9.9, 2003다7319 ············· 403
2005.9.15, 2004다44971(전합) ·····58, 62, 65
2005.9.15, 2005다33039 ············1090

2005.9.29, 2005다27188 ············ 682
2005.10.13, 2003다24147 ·········· 413, 427
2005.10.14, 2003다60891 ·········· 747, 749
2005.10.27, 2005다35554,35561 ······ 442
2005.10.28, 2003다69638 ············· 98
2005.10.28, 2005다45827 ············ 852
2005.11.10, 2003다66066 ············· 82
2005.11.10, 2004다7873 ·········· 718, 725
2005.11.10, 2004다22742 ············ 826
2005.11.10, 2004다37676 ············ 361
2005.11.10, 2004다49532 ·········· 754, 756
2005.11.10, 2005다38089 ············ 941
2005.11.10, 2005다41818 ······· 828, 831, 993
2005.11.25, 2005다51457 ······· 738, 739, 750
2005.12.8, 2003다41463 ············ 802
2005.12.23, 2003다30159 ······· 80, 128, 1176
2005.12.23, 2005다59383,59390 ······ 818
2006.1.12, 2004다46922 ············ 381
2006.1.13, 2005다51013,51020 ······ 560
2006.1.13, 2005다64002 ············1099
2006.1.26, 2003다36225 ············ 100
2006.1.26, 2004다19104 ············ 818
2006.1.27, 2005다19378 ·········· 422, 426
2006.1.27, 2005다39013 ············ 685
2006.2.9, 2005다59864 ············ 879
2006.2.10, 2003다15501 ······· 616, 799, 800, 807
2006.2.10, 2004다2564 ········· 684, 685, 719
2006.2.23, 2005다53187 ············ 355
2006.2.24, 2005다58656,58663 ······· 342
2006.3.10, 2002다1321 ······· 731, 864, 882, 886
2006.3.24, 2006다2803 ············ 269
2006.4.13, 2003다25256 ···········1126, 1131
2006.4.13, 2005다70090 ············ 720
2006.4.13, 2005다75897 ············ 620
2006.4.14, 2006다5710 ············ 731
2006.4.20, 2004다37775(전합) ········· 63
2006.5.12, 2005다68783 ·········381, 382, 1120
2006.6.15, 2004다10909 ············ 136
2006.6.16, 2005다25632 ············ 834
2006.6.27, 2005다50041 ············ 434

2006.6.29, 2004다5822·················· 712, 741

2006.7.4, 2004다61280················ 731

2006.7.4, 2006므751················ 529

2006.7.27, 2006다32781················ 836

2006.7.28, 2004다54633·········· 535, 536

2006.8.24, 2004다26287········ 442, 824, 825

2006.8.25, 2005다67476················ 524

2006.9.8, 2006다26328,26335··········· 794

2006.9.14, 2005다45537··············941, 1001

2006.9.22, 2006다135···············1015

2006.9.22, 2006다24049················ 360

2006.9.28, 2004다44506···············1161

2006.10.12, 2004다48515·········· 918, 927

2006.10.12, 2004재다818·········· 485, 488, 489

2006.10.13, 2004다21862···············1111

2006.10.26, 2004다24106,24113········ 350, 364, 366,
1036

2006.10.26, 2004다63019················ 532

2006.10.27, 2004다63408················ 852

2006.11.9, 2004다22971·········· 595, 773

2006.11.9, 2006다46483··············· 733

2006.11.10, 2004다10299················ 880

2006.11.23, 2005다13288·········· 149, 912, 914

2006.11.24, 2005다39594················ 162

2006.11.24, 2006다35766··············335, 1106

2006.12.7, 2004다54978·········· 583, 740

2006.12.7, 2006다43620··············· 743

2006.12.21, 2004다24960··············· 733

2006.12.21, 2004다45400··············· 551

2006.12.21, 2005다40754··············· 337

2006.12.21, 2006다69141··············· 211

2006.12.22, 2004다37669···············1152

2007.1.11, 2005다47175·········1152, 1153

2007.1.11, 2006다33364··············· 830

2007.1.25, 2004다51825··············· 799

2007.1.26, 2006다60526···············1154

2007.2.15, 2004다50426(전합)········· 321, 551, 944

2007.2.22, 2005다65821··············· 823

2007.3.29, 2004다31302··············· 778

2007.4.12, 2004다51542··············· 865

2007.4.19, 2004다60072,60089(전합)················ 59

2007.4.26, 2005다19156··············· 793

2007.4.26, 2006다22715··············· 437

2007.4.27, 2005다64033··············· 498

2007.5.10, 2006다82700,82717·········· 686, 690

2007.5.10, 2007다3377··············· 591

2007.5.31, 2005다28686·········· 724, 730

2007.6.1, 2005다5812,5829,5836······· 121, 122, 123,
918

2007.6.14, 2005다5140···········1125, 1126

2007.6.14, 2005다32999··············· 425

2007.6.14, 2007다17475···············1086

2007.6.15, 2004다37904,37911··········· 766

2007.6.21, 2004다26133(전합)···········1081, 1087

2007.6.28, 2004다69741···········1049, 1050

2007.6.28, 2005다22404···············1172

2007.6.28, 2006다38161··············· 957

2007.6.28, 2006다85921·········· 693, 694

2007.7.12, 2005다65197·········· 746, 747, 752

2007.7.12, 2007다18218··············· 742

2007.7.13, 2006다81141··············· 786

2007.7.26, 2007다29119·········· 717, 748

2007.8.23, 2005다59475··············· 132

2007.8.23, 2006다15755··············· 636

2007.8.23, 2006다52815··············· 903

2007.8.23, 2007다21856,21863·······483, 1075, 1080

2007.8.23, 2007다23425··············· 238

2007.8.23, 2007다26455,26462··············· 356

2007.9.6, 2007다31990···············1024

2007.9.6, 2007다34135··············· 697

2007.9.6, 2007다34982··············61, 62

2007.9.7, 2005다30832···············1176

2007.9.7, 2007다30072··············· 343

2007.9.20, 2005다7405···············1137

2007.9.20, 2005다63337·········· 569, 595, 597, 621

2007.9.21, 2006다69479···············1022

2007.10.11, 2005다7085··············· 415

2007.10.11, 2007다45364··············· 728

2007.10.12, 2006다42566··············· 641

2007.10.25, 2006다16758··············· 625

2007.10.25. 2007다40765 ·················· 165, 168
2007.10.26. 2005다21302 ·························· 190
2007.11.16. 2005다3229 ···························· 628
2007.11.16. 2005다71659,71666,71673 ········· 25, 26
2007.11.25. 2007다48370,48387 ···············1136
2007.11.29. 2005다64255 ·························1083
2007.11.29. 2006다2490,2506 ·········· 766, 767
2007.11.29. 2007다51239 ·························1177
2007.11.29. 2007다53013 ·························· 882
2007.11.29. 2007다54849 ·········· 714, 724, 844
2007.11.30. 2005다21647,21654 ···············1164
2007.11.30. 2005도9922 ···························· 965
2007.12.13. 2007다18959 ·························· 620
2007.12.27. 2006다9408 ···························· 635
2008.1.18. 2005다10814 ···························· 569
2008.1.18. 2005다65579 ···························· 419
2008.1.31. 2007다64471 ···················· 706, 844
2008.1.31. 2007다74713 ·············· 231, 250, 251
2008.2.14. 2005다47106,47113,47120 ··········· 727
2008.2.14. 2006다33357 ···························· 725
2008.2.14. 2006다37892 ···························· 785
2008.2.14. 2007다77569 ···························· 214
2008.2.15. 2005다69458 ···················· 561, 563
2008.2.28. 2006다10323 ···············1072, 1074
2008.2.28. 2007다77446 ···························· 728
2008.2.29. 2007다54108 ·························1000
2008.3.13. 2006다29372,29389 ···············1051
2008.3.13. 2007다54627 ·························1018
2008.3.13. 2007다73611 ···························· 160
2008.3.14. 2006다2940 ············ 617, 823, 843
2008.3.27. 2006다7532,7549 ···················· 361
2008.3.27. 2006다45459 ·························1073
2008.3.27. 2007다78616,78623 ···················· 728
2008.3.27. 2007다82875 ···························· 941
2008.4.10. 2007다38908,38915 ···················· 796
2008.4.10. 2007다78234 ···························· 720
2008.4.24. 2006다14363 ···························· 791
2008.4.24. 2007다44774 ···························· 395
2008.4.24. 2007다84352 ·········· 708, 738, 739, 758
2008.4.24. 2008다3053,3060 ···················· 353

2008.5.8. 2007다36933,36940 ···················· 109
2008.5.15. 2007다14759 ···························· 215
2008.5.15. 2007다23807 ····························· 77
2008.5.15. 2007다37721 ···················· 597, 626
2008.6.12. 2005두5956 ···························· 585
2008.6.12. 2007다37837 ···························· 758
2008.6.12. 2008다8690 ···························· 749
2008.7.24. 2007다37530 ···························· 822
2008.8.12. 2008다7772,7789 ············ 873, 900
2008.8.21. 2007다8464,8471 ···············1023
2008.8.21. 2008다26360 ···························· 748
2008.9.11. 2006다46278 ···················· 390, 472
2008.9.11. 2007다90982 ····························· 74
2008.9.11. 2008다15278 ·························1180
2008.9.11. 2008다27301,27318 ···················· 850
2008.9.25. 2007다74874 ···························· 730
2008.9.25. 2008다44238 ·························1099
2008.10.9. 2005다72430 ·························1176
2008.10.9. 2008다34903 ·························1071
2008.10.23. 2006다37274 ···························· 634
2008.10.23. 2007다35596 ···················· 520, 524
2008.10.23. 2007다72274,72281 ·········· 162, 184
2008.10.23. 2008다37223 ···················· 681, 682
2008.11.13. 2006다1442 ···················· 735, 750
2008.11.13. 2007다19624 ···························· 816
2008.11.27. 2008다56118 ···························· 920
2008.12.11. 2006다20634 ···························· 343
2008.12.11. 2007다66590 ···························· 510
2008.12.11. 2007다69162 ···················· 738, 744
2008.12.16. 2007마1328 ···························· 133
2008.12.24. 2006다25745 ···························· 620
2008.12.24. 2008다51649 ···························· 626
2008.12.24. 2008다61172 ···························· 485
2009.1.15. 2008다58367 ····························· 23
2009.1.15. 2008다72394 ···························· 735
2009.1.30. 2006다37465 ···························· 307
2009.1.30. 2007다10337 ···························· 634
2009.1.30. 2008다79340 ············ 212, 1128, 1129
2009.2.12. 2008두20109 ···························· 992
2009.2.26. 2005다32418 ···························· 494

2009.2.26, 2007다30331 ················ 259
2009.2.26, 2007다83908 ················ 989
2009.2.26, 2008다76556 ················ 684
2009.3.12, 2006다28454 ···············1132
2009.3.12, 2008다65839 ·········· 690, 691
2009.3.16, 2008다1842 ················1028
2009.3.19, 2008다45828(전합)··· 154, 292, , , 151
2009.3.26, 2006다47677 ·········· 419, 420
2009.3.26, 2007다63102 ················ 732
2009.3.26, 2008다89880 ················ 841
2009.4.9, 2008다81398 ················· 733
2009.4.9, 2009다1894 ················1042
2009.4.23, 2008다4247 ···············1132
2009.4.23, 2008다50615 ·········· 160, 964
2009.4.23, 2008다62427 ·········· 162, 964
2009.4.23, 2008 96291,96307 ··········· 892
2009.4.23, 2009다3234 ·········· 681, 706
2009.5.14, 2007다64310 ················ 755
2009.5.14, 2009다5193 ············373, 1023
2009.5.21, 2009다17417(전합)············· 21
2009.5.28, 2008다98655,98662·········· 370, 579
2009.5.28, 2009다4787 ········· 698, 706, 707
2009.5.28, 2009다13170 ···············1060
2009.6.11, 2008다7109 ················· 754
2009.6.11, 2008다75072 ···············1020
2009.6.11, 2009다12399 ········· 315, 485, 491
2009.6.23, 2009다549 ············ 722, 723
2009.6.23, 2009다18502 ················ 753
2009.6.25, 2007다70155 ··········· 450, 451, 453, 455
2009.6.25, 2008다55634 ················ 352
2009.7.9, 2009다14340 ·········· 701, 833
2009.7.9, 2009다18526 ················ 360
2009.7.9, 2009다21249 ················ 935
2009.7.9, 2009다23596 ················ 421
2009.7.9, 2009다24842 ················ 620
2009.7.23, 2009다19802,19819············· 444
2009.7.23, 2009다32454 ················ 611
2009.7.23, 2009다33570 ·········· 654, 674
2009.7.23, 2009다32454 ················ 611
2009.8.20, 2009다20475 · 20482············· 633, 640

2009.8.20, 2009다26879 ···············1088
2009.8.20, 2009다32409 ······ 405, 421, 406
2009.9.10, 2006다64627 ················ 624
2009.9.10, 2008다37414 ················ 614
2009.9.10, 2008다85161 ·········· 725, 727
2009.9.10, 2009다34481 ················ 940
2009.9.24, 2009다37831 ···············1142
2009.9.24, 2009다39530 ·········· 825, 844
2009.10.29, 2009다47685 ················ 988
2009.10.29, 2009다60527 ················ 509
2009.11.12, 2008다41451 ················ 823
2009.11.12, 2009다46828 ················ 256
2009.11.26, 2009다57545,57552········· 499
2009.11.26, 2009다59671 ················ 462
2009.12.10, 2007다30171 ················ 533
2009.12.24, 2009다60169,60176·········· 630
2009.12.24, 2009다60244 ················ 815
2009.12.24, 2009다63267 ················ 787
2009.12.24, 2009다75635,75642·········1126
2009.12.24, 2009다85342 ·········· 314, 791
2010.1.14, 2009다7212,7229 ···········1112
2010.1.28, 2009다24187,24194 ·········· 570
2010.1.28, 2009다30823 ················ 715
2010.1.28, 2009다41137,41144·······637, 638, 1117
2010.1.28, 2009다66990 ···············1118
2010.1.28, 2009다90047 ················ 728
2010.2.11, 2009다71558 ·········· 471, 473
2010.2.11, 2009다72643 ················ 921
2010.2.11, 2009다73905 ···············1018
2010.2.11, 2009다90740 ················ 991
2010.2.11, 2009다93671 ···············1042
2010.2.25, 2007다28819,28826·········· 732, 746
2010.2.25, 2009다22778 ················ 313
2010.2.25, 2009다83797 ················ 635
2010.2.25, 2009도5064 ···············1042
2010.3.11, 2009다98706 ·········· 390, 391
2010.3.11, 2009다100098 ················ 848
2010.3.25, 2007다35152 ········· 344, 534, 537, 540
2010.3.25, 2007다78616,78623···········1117
2010.3.25, 2009다41465 ················ 960

2010.3.25, 2009다95974 ···························· 861
2010.3.25, 2009다99914 ···························· 379
2010.4.29, 2007다18911 ···························1133
2010.4.29, 2007다24930 ···························· 165
2010.4.29, 2008다50691 ···················1133, 1134
2010.4.29, 2009다33884 ···························· 729
2010.4.29, 2009다96984 ·····················560, 1059
2010.4.29, 2009다99129 ···························· 714
2010.4.29, 2009다104564 ············· 727, 731, 741
2010.4.29, 2009다105734 ··························· 718
2010.5.13, 2009다92487 ···························· 288
2010.5.13, 2009다92685 ···························· 963
2010.5.13, 2010다6222 ····························· 288
2010.5.13, 2010다8310 ·············· 545, 988, 999
2010.5.20, 2007다90760(전합)···················· 533
2010.5.27, 2007다40802 ···························· 746
2010.5.27, 2007다66088 ···························1176
2010.5.27, 2009다12580 ···························· 943
2010.5.27, 2009다85861 ···························· 427
2010.5.27, 2009다93992 ···························· 688
2010.5.27, 2009다94841 ······················ 893, 896
2010.5.27, 2010다4561 ····························· 193
2010.5.27, 2010다15387 ···························· 723
2010.6.10, 2007다61113 ······················ 504, 505
2010.6.10, 2009다64307 ···························1058
2010.6.10, 2009다96328 ···························· 965
2010.6.10, 2010다12067 ···························· 731
2010.6.24, 2007다63997 ···························· 637
2010.6.24, 2009다40790 ···························1050
2010.6.24, 2010다17284 ···························· 702
2010.6.24, 2010다22989 ···························· 343
2010.7.15, 2009다50308 ····· 946, 951, 952, 969, 970
2010.7.22, 2009다40547 ···························· 930
2010.7.22, 2010다1456 ····················· 781, 964
2010.7.29, 2010다699 ······························ 551
2010.8.19, 2010다31860,31877 ···················· 388
2010.8.26, 2008다42416,42423 ···················· 829
2010.8.26, 2009다95769 ···························· 422
2010.9.9, 2008다15865 ····························· 814
2010.9.9, 2010다28031 ··············· 617, 833, 836

2010.9.9, 2010다37141 ···························· 735
2010.9.16, 2008다97218(전합)············ 426, 528, 546
2010.9.30, 2007다2718 ····················· 725, 726
2010.9.30, 2009다46873 ······················ 451, 454
2010.10.14, 2009다67313 ··························· 115
2010.10.14, 2010다53273 ··························· 835
2010.11.11, 2010다43597 ··························· 693
2010.11.25, 2010다56685 ·················· 115, 1120
2010.12.9, 2009다26596 ····························· 62
2010.12.9, 2010다57626 ···························· 931
2010.12.9, 2010다71592 ···························· 820
2010.12.23, 2010다52225 ·························· 843
2011.1.13, 2009다21058 ···························· 945
2011.1.13, 2010다68084 ··············· 712, 719, 727
2011.1.13, 2010다69940 ······················ 153, 156
2011.1.13, 2010다77477 ···························· 989
2011.1.13, 2010다88019 ···························· 835
2011.1.27, 2009다19864 ···························· 935
2011.1.27, 2010다25698 ······················ 372, 373
2011.1.27, 2010다53457 ···························· 945
2011.1.27, 2010다81957 ······················· 16, 288
2011.2.10, 2010다77385 ······················ 595, 773
2011.2.10, 2010다79565 ···························· 748
2011.2.10, 2010다90708 ···························· 758
2011.2.24, 2009다17783 ······················· 62, 934
2011.2.24, 2010다96911 ···························· 990
2011.3.10, 2010다52416 ···························· 726
2011.3.24, 2010다95062 ··················1050, 1051
2011.3.24, 2010다100711 ··············· 982, 983, 989
2011.4.14, 2010다91886 ··············· 421, 422, 423
2011.4.28, 2008다15438 ························ 80, 99
2011.4.28, 2010다101394 ·························· 530
2011.5.13, 2011다1941 ····························· 660
2011.5.13, 2011다10044 ···························· 835
2011.5.26, 2010다78470 ···························· 816
2011.5.26, 2011다1330 ····························· 563
2011.6.9, 2010다99798 ······················ 893, 896
2011.6.9, 2011다29307 ······················ 717, 718
2011.6.10, 2011다8980 ····························· 532
2011.6.10, 2011다9013 ····················· 500, 501

2011.6.23. 2007다63089,63096(전합) ·············1024

2011.6.24. 2008다44368 ············· 893, 894, 897

2011.6.24. 2011다11009 ······························ 966

2011.6.30. 2009다30724 ······························ 793

2011.6.30. 2010다16090 ······························ 323

2011.6.30. 2011다8614 ································· 992

2011.7.14. 2009다49469 ······························ 999

2011.7.14. 2011다19737 ······························ 827

2011.7.28. 2009다40967 ·····························1105

2011.7.28. 2010다1203,1210 ······················· 169

2011.9.29. 2008다16776 ······························ 819

2011.10.13. 2010다80930 ········ 702, 703, 707, 711

2011.10.13. 2011다10266 ······ 668, 669, 819, 852

2011.10.13. 2011다28045 ····························· 726

2011.11.10. 2011다54686 ····························· 828

2011.11.24. 2011다78958 ····························· 436

2012.1.12. 2011다78606 ·········· 430, 438, 829, 833

2012.1.12. 2011다82384 ······························ 733

2012.1.26. 2009다76546 ······························ 110

2012.1.27. 2010다59660 ·····························1053

2012.2.16. 2010다82530(전합) ············· 1031, 1032

2012.2.16. 2011다45521(전합) ··············· 531, 534

2012.2.23. 2011다76426 ······························ 712

2012.3.15. 2011다52727 ······························ 422

2012.3.22. 2010다28840(전합) ····················· 851

2012.3.29. 2011다38325 ······························ 571

2012.3.29. 2011다81541 ······························ 711

2012.3.29. 2011다100527 ···························· 688

2012.4.13. 2010다1180 ······························· 484

2012.5.10. 2010다87474 ·····························1130

2012.5.17. 2009다105406(전합) ··········· 1117, 1130

2012.5.17. 2010다28604(전합) ····················· 579

2012.5.17. 2011다87235(전합) ··············· 694, 695

2012.5.24. 2009다88303 ·····························1024

2012.6.14. 2010다11651 ······························ 508

2012.6.14. 2010다29034 ······························ 477

2012.6.14. 2010다89876,89883 ·····················1059

2012.6.14. 2010다94410,94427 ······················ 514

2012.6.14. 2011다56873 ·····························1142

2012.6.24. 2010다11651 ······················ 509, 512

2012.6.28. 2010다71431 ··············· 582, 583, 743

2012.7.5. 2010다80503 ······························ 740

2012.7.12. 2010다51192 ············· 430, 438, 847

2012.7.26. 2012다30861 ······························ 869

2012.7.26. 2012다45689 ·····························1053

2012.8.17. 2010다87672 ······························ 737

2012.8.30. 2010다39918 ·····························1126

2012.8.30. 2011다32785,32792 ···················· 716

2012.9.27. 2011다76747 ······························ 422

2012.9.27. 2011다106976 ···························· 889

2012.10.18. 2010다52140(전합) ···················· 804

2012.10.25. 2010다32214 ····················· 479, 480

2012.10.25. 2010다56586 ······························ 59

2012.11.15. 2011다56491 ·····························1116

2012.11.15. 2012다69197 ···························· 950

2012.11.29. 2011다17953 ········ 991, 994, 995, 1008

2012.12.26. 2011다60421 ···························· 709

2012.12.27. 2011다67651 ······························ 98

2012.12.27. 2012다75239 ···························· 690

2013.1.16. 2012다11648 ······························ 517

2013.1.17. 2011다49523(전합) ··············1052, 1084

2013.1.24. 2012다91224 ······························ 478

2013.2.14. 2010다59622 ······························ 852

2013.2.15. 2012다48855 ·········· 496, 501, 502, 511

2013.2.15. 2012다49292 ······························ 881

2013.2.15. 2012다68217 ·························· 6, 854

2013.2.28. 2011다21556 ····················· 541, 848

2013.2.28. 2011다49608 ·····················1075, 1076

2013.2.28. 2012다94155 ····························· 541

2013.3.28. 2011다3329 ······························ 542

2013.3.28. 2012다100746 ········ 691, 692, 716, 732

2013.4.11. 2011다112032 ···························· 631

2013.4.11. 2012다211 ································· 743

2013.4.11. 2012다65294 ····························· 352

2013.4.26. 2011다9068 ······························ 959

2013.4.26. 2011다50509 ················ 314, 790, 792

2013.5.9. 2011다75232 ····························· 747

2013.5.9. 2012다115120 ······················ 959, 961

2013.5.16. 2012다202819(전합) ·············· 844, 845

2013.5.23. 2010다50014 ····························· 681

2013.5.23. 2013다12464 ················ 492, 839, 848
2013.6.14. 2011다65174 ····························· 938
2013.6.27. 2011다98129 ······················363, 1034
2013.6.27. 2013다14880,14897 ·················· 775
2013.7.11. 2013다16473 ······························· 77
2013.7.12. 2006다17539 ··························· 820
2013.7.18. 2012다5643(전합) ············· 720, 721
2013.8.22. 2011다100923 ·························· 186
2013.8.22. 2013다30882 ··························· 688
2013.9.12. 2012다118044,118051 ············· 483
2013.9.26. 2010다42075 ··························· 946
2013.9.26. 2011다53683(전합) ·················· 946
2013.9.26. 2012다1146(전합) ··················· 625
2013.10.11. 2013다7936 ·························· 718
2013.10.11. 2013다52622 ··················· 280, 940
2013.10.24. 2012다47524,47531 ···············1132
2013.11.14. 2013다46023 ············· 412, 413, 414
2013.11.28. 2010다91831 ·························· 967
2013.11.28. 2013다8755 ·························· 767
2013.11.28. 2013다48364,48371 ···············1067
2013.11.28. 2013다50367 ·························· 611
2013.12.12. 2013다14675 ········785, 786, 787, 788,
                                        790, 792, 793
2013.12.12. 2013다201844 ························· 845
2014.1.16. 2013다77454 ··························· 581
2014.1.23. 2011다108095 ·························· 683
2014.1.23. 2013다72169 ··························· 715
2014.2.13. 2012다20401 ··························· 734
2014.2.27. 2012다67061 ··························· 820
2014.2.27. 2012다93794 ··························1053
2014.2.27. 2013다66904 ··························· 620
2014.2.27. 2013다213038 ························· 275
2014.3.13. 2013다34143 ··························· 787
2014.3.27. 2012다50353 ··························· 195
2014.3.27. 2012다106607 ·························· 967
2014.4.10. 2012다29557 ··························· 990
2014.4.10. 2012다54997 ··························· 918
2014.4.10. 2013다59753 ··························· 879
2014.4.10. 2013다76192 ··························1008
2014.4.30. 2013다8250 ··························· 487

2014.4.30. 2013다80429,80436 ················· 495
2014.5.16. 2012다20604 ··························· 839
2014.5.16. 2012다72582 ··························· 667
2014.5.29. 2011다31225 ··························· 611
2014.5.29. 2013다212295 ························· 523
2014.6.26. 2012다77891 ··························· 748
2014.7.24. 2012다28486 ··························1069
2014.7.24. 2013다97076 ··························· 591
2014.7.24. 2014다209227 ························· 639
2014.8.20. 2012다97420,97437 ················· 413
2014.8.20. 2014다30650 ··························· 522
2014.10.15. 2013다91788 ························· 509
2014.10.27. 2013다25212 ························· 681
2014.11.13. 2012다52526 ························· 519
2014.11.27. 2013다49794 ························· 902
2014.11.27. 2014다32007 ························· 156
2014.12.18. 2011다50233(전합) ················· 506
2014.12.24. 2012다49285 ·················· 496, 659
2015.1.22. 2014다46211(전합) ··················· 628
2015.1.29. 2013다79870 ··························· 733
2015.2.12. 2014다227225 ························· 596
2015.2.26. 2014다37040 ··························· 304
2015.2.26. 2014다228778 ························· 835
2015.3.26. 2012다48824 ··························· 815
2015.4.9. 2012다118020 ··························· 987
2015.4.9. 2014다85216 ···························· 838
2015.4.23. 2011다63383 ··························1114
2015.4.23. 2014다77956 ··························· 472
2015.4.23. 2014다231378 ························· 163
2015.5.14. 2014다16494 ··························· 833
2015.5.21. 2012다952(전합) ····················· 745
2015.5.28. 2014다24327 ··························· 889
2015.5.29. 2012다84370 ··························1016
2015.5.29. 2013므2441 ···························· 422
2015.6.11. 2012다10386 ··························· 541
2015.6.11. 2015다200227 ························· 848
2015.7.23. 2013다30301 ··························· 701
2015.7.23. 2014다228099 ························· 442
2015.7.23. 2015다200111(전합) ············ 195, 935
2015.9.10. 2013다55300 ··························· 683

2015.9.10, 2014다29971 ·················· 523
2015.10.29, 2012다14975 ············ 753, 755
2015.10.29, 2013다83992 ·················· 724
2015.11.12, 2013다214970 ················· 496
2015.11.17, 2012다2743 ············· 689, 756
2015.11.17, 2013다84995 ·················· 756
2015.12.10, 2014다14511 ·················· 631
2015.12.23, 2012다71411 ·················· 195
2016.1.28, 2015다239324 ················· 630
2016.2.18, 2015다35560 ··················· 937
2016.3.24, 2015다11281 ··················· 955
2016.4.15, 2013다97694 ··················· 905
2016.4.15, 2015다59115 ············· 616, 800
2016.4.15, 2015다247509 ················· 474
2016.5.12, 2013다49381 ··················· 932
2016.5.19, 2009다66549(전합)··········· 676
2016.5.27, 2014다230894 ················· 723
2016.5.27, 2015다21967 ·················· 1013
2016.6.9, 2015다222722 ··················· 787
2016.6.28, 2016다11295 ··················· 193
2016.7.14, 2012다65973 ············· 630, 631
2016.7.14, 2013다82944,82951··········· 630, 631
2016.7.14, 2015다46119 ······· 980, 981, 1003, 1099
2016.7.27, 2015다230020 ················ 1076
2016.7.29, 2015다56086 ··················· 730
2016.8.18, 2013다90402 ············· 720, 721
2016.8.18, 2014다31691,31707··········· 1115
2016.8.24, 2014다80839 ··················· 670
2016.8.24, 2016다222453 ·················· 77
2016.8.29, 2015다236547 ············ 694, 701
2016.8.30, 2014다19790 ··········· 1131, 1136
2016.9.28, 2016다205915 ················· 700
2016.10.27, 2013다7769 ············ 583, 586
2016.10.27, 2014다211978 ················ 816
2016.10.27, 2015다239744 ················ 838
2016.11.18, 2013다42236(전합)··········· 970
2016.11.25, 2013다206313 ················ 754
2017.1.12, 2016다208792 ················· 720
2017.1.25, 2016다42077 ············850, 1032
2017.2.3, 2016다259677 ··················· 929

2017.2.15, 2014다19776,19783··········· 532
2017.2.15, 2015다235766 ······· 616, 807, 808
2017.3.9, 2015다217980 ············ 754, 757
2017.3.22, 2016다218874 ················ 1084
2017.4.7, 2014다234827 ··················· 928
2017.4.7, 2016다35451 ···················· 835
2017.4.26, 2014다72449 ·················· 1068
2017.4.26, 2014다221777,221784········ 535, 536
2017.5.17, 2016다248806 ················· 620
2017.5.17, 2016다270049 ················· 524
2017.5.30, 2016다275402 ················· 629
2017.5.30, 2017다205073 ················ 1077
2017.6.8, 2016다249557 ············ 805, 894
2017.7.11, 2014다32458··········· 838, 839, 843, 844
2017.7.11, 2016다261175 ················ 1102
2017.7.18, 2015다206973 ················· 500
2017.9.12, 2016두58901 ··················· 883
2017.9.21, 2017다237186 ················· 727
2017.9.26, 2015다38910 ··················· 755
2017.10.26, 2015다224469 ················ 755
2017.11.14, 2015다10929 ················· 169
2017.11.29, 2016다259769 ················ 630
2017.12.22, 2013다25194 ················· 906
2018.3.22, 2012다74236(전합)········· 424, 546
2018.3.27, 2015다70822················· 498
2018.4.10, 2016다272311 ················· 733
2018.4.12, 2017다271070 ················· 200
2018.4.24, 2017다287891 ················· 720
2018.4.26, 2016다3201 ···················· 205
2018.5.15, 2016다211620 ················· 429
2018.6.28, 2018다210775 ················· 276
2018.7.12, 2015다36167 ··················· 985
2018.7.19, 2018다22008(전합)············· 827
2018.9.13, 2015다78703 ········· 663, 910, 911
2018.9.13, 2016다25515 ··················· 937
2018.9.13, 2018다215756 ················· 748
2018.10.18, 2015다232316(전합)··········· 828
2018.12.13, 2015다72385··················1137
2019.1.17, 2016다236131 ················· 422
2019.1.17, 2018다260855 ················· 717

2019.1.31, 2017다228618 ·················· 682
2019.2.14, 2017다274703 ············445, 1017
2019.2.14, 2018다264628 ·················· 61
2019.3.14, 2018다255648 ·················· 851
2019.3.14, 2018다282473 ·················· 458
2019.3.14, 2018두56435 ·················· 833
2019.4.3, 2018다286550 ··················1166
2019.4.11, 2015다254507 ··················1082
2019.4.11, 2017다269862 ·················· 681
2019.4.11, 2018다291347 ··················1060
2019.5.6, 2017다226629 ··················1090
2019.5.16, 2017다225312,225329 ··········1104
2019.5.30, 2017다53265 ·················· 195
2019.5.30, 2018다261124,261131 ··········1104
2019.6.13, 2017다246180 ··········1131, 1137
2019.6.13, 2018다258562 ·················· 930
2019.6.27, 2017다222962 ··········· 994, 997
2019.7.4, 2018다284226 ··················1103
2019.7.10, 2018다239608 ··················1103
2019.7.10, 2018다242727 ··················1103
2019.7.25, 2019다205206,205213 ··········1139
2019.7.25, 2019다206933 ·················· 709
2019.7.25, 2019다212945 ·················· 828
2019.7.25, 2019다227817 ·················· 849
2019.8.14, 2019다216435 ·················· 410
2019.9.10, 2017다272486,272493 ··········1112
2019.10.31, 2019다247651 ·················· 360
2019.11.14, 2016다227694 ··················1080
2019.11.14, 2018다233686 ·········845, 846, 1125
2019.11.14, 2019다216589 ·················· 642
2019.12.12, 2019다256471 ·················· 701
2019.12.13, 2019다259371 ·················· 820
2019.12.19, 2016다24284(전합)·········987, 1116
2020.1.30, 2019다268252 ··················1113
2020.1.30, 2019다280375 ··········· 875, 876
2020.2.6, 2019다223723 ·················· 830
2020.2.13, 2019다271012 ·················· 823
2020.3.26, 2018다221867 ·················· 827
2020.3.26, 2019다288232 ··········· 900, 902
2020.4.9, 2019다216411 ·················· 61

2020.4.29, 2019다297908 ·················· 827
2020.5.14, 2016다12175 ·················· 893
2020.5.14, 2019다252042 ··················1079
2020.5.21, 2018다879(전합) ·················· 689
2020.5.28, 2017다265389 ·················· 819
2020.6.11, 2020다201156 ··················1116
2020.7.9, 2016다244224,244231 ·······357, 821, 1077
2020.7.9, 2019다212594 ··········· 153, 155
2020.7.9, 2020다208195 ·················· 401
2020.7.23, 2018다42231 ·················· 437
2020.8.20, 2019다14110 ·················· 830
2020.10.15, 2019다222041 ·················· 502
2020.11.12, 2017다228236 ·················· 929
2020.11.12, 2017다275270 ·················· 631
2020.12.10, 2020다205455 ·················· 845
2020.12.10, 2020다254846 ·················· 893
2020.12.24, 2019다293098 ·················· 337
2021.1.14, 2018다223054 ··········· 119, 154
2021.1.28, 2015다59801 ············401, 1077
2021.1.28, 2019다207141 ·················· 437
2021.2.10, 2017다258787 ·········529, 1063
2021.2.25, 2016다232597 ·················· 844
2021.4.15, 2019다293449 ·················· 74
2021.4.29, 2021다202309 ··················1059
2021.5.7, 2018다25946 ·················· 531
2021.5.13, 2020다255429 ··················1101
2021.5.27, 2017다254228 ·················· 369
2021.5.27, 2020다263635,263642 ··········1103
2021.6.3, 2018다280316 ·················· 985
2021.6.10, 2018다44114 ·················· 831
2021.6.24, 2021다220666 ··················1034
2021.6.30, 2019다276338 ·················· 806
2021.7.15, 2018다214210 ·················· 595
2021.7.22, 2019다277812(전합) ·················· 826
2021.7.22, 2020다248124(전합) ·················· 611
2021.8.12, 2021다210195 ·················· 819
2021.8.19, 2018다244976 ··········· 381, 796
2021.8.19, 2018다258074 ·················· 826
2021.8.19, 2018다270876 ·················· 826
2021.10.28, 2018다223023 ·················· 724

2021.10.28, 2019다293036 ················· 778
2021.10.28, 2021다238650 ················· 1082
2021.11.25, 2019다285257 ················· 1104
2021.12.30, 2018다268538 ················· 1083
2022.1.14, 2021다272346 ················· 1104
2022.1.27, 2019다289815 ················· 963
2022.2.17, 2016다278579 ················· 1139
2022.3.11, 2017다207475 ················· 1143
2022.3.11, 2020다297430 ················· 805
2022.3.17, 2021다276539 ················· 473
2022.4.14, 2020다254228,254235 ········· 1068
2022.5.12, 2021다280026 ················· 841
2022.5.26, 2017다260940 ················· 62
2022.5.26, 2019다213344 ················· 23
2022.5.26, 2020다206625 ················· 830
2022.5.26, 2020다253515 ················· 969
2022.5.26, 2021다288020 ················· 733
2022.6.9, 2017다247848 ················· 849
2022.6.16, 2022다203804 ············· 593, 778
2022.6.30, 2016다237974 ················· 1177
2022.6.30, 2020다210686,210693 ········· 272
2022.6.30, 2022다200089 ················· 541
2022.7.14, 2020다212958 ················· 1176
2022.7.14, 2021다216773 ················· 171
2022.7.21, 2018다248855,248862(전합)········· 630
2022.7.28, 2017다245330 ················· 1145
2022.8.19, 2020다220140 ················· 1174
2022.8.25, 2019다229202(전합)········· 684, 685
2022.8.25, 2021다311111 ················· 823
2022.9.29, 2019다204593 ················· 768
2022.9.29, 2021다299976 ················· 1144
2022.11.30, 2019다216879 ················· 845
2022.11.30, 2022다255614 ········· 781, 782, 783
2022.12.16, 2022다218271 ················· 530
2022.12.29, 2022다266645 ················· 331
2023.2.2, 2019다232277 ················· 958
2023.2.2, 2020다283578 ················· 445
2023.2.2, 2022다276307 ················· 823
2023.2.2, 2022다276789 ················· 516
2023.3.16, 2022다272046 ················· 713

2023.3.30, 2022다289174 ········· 1111, 1116, 1117
2023.4.13, 2021다309231 ················· 850
2023.4.13, 2022다279733,279740 ········· 142
2023.4.27, 2017다227264 ················· 902
2023.6.1, 2020다293292 ················· 845
2023.6.1, 2023다209045 ················· 1054
2023.6.15, 2022다211959 ················· 322
2023.6.29, 2023다218353 ················· 568
2023.7.27, 2023다223171,223188 ········· 616, 799
2023.8.31, 2022다293937 ················· 195
2023.9.4, 2023다227500 ················· 295
2023.10.12, 2020다210860 ················· 827
2023.10.12, 2022다285523 ················· 1137
2023.11.2, 2023다244895 ················· 1060
2023.11.2, 2023다249661 ················· 1070

【대법원 결정】

1964.4.3, 63마54 ················· 688
1976.12.10, 76마394 ················· 99
1976.12.21, 75마551 ················· 44
1980.3.21, 80마77 ················· 950
1980.9.8, 80스27 ················· 46
1983.12.2, 83마201 ················· 199
1986.10.10, 86스20 ················· 46
1991.4.30, 90마672 ················· 105
1992.1.23, 91마581 ················· 67
1996.2.13, 95마594 ················· 819
1996.2.14, 95마950 ················· 357
1996.8.21, 96그8 ················· 189, 680, 692
1997.4.7, 97마575 ················· 779
1997.11.11, 96그64 ················· 671
1997.11.27, 97스4 ················· 46
1998.8.24, 98마1031 ················· 1093
1998.9.2, 98마100 ················· 1079
2000.1.31, 99마6205 ················· 199, 220
2002.9.23, 2000마5257 ················· 830
2004.2.13, 2003마44 ················· 200
2005.11.8, 2005마541 ················· 330
2007.11.30, 2005마1130 ················· 690, 1136

2009.5.28, 2008마109························ 472, 473
2009.11.19, 2008마699(전합)················· 58
2010.3.10, 2009마1942·························· 483
2010.7.26, 2010마900·················1050, 1052
2010.8.26, 2010마818··························· 963
2012.7.16, 2009마461··························· 496
2013.5.31, 2012마712··························· 717
2017.8.21, 2017마499··························· 758
2020.5.22, 2018마5697························· 525

【하 급 심】
서울고판 1971.9.24, 70나1893··············· 639
서울고판 1991.12.10, 91나26555·············· 585
광주고판 1993.5.14, 92나8094················ 303
서울고판 2002.8.7, 2002나7697··············· 677
서울고판 2009.8.28, 2008나100093···········1019

사항색인

ㄱ

가등기담보 등에 관한 법률 1149
가분급부 297
가압류 313, 834
가액반환 787, 789
가액배상 744
가장임대차 1081
가장조건 329
가장행위 867
가주소 42
가집행선고 있는 판결 719, 745
가처분 834
간접강제 297, 611
간접대리 179
감사 101
강박행위 920
강제이행 297, 609
강행법규(효력규정) 위반 928
거소 42
건물등기 있는 차지권(借地權)의
　　대항력 1064
격지자간 계약 125
경개 549, 979
경매 126
경매에 있어서의 담보책임 670
경솔 949
계(契) 1123
계산의 착오 895
계속적 계약 116
계속적 급부 297

계속적 보증(근보증) 457
계약 136
계약금 158, 633
계약금계약 158
계약법의 체계 11
계약의 성립 117
계약인수 1024
계약자유의 원칙 11
계약자유의 원칙의 수정 11
계약체결상의 과실책임 908
고용 1157
고유필수적 공동소송 1133
고지의무 591
공동대리 201
공동명의의 예금과 필수적 공동
　　소송 403
공동보증 452
공동소송인 독립의 원칙 394
공동소송참가 702
공법인 55
공탁 518
공탁물의 회수 525
공탁물인도(출급)청구권 523
공탁원인 520
공탁의 요건 520
과다배상금의 감액 638
과실(果實) 111
과실(過失) 558, 623
과실비율설 424, 546
과실상계 622
과실상계와 손익상계의 순서 626

과실의 귀속 301
교차청약 129
교환 1145
교회 63
교회분열 64
구두제공 469, 601
구상권의 경합 455
구상권의 제한 415
구체적 과실 558
구체적 손해설 614
궁박 947
권리금 1102
권리능력 15
권리능력의 시기 17
권리능력의 종기 20
권리능력자 15
권리의 흠결에 대한 담보책임
　　648
권리주체 15
권한을 넘은 표현대리(제126조의
　　표현대리) 242
귀책사유 558
규범목적설 619
규범적 해석 145
근로계약 1158
금액채권(협의의 금전채권) 312
금전배상주의 617
금전채권 311
금전채무불이행의 특칙 313
금종채권 312
기망행위 917

기본대리권 243
기본적 이자채권 319
기성조건 330
기판력 702
기한 336
기한과 친하지 않은 행위 338
기한 없는 채무 481, 570
기한의 이익 339
기한의 이익의 상실 340, 571
기한이익 상실의 특약 340, 572,
　818

낙성계약 116
낙약자 380, 387
남북 주민 사이의 가족관계와 상
　속 등에 관한 특례법 49, 50
내국법인 55
내용의 착오 887
내적 조합 1124
내측설 546, 626
노무제공의무 1158
뇌사 21
능동대리 181

다단계판매 1045
다수당사자의 소송관계 393
다수당사자의 채권관계 393
단기소멸시효 823
단기임대차 1057
단독행위 135
단독행위의 거절권 39
담보물권설 1041
담보물권 실행에 대한 담보책임

659
담보보존의무 494, 508
담보책임 643
당사자능력 1130
당사자적격 1130
당연무효 957
대가관계(원인관계) 380
대가위험부담 367
대가위험의 이전시기 368
대금감액청구권 671
대금지급거절권 1035
대리 178
대리권 182, 183
대리권남용 202
대리권남용법리의 적용범위 205
대리권 소멸 후의 표현대리(제129
　조의 표현대리) 261
대리권 수여표시에 의한 표현대
　리(제125조의 표현대리) 236
대리권의 소멸 208
대리권 존부에 대한 증명책임
　187
대리의 효과 219
대리행위의 하자 216
대물대차 1149
대물변제 513
대물변제의 예약 517
대변제의무 194
대변제청구권 194
대부업 등의 등록 및 금융이용자
　보호에 관한 법률 322
대상청구권 580
대위변제 494
대위소송판결의 효력 701
대체집행 297, 610
대표 179
대표권 남용 75

대표기관의 행위에 대한 법인책
　임의 유형 84
대표와 대리의 구별 74
도급 1110
도급에서의 위험부담 1118
동기의 착오 888
동·리·자연부락 63
동산 109
동시사망의 추정 20
동시이행항변권 342
동시이행항변권의 소송상 취급
　364
동일성의 착오 887

망은행위 1143
매매 1027
매매의 예약 1029
매매의 일방예약 1030
면제 551
면책적 채무인수 1009
면책통지의무 446
면책특약 573
명예퇴직 1164
명의모용 215, 254
무경험 949
무권대리 181, 228
무권리자 처분행위의 추인 271
무상계약 116
무상임치 1171
무의식적 불합의 118
무인행위 138
무자력 684, 719
무효 956
무효와 취소의 경합 955
무효와 취소의 구별 954

무효·취소의 이중효 955
무효행위의 전환 956, 968
무효행위의 추인 956, 966
문서의 실질적 증거력 158
문서의 형식적 증거력(문서의 진정
　성립) 157
물건 107
물건의 위험부담 367
물건의 하자에 대한 담보책임
　663
물권계약 1029
물권적 효과설 795
미성년자 24
미성년자의 법정대리인 27
미성년자의 소송능력 26

반사회질서 법률행위 933
방문판매 1045
방문판매법 1045
백지위임장 186, 242
법률의 착오 892
법률행위 '내용'의 착오 896
법률행위 해석 15, 138
법률행위 해석의 구체적 방법
　143
법률행위 해석의 기준 139
법인 53
법인격남용이론 73
법인격 없는 사단 56
법인격 없는 사단 및 재단의 소송
　법상 취급 65
법인격 없는 재단 65
법인등기 106
법인실재설 54
법인의 감독 106

법인의 권리능력 73
법인의 본질 54
법인의 불법행위능력 79
법인의 사용자책임(제756조)과 법
　인의 불법행위책임(제35조)의
　비교 80
법인의 설립 67
법인의 소멸 103
법인의 정관변경 102
법인의제설 54
법인의 청산 104
법인의 해산사유 103
법정대리 180
법정대위 496
법정변제충당 486
법정소송담당 1130
법정소송담당설 681
법정이율 313, 318
법정이자 319
법정재산관리권설 680
법정재산관리인 44
법정조건 330
법정추인 975
법정해제권 768
변론주의 400
변제 466
변제공탁 518
변제비용 481
변제수령권 699
변제수령자 474
변제이익 486
변제자 471
변제자대위 494
변제장소 481
변제제공 467
변제충당 482
병존적 채무인수 1009, 1015

보고문서 288
보상관계(기본관계) 380
보전의 필요성 684
보증계약 432
보증계약과 착오의 문제 434
보증금 1074
보증금의 우선변제권 1085
보증인보호를 위한 특별법 432
보증채무 428
보충적 해석 146, 912
보험자대위 641, 642
보호의무 1161, 1166
보호의무위반 591
복대리 221
복리 321
복이행보조자 563
복임권 222
복임치 1171
복임행위 221
본계약 117
부관 327
부관의 소송법상 취급 340
부담부 증여 1143
부동산 108
부동산 이중매매 939
부속물매수청구권 1065
부수적 주의의무 591
부인 335
부인권 708
부작위급부 296
부재자 43
부재자재산관리제도 43
부종성 429, 814
부진정연대채무 419
부진정연대채무관계에 있는 채무
　자들을 공동피고로 한 이행의
　소 420

부진정 제3자를 위한 계약 378
부탁 없는 보증인의 구상권 447
분별의 이익 453
분할채권 394
분할채무 394
불가능조건 330
불가분급부 297
불가분채권 398
불공정약관조항의 무효 135
불공정한 법률행위 945
불법원인급여 944
불법조건 330
불안의 항변권 349, 445
불완전이행 586, 777
불완전이행과 담보책임과의 관계 587
불요식행위 137
불특정물급부 297
불합의 118
불확정기한 337
불확정기한부 채무 569
비법인사단 56
비법인사단과 민법상 조합과의 구별 57
비법인재단 65
비수의조건 329
비영리법인 55
비용상환의무 1061
비용상환청구권 701
비재산적 손해 615
비전형계약 115
비진의표시 859
비채변제 416

사단법인 53

사법인 55
사실인 관습 140
사실적 계약관계론 130
사용대차 1153
사용자책임 561
사원총회 101
사인증여 18, 1144
사자(使者) 179
사자의 착오 891
사전구상권 444
사전의료지시 22
사정변경의 원칙 317, 778
사찰 66
사해의사 730
사해행위 715
사후구상권 443
사후행위 137
삼각관계에서의 제3자에 대한 급부(삼각관계에서의 부당이득) 390
상가건물 임대차보호법 1097
상계 527
상계금지채권 531
상계의 소송법상 취급 541
상계적상 529
상계항변 541
상당성 619
상당인과관계설 618
상대적 무효 957
상대적 불확지 520
상호계산 985
생전행위 137
서면에 의하지 않은 증여 1142
서명 · 날인의 착오 895
선관주의의무 191, 298, 558
선량한 풍속 기타 사회질서 12, 933

선의취득 51
선이자 319
선택권 324
선택채권 323
선택채권의 특정 324
설립중의 사단법인 69
설립중의 회사 70
설명의무 590
성공보수 약정 195, 935
성명모용소송 287
성질(성상)의 착오 888
소극적 손해 615
소극조건 329
소급효 843
소멸시효 808
소멸시효의 정지 841
소멸시효의 중단 826
소비대차 1147
소비임치 1176
소송당사자 16
소송당사자의 확정 16
소송신탁 1130
소송요건 682
소송참가 672
소송행위의 추인 266, 269
소액임차인 1086
소유권유보부매매 1041
소유권 유보의 특약 1042
속임수에 의한 취소권 배제 39
손익상계 627
손해 613
손해3분설 615
손해감경의무 622
손해담보계약 462
손해배상 612, 798
손해배상액의 산정 621
손해배상액의 예정 629

손해배상액의 합의 630
손해배상자의 대위 641
송부채무 308
수권표시 238
수권행위 183
수권행위의 독자성 184
수권행위의 유인성 · 무인성 184
수급인의 담보책임 1112
수동대리 181
수동채권 529
수량지정매매 656
수령거절 520
수령불능 520
수령지체 598
수반성 986
수선의무 1059
수의조건 329
수익관계(급부실현관계 또는 출연관
  계) 380
수익의 의사표시 383
수익자 383
수익자 또는 전득자의 악의 730
수취의무 599
수탁보증인 443
승낙 124
승인 838
시효이익의 포기 847
신뢰이익 616, 798
신용보증 457
신원보증 461
신의성실의 원칙 141
신축건물의 소유권 귀속 1120
신탁행위 868
실권약관 780
실권조항 780
실종선고 45
실종선고에 의한 사망간주시기의

소급효와 소송상 당사자능력
  47
실종선고의 취소 48
실효의 원칙 852
쌍무계약 116
쌍방공통의 동기착오 911
쌍방공통의 착오 148, 911

안분설 424, 544, 546, 626
안전배려의무 590, 1161, 1165
압류 474, 834
압류금지채권 532, 688
약관 131
약관의 설명 · 명시의무 132
약관의 해석 133
약정이율 313
약정이자 319
약정해제권 765
약한 의미의 양도담보계약 1149
양도금지특약 987
양도담보 1149
어음행위 233
업무집행조합원 1127
여행계약 1165
연기적 항변권 342
연대보증 449
연대의 면제 418
연대채권 428
연대채무 404
연대채무의 효력 407
연대채무자 1인에게 생긴 사유의
  효력 408
연대채무자들 사이의 구상관계
  412
연대채무자들을 공동당사자로 하

는 소송 409
연명치료 중단 22
영리법인 55
영수증 소지자 479
예견가능성 620
예금계약 291, 1176
예금계약의 당사자 291
예문해석 142
예약 117
예약완결권 1030
오표시 무해의 원칙 144
완전물급부청구권 667
완전이행청구권 593
외국법인 55, 106
외국인의 권리능력 20
외측설 424, 546, 626
외형이론 81
외화채권 312
요물계약 116
요식행위 137
요약자 380, 386
우성조건 329
우수현상광고 1168
원물 111
원물반환 741, 787
원상회복 740
원상회복의무 785
위법성 559
위약금 165
위약벌 630
위임 187
위탁매매업 180
위험 367
위험부담 366
위험성관련설 619
유권대리 181
유동적 무효 963

유상계약 116
유상임치 1171
유익비상환의무 1062
유익비상환청구권의 포기특약
　1062
유인행위 138
유증 18
유지·수선의무 1059
유체물 107
은닉행위 867
응소 829
의료계약 197
의무부담행위(채권행위) 137
의미의 착오 887
의사능력 22
의사무능력과 제한행위능력의 경
　합 23
의사무능력의 소송법상 취급 23
의사실현 127
의사주의 906
의사표시를 명하는 판결 611
의식적 불합의 118
2단의 고의 917, 920
이득공제 627
이사 96
이사회 99
이의를 보류하지 않은 승낙 996
이자 318
이자율 318
이자제한법 321
이자채권 318
이해상반행위 28
이행거절 594
이행거절의 독자성 594
이행대행자 564
이행보조자 560, 563
이행불능 576, 776

이행이익 616
이행인수 1017
이행제공 299, 353, 354, 467
이행지체 567, 768
익명조합 1124
인정사망 21
일부공탁 522
일부대위 499
일부무효 957
일부변제 847
일부불능 577, 580, 589, 776,
　962
일부지체 589
일부청구와 과실상계 626
일부청구와 시효중단 830
일부취소 960
일상가사대리권 245
일시적 계약 116
일시적 급부 297
일시적 이행제공 353
임금채권 986
임대차 1049
임대차의 갱신 1054
임대차의 등기 1064
임대차의 존속기간 1054
임시이사 99
임의규정 141
임의대리 180
임의대리인의 복임권 222
임의대위 496
임의적 소송담당 1130
임의적 소송신탁 1130
임의채권 326
임차권 1064
임차권의 대항력 1064, 1082
임차권의 양도 1071
임차인의 임차주택 경매 집행개

시의 특례 1088
임치 1170
입찰 126

자기계약·쌍방대리의 금지 200
자기 재산과 동일한 주의의무
　558
자동채권 529
자동해제의 특약 780
자신복무의 원칙 193
자연적 해석 143
자조매각권 522, 606
작위급부 296
장래효 806
재단법인 53
재단법인의 설립을 위한 출연재
　산의 귀속시기 71
재매매의 예약 1040
재산권 이전의무 1033
재산적 손해 615
재판상 무효 957
재판상 청구 827
적극적 손해 615
적극조건 329
전대차 1071
전보배상 574, 578
전부명령 474
전부무효 957
전세금반환채권 986
전차인 565
전형계약 115
전화권유판매 1045
절대적 무효 957
절대적 불확지 520
정기증여 1144

정기행위 774
정당한 이유 255
정지조건 328
정지조건과 불확정기한의 구별 570
정지조건부 소유권이전설 1041
제3자를 위한 계약 377
제3자 소송담당 682
제3자 수익약정 381
제3자의 변제 471
제3자의 사기·강박 922
제3자 이의의 소 1043
제108조 제2항 유추적용론 883
제작물공급계약 1119
제척기간 849
제한능력자의 상대방 보호 38
제한종류채권 306
제한행위능력제도 24
조건 327
조건과 기한의 구별 337
조건과 친하지 않은 법률행위 330
조건부 공탁 522
조건부 권리 333
조건의 불성취 331
조건의 성취 331
조리 141
조합 1122
조합계약 1125
조합대리 1128
조합원의 탈퇴 1136
조합의 당사자능력 1129
조합의 재산관계 1130
조합의 청산 1138
조합의 해산 1137
종된 권리 843
종된 행위 138

종류채권 303
종물 109
종신정기금 1177
종중 60
종중 유사 비법인사단(종중 유사단체) 61, 934
주관적 행위기초론 912
주는 급부 296, 588
주된 권리 843
주된 행위 138
주물 109
주소 42
주소의 기능 43
주장공통의 원칙 394
주채무자의 소송법적 대응수단 443
주택임대차보호법 1080
준소비대차 1151
준재심의 소 976
준합유 1133
중간이자의 공제 628
중대한 과실 902
중복된 소제기의 금지 738
중첩적 채무인수 378, 1015
증거공통의 원칙 394
증권적 채권증서 소지자 479
증약금 159
증여 1140
증여자의 담보책임 1141
지급금지채권 534
지명채권 984
지명채권양도의 대항요건 988
지상물매수청구권 1067
지연배상 574
지정변제충당 484
지참채무 307
직무관련성 81

직무대행자 100
직접강제 297, 610
직접효과설 785
진의 아닌 의사표시 859
집행공탁 519
집행권원 498, 610

차명대출 288, 861
차액설 614
차임 등의 증감청구권 1089, 1102
차임지급의무 1069
착오 886
참가승계 672
참가적 효력 702
채권계약 115
채권양도 979
채권양도인의 담보책임 662
채권양도행위의 독자성 981
채권의 소멸 465
채권의 이중양도 1001
채권의 준점유자 474
채권자대위권 679
채권자대위권과 채권자취소권의 피보전채권의 소송법상 지위 비교 711
채권자위험부담주의 372
채권자지체 598, 778
채권자지체와 이행지체의 경합 606
채권자취소권 708
채권자취소소송의 당사자 735
채권자 평등의 원칙 743
채권적 효과설 795
채권증서 및 담보물의 교부의무

494, 508

채무불이행 557

채무인수 1009

채무인수의 제한 1010

채무자위험부담주의 369

책임재산 679

처분문서 288

처분행위(물권행위 및 준물권행위) 137

철거권 1068

철회권 39

첨부 51

청산관계설 786

청산법인 103

청산사무 104

청약 121

청약의 유인 121

최고 833

최고 · 검색의 항변권 431, 439

최고권 274

추상적 과실 558

추심명령 474

추심채무 307, 568

추인 266

추인거절권 272

추인권 266

추인권자 974

출생 전 가해행위(vorgeburtliche Schädigung) 19

취득시효 51

취소 970

취소권 배제의 약정 905

취소권의 단기소멸 975

취소권자 971

취소할 수 있는 법률행위의 추인 974

ㅌ

타인권리매매 901

타인명의 법률행위 278

탈법행위 929

태아 17

태아의 권리능력 17

토지거래허가 963

통상공동소송 394

통상손해 636

통신판매 1047

통정허위표시 867

특별대리인 99

특별손해 314, 615

특정금전채권 312

특정물급부 297

특정물인도채무 299

특정물채권 298

ㅍ

판덱텐 체계 11

편무계약 116

표시기관의 착오 891

표시상의 착오 891

표시주의 864, 906

표현대리 230

표현대리의 중복적용 가능성 250

표현대표이사 237

표현수령권자 474

피보전채권 681, 710

피성년후견인 29

피특정후견인 36

피한정후견인 32

피해자측 과실상계 623

필수적 공동소송 394

필요비상환의무 1061

ㅎ

하는 급부 296, 589

하자 663

하자보수의무 1113

한정후견제도의 문제점 36

할부거래법 1044

할부판매 1044

합동행위 136

합유 1131

합의변제충당 483

합의해제 765

항변 335

해약금 159

해약금에 의한 약정해제의 과정 164

해제 763

해제권 763

해제의 불가분성 397, 783

해제조건 328, 764

해지 805

행사상의 일신전속권 687

행위능력 24

행위에 모순되는 이의금지의 원칙(모순행위금지의 원칙 또는 금반언의 원칙) 130

허수아비행위 868

현명주의 210

현상광고 1167

현상인도의무 299, 588

현실제공 467, 601

협력의무 963

협의의 무권대리 265

협의의 이행보조자 563

혼동 552

혼성조건 329

혼장임치 1175

화해 1178
화해계약 905
화해의 창설적 효력 1179
확답촉구권 38
확인의 이익 97

확정기한 337
확정기한부 채무 568
확정일자 있는 증서 999
확정적 무효 963
환매 1036

회귀적 급부 297
후발적 불능 577
흠결고지의무 671

저자 약력

■ 박 동 진

연세대학교 법과대학 졸업(법학사)
연세대학교 대학원 법학과 졸업(법학석사)
연세대학교 대학원 법학과 박사과정 수학
독일 뮌헨(München)대학교 법학부(법학박사)

》》》 주요저서

Grund und Umfang der Haftung für Schockschäden nach § 823 I BGB(1997)
    (VVF Verlag)
물권법강의(2판)(법문사)
법학입문(증보판)(공저)(박영사)
민사법 사례형 · 기록형 연습(공저)(법문사)
주석 민법(제5판): 채권각칙6(공저)(한국사법행정학회)
로스쿨 채권법(불법행위편)(공저)(청림출판)
로스쿨 채권법(계약법)(공저)(청림출판)
로스쿨 민법총칙(공저)(청림출판)

계약법강의 [제3판]

2016년   3월 15일   초판 발행
2020년   3월   5일   제2판 발행
2024년   2월 20일   제3판 1쇄 발행

저 자   **박   동   진**

발행인   **배   효   선**

발행처   도서
        출판   **法 文 社**

주 소   10881 경기도 파주시 회동길 37−29
등 록   1957년 12월 12일/제2−76호(윤)
전 화   (031)955−6500~6 FAX (031)955−6525
E−mail   (영업)bms@bobmunsa.co.kr
         (편집)edit66@bobmunsa.co.kr
홈페이지 http://www.bobmunsa.co.kr
조 판   (주) 성 지 이 디 피

정가 57,000원   ISBN 978-89-18-91470-1